BETYDNINGSMAR

let

ADJ. - , *lette; lettere, lettest*

1. som ikke vejer ret meget ≠ TUNG □ *en let kuffert* .... • (om mad): som ikke er særlig mættende el. kraftig i smagen □ *let kost* .... • **let industri** se under *industri* **2.** som har en lav styrke el. grad = SVAG ≠ STÆRK, KRAFTIG □ *en let berøring* .... • (om mad): = KALORIELET □ *en let mayonnaise* • **let påklædt** som ikke har ret meget tøj på • **med let hånd** se under *hånd* ....

Hvis et opslagsord har mer... ...gerne med numre, **1.**, **2.** osv., og med •.

Markeringen • står for betydninger på underordnet niveau. Det kan være nært beslægtede betydninger eller forskellige faste vendinger placeret under betegnelsen i forsk. forb.

En betydning består af en eller flere af følgende oplysningstyper: ordforbindelse, kommentarer, betydningsforklaring, synonymer og betydningsforskellige ord og eksempler.

➤ Se s. 10 om ordning af betydninger.

ORDFORBINDELSER

bede[2]

VERB. *-r, bad, bedt*

1. bede ng om ngt spørge nogen om man må få noget el. få lov til noget, el. om de vil gøre noget for én = ANMODE, HENSTILLE □ *hun bad ham om en cigaret · de bad ham om hjælp* .... • **må jeg så bede om ngt** udtryk for at man foretrækker noget andet □ *nej, må jeg så bede om Mozart* .... • **jeg beder** udtryk hvormed man høfligt svarer på en tak el. en svar undskyldning ....
2. bede til ng tale til Gud for at takke for el. opnå noget □ *bede til Gud* .... • **bede til ngt** stærkt håbe og ønske noget □ *jeg bad til at det måtte gå dem godt*
3. bede ng til ngt = INVITERE □ *vi vil gerne bede dig til middag på torsdag*

århundrede el. **århundred**

SUBST. *århundredet,* plur. *århundreder, århundrederne*
/år'hundrede/

1. en periode på 100 år .... • **det {20.} århundrede** den hundredårige periode som slutter før det angivne tal ....

Faste ordforbindelser og konstruktioner vises med fed skrift: **bede ng om ngt.** Anvendte forkortelser:

ng	nogen	**ngt**	noget
ngs	nogens	**ng(t)**	nogen eller noget

Det vises bl.a. om et verbum har et objekt (**ng** el. **ngt**), og om der er bestemte præpositioner eller adverbier knyttet til et ord. Den viste struktur er den mest omfattende, dvs. led angivet ved **ng** el. **ngt** kan eventuelt undværes i en aktuel sammenhæng. Fx dækker **bede ng om ngt** både *hun bad ham om en cigaret* og *hun bad om en cigaret.* Ligeledes kan en struktur eventuelt omformes, fx dækker **fortælle ng ngt** også *fortælle ngt til ng.* Både udeladelser og omformninger fremgår af eksemplerne.

Særskrevne forbindelser som **brune kager** og faste vendinger som **slå koldt vand i blodet** står opført under et af ordene i forbindelsen, henholdsvis **kage** og **vand**.

{ } Tuborgklammer angiver at der kan stå forskellige ord på den pågældende plads.

➤ Se s. 9 om opslag på ordforbindelser og om ordningen af ordforbindelser.

KOMMENTAR TIL BETYDNINGER

bage

VERB. *-r, bagte, bagt*

1. bage ngt fremstille brød, kager o.l. ....
2. ⟨også *-r, -de, -t*⟩ (om solen): varme ....

blomme

SUBST. *-n,* plur. *-r, -rne*

.... **3.** (poet., glds.): = BLOMST .... • (jægersprog): harens hale

⟨ ⟩ Grammatisk kommentar. Det kan fx være oplysning om bøjning: ⟨også *-r, -de, -t*⟩, ⟨ikke plur.⟩, eller angivelse af at ordet i den pågældende betydning kun forekommer i sammensætninger: ⟨i sammensætn.⟩.

( ): Angivelse af emne, fx (bankvæsen), (geometri), (søfart), og af brug, fx (form.), (foræld.), (glds.), (poet.). Her kan også være anført subjektet for et verbum eller et adjektiv: (om solen).

Emne- og brugsmarkeringer er kun anført hvor de understøtter betydningsforklaringen.

➤ Se s.15 om brugsmarkeringer.

fortsættes bag i bogen

D1201774

Politikens
NU store
NU nye
DANSK
ordbog

Politikens NU store nye DANSK ordbog

L-Å

Politikens Store Nye Nudansk Ordbog
© 1996 Politikens Forlag A/S
1. udgave, 2. oplag
Printed in Denmark 1997

ISBN 87-567-5631-3 (bind 1-2)

Projektledelse: Erik Høvring

Redaktion
Leksikografisk ledelse: Christian Becker-Christensen
Edb-ansvarlig og redaktionssekretær: Karin Vidstrup Monk
Redaktører: Susie Heede, Marianne Høimark, Hanne Steen
Øvrige redaktionelle medarbejdere: Kirsten Nauja Andersen, Henriette Holck, Signe Hvid, Majbrit L. Karlsen, Jan Katlev, Maj Britt Kristensen, Jette Pedersen, Lisbeth Randers, Kirsten Rask, Kell Jarner Rasmussen, Rikke Svendsen

Omslag: artGrafik
Dtp: Ordbogsredaktionen, Politikens Forlag ved Karin Vidstrup Monk samt Henriette Wiberg Danielsen, Dikketong
Tryk: Fr. Martin A/S, Christiansfeld

Ordbogen indeholder ord som oprindelig er varemærker. Ordenes optræden i denne ordbog må ikke tolkes som om de har mistet eller ændret deres karakter af registrerede varemærker.

l[1]

SUBST. *l'et*, plur. *l'er, l'erne*

det 12. bogstav i alfabetet □ *l-lyd*

l[2]

fork. for *liter*

L

1. romersk taltegn for 50
2. fork. for *large* i tøjstørrelser

L.

1. fork. for *lire*
2. fork. for *lov*

l.

fork. for *linie*

la[1]

SUBST. *-et*, plur. *-er, -erne*

tonen *a* som er den sjette tone i C-durskalaen og i tonerækken *do, re, mi, fa, sol, la, si* som bruges i visse hørelæresystemer

la[2]

UDRÅBSORD

udtryk der bruges med gentagelse på hver node når man synger en melodi uden ord □ *la la la la la la* □ *tralala*

lab

SUBST. *labben*, plur. *labber, labberne*

et dyrs fod som har negle el. klør □ *bjørnelab* • (spøg.): en menneskehånd □ *han har nogle store labber* • *vask dine beskidte labber* • **suge på labben** spare el. reducere sine omkostninger □ *de var nødt til at suge på labben i en måned*

laban

SUBST. *-en*, plur. *-er, -erne*

en person der opfører sig frækt, især på en udspekuleret el. bevidst provokerende måde = ROD □ *du er en laban*

labbe

VERB. *-r, -de, -t*

labbe ngt i sig spise el. drikke noget hurtigt og ivrigt = SLUBRE □ *hunden labber vandet i sig* • *han må være meget sulten sådan som han labber maden i sig*

laber

ADJ. *-t, labre*
[ˈlaˈbɔ]

1. (slang): som ser godt ud = LÆKKER, FLOT, TILTRÆKKENDE □ *hun er ellers laber, hvad?* • *hun var en laber larve* • *en laber sportsvogn*
2. (om vind): ikke ret stærk

labial

SUBST. *-en*, plur. *-er, -erne*
/labiˈal/

(fonetik): = LÆBELYD

labil

ADJ. *-t, -e*
/laˈbil/

som ved let påvirkning forandrer tilstand; især fra god til dårlig = USTABIL, UILIGEVÆGTIG ≠ STABIL □ *labil ligevægt* • *en labil situation*

laborant

SUBST. *-en*, plur. *-er, -erne*
/laboˈrant/

en person på et laboratorium der arbejder med fx kemiske analyser og kontrolarbejde □ *histolaborant* • *hospitalslaborant*

laborator

SUBST. *-en*, plur. *-er, -erne*
/laboˈrator/

en person der leder arbejdet på et laboratorium

laboratorium

SUBST. *laboratoriet*, plur. *laboratorier, laboratorierne*
/laboraˈtorium/

et arbejdsrum til eksperimentelle undersøgelser, især til fysiske og kemiske eksperimenter □ *akustisk laboratorium* • *kemisk laboratorium* □ *laboratorieanalyse* • *laboratorieforsøg* • *laboratorieudstyr* • *laboratorieundersøgelse* □ *forskningslaboratorium*

labskovs

SUBST. *-en*

en sammenkogt ret af kød, kartofler, løg m.m. skåret i terninger □ *skipperlabskovs*

labyrint

SUBST. *-en*, plur. *-er, -erne*
/labyˈrint/

et indviklet system af gange som fører til et centralt beliggende punkt = IRGANG □ *de for vild i labyrinten*

lad[1]

SUBST. *-et* (el. *laddet*), plur. *lad, -ene* (el. *laddene*)
[ˈlað]

den plade i en lastvogn el. en varevogn som er beregnet til at transportere materialer på = VOGNLAD □ *læg den om på ladet!* • *åbent lad*

lad[2]

ADJ. *-t, -e*
[ˈlaˈð]

= DOVEN □ *han er meget lad* • **ligge på den lade side** være doven og ikke få lavet noget □ *han har ikke fået succes ved at ligge på den lade side*

ladcykel

SUBST. *-en* (el. *ladcyklen*), plur. *ladcykler, ladcyklerne*

en cykel der er forsynet med et lad, og som bruges til transport af varer □ *varerne blev bragt ud på ladcykel*

lade[1]

SUBST. *-n*, plur. *-r, -rne*

1. en bygning der hører til en gård, og som benyttes som opbevaringssted for korn, halm o.l.
1. sanke i lade (glds.): bringe høsten hjem

lade[2]

VERB. *-r, lod, -t* (el. *ladt*)

1. lade ng(t) {gøre ngt} ikke forhindre nogen el. noget i at gøre noget el. noget i at finde sted = TILLADE □ *de lod skabet stå* • *hun lod dem gøre hvad de ville* • *han lod hende komme* • *den lejlighed ville han ikke lade gå fra sig* • *hun lod det blive ved det de allerede havde besluttet* • *vi må lade det komme an på vejret* • *han lod hende gå* • *han lod bilen passere* • *hun lod ham snakke* • *de lod ikke noget være uforsøgt* • *han lod sig ikke forbløffe* • *hun lod sig ikke nare* • *de lod sig ikke overbevise* • *min far vil ikke lade mig gå med til festen* • *lad mig prøve at forklare* • **lade ng(t) {være}** ikke ændre ved positionen el. tilstanden af nogen el. noget □ *han er træt, så lad ham nu bare være!* • *han lod hende være i fred* • *hun lod ham ligge* • *han lod hende blive liggenede* • *de lod træet stå* • *jeg skal lade det være usagt om det var en god idé* • **lade ngt være godt** opgive yderligere at lave om på noget • **lade være med ngt** ophøre med el. undlade at gøre noget □ *lad være med at pille næse* • *lad så være!* • *han besluttede sig for at lade være med at ringe til hende* • *hun lod alligevel være med at male væggen grøn* • **lad så være at** selv om □ *lad så være at han er dum, derfor behøver han ikke være doven*
2. lade ng gøre ng(t) udvirke gennem andre at noget bliver gjort □ *Christian IV lod Rosenborg Slot bygge* • *borgmesteren vil lade politiet rydde huset* • *han lod sagen undersøge* • *han lod det rygte udsprede at han var død* • *kongen lod*

oprørerne henrette · *han lod hende arbejde over* • **lade ng om ngt** tillade en anden at tage initiativ til at gøre noget □ *lad ham om det*
3. lade sig {gøre} være muligt □ *det lader sig ikke gøre* · *beslutningen lader sig ikke ændre*
4. lade til ngt se ud som noget □ *det lader til at gå godt* · *han lader til at være dygtig* · *der lader til at være dårlig plads* · *han lod til at være overrasket* · *hun er ikke så syg som hun lader til* • **lade som om ngt** fejlagtigt give det udseende af noget □ *han lod som om intet var hændt* · *de lod som om de intet vidste* · *hun lod som ingenting* · *lad som om du er hjemme!*
5. lade ng ngt (glds.): indrømme at nogen kan noget □ *man må lade hende at hun er god til at organisere*
6. lad os udtryk for en indbyrdes opfordring □ *lad os gå!* · *lad os blive her lidt* · *lad os håbe det bedste*
7. i forsk. forb. • **lade sig ngt byde** finde sig i noget □ *han lader sig en del byde fra hendes side* • **lade sig gå på af ngt** blive negativt påvirket af noget • **lade ng ngt høre** kritisere nogen for noget □ *hun lod ham høre en del for de fejl han havde begået* • **lade hånt om ngt** være ligeglad med noget • **lade ng i stikken** se under *stikken* • **lade ng kold** ikke sætte følelser i gang i nogen □ *hele hans historie lader mig kold* • **lade livet** = DØ • **lade ngt sidde på sig** acceptere kritik el. beskyldninger uden at gøre noget for at forsvare sig • **lade sig ngt sige** acceptere at nogen siger noget til én uden at man reagerer □ *det lod han sig ikke sige to gange, han gik straks i gang med arbejdet* • **lade ngt stå hen** opgive et spørgsmål el. et problem uden at det er blevet afklaret • **lade stå til** opgive at gøre noget ved noget besværligt • **lade ngt stå åbent** indstille drøftelsen af et spørgsmål uden at tage en endelig beslutning • **lade ng tilbage** efterlade nogen et sted □ *de lod børnene tilbage* • **lade ngt tilbage at ønske** være af utilstrækkelig kvalitet □ *hans fransk lader stadig noget tilbage at ønske efter mange års skolegang* • **lade ngt ude** = OPGIVE □ *her lades alt håb ude* • **lade ngt ude af betragtning** se bort fra noget □ *vi kan godt lade ham ude af betragtning* • **lade vandet** el. **lade sit vand** ⟨også *ladede*⟩ = TISSE • **lade ng ngt vide** oplyse nogen om noget • **lad gå** jeg accepterer □ *lad gå at du vil ud i aften, men jeg henter dig ikke efter 12*

lade[3]

VERB. *-r, -de, -t*

1. lade ngt fylde et større transportmiddel, fx et skib el. en vogn, med ting = LASTE □ *skibet lå og ladede korn* · *skibet er ladet med korn* □ *ladeplads* • **skibet er ladet med** en ordleg
2. lade ngt tilføre elektricitet til noget □ *lade et batteri* · *en elektron er negetivt ladet* · *luften var ladet med statisk elektricitet* □ *ladning* · *ladeaggregat* · *ladestation* □ *oplade* • **lade ngt op** fylde fx et batteri med mest mulig elektricitet □ *lade en akkumulator op*
3. lade ngt ⟨også *ladt*⟩ (om skydevåben): gøre et skydevåben skydeklart ved at forsyne det med ladning og projektiler osv. □ *lade et gevær* · *pistolen er ladt* □ *ladning* · *ladegreb* · *ladestok* □ *aflade*

ladegreb

SUBST. *-et,* plur. *~greb, -ene*

en bevægelse hvorved patronen i et håndskydevåben føres fra magasinet ind i kammeret så våbenet gøres skudklart □ *tage ladegreb på et gevær*

ladegård

SUBST. *-en,* plur. *-e, -ene*

= AVLSGÅRD

laden

SUBST.

gøren og laden se under *gøren*

ladeplads

SUBST. *-en,* plur. *-er, -erne*

et sted hvor skibe kan lægge til for at losse el. laste • en mindre havneby der tjener som ladeplads for en by der ikke ligger ved vandet □ *stedet var tidligere ladeplads for skibsfarten i vadehavet*

lader

SUBST.PLUR. *-ne*

(glds.): en måde at føre sig frem på = ADFÆRD, MANERER □ *alle hans lader og fagter*

ladet

ADJ. *- , ladede*

1. som indeholder en positiv el. negativ værdi ud over selve sin betydning □ *ordet folkestyre er meget positivt ladet i den danske debat* · *avisen omtalte dem med ladede betegnelser som skatteål og skrankepave*
2. bøjningsform af *lade*

ladning

SUBST. *-en,* plur. *-er, -erne*

1. en større mængde af noget = LÆS □ *bestille en ladning kartofler* · *skibet har indtaget en ladning korn* □ *bulkladning* · *skibsladning*
2. = SPRÆNGLADNING □ *en ladning krudt*
3. elektrisk ladning den mængde elektricitet der er knyttet til atomerne i et legeme afhængig af hvor mange elektroner de har afgivet el. fået tilført; måles i *coulomb* □ *negativ elektrisk ladning* · *positiv elektrisk ladning*

ladvogn

SUBST. *-en,* plur. *-e, -ene*

en lastvogn der er forsynet med et lad, ofte et tippelad

lady

SUBST. *-en,* plur. *-er* (el. *ladies*), *ladyerne*
[*ˈlæjdi*]

1. en dame med en stilfuld og elegant optræden □ *ladylike*
2. en hustru el. en datter af en britisk adelsmand el. ridder • en kvinde som er slået til ridder og som er medlem af det britiske parlaments overhus

ladylike

ADJ.
[*ˈlæjdilajk*]

(om en kvinde): som er stilfuld og fornem □ *en ladylike ung frøken* · *hun kunne godt tåle at lære nogle lidt mere ladylike manerer*

laf

SUBST. *laffet,* plur. *laffer, lafferne*

den brede, hule del af en ske

lag

SUBST. *-et,* plur. *lag, -ene*

1. noget som er bredt ud oven på noget andet □ *atmosfærens højere lag* · *et lag støv* · *hun lagde tøjet lag på lag* · *hun smurte et tykt lag smør på brødet* □ *lagdeling* · *lagkage* · *luftlag* · *ozonlag* □ *flintlag* · *islag* · *jordlag* · *hullag* · *mellemlag* · *spæklag* · *støvlag* · *underlag* • **ligge i lag** (spøg.): ligge tæt op ad hinanden □ *turisterne ligger i lag på stranden*
2. en gruppe af personer i samfundet på omtrent samme sociale niveau = SAMFUNDSLAG □ *samfundet består af flere sociallag* □ *befolkningslag* · *mellemlag*
3. i forsk. forb. • **give sig** el. **gå i lag med ngt** begynde på noget □ *han gik i lag med at studere* • **det glatte lag** en voldsom kanonade el. udskældning □ *hun gav ham det glatte lag* • **komme i lag med ng** lære nogen nærmere at kende □ *han kom hurtigt i lag med nogle andre studerende* • **muntert lag** muntert selskab

lagde

VERB.

bøjningsform af *lægge*

lagdeling

SUBST. *-en,* plur. *-er, -erne*

en inddeling i lag el. klasser = STRATIFIKATION

lage[1]

SUBST. *-n,* plur. *-r, -rne*

en opløsning af fx vand el. eddike og salt el. sukker til at konservere fødevarer i el. give smag til fødevarer = MARINADE □ *lægge agurker i en lage* · *kødet lægges i en lage i to timer inden det steges* □ *lageagurk* □ *eddikelage* · *rødvinslage* · *saltlage* · *sukkerlage*

lage[2]

VERB. *-r, -de, -t*

lage ngt konservere fødevarer i en lage □ *lage asier* · *en laget agurk* □ *lagning*

lagen

SUBST. *-et* (el. *lagnet*), plur. *-er* (el. *lagner*), *-erne* (el. *lagnerne*)

et stort, aflangt stykke stof til at lægge over en sengs madras □ *lægge lagen på sengen* □ *lagenlærred* □ *bomuldslagen* · *hørlagen* · *overlagen* · *stiklagen* · *underlagen* • **hvid som et lagen** meget hvid el. bleg; især om ansigtskulør □ *du er jo hvid som et lagen!*

lagenlærred

SUBST. *-et,* plur. *-er, -erne*

et bredt stykke hørlærred der bruges til lagen

lager[1]

SUBST. *-et,* plur. *-e* (el. *lagre*), *-ne* (el. *lagrene*)

1. et rum el. en bygning til længere opbevaring af varer = DEPOT, OPLAGSRUM, PAKHUS □ *have noget på lager* □ *lagerarbejder* · *lagerbygning* · *lagerchef* · *lagerforvalter* · *lagerrum* □ *fjernlager* · *frilager* • en beholdning af varer □ *føre et stort lager* □ *lagerbeholdning* □ *varelager*
2. (edb): en del af en computer hvor data registreres og opbevares □ *indre lager* · *ydre lager* □ *lagerbeskyttelse* · *lagerenhed* · *lagerkapacitet* · *lagerplads* □ *arbejdslager* · *baggrundslager*

lager[2]

SUBST. *-en*, plur. *-e, -ne*

= LAGERØL

lagerarbejder

SUBST. *-en*, plur. *-e, -ne*

en arbejder der er beskæftiget på et lager med lagerstyring, stabling af varer og lagerhåndtering □ *lagerarbejder med gaffeltruckbevis søges*

lagerekspedient

SUBST. *-en*, plur. *-er, -erne*

en lagerarbejder der er beskæftiget med ekspedition af varer på et lager, først og fremmest i detailleddet □ *lagerekspedienten leverer varerne over disken • lagerekspedient på et reservedelslager*

lagerforvalter

SUBST. *-en*, plur. *-e, -ne*

en forvalter på et lager

lagerføre

VERB. *-r, ~førte, ~ført*

lagerføre ngt have varer på lager

lagerøl

SUBST. *~øllet*

en mørk øltype med samme alkoholstyrke som pilsner = LAGER • ⟨*~øllen*, plur. *~øller* (el. *~øl*), *~øllerne* (el. *~øllene*)⟩ en flaske med lagerøl □ *vi skal have to lagerøl*

lagkage

SUBST. *-n*, plur. *-r, -rne*

1. en stor, rund kage der består af to el. flere bagte kagebunde som er lagt lagvis med creme, syltetøj, flødeskum, frugt el. andet fyld imellem □ *lægge en lagkage sammen • pynte en lagkage • et stykke lagkage* □ *lagkagebund • lagkagelys • lagkagepynt • lagkagesnitte* □ *bananlagkage • chokoladelagkage • fødselsdagslagkage*
2. ikke lutter lagkage ikke udelukkende behageligt □ *livet er ikke altid lutter lagkage*

lagkagediagram

SUBST. *~diagrammet*, plur. *~diagrammer, ~diagrammerne*

et cirkelformet diagram = CIRKELDIAGRAM

lagkagekomedie

SUBST. *-n*, plur. *-er, -erne*

en komedie fuld af gags og ofte voldsomme, kropslige humoristiske effekter = FALDE PÅ HALEN-KOMEDIE

lagre

VERB. *-r, -de, -t*

lagre ngt opbevare noget på lager □ *lagre et dokument på en diskette • kornet lagres i siloer* □ *lagring* □ *oplagre* • **lagre ngt** modne og forbedre kvaliteten af fx ost el. vin ved at lade det ligge hen i længere tid □ *lagre ost • lagre vin på egetræsfade • lagret ost* □ *lagring*

lagting

SUBST. *-et*, plur. *lagting, -ene*

parlamentet på Færøerne □ *lagtingsmand • lagtingsvalg*

lagune

SUBST. *-n*, plur. *-r, -rne*
/la'gunə/

lavvandet sø med havvand som er helt el. delvist adskilt fra havet ved en landtange, en ørække el. et koralrev

lak

SUBST. *lakken* el. *lakket*, plur. *lakker, lakkerne*

1. en klar el. farvet opløsning som giver en hård og glansfuld overflade når den størkner; anvendes især til overflader af træ og metal □ *give gulvet en gang lak* □ *lakfarve • lakfernis • lakfjerner* □ *celluloselak • gulvlak • neglelak*
2. en hård, ofte rød substans der bruges til at forsegle et brev el. et dokument med □ *forsegle med lak • en stang lak* □ *laksegl*
3. give ngn en gang lak give nogen en overhaling □ *hun gav ham en gang lak fordi han kom for sent*

lakaj

SUBST. *-en*, plur. *-er, -erne*
/la'kaj/

1. en tjener i uniform ved et hof
2. (neds.): en person der villigt adlyder og udfører andres ordrer = HÅNDLANGER □ *han var nazisternes lakaj*

lakere

VERB. *-r, -de, -t*
/la'kerə/

lakere ngt smøre lak på noget □ *lakere gulve • lakere negle • lakere sine negle røde* □ *lakering*

lakerer

SUBST. *-en*, plur. *-e, -ne*
/la'kerər/

en person der er beskæftiget med lakering af fx biler og cykler □ *autolakerer • industrilakerer • sprøjtelakerer*

lakfarve

SUBST. *-n*, plur. *-r, -rne*

en lak med pigment

lakfjerner

SUBST. *-en*, plur. *-e, -ne*

en væske der bl.a. indeholder *acetone*, og som bruges til at opløse og fjerne lak med □ *lakfjerner med olie* □ *neglelakfjerner*

lakke

VERB. *-r, -de, -t*

lakke mod ngt (glds., spøg.): nærme sig jævnt og langsomt = STUNDE, LIDE □ *det lakker mod vinter • det lakker mod enden*

lakket

ADJ. *-, lakkede*

lakket til = BERUSET □ *han er godt lakket til*

lakmus

SUBST. *-en*, (el. *lakmussen*)

et farvestof der er udvundet af lav, og som farves rødt af *syrer* og blåt af *baser*; bruges i kemien til at skelne mellem syrer og baser □ *lakmuspapir • lakmustinktur*

lakmuspapir

SUBST. *-et*, plur. *-er, -erne*

en strimmel papir præpareret med lakmus som dyppes i en væske og med farveskift angiver om væsken er sur el. basisk

lakonisk

ADJ. *-, -e*
/la'konisk/

kortfattet og træffende = FYNDIG □ *en lakonisk beskrivelse • han svarede lakonisk*

lakrids

SUBST. *-en* el. *-et*, plur. *-er, -erne*
/la'krids/

brunt el. sort slik som indeholder tørret saft af *lakridsrod* □ *giver du en lakrids? • et stykke lakrids • en pose lakridser* □ *lakridskonfekt • lakridspastil • lakridssnørebånd* □ *bændellakrids • pebermyntelakrids • salmiaklakrids • saltlakrids • stanglakrids* • ⟨ikke plur.⟩ et udtræk af en *lakridsrod* som bruges i slik og medicin □ *lakridsekstrakt*

lakridskonfekt

SUBST. *-en*, plur. *-er, -erne*

små firkantede stykker slik der består af lakrids og farvet, sukkerholdig masse i lag □ *en pose lakridskonfekt • et stykke lakridskonfekt*

lakridsrod

SUBST. *-en*, plur. *~rødder, ~rødderne*

lakridsplantens rod af hvilken der udvindes ekstrakt til fremstilling af lakrids, slimløsnende hostesaft og som smagsstof i bl.a. tyggegummi

laks

SUBST. *-en*, plur. *laks, -ene*

en stor fisk med pletter på siden som vandrer mellem havvand og ferskvand for at gyde; kødet er rødligt og spises ofte røget; latinsk navn *Salmo salar* □ *røget laks* □ *laksemousse* • en fisk af laksefamilen, bl.a. *laks* og *ørred*

laksativ

SUBST. *-et*, plur. *-er, -erne*
/laksa'tiv/

= AFFØRINGSMIDDEL

laksefarvet el. laksfarvet

ADJ. *-, ~farvede*

med en lys orange farve som frisk laksekød

laksegl

SUBST. *-et*, plur. *laksegl, -ene*

et segl som er afsat i lak □ *brevet var lukket med et laksegl*

laksfarvet

ADJ.

se *laksefarvet*

laktose

SUBST. *-n*
/lak'tosə/

= MÆLKESUKKER

lakune

SUBST. *-n,* plur. *-r, -rne*
/la'kune/

en manglende del af et hele; især om del af et tekststykke = MANGEL, HUL □ *der er en lakune i loven*

lala

ADJ.
/la'la/

så godt som man kan forlange det efter omstændighederne = NOGENLUNDE □ *forestillingen var sådan lala* · *det går lala med ham*

lam[1]

SUBST. *lammet,* plur. *lam, lammene*

ungen hos får og hos rådyr □ *lammekotelet* · *lammekød* · *lammekølle* · *lammeskind* · *lammesteg* · *lammeuld* □ *marsklam* · *påskelam* · *rålam* · *vædderlam* ● **blid** el. **from som et lam** som er føjelig el. opfører sig ordentligt = FROM SOM EN DUE, MEDGØRLIG

lam[2]

ADJ. *-t, lamme*

ude af stand til at bevæge musklerne = LAMMET, PARALYSERET, BEVÆGELSESHÆMMET □ *han var lam i benene efter at have brækket ryggen* ● ude af stand til at bevæge sig af psykiske årsager, fx overraskelse □ *chokket gjorde ham lam og stum* □ *lamslået* □ *bovlam* · *mundlam*

lama[1]

SUBST. *-en,* plur. *-er, -erne*

1. et sydamerikansk, pukkelløst dyr af kamelfamilien med lange ører og en kort hale; flere arter; latinsk navn *Lama* □ *lamauld*
2. en præst el. munk inden for lamaismen

lama[2]

SUBST. *-en* el. *-et*

blødt, løst vævet stof med lodden overflade og lang luv

lamaisme

SUBST. *-n*
/lama'isme/

den tibetanske form for buddhisme; den øverste præst (*lama*) kaldes Dalai Lama

lamé el. lame

SUBST. *-en* el. *-et,* plur. *-er, -erne*
/la'mé/

stof med indvævede guld- el. sølvtråde □ *lamékjole* □ *guldlamé* · *sølvlamé*

lamel

SUBST. *lamellen,* plur. *lameller, lamellerne*
[la'mæl']

1. hver af flere tynde og smalle plader af træ, metal el. andet materiale som udgør en del af noget, fx i en ventilator, persienne el. sengebund □ *en af lamellerne under madressen er knækket* □ *lamelbund* □ *trælamel*
2. hver af de tynde, sporebærende ribber på undersiden af en svamps hat

lamelbund

SUBST. *-en,* plur. *-e, -ene*

en sengebund med trælameller til at lægge en madras på ≠ SPIRALBUND

lamentation

SUBST. *-en,* plur. *-er, -erne*
[lamænta'sjo'n]

en beklagelse el. jamren, ofte brugt i forbindelse med musik

lamentere

VERB. *-r, -de, -t*
/lamen'tere/

(glds., form.): = JAMRE □ *lamentere over sit triste liv* □ *lamenteren*

lamentoso

ADV.
/lamen'toso/

udtryk for at et musikstykke fremføres klagende

lametta

SUBST. *-en*
/la'metta/

juletræspynt som består af lange, flade, tynde sølvstrimler □ *hænge lametta på træet*

laminat

SUBST. *-et,* plur. *-er, -erne*
/lami'nat/

et materiale lavet af to el. flere lag der er limet sammen, fx krydsfiner □ *bordpladen er lavet af laminat* · *væggene er beklædt med laminat* □ *laminatbeklædning* · *laminatmøbler* · *laminatskrivebord*

laminere

VERB. *-r, -de, -t*
/lami'nere/

laminere ngt lime to el. flere lag sammen □ *lamineret træ* · *lamineret papir*

lamme

VERB. *-r, -de, -t*

lamme ng(t) forårsage tab af følelse i el. kontrol over kroppen el. bestemte muskler = PARALYSERE □ *slaget lammede ham for et øjeblik* · *han var lammet i den ene side af ansigtet* ● **lamme ng(t)** berøve nogen el. noget evnen til at handle el. fungere = PARALYSERE □ *følelsen af sorg lammede hende* · *han var helt lammet af skræk* · *flytrafikken blev lammet af en strejke*

lammefrom

ADJ. *-t, ~fromme*

som er meget from □ *fagbevægelsen er blevet lammefrom* · *en lammefrom romance* · *han tripper lammefromt rundt*

lammekød

SUBST. *-et*

kød fra et slagtet får der er under et år gammelt; er lyst i farven som kalvekød, men federe

lammekølle

SUBST. *-n,* plur. *-r, -rne*

en skank fra et lam; steges ofte hel med ben □ *stegt lammekølle*

lammelse

SUBST. *-n,* plur. *-r, -rne*

manglende evne til at bevæge musklerne pga. skade på nervesystemet = PARALYSE, PARESE □ *spastisk lammelse*

lammesky

SUBST. *-en,* plur. *-er, -erne*

en lille hvid sky □ *en strålende blå sommerhimmel med fine lammeskyer*

lammesteg

SUBST. *-en,* plur. *-e, -ene*

en steg af fx køllen el. rygstykket fra et lam

lampe

SUBST. *-n,* plur. *-r, -rne*

1. en anordning der giver lys ved hjælp af elektricitet el. en brændbar væske ≠ LANTERNE, LYGTE □ *elekrisk lampe* · *lampen lyser* · *tænde en lampe* · *skifte pære på en lampe* □ *lampeafbryder* · *lampefeber* · *lampelys* · *lampeskærm* · *lampested* □ *bordlampe* · *læselampe* · *olielampe* · *petroleumslampe* · *skrivebordslampe* · *standerlampe*
2. **få en på lampen** el. **lampetten** få nogle øretæver

lampefeber

SUBST. *-en,* plur. *~febre, ~febrene*

nervøsitet i anledning af offentlig fremtræden, fx hos skuespillere når de skal optræde på scenen

lampested

SUBST. *-et,* plur. *-er, -erne*

et sted hvor en elektrisk lampe er tilknyttet ledningsnettet □ *der er fire lampesteder i stuen* · *installere et lampested*

lampet

SUBST. *lampetten,* plur. *lampetter, lampetterne*
[lam'pæt]

en lille væglampe □ *lampetarm*

lampion

SUBST. *-en,* plur. *-er, -erne*
[lam'pjɔŋ]

en lille lampe til illumination

lampret

SUBST. *lampretten,* plur. *lampretter, lampretterne*
[lam'prät]

en primitiv, ålelignende fisk med sugemund og syv gælleåbninger bag hvert øje; suger sig fast på andre fisk som den æder ved hjælp af raspetænder; flere arter, bl.a. *havlampret* og *flodlampret;* latinsk navn *Petromyzontidae* = NEGENØJE, NIØJE

lamseben

SUBST. *-et,* plur. *~ben, -ene*

(slang): et barn el. en ung pige som man synes er smuk el. dejlig □ *hun er et rigtigt lamseben* · *lækre lamseben*

lamslået

ADJ. - , *lamslåede*

som er som lammet pga. forskrækkelse el. overraskelse =FORSTENET, LAMMET □ *han var lamslået af skræk* · *de stod som lamslåede*

LAN

et kommunikationsnet til overførsel af data mellem edb-anlæg over kortere afstande, fx inden for samme bygning; fork. af engelsk *local area network* =LOKALNET

lancere

VERB. *-r, -de, -t*
[laŋ'se'ɔ]

lancere ng(t) gøre nogen el. noget kendt; ofte ved hjælp af en reklamekampagne =INTRODUCERE □ *han blev lanceret som den nye Valentino* · *lancere en vare på et nyt marked* □ *lancering*

lancet

SUBST. *lancetten,* plur. *lancetter, lancetterne*
[laŋ'sæt]

en tynd, tveægget operationskniv □ *lancetbladet*

lancier

SUBST. *-en,* plur. *-er* (el. *-s*), *-erne*
[laŋ'sje]

en selskabsdans som danses i grupper af fire par der er opstillet i en *kvadrille*; der danses fem ture til skiftende melodier i forskellig takt • den femte tur i lancier

land

SUBST. *-et,* plur. *-e, -ene*

1. et befolkningsområde som har sin egen regering = NATION, STAT, MAGT, RIGE □ *de nordiske lande* · *fremmede lande* · *et land med seks millioner indbyggere* · *et demokratisk land* · *han bor i et andet land* · *vort lands historie* · *halvdelen kom fra København, resten kom fra det øvrige land* □ *landflygtig* · *landegrænse* · *landsformand* · *landskendt* · *landsomfattende* · *landsskadelig* □ *fædreland* · *hjemland* · *industriland* · *landbrugsland* · *medlemsland* · *naboland* · *turistland* · *uland* • **her til lands** her i landet
2. ⟨ikke plur.⟩ de dele af Jordens overflade som ikke er dækket af vand =LANDJORDEN ≠ VAND, HAV □ *båden var 100 m fra land* · *ro ind til land* · *der er land i sigte* · *skibet lagde til land* · *lægge fra land* · *rejse over land* · *landet hæver sig her flere hundrede meter* □ *landdyr* · *landbaseret* · *landfast* · *landmasse* · *landområde* □ *fastland* · *højland* · *lavland* · *marskland* • **i land** fra vandet og ind på landjorden □ *hun steg i land i København* · *de blev sat i land i Antwerpen* · *svømme i land* · *redde sig i land* · *nå sikkert i land* · *drive i land* · *skylle i land* □ *landgang* · *landsætte* • **gå i land** gå fra et skib til landjorden el. holde op med at sejle som sømand □ *vi gik i land på Læsø* · *han gik i land og begyndte at studere* • **på land** på landjorden □ *ingen på land havde bemærket at der var noget galt* · *på land samarbejder marinen med politiet om opgaven* · *de trak båden op på land* • **til lands** på landjorden ≠ TIL VANDS □ *stridskræfterne til lands, til vands og i luften* · *forureningen til lands*
3. ⟨ikke plur.⟩ landområderne væk fra de større byer ≠ BY □ *det åbne land* · *mange mennesker fra by og land besøgte udstillingen* · *hun er fra landet* □ *landlig* · *landbefolkning* · *landdistrikt* · *landejendom* · *landluft* · *landzone* □ *opland* • **på landet** □ *bo på landet* · *flytte på landet* • **tage på landet** tage på ferie på landet
4. et sted i fantasiens verden □ *barndommens land* □ *drømmeland* · *eventyrland* · *slaraffenland*
5. ⟨i sammensætn.⟩ et større sted med fritidsaktiviteter el. salg af bestemte ting □ *ferieland* · *sommerland* · *tæppeland* · *vandland*
6. i forsk. forb.: • **al landsens ulykker** alle mulige ulykker □ *han truede med al landsens ulykker hvis de ikke ville makke ret* • **den må du længere ud på landet med** udtryk for at man ikke tror på noget fordi det virker for fantastisk • **få ngt halet i land** få en vanskelig sag gennemført □ *de fik omsider ordren halet i land* • **hale** el. **trække i land** fortryde en påstand og sige noget andet □ *han begyndte at trække i land da jeg fortalte hvad jeg vidste om sagen* • **lukket land** noget som man ikke kender til el. forstår sig på □ *matematik er et lukket land for mig* • **se hvordan landet ligger** se hvordan det står til med noget før man giver sig i kast med det • **uden for lands lov og ret** langt borte fra civilisationen □ *de bor uden for lands lov og ret*

landauer

SUBST. *-en,* plur. *-e, -ne*

et let, firhjulet hestekøretøj forspændt med to heste og med to tværsæder og to kalecher

landbetjent

SUBST. *-en,* plur. *-e, -ene*

en politibetjent der har sit distrikt på landet

landbo el. landboer

SUBST. *-en,* plur. *-er, -erne*
(landboer: *-en,* plur. *-e, -ne*)

(glds.): en person der bor på landet el. en landmand ≠ BYBO □ *landboforening* · *landboreform*

landbohøjskole

SUBST. *-n,* plur. *-r, -rne*
/landbo'højskole/

en højere læreanstalt som uddanner dyrlæger og agronomer □ *den Kongelige Veterinær- og Landbohøjskole*

landbrug

SUBST. *-et,* plur. *~brug, -ene*

erhvervsvirksomhed som består af agerbrug og husdyrbrug =LANDVÆSEN □ *landbruget har svære tider* · *drive økologisk landbrug* □ *landbrugsejendom* · *landbrugskonsulent* · *landbrugspligt* • en enkelt virksomhed el. bedrift = BEDRIFT □ *han vil købe sit eget landbrug når han er færdiguddannet* • **intensivt landbrug** en landbrugsform hvor man udnytter jordens frugtbarhed fuldt ud • **ekstensivt landbrug** dyrkning af udstrakte arealer uden rationel udnyttelse

landbruger

SUBST. *-en,* plur. *-e, -ne*

= LANDMAND

landbrugsminister

SUBST. *-en,* plur. *~ministre, ~ministrene*

en minister med ansvar for landbrug

landbrugsministerium

SUBST. *~ministeriet,* plur. *~ministerier, ~ministerierne*

et ministerium som har at gøre med landbrug

landbrugsskole

SUBST. *-n,* plur. *-r, -rne*

en skole hvor der undervises i teoretisk og praktisk landbrug samt en række almindelige skolefag

landbrød

SUBST. *-et,* plur. *~brød, -ene*

et stort hvedebrød □ *en skive landbrød* · *hjemmebagt landbrød*

landdag

SUBST. *-en,* plur. *-e, -ene*

en lovgivende forsamling i en tysk delstat □ *landdagsvalg*

lande

VERB. *-r, -de, -t*

komme fra luften ned på jorden el. vandet □ *fuglen landede på en gren* · *flyet landede på en mark* · *bolden landede i noget højt græs* · *fuglen landede på havet* · *han faldt og landede midt i en vandpyt* □ *landing* • **lande ngt** bringe en flyvemaskine fra luften ned på jorden el. vandet □ *piloten landede jetjageren i lufthavnen* □ *landing* □ *mavelande* · *mellemlande* · *nødlande* • **lande ngt** bringe noget fra vandet på land el. i havn □ *fiskeren landede en stor fangst af sild* · *lande den største fisk* □ *landing*

landegrænse

SUBST. *-n,* plur. *-r, -rne*

en grænse mellem to stater

landejendom

SUBST. *~ejendommen,* plur. *~ejendomme, ~ejendommene*

en ejendom på landet hvortil der hører el. har hørt husdyrhold og jord som dyrkes =GÅRD

landemode

SUBST. *-t,* plur. *-r, -rne*

en årlig sammenkomst mellem stiftamtmand, biskop og provster i et stift hvor kirkelige administrative spørgsmål afgøres • en gejstlig appelret bestående af stiftamtmand og biskop

landeplage

SUBST. *-n,* plur. *-r, -rne*

et fænomen som plager et helt land □ *myggene er en landeplage om sommeren* · *melodien er blevet en sand landeplage*

landevej

SUBST. *-en,* plur. *-e, -ene*

1. en dobbeltsporet vej på landet som forbinder byer □ *du kan stå på bussen oppe ved landevejen kl. elleve* □ *landevejstrafik* □ *hovedlandevej*
2. lige ud ad landevejen enkelt og ligetil at klare □ *det går uden problemer, det er bare lige ud ad landevejen!*

landevejsløb
SUBST. *-et,* plur. *~løb, -ene*

et cykelløb på en landevej

landevejsridder
SUBST. *-en,* plur. *-e, -ne*

(spøg.): = VAGABOND

landfast
ADJ. *- , -e*

som har landforbindelse med et andet, større landområde, og ikke adskilt fra dette af vand; også om forbindelse ved en dæmning el. bro □ *i istiden var England landfast med resten af Europa • Rømø er gjort landfast med Sønderjylland*

landflygtig
ADJ. *-t, -e*
/land'flygtig/

som er flygtet fra sit land el. som er landsforvist □ *den landflygtige konge* □ *landflygtighed*

landgang
SUBST. *-en,* plur. *-e, -ene*

1. det at gå i land □ *de allieredes landgang i Normandiet*
2. = LANDGANGSBRO

landgangsbro
SUBST. *-en,* plur. *-er, -erne*

1. en bro el. en trappe som lægges mellem et skib og kajen el. hejses ned langs skibssiden = LANDGANG
2. en bro ud i vandet som skibe kan lægge til ved

landhandel
SUBST. *-en* (el. *~handlen*), plur. *~handler, ~handlerne*

1. en købmandsforretning ude på landet □ *i landhandlen kan man købe alt fra brændstof til haveredskaber og madvarer*
2. en blandet landhandel en blanding af meget forskellige ting □ *den internationale bog- og litteraturmesse i Göteborg er noget af en blandet landhandel hvad angår forfattertemperamenter*

landing
SUBST. *-en,* plur. *-er, -erne*

det at lande □ *foretage landing med et fly • landing af fisk* □ *landingsbane • landingsforbud • landingshjul • landingsplads • landingsstel*

landingsbane
SUBST. *-n,* plur. *-r, -rne*

= STARTBANE

landinspektør
SUBST. *-en,* plur. *-er, -erne*

en landmåler der driver en virksomhed og evt. beskæftiger andre landmålere

landkending
SUBST. *-en*

få landkending kunne se land • **tage landkending** bestemme et skibs position ved mærker i land

landkort
SUBST. *-et,* plur. *~kort, -ene*

et geografisk kort med gengivelse af et område, fx et land, en del heraf el. hele verden = KORT ≠ SØKORT □ *stedet er afmærket på landkortet • studere landkortet • finde Paris på landkortet*

landkrabbe
SUBST. *-n,* plur. *-r, -rne*

en person der ikke holder af at komme ud at sejle

landlig
ADJ. *-t, -e*

som har at gøre med landet modsat byen □ *i landlige omgivelser • landlig ro • et landligt udseende*

landlov
SUBST. *-en*

tilladelse for et skibs besætning til at gå i land i fritiden □ *have landlov*

landmand
SUBST. *-en,* plur. *~mænd, ~mændene*

en person der er beskæftiget inden for landbruget el. driver landbrug = LANDBRUGER □ *en faglært landmand • landmand ansat som fodermester*

landmærke
SUBST. *-t,* plur. *-r, -rne*

en genstand på kysten som søfarende kan orientere sig efter, fx en bygning el. en bakke

landmåler
SUBST. *-en,* plur. *-e, -ne*

en person der bl.a. beskæftiger sig med registrering, opmåling, udstykning og ekspropriation af jordområder = LANDMÅLINGSTEKNIKER, KORT- OG LANDMÅLINGSTEKNIKER, CAND.GEOM. □ *landmåler i Matrikeldirektoratet*

landmålingstekniker
SUBST. *-en,* plur. *-e, -ne*

= LANDMÅLER

landpostbud
SUBST. *-et* (el. *~postbuddet*), plur. *-e, -ene*

et postbud der omdeler og tager imod post i et landdistrikt

landsarkiv
SUBST. *-et,* plur. *-er, -erne*

et arkiv for en landsdel som indeholder bl.a. kommunale og private arkivalier; i Danmark er der fire landsarkiver

landsby
SUBST. *-en,* plur. *-er, -erne*

en lille by på landet □ *landsbygade • landsbykirke • landsbysamfund • landsbyskole*

landsdel
SUBST. *-en,* plur. *-e, -ene*

en del af et land □ *de jyske landsdele • udviklingen af vejnettet i landsdelen • en isoleret landsdel* □ *landsdelskommandør • landsdelsorkester • landsdelsscene*

landsdommer
SUBST. *-en,* plur. *-e, -ne*

en dommer ved en landsret

landsdækkende
ADJ.

som er er beregnet til hele landet □ *en landsdækkende avis • landsdækkende tv-stationer • en landsdækkende kampagne*

landsforræder
SUBST. *-en,* plur. *-e, -ne*

en person der forråder sit land ved at samarbejde med landets fjender = QUISLING, KOLLABORATØR, LANDSSVIGER □ *han blev dømt som landsforræder for at have udleveret militære hemmeligheder* □ *landsforræderi • landsforræderisk*

landsforræderi
SUBST. *-et,* plur. *-er, -erne*

forrådelse af sit land gennem ulovligt samarbejde med en fremmed magt, fx ved at udlevere statshemmeligheder = LANDSSVIG, HØJFORRÆDERI

landsforvise
VERB. *-r, ~forviste, ~forvist*

landsforvise ng udvise nogen fra deres hjemland; ofte også om at fratage nogen deres statsborgerskab = EKSILERE, EKSPATRIERE □ *de blev landsforvist da oppositionen kom til magten*

landsforvisning
SUBST. *-en,* plur. *-er, -erne*

jf. *landsforvise* = EKSIL □ *han blev dømt til 10 års landsforvisning*

landshold
SUBST. *-et,* plur. *~hold, -ene*

et hold sammensat af landets bedste idrætsudøvere inden for en sportsgren □ *de to landshold spillede uafgjort* □ *landsholdskamp • landsholdssamling • landsholdsspiller • landsholdstræner • landsholdstræning* □ *fodboldlandshold • håndboldlandshold*

landskab
SUBST. *-et,* plur. *-er, -erne*

et område som man kan se ud over; især et naturområde □ *et idyllisk landskab med skyggefulde træer, rislende vandløb og høje bjerge i baggrunden • et forrevent landskab med skarpe klipper og forblæste træer* □ *landskabsarkitekt • landskabsmaleri* □ *betonlandskab • bjerglandskab • kontorlandskab • ideallandskab • månelandskab •*

landskabsarkitekt
SUBST. *-en,* plur. *-er, -erne*

en person uddannet til at planlægge, udforme el. forvalte haver, parker og grønne områder, fx omkring boligbyggeri

landskabsplanlægning
SUBST. *-en,* plur. *-er, -erne*

planlægning af udvikling af landområder ≠ BYPLANLÆGNING □ *hun studerer landskabsplanlægning i Tyskland*

landskamp

SUBST. *-en,* plur. *-e, -ene*

en sportskamp mellem to landshold □ *Sverige og Danmark spiller landskamp • Danmark vandt landskampen i håndbold* □ *fodboldlandskamp • håndboldlandskamp*

landskinke

SUBST. *-n,* plur. *-r, -rne*

en slags røget skinke □ *en kogt røget landskinke • en skive landskinke med sennep*

landslæge

SUBST. *-n,* plur. *-r, -rne*

en læge i Grønland el. på Færøerne □ *han var landslæge i Nuuk i mange år*

landsmand

SUBST. *-en,* plur. *~mænd, ~mændene*

en person der kommer fra samme land som en anden □ *de var landsmænd, begge fra Tyrkiet • mine landsmænd* ● **hvad landsmand {er du}?** udtryk for at man spørger om en persons nationalitet □ *hvad landsmand er han?*

landsmål

SUBST. *-et*

(om norske og svenske forhold): = DIALEKT ● (foræld.) = NYNORSK

landsplan

SUBST. *-et*

på landsplan for landet som helhed ≠ PÅ LOKALPLAN □ *på landsplan er der sket et fald i arbejdsløsheden*

landsret

SUBST. *~retten,* plur. *~retter, ~retterne*

en domstol for større civilsager, nævningesager el. sager der er blevet appelleret ved byretten; der findes to landsretter, *Østre Landsret* og *Vestre Landsret*

landsretssagfører

SUBST. *-en,* plur. *-e, -ne*
fork. *lrs.*

(foræld.): en advokat der har ret til at føre sager ved landsretten og underordnede retter; i dag kaldes han advokat med møderet for landsretten

landsråd

SUBST. *-et*

et møde hvor lederne af et parti, en organisation el.lign. planlægger retningslinierne for det kommende år □ *det er spændende hvad weekendens landsråd vil vise • Hjemmeværnets landsråd*

landsskatteret

SUBST. *~retten*

Landsskatteretten den øverste instans i Danmark for behandling af klager over afgørelser truffet af skattemyndighederne

landsstyre

SUBST. *-t*

den del af hjemmestyret på Færøerne og i Grønland som udfører henholdsvis lagtingets og landstingets beslutninger og tager sig af den daglige administration □ *det færøske landsstyre • det grønlandske landsstyre*

landsstyremand

SUBST. *-en,* plur. *~mænd, ~mændene*

et medlem af det grønlandske el. færøske landsstyre □ *han er forhenværende landsstyremand • den færøske landsstyremand*

landssviger

SUBST. *-en,* plur. *-e, -ne*

(glds.): = LANDSFORRÆDER

landsted

SUBST. *-et,* plur. *-er, -erne*

en ejendom el. større villa på landet som ejes af en bybo og bruges som feriebolig

landsting

SUBST. *-et,* plur. *~ting, -ene*

1. parlamentet i Grønland
2. den danske rigsdags andetkammer i 1849-1953 □ *landstingsmedlem • landstingsmand • landstingsvalg*

landstingsmedlem

SUBST. *~medlemmet,* plur. *~medlemmer, ~medlemmerne*

et medlem af Grønlands landsting

landstryger

SUBST. *-en,* plur. *-e, -ne*

= VAGABOND

landstræner

SUBST. *-en,* plur. *-e, -ne*

en person der træner et landshold

landsætte

VERB. *-r, ~satte, ~sat*

bringe noget til landjorden fra et skib, især om tropper □ *styrkerne blev landsat om morgenen* □ *landsættelse • landsætning*

landtange

SUBST. *-n,* plur. *-r, -rne*

en mindre smal halvø som rager ud fra kysten □ *de gik ud på landtangens yderste spids*

landvin

SUBST. *-en,* plur. *-e, -ene*

en billig bordvin der i almindelighed ikke eksporteres

landvinding

SUBST. *-en,* plur. *-er, -erne*

1. indvinding af nyt land
2. fremskridt inden for et område, fx teknik el. videnskab □ *filmen er en landvinding i computergrafik • aftalen blev kaldt en historisk landvinding • en stor videnskabelig landvinding • en teknologisk landvinding • en kulturel landvinding*

landvæsen

SUBST. *-et* (el. *~væsnet*)

(foræld.): = LANDBRUG □ *lære landvæsen* □ *landvæsenselev*

landzone

SUBST. *-n,* plur. *-r, -rne*

et område hvor der efter en godkendt plan ikke må være bymæssig bebyggelse, men kun landbrug, skovbrug o.l. ≠ BYZONE, SOMMERHUSOMRÅDE □ *i lokalplanen overføres flere områder fra landzone til byzone • friholde landzonerne for bebyggelse* □ *landzonejord • landzoneområde*

lang

ADJ. *-t, -e; længere, længst*

stor i længde el. tid ≠ KORT □ *et langt bord • en lang kø • på lang afstand • en lang dreng • der var lang vej hjem • en lang rejse • det tog en hel lang time • gennem lang tid • en lang samtale* □ *langsom • langrygget • langside • langsigtet • langskaftet • langskægget • langspyt • langstilket • langstrakt • langtfra • langtrukken • langtur* □ *aflang • daglang • fodlang • nattelang • timelang • årelang* ● **langt** ⟨ADV.⟩ = MEGET □ *det går langt bedre end forventet* ● **ikke have langt igen** være ved at dø ● **langt om længe** = OMSIDER □ *hun blev langt om længe færdig med arbejdet* ● **syv lange og syv brede** se under *syv* ● **blive lang i ansigtet** se under *ansigt* ● **få en lang næse** se under *næse*

langbold

SUBST. *-en*

et boldspil der minder om rundbold, men hvor det gælder om at løbe ned til en baglinje og tilbage igen ≠ RUNDBOLD, STIKBOLD

langbølge

SUBST. *-n,* plur. *-r, -rne*
fork. *LB*

elektromagnetiske bølger med en bølgelængde på mellem ca. 1.000 og 2.000 m og en frekvens på under 600 kHz = LF ≠ KORTBØLGE, MELLEMBØLGE ● en radiobølgefrekvens inden for dette område; bruges hovedsageligt til transmission over store afstande ≠ KORTBØLGE, MELLEMBØLGE □ *sende på langbølge • høre et program på langbølge • en antenne til langbølge* □ *langbølgebånd • langbølgemodtager • langbølgesender • langbølgestation*

langdrag

SUBST.

trække i langdrag vare alt for lang tid □ *sagen trak i langdrag*

langdysse

SUBST. *-n,* plur. *-r, -rne*

en 5-10 m bred og 20-185 m lang dysse = GRAVKAMMER, OLDTIDSGRAV

lange

VERB. *-r, -de, -t*

lange ng ngt strække armen el. kroppen for at give noget til nogen = RÆKKE, GIVE, STIKKE □ *han langede hende en skovl så hun kunne gå i gang med arbejdet • gider du lige lange mig saltet* ● **lange til fadet** forsyne sig med mad ● **lange ud efter ng** strække armen ud for at slå nogen □ *hun langede ud efter ham, men ramte lampen* ● **lange ud efter ng** kritisere nogen på en barsk måde □ *pressen langede ud efter statsministeren*

langelandsk

ADJ. - , *-e*

som har at gøre med Langeland

langelænder

SUBST. *-en,* plur. *-e, -ne*

en person fra Langeland

langemand

SUBST. *-en,* plur. *~mænd, ~mændene*

= LANGFINGER

langfart

SUBST. *-en,* plur. *-er, -erne*

en lang rejse ◻ *drage på langfart • han har sejlet langfart i fem år • han er på langfart • bogen handler om en sømand på langfart fra New York til Australien* ● **sejle** el. **gå i langfart** (om et skib): sejle fra havn til havn over lange strækninger

langfinger

SUBST. *-en,* plur. *~fingre, ~fingrene*

den midterste og længste finger på menneskets hånd, mellem pege- og ringfinger = LANGEMAND

langfingret

ADJ. - , *~fingrede*

som har lange fingre ◻ *en langfingret hånd* ● = TYVAGTIG ◻ *de mistænkte den nye assistent for at være langfingret* ◻ *langfingrethed*

langfredag

SUBST. *-en,* plur. *-e, -ene*
/lang'fredag/

fredagen før *påskedag;* helligholdes til minde om Jesu korsfæstelse og død ◻ *langfredagsgudstjeneste*

langfristet

ADJ. - , *~fristede*

med en lang frist el. varighed ≠ KORTFRISTET ◻ *langfristet lån*

langhalm

SUBST. *-en*

halm som er sorteret så den kun indeholder de særlig lange strå ● **tærske langhalm på ngt** gang på gang vidtløftigt behandle samme, ikke videre interessante emne ◻ *nu kan vi vist ikke blive ved med at tærske langhalm på den gamle historie*

langlivet

ADJ. - , *~livede*

1. som varer længe ≠ KORTLIVET ◻ *et langlivet radioaktivt stof*
2. som har en lang talje ≠ KORTLIVET ◻ *en langlivet kjole • en langlivet person*

langmodig

ADJ. *-t, -e*
/lang'modig/

som er tålmodig og kærligt overbærende = TÅLMODIG ◻ *Gud er langmodig*

langrend

SUBST. *-et*

løb på ski i fladt og kuperet terræn ≠ SLALOM ◻ *langrendsløjpe • langrendsski* ● en tilsvarende disciplin inden for skisport ◻ *tage på langrend • løbe langrend*

langs

PRÆP., ADV.

langs el. **langs med** ved siden af i længderetningen ◻ *der står træer langs vejen • der er flere badestrande langs kysten • jeg gik langs med kanalen • han løb langs med cykelstien* ● **på langs** ⟨ADV.⟩ i længderetningen ≠ PÅ TVÆRS ◻ *motoren kan være monteret på langs eller på tværs • han savede brættet igennem på langs • et snit på langs af livmoderen* ● **{en time} på langs** (spøg.): udtryk for at man lægger sig for at hvile sig ◻ *jeg tager lige en halv time på langs*

langsigtet

ADJ. - , *~sigtede*

som gælder i lang tid ≠ KORTSIGTET ◻ *langsigtede planer*

langsom

ADJ. *-t, langsomme; langsommere, langsomst*

som bevæger sig el. reagerer i et roligt tempo ≠ HURTIG ◻ *han er altid langsom om morgenen • bilkøen bevægede sig langsomt af sted • være langsom med at male væggen* ● som ikke opfatter særlig hurtigt ◻ *han er ikke dum, bare en smule langsom • de tænker langsomt* ● **langsom i optrækket** som er lang tid om at komme i gang ◻ *vi kommer altid for sent fordi du er så langsom i optrækket*

langsommelig

ADJ. *-t, -e*

som er så langsom at man begynder at kede sig ◻ *det er en langsommelig proces at samle et ur • forestillingen sneglede sig langsommeligt af sted*

langstilket

ADJ. - , *~stilkede*

som har lang stilk ◻ *langstilkede roser*

langstrakt

ADJ. - , *-e*

1. som har stor udstrækning i længden i forhold til bredden ◻ *en langstrakt plads • en langstrakt sø • en langstrakt krop*
2. = LANGTRUKKEN ◻ *et langstrakt skuespil • et langstrakt suk*

langsynet

ADJ. - , *~synede*

med fejl i øjet som gør at fjerne ting ses godt og nære ting ses dårligt ≠ NÆRSYNET ◻ *man bliver langsynet med alderen* ◻ *langsynethed*

langtfra

ADV.

slet ikke = INGENLUNDE ◻ *hun er langtfra tilfreds • det er langtfra et ønskejob, men lønnen er god*

langtidsplan

SUBST. *-en,* plur. *-er, -erne*

en plan som gælder langt ud i fremtiden ◻ *man bør lave en langtidsplan • vedtage en langtidsplan*

langtidsplanlægning

SUBST. *-en,* plur. *-er, -erne*

planlægning som går langt ud i fremtiden ◻ *hun går ind for langtidsplanlægning*

langtrukken el. langtrukket

ADJ. *-t, ~trukne*
(langtrukket: - , *~trukne*)

som føles kedsommelig el. længere end det kunne el. burde være ◻ *stykket var for langtrukkent* ◻ *langtrukkenhed* ● som varer usædvanlig længe; især om visse lyde ◻ *der lød et langtrukkent skrig • ulven hylede højt og langtrukkent*

languster el. langust

SUBST. *-en,* plur. *-e, -ne*
(langust: *-en,* plur. *-er, -erne*)
/lan'guster/

et stort hummerlignende krebsdyr uden klosakse og med meget tykke følehorn; latinsk navn *Palinuridae*

langvarig

ADJ. *-t, -e*

som varer længe ◻ *en langvarig sygdom • en langvarig regeringskrise*

langvejsfra

ADV.

fra et sted som ligger langt væk ◻ *folk kom langvejsfra for at høre ham tale*

lanolin

SUBST. *-en* el. *-et*
/lano'lin/

det naturlige fedtstof i fåreuld ◻ *vaskemidlet indeholder lanolin • lanolin kan udløse allergi*

lanse

SUBST. *-n,* plur. *-r, -rne*

et meget langt kaste- el. stødvåben der holdes i hånden, og som ofte er af træ ◻ *lansedrager*

lanterne

SUBST. *-n,* plur. *-r, -rne*
/lan'terne/

en lille, stærktlysende lygte på fx et skib el. tog ◻ *røde og grønne lanterner • blændede lanterner • føre lanterne • sejle uden lanterner* ◻ *lanterneføring • lanternesignal* ◻ *agterlanterne • baglanterne • forlanterne • signallanterne • skibslanterne*

laot

SUBST. *-en,* plur. *-er, -erne*
/la'ot/

en person fra Laos

laotisk

ADJ. - , *-e*
/la'otisk/

som har at gøre med Laos

lap

SUBST. *lappen,* plur. *lapper, lapperne*

1. et lille stykke materiale der bruges til at dække over et hul el. en skade □ *der var flere lapper på cykelslangen* • *hun havde mange lapper på bukserne* • *have en lap for øjet* □ *cykellap* • *læderlap* • *skindlap* • *stænkelap*
2. et lille stykke papir □ *han skrev det på en lille lap* • *en lap papir*
3. = SAME □ *lap(pe)pige*

lapidarisk

ADJ. - , *-e*
/lapi'darisk/

kortfattet og præcis □ *en lapidarisk besked*

lapis

SUBST. *-en* (el. *lapissen*)

et bakteriedræbende middel som tidligere blev dryppet i nyfødtes øjne som forebyggelse af den farlige øjenbetændelse barnet kunne få hvis moderen havde gonoré = SØLVNITRAT, HELVEDESSTEN

laplandsk

ADJ. - , *-e*

som har at gøre med Lapland

laplænder

SUBST. *-en,* plur. *-e, -ne*

en indbygger i Lapland

lappe

VERB. *-r, -de, -t*

lappe ngt sætte lap på noget der er kommet hul i □ *hans bukser var krøllede og lappede* • *det lille hul kan nemt lappes* • *lappe cykel* • *lappe et punkteret dæk* • *lappe sit tøj* • **lappe på ngt** forsøge at rette op på noget ved at foretage småændringer □ *vi kan ikke længere nøjes med at lappe på den nuværende lov* □ *lapperier* • *lappeløsning*

lappedykker

SUBST. *-en,* plur. *-e, -ne*

en svømmefugl med spidst næb, fligede svømmefødder og ofte med fjertop; kan dykke meget pludseligt og svømme lange strækninger under vandet på jagt efter småfisk; flere arter, bla. *toppet lappedykker* og *gråstrubet lappedykker;* latinsk navn *Podicipedidae*

lappegrej el. lappegrejer

SUBST. *-et*
(lappegrejer: *-ne*)

forskellige redskaber til at lappe slangen i et cykeldæk med

lappisk

ADJ. - , *-e*

= SAMISK

laps

SUBST. *-en,* plur. *-e, -ene*

(neds.): en mand der er overdrevet elegant i påklædning og opførsel = DANDY, UDHALER, JON □ *han er en laps at se på*

lapset

ADJ. - , *lapsede*

(neds., om en mand): som går meget op i sit udseende og klæder sig lidt for smart □ *han er noget lapset klædt* • *en lapset fyr*

lapsus

SUBST. *-en* (el. *lapsussen*), plur. *lapsus, -ene* (el. *lapsussene*)

en fejlagtig tanke el. ytring der skyldes distraktion el. uagtsomhed = HUSKEFEJL, SKRIVEFEJL, FORTALELSE □ *det var en ren lapsus fra min side* • *gøre sig skyldig i en utilgivelig lapsus*

large

ADJ.
[*'la:dsj* el. *'la:sj*]

1. som ikke er nøjeregnende med noget, fx penge el. medfølelse = STORSINDET, GAVMILD □ *en large gestus* • *han er meget large når de er i byen*
2. ⟨fork. *L*⟩ stor i tøjstørrelse; større end *medium* □ *en skjorte i størrelse large* • *jakken fås i large og medium* • *ekstra large*

larghetto

ADV.
[*la'gæto*]

udtryk for at et musikstykke fremføres kraftigt i langsomt tempo, knap så langsomt som *largo*

largo

ADV.

udtryk for at et musikstykke fremføres i meget langsomt tempo • ⟨SUBST: *-en,* plur. *-er, -erne*⟩ et musikstykke fremført largo

larm

SUBST. *-en*

høje, generende lyde = STØJ, SPEKTAKEL □ *de lavede en frygtelig larm* • *talen druknede i larm*

larme

VERB. *-r, -de, -t*

afgive høje, generende lyde = STØJE □ *vaskemaskinen larmer* • *børnene larmede nede i gården* • *larmende bifald* □ *larmen*

larve

SUBST. *-n,* plur. *-r, -rne*

en ormeformet unge af dyr som omdanner sig til voksenstadiet, fx padder og visse insekter □ *sommerfuglelarve* • **laber larve** (spøg.): en meget smart og flot pige

larvefødder

SUBST.PLUR. *-ne*

en af to lukkede drivremme med brede kæder på fx en tank som gør den i stand til at køre i ufremkommeligt terræn □ *en kampvogn på larvefødder*

las

SUBST. *-en,* plur. *-er, -erne*

et stykke afrevet tøj □ *have en las over sig* • **laser** tøj der er slidt el. umoderne □ *hun havde nogle gamle laser på* • *laser og pjalter* • **i laser** i stykker □ *hans skjorte er helt i laser* • *tapetet hang i laser* • *arbejde sin røv i laser* • *et ægteskab i laser*

lasagne

SUBST. *-n*
[*la'sanjə*]

en ret der laves af tynde plader af pasta som lægges lagvis med hakket oksekød og bechamelsovs og bages i ovnen □ *lave lasagne* • *lægge en lasagne sammen* □ *lasagnefad* • *lasagneplade* □ *fuldkornslasagne* • *spinatlasagne* • *vegetarlasagne*

lasciv

ADJ. *-t, -e*
[*la'si'v*]

(litterært): = ANSTØDELIG □ *en lasciv dans*

laser

SUBST. *-en,* plur. *-e, -ne*
[*'læjsɔ*]

et instrument der kan frembringe en koncentreret lysstråle der kan være så kraftig at den kan skære gennem metal; bruges i industrien, kirurgien m.m. □ *laserlys* • *laserprinter* • *laserstråle*

lasere

VERB. *-r, -de, -t*
/la'sere/

lasere ngt overstryge noget med tynd, gennemsigtig farve □ *lasere et maleri* • *et laserende farvestof* □ *lasering*

laserprinter

SUBST. *-en,* plur. *-e, -ne*

en printer hvor tegnene overføres til papir ved hjælp af en laserstråle ≠ MATRIXPRINTER

laserstråle

SUBST. *-n,* plur. *-r, -rne*

en koncentreret lysstråle frembragt af en *laser* □ *en laserstråle aflæser cd'ens digitale koder*

laset

ADJ. - , *lasede*

som hænger i laser = PJALTET, SLIDT □ *laset tøj* • *gå laset klædt*

laskefed

ADJ. *-t, -e; -ere, -est*

= LASKET

lasket

ADJ. - , *laskede*

meget fed med mange hængende deller = KVABSET, LASKEFED

lasso

SUBST. *-en,* plur. *-er, -erne*

et langt reb med en løkke i enden der kan strammes, og som kastes ned over et mål; bruges fx til at fange kvæg med □ *kaste med lasso*

last

SUBST. *-en,* plur. *-er, -erne*

1. en skadelig tilbøjelighed el. en dårlig vane = UVANE □ *rygning og andre laster* • *summen af lasterne er altid ens* □ *lastefuld* • *lastværk* • **lastens hule** (spøg.): et sted hvor der foregår syndige ting □ *det bordel er lastens hule*
2. en mængde varer der transporteres = LADNING

□ *lasten har forskubbet sig* · *sejle med levende last* · *losse lasten* · *med fuld last* · *tage last ind* □ *lastbil* · *lastdyr* · *lastluge* · *lastpalle* · *lastterminal* · *lastvogn* □ *dækslast* · *trælast* · *tørlast* • = LASTRUM □ *med lasten fuld af torsk* · *ned i lasten* • **flyde på lasten** (om et skib der er sprunget læk): som holdes oppe af sin ladning
3. i forsk. forb.: • **ligge ng til last** være en byrde for nogen □ *jeg ønsker ikke at ligge jer til last* • **lægge** el. **regne ng ngt til last** give nogen skylden for noget = BEBREJDE • **stå last og brast** stå sammen i medgang og modgang □ *et ægtepar der altid har stået last og brast med hinanden*

lastbil

SUBST. *-en,* plur. *-er, -erne*

et stort køretøj med kraftig motor som er beregnet til transport af gods i store mængder = LASTVOGN □ *lastbilchauffør*

laste

VERB. *-r, -de, -t*

1. laste ngt tage en last om bord = LADE □ *skibet anløber Ålborg for at laste cement* □ *lastning* □ *lasteevne* • **laste ngt med ngt** fylde et større transportmiddel, fx et skib el. en vogn med ting = LÆSSE □ *laste et skib med korn* • **laste {4.000 tons}** kunne rumme en last med en bestemt vægt el. rumfang
2. laste ng for ngt = BEBREJDE □ *det skal du ikke lastes for*

lastefuld

ADJ. *-t, -e*

som har mange laster □ *en lastefuld karakter* · *have lastefulde tanker*

lastex

SUBST. *et*

en indvævet elastisk tråd som fx anvendes til seler og badedragter

lastrum

SUBST. *~rummet,* plur. *~rum, ~rummene*

et rum i et skib hvor ladningen anbringes under transporten = LAST

lastvogn

SUBST. *-en,* plur. *-e, -ene*

= LASTBIL □ *lastvognstog*

lastværk

SUBST. *et*

hastværk er lastværk se under *hastværk*

lasur

SUBST. *-en*
/la'sur/

overmaling med lasurfarve

lasurfarve

SUBST. *-n,* plur. *-r, -rne*

en tynd, gennemsigtig farve som lader de underliggende farver skinne igennem; bruges fx til at afstemme et maleris farver ≠ DÆKFARVE

lasurit

SUBST. *lasuritten,* plur. *lasuritter, lasuritterne*
/lasu'rit/

= LASURSTEN

lasursten

SUBST. *-en,* plur. *~sten, -ene*

et dybblåt mineral der bl.a. anvendes som smykkesten = LASURIT

lat.

fork. for *latin*

latens

SUBST. *-en*
/la'tens/

det at noget er latent □ *en sygdoms latens* · *en psykoses latens* □ *latensfase* · *latenstid*

latenstid

SUBST. *-en*

den tid der går mellem en påvirkning og den herpå følgende reaktion □ *sygdommens latenstid*

latent

ADJ. *- , -e*
/la'tent/

som eksisterer uden at være synlig el. kommet til udtryk = SKJULT □ *en latent psykose* · *der var en latent spænding mellem træner og spillere*

latex

SUBST. *-en* el. *-et*
/'latex/

en tyk, hvid saft af gummitræet • stof med indvævede gummitråde

latin

SUBST. *et, latinen*
/la'tin/

⟨fork. *lat.*⟩ det sprog der blev talt i Romerriget, og som danner grundlag for de *romanske* sprog; er stadig den romerskkatolske kirkes officielle sprog □ *læse latin* □ *latinsk* · *latinskole* · *latinundervisning* □ *vulgærlatin* • **god latin** udtryk for at noget er det rigtige efter alment accepterede forestillinger og begreber □ *det er god latin at have undersøgt sagerne på forhånd, før man udtaler sig* • **løgn og latin** = LØGN □ *det er løgn og latin alt sammen!*

latinamerikaner

SUBST. *-en,* plur. *-e, -ne*

en person fra Latinamerika, dvs. Sydamerika, Mellemamerika, Mexico og Vestindien

latinamerikansk

ADJ. *- , -e*

som har at gøre med Latinamerika

latinersejl

SUBST. *-et,* plur. *~sejl, -ene*
/la'tinersejl/

et trekantet el. firkantet sejl som er fastgjort til en skråstillet, bevægelig *rå*

latinsk

ADJ. *- , -e*
/la'tinsk/

som har at gøre med latin el. med ældre romerske forhold □ *latinsk grammatik* · *det latinske alfabet* · *det latinske navn på gråspurven er Passer domesticus*

latinskole

SUBST. *-n,* plur. *-r, -rne*

(foræld.): = GYMNASIUM

latrin

SUBST. *-en* el. *-et,* plur. *-er, -erne*
/la'trin/

et primitivt toilet, fx et hul i jorden el. en tønde □ *romerne havde både offentlige og private latriner* · *hvem skal tømme latrinen?* □ *latrinær* • ⟨kun *-en*⟩ menneskelige ekskrementer der evt. anvendes som gødning □ *latrinen køres ud på marken som gødning* · *dette rensningsanlæg tager sig af hovedstadens latrin* □ *latrinbeholder* · *latringødning* · *latrintønde* · *latrinvogn*

latrinær

ADJ. *-t, -e*
/latri'nær/

som har at gøre med afføring og ekskrementer □ *latrinære gloser* · *latrinære vittigheder*

latter

SUBST. *-en*

lyden der fremkommer når nogen ler □ *en smittende latter* · *klovnen vakte latter* · *vride sig af latter* □ *latterlig* · *latterbrøl* · *latterhjørne* · *lattermild* · *lattermuskel* · *lattersalve* · *lattervækkende* □ *kluklatter* · *skoggerlatter* · *skraldlatter* • **blive** el. **være til latter** blive latterliggjort • **gøre sig til latter** gøre sig til grin • **slå en høj latter op** le højlydt • **få** el. **have latteren på sin side** skaffe sig tilhørernes sympati ved at gøre sin modstander latterlig

latterbrøl

SUBST. *-et,* plur. *~brøl, -ene*

en høj lyd som fremkommer når nogen griner højt □ *der lød vilde latterbrøl inde fra salen* · *vittigheden udløste et latterbrøl og vilde klapsalver* · *han blev mødt af et latterbrøl da han trådte ind i stuen* · *historien fremkaldte et latterbrøl fra de tilstedeværende*

lattergas

SUBST. *~gassen,* plur. *~gasser, ~gasserne*

en gasart som bruges til bedøvelse, især ved fødsler, og som virker opstemmende i små mængder □ *blive bedøvet med lattergas* · *få lattergas*

latterlig

ADJ. *-t, -e; -ere, -st*

som virker fjollet og ufornuftig, og som vækker ufrivillig latter = TÅBELIG, LATTERVÆKKENDE □ *han havde en latterlig hat på* · *hun gjorde en latterlig figur* · *virke latterlig* □ *latterliggøre* · *latterlighed*

latterliggøre

VERB. *~gør, ~gjorde, ~gjort*

latterliggøre ng(t) få nogen el. noget til at fremstå på en latterlig måde = PERSIFLERE, ÅLE □ *han latterliggjorde hende foran hele selskabet* · *han latterliggjorde forslaget*

lattermild

ADJ. *- , -t, -e*

som ofte ler og er glad

lattervækkende

ADJ.

= LATTERLIG □ *hans påstande var lattervækkende • en helt igennem lattervækkende person • et lattervækkende lille beløb*

latyrus

SUBST. *-en* (el. *latyrussen*), plur. *latyrus, -ene* (el. *latyrussene* el. *-erne* el. *latyrusserne*)
/*la'tyrus*/

en plante af ærteblomstfamilien med blomster i røde, blåviolette el. gule farver og slyngtråde; haveplante; flere arter = ÆRTEBLOMST

laurbær

SUBST. *~bærren*, plur. *~bær, ~bærrene*

et stedsegrønt træ med små, glatrandede elliptiske blade der bruges friske eller tørrede som krydderi; latinsk navn *Laurus nobilis* = LAURBÆRTRÆ □ *laurbærblad • laurbærtræ* • ⟨best. *~bærret*⟩ et lille bær der vokser på laurbærtræet og som er sort når det er modent □ *laurbærolie* • ⟨kun plur.⟩ grene med blade af laurbærtræet som er snoet til en krans; anvendes som symbol på sejr □ *laurbærkrans* • **hvile på sine laurbær** slå sig til ro efter en sejr uden at stræbe videre • **høste** el. **vinde laurbær** vinde hæder og berømmelse

laurbærblad

SUBST. *-et*, plur. *-e, -ene*

et blad fra et laurbærtræ som bruges frisk el. tørret som krydderi i forskellige madretter

laurbærkrans

SUBST. *-en*, plur. *-e, -ene*

en krans der er flettet af laurbærgrene, og som bruges som symbol på sejr el. udmærkelse □ *laurbærkranse*

laurbærkranse

VERB. *-r, -de, -t*

laurbærkranse ng give nogen en krans af laurbær omkring halsen som hædersbevisning for noget □ *hun blev laurbærkranset af kollegerne efter 25 års karriere på Det kongelige Teater* □ *laurbærkransning*

lav[1]

SUBST. *-en* el. *-et*, plur. *-er, -erne*
[*'lɑw*]

en lav, grågrøn plante som er tør og stikkende, og som bl.a vokser på sten og træer; latinsk navn *Lichenes* ≠ MOS □ *moslav • rensdyrlav*

lav[2]

SUBST. *-et*, plur. *lav, -ene*
[*'lɑw*]

en sammenslutning af næringsdrivende inden for samme fag □ *lavsartikel • lavsfane • lavsvæsen* □ *malerlav • snedkerlav* • anden form for sammenslutning □ *ejerlav • skyttelav • vandrelav • vejlav*

lav[3]

ADJ. *-t, -e; -ere, -est*
[*'lɑ'v*]

1. med ringe dybde ≠ DYB □ *lavt vand • ligge lavt på vandet* □ *lavvande* • som måler relativt lidt fra bund til top ≠ HØJ □ *en lav kommode • lav af vækst* □ *lavbenet • lavstammet* • som er relativt tæt på jorden, gulvet el. bunden ≠ HØJ □ *en lav stol • lave skyer • solen står lavt på himlen • kaste en lav bold • flyve lavt* □ *lavloftet • lavtflyvende • lavtliggende* • er af ringe værdi, grad, mængde el.lign.; især om noget som udtrykkes med tal ≠ HØJ □ *et lavt tal • en lav hastighed • en lav kurs • lave priser • lønnen er for lav • hun fik en lav karakter til eksamen • der var lavt regnet 500 tilhørere* □ *lavalder • lavenergi • lavestbydende • lavfrekvens • lavtlønnet • lavpris • lavtforrentet • lavtryk* • (om lyd): som ikke har stor styrke = DÆMPET ≠ HØJ □ *lav musik • spille lavt* □ *lavmælt*
2. ⟨også SUBST.⟩ (om en person): som har mindreværdig status i en bestemt gruppe □ *hun var af lav herkomst • bestemmelsen gælder alle, både høj og lav* □ *lavadel • laverestillet • laverestående • lavtstående* • moralsk mindreværdig = GEMEN □ *han kunne være lav nok til at gøre det • have en lav tankegang* □ *lavpandet • lavsindet • lavttænkende*
3. holde lav profil se under *profil*

lava

SUBST. *-en*, plur. *-er, -erne*

en masse af smeltede bjergarter som trænger op til jordoverfladen ved vulkanudbrud • den afkølede og størknede masse af bjergarter fra et vulkanudbrud

lavalder

SUBST. *-en*

den kriminelle lavalder den alder man mindst skal have før man kan blive straffet; i Danmark 15 år • **den seksuelle lavalder** den alder en person mindst skal have før man må have seksuel omgang med vedkommende; i Danmark 15 år

lave[1]

SUBST.

af lave udtryk for at noget ikke er som det bør være = I UORDEN □ *verden er af lave • gå af lave*

lave[2]

VERB. *-r, -de, -t*

1. få noget til at eksistere el. have en bestemt ændret form el. udseende = FREMSTILLE, FREMBRINGE, PRODUCERE, TILLAVE □ *lave kaffe • lave mad • lave kartoffelmos • lave sprængt and • lave ost • lave møbler • lave en rytterstatue* □ *færdiglave • tillave* • **lave ngt** = REPARERE □ *cyklen gik i stykker så jeg må lige lave den • har De lavet det lommeur jeg indleverede forleden?* • **lave ngt** udføre en planlagt proces el. en vis handling = UDFØRE, GØRE □ *lave et eksperiment • lave en indsamling • lave ballade • lave ulykker* • **lave ngt** beskæftige sig med noget = UDRETTE, GØRE □ *i dag har jeg lavet en masse i hus og have • vi har ikke lavet noget hele dagen • hun har ikke noget at lave • hvad skal vi lave? • se nu at få lavet noget* • **lave ngt** sørge for noget □ *lav det sådan at du kan komme på søndag • den har du lavet godt!* • **lave ngt om** ændre udseendet el. indretningen af noget = ÆNDRE □ *den kjole skal laves om • det må vi se at få lavet om på • skolen skal laves til en selvejende institution* • **lave vrøvl** beklage sig □ *man får kun ordentlig betjening her hvis man laver vrøvl*
2. lavet til = TILREDT □ *sikke du er blevet lavet til!*
3. (barn.): have afføring = BESØRGE, SKIDE □ *har du lavet i bukserne?*

lavement

SUBST. *-et*, plur. *-er, -erne*
[*lɑw'mɑŋ*]

= KLYSTER

lavendel

SUBST. *-en* (el. *lavendlen*), plur. *lavendler, lavendlerne*
/*la'vendel*/

en plante som er rig på æteriske olier, og som for de fleste arters vedkommende har grå, hårklædte blade og blå blomster; latinsk navn *Lavandula* □ *lavendelolie*

lavere

VERB. *-r, -de, -t*
/*la'vere*/

lavere ngt male med samme farve i tusch, blæk, sepia el. akvarel, men fortyndet i forskellige nuancer □ *en laveret pennetegning* □ *lavering* • **lavere ngt** fortynde farverne på et billede med vand □ *lavering*

lavet

SUBST. *lavetten*, plur. *lavetter, lavetterne*
[*la'vɛt*]

understel på hjul til en kanon = KANONLAVET, AFFUTAGE

lavine

SUBST. *-n*, plur. *-r, -rne*
/*la'vine*/

en masse af sne, is el. jord der løsner sig og styrter ned ad en bjergskråning = SNESKRED □ *skiløberne blev fanget af en lavine i de østrigske alper* • en mængde af uheldige ting □ *en lavine af uheld • lavinen begyndte at rulle da han råbte op*

lavkomik

SUBST. *lavkomikken*

(neds.): komik som bygger på simple el. letkøbte virkemidler

lavkonjunktur

SUBST. *-en*, plur. *-er, -erne*

en periode med lav beskæftigelse og fald i bruttonationalproduktet ≠ HØJKONJUNKTUR

lavland

SUBST. *-et*, plur. *-e, -ene*

et landområde der ligger under 200 m over havoverfladen ≠ HØJLAND

lavmælt

ADJ. *-, -e*

med dæmpet stemme □ *de førte en lavmælt samtale • sige noget lavmælt*

lavmål

SUBST. *-et*

en meget lille mængde = MINDSTEMÅL, MINIMUM □ *han klarer sig trods et lavmål af kundskaber* • **under lavmålet** for ringe □ *arbejdsforholdene på fabrikken er under lavmålet*

lavning

SUBST. *-en*, plur. *-er, -erne*

en strækning der ligger lavt i forhold til omgivelserne □ *en lavning i skoven*

lavpandet

ADJ. - , *lavpandede*

som har en lav pande ≠ HØJPANDET • = FLADPANDET □ *tilhørerne var en samling lavpandede individer* □ *lavpandethed*

lavpris

SUBST. *-en,* plur. *-er, -erne*

en relativ lav pris □ *i det supermarked kan man altid købe bleer til lavpris* □ *lavprisbutik · lavpriskæde · lavprismarked · lavprisproduktion · lavprisselskab · lavprisvarehus*

lavprisvarehus

SUBST. *-et,* plur. *-e, -ene*

et varehus med billige varer

lavstammet

ADJ. - , *lavstammede*

(om en plante): med en kort stamme □ *en lavstammet rose* • (om en person): som er lille og bred

lavtliggende

ADJ.

som er placeret lavt i forhold til noget andet □ *man bør sikre lavtliggende områder mod oversvømmelse · hvis vandet stiger vil kloakkerne i lavtliggende områder løbe den gale vej · hun har købt et lavtliggende husmandssted*

lavtlønnet

ADJ. - , *~lønnede*

aflønnet med den laveste lønsats

lavtryk

SUBST. *lavtrykket,* plur. *lavtryk, lavtrykkene*

1. et område i atmosfæren hvor lufttrykket er lavt i forhold til omgivelserne; medfører ofte dårligt el. ustadigt vejr = CYKLON ≠ HØJTRYK □ *der ligger et lavtryk over Danmark* □ *lavtryksområde*
2. lavt tryk i gasser; angives i *atmosfærer* ≠ HØJTRYK □ *lavtrykskedel · lavtryksoliefyr*

lavtstående

ADJ.

1. som ikke rangerer ligeså højt som noget andet □ *han var fra en lavtstående kaste · lavtstående dyr · filosofisk lavtstående*
2. lavtstående sol udtryk for at solen står lavt på himlen

lavvande

SUBST. *-t,* plur. *-r, -rne*

1. en daglig periode i forbindelse med tidevand hvor vandet trækker sig tilbage fra kysten og vandstanden falder til sit laveste = EBBE ≠ HØJVANDE □ *de kan først komme hjem når det bliver lavvande · ved lavvande* □ *lavvandsmærke*
2. lavvande i pengekassen næsten ikke flere penge tilbage □ *der er lavvande i pengekassen*

lavvandet

ADJ. - , *lavvandede*

med lavt vand □ *søen er temmeligt lavvandet på dette stykke*

layout

SUBST. *-en* el. *-et,* plur. *-s* (el. *layout*), *-ene*
[*læj'awt*]

1. den måde hvorpå tekst og billeder sættes op på en side = OPSÆTNING
2. et udkast til opsætning af tekst og billeder, fx til en annonce

lazaret

SUBST. *lazarettet,* plur. *lazaretter, lazaretterne*
/*laza'ret*/

et midlertidigt hospital for sårede soldater □ *lazaretskib · lazarettog* □ *feltlazaret*

lazaron

SUBST. *-en,* plur. *-er, -erne*
/*laza'ron*/

en dårligt klædt og lurvet person

LB

fork. for *langbølge*

lbek.

fork. for *lovbekendtgørelse*

lbkg.

fork. for *lovbekendtgørelse*

lb.m

fork. for *løbende meter*

l.c.

se *loc.cit.*

le[1]

SUBST. *-en,* plur. *-er, -erne*

et redskab med et langt, let bøjet blad og langt skaft til at meje korn og slå græs med □ *i gamle dage høstede man korn med en le · slå det høje græs med le* • **manden med leen** = DØDEN

le[2]

VERB. *-r, lo, leet* (el. *let*)

smile og frembringe stødvise lyde, ofte med åben mund, fordi noget er morsomt = GRINE ≠ GRÆDE □ *han lo inderligt · le af fuld hals · le af glæde* □ *klukle · skoggerle · småle* • **le ad** el. **af ng(t)** □ *de lo af ham* • **le med** deltage i latteren □ *hele forsamlingen lo med*

lease

VERB. *-r, -de, -t*
[*'li:sə*]

lease ngt udleje el. leje noget, især EDB- og produktionsudstyr, over en længere periode; i leasingperioden er aftalen uopsigelig □ *leasing*

leasing

SUBST. *-en,* plur. *-er, -erne*

jf. *lease* □ *leasingkontrakt*

leben

SUBST. *et*

(spøg.): larmende og munter adfærd, som regel forårsaget af at mange mennesker er sammen □ *der er et farligt leben inde hos naboen*

lebendig

ADJ. *-t, -e*
/*le'bendig*/

(spøg., glds.): = LIVLIG □ *trods sine 80 år er han yderst lebendig*

led[1]

SUBST. *-en* (el. *ledden*), plur. *-er* (el. *ledder*), *-erne* (el. *ledderne*)

en side af noget fx på en kasse □ *kassen måler 50 cm på hver led · på den rigtige led · på den lange led* • **på alle leder og kanter** på alle tænkelige måder □ *undersøge sagen på alle leder og kanter · han er på alle leder og kanter en underlig fyr · han vendte og drejede terningen på alle leder og kanter*

led[2]

SUBST. *-et* (el. *leddet*), plur. *led, -ene* (el. *leddene*)

1. en enkelt del af en længere sammenhængende række □ *et led i en kæde · en kæde er ikke stærkere end dens svageste led · som et led i deres uddannelse skulle de i praktik · et led i produktionen · et led i udviklingen · et led i planen* □ *leddeling · leddelt* □ *bindeled · mellemled · slægtled* • en knogle i en række af sammensatte knogler, især på hænder og fødder □ *han manglede det yderste led på pegefingeren* □ *fingerled · tåled* • hver af de hoveddele som en sætning el. et sammensat el. afledt ord kan deles i = SÆTNINGSLED, SAMMENSÆTNINGSLED □ *der er to led i sætningen: subjekt og verbal · det første led i ordet* □ *ledanalyse* □ *adverbialled · forled · grundled · præpositionsled · udsagnsled*
2. en bevægelig forbindelse mellem to knogler, fx i knæet el. albuen □ *han kan ikke bøje i leddet · være stiv i leddene* □ *ledbetændelse · ledbrusk · ledkapsel · ledsmerter* □ *albueled · håndled · knæled* • **af led** udtryk for at knoglerne i et led forskubbes så der sker en forstuvning □ *armen er gået af led · vride armen af led*
3. en låge i en indhegning □ *vejen var spærret af et led · åbne leddet*

led[3]

VERB.

bøjningsform af *lide*

led[4]

ADJ. *-t, -e; -ere, -est*

= MODBYDELIG ≠ SØD □ *hun er en led madamme · det har været en led uge* • **den lede** = DJÆVELEN □ *fy for den lede* • **led og ked af ng(t)** træt af nogen el. noget □ *jeg er led og ked af det hele* • **led ved ng(t)** som føler afsky for nogen el. noget □ *jeg er virkelig led ved det her*

ledbånd

SUBST. *-et,* plur. *~bånd, -ene*

et bånd af bindevæv der holder knoglerne i et led på plads

leddegigt

SUBST.

se *ledegigt*

leddeløs

ADJ.

se *ledeløs*

leddyr

SUBST. *-et,* plur. *leddyr, -ene*

et hvirvelløst dyr med leddelt legeme og med hårdt hudskelet; leddyr er bl.a. *insekter, edderkopper* og *krebsdyr;* latinsk navn *Arthropoda*

lede[1]

SUBST. *-n*

= AFSKY □ *føle lede ved noget* □ *livslede*

lede[2]

VERB. *-r, -de* (el. *ledte*), *-t*

1. lede ng(t) have bestemmelsen over og stå i spidsen for nogen el. noget = STYRE, REGERE, FORESTÅ □ *lede en arbejdsgruppe* · *lede en virksomhed* · *diktatoren leder landet med hård hånd* · *hun leder forhandlingerne* · *lede og fordele arbejdet* □ *ledelse* · *leder*
2. lede ng(t) få nogen el. noget til at bevæge sig i en bestemt retning = FØRE, STYRE, MANØVRERE, DIRIGERE, NAVIGERE □ *lede en blind person over vejen* · *betjenten ledede trafikken uden om ulykkesstedet* · *hun leder ham i uføre* · *skibet blev ledt i havn af en bugserbåd* · *vejen leder mod nord* · *lede strømmen gennem et kabel* · *lede opmærksomheden over på noget andet*
3. lede ngt (fysik): transportere elektricitet □ *han har udviklet et plasticstof som kan lede strøm* · *generatoren leder en svag jævnstrøm gennem vandet* · *metaller leder bedre end træ* □ *ledning* · *ledeevne*

lede[3]

VERB. *-r, ledte, ledt*

lede efter ng(t) forsøge at finde nogen el. noget = SØGE, EFTERSØGE □ *jeg har ledt efter dig overalt* · *hun ledte efter ordene* · *han ledte bogen igennem efter et godt citat* · *hjælp mig med at lede* □ *livslede* • **man skal lede længe efter** det er sjældent man finder magen til □ *man skal lede længe efter så god en ægtemand*

ledegigt el. leddegigt

SUBST. *-en*

en kronisk betændelse der især angriber leddene i hænderne som kan medføre misdannelser; rammer ofte kvinder = ARTRITIS

ledelse

SUBST. *-n,* plur. *-r, -rne*

det at lede noget = ANFØRSEL, FØRELSE □ *firmaets ledelse har i tre år været varetaget af et sagførerfirma* · *under ledelse af en direktør* · *den daglige ledelse* • et el. flere mennesker der sammen leder noget, fx et firma, et politisk parti el. en forening = BESTYRELSE, DIREKTION □ *den øverste ledelse* · *ledelsen har ansat ham på prøve*

ledeløs el. leddeløs

ADJ. *-t, -e; -ere, -est*

(om en brugsgenstand): som er så slapt i leddene at det rokker el. giver sig og evt. er ved at falde fra hinanden = VAKKELVORN □ *et ledeløst stativ* · *en ledeløs stol* • (om en person): som er løs i leddene □ *en lang, ledeløs person* · *hans håndled er helt ledeløse* • = HOLDNINGSLØS

ledemotiv

SUBST. *-et,* plur. *-er, -erne*

et særligt træk ved en person el. hændelse som gentages ofte igennem et litterært værk, el. en kort, tilbagevendende melodistump som i dramatisk musik karakteriserer en person, situation el. stemning

ledeord

SUBST. *-et,* plur. *~ord, ~ordene*

= NØGLEORD □ *kvalitet har været et ledeord i arbejdet* · *anstændighed og loyalitet bliver ledeordene i det fortsatte politiske arbejde* · *tradition og forandring er nogle af de vigtigste ledeord i bogens artikler*

leder

SUBST. *-en,* plur. *-e, -ne*

1. en person som står i spidsen for og leder noget = ANFØRER, CHEF, BOSS □ *hun er leder af en lilleskole* · *vi skal vælge en leder af mødet* · *daglig leder* □ *lederefaring* · *lederevne* · *lederkursus* □ *afdelingsleder* · *butiksleder* · *mellemleder* · *skoleleder*
2. (fysik): et stof der kan lede elektricitet □ *en elektrisk leder* □ *halvleder*
3. en artikel i et dagblad som udtrykker bladets mening om aktuelle spørgsmål = LEDENDE ARTIKEL □ *dagens leder kommenterer den internationale krise* · *hvem skriver lederen?*

lederskab

SUBST. *-et*

det at lede el. stå i spidsen for noget = FØRERSKAB □ *under hans lederskab blomstrede firmaet* □ *lederskabsevne* □ *kvindelederskab*

ledes

VERB. *ledes, ledede*s

ledes ved ng(t) (glds.): = AFSKY □ *jeg ledes ved hans falske opførsel*

ledestjerne

SUBST. *-n,* plur. *-r, -rne*

en person el. idé der leder én på rette vej □ *hun var min ledestjerne* · *følge sin ledestjerne* · *Aristoteles har altid været den store ledestjerne i engelsk filosofi*

ledetone

SUBST. *-n,* plur. *-r, -rne*

det syvende trin i en dur- el. molskala som i en melodi naturligt leder hen imod grundtonen

ledetråd

SUBST. *-en,* plur. *-e, -ene*

et gennemgående tema = ARIADNETRÅD □ *hendes kærlighed til fremmede kulturer går som en ledetråd gennem hele hendes forfatterskab* · *omsorg for de svageste er ledetråden i partiets politik*

ledig

ADJ. *-t, -e*

som ikke er optaget til anden side = UBESAT, TILRÅDIGHED □ *en ledig stilling* · *er du ledig i aften?* · *have et ledigt øjeblik* · *lejligheden står ledig endnu* · *pladsen ved siden af er ledig* • = ARBEJDSLØS □ *han har gået ledig i lang tid* □ *ledighed*

lediggang

SUBST. *-en*

en tilværelse uden noget fornuftigt at foretage sig □ *lediggang er roden til alt ondt*

lediggænger

SUBST. *-en,* plur. *-e, -ne*

en person som laver så lidt som muligt = DAGDRIVER, FLANØR, DRIVERT □ *lediggængeri*

ledighed

SUBST. *-en*

= ARBEJDSLØSHED □ *ledigheden stiger*

leding

SUBST. *-en*

drage i leding mod ng (glds.): angribe nogen voldsomt

ledning

SUBST. *-en,* plur. *-er, -erne*

1. en isoleret metaltråd som bruges til elektricitetsforsyning = KABEL □ *ledningsnet* · *ledningstråd* □ *forlængerledning* · *højspændingsledning* · *jordledning* · *køreledning* · *telefonledning*
2. et rør til transport af vand, varme osv. □ *fjernvarmeledning* · *kloakledning* · *rørledning* · *vandledning*

ledningsnet

SUBST. *~nettet,* plur. *~net, ~nettene*

et netværk af ledninger □ *det almindelige 220 volts ledningsnet* · *vi er det sidste hus i ledningsnettet så fejl konstateres først her, lød forklaringen*

ledsage

VERB. *-r, -de, -t*

ledsage ng følges med nogen for at vise vej el. hjælpe = GELEJDE, ESKORTERE □ *greven blev ledsaget ud af salen af sin tjener* □ *ledsagelse* • = AKKOMPAGNERE □ *ledsage en sanger på klaveret* • **ledsage ngt** finde sted på samme tid el. sted □ *han ledsagede foredraget med lysbilleder* · *et regnskyl ledsaget af torden* □ *ledsagefænomen*

ledsagefænomen

SUBST. *-et,* plur. *-er, -erne*

et fænomen som opstår som følge af et andet fænomen □ *planetsystemer i stil med vores eget omkring Solen er et naturligt ledsagefænomen til stjernedannelsen*

ledsager

SUBST. *-en,* plur. *-e, -ne*

en person som ledsager en anden □ *hun blev inviteret til et middagsselskab med ledsager* □ *livsledsager*

ledsætning

SUBST. *-en,* plur. *-er, -erne*

en sætning der er et led i en anden sætning, og som ikke kan stå alene; i sætningen *hun spiste en is mens hun så på fodboldkampen* er *mens hun så på fodboldkampen* ledsætning = BISÆTNING ≠ HELSÆTNING

ledtog

SUBST.

stå el. **være i ledtog med ng** være sammensvoren med nogen □ *han står i ledtog med mafiaen • de er i ledtog med selveste Djævlen*

ledvogter

SUBST. *-en,* plur. *-e, -ne*

en person der passer led ved jernbaneoverskæring hvor denne funktion ikke er automatiseret □ *ledvogterhus*

lefle

VERB. *-r, -de, -t*

lefle for ng (neds.): søge at indynde sig hos nogen, fx ved at snakke dem efter munden □ *lefle for vælgerne* □ *leflen • lefleri*

leg

SUBST. *-en,* plur. *-e, -ene*

en underholdende aktivitet som ofte udføres af flere personer; det kan være børns spontane beskæftigelse el. en aktivitet som leges efter bestemte regler □ *lege en leg • leg med dukker • børnenes leg i sneen • to mand frem for en enke, blindebuk og andre lege* □ *barneleg • fangeleg • juleleg • sangleg • selskabsleg • udendørsleg* • en afslappet og ofte nonchalant måde at gøre noget på □ *pianistens leg med tangenterne • arbejdet går som en leg* • en ulige kamp mellem to kræfter som ikke involverer mennesker □ *vindens leg med løvet• kattens leg med musen* • **lege** en større organiseret sportskonkurrence hvor der kæmpes inden for flere sportsgrene = SPORTSKONKURRENCE □ *de Olympiske Lege* • **enden på legen** resultatet af noget □ *enden på legen blev at de solgte bilen* • **holde op mens legen er god** stoppe inden det går galt

legal

ADJ. *-t, -e*
/le'gal/

som følger loven = LOVLIG ≠ ILLEGAL □ *bilsalget var helt legalt* • som har med loven at gøre □ *legale bestemmelser • legale spidsfindigheder*

legalisere

VERB. *-r, -de, -t*
/legali'sere/

gøre lovlig □ *de vil legalisere hashrygning* □ *legalisering*

legalitet

SUBST. *-en*
/legali'tet/

det at noget er legalt □ *der lægges vægt på legalitet i kommunen • prostitution har fået et skær af legalitet*

legat[1]

SUBST. *-en,* plur. *-er, -erne*
/le'gat/

en officiel udsending fra paven = NUNTIUS

legat[2]

SUBST. *-et,* plur. *-er, -erne*
/le'gat/

pengegave der foræres til personer som opfylder bestemte betingelser □ *oprette et legat til fordel for enlige mødre • modtage et legat • den studerende fik tildelt to legater* □ *legatansøgning*

legatar

SUBST. *-en,* plur. *-er, -erne*
/lega'tar/

en person som har fået testamenteret en bestemt del af et bo inden den egentlige deling mellem arvingerne finder sted

legation

SUBST. *-en,* plur. *-er, -erne*
[lega'sjo'n]

et lands diplomatiske repræsentation i et andet land hvor lederen af repræsentationen ikke er ambassadør □ *legationsråd • legationssekretær*

legationsråd

SUBST. *-en,* plur. *-er, -erne*

en titel for en overordnet i en legation

legato

ADV.
/le'gato/
fork. *leg.*

udtryk for at et musikstykke fremføres sammenhængende, glidende fra den ene tone til den næste ≠ STACCATO □ *legatobue*

lege

VERB. *-r, -de, -t*

1. beskæftige sig med leg □ *børnene leger nede i gården • ræveungerne leger uden for hulen* • **lege ngt** beskæftige sig med en bestemt leg □ *lege skjul • børnene leger røvere og soldater* • **lege med ng(t)** beskæftige sig med nogen el. noget for underholdningens skyld □ *børnene leger med hinanden • de leger med legoklodserne*
2. lege ngt foregive at være noget bestemt = SPILLE □ *han leger chef • hun leger forår* • **lege sig til ngt** opnå noget uden at anstrenge sig; ofte med bibetydning af at forholde sig kreativt til sine opgaver □ *hun leger sig til succes • han leger sig frem til resultaterne*
3. lege med ng fornøje sig med at drille, forvirre, skræmme el. pine nogen □ *jeg tror der er nogen der leger med os • morderen leger med sit offer • katten leger med sit bytte* • **lege med ngt** gøre noget som indebærer en risiko for nogen = GAMBLE □ *man skal ikke lege med sit helbred • lege med sit liv • lege med ilden*
4. (om en fisk): lægge og befrugte æg; også om andre dyrs parringsakt

legeme

SUBST. *-t,* plur. *-r, -rne*

= KROP, KORPUS □ *de studerende skulle lære alt om legemet* □ *legemlig • legemliggøre • legemsbygning • legemshøjde • legemsstørrelse • legemsøvelse* □ *dyrelegeme • menneskelegeme* • en partikel i den levende organisme □ *blodlegeme • fremmedlegeme* • **gule legeme** en samling celler der opstår i en æggestok efter ægløsning □ *midt i menstruationsperioden brister den modnede ægfollikel og bliver til det såkaldte gule legeme*

legemlig

ADJ. *-t, -e*

som har at gøre med den menneskelige krop = KROPSLIG, KORPORLIG, FYSISK ≠ ÅNDELIG □ *legemlig afstraffelse • legemlig styrke • en legemlig defekt • legemlige skavanker*

legemliggøre

VERB. *~gør, ~gjorde, ~gjort*

legemliggøre ngt gøre noget abstrakt konkret og levende = AFSPEJLE, SYMBOLISERE, KONKRETISERE □ *hun legemeliggør den perfekte karrierekvinde • den seneste udvikling i sagen legemliggør den dybtliggende konflikt mellem landets religøse og ikke-religiøse grupper • han legemliggjorde den ubestemte trussel ved at finde en syndebuk* □ *legemliggørelse*

legemsbygning

SUBST. *-en,* plur. *-er, -erne*

legemets form og størrelse □ *han har en meget kraftig legemsbygning • kattens legemsbygning er meget muskuløs*

legemshøjde

SUBST. *-n,* plur. *-r, -rne*

en persons højde □ *hendes legemshøjde er 176 cm*

legemsstørrelse

SUBST. *-n,* plur. *-r, -rne*

en persons fysiske højde og omfang □ *af legemstørrelse er hun høj og kraftig mens han er lille og spinkel*

legendarisk

ADJ. *- , -e*
/legen'darisk/

som er blevet en legende □ *den legendariske grønlandsfarer • et legendarisk navn inden for filmverdenen • en legendarisk festival* □ *legendariskhed*

legende

SUBST. *-n,* plur. *-r, -rne*
/le'gende/

1. en fortælling om en helgens liv
2. en fantastisk, til dels opdigtet beretning • en person der har gjort sig markant bemærket □ *han var en levende legende i sit land*

legeonkel

SUBST. *-en* (el. *~onklen*), plur. *~onkler, ~onklerne*

en mand som er glad for at lege med børn □ *han er en hyggelig legeonkel som alle børn elsker*

legeplads

SUBST. *-en,* plur. *-er, -erne*

et område som er indrettet med sandkasser, vipper, gynger m.m. hvor børn kan lege

legere

VERB. *-r, -de, -t*
/le'gere/

1. legere ngt blande metaller ved at smelte dem sammen □ *legering*
2. legere ngt jævne suppe el. sovs med æggeblomme = LIERE □ *legeret sovs* □ *legering*

legering

SUBST. *-en,* plur. *-er, -erne*
/le'gering/

1. en blanding af flere metaller □ *bronze er en legering af kobber og tin*
2. en legeret væske

legestue

SUBST. *-n,* plur. *-r, -rne*

et lokale der er indrettet til aktiviteter for børn • **holde legestue med ng** ydmyge nogen □ *de holdt legestue med modstanderen*

legesyg

ADJ. *-t, -e*

(om dyr): som holder af at lege □ *en legesyg hund · for at være en god opfinder skal man have en god fantasi og være legesyg*

legetante

SUBST. *-n,* plur. *-r, -rne*

en kvinde som er glad for at lege med børn □ *børnene glæder sig til at hun kommer, for hun er en rigtig legetante*

legetøj

SUBST. *-et*

ting som især børn leger med □ *et stykke legetøj · børnene ønsker sig legetøj til jul · kan du ikke finde dit legetøj? · børnene slæbte alt legetøjet med på ferie* □ *legetøjsbil · legetøjsgevær · legetøjskasse · legetøjstelefon* □ *krigslegetøj · pigelegetøj · trælegetøj · voksenlegetøj*

legeværk

SUBST. *-et*

= BARNEMAD □ *dette arbejde er det rene legeværk*

leggings

SUBST.PLUR. *-ene*

= GAMACHER

legio

SUBST.

(form., kun som prædikat): = UTALLIGE

legion

SUBST. *-en,* plur. *-er, -erne*
/legi'on/

en frivillig hær el. et frivilligt korps □ *fremmedlegion · æreslegion* • (hist.): en romersk hærenhed bestående af flere tusinde fodfolk og ryttere • en meget stor mængde □ *der var en hel legion af journalister til topmødet*

legionær

SUBST. *-en,* plur. *-er, -erne*
/legio'nær/

1. en soldat i en legion □ *de romerske legionærer · Cæsars legionærer · legionærerne i fremmedlegionen* □ *fremmedlegionær · æreslegionær*
2. (sport): en spiller som spiller for en udenlandsk klub □ *fodboldlegionær*

legitim

ADJ. *-t, -e*
/legi'tim/

som følger el. berettiges af loven = LOVLIG, RETMÆSSIG, RETSSTRIDIG □ *den legitime tronarving* • (om barn): som er født indenfor ægteskab ≠ ILLEGITIM, UÆGTE • som er berettiget □ *et legitimt ønske*

legitimation

SUBST. *-en,* plur. *-er, -erne*
[legitima'sjo'n]

et dokument som beviser bærerens identitet, og som evt. er udstyret med et billede af bærer samt personlig underskrift; det kan være et sygesikringsbevis, pas el. kørekort = IDENTITETSKORT □ *politiet bad om at se legitimation · barnet er forsynet med legitimation · pakken kan kun udleveres mod fremvisning af legitimation* □ *legitimationskort* • det at legitimere sig

legitimere

VERB. *-r, -de, -t*
/legiti'mere/

1. legitimere ngt udgøre et moralsk el. juridisk argument for noget = BERETTIGE, RETFÆRDIGGØRE □ *selv det ædleste formål kan aldrig legitimere en terroraktion · det legitimerer ikke hans handlinger at han selv har lidt uret* □ *legitimering*
2. legitimere sig bevise sin identitet ved at vise pas, identitetskort el.lign. □ *legitimation*

leguan

SUBST. *-en,* plur. *-er, -erne*
/legu'an/

en langhalet og ofte farvestrålende øgle som findes i Nord- og Sydamerika og på Madagaskar; flere arter, bl.a. *almindelig leguan, havleguan* og *tudseleguan;* latinsk navn *Iguanidae*

lejde

SUBST. *-t*

frit lejde et løfte om at der fx ikke rejses tiltale for en lovovertrædelse el. at en tiltale frafaldes □ *politiet garanterer frit lejde til alle der vil aflevere illegale våben · den korrupte general fik tilbudt frit lejde*

lejder

SUBST. *-en,* plur. *-e, -ne*

en rebstige el. trappe med smalle trin på et skib

leje[1]

SUBST. *-n,* plur. *-r, -rne*

et forhold hvor en person lejer noget af en udlejer □ *de bor til leje · værelset er til leje · få et hus til leje · betale for leje af sommerhus* □ *lejer · lejeaftale · lejekontrakt · lejemål* • en betaling for at leje noget □ *betale en høj leje · lægge tre måneders leje forud · forhøje den årlige leje · opkræve lejen for marts måned · give 1.000 kr. i leje for sommerhuset · der er lagt 100 kr. på lejen* □ *lejeforhøjelse* □ *husleje* • **sætte ng(t) op** el. **ned i leje** □ *boligselskabet satte lejerne 2% op i leje*

leje[2]

SUBST. *-t,* plur. *-r, -rne*

1. et sted hvor nogen el. noget ligger □ *rede sig et leje · lægge sig på et leje · lave sig et leje af hø · ræven har sit leje i en hule · flådens leje* □ *dødsleje · fiskerleje · flodleje · fosterleje · færgeleje · kulleje · sengeleje · smertensleje · sygeleje* • **gå** el. **ligge i leje** (om korn): ligge fladt hen ad jorden □ *det har regnet og stormet så meget at kornet er gået i leje*
2. et niveau for noget □ *hans stemme klinger bedst i det dybe leje · priserne ligger i et fast leje · forholdene er nu ved at glide ind i et fast leje* □ *stemmeleje · toneleje*
3. en understøttelse for en bevægelig maskindel □ *smøre lejerne* □ *kugleleje · glideleje · metalleje · rulleleje*

leje[3]

VERB. *-r, -de, -t*

1. leje ngt låne noget mod betaling i kortere el. længere tid □ *leje et hus · leje en bil i en uge · de lejede en video · I kan leje mit hus i to år* • **leje ngt ud til ng** = UDLEJE □ *de lejer sommerhuset ud til turister · leje et værelse ud* • **leje sig ind** tage midlertidigt ophold et sted mod betaling □ *han lejede sig ind på et hotel · de lejede sig ind hos familien*
2. leje ng betale en person for at gøre noget bestemt □ *hustruen lejede en detektiv til at skygge manden* □ *lejemorder · lejesoldat · lejetropper*

lejebolig

SUBST. *-en,* plur. *-er, -erne*

en bolig som beboeren lejer ≠ EJERBOLIG

lejekontrakt

SUBST. *-en,* plur. *-er, -erne*

en skriftlig aftale om betingelserne for udlejning

lejemorder

SUBST. *-en,* plur. *-e, -ne*

en person der betales af nogen til at slå en anden person ihjel □ *en lejemorder er en professionel morder*

lejemål

SUBST. *-et,* plur. *~mål, -ene*

en aftale om udlejning af noget

lejer

SUBST. *-en,* plur. *-e, -ne*

en person der lejer noget ≠ EJER, UDLEJER □ *ejendommens lejere protesterede mod huslejestigningen*

lejesoldat

SUBST. *-en,* plur. *-er, -erne*

(militær): en person der er ansat som soldat i et fremmed lands hær • (neds.): en person som sælger sin arbejdskraft og loyalitet for penge, ofte med et kriminelt formål

lejeværdi

SUBST. *-en*

et beløb der udregnes som en bestemt procentdel af boligens værdi, og som medregnes i boligejerens skattepligtige indkomst □ *lejeværdi af egen bolig*

lejl.

fork. for *lejlighed*

lejlighed

SUBST. *-en,* plur. *-er, -erne*

1. anledning = MULIGHED, ANLEDNING □ *de drak kun ved festlige lejligheder • han ventede på en lejlighed til at invitere hende ud • benytte sig af lejligheden* □ *lejlighedsvis*
2. en selvstændig bolig i et hus med flere boliger □ *en treværelses lejlighed • bo i lejlighed • søge lejlighed* □ *lejlighedskompleks* □ *kvistlejlighed • kælderlejlighed • stuelejlighed • villalejlighed*

lejlighedsdigt

SUBST. *-et,* plur. *-e, -ene*

et digt der skrives til el. i en bestemt anledning; ofte i forbindelse med en festlig el. højtidelig lejlighed □ *han forfatter lejlighedsdigte i sin fritid*

lejlighedskøb

SUBST. *-et,* plur. *~køb, -ene*

noget som man har købt, ofte til en favorabel pris, fordi man fik mulighed for det □ *det lille chatol var et lejlighedskøb*

lejlighedsvis

ADJ. - (el. *-t*), *-e*

en gang imellem □ *det kom kun til lejlighedsvise møder mellem dem • de ses kun lejlighedsvis*

lejr

SUBST. *-en,* plur. *-e, -ene*

1. en samling af telte el. barakker der er beregnet til at bo i for en kortere periode = FORLÆGNING □ *ligge i lejr • børnene skal på lejr til sommer • vi fik øje på japanernes lejr i det fjerne • slå lejr* □ *lejrbål • lejrliv • lejrpas • lejrsport • lejrudstyr* □ *fangelejr • flygtningelejr • koncentrationslejr • kvindelejr • kz-lejr • nudistlejr • sommerlejr • spejderlejr • træningslejr • ølejr*
2. en gruppe mennesker el. organisationer med fælles ideologi el. holdninger □ *i den borgerlige lejr vil man bekæmpe at SF får nogen indflydelse*
3. ro i lejren fred og ro i en gruppe el. forsamling □ *gruppeformanden må sørge for ro i lejren*

lejrbål

SUBST. *-et,* plur. *~bål, -ene*

et bål i det fri som man samles omkring □ *spejderne sad rundt om lejrbålet og fortalte historier*

lejre

VERB. *-r, -de, -t*

lejre sig (om en person): slå sig ned for at hvile, spise osv. □ *lejre sig på en bænk • de lejrede sig i græsset med madkurve og vinglas*

lejrskole

SUBST. *-n,* plur. *-r, -rne*

en skoleklasses ophold et andet sted i landet hvor eleverne fx lærer om egnens natur, historie, erhverv og geografi □ *5. klasse skal på lejrskole i tredje uge af august* • en bygning som er bruges til lejrskole

leksikalsk el. leksikal

ADJ. *-, -e*
(leksikal: *-t, -e*)
/leksi'kalsk/

som vedrører ordforrådet ≠ GRAMMATISK

leksikograf

SUBST. *-en,* plur. *-er, -erne*
/leksiko'graf/

en person som laver ordbøger og leksika

leksikon

SUBST. *-et,* plur. *-er* (el. *leksika*), *-erne* (el. *leksikaene*)

et opslagsværk med alfabetisk ordnede artikler der giver en oversigt over den menneskelige viden i en bestemt tidsperiode = ENCYKLOPÆDI □ *leksikonartikel* • et opslagsværk med alfabetisk ordnede artikler der beskriver den samlede viden inden for et emne □ *Dansk Biografisk Leksikon • Teknisk Leksikon* □ *edb-leksikon*

lektie

SUBST. *-n,* plur. *-r, -rne*
['lægsjə]

1. skolearbejde som skal laves derhjemme = HJEMMEARBEJDE □ *læreren gav eleverne mange lektier for til næste dag • hun hørte eleven i lektierne • børnene skulle læse deres lektier inden aftensmaden • hun kunne altid sine lektier* □ *lektiebog • lektiehjælp • lektielæsning • lektieterperi*
2. et stykke af Bibelen uden for evangelierne og brevene der læses op ved gudstjenesten □ *den hellige lektie • dagens lektie*

lektion

SUBST. *-en,* plur. *-er, -erne*
[læg'sjo'n]

1. en undervisningsperiode, som regel 45 minutter = UNDERVISNINGSTIME □ *hun giver lektioner i fransk • klassen har seks lektioner om dagen • hun udeblev fra sjette lektion*
2. en oplevelse el. en advarsel som man kan lære af □ *den australske mester indledte turneringen med at give sin landsmand en lektion i tennis på græsbane • Polen har fået de første lektioner i markedskræfternes frie spil*

lektor

SUBST. *-en,* plur. *-er, -erne*

en fastansat lærer ved et gymnasium el. en højere læreanstalt □ *lektor ved Handelshøjskolen • lektor i erhvervsret*

lektorat

SUBST. *-et,* plur. *-er, -erne*
/lekto'rat/

en stilling som lektor = LEKTOREMBEDE

lekture

SUBST. *-n*
[læg'ty'ɔ]

læsestof, især af underholdende karakter

lektør

SUBST. *-en,* plur. *-er, -erne*
/lek'tør/

en bibliotekar der bedømmer bøger til vejledning for folkebibliotekerne □ *lektørudtalelse*

lem[1]

SUBST. *lemmen,* plur. *lemme, lemmene*

1. en lille plade til at lukke noget med, med el. uden hængsler, fx en åbning i et gulv, loft el. til en kælder = LUGE □ *gulvlem • kattelem • kælderlem • loftslem*
2. komme ud ad lemmen komme ud af noget □ *han kom ud af lemmen i en fart • kan du se at komme ud af lemmen!*

lem[2]

SUBST. *lemmet,* plur. *lemmer, lemmerne*

1. en bevægelig del af legemet som står ud fra kroppen; især om arme og ben = EKSTREMITET □ *det er sundt at få rørt lemmerne • beskadige et lem* • = PENIS □ *det mandlige lem* • **ofre liv og lemmer** miste livet ved at gøre noget voveligt □ *hun gjorde det, selv om hun risikerede at ofre liv og lemmer*
2. ⟨i sammensætn.⟩ (glds.): en person der opholder sig på en institution □ *dårekistelem • fattiglem • fattighuslem*

lemfældig

ADJ. *-t, -e*
/lem'fældig/

1. som ikke er tilstrækkelig omhyggelig = SKØDESLØS ≠ SAMVITTIGHEDSFULD □ *omgås lemfældigt med sandheden* □ *lemfældighed*
2. som er omhyggelig med ikke at være for hård □ *gå lemfældigt frem • forsøge alle lemfældige midler • han fik en lemfældig straf*

lemlæste

VERB. *-r, -de, -t*

lemlæste ng(t) skade nogen el. noget meget alvorligt = KVÆSTE □ *han blev alvorligt lemlæstet af en tyr • der skal være alvorlige straffe for spritbilister der dræber og lemlæster folk i trafikken* □ *lemlæstelse*

lemma

SUBST. *-et,* plur. *-er, -erne*

1. en ordform der repræsenterer samtlige et ords bøjningsformer; fx er ordene *gik* og *gået* former af lemmaet *gå* □ *i ordbogen optræder alene lemmaer som opslagsord* • = OPSLAGSORD
2. (matematik, logik): en hjælpesætning til brug ved bevisførelse

lemmedasker

SUBST. *-en,* plur. *-e, -ne*

en opløben, leddeløs fyr = RÆR, RÆKEL, BØNNESTAGE

lemming

SUBST. *-en,* plur. *-er, -erne*

en lille, buttet gnaver med broget pels i brune, sorte og hvide farver som er kendt for massevandringer der finder sted ca. hvert fjerde år; findes bl.a. i Norge og Sverige; latinsk navn *Lemmus lemmus* □ *lemmingår*

lemonade el. limonade

SUBST. *-n,* plur. *-r, -rne*
/lemo'nade/

(glds.): en drik af frugtsaft, især citronsaft, og sukker og vand = SAFTEVAND □ *citronlimonade*

lempe[1]

SUBST.

fare med lempe gå forsigtigt til værks

lempe[2]

VERB. *-r, -de, -t*

lempe ngt el. **på ngt** tilpasse noget efter omstændighederne; især sådan at kravende mindskes □ *lempe på reglerne · lempe lovgivningen omkring gensplejsning · adgangskravene er blevet lempet* □ *lempelse · lempning* • **lempe ng(t)** flytte nogen el. noget langsomt og forsigtigt □ *de lempede den tilskadekomne ind på bagsædet af bilen · postbudet forsøgte at lempe pakken ind ad brevsprækken*

lempelig

ADJ. *-t, -e; -ere, -st*

som volder mindst mulig ubehag og besvær = MILD ≠ STRENG □ *en lempelig straf · købe noget på lempelige betalingsvilkår · lempelige betingelser*

lemviger

SUBST. *-en,* plur. *-e, -ne*
/lem'viger/

en person fra Lemvig

len

SUBST. *-et,* plur. *len, -ene*

1. (hist.): et landområde som en fyrste el. adelsmand har fået overdraget af en højrestående herre el. konge mod bestemte forpligtelser □ *Tycho Brahe fik tildelt Hven som len* □ *lensherre · lensmand · lensvæsen* • et større gods som der gælder særlig gunstige arveregler for, afskaffet 1919 □ *lensbaron · lensgods · lensgreve*
2. (i Sverige): et større landområde der udgør den største administrative enhed der er direkte underlagt staten; svarer til et dansk amt

leninisme

SUBST. *-n*
/leni'nisme/

= MARXISME-LENINISME

leninist

SUBST. *-en,* plur. *-er, -erne*
/leni'nist/

en person som er tilhænger af leninisme □ *leninistisk*

lensbaron

SUBST. *-en,* plur. *-er, -erne*

en baron som var ejer af et lensgods, el. som er arvtager efter en sådan

lensgreve

SUBST. *-n,* plur. *-r, -rne*

en greve som var ejer af et lensgods, el. som er arvtager efter en sådan

lento

ADV.
['læn̥to]

udtryk for at et musikstykke fremføres langsomt

leopard

SUBST. *-en,* plur. *-er, -erne*
/leo'pard/

et stort rovdyr af kattefamilien med en pels som er gul med sorte ringe og pletter el. helt sort; findes i Afrika og i Sydasien; latinsk navn *Panthera pardus* = PANTER

lepra

SUBST. *-en*
/'lepra/

= SPEDALSKHED

ler

SUBST. *-et*

en sedimentær bjergart bestående af partikler med en kornstørrelse på under 0, 002 mm; kan æltes og formes i våd tilstand □ *mursten består af brændt ler* □ *lerkrukke · lermineraler · lertøj* □ *blåler · rødler*

lerdue

SUBST. *-n,* plur. *-r, -rne*

en lerskive der kastes op i luften og anvendes som mål ved skydeøvelser

lerdueskydning

SUBST. *-en,* plur. *-er, -erne*

en sportsgren hvor man skyder efter lerduer med et haglgevær; omfatter bl.a. *skeetskydning* = FLUGTSKYDNING

leret

ADJ. *-, lerede*

som har samme konsistens som ler = LERAGTIG □ *leret jord*

lesbisk

ADJ. *-, -e*

⟨også SUBST.⟩ som har at gøre med kærlighed og sex mellem kvinder = HOMOSEKSUEL

lesother

SUBST. *-en,* plur. *-e, -ne*
/le'sother/

en person fra Lesotho

lesothisk

ADJ. *-, -e*
/le'sothisk/

som har at gøre med Lesotho

let

ADJ. *-, lette; lettere, lettest*

1. som ikke vejer el. fylder ret meget ≠ TUNG □ *en let kuffert · den er let som en fjer · den er blevet 2 kg lettere · kjolen er lavet af et let kunststof · et meget let materiale · lette våben* □ *letbeton · letmetal* □ *dunlet · fjerlet* • (om mad): som ikke er særlig mættende el. kraftig i smagen □ *let kost · en let anretning · en let dessert · en let vin* • **let industri** se under *industri*
2. som har en lav styrke el. grad = SVAG ≠ STÆRK, KRAFTIG □ *en let berøring · hun klappede ham let på skulderen · en let banken på døren · en let duft af parfume · en let brise · let trafik · en let tysk accent · en let skrånende bakke · han er påvirket i lettere grad · det virker lettere komisk* □ *letrøget · letsaltet · letskyet* • (om mad): = KALORIELET □ *en let mayonnaise* • **let påklædt** som ikke har ret meget tøj på • **med let hånd** se under *hånd* • **sove let** sove på en måde så man vågner ved ikke ret meget støj
3. som ikke volder nogen større problemer el. anstrengelser, el. som sker uden at man gør noget særligt = NEM ≠ SVÆR, VANSKELIG □ *en let opgave · den er let at læse · det er den letteste sag i verden · det er lettere sagt end gjort · han er let at narre · det er let for dig at sige · han var et let bytte for sin modstander · hun har det ikke let med sig selv · han er kommet let til sine penge · det der kommer let, går let · hun kommer let til at græde · den går let i stykker · hun er let til bens* □ *lethed · letantændelig · letbevægelig · letfattelig · letflydende · letfordærvelig · letfordøjelig · letforståelig · letlæst · letopløselig · lettilgængelig* □ *pærelet* • **have let ved ngt** □ *han har let ved at lære · let ved at tilpasse sig · let ved at komme op om morgenen · let ved at blive fornærmet* • **have let til {smil}** udtryk for at man viser sine følelser uden at nogen særlig kraftig påvirkning □ *hun har let til tårer · han har let til latter* • ⟨ADV.⟩ = SAGTENS □ *jeg kan let klare det · det kan du let sige!*
4. som er ubekymret el. overfladisk □ *han anslog en let og munter tone · være let om hjertet · han tager det let · det går vi let hen over* □ *letbenet · letfærdig · letkøbt · letlevende · letsindig*

letal

ADJ. *-t, -e*
[le'ta'l]

(medicin): = DØDBRINGENDE □ *en letal dosis*

letargi

SUBST. *-en*
/letar'gi/

(medicin): = SOVESYGE □ *letargisk* • en tilstand præget af sløvhed og apati

letbenet

ADJ. *-, letbenede*

som er overfladisk □ *en letbenet underholdning · letbenet poesi*

letbevægelig

ADJ. *-t, -e*

1. som bevæger sig på en let måde = SMIDIG
2. = FØLSOM □ *et letbevægeligt sind*

letfattelig

ADJ. *-t, -e*

som er meget let at forstå = FORSTÅELIG, POPULÆR □ *en letfattelig forklaring* □ *letfattelighed*

letfluevægt

SUBST. *en*

en vægtklasse i boksning hvor bokserne højst må veje 48 kg

letfordærvelig

ADJ. *-t, -e*

som let rådner □ *letfordærvelige madvarer skal opbevares i køleskab*

letfængelig

ADJ. *-t, -e*

1. som der let går ild i □ *letfængeligt materiale*

2. som let lader sig ophidse el. rive med = LIDENSKABELIG □ *et letfængeligt temperament*

letfærdig

ADJ. *-t, -e*
/let'færdig/

= UANSVARLIG □ *du omgås noget letfærdigt med sandheden* • som let giver efter for sine seksuelle behov = LØSAGTIG □ *en letfærdig kvinde*

letkøbt

ADJ. *- , -e*

som man kommer for nemt til □ *en letkøbt sejr* · *den vits var for letkøbt*

letlandsk

ADJ. *- , -e*

= LETTISK

letlevende

ADJ.

som let giver efter for seksuelle behov = LØSAGTIG, UDSVÆVENDE □ *en letlevende kvinde*

letlænder

SUBST. *-en*, plur. *-e, -ne*

= LETTE

letmatros

SUBST. *-en*, plur. *-er, -erne*

(foræld.): en sømand der har været ungmand, men endnu ikke er matros

letmellemvægt

SUBST. *en*

en vægtklasse i boksning hvor bokserne må veje mellem 67 og 71 kg

letmetal

SUBST. *letmetallet*, plur. *letmetaller, letmetallerne*

legering af metal med lav vægtfylde; især legeringer af aluminium med magnesium, mangan, kobber og silicium □ *fælge af letmetal* □ *letmetalfælge* · *letmetalplade*

letmælk

SUBST. *-en*

mælk med et fedtindhold på 1,5 - 1,8% ≠ SKUMMETMÆLK, SØDMÆLK, KÆRNEMÆLK □ *en liter letmælk*

letpåklædt

ADJ. *- , -e*

som ikke har ret meget tøj på □ *en letpåklædt dame*

letsind

SUBST. *-et*

mangel på omtanke og alvor □ *ungdommeligt letsind fik ham til at love mere end han kunne holde*

letsindig

ADJ. *-t, -e; -ere, -st*
/let'sindig/

1. = TANKELØS □ *en letsindig idé* · *det var letsindigt at bede om det*
2. seksuelt løssluppen = LETLEVENDE □ *et letsindigt pigebarn*

letsindighed

SUBST. *-en*, plur. *-er, -erne*
/let'sindighed/

en handling som ikke er velovervejet □ *en tåbelig letsindighed* · *begå letsindigheder* · *det var en letsindighed at love så meget*

letsværvægt

SUBST. *en*

en vægtklasse i boksning hvor bokserne må veje mellem 75 og 81 kg

lette[1]

SUBST. *-n*, plur. *-r, -rne*

en person fra Letland = LETLÆNDER

lette[2]

VERB. *-r, -de, -t*

1. **lette ng** gøre at noget bliver lettere at klare for nogen el. at ens bekymringer bliver mindre = HJÆLPE □ *han lettede sin mor i det daglige arbejde* · *det letter mig at de klarede det* · *det lettede at få talt ud om tingene* • **lette ng(t) for ngt** gøre at noget ikke vejer så meget □ *ballonen blev lettet for 250 kg* • **lette ng for ngt** (spøg.): stjæle noget fra nogen □ *lommetyven lettede ham for hans tegnebog*
2. stige fra jorden op i luften for at flyve □ *flyet letter* · *spurven lettede fra grenen*
3. **lette på ngt** løfte på noget □ *han lettede på låget for at kigge* • **lette på hatten** kortvarigt tage hatten af som hilsen • **lette anker** hejse ankeret op så man kan sejle

lettelse

SUBST. *-n*, plur. *-r, -rne*

en følelse af at blive fri for noget ubehageligt = BEFRIELSE □ *det var en lettelse at slippe af med ham* · *drage et lettelsens suk*

lettilgængelig

ADJ. *-t, -e*

som er let at gå til, forstå el. erhverve □ *en lettilgængelig bog* · *et lettilgængeligt forsøg* · *en lettilgængelig uddannelse* · *en lettilgængelig bjergtop* · *et lettilgængeligt produkt* □ *lettilgængelighed*

lettisk

ADJ. *- , -e*

som har at gøre med Letland = LETLANDSK

letvægter

SUBST. *-en*, plur. *-e, -ne*

1. en idrætsudøver som tilhører vægtklassen letvægt
2. udtryk for at noget ikke vejer ret meget, fx en let cykel

letvægtscykel

SUBST. *-en* (el. *~cyklen*), plur. *~cykler, ~cyklerne*

en cykel som er lavet af lette materialer

letweltervægt

SUBST. *en*

en vægtklasse i boksning hvor bokserne må veje mellem 60 og 63,5 kg

leukæmi

SUBST. *-en*
/leukæ'mi/

en kræftsygdom hvor der dannes for mange hvide blodlegemer = BLODKRÆFT

lev.

fork. for *levere* el. *levering*

leve[1]

SUBST. *et*

et hurraråb el. en skål □ *udbringe et leve for kongen* · *skal vi give hende et leve!*

leve[2]

VERB. *-r, -de, -t*

være i live □ *lever du endnu?* · *man lever kun én gang* · *man skal lære så længe man lever* · *han kan ikke leve uden hende* □ *levealder* · *levebrød* · *levedage* · *levedygtig* • **leve af ngt** spise el. ernære sig ved noget □ *heste lever hovedsageligt af hø og havre* · *hun lever af at gøre rent for andre* · *mennesket lever ikke af brød alene* • **leve for ngt** have et bestemt beløb til rådighed til at købe mad o.l. for □ *når regningen er betalt har vi kun 3.000 kr. om måneden at leve for* • **leve for ng(t)** lade nogen el. noget være det vigtigste i sit liv □ *hun levede for sine børn* · *de levede og åndede for deres syge barn* · *hun lever for sit arbejde* • **leve med ngt** lære at acceptere noget □ *jeg kan ikke leve med at du aldrig tager din del af arbejdet herhjemme* · *man må lære at leve med sorgen* • **leve med i ngt** aktivt interessere sig for noget □ *leve med i det politiske liv* · *forældrene levede med i drengens spejderliv* • **leve op til ngt** opfylde el. opføre sig i overensstemmelse med noget □ *hun kunne ikke leve op til hans forventninger* • **leve på ngt** basere sit liv el. sin livskvalitet på noget □ *jeg kan leve længe på minderne* · *den fest kan vi leve højt på længe* · *han lever på en løgn* • **leve sig ind i ngt** identificere sig med noget □ *leve sig ind i en rolle*

levealder

SUBST. *-en*, plur. *~aldre, ~aldrene*

et menneskes gennemsnitlige levetid □ *levealderen for mænd er lavere end for kvinder* □ *levealdersberegninger* · *levealdersstatistik*

levebrød

SUBST. *-et*

det arbejde som man skal leve af □ *miste sit levebrød* • ⟨i sammensætn.⟩ (neds.): udtryk for at man kun beskæftiger sig med noget for pengenes skyld □ *levebrødsforfatter* · *levebrødslandmand* · *levebrødspolitiker*

levebrødspolitiker

SUBST. *-en*, plur. *-e, -ne*

en person som kun er politiker for pengenes skyld

levedage

SUBST.PLUR. *-ne*

= LEVETID □ *han fik store doser morfin i sine sidste levedage* · *udviklingen sker i kyllingens første levedage* • **aldrig i mine levedage** under ingen omstændigheder □ *aldrig i mine levedage får du lov til at gøre den dreng noget!*

levedygtig

ADJ. *-t, -e*

som er i stand til at leve □ *en levedygtig plante*

levefod

SUBST. *-en*

= LEVESTANDARD □ *sætte sin levefod op eller ned* · *en høj levefod*

levemand

SUBST. *-en,* plur. *~mænd, ~mændene*

en person som lever ekstravagant og udsvævende; især en mand = PLAYBOY, BONVIVANT, EPIKURÆER, HEDONIST, SYBARIT □ *han bruger sin formue på vin og kvinder og er alt i alt en rigtig levemand*

levemåde

SUBST. *-n,* plur. *-r, -rne*

1. en korrekt og høflig optræden = HØFLIGHED, STIL, PLI □ *vis nu at du har levemåde* · *han mangler levemåde*
2. den måde man indretter sit liv på = LEVEVIS, LIVSFØRELSE □ *en spartansk levemåde*

levende

ADJ.

1. som lever □ *de slap levende fra ulykken* · *fisken i vinduet er levende endnu* · *Aida og hendes elsker blev levende begravet* □ *lyslevende* · *nulevende* · *spillevende* · *sprællevende*
2. som giver indtryk af liv = LIVLIG □ *han var så glad og levende før ulykken* · *han havde en levende erindring om hende* · *hun gav en levende fremstilling af de dramatiske begivenheder* · *han nærer en levende interesse for sine børn* · *et levende ansigt* □ *levendegøre*
3. ikke ... levende overhovedet ikke nogen eller noget □ *der var ikke en levende sjæl* · *hun vidste ikke sine levende råd* · *jeg forstår ikke et levende suk*
4. i forsk. forb.: • **levende billeder** se under *billede* • **levende hegn** se under *hegn* • **levende lys** se under *lys* • **levende musik** se under *musik* • **det levende ord** se under *ord* • **levende unger** unger der kommer direkte ud af moren og ikke af et æg □ *de fleste pattedyr føder levende unger* • **levende vægt** vægten af levende slagtedyr før slagtningen ≠ SLAGTET KVÆG • **næste levende billede** se under *billede*

levendegøre

VERB. *~gør, ~gjorde, ~gjort*

levendegøre ngt gøre noget levende og håndgribeligt □ *forfatteren har formået at levendegøre hverdagens små mirakler*

lever

SUBST. *-en,* plur. *-e, -ne*

et organ i legemet som bl.a. producerer galde og renser blodet □ *hans lever var ødelagt efter flere års druk* □ *leverbetændelse* □ *skrumpelever* • leveren hos dyr som mennesker tilbereder og spiser □ *han kan ikke lide lever* □ *leverpostej* □ *andelever* · *kalvelever* · *lammelever* · *svinelever* • **tale frit fra leveren** sige sin ærlige mening □ *du kan roligt tale frit fra leveren*

leverance

SUBST. *-n,* plur. *-r, -rne*
[*levəˈraŋsə*]

en regelmæssig levering af varer efter aftale □ *vi lover pålidelige leverancer* □ *leveranceaftale* □ *energileverance* · *olieleverance* • en leveret varemængde □ *leverancerne nåede frem til tiden*

leverandør

SUBST. *-en,* plur. *-er, -erne*
/*leveranˈdør*/

en person el. et firma, fx en grossist der leverer varer til en køber □ *leverandør af byggematerialer* · *leverandør til det Kongelige Danske Hof* □ *hofleverandør* · *råvareleverandør* · *underleverandør*

levere

VERB. *-r, -de, -t*
/*leˈvere*/

1. levere ngt bringe noget ud el. frem □ *levere en vare* · *han leverede tøjet tilbage* · *akkumulatoren leverer strøm til motoren* · *hun leverede brevet ind på posthuset* □ *levering* □ *indlevere* · *overlevere* · *udlevere*
2. være leveret være prisgivet □ *hvis ikke jeg får penge i dag, er jeg leveret* · *da jeg så ham allerførste gang, var jeg allerede leveret*

levering

SUBST. *-en,* plur. *-er, -erne*
/*leˈvering*/

overbringelse af en vare til en køber □ *levering af en vare* · *sælge en vare til senere levering* · *varer til levering den 1. april* □ *leveringsbetingelser* · *leveringsdygtig* · *leveringsomkostninger* · *leveringstid* □ *ekspreslevering*

leverplet

SUBST. *~pletten,* plur. *~pletter, ~pletterne*

en brunlig plet i huden som fx fremkommer når leveren ikke fungerer normalt

leverpostej

SUBST. *-en,* plur. *-er, -erne*

en postej der er fremstillet af hakket svine-, kalve- el. fjerkrælever og spæk; bruges som pålæg, ofte sammen med syltede rødbeder, agurker, bacon, champinon el. pålægssky □ *en bakke leverpostej* · *lun leverpostej* □ *leverpostejsmad* □ *andeleverpostej* · *gåseleverpostej* · *kyllingeleverpostej* · *kalveleverpostej*

levertran

SUBST. *~trannen* el. *~trannet*

olie af torskelever med højt indhold af A- og D-vitaminer; bruges som kosttilskud □ *tag en spiseskefuld levertran om dagen* □ *torskelevertran*

levestandard

SUBST. *-en,* plur. *-er, -erne*

mængden og kvaliteten af de varer og tjenesteydelser den enkelte el. samfundet har til rådighed □ *befolkningens levestandard er blevet højere de senere år* · *vi er nødt til at skære ned i levestandarden* · *levestandarden er faldende*

levesæt

SUBST. *~sættet,* plur. *~sæt, ~sættene*

(glds.): = LEVEVIS

levetid

SUBST. *-en*

den tid en person el. noget lever = LEVEDAGE, TID □ *tænk at jeg skulle opleve det i min levetid* · *han kommer til at betale af på gælden resten af sin levetid* · *en stjernes levetid* □ *gennemsnitslevetid*

levevej

SUBST. *-en,* plur. *-e, -ene*

= ERHVERV □ *en indbringende levevej* · *gøre noget til sin levevej*

levevilkår

SUBST. *-et,* plur. *~vilkår, -ene*

ydre forhold el. livsbetingelser □ *flygtningene har umenneskelige levevilkår* · *frihed er en vigtig del af dyrs levevilkår* · *kunstnerens levevilkår i dagens Danmark*

levevis

SUBST. *en*

den måde man lever på = VANDEL □ *deres levevis er meget spartansk* · *efter brylluppet genoptog han sin vante levevis* · *hvis han skal blive rask, må han ændre sin levevis radikalt* · *der er sammenhæng mellem levevis og sundhed* · *en sund levevis*

levit

SUBST. *levitten,* plur. *levitter, levitterne*
/*leˈvit*/

(hist.): et medlem af Levi stamme som assisterede en jødisk tempelpræst • en diakon el. underdiakon der assisterer den præst der holder den katolske højmesse

levn

SUBST. *-et,* plur. *levn, -ene*

noget som stammer fra tidligere tider = RELIKT, LEVNING, RUDIMENT □ *de grå bunkers ved vestkysten er et levn fra anden verdenskrig* · *et levn fra fortiden* □ *fortidslevn*

levne

VERB. *-r, -de, -t*

levne ngt lade en rest blive tilbage af noget, fx mad □ *jeg kan ikke spise op, må jeg godt levne?* · *ja, du kan levne kødet* · *hans træning levner ikke meget tid til fornøjelser*

levned

SUBST. *-et*

(glds.): den måde et menneske lever på = LIVSFØRELSE □ *dagbogen fortæller om en sypiges liv og levned i 1800-tallet* · *føre et stille og fredeligt levned* · □ *levnedsskildring* □ *skørlevned* · *vellevned*

levnedsløb

SUBST. *-et,* plur. *~løb, -ene*

et menneskes liv og de ting der er sket i løbet af det □ *hans levnedsløb var især karakteriseret af ustabilitet og en uudslukkelig tørst*

levnedsmiddel

SUBST. *-et* (el. *~midlet*), plur. *~midler, ~midlerne*

= FØDEMIDDEL □ *forsyne nogen med levnedsmidler* · *handle med levnedsmidler* · *kontrol med levnedsmidler* □ *levnedsmiddelkontrol* · *Levnedsmiddelstyrelsen*

levnedsmiddelkontrol

SUBST. *~kontrollen,* plur. *~kontroller, ~kontrollerne*

en undersøgelse af om fremstilling og opbevaring af madvarer foregår rent og sundhedsmæssigt forsvarligt

levnedsmiddeltekniker

SUBST. *-en,* plur. *-e, -ne*

en person der er beskæftiget inden for levnedsmiddelproduktion med de tekniske og teoretiske sider af forarbejdningen, fx kvalitetsstyring

levnedsmiddelvidenskab

SUBST. *-en*

= BROMATOLOGI

levning

SUBST. *-en,* plur. *-er, -erne*

1. noget som er blevet til overs; især om mad som ikke er blevet spist op □ *spise levninger* **2.** ⟨i sammensætn.⟩ en rest af plante- el. dyreliv stammende fra ellers uddøde arter, el. en rest fra en tidligere periodes kultur = RELIKT, LEVN □ *fortidslevning · oldtidslevning*

levret

ADJ.

(om blod, glds.): = STØRKNET

LF

enhver radiofrekvens i området 30 kHz til 300 kHz; fork. af engelsk *low frequency* = LANGBØLGE □ *LF-området*

lgd.

fork. for *længde*

l'hombre

SUBST. *-n*

[ˈ*låm'bɔ*]

et kortspil der spilles med 40 spillekort idet ottere, niere og tiere er fjernet

li

SUBST. *-en,* plur. *-er, -erne*

(poet.): en skrånende bjergside = BAKKESKRÅNING

lian

SUBST. *-en,* plur. *-er, -erne*

/*liˈan*/

en tropisk slyngplante som især vokser i regnskove

libaneser

SUBST. *-en,* plur. *-e, -ne*

/*libaˈneser*/

en person fra Libanon

libanesisk

ADJ. *- , -e*

/*libaˈnesisk*/

som har at gøre med Libanon

libelle

SUBST. *-n,* plur. *-r, -rne*

/*liˈbelle*/

et væskefyldt glasrør med en luftblære i som viser om en flade er i vandret el. lodret stilling; bruges bl.a. i *vaterpas*

liberal

ADJ. *-t, -e*

/*libeˈral*/

= FRISINDET □ *liberale opdragelsesmetoder · en liberal forstander* • som er tilhænger af liberalisme □ *et liberalt parti · de liberale stemte for loven* □ *socialliberal · venstreliberal*

liberalisere

VERB. *-r, -de, -et*

/*liberaliˈsere*/

liberalisere ngt gøre noget mere frit og mindre statsstyret; om handelsmæssige og politiske forhold □ *partiet ønsker at liberalisere sygehusvæsenet · handelen med telefoner blev liberaliseret · de tog initiativ til at liberalisere forholdene i landet · liberalisering*

liberalisme

SUBST. *-n*

/*liberaˈlisme*/

et samfundssyn el. et politisk synspunkt hvorefter de enkelte mennesker skal have størst mulig frihed uden indgreb fra statens side ≠ SOCIALISME □ *økonomisk liberalisme* □ *socialliberalisme* • en frisindet og fordomsfri tankegang □ *den moderne opdragelses liberalisme*

liberi

SUBST. *-et,* plur. *-er, -erne*

/*libeˈri*/

en uniform for tjenere og chafførere = LIVRÉ

liberianer

SUBST.

se *liberier*

liberiansk

ADJ.

se *liberisk*

liberier el. **liberianer**

SUBST. *-en,* plur. *-e, -ne*

/*liˈberier*/

en person fra Liberia

liberisk el. **liberiansk**

ADJ. *- , -e*

/*liˈberisk*/

som har at gøre med Liberia

libero

SUBST. *-en,* plur. *-er, -erne*

en forsvarsspiller i fodbold der ikke dækker en direkte modspiller, og som frit kan bevæge sig rundt på banen

libertiner

SUBST. *-en,* plur. *-e, -ne*

/*liberˈtiner*/

(neds.): en person som uhæmmet kaster sig ud i nydelser, især erotiske = VELLYSTNING □ *han lever som en libertiner efter han er blevet skilt*

libidinøs

ADJ. *-t, -e*

/*libidiˈnøs*/

med stærk kønsdrift

libido

SUBST. *-en*

= KØNSDRIFT • (i freudiansk psykologi): den seksuelle energi som er fundamental for psykisk energi og ikke-seksuelle aktiviteter

libretto

SUBST. *-en,* plur. *-er, -erne*

/*liˈbretto*/

teksten til en opera el. operette

libyer

SUBST. *-en,* plur. *-e, -ne*

en person fra Libyen

libysk

ADJ. *- , -e*

som har at gøre med Libyen

licens

SUBST. *-en,* plur. *-er, -erne*

[*liˈsæn's*]

1. en afgift som betales for at have og bruge tv- og radioapparater □ *betale licens* □ *radiolicens · tv-licens*
2. en tilladelse til at udnytte patenterede produkter kommercielt □ *varerne bliver produceret på licens i udlandet · løse licens · give firmaet licens til at sælge varen* □ *licensaftale · licensafgift* • en tilladelse til ind- el. udførsel af en vare □ *eksportlicens · importlicens*

licensaftale

SUBST. *-n,* plur. *-r, -rne*

en tilladelse til at benytte en vare, en ydelse el.lign.; anvendes især om brugsret til et edb-program

licentiat

SUBST. *-en,* plur. *-er, -erne*

[*lisænˈsja't* el. *-ˈtja't*]

en person der har erhvervet licentiatgraden, en akademisk grad mellem kandidat- og doktorgrad; erstattet 1988 af betegnelsen ph.d.

licitation

SUBST. *-en,* plur. *-er, -erne*

[*lisitaˈsjo'n*]

indhentning af tilbud på udførelse af et større arbejde el. på en leverance; tilbuddet er bindende og det firma der giver det bedste og billigste tilbud får ordren □ *deltage i en licitation · få tilkendt leverancen ved licitation · holde licitation over byggeriet · offentlig licitation · udbyde et byggeri i licitation* □ *licitationsbud · licitationsdeltager · licitationsgiver · licitationsudbyder*

lid

SUBST. *en*

fæste lid til ng(t) stole på nogen el. noget □ *fæste lid til et udsagn* • **sætte sin lid til ngt** stole på noget □ *jeg sætter min lid til at du vil hjælpe*

lide[1]

VERB. *-r, led, lidt*

1. pines af smerter, afsavn, sorg el.lign. □ *befolkningen har lidt meget under krigen · hun led store kvaler · et lidende udtryk*

2. lide af ngt have en sygdom □ *hun lider af astma* • **lide af ngt** være behæftet med mangler □ *han lider af den fejl at han altid skal rette på andre* · *referatet lider af flere fejl*
3. kunne lide ng(t) = SYNES OM □ *hun kunne lide alle i klassen* · *jeg kunne ikke lide maden* · *kan du lide at køre i rutschebane?*
4. lide på ng ⟨kun *lide, -r*⟩ (glds.): = STOLE PÅ □ *jeg lider ikke på ham*

lide[2]

VERB. *-r, led, ledet*

lide imod ngt (poet.): nærme sig jævnt og langsomt = STUNDE, LAKKE □ *det led imod jul*

lideform

SUBST. *-en,* plur. *-er, -erne*

= PASSIV ≠ HANDLEFORM

lidelse

SUBST. *-n,* plur. *-r, -rne*

1. det at lide under noget = PINE, PINSEL, PLAGE □ *befolkningen gennemgik frygtelige lidelser under krigen* • (neds.): noget som ikke er til at holde ud □ *det er en lidelse at høre på ham*
2. det at lide af noget = SYGDOM □ *neurose er en psykisk lidelse* □ *sindslidelse* · *talelidelse*

liden

ADJ. *lidet*

⟨adv.⟩ meget lidt □ *en lidet behagelig oplevelse* · *en lidet flatterende beskrivelse* · *det ser lidet overbevisende ud* □ *lidettroende* • (glds., poet.): lille el. meget lille □ *liden tue kan vælte stort læs* · *han var kun en liden knægt* · *det kom der kun liden glæde af* □ *lidenhed*

lidenskab

SUBST. *-en,* plur. *-er, -erne*

en brændende optagethed af især erotisk følelse for nogen el. noget = PASSION □ *han har altid næret en lidenskab for musikken* · *lidenskaben mellem dem var ikke til at skjule* · *lidenskaberne kom snart i kog* □ *lidenskabelig* · *lidenskabsløs*

lidenskabelig

ADJ. *-t, -e*
/liden'skabelig/

som nærer stærk lidenskab for nogen el. noget □ *en lidenskabelig frimærkesamler* · *en lidenskabelig elsker* · *et lidenskabeligt forsvar for frihed og ret*

lidenskabsløs

ADJ. *-t, -e*

som ikke påvirkes af noget der ville påvirke de fleste = AFSLAPPET, KOLDSINDIG □ *han betragtede ødelæggelserne roligt og lidenskabsløst* · *han havde en helt lidenskabsløs holdning til sagen*

liderlig

ADJ. *-t, -e*

som føler stærk seksuel lyst = LYSTEN, SEKSUELT OPHIDSET □ *han følte sig liderlig* · *hun var godt liderlig* · *liderlige fantasier* □ *liderlighed*

lido

SUBST. *-en,* plur. *-er, -erne*

en større badestrand, især ved Middelhavet = BADESTRAND • en smal landtange som skiller en lagune fra det omgivende hav; især om landtangen ved Venedig

lidse

SUBST. *-n,* plur. *-r, -rne*
[ˈlisə]

et smalt bånd der bruges som besætning el. som snørebånd □ *shorts med gule lidser*

lidt[1]

ADJ. *komp. mindre,* sup. *mindst*

en begrænset mængde el. grad af noget ≠ MEGET □ *han drak lidt vand* · *hun spillede lidt på klaveret* · *hun spiste kun lidt* · *det ved jeg for lidt om* · *vi har for lidt proviant* · *for lidt og for meget fordærver alting* · *har du lidt tobak?* · *det ved jeg lige så lidt om som du gør* · *han er lidt forstyrret i hovedet* · *de bliver lidt sure* · *hun er lidt for ivrig* · *han sagde lidt for meget* • et kort stykke tid □ *jeg bliver nødt til at hvile mig lidt* · *vent lidt* · *lidt før lukketid* · *han gik for lidt siden* · *lidt efter kom han hjem* · *klokken er lidt i syv* · *klokken er lidt over fem* • **mindre** se *mindre* • **mindst** se *mindst* • **lidt efter lidt** = EFTERHÅNDEN □ *lidt efter lidt blev det lyst* · *tågen forsvandt lidt efter lidt* • **om lidt** efter et kort stykke tid □ *jeg kommer om lidt* • **have nok i lidt** stille beskedne krav • **der {er} lidt om ngt** udtryk for at et udsagn indeholder en vis mængde sandhed □ *der var lidt om det du sagde* · *der er desværre lidt om det rygte* • **ikke så lidt** ret meget □ *det var ellers ikke så lidt han fik drukket* · *du er ikke så lidt fræk* · *jeg blev ikke så lidt forbløffet* • **kun være lidt for ngt** ikke være særlig tilbøjelig til noget □ *han er kun lidt for at bruge penge på den slags luksus* • **lidt har også ret** selv om det ikke var så meget vi fik, så var det godt nok • **og lidt til** (iron.): og en hel del mere □ *jeg lånte ham hvad jeg kunne, og lidt til* • **være lidt af ngt** (spøg.): have skjulte talenter for noget □ *han er lidt af en digter*

lidt[2]

ADJ.

{godt} lidt som man har en positiv el. negativ holdning til □ *han er godt lidt af befolkningen* · *ilde lidt*

liebhaver

SUBST. *-en,* plur. *-e, -ne*

en person der ønsker sig el. samler på specielle, ofte kostbare ting □ *være liebhaver til noget* □ *liebhaverbolig*

liebhaveri

SUBST. *-et,* plur. *-er, -erne*
/liebhave'ri/

en særlig interesse for at samle på bestemte, ofte sjældne og kunstnerisk udførte og kostbare genstande

liechtensteiner

SUBST. *-en,* plur. *-e, -ne*

en person fra Liechtenstein

liechtensteinsk

ADJ. *- , -e*

som har at gøre med Liechtenstein

lied

SUBST. *-en,* plur. *-er, -erne*

enstemmig sang med klaver- el. orkesterakkompagnement □ *Schuberts lieder* □ *liedaften* · *liedsang*

liere

VERB. *-r, -de, -t*
/li'ere/

liere ngt jævne fx en suppe el. en sovs ved at tilsætte æg, smør, fløde el.lign. = LEGERE □ *liering*

liflig

ADJ. *-t, -e; -ere, -st*

som er behagelig for lugte-, høre- el. smagssansen □ *liflige toner* · *det smager lifligt* · *den lifligste duft af roser*

lift[1]

SUBST. *-en,* plur. *-e* (el. *-er*), *-ene* (el. *-erne*)

1. en form for kasse med stropper til at bære spædbørn i □ *babylift*
2. en indretning til at hejse noget op el. ned med □ *handicaplift* · *skilift*

lift[2]

SUBST. *-et,* plur. *lift, -ene*

mulighed for at køre gratis med i en bil □ *jeg fik et lift med Morten som var sød at køre mig helt hjem*

lifte

VERB. *-r, -de, -t*

= BLAFFE

lig[1]

SUBST. *-et,* plur. *lig, -ene*

et dødt legeme; især om et menneske □ *liget blev sendt til obduktion* □ *ligbrænding* · *lighus* · *ligrøver* · *ligsyn* • **over ngs lig** af al magt forsøge at forhindre noget □ *du kommer kun ind over mit lig* • **have lig i lasten** udtryk for at der er sket noget ubehageligt i ens fortid som man forsøger at skjule el. fortrænge □ *han har mange lig i lasten*

lig[2]

ADJ. - (el. *-t*), lig

1. (matematik): som har værdien □ *x er lig 4* · *y er lig med 2* · *et pund er lig 20 kr.*
2. være sig selv lig være den samme under alle forhold

liga

SUBST. *-en,* plur. *-er, -erne*

1. en sammenslutning af personer, organisationer, lande el.lign. som sammen forsøger at forbedre el. beskytte deres interesser □ *Kvindernes Internationale Liga* · *Arabiske Liga* • en gruppe af kriminelle personer = BANDE □ *Knud og hans liga af hel- og halvkriminelle* □ *narkoliga* · *spionliga*
2. en række fodboldhold på eliteplan som konkurrerer mod hinanden = FODBOLDSERIE □ *ligamatch* · *ligaopgør* □ *superliga*

ligatur

SUBST. *-en*, plur. *-er, -erne*
/liga'tur/

1. (typografi): et skrifttegn som består af to sammenskrevne bogstaver, fx *æ* som er sammenskrevet *a* og *e*, og *&* som er sammenskrevet *e* og *t*
2. (musik): en forbindelse af to el. flere noder med samme tonehøjde så de holdes som én tone og synges på én stavelse; betegnet ved en bue over noderne
3. (medicin): forbinding af en blodåre for at undgå forblødning

ligbegængelse

SUBST. *-n*, plur. *-r, -rne*

(glds.): =BEGRAVELSE

ligbleg

ADJ. *-t, -e*

hvid i ansigtet som tegn på sygdom el. sindsbevægelse□ *hun blev ligbleg, da jeg fortalte hende det*

ligbrænding

SUBST. *-en*, plur. *-er, -erne*

opbrænding af en afdød i et krematorium el. på et ligbål =KREMATION, BÅLFÆRD

lige[1]

SUBST. *en*, plur. *lige*

1. en person der er ligestillet med en anden med hensyn til status, evner osv. = LIGEMAND □ *selskabet var kun for kongen og hans lige · der findes ikke hendes lige*
2. nogen el. noget som er magen til nogen el. noget andet = SIDESTYKKE □ *hvor finder man hans lige · en frækhed uden lige*

lige[2]

ADJ.

1. som har samme udseende, størrelse, styrke el. rang = ENS, JÆVNBYRDIG, LIGESTILLET □ *lige løn · de to modstandere er meget lige · en lige kamp som endte uafgjort · lige børn leger bedst · være lige for loven · lige store stykker · børnene er lige gamle · vi var lige uheldige · de har fået lige meget af overskuddet · lad os dele udgifterne lige · kampen står lige* □ *lighed · ligebenet · ligeberettiget · ligelig · ligeløn · ligemand · ligesidet · ligesindet · ligestillet · ligevægt · ligeværd* • **lige meget** = LIGEGYLDIGT □ *jeg ville have inviteret dig ud, men det kan være lige meget nu · lige meget hvad jeg gør, så nytter det ikke noget* • **tak i lige måde** se under *tak* • **alt andet lige** under i øvrigt ensartede forhold • **lade fem og syv være lige** se under *fem* • **lige for lige** udtryk for at der må være balance mellem hvad der ydes og hvad der modtages □ *lige for lige når venskab skal holdes* • **lige penge** se under *penge* • **lige så {stor} som** i samme grad som noget andet □ *han er lige så stor som Peter · hun er lige så dum som hun ser ud til* • **stå på lige fod med ng** være ligestillet med nogen • **lige {tal}** et tal der kan deles med 2 ≠ ULIGE TAL □ *24 er et lige tal · lige husnumre · der må parkeres i den side af vejen på lige datoer*
2. som er orienteret i en vandret el. lodret linie ≠ SKÆV □ *bordet står lige · billedet hænger lige nu · hatten sidder lige på hovedet · lysene står lige* • = JÆVN □ *en lige flade* • **lige vinkel** se under *vinkel*
3. som følger en linie som den korteste vej mellem to punkter = RET ≠ KRUM □ *vejen var helt lige · en lige højremargen · han stirrede lige frem · han slog ham ud med en lige venstre · han nedstammer i lige linie fra Gorm den Gamle · gå lige · gå lige frem efter næsen · gå lige ud · skrive lige* • ⟨ADV.⟩ direkte og uden at gå nogen omvej el. tøve = DIREKTE □ *gå lige hjem · jeg kommer lige fra arbejde · styre lige mod målet · han gik lige ind uden at banke på · jeg så ham lige i øjnene · hun løj mig lige op i mit åbne ansigt* • ⟨ADV.⟩ udtryk for at noget befinder sig nær ved el. sker samtidig med el. kort tid før el. efter noget andet □ *jeg bor lige ved stationen · de bor i huset lige overfor · forretningen ligger lige om hjørnet · træet står lige op af gavlen · det skete lige for øjnene af mig · vi sidder lige og spiser · jeg har lige set ham · vi skal lige til at spise · vi spiste lige efter han var kommet · jeg har lige gjort det* • ⟨ADV.⟩ udtryk der understreger at der er tale om noget bestemt = NETOP, PRÆCIS, NØJAGTIG, AKKURAT, JUST □ *lige da jeg kom ind ad døren, ringede telefonen · lige idet jeg trådte ud på gaden, kom der en bil · lige nu har jeg ikke tid · klokken er lige 12 · lige til kl. 12 · pilen ramte lige i centrum · den står lige der! · det var lige dig jeg sad og tænkte på · han vidste lige netop hvordan han skulle bære sig ad · hun var lige akkurat den rette til jobbet* • **lige fra** el. **lige siden** = SIDEN □ *lige fra barnsben har jeg været meget genert · det har været sådan lige siden* • **lige med et** = PLUDSELIG □ *lige med et var han væk* • **lige på og hårdt** uden forberedelse el. indledende manøvrer □ *efter ferien starter vi lige på og hårdt* • **ligge lige for** se under *ligge*
4. ⟨ADV.⟩ udtryk for at noget er tilstrækkeligt, men heller ikke mere □ *det kan lige gå an · jeg havde lige netop penge nok · vi nåede lige akkurat toget* • **lige før** el. **lige ved** udtryk for at noget næsten sker el. er nær ved at være tilfældet □ *det er lige før jeg begynder at græde · det var lige før jeg kom galt af sted · det er lige før at hun er den bedste · hun var lige ved at falde · det var lige ved at gå galt*
5. ⟨ADV.⟩ udtryk for at noget ikke vil vare så længe □ *vil du lige se på det her? · kom lige og se! · vent lige et øjeblik · det varer lige et øjeblik · jeg skal lige se efter · der går lige lidt tid · jeg må lige tænke over det først*

lige[3]

VERB. *-r, -de, -t*

lige ngt gøre noget lige □ *lige osten af · lige et vejsving ud*

ligebenet

ADJ. *- , ~benede*

(om en geometrisk figur): med mindst to sider der er lige lange ≠ LIGESIDET, LIGEVINKLET □ *en ligebenet trekant · i en ligebenet trapez er de ikke-parallelle sider lige lange*

ligeberettigelse

SUBST. *-n*

det at være ligeberettiget = LIGESTILLING

ligeberettiget

ADJ. *- , ~berettigede*

som har ens rettigheder = LIGESTILLET □ *alle skal være ligeberettigede* □ *ligeberettigelse*

ligedan

ADV.

på samme måde = LIGESÅ, LIGESÅDAN

ligedannet

ADJ. *- , ~dannede*

(geometri): som har lige mange sider og vinkler og lige store vinkler□ *to ligedannede trekanter*

ligefor

ADV.

udtryk for at noget er indlysende □ *det ligger ligefor at forfremme hende til chef · løsningen ligger ligefor · det er ligefor at gå med ind i det projekt*

ligefrem[1]

ADJ. *-t, ~fremme*

1. som er venlig og direkte i sin tale el. opførsel = NATURLIG, OPRIGTIG, FRIMODIG □ *hun er meget ligefrem · jeg sætter pris på hans ligefremme måde at sige tingene på*
2. ligefrem ordstilling se under *ordstilling*

ligefrem[2]

ADV.

udtryk hvormed man fremhæver at noget er el. er lige ved at være af den omtalte art □ *der er ligefrem tale om vanrøgt · det er ligefrem oprørende · han bad i ligefrem ydmyge vendinger om at måtte være fri · er det ligefrem et problem for dig?*

ligefuldt

ADV.

(glds.): = ALLIGEVEL □ *vist var musikken ikke klassisk, men den var ligefuldt en herlig oplevelse* • i tilsvarende grad□ *det gælder ikke blot for befolkningen, men ligefuldt for politikerne selv*

ligeglad

ADJ. *-t, -e*

som er uinteresseret, og som ikke tager stilling til noget□ *du må vælge, jeg er ligeglad · han er fuldstændig ligeglad med sit udseende*

ligegodt

ADV.

(glds.): udtryk for at noget er gået anderledes end forventet = ELLERS, ALLIGEVEL □ *det var ligegodt ærgerligt at vi ikke nåede det · det var ligegodt satans! · der kom ligegodt mange mennesker*

ligegyldig

ADJ. *-t, -e*

uden betydning eller interesse□ *det er mig ligegyldigt hvad du gør · det er da ligegyldigt, så hold bare op med at undskylde · en ligegyldig person* □ *ligegyldighed* • = UDELTAGENDE □ *han så på hende med et ligegyldigt blik · de dasede ligegyldigt i sofaen · en ligegyldig stemme* □ *ligegyldighed* • **ligegyldigt {hvad}** ⟨ADV.⟩ = UANSET □ *ligegyldigt hvordan du ser på det, så vinder han · ligegyldigt hvad vi serverer, kan han ikke lide det*

ligeledes

ADV.

(form.): på samme måde som det tidligere nævnte = OGSÅ □ *chefen nægtede at udtale sig, prokuristen ligeledes*

ligelig

ADJ. *-t, -e*

jævnt fordelt = JÆVN □ *en ligelig fordeling* · *pengene blev ligeligt fordelt mellem musikerne*

ligeløn

SUBST. *~lønnen*

det at forskellige personer får den samme løn for det samme arbejde □ *kampen for ligeløn mellem mænd og kvinder*

ligemand

SUBST. *-en,* plur. *~mænd, ~mændene*

en person som er ligestillet med en anden med hensyn til status, evner osv. = LIGE, JÆVNING □ *statsministeren og hendes ligemænd* · *hans ligemand findes ikke*

ligesidet

ADJ. - , *~sidede*

med sider der er lige lange, fx som i et kvadrat

ligesindet

ADJ. - , *~sindede*

⟨også SUBST.⟩ som har samme holdninger og meninger □ *de er ligesindede* · *hun befinder sig bedst blandt ligesindede* · *til skræk og advarsel for ligesindede*

ligesom

ADV., KONJ.

1. ⟨ADV.⟩ udtryk for at noget næsten el. til en vis grad svarer til noget bestemt = NÆRMEST, SÅ AT SIGE □ *han lever ligesom i en anden verden* · *han ligesom antydede at jeg skulle gå* · *det går ligesom lidt bedre nu* • ⟨KONJ.⟩ udtryk for at noget svarer til noget andet = PÅ SAMME MÅDE SOM □ *hun er sorthåret ligesom sin søster* · *det er akkurat ligesom i går*

2. ⟨KONJ.⟩ netop i det øjeblik noget sker = IDET, NETOP SOM □ *ligesom vi kom ind ad døren, begyndte det at regne*

ligestillet

ADJ. - , *~stillede*

som har samme stilling inden for et system; det kan fx være samme sociale el. erhvervsmæssige status, el. det kan være samme rettigheder = LIGEBERETTIGET, LIGE □ *han omgås kun ligestillede* · *ligestillede parter* · *han er ligestillet med chefen*

ligestilling

SUBST. *-en*

det at være ligestillet = LIGHED □ *stræbe efter ligestilling mellem mænd og kvinder på arbejdsmarkedet* · *lønmæssig ligestilling*

ligestillingskonsulent

SUBST. *-en,* plur. *-er, -erne*

en konsulent der er ansat ved Arbejdsformidlingen, og som arbejder for at fremme ligestillingen mellem mænd og kvinder på arbejdsmarkedet

ligeså

ADV.

(glds.): på samme måde som noget tidligere nævnt = LIGESÅDAN □ *maden smagte rædsomt, vinen ligeså* · *det forholder sig ligeså hos os* · *gå hen og gør ligeså*

ligesådan

ADV.

på samme måde som noget tidligere nævnt = LIGESÅ □ *han så ligesådan ud for ti år siden* · *hun ville gerne være ligesådan*

ligetil

ADJ.

1. som er let at forstå el. udføre = ENKEL, SIMPEL □ *det er ikke så ligetil at forklare* · *deres budskab er simpelt og ligetil*

2. som ikke indeholder pynt el. andet overflødigt = ENKEL □ *hendes påklædning og væsen er helt ligetil* · *han talte enkelt og ligetil*

ligeud

ADV.

sige ngt ligeud sige noget på en ligefrem og ærlig måde = UDEN OMSVØB □ *sige sandheden ligeud* · *sige tingene ligeud*

ligevægt

SUBST. *-en*

1. ensartethed i fordelingen af flere tings vægt el. flere forhold el. kræfters styrke el. indflydelse = BALANCE □ *hun fordelte varene i to poser, så hun fik ligevægt under hjembringelsen* · *holde modstridende parter i ligevægt* • **stabil ligevægt** en ligevægt der altid genopretter sig selv

2. kontrolleret temperament el. følelse □ *hun er i ligevægt med sig selv* · *hun mistede ligevægten* · *nyheden bragte ham ud af ligevægt* □ *ligevægtig* □ *sindsligevægt*

ligevægtig

ADJ. *-t, -e*

som ikke reagerer overdrevent på påvirkninger = STOISK □ *et ligevægtigt sind* □ *uligevægtig*

ligeværd

SUBST. *et*

det at hver person el. part tilkendes lige megen værdi og betydning □ *det er vigtigt at medarbejderne føler ligeværd* · *fremme ligeværdet mellem mennesker af forskellig køn, race og religion* □ *ligeværdig*

ligeværdig

ADJ. *-t, -e*

med tilkendelse af lige megen værdi og betydning til alle personer el. parter = JÆVNBYRDIG, LIGE □ *et ligeværdigt samarbejde* · *ligeværdige modstandere* □ *ligeværdighed*

ligfald

SUBST. *-et,* plur. *~fald, -ene*

(glds.): = EPILEPSI

ligfærd

SUBST. *-en,* plur. *-er* (el. *ligfærd*), *-erne* (el. *-ene*)

(glds.): = BEGRAVELSE

ligge

VERB. *-r, lå, -t*

1. ligge {på} ngt (om en person el. et dyr): befinde sig i vandret stilling et bestemt sted ≠ STÅ, SIDDE □ *han ligger på gulvet* · *hun ligger i sengen* · *hunden lå i sin kurv* · *ligge ned* · *de ligger ude i haven og sover* • **ligge {på} ngt** (om en genstand): være placeret et bestemt sted □ *bogen ligger på bordet* · *papirerne ligger henne ved computeren* · *bestikket ligger nede i skuffen* · *bolden ligger ude i haven* · *husene ligger tæt op til hinanden* · *hvor ligger mine briller?* · *Fåborg ligger på Fyn*

2. være i en bestemt tilstand □ *forretningen ligger stille* · *sådan ligger sagen* · *hvordan ligger landet?*

3. i forsk. forb.: • **lade ngt ligge** undlade at tage fat på noget □ *lad det ligge, det gider vi ikke diskutere nu* · *hun lod pligterne ligge og tog med til festen* • **ligge bi** se under *bi* • **ligge foran ngn** være klar til at blive udført af nogen □ *der ligger mange store opgaver foran den nye landstræner* • **ligge for døden** være så syg el. svag at man forventes at dø inden for meget kort tid • **ligge godt for ng** være noget som nogen er dygtig el. egnet til □ *de sproglige fag ligger ikke så godt for ham* · *det ligger godt for hende at være leder* • **ligge hen** ikke blive brugt, behandlet, afklaret osv. □ *markerne ligger uopdyrkede hen* · *sagen ligger hen indtil nogen får tid til at se på den* · *det ligger hen i det uvisse* • **ligge i med ng** have seksuel omgang med nogen □ *han ligger i med naboens kone* • **ligge i ngt** være indeholdt i noget □ *det ligger i sagens natur* · *det ligger i selve problemstillingen* · *hvad ligger der i det spørgsmål?* • **ligge inde med ngt** have noget som andre er el. kan være interesserede i □ *ligge inde med titusinde kroner i kontanter* · *ligge inde med vigtige oplysninger* · *jeg kan se på dig at du ligger inde med en hemmelighed* • **ligge lige for** være indlysende • **ligge ng på sinde** se under *sind* • **ligge til ng** være typisk for nogen □ *det ligger til familien at være distræt* · *det ligger ellers ikke til hende at lyve* • **ligge tilbage** være sket på et meget tidligere tidspunkt □ *begivenheden ligger langt tilbage* • **ligge under for ng(t)** være domineret af el. svag over for nogen el. noget □ *han ligger under for sine kammerater* · *hun ligger under for smiger*

liggegal

ADJ. *-t, -e*

(om en høne): som vil ligge på sine æg = SKRUK

liggehøne

SUBST. *-n,* plur. *-r* (el. *~høns*), *-rne* (el. *~hønsene*)

en høne som ligger på æg, el. som er god til at ruge

liggestol

SUBST. *-en,* plur. *-e, -ene*

en sammenklappelig hvilestol til udendørs brug som kan indstilles i forskellige positioner = DÆKSTOL, FLUGTSTOL □ *slå en liggestol op*

liggesår

SUBST. *-et,* plur. *~sår, -ene*

et sår i huden der opstår ved vedvarende tryk, fx ved langvarigt sengeleje som hæmmer blodcirkulationen = TRYKSÅR

liggevogn

SUBST. *-en,* plur. *-e, -ene*

en jernbanevogn med stole som kan slås tilbage så man kan ligge og hvile

lighed

SUBST. *-en,* plur. *-er, -erne*

1. det at være helt el. delvis identiske = ENSARTETHED ≠ FORSKEL □ *der er stor lighed mellem de to søstre · på det punkt hører lighederne op · der er megen lighed mellem de nordiske folk* □ *lighedspunkt · lighedstegn* • **i lighed med** som svarer til □ *han fremsatte et forslag i lighed med det tidligere · opbygge et retssystem i lighed med det franske*
2. = LIGESTILLING ≠ ULIGHED □ *frihed, lighed og broderskab · lighed for loven*

lighedspunkt

SUBST. *-et,* plur. *-er, -erne*

et særligt punkt hvor to el. flere personer el. sager ligner hinanden □ *er der nogen lighedspunkter mellem de to sager? · der er et enkelt lighedspunkt i de to tilfælde · de to nyansatte har en del lighedspunkter · der er mange lighedspunkter mellem de to begivenheder*

lighedstegn

SUBST. *-et,* plur. *~tegn, -ene*

det matematiske tegn = som markerer at to størrelser har samme værdi • **sætte lighedstegn mellem ngt** opfatte to størrelser som helt el. næsten identiske □ *man kommer let til at sætte lighedstegn mellem forfatteren og hovedpersonen*

lighter

SUBST. *-en,* plur. *-e, -ne*
[*ˈlajdɔ*]

et lille redskab til at tænde tobaksvarer med = FYRTØJ □ *lightervæske* □ *guldlighter · pibelighter*

ligkapel

SUBST. *ligkapellet,* plur. *ligkapeller, ligkapellerne*

en bygning hvor afdøde opbevares indtil kremering el. begravelse

ligkiste

SUBST. *-n,* plur. *-r, -rne*

en lang kasse som den dødes krop lægges i inden begravelsen = KISTE, BÅRE

ligkistemagasin

SUBST. *-et,* plur. *-er, -erne*

= BEGRAVELSESFORRETNING

lign.

fork. for *lignende* □ *el.lign.*

ligne

VERB. *-r, -de, -t*

1. ligne ng(t) have et udseende el. præg som har fælles træk med andre el. andet □ *ligne sine forældre · det ligner en forbrydelse · kollektionen ligner den fra sidste efterår* • være i overensstemmelse med den person el. ting det forestiller □ *et foto der ligner · billedet ligner godt* • **ligne ng** opføre sig som man plejer, og som omgivelserne forventer □ *det ligner ham ikke at svare igen · det kunne lige ligne ham* • **hvad ligner det?** udtryk for at man finder noget urimeligt □ *hvad ligner det at tale sådan til mig?* • **ikke det der ligner** overhovedet ikke • **være at ligne med ng(t)** (glds.): kunne sammenlignes med nogen el. noget □ *han kan ikke lignes med sin far*
2. ligne ng (glds.): bestemme hvad nogen skal betale i skat = ANSÆTTE, BESKATTE □ *myndighederne lignede ham for fortjenesten* □ *ligning*

lignelse

SUBST. *-n,* plur. *-r, -rne*

en moralsk billedlig fortælling der forklarer en abstrakt forestilling, fx en leveregel, ved hjælp af en sammenligning = PARABEL • **Jesu lignelser** Jesu sammenlignende og belærende fortællinger i det Ny Testamente, fx lignelsen om den barmhjertige samaritan

ligning

SUBST. *-en,* plur. *-er, -erne*

1. et matematisk udsagn med to størrelser som er sat lig med hinanden, og som rummer en el. flere ubekendte størrelser, fx $3x + 6 = 12$ □ *løs ligningen* $3x + 6 = 12$ □ *andengradsligning · differentialligning · eksponentialligning · integralligning*
2. = SKATTELIGNING □ *skattevæsnet tager fat på ligningen af skatten i begyndelsen af juni* □ *ligningsgrundlag · ligningskommission · ligningsmyndighed*

ligsyn

SUBST. *-et,* plur. *~syn, -ene*

undersøgelse af et dødt menneske for at fastslå at døden er indtruffet og afgøre dødsårsagen

ligtorn

SUBST. *-en,* plur. *-e, -ene*

1. tapformet hård hud i et lille område på tæerne som oftest skyldes tryk fra sko □ *ligtorneplaster*
2. ramme ngs ligtorn tale om et ømt punkt hos nogen

liguster

SUBST. *-en,* plur. *ligustre, ligustrene*
/*liˈguster*/

en busk med lancetformede blade, små, hvide blomster og sorte, giftige bær; anvendes ofte som hæk- el. hegnsplante; latinsk navn *Ligustrum vulgare* □ *ligusterhæk*

ligustersværmer

SUBST. *-en,* plur. *-e, -ne*

en gråbrun og violet aftensværmer hvis grønne larve bl.a. lever på ask, syren og liguster; latinsk navn *Sphinx ligustri*

likvid[1]

SUBST. *-en,* plur. *-er, -erne*
/*liˈkvid*/

1. sproglydene *l* og *r*
2. likvider = REDE PENGE

likvid[2]

ADJ. *-t, -e*
/*liˈkvid*/

(om penge): som ikke er bundet, men er til rådighed □ *firmaet har likvid kapital · firmaet har næsten opbrugt sine likvide midler · likvid beholdning* • **være likvid** (om en person el. en virksomhed): være i stand til at betale sin gæld

likvidation

SUBST. *-en,* plur. *-er, -erne*
[*likvidaˈsjo'n*]

afvikling af en *solvent* virksomhed uden at erklære den konkurs □ *retslig likvidation · være under likvidation · firmaet er trådt i likvidation* □ *likvidationsbog · likvidationsomkostninger · likvidationsplan · likvidationsstatus*

likvidator

SUBST. *-en,* plur. *-er, -erne*
/*likviˈdator*/

en person som forestår en likvidation

likvidere

VERB. *-r, -de, -t*
/*likviˈdere*/

1. likvidere ng skaffe nogen af vejen ved at dræbe dem ≠ HENRETTE □ *han blev likvideret af folk i narkomiljøet* □ *likvidering*
2. likvidere ngt afvikle en solvent virksomhed uden konkurs □ *virksomheden blev likvideret og overskuddet delt mellem ejerne* □ *likvidering*

likviditet

SUBST. *-en,* plur. *-er, -erne*
/*likvidiˈtet*/

en persons el. et firmas evne til hurtigt at skaffe midler til at betale sin gæld □ *det kniber med firmaets likviditet* □ *likviditetsgrad · likviditetskrise*

likør

SUBST. *-en,* plur. *-er, -erne*
/*liˈkør*/

en stærk, sukkerholdig spiritus med 20-60% alkoholstyrke som fremstilles af ekstrakt af frugter el. krydderurter tilsat fx cognac, rom el. whisky □ *en likør til kaffen* □ *likørbakke · likørglas · likørkaraffel · likørstel* □ *cremelikør · frugtlikør · kirsebærlikør · orangelikør · solbærlikør · urtelikør*

lilje

SUBST. *-n,* plur. *-r, -rne*

en plante der oftest har seks lange støvdragere og seks tungeformede kronblade som bøjer sig bagud når blomsten åbner sig; latinsk navn *Lilium* □ *liljehvid* □ *kongelilje · madonnalilje · pragtlilje · vokslilje*

liljekonval

SUBST. *~konvallen,* plur. *~konvaller, ~konvallerne*

en lav, giftig plante med lange, elliptiske blade og små hvide klokkeformede blomster som dufter stærkt; latinsk navn *Convallaria majalis*

lilla

ADJ.

med en rødblå farve som syrener; mere rødlig end violet = SYRENFARVET □ *et lilla modermærke · lilla syrener* □ *blålilla · lyslilla · rødlilla*

lille

ADJ. *- , små; mindre, mindst*

1. som ikke fylder el. omfatter så meget som noget andet = BITTE, KLEJN, LIDEN ≠ STOR □ *et lille hus · en lille plet · en lille, lavbenet hund · der er mange små lande · en lille og uanselig mand · en lille planet · en lille del af befolkningen · et lille beløb · en lille indtægt · et lille selskab · holde en lille fest* □ *lillebitte · lillefinger · lillehjerne · lilleput · lilletå · lilleverden · småbeløb · småbidder · smågrupper · småstykker* □ *bittelille* • ⟨også SUBST.⟩ som ikke er særlig gammel □ *en lille pige · som lille var han tit syg · han har sunget fra lille af · give den lille bryst* □ *småbørn · småpiger* • som er en mindre udgave af og minder om en anden person el. ting □ *hun er en rigtig lille diktator · bakkerne kaldes lille Svejts* • udtryk for kærlig el. nedsættende omtale el. tiltale af en person □ *din lille klovn · hun er en lille tyran · hør, lille ven!* □ *børnlille · farlille · morlille* • **mindre** se *mindre* • **mindst** se *mindst*
2. i forsk. forb.: • **blive den lille** blive underlegen □ *i den diskussion blev chefen den lille over for den unge elev* • **få en lille** få et barn • **få en lille én på** blive lidt beruset • **gøre sig lille** forsøge at undgå at gøre opmærksom på sig selv • **med lille** med lille bogstav ≠ MED STORT □ *ordet skrives med lille*

lillebitte el. **lille bitte**

ADJ. *- , småbitte*

meget lille = BITTELILLE □ *et lillebitte barn · småbitte fødder*

lillebror el. **lillebroder**

SUBST. *-en,* plur. *~brødre, ~brødrene*

en bror som er yngre end en selv

lillefinger

SUBST. *-en,* plur. *~fingre, ~fingrene*

1. den mindste finger på menneskets hånd = LILLE PETER SPILLEMAND
2. sno ng om sin lillefinger få nogen til at gøre præcis hvad man ønsker

lillehjerne

SUBST. *-n,* plur. *-r, -rne*

den mindste del af hjernen som koordinerer muskelbevægelser

lillejuleaften el. **lille juleaften**

SUBST. *-en* (el. *~juleaftnen*), plur. *-er* (el. *~juleaftner*), *-erne* (el. *~juleaftnerne*)

aftenen før juleaften

lilleput

SUBST. *lilleputten,* plur. *lilleputter, lilleputterne*

en meget lille person □ *lilleputterne troede Gulliver var en kæmpe* • en spiller på mellem 9 og 11 år i fodbold, håndbold o.l. □ *lilleputterne spiller idag* □ *lilleputhold* • ⟨i sammensætn.⟩ = MINI □ *lilleputstat*

lilleskole

SUBST. *-n,* plur. *-r, -rne*

en privat skole som er beregnet til få elever, fra børnehaveklasse til 7.-8. klasse; er ofte baseret på en bestemt idé el. et bestemt princip

lillesøster

SUBST. *-en,* plur. *~søstre, ~søstrene*

en pige som har søskende der er ældre ≠ STORESØSTER □ *min lillesøster*

lilletromme

SUBST. *-n,* plur. *-r, -rne*

en metaltromme med top- og bundskind forsynet med en metalfjeder som giver en snerrende lyd når man slår på trommen

lilletå

SUBST. *-en,* plur. *~tæer, ~tæerne*

fodens mindste tå

lilleverden

SUBST. *-en*

= MIKROKOSMOS □ *udelukkende optaget af sine børn levede hun i sin egen lilleverden*

lim

SUBST. *-en,* plur. *-e* (el. *-er*), *-ene* (el. *-erne*)

en substans der bruges som binde- og klæbemiddel = KLISTER □ *den skårede kop kan måske samles igen med lim* □ *limning · limfarve · limfast · limpind · limpotte · limstift · limtræ* □ *fiskelim · hobbylim · kontaktlim · snedkerlim · tokomponentlim*

limbo[1]

SUBST. *et*

en usikker el. uafklaret tilstand som skyldes at man befinder sig i en overgangsfase □ *unge indvandrere befinder sig i et limbo mellem deres oprindelige kultur som de står fjernt fra, og den danske kultur som de har ringe tilllid til · de elleve kunstnere demonstrerer hvordan ny kunst i et interkulturelt limbo tager sig ud* • (i katolsk middelalderteologi): et område af dødsriget på grænsen til helvede som er opholdssted for dem som uden egen skyld er lukket ude af himmeriget, fx udøbte børn

limbo[2]

SUBST. *-en,* plur. *-er, -erne*

en vestindisk akrobatisk dans hvor danseren bøjer kroppen bagover og bevæger sig frem under en stang som sænkes lidt mere hver gang danseren passerer under den □ *limbodans · limbostang*

lime[1]

SUBST. *-n,* plur. *lime* (el. *-s*), *-ne*
[*ˈlajm*]

en lille, grønlig citrusfrugt der er mindre sur og mere krydret end en citron = LIMEFRUGT □ *limejuice* • en saft af limefrugt som især bruges i drinks = LIMEJUICE □ *gin og lime*

lime[2]

VERB. *-r, -de, -t*

lime ngt {sammen} sammenføje el. sætte noget fast med lim = KLISTRE, KLÆBE □ *jeg har limet stolen · lime siderne sammen · lime perler på låget · hanken skal limes* □ *sammenlime*

limerick

SUBST. *-en,* plur. *-er, -erne*
[*ˈlimɔrik* el. *ˈlemɔræk*]

et vrøvlevers på fem linjer med overraskende rim

limitere

VERB. *-r, -de, -t*
[*limiˈtere*]

limitere ngt fastsætte den højeste el. laveste pris hvortil en ting må købes el. sælges

limning

SUBST. *-en,* plur. *-er, -erne*

den kant el. det sted hvor noget er limet sammen □ *bogen var lidt skæv i limningen* • **gå** el. **springe op i limningen** miste selvbeherskelsen og bryde sammen fysisk el. psykisk □ *nu må du ikke gå helt op i limningen · hun var ved at springe op i limningen af irritation · du ligner en der er ved at gå op i limningen af træthed*

limonade

SUBST.

se *lemonade*

limousine

SUBST. *-n,* plur. *-r, -rne*
[*limuˈsiˑnə*]

en stor, lukket personbil til mindst 5 personer; limousiner er ofte meget luksuriøst indrettet og har rude mellem passagerne og chaufføren □ *de blev kørt til lufthavnen i limousine*

limpind

SUBST. *-en,* plur. *-e, -ene*

hoppe på limpinden lade sig narre el. lokke til noget

limpotte

SUBST. *-n,* plur. *-r, -rne*

en bøtte med lim el. tapetklister

limsten

SUBST. *-en,* plur. *-e* (el. *~sten*), *-ene*

en hvid kalksten fra tertiærtiden som findes i undergrunden mange steder i Danmark, fx i det øverste af Stevns Klint

limstift

SUBST. *-en,* plur. *-er, -erne*

lim med fast konsistens som kan skrues frem af et hylster

lin.

fork. for *linieret*

lind[1]

SUBST. *-en,* plur. *-e, -ene*

et løvtræ med hjerteformede, savtakkede blade som danner et tæt løv; har duftende, hvidgule blomsterkvaster; latinsk navn *Tiliaceae* = LINDETRÆ □ *lindeallé* □ *parklind* · *skovlind*

lind[2]

ADJ. *-t, -e*

som er så blød at den er let at røre rundt i □ *farsen skal være så lind at den kan hældes i formen*

linde

VERB. *-r, -de, -t*

1. linde ngt åbne noget forsigtigt på klem □ *linde på en dør* · *linde på et låg* • **linde på ngt** løsne en knude, et bånd el.lign. en lille smule □ *linde på et slips* • **linde på ngt** gøre krav, regler el.lign. mindre strenge = SLÆKKE □ *vi må linde på reglerne*
2. linde på ngt gøre smerter el. ubehag mindre = LINDRE □ *medicinen linder på smerterne*

lindorm

SUBST. *-en,* plur. *-e* (el. *~orm*), *-ene*

(folkeeventyr): en kæmpestor menneskeædende slange el. drage

lindre

VERB. *-r, -de, -t*

lindre ngt gøre smerter el. ubehag mindre = DULME □ *medicinen lindrer smerterne* · *lakridspastiller kan lindre en øm hals* · *det kan lindre at tale om sin sorg* □ *lindring*

lindring

SUBST. *-en,* plur. *-er, -erne*

det at lindre noget □ *medicinen bruges til lindring af smerter* · *han fandt lindring for sorgen ved hårdt arbejde*

line

SUBST. *-n,* plur. *-r, -rne*

tyndt tov el. snøre, ofte af kunststof til at fange el. holde noget fast med ≠ SNOR, SNØRE, WIRE □ *fangline* · *fiskeline* · *flagline* · *livline* · *lodline* • et tyndt tov der er spændt ud, og som en linedanser balancerer på □ *artisterne optrådte med at gå på line* · *danse på line* □ *linedans* · *linedanser* • **løbe linen ud** blive ved med noget så længe det er muligt, især om en uklog handlemåde □ *han bliver nok god igen hvis vi lader ham løbe linen ud* • **optræde på slap line** optræde dristigt i en uvant situation

lineal

SUBST. *-en,* plur. *-er, -erne*

et hjælpemiddel med mindst én helt lige kant som almindeligvis er inddelt i centimeter og millimeter; bruges til at tegne rette linier og måle liniestykker med

linear

ADJ.

se *lineær*

linedanser

SUBST. *-en,* plur. *-e, -ne*

en person der optræder med at balancere på en wire der er spændt ud, ofte højt oppe i luften □ *linedanseren havde en balancestang til hjælp under nummeret* · *linedanseren optrådte uden sikkerhedsnet* □ *linedanserinde* · *linedanserkostume*

liner

SUBST. *-en,* plur. *-e, -ne*
[ˈlajnɔ]

et større, veludstyret passagerskib der sejler enten i rutefart el. som krydstogtskib □ *luksusliner*

lineær el. **linear**

ADJ. *-t, -e*
/lineˈær/

som har form som en linie

lingeri

SUBST. *-et,* plur. *-er, -erne*
[leŋsjɔˈri']

finere undertøj til kvinder □ *lingeriforretning*

lingvistik

SUBST. *lingvistikken*
[leŋgviˈsdik]

videnskaben om sprogs struktur og funktion = SPROGVIDENSKAB ≠ FILOLOGI □ *lingvistisk*

linie el. **linje**

SUBST. *-n,* plur. *-r, -rne*

1. en lang, tynd streg = STREG □ *parallelle linier* · *en ret linie* · *trække en linie* · *skrive under på den stiplede linie* □ *fugleflugtslinje* · *grundlinje* • **på linie med ngt** i overensstemmelse med noget □ *hans synspunkter ligger på linie med bestyrelsens opfattelse* • **rene** el. **klare linier** = AFKLARETHED □ *vi må have helt klare linjer inden vi begynder* • **i store linier** i grove træk □ *han skildrede udviklingen i store linier* • udtryk for at man er beslægtet med nogen □ *nedstamme i lige linie efter nogen* · *arveladeren er en slægtning i ret opstigende linie* □ *forældrelinie* · *bedsteforældrelinie*
2. en afsluttet række ord, tal el. symboler på en side i en bog el. et brev □ *send mig et par linier om dig selv* · *side 22 linie 3* □ *linieskriver* • **læse mellem linierne** forstå hvad nogen mener selv om de ikke giver direkte udtryk for det
3. den yderste kant el. omridset af nogen el. noget □ *en figursyet jakke der følger kroppens linier* · *holde den slanke linie* □ *frontlinie* · *grænselinie*
4. en rute el. transportmidlet på en bestemt rute □ *linien mellem Odense og Fåborg er blevet nedlagt* · *linie 14 har endestation i Skejby*
5. en forbindelse mellem to der taler i telefon sammen □ *give mig en linie ud af huset* · *kan du ikke ringe mig op igen, vi har en masse knas på linien* • **varm linie** en direkte telefonforbindelse, fx mellem Moskva og Washington
6. en retning inden for en uddannelse □ *gå på sproglig linie* □ *liniefag*

liniedåb el. **linjedåb**

SUBST. *-en*

en ceremoni som folk der første gang passerer ækvator til søs, plejer at gennemgå

liniefag el. **linjefag**

SUBST. *-et,* plur. *~fag, -ene*

et valgfrit fag med dybtgående undervisning, især på et seminarium

liniefart el. **linjefart**

SUBST. *-en*

det at et fragtskib sejler regelmæssigt mellem forskellige havne; afstandene er større og planen knap så fast som ved *rutefart* ≠ TRAMPFART □ *rederiet driver liniefart på Sydamerika* · *sejle i liniefart*

linieføring el. **linjeføring**

SUBST. *-en,* plur. *-er, -erne*

en trafikrutes beliggenhed i et terræn □ *linieføringen af motorvejen nord for byen*

linieofficer el. **linjeofficer**

SUBST. *-en,* plur. *-er, -erne*

(militær): en person som har det at være officer i militæret som sit arbejde, og som har gennemgået en uddannelse ved en linieofficersskole ≠ RESERVEOFFICER

linieret el. **linjeret**

ADJ. *- , linierede*

forsynet med linier □ *linieret papir*

linieskriver el. **linjeskriver**

SUBST. *-en,* plur. *-e, -ne*

(edb): en skriveenhed der udskriver hele linier ad gangen

liniestykke el. **linjestykke**

SUBST. *-t,* plur. *-r, -rne*

et stykke af en linie som ligger mellem to punkter der er afsat på linien

linievogter el. **linjevogter**

SUBST. *-en,* plur. *-e, -ne*

dommerens medhjælper i fodbold som befinder sig uden for banen, og som med et flag kan gøre dommeren opmærksom på forseelser □ *linievogteren markerede for offside*

linje

SUBST.

se *linie*

linjedåb

SUBST.

se *liniedåb*

linjefag

SUBST.

se *liniefag*

linjefart

SUBST.

se *liniefart*

linjeføring

SUBST.

se *linieføring*

linjeofficer

SUBST.

se *linieofficer*

linjeret

ADJ.

se *linieret*

linjeskriver

SUBST.

se *linieskriver*

linjestykke

SUBST.

se *liniestykke*

linjevogter

SUBST.

se *linievogter*

linned

SUBST. *-et*

glat stof af vævet hør som næsten ikke krøller □ *linnedhvid* · *linnedkammer* · *linnedskab* · *linnedskuffe* · *linnedsyning* □ *halvlinned* · *hellinned* • ting som er fremstillet af linned, som fx duge og sengetøj □ *bordlinned* · *sengelinned*

linning

SUBST. *-en,* plur. *-er, -erne*

et smalt stykke stof som dobbelt ombukket sys på som en form for afslutning på et klædningsstykke = KANT □ *bukselinning* · *halslinning* · *kjolelinning* · *skjortelinning*

linoleum

SUBST. *-et* (el. *linoleummet*)
/li'noleum/

et materiale til at beklæde gulve med; det består af en blanding af iltet linolie, korkmel, træmel og farvestof som er fastpresset på hessian □ *linoleumsbelægning* · *linoleumsgulv*

linoleumssnit

SUBST. *~snittet,* plur. *~snit, ~snittene*

et billede der er fremstillet ved sværtekopiering fra en linoleumsflade hvori motivet er udskåret

linoleumstryk

SUBST. *~trykket,* plur. *~tryk, ~trykkene*

en metode til at trykke på papir el. tekstil hvor man skærer motivet ud i en linoleumsplade • papir el. tekstil, hvorpå noget er trykt med linoleumstryk

linolie

SUBST. *-n*

en fed olie der udvindes af hørfrø; bruges fx til behandling af træ og som bindemiddel i malerfarver

linse

SUBST. *-n,* plur. *-r, -rne*

1. et skiveformet glaslegeme der kan bryde lysets stråler, og som er begrænset af to flader hvoraf mindst den ene er krum □ *linsen i en kikkert eller et fotografiapparat* □ *kikkertlinse* · *kontaktlinse* · *samlelinse* · *spredelinse* · *telelinse* • et lille legeme i øjet bag pupillen hvormed øjets brydning kan ændres så man kan fokusere fra nært hold til stor afstand
2. et frø af en bælgplante som bruges tørret i madretter; frøene har forskellig farve, fx grøn, orangerød, brun, grå, gul el. sort; latinsk navn *Lens culinaris* □ *linsesuppe* · *linsepostej*
3. en lille rund kage der er fyldt med vaniljecreme el. marcipan □ *linsedej* · *linseform* · *linsemakron* □ *marcipanlinse*
4. en linseformet pastil af chokolade, pebermyntecreme el.lign. som er overtrukket med et farvet sukkerlag □ *franske linser* □ *chokoladelinser* · *pariserlinser*

lire[1]

SUBST. *-n,* plur. *lire, -ne*
fork. *L.*

den italienske møntenhed

lire[2]

SUBST. *-n,* plur. *-r, -rne*

et violinagtigt strengeinstrument med tangenter som spilles med venstre hånd mens højre hånd drejer et hjul der styrer strengene; endnu brugt som folkeinstrument i Balkanlandene = DREJELIRE • et violinagtigt strengeinstrument fra 1500-tallet

lire[3]

VERB. *-r, -de, -t*

lire ngt af fremsige noget på en hurtig og kedelig måde □ *lire en remse af* · *læreren lirede bare stoffet af uden at tænke på om eleverne forstod det*

lirekasse

SUBST. *-n,* plur. *-r, -rne*

et lille mekanisk gadeorgel på hjul som spiller melodier når man drejer på et håndsving

lirekassemand

SUBST. *-en,* plur. *~mænd, ~mændene*

1. en person der spiller på lirekasse
2. slå ng til lirekassemand slå nogen så de bliver invalideret

lirke

VERB. *-r, -de, -t*

1. lirke med el. **ved ngt** pille forsigtigt med el. ved noget □ *prøv på at lirke lidt med nøglen, så går låsen nok op* · *hvis du lirker lidt ved knappen, så fungerer den* • **lirke sig frem** gå forsigtigt til værks □ *det gælder om at lirke sig frem*
2. lirke ngt ud af ng lokke nogen til at tale □ *lirke et par ord ud af en genert person* · *jeg fik lirket sandheden ud af ham* • **lirke for ng** få nogen til at give efter på en behændig måde □ *han forstod at lirke for sine forældre, så han til sidst fik lov*

lirumlarum

SUBST. *en* el. *et*

noget der virker ensformigt el. fortærsket □ *han kommer stadig med den samme lirumlarum om de gode, gamle dage*

lise

SUBST. *en*

en psykisk og fysisk lettelse □ *det er en lise at komme ud til havet* · *hvilken lise at slippe for den støj*

lispund

SUBST. *et,* plur. *lispund, -ene*

(hist.): en vægtenhed: 1 lispund = 16 pund = 8 kg

list

SUBST. *-en*

en snedig plan = KRIGSLIST, MANIPULATION □ *vi gennemskuede hans list* · *Falkeøjes list lykkedes, og vi indtog fortet* • det at være god til at lægge snedige planer = LISTIGHED □ *med list og lempe* · *uden list havde vi aldrig vundet over dem*

liste[1]

SUBST. *-n,* plur. *-r, -rne*

1. en fortegnelse med ord, navne el.lign. som ofte er skrevet neden under hinanden = FORTEGNELSE, OVERSIGT □ *føre en liste over kursusdeltagerne* · *stå på listen over stemmeberettigede* □ *listeform* · *listefører* · *listeføring* □ *checkliste* · *dødsliste* · *hitliste* · *passagerliste* · *rangliste* · *rolleliste* · *venteliste* • en fortegnelse over kandidater el. partier som der kan stemmes på ved et valg □ *sæt kryds ved liste A* · *stemme på den Konservative liste* • **den sorte liste** liste over personer, firmaer o.l. som har gjort noget uønsket □ *han var en dårlig betaler og kom på den sorte liste*
2. et langt, smalt stykke af træ, metal el.lign. som sidder langs med el. danner kanten af en bygningsdel □ *dækliste* · *fejeliste* · *pynteliste* · *tætningsliste*

liste[2]

VERB. *-r, -de, -t*

1. gå stille og ubemærket = SNIGE, LUSKE, LISTE □ *han lister stille rundt* · *de listede omkring i filttøfler* · *hun kom listende* □ *listesko* • **liste sig {forbi} ng** gå stille og ubemærket forbi nogen = SNIGE, LISTE, LUSKE □ *han listede sig forbi mig* · *de fik listet sig helt hen bagved ham* • **liste sig til ngt** gøre noget stille og ubemærket = SNIGE □ *hun listede sig til at lægge et tæppe over ham* · *han listede sig til at se på uret* • **liste ngt {op} {af} ng(t)** stille og ubemærket få ngt til at komme {op} {af} nogen el. noget = FRALOKKE □ *han listede en pung op af lommen* · *han listede sandheden ud af hende* · *han fik listet et hemmeligt brev ind til hende* · *han listede tasken fra hende* · *han listede pungen til sig* • **liste af** forsvinde ubemærket □ *hun listede lige så stille af*
2. liste ngt opføre noget i listeform
3. liste ngt sætte trælister på en flade, fx henover et mellemrum

listeafstemning

SUBST. *-en,* plur. *-er, -erne*

en valgmåde hvor man i de enkelte kredse stemmer på flere personer under et ≠ ENKELTMANDSVALG

listeforbund

SUBST. *-et,* plur. *~forbund, -ene*

det at et parti opstiller flere sideordnede lister med samme bogstavbetegnelse, og at listernes stemmer tælles under ét for at undgå stemmespild ved mandatfordelingen ≠ VALGFORBUND

listesko

SUBST.

gå på listesko optræde forsigtigt □ *i spørgsmålet om lønforhøjelse var det bedst at gå på listesko*

listevalg

SUBST. *-et,* plur. *~valg, -ene*

valg foretaget ved listeafstemning

listig

ADJ. *-t, -e; -ere, -st*

fuld af list = SNU □ *en listig plan* □ *listighed*

litani

SUBST. *-et,* plur. *-er, -erne*
/lita'ni/

en kirkebøn udført som vekselsang mellem præst og menighed, især i den katolske kirke

litauer

SUBST. *-en,* plur. *-e, -ne*

en person fra Litauen

litauisk

ADJ. *-, -e*

som har at gøre med Litauen

lit de parade

SUBST. *en*
[lidəpɑ'rad]

det at en afdød og fremstående person ligger i en åben kiste som folk defilerer forbi □ *den afdøde præsident lå på lit de parade i tre dage*

liter

SUBST. *-en,* plur. *liter, -ne*
fork. *l*

en målenhed for rumfang; 1 liter svarer til rumfanget af en terning med en sidelængde på 10 cm, dvs. 1 dm^3, el. det som 1 kg vand fylder □ *spanden kan rumme 10 liter vand* · *en liter mælk* □ *litervis* □ *milliliter* · *centiliter* · *deciliter* · *dekaliter* · *hektoliter*

litermål

SUBST. *-et,* plur. *~mål, -ene*

et målebæger som rummer 1 liter

litium

SUBST. *-et* (el. *litiummet*)

et blødt, sølvhvidt og meget let metallisk grundstof som bl.a. anvendes i legeringer og i forskellige salte i medicinsk behandling; atomtegn *Li* □ *litiumbehandling*

litograf

SUBST. *-en,* plur. *-er, -erne*
/lito'graf/

en håndværker som trykker billeder el. tegninger ved hjælp af litografiske metoder = STENTRYKKER

litografere

VERB. *-r, -de, -t*
/litogra'fere/

litografere ngt mangfoldiggøre et billede ved hjælp af litografi

litografi[1]

SUBST. *-en*
/litogra'fi/

en teknik til at fremstille billeder ved aftryk fra en fugtig sten- el. zinkplade = STENTRYK □ *litografisk*

litografi[2]

SUBST. *-et,* plur. *-er, -erne*
/litogra'fi/

et billede der er fremstillet ved hjælp af litografi □ *et smukt litografi*

litografisk

ADJ. *-, -e*
/lito'grafisk/

som har at gøre med litografi □ *litografisk værksted* · *litografiske billeder*

litote

SUBST. *-n,* plur. *-r, -rne*
/li'tote/

en afsvækkende omskrivning, fx *bogen er ikke fremragende* i stedet for *bogen er dårlig* ≠ HYPERBEL □ *litotisk*

litra

SUBST. *-en* el. *-et,* plur. *-er, -erne*
fork. *litr.* el. *ltr.*

et bogstav der anvendes som betegnelse for en rubrik, en afdeling el.lign., i stedet for el. sammen med et nummer □ *afdeling 12, litra D*

litt.

fork. for *litteratur* el. *litterær*

litterat

SUBST. *-en,* plur. *-er, -erne*
/litte'rat/

en person der som erhverv beskæftiger sig med litteratur; det kan være en skribent, en forfatter, en udgiver, el. en anmelder

litteratur

SUBST. *-en,* plur. *-er, -erne*
/littera'tur/

= SKØNLITTERATUR □ *en af dansk litteraturs store forfattere* · *studere litteratur* □ *litteraturforsker* · *litteraturhistorie* · *litteraturkritik* · *litteraturvidenskab* · *litteratursociologi* • alt hvad er er skrevet el. trykt i almindelighed el. inden for et bestemt område □ *søge litteratur om et emne* □ *litteraturhenvisning* · *litteraturliste* · *litteratursøgning* □ *faglitteratur* · *skønlitteratur* · *triviallitteratur*

litteraturhistorie

SUBST. *-n,* plur. *-r, -rne*

studiet af skønlitteraturens udvikling inden for et el. flere sprogområders litteratur □ *studere litteraturhistorie*

litterær

ADJ. *-t, -e*
/litte'rær/

som har at gøre med litteratur □ *et litterært værk* · *en litterær begivenhed* · *litterært interesseret* □ *faglitterær* · *skønlitterær*

liturgi

SUBST. *-en,* plur. *-er, -erne*
/litur'gi/

den række af handlinger som gudstjenesten består af, bl.a. indgangsbøn, indgangssalme, kollekt, oplæsning fra Bibelen, trosbekendelse, prædiken og nadver □ *liturgisk* • en enkelt gudstjenstlig handling □ *nadverens liturgi*

liv

SUBST. *-et,* plur. *liv, -ene*

1. ⟨ikke plur.⟩ det som kendetegner mennesker, dyr og planter til forskel fra ting som fx sten, vand og maskiner; bl.a. at de kan reagere på påvirkninger, optage næring og bevæge og udvikle sig ≠ DØD □ *livets oprindelse* · *der er ikke liv på månen* □ *fugleliv* · *menneskeliv* · *planteliv* • om den enkeltes liv ≠ DØD □ *miste livet* · *han har mange liv på samvittigheden* · *et langt liv* · *mit livs chance* · *en ven for livet* · *hele mit liv* · *svæve mellem liv og død* · *redde livet* · *ulykken kostede ham livet* · *gøre livet surt for nogen* □ *livredder* · *livvagt* · *livsfare* · *livslang* · *livstid* · *livsvarig* • **i live** □ *de var stadig i live* • **til live** □ *komme til live igen* · *vække nogen til live igen* · *kalde nogen til live igen* • **komme ngt til livs** gøre ende på noget □ *komme arbejdsløsheden til livs* · *komme ensomheden til livs* • **liv og glade dage** fest og munterhed □ *her er vist liv og glade dage!* • **med liv og sjæl** med stor interesse □ *de gik op i arbejdet med liv og sjæl* • **miste livet** = DØ • **risikere liv og lemmer** el. **sætte livet på spil** udsætte sig for fare • **sætte livet til** blive dræbt • **tage livet af ng** (form.): dræbe nogen • **tage livet af sig** el. **tage sit eget liv** (form.): begå selvmord • **true ng på livet** true med at dræbe nogen • ⟨ikke plur.⟩ aktiv virksomhed □ *holde liv i de sidste rester af partiet* · *holde interessen i live* · *vække interessen til live igen* · *der kom liv i ham igen* · *ruske liv i nogen* · *der er ikke meget liv i ham* □ *livlig* · *livløs* · *livskraft*
2. ⟨ikke plur.⟩ den måde man lever på □ *livet i Bulgarien* · *livet på byens værtshuse* · *hun lever et hårdt liv* □ *livsførelse* · *livsstil* □ *folkeliv* · *natteliv* · *privatliv* · *selskabsliv*
3. = TALJE □ *tage nogen om livet* · *holde nogen om livet* □ *livrem* · *livvidde*
4. holde ng tre skridt fra livet lade være med at have noget at gøre med en person som er påtrængende • **sætte ngt til livs** spise og drikke, især om en stor mængde □ *han satte umådelige mængder mad og vin til livs*

livagtig

ADJ. *-t, -e; -ere, -st*
/liv'agtig/

som er meget klar og detaljeret = VELLIGNENDE □ *en livagtig skildring af slaget* · *en livagtig voksdukke* □ *livagtighed*

live[1]

VERB. *-r, -de, -t*

live ng(t) op give nogen livsmod el. gøre noget mere livligt □ *veninden besøg livede patien-*

ten gevaldigt op • det tørklæde liver op på en kedelig kjole • kan du ikke forsøge at live ham lidt op?

live[2]

ADJ.
['lajv]

som udsendes direkte i radio el. tv mens det sker, el. som er optaget fra en koncert el.lign. med publikum og udsendt på plade, i radio el. tv □ *den sidste indspilning er optaget live • optræde live* □ *livekoncert • liveindspilning • liveoptagelse • live-tv*

livegen

ADJ. *-t, livegne*

⟨også SUBST.⟩ (om en person): som blev betragtet som en godsejers personlige ejendom □ *en livegen bonde • de livegne var stavnsbundne* □ *livegenskab*

livegenskab

SUBST. *-et*

et forhold hvor en godsejer ejede en livegen; indebar bl.a. at den livegne var stavnsbundet og at godsejeren havde ret til at sælge den livegne som arbejdskraft

liveshow

SUBST. *-et,* plur. *-s,* (el. *~show*), *-ene*
['lajvsjåw]

en forestilling i en pornoklub med samleje el. andre seksuelle aktiviteter

livfuld

ADJ. *-t, -e*

= LIVLIG □ *et par glade, livfulde unger • en livfuld beretning*

livgarde

SUBST. *-n,* plur. *-r, -rne*

= GARDE □ *livgarden trækker op • livgarden er i galla på dronningens fødselsdag*

livgivende

ADJ.

som er frisk og inspirerende = OPLIVENDE □ *hun er meget livgivende*

livlig

ADJ. *-t, -e; -ere, -st*

som er fuld af liv og fx meget talende og glad = LIVFULD, LEBENDIG, LEVENDE, SPRÆLSK □ *et livligt selskab • en livlig natur • det gik livligt for sig • det er et par livlige unger • en livlig diskussion • fosteret bevæger sig livligt*

livlæge

SUBST. *-n,* plur. *-r, -rne*

en person som er ansat som personlig læge hos en kongelig eller anden adelig person □ *kongens livlæge*

livløs

ADJ. *-t, -e; -ere, -est*

som ikke viser tegn på liv □ *hun fandt ham liggende livløs i sengen*

livmoder

SUBST.

se *livmor*

livmoderhals

SUBST.

se *livmorhals*

livmor el. **livmoder**

SUBST. *-en,* plur. *livmodere, livmoderne*

den del af de indre kvindelige kønsorganer hvor det befrugtede æg udvikles til et foster = UTERUS □ *livmorhals • livmorkræft*

livmorhals el. **livmoderhals**

SUBST. *-en,* plur. *-e, -ene*

den nederste del af livmoren og dens åbning til skeden

livré el. **livre**

SUBST. *-et,* plur. *-er, -erne*
/liv'ré/

= LIBERI

livredder

SUBST. *-en,* plur. *-e, -ne*

en person der er ansat på en badestrand el. i en svømmehal til at holde opsyn og til at redde folk der er ved at drukne □ *livredderpost • livredderprøve • livreddertårn*

livregiment

SUBST. *-et,* plur. *-er, -erne*

et regiment der formelt har til opgave at beskytte en kongelig person

livrem

SUBST. *~remmen,* plur. *~remme, ~remmene*

1. = BÆLTE
2. spænde livremmen ind forøge sin sparsommelighed og nøjsomhed □ *hun forstod at spænde livremmen ind når det var nødvendigt*

livret

SUBST. *livretten,* plur. *livretter, livretterne*

den mad man synes bedst om □ *hvad er din livret? • kartoffelmos og pølser er børnenes livret • vi skal have min livret i dag*

livrist

SUBST. *-en,* plur. *-er, -erne*

= KAMMERTJENER

livsaften

SUBST. *-en* (el. *~aftnen*)

(poet.): = ALDERDOM □ *han valgte at tilbringe sin livsaften i Schweiz*

livsalig

ADJ. *-t, -e*
/liv'salig/

som hensætter én i en tilstand af fuldkommen lykke □ *en livsalig duft af birketræ* □ *livsalighed*

livsanskuelse

SUBST. *-n,* plur. *-r, -rne*

= LIVSSYN □ *hans livsanskuelse er eksistentialistisk • kristendom er både religion og livsanskuelse*

livsarving

SUBST. *-en,* plur. *-er, -erne*

en arving der nedstammer i lige linie fra arveladeren □ *han døde uden at efterlade sig livsarvinger*

livsbekræftende

ADJ.

som fremmer lysten til at leve og udfolde sig = OPLØFTENDE □ *en livsbekræftende film • hun har et livsbekræftende syn på tingene*

livscyklus

SUBST. *-en* (el. *~cyklussen* el. *~cyklen*), plur. *-er* (el. *~cyklusser* el. *~cykler*), *-erne* (el. *~cyklusserne* el. *~cyklerne*)

det forløb et levende væsen el. en organisme gennemgår fra fødsel til død □ *tilendebringe sin livscyklus*

livsfare

SUBST. *-n*

i livsfare i en situation hvor man kan risikere at miste livet □ *være i livsfare • svæve i livsfare • bringe nogen i livsfare*

livsfarlig

ADJ. *-t, -e*

så farlig at livet er truet = LIVSTRUENDE □ *en livsfarlig sygdom • det er livsfarligt at køre sådan*

livsfjern

ADJ. *-t, -e*

= VERDENSFJERN □ *hans eneboertilværelse har gjort ham livsfjern • en livsfjern drømmer* □ *livsfjernhed*

livsforsikring

SUBST. *-en,* plur. *-er, -erne*

en forsikring hvor erstatningen kommer til udbetaling ved forsikringstagerens død, el. når forsikringstageren når en bestemt alder □ *tegne en livsforsikring • få en livsforsikring udbetalt efter sin mand*

livsførelse

SUBST. *-n,* plur. *-r, -rne*

en måde at indrette sit liv på = LIVSSTIL □ *hun blev kritiseret for sin ekstravagante livsførelse*

livsgerning

SUBST. *-en,* plur. *-er, -erne*

et arbejde som man helliger sig en stor del af sit liv □ *studiet af insekter blev hans livsgerning • hendes livsgerning er fuldbragt*

livsglad

ADJ. *- , -e*

som er glad for livet □ *hun er en livsglad person*

livsglæde

SUBST. *-n*

en glæde ved at være til □ *hun strålede af livsglæde selv om hun var meget gammel*

livshungrende

ADJ.

som hungrer efter at leve livet og opleve noget

livskraft

SUBST. *-en,* plur. *~kræfter, ~kræfterne*

en kraft til at leve og udfolde sig□ *hun havde en ukuelig livskraft • tiden vil vise hvor stor livskraft foretagendet har*

livskvalitet

SUBST. *-en,* plur. *-er, -erne*

en værdi i tilværelsen som ikke er betinget af materielle ting, men snarere af miljø, fællesskab m.m. □ *undersøgelsen viser at der stort set ikke er nogen sammenhæng mellem penge og livskvalitet • sygdom kan reducere folks livskvalitet ganske betydeligt*

livslang

ADJ. *-t, -e*

= LIVSVARIG □ *en livslang kærlighed*

livslede

SUBST. *-n*

det at være meget træt af livet = SPLEEN □ *føle livslede*

livsledsager

SUBST. *-en,* plur. *-e, -ne*

(poet.): en person som man er gift med el. danner par med = MAGE, PARTNER □ *livsledsagerske*

livsløgn

SUBST. *-en,* plur. *-e, -ene*

falske forestillinger som man bygger sit liv på

livsmønster

SUBST. *-et* (el. *~mønstret*), plur. *~mønstre, ~mønstrene*

en måde at leve på□ *folk med et andet livsmønster • biernes livsmønster*

livsnerve

SUBST. *-n,* plur. *-r, -rne*

en meget vigtig del af en helhed□ *fabrikken var byens livsnerve*

livsnær

ADJ. *-t, -e*

som har nøje tilknytning til det daglige liv el. som er meget nærværende□ *livsnært undervisningsstof • hun virker meget livsnær*

livsrum

SUBST. *~rummet,* plur. *~rum, ~rummene*

det område man behøver for at kunne udvikle sig frit, især om stater □ *de tager sagen i egen hånd og skaber deres livsrum hvor de nu bor*

livsstil

SUBST. *-en,* plur. *-e, -ene*

= LIVSFØRELSE

livsstilling

SUBST. *-en,* plur. *-er, -erne*

et fast arbejde som man bevarer hele livet igennem, og som bliver en stor del af ens identitet□ *lærergerningen blev hendes livsstilling*

livssyn

SUBST. *-et,* plur. *~syn, -ene*

et menneskes holdning til livet = LIVSANSKUELSE, LIVSOPFATTELSE □ *hun har et meget positivt livssyn* □ *livssynsdebat*

livstegn

SUBST. *-et,* plur. *~tegn, -ene*

tegn på at nogen lever • **give livstegn fra sig** lade høre fra sig, fx med et brev

livstestamente

SUBST. *-t,* plur. *-r, -rne*

en erklæring om at man ikke ønsker at blive holdt kunstigt i live i tilfælde af håbløs sygdom

livstid

SUBST. *-en*

for el. **på livstid** for resten af livet □ *han sidder i fængsel på livstid • han blev idømt livstid • hun fik kun halv livstid, men det er stadig mange år at sidde inde • hun føler sig som patient på livstid • løftet gælder for livstid • han udnævnte sig til præsident på livstid* □ *livstidsfange • livstidsstraf*

livstruende

ADJ.

= LIVSFARLIG

livstykke

SUBST. *-t,* plur. *-r, -rne*

(hist.): en underbeklædning, ofte til at snøre, som kvinder og børn bar over undertrøjen; forsynet med knapper til påknapning af strømpebånd • en livsglad person □ *hun var et rigtigt livstykke*

livsvarig

ADJ. *-t, -e*

som varer hele livet = LIVSLANG, EVIG□ *livsvarigt fængsel • livsvarig troskab*

livsvej

SUBST. *-en,* plur. *-e, -ene*

den retning ens liv udvikler sig i = LØBEBANE □ *hans livsvej har flere gange krydset min*

livsvigtig

ADJ. *-t, -e*

nødvendig for at overleve□ *livsvigtig medicin • livsvigtige afgørelser* □ *livsvigtighed*

livsværk

SUBST. *-et*

et resultat af et arbejde som man helliger sig en stor del af sit liv □ *ordbogen blev hendes livsværk*

livtag

SUBST. *-et,* plur. *livtag, -ene*

1. et greb i brydning hvor man tager modstanderen om livet
2. tage livtag med ng(t) kæmpe hårdt med nogen el. noget□ *arbejdere og arbejdsgivere har ofte taget livtag med hinanden • mere end én gang tog han livtag med døden*

livvagt

SUBST. *-en,* plur. *-er, -erne*

en person som er ansat til at beskytte en person = BODYGUARD • en gruppe af personer med dette job

livvidde

SUBST. *-n,* plur. *-r, -rne*

vidden omkring livet

lix

SUBST. *-en* el. *-et,* plur. *lix, -ene*

en metode til angivelse af hvor vanskelig en tekst er at læse; fork. for *læsbarhedsindeks* □ *teksten har et højt lix* □ *lix-analyse • lixtal*

Ll.

(i stednavne): fork. for *Lille* □ *Ll. Rise*

lm

fork. for *lumen*

lmh

fork. for *lumentime*

lo[1]

SUBST. *-en,* plur. *-er, -erne*

et rum i en lade el. i en anden udbygning til en gård hvor kornet bliver tærsket og renset□ *logulv* □ *kornlo • tærskelo*

lo[2]

VERB.

bøjningsform af *le*

lobby

SUBST. *-en,* plur. *-er, -erne*
[ˈlɔbi]

1. et stort forværelse, især på et hotel = FORHAL, HALL
2. en interesse- og pressionsgruppe som søger at påvirke de politiske beslutningstagere□ *lobbyarbejde • lobbypolitiker • lobbyist • lobbyisme*

lobbyisme

SUBST. *-n*
/lobbyˈisme/

det at en erhvervsorganisation har personer ansat til at opsøge politikere for at overtale dem til at støtte sager af vital interesse for organisationen = KORRIDORPOLITIK

lobbyist

SUBST. *-en,* plur. *-er, -erne*
/lobbyˈist/

en person der udøver *lobbyisme* □ *lobbyister er et accepteret fænomen i EU-politik* □ *lobbyistvirksomhed*

lobelie el. **lobelia**

SUBST. *-n,* plur. *-r, -rne*
(lobelia: *-en,* plur. *-er, -erne*)
/lo'belie/

en plante med aflange, ofte takkede blade og røde el. blå blomster; flere arter, bl.a. vandplanten *tvepibet lobelie* og *hængelobelie* der ofte ses i altankasser; latinsk navn *Lobelia*

lobhudle

VERB. *-r, -de, -t*
[*'lo·bhuð'lə*]

lobhudle ng(t) = SKAMROSE □ *lobhudling*

lobotomi

SUBST. *-en,* plur. *-er, -erne*
[*loboto'mi'*]

en hjerneoperation hvorved visse nervebaner skæres over; blev tidligere anvendt for fx at pacificere urolige el. aggressive personer; medfører bl.a. følelsesmæssigt afstumpethed = DET HVIDE SNIT

loc.cit. el. **l.c.**

udtryk for at et citat er fra samme værk el. samme sted i et værk som det der forud er henvist til; fork. af latin *loco citato* = IBID.

lockout

SUBST. *-en,* plur. *-er, -erne*
[*lɔg'awt*]

en udelukkelse af de ansatte fra arbejdspladsen; iværksættes af arbejdsgiveren for at presse de ansatte til at gå ind på en aftale ≠ STREJKE □ *som modtræk til blokaden iværksatte arbejdsgiveren en lockout* · *varsle lockout*

lockoute

VERB. *-r, -de, -t*
/lock'oute/

lockoute ng udelukke nogen fra deres arbejdsplads for at presse dem til at gå ind på en aftale

loco

ADV.

1. (handel): på et bestemt salgssted; bruges fx for at vise at en vare er tilgængelig □ *locohandel* · *locovarer*
2. (musik): udtryk for at noderne skal spilles i den angivne oktav
3. in loco = PÅ STEDET

lod[1]

SUBST. *loddet,* plur. *lodder, lodderne*

1. en lille ting af metal der anvendes til at drive noget, fx et urværk, el. afbalancere noget, fx en vægtskål □ *uret går ved lodder* · *anbringe store og små lodder på en vægt* □ *lodline* ● **lægge et** el. **sit lod i vægtskålen** støtte nogen og bidrage til en sags afgørelse □ *hun lagde det afgørende lod i vægtskålen* · *han lægger sit lod i vægskålen til fordel for mig* ● **med lodder og trisser** udtryk for at noget ikke sker helt retfærdigt □ *det gik med lodder og trisser* ● **være i lod** ⟨ubøj.⟩ være lodret □ *stolpen er i lod*
2. en genstand som man udtrækker el. kaster blandt flere andre ens genstande for at afgøre en sag □ *vi trækker lod om hvem der skal have det sidste stykke kage* · *tage et lod i tombolaen* □ *lodseddel* ● **loddet falder på ng** udtryk for at nogen bliver udpeget til et bestemt hverv

lod[2]

SUBST. *lodden,* plur. *lodder, lodderne*

1. en mindre del af et jordområde el. en ejendom □ *dele jorden i lodder* · *sælge jorden i lodder* · *udstykke jorden i lodder*
2. ⟨ubøj.⟩ = SKÆBNE □ *det faldt i hans lod at få jobbet* · *fattigdom blev hans lod*

lod[3]

SUBST. *lodden* (el. *loddet*)

hårlag på dyr, især om fårs vinteruld = HÅRLOD

lod[4]

VERB.

bøjningsform af *lade*

lodde

VERB. *-r, -de, -t*

1. sammenføje metaldele ved opvarmning og tilsætning af et loddemetal □ *lodde tagrender* · *lodde komponenter i en radio* · *lodde delene sammen* □ *lodning* · *loddekolbe* · *loddelampe* · *loddetin* · *loddetråd*
2. måle dybde med et lod i en line □ *de lodder sejlrenden op hvert forår* ● **lodde ng(t)** vurdere en stemning el. en person □ *du må lodde stemningen* · *jeg kan ikke lodde ham* · *jeg kan ikke lodde dybden af hans følelser*
3. lodde ngt bort sælge noget ved lodtrækning el. salg af lodsedler = BORTLODDE

loddekolbe

SUBST. *-n,* plur. *-r, -rne*

et hammerlignende redskab til lodning

lodden

ADJ. *-t, lodne*

som er dækket af tætte hår □ *en lodden frakke* · *bladene er lodne i kanten* · *han er lodden over hele kroppen*

loden

SUBST. *en*
[*'lo·dən*]

et tætvævet, oftest dyb grønt uldgarnstof med luv □ *lodenfrakke* · *lodenhat*

lodenfrakke

SUBST. *-n,* plur. *-r, -rne*

en løs frakke fremstillet af loden

lodline

SUBST. *-n,* plur. *-r, -rne*

en line med et lod for enden som bruges til måling af vanddybde

lodret

ADJ. *- , lodrette*

som danner en vinkel på 90° med en vandret grundlinie el. flade = VERTIKAL ≠ VANDRET □ *en lodret linie* · *en lodret klippevæg* · *solen stod næsten lodret over vore hoveder* · *en næsten lodret opadgående salgskurve* □ *lodrethed*

lods

SUBST. *-en,* plur. *-er, -erne*
[*'lo's*]

en person der er ansat til at hjælpe skibe gennem vanskelige farvande, fx smalle stræder med skær, havne el. sejlløb der er ukendte for skibets fører □ *lodseri* · *lodsformand* □ *havnelods* · *hjælpelods*

lodsbåd

SUBST. *-en,* plur. *-e, -ene*

en lille båd der transporterer lodsen til og fra et skib

lodse

VERB. *-r, -de, -t*
[*'lo·sə*]

lodse ngt føre et skib sikkert igennem et farvand ● **lodse ng** = FØRE □ *vi fik ham lodset over gaden*

lodseddel

SUBST. *-en* (el. *~sedlen*), plur. *~sedler, ~sedlerne*

en seddel med et nummer på som man køber for at støtte en forening, en sag el.lign., og som man kan få en gevinst på hvis ens nummer bliver trukket ud

lodsejer

SUBST. *-en,* plur. *-e, -ne*
[*'lɔs-* el. *'lɔðs-*]

en person som ejer et jordstykke = GRUNDEJER

lodseri

SUBST. *-et,* plur. *-er, -erne*
/lodse'ri/

en virksomhed der beskæftiger sig med lodsning af skibe = LODSSTATION

lodtrækning

SUBST. *-en,* plur. *-er, -erne*

en tilfældig udtrækning af et nummer som skal give gevinst □ *afgøre en konkurrence ved lodtrækning* · *vinderen bliver fundet ved lodtrækning* · *de foretog en lodtrækning blandt de indsendte besvarelser*

loft

SUBST. *-et,* plur. *-er, -erne*

1. den øverste side af et rum der danner skel til tagrummet el. til den overliggende etage □ *der er højt/lavt til loftet* □ *loft(s)belysning* · *loft(s)bjælke* □ *bjælkeloft* · *gipsloft* · *træloft* ● et rum el. en etage under taget på en bygning □ *loft(s)kammer* · *loft(s)værelse* □ *høloft* ● øverste grænse for noget = LÅG □ *lægge loft over priserne* □ *ansættelsesloft* · *personaleloft*
2. have rotter på loftet være forstyrret i hovedet = SKØR ● **ryge op under loftet** blive meget vred

loftsbjælke el. **loftbjælke**

SUBST. *-n,* plur. *-r, -rne*

en fritliggende el. skjult bjælke som bærer et loft

loftskammer el. **loftkammer**

SUBST. *-et* (el. *~kamret*), plur. *~kamre, ~kamrene*

et lille loftsværelse = TAGKAMMER

loftsværelse el. **loftværelse**

SUBST. *-t,* plur. *-r, -rne*

et værelse på et loft

log

SUBST. *loggen,* plur. *logge* (el. *logger*), *loggene* (el. *loggerne*)
[*'lɔk*]

et apparat til måling af et sejlende skibs hastighed □ *logbog* · *logline*

logaritme

SUBST. *-n,* plur. *-r, -rne*
fork. *log*

en matematisk funktion; logaritmen til et positivt tal x betegnes *log x* og er det antal gange et valgt grundtal skal ganges med sig selv for at få x; i den såkaldte *sædvanlige logaritme* er grundtallet 10, og da gælder det at log 10 = 1, log 100 = 2 og log 1.000 = 3, hvilket generelt kan udtrykkes ved at log 10^x = x □ *logaritmisk* · *logaritmefunktion* · *logaritmetabel* □ *antilogaritme*

logaritmetabel

SUBST. *~tabellen,* plur. *~tabeller, ~tabellerne*

en tabel som angiver logaritmerne til en mængde af tal

logbog

SUBST. *-en,* plur. *~bøger, ~bøgerne*

en dagbog som føres på et skib med optegnelser om kurs, vind, fart, strøm osv.

loge

SUBST. *-n,* plur. *-r, -rne*
[*'lo:sjə*]

1. et mindre afgrænset tilskuerrum i en teater- el. koncertsal □ *kongeloge* · *teaterloge*
2. en sammenslutning med mere el. mindre hemmeligt formål □ *logebrødre* · *logemedlem* □ *afholdsloge* · *frimurerloge* • et samlingssted for forskellige sammenslutninger

logere

VERB. *-r, -de, -t*
[*lo'sje'ɔ*]

bo til leje på et værelse hos private □ *pigen logerede på kvistværelset* • **logerende** en person som har lejet et værelse □ *værtinden tillader ikke de logerende besøg efter kl. 21*

logge

VERB. *-r, -de, -t*

måle et skibs hastighed ved hjælp af en *log*

loggia

SUBST. *-en,* plur. *-er, -erne*
[*'lɔdsja*]

rum der bæres af søjler el. piller og som er åbent til en el. flere sider • indbygget buegang i en bygning; bæres af søjler el. piller

logi

SUBST. *-et,* plur. *-er, -erne*
[*lo'sji'*]

et sted at bo, ofte af midlertidig karakter □ *han fandt logi for natten* · *rejseselskabet tilbyder logi i private herregårde* · *hun tjente 2.000 kr. om måneden plus kost og logi* □ *natlogi* • et lejet værelse til én el. flere personer der ikke fører egen husholdning = BOLIG □ *natlogi*

logik

SUBST. *logikken,* plur. *logikker, logikkerne*
/*lo'gik*/

1. læren om principperne for at slutte korrekt fra ét udsagn til et andet □ *logikkens love* · *symbolsk logik* · *klassisk logik* · *moderne logik*
2. den måde man tænker på □ *jeg kan ikke følge din logik* · *ifølge en naturvidenskabelig logik må man betragte mennesker som fysiske ting* · *han fulgte sin egen særlige logik* · *det er typisk logik for kvinder* · *det er der god logik i* • = SUND FORNUFT □ *der er ingen logik i det han siger* · *der er ingen logik i at bruge så mange penge på noget du ikke har brug for* • en sammenhæng hvor noget nødvendigt følger af noget andet □ *det følger med indlysende logik af det hun siger* · *tilværelsens ubønhørlige logik*

login

SUBST. *et*
[*lɔg'en*]

(edb): et brugernavn el. brugernummer som indtastes for at få adgang til et edb-system; bruges ofte sammen med et *password*

logisk

ADJ. *-* , *e*

1. som har at gøre med logikkens principper □ *et logisk problem* · *argumentet har logisk gyldighed hvis intet argument med samme form har sande præmisser og falsk konklusion*
2. som følger af noget andet som det eneste el. mest rimelige, el. som er sammenhængende og rimelig = FORNUFTIG □ *en logisk slutning* · *det er en logisk følge af forholdene* · *en logisk udvikling* · *det mest logiske ville være at ophæve forbuddet* · *det virker ikke særlig logisk* · *en logisk forklaring*

logistik

SUBST. *logistikken*
/*logi'stik*/

den planlægning og organisering der er nødvendig for at løse en stor opgave; det kan være styring af varestrømmen gennem en virksomhed, fx tilførsel af råvarer, lagerbeholdning og forsendelse af producerede varer, el. det kan være styring af forsyninger, transport og indkvartering af tropper ved militære operationer □ *logistisk* · *logistikafdeling* · *logistikchef*

logistiker

SUBST. *-en,* plur. *-e, -ne*
/*lo'gistiker*/

person som beskæftiger sig med *logistik*

logo

SUBST. *-en* el. *-et,* plur. *-er, -erne*

en virksomheds el. organisations symbol el. kendetegn, fx i form af en figur el. en særlig udformning af navnet = BOMÆRKE □ *patentere et logo* · *firmaets logo*

logopæd

SUBST. *-en,* plur. *-er, -erne*
/*logo'pæd*/

en person der beskæftiger sig med *logopædi* = TALEPÆDAGOG

logopædi

SUBST. *-en*
/*logopæ'di*/

læren om tale-, læse- og skrivevanskeligheder og behandlingen heraf □ *logopædisk*

logre

VERB. *-r, -de, -t*

logre med halen (om en hund): svinge halen fra side til side □ *som tegn på glæde logrede hunden med halen* · *hunden logrede* □ *logren* • **logre for ng** (neds.): forsøge at indsmigre sig hos nogen = SLESKE □ *det er en ynk at se ham logre for chefen*

lok

SUBST. *lokken,* plur. *lokker, lokkerne*

et lille bundt hår = TOT, DUSK □ *hun gemte en lok af hans hår* □ *hårlok* • **lokker** hår der er bølget □ *den lille pige havde de yndigste, lyse lokker* · *flagrende lokker*

lok.

fork. for *lokal* el. *lokale*

lokal

ADJ. *-t, -e*
/*lo'kal*/

som har at gøre med, findes i el. gælder for et mindre, afgrænset område = DECENTRAL ≠ NATIONAL, GLOBAL □ *det er et lokalt anliggende* · *den lokale avis* · *de lokale bestemmelser* · *et lokalt område i hjernen* □ *lokalavis* · *lokalbedøvelse* · *lokalkendt* · *lokalkolorit* · *lokalpatriot* · *lokalradio*

lokalbedøvelse

SUBST. *-n,* plur. *-r, -rne*

en bedøvelse af en afgrænset del af kroppen □ *tandlægen lagde en lokalbedøvelse i underkæben* · *salve til lokalbedøvelse*

lokale

SUBST. *-t,* plur. *-r, -rne*
/*lo'kale*/

et rum indrettet til forskellige formål, dog ikke beboelse = VÆRELSE, RUM □ *kontorlokale* · *mødelokale* · *selskabslokale* · *udstillingslokale* · *øvelokale*

lokalhistorie

SUBST. *-n,* plur. *-r, -rne*

en by el. egns historiske udvikling og forhold □ *hun er meget interesseret i lokalhistorie* • en beskrivelse af en by el. egns lokalhistorie □ *han har skrevet en lokalhistorie om Langeland*

lokalisere

VERB. *-r, -de, -t*
/*lokali'sere*/

lokalisere ngt bestemme hvor noget findes inden for et afgrænset område = STEDFÆSTE □ *lokalisere en smertefornemmelse* · *det lykkedes* *blikkenslageren at lokalisere bruddet på vandledningen* • *det er svært at lokalisere lyden* • *Miljøministeriet arbejder med at lokalisere og beskrive de kulturhistoriske anlæg* □ *lokalisering*

lokalitet

SUBST. *-en,* plur. *-er, -erne*
/lokali'tet/

= STED □ *der er flere lokaliteter med dette navn* • *før festen var vi henne for at se på lokaliteterne*

lokalløn

SUBST. *~lønnen*

et løntillæg i form af et engangsvederlag der gives til udvalgte offentlige ansatte der har ydet en særlig indsats på jobbet = FEDTERØVSTILLÆG □ *lokallønsaftale*

lokalnævn

SUBST. *-et,* plur. *~nævn, -ene*

en myndighed der tager stilling til klager over politiet

lokalplan[1]

SUBST. *-en,* plur. *-er, -erne*

en plan for hvordan et mindre område skal moderniseres og udvikles ≠ BYPLAN, REGIONALPLAN □ *byrådet skal tage stilling til en lokalplan for havnefronten* • *lokalplanen er sendt til høring* • *lokalplansforhandlinger* • **på lokalplan** for et mindre, lokalt område ≠ PÅ LANDSPLAN □ *på lokalplan arbejdes der på at sikre forståelse for projektet*

lokalplan[2]

SUBST. *-et*

på lokalplan i et mindre område ≠ LANDSPLAN □ *der skal tages stilling til forslaget på lokalplan*

lokalradio

SUBST. *-en,* plur. *-er, -erne*

en radiostation hvis programmer er rettet mod og udsendes i et bestemt lokalt område; også om selve programmerne = NÆRRADIO □ *flere og flere lokalradioer er reklamefinansieret* • *de hører lokalradio om morgenen*

lokke

VERB. *-r, -de, -t*

1. lokke ng forsøge at få nogen til noget ved at tilbyde dem noget de ønsker el. som tiltrækker dem = FRISTE, FORLEDE □ *han lokkede hende med sig hjem* • *butikkerne lokker med flotte udstillinger og nedsatte priser* • *hun lokkede ham til at deltage i kuppet* • *et pølsestykke skulle lokke musen i fælden* □ *lokkeand* • *lokkedue* • *lokkemad* • **lokke ngt fra** el. **ud af ng** overtale nogen til at afgive el. fortælle noget de ikke burde = AFLOKKE □ *han forsøgte at lokke hemmeligheden ud af hende* • *den store dreng lokkede fodbolden fra den lille* □ *lokkeand* • *lokkedue* • *lokkemad*
2. have store krøller el. fald □ *hendes hår lokkede sig ned over skuldrene* • *han har mørkt, lokket hår*
3. lokke ngt (teknik): lave huller ved slag med en dorn el. en stanse □ *lokkemaskine*

lokkedue

SUBST. *-n,* plur. *-r, -rne*

en person der bruges til at lokke andre med til noget □ *de brugte ham som lokkedue*

lokkemad

SUBST. *-en*

noget spiseligt som tiltrækker et dyr der skal fanges, fx et stykke ost i en musefælde el. en orm på en fiskekrog = MADDING, AGN • = LOKKEMIDDEL □ *lokkemaden for investorerne er de hurtige afskrivninger* • *hans dyre løfter er ikke andet end lokkemad*

lokkemiddel

SUBST. *-et,* (el. *~midlet),* plur. *~midler, ~midlerne*

noget som bruges til at lokke nogen med = LOKKEMAD □ *banken bruger den lave rente som lokkemiddel*

lokofører

SUBST. *-en,* plur. *-e, -ne*

= LOKOMOTIVFØRER

lokomotiv

SUBST. *-et,* plur. *-er, -erne*
/lokomo'tiv/

en maskine på hjul der trækker jernbanevogne □ *lokomotivfører* □ *damplokomotiv* • *diesellokomotiv* • *ellokomotiv* • *rangerlokomotiv*

lokomotivfører

SUBST. *-en,* plur. *-e, -ne*

en person der fører et lokomotiv = ELEKTROFØRER, LOKOFØRER

lokum

SUBST. *-et* (el. *lokummet*), plur. *-er* (el. *lokummer*), *-erne* (el. *lokummerne*)

1. (slang): en kumme el. en beholder beregnet til at skaffe mennesker af med urin og afføring = WC, TOILET, DAS □ *der var lokum i gården* • *sidde på lokum* □ *lokumsbræt* • *lokumsdør* • *lokumsrulle*
2. lokummet brænder nu bliver der ballade

lollandsk

ADJ. *-, -e*

som har at gøre med Lolland

lollik

SUBST. *lollikken,* plur. *lollikker, lollikkerne*

en person fra Lolland = LOLLÆNDER

lollænder

SUBST. *-en,* plur. *-e, -ne*

= LOLLIK

lom

SUBST. *lommen,* plur. *lommer, lommerne*

en svømmefugl med spidst næb og en langstrakt og noget fladtrykt krop; flere arter, bl.a. rødstrubet lom og islom; latinsk navn *Gaviidae*

lombardlån

SUBST. *-et,* plur. *~lån, -ene*

et kortfristet lån med sikkerhed i værdipapirer der let kan sælges

lomme

SUBST. *-n,* plur. *-r, -rne*

1. en pose af stof syet i el. på tøj til at opbevare småting i □ *bilnøglerne lå i hans lomme* • *han stod med hænderne i lommen* □ *lommebog* • *lommeformat* • *lommekniv* • *lommelygte* • *lommelærke* • *lommetyv* • *lommetørklæde* • *lommeuld* • *lommeur* □ *bukselomme* • *frakkelomme* • *jakkelomme* • et mindre rum i en taske, i en lommebog el.lign. □ *lommebog* □ *taskelomme* • **betale ngt af sin egen lomme** selv bære udgifterne □ *festen blev betalt ud af hans egen lomme* • **få hænderne op af lommen** komme i gang med noget □ *se nu at få hænderne op af lommen!* • **have penge på lommen** have penge □ *han havde altid penge på lommen* • **kende ngt som sin egen bukselomme** kende noget vældig godt □ *han kendte byen som sin egen bukselomme* • **sidde** el. **stå med hænderne i lommen** være uforetagsom □ *han stod altid med hænderne i lommen når andre arbejdede* • **være i lommen på ng** være afhængig af nogen □ *pga. sin spillelyst var han i lommen på ejeren af kasinoet*
2. et område i noget □ *en lomme i isen* □ *luftlomme*

lommebog

SUBST. *-en,* plur. *~bøger, ~bøgerne*

en lille notesbog med kalender = PLANLÆGNINGSKALENDER, AGENDA

lommekniv

SUBST. *-en,* plur. *-e, -ene*

en lille sammenfoldelig kniv; består ofte af flere knive og kan være udstyret med fx en neglefil, proptrækker el.lign. = FOLDEKNIV

lommelygte

SUBST. *-n,* plur. *-r, -rne*

en lygte der ikke er større end at man kan have den i lommen

lommelærke

SUBST. *-n,* plur. *-r, -rne*

en lille, flad flaske til spiritus som kan ligge i en lomme

lommepenge

SUBST.PLUR. *-ne*

et mindre beløb som udbetales fx en gang om ugen el. måneden til børn af deres forældre □ *han fik 50 kr. om ugen i lommepenge*

lommeregner

SUBST. *-en,* plur. *-e, -ne*

en lille, ofte avanceret elektronisk regnemaskine □ *det er tilladt at medbringe lommeregner til eksamen*

lommesmerter

SUBST.PLUR. *-ne*

udtryk for at man mangler penge □ *hun ved hvad det vil sige at have lommesmerter* • *han led af lommesmerter i hele sin studietid · mange står med alvorlige lommesmerter efter at have købt hus*

lommetyv

SUBST. *-en,* plur. *-e, -ene*

en tyv der stjæler ting fra folks lommer

lommetørklæde

SUBST. *-t,* plur. *-r, -rne*

et lille firkantet stykke stof til at pudse næse i el. tørre øjne med = LOMMEKLUD, SNOTKLUD ◻ *papirlommetørklæde · pyntelommetørklæde*

lommeuld

SUBST. *-en*

en lille samling fnug, tråde el. snavs i en lomme

lommeur

SUBST. *-et,* plur. *-e, -ene*

et ur med en kæde som er beregnet til at have i en lomme

lomvi el. **lomvie**

SUBST. *lomvien,* plur. *lomvier, lomvierne*

en stor, sort og hvid havfugl med en langstrakt, oprejst krop og et spidst næb; udbredt i Nordatlanten; latinsk navn *Uria aalge*

londoner

SUBST. *-en,* plur. *-e, -ne*

en person fra London

londonsk

ADJ. *-, -e*

som har at gøre med London

longjohn

SUBST. *-en,* plur. *-er, -erne*
[*ˈlɔŋdjɔn*]

en tohjulet budcykel med lad anbragt foran styret

look

SUBST. *-et,* plur. *look, -ene*
[*ˈluk*]

en persons udseende og personlige stil ◻ *hun har fået et helt nyt look efter at hun har været i Paris* • mode el. stil ◻ *det nye look siger pomadehår til mænd*

loop

SUBST. *-et,* plur. *loop, -ene*
[*ˈluˑp*]

en lodret cirkelbevægelse, især ved kunstflyvning ◻ *lave et loop · indvendigt loop · udvendigt loop · en rutschebane med fem loop*

loppe[1]

SUBST. *-n,* plur. *-r, -rne*

et lille vingeløst insekt som kan hoppe, og som suger blod fra mennesker og dyr; latinsk navn *Siphonaptera* ◻ *loppecirkus* ◻ *hundeloppe · katteloppe · menneskeloppe · rotteloppe* • **fuld af lopper** udtryk for at man er fræk og fuld af narrestreger ◻ *I er fulde af lopper, I to!* • **høre en loppe gø** (spøg.): udtryk for at en person som man ikke regner for noget udtaler sig om spørgsmål han formodes ikke at have forstand på ◻ *jeg synes jeg hørte en loppe gø?*

loppe[2]

VERB. *-r, -de, -t*

1. loppe sig fange lopper på sig selv ◻ *hunden loppede sig*
2. loppe sig drive den af = DOVNE ◻ *nå, sidder du her og lopper dig?* • **loppe sig op** tage sig sammen ◻ *nu må du se at loppe dig op*

loppemarked

SUBST. *-et,* plur. *-er, -erne*

marked med salg af brugte ting = KRÆMMERMARKED

loppespil

SUBST. *~spillet,* plur. *~spil, ~spillene*

et spil der spilles med små, flade brikker som man får til at hoppe ved at trykke en anden brik ned i deres kant

loppetorv

SUBST. *-et,* plur. *-e, -ene*

= LOPPEMARKED

lord

SUBST. *-en,* plur. *-er, -erne*
[*ˈlåˈd*]

en britisk adelsmand ◻ *hertuger, jarler og baroner er lorder* • et medlem af det britiske parlaments overhus; det kan være en adelsmand el. en højtstående embedsmand som er blevet slået til ridder

loren

ADJ. *-t, lorne*

loren ved ng(t) som er urolig og bekymret for noget = BETÆNKELIG ◻ *hun var lidt loren ved ham · han var loren ved hele planen*

lorgnetter

SUBST.PLUR. *-ne*
[*lånˈjædɔ* el. *låwˈnædɔ*]

(hist.): et par briller uden stænger som klemmes fast om næseroden = NÆSEKLEMMER, PINCENEZ ◻ *et par lorgnetter · han gik med lorgnetter* ◻ *stanglorgnet*

lort[1]

SUBST. *-en,* plur. *-e, -ene*

1. = EKSKREMENTER ◻ *lortebrun* ◻ *hundelort*
2. (vulg.): en person der er upålidelig el. fej, el. som gør noget man ikke synes om = LUS, SKIDERIK ◻ *han røbede det hele, den lort · din lort! · han er bare en lille lort*

lort[2]

SUBST. *-et*

(vulg.): udtryk for at noget er dårligt el. værdiløst = PIS, SHIT ◻ *smid lortet ud, det virker ikke! · nu gider jeg ikke høre på det lort længere! · det er faneme noget lort alt sammen! · sikke noget lort! · lort og pis!* ◻ *lortebog · lortefilm · lorteland · lortevejr*

los[1]

SUBST. *lossen,* plur. *losser, losserne*

en stor, højbenet kat med kort tyk hale og sort hårdusk på spidsen af ørerne; lever bl.a. i det nordlige Skandinavien; latinsk navn *Lynx lynx*

los[2]

SUBST. *losset,* plur. *los, lossene*

= SPARK ◻ *han fik et los i røven*

los[3]

ADJ.

1. give los for ngt lade noget komme til udfoldelse ◻ *give los for sine lyster · du skal ikke holde dig tilbage, bare giv los*
2. kaste los se under *kaste*
3. hvad er der los? hvad sker der?

losse

VERB. *-r, -de, -t*

1. losse ngt fjerne lasten fra et skib = UDLOSSE, TØMME, LÆSSE ◻ *havnearbejderne lossede kul fra skibet · vi fik losset skibet · skibet losser i havnen* ◻ *losning · lossekaj · lossekran · lossepram* ◻ *udlosse*
2. losse ng (slang): give nogen et spark = SPARKE ◻ *hun lossede ham én bagi*

losseplads

SUBST. *-en,* plur. *-er, -erne*

1. en plads hvor affald kan afleveres
2. et havneområde hvor skibe kan lægge til for at losse

lossepram

SUBST. *~prammen,* plur. *~pramme, ~prammene*

en pram hvorpå man laster gods fra et skib der ikke kan gå i havn

lotion

SUBST. *-en,* plur. *-er* (el. *-s*), *-erne*
[*ˈlåwsjən* el. *loˈsjoˈn*]

en tyndtflydende creme ◻ *bodylotion · håndlotion*

lotte

SUBST. *-n,* plur. *-r, -rne*

et frivilligt medlem af *lottekorpset* ◻ *hendes mor var lotte under krigen* ◻ *lottechef · lotteuniform*

lottekorps

SUBST. *-et,* plur. *~korps, -ene*

en frivillig forsvarsorganisation af kvinder der støtter og hjælper det militære forsvar; i Danmark oprettet 1940 og nedlagt 1996 ◻ *Danmarks Lottekorps*

lotteri

SUBST. *-et,* plur. *-er, -erne*
lotteˈriˈ

et spil med begrænsede indsatser hvor tilfældet afgør hvem der vinder; afvikles gerne ved at nummererede sedler sælges, hvorefter et el. flere numre udtrækkes og gevinster uddeles til dem der har købt de pågældende numre ◻ *vinde i lotteriet · amerikansk lotteri · spille i lotteriet* ◻ *lotterigevinst · lotterikollektion · lotterikollektør · lotteriseddel* ◻ *klasselotteri · tallotteri* • et selskabsspil hvor spilleplader skal udfyldes med brikker ◻ *spille lotteri* ◻ *billedlotteri* • noget hvis udfald i høj grad beror på tilfældigheder ◻ *livet er et stort lotteri*

lotterikollektion

SUBST. *-en,* plur. *-er, -erne*

en samling af lodsedler

lotterikollektør

SUBST. *-en,* plur. *-er, -erne*

en person der sælger og fornyer lotterisedler før hver trækning

lotto

SUBST. *-et,* plur. *-er, -erne*

en særlig form for tallotteri hvor man betaler for en bestemt talkombination og vinder hvis den el. dele af den udtrækkes = LOTTOSPIL □ *on-line lotto · spille lotto · vinde i lotto* □ *lottogevinst · lottokupon · lottosystem · lottotal* □ *lynlotto*

lov

SUBST. *-en,* plur. *-e, -ene*

1. et sæt af regler som alle borgere i et samfund har pligt til at rette sig efter □ *lov om arbejdsmiljø · bryde loven · vedtage en ny lov · i lovens navn · lov og ret* □ *lovlig · lovmæssig · lovgrundlag* □ *bistandslov · finanslov · færdselslov · grundlov · jagtlov · jordlov · kommunallov · lukkelov · rammelov · straffelov · undtagelseslov* • en regel for hvordan noget altid vil udvikle sig under bestemte omstændigheder, fx inden for naturvidenskab el. økonomi □ *alle legemer er underkastet inertiens lov · Arkimedes' lov* □ *lovmæssig* □ *jantelov · junglelov · naturlov · tyngdelov*
2. ⟨ubøj.⟩ = TILLADELSE □ *han bad om lov til at være sent oppe · vi har fået lov til at gå i biografen · jeg har ikke givet dig lov til at låne min bog · ingen har lov til at slå på børn*

lovbefalet

ADJ. *- , lovbefalede*

(jura): som er påbudt ved lov = LOVPLIGTIG □ *lovbefalet ansvarsforsikring · sikkerhedsseler er lovbefalet udstyr på alle nye biler*

lovbrud

SUBST. *lovbruddet,* plur. *lovbrud, lovbruddene*

= LOVOVERTRÆDELSE

love[1]

SUBST.

på tro og love udtryk for at noget er ærligt og oprigtigt □ *afgive en erklæring på tro og love · han erklærede på tro og love at han havde været bortrejst på det pågældende tidspunkt*

love[2]

VERB. *-r, -de, -t*

1. love ng ngt give nogen et løfte om at man vil gøre noget el. at de får noget = LOVE □ *jeg lover dig at jeg nok skal gøre det · han lovede at hjælpe hende · han lovede højt og helligt at han aldrig ville gøre det igen · han lovede hende guld og grønne skove* □ *lovning* □ *udlove* • **love ng(t) bort** = BORTLOVE □ *hun havde lovet sølvkaffekanden bort til sin niece* • **love sig ud** give løfte om at komme som gæst et el. andet sted □ *torsdag aften kan jeg ikke, der har jeg lovet mig ud*
2. love ngt give nogen grund til forventninger om fremtiden □ *metereologerne lover regn · det første kapitel lover godt for resten af romanen · han er begyndt at spare, det lover godt for fremtiden*
3. love for ngt udtryk for at man understreger noget □ *jeg skal love for at vi fik noget at drikke · om hun er god? ja, det skal jeg love for*
4. (glds., poet.): = LOVPRISE □ *lover Herren* • **Gud være lovet** udtryk for lettelse

lovende

ADJ.

som giver gode grunde til at vente sig noget godt □ *der er lovende udsigter for sommeren · en lovende ung maler · det ser lovende ud*

lovformelig

ADJ. *-t, -e*
/lov'formelig/

(glds.): i overensstemmelse med gældende lov □ *de er endnu ikke blevet lovformeligt skilt · de blev lovformeligt gift efter fire års samliv*

lovgive

VERB. *-r, lovgav, -t* (*~given, ~givne*)

udforme og vedtage love □ *det er vigtigt at lovgive på dette område*

lovgivning

SUBST. *-en,* plur. *-er, -erne*

1. det at vedtage love
2. en samling af love □ *det fremgår af lovgivningen*

lovhjemmel

SUBST. *-en* (el. *lovhjemlen*), plur. *lovhjemler, lovhjemlerne*

= HJEMMEL □ *der var lovhjemmel for politiets handlinger*

lovlig[1]

ADJ. *-t, -e*

som følger loven = LEGAL, LEGITIM, LOVMEDHOLDELIG, FORSKRIFTSMÆSSIGT ≠ ULOVLIG □ *lovlig nødværge · være ude i lovligt ærinde · være lovligt undskyldt*

lovlig[2]

ADV.

udtryk for at noget er lidt for meget = LIDT FOR □ *skoene er lovlig store · det er lige lovligt groft · den knægt er lige lovlig fræk*

lovlydig

ADJ. *-t, -e*

som retter sig efter loven □ *hun har altid været en lovlydig borger*

lovløs

ADJ. *-t, -e*

som er uden for lovens rammer □ *lovløse tilstande · en lovløs person*

lovmedholdelig el. **lovmedholdig**

ADJ. *-t, -e*

som følger loven = LOVLIG □ *fremgangsmåden er ikke lovmedholdelig*

lovmæssig

ADJ. *-t, -e*

som er i overensstemmelse med en lov □ *bør reagensglasbørn have en lovmæssig ret til at få oplyst deres biologiske fars identitet?*

lovning

SUBST. *-en*

få lovning på ngt få løfte om noget = LØFTE □ *hun fik lovning på lejligheden*

lovord

SUBST. *-et,* plur. *lovord, -ene*

stærkt rosende bemærkning = ROS □ *de var fuld af lovord om forslaget*

lovovertrædelse

SUBST. *-n,* plur. *-r, -rne*

overtrædelse af et lands love = LOVBRUD

lovovertræder

SUBST. *-en,* plur. *-e, -ne*

en person der bryder loven = DELINKVENT □ *pågrebne lovovertrædere bliver stillet for en domstol inden 24 timer*

lovpligtig

ADJ. *-t, -e*

(jura): = LOVBEFALET □ *lovpligtig ulykkesforsikring*

lovprise

VERB. *-r, ~priste, ~prist*

lovprise ng(t) entusiastisk udtrykke sin værdsættelse og taknemmelighed; ofte over for Gud = PRISE, ROSE, LOVE □ *han blev lovprist for sin godhed · lovprise Gud, thi han er god · hun lovpriste den lille italienske restaurant* □ *lovprisning*

lovprisning

SUBST. *-en,* plur. *-er, -erne*

lovprisning af ng(t) det at lovprise nogen el. noget □ *lovprisning af Gud · han fremførte mange lovprisninger af en smuk græsk ø*

lovsang

SUBST. *-en,* plur. *-e, -ene*

udtryk for at man roser og priser noget □ *artiklen var en lovsang til arbejderbevægelsen*

lovstridig

ADJ. *-t, -e*

= ULOVLIG □ *firmaet brugte lovstridige metoder*

lovsynge

VERB. *-r, lovsang, lovsunget*

(poet.): lovprise i sang el. digt = BESYNGE □ *lovsynger herren, min mund og mit indre*

lovtale

SUBST. *-n,* plur. *-r, -rne*

en stærkt rosende tale □ *han holdt en lang lovtale om hendes indsats*

loyal

ADJ. *-t, -e*
[*lɔ'ja'l* el. *lo'ja'l*]

som er på nogens side og ikke vil skade dem = TROFAST ≠ ILLOYAL ▫ *en loyal kollega · han var loyal over for sine medarbejdere · hun var loyal over for sit firma · kritikken var fuldt ud loyal · en loyal opførsel*

loyalitet

SUBST. *-en*
[*lɔjali'te't* el. *lojali'te't*]

en loyal holdning og adfærd ≠ ILLOYALITET ▫ *hun viste stor loyalitet over for sin arbejdsplads · hans handling er tegn på stor loyalitet* ▫ *loyalitetshensyn · loyalitetskonflikt · loyalitetsudtryk* ▫ *arbejdsloyalitet · familieloyalitet · virksomhedsloyalitet*

lp

SUBST. *lp'en,* plur. *lp'er, lp'erne*

en grammofonplade med lang spilletid; fork. for *longplaying* = LP-PLADE ≠ SINGLE ▫ *lp-salg*

lrs.

fork. for *landsretssagfører*

lsd

SUBST. *lsd'en* el. *lsd'et*

en vanedannende rusgift som giver hallucinationer og bevirker psykotisk adfærd; forbudt i Danmark siden 1974; engelsk fork. af *lysergic acid diethylamide*

ltr.

fork. for *litra*

lucerne

SUBST. *-n,* plur. *-r, -rne*
[*lu'särnə*]

en lav ærteblomst med små, blå el. violette blomster i klaser; dyrkes som foder; latinsk navn *Medicago sativa* ▫ *lucernemark*

luciabrud

SUBST. *-en,* plur. *-e, -ene*
[*lu'si'a-*]

en ung pige der er klædt i et langt, hvidt klæde og bærer en krans med tændte lys på hovedet, og som tidligt om morgenen d. 13. december går forrest i et optog for en helgen, Sankta Lucia

lud

SUBST. *-en*

1. en opløsning af et basisk stof, fx soda, i vand; virker rensende el. ætsende • **skarp lud** stærk sæbe ▫ *skarp lud til skurvede hoveder*
2. gå for lud og koldt vand være forsømt

ludder

SUBST.

se *luder*

luddoven

ADJ. *-t, luddovne*

meget doven af natur ▫ *hvor længe skal den luddovne knægt blive boende hjemme?*

lude

VERB. *-r, -de, -t*

bøje hoved og overkrop forover = HÆNGE ▫ *hesten stod og ludede · en ludende skikkelse · en ludende gang* • (glds.): hælde el. hænge ud over noget ▫ *træet ludede ud over vandet · en ludende pande*

luder el. **ludder**

SUBST. *-en,* plur. *-e, -ne*

(neds.): = PROSTITUERET ▫ *luderbar* ▫ *barluder · gadeluder · narkoluder*

ludfattig

ADJ. *-t, -e*

som er meget fattig ▫ *menneskene i slumkvarteret er ludfattige*

ludo

SUBST. *-et*

et brætspil for op til fire spillere der hver har fire brikker, og som spilles med terninger; hver spiller skal forsøge at få sine brikker hele brættet rundt ▫ *blive slået hjem i ludo* ▫ *ludobrik · ludobræt · ludokonge · ludospil*

ludoman

SUBST. *-en,* plur. *-er, -erne*
[*ludo'ma'n*]

person der lider af ludomani

ludomani

SUBST. *-en*
[*ludoma'ni'*]

= SPILLELIDENSKAB

lue[1]

SUBST. *-n,* plur. *-r, -rne*

1. (glds.): en ulden, strikket hue = HUE
2. = FLAMME ▫ *lyset brændte med en varm, klar lue* • **bryde ud i lys lue** komme op til overfladen ▫ *de gamle modsætninger i byen er brudt ud i lys lue* • **gå op i luer** brænde op ▫ *alle papirerne gik op i luer* • **stå i lys lue** brænde voldsomt

lue[2]

VERB. *-r, -de, -t*

udsende et kraftigt lys som fra ild = GLØDE ▫ *solen luede rødt i horisonten · et rødt luende skær*

luerød

ADJ. *-t, -e*

(poet.): = ILDRØD ▫ *barnet havde luerøde kinder*

luffe

SUBST. *-n,* plur. *-r, -rne*

1. et fladt lem hos havlevende dyr som sæler og hvaler som bruges til at svømme med ▫ *sælen slog med lufferne*
2. = VANTE ▫ *skindluffer*

luft

SUBST. *-en*

1. den blanding af gasarter der omgiver Jorden, og som vi indånder; består hovedsageligt af kvælstof og ilt = ATMOSFÆRE ▫ *luften i byen var forurenet · trække frisk luft · opholde sig i fri luft · der er torden i luften* ▫ *luftforurening · luftindtag · luftlag · lufttryk* ▫ *bjergluft · byluft · havluft · natteluft · skovluft* • himmelrummet omkring Jorden ▫ *højt oppe i luften* ▫ *luftalarm · luftangreb · luftbro · luftfotografi · luftlinie · luftrum · lufttrafik · luftværn* • **gå i luften** stige til vejrs ▫ *flyet er netop gået i luften* • **springe** el. **ryge i luften** eksplodere ved et uheld ▫ *papirfabrikken røg i luften* • **sprænge ngt i luften** bringe noget til eksplosion ▫ *de sprængte huset i luften*
2. det at der er mellemrum el. plads ▫ *der var luft mellem rækkerne · oprydningen gav luft*
3. i forsk. forb.: • **få luft for ngt** el. **give ngt luft** få givet udtryk for hvad man mener = FÅ AFLØB ▫ *han fik luft for sine aggressioner · hun gav sine følelser luft · jeg bliver nødt til at have luft* • **grebet ud af luften** udtryk for at noget er uden grundlag i virkeligheden ▫ *beskyldningen er grebet ud af luften* • **gå i luften** udsendes i radio el. tv ▫ *udsendelsen går i luften om én time* • **kold luft imellem ng** udtryk for at der er et køligt forhold imellem nogen fordi de er uvenner • **ligge i luften** udtryk for at noget er den almindelige mening, uden at det er sagt direkte ▫ *det ligger i luften at lovforslaget bliver vedtaget* • **luft for ng** udtryk for at nogen ikke bliver bemærket ▫ *under hele festen var hun luft for ham* • **luft under vingerne** udtryk for at man har mulighed for at udvikle sig frit • **et slag i luften** en virkningsløs handling el. tom gestus ▫ *hans forsøg på at redde firmaet var et slag i luften* • **springe** el. **ryge i luften** eksplodere af raseri ▫ *han ryger i luften når han hører det*

luftalarm

SUBST. *-en,* plur. *-er, -erne*

et advarselssignal ved luftangreb ▫ *ved midnatstid lød luftalarmen*

luftangreb

SUBST. *-et,* plur. *~angreb, -ene*

et militært angreb med flyvemaskiner

luftart

SUBST. *-en,* plur. *-er, -erne*

et stof som er luftformigt i modsætning til et fast el. flydende stof = GAS, GASART ≠ VÆSKE ▫ *når vand koges omdannes det til en luftart · luftarterne kvælstof og ilt*

luftballon

SUBST. *-en,* plur. *-er, -erne*

en rund beholder af let materiale som fyldes med gas el. opvarmet luft, og som kan svæve i luften og bruges som transportmiddel

luftbro

SUBST. *-en,* plur. *-er, -erne*

organiserede flytransporter til et isoleret område hvortil der udelukkende er forbindelse ad luftvejen ▫ *luftbroen til Vestberlin i 1948-49*

luftbøsse

SUBST. *-n,* plur. *-r, -rne*

et gevær hvori drivkraften er sammenpresset luft, og som skyder med hagl el. pile

lufte

VERB. *-r, -de, -t*

1. blæse let = SVALE ▫ *det lufter dejligt · vinden*

luftede ind fra havet □ *luftning*
2. lufte ng(t) bringe nogen el. noget udendørs □ *nu er det vist tid til at lufte hunden* • *sengetøjet trænger til at blive luftet*
3. lufte ngt lade noget komme til udtryk = VENTILERE □ *han har fundet et sted at lufte sine specielle meninger*
4. lufte ud i ngt forny luften i et rum = UDLUFTE, VENTILERE □ *han lufter ud i soveværelset hver morgen*

luftfart
SUBST. *-en,* plur. *-er, -erne*

det at færdes i luften og den virksomhed der er forbundet hermed = FLYTRAFIK, HELIKOPTERTRAFIK □ *luftfartsselskab* □ *ballonluftfart*

luftfartscertifikat
SUBST. *-et,* plur. *-er, -erne*

= FLYVERCERTIFIKAT

luftfartsselskab
SUBST. *-et,* plur. *-er, -erne*

en virksomhed der tager sig af transport af passagerer, varer m.m. med fly

luftfartøj
SUBST. *-et,* plur. *-er, -erne*

et transportmiddel som flyver i luften; det kan være et fly, et luftskib el. en luftballon

luftforurening
SUBST. *-en,* plur. *-er, -erne*

partikler af skadelige gasser som blandes med den naturlige luft; det kan fx være bilers udstødningsgas el. røg og dampe fra virksomheder

lufthavn
SUBST. *-en,* plur. *-e, -ene*

et anlæg hvor fly lander og letter □ *ankomsthallen i lufthavnen* • *politiet har afspærret lufthavnen* □ *lufthavnspersonale* • *lufthavnsterminal* • *lufthavnstold* • *lufthavnsvæsen*

lufthul
SUBST. *~hullet,* plur. *~huller, ~hullerne*

lodrette, nedadgående strømninger i atmosfæren der får luftfartøjer til at tabe højde

luftig
ADJ. *-t, -e*

1. med frisk luft □ *et lyst og luftigt værelse* • *en kold og luftig aften*
2. (om stof): som er lavet af et let el. tyndt materiale □ *lette og luftige gardiner* • *en luftig gåsedunsdyne* • *en luftig kjole* • *det er for koldt at gå så luftigt klædt*
3. som mangler reelt grundlag og ikke vidner om dybere eftertanke = UREALISTISK □ *hans luftige planer bliver aldrig til noget*

luftindtag
SUBST. *-et,* plur. *~indtag, -ene*

en form for rør hvorigennem der strømmer luft, fx i en motor el. en bygning

luftkaptajn
SUBST. *-en,* plur. *-er, -erne*

en ledende pilot i civil lufttrafik = FLYKAPTAJN, KAPTAJN □ *der er både en luftkaptajn og en flyvestyrmand på rute- og charterfly*

luftkastel
SUBST. *~kastellet,* plur. *~kasteller, ~kastellerne*

en urealistisk plan el. idé □ *planen er et rent luftkastel* • *han er mere interesseret i at bygge luftkasteller end i at finde frem til konkrete løsninger* • *et luftkastel af et budget*

luftkonditionering
SUBST. *-en*

= AIRCONDITION □ *luftkonditioneringsanlæg*

luftlag
SUBST. *-et,* plur. *~lag, -ene*

et lag i atmosfæren □ *de højere og lavere luftlag* • *Jordens yderste luftlag* • *de atmosfæriske luftlag*
• **de højere luftlag** et tanke- el. følelsesmæssigt niveau som er svært forståeligt for andre = DE HØJERE REGIONER □ *hun svæver altid i de højere luftlag*

luftlinie el. luftlinje
SUBST. *-n,* plur. *-r, -rne*

en lige linie gennem luften mellem to punkter □ *afstanden er kun 5 km i luftlinie*

luftmadras
SUBST. *~madrassen,* plur. *~madrasser, ~madrasserne*

en madras som kan pustes op □ *de sov på luftmadrasser og gæstesenge* • *luftmadrassen er pustet for hårdt op*

luftmaske
SUBST. *-n,* plur. *-r, -rne*

en hæklet maske der dannes ved at tråden trækkes igennem en allerede dannet løkke □ *først hækles tre luftmasker og så en stangmaske*

luftning
SUBST. *-en,* plur. *-er, -erne*

1. udluftning af fx tøj □ *tøjet blev hængt til luftning*
2. meget svag vind el. vindpust; svageste vindstyrke på vindskalaen = BRISE □ *der kom en svag og kølig luftning*

luftpost
SUBST. *-en*

post som sendes med fly □ *al pakke- og luftpost er forsinket* • postvæsen som tager sig af forsendelse af luftpost □ *sende et brev med luftpost*

luftpude
SUBST. *-n,* plur. *-r, -rne*

en luftmasse som hæver noget □ *en turbine blæser luft ud under fartøjet så der dannes en luftpude* □ *luftpudebåd* • *luftpudebåret* • *luftpudeprincip* • *luftpudetog*

luftpudebåd
SUBST. *-en,* plur. *-e, -ene*

en passagerbåd som svæver på en luftpude i lav højde over vandoverfladen; drives frem med høj hastighed af propeller el. jetmotorer

luftrum
SUBST. *~rummet,* plur. *~rum, ~rummene*

luften over et landområde □ *flyet befandt sig i russisk luftrum*

luftrør
SUBST. *-et,* plur. *~rør, -ene*

et rørformet organ der består af hesteskoformede bruskringe, og som går fra struben over i bronchierne □ *luftrørskatar*

luftrørskatar
SUBST. *-en*

en betændelse i luftrørets slimhinde = BRONKITIS

luftskib
SUBST. *-et,* plur. *-e, -ene*

et luftfartøj der holdes svævende af en cylinderformet, ballonlignende beholder som er fyldt med *helium,* og hvor passagerer og besætning opholder sig i en *gondol* = ZEPPELINER

luftspejling
SUBST. *-en,* plur. *-er, -erne*

et fænomen hvor en genstands el. himlens spejlbillede kan ses indirekte i grænselaget mellem varm og kold luft ved jordoverfladen = FATAMORGANA

luftsteg
SUBST. *-en,* plur. *-e, -ene*

luftsteg og vindfrikadeller (spøg.): = INGENTING □ *vi skal have luftsteg og vindfrikadeller til middag*

luftsyg
ADJ. *-t, -e*

som lider af luftsyge

luftsyge
SUBST. *-n*

en transportsyge som kan opstå når man flyver

lufttryk
SUBST. *~trykket,* plur. *~tryk, ~trykkene*

det tryk som atmosfærens luft udøver mod Jorden □ *lufttrykket er 1040 hektopascal* • *måle et lufttryk*

lufttæt
ADJ. *- , ~tætte*

som er uigennemtrængelig for luft □ *en lufttæt vindjakke er god i stormvejr* • *en lufttæt dykkerdragt* • *et lufttæt ur* • *lufttætte vinduer* □ *lufttæthed*

luftvej
SUBST. *-en,* plur. *-e, -ene*

1. luften som transportvej □ *den korteste luftvej mellem Nordamerika og Rusland* • *ad luftvejen* □ *luftvejstrafik*
2. luftveje hulrum i næse, svælg og luftrør som luften går igennem når man trækker vejret □ *sikring af frie luftveje* • *infektion i luftvejene* □ *luftvejslidelse*

luftvåben

SUBST. *-et* (el. *~våbnet*), plur. *~våben, ~våbnene*

den del af et lands militær som har at gøre med forsvar og angreb i luften = FLYVEVÅBEN ≠ HÆR, FLÅDE

lugar

SUBST. *-et,* plur. *-er, -erne*
[lu'ga']

= LUKAF

luge[1]

SUBST. *-n,* plur. *-r, -rne*

en lem der sædvanligvis er løs og uden hængsler = LEM • en lukkelig åbning i et loft, en væg, el. et gulv, fx til lys el. til at bringe ting igennem □ *serveringsluge*

luge[2]

VERB. *-r, -de, -t*

luge ngt fjerne ukrudt fra et stykke dyrket jord □ *han lugede jordbærbedet* · *luge roer* · *han gik i haven og lugede* □ *lugning* · *lugejern* · *lugeklo* • **luge ud i ngt** rydde op i noget ved at smide det overflødige væk □ *han lugede ud i sine bunker af avisudklip*

lugejern

SUBST. *-et,* plur. *~jern, -ene*

et haveredskab til at luge ukrudt med

lugt

SUBST. *-en,* plur. *-e, -ene*

1. en sanseoplevelse som mærkes med næsen □ *en muggen lugt* · *der var en lugt af sygdom i den gamles værelse* · *der er en underlig lugt herinde* □ *lugtfri* · *lugtløs* □ *ildelugt* · *vellugt*
2. ikke kunne lide lugten i bageriet udtryk for at man ikke kan lide at være et sted fordi man ikke bryder sig om forholdene

lugte

VERB. *-r, -de, -t*

1. udsende en lugt □ *sæben lugter godt* · *du lugter ud af munden* · *han lugtede af øl* · *tovværket lugter af tjære* □ *lugteflaske* · *lugtesalt* · *lugtevand* • virke mistænkelig □ *den affære lugter temmelig meget* • **lugte af ngt** tydeligt give indtryk af noget negativt □ *han lugter langt væk af overklasse* · *hans planer lugtede udpræget af selvbedrag*
2. opfatte el. forsøge at opfatte en lugt = SNUSE □ *man kan lugte suppen inde i stuen* · *hun var forkølet og kunne ikke lugte noget* · *lugt lige om leverpostejen er blevet for gammel* · *bjørnen lugtede blod* □ *lugtenerve* · *lugtesans* • **lugte til ngt** forsøge at opfatte lugten af noget = SNUSE □ *han lugtede til blomsten* • **lugte til ngt** stifte overfladisk bekendtskab med noget = SNUSE □ *han har lige lugtet til jura* • **lugte sig frem til ng(t)** forsøge at finde nogen el. noget ved hjælp af lugtesansen = SNUSE □ *hunden lugtede sig frem til hvor skatten lå begravet* • **lugte sig frem til ngt** gætte sig til noget
3. i forsk. forb.: • **lugte lunten** se under *lunte* • **penge lugter ikke** det er ligegyldigt hvor pengene stammer fra • **stikke fingeren i jorden og lugte hvor man er** tage bestik af situationen

lugtesans

SUBST. *-en*

evnen til at opfatte lugte □ *have en god lugtesans*

lugtfri

ADJ. *-t, -e* (el. *~fri*)

som ikke udsender nogen uønsket lugt □ *en helt lugtfri salve*

lugtløs

ADJ. *-t, -e*

som ikke udsender nogen lugt □ *lugtløs kamille* · *helium er helt lugtløs*

lukaf

SUBST. *-et,* plur. *-er, -erne*
[låg'a']

et opholdsrum på et skib for mandskab el. officerer = LUGAR, MANDSKABSKAHYT

lukke[1]

SUBST. *-t,* plur. *-r, -rne*

en anordning som lukker noget □ *lægge et lukke over en brønd* · *sætte et lukke for en indhegning* · *tasken har en lynlås som lukke* · *som lukke bruges en tilpasset træskive* · *ved lyden 'k' danner bagtungen et lukke mod ganen* • **bag** el. **under lås og lukke** se under *lås*

lukke[2]

VERB. *-r, -de, -t*

1. lukke ngt bevæge noget, fx en dør, således at det dækker en tilsvarende åbning ≠ ÅBNE □ *lukke havelågen* · *lukke et vindue* · *husk at lukke døren efter dig* · *lukke øjnene* □ *lukning* • **lukke ngt** sammenlægge el. -folde delene af noget som er åbent □ *lukke en konvolut* · *lukke en bog*
2. lukke ngt permanent el. midlertidigt standse driften af noget □ *her lå engang en slagterforretning, men den er lukket* · *hvornår lukker forretningen om lørdagen?* · *skolen er lukket i alle ferier*
3. i forsk. forb.: • **lukke for ngt** standse for tilgangen af noget □ *lukke for vandet* · *lukke for strømmen* · *lukke for gassen* • **lukke ng(t) ind** åbne døren for nogen el. noget så de kan komme ind □ *du skal ikke lukke fremmede ind* · *husk at lukke hønsene ind inden det bliver mørkt* • **lukke ng(t) inde** = INDESPÆRRE □ *som straf lukkede hun ham inde på badeværelset* • **lukke ngt op** = ÅBNE □ *skal du ikke lukke dine breve op?* • **lukke til** slutte sammen; også om et farvand der dækkes af is □ *døren lukker ikke ordentligt til* · *fjorden er lukket helt til* • **lukke ngt til** lukke noget helt □ *han lukkede døren til* · *posen er lukket helt til* • **lukke ng(t) ud** åbne døren for nogen el. noget så det kan komme ud □ *luk lige katten ud* · *tjeneren lukkede gæsterne ud* • **lukke ng ude** forhindre nogen i at komme ind el. deltage i noget □ *hendes mand var sur og havde lukket hende ude* · *han er lukket ude fra det gode selskab* • **lukke sig** el. **lukke sig i** folde sig sammen el. falde i af sig selv □ *tulipaner lukker sig om aftenen* · *hans øjne lukkede sig i*

lukkelov

SUBST. *-en,* plur. *-e, -ene*

en lov om lukketider for butikker som fastsætter omfanget af ugentlige åbningstimer, og som bl.a. bestemmer om der må holdes åbent søn- og helligdage

lukkelyd

SUBST. *-en,* plur. *-e* (el. *~lyd*), *-ene*

= KLUSIL

lukketid

SUBST. *-en,* plur. *-er, -erne*

et tidspunkt på dagen hvor fx forretninger el. virksomheder lukker □ *han skulle nå at købe ind inden lukketid* · *røveren kom ind i banken kort før lukketid*

lukrativ

ADJ. *-t, -e*

meget lønsom □ *forretningen var ikke noget lukrativt foretagende* · *han kunne lide arbejdet, men det var ikke særlig lukrativt*

lukrere

VERB. *-r, -de, -t*
/lu'krere/

lukrere på ngt have fordel af noget uden selv at yde en indsats □ *han lukrerede på den nye dollarkurs* · *regeringen lukrerede på splittelsen i oppositionen* □ *lukrering*

luks

SUBST. *-en,* plur. *-e* (el. *-er*), *-ene* (el. *-erne*)

snedig, udspekuleret el. skælmsk person

luksuriøs

ADJ. *-t, -e*
/luksuri'øs/

som er præget af luksus = LUKSUØS □ *en luksuriøs rejse* · *de lever luksuriøst*

luksus

SUBST. *-en* (el. *luksussen*)

en levevis præget af rigdom og overdådighed; også om ting der har en høj grad af komfort, og som er kostbare □ *de lever et liv i luksus* · *familien omgiver sig med luksus* □ *luksushotel* · *luksusliner* · *luksusliv* · *luksusrejse* · *luksusvilla* • en bekvemmelighed som man ikke har råd til el. ikke kan tillade sig = EKSTRAVAGANCE □ *der er ikke længere råd til luksus* · *det er en luksus at kunne sove længe*

luksuøs

ADJ. *-t, -e*
/luksu'øs/

= LUKSURIØS □ *de levede luksuøst*

lukt

ADV.

lige lukt ad den korteste vej og uden omveje = DIREKTE, LIGE □ *han røg lige lukt i fængsel* · *lige lukt i helvede*

lukullisk

ADJ. *-, -e*
/lu'kullisk/

(om mad og drikkevarer): som er overdådig □ *et lukullisk måltid*

lulle

VERB. *-r, -de, -t*

lulle ng dysse et barn til ro ved at nynne for det og vugge det = VISSE □ *lulle et barn i søvn* · *lulle* *barnet til ro* • **lulle sig ind i ngt** føle sig rolig fordi man ikke ser eller ikke ønsker at se de faktiske forhold i øjnene □ *han lullede sig ind i den illusion at han var uundværlig*

lumbago

SUBST. *-en*
/lum'bago/

kraftige smerter over lænden som ofte skyldes *diskusprolaps* = HEKSESKUD

lumberjakke

SUBST. *-n,* plur. *-r, -rne*

en kort sportsjakke af groft stof, oftest med lynlås og fast linning i livet

lumen

SUBST. *en,* plur. *lumen, -ene*
fork. *lm*

en måleenhed for lysstrøm, dvs. for den totale lysmængde som en lyskilde udsender pr. sekund; en lysstyrke på 1 *candela* frembringer en samlet lysstrøm på 12,586 lumen

lumentime

SUBST. *-n,* plur. *-r, -rne*
fork. *lmh*

en måleenhed for lysmængde; 1 lumentime er den lysmængde der udsendes af en lysstrøm på 1 lumen i løbet af 1 time

luminøs

ADJ. *-t, -e*
/lumi'nøs/

klart lysende = LYSENDE, SKINNENDE

lummer

ADJ. *-t, lumre*

1. (om luft): som er varm på en fugtig og trykkende måde = KVALM □ *det er lummert i vejret* □ *lummerhed* · *lummerhede* · *lummervarm* · *lummervarme*
2. en lummer historie en fræk vittighed

lumpen

ADJ. *-t, lumpne*

= ONDSKABSFULD □ *en lumpen tankegang* · *det var lumpent gjort* □ *lumpenhed*

lumre

VERB. *-r, -de, -t*

sidde uvirksom inden døre uden at komme ud og få frisk luft □ *skal vi sidde herinde og lumre hele dagen?* · *det øsede ned, så de sad og lumrede inde i sommerhuset hele ugen* □ *lumreri*

lumsk

ADJ. - (el. *-t*), *-e*

1. som ikke er til at stole på, og som man ikke kan vente sig noget godt af = TRÆSK □ *isen kan være lumsk* · *et lumsk smil* · *en lumsk sygdom* · *en lumsk fjende*
2. have en lumsk anelse om ngt fornemme noget usikkert
3. lumsk kedeligt særdeles kedeligt

lun

ADJ. *-t, -e; -ere, -est*

1. som er behageligt varm = MILD □ *en lun aften* · *ligge i sin lune seng* · *sidde lunt og godt inden døre* · *vandet er lunt nu* □ *lunhed*
2. som er spøgefuld på en stille og hyggelig måde = HUMORISTISK, SKÆMTSOM □ *han kan godt være lun selv om han ikke er meget talende* · *et lunt glimt i øjet*
3. ligge lunt i svinget se under *sving*

lund

SUBST. *-en,* plur. *-e, -ene*

(poet.): en lille skov; især om en anlagt skov □ *birkelund*

lunde

SUBST. *-n,* plur. *-r, -rne*
['låndə]

en sort og hvid havfugl med et stort, farvestrålende næb; yngler på fuglefjelde i Nordatlanten; latinsk navn *Fratercula arctica* = SØPAPEGØJE

lune[1]

SUBST. *-t,* plur. *-r, -rne*

= HUMØR □ *være i et dårligt lune* · *være i et godt lune* • sans for humor □ *han har lune* · *være fuld af lune* • = NYKKE □ *hun var offer for hans mærkelige luner* · *det skyldes kun et tilfældigt lune hos hende*

lune[2]

VERB. *-r, -de, -t*

lune ngt gøre noget lunt = OPVARME, VARME □ *lune maden i ovnen* · *det luner med ild i pejsen*

lunefuld

ADJ. *-t, -e*

som ofte, pludseligt forandrer sig, især om opførsel el. humør = UBEREGNELIG □ *nok var han flink, men lunefuld* · *vejret er lunefuldt* □ *lunefuldhed*

lunge

SUBST. *-n,* plur. *-r, -rne*

hvert af de to organer i brystkassen som man trækker vejret med □ *fylde lungerne med luft* □ *lungebetændelse* · *lungefisk* · *lungehinde* · *lungekræft*

lungebetændelse

SUBST. *-n,* plur. *-r, -rne*

en betændelse i lungerne som giver feber og besvær med at trække vejret □ *dobbeltsidet lungebetændelse*

lungekræft

SUBST. *-en*

en unormal vækst af cellerne i lungerne som ofte skyldes rygning el. luftforurening

lungetuberkulose

SUBST. *-n,* plur. *-r, -rne*

en tuberkulose som sætter sig på lungerne = BRYSTSYGE, SVINDSOT

lunken

ADJ. *-t, lunkne*

1. (om væsker): som er en smule varm = HÅNDVARM, KULDSLÅET □ *lunkent vand*
2. som udviser en ligegyldig holdning, manglende lyst til at indtage et klart standpunkt el. manglende begejstring = VALEN □ *indtage en lunken holdning i sagen* · *hans bog fik en lunken modtagelse af kritikerne*

luns

SUBST. *-en,* plur. *-er, -erne*

et tykt stykke kød

lunte[1]

SUBST. *-n,* plur. *-r, -rne*

en brændbar snor af imprægneret blår til forsinket antændelse af sprængstoffer • **lugte lunten** fornemme at der er noget galt

lunte[2]

VERB. *-r, -de, -t*

gå i et jævnt, langsomt tempo □ *hesten luntede hen ad vejen med den tunge vogn efter sig* · *børnene luntede langsomt hjem* · *han luntede flov ud ad døren* □ *luntetrav*

luntetrav

SUBST. *-et,* plur. *~trav, -ene*

løb el. trav i et langsomt tempo □ *hesten tog banen i jævnt luntetrav* · *de blev nød til at slå over i luntetrav for at nå bussen* · *det luntetrav har ikke noget med kondiløb at gøre*

lup

SUBST. *luppen,* plur. *lupper, lupperne*

en glaslinse med håndtag der forstørrer de ting som man betragter igennem den = FORSTØRRELSESGLAS □ *frimærkelup*

lupin

SUBST. *-en,* plur. *-er, -erne*
/lu'pin/

en plante af ærteblomstfamilien med blade der spreder sig som egerne i et hjul og en høj blomsterstand med et væld af stærkt farvede blomster; flere arter, bl.a. *gul lupin* og *regnbuelupin;* latinsk navn *Lupinus*

lur[1]

SUBST. *-en,* plur. *-er, -erne*

et langt, krummet og hornlignende blæseinstrument fra bronzealderen □ *blæse på lur* □ *lurblæser*

lur[2]

SUBST. *-en*

1. en tilstand hvor man sover i en kortere periode = SKRABER □ *tage en lur før middag* · *snuppe sig en lur* · *en velfortjent lur* □ *middagslur* · *eftermiddagslur*
2. på lur udtryk for at man venter i skjul for at få fat i nogen □ *katten ligger på lur efter musen* · *de lå på lur i skovbrynet* · *autografjægerne stod på lur* · *stille sig på lur bag døren*

lure

VERB. *-r, -de, -t*

1. lure på ng(t) holde øje med nogen el. noget fra

et skjul □ *ræven lurede på hønsene* · *han stod og lurede ved døren* · *gedden ligger i sivene og lurer efter småfisk* □ *lurenkikker* · *lurer* • **lure på ngt** vente på en passende lejlighed □ *han lurede på en chance for at lave mål* · *hun lurede på det øjeblik hvor han blev uopmærksom* • **lure på** udtryk for at man gerne ville vide om noget er tilfældet = GAD VIDST □ *jeg lurer på om han selv kender teksten til den lov*
2. være lige ved at bryde frem □ *han mærkede gråden lure lige om hjørnet* · *mellem de mange linier lurede angsten for at ende tomhændet*
3. lure ng = GENNEMSKUE □ *han tror han har kunnet skjule det, men jeg har luret ham*
4. lure ng = BEDRAGE □ *han har kunnet lure alle de gamle rotter* □ *lurendrejer*
5. lure ng ngt af lære noget af nogen uden at de ved det □ *hun lurede ham kunsten af*

lurendrejer

SUBST. *-en,* plur. *-e, -ne*

1. (spøg.): = FILUR
2. (glds.): snu og upålidelig person der snyder andre

lurepasse

VERB. *-r, -de, -t*

melde pas på gode kort for at lokke modspilleren til at melde

lurifaks

SUBST. *-en,* plur. *-er, -erne*

= FILUR

lurvet

ADJ. *- , lurvede*

1. som bryder uskrevne regler om hæderlighed, pålidelighed m.m. = TARVELIG, LUSET □ *en lurvet behandling* □ *lurvethed*
2. som er af simpel og dårlig kvalitet = TARVELIG □ *hans frakke virkede lurvet*

lus

SUBST. *-en,* plur. *lus, -ene*

1. et insekt med el. uden vinger og med kraftige klamreben; lever på mennesker, dyr og planter som de suger blod el. plantesaft af; latinsk navn *Phthiraptera* □ *han har lus i håret* · *roserne har lus* □ *lusefri* · *lusemiddel* □ *bladlus* · *fladlus* · *hovedlus* · *kropslus* · *væggelus*
2. en person der er upålidelig el. fej, el. som gør noget man ikke synes om = LORT, SKIDERIK □ *han røbede det hele, den lille lus!* · *din lus!*
3. i forsk. forb.: • **en lus mellem to negle** udtryk for at man befinder sig i en ubehagelig situation mellem to parter □ *han sad som en lus mellem to negle* • **fattig lus** en person der er meget fattig □ *hun følte sig som en fattig lus i den dyre forretning* • **kende sine lus på travet** kende el. have gennemskuet de mennesker man har med at gøre □ *han kendte efterhånden sine lus på travet* • **sætte lus i skindpelsen på ng** sætte splid mellem mennesker med intriger □ *de er gode til at sætte lus i skindpelsen på folk*

luset

ADJ. *- , lusede*

1. befængt med lus □ *børnene var lusede* □ *lusethed*
2. meget dårlig = USSEL, ELENDIG, RINGE, TARVELIG □ *en luset betaling* · *opføre sig luset*

lusk

SUBST. *et*

(ikke plur.): en ikke helt korrekt måde at handle på □ *der er noget lusk ved sagen* □ *luskeri* · *lusket*

luske

VERB. *-r, -de, -t*

1. bevæge sig stille og ubemærket omkring = SNIGE, LISTE □ *han luskede rundt om huset* · *hun kom luskende* · *de luskede sure bort* □ *luskeri* · *lusken* · *luskebuks* · *luskepeter* • **luske {af}** forsvinde ubemærket □ *han luskede af som en våd hund* · *de luskede bort* · *hun luskede ud ad døren*
2. luske ngt fra ng = NARRE □ *få noget fra nogen på uærlig vis* · *han luskede pengene fra ham* □ *luskeri* · *luskepeter* · *lusket* • **luske ng(t) igennem** få sin vilje i noget med snedige manøvrer □ *formanden luskede forslaget igennem mens de fleste sad og halvsov* • **luske sig fra ngt** i al ubemærkethed sørge for ikke at overholde en forpligtelse □ *luske sig fra regningen* • **luske sig til ngt** skaffe sig en ting el. en fordel på uærlig vis □ *han luskede sig til at snuppe en dobbelt så lang frokostpause* • **luske uden om ngt** prøve at undgå noget □ *han luskede uden om alle vanskeligheder* · *hun lusker udenom*

luskepeter

SUBST. *-en,* plur. *-e, -ne*

en lumsk og upålidelig person □ *den luskepeter sagde noget til den ene og noget andet til den anden* □ *luskepeteri*

luskeri

SUBST. *-et,* plur. *-er, -erne*
/luske'ri/

hemmelighedsfuld og mindre korrekt opførsel □ *det hele er noget værre luskeri*

lusket

ADJ. *- , luskede*

= MISTÆNKELIG □ *der er noget lusket over ham* · *de mødtes på en underlig lusket måde* □ *luskethed*

lussing

SUBST. *-en,* plur. *-er, -erne*

slag med flad hånd på siden af hovedet = ØREFIGEN, ØRETÆVE, HUSKEKAGE, KLAPS, KLASK □ *give drengen en lussing* · *knalde ham en lussing* · *der er lussinger i luften* · *en knaldende lussing* · *få en lussing* • stor og uforudset udgift □ *ekstraskatten var en slem lussing for dem*

lut

SUBST. *lutten,* plur. *lutter, lutterne*

et strengeinstrument med 11 strenge, en buet, pæreformet lydkasse og en kort, bred hals; især brugt i 1500- og 1600-tallet □ *spille på lut*

lutheraner

SUBST. *-en,* plur. *-e, -ne*
/luthe'raner/

en tilhænger af Luthers lære

lutre

VERB. *-r, -de, -t*

lutre ngt rense noget for urenheder, især om malm og legeringer □ *lutret salpeter* □ *lutring* • **lutre ng** rense åndeligt og derved frigøre energi til at klare nye problemer □ *blive lutret af modgang*

lutter

ADJ.

udtryk for at noget består fuldt ud af det der angives = IDEL, UDELUKKENDE □ *livet er ikke lutter lagkage* · *hun var omgivet af lutter mænd* · *landsbyen er lutter idyl*

luv[1]

SUBST. *-en*

1. et lag korte, fine bløde hår på retsiden af et stykke stof □ *stoffet havde en smuk, blank luv* · *vende luven udad* · *et tæppe med tyk luv* □ *luvfast* · *luvside* · *luvslidt*
2. (søfart): = LUVART ≠ LÆ □ *sætte en fortøjning på nabobåden til luv* · *båden skærer til luv og lægger sig tværs i søen* • **tage luven fra ngt** komme op på vindsiden af et skib og tage vinden fra det • **tage luven fra ng** stille nogen i skyggen og overgå dem

luv[2]

ADJ.

i vindsiden af et skib ≠ LÆ □ *de sov i de luv køjer for at stabilisere båden* · *mandskabet skal ligge i luv side for at danne modvægt mod mastens og dermed sejlets krængning* · *skridte broen af i luv side*

luvart

SUBST.

(søfart): den skibsside som vender mod vinden = VINDSIDE, LUV ≠ LÆ □ *til luvart*

luvslidt

ADJ. *- , -e*

så slidt at et stofs luv er væk □ *en luvslidt frakke*

lux

SUBST. *en,* plur. *lux, -ene*
fork. *lx*

en måleenhed for belysningsmængde; 1 lux svarer til den mængde lys der rammer en overflade på 1 m^2 når lysstyrken er 1 candela

luxembourger el. luxemburger

SUBST. *-en,* plur. *-e, -ne*

en person fra Luxembourg

luxembourgsk el. luxemburgsk

ADJ. *- , -e*

som har at gøre med Luxembourg

luxemburger

SUBST.

se *luxembourger*

luxemburgsk

ADJ.

se *luxembourgsk*

lx

fork. for *lux*

ly

SUBST. *-et,* plur. *ly, -ene*

et sted hvor man er beskyttet mod regn, blæst el. fare □ *finde ly* · *give ly for regnen* · *søge ly for blæsten* · *krybe i ly for kugleregnen* · *stå i ly af et træ* · *flygte i ly af mørket* · *sejle i ly af kysten*

lyd

SUBST. *-en,* plur. *-e, -ene*

1. noget som kan høres □ *høre lyden af en trompet* · *hvad er det for en høj lyd?* · *han gav ikke en lyd fra sig* · *lydens hastighed er 340 m pr. sekund* · *hun kunne ikke få en lyd frem* · *giv lyd!* · *en brummende lyd* □ *lydstyrke* □ *mislyd* · *ultralyd* · *ørenlyd* • ⟨plur. også *lyd*⟩ = SPROGLYD
2. et tegn på at man er i live = LIVSTEGN □ *vi har ikke hørt en lyd fra ham i flere måneder* · *nu kunne han godt snart give lyd fra sig* • **slå til lyd for ngt** prøve at skabe interesse for noget

lydbølge

SUBST. *-n,* plur. *-r, -rne*

den bølge af vibrationer i et stof hvormed lyden forplanter sig; lydbølgers hastighed i luft er 340 m i sekundet □ *lydbølger bevæger sig gennem luften med en fart på ca. 340 m pr. sekund*

lydbånd

SUBST. *-et,* plur. *lydbånd, -ene*

et magnetbånd som anvendes til ind- og afspilning af lyd □ *koncerten blev optaget på lydbånd* □ *lydbåndsarkiv*

lyddæmper

SUBST. *-en,* plur. *-e, -ne*

et aggregat som sættes i spidsen af et håndvåben for at dæmpe støjen ved affyring

lyde[1]

SUBST. *-n,* plur. *-r, -rne*

en uønsket egenskab = FEJL □ *bogen har både dyder og lyder* · *være uden lyde* □ *lydefri*

lyde[2]

VERB. *-r, lød, lydt*

1. afgive lyd □ *kirkeklokkerne lyder* · *en trompet lød ud over pladsen* • have en bestemt lyd □ *det klaver lyder skrækkeligt* · *hvordan lyder et stemt 's'* · *det lød som pistolskud*
2. efterlade et bestemt indtryk = KLINGE □ *du lyder vred* · *hans forklaring lyder troværdig* · *du lyder som om det skulle være min skyld* · *den titel lyder ikke af noget særligt* · *det lyder lovende* · *det lyder godt* · *han lyder flink* • **lyde på ngt** have et bestemt indhold el. en bestemt værdi □ *dommen lød på fire måneders fængsel* · *brevet lyder som følger* · *checken lyder på 500 kr.*
3. lyde ng(t) = ADLYDE □ *lyde en befaling* · *lyde en ordre* · *hun lød hans mindste vink*

lydefri

ADJ. *-t,* plur. *-e* (el. *lydefri*)

(glds.): = FEJLFRI □ *en lydefri teint* □ *lydefrihed*

lydelig

ADJ. *-t, -e*

som lyder højt og klart = HØJLYDT, HØJ □ *med lydelig stemme* · *meddelelsen blev modtaget med lydeligt bifald*

lydhør

ADJ. *-t, -e*

som er opmærksom og velvilligt indstillet □ *det var en meget lydhør forsamling statsministeren stod overfor* · *han var ikke det mindste lydhør over for mine forslag* □ *lydhørhed*

lydig

ADJ. *-t, -e*

som gør hvad der bliver sagt □ *en lydig hund* □ *lydighed*

lydighed

SUBST. *-en*

det at gøre hvad der bliver sagt □ *kaptajnen krævede blind lydighed af mandskabet* □ *lydighedsnægtelse*

lydighedsnægtelse

SUBST. *-n,* plur. *-r, -rne*

modstand mod at adlyde en ordre = INSUBORDINATION □ *soldaten blev straffet for lydighedsnægtelse*

lydkort

SUBST. *-et,* plur. *lydkort, -ene*

(edb): et komponent der gør det muligt at arbejde med og behandle lyd på en computer

lydland

SUBST. *-et,* plur. *-e, -ene*

(glds.): et land der står under en anden stats overherredømme = SATELLITSTAT, MARIONETSTAT □ *Finland var tidligere næsten et russisk lydland*

lydlig

ADJ. *-t, -e*

(sprogvidenskab): som angår sproglyd = FONETISK □ *lydlige ændringer i et ord*

lydløs

ADJ. *-t, -e; -ere, -est*

uden uønsket lyd som ville kunne afsløre lydkilden, fx om et rovdyr som nærmer sig sit bytte = MUSESTILLE □ *bevæge sig lydløst* □ *lydløshed*

lydmur

SUBST. *-en*

en ekstra stor luftmodstand som påvirker en genstand som opnår el. overskrider lydens hastighed □ *gennembryde lydmuren*

lydord

SUBST. *-et,* plur. *~ord, -ene*

et ord som er en efterligning af en lyd, fx *bang, vov, øf* = ONOMATOPOIETIKON

lydpotte

SUBST. *-n,* plur. *-r, -rne*

en indretning på et motorkøretøj som formindsker motorstøjen

lydskrift

SUBST. *-en*

et skriftsystem der er lavet til at gengive ords udtale □ *lydskriftsystem*

lydsvag

ADJ. *-t, -e; -ere, -est*

med meget ringe lyd under funktion el. kørsel = STØJSVAG □ *en lydsvag skrivemaskine* · *motoren er meget lydsvag*

lydt

ADJ.

(om et sted): som er af en sådan beskaffenhed at lyde tydeligt høres □ *der er meget lydt i ejendommen* □ *højlydt*

lygte

SUBST. *-n,* plur. *-r, -rne*

en stærktlysende lampe der kaster en lang stråle □ *lygten brænder* · *lygten lyser* · *lyse med en lygte* · *køre på cykel uden lygter* · *køre bil med tændte lygter* · *lygterne tændes kl. 5* □ *lygtetændingstid* □ *baglygte* · *cykellygte* · *dynamolygte* · *forlygte* · *gadelygte* · *lommelygte* • **rød lygte** (teater): et rødt lys der tændes som tegn på at der er udsolgt i et teater □ *der var rød lygte ude, så vi gik hjem igen*

lygtepæl

SUBST. *-en,* plur. *-e, -ene*

en pæl med en lygte i toppen som bruges til gadebelysning □ *der er lygtepæle langs hele vejen*

lykke

SUBST. *-n*

1. en følelse som skyldes stor glæde og tilfredshed □ *lykken tilsmiler os* · *det var en lykke for ham* · *hun stråler af lykke* · *lykken er et hus på landet* · *ønske held og lykke* □ *lykkelig* · *lykkejæger* · *lykkeridder* • **gøre lykke** vække glæde og begejstring □ *skuespillet gjorde lykke* · *han gjorde lykke som taler* · *tryllekunstneren gjorde lykke hos børnene* • **stå ngs lykke i vejen** være en hindring for at nogen kan blive lykkelig • **ønske ng til lykke** el. **tillykke med ngt** gratulere nogen i forbindelse med en glædelig begivenhed, fx en fødselsdag
2. = HELD □ *få lykke til at udrette noget* · *have lykken med sig* · *ønske lykke på rejsen* · *en hestesko bringer lykke* · *lykken har vendt sig* □ *lykkehjul* · *lykkenummer* · *lykkeskilling* · *lykketræf* • **forsøge** el **prøve lykken** □ *prøve lykken ved rouletten* • **lykkens pamfilius** se under *pamfilius* • **på lykke og fromme** udtryk for at man gør noget på en tilfældig måde = TILFÆLDIGT, PÅ MÅ OG FÅ □ *trække et nummer på lykke og fromme*

lykkehjul

SUBST. *-et,* plur. *~hjul, -ene*

en rund skive der er inddelt i felter med farver el. tal som man kan spille på; skiven sættes i gang, drejer rundt om sin egen akse og standser ud for en pil som afgør hvilket tal el. hvilken farve der har vundet □ *spille på et lykkehjul*

lykkejæger

SUBST. *-en,* plur. *-e, -ne*

= LYKKERIDER

lykkelig

ADJ. *-t, -e; -ere, -st*

som er fuld af lykke = LYKSALIG, GLAD □ *gøre nogen lykkelig · leve i lykkelig uvidenhed · prise sig lykkelig · være lykkeligt gift · hun ser lykkelig ud* • **være lige lykkelig** være ligeglad □ *gør blot det! jeg er lige lykkelig* • **have en lykkelig hånd** være heldig med udformningen af noget □ *kunstneren har haft en lykkelig hånd*

lykkeridder

SUBST. *-en,* plur. *-e, -ne*

en person som er på evig jagt efter lykken = LYKKEJÆGER □ *kærlighedens lykkeridder* • (neds.): en person som søger at opnå hurtige gevinster uden at arbejde for dem, gerne på umoralsk vis = EVENTYRER, LYKKEJÆGER

lykkes

VERB. *lykkes, lykkedes, lykkedes*

ende med det ønskede resultat pga. held el. dygtighed □ *det lykkedes for dem at få en lejlighed · det lykkedes rektor at skabe et godt klima på skolen · det lykkedes ham at bryde koden · forsøget lykkedes*

lykketal

SUBST. *~tallet,* plur. *~tal, ~tallene*

et tal som formodes at bringe en person lykke □ *otte er mit lykketal*

lykketræf

SUBST. *~træffet,* plur. *~træf, ~træffene*

et heldigt tilfælde = SLUMPETRÆF □ *det var et lykketræf at vi overhovedet stødte ind i hinanden*

lyksalig

ADJ. *-t, -e; -ere, -st*
/lyk'salig/

= LYKKELIG □ *hun var lyksalig over sin søns hjemkomst fra udlandet* □ *lyksalighed*

lykønske

VERB. *-r, -de, -t*
/lyk'ønske/

lykønske ng med ngt udtrykke sin glæde el. beundring over noget glædeligt som nogen har opnået, el. som er sket dem = SIGE TILLYKKE, GRATULERE □ *må jeg lykønske dig med den runde fødselsdag* □ *lykønskning*

lykønskning

SUBST. *-en,* plur. *-er, -erne*
/lyk'ønskning/

det at man lykønsker nogen = GRATULATION □ *hun modtog mange lykønskninger i anledning af dagen · lykønskningerne strømmede ind* □ *lykønskningsbrev*

lymfe

SUBST. *-n*

en klar, gullig væske der dannes af overskydende vævsvæske, og som passerer gennem blodet □ *lymfekar · lymfekirtler · lymfeknuder*

lymfekar

SUBST. *~karret,* plur. *~kar, ~karrene*

et rørformet organ der omdanner overskydende vævsvæske til lymfe og leder det ud i blodet

lymfekirtel

SUBST. *-en* (el. *~kirtlen*), plur. *~kirtler, ~kirtlerne*

en af flere små kirtelagtige organer i lymfesystemet som renser lymfen og bekæmper bakterier

lyn

SUBST. *-et,* plur. *lyn, -ene*

1. et lysglimt på himlen der som regel efterfølges af torden; er en kraftig udladning af statisk elektricitet mellem tordenskyer el. mellem en tordensky og jordoverfladen □ *lyn og torden · lynet slog ned i træet · hurtig som et lyn* □ *lynafleder · lynglimt · lynnedslag* □ *kuglelyn · linielyn · siksaklyn* • ⟨i sammensætn.⟩ noget som er meget hurtigt el. kort □ *lynkrig · lynskud · lyntog · lynvisit* • **med lynets fart** med høj hastighed el. meget hurtigt □ *toget bevæger sig med lynets fart* • **som lyn fra en klar himmel** som er helt uventet □ *meddelelsen kom som lyn fra en klar himmel* • **som lyn og torden** meget hurtigt □ *det gik som lyn og torden* • **stå som ramt af lynet** være helt overvældet el. chokeret
2. skyde lyn (om øjne): have et vredt udtryk □ *hans øjne skød lyn*

lynafleder

SUBST. *-en,* plur. *-e, -ne*

en anordning på fx tage el. skorstene som skal forhindre lyn i at slå ned

lynche

VERB. *-r, -de, -t*
['lønsjə]

lynche ng dræbe nogen ved selvtægt; især pga. en ophidset stemning □ *den ophidsede folkemængde var tæt på at lynche den formodede barnemorder* □ *lynchstemning*

lynchning

SUBST. *-en,* plur. *-er, -erne*

en afstraffelse af en formodet forbryder foretaget af en rasende og ophidset folkemængde uden forudgående retssag og dom

lyne

VERB. *-r, -de, -t*

1. udsende lyn □ *det lyner og tordner udenfor*
2. (om øjne): have et vredt udtryk = SKYDE LYN □ *hendes øjne lynede · hun sendte ham et lynende blik* • **lyne og tordne mod ng(t)** skælde voldsomt ud på nogen el. noget □ *han tordnede og lynede mod sønnen*
3. lyne ng(t) op el. **ned** lukke el. åbne en lynlås □ *barnet kunne ikke selv lyne lynlåsen op · vil du ikke lyne mig ned i ryggen*

lynende

ADV.

i meget høj grad □ *i lynende fart · vi har lynende travlt · det skal gå lynende hurtigt · han synger lynende falsk · hun er lynende intelligent · faren blev lynende gal*

lyng

SUBST. *-en*

en lille busk med små rosa, lilla el. hvide, klokkeformede blomster som især vokser i hedeområder; flere arter, bl.a. *hedelyng* og *klokkelyng;* latinsk navn *Ericaceae* □ *lynghede · lynghonning · lyngplante · lyngtæppe · lyngtørv* □ *blålyng · hedelyng · klokkelyng · rosmarinlyng*

lynild

SUBST. *-en*

som torden og lynild som er meget larmende og voldsomt □ *fare frem som torden og lynild*

lynlås

SUBST. *-en,* plur. *-e, -ene*

en indretning til at lukke fx bukser, bluser el. tasker med; består af to rækker af takker som griber ind i hinanden når en lille slædelignende genstand føres gennem dem □ *lukke lynlåsen · åbne lynlåsen · skjorten sidder fast i lynlåsen · sy en ny lynlås i jakken*

lynnedslag

SUBST. *-et,* plur. *~nedslag, -ene*

et lyn som rammer noget □ *skorstenen blev ramt af et lynnedslag*

lynsnar

ADJ. *-t, -e*

som går særdeles hurtigt □ *med en lynsnar bevægelse greb hun bolden · han opfattede lynsnart pointen*

lyntog

SUBST. *-et,* plur. *-e* (el. *lyntog*), *-ene*

et passagertog som kun standser ved større stationer, og som derfor er hurtigt

lyre

SUBST. *-n,* plur. *-r, -rne*

1. et strengeinstrument som brugtes i oldtidens Grækenland, og hvis strenge er udspændt over en lille lydkasse mellem to buede stænger el. horn; symbol for digtekunsten □ *lyreformet* • en lille xylofon ophængt i en lyreformet ramme; bruges i militærmusik
2. et hul i taget hvorigennem røgen fra ildstedet kan trække ud, bl.a. i huse fra bronzealderen

lyrik

SUBST. *lyrikken*
/ly'rik/

digtekunst hvor forfatteren udtrykker stemninger, meninger, følelser el. tanker = POESI ≠ PROSA □ *lyriker*

lyriker

SUBST. *-en,* plur. *-e, -ne*

en person der skriver digte = DIGTER

lyrisk

ADJ. *- , -e*

som har at gøre med lyrik, el. som minder om lyrik ved at udtrykke poetisk stemning el. følelse □ *digte hører til den lyriske genre · et meget lyrisk digt · lyrisk prosa · et lyrisk talent* □ *lyriskhed*

lys[1]

SUBST. *-et,* plur. *lys, -ene*

1. ⟨ikke plur.⟩ det som Solen, Månen, lamper og ild udsender og som oplyser ting så de kan ses ≠ MØRKE □ *lysets hastighed · elektrisk lys · ultraviolet lys · læse ved lyset af en lampe · holde en pengeseddel op mod lyset · Solen udstråler lys · Månen får sit lys fra Solen* □ *lyse · lysfølsom · lysgiver · lysglimt · lyskilde · lysstråle · lysægte · lysår* □ *dagslys · modlys · neonlys · nordlys · månelys · sollys*
2. = LYSKILDE □ *tænde og slukke for lyset · der brænder lys i dagligstuen · lyset brændte hele natten* □ *blinklys · rampelys · søgelys · trafiklys* • **kort** el. **langt lys** indstilling af en bils lygter til at lyse henholdsvis kort og langt = NÆRLYS, FJERNLYS □ *kort lys skal benyttes hvis der er modkørende trafik · det lange lys blænder* • **rødt** el. **gult** el. **grønt lys** hver af farverne på et trafiksignal □ *hun fik en bøde for at køre over for rødt(lys)* · signalet skifter til gult *(lys)* · køre frem for grønt *(lys)* • **grønt lys for ngt** udtryk for at der gives tilladelse til at begynde el. fortsætte noget □ *give grønt lys for et byggeri · de fik grønt lys*
3. = ELEKTRICITET □ *betale for lys og varme · indlægge lys i garagen* □ *lyskabel · lysledning · lysnet*
4. = STEARINLYS □ *puste lyset ud · støbe lys* □ *lysedug · lyseslukker · lysestage* □ *datolys · kalenderlys · tællelys* • **levende lys** et lys som brænder med åben flamme, fx et stearinlys = STEARINLYS ≠ ELEKTRISK LYS
5. i forsk. forb.: • **bringe ngt for dagens lys** el. **frem i lyset** afsløre noget der tidligere har været ukendt, el. som nogen har forsøgt at hemmeligholde □ *nu blev hans skændige opførsel endelig bragt for dagens lys* • **brænde sit lys i begge ender** slide sig op ved overdreven energiudfoldelse • **gå et lys op for ng** pludselig få den rette forståelse af noget □ *der gik et lys op for mig* • **fordele lys og skygge ligeligt** være retfærdig i sin bedømmelse • **føre ng bag lyset** narre nogen = BEDRAGE • **ikke tåle dagens lys** være umoralsk og nødvendig at hemmeligholde □ *hans handlemåde tåler ikke dagens lys* • **ikke være noget lys** ikke være særlig begavet • **kaste lys over ngt** anskueliggøre noget • **lede med lys og lygte efter ngt** lede meget længe og grundigt efter noget • **se dagens lys** blive født el. blive til □ *hun så dagens lys den 16. april 1940 · en ny sammenslutning har set dagens lys* • **se ngt i et andet lys** el. **i lyset af ngt andet** se noget på en anden måde el. under hensyntagen til bestemte faktorer □ *de nye oplysninger får mig til at se sagen i et helt andet lys · forslaget skal ses i lyset af de foreliggende muligheder* • **se lyset** tage en idé el. en religiøs overbevisning til sig • **sætte sit lys under en skæppe** undlade at vise hvad man duer til af beskedenhed

lys[2]

ADJ. *-t, -e; -ere, -est*

1. som er fuld af lys ≠ MØRK □ *et lyst værelse · det er lyst i vejret · det bliver tidligt lyst om morgenen* • **til den lyse morgen** til solen står op □ *de dansede til den lyse morgen* • **gøre lyst** (glds.): gøre indhug el. tynde ud □ *pesten gjorde lyst blandt byens indbyggere · soldaterne gjorde lyst mellem fjenderne* • **stå i lys lue** se under *lue*
2. med en klar farve som synes at tilbagekaste meget lys = SKÆR ≠ MØRK □ *have en lys kjole på · være lys i huden · lyst hår · en farve bliver lysere hvis man blander hvid i den* □ *lysblond · lysegul · lyshudet · lyshåret · lyslilla*
3. som ligger i et højt toneleje ≠ MØRK □ *sopranen har en meget lys stemme · på klaveret ligger de lyse toner i højre side*
4. som ikke er præget af el. giver anledning til bekymring = POSITIV ≠ MØRK, SORT □ *have lyse fremtidsudsigter · se alting fra den lyse side · se lyst på tilværelsen*
5. som er intelligent, el. som udspringer af intelligent tankevirksomhed = KVIK □ *være et lyst hoved · få en lys idé · hun havde sine lyse øjeblikke*

lysbillede

SUBST. *-t,* plur. *-r, -rne*

et gennemsigtigt fotografi som ved hjælp af et apparat projekteres op på et lærred = DIAS, DIAPOSITIV

lysblond

ADJ. - (el. *-t*), *-e*

med en hårfarve som er lidt lysere end blond ≠ MØRKBLOND □ *hun er lysblond · lysblondt hår*

lysbombe

SUBST. *-n,* plur. *-r, -rne*

en bombe med fx brændende magnesium som kastes ud fra et fly for at oplyse det område der skal bombes

lyse

VERB. *-r, lyste, lyst*

1. udsende lys = SKINNE, FUNKLE, STRÅLE □ *lampen lyser godt · lys her med lygten! · solen lyser på himlen* □ *lysen* • udstråle en følelse el. en personlig styrke □ *hans ansigt lyste af glæde · skuffelsen lyste ham ud af øjnene · hun var et lysende eksempel for os alle* • **lyse op** give lys på et mørkt sted □ *lamperne lyste op på den mørke trappe* • **lyse på ngt** rette en lyskilde imod noget □ *han lyste på døren med en lommelygte*
3. lyse for ngt foretage *lysning* □ *lyse til ægteskab* • **lyse velsignelse over ng** = VELSIGNE

lyseblå

ADJ. *-t, ~blå*

blå som synes lys i forhold til andre blå farver ≠ MØRKEBLÅ

lysekrone

SUBST. *-n,* plur. *-r, -rne*

en stor, dekorativ lampe som hænger ned fra loftet; med elektrisk lys el. stearinlys □ *elektrisk lysekrone* □ *krystallysekrone*

lyseslukker

SUBST. *-en,* plur. *-e, -ne*

en person der ødelægger andres glæde ved sin pessimisme □ *nu gik det lige så godt, din lyseslukker! · han er en værre lyseslukker*

lysestage

SUBST. *-n,* plur. *-r, -rne*

en holder til et el. flere stearinlys = STAGE □ *flerarmet lysestage · syvarmet lysestage* □ *messinglysestage*

lysfølsom

ADJ. *-t, lysfølsomme*

som er modtagelig over for lys □ *film er lysfølsomme*

lyshåret

ADJ. - , *~hårede*

som har lyst hår = BLOND

lyskaster

SUBST. *-en,* plur. *-e, -ne*

= PROJEKTØR

lyske[1]

SUBST. *-n,* plur. *-r, -rne*

området mellem forsiden af låret og underlivet □ *lyskebrok · lyske(n)skade*

lyske[2]

VERB. *-r, -de, -t*

lyske ng pille lus og andet utøj af nogen □ *aberne lysker hinanden*

lyskebrok

SUBST. *~brokken* el. *~brokket,* plur. *~brok, ~brokkene*

brok i lysken

lyskilde

SUBST. *-n,* plur. *-r, -rne*

noget der oplyser ved hjælp af elektricitet el. ild, fx en lampe el. et stearinlys = LYS □ *olielamperne var rummets eneste lyskilde · ud over at tjene som lyskilde har lyset været anvendt til at skræmme eventuelt onde ånder væk*

lyskurv

SUBST. *-en,* plur. *-e, -ene*

lys der bruges til at regulere trafikken med = LYSSIGNAL, TRAFIKSIGNAL

lysleder

SUBST. *-en,* plur. *-e, -ne*

en tynd, bøjelig glasfibertråd som man kan sende lys igennem, og som fx bruges i *hybridnet* □ *lyslederkabel · lyslederoptik*

lyslederkabel

SUBST. *-et* (el. *~kablet*), plur. *~kabler, ~kablerne*

et kabel af glasfibertråde til transmission af digitale lyssignaler og med meget stor overføringskapacitet

lyslevende

ADJ.

1. (om en person el. et dyr): som er i live og vågen □ *fuglen er lyslevende, den lader bare som om den er død*
2. (om en erindring): som er meget nærværende □ *han står lyslevende for mig*

lyslilla

ADJ.

lys i forhold til andre lilla nuancer

lysne

VERB. *-r, -de, -t*

1. få en blegere farve = BLEGNE, HVIDNE ▫ *hendes hår lysner om sommeren · tøjet er lysnet i solen* ▫ *lysning*
2. begynde at blive lysere, fx ved at solen står op el. at skyerne spredes = KLARE OP, DÆMRE, GRY, DAGES ▫ *det lysner i øst · det er allerede lysnet en del*
3. gå mod bedre tider = DAGES ▫ *nu er det ved at lysne lidt for os*

lysning[1]

SUBST. *-en,* plur. *-er, -erne*
[*'lysneŋ*]

et åbent sted i en skov hvor lyset kan trænge ned ▫ *de kom til en lysning i skoven* • det at noget lysner el. giver lys ▫ *vejret bliver bedre, der er lysning på vej · han stod i lysningen fra døren*

lysning[2]

SUBST. *-en,* plur. *-er, -erne*
[*'ly·sneŋ*]

1. en offentlig bekendtgørelse af at et par skal giftes med det formål at udenforstående kan gøre indsigelse mod giftermålet; bortfaldet i 1970 ▫ *foretage lysning · bestille lysning*
2. = TINGLYSNING

lysol

SUBST. *-en*
[*ly'so'l*]

en gulbrun, tjæreholdig væske som anvendes som desinfektionsmiddel

lyspunkt

SUBST. *-et,* plur. *-er, -erne*

noget der giver håb el. trøst ▫ *naboernes hjælpsomhed var det eneste lyspunkt for ham · det eneste lyspunkt i mit liv er min familie*

lysreguleret

ADJ. *- , lysregulerede*

som reguleres af en lyskurv ▫ *drej til højre ved næste lysregulerede kryds · krydset er blevet lysreguleret efter uheldet* ▫ *lysregulering*

lysseer

SUBST. *-en,* plur. *-e, -ne*

= OPTIMIST ≠ SORTSEER ▫ *som den lysseer hun var, glædede hun sig uforbeholdent*

lyssky

ADJ.

som foregår i det skjulte = MISTÆNKELIG, SKUMMEL ▫ *drive lyssky forretninger · lyssky individer* • som er ømtålelig over for dagslys ▫ *uglen er et lyssky dyr* ▫ *lysskyhed*

lysstofrør

SUBST. *-et,* plur. *~rør, -ene*

en lampe der består af et glasrør fyldt med kviksølvdamp som giver et stærkt, hvidt lys når der sendes strøm igennem det

lysstyrke

SUBST. *-n,* plur. *-r, -rne*

intensiteten af det lys en lyskilde udstråler ▫ *lysstyrkemåler*

lyssyn

SUBST. *-et*

= OPTIMISME

lyst

SUBST. *-en,* plur. *-er, -erne*

en følelse af glæde og tilfredshed = FRYD, GLÆDE, FORNØJELSE ▫ *det var en lyst at se de glade børn · det er en lyst at leve · danse med liv og lyst · de er så enige at det er en lyst · han sang af hjertens lyst · de var sammen i lyst og nød* ▫ *lystbetonet · lystfølelse* ▫ *vellyst · øjenlyst · ørenlyst* • trang til at gøre el. få noget som kan underholde el. tilfredsstille én = TRANG, TILBØJELIGHED ▫ *hver sin lyst · jeg gør det ikke af lyst · kødets lyst* ▫ *lysten · lystløgner · lystmorder* ▫ *arbejdslyst · eventyrlyst · hævnlyst · læselyst · madlyst · spørgelyst* • **have lyst til ng(t)** gerne ville have nogen el. noget = ØNSKE ▫ *jeg har lyst til is · hun havde lyst til ham · han har lyst til at sejle · drengen fik lyst til at spille fodbold · han fik lyst til at se sine gamle venner* • **få sin lyst styret** få nok

lystbetonet

ADJ. *- , ~betonede*

som man gør fordi man har lyst ▫ *et lystbetonet arbejde*

lystbåd

SUBST. *-en,* plur. *-e, -ene*

= LYSTFARTØJ ▫ *lystbådehavn*

lystbådehavn

SUBST. *-en,* plur. *-e, -ene*

en havn for lystfartøjer

lyste

VERB. *-r, -de, -t*

føle lyst til = VILLE, ØNSKE, BEHAGE ▫ *gør som du lyster · bliv så længe du lyster · spis så meget du lyster*

lystelig

ADJ. *-t, -e; -ere, -st*

= MORSOM ▫ *det er ikke særlig lysteligt at høre på · en lystelig aften*

lysten

ADJ. *-t, lystne*

som føler seksuel lyst = LIDERLIG ▫ *han sendte servitricen et lystent blik · en lysten gammel herre* • ⟨i sammensætn.⟩ som har stærk lyst til noget ▫ *giftelysten · hævnlysten · kamplysten · købelysten · virkelysten*

lyster

SUBST. *-en,* plur. *lystre, lystrene*

ålejern

lystfartøj

SUBST. *-et,* plur. *-er, -erne*

en sejl- el. motorbåd der bruges til fritidssejlads = LYSTBÅD, LYSTSEJLER

lystfisker

SUBST. *-en,* plur. *-e, -ne*

en person der dyrker fiskeri som hobby, især med fiskestang ≠ ERHVERVSFISKER ▫ *lystfiskerne stod langs med kajen og fiskede* ▫ *lystfiskeri*

lystgård

SUBST. *-en,* plur. *-e, -ene*

en stor, velholdt gård på landet hvis ejer ikke har gården som erhverv, men mere som hobby

lysthus

SUBST. *-et,* plur. *-e, -ene*

1. en lille bygning af træ i en have hvor man kan sidde i læ
2. sted i en have hvor træer og buske danner en form for hus

lystig

ADJ. *-t, -e; -ere, -st*

1. = MUNTER ▫ *en lystig vise · et lystigt selskab* ▫ *lystighed* • **gøre sig lystig over ng(t)** el. **på andres bekostning** gøre nar af nogen el. noget
2. brænde lystigt brænde godt ▫ *ilden brændte lystigt i pejsen*

lystmord

SUBST. *-et,* plur. *~mord, -ene*

et mord der giver gerningsmanden en seksuel el. tilsvarende tilfredsstillelse ▫ *begå lystmord* ▫ *lystmorder*

lystmorder

SUBST. *-en,* plur. *-e, -ne*

en person som begår lystmord ▫ *det var formentlig en lystmorder der stod bag den lange række af mord på unge piger*

lystre

VERB. *-r, -de, -t*

1. lystre ng(t) hurtigt og ubetinget rette sig efter nogen el. noget = PARERE ORDRE ▫ *skibet lystrer rorets bevægelser · det er svært at få en hundehvalp til at lystre*
2. lystre ål stange ål med en lyster ▫ *lystring*

lystsejler

SUBST. *-en,* plur. *-e, -ne*

en person der fører el. er mandskab på et lystfartøj • = LYSTFARTØJ

lystspil

SUBST. *~spillet,* plur. *~spil, ~spillene*

et komisk skuespil el. en film med en ofte enkel handling = KOMEDIE ▫ *lystspilforfatter*

lystyacht

SUBST. *-en,* plur. *-er, -erne*

= YACHT

lysvågen

ADJ. *-t, lysvågne*

helt vågen = SPILVÅGEN

lysægte

ADJ.

som ikke falmer ved at udsættes for sollys ▫ *lysægte farver · det viste sig at maleriet ikke var lysægte*

lysår

SUBST. *-et,* plur. *lysår, -ene*

den afstand lyset tilbagelægger på et år, dvs. ca. 10 billioner km; bruges ved angivelse af afstande i verdensrummet, fx mellem Jorden og en stjerne

lytte

VERB. *-r, -de, -t*

bevidst anvende sin høresans til at opfange og opfatte lyd □ *forsamlingen lyttede opmærksomt* · *hun sad og lyttede efter skridt ude på trappen, men kunne ikke høre noget* · *lægen lyttede til patientens bryst* · *hun stod og lyttede ved døren* □ *lytning* · *lytteapparat* □ *aflytte* • **lytte til ngt** handle efter el. tro på noget man hører = HØRE PÅ □ *hvis du vil lytte til et godt råd, så lad være med at gå ud i aften* · *man skal ikke lytte til sladder* · *han ville ikke lytte til min advarsel* · *du skulle have lyttet til din fars formaninger*

lyttepost

SUBST. *-en,* plur. *-er, -erne*

et ofte lukket lokale hvor man ved hjælp af radio el. lytteudstyr kan aflytte fx en samtale andre har • **være med på en lyttepost** deltage i fx et møde uden at deltage i debatten

lytter

SUBST. *-en,* plur. *-e, -ne*

en person der hører radio □ *radioen har mange lyttere i formiddagstimerne* · *kun lyttere med endetallet 44 kan ringe ind* □ *lytterforening* □ *radiolytter*

lyv

SUBST. *en*

= LØGN □ *det er da lyv* · *det er lyv hvad du siger* · *det skal blive lyv*

lyve

VERB. *-r, løj, løjet*

1. med vilje ytre noget som ikke er sandt □ *den der hvisker lyver* · *lyve nogen op i deres åbne ansigt* · *lyve groft* · *lyve sig fra noget* · *lyve sig yngre* · *rygtet har løjet* • være usand □ *tallene lyver ikke* • **lyve så stærkt som en hest kan rende** se under *hest*

læ[1]

SUBST. *-et*

beskyttelse mod vind □ *de ventende søgte læ bag busstoppestedet* · *gå i læ for regnen* □ *læhegn* · *læside* • (søfart): den skibsside som vender bort fra vinden ≠ LUV, LUVART □ *til læ*

læ[2]

ADJ.

i læsiden af et skib ≠ LUV

læ[3]

VERB. *-r, -ede, -et*

danne beskyttelse mod blæst □ *hegnet lær udmærket for frugttræerne*

læbe

SUBST. *-n,* plur. *-r, -rne*

1. hver af de to bløde kanter omkring mundåbningen hvor huden som regel er rødere end den omkringliggende hud □ *hun spidsede læberne til et kys* · *han bed sig i læben* · *have et smil på læben* · *tørre læber* □ *læbehæmme* · *læbelukke* · *læbepomade* · *læbestift* • **få ngt over sine læber** få sig selv til at sige noget bestemt □ *han kan ikke få ordet over sine læber* • **have ngt på læben** være lige ved at sige noget □ *jeg havde svaret lige på læben* • **være på alles læber** blive omtalt af alle □ *skuespillerens navn var på alles læber*

2. noget der minder om el. har form som en læbe □ *læbeblomst* □ *skamlæbe* · *stemmelæbe*

læbeblomst

SUBST. *-en,* plur. *-er, -erne*

en plante med todelte, læbelignende blomster; familien af læbeblomster omfatter omkring 6.500 arter; latinsk navn *Labitae*

læbeblomstret

ADJ. *- , ~blomstrede*

som tilhører læbeblomstfamilien

læbepomade

SUBST. *-n,* plur. *-r, -rne*

en pomade som smøres på læberne for at blødgøre og pleje dem • en stift el. dåse med læbepomade

læberødt

SUBST. *et*

rød læbestift □ *hun havde et tykt lag læberødt på*

læbestift

SUBST. *-en,* plur. *-er, -erne*

makeup, i form af en blød, farvet stift som kommes på læberne □ *komme læbestift på*

læder

SUBST. *-et*

et modstandskraftigt, blødt materiale af bearbejdet dyrehud □ *skoene lugtede dejligt af læder* · *ægte læder* □ *læderbetræk* · *læderbold* · *læderbukser* · *læderbælte* · *læderfrakke* · *læderlap* · *læderrem* · *lædersofa* · *lædertaske* □ *kernelæder* · *okselæder* · *svinelæder* · *sålelæder*

lædere

VERB. *-r, -de, -t*
[*læ'de'ɔ*]

lædere ng(t) (medicin): tilføje nogen el. noget en læsion = BESKADIGE □ *foruden de øvrige indre skader er milten læderet* □ *lædering*

læderhals

SUBST. *-en,* plur. *-e, -ene*

en amerikansk marinesoldat; især om specialuddannede landgangstropper

læderhud

SUBST. *-en*

det hudlag der ligger under overhuden, og som indeholder nerver, blodkar, muskler m.m.

læderjakke

SUBST. *-n,* plur. *-r, -rne*

1. en jakke af læder = SKINDJAKKE
2. = ROCKER

læg[1]

SUBST. *læggen,* plur. *lægge, læggene*
[*'læ'k*]

bageste del af benet fra knæet til ankelen

læg[2]

SUBST. *lægget,* plur. *læg, læggene*
[*'læ'k*]

1. en fold i et stykke stof, fx på en nederdel □ *bukser med læg* · *der er kun læg bagpå og på siderne af en kilt* □ *lægget* □ *wienerlæg*
2. en del af et håndskrift som består af ark el. blade der er foldet og lagt ind i hinanden

læg[3]

ADJ. *-t, -e*
[*'læ'g*]

som har visse almene kundskaber, men ikke er faguddannet på et bestemt område = USTUDERET □ *læg og lærd* · *når disse spørgsmål drøftes må jeg sidde som læg tilhører* · *den læge læser* □ *lægdommer* · *lægfolk* · *lægmand*

lægbroder

SUBST. *-en,* plur. *lægbrødre, lægbrødrene*

et medlem af en katolsk munkeorden der ikke er præsteviet og som ikke er forpligtet til korbøn

lægd

SUBST. *-et,* plur. *-er* (el. *lægd*), *-erne* (el. *-ene*)

den mindste del af de kredse hvori landet tidligere var inddelt med henblik på udskrivning til militærtjeneste; afskaffet 1969 □ *lægdsforstander* · *lægdskontor*

lægdommer

SUBST. *-en,* plur. *-e, -ne*

en person der ikke er juridisk uddannet, og som bistår ved retssager, fx som domsmand

lægdsrulle

SUBST. *-n,* plur. *-r, -rne*

en fortegnelse over værnepligtigt mandskab i en *lægd* □ *optagelse i lægdsrullen*

læge[1]

SUBST. *-n,* plur. *-r, -rne*

en person der er uddannet til at undersøge og behandle syge mennesker = DOKTOR, CAND.MED., MEDIKUS □ *er der en læge til stede?* · *gå til lægen* · *ringe efter lægen* □ *lægeattest* · *lægekandidat* · *lægeløfte* · *lægeundersøgelse* · *lægevagt* □ *hospitalslæge* · *natlæge* · *praktiserende læge* · *reservelæge* · *skolelæge* · *speciallæge*

læge[2]

VERB. *-r, -de* (el. *lægte*), *-t* (el. *lægt*)

blive helt og sundt, især om sår el. skade på kroppen = HELE, HELBREDE, OPHELE □ *såret var længe om at læge* · *tiden læger alle sår* · *såret læges af sig selv* □ *lægedom* · *lægekraft* · *lægemiddel* · *lægeplante* · *lægevidenskab*

lægeattest

SUBST. *-en*, plur. *-er, -erne*

= LÆGEERKLÆRING

lægedom

SUBST. *lægedommen*

(glds.): en evne el. et middel til at helbrede □ *der er lægedom i hendes hænder* • = HELBREDELSE □ *der gives lægedom for alle sår*

lægeerklæring

SUBST. *-en*, plur. *-er, -erne*

en læges skriftlige udtalelse om en persons helbred = LÆGEATTEST □ *hvis man er syg i mere end tre dage, forlanger chefen at se en lægeerklæring* · *inden de kunne tegne pension, skulle de have en lægeerklæring*

lægekorps

SUBST. *-et*, plur. *~korps, -ene*

et korps af læger □ *hospitalets lægekorps*

lægekunst

SUBST. *-en*

(form.): læren om helbredelse af menneskers sygdomme og skader = MEDICIN □ *Asklepios var gud for lægekunsten*

lægemiddel

SUBST. *-et* (el. *~midlet*), plur. *~midler, ~midlerne*

et middel mod sygdom el. skade; ofte i pille- el. kapselform el. drikkeligt = MEDICIN □ *receptpligtige lægemidler* □ *lægemiddelkontrol* · *lægemiddelindustri* □ *naturlægemiddel*

lægeplante

SUBST. *-n*, plur. *-r, -rne*

en plante der indeholder stoffer som kan bruges mod sygdom, og som derfor bruges til fremstilling af lægemidler

lægesekretær

SUBST. *-en*, plur. *-er, -erne*

en sekretær for en læge □ *overlægesekretær*

lægestand

SUBST. *-en*

den samlede gruppe læger i et samfund □ *den danske lægestand* · *flere og flere medlemmer af den etablerede lægestand samarbejder nu med alternative behandler*

lægevagt

SUBST. *-en*, plur. *-er, -erne*

en vagttjeneste hvor man kan rekvirere lægehjælp på helligdage og om aftenen og natten □ *tilkalde lægevagten* · *ringe til Københavns lægevagt*

lægevidenskab

SUBST. *-en*

læren om sundhed og sygdomme, deres årsager og behandling = MEDICIN

lægfolk

SUBST.PLUR. *-ene*

personer som har visse almene kundskaber, men som ikke er faguddannede på et bestemt område

lægge[1]

VERB. *-r, lagde, lagt*

1. lægge ng(t) {på} ngt anbringe nogen el. noget på sin største flade på et underlag □ *lægge dug på bordet* · *hun lagde blomster på graven* · *han lagde bogen på hylden* · *han lagde hånden på hendes skulder* · *hun lagde børnene i seng* · *han lagde sig på sengen* • **lægge ngt {på} ngt** bringe noget i en bestemt stilling el. tilstand el. anbringe det et bestemt sted □ *lægge hovedet på skrå* · *lægge armene over kors* · *lægge seletøj på hesten* · *lægge brevet tilbage i konvolutten* · *han lagde armene om hende* • **lægge ngt** give noget fra sig □ *kom indenfor og læg overtøjet* · *lægge æg* □ *lægning* · *læggebrod* · *læggehøne* · *lægger* • **lægge ngt** frembringe noget ved langsomt at opbygge det □ *lægge gulv* · *lægge en kabale* • **lægge ngt {ind}** føre el. lede noget □ *lægge elektricitet ind* · *lægge vandrør* · *vejen skal lægges uden om bebyggelsen* • **lægge sig** anbringe sig i liggende stilling; ofte for at hvile □ *han lagde sig på sofaen* · *jeg tror jeg går ind og lægger mig lidt*
2. lægge sig blive meget mindre stærk = STILNE, TAGE AF □ *stormen har lagt sig* · *søen har lagt sig* · *hans vrede er vist ved at lægge sig*
3. i forsk. forb.: • **lægge {sag} an** = ANLÆGGE □ *han har lagt sag an mod firmaet* • **lægge an på ng** forsøge ar indlede et seksuelt el. romantisk forhold til nogen; oftest på en simpel el. pågående måde □ *hun har lagt an på ham hele aftenen* • **lægge an på** el. **til ngt** tilsigte el. forberede noget □ *bogen er kun lagt an på at forarge* · *flyet lagde an til landing* • **lægge ngt bag sig** glemme el. forsøge at glemme noget ubehageligt □ *alt det har jeg for længst lagt bag mig* • **lægge bi** (søfart): sejle så tæt op mod vinden som muligt = DREJE BI • **lægge for** el. **ud med ngt** indlede et møde el.lign. med noget □ *ministeren lagde for med en tak til de fremmødte* · *skal vi lægge ud med at synge nr 45 i den danske sangbog?* • **lægge fra** (søfart): begynde at sejle, især fra en bro el. kaj • **lægge ngt fra** opbevare noget til senere afhentning □ *kan jeg få denne frakke lagt fra til i overmorgen?* • **lægge ngt fra** spare penge op □ *hun lægger 1.000 kr. fra hver måned til sin datters uddannelse* • **lægge ngt i ngt** tillægge noget en bestemt betydning □ *det skal du ikke lægge noget særligt i* · *hvad lægger du i den bemærkning?* • **lægge ngt {ind}** gøre tøj snævrere el. videre i sømmene el. kortere el. længere i længden □ *lægge et par bukser ind i taljen* · *lægge et par bukser ud* · *lægge en kjole op* · *lægge en kjole ned* • **lægge ngt ind under ngt** lade noget blive administreret af en bestemt instans el. myndighed □ *toldvæsenet er lagt ind under skatteministeriet* • **lægge ng ned** nedlægge el. besejre nogen • **lægge ngt om** ændre på placeringen el. forløbet af noget □ *motorvejen skal lægges om* • **lægge op** holde op med at arbejde pga. alder el. sygdom • **lægge ngt op** spare penge op; især over en meget lang periode □ *hun har lagt en pæn sum penge op til sin alderdom* • **lægge ngt op** (søfart): trække en båd op på land □ *han lagde sin båd op for vinteren* · *de fleste sejlere har lagt op nu* • **lægge på** el. **lægge røret på** afbryde en telefonsamtale • **lægge på ngt** = FORHØJE □ *vi har fået lagt på huslejen* • **lægge ngt sammen** folde noget, især tøj □ *hun lagde vasketøj sammen* · *læg dine bukser pænt sammen* • **lægge ngt sammen** samle to el. flere selvstændige enheder til én = SAMMENLÆGGE, FUSIONERE □ *lægge to skoler sammen* · *de to virksomheder er blevet lagt sammen* • **lægge ngt sammmen** = ADDERE □ *han lagde beløbene sammen* · *lægge to og to sammen* • **lægge til** (søfart): fortøje et skib □ *skibet lagde til ved flere øer* • **lægge ngt til** = TILFØJE □ *jeg vil gerne lægge til at du også har været en god kollega* • **lægge ngt ud for ng** foreløbigt betale noget for en anden □ *jeg har ingen penge med, vil du godt lægge ud for mig til vi kommer hjem?* • **lægge sig efter ngt** el. **lægge sig ngt efter** gå i gang med noget □ *han har lagt sig efter at dyrke asparges* · *han har lagt sig aspargesdyrkning efter* • **lægge sig fast på ngt** indtage et standpunkt og fastholde det □ *lige fra starten lagde han sig fast på en klar modstand mod brobyggeriet* · *det vil jeg ikke lægge mig fast på* • **lægge sig imellem ng** forsøge at mægle mellem nogen som er uenige el. slås □ *børnene blev ved med at skrige og rykke i gyngen selv om pædagogerne forsøgte at lægge sig imellem* • **lægge sig ngt til** anskaffe el. tilegne sig noget □ *lægge sig fine manerer til* · *når jeg lægger mig børn til må jeg også selv forsørge dem* • **lægge sig ud** blive tykkere = TAGE PÅ □ *har han ikke lagt sig ud på det seneste?* • **lægge sig ud med ng** blive uvenner med nogen □ *på kort tid lykkedes det ham at lægge sig ud med alle naboerne*

lægge[2]

VERB. *-r, -de, -t*
[ˈlæˑgə]

lægge ngt forsyne et stykke stof med læg □ *nederdelen skal lægges* · *en lægget nederdel*

læggebrod

SUBST. *~brodden*, plur. *~brodde, ~broddene*

et organ ved hjælp af hvilket visse insekter lægger æg

læggehøne

SUBST. *-n*, plur. *-r* (el. *~høns*), *-rne* (el. *~hønsene*)

en høne som er egnet til el. opdrættes til æglægning □ *en god læggehøne*

læggekartoffel

SUBST. *-en* (el. *~kartoflen*), plur. *~kartofler, ~kartoflerne*

en kartoffel som skal spire og lægges i jorden til ny avl □ *sætte læggekartofler til spiring*

lægget

ADJ. - , *læggede*
[ˈlæˑgəð]

(om stof): forsynet med læg □ *en lægget nederdel*

lægmand

SUBST. *-en*, plur. *~mænd, ~mændene*

en person som har visse almene kundskaber, men som ikke er faguddannet på et bestemt område ≠ FAGMAND

lægmuskel

SUBST. *-en* (el. *lægmusklen*), plur. *lægmuskler, lægmusklerne*

en muskel i benet mellem knæhase og hælben ▫ *løberen havde ømme lægmuskler*

lægprædikant

SUBST. *-en,* plur. *-er, -erne*

en religiøs prædikant der ikke er ordineret som præst el. uddannet teolog

lægte[1]

SUBST. *-n,* plur. *-r, -rne*

et langt, tyndt træstykke med et rektangulært tværsnit på højst 2-3 tommer ▫ *lægtehammer*

lægte[2]

VERB. *-r, -de, -t*

lægte ngt slå lægter på noget, fx et tag

lægtehammer

SUBST. *-en,* plur. *-e* (el. *~hamre*), *-ne* (el. *~hamrene*)

en hammer med kløftet næb hvis ene spids er længere end den anden

lægter

SUBST. *-en,* plur. *-e, -ne*

et fladbundet fartøj der bruges ved lastning og losning af skibe

læk[1]

SUBST. *lækken,* plur. *lækker, lækkerne*

1. et hul el. en revne som vand kan sive ind el. ud af = LÆKAGE ▫ *skibet har fået en læk · stoppe en læk* • **springe en læk i ngt** pludselig gå hul i noget ▫ *der er sprunget en læk i skibet*
2. en person der videregiver fortrolige oplysninger = LÆKAGE ▫ *der må være en læk i firmaet*

læk[2]

ADJ. - (el. *-t*), *lække*

⟨ubøj. som prædikativ⟩ som vand kan sive ind i el. ud af = UTÆT ▫ *et lækt skib · begge kar er læk* • **springe læk** pludselig blive utæt ▫ *skibet sprang læk, da det stødte på grund*

lækage

SUBST. *-n,* plur. *-r, -rne*
[*læ'ka·sjə*]

1. et hul el. en revne hvorfra der lækker vand el.lign.; især om en utæthed i et skibs skrog = LÆK
2. videregivelse af fortrolige oplysninger ▫ *efterretningstjenesten eliminerede eventuelle lækager*

lækat

SUBST. *lækatten,* plur. *lækatte, lækattene*

= HERMELIN

lække

VERB. *-r, -de, -t*

1. lække ngt (om en beholder): være utæt så noget løber ud ▫ *skibet lækkede flere ton olie · vandkanden lækker* • **lække ud af ngt** sive ud af noget ▫ *øllet lækker ud af tønden*
2. lække ngt til ng give hemmelige oplysninger videre ▫ *han lækkede planen til fjenden*

lækker

ADJ. *-t, lækre; lækrere, lækrest*

som behager sanserne ▫ *lækre kager · her lugter lækkert · det smager lækkert* ▫ *lækkeri · lækkerbidsken · lækkersulten* ▫ *dødlækker · smadderlækker · ulækker* • (slang): = DEJLIG ▫ *en lækker fyr · det er bare lækkert at du kan komme*

lækkerbisken

SUBST. *-en* (el. *lækkerbisknen*), plur. *-er* (el. *lækkerbiskner*), *-erne* (el. *lækkerbisknerne*)

en velsmagende mundfuld el. ret = NAMNAM ▫ *nye kartofler med smør er en ren lækkerbisken · har vi ikke en el anden lækkerbisken?* • noget særligt værdifuldt; især for samlere el. kendere ▫ *for elskere af poesi er bogen en sand lækkerbisken*

lækkeri

SUBST. *-et,* plur. *-er, -erne*
/*lække'ri*/

noget velsmagende; især om kager og slik = KRÆS ▫ *der blev serveret udsøgte lækkerier til kaffen*

lækkersulten

ADJ. *-t, ~sultne*

som føler trang til at få noget lækkert, især noget sødt, at spise ▫ *være lækkersulten efter kage · hun stirrede lækkersultent på de fyldte chokolader*

læmme

VERB. *-r, -de, -t*

(om får): føde lam ▫ *læmning*

lænd

SUBST. *-en,* plur. *-er, -erne*

den nederste del af ryggen ▫ *have ondt i lænden* ▫ *lændegigt · lændehvirvel · lændeklæde · lændeskørt · lændestøtte*

lændeklæde

SUBST. *-t,* plur. *-r, -rne*

et stykke stof der bæres rundt om lænden af naturfolk

læne

VERB. *-r, -de, -t*

læne ng(t) hælde el. bøje nogen el. noget på en støttende måde = STØTTE ▫ *læne ryggen op ad væggen · læne panden mod ruden · læne sig tilbage i stolen*

lænestol

SUBST. *-en,* plur. *-e, -ene*

en stor, behagelig, polstret stol med støtte til armene = ARMSTOL

længde

SUBST. *-n,* plur. *-r, -rne*

1. udstrækning i den vandrette retning som er den længste på en genstand ≠ BREDDE ▫ *salen er 20 m i længden og 8 m i bredden* ▫ *længdemål* • udtryk for hvor langt noget er ▫ *er De tilfreds med kjolens længde? · vejen strakte sig i en længde af 10 km langs kysten* • et mål for hvor stort et forspring en båd el. hest har i en konkurrence = BÅDLÆNGDE ▫ *vinderen af sejladsen kom ind med tre længder foran nr. 2 · hesten vandt med to længder* • et afskåret stykke stof af en bestemt længde ▫ *tæppet er syet sammen af tre længder*
2. et steds østlige el. vestlige afstand fra den *meridian,* nulmeridianen, som går gennem Greenwich ▫ *Roskilde ligger 12° østlig længde · et steds længde og bredde* ▫ *længdegrad · længdeminut · længdesekund*
3. udstrækning i tid ▫ *om foråret tager dagens længde til · skriften har ikke noget tegn for lydenes længde* ▫ *længdetegn* • **i længden** hvis man ser længere frem i tiden = I DET LANGE LØB ▫ *i længden betaler det sig ikke at købe det billigste*

længdecirkel

SUBST. *-en* (el. *~cirklen*), plur. *~cirkler, ~cirklerne*

= MERIDIAN

længdegrad

SUBST. *-en,* plur. *-er, -erne*

en geografisk måleenhed til angivelse af et steds vestlige el. østlige placering på Jorden; der er 180 længdegrader vest for og 180 øst for den *meridian,* nulmeridianen, som går gennem Greenwich; en breddegrad svarer ved ækvator til 111 km ≠ BREDDEGRAD ▫ *Roskilde ligger på den 12. østlige længdegrad* • = MERIDIAN

længdekreds

SUBST. *-en,* plur. *-e, -ene*

= MERIDIAN

længdeminut

SUBST. *~minuttet, ~minutter, ~minutterne*

1/60 af en længdegrad

længdesekund

SUBST. *-et, -er, -erne*

1/60 af et længdeminut

længdesnit

SUBST. *~snittet,* plur. *~snit, ~snittene*

et snit på langs gennem noget

længdespring

SUBST. *-et,* plur. *~spring, -ene*

en springdisciplin i atletik hvor det gælder om at springe så langt som muligt ved egen kraft ≠ HØJDESPRING ▫ *længdespringer · længdespringskonkurrence*

længe[1]

SUBST. *-n,* plur. *-r, -rne*

en lang bygning som er bygget vinkelret ud fra en anden bygning, el. som er en del af en gård ▫ *en gård med fire længer · en af gårdens længer nedbrændte · en af slottets længer* ▫ *gårdlænge · tolænget · trelænget*

længe[2]

ADV. *-re* (el. *-r*), sup. *længst*

udtryk for at noget har varet lang tid ▫ *jeg har boet her længe · varer det længe endnu? · de var længe undervejs · det er længe siden · man skal lære så længe man lever · langt om længe nåede vi frem* • **så længe** i den tid noget varer =

IMENS □ *jeg er væk en måned, så kan du jo bo her så længe* • **inden længe** om kort tid = SNART □ *inden længe er sommeren forbi* • **for længst** for lang tid siden □ *forestillingen er for længst forbi* • **ikke længere** ikke mere □ *han bor her ikke længere* • *det er ikke min skyld at I ikke længere ses*

længere

ADJ., ADV.

bøjningsform af *lang* og *længe*

længes[1]

VERB. *længes, længtes, længtes*

længes efter ng(t) føle længsel efter noget man må være foruden = SAVNE □ *hun længes efter sin mor* • *jeg har længtes efter at tale med dig* • *længes hjem*

længes[2]

VERB. *længes, længedes, længedes*

få længere varighed; om dagens længde fra jul til sankthans □ *nu længes dagene igen*

længsel

SUBST. *-en* (el. *længslen*), plur. *længsler, længslerne*

en stærk følelse af savn efter nogen el. noget man aldrig el. i lang tid ikke har haft □ *hun følte stærk længsel efter sine børn* • *Rom er mine længslers mål* □ *længselsfuld* • *længselssuk* □ *hjemlængsel* • *udlængsel*

længselsfuld

ADJ. *-t, -e*

som er fuld af længsel □ *et længselsfuldt blik* • *hun så længselsfuldt ud ad vinduet* □ *længselsfuldhed*

længst

ADJ., ADV.

bøjningsform af *lang* og *længe*

lænke[1]

SUBST. *-n*, plur. *-r, -rne*

1. en lang, massiv kæde til at fastholde nogen el. noget □ *tyren står i lænke* • *fangerne havde lænker om hænder og fødder* □ *lænkehund* • tvang el. generende bånd el. tryk □ *fattigdommens lænker* • *bryde sine lænker*
2. et smykke bestående af en række sammenhængende ringe □ *hun havde tre lænker om halsen og én om anklen*

lænke[2]

VERB. *-r, -de, -t*

lænke ng(t) fastholde nogen el. noget med en lænke □ *han blev lænket til en stolpe i kælderen* • *fangerne blev lænket sammen* • *hunden stod lænket til muren* • *han lænkede cyklen fast til lygtepælen* □ *jernlænke*

læns

ADJ.

læns for ngt tom for noget, fx for vand, ideer el. penge = TOM □ *holde skibet læns* • *pumpe brønden læns for olie* • *jeg kan ikke finde på mere, jeg er fuldstændig læns!* • *læns for penge*

lænse

VERB. *-r, -de, -t*

1. lænse ngt for ngt tømme noget for væske = TØMME □ *lænse en båd* • *lænse tanken for olie* • *lænse olien over i en anden beholder* □ *lænsning* • *lænsepumpe* • **lænse ng(t) for ngt** tømme nogen el. noget for fx energi el. penge = TØMME, DRÆNE □ *hun følte sig fuldstændig lænset for energi* • *hun lænsede ham for penge* • *han lænsede kassen*
2. sejle med vinden agterind □ *lænsning*

lærd

ADJ. *-, -e*

som har indgående, især akademisk, viden el. dannelse □ *de lærde strides om sagen* • *han var ikke nogen særlig lærd mand* • *han holder foredrag i lærde forsamlinger i ind- og udland* □ *boglærd* • *højlærd* • *retslærd* • *skriftlærd* • *ulærd*

lærdom

SUBST. *lærdommen*, plur. *lærdomme, lærdommene*

1. en grundig viden som er opnået gennem læsning og studier = VIDEN, KUNDSKAB □ *han er i besiddelse af stor lærdom* • *den megen lærdom gør dig rasende*
2. = UNDERVISNING □ *børnelærdom* • *skolelærdom*
3. en læresætning el. et dogme □ *udbrede nye lærdomme*

lære[1]

SUBST. *-n*, plur. *-r, -rne*

et system af antagelser og regler som søger at forklare virkeligheden el. en del af den; det kan være i videnskabelig, moralsk el. religiøs forstand = VIDENSKAB □ *fysik er læren om naturen og dens love* • *den kristne lære* □ *lærebygning* □ *evolutionslæren* • *morallære* • *sproglære* • *treenighedslæren* • *troslære* • en samling af kundskaber inden for et praktisk virksomhedsfelt □ *formlære* • *færdselslære* • *husholdningslære* • *materialelære* • *metodelære* • *motorlære* • *mængdelære* • *perspektivlære* • *verslære* • en generel forholdsregel som drages på baggrund af noget man har oplevet, hørt el. læst = ERFARING, MORALE, PÅMINDELSE □ *hvilken lære kan man så drage af det?* • *denne gang slap du med skrækken, men lad det være dig en lære* □ *lærestreg* • *lærepenge* • *læresætning* • **drage** el. **tage ved lære af ng(t)** ændre sin adfærd el. tænkemåde el. drage forholdsregler på baggrund af et forbillede el. en erfaring □ *du skulle tage ved lære af din storesøster* • *tage ved lære af sine fejltagelser* • *det er nødvendigt at drage lære af de mange færdselsulykker* • **være** el. **stå i lære** være i gang med en faglig uddannelse hos en håndværker el. på en arbejdsplads □ *være i lære som snedker* • *stå i lære hos en urmager* □ *lærebrev* • *læreplads* □ *malerlære* • *mesterlære* • *murerlære* • *snedkerlære*

lære[2]

VERB. *-r, lærte, lært*

lære ngt få viden om el. øvelse i noget □ *lære at køre bil* • *lære noget udenad* • *lære sine egne begrænsninger at kende* • *jeg har lært ham kunsten af* • *jeg har lært det af ham* • *jeg har selv lært mig fransk* □ *læredreng* • *lærelyst* • *læremester* • *lærenem* • **lære ng ngt** give nogen viden om el. øvelse i noget = UNDERVISE □ *han lærte mig at læse* • *han er god til at lære fra sig* • *han skal læres op til at klare det selv* • *hun kan ikke lære mig noget* □ *læreanstalt* • *lærebog* • *læredigt* • *læremiddel* • *lærenem* • **jeg skal lære dig** udtryk for at man truer nogen

læreanstalt

SUBST. *-en*, plur. *-er, -erne*

institution hvor der gives uddannelser • **højere læreanstalt** en institution for videregående uddannelse og forskning, fx et universitet, en handelshøjskole el. et kunstakademi

lærebog

SUBST. *-en*, plur. *~bøger, ~bøgerne*

en bog om et bestemt emne til at undervise og lære efter □ *lærebog i geometri*

lærebrev

SUBST. *-et*, plur. *-e, -ene*

et skriftligt bevis for at en lærling er blevet udlært

lærelysten

ADJ. *-t, ~lystne*

som er ivrig efter at lære noget nyt = VIDEBEGÆRLIG □ *det er ikke nogen videre lærelysten klasse*

læremester

SUBST. *-en*, plur. *~mestre, ~mestrene*

en person der har spillet en stor rolle i en andens erhvervsmæssige udvikling □ *læremesteren var godt tilfreds med det udførte arbejde* • *han er de unge studerendes læremester og åndelige inspirationskilde*

lærenem

ADJ. *-t, ~nemme*

som har nemt ved at lære noget □ *en lærenem elev* • *papegøjen er lærenem*

lærepenge

SUBST.PLUR. *-ne*

det nogen har måttet lide for at lære □ *ulykken har lært ham at være forsigtig, men det har været dyre lærepenge*

læreplads

SUBST. *-en*, plur. *-er, -erne*

et sted hvor man er i lære for at få en faglig uddannelse □ *han fik en læreplads hos blikkenslageren*

lærer

SUBST. *-en*, plur. *-e, -ne*

en person der underviser; især om en lærer ved en skole □ *være lærer i engelsk* □ *lærerhøjskole* • *lærerkorps* • *lærerkollegium* • *lærermøde* • *lærerpost* • *lærerværelse* □ *aftenskolelærer* • *dansklærer* • *døvefolkeskolelærer* • *gymnasielærer* • *kørelærer* • *musiklærer* • *skolelærer* • *sløjdlærer*

lærerhøjskole

SUBST. *-n*, plur. *-r, -rne*

en institution som videreuddanner folkeskolelærere = DANMARKS LÆRERHØJSKOLE

lærerig

ADJ. *-t, -e*

som giver nyttig viden, erfaring el. lærdom = OPLYSENDE, INSTRUKTIV □ *det var en meget lærerig samtale • et meget lærerigt museumsbesøg*

lærerkollegium

SUBST. *~kollegiet,* plur. *~kollegier, ~kollegierne*

lærerne på en skole = LÆRERKORPS

lærerkorps

SUBST. *-et,* plur. *~korps, -ene*

= LÆRERKOLLEGIUM

lærermøde

SUBST. *-t,* plur. *-r, -rne*

(foræld.): = PÆDAGOGISK RÅDSMØDE

lærerråd

SUBST. *-et,* plur. *~råd, -ene*

(foræld.): = PÆDAGOGISK RÅD □ *lærerrådsmøde*

lærerstuderende

SUBST. *en, den ~studerende,* plur. *~studerende, de ~studerende*

en person der er ved at uddanne sig til lærer på et seminarium

lærestreg

SUBST. *-en,* plur. *-er, -erne*

en ubehagelig oplevelse som lærer én at passe bedre på en anden gang □ *vi bliver nødt til at give ham en lærestreg*

læresætning

SUBST. *-en,* plur. *-er, -erne*

en videnskablig regel som formuleres i én el. få sætninger = TEOREM, SÆTNING □ *Pythagoras læresætning*

lærevillig

ADJ. *-t, -e*

som gerne vil lære noget □ *en lærevillig elev*

læreår

SUBST. *-et,* plur. *~år, -ene*

den tid man står i lære = LÆRLINGETID • **stå sine læreår ud** blive udlært

lærk

SUBST. *-en,* plur. *-e, -ene*

et løvfældende nåletræ med bløde, lysegrønne nåle som sidder i tætte kvaster; koglerne er små, lysebrune og har tynde skæl; latinsk navn *Larix* = LÆRKETRÆ □ *europæisk lærk • japansk lærk*

lærke

SUBST. *-n,* plur. *-r, -rne*

en gråbrun spurvefugl som bygger rede på jorden, og som kan hænge stille på svirrende vinger højt oppe i luften; flere arter, bl.a. *sanglærke, hedelærke* og *toplærke;* latinsk navn *Alaudidae* □ *lærkerede • lærkesang*

lærketræ

SUBST. *-et,* plur. *-er, -erne*

= LÆRK

lærling

SUBST. *-en,* plur. *-e, -ene*

en person der står i lære i et håndværk □ *mureren har to svende og én lærling* □ *lærlingekontrakt • lærlingetid • lærlingeuddannelse* □ *kokkelærling • malerlærling • murerlærling • tømrerlærling*

lærred

SUBST. *-et,* plur. *-er, -erne*

1. glatvævet stof af garner af hør, hamp el. blår □ *lærredsbinding • lærredsbluse • lærredsbukser • lærredskjole • lærredssko • lærredsvævning* □ *dunlærred • hørlærred • lagenlærred • malerlærred • stræklærred • stivlærred*
2. et hvidt stykke lærredsstof til at vise fx film el. lysbilleder på □ *det hvide lærred*
3. maleri udført på lærred □ *maleren har fået et af sine lærreder solgt*

lærvillig

ADJ.

se *lærevillig*

læs

SUBST. *læsset,* plur. *læs, læssene*

stor mængde der transporteres på én gang □ *et læs brænde • køre med fuldt læs på bilen • have læs på* □ *flyttelæs • hølæs* • **trække det tungeste læs** udføre det meste og sværeste af arbejdet □ *som formand må han trække det tungeste læs*

læsbar

ADJ. *-t, -e*

= LÆSELIG □ *han har en læsbar håndskrift • en læsbar tekst*

læse

VERB. *-r, læste, læst*

1. se på og forstå en tekst □ *han har lært at læse • han kan både læse og skrive • læse om uheldet i avisen • læse lektier • teksten er svær at læse • hun har svært ved at læse • hun har læst sig til sin viden* □ *læselig • læsebog • læsebriller • læsefag • læseferie • læseglas • læsehest • læselampe • læselyst • læsemåde • læseplan* • **læse op** udtale noget skrevet, så andre kan høre det • **kunne læse indenad** være i stand til at læse
2. læse ngt opfatte kropssprog el. tanker □ *du kan læse mine tanker • frygten stod at læse i hendes ansigt*
3. = STUDERE □ *læse jura • han har læst i fem år • han læser til eksamen* • **læse til ngt** være ved at tage en boglig uddannelse i noget □ *læse til læge*

læsebog

SUBST. *-en,* plur. *~bøger, ~bøgerne*

en bog med udvalgte tekststykker til undervisningsbrug i skolen

læsebriller

SUBST.PLUR. *-ne*

briller man bruger når man skal læse, se fjernsyn o.l. = LÆSEBRILLE

læsehest

SUBST. *-en,* plur. *-e, -ene*

en person der læser mange bøger

læsehoved

SUBST. *-et,* plur. *-er, -erne*

1. en person der læser meget □ *hun er et rigtigt læsehoved*
2. (edb): en komponent som læser fra en disk, og som består af en flytbar arm der bevæger sig over disken = LÆSEARM ≠ SKRIVEHOVED

læseklasse

SUBST. *-n,* plur. *-r, -rne*

en folkeskoleklasse med særundervisning

læsekreds

SUBST. *-en,* plur. *-e, -ene*

en gruppe af personer der indkøber bøger og lader dem cirkulere blandt medlemmerne for senere at diskutere bøgerne

læselampe

SUBST. *-n,* plur. *-r, -rne*

en lampe til at læse ved

læselig

ADJ. *-t, -e*

skrevet på en måde så det er muligt at læse = LÆSBAR

læsemåde

SUBST. *-n,* plur. *-r, -rne*

den måde man forstår el. fortolker en tekst på □ *han fremkom med en alternativ læsemåde* • de indbyrdes afvigende former en tekst kan have i forskellige håndskrifter □ *filologerne søger at fastslå hvad der er den bedste læsemåde*

læseplan

SUBST. *-en,* plur. *-er, -erne*

en plan for en skoles undervisning □ *der blev udarbejdet nye læseplaner til fagene dansk og historie* • en plan over hvad og hvornår noget skal læses □ *han lavede en læseplan op til eksamenen • være bagud ifølge læseplanen*

læseprøve

SUBST. *-n,* plur. *-r, -rne*

den første prøve ved indstudering af et skuespil, ved hvilken skuespillerne læser deres roller op □ *de havde læseprøve på Romeo og Julie*

læser

SUBST. *-en,* plur. *-e, -ne*

en person der læser noget, fx avis □ *avisen har mange læsere* □ *læserbrev* □ *avislæser • boglæser*

læserbrev

SUBST. *-et,* plur. *-e, -ene*

et brev til en bladredaktion skrevet af en læser der ytrer sig om et emne □ *hun fik sit læserbrev i avisen* □ *læserbrevkasse*

læseretarderet

ADJ. - , *~retarderede*

= ORDBLIND

læsesal

SUBST. *-en,* plur. *-e, -ene*

en sal, fx på et bibliotek, hvor man kan læse bøger og aviser

læsestof

SUBST. *~stoffet*

det man læser = LEKTURE □ *avisen har meget underholdende læsestof*

læsesvag

ADJ. *-t, -e*

= ORDBLIND

læsion

SUBST. *-en,* plur. *-er, -erne*
[*læ'sjo'n*]

en ydre el. indre beskadigelse af et legeme = SKADE, SÅR □ *hjernelæsion*

læske

VERB. *-r, -de, -t*

1. slukke nogens tørst = FORFRISKE □ *læske sig med et glas saftevand* · *en læskende drik* · *giv mig noget læskende* · *læskende frugt* □ *læskedrik*
2. læsket kalk se under *kalk*

læskedrik

SUBST. *~drikken,* plur. *~drikke, ~drikkene*

en kold, sød drik uden alkohol

læskur

SUBST. *-et,* plur. *-e, -ene*

et skur der giver læ for vejr og vind, fx ved et busstoppested

læskærm

SUBST. *-en,* plur. *-e, -ene*

en skærm, ofte af kraftigt lærred, som sættes op for at skabe læ for vinden □ *de havde en læskærm med på stranden*

læspe

VERB. *-r, -de, -t*

tale med tungespidsen ført for langt frem så især s-lyden bliver stærkt hvislende □ *hun læsper* · *tale med en læspende stemme*

læsse

VERB. *-r, -de, -t*

1. læsse ngt på ngt fylde ting som skal transporteres på noget = LASTE □ *læsse roer på en vogn* · *vognen er tungt læsset* □ *læsning* · *læssekran* · *læsseskovl* • **læsse ngt med ngt** □ *læsse trillebøren med jord* • **læsse ngt over på ng** lægge en arbejdsbyrde el. bekymringer over på en anden □ *hun læssede hele arbejdet over på mig*
2. læsse ngt af tage læsset af fx en vogn

læssevis

ADV.

= MASSEVIS □ *han fik læssevis af breve* • **i læssevis** i flere læs el. i store mængder □ *mursten blev kørt dertil i læssevis* · *i læssevis af kartofler*

læst

SUBST. *-en,* plur. *-e* (el. *-er*), *-ene* (el. *-erne*)

1. en fodformet stykke træ hvorover en skomager skærer og syr fodtøj; også om en form der bruges til at holde fodtøj i facon
2. i forsk. forb.: • **blive ved sin læst** holde sig til det man forstår sig på • **være skåret over samme læst** være opbygget på næsten samme måde □ *alle hans romaner er skåret over samme læst*

læsterlig

ADJ. *-t, -e*

(glds.): som er særlig kraftig el. voldsom □ *de fik nogle læsterlige kløø* · *blive læsterlig syg*

løb

SUBST. *-et,* plur. *løb, -ene*

1. ⟨ikke plur.⟩ en hurtig måde at bevæge sig på hvor man svæver mellem hvert skridt □ *han satte i løb hen ad vejen* · *hunden stak i løb da den fik øje på katten* □ *kondiløb* · *motionsløb* • en konkurrence i at løbe hurtigst el. i at bevæge sig hurtigst på fx skøjter, til hest el. i bil □ *løberen deltog i flere løb* · *han udgik af løbet pga. en fibersprænging* · *første løb køres kl. 13* □ *løbsdag* □ *cykelløb* · *galopløb* · *hurtigløb* · *kapløb* · *maratonløb* · *orienteringsløb* · *skiløb* · *skøjteløb* · *stafetløb* · *travløb* · *væddeløb* • **dødt løb** uafgjort løb el. konkurrence • **løbet er kørt** el. **så er det løb kørt** udtryk for at noget er slut el. for sent og derfor ikke kan gøres om
2. det at vand bevæger sig, el. det sted hvor der løber vand □ *åens løb bugter sig gennem landskabet* □ *flodløb* · *havneløb* · *nedløb* · *udløb* · *vandløb* · *åløb* • (musik): en række hurtige passager i et musikstykke □ *øve sig på nogle vanskelige løb på violinen* • **give ngt frit løb** uhindret udtrykke følelser □ *hun gav tårerne frit løb* · *give sine følelser frit løb*
3. i løbet af {året} el. **i {årets} løb** med den varighed der angives □ *i løbet af dagen* · *i dagens løb* · *i årenes løb* · *i løbet af et år* · *i løbet af en time* · *moden har ændret sig i tidens løb* · *i det lange løb kan det ikke betale sig at købe billige varer* □ *forløb*
4. det rør på et skydevåben hvor projektilet kommer ud; er enten riflet el. glat indvendigt = VÅBENLØB □ *rense løbet på et gevær* · *et riflet løb* · *rette løbet mod den tilfangetagne* □ *bøsseløb* · *dobbeltløb* · *geværløb* · *kanonløb*
5. den nederste del af benet hos fugle, før tæerne; dannet ved sammenvoksning af mellemfodsknoglerne = TARS

løbe[1]

SUBST. *-n*

1. et enzym der er udvundet af kalvemaver el. fra mikroorganismer der får mælk til at løbe sammen = OSTELØBE
2. drøvtyggeres fjerde mave

løbe[2]

VERB. *-r, løb, -t*

1. bevæge sig med hurtige skridt, så fødderne af og til ikke rører jorden, ofte som sport osv. = RENDE, SPÆNE □ *barnet løb hen til sin mor* · *hun løber hver onsdag for at få motion* · *løbe om kap* • bevæge sig i en bestemt retning el. have en bestemt retning □ *færgen løber 12 knob* · *skibet løb ind i havnen* · *tiden løber hurtigt* · *Rhinen løber mod nord* · *stien løber langs jernbanen* • fjerne sig □ *de lod ham løbe* · *jeg må løbe nu* • **løbe løbsk** se under *løbsk* • **løbe ng(t) op** = INDHENTE □ *hesten kunne ikke løbe toget op* · *hunden løb vildtet op* • **løbe på ng** møde nogen tilfældigt □ *jeg løb på en af mine gamle klassekammerater inde i byen* • **løbe til** løbe så hurtigt man kan □ *du må løbe til hvis du skal indhente ham* • **løbe varm** blive overophedet under kørsel □ *motoren er løbet varm*
2. udtryk for at en masse, fx sand el. væske, bevæger sig i en bestemt retning □ *vandet løber ud af vandhanen* · *floden løber ud i havet* · *de to åer løber sammen til en stor å* · *blodet løb ud af næsen på ham* □ *løbesand* · *løbesod* • **løbe af** udtryk for at de sidste væskerester forlader en genstand □ *de lod kødet hænge så blodet kunne løbe af* • **løbe fuld** blive helt fyldt af en indstrømmende væske □ *vasken løb fuld* • **løbe over** blive fyldt med så meget væske at det flyder ud over kanten □ *karret var løbet over med regnvand* • **løbe sammen** (madlavning): skille sig i flere bestanddele □ *fløden er løbet sammen* · *mayonnaise løber let sammen* • **løbe tom** blive helt tømt for en udstrømmende væske □ *benzintanken blev gennemhullet og løb tom* • **løbe tør for ngt** se under *tør* • **løbe ud** udtryk for at farver ikke holder sig som de skal, fx fordi våde farver er flydt ud over deres grænser el. et stykke tøj ikke tåler vask □ *farverne er løbet ud så man knap kan se hvad maleriet forestiller* · *farverne i trøjen er løbet ud*
3. vare et bestemt stykke tid □ *kurset løber i fire uger* · *undervisningen løber over to semestre* · *forsikringen løber videre* □ *løbetid* □ *udløbe* • **have tid at løbe på** have tid til overs □ *vi har endnu nogle timer at løbe på* • **løbe ud** ophøre, slutte □ *fristen løber ud i morgen*
4. i forsk. forb.: • **lade munden løbe** snakke for meget □ *han lader altid munden løbe på de mest ubelejlige tidspunkter* • **løbe af med ng(t)** bemægtige sig nogen el. noget □ *følelserne løb af med ham* · *kineserne løb af med sejren* · *hun løb af med pokalen* □ *løbebane* · *løbehjul* · *løberi* · *løbetræne* □ *gennemløbe* • **løbe an** (om metal): blive misfarvet pga. luft og vands påvirkning □ *messing løber let an i varmen* • **løbe an på ngt** regne med at noget sker □ *vi kan altså ikke løbe an på at det bliver godt vejr* • **løbe ngt igennem** se noget hurtigt igennem □ *jeg løb lige hans brev igennem i bussen* • **løbe ind i ngt** komme ud for noget □ *de løb ind i en del problemer* • **løbe fra ngt** svigte noget □ *han er løbet fra alle sine principper* • **løbe op** nå en betragtelig størrelse □ *efterhånden løber udgifterne op til det nye projekt* • **løbe på** blive lagt til uden at det er forudset □ *der løber altid uforudsete udgifter på* • **løbe rundt** kunne betale sig økonomisk □ *hvis vi kan få hotellet til at løbe rundt nu er vi rige om 10 år* • **løbe rundt for ng** udtryk for at nogen er forvirret = FORVIRRE □ *det løber fuldstændig rundt for mig* • **løbe sur i ngt** se under *sur* • **løbende** regelmæssigt forekommende □ *han tager sig af de løbende rapporter* · *de løbende udgifter kan vi nemt klare* · *hun holdt ham løbende informeret* • **løbende** udtryk for at en målestok bruges til beregning af noget □ *hegnet koster 100 kr. pr. løbende meter* · *båndet skal betales pr. løbende centimeter*

løbebane

SUBST. *-n,* plur. *-r, -rne*

1. en bane til løb
2. = KARRIERE □ *han begyndte sin militære løbebane som rekrut* · *en kriminel løbebane*

løbebille

SUBST. *-n,* plur. *-r, -rne*

en bille med kraftige ben og svage vinger; flere arter; latinsk navn *Carabidae*

løbedag

SUBST. *-en,* plur. *-e, -ene*

en frist efter forfaldsdag inden for hvilken betaling stadig anses for rettidig

løbegang

SUBST. *-en,* plur. *-e, -ene*

1. en smal passage fra et sted til et andet □ *fangerne flygtede gennem en underjordisk løbegang · grisene gennes ind i en løbegang med elektriske stave*
2. en ombukket søm på tøj hvori bånd, elastik o.l. kan trækkes □ *en frakke med løbegang i ryggen som kan snøres til*

løbehjul

SUBST. *-et,* plur. *~hjul, -ene*

1. et hjul i en større maskine
2. et transportmiddel med to hjul, en fodplade og et styr; fremdriften opnås ved at sætte fra på jorden med den ene fod □ *børnene kører på løbehjul · plejehjemmets personale brugte løbehjul når de færdedes på de lange gange*

løbeild

SUBST. *-en*

gå el. **brede sig som en løbeild** (om en meddelelse, et rygte o.l.): blive fortalt videre til mange personer på kort tid ved at gå fra mund til mund □ *rygterne gik som en løbeild gennem skolens gange · meddelelsen bredte sig som en løbeild*

løbenummer

SUBST. *-et* (el. *~numret*), plur. *~numre, ~numrene*

et nummer der angiver en persons el. tings plads i en fortegnelse med fortløbende numre

løbepas

SUBST. *~passet,* plur. *~pas, ~passene*

give ng løbepas afvise el. skille sig af med nogen □ *hun gav sin kæreste løbepas · hans kone fik løbepas*

løber

SUBST. *-en,* plur. *-e, -ne*

1. en person der løber; især om en person som dyrker kondiløb □ *et vidne havde set en løber i nærheden af ulykkesstedet* • en idrætsudøver som dyrker en bestemt form for konkurrenceløb □ *løberne varmede op med strækøvelser · løberne kom alle godt fra start* □ *hurtigløber · hækkeløber · kapløber · maratonløber · skøjteløber · stafetløber*
2. en person der sammen med en jæger assisterer en regerende monark
3. en skakbrik som kun må flyttes diagonalt
4. et aflangt, smalt stykke stof som dækker en del af en flade; det kan være et tæppe el. en dug □ *gulvløber* • **den røde løber** en rød gulvløber som anvendes ved modtagelse af fornemme gæster □ *præsidenten var ved at snuble i den røde løber · rulle den røde løber ud*
5. en mursten som lægges i en mur med den lange smalle side ud ad ≠ KOP

løbeseddel

SUBST. *-en* (el. *~sedlen*), plur. *~sedler, ~sedlerne*

en seddel som uddeles til folk på gaden, fx med en anmodning om at deltage i et offentligt møde

løbesod

SUBST. *-en*

en sort væske som kan opstå i skorstene ved fortætning af vand- og tjæredampe i røgen □ *skorstenen er angrebet af løbesod*

løbetid

SUBST. *-en,* plur. *-er, -erne*

1. en periode med stærk kønsdrift for dyr, især hunhunde □ *tæven er i løbetid*
2. den tid en økonomisk overenskomst er gældende; især om den tid der går indtil et lån skal være betalt tilbage □ *lånet har en løbetid på 10 år*

løbetræne

VERB. *-r, -de, -t*

det at løbe for at komme i form

løbsk

ADJ. - (el. *-t*), *-e*

1. som, fx pga. angst, ikke er til at styre = UDE AF KONTROL, UKONTROLLABEL □ *en løbsk hest · han har en løbsk fantasi*
2. løbe løbsk bevæge sig uden kontrol □ *hesten løber løbsk · priserne løber løbsk*

lød[1]

SUBST. *-en* (el. *lødden*)

den farve som mennesker el. dyr har; især om ansigtsfarve = FARVE, TEINT □ *hendes ansigt har en smuk, mørk lød · lys i løden · en hest med rød lød*

lød[2]

VERB.

bøjningsform af *lyde*

lødig

ADJ. *-t, -e; -ere, -st*

1. som består af rent, ublandet ædelmetal = GEDIGEN, MASSIV, REN □ *lødigt guld* □ *lødighed*
2. som har stor kunstnerisk el. åndelig kvalitet = VÆRDIFULD, SERIØS □ *lødig litteratur · der bør gøres mere for den lødige kunst* □ *lødighed* □ *fuldlødig · overlødig · underlødig*

løft

SUBST. *-et,* plur. *løft, -ene*

1. det at løfte noget □ *med et kraftigt løft fik han tønden op på vognen · et løft med strakt ryg og bøjede knæ · kranen kan klare et løft på op til fire ton* • **tage et løft** arbejde hårdt □ *hvis vi skal få gælden betalt må vi alle tage et ordentligt løft*
2. et stort skridt i retning af det bedre □ *den ny frisure har virkelig givet hendes udseende et løft · give økonomien et løft*

løfte[1]

SUBST. *-t,* plur. *-r, -rne*

en ytring hvormed man binder sig til at ville handle på en bestemt måde over nogen = LOVNING, TILSAGN, ORD □ *aflægge et løfte · han holdt sit løfte · de brød deres løfte · han gav mig løfte om stillingen · jeg har løfte på en lejlighed* □ *kyskhedsløfte · tavshedsløfte · valgløfte* □ *løftebrud · løfteparagraf* • grund til at forvente noget i fremtiden □ *den unge mand giver gode løfter for fremtiden* • **gyldne løfter** løfter om noget godt som ofte ikke holdes □ *han gav mig aldrig andet end gyldne løfter*

løfte[2]

VERB. *-r, -de, -t*

løfte ng(t) bringe nogen el. noget fra et lavere sted til et højere sted = HÆVE, REJSE □ *løfte en sten · hun løftede øjnene og så på ham · stormen løftede taget af · han løftede barnet ned af vognen · hun løftede op i kjolen · løfte bolden i mål · løfte glasset til hilsen · kolossen løftede sig · løfte barnet op · løfte på pakken · løfte hovedet* □ *løftning · løfteapparat · løftebevægelse · løftekran · løftestang · løftevogn* □ *forløfte · opløfte* • **løfte sig** = UDBRYDE □ *der løftede sig et jubelråb* • **løftet** = OPSTEMT □ *efterhånden kom de i løftet stemning* □ *opløftet*

løfteparagraf

SUBST. *~paragraffen,* plur. *~paragraffer, ~paragrafferne*

en bestemmelse der giver lov til individuelle aftaler om lønforhold

løfterig

ADJ. *-t, -e*

som lover godt for fremtiden □ *hans debut som skuespiller var overordentlig løfterig*

løftestang

SUBST. *-en,* plur. *~stænger, ~stængerne*

1. en stang som stikkes ind under noget som herefter kan vippes op = VÆGTSTANG
2. et middel til at fremme en sag

løg

SUBST. *-et,* plur. *løg, -ene*

1. en rund grøntsag som smager og lugter stærkt, og som er de underjordiske skud af løgplanter som fx *kepaløg, rødløg* og *chalotteløg;* latinsk navn *Allium* = SPISELØG □ *spise bøf med løg* □ *løgring · løgtærte* • en rund underjordisk del af en plante, fx af en tulipan el. hyacint, som består af skælformede blade i flere lag, og som oplagrer næring □ *sætte løg i haven* □ *løgplante · løgskæl* □ *blomsterløg · hyacintløg · tulipanløg*
3. et surt løg en sur person □ *han er et surt løg · det sure løg*

løgknold

SUBST. *-en,* plur. *-e, -ene*

en underjordisk, løgformet plantestængel som oplager næring fra én vækstsæson til den næste; findes fx hos krokus ≠ LØG, STÆNGELKNOLD

løgn

SUBST. *-en,* plur. *-e, -ene*

bevidst usand oplysning = USANDHED, LYV ≠ SANDHED □ *binde nogen en løgn på ærmet · der er megen løgn til · er det løgn hvad jeg siger · være fuld af løgn* □ *løgnagtig · løgnhals · løgnedetektor · løgnehistorie · løgnesyg* □ *livsløgn · nødløgn · skipperløgn* • **fare med løgn** (glds.): sige usandheder • **en hvid løgn** = NØDLØGN • **det er løgn og latin** det er bare løgn • **man skulle tro det var løgn** det er utroligt • **det skal blive løgn** det vil ikke ske hvis det kan undgås • **stikke ng en løgn** = LYVE

løgnagtig

ADJ. *-t, -e*
/løgn'agtig/

(neds.): som har en tendens til at lyve, el. som er usand = FORLØJET, USANDFÆRDIG ≠ SANDFÆRDIG □ *drengen er temmelig løgnagtig* • *et løgnagtigt rygte* • *give en løgnagtig fremstilling af noget* □ *løgnagtighed*

løgnedetektor

SUBST. *-en*, plur. *-er, -erne*

et apparat som kan måle kropsreaktioner og efter sigende afsløre om folk taler sandt □ *lade sig teste i en løgnedetektor*

løgnehistorie

SUBST. *-n*, plur. *-r, -rne*

en usand historie som nogen har fundet på = SKRØNE □ *fortælle løgnehistorier*

løgner

SUBST. *-en*, plur. *-e, -ne*

en person der lyver = LØGNHALS □ *han er patologisk løgner* □ *lystløgner*

løgnhals

SUBST. *-en*, plur. *-e, -ene*

= LØGNER □ *hun er en rigtig lille løgnhals* • *løgnhalsen påstod at han havde betalt*

løgsovs

SUBST. *-en*, plur. *-er* (el. *-e*), *-erne* (el. *-ene*)

en opbagt, hvid el. brun sovs med hakkede, svitsede løg

løgstørianer

SUBST. *-en*, plur. *-e, -ne*
/løgstøri'aner/

en person fra Løgstør

løj

VERB.

bøjningsform af *lyve*

løjbænk

SUBST. *-en*, plur. *-e, -ene*

(hist.): en polstret bænk til at sidde el. ligge på

løje[1]

SUBST. *-n*, plur. *-r, -rne*

en sildelignende ferskvandsfisk; latinsk navn *Alburnus alburnus*

løje[2]

VERB. *-r, -de, -t*

løje af blive svagere i styrke = TAGE AF □ *vinden løjede af*

løjer

SUBST.PLUR. *-ne*

1. sjov og ballade = NARRESTREGER, KUNSTER, SJOV □ *være fuld af løjer* • *jeg gjorde det bare for løjer* □ *nytårsløjer* • **drive** el. **gøre løjer med ng** □ *min onkel driver altid løjer med mig* • **ikke være lutter løjer** ikke være let □ *det er ikke lutter løjer at have skiftende arbejdstider* • **løjer og langkål** skæg og ballade
2. et udtryk anvendt som en indledning til en fortælling om noget morsomt el. mærkeligt □ *nu skal du bare høre løjer* • *så skulle du se løjer!*

løjerlig

ADJ. *-t, -e; -ere, -st*

= MÆRKELIG □ *en løjerlig fyr* • *løjerlige indfald* • *en løjerlig udtalelse* □ *løjerlighed*

løjpe

SUBST. *-n*, plur. *-r, -rne*

et afmærket spor i sne beregnet for skiløbere = PIST □ *en kort løjpe* • *rød løjpe* • *sort løjpe*

løjtnant

SUBST. *-en*, plur. *-er, -erne*

(militær): en officersgrad inden for hæren, søværnet og flyvevåbnet, over sekondløjtnant som er den laveste officersgrad og under premierløjtnant

løkke

SUBST. *-n*, plur. *-r, -rne*

1. en slyngning på et tov, en snor el. en tråd; især om en slyngning som kan trækkes sammen om noget der er anbragt i den □ *trække løkken sammen*
2. et indhegnet stykke skov el. mark = VÆNGE □ *hesteløkke*

lømmel

SUBST. *-en* (el. *lømlen*), plur. *lømler, lømlerne*

en doven og uopdragen dreng el. ung mand = BENGEL, SLAMBERT, SLUBBERT, FLØS, FLAB □ *din lange lømmel!* • *hans sønner er et par dovne lømler* □ *lømmelagtig* • *lømmelalder*

lømmelalder

SUBST. *-en*

et stadie i barndommen og ungdommen hvor man er meget livlig og laver mange gale streger □ *han er knapt kommet ud over lømmelalderen* • *et par unger i lømmelalderen havde malet stationsbygningen lyserød*

løn[1]

SUBST. *lønnen*

en fastsat betaling for udført arbejde = GAGE, LØNNING, HYRE, SOLD □ *hvor meget får han i løn?* • *lige løn for lige arbejde* • *kræve højere løn* □ *lønaftale* • *lønforhøjelse* • *lønglidning* • *lønklasse* • *lønkonto* • *lønmodtager* • *lønudgift* □ *akkordløn* • *begyndelsesløn* • *minimalløn* • *månedsløn* • *sulteløn* • *timeløn* • **få løn som forskyldt** få hvad man har fortjent = LIGGE SOM MAN HAR REDT □ *hun fik løn som forskyldt*

løn[2]

SUBST. *lønnen*, plur. *lønne, lønnene*

et løvtræ med fligede blade og vingede frugter; flere arter, bl.a. *spidsløn, ahorn* og *navr;* latinsk navn *Acereracea*

løn[3]

SUBST.

i løn (poet.): skjult el. i hemmelighed □ *en fattig jomfru sad i løn og fødte himlens kongesøn*

løndom

SUBST.

i løndom (glds., poet.): i det skjulte = I SMUG, I DØLGSMÅL □ *øve velgerninger i løndom*

løndør

SUBST. *-en*, plur. *-e, -ene*

en skjult dør som kun kendes af få personer

løngang

SUBST. *-en*, plur. *-e, -ene*

en buegang el. en lukket gang i en bygning el. mellem to bygninger □ *en løngang forbinder slottet med slotskirken* • *de flygtede gennem en hemmelig løngang*

lønglidning

SUBST. *-en*, plur. *-er, -erne*

den del af lønstigningen som ikke er overenskomstbestemt el. dyrtidsreguleret = RESTSTIGNING

lønkammer

SUBST. *-et* (el. *~kamret*), plur. *~kamre, ~kamrene*

et værelse el. aflukke hvor man kan være ene og uforstyrret □ *sin fritid tilbringer hun i sit lønkammer med at læse bøger*

lønklasse

SUBST. *-n*, plur. *-r, -rne*

en gruppe af tjenestemænd med samme grundløn □ *de starter i samme lønklasse*

lønkonto

SUBST. *-en*, plur. *-er* (el. *~konti*), *-erne* (el. *~kontiene*)

en konto i en bank el. sparekasse som ens løn sættes ind på

lønlig

ADJ. *-t, -e*

(glds.): = HEMMELIG □ *nære et lønligt håb*

lønmodtager

SUBST. *-en*, plur. *-e, -ne*

en person der er i ansættelsesforhold og som modtager en fast løn = ARBEJDSTAGER □ *arbejdere, funktionærer og tjenestemænd udgør lønmodtagerne* • *skattelettelser for almindelige lønmodtagere* □ *lønmodtagerfradrag* • *lønmodtagerorganisation*

lønmodtagerfradrag

SUBST. *-et*, plur. *~fradrag, -ene*

udgifter som en lønmodtager har haft i forbindelse med sit arbejde, fx til transport og faglige kontingenter og som kan trækkes fra på selvangivelsen

lønne

VERB. *-r, -de, -t*

1. lønne ng betale løn til nogen = AFLØNNE, GAGERE □ *arbejdet er godt lønnet · de lønner ham godt · funktionærerne lønnes af staten*
2. lønne ng (glds.): = BELØNNE □ *Gud vil lønne dig · lønne nogen dårligt for deres godhed* • **lønne sig** = BETALE SIG □ *det lønner sig at være ærlig · det lønner sig ikke at protestere · en spekulation der ikke lønner sig*

lønning

SUBST. *-en,* plur. *-er, -erne*

1. den ydelse man som ansat får udbetalt for sit arbejde = LØN □ *lønningerne steg 3% sidste år* □ *lønningsdag · lønningsliste · lønningspose* □ *minimumslønningerne*
2. det stykke af en skibsside der rager op over dækket = SKANSEKLÆDNING, RÆLING □ *lønningen blev trykket ind · båden lå så dybt at dækket var i plan med havoverfladen og kun lønningen stak op* • overkanten på den opragende del af et skibs el. en båds side = RÆLING □ *gribe fat i lønningen*

lønningspose

SUBST. *-n,* plur. *-r, -rne*

få mere i lønningsposen få mere i løn

lønregulering

SUBST. *-en,* plur. *-er, -erne*

en regulering af lønnen □ *stigningen i pristallet medfører lønregulering*

lønsats

SUBST. *-en,* plur. *-er, -erne*

en sats efter hvilken løn udbetales □ *efter 1. oktober gælder der nye lønsatser*

lønskala

SUBST. *-en,* plur. *-er, -erne*

en skala efter hvilken løn udbetales, ofte om løn til offentligt ansatte □ *på første løntrin efter den kommunale lønskala*

lønslave

SUBST. *-n,* plur. *-r, -rne*

en person der modtager en fast månedlig løn □ *han foretrak en kunstners usikre tilværelse frem for at være lønslave*

lønsom

ADJ. *-t, lønsomme*

som giver et godt økonomisk udbytte, og som kan betale sig = PROFITABEL, RENTABEL, LUKRATIV, INDBRINGENDE □ *en lønsom beskæftigelse · lidet lønsomt*

lønstigning

SUBST. *-en,* plur. *-er, -erne*

det at lønnen stiger

lønstop

SUBST. *lønstoppet,* plur. *lønstop, lønstoppene*

et forbud mod lønstigning □ *regeringen indførte lønstop*

løntrin

SUBST. *-et* (el. *løntrinnet*), plur. *løntrin, -ene* (el. løntrinnene)

en angivelse af den løn man får i forhold til lønskalaen

løntrykker

SUBST. *-en,* plur. *-e, -ne*

en person el. virksomhed der søger at trykke lønnen ned

lørdag

SUBST. *-en,* plur. *-e, -ene*

den sjette dag i ugen og den første dag i weekenden □ *lørdag den 24.8 · vi tog derover lørdagen efter · sidste lørdag · næste lørdag* □ *lørdagsmiddag* • **i lørdags** den lørdag det lige har været = SIDSTE LØRDAG □ *hvad lavede du i lørdags?* • **om lørdagen** den dag det er lørdag □ *museet har lukket om lørdagen · om lørdagen kom vi så endelig i gang* • **på lørdag** den første lørdag efter i dag = NÆSTE LØRDAG □ *vi kommer på lørdag*

løs

ADJ. *-t, -e; -ere, -est*

1. som har løsnet sig ≠ STRAM, FAST, FASTSPÆNDT □ *en løs skrue · styret sidder løst · et løst hængsel* • som ikke er bundet el. fastspændt □ *hunden er løs · rive sig løs* • **være løs og ledig** (om en person): ikke tæt knyttet til nogen el. uden bindinger og forpligtelser □ *et løst parforhold · han er løs og ledig*
2. uden fasthed ≠ TÆT □ *løst vævet stof* • uden struktur = USTRUKTURERET □ *foredraget var for løst · en løs struktur*
3. uden tilstrækkeligt grundlag □ *en løs tankegang · løse rygter · løse beskyldninger · bygge en antagelse på løse formodninger*
4. uden pause og hæmninger □ *hun snakkede løs · de dansede på livet løs*
5. ⟨i sammensætn.⟩ blottet for el. fri for noget □ *ansvarsløs · betingelsesløs · følelsesløs · gidningsløs · halsløs · kompromisløs · kraftesløs · magtesløs · nytteløs · rastløs · retsløs · statsløs · talentløs · udtryksløs*
6. i forsk. forb.: • **bryde løs** begynde, ofte på en meget voldsom måde □ *bifaldet brød løs · vejret brød løs* • **gå løs på ng** gå til angreb på nogen □ *han gik løs på chefen og bad om lønforhøjelse · hundene gik løs på hinanden* • **løst og fast** lidt af hvert = DIT OG DAT □ *snakke om løst og fast · komme ind på løst og fast* • **nu går det løs** nu begynder det

løsagtig

ADJ. *-t, -e*
/løs'agtig/

1. som let giver efter for seksuelle behov = LETFÆRDIG, LETLEVENDE, UANSTÆNDIG, FRIVOL □ *en løsagtig kvinde*
2. = UANSVARLIG □ *han er noget løsagtig i sin håndtering af penge*

løsblad

SUBST. *-et,* plur. *-e, -ene*

et ark papir til indsætning i en ringmappe o.l. □ *en stak løsblade · samle på løsblade med madopskrifter · sætte løsblade i et kartotek* □ *løsblad(s)bog · løsblad(s)mappe · løsblad(s)system*

løse

VERB. *-r, løste, løst*

1. løse ng(t) gøre nogen el. noget løs = LØSNE, FRIGØRE □ *han løste hende fra rebet · løse en knude · løse op for en sæk · han blev løst fra sine forpligtelser · vinen havde efterhånden løst deres tungebånd* • **løse op for ngt** gøre at noget pludselig bliver lettere □ *søge at løse op for et problem · vittigheden løste op for den trykkede stemning*
2. løse ngt finde en løsning på noget = UDREGNE, BILÆGGE □ *løse en gåde · løse kryds-og-tværs · løse en opgave · løse et problem*
3. løse ngt skaffe sig rådighed over noget □ *løse bevilling · løse billet til en forestilling · løse et kongebrev*

løselig

ADJ. *-t, -e*

som mangler indre sammenhæng el. kontinuitet = KURSORISK □ *jeg har kun set bogen løseligt igennem · han har kun løselig kontakt med sine børn · berøre et emne løseligt · et løseligt skøn*

løsen

SUBST. *-et,* plur. *-er, -erne*

et ord el. en sætning man bruger til at identificere sig med; det kan fx være for at komme ind i en bygning el. for at få adgang til bestemte oplysninger = KODEORD, PASSWORD, FELTRÅB • **tidens løsen** et slagord som udtrykker ledende tanker el. ideer i samtiden □ *decentralisering er tidens løsen*

løsepenge

SUBST. PLUR. *-ne*

= LØSESUM

løsesum

SUBST. *~summen,* plur. *~summer, ~summerne*

en sum penge som nogen kræver for at slippe en kidnappet person fri el. tilbagelevere noget stjålent = LØSEPENGE □ *røverne forlangte en stor løsesum for at slippe ham fri · de krævede en million i løsesum for den stjålne Rembrandt*

løsgænger

SUBST. *-en,* plur. *-e, -ne*

1. en politiker i Folketinget som ikke er medlem af et bestemt parti
2. = VAGABOND □ *løsgængeri*

løsgængeri

SUBST. *-et*
/løsgænge'ri/

selvforskyldt og vanemæssig arbejdsløshed under forhold som kan give grund til at tro at vedkommende har ulovlige indtægter □ *han blev dømt for løsgængeri*

løsgøre

VERB. *løsgør, løsgjorde, løsgjort*

løsgøre sig fra ngt gøre sig uafhængig af noget = FRIGØRE □ *løsgøre sig fra sine fordomme · han forsøgte at løsgøre sig fra grebet*

løsgående

ADJ.

som ikke er spærret inde, fx bag et hegn □ *løsgående hunde*

løskøbe

VERB. *-r, løskøbte, løskøbt*

løskøbe ng betale en løsesum for at få nogen sluppet fri □ *fangerne blev løskøbt og terroristerne lod dem gå*

løslade

VERB. *-r, løslod, løsladt*

løslade ng = FRIGIVE □ *han blev løsladt fra fængslet* · *kræve nogen løsladt* □ *løsladelse*

løsne

VERB. *-r, -de, -t*

1. løsne ngt gøre noget løsere el. mindre stramt = LINDE, SLAPPE, LØSE □ *hun løsnede sit hårbånd* · *løsne et reb* · *han løsnede sit greb om hendes strube*
2. løsne ngt skyde et skud med et skydevåben = AFFYRE

løsning

SUBST. *-en,* plur. *-er, -erne*

1. det at løsne noget □ *løsning af slipset fremmer vejrtrækningen*
2. et svar, et resultat el. en forklaring på et problem der har voldt vanskeligheder □ *jeg kan ikke finde nogen løsning på problemet* · *det lyder som en fornuftig løsning* · *efter langvarige forhandlinger nåede parterne frem til en løsning* · *løsningen på sidste uges krydsogtværs findes på side 11* □ *løsningsforslag* · *løsningsmodel* □ *nulløsning* · *opgaveløsning* · *planløsning* · *problemløsning*
3. det at købe noget; især en billet til et offentligt transportmiddel □ *løsning af billet kan ske forud* · *løsning af kongebrev* □ *løsningsret*

løss

SUBST. *-en*

en gulbrun, meget finkornet jordart som er meget frugtbar, og som er båret af vinden fra randen af ørkenområder eller fra de ubevoksede områder langs randen af istidens gletchere □ *løssaflejringer*

løssalg

SUBST. *-et,* plur. *~salg, -ene*

salg af et enkelt eksemplar, fx af en avis □ *avisen sælges både i løssalg og i abonnement* · *bladet koster 25 kr. i løssalg* · *løssalget af teaterbilletter ligger ret lavt*

løssluppen el. løssluppet

ADJ. *-t, løsslupne*
(løssluppet: - , *løsslupne*)

som er kåd, og som er lidt fræk = LETLEVENDE □ *der herskede en løssluppen stemning* · *de fandt på de mest løsslupne løjer* · *en løssluppen komedie* □ *løssluppenhed*

løsøre

SUBST. *-t*

flytbare ejendele som møbler, husgeråd osv. ≠ FAST EJENDOM □ *det meste af gårdens løsøre blev solgt på auktion* · *en fortegnelse over boets løsøre* □ *løsøreauktion* · *løsøreforsikring* · *løsørepant* · *løsøresalg*

løv

SUBST. *-et*

bladene på et løvtræ el. en løvbusk □ *løvbærende* · *løvdække* · *løvfald* · *løvhang* · *løvhytte* · *løvrig* · *løvskov* · *løvspring* · *løvtræ*

løve

SUBST. *-n,* plur. *-r, -rne*

1. et stort rovdyr af kattefamilien med grågul pels som lever i Afrika; hannens hoved er omgivet af en kraftig manke; latinsk navn *Panthera leo* □ *løveunge* □ *hanløve*
2. ⟨i sammensætn.⟩ person der ved sin optræden samler opmærksomhed om sig □ *balløve* · *strandløve*
3. (astrologi): en person som er født i stjernetegnet Løven, dvs. mellem den 23/7 og den 23/8
4. i forsk. forb.: • **gå lige i løvens gab** bringe sig selv i en farlig el. ubehagelig situation • **gå rundt som en brølende løve** være irritabel • **løvens klo** en forfatters særprægede standpunkter, stærke personlighed el. kunstneriske kraft □ *også i hans sidste bog mærker man løvens klo* • **springe op som en løve og falde ned som et lam** tage fat på noget med energi og selvtillid, men opgive at fuldføre det • **vove sig ind i løvens hule** opsøge en person, man ikke er tryg ved at træffe • **vække den slumrende løve** fremkalde voldsomme lidenskaber hos en ellers rolig el. fredsommelig person

løvefod

SUBST. *-en,* plur. *~fødder, ~fødderne*

noget der bruges som understøttelse, og som er udformet som en løves fod □ *et badekar med løvefødder* · *et stueur med guldbronzerede løvefødder* • **med løvefødder og gesvejsninger** udsmykket efter alle kunstens regler

løvemanke

SUBST. *-n,* plur. *-r, -rne*

løvens manke • et kraftigt, bølgende hår hos en mand □ *han har en rigtig løvemanke*

løvetand

SUBST. *-en,* plur. *~tand, -ene*

= MÆLKEBØTTE

løvetæmmer

SUBST. *-en,* plur. *-e, -ne*

en person der træner løver til at optræde i cirkus

løvfald

SUBST. *-et,* plur. *~fald, -ene*

en periode hvor løvtræer og -buske taber alle bladene pga. køligere vejr og mindre sollys ≠ LØVSPRING □ *før løvfald får bladene smukke farver* □ *løvfaldstid*

løvfrø

SUBST. *-en,* plur. *-er, -erne*

en brun el. grøn padde med vandrette pupiller og hæfteskiver på spidsen af fingrene og tæerne; flere arter, hvoraf kun én findes i Danmark; latinsk navn *Hylidae*

løvfældende

ADJ.

(om en plante): med løv der visner og falder af om efteråret hvorpå nyt løv vokser frem om foråret ≠ STEDSEGRØN □ *løvfældende træer og buske*

løvhang

SUBST. *-et*

(poet.): nedhængende løv □ *træernes tætte løvhang gjorde det mørkt i stuen*

løvsav

SUBST. *-en,* plur. *-e, -ene*

en sav med en høj, buet ramme og en smal, tynd klinge hvormed man kan save efter mønstre i tynde plader □ *løvsavsarbejde*

løvskov

SUBST. *-en,* plur. *-e, -ene*

en skov af løvtræer; især bøg og eg □ *løvskovsbælte*

løvspring

SUBST. *-et,* plur. *~spring, -ene*

en periode hvor bladknopper på løvtræer og -buske udfolder sig til blade pga. varmere vejr og mere sollys ≠ LØVFALD □ *skoven er så smuk lige efter løvspring* □ *løvspringstid*

løvstikke

SUBST. *-n,* plur. *-r, -rne*

et krydderi af planten løvstikke • en plante med en blålig stængel, blanke blade og gule blomster; latinsk navn *Levisticum officinale*

løvtræ

SUBST. *-et,* plur. *-er, -erne*

et træ el. en busk med blade som tabes om vinteren, fx bøg og eg ≠ NÅLETRÆ

løvværk

SUBST. *-et*

= LØVHANG □ *træernes tætte, mørkegrønne løvværk* • udskårne el. malede ornamenter af form som stiliserede blade □ *det gamle skab er udskåret med snirkler og løvværk*

låg

SUBST. *-et,* plur. *låg, -ene*

et dække til åbningen på en beholder; kan enten løftes frit el. være hængslet i den ene side □ *hun løftede låget på gryden* · *lægge låg på noget* · *skrue låget fast* □ *lågfad* □ *grydelåg* · *kistelåg* · *skruelåg* • **lægge låg på ngt** afslutte el. skjule noget □ *der blev lagt låg på den politiske skandale*

låge

SUBST. *-n,* plur. *-r, -rne*

en mindre dør i et hegn, en hæk, en mur, et møbel m.m. □ *gitterlåge* · *havelåge* · *kirkelåge* · *køkkenlåge* · *skabslåge*

lån

SUBST. *-et,* plur. *lån, -ene*

1. et pengebeløb som man låner, og som skal tilbagebetales med renter □ *jeg fik et lån i ban-*

ken · give et lån på 10.000 kr. · indfri et lån □ *långiver · låntager · låntagning* □ *banklån · byggelån · forhåndslån · indlån · kontantlån · mix-lån · serielån · statslån · udlån* · • **optage lån** få el. tage et lån □ *han optog et lån i banken* • **kortfristet lån** et lån med kort løbetid • **langfristet lån** et lån med lang løbetid

2. en ting man låner for en kortere periode, og som skal leveres tilbage □ *jeg har hans bil til låns · tak for lån af bogen* □ *hjemlån*

låne

VERB. *-r, lånte, lånt*

låne ng ngt stille noget til rådighed for nogen i en begrænset periode □ *han låner hende sin bil · banken låner penge ud mod sikkerhed i huset · låner du penge til hende? · låne bøger på biblioteket* □ *lånebeløb · låneberettiget · lånefinansieret · lånekapital · låneloft · låneramme* □ *belåne · hjemlåne · udlåne* • **låne ng ngt** give nogen noget som man ikke senere skal have tilbage □ *kan du låne mig en tændstik?* • **lånt fra** stamme el. være hentet fra □ *mange fagudtryk er lånt fra engelsk · symbolet er lånt fra et andet kendt værk* □ *låneord* • **låne ng et par vrede øjne** se vredt på nogen • **smykke sig med lånte fjer** se under *fjer*

låneloft

SUBST. *-et,* plur. *-er, -erne*

en øvre grænse for hvor meget man må låne el. låne ud = KREDITLOFT □ *kreditforeningen havde overskredet låneloftet · regeringen har fastsat et låneloft for kommunerne* □ *udlånsloft*

låneord

SUBST. *-et,* plur. *~ord, -ene*

et ord som er kommet ind i et sprog fra et andet sprog, fx *kaffe* og *café* = FREMMEDORD

låner

SUBST. *-en,* plur. *-e, -ne*

en person der låner bøger på et bibliotek □ *lånerne skal aflevere bøgerne til tiden* □ *lånerkort*

lånerkort

SUBST. *-et,* plur. *~kort, -ene*

et kort som giver adgang til at låne bøger på et bibliotek

långiver

SUBST. *-en,* plur. *-e, -ne*

en person el. en virksomhed der låner penge ud til andre ≠ LÅNTAGER

låntager

SUBST. *-en,* plur. *-e, -ne*

en person el. en virksomhed der optager lån ≠ LÅNGIVER

låntagning

SUBST. *-en,* plur. *-er, -erne*

det at optage lån

lår

SUBST. *-et,* plur. *lår, -ene*

et menneskes legemsdel som sidder på den øverste del af benet fra knæ til hofte □ *han fik en fibersprængning i låret* □ *lårben · lårbensknogle · lårbensbrud* □ *inderlår* • en kødfuld ofte spiselig del af et dyr, fx på fjerkræ og frøer □ *stegte kyllingelår · frølår er hans livret* □ *andelår · kalkunlår · overlår* • **sidde lårene af ng** være sammen med den samme person hele tiden □ *nu skal vi jo ikke bare sidde lårene af hinanden*

lårben

SUBST. *-et,* plur. *~ben, -ene*

en knogle i benet mellem hofte og knæ = LÅRBENSKNOGLE □ *lårbensbrud*

lårhals

SUBST. *-en,* plur. *-e, -ene*

den øverste del af lårbenet

lårkort

ADJ. *-* , *-e*

som når til midt på låret ≠ KNÆKORT □ *en lårkort nederdel*

lås

SUBST. *-en,* plur. *-e, -ene*

en indretning til fx at låse en dør, låge el. cykel med, og som ofte skal åbnes med en nøgle □ *cykellås · cylinderlås · dørlås · hængelås · kædelås · pengeskabslås* • en affyringsmekanisme på visse håndskydevåben som skal trækkes tilbage før våbenet kan affyres; • **bag** el. **under lås og slå** el. **lås og lukke** i fængsel el. i et aflåst rum □ *forbryderen sad bag lås og slå i 20 år · hun opbevarer sine smykker under lås og lukke*

låse

VERB. *-r, -de* (el. *låste*), *-t* (el. *låst*)

låse ngt lukke noget med en nøgle så det ikke kan åbnes uden den rette nøgle □ *husk at låse døren efter dig · skuffen er låst · cyklen er låst fast til stativet* □ *låsning · låseanordning · låsemekanisme* □ *aflåse* • **låse ngt op** åbne noget ved hjælp af en nøgle • **låse ng inde** spærre nogen inde så de ikke kan komme ud el. man ikke kan komme ind til dem □ *hun har låst sig inde på badeværelset* • **låse sig ude** ikke kunne komme ind i sin bolig fordi man uforvarende har smækket døren el. har glemt sin nøgle □ *beboere der har låst sig ude kan ringe til Totalservice* • **låse ng(t) fast** gøre at der ikke kan ske ændringer med nogen el. noget = FASTLÅSE □ *hun vil ikke låses fast af mand og børn · skuespillere bliver tit låst fast i én bestemt rolle*

låsesmed

SUBST. *-en,* plur. *-e, -ene*

en håndværker der beskæftiger sig med montering og reparation af låse og oplukning af låste døre □ *de måtte sende bud efter låsesmeden, fordi døren var gået i baglås*

m[1]

SUBST. *m'et,* plur. *m'er, m'erne*

det 13. bogstav i alfabetet □ *m-lyd*

m[2]

1. fork. for *meter*
2. fork. for *minut*

M

1. romersk taltegn for 1.000
2. fork. for *medium* i tøjstørrelse

M.

fork. for *monsieur*

m.

fork. for *med* □ *kælder m. arbejdsrum*

m²

fork. for *kvadratmeter*

m³

fork. for *kubikmeter*

mA

forkort. for *milliampere*

macho[1]

SUBST. *-en,* plur. *-er, -erne*
[*'madsjo*]

en mand der opfører sig udpræget mandigt

macho[2]

ADJ.
[*'madsjo*]

som har præg af stærk mandighed

mad[1]

SUBST. *-en*

en mængde af fødevarer som tilberedes og spises; også om et bestemt måltid mad = KOST □ *mad og drikke* · *sund mad* · *varm mad* · *et måltid mad* · *tre retter mad* · *lave mad* · *maden står på bordet* · *hvis ikke du spiser din mad, kan du ikke få nogen dessert* □ *madforgiftning* · *madkurv* · *madlavning* · *madlede* · *madro* · *madsted* · *madvare* · *madæble* □ *aftensmad* · *biksemad* · *dåsemad* · *frokostmad* · *indmad* · *middagsmad* · *morgenmad* · *natmad* · *søbemad*

mad[2]

SUBST. *-en* (el. *madden*), plur. *madder, madderne*

et stykke smørrebrød □ *smøre mad* · *et stykke mad* · *hvor mange madder vil du have?* □ *madkasse* · *madpakke* □ *fedtemad* · *håndmad* · *leverpostejsmad* · *mellemmad* · *ostemad* · *pindemad* · *rejemad* · *æggemad*

madagasker

SUBST. *-en,* plur. *-e, -ne*
/*mada'gasker*/

en person fra Madagaskar

madagaskisk

ADJ. - , *-e*
/*mada'gaskisk*/

som har at gøre med Madagaskar

madam el. **madamme**

SUBST. *madammen,* plur. *madammer, madammerne*
/*ma'dam*/

1. en skrap kone □ *madammen stod og ventede med kagerullen* · *en skrap madam*
2. madam Blå en kaffekande i blå emalje

madame

SUBST. *en*
[*ma'da·m*]
fork. *Mme*

(foran navn): titel for en gift kvinde i fransktalende lande = FRU □ *madame Tussaud*

madamme

SUBST.

se *madam*

maddike

SUBST. *-n,* plur. *-r, -rne*

larven fra fluers æg som lever i råddent plantemateriale og i råddent kød = FLUELARVE • en blegfed, ussel person

madding

SUBST. *-en,* plur. *-er, -erne*

lokkemad, fx regnorme el. små fisk som sættes på en fiskekrog = AGN, LOKKEMAD □ *sætte madding på krogen*

made

VERB. *-r, -de, -t*

made ng hjælpe nogen med at føre maden til munden □ *barnet blev stadig madet* · *nogle af de gamle på plejehjemmet måtte mades* □ *madning*

madeira

SUBST. *-en,* plur. *-er, -erne*
[*ma'de·ra*]

en hedvin fra øen Madeira

mademoiselle

SUBST. *-n,* plur. *-r, -rne*
[*madəmwa'sæl*]
fork. *Mlle*

titel for en ugift kvinde i fransktalende lande

madglad

ADJ. - , *-e*

som sætter stor pris på mad

madkasse

SUBST. *-n,* plur. *-r, -rne*

en æske el. dåse til at have mad med i når man går på arbejde el. i skole

madlavning

SUBST. *-en*

det at lave mad □ *han er flittig når det gælder madlavningen, men det kniber med opvasken* • undervisning i madlavning □ *de har madlavning i folkeskolen* · *han går til madlavning på aftenskolen*

madmor el. **madmoder**

SUBST. *-en,* plur. *~mødre, ~mødrene*

en kvinde der laver og serverer mad for andre □ *hun er madmor for syv karle og tre piger* · *katten følger sin madmor som en skygge* · *børnehavens madmor ved hvad børnene kan lide*

madonna

SUBST. *-en,* plur. *-er, -erne*
/*ma'donna*/

Jomfru Maria; også om et billede el. en figur af Jomfru Maria □ *madonnadyrkelse* · *madonnastatue*

madpakke

SUBST. *-n,* plur. *-r, -rne*

indpakket smørrebrød el. anden mad som man medbringer i skolen, på arbejdspladsen, på en rejse el.lign. □ *smøre en madpakke* □ *skolemadpakke*

madpapir

SUBST. *-et*

= PERGAMENTPAPIR

madras

SUBST. *madrassen,* plur. *madrasser, madrasserne*
/ma'dras/

et tykt, udstoppet underlag til at ligge på når man sover □ *de købte både en blød og en hård madras* □ *madraslærred · madrasstopning · madrasvår* □ *boksmadras · rullemadras · springmadras · vandmadras*

madrigal

SUBST. *-en,* plur. *-er, -erne*
[*madri'ga'l*]

en flerstemmig verdslig sang som synges *a cappella;* især kendt fra 1500-tallet ≠ MOTET

madro

SUBST. *-en*

ro til at spise □ *der holdes en pause i talerne så gæsterne kan få lidt madro · kan vi så få madro!*

madsminke

SUBST. *-n*

farvestof der tilsættes madvarer, fx *nitrit*

madæble

SUBST. *-t,* plur. *-r, -rne*

et syrligt og kraftigt smagende æble der egner sig bedst til at bruge i madlavning ≠ SPISEÆBLE

maestoso

ADV.
[*maja'sdo·so*]

udtryk for at et musikstykke fremføres majestætisk

maestro

SUBST. *-en,* plur. *-er, -erne*
[*ma'æsdro*]

titel for en komponist el. dirigent

mafia

SUBST. *-en,* plur. *-er, -erne*
[*'ma'fja* el. *'mafja*]

en hemmelig forbryderorganisation bestående af flere familier der er ledet af et stærkt overhoved; kendes især fra Italien og USA □ *mafiaen har infiltreret statsapparatet i Italien · den amerikanske mafia har rødder tilbage i Sicilien · den nye russiske mafia styrer økonomien i visse byer* □ *mafiaboss · mafiaforbryder · mafialeder · mafiamedlem · mafiamord · mafiaorganisation* □ *narkomafia · storbymafia* • en gruppe af indflydelsesrige personer som støtter hinanden uden at tage hensyn til personer uden for gruppen □ *den litterære mafia · pengeverdenens mafia · sportsklubbernes mafia*

mag

SUBST.
[*'ma'j*]

(glds.): hvile og bekvemmelighed □ *sidde i sin gode mag* • **i ro og mag** i en fredelig og behagelig atmosfære □ *begive sig af sted i ro og mag · gøre noget i ro og mag*

mag.art.

SUBST. *-en,* plur. *-er, -erne*

en akademisk grad for bestået *magisterkonferens* inden for det humanistiske fagområde

magasin

SUBST. *-et,* plur. *-er, -erne*
[*maga'si'n*]

1. et sted til opbevaring af varer = LAGER, PAKHUS □ *kornmagasin* • ⟨i sammensætn.⟩ = VAREHUS □ *herremagasin · stormagasin*
2. en beholder til patroner i et skydevåben □ *der var fem skud i magasinet · han tømte magasinet i brystet på ham*
3. et uge- el. månedsskrift = BLAD, TIDSSKRIFT □ *bilmagasin · filmmagasin · modemagasin · nyhedsmagasin · ugemagasin* • en serie med oplysende stof i radio el. fjernsyn = PROGRAM □ *erhvervsmagasin*

mage[1]

SUBST. *-n,* plur. *-r, -rne*

1. et han- el. hundyr der danner par sammen med et andet hun- el. handyr □ *fuglen synger for sin mage* □ *ægtemage* • (om mennesker, spøg.): = ÆGTEFÆLLE
2. ⟨ikke plur.⟩ noget der hører sammen med el. ligner noget andet = SIDESTYKKE □ *dens mage findes ikke i hele verden · jeg har aldrig set mage(n) til regnvejr* □ *mageløs* • **mage** el. **magen til ngt** identisk med noget □ *min bluse er magen til din · jeg kan ikke finde magen til denne strømpe* • udtryk for at man aldrig har hørt el. set noget lignende □ *nu har jeg aldrig kendt mage! · magen til sludder! · magen til idiot skal man lede længe efter!*

mage[2]

VERB. *-r, -de, -t*

mage det sådan (glds.): sørge for □ *jeg fik maget det sådan at vi kom til at sidde ved siden af hinanden*

magelig

ADJ. *-t, -e; -ere, -st*

behagelig og bekvem □ *en magelig stol · gøre sig det mageligt* • som er doven og lægger stor vægt på at have det bekvemt □ *han var meget mageligt anlagt* • uden besvær = SAGTENS □ *det kan du mageligt nå · det går mageligt*

mageløs

ADJ. *-t, -e*

som er uden sidestykke = ENESTÅENDE □ *hun er ganske enkelt mageløs · en mageløs forestilling* □ *mageløshed*

mager

ADJ. *-t, magre; magrere, magrest*

1. som er meget tynd ≠ FED □ *han er spinkel og mager · en mager kat* □ *radmager* • med lavt fedtindhold = FEDTFATTIG ≠ FED □ *mager kost · mager ost*
2. (om jord): som giver et ringe udbytte □ *mager jord · årets høst er mager* • som er af ringe betydning □ *magert embede · en mager trøst*

mageskifte[1]

SUBST. *-t,* plur. *-r, -rne*

bytning af fast ejendom □ *ved et mageskifte overdrog kongen Skovkloster til Herluf Trolle og fik til gengæld Hillerødsholm*

mageskifte[2]

VERB. *-r, -de, -t*

foretage et mageskifte

magi

SUBST. *-en*
/ma'gi/

= TROLDDOM □ *hvid og sort magi · der er magi i luften* □ *magiker · magisk* □ *talmagi* • **sort magi** trolddom der har forbindelse til såkaldte onde kræfter □ *sort magi udøves ofte med det formål at skade et andet menneske*

magisk

ADJ. *- , -e*

som virker ved magi □ *magiske kræfter · midlet har en næsten magisk virkning* □ *magiskhed* • med uforklarlig styrke □ *en magisk personlighed · en magisk udstråling*

magister

SUBST. *-en,* plur. *magistre, magistrene*
/ma'gister/

en person der har taget en længere akademisk uddannelse el. en magisterkonferens □ *han er magister i historie* □ *magisterarbejdsløshed · magisterforening*

magisterkonferens

SUBST. *-en,* plur. *-er, -erne*

den afsluttende eksamen på en længerevarende akademisk uddannelse i ét fag inden for det humanistiske el. naturvidenskabelige område

magistrat

SUBST. *-en,* plur. *-er, -erne*
/magi'strat/

et styrelsesorgan der står for den daglige forvaltning af en kommunes anliggender, og som er opdelt i forskelllige afdelinger; findes i København, Frederiksberg, Århus, Odense og Ålborg kommuner □ *magistratsafdeling*

magistratsregering

SUBST. *-en,* plur. *-er, -erne*

en regering med forholdsmæssig repræsentation af partierne

magma

SUBST. *-en* el. *-et,* plur. *-er, -erne*

en smeltet bjergartmasse fra Jordens indre som kan trænge ind i andre bjergarter el. komme op til jordoverfladen som lava

magnat

SUBST. *-en,* plur. *-er, -erne*
[*maw'na't*]

en rig og mægtig person inden for erhvervslivet □ *han er en magnat i den branche* □ *industrimagnat · oliemagnat*

magnesia

SUBST. *-en*
/mag'nesia/

et hvidt stof der består af en magnesiumforbindelse og bruges som afføringsmiddel

magnesium

SUBST. *-et* (el. *magnesiummet*)
fork. *Mg*

et let, sølvhvidt metallisk grundstof som brænder med en stærk, hvid flamme, og som fx anvendes i legeringer med aluminium; atomtegn *Mg* = MAGNIUM

magnet

SUBST. *-en,* plur. *-er, -erne*
/mag'net/

et legeme som virker ved *magnetisme* ◻ *en magnets to poler · en permanent magnet · en midlertidig magnet* ◻ *magnetbånd · magnetfelt · magnetkerne · magnetkraft · magnetjernsten · magnetnål · magnetspole · magnetstål · magnetvikling* ◻ *elektromagnet · hesteskomagnet · stangmagnet*

magnetbånd

SUBST. *-et,* plur. *~bånd, -ene*

et plasticbånd der er belagt med et materiale som kan magnetiseres, og som anvendes til ind- og afspilning af lyd el. billeder el. til registrering af data = LYDBÅND

magnetfelt

SUBST. *-et,* plur. *-er, -erne*

et område omkring en magnetisk genstand hvor der virker magnetiske kræfter ◻ *et magnetfelt udøver en kraft i en bestemt retning · en elektrisk ledning er omgivet af et magnetfelt · Jordens magnetfelt er et svagt magnetisk felt der findes overalt på Jorden*

magnetisere

VERB. *-r, -de, -t*
/magneti'sere/

magnetisere ngt gøre noget magnetisk

magnetisk

ADJ. *- , -e*
/mag'netisk/

1. som har at gøre med magnetisme ◻ *jernet er gjort magnetisk · der er et magnetisk felt i bakken* • **magnetisk pol** se under *pol*
2. som har en stor tiltrækningskraft pga. charme el. udstråling ◻ *han har en magnetisk virkning på folk*

magnetisme

SUBST. *-n*
/magne'tisme/

en kraft som gør at visse legemer kan tiltrække el. frastøde andre legemer ◻ *et materiales evne til at bibeholde magnetisme* ◻ *magnetismeenhed · magnetismemængde · magnetismestyrke* ◻ *elektromagnetisme*

magnetjernsten

SUBST. *-en,* plur. *~jernsten, -ene*

sort, skinnende, stærkt magnetisk jernmalm som består af jern og ilt = MAGNETIT

magnifik

ADJ. *-t , magnifikke*
[manji'fik el. *mawni'fik]*

som er overvældende og gør et stærkt indtryk = STORSLÅET, STORLADEN, GRANDIOS ◻ *en magnifik forestilling · det er magnifikt*

magnium

SUBST. *-et* (el. *magniummet*)

= MAGNESIUM

magnolie el. magnolia

SUBST. *-n,* plur. *-r, -rne*
(magnolia: *-en,* plur. *-er, -erne*)
/mag'nolie/

et træ el. en busk med store, friskgrønne blade og tulipanformede hvide, cremegule el. rosa blomster der efterfølges af koglelignende frugter; latinsk navn *Magnolia* = TULIPANTRÆ

mag.scient.

SUBST. *-en,* plur. *-er, -erne*
['ma'j 'sgjæn't]

en akademisk grad for bestået *magisterkonferens* inden for det naturvidenskabelige fagområde

magsvejr

SUBST. *-et*

roligt vejr

magt

SUBST. *-en,* plur. *-er, -erne*

1. det at kunne styre el. bestemme over nogen el. noget = HERREDØMME, INDFLYDELSE ◻ *det står i hans magt at hjælpe · hun havde magt over sproget · han har magt til at fyre alle ansatte · jeg ville give dig lejligheden hvis jeg havde magt som jeg har agt · vreden tog magten fra ham · magt over sjælene* ◻ *magtapparat · magtbalance · magtbasis · magtbegær · magtbud · magtesløs · magtfaktor · magtfordrejning · magtfuld · magthaver · magtmisbrug · magtovertagelse · magtspil · magtstilling · magtsyg* ◻ *almagt · domsmagt · fuldmagt · kongemagt · overmagt · statsmagt · våbenmagt* • **af al magt** med hele sin styrke ◻ *han prøvede af al magt at holde firmaet på ret køl* • **bruge magt** bruge fysisk vold for at få sin vilje ◻ *jeg måtte bruge magt for at komme ind* • **have magt over tingene** have overblik og gennemslagskraft til at holde orden på noget ◻ *hun ville ikke have fået det job hvis hun ikke havde magt over tingene* • **have ordet i sin magt** se under *ord* • **komme til magten** overtage herredømmet el. styringen ◻ *England oplevede en periode med velstand og fremgang da Elizabeth I kom til magten* • **lade magt gå for ret** tvinge sin vilje igennem så der træffes en uretfærdig afgørelse • **med djævelens vold og magt** for enhver pris ◻ *han fik mavepine fordi han med djævelens vold og magt ville spise op* • **stå ved magt** = GÆLDE ◻ *loven om dødsstraf for selvmordsforsøg stod ved magt langt ind i dette århundrede*
2. den organiserede udøvelse af kontrol og styrelse inden for en stat ◻ *den lovgivende, udøvende og dømmende magt* ◻ *besættelsesmagt · ordensmagt · statsmagt · værnemagt* • en stat som har styrke til at øve indflydelse over andre = STAT ◻ *krigsførende magter* ◻ *kolonimagt · stormagt · supermagt · vestmagt · østmagt* • et væsen som kan styre andre ◻ *mørkets magter · de himmelske magter*

magte

VERB. *-r, -de, -t*

magte ng(t) have styrke og evne til at klare nogen el. noget = EVNE, KLARE, MÆGTE, ◻ *han kan slet ikke magte de unger · jeg magter ikke at blive ved · hun magtede ikke at fatte det*

magtesløs

ADJ. *-t, -e*

som ikke kan gøre noget = AFMÆGTIG, FORTVIVLET ◻ *han var magtesløs over for rettens dom · lægerne stod magtesløse over for for sygdommen*

magtfaktor

SUBST. *-en,* plur. *-er, -erne*

nogen el. noget med stor magt el. indflydelse ◻ *dagspressen er en betydelig magtfaktor · med en halv million medlemmer er forbundet en væsentlig magtfaktor*

magthaver

SUBST. *-en,* plur. *-e, -ne*

en person som besidder fx stor politisk, økonomisk el. militær magt i et land ◻ *landets magthavere blev væltet ved et kup*

magtpåliggende

ADJ.

meget vigtig ◻ *det er mig magtpåliggende at få gennemført sagen · det var magtpåliggende for ham at bevise sin uskyld*

maharaja

SUBST. *-en,* plur. *-er, -erne*
[maha'rædja el. *maha'raja]*

en indisk storfyrste med højere rang end *en rajah*

mahogni

SUBST. *-en* el. *-et*
[ma'ho'ni]

hårdt, brunligt træ med mørke årer som bl.a. bruges til møbler; kommer fra tropiske træer af slægten *Swietenia* ◻ *mahognibord · mahognibåd · mahogniramme · mahognipanel*

mahonie

SUBST. *-n,* plur. *-r, -rne*
/ma'honie/

en busk med blanke, mørkegrønne, tornede blade og små gule blomster som efterfølges af små blåsorte bær; latinsk navn *Mahonia aquifolium*

mainframe

SUBST. *-n,* plur. *-s, -ne*
['mæjnfræjm]

en stor central computer med tilknyttede terminaler

mainstream

SUBST. *-en*
['mæjnsdri·m]

en musikstil i jazz skabt af bl.a. Count Basie og Ben Webster • udtryk for at noget følger den gængse stil; ofte om kunst, musik, film el.lign. ◻

hun gav en flot koncert med sange der bestemt ikke lød som mainstream • danske film der bevæger sig lidt uden for mainstream, er dømt til fiasko

maitresse

SUBST. *-n,* plur. *-r, -rne*
[*mæ'träsə*]

(glds.): = ELSKERINDE □ *kongens maitresse*

maizenamel

SUBST. *-et*
[*maj'se·na-*]

fint, hvidt mel af majs som især bruges til jævning af sovser, gryderetter m.m.

maj

SUBST. *en*

den 5. måned i året □ *maj måned • den 15. maj • i maj • sidste maj • til maj* □ *majdag*

maje

VERB. *-r, -de, -t*

maje sig ud pynte sig på overdreven måde □ *hun har ordentlig majet sig ud i aften • hvordan er det du er majet ud? • han var majet ud med gul skjorte og lilla slips*

majestæt

SUBST. *-en,* plur. *-er, -erne*
[*majə'sdæ't*]

1. en konge, dronning, kejser el. kejserinde □ *majestæten er ankommet* □ *majestætisk • majestætsfornærmelse* • **Hans** el. **Hendes Majestæt** ⟨fork. *H.M.*⟩ titel anvendt som omtaleform for en monark □ *Hans Majestæt Kongen er ankommet • Hendes Majestæt Dronningen* • **Deres Majestæt** en titel anvendt som tiltaleform for en monark □ *jeg takker Deres Majestæt for ridderkorset*
2. ophøjet værdighed □ *domkirken hæver sig i ensom majestæt over købstadens huse*

majonæse

SUBST.

se *mayonnaise*

major

SUBST. *-en,* plur. *-er, -erne*
/ma'jor/

(militær): en officersgrad inden for hæren og flyvevåbnet under oberstløjtnant og over kaptajn

majoritet

SUBST. *-en,* plur. *-er, -erne*
/majori'tet/

den største del af en forsamling; især ved afstemning mindst en stemme over halvdelen = FLERTAL ≠ MINORITET □ *absolut majoritet • kvalificeret majoritet • relativ majoritet • tilhængerne af lukkeloven udgjorde en kneben majoritet*

majs

SUBST. *-en,* plur. *majs, -ene*

en høj kornsort med kolber hvorpå der sidder spiselige gule kerner i tætte rækker; latinsk navn *Zea mays* □ *majskolbe* □ *fodermajs* • hver af de gule kerner på en majskolbe

majskolbe

SUBST. *-n,* plur. *-r, -rne*

en kolbe hvorpå der sidder spiselige gule majs i tætte rækker

majstang

SUBST. *-en,* plur. *~stænger, ~stængerne*

en stang pyntet med løv, bånd og kranse som især tidligere rejstes i forbindelse med fester i maj □ *den første maj rejstes en majstang på torvet*

makaber

ADJ. *-t, makabre*
/ma'kaber/

som på uhyggelig måde hentyder til døden og derfor fremkalder frygt □ *en makaber spøg • et makabert billede*

makadamisere

VERB. *-r, -de, -t*
/makadami'sere/

belægge en vej med grus og tjære

makaroni

SUBST. *-en,* plur. *-er* (el. *makaroni*), *-erne* (el. *makaroniene*)
/maka'roni/

en form for pasta i kraftige rør

makedoner el. makedonier

SUBST. *-en,* plur. *-e, -ne*
/make'doner/

en person fra Makedonien

makedonsk el. makedonisk

ADJ. *- , -e*
/make'donsk/

som har at gøre med Makedonien

makeup

SUBST. *makeuppen,* plur. *makeupper, makeupperne*
[*mæjk'ɔp*]

kosmetik som lægges på ansigtet for at forskønne udseendet = SMINKE □ *lægge makeup • hun bruger kun lidt makeup*

maki

SUBST. *-en,* plur. *-er, -erne*
/ma'ki/

et subtropisk landområde med tæt stedsegrøn kratbevoksning der tåler tørke

makke

VERB. *-r, -de, -t*

makke ret (dagl.): føje sig efter en andens vilje □ *vi skal nok få ham til at makke ret*

makker

SUBST. *-en,* plur. *-e, -ne*

en person man fx træner el. spiller sammen med = PARTNER, KAMMERAT □ *min makker og jeg • de er makkere i kortspil* □ *bridgemakker • kortmakker • tennismakker* • (dagl.): = KAMMERAT □ *min makker på arbejdet* • **blind makker** de kort der lægges åbent på bordet når tre personer spiller et kortspil beregnet for fire □ *spille med blind makker*

makkerskab

SUBST. *-et,* plur. *-er, -erne*

et tæt samarbejde mellem to personer = PARTNERSKAB, SAMARBEJDE □ *tak for godt makkerskab*

mako

SUBST. *-en*
[*'mako*]

sort egyptisk bomuldsstof

makrel

SUBST. *makrellen,* plur. *makreller* (el. *makrel*), *makrellerne* (el. *makrellene*)
/ma'krel/

en fisk med grønlig ryg med mørke tværstriber; spises ofte røget el. i tomatsovs på dåse; latinsk navn *Scomber scombrus* □ *makrelfilet • makrelsalat* □ *pebermakrel*

makrokosmos

SUBST. *-et* (el. *~kosmosset*)

verden betragtet som en helhed; især opfattet som den verden der kan iagttages uden hjælp af mikroskop ≠ MIKROKOSMOS

makron

SUBST. *-en,* plur. *-er, -erne*
/ma'kron/

sødt bagværk lavet af mandler, sukker og æggehvide □ *makronbund* □ *kokosmakron* • **gå til makronerne** (dagl., spøg.): for alvor tage fat □ *hvis vi skal nå det hele, må vi hellere se at gå til makronerne!*

maks.

fork. for *maksimal* el. *maksimum*

maksimal

ADJ. *-t, -e*
/maksi'mal/
fork. *maks.*

som er det højst el. størst mulige tilladelige = HØJEST, HØJST, STØRST, OPTIMAL ≠ MINIMAL □ *maksimal køresikkerhed • få maksimalt udbytte af noget • der må maksimalt være 590 benzen i blyfri benzin • pumpen køres op til et maksimalt omdrejningstal* □ *maksimalpris • maksimalværdi • maksimalydelse*

maksime

SUBST. *-n,* plur. *-r, -rne*
[*mag'si·mə*]

en vigtig antagelse som man er tilhængere af inden for et parti, en bevægelse o.l. = GRUNDSÆTNING, GRUNDREGEL, PRINCIP □ *lighedsprincippet er en vigtig maksime inden for socialismen*

maksimum

SUBST. *-et* (el. *maksimummet*), plur. *-er* (el. *maksimummer* el. *maksima*), *-erne* (el. *maksimummerne* el. *maksimaene*)
fork. *maks.*

den størst mulige el. højst tilladelige værdi, mængde el. størrelse af noget ≠ MINIMUM □ *1.000 kr. er maksimum for hvad vi kan betale • med et maksimum af energi slog han den gamle rekord • det absolutte maksimum • det varer maksimum en uge* □ *maksimum(s)straf*

makulere

VERB. *-r, -de, -t*
/maku'lere/

makulere ngt kassere bøger el. papir, især ved at lade dem skære i småstykker ◻ *de gamle sager er blevet makuleret* ◻ *makulering*

makværk

SUBST. *-et,* plur. *-er, -erne*

= BRAS ◻ *brændeskuret var noget makværk*

malabarisk

ADJ. *- , -e*
/mala'barisk/

som er uforståelig, fremmedartet el. tilsyneladende ukultiveret ◻ *en malabarisk skik · malabarisk sprog*

malaj

SUBST. *-en,* plur. *-er, -erne*
/ma'laj/

en person som tilhører en stor befolkningsgruppe i Sydøstasien som taler malajisk

malajisk

ADJ. *- , -e*
/ma'lajisk/

1. som har at gøre med Malaja
2. indonesisk sprog

malakit

SUBST. *malakitten,* plur. *malakitter*
[mala'kit]

et grønt kobbermineral; anvendes til smykkesten og som farvestof ◻ *malakitgrøn*

malaria

SUBST. *-en*
/ma'laria/

en kronisk infektionssygdom der angriber blodlegemerne og giver anfald af høj feber og kuldérystelser; overføres af *malariamyg* = SUMPFEBER ◻ *malariaepidemi · malariapille*

malariamyg

SUBST. *~myggen,* plur. *~myg, ~myggene*

en myg der under sydlige himmelstrøg overfører malariaparasitter til mennesker; kan kendes fra andre myg på at den holder kroppen skråt i forhold til underlaget når den sidder; latinsk navn *Anopheles*

malawier

SUBST. *-en,* plur. *-e, -ne*
/ma'lawier/

en person fra Malawi

malawisk

ADJ. *- , -e*
/ma'lawisk/

som har at gøre med Malawi

malaysier

SUBST. *-en,* plur. *-e, -ne*
/ma'laysier/

en person fra Malaysia

malaysisk

ADJ. *- , -e*
/ma'laysisk/

som har at gøre med Malaysia

maldiver

SUBST. *-en,* plur. *-e, -ne*
/mal'diver/

en person fra Maldiverne

maldivisk

ADJ. *- , -e*
/mal'divisk/

som har at gøre med Maldiverne

male

VERB. *-r, -de, -t*

1. male ngt farve en flade ved at påføre maling med en pensel, malerulle el.lign. ◻ *hun malede væggen gul · de var to dage om at male køkkenet* ◻ *maler · maling · malearbejde · malemåde · malepistol · malerulle* ◻ *overmale · sprøjtemale* • **male ngt** ⟨også *-r, malte, malt*⟩ (kunst): lave et billede af noget med fx vandfarver ◻ *han malte udsigten · barnet malede en flot tegning · male akvarel* ◻ *maler · maleri · maling · malebog · malemåde*
2. male ngt knuse noget i en kværn ◻ *male korn · male kaffebønner* ◻ *maling*

maler

SUBST. *-en,* plur. *-e, -ne*

1. en person der er uddannet til at male vægge, døre, vinduer osv. ◻ *malerarbejde · malerfirma · malerlærling · malermester* ◻ *skiltemaler · sprøjtemaler*
2. = KUNSTMALER ◻ *maleri · malerisk · malerkunst · malerlærred* ◻ *genremaler · guldaldermaler · miniaturemaler · portrætmaler*

maleri

SUBST. *-et,* plur. *-er, -erne*
/male'ri/

et malet billede; ofte om et kunstværk malet på lærred der er udspændt på en træramme ◻ *de har mange malerier på væggene* ◻ *malerisamling · maleriudstilling* ◻ *hulemaleri · kalkmaleri · oliemaleri · vægmaleri* • ⟨ikke plur.⟩ det at male ◻ *maleriet tager for meget af din tid*

malerinde

SUBST. *-n,* plur. *-r, -rne*
/maler'inde/

en kvindelig kunstmaler

malerisk

ADJ. *- , -e*

som er charmerende og interessant nok til at være motiv for et billede = PITTORESK ◻ *en malerisk bjerglandsby · et malerisk forfald*

malerkunst

SUBST. *-en*

= BILLEDKUNST • alle malede billeder frembragt gennem tiderne

malermester

SUBST. *-en,* plur. *~mestre, ~mestrene*

en maler med egen virksomhed

malerrulle el. malerulle

SUBST. *-n,* plur. *-r, -rne*

et malerredskab til at rulle maling på en flade; rullen har et blødt materiale på ydersiden som kan mættes med maling

malice

SUBST. *-n,* plur. *-r, -rne*
[ma'li·sə]

(glds.): = SKADEFRYD ◻ *han viste ikke sin malice over deres fallit*

maliciøs

ADJ. *-t, -e*
[mali'sjø's]

(glds.): som har ondt i sinde = ONDSKABSFULD, ONDSINDET ◻ *et maliciøst smil*

malier

SUBST. *-en,* plur. *-e, -ne*

en person fra Mali

malign

ADJ. *-t, -e*
[ma'li'n]

(i medicin, især om svulster): = ONDARTET ≠ BENIGN, GODARTET

maling

SUBST. *-en,* plur. *-er, -erne*

1. et flydende stof der er tilsat et farvet *pigment,* og som smøres på en genstand el. en flade, fx en dør, en væg el. et lærred ◻ *et lag maling · halvblank maling · helblank maling · oliebaseret maling · vandbaseret maling · en spand maling · en tube maling · give noget en gang maling* ◻ *maling(s)fjerner · maling(s)rester · maling(s)type* ◻ *alkydmaling · epoxymaling · oliemaling · plasticmaling · sprøjtemaling* • et lag af maling der er smurt på noget ◻ *malingen er skallet af · malingen er våd*
2. det at male ◻ *maling af døre og vinduer klarer vi selv* ◻ *porcelænsmaling*

malisk

ADJ. *- , -e*

som har at gøre med Mali

malke

VERB. *-r, -de, -t*

malke ng presse og trække mælk ud af yveret ◻ *malke køerne med maskine · malke en ko med håndkraft · konen gik ud for at malke* ◻ *malkning · malkepige · malkerace · malkeskammel* • **malke ud** presse modermælk ud af brystet • **malke ng for ngt** presse nogen til at give især penge el. oplysninger fra sig ◻ *hun malker sin familie for penge · hun malker firmaet for nyttige oplysninger*

malkonduite

SUBST. *-n*
/malkondu'ite/

mangel på åndsnærværelse; især om klodset og uklog optræden ≠ KONDUITE

malle

SUBST. *-n,* plur. *-r, -rne*

1. en ålelignende fisk med bredt, fladt hoved og bred mund med skægtråde; latinsk navn *Silurus glanis*
2. en lille bøjle af metal hvori en hægte fastgøres

mallemuk

SUBST. *mallemukken,* plur. *mallemukker, mallemukkerne*
/malle'muk/

en kraftig, hvid *stormfugl* med grå ryg; forsvarer sine æg og unger ved at udsende en ildelugtende væske; latinsk navn *Fulmarus glacialis*

malm

SUBST. *-en,* plur. *-e, -ene*

en bjergart med så stort et indhold af fx metal at det kan betale sig at udvinde det = ERTS □ *jernmalm* · *kobbermalm* • en metalblanding, særlig med kobber, som fx bruges til kirkeklokker

malmfuld

ADJ. *-t, -e*

(glds.): som lyder kraftigt og klangfuldt □ *hun hørte lyden af kirkeklokker, roligt og malmfuldt*

malplaceret

ADJ. *-, malplacerede*
/'malplaceret/

som optræder i en forkert el. uheldig sammenhæng □ *det nye byggeri er helt malplaceret* · *en malplaceret bemærkning*

malproper

ADJ. *-t, malpropre*

(glds., neds.): som er snavset og urenlig □ *et malpropert kvindemenneske*

malstrøm

SUBST. *malstrømmen,* plur. *malstrømme, malstrømmene*
['ma·lsdröm' el. *'malsdröm']*

en voldsom strømhvirvel der kan suge ting ned; opstår bl.a. i smalle stræder ved kyster med store tidevandsforskelle □ *båden blev grebet af malstrømmen* · *der var en kraftig malstrøm i floden*

malt

SUBST. *-en* el. *-et*

spiret og tørret byg til ølbrygning □ *maltekstrakt* · *maltøl*

maltbolche el. maltbolsje

SUBST. *-t,* plur. *-r, -rne*

et bolche der er tilsat maltekstrakt □ *en pose maltbolcher*

maltekstrakt

SUBST. *-en,* plur. *-er, -erne*

udtræk af spirede, tørrede korn, især byg som i gamle dage blev brugt som styrkende middel

malteser

SUBST. *-en,* plur. *-e, -ne*
/mal'teser/

en person fra Malta

malteserkors

SUBST. *-et,* plur. *~kors, -ene*

et kors med lige lange arme som bliver bredere udefter, og som har splittede ender = JOHANNITTERKORS

maltesisk

ADJ. *-, -e*
/mal'tesisk/

som har at gøre med Malta

maltraktere

VERB. *-r, -de, -t*
/maltrak'tere/

maltraktere = MISHANDLE □ *maltraktere fangerne* · *maltraktere et instrument* · *maltraktere sproget* □ *maltraktering*

malurt

SUBST. *-en,* plur. *-er* (el. *malurt*), *-erne* (el. *malurtene*)
['malur't]

et krydderi af planten malurt; anvendes fx som krydderi i brændevin • en bynkeplante med stærk lugt og bitter smag; latinsk navn *Artemisia absinthium* • **komme en dråbe malurt i glædens bæger** blande noget ubehageligt i glæden

malør

SUBST. *-en,* plur. *-er, -erne*
[ma'lø'r el. *ma'lö'r]*

en hændelse der er lidt uheldig el. ubehagelig

mama

SUBST. *-en,* plur. *-er, -erne*
['mama el. *ma'ma']*

= MOR

mamelukker

SUBST.PLUR. *-ne*
/mame'luk/

benklæder ofte med blonder der er synlige neden for kjolen

mammografi

SUBST. *-en,* plur. *-er, -erne*
/mammogra'fi/

en røntgenundersøgelse af en kvindes bryster □ *få foretaget en mammografi*

mammon

SUBST. *en* el. *et*

rigdom og materielle goder □ *samle sig mammom* · *sælge sig selv for ussel mammon* · *man kan ikke tjene både Gud og mammom*

mammut

SUBST. *mammutten,* plur. *mammutter, mammutterne*

en uddød elefant som var meget stor og havde langhåret pels; latinsk navn *Mammonteus Primigenius* □ *mammutskelet* □ *dværgmammut*

man[1]

SUBST. *-en,* plur. *-er, -erne*
['ma'n]

= MANKE

man[2]

PRON. *en, ens*

en ubestemt person el. gruppe af personer = DU □ *man kan hvad man vil* · *man kan se vandet fra altanen* · *man taler ikke med mad i munden* · *de nye skatter kan godt give en dårlige nerver* · *han giver ikke en mulighed for at svare* · *hvad ville ens kone ikke sige til det* • (spøg.): = JEG □ *man må nok se at få gjort noget ved de lektier* • (spøg.): = DU □ *man er nok fin i dag!* • **ser man det** udtryk for overraskelse □ *ser man det! I har nok fået ny bil!*

management

SUBST. *et*
['manidsjmænt]

planlægning, organisation og styring af en virksomhed, bank el.lign. = VIRKSOMHEDSLEDELSE □ *PR management*

manager

SUBST. *-en,* plur. *-e, -ne*
['manidjɔ]

en kunstners el. professionel sportsmands forretningsfører = IMPRESARIO □ *managerkontrakt* □ *sportsmanager*

manchet

SUBST. *manchetten,* plur. *manchetter, manchetterne*
[maŋ'sjæt]

1. en løs el. fastsyet bred kant el. et opslag ved håndleddet på skjorter og handsker □ *manchetknap* · *manchetskjorte*
2. en lille krave omkring et stearinlys til at opfange dryp
3. en kort orienterende indledning til en avisartikel
4. støde ng på manchetterne gøre noget så nogen bliver fornærmet

manchetskjorte

SUBST. *-n,* plur. *-r, -rne*

sædvanligvis en hvid og stivet herreskjorte

mand

SUBST. *-en,* plur. *mænd, mændene*

1. en voksen person af hankøn ≠ KVINDE □ *en gammel mand* · *en høj mand* · *han er en klog mand* · *der deltog ti mænd og to kvinder* □ *manddom* · *mandebevægelse* · *manderolle* · *mandfolk* · *mandschauvinisme* □ *enkemand* · *sportsmand* · *vildmand* • en person der besidder de egenskaber der menes at være typiske for en mand, fx mod og styrke □ *hæren skal nok få gjort ham til en mand* · *han tog det som en mand* · *det arbejde kræver sin mand* · *er du mand for at påtage dig det hverv?*
2. = ÆGTEMAND □ *få sig en god mand* · *de levede som mand og kone* · *min mand er ikke hjemme i dag* · *manden i huset*
3. et enkelt menneske, uanset køn = PERSON, MENNESKE □ *er du gal, mand?* □ *formand* · *gerningsmand* · *tjenestemand* • ⟨plur. *mand*⟩ □ *der blev nedsat et udvalg på seks mand* · *alle mand på plads* · *de ankom fem mand høj til festen* • **ene mand** = ALENE □ *hun gennemførte det ene mand* • **hver mand** alle og enhver □ *et fjernsyn er i dag hver mands eje* • **i mands minde** så længe nogen nulevende kan huske tilbage = NOGENSINDE □ *det var den værste storm i mands*

minde · *det var den laveste deltagelse i mands minde* • **manden på gaden** den jævne mand som repræsenterer gennemsnittet □ *vi har spurgt manden på gaden om hans holdning* • **mand og mand imellem** efter almindeligt udbredt opfattelse □ *mand og mand imellem regnes den nye statsminister ikke for noget særligt* • **med mand og mus** udtryk for at hele besætningen på et skib omkommer □ *skibet gik ned med mand og mus* **4. to mand frem for en enke** en fangeleg hvor deltagerne står to og to bag ved en person som skal forsøge at fange en partner når det første par løber frem □ *lege to mand frem for en enke*

mandag

SUBST. *-en,* plur. *-e, -ene*

den første dag i ugen □ *mandag den 19.8.* · *vi tog derover mandagen efter* · *sidste mandag* · *næste mandag* □ *mandagsmøde* • **i mandags** den mandag det lige har været = SIDSTE MANDAG □ *hvad lavede du i mandags?* • **om mandagen** den dag det er mandag □ *museet er lukket om mandagen* · *om mandagen kom vi så endelig i gang* • **på mandag** den første mandag efter i dag = NÆSTE MANDAG □ *vi kommer på mandag* • **blå mandag** mandagen efter konfirmationen hvor konfirmanderne har fri fra skole og foretager sig noget sammen • **holde blå mandag** tage sig en fridag uden først at have fået tilladelse til det = PJÆKKE

mandarin[1]

SUBST. *-en,* plur. *-er, -erne*
/manda'rin/

1. en lille citrusfrugt med orange frugtkød og skal; latinsk navn *Citrus nobilis* ≠ KLEMENTIN
2. (glds.): en lærd, højtstående kinesisk embedsmand

mandarin[2]

SUBST. *et*
/manda'rin/

det kinesiske sprog som tales i det nordlige Kina

mandarinkåbe

SUBST. *-n, plur. -r, -rne*

en kinesisk kåbe som har et firkantet billedbroderi på brystet som rangbetegnelse

mandat

SUBST. *-et,* plur. *-er, -erne*
[man'da't]

1. (i politik): et hverv som varetages af en person i en folkevalgt forsamling □ *miste sit mandat* · *nedlægge sit mandat* · *ved valget tabte partiet fem mandater* □ *mandatfordeling* · *mandatnedlæggelse*
2. bemyndigelse til at handle på andres vegne = FULDMAGT □ *forbundet har mandat til at forhandle løn på arbejdernes vegne* · *få mandat til at afslutte en kontrakt* □ *mandatsvigt* • en midlertidig bemyndigelse til at forvalte et andet land der er el. har været i krise □ *landet er under FN's mandat* · *FN's mandat i det tidligere Jugoslavien udløber i morgen kl. 12* □ *mandatmagt* · *mandatområde* · *mandatstat*

mandatar

SUBST. *-en,* plur. *-er, -erne*
/manda'tar/

en person som har mandat til at handle på andres vegne

mandatsvig

SUBST. *-en* el. *-et*

bedrageri hvorved en person misbruger en tilladelse til at handle på vegne af en anden □ *begå mandatsvig*

manddom

SUBST. *manddommen*

en mands modne, voksne alder □ *overgangen fra sorgløs barndom til ansvarsbevidst manddom* · *gennem ungdom, manddom og alderdom arbejdede de på fabrikken* · *omskæringen markerer en indvielse til manddom* · *bogen er hans manddoms mesterværk* □ *manddomsgerning* · *manddomsværk* · *manddomsår* • de egenskaber, fx styrke og mod, som regnes som ideelle for en mand □ *en muskuløs krop regnes som et tegn på manddom* · *han jagter manddommen i sig selv* □ *manddomskraft* · *manddomsprøve* • de mandlige kønsorganer □ *han gik altid rundt i stramme gamacher og stillede sin manddom til skue* • en gruppe af voksne mænd □ *både ungdom og manddom gik i krig*

manddrab

SUBST. *-et,* plur. *~drab, -ene*

det at dræbe nogen med vilje el. ved grov uforsigtighed = DRAB • **forsætligt manddrab** det at slå nogen ihjel med vilje = MORD • **uagtsomt manddrab** det at slå nogen ihjel pga. grov uforsigtighed, fx ved spirituskørsel el. uforsigtig omgang med våben

mande

VERB. *-r, -de, -t*

mande sig op til ngt = TAGE SIG SAMMEN

mandefald

SUBST. *-et,* plur. *~fald, -ene*

tab af menneskeliv □ *angrebet forårsagede et stort mandefald* • et stort fravær; især på en arbejdsplads pga. sygdom □ *der var stort mandefald i går, vi havde fem syge*

mandehul

SUBST. *~hullet,* plur. *~huller, ~hullerne*

en snæver åbning, fx i en dampkedel el. et panserkøretøj, hvorigennem en mand kan krybe ind og ud □ *mandehulsdæksel* · *mandehulsdør*

mandel

SUBST. *-en* (el. *mandlen*), plur. *mandler, mandlerne*

1. kernen fra frugten af mandeltræ som anvendes til fx marcipan el. presses til mandelolie; latinsk navn *Amygdalus communis* □ *mandelgave* · *mandelolie*
2. hver af de to små mandelformede lymfekirtler i svælget = TONSIL □ *have hævede mandler* · *få fjernet sine mandler*

mandetime el. mandtime

SUBST. *en,* plur. *-r, -rne*

én persons arbejde i én time □ *arbejdet kræver 350 mandetimer*

mandeår el. mandår

SUBST. *et,* plur. *~år, -ene*

= ÅRSVÆRK

mandfolk

SUBST. *-et,* plur. *~folk, -ene*

en fælles betegnelse for mænd; ofte brugt i nedsættende betydning af kvinder ≠ KVINDFOLK □ *jeg er træt af mandfolk!* □ *mandfolkeagtig* · *mandfolkeklæder* · *mandfolkeselskab* · *mandfolketække* • en mand; især med henblik på på de maskuline egenskaber □ *han er et rigtigt mandfolk!*

mandhaftig

ADJ. *-t, -e*
/mand'haftig/

(neds.): som har et mandigt udseende el. en mandig optræden; især om kvinder = MASKULIN, MANDIG, UKVINDELIG □ *hun er for mandhaftig for ham* · *hun havde et mandhaftigt ansigt* □ *mandhaftighed*

mandig

ADJ. *-t, -e*

som har de egenskaber, fx styrke og mod, som regnes som idelle for en mand = MASKULIN □ *et mandigt ansigt* · *vise en mandig optræden* □ *mandighed*

mandlig

ADJ. *-t, -e*

som er voksen og af hankøn □ *en mandlig læge* · *en mandlig sygeplejerske* · *et typisk mandligt erhverv* · *mandlige efterkommere*

mandolin

SUBST. *-en,* plur. *-er, -erne*
/mando'lin/

et strengeinstrument med fire el. seks dobbelte strenge og buet, pæreformet lydkasse

mandril

SUBST. *mandrillen,* plur. *mandriller, mandrillerne*
[man'dril']

en centralafrikansk abe som, for hannernes vedkommende, har rød snude med blå og hvide striber; latinsk navn *Mandrillus sphinx*

mandshjerte

SUBST.

mod og mandshjerte (form.): evne til at handle uden frygt i situationer der kan være til fare el. skadelige for én selv = MOD, COURAGE, MANDSMOD, TAPPERHED □ *have mod og mandshjerte nok til at gøre det* · *vise mod og mandshjerte* · *at gå i krig kræver mod og mandshjerte*

mandskab

SUBST. *-et,* plur. *-er, -erne*

1. en gruppe af personer der arbejder sammen og derved danner et hold; det kan være soldater, politibetjente el. redningsfolk □ *det indkaldte mandskab* · *politiets mandskab* □ *mandskabsvogn* □ *redningsmandskab*
2. et personale på et skib = BESÆTNING

mandskabsvogn

SUBST. *-en,* plur. *-e, -ene*

et køretøj til transport af soldater

mandsling

SUBST. *-en,* plur. *-er, -erne*

(neds.): en lille mand; især om en mand som ikke har normal legemshøjde pga. forkrøbling el.lign. = GNOM

mandsmod

SUBST. *-et*

evne til at handle uden frygt i situationer der kan være til fare el. skadelige for én selv = MOD, COURAGE, TAPPERHED, MANDSHJERTE

mandstugt

SUBST. *-en*

(glds.): det at personer strengt underkastes et sæt af regler fx med tvangsforanstaltninger = DISCIPLIN ▫ *holde mandstugt*

mandstærk

ADJ. *-t, -e*

som findes i stort antal = TALSTÆRK ▫ *modstanderne mødte mandstærkt op*

mandtal

SUBST. *~tallet,* plur. *~tal, ~tallene*

holde mandtal (glds.): holde folketælling el. tælle en større gruppe mennesker ▫ *holde mandtal over børnene*

mandtime

SUBST.

se *mandetime*

mandår

SUBST.

se *mandeår*

mane

VERB. *-r, -de, -t*

1. mane ng ved hjælp af trylleformler o.l. få fx en ånd til at gøre som man vil = BESVÆRGE ▫ *mane en ånd frem • mane et spøgelse i graven* ▫ *manen*
2. mane ng få andre til at gøre noget ved hjælp af moralske argumenter = OPFORDRE ▫ *en manende appel • mane til eftertanke • mane til forsigtighed*
3. mane ngt i jorden få noget til at forsvinde ▫ *mane et rygte i jorden*

manege

SUBST. *-n,* plur. *-r, -rne*
[ma'ne·sjə]

en rund plads i et cirkus hvor akrobater, klovner osv. optræder ▫ *cirkusmanege*

manér el. maner

SUBST. *-en,* plur. *-er, -erne*

en måde som man gør noget på = FACON ▫ *han gør det på sin egen manér* • ⟨i plur.⟩ en opførsel der er ordentlig og dannet ▫ *hun har gode manerer* • **med manér** på en stilfuld måde ▫ *gæsterne blev modtaget med manér*

manérlig el. manerlig

ADJ. *-t, -e*
/ma'nerlig/

som er ordentlig og dannet ▫ *vær nu lidt manerlig • samtalen gik aldeles manerligt for sig*

mangan

SUBST. *-et*
[maŋ'ga'n]

et hårdt, gråligt metallisk grundstof som fx bruges i stållegeringer, og som er nødvendigt for levende organismer; atomtegn *Mn*

mange

ADJ.PLUR. komp. *flere,* sup. *flest*

som omfatter en stor, men ubestemt mængde = TALRIGE, ADSKILLIGE, EN HEL DEL ≠ FÅ ▫ *der kom mange mennesker til mødet • mange flere forslag • klokken er mange • mange gange • mange tak • vi er mange der mener det • mange penge • hvor mange bliver vi til festen? • vi er to for mange til at spille whist* • **{fem} gange så mange som ngt** se under *gang* • **flere** se *flere* • **flest** se *flest*

mangeartet

ADJ. *- , ~artede*

= FORSKELLIGARTET

mangedoble

VERB. *-r, -de, -t*

mangedoble ngt gøre noget mange gange så stort som oprindeligt ▫ *mangedoble indsatsen • antallet af turister er blevet mangedoblet* ▫ *mangedobling*

mangefold

SUBST. *et*

= MULTIPLUM ▫ *mindste fælles mangefold for to, tre og fire er tolv* • (glds.): = MANGE GANGE ▫ *han fik indsatsen mangefold tilbage*

mangel

SUBST. *-en* (el. *manglen*), plur. *mangler, manglerne*

1. en utilstrækkelig mængde af noget el. noget som slet ikke findes ▫ *der er mangel på vand • mangel på arbejdskraft • mangel på erfaring • afhjælpe en mangel* ▫ *mangelfuld • mangelsygdom • mangelvare* ▫ *blodmangel • fødevaremangel • iltmangel • råstofmangel • vitaminmangel* • **i mangel af ngt** el. **af mangel på ngt** udtryk for at noget mangler ▫ *i mangel af våben brugte de leer og høtyve • vi nøjes med det i mangel af bedre • de blev frikendt af mangel på bevis* • **lide mangel** lide pga. mangel ▫ *selv om familien er fattig, lider børnene ikke mangel*
2. en uønsket egenskab el. noget som mangler = FEJL, LAKUNE ▫ *være behæftet med alvorlige mangler • lejligheden har den mangel at den er meget mørk • bilen havde skjulte mangler • hun har sine mangler • han har både fortrin og mangler*

mangelfuld

ADJ. *-t, -e*

som har en el. flere mangler, og som derfor ikke er tilstrækkelig = UFULDSTÆNDIG, UFULDKOMMEN, UTILSTRÆKKELIG ▫ *mangelfuld ernæring • mangelfuld indpakning • mangelfuld levering • et mangelfuldt referat* ▫ *mangelfuldhed*

mangelvare

SUBST. *-n,* plur. *-r, -rne*

en vare el. en egenskab der ikke er nok af, el. som slet ikke findes ▫ *sæbe var en stor mangelvare • gensidig omsorg er ved at blive en mangelvare i dagens samfund*

mangemillionær

SUBST. *-en,* plur. *-er, -erne*

en person som ejer flere millioner kr. = MULTIMILLIONÆR ▫ *han blev mangemillionær, da han fandt olie • være mangemillionær i software*

mangen

ADJ. *mangt*

mangen en el. **mangen {gang}** (glds.): = MANGE ▫ *han besøgte dem mangen en gang • ved mangen lejlighed • mangen en mand • mangen en by* • **mangt et {hus}** (glds.): = MANGE ▫ *de kom forbi mangt et hus* • **mangt og meget** = MANGE TING ▫ *han kunne berette mangt og meget fra sin tid som sømand • hun havde oplevet mangt og meget på turen*

mangesidet el. mangesidig

ADJ. *- , ~sidede*
(mangesidig: *-t, -e*)

1. som har mange sider ▫ *en mangesidet figur*
2. af flere grunde el. som skal ses fra flere sider ▫ *det er en mangesidet affære • årsagen til socialismens sammenbrud er mangesidet*

mangestemmig

ADJ. *-t, -e*

som er sammensat af flere stemmer ▫ *et mangestemmigt bifaldsråb*

mangfoldig

ADJ. *-t, -e*
/mang'foldig/

= TALRIG ▫ *på mangfoldige måder* ▫ *mangfoldighed*

mangfoldiggøre

VERB. *~gør, ~gjorde, ~gjort*
/mang'foldiggøre/

mangfoldiggøre ngt fremstille en tekst i et større oplæg = KOPIERE, DUPLIKERE, HEKTOGRAFERE ▫ *mangfoldiggørelse* • **mangfoldiggøre sig** formere sig = REPRODUCERE, FORPLANTE

mangle

VERB. *-r, -de, -t*

1. ikke være til stede mod forventning = FATTES ▫ *jeg har talt alle børnene, og kun Peter mangler • der mangler en side i bogen • der mangler 20 kr. i kassen • det er ikke lysten der mangler* • = RESTERE ▫ *der mangler tyve minutter af fodboldkampen • der mangler meget før vi er færdige • han mangler kun lidt i at være færdig* • **mangle ng(t)** ikke have noget man har brug for el. plejer at have = SAVNE ▫ *vi står og mangler indpakningspapir • han mangler ord til at udtrykke sin glæde • han mangler aldrig svar • hun mangler ikke noget • nu mangler vi kun Anders*
2. det manglede da bare udtryk for at noget er en selvfølge og blot er hvad der kræves af én ▫ *skal du ikke hjælpe til? det mangler da bare! • jeg vil gerne hjælpe til. Ja det manglede da også bare! • det manglede bare at du ikke også skulle kunne hjælpe til • det skulle da også bare lige mangle at jeg skulle tage hatten af for ham*

manglebræt

SUBST. *~brættet*, plur. *~brætter, ~brætterne*

et smalt bræt med håndtag hvormed man tidligere glattede vasket tøj ved at presse det hårdt mod en stok hvorom tøjet var rullet, og rulle den hen over et bord

mango

SUBST. *-en*, plur. *-er, -erne*

en stor, tropisk frugt af mangotræ med saftigt kød og let syrlig smag □ *mangofrugt* · *mangotræ*

mangrove

SUBST. *-n*, plur. *-r, -rne*
/man'grove/

en tropisk sumpskov af stedsegrønne træer ved bredden af floder og brakvandsbugter □ *mangroveskov* · *mangrovesump*

mangt

ADJ.

bøjningsform af *mangen*

mani

SUBST. *-en*, plur. *-er, -erne*
/ma'ni/

1. en stærk lyst til el. interesse for noget = FORKÆRLIGHED, FIKS IDÉ □ *hun har en mani med at samle på små flasker* · *hans mani for jazz er velkendt* □ *bibliomani* · *samle(r)mani*
2. en psykisk sygdom med opstemthed og unormal stor virketrang ≠ DEPRESSION □ *manisk* · *maniodepressiv*
3. en sygelig tilbøjelighed til el. afhængighed af visse ting, handlinger el. stoffer ≠ FOBI □ *kleptomani* · *narkomani* · *mytomani* · *pyromani*

manicure

SUBST. *-n*
[mani'ky:ɔ]

skønhedspleje af hænder og især negle ≠ PEDICURE

manieret el. maniereret

ADJ. *- , manierede*
(maniereret: *- , maniererede*)
/mani'eret/

med overdrevent god opførsel, forfinethed og overfladisk elegance = AFFEKTERET, SØGT, SKABAGTIG □ *en manieret stil*

manierisme

SUBST. *-n*
/manie'risme/

1. (neds.): den italiensk malerkunst fra slutningen af renæssancen til barokken (ca. 1520-90)
2. en kølig, forfinet og intellektuelt beregnende kunstretning i Europa i tiden efter reformationen; beskrives ofte som stivnet i en bestemt manér

manifest[1]

SUBST. *-et*, plur. *-er, -erne*
/mani'fest/

en ofte skriftlig erklæring der angiver en bestemt gruppes holdning el. mål; især om et politisk parti, men også anvendt af andre, fx en kunstretning = PROGRAMERKLÆRING □ *det kommunistiske manifest* · *surrealisternes manifest* □ *partimanifest*

manifest[2]

ADJ. *- , -e*
/mani'fest/

som fremtræder klart og tydeligt

manifestation

SUBST. *-en*, plur. *-er, -erne*
[manifæsda'sjo'n]

jf. *manifestere* □ *strejken var en klar manifestation af arbejdernes enighed* · *en politisk manifestation*

manifestere

VERB. *-r, -de, -t*
/manife'stere/

manifestere ngt lade noget komme klart til udtryk = TILKENDEGIVE, VISE, YTRE, UDTRYKKE □ *arbejderne manifesterede deres utilfredshed ved at gå i strejke* · *sygdommen manifesterer sig ved feber og rødt udslæt* □ *manifestering*

maniodepressiv

ADJ. *-t, -e*

som lider af en sygdom hvor man i perioder snart er opstemt, snart dybt nedtrykt

manipulation

SUBST. *-en*, plur. *-er, -erne*
[manipula'sjo'n]

1. en påvirkning af nogen i en bestemt retning uden at de selv er klar over det □ *det er ren manipulation* · *politisk manipulation* • en ulovlig el. uhæderlig fremgangsmåde el. omgang med noget □ *hans rigdomme vokser støt takket være forskellige økonomiske manipulationer* · *det er manipulation med sandheden*
2. (medicin): behandling af knogler og muskler ved greb med hænderne; især inden for kiropraktik

manipulator

SUBST. *-en*, plur. *-er, -erne*
/manipu'lator/

en person der manipulerer med nogen el. noget □ *hun er en rigtig manipulator*

manipulere

VERB. *-r, -de, -t*
/manipu'lere/

1. manipulere ng påvirke nogen i en bestemt retning uden at de selv er klar over det □ *folk lader sig alt for let manipulere* □ *manipulering* • **manipulere ngt** el. **manipulere med ngt** være uærlig i sin behandling af noget = SNYDE □ *manipulere med tallene* · *det britiske firma har manipuleret med sin danske filials regnskab*
2. manipulere ngt (medicin): behandle noget ved greb med hænderne; især inden for kiropraktik

manisk

ADJ. *- , -e*

1. stærkt optaget af noget = BESAT □ *han er manisk interesseret i andres privatliv*
2. sygeligt virkelysten og opstemt ≠ DEPRESSIV

manke

SUBST. *-n*, plur. *-r, -rne*

1. det lange hår som sidder bag på halsen af en hest, og som sidder rundt om ansigtet og bag på halsen af en hanløve og visse andre dyr = MAN □ *hun børstede hestens manke* □ *løvemanke*
2. forreste del af ryggen hos heste og kvæg □ *hesten havde en bred manke*
3. (spøg.): langt, tykt hår på hovedet af mennesker □ *han har en kraftig manke*

mankere

VERB. *-r, -de, -t*
/man'kere/

mankere på ngt = SKORTE PÅ □ *det skal ikke mankere på min hjælp*

manko

SUBST. *-en*, plur. *-er, -erne*

manglende varer i en leveret varemængde ≠ DEKORT □ *konstatere en manko på 200 kg* • et underskud i et regnskab □ *der er en manko i regnskabet på 50 kr*

manna

SUBST. *-en*

1. noget som man har brug for, og som man er glad for at få □ *pengene kommer som manna fra himlen* · *disse bølger er manna for surfere* · *hans rappe replikker er manna for de overskrifthungrende journalister* • den føde der ifølge 2. Mosebog faldt fra himlen til jøderne i ørkenen
2. en lille, vissenbrun, vinget frugt fra elmetræet

mannequin

SUBST. *-en*, plur. *-er, -erne*
[manə'kæŋ]

1. en kvinde der viser tøj frem, fx på en modeopvisning = MODEL ≠ DRESSMAN □ *mannequin søges til at vise undertøj* □ *mannequinopvisning* □ *topmannequin* • **gå mannequin** vise tøj frem på fx et podie
2. en dukke til at udstille tøj på i butik □ *voksmannequin*

manometer

SUBST. *-et* (el. *manometret*), plur. *manometre, manometrene*

= TRYKMÅLER

mansard

SUBST. *-en*, plur. *-er, -erne*
[man'sa'd]

et tag med høj rejsning der knækker over i næsten lodrette sider som udgør siderne i en etage = MANSARDTAG

mantisse

SUBST. *-n*, plur. *-r, -rne*

den del af en logaritme der står efter kommaet når logaritmen er skrevet som en decimalbrøk ≠ KARAKTERISTIK

manual[1]

SUBST. *-en,* plur. *-er, -erne*
/manu'al/

en håndbog med oplysninger om hvordan noget gøres, bruges el. repareres; ofte om en teknisk instruktionsbog, fx til edb-programmer el. maskiner = INSTRUKTIONSBOG □ *manual til databaseprogram*

manual[2]

SUBST. *-et,* plur. *-er, -erne*
/manu'al/

håndklaviaturet på et orgel ≠ PEDAL

manuducere

VERB. *-r, -de, -t*
[manudu'se'ɔ]

manuducere ng undervise og vejlede studerende med henblik på eksamen □ *han havde til opgave at manuducere de medicinstuderende* □ *manuducering*

manuduktion

SUBST. *-en,* plur. *-er, -erne*
[manudug'sjo'n]

undervisning og vejledning af studerende med henblik på eksamen □ *han gik til manuduktion før eksamen · tage manuduktion*

manuduktør

SUBST. *-en,* plur. *-er, -erne*
/manuduk'tør/

en person der manuducerer

manuel

ADJ. *-t, manuelle*
[manu'æl']

som udføres med hænderne ≠ MASKINEL, AUTOMATISK □ *manuelt arbejde · justeringen foregår manuelt*

manufaktur

SUBST. *-en,* plur. *-er, -erne*
/manufak'tur/

(glds.): tekstiler der er forarbejdet med salg for øje = TEKSTILVARER □ *manufakturhandler*

manufakturhandler

SUBST. *-en,* plur. *-e, -ne*

en person el. en virksomhed inden for tekstilbranchen der handler med metervarer, konfektion m.m. □ *Mirakel-Priser hører under gruppen af manufakturhandlere*

manus

SUBST. *-et* (el. *manusset*), plur. *-er* (el. *manusser* el. *manus*), *-erne* (el. *manusserne* el. *-ene* el. *manussene*)

= MANUSKRIPT

manuskript

SUBST. *-et,* plur. *-er, -erne*
/manu'skript/
fork. *ms.*

en tekst som er skrevet i hånden el. på maskine, og som er beregnet til trykning = MANUS □ *manuskriptet blev købt af forlaget*

manøvre

SUBST. *-n,* plur. *-r, -rne*
/ma'nøvre/

1. en bevægelse der foretages med et køretøj el. fartøj for at få det til at ændre stilling el. retning □ *skipperen klarede pynten ved en snild manøvre · med en hurtig manøvre lykkedes det ham at undgå at køre i grøften* □ *manøvredygtig* □ *afværgemanøvre · undvigemanøvre* • en bestemt fremgangsmåde hvor man anvender kneb el. taktik for at opnå noget □ *det lykkedes ordstyreren ved fikse manøvrer at få vedtaget forslaget · en dristig diplomatisk manøvre* □ *afledningsmanøvre · skinmanøvre*
2. (militær): en større øvelse under krigslignende forhold □ *kompagniet blev sendt af sted på manøvre* □ *efterårsmanøvre · flådemanøvre · omringningsmanøvre · vintermanøvre*

manøvrere

VERB. *-r, -de, -t*
/manøv'rere/

manøvrere ng(t) få noget til at bevæge sig el. ske ved at styre det □ *skibet blev manøvreret til kaj · han manøvrerede bilen uden om trafikkøen · hun har manøvreret sig vej til toppen* □ *udmanøvrere*

m.a.o.

fork. for *med andre ord*

maoisme

SUBST. *-n*
/mao'isme/

den videreudvikling af marxisme-leninismen som er udformet af Mao, og som bl.a. betoner bondeklassens rolle i den revolutionære kamp

maoist

SUBST. *-en,* plur. *-er, -erne*
/mao'ist/

en person som er tilhænger af maoisme

maori

SUBST. *-en,* plur. *-er, -erne*
/ma'ori/

1. en person der hører til den oprindelige befolkning i New Zealand
2. et polynesisk sprog som tales af maorierne

maosko ®

SUBST. *-en,* plur. *~sko, -ene*

en let lærredssko importeret fra Kina

mappe

SUBST. *-n,* plur. *-r, -rne*

stift omslag til at opbevare løse papirark i □ *samle udskrifterne i en mappe · stille mappen på plads i reolen* • flad håndtaske til papirer

mappedyr

SUBST. *-et,* plur. *~dyr, -ene*

(spøg., neds.): en person der til skole- el. arbejdsbrug altid har sine ting i en mappe; oftest om mænd

marabustork

SUBST. *-en,* plur. *-e, -ene*
/mara'bustork/

en ådselædende stork som er fjerløs på hovedet og halsen; latinsk navn *Leptoptilus crumeniferus*

maracas

SUBST.PLUR.

et rytmeinstrument som består af et par udtørrede skalfrugter med håndtag; der er kerner el. sten i skallerne som rasler når de rystes

maratonløb

SUBST. *-et,* plur. *~løb, -ene*

en disciplin inden for løb hvor der skal løbes 42,195 km □ *maratonløber*

march[1]

SUBST. *-en,* plur. *-er, -erne*
['ma:sj]

1. taktfast og afmålt gang □ *udføre march på stedet · fremad march!* □ *marchordre* □ *dagsmarch · fanemarch · indmarch · udmarch · strækmarch* • et musikstykke med en taktfast rytme der er velegnet til at marchere til □ *spille en langsom march* □ *bryllupsmarch · honnørmarch · sørgemarch* • **blæse ng(t) en lang march** være fuldstændig ligeglad med nogen el. noget □ *de kan blæse mig en lang march med deres gode råd!*
2. en lang vandring der involverer en større gruppe mennesker □ *Maos lange march · begive sig ud på en lang march · bataljonen var på march · marchen mod Washington* □ *prostestmarch · fredsmarch*

march[2]

UDRÅBSORD

= MARCHER □ *fremad march! · i seng, march!*

marchere

VERB. *-r, -de, -t*
[ma'sje'ɔ]

gå taktfast; ofte i takt med mange andre i en march □ *tropperne marcherede tilbage til kasernen · hun marcherede lige hen og sagde ham sin mening*

marcipan

SUBST. *-en*
/marci'pan/

en blød masse der er lavet af finthakkede mandler, æggehvide og sukker, bruges til konfekt, som fyld i kager og til kransekage □ *ren rå marcipan* □ *marcipanbrød · marcipangris · marcipankonfekt · marcipanmasse* □ *pistaciemarcipan*

mare

SUBST. *-n,* plur. *-r, -rne*

1. (nordisk folketro): et kvindeligt væsen der plager folk om natten ved at sidde på deres bryst □ *mareridt · marelok* • **ride ng som en mare** være en plage for nogen

marehalm

SUBST. *-en*

en høj græsart med stive, ofte blålige blade; plantes i klitter for at hindre sandflugt; latinsk navn *Elymus*

marekat
SUBST. *~katten,* plur. *~katte, ~kattene*

en langhalet centralafrikansk abe med en kort snude; flere arter, bl.a. *grøn marekat;* latinsk navn *Cercopithecus*

marengs
SUBST. *-en,* plur. *marengs, -ene*
/ma'rengs/

sprødt bagværk der er lavet af piskede æggehvider og sukker □ *indbagt is i marengs* □ *marengsbund*

mareridt
SUBST. *-et,* plur. *~ridt, -ene*

en skræmmende drøm □ *jeg havde et frygteligt mareridt i nat* · *han er ofte plaget af mareridt* · *han vågnede op af et mareridt og var badet i sved* • en meget ubehagelig oplevelse □ *krigen var et mareridt* · *flyrejsen var et rent mareridt*

margarine
SUBST. *-n,* plur. *-r, -rne*
/marga'rine/

et fedtstof der er fremstillet af animalsk el. vegetabilsk olie; bruges til stegning og bagning el. til at smøre på brød □ *komme margarine på panden* · *smøre margarine på brødet* □ *margarinesyre* □ *plantemargarine* · *stegemargarine*

margen el. margin
SUBST. *-en,* plur. *-er, -erne*
[*'ma'wən* el. *'ma'gən*]

1. den blanke rand til højre og venstre for og over og under teksten på et ark papir □ *venstre margen skal være bredere* · *en margen på 2,5 cm* · *notere noget i margenen* □ *margenbredde* □ *højremargen* · *topmargen*
2. mulighed for at handle ud over de givne betingelser = SPILLERUM □ *budgettet havde en vis margen til ekstraudgifter* □ *fejlmargen* · *fortjenstmargen*

margerit
SUBST.

se *marguerit*

margin
SUBST.

se *margen*

marginal
ADJ. *-t, -e*
/margi'nal/

1. som ligger på el. vedrører grænsen af noget □ *marginalbeskatning* · *marginalgruppe* · *marginalnote* · *marginalvælger*
2. = UVÆSENTLIG □ *en marginal lønstigning* · *et marginalt problem*

marginalgruppe
SUBST. *-n,* plur. *-r, -rne*
/margi'nalgruppe/

en gruppe af mennesker der har vanskeligt ved at klare sig i samfundet, fx pga. sygdom, svag økonomi el. pga. deres race

marginalisere
VERB. *-r, -de, -t*
/marginali'sere/

marginalisere ng gøre nogen overflødig, især i forhold til samfundet □ *de arbejdsløse bliver i stadig højere grad marginaliseret* □ *marginalisering*

marginaljord
SUBST. *-en,* plur. *-er, -erne*

landbrugsjord som næsten ikke kan dyrkes el. som ikke kan dyrkes af naturmæssige, tekniske el. økonomiske årsager

marginalnote
SUBST. *-n,* plur. *-r, -rne*
/margi'nalnote/

en bemærkning anbragt i en bogs margen = RANDBEMÆRKNING, GLOSSE

marginalposition
SUBST. *-en,* plur. *-er, -erne*
/margi'nalposition/

den stilling en marginalgruppe indtager i forhold til andre mennesker

marginalskat
SUBST. *~skatten,* plur. *~skatter, ~skatterne*

det beløb der betales i skat af den øverste del af indkomster over et vist beløb

marguerit el. margerit
SUBST. *margueritten,* plur. *margueritter, margueritterne*
/margue'rit/

en kurvblomst el. hybrid heraf med en gul skive der er omgivet af en rand af smalle, hvide blade; latinsk navn *Chrysanthemum*

maribo
SUBST. *-en*

en fast til halvfast, modnet dansk skæreost med en let-syrlig smag; kan være tilsat kommen; anvendes fx i osteanretninger el. som pålæg

mariboer
SUBST. *-en,* plur. *-e, -ne*

en person fra Maribo

mariehøne
SUBST. *-n,* plur. *-r* (el. *mariehøns*), *-rne* (el. *mariehønsene*)

lille bille med røde el. gule dækvinger med sorte prikker; latinsk navn *Coccinellidae*

marihuana
SUBST. *-en*
/marihu'ana/

en rusgift som består af tørrede plantedele fra visse hampplanters blomsterskud; ryges som tobak = GRÆS, POT, HASH

marimba
SUBST. *-en,* plur. *-er, -erne*
/ma'rimba/

et xylofoninstrument med resonansrør under stavene

marin
ADJ. *-t, -e*
[*ma'ri'n*]

som hører til havet □ *marin økologi*

marina
SUBST. *-en,* plur. *-er, -erne*
/ma'rina/

= LYSTBÅDEHAVN □ *en ferieby med en marina*

marinade
SUBST. *-n,* plur. *-r, -rne*
/mari'nade/

en blanding af olie, eddike, krydderier o.l.; bruges som dressing til salat el. til at marinere kød og fisk = LAGE □ *blande en marinade* · *lægge i marinade* · *lægge silden i marinade* □ *grundmarinade* · *citronmarinade* · *olie-eddikemarinade* · *ostemarinade* · *rødvinsmarinade*

marinbiolog
SUBST. *-en,* plur. *-er, -erne*

en biolog der beskæftiger sig med havbiologi □ *marinbiologi* · *marinbiologisk*

marinbiologi
SUBST. *-en,* plur. *-er, -erne*

studiet af havets plante- og dyreliv

marine
SUBST. *-n,* plur. *-r, -rne*
/ma'rine/

den del af et lands militær som har at gøre med forsvar og angreb på havet = FLÅDE □ *han gik ind i marinen* □ *marineinfanteri* · *marinesoldat*

marineattaché el. marineattache
SUBST. *-en,* plur. *-er, -erne*

en militær embedsmand som repræsenterer flådens interesser ved en ambassade el. et gesandtskab i udlandet

marineblå
ADJ. *-t, ~blå*

= MØRKEBLÅ

marineinfanteri
SUBST. *-et*

en militær enhed der er trænet specielt til landgangsoperationer

marineinfanterist
SUBST. *-en,* plur. *-er, -erne*

en person som tilhører et marineinfanteri

mariner
SUBST. *-en,* plur. *-e, -ne*
/ma'riner/

1. en soldat i søværnet; en populær betegnelse som ikke bruges inden for søværnet • **kvindelig mariner** en kvinde der gør tjeneste ved marinehjemmeværnet
2. en person i et lands militær som er uddannet til forskellige former for krigsførsel ved havet, fx landgang og dykning; bl.a. i USA

marinere

VERB. *-r, -de, -t*
/mari'nere/

marinere ngt lægge fx kød el. sild i en marinade og lade det trække et vist stykke tid □ *marinere kød* · *marineret sild* □ *marinering* □ *oliemarinere* · *rødvinsmarinere*

marinesoldat

SUBST. *-en,* plur. *-er, -erne*

en uofficiel betegnelse for en orlogsgast

marinestation

SUBST. *-en,* plur. *-er, -erne*

et fast udgangspunkt for et lands flåde el. dele af den = FLÅDESTATION

marionet

SUBST. *marionetten,* plur. *marionetter, marionetterne*
/mario'net/

en bevægelig dukke der styres ved hjælp af snore □ *marionetdukke* · *marionetteater* • en person el.lign. der lader sig styre af andres vilje = NIKKEDUKKE □ *generalen var diktatorens marionet* □ *marionetregering* · *marionetstat*

marionetregering

SUBST. *-en,* plur. *-er, -erne*

en regering der er indsat af en fremmed stat □ *militæret indsatte en marionetregering i landet* · *oppositionen anklager styret for at være en amerikansk marionetregering*

marionetteater

SUBST. *-et* (el. *~teatret*), plur. *~teatre, ~teatrene*

et dukketeater hvor dukkerne bevæges med snore af en person bagved □ *der blev vist marionetteater for børnene*

maritim

ADJ. *-t, -e*
[mari'ti'm]

som har med havet og søfarten at gøre □ *et maritimt udtryk* · *have maritime interesser* · *det maritime hjemmeværn*

mark[1]

SUBST. *-en,* plur. *-er, -erne*

1. et afgrænset jordområde der bruges til græsning el. til dyrkning af afgrøder = AGER □ *gård med tilhørende marker* · *køerne græssede på marken* · *markens afgrøder stod flot* · *arbejde i marken* □ *markredskab* · *markskel* □ *kornmark* · *pløjemark*
2. i forsk. forb.: • **i marken** et område hvor en kamp el. en konkurrence finder sted □ *der var syv spillere i marken* · *han førte sine argumenter i marken* • **i marken** et sted hvor man udøver praktisk virksomhed = I FELTEN □ *gøre studier i marken* · *lave filmoptagelser i marken* · *journalisten tog ud i marken og interviewede folk* • **rømme marken** trække sig tilbage; især pga. nederlag □ *politikeren måtte rømme marken til fordel for sin modstander* • **slå ng af marken** vinde over nogen i en diskussion el. konkurrence □ *han slog alle sine modstandere af marken* • **ærens mark** = SLAGMARK □ *de unge soldater faldt på ærens mark* • **være på Herrens mark** udtryk for at man ikke ved hvad man skal gøre el. stille op med noget □ *jeg er på Herrens mark i denne sag*

mark[2]

SUBST. *-en,* plur. *mark, -ene*

møntenhed i Tyskland og Finland; i Danmark møntenhed fra middelalderen til 1875

markant

ADJ. *- , -e*
/mar'kant/

som er meget fremtrædende, og som man lægger mærke til = FREMTRÆDENDE, TYDELIG □ *en markant politiker* · *markante ansigtstræk* · *markante standpunkter* • som er meget betydelig □ *en markant nedgang i salget*

marked

SUBST. *-et,* plur. *-er, -erne*

1. et afsætningsområde for organiseret handel med varer styret af udbud og efterspørgsel □ *markedet er mættet* · *markedet er oversvømmet med udenlandske varer* · *købers marked* · *sælgers marked* · *det frie marked* · *det udenlandske marked* · *finde nye markeder* · *firmaet behersker 50% af markedet* □ *markedsanalyse* · *markedsandel* · *markedsføring* · *markedspris* · *markedsøkonomi* □ *boligmarked* · *hjemmemarked* · *kapitalmarked* · *kreaturmarked* · *lånemarked* · *verdensmarked* • **marked for ngt** et område med mulighed for salg af en vare □ *der er et marked for økologiske grøntsager* • **det frie marked** køb og salg som ikke kontrolleres af myndighederne • **det indre marked** markedet i EU med bl.a. toldfrihed for medlemslandene • **det grå marked** handel med pantebreve i fast ejendom uden om pengeinstitutterne • **det sorte marked** marked for ulovlig handel med rationerede varer o.l. = SORTE BØRS □ *under anden verdenskrig handlede mange med rationeringsmærker på det sorte marked* · *i Sovjetunionen kunne man købe vestlige varer på det sorte marked* • **købers marked** et marked som er gunstigt for køber fordi udbuddet overstiger efterspørgslen, og køber derfor ofte kan handle til lave priser • **sælgers marked** et marked som er gunstigt for sælger fordi udbuddet er mindre end efterspørgslen, og sælger derfor kan afsætte til høje priser
2. en plads el. et torv hvor mennesker mødes for at sælge og købe varer □ *de tog til Hjallerup Marked* · *hver onsdag er der marked på torvet* □ *kræmmermarked* · *loppemarked* · *markedsplads*

markedsanalyse

SUBST. *-n,* plur. *-r, -rne*

undersøgelse af et marked, fx hvad angår et produkt el. konkurrenceforhold

markedsandel

SUBST. *-en,* plur. *-e, -ene*

en del af det samlede marked som en virksomhed har som kunder □ *vinde markedsandele ved intensiveret reklame*

markedsføring

SUBST. *-en,* plur. *-er, -erne*

virksomhedsaktivitet der bl.a. har at gøre med undersøgelse af salgsmulighederne for et produkt, planlægning af reklamefremstød og lancering af produktet = MARKETING □ *markedsføringschef* · *markedsføringsplan* · *markedsføringspolitik*

markedsgøgler

SUBST. *-en,* plur. *-e, -ne*

en gøgler der optræder på markeder el. i forlystelsesparker

markedsmekanisme

SUBST. *-n,* plur. *-r, -rne*

de forhold som har indflydelse på markedet, fx udbud el. efterspørgsel

markedsplads

SUBST. *-en,* plur. *-er, -erne*

en plads el. et torv hvor mennesker mødes for at handle

markedspris

SUBST. *-en,* plur. *-er, -erne*

en pris på en vare som er bestemt af udbud og efterspørgsel □ *markedsprisen på olie er stabil*

markedsværdi

SUBST. *-en,* plur. *-er, -erne*

den værdi en vare har på det frie marked

markedsøkonomi

SUBST. *-en,* plur. *-er, -erne*

et økonomisk system med fri konkurrence, og hvor priserne, renten, produktionen osv. bestemmes af markedets udbud og efterspørgsel ≠ PLANØKONOMI □ *den liberale drøm om en fri markedsøkonomi uden statsindgreb af nogen art* · *markedsøkonomiens indbyggede selvmodsigelse er at den fri konkurrence skaber firmaer der er så stærke at de reelt får en monopolstilling og dermed kan styre markedet* · *overgangen til markedsøkonomi i de østeuropæiske lande*

markere

VERB. *-r, -de, -t*
/mar'kere/

1. markere ngt forsyne noget med et tydeligt kendetegn = AFMÆRKE, ANGIVE, AFSÆTTE □ *vand er på kortet markeret med blåt* · *indkørslen er markeret med to hvide sten* · *citater markeres med kursiv* □ *markering* • **markere ngt** angive træffere el. points i billard el. skydning □ *markere points* □ *markering*
2. markere ngt give klart udtryk for noget = VISE, UNDERSTREGE, BETONE □ *markere en selvstændig holdning* • **markere ngt** være et tydeligt tegn på el. signal om ændringer o.l. □ *Hiroshimabomben markerede afslutningen på den anden verdenskrig* • **markere ngt** gøre en mærkedag synlig og festlig = FEJRE, HØJTIDELIGHOLDE □ *årsdagen for befrielsen blev markeret med et kæmpefyrværkeri* • **markere sig** gøre sig bemærket = HÆVDE SIG □ *han markerede sig som sædvanlig med sine yderligtgående meninger* • række fingeren op for at tilkendegive at man kan svare på et spørgsmål el. ønsker at sige noget □ *de elever der kan svare markerer* · *han markerede fordi han havde et kommentar til diskussionen*
3. markere ng (sport): mandsopdække en mod-

spiller i boldspil ◻ *hans hovedopgave var at markere den spanske venstre wing*

markeret

ADJ. - , *markerede*

med tydeligt fremtrædende konturer◻ *markerede træk*

marketender

SUBST. *-en,* plur. *-e, -ne*
[*mɑgəˈtæn'dɔ*]

en person der driver et marketenderi ◻ *marketenderske*

marketenderi

SUBST. *-et,* plur. *-er, -erne*
/*marketendeˈri*/

et sted hvor der forhandles fødevarer o.l. på en arbejdsplads, fx på en kaserne

marketing

SUBST. *-en*

= MARKEDSFØRING ◻ *han arbejder inden for marketing* ◻ *marketingafdeling · marketinganalyse · marketingchef · marketingkontrol · marketingplan*

markis

SUBST. *-en,* plur. *-er, -erne*
[*mɑˈki*]

en adelsmand i romanske lande og i Storbritannien med rang mellem hertug og greve

markise

SUBST. *-n,* plur. *-r, -rne*
/*marˈkise*/

1. et stykke stof som er fastgjort til muren over en dør el. et vindue for at give skygge for solen = SOLSEJL
2. en markis' hustru

markmus

SUBST. *-en,* plur. *~mus, -ene*

en gråbrun mus med hvid bug og hvide ben og en kort hale; lever på marker og i skove; latinsk navn *Microtus agrestis*

markspiller

SUBST. *-en,* plur. *-e, -ne*

en spiller i visse boldspil, fx fodbold, som spiller i marken ≠ MÅLMAND

markvandring

SUBST. *-en,* plur. *-er, -erne*

besigtigelse af afgrøder, evt. under vejledning af en konsulent

markør

SUBST. *-en,* plur. *-er, -erne*
/*marˈkør*/

1. (edb): et bevægeligt mærke som viser skrivepositionen på en dataskærm, ofte i form af en blinkende lysbrik = CURSOR
2. en person som holder regnskab i visse spil; det kan være en person som noterer point i billard, el. som med signaler viser hvor skuddene har ramt i skydning

marmelade

SUBST. *-n,* plur. *-r, -rne*
/*marmeˈlade*/

frugt som er kogt med vand og derefter tilsat sukker; er mere geléagtigt end syltetøj ≠ SYLTETØJ ◻ *koge marmelade · franskbrød med marmelade · et glas marmelade* ◻ *marmeladefabrik · marmeladeglas · marmeladekrukke* ◻ *abrikosmarmelade · appelsinmarmelade · hybenmarmelade · orangemarmelade · æblemarmelade*

marmor

SUBST. *-et*
[*ˈmɑ'må*]

en hård, krystalliseret kalksten som er åremønstret og hvid el. flerfarvet, og som bruges til gulve, bordplader statuer, gravsten m.m.◻ *marmoreret*

marmorere

VERB. *-r, -de, -t*

marmorere ngt give noget et marmorlignende udseende ◻ *mesteren lærte ham at restaurere, marmorere og forgylde ting · marmorere en væg · marmoreret papir* ◻ *marmorering*

marmorkugle

SUBST. *-n,* plur. *-r, -rne*

en kugle der er lavet af marmor • en lille farvet kugle af brændt ler ◻ *han spiller med marmorkugler*

marodør

SUBST. *-en,* plur. *-er, -erne*
[*mɑroˈdø'r*]

en soldat der er deserteret og lever af plyndring

marokkaner

SUBST. *-en,* plur. *-e, -ne*
/*marokˈkaner*/

en person fra Marokko

marokkansk

ADJ. - , *-e*
/*marokˈkansk*/

som har at gøre med Marokko

marsk

SUBST. *-en,* plur. *-er, -erne*

et fladt, lavtliggende landområde ved tidevandskyster som er dannet af havets aflejringer = MARSKLAND ◻ *fårene græsser i marsken* ◻ *marskkyst · marskområde*

marskal

SUBST. *-en,* plur. *-er, -erne*
[*ˈmɑ·sgal* el. *ˈmɑ·sjal*]

højeste militære grad i en række lande uden for Danmark • = HOFMARSKAL

marskandiser

SUBST. *-en,* plur. *-e, -ne*
[*mɑsganˈdi'sɔ*]

en person el. en butik der handler med brugte ting, fx møbler, glas, bøger m.m.◻ *marskandiserforretning*

marsvin

SUBST. *-et,* plur. *marsvin, -ene*

1. en lille, buttet, haleløs gnaver med korte ben og kort, glat el. lang, krøllet pels i forskellige farver; populært kæledyr, stammer fra Sydamerika; latinsk navn *Cavia porcellus* ◻ *marsvinehun*
2. en brunsort, buttet delfin med hvid bug og en afrundet snude; yngler i danske farvande; latinsk navn *Phocaena phocaena* = TUMLER ◻ *marsvineflok*

mart

SUBST. *-et,* plur. *-er, -erne*

en bygning til handelsmesser og store udstillinger = HANDELSCENTER ◻ *martcenter*

martre

VERB. *-r, -de, -t*

(glds.): = PINE ◻ *han martredes af frygtelige drømme* ◻ *martring*

marts

SUBST. *en*

den 3. måned i året ◻ *marts måned · den 15. marts · i marts · sidste marts · til marts* ◻ *martsdag*

martyr

SUBST. *-en,* plur. *-er, -erne*
[*ˈmɑ·ty'r*]

en person der bliver slået ihjel el. må lide for sin overbevisning ◻ *de kristne martyrer · dø som martyr for en sag · blive martyr for sin tro · gøre nogen til martyr · spille martyr* ◻ *martyrdag · martyrdød · martyrkrone · martyrmine*

martyrium

SUBST. *martyriet,* plur. *martyrier, martyrierne*
/*marˈtyrium*/

forfølgelse og lidelser som en person udsættes for pga. sin overbevisning◻ *det forfulgte folks martyrium* • en martyrs lidelser og død ◻ *den hellige Sebastians martyrium* • en lidelse som man har påtaget sig el. er blevet udsat for◻ *deres ægteskab er et langt martyrium for begge parter · den forestilling var et sandt martyrium*

marv

SUBST. *-en*

1. en blød, fedtholdig masse i rørknoglerne som indeholder blodkar og bindevæv ◻ *marvben* ◻ *knoglemarv · rygmarv* • **gå gennem marv og ben** påvirke én dybt, fx en ubehagelig lyd◻ *kulden gik gennem marv og ben · lyden af tavlekridtet gik gennem marv og ben* • **ind til marven** udtryk for nogens el. nogets inderste væsen ◻ *han er kunstner helt ind til marven*
2. det inderste væv i en blomsterstængel el. træstamme ◻ *hyldemarv*

marxisme

SUBST. *-n*
[*mɑgˈsismə*]

en samfundsopfattelse som bygger på Karl Marx' ideer om kampen mellem samfundets klasser, afskaffelse af den private ejendomsret og indførelse af et samfund uden klasser

marxisme-leninisme

SUBST. *-n*

den videreudvikling af marxismen som er udformet af Lenin, og som bl.a. hævder at en kommunistisk elite må stå i spidsen for skabelsen af et kommunistisk samfund = LENINISME ≠ STALINISME

marxist

SUBST. *-en,* plur. *-er, -erne*
[*mɑg'sist*]

en person der er tilhænger af marxismen

marxistisk

ADJ. *-, -e*
[*mɑg'sisdisk*]

som har at gøre med marxismen □ *marxistisk litteratur*

mas

SUBST. *-et*

1. (dagl.): = BESVÆR □ *det var et farligt mas at få kassen slæbt op ad trappen • de har deres mas med den dreng*
2. en knust el. moset masse □ *kartoflerne er kogt i mas*

mascara

SUBST. *-en,* plur. *-er, -erne*
/*ma'scara*/

et skønhedsmiddel til farvning af øjenvipper, fx i sort, brun el. blå farve; påføres med en lille børste □ *tage mascara på*

mase

VERB. *-r, -de* (el. *maste*), *-t* (el. *mast*)

1. mase ng(t) presse nogen el. noget meget hårdt □ *mase bærrene til mos • hun masede cigaretten ud i askebægeret • han var lige ved at mase hende da han gav hende et kram • av, du maser mig!* • **mase sig {frem}** forsøge at komme frem ved at skubbe og presse = MØVE SIG □ *de bageste i bussen forsøgte at mase sig længere frem • hun masede sig gennem hullet i hækken • barnet masede sig forbi de voksne • han masede sig ind i menneskemængden • hunden maste sig ud gennem døråbningen • folk maste sig op ad hinanden* • **mase sig på** være nærgående el. kontaktsøgende □ *undskyld at jeg maser mig på, men jeg kunne ikke undgå at høre hvad I snakkede om • han skal altid mase sig på*
2. mase {på med} ng(t) arbejde hårdt med noget el. nogen som volder besvær = SLIDE, TUMLE □ *han masede på med opgaven • han sad længe og masede med matematikopgaverne • de masede med at få flyttet de tunge møbler • hjemmehjælperen masede med den gamle dame så sveden løb ned ad panden • de asede og masede for at blive færdige til tiden*

mask

SUBST. *-en*

den masse der bliver tilbage fra malt ved fremstilling af øl el. whisky el. fra frugter ved fremstilling af fx frugtsaft

maske[1]

SUBST. *-n,* plur. *-r, -rne*

1. en beklædning som dækker en del af el. hele ansigtet; det kan være en maske brugt til udklædning, til beskyttelse mod støv, farlige stoffer o.l. el. til forsyning med ilt □ *maskebal • maskeklædt* □ *dykkermaske • fastelavnsmaske • fægtemaske • gasmaske • halvmaske • iltmaske • sikkerhedsmaske* • teatersminke som en skuespiller smører i ansigtet • **lægge maske** påføre sig teatersminke
2. være stram i masken udtryk for at man ser sur el. fornærmet ud = STRAM I ANSIGTET □ *hun blev noget stram i masken, da hun hørte nyheden* • **holde masken** ikke lade ansigtsudtrykket røbe ens følelser □ *han er en mester i at holde masken i svære situationer*
3. en løkke i strikket tøj el. i et net □ *der er løbet en maske i strømpen • jeg tabte en maske* □ *maskefast*

maske[2]

VERB. *-r, -de, -t*

maske ngt op samle en løkke op i et stykke strikket stof □ *maske en strømpe op* □ *maskning*

maskepi

SUBST. *-et,* plur. *-er, -erne*
/*maske'pi*/

en hemmelighedsfuld forståelse, fx i forbindelse med konspiration = KONSPIRATION □ *der er altid så meget maskepi mellem dem*

maskerade

SUBST. *-n,* plur. *-r, -rne*
/*maske'rade*/

en form for karneval hvor gæsterne er klædt ud

maskere

VERB. *-r, -de, -t*
/*ma'skere*/

maskere sig skjule sit ansigt bag en maske = FORMUMME □ *hun maskerede sig til det uendelige • han var maskeret som Napoleon • maskerede røvere* □ *maskering* • **maskere ngt** få noget til at ligne noget andet = CAMOUFLERE □ *maskere sine hensigter • maskere lønnen som udbytte • maskeret import*

maskinarbejder

SUBST. *-en,* plur. *-e, -ne*

en håndværker der fremstiller dele til maskiner

maskinchef

SUBST. *-en,* plur. *-er, -erne*

en ledende maskinmester på et skib

maskine

SUBST. *-n,* plur. *-r, -rne*
/*ma'skine*/

en mekanisk indretning som ved hjælp af en kraft, fx brændsel, elektricitet el. håndkraft, udfører et bestemt arbejde el. frembringer en anden form for kraft □ *starte en maskine • standse en maskine • fremstille noget på maskine • stå ved en maskine • sy på maskine • maskinen kører døgnet rundt • maskinen udfører ti mands arbejde* □ *maskinanlæg • maskinarbejde • maskinbehandling • maskineftersyn • maskingevær • maskinindustri • maskinklippe • maskinoversættelse • maskinpapir • maskinsprog • maskinstation* □ *arbejdsmaskine • barbermaskine • dampmaskine • græsslåmaskine • kaffemaskine • landbrugsmaskine • regnemaskine • symaskine • trykkemaskine* • en større motor, fx på et skib = MOTOR □ *maskinrum* • = FLY □ *maskinen til London* • = VASKEMASKINE □ *tagde tøjet ud af maskinen* • = SKRIVEMASKINE □ *skrive på maskine*

maskinel[1]

SUBST. *maskinellet*
/*maski'nel*/

udtryk for maskiner i al almindlighed el. de maskiner der anvendes på en bestemt fabrik el. gård □ *undersøge kvaliteten af det maskinel der anvendes • levering af maskinel • der er vigende efterspørgsel på maskinel til cementindustrien* • (edb): = HARDWARE ≠ PROGRAMMEL

maskinel[2]

ADJ. *-t, maskinelle*
/*maski'nel*/

som udføres ved hjælp af en maskine ≠ MANUEL □ *maskinel oversættelse*

maskineri

SUBST. *-et,* plur. *-er, -erne*
/*maskine'ri*/

1. maskiner el. maskindele som virker sammen □ *sætte gang i fabrikkens maskineri • et urværks indviklede maskineri*
2. et stift el. besværligt system der fungerer meget mekanisk □ *bureaukratiets tunge maskineri • ministeriernes enorme politiske maskineri • den totalitære stats velsmurte maskineri • hvorfor afholde valg og sætte hele maskineriet i gang når resultatet er givet på forhånd* □ *retsmaskineri*
3. grus i maskineriet et element som hindrer el. bremser en proces el. et system □ *der er kommet grus i det politiske maskineri • når der stilles for høje lønkrav, kastes der grus i det økonomiske maskineri*

maskingevær

SUBST. *-et,* plur. *-er, -erne*

et helautomatisk gevær der lades med bælter af patroner, og som affyrer skud så længe man holder fingeren på aftrækkeren

maskinhal

SUBST. *~hallen,* plur. *~haller, ~hallerne*

en stor hal i en fabrik hvor maskinerne er opstillet

maskinist

SUBST. *-en,* plur. *-er, -erne*
/*maski'nist*/

en person der er uddannet i maskinpasning, men med kortere uddannelse end *maskinmester* □ *maskinisteksamen*

maskinmester

SUBST. *-en,* plur. *~mestre, ~mestrene*

en person der står for driften af et større maskinanlæg, fx på et skib el. på et kraftværk □ *maskinmestereksamen* □ *skibsmaskinmester*

maskinofficer

SUBST. *-en,* plur. *-er, -erne*

en maskinmester el. en maskinist på et skib

maskinpark

SUBST. *-en,* plur. *-er, -erne*

det samlede antal maskiner på en fabrik el.lign.

maskinsnedker

SUBST. *-en,* plur. *-e, -ne*

en person der udskærer og bearbejder træ ved hjælp af maskiner, fx inden for bygnings- og møbelindustrien

maskinsnedkeri

SUBST. *-et,* plur. *-er, -erne*

et sted hvor træ udskæres og bearbejdes ved hjælp af maskiner

maskinsprog

SUBST. *-et,* plur. *~sprog, -ene*

det sprog en computer arbejder med internt, og hvis ordrer computeren kan udføre direkte

maskinstation

SUBST. *-en,* plur. *-er, -erne*

en central for udlejning af landbrugsmaskiner

maskot

SUBST. *maskotten,* plur. *maskotter, maskotterne*
[*ma'sgɔt*]

en lykkebringende ting; især et dyr, el. en dukke □ *bjørnen er de russiske sportsfolks maskot*

maskulin

ADJ. *-t, -e*

som er typisk for mænd = MANDIG □ *et maskulint væsen · maskulin styrke · han er yderst maskulin* □ *maskulinitet*

maskulinum

SUBST. *-en* (el. *maskulinummen*) el. *-et* (el. *maskulinummet*), plur. *maskuliner* (el. *maskulina*), *maskulinerne* (el. *maskulinaene*)

et genus som substantiver har i nogle sprog, bl.a. ord som betegner noget mandligt; maskulinum findes ikke i dansk rigsmål, det er sammen med femininum blevet til fælleskøn = HANKØN □ *maskulinumsord*

masochisme

SUBST. *-n*
[*maso'kismə*]

oplevelse af seksuel lyst ved at lade sig pine og ydmyge af en anden ≠ SADISME □ *sadomasochisme*

masochist

SUBST. *-en,* plur. *-er, -erne*
/*maso'chist*/

en person der nyder at lade sig pine ≠ SADIST □ *nogle mener man skal være lidt af en masochist for at dyrke vinterbadning* • en person som opnår seksuel tilfredsstillelse ved at lade sig pine el. ydmyge ≠ SADIST □ *sadomasochist*

massage

SUBST. *-n,* plur. *-r, -rne*
[*ma'sa·sjə*]

1. behandling af muskler og led med gnidning, æltning, tryk el. vibrationer, i almindelighed for at fjerne spændinger og smerter □ *få massage for sin gigt · give massage* □ *massageklinik · massagebriks* □ *hjertemassage · rygmassage · sportsmassage*
2. = INTIMMASSAGE □ *massageapparat · massageklinik*

massageklinik

SUBST. *~klinikken,* plur. *~klinikker, ~klinikkerne*

1. et sted hvor man kan få massage
2. et sted hvor prostituerede modtager besøg af kunder = BORDEL

massagepige

SUBST. *-n,* plur. *-r, -rne*

en prostitueret på en massageklinik = INTIMMASSØSE, PROSTITUERET, LUDER

massakre

SUBST. *-n,* plur. *-r, -rne*
/*mas'sakre*/

drab el. lemlæstelse af et større antal personer på én gang = MASSEMORD, MYRDERI, BLODBAD

massakrere

VERB. *-r, -de, -t*
/*massa'krere*/

massakrere ng udføre en massakre på nogen = NEDSABLE, SLAGTE □ *landsbyens beboere blev massakreret ved overfaldet* • **massakrere ng(t)** tilføje nogen el. noget alvorlige lemlæstelser el. skader □ *ved bilulykken blev føreren helt massakreret*

masse

SUBST. *-n,* plur. *-r, -rne*

1. noget som ikke har en fast afgrænset form = SUBSTANS □ *dejen æltes til en smidig masse*
2. (fysik): den mængde stof som en genstand indeholder; angivelse i kg = VÆGT
3. en stor mængde af nogen el. noget □ *have masser af penge · en masse mennesker vil ind · jeg har en masse at fortælle · masserne gjorde oprør* □ *massedemonstration* □ *folkemasse*

massefylde

SUBST. *-n,* plur. *-r, -rne*

(fysik): et mål for *massen* i en kubikcentimeter af et stof; udregnes ved at dividere stoffets masse med dets rumfang = VÆGTFYLDE, DENSITET, MASSETÆTHED □ *bestemme et stofs massefylde · vand har en større massefylde end olie* • **relativ massefylde** massefylden af et bestemt stof i forhold til massefylden af vand □ *den relative massefylde af guld er 19,3*

massegods

SUBST. *-et*

gods sendt som en masse, fx korn el. malm ≠ STYKGODS

massegodsskib

SUBST. *-et,* plur. *-e, -ene*

= BULKCARRIER

massekommunikation

SUBST. *-en*

det at sende oplysninger, holdninger, underholdning o.l. på en gang til et større, anonymt publikum via massemedier

massemedie el. massemedium

SUBST. *-t,* plur. *-r, -rne*
(massemedium: *~mediet,* plur. *~medier, ~medierne*)

en formidlingskanal til at bringe informationer ud til mange mennesker, fx tv, radio og aviser □ *massemedierne har stor indflydelse på folks opfattelse af tingene*

massemord

SUBST. *-et,* plur. *~mord, -ene*

en række mord begået af én person el. drab el. lemlæstelse af et større antal personer på én gang ≠ SERIEMORD □ *begå massemord* □ *massemorder*

masseproduktion

SUBST. *-en,* plur. *-er, -erne*

produktion af et stort antal af den samme vare □ *sætte noget i masseproduktion · masseproduktion har nedbragt prisen på varen · masseproduktion og stordrift har haft sin pris*

massere

VERB. *-r, -de, -t*
[*ma'se'ɔ*]

massere ng(t) give nogen el. noget massage □ *blive masseret · massere stivheden væk*

massetiltrækning

SUBST. *-en*

den kraft som masser tiltrækker hinanden med, og som varierer med størrelsen af masserne og deres indbyrdes afstand; er kun mærkbar fra legemer med stor masse, fx planeter = TYNGDEKRAFT, GRAVITATION □ *massetiltrækningen bliver svagere når to legemer er langt fra hinanden* □ *massetiltrækningsloven*

massevis

ADV.

udtryk for at noget findes i store mængder = LÆSSEVIS, SPANDEVIS □ *der var massevis af fluer · han har massevis af penge* • **i massevis** = I LÆSSEVIS, I SPANDEVIS, EN MASSE □ *de har penge i massevis*

massiv[1]

SUBST. *-et,* plur. *-er, -erne*
/*mas'siv*/

= BJERGMASSIV □ *massiverne syd for Mount Everest*

massiv[2]

ADJ. *-t, -e*
/*mas'siv*/

1. som kun består af det ene materiale og ikke fx er hul el. fineret = KOMPAKT ≠ HUL □ *en massiv egetræsdør · en massiv stenkugle · en massiv sølvlysestage · massivt guld* □ *massivitet*
2. som er stor og omfattende = KRAFTIG □ *forslaget mødte massiv modstand · irakerne svarede med en massiv gengældelse · massiv uvidenhed* □ *massivitet*

massør

SUBST. *-en,* plur. *-er, -erne*
/*mas'sør*/

en person der som erhverv giver massage

massøse

SUBST. *-n,* plur. *-r, -rne*
/mas'søse/

1. en kvindelig massør
2. = MASSAGEPIGE

mast

SUBST. *-en,* plur. *-er, -erne*

en høj lodret stang af træ el. metal som bærer sejl, lossebom, lanterne el.lign. på et skib □ *et skib med tre master · rejse en mast · rigge en mast · kravle op i masten · kappe masten* □ *mastebalje · mastebjælke · mastebygger · mastehul* □ *fokkemast · mesanmast · stormast* • ⟨i sammensætn.⟩ en høj lodret indretning af metalgitterværk som bærer højspændingsledninger, en tv- el. radioantenne el.lign. □ *mastesignal* □ *højspændingsmast · lysmast · telefonmast*

master

SUBST. *-en,* plur. *-e, -ne*
['ma·sdɔ]

noget der bruges som original ved mangfoldiggørelse □ *masterbånd*

mastodont

SUBST. *-en,* plur. *-er, -erne*
[masdo'dɔn't]

1. nogen el. noget som er meget stort og uhåndterligt □ *han var en mastodont i dansk erhvervsliv · firmaet er en mastodont med filialer over hele verden* □ *mastodontisk · mastodontvirksomhed* □ *erhvervslivsmastodont*
2. en art elefant som nu er uddød

masturbation

SUBST. *-en,* plur. *-er, -erne*
[masdurba'sjo'n]

= ONANI

masturbere

VERB. *-r, -de, -t*
/mastur'bere/

= ONANERE

mat.

fork. for *matematik* el. *matematisk*

mat[1]

SUBST. *matten,* plur. *matter, matterne*

= SKAKMAT □ *han blev sat mat efter fem træk · skak og mat!*

mat[2]

ADJ. *- , matte; mattere, mattest*

1. = GLANSLØS □ *sølvtøjet var mat og kedeligt · hendes øjne var helt matte* • som er dæmpet i farven □ *matblå · matgrøn · matrød*
2. som ikke har nogen kræfter = KRAFTESLØS, SVAG, TRÆT, UDMATTET □ *hun var mat efter lang tids sygdom*

matador

SUBST. *-en,* plur. *-er, -erne*
[mata'do'r]

1. en tyrefægter som har til opgave at give tyren dødsstødet
2. en person der har en magtfuld stilling, ofte i kraft af sine penge □ *finansverdenens matadorer* □ *byggematador*
3. et brætspil for to el. flere personer som slår med to terninger og hver flytter en brik rundt på brættet; det gælder om at købe, udleje og sælge skøder og ejendomme og derved at blive den rigeste spiller og spillets matador □ *matadorspil*
4. en af de tre eller fire højeste trumfer i spillet l'hombre

match

SUBST. *-en,* plur. *-er, -erne*
['madsj]

en sportskonkurrence = KAMP, DYST □ *Danmark vandt den medrivende match · en hårdt spillet match* □ *matchvinder*

matchbold

SUBST. *-en,* plur. *-e, -ene*

den bold i det sidste serveparti som kan afgøre en sportskamp; kun i boldspil der spilles i sæt, fx badminton el. tennis □ *matchbold i egen serv · holdet har matchbold · hun havde fem matchbolde i træk, men tabte alligevel kampen*

matche

VERB. *-r, -de, -t*

1. matche med ngt passe sammen, især med hensyn til farve □ *handsker og taske matcher · hendes bluse matcher med bukserne*
2. matche ng(t) fremvise tilsvarende egenskaber som nogen el. noget □ *ingen kan matche hende i dygtighed · han har opnået resultater som ingen andre kan matche · banken matcher forsikringsselskabet størrelsesmæssigt*
3. matche ng(t) mod ng(t) (i sport): lade to personer el. hold dyste mod hinanden □ *matche en bokser mod en anden*

matematik

SUBST. *matematikken,* plur. *matematikker, matematikkerne*
/matema'tik/

læren om tal og forbindelsen mellem dem om figurernes form □ *matematiker · matematisk · matematikbog · matematiklærer* • **anvendt matematik** matematiske discipliner som *statistik, sandsynlighedsteori* og *rationel mekanik* • **ren matematik** matematiske discipliner som *algebra, aritmetik, geometri* og *mængdelære*

matematiker

SUBST. *-en,* plur. *-e, -ne*
/mate'matiker/

en person der beskæftiger sig med matematik som erhverv el. som har kundskaber i matematik □ *han er nu ikke nogen stor matematiker* • en matematisk student □ *jeg var sproglig, men Ulla var matematiker*

materiale

SUBST. *-t,* plur. *-r, -rne*
/materi'ale/

1. et stof el. hjælpemiddel som bearbejdes og indgår i fremstillingen af noget □ *huset var bygget af solide materialer · kunstneren arbejder kun med naturens egne materialer · jern er et metalisk materiale · gummi er et ikke-metallisk materiale* □ *materialeliste · materialemangel* □ *byggemateriale · råmateriale*
2. informationer som bearbejdes intellektuelt og anvendes inden for fx videnskab og litteratur som grundlag for bøger, artikler o.l. □ *indsamle materiale til en videnskabelig afhandling · historisk materiale · statistisk materiale* □ *materialesøgning* □ *bevismateriale · undervisningsmateriale*
3. = MATERIEL □ *materialeforvalter · materialeskur*

materialisere

VERB. *-r, -de, -t*
/materiali'sere/

materialisere sig blive til en konkret fysisk genstand □ *ideerne materialiserede sig i konkrete tilbud · de utydelige skygger materialiserede sig lidt efter lidt til en gruppe nonner i flagrende gevandter* □ *materialisering*

materialisme

SUBST. *-n*
/materia'lisme/

en livsopfattelse der lægger vægt på materielle goder, og som anser disse for at være de vigtigste i livet • (filosofi): en opfattelse der hævder at virkeligheden er af stoflig natur og at der ikke findes en åndelig virkelighed ≠ IDEALISME, SPIRITUALISME

materialist

SUBST. *-en,* plur. *-er, -erne*
/materia'list/

1. en butik med bl.a. sygeplejeartikler, kosmetik, toiletartikler, helsekost og kemikalier = MATERIALHANDEL □ *henne hos materialisten* • en person der arbejder i el. driver en sådan forretning = MATERIALHANDLER
2. en person der lægger vægt på materielle goder
3. en tilhænger af den filosofiske materialisme

materialistisk

ADJ. *- , -e*
/materia'listisk/

som udelukkende stræber efter materielle goder, fx ejendom, ting og mad □ *ungdommen er som regel meget materialistisk indstillet · en materialistisk indstilling · et materialistisk synspunkt* • **materialistisk historieopfattelse** en opfattelse som anser de økonomiske forhold i et samfund for at være de mest betydningsfulde for historiens udvikling □ *Marx' lære bygger på den materialistiske historieopfattelse*

materie

SUBST. *-n*
/ma'terie/

1. = PUS □ *såret var fyldt med materie*
2. stoffet i den fysiske verden i modsætning til den åndelige = STOF □ *der var kun død materie tilbage*
3. <plur. *-r, -rne*> (glds.): emne for en samtale el. et værk = EMNE □ *de talte om højere videnskabelig materie · dramaets materie*

materiel[1]

SUBST. *materiellet*
/materi'el/

teknisk udstyr □ *stille materiel til rådighed · materiel til atomvåben · redningsfolkene mangler nyt materiel · generalen fremviste dynger af våben og andet materiel* □ *antennemateriel · artillerimateriel · atommateriel · krigsmateriel · øvelsesmateriel* • **rullende materiel** (militær): = KØRETØJER

materiel[2]

ADJ. *-t, materielle*
/materi'ell/

1. som har fast form el. hører til den konkrete virkelighed = STOFLIG ≠ IMMATERIEL □ *den materielle verden • ulykken forårsagede store materielle skader*
2. som har at gøre med menneskets ydre behov ≠ IDEER □ *materielle behov som penge og mad • materiel velstand*

matiné el. matine

SUBST. *-en,* plur. *-er, -erne*
/mati'né/

en eftermiddagsforestilling i fx en koncertsal □ *søndagsmatiné*

matjessild

SUBST. *-en,* plur. *~sild, -ene*

en sild som endnu ikke er kønsmoden = JOMFRUSILD

matriarkalsk

ADJ. *-, -e*
/matriar'kalsk/

som præges af at moren er overhoved i familien □ *et matriarkalsk familiemønster*

matriarkat

SUBST. *-et,* plur. *-er, -erne*
[matria'ka't]

en samfundsform hvor moren er familiens overhoved, og hvor magten i samfundet er samlet hos kvinderne ≠ PATRIARKAT

matrikel

SUBST. *matriklen,* plur. *matrikler, matriklerne*
/ma'trikel/

1. en fortegnelse over et lands faste ejendomme □ *matrikelkort • matrikelnummer • matrikelstyrelse*
2. en fortegnelse over de personer der hører til en institution; især over studerende på et universitet

matrikelnummer

SUBST. *-et* (el. *~numret*), plur. *~numre, ~numrene*
fork. *matr.nr.*

en ejendoms nummer i matriklen □ *huset er både forsynet med et husnummer og et matrikelnummer*

matrix

SUBST. *-en* (el. *matricen*), plur. *-er* (el. *matricer*), *-erne* (el. *matricerne*)

en opstilling af matematiske størrelser i rækker og søjler

matrixprinter

SUBST. *-en,* plur. *-e, -ne*

en printer hvor tegnene trykkes mod papiret med nåle, og hvor hvert tegn er opbygget af punkter inden for en *matrix* ≠ LASERPRINTER

matr.nr.

fork. for *matrikelnummer*

matrone

SUBST. *-n,* plur. *-r, -rne*

(glds.): en ældre og værdig kvinde, især om en gift kvinde □ *hun er en skikkelig matrone* □ *matroneværdighed* • (neds.): en stor, tyk kvinde □ *hun er blevet en ordentlig matrone • sikke en matrone!* □ *matroneagtig*

matros

SUBST. *-en,* plur. *-er, -erne*
/ma'tros/

en sømand som gør dækstjeneste på et skib □ *påmønstre som matros* □ *bolværksmatros • letmatros* • **befaren matros** en matros der har ca. et års sejltid og uddannelse • **ubefaren matros** en matros med under ca. et års sejltid og uddannelse; kaldtes tidligere *dæksdreng, letmatros* og *ungmand*

matrosbluse

SUBST. *-n,* plur. *-r, -rne*

en langærmet bluse af tykt, mørkeblåt stof med stor firkantet krave og hvide bånd på krave og ærmer; trækkes over hovedet = SØMANDSBLUSE

matroshue

SUBST. *-n,* plur. *-r, -rne*

en flad, rund, skyggeløs hue som enten er mørkeblå el. hvid, og som har et bånd med skibsnavn = SØMANDSHUE

matroskrave

SUBST. *-n,* plur. *-r, -rne*

en stor, firkantet krave af mørkeblåt stof med påsyede hvide bånd, normalt to; går ned i en spids foran hvor den ofte fortsætter i et slips = SØMANDSKRAVE

maurer

SUBST. *-en,* plur. *-e, -ne*

en person fra den vestlige del af Nordafrika som tilhører den berbiske el. arabiske race; især om de arabere der i middelalderen trængte op i Spanien = MOR □ *maurisk*

mauretanier

SUBST. *-en,* plur. *-e, -ne*
/maure'tanier/

en person fra Mauretanien

mauretansk

ADJ. *-, -e*
/maure'tansk/

som har at gøre med Mauretanien

maurisk

ADJ. *-, -e*

som har at gøre med maurerne □ *mauriske søjler • i maurisk stil*

mauritier

SUBST. *-en,* plur. *-e, -ne*
/mau'ritier/

en person fra Mauritius

mauritisk

ADJ. *-, -e*
/mau'ritisk/

som har at gøre med Mauritius

mausel

SUBST. *en*

et kortspil hvor det går ud på at tage stik og forhindre de andre spillere i at få stik

mausoleum

SUBST. *mausoleet,* plur. *mausoleer, mausoleerne*
[mawso'læ'åm]

en bygning af sten bygget over en grav som monument for den begravede person

mauve

ADJ.
['må'v]

med en sart rødviolet farve som blomsterne hos planten katost

mave[1]

SUBST. *-n,* plur. *-r, -rne*

forsiden af kroppen under brystet som bl.a. indeholder lever, mavesæk og tarme = BUG, VOM, SKRUTTEN □ *de holdt sig på maven af grin • han lå på maven og solede sig • hun havde ondt i maven • jeg er så rasende at jeg kunne slå hovedet ned i maven på ham* □ *mavekatar • mavepine • maveport • mavesyre • mavesæk • mavesår* □ *strutmave • topmave* • **hård mave** = FORSTOPPELSE ≠ TYND MAVE □ *hun havde hård mave i flere dage* • **tynd mave** have tynd afføring = DIARRÉ ≠ HÅRD MAVE □ *turisterne fik tynd mave af den fremmede mad* • **luft i maven** se under *luft* • **på tom mave** uden at have spist noget i længere tid □ *man kan ikke arbejde på tom mave* • **slå mave** slappe af efter at have spist □ *han lå og slog mave på sofaen* • **få mave** blive tyk om livet □ *efter han er blevet kontormand har han fået mave* • **gå med ng(t) i maven** ønske at blive noget særligt □ *han gik med en borgmester i maven* • **ligge på maven for ng** beundre nogen meget □ *de lå på maven for den smukke kvinde*

mave[2]

VERB. *-r, -de, -t*

mave sig {frem} krybe på maven □ *hun mavede sig frem gennem det høje græs • drengen mavede sig ind under sofaen efter bolden*

mavebælte

SUBST. *-t,* plur. *-r, -rne*

1. et bælte, ofte af stof, som sidder hen over maven for at støtte el. varme □ *gå med uldent mavebælte* • et bælte på midten af noget □ *en cigar med mavebælte*
2. et bælte hvorpå der sidder en lille taske foran på maven

mavedans

SUBST. *-en,* plur. *-e, -ene*

en orientalsk kvindedans med vuggende og svingende bevægelser med maven og hofterne

maveforkølelse

SUBST. *-n,* plur. *-r, -rne*

en forkølelse i maven som ofte er forårsaget af kulde

mavekatar

SUBST. *-en,* plur. *-er, -erne*

en akut el. kronisk betændelse i mavesækkens slimhinde

mavekneb

SUBST. *-et,* plur. *~kneb, -ene*

anfaldsvise, knibende smerter i maven; kan fx skyldes kolik, en maveinfektion el. brok = KOLIK, MAVEPINE, MAVESMERTER □ *han fik altid mavekneb til eksamen*

mavemund

SUBST. *-en,* plur. *-e, -ene*

åbningen mellem spiserøret og mavesækken ≠ MAVEPORT □ *mavemundsforsnævring*

maveonde

SUBST. *-t,* plur. *-r, -rne*

en infektion i mavesækken som fx medfører diaré □ *hun blev hjemme fra skole pga. et maveonde*

mavepine

SUBST. *-n,* plur. *-r, -rne*

smerter i maven = MAVEKNEB □ *han fik altid mavepine til eksamen*

maveplasker el. **maveplaster**

SUBST. *-en,* plur. *-e, -ne*

et slag på maven som man får når man ved udspring rammer vandoverfladen forkert□ *hun fik en ordentlig maveplasker da hun sprang ud fra vippen*

maveport

SUBST. *-en,* plur. *-e, -ene*

åbningen i den nederste del af mavesækken hvorigennem føden går over i tarmen ≠ MAVEMUND

mavesaft

SUBST. *-en,* plur. *-er, -erne*

en væske som afsondres af mavens kirtler, og som indeholder saltsyre, slim og en række stoffer der har betydning for fordøjelsen□ *tabletterne hæmmer produktionen af mavesaft • maven afsondrer mellem en og tre liter mavesaft i døgnet* □ *mavesaftsekretion*

mavesur

ADJ. *-t, -e*

som vidner om dårligt humør =GNAVEN, SUR □ *en mavesur bemærkning • mavesur kritik*

mavesyre

SUBST. *-n*

en syre der findes i *mavesaften,* og som kan forvolde ubehag i form af sure opstød, halsbrand m.m. □ *have for meget mavesyre • en overproduktion af mavesyre kan give mavesår*

mavesæk

SUBST. *~sækken,* plur. *~sække, ~sækkene*

et hult organ i legemet mellem spiserør og tarme hvor føden nedbrydes

mavesår

SUBST. *-et,* plur. *~sår, -ene*

et sår på mavesækkens slimhinde el. i tolvfingertarmen som skyldes overproduktion af mavesyre, ofte pga. stress □ *han havde blødende mavesår* □ *mavesårsoperation*

mayday

SUBST.
[*ˈmæjdæj*]

et internationalt radiofonisk nødsignal brugt af fly og skibe = SOS

mayonnaise el. **majonæse**

SUBST. *-n,* plur. *-r, -rne*
[*majoˈnæ·sə*]

en tyk, kold sovs af æggeblommer der er rørt med olie og krydderier; bruges som grundsubstans i andre kolde sovse og dressinger, som pynt på pålæg m.m.□ *en tube mayonnaise• røre mayonnaise • mayonnaisen skiller* □ *mayonnaisedressing* □ *karrymayonnaise • kaviarmayonnaise • salatmayonnaise*

mazarin

SUBST. *-en,* plur. *-er, -erne*
[*masaˈriˀn*]

en mandeldej som bruges til tørkager □ *mazarinkage • mazarinmasse*

mazurka

SUBST. *-en,* plur. *-er, -erne*
[*maˈsurga*]

en pardans i 3/4 takt

MB

1. fork. for *megabyte*
2. fork. for *mellembølge*

mb

fork. for *millibar*

mbar

fork. for *millibar*

mc

SUBST. *mc'en,* plur. *mc'er, mc'erne*

1. fork. for *motorcykel*
2. fork. for *musikkassette*

md.

1. fork. for *mand*
2. fork. for *måned*

mdl.

1. fork. for *mandlig*
2. fork. for *månedlig*

mdr.

fork. for *måneder*

mdtl.

fork. for *mundtlig*

med.

fork. for *medicin* el. *medicinsk*

med[1]

SUBST.

uden mål og med uden plan el. formål □ *han drev om uden mål og med*

med[2]

PRÆP., ADV.
fork. *m.*

1. udtryk for et følgeskab el. fællesskab □ ⟨PRÆP.⟩ *jeg går med Thomas hen til købmanden • vi tog på ferie med børnene • jeg snakker med Tina om det • hun ankom sammen med sin mand • jeg drikker kaffe med sukker og fløde • med dig bliver vi ti • han kommer sammen med min søster • de skændtes med min mor •* ⟨ADV.⟩ *vil du med? • kom nu med! • jeg tager med ind til byen* □ *medarbejder • medbejler • medbestemmelse • medborger • medejer • medfange • medindehaver • medregne* • ⟨PRÆP.⟩ udtryk for at noget bevæger sig i samme retning el. at nogen kæmper for samme sag ≠ MOD □ *han sejlede med vinden • hun følger altid med strømmen • de kæmpede med englænderne mod tyskerne* □ *medbør • medvind*
2. ⟨PRÆP.⟩ udtryk for en holdning, stemning, ledsagende gestus o.l. □ *han sagde det med et glimt i øjet • det er med beklagelse at jeg bliver nødt til at fyre ham • det var med stor glæde i stemmen at hun hilste sin far • han stod der med hatten i hånden • hun løb af sted med håret flagrende i vinden* • ⟨PRÆP.⟩ udtryk for at noget angår el. påvirker nogens eller nogets situation el. holdning □ *hvad er der med dig? • det med den stjålne ring var noget kedeligt noget • jeg er bekendt med den sag • vær forsigtig med den kniv! • jeg er utilfreds med din opførsel* • **{ud} med ng(t)** udtryk for at en handlig er rettet mod noget el. nogen □ *af med tøjet! • op med humøret! • ud med sproget! • ned med kongen! • ud med dommeren!* • **hvad med** udtryk for at man foreslår noget□ *hvad med en øl? • hvad med at tage i skoven på tirsdag?* • **hvad med** hvordan går det med □ *min kone har det fint, hvad med din?*
2. ⟨PRÆP.⟩ udtryk for et middel□ *han kørte med bus • hun rejste med toget • send mig det med posten • han skriver med blyant • hun spiser med kniv og gaffel • insektet kan ses med det blotte øje • han betalte med en check • hun skriver med store bogstaver • med et andet ord kan man kalde ham en simpel tyveknægt* • ⟨PRÆP.⟩ udtryk for mål el. værdi□ *han forlænger ferien med tre uger • prisen faldt med 10% • det tal skal ganges med fem • Kroatien vandt over Danmark med 3-0*
4. udtryk for tilhørsforhold, indhold el. besiddelse, evt. midlertidig□ ⟨PRÆP.⟩ *pigen med den grønne frakke • en dame med blå hat • en mand med store evner • du med dine skøre idéer • en kone med fire børn • en mand med træben • et stykke brød med sild • bøf med løg • en kasse med champagne • en kurv med blomster • hun er i familie med mig • hun er forlovet med min bror •* ⟨ADV.⟩ *har du ingen madpakke med?* □ *medbringe*
5. **fra og med** begyndende med fx en bestemt dag og inklusive denne □ *han arbejder her fra og med den første i måneden* • **til og med** afsluttende med fx en bestemt dag og inklusive denne □ *han arbejder her til og med på næste torsdag* • **til og med** = ENDOG □ *han er meget intelligent og så ser han til og med godt ud*
6. i forsk. forb.: *med* forkommer desuden med andre betydninger i forskellige forbindelser, fx

følge med, holde med, tælle med og **med henblik på, med hensyn til, med vilje** se *følge, holde, tælle* og *henblik, hensyn, vilje* osv.

medalje

SUBST. *-n,* plur. *-r, -rne*
/me'dalje/

1. et møntlignende stykke metal hvorpå der er præget figurer og inskription; gives fx som belønning for en modig handling el. som præmie i en sportskonkurrence □ *fremstille en medalje* · *blive tildelt en medalje* □ *medaljesamling* · *medaljevinder* □ *bronzemedalje* · *fortjenstmedalje* · *guldmedalje* · *tapperhedsmedalje*
2. en kage der er lavet af to små, runde mørdejsbunde som er lagt sammen med kagecreme og overtrukket med glasur

medaljetager

SUBST. *-en,* plur. *-e, -ne*

en vinder af en medalje i en sportskonkorrence = MEDALJEVINDER

medaljon

SUBST. *-en,* plur. *-er, -erne*
[medal'jɔŋ]

1. et halssmykke el. en broche som evt. kan åbnes, og som indeholder et miniatureportræt □ *hun bar en medaljon med sin mands billede* □ *guldmedaljon*
2. et rundt el. ovalt billede på fx en vase el. et monument
3. ⟨i sammensætn.⟩ en lille skive stegt, fint kød □ *kalvemedaljon*

medaljør

SUBST. *-en,* plur. *-er, -erne*
/medal'jør/

en kunsthåndværker der fremstiller og stempler modeller til medaljer og mønter

medansvar

SUBST. *-et*

det at have del i et ansvar □ *han har medansvar for kassen*

medarbejder

SUBST. *-en,* plur. *-e, -ne*

en person som er ansat i fx et firma, og som arbejder sammen med andre = ANSAT □ *medarbejderne i firmaet* · *være medarbejder på et dagblad* □ *medarbejdergode* · *medarbejdersamtale* · *medarbejderdemokrati* • en person som er en del af det underordnede personale □ *chefen og hans medarbejdere*

medbejler

SUBST. *-en,* plur. *-e, -ne*

(glds.): en person der sammen med en el. flere andre søger at vinde en kvindes kærlighed □ *han har mange medbejlere* · *en farlig medbejler*

medborger

SUBST. *-en,* plur. *-e, -ne*

en person der bor i samme område som én selv, fx i samme land el. by □ *de ældre medborgere i kommunen* · *som medborger følte han sig nødt til at protestere over lokalplanen* □ *medborgerhus* · *medborgerindflydelse*

medborgerhus

SUBST. *-et,* plur. *-e, -ene*

et hus som bruges af en bys beboere til møder og forskellige aktiviteter

medbringe

VERB. *-r, ~bragte, ~bragt*

medbringe ngt tage noget med sig et sted hen □ *man skal selv medbringe drikkevarer til festen*

medbør

SUBST. *-en*

= MEDVIND □ *sejle for medbør*

medd.

fork. for *meddelelse*

meddelagtig

ADJ. *-t, -e*
/meddel'agtig/

som har medvirket til noget = DELAGTIG □ *han var meddelagtig i røveriet* □ *meddelagtighed*

meddele

VERB. *-r, meddelte, meddelt*

meddele ng ngt give nogen oplysning om noget = FORTÆLLE, UNDERRETTE, RAPPORTERE, BEKENDTGØRE □ *han meddelte forsamlingen at han trak sig tilbage* □ *meddelelse* • **meddele sig** give sine tanker og følelser udtryk □ *han har vanskeligt ved at meddele sig til andre*

meddelelse

SUBST. *-n,* plur. *-r, -rne*
fork. *medd.*

en oplysning som gives om noget = BESKED, UNDERRETNING □ *meddelelsesbog* · *meddelelsesmiddel*

meddeler

SUBST. *-en,* plur. *-e, -ne*

en person som videregiver oplysninger = INFORMANT □ *folkemindesamlerens meddeler af eventyret var en gammel kone* · *politiet fik opklaret sagen ved hjælp af deres meddelere*

meddelsom

ADJ. *-t, meddelsomme*
/med'delsom/

villig til el. ivrig efter at fortælle noget □ *hun var meget meddelsom* · *han er ikke videre meddelsom, han er den tavse type*

mede[1]

SUBST. *-n,* plur. *-r, -rne*

hver af de to skinner som en kælk el. en kane glider over sneen på

mede[2]

VERB. *-r, -de, -t*

fiske med line hvortil der er fastgjort et *flåd* og en krog med madding på □ *medefisker* · *medefiskeri* · *medesnor* · *medestang*

medens

KONJ.

se *mens*

medestang

SUBST. *-en,* plur. *~stænger, ~stængerne*

en lang fiskestang til medefiskeri; især om en stang uden hjul og med linen fastgjort til enden af stangen

medfart

SUBST. *-en*

= BEHANDLING □ *fodboldholdet fik en hård medfart* · *anmelderen gav forestillingen en ublid medfart*

medflg.

fork. for *medfølgende*

medfødt

ADJ. *-* , *-e*

som man er født med = ARVELIG, NATURGIVEN ≠ TILLÆRT □ *en medfødt skavank* · *et medfødt talent*

medfølelse

SUBST. *-n*

det at kunne sætte sig ind i andres lidelser og have ondt af dem □ *hun græd af medfølelse* · *vise medfølelse med de efterladte*

medfølende

ADJ.

som kan sætte sig ind i andres problemer og have ondt af dem □ *et medfølende sind* · *et medfølende brev*

medfør

SUBST.

i medfør af (form.): som en følge af □ *i medfør af lov nr. 90 af 13. april 1987* • **i embeds medfør** se under *embede*

medføre

VERB. *-r, medførte, medført*

1. medføre ngt være årsag til at noget sker = BEVIRKE, FORÅRSAGE, AFFØDE, AFSTEDKOMME, FREMKALDE, INDEBÆRE, IMPLICERE, VÆRE FORBUNDET MED □ *sygdommen medfører lammelser* · *krigen medførte en standsning af togtrafikken* · *regeringsskiftet medførte store forandringer*
2. medføre ngt transportere nogen el. noget med sig □ *færgen medfører ikke biler* · *han medførte en fange*

medgang

SUBST. *-en*

held og fremgang i det man foretager sig = MEDVIND ≠ MODGANG □ *de følges ad i medgang og modgang* · *hun har haft stor medgang i livet*

medgift

SUBST. *-en*

værdier som forældre i visse kulturer giver en datter med når hun indgår ægteskab □ *de havde ikke råd til at betale den medgift brudgommens familie forlangte*

medgive

VERB. *-r, medgav, -t*

1. medgive ng ngt (glds.): give nogen ret i noget = INDRØMME, ERKENDE, TILSTÅ □ *jeg må medgive*

Hans at beslutningen kan få uheldige bivirkninger · han medgav at modstanderen var dygtigere □ *medgivelse*
2. medgive ngt (form.): anføre el. vedlægge yderligere oplysninger □ *husk at medgive oplysninger om B-indtægter på selvangivelsen* □ *medgivelse*

medgørlig

ADJ. *-t, -e*
/med'gørlig/

som er nem at have med at gøre = FØJELIG, OMGÆNGELIG □ *medgørlig og fredelig · være medgørlig* □ *medgørlighed*

medgå

VERB. *-r, medgik, -et*

medgå til ngt (form.): kræves el. forbruges; især om tid og penge □ *der vil medgå to millioner kg sand til opfyldningsarbejdet · der vil medgå fire dage med forberedelser · beløbet medgår til finansiering af omkostningerne* • **medgående** som går i samme retning som én selv ≠ MODGÅENDE □ *en medgående strøm · trafik i medgående retning*

medhjælp

SUBST. *-en*

en person som går nogen til hånde i et firma = MEDHJÆLPER, ASSISTENT, HÅNDLANGER □ *huslig medhjælp søges · hun er medhjælp i en forretning* □ *kontormedhjælp · vuggestuemedhjælp*

medhjælper

SUBST. *-en,* plur. *-e, -ne*

en person som hjælper til, fx i en butik el. på en gård = ASSISTENT, MEDHJÆLP □ *butiksmedhjælper · gartnermedhjælper · landbrugsmedhjælper*

medhold

SUBST. *et*

give ng medhold i ngt støtte nogen i et synspunkt el. i et krav □ *retten gav ham medhold i hans krav · han gav ham medhold i at prisen var alt for høj*

medhustru

SUBST. *-en,* plur. *-er, -erne*

en kvinde hvis ægtemand er gift med flere kvinder; forekommer i kulturer der tillader *polygami* □ *den ældste hustru havde flere rettigheder end sine medhustruer*

medhør

SUBST. *et,* plur. *medhør*

en højttaler i en telefon der kan slås til således at stemmen i røret kan høres ude i rummet

median

SUBST. *-en,* plur. *-er, -erne*

1. (geometri): en linie i en trekant der går fra en vinkelspids til midtpunktet af den modstående side
2. (statistik): den midterste værdi i et ulige antal af værdier der er ordnet efter størrelse, fx værdien 7 i mængden {1, 4, 7, 20, 43}

medicin

SUBST. *-en,* plur. *-er, -erne*
/medi'cin/

1. = LÆGEMIDDEL □ *tag din medicin · medicin mod hoste* □ *medicinal · medicinglas · medicinskab · medicintilskud* □ *håndkøbsmedicin · naturmedicin · nervemedicin · patentmedicin*
2. læren om sundhed og sygdomme i krop og sind hos mennesket = LÆGEVIDENSKAB □ *han læser medicin* □ *medicinal · mediciner · medicinsk* □ *arbejdsmedicin · neuromedicin · nuklearmedicin · retsmedicin · socialmedicin*

medicinaldirektør

SUBST. *-en,* plur. *-er, -erne*

øverste leder af Sundhedsstyrelsen i Danmark som er embedsmand under Indenrigsministeriet

mediciner

SUBST. *-en,* plur. *-e, -ne*
/medi'ciner/

1. en person som er lægestuderende el. læge
2. en læge der behandler sygdom med medicin ≠ KIRURG

medicinmand

SUBST. *-en,* plur. *~mænd, ~mændene*

1. en person der søger at behandle syge gennem kontakt med ånderne, især hos primitive folkeslag □ *stammens medicinmand helbredte ham · medicinmanden var den klogeste iblandt dem*
2. (spøg.): = LÆGE

medicinsk

ADJ. *- , -e*
/medi'cinsk/

1. som har at gøre med lægevidenskab = LÆGEVIDENSKABELIG □ *medicinsk forskning*
2. som bruger medicin til at behandle sygdom med ≠ KIRURGISK □ *medicinsk afdeling · medicinsk behandling af forhøjet blodtryk*

medie el. medium

SUBST. *mediet,* plur. *medier, medierne*

1. ⟨plur. også *media, mediaene*⟩ en kanal for udbredelse af information, bl.a. tv, radio og aviser □ *tv og radio er magtfulde medier · de trykte medier · omtale i medierne · kampagne i medierne · interaktive medier* □ *mediebegivenhed · medieforsker · mediekundskab · mediepolitik* □ *billedmedie · massemedie · multimedia*
2. = TALERØR □ *skuespilleren er medium for forfatternes tanker* • en person som kan komme i kontakt med de døde

mediebegivenhed

SUBST. *-en,* plur. *-er, -erne*

en begivenhed der er skabt af medierne selv el. af personer der vil påkalde sig mediernes opmærksomhed

medieforsker

SUBST. *-en,* plur. *-e, -ne*

en person der forsker i medierne, bl.a. i den effekt som de har på brugerne □ *medieforskerne undersøger reklamers virkning på børn*

mediepolitik

SUBST. *~politikken*

et politisk program for hvordan de offentlige medier skal opbygges og forvaltes □ *mediepolitisk*

medieværksted

SUBST. *-et,* plur. *-er, -erne*

et værksted fx på skole hvor der er adgang til forskellige medier som båndoptager, video, computer, fjernsyn m.m.

medikament

SUBST. *-et,* plur. *-er, -erne*
/medika'ment/

et lægemiddel el. en del af et lægemiddel

medikamentel

ADJ. *-t, medikamentelle*
[medikamæn'tæl']

ved hjælp af medikamenter □ *medikamentel behandling af en sygdom*

medikus

SUBST. *-en* (el. *medikussen*), plur. *-er* (el. *medikusser*), *-erne* (el. *medikusserne*)
['me'dikus]

(glds., spøg.): = LÆGE □ *hofmedikus*

medindehaver

SUBST. *-en,* plur. *-e, -ne*

en person som ejer noget sammen med andre = MEDEJER □ *han blev medindehaver af sin svigerfars firma*

medio

ADV.

medio {august} omkring midten af en måned: mere præcist: inden for perioden fra den 11. til den. 20. af en måned el., ved handel med værdipapirer og ved angivelse af vekslers forfaldsdag, den 15. i måneden ≠ PRIMO, ULTIMO □ *varerne bliver leveret medio december · tiltrædelse medio august* • **medio {halvtreds}** inden for den midterste del af det tiår der begynder med det angivne tal □ *han er medio halvtreds*

medister

SUBST. *-en*
/me'dister/

= MEDISTERPØLSE

medisterpølse

SUBST. *-n,* plur. *-r, -rne*

en lang, tynd, grålig pølse af svinekød, spæk og krydderier; spises stegt el. kogt = MEDISTER □ *hjemmelavet medisterpølse · røget medisterpølse*

meditation

SUBST. *-en,* plur. *-er, -erne*
[medita'sjo'n]

jf. *meditere* □ *de gik til transcendental meditation på aftenskole* □ *meditationskursus · meditationsrum · meditationsøvelse* • **transcendental meditation** en indisk meditationsform præget af hinduismen; man mediterer ved at gentage et *mantra* hensunket i dyb hvile • **meditation over ngt** = KONTEMPLATION □ *meditationer over livet og døden · hun sad hensunken i dyb meditation over hans sidste ord*

meditere

VERB. *-r, -de, -t*
/medi'tere/

fordybe sig i en indadvendt koncentration der skal rense sindet for tanker □ *hun forbereder sig til vigtige opgaver ved at meditere 20 minutter hver morgen* • **meditere over ngt** spekulere dybt og eftertænksomt over noget □ *du mediterer for meget over fremtiden*

mediterran

ADJ. *-t, -e*
/mediter'ran/

som har at gøre med Middelhavet og Middelhavslandene

medium[1]

SUBST.

se *medie*

medium[2]

ADJ.

midt imellem, fx om hvor hårdt noget er el. om hvor meget kød skal steges □ *skal tandbørsten være blød, medium elller hård?* · *vil du have kødet rødt, medium eller gennemstegt?* □ *mediumstegt* • ⟨fork. *M*⟩ tøjstørrelse mellem *large* og *small* □ *en skjorte i størrelse medium* · *kjolen fås i medium og small* □ *mediumstørrelse*

medl.

fork. for *medlem*

medlem

SUBST. *medlemmet,* plur. *medlemmer, medlemmerne*

nogen el. noget som tilhører en bestemt gruppe, fx en forening, et parti el. en familie □ *være medlem af partiets ungdomsafdeling* · *indkalde medlemmerne til ekstraordinær generalforsamling* · *medlem af Folketinget* · *klubben er kun for medlemmer* · *musen er et af de mindste medlemmer af pattedyrsfamilien* □ *medlemsfortegnelse* · *medlemskort* □ *familiemedlem* · *folketingsmedlem* · *partimedlem* · *æresmedlem* • en stat el.lign. som tilhører en international organisation el. alliance □ *Danmark er medlem af NATO*

medlemskab

SUBST. *-et,* plur. *-er, -erne*

det at være formelt medlem af en gruppe, organisation el.lign. □ *forny sit medlemskab af foreningen* · *opsige sit medlemskab* · *Danmarks medlemskab af EU*

medleven

SUBST. *en*

det at udvise interesse og deltagelse □ *hans medleven i mine vanskeligheder hjalp mig*

medley

SUBST. *-et*
[*'mædli*]

1. en svømmedisciplin med de fire svømmearter: rygsvømning, brystsvømning, butterfly og crawl □ *hun vandt konkurrencen i 400 m medley*
2. et potpourri af forskellige populære melodier

medlidende

ADJ.

som føler med personer der har det dårligt □ *hun sendte ham et medlidende blik* · *han kiggede medlidende på hende*

medlidenhed

SUBST. *-en*
/med'lidenhed/

det at føle med personer der har det dårligt = MEDYNK ≠ SKADEFRYD □ *jeg har medlidenhed med hende* · *de følte alle stor medlidenhed med den unge enke* · *hun inviterede hende kun indenfor af medlidenhed* · *vække nogens medlidenhed* □ *medlidenhedsfølelse*

medlidenhedsdrab

SUBST. *-et,* plur. *~drab, -ene*

et drab som begås af en nær slægtning el. en ven af medlidenhed for at befri en uhelbredelig syg person for stærke lidelser og derved sikre vedkommende en smertefri død = AKTIV DØDSHJÆLP, EUTANASI

medlyd

SUBST. *-en,* plur. *-e, -ene*

= KONSONANT □ *medlydsfordobling*

medløber

SUBST. *-en,* plur. *-e, -ne*

en person der slutter sig til en bevægelse, et parti el. en gruppe uden personligt engagement

medmenneske

SUBST. *-t,* plur. *-r, -rne* (el. *-ne*)

en person som tilhører det menneskelige fællesskab = NÆSTE □ *man skal tage hensyn til sine medmennesker* □ *medmenneskelig*

medmenneskelig

ADJ. *-t, -e*

som viser kærlighed til andre mennesker = MENNESKEKÆRLIG □ *han er en meget medmenneskelig person*

medmindre

KONJ.
/med'mindre/

hvis ikke □ *du kan ikke komme ind medmindre du har en nøgle* · *jeg skal holde jul hjemme medmindre de inviterer mig i sidste øjeblik* · *hun havde ikke tænkt sig at gøre det medmindre det var et direkte krav*

medoc

SUBST. *en*
/me'doc/

en vin fra distriktet Médoc i Sydvestfrankrig

medregne

VERB. *-r, -de, -t*

medregne ng(t) tælle nogen el. noget med = IBEREGNE, INKLUDERE □ *medregner vi os selv, bliver vi 25 til festen* · *betjening er ikke medregnet i prisen*

medregnet

ADJ. *- , medregnede*

= INKLUSIVE □ *morgenmaden koster 25 kr., kaffe medregnet*

medsammensvoren

SUBST. *en, den ~svorne,* plur. *~svorne, de ~svorne*

en person der har gjort sig skyldig i el. planlægger en ulovlig handling sammen med en anden □ *de var alle medsammensvorne i komplottet* · *som medsammensvoren reporter oplevede jeg ham for første gang i 1987*

medskyldig

ADJ. *-t, -e*

som er meddelagtig i en forbrydelse, en fejl el. en uheldig udvikling □ *han var medskyldig i mord* · *hun blev udpeget som medskyldig* · *forbryderen havde en medskyldig* · *plastic af pvc er under stærk mistanke for at være medskyldig i mænds dårlige sædkvalitet*

medtage

VERB. *-r, medtog, -t* (*medtagen, medtagne*)

medtage ng(t) tage nogen el. noget med □ *skibet medtager passagerer og biler* · *hunde må ikke medtages i forretningen*

medtaget el. medtagen

ADJ. *- , medtagede*
(medtagen: *medtaget, medtagne*)

som er dårlig el. skadet pga. anstrengelse, sygdom, brug, uheld el.lign. □ *de var stærkt medtagne efter opholdet i det kolde vand* · *han var hårdt medtaget af sygdommen* · *han var medtaget af mange års alkoholmisbrug* · *husets indbo var slidt og medtaget* · *vognen var ikke mere medtaget end at vi kunne køre videre*

meduse

SUBST. *-n,* plur. *-r, -rne*
/me'duse/

= GOPLE ≠ POLYP

medviden

SUBST. *en*

det at have kendskab til noget sammen med andre □ *det er sket uden min medvirken eller medviden* · *hun fik et barn uden farens medviden* · *hans medviden om forbrydelsen gør ham til medskyldig*

medvidende

ADJ.

som har el. røber kendskab til noget □ *han er medvidende om forholdet* · *hun sendte ham et medvidende smil*

medvind

SUBST. *-en,* plur. *-e, -ene*

1. en vind der blæser i samme retning som man bevæger sig i = MEDBØR ≠ MODVIND □ *jeg havde medvind på vejen hjem*
2. = MEDGANG ≠ MODVIND □ *partiet har stor medvind i befolkningen*

medvirke

VERB. *-r, -de, -t*

1. medvirke til ngt sammen med andre el. andet være med til at noget sker, lykkes el.lign. = BIDRAGE □ *der var mange af os som medvirkede til sagens opklaring* · *der var flere faktorer som medvirkede til at resultatet blev så godt* · *en medvirkende årsag* □ *medvirken*
2. medvirke i ngt optræde i en film, forestilling el.lign. □ *der var mange kunstnere som medvirkede i gallaforestillingen* · *han har medvirket i en lang række B-film* □ *medvirken*

medynk

SUBST. *en*

= MEDLIDENHED

medynkvækkende

ADJ.

= YNKVÆRDIG □ *et medynkvækkende syn*

mefistofelisk

ADJ. *-, -e*
/mefisto'feliskl

som er djævelsk snedig el. kynisk □ *en mefistofelisk nederdrægtighed* □ *mefistofeliskhed*

megabyte

SUBST. *-n,* plur. *-s* (el. *~byte*), *-ne*
fork. *Mb*

(edb): en måleenhed for data svarende til 1.000.000 bytes; 1 megabyte svarer til ca. 500 A-4 sider ≠ KILOBYTE, GIGABYTE

megafon

SUBST. *-en,* plur. *-er, -erne*
[mega'fo'n]

en stor, tragtformet indretning til at forstærke lyd med

megahertz

SUBST. *-en,* plur. *~hertz, -ene*
fork. *MHz*

1 million hertz

megajoule

SUBST. *en,* plur. *~joule, -ne*
fork. *Mj*

1 million joule

megaton

SUBST. *~tonnen* el. *~tonnet,* plur. *-s* (el. *~ton*), *~tonnene*
fork. *Mt*

1 million ton • (om atombomber): en sprængkraft svarende til 1 million ton trotyl

megavolt

SUBST. *en,* plur. *~volt, -ene*
fork. *MV*

en million volt

megawatt

SUBST. *en,* plur. *megawatt, -ene*
fork. *MW*

et mål for en elektrisk strøm, svarende til 1 million watt

megawatt-time

SUBST. *-n,* plur. *-r, -rne*
fork. *MWh*

1 million watt-timer

megen

ADJ.

grundform til *meget*

meget

ADJ. fælleskøn *megen* el. *meget,* intetkøn *meget;* komp. *mere,* sup. *mest*

1. ⟨også SUBST.⟩ som udgør en stor mængde ≠ LIDT □ *vi fik meget sol* · *til fryd og megen glæde* · *han fik alt for meget omtale* · *megen omtale* · *der er ikke så meget grund til at gøre mere ved det* · *så var der heller ikke så megen grund til at snakke videre om det* · *nu skal du ikke love for meget* · *det kan ikke være for meget forlangt* · *den bog er meget interessant* · *det var meget bedre i går* · *meget er blevet helt anderledes* · *meget tyder på at det er ham der er morderen* · *500 kr., det er meget for den bog* · *hvor meget koster det?* · *hvor meget er klokken?* · *han har meget at skulle have sagt* □ *megetsigende* • ⟨ADV.⟩ i ret stor grad el. omfang = TEMMELIG □ *jo, hun er da meget pæn* · *det kan alt sammen være meget godt, men jeg er stadig ikke tilfreds* • **mere** se *mere* • **mest** se *mest*
2. i forsk. forb. • **der er ikke meget ved ngt** udtryk for en ringe vurdering af nogen el. noget • **det {er} meget** det er overraskende at nogen gør noget el. at noget sker □ *det er meget at han gider svare dig* · *det var meget at han slap levende fra det* • **{fem} gange så meget som ngt** se under *gang* • **gøre meget ud af ngt** anstrenge sig meget med at lave noget detaljeret, smukt osv. □ *hun gjorde meget ud af bryllupsmiddagen* • **ikke give meget for ngt** vurdere noget lavt □ *jeg giver ikke meget for hans fransk* • **ikke så meget for ngt** ikke så tilbøjelig til at gøre noget □ *han er ikke så meget for at flyve* • **ikke så meget som** ikke engang □ *han ikke så meget som hilste* • **lige meget** udtryk for at noget er uden betydning = LIGEGYLDIG □ *lige meget hvad vi serverer kan han ikke lide det* · *det er mig lige meget hvad du gør* • **mangt og meget** mange forskellige ting □ *han sagde mangt og meget* • **meget kan man sige** ganske vist kan der siges en del negativt □ *meget kan man sige om ham, men idiot, det er han ikke* • **så meget des bedre** udtryk for at man har yderligere grund til at gøre noget □ *så meget des bedre kan vi vente med det til næste år* • **så meget mere** det gør en vis ting endnu rigtigere, mere oplagt el.lign. □ *så meget mere er der grund til at protestere* • **ville give meget for ngt** ønske noget meget stærkt □ *jeg ville give meget for at vide hvor han var*

megære

SUBST. *-n,* plur. *-r, -rne*
/me'gære/

(glds.): en arrig kvinde

meje

VERB. *-r, -de, -t*

meje ngt hugge korn el. græs af med en le el. et andet skarpt redskab □ *bonden mejede grøftekanterne med en le* · *marken er mejet og kornet er høstet* □ *mejning* · *mejetærsker* • **meje ng ned** slå flere ihjel på én gang □ *soldaterne blev mejet ned af maskingeværer*

mejer

SUBST. *-en,* plur. *-e, -ne*

en *spindler* med en lille, kugleformet krop og lange, tynde ben; rovdyr; latinsk navn *Opiliones*

mejeri

SUBST. *-et,* plur. *-er, -erne*
/meje'ri'/

1. en virksomhed der modtager mælk til behandling og fremstilling af mælkeprodukter □ *mejeribrug* · *mejeriejer* · *mejeriingeniør* · *mejerikontor* □ *andelsmejeri* · *ostemejeri*
2. en butik der forhandler mælkeprodukter = ISMEJERI, MÆLKEUDSALG

mejeribrug

SUBST. *-et,* plur. *~brug, -ene*

tilvirkning af mejeriprodukter

mejeriingeniør

SUBST. *-en,* plur. *-er, -erne*

en person der beskæftiger sig med teknologiske og økonomiske forhold ved fremstillingen af mejeriprodukter = CAND.LACT.

mejerist

SUBST. *-en,* plur. *-er, -erne*
/meje'rist/

en faguddannet arbejder på et mejeri

mejetærsker

SUBST. *-en,* plur. *-e, -ne*

en landbrugsmaskine der både mejer og tærsker kornet

mejs

SUBST. *-en,* plur. *-er, -erne*
['maj's]

(glds.): rygsæk med bærestativ

mejse

SUBST. *-n,* plur. *-r, -rne*

en lille spurvefugl med et kort, spidst næb og korte vinger; flere arter, bl.a. *blåmejse, fyrremejse, sortmejse* og *topmejse;* latinsk navn *Paridae* □ *mejsekasse*

mejsel

SUBST. *-en* (el. *mejslen*), plur. *mejsler, mejslerne*

en kort, kraftig metalstang som er flad i den ene ende og skarp i den anden, og som fx bruges til at kløve sten

mejsle

VERB. *-r, -de, -t*

mejsle ngt hugge noget ud fx i sten med en mejsel □ *fint mejslede blomsterranker prydede facaden* □ *mejsling*

mekanik

SUBST. *mekanikken,* plur. *mekanikker, mekanikkerne*
/meka'nik/

1. en maskines tekniske opbygning, virkemåde og funktion □ *mekanikken i et fly* · *være interesseret i biler og mekanik* □ *mekaniker* · *mekanisk* □ *finmekanik*

2. den del af fysikken der handler om legemers bevægelse og ligevægt

mekaniker

SUBST. *-en*, plur. *-e, -ne*
/*me'kaniker*/

en håndværker der reparerer og vedligeholder motorer, instrumenter og maskiner □ *mekanikerværksted* □ *automekaniker* · *bilmekaniker* · *elektromekaniker* · *finmekaniker* · *flymekaniker* · *telemekaniker*

mekanisere

VERB. *-r, -de, -t*
/*mekani'sere*/

mekanisere ngt skifte fra personer som arbejdskraft til brug af maskiner = AUTOMATISERE □ *mekaniseret landbrug* □ *mekanisering*

mekanisk

ADJ. *-* , *-e*
/*me'kanisk*/

1. som foregår ved hjælp af maskiner □ *mekanisk legetøj* · *bilen har mekaniske bremser* · *mekanisk rensning af spildevandet* • som handler automatisk og vanemæssigt = AUTOMATISK □ *han løftede mekanisk armen* · *mekanisk arbejde*
2. (fysik): som har med mekanik at gøre □ *mekanisk fysik*

mekanisme

SUBST. *-n*, plur. *-r, -rne*

1. et system af forskellige dele som arbejder sammen i en maskine el. et apparat □ *den mekanisme der skulle udløse faldskærmen svigtede* □ *låsemekanisme* · *søgemekanisme*
2. en måde noget arbejder el. fungerer på □ *sindets indviklede mekanismer* · *mange mekanismer bidrager til at skabe ulighed i samfundet* □ *afværgemekanisme* · *forsvarsmekanisme* · *kontrolmekanisme* · *markedsmekanisme* · *overlevelsesmekanisme* · *samfundsmekanisme*

mekka[1]

SUBST. *et*

et sted hvor noget trives, og som mange søger til □ *countryens mekka, Nashville* · *norsk skisports mekka, Holmenkollen* · *et sandt mekka for samlere* · *et gastronomisk mekka*

mekka[2]

SUBST. *en*

et gyldent stof som bruges til betrækning af møbler □ *uopskåren mekka*

mel

SUBST. *-et*

et fint el. groft pulver fremstillet af malet korn; også om pulver fremstillet af andre fødemidler □ *male korn til mel* · *en pose mel* □ *melbolle* · *meljævning* · *melmøl* · *melsort* · *melsæk* □ *boghvedemel* · *bygmel* · *flormel* · *fuldkornsmel* · *grahamsmel* · *havremel* · *hvedemel* · *kartoffelmel* · *maizenamel* · *majsmel* · *rismel* · *rugmel* · *sagomel* · *sigtemel* · *sojamel* • et fint pulver □ *male ben til mel* □ *benmel* · *fiskemel* • **blæse og have mel i munden** gøre to modstridende ting på en gang □ *man kan ikke både blæse og have mel i munden* • **have rent mel i posen** være uskyldig □ *han har vist ikke helt rent mel i posen*

melanesier

SUBST. *-en*, plur. *-e, -ne*
/*mela'nesier*/

en person fra Melanesien

melanesisk

ADJ. *-* , *-e*
/*mela'nesisk*/

som har at gøre med Melanesien

melange

SUBST. *-n*, plur. *-r, -rne*
[*me'laŋsj* el. *me'laŋsjə*]

en blanding af især tobak

melankoli

SUBST. *-en*, plur. *-er, -erne*
/*melanko'li*/

1. meget trist humør = TUNGSIND, NEDTRYKTHED, DEPRESSION ≠ EUFORI
2. en psykisk sygdom hvor patienten lider af tungsind

melankoliker

SUBST. *-en*, plur. *-e, -ne*
/*melan'koliker*/

en person der er tilbøjelig til at være melankolsk ≠ SANGVINIKER

melankolsk

ADJ. *-* , *-e*
/*melan'kolsk*/

præget af tungsind el. melankoli = TUNGSINDIG, SØRGMODIG, TRIST ≠ SANGVINSK □ *efter morskaben blev stemningen melankolsk* · *en melankolsk mine*

melanom

SUBST. *-et*, plur. *-er, -erne*

en svulst i de hudceller der danner et brunt farvestof; ligner et hævet, mørkebrunt modermærke • **malignt melanom** en ondartet kræftsvulst som kan udvikles fra modermærker

melasse

SUBST. *-n*
/*me'lasse*/

en mørkebrun sirup der fremkommer som biprodukt ved sukkerfremstilling; bruges bl.a. til kreaturfoder og i gær- og spritfabrikation

melde

VERB. *-r, meldte, meldt*

1. melde ng(t) give en meddelelse forud om nogen el. noget = ANNONCERE, FORTÆLLE □ *hun meldte sin ankomst til festen* · *det melder historien intet om* · *vil De melde mig hos ministeren?* · *melde sig syg* · *melde pas* □ *melding* □ *fejlmelde* · *raskmelde* · *sygemelde*
2. melde ng(t) til ng give oplysninger om nogen el. noget til politiet = ANGIVE, ANMELDE □ *jeg har meldt tyveriet* · *han meldte hende til politiet for checkbedrageri* □ *anmelde*
3. melde ng til ngt = TILMELDE □ *man skal melde sig til for at komme med til festen* · *jeg har meldt dig til koncerten på lørdag* • **melde fra** meddele at man alligevel ikke ønsker at deltage i noget = FRAMELDE □ *de meldte fra til julefrokosten i sidste øjeblik* • **melde ng ud af ngt** = UDMELDE □ *han meldte sig ud af foreningen* · *hun meldte mig ud af fodboldklubben*

melding

SUBST. *-en*, plur. *-er, -erne*

en indberetning el. rapport = BESKED, MEDDELELSE, UNDERRETNING, NYHED □ *der var modstridende meldinger om udfaldet af luftslaget* □ *fejlmelding* · *raskmelding* · *sygemelding* · *tilbagemelding* · *vejmelding* · *vejrmelding*

meldug

SUBST. *~duggen*
[*'me·lduk*]

en hvidlig belægning på planter som forårsages af en snyltesvamp

mele

VERB. *-r, -de, -t*

mele sin egen kage se under *kage*

melere

VERB. *-r, -de, -t*
[*me'le'ɔ*]

blande forskellige farver garn □ *melering*

meleret

ADJ. *-* , *melerede*
[*me'le'ɔð*]

med flere forskellige farver der er blandet ind i hinanden □ *et meleret stykke stof*

melet

ADJ. *-* , *melede*

som ikke er sprød og fast, men blød og tør i konsistensen □ *et melet æble* · *melede kartofler*

melis

SUBST. *-en* (el. *melissen*)

hvidt sukker i form af små krystaller = STØDT MELIS, STRØSUKKER □ *flormelis*

melisse

SUBST. *-n*, plur. *-r, -rne*
/*me'lisse*/

et krydderi af planten melisse • en plante el. lille busk med citronagtig duft; latinsk navn *Melissa officinalis* = CITRONMELISSE

mellem

PRÆP.

i det rum el. i den tid der adskiller to el. flere ting, enten på et sted el. udfyldende hele rummet el. tiden = IMELLEM □ *afstanden mellem træerne er 2 m* · *han sad mellem min kone og mig* · *floden løber mellem bjergene* · *der sejler en båd mellem øerne* · *han lagde billedet mellem to sider i bogen* · *hun kom mellem kl. 2 og 3* · *der er et par hviledage mellem forestillingerne* · *han spiser for meget mellem måltiderne* · *den måler mellem 2 og 3 m* · *hun er mellem 30 og 35 år gammel* · *der var mellem 200 og 300 mennesker til stede* □ *mellemakt* · *mellemblå* · *mellemdæk* · *mellemfor* · *mellemhandler* · *mellemkrigstid* · *mellemkvalitet* · *mellemlande* · *mellemled* · *mellemmåltid* · *mellemrum* · *mellemstation* · *mellemtid* · *mellemtime* · *mellemting* • i gensidig udveksling el.lign. med to involverede parter = IMELLEM □ *der er noget galt mellem de to · det bliver mellem os · der er krig mellem de to lande · det er vigtigt med en god dialog mellem mor og barn · han betoner forholdet mellem lægen og patienten · der var en flittig korrespondance mellem dem* □ *mellemkommunal · mellemstatslig · mellemværende* • inden for mængden af = IMELLEM, BLANDT □ *her var han mellem venner · hun forsvandt mellem de mange mennesker på pladsen · der var uro mellem arbejderne på værftet · hun var mellem de få udvalgte · valget står mellem de tre* • **mellem {os}** uden andres indblanding □ *sagen bliver mellem os · det er en sag mellem dem alene* • **sagt mellem os** el. **mellem os sagt** udtryk for at noget er hemmeligt for andre end dem man taler med □ *sagt mellem os, så tror jeg ikke det kan lade sig gøre*

mellemakt

SUBST. *-en,* plur. *-er, -erne*

en kort afbrydelse mellem to akter i et teaterstykke

mellemblond

ADJ. - (el. *-t*), *-e*

(om hår): som har en farve der er lidt mørkere end blond

mellembølge

SUBST. *-n,* plur. *-r, -rne*
fork. *MB*

elektromagnetiske bølger med en bølgelængde på mellem ca. 100 og 1.000 m og en frekvens på 600 og 3.000 kHz = MF ≠ KORTBØLGE, LANGBØLGE • en radiobølgefrekvens inden for dette område ≠ KORTBØLGE, LANGBØLGE □ *sende på mellembølge · høre et program på mellembølge · en antenne til mellembølge* □ *mellembølgebånd · mellembølgemodtager · mellembølgesender · mellembølgestation*

mellemdistanceraket

SUBST. *~raketten,* plur. *~raketter, ~raketterne*

et missil med en rækkevidde på 3.000-8.000 km

mellemfod

SUBST. *-en*

partiet mellem den bageste del af foden og tæerne □ *mellemfodsknogler*

mellemfolkelig

ADJ. *-t, -e*

som angår flere lande, deres folk og kulturer = INTERNATIONAL □ *mellemfolkeligt samarbejde · mellemfolkelig forståelse*

mellemfornøjet

ADJ. - , *~fornøjede*

(dagl.): som er lidt trist □ *hvad er der i vejen? Du ser så mellemfornøjet ud*

mellemgulv

SUBST. *-et*

en tynd muskel mellem brystet og bughulen hos mennesker; bruges bl.a. til at trække vejret med □ *få et slag i mellemgulvet · trække vejret med mellemgulvet* □ *mellemgulvsbrok*

mellemhandler

SUBST. *-en,* plur. *-e, -ne*

en person der formidler en handel mellem en sælger og en køber, evt. for at skjule den enes identitet □ *salget af fodboldspilleren blev formidlet af en norsk mellemhandler · våbensalget foregik via en mellemhandler*

mellemhånd

SUBST. *-en*

1. stykket mellem håndroden og fingrene • **komme på mellemhånd** være fanget midt imellem to ting
2. (kortspil): spilleren mellem forhånden og baghånden

mellemkam

SUBST. *~kammen,* plur. *~kamme, ~kammene*

den midterste del af rygstykket på et slagtet svin

mellemkjole

SUBST. *-n,* plur. *-r, -rne*

(glds.): en kjole som bæres om eftermiddagen

mellemkomst

SUBST. *-en*

en ofte uvildig indgriben i en sag el. strid □ *striden blev bilagt ved hans mellemkomst · sagen blev ordnet ved ambassadens mellemkomst · de ordnede det uden rettens mellemkomst*

mellemkrigstiden

SUBST.BEST.

tiden mellem første og anden verdenskrig

mellemlag

SUBST. *-et,* plur. *~lag, -ene*

1. et lag af et materiale som er placeret midt imellem to andre lag
2. en befolkningsgruppe der hverken tilhører de højere el. lavere sociale lag, men som befinder sig midt imellem disse

mellemlande

VERB. *-r, -de, -t*

gøre et kort ophold i en lufthavn inden man rejser videre til sit bestemmelsessted □ *på vej fra Sydamerika til Australien mellemlandede de på Påskeøen og på Tahiti*

mellemlang

ADJ. *-t, -e*

som hverken er kort el. lang, men alligevel af en vis længde □ *en mellemlang kjole · en mellemlang uddannelse*

mellemled

SUBST. *-et* (el. *~leddet*), plur. *~led, -ene* (el. *~leddene*)

nogen el. noget der fungerer som forbindelse el. formidler mellem andre □ *sagen skulle igennem mange mellemled · elevrepræsentanten er mellemled mellem eleverne og skolens ledelse · hun er mellemleddet mellem de to yderpunkter i debatten*

mellemliggende

ADJ.

som adskiller noget el. ligger imellem to begivenheder el. tidspunkter □ *i den mellemliggende tid er der sket en masse i hendes liv · bakker med mellemliggende dale*

mellemlægspapir

SUBST. *-et,* plur. *-er, -erne*

pergamentagtigt papir som bruges til at lægge mellem madderne i en madpakke

mellemlægsserviet

SUBST. *~servietten,* plur. *~servietter, ~servietterne*

en serviet til at lægge mellem tallerkener

mellemmad

SUBST. *-en* (el. *~madden*), plur. *~madder, ~madderne*

et stykke rugbrød el. franskbrød med pålæg på som spises uden for måltiderne □ *han fik en mellemmad da han kom hjem fra skole*

mellemmand

SUBST. *-en,* plur. *~mænd, ~mændene*

en person der forhandler el. bringer bud mellem to parter □ *være mellemmand mellem de stridende parter · med NN som mellemmand · fungere som mellemmand*

mellemnavn

SUBST. *-et,* plur. *-e, -ene*

et el. flere navne som står mellem en persons fornavn og efternavn; kan være et efternavn fra en af forældrene el. fra en slægtning

mellemregning

SUBST. *-en,* plur. *-er, -erne*

1. et løbende regnskab mellem to parter
2. en udregning man foretager undervejs i et større regnestykke

mellemrum

SUBST. *~rummet,* plur. *~rum, ~rummene*

en mellemliggende strækning el. afstand mellem to angivne punkter = INTERVAL, AFSTAND, SPATIUM, GAB □ *et mellemrum på 3 cm · et mellemrum mellem fortænderne · lave mellemrum mellem stolerækkerne · posterne ligger med 2-3 kilometers mellemrum · træerne var plantet med regelmæssige mellemrum* □ *mellemrumstangent* • en mellemliggende periode mellem to angivne tidspunkter = INTERVAL, OPHOLD □ *toget kører med 10 minutters mellemrum · de døde med få dages mellemrum · det forekommer med lange mellemrum · i mellemrummene mellem tordenskraldene kunne man høre regnens plasken* • **med jævne mellemrum** en gang imellem □ *vi ses med jævne mellemrum*

mellemskole

SUBST. *-n*

en afdeling i folkeskolen som svarede til 6.-9. klasse; blev afskaffet i 1962 □ *mellemskoleeksamen · mellemskoleklasse*

mellemskær

ADJ. *-t, -e*

mellemskært kød et kødstykke mellem halsstykket og boven på slagtet kvæg; bruges fx til gryderetter □ *mellemskært oksekød*

mellemspil

SUBST. *~spillet*, plur. *~spil, ~spillene*

1. en hændelse som bryder ind i et forløb = INTERMEZZO □ *fodnotepolitikken er et overstået kapitel i dansk forsvarsdebat • et natligt mellemspil*
2. = INTERLUDIUM

mellemst

ADJ. - , *-e*

som er i midten af sædvanligvis tre ting □ *det mellemste barn i søskendeflokken • hun boede i det mellemste hus • den mellemste række*

mellemstation

SUBST. *-en*, plur. *-er, -erne*

et sted hvor man gør ophold på en rejse

mellemstor

ADJ. *-t, -e*

= MIDDELSTOR □ *en mellemstor bil • en mellemstor virksomhed*

mellemtid

SUBST. *-en*, plur. *-er, -erne*

1. en tid for en endnu ikke afsluttet sportspræstation □ *han fik en god mellemtid*
2. i mellemtiden i tiden mellem to hændelser = IMENS □ *han var væk en uge, og i mellemtiden malede hun huset • hvis du henter kager, så sørger jeg i mellemtiden for kaffe*

mellemting

SUBST. *-en*, plur. *~ting, -ene*

en blanding mellem to forskellige fænomener el. egenskaber □ *øvelserne var en mellemting mellem akrobatik og dans • landets økonomi kan beskrives som en mellemting mellem kapitalisme og socialisme*

mellemuddannelse

SUBST. *-n*, plur. *-r, -rne*

en uddannelse af mellemlang varighed, fx pædagoguddannelsen

mellemvare

SUBST. *-n*, plur. *-r, -rne*

blød mellemvare noget som er af middelgod kvalitet, el. som ikke har nogen bemærkelsesværdige egenskaber

mellemvej

SUBST. *-en*

en fremgangsmåde der er en mellemting mellem to yderligheder □ *finde en mellemvej • han kender ingen mellemvej • vælge en fornuftig mellemvej • der er ingen mellemvej*

mellemvægt

SUBST. *en*

en vægtklasse i boksning hvor bokserne må veje mellem 71 og 75 kg

mellemværende

SUBST. *-t*, plur. *-r, -rne*

en uafklaret sag mellem to parter; det kan fx være gæld □ *vi har et mellemværende på 25 kr. • lad os glemme vores lille mellemværende og være venner • et mellemværende mellem landmændene og kommunen om tømning af septiktanke*

mellemøre

SUBST. *-t*

den del af menneskets øre der ligger mellem øregangen og det indre øre, og hvor hammer, ambolt og stigbøjle befinder sig □ *mellemørebetændelse*

mellemørebetændelse

SUBST. *-n*, plur. *-r, -rne*

en smertefuld øresygdom med betændelse inden for trommehinden og omkring ørets knogler; forekommer især hos børn

mellemøstlig

ADJ. *-t, -e*

som har at gøre med Mellemøsten

mellus

SUBST. *-en*, plur. *mellus, -ene*

et lille insekt med en næbmund som ofte lever på stueplanter; kroppen og vingerne er dækket af hvidt støv; latinsk navn *Aleurodidae*

melodi

SUBST. *-en*, plur. *-er, -erne*
/melo'di/

1. en enstemmig rytmisk ordnet række af toner der danner en helhed □ *fløjte en melodi • nynne en melodi • spille en melodi • lave en melodi • en populær melodi* □ *melodisk • melodigrandprix • melodistump* □ *kendingsmelodi • titelmelodi* • de toner der er sat til ordene i en sang □ *sætte melodi til et digt • sangen går på melodien til 'Jeg en gård mig bygge vil'* • den førende stemme i et melodistykke □ *fløjten overtog melodien*
2. finde melodien finde sig til rette og klare sig godt □ *holdet fandt melodien igen og det flotte spil fortsatte • de havde svært ved at finde melodien sammen • nu må du ikke helt tabe melodien!*

melodik

SUBST. *melodikken*
/melo'dik/

læren om opbygningen af melodier i et musikstykke

melodisk

ADJ. - , *-e*
[me'lo'disk]

som har en behagelig klang = MELODIØS □ *italiensk er et melodisk sprog • en melodisk melodi • melodiske fløjtetoner* • som har at gøre med en melodi el. melodier □ *melodiske dissonanser • en melodisk kompliceret komposition*

melodiøs

ADJ. *-t, -e*
[melo'djø's]

som har en behagelig og indsmigrende klang = MELODISK □ *en melodiøs elskovsserenade*

melodrama

SUBST. *-et*, plur. *-er* (el. *melodramer*), *-erne* (el. *melodramerne*)
/melo'drama/

1. en dramatisk tekst hvor ordene ledsages af musik for at understrege det dramatiske
2. et sentimentalt skuespil, ofte med voldsomme følelsesudbrud og en nervepirrende handling • et bevæget og lidt overdrevet optrin □ *det var et helt melodrama da familien tog afsked ved toget*

melon

SUBST. *-en*, plur. *-er, -erne*
[me'lo'n]

en stor, ofte rund frugt der har en hård skal og saftigt hvidt, gult el. rødt kød med mange kerner; latinsk navn *Cucumis melo* □ *melonkerne* □ *honningmelon • netmelon • vandmelon*

membran

SUBST. *-en*, plur. *-er, -erne*
[mæm'bra'n]

en tynd, elastisk hinde □ *en vibrerende membran i øret sender lyd videre til hjernen* □ *cellemembran*

memento

SUBST. *-et*, plur. *-er, -erne*
/me'mento/

(form.): en påmindelse el. advarsel; især om noget ubehageligt = MENE TEKEL □ *lad dette være dig et memento!* • **memento mori** en påmindelse om at man skal dø

memo

SUBST. *-et*, plur. *-er, -erne*

et internt notat; fork. for *memorandum*

memoirer

SUBST.PLUR.
[memo'a'ɔ]

= SELVBIOGRAFI □ *skrive sine memoirer*

memorandum

SUBST. *-et* (el. *memorandummet*), plur. *memoranda, memorandaene*
/memo'randum/
fork. *memo*

et aktstykke der giver en kortfattet fremstilling af en sags hovedpunkter; især om diplomatiske aktstykker □ *der er sendt et memorandum til afdelingen derom*

memorere

VERB. *-r, -de, -t*
/memo'rere/

memorere ngt (form.): lære noget udenad □ *for at lære sproget må man memorere de grammatiske hovedregler* □ *memorering*

memory

SUBST.
[ˈmæmɔri]

et spil der består af flere kort med billeder som passer sammen to og to; lægges med bagsiden opad på et bord, hvorefter deltagerne på skift skal forsøge at finde dem der passer sammen = VENDESPIL, HUSKESPIL

men[1]

SUBST. *en* el. *et*, plur. *men, -ene*
[ˈmeˀn]

en skade ofte som følge af en ulykke el. vold □ *få men af noget* · *han fik varigt men af ulykken*

men[2]

SUBST. *et*

noget som er betænkeligt el. tvivlsomt i en ellers uproblematisk sammenhæng □ *der er et stort men ved sagen* · *der er mange menner og hviser tilbage før en endelig løsning er fundet*

men[3]

KONJ.

1. udtryk for at sætningen indeholder en modsætning □ *hun er ikke køn, men hun er klog* · *lidt, men godt!* · *han er nået langt i sit liv, men har også arbejdet hårdt*
2. udtryk for overraskelse □ *men dog!* · *men er det ikke Frederik?*

menage

SUBST. *-n*, plur. *-r, -rne*
[meˈnaˑsjə]

(glds.): en gruppe mennesker der bor sammen i et hus □ *hun var ansat til at føre menage for ham* · *barnet var medlem af denne menage* • = REDELIGHED □ *sikken menage, 5 børn i to værelser!* • **menage a trois** = TREKANTSFORHOLD □ *han ville ikke længere være med i denne menage à trois*

menageri

SUBST. *-et*, plur. *-er, -erne*
[menaˑsjɔˈriˀ]

en samling af levende, især fremmede dyr der transporteres rundt i bur og vises frem □ *et menageri af talende fugle, løver og slanger* • en samling mærkelige mennesker el. dyr □ *hun lå i sengen med hele menageriet: barnet, kattene og hunden* • = BESVÆR □ *det var et værre menageri med alle de kufferter*

mene

VERB. *-r, mente, ment*

mene ngt om ng(t) have en bestemt opfattelse af og holdning til nogen el. noget = SYNES, TÆNKE □ *hvad mener du om ham?* · *du skal sige hvad du mener om maden* · *jeg mener at planen er dårlig* · *han mener noget andet* · *du skal sige hvad du mener* □ *mening* • **mene ngt** have noget til hensigt el. have noget i tankerne □ *mener du virkelig at du vil rejse?* · *hun mener det godt* · *det var ment som en spøg* · *hvem mener du, Peter?* · *hun mente ikke noget med den bemærkning* · *hvad mener du med det?* □ *mening*

mened

SUBST. *-en*
[ˈmeˑneˀð]

det at fremsætte en usandhed el. fortie sandheden under ed i retten □ *begå mened* · *gøre sig skyldig i mened* □ *meneder* · *meneder(i)sk* · *menederske*

mene tekel

SUBST. *et*

en alvorlig advarsel om en kommende ulykke = MEMENTO

menig

ADJ. *-t, -e*

som ikke er ledende = ALMINDELIG □ *et menigt medlem af partiet* □ *menigmand* • ⟨SUBST.: *en, den menige*, plur. *menige, de menige*⟩ (militær): en soldat som ikke har nogen befalingsmandsgrad el. officersgrad; kan være en værnepligtig el. en konstabel = MENIG SOLDAT

menighed

SUBST. *-en*, plur. *-er, -erne*

en lokal forsamling af kristne □ *den kristne menighed* · *høre til den jødiske menighed* □ *menighedsråd* • den gruppe mennesker som er til stede ved en gudstjeneste el. anden kirkelig handling □ *præsten henvendte sig direkte til menigheden*

menighedsråd

SUBST. *-et*, plur. *~råd, -ene*

en gruppe af personer som er valgt af en menighed ved en kirke til at tage beslutninger om forholdene angående kirken □ *menighedsrådsvalg*

menigmand

SUBST. *~manden*, plur. *~mænd, ~mændene*

en person som hverken er fagmand el. specialist □ *bogen er skrevet i et sprog som menigmand kan forstå* · *prisen på programmet er ikke attraktiv for menigmand, men kun for større virksomheder* · *menigmand på gaden har forhåbentlig også en oplevelse af nærdemokrati*

mening

SUBST. *-en*, plur. *-er, -erne*

1. en opfattelse af og holdning til noget = SYNSPUNKT, ANSKUELSE, FORMENING □ *efter min mening er det fusk* · *sige sin oprigtige mening* · *jeg er nu af den mening at det danske vejr er det bedste* □ *meningsdannelse* · *meningsdannende* · *meningsdanner* · *meningsforskel* · *meningsfælle* · *meningsmåling* · *meningsudveksling* □ *folkemening* • **mening om ng(t)** □ *hvad er din mening om hendes kæreste?* · *han har dannet sig sin egen mening om politik* · *de har ikke skiftet mening* · *der hersker delte meninger om bogen*
2. = HENSIGT □ *det var hans mening at komme senere* · *hun gjorde det i en god mening* · *hvad er egentlig meningen med det her?* □ *meningsløst* • en fornuftig begrundelse for noget □ *der er ingen mening i at du skal betale* · *finde en mening med tilværelsen*
3. = BETYDNING □ *hvad er den dybere mening bag ordet?* · *jeg forstår ikke meningen* □ *meningsforstyrrende* · *meningsforvirrende* · *meningsfuld* · *meningsfyldt* · *meningsløs*

meningitis

SUBST. *-en* (el. *meningitissen*)
/meninˈgitis/

en betændelse i hjernens og rygmarvens hinder med hovedpine, feber og stivhed i nakken = HJERNEHINDEBETÆNDELSE

meningsforskel

SUBST. *~forskellen*, plur. *~forskelle, ~forskellene*

= UENIGHED □ *samarbejde på tværs af meningsforskelle*

meningsfuld

ADJ. *-t, -e*

som er vigtig el. nyttig el. tjener et el. andet formål = MENINGSFYLDT ≠ MENINGSLØS □ *en meningsfuld tilværelse* · *en meningsfuld samtale*

meningsfyldt

ADJ. *- , -e*

= MENINGSFULD □ *meningsfyldt arbejde*

meningsfælle

SUBST. *-n*, plur. *-r, -rne*

en person som har den samme mening som en anden □ *min fætter og jeg er politiske meningsfæller* • = TILHÆNGER □ *blandt de strejkende havnearbejdere var der mange meningsfæller af Lenin og Marx*

meningsløs

ADJ. *-t, -e; -ere, -est*

1. som ikke har noget klart og forståeligt indhold = INTETSIGENDE □ *dette udsagn er enten fejlagtigt eller helt meningsløst* □ *meningsløshed*
2. uden fornuftig begrundelse og klar nytteværdi = FORMÅLSLØS, URIMELIG, FORNUFTSSTRIDIG, IRRATIONEL □ *det er meningsløst at fortsætte denne diskussion* □ *meningsløshed*

meningsmåling

SUBST. *-en*, plur. *-er, -erne*

= OPINIONSUNDERSØGELSE □ *meningsmålingerne viser næsten dødt løb mellem de to kandidater* · *ni ud af ti er imod atomkraft, fremgår det af en meningsmåling som offentliggøres i dagens aviser*

meningsudveksling

SUBST. *-en*, plur. *-er, -erne*

en diskussion hvor parterne er uenige □ *det kom til en kort meningsudveksling mellem dem*

menisk

SUBST. *-en*, plur. *-er, -erne*
/meˈnisk/

en halvmåneformet bruskskive mellem ledfladerne i knæet; der er to menisker i hvert knæ □ *meniskskade*

menneske

SUBST. *-t*, plur. *-r, -rne* (el. *-ne*)

det højst udviklede pattedyr som er kendetegnet ved opret gang på to ben og en højt udviklet hjerne; latinsk navn *Homo sapiens* ≠ DYR □ *hvor mange mennesker er der i Frankrig?* · *her er mange mennesker i aften* · *den er ikke bange for mennesker* · *menneskets historie* □ *menneskelig* · *menneskealder* · *menneskebarn* · *menneskehed* · *menneskeliv* □ *A-menneske* · *B-menneske* · *hulemenneske* · *neandertalmenneske* · *overmenneske* · *undermenneske* · *urmenneske* • **aldrig blive menneske igen** være legemligt el. åndeligt ødelagt □ *hun blev aldrig menneske igen efter ulykken* • **føle sig som et nyt og bedre menneske** udtryk for at man får nye kræfter pga. noget man har gjort □ *efter jeg er holdt op med at ryge, føler jeg mig som et nyt og bedre menneske*

menneskeabe

SUBST. *-n,* plur. *-r, -rne*

en abe som kan gå på bagbenene, og som ikke har hale; flere arter, bl.a. *gorilla, chimpanse* og *orangutang;* latinsk navn *Pongidae*

menneskealder

SUBST. *-en,* plur. *~aldre, ~aldrene*

et menneskes levetid el. meget lang tid □ *hun har boet her i huset i en menneskealder* · *det er en menneskealder siden jeg har set ham* • et tidsrum der modsvarer aldersforskellen på to generationer, dvs. ca. 30 år □ *for en menneskealder siden var radioen det dominerende medie*

menneskefjendsk

ADJ. - (el. *-t*), *-e*

som er fjendtlig over for andre mennesker el. som er dårligt tilpasset mennesker = MISANTROPISK □ *på sine gamle dage blev han temmelig menneskefjendsk* · *et menneskefjendsk betonkvarter* · *det er kynisk og menneskefjendsk at foreslå mere biltrafik*

menneskehed

SUBST. *-en*

alle mennesker gennem alle tider el. på et bestemt tidspunkt el. et bestemt sted □ *menneskehedens historie* · *hele menneskeheden vil få gavn af hans forskning* · *middelalderens mørke sænkede sig over den europæiske menneskehed*

menneskekender

SUBST. *-en,* plur. *-e, -ne*

en person med stor erfaring med og viden om mennesker og deres adfærd

menneskekærlig

ADJ. *-t, -e*

som holder af andre mennesker, og som er parat til at gøre noget for dem = MEDMENNESKELIG, FILANTROPISK □ *et menneskekærligt væsen* □ *menneskekærlighed*

menneskelegeme

SUBST. *-t,* plur. *-r, -rne*

et menneskes krop □ *professoren viste en tegning over menneskelegemet*

menneskelig

ADJ. *-t, -e*

som hører til menneskets natur og væsen □ *den menneskelige krop* · *en menneskelig fejl* · *det er menneskeligt at fejle* · *den menneskelige faktor* • som har el. udtrykker følelser som et menneske forventes at have, fx medfølelse el. indlevelse = HUMAN ≠ UMENNESKELIG □ *vise menneskelig forståelse* · *give fangerne en menneskelig behandling* · *et mere menneskeligt samfund* □ *menneskelighed*

menneskeret

SUBST. *~retten*

= MENNESKERETTIGHED □ *ytringsfriheden er en grundlæggende menneskeret* · *retten til abort anerkendes ikke som en menneskeret* • en rettighed som alle mennesker har el. bør have □ *det bør være en menneskeret at få lov til at sove længe søndag morgen*

menneskerettighed

SUBST. *-en,* plur. *-er, -erne*

en ret til fx frihed el. lighed som man formelt har vedtaget tilhører ethvert menneske, uanset race, køn, sprog el. religion □ *forpligte et land til at overholde menneskerettighederne* · *det blev fastslået at landet havde overtrådt menneskerettighederne* · *hans menneskerettigheder blev krænket pga. en for langvarig retssag* □ *menneskerettighedserklæring* · *menneskerettighedsforkæmper* · *menneskerettighedskommission*

menneskesøn

SUBST. *~sønnen,* plur. *~sønner, ~sønnerne*

1. = JESUS □ *den korsfæstede menneskesøn* · *Gud udvalgte jomfru Maria til at føde Menneskesønnen*

menneskeven

SUBST. *~vennen,* plur. *~venner, ~vennerne*

= HUMANIST □ *han har vist sig som en stor menneskeven* □ *menneskevenlig*

menneskeæder

SUBST. *-en,* plur. *-e, -ne*

= KANNIBAL

mens el. medens

KONJ.

1. i samme periode som noget andet sker = IMENS □ *de ventede udenfor mens han gik ind i huset* · *du kan dække bord mens jeg laver maden færdig* · *nu mens vi er ved det, vil jeg gerne stille et et par spørgsmål*
2. udtryk for en modsætning = HVORIMOD □ *hun blev hurtigt træt mens hans syntes at kunne overkomme alt*

menses

SUBST. *en,* plur. *menses, -ene*

= MENSTRUATION □ *få menses* · *perioden mellem to menses*

menstruation

SUBST. *-en,* plur. *-er, -erne*
[*mænsdrua'sjo'n*]

kvindens månedlige blødning fra livmoderen = MENSES □ *have menstruation* · *have uregelmæssige menstruationer* · *ved graviditet udebliver menstruationen* □ *menstruationsbind* · *menstruationsblødning* · *menstruationscyklus* · *menstruationsforstyrrelse* · *menstruationsperiode* · *menstruationssmerter*

menstruere

VERB. *-r, -de, -t*
/*menstru'ere*/

have menstruation □ *de fleste piger begynder at menstruere når de er mellem 11 og 16 år*

mental

ADJ. *-t, -e*
[*mæn'ta'l*]

som har at gøre med de egenskaber hos mennesket der betinger tankevirksomhed, vilje og følelser = SJÆLELIG □ *mentale forstyrrelser* · *en persons mentale udvikling* □ *mentalhygiejne* · *mentalundersøgelse*

mentalhygiejne

SUBST. *-n*

foranstaltninger som skal fremme en sund, mental tilstand □ *mentalhygiejnisk*

mentalitet

SUBST. *-en,* plur. *-er, -erne*
/*mentali'tet*/

en persons måde at tænke og føle på = SIND □ *det ligger ikke for hans mentalitet* · *vi må lære at forstå de fremmedes mentalitet*

mente

SUBST. *-n,* plur. *-r, -rne*

1. {5} i mente (matematik): udtryk for at en el. flere tiere ved addition el. multiplikation skal overføres fra enernes række til tiernes, at en el. flere hundreder skal overføres fra tiernes til hundredernes osv.
2. i el. in mente = I ERINDRING □ *med dine tidligere forsøg in mente tror jeg ikke du kan klare det*

mentol

SUBST. *-et*
/*men'toll*/

et stof med en stærk, kølende smag som findes i pebermynteolie □ *mentolbolche* · *mentolcigaret* · *mentollakrids* · *mentolsmag* · *mentolstift*

mentor

SUBST. *-en,* plur. *-er, -erne*
[*'mæntå*]

en erfaren og respekteret lærer el. rådgiver = VEJLEDER □ *han er min åndelige mentor*

menu

SUBST. *-en,* plur. *-er, -erne*
[*me'ny*]

1. en liste over de retter som kan bestilles på en restaurant □ *hvad har I på menuen i dag?* □ *menukort*
2. (edb): en oversigt på fx en computerskærm el. tv-skærm som giver brugeren mulighed for at vælge mellem forskellige funktioner □ *menulinie*

menuet

SUBST. *menuetten,* plur. *menuetter, menuetterne*
/*menu'et*/

en pardans i adstadigt tempo i 3/4 takt; brugt ved den franske konges hof fra omkring 1650 og som selskabsdans til omkring 1850 • en sats i et musikstykke, bl.a. i den klassiske symfoni

menukort

SUBST. *-et*, plur. *~kort*, *-ene*

= SPISEKORT

MEP

MEP'en, plur. *MEP'er*, *MEP'erne*

fork. for *medlem af Europaparlamentet*

mere

ADJ.KOMP.

som kommer til ud over noget □ *jeg vil gerne have lidt mere kaffe* · *hun vil have mere mad* · *vil du have mere kage?* · *der er mere hvor det kom fra* · *han vokser mere og mere* · *der kan siges meget mere om det* · *hun bliver mere og mere døv* · *hun kommer ikke mere i klubben* · *ser du ham nogen sinde mere?* • **mere end ng(t)** (mindre): som er af et større omfang end noget andet □ *hun har mere forstand på det end jeg* · *han var mere kritisk end broderen* · *der kan ikke være mere end fire personer i båden* • **hvad mere er** oven i købet □ *hun er rig, og hvad mere er, gavmild* • **med mere** (fork. *m.m.*) og andre lignende ting □ *vi fik boller, kager og is med mere* • **mere eller mindre** som næsten er det samme, men alligevel afviger i styrke = RET, TEMMELIG □ *de var alle sammen mere eller mindre gale* • **så meget mere som** ikke mindst når man tænker på □ *hans hjælp var meget rørende, så meget mere som han er fattig*

merforbrug

SUBST. *-et*

det at bruge mere af noget i forhold til tidligere el. normalt □ *have et merforbrug af medicin* · *et merforbrug af olie* · *skattenedsættelserne fører til et betydeligt merforbrug i befolkningen*

mergel

SUBST. *-en* (el. *merglen*)

en naturlig blanding af lige dele ler og kalk som anvendes til forbedring af jord til dyrkning □ *mergelgrav*

merian

SUBST. *-en*, plur. *-er* (el. *merian*), *-erne* (el. *-ene*)

et krydderi af planten merian; anvendes til sauce el.lign. • en stærkt duftende krydderplante; flere arter, bl.a. *vild merian* hvoraf krydderiet *oregano* udvindes og *havemerian* hvoraf det noget mildere krydderi *merian* el. *spansk humle* udvindes; latinsk navn *Origanum*

meridian

SUBST. *-en*, plur. *-er*, *-erne*
[*meri'dja'n*]

1. hver af de linier som tegnes fra pol til pol på Jordens overflade, og som bruges til angivelse af et steds østlige el. vestlige *længde;* måles i *længdegrader,* minutter og sekunder = LÆNGDECIRKEL, LÆNGDEKREDS, LÆNGDEGRAD □ *Greenwich-meridianen*
2. (astronomi): cirklen gennem begge himmelkuglens poler og observationsstedets zenit

merino

SUBST. *-et*

et blødt uldstof som er vævet på en særlig måde af fint kamgarn □ *fire alen merino* □ *merinofår* · *merinould*

merit

SUBST. *meritten*, plur. *meritter*, *meritterne*
/*me'rit*/

1. dokumentation for og anerkendelse af ens kvalifikationer; især om at få overført en karakter □ *få merit for sin praktiske erfaring* · *hun fik overført sine meritter fra jurastudiet* · *en beskæftigelse der giver meritter* · *han fik lektoratet alene pga. meritter* □ *meritoverførsel* · *meritvurdering* • **meritter** (iron.): bedrifter som tilskrives en person □ *blandt hans meritter kan nævnes to indbrud* · *en berygtet stortyvs meritter*
2. løbe på merit (om en hest): blive redet for at skulle vinde uden hensyn til andre heste der tilhører samme ejer

merkantil

ADJ. *-t*, *-e*
[*märkan'ti'l*]

som har at gøre med handel □ *merkantile oplysninger* □ *merkantillovgivning*

merkonom

SUBST. *-en*, plur. *-er*, *-erne*
[*märko'no'm*]

en person med en merkonomuddannelse som er en videregående 3-årig uddannelse inden for fx økonomi el. administration □ *merkonom i eksport* · *merkonom i marketing* · *merkonom i regnskab* □ *diplommerkonom*

merskum

SUBST. *merskummet*

et hvidt, porøst mineral som anvendes til pibehoveder, cigaretrør o.l. □ *merskumspibe*

merværdi

SUBST. *-en*, plur. *-er*, *-erne*

1. (i marxisme): den forskel der er mellem arbejderens løn og værdien af det arbejde han frembringer, og som tilfalder arbejdsgiveren
2. den prisstigning der sker når en vare fra producenten går gennem forhandlere til forbrugeren □ *merværdiafgift*

merværdiafgift

SUBST. *-en*, plur. *-er*, *-erne*

= MERVÆRDIOMSÆTNINGSAFGIFT

merværdiomsætningsafgift

SUBST. *-en*, plur. *-er*, *-erne*

= MOMS

mesalliance

SUBST. *-n*, plur. *-r*, *-rne*
[*'mesaljaŋsə* el. *mesal'jaŋsə*]

et ægteskab som anses for mindre passende fordi parterne har meget forskellig baggrund

mesan

SUBST. *-en*, plur. *-er*, *-erne*
[*me'sa'n*]

et gaffelsejl på *mesanmasten*

mesanmast

SUBST. *-en*, plur. *-er*, *-erne*

den agterste mast på et sejlskib med tre el. flere master

messe[1]

SUBST. *-n*, plur. *-r*, *-rne*

1. et stort marked hvor mange producenter og forhandlere viser deres varer = HANDELSMESSE □ *messehal* □ *bymesse* · *varemesse* · *modemesse*
2. en spisesal for militærpersoner □ *officersmesse*
3. i den protestantiske kirke om altertjeneste, specielt om recitativlignende sang hvori præsten fremfører kollekt, epistel og evangelium • en katolsk gudstjeneste □ *stille messe* • (musik): en komposition for kor- og solostemmer i et afsnit der svarer til den katolske gudstjeneste
4. et spise- og opholdsrum på et skib

messe[2]

VERB. *-r*, *-de*, *-t*

1. tale ensformigt og højtideligt □ *taleren messede løs om samfundssind og sammenhold*
2. syngende oplæse bønner og tekster fra Bibelen under gudstjenesten

messedreng

SUBST. *-en*, plur. *-e*, *-ene*

1. (religion): en kordreng der hjælper præsten ved en katolsk gudstjeneste
2. en dreng der går til hånde i messen på et skib □ *messedrengen serverede maden*

messefald

SUBST. *-et*, plur. *~fald*, *-ene*

bortfald af gudstjeneste

messehagel

SUBST. *-en*, plur. *-er* (el. *~hagler*), *-erne* (el. *~haglerne*)

en kort, farverig kåbe der er åben i siderne og som præsten bærer over messeskjorten ved altertjenesten

messeskjorte

SUBST. *-n*, plur. *-r*, *-rne*

en hvid, fodlang skjorte som trækkes over hovedet, og som bæres af præster = ALBA

messing

SUBST. *-en* el. *-et*

en gul legering af kobber og zink □ *messingdørhåndtag* · *messinglysestage* · *messingring* · *messingskilt* · *messingsøm*

messingblæseinstrument

SUBST. *-et*, plur. *-er*, *-erne*

et blæseinstrument af messing med et tragtformet mundstykke, fx trompet el. basun = MESSINGBLÆSER

messingblæser

SUBST. *-en*, plur. *-e*, *-ne*

= MESSINGBLÆSEINSTRUMNET • en person der spiller på et messingblæseinstrumnet

messingsuppe

SUBST. *-n*

(spøg.): musik spillet på messingblæseinstrumenter; især om militær hornmusik

mest

ADJ.SUP. - , -*e*

som udgør den største mængde el. højeste grad ≠ MINDST □ *da kagen blev delt, fik han mest* · *han talte i det meste af en time* · *hun læser mest kriminalromaner* · *han sov det meste af dagen* · *få det mest mulige ud af det* · *hun er den mest uforskammede person jeg kender* · *jeg holder mest af opera* • **for det meste** = SOM REGEL □ *han kommer for det meste ved femtiden*

mestendels

ADV.

(dagl.): for det meste □ *han holdt sig mestendels inde på sit værelse*

mester

SUBST. -*en*, plur. *mestre, mestrene*

1. en person der er dygtig til noget □ *hun er en sand mester til at lave mad* · *øvelse gør mester* · *de store mestre Bach, Mozart og Beethoven* □ *mesterlig* · *mesterskab* · *mesterdetektiv* · *mesterkok* · *mesterskytte*
2. en selvstændig håndværker □ *frisørmester* · *malermester* · *murermester* • en person der leder el. har opsyn med noget □ *balletmester* · *koncertmester* · *maskinmester* · *varmemester* • en religiøs leder, især om Jesus i forhold til disciplene
3. være mester for ngt være ophavsmand til noget

mesterlig

ADJ. -*t*, -*e*

som er fremragende udført □ *en mesterlig oversættelse* · *han præsterede en mesterlig dobbeltredning*

mesterlære

SUBST. -*n*

en faglig uddannelse hos en selvstændig håndværker hvor lærlingen uddannes til at kunne tage det overordnede ansvar for arbejdets udførelse, evt. til at blive selvstændig håndværker

mesterrække

SUBST. -*n*, plur. -*r*, -*rne*

en række i en sportsturnering hvor kun de bedste hold deltager

mesterskab

SUBST. -*et*, plur. -*er*, -*erne*

en konkurrence der går ud på at finde den bedste deltager el. det bedste hold; især inden for sport □ *hun deltog i mesterskaberne i gymnastik* · *vinde sølv i mesterskabet* · *afholde et mesterskab* □ *Danmarksmesterskab* · *verdensmesterskab* • førstepladsen i en konkurrence □ *bevare sit mesterskab* · *vinde mesterskabet i pløjning*

mesterstykke

SUBST. -*t*, plur. -*r*, -*rne*

= MESTERVÆRK □ *digtet er et mesterstykke inden for moderne lyrik*

mesterværk

SUBST. -*et*, plur. -*er*, -*erne*

et kunstværk som er fantastisk flot, og som er udført med største dygtighed = MESTERSTYKKE □ *et arkitektonisk mesterværk* • det bedste værk som en bestemt kunstner, forfatter el. komponist har lavet □ *'Mona Lisa' anses af mange for Leonardo da Vincis mesterværk*

mestiz

SUBST. -*en*, plur. -*er*, -*erne*

[*mæ'sdids* el. *me'sdids*]

en person af blandet hvid og indiansk afstamning

mestre

VERB. -*r*, -*de*, -*t*

mestre ngt være meget dygtig til noget = BEHERSKE □ *han mestrede fægtekunsten*

metabolisme

SUBST. -*n*

/*metabo'lisme*/

= STOFSKIFTE □ *metabolisk*

metadon

SUBST. -*en*

/*meta'don*/

et syntetisk morfinpræparat som især bruges ved afvænning af narkomaner; kan også bruges som smertestillende middel □ *være på metadon* □ *metadonbehandling* · *metadontablet*

metafor

SUBST. -*en*, plur. -*er*, -*erne*

[*meta'fo'r*]

et udtryk som beskriver noget med ord der ellers bruges om noget andet, fx i udtrykket *et hjerte af sten* □ *metaforisk*

metafysik

SUBST. ~*fysikken*

læren om de mest almene træk ved verden og vores erkendelse af den • læren om det der ligger uden for den fysiske verden som mennesket kan erkende med sanserne, fx religion, mirakler, spiritisme o.l.

metal

SUBST. *metallet*, plur. *metaller, metallerne*

/*me'tal*/

hvert af de ugennemsigtige, ofte skinnende grundstoffer med høj tæthed som kan bøjes, presses og smeltes, og som kan lede varme og elektricitet, fx sølv, jern, bly og aluminium □ *kviksølv er et flydende metal* · *sølv og guld er ædle metaller* □ *metallisk* · *metaltræthed* · *metaltråd* □ *letmetal* · *tungmetal* · *ædelmetal*

metalloid

SUBST. -*et*, plur. -*er*, -*erne*

/*metallo'id*/

et grundstof der er delvist et metal og delvist et ikke-metal, idet det ligner et metal, men let går i stykker og leder elektricitet dårligt

metamorfose

SUBST. -*n*, plur. -*r*, -*rne*

[*metamå'fo'sə*]

(mytologi): menneskets forvandling til fx et dyr, en plante el. en sten • (zoologi): en brat forvandling som visse dyr, især padder og insekter, undergår • (geologi): det at en bjergart omdannes til en anden ved stærk påvirkning af varme el. højt tryk; finder fx sted ved dannelse af bjergkæder

metan

SUBST. -*et*

[*me'ta'n*]

en brændbar gasart som dannes ved forrådnelse af organisk materiale i kloakker og sumpe, og som forekommer i store mængder i naturgas og biogas = SUMPGAS, KLOAKGAS, GRUBEGAS

metanol

SUBST. -*en* el. -*et*

/*meta'nol*/

en giftig alkohol der udvindes ved destillation af træ el. fremstilles syntetisk og bl.a. anvendes som opløsningsmiddel = TRÆSPRIT □ *metanolforgiftning*

metastase

SUBST. -*n*, plur. -*r*, -*rne*

[*meta'sda'sə*]

(om kræft): spredning af en ondartet sygdom fra ét sted i kroppen til et andet □ *metastatisk*

metatese

SUBST. -*n*, plur. -*r*, -*rne*

/*meta'tese*/

omstilling af sproglyd, fx Kristine-Kirstine

meteor

SUBST. -*en* el. -*et*, plur. -*er*, -*erne*

[*mete'o'r*]

et lille legeme af sten el. jern der trænger ind i Jordens atmosfære, og som trækker et lysende spor efter sig som ses som et *stjerneskud* □ *meteorbyge* · *meteornedslag* · *meteorregn*

meteorit

SUBST. *meteoritten*, plur. *meteoritter, meteoritterne*

/*meteo'rit*/

en meteor som er styrtet ned på Jorden

meteorolog

SUBST. -*en*, plur. -*er*, -*erne*

/*meteoro'log*/

en videnskabeligt uddannet person der laver vejranalyser og prognoser om det forventede vejr

meteorologi

SUBST. -*en*

/*meteorolo'gi*/

læren om klimatologi og om atmosfæren og dens forandringer □ *studere meteorologi* □ *meteorologisk*

meter

SUBST. -*en*, plur. *meter*, -*ne*

fork. *m*

en måleenhed for længde; 1 meter er defineret som den afstand lyset tilbagelægger gennem det lufttomme rum på 1/229.792.458 sekund □ *floden er 20 meter bred på det smalleste sted* □ *metervis* · *metermål* □ *millimeter* · *centimeter* · *decimeter* · *kilometer*

metersystem

SUBST. *-et*

det målesystem som er baseret på længdeenheden *meter* og vægtenheden *kilogram*, og hvor de forskellige enheder i systemet forholder sig til hinanden som 1 til 10

metervare

SUBST. *-n*, plur. *-r, -rne*

et stof der sælges i metermål

metervis

ADV.

mange meter □ *medisterpølse i metervis* · *bruden var indhyldet i metervis af stof* · *aviserne har brugt metervis af spalteplads på historien*

metier

SUBST. *-en*, plur. *-er, -erne*
[*me'tje*]

(poet.): = ERHVERV □ *kende sin metier*

metode

SUBST. *-n*, plur. *-r, -rne*
/*me'tode*/

systematisk måde at gøre noget på = FREMGANGSMÅDE □ *videnskabelig metode* · *følgende metode anvendes ved fremstilling af beton* · *der skal findes nye metoder til omlægning af skattereglerne* · *efter gør-det-selv metoden* □ *metodebevidst* · *metodelære* □ *indlæringsmetode* · *mund til næse-metoden* · *naturmetoden* · *stokkemetoden* · *udelukkelsesmetoden*

metodik

SUBST. *metodikken*, plur. *metodikker, metodikkerne*
/*meto'dik*/

læren om mulige metoder inden for et bestemt område, fx undervisning □ *hun havde styr på sit fags metodik* □ *metodiker*

metodisk

ADJ. *-* , *-e*
[*me'to'disk* el. *me'to'ðisk*]

som foregår på en systematisk måde □ *en metodisk gennemgang af sagen* · *han arbejder meget metodisk*

metrik

SUBST. *metrikken*, plur. *metrikker, metrikkerne*
/*me'trik*/

læren om rytme og rim som virkemidler i poesi = VERSELÆRE

metrisk

ADJ. *-* , *-e*

1. som har at gøre med metersystemet □ *det metriske system* · *en metrisk ton*
2. som har at gøre med metrik □ *metriske vers*

metro

SUBST. *-en*, plur. *-er, -erne*

en togbane i visse storbyer som hovedsageligt kører under jorden = UNDERGRUNDSBANE □ *de tog metroen i Paris* · *metroen i Moskva har nogle smukke stationer* · *musikerne spillede i metroen* □ *metrobillet* · *metrolinie* · *metrostation*

metronom

SUBST. *-en*, plur. *-er, -erne*
/*metro'nom*/

et apparat med pendul der bruges til at angive takten i musik

metropol el. **metropolis**

SUBST. *-en*, plur. *-er, -erne*
(metropolis: *en*)
/*metro'pol*/

= STORBY □ *en stor by af en metropols størrelse*

metropolit

SUBST. *metropolitten*, plur. *metropolitter, metropolitterne*
/*metropo'lit*/

en romersk-katolsk ærkebiskop • en græsk-katolsk biskop med rang mellem patriark og ærkebiskop

metrum

SUBST. *-et* el. *metrummet* el. *metret*), plur. *metre* el. *metrer* el. *metra*), *metrene* (el. *metrerne*)

= VERSEMÅL

metusalem

SUBST. *en*, plur. *-er* (el. *metusalemmer*), *-erne* (el. *metusalemmerne*)
/*me'tusalem*/

(spøg.): en meget gammel mand = FORTIDSLEVNING, OLDING, GUBBE

metylalkohol

SUBST. *-en*, plur. *-er, -erne*
/*me'tylalkohol*/

= TRÆSPRIT

mexicaner

SUBST. *-en*, plur. *-e, -ne*
/*mexi'caner*/

en person fra Mexico

mexicansk

ADJ. *-* , *-e*
/*mexi'cansk*/

som har at gøre med Mexico

mezz.

fork. for *mezzanin*

mezzanin

SUBST. *-en*, plur. *-er, -erne*
[*mæsa'ni'n*]
fork. *mezz.*

en lav etage der er skudt ind mellem to andre, som regel mellem stuen og 1. sal

mezzosopran

SUBST. *-en*, plur. *-er, -erne*

en kvindestemme der ligger mellem *alt* og *sopran*

MF

1. enhver radiofrekvens i området 300 kHz til 3 MHz; fork. af engelsk *medium frequency* = MELLEMBØLGE □ *MF-området*
2. fork. for *medlem af Folketinget* □ *Henning Grove MF (kons.)*
3. se *M/F*

mf.

fork. for *midtfor*

M/F el. **MF**

(foran et skibs navn): fork. for *motorfærge* □ *M/F Prins Joachim*

MF'er

SUBST. *-en*, plur. *-e, -ne*

et medlem af Folketinget □ *MF'eren Henning Grove*

mfl. el. **m.fl.**

fork. for *med flere*

m.fl.st.

fork. for *med flere steder*

mg

fork. for *milligram*

mgl.

fork. for *mangle*

mgr.

fork. for *monseigneur*

mhp. el. **m.p.h.**

fork. for *med henblik på*

mht. el. **m.h.t.**

fork. for *med hensyn til*

MHz

fork. for *megahertz*

mi

SUBST. *-et*, plur. *-er, -erne*

tonen *e* som er den tredje tone i C-durskalaen og i tonerækken *do, re, mi, fa, sol, la, si* som bruges i visse hørelæresystemer

mia.

fork. for *milliard*

miav el. **mjav**

LYDORD

gengivelse af det en kat siger □ *katten miavede fordi den ville ind*

miave el. **mjave**

VERB. *-r, -de, -t*

frembringe lyde som en kat □ *miaven*

midaldrende

ADJ.

som befinder sig på et tidspunkt i livet midt mellem ungdom og alderdom □ *en midaldrende herre*

middag

SUBST. *-en*, plur. *-e, -ene*

1. et tidsrum midt på dagen □ *i går middags* · *i morgen middag* · *morgen, middag og aften* □ *middagslur* · *middagsmad* · *middagssøvn* · *middagstimen* □ *eftermiddag* · *formiddag* • **sove til middag** tage en lur midt på dagen
2. = MIDDAGSMAD □ *spise middag kl. 12* · *spise til middag* · *invitere til middag* · *få oksesteg til*

middag · hvad skal vi have til middag? ◻ *middagsbord · middagsgæst · middagsselskab* ◻ *festmiddag*

middagsmad

SUBST. *-en*

et måltid som består af varm mad, og som spises som aftensmad el. nogle steder, bl.a. på landet, som måltid midt på dagen =MIDDAG, AFTENSMAD

middagsselskab

SUBST. *-et,* plur. *-er, -erne*

en sammenkomst med indbudte gæster som bydes på et finere måltid ◻ *holde et større middagsselskab · være inviteret til middagsselskab · deltage i et middagsselskab*

middel[1]

SUBST. *-et* (el. *midlet*), plur. *midler, midlerne*

1. en genstand el. en metode der tages i anvendelse for at forandre, udvikle el. opnå noget bestemt = HJÆLPEMIDDEL ◻ *bankernes udlån bør begrænses med alle til rådighed stående midler · genforeningen bør foregå med fredelige midler · de anså væbnet kamp som det vigtigste middel til politiske forandringer · med ulovlige midler* ◻ *disciplinærmiddel · læremiddel · produktionsmiddel · transportmiddel*
2. et stof som man indtager el. anvender for at helbrede el. på anden måde opnå en bestemt virkning ◻ *et middel mod hoste · et middel mod lus · et smertestillende middel · svangerskabsforebyggende midler* ◻ *lægemiddel · præventionsmiddel · rensemiddel · skyllemiddel · sovemiddel · sødemiddel · universalmiddel · vaskemiddel*

middel[2]

ADJ.

som er gennemsnitlig el. ligger midt imellem to yderpunkter ◻ *manden er middel af bygning · få en middel karakter* ◻ *middelhastighed · middelhøjde · middelstor · middeltemperatur*

middelalder

SUBST. *-en*

en periode mellem oldtid og nyere tid som bl.a. var præget af en stærk kirkemagt og feudalisme • **middelalderen** en periode i Europas historie i tiden fra ca. 500 til ca. 1500 e. Kr., i Nordens historie fra ca. 1050 til refomationens indførelse i 1536 ◻ *middelalderen var kirkeværldens epoke* ◻ *middelalderlig · middelalderborg · middelalderdansk · middelalderkunst · middelalderlatin* • **den mørke middelalder** middelalderen opfattet som værende åndeligt uoplyst

middelalderdansk

SUBST. *et*

= GAMMELDANSK • ⟨ADJ.: - , *-e*⟩

middelalderlig

ADJ. *-t, -e*

som har at gøre med middelalderen

middelfarter

SUBST. *-en,* plur. *-e, -ne*

en person fra Middelfart

middelklasse

SUBST. *-n,* plur. *-r, -rne*

den mellemste samfundsklasse der består af personer der hverken hører til de mest velstillede el. til de lavest lønnede i befolkningen ≠ OVERKLASSE, UNDERKLASSE ◻ *hun hørte til den bedrestillede del af middelklassen*

middelmådig

ADJ. *-t, -e*

som er ringe el. under middel = MÅDELIG ◻ *en middelmådig begavelse · en middelmådig koncert* ◻ *middelmådighed*

middelstor

ADJ. *-t, -e*

som i forhold til andet af samme slags hverken er specielt stor el. lille = MELLEMSTOR ◻ *en middelstor dansk købstad · en middelstor virksomhed*

middelvej

SUBST. *-en*

den gyldne middelvej en fremgangsmåde som er et kompromis mellem to muligheder ◻ *vælge den gyldne middelvej · gå den gyldne middelvej*

middelværdi

SUBST. *-en,* plur. *-er, -erne*

et tal der angiver et gennemsnit af to el. flere tal = MIDDELTAL

mide

SUBST. *-n,* plur. *-r, -rne*

en lille, ofte mikroskopisk spindler med ægformet krop og to-fire korte benpar; lever i jord, ferskvand el. som parasit; mange arter, fx *jordmide, ostemide, fnatmide* og *blodmide;* latinsk navn *Acarinae*

midje

SUBST. *-n,* plur. *-r, -rne*

(glds., poet.): = TALJE ◻ *have en smal midje*

midler

SUBST.PLUR. *-ne*

1. = PENGE ◻ *han lever af sine midler · der blev afsat rigelige midler til investeringer · han ansøgte om flere midler til sit forskningsprogram · opsparede midler* ◻ *overskudsmidler*
2. bøjningsform af *middel*

midlertidig

ADJ. *-t, -e*

som er til stede el. gælder i en begrænset periode = PROVISORISK, TEMPORÆR, INTERIMISTISK ◻ *en midlertidig løsning · pillen har kun en midlertidig virkning · en midlertidig gæst*

midnat

SUBST. *en*

kl. 24 om natten el. deromkring ◻ *forestillingen varer til midnat · det er snart midnat · vi gik først hjem efter midnat* ◻ *midnatsklokker · midnatstid*

midnatssol

SUBST. *-en*

det at solen ved midnat står over horisonten; finder sted ved polerne i hele sommerhalvåret ◻ *de skulle til Nordnorge for at se midnatssolen*

midnatstid

SUBST. *en*

tiden omkring klokken 24 ◻ *han dukkede først op ved midnatstid*

midsommer

SUBST. *-en,* plur. *~somre, ~somrene*

tiden omkring sankthans den 23. juni hvor solen står højest på himlen og nætterne er lysest = SOMMERSOLHVERV, SANKTHANS ◻ *midsommerfest*

midt

ADV.

som befinder sig i, ved el. på midten af noget ◻ *skålen stod midt på bordet · rive papiret midt over · have en bums midt på næsen* • som ligger lige langt fra begyndelsen og slutningen af en handling el. et tidspunkt ◻ *hun standsede midt i arbejdet · hun dukkede op midt i arrangementet · en dag midt i ugen · midt om natten*

midtbanespiller

SUBST. *-en,* plur. *-e, -erne*

en spiller i fodbold som er led mellem forsvar og angreb ◻ *defensiv midtbanespiller · offensiv midtbanespiller*

midte

SUBST. *-n*

det punkt der ligger lige langt fra alle yderpunkter = CENTRUM, MIDTPUNKT ◻ *finde midten af stregen · han stod i midten af cirklen* • den centrale el. indre del af et område = CENTRUM, MIDTPUNKT ◻ *folk bevægede sig i en strøm mod byens midte* ◻ *bymidte* • et tidspunkt som ligger lige langt fra begyndelsen og slutningen ◻ *slottets historie kan føres tilbage til midten af 1500-tallet · de skal rejse i midten af oktober* • et politisk parti el. en politisk holdning der ligger imellem to el. flere yderfløje = CENTRUM ◻ *partierne indledte et samarbejde hen over midten af dansk politik · det kan være svært at få øje på en midte i parlamentet* ◻ *midtsøgende*

midterparti

SUBST. *-et,* plur. *-er, -erne*

1. den midterste del af noget ◻ *romanens midterparti er det mest spændende*
2. et politisk parti som befinder sig midt imellem højrefløjen og venstrefløjen ◻ *de Radikale og CD er de to midterpartier i dansk politik*

midterst

ADJ. - , *-e*

som er placeret i midten ◻ *det midterste vindue · den midterste af søjlerne*

midtfor

ADV.

som er placeret lige foran nogen el. noget ◻ *sidde på 3. række midtfor*

midtnormal

SUBST. *-en,* plur. *-er, -erne*

midtnormal til et liniestykke (geometri): en linie som står vinkelret på et liniestykke i dettes midtpunkt = HALVERINGSNORMAL □ *midtnormalplan*

midtpunkt

SUBST. *-et,* plur. *-er, -erne*

(geometri): det punkt der ligger lige langt fra alle yderpunkter = CENTRUM, MIDTE □ *beregne aksens midtpunkt* • den centrale el. indre del af et område = MIDTPUNKT, MIDTE □ *Solen er universets midtpunkt* • en person el. et sted som al opmærksomhed er rettet imod = CENTRUM □ *hun var midtpunkt for alles beundring · han befandt sig i begivenhedernes midtpunkt*

midtvejs

ADV.

som befinder sig el. finder sted i den midterste del af en strækning el. en periode = HALVVEJS □ *hun gav op da hun var midtvejs i sin uddannelse · midtvejs mellem Roskilde og Kalundborg vendte de om* □ *midtvejsforhandling · midtvejsvalg*

mig

PRON.

bøjningsform af *jeg*

migræne

SUBST. *-n,* plur. *-r, -rne*
/*mi'græne*/

anfald af stærk hovedpine; skyldes sammentrækning og udvidelse af blodkarrene i hjernen og er ofte forbundet med kvalme, opkastninger og synsforstyrrelser □ *migræneanfald*

mikado[1]

SUBST. *-en,* plur. *-er, -erne*
/*mi'kado*/

(foræld.): Japans kejser; en betegnelse anvendt uden for Japan

mikado[2]

SUBST. *-et,* plur. *-er, -erne*
/*mi'kado*/

et spil der består af tynde pinde som kastes ud på bordet i en bunke, hvorefter de skal fjernes en for en uden at de andre pinde rører sig

mikrobe

SUBST. *-n,* plur. *-r, -rne*
/*mi'krobe*/

= MIKROORGANISME □ *mikroberne omdanner plantedelene til muld*

mikrobiologi

SUBST. *-en*

læren om mikroorganismers biologi

mikrobølge

SUBST. *-n,* plur. *-r, -rne*

elektromagnetiske bølger med en meget høj frekvens på over 1 GHz og en meget kort bølgelængde på mellem 1 mm og 30 cm; anvendes bl.a. i radar og til telefon- og tv-forbindelser □ *mikrobølgeimpuls*

mikrobølgeovn

SUBST. *-en,* plur. *-e, -ene*

en elektrisk ovn som udnytter varmen fra *mikrobølger,* og som bl.a. bruges til hurtig opvarmning af mad = MIKROOVN

mikrochip

SUBST. *~chippen,* plur. *~chip* (el. *-s*), *~chippene* (el. *-sene*)

= CHIP

mikrofiche

SUBST. *-n,* plur. *-r, -rne*
[*'mikrofisj*]

et lille ark film med mange mikrofotografier af bogsider el.lign. som kan indsættes i et særligt læseapparat; bruges bl.a. til kartotekssystem på biblioteker

mikrofilm

SUBST. *-en,* plur. *~film, -ene*

en fotofilm i meget lille format

mikrofon

SUBST. *-en,* plur. *-er, -erne*
[*mikro'fo'n*]

et apparat som modtager lydbølger og omsætter dem til elektrisk energi, og som bruges i radio, ved lydoptagelser og til at gøre lyd kraftigere

mikrokosmos

SUBST. *-et* (el. *~kosmosset*), plur. *-er* (el. *~kosmosser*), *-erne* (el. *~kosmosserne*)

en lille verden som udgør en miniature af universet el. en del deraf = LILLEVERDEN ≠ MAKROKOSMOS

mikrometer[1]

SUBST. *-en,* plur. *~meter, -ne*

$^1/_{1.000.000}$ meter

mikrometer[2]

SUBST. *-et* (el. *mikrometret*), plur. *mikrometre, mikrometrene*

et instrument til meget nøjagtigt at måle tykkelser med

mikroorganisme

SUBST. *-n,* plur. *-r, -rne*

en levende organisme som kun kan ses i mikroskop, fx en bakterie el. en encellet alge = MIKROBE

mikroovn

SUBST. *-en,* plur. *-e, -ene*

= MIKROBØLGEOVN

mikroskop

SUBST. *-et,* plur. *-er, -erne*
[*mikro'sgo'p*]

et apparat der kan forstørre meget små ting så de kan ses og studeres □ *studere encellede organismer i et mikroskop · se i mikroskopet* □ *mikroskopisk* □ *elektronmikroskop*

mikroskopi

SUBST. *-en*
/*mikrosko'pi*/

en undersøgelse med mikroskop □ *mikroskopi af røde blodlegemer · udtage væv til mikroskopi*

mikroskopisk

ADJ. *-, -e*
/*mikro'skopisk*/

så lille at det kun kan ses gennem et mikroskop ≠ MAKROSKOPISK □ *mikroskopiske fimrehår* • meget lille el. lidt □ *hendes mikroskopiske bikini dækkede hverken her eller der · det er mikroskopisk hvad jeg har tilbage af penge til resten af ferien*

mikse

VERB. *-r, -de, -t*

1. mikse ngt blande noget i et bestemt forhold □ *mikse en drink · grønt er mikset med marineblå* □ *miksning*
2. mikse ngt styre niveauet for styrke og klang for forskellige instrumenter el. sangstemmer i en musikindspilning el. for baggrundslyd og tale i en film □ *mikser · miksning · mikserpult*

mikser

SUBST. *-en,* plur. *-e, -ne*

1. en køkkenmaskine til blanding og omrøring, fx af kød = RØREMASKINE □ *håndmikser*
2. = MIKSERPULT

mikserpult el. **miksepult**

SUBST. *-en,* plur. *-e, -ene*

et apparat med et antal kanaler til at bearbejde lydoptagelser; hver lydkilde sluttes til en kanal på mikserpulten og de forskellige signaler kan forstærkes el. dæmpes i forhold til hinanden = MIKSER

mikstur

SUBST. *-en,* plur. *-er, -erne*
/*miks'tur*/

1. en blanding af flydende lægemidler til indvortes brug
2. et orgelregister hvor flere piber er koblet sammen

mil

SUBST. *-en,* plur. *mil, -ene*

et gammelt længdemål: i Danmark ca. 7,5 km, i Sverige og Norge 10 km ≠ FJERDINGSVEJ □ *en mils vej* □ *milelang · milepæl · milesten* □ *syvmil* • **i miles omkreds** inden for et stort område □ *der var intet at se i miles omkreds* • **nautisk mil** = SØMIL

mil.

fork. for *militær*

milaneser

SUBST. *-en,* plur. *-e, -ne*
/*mila'neser*/

en person fra Milano

mild

ADJ. *-t, -e; -ere, -est*

1. blid af temperament = BLID □ *bedstemoderen*

så mildt på børnene · blive mildere med årene · en mild stemme · gøre én mildere stemt □ *mildhed*
2. som volder mindst muligt ubehag = LEMPELIG ≠ STRENG □ *en mild form for slaveri · en mild straf · en mild vinter · et mildt tilfælde af mæslinger · være mild i sin bedømmelse · mildest talt* □ *mildvejr*
3. som ikke smager stærkt ≠ STÆRK □ *mild ost · mild tobak*
4. du milde himmel el. **Gud** udtryk for indignation el. forbavselse

mildne

VERB. *-r, -de, -t*

gøre mildere og mindre ubehagelig □ *Gud mildner luften for de klippede får · årene mildnede hendes voldsomme temperament*

mile[1]

SUBST. *-n,* plur. *-r, -rne*

1. en stor, ubevokset klit □ *Råbjerg Mile*
2. en bunke af træ som er dækket med græstørv, og som ved afbrænding bliver til trækul □ *kulmile*

mile[2]

SUBST. *en,* plur. *-s, -ne*
['majl]

et engelsk længdemål: 1 mile = 1.609 m

milepæl

SUBST. *-en,* plur. *-e, -ene*

1. en pæl el. en sten der står i vejkanten og angiver hvor langt der er til den nærmeste, større by
2. en begivenhed som forandrer ens liv el. historien □ *mødet med hende blev en milepæl i hans liv · den første rejse til Månen var en milepæl i menneskehedens historie*

milit.

fork. for *militær*

militant

ADJ. *- , -e*
/mili'tant/

som går ind for væbnet kamp til at løse problemer og konflikter □ *en militant kommunist · partiets militante fløj*

militarisere

VERB. *-r, -de, -t*
/militari'sere/

militarisere ngt gøre noget militaristisk □ *militarisere produktionen*

militarisme

SUBST. *-n*
/milita'risme/

politik der ensidigt fremhæver militære interesser

militarist

SUBST. *-en,* plur. *-er, -erne*
/milita'rist/

en person der er tilhænger af militarisme

militaristisk

ADJ. *- , -e*
/milita'ristisk/

som lægger vægt på militæret • som er meget hård og krævende □ *gøre tingene militaristisk · han er meget militaristisk*

military

SUBST.
['militæri]

en disciplin inden for hestesport der omfatter dressur, ridebanespringning, steeplechase og terrænridning; en militarykonkurrence varer tre dage □ *militarykonkurrence*

milits

SUBST. *-en,* plur. *-er, -erne*
/mi'lits/

en militær forsvarsstyrke hvis medlemmer passer deres civile arbejde og med regelmæssige mellemrum indkaldes til tjeneste □ *folkemilits*

militær[1]

SUBST. *-et*
/mili'tær/
fork. *mil.* el. *milit.*

et lands hær, søværn og flyvevåben □ *det danske militær · være indkaldt til militæret · militæret rykkede ind i hovedstaden · indsættelse af militæret · militæret overtog magten i landet*

militær[2]

ADJ. *-t, -e*
/mili'tær/

som har med et lands hær, søværn el. flyvevåben at gøre □ *konflikten skal ikke løses med militær indgriben · det er en militær hemmelighed · ministeriet har både civilt og militært personale ansat* □ *militærisk · militæralliance · militærattaché · militærdiktatur · militærmission · militærnægter · militærpoliti · militærstyre · militærtjeneste* □ *paramilitær · sømilitær*

militærattaché el. militærattache

SUBST. *-en,* plur. *-er, -erne*

en militærperson der er tilknyttet en diplomatisk repræsentation

militærdiktatur

SUBST. *-et,* plur. *-er, -erne*

= MILITÆRSTYRE

militærnægter

SUBST. *-en,* plur. *-e, -ne*

en person som beder sig fritaget for militærtjeneste = NÆGTER □ *i visse lande er det en forbrydelse at være militærnægter · han var militærnægter og aftjente i stedet sin værnepligt på et hospital*

militærstyre

SUBST. *-t,* plur. *-r, -rne*

en styreform i en stat hvor militæret har hele magten = MILITÆRDIKTATUR, MILITÆRREGIME

miljø

SUBST. *-et,* plur. *-er, -erne*

de ydre forhold som mennesker, dyr el. planter lever under og påvirkes af □ *hun kommer fra et borgerligt miljø · det psykiske miljø er ikke godt her · der stilles stigende krav til landbruget om at skåne miljøet · hun ønsker at komme ud af det kriminelle miljø* □ *miljøbeskyttelse · miljødebat · miljøforurening · miljøpolitik · miljøskadet* □ *arbejdsmiljø · forretningsmiljø · forbrydermiljø · kostskolemiljø · studentermiljø*

miljøbeskyttelse

SUBST. *-n*

forebyggelse og bekæmpelse af miljøforurening; varetages i Danmark af Miljøministeriet, efter *miljøbeskyttelsesloven* og miljødirektiver fra EU samt af forskellige civile interessegrupper og græsrodsbevægelser

miljøgift

SUBST. *-en,* plur. *-e, -ene*

stoffer som forurener og ødelægger miljøet, fx ved at forgifte planter, dyr og mennesker

miljøskade

SUBST. *-n,* plur. *-r, -rne*

en menneskeskabt skade på de fysiske omgivelser som følge af forurening el. rovdrift på ressourcer • (psykologi): en adfærdsforstyrrelse som følge af omgivelsernes påvirkning

miljøskadet

ADJ. *- , ~skadede*

stærkt præget af det miljø man er opvokset i el. færdes i til daglig □ *ministeren er selv opvokset i et politikerhjem og var allerede i sin tidligste ungdom miljøskadet · han er miljøskadet fra sin tid som journalist og opfatter alt man fortæller ham som en god historie*

milkshake

SUBST. *-n,* plur. *-s, -ne*
['milgsjæjk]

en drik fremstillet af bl.a. mælk, is, sukker og en smagsvariant som fx kakao el. jordbær

mille

SUBST. *en* el. *et,* plur. *mille, -ne*

= TUSINDE

millennium

SUBST. *millenniet,* pur. *millennier, millennierne*
[mi'le'njåm]

= ÅRTUSIND

milliampere

SUBST. *en,* plur. *~ampere, -ne*
fork. *mA*

1/1.000 ampere

milliard

SUBST. *-en,* plur. *-er, -erne*
[mil'ja'T]
fork. *mia.*

tusind millioner, dvs. et 1-tal efterfulgt af ni nuller □ *budgettet var på flere milliarder kr.*

milliarddel el. miliardtedel

SUBST. *-en,* plur. *-e, -ene*

en af en milliard lige store dele som noget kan deles i

milliardte

TALORD
[*mil'ja'də*]

nummer milliard i en række

milliardtedel

SUBST.

se *milliarddel*

milliardær

SUBST. *-en,* plur. *-er, -erne*
/*milliar'dær*/

en person der ejer en milliard kr. el. mere □ *milliardærklasse*

millibar

SUBST. *en,* plur. *~bar, -ene*
fork. *mb* el. *mbar*

1/1.000 bar

milligram

SUBST. *~grammet,* plur. *~gram, ~grammene*
fork. *mg*

1/1.000 gram

milliliter

SUBST. *-en,* plur. *~liter, -ne*
fork. *ml*

1/1.000 liter

millimeter

SUBST. *-en,* plur. *~meter, -ne*
fork. *mm*

1/1.000 m

million

SUBST. *-en,* plur. *-er, -erne*
fork. *mio.* el. *mill.*

tallet 1.000.000 □ *der bor ca. fem millioner mennesker i Danmark* □ *millionvis* · *millionby* · *millionbøf* • **millioner af ngt** et overvældende antal af noget □ *der var millioner af myg*

millionby

SUBST. *-en,* plur. *-er, -erne*

en by med mere end en million indbyggere

millionbøf

SUBST. *~bøffen,* plur. *~bøffer, ~bøfferne*

en ret af hakket oksekød i brun sovs

milliondel el. milliontedel

SUBST. *-en,* plur. *-e, -ene*

en af en million lige store dele som noget kan deles i

millionte

TALORD
[*mil'jo'ndə*]

nummer million i en række

milliontedel

SUBST.

se *milliondel*

millionvis

ADV.

mange millioner □ *han har tabt millionvis af kroner på aktiespekulationer* · *myrerne myldrede frem i millionvis*

millionær

SUBST. *-en,* plur. *-er, -erne*
/*millio'nær*/

en person der ejer en million kr. el. mere □ *det har man kun råd til, hvis man er millionær* □ *millionærkonto* · *millionærvaner* □ *mangemillionær* · *oliemillionær*

millirem

SUBST. *en,* plur. *~rem, -ene*

1/1.000 rem

millivolt

SUBST. *-en,* plur. *volt, -ene*
fork. *mV*

1/1.000 volt

milliwatt

SUBST. *-en,* plur. *~watt, -ene*
fork. *mW*

1/1.000 watt

milt

SUBST. *-en,* plur. *-e, -ene*

et organ i bughulen der har betydning for bl.a. dannelsen og nedbrydelsen af blodlegemer □ *hun måtte have fjernet milten efter en trafikulykke*

miltbrand

SUBST. *-en*

en infektionssygdom der forekommer hos planteædende dyr og mennesker der kommer i kontakt med de inficerede dyr; forårsager bl.a. at milten svulmer op

mime[1]

SUBST. *-n,* plur. *-r, -rne*

det at illudere ved minespil og gebærder □ *hovedrolleindehaveren behersker mime, gestik og improvisation* · *i balletten smelter dans og mime sammen*

mime[2]

VERB. *-r, -de, -t*

udtrykke sig ved hjælp af mimik og gestus □ *der var én der mimede for de forbipasserende på gågaden* • **mime til ngt** bevæge læberne og lade som om man taler el. synger

mimicry

SUBST.
['*mimikri*]

= BESKYTTELSESLIGHED

mimik

SUBST. *mimikken*
/*mi'mik*/

kunsten at udtrykke følelser og hensigter med ansigtsudtryk uden brug af tale □ *mimiker* • = ANSIGTSUDTRYK □ *der var intet ved hans mimik der røbede hans tanker*

mimiker

SUBST. *-en,* plur. *-e, -ne*

en scenekunstner der udtrykker sig ved hjælp af mimik □ *pantomimiker*

mimose

SUBST. *-n,* plur. *-r, -rne*
/*mi'mose*/

en tropisk plante hvis blade lukker sig sammen ved berøring □ *mimoser er gule* • en overdrevent følsom person □ *hun er en sart mimose*

mimre

VERB. *-r, -de, -t*

gøre små rykvise bevægelser med mund og hage □ *den gamle mand sad og mimrede* · *kaninen mimrede*

mimrekort

SUBST. *-et,* plur. *~kort, -ene*

(spøg.): et billigt månedskort til bus og tog som pensionister kan benytte

min.

1. fork. for *minimal* el. *minimum*
2. fork. for *minister* el. *ministerium*

min[1]

PRON.

bøjningsform af *jeg*

min[2]

fork. for *minut*

minaret

SUBST. *-en,* plur. *-er, -erne*
[*mina'ræ't*]

et slankt tårn ved en moské hvorfra bønnetimer udråbes

minde[1]

SUBST. *-t,* plur. *-r, -rne*

1. en tidligere oplevelse som man stadig husker, og som man gerne tænker tilbage på = ERINDRING □ *et kært minde* · *minder fra en svunden tid* · *hun lever i minderne* □ *barndomsminde* • en genstand som fremkalder el. fastholder erindringen om nogen el. noget □ *et minde for de faldne sømænd* □ *fortidsminde* • **til minde om ng(t)** for at fastholde erindringen om nogen el. noget = IN MEMORIAM □ *statuen blev rejst til minde om de faldne soldater* • **i mands minde** se under *mand*
2. (foræld.): et samtykke el. en tilladelse □ *faderen gav sit minde til giftermålet*

minde[2]

VERB. *-r, -de, -t*

1. minde om ng(t) ligne nogen el. noget □ *han minder om sin far* · *det minder om tyveri*
2. minde ng om ng(t) få nogen til at tænke på el. huske nogen el. noget □ *hun minder mig om min mor* · *det minder mig om at jeg har en aftale kl. 17* • **minde ng om ngt** huske nogen på noget = PÅMINDE □ *mind mig om at vi skal ringe og sige tillykke!* · *jeg må minde jeg om at I er folkets repræsentanter*
3. mindes ng(t) genkalde et sjæleligt indtryk af nogen el. noget = ERINDRE, SE TILBAGE □ *jeg mindes den dag vi mødtes første gang* · *lad os mindes den afdøde med et minuts stilhed* □ *mindelse*

minded

ADJ. - , -e
[ˈmajndəð el. ˈmajndid]

have evner for og være interesseret i noget □ *være minded for salgsarbejde* □ *filmminded* · *læseminded*

mindelig

ADJ. -t, -e

1. = INDTRÆNGENDE □ *bede så mindeligt om noget*
2. = FREDELIG □ *en mindelig afgørelse* · *en mindelig separation* □ *mindelighed*

mindelighed

SUBST. *en*

i mindelighed som foregår fredeligt og uden fremmed indblanding □ *sagen blev ordnet i mindelighed* · *afgøre en sag i mindelighed*

mindelse

SUBST. *-n*, plur. *-r, -rne*

en rest af noget der får en til at huske indtryk el. oplevelser = REMINISCENS □ *han havde nu kun en svag mindelse af sin sygdom* · *der hang en svag mindelse af æter i luften*

mindeord

SUBST. *-et*, plur. *~ord, -ene*

en tale el. en skreven tekst til minde om en afdød person = NEKROLOG □ *der blev sagt mange smukke mindeord ved hans begravelse* · *skrive mindeord*

minderig

ADJ. -t, -e

som er fuld af minder □ *et minderigt sted* · *en minderig dag i den smukke skov*

minderune

SUBST. *-n*, plur. *-r, -rne*

riste en minderune over ng lave en tale til minde om nogen = RISTE EN RUNE

mindeskrift

SUBST. *-et*, plur. *-er, -erne*

en samling tekster som har forbindelse til en afdød person □ *der udkom et mindeskrift om den kendte digter*

mindesmærke

SUBST. *-t*, plur. *-r, -rne*

en sten el. en skulptur rejst til minde om en person el. en begivenhed = MONUMENT □ *et mindesmærke over faldne i første verdenskrig* · *historiske mindesmærker*

mindeværdig

ADJ. -t, -e

(om en begivenhed): som er sådan at man husker den □ *en mindeværdig begivenhed* · *en mindeværdig dag*

mindre

ADJ.KOMP.

som ikke er ret stor □ *han var ude for et mindre uheld* • **mindre end ng(t)** som ikke er så stor el. omfattende som noget andet ≠ STØRRE, MERE □ *Stine er mindre end Maria* · *de mindre søskende* · *han var mindre begavet end broderen* □ *mindretal* · *mindreværd* · *mindreårig* • **ikke desto mindre** se under *desto* • **intet mindre end** udtryk hvormed man understreger omfanget af noget □ *det er intet mindre end en katastrofe*

mindrebemidlet

ADJ. - , *~bemidlede*

som kun har få penge at leve for = FATTIG

mindretal

SUBST. *~tallet*, plur. *~tal, ~tallene*

1. en del af en gruppe, forsamling el.lign. som er mindre end halvdelen = MINORITET ≠ FLERTAL □ *selv om de borgerlige var i mindretal fik de standset minestrejken* · *ved afstemningen om lukkeloven kom regeringen i mindretal* · *de udgør et mindretal*
2. en mindre del af en befolkning som er anderledes end resten, fx med hensyn til religion, sprog osv. = MINORITET □ *etniske mindretal* · *det sorte mindretals rettigheder må sikres*

mindreværdig

ADJ. -t, -e

(om en person): som anses for el. føler sig ringere end andre = UNDERLEGEN □ *hun føler sig mindreværdig* □ *mindreværdighed*

mindreværdskompleks

SUBST. *-et*, plur. *-er, -erne*

en følelse af at være uden betydning og mindre værd end andre

mindreårig

ADJ. -t, -e

som er under 15 år, dvs. under den *kriminelle* og *seksuelle lavalder* □ *parrets tre mindreårige børn* · *sexovergreb på fire mindreårige drenge* • ⟨SUBST.: *en, ~årige*⟩ □ *han er dømt for seksuel omgang med en mindreårig*

mindske

VERB. *-r, -de, -t*

mindske ngt gøre noget mindre i omfang, antal el. afstand = FORMINDSKE, REDUCERE, SÆNKE □ *mindske forbruget* · *risikoen for underskud er mindsket* · *afstanden til feltet mindskes hele tiden* · *han mindskede farten*

mindst

ADJ.SUP. - , -e

af ringeste størrelse el. omfang i forhold til noget andet el. andre ≠ STØRST, MEST □ *den røde er mindst* · *det mindste barn* · *han fik mindst vin* • som minimum □ *der er mindst en uge tilbage* · *vi skal mindst have to kasser* · *han er mindst lige så gammel som Ole* · *hun er mindst lige så god til det som enhver anden* • **ikke mindst fordi** udtryk for at man nævner en væsentlig grund til noget □ *folk kan lide hende, ikke mindst fordi hun er morsom* • **mindst af alt** udtryk for at noget i hvert fald ikke er tilfældet □ *han er mindst af alt politiker*

mindstekrav

SUBST. *-et*, plur. *~krav, -ene*

en betingelse noget mindst skal opfylde for at blive godkendt = MINIMUMSKRAV □ *opstille en række mindstekrav til noget* · *virksomheden opfylder mindstekravene om sikkerhed på arbejdspladsen* · *badestedet kan ikke leve op til mindstekravene*

mindsteløn

SUBST. *~lønnen*

den laveste løn som en lønarbejder må få; aftales i de enkelte overenskomster = MINIMALLØN

mindstemål

SUBST. *-et*, plur. *~mål, -ene*

den mindste længde el. vægt noget må have, fx for fisk der fanges = LAVMÅL □ *mindstemål for rødspætter* • **mindstemålet af ngt** udtryk for at noget er på grænsen af det acceptable □ *det er mindstemålet af anstændighed*

mine

SUBST. *-n*, plur. *-r, -rne*

1. = ANSIGTSUDTRYK □ *en hoven mine* · *gøre sure miner* · *ikke fortrække en mine* · *sætte en uskyldig mine op* · *vise én en glad mine* □ *minespil* □ *bedemandsmine* · *dronningemine* · *kendermine* · *martyrmine* • **gøre mine til at gøre ngt** være ved at gøre noget □ *gøre mine til at græde* • **gøre gode miner til slet spil** skjule sin utilfredshed med noget
2. et system af gange i et bjerg el. under jordoverfladen hvor der brydes fx kul, malm el. guld = GRUBE □ *grave en mine i bjerget* · *han arbejder i en mine* □ *minearbejder* · *minedrift* □ *guldmine* · *kulmine*
3. en bombe som ligger skjult i jord el. vand, og som eksploderer når der trædes på den, køres hen over den el. sejles ind i den □ *træde på en mine* · *sejle på en mine* □ *minefare* · *minesprængning* · *minesprængt* □ *landmine* · *pansermine* · *sømine*

minefelt

SUBST. *-et*, plur. *-er, -erne*

et område på land el. i havet hvor der i krigstid er udlagt miner

mineral

SUBST. *-et*, plur. *-er, -erne*
/mineˈral/

(mineralogi): et grundstof el. en kemisk forbindelse af grundstoffer som er en naturlig bestanddel af jordskorpen, fx forskellige metaller, stenarter og salte □ *mineralriget* · *mineralsk*

mineralog

SUBST. *-en*, plur. *-er, -erne*
[minəraˈloˀw]

en person der beskæftiger sig med mineralogi

mineralogi

SUBST. *-en*
/mineraloˈgi/

videnskaben om mineralers sammensætning og egenskaber □ *mineralogisk*

mineralolie

SUBST. *-n*, plur. *-r, -rne*

en olie der stammer fra el. udvindes af mineraler og bl.a. bruges til fremstilling af petroleum og benzin

mineralriget

SUBST.

gruppen af alle mineraler på Jorden □ *naturmedicinen bygger på substanser fra dyre-, plante- og mineralriget*

mineralsk

ADJ. -, -e
/*mine'ralsk*/

som har at gøre med mineraler □ *mineralsk terpentin*

mineralvand

SUBST. *-et*

drikkevand der indeholder en stor mængde af opløste mineralske stoffer; forekommer i naturen, men fremstilles også kunstigt og tilsættes ofte kulsyre ≠ POSTEVAND

minespil

SUBST. *~spillet,* plur. *~spil, ~spillene*

skift mellem ansigtsudtryk = MIMIK □ *et afslørende minespil* · *et livligt minespil*

minestrone

SUBST. *-n,* plur. *-r, -rne*
/*mine'strone*/

en italiensk suppe med grøntsager, pastastykker og ris der serveres med reven parmesanost

minestryger

SUBST. *-en,* plur. *-e, -ne*

et fartøj der uskadeliggør miner

mingelere

VERB. *-r, -de, -t*
/*minge'lere*/

mingelere med el. **ved ngt** pille ved noget i uærlig hensigt □ *de mingelerede med fakturaerne og toldpapirerne* · *han havde vist mingeleret med regnskabet* · *nogen havde mingeleret ved motoren så bilen gik i stå* □ *mingelering*

miniature

SUBST. *-n,* plur. *-r, -rne*
[*minja'ty:ɔ* el. *minja'ty'r*]

et meget lille format □ *miniatureformat* · *miniaturemaleri* · *miniaturestat* · *miniatureudgave* • et maleri el. en tegning i meget lille format □ *male miniaturer* · *billedet er en miniature* • **i miniature** i lille målestok □ *dukkehuset var Rosenborg i miniature*

minibus

SUBST. *~bussen,* plur. *~busser, ~busserne*

en lille bus med plads til mellem 8 og 12 personer

minigolf

SUBST. *-en*

en forenklet form for golfspil der spilles på små kunstige baner med forhindringer og kort afstand til hullerne □ *minigolfbane* · *minigolfturnering*

minimal

ADJ. *-t, -e*
[*mini'ma'l*]
fork. *min.*

det mindst mulige el. mindst tilladte ≠ MAKSIMAL □ *målet er: maksimalt udbytte med minimal indsats* · *De skal betale minimalt 1.000 kr. hver måned* · *vi lever for minimale midler* □ *minimalkrav* · *minimalløn* · *minimallønnet*

minimere

VERB. *-r, -de, -t*

minimere ngt formindske el. begrænse noget til det mindst mulige □ *forslaget skal minimere risikoen for at sygdommen overføres til mennesker* · *sikkerhedsbestemmelserne har til formål at minimere antallet af arbejdsskader* □ *minimering*

minimum

SUBST. *-et* (el. *minimummet*), plur. *-er* (el. *minimummer* el. *minima*), *-erne* (el. *minimummerne* el. *minimaene*)
fork. *min.*

den mindst mulige el. lavest tilladelige værdi, mængde el. størrelse af noget ≠ MAKSIMUM □ *byggeriet kommer minimum til at tage to år* · *med et minimum af energi* · *50 kr. er det absolutte minimum jeg vil sælge for* · *bringe omkostningerne ned til et minimum*

minister

SUBST. *-en,* plur. *ministre, ministrene*
/*mi'nister*/

et medlem af en regering som har ansvar for et særligt område □ *ministerium* · *ministerpost* · *ministersekretær* · *ministerskift* · *ministertaburet* □ *premierminister* · *udenrigsminister* · *undervisningsminister*

ministerialbetjent

SUBST. *-en,* plur. *-e, -ene*

betjent ansat ved et ministerium; varetager bl.a. budtjeneste og fordeling af post

ministerialbog

SUBST. *-en,* plur. *~bøger, ~bøgerne*

= KIRKEBOG □ *hovedministerialbog* · *kontraministerialbog*

ministeriel

ADJ. *-t, ministerielle*
/*ministeri'el*/

som vedrører el. hører ind under et ministerium □ *ministerielle anliggender*

ministerium

SUBST. *ministeriet,* plur. *ministerier, ministerierne*
/*mini'sterium*/

en enkelt afdeling af statsforvaltningen under ledelse af en minister □ *Ministeriet for Offentlige Arbejder* □ *ministeriebygning* □ *fiskeriministerium* · *undervisningsministerium* • de ministre der tilsammen danner en regering □ *Poul Nyrup Rasmussens ministerium* · *ministeriet Schlüter var borgerligt*

ministerpost

SUBST. *-en,* plur. *-er, -erne*

en stilling som minister □ *hun fik tildelt en ministerpost i den nye regering*

ministerpræsident

SUBST. *-en,* plur. *-er, -erne*

en regeringschef i visse lande el. i en tysk delstat = STATSMINISTER, PREMIERMINISTER □ *ministerpræsident i Bayern*

ministersekretær

SUBST. *-en,* plur. *-er, -erne*

en akademisk uddannet person der går en minister til hånde, og som har betroede opgaver □ *ministersekretær i Miljøministeriet*

ministrant

SUBST. *-en,* plur. *-er, -erne*
/*mini'strant*/

en medhjælper ved den romersk-katolske altertjeneste = MESSEDRENG

mink

SUBST. *-en,* plur. *mink* (el. *-e* el. *-er*), *-ene* (el. *-erne*)

et ensfarvet mørkebrunt dyr af mårfamilien med hvid underlæbe og hage; mink avles også på farme og kan her have andre farver end den vilde mink; latinsk navn *Lutreola vison* □ *minkhvalp* • skind fra minkdyr der avles på farme □ *minkfarm* · *minkkåbe* · *minkpels*

minkfarm

SUBST. *-en,* plur. *-e, -ene*

en pelsdyrfarm med mink

minoritet

SUBST. *-en,* plur. *-er, -erne*
/*minori'tet*/

1. et mindretal; især ved afstemning mindst en stemme under halvdelen = MINDRETAL ≠ MAJORITET □ *i Flensborg er de dansksindede i minoritet* · *selv om højrefløjen var en minoritet fik den afværget den planlagte skatteforhøjelse*
2. en mindre del af en befolkning som er anderledes end resten, fx med hensyn til sprog, religion OSV. = MINDRETAL □ *etniske minoriteter* · *i Nordirland er den katolske minoritet tilhængere af Irlands genforening*

minsandten

ADV.
/*min'sandten*/

mildt kraftudtryk = SANDELIG, MINSÆL □ *minsandten om det ikke er Lars der kommer der* · *nu skal det her minsandten være slut* · *det her er minsandten ikke noget at spøge med!*

minsæl

ADV.
/*min'sæl*/

(glds.): mildt kraftudtryk = MINSANDTEN □ *det er minsæl for galt!* · *det er minsæl et slemt puds han har spillet dig!*

minus[1]

SUBST. *-et* (el. *minusset*), plur. *-er* (el. *minusser*), *-erne* (el. *minusserne*)

1. tegnet - el. ÷ som viser at to tal skal trækkes fra hinanden, el. at et tal er mindre end nul = MINUSTEGN ≠ PLUS □ *der skal stå et minus foran tallet så man kan se at det er mindre end nul* • en værdi som er mindre end nul □ *da spillet var*

slut stod han på minus · *hun gjorde sine udgifter og indtægter op og havnede på minus* □ *minusgrad*
2. en svaghed el. utilstrækkelighed som trækker ned i en samlet vurdering = ULEMPE ≠ PLUS □ *der er et minus ved den fremgangsmåde* · *det er et minus at han er så uerfaren* · *afveje plusser og minusser*

minus[2]

KONJ.

1. udtryk for at en størrelse skal trækkes fra en anden ≠ PLUS □ *7 minus 3 er 4* • = UNDTAGEN ≠ PLUS □ *hele holdet minus to var mødt op* · *fortjenesten er omsætningen minus udgifterne* · *her står beløbet minus moms*
2. udtryk for at en værdi er mindre end nul ≠ PLUS □ *termometret viser minus 20°* □ *minuspoint* · *minusgrader*

minusgrad

SUBST. *-en*, plur. *-er, -erne*

en grad under frysepunktet = KULDEGRAD ≠ PLUSGRAD □ *vi kan forvente nattemperaturer på omkring 15 minusgrader*

minut

SUBST. *minuttet*, plur. *minutter, minutterne*
/*mi'nut*/

1. ⟨fork. *min.*, *min* el. *m*⟩ et kort tidsrum svarende til 1/60 af en time, og som selv opdeles i 60 sekunder □ *det varer to minutter* · *han kommer om fem minutter* · *klokken er tre minutter i fire* · *maskinen tapper 200 flasker i minuttet* □ *minutbrød* · *minutlang* · *minuttæller* · *minutviser* • **om {et} minut** et minut fra nu □ *ægget er kogt om et minut* · *bomben springer i luften om fem minutter* • **på {et} minut** afsluttet i løbet af et minut □ *han samlede puslespillet på et minut* · *han løb ned til bageren på under fem minutter* • **i minuttet** i løbet af hvert minut □ *maskinen kører med 100 omdrejninger i minuttet* • **lige på minutten** el. *minuttet* lige netop til tiden □ *du kommer lige på minutten* · *de ankom lige på minuttet til forstillingen* • **i {samme} minut** lige på det tidspunkt □ *i det samme minut indtraf et uheld* · *han nåede toget i allersidste minut*
2. ⟨fork. *m* el. '⟩ et mål for cirkelbuelængde svarende til 1/60 af 1° = BUEMINUT □ *en cirkelbue deles i 360° på hver 60 minutter* □ *bueminut* • et mål for længde- el. breddegrader svarende til 1/60 af 1° = GRADMINUT □ *skibets position er 56°, 15 minutter nordlig bredde*

minutiøs

ADJ. *-t, -e*
[*minu'tjø's*]

som er omhyggelig ned til mindste detalje = NØJE, UDFØRLIG □ *selv en minutiøs undersøgelse afslørede intet* · *en minutiøs overvågning af skibstrafikken* · *en minutiøs gennemgang*

mio.

fork. for *million*

mirabel el. mirabelle

SUBST. *mirabellen*, plur. *mirabeller, mirabellerne*

en lille, gyldengul blomme fra mirabeltræet; spises rå, som kompot el. syltet □ *mirabelkompot* · *mirabelsaft* · *mirabelsyltetøj* · *mirabeltræ* • et træ hvorpå der vokser mirabeller; latinsk navn *Prunus cerasifera*

mirakel

SUBST. *miraklet*, plur. *mirakler, miraklerne*
[*mi'rɑgəl*]

en overnaturlig hændelse som kan tilskrives Gud el. en hellig person = UNDER, UNDERVÆRK □ *Jesus udrettede et mirakel da han fik den blinde til at se igen* · *munken gjorde mirakler og blev efter sin død kanoniseret* · *videnskaben kan ikke udrette mirakler* • en vidunderlig og overraskende hændelse □ *det er et rent mirakel at han ikke blev dræbt* · *miraklernes tid er ikke forbi* · *et økonomisk mirakel* □ *mirakeldoktor* · *mirakelkur*

mirakuløs

ADJ. *-t, -e*
/*miraku'løs*/

som skyldes el. synes at skyldes et mirakel □ *mirakuløs helbredelse* · *have en mirakuløs evne til at klare sig* · *et mirakuløst sammenfald af begivenheder*

mis

SUBST. *missen*, plur. *misser, misserne*

= KAT □ *missekat* • **{klare ngt} som en mis** klare noget hurtigt og let □ *han klarede problemerne som en mis* · *det går som en mis* · *hun var der som en mis*

misantrop

SUBST. *-en*, plur. *-er, -erne*
[*misan'tro'p*]

en person som foragter og skyr andre mennesker = MENNESKEHADER ≠ FILANTROP, MISOGYN □ *misantropisk*

misantropi

SUBST. *-en*

foragt mod mennesker

misbillige

VERB. *-r, -de, -t*

misbillige ngt være meget utilfreds med noget ≠ BILLIGE □ *de misbilligede forslaget* · *hun misbilligede hans ordvalg* □ *misbilligelse*

misbrug

SUBST. *-en* el. *-et*, plur. *~brug, -ene*

1. forkert el. overdreven brug af noget, fx alkohol, narkotika el. medicin □ *misbrugsproblem* · *alkoholmisbrug* · *narkomisbrug* · *stofmisbrug*
2. uheldig el. lovlig udnyttelse af en ret, en position el.lign. □ *misbrug af ens tillid* □ *magtmisbrug* • voksnes seksuelle udnyttelse af børn □ *hun var udsat for misbrug som 8-årig*

misbruge

VERB. *-r, misbrugte, misbrugt*

1. misbruge ngt bruge noget forkert el. i overdreven grad, fx alkohol
2. misbruge ng udnytte nogen på en uheldig el. ulovlig måde = UDNYTTE □ *misbruge nogens tillid* · *misbruge børn som arbejdskraft* • udnytte børn seksuelt □ *hun blev misbrugt af sin stedfar*

misbruger

SUBST. *-en*, plur. *-e, -ne*

en person der misbruger medicin, alkohol el.lign. □ *stofmisbruger*

misdanne

VERB. *-r, -de, -t*

misdanne ngt forårsage at noget får en forkert form = DEFORMERE

misdannelse

SUBST. *-n*, plur. *-r, -rne*

en legemlig fejl som kan være medfødt el. forårsaget af celleforandring □ *han havde misdannelser i ansigtet*

misdannet

ADJ. *-*, *misdannede*

udviklet forkert, enten i fosterstadiet el. ved celleforandringer senere i livet = FORKRØBLET, DEFORM, VANSKABT □ *han havde en misdannet arm*

misdæder

SUBST. *-en*, plur. *-e, -ne*

(glds.): = FORBRYDER □ *misdæderen blev fanget og bragt i forvaring*

miserabel

ADJ. *-t, miserable*
[*misə'ra'bəl*]

= ELENDIG □ *i en miserabel forfatning*

misere

SUBST. *-n*, plur. *-r, -rne*
[*mi'sæ·ɔ*]

en ulykkelig situation som pludselig opstår, fx pga. en forglemmelse □ *hele miseren skyldtes at han havde glemt at lukke for vandet*

misfarvet

ADJ. *-*, *misfarvede*

som har mistet sin oprindelige farve og nu ser grim ud □ *træværket er misfarvet af vejr og vind* · *misfarvede tænder*

misforhold

SUBST. *-et*, plur. *misforhold, -ene*

det forhold at noget ikke passer med noget andet = UOVERENSSTEMMELSE, MODSTRID, MODSÆTNINGSFORHOLD, DISHARMONI □ *der er et misforhold mellem lønnen og arbejdets omfang* · *hans levevis står i åbenbart misforhold til hans indtægt*

misfornøjet

ADJ. *-*, *misfornøjede*

= UTILFREDS □ *han er misfornøjet med alt og alle* · *cheferne var tydeligt misfornøjede* · *se misfornøjet ud* □ *misfornøjelse*

misforstå

VERB. *-r, misforstod, -et*

misforstå ng(t) tolke nogen el. noget på en forkert måde = MISOPFATTE, MISTOLKE, TAGE FEJL □ *de misforstod hinanden* · *han misforstod hendes tavshed* · *det kan vist ikke misforstås* · *han føler sig ret misforstået* □ *misforståelse*

misforståelse

SUBST. *-n*, plur. *-r, -rne*

en forkert tolkning □ *få klaret forskellige misforståelser* · *det beror på en misforståelse* · *ved en misforståelse udeblev han fra mødet · en udbredt misforståelse* • en mindre uenighed mellem to parter = FORVIKLING □ *give anledning til misforståelser*

misfoster

SUBST. *-et* el. *misfostret*, plur. *misfostre, misfostrene*

et vanskabt el. misdannet væsen = VANSKABNING □ *føde et misfoster · et menneskeligt misfoster* • et fænomen el.lign. som har udviklet sig i en meget uheldig retning □ *styrelsen et et administrativt misfoster · den idé er et åndeligt misfoster*

misgerning

SUBST. *-en*, plur. *-er, -erne*

(glds.): = FORBRYDELSE □ *generalens misgerninger var almindeligt kendte · straffe nogen for hans misgerninger* □ *misgerningsmand*

misgreb

SUBST. *-et*, plur. *~greb, -ene*

= FEJLGREB □ *begå et misgreb · det var et misgreb at afskedige hende · det var et misgreb af ham at rejse*

mishag

SUBST. *-et*

utilfredshed med el. uvilje mod nogen el. noget □ *udtrykke sit mishag ved at gå sin vej · han pådrog sig bestyrelsens mishag · vække nogens mishag · finde mishag i noget*

mishage

VERB. *-r, -de, -t*

mishage ng fremkalde uvilje hos nogen ≠ BEHAGE □ *hans opførsel mishager mig*

mishandle

VERB. *-r, -de, -t*

1. mishandle ng(t) behandle nogen el. noget dårligt el. forkert = MALTRAKTERE □ *han mishandlede sin hund · mishandle et musikinstrument · et mishandlet barn* □ *mishandling*
2. pine med slag o.l. □ *politiet fandt det stærkt mishandlede lig* □ *mishandling*

mishandling

SUBST. *-en*, plur. *-er, -erne*

1. det at mishandle et menneske el. dyr □ *børnemishandling · dyremishandling*
2. = VANRØGT

miskendt

ADJ. *- , -e*

som ikke vurderes efter fortjeneste □ *et miskendt geni*

misklæde

VERB. *-r, misklædte, misklædt*

misklæde ng (glds.): klæde nogen meget dårligt □ *den hat misklæder dig*

miskmask

SUBST. *et*

noget som er sammenrodet og dårligt □ *artiklen er noget miskmask · det miskmask ville jeg ikke fodre min hund med*

miskredit

SUBST. *miskreditten*

en mangel på tillid el. anseelse □ *han er kommet i miskredit hos sin familie efter sit svigt · hun er i miskredit på sin arbejdsplads efter sine indiskrete afsløringer i sin bog · hans handling bragte firmaet i miskredit*

miskreditere

VERB. *-r, -de, -t*

miskreditere ng(t) omtale nogen el. noget negativt

miskundhed

SUBST. *-en*

(glds.): = BARMHJERTIGHED

misliebig

ADJ. *-t, -e*
[*'misli'bi* el. *mis'li'bi*]

(glds.): = MISTÆNKELIG

misligholde

VERB. *-r, ~holdt, ~holdt*

misligholde ngt ikke overholde en skriftlig aftale □ *hvis kontrakten misligholdes, kan den opsiges af sælger · misligholde en finansiel forpligtelse* □ *misligholdelse* • **misligholde ngt** ikke vedligeholde noget materielt □ *misligholde sit hus · stedet var misligholdt gennem mange år, så det trængte til en kærlig hånd*

mislyd

SUBST. *-en*, plur. *-e, -ene*

en ubehagelig lyd som ikke burde være der □ *de bemærkede en mislyd fra motoren* • en dårlig stemning □ *mødet forløb uden mislyde*

mislykkes

VERB. *mislykkes, mislykkedes, mislykkedes*

ikke opnå det resultat som man har haft til hensigt el. planlagt = SLÅ FEJL, GLIPPE, KLIKKE, SVIPSE, SMUTTE ≠ LYKKES □ *alt er mislykkedes for ham her i livet · kagen mislykkedes · eksperimentet er dømt til at mislykkes*

mislykket

ADJ. *- , mislykkede*

som ikke er lykkedes el. som ikke har fået det forventede resultat = FEJLSLAGEN □ *en mislykket kunstner · et mislykket angreb · et mislykket forsøg · føle sig mislykket · kagen er mislykket · være helt igennem mislykket*

mismod

SUBST. *-et*

det at man har mistet modet og evnen til at handle = MODLØSHED □ *det gælder om at holde hovedet koldt og ikke synke hen i mismod · fuld af mismod · han blev grebet af mismod · mismodsstund*

mismodig

ADJ. *-t, -e*

= MODLØS □ *et opgivende og mismodigt suk · et mismodigt drag om munden* □ *mismodighed*

misnøje

SUBST. *-n* el. *-t*

udtryk for at man er utilfreds med noget □ *han udtrykte sin misnøje med deres præstation*

misogyn

SUBST. *-en*, plur. *-er, -erne*
[*miso'gy'n*]

= KVINDEHADER

misopfatte

VERB. *-r, -de, -t*

misopfatte ng(t) = MISFORSTÅ □ *du har misopfattet det begreb · der er mange der har misopfattet den bevægelse* □ *misopfattelse*

misrøgt

SUBST. *-en*

grov mangel på omsorg, pleje el. opmærksomhed = VANRØGT □ *misrøgt af mindre børn · misrøgt af kreaturer · misrøgt af et udtalt talent*

misrøgte

VERB. *-r, -de, -t*

misrøgte ng(t) groft forsømme at give nogen el. noget tilstrækkelig omsorg, pleje el. opmærksomhed = VANRØGTE □ *misrøgte gården · misrøgte sit talent · misrøgte sit embede · misrøgtede børn* □ *misrøgtning*

miss

SUBST.

1. titel for en ugift kvinde i engelsktalende lande □ *miss Jones*
2. ⟨*-en*, plur. *-er, -erne*⟩ vinder af en skønhedskonkurrence for kvinder □ *miss Danmark · miss World*

misse

VERB. *-r, -de, -t*

misse med øjnene bevæge øjelåget hurtigt ned og op og knibe øjnene sammen; fx pga. stærkt lys = PLIRRE, BLINKE, GLIPPE □ *misse med øjnene mod lyset*

missekat

SUBST. *~katten*, plur. *~katte, ~kattene*

(barn.): = KAT

missil

SUBST. *-et*, plur. *-er, -erne*
[*mi'si'l*]

et fjernstyret raketvåben med sprængladning □ *radiostyret missil* □ *missilangreb · missilkrydser* □ *krydsermissil · anti-ubådsmissil*

missing link

SUBST. *et*

et manglende led i evolutionskæden; især om en antaget, men ikke dokumenteret, overgangsform mellem abe og menneske

mission

SUBST. *-en*, plur. *-er, -erne*
[*mi'sjo'n*]

1. en betydningsfuld opgave □ *en hemmelig mission · hun følte opdragelsen af børnene som sin mission · opfylde sin mission her i livet* □ *militærmission*

2. forkyndelse og udbredelse af kristendommen □ *den kristne mission har omvendt mange* · *drive mission* • **Indre Mission** en kirkelig retning der driver mission i Danmark • **Ydre Mission** kirkelig mission i udlandet

missionere

VERB. *-r, -de, -t*
/missio'nere/

missionere for ngt søge at udbrede en religion og omvende nogen til den □ *missionere for kristendommen blandt hedninger* · *missionere i Afrika* • søge at udbrede visse holdninger el. idéer = AGITERE □ *missionere for sine idéer*

missionshotel

SUBST. *~hotellet,* plur. *~hoteller, ~hotellerne*
/mis'sionshotel/

et hotel med forholdsvis lave priser der drives i en kristen ånd; var tidligere alkoholfri, men i dag har missionshoteller med restaurant spiritusudskænkning

missionshus

SUBST. *-et,* plur. *-e, -ene*

en bygning som er mødested for fx indremission el. andre kirkelige retninger

missionær

SUBST. *-en,* plur. *-er, -erne*
/missio'nær/

en person der er udsendt af en kirke el. en religiøs sekt for at forkynde kirkens el. sektens tro □ *en kristen missionær* · *virke som missionær i Afrika* □ *indremissionær*

misstemning

SUBST. *-en,* plur. *-er, -erne*

en dårlig stemning □ *problemet har givet anledning til misstemning*

mistanke

SUBST. *-n*

en fornemmelse af at nogen har gjort noget galt el. at noget ikke er som det skal være □ *blive renset for mistanke* · *have mistanke om noget* · *mistanken samler sig om ham* · *rette mistanke mod nogen* · *ubegrundet mistanke* · *vække mistanke* · *være hævet over mistanke* · *fatte mistanke til nogen* · *være under mistanke for noget* · *en grim mistanke*

mistbænk

SUBST. *-en,* plur. *-e, -ene*

et glasoverdækket bed = DRIVBÆNK □ *dyrke radisser i mistbænken*

miste

VERB. *-r, -de, -t*

1. miste ngt ikke længere have noget fordi det er blevet væk el. taget fra én; ofte uigenkaldeligt = TABE, FORTABE □ *han mistede sine nøgler* · *miste modet* · *miste meget blod* · *miste sin formue* · *miste sit arbejde* · *miste tålmodigheden* · *han har mistet kørekortet for seks måneder* · *miste retten til at køre bil* • **miste ngt for ng** ikke længere have respekt for nogen □ *jeg har mistet alt for ham efter den episode*
2. miste ng ikke længere have nogen, fx pga. død □ *hun mistede sine forældre da hun var barn* · *han mistede sin søn i krigen* · *han har mistet alle sine venner*

mistelten

SUBST. *-en,* plur. *mistelten* (el. *-e* el. *-er*), *-ene* (el. *-erne*)

en stedsegrøn busk med gaffeldelte grene og hvide bær; er en snylteplante på træer; latinsk navn *Viscum album*

mistillid

SUBST. *-en*

en mangel på tillid til nogen el. noget = MISTRO □ *der hersker en indbyrdes mistillid mellem parterne* · *nære dyb mistillid til nogen* · *vække mistillid* · *så mistillid* · *en indgroet mistillid*

mistillidsvotum

SUBST. *-et* (el. *~votummet*), plur. *~vota*, *~votaene*

det at Folketinget vedtager en udtalelse om at det ikke har tillid til regeringen el. en af dens ministre; medfører ofte regeringens afgang

mistro[1]

SUBST. *-en*

manglende tillid til el. tro på nogen el. noget = MISTILLID, SKEPSIS □ *nære mistro til nogen* · *høre på en forklaring med mistro* · *vække mistro*

mistro[2]

VERB. *-r, -ede, -et*

mistro ng have en formodning om at man ikke kan stole på nogen □ *jeg mistror dig ikke*

mistroisk

ADJ. *-* , *-e*

som nærer mistro til nogen el. noget = MISTÆNKSOM, VANTRO □ *være mistroisk af natur*

mistrøstig

ADJ. *-t, -e*

= MODLØS □ *se mistrøstig ud* □ *mistrøstighed*

mistænke

VERB. *-r, mistænkte, mistænkt*

mistænke ng nære mistanke til nogen □ *mistænke nogen for tyveri* · *han blev mistænkt for voldtægt* · *ingen ville mistænke hende for spionage* □ *mistænkelig* · *mistænksom*

mistænkelig

ADJ. *-t, -e*
/mis'tænkelig/

som giver anledning til mistanke = SUSPEKT, FORDÆGTIG, LUSKET, LYSSKY □ *en mistænkelig person sneg sig ind ad døren* · *sagen er meget mistænkelig* · *en mistænkelig adfærd* · *være mistænkeligt interesseret i noget* · *være sygeligt mistænkelig* · *der er noget mistænkeligt ved dem* □ *mistænkeliggøre* · *mistænkelighed*

mistænksom

ADJ. *-t, mistænksomme*
/mis'tænksom/

som nærer mistanke til nogen el. noget = MISTROISK □ *blive mistænksom med hensyn til noget* · *være en mistænksom natur* · *være mistænksom over for fremmede* □ *mistænksomhed*

misunde

VERB. *-r, misundte, misundt*

misunde ng ngt ønske at man havde de samme ting, egenskaber o.l. som en anden har □ *jeg misunder ham ikke alle hans penge* · *jeg misunder ham hans mod* · *jeg misunder dig dine blå øjne* · *jeg misunder dig ikke!* · *være misundt af sine kolleger* □ *misundelse*

misundelig

ADJ. *-t, -e*
/mis'undelig/

som misunder andre noget □ *hun var misundelig på sin veninde fordi hun fik jobbet* · *han var misundelig over hendes held*

misundelse

SUBST. *-n*

det at misunde andre noget □ *hun kunne ikke skjule sin misundelse over at hendes veninde havde fået jobbet* · *det vækkede misundelse at de havde købt nyt hus* · *være gul og grøn af misundelse*

misvisende

ADJ.

som fører til en forkert opfattelse □ *misvisende oplysninger* · *statistikken er misvisende*

misvisning

SUBST. *-en,* plur. *-er, -erne*

1. en magnetnåls afvigelse fra den geografiske nordpol, enten som *deklination* el. som *deviation*
2. det at noget er misvisende □ *det er en misvisning når skiltet fortæller at der er 30 km fra København til Birkerød*

misvækst

SUBST. *-en*

1. det at afgrøder ikke udvikler sig som de skal pga. tørke el. insektangreb □ *misvækstår*
2. det at planter ikke gror som de skal, men bliver små og forkrøblede □ *misvækst pga. den tørre sommer*

mit

PRON.

bøjningsform af *min*

mitra

SUBST. *-en,* plur. *-er, -erne*

en høj, stiv hue som bruges af kardinaler, biskopper og abbeder, og som er delt i to spidser, en foran og en bagtil = BISPEHUE

mixed

ADJ. *-* , *-e*
[*'migst* el. *'megst*]

= BLANDET □ *børn af mixed herkomst* • **mixed double** en sportskamp, fx tennis el. badminton, mellem to hold der hver består af en herre og en dame

mixlån

SUBST. *-et,* plur. *mixlån, -ene*

et lån der er en kombination af annuitetslån og serielån; ydelsen er faldende gennem hele lånets løbetid og afdraget stigende

MJ
fork. for *megajoule*

mjav
LYDORD

se *miav*

mjave
VERB.

se *miave*

mjød
SUBST. *-en*

en sød drik af gæret honning der opløses i vand og tilsættes forskellige krydderier

m/k
SUBST. *en,* plur. *m/k'er, m/k'erne*

fork. for *mand eller kvinde*

ml
fork. for *milliliter*

ml.
fork. for *mellem*

Mlle
fork. for *mademoiselle*

mm
fork. for *millimeter*

m.m.
fork. for *med mere*

Mme
fork. for *madame*

mmHg
enhed for tryk som bl.a. anvendes ved måling af blodtryk; fork. for *millimeter kviksølv*

mnemoteknik
SUBST. *~teknikken,* plur. *~teknikker, ~teknikkerne*
[ˈ*mnemotægnik*]

en særlig teknik til at støtte hukommelse og indlæring □ *mnemotekniker* · *mnemoteknisk*

mobbe
VERB. *-r, -de, -t*

mobbe ng udsætte nogen for groft drilleri igennem lang tid □ *han blev mobbet i skolen* □ *mobning*

mobil
ADJ. *-t, -e*
/*moˈbil*/

som let el. forholdsvis let kan flyttes el. bevæge sig = TRANSPORTABEL, BÆRBAR, FLYTBAR ≠ IMMOBIL, STATIONÆR □ *mobile tropper* · *pumpen kan anvendes i såvel stationære som mobile installationer* · *et mobilt knæled* □ *mobilisere* • som frit kan rejse el. bevæge sig omkring fordi man disponerer over et køretøj el. ikke er bevægelseshæmmet □ *jeg kommer og besøger dig, jeg er jo mere mobil end du er* · *forretningen tilbyder vareudbringning til mindre mobile kunder* □ *mobilradio* · *mobiltelefon*

mobile
SUBST. *-n,* plur. *-r, -rne*
/*moˈbile*/

en pyntegenstand som hænges op og bevæger sig, under påvirkning af luftens strømninger; består typisk af flere tynde stænger, hvortil der er bundet figurer der hænger i balance = URO □ *spædbørnsmobile*

mobilisere
VERB. *-r, -de, -t*
/*mobiliˈsere*/

berede sig til krig □ *landet mobiliserer* □ *mobilisering* • **mobilisere ngt** gøre væbnede styrker beredte til krig ≠ DEMOBILISERE □ *man er i øjeblikket i færd med at mobilisere hæren* • **mobilisere ng(t)** samle sine kræfter el. kalde nogen til hjælp for at få noget gjort □ *mobilisere sine sidste kræfter* · *alle vennerne blev mobiliseret* □ *mobilisering*

mobilitet
SUBST. *-en*
/*mobiliˈtet*/

det at noget er mobilt = BEVÆGELIGHED

mocambiquer
SUBST.

se *mozambiquer*

mocambiquisk
ADJ.

se *mozambiquisk*

mod[1]
SUBST. *-et*

1. evne til at handle uden frygt i situationer der kan være til fare el. skade for en selv = TAPPERHED, COURAGE, MANDSMOD, MANDSHJERTE ≠ FEJHED □ *udvise mod* · *vise et usædvanligt mod* · *have mod og mandshjerte* · *fysisk og moralsk mod* · *have mod til at stå ved ved sine meninger* · *samle alt sit mod og springe* □ *modig* □ *heltemod* · *mandsmod* · *vovemod* • **drikke sig mod til ngt** drikke så meget at man bliver beruset og derved bliver mere modig □ *han måtte altid drikke sig mod til når han skulle i kontakt med piger* • **tage mod til sig** tøve med noget indtil man har oparbejdet mod nok til at gøre det □ *han stod længe oppe på 10 m vippen og tog mod til sig*
2. en sindstilstand der gør at man ser lyst på tingene, er fuld af gåpåmod m.m. • **have mod på ngt** have lyst til at gøre el. fortsætte med noget □ *han havde mod på en svømmetur* · *have mod på at tage sig en uddannelse* · *hun har mod på livet* • **holde modet oppe** bevare en positiv indstilling □ *hun kunne næppe selv holde modet oppe* · *han forsøgte at holde modet oppe hos sine medfanger* • **tabe modet** være ved at opgive □ *du må ikke tabe modet nu hvor du er så tæt på dit mål* • **føle sig** el. **være {ilde} til mode** føle sig ked af det, underlig, i godt humør osv. □ *føle sig ilde til mode* · *være trist til mode* · *hun følte sig vel til mode* · *føle sig let til mode* • **være ved godt mod** se positivt på tingene □ *patienten var ved godt mod trods store smerter*

mod[2]
PRÆP.

1. i retning af = IMOD □ *de rejste mod vest* · *vi cyklede mod Rungsted* · *de sejlede mod fjerne kyster* · *toget mod München afgår fra spor 1* • i berøring med, som støtte el. som blid el. voldsom berøring = IMOD □ *hun stod lænet mod træet* · *katten gned sig mod hendes ben* · *bilen kørte mod en lygtepæl* · *han stødte mod dørkarmen*
2. i tiden lige før et tidspunkt el. i retning mod den kommende tid = IMOD □ *det blev koldere hen mod jul* · *vi får meget travlt mod slutningen af denne måned* · *det går mod bedre tider* · *det går mod vinter* · *det lakker mod enden*
3. i modsætning el. modsætningsforhold til = IMOD ≠ FOR □ *de protesterede mod forslaget* · *det er fejt at slås tre mod én* · *det er mod hendes principper* · *forslaget blev vedtaget med otte stemmer mod to* · *de kæmpede mod os* · *der var meget modstand mod valget af ham* · *det er en trussel mod vores sikkerhed* □ *modangreb* · *modarbejde* · *modbevis* · *modkandidat* · *modkrav* · *modpart* · *modpol* · *modsige* · *modspiller* · *modvilje* · *modvægt* · *modværge* • i den modsatte retning af = IMOD ≠ MED □ *han sejler mod strømmen* · *de cyklede mod vinden* □ *modgående* · *modhage* · *modlys* · *modstrøm* · *modvind* • som beskyttelse overfor = IMOD □ *næsedråber hjælper mod forkølelse* · *de blev vaccineret mod polio* · *et middel mod feber*
4. sammenlignet med = IMOD □ *inflationen er på 2% i år mod 3% sidste år* · *det er ikke noget mod hvad der skete i går* □ *modstille*
5. til gengæld for = IMOD □ *han optråde mod betaling* · *der er kun adgang mod legitimation* □ *modregne*
6. i forhold til = IMOD, OVERFOR □ *hun er god mod alle* · *han er gavmild mod børnene* · *du er uretfærdig mod os* · *han er tro mod sine idealer*

modalverbum
SUBST. *~verbet,* plur. *~verber, ~verberne*
[*moˈdaˈlvärbåm*]

et hjælpeverbum som udtrykker betydninger som mulighed, nødvendighed, vilje el. tilladelse, fx *kunne, måtte, skulle* og *ville*; efterfølges af en infinitiv, fx *kan male* = MÅDESUDSAGNSORD

modarbejde
VERB. *-r, -de, -t*

modarbejde ng(t) forsøge at gøre noget som hindrer at noget andet bliver udført el. at nogen udfører noget = OBSTRUERE □ *han forsøgte at modarbejde partiets planer* · *hvis du ikke havde modarbejdet mig hele tiden, var det lykkedes*

modbevis
SUBST. *-et,* plur. *-er, -erne*

et bevis som fastslår at en anden påstand er forkert

modbevise
VERB. *-r, modbeviste, modbevist*

modbevise ngt bevise at noget er forkert = GENDRIVE □ *han modbeviste anklagerens påstand* · *modbevise Karl Marx' elendighedsteorier*

modbydelig
ADJ. *-t, -e*
/*modˈbydelig*/

som fremkalder stærk følelse af modvilje og ubehag = AFSKYELIG, INFAM, LED, NEDERDRÆGTIG, VÆMMELIG, ÆKEL, SLEM, SJOFEL □ *en modbydelig fyr* · *en modbydelig stank* · *et modbydeligt vejr* □ *modbydelighed* • forstærkende udtryk □ *det gør modbydeligt ondt*

mode

SUBST. *-n,* plur. *-r, -rne*

1. populær smag og stil i en bestemt kortere periode, især med hensyn til tøj, livsstil, kunst m.m. □ *højeste mode* · *sidste nye mode i sko* · *det er den store mode at gå på café* · *være med på moden* · *modens tyranni* · *ekspressionismen gik hurtigt af mode igen* □ *modefarve* · *modeopvisning* · *modepræget* □ *kjolemode* · *efterårsmode*
2. til mode se under *mod*

modehandler

SUBST. *-en,* plur. *-e, -ne*

en person der handler med modetøj el. hatte

modehus

SUBST. *-et,* plur. *-e, -ene*

en større, modeskabende tøjproducent □ *de førende modehuse i Paris, Milano og London*

model

SUBST. *modellen,* plur. *modeller, modellerne*
[*mo'dæl'*]

1. et forbillede som noget andet laves efter = FORBILLEDE, MØNSTER □ *han var model for hovedpersonen i bogen* · *systemet er lavet efter dansk model* • en person som afbildes, fx tegnes, males el. fotograferes □ *de studerende malede efter model* · *hun arbejder som model* □ *modelfoto* · *modelstudie* □ *fotomodel* · *nøgenmodel* • **{stå} model** placere sig i en bestemt position og lade sig afbilde, fx på et maleri □ *sidde model til et portræt*
2. en gengivelse af en ting i mindre målestok □ *en model i pap af en projekteret bygning* · *en naturtro model* □ *modelflyver* · *modelforsøg* · *modelskib* · *modeltog* □ *bilmodel* · *flymodel* · *skibsmodel* • en skematisk og forenklet fremstilling af en teori □ *økonomiske modeller* □ *atommodel*
3. en type som adskiller sig fra andre typer af samme ting □ *bilen er en model 1994* · *den seneste model* · *kjolen er en parisisk model* □ *bilmodel* · *luksusmodel*
4. stå model til ngt være udsat for noget □ *det vil jeg ikke stå model til*

modellere

VERB. *-r, -de, -t*
[*modə'le'ɔ*]

modellere ngt forme noget i et plastisk materiale, fx ler el. voks □ *modellere en statue* □ *modellering*

modellervoks

SUBST. *-et,* plur. *-er, -erne*
/*model'lervoks*/

et blødt, voksagtigt materiale som man kan forme små figurer o.l. af, og som ikke tørrer ud ved brug □ *lave en hund i modellervoks*

modellør

SUBST. *-en,* plur. *-er, -erne*
/*model'lør*/

en person som former skulpturer o.l. i blødt materiale

modem

SUBST. *-et* (el. *modemmet*), plur. *-er* (el. *modemmer*), *-erne* (el. *modemmerne*)
[*'mo·dæm'*]

et apparat der omformer data fra en computer til signaler der kan sendes over telefonnettet og omformer data fra telefonnettet så de kan læses af computeren; muliggør overførsel af data mellem computere over store afstande

moden

ADJ. *-t, modne*

som er færdigudviklet □ *bananerne er meget modne* · *da æblerne var modne, blev de plukket* □ *modenhed* □ *fuldmoden* · *kønsmoden* · *overmoden* • som er klar til noget □ *han er moden til indlæggelse* · *tiden er moden til handling* · *være moden til at gifte sig* □ *byggemoden* · *giftemoden* · *plukkemoden* · *saneringsmoden* · *skolemoden* • (om en person): som ikke længere er ung □ *en moden kvinde* · *en mand i den modne alder* • som er fornuftig el. fremmelig = TJENLIG □ *eleven er moden til at komme i gymnasiet* · *så ung og alligevel så moden* · *en moden beslutning* · *moden overvejelse*

modeord

SUBST. *-et,* plur. *~ord, -ene*

et ord der i en vis periode er meget brugt □ *inden for de højere uddannelser er 'internationalisering' blevet et af tidens store modeord*

moder

SUBST.

se *mor*

moderat

ADJ. *-, -e*
[*modə'ra't*]

1. som holder sig inden for rimelige grænser □ *de ansatte fremsatte moderate krav* · *på moderate vilkår*
2. som er af middel el. under middel grad, styrke, hastighed m.m. □ *moderat sigtbarhed* · *moderat til frisk vind* · *moderat hastighed* · *priserne steg i et moderat tempo*
3. ⟨også SUBST.⟩ som ligger mellem to yderpunkter; især om holdninger og meninger ≠ YDERLIGGÅENDE □ *han har en moderat indstilling* · *en moderat politiker* · *de moderate vandt en stor sejr*

moderation

SUBST. *-en,* plur. *-er, -erne*
[*modəra'sjo'n*]

1. = MÅDEHOLD □ *udvise moderation i forhandlingerne*
2. en nedsættelse af en pris = AFSLAG □ *få moderation i prisen*

moderato

ADV.
/*mode'rato*/

udtryk for at et musikstykke fremføres i mådeholdent tempo

moderbinding

SUBST. *-en,* plur. *-er, -erne*

en stærk tilknytning til moderen

moderere

VERB. *-r, -de, -t*
/*mode'rere*/

1. moderere ngt holde inden for rimelige grænser = DÆMPE
2. moderere ngt beherske el. dæmpe en udtalelse el. en adfærd = DÆMPE □ *moderere sin stemme* · *moderere sine tilbøjeligheder* · *moderere sine udtalelser*
3. moderere ngt give *moderation* i en pris

moderigtig

ADJ. *-t, -e*

som er i overensstemmelse med den herskende mode □ *læbestiften er i den moderigtige farve* · *være moderigtigt klædt*

moderkage

SUBST. *-n,* plur. *-r, -rne*

en tyk masse med mange blodkar inden i kvindens livmor; overfører næring fra moderen til fosteret under graviditet = PLACENTA, EFTERBYRD □ *moderkageprøve*

moderkærlighed

SUBST. *-en*

en mors kærlighed til sine børn

moderlig

ADJ. *-t, -e*

(om en kvinde): som har at gøre med moderrollen, el. som er omsorgsfuld og beskyttende □ *moderlige instinkter* · *moderlige bekymringer* · *hendes moderlige omsorg* · *hun talte moderligt til ham* · *hun lagde armen moderligt beskyttende om ham* □ *moderlighed*

moderløs

ADJ. *-t, -e*

som ikke har nogen mor fordi denne er død □ *et moderløst barn*

modermælk

SUBST. *-en*

mælk fra en kvindes bryst som et spædbarn indtager som føde = BRYSTMÆLK □ *modermælkserstatning* • **få ngt ind** el. **indsuge ngt med modermælken** lære noget som ganske lille

modermærke

SUBST. *-t,* plur. *-r, -rne*

et rødt el. brunt mærke på huden som er medfødt

moderne

ADJ.
/*mo'derne*/

1. som er nyt og i overensstemmelse med den aktuelle sag = STRØMLINET □ *det er moderne at være korthåret* · *hendes tøj er meget moderne* · *moderne musik*
2. som vedrører nutiden; især om tiden fra den industrielle revolution = NUTIDIG □ *Europas moderne historie* · *et moderne samfund* • som vedrører nutidige kunstarter, teknik og videnskab □ *moderne kunst* · *bilen er konstrueret ved hjælp af moderne teknik* · *fransk og spansk er moderne sprog* • **det moderne gennembrud** naturalismens gennembrud ca. 1870

modernisere

VERB. *-r, -de, -t*
/moderni'sere/

modernisere ngt forandre noget så det lever op til nutidens krav ◻ *modernisere en lejlighed • modernisere landbruget • huset er moderniseret i 1987 • en moderniseret version af det gamle eventyr* ◻ *modernisering*

modernisme

SUBST. *-n*
/moder'nisme/

1. de avantgardistiske stilarter inden for 1900-tallets moderne kunst, fx kubisme, ekspressionisme, dadaisme og surrealisme
2. en reformbevægelse i den romersk-katolske kirke som omkring 1900 forsøgte at forene katolsk tro og moderne videnskab

moderskab

SUBST. *-et,* plur. *-er, -erne*

det at være moder ◻ *hun valgte at forlade karrieren og hellige sig moderskabet* ◻ *moderskabsfølelse*

modersmål

SUBST. *-et,* plur. *~mål, -ene*

det sprog der tales der hvor man stammer fra, og som er det første man har lært ◻ *dansk er vort modersmål • han taler engelsk bedre end sit modersmål*

modeskaber

SUBST. *-en,* plur. *-e, -ne*

en person som designer tøj og har stor indflydelse på moden ◻ *han er modeskaber ved et af de store franske modehuse*

modfalden

ADJ. *-t, modfaldne*

= MODLØS ◻ *en modfalden mine • se modfalden ud*

modgang

SUBST. *-en*

en periode el. en situation der er præget af uheld, skuffelser og vanskeligheder = MODVIND, GENVORDIGHEDER ≠ MEDGANG ◻ *blive ramt af hård modgang • han har oplevet megen modgang, men den har ikke knækket ham • holde sammen i medgang og modgang • kæmpe med modgang* ◻ *modgangstider*

modgift

SUBST. *-en,* plur. *-e, -ene*

et middel som ophæver el. hæmmer en gifts virkning; det kan være et stof man tager mod forgiftning el. et stof der dannes i kroppen som et led i forsvaret mod sygdom ≠ GIFT ◻ *en modgift mod slangebid* • et middel som bruges mod noget ubehageligt el. uønsket ◻ *en modgift mod propaganda*

modgå

VERB. *-r, modgik, -et*

modgå ngt = IMØDEGÅ ◻ *modgå hans argumentation* • **modgående** som bevæger sig i den modsatte retning af én selv ◻ *modgående trafik • i modgående retning*

modhage

SUBST. *-n,* plur. *-r, -rne*

en hage på en krog som gør krogen svær at trække ud igen, hvis den stikkes ind i noget ◻ *en fiskekrog med modhager • torne med modhager*

modificere

VERB. *-r, -de, -t*
/modifi'cere/

modificere ngt give noget en anden form el. andet indhold = ÆNDRE, TILPASSE ◻ *modificere en udtalelse • et modificeret krav • fremtræde i stærkt modificeret form* ◻ *modificering*

modig

ADJ. *-t, -e; -ere, -st*

som uden frygt nærmer sig farer el. ubehageligheder = DRISTIG, HELTEMODIG, FRYGTLØS, TAPPER, UFORFÆRDET ◻ *en modig optræden • de modige frihedskæmpere • hendes modige opgør med sine livsløgne*

modist

SUBST. *-en,* plur. *-er, -erne*
/mo'dist/

en håndværker der syr og sælger individuelle damehatte

modkrav

SUBST. *-et,* plur. *modkrav, -ene*

et krav som debitor gør gældende over for kreditor ◻ *gøre modkrav gældende*

modlys

SUBST. *-et*

skarpt lys som falder direkte ind i fx ansigtet el. en fotolinse ◻ *fotografere noget i modlys • se noget i modlys • køre i modlys* ◻ *modlysblænde*

modløs

ADJ. *-t, -e*

som har mistet modet og evnen til at handle = MODFALDEN, MISMODIG, MISTRØSTIG, FORKNYT ◻ *et modløst blik • der herskede en atmosfære af modløs elendighed* ◻ *modløshed*

modne

VERB. *-r, -de, -t*

1. blive moden ◻ *frugten modner i den varme sol • tomaterne modnede kun langsomt i sensommersolen • bananerne var kunstigt modnet* • **modne ngt** gøre frugt moden ◻ *solen modner hurtigt tomaterne*
2. modne ng gøre en person moden ◻ *modgang havde modnet ham*

modpart

SUBST. *-en,* plur. *-er, -erne*

den anden part i fx en retssag, stridighed el. forhandling ◻ *modparten fremlagde sine synspunkter • anklage modparten for noget • hans modpart vandt sagen*

modpol

SUBST. *-en,* plur. *-er, -erne*

noget som er helt uforeneligt med noget andet som begreb, sådan at de fx kan placeres i hver sin ende af en skala = MODSÆTNING ◻ *den ængstelige Hans er sin letsindige brors absolutte modpol*

modregne

VERB. *-r, -de, -t*

modregne ngt i ngt trække et beløb fra et andet så en gensidig gæld udlignes ◻ *kommunerne kan modregne manglende betaling for daginstitutionsplads i børnechecken* ◻ *modregning*

modsat

ADJ. *- , modsatte*

1. som befinder sig lige el. næsten lige overfor el. på den anden side ◻ *han roede over på den modsatte side af floden*
2. som er helt forskellig el. lige omvendt ◻ *jeg er af den modsatte mening • glæde er det modsatte af sorg • jeg tror ham indtil det modsatte er bevist • da jeg så ham vendte jeg om og gik i den modsatte retning* • **i modsat fald** hvis det ikke er tilfældet = ELLERS ◻ *biblioteksbøger skal afleveres rettidigt, i modsat fald får man en bøde*

modsige

VERB. *-r, modsagde, modsagt*

modsige ng(t) erklære sig uenig med nogen el. i noget tidligere sagt = SIGE IMOD ◻ *hvorfor skal du altid modsige mig? • hans handlinger modsagde hans ord • han modsiger sig selv • han kan ikke tåle at blive modsagt*

modsigelse

SUBST. *-n,* plur. *-r, -rne*

det at noget strider mod hinanden el. sig selv ◻ *teksten er fuld af modsigelser* ◻ *modsigelsesfuld* ◻ *selvmodsigelse* • det at sige en anden imod ◻ *chefen tåler ingen modsigelser*

modsigelsesfri

ADJ. *-t, -e* (el. *~fri*)

som ikke indeholder selvmodsigelser ≠ SELVMODSIGENDE ◻ *en modsigelsesfri teori*

modspil

SUBST. *modspillet,* plur. *modspil, modspillene*

den modstand som modparten i fx kortspil el. i en sportskamp yder den anden ◻ *holdet fik ikke meget modspil i kampen* • den gensidige inspiration som parterne i en diskussion el.lign. giver hinanden ◻ *hun har fået værdigt modspil i ham • komme med et modspil • modspil og medspil • kvalificeret modspil*

modspiller

SUBST. *-en,* plur. *-e, -ne*

en modstander i en konkurrence mellem to parter, fx i kortspil el. i en sportskamp ◻ *et genialt træk fra modspillerens side* • en part i en diskussion el.lign. ◻ *regne nogen for en værdig modspiller*

modstand

SUBST. *-en,* plur. *-e, -ene*

1. det at forsøge at forhindre en udvikling el. en handling ved at bruge fysisk magt el. ved at ytre sin modvilje = UVILJE, UTILFREDSHED ◻ *gøre modstand • han stødte på hård modstand • der var modstand mod forslaget* ◻ *modstander • modstandsbevægelse • modstandsdygtig • modstandskamp • modsstandskraft • modstandsvilje*
2. (fysik): den kraft hvormed en fysisk substans modvirker et legemes bevægelse ◻ *luftmod-*

stand • = ELEKTRISK MODSTAND □ *modstanden er tre ohm* • en indretning der skal yde modstand mod elektrisk strøm • **elektrisk modstand** en elektrisk leders evne til at modstå elektrisk strøm som bevirker at en vis mængde af den elektriske energi omdannes til varme; måles i *ohm*

modstander

SUBST. *-en,* plur. *-e, -ne*

en person der er imod el. kæmper mod nogen el. noget = MODPART, ANTAGONIST, FJENDE ≠ FORKÆMPER □ *bokseren slog sin modstander ud* · *en værdig modstander* · *modstanderne kapitulerede* · *være modstander af vold* · *politisk modstander* □ *unionsmodstander*

modstandsbevægelse

SUBST. *-n,* plur. *-r, -rne*

en organiseret gruppe mennesker der yder modstand mod en fremmed besættelsesmagt el. et diktatorisk styre; især om en bevægelse i et af de tyskbesatte lande under anden verdenskrig □ *en underjordisk modstandsbevægelse* · *han var medlem af den danske modstandsbevægelse under krigen*

modstandsdygtig

ADJ. *-t, -e*

i stand til at yde modstand □ *man er mere modstandsdygtig over for sygdomme hvis man spiser og sover ordentligt* □ *modstandsdygtighed*

modstandsevne

SUBST. *-n*

det at være i stand til at yde modstand mod noget □ *hans modstandsevne var stærkt nedsat pga. kulden*

modstandskraft

SUBST. *-en*

kraft til ikke at bukke under fx for sygdom el. kulde □ *med den modstandskraft hun har, skal hun nok blive rask igen*

modstille

VERB. *-r, -de, -t*

modstille ngt sammenligne flere ting og fremhæve modsætningsforholdet imellem dem □ *modstiller man de to bøger, ser man stilforskellen* □ *modstilling*

modstrid

SUBST. *-en*

en stærk og åbenbar mangel på overensstemmelse mellem to sammenhørende ting = UOVERENSSTEMMELSE, MISFORHOLD □ *der er modstrid mellem hendes ord og hendes handlinger* · *han handler i modstrid med generalens ordre* · *forklaringerne er i modstrid med hinanden*

modstridende

ADJ.

som indbyrdes modsiger hinanden el. er indbyrdes uforenelige □ *komme med modstridende oplysninger* · *have modstridende følelser*

modstræbende

ADJ.

= MODVILLIG □ *hun fulgte modstræbende med* · *en modstræbende accept*

modstykke

SUBST. *-t,* plur. *-r, -rne*

1. noget som kan sammenlignes med noget andet af samme art = MAGE, LIGE □ *en højkonjunktur uden modstykke i landets historie* · *en ballade der helt savner sit modstykke*
2. noget som er helt uforeneligt med noget andet som begreb, sådan at de fx kan placeres i hver sin ende af en skala = MODSÆTNING □ *han er sin brors modstykke i enhver henseende*

modstå

VERB. *-r, ~stod, -et*

modstå ngt ikke give op el. blive svag over for noget □ *modstå en fristelse* · *modstå et pres* · *han kan simpelt hen ikke modstå is og lagkage* • **modstå ngt** ikke blive ødelagt af noget □ *bygningen havde modstået vind og vejr i århundreder*

modstående

ADJ.

som befinder sig overfor = MODSAT □ *til højre er der en dør, på den modstående væg et vindue* · *du skal kigge på den modstående side for at finde oplysningerne* • (geometri, om en side el. en vinkel): som befinder sig over for en side el. vinkel; i en trekant er en side og en vinkel modstående når vinklen dannes af de to andre sider, og i en firkant er to sider modstående hvis de ikke har nogen fælles vinkelspids ≠ HOSLIGGENDE

modsv.

fork. for *modsvarende*

modsvare

VERB. *-r, -de, -t*

modsvare ng(t) svare til nogen el. noget = KORRESPONDERE, ÆKVIVALERE □ *romernes gud Jupiter modsvarer grækernes Zeus* · *billederne på højre side modsvarer teksten på venstre* · *5 cm på kortet modsvarer 50 km i virkeligheden* □ *modsvarighed*

modsvarighed

SUBST. *-en,* plur. *-er, -erne*

= SIDESTYKKE

modsætning

SUBST. *-en,* plur. *-er, -erne*

noget som er helt uforeneligt med noget andet som begreb sådan at de fx kan placeres i hver sin ende af en skala = MODPOL, MODSTYKKE, POLARITET □ *natten er dagens modsætning* · *'mulig' og 'umulig' er modsætninger til hinanden* · *krig er den direkte modsætning til fred* · *de to brødre er diametrale modsætninger* · *husets fattige indre stod i modsætning til det elegante ydre* □ *modsætningstryk* · *modsætningsvis* • en konflikt mellem to ting el. parter som opstår som følge af stor forskellighed i meninger, interesser osv. = KONTRAST, UOVERENSSTEMMELSE □ *der er en modsætning mellem det du siger og det du gør* · *der er voksende modsætninger mellem stormagterne* □ *modsætningsforhold* □ *interessemodsætning*

modsætningsforhold

SUBST. *-et,* plur. *~forhold, -ene*

= MISFORHOLD □ *der hersker et modsætningsforhold mellem de to forklaringer* · *han har bragt sig i et modsætningsforhold til resten af folketingsgruppen* · *han kan ikke forliges med det modsætningsforhold der er mellem videnskaben og religionen*

modsætte

VERB. *-r, modsatte, modsat*

modsætte sig ngt være afvisende over for noget □ *han ville ikke modsætte sig at hendes sidste ønske blev opfyldt* · *partiet modsatte sig lovforslaget*

modt.

fork. for *modtagelse* el. *modtager* el. *modtaget*

modtage

VERB. *-r, modtog, -t* (*modtagen, modtagne*)

1. modtage ngt få og tage imod noget som nogen giver el. afleverer til én = FÅ □ *modtage en gave* · *hun modtager mange breve hver dag* · *de modtog meddelelsen med sindsro* • **modtage ngt** (form.): sige ja til noget man har modtaget = ACCEPTERE □ *han modtog invitationen* · *vi modtager tilbuddet* · *jeg modtager udfordringen*
2. modtage ng byde nogen velkommen □ *han modtog gæsterne på stationen* · *vi blev godt modtaget*
3. modtage ngt opfange radio- og tv-signaler □ *modtageapparat* · *modtageforhold*

modtagelig

ADJ. *-t, -e*
/mod'tagelig/

som let optager noget i sig □ *være modtagelig for nye indtryk* · *han er ganske enkelt ikke modtagelig for fornuft* · *børn er meget modtagelige for smitte* · *denne slags papir er meget modtagelig for tryksværte* □ *modtagelighed*

modtagelse

SUBST. *-n,* plur. *-r, -rne*

jf. *modtage* □ *varen skal betales ved modtagelsen* · *vi fik en festlig modtagelse* · *jeg skal garantere ham en varm modtagelse* · *lægen har modtagelse fra kl. 14 til 15* · *der var officiel modtagelse på rådhuset* · *der er dårlig modtagelse af Gladsaxesenderen i det her område* □ *modtagelseskomité* · *modtagelsestid* · *modtagelsesværelse*

modtager

SUBST. *-en,* plur. *-e, -ne*

1. ⟨fork. *modt.*⟩ en person der modtager en forsendelse = ADRESSAT ≠ AFSENDER □ *modtageren skal kvittere for beløbet* • (i sprogvidenskab): en person som modtager og tolker en meddelelse fra en afsender = ADRESSAT ≠ AFSENDER
2. et radioapparat som modtager og oversætter et radiosignal så man kan høre det ≠ SENDER □ *radioamatører har en modtager og en sender*

modtryk

SUBST. *modtrykket,* plur. *modtryk, modtrykkene*

et tryk som presser imod et andet tryk □ *tryk avler modtryk*

modtræk

SUBST. *modtrækket*, plur. *modtræk, modtrækkene*

en handling som foretages for at bryde modpartens taktik el. gengælde hans angreb

modul

SUBST. *-en* el. *-et*, plur. *-er, -erne*
[*mo'du'l*]

1. en selvstændig del som kan sættes sammen med andre dele til en større helhed, fx i en uddannelse el. i et byggeri = ELEMENT □ *han har gennemført første modul af uddannelsen • huset er bygget op af moduler • reparation kan ske ved udskiftning af det ødelagte modul* □ *modulsystem* □ *byggemodul • reolmodul • uddannelsesmodul*
2. et grundmål i en bygning ud fra hvilket mål afledes; anvendes ved standardisering af bygningselementer = ENHED □ *modulsystem*

modulation

SUBST. *-en*, plur. *-er, -erne*
[*modula'sjo'n*]

1. en teknik for radio- og tv-transmission der får sendebølgen til at bære lyd- og billedinformationer = MODULERING □ *amplitudemodulation • frekvensmodulation*
2. (musik): overgang fra en toneart til en anden = MODULERING • variation i stemmestyrke, tonehøjde og tempo under tale el. sang = MODULERING

modulationsdel

SUBST. *-en*, plur. *-e, -ene*

= GENNEMFØRINGSDEL

modulere

VERB. *-r, -de, -t*
/modu'lere/

1. modulere ngt ændre radiobølgers frekvens el. amplitude □ *modulering*
2. modulere ngt gå over fra én toneart til en anden i et musikstykke □ *modulering* • **modulere ngt** variere stemmestyrke, tonehøjde og tempo under tale el. sang = NUANCERE, VARIERE □ *en rigt moduleret stemme* □ *modulering*

modus

SUBST. *en*, plur. *modi, modiene*
[*'mo·dus*]

en overordnet bøjningskategori for verberne som omfatter *indikativ, imperativ og konjunktiv* = MÅDE • en sproglig kategori som står for den talendes holdning til det sagte, udtrykt ved verbets modi el. på anden måde i sætningen

modvilje

SUBST. *-n*, plur. *-r, -rne*

afvisende holdning over for nogen el. noget = UVILJE, AVERSION □ *vise stærk modvilje mod alle fremmede • overvinde sin modvilje • vise sin modvilje ved at forlade mødet • have en instinktiv modvilje mod noget • hans synspunkter vakte stor modvilje blandt mødedeltagerne • vække modvilje*

modvillig

ADJ. *-t, -e*

som er afvisende og kun nødigt gør noget = MODSTRÆBENDE, VRANGVILLIG, UVILLIG □ *kun modvilligt hjalp børnene til i køkkenet • et modvilligt smil • virke modvillig*

modvind

SUBST. *-en*

1. en vind der blæser i modsat retning af hvad man bevæger sig i ≠ MEDVIND □ *vi cyklede hele vejen i strid modvind*
2. = MODGANG ≠ MEDVIND □ *ministerens planer kom ud for stærk modvind • komme i modvind*

modvirke

VERB. *-r, -de, -t*

modvirke ngt gøre noget for at mindske effekten af el. forhindre noget andet □ *modvirke hans skadelige indflydelse • formålet med loven er at modvirke skattetænkning • lave nakkeøvelser for at modvirke hovedpine*

modvægt

SUBST. *-en*, plur. *-e, -ene*

vægt, kraft el.lign. som skal holde noget i ligevægt el. forhindre det i at få for stor indflydelse □ *elevatoren er forsynet med en modvægt • med sine foredrag forsøgte han at danne modvægt til den massive tv-vold • hendes ro var en modvægt til hans viltre temperament*

modværge

SUBST. *et*

sætte sig til modværge forsvare sig □ *vi blev angrebet, men satte os til modværge*

mohair

SUBST. *-en*
[*mo'hæ·r*]

fin uld fra en angoraged; bruges fx til plaider, tørklæder og andre strikvarer □ *mohairbluse • mohairplaid*

mohikaner

SUBST. *-en*, plur. *-e, -ne*
/mohi'kaner/

et medlem af en amerikansk indianerstamme som oprindelig var bosat i Hudsondalen og siden blev forflyttet til et reservat i Wisconsin □ *den sidste mohikaner*

moiré el. moire

SUBST. *-en* el. *-et*, plur. *-er, -erne*
[*moa'ræ*]

1. silkestof med påtrykt mønster der minder om årerne i træ; anvendes til kjoler og besætning
2. et regelmæssigt netmønster som kan forekomme på trykte fotografier der anvender en tidligere billedreproduktion som forlæg

mokka

SUBST. *-en*, plur. *-er* (el. *mokka*), *-erne* (el. *mokkaene*)

arabisk kaffe • en særlig stærk og ren kaffe • (spøg.): = KAFFE □ *skal vi have en kop mokka*

mokkakop

SUBST. *~koppen*, plur. *~kopper, ~kopperne*

en lille kaffekop, især af meget fint porcelæn og med forskellige farver og mønstre

mokkasin

SUBST. *-en*, plur. *-er, -erne*
/mokka'sin/

en indiansk sko af blødt skind som er skåret i ét stykke

mokke

SUBST. *-n*, plur. *-r, -rne*

en sur og stridslysten kvinde □ *en dum mokke • en sur mokke*

mol[1]

SUBST. *en*
[*'mɔl'*]

en toneart der er bygget over en skala med lille *terts* mellem 1. og 3. trin; opfattes som mørk og sørgmodig □ *satsen er i mol* □ *molskala* □ *a-mol • c-mol • d-mol • es-mol • fis-mol • g-mol*

mol[2]

SUBST. *en* el. *et*
[*'mɔl'*]

tyndt bomuldsstof som anvendes til bluser, gardiner o.l.

mol[3]

SUBST. *-et*, plur. *-er* (el. *mol*), *-erne* (el. *-ene*)
[*'mo'l*]

(kemi): en måleenhed for stofmængde; 1 mol af et stof indeholder ca. 602 trilliarder partikler specificeret som fx atomer el. molekyler; fx vejer 1 mol brintatomer 1 g, mens 1 mol jernatomer vejer 55,86 g

molbo

SUBST. *-en*, plur. *-er, -erne*

1. en person fra Mols
2. en fast dansk skæreost med en mild og let syrlig smag; minder om *edammerost*

molboagtig

ADJ. *-t, -e*

som er lige så enfoldig som personerne i molbohistorierne □ *den nye tilskudsordning er en molboagtig foranstaltning • en molboagtig handling* □ *molboagtighed*

molbohistorie

SUBST. *-n*, plur. *-r, -rne*

en kort fortælling om en udspekuleret dumhed □ *det var vist en værre molbohistorie*

moldover

SUBST. *-en*, plur. *-e, -ne*
/mol'dover/

en person fra Moldova

moldovisk

ADJ. *- , -e*
/mol'dovisk/

som har at gøre med Moldova

mole

SUBST. *-n*, plur. *-r, -rne*

et langstrakt havneanlæg der går ud i vandet og kan fungere som kaj ≠ BØLGEBRYDER, HØFDE □ *bygge en mole • føre en mole ud i havet • gå tur på molen* □ *molehoved* □ *dækmole*

molekyle

SUBST. *-t,* plur. *-r, -rne*
/mole'kyle/

en gruppe af atomer der tilsammen danner den mindste del i en kemisk forbindelse der indgår i en kemisk reaktion □ *molekylekraft* · *molekylestruktur* · *molekyletiltrækning* □ *syremolekyle* · *vandmolekyle*

molekylær

ADJ. *-t, -e*
/moleky'lær/

som har at gøre med molekyler □ *molekylærbiologi*

moler

SUBST. *-et*
['mo'le'r]

en hvidlig, let lerart fra tertiærtiden som er meget porøs og som bruges til isolerende bygningsmateriale og kattegrus; findes på Fur og Mors

molestere

VERB. *-r, -de, -t*
/mole'stere/

molestere ng(t) tilføre nogen el. noget skade = BESKADIGE, ØDELÆGGE □ *han blev slemt molesteret ved slagsmålet*

molevitten

SUBST.BEST.

hele molevitten alt hvad der hører til noget = HELE PIBETØJET □ *de havde tanter og onkler og hele molevitten med* · *hele molevitten skal laves om*

mollusk

SUBST. *-en,* plur. *-er, -erne*
/mol'lusk/

1. = BLØDDYR
2. en blød hudsvulst

molotovcocktail

SUBST. *-en,* plur. *-s* (el. *~cocktail*), *-ene*

et primitivt kasteskyts som består af en glasflaske fyldt med en brændbar væske, fx benzin eller olie, og forsynet med en klud som lunte

molybdæn

SUBST. *-et*
[molyb'dæ'n]

et sølvhvidt, hårdt metallisk grundstof; atomtegn *Mo* □ *molybdænglans*

moment

SUBST. *-et,* plur. *-er, -erne*
[mo'mæn't]

1. en væsentlig faktor = FAKTOR, PUNKT □ *nye momenter i sprogundervisningen* · *hans udsagn var et vigtigt moment i sagen* · *der er flere momenter der må tages i betragtning* · *et afgørende moment* · *tepausen er et oplivende moment* □ *momentvis* □ *overraskelsesmoment* · *usikkerhedsmoment*
2. (glds.): = ØJEBLIK □ *det varede et kort moment*
3. (fysik): en måleenhed for en krafts indvirkning på et punkt el. en akse □ *en krafts moment er produktet af kraften og dens afstand fra punktet* · *magnetisk moment* · *det maksimale moment* □ *drejningsmoment*

momentan

ADJ. *-t, -e*
[momæn'ta'n]

som hurtigt indtræffer og er ovre igen = KORTVARIG □ *momentan sindsforvirring*

momentvis

ADJ. - (el. *-t*), *-e*
/mo'mentvis/

enkelte øjeblikke af □ *der har været momentvis opklaring i vejret* □ *momentvished* • i enkelte øjeblikke □ *momentvis kunne han være sit gamle jeg igen, men det gik hurtigt over*

moms

SUBST. *-en*

en indirekte skat der pålægges næsten alle varer og som opkræves som en bestemt procentdel af en vares salgsværdi; fork. for *merværdiomsætningsafgift* □ *momsforhøjelse* · *momspenge* · *momsregnskab* · *momsregistrere*

mon

ADV.

1. udtryk for en spørgende holdning, et håb el. en tvivl = MONSTRO □ *mon du vil hjælpe mig?* · *hvem har mon spist kagen? ja, hvem mon!* · *er der mon vilde dyr i skoven?*
2. **mon ikke** helt sikkert □ *er du glad for din nye cykel? Ja, mon ikke!*

monark

SUBST. *-en,* plur. *-er, -erne*
/mo'nark/

et royalt statsoverhoved der regerer et land, fx en konge el. en dronning = REGENT □ *monarki* · *monarkisk* · *monarkist*

monarki

SUBST. *-et,* plur. *-er, -erne*
/monar'ki/

en stat med en kejser, en konge, en dronning el. en fyrste som overhoved; monarken har embedet på livstid □ *Danmark er et monarki* · *det habsburgske monarki i Østrig* • **konstitutionelt monarki** en styreform hvor monarkens magt er indskrænket af en forfatning

monarkist

SUBST. *-en,* plur. *-er, -erne*
/monar'kist/

en tilhænger af monarki som regeringsform

mondial

ADJ. *-t, -e*
[mɔndi'a'l]

som har at gøre med hele verden

mondæn

ADJ. *-t, -e*
[mɔn'dæ'n]

som er elegant og har tilknytning til overklassen □ *et mondænt badested* □ *mondænitet*

monegasker

SUBST. *-en,* plur. *-e, -ne*
/mone'gasker/

en person fra Monaco

monegaskisk

ADJ. - , *-e*
/mone'gaskisk/

som har at gøre med Monaco

monetarisme

SUBST. *-n*
/moneta'risme/

en økonomisk teori hvor det hævdes at et lands økonomi styres mest effektivt ved at man kontrollerer pengemængden

moneter

SUBST.PLUR *-ne*
/mo'neter/

(slang): = PENGE □ *hit med moneterne!*

monetær

ADJ. *-t, -e*
/mone'tær/

som har at gøre med pengevæsen □ *den Økonomiske og Monetære Union* • **monetær enhed** gældende møntenhed inden for et givet område

mongol

SUBST. *-en,* plur. *-er, -erne*
[mɔŋ'go'l]

1. en person fra Mongoliet • en person der tilhører en centralasiatisk folkegruppe
2. en person der lider af sygdommen □ *mongolisme* □ *mongolbarn*

mongolid el. **mongoloid**

ADJ. *-t, -e*
/mongo'lid/

1. som tilhører den menneskerace der kendetegnes ved en gullig, brun hudfarve, mørkt, glat hår og en hudfold over den yderste øjenkrog; omfatter de fleste folk i Asien, Grønland og Alaska samt indianerne □ *den mongolide race*
2. som lider af *mongolisme* = MONGOLSK

mongolisme

SUBST. *-n*
/mongo'lisme/

en medfødt sygdom hvor personen er fysisk og psykisk udviklingshæmmet og har mongolide træk; skyldes at personen har 47 kromosomer i stedet for 46

mongoloid

ADJ.

se *mongolid*

mongolsk

ADJ. - , *-e*
/mon'golsk/

1. som har at gøre med Mongoliet el. mongolierne
2. som lider af *mongolisme* = MONGOLID

monisme

SUBST. *-n*
/mo'nisme/

(filosofi): en opfattelse som hævder at alt kan føres tilbage til et grundprincip = ENHEDSLÆRE ≠ DUALISME, PLURALISME

monist

SUBST. *-en,* plur. *-er, -erne*
/mo'nist/

en tilhænger af monismen

monitor

SUBST. *-en,* plur. *-er, -erne*
['mɔnitå]

1. et apparat til overvågning af bestemte processer el. områder
2. en glasflade i et elektronisk apparat hvorpå signalet vises som et billede = SKÆRM, DATASKÆRM □ *monitorlook*

monne

VERB.

(glds.): udtryk for en tænkt mulighed el. noget ubestemt = MÅTTE □ *han kommer, hvor han end monne befinde sig* · *det er praktisk, hvad man end ellers monne mene om den sag*

monogam

ADJ. *-t, -e*
[mono'ga'm]

som har seksuel forbindelse med kun én person ≠ POLYGAM □ *han siger han er monogam*

monogami

SUBST. *-et*
/monoga'mi/

seksuel forbindelse el. ægteskab mellem kun én mand og én kvinde ≠ POLYGAMI, BIGAMI □ *leve i monogami*

monografi

SUBST. *-en,* plur. *-er, -erne*
/monogra'fi/

en bog om et begrænset emne inden for en videnskab el. om en enkelt person

monogram

SUBST. *monogrammet,* plur. *monogrammer, monogrammerne*
/mono'gram/

et kendemærke som er dannet af forbogstaverne i en persons navn; bogstaverne er ofte sammenslyngede og kunstfærdigt udformet = NAVNETRÆK □ *et kongeligt monogram* · *hun broderede sit monogram på dugen*

monokel

SUBST. *monoklen,* plur. *monokler, monoklerne*
[mo'nɔgəl]

et enkelt indfattet brilleglas som bæres ved at man kniber øjet sammen om det □ *en ældre herre med monokel og lommeur* · *han havde en monokel fastklemt i venstre øje*

monolit

SUBST. *monolitten,* plur. *monolitter, monolitterne*
/mono'lit/

en søjle hugget af én sten

monolog

SUBST. *-en,* plur. *-er, -erne*
[mono'lo'w]

= ENETALE ≠ DIALOG • et skuespil el. revynummer som udføres af én skuespiller

monoman

ADJ. *-t, -e*
[mono'ma'n]

som er sygeligt optaget af én bestemt ting el. idé □ *en monoman personlighed* · *en monoman interesse for sport* · *hun er monomant optaget af penge*

monomani

SUBST. *-en,* plur. *-er, -erne*
/monoma'ni/

en sygelig optagethed af én bestemt ting el. idé

mononukleose

SUBST. *-n*

en infektionssygdom med feber, hævede lymfekirtler og generelt nedsat velbefindende; rammer fortrinsvis unge = KYSSESYGE

monoplan

SUBST. *-et,* plur. *-er, -erne*

1. en flyvemaskine med ét par vinger ≠ BIPLAN, DOBBELTDÆKKER, TODÆKKER, TREDÆKKER

monopol

SUBST. *-et,* plur. *-er, -erne*
[mono'po'l]

en markedsform hvor en virksomhed har eneret på fremstilling af et produkt el. udbydelse af en tjenesteydelse uden konkurrence fra andre □ *firmaet har monopol på fremstilling af varen* · *bryde et monopol* □ *monopolposition* · *monopoltilsyn* □ *statsmonopol* • **have monopol på ngt** (om en person): have eneret til noget □ *han tror han har monopol på at danse med Else*

monopolisere

VERB. *-r, -de, -t*
/monopoli'sere/

monopolisere ngt få el. tage monopol på noget □ *de forsøgte at monopolisere margarinemarkedet* · *sukkerproduktionen er i praksis monopoliseret* □ *monopolisering*

monopolkapital

SUBST. *-en*

(i marxisme): den kapital der gennem udkonkurreringen af andre kapitaler har opnået monopolstilling og derigennem behersker markedsøkonomi og stat

monoteisme

SUBST. *-n*
/monote'isme/

den opfattelse at der kun eksisterer én gud ≠ POLYTEISME

monoton

ADJ. *-t, -e*
[mono'to'n]

= ENSFORMIG □ *hans monotone stemme får mig til at falde i søvn* · *biernes monotone summen* · *han var træt af det monotone fængselsliv* □ *monotoni*

monotoni

SUBST. *-en,* plur. *-er, -erne*
/monoto'ni/

det at noget er ensformigt = ENSFORMIGHED □ *det trættende ved bogen er dens monotoni*

monovalent

ADJ. *- , -e*
/'monova'lent/

1. (kemi): som kan erstatte el. forbinde sig med ét hydrogenatom
2. (om verber): som har én valens, fx *løbe* i *han løber*

monseigneur

SUBST. *en*
[mɔŋsæn'jö·r]
fork. *mgr.*

titel for adelige el. højtstående katolske gejstlige

monsieur

SUBST. *-en,* plur. *-er, -erne*
[mø'sjø el. *mo'sjø]*
fork. *M.*

titel for en mand i fransktalende lande = HR. □ *monsieur Dirac* • (spøg.): tiltaleform for en mand el. dreng □ *nej, hør nu her, monsieur, det går ikke!*

monster

SUBST. *-et* (el. *monstret*), plur. *monstre, monstrene*

en uhyggelig og frygtindgydende skabning = UHYRE

monstro

ADV.
/mons'tro/

(glds.): = MON □ *monstro han kommer i aften?*

monstrum

SUBST. *-et* (el. *monstrummet*), plur. *-er* (el. *monstrummer*), *-erne* (el. *monstrummerne*)

(neds.): noget der er stort og klodset □ *et monstrum af et skab* • et uhyre el. en vanskabning

monstrøs

ADJ. *-t, -e*
/mon'strøs/

unaturligt stor og grim

monstrøsitet

SUBST. *-en,* plur. *-er, -erne*
/monstrøsi'tet/

noget som er unormalt stort og nærmer sig det vanskabte = UHYRE

monsun

SUBST. *-en,* plur. *-er, -erne*
[mɔn'su'n]

en tropisk vind hvis retning skifter med årstiderne, og som opstår pga. temperaturforskellene mellem kontinenterne og oceanerne; især udbredt i Forindien = MONSUNVIND □ *monsunregn*

montage

SUBST. *-n,* plur. *-r, -rne*
[mɔn'ta·sjə]

sammen- el. påsætning af enkeltdele □ *der medfølger en vejledning i montage af tætninger* □ *montagebyggeri* • opstilling af en maskine el.lign. □ *montage på bundramme eller direkte på gulv* · *pumpen skal testes umiddelbart efter montage* □ *demontage* • kunstnerisk udtryksform hvor man sammenklipper el. sammenstykker forskellige enkeltdele til en helhed, fx en filmoptagelse ▫ *sende en montage i radioen* • *lave en montage af avisudklip* ▫ *montageteknik* ▫ *fotomontage* • *radiomontage*

montere

VERB. *-r, -de, -t*
[*mɔn'te'ɔ*]

montere ngt sætte noget sammen så det bliver færdigt ▫ *montere et nyt badeværelse* • *montere et færdigt broderi* • *montere højttalere i bilen*

montre

SUBST. *-n,* plur. *-r, -rne*
[*'mɔŋtrɔ*]

et udstillingsskab med glassider ▫ *kunstgenstandene var udstillet i en montre* ▫ *glasmontre*

montrice

SUBST. *-n,* plur. *-r, -rne*
[*mɔn'tri·sə*]

en kvindelig montør

montør

SUBST. *-en,* plur. *-er, -erne*
[*mɔn'tø'r*]

en person der arbejder med at opstille apparater og maskiner el. sætte maskindele sammen ▫ *kølemontør* • *rejsemontør* • *telefonmontør* • *bilmontør*

monument

SUBST. *-et,* plur. *-er, -erne*
/*monu'ment*/

en sten, statue el. en bygning rejst til minde om en person el. en begivenhed = MINDESMÆRKE ▫ *der blev rejst et monument til minde om sejren* ▫ *gravmonument*

monumental

ADJ. *-t, -e*
/*monumen'tal*/

som har karakter af at være et monument ▫ *et monumentalt bygningsværk* • som er storslået og statelig ▫ *han var en monumental skikkelse* • som er meget stor el. omfattende ▫ *en monumental fadæse*

monumentalitet

SUBST. *-en*
/*monumentali'tet*/

det at være monumental ▫ *et bygningsværks monumentalitet*

moonboots

SUBST.PLUR.
[*'mu·n 'bu·ds*]

store, vatterede støvler med flad gummisål og snører; bruges især på vintersportssteder m.m.

moppe[1] el. **mop**

SUBST. *moppen,* plur. *mopper, mopperne*

et rengøringsredskab som består af kludestrimler på et skaft, og som bruges som svaber til rensning af gulve = GULVMOPPE

moppe[2]

SUBST. *-n,* plur. *-r, -rne*

en lille, meget kompakt bygget hund med et fladt, rynket ansigt og en stramt oprullet hale = MOPS

moppe[3]

VERB. *-r, -de, -t*

moppe ngt behandle et gulv med en moppe ▫ *mopning*

moppedreng

SUBST. *-en,* plur. *-e, -ene*

en genstand der fylder el. vejer meget ▫ *romanen er en moppedreng på over 600 sider* • *han røg på en ordentlig moppedreng af en cigar*

mops

SUBST. *-en,* plur. *-er, -erne*

= MOPPE

mopset

ADJ. - , *mopsede*

som er småsur el. fornærmet uden egentlig grund

mor[1] el. **moder**

SUBST. *-en,* plur. *mødre, mødrene*

1. en kvinde som har født et barn, el. som på anden måde har påtaget sig forældrepligter over for et barn ▫ *hun skal være mor for første gang* • *pigen lignede sin mor meget* • *hans far giftede sig igen, så han fik en ny mor* • *hun er som en mor for mig* ▫ *moderkærlighed* • *moderlig* • *moderløs* • *modermælk* • *moderskab* • *morsyg* ▫ *adoptivmor* • *dagplejemor* • *farmor* • *fostermor* • *husmor* • *hønemor* • *madmor* • *mormor* • *plejemor* • *ravnemor* • **en mors dreng** en dreng el. mand som er blevet forkælet el. overbeskyttet af sin mor = TØSEDRENG ▫ *han er en rigtig mors dreng* • **hænge i sin mors skørter** være meget afhængig af sin mor ▫ *børnene hang altid i deres mors skørter*
2. i forsk. forb.: • **gå i sin mor igen** ikke blive til noget ▫ *forslaget kunne ikke gennemføres og er gået i sin mor igen* • **mor Danmark** en stor frodig kvinde ▫ *hun er en rigtig mor Danmark* • **moder Jord** jordkloden betragtet som menneskets ophav ▫ *indianerne føler stor samhørighed med moder Jord* • **her hjælper ingen kære mor** her hjælper ingen undskyldninger • **ikke en mors sjæl** ikke en eneste ▫ *det vil ikke en mors sjæl interessere sig for*

mor[2]

SUBST. *-en,* plur. *-er, -erne*
[*'mo'r*]

(glds.): en mørkhudet person fra Afrika, enten en *maurer* el. en *neger* = NEGER, MORIAN ▫ *moren i Verdis opera Othello*

mor[3]

SUBST. *-en* (el. *morren*)

en aflejring af ufuldstændigt forrådnede plantedele som danner en sur, tørveagtig jordbund, fx i en skov

morads

SUBST. *-et,* plur. *-er, -erne*
[*mo'ras*]

et sumpet, ufremkommeligt terræn ▫ *vejen endte i et morads*

morakke

VERB. *-r, -de, -t*

(neds.): arbejde el. studere mere intensivt end andre for at komme frem el. gøre sig gunstigt bemærket ▫ *morakkeri*

morakker

SUBST. *-en,* plur. *-e, -ne*

en person som morakker ▫ *du ødelægger akkorden for os andre, din morakker!*

moral

SUBST. *-en*
/*mo'ral*/

1. en opfattelse af hvad der anses for rigtigt med hensyn til menneskets handle- og tænkemåde = ETIK ≠ UMORAL ▫ *han skal altid prædike moral* • *han må have en skidt moral når han kan behandle børn så dårligt* ▫ *moralist* • *moralsk* • *morallov* • *morallære* • *moralprædiken* ▫ *dobbeltmoral* • *kræmmermoral* • *nyttemoral* • *seksualmoral* • en persons disciplin og handlekraft ▫ *soldaterne havde svært ved at holde moralen oppe* • *lav moral* • *efter sejren var moralen høj hos tropperne*
2. se *morale*

morale el. **moral**

SUBST. *-n,* plur. *-r, -rne*
(moral: *-en,* plur. *-er, -erne*)
/*mo'rale*/

en lære der kan uddrages af fx en belærende fortælling ▫ *de to amerikanske film serverer historier med grydeklare moraler*

moralisme

SUBST. *-n*
/*mora'lisme*/

det at lægge stor el. overdreven stor vægt på moralbestemte synspunkter

moralist

SUBST. *-en,* plur. *-er, -erne*
/*mora'list*/

en person der moraliserer; anvendes ofte nedsættende

moralitet

SUBST. *-en,* plur. *-er, -erne*
/*morali'tet*/

1. det at være moralsk
2. en art belærende middelalderligt skuespil

morallære

SUBST. *-n,* plur. *-r, -rne*

= ETIK

moralprædiken el. **moralpræken**

SUBST. *-en,* plur. *-er, -erne*
(moralpræken: *-en,* plur. *-er* (el. *~prækner*), *-erne* (el. *~præknerne*))

en alvorlig tale der udtrykker misbilligelse af en persons opførsel ▫ *holde moralprædiken for nogen*

moralsk

ADJ. - , *-e*
/mo'ralsk/

1. som vedrører menneskers moral≠UMORALSK, AMORALSK □ *en moralsk livsførelse · et moralsk spørgsmål · være moralsk forarget · samfundet har en moralsk pligt til at hjælpe de svage · han har juridisk, men ikke moralsk ret · det moralske ansvar ligger hos hende* □ *amoralsk · dobbeltmoralsk · immoralsk · umoralsk*
2. som påvirker sindstilstand med hensyn til selvtillid, gåpåmod m.m. □ *moralsk støtte · en moralsk sejr*
3. som er belærende □ *en moralsk fortælling · en film med en moralsk slutning*

morarente

SUBST. *-n,* plur. *-r, -rne*

= STRAFRENTE

moratorium

SUBST. *moratoriet,* plur. *moratorier, moratorierne*
/mora'torium/

1. = HENSTAND □ *skyldneren fik et moratorium på tre dage* □ *moratorieordning*
2. et officielt forbud mod el. stop af noget i en periode; det kan være et forbud mod militær oprustning, våbensalg m.m. □ *regeringen har udstedt et moratorium for rentestigninger · landene har indgået en aftale om et moratorium for atomprøvesprængninger*

morbid

ADJ. *-t, -e*
[må'bi'ð]

(om tanker el. følelser): = SYGELIG □ *en morbid sans for humor*

morbror el. morbroder

SUBST. *-en,* plur. *morbrødre, morbrødrene*

en bror til ens mor = ONKEL

morbær

SUBST. *morbærret,* plur. *morbær, morbærrene*

frugten af *morbærtræet* • ⟨best. *~bærren*⟩ et løvtræ med aflange, hindbærlignende frugter; *sort morbær* har spiselig frugt og dyrkes bl.a. i Middelhavslandene, bladene af *hvid morbær* benyttes som næring for silkeorme; latinsk navn *Morus* = MORBÆRTRÆ

mord

SUBST. *-et,* plur. *mord, -ene*

det at myrde en person □ *der er sket et mord · han begik mord · der er mange uopklarede mord* □ *morder · mordbrand · mordforsøg · mordopklaring · mordvåben* □ *folkemord · hævnmord · lystmord · massemord · rovmord · selvmord · snigmord*

morder

SUBST. *-en,* plur. *-e, -ne*

en person der dræber et andet menneske med fuldt overlæg = DRABSMAND □ *hans skinsyge gjorde ham til morder* □ *morderisk · morderbande · morderske · morderhånd* □ *barnemorder · giftmorder · hustrumorder · lejemorder · lystmorder · massemorder · rovmorder · selvmorder · snigmorder*

morderisk

ADJ. - , *-e*

som medfører el. kan forårsage døden □ *i morderisk hensigt · morderisk overfald · morderisk våben*

morderlig el. morderligt

ADV.

forstærkende udtryk = OVERORDENTLIG, UTROLIG, VÆLDIG, VANVITTIG □ *hun er en morderlig sød pige · det er morderligt pænt af dig*

mordvåben

SUBST. *-et* (el. *~våbnet*), plur. *~våben, ~våbnene*

et våben som er brugt til at begå et mord med □ *politiet har fundet mordvåbnet*

more

VERB. *-r, -de, -t*

1. more ng få nogen til at grine □ *filmen morede publikum meget · gadeartisten morede turisterne* • **more ng med ngt** □ *han morede selskabet med sine vittigheder · klovnen morede børnene med at trylle*
2. more sig hygge sig og have det sjovt = MUNTRE SIG □ *han skal ud og more sig på fredag · mor dig godt! · vi morede os kongeligt* • **more sig med ng(t)** □ *hun morede sig med børnene · de morer sig med at spille dukketeater* • **more sig over ng(t)** grine af nogen el. noget □ *hun morede sig over at han faldt i vandet · de morede sig over vittigheden*

morel

SUBST. *morellen,* plur. *moreller, morellerne*
[mo'räl']

= KIRSEBÆR □ *moreltræ*

morfar el. morfader

SUBST. *-en,* plur. *morfædre, morfædrene*

far til ens mor = BEDSTEFAR

morfin

SUBST. *-en*
/mor'fin/

et lægemiddel som udvindes af opium, og som virker smertestillende og ofte søvndyssende; er stærkt vanedannende og bruges ofte af narkomaner □ *morfinbase · morfinisme · morfinist · morfinmisbrug · morfinpræparat · morfinrus*

morfologi

SUBST. *-en,* plur. *-er, -erne*
/morfolo'gi/

form og struktur og læren herom; det kan være levende væsners, krystallers, jordskorpers el. ords morfologi □ *morfologisk* □ *geomorfologi* • (sprogvidenskab): ordenes struktur med hensyn til orddannelse og bøjning og læren herom = FORMLÆRE

morfologisk

ADJ. - , *-e*
/morfo'logisk/

som har at gøre med morfologi □ *morfologisk analyse*

morforældre

SUBST.PLUR. *-ne*

forældre til ens mor

morgen

SUBST. *-en* (el. *morgnen*), plur. *-er* (el. *morgner*), *-erne* (el. *morgnerne*)

den første del af dagen omkring solopgang □ *morgenen oprandt med strålende sol · hun sang fra morgen til aften · de svirede til den lyse morgen · han læser avis hele morgenen* □ *morgenandagt · morgenavis · morgenbord · morgenbrød · morgenduelig · morgendug · morgenfrisk · morgengave · morgengry · morgengymnastik · morgenkaffe · morgenkåbe · morgenlys · morgenmad · morgensang* □ *julemorgen · pinsemorgen · sommermorgen* • **i morgen** dagen efter i dag □ *i morgen er det for sent · jeg rejser i morgen* □ *morgendag* • **i morgen tidlig** i løbet af den første del af dagen efter i dag □ *jeg skal med lyntoget i morgen tidlig* • **i morges** tidligere end nu, ved begyndelsen af dagen i dag □ *jeg har vidst det siden i morges · der er nogle rundstykker tilovers fra i morges* • **om morgenen** når dagen er ved at begynde □ *jeg kan godt lide at sove længe om morgenen · han kom først hjem om morgenen* • **{nu} til morgen** lige nu hvor dagen er ved at begynde □ *hun er lidt sur her til morgen* • **i tidernes morgen** for meget længe siden □ *engang i tidernes morgen var hun en stor stjerne*

morgenandagt

SUBST. *-en,* plur. *-er, -erne*

en samling til andagt om morgenen

morgenbord

SUBST. *-et,* plur. *-e, -ene*

et bord dækket op med morgenmad □ *det store morgenbord · et veldækket morgenbord · sætte sig til morgenbordet*

morgendag

SUBST. *-en*

dagen i morgen □ *man ved aldrig hvad morgendagen bringer*

morgenfrisk

ADJ. - (el. *-t*), -e

som er frisk om morgenen □ *det morgenfriske landskab · han er altid så morgenfrisk*

morgenfrue

SUBST. *-n,* plur. *-r, -rne*

en kurvblomst med orange el. gule blomster; latinsk navn *Calendula*

morgenkvisten

SUBST.BEST.

på morgenkvisten tidligt om morgenen □ *hun vækkede ham på morgenkvisten*

morgenluft

SUBST. *-en*

luften om morgenen □ *indånde den friske morgenluft* • **vejre morgenluft** ane fremgang el. nye muligheder □ *ved mødet vejrede de utilfredse medlemmer morgenluft*

morgenmad

SUBST. *-en*

et måltid som spises om morgenen ▫ *spise morgenmad* · *spise franskbrød til morgenmad* · *lave morgenmad*

morgenmand

SUBST. *~manden,* plur. *~mænd, ~mændene*

en person der står tidligt op

morgenrøde

SUBST. *-n*

himlens rødlige farver omkring solopgang = AURORA ≠ AFTENRØDE ▫ *morgenrødens skær farvede himlen*

morgenstund

SUBST. *-en,* plur. *-er, -erne*

en morgen el. et tidspunkt om morgenen ▫ *det er bedst at komme fra morgenstunden af, så slipper man for at stå i kø* · *han gik tur i den kølige morgenstund* · *det var en tidlig morgenstund*

morges

SUBST.

i morges se *morgen*

morian

SUBST. *-en,* plur. *-er, -erne*

(glds.): = NEGER ▫ *her ser du nok at Bastian har gjort dem hver til morian*

morild

SUBST. *-en*
['*moril'*]

et lysfænomen i havvand som frembringes af planktonorganismer

mormoder

SUBST.

se *mormor*

mormon

SUBST. *-en,* plur. *-er, -erne*
[*må'mo'n*]

en tilhænger af en amerikansk kristen sekt der tror på Kristi snarlige genkomst, og som tidligere bl.a. tillod flerkoneri ▫ *hendes fætter er mormon* ▫ *mormonbevægelse* · *mormonbryllup* · *mormonkirke* • (spøg.): en polygam person ▫ *jeg så dig sammen med en fremmed herre i går, er du blevet mormon på det sidste?*

mormor el. mormoder

SUBST. *-en,* plur. *mormødre, mormødrene*

mor til ens mor = BEDSTEMOR

moro

SUBST. *-en*

= MORSKAB ▫ *klovnen faldt i vandet til stor moro for børnene*

morse

VERB. *-r, -de, -t*

signalere el. telegrafere ved hjælp af morsealfabet ▫ *morsealfabet* · *morsekode* · *morsesignal* · *morsetegn* · *morsetelegraf*

morsealfabet

SUBST. *-et*

et internationalt alfabet hvor bogstaverne oversættes til kombinationer af korte og lange lyd- el. lyssignaler; bruges især til telegrafering

morskab

SUBST. *-en*

en aktivitet der underholder el. vækker munterhed = SJOV, MORO ▫ *lege for morskabs skyld* · *til morskab for publikum* ▫ *morskabsbog* · *morskabslæsning* · *morskabsteater* • **finde morskab i ngt** ▫ *han fandt morskab i at fodre duerne* • **have megen morskab af ng(t)** ▫ *børnene havde meget morskab af hvalpen* · *de havde megen morskab af at bygge en snemand*

morsom

ADJ. *-t, morsomme; morsommere, -st*

= SJOV ▫ *fortælle en morsom historie* · *have det morsomt* · *være morsom på andres bekostning* · *en morsom film* · *hvor er det morsomt at møde gamle venner* ▫ *morsomhed*

morsomhed

SUBST. *-en,* plur. *-er, -erne*

en sjov bemærkning el. handling = VITTIGHED ▫ *han var altid oplagt til morsomheder* · *må jeg være fri for dine morsomheder!* · *han klarede den pinlige situation med en morsomhed*

mortensaften

SUBST. *-en* (el. *~aftnen*), *-er* (el. *~aftner*), *-erne* (el. *~aftnerne*)

aftenen før mortensdag

mortensdag

SUBST. *-en,* plur. *-e, -ene*

Martin af Tours' helgendag, den 11. november

mortensgås

SUBST. *~gåsen,* plur. *~gæs, ~gæssene*

en gås der spises mortensaften

morter

SUBST. *-en,* plur. *-e, -ne*
/*'morter*/

en krukke af metal el. porcelæn hvori faste stoffer knuses til pulver med en støder = STØDER

mortér el. morter

SUBST. *-en,* plur. *-er, -erne*
[*må'te'r*]

et forladeskyts med et kort rør hvorfra projektiler udskydes i høje, stærkt krummede baner over kort afstand ▫ *mortérild* · *mortérgranat*

mortificere

VERB. *-r, -de, -t*
/*mortifi'cere*/

erklære et dokument ugyldigt

mortifikation

SUBST. *-en,* plur. *-er, -erne*
[*måtifika'sjo'n*]

en retsakt hvorved et dokument el. en sigtelse erklæres 'død og magtesløs' ▫ *mortifikation af værdipapirer og servitutter*

moræne

SUBST. *-n,* plur. *-r, -rne*
/*mo'ræne*/

en landskabstype som består af en blanding af sten, grus, sand og ler som er afsat af *gletschere* el. *indlandsis* ▫ *morænelandskab*

mos[1]

SUBST. *-en*
['*mo's*]

en blød masse af fx grøntsager el. frugt der koges helt ud el. moses ▫ *koge æblerne til mos* · *lave mos af kartoflerne* ▫ *bananmos* · *frugtmos* · *kartoffelmos* · *æblemos*

mos[2]

SUBST. *mosset,* plur. *mosser, mosserne*
['*mås*]

en lav plante som danner bløde puder, og som vokser på fugtige steder; latinsk navn *Bryopytha* ≠ LAV ▫ *mosbegroet*

mosaik

SUBST. *mosaikken,* plur. *mosaikker, mosaikkerne*
/*mosa'ik*/

1. en udsmykning bestående af små farvede glas- el. stenstykker som er fastgjort på et underlag af især gips el. beton ▫ *de berømteste mosaikker findes i domkirken i Ravenna i Italien* ▫ *mosaikrude* ▫ *glasmosaik*
2. en sammensætning af mange mindre dele ▫ *bogen var en mosaik af eventyrlige stemningsbilleder* · *en mosaik af erindringer*

mosaisk

ADJ. *-, -e*
/*mo'saisk*/

som vedrører jødedommen ▫ *mosaisk trossamfund*

mose[1]

SUBST. *-n,* plur. *-r, -rne*

1. et sumpet landområde med tørvedannende plantesamfund som opstår pga. højtstående grundvand el. nedbør ▫ *grave tørv i mosen* ▫ *moseeg* · *mosefund* ▫ *højmose* · *kærmose* · *tørvemose* · *vildmose*
2. ugler i mosen se under *ugle*

mose[2]

VERB. *-r, -de, -t*

mose ngt findele noget til en blød masse ▫ *mose en banan* · *mosede kartofler*

mosefund

SUBST. *-et,* plur. *~fund, -ene*

en genstand fra oldtiden fundet i en mose = FORTIDSLEVNING, OLDSAG ▫ *et mosefund fra jernalderen* • (spøg.): en gammel person = FORTIDSLEVNING, OLDSAG ▫ *han er et rent mosefund*

mosegris

SUBST. *-en,* plur. *-e, -ene*

en stor, brunsort mus som lever ved søer og vandløb og i haver, hvor den graver underjordiske gange og skyder jorden op i små høje; latinsk navn *Arvicola terrestris* = VANDROTTE, JORDROTTE

mosekone

SUBST. *-n,* plur. *-r, -rne*

en kvinde der ifølge folketroen lever på bunden af moser • **mosekonen brygger** udtryk for at det er tåget

moselvin

SUBST. *-en,* plur. *-e, -ene*
/'moselvin/

en let og frisk hvidvin fra distriktet omkring Moselfloden i Tyskland

mosgroet

ADJ. - , *mosgroede*

= MOSBEGROET • = FORÆLDET □ *hans ideer er noget mosgroede*

moské el. moske

SUBST. *-en,* plur. *-er, -erne*
/mo'ské/

en bygning hvor muhamedanere holder gudstjeneste □ *fredagsmoské* · *ivanmoské*

moskito

SUBST. *-en,* plur. *-er, -erne*
[mo'sgito]

en stikkende, tropisk myg □ *moskitonet*

moskitonet

SUBST. *~nettet,* plur. *~net, ~nettene*

= MYGGENET

moskovit

SUBST. *moskovitten,* plur. *moskovitter, moskovitterne*
/mosko'vit/

en person fra Moskva

moskus

SUBST. *-en* (el. *moskussen*)
['måsgus el. *'mosgus]*

et vellugtende sekret som dannes hos hannen af moskushjorten, og som bl.a. bruges som parfume

moskusokse

SUBST. *-n,* plur. *-r, -rne*

en lavbenet okse med lang, tæt pels og flade nedadhængende horn; lever bl.a. i Grønland; latinsk navn *Ovibos moschatus* = BISAMOKSE

mosle

VERB. *-r, -de, -t*

mosle {af sted} arbejde el. bevæge sig med energi og udholdenhed □ *de moslede af sted* □ *mosleri* • **mosle med ngt** kæmpe med noget som man ikke kan finde ud af = RODE MED □ *han sad og moslede med regneopgaven til kl. 2 i nat*

most

SUBST. *-en,* plur. *-e* (el. *-er*), *-ene* (el. *-erne*

en saft af pressede frugter, især om saft fra æbler og druer □ *druemost* · *pæremost* · *æblemost* • **tåle mosten** klare el. tåle stærke drikkevarer □ *han kunne ikke tåle mosten og måtte gå i seng*

moste

VERB. *-r, -de, -t*

moste ngt presse frugt, fx æbler, så mosten flyder ud □ *mostning* · *mosteri*

moster

SUBST. *-en,* plur. *mostre, mostrene*

en søster til ens mor ≠ FASTER

mosteri

SUBST. *-et,* plur. *-er, -erne*
/moste'ri/

en virksomhed der laver æblemost

motel

SUBST. *motellet,* plur. *moteller, motellerne*
[mo'tæl']

et hotel beliggende ved en hovedfærdselsåre specielt beregnet for bilister; ofte i ét plan med parkeringsfaciliteter □ *motelejer* · *motelgæst*

motet

SUBST. *motetten,* plur. *motetter, motetterne*
[mo'tæt]

en flerstemmig kirkelig sang med tekst fra Bibelen som synges *a cappella;* især kendt fra 1500-tallet ≠ MADRIGAL

motion

SUBST. *-en*
[mo'sjo'n]

bevægelse af kroppen for at styrke helbred og velbefindende = LEGEMSØVELSER □ *motionere* · *motionist* · *motionscenter* · *motionscykel* · *motionsgymnastik* · *motionsidræt*

motionere

VERB. *-r, -de, -t*
/motio'nere/

udføre lettere træning af kroppen for sundhed el. velvære □ *han var holdt op med at dyrke professionel sport og motionerede nu kun* □ *motionering*

motionist

SUBST. *-en,* plur. *-er, -erne*
/motio'nist/

en person der jævnligt motionerer

motiv

SUBST. *-et,* plur. *-er, -erne*
/mo'tiv/

1. begrundelse for en persons handlemåde □ *motivet til drabet var jalousi* · *et politisk motiv* · *handle ud fra ædle motiver* □ *drabsmotiv*
2. det som man afbilder i et billede, el. som er emne for et kunstværk = EMNE □ *fotografering af motivet* · *motivet sys i korssting* · *åkanderne er et gennemgående motiv i Monets malerier* · *et motiv i mange folkeviser er elverpigens forlokkelse af ridderen* □ *motivkreds* · *motivvalg* □ *blomstermotiv* · *ledemotiv* • (musik): et lille element, ofte på ganske få toner, der indeholder en karakteristisk rytmisk, harmonisk el. melodisk bevægelse i et musikstykke □ *fløjtemotiv* · *ledemotiv*

motivation

SUBST. *-en,* plur. *-er, -erne*
[motiva'sjo'n]

1. = BEGRUNDELSE □ *bestyrelsens motivation for at give legatet til den unge kunstner*
2. = TILSKYNDELSE □ *deres motivation til at opsøge ham igen var på nulpunktet* · *for at skabe motivation blandt medarbejderne til at forøge indsatsen blev lønnen sat op*

motivere

VERB. *-r, -de, -t*
/moti'vere/

1. motivere ngt = TILSKYNDE □ *afgifter skulle motivere befolkningen til at spare* · *motivere en elev til at gøre sig umage*
2. motivere ngt anføre en god begrundelse for noget = BEGRUNDE □ *stiller man et forslag til generalforsamlingen, skal man motivere det*

motocross

SUBST. *-et,* plur. *motocross, -ene*
['mo·tokrɔs el. *'måwtokrɔs]*

et motorcykelløb på terrænbane med skarpe sving og bakker □ *motocrossbane* · *motocrosskører* · *motocrossløb*

motor

SUBST. *-en,* plur. *-er, -erne*

1. en maskine som omsætter brændstof el. elektricitet til drivkraft = MASKINE □ *en sekscylindret motor* · *starte motoren* · *lade motoren gå* · *motoren drives med benzin* · *motoren går i stå* · *motoren sætter ud* □ *motorisk* · *motorbåd* · *motorcykel* · *motorfører* · *motorhjelm* · *motorkøretøj* · *motorskib* · *motorstop* □ *benzinmotor* · *dieselmotor* · *elektromotor* · *firtaktsmotor* · *forbrændingsmotor* · *hjælpemotor* · *jetmotor* · *påhængsmotor* · *totaktsmotor*
2. primus motor en ledende og igangsættende person i et foretagende □ *hun er primus motor i projektet* · *han var foreningens primus motor i en årrække*

motorbåd

SUBST. *-en,* plur. *-e, -ene*

en mindre motordrevet båd, bl.a brugt som lystfartøj □ *motorbådsfører*

motorcykel

SUBST. *-en* (el. *~cyklen*), plur. *~cykler, ~cyklerne*
fork. *mc*

køretøj på to hjul med kraftig motor; især ældre modeller har også sidevogn = KVÆRN □ *rockere og motorcykler hører sammen* · *nogle politibetjente kører på motorcykel* □ *motorcykelbetjent* · *motorcykelforhandler* · *motorcykelhjælm* · *motorcykelklub* · *motorcykelkørekort* □ *letvægtsmotorcykel* · *speedwaymotorcykel*

motorhjelm

SUBST. *-en,* plur. *-e, -ene*

en metalplade som dækker en bils motor = KØLERHJELM □ *åbne motorhjelmen*

motorik

SUBST. *motorikken*
/moto'rik/

evne til at styre muskelbevægelser □ *spædbarnets motorik er ikke så udviklet endnu* □ *finmotorik* · *grovmotorik*

motorkører

SUBST. *-en,* plur. *-e, -ne*

en person som kører motorløb

motorkøretøj

SUBST. *-et,* plur. *-er, -erne*

et køretøj med motor, fx en bil el. en motorcykel □ *de tog hen til kontoret for motorkøretøjer*

motorsagkyndig

SUBST. *en, den motorsagkyndige* plur. *motorsagkyndige, de motorsagkyndige*

en politimand som er en slags censor ved en køreprøve

motorskib

SUBST. *-et,* plur. *-e, -ene*
fork. *MS* el. *M/S*

et skib der drives frem ved motor ≠ DAMPSKIB, SEJLSKIB

motorstop

SUBST. *~stoppet,* plur. *~stop, ~stoppene*

det at en motor uventet holder op med at gå □ *flyet fik motorstop umiddelbart før afgang*

motortog

SUBST. *-et,* plur. *-e* (el. *~tog*), *-ene*

et tog hvis fremdrift skyldes en motor

motortrafikvej

SUBST. *-en,* plur. *-e, -ene*

en tosporet vej til motorkøretøjer, uden midterrabat og med krydsende veje

motorvej

SUBST. *-en,* plur. *-e, -ene*

en vej med midterrabat, og med to el. flere spor i hver retning og uden krydsende veje; er udelukkende til motorkøretøjer der kan køre med høj hastighed = AUTOSTRADA □ *motorvejssløjfe* · *motorvejsstress* □ *hængemotorvej*

motto

SUBST. *-et,* plur. *-er, -erne*

en kort sætning el. få ord som udtrykker et ledende princip for en person, en bevægelse el.lign. = VALGSPROG □ *spejdernes motto er: vær beredt!* · *hans motto er ikke at låne penge af bekendte* • en kort sætning el. få ord i starten af en bog som udtrykker bogens grundidé

mouche

SUBST. *-n,* plur. *-r, -rne*
['musj]

en kunstig skønhedsplet = SKØNHEDSPLET

mountainbike

SUBST. *-n,* plur. *-s, -ne*

en cykel med et kraftigt stel, et lige styr og tykke dæk med dybt dækmønster som gør den egnet til at køre i ujævnt terræn

mousse

SUBST. *-n,* plur. *-r, -rne*
['mus]

1. en luftig dessert af flødeskum el. stiftpiskede æggehvider der blandes med frugtmos, chokolade o.l. □ *chokolademousse* · *jordbærmousse* · *hindbærmousse* • en ret af fisk, fjerkræ el. grøntsager der pureres og blandes med bl.a. flødeskum el. creme fraiche og husblas og stivner i en form □ *avokadomousse* · *kalkunmousse* · *laksemousse*
2. skum som puttes i håret for at få det til at fylde mere og gøre det nemmere at sætte = HÅRMOUSSE

moussere

VERB. *-r, -de, -t*
[mu'se'ɔ]

(om drikkevarer): danne mange små brusende luftbobler □ *mousserende vin*

moustache

SUBST. *-n,* plur. *-r, -rne*
[mu'sda·sj el. *mu'sda·sjə]*

= OVERSKÆG

movere

VERB. *-r, -de, -t*
[mo've'ɔ]

movere sig (spøg.): = FLYTTE SIG □ *kan du ikke movere dig lidt?*

mozambiquer el. **mocambiquer**

SUBST. *-en,* plur. *-e, -ne*
/mozam'biquer/

en person fra Mozambique

mozambiquisk el. **mocambiquisk**

ADJ. *- , -e*
/mozam'biquisk/

som har at gøre med Mozambique

ms.

fork. for *manuskript*

M/S el. **MS**

(foran et skibs navn): fork. for *motorskib* □ *M/S Selandia*

m/s

fork. for *meter i sekundet*

m/sek.

fork. for *meter i sekundet*

Mt

fork. for *megaton*

M/T el. **MT**

(foran et skibs navn): fork. for *motortankskib* □ *M/T Esso Nyborg*

m/u

fork. for *med eller uden*

mudder

SUBST. *-et*

en grødagtig, fedtet blanding af jord og vand = PLØRE, PLADDER □ *efter regnen var stierne dækket af et tykt lag mudder* · *få mudder på skoene* · *hun mærkede søbundens mudder mellem tæerne* · *svinene væltede sig i mudderet* • **kaste med mudder** sige nedsættende ting om nogen □ *der var nogle der kastede med mudder under sidste del af valgkampen*

mudderpøl

SUBST. *-en,* plur. *-e, -ene*

en fordybning el. et område hvor der er meget mudder □ *græsplænen var omdannet til én stor mudderpøl*

mudre

VERB. *-r, -de, -t*

mudre ngt op fjerne mudder og sand fra noget ved hjælp af en særlig maskine el. et skib □ *mudre voldgraven op* · *mudre et vandløb op* · *havnen kan muligvis gøres dybere hvis den mudres op* • **mudre ngt til** el. **mudre op i ngt** snavse noget til el. gøre noget uklart med mudder □ *drengen havde mudret sine støvler til* · *hun mudrede op i vandløbet med en pind* • **mudre op i ngt** bringe noget fordækt frem i lyset = RODE OP I □ *mudre op i en lyssky affære* · *lad os ikke mudre mere op i den sag*

mudret

ADJ. *- , mudrede*

som indeholder el. er dækket med mudder □ *mudret jord* · *en mudret sti* · *mudret vand* · *flodens mudrede vande* · *mudrede sko*

muffe

SUBST. *-n,* plur. *-r, -rne*

1. en blød, foret pose af stof el. skind som er åben i begge ender, og som bruges til at holde hænderne varme □ *muffedise*
2. et kort stykke rør der omslutter og forbinder enderne på to rør = SAMLEMUFFE
3. være ved muffen have mange penge

muffedise

SUBST. *-n,* plur. *-r, -rne*
/muffe'dise/

(glds.): strikket håndledsvarmer

mug

SUBST. *muggen* el. *mugget*

loddent overtræk på organisk materiale dannet af skimmelsvamp = SKIMMEL □ *der var grønne pletter af mug på brødet* □ *muggen* · *mugplet*

muge

VERB. *-r, -de, -t*

muge ud i ngt fjerne hø og ekskrementer i en stald □ *muge ud i stalden* · *muge stalden* · *muge under køerne* □ *mugning* • **muge ud i ngt** rydde op og evt. smide noget ud □ *muge ud i gammelt ragelse* · *lad os få muget ud i de gamle papirer*

muggen

ADJ. *-t, mugne*

1. som er angrebet af mug el. som lugter af mugangreb □ *syltetøjet var muggent* · *en muggen og indelukket luft*
2. = GNAVEN □ *hun ser muggen ud*
3. = MISTÆNKELIG □ *der er noget muggent ved den sag*

mugne

VERB. *-r, -de, -t*
['mågnə]

blive muggen ▫ *brødet mugner* • hensygne fordi man savner stimulation og udfordring ▫ *jeg vil ikke bare sidde her op mugne op!*

muh

LYDORD

gengivelse af en kos brølen = MØH ▫ *koen siger muh*

muhamedaner

SUBST. *-en,* plur. *-e, -ne*
/muhame'daner/

en muslim der tilbeder profeten Muhammed

muhamedanisme

SUBST. *-n*
/muhameda'nisme/

= ISLAM

muhamedansk

ADJ. *- , -e*
/muhame'dansk/

= ISLAMISK

muk[1]

SUBST. *en*

hudbetændelse i koderne hos heste

muk[2]

SUBST. *et*

ikke et muk ikke noget overhovedet = IKKE EN LYD, IKKE ET ORD ▫ *jeg forstår ikke et muk af det han siger* · *hun siger aldrig et muk*

mukke

VERB. *-r, -de, -t*

være sur over noget ▫ *lad være at mukke!* · *mukke over overarbejde* · *adlyde uden at mukke* ▫ *mukkeri*

mukkebikke el. mukkebik

SUBST. *-n,* plur. *-r, -rne*
(mukkebik: *-en,* plur. *-er, -erne*)
/mukke'bikke/

(spøg.): = MOTORKØRETØJ ▫ *lad os starte mukkebikken og køre i skoven*

mukkert

SUBST. *-en,* plur. *-er, -erne*

en stor, tung hammer

mul.

fork. for *mulig* el. *muligvis*

mulat

SUBST. *mulatten,* plur. *mulatter, mulatterne*
/mu'lat/

en person af blandet sort og hvid afstamning

muld

SUBST. *-en*

overfladejord som er rig på næring pga. et stort indhold af nedbrudte planterester = MULDJORD ▫ *muldlag*

mulden

ADJ. *-t, muldne*

1. som minder om muld ▫ *de nedfaldne blade har en brun, mulden farve*
2. (dagl.): som er muggen el. ved at mugne = TRØSKET ▫ *en mulden lugt* · *surdejsklumpen er blevet mulden*

muldjord

SUBST. *-en*

= MULD

muldne

VERB. *-r, -de, -t*

blive til muld = FORMULDE ▫ *træernes blade ligger nu på jorden og muldner*

muldvarp

SUBST. *-en,* plur. *-er* (el. *-e*), *-erne* (el. *-ene*)

1. et næsten blindt pattedyr med kort, gråsort pels og skovlformede forlemmer; lever i et underjordisk gangsystem og skyder udgravet jord op i *muldvarpeskud;* latinsk navn *Talpa europaea* ▫ *han er blind som en muldvarp* ▫ *muldvarpefælde* · *muldvarpegang*
2. en person der arbejder inden for en organisation og hemmeligt forsøger at modarbejde el. skade denne ▫ *der gik rygter om at der var en muldvarp i efterretningstjenesten*

muldvarpeskud

SUBST. *~skuddet,* plur. *~skud, ~skuddene*

1. en lille forhøjning af jord som en muldvarp har skubbet op ▫ *der er mange mulvarpeskud i plænen*
2. en dessert med bl.a. kogte svesker, flødeskum og chokolade

muldyr

SUBST. *-et,* plur. *~dyr, -ene*

en hest som er en krydsning mellem en æselhingst og en hestehoppe; bruges som ride-, træk- og lastdyr ≠ MULÆSEL ▫ *muldyrføl* · *muldyrhingst* · *muldyrhoppe*

mule[1]

SUBST. *-n,* plur. *-r, -rne*

de bløde partier omkring munden på heste og kvæg ▫ *røre ved hestens varme mule* ▫ *mulepose* • (spøg.): mundomgivelserne på små børn ▫ *tørre barnet om mulen*

mule[2]

VERB. *-r, -de, -t*

1. mule ng slå med hænderne på nogen for at få magten over ham = BANKE ▫ *drengene mulede løs på hinanden*
2. = SURMULE

mulepose

SUBST. *-n,* plur. *-r, -rne*

en pose med foder til at hænge foran et dyrs mule • en stofpose el. indkøbstaske

mulig

ADJ. *-t, -e*

1. som kan lade sig gøre = GØRLIG, PRAKTISABEL ▫ *det er nu muligt at rejse til Månen* · *hans indsats gjorde forliget muligt* · *en mulig løsning* · *alt hvad der er menneskeligt muligt* · *vi må så vidt muligt undgå fejl* · *den eneste mulige udvej* · *så hurtigt som muligt* · *den højest mulige pris* ▫ *muliggøre* · *mulighed* • 〈SUBST.〉 ▫ *inden for det muliges grænser* · *han fik det bedst mulige ud af det* • **al mulig** udtryk for at noget omfatter mange ting el. en meget høj grad af noget ▫ *der lå alle mulige ting og flød* · *vi har snakket om alt muligt andet end det det drejer sig om* · *vi har ledt efter det alle mulige og umulige steder* • **det var vel ikke muligt?** må jeg godt få lov til ▫ *det var vel ikke muligt at få det her byttet?*
2. som måske kan være sand el. rigtig = TÆNKELIG ▫ *det er da muligt at han har sagt sådan* · *det er meget muligt at du har ret* · *det er nok muligt at det passer* ▫ *mulighed* · *muligvis* • som måske kan forekomme = EVENTUEL ▫ *han blev advaret mod de mulige følger af planen* · *en mulig formand*

muliggøre

VERB. *~gør, ~gjorde, ~gjort*

muliggøre ngt skabe betingelser for at noget kan lade sig gøre ▫ *det politiske klima muliggjorde beslutningen* · *byggeriet er muliggjort ved lån* ▫ *muliggørelse*

mulighed

SUBST. *-en,* plur. *-er, -erne*

1. det at være mulig ▫ *mange betvivlede muligheden af det stillede forslag*
2. en mulig løsning el. udvej ▫ *der er to muligheder for opgavens løsning* · *Hansen er en mulighed som bestyrelsesformand* · *det ligger uden for mulighedernes grænse* • et tilfælde som man kan forestille sig ▫ *vi må regne med alle muligheder*
3. en gunstig mulighed for et godt resultat = CHANCE, ANLEDNING, LEJLIGHED ▫ *du har gode muligheder for at vinde sagen* · *de ubegrænsede muligheders land*

muligvis

ADV.

med en vis begrænset sandsynlighed = MÅSKE ▫ *jeg kommer muligvis i morgen* · *det er muligvis den rigtige løsning*

mulkt

SUBST. *-en,* plur. *-er, -erne*

(glds.): = BØDE ▫ *betale en mulkt på 200 kr.* ▫ *mulktere*

mullah

SUBST. *-en,* plur. *-er, -erne*

en islamisk skriftlærd som kan udlægge Koranen

mulm

SUBST. *-et*

(poet., glds.): = MØRKE ▫ *i nattens mulm og mørke* · *i dødens mulm* · *i gravens mulm*

multebær

SUBST. *~bærret,* plur. *~bær, ~bærrene*

bær af *multebærplanten* • 〈best. *~bærren*〉 en lav plante med hvide blomster og orangegule frugter der i formen minder om brombær; almindelig i det nordlige Skandinavien; latinsk navn *Rubus chamaemorus*

multilateral

ADJ. *-t, -e*
/ *'multilate'ral* /

som omfatter mindst tre stater, ofte om forhandlinger el. traktater □ *multilaterale forhandlinger*

multimedia el. multimedier

SUBST.PLUR.
/ *multi'media* /

flere medietyper som anvendes på én gang, fx tekst, lyd, billede og filmklip i en computer

multimillionær

SUBST. *-en,* plur. *-er, -erne*

= MANGEMILLIONÆR

multinational

ADJ. *-t, -e*

som har underafdelinger i mange lande □ *de multinationale selskaber*

multiplicere

VERB. *-r, -de, -t*
/ *multipli'cere* /

multiplicere {9} med {4} (matematik): =GANGE □ *når man multiplicerer 9 med 4 fås produktet 36* □ *multiplicering · multiplikation*

multiplikand

SUBST. *-en,* plur. *-er, -erne*
/ *multipli'kand* /

(matematik): et tal der skal ganges med et andet ≠ MULTIPLIKATOR □ *i 2 × 3 = 6 er '2' multiplikanden*

multiplikation

SUBST. *-en,* plur. *-er, -erne*
[*multiplika'sjo'n*]

(matematik): det at lægge et tal sammen med sig selv et vist antal gange = GANGNING ≠ DIVISION, ADDITION, SUBTRAKTION □ *ved multiplikation af 9 med 4 fås produktet 36 · lære multiplikation* □ *multiplikationstabel · multiplikationstegn*

multiplikator

SUBST. *-en,* plur. *-er, -erne*
/ *multipli'kator* /

et tal man ganger med ≠ MULTIPLIKAND □ *i 2 × 3 = 6 er '3' multiplikatoren*

multiplum

SUBST. *multiplet,* plur. *multipla* (el. *multipler*), *multiplaene* (el. *multiplerne*)

et tal hvori et andet tal går op = MANGEFOLD □ *24 er et multiplum af 6*

multitasking

SUBST.
[*'multita'sgeŋ*]

(edb.): en teknik der muliggør at en datamat udfører flere opgaver samtidigt; anvendes i datamaskiner der har flerbrugersystem

mulæsel

SUBST. *mulæslet,* plur. *mulæsler, mulæslerne*

en hest som er en krydsning mellem en hestehingst og en æselhoppe; bruges som ride-, træk- og lastdyr ≠ MULDYR

mumie

SUBST. *-n,* plur. *-r, -rne*

et balsameret lig el. et lig som er bevaret ved indtørring □ *mumien stod uberørt i gravkammeret* □ *mumiegrav*

mumificere

VERB. *-r, -de, -t*
[*mumifi'se'ɔ*]

mumificere ngt balsamere og tørre fx et lig □ *faraoerne blev mumificeret i oldtidens Ægypten*

mumle

VERB. *-r, -de, -t*

tale svagt og utydeligt □ *tal tydeligt i stedet for at sidde og mumle · hvordan er det du sidder og mumler i skægget* □ *mumlen* • **mumle i skægget** se under *skæg*

mund

SUBST. *-en,* plur. *-e, -ene*

en åbning i hovedet som et menneske el. et dyr indtager føde gennem og taler el. frembringer lyde med = KAJE, KÆFT □ *barnet proppede munden med mad · det var som at høre det fra min egen mund* □ *mundaflæsning · mundhule · mundsyge* □ *overmund · rundmund · trutmund · tværmund · undermund* • **tygge af munden** se under *tygge* • **lukke munden op** el. **åbne munden** sige noget □ *han kan ikke lukke munden op uden at bande · du burde åbne munden og ikke finde dig i at blive herset med* • **lukke** el. **stoppe munden på ng** få nogen til at tie stille □ *hendes svar lukkede munden på ham* • **min mund er lukket med syv segl** udtryk for at man ikke vil udtale sig om nogen el. noget □ *du kan lige så godt holde op med at spørge, min mund er lukket med syv segl* • **snakke** el. **tale i munden på hinanden** tale samtidig □ *jeg forstår ikke hvad I siger når I taler i munden på hinanden* • **snakke** el. **tale ng efter munden** give udtryk for at man har samme holdninger og meninger som den man taler med, uden at det behøver at være tilfældet □ *han blev ved med at snakke hende efter munden* • **tage munden lidt for fuld** overdrive noget el. påtage sig mere end man kan magte □ *manden tog munden fuld da han fortalte hvad der var sket* • **have det hele i munden** snakke meget om noget som man ikke tør el. har evner til at gøre i virkeligheden

mundaflæsning

SUBST. *-en,* plur. *-er, -erne*

det at aflæse hvad en person siger ved at se på mundbevægelserne □ *de hørehæmmede lærer mundaflæsning · musikken var så høj at al kommunikation under koncerten måtte foregå ved mundaflæsning*

munddiaré el. munddiare el. munddiarré el. munddiarre

SUBST. *-en,* plur. *-er, -erne*

(slang): det at snakke meget og uden ophør □ *han fik et anfald af munddiarré så mødet trak ud i flere timer · med den munddiarré hun har kan hun slide tre telefoner op om året*

munde

VERB. *-r, -de, -t*

munde ud i ngt løbe ud i noget □ *floden mundede ud i havet · gaden munder ud i et torv* • **munde ud i ngt** føre til el. ende med noget □ *forhandlingerne mundede ud i en ny overenskomst · foredraget mundede ud i en direkte appel*

mundering

SUBST. *-en,* plur. *-er, -erne*
/ *mun'dering* /

(iron.): = PÅKLÆDNING □ *hvad er det for en mundering at stille i på arbejde*

mundfuld

SUBST. *-en,* plur. *-e, -ene*

en lille mængde mad el. den mængde mad el. drikke man tager i munden ad gangen □ *han slugte æblet i fire mundfulde · få sig en mundfuld mad · tage en mundfuld af den varme grød* • **en ordentlig mundfuld** en stor og vanskelig opgave □ *han skrev bogen på mindre end en måned; det var en ordentlig mundfuld*

mundharmonika

SUBST. *-en,* plur. *-er, -erne*

et lille musikinstrument som man holder til munden og bevæger fra side til side mens man puster el. suger luft igennem det □ *spille mundharmonika* □ *mundharmonikaspiller*

mundheld

SUBST. *-et,* plur. *~held, -ene*

en ofte anvendt ytring som kan udtrykke en almengyldig sandhed el. personlig leveregel = FYNDORD □ *hans mundheld er: 'hellere i morgen'*

mundhuggeri

SUBST. *-et,* plur. *-er, -erne*
/ *mundhugge'ri* /

= SKÆNDERI □ *diskussionen endte i mundhuggeri*

mundhugges

VERB. *~hugges, ~huggedes, ~huggedes*

skændes surt og langvarigt = NÆBBES □ *de gik og mundhuggedes dagen lang*

mundhule

SUBST. *-n,* plur. *-r, -rne*

hulrummet mellem tænder og svælg hvor maden bearbejdes før den synkes og hvor sproglydene formes

munding

SUBST. *-en,* plur. *-er, -erne*

1. åbningen i enden af et rør el. en rørformet genstand □ *mundingsild* □ *geværmunding · kanonmunding · rørmunding · tunnelmunding*
2. det sted hvor en flod, fjord el. å løber ud i en sø el. et hav □ *fjordmunding · flodmunding · udmunding*

mundkurv

SUBST. *-en,* plur. *-e, -ene*

1. et sæt af remme til at spænde om en hunds mund for at forhindre den i at bide □ *de var nødt*

til at give den mundkurv på
2. give ng mundkurv på forbyde nogen at udtrykke sig frit om en sag□ *han gav sine ministre mundkurv på for at skandalen ikke skulle få ny næring • få mundkurv på*

mundlæder

SUBST. *-et*

(spøg.): = SNAKKETØJ □ *hun har et godt mundlæder så hun er ikke så nem at få skovlen under*

mund- og klovsyge el. mund- og klovesyge

SUBST. *-n*

en meget smitsom kvægsygdom med blærer omkring mund og klove; kan også ramme svin og i få tilfælde mennesker

mundrap

ADJ. *-t, ~rappe*

som formulerer sig hurtigt på en rammende og direkte måde □ *en mundrap debattør • mundrappe bemærkninger* • som er fræk el. næsvis = RAPKÆFTET

mundret

ADJ. *- , ~rette*

der lyder som naturligt talesprog□ *verset falder mundret • en mundret tale • tale et mundret sprog* □ *mundrethed*

mundskænk

SUBST. *-en,* plur. *-e, -ene*

(hist.): en embedsmand der sørger for serveringen af kongens vin □ *Faraos mundskænk*

mundsmag

SUBST. *-en,* plur. *-e, -ene*

= SMAGSPRØVE

mundstykke

SUBST. *-t,* plur. *-r, -rne*

den del af en pibe som holdes i munden, el. den del af et blæse- el. fløjteinstrument hvormed tonen sættes an

mundsvejr

SUBST. *et*

(glds.): udtalelser uden indhold □ *hans løfter var det rene mundsvejr*

mundtlig

ADJ. *-t, -e*
fork. *mdtl.*

som er formuleret i talt sprog = VERBAL ≠ SKRIFTLIG □ *en mundtlig henvendelse • mundtlig eksamen • mundtlig afstemning • formulere sig mundtligt*

mundtøj

SUBST. *-et*

= SNAKKETØJ □ *han har et slemt mundtøj*

mundvand

SUBST. *-et*

1. = SPYT □ *den gamle mand havde svært ved at holde på mundvandet og savlede hele tiden • kager og andre lækkerier får mundvandet til at løbe*
2. en opfriskende og rensende væske til at skylle mund og svælg med

mundvig

SUBST. *-en,* plur. *-e, -ene*

hver af de to hjørner af munden

munk

SUBST. *-en,* plur. *-e, -ene*

1. et mandligt medlem af en religiøs orden der som regel lever i kloster, og som forsager alt verdsligt ≠ NONNE □ *blive munk • munkene lover at leve i fattigdom og kyskhed* □ *munkecelle • munkekutte • munkeorden*
2. en lille spurvefugl med sort el. rødbrun isse; latinsk navn *Sylvia atricapilla*

munkekutte

SUBST. *-n,* plur. *-r, -rne*

en munkedragt med hætte

munter

ADJ. *-t, muntre*

1. som er i godt humør = GLAD □ *en munter fyr • muntre viser* □ *munterhed* • **hold dig munter** (slang): hav det godt
2. (iron.): som er besværligt og ikke spor sjovt□ *hele familien har mæslinger, det er muntert*

munterhed

SUBST. *-en*

noget som er muntert□ *vække almindelig munterhed*

muntre

VERB. *-r, -de, -t*

1. muntre ng med ngt få nogen til at grine = MORE □ *hun muntrede børnene med at stå på hovedet* • **muntre ng op** = OPMUNTRE
2. muntre sig med ng(t) hygge sig og have det sjovt = MORE SIG □ *børnene muntrer sig i sneen • de muntrede sig med børnene • kammeraterne muntrede sig med at lave sjov*

mur

SUBST. *-en,* plur. *-e, -ene*

1. en væg bygget af sten□ *mursten • murværk* □ *hulmur* • en usynlig, men stærk hindring□ *der var en mur af fjendskab mellem dem*
2. løbe panden mod en mur møde uovervindelige hindringer

murbrok

SUBST. *~brokken,* plur. *~brokker, ~brokkerne*

et stykke af en nedbrudt mur □ *nogen havde kastet en murbrok gennem ruden • byggepladsen var fuld af murbrokker*

mure

VERB. *-r, -de, -t*

mure ngt bygge noget ved at sætte sten sammen, som regel ved hjælp af mørtel □ *mure et hus i røde sten • mure en trappe • en muret væg* □ *muring* • **mure ngt til** bygge en mur op i en åbning så den lukkes □ *mure døren ud til gangen til* • **mure ngt inde** bygge en mur uden åbning omkring noget □ *morderen murede liget inde i et hulrum i kældervæggen* • **mure sig inde** isolere sig□ *efter sønnens bortrejse murede han sig inde*

murer

SUBST. *-en,* plur. *-e, -ne*

en person der er uddannet til at opføre, ombygge og reparere huse o.l. af sten □ *murerarbejdsmand • murerhammer • murerlærling • murermester*

murerarbejdsmand

SUBST. *-en,* plur. *~arbejdsmænd, ~arbejdsmændene*

en arbejdsmand der bistår murersvendene i deres arbejde ved fx at blande cement og bringe materialer op på stilladset

murermester

SUBST. *-en,* plur. *~mestre, ~mestrene*

en murer som har egen virksomhed

murersvend

SUBST. *-en,* plur. *-e, -ene*

en murer der har taget svendeprøve, og som er ansat hos en murermester

murmeldyr

SUBST. *-et,* plur. *~dyr, -ene*

en gnaver med korte ører og en kort hale som bl.a. findes i Alperne; latinsk navn *Marmota* • = SOVETRYNE

murre

VERB. *-r, -de, -t*

gøre svagt ondt = VÆRKE □ *det murrer i knæet • en murrende smerte* • være utilfreds med noget uden at formulere det klart = KNURRE, SKUMLE □ *murre over skatterne* □ *murren*

mursejler

SUBST. *-en,* plur. *-e, -ne*

en fugl der ligner en svale, men er helt sort og har lange, seglformede vinger; flyver meget hurtigt og lever det meste af sit liv i luften; latinsk navn *Apus apus*

murske

SUBST. *-en,* plur. *-er, -erne*

et redskab med et fladt, trekantet blad og et kort skaft til at anbringe mørtel på el. mellem mursten ved muring

mursten

SUBST. *-en,* plur. *mursten, -ene*

firkantet byggesten af brændt ler □ *murstensbyggeri*

murstensroman

SUBST. *-en,* plur. *-er, -erne*

en meget tyk roman

murværk

SUBST. *-et*

del af bygning o.l. som er muret□ *bygningens murværk trænger til at blive sat i stand • hullerne mellem de store sten er udfyldt med murværk*

mus

SUBST. *-en,* plur. *mus, -ene*

1. en lille pelsbeklædt gnaver med store ører og ofte lang, nøgen hale; lever i huse el. på marker; bruges som forsøgsdyr og kæledyr; mange arter, fx *husmus, dværgmus, markmus* og *brandmus;* latinsk navn *Muridae* □ *vi har mus i køkkenet* · *katten kom med en mus den havde fanget* · *hun sad stille som en mus* □ *musefælde* · *musegift* · *muserede* · *museunge* • **druknet mus** en person der er gennemblødt af regn □ *hun var så våd som en druknet mus* · *du ligner en druknet mus* • **med mand og mus** se under *mand*
2. et lille stykke løsrevet brusk i legemets led som generer når man bevæger sig □ *han blev opereret for mus i knæet*
3. (edb): et redskab som kan bevæges med hånden på en vandret flade og dermed styre *cursoren* på en edb-skærm □ *museknap* · *musemarkør* · *musemåtte*

muse

SUBST. *-n,* plur. *-r, -rne*

hver af de ni gudinder i græsk mytologi som hver især står for en kunstart el. videnskab • en kraft el. person som inspirerer en kunstner til at skrive, male el. komponere □ *musens kraft* · *hun var hans muse i mange år*

museal

ADJ. *-t, -e*
/*muse'al*/

som har at gøre med museer □ *en museal udstilling* · *et musealt klenodie* · *Europa er rig på museale skatte*

musefælde

SUBST. *-n,* plur. *-r, -rne*

en fælde til at indfange el. dræbe mus med □ *lægge ost i musefælden*

musegrå

ADJ. *-t, ~grå*

1. med en gråbrunlig farve som en mus □ *musegråt hår*
2. undseelig og kedsommelig □ *en lille musegrå mand*

musehul

SUBST. *~hullet,* plur. *~huller, ~hullerne*

et hul fx i jordoverfladen el. i en væg som er indgang til en muserede • **krybe i et musehul** gemme sig, især fordi man er genert el. flov over noget □ *hver gang skuespilleren skulle på scenen fik han lyst til at krybe i et musehul*

muselmand

SUBST. *-en,* plur. *~mænd, ~mændene*

1. (glds.): = MUSLIM
2. en udsultet fange fra Hitlertidens koncentrationslejre

musestille

ADJ.

fuldstændig stille = LYDLØS, BOMSTILLE □ *hun sad lige så musestille og kiggede ud ad vinduet*

museum

SUBST. *museet,* plur. *museer, museerne*
[*mu'sæ·åm*]

en bygning hvor en samling af kunstværker el. historiske el. videnskabeligt interessante ting opbevares og vises frem for offentligheden fordi de er af videnskabelig, kunstnerisk el. historisk interesse □ *museum for kunst* · *gå på museum* □ *museumsbygning* · *museumsgenstand* · *museumsinspektør* · *museumsudstilling* □ *bymuseum* · *frilandsmuseum* · *kunstmuseum* · *nationalmuseum*

museumsinspektør

SUBST. *-en,* plur. *-er, -erne*

en person der leder et museum

musical

SUBST. *-en,* plur. *-er* (el. *-s*), *-erne*
[*'mju·sikal*]

et skuespil el. en film med sange og danseoptrin

musicere

VERB. *-r, -de, -t*
[*musi'se'ɔ*]

frembringe musik på et instrument = SPILLE □ *pianisten musicerede for gæsterne* □ *musiceren* · *musicering*

musik

SUBST. *musikken*

1. et kunstnerisk arrangement af forskellige tonearter og klange som ofte er komponeret ved hjælp af noder og evt. ledsages af sang = TONEKUNST □ *undervise i musik* · *sang og musik* · *spille musik* · *naboen spiller høj musik* · *der er sat musik til digtet* □ *musiker* · *musikalsk* · *musikgruppe* · *musikkonservatorium* · *musikliv* · *musiklærer* · *musikpædagog* · *musikskole* · *musikvideo* □ *filmmusik* · *folkemusik* · *instrumentalmusik* · *jazzmusik* · *popmusik* · *rockmusik* • **absolut musik** musik uden konkret handlingsindhold ≠ PROGRAMMUSIK • **klassisk musik** musik som er komponeret med den rigdom i klang og toner der var karakteristisk i Europa før det tyvende århundrede ≠ RYTMISK MUSIK □ *Mozart, Beethoven, Bach og Händel er store navne inden for klassisk musik* • **rytmisk musik** enhver form for jazz og rockmusik ≠ KLASSISK MUSIK • **levende musik** musik som fremføres af tilstedeværende musikere
2. i forsk. forb.: • **med fuld musik** (spøg.): af alle kræfter □ *direktøren skældte ud med fuld musik* • **sød musik** (spøg.): oplysninger som glæder én □ *beretningen om årsregnskabet var sød musik i hans ører* • **være noget ved musikken** (spøg.): have en betydningsfuld stilling

musikalsk

ADJ. *- , -e*
/*musi'kalsk*/

som har sans for musik □ *barnet er meget musikalsk* · *hun har store musikalske evner* · *et musikalsk talent* □ *musikalskhed* • som indeholder musik og sang □ *et musikalsk indslag* · *en musikalsk teaterforestilling* · *en stor musikalsk oplevelse* • som minder om musik □ *en musikalsk latter* · *et musikalsk sprog* · *et musikalsk udtryk*

musikant

SUBST. *-en,* plur. *-er, -erne*
/*musi'kant*/

= SPILLEMAND

musiker

SUBST. *-en,* plur. *-e, -ne*

en person som optræder med at spille på et musikinstrument = INSTRUMENTALIST □ *jazzmusiker* · *kammermusiker* · *kapelmusiker* · *rockmusiker*

musikinstrument

SUBST. *-et,* plur. *-er, -erne*

et instrument som fx klaver, trompet el. violin som man spiller på og frembringer musik med = INSTRUMENT

musikkonservatorium

SUBST. *~konservatoriet,* plur. *~konservatorier, ~konservatorierne*

en højere læreanstalt som uddanner musikere, sangere og komponister = KONSERVATORIUM □ *Det Kongelige Danske Musikkonservatorium*

musiklærer

SUBST. *-en,* plur. *-e, -ne*

en lærer som underviser i musik og sang

musikpædagog

SUBST. *-en,* plur. *-er, -erne*

en person der er uddannet til at give undervisning i musik el. specielle discipliner inden for musikken, fx hørelære og musikteori □ *musikpædagogisk*

musikvideo

SUBST. *-en,* plur. *-er, -erne*

en kort videofilm som består af et sangnummer ledsaget af optræden m.m. □ *Talking Heads' musikvideo til sangen 'Road to Nowhere'*

musisk

ADJ. *- , -e*

som har sans for det kunstneriske = KUNSTBEGAVET □ *han er et meget musisk menneske* • **musiske fag** fag som opøver en kunstnerisk evne, fx sang, musik, dans el. formning

muskat

SUBST. *-en,* plur. *-er, -erne*
[*mu'sga'd*]

revet el. stødt krydderi af muskatnød som fx anvendes i bechamelsovs □ *retten tilsættes en teskefuld muskat*

muskateldrue

SUBST. *-n,* plur. *-r, -rne*

en drue der bibringer vinen en fyldig og krydret smag

muskatnød

SUBST. *~nødden,* plur. *~nødder, ~nødderne*

et nøddelignende frø fra muskatnøddetræets frugt som bruges som krydderi □ *muskatnøddetræ*

muskatvin

SUBST. *-en,* plur. *-e, -ene*

en sød, aromatisk vin fra Sydeuropa fremstillet af muskateldruer

muskedonner

SUBST. *-en,* plur. *-e, -ne*

(hist.): et skydevåben med et kort løb og en trompetformet munding

muskel

SUBST. *-en* (el. *musklen*), plur. *muskler, musklerne*

et væv der består af trådformede celler som kan trække sig sammen og dermed afstedkomme bevægelse □ *han gik til styrketræning for at få stærke muskler* · *spænde sine muskler* · *ømme muskler* □ *muskelfiber* · *muskelsprængning* · *muskelstærk* · *muskelsvind* · *muskeltræning* □ *armmuskel* · *bugmuskel* · *lægmuskel* · *mavemuskel* • **spille med musklerne** vise sin magt el. overlegenhed

muskelfiber

SUBST. *-en,* plur. *~fibre, ~fibrene*

hver af de elastiske, trådformede celler som muskler består af

muskelsprængning

SUBST. *-en,* plur. *-er, -erne*

en overstrækning af en el. flere muskelfibre pga. belastning af en muskel; opstår ofte ved manglende opvarmning = FIBERSPRÆNGNING

muskelsvind

SUBST. *-et,* plur. *~svind, -ene*

en sygdom hvor musklerne bliver svagere og svagere pga. lidelser i muskler og nerver

muskeltrækning

SUBST. *-en,* plur. *-er, -erne*

det at en muskel pludselig trækker sig sammen □ *en svag muskeltrækning forrådte hans nervøsitet*

musketer

SUBST. *-en,* plur. *-er, -erne*
/muske'ter/

1. (hist., militær): en fodsoldat som var bevæbnet med en musket
2. (hist.): en rytter i en fransk adelsgarde (1622-1815) som var bevæbnet med en musket □ *De tre Musketerer*

muskulatur

SUBST. *-en,* plur. *-er, -erne*
/muskula'tur/

et system af muskler el. muskelvæv □ *det er vigtigt at kroppens muskulatur holdes i form* · *have spændinger i hele ryggens muskulatur* · *livmoderen består hovedsageligt af muskulatur* · *bronkierne består af glat muskulatur* □ *ansigtsmuskulatur* · *mavemuskulatur* · *rygmuskulatur*

muskuløs

ADJ. *-t, -e*
/musku'løs/

som har kraftige muskler □ *en muskuløs herre* · *en muskuløs overarm* · *hun er meget muskuløs*

muslim

SUBST. *-en* (el. *muslimmen*), plur. *-er* (el. *muslimmer*), *-erne* (el. *muslimmerne*)

en person der er tilhænger af *islam* = MUHAMEDANER, MUSELMAND

muslimsk

ADJ. *- , -e*

= ISLAMISK □ *en muslimsk skik*

musling

SUBST. *-en,* plur. *-er, -erne*

et bløddyr som er omsluttet af to skaller der kan bevæges om et hængsel, og som lever i vand nedgravet i bunden el. siddende på en genstand; mange arter, bl.a. *blåmusling, hjertemusling* og *dammusling;* latinsk navn *Lamellibranchia* □ *musling(e)banke* · *musling(e)fiskeri* · *musling(e)skal*

musselin

SUBST. *-et,* plur. *-er, -erne*
[musə'li'n]

et løstvævet, glat uld- el. bomuldsstof

musselmalet

ADJ. *- , ~malede*

(om porcelæn): malet under glasuren med et blåt mønster af stiliserede blomstergrene □ *et musselmalet spisestel*

musvit

SUBST. *musvitten,* plur. *musvitter, musvitterne*
/mu'svit/

en stor mejse med sort hoved med hvide kinder, grønlig overside og gul underside; latinsk navn *Parus major*

musvåge

SUBST. *-n,* plur. *-r, -rne*

en brun rovfugl med brede, takkede vinger og bred hale; latinsk navn *Buteo buteo*

mut

ADJ. *- , muttte*

lidt vred og utilnærmelig □ *et mut ansigtsudtryk*

mutant

SUBST. *-en,* plur. *-er, -erne*
/mu'tant/

et individ el. en art som er opstået ved mutation □ *en mutant af et virus* · *de fleste mutanter uddør*

mutation

SUBST. *-en,* plur. *-er, -erne*
[muta'sjo'n]

1. en tilfældig forandring i et menneskes, et dyrs el. en plantes celler som kan videreføres til næste generation □ *en mutation i et gen* · *artens udvikling gennem mutationer og naturlig udvælgelse* · *smitstoffet er opstået ved mutation* · *dyret er fremkommet ved mutation* □ *mutationsbetinget* · *mutationsfremmende* · *mutationsteori*
2. = MUTANT □ *arten er en mutation*

mutere

VERB. *-r, -de, -t*
/mu'tere/

forandre sig ved mutation □ *virusset er i stand til at mutere på et øjeblik* □ *mutering*

mutter

SUBST. *en*

(glds., spøg.): konen i et hjem ≠ FATTER □ *det er mutter der bestemmer hvor skabet skal stå* □ *bordelmutter*

mutters

ADV.

mutters alene helt alene

muzak

SUBST. *muzakken*
/mu'zak/

= BAGGRUNDSMUSIK

MV

fork. for *megavolt*

mV

fork. for *millivolt*

m.v.

fork. for *med videre*

m.v.h.

fork. for *med venlig hilsen*

MW

fork. for *megawatt*

mW

fork. for *milliwatt*

MWh

fork. for *megawatt-time*

mycelium

SUBST. *myceliet,* plur. *mycelier, mycelierne*
[my'se'ljåm]

et netværk af svampetråde som spreder sig i jorden og opsuger næring fra levende el. dødt materiale ≠ FRUGTLEGEME

mycella

SUBST. *-en*
/my'cella/

en dansk, halvfast el. blød blåskimmelost som er smørbar og skærbar; smagen er pikant og mild aromatisk; anvendes fx i osteanretninger, madlavning el. som pålæg

myg[1]

SUBST. *myggen,* plur. *myg, myggene*
['myk]

et lille tovinget insekt med en spinkel krop, lange tynde ben og smalle vinger; mange arter, hvoraf *stikmyg* suger blod fra mennesker og dyr; latinsk navn *Nematocera* □ *myggebid* · *myggeplage* · *myggestik* □ *dansemyg* · *vintermyg* •

gøre en myg til en elefant gøre en lille sag til et stort problem □ *han skulle altid gøre en myg til en elefant*

myg[2]

ADJ. *-t, -e*
['*my'j*]

(glds.): blød og imødekommende = BØJELIG □ *hun blev blid og myg da han omfavnede hende*

myggenet

SUBST. *~nettet*, plur. *~net, ~nettene*

et stykke gennemsigtigt stof af et meget tyndt materiale til fx at hænge over en seng for at holde myg og andre insekter ude

myggestik

SUBST. *~stikket*, plur. *~stik, ~stikkene*

en lille kløende hævelse i huden som er forårsaget af en mygs stik □ *få et myggestik* · *myggestikkene kløede i flere dage*

mylder

SUBST. *-et* (el. *myldret*)

en stor, bevægelig og forskelligartet mængde = VRIMMEL □ *et mylder af mennesker* · *de banede sig vej gennem mylderet* · *et mylder af blomster* □ *menneskemylder*

myldre

VERB. *-r, -de, -t*

bevæge sig i stor mængde = VRIMLE □ *folk myldrede ind fra gaden* · *svampene myldrede frem efter regnen* · *græsset er myldrende fuldt af insekter* □ *myldretid* • **myldre med ng(t)** være fuld af nogen el. noget = VRIMLE □ *det myldrede med mennesker i byen* · *det myldrer med stavefejl i stilen*

myldretid

SUBST. *-en*, plur. *-er, -erne*

de timer på døgnet hvor der er megen trafik i en stor by fordi folk tager til el. fra arbejde □ *holde i kø på motorvejen midt i myldretiden*

mynde

SUBST. *-n*, plur. *-r, -rne*

en meget spinkel og langbenet hund med et lille, smalt hoved

myndig

ADJ. *-t, -e*

1. som optræder med bestemthed, og som indgyder respekt □ *den myndige lærer fik hurtigt ro i klassen* · *et myndigt tonefald* □ *myndighed*
2. (jura): som har evne til at forpligte sin person el. formue ved retshandler □ *man er myndig når man fylder 18* □ *myndighed* · *myndighedsalder* □ *umyndig*

myndighed

SUBST. *-en*, plur. *-er, -erne*

1. evne til at forpligte sig ved retshandler og råde over egen formue □ *man opnår personlig myndighed i Danmark ved det fyldte attende år* · *han blev frataget sin myndighed pga. sindssyge* · *personlig myndighed* □ *myndighedsalder*
2. en evne til at få andre til at adlyde = BESTEMTHED, PONDUS □ *læreren underviste med myndighed* · *fremtræde med myndighed*
3. en offentlig institution med egen magtbeføjelse □ *beslutningen er taget i samråd med de implicerede myndigheder* □ *pasmyndigheder-ne* · *skattemyndighederne* • **myndighederne** = DET OFFENTLIGE □ *myndighederne burde have grebet ind*
4. en beføjelse til at udøve en vis magt □ *det har han ikke myndighed til* □ *myndighedsmisbrug*

myndling

SUBST. *-en*, plur. *-e*, (el. *-er*), *-ene* (el. *-erne*)

en umyndig person som er under en andens værgemål ≠ VÆRGE

mynte

SUBST. *-n*, plur. *-r, -rne*

et krydderi af planten mynte □ *mynteblad* · *myntete* □ *pebermynte* • en urt hvis blade dufter kraftigt af mentol; latinsk navn *Mentha* □ *krusemynte*

myose

SUBST. *-n*, plur. *-r, -rne*
/*my'ose*/

stivhed og smerter i en muskel pga. overanstrengelse, forkert arbejdsstilling, kulde o.l. = INFILTRATIONER, HOLD □ *han havde fået en myose ved skulderleddet*

myr[1]

SUBST. *-en*, plur. *-er, -erne*
['*my'r*]

et større vådområde med tørvebund og vandhuller hvor grundvandet står tæt på jordoverfladen = HØJMOSE

myr[2]

SUBST. *et*, plur. *myr, -ene*
['*my'r*]

= PUS □ *det lille myr faldt straks i søvn*

myrde

VERB. *-r, -de, -t*

myrde ng slå nogen ihjel med fuldt overlæg = DRÆBE, NAKKE, OMBRINGE □ *blive myrdet* · *den myrdede er en 56-årig kvinde* · *han blev myrdet med koldt blod*

myrderi

SUBST. *-et*, plur. *-er, -erne*
/*myrde'ri*/

det at myrde □ *myrderierne fortsatte selv om krigen var forbi*

myre

SUBST. *-n*, plur. *-r, -rne*

et lille insekt som bevæger sig meget hurtigt, og som lever i samfund i tuer el. under jord el. sten; mange arter, bl.a. *havemyre, engmyre, skovmyre* og *hærmyre*; latinsk navn *Formicidae* □ *hun er flittig som en myre* · *heroppefra ligner menneskene myrer* □ *myredronning* · *myreflittig* · *myresyre* · *myretue* · *myreæg* □ *flyvemyre* · *tissemyre*

myreflittig

ADJ. *-t, -e*

meget flittig

myreløve

SUBST. *-n*, plur. *-r, -rne*

et insekt med en langstrakt, tynd krop og store, gennemsigtige vinger; larven fanger insekter ved hjælp af faldgruber som den graver i sand; latinsk navn *Myrmeleon formicarius*

myremalm

SUBST. *-en*, plur. *-e, -ene*

porøs jernmalm der udfældes i stillestående vand hvor jernholdigt vand iltes

myresluger

SUBST. *-en*, plur. *-e, -ne*

et sydamerikansk pattedyr som har en lang, rørformet snude og en lang, klæbrig tunge, og som lever af insekter, bl.a. myrer; latinsk navn *Myrmecophagidae*

myretue

SUBST. *-n*, plur. *-r, -rne*

en bunke af jord, grannåle o.l. med små gange og huler som er bygget af myrer til at bo i

myriade

SUBST. *-n*, plur. *-r, -rne*
/*myri'ade*/

(poet.): et umådelig stort antal □ *myriader af stjerner på himlen*

myrra

SUBST. *-en*

gummiharpiks med en aromatisk lugt; indgår som bestanddel i røgelser og er et meget gammelt lægemiddel □ *de vise mænd bragte jesusbarnet guld, røgelse og myrra* □ *myrradråber* · *myrraessens* · *myrratræ*

myrte

SUBST. *-n*, plur. *-r, -rne*

en stedsegrøn busk med læderagtige, mørkegrønne blade og små, hvide, duftende blomster som bruges ved bryllupper som tegn på uskyld og kærlighed; flere tropiske og subtropiske arter; latinsk navn *Myrtus* □ *myrtekrans*

myseost

SUBST. *-en*, plur. *-e, -ene*

en norsk, brun ost fremstillet ved inddampning af valle af gedemælk

mysli

SUBST. *-en*, plur. *-er, -erne*

havregryn og andet valset korn med nøddeflager og frugt; spises bl.a. med mælk på som morgenmad

mysterium

SUBST. *mysteriet*, plur. *mysterier, mysterierne*
[*my'sde'rjåm*]

1. noget som ikke umiddelbart kan forklares fornuftigt, fx noget overnaturligt = GÅDE □ *hvordan det lykkedes ham at flygte er stadig et mysterium* · *matematikkens mysterier* · *det mysterium kunne han ikke opklare* · *Østens mysterium*
2. en hemmelig gudstjeneste i det gamle Grækenland hvortil kun indviede havde adgang □ *de eleusinske mysterier*

3. mysterierne et katolsk kirkeskuespil fra middelalderen med emne fra Bibelen el. helgeners liv = MYSTERIESPIL

mysteriøs

ADJ. *-t, -e*
/mysteri'øs/

(spøg.): = GÅDEFULD □ *den mysteriøse dame med solbrillerne har vist ikke rent mel i posen*

mysticisme

SUBST. *-n*
/mysti'cisme/

en tro på at det er muligt for mennesket at opnå at blive ét med en guddom og opnå den endelige sandhed gennem selvfordybelse el. bøn = MYSTIK • (neds.): en forkærlighed for det dunkle og hemmelighedsfulde

mystificere

VERB. *-r, -de, -t*
[mysdifi'se'ɔ]

mystificere ng gøre noget uforklarligt og gådefuldt for nogen □ *vi var mystificerede efter den underlige forklaring • han så lidt mystificeret ud, men lukkede dem ind*

mystifistisk

ADJ. *- , -e*
/mysti'fistisk/

(spøg.): = GÅDEFULD □ *den roman er en tand for mystifistisk for mig*

mystik

SUBST. *mystikken*
/my'stik/

1. gådefulde omstændigheder som det er svært at give en fornuftig forklaring på □ *der hviler en dyb mystik over hendes forsvinden • sagen er omgivet af en vis mystik* • = MYSTICISME
2. en religiøs el. anden åndelig stræben efter en inderlig gåen op i det guddommelige gennem fx askese og meditation □ *middelalderlig mystik* □ *mystiker*

mystiker

SUBST. *-en,* plur. *-e, -ne*

en person der er hemmelighedsfuld og præget af mystik • en tilhænger af *mysticisme*

mystisk

ADJ. *- , -e*

1. = GÅDEFULD □ *børnene så en mystisk mand luske rundt • den gryderet ser noget mystisk ud • den mystiske ø • et mystisk væsen*
2. som har med religiøs mystik etc. at gøre □ *religiøs ekstase og mystiske oplevelser*

myte

SUBST. *-n,* plur. *-r, -rne*
['my·də el. *'mydə]*

1. et sagn el. en fortælling om gudernes liv og færden □ *de græske myter* • et digterværk der i glimt forsøger at belyse et forhold i naturens el. menneskehedens historie
2. en udbredt, men falsk historie el. forestilling = OPSPIND □ *det er en myte at han drak hele arven op* □ *mytedannelse* • en berømt person om hvem der er opstået utrolige historier □ *skuespilleren var blevet til en myte*

mytedannelse

SUBST. *-n,* plur. *-r, -rne*

det at der laves myter om nogen el. noget

mytisk

ADJ. *- , -e*
['mytisk]

som kun eksisterer i en myte, el. som har karakter af at være en myte □ *kong Skjold er ingen historisk, men en mytisk person*

mytologi

SUBST. *-en,* plur. *-er, -erne*
/mytolo'gi/

en samling af gamle myter og sagn som beskriver et folks el. en kulturs guder og deres liv og levned □ *den nordiske mytologi • den græske mytologi* □ *mytologisk* • læren om et folks el. en kulturs guder

mytoman

SUBST. *-en,* plur. *-er, -erne*
[myto'ma'n]

en person med en sygelig trang til at fortælle opdigtede historier □ *en mytoman er en slags løgner • som mytoman kan hun ikke lade være med at fortælle løgnehistorier* □ *mytomani*

mytteri

SUBST. *-et,* plur. *-er, -erne*
/mytte'ri/

et oprør, især inden for hæren, i et fængsel el. på et skib, hvor en gruppe personer nægter at adlyde de overordnede og tager magten fra dem med vold □ *soldaterne gjorde mytteri mod kaptajnen • der opstod mytteri* □ *mytterist*

mytterist

SUBST. *-en,* plur. *-er, -erne*
/mytte'rist/

en person som deltager i et mytteri = OPRØRER □ *mytteristerne overtog skibets ledelse og satte kursen mod en sydhavsø*

mæanderbort

SUBST. *-en,* plur. *-er, -erne*
/mæ'anderbort/

= A LA GRECQUE-BORT

mæcen

SUBST. *-en,* plur. *-er, -erne*
[mæ'se'n]

en person der støtter kunst og videnskab økonomisk = VELYNDER ≠ PROTEGÉ □ *NN var teatrets gavmilde mæcen*

mægle

VERB. *-r, -de, -t*

mægle i ngt søge at skabe et forlig i en strid □ *mægle i lønforhandlinger* □ *mægling* • **mægle mellem ng** søge at skabe et forlig mellem to el. flere stridende parter □ *han mæglede mellem de stridende parter* □ *mægler*

mægler

SUBST. *-en,* plur. *-e, -ne*

1. en person der er mellemmand mellem to stridende parter, og som hjælper dem med at nå til enighed □ *fredsmægler*
2. en person der er mellemmand mellem køber og sælger, fx ved handel med ejendomme □ *ejendomsmægler • forsikringsmægler • varemægler*

mægling

SUBST. *-en,* plur. *-er, -erne*

en udenforståendes mellemkomst i en strid med det formål at bringe et forlig i stand □ *fredsforhandleren forsøgte en mægling • foretage en mægling • mægling mellem de stridende parter • opnå enighed ved mægling • før skilsmissen blev en mægling forsøgt* □ *mæglingsbestræbelser • mælingsforsøg • mæglingsforslag • mæglingsmand • mæglingsmøde*

mægte

VERB. *-r, -de, -t*

mægte ngt (glds., poet.): = EVNE □ *gik alle konger frem på rad i deres magt og vælde, de mægted' ej det mindste blad at sætte på en nælde*

mægtig

ADJ. *-t, -e; -ere, -st*

1. = VÆLDIG □ *en mægtig fart • vi holdt et mægtigt gilde • det gav en mægtig uro* • ⟨ADV.⟩ forstærkende udtryk = VÆLDIG, OVERORDENTLIG, UTROLIG, VANVITTIG □ *være mægtig godt rustet • have mægtig travlt* • **den er mægtig** det er storartet!
2. = INDFLYDELSESRIG □ *herremanden var en mægtig mand • der ligger mægtige interesser bagved* □ *almægtig • egenmægtig • overmægtig • stormægtig* • som er i stand til at udføre en opgave □ *være opgaven mægtig*

mæh

LYDORD

gengivelse af det en ged, et får og et lam siger □ *mæh, siger det lille lam* □ *mæhlam*

mæle[1]

SUBST. *-t*

evnen til at tale □ *hvilke historier fik man ikke at høre hvis dyr havde mæle • tabe mål og mæle af forbavselse* □ *genmæle* • = STEMME □ *forkølelsen havde gjort ham rusten i mælet*

mæle[2]

VERB. *-r, -de* (el. *mælte*), *-t* (el. *mælt*)

mæle ngt = SIGE □ *hun mælede ikke et ord • han mælte aldrig et ord • det mæler historien ikke noget om*

mælk

SUBST. *-en*

1. hvid, næringsrig væske fra fx en ko; drikkes af mennesker el. anvendes til fremstilling af andre mælkeprodukter □ *homogeniseret mælk • pasteuriseret mælk • økologisk mælk • sur mælk* □ *mælkeagtig • mælkemand • mælkepulver • mælkesukker • mælkesyre • mælkeydelse* □ *gedemælk • komælk • kærnemælk • letmælk • råmælk • skummetmælk • sødmælk • tykmælk • tørmælk* • en tilsvarende væske som dannes i hunpattedyrs mælkekirtler som føde for deres unger □ *koen giver mælk* □ *brystmælk • modermælk*
2. mælkelignende saft i visse plantestængler □ *bittermælk • svinemælk • vortemælk*

mælke[1]

SUBST. *-n*

hanfiskens sæd • hanfiskens kønsorganer

mælke[2]

VERB. *-r, -de, -t*

give mælk □ *planten mælker når man brækker stængelen*

mælkebøtte

SUBST. *-n,* plur. *-r, -rne*

en plante med en hul stængel der indeholder hvid mælkesaft, og som har en gul blomst der efter blomstring danner en fjeragtig bold som spredes med vinden; latinsk navn *Taraxacum officinale* = LØVETAND, FANDENS MÆLKEBØTTE □ *mælkebøtteblad · mælkebøttefnug · mælkebøttesaft*

mælkehvid

ADJ. *-t, -e*

hvid som mælk □ *hendes hud var mælkehvid*

mælkemad

SUBST. *-en*

grød og vælling

mælkemand

SUBST. *-en,* plur. *~mænd, ~mændene*

en person fra et mejeri som henter mælken hos mælkeproducenten • (foræld.): en person der bringer mælk ud til husstande

mælkesukker

SUBST. *-et*

sukker som i små mængder findes i modermælken hos kvinder og pattedyr

mælkesyre

SUBST. *-n*

en organisk syre der findes i sur mælk, og som dannes ved bakteriel gæring af sukkerarter □ *mælkesyre er godt for tarmfunktionen* □ *mælkesyrebakterie* • en organisk syre som dannes i blod og cellevæv i takt med at kroppen forbruger *kulhydrater* ved hårdt fysisk arbejde el. træning □ *hun kunne mærke mælkesyren svide i armmusklerne under træningen*

mælket

ADJ. - , *mælkede*

som ligner mælk = MÆLKEAGTIG

mælketand

SUBST. *-en,* plur. *~tænder, ~tænderne*

et barns første tænder som i syvårsalderen udskiftes med et blivende tandsæt □ *mælketandsæt*

mælkevej

SUBST. *-en,* plur. *-e, -ene*

= GALAKSE □ *mælkevejssystem* • **Mælkevejen** den spiralformede galakse som vort solsystem tilhører; ses som et uregelmæssigt, svagt lysende bælte af himmellegemer der strækker sig hele himlen rundt

mænd

SUBST.

bøjningsform af *mand*

mængde

SUBST. *-n,* plur. *-r, -rne*

et stort antal af nogen el. noget = OPBUD, SAMLING □ *en mængde fisk var døde af iltmangel · en mængde mennesker · en mængde vanskeligheder mødte dem* • menneskeskare □ *hæve sig over mængden* • = KVANTUM □ *store mængder af olie strømmede ud* • (matematik): en samling elementer, fx tal el. punkter, som tilsammen udgør en helhed □ *en endelig mængde indeholder et endeligt antal elementer* □ *delmængde · foreningsmængde · fællesmængde*

mængdelære

SUBST. *-n*

den gren af matematikken der beskæftiger sig med mængder

mængderabat

SUBST. *~rabatten,* plur. *~rabatter, ~rabatterne*

et afslag i en pris ved indkøb af store mængder af samme vare = KVANTUMRABAT

mængdetal

SUBST. *~tallet,* plur. *~tal, ~tallene*

et tal som angiver størrelsen el. antallet af enheder i en mængde, *et, to, tre* osv. = KARDINALTAL, GRUNDTAL ≠ ORDENSTAL, ORDINALTAL

mænge

VERB. *-r, -de, -t*

mænge sig med ng (neds.): søge kontakt med el. omgås med nogen □ *hun mænger sig med fine folk · han ønsker ikke at mænge sig med hoben*

mær

SUBST. *-en,* plur. *-e, -ene*

(neds.): = TØJTE, TÆVE □ *din mær! · en forkælet lille mær*

mærkat

SUBST. *-en* el. *-et,* plur. *-er, -erne* [*mär'ka't*]

et stykke papir el. plast som klæbes på el. vedhæftes en ting og angiver hvad det er, hvor den skal hen, hvem der ejer den el.lign. = ETIKET □ *klæbe mærkater på flyttekasserne · kufferterne var forsynet med flyselskabets mærkater*

mærkbar

ADJ. *-t, -e*

som kan mærkes, el. som lægges mærke til = KENDELIG

mærke[1]

SUBST. *-t,* plur. *-r, -rne*

et lille sted som adskiller sig fra omgivelserne, og som skyldes ydre påvirkning, fx tryk, slag el. afsmitning = SPOR, AFTRYK □ *offeret havde mærker efter slag i ansigtet · der var mærker efter bordbenene i gulvtæppet* • tegn el. seddel som er anbragt på en genstand, så den kan skelnes fra andre □ *prismærke* • type af vare som fremstilles af en bestemt virksomhed □ *han køber altid et bestemt mærke cigaretter* □ *mærkevare* • **blåt mærke** et mærke hvor huden er farvet blålig pga. slag • **lægge mærke til ngt** bemærke noget □ *hun lagde mærke til at døren ikke var lukket som den plejede* • **bide mærke i ngt** i særlig grad se el. høre noget og huske det • **være** el. **komme på mærkerne** være opmærksom el. komme i gang □ *arbejdet kalder, skal vi se at komme på mærkerne?*

mærke[2]

VERB. *-r, -de, -t*

1. mærke ngt forsyne noget med et mærke for at man kan finde det blandt andet af samme slags □ *mærke kvæg · mærke de træer [illegible]kal fældes · mærkede varer · lærer[illegible] sub-stantiverne med en s[illegible]*
2. mærke ng stad[illegible] velser og erf[illegible] ser □ *sygd[illegible] er en mæ[illegible]*
3. mærke n[illegible] NEMME, FØLE, [illegible]et *noget til · jeg lod [illegible]øn-sket · han kunne mærke sin gamle knæskade · man mærker hensigten og bliver forstemt*
4. i forsk. forb.: • **mærke sig ngt** være opmærksom på og huske noget □ *mærk dig mine ord! · det skal jeg mærke mig!* • **ikke lade sig mærke med ngt** opføre sig som om intet var hændt □ *jeg lod mig ikke mærke med at jeg havde set det* • **vel at mærke** se under *vel*

mærkedag

SUBST. *-en,* plur. *-e, -ene*

en særlig lykkelig dag som vil blive husket □ *den dag de blev forlovet var en mærkedag for dem*

mærkelig

ADJ. *-t, -e; -ere, -st*

som afviger fra det normale på en måde som man ikke helt forstår = UNDERLIG, MÆRKVÆRDIG, SÆR, FORUNDERLIG, APARTE □ *er han ikke lidt mærkelig? · det var da mærkeligt · mærkelig nok · næsehornsfuglen er en mærkelig fugl* □ *mærkeligvis*

mærkesag

SUBST. *-en,* plur. *-er, -erne*

en sag som man tillægger meget stor betydning □ *partiets mærkesag er at få nedbragt arbejdsløsheden*

mærkeseddel

SUBST. *-en* (el. *~sedlen*), plur. *~sedler, ~sedlerne*

en lille navneseddel som fastgøres til noget for at identificere det □ *rejsegodset skal forsynes med mærkeseddel*

mærkevare

SUBST. *-n,* plur. *-r, -rne*

en vare der har særlige karakteristika, og som sælges under et bestemt navn i samme pakning og kvalitet □ *mærkevareagentur · mærkevarereklame*

mærkværdig

ADJ. *-t, -e; -ere, -st*
/mærk'værdig/

= MÆRKELIG □ *er han ikke lidt mærkværdig* · *en mærkværdig opførsel* □ *mærkværdighed* · *mærkværdigvis*

mærkværdighed

SUBST. *-en,* plur. *-er, -erne*
/mærk'værdighed/

fænomen el. egenskab som er anderledes og bemærkelsesværdig = EJENDOMMELIGHED, PUDSIGHED □ *en af hans mange mærkværdigheder var at gå med høj hat*

mærs

SUBST. *-et,* plur. *mærs, -ene*

en platform øverst på undermasten på et sejlskib □ *mærssejl* · *mærserå*

mærsestang

SUBST. *-en,* plur. *~stænger, ~stængerne*

den midterste del af en tredelt mast på et sejlskib

mæsk

SUBST. *-en*

et mellemp[illegible] ølbrygning som består af malt og [illegible]

mæs[illegible]

VERB.[illegible]

1. m[illegible] god mad □ *der sidder d[illegible]g!*
2. mæ[illegible] [illegible]lt og vand og opvarme det som[illegible]ngen af øl □ *umiddelbart før bryg[illegible]ses malten hvorefter den mæskes* □ *mæskning* · *mæskekar* · *mæskeproces*

mæslinger

SUBST.PLUR. *-ne*

en smitsom børnesygdom som gi[illegible] slæt, høj feber og betændelse i luftve[illegible] livslang immunitet □ *mæslingeepid[illegible]*

mæt

ADJ. *- , mætte*

som har fået nok at spise □ *de var godt mætte efter den store middag* · *jeg kan ikke spise mere, jeg er mæt* · *spise sig mæt i kager* · *børnene spiste sig mætte i is* · *blive mæt* □ *overmæt* · *propmæt* • **mæt af ngt** som har fået el. oplevet nok af noget og derfor ikke har mere at ønske sig □ *de var mætte af oplevelser og indtryk* · *være gammel og mæt af dage* · *hun kunne aldrig se sig mæt på hans smukke øjne*

mætte

[illegible] *de mange munde at* [illegible]*odt* · *denne ret mæt-* [illegible]ylde et behov for noget [illegible]*æsernes trang til sladder* · [illegible]*spørgsel*
[illegible] stof optage så meget det kan af et andet stof □ *mætning* • være fuld af noget □ *stedet er mættet med stemning*

mø

SUBST. *-en,* plur. *-er, -erne*

(glds., poet.): en ung, ugift kvinde = JOMFRU □ *mødom* □ *fæstemø* · *pebermø* · *skjoldmø* · *ungmø*

møbel

SUBST. *-et* (el. *møblet*), plur. *møbler, møblerne*

en større flytbar genstand som bruges ved indretning af rum; det kan fx være en stol, et bord, et skab el. en seng □ *et antikt møbel* · *købe nye møbler til stuen* □ *møbelarkitekt* · *møbelbetræk* · *møbelforretning* · *møbelpolstrer* · *møbelsnedker* □ *almuemøbel* · *bambusmøbel* · *havemøbel* · *skuffemøbel*

møbelarkitekt

SUBST. *-en,* plur. *-er, -erne*

en person, ofte arkitektuddannet, der tegner møbler til produktion = MØBELFORMGIVER

møbelpolstrer

SUBST. *-en,* plur. *-e, -ne*

en person der polstrer og betrækker møbler = TAPETSERER

møbelsnedker

SUBST. *-en,* plur. *-e, -ne*

en person der fremstiller møbler og finere inventar i træ □ *industriel møbelsnedker*

møblement

SUBST. *-et,* plur. *-er, -erne*
[møblə'maŋ]

en gruppe af sammenhørende møbler □ *et møblement bestående af sofa, bord og to stole* □ *spisestuemøblement*

møblere

[illegible]*, -de, -t*
[illegible]*e/*

[illegible]**gt** indrette et lokale med møbler □ [illegible]*t værelse* · *udleje en lejlighed møble*[illegible]*lering*

[illegible]ng

[illegible]. *-en,* plur. *-er, -erne*

[illegible]t sted på en gård hvor affald fra dyrene anbringes □ *smide affaldet på møddingen*

møde[1]

SUBST. *-t,* plur. *-r, -rne*

1. det at to el. flere personer er sammen for at diskutere en bestemt sag; det kan fx være et møde på et kontor el. et større politisk møde □ *holde et møde* · *sidde i møde* · *han skal til møde* · *han har aftalt møde med hende* · *mødet er hævet* · *mødet er udsat* · *indkalde til møde* · *under mødet ringede telefonen* · *han var til stede ved mødet* · *de vedtog det på mødet* □ *mødedato* · *mødekalender* · *mødereferat* □ *delegeretmøde* · *formøde* · *forældremøde* · *hastemøde* · *ministermøde* · *plenummøde* · *stormøde* · *stævnemøde* · *telefonmøde* · *topmøde* · *vælgermøde*
2. det at man møder nogen □ *vores første møde var i toget til København* · *en udlændings møde med Danmark* · *mødet mellem turister og lokale kan være problematisk* • **i møde** udtryk for at man bevæger sig hen mod nogen som er på vej mod én □ *hun gik ham i møde* · *vi kørte dem i møde* • **slå ng i møde** komme lige ind i ansigtet på én □ *ilden slog ham i møde* · *en voldsom stank slår ham i møde* · *det grusomme syn slog ham i møde*
3. komme ng i møde delvis rette sig efter en andens krav = IMØDEKOMME □ *formanden kom medlemmerne i møde ved at slække på kravet* · *hun kom ham i møde ved at sige undskyld* • **se ngt i møde** = FORVENTE □ *de ser en strålende fremtid i møde*

møde[2]

VERB. *-r, mødte, mødt*

1. møde ng se nogen og hilse på dem og tale med dem = TRÆFFE, STØDE PÅ □ *jeg mødte en gammel ven på gaden* · *vi mødte mange mennesker på vores vej* · *lad os mødes hjemme hos mig om en time* · *vi mødes igen i morgen* · *vi mødte mange biler* • **møde ngt** blive modtaget med noget el. blive udsat for noget, fx venlighed, begejstring el. modstand □ *de mødte megen forståelse* · *forslaget mødte modstand* · *han blev mødt med jubel* · *der mødte ham en overraskelse da han kom hjem*
2. møde {i skolen} {kl.8} komme til et bestemt sted på et bestemt tidspunkt, fx på en arbejdsplads = INDFINDE SIG □ *eleverne skal møde kl. 9 om onsdagen* · *hvornår skal du møde om morgenen?* · *møde for sent* · *møde til tiden* · *møde i retten* □ *mødested* · *mødetid*
3. møde ng på halvvejen lave en aftale med nogen som delvis tilfredsstiller begge parter

mødeleder

SUBST. *-en,* plur. *-e, -ne*

= ORDSTYRER □ *mødelederen afbrød taleren og gav ordet til næste taler*

mødig

ADJ. *-t, -e*

(glds.): træt og mørbanket af hårdt fysisk arbejde □ *hvile sin mødige krop*

mødom

SUBST. *mødommen,* plur. *mødomme, mødommene*

det at en kvindes jomfruhinde stadig er intakt = JOMFRUDOM □ *hun mistede sin mødom som sekstenårig* □ *mødomshinde* • = JOMFRUHINDE

mødomshinde

SUBST. *-n,* plur. *-r, -rne*

= JOMFRUHINDE

mødre

SUBST.

bøjningsform af *moder*

mødrene

ADJ.

som har at gøre med moren og dennes slægt ≠ FÆDRENE □ *på mødrene side stammer hun fra Island* □ *mødrenearv*

møg

SUBST. *-et*

afføring fra husdyr □ *de kørte møg på møddingen* · *køre møg ud* □ *møgbunke* · *møggreb* · *møgrende* · *møgspreder* □ *hønsemøg* · *komøg* • noget dårligt og ubrugeligt = BRAS, SKIDT, GØGE-

MØG □ *den bog er noget møg* · *jeg kan ikke lide de møbler vi arvede, lad os sælge hele møget* □ *møgavis* · *møgfilm* · *møgskole* · *møgsvin* · *møgvejr* • ⟨i sammensætn.⟩ forstærkende udtryk □ *møgbeskidt* · *møgfuld* · *møgkedelig*

møgbeskidt

ADJ. - , *-e*

meget snavset □ *de møgbeskidte støvler skal blive stående udenfor*

møgfald

SUBST. *-et*, plur. *~fald, -ene*

en omgang skældud □ *han fik et ordentligt møgfald af sin kone fordi han kom for sent*

møgso

SUBST. *-en*, plur. *møgsøer, møgsøerne*

en snavset og sjusket kvinde = SO □ *hun har hugget min kæreste, den lede møgso!*

møh

LYDORD

= MUH □ *koen siger møh*

møje

SUBST. *-n*

(glds.): hårdt arbejde = SLID □ *med møje og besvær*

møjsommelig

ADJ. *-t, -e*
/møj'sommelig/

som er besværlig og tidkrævende □ *på et øjeblik var alt det ødelagt som han møjsommeligt havde opbygget*

møl

SUBST. *møllet*, plur. *møl, møllene*

en lille spidsvinget sommerfugl som lægger sine æg i fx tøj, fjer, pelsværk, mel el. bistader; flere arter, bl.a. *klædemøl, pelsmøl, melmøl* og *voksmøl;* latinsk navn *Tineidae* □ *mølkugle* · *møllarve* · *mølpose* · *mølædt*

mølkugle

SUBST. *-n*, plur. *-r, -rne*

en af flere små, stærktlugtende kugler som lægges sammen med tøj o.l. og forhindrer at møl går i det

mølle

SUBST. *-n*, plur. *-r, -rne*

1. en mindre maskine el. et større anlæg som drives af vind, vand eller elektricitet; anvendes til energiproduktion el. til at male fx korn el. bønner med □ *kornet males i møllen* □ *møller* · *møllebygger* · *mølleejer* · *møllehjul* · *møllelav* · *møllesten* · *møllevinge* □ *kaffemølle* · *stubmølle* · *trædemølle* · *valsemølle* · *vandmølle* · *vindmølle* • et stykke legetøj der består af en pind med et hjul der kan snurre rundt i vinden • **vand på ens mølle** noget der passer en godt □ *det han sagde var lige vand på min mølle*
2. et brætspil for to personer hvor det gælder om at få tre brikker på linie og derved vinde modstanderens brikker □ *mølle og dam er to ældgamle brætspil* □ *svikmølle*
3. (i dans): en formation som bl.a. forekommer i tredje og femte tur i *lancier*

møller

SUBST. *-en*, plur. *-e, -ne*

en person der er ansat på en mølle og fremstiller forskellige melprodukter samt morgenmadsprodukter □ *møllersvend* • (foræld.): en person der driver en vand- el. vindmølle

mølpose

SUBST. *-n*, plur. *-r, -rne*

lægge ngt i mølposen udskyde noget □ *planen blev lagt i mølposen*

mølædt

ADJ. - , *-e*

som er angrebet af møl □ *en gammel, mølædt hat* • (dagl.): som ser affældig ud □ *han ser noget mølædt ud*

mønbo

SUBST. *-en*, plur. *-er, -erne*

en person fra Møn □ *Møn*

mønje

SUBST. *-n*, plur. *-r, -rne*

en rødlig, pulverformet blyforbindelse der bruges som farvestof i rustbeskyttende maling til metaller • = MØNJERØD

mønjerød

ADJ. *-t, -e*

med en farve som mønje = MØNJE, VALMUERØD

mønning

SUBST. *-en*, plur. *-er, -erne*

(glds.): den øverste kant mellem to skrå tagflader, især på et stråtækt hus = RYGNING, TAGRYG

mønsk

ADJ. - , *-e*
['mø'nsk]

som har at gøre med Møn

mønster

SUBST. *-et* (el. *mønstret*), plur. *mønstre, mønstrene*

1. en tegning som man kan arbejde el. fremstille noget efter □ *mønster til en sommerkjole* · *brodere efter mønster* □ *mønsterbog* □ *snitmønster* • = FORBILLEDE □ *hun var et mønster for sine små søskende* □ *mønstergyldig* · *mønsterlandbrug* · *mønsterværdig* □ *dydsmønster*
2. figur m.m. som er regelmæssigt gentaget, fx som udsmykning på stof el. tapet □ *fliserne danner et mønster* □ *mønsterstrikning* · *mønstervævet* □ *harlekinmønster* · *hulmønster* • den måde noget sker el. udvikler sig på, og som tilsyneladende følger en bestemt plan □ *der var et bestemt mønster i de tre bankrøverier* · *sygdommen følger et bestemt mønster* · *de er blevet presset ind i et kedeligt mønster* □ *adfærdsmønster* · *kønsrollemønster*

mønstergyldig

ADJ. *-t, -e*

som er uden mangler el. negative egenskaber og derfor kan tjene som forbillede = FORBILLEDLIG, IDEAL, EKSEMPLARISK □ *en mønstergyldig oversættelse* · *han har en mønstergyldig præcision i alt sit arbejde* □ *mønstergyldighed*

mønstre

VERB. *-r, -de, -t*

1. mønstre ng(t) (militær): inspicere tropper el. se efter at udstyr og beredskab er i orden = INSPICERE □ *officeren mønstrede soldaterne* · *mønstre soldatens påklædning* · *hun blev mønstret fra top til tå* · *et mønstrende blik* □ *mønstring* • **mønstre ng** kigge på nogen på en undersøgende og kritisk måde = BETRAGTE □ *hun mønstrede alle de forbipasserende*
2. mønstre ng(t) tilvejebringe el. samle nogen el. noget □ *hvor mange spillere kan I mønstre?* · *eliteholdet mønstrede blandt andet to springgymnaster*
3. gå om bord og få hyre på et skib □ *maskinmesteren mønstrede skibet i Antwerpen* · *besætningen mønstrede af i Esbjerg efter to måneders sejlads* □ *mønstring* □ *afmønstre* · *påmønstre*

mønstret

ADJ. - , *mønstrede*

som er dækket af et mønster □ *et mønstret bogbind* · *stærkt mønstrede gardiner*

mønstring

SUBST. *-en*, plur. *-er, -erne*

1. (militær): inspektion af tropper og udstyr □ *holde mønstring over mandskabet*
2. det at gå om bord og få hyre på et skib □ *afmønstring* · *påmønstring*

mønt

SUBST. *-en*, plur. *-er, -erne*

1. et betalingsmiddel i form af et lille, rundt stykke metal hvorpå der er angivet en værdi □ *præge en mønt* · *mønter og sedler* · *betale i dansk mønt* □ *møntautomat* · *møntenhed* · *møntfod* · *møntsamling* · *mønttelefon* · *møntvaskeri* □ *guldmønt* · *skillemønt* · *småmønt* · *sølvmønt* • **betale i klingende mønt** betale kontant • **gangbar mønt** en mønt som er gyldig som betalingsmiddel □ *fem- og tiører er ikke længere gangbare mønter* • **slå mønt** fremstille mønter
2. give igen med samme mønt svare igen • **slå mønt af ngt** tjene på noget □ *han slog mønt af sin opfindelse*

mønte

VERB. *-r, -de, -t*

mønte ngt på ng gøre nogen til mål for en udtalelse = RETTE □ *kritikken var møntet på ledelsen, ikke på medarbejderne*

møntenhed

SUBST. *-en*, plur. *-er, -erne*

en hovedenhed inden for et lands pengevæsen, fx tyske mark, danske kroner el. franske franc = MØNTSORT □ *D-marken er blevet opskrevet i forhold til de andre europæiske møntenheder*

møntfod

SUBST. *-en*

det lovbestemte, værdimæssige grundlag som et lands møntenhed er knyttet til, fx guld el. sølv □ *guldmøntfod* · *papirmøntfod* · *sølvmøntfod*

møntsort

SUBST. *-en*, plur. *-er, -erne*

en enhed inden for et lands pengevæsen = MØNTENHED □ *i Europa bruger vi et utal af forskelli-*

ge møntsorter, fx drakmer, escudos, lire, kroner • *ecuen er oprindelig en gammel fransk møntsort*

møntelefon

SUBST. *-en,* plur. *-er, -erne*

en telefon med en anordning som man skal lægge mønter i hvis man skal telefonere; især på offentlige steder ≠ KORTTELEFON □ *ringe fra en møntelefon*

møntunion

SUBST. *-en,* plur. *-er, -erne*

en union mellem stater med fælles mønt og seddelcirkulation under kontrol af en centralbank

møntvaskeri

SUBST. *-et,* plur. *-er, -erne*

et vaskeri med selvbetjening hvor vaskemaskiner, tørretumblere m.m. virker når der lægges mønter i dem □ *gå på møntvaskeri og vaske sit tøj*

mør

ADJ. *-t, -e; -ere, -est*

1. (om madvarer): tilberedt sådan at det er blødt og nemt at tygge □ *kødet er så mørt at man kan skære i det med en banan* • *grøntsagerne er kogt møre nu*
2. (om en person): udmattet og øm i musklerne □ *jeg var helt mør efter den hårde træning* □ *mørbank* • tilbøjelig til at give efter for pres □ *forhandlingerne gjorde ham mør* • (slang): = SKØR □ *er du mør?*

mørbanket

ADJ. - , *mørbankede*

fuldstændig fysisk udkørt = RADBRÆKKET, UDKØRT

mørbrad

SUBST. *-en,* plur. *-er* (el. *mørbrad*), *-erne* (el. *mørbradene*)

et smalt stykke benfrit og mørt kød fra ryggen af slagtet svin el. okse; tilberedes helstegt el. som bøffer □ *helstegt mørbrad* • *farseret mørbrad* □ *mørbradbøf* • *mørbradstykke* □ *oksemørbrad* • *svinemørbrad*

mørdej

SUBST. *-en,* plur. *-e, -ene*

en kagedej der er lavet af mel, fedtstof, sukker og æggeblomme, og som fx bruges til tærter □ *mørdejsbund* • *mørdejskage*

mørk

ADJ. *-t, -e; -ere, -est*

1. med svag el. slet ingen belysning ≠ LYS □ *et mørkt rum* • *her er for mørkt til at læse* • *det bliver tidligt mørkt om aftenen nu* □ *mørklægge* □ *halvmørk* • blive mørkt □ *det bliver mørkt kl. seks* □ *mørketid*
2. med farver som nærmer sig sort og som synes at tilbagekaste meget lidt lys ≠ LYS □ *han havde et mørkt sæt tøj på* • *hun var meget mørk i huden* • *han har mørkt hår* □ *mørkhåret* • *mørklilla* • *mørklødet* • *mørkrandet* • *mørkøjet* • *mørk(e)blond* • *mørkebrun* • *mørkegrøn*
3. som ligger i et dybt toneleje ≠ LYS □ *han havde en meget mørk stemme* • *på klaveret ligger de mørke toner i venstre side*
4. som ikke er præget af el. giver anledning til glæde og håb = DYSTER, TRIST, SORT ≠ LYS □ *en mørk mine* • *mørke fremtidsudsigter* • *det ser mørkt ud*
5. ukendt el. skjult □ *mørke pletter i landskabet* • *det mørke Jylland* • *et mørkt punkt i hans fortid*

mørkblond

ADJ.

se *mørkeblond*

mørke

SUBST. *-t*

1. fravær af lys = MULM ≠ LYS □ *mørket faldt på* • *katte kan se i mørke* • *hun ledte efter kontakten i mørket* • *sidde i mørket* • *ved mørkets frembrud* • *i nattens mulm og mørke* □ *mørkekammer* • *mørkeræd* □ *bælgmørke* • *halvmørke* • *tusmørke* • **støde ng ud i mørket** fuldstændig udelukke nogen fra at deltage i noget
2. mangel på kultur og oplysning; ofte med vægt på overtro og ondskab □ *middelalderens mørke* • *Djævelen kaldes også mørkets fyrste* • *dåren vandrer i mørket* • *mørkets gerninger* • *mørkets magter* □ *mørkemand*

mørkeblond el. **mørkblond**

ADJ. - (el. *-t*), *-e*

(om hår): som har en farve der er noget mørkere og mere brunlig end blond □ *han er mørkeblond* • *mørkeblondt hår*

mørkeblå

ADJ. *-t, ~blå*

blå som synes mørk i forhold til andre blå farver = DYBBLÅ, MARINEBLÅ

mørkekammer

SUBST. *-et* (el. *~kamret*), plur. *~kamre, ~kamrene*

et rum som kan mørklægges, og som bruges til fremkaldelse og kopiering af film

mørkelægge

VERB.

se *mørklægge*

mørkemand

SUBST. *-en,* plur. *~mænd, ~mændene*

en person der har en reaktionær og pessimistisk livsholdning = PESSIMIST

mørkeræd

ADJ. - , *~rædde*

som er bange i mørke □ *drengen var mørkeræd og skulle altid have et lys tændt på sit værelse*

mørkhudet

ADJ. - , *~hudede*

som har mørk hud, fx pga. sydeuropæisk, mellemøstlig el. afrikansk oprindelse = MØRKLØDET □ *han var mørkhudet efter sin far*

mørkhåret

ADJ. - , *mørkhårede*

som har mørkt hår

mørkladen

ADJ. *-t, mørkladne*

(glds.): som har mørkt hår, og/el. som har mørk hud = MØRKLØDET

mørklilla

ADJ.

mørk i forhold til andre lilla nuancer

mørklægge el. **mørkelægge**

VERB. *-r, ~lagde, ~lagt*

mørklægge ngt tildække noget der lyser el. er oplyst; især om vinduer for at undgå luftangreb □ *da der var fare for luftangreb mørklagde man byen* • *et mørklagt hus* • *mørklagte vinduer* □ *mørklægning* • **mørklægge ngt** fjerne alt lys fra noget □ *pga. en strømafbrydelse var byen mørklagt i flere timer* • **mørklægge ngt** undgå at offentligheden får kendskab til noget □ *politiet har mørklagt sagen*

mørklødet

ADJ. - , *~lødede*

som har mørk hud og/el. mørkt hår, fx pga. sydeuropæisk, mellemøstlig el. afrikansk oprindelse = MØRKHUDET, MØRKLADEN, SORTSMUDSKET □ *barnet er meget mørklødet*

mørkne

VERB. *-r, -de, -t*

(glds.): blive mørkt el. mørkere = SKUMRE, AFTNE □ *det mørkner allerede ved firetiden* • *det er begyndt at mørkne udenfor* • *billedet er mørknet med årene* □ *mørkning*

mørkning

SUBST. *-en*

(poet.): = SKUMRING □ *de sad og snakkede i mørkningen* • **holde mørkning** sidde indenfor uden at tænde lys mens det langsomt bliver mørkt

mørne

VERB. *-r, -de, -t*

mørne ngt gøre noget mørt □ *fugtigheden mørner træværket* • *tøj mørnes med tiden* • *træet i stakittet er helt mørnet* • *oksekødet hænger og mørner* □ *mørning*

mørtel

SUBST. *-en* (el. *mørtlen*), plur. *mørtler, mørtlerne*

en blanding af læsket kalk el. cement og sand rørt op med vand; bruges bl.a. som bindemiddel mellem sten i murede vægge

møtrik

SUBST. *møtrikken,* plur. *møtrikker, møtrikkerne*

et metalstykke med et hul igennem med gevind som kan passe til en skrue □ *løsne en møtrik* • *skrue en møtrik fast*

møve

VERB. *-r, -de, -t*

møve sig {frem} tvinge sig vej frem el. ind et sted ved at presse andre til side = MASE □ *de møvede sig frem* • *hun møvede sig ind på plads* • **møve ng ned** vælte el. slå nogen omkuld

må[1]

SUBST.

på må og få udtryk for at man gør noget på en tilfældig måde =PLANLØST, PÅ LYKKE OG FROMME □ *han drev om på må og få*

må[2]

VERB.

bøjningsform af *måtte*

måbe

VERB. *-r, -de, -t*

stirre med åben mund uden at sige noget, fordi man er overrasket el. forundret over noget □ *han måbede da han hørte nyheden*

måde

SUBST. *-n,* plur. *-r, -rne*

1. noget som man gør, fx for at få noget til at virke = FACON, MANÉR □ *kan vi ikke gøre det på en anden måde? • opgaven kan løses på mange måder • en ny måde at se tingene på • det er nu hans måde at være på • det kan jo forstås på mange måder • du skal ikke tale til mig på den måde!* □ *arbejdsmåde • fremgangsmåde • handlemåde • malemåde • synsmåde • tænkemåde • udtryksmåde • væremåde* • **på nogen måde** udtryk for at man tager alle muligheder i betragtning □ *kom og besøg os hvis du på nogen måde kan inden august • jeg kan ikke se at det på nogen måde kan lade sig gøre* • **på enhver måde** el. **på alle måder** = I ENHVER HENSEENDE □ *det var på alle måder en behagelig tur* • **på mange måder** = I MANGE HENSEENDER □ *han er på mange måder en underlig fyr* • **ikke i mindste måde** (glds.): = IKKE SPOR □ *generer lyset Dem? - ikke i mindste måde! • han var ikke i mindste måde træt af turen* • **tak i lige måde** se under *tak*
2. udtryk for at der er visse grænser for noget □ *der er måde med alt* • **med måde** udtryk for at noget gøres i beskedent omfang □ *spise med måde • de morede sig med måde* • **holde måde med ngt** beherske sig i udførelsen af noget • **over al måde** i meget høj grad □ *vi morede os over al måde • han var over al måde godt tilfreds med aftenens forløb*
3. (i sprogvidenskab): = MODUS • **fremsættende måde** = INDIKATIV

mådehold

SUBST. *-et*

det at være mådeholden = MÅDEHOLDENHED, MODERATION □ *vise mådehold • udvise mådehold • mangel på mådehold • ikke kende til mådehold* □ *mådeholdende • mådeholdenhed • mådeholdspolitik*

mådeholden el. mådeholdende

ADJ. *-t, mådeholdne*
(mådeholdende: ubøj.)

som er tilbageholdende, især med hensyn til at nyde livets goder □ *leve et mådeholdent liv • være mådeholdende i sin nydelse af spiritus • en mådeholdende politik* □ *mådeholdenhed*

mådeholdenhed

SUBST. *-en*

= MÅDEHOLD □ *nogle mener at mådeholdenhed er en dyd*

mådelig

ADJ. *-t, -e*

= MIDDELMÅDIG □ *han var kun mådeligt begavet • en mådelig begavelse • mådelig kvalitet* □ *mådelighed*

mådesudsagnsord

SUBST. *-et,* plur. *~ord, -ene*

= MODALVERBUM

måge

SUBST. *-n,* plur. *-r, -rne*

1. en meget almindelig sorthvid el. gråhvid havfugl med lange, spidse vinger, et kraftigt næb som bøjer nedad i spidsen og svømmehud; lever ved kysterne, men også ved byer; mange arter, bl.a. *sølvmåge, sildemåge, stormmåge* og *hættemåge;* latinsk navn *Larus* □ *mågekoloni • mågeæg*
2. lille fartøj der anvendes i sejlsport

mål

SUBST. *-et,* plur. *mål, -ene*

1. et sted man bevæger sig imod = BESTEMMELSESSTED □ *rejsens mål var Rom • rejse med København som mål* □ *rejsemål* • noget man stræber efter = SIGTE □ *regeringens mål var fuld beskæftigelse • han havde sat sig som mål at blive minister • være ved målet* □ *målbevidst • målgruppe • målrettet • målsætning* □ *delmål* • et område, en ting el. en person som man sigter imod for at ramme □ *flyvepladser er militære mål* □ *målområde* □ *bombemål* • **{skyde} til måls** forsøge at ramme noget, fx med et gevær □ *de skød til måls efter flaskerne • børnene kastede til måls efter læreren* • **uden mål og med** se under *med*
2. (sport): en ramme med et net som en bold skal sparkes el. kastes ind i, fx i fodbold, el. en linie som man skal passere for at man scorer point □ *han skød bolden i mål • den topseedede løber kom sidst i mål • stå på mål* □ *målkast • mållinie • målmand • målnet • målområde • målskive • målskud* □ *fodboldmål • håndboldmål • ishockeymål* • et point som man opnår i boldspil når bolden skydes i mål □ *det danske fodboldlandshold fører med to mål • der blev mål* □ *målscore* □ *selvmål*
3. en skala for størrelsen, vægten el. omfanget af nogen el. noget □ *kjolen blev syet efter mål • de tog mål af vinduerne til gardinerne* □ *måltagning* □ *centimetermål • dybdemål • litermål • mindstemål • rummål • taljemål • øjemål* • **i rigt mål** i stort omfang □ *børnene benyttede sig i rigt mål af fritidsklubbens tilbud* • **skyde over målet** = OVERDRIVE □ *med sine beskyldninger skød han langt over målet* • **stå mål med ng(t)** være lige så god el. egnet □ *han kan ikke stå mål med sin forgænger* • **tage mål af ng** = BEDØMME □ *klassen tog mål af den nye lærer*
4. et sprog der tales som nationalt sprog el. som en dialekt □ *modersmål • rigsmål • tungemål*
5. ⟨i sammensætn.⟩ noget som sker mellem mennesker, fx noget som aftales i en kontrakt □ *giftermål • lejemål • skændsmål • slagsmål • søgsmål • væddemål*

målbevidst

ADJ. *-, -e*

som beslutsomt styrer lige mod et bestemt mål = DETERMINERET □ *hun styrede målbevidst hen imod døren • han greb fat med hårde, målbevidste hænder*

måle

VERB. *-r, målte, målt*

1. måle ng(t) finde størrelsen, højden, længden, omfanget el. vægten af nogen el. noget; sædvanligvis i tal og med hjælp af et instrument □ *jeg målte værelset op for at finde ud af hvor bredt tæppet skulle være • måle hvor meget barnet er vokset • måle syreindholdet • livskvalitet kan ikke måles • måle et stykke stof af • måle afstanden efter for en sikkerheds skyld* □ *måling • målebånd • måleenhed • måleinstrument* • **måle {10 m}** have et bestemt mål □ *flagstangen måler 10 m • han måler 120 cm om livet • stuen måler 6 × 4 m*
2. måle ng(t) kritisk iagttage el. bedømme nogen el. noget □ *de målte hinanden med blikket • måle afstanden med øjnene • måle den nye medarbejder fra top til tå*
3. kunne måle sig med ng(t) være lige så dygtig, interessant, sjov el.lign. som nogen el. noget □ *hun kan ikke måle sig med sin forgænger • en tur i biografen kan ikke måle sig med et teaterbesøg*

målebånd

SUBST. *-et,* plur. *~bånd, -ene*

et langt, smalt bånd som er inddelt i meter, centimeter og millimeter, og som bruges til at måle længde med

måleenhed

SUBST. *-en,* plur. *-er, -erne*

en fastsat størrelse som noget måles i, fx meter, kilogram, sekund, ampere □ *ampere er en elektrisk måleenhed • internationale måleenheder • pound, mile og gallon er britiske måleenheder • omregne en måleenhed til en anden*

målelig

ADJ. *-t, -e*

som kan måles □ *en målelig forskel*

måler

SUBST. *-en,* plur. *-e, -ne*

1. et apparat som måler noget, fx tryk, fugtighed el. forbrug af elektricitet el. gas ≠ TÆLLER □ *måleraflæsning* □ *elmåler • fartmåler • fugtighedsmåler • gasmåler • lysmåler • regnmåler • varmemåler • vindmåler*
2. en natsværmer med en spinkel krop og lyse vinger; larven bevæger sig ved skiftevis at bøje og udstrække kroppen så det ser ud som om den opmåler det den bevæger sig henover; flere arter; latinsk navn *Geometridae* □ *målerlarve*

måleraflæser

SUBST. *-en,* plur. *-e, -ne*

en person der aflæser målere, fx for varme el. elektricitet, for at udregne forbruget □ *der kommer måleraflæser i ejendommen mellem 10 og 12*

målestok

SUBST. *~stokken,* plur. *~stokke, ~stokkene*

1. størrelsesforholdet mellem to ting, fx en afbildning af noget i form af et kort el. en arbejdstegning og dette i sin virkelige størrelse = MÅLESTOKSFORHOLD, STØRRELSESFORHOLD □ *kortets målestok er 1:100.000 • modellens målestok er 1:100* • **lille målestok** en størrelse der er langt fra den virkelige, fx 1:1.000.000 • **stor**

målestok en størrelse der nærmer sig den virkelige, fx et kort i målestoksforholdet 1:1.000 **2.** det som bruges til at måle el. vurdere noget efter = FORHOLD □ *efter dansk målestok er han rig* · *efter større målestok* • **i stor målestok** i stor mængde □ *områdets huse skal efterisoleres i stor målestok* · *vi har vin i stor målestok* **3.** en stok inddelt i måleenheder til måling af længder, fx en tommestok

målesystem

SUBST. *-et,* plur. *-er, -erne*

et system af måleenheder baseret på vedtagne grundenheder

målfelt

SUBST. *-et,* plur. *-er, -erne*

et lille felt foran målet i visse boldspil; i fodbold skal målspark tages inden for dette felt

målforskning

SUBST. *-en*

det at forske med et bestemt mål for øje ≠ GRUNDFORSKNING □ *målforskningen i de store medicinalfirmaer* · *målforskning der sigter på bekæmpelse af sygdomme som cancer og aids*

målgruppe

SUBST. *-n,* plur. *-r, -rne*

en gruppe af personer som man forsøger at nå med et bestemt budskab, en oplysning el. et tilbud □ *programmets målgruppe er de 15 til 30-årige*

måling

SUBST. *-en,* plur. *-er, -erne*

jf. *måle* □ *måling af længde* · *måling af nedbør* · *et apparat til måling af vindstyrke* · *udføre videnskabelige målinger* · *foretage omhyggelige målinger* · *målinger viser at mange søer er stærkt forurenede* □ *målingsmetode* □ *afstandsmåling* · *dybdemåling* · *gradmåling* · *meningsmåling* · *opmåling* · *tilmåling* · *udmåling*

målkast

SUBST. *-et,* plur. *~kast, -ene*

et frikast i håndbold som tages af målmanden fordi modstanderen har sendt bolden over baglinien

mållinie el. mållinje

SUBST. *-n,* plur. *-r, -rne*

(i fodbold og håndbold): linien for enden af banen hvor målet står = BAGLINIE

målløs

ADJ. *-t, -e*
[*ˈmɔlø's*]

som er stum af overraskelse = HIMMELFALDEN, PAF □ *lærerinden var målløs over elevernes opførsel* · *akrobatens dygtighed gjorde tilskuerne målløse*

målmand

SUBST. *-en,* plur. *målmænd, ~mændene*

en spiller på fx et fodbold- el. ishockeyhold der står foran målet og skal forhindre at bolden el.lign. går ind = KEEPER □ *målmandstrøje* □ *reservemålmand*

målrettet

ADJ. *- , ~rettede*

som retter sig mod et bestemt mål el. en bestemt målgruppe □ *målrettede bestræbelser* · *kampagnen bør være mere målrettet*

målspark

SUBST. *-et,* plur. *~spark, -ene*

et udspark i fodbold der skal tages inden for målfeltet

målsætning

SUBST. *-en,* plur. *-er, -erne*

et mål som man arbejder henimod at få opfyldt, el. en vedtaget erklæring om et sådant mål = MÅL, FORMÅL □ *det er regeringens målsætning at styrke det forebyggende arbejde* · *amtets målsætning for vandkvaliteten* □ *målsætningsdebat*

måltid

SUBST. *-et,* plur. *-er, -erne*

en mængde mad som spises inden for et afgrænset tidsrum □ *måltidet bestod af suppe, steg og dessert* · *hun spiste et solidt måltid mad hver morgen* □ *aftensmåltid* · *festmåltid* · *frokostmåltid* · *morgenmåltid* • et bestemt tidspunkt på dagen hvor man spiser = SPISETID □ *han var som regel ikke hjemme ved måltiderne*

måne

SUBST. *-n,* plur. *-r, -rne*

1. et himmellegeme som kredser omkring en planet der er større end den selv = BIPLANET, DRABANT, SATELLIT □ *Jupiters måner* • **Månen** el. **månen** Jordens måne □ *Månens bane rundt om Jorden* · *lad os gå ud og kigge på månen* □ *måneformørkelse* · *månekrater* · *måneraket* · *måneskin* □ *fuldmåne* · *halvmåne* · *nymåne* • **aftagende måne** månen i den periode hvor den går fra fuldmåne til nymåne • **tiltagende måne** månen i den periode, hvor den går fra nymåne til fuldmåne • **se ud som om man er faldet ned fra månen** se meget forbløffet ud
2. en skaldet plet på issen □ *han er allerede ved at få måne*

måned

SUBST. *-en,* plur. *-er, -erne*
fork. *md.*

en fast navngiven periode, fx januar, april, oktober, der udgør omtrent 1/12 af et år, nemlig 30 el. 31 døgn: dog har februar 28 døgn, i skudår 29 døgn □ *året har tolv måneder* · *midt i måneden* · *han får løn den første i måneden* · *december er årets sidste måned* · *maj måned bliver lunere* · *tilbudsprisen gælder resten af denne måned* □ *månedsblad* · *månedslov* · *månedsløn* · *månedsskifte* □ *julemåned* · *sommermåned* · *vintermåned* • et tidsrum på omtrent 1/12 af et helt år el. omkring 30 døgn □ *det varer en måneds tid* · *hun er gravid i sjette måned* · *en kats graviditet varer tre måneder* · *han fik tre måneders ubetinget fængsel* · *han har været forsvundet i flere måneder* □ *månedgammel* · *månedlang* · *månedsbær* · *månedskort* • **om måneden** i løbet af hver måned = MÅNEDLIG, PR. MÅNED □ *han tjener 20.000 kr. om måneden* · *huslejen er 4.000 kr. om måneden* • **om {en} måned** en måned fra nu □ *jeg får ferie om en måned* · *du får pengene om en måned* · *hun skal nedkomme om tre måneder* • **på {en} måned** afsluttet i løbet af en måned □ *de byggede huset færdigt på en måned* · *han skrev romanen på mindre end seks måneder*

månedlig

ADJ. *-t, -e*
fork. *mdl.*

som forekommer hver måned = OM MÅNEDEN PR. MÅNED □ *et månedligt møde* · *en månedlig udgift* · *en månedlig indtægt* · *de mødes månedligt*

månedskort

SUBST. *-et,* plur. *~kort, -ene*

et kort der mod betaling giver ubegrænset adgang til at benytte noget i en måned □ *løse månedskort til S-toget* · *købe et månedskort til solariet*

månedsvis

ADJ. *-* (el. *-t*), *-e*

1. i månedsvis i flere måneder □ *de har ventet på svar i månedsvis*
2. som finder sted én gang om måneden □ *månedsvis betaling*

månefase

SUBST. *-n,* plur. *-r, -rne*

hver af de faser som den belyste del af Månen gennemgår fra en nymåne til den næste nymåne

måneformørkelse

SUBST. *-n,* plur. *-r, -rne*

det fænomen at Jordens skygge rammer Månen og helt el. delvis dækker den = EKLIPSE □ *total måneformørkelse* · *partiel måneformørkelse*

måneskin

SUBST. *~skinnet*

Månens lys som skinner ned på Jorden □ *gå en tur i måneskin* · *der er stjerneklart med måneskin i nat*

måneskinsarbejde

SUBST. *-t,* plur. *-r, -rne*

= SORT ARBEJDE

månesten

SUBST. *-en,* plur. *~sten* (el. *~stene*), *-ene*

en mælkehvid el. svagt blålig, grønlig el. brunlig halvædelsten af *feldspat* som bruges som smykkesten

månesyge

SUBST. *-n*

en slags sindslidelse der især kommer til udbrud ved fuldmånetid

mår

SUBST. *-en,* plur. *-er* (el. *-e*), *-erne* (el. *-ene*)

et sortbrunt rovdyr som har en lang krop, lave ben og lang, busket hale, og som er god til at klatre; lever af mus, fugle og æg; danske arter: *husmår,* som lever i og ved bebyggede områder, og *skovmår*; latinsk navn *Martes* □ *mårfælde* · *mårhår* • et dyr der tilhører mårfamilien, bl.a. *mår, væsel, grævling* og *odder;* latinsk navn *Mustelidae*

mås

SUBST. *-en,* plur. *-e, -ene*

(spøg.): =BAGDEL

måske

ADV.
/må'ske/

med større el. mindre sandsynlighed =MULIGVIS, KANSKE □ *måske det ville være pænere med rødt* · *måske er han kommet hjem nu* · *måske går det godt, måske ikke*

måtte[1]

SUBST. *-n,* plur. *-r, -rne*

1. et mindre stykke af et kraftigt materiale til at lægge på gulvet, fx ved en yderdør □ *brug måtten* · *tørre fødderne på måtten* · *dække noget med en måtte* □ *måttebinder* · *måttevæver* □ *bademåtte* · *dørmåtte* · *kokosmåtte* · *sivmåtte*
2. holde sig på måtten overholde et forbud

måtte[2]

VERB. *må, måtte, -t*

1. måtte ngt have tilladelse til noget = KUNNE □ *du må gerne gå nu* · *man må ikke gå over for rødt* · *græsset må ikke betrædes* · *hvad kommer det dig ved om jeg må spørge!* · *hun må ikke for sin mor*
2. udtryk for en nødvendighed el. en nødvendig følge af noget □ *du må da blive træt af al den larm* · *jeg må gå nu* · *krigen må da slutte engang!* · *du må jo være gal!* · *vi måtte desværre sælge huset*
3. udtryk for en antagelse □ *han må være kommet hjem nu, jeg kan høre nogen på trappen* · *det må guderne vide* · *han må være syg sådan som han ser ud!* • udtryk for et ønske el. håb □ *gid det må gå dig godt!* · *måtte hun dog snart blive rask!* • udtryk for en fremtidig mulighed □ *hvis nogen måtte ønske det, bliver der en ekstraordinær generalforsamling*

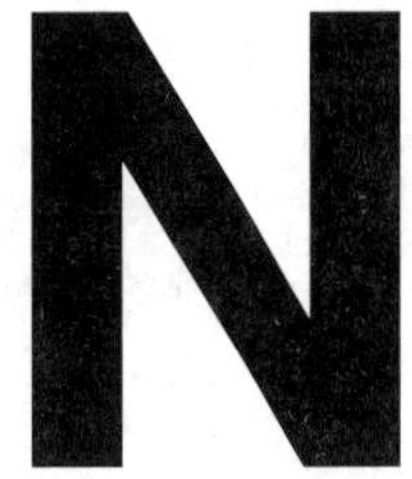

n

SUBST. *n'et*, plur. *n'er, n'erne*

1. det 14. bogstav i alfabetet □ *n-lyd*
2. (matematik): et vilkårligt tal □ *et tal b siges at være den n'te rod af a hvis b multipliceret med sig selv n gange giver resultatet a*

N

fork. for *nord*

nabo

SUBST. *-en*, plur. *-er, -erne*

en person der bor ved siden af el. i nærheden af én selv, el. et område som ligger i nærheden □ *der er langt til nærmeste nabo* · *de er gode naboer* · *huset ligger som nabo til skolen* · *Tyskland er vores nabo mod syd* □ *naboskab* · *naboby* · *naboejendom* · *nabofamilie* · *nabogård* · *nabokommune* · *nabolag*

naboerske

SUBST. *-n*, plur. *-r, -rne*

en kvindelig nabo □ *jeg snakkede med naboersken om grundejerforeningens nye regler*

nabolag

SUBST. *-et*, plur. *~lag, -ene*

den nærmeste omegn i forhold til nogens bopæl □ *hun bor i nabolaget* • de nærmest boende □ *hele nabolaget var inviteret med til festen*

naboskab

SUBST. *-et*, plur. *-er, -erne*

et personligt forhold mellem to el. flere naboer □ *hvad gør man ikke for det gode naboskabs skyld?*

nabovinkel

SUBST. *-en* (el. *~vinklen*), plur. *~vinkler, ~vinklerne*

(matematik): en vinkel som har det ene ben fælles med en anden vinkel, og som sammen med denne er 180°

nadir

SUBST. *et*
[ˈ*na·dir*ˈ]

det punkt på himmelhvælvingen der befinder sig lodret under iagttageren ≠ ZENIT □ *når Solen står i nadir og Månen i zenit, så ligger Månen skjult inde i Jordens skygge*

nadver

SUBST. *-en*

det ene af den kristne kirkes to *sakramenter* hvor præsten ved alteret uddeler brød og vin til menigheden • **den sidste nadver** det sidste måltid Jesus indtog sammen med sine disciple

nadverbord

SUBST. *-et*, plur. *-e, -ene*

det sted ved alteret hvorfra præsten uddeler nadveren; også om selve nadvermåltidet

nadverbrød

SUBST. *-et*, plur. *-~brød, -ene*

et lille, kiksformet brød af ugæret hvedemel som uddeles til altergæsterne ved nadveren = ALTERBRØD, OBLAT, HOSTIE

nadverfællesskab

SUBST. *-et*, plur. *-er, -erne*

en fælles nydelse af nadveren med deltagelse af medlemmer fra forskellige kristne samfund □ *der er ikke nadverfællesskab mellem romersk-katolske og evangeliske kristne*

nafta ®

SUBST. *-en*

en farveløs, letflydende og brændbar væske som udvindes af råpetroleum □ *stenkulsnafta*

naftalin el. naftalen

SUBST. *-en* el. *-et*

et ildelugtende, hvidt, krystallinsk stof som udvindes af stenkulstjære, og som fx bruges i mølkugler og til farvefremstilling

nag

SUBST. *-et*

en gnavende følelse af had og bitterhed = AVIND □ *der er et gammelt nag imellem dem* □ *samvittighedsnag* • **bære** el. **fatte nag til ng** være vred el. bitter på nogen pga. noget der er sket i fortiden □ *han bærer nag til sin søster fordi hun i sin tid arvede hele familieformuen uden at han fik en øre* · *han fatter et uforsonligt nag til sin broder*

nage

VERB. *-r, -de, -t*

nage ng afstedkomme længerevarende ærgrelse el. frustration hos nogen = PINE □ *det nager mig at vi ikke fik talt ud* · *mistanken nager ham*

nagelfast

ADJ. *- , -e*

1. som er naglet fast til gulv, loft, væg el.lign. □ *ved fraflytning af en lejebolig må man ikke fjerne, hvad der er nagelfast* · *mur- og nagelfast*
2. som overhovedet ikke kan ændres □ *en nagelfast overbevisning* · *en nagelfast beslutning*

nagle[1]

SUBST. *-n*, plur. *-r, -rne*

et stort søm el. spiger til samling af plader, planker osv. □ *naglegab* · *naglehul* □ *nitnagle* · *skibsnagle*

nagle[2]

VERB. *-r, -de, -t*

nagle ngt fastgøre noget med søm el. nagler ≠ SØMME □ *nagle noget fast* · *nagle planker sammen* · *nagle en dør til* · *Jesus blev naglet til korset* □ *nagling* · *nagelfast* □ *fastnagle* · *fornagle* • **sidde** el. **stå som naglet til ngt** være ude af stand til at bevæge sig, fx pga. skræk □ *han stod som naglet til stedet*

naglegab

SUBST. *-et*, plur. *~gab, -ene*

et hul som er lavet med en nagle; især om de gabende huller i den korsfæstede Kristus' hænder og fødder

naiv

ADJ. *-t, -e*
/*naˈiv*/

som tænker el. handler på en barnlig og ureflekteret måde, enten pga. utilstrækkelig el. manglende erfaring □ *det er naivt af dig* · *er du så naiv at tro på det?* · *de lo ad drengens naive bemærkning* · *det er naivt at dele verden op i sort og hvidt*

naivisme

SUBST. *-n*
/*naiˈvisme*/

en retning inden for billedkunst som gengiver virkeligheden på en naiv og barnlig måde

naivist

SUBST. *-en*, plur. *-er, -erne*
/*naiˈvist*/

en kunstner der bruger naivismen som udtryksmiddel □ *naivisten John Christensen malede motiver fra dagligdagen på Nørrebro* □ *naivistisk*

naivistisk

ADJ. - , -e
/nai'vistisk/

som har at gøre med naivisme □ *en naivistisk billedkunstner* · *et naivistisk billede* · *der er visse naivistiske træk i hendes billeder*

naivitet

SUBST. -en
/naivi'tet/

det at være naiv = ENFOLD, ENFOLDIGHED □ *i sin naivitet troede hun på ham* · *barnlig naivitet*

najade

SUBST. -n, plur. -r, -rne
/na'jade/

(græsk mytologi): en nymfe som tænktes at leve i kilder, floder og søer

nakke[1]

SUBST. -n, plur. -r, -rne

1. bagsiden af halsen som forbinder ryg og baghoved □ *han kløede sig i nakken* · *hun fik et slag over nakken* · *blive klippet kort i nakken* □ *nakkedrag* · *nakkeknude* · *nakkepude* · *nakkeskilning* · *nakkespejl* · *nakkestøtte* □ *tyrenakke* • **i nakken** udtryk for at noget er bag ved nogen □ *han løb ned mod søen med bisværmen lige i nakken* • **bøje nakken** være ydmyg el. acceptere noget uden diskussion □ *hun bøjede nakken og gik sin vej* • **få ng ned med nakken** underkue el. ydmyge nogen □ *det lykkedes dem at få ham ned med nakken* • **stå med håret ned ad nakken** se under *hår* • **stå på nakken af hinanden** stå meget tæt el. i kø □ *kunderne stod på nakken af hinanden ved udsalget* • **tage benene på nakken** se under *ben* • **tage sig selv i nakken** tage sig sammen □ *han tog sig selv i nakken og fortsatte arbejdet* • **være dum i nakken** være meget dum □ *jeg synes at han er dum i nakken* • **være på nakken af ng** være efter nogen □ *moderen var hele tiden på nakken af ham* • **slå med nakken** kaste hovedet tilbage som tegn på foragt el. overlegenhed • **skaffe sig ng på nakken** (glds.): skaffe sig fjender
2. noget som ligner el. har samme form som en nakke □ *nakken på en økse*

nakke[2]

VERB. -r, -de, -t

nakke ng (slang): = DRÆBE • **nakke ng** (slang): = TÆVE

nakkedrag

SUBST. -et, plur. ~drag, -ene

et slag over nakken med flad hånd

nakkekam

SUBST. ~kammen, plur. ~kamme, ~kammene

det øverste kødstykke på forreste del af ryggen på et slagtet svin; spises helstegt el. udskåret i nakkekoteletter

nakkeknude

SUBST. -n, plur. -r, -rne

hår som er sat op i en knude i nakken

nakkespejl

SUBST. -et, plur. -e, -ene

et spejl som bruges til at betragte sig selv i nakken med; det gøres ved at placere det bag nakken og kigge ind i et andet spejl der befinder sig foran én

nakkestøtte

SUBST. -n, plur. -r, -rne

en del af en stol som bruges til at hvile hovedet mod; på bilsæder forhindrer nakkestøtten at hovedet slynges bagover ved påkørsel

nakskovit

SUBST. *nakskovitten*, plur. *nakskovitter, nakskovitterne*
/naksko'vit/

en person fra Nakskov

nalle el. nalre

VERB. -r, -de, -t

nalle ngt (slang): tage el. stjæle en lille genstand = SNUPPE, HUGGE, NEGLE, BØFFE, STJÆLE □ *må jeg nalle en af dine lakridser?* · *ungerne naller penge i deres mors pung*

naller

SUBST.PLUR. -ne

(slang): = FINGRE □ *nallerne væk!* · *han brændte nallerne*

nalre

VERB.

se *nalle*

namibier

SUBST. -en, plur. -e, -ne
/na'mibier/

en person fra Namibia

namibisk

ADJ. - , -e
/na'mibisk/

som har at gøre med Namibia

namnam

SUBST. et
/nam'nam/

⟨SUBST.: ubøj.⟩ noget som er meget lækkert = LÆKKERBISKEN □ *det er namnam det her* · *skal du have lidt namnam?* · *denne digtsamling er litterært namnam* • ⟨UDRÅBSORD⟩ gengivelse af spiselyd brugt til at udtrykke at noget smager godt = UM □ *namnam, det smager godt!*

nankin el. nanking

SUBST. -et, plur. -er, -erne
['naŋkeŋ]

forskellige arter svært bomuldsstof som tidligere blev indført fra Kina □ *nankinsbukser*

nap[1]

SUBST. *nappet*, plur. *nap, nappene*

det at nappe, knibe el. bide let □ *et nap i armen* · *hunden nappede ham i buksebenet* • **tage et nap med** hjælpe til □ *hun tog et nap med opvasken*

nap[2]

ADV.

knap og nap se under *knap*

napalm

SUBST. -en el. -et

benzin el. olie med en geleagtig konsistens som bruges i brandbomber og flammekastere; den brændende væske klæber til mennesker og ting og er svær at slukke □ *napalmbombe*

napoleonshat

SUBST. ~hatten, plur. ~hatte, ~hattene

en kage der er lavet af marcipanmasse, og som har form som en trekantet hat

napoleonskage

SUBST. -n, plur. -r, -rne

en flødeskumskage der er lavet af butterdej lagt sammen med hindbærsyltetøj og en blanding af vaniljecreme og flødeskum og overtrukket med glasur

napolitaner el. neapolitaner

SUBST. -en, plur. -e, -ne
/napoli'taner/

en person fra den italienske by Napoli

nappa

SUBST. -en el. -et

fint læder af gede- el. fåreskind; anvendes til handsker, frakker o.l.

nappe

VERB. -r, -de, -t

nappe ng(t) = KNIBE □ *hun nappede ham i armen* · *hønen nappede ham i hånden* • **nappe ng** (slang): = PÅGRIBE □ *politiet nappede ham ved grænsen* • **nappe ngt** (dagl.): bestemme sig for at nyde el. gøre noget □ *vi napper en til inden vi går hjem*

nar

SUBST. *narren*, plur. *narre, narrene*

1. en person der opfører sig tåbeligt og er til grin = KLOVN, TÅBE, ABE, ABEKAT □ *en indbildsk nar* · *din nar!* □ *naragtig* · *narrestreger* • **gøre nar ad** el. **af ng** gøre grin med nogen □ *de gjorde nar ad ham, fordi han havde hul i bukserne* • **være** el. **blive til nar** være el. blive til grin □ *han blev til nar for hele selskabet* • **holde ng for nar** narre el. snyde nogen □ *han blev holdt for nar, men opdagede det for sent*
2. en person iført narredragt som underholder med klovnerier □ *narren i de gamle skuespil er forfatterens talerør* □ *narredragt* □ *hofnar*

naragtig

ADJ. -t, -e
/nar'agtig/

som er til grin pga. latterlig el. tåbelig opførsel el.lign. □ *en naragtig person* · *et naragtigt påfund*

narcis

SUBST. *narcissen,* plur. *narcisser, narcisserne*
[*na'sis*]

en løgplante med lange, smalle blade og smukke blomster; flere arter, bl.a. *påskelilje* og *pinselilje;* latinsk navn *Narcissus*

narcissisme

SUBST. *-n*
/*narcis'sisme*/

(psykologi): en psykisk lidelse hvor den erotiske drift rettes mod personen selv; symptomerne er bl.a. sygelig selvoptagethed og manglende evne til at knytte følelsesmæssige bånd til andre mennesker • = SELVOPTAGETHED

narcissist

SUBST. *-en,* plur. *-er, -erne*

(psykologi): en person som lider af narcissisme • = NAVLEBESKUER

narhval

SUBST. *-en,* plur. *-er, -erne*

en tandhval på 4-6 m hvis hanner bærer en meterlang spiralsnoet stødtand i overkæben; latinsk navn *Monodon monoceros* □ *narhvalstand*

narko

SUBST. *-en*

= NARKOTIKA □ *være afhængig af narko* □ *narkocenter* · *narkoluder* · *narkosalg* · *narkovrag*

narkocenter

SUBST. *-et* (el. *~centret*), plur. *~centre* (el. *~centrer*), *~centrene* (el. *~centrerne*)

en institution som har til formål at hjælpe narkomaner ud af deres misbrug

narkoluder el. narkoludder

SUBST. *-en,* plur. *-e, -ne*

en kvindelig narkoman der tjener penge til narkotika ved prostitution

narkoman[1]

SUBST. *-en,* plur. *-er, -erne*
[*nago'ma'n*]

en person som lider af narkomani = STOFMISBRUGER, JUNKIE, EUFOMAN □ *stiknarkoman* • en person med stærk trang til noget □ *arbejdsnarkoman* · *tryghedsnarkoman*

narkoman[2]

ADJ. *-t, -e*
[*nago'ma'n*]

som lider af narkomani el. har med narkomani at gøre □ *narkomane tilbøjeligheder*

narkomani

SUBST. *-en*
/*narkoma'ni*/

en tvangsmæssig trang til og afhængighed af stimulerende midler = STOFMISBRUG, EUFOMANI, NARKOMISBRUG

narkomisbrug

SUBST. *-en* el. *-et,* plur. *~misbrug, -ene*

= NARKOMANI □ *han er ude i et narkomisbrug*

narkose

SUBST. *-n,* plur. *-r, -rne*
/*nar'kose*/

dyb søvn el. bevidstløshed som er fremkaldt af lægemidler, fx under en operation = BEDØVELSE, ANÆSTESI □ *være i narkose* □ *narkoselæge* · *narkosesygeplejerske*

narkoselæge

SUBST. *-n,* plur. *-r, -rne*

en læge som er specialist i at give patienter narkose og holde øje med deres velbefindende under operationer

narkotika

SUBST. *-en*

en rusgift som er stærkt vanedannende, fx heroin, kokain, lsd, og som misbruges pga. rusvirkningen = NARKO, EUFORISERENDE STOFFER □ *narkotikahandel* · *narkotikamisbrug* · *narkotikapoliti*

narkotikum

SUBST. *-et* (el. *narkotikummet*), plur. *narkotika, narkotikaene*
/*nar'kotikum*/

et stof som har en bedøvende el. smertestillende virkning

narkotisk

ADJ. - , *-e*
/*nar'kotisk*/

som virker bedøvende, smertestillende el. opstemmende □ *hun tager narkotiske stoffer*

narkovrag

SUBST. *-et,* plur. *~vrag, -ene*

(dagl.): en person som er ødelagt af narkotika

narre

VERB. *-r, -de, -t*

narre ng få nogen til at tro noget forkert el. på anden måde vildlede dem, ofte på en uskyldig måde = BEDRAGE, BONDEFANGE □ *ikke være let at narre* · *narre nogen til at gøre noget* · *narre penge fra nogen* · *man skal ikke lade sig narre af hans kærlige smil* □ *narresut* · *narrefisse*

narrestreger

SUBST.PLUR. *-ne*

noget der gøres for at lave sjov med el. for at udfordre nogen = SPILOPPER, LØJER, HUNDEKUNSTER □ *en grov narrestreg* · *han er fuld af narrestreger* · *klædt på til narrestreger*

narresut

SUBST. *~sutten,* plur. *~sutter, ~sutterne*

= SUT • noget der er beregnet til at berolige nogen el. til at aflede deres opmærksomhed fra noget andet □ *arbejderne krævede mere i løn, men fik i stedet en narresut i form af ubetydelige ferietillæg*

narv

SUBST. *-en*

den side af læder som hårlaget har dækket = NARVSIDE • mærker og linier på narvsiden af læder som stammer fra hårsække og årer □ *naturnarv*

narvspalt

SUBST. *-en*

den del af spaltet læder der udgøres af narvsiden ≠ SPALT

nas

SUBST. *et*

1. leve på nas leve på andres bekostning
2. fedtet stads el. snavs □ *sikke noget nas!* · *du må hellere vaske det der nas af dine fingre*

nasal[1]

SUBST. *-en,* plur. *-er, -erne*
[*na'sa'l*]

en sproglyd som fremkommer når luftstrømmen passerer gennem næsen samtidig med at man bruger stemmen, bl.a. *m* og *n* = NÆSELYD, NASALKONSONANT ≠ ORAL □ *nasallyd*

nasal[2]

ADJ. *-t, -e*
[*na'sa'l*]

som har at gøre med nasallyd □ *en nasal klang* · *han har en nasal stemmeføring*

nasalere

VERB. *-r, -de, -t*
/*nasa'lere*/

nasalere ngt give en sproglyd en nasal klang; det gøres ved at sænke ganesejlet så en del af luftstrømmen passerer gennem næsen □ *franskmændene nasalerer ofte deres vokaler* □ *nasalering*

nasalitet

SUBST. *-en*
/*nasali'tet*/

en nasal udtale

nasi goreng

SUBST. *-en,* plur. *-er, -erne*
/*nasi go'reng*/

en indonesisk ret bestående af ris, grøntsager, kød og skaldyr

nasse

VERB. *-r, -de, -t*

1. nasse ngt jævnligt tigge penge, mad, cigaretter o.l.; typisk fra venner og bekendte □ *han skal altid nasse smøger* □ *nassekarl* · *nasseprins* · *nasserøv* • **nasse på ng** udnytte nogens svaghed el. gavmildhed til at få penge, mad o.l. uden at give noget tilbage = SNYLTE □ *mener du at bistandsmodtagerne nasser på samfundet?* · *han nasser på sin gamle mor*
2. nasse ng(t) til gøre nogen el. noget fedtet □ *hun nasser sig altid til når hun spiser slik* · *lad være med at nasse bogen til*

nasser

SUBST. *-en,* plur. *-e, -ne*

en person som udnytter andre og lader sig forsørge af dem = SNYLTER □ *hvor længe skal vi have den nasser boende?*

nasset

ADJ. - , *nassede*

fedtet ind i et klæbrigt stof □ *nassede fingre*

nat

SUBST. *natten,* plur. *nætter, nætterne*

1. den del af døgnet hvor det normalt er mørkt, og hvor de fleste sover □ *natten falder på* · *natten er vor egen* · *han tilbrage natten på et vandrerhjem* · *nu må du have en god, rolig nat* · *værelset koster 400 kr. for en nat* □ *natarbejde* · *natbord* · *natbus* · *natcreme* · *natdyr* · *nathold* · *nathospital* · *natkikkert* · *natklokke* · *natklub* · *natkvarter* · *natlampe* · *natlig* · *natlogi* · *natlæge* · *natmad* · *natsværmer* · *nattefrost* · *nattehimmel* · *natteliv* · *nattero* □ *bryllupsnat* · *midnat* · *sommernat* · *tropenat* · *vågenat* • ⟨i sammensætn.⟩ den mørke del af et døgn der går forud for en helligdag el.lign. □ *julenat* · *nytårsnat* · *påskenat*
2. i forsk. forb. • **det et nat med {dig}** udtryk for at en person ikke længere er interessant • **fredag nat** den nat der afslutter en fredag • **gøre nat til dag** være vågen om natten og sove om dagen • **i nat** i løbet af den nat som kommer umiddelbart efter i dag □ *jeg skal på vagt i nat* • **i nat** i løbet af den nat som gik umiddelbart forud for i dag □ *jeg sov dårligt i nat* • **langt ud på natten** til sent om natten □ *han sad og læste langt ud på natten* • **lyse nætter** de korte, ikke særlig mørke nætter i sommerhalvåret på de nordlige breddegrader, fra begyndelsen af maj til begyndelsen af august • **natten over** om natten og indtil næste morgen □ *han blev hos dem natten over* • **natten til fredag** natten mellem torsdag og fredag • **om natten** mens det er nat □ *klokken to om natten* · *om natten sover de fleste* • **sidste nat** i løbet af den nat som gik □ *sidste nat var der indbrud hos bageren* • **som nat og dag** meget forskellige □ *de to søstre er som nat og dag* • **tage natten til hjælp** arbejde videre om natten med noget man ikke er blevet færdig med om dagen • **ved nat** når det er mørkt om natten □ *et fotografi af Paris ved nat*

natarbejde

SUBST. *-t*

arbejde som foregår om natten □ *det er hårdt at have natarbejde*

natbord

SUBST. *-et,* plur. *-e, -ene*

et lille bord ved siden af en seng = SENGEBORD □ *have en bog liggende på natbordet*

natbus

SUBST. *natbussen,* plur. *natbusser, natbusserne*

en bus som kører om natten; især om en offentlig bus □ *de tog natbussen hjem fra julefrokosten* □ *natbusbillet*

natdragt

SUBST. *-en,* plur. *-er, -erne*

= NATTØJ

nathimmel

SUBST.

se *nattehimmel*

nathold

SUBST. *-et,* plur. *nathold, -ene*

en gruppe af personer der er ansat til at arbejde om natten

nathue

SUBST. *-n,* plur. *-r, -rne*

en blød hue som bæres om natten • **være en nathue** være et pjok = NIKKEDUKKE, SKVAT □ *han er en rigtig nathue*

nation

SUBST. *-en,* plur. *-er, -erne*
[*na'sjo'n*]

et folk som lever i, tilhører og tilsammen udgør en enkelt stat = FOLK, STAT, LAND □ *Danmark er en nation med ca. fem millioner indbyggere* · *det er i nationens interesse* · *præsidenten holder tale til nationen* · *Forenede Nationer*

national

ADJ. *-t, -e*
/*natio'nal*/

som hører til, har at gøre med el. udøves af en nation ≠ INTERNATIONAL □ *et nationalt klenodie* · *et nationalt kendingsmærke* · *nationale interesser* · *national selvfølelse* · *en national kontrol over kernevåben* □ *nationalbank* · *nationaldragt* · *nationalfølelse* · *nationalindkomst* · *nationalmelodi* · *nationalmuseum* · *nationalpark* · *nationalprodukt* · *nationalsang* · *nationaløkonom*

nationalbank

SUBST. *-en,* plur. *-er, -erne*

den bank der bestyrer et lands pengepolitik og udsteder mønter og pengesedler □ *Danmarks Nationalbank* □ *nationalbankdirektør*

nationalbudget

SUBST. *~budgettet,* plur. *~budgetter, ~budgetterne*

et overslag over et lands indtægter og udgifter i det kommende år

nationaldragt

SUBST. *-en,* plur. *-er, -erne*

en festdragt som er typisk for en nation ≠ FOLKEDRAGT □ *Grønlands nationaldragt er besat med mange perler*

nationalflag

SUBST. *-et,* plur. *~flag, -ene*

flag som anvendes som symbol for en nation

nationalformue

SUBST. *-n,* plur. *-r, -rne*

summen af samtlige værdier i et land, både offentlige og private

nationalforsamling

SUBST. *-en,* plur. *-er, -erne*

= PARLAMENT □ *den franske nationalforsamling*

nationalfølelse

SUBST. *-n*

en følelse af kærlighed til og stolthed over sit land = FÆDRELANDSKÆRLIGHED, PATRIOTISME

nationalindkomst

SUBST. *-en,* plur. *-er, -erne*

summen af samtlige indkomster i et land i en given periode □ *bruttonationalindkomst* · *nettonationalindkomst*

nationalisere

VERB. *-r, -de, -t*
/*nationali'sere*/

nationalisere ngt overføre noget fra privat til statslig ejendom = SOCIALISERE □ *nationalisere et landområde* · *landets nye regering har nationaliseret sygehusene og skolerne* · *venstrefløjen vil nationalisere kreditinstitutterne* □ *nationalisering*

nationalisme

SUBST. *-n*
/*nationa'lisme*/

en stærk nationalfølelse som ofte er forbundet med forestillingen om at ens egen nation er bedre end andre el. har særlige rettigheder i forhold til dem ≠ INTERNATIONALISME □ *nationalismen giver sig ofte udslag i intolerance og fremmedhad*

nationalist

SUBST. *-en,* plur. *-er, -erne*
/*nationa'list*/

en person med en stærk, evt. overdreven nationalfølelse • en person som kæmper for at et område skal blive en uafhængig nation □ *de militært veludrustede nationalister kontrollerer på nuværende tidspunkt de 18 af republikkens 28 regioner* □ *nationalistleder*

nationalitet

SUBST. *-en,* plur. *-er, -erne*
/*nationali'tet*/

et tilhørsforhold til en bestemt nation □ *af hvilken nationalitet er du?* · *et skib af svensk nationalitet* · *nationalitet, køn og hudfarve spiller ingen rolle i vores ansættelsespolitik* · *festivalen tiltrækker folk af mange forskellige nationaliteter* □ *nationalitetsbogstav* · *nationalitetsmærke* · *nationalitetsprincip*

nationalitetsmærke

SUBST. *-t,* plur. *-r, -rne*

et kendingsmærke på motorkøretøjer, skibe og fly som angiver indregistreringslandet; anvendes også ved adresseangivelse på postforsendelser til udlandet □ *på danske biler er nationalitetsmærket 'DK'*

nationalitetsprincip

SUBST. *~princippet,* plur. *~principper, ~principperne*

1. (folkeret): det princip at enhver nation bør have sin egen stat
2. (international privatret): det princip at en person altid skal dømmes i overensstemmelse med lovgivningen i sit eget land □ *når en dansk heroinsmugler får 50 års fængselsstraf i Thailand er det et brud på nationalitetsprincippet*

nationalliberal

ADJ. *-t, -e*

⟨også SUBST.⟩ som er stærkt nationalt sindet og bl.a. går ind for frie forfatninger □ *de nationalliberale partier i 1800-tallets Europa* · *nationalliberale ideer* · *De Nationalliberales slagord var 'Danmark til Ejderen'*

nationalmuseum

SUBST. *~museet,* plur. *~museer, ~museerne*

et museum hvis samlinger skal give et billede af befolkningens liv og forhold gennem tiderne

nationalpark

SUBST. *-en,* plur. *-er, -erne*

et statsejet område som er fredet af hensyn til dets landskabsmæssige el. historiske særpræg

nationalprodukt

SUBST. *-et,* plur. *-er, -erne*

værdien af produktionen i samtlige erhverv i et land samt værdien af den offentlige virksomhed □ *bruttonationalprodukt*

nationalret

SUBST. *~retten,* plur. *~retter, ~retterne*

en madret som er typisk for el. populær i en bestemt nation □ *rødgrød er en dansk nationalret*

nationalromantik

SUBST. *~romantikken*

en retning inden for arkitektur, billedkunst og musik som fremhæver det nationale; var på sit højeste i slutningen af 1800-tallet□ *nationalromantiker* · *nationalromantisk*

nationalråd

SUBST. *-et,* plur. *~råd, -ene*

en landsdækkende forsamling med en drøftende el. rådgivende funktion □ *Danske Kvinders Nationalråd* · *nedsætte et nationalråd* · *Haitis nationalråd* · *den schweiziske forbundsforsamling består af Nationalrådet og Stænderrådet*

nationalsang

SUBST. *-en,* plur. *-e, -ene*

et lands officielle sang som synges ved højtidelige og festlige lejligheder = NATIONALHYMNE □ *nationalsangen blev sunget før fodboldkampens start*

nationalsocialisme

SUBST. *-n*

= NAZISME □ *nationalsocialismen er langt fra død* □ *nationalsocialistisk*

nationalsocialist

SUBST. *-en,* plur. *-er, -erne*

= NAZIST

nationalstat

SUBST. *-en,* plur. *-er, -erne*

en stat hvis befolkning tilhører samme nation□ *efter første verdenskrig blev Europa inddelt i en række nationalstater* · *Danmark er en udpræget nationalstat* · *de stater der er dannet efter afkolonialiseringen i Afrika er sjældent nationalstater*

nationaløkonomi

SUBST. *-en,* plur. *-er, -erne*

= SAMFUNDSØKONOMI

natkjole

SUBST. *-n,* plur. *-r, -rne*

en kort el. lang kjole til at sove i; bruges af kvinder

natklub

SUBST. *natklubben,* plur. *natklubber, natklubberne*

en bar som holder åbent til sent på natten; sædvanligvis med dans, musik og anden form for underholdning□ *gå på natklub*□ *natklubdiskotek* · *natklubejer* · *natklubgæst* · *natklubsanger*

natlig

ADJ. *-t, -e*

som finder sted om natten □ *et natligt ridt* · *lange natlige samtaler* · *natlige vandladninger*

natlæge

SUBST. *-n,* plur. *-r, -rne*

en læge som kan tilkaldes om aftenen, natten el. på helligdage ved at ringe til lægevagten

natmad

SUBST. *-en*

mad som spises sent på aftenen el. om natten□ *spise natmad* · *et stykke natmad* · *få suppe til natmad* · *gæsterne fik natmad før de tog hjem*

natpotte

SUBST. *-n,* plur. *-r, -rne*

(glds.): en beholder der er beregnet til at lade vandet i om natten□ *natpotten står under sengen*

natravn

SUBST. *-en,* plur. *-e, -ene*

en brunspættet fugl med lange vinger som jager insekter om natten; latinsk navn *Caprimulgus europaeus*

natrium

SUBST. *-et* (el. *natriummet*)

et sølvhvidt metallisk grundstof som ikke forekommer frit i naturen, og som er en vigtig bestanddel af fx salt; atomtegn *Na* □ *natriumklorid*

natriumkarbonat

SUBST. *-et*

= SODA

natron

SUBST. *-en* el. *-et*

et hvidt salt der indgår i bagepulver; anvendes som syreneutraliserende lægemiddel og indgår som middel i ildslukkere □ *natronlud* □ *ætsnatron*

natronlud

SUBST. *-en*

en stærkt ætsende vandig opløsning af kaustisk soda

natskjorte

SUBST. *-n,* plur. *-r, -rne*

en lang el. halvlang skjorte til at sove i

natskygge

SUBST. *-n,* plur. *-r, -rne*

en giftig plante med små sorte el. røde bær, henholdsvis: *sort natskygge* og *bittersød natskygge;* latinsk navn *Solanum nigrum* og *Solanum dulcemara*; natskyggefamilien omfatter herudover mange arter, bl.a. *bulmeurt, galnebær, kartoffel, tomat* og *aubergine*

natsværmer

SUBST. *-en,* plur. *-e, -ne*

en sommerfugl som oftest flyver om natten; der findes flere slags, bl.a. *spindere* og *målere* = NATSOMMERFUGL ≠ DAGSOMMERFUGL

natsænkning

SUBST. *-en*

natsænkning af temperaturen automatisk sænkning af et centralvarmeanlægs nattemperatur □ *natsænkningsautomatik* · *natsænkningsapparat*

natteblind

ADJ. *-t, -e*

som ser dårligt ved svag belysning□ *natteblindhed*

nattegn

SUBST. *-et,* plur. *nattegn, -ene*

en tilladelse for en soldat til at være borte fra kasernen om natten

nattehimmel el. **nathimmel**

SUBST. *-en* (el. *~himlen*), plur. *~himle, ~himlene*

himlen som den fremtræder om natten□ *nattehimlen blev oplyst af byens lys*

natteliv

SUBST. *-et*

festlighed om aftenen og natten, fx i form af underholdning, dans og musik på værtshuse, natklubber o.l.□ *de fleste store byer har et festligt natteliv* · *han lever et vildt natteliv*

nattely

SUBST. *-et*

et sted hvor man kan overnatte inden døre□ *de fandt nattely i en lun lade* · *der var ingen der ville give dem nattely*

natteravn

SUBST. *-en,* plur. *-e, -ene*

en person der vanemæssigt er vågen til sent ud på nætterne □ *det er kun natteravne der kan holde sig vågne længe nok til at se den film i fjernsynet*

nattergal

SUBST. *-en,* plur. *-e, -ene*

en slank, brunlig spurvefugl med lange ben og et kort spidst næb; er kendt for sin sang som kan høres langt væk i de lyse sommernætter; latinsk navn *Luscinia luscinia* □ *nattergalesang* · *nattergaletur*

nattero

SUBST. *-en*

fred og ro om natten □ *kan vi så få lidt nattero?*

nattesæde

SUBST. *-t,* plur. *-r, -rne*

(glds.): gæsters ophold i en beværtning efter påbudt lukketid • **holde nattesæde** (glds.): sidde længe oppe om natten □ *de holdt nattesæde ude ved Vesterhavet i en gammel Ford*

nattesøvn

SUBST. *-en*

det at sove om natten □ *det er vigtigt at man får sin gode nattesøvn*

nattetid el. **nattetide**

SUBST.

ved nattetid om natten □ *han sneg sig ud ved nattetid*

nattetime

SUBST. *-n,* plur. *-r, -rne*

et tidspunkt sent på natten □ *han fik ideen i en sen nattetime* · *hun sidder ofte oppe og arbejder i de sene nattetimer*

nattevagt

SUBST. *-en,* plur. *-er, -erne*

en person som holder opsyn om natten, fx opsyn med patienter på en hospitalsafdeling ≠ DAGVAGT • en person der holder opsyn med bygninger om natten = NATVÆGTER • et tidsrum hvor man holder opsyn med noget om natten ≠ DAGVAGT □ *fire nattevagter á tre timer*

nattevandrer

SUBST. *-en,* plur. *-e, -ne*

en person der går tur om natten □ *gaderne lå øde hen, kun en enlig nattevandrer sås i ny og næ*

nattillæg

SUBST. *nattillægget,* plur. *nattillæg, nattillæggene*

et beløb der lægges oven i timelønnen ved natarbejde

nattog

SUBST. *-et,* plur. *-e* (el. *~tog*), *-ene*

et passagertog som kører om natten □ *de tog nattoget til Skagen*

nattøj

SUBST. *-et*

tøj som man har på mens man sover = NATDRAGT

natugle

SUBST. *-n,* plur. *-r, -rne*

en rød- el. gråbrun ugle med sorte, aflange pletter; latinsk navn *Strix aluco*

natur

SUBST. *-en,* plur. *-er, -erne*
/na'tur/

1. den del af den omgivende virkelighed der ikke er skabt af mennesker; fx planter, dyr, jord, klipper, klima o.l. □ *ude i den fri natur* · *glæde sig over naturens skønhed* □ *naturfilosofi* · *naturfolk* · *naturforsker* · *naturfredning* · *naturgas* · *naturgiven* · *naturhistorie* · *naturkatastrofe* · *naturkraft* · *naturlov* · *naturlæge* · *naturlære* · *naturpark* · *naturskøn* · *natursvin* · *naturtro* · *naturtræ* · *naturvidenskab*
2. en grundlæggende egenskab el. en helhed af grundlæggende egenskaber der kendetegner en bestemt person, et bestemt dyr el. en bestemt art af noget = VÆSEN, NATUREL □ *det er ikke hendes natur at give op* · *dyret må følge sin natur* · *labradoren er af natur en god sporhund* · *det ligger i sagens natur* · *han er ængstelig af natur* · *naturen går over optugtelsen* □ *naturnødvendighed* · *naturstridig*
3. ⟨i sammensætn.⟩ som ikke er kunstigt fremstillet el. som ikke er bearbejdet □ *naturfarvet* · *naturprodukt* · *natursilke*

naturalier

SUBST.PLUR. *-ne*
/natu'ralier/

naturprodukter, især levnedsmidler ≠ PENGE □ *han fik sin løn udbetalt i naturalier* □ *naturaliehandler* · *naturalindkomst* · *naturalydelse* · *naturaløkonomi*

naturalisation

SUBST. *-en,* plur. *-er, -erne*
[naturalisa'sjo'n]

en lovfæstet tildeling af statsborgerskab til en udlænding = NATURALISERING

naturalisere

VERB. *-r, -de, -t*
/naturali'sere/

naturalisere ng tildele en udlænding indfødsret □ *loven stiller flere krav for at en udlænding kan naturaliseres som dansker* □ *naturalisering*

naturalisme

SUBST. *-n*
/natura'lisme/

en retning inden for billedkunst som tilstræber en nøje gengivelse af virkeligheden i alle detaljer; også om litterær retning der opstod sidst i 1800-tallet = REALISME • (filosofi): en livsanskuelse der er baseret på at der ikke findes noget højere end det der kan sanses hvorfor naturen udgør hele virkeligheden

naturalist

SUBST. *-en,* plur. *-er, -erne*
/natura'list/

en kunstner der arbejder efter naturalismens program = REALIST □ *blandt de danske naturalister sidst i 1800-tallet kan nævnes J.P. Jacobsen og Henrik Pontoppidan* • en tilhænger af den filosofiske naturalisme ≠ IDEALIST □ *Georg Brandes var naturalist*

naturaløkonomi

SUBST. *-en,* plur. *-er, -erne*

et økonomisk system hvor der udveksles varer og tjenesteydelser direkte uden brug af penge som omsætningsmiddel ≠ PENGEØKONOMI □ *der er kun ganske få naturaløkonomier tilbage i verden*

naturel[1]

SUBST. *naturellet,* plur. *natureller, naturellerne*
[naty'räl]

karakter og temperament = NATUR □ *det er imod hans naturel* · *et godmodigt naturel*

naturel[2]

ADJ. *-t, naturelle*
[naty'räl el. *natu'räl]*

i naturlig tilstand, dvs. uden tilsætninger og ikke tilberedt = AU NATUREL □ *tun naturel* · *hindbær naturel* · *yoghurt naturel* · *jeg foretrækker at spise salaten naturel*

nature morte

SUBST. *-n,* plur. *-r, -rne*
[naty'r'må't]

= STILLEBEN

naturfag

SUBST. *-et,* plur. *~fag, -ene*

et studiefag i discipliner inden for *naturvidenskab*

naturfarvet

ADJ. *- , ~farvede*

1. = SANDFARVET
2. som ikke er farvet, el. som er farvet med plantefarver el. andre naturlige farvestoffer □ *tøjet var fremstillet af naturfarvet hør og silke*

naturfolk

SUBST. *-et,* plur. *~folk, -ene*

et folkeslag som lever i direkte afhængighed af naturen, og som hverken er påvirket af den industrialiserede verden el. gør brug af teknologi □ *de fleste af de nulevende naturfolk lever enten i reservater eller dybt inde i urskovene* · *for naturfolkene er naturen besjælet, levende og udstyret med en vilje*

naturforsker

SUBST. *-en,* plur. *-e, -ne*

en videnskabsmand der udforsker naturen = NATURVIDENSKABSMAND

naturfredning

SUBST. *-en,* plur. *-er, -erne*

bevarelse af naturområder som pga. deres landskabelige værdi el. beliggenhed har videnskabelig, historisk el. almen interesse

naturgas

SUBST. *~gassen,* plur. *~gasser, ~gasserne*

en farveløs, brændbar luftart bestående af 90% metan, andre kulbrinter, nitrogen m.m. □ *naturgasforekomst* · *naturgasledning* · *naturgasnet*

naturgiven

ADJ. *-t* (el. *~givet*), *naturgivne*

som er givet el. bestemt af naturen = MEDFØDT, NATURLIG □ *naturgivne talenter* · *en naturgiven selvbevidsthed*

naturhistorie

SUBST. *-n,* plur. *-r, -rne*

= BIOLOGI

naturisme

SUBST. *-n*
/natu'risme/

= NUDISME

naturist

SUBST. *-en,* plur. *-er, -erne*
/natu'rist/

= NUDIST

naturlig

ADJ. *-t, -e; -ere, -st*
/na'turlig/

1. som er skabt af el. er en del af naturen = NATURGIVEN ≠ KUNSTIG □ *naturlige grænser; en naturlig død* · *den naturlige baggrundsstråling* · *søens naturlige fauna* · *naturlig befrugtning* · *naturlig fødsel* · *egernets naturlige fjender* • som er i overensstemmelse med virkeligheden = NATURTRO □ *gengivet i naturlig størrelse*
2. som ikke forstiller sig = LIGEFREM, FREJDIG, UFORMEL □ *opføre sig naturligt* · *en naturlig latter* □ *naturlighed*
3. som man kan el. burde kunne forvente = SELVFØLGELIG □ *det er kun naturligt at han vil hjem* · *han er den naturlige kandidat til formandsposten* · *biblioteket er blevet et naturligt samlingssted* · *det burde være naturligt at hjælpe handicappede* · *musikken indgår som en naturlig del af forestillingen*

naturligvis

ADV.
/na'turligvis/

udtryk for at noget er indlysende = SELVFØLGELIG, SELVSAGT, BEGRIBELIGVIS □ *du er naturligvis velkommen til at ringe hvis du får problemer* · *han var naturligvis ikke hjemme* · *naturligvis forekommer der undtagelser fra reglen*

naturlov

SUBST. *-en,* plur. *-e, -ene*

en regel som beskriver hvordan naturfænomener opstår og udvikler sig □ *naturlove er antagelser der hviler på erfaring, iagttagelse eller tænkning* · *tyngdeloven er en naturlov*

naturlæge

SUBST. *-n,* plur. *-r, -rne*

en person som bruger alternative, i almindelighed ikke anerkendte behandlingsmetoder, fx healing, homøopati, mineraler i omgivelserne, m.m.; ikke anerkendt uddannelse = KVAKSALVER, MIRAKELDOKTOR, HEALER, KLOG KONE, KLOG MAND

naturlære

SUBST. *-n*

(foræld.): = FYSIK

naturmedicin

SUBST. *-en,* plur. *-er, -erne*

1. et lægemiddel som er fremstillet af naturprodukter, fx udtræk af urter
2. læren om helbredelse ved hjælp af naturprodukter i medicin og kost

naturnødvendig

ADJ. *-t, -e*

som er tvingende nødvendig □ *det er en naturnødvendig forudsætning for et vellykket samarbejde at parterne kommunikerer med hinanden* □ *naturnødvendighed*

naturpark

SUBST. *-en,* plur. *-er, -erne*

et stort sammenhængende fredet naturområde med alsidigt el. særligt interessant dyre- og planteliv

natursilke

SUBST. *-n,* plur. *-r, -rne*

en silke der er fremstillet af tråde fra silkeormes kokoner ≠ KUNSTSILKE

naturskøn

ADJ. *-t, ~skønne*

med en smuk natur □ *en naturskøn egn* · *sommerhuset ligger i et naturskønt område*

naturstridig

ADJ. *-t, -e*

som strider mod naturens orden □ *at humlebien kan flyve er et naturstridigt fænomen* · *en naturstridig hændelse* · *en naturstridig forklaring*

naturtoner

SUBST.PLUR. *-ne*

toner der kan frembringes på et blæseinstrument alene ved forandring af læbernes stilling

naturtro

ADJ.

som ligner el. er i overensstemmelse med virkeligheden □ *en naturtro gengivelse af et fotografi* · *en naturtro afbilding af et menneske* · *en naturtro skildring af miljøet omkring århundredeskiftet*

naturtræ

SUBST. *-et*

træ som ikke er malet □ *havemøbler i naturtræ*

naturvidenskab

SUBST. *-en,* plur. *-er, -erne*

hver af de videnskaber om naturen og om de kræfter og love der gælder i naturen, fx fysik, kemi, astronomi, geologi, biologi, medicin o.l.; også om tilsvarende studiefag ved et universitet ≠ HUMANIORA □ *naturvidenskabelig*

naturværdi

SUBST. *-en,* plur. *-er, -erne*

noget i naturen som i kraft af dets historie, skønhed, karakterfuldhed el.lign. betragtes som særligt værdifuldt □ *hederne, vandreklitterne og andre fredede naturværdier* · *store naturværdier er sat på spil med beslutningen om at bygge en fast forbindelse*

naurisk

ADJ. *- , -e*

som har at gøre med Nauru

nauruer

SUBST. *-en,* plur. *-e, -ne*

en person fra Nauru

nautil

SUBST. *-en,* plur. *-er, -erne*
[*nɑw'ti'l*]

en blæksprutte med en sneglelignende skal; tre arter som lever i Stillehavet og det Indiske Ocean; latinsk navn *Tetrabranchia*

nautisk

ADJ. *- , -e*

som har at gøre med søfart □ *en nautisk mil* · *nautiske instrumenter* · *nautisk udstyr* • **nautisk mil** = SØMIL

nav

SUBST. *-et,* plur. *nav, -ene*
['*nɑw* el. '*nɑw'*]

den del af et hjul som omslutter akslen, og som egerne sidder fast på □ *navbremse* · *navkapsel*

naver

SUBST. *-en,* plur. *-e, -ne*
['*na'vɔ*]

en rejsende håndværkssvend fra Skandinavien

navigabel

ADJ. *-t, navigable*
/navi'gabel/

som det er muligt at færdes på med et skib el.lign. = SEJLBAR □ *der er visse steder hvor floden ikke er navigabel* • = STYRBAR □ *et navigabelt luftskib*

navigation

SUBST. *-en,* plur. *-er, -erne*
[*naviga'sjo'n*]

læren om at foretage beregninger af kursen for fly el. skibe; også om selve beregningen □ *navigationsdirektør* · *navigationsskole*

navigatør

SUBST. *-en,* plur. *-er, -erne*
/naviga'tør/

en person der er uddannet på navigationsskole, fx styrmand el. skibsfører □ *navigatøruddannelse* □ *flynavigatør* · *skibsnavigatør* • en person der styrer skib el. fly el. fastlægger kursen

navigere

VERB. *-r, -de, -t*
/navi'gere/

navigere ngt bestemme et skibs el. et flys bevægelser og position □ *han navigerede sejladsen hele vejen gennem skærgården* □ *navigering* • **navigere ngt** bevæge sig el. få noget til at bevæge sig i en bestemt retning = STYRE □ *hun navigerede bilen sikkert i myldretidstrafikken* · *han navigerede klogt uden om alle vanskelige spørgsmål*

navle

SUBST. *-n,* plur. *-r, -rne*

en lille fordybning på maven efter navlestrengen □ *han pillede sig i navlen* □ *navlebrok* · *navlesnor* · *navlestreng* • **stirre** el. **pille i sin egen navle** være meget selvoptaget □ *teenage-*

ren stirrede på sin egen navle • **verdens navle** et sted el. en person der er centrum for al opmærksomhed □ *han er sikker på at hans by er verdens navle*

navlebeskuelse

SUBST. *-n,* plur. *-r, -rne*

= SELVOPTAGETHED □ *jeg er træt af al jeres navlebeskuelse*

navlebeskuende

ADJ.

som hele tiden er opmærksom på sine egne handlinger og behov = SELVOPTAGET □ *han er blevet noget navlebeskuende af at være alene så længe*

navlebeskuer

SUBST. *-en,* plur. *-e, -ne*

et selvoptaget menneske = NARCISSIST □ *prøv nu at forstå at det ikke kun handler om dig, din navlebeskuer!*

navlebrok

SUBST. *~brokken* el. *~brokket,* plur. *~brok, ~brokkene*

en brok hvor et stykke af tarmen trænger ud i navlen; rammer især nyfødte inden navlestrengen er helet

navlestreng

SUBST. *-en,* plur. *-e, -ene*

en streng som forbinder fostret med moderkagen; forsyner bl.a. fostret med næring og ilt □ *jordemoderen klippede navlestrengen over*

navn

SUBST. *-et,* plur. *-e, -ene*

1. et ord el. en ordforbindelse som bruges til at udpege nogen el. noget ved tiltale el. omtale □ *hendes navn er Ida* · *under falsk navn* · *oplyse sit fulde navn* · *Karen Blixen skrev under navnet Isak Dinesen* · *jeg kan ikke huske navnet på den by* · *det latinske navn for dyrearten* □ *navnedag* · *navnebror* · *navnesøster* · *navnløs* □ *efternavn* · *egennavn* · *fornavn* · *gadenavn* · *mellemnavn* · *stednavn* • om det konkrete nedskrevne navn □ *han har sat sit navn på døren* · *sy navn i sine underbukser* · *en artikel uden navn* • **af navn** i teorien men ikke i virkeligheden □ *styret er kun demokratisk af navn* · *konge af navn men ikke af gavn* • **kende ngn af navn** vide at der findes en person med det angivne navn □ *jeg kender ham kun af navn* • **sætte sit navn under på ngt** = UNDERSKRIVE □ *vil du sætte dit navn under her?* • **gøre ngt i ngs navn** gøre noget under nogens ansvar □ *han tegner aktier i sin kones navn* • **i {lovens} navn** udtryk for at noget sker med en vis autoritet el. vigtighed □ *fortæl hende det i sandhedens navn* • **lægge navn til ngt** blive forbundet med noget, fx som ophavsmand el. ved at lade sit navn blive brugt i forbindelse med noget □ *vil du virkelig lægge navn til det makværk?* · *det produkt vil jeg ikke lægge navn til* • **stå i ngs navn** udtryk for at noget ejes af nogen □ *huset stod i hans kones navn*

2. = BETEGNELSE □ *der må findes et navn for dette fænomen*

3. = ANSEELSE □ *han har ikke det bedste navn her på egnen* · *skabe sig et navn som kunstner* · *hun ødelægger mit gode navn og rygte* • **et stort navn** en berømt person □ *han var et stort navn sidste år* · *der spiller mange navne på Roskildefestivalen i år*

navneagtig

ADJ. *-t, -e*

(om et ord el. en ordforbindelse): som ikke er, men som alligevel fungerer som et navneord i den sætning hvor det optræder

navneattest

SUBST. *-en,* plur. *-er, -erne*

en attest som svarer til en *dåbsattest,* men er for personer der ikke er døbt i folkekirken ≠ DÅBSATTEST, FØDSELSATTEST

navnedag

SUBST. *-en,* plur. *-e, -ene*

en dag som er viet en helgen og bærer dennes navn

navneforandring

SUBST. *-en,* plur. *-er, -erne*

en ændring af sit fornavn el. efternavn efter en særlig aftale med folkeregisteret = NAVNEÆNDRING, NAVNESKIFTE □ *tage navneforandring* · *få bevilget navneforandring*

navnefælle

SUBST. *-n,* plur. *-r, -rne*

en person der har samme navn som en anden; det kan være fornavn, efternavn el. begge dele = NAVNEBROR, NAVNESØSTER □ *vi hedder begge to Jens, så vi er navnefæller*

navnemåde

SUBST. *-n,* plur. *-r, -rne*

= INFINITIV

navneopråb

SUBST. *-et,* plur. *~opråb, -ene*

opråb fra en liste med navne på en gruppe personer hvoraf de tilstedeværende svarer bekræftende når deres navn nævnes □ *skoletimerne begynder altid med navneopråb, så læreren kan se om der er nogen der pjækker*

navneord

SUBST. *-et,* plur. *~ord, -ene*

= SUBSTANTIV

navnetillæg

SUBST. *~tillægget,* plur. *~tillæg, ~tillæggene*

= APPOSITION

navnetræk

SUBST. *~trækket,* plur. *~træk, ~trækkene*

(glds.): = MONOGRAM □ *hendes navnetræk var broderet på dugen og de tolv servietter* • (glds.): = UNDERSKRIFT

navngive

VERB. *-r, ~gav, -t (~given, ~givne)*

navngive ngn(t) give nogen el. noget navn = DØBE, KALDE □ *de navngav deres barn Ida* · *skibet blev navngivet af skibsrederens hustru* □ *navngivelse* · *navngivning* • **navngive sig** sige sit navn □ *hun afleverede pakken ved døren uden at navngive sig*

navngiven el. **navngivet**

ADJ. *-t, ~givne*
(navngivet: - , *~givne)*

som er nævnt ved navn ≠ ANONYM □ *avisen offentliggjorde en række private udtalelser fra navngivne politikere* □ *unavngiven*

navnkundig

ADJ. *-t, -e*
/navn'kundig/

(glds.): = BERØMT □ *en navnkundig digter*

navnlig

ADV.

= ISÆR □ *navnlig i kvarteret omkring havnen er der stor trafik af lastbiler* · *navnlig kvindernes situation er problematisk*

navnløs

ADJ. *-t, -e*

1. som er anonym el. uden navn □ *en navnløs grav* · *barnet var endnu navnløst* □ *navnløshed*

2. ubeskrivelig □ *en navnløs rædsel*

navr

SUBST. *-en,* plur. *-e, -ene*

et løvtræ med store, femfligede blade og vingede frugter; latinsk navn *Acer campestre*

nazaræer

SUBST. *-en,* plur. *-e, -ne*
/naza'ræer/

en indbygger i el. en person der stammer fra Nazaret; særligt brugt om Kristus og de første kristne i det Ny Testamente

nazi-

⟨i sammensætn.⟩ = NAZIST □ *naziforbryder* · *nazihilsen* · *naziparti* · *naziregime* · *nazisvin* · *nazisympatisør* · *nazitilhænger*

nazificere

VERB. *-r, -de, -t*
/nazifi'cere/

nazificere ng(t) gøre nogen el. noget nazistisk □ *de forsøgte at nazificere ham* · *det var planen at nazificere hele det besatte Europa* □ *nazificering* □ *afnazificere*

naziparti

SUBST.

se *nazistparti*

nazisme

SUBST. *-n*
/na'zisme/

en politisk bevægelse som bl.a. bygger på ideen om et klasseløst samfund der skal ledes af én person (*føreren*), samt på den opfattelse at den *ariske* race er andre racer overlegen; havde regeringsmagten i Tyskland 1933-45 med Adolf Hitler som fører = NATIONALSOCIALISME □ *nazismen i Tyskland 1933-1945* · *nazismens rædsler under anden verdenskrig* □ *nynazisme*

nazist

SUBST. *-en,* plur. *-er, -erne*
/na'zist/

en person som er tilhænger af nazisme = NATIONALSOCIALIST, NAZI- □ *hun blev myrdet af nazisterne under anden verdenskrig* □ *nazistisk • nazistgruppe • nazisthilsen • nazistleder • nazistparti • nazistvenlig* □ *nynazist*

nazistparti el. **naziparti**

SUBST. *~partiet,* plur. *~partier, ~partierne*

et parti som bygger på nazisme

NB el. **nb**

udtryk for at man skal lægge mærke til noget; fork. af *notabene* = OBS.

n.br.

fork. for *nordlig bredde*

ndf.

forkort. for *nedenfor*

Ndr.

(i stednavne): fork. for *Nordre* □ *Ndr. Frihavnsgade*

neapolitaner

SUBST.

se *napolitaner*

nebengeschæft el. **nebengesjæft**

SUBST. *-en,* plur. *-er, -erne*

(spøg.): = BIERHVERV □ *have en lukrativ nebengeschæft*

ned

ADV.

1. fra et højere til et lavere plan ≠ OP □ *æblet faldt ned fra træet • regnen silede ned • det går ned ad bakke • han trådte ned fra stolen • han gik ned i kælderen • jeg kan ikke få maden ned • han er nøgen fra skuldrene og ned til livremmen* □ *nedad • nedefter • nedfald • nedfare • nedringe • nedsvælge • nedstige • nedtage* • fra stående til siddende el. liggende stilling el. fra siddende til liggende stilling ≠ OP □ *sætte sig ned • lægge sig ned • lægge en modstander ned • hugge et træ ned* □ *nedlægge • nedhugge* • fra nord til syd ≠ OP □ *han rejste ned til de varme lande* • fra over til under en overflade ≠ OP □ *skibet gik ned med mand og mus • de sænkede dykkerklokken ned i havet • grave blomsterløg ned i jorden* □ *neddykke • nedgrave • nedsænke*
2. i retning mod el. forbi noget el. ved noget som er længere væk = HEN □ *han gik ned mod lyssignalet • stil dig ned til væggen • han gik ned ad gaden • delingsføreren gik skulende ned gennem rækkerne • de fandt en genvej der gik ned om skolen* • frem el. tilbage i et forløb el. en række □ *fra oldtiden og ned til vore dage • med rødder ned til de gamle grækere • tælle ned fra hundrede* □ *nedarve • nedstamme • nedstige • nedtælling*
3. fra en større til en mindre kvantitet ≠ OP □ *prisen er sat ned • de gik ned i løn • stormagterne ruster ned • der blev skruet ned for lyden • dæmp jer ned! • han satte farten ned på bilen • gasse ned • sætte en straf ned • jeg er gået ned i vægt • skrue forventningerne ned* □ *nedblænde • nedbringe • neddæmpe • neddysse • nedgang • nedruste • nedskære • nedsætte*
4. med forringelse af værdi til følge □ *han rakkede sine kolleger ned • hun ser ned på de fremmede* □ *nedrakke • nedsættende • nedværdige* • med ødelæggelse, død, skade, fjernelse el.lign. til følge □ *rive et hus ned • bryde en mur ned • bilen er slidt ned • flyet styrtede ned • slagte en fjende ned • manden blev kørt ned • hun blev slået ned på åben gade • forslaget blev stemt ned • ned med regeringen! • computeren er gået ned* □ *nedbryde • nedkøre • nedrive • nedslagte • nedslide • nedstemme • nedstyrte*
5. (skrivning): på papir el.lign. □ *hun skrev sine ideer ned • føre ned på papir* □ *nedfælde • nedkradse • nedskrive*

ned.

fork. for *nederst*

nedad

ADV.

i retningen ned = NEDEFTER ≠ OPAD □ *det gik nedad i susende fart • han hang med hovedet nedad* □ *nedadgående • nedadførende • nedadhældende • nedadtil*

nedadgående

ADJ.

på vej nedad ≠ OPADGÅENDE □ *en nedadgående bevægelse • en nedadgående salgskurve • priserne er for nedadgående*

nedadtil

ADV.

i en retning som leder nedad ≠ OPADTIL □ *der er opstået en revne nedadtil i rygsøjlen • vi må sætte en grænse nedadtil*

nedarve

VERB. *-r, -de, -t*

nedarve ngt erhverve el. videregive noget gennem biologisk el. kulturel arv = ARVE □ *forældrenes egenskaber nedarves til børnene • nedarvede forestillinger* □ *nedarvning*

nedblænde

VERB. *-r, -de, -t*

nedblænde ngt få en lyskilde til at høre op med at blænde; det kan gøres ved at dæmpe lysstyrken, skærme af for den el. føre dens retning bort fra øjnene □ *nedblænde lygterne i en bil fra det lange til det korte lys • kan du ikke nedblænde lampen lidt?* □ *nedblænding*

nedbringe

VERB. *-r, nedbragte, nedbragt*

nedbringe ngt gøre mængden el. omfanget af noget mindre = REDUCERE □ *de nye regler vil nedbringe arbejdsløsheden i betragtelig grad • nedbringe underskuddet på betalingsbalancen • nedbringe omkostninger • nedbringe en risiko* □ *nedbringelse*

nedbrudt

ADJ. *- , -e*

(om en person): som er fysisk el. psykisk svækket □ *jeg er fysisk og psykisk nedbrudt • nedbrudt af sorg*

nedbryde

VERB. *-r, nedbrød, nedbrudt*

1. nedbryde ng(t) ødelægge nogen el. noget ved at påvirke det gennem et stykke tid □ *bølgeslaget har nedbrudt en del af diget • han var nedbrudt af alkoholmisbrug • hun var helt nedbrudt af sorg* □ *nedbrydning*
2. nedbryde ngt opløse noget i de enkelte bestanddele, fx ved forrådnelse = OPLØSE □ *næringsstofferne nedbrydes i organismen • materialet nedbrydes i naturen*

nedbrydelig

ADJ. *-t, -e*
/ned'brydelig/

som kan nedbrydes □ *proteiner og andre nedbrydelige molekyler • plastic er ikke biologisk nedbrydeligt* □ *unedbrydelig*

nedbøjet

ADJ. *- , nedbøjede*

= NEDTRYKT □ *være nedbøjet af sorg* □ *nedbøjethed*

nedbør

SUBST. *-en*

vand fra skyerne der falder til jorden som regn, hagl el. sne □ *der faldt meget nedbør i september* □ *nedbør(s)mængde • nedbør(s)område • nedbør(s)skema*

neddykket

ADJ. *- , neddykkede*

(om en ubåd): som er dykket ned under vandet □ *undervandsbåden var neddykket i flere dage* □ *neddykning*

neddysse

VERB. *-r, -de, -t*

neddysse ng(t) dysse nogen el. noget ned = DYSSE NED □ *neddysse et larmende barn • neddysse et rygte • neddysse en skandale • neddysse oprørske tendenser i befolkningen* □ *neddysning*

neddæmpe

VERB. *-r, -de, -t*

neddæmpe ngt = DÆMPE □ *neddæmpe sin vrede • kan du ikke neddæmpe tonen lidt?* □ *neddæmpning*

nede

ADV.

1. på et lavereliggende plan i forhold til et bestemt udgangspunkt ≠ OPPE □ *kartoflerne ligger nede i kælderen • børnene er nede at lege • kan du ikke klø lidt længere nede ad ryggen? • han kom nede fra kælderen • mikroorganismerne nede i jorden • nede i vandet • nede i vasken • nede i flasken • nede i maven* □ *nedefra* • i sin laveste position ≠ OPPE □ *bommen er nede • solen er nede* • som ligger længere mod syd ≠ OPPE □ *nede i Gedser • han kom nede fra Syden*
2. nede ad ngt henne ad noget □ *der ligger et hotel længere nede ad gaden*
3. på et lavt niveau med hensyn til noget der kan tælles □ *holde arbejdsløsheden nede • temperaturen er nede under frysepunktet • jeg forsøger at holde vægten nede*
4. ude af drift □ *computersystemet er nede •*

arbejdet på fabrikken ligger nede tre uger om året
5. i forsk. forb.: • **holde ng(t) nede** kue el. undertrykke nogen el. noget □ *han bliver holdt nede af sin magtsyge hustru* · *holde sine lyster nede* • **være langt nede** være trist el. deprimeret □ *hun er langt nede over sine dårlige karakterer*

nedefra

ADV.

fra en lavere position ≠ OPPEFRA □ *set nedefra virker huset ikke særligt stort* · *hendes stemme kom nedefra* □ *nedefrakommende* • fra den nederste del af noget ≠ OPPEFRA □ *når du maler en facade skal du begynde oppefra, ikke nedefra* · *arbejde sig op nedefra*

nedefter

ADV.

1. oppefra og ned = NEDAD ≠ OPEFTER, OPAD □ *på østsiden skråner bakken jævnt nedefter* • mod den nedre del □ *træets stamme bliver tykkere nedefter* • **fra ng og nedefter** samtlige personer i en række el. et hierarki □ *fra de forreste soldater og nedefter i rækkerne* · *hele personalet fra chefen og nedefter* · *fra toppen og nedefter*
2. tage det hele fra oven og nedefter forholde sig til noget på en overlegen el. besindig måde

neden

ADV.

1. fra neden fra bunden el. fra en lavere position ≠ FRA OVEN □ *det står på side tre linie tre fra neden* · *han har arbejdet sig op fra neden*
2. neden under i en lavereliggende position i forhold til noget og direkte under dette = UNDER □ *hunden ligger neden under bordet* · *der sidder et stykke tyggegummi neden under din sål* · *det står lige neden under overskriften* • **neden om** uden om noget som ligger højere □ *vi gik neden om bakken* • **neden for** i en lavereliggende position i forhold til noget ≠ OVEN FOR □ *han stod og sang neden for vinduet* · *det står lige neden for overskriften* • ⟨i sammensætn.⟩ i en lavereliggende posistion ≠ OVEN- □ *nedennævnt* · *nedenstående* · *nedenunder* □ *underneden*
3. ⟨præp.⟩ (glds.): på denne side af □ *Overgaden neden Vandet*
4. gå neden om og hjem udtryk for at nogen eller noget går konkurs □ *købmandsforretningen gik neden om og hjem*

nedenfor

ADV.

som befinder sig længere nede ≠ OVENFOR □ *fra altanen så de på torvet nedenfor* · *du skal læse det der står med småt nedenfor i teksten*

nedenn.

fork. for *nedennævnte*

nedennævnt

ADJ. - , *-e*

som er nævnt længere nede i teksten ≠ OVENNÆVNT □ *oplysningerne stammer fra nedennævnte kilde*

nedenom

ADV.

1. uden om noget og neden om dette ≠ OVENOM □ *i stedet for at gå over bakken gik de nedenom*
2. gå nedenom og hjem gå konkurs □ *forretningen er gået nedenom og hjem*

nedenst.

fork. for *nedenstående*

nedenstående

ADJ.
fork. *nedenst.*

som står lige neden under en sætning ≠ OVENSTÅENDE □ *de nedenstående oplysninger er strengt fortrolige*

nedentil

ADV.

= FORNEDEN □ *hendes kjole er helt ødelagt nedentil*

nedenunder

ADV.

som befinder sig et niveau længere nede ≠ OVENOVER □ *familien i lejligheden nedenunder er meget støjende* · *de bor lige nedenunder*

nederdel

SUBST. *-en,* plur. *-e, -ene*

en beklædningsgenstand til kvinder der hænger løst ned fra taljen og dækker en større el. mindre del af benene □ *hun købte en lårkort og en lang nederdel* □ *buksenederdel* · *slå om-nederdel*

nederdrægtig

ADJ. *-t, -e*

= ONDSKABSFULD □ *en nederdrægtig kone* · *et nederdrægtigt rod* · *et nederdrægtigt vejr* □ *nederdrægtighed* • forstærkende udtryk □ *det gør nederdrægtigt ondt* · *en nederdrægtig dygtig kollega*

nederdrægtighed

SUBST. *-en,* plur. *-er, -erne*
/neder'drægtighed/

en ondskabsfuld handling = PERFIDITET, ONDSKABSFULDHED □ *begå en nederdrægtighed ved at svigte sine venner* • ⟨ikke plur.⟩ en gemen karakter □ *hans nederdrægtighed er ikke til at tage fejl af*

nederlag

SUBST. *-et,* plur. *nederlag, -ene*

det at tabe til en modstander □ *Napoleon led nederlag ved Waterloo* · *tilføje modstanderen et knusende nederlag* □ *nederlagspolitik* · *nederlagsstemning* · *nederlagstanke* □ *valgnederlag* • det ikke at klare hvad man har sat sig for, el. hvad der forventes af én □ *det var et nederlag for ham at hans kone forlod ham* · *lide et personligt nederlag*

nederlandsk

ADJ. - , *-e*

som har at gøre med Nederland

nederlænder

SUBST. *-en,* plur. *-e, -ne*

en person fra Nederland

nederst

ADJ. - , *-e*

som befinder sig længst nede i en bunke, på en liste el.lign. = UNDERST, NEDRE ≠ ØVERST □ *de nederste papirer i en bunke* · *han stod nederst på ventelisten* · *de bor nederst i ejendommen* • ⟨også SUBST.⟩ som befinder sig længst nede i et hierarki ≠ ØVERST □ *han er nederst i klassen* · *de nederste i samfundet*

nedertysk

SUBST. *et*

dialekterne i den nordlige del af Tyskland = PLATTYSK ≠ HØJTYSK

nedfald

SUBST. *-et,* plur. *nedfald, -ene*

noget som er faldet ned □ *havens nedfald af frugter om efteråret* □ *nedfaldsfrugt* · *nedfaldsskakt* • **radioaktivt nedfald** ⟨ubøj.⟩ radioaktivt støv som daler ned efter en atombombesprængning el. et udslip fra et atomkraftværk

nedfalden

ADJ. *-t,* (el. *nedfaldet*), *nedfaldne*

som er faldet ned; det kan fx være frugter fra et træ el. aske el. støv fra himlen □ *nedfalden frugt* · *vi laver grød af de nedfaldne æbler* · *den nedfaldne aske lå som et hvidt tæppe over græsset*

nedfaldsfrugt

SUBST. *-en,* plur. *-er, -erne*

frugt som er faldet ned fra træet □ *vi laver frugtgrød af havens nedfaldsfrugter*

nedfare

VERB. *-r, nedfor, -t*

nedfare til ngt (form.): fare ned til dødsriget ≠ OPSTIGE □ *hans sjæl er nedfaret til Helvede*

nedfart

SUBST. *-en,* plur. *-er, -erne*

en færd nedad □ *vi spændte skiene på og begyndte nedfarten fra bjerget* · *sjælens nedfart til Helvede*

nedfotografere

VERB. *-r, -de, -t*

nedfotografere ngt formindske størrelsen på et fotografi □ *nedfotografere dokumenter* $^{1}/_{100}$ *af deres oprindelige størrelse* □ *nedfotografering*

nedfryse

VERB. *-r, nedfrøs, nedfrosset (~frossen, ~frosne)*

nedfryse ngt køle noget ned til under frysepunktet = FRYSE □ *nedfryse kød* · *nedfrosne madvarer* · *opbevares i nedfrosset stand* □ *nedfrysning* • **nedfryse ng** bringe nogens legemstemperatur ned under det normale □ *det blev nødvendigt at nedfryse den tilskadekomne* • **nedfryse ngt** udsætte noget på ubestemt tid □ *nedfryse et projekt*

nedfælde

VERB. *-r, -de, -t*

1. nedfælde ngt (poet., glds.): skrive noget □

nedfælde sine tanker på papir □ *nedfældning*
2. nedfælde den vinkelrette se under *vinkelret*

nedgang

SUBST. *-en,* plur. *-e, -ene*

1. det at gå el. stige ned ≠ OPGANG □ *solnedgang* • en trappe el.lign. som fører ned til et lavereliggende sted □ *hun fandt nedgangen til kælderbeværtningen* □ *kældernedgang*
2. det at noget bliver mindre el. falder i værdi el. antal ≠ STIGNING □ *en nedgang i salget* • *der er sket en nedgang i antallet af trafikuheld* □ *konjunkturnedgang*

nedgangstid

SUBST. *-en,* plur. *-er, -erne*

en periode hvor noget er for nedadgående, fx et lands økonomi □ *en økonomisk nedgangstid* • *det er nedgangstider for landbruget* • *åndelige nedgangstider*

nedgroet

ADJ. *- , nedgroede*

(om en negl): som er groet ned i kødet □ *en nedgroet negl*

nedgøre

VERB. *nedgør, nedgjorde, nedgjort*

nedgøre ng(t) omtale nogen el. noget nedsættende el. kritisere hårdt ≠ ROSE □ *hun nedgjorde mig foran hele forsamlingen* • *kritikeren nedgjorde hendes mangeårige forfatterskab* □ *nedgøring*

nedgående

ADJ.

(om solen): som er på vej ned ≠ OPGÅENDE □ *den nedgående sol spredte sine sidste stråler som en vifte over landskabet*

nedhængende

ADJ.

som hænger ned, ofte på en livløs el. slatten måde □ *hun havde langt, nedhængende hår* • *nedhængende gardiner*

nedise

VERB. *-r, -de, -t*

nedise ngt afkøle noget ved at dække det med is □ *nedise fisk* • blive dækket af is □ *skibet ligger nediset*

nedkalde

VERB. *-r, nedkaldte, nedkaldt*

nedkalde ngt over ng bede en højere magt om at nogen må få tildelt noget; det kan fx være en velsignelse, en forbandelse el. en straf □ *præsten nedkalder Guds velsignelse over forsamlingen* • *hun har nedkaldt en forbandelse over os* • *ved mit overmod har jeg selv nedkaldt straffen over mig* □ *nedkaldelse*

nedkaste

VERB. *-r, -de, -t*

nedkaste ngt kaste noget ned, fx fra et fly = DROPPE □ *Røde Kors nedkaster fødevarer til de sultende fra helikoptere og flyvemaskiner* □ *nedkastning*

nedkomme

VERB. *-r, nedkom, -t*

nedkomme med ng presse et færdigudviklet barn ud af livmoderen = FØDE, SÆTTE I VERDEN, BARSLE □ *hun nedkom i går* • *hun nedkom med en dreng på 4 kg*

nedkomst

SUBST. *-en,* plur. *-er, -erne*

= FØDSEL □ *forventet nedkomst*

nedkule

VERB. *-r, -de, -t*

nedkule ngt opbevare fødevarer, affald el.lign. i en kule □ *nedkuling*

nedkæmpe

VERB. *-r, -de, -t*

nedkæmpe ng(t) (militær): bringe en modstand til at stoppe især med magt □ *oprøret blev nedkæmpet* • *i maj 1945 var Tyskland fuldstændig nedkæmpet* • *Napoleon blev nedkæmpet ved Waterloo*

nedkøle

VERB. *-r, -de, -t*

nedkøle ngt køle noget ned el. opbevare det koldt □ *jeg foretrækker at nedkøle vandet med isterninger før jeg drikker det* • *nedkøle madvarer i fryser eller køleskab* □ *nedkøling* • **nedkøle ng(t)** dæmpe nogen el. noget ned □ *skal vi ikke nedkøle ham skrighalsen lidt?* • *nedkøle oprørske tendenser i befolkningen* □ *nedkøling*

nedkørsel

SUBST. *-en* (el. *~kørslen*), plur. *~kørsler, ~kørslerne*

1. et skråt plan som fører køretøjer lempeligt ned fra noget □ *ud for porten er der en nedkørsel fra fortovet* □ *nedkørselsrampe* • *nedkørselsvej*
2. det at køre nogen ned □ *fodgængeren er blevet dræbt af en bil, men der var ingen vidner til nedkørslen*

nedlade

VERB. *-r, nedlod, nedladt*

nedlade sig til ngt gøre noget som man føler er under ens værdighed = NEDVÆRDIGE □ *jeg vil hellere sulte end nedlade mig til at stjæle* • *hun er dygtig, men nedlader sig aldrig til pral*

nedladende

ADJ.

som giver indtryk af overlegenhed el. ringeagt = NEDVÆRDIGENDE, OVERLEGEN, RINGEAGTENDE, NEDSÆTTENDE, BEDREVIDENDE □ *en nedladende mine* • *en nedladende tone* • *chefen er nedladende over for personalet* • *han kritiserede hendes opgave i nedladende vendinger* □ *nedladenhed*

nedladenhed

SUBST. *-en*

en adfærd som giver indtryk af overlegenhed el. ringeagt □ *jeg bryder mig ikke om hans nedladenhed over for personalet*

nedlod

VERB.

bøjningsform af *nedlade*

nedlægge

VERB. *-r, nedlagde, nedlagt*

1. nedlægge ngt indstille el. afskaffe en aktivitet, virksomhed el.lign. □ *de nedlagde arbejdet i protest* • *af sparehensyn er visse ruter nedlagt* • *nedlægge arbejdspladser* • *nedlægge landbruget på en herregård* • *nedlægge våbnene* □ *nedlæggelse* • *nedlægning* • **nedlægge ngt** give sit hverv fra sig □ *nedlægge formandskabet* • *nedlægge kronen* • *nedlægge sit mandat*
2. nedlægge ng(t) fælde et bytte el. en modstander □ *nedlægge et dyr* • *skytten har nedlagt en ræv* • *bokseren nedlagde udfordreren*
3. nedlægge ngt lægge noget ned i el. på noget □ *nedlægge en grundsten* • *nedlægge en krans på graven* □ *nedlæggelse* • *nedlægning*
4. nedlægge ngt fremsætte en mundtlig el. skriftlig redegørelse □ *nedlægge en protest* • *nedlægge forbud* • *nedlægge påstand om noget* • *nedlægge veto*

nedlæggelse

SUBST. *-n,* plur. *-r, -rne*

1. nedlæggelse af ngt det at nedlægge en aktivitet, en virksomhed el.lign. □ *de ansattes nedlæggelse af arbejdet er overenskomststridig* • *nedlæggelse af hospitaler, skoler og andre institutioner* • *nedlæggelse af arbejdspladser* • *nedlæggelse af en busrute*
2. nedlæggelse af ngt det at lægge noget ned på en overflade el. i jorden □ *nedlæggelse af en krans på en grav* • *nedlæggelse af grundstenen til en bygning* □ *grundstensnedlæggelse* • *kransenedlæggelse*

nedlægning

SUBST. *-en,* plur. *-er, -erne*

nedlægning af ngt i ngt det at lægge noget ned i noget for at skjule, beskytte el. konservere det □ *nedlægning af en rørledning i jorden* • *nedlægning af sild i en lage*

nedløbsrør

SUBST. *-et,* plur. *~rør, -ene*

et rør der leder regnvand ned fra en tagrende

nednormere

VERB. *-r, -de, -t*

nednormere ngt flytte en stilling ned i en lavere lønklasse □ *nednormere en stilling* □ *nednormering* • **nednormere ng** skære ned på en personalegruppe □ *fysioterapeuterne er nednormeret med 2,5 stillinger* □ *nednormering*

nedom

ADV.

nede omkring □ *hun er noget svær nedom*

nedover

ADV.

ned mod et lavereliggende plan = NEDAD, NEDEFTER ≠ OPAD, OPEFTER □ *fra bakketoppen gik det rask nedover* • mod syd □ *skibet er på vej nedover fra Thorshavn*

nedpløje

VERB. *-r, -de, -t*

nedpløje ngt fjerne noget ved at pløje det ned i jorden □ *ukrudtet skal nedpløjes flere gange om året* □ *nedpløjning*

nedrakke

VERB. *-r, -de, -t*

nedrakke ng(t) = RAKKE NED PÅ □ *hun nedrakker altid sine venner når de ikke er til stede* · *regeringens spareforslag er blevet nedrakket i samtlige af landets aviser* □ *nedrakning*

nedramme

VERB. *-r, -de, -t*

nedramme ngt banke noget ned i jorden □ *nedramme en pæl* □ *nedramning*

nedre

ADJ.

som er nederst = NEDERST ≠ ØVRE, ØVERST □ *den nedre del af en konstruktion* · *de nedre etager i en bygning* · *det nedre dæk på et skib* • (om en flod, et vandløb o.l.): som befinder sig i den modsatte ende i forhold til udspringet ≠ ØVRE □ *Donaus nedre løb*

nedrig

ADJ. *-t, -e*

= ONDSKABSFULD □ *et nedrigt komplot* · *en nedrig tankegang* · *opføre sig nedrigt* □ *nedrighed*

nedringe

VERB. *-r, -de, -t*

nedringe ngt gøre en halsudskæring dybere □ *designerens nye kollektion er flot, men jeg synes godt han kunne nedringe kjolerne lidt mere* □ *nedringning*

nedringet

ADJ. *- , nedringede*

som har dyb halsudskæring = UDRINGET □ *en nedringet kjole* · *blusen er stærkt nedringet i ryggen* · *ved ballet var alle damerne stærkt nedringede*

nedrive

VERB. *-r, nedrev, nedrevet (nedreven, nedrevne)*

nedrive ngt sønderdele el. ødelægge noget, især om bygninger el. anden konstruktion = RIVE NED □ *den gamle skole blev nedrevet ved omlægningen af trafikken* · *de besluttede at nedrive det gamle kvarter og bygge et helt nyt* □ *nedrivning*

nedrivning

SUBST. *-en,* plur. *-er, -erne*

jf. *nedrive* □ *nedrivning af et hus* · *nedrivning af en mur* · *nedrivning af en plakat*

nedrulle

VERB. *-r, -de, -t*

nedrulle et gardin trække et rullegardin ned □ *hun har nedrullet sine gardiner og slukket lyset* □ *nedrulning*

nedrullet

ADJ. *- , nedrullede*

(om et rullegardin): som er rullet ned □ *om aftenen sad vi og hyggede os for nedrullede gardiner*

nedruste

VERB. *-r, -de, -t*

skære ned på militærstyrker, våbenlagre o.l. ≠ OPRUSTE □ *mellem de to verdenskrige nedrustede Danmark* □ *nedrustning*

nedrustning

SUBST. *-en,* plur. *-er, -erne*

jf. *nedruste* □ *stormagterne har indgået en aftale om nedrustning af atomvåbenarsenalerne* □ *nedrustningsaftale* · *nedrustningsforhandling*

nedrykke

VERB. *-r, -de, -t*

(sport): rykke ned i en lavere række □ *klubben endte på turneringens sidsteplads og nedrykkes til 2. division* □ *nedrykning*

nedsable

VERB. *-r, -de, -t*

1. nedsable ng udføre en massakre på nogen = MASSAKRERE □ *den romerske hær blev nedsablet ved Cennæ* □ *nedsabling*
2. nedsable ngt kritisere noget voldsomt = NEDRAKKE □ *forfatterens sidste roman blev nedsablet af kritikerne* □ *nedsabling*

nedsalte

VERB. *-r, -de, -t*

nedsalte ngt lægge noget i saltlage □ *fiskerne nedsalter deres fangst* · *efter slagtningen blev dyrene nedsaltet* □ *nedsaltning*

nedskrift

SUBST. *-en,* plur. *-er, -erne*

et eksemplar af en håndskrevet tekst □ *den første nedskrift af digtet er ikke bevaret*

nedskrive

VERB. *-r, nedskrev, nedskrevet, (nedskreven, nedskrevne)*

1. nedskrive ngt {på} ngt skrive noget ned på papir □ *jeg nedskrev oplysningerne i en notesbog* □ *nedskrivning*
2. nedskrive ngt med ngt = DEVALUERE □ *kronen er nedskrevet med 5%* □ *nedskrivning*

nedskrivning

SUBST. *-en,* plur. *-er, -erne*

1. det at skrive noget ned □ *nedskrivningen af beretningen tog fire måneder*
2. = DEVALUERING □ *de foretog en nedskrivning af landets valuta* · *nedskrivning af et varelager*

nedskære

VERB. *-r, nedskar, nedskåret (nedskåren, nedskårne)*

nedskære ngt skære ned på omfanget el. antallet af noget = REDUCERE □ *priserne er nedskåret med 10%* · *boligstøtten skal nedskæres* · *de nedskærer personalet til fordel for maskiner* □ *nedskæring*

nedskæring

SUBST. *-en,* plur. *-er, -erne*

nedskæring af ngt jf. *nedskære* □ *nedskæring af priser* · *nedskæring af støtte* · *rationaliseringen indebærer først og fremmest nedskæring af personalet* □ *nedskæringsforslag* · *nedskæringspolitik* □ *personalenedskæring*

nedskæringspolitik

SUBST. *~politikken*

en politik som er baseret på at skære ned på udgifter = SPAREPOLITIK □ *de borgerlige partiers nedskæringspolitik har bremset økonomien* · *virksomhedsledelsens nedskæringspolitik sender de ansatte ud i arbejdsløshed*

nedslag

SUBST. *-et,* plur. *nedslag, -ene*

1. det at fx et lyn el. et projektil slår ned på el. i noget □ *lynets nedslag afstedkom en brand* · *nedslagene fra snigskytternes projektiler gav ekko mellem husene* · *en tårnspringers nedslag i vandet* □ *bombenedslag* · *lynnedslag*
2. en nedsættelse af en pris el.lign. = AFSLAG □ *jeg fik nedslag i prisen fordi der var en lille fejl i syningen* · *få et nedslag på 5%* □ *prisnedslag*

nedslagte

VERB. *-r, -de, -t*

nedslagte ngt slå syge kreaturer el.lign. ihjel pga. smittefare □ *adskillige gårdmænd har måttet nedslagte deres køer pga. mund- og klovsyge* □ *nedslagtning* • **nedslagte ng** dræbe nogen på en vild og grusom måde

nedslagtning

SUBST. *-en,* plur. *-er, -erne*

jf. *nedslagte* □ *nedslagtningerne pga. mund- og klovsygen indebærer store tab for den enkelte gårdmand*

nedslide

VERB. *-r, nedsled, nedslidt*

nedslide ngt slide noget i stykker = SLIDE, OPSLIDE □ *den ru astfalt nedslider dækkene* · *børnene nedslider deres nye cykler på mindre end et år* □ *nedslidning*

nedslidning

SUBST. *-en,* plur. *-er, -erne*

det at slide noget i stykker □ *nedslidning af dæk* • (om en person): en fysisk el. psykisk skade, fx pga. hårdt arbejde □ *nedslidning af arbejdskraft* · *overbelastning af ryg, skuldre og ben medfører en øget grad af nedslidning*

nedslidt

ADJ.

= SLIDT □ *bilen har nedslidte dæk* · *en nedslidt maskinpark* · *fysisk og psykisk nedslidt* • (om en person): = SLIDT NED □ *en nedslidt gammel mand*

nedslående

ADJ.

som gør én nedtrykt = SØRGELIG □ *nedslående nyheder*

nedslået

ADJ. - , *nedslåede*

1. som er slået ned ≠ OPSLÅET ◻ *en nedslået paraply* • *nedslåede øjenlåg*
2. (om en person): som er skuffet el. ked af det = NEDTRYKT ≠ OPLØFTET ◻ *han var meget nedslået over resultatet af landskampen* ◻ *nedslåethed*

nedslåethed

SUBST. *-en*

det at være skuffet el. ked af det = NEDTRYKTHED, NEDSTEMTHED ◻ *hendes nedslåethed skyldes kærestens afrejse*

nedspring

SUBST. *-et*, plur. *nedspring, -ene*

et spring fra noget og ned på gulvet el. jorden ◻ *gymnasten er især kendt for sine elegante nedspring* • *han forstuvede foden ved nedspringet fra muren*

nedstamme

VERB. *-r, -de, -t*

nedstamme fra ng(t) kunne føre sin oprindelse tilbage til nogen el. noget; især til et væsen el. sprog = STAMME FRA, NEDSTIGE FRA ◻ *hun nedstammer i lige linie fra en greve* • *de romanske sprog nedstammer fra latin* • *menneskene nedstammer fra aberne* ◻ *nedstamning*

nedstemme

VERB. *-r, nedstemte, nedstemt*

1. **nedstemme ngt** stemme imod et forslag el.lign. med så mange stemmer at det ikke bliver vedtaget ◻ *nedstemme et forslag* • *nedstemme en dagsorden i Folketinget* • *han blev nedstemt af kammeraterne* ◻ *nedstemning*
2. **nedstemme ngt** sætte sine forventninger el.lign. ned = NEDSKRUE ≠ OPSTEMME, OPSKRUE ◻ *du må nedstemme dine forventninger, ellers bliver du skuffet* ◻ *nedstemning*

nedstemt

ADJ.

som er trist til mode = NEDTRYKT, NEDSLÅET ◻ *han kom nedstemt hjem fra arbejde* • *hun var nedstemt over afslaget*

nedstige

VERB. *-r, nedsteg, nedsteget (nedstegen, nedstegne)*

1. **nedstige fra ngt** (form., spøg.): stige ned fra noget ≠ OPSTIGE ◻ *englene er nedsteget fra Himmmeriget* • *nogen troede at han som en anden Moses ville nedstige fra bjerget med alle tiders budskaber* ◻ *nedstigning*
2. **nedstige fra ng** nedstamme fra nogen i lige linie = NEDSTAMME

nedstigning

SUBST. *-en*, plur. *-er, -erne*

det at bevæge sig nedad ≠ OPSTIGNING ◻ *forude venter en lodret nedstigning på 800 m* • *de gjorde holdt under nedstigningen*

nedstreg

SUBST. *-en*, plur. *-er, -erne*

en lodret streg i et bogstav ◻ *bogstavet 'n' har to nedstreger, 'm' har tre*

nedstryger

SUBST. *-en*, plur. *-e, -ne*

en sav med smal, stærk klinge som bruges til at save i metal = METALSAV

nedstrøg

SUBST. *-et*, plur. *nedstrøg, -ene*

et buestrøg på et strygeinstrument der begynder ved *froschen* og ender ved buens yderste ende ≠ OPSTRØG

nedstyrtning

SUBST. *-en*, plur. *-er, -erne*

det at falde ned højt oppefra og ramme jorden ◻ *passagerflyets nedstyrtning skyldtes en menneskelig fejl* • *nedstyrtning af teglsten fra et tag* ◻ *nedstyrtningsfare* • *nedstyrtningsskakt*

nedstyrtningsskakt

SUBST. *-en*, plur. *-e* (el. *-er*), *-ene* (el. *-erne*)

= AFFALDSSKAKT

nedsunken

ADJ. *nedsunket, nedsunkne*

1. som er sunket ned i noget ◻ *en nedsunken dykkerklokke* • *de fandt ham halvt nedsunket i kviksand* • *hun sad nedsunket i den bløde lænestol*
2. (om en legemsdel, et organ): som er sunket nedad i forhold til sin naturlige stilling el. placering ◻ *en skæv og nedsunken skulder* • *en nedsunken livmor* • *han stod med et tomt blik og nedsunkne skuldre*

nedsving

SUBST. *-et*, plur. *nedsving, -ene*

1. en ændring i negativ retning ≠ OPSVING ◻ *et økonomisk nedsving*
2. (gymnastik): det at svinge sig ned fra noget ◻ *øvelser i baglæns nedsving fra baren*

nedsvælge

VERB. *-r, -de, -t*

nedsvælge ngt synke noget hurtigt og uden at smage på det = SYNKE ◻ *han havde lige tid til at nedsvælge en mundfuld mad* ◻ *nedsvælgning*

nedsætte

VERB. *-r, ~satte, ~sat*

1. **nedsætte ngt** sænke noget fra et niveau til et andet så det bliver mindre, lavere, kortere, langsommere, dårligere, billigere m.m. = FORMINDSKE, SÆNKE, AFKORTE, FORRINGE ◻ *nedsætte forbruget* • *nedsætte sine forventninger* • *nedsætte diskontoen* • *nedsætte en fængselsstraf* • *nedsætte farten* • *nedsætte huslejen* • *nedsætte en pris* • *sælge til nedsatte priser* • *stærk støj nedsætter hørelsen* • *nedsat hørelse og syn* ◻ *nedsættelse* • *nedsættende*
2. **nedsætte ngt** samle en gruppe mennesker som skal løse en særlig opgave = ETABLERE ◻ *der blev nedsat en kommision til undersøgelse af urolighederne* • *nedsætte et udvalg* ◻ *nedsættelse* • **nedsætte sig** begynde egen forretning = ETABLERE SIG ◻ *nedsætte sig som sagfører*

nedsættende

ADJ.

som er uvenlig og negativ = NEDLADENDE, RINGEAGTENDE ≠ ROSENDE ◻ *tale nedsættende om nogen* • *en nedsættende bemærkning* • *ordet er brugt nedsættende*

nedtone

VERB. *-r, -de, -t*

nedtone ngt få noget til at virke mere harmløst el. betydningsløst end det er el. synes at være ◻ *olieselskabet nedtoner de risici der er forbundet med en sænkning af olieboreplatformen* • *nedtone en problemstilling* • *du nedtoner sagens alvor* ◻ *nedtoning*

nedtrapning

SUBST. *-en*, plur. *-er, -erne*

jf. *nedtrappe* ◻ *en nedtrapning af gælden over 10 år* • *nedtrapning af en behandling* • *en narkoman på nedtrapning* ◻ *alkoholnedtrapning* • *metadonnedtrapning*

nedtrappe

VERB. *-r, -de, -t*

nedtrappe ngt gradvis mindske mængden el. omfanget af noget, fx efter en plan = DEESKALERE, TRAPPE NED ≠ OPTRAPPE ◻ *han nedtrappede behandlingen* • *han nedtrappede sit stofmisbrug* • *de nedtrappede bombningerne* ◻ *nedtrapning*

nedtrykt

ADJ. - , *-e*

lettere deprimeret = DEPRIMERET, NEDSLÅET, NEDSTEMT, TRIST ◻ *føle sig nedtrykt* • *den efterlyste er gået bort i nedtrykt sindstilstand* ◻ *nedtrykthed*

nedtrykthed

SUBST. *-en*

det at være nedtrykt = NEDSLÅETHED, NEDSTEMTHED ◻ *føle stor nedtrykthed* • *blive grebet af en dyb nedtrykthed*

nedtur

SUBST. *-en*, plur. *-e, -ene*

1. en tur der går fra et højere til et lavere sted ◻ *på nedturen gik svævebanen i stykker*
2. en periode med krise og nedgang; det kan være en økonomisk tilbagegang el. psykisk uligevægt = DEROUTE ◻ *firmaets økonomiske nedtur skyldes dårlig ledelse* • *en psykisk nedtur* • *han fik en ordentlig nedtur da han blev arbejdsløs*

nedtælling

SUBST. *-en*, plur. *-er, -erne*

det at tælle sekunder baglæns ned til nul, fx før opsendelsen af en rumraket ◻ *nedtællingen er begyndt: 10, 9, 8, 7, 6, 5, 4, 3, 2, 1, 0, fyr!*

nedvurdere

VERB. *-r, -de, -t*

nedvurdere ng(t) bedømme noget til at være meget lidt værd ◻ *han nedvurderede sin hustrus arbejde i hjemmet* • *du nedvurderer ham* ◻ *nedvurdering*

nedværdige

VERB. *-r, -de, -t*

1. **nedværdige ng** = YDMYGE ◻ *hvorfor skal du altid nedværdige mig foran dine venner?* ◻

nedværdigelse
2. nedværdige sig til ngt = NEDLADE □ *jeg nedværdiger mig ikke til at danse for de fulde svin* □ *nedværdigelse*

neg

SUBST. *-et,* plur. *neg, -ene*

et bundt af skårne kornaks □ *det høstede korn bindes i neg*

negation

SUBST. *-en,* plur. *-er, -erne*
[*nega'sjo'n*]

1. (sprogvidenskab): et ord el. en stavelse som ophæver gyldigheden af et udsagn el. gør det modsat = NÆGTELSE □ *'ikke' er den mest anvendte negation*
2. (form.): den diametrale modsætning af noget

negativ[1]

SUBST. *-et,* plur. *-er, -erne*

et billede på en fotografisk film hvorpå motivets lyse farver fremstår som mørke og omvendt; anvendes til fremstilling af fotografier ≠ POSITIV □ *tage et aftryk af negativerne* □ *negativfremkaldelse* □ *farvenegativ*

negativ[2]

ADJ. *-t, -e*

1. som nærer modstand mod el. som nægter noget = AFVISENDE ≠ POSITIV □ *eleverne var negative over for forslaget · få et negativt svar · være negativt indstillet · reagere negativt* • som er det modsatte el. spejlvendte af noget □ *et negativt billede · en negativ kliché*
2. som har en egenskab der er modsat det forventede el. frygtede □ *negativt fødselstal · negativ graviditetstest · prøven er negativ* • som er ubehagelig □ *arbejdsløshedens negative effekter · negativ konsekvens*
3. (matematik): som er mindre end nul □ *et negativt tal · en negativ størrelse · negativt resultat*
4. som har overskud af elektroner ≠ POSITIV □ *batteriets negative og positive poler · en negativ ion · negativ ladning*

negativisme

SUBST. *-n*
/*negati'visme*/

1. = NEGATIVITET □ *hans negativisme var nedbrydende for stemningen i gruppen*
2. (psykiatri): et symptom ved visse former for sindssyge hvor patienten konsekvent nægter at gøre el. gør det modsatte af, hvad man ønsker

negativitet

SUBST. *-en*
/*negativi'tet*/

en vanemæssig negativ indstilling til omverden = NEGATIVISME □ *hans overbevisning var så fast at han ikke lod sig bremse af omgivelsernes negativitet*

negativliste

SUBST. *-n,* plur. *-r, -rne*

en fortegnelse over tilsætningsstoffer som er forbudte i levnedsmidler

negenøje

SUBST. *-n,* plur. *-r, -rne*

= LAMPRET

neger

SUBST. *-en,* plur. *-e* (el. *negre*), *-ne* (el. *negrene*)

en person af negroid afstamning = SORT, NEGROID • (slang): en person som skriver anonymt for en anden der tager ære for det skrevne

negerbolle

SUBST. *-n,* plur. *-r, -rne*

= FLØDEBOLLE

negere

VERB. *-r, -de, -t*
[*ne'ge'ɔ*]

negere ngt (sprogvidenskab): gøre et udsagn nægtende så indholdet bliver det modsatte □ *en negeret sætning* □ *negering* • **negere ngt** (filosofi): benægte noget ved at erklære det for falsk

negerkys

SUBST. *~kysset,* plur. *~kys, ~kyssene*

= FLØDEBOLLE

negl

SUBST. *-en,* plur. *-e, -ene*

et fladt, hårdt hornlag der dækker den yderste del af fingre og tæer □ *hun filede neglene · han havde snavs under neglene · lange, røde negle* □ *neglebånd · neglefil · negleklipper · neglelak · neglerenser · neglerod* □ *fingernegl · tånegl* • **en hård negl** en barsk el. følelsesløs person □ *hun var en hård negl under forhandlingerne* • **en lus mellem to negle** se under *lus* • **kunne ligge på en negl** udtryk for at mængden el. størrelsen på noget er meget lille □ *ikke så meget som der kan ligge på en negl*

negle

VERB. *-r, -de, -t*

negle ngt (slang): = STJÆLE □ *han neglede en bil*

neglelak

SUBST. *~lakken* el. *~lakket,* plur. *~lakker, ~lakkerne*

en farvet el. farveløs lak som påføres neglene □ *neglelakken er ikke tør endnu* □ *neglelakfjerner*

neglerenser

SUBST. *-en,* plur. *-e, -ne*

et spidst redskab som er beregnet til at rense negle med

neglerod

SUBST. *-en,* plur. *~rødder, ~rødderne*

den inderste, skjulte del af en negl □ *det er i neglerødderne at neglene dannes* • en lille, hård hudlap som dannes ved flosning af et neglebånd □ *du skal ikke bide neglerødderne af, lad dem hellere falde af af sig selv*

negligé el. neglige

SUBST. *-et,* plur. *-er, -erne*
[*negli'sje*]

et let og gennemsigtigt klædningsstykke til kvinder; bruges som undertøj el. natdragt □ *hun bar et gennemsigtigt negligé som ikke overlod noget til fantasien*

negligere

VERB. *-r, -de, -t*
[*negli'sje'ɔ*]

negligere ng(t) tilsidesætte nogen el. noget bevidst = IGNORERE □ *hans kone vil skilles fordi hun føler at han negligerer hende · hun negligerer sine pligter · hvorfor negligerer du altid mine spørgsmål?* □ *negligering*

negotiabel

ADJ. *-t, negotiable*
[*nego'sja'bəl*]

= OMSÆTTELIG □ *en veksel er et negotiabelt værdipapir*

negrid el. negroid

ADJ. *-t, -e*
/*ne'grid*/

som tilhører en menneskerace der bl.a. kendetegnes ved en mørk hudfarve og mørkt kruset hår; især om personer med oprindelse i Afrika □ *negride træk*

negro spiritual

SUBST. *en,* plur. *-s, -ene*
/*'ni·gråw spiritjuəl*/

religiøs sang hos den sorte befolkning i Nordamerika; har stærkt markeret rytme

nej

UDRÅBSORD

1. udtryk for et benægtende svar = NIKS, NÆH ≠ JA □ *kommer du med os? - nej · er vi her alle sammen? - nej, der mangler to · synes du om ham? - nej · vil du have mere kaffe? - nej tak* □ *nejråb · nejsiger · nejstemme* • ⟨SUBST.: *-et,* plur. *-er, -erne*⟩ et benægtende svar = BENÆGTELSE, AFVISNING ≠ JA □ *han svarede med et klart nej · han vil ikke slå sig til tåls med et nej · hun gav ham et nej da han friede*
2. udtryk for overraskelse □ *nej, er det dig der kommer! · nej, hvor sjovt! · nej, sikken en smuk kjole!*

neje

VERB. *-r, -de, -t*

neje for ng hilse på nogen ved at bøje ned i knæene = KNIKSE ≠ BUKKE □ *damerne nejede dybt for dronningen · kvinderne nejede og mændene bukkede*

nejsiger

SUBST. *-en,* plur. *-e, -ne*

en person som altid er negativt indstillet □ *han er en udpræget nejsiger* • en person som er imod et forslag der er sat til afstemning □ *nejsigerne var i overtal ved folkeafstemningen om Maastricht-traktaten den 18. maj 1993*

nejstemme

SUBST. *-n,* plur. *-r, -rne*

en stemmeafgivelse som går imod et forslag der er sat til valg □ *over halvdelen af de afgivne stemmer var nejstemmer*

nekrofil

ADJ. *-t, -e*
/nekro'fil/

(om en person): som lider af nekrofili □ *han var ikke blot morder, men også nekrofil* · *nekrofile tilbøjeligheder*

nekrofili

SUBST. *-en*
/nekrofi'li/

seksuel omgang med el. seksuel tiltrækning af lig □ *det hævdes at nekrofili var meget udbredt i balsameringshusene i oldtidens Ægypten* · *nekrofili er strafbart*

nekrofobi

SUBST. *-en*
/nekrofo'bi/

= DØDSANGST • frygt for lig

nekrolog

SUBST. *-en*, plur. *-er, -erne*
[nekro'lo'w]

en mindeartikel i en avis om en person som lige er død

nekromanti

SUBST. *-en*
/nekroman'ti/

det at erfare fremtiden af afdøde = ÅNDEMANERI

nektar

SUBST. *-en*

væske der er en opløsning af sukkerarter som insekter samler fra blomster • (græsk mytologi): gudernes drik som blev fremstillet af blomsternes nektar, og som sammen med ambrosia gav guderne evigt liv • en velsmagende drik

nektarin

SUBST. *-en*, plur. *-er, -erne*
/nekta'rin/

en rødgul stenfrugt der ligner en fersken, men som har glat skind ≠ FERSKEN

nellike

SUBST. *-n*, plur. *-r, -rne*

1. en plante med mange lag af takkede kronblade som fx er røde, hvide el. gule; latinsk navn *Dianthus* □ *nellikerod* □ *havenellike* · *studenternellike*
2. = KRYDDERNELLIKE

nellikeolie

SUBST. *-n*

en stærkt duftende æterisk olie som udvindes af kryddernellike; bruges bl.a. som krydderi i bagværk

nem

ADJ. *-t, nemme; nemmere, nemmest*

1. som er uden problemer, el. som ikke kræver store anstrengelser = LET ≠ VANSKELIG □ *det er ikke så nemt* · *det er nemt nok at gøre* · *en person der er nem at komme ud af det med* · *have nemt ved at lære* · *nem at kurere* · *nem mad* □ *nemhed* □ *pærenem*
2. det er så nemt med det der er ikke mere at sige til det

neme

VERB. *-r, -de, -t*

neme ngt (glds.): = STJÆLE □ *er det dig der har nemet min fyldepen?*

nemesis

SUBST. *en*

skæbnens straf hvis man er overmodig □ *blive ramt af nemesis* • hævnens gudinde i græsk mytologi

nemlig

ADV.

1. udtryk for at det der følger efter er en uddybning af det der lige er nævnt = NÆRMERE BESTEMT □ *den følgende dag, nemlig om onsdagen, nåede vi endelig frem* · *der var to egenskaber han satte meget højt, nemlig ærlighed og mod*
2. udtryk for at en ytring er en begrundelse for el. bekræftelse af noget der lige er nævnt □ *jeg ved det godt, for jeg har nemlig selv set det* · *han stolede ikke på hende, hun havde nemlig løjet før* · *så har vi altså god tid, nemlig!*

nemme[1]

SUBST. *et*

(glds.): = OPFATTELSESEVNE □ *have et godt nemme for matematik*

nemme[2]

VERB. *-r, -de, -t*

nemme ngt tilegne sig viden □ *hvad man i ungdommen nemmer, man ej i alderdommen glemmer* □ *fornemme*

neofascisme

SUBST. *-n*

= NYFASCISME

neokolonialisme

SUBST. *-n*

= NYKOLONIALISME

neolitisk

ADJ. *- , -e*
/neo'litisk/

som hører til den yngre stenalder ≠ PALÆOLITISK

neologisme

SUBST. *-n*, plur. *-r, -rne*
/neolo'gisme/

en sproglig nydannelse □ *'økofascisme' er en neologisme*

neon

SUBST. *-en* el. *-et*

et luftformigt grundstof som bruges til at frembringe farvet lys; atomtegn *Ne* □ *en bar oplyst af neon* □ *neonfisk* · *neonlys* · *neonrør* · *neonskilt*

neonlys

SUBST. *-et*, plur. *~lys, -ene*

farvet lys som neonrør udsender □ *reklameskiltenes neonlys oplyste torvet*

neonrør

SUBST. *-et*, plur. *~rør, -ene*

et lysstofrør med neon el. andre luftarter som kan udsende farvet lys ved gennemgang af elektrisk strøm; bruges fx til lysreklamer □ *et af neonrørene i lysreklamen står og blinker*

neonskilt

SUBST. *-et*, plur. *-e, -ene*

et reklameskilt lavet af neonrør □ *neonskiltene på Rådhuspladsens facader og tage*

nepaleser

SUBST. *-en*, plur. *-e, -ne*
/nepa'leser/

en person fra Nepal

nepalesisk

ADJ. *- , -e*
/nepa'lesisk/

som har at gøre med Nepal

nepotisme

SUBST. *-n*
/nepo'tisme/

det at begunstige slægtninge el. venner ved besættelsen af stillinger □ *bedømmelsesudvalget blev kritiseret for nepotisme* □ *nepotistisk*

nerie el. **nerium**

SUBST. *nerien, nerier, nerierne*

en busk med læderagtige blade og duftende hvide, gule el. røde blomster som vokser i Middelhavsområdet; latinsk navn *Nerium oleander* = OLEANDER

nertz

SUBST. *-en*, plur. *-er, -erne*

værdifuldt pelsværk af mink el. flodilder

nerve

SUBST. *-n*, plur. *-r, -rne*

1. en trådlignende forbindelse i kroppen som overfører informationer til og fra hjernen = NERVECELLE □ *nervebetændelse* · *nervelidelse* · *nervelæge* · *nervemedicin* · *nervepille* · *nervesygdom* □ *lugtenerve* · *sansenerve* · *synsnerve*
2. en sindstilstand hvor man har en større el. især mindre grad af psykisk ligevægt □ *hendes nerver slog klik* · *have nerver på* · *have nerverne uden på trøjen* □ *nervekrig* · *nervesyg* • **dårlige nerver** udtryk for at man er psykisk syg el. nedbrudt = NERVESVAG □ *han blev indlagt med dårlige nerver* • **gå ng på nerverne** irritere nogen voldsomt □ *børnene gik hende på nerverne* • **have nerver af stål** el. **have stærke nerver** kunne modstå hårdt psykisk pres □ *i den situation var det godt at han havde nerver af stål*
3. en lidenskabelig el. energisk måde at gøre noget på □ *hans oplæsning er pæn, men den mangler nerve*
4. det væsentlige el. kernen i noget □ *nerven i den politiske debat var det sociale spørgsmål*
5. en fint forgrenet streng i et blad som leder næring til og fra bladet

nervebetændelse

SUBST. *-n*, plur. *-r, -rne*

en betændelse i en el. flere nerver som medfører smerter el. lammelse

nervebundt

SUBST. *-et,* plur. *-er, -erne*

et bundt af nervetråde • en meget nervøs og opfarende person □ *hun er et dirrende nervebundt*

nerveklinik

SUBST. *~klinikken,* plur. *~klinikker, ~klinikkerne*

et sted hvor man behandler psykiatriske patienter □ *efter flere selvmordsforsøg blev hun indlagt på en nerveklinik*

nerveknude

SUBST. *-n,* plur. *-r, -rne*

en samling af nerveceller hvorfra nervetrådene udgår =GANGLIE

nervekrig

SUBST. *-en,* plur. *-e, -ene*

en krig som føres på det psykologiske plan for at skræmme el. nedbryde en modstander =PSYKOLOGISK KRIGSFØRSEL □ *nervekrigen mellem øst og vest under den kolde krig · nervekrigen mellem mor og datter*

nervelidelse

SUBST. *-n,* plur. *-r, -rne*

en psykisk lidelse som angriber hjernen og indvirker på følelseslivet≠NERVESYGDOM

nervelæge

SUBST. *-n,* plur. *-r, -rne*

(foræld.): =PSYKIATER

nervemedicin

SUBST. *-en,* plur. *-er, -erne*

et lægemiddel som virker på sindet el. humøret, fx beroligende, opkvikkende, el. angstdæmpende =PSYKOFARMAKUM

nervenedbrudt

ADJ. *- , -e*

som er nedbrudt af dårlige nerver □ *hun var totalt nervenedbrudt efter overfaldet*

nervepille

SUBST. *-n,* plur. *-r, -rne*

en pille som virker beroligende på centralnervesystemet; ordineres fx til patienter der lider af stress el. nervøsitet

nervepirrende

ADJ.

som fremkalder spænding el. nervøsitet =SINDSOPRIVENDE □ *et nervepirrende klimaks i en film · det er temmelig nervepirrende at sidde fast i en bilkø når man skal nå et fly*

nervesammenbrud

SUBST. *~sammenbruddet,* plur. *~sammenbrud, ~sammenbruddene*

et pludseligt psykisk sammenbrud, fx som følge af sorg el. stress□ *han fik et nervesammenbrud efter skilsmissen*

nervesvag

ADJ. *-t, -e*

= NERVESVÆKKET □ *hun er blevet lidt nervesvag efter ulykken* □ *nervesvaghed*

nervesvækket

ADJ. *- , ~svækkede*

som lider af dårlige nerver =NERVESVAG, KNÆKKET □ *en nervesvækket, ung mand*

nervesygdom

SUBST. *~sygdommen,* plur. *~sygdomme, ~sygdommene*

en organisk lidelse i nervesystemet som fx kan skyldes meningitis el. nervebetændelse ≠ NERVELIDELSE □ *nervesygdomme kan både berøre det centrale og det perifere nervesystem*

nervesystem

SUBST. *-et,* plur. *-er, -erne*

det system der hos mennesker og dyr samordner forskellige kropslige funktioner med hinanden og omverdenen□ *centralnervesystem*

nervevrag

SUBST. *-et,* plur. *~vrag, -ene*

en person som er ude af stand til at fungere normalt pga. nervøsitet□ *rædslerne under krigen har gjort ham til et nervevrag · jeg er ved at blive et nervevrag af al jeres larm!*

nervøs

ADJ. *-t, -e*
/ner'vøs/

1. som har at gøre med nervesystemet□ *en nervøs lidelse*
2. som er el. som let bliver bange og urolig = ÆNGSTELIG □ *hun har været frygtelig nervøs siden indbruddet · han er temmelig nervøs ved situationen · stemningen var nervøs · dommeren gjorde hende nervøs*

nervøsitet

SUBST. *-en*
/nervøsi'tet/

det at være nervøs□ *han var ved at gå ud af sit gode skind af nervøsitet*

nestor

SUBST. *-en,* plur. *-er, -erne*

(form.): den ældste og mest erfarne inden for en gruppe □ *firmaets nestor · han er Folketingets nestor med viden og erfaring fra mere end en menneskealders medlemsskab af tinget* □ *nestorstatus*

net[1]

SUBST. *nettet,* plur. *net, nettene*

1. et fint el. stormasket materiale af snore, garn, ståltråd el.lign. som er flettet, bundet el. knyttet sammen □ *spænde et net ud · sætte et net op · der gik mange fisk i nettet · gå med net om håret* □ *nethandsker · netstrømper* □ *bagagenet · fiskenet · hårnet · sikkerhedsnet · sommerfuglenet* • et stormasket net som beklæder fx et fodboldmål el. som deler banen i fx tennis el. volleyball□ *bolden gik i nettet· serven ramte nettet* □ *netkant· netserv* □ *målnet· tennisnet*
2. en stofpose til indkøb = INDKØBSNET □ *lægge varerne i nettet*
3. et system af forbindelser□ *der er fejl på nettet · nettet er brudt ned* □ *netværk* □ *elnet· jernbanenet · kabelnet · lysnet · telefonnet · vejnet*
4. i forsk. forb.: • **net af ngt** noget som man har rodet sig ind i, fx løgne el. selvmodsigelser □ *han har indviklet sig selv i et net af løgne* • **gå i nettet** blive fanget □ *forbryderen er gået i nettet* • **nettet trækker sig sammen** el. **strammes om ng** en afsløring er nært forestående □ *nettet er ved at trække sig sammen om gerningsmanden*

net[2]

ADJ. *- , nette*

som er nydelig og ordentlig = PÆN □ *hun kom i en net, men ikke pralende påklædning · huset ser rigtig net ud efter at det er blevet malet· en net frisure · et net ungt menneske* □ *nethed* • **en net formue** en ikke ubetydelig formue □ *hun efterlod sig en net formue* • **en net historie** (iron.): en kedelig historie □ *det er vel nok en net historie man hører om jer!* • **sidde net i det** (iron.): sidde godt i det □ *efter mandens død sidder hun ret net i det* • **sidde net i det** (spøg.): sidde i en slem situation□ *nu sidder vi sandelig net i det! · efter den fadæse sad han net i det!*

netbold

SUBST. *-en,* plur. *-e, -ene*

(tennis, bordtennis og badminton): en bold der berører overkanten af nettet på sin vej over mod modstanderens banehalvdel; sker det i serven skal den tages om □ *den heldige tennisspiller lavede fem netbolde i træk*

nethinde

SUBST. *-n,* plur. *-r, -rne*

øjets inderste hinde som opfatter lys og sender et billede af det sete via nerver til hjernen □ *nethinden har den samme funktion i øjet som filmen har i kameraet* □ *nethindeløsning* • **brænde sig fast på nethinden** gøre et uudsletteligt indtryk

netkort

SUBST. *-et,* plur. *netkort, -ene*

et kort med en tidsbegrænset gyldighed som fungerer som billet til samtlige bus- el. toglinier i et trafiknet□ *netkortet gælder kun for buslinierne i hovedstadsområdet*

netmelon

SUBST. *-en,* plur. *-er, -erne*

en melon som har netlignende tegninger på ydersiden af skallen

netop

ADV.

udtryk der understreger at der er tale om noget bestemt =NØJAGTIG, PRÆCIS, LIGE, AKKURAT, JUST □ *det var netop det jeg frygtede · netop det at du tøver, viser at du er i tvivl · var det det du mente? - ja, netop! · netop da han trådte ud på gaden, begyndte det at sne · jeg har dårlig tid netop nu · mange har travlt netop på den tid · netop i det øjeblik skete der noget forfærdeligt* • udtryk for at noget sker i dette øjeblik el. er sket for kort tid siden =LIGE, JUST □ *jeg sad netop og tænkte på dig · vi skal netop til at spise · han har netop bestået sin eksamen · netop som vi trådte ind ad døren, begyndte det at regne*

nette

VERB. *-r, -de, -t*

nette sig pynte og soignere sig □ *ude i garderoben var damerne ved at nette sig*

netto

ADV.

⟨fork. *nto.*⟩ som er fraregnet fx skat, omkostninger el. vægt af indpakning ≠ BRUTTO □ *lønnen er 7.000 kr. netto • varen vejer 8 kg netto* □ *nettofortjeneste • nettoindtægt • nettoløn • nettopris • nettoregisterton • nettovægt* ● **netto kontant** en betalingsbetingelse der angiver at der skal betales kontant uden at der gives rabat

nettofortjeneste

SUBST. *-n,* plur. *-r, -rne*

en fortjeneste efter fradrag af omkostninger, fx skat, renter af lån og afskrivninger ≠ BRUTTOFORTJENESTE

nettonationalprodukt

SUBST. *-et,* plur. *-er, -erne*

(økonomi): bruttonationalproduktet minus afskrivninger, reparation og vedligeholdelse af produktionsapparatet

nettopris

SUBST. *-en,* plur. *-er, -erne*

pris uden omkostninger ≠ BRUTTOPRIS □ *nettoprisindeks*

nettoregisterton

SUBST. *~tonnen* el. *~tonnet,* plur. *-s* (el. *~ton*), *~tonnene*
fork. *nrt*

et mål for et skibs *nettotonnage*

nettotonnage

SUBST. *-n*
fork. *nrt*

et mål som angiver rumfanget af de rum på et skib der benyttes til passagerer og ladning; angives i nettoregisterton ≠ BRUTTOTONNAGE

nettovægt

SUBST. *-en,* plur. *-e, -ene*

en vares vægt når indpakning er fraregnet ≠ BRUTTOVÆGT

netvinget

ADJ. *- , netvingede*

(om et insekt): med to ens par hindeagtige vinger som er opbygget af et tæt ribbenet □ *vandmyreløverne hører til de netvingede insekter*

netværk

SUBST. *-et,* plur. *-er* (el. *netværk*), *-erne* (el. *-ene*)

et system af forbindelser mellem enheder □ *et netværk af nerveceller • de sociale netværk i byerne er ved at bryde sammen • firmaet har et stort netværk af handelsforbindelser* ● (edb): en række computere der er forbundet med hinanden så brugerne fx kan dele data og sende meddelelser □ *netværksystem* □ *computernetværk • lokalnetværk*

neural

ADJ. *-t, -e*
[*nøw'ra'l*]

som har med nervesystemet at gøre

neuralgi

SUBST. *-en,* plur. *-er, -erne*
[*nöwral'gi'*]

(neurologi): en stærk smerte langs en el. flere nerver; kan skyldes en beskadigelse af nerven el. et vedvarende tryk mod nerven = NERVESMERTE

neurasteni

SUBST. *-en*
[*nöwrasdə'ni'*]

en neurotisk tilstand præget af træthed, nervøsitet, svigtende arbejdsevne m.m. □ *neurastenisk*

neurasteniker

SUBST. *-en,* plur. *-e, -ne*
/*neura'steniker*/

en person der lider af neurasteni

neuritis

SUBST. *-en* (el. *neuritissen*)

en betændelse i el. en beskadigelse af en el. flere nerver som kan medføre stærke smerter, lammelser m.m.

neurokirurgi

SUBST. *-en*

den del af lægevidenskaben som handler om kirurgiske indgreb i hjerne, nerver og rygmarv □ *specialist i neurokirurgi • hospitalsafdeling for neurokirurgi* □ *neurokirurgisk*

neurolog

SUBST. *-en,* plur. *-er, -erne*
[*nöwro'lo'w*]

en læge som er specialist i nervesystemet og dets sygdomme, heriblandt hjernen □ *neurologi*

neurologi

SUBST. *-en*
/*neurolo'gi*/

den del af lægevidenskaben som behandler fysiske sygdomme og forstyrrelser i nervesystemet og hjernen □ *neurologisk*

neurose

SUBST. *-n,* plur. *-r, -rne*
[*nöw'ro:sə*]

en psykisk forstyrrelse med angst og tvangstanker; påvirker ikke patientens personlighed og virkelighedsopfattelse □ *neurotisk* □ *angstneurose • tvangsneurose*

neurotiker

SUBST. *-en,* plur. *-e, -ne*
/*neu'rotiker*/

en person der lider af en neurose

neurotisk

ADJ. *- , -e*
/*neu'rotisk*/

som lider af el. er tegn på en neurose □ *han virker ret neurotisk • sådan handler kun en neurotisk person • man kan blive neurotisk af at fortrænge sorg • hun har et neurotisk forhold til sin mor • disse malerier virker noget neurotiske* □ *neurotiskhed*

neutral

ADJ. *-t, -e*
[*nöw'tra'l*]

1. som ikke favoriserer el. tager parti for nogen el. noget = UVILDIG, UPARTISK, UHILDET □ *Schweiz er et neutralt land • en god fredsmægler er altid neutral • forholde sig neutral i en sag* ● som ikke opildner folk til en diskussion = UKONTROVERSIEL □ *vi holdt os til neutrale emner*
2. som ikke har stærke og tydelige træk el. farver □ *stuen var holdt i neutrale farver*
3. (kemi): som hverken er sur el. basisk

neutralisation

SUBST. *-en,* plur. *-er, -erne*
[*nöwtralisa'sjo'n*]

(kemi): det at blande en base med en syre hvorved det fremstillede produkt bliver neutralt, dvs. får en surhedsgrad på 7

neutralisere

VERB. *-r, -de, -t*
/*neutrali'sere*/

neutralisere ngt erklære et område for politisk neutralt □ *Panama-zonen er neutraliseret* □ *neutralisering* ● **neutralisere ng(t)** uskadeliggøre nogen el. udligne effekten af noget □ *fodboldholdets forsvar fik neutraliseret modstandernes farlige angriber • virksomhedens store indtjening neutraliseres af de tilsvarende høje udgifter • neutralisere en syre med en base* □ *neutralisering • neutralisation*

neutralisme

SUBST. *-n*
[*nöwtra'lismə*]

den politik et land fører når det erklærer sig neutralt under en stormagtskonflikt = POLITISK NEUTRALITET □ *de alliancefri staters neutralisme under den kolde krig*

neutralist

SUBST. *-en,* plur. *-er, -erne*
/*neutra'list*/

en tilhænger af neutralisme □ *neutralistisk*

neutralitet

SUBST. *-en*
[*nöwtrali'te't*]

det at forholde sig neutralt til noget = UPARTISKHED □ *han markerede sin neutralitet ved at holde sig ude fra diskussionen • ombudsmanden skal bevare sin neutralitet under overenskomstforhandlingerne • nyhedsmedierne bryster sig af politisk neutralitet • Sverige opretholdt sin neutralitet under krigen*

neutron

SUBST. *-en,* plur. *-er, -erne*
[*nöw'tro'n*]

en tung partikel i en *atomkerne* som i modsætning til *protoner* og *elektroner* er uden elektrisk ladning □ *brintatomets kerne består af én proton og ét neutron*

neutronbombe

SUBST. *-n,* plur. *-r, -rne*

et kernevåben som ved detonation udsender kraftig neutronstråling, men kun svage varme- og trykbølger; dræber alt liv, men de materielle skader er mindre end atombombens

neutrum

SUBST. *-et* (el. *neutrummet*), plur. *-er (*el. *neutrummer* el. *neutra*), *-erne* (el. *neutrummerne* el. *neutraene*)
[*'nöwtråm*]
fork.*ntr.*

= INTETKØN

nevø

SUBST. *-en,* plur. *-er, -erne*
/ne'vø/

en søn af ens bror el. søster, el. søn af ens mands el. kones bror el. søster =SØSTERSØN, BRORSØN ≠ NIECE

newfoundlænder

SUBST. *-en,* plur. *-e, -ne*
[*nju'fawndlæn'ɔ*]

en stor, bjørnelignende hund med en langhåret, ofte sort pels

newton

SUBST. *en,* plur. *newton, -ene*
[*'nju·tɔn*]
fork.*N*

en måleenhed for kraft: 1 newton er den kraft der giver massen 1 kg en acceleration på 1 m pr. sekund

newzealandsk

ADJ. - , *-e*
/new'zealandsk/

som har at gøre med New Zealand

newzealænder

SUBST. *-en,* plur. *-e, -ne*
/new'zealænder/

en person fra New Zealand

n.f.

fork. for *nord for*

ni

TALORD

tallet 9 □ *de ni muser* · *kvinder er gravide i ni måneder* · *i ni af ti tilfælde har hun ret* □ *nifoldig* · *niforestilling* · *ninyhederne* · *nioghalvfems* · *nital* · *nitiden*

nicaraguaner

SUBST. *-en,* plur. *-e, -ne*
/nicaragu'aner/

en person fra Nicaragua

nicaraguansk

ADJ. - , *-e*
/nicaragu'ansk/

som har at gøre med Nicaragua

niche

SUBST. *-n,* plur. *-r, -rne*
[*'nisjə*]

en fordybning i en mur el. en væg =HAK □ *bruseniche* · *vinduesniche* • et mindre område inden for et erhverv el. en produktion som hidtil ikke er blevet udnyttet el. som store virksomheder ikke beskæftiger sig med □ *finde en niche* □ *nichebutik* · *nicheproduktion* • **økologisk niche** en kombination af miljøfaktorer som temperatur, fugtighed, føde o.l. der sikrer at en biologisk art overlever og reproducerer sig

nid

SUBST. *niddet*
[*'nið*]

(glds.): had el. misundelse □ *nag og nid* □ *nidkær* · *nidstirre* · *nidvise*

nidding

SUBST. *-en,* plur. *-er, -erne*

en der har gjort en ugerning = KUJON, USLING □ *niddingsdåd*

nidkær

ADJ. *-t, -e*

næsten overdrevent ivrig el. påpasselig □ *han er meget nidkær i tjenesten* · *dragen vogtede nidkært over skatten*

nidstirre

VERB. *-r, -de, -t*

nidstirre ng stirre vedvarende og ondskabsfuldt på nogen □ *han nidstirrede mig mens jeg spiste kagen* □ *nidstirring*

nidvise

SUBST. *-n,* plur. *-r, -rne*

en vise som hænger nogen ud =SMÆDEVISE

niece

SUBST. *-n,* plur. *-r, -rne*
[*ni'æ·sə*]

en datter af ens bror el. søster, el. datter af ens mands el. kones bror el. søster =SØSTERDATTER, BRORDATTER ≠ NEVØ

niende

TALORD

nummer ni i en række □ *hun går i niende klasse* · *Frederik den Niende*

niendedel

SUBST. *-en,* plur. *-e, -ene*

en af ni lige store dele som noget kan deles i

nier

SUBST. *-en,* plur. *-e, -ne*

noget som har tallet el. værdien 9, fx en bestemt buslinie el. et spillekort □ *tage med nieren* · *spille ud med en nier*

nifoldig

ADJ. *-t, -e*

(om en hyldest): som gentages ni gange i træk □ *lad os udråbe et nifoldigt leve for dronningen!* · *et nifoldigt hurra!*

nigerer

SUBST. *-en,* plur. *-e, -ne*
/ni'gerer/

en person fra Niger

nigerianer

SUBST. *-en,* plur. *-e, -ne*
/nigeri'aner/

en person fra Nigeria

nigeriansk

ADJ. - , *-e*
/nigeri'ansk/

som har at gøre med Nigeria

nigersk

ADJ. - , *-e*

som har at gøre med Niger

nigger

SUBST. *-en,* plur. *-e, -ne*

(neds.): =NEGER

nihilisme

SUBST. *-n*
/nihi'lisme/

1. en opfattelse af at ingenting eksisterer i virkeligheden og fornægtelse af religiøse og moralske værdier og normer
2. en politisk opfattelse hvis tilhængere vil nedbryde samfundet for at opnå sociale fremskridt, også selv om der ikke kan sættes noget andet i stedet

nihilist

SUBST. *-en,* plur. *-er, -erne*
/nihi'list/

en tilhænger af nihilismen

nik

SUBST. *nikket,* plur. *nik, nikkene*

1. hurtig bøjning op og ned med hovedet for at hilse el. for at udtrykke et ja □ *han hilste med et nik* · *han samtykkede med et nik*
2. = HOVEDSSTØD □ *han gav bolden et hårdt nik så den fløj i mål*

nikke[1]

VERB. *-r, -de, -t*

1. bevæge hovedet op og ned, fx for at hilse på nogen, for at bekræfte noget el. af træthed □ *han nikkede goddag fra sit vindue* · *han nikkede bekræftende på mit spørgsmål* · *tilhørerne sad og nikkede af kedsomhed* □ *nikkedukke*
2. nikke til en bold (sport): =HEADE □ *nikke til en fodbold* · *han er især god til at flugte og nikke*

nikke[2]

ADV.

ikke nikke nej (spøg.): som forstærkende udtryk for *ikke* □ *ikke nikke nej om jeg vil være med til jeres narrestreger*

nikkedukke

SUBST. *-n,* plur. *-r, -rne*

en person som lader sig styre af andres vilje og ikke siger dem imod □ *han er bare en nikkedukke der gør alt hvad hans venner siger* · *hvorfor siger du mig aldrig imod, din nikkedukke?* · *militæret indsatte en nikkedukke som præsident*

nikkel

SUBST. *-et* (el. *niklet*)

et hårdt, sølvhvidt metallisk grundstof som fx bruges i rustfrit stål og som er en god varmeleder; atomtegn *Ni* □ *nikkelallergi*

nikotin

SUBST. *-en* el. *-et*
[*nego'ti'n* el. *nigo'ti'n*]

en giftig, farveløs, olieagtig væske som findes i tobakplantens blade; udvindes og bruges til insektgift □ *nikotinforgiftning* · *nikotinfri* · *nikotinplaster* · *nikotintyggegummi*

nikotinforgiftning

SUBST. *-en,* plur. *-er, -erne*

en forgiftning forårsaget af *nikotin* som medfører hovedpine, opkastninger, træthed og hjertebanken

nikotinfri

ADJ. *-t, -e* (el. *nikotinfri*)

(om tobak): uden nikotin □ *nikotinfrie cigaretter* • (om en person): som er holdt op med at ryge = RØGFRI □ *jeg er nikotinfri fra i morgen af*

niks

UDRÅBSORD

(spøg.): = NEJ □ *gider du ikke lege med? - niks!* □ *niksenbiksen* • **nul og niks** se under *nul*

nimbus

SUBST. *-en* (el. *nimbussen*), plur. *-er* (el. *nimbusser*), *-erne* (el. *nimbusserne*)

en overfladisk atmosfære af noget særligt fint og fornemt □ *hendes eksamen giver hende en vis nimbus i forældrenes øjne*

nip

SUBST. *nippet,* plur. *nip, nippene*

1. nip af ngt en lille bid el. slurk af noget □ *han tog et nip af kagen* · *hun tog kun små nip af glasset*
2. på nippet til ngt meget tæt på at gøre noget □ *hun var på nippet til at opgive det hele* · *det var lige på nippet til at lykkes, men så gik det galt*

nipflod

SUBST. *-en*

den laveste vandstand ved lavvande som forekommer ved halvmåne ≠ SPRINGFLOD

nippe

VERB. *-r, -de, -t*

1. nippe til ngt tage ganske små bidder el. slurke af noget = SMAGE □ *nippe til maden* · *nippe til vinen*
2. nippe ngt over bide noget over med et værktøj = BIDE, KNIBE □ *nippe ståltråd over med en tang* □ *nippetang*
3. nippe ngt fjerne stilk og blomst fra bær

nippel

SUBST. *-en* (el. *niplen*), plur. *nipler, niplerne*

1. et rør med udvendigt gevind til samling af to rør med indvendigt gevind i enderne
2. en lille møtrik der spænder en eger fast til fælgen af et hjul; kan strammes el. løsnes i forbindelse med en evt. opretning af et ekset hjul

nips

SUBST. *-et,* plur. *nips, -ene*

en lille ting til pynt □ *den gamle dames hjem var fyldt med porcelænsfigurer og andet nips* □ *nipsbord* · *nipsenål* · *nipsfigur* · *nipsgenstand*

nipse

VERB. *-r, -de, -t*

(glds.): lege med nipsenåle □ *nipsning* · *nipsenål*

nipsenål

SUBST. *-en,* plur. *-e, -ene*

en større knappenål med et stort, farvet og ofte kunstfærdigt hoved; bruges til pynt el. leg □ *børnene leger med nipsenåle*

nipsfigur

SUBST. *-en,* plur. *-er, -erne*

en lille figur som bruges til pynt □ *en sættekasse med farvede sten og små nipsfigurer*

nipsgenstand

SUBST. *-en,* plur. *-e, -ene*

en lille pyntegenstand • en fin lille pige el. en ung, spinkel og elegant kvinde

niptang

SUBST. *-en,* plur. *niptænger, niptængerne*

en lille tang til at fastholde el. afklippe noget med ≠ KNIBTANG □ *han holder møtrikken med niptangen, så den ikke drejer med rundt når han skruer på bolten* · *klippe en ledning over med en niptang*

nirvana

SUBST. *et*
/*nir'vana*/

1. (i buddhisme): det store intet efter døden
2. en tilstand af fuldstændig fred og lykke □ *opnå nirvana*

nisse

SUBST. *-n,* plur. *-r, -rne*

en fiktiv person med gråt tøj og lang, rød hue som er fremme ved juletid □ *nissehue* · *nissemand* · *nissepige* □ *julenisse* • (i nordisk folketro): en lille person med gråt tøj og rød, lang hue som bor på gårdene og hjælper el. driller bonden; er husets skytsånd der vil bringe lykke hvis han behandles godt = GÅRDBO

nisseøl

SUBST. *~øllet*

= JULEØL

nist

SUBST. *-en,* plur. *-er, -erne*

en lille lys pynteprik på garn el. stof el. de produkter som er fremstillet heraf □ *en frakke med nister over det hele* · *et møbelbetræk med nister*

nistret

ADJ. *- , nistrede*

(om stof): med små lyse pletter på mørk bund □ *nistret garn* · *et nistret halstørklæde* · *nistrede gardiner*

niti

TALORD

tallet 90; anvendes bl.a. på checks og postanvisninger hvor et beløb angives med bogstaver = HALVFEMS □ *nitifem* · *nitito*

nitid

ADJ. *-t, -e*
/*ni'tid*/

(glds.): som er fornem og elegant, især om bogtryk

nitiden

SUBST.BEST.

ved nitiden omkring klokken ni □ *jeg kommer ved nitiden*

nitrat

SUBST. *-en* el. *-et,* plur. *-er, -erne*
[*ni'tra't*]

salt af *salpetersyre*; anvendes bl.a. som kunstgødning □ *udvaskningen af nitrater og fosfater forårsager overgødskning i søer og vandløb*

nitrit

SUBST. *nitrittet,* plur. *nitritter, nitritterne*
/*ni'trit*/

salt af *salpetersyrling*; anvendes bl.a. i farveindustrien og som tilsætningsstof i visse kødvarer for at forebygge pølseforgiftning og for at farve kød rødt □ *bacon er altid behandlet med nitrit* □ *nitritsaltet*

nitrocellulose

SUBST. *-n*

et vatlignende og højeksplosivt sprængstof der eksploderer ved slag el. antændelse; fremstilles ved at nitrere bomuld el. træcellulose med koncentreret salpetersyre og svovlsyre = SKYDEBOMULD

nitrogen

SUBST. *-et*
[*nitro'ge'n*]

= KVÆLSTOF

nitroglycerin

SUBST. *-en*

en væske som let eksploderer ved stød, og som bruges i dynamit

nitte[1] el. **nitter**

SUBST. *-n,* plur. *-r, -rne*
(nitter: *-en,* plur. *-e, -ne*)

et nummer uden gevinst i lotteri, tombola osv. • = SVIPSER

nitte[2]

SUBST. *-n,* plur. *-r, -rne*

en kort jernstift med et stort hoved som bruges til at samle metalplader, planker o.l. med = NITTENAGLE □ *samle metalplader med nitter* · *en læderjakke med nitter og kæder* □ *nittebælte* · *nittehalsbånd* · *nittehammer* □ *aluminiumsnitte* · *kobbernitte* · *pyntenitte*

nitte[3]

VERB. *-r, -de, -t*

nitte ngt fastgøre noget med nitter ≠ SØMME □ *nitte plader sammen* · *nitte metalplader fast på et skib* □ *nitning*

nitten

TALORD

tallet 19 □ *hun var 19 da hun fik sit første barn*

nittende

TALORD

nummer 19 i en række □ *den nittende marts*

nittendedel

SUBST. *-en,* plur. *-e, -ene*

en af 19 lige store dele som noget kan deles i

nittener

SUBST. *-en,* plur. *-e, -ne*

noget som har tallet 19, fx en buslinie □ *tage nitteneren fra Husum*

nittenårig

ADJ. *-t, -e*

som varer nitten år = NITTENÅRS □ *en nittenårig periode* • som er nitten år gammel = NITTENÅRS □ *en nittenårig kvinde*

nittenårs

ADJ.

som varer nitten år = NITTENÅRIG □ *en nittenårs periode* □ *nittenårsperiode* • som er nitten år gammel = NITTENÅRIG □ *en nittenårs pige*

nitter

SUBST.

se *nitte*

nive

VERB. *-r, nev, nevet*

nive ng klemme nogen med fingerspidserne el. neglene = KNIBE □ *han nev hende i armen* · *lad være med at nive så hårdt, det gør ondt!*

niveau

SUBST. *-et,* plur. *-er, -erne*
[*ni'vo*]

1. den højde hvori en vandret flade befinder sig i forhold til en anden vandret flade □ *dele af Holland ligger i niveau med havets overflade* □ *niveauforskydning* · *niveausænkning* □ *kælderniveau*
2. et trin som noget befinder sig på i forhold til noget andet; særligt med hensyn til kvalitet, værdi, magt m.m. = PLAN □ *matematik på højt eller lavt niveau* · *hun forsøgte at højne niveauet i klassen* · *danske films kunstneriske niveau* · *hans intellektuelle niveau* · *det er under mit niveau* · *forhandlinger på højt internationalt niveau* · *et realistisk niveau* □ *niveauforskel* □ *prisniveau* · *serviceniveau* · *støjniveau*

niveaudele

VERB. *-r, ~delte, ~delt*

niveaudele ngt inddele noget i forskellige sværhedsgrader el.lign. □ *når eleverne i en klasse er på forskellige udviklingstrin er det en fordel at niveaudele undervisningen* □ *niveaudeling*

niveauoverskæring

SUBST. *-en,* plur. *-er, -erne*

det at fx en vej og en jernbane krydser hinanden på samme niveau

nivellere

VERB. *-r, -de, -t*
/*nivel'lere*/

nivellere ngt måle højden af et punkt i et terræn i forhold til andre punkter og til havets middelniveau og planere terrænet på grundlag af opmålingerne □ *nivellere et terræn* · *nivellere nedad* □ *nivellering* · *nivellerinstrument* • **nivellere ngt** udjævne en forskel □ *nivellere forskellen mellem priserne*

niøje

SUBST. *-n,* plur. *-r, -rne*

= LAMPRET

niårig

ADJ. *-t, -e*

som varer ni år = NIÅRS □ *en niårig periode* • som er ni år gammel = NIÅRS □ *en niårig pige*

niårs

ADJ.

som varer ni år = NIÅRIG □ *en niårs periode* □ *niårsperiode* • som er ni år gammel = NIÅRIG □ *en niårig dreng*

nl.

fork. for *nemlig*

NM

fork. for *nordisk mesterskab*

NN

en el. flere personer hvis navn man ikke kender el. ikke vil afsløre ≠ X □ *hr. NN fra Fjordby fik stillingen*

nobel

ADJ. *-t, noble*

1. som ser fornem og stilfuld ud = SMAGFULD, STILFULD, DISTINGVERET □ *et nobelt sæt tøj* · *være nobelt klædt* □ *nobelhed*
2. som har en ophøjet karakter = STORSINDET □ *han har en nobel karakter*

nobelpris

SUBST. *-en,* plur. *-er, -erne*
[*no'bælpri's-*]

en fornem svensk pris der årligt uddeles til en række personer verden over som har ydet en særlig indsats inden for fysik, kemi, medicin, litteratur og fredsbevarende arbejde □ *for sit mangeårige forfatterskab belønnes hun nu med nobelprisen* · *nobelprisen i fysik* □ *nobelpriskandidat* · *nobelpristager*

noblesse

SUBST. *-n*
/*no'blesse*/

(glds.): en nobel karakter = STORSIND

nocturne

SUBST. *-n,* plur. *-r, -rne*
[*nɔg'tyrnə*]

et musikstykke af drømmende, romantisk karakter

node

SUBST. *-n,* plur. *-r, -rne*

1. et tegn som angiver en tones højde og varighed, og som skrives i et *nodesystem* □ *læse noder* · *spille efter noder* □ *nodepapir* □ *halvnode* · *helnode*
2. være med på noderne følge med i hvad der sker i tiden og være moderne

nodeark

SUBST. *-et,* plur. *~ark, -ene*

et ark papir med noder til et musikstykke = NODEBLAD □ *pianisten havde en hjælper til at vende nodearkene*

nodeblad

SUBST. *-et,* plur. *-e, -ene*

= NODEARK

nodehals

SUBST. *-en,* plur. *-e, -ene*

en lodret streg i en halv-, fjerdedels- el. ottendelsnode ≠ NODEHOVED

nodehoved

SUBST. *-et,* plur. *-er, -erne*

den runde del af en node ≠ NODEHALS

nodeskrift

SUBST. *-en,* plur. *-er, -erne*

et tegnsystem som bruges til at beskrive et musikstykke, og som nedfældes på et nodeark

nodesystem

SUBST. *-et,* plur. *-er, -erne*

de fem vandrette, parallelle linier og mellemrummene imellem dem som bruges til at notere noder på; nummereres nedefra som 1. linie, 1. mellemrum osv.

nogen

PRON. *noget, nogle*

1. en person el. et forhold som ikke er nærmere kendt el. angivet □ *der er nogen der ringer på* · *er der nogen der vil have mere kaffe?* · *hun var så flink som nogen kunne ønske sig* · *hun har fået noget i øjet* · *hvad er det for noget?* · *har du noget at beklage dig over?* · *hun er noget på et kontor* · *det var noget af det helt rigtige* · *nogle kan lide det på den måde, det kan jeg ikke* • en ubestemt del el. et ubestemt antal □ *det er nogen tid siden nu* · *der er noget ost i køleskabet* · *det er noget flot stof hun har syet sin kjole af* · *det er noget værre vrøvl han siger* · *jeg har inviteret nogle venner* • ⟨i nægtende og spørgende sætninger: plur. *nogen*⟩ = NOGEN SOM HELST □ *jeg har ikke nogen penge* · *har du nogen venner?* • et stykke tid □ *vi havde*

boet i den by noget før det skete · noget efter mødte jeg ham igen
2. i forsk. forb.: • **blive til noget** få en vigtig el. betydningsfuld stilling el. position □ *han ville gerne have at hans børn skulle blive til noget* • **du siger noget** det du siger er fornuftigt • **ikke nogen** = INGEN □ *der er ikke nogen hjemme · jeg kan ikke lide nogen af dem* • **ikke noget særligt** el. **ikke noget videre** ikke noget at sige noget positivt om □ *der var ikke noget videre ved den fest* • **nogen sinde** se *nogensinde* • **nogen som helst** ⟨i nægtende og spørgende sætninger⟩ overhovedet nogen □ *er der nogen som helst der har hørt hans musik? · har det nogen som helst interesse?* • **noget {før}** et stykke tid før el. efter □ *vi havde boet i den by noget før det skete · noget efter mødte jeg ham igen* • **noget så** i meget høj grad □ *jeg er noget så glad · hun ser noget så godt ud · han morede sig noget så glimrende* • **noget ved ng(t)** udtryk for at nogen el. noget er noget værd □ *er der noget ved hende? · ham er der ikke noget ved* • **var det noget med** kunne du godt tænke dig □ *var det noget med et stykke lagkage til?* • **være noget** være noget stort el. betydningsfuldt □ *han tror vist at han er noget · nu følte han at han var noget* • **være noget for ng** vække nogens interesse el. sympati □ *hun er lige noget for mig*

nogenlunde

ADJ.

1. så godt som man kan forlange det efter omstændighederne = RIMELIG, LALA □ *det gik nogenlunde til prøven · jeg taler sproget nogenlunde · jeg har det nogenlunde*
2. = CIRKA □ *de er nogenlunde lige gamle*

nogensinde el. nogen sinde

ADV.

på noget tidspunkt □ *jeg glemmer det aldrig nogen sinde · har du nogen sinde haft fåresyge? · det skal være nu, om nogensinde*

noget

PRON.

bøjningsform af *nogen*

nogetsteds

ADV.

noget som helst sted □ *han var ikke at se nogetsteds*

nogle

PRON.

bøjningsform af *nogen*

nok[1]

SUBST. *nokken*, plur. *nokker, nokkerne*

den yderste ende af et rundholt, fx en bom på et sejlskib; også om enden af en kaj el. en mole • **på nokken** for enden

nok[2]

ADV.

1. i et omfang som svarer til hvad der i en bestemt sammenhæng kræves, ønskes el. behøves = TILSTRÆKKELIG □ *han fik nok at spise · jeg har fået nok af ham og hans sladder · vi er nok til at forsvare os selv · han har penge nok · det går ikke hurtigt nok · nu har stegen fået nok · det er rigtigt nok · han er stor nok · der er mad nok · har du nok penge med?* • **ikke nok med** ikke alene □ *ikke nok med at han er doven, han drikker også* • **nok om det** så er der talt tilstrækkeligt om det • **nu kan det være nok** udtryk for utålmodighed • **være sig selv nok** ikke have brug for andre el. deres gode råd
2. udtryk for eftertryk el. understregning af et løfte □ *hun er nok værd at lægge mærke til · han skal nok vide at svare for sig selv · og så kan det nok være at de fik drukket et par glas · jeg skal nok fortælle jer det · vi skal nok vække dig · jeg skal nok få det lært* • **det må du nok sige** det har du fuldkommen ret i • **det tænkte jeg nok** det havde jeg forudset • **tænkte jeg det ikke nok** triumferende udtryk for at den talende havde forudset noget • **det var vel nok** udtryk for beundring □ *det var vel nok en fest!* • **nok så** = SÆRDELES □ *der sidder han nok så flot på hesten · romanen stiller nok så store krav til læseren*
3. udtryk for en bestemt følelse el. antagelse af sandsynligheden af noget = SANDSYNLIGVIS □ *jeg tror nok han kommer · han er nok i London · han ved nok bedst besked · hun skal nok blive klogere · broen er nok færdig om et par år · det skal nok gå alt sammen · du bilder dig nok en hel masse ind · det skal du nok ikke regne med* • udtryk for en indrømmelse □ *jo, det kan du vel egentlig nok · det går nok an · nok se, men ikke røre* • høfligt udtryk for et ønske □ *vil du ikke nok hjælpe? · må jeg ikke nok få lov?* • **du ved nok** udtryk for at noget underforstås som i forvejen er bekendt □ *jeg vil gerne tale med dig om det du ved nok* • **{sjovt} nok** udtryk for undrende eftertanke m.m.; *nok* står efter visse adverbier og gør at de kan stå andre steder i sætningen end ellers □ *underligt nok har jeg ikke hørt fra ham siden · jeg har sjovt nok også haft sådan en · de var mærkeligt nok kommet hjem · sært nok · heldigt nok · dårligt nok · sandt nok*
4. udtryk for at noget gentager sig = ENDNU □ *han prøvede nok en gang · du må vente nok et øjeblik*

nokkefår

SUBST. *-et*, plur. *~får, -ene*

= FJOLS

noksagt

SUBST. *-en*, plur. *-er, -erne*

noget som man ikke vil nævne ved navn, fx et erhverv el. en legemsdel □ *man siger at hun er blevet til en ren noksagt · han fik en omgang klø i den bare noksagt*

noksom

ADV.

i tilstrækkelig grad = TILSTRÆKKELIG, NOK, SUFFICIENT □ *jeg kan ikke noksom rose hendes finfølelse og takt*

nole

VERB. *-r, -de, -t*

nole ngt (glds.): = STJÆLE □ *du skal ikke nole min cykel!*

nolo

SUBST. *-en*, plur. *-er, -erne*

en melding i visse kortspil, fx whist, som indebærer at den der melder ud skal have nul stik for at vinde

nomade

SUBST. *-n*, plur. *-r, -rne*
/no'made/

et medlem af en omvandrende befolkningsgruppe som lever af husdyravl □ *tuaregerne lever som nomader i ørkenen* □ *nomadisk · nomadefolk · nomadeliv · nomadetelt* □ *kamelnomade · kvægnomade · rensdyrnomade* • en person som flytter meget rundt □ *de danske bygningsarbejdere i Tyskland lever nærmest som nomader*

nomen

SUBST. *-et* (el. *nominet*), plur. *nominer, nominerne*

(sprogvidenskab): et substantiv el. et adjektiv □ *pronomen*

nomenklatur

SUBST. *-en*, plur. *-er, -erne*
/nomenkla'tur/

et system af betegnelser inden for et bestemt fagområde = TERMINOLOGI

nominalværdi

SUBST. *-en*, plur. *-er, -erne*

= NOMINEL VÆRDI

nominativ

SUBST. *-en*, plur. *-er, -erne*
fork. *nom.*

den form som et substantiv el. pronomen har når det står som subjekt; fx er *rosen* nominativ mens *rosens* er genitiv; nominativ tilhører bøjningskategorien kasus = GRUNDLEDSFALD, NÆVNEFALD

nominel

ADJ. *-t, nominelle*
[nomi'nœl]

1. nominel værdi = PÅLYDENDE VÆRDI ≠ KURSVÆRDI □ *obligationens nominelle værdi er 1.000 kr., men salgsprisen er kun 800 kr. · noteringen er nominel*
2. som kun er noget af navn, men ikke i virkeligheden = FORMEL □ *rent nominelt er han firmaets chef, men i virkeligheden er det andre der bestemmer*

nominere

VERB. *-r, -de, -t*
/nomi'nere/

nominere ng(t) formelt indstille nogen el. noget til en post el. pris = INDSTILLE □ *filmen var nomineret som årets bedste · han er nomineret som partiets kandidat ved valget*

nominering

SUBST. *-en*, plur. *-er, -erne*
/nomi'nering/

jf. *nominere* = INDSTILLING □ *nominering af en kandidat · nomineringen betød meget for hans karriere*

nonchalance

SUBST. *-n*
[nɔŋsja'laŋsə]

en skødesløs adfærd som bunder i en følelse af overlegenhed el. ligegyldighed = SKØDESLØSHED □ *han behandler sine gæster med en vis nonchalance · bemærk nonchalancen i hans stemmeføring*

nonchalant

ADJ. - , -e
[nɔŋsja'lɑŋ]

som udtrykker en følelse af overlegenhed og ligegyldighed over for nogen el. noget□ *en nonchalant hilsen · trække nonchalant på skuldrene · være nonchalant klædt · du behandler din tante lidt for nonchalant*

none

SUBST. *-n,* plur. *-r, -rne*

(musik): et interval på ni trin i en *diatonisk* skala

nonet

SUBST. *nonetten,* plur. *nonetter, nonetterne*
[*no'næt*]

ni personer som optræder sammen • et musikstykke for ni instrumenter el. sangstemmer

nonfigurativ

ADJ. *-t, -e*

(kunst): som ikke afbilder den virkelige verden = ABSTRAKT ≠ FIGURATIV □ *nonfigurativ kunst*

nonkonformitet

SUBST. *-en*
/*'nonkonformitet*/

mangel på ensartethed inden for en gruppe el. et felt ≠ KONFORMITET

nonne

SUBST. *-n,* plur. *-r, -rne*

1. et kvindeligt medlem af en religiøs orden der som regel lever i et kloster, og som forsager alt verdsligt□ *nonnedragt· nonnekloster· nonneorden*
2. en hvidvinget sommerfugl med sorte sigsakstriber; et frygtet skadedyr hvis larver kan afløve store skovområder; latinsk navn *Lymantria monacha*

nonneorden

SUBST. *-en* (el. *~ordnen*), plur. *-er* (el. *~ordner*), *-erne* (el. *~ordnerne*)

et religiøst samfund som kun har nonner som medlemmer ≠ MUNKEORDEN □ *hun er blevet optaget i en nonneorden*

nonsens

SUBST. *et*
[*'nɔn'sɔns*]

meningsløs snak = VRØVL □ *brugsvejledningen var det rene nonsens*

nonstop

ADV.

uden pause □ *tv-kanalen sender film nonstop døgnet rundt · de fløj nonstop fra København til Antarktis · han taler og ryger nonstop* □ *nonstopfilm · nonstopflyvning · nonstopmusik · nonstopprogram*

nopret

ADJ.

se *nubret*

nor

SUBST. *-et,* plur. *nor, -ene*

1. = PUS □ *det lille nor sover sødt*
2. en vig der står i forbindelse med havet ved en smal munding □ *Korsør Nor*

nord

SUBST.

1. ⟨fork. *N*⟩ det verdenshjørne som man ser imod når man, på vores halvdel af jordkloden, har solen i ryggen midt på dagen ≠ SYD □ *hvilken retning er nord? · de krydsede landet fra nord til syd · floden løber mod nord · bjergene mod nord · bjergene i nord · nu står Karlsvognen i nord* □ *nordamerikaner · nordeuropæisk · nordjysk · nordhimmelen · nordkyst · nordside · nordspids · nordvendt* • ⟨ADV.⟩ i retning mod nord = NORDEN □ *gården ligger nord for byen · de sejlede nord om Anholt · den peger stik nord* • **i nord** (om vind): fra nord □ *vinden er i nord · vinden er gået om i nord · vinden er slået om i nord*
2. landområder mod nord el. lande på den nordlige del af kloden, fx Europa over for Afrika □ *samarbejde mellem nord og syd* • **det {høje} nord** lande der ligger mod nord, især om de skandinaviske lande□ *hun kommer fra det høje nord · det kolde nord*

nordbo el. nordboer

SUBST. *-en,* plur. *-er, -erne*

en person fra de nordiske lande = SKANDINAV □ *nordboerne gæstede Amerika før Columbus · vi nordboer må holde sammen*

norden[1]

SUBST. *et*
[*'no'ɔn*]

landområder mod nord □ *de kom fra sydens varme til nordens kulde* • **Norden** Danmark, Norge, Sverige, Island og Finland

norden[2]

ADV.
[*'no·ɔn*]

(glds.): i retning mod nord = NORD □ *norden for byen · de cyklede norden om skoven*

nordenfjords

ADV.

nord for fjorden; især nord for Limfjorden□ *hun er født og opvokset nordenfjords* □ *nordenfjordsk*

nordenvind

SUBST. *-en,* plur. *-e, -ene*

vind der blæser fra nord

nordfra

ADV.

= FRA NORD □ *der kom en skarp blæst nordfra*

nordgående

ADJ.

med kurs mod nord□ *nordgående trafik · nordgående strøm* • **for nordgående** □ *skibet er for nordgående*

nordisk

ADJ. - , *-e*

som har at gøre med Norden, dvs. landene Danmark, Norge, Sverige, Island og Finland = SKANDINAVISK □ *de nordiske lande · de nordiske hovedstæder · de nordiske folk* • **de nordiske sprog** de nært beslægtede sprog dansk, norsk, svensk, islandsk og færøsk

nordist

SUBST. *-en,* plur. *-er, -erne*
/*nor'dist*/

en person der studerer nordiske sprog og nordisk kultur

nordlig

ADJ. *-t, -e; nordligere, nordligst*

som er mod nord□ *i nordlig retning · den nordlige del af landet · de nordlige breddegrader · byen ligger meget nordligt* • (om vind og strøm): som kommer fra nord □ *frisk nordlig vind · vinden er stik nordlig*

nordlys

SUBST. *-et,* plur. *~lys, -ene*

polarlys der ses om natten på den nordlige halvkugle ≠ SYDLYS

nordmand

SUBST. *-en,* plur. *~mænd, ~mændene*

en person fra Norge

nordover

ADV.

udtryk for at noget bevæger sig el. strækker sig mod nord = MOD NORD, NORDPÅ □ *de sejlede nordover*

nordpol

SUBST. *-en,* plur. *-er, -erne*

⟨ikke plur.⟩ et område omkring jordaksens nordlige endepunkt ≠ SYDPOL □ *jordens geografiske nordpol · jordens magnetiske nordpol* □ *nordpolsekspedition · nordpolsfarer* • det ene af de to steder på en magnet hvor magnetfeltet er stærkest, og som vil pege mod jordens nordpol, hvis magneten kan dreje rundt ≠ SYDPOL □ *kompasnålens nordpol peger mod Jordens nordpol*

nordpolsfarer

SUBST. *-en,* plur. *-e, -ne*

en opdagelsesrejsende der har Nordpolen som sit mål □ *nordpolsfareren Robert Edwin Peary nåede som den første Nordpolen den 6. april 1909*

nordpå

ADV.

udtryk for at noget bevæger sig mod el. er placeret mod nord = MOD NORD, NORDOVER □ *de sejlede nordpå · de bor nordpå*

nordre

ADJ.

(i stednavne): = NØRRE □ *de kørte ad Nordre Fasanvej*

nordvest

SUBST.
/nord'vest/

retningen mellem nord og vest □ *fra nordvest* · *mod nordvest* ● ⟨ADV.⟩ i retning mod nordvest □ *nordvest for byen*

nordvestlig

ADJ. *-t, -e; -ere, -st*
/nord'vestlig/

som er mod nordvest □ *i nordvestlig retning* · *den nordvestlige del af landet* ● (om vind og strøm): = FRA NORDVEST □ *nordvestlig vind*

nordvision

SUBST. *-en*

et nordisk tv-samarbejde om udveksling og samproduktion af visse programmer; også om det at sende programmer samtidig på forskellige nordiske tv-kanaler ≠ EUROVISION

nordøst

SUBST.
/nord'øst/

retningen mellem nord og øst □ *fra nordøst* · *mod nordøst* ● ⟨ADV.⟩ i retning mod nordøst □ *nordøst for byen*

nordøstlig

ADJ. *-t, -e; -ere, -st*
/nord'østlig/

som er mod nordøst □ *i nordøstlig retning* · *den nordøstlige del af landet* ● (om vind og strøm): = FRA NORDØST □ *nordøstlig vind*

norm

SUBST. *-en,* plur. *-er, -erne*

en alment anerkendt regel der ikke er nedskrevet □ *normen er en halv times frokostpause* · *respektere normerne* · *afvige fra normerne* □ *normsystem* ● (bygningsfag, glds.): en teknisk specifikation der er retningsgivende = STANDARD □ *sikkerhedsnorm*

normal[1]

SUBST. *-en,* plur. *-er, -erne*

1. den normale værdi □ *temperaturen ligger i dag betydeligt over normalen*
2. (geometri): en ret linie el. et plan der står vinkelret på en anden ret linie el. et andet plan □ *midtnormal*

normal[2]

ADJ. *-t, -e*
/nor'mal/

1. som ikke afviger fra gennemsnittet = ALMINDELIG □ *temperaturen var næsten normal* · *normal nedbørsmængde* · *et normalt liv* · *et sundt og normalt barn* · *alle normale mænd vil gerne giftes* □ *normalløn* · *normaltemperatur* · *normaltid* · *normalvægt* □ *anormal*
2. normalt ⟨ADV.⟩ som regel □ *han er normalt hjemme om aftenen*

normalisere

VERB. *-r, -de, -t*
/normali'sere/

normalisere ngt føre noget tilbage til dets normale tilstand □ *forholdet mellem de tidligere stridende nationer er nu normaliseret* · *regeringen arbejder for at normalisere tilstanden i landet* ● **normalisere ngt** bringe noget i overensstemmelse med en fastlagt norm □ *normalisere retskrivningen i gamle håndskrifter*

normalitet

SUBST. *-en*
/normali'tet/

en normal tilstand el. det at være normal i adfærd ≠ UNORMALITET □ *efter udskrivelsen stråler hun af normalitet og velvære* · *hendes normalitet afspejler sig i hendes frisure og påklædning* □ *unormalitet*

normalløn

SUBST. *~lønnen*

den aftalte lønsats i et overenskomstområde for en overenskomstperiode □ *sygeplejerskerne kæmper for en højere normalløn* · *normallønsområde*

normalside

SUBST. *-n,* plur. *-r, -rne*
fork. *ns.*

et mål til beregning af teksters omfang som bl.a. bruges ved opgivelse af eksamenspensum □ *en normalside i maskinskrift er på 2.000 anslag*

normaltid

SUBST. *-en,* plur. *-er, -erne*

= ZONETID

normaltone

SUBST. *-n*

= KAMMERTONE

normalvægt

SUBST. *-en,* plur. *-e, -ene*

en persons normale vægt □ *hendes normalvægt ligger på 62 kg*

normanner el. norman

SUBST. *-en,* plur. *-e* (el. *normanner*), *-ne* (norman: *normannen,* plur. *normanner, normannerne*)
/nor'manner/

en dansk el. norsk viking; især om de vikinger der hærgede bl.a. Frankerrigets kyster og erobrede den nordfranske provins Normandiet □ *normannisk* · *normannertid*

normativ

ADJ. *-t, -e*

som bygger på en norm, og som er retningsgivende for hvordan noget bør gøres ≠ DESKRIPTIV □ *en normativ grammatik* · *en række normative kriterier for etisk livsførsel* · *undervisningen har et normativt sigte*

normere

VERB. *-r, -de, -t*
/nor'mere/

normere ngt fastsætte noget som norm □ *studietiden var normeret til fem år* · *institutionen er normeret til fem pædagoger* · *plejehjemmet er normeret til 30 beboere* · *pumperne er normeret efter DIN 24255* □ *normering*

normgivende

ADJ.

som sætter en norm □ *Hemingway var normgivende for følgende generationer af forfattere*

norne

SUBST. *-n,* plur. *-r, -rne*

(nordisk mytologi): hver af de tre skæbnegudinder der er mægtigere end guderne, og som spinder menneskets livstråd □ *de tre norner Urd, Verdandi og Skuld sad og spandt menneskenes livstråde ved foden af Yggdrasil*

norrøn

ADJ. *-t, -e*
[nå'rö'n]

som har at gøre med de vestnordiske sprog = VESTNORDISK □ *de islandske sagaer indtager en fremtrædende plads inden for norrøn litteratur* · *de norrøne sprog*

norsk

ADJ. *-, -e*

som har at gøre med Norge □ *norsk-amerikansk* · *norskejet* ● ⟨SUBST.: *et, norsken*⟩ det norske sprog □ *forstå norsk* · *tale et smukt norsk* □ *norskundervisning*

norskhed

SUBST. *-en,* plur. *-er, -erne*

1. norsk sindelag og tænkemåde
2. = NORVAGISME

norvagisme

SUBST. *-n,* plur. *-r, -rne*
/norva'gisme/

et sprogligt træk el. en vending som er karakteristisk for norsk, og som optræder i et andet sprog = NORSKHED

nosse[1]

SUBST. *-n,* plur. *-r, -rne*

= TESTIKEL ● **{have} nosser** (slang): udtryk for at nogen har gåpåmod el. at noget er af kvalitet □ *der er nosser i ham!* · *han mangler nosser til at få det sagt* □ *nosseforladt* · *nosseløs*

nosse[2]

VERB. *-r, -de, -t*

nosse i det (slang): kludre med el. være langsom til noget □ *stå nu ikke der og nos i det!* □ *nossehoved* ● **nosse rundt** (slang): gå forvirret rundt □ *han går der og nosser rundt for sig selv og kan ikke finde ud af det*

nostalgi

SUBST. *-en*
/nostal'gi/

en vemodig, ofte sentimental længsel efter noget svundent □ *tressernes genopblomstring inden for moden er et udtryk for nostalgi* · *hendes nostalgi skyldes at hun savner sit fødeland* □ *nostalgisk* □ *tressernostalgi*

nostalgiker

SUBST. *-en*, plur. *-e, -ne*
/no'stalgiker/

en person med hang til nostalgi □ *han er en af de her nostalgikere der kan snakke om sin tabte ungdom i timevis*

not[1]

SUBST. *-en*, plur. *-er, -erne*
['no't]

en fure i den ene lange kant af et bræt som *feren* fra et andet bræt føjes ind i, fx ved samling af et gulv ≠ FER

not[2]

SUBST. *-en* el. *-et*, plur. *-er* (el. *not*), *-erne* (el. *-ene*)
['no't]

et stort fiskenet der fx anvendes til sildefiskeri □ *notbåd* · *notfisker* · *notfiskeri*

nota

SUBST. *-en*, plur. *-er, -erne*

(glds.): en opgørelse fra sælger til køber over leverede varer □ *notablok*

notabel

ADJ. *-t, notable*
/no'tabel/

(form.): som er fornem og anset □ *en notabel pris*

notabene

ADV.
/nota'bene/
fork. *NB* el. *nb.*

= VEL AT MÆRKE □ *han fik stillingen, notabene fordi der ingen andre ansøgere var* • ⟨SUBST.: *-t*, plur. *-r, -rne*⟩ en kritisk anmærkning □ *ved denne overdrevne ros vil jeg dog sætte et notabene*

notabilitet

SUBST. *-en*, plur. *-er, -erne*
/notabili'tet/

en højt anset person = BERØMTHED, SPIDS □ *mange af byens notabiliteter var mødt frem*

notar

SUBST. *-en*, plur. *-er, -erne*
/no'tar/

= NOTARIUS PUBLICUS

notarius publicus

SUBST. *en*
/no'tarius publicus/

en tjenestemand som overværer og bevidner visse retshandlinger og attesterer dokumenter for at gøre dem retsgyldige, fx underskrivning af testamenter = NOTAR

notat

SUBST. *-et*, plur. *-er, -erne*
[no'ta't]

1. en kort skriftlig optegnelse = OPTEGNELSE, NOTE, ANMÆRKNING □ *under hele foredraget gjorde han notater* □ *notatteknik*
2. en officiel redegørelse fra et ministerium, bestyrelse o.l. el. internt papir i et firma □ *oplysningerne fremgår af et notat fra Socialministeriet*

notation

SUBST. *-en*, plur. *-er, -erne*
[nota'sjo'n]

et tegnsystem til gengivelse af ord, tal, toner el.lign., fx lydskrift el. nodeskrift

note[1]

SUBST. *-n*, plur. *-r, -rne*

1. en kort skriftlig optegnelse = OPTEGNELSE, NOTAT, ANMÆRKNING □ *tage noter* • en forklarende bemærkning til et punkt i en tekst; er placeret nederst på siden el. sidst i teksten og er markeret med et tegn el. tal □ *fodnote* · *slutnote*
2. en skrivelse fra en regering til en anden □ *Danmark har modtaget en skarp note fra USA*

note[2]

VERB. *-r, -de, -t*

note ngt frembringe en not i et bræt el.lign. □ *notning*

noteapparat

SUBST. *-et*, plur. *-er, -erne*

en samlet mængde af noter i en videnskabelig afhandling el.lign. □ *bogen er forsynet med et omfattende noteapparat*

notere

VERB. *-r, -de, -t*
/no'tere/

1. notere ngt skrive noget ned = SKRIVE OP, SKRIVE NED, OPTEGNE □ *jeg nåede ikke at notere bilens nummer* · *notere et navn ned* • **notere ng for ngt** registrere nogen for at have gjort noget □ *betjenten noterede ham for at have kørt uden lys* · *cykelrytteren blev noteret for tiden 6.00.15* · *partiet blev noteret for en tilbagegang på 2%* • **notere ngt** skrive prisen for varer der ikke betales kontant på en regning □ *notere varerne på kundens regning* · *vil De notere det?* · *skal varerne noteres?*
2. notere ngt el. **notere sig ngt** lægge mærke til noget = KONSTATERE, REGISTRERE □ *vi kan med tilfredshed notere at tidsplanen overholdes* · *de noterede sig husets beliggenhed* · *vi har noteret os kritikken og vil rette op på problemet* · *der er noteret store fremskridt inden for genteknologi* · *dette er en detalje der er værd at notere*
3. notere ngt fastsætte priser og kurser på børsen □ *notere værdipapirer på børsen* · *aktierne blev noteret til 235* □ *notering*

notering

SUBST. *-en*, plur. *-er, -erne*
/no'tering/

1. en fastsættelse af priser og kurser på børsen = PRISFASTSÆTTELSE, KURSFASTSÆTTELSE □ *handlet uden for notering* · *noteringen sattes til 235* · *optage aktiver til notering på børsen* □ *noteringsberettiget* · *noteringsliste* □ *aktienotering* · *fiskerinotering*
2. noteringen en serviceafdeling i et telefonselskab hvor der kan bestilles en telefonsamtale, fx til et telefonnummer som er optaget □ *ringe til billetbureauet over noteringen* · *tage noteringen*

notesblok

SUBST. *~blokken*, plur. *~blokke, ~blokkene*

= SKRIVEBLOK

notesbog

SUBST. *-en*, plur. *~bøger, ~bøgerne*

en bog til optegnelser el. notater = AGENDA, LOMMEBOG

notificere

VERB. *-r, -de, -t*
[notifi'se'ɔ]

notificere ngt (form.): officielt meddele noget = KUNDGØRE □ *notificering*

notifikation

SUBST. *-en*, plur. *-er, -erne*
[notifika'sjo'n]

1. en officiel meddelelse fra en regering til en anden
2. en meddelelse om forevisning el. protest af en veksel

notits

SUBST. *-en*, plur. *-er, -erne*
/no'tits/

1. en kort skriftlig meddelelse, især i aviser □ *der har stået en notits i aviserne om begivenheden*
2. en optegnelse over private iagttagelser
3. tage notits af ng lægge mærke til én

notorisk

ADJ. *- , -e*
/no'torisk/

som er almindelig kendt □ *han er en notorisk løgner*

nougat

SUBST. *-en*, plur. *-er, -erne*
['nuga]

en konfektmasse der fremstilles bl.a. af sukker, hasselnødder og mandler = BLØD NOUGAT ≠ FRANSK NOUGAT □ *til jul laver mange konfekt af marcipan, nougat og chokolade* □ *nougatfyld* • en hård masse af sukker der er opvarmet, iblandet mandler el. nødder og herefter stivnet og knust = HÅRD NOUGAT, KARAMEL □ *nougaten knuses med en kagerulle* □ *nougatis* • **fransk nougat** en hvid, blød masse der er fremstillet af bl.a. sukker, kandiserede frugtstykker, nødder o.l.

nougatis

SUBST. *-en*, plur. *~is, -ene*

en vaniljeis der er iblandet knust hård nougat

nova

SUBST. *-en*, plur. *-er, -erne*
/'nova/

(astronomi): en stjerne der pludselig øger sin lysstyrke som derefter svinder ind igen; er et af de sidste stadier i en stjernes liv

novation

SUBST. *-en*, plur. *-er, -erne*
[nova'sjo'n]

noget som er nyt inden for et område = NYSKABELSE, NYDANNELSE, INNOVATION □ *værdifulde kunstneriske novationer* · *det instrument er en novation inden for musikbranchen*

novelle

SUBST. *-n,* plur. *-r, -rne*
/no'velle/

en kort, skønlitterær fortælling med ét handlingsforløb ≠ ROMAN □ *en novelle af Johs. V. Jensen* □ *novelleblad* · *novellesamling* □ *krimi-novelle* · *kærlighedsnovelle* · *ugebladsnovelle*

novellesamling

SUBST. *-en,* plur. *-er, -erne*

en samling af noveller der er udgivet i bogform □ *en novellesamling med et fælles tema*

novellette

SUBST. *-n,* plur. *-r, -rne*
/novel'lette/

1. en kort novelle
2. et musikstykke med vekslen af korte temaer

novellist

SUBST. *-en,* plur. *-er, -erne*
/novel'list/

en forfatter der skriver noveller = NOVELLEFORFATTER

novellistisk

ADJ. *- , -e*
/novel'listisk/

som i stil og form minder om en novelle □ *en novellistisk roman*

november

SUBST. *en*
/no'vember/

den 11. måned i året □ *november måned* · *den 15. november* · *i november* · *sidste november* · *til november* □ *novemberdag*

novice

SUBST. *-n,* plur. *-r, -rne*
[no'vi·sə]

1. en person som gennemgår en prøvetid forud for at blive optaget i et kloster □ *novicedragt*
2. (spøg.): = NYBEGYNDER □ *de er novicer inden for sejlsporten*

NPK-gødning

SUBST. *-en*

kunstgødning der indeholder kvælstof, fosfor og kalium ≠ PK-GØDNING

Nr.

(i stednavne): fork. for *Nørre* □ *Nr. Nissum*

nr.

fork. for *nummer*

ns.

fork. for *normalside*

nto.

fork. for *netto*

nu[1]

SUBST. *-et*

det tidspunkt hvor noget sker = ØJEBLIK □ *i samme nu kom hun ind i stuen* · *i dette nu er han måske på vej til Frankrig* · *det er nuet der tæller* · *nyde nuet* • **i et nu** i løbet af et øjeblik □ *i et nu var det hele forbi* • **leve i nuet** leve på en måde så man ikke tænker på fremtiden

nu[2]

ADV.

1. på det tidspunkt hvor man taler □ *de kommer nu* · *jeg skal gå nu* · *lige nu ved jeg ikke hvad jeg skal gøre* · *nu er jeg snart færdig* · *nu forstår jeg bedre hvorfor du grinede før* · *levealderen er længere nu end for 100 år siden* □ *nutid* · *nugældende* · *nuværende* • udtryk for at noget kommer efter noget andet som led i en rækkefølge □ *vi har nu set hvordan man skiller pistolen ad* · *har du nu tabt den igen?* · *hvad er der nu i vejen?* · *hvad skal vi nu gøre?* • **nu og da** = SOMMETIDER □ *han kigger ind nu og da* · *nu og da falder der regn i området* • **nu til dags** el. **nu om stunder** (glds.): i den tid vi lever i = I VORE DAGE □ *nu til dags bruger man ikke mere et vaskebræt* • **fra nu af** fra det tidspunkt hvor man taler □ *fra nu af må du klare dig selv*
2. i modsætning til noget som nogen tidligere har ment, el. som faktisk er tilfældet □ *det går nu bedre end jeg havde troet* · *nu er der jo ikke tale om en egentlig løsning* · *jeg har nu ikke særlig meget lyst til at prøve* · *det er jeg nu ikke så sikker på* · *men hvis nu Holger var her, så ville vi være taget i Tivoli* • udtryk for at man tidligere har vidst el. hørt det som man spørger om □ *hvordan er det nu man gør?* · *hvad var det nu vi aftalte?* · *hvor er det nu knibtangen ligger?* • udtryk for at man opfordrer den man spørger om noget til at tænke sig om før han svarer □ *er du nu også sikker?* · *har du nu husket det?* • **bare ... nu** el. **nu ... vel** udtryk for at man håber at noget vil ske, men frygter at det ikke vil gøre det □ *bare det nu ikke går galt* · *nu når du det vel?*

nuance

SUBST. *-n,* plur. *-r, -rne*
[ny'aŋsə]

en farve el. en måde at gøre noget på som ikke adskiller sig særlig meget fra en grundliggende farve el. optræden = AFSKYGNING, FACET □ *en blålig nuance* · *et væld af grønne nuancer* · *hans væsen har mange nuancer* · *hendes fremstilling af rollen har mange nuancer* □ *nuanceforskel* · *nuancerigdom* □ *farvenuance* · *betydningsnuance*

nuancere

VERB. *-r, -de, -t*
[nyaŋ'se'ɔ]

nuancere ngt udtrykke el. opfatte noget på en måde så små forskelle kommer frem □ *du må nuancere beskrivelsen noget mere* □ *nuancering*

nuanceret

ADJ. *- , nuancerede*
[nyaŋ'se'ɔð]

som udtrykker el. opfatter detaljer og variationer □ *en nuanceret fremstilling* · *et nuanceret syn på tilværelsen*

nubret el. nopret

ADJ. *- , nubrede*
(nopret: *- , noprede*)

med mange små forhøjninger i overfladen □ *et nubret tapet*

nudansk

ADJ. *- , -e*

som bruges el. er aktuel i Danmark på det nuværende tidspunkt = MODERNE DANSK □ *nudansk hverdagshumor* · *nudansk sprogbrug* · *nudansk prosa* · *nudansk musik* • ⟨SUBST.: *et, nudansken*⟩ det danske sprog som det tales og skrives i dag ≠ NYDANSK □ *en tillempning af sproget til nudansk* · *sagt på almindeligt nudansk, så vankede der halshugning hvis man ikke holdt sig fra det kongelige vildt* · *det svarer til hvad vi på nudansk kalder omstruktureringer i ledelsen*

nudel

SUBST. *-en* (el. *nudlen*), plur. *nudler, nudlerne*
['nu'ðəl]

et lille stykke dej lavet af mel, æg og vand; bruges især til supper □ *nudelsuppe* □ *glasnudel*

nudelsuppe

SUBST. *-n,* plur. *-r, -rne*

en suppe med fyld af bl.a. nudler

nudisme

SUBST. *-n*
/nu'disme/

en fælles dyrkelse af nøgenhed = NØGENKULTUR, NATURISME □ *nudismen på de danske badestrande* · *visse steder i Frankrig har nudismen nærmest udviklet sig til en religiøs kult*

nudist

SUBST. *-en,* plur. *-er, -erne*
/nu'dist/

en tilhænger af nudismen = NATURIST □ *stranden var fuld af nudister* □ *nudistlejr* · *nudiststrand*

nugældende

ADJ.

som har gyldighed nu □ *den nye aftale bliver langt bedre end den nugældende* · *man kan ikke blive enige om at ændre de nugældende regler*

nuklear

ADJ. *-t, -e*
/nukle'ar/

1. (fysik): som har at gøre med en atomkerne □ *nukleare våben* · *nuklear vinter* □ *nuklearenergi*
2. (medicin): som har at gøre med en cellekerne □ *nuklearmedicin*

nul

TALORD

1. (matematik): tallet 0 som angiver at der ikke eksisterer et antal af noget, og som er begyndelsespunkt for tallinien □ *mellem nul og seks er der fem naturlige tal* · *de negative tal ligger til venstre for nul på tallinien* · *man kan ikke dividere med nul* · *vi vandt med to mål imod*

nul · nul graders varme □ *nulmeridian · nulpunkt · nulstille · nulte* □ *normalnul* ● ⟨SUBST.: *nullet*, plur. *nuller, nullerne*⟩ □ *der er seks nuller i en million · man ganger et helt tal med 10 ved at sætte et nul bagved · der skal et nul mere i beløbet*
2. = INTET □ *det er lig med nul · han har tjent nul kroner på den historie* □ *nulenergihus · nulindkomst · nulløsning · nulskatteyder · nulspænding · nulvækst* ● **nul og niks** slet ingenting = INTET □ *han ved nul og niks om edb · hun er nul og niks ved siden af sin søster* ● **i løbet af nul komma fem** på et øjeblik
3. ⟨SUBST.: *nullet*, plur. *nuller, nullerne*⟩ en ubetydelig el. uduelig person = NULLITET □ *han er et rigtigt nul · hun er et opblæst nul* □ *nullitet*
4. nul ⟨udråbsord⟩ = NEJ

nulenergihus

SUBST. *-et*, plur. *-e, -ene*

et hus hvor energibehovet dækkes ved selvproduceret energi, fx gennem solfanger el. jordvarmeanlæg

nulevende

ADJ.

som lever nu □ *blandt de nulevende arter af fugle har albatrossen det største vingefang · han er den største nulevende forfatter*

nullermand

SUBST. *-en*, plur. *~mænd, ~mændene*

en lille samling af støv □ *det vrimler med nullermænd bag sofaen*

nullitet

SUBST. *-en*, plur. *-er, -erne*
/nulli'tet/

en ubetydelig el. uduelig person el. noget som er ubetydeligt = NUL □ *kontanthjælpsmodtagere regnes for nulliteter af det øvrige samfund*

nulløsning

SUBST. *-en*, plur. *-er, -erne*

en løsning på el. en plan for noget som indebærer en fastfrysning af en bestemt variabel, fx forbruget af penge el. belastningen for miljøet □ *den danske og den svenske regerings nulløsning for miljøet i forbindelse med Øresundsbroprojektet*

nulpunkt

SUBST. *-et*, plur. *-er, -erne*

det punkt som skiller de negative og de positive tal på en talskala; især om vands frysepunkt ved 0 °C □ *termometeret står på nulpunktet* ● et meget lavt niveau □ *mit humør er på nulpunktet* ● **det absolutte nulpunkt** den laveste temperatur som kan forekomme, dvs. -273 °C

nulre

VERB. *-r, -de, -t*

nulre ngt gnide el. rulle noget mellem fingrene □ *hun nulrede et stykke tyggegummi mellem fingrene og satte det fast under stolen · hun nulrede ham i nakken*

nulstille

VERB. *-r, -de, -t*

nulstille ngt føre noget tilbage til et udgangspunkt □ *nulstille et stopur · nulstille tælleværket på en båndoptager · nulstille et pristal · nulstille forventningerne* □ *nulstilling*

nulte

TALORD

(matematik): ordenstallet til nul □ *når man sætter et tal i nulte potens er det altid lig med 1*

nulvækst

SUBST. *-en*

en samfundsudvikling uden økonomisk vækst □ *vurderingen er at en række vestlige lande vil opleve en nulvækst i slutningen af halvfemserne*

numerale

SUBST. *-t*, plur. *-r* (el. *numeralier*), *-rne* (el. *numeralierne*)
/nume'rale/

= TALORD

numerisk

ADJ. -, *-e*

som har at gøre med tal = TALMÆSSIG □ *numerisk styring af værktøjsmaskiner* ● **numerisk analyse** studiet af talmæssige metoder til at finde løsninger på matematiske problemer ● **numerisk værdi** et tals afstand fra nulpunktet på en sædvanlig talskala; fx er den numeriske værdi af det negative tal -5 tallet 5 = ABSOLUT VÆRDI □ *den numeriske værdi af -5 er 5*

numerus

SUBST. *et*

en bøjningskategori for substantiver med bøjningsformer der bestemmes af om der er tale om en, *singularis* el. flere, *pluralis* = TAL

numismatik

SUBST. *numismatikken*
/numisma'tik/

læren om mønter og medaljer; også almindeligt brugt om systematisk møntsamleri □ *hun er en ivrig dyrker af numismatik og filateli* □ *numismatiker · numismatisk*

nummer

SUBST. *-et* (el. *numret*), plur. *numre, numrene*
fork. *nr.*

1. et tal el. en sammensætning af tal og bogstaver som refererer til et bestemt sted, en bestemt størrelse, ting el. person □ *han bor i nummer 7 · vi synger nummer 147 i sangbogen · hvilket nummer bruger du i sko? · skoene er et nummer for små · hvilket nummer havde den bus der lige er drejet om hjørnet? · han spiller med nummer 9 på trøjen · betjenten noterede bilens nummer* □ *nummerplade* □ *brugernummer · busnummer · katalognummer · kontrolnummer · medlemsnummer · personnummer · registreringsnummer · skonummer · stelnummer · størrelsesnummer* ● = TELEFONNUMMER □ *slå et nummer op i telefonbogen · taste forkert nummer · undskyld, jeg har fået galt nummer* □ *nummeroplysning* ● et tal som angiver en placering, en rækkefølge el.lign. □ *den ældste løber kom ind som en flot nummer et · hun blev nummer sjok · han står som nummer tre fra højre · hun er nummer et i klassen · novellen fortsættes i næste nummer af bladet · du er nummer ti på ventelisten · kunderne ekspederes efter nummer* □ *nummerfølge · nummerorden*
2. en afgrænset del af fx en plade el. en forestilling □ *sangeren optrådte med to numre fra sin nye cd · det næste nummer på programmet er en monolog · gruppen gav et nummer til ære for hædersgæsten* □ *cirkusnummer · dacaponummer · ekstranummer · glansnummer · revynummer · tryllenummer* ● **give et nummer til bedste** fremføre et nummer til de tilstedeværendes fornøjelse
3. en handling hvor man laver sjov med el. fupper nogen □ *det er et nummer de laver for at tage fusen på os · han laver numre med skattevæsenet* □ *fupnummer · svindelnummer*
4. i forsk. forb.: ● **gøre et nummer ud af ngt** fremhæve noget, ofte ved at overdrive □ *hun gør et stort nummer ud af sin fremmede accent* ● **gå et nummer for vidt** drive noget for vidt □ *der gik du vist et nummer for vidt* ● **træde uden for nummer** træde ud af aktiv tjeneste □ *obersten er trådt uden for nummer* ● **træde** el. **falde uden for nummer** være anderledes □ *han falder lidt uden for nummer i den sammenhæng* ● **ikke være ngs nummer** ikke falde i nogens smag □ *han er ikke mit nummer · lever er ikke lige mit nummer* ● **være et nummer bedre** være lidt bedre □ *hun er et nummer bedre · kopien er et nummer bedre end originalen* ● **være et nummer for groft** være urimeligt □ *det er et nummer for groft at han overfuser hende på den måde*

nummerere

VERB. *-r, -de, -t*
/numme'rere/

nummerere ngt give noget et nummer □ *i biografer og teatre nummererer man pladserne · nummerere eksemplarerne fortløbende* □ *nummerering*

nummerorden

SUBST. *-en* el. *nummerordnen*

en rækkefølge efter nummer □ *dokumenterne skal ligge i nummerorden*

nummerplade

SUBST. *-n*, plur. *-r, -rne*

et lovpåkrævet skilt foran og bag på motorkøretøjer som bærer registreringsnummeret □ *fik du flugtbilistens nummerplade? · han fik klippet nummerpladerne på bilen* ● **gule nummerplader** nummerplader med en gul farve som angiver at et køretøj har status som varevogn □ *køre på gule nummerplader*

numse

SUBST. *-n*, plur. *-r, -rne*

(dagl.): en del af legemet under ryggen som består af to balder = BAGDEL □ *en stor numse · slå numsen* □ *numsehul*

nunatak

SUBST. *nunatakken*, plur. *nunatakker, nunatakkerne*

et fjeld der rager op over indlandsisen

nuntius

SUBST. *en*, plur. *nuntier, nuntierne*

en pavelig diplomat af højeste rang = LEGAT

nuppe

VERB. *-r, -de, -t*

nuppe ngt = NAPPE □ *den kage nupper jeg* · *nuppe sig en lur*

nus

SUBST. *et,* plur. *nus, -ene*
[*'nus*]

1. et sødt lille barn el. kæledyr = PUS □ *det lille nus*
2. = NUSSEHOVED □ *bliver du dog aldrig færdig, du er da et nus!*

nusse

VERB. *-r, -de, -t*

1. nusse ng kæle for nogen □ *hun nusser sin lille pige på armen* □ *nusning*
2. nusse med ngt pusle med noget, fx et stykke hånd- el. papirarbejde, uden rigtig at få noget fra hånden □ *han sidder og nusser med sine papirer* · *du nusser for meget og laver for lidt* □ *nusseri* • **nusse omkring** gå rundt uden at lave noget

nussehoved

SUBST. *-et,* plur. *-er, -erne*

en person der nusser med tingene = NUS □ *han er et værre nussehoved som altid skal fordybe sig i detaljerne*

nusseri

SUBST. *-et,* plur. *-er, -erne*
[nusse'ri]

det at nusse med noget □ *skal vi ikke droppe nusseriet og få noget fra hånden?*

nusset

ADJ. *- , nussede*

lidt snavset □ *lejligheden var slidt og nusset* · *en nusset skjorte* □ *halvnusset*

nutid

SUBST. *-en*

1. nutiden den tid der er samtidig med én selv □ *nutidens travle mennesker* · *nutidens ungdom* • **nutiden** de mennesker som lever i nutiden □ *nutiden ser mildere på skilsmisse end datidens mennesker gjorde*
2. (sprogvidenskab): = PRÆSENS

nutidig

ADJ. *-t, -e*

som hører nutiden til □ *nutidig kunst* · *filmen beskæftiger sig med et klassisk emne, men er nutidig i sin form*

nutidshistorie

SUBST. *-n*

= SAMTIDSHISTORIE □ *nutidshistoriker* · *nutidshistorisk*

nutidskunst

SUBST. *-en*

kunst lavet i moderne tid = MODERNE KUNST □ *udstillingen indkredser og udtrykker de tendenser der rører sig i nutidskunsten* · *et museum for nutidskunst*

nutidsmenneske

SUBST. *-t,* plur. *-r, -rne* (el. *-ne*)

et nulevende menneske; særligt om et menneske der lever og tænker i overensstemmelse med det moderne samfund □ *et nutidsmenneske ville ikke have overlevet mange sekunder i juratiden* · *nutidsmenneskene forstår sig ikke på de stille glæder*

nutria

SUBST. *et*

pelsværk af sumpbæverens skind □ *nutriakrave* · *nutriapels* · *nutriaskind*

nuttet

ADJ. *- , nuttede*

lille, blød og sød □ *en nuttet unge* · *en nuttet bamse* □ *nuttethed* □ *overnuttet* · *tuttenuttet*

nuv.

forkort. for *nuværende*

nuvel

UDRÅBSORD

udtryk for at man accepterer noget = GODT, OKAY □ *nuvel, gør da som du synes*

ny[1]

SUBST. *-et*

en månefase fra nymåne til fuldmåne hvor Månen gradvist bliver mere synlig = TILTAGENDE ≠ NÆ, AFTAGENDE □ *Månen er i ny* • **i ny og næ** af og til

ny[2]

ADJ. *-t, -e* (el. *ny*); *-ere, -est*

1. som ikke har eksisteret før el. kun har eksisteret i kort tid = UBRUGT ≠ GAMMEL □ *blive så god som ny* · *en ny opfindelse* · *en ny lov* · *huset er helt nyt* □ *nyanskaffelse* · *nybagt* · *nybegynder* · *nybygger* · *nydanne* · *nyerhvervelse* · *nyfødt* · *nygift* · *nymalet* · *nymåne* · *nyoprette* · *nyplantning* · *nyskabe* · *nyslået* · *nysne* · *nystrøget* · *nyvælge* □ *fabriksny* · *splinterny*
2. som ikke tidligere har været kendt el. anvendt □ *en ny stjerne blev opdaget* · *nye helbredelsesmetoder* □ *nytænkning*
3. som følger efter noget andet □ *hun har fundet sig en ny kæreste* · *få et nyt fag i skolen* · *jeg trænger til nye sko* · *vi har fået nyt hus*
4. som opstår igen □ *nyfascisme* · *nyindspilning* · *nyklassicisme* · *nykolonialisme* · *nyreligiøsitet*
5. i forsk. forb.: • **en lille ny** et nyfødt barn □ *de har fået en lille ny* • **nyt** = NYHEDER □ *jeg har godt nyt* · *dårligt nyt* · *intet nyt er godt nyt* • **på ny** = IGEN □ *føle sig som født på ny*

nyanskaffelse

SUBST. *-n,* plur. *-r, -rne*

= NYERHVERVELSE □ *de fleste af møblerne har vi arvet fra min moster, men sofaen i hjørnet er en nyanskaffelse*

nybagt

ADJ. *- , -e*

1. som lige er blevet bagt □ *nybagte kager*
2. (om en person): som lige er blevet forældre, har fået en ny titel el.lign. □ *nybagte forældre* · *en nybagt student*

nybegynder

SUBST. *-en,* plur. *-e, -ne*

= BEGYNDER □ *fotoet er taget af en nybegynder* · *engelsk for nybegyndere* □ *nybegynderfejl*

nybrud

SUBST. *nybruddet,* plur. *nybrud, nybruddene*

et frembrud af noget nyt □ *et nybrud inden for kunstverdenen*

nybygger

SUBST. *-en,* plur. *-e, -ne*

en person der bosætter sig i et hidtil ubeboet land = KOLONIST, PIONER □ *de amerikanske nybyggere* □ *nybyggersamfund* · *nybyggerånd*

nybygget

ADJ. *- , nybyggede*

som lige er bygget □ *en nybygget skole*

nybygning

SUBST. *-en,* plur. *-er, -erne*

en ny bygning el. et nyt skib ≠ OMBYGNING, TILBYGNING □ *nybygningen har kostet 25 millioner kr.* □ *nybygningsafdeling* · *nybygningsordre*

nydannelse

SUBST. *-n,* plur. *-r, -rne*

noget nyt som er opstået spontant el. som følge af en udvikling = NYSKABELSE, NOVATION □ *en sproglig nydannelse* · *en nødvendig nydannelse inden for sundhedssektoren*

nydannet

ADJ. *- , nydannede*

som er dannet el. oprettet for nylig = NYOPRETTET □ *der er bestyrelsesmøde i det nydannede selskab*

nydansk

SUBST. *et, ~dansken*

det danske sprog fra ca. 1525 og fremefter ≠ MIDDELALDERDANSK, NUDANSK □ *særligt digterne medvirkede til at middelalderens dansk udviklede sig til det vi kalder nydansk* · *ældre nydansk* · *yngre nydansk* • ⟨ADJ.: *- , -e*⟩

nyde

VERB. *-r, nød, nydt*

1. nyde ngt føle behag ved noget □ *nyde livet* · *vi nyder ferien* · *han har tid til at nyde sit otium* □ *nydelse* · *nyder*
2. være genstand for en positiv holdning el. følelse fra andre □ *jeg har nydt stor gæstfrihed dér* · *han nyder stor tillid* · *nyde ens bevågenhed* · *nyde respekt* • **nyde godt af ngt** have fordel af noget □ *nyde godt af nogens godgørenhed*
3. = FORTÆRE □ *hvad vil De nyde?* · *jeg nyder ikke spiritus når jeg skal køre bil* · *nyde et stille måltid* □ *nyder* · *nydelse* • **ikke skulle nyde ngt** ikke ønske at have noget at gøre med en vis ting □ *nej tak, jeg skal ikke nyde noget af det* • **nydende medlem** et passivt medlem af en forening el.lign. som nyder alle fordelene ved at være medlem, uden at yde en aktiv indsats

nydelig
ADJ. *-t, -e; -ere, -st*
som er pæn og korrekt at se og høre på = PÆN □ *en nydelig ældre dame • en nydelig udtale • en nydelig skrift*

nydelse
SUBST. *-n,* plur. *-r, -rne*
en følelse af velbehag el. lyst □ *det er en nydelse at høre hende synge • en kulinarisk nydelse* □ *nydelsesrig* • det at spise el. drikke noget = FORTÆRING □ *i S-toget er al nydelse af øl og spiritus forbudt* □ *nydelsesmiddel* □ *spiritusnydelse • tobaksnydelse*

nydelsesmiddel
SUBST. *-et* (el. *~midlet*), plur. *~midler, ~midlerne*
et stof som udelukkende bruges til nydelse, fx pga. sin velsmag el. stimulerende virkning ≠ FØDEMIDDEL □ *kaffe, te, tobak og spiritus er nydelsesmidler*

nydelsessyg
ADJ. *-t, -e*
som er ivrig efter at opnå nydelse □ *en nydelsessyg teenager der ikke tænker på dagen i morgen • en flok nydelsessyge, mandlige studerende*

nyerhvervelse
SUBST. *-n,* plur. *-r, -rne*
noget som man lige har erhvervet sig = NYANSKAFFELSE □ *museet udstiller sine nyerhvervelser*

nyerhvervet
ADJ. - , *nyerhvervede*
som nogen lige har erhvervet sig = NYANSKAFFET □ *et nyerhvervet møbel • et nyerhvervet job*

nyfalden
ADJ. *nyfaldet, nyfaldne*
(om sne): som lige er faldet og ligger uberørt på jorden □ *den nyfaldne sne ligger som et tæppe over markerne*

nyfascisme
SUBST. *-n*
en politisk bevægelse hvis program bygger på fascismens ideer = NEOFASCISME

nyfigen
ADJ. *-t, nyfigne*
som er overdrevent el. upassende nysgerrig; især med hensyn til andres privatliv □ *hun stirrede på de nyankomne med et nyfigent blik* □ *nyfigenhed*

nyfødt
ADJ. - , *-e*
⟨også SUBST.⟩ som lige er født el. om et barn som lige er født □ *en nyfødt kalv • et nyfødt barn • faderen viste stolt sin nyfødte søn frem • på afdelingen ligger de nyfødte og deres mødre* • som lige er opstået el. kommet frem □ *en nyfødt stjerne • et nyfødt håb • den nyfødte og skrøbelige fred i landet*

nygift
ADJ. - , *-e*
som lige er blevet gift

nyhed
SUBST. *-en,* plur. *-er, -erne*
1. noget som ikke har været kendt før og som vil vække interesse, fx en begivenhed el. en vare □ *der var nogle pikante nyheder på modemessen • dette forskningsresultat er i sig selv ingen nyhed • det har ikke mere nyhedens interesse* □ *nyhedsværdi*
2. en meddelelse om noget som ikke har været hørt el. kendt før, og som vil vække interesse, fx i form af en avisartikel el. en radio- el. fjernsynsudsendelse □ *der er mange interessante nyheder i avisen • det er allerede en gammel nyhed • de så nyheder fra CNN i timevis • nyheden kom på forsiden • helt friske nyheder* □ *nyhedsredaktion*

nyhedsbureau
SUBST. *-et,* plur. *-er, -erne*
en virksomhed som indsamler nyheder og sælger dem videre til medierne = PRESSEBUREAU

nyhedsdækning
SUBST. *-en,* plur. *-er, -erne*
mediernes behandling af en aktuel begivenhed □ *nyhedsdækningen af Folketingets åbning var utilfredsstillende*

nyhedsformidler
SUBST. *-en,* plur. *-e, -ne*
en person som formidler nyheder □ *radioavisens nyhedsformidlere*

nyhedsformidling
SUBST. *-en,* plur. *-er, -erne*
en formidling af nyheder til borgerne via medierne □ *nyhedsformidlingen bliver stadig mere fordrejet*

nyk
SUBST.
se *nøk*

nykke
SUBST. *-n,* plur. *-r, -rne*
et underligt og selvoptaget indfald = GRILLE, LUNE □ *have nykker • få nykker • vi skal nok få pillet de nykker ud af ham • give nogen nykker • slå de nykker ud af hovedet* □ *primadonnanykker*

nyklassicisme
SUBST. *-n*
en klassicistisk stilperiode fra ca. 1760-1850 der opstod som reaktion på barok og rokoko

nykolonialisme
SUBST. *-n*
en indirekte politisk, økonomisk og militær indflydelse som især USA og Vesteuropa udøver i selvstændige lande i dele af den tredje verden = NEOKOLONIALISME □ *den europæiske nykolonialisme i Afrika*

nylagt
ADJ. - , *-e*
som lige er lagt, især om æg □ *nylagte æg*

nylig
ADJ. *-t, -e*
som er sket for kort tid siden □ *hendes nylige skilsmisse har taget hårdt på hende • hendes nylig udkomne bog er allerede udsolgt • der har nyligt været uroligheder i byen igen* • **for nylig** ⟨ADV.: uden *-t*⟩ for kort tid siden □ *jeg har først mødt ham her for nylig*

nylon
SUBST. *-en* el. *-et,* plur. *-er, -erne*
['nɑjlɔn]
stof af syntetiske fibre der er meget slidstærkt; anvendes til fx strømper, undertøj og andre strækvarer □ *nylongarn • nylonjakke • nylonstrømper* □ *crepenylon • stræknylon*

nymalet
ADJ. - , *nymalede*
som lige er blevet malet □ *et nymalet plankeværk • et nymalet billede*

nymfe
SUBST. *-n,* plur. *-r, -rne*
1. en kvindelig naturgud i den græske mytologi □ *kildens nymfe • skovens nymfe* □ *kildenymfe • skovnymfe • trænymfe* • (spøg.): en ung, smuk kvinde □ *nymfeagtig* □ *badenymfe*
3. (biologi): et udviklingsstadium hos insekter med ufuldstændig forvandling

nymfoman[1]
SUBST. *-en,* plur. *-er, -erne*
[nømfo'ma'n]
en kvinde med et stærkt seksualbehov

nymfoman[2]
ADJ. *-t, -e*
[nømfo'ma'n]
(om kvinder): som har et stærkt seksualbehov

nymfomani
SUBST. *-en*
/nymfoma'ni/
et stærkt seksualbehov hos kvinder ≠ SATYRIASIS

nymodens
ADJ.
(neds.): som er for moderne □ *alle disse nymodens påfund kunne han ikke gå ind for*

nymåne
SUBST. *-n,* plur. *-r, -rne*
den månefase hvor Månen igen bliver synlig, og hvor man kan se en tynd lysende kant af dens højre side ≠ FULDMÅNE □ *det er nymåne i aften • nymånens svage skær • de tog af sted ved nymåne* • første del af månefase hvor man kun kan se en tynd, lysende kant af Månen

nyn

SUBST. *nynnet,* plur. *nyn, nynnene*

en syngende lyd som frembringes med lukket mund □ *nynnene var ikke til at tage fejl af, hun var på trapperne*

nynne

VERB. *-r, -de, -t*

nynne ngt frembringe en ordløs melodi med lukket mund □ *nynne en melodi* · *nynne med på en sang* □ *nynnen* · *nynneri*

nynorsk

SUBST. *et, ~en*

den ene af Norges to officielle sprogformer der især tales og skrives i det vestlige Norge, og som er dannet af vestnorske dialekter =LANDSMÅL ≠ BOKMÅL • ⟨ADJ.: - , *-e*⟩

nyoprette

VERB. *-r, -de, -t*

nyoprette ngt oprette noget nyt el. på ny □ *der skal bruges flere millioner til at nyoprette de nedlagte institutionspladser*

nyoprettet

ADJ. - , *nyoprettede*

som netop er oprettet, el. som oprettes på ny □ *hun søgte en nyoprettet stilling som studievejleder* · *de nyoprettede fag på skolen* · *en nyoprettet afdeling*

nyordning

SUBST. *-en,* plur. *-er, -erne*

en fuldstændig forandring af en organisation inden for et bestemt system □ *en nyordning af undervisningen*

nyorientering

SUBST. *-en,* plur. *-er, -erne*

en ny måde at betragte tingene på □ *han kommenterede partiets nyorientering på det miljøpolitiske område* · *en politisk nyorientering*

nyplantning

SUBST. *-en,* plur. *-er, -erne*

det at plante nye vækster i et område □ *nyplantning af løvskov i private skove* · *nyplantning af klitter for at forhindre sandflugt* • en plante som er blevet udplantet det samme år □ *skovens nyplantninger*

nyre

SUBST. *-n,* plur. *-r, -rne*

hvert af de to organer i bughulen der bl.a. renser blodet for affaldsstoffer □ *nyrebetændelse* · *nyrebækken* · *nyregrus* · *nyresten* · *nyresvigt* • et organ hos dyr som mennesker tilbereder og spiser □ *kalvenyre* · *lammenyre* · *svinenyre* • **ransage ens hjerte og nyrer** gøre sig grundige overvejelser

nyrebark

SUBST. *-en*

det yderste lag af hver af nyrerne hvor den første filtrering af blodet foregår

nyrebetændelse

SUBST. *-n,* plur. *-r, -rne*

en betændelse i den ene el. begge nyrer som giver smerter over lænden, træthed, hovedpine og hævelser omkring øjnene

nyrebækken

SUBST. *-et,* plur. *-er* (el. *~bækner*), *-erne* (el. *~bæknerne*)

et organ der opsamler og leder urinen fra nyren og over i urinlederen □ *nyrebækkenbetændelse*

nyrebækkenbetændelse

SUBST. *-n,* plur. *-r, -rne*

en betændelse i nyrebækkenet som medfører smerter i nyreregionen, høj feber og kulderystelser

nyregrus

SUBST. *-et*

flere små nyresten

nyreligiøsitet

SUBST. *-en*

religiøse strømninger der opstod i 1960'erne, og som dyrkes i bevægelser uden for de etablerede, vestlige kirkesamfund □ *nyreligiøsiteten henter både inspiration fra kristendommen, buddhismen og hinduismen*

nyreragout

SUBST. *-en,* plur. *-er, -erne*

en ragout med bl.a. kalve-, svine- el. lammenyrer i terninger og champignonskiver i en brun sovs

nyresten

SUBST. *-en,* plur. *~sten, -ene*

sten i nyren som dannes af visse stoffer i urinen, fx urinsyre

nyresvigt

SUBST. *-et,* plur. *~svigt, -ene*

ophør el. nedsættelse af en el. begge nyrers funktion, hvilket medfører at legemet forgiftes af urinstoffer; kan være livstruende

nys[1]

SUBST. *-et,* plur. *nys, -ene*

[ˈ*ny's*]

en ufrivillig reaktion på irritation af næseslimhinden hvor luften stødes ud gennem næsen □ *et kraftigt nys* · *man kan fremprovokere et nys ved at kigge direkte ind i kraftigt lys*

nys[2]

SUBST. *et*

[ˈ*nys*]

få nys om ngt få meddelelse om noget □ *jeg har fået nys om at han tænker på at gifte sig*

nys[3]

ADV.

for ganske kort tid siden □ *hun har selv skrevet de fleste af sangene på sin nys udkomne CD*

nysankommen

ADJ. *-t, nyankomne*

som lige er ankommet □ *skal du ikke hilse på de nysankomne gæster?* · *en nysankommen melding*

nyse

VERB. *-r, nyste* (el. *nøs*), *nyst*

udstøde et nys □ *du skal holde dig for næsen når du nyser* · *hun nyser altid når hun er forkølet*

nysgerrig

ADJ. *-t, -e*

som er interesseret i noget og derfor gerne vil vide mere om det □ *nysgerrig som et lille barn* · *han var nysgerrig efter at få noget at vide om polarekspeditionen* · *de nysgerrige tilskuere gik i vejen for redningsmandskabet* · *han er frygtelig nysgerrig* · *nysgerrige naboer* □ *nysgerrighed*

nyskabelse

SUBST. *-n,* plur. *-r, -rne*

noget bemærkelsesværdigt som er blevet skabt for nylig =NYDANNELSE, NOVATION □ *kurset er en nyskabelse inden for uddannelsen*

nyskabt

ADJ. - , *-e*

som er blevet til for nylig □ *en nyskabt mulighed for samarbejde* · *et nyskabt håb om forandring*

nyslået

ADJ. - , *nyslåede*

1. (om græs, afgrøde): som lige er blevet klippet □ *en nyslået græsplæne* · *nyslået hø*
2. (om en person): som lige er blevet udnævnt el. har modtaget en pris □ *han er nyslået ridder af Dannebrog*
3. (om en mønt): som lige er blevet præget □ *nyslåede mønter* · *en nyslået medalje* · *hun strålede som en nyslået skilling*

nysnævnt

ADJ. - , *-e*

= NYSOMTALT □ *var det ikke den nysnævnte direktør der havde ansvaret for pengeoverførslerne?*

nysomtalt

ADJ. - , *-e*

som lige er blevet omtalt = NYSNÆVNT □ *for at vende tilbage til den nysomtalte aftale, så mener jeg ikke den bør indgås*

nysproglig

ADJ. *-t, -e*

(foræld.): som vedrører en studieretning på et gymnasium hvor der lægges vægt på undervisning i moderne sprog med engelsk og tysk som obligatoriske fag samt et valgfrit sprogfag ≠ KLASSISKSPROGLIG EL. MATEMATIKER □ *nysproglig studentereksamen* · *nysproglig student* · *hun er nysproglig*

nysselig
ADJ. *-t, -e*

(spøg.): som er kært og sødt; især om noget småt = PÆN □ *han havde et nysseligt lille overskæg*

nystrøgen el. nystrøget
ADJ. *nystrøget, nystrøgne* (el. *nystrøgede*)

som lige er blevet strøget □ *en nystrøgen skjorte*

nysølv
SUBST. *-et*

en sølvlignende legering af kobber, nikkel og zink

nytestamentlig
ADJ. *-t, -e*

som har at gøre med det Ny Testamente ≠ GAMMELTESTAMENTLIG □ *en nytestamentlig tankegang*

nytte[1]
SUBST. *-n*

en fordelagtig virkning = GAVN □ *gå ud i haven, der kan du godt være til nytte • jeg har slidt i det til ingen nytte • det er rart at føle at man gør nytte • det kan man drage nytte af senere i livet • vi havde ingen nytte af ham i det job* □ *nyttebetonet • nyttebrug • nyttedyr • nyttegenstand • nyttehave • nyttemoral • nytteplante • nyttesynspunkt • nyttevirkning • nytteværdi* □ *egennytte • samfundsnytte*

nytte[2]
VERB. *-r, -de, -t*

få noget til at gå godt = GAVNE □ *det nytter ikke at prøve at skjule det • hold op med at hyle, det nytter jo alligevel ikke noget! • hvad nytter det at være rig hvis man ikke tør bruge sine penge? • det nytter at have gode forbindelser*

nyttedyr
SUBST. *-et,* plur. *~dyr, -ene*

et dyr som er til nytte for mennesker, fx et husdyr el. et dyr som æder skadedyr ≠ SKADEDYR

nyttehave
SUBST. *-n,* plur. *-r, -rne*

en have der bruges til at dyrke grøntsager i ≠ PRYDHAVE □ *fjerne ukrudt i nyttehaven*

nytteløs el. nytteslos
ADJ. *-t, -e*

som er til ingen nytte = FORGÆVES, OMSONST □ *det er nytteløst at blive ved*

nyttemoral
SUBST. *-en*

en etisk opfattelse som hævder at det gode er det samme som det nyttige, dvs. det som i en given situation skaber størst mulig lykke for det størst mulige antal mennesker = UTILITARISME

nytteplante
SUBST. *-n,* plur. *-r, -rne*

en plante som dyrkes fordi den kan bruges til føde for mennesker el. dyr, medicinfremstilling, håndværksarbejder el.lign. ≠ PRYDPLANTE, UKRUDT □ *tomat er en nytteplante*

nytteslos
ADJ.

se *nytteløs*

nyttevirkning
SUBST. *-en,* plur. *-er, -erne*

en nyttig virkning □ *reformens nyttevirkninger er endnu ikke synlige*

nyttig
ADJ. *-t, -e; -ere, -st*

som gør nytte = GAVNLIG ≠ SKADELIG □ *en nyttig borger i samfundet • et nyttigt redskab • den oplysning viste sig at være nyttig • forene det nyttige med det behagelige • gøre sig nyttig* □ *nyttiggøre* □ *unyttig • almennyttig • egennyttig • nævenyttig*

nyttiggøre
VERB. *~gør, ~gjorde, ~gjort*

nyttiggøre ng(t) gøre nytte af nogen el. noget □ *du står bare og kigger, hvad med at nyttiggøre dig lidt? • nyttiggøre sin viden* □ *nyttiggørelse*

nytænkning
SUBST. *-en*

en ny måde at tænke på så noget nyt kan skabes □ *der er brug for nytænkning i den offentlige sektor*

nytår
SUBST. *-et,* plur. *nytår, -ene*

det nye års begyndelse = ÅRSSKIFTE □ *han tiltræder stillingen til nytår • glædelig jul og godt nytår* □ *nytårsaften • nytårsbal • nytårsforsæt • nytårskur • nytårsnat • nytårstid* • **fejre** el. **holde nytår** holde en fest på årets sidste aften □ *hvor skal du fejre nytår? • de holdt nytår på landet* • **skyde nytåret ind** fejre det nye års begyndelse ved at fyre fyrværkeri af

nytårsaften
SUBST. *-en* (el. *~aftnen*), plur. *-er* (el. *~aftner*), *-erne* (el. *~aftnerne*)

årets sidste aften, den 31. december □ *holde nytårsaften • en rigtig nytårsaften med skæg og ballade, sjove hatte og fyrværkeri*

nytårsdag
SUBST. *-en,* plur. *-e, -ene*

årets første dag, den 1. januar □ *nytårsdag vågnede byen op til gevaldige tømmermænd, udbrændte bål og knuste butiksruder*

nytårsforsæt
SUBST. *~forsættet,* plur. *~forsætter, ~forsætterne*

et løfte som afgives nytårsaften og gælder for det nye år □ *mine nytårsforsætter er at motionere hver morgen og holde op med at ryge • jeg har aldrig overholdt et nytårsforsæt*

nytårskur
SUBST. *-en,* plur. *-e, -ene*

en *kur* som en regent el. minister giver i forbindelse med årsskiftet □ *han deltog for første gang i dronningens nytårskur • regentparrets nytårskure holdes på Amalienborg og Christiansborg • økonomiministeriet gav nytårskur*

nytårsnat
SUBST. *~natten,* plur. *~nætter, ~nætterne*

natten mellem den 31. december og den 1. januar

nytårstaffel
SUBST. *-et* (el. *~taflet*), plur. *~tafler, ~taflerne*

et taffel som holdes i forbindelse med en nytårskur □ *en indbydelse til nytårstaffel*

nytårstorsk
SUBST. *-en,* plur. *~torsk, -ene*

en torsk der spises nytårsaften • (spøg.): den offentlige person der har kvajet sig mest i årets løb □ *i år har der været mange kandidater til årets nytårstorsk*

nyvalg
SUBST. *-et,* plur. *nyvalg, -ene*

et valg, fx af en regering i et land el. en bestyrelse i en virksomhed som udskrives før valgperioden udløber □ *opsige et regeringssamarbejde og udskrive nyvalg • der er nyvalg til hovedbestyrelsen i september*

nyvurdere
VERB. *-r, -de, -t*

nyvurdere ngt tage noget op til gentaget overvejelse □ *nyvurdere et projekt* □ *nyvurdering*

nyvurdering
SUBST. *-en,* plur. *-er, -erne*

det at overveje el. bedømme noget igen, fx ud fra nye forudsætninger □ *tage et spørgsmål op til nyvurdering*

nyvælge
VERB. *-r, nyvalgte, nyvalgt*

vælge nye medlemmer, fx til en lovgivende forsamling el. en bestyrelse ≠ GENVÆLGE □ *parlamentet skal nyvælges til juni • en nyvalgt formand*

næ[1]
SUBST. *-et*

en månefase efter fuldmåne hvor Månen gradvist bliver mindre synlig for til sidst helt at forsvinde = AFTAGENDE ≠ NY, TILTAGENDE □ *Månen er i næ*

næ[2]
UDRÅBSORD

se *næh*

næb
SUBST. *-et* (el. *næbbet*), plur. *næb, -ene* (el. *næbbene*)

1. den yderste hårde del af munden på fx fugle og skildpadder □ *fuglen har et spidst næb • ungen åbnede næbbet da solsorten kom med mad* • **forsvare sig** el. **kæmpe med næb og kløer** kæmpe meget hårdt for noget □ *de kæmpede med næb og kløer for at beholde barnet* • **hænge med næbbet** være i trist humør □ *hun hang med næbbet hele dagen* • **være bleg om næbbet** være bleg i ansigtet el. se syg ud □ *drengen var bleg om næbbet da han kom hjem fra fodbold* **2.** noget der ligner el. har form som et næb □ *næbbet på hammeren*

næbbes el. næbes

VERB. *næbbes, næbbedes, næbbedes* (næbes: *næbes, næbedes*) ['næ·bəs]

(om fugle): småslås med næbbene □ *undulaterne næbbes* • (om personer): = MUNDHUGGES □ *børnene næbbedes dagen lang*

næbbet el. næbet

ADJ. - , *næbbede* ['næ·bəð]

1. = NÆSVIS □ *et næbbet pigebarn* □ *næbbethed*
2. ⟨i sammensætn.⟩ som har et næb □ *brednæbbet* · *krumnæbbet*

næbdyr

SUBST. *-et*, plur. *næbdyr, -ene*

et *kloakdyr* med en kort pels og en nøgen, næblignende snude; lever ved søer og floder i Australien og på Tasmanien; latinsk navn *Ornithorhynchus anatius*

næbes

VERB.

se *næbbes*

næbet

SUBST.

se *næbbet*

nægte

VERB. *-r, -de, -t;*

nægte ngt erklære at noget forholder sig anderledes end påstået; især om at afvise en beskyldning = AFVISE, AFSLÅ, FORBYDE □ *hun nægtede at kende noget til sagen* · *nægte at forlade lokalet* · *nægte at give op* • **nægte sig skyldig** □ *hun nægtede sig skyldig i anklagen* • **nægte ng ngt** afslå at opfylde en anmodning el. bøn = SIGE NEJ □ *de nægtede ham adgang* · *han blev nægtet orlov* • **ikke nægte sig ngt** ikke holde sig tilbage for noget = GÅ FOR VIDT

nægtelse

SUBST. *-n*, plur. *-r, -rne*

1. det at nægte □ *den anklagede fastholdt sin nægtelse* □ *lydighedsnægtelse*
2. = NEGATION □ *ordet 'nej' er en nægtelse* · *to nægtelser ophæver hinanden* □ *nægtelsesadverbium*

nægter

SUBST. *-en*, plur. *-e, -ne*

en person som nægter noget • = MILITÆRNÆGTER □ *i 1987 var der 275 nægtere*

næh el. næ

UDRÅBSORD

1. udtryk for en tøvende el. uinteresseret benægtelse = NEJ ≠ JAH, JOH □ *har du hørt det sidste nye? - næh, det tror jeg ikke!* · *vil du ikke med i biografen? - næh, egentlig ikke*
2. udtryk for stor el. overrasket beundring □ *næh, hvor er det en flot kirke* · *næh, sikke en masse mennesker*

nælde

SUBST. *-n*, plur. *-r, -rne*

1. en plante med pileformede, savtakkede blade der er dækket af hår der svier ved berøring; latinsk navn *Urtica* □ *nældeblomst* · *nældegift* □ *brændenælde* · *døvnælde* • **tage** el. **gribe fat om nældens rod** gå til kernen af et problem
2. nældens takvinge en meget almindelig sommerfugl med rødbrune vinger med gule og sorte pletter og en række af blå pletter på vingespidserne; latinsk navn *Aglais urticae*

nældefeber

SUBST. *-en*, plur. *~febre, ~febrene*

en allergisk reaktion med stærkt kløende udslæt, ofte ledsaget af feber og ildebefindende

næn

ADJ. *-t, nænne*

= VARSOM □ *hun er så næn om de gamle på plejehjemmet* · *være næn overfor et lille dyr* □ *nænsom*

nænne

VERB. *-r, -de, -t*

nænne ngt have samvittighed til at gøre noget □ *at du kan nænne at slå et barn!* · *hun nænnede ikke at smide maden ud*

nænsom

ADJ. *-t, nænsomme*

= SKÅNSOM □ *hun strøg barnet nænsomt over håret* · *han meddelte hende det nænsomt* □ *nænsomhed*

næppe

ADV.

1. nok ikke = KNAP □ *der er næppe nogen der tror på den historie* · *der er næppe mad nok til alle*
2. kun lige akkurat = DÅRLIG □ *han var næppe kommet ind før han tændte en cigaret* · *jeg undgik med nød og næppe at blive kørt over*

nær

ADJ., ADV., PRÆP. *-t, -e; nærmere, nærmest*

1. ⟨som ADV. uden *-t*⟩ på kort afstand i rum el. tid = TÆT ≠ FJERN □ ⟨ADJ.⟩ *på nær afstand* · *i nær fremtid* · *på nært hold* · *de nærmeste lande* · ⟨ADV.⟩ *han holdt sig nær til hende* · *de bor nær ved fjorden* · *nær ved afslutningen af historien* · *hun kom for nær til ilden* · *han var døden nær* · *hun gik nærmere for bedre at kunne se* · *hun var nærmere til at forklare sagen* · ⟨PRÆP.⟩ *de bor nær Søby* · *nedbøren er nær det normale for årstiden* · *det er nær tiden nu* □ *nærhed* · *nærbane* · *nærbillede* · *nærbutik* · *nærkamp* · *nærkontakt* · *nærliggende* · *nærlys* · *nærorientalsk* · *nærpoliti* · *nærradio* · *nærsynet* • ⟨ADJ.: også komp. *nærere*, sup. *nærest*⟩ om personlige og familiemæssige forhold □ *en nær slægtning* · *han er i nær kontakt med dem* · *et nært samarbejde* · *de er nære venner* · *hun står hans hjerte meget nær* · *jeg kender ham ikke nærmere* · *kun den nærmeste familie var inviteret* □ *nær(t)beslægtet* · *nær(t)stående* • **nært {forestående}** ⟨foran et adjektiv el. et participium⟩ □ *en nært forestående begivenhed* · *han er nært knyttet til hende* · *de er nært beslægtede*
2. ⟨ADV.: uden *-t*⟩ udtryk for at noget er lige ved at ske, men dog bliver undgået = NÆSTEN □ *jeg havde nær glemt det* · *han var nær faldet ned ad trappen* · *han var nær aldrig blevet ren igen* · *han var nær ved at glemme det* · *det var nær ved at de slet ikke kom af sted* · *det var nær ved at gå galt*
3. i forsk. forb. • **gå ng for nær** krænke □ *kritikken gik hans ære for nær* • **gå ng nær** påvirke kraftigt □ *hans død gik mig nær* • **gå nær på ng** stille ubehagelige spørgsmål til nogen □ *journalisterne gik nær på ministeren* • **ikke god at komme nær** el. *ikke til at komme nær* i dårligt humør og let at hidse op □ *han er ikke god at komme nær for tiden* • **ikke nær** slet ikke i den grad □ *hun er ikke nær så rig som sin søster* · *han er ikke nær flittig nok* • **ikke nær sådan** udtryk for at man forsøger at mildne et afslag □ *jeg vil da godt hjælpe dig, det er ikke nær sådan, men jeg får nu dårlig tid her op til jul* • **komme ngt meget nær** næsten være det samme som noget □ *den måde du beskriver ham på kommer sandheden meget nær* • **ligge ngt nær** ligne noget meget el. være nært beslægtet med noget □ *dansk ligger svensk nær* • **ligge nær** være indlysende at komme til = LIGGE LIGE FOR □ *det ligger snublende nært at mistænke ham for det tyveri* □ *nærliggende* • **noget nær** meget tæt på □ *det er noget nær det eneste hun ved noget om* · *det er noget nær en umulighed at lave om på* • **på nær** = UNDTAGEN □ *alle var kommet på nær moster Sofie* · *det var en god plan på nær et par enkelte punkter* • **tage sig ngt nær** blive berørt af noget, især om krænkelse □ *hun tog sig det meget nær* □ *nærtagende*

nærbillede

SUBST. *-t*, plur. *-r, -rne*

et fotografi taget på kort afstand, ofte af et ansigt □ *et nærbillede af et insekt hvor man kan se dets mange øjne* · *hun var både afbildet i nærbillede, halv- og helfigur*

nærbutik

SUBST. *nærbutikken*, plur. *nærbutikker, nærbutikkerne*

en lille butik som ligger i el. nær et boligområde □ *købmænd og andre nærbutikker*

nærdemokrati

SUBST. *-et*, plur. *-er, -erne*

den enkelte borgers mulighed for medbestemmelse på arbejdspladsen, i boligkvarteret m.m. □ *en forudsætning for et effektivt nærdemokrati er at den enkelte engagerer sig i de lokale problemstillinger*

nære

VERB. *-r, -de, -t*

1. nære ng(t) give el. få næring fra noget □ *det tørre træ nærer ilden* · *nære sig af planteføde* · *ydmygelsen nærede hans had* · *nærende kost*
2. nære ngt være opfyldt af en bestemt følelse □ *jeg nærer fuld tillid til ham* · *nære tvivl* · *nære interesse for noget* · *jeg nærer stor kærlighed til gammel litteratur* · *nære frygt for noget* · *nære had til nogen*
3. nære sig lade være med noget = DY SIG, BARE SIG, STYRE SIG, HOLDE SIG I SKINDET □ *jeg kan ikke nære mig for at sige min mening* · *kan du så nære dig!*

nærforestående

ADJ.

se *nærtforestående*

nærgående

ADJ.

som er indiskret el. borende = PÅGÅENDE, PÅTRÆNGENDE □ *han stillede en række nærgående spørgsmål · komme med nærgående bemærkninger* □ *nærgåenhed* • som gør seksuelle tilnærmelser □ *han blev nærgående over for sin borddame*

nærhed

SUBST. *-en*

det at være nær nogen el. noget el. have et intimt forhold til nogen □ *angsten for nærhed · hold dig hellere i nærheden · de diskuterede aldrig barnets sygdom i dets nærhed · de tændte bål i faretruende nærhed af huset · vi kunne lugte havets nærhed · når han er i det humør er han ikke til at komme i nærheden af*

nærhedsprincip

SUBST. *~princippet*

et princip inden for EU om at politiske beslutninger skal tages på lavest mulige administrative niveau =SUBSIDIARITETSPRINCIP

nærig

ADJ. *-t, -e*

som kun nødigt bruger penge på noget =FEDTET, PÅHOLDENDE □ *han cykler på arbejde fordi han er for nærig til at tage bussen* □ *nærighed · nærigpind*

næring

SUBST. *-en*

1. en mængde af stoffer som levende organismer skal have tilført for at kunne holde sig i live og vokse; det kan være kulhydrater, proteiner, fedt, vand, salt, vitaminer m.m. = NÆRINGSSTOF □ *planter opsuger næring gennem rødderne · der er ingen næring i kaffe* □ *næringsholdig · næringsfattig · næringsmiddel · næringsrig · næringsstof · næringsværdi* • **tage næring til sig** = SPISE □ *patienten er ude af stand til at tage næring til sig* • **åndelig næring** en sjælelig oplevelse

2. noget der sætter el. holder gang i noget andet □ *give ilden ny næring · rygterne gav næring til hele skandalen*

3. en levevej el. et erhverv som gør at man kan opretholde livet □ *udøve en næring · fri næring* □ *næringsbrev · næringsdrivende · næringsfrihed · næringsliv · næringslov · næringsvej* • **sætte tæring efter næring** se under *tæring*

næringsbrev

SUBST. *-et,* plur. *-e, -ene*

en bevilling der giver en person ret til at drive handel og håndværk =BORGERSKAB

næringsdrivende

ADJ.

⟨også SUBST.⟩ som driver handel el. håndværk □ *næringsdrivende apotekere skal have bevilling · de næringsdrivende i hovedstadsområdet*

næringsliv

SUBST. *-et*

det private erhvervsliv, især inden for handel og håndværk □ *en lov som vil få store omkostninger for næringslivet*

næringslov

SUBST. *-en,* plur. *-e, -ene*

en lov som indeholder bestemmelser om udøvelse af selvstændig næringsvirksomhed, fx handel og håndværk

næringsmiddel

SUBST. *-et* (el. *~midlet*), plur. *~midler, ~midlerne*

= FØDEMIDDEL □ *nærings- og nydelsesmidler* □ *næringsmiddelindustri*

næringsret

SUBST. *~retten*

det lovområde der har at gøre med næringslivet

næringssorger

SUBST. PLUR. *-ne*

(glds.): bekymringer om resultatet af noget □ *han har næringssorger*

næringsstof

SUBST. *~stoffet,* plur. *~stoffer, ~stofferne*

et stof der er nødvendigt for vækst og stofskifte i levende organismer □ *de energigivende næringsstoffer kulhydraterne, proteinstofferne og fedtstofferne* □ *mineralnæringsstoffer*

næringsvej

SUBST. *-en,* plur. *-e, -ene*

= ERHVERV

nærkamp

SUBST. *-en,* plur. *-e, -ene*

en kamp med tæt kropskontakt □ *gå i nærkamp · træneren rådede sin bokser til at undgå nærkampe · fodboldspilleren dækker sin bold fortrinligt i nærkampene* □ *nærkamp(s)situation · nærkamp(s)styrke* • en intens diskussion mellem to personer □ *under debatten gik de to ordførere i nærkamp*

nærliggende[1] el. nærtliggende

ADJ.

som ligger i nærheden ≠ FJERNTLIGGENDE □ *fra kirken gik hun ind på den nærliggende kro · de ringede fra en nærliggende boks*

nærliggende[2]

ADJ.

som ligger lige for = OPLAGT □ *en nærliggende antagelse · da han trak sig tilbage som danser var det nærliggende at han blev instruktør*

nærlys

SUBST. *-et,* plur. *nærlys, -ene*

en indstilling på et motorkøretøjs forlygter hvor lyset afblændes opadtil for at det ikke skal blænde modkørende trafikanter ≠ FJERNLYS

nærlæse

VERB. *-r, nærlæste, nælæst*

nærlæse ngt læse en tekst grundigt for at forstå ordenes mening og det der ligger bag dem □ *nærlæse et manuskript med henblik på meningsforstyrrende fejl · nærlæse litterære tekster for at finde dybere lag af mening* □ *nærlæsning*

nærlæsning

SUBST. *-en,* plur. *-er, -erne*

jf. *nærlæse*

nærme

VERB. *-r, -de, -t*

1. nærme ngt til ngt føre noget tættere på noget □ *han nærmede tændstikken til lunten · magnetnålen giver udslag når man nærmer en strømførende ledning til den*

2. nærme sig ng(t) bevæge sig fysisk i retning af nogen el. noget □ *han nærmede sig forsigtigt den lille dreng · kometen nærmer sig Jorden med rasende fart · signalet skiftevis nærmer og fjerner sig* • **nærme sig ng(t)** komme tættere på nogen el. noget □ *konfliktens parter har nærmet sig hinanden · han nærmer sig de halvtreds år · ferien nærmer sig sin afslutning · problemet nærmer sig en løsning · nu nærmer tiden sig hvor vi skal gå med hue og halstørklæde*

nærmere

ADJ., ADV.

bøjningsform af *nær* • mere detaljeret el. grundigt □ *de nærmere omstændigheder ved sagen · du får lige straks en nærmere forklaring · vi skal se nærmere på sagen* • mere sandsynligt el. mere præcist udtrykt =SNARERE □ *man skulle nærmere vente det modsatte · der er nærmere tale om at bemandingen er for lille · han er ikke ondskabsfuld, nærmere lidt dum*

nærmest

ADJ., ADV.

bøjningsform af *nær* • ⟨ADV.⟩ mest sandsynligt el. mest præcist udtrykt = SNAREST □ *det må vel nærmest betragtes som et uheld ·efter min mening er han nærmest skør* • ⟨ADV.⟩ udtryk for at noget omtrent er tilfældet □ *vi opdagede fejlen nærmest ved et tilfælde · det var nærmest et held at det gik så godt*

nærradio

SUBST. *-en,* plur. *-er, -erne*

= LOKALRADIO □ *hun har arbejdet med nærradio i flere år* □ *nærradiostation*

nærstående

ADJ.

se *nærtstående*

nærsynet

ADJ. *- , nærsynede*
[ˈ*nærsy'nəð*]

med fejl i øjet som gør at man ser nære ting godt og fjerne ting dårligt ≠ LANGSYNET □ *nærsynethed*

nærtagende

ADJ.

som er sårbar over for kritik, og som let bliver stødt =ØMFINDTLIG, TYNDHUDET, ØMSKINDET, ØMTÅLELIG □ *det er besværligt at have med så nærtagende mennesker at gøre*

nærtagenhed

SUBST. *-en*

det at tage sig andres handlinger el. ord nær □ *du*

må se at sætte dig ud over din nærtagenhed hvis du vil have gennemslagskraft i gruppen

nærtforestående el. nærforestående

ADJ.
[ˈnæ'rt-]

som finder sted om kort tid □ *en nærtforestående konference* · *et nærtforestående kommunalvalg*

nærtliggende

ADJ.

se *nærliggende*

nærtog

SUBST. *-et*, plur. *-e* (el. *nærtog*), *-ene*

et tog som kun kører inden for et afgrænset område ≠ FJERNTOG □ *nærtogstrafik*

nærtrafik

SUBST. *nærtrafikken*

den trafik som udgøres af nærtoge ≠ FJERNTRAFIK

nærtstående el. nærstående

ADJ.
[ˈnæ'rt-]

som står hinanden nær □ *en nærtstående slægtning* · *nærtstående lande* · *de er nærtstående i enhver henseende* • som snart finder sted □ *en nærtstående begivenhed*

nærved

ADV.

1. på kort afstand af noget = I NÆRHEDEN AF □ *stationen ligger nærved*
2. kun lidt mindre end noget = NÆSTEN □ *nærved halvdelen af eleverne*
3. nærved og næsten slår ingen mand af hesten det er ikke godt nok at være lige ved noget

nærvær

SUBST. *-et*

= TILSTEDEVÆRELSE □ *i vidners nærvær* · *hun var glad for hans nærvær*

nærværelse

SUBST. *-n*

= TILSTEDEVÆRELSE □ *i min nærværelse* · *i vidners nærværelse* · *hun var glad for hans nærværelse*

nærværende

ADJ.

1. som følger med i hvad der sker omkring én = OPMÆRKSOM ≠ ÅNDSFRAVÆRENDE, DISTRÆT □ *nu må du se at være lidt mere nærværende!* · *hun blev atter nærværende*
2. som her foreligger = FORELIGGENDE □ *som det ses af nærværende tekst*
3. for nærværende el. **på nærværende tidspunkt** for øjeblikket □ *for nærværende kan vi ikke klare problemet* · *på nærværende tidspunkt anses dette for den bedste løsning*

næs

SUBST. *næsset*, plur. *næs*, *næssene*

en lille kileformet halvø

næse

SUBST. *-n*, plur. *-r*, *-rne*

1. det fremspring i hovedet over munden som man lugter og indånder luft med = TUD □ *han kløede sig på næsen* · *hun pudsede næsen højlydt* · *han har snot under næsen* · *hans næse løber* □ *næseben* · *næseblod* · *næsebor* · *næsehule* · *næserod* · *næseryg* · *næsetip* □ *spidsnæse* • **pille næse** fjerne bussemænd fra næsen med fingrene
2. noget som ligner el. har samme form som en næse □ *concorden har en meget spids næse* □ *flynæse* · *skonæse*
3. i forsk. forb.: • **bide sig i næsen på ngt** være helt sikker på noget □ *du kan bide dig i næsen på at han dukker op* • **falde** el. **gå på næsen for ng(t)** udtryk for at man er fuld af beundring for nogen el. noget □ *han gik lige på næsen for hende* • **få** el. **give ng en næse** få el. give nogen en irettesættelse □ *politikeren fik en næse for sine udtalelser til pressen* • **få** el. **have næse på** (glds.): blive el. være meget fuld □ *han havde en næse på da han tog hjem* • **få en lang næse** blive narret el. skuffet □ *hun fik en lang næse da hun åbnede pakken* • **få én over næsen** blive irettesat = FÅ ÉN PÅ SNUDEN □ *han fik én over næsen af chefen* • **gå ens næse forbi** ikke få noget som man havde håbet på □ *stillingen gik hans næse forbi* • **have ben i næsen** se under *ben* • **have næse for ngt** have sans for noget □ *han har en god næse for antikviteter* • **ikke kunne huske fra næse til mund** (spøg.): være meget glemsom • **lige for næsen af ng** lige foran nogen □ *saksen er lige for næsen af dig* · *døren lukkede lige for næsen af mig* • **med skindet på næsen** se *skind* • **pr. næse** for hver person □ *det koster 20 kr. pr. næse at komme ind* • **rynke på næsen ad ngt** finde noget utiltalende el. ubehageligt □ *hun rynkede på næsen ad hans forslag* · *de rynkede på næsen ad lugten i forretningen* • **som snydt ud af næsen på ng** ligne nogen meget i udseende el. væremåde □ *han er som snydt ud af næsen på sin far* • **stikke** el. **sætte næsen i sky** være overlegen el. fornærmet □ *hun stak næsen i sky og gik sin vej* • **stikke sin næse i ngt** blande sig i noget der ikke vedkommer én □ *forældrene stak deres næse i alt* • **sætte næsen op efter ngt** håbe på el. stile efter noget □ *han satte næsen op efter at blive direktør* • **tabe næse og mund** blive meget overrasket • **tage ng ved næsen** snyde nogen □ *han opdagede ikke at de havde taget ham ved næsen* • **tage** el. **trække næsen til sig** trække sig tilbage □ *han trak forskrækket næsen til sig* • **vende næsen hjemad** tage hjem til sig selv □ *det er vist på tide at jeg vender næsen hjemad* • **vifte ng om næsen med ngt** stille nogen noget i udsigt • **være bleg om næsen** se syg ud fordi man er bleg i ansigtet □ *du er bleg om næsen*

næseben

SUBST. *-et*, plur. *~ben*, *-ene*

næsens knogledel □ *hun har brækket sit næseben*

næseblod

SUBST. *-et*

blødning gennem næsen fra bristede blodkar i næsen □ *have næseblod*

næsebor

SUBST. *-et*, plur. *næsebor*, *-ene*

hvert af de to huller i næsen som man ånder igennem □ *det ene næsebor er helt tilstoppet* · *hestens næsebor vibrerede*

næsefløj

SUBST. *-en*, plur. *-e*, *-ene*

hver af de to bevægelige hudflapper nederst på næsens sider □ *hans næsefløje vibrerede af raseri*

næsegrus

ADJ. - , *-e*

ned på jorden og berøre den med næsen □ *han kastede sig næsegrus for pavens fødder* • **næsegrus beundring** en kritikløs og ubegrænset beundring □ *publikum klappede i næsegrus beundring*

næsehorn

SUBST. *-et*, plur. *~horn*, *-ene*

et stort hovdyr med tyk, næsten hårløs hud og med et el. to store horn på næseryggen; forskellige arter, bl.a. *afrikansk næsehorn* og *sort næsehorn;* latinsk navn *Rhinocerotidae*

næsehule

SUBST. *-n*, plur. *-r*, *-rne*

et hulrum over ganen som forbinder næsen og svælget

næseklemme

SUBST. *-n*, plur. *-r*, *-rne*

1. en klemme som sættes på næseborene så man ikke kan trække vejret gennem næsen el. få vand ind gennem næsen □ *svømmeren tog næseklemmen af*
2. et hårdt og smertefuldt greb i næsen med tommel- og pegefinger □ *hun gav ham en næseklemme*

næseklemmer

SUBST.PLUR. *-ne*

= LORGNETTER

næselyd

SUBST. *-en*, plur. *-e* (el. *~lyd*), *-ene*

en sproglyd som fremkommer når luftstrømmen passerer gennem næsen samtidig med at man bruger stemmen, bl.a. *m* og *n* = NASAL

næserod

SUBST. *-en*

næsens begyndelse ved panden □ *gnide sig på næseroden med tommel- og pegefinger*

næseryg

SUBST. *~ryggen*, plur. *~rygge*, *~ryggene*

den del af næsen som går fra næserod til næsetip

næsestyver

SUBST. *-en*, plur. *-e*, *-ne*

et slag på næsen □ *han fik en ordentlig næsestyver af en stor fyr uden for værtshuset i går aftes*

næsetip

SUBST. *~tippen*, plur. *~tippe* (el. *~tipper*), *~tippene* (el. *~tipperne*)

spidsen af næsen □ *han frøs om næsetippen* • **ikke kunne se ud over sin egen næsetip** være snævertsynet

næsetrimmer

SUBST. *-en,* plur. *-e, -ne*

en speciel saks som bruges til at klippe næsehår med

næst[1]

SUBST. *-et,* plur. *næst, -ene*

et lille sting □ *kraven sys på med et par næst*

næst[2]

ADV.

næst efter lige efter □ *han fik flest stemmer næst efter formanden · næst efter Henriette var hun den hurtigste* □ *næstfølgende · næstkommende* • ⟨i sammensætn.⟩ nummer to i en rangorden el. rækkefølge = ANDEN □ *næstbedst · næstformand · næstkommanderende · næststørst · næstyngst · næstældst*

næstbedst

ADJ. - , *-e*

som kommer umiddelbart efter den el. det bedste □ *han er den næstbedste hundredemeterløber i verden* = ANDENBEDST

næste[1]

SUBST. *-n*

(form.): = MEDMENNESKE □ *du skal elske din næste som dig selv · han er din næste selv om han er en forbryder* □ *næstekærlighed*

næste[2]

VERB. *-r, -de, -t*

næste ngt = RI □ *næstning*

næste[3]

ADJ.

som følger umiddelbart efter i en række □ *næste dag kom han igen · hun kommer på næste mandag · næste gang er det din tur · De skal af næste gang bussen holder*

næstekærlighed

SUBST. *-en*

kærlighed til andre mennesker = ALTRUISME □ *vise næstekærlighed*

næsten

ADV.

som er lige ved, men ikke helt = SNART □ *han er næsten lige så stor som dig · han kommer næsten altid for sent · en næsten ukendt skuespiller · man kommer næsten til at græde* • som er lidt mindre end den angivne talværdi = HEN VED, HEN IMOD □ *med sine næsten 100 år er han utrolig frisk · han vejer næsten 80 kg · vi var næsten 30 mennesker*

næstformand

SUBST. *-en,* plur. *~formænd, ~formændene*

en person som træder i formandens sted når denne er fraværende, og som ofte har bestemte opgaver = VICEFORMAND □ *næstformanden trådte tilbage i protest · han er næstformand i beboerforeningen · hun blev valgt til næstformand på partiets årsmøde* □ *næstformandspost*

næstfølgende

ADJ.

som følger efter den el. det næste □ *han blev væk et døgn for så at dukke op den næstfølgende morgen · filmen vises kun denne og næstfølgende søndag*

næstkommanderende

SUBST. *en, den ~kommanderende,* plur. *~kommanderende, de ~kommanderende*

en person som befinder sig lige under den øverste chef i et befalingshierarki □ *den næstkommanderende på skibet*

næstmindst

ADJ. - , *-e*

som kommer lige før den el. det mindste □ *det næstmindste æble i skålen · hun er den næstmindste i klassen · tag den næstmindste af de knive der hænger på væggen*

næstsidst

ADJ. - , *-e*

som kommer lige før den el. det sidste □ *holdet blev næstsidst i turneringen · som det næstsidste vil jeg gerne have lov at sige tak for en god tid* □ *næstsidsteplads*

næststørst

ADJ. - , *-e*

som kommer umiddelbart efter den el. det største □ *det næststørste barn i klassen · elefanten er det næststørste af de nulevende pattedyr*

næstsøskende

SUBST.PLUR.

(glds.): børn af søskende set i deres indbyrdes slægtskabsforhold = SØSKENDEBØRN

næstsøskendebarn

SUBST. *-et,* plur. *~børn, ~børnene*

en søn el. datter af ens fars el. mors kusine el. fætter = HALVFÆTTER, HALVKUSINE

næsvis

ADJ. *-t, -e*

som svarer igen på en fræk og respektløs måde = FLABET, NÆBBET, UVORN, RAP □ *en næsvis bemærkning · et næsvist svar · et par næsvise unger*

næsvished

SUBST. *-en,* plur. *-er, -erne*

en flabet el. taktløs bemærkning □ *hold dine næsvisheder for dig selv*

nætter

SUBST.

bøjningsform af *nat*

næve

SUBST. *-n,* plur. *-r, -rne*

en kraftig el. stor hånd □ *sømanden havde et par vældige næver · en barket næve · knytte næverne · så stor som en knyttet næve* • **med de bare næver** med hænderne alene □ *han løftede træet med de bare næver* • **stikke** el. **trykke ng på næven** (glds.): trykke nogen i hånden som hilsen • **slå en proper næve** kunne slå meget hårdt □ *han slog en proper næve* • **spytte i næverne og tage fat** (spøg.): begynde at arbejde

nævefuld

SUBST. *en,* plur. *-e, -ene*

noget som kan være i en hånd = HÅNDFULD □ *en nævefuld mønter* • et lille antal = HÅNDFULD □ *en nævefuld personer*

nævenyttig

ADJ. *-t, -e; -ere, -st*

som blander sig mod andres ønsker i noget der ikke vedkommer ham = GESKÆFTIG, EMSIG, FORETAGSOM □ *det var gået meget bedre hvis du ikke havde været så fandens nævenyttig*

nævn

SUBST. *-et,* plur. *nævn, -ene*

et udvalg der er nedsat af det offentlige □ *hun sidder i flere nævn · hvilke nævn er han medlem af? · medlemmerne af det udenrigspolitiske nævn har tavshedspligt* □ *nævnsbeslutning · nævnsmøde* □ *ankenævn · fredningsnævn · klagenævn · skolenævn · sprognævn · studienævn · virksomhedsnævn*

nævne

VERB. *-r, -de* (el. *nævnte*), *-t* (el. *nævnt*)

1. nævne ng(t) kort tale el. skrive om nogen el. noget uden at beskrive dem el. det nærmere = OMTALE □ *du må ikke nævne den sag med et ord · der var én - jeg nævner ingen navne - der stemte imod · i den nævnte rækkefølge · ingen nævnt, ingen glemt · især bør de yngste klasser nævnes · bare for at nævne et eksempel*
2. nævne ngt sige navnet på noget □ *nævn byerne på Lolland · nævne tingene ved deres rette navn · Adam nævnte dyrene da de gik forbi ham* □ *benævne*

nævnefald

SUBST. *-et,* plur. *~fald, -ene*

= GRUNDLEDSFALD

nævnelse

SUBST. *-n*

med navns nævnelse med navnet skrevet el. nævnt □ *han blev omtalt i artiklen med navns nævnelse*

nævner

SUBST. *-en,* plur. *-e, -ne*

det tal el. det udtryk der står under stregen i en brøk, fx 5 i brøken $^2/_5$ og x - 3 i brøken $\frac{4}{x-3}$ ≠ TÆLLER □ *fællesnævner*

nævneværdig

ADJ. *-t, -e*

ikke nævneværdig = IKKE SÆRLIG □ *der er ingen nævneværdig nedgang i arbejdsløshedstallet · det gik uden nævneværdige problemer · det har ikke hjulpet nævneværdigt*

nævning

SUBST. *-en,* plur. *-e* (el. *-er*), *-ene* (el. *-erne*)

(jura): en lægmand som i visse straffesager er med til at dømme og udmåle straffen = JURYMEDLEM □ *nævningernes kendelse · nævningerne trækker sig tilbage for at rådslå · udtage nævninger* □ *nævningedomstol · nævningeræt · nævningesag · nævningeting*

nævningedomstol

SUBST. *-en*, plur. *-e, -ene*

en domstol hvori der deltager nævninge = JURY □ *nævningedomstolens afgørelse*

nævningesag

SUBST. *-en*, plur. *-er, -erne*

en større straffesag hvori der deltager nævninge □ *i hver nævningesag skal der deltage 12 nævninge*

nævningeting

SUBST. *-et*, plur. *~ting, -ene*

et møde i en nævningedomstol

nød[1]

SUBST. *nødden*, plur. *nødder, nødderne*

1. en tør frugt der består af en el. to frø omgivet af en hård skal; vokser på forskellige træer og buske □ *nøddebusk · nøddekage · nøddekerne · nøddeknækker · nøddeskal* □ *hasselnød · jordnød · kokosnød · muskatnød · pistacienød · valnød* • ⟨ikke plur.⟩ ved af et nøddetræ □ *en stol af nød*
2. = HOVED □ *han fik et ordentligt slag i nødden*
3. en hård nød at knække udtryk for at noget er vanskeligt at løse □ *fysikopgaven var en hård nød at knække*

nød[2]

SUBST. *-en*

1. en situation hvor der er fare for menneskers liv el. velfærd □ *nød og elendighed · lide nød · der hersker stor nød blandt befolkningen · afhjælpe nøden · klage sin nød · stjæle af nød · i sin nød bad han om hjælp · følges ad i lyst og nød* □ *nødhjælp* • ⟨i sammensætn.⟩ uventet og vanskelig el. farlig situation der opstår pludseligt og kræver hurtig handling □ *nødanker · nødavis · nødblus · nødbremse · nødhavn · nødinstitution · nødlanding · nødløgn · nødløsning · nødplan · nødsignal · nødskrig · nødråb · nødsaget · nødtvungen · nødsfald · nødstilfælde* • = MANGEL □ *vi er i nød for penge · i nød for tid · bolignød · stofnød · tidnød*
2. med nød og næppe kun lige akkurat □ *vi nåede med nød og næppe toget*
3. til nød i mangel af bedre □ *det kan til nød gå an*

nød[3]

VERB.

bøjningsform af *nyde*

nødblus

SUBST. *nødblusset*, plur. *nødblus, nødblussene*

en raket som ved affyring udsender et stærkt og langvarigt lys; bruges som nødsignal på havet □ *en kvinde har anmeldt et rødt nødblus over Skagerrak ved Frederikshavn*

nødbremse

SUBST. *-n*, plur. *-r, -rne*

en bremse som passagerer i et tog el.lign. kan udløse ved fare □ *hun trak i nødbremsen fordi hun så en mand blive overfaldet i en kupé* • **trække i nødbremsen** trække sig ud af noget i sidste øjeblik og evt. forhindre en videre udvikling □ *danskerne trak i nødbremsen da de stemte nej ved folkeafstemningen*

nøddebrun

ADJ. *-t, -e*

med en mørk brun farve som skallen på en moden hasselnød = HASSELBRUN □ *hun var blevet nøddebrun i solen*

nøddebusk

SUBST. *-en*, plur. *-e, -ene*

en busk hvorpå der vokser nødder, fx hassel

nøddegang

SUBST. *-en*, plur. *-e, -ene*

en havegang som på begge sider er omgivet af nøddebuske

nøddekage

SUBST. *-n*, plur. *-r, -rne*

en formkage med hakkede hasselnødder • en lille rund kage af mel, smør og flormelis som er fyldt med hasselnødder m.m.

nøddeknækker

SUBST. *-en*, plur. *-e, -ne*

et redskab til at knække skallen på nødder med

nøddeskal

SUBST. *~skallen*, plur. *~skaller, ~skallerne*

en skal som omgiver en nøddekerne; ofte om den tomme, ødelagte skal efter at kernen er fjernet □ *knække nøddeskaller · skovbunden var fuld af nøddeskaller* • **i en nøddeskal** i en enkel og sammentrængt form □ *sagen i en nøddeskal · problemet i en nøddeskal · Jens i en nøddeskal*

nøddetræ

SUBST. *-et*, plur. *-er, -erne*

et træ hvorpå der vokser nødder □ *valnøddetræ* • ⟨ikke plur.⟩ veddet af et nøddetræ □ *møbler i nøddetræ* □ *nøddetræsbord · nøddetræsmøbler · nøddetræsskab*

nøde

VERB. *-r, -de* (el. *nødte*), *-t* (el. *nødt*)

nøde ng til ngt stædigt forsøge at overtale nogen til at gøre noget, især at spise og drikke □ *hun nøder ham til at tage et stykke til*

nødhavn

SUBST. *-en*, plur. *-e, -ene*

en havn som et skib i havsnød søger tilflugt i □ *under stormen søgte skibet nødhavn*

nødhjælp

SUBST. *-en*

hjælp som ydes til nødstedte personer ved ulykker, under krig, naturkatastrofer o.l.; det kan fx være bjærgningshjælp el. hjælp i form af madvarer og hjælpemidler □ *nødhjælpen fra Røde Kors til de sultende somaliere* □ *nødhjælpsarbejde · nødhjælpschauffør · nødhjælpsforsyninger · nødhjælpskonvoj*

nødhjælpsarbejde

SUBST. *-t*, plur. *-r, -rne*

det arbejde som ydes i forbindelse med nødhjælp □ *nødhjælpsarbejde i de sultende lande*

nødig[1]

ADJ.

= NØDVENDIG □ *branden har gjort en reparation nødig* □ *unødig*

nødig[2] el. nødigt

ADV.

som kun modvilligt gør el. vil noget = UGERNE ≠ GERNE □ *jeg kommer nødig · han indrømmer nødigt at han tager fejl*

nødlande

VERB. *-r, -de, -t*

(om et fly): lande inden bestemmelsesstedet er nået pga. en nødsituation, fx i forbindelse med en maskinskade □ *passagerflyet nødlandede i bjergene* □ *nødlanding*

nødlidende

ADJ.

1. som er i nød □ *organisationen hjælper nødlidende over hele verden*
2. som ikke bliver betalt til tiden □ *et nødlidende lån · en nødlidende veksel*
3. i økonomiske vanskeligheder □ *nødlidende debitorer · et nødlidende selskab*

nødløgn

SUBST. *-en*, plur. *-e, -ene*

en harmløs og berettiget løgn som fortælles for at redde én selv el. andre fra noget ubehageligt = HVID LØGN □ *jeg fyrede en nødløgn af for at slippe væk*

nødløsning

SUBST. *-en*, plur. *-er, -erne*

en mindre god løsning som vælges pga. tidspres el. manglende midler, el. når alle andre og bedre løsninger er slået fejl □ *som en nødløsning har jeg foreløbig bare hængt en pære op i loftet · hvis det heller ikke kan lade sig gøre, må vi ty til nødløsningen*

nødplan

SUBST. *-en*, plur. *-er, -erne*

en plan som sættes i stedet for den egentlige plan, hvis denne slår fejl □ *har du en nødplan klar?*

nødråb

SUBST. *-et*, plur. *nødråb, -ene*

et råb om hjælp, fx fra en tilskadekommen □ *jeg hørte et nødråb inde fra dyngen af sammenstyrtede murbrokker* • en anmodning om hjælp gennem officielle kanaler □ *de strejkendes nødråb i aviserne · de udvisningstruede flygtninges nødråb til regeringen* • en desperat handling der vidner om et akut behov for hjælp □ *hendes selvmordsforsøg var i virkeligheden et nødråb*

nødsaget

ADJ. - , *nødsagede*

være nødsaget til ngt være tvunget af visse omstændigheder til noget □ *jeg var nødsaget til at gøre noget · han så sig nødsaget til at sende dem hjem · hun følte sig nødsaget til at gå · vi ser os nødsaget til at lade sagen gå til inkasso*

nødsfald

SUBST. *et*

= NØDSTILFÆLDE □ *kun i yderste nødsfald må du bruge af formuen*

nødsignal

SUBST. *-et,* plur. *-er, -erne*

et signal som udsendes af mennesker der har brug for hjælp; det kan fx være et radiosignal fra et skib i havsnød □ *nødsignalerne SOS og Mayday*

nødsituation

SUBST. *-en,* plur. *-er, -erne*

en situation der er præget af nød el. hvor man er i nød = NØDSTILFÆLDE □ *nødsituationen i landet opstod pga. tørke · i en nødsituation kan det være rart med en mobiltelefon*

nødskrig

SUBST. *-et,* plur. *nødskrig, -ene*

et skrig fra et menneske i nød el. fare □ *vi hørte nødskrigene fra torturofrene*

nødstedt

ADJ. - , *-e*

som er i nød □ *et stakkels nødstedt menneske · komme et nødstedt skib til undsætning*

nødstilfælde

SUBST. *-t,* plur. *~tilfælde, -ne*

en pludselig opstået situation af problematisk, evt. farefuld karakter = NØDSFALD, NØDSITUATION □ *jeg ved godt at det er forkert, men der er tale om et nødstilfælde · kun i yderste nødstilfælde må politiet trække pistolerne*

nødt

ADJ.

blive el. **være nødt til ngt** være tvunget af visse omstændigheder til noget □ *han var nødt til at tage hjem · hun blev nødt til at skaffe pengene · jeg var nødt til at råbe højt*

nødtvungent

ADV.

udtryk for at man modvilligt er nødt til noget □ *jeg går kun nødtvungent med til det forslag · nødtvungent indrømme noget*

nødtørft

SUBST. *-en*

forrette sin nødtørft tisse og have afføring, ofte et sted hvor der ikke er et toilet til rådighed □ *hun forrettede sin nødtørft bag en busk*

nødtørftig

ADJ. *-t, -e*

/nød'tørftig/

⟨også SUBST.⟩ som lige er tilstrækkelig el. mest nødvendig □ *han har kun et nødtørftigt kendskab til det franske sprog · vi tager kun det allermest nødtørftige med*

nødtørftshus

SUBST. *-et,* plur. *-e, -ene*

(glds.): = RETIRADE

nødudgang

SUBST. *-en,* plur. *-e, -ene*

en udgang fra et lokale el. rum som kan bruges i tilfælde af brand el. anden ulykke □ *nødudgangen må ikke blokeres · bussens nødudgang*

nødvendig

ADJ. *-t, -e*

/nød'vendig/

som ikke kan undværes el. være anderledes = FORNØDEN, NØDIG □ *det er nødvendigt at tage af sted nu · hun tog kun det nødvendigste med i rygsækken · han betragter selskabelighed som et nødvendigt onde* □ *nødvendighedsartikel · nødvendigvis* □ *naturnødvendig*

nødvendiggøre

VERB. *~gør, ~gjorde, ~gjort*

nødvendiggøre ngt medføre at noget bliver nødvendigt = KRÆVE □ *sygdommen nødvendiggjorde en operation*

nødvendighed

SUBST. *-en,* plur. *-er, -erne*

/nød'vendighed/

det at noget er nødvendigt el. noget som er nødvendigt = BEHOV, FORNØDENHED □ *han betonede nødvendigheden af reformen · børnehaven har udviklet sig fra at være et pædagogisk modefænomen til at være en nødvendighed · jeg gør det ikke af lyst, men af nødvendighed · musik er en nødvendighed for mig* □ *nødvendighedsartikel* □ *naturnødvendighed*

nødvendigvis

ADV.

sådan at det ikke lader sig gøre at komme uden om det = UUNDGÅELIG, ABSOLUT □ *den gensidige mistro fører nødvendigvis oprustning med sig · ikke alle velbegavede mennesker skal nødvendigvis være forskere*

nødværge

SUBST. *et*

i nødværge i selvforsvar □ *handle i nødværge · hun har dræbt en mand i nødværge*

nøgen

ADJ. *-t, nøgne*

som ikke er dækket af noget = BAR, BLOTTET □ *de gik nøgne i vandet · han stod med nøgen overkrop · i december står løvtræerne nøgne* □ *nøgenhed · nøgenbadning · nøgendans · nøgenkultur · nøgenmodel* □ *splitternøgen* • som er skrællet for alle forskønnende elementer □ *den nøgne sandhed · de nøgne tal*

nøgle[1]

SUBST. *-n,* plur. *-r, -rne*

1. et aflangt stykke metal med takker som passer ind i en lås hvor den skal drejes rundt □ *nøglebundt · nøglering* □ *bilnøgle · hoveddørsnøgle · universalnøgle · yalenøgle* • **dreje nøglen om** nedlægge en virksomhed

2. noget der bringer én videre, fx gør én i stand til at opklare et problem el. mysterium □ *nøglen til løsningen · Gibraltar er nøglen til Middelhavet*

3. et værktøj til at dreje møtrikker med; består af en metalstang med et hul el. en åbning for enden som passer rundt om det der skal drejes □ *svensknøgle · topnøgle* • = UNBRAKONØGLE

4. (musik): et tegn som er anbragt forrest i nodesystemer, og som fastsætter tonehøjden for noderne □ *C-nøgle · F-nøgle · G-nøgle*

nøgle[2]

SUBST. *-t,* plur. *-r, -rne*

nøgle garn = GARNNØGLE □ *der skal bruges fem nøgler garn*

nøglebarn

SUBST. *-et,* plur. *~børn, ~børnene*

et barn hvis forældre er borte om dagen, og som derfor går med nøglen til hjemmet, fx i en snor om halsen

nøgleben

SUBST. *-et,* plur. *~ben, -ene*

= KRAVEBEN

nøglefærdig

ADJ. *-t, -e*

udtryk for at en enkelt entreprenør m.m. påtager sig ansvaret for det samlede byggeprojekt indtil det er klart til indflytning el. ibrugtagning □ *et nøglefærdigt fabriksanlæg · anlægget leveres nøglefærdigt*

nøglehul

SUBST. *~hullet,* plur. *~huller, ~hullerne*

et hul i en lås hvori nøglen indføres □ *kigge gennem nøglehullet i en dør · jeg kan ikke låse op, der sidder en blyantsstift inde i nøglehullet*

nøgleindustri

SUBST. *-en,* plur. *-er, -erne*

en industri der har afgørende betydning for et lands økonomi

nøgleklub

SUBST. *~klubben,* plur. *~klubber, ~klubberne*

en klub hvor en lukket kreds af medlemmer, i kraft af deres nøgle som medlemskort, kan deltage i samvær og overvære underholdning

nøgleknippe

SUBST. *-t,* plur. *-r, -rne*

en række nøgler som er samlet i en nøglering = NØGLEBUNDT □ *han har et nøgleknippe hængende i en kæde*

nøgleord

SUBST. *-et,* plur. *~ord, -ene*

et ord som sammenfatter hvad der er vigtigt inden for et emne = LEDEORD □ *nøgleordet er information · kvalitet har været et nøgleord i arbejdet · afbureaukratisering er et af nøgleordene i partiets politik · tekstens nøgleord*

nøgleposition

SUBST. *-en,* plur. *-er, -erne*

en central og vigtig stilling som en person indtager =NØGLESTILLING □ *indtage en nøgleposition · generationen sidder i dag som 45-årige i samfundets nøglepositioner · han har en nøgleposition på landsholdets midtbane*

nøglering

SUBST. *-en,* plur. *-e, -ene*

en ring til at samle nøgler i et nøglebundt; ofte også om det skilt el.lign. som sidder i ringen □ *en nøglering med et motiv af Eiffeltårnet* □ *plasticnøglering*

nøgleroman

SUBST. *-en,* plur. *-er, -erne*

en roman der skildrer virkelige personer som trods ændrede navne er letgenkendelige □ *det er en nøgleroman om en kendt skuespillerinde*

nøgleskilt

SUBST. *-et,* plur. *-e, -ene*

1. en rund plade der omgiver et nøglehul i en dør **2.** et lille skilt el. et farvet stykke plastic der hæftes ved el. sættes på en nøgle, så man kan se hvilken lås den hører til

nøglestilling

SUBST. *-en,* plur. *-er, -erne*

= NØGLEPOSITION □ *som formand for udvalget sidder han i en nøglestilling*

nøgtern

ADJ. *-t, -e*

med god og rolig dømmekraft □ *han så ganske nøgternt på sagen · et nøgternt overblik · en nøgtern vurdering*

nøjagtig

ADJ. *-t, -e*
/nøj'agtig/

som er helt rigtigt og ikke rammer den mindste smule ved siden af =PRÆCIS, EKSAKT □ *en nøjagtig kopi · bestemme skibets nøjagtige position · det nøjagtige tidspunkt · maskinen arbejder meget nøjagtigt · det er nøjagtigt det jeg mener* □ *nøjagtighed*

nøje[1]

VERB.

lade sig nøje med ngt slå sig til tåls med noget □ *du skal ikke lade dig nøje med den timeløn*

nøje[2]

ADJ.

som er grundig og detaljeret =MINUTIØS, OMHYGGELIG □ *de sagde at de ville undersøge sagen nøje · jeg husker det ikke så nøje · kuppet var nøje planlagt · holde sig nøje til planen · efter nøje overvejelser · hun følger nøje med i sagen* • **ikke tage det så nøje med ngt** ikke lægge særlig vægt på noget □ *hun tager det ikke så nøje med rengøringen* • **ikke komme sig så nøje** ikke være af særlig stor betydning □ *det kommer sig ikke så nøje om du køber rød- eller hvidvin*

nøjeregnende

ADJ.

smålig, påholdende

nøjes

VERB. *nøjes, nøjedes, nøjedes*

nøjes med ngt indskrænke el. begrænse sig til noget □ *han vil ikke anke dommen, men nøjes med at konstatere at den er forkert · vi nøjes med at spise smørrebrød i aften* • **nøjes med ngt** være tilfreds med noget og ikke forlange mere □ *jeg kan godt nøjes med at få 200 kr. for billedet · ikke noget brød, tak, jeg nøjes med kaffen*

nøjsom

ADJ. *-t, nøjsomme; nøjsommere, -st*

som er tilfreds med lidt =BESKEDEN, SPARTANSK ≠ KRÆVENDE, FORDRINGSFULD □ *hun klarer sig fordi hun er nøjsom · det er en nøjsom plante som kun kræver lidt vand* □ *nøjsomhed*

nøk el. nyk

SUBST. *nøkket,* plur. *nøk, nøkkene*

1. et lille rask ryk el. tag i noget □ *dreje en skrue et lille nøk mere*
2. en lille smule □ *renten er blevet sat ned med et lille nøk · almindelige menneskers pensioner får sjældent et bette nøk opad*

nøkke

SUBST. *-n,* plur. *-r, -rne*

(nordisk folketro): et overnaturligt væsen der lever i vandløb og søer, og som lokker mennesker til sig for at drukne dem

nøkkerose

SUBST. *-n,* plur. *-r, -rne*

en åkande med store hvide blomster og kuglerunde frugter; latinsk navn *Nymphaea alba* = HVID ÅKANDE

nøle

VERB. *-r, -de, -t*

(glds.): være langsom og afventende inden man reagerer el. handler □ *hvad nøler du efter? · han gav mig nølende ret* □ *nølen · nøleri*

nøler

SUBST. *-en,* plur. *-e, -ne*

en person som nøler med noget □ *kom nu, din nøler, bestem dig!* □ *efternøler*

nørd

SUBST. *-en,* plur. *-er, -erne*

(slang): en intelligent person der kun interesserer sig for én ting og derfor virker mærkelig, el. en person der opfører sig mærkeligt el. dumt = FREAK, SÆRLING, TOSSE, TÅBE, FJOLS □ *han er en rigtig nørd · sikken en nørd! · din nørd!* □ *computernørd*

nørke

VERB. *-r, -de, -t*

= NØRKLE

nørkle el. nørke

VERB. *-r, -de, -t*

nusse med et stykke arbejde, ofte et håndarbejde = NØRKE □ *hun sad og nørklede på en sweater · han sidder inde på værelset og nørkler med sine lektier* □ *nørkleri*

nørkleri

SUBST. *-et,* plur. *-er, -erne*
/nørkle'ri/

det at nørkle med et stykke håndarbejde □ *så kom der alligevel noget ud af al dit nørkleri*

nørre

ADJ.

(i stednavne): som ligger mod nord =NORDRE ≠ SØNDRE, ØSTRE, VESTRE □ *Nørre Allé* □ *Nørrebro*

nøs

VERB.

bøjningsform af *nyse*

nå[1]

VERB. *-r, -ede, -et*

1. nå ng(t) strække hånden ud efter nogen el. noget og være i stand til at fat i den el. det □ *han kunne lige nå kagedåsen oven på skabet · hun kunne ikke nå den øverste hylde* • **nå ng(t) {til} ng(t)** være så lang el. høj som op til el. hen til noget □ *vandet nåede ham til halsen · han når mig til skulderen · kjolen nåede til midt på livet · bæltet kan ikke nå rundt om livet · stigen når helt op til tagrenden* • **ikke nå ng til knæene** el. **sokkeholderne** være langt fra lige så dygtig som en anden
2. nå ngt komme til noget el. få gjort noget inden et vist tidspunkt, fx inden det er for sent □ *de nåede toget · du kan lige nå den sidste bus · du kan nå i kiosken inden den lukker · vi når det nok · vi når aldrig at blive færdige til tiden · når man når de 60 er man færdig med at være midaldrende · endelig er hun nået sit mål · trætte nåede de frem til hotellet*

nå[2]

UDRÅBSORD

udtryk for at man reagerer på noget, el. at der kommer noget nyt, fx en sammenfatning □ *nå, kommer du også, det vidste jeg ikke · nå, bliver det snart til noget? · nå, det er der nok ikke noget at gøre ved · nå, men vi må jo hellere se at blive færdige · nå, men for at gøre en lang historie kort, så endte alt godt · nå, men så siger vi at det er nok for i dag · han kommer alligevel ikke i morgen - nå, ikke?* • udtryk for ligegyldighed □ *hun er gået - nå, hvad så? · det er begyndt at sne - nå! · naboen skal skilles - nå, hvad kommer det mig ved?* □ *någenerationen*

nåde[1]

SUBST. *-n*

1. = BARMHJERTIGHED □ *fra ham venter jeg ingen nåde · Gud viste os den nåde · af nåde og barmhjertighed · bede om nåde* □ *nådeskud · nåde(s)løs · nåde(s)stød · nådsensbrød* • eftergivelse af idømt straf =BENÅDNING, AMNESTI □ *ansøgning om nåde* □ *nådesakt* • **lade nåde gå for ret** vise barmhjertighed frem for at straffe den skyldige • **på nåde og unåde** betingelses-

løst □ *overgive sig på nåde og unåde* • **tage ng til nåde** = TILGIVE
2. velvilje fra en person i fx en høj position = GUNST, YNDEST ≠ UNÅDE □ *leve af andres nåde* · *ved milde magters nåde havde han klaret køreprøven* □ *nådesbevisning* • i tiltaleformer til højere placerede personer□ *Deres nåde* • **finde nåde for ngs øjne** blive accepteret af nogen
3. af Guds nåde = FANTASTISK □ *en kunstner af Guds nåde*

nåde[2]

VERB.

Gud nåde dig el. **Gud nåde og trøste dig** du kan lige vove på □ *Gud nåde og trøste dig hvis du kommer for sent!*

nådegave

SUBST. *-n,* plur. *-r, -rne*

en gave fra Gud □ *troens nådegave* • et værdifuldt karaktertræk, talent el.lign.□ *han ejer ikke tålmodighedens nådegave* · *forstandens nådegave*

nådesløs el. nådeløs

ADJ. *-t, -e*

som er uden medfølelse og ikke lader sig standse = SKÅNSELSLØS, UBØNHØRLIG □ *han er nådesløs i sin bedømmelse* · *nådesløst trængte de frem gennem landet* · *hun bekæmpede dem nådesløst*

nådessag

SUBST. *-en,* plur. *-er, -erne*

en sag som bygger på velvilje □ *det drejer sig ikke længere om en nådessag, men om en ret*

nådestød

SUBST. *-et,* plur. *~stød, -ene*

= DØDSSTØD

nådig

ADJ. *-t, -e; -ere, -st*

1. venlig og medfølende = BARMHJERTIG □ *en nådig skæbne* · *en nådig straf* · *Herren være dig nådig* · *Guds og præstens nådige velsignelse* · *et nådigt smil* • **slippe nådigt** komme let af sted med noget □ *det var nådigt sluppet*
2. ⟨i sammensætn.⟩ (glds.): som bør vises ærbødighed □ *nådigfruen* · *nådigfrøkenen* · *nådigherren*

nådle

VERB. *-r, -de, -t*
[ˈnɔdlə el. ˈnɔðlə]

nådle ngt sammensy overlæderet på sko og støvler □ *nådleri* · *nådling* · *nådlemaskine*

nådler

SUBST. *-en,* plur. *-e, -ne*

en person på en skofabrik som arbejder med at nådle □ *nådlere til overlædersyning antages*

nådsensbrød

SUBST. *-et*

et tilskud el. en hjælp som ydes af medlidenhed □ *vi svigter en samfundsmæssig ressource ved at lade de ældre spise nådsensbrød* · *mange studerende er tvunget til at bo på nådsensbrød hos deres forældre*

nåh

UDRÅBSORD

udtryk for at man pludselig forstår noget og bliver lettet over at kunne se sammenhængen □ *nåh, nu forstår jeg hvad du mener* · *nåh, kunne du ikke have sagt det straks?* · *nåh, er bare det sagen drejer sig om* • udtryk for at man synes nogen el. noget er nuttet □ *nåh, hvor er det et yndigt barn* · *nåh, sikke en sød kattekilling* · *nåh, hvor er det en sød hundehvalp*

nål

SUBST. *-en,* plur. *-e, -ene*

1. en tynd, spids metalpind til at stikke ind i noget; bruges fx til at sy med el. til at hæfte noget sammen □ *nålebrev* · *nålemager* · *nålepude* · *nålestik* · *naleøje* □ *hæklenål* · *hårnål* · *knappenål* · *sikkerhedsnål* · *stoppenål* · *synål* • en metalpind hvorpå der sidder et smykke el. emblem = BROCHE □ *din nål er sprunget op* • **tråde** el. **træde en nål** indføre sytråd i en synåls øje • **en nål i en høstak** udtryk for at noget er meget usandsynligt□ *lede efter en nål i en høstak* • **sidde som på nåle** være meget spændt el. nervøs
2. (botanik): hver af de smalle, spidse blade på et nåletræ □ *nålene drysser af juletræet* □ *nåleskov* · *nåletræ* □ *fyrrenål* · *grannål*

nålefilt

SUBST. *-en*

filt der fremstilles ved hjælp af nåle med modhager som får fibrene til at sno sig om hinanden til de hænger sammen; bruges bl.a. til gulvbelægning □ *et tæppe af nålefilt* · *lægge nålefilt i entreen*

nålefliget

ADJ. - , *~fligede*

med meget smalle flige □ *nålefligede blade*

nålepude

SUBST. *-n,* plur. *-r, -rne*

en lille pude som man anbringer sy- og knappenåle i når man ikke bruger dem

nåleskov

SUBST. *-en,* plur. *-e, -ene*

en stedsegrøn skov med nåletræer; især gran og fyr

nålestik

SUBST. *~stikket,* plur. *~stik, ~stikkene*

1. en lille prik som er, el. ser ud som om, den er lavet med en nål □ *huden er helt øm af nålestik*
2. en lille spydighed □ *de mange nålestik har gjort ham overfølsom*

nålestribet

ADJ. - , *~stribede*

med tynde, hvide streger på en mørk baggrund□ *et nålestribet jakkesæt* · *en nålestribet habit*

nåletræ

SUBST. *-et,* plur. *-er, -erne*

et træ el. en busk med hårde, nåleformede blade og kogler, fx gran og fyr ≠ LØVTRÆ

nåleøje

SUBST. *-t,* plur. *-r, -rne*

1. et lille hul i en sy- el. stoppenål hvor tråden trækkes igennem
2. en række krav der er så store at kun få kan opfylde dem □ *hun slap igennem adgangsbegrænsningens nåleøje*

når

KONJ., ADV.

1. ⟨KONJ.⟩ på det tidspunkt hvor det der siges, sker; enten i fremtiden el. som noget der plejer at ske el. kan ske på et hvilket som helst tidspunkt □ *du kan hente den når du engang får fri* · *han kommer når han er blevet rask* · *når jeg bliver stor, vil jeg også have en motorcykel* · *sig til når du kan* · *hunden kommer når han kalder* · *han gik ned til havnen når han havde fri* · *han så når de sejlede ud* · *hun kunne hente den når hun ville* • **når som helst** se under *helst*
2. ⟨KONJ.⟩ udtryk for at noget gælder og er udgangspunkt for noget andet der siges □ *når du siger det, så tror jeg på det* · *det er det helt rigtige når det gælder regntøj* · *når det forholder sig sådan, skyldes det de ændrede forudsætninger* • **når bare** = HVIS BARE □ *når bare du lover mig det, er jeg godt tilfreds* · *hvilken rolle spiller det når bare vi får godt vejr?*
3. ⟨ADV.⟩ (glds.): = HVORNÅR □ *når kommer våren?*

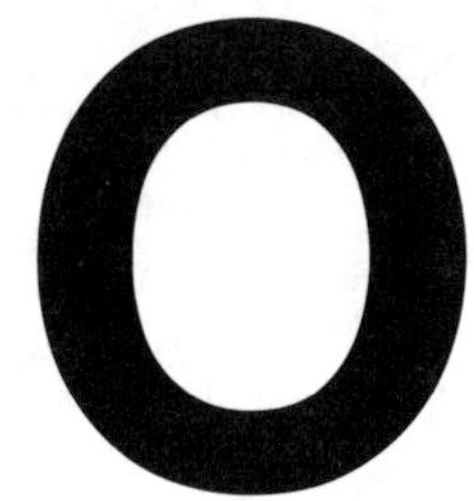

o[1]

SUBST. *o'et*, plur. *o'er, o'erne*

det 15. bogstav i alfabetet □ *o-lyd*

o[2]

UDRÅBSORD

se *oh*

o.

fork. for *omkring*

o.a.

1. fork. for *og andet* el. *og andre*
2. fork. for *oversætterens anmærkning*

oase

SUBST. *-n*, plur. *-r, -rne*
/o'ase/

et frugtbart område med ferskvandstilførsel i en ørken □ *beduinerne havde slået lejr ved oasen* • et sted el. tidspunkt hvor man kan slappe af fra larm, stress o.l. □ *lørdag aften er en oase i hans regelbundne tilværelse* · *storbyens parker er små oaser*

o.a.st.

fork. for *og andre steder*

obducent

SUBST. *-en*, plur. *-er, -erne*
[ɔbdu'sæn't]

en læge der obducerer

obducere

VERB. *-r, -de, -t*
/obdu'cere/

obducere ngt foretage obduktion

obduktion

SUBST. *-en*, plur. *-er, -erne*
[ɔbdug'sjo'n]

en åbning af lig for at finde dødsårsagen; foretages af en læge = AUTOPSI □ *obduktionsbord*

obelisk

SUBST. *-en*, plur. *-er, -erne*
/obe'lisk/

en høj, slank, firesidet stenstøtte med en pyramideformet spids foroven; bruges bl.a. som mindesmærke

oberst

SUBST. *-en*, plur. *-er, -erne*

(militær): femtehøjeste officersgrad inden for hæren og flyvevåbnet; under brigadegeneral og over oberstløjtnant

oberstløjtnant

SUBST. *-en*, plur. *-er, -erne*
/oberst'løjtnant/

(militær): sjettehøjeste officersgrad inden for hæren og flyvevåbnet; under oberst og over major

objekt[1]

SUBST. *-et*, plur. *-er, -erne*
['ɔbjægt el. ɔb'jægt]

genstanden for en iagttagelse, forestilling, tanke o.l. □ *objektsprog* □ *skatteobjekt* · *forsøgsobjekt* · *studieobjekt*

objekt[2]

SUBST. *-et*, plur. *-er, -erne*
['ɔbjægt]

et sætningsled som betegner den el. det der bliver berørt af den handling der udtrykkes med verbalet; der er to slags objekter: *direkte objekt* og *indirekte objekt* • **direkte objekt** et objekt som fx *et æble* i *han gav pigen et æble* = GENSTANDSLED, AKKUSATIVOBJEKT • **indirekte objekt** et objekt som betegner modtageren for handlingen, fx *pigen* i *han gav pigen et æble* = DATIVOBJEKT, HENSYNSLED

objektiv[1]

SUBST. *-et*, plur. *-er, -erne*

den linse el. det linsesystem i et optisk instrument der vender mod den genstand man vil fotografere el. iagttage; fx i et kamera, mikroskop el.lign. □ *objektivlukker* · *objektivprisme* □ *teleobjektiv* · *zoomobjektiv*

objektiv[2]

ADJ. *-t, -e*

som ikke er præget af personlige meninger og følelser = SAGLIG, UPARTISK ≠ SUBJEKTIV, PARTISK □ *få en objektiv vurdering fra en uvildig part* · *set fra et objektivt synspunkt*

objektivitet

SUBST. *-en*
/objektivi'tet/

det at være objektiv = SAGLIGHED ≠ SUBJEKTIVITET □ *der er delte meninger om hans objektivitet i sagen* □ *objektivitetssans*

obl.

fork. for *obligatorisk*

oblat

SUBST. *-en*, plur. *-er, -erne*
[o'bla't el. ɔ'bla't]

= NADVERBRØD

obligat

ADJ. *-, -e*
[obli'ga't el. ɔbli'ga't]

som traditionen el. nødvendigheden kræver □ *få de obligate ugepenge* · *så fulgte den obligate hyldest af formanden* • (musik): som ikke kan udelades; bruges om en ledsagende, selvstændig instrumentalstemme som ikke kan undværes □ *en arie for sopran med obligat klaver og violin*

obligation

SUBST. *-en*, plur. *-er, -erne*
[obliga'sjo'n el. ɔbliga'sjo'n]

et værdipapir som købes for penge der via bank el. kreditforening lånes ud til andre; obligationer giver en fast rente og har fast udløbsdato, men de kan evt. udtrækkes tidligere hvorved indehaveren opnår en kursgevinst □ *obligationerne blev solgt til kurs 87* · *to af hans obligationer blev udtrukket i går* □ *obligationslån* · *obligationsmarked* □ *partialobligation* · *præmieobligation* · *realkreditobligation* · *statsobligation*

obligatorisk

ADJ. *-, -e*
/obliga'torisk/
fork. *obl.*

som er påkrævet, el. som man er tvunget til = TVUNGEN ≠ FAKULTATIV □ *til festforestillinger er kjole og hvidt obligatorisk* · *vi har tre obligatoriske og fem valgfrie fag*

obo

SUBST. *-en*, plur. *-er, -erne*
/o'bo/

et træblæseinstrument med tonehuller og klapper og med dobbelt blad i mundstykket som holdes mellem læberne □ *spille obo* · *spille på obo* □ *obokoncert*

oboist

SUBST. *-en*, plur. *-er, -erne*
/obo'ist/

en person som spiller obo

obs.

udtryk for at man skal lægge mærke til noget; fork. af *observer!* = NB

observans

SUBST. *-en,* plur. *-er, -erne*
/obser'vans/

en holdning el. adfærd som er afgjort af ens syn på fx politik, religion el. moral □ *de er af forskellig politisk observans* • *børnehaven er af religiøs observans* • en fælles regel for adfærd m.m., især i et katolsk kloster = KLOSTERREGEL, ORDENSREGEL

observation

SUBST. *-en,* plur. *-er, -erne*
[ɔbsärva'sjo'n]

jf. *observere* = IAGTTAGELSE, OPSYN, OVERVÅGNING □ *astronomiske observationer* • *biologen havde gjort en række spændende observationer* • *patienten er indlagt til observation for meningitis* • *huset holdes under observation* □ *observationsklasse* • *observationshjem* • *observationspost*

observator

SUBST. *-en,* plur. *-er, -erne*
/obser'vator/

person der foretager især astronomiske el. meteorologiske observationer

observatorium

SUBST. *observatoriet,* plur. *observatorier, observatorierne*
/observa'torium/

en bygning indrettet til astronomiske og meteorologiske iagttagelser

observatør

SUBST. *-en,* plur. *-er, -erne*
/observa'tør/

en person som har til opgave at iagttage og rapportere om begivenheder uden at deltage aktivt i dem; det kan fx være en udsending som skal overvære en forhandling el. en valghandling = IAGTTAGER □ *politisk observatør i Bruxelles* • *Danmark deltager ikke i konferencen, men sender en observatør* □ *observatørkorps* • *observatørstatus* □ *flyobservatør* • *FN-observatør* • *valgobservatør*

observere

VERB. *-r, -de, -t*
/obser'vere/

observere ng(t) opdage el. erfare noget som et resultat af en opmærksom iagttagelse = IAGTTAGE, BEMÆRKE □ *han observerede at mordvåbnet var blevet fjernet i mellemtiden* • *der er blevet observeret sangsvaner i denne skov* □ *observering* • **observere ng(t)** holde øje med nogen el. noget = IAGTTAGE, OVERVÅGE □ *man observerede patienten uafbrudt* □ *observering* • **observer** bemærk!; forkortes *obs.*

obsidian

SUBST. *-en* el. *-et*
[ɔbsidi'a'n]

en sort, glaslignende vulkansk bjergart som har været anvendt til stenredskaber og som smykkesten

obskur

ADJ. *-t, -e*
[ɔb'sgu'r el. *ɔb'sgy'r]*

som synes at have at gøre med noget forbudt el. være moralsk tvivlsom = LYSSKY, SKUMMEL, FORDÆKT, MISTÆNKELIG □ *en obskur beværtning* • *en obskur person*

obskøn

ADJ. *-t, -e*
[ɔb'sgø'n el. *ɔb'sgö'n]*

seksuelt anstødelig = FRÆK □ *bruge obskøne udtryk* • *obskøne bevægelser* • *obskøne historier*

obskønitet

SUBST. *-en,* plur. *-er, -erne*
/obskøni'tet/

en obskøn handling el. ytring

obsternasig

ADJ. *-t, -e*
/obster'nasig/

meget og særdeles bevidst genstridig = TRODSIG

obstetrik

SUBST. *obstetrikken*
/obste'trik/

den del af lægevidenskaben som handler om fødsler og fødselshjælp □ *obstetriker*

obstetriker

SUBST. *-en,* plur. *-e, -ne*
/ob'stetriker/

= FØDSELSLÆGE

obstipation

SUBST. *-en,* plur. *-er, -erne*
[ɔbsdipa'sjo'n]

(medicin): = FORSTOPPELSE

obstruction

SUBST. *en*
[ɔb'sdrɔgsjən]

en forseelse i fodbold hvor en spiller med sin krop hindrer en modspiller i at komme til bolden □ *dommeren dømte obstruction* • *en grov obstruction*

obstruere

VERB. *-r, -de, -t*

1. obstruere ngt hindre noget i at blive ordentlig gennemført = SABOTERE, MODARBEJDE □ *han forsøgte at obstruere deres byggeplaner* • *de obstruerede Folketingets møder*
2. obstruere ng(t) være i vejen for nogen el. noget □ *han obstruerede modspilleren før målet*

obstruktion

SUBST. *-en,* plur. *-er, -erne*
[ɔbsdrug'sjo'n]

det at obstruere noget □ *det var ren obstruktion når de ansatte forsinkede arbejdet*

ocean

SUBST. *-et,* plur. *-er, -erne*
/oce'an/

1. = VERDENSHAV □ *oceandamper* • *oceanryg*
2. oceaner af ngt enorme mængder af noget □ *der var oceaner af blomster i haven* • *han har oceaner af penge* • *jeg har oceaner af tid*

oceangående

ADJ.

som sejler på verdenshavene = HAVGÅENDE, SØGÅENDE □ *'Selandia' er verdens første oceangående dieselmotorskib* • *Sovjetunionen havde en stor oceangående flåde*

oceanier

SUBST. *-en,* plur. *-e, -ne*
/oce'anier/

en person fra Oceanien

oceanisk

ADJ. *- , -e*
/oce'anisk/

1. som har at gøre med Oceanien
2. som har at gøre med de store have □ *oceaniske fisk* • meget stor = ENORM, KÆMPESTOR, GEVALDIG, GIGANTISK □ *en oceanisk lykkefølelse* • *der var oceaniske mængder af vin og mad*

oceanograf

SUBST. *-en,* plur. *-er, -erne*
/oceano'graf/

= HAVFORSKER

oceanografi

SUBST. *-en*
/oceanogra'fi/

= HAVFORSKNING □ *oceanografisk*

od

SUBST. *odden,* plur. *odde, oddene*

den spidse ende af et stikvåben

odalisk

SUBST. *-en,* plur. *-er, -erne*
/oda'lisk/

en slavinde el. en elskerinde i en sultans harem = HAREMSKVINDE

odde

SUBST. *-n,* plur. *-r, -rne*

en aflang el. krum halvø som er opstået ved aflejring på læsteder ved kyster □ *de har sommerhus ude på odden*

odder

SUBST. *-en,* plur. *-e, -ne*

1. et stort dyr af mårfamilien med små ører, tyk hale og svømmehud; lever ved vand som den svømmer og dykker i; latinsk navn *Lutra lutra*
2. = FJOLS □ *din odder!*

odds

SUBST.PLUR. *-ene*
['ɔds]

det antal gange en gevinst er større end indsatsen i totalisatorspil □ *hesten gav syv i odds* □ *oddsciffer* • sandsynligheden for at noget vil ske el. lykkes = UDSIGTER, CHANCER □ *stik mod alle odds fik han succes med sit forehavende* • *have alle odds imod sig*

ode

SUBST. *-n*, plur. *-r, -rne*

et lyrisk hyldestdigt i højtidelig stil hvis emne ofte er et begreb □ *en ode til kærligheden*

odenseaner

SUBST. *-en*, plur. *-e, -ne*
[*o·ðənsə'a'nɔ*]

en person fra Odense

odenseansk

ADJ. *- , -e*
/*odense'ansk*/

som har at gøre med Odense

odiøs

ADJ. *-t, -e*
/*odi'øs*/

moralsk forkastelig og angribelig □ *det lyder som et noget odiøst projekt*

odontolog

SUBST. *-en*, plur. *-er, -erne*
/*odonto'log*/

en person der beskæftiger sig med odontologi = TANDLÆGE

odontologi

SUBST. *-en*
/*odontolo'gi*/

læren om tændernes anatomi og behandling af sygdomme i tænderne, fx *karies* og *paradentose* = TANDLÆGEVIDENSKAB □ *odontologisk*

odyssé el. odysse

SUBST. *-en*, plur. *-er, -erne*
/*odys'sé*/

en lang og eventyrlig rejse; også en fortælling herom □ *han berettede om sin odyssé Jorden rundt*

odør

SUBST. *-en*, plur. *-er, -erne*
[*o'dö·r*]

= STANK □ *sikke en odør der står omkring ham*

off.

fork. for *offentlig* • fork. for *officiel*

offensiv[1]

SUBST. *-en*, plur. *-er, -erne*

= ANGREB □ *de startede en storstilet offensiv* · *han var i offensiven* · *gå i offensiven* • et energisk fremstød for en sag el. en person = FREMSTØD □ *charmeoffensiv* · *fredsoffensiv*

offensiv[2]

ADJ. *-t, -e*

angrebslysten og fremadrettet □ *en offensivmanøvre* · *et offensivt midtbanespil* • aktiv og handlekraftig □ *offensiv prispolitik*

offentlig

ADJ. *-t, -e*
fork. *off.*

1. som er åben og tilgængelig for alle mennesker; oftest vederlagsfrit □ *en offentlig park* · *en offentlig forelæsning* • som er almindeligt kendt el. officiel □ *det er en offentlig hemmelighed* · *en offenlig person* · *give en offentlig undskyldning*
2. som vedrører stat el. kommune ≠ PRIVAT □ *det offentlige* · *den offentlige sektor* · *offentlig forsorg* · *offentligt skifte* · *de offentlige udgifter* · *offentlig virksomhed* · *den offentlige anklagemyndighed*

offentliggøre

VERB. *~gør, ~gjorde, ~gjort*

offentligøre ngt gøre noget kendt el. tilgængeligt for offentligheden ved at lade det trykke el. udgive = BEKENDTGØRE, PROKLAMERE, KUNDGØRE, PUBLICERE □ *offentliggøre et regnskab* · *offentliggøre resultaterne af en undersøgelse* · *offentliggøre en rapport* · *Brandes breve er blevet offentliggjort i flere bind* □ *offentliggørelse*

offentlighed

SUBST. *-en*

tilgængelighed el. åbenhed for alle □ *offentlighed i forvaltningen* · *i fuld offentlighed* □ *offentlighedsprincip* • **offentligheden** en generel betegnelse for alle mennesker i et bestemt land el. samfund □ *offentligheden bør vide besked om sagen* · *i offentlighedens interesse* · *sagen kom frem i offentligheden*

offer

SUBST. *-et* (el. *ofret*), plur. *ofre, ofrene*

1. et dyr som ofres til en gud □ *offerfest* □ *slagteoffer* · *takoffer*
2. en person som lider smerte el. død pga. andres handlinger □ *dødsoffer* · *krigsoffer* · *mordoffer* · *torturoffer* · *trafikoffer* • **blive offer for ngt** blive den som noget går ud over □ *han blev offer for jødeforfølgelsen* · *hun blev offer for hans charme* • **et taknemmeligt offer** et let bytte □ *han er et taknemmeligt offer for de andre børns drillerier*
3. noget betydningsfuldt som man giver afkald på □ *det var noget af et offer for ham at skulle sælge bilen* □ *offervilje* · *offervillig*

offerere

VERB. *-r, -de, -t*
/*offe'rere*/

offerere ng ngt (form.): tilbyde nogen at levere tjenester el. varer mod betaling = TILBYDE □ *vi kan offerere konsulentbistand af høj kvalitet* □ *offerering*

offerlam

SUBST. *~lammet*, plur. *~lam, ~lammene*

1. et lam der ofres til en gud
2. en uskyldig person der får skylden for andres misgerninger = SYNDEBUK

offertorium

SUBST. *offertoriet*, plur. *offertorier, offertorierne*
/*offer'torium*/

frembæring af brød og vin i den katolske messe • den sang der ledsager frembæringen

offervilje

SUBST. *-n*, plur. *-r, -rne*

det at være villig til at give afkald på noget

offervillig

ADJ. *-t, -e*

som er parat til at ofre noget for andre = OPOFRENDE

officer

SUBST. *-en*, plur. *-er, -erne*
/*offi'cer*/

(militær): en befalingsmand af graderne løjtnant til general el., inden for søværnet, af graderne løjtnant til admiral □ *officerskorps* · *officersmesse* · *officersskole* □ *divisionsofficer* • en befalingsmand i et korps der er organiseret som en hær □ *officer i Frelsens Hær* · *officer i Tivoligarden* • de otte højeste brikker i skak

officersmesse

SUBST. *-n*, plur. *-r, -rne*

en spisesal for officerer

officersskole

SUBST. *-n*, plur. *-r, -rne*

en uddannelse som fører til at man kan blive officer i militæret; i Danmark en grunduddannelse på to år evt. med to gange et års efteruddannelse på senere tidspunkter i karriereforløbet • en institution hvor elever uddannes til officerer i militæret

official

SUBST. *en*, plur. *officials, officialene*
[*ɔ'fisjal* el. *ɔ'fisjəl*]

en person der hjælper til ved el. arrangerer sportskampe

officiel

ADJ. *-t, officielle*
[*ɔfi'sjæl*]
fork. *off.*

1. som udgår fra el. er anerkendt af en offentlig myndighed □ *officielle bestemmelser* · *officiel bekræftelse* · *det officielle sprog er fransk* · *en officiel skrivelse* · *ministeren er på officielt besøg i USA* □ *halvofficiel*
2. som er beregnet for offentligheden el. som er almindelig kendt ≠ OFFICIØS □ *hendes ansættelse er endnu ikke officiel* · *den officielle version var langt fra virkeligheden* · *deres forlovelse var nu officiel*
3. som er meget formel □ *han ser officiel ud i sin nye habit* · *han talte til hende i en officiel tone*

officiøs

ADJ. *-t, -e*
[*ɔfi'sjø's*]

som stammer fra en officiel kilde, men som ikke er fremsat officielt = HALVOFFICIEL ≠ OFFICIEL □ *en officiøs meddelelse*

offline

ADJ.
['*å·flajn*]

(edb): som ikke står i direkte forbindelse med en central computer ≠ ONLINE

offroader

SUBST. *-en*, plur. *-e, -ene*
['*å·fråwdɔ*]

motorkøretøj designet til kuperet terræn; har bl.a. kraftige dæk og firehjulstræk

offset

SUBST. *offsetten* el. *offsettet*
[ˈå·fsæt]

en trykkemetode hvor tekst og billeder overføres fotografisk til en tynd metalplade hvorefter trykningen sker ved overførsel af farve til en gummivalse □ *offsettryk*

offshore

ADJ.
[ˈå·fsjå·r]

olieudvinding på havet □ *han arbejder inden for offshore* □ *offshoreafdeling* · *offshoreanlæg* · *offshorebranchen* · *offshoremarkedet* · *offshoreindustri*

offshoreanlæg

SUBST. *~anlægget*, plur. *~anlæg, ~anlæggene*

en boreplatform el.lign. der er anbragt på havet og hvorfra man udvinder olie □ *der er god sikkerhed på de danske offshoreanlæg*

offshoreindustri

SUBST. *-en*, plur. *-er, -erne*

olieudvindingsvirksomhed til havs; efterforskning, boring, udvinding og forsyning □ *der er i øjeblikket ca. 10.000 personer beskæftiget inden for den danske offshoreindustri*

offside

ADJ.
[åfˈsajd el. ˈå·fsajd]

(fodbold): en forseelse der begås når bolden sparkes frem til en medspiller der befinder sig længere fremme på modstanderens banehalvdel end samtlige af modstanderens markspillere □ *der blev markeret for offside* · *målet blev annulleret for offside* · *trække modstanderne offside* □ *offsidefælde* · *offsideposition*

offwhite

ADJ.
[ˈå·fwajt]

= RÅHVID

ofl.

fork. for *og flere*

o.fl.st.

fork. for *og flere steder*

ofre

VERB. *-r, -de, -t*

1. ofre ngt til ng højtideligt give en gave til en gud for at vise sin respekt og vinde gudens gode vilje □ *ofre et får* · *de drog ud for at ofre til guderne* □ *ofring*
2. ofre ngt give afkald på noget el. afse noget til fordel for noget andet = RENONCERE, OPOFRE, GIVE □ *ofre sin karriere for familien* · *ofre kræfter på noget* · *ofre en middag på nogen* · *ofre livet for en sag* · *jeg ofrede hende ikke mange tanker* • **ofre sig** give afkald på noget for at andre kan nyde godt af det = OPOFRE SIG □ *hun ofrede sig til fordel for sin mand* · *da de alle ville af sted ofrede hun sig og blev hjemme* • **ofre sig ngt** beskæftige sig fuldt ud med noget □ *ofre sig sin kunst*
3. (dagl.): kaste op □ *han ofrede ud over rælingen*

oftalmolog

SUBST. *-en*, plur. *-er, -erne*
/oftalmoˈlog/

= ØJENLÆGE

oftalmologi

SUBST. *-en*
/oftalmoloˈgi/

læren om øjet og dets sygdomme □ *oftamologisk*

ofte

ADV. komp. *-re*, sup. *-st*

udtryk for at noget sker mange gange inden for en tidsperiode = TIT, MANGE GANGE, HYPPIGT, JÆVNLIGT □ *han besøgte hende ofte* · *spillet gik alt for ofte i stå* · *hvor ofte sker det?* · *en ofte anvendt metode* · *for tiden kommer han dog oftere end ellers* • udtryk for at noget gælder i mange tilfælde = I MANGE TILFÆLDE □ *børn er ofte bedre til at fortælle sandheden* · *ofte er det ganske tilfældigt om der bliver grebet ind* · *ofte hjælper det bare at snakke om tingene* • **oftest** el. **som oftest** i de fleste tilfælde = SOM REGEL □ *det sker oftest ved firetiden* · *de spiller som oftest klassisk musik*

og

KONJ.

1. udtryk for at der tilføjes noget; forbinder ens typer af ord og sætninger = SAMT, SÅVEL SOM □ *bland mel, gær og vand* · *hun vil spille og synge for os* · *vi var trætte og sultne* · *de ledte ude og inde* · *mor vasker tøj, og far laver mad* · *Karin og Bodil er søstre* · *de er mand og kone* · *han rev døren op og for ind i stuen* · *spis rugbrød og bliv stærk som en okse* • udtryk for at man lægger to tal sammen = PLUS □ *12 og 11 er 23* • **og så videre** ⟨fork. *osv.*⟩ udtryk for at der er flere andre ting af samme slags = ETCETERA □ *der skal ryddes op, gøres rent, pudses vinduer og så videre* • **og lignende** ⟨fork. *o.l.* el. *og lign.*⟩ udtryk for at der flere andre ting som har at gøre med det nævnte □ *forretningen forhandler sko, bælter, tasker og lignende*
2. udtryk for at en handling gentages el. fortsætter □ *vi løb og løb* · *toget kom nærmere og nærmere*
3. udtryk for samtidighed; forbinder visse verber □ *han sad og sov* · *hun lå og så fjernsyn*

og lign.

fork. for *og lignende*

også

ADV.
[ˈɔsə el. ˈåwsɔ el. ˈåwsə]

1. på samme måde som det tidligere nævnte = LIGELEDES □ *hvis du får en is, så vil jeg også* · *er du sulten? det er jeg også* · *krummer er også brød* · *vi vinder nok også i år* · *hvis de krav der stilles er store så er lønnen det også* • ud over det tidligere nævnte = DESUDEN □ *vil man nyde, må man også yde* · *jeg tager et stykke kage, og så vil jeg også have mere kaffe* · *min mor kommer, og så tager jeg også min datter med* • **ikke også?** (dagl.): er du ikke enig med mig i det?
2. udtryk der bruges som eftertryk i meningstilkendegivelser el. kraftudtryk □ *det er da også til at blive gal over!* · *fandens også!* · *det er også din skyld!*

oh el. o

UDRÅBSORD

(form.): udtryk for højstemthed □ *oh, ungdom!* · *oh, du grønne skov!*

o.h.

fork. for *over havets overflade* □ *8.848 m o.h.*

ohm

SUBST. *en*, plur. *ohm, -ene*

en måleenhed for *elektrisk modstand;* en spændingsforskel på 1 volt kan drive en strøm på 1 ampere gennem en modstand på 1 ohm

ohøj

UDRÅBSORD
/oˈhøj/

udtryk som man bruger til søs for at praje et skib el. påkalde nogens opmærksomhed □ *skib ohøj* · *ohøj, land i sigte!* • **hiv ohøj** et udtryk som man bruger til søs, fx når flere skal trække noget samtidig el. i samme retning □ *hiv ohøj*

oilskin

SUBST. *oilskinnet*
[ˈɔjlsgenˈ]

imprægneret, vandtæt stof som især bruges til overtøj = OLIETØJ □ *en jakke af grønt oilskin* □ *oilskinsjakke* · *oilskinsfrakke*

ok

UDRÅBSORD

udtryk for at noget i høj grad er tilfældet □ *har du tid? - ok ja!* · *har han penge? - ok! om han har!* · *ok, det går strygende!*

o.k.

UDRÅBSORD
[ˈåw ˈkæj el. ˈo' ˈkå']

= OKAY □ *må jeg gå nu? Ja, det er o.k.*

okapi

SUBST. *-en*, plur. *-er, -erne*

et afrikansk hovdyr med en lang hals, små horn på hovedet og stribede ben; latinsk navn *Okapia johnstoni*

okarina

SUBST. *-en*, plur. *-er, -erne*
/okaˈrina/

en lille lerfløjte der er lukket i begge ender og med otte tonehuller og indblæsning i siden

okay

UDRÅBSORD
[ˈåw ˈkæj]

udtryk for at man accepterer noget el. forstår noget = O.K., GODT, NUVEL □ *okay, jeg skal nok gøre det* · *okay, hvad er det så vi skal?* · *okay, nu forstår jeg* • ⟨ADJ.⟩ = I ORDEN □ *er det okay hvis vi henter den i morgen?* · *det er okay for mig*

okker

SUBST. *-en*, plur. *-e, -ne*

jord som indeholder gul, brun el. rød farve; anvendes i brændt form som malerfarve □ *okkerjord* · *okkerforurening* • den farve som okker har, dvs. gullig, brunlig, el. rødlig; også den maling som fremstilles af okker ▫ *rød okker er en ildfast, lysægte farve · okker dækker godt og tørrer hurtigt* ▫ *okkerbrun · okkergul · okkerrød* ▫ *guldokker · kromokker · pariserokker*

okkergul

ADJ. *-t, -e*

med en mørk gullig farve som okker = OKKER ▫ *ægte okkergul fremstilles af jernholdigt ler*

okkult

ADJ. *- , -e*
[*o'kul't* el. *ɔ'kul't*]

overnaturlig og hemmelighedsfuld = OVERNATURLIG ▫ *en okkult sekt · et okkult fænomen* • **de okkulte videnskaber** de uforklarlige naturkræfter og fænomener som spøgelser, magi, tankeoverførsel o.l.

okkultisme

SUBST. *-n*
/*okkul'tisme*/

dyrkelse af fænomener som ikke kan forklares ud fra naturlovene, og som anses for at være mystiske og overnaturlige

okkupation

SUBST. *-en,* plur. *-er, -erne*
[*okupa'sjo'n* el. *ɔkupa'sjo'n*]

okkupation af ngt det at okkupere noget = BESÆTTELSE

okkupere

VERB. *-r, -de, -t*
/*okku'pere*/

okkupere ngt (militær): tage et område i besiddelse, især ved krigsførelse = EROBRE ▫ *nazisterne okkuperede land efter land · han okkuperede straks den bedste lænestol*

okse[1]

SUBST. *-n,* plur. *-r, -rne*

et klovdyr med bred snude og horn på hovedet; mange arter, bl.a. *bison, moskusokse, yakokse, bøffel* og *kvæg;* latinsk navn *Bos* ▫ *tamokse* • en ko, tyr el. kvie der bruges som slagtekvæg ▫ *oksebryst · oksehale · oksesteg · oksetunge*

okse[2]

VERB. *-r, -de, -t*

(dagl.): arbejde hårdt el. anstrenge sig meget = KNOKLE, SLIDE ▫ *hun oksede op ad bakken på cykel · han okser løs for at nå det hele til tiden*

oksebryst

SUBST. *-et*

bryststykket på en slagtet okse • **sprængt oksebryst** oksebryst som har ligget i saltlage inden det koges ▫ *et stykke med oksebryst og peberrodssalat*

oksehalesuppe

SUBST. *-n,* plur. *-r, -rne*

en tyk, brun suppe der er kogt på bl.a. oksehaler, og som tilsættes madeira inden servering

oksekød

SUBST. *-et*

kød fra slagtede kvier, stude, unge tyre og køer ▫ *rødt oksekød · hakket oksekød* ▫ *oksekødsragout · oksekød(s)suppe*

oksesteg

SUBST. *-en,* plur. *-e, -ene*

en steg af et stykke oksekød, fx tyndsteg, tyksteg, højreb, culotte el. roastbeef ▫ *braisseret oksesteg · gennemstegt oksesteg · grydestegt oksesteg · rød oksesteg*

okseøje

SUBST. *-n,* plur. *-r, -rne*

en plante med stærkt fligede el. takkede blade og store, fyldte blomster; flere arter, bl.a. *gul okseøje* og *hvid okseøje;* latinsk navn *Chrysanthemum*

oktaeder

SUBST. *-et,* plur. *oktaedre, oktaedrene*
[*ɔgta'e·ðɔ* el. *-'e'ðɔ*]

et *polyeder* som er begrænset af otte sideflader

oktan

SUBST. *-et*
[*ɔg'ta'n*]

en kulbrinte med otte kulstofatomer som findes i benzin

oktantal

SUBST. *~tallet,* plur. *~tal, ~tallene*

et mål for benzins tilbøjelighed til at give bankning i en forbrændingsmotor og evne til at modstå selvbrænding ved temperaturstigning under kompression = BANKNINGSTAL ▫ *benzinens oktantal står på standerne på tankstationerne · hvilket oktantal kører din bil på? - oktantal 95*

oktav

SUBST. *-en,* plur. *-er, -erne*
[*ɔg'ta'v*]

1. (musik): et interval på otte trin i en *diatonisk* skala
2. et bogformat på under 25 cm i højden = OKTAVFORMAT ≠ FOLIO, KVART

oktet

SUBST. *oktetten,* plur. *oktetter, oktetterne*
[*ɔg'tæt*]

otte personer som optræder sammen • et musikstykke for otte instrumenter el. sangstemmer

oktober

SUBST. *en*
/*ok'tober*/

den 10. måned i året ▫ *oktober måned · den 15. oktober · i oktober · sidste oktober · til oktober* ▫ *oktoberdag*

okular

SUBST. *-et,* plur. *-er, -erne*
[*oku'lɑ'* el. *ɔku'lɑ'*]

den linse i et optisk instrument der er nærmest ved øjet

okulation

SUBST. *-en,* plur. *-er, -erne*
[*okula'sjo'n* el. *ɔkula'sjo'n*]

det at okulere en plante = PODNING ▫ *dette træ er forædlet ved okulation*

okulere

VERB. *-r, -de, -t*
/*oku'lere*/

okulere ngt pode en plante ved at indsætte en enkelt knop i barken på den = PODE ▫ *okulering · okulerkniv*

OL

fork. for *de Olympiske Lege* ▫ *OL-deltager* ▫ *sommer-OL · vinter-OL*

ol

SUBST. *-en,* plur. *ol, -ene*
[*'o'l*]

(forældl., om sild og æg): 80 stykker

o.l.

fork. for *og lignende*

oldboy

SUBST. *en,* plur. *-s, -sene*
[*'åwldbåj*]

en person som dyrker sport, og som er over en vis alder, fx 30 år ▫ *oldboyskamp · oldboysrække*

olddansk

SUBST. *et*

dansk sprog ca. 800-1100 ≠ MIDDELALDERDANSK • ⟨ADJ.: - , *-e*⟩

oldebarn

SUBST. *-et,* plur. *~børn, ~børnene*

et barn af ens barnebarn

oldefar el. **oldefader**

SUBST. *-en,* plur. *~fædre, ~fædrene*

en far til ens bedstefar el. bedstemor

oldeforældre

SUBST.PLUR. *-ne*

forældre til ens bedsteforældre

oldemor el. **oldemoder**

SUBST. *-en,* plur. *~mødre, ~mødrene*

en mor til ens bedstefar el. bedstemor

olden

SUBST.
[*'ɔl'ən*]

frugten af bøg el. eg = BOG, AGERN

oldenborre

SUBST. *-n,* plur. *-r, -rne*

en sort *torbist* med brunlige dækvinger som angriber træer og planter; dens larve opholder sig fire år i jorden; latinsk navn *Melolontha melolontha* ▫ *oldenborrelarve*

oldermand

SUBST. *-en,* plur. *~mænd, ~mændene*

en formand for et håndværkerlav □ *han er oldermand i Københavns Tømrerlaug*

oldfrue

SUBST. *-n,* plur. *-r, -rne*

en leder af en afdeling, fx på et hotel el. hospital hvor sengetøj og håndklæder vaskes, repareres og opbevares

olding

SUBST. *-en,* plur. *-e, -ene*
[*'ɔldeŋ*]

en meget gammel mand = FORTIDSLEVNING, OLDSAG, GAMLING, GUBBE, METUSALEM □ *jeg er vel ikke helt olding endnu*

oldnordisk

ADJ. - , *-e*

1. som er meget gammeldags □ *en oldnordisk fabrik · det virker oldnordisk at gå frem på den måde*
2. som hører til ældre vestnordisk, omfattende gammelnorsk (800-1300) og oldislandsk (900-1300), som man tidligere antog for at være det fællesnordiske grundsprog = VESTNORDISK, NORRØN □ *oldnordisk grammatik*

oldsag

SUBST. *-en,* plur. *-er, -erne*

1. et fund fra oldtiden som fx en stenøkse = MOSEFUND □ *arbejdet med Øresundsbroen bringer mange oldsager for dagen* □ *oldsagssamling*
2. (spøg.): en gammel person = FORTIDSLEVNING, MOSEFUND, OLDING

oldtid

SUBST. *-en*

tiden før middelalderen el. fra før den tid der er belagt i skriftlige kilder □ *oldtidens stormagter med Rom i spidsen · hun studerer oldtidens kultur · Aristoteles, Cicero og andre af oldtidens store tænkere* □ *oldtidsby · oldtidskundskab*

oldtidskundskab

SUBST. *-en*

et fag i gymnasiet hvor der undervises i den græske og romerske oldtids mytologi, filosofi, litteratur og kunst

oldtidslevning

SUBST. *-en,* plur. *-er, -erne*

(spøg.): en forældet brugsgenstand □ *i moderne trafik anses sporvogne for oldtidslevninger*

oldtidsminde

SUBST. *-t,* plur. *-r, -rne*

en fremtrædende genstand i landskabet som stammer fra oldtiden, fx en gravhøj □ *jættestuerne hører til vore ejendommeligste oldtidsminder*

oleander

SUBST. *-en,* plur. *oleandre, oleandrene*
[*ole'an'dɔ*]

= NERIE

olie

SUBST. *-n,* plur. *-r, -rne*

1. en tyk, sort væske der bruges som brændsel i fyr og maskiner el. som smøremiddel □ *udvinde olie · fylde olie på tanken · få olie på tøjet* □ *olieagtig · olieboring · oliefelt · olieforurening · oliefyr · oliepris · olieraffinaderi · olietanker · olieudslip* □ *dieselolie · fuelolie · fyringsolie · motorolie · råolie · smøreolie · spildolie*
2. en tyk væske der bruges til madlavning, fx i salatdressing, til personlig pleje el. til polering af møbler, og som er fremstillet af planter el. dyr □ *olieagtig · oliekropsmassage* □ *madolie · olivenolie · planteolie · sololie · spiseolie*
3. = OLIEFARVE □ *han maler altid i olie* □ *oliebillede · oliemaleri · oliekridt · oliemaling · oliepensel*
4. i forsk. forb.: • **den sidste olie** en indviet olie som en døende salves med inden for den katolske kirke □ *han fik den sidste olie* • **gyde olie på vandene** dæmpe en strid

oliefarve

SUBST. *-n,* plur. *-r, -rne*

1. = OLIEMALING ≠ VANDFARVE □ *male med oliefarve*
2. = OLIEKRIDT □ *æsken indeholdt ti oliefarver*

oliefelt

SUBST. *-et,* plur. *-er, -erne*

et område hvor der udvindes olie

oliefyr

SUBST. *-et,* plur. *~fyr, -ene*

en ovn hvor olie afbrændes til opvarmning af huse

oliegren

SUBST. *-en,* plur. *-e, -ene*

en gren af oliventræet; brugt som fredssymbol

oliekage

SUBST. *-n,* plur. *-r, -rne*

= FODERKAGE

oliekilde

SUBST. *-n,* plur. *-r, -rne*

et sted hvor olie udvindes af undergrunden

oliekridt

SUBST. *-et*

en lille, hård stift af sammenpresset, farvet masse til at tegne el. farve på papir med = OLIEFARVEKRIDT, OLIEKRIDT

oliemaleri

SUBST. *-et,* plur. *-er, -erne*

et maleri der er malet med oliefarver □ *han malede både oliemalerier og akvareller* • ⟨ikke plur.⟩ det at male med oliemaling □ *hendes store hobby er oliemaleri*

oliemaling

SUBST. *-en,* plur. *-er, -erne*

en maling hvis bindemiddel er fx olie el. alkyd, og som kan fortyndes med terpentin = OLIEFARVE □ *en spand oliemaling · en tube oliemaling · kunstmaleren brugte kun oliemaling · male med oliemaling*

oliemølle

SUBST. *-n,* plur. *-r, -rne*

en fabrik hvor der udvindes olie af plantefrø

olieplatform

SUBST. *-en,* plur. *-e, -ene*

= BOREPLATFORM

olieraffinaderi

SUBST. *-et,* plur. *-er, -erne*

et anlæg der omdanner råolie til benzin, petroleum m.m

oliere

VERB. *-r, -de, -t*
/oli'ere/

oliere ngt behandle noget med olie □ *oliere en mast · terrazzogulvet skal olieres · en olieret bageform* □ *oliering*

olietryk

SUBST. *~trykket,* plur. *~tryk, ~trykkene*

1. det pres som en mængde olie giver i et rørsystem; kan bruges til aflæsning af om en maskine virker som den skal □ *olietrykket kunne aflæses på instrumentbrættet · olietrykket falder* □ *olietryksmåler*
2. et flerfarvetryk med oliefarver □ *olietryksbillede* • et ferniseret litografisk farvetryk af et maleri; massefremstilledes i slutningen af 1800-tallet

olietøj

SUBST. *-et*

= OILSKIN □ *en jakke af olietøj* • tøj der er lavet af dette stof □ *en fisker iklædt vandskyende olietøj*

oligarki

SUBST. *-et,* plur. *-er, -erne*
/oligar'ki/

⟨ikke plur.⟩ en styreform hvor statsmagten er samlet hos få personer el. familier = FÅMANDSVÆLDE □ *oligarkisk* • et land, en gruppe el.lign. hvor der hersker oligarki □ *de gamle oligarkier blev erstattet af demokratier*

oliven

SUBST. *-en,* plur. *oliven, -ene* (el. *-erne*)
[*o'li'vən*]

en lille grøn el. sort stenfrugt af oliventræet; spises rå el. syltet el. anvendes til fremstilling af olie □ *olivenlund · olivenolie · oliventræ*

olivenfarvet

ADJ. - , *~farvede*

= OLIVENGRØN

olivengrøn

ADJ. *-t, ~grønne*

med en grålig grøn farve som grønne oliven = OLIVENFARVET □ *en olivengrøn militæruniform*

olivenolie

SUBST. *-n,* plur. *-r, -rne*

en aromatisk grøngul olie som er fremstillet af pressede oliven og bruges i madlavning □ *koldpresset olivenolie* □ *jomfruolivenolie*

oliventræ

SUBST. *-et,* plur. *-er, -erne*

en stedsegrøn busk el. træ hvorpå der vokser oliven; latinsk navn *Olea europaea* = OLIETRÆ

olivin

SUBST. *-en,* plur. *-er, -erne*
/oli'vin/

et olivengrønt silikatmineral der findes i *magmatiske* bjergarter; den gennemsigtige variant bruges som smykkesten

olm

ADJ. *-t, -e*

= RASENDE □ *en olm tyr* • *han var olm på naboen* • *et olmt blik*

olmerdug

SUBST. *-en*

dynebolster af hør og uld el. bomuld vævet i stærktfarvede striber

olympiade

SUBST. *-n,* plur. *-r, -rne*
/olympi'ade/

et internationalt idrætsstævne der afholdes hvert fjerde år = OLYMPISKE LEGE □ *olympiadedeltager* • *olympiadevinder* • *olympisk* □ *sommerolympiade* • *vinterolympiade*

olympisk

ADJ. *- , -e*
/o'lympisk/

1. som vedrører de olympiske lege □ *vinde olympisk guld* • *de olympiske spillere* • *olympisk verdensrekord* • *den olympiske ed* • **olympiske lege** = OLYMPIADE
2. som hører til på Olympen
3. som er ophøjet el. afklaret □ *med olympisk ro*

om[1]

PRÆP., ADV.

1. ⟨PRÆP.⟩ udtryk for at noget er beliggende i el. bevæger sig langs en helt el. delvis lukket cirkel = OMKRING, RUNDT OM, UDEN OM □ *træerne om huset er ved at springe ud* • *han bandt en snor om livet* • *de gav ham rebet om halsen* • *han holdt om hende* • *han lagde armene om livet på hende* • *de gik bag om huset* • *vi kørte nord om slottet* • *han drejede om hjørnet* □ *omdele* • *omdrejning* • *omegn* • *omfavne* • *omflakkende* • *omhegne* • *omklamre* • *omkranse* • *omkreds* • *omløb* • *omrejsende* • *omrids* • *omryste* • *omrøre* • *omskære* • *omslynget* • *omstrejfende* • *omsværme* • *omverden* □ *bagom* • *nordenom* • *svingom* • *søndenom* • *vestom* • *østom* • ⟨ADV.⟩ udtryk for at noget bevæger sig fra sted til sted inden for et bestemt område = OMKRING, RUNDT □ *hun driver om i byen* • *han flakkede om i flere timer* • **hen om** ⟨PRÆP.⟩ udtryk for at nogen el. noget bevæger sig hen til og væk fra et punkt = FORBI, HEN OMKRING, HENNE OMKRING □ *kigger du hen om mormor en af dagene?* • *jeg var lige et smut henne om mit stamværtshus* • ⟨PRÆP.⟩ udtryk for hvordan en legemsdels øjeblikkelige tilstand er □ *jeg er kold om hænderne* • *du er snavset om munden* • *hun er våd om fødderne* • *han fryser om fingrene* □ *derom* • *herom*
2. ⟨PRÆP.⟩ udtryk for at noget sker hver gang et nærmere defineret tidsrum indtræffer □ *han arbejder om dagen* • *de fleste sover om natten* • *om søndagen går vi i kirke* • *om sommeren er dagene lange* • *om efteråret falder bladene af træerne* • ⟨PRÆP.⟩ udtryk for at noget gentages flere gange inden for et vist tidsrum = I LØBET AF □ *han spiser fire gange om dagen* • *den lille vågner cirka tre gange om natten* • *de er på ferie to gange om året* • ⟨PRÆP.⟩ udtryk for at noget sker el. forekommer efter et bestemt tidsrum er forløbet □ *han kommer om lidt* • *det ringer om fem minutter* • *vi skal spise om en time* • *han er færdig med sin uddannelse om et år* • *om hundrede år er alting glemt*
3. ⟨ADV.⟩ udtryk for at noget skifter, vender, ændres el. gøres forfra □ *han lavede det hele om* • *vi er nødt til at tage den scene om* • *det tal kan ikke passe, du må tælle om* • *han måtte vende om og gå hjem* • *gæsterne kommer snart, så du må hellere klæde om nu* • *hvis du blader om på næste side, finder du en helt ny historie* □ *ombestemme* • *ombytte* • *omdirigere* • *omfordele* • *omforme* • *omkamp* • *ommøblere* • *omplacere* • *omplante* • *ompostere* • *omskole* • *omstrukturere* • *omstøbe* • *omvalg* • ⟨ADV.⟩ = OMKULD □ *han besvimede og faldt om* • *træet væltede om* • *hun styrtede om og var død* □ *omblæst* • *omhugge*
4. ⟨PRÆP.⟩ udtryk for hvor mange personer der er i gang med noget el. hvor stor aktivitet der er i forbindelse med noget □ *de var tre om at lave hegnet* • *de er mange om buddet* • *der var rift om de sidste siddepladser* • *der var hård konkurrence om billetterne* □ *derom* • *herom* • *hvorom*
5. ⟨PRÆP.⟩ udtryk for at noget er emnet for el. anledning til en drøftelse el. overvejelse, el. at noget er formålet el. hensigten med noget □ *han taler meget om alle sine penge* • *han fortalte en historie om sin barndom* • *Karin skriver om sine egne oplevelser* • *han holder af at læse om Københavns slotte* • *bogen handler om en tyrkisk familie* • *hun spurgte om hans velbefindende* • *han har været vidende om sagen hele vejen igennem* • *et løfte om forbedringer på hospitalet* • *en afhandling om Holberg* • *en forelæsning om kernefysik* • *en bøn om godt vejr* • *nu drejer det sig om at komme væk* • *det er bare om at tie stille* • *det gælder om at sparke bolden ind mellem stængerne* □ *omdiskuteret* • *omdisputere* • *omhandle* • *omtale* □ *derom* • *herom* • *hvorom*
6. {ham} om det udtryk for at noget er nogens egen sag □ *han ønsker ikke at deltage - ham om det* • **være om sig** se under *være*

om[2]

KONJ.

1. udtryk for at en sætning indeholder et spørgsmål = HVORVIDT □ *ved du om han kommer?* • *jeg spurgte om han kom* • *jeg gad vist om det bliver til noget* • *fortæl mig om du virkelig mener det* • *om han kommer eller ej er endnu uvist* • udtryk for at en sætning indeholder en stærkt bekræftende tilslutning el. et ønske □ *om jeg har set ham!* • *om jeg har lyst!* • *om han bare havde fulgt sin første indskydelse* • *om jeg bare havde gjort som hun sagde*
2. udtryk for at noget sker el. forekommer under forudsætning af noget andet = HVIS □ *jeg kommer om alt går vel* • *hun er om muligt kønnere end søsteren* • *han er, om jeg så må sige, ikke verdens smukkeste mand* • **om end** udtryk for at noget sker på trods af noget andet □ *jeg går med om end uden begejstring*
3. = SELVOM □ *om jeg så fik guld for det, kunne jeg ikke gøre det*
4. som om se under *som*

o/m

fork. for *omdrejninger i minuttet*

o.m.a.

fork. for *og mange andre* el. *og meget andet*

omadressere

VERB. *-r, -de, -t*

omadressere ngt ændre adresse på en forsendelse fordi adressaten er flyttet midlertidigt el. permanent til et andet sted □ *lad Deres post omadressere inden ferien* • *han omadresserede avisen til sommerhuset* □ *omadressering*

omaner

SUBST. *-en,* plur. *-e, -ne*
/o'maner/

en person fra Oman

omansk

ADJ. *- , -e*
/o'mansk/

som har at gøre med Oman

omarbejde

VERB. *-r, -de, -t*

på ny bearbejde noget skrevet, for delvist at forandre det = REVIDERE □ *omarbejde en bog* • *teatret antog hans skuespil, efter at det var omarbejdet*

ombejlet

ADJ. *- , ombejlede*

= OMSVÆRMET □ *en ombejlet skønhed*

ombestemme

VERB. *-r, ombestemte, ombestemt*

ombestemme sig skifte mening □ *han havde besluttet sig for at sige op, men lønforhøjelsen fik ham til at ombestemme sig*

ombringe

VERB. *-r, ombragte, ombragt*

1. ombringe ngt = DISTRIBUERE □ *ombringe varer* • *ombringe postsager* □ *ombringelse*
2. ombringe ng (form., glds.): = MYRDE □ *han blev ombragt af sine fjender* □ *ombringelse*

ombryde

VERB. *-r, ombrød, ombrudt*

ombryde ngt opsætte en tekst til færdige sider efter layout □ *ombryde et afsnit* □ *ombrydning*

ombud

SUBST. *-et* (el. *ombuddet*), plur. *ombud, -ene* (el. *ombuddene*)

hverv som borgerne i et samfund har pligt til at påtage sig □ *det er borgerligt ombud at være nævning*

ombudsmand

SUBST. *-en,* plur. *~mænd, ~mændene*

en person valgt af Folketinget som fører tilsyn med statens og kommunernes forvaltning og tager sig af klagesager = FOLKETINGETS OMBUDSMAND □ *klage til ombudsmanden* □ *ombudsmandsinstitution* □ *forbrugerombudsmand*

ombytning

SUBST. *-en,* plur. *-er, -erne*

jf. *ombytte* □ *ombytning af julegaver skal ske inden nytår* · *der var sket en ombytning af tallene i hans telefonnummer* □ *ombytningsmotor* · *ombytningsret*

ombytte

VERB. *-r, -de, -t*

1. ombytte ngt tage en solgt vare tilbage mod at lade prisen indgå i salget af en ny vare = BYTTE □ *varer ombyttes indtil en måned efter købet* □ *ombytning* • **ombytte ngt** tage noget tilbage som har mistet gyldighed og erstatte det med noget tilsvarende nyt = UDSKIFTE □ *ombytte gamle pengesedler* · *ombytte ugyldige rabatkort til tog og bus*
2. ombytte ngt lade to ting skifte plads = BYTTE OM, BYTTE RUNDT □ *ved en fejltagelse var numrene blevet ombyttet*

ombøje

VERB. *-r, -de, -t*

ombøje ngt bøje noget langs noget andet □ *ombøje hjørnet på en side i bogen* · *kanten ombøjes og fastlimes* □ *ombøjelig* · *ombøjning*

ombøjning

SUBST. *-en,* plur. *-er, -erne*

det sted hvor noget er foldet □ *ombøjningen skal laves lige midt på papiret*

omdanne

VERB. *-r, -de, -t*

omdanne ngt til ngt fuldstændigt forandre visse egenskaber ved noget, så det får en bestemt ny form el. et bestemt nyt udseende □ *slottet blev omdannet til museum* · *omdanne soveværelset til arbejdsværelse* · *omdanne plantedele til muld*

omdele

VERB. *-r, omdelte, omdelt*

omdele ngt = DELE OM □ *omdeling*

omdeling

SUBST. *-en,* plur. *-er, -erne*

jf. *omdele* = UDDELING, DISTRIBUERING, OMBÆRING □ *jeg venter brevet med næste omdeling* □ *postomdeling*

omdiskuteret

ADJ. *- , omdiskuterede*

som man taler meget om, fordi man er uenig □ *det meget omdiskuterede lovforslag blev ikke vedtaget* · *drøfte et omdiskuteret forslag* · *teatret satte et omdiskuteret stykke op* · *radioen bragte en meget omdiskuteret udsendelse*

omdrejning

SUBST. *-en,* plur. *-er, -erne*

en omgang rundt om et fast punkt el. en akse, dvs. tilbage til udgangspunktet □ *Jordens omdrejninger om sin akse* · *den store viser foretager en omdrejning i timen* · *farten øges til 200 omdrejninger i minuttet* □ *omdrejningshastighed* · *omdrejningstal*

omdrejningstal

SUBST. *~tallet,* plur. *~tal, ~tallene*

antal omdrejninger pr. tidsenhed af en roterende del i en motor □ *motoren snurrer let og ubesværet uanset omdrejningstal* · *motoren arbejder lige godt ved lave som ved høje omdrejningstal* · *når bilen kører 115 km/t nærmer omdrejningstallet sig de 4.000*

omdømme

SUBST. *-t,* plur. *-r, rne*

1. andre menneskers mening om nogen el. noget = ANSEELSE □ *som formand for bestyrelsen har jeg ansvaret for foreningens omdømme* · *have et dårligt omdømme* · *man må tænke på sit omdømme* · *være en ærlig mand i folks omdømme* · *hun skadede ham i manges omdømme*
2. = DØMMEKRAFT □ *have et sundt omdømme* · *hun mistede sit sikre omdømme*

omega

SUBST. *-et,* plur. *-er, -erne*

det græske bogstav Ω som er det sidste bogstav i det græske alfabet • **alfa og omega** se under *alfa*

omegn

SUBST. *-en,* plur. *-e, -ene*

et område omkring el. i nærheden af noget, især af en by □ *Århus og omegn* · *ræven strejfer rundt i omegnen af byen* · *den nærmeste omegn* □ *omegnskommune*

omegnskommune

SUBST. *-n,* plur. *-r, -rne*

en kommune som ligger ved siden af el. i nærheden af en anden kommune □ *Gladsaxe kommune er en af Københavns omegnskommuner*

omelet

SUBST. *omeletten,* plur. *omeletter, omeletterne*
/ome'let/

en ret af æg, vand og krydderier der piskes sammen, steges på pande og foldes sammen om et fyld af kød, grøntsager o.l. □ *fyldt omelet* · *omelet med purløg* □ *bondeomelet* · *osteomelet*

omen

SUBST. *et*
[ˈoˑmən]

(form.): en usædvanlig hændelse el. et fænomen som tolkes som et sikkert tegn på at noget vil komme el. ske = VARSEL, FORVARSEL, JÆRTEGN □ *dette stjerneskud tog hun som et omen for lykke og fremgang*

omendskønt

KONJ.
/omend'skønt/

(glds.): = SELVOM

omfang

SUBST. *-et*

1. størrelsen af en genstands udstrækning i bredde el. tykkelse; bruges også om en person □ *huset er stort af omfang* · *hun er blevet stor af omfang* □ *omfangsrig*
2. et mål for fx hvor stort, betydningsfuldt el. alvorligt noget er = STØRRELSESORDEN, GRAD □ *økonomisk tab af stort omfang* · *katastrofen i dens fulde omfang* · *yde støtte i betydeligt omfang* · *i det omfang det er muligt* • en stemme el. et instruments rækkevidde fra højeste til dybeste tone □ *en stemmes omfang*

omfangsrig

ADJ. *-t, -e*

som har et stort omfang; det kan være om en person der er stor og tyk el. om noget der spænder vidt = VOLUMINØS, DIGER, FYLDIG □ *en omfangsrig person* · *et omfangsrigt forfatterskab* · *give et omfangsrigt referat*

omfartsvej

SUBST. *-en,* plur. *-e, -ene*

en vej der er lagt uden om et centralt område for at mindske trafikken i området □ *når vi kommer til Århus tager vi omfartsvejen mod Ålborg*

omfatte

VERB. *-r, -de, -t*

omfatte ng(t) = INDBEFATTE □ *selskabets virksomhed omfatter alle de nordiske lande* · *personalefesten omfatter ikke ægtefæller* · *fællesskabet omfatter alle* · *cykeltyveri omfattes ikke af forsikringen* · *uddannelsen omfatter et praktikforløb* • (form.): have en bestemt følelse for nogen □ *han omfattede hende med stor hengivenhed*

omfattende

ADJ.

som har et stort omfang el. er meget detaljeret □ *der var sket omfattende skader* · *en omfattende undersøgelse* · *han har et omfattende kendskab til sagen* · *en omfattende litteraturliste*

omfavne

VERB. *-r, -de, -t*

omfavne ng lægge armene omkring nogen; især for at udtrykke kærlige el. ømme følelser = KRAMME, FAVNE □ *de omfavnede hinanden* · *hun omfavnede ham ømt* □ *omfavnelse*

omfavnelse

SUBST. *-n,* plur. *-r, -rne*

jf. *omfavne* = FAVNTAG □ *hun gav ham en omfavnelse*

omforme

VERB. *-r, -de, -t*

omforme ngt grundlæggende forandre noget = TRANSFORMERE □ *teknologien har omformet vores tilværelse* · *han ønsker at omforme samfundet* □ *omformer*

omformer

SUBST. *-en,* plur. *-e, -ne*

en anordning der kan omdanne *jævnstrøm* til *vekselstrøm* el. omvendt □ *en elektrisk omformer*

omg.

1. fork. for *omgang*
2. fork. for *omgående*

omgang

SUBST. *-en,* plur. *-e, -ene*

1. en afsluttet cirkulær bevægelse el. et afsluttet fastlagt forløb = RUNDE □ *løbe syv omgange · strikke fem omgange · der er lige flødeboller nok til én omgang · bokseren blev slået ud i tredje omgang* • **i denne omgang** denne gang □ *nu får I ikke mere i denne omgang* • **i første omgang** til at begynde med • **på omgang** på skift □ *formandsposten skal gå på omgang · fadet gik på omgang*
2. noget som man udsættes for, el. som man udsætter nogen el. noget for = GANG □ *svømmeturen var en kold omgang · han fik en omgang prygl fordi han havde været uartig · han gav døren en omgang maling*
3. det at give dem man er sammen med noget at drikke og betale for det □ *jeg giver en omgang · give en omgang øl · det er min omgang*
4. ⟨ikke plur.⟩ det at omgås med nogen el. noget = SAMKVEM □ *hun plejede omgang med de fine · han er behagelig i omgangen med mennesker · han havde haft seksuel omgang med mindreårige · uforsigtig omgang med ild* □ *omgangsform · omgangskreds · omgangstone*
5. ⟨ubøj.⟩ en irettesættelse, fx i form af skældud, klø el. prygl = SKÆLDUD, OPSANG, OVERHALING, REPRIMANDE □ *eleverne fik en ordentlig omgang fordi de kom for sent*

omgangshøjde

SUBST. *-n,* plur. *-r, -rne*

på omgangshøjde med ngt udtryk for at man er på samme trin som noget andet, fx med hensyn til kvalitet, værdi el. magt □ *forfatterens anden roman er helt på omgangshøjde med hendes første · virksomheden vil i det kommende år gøre en stor indsats for at bringe sig på omgangshøjde med sine konkurrenter · det vil vare nogle år før landet er på fuld omgangshøjde med resten af Europa* • **på omgangshøjde med ng** udtryk for at man har gennemført lige så mange baneomgange som en anden, fx i cykelløb

omgangskreds

SUBST. *-en,* plur. *-e, -ene*

de personer man omgås □ *hun havde en meget stor omgangskreds · han ville gerne forny sin omgangskreds · de havde vidt forskellig omgangskreds · han brød sig ikke om datterens omgangskreds*

omgangstone

SUBST. *-n,* plur. *-r, -rne*

en speciel måde at tale sammen på i en bestemt kreds □ *deres indbyrdes omgangstone er meget kammeratlig · trods en venlig og behagelig omgangstone lægger skolen stor vægt på disciplin*

omgive

VERB. *-r, omgav, -t*

omgive ng(t) befinde sig uden for el. omkring nogen el. noget = OMSLUTTE □ *den høje mur omgav haven · hun følte sig omgivet af lutter fjender · hele den affære er omgivet med mystik · det er farligt at indånde den omgivende luft* • **omgive sig med ng(t)** sørge for at have nogen el. noget i sin nærhed □ *han elskede at omgive sig med luksus · hun omgiver sig altid med et mylder af katte · hun omgav sig helst med unge mennesker*

omgivelser

SUBST.PLUR. *-ne*

det landskab el. de fysiske forhold der omgiver noget □ *huset er dejligt, men omgivelserne er kedelige · kurset var spændende, men lokalerne var kedelige omgivelser · vilde dyr har det bedst i deres naturlige omgivelser* • de mennesker der omgiver nogen, og som de har kontakt med □ *hendes omgivelser har altid taget særligt hensyn til hende · du er farlig for dine omgivelser · omgivelserne har afgørende betydning for et barns udvikling*

omgængelig

ADJ. *-t, -e*
/om'gængelig/

som er nem at være sammen med = MEDGØRLIG, FORDRAGELIG ≠ UOMGÆNGELIG □ *han er høflig og omgængelig* □ *omgængelighed*

omgærde

VERB. *-r, -de, -t*

omgærde med ngt give et skær el. indtryk af noget □ *sagen var omgærdet med mystik · pengeinstitutterne har traditionelt været omgærdet med respekt* □ *omgærdning*

omgå

VERB. *-r, omgik, -et*

omgå ngt undgå at overholde el. holde sig til noget □ *omgå loven · omgå en regel · omgå sandheden* □ *omgåelse*

omgående

ADJ.

1. som bevæger sig uden om noget □ *foretage en omgående bevægelse · en omgående manøvre*
2. = ØJEBLIKKELIG □ *De bedes besvare brevet omgående · du må komme omgående når jeg kalder · en omgående løsladelse*

omgås

VERB. *omgås, omgikkes, omgåedes*

omgås ng være sammen med nogen som venner el. besøge hinanden som gæster □ *han omgås mange forskellige mennesker · være nem at omgås · vi omgås næsten ikke mere* • **omgås ngt** el. **omgås med ngt** behandle noget på en bestemt måde □ *han omgås med penge på en meget letsindig måde · glasset må omgås med stor forsigtighed · lære at omgås våben · hun omgås letsindigt med sandheden · han forstår at omgås heste* • **omgås med planer om ngt** (glds.): have planer om noget □ *han omgås med planer om at overdrage firmaet*

omhandle

VERB. *-r, -de, -t*

omhandle ngt have noget som indhold el. emne = HANDLE OM, DREJE SIG OM, BEHANDLE □ *loven omhandler ægteskabelige forhold · de i bekendtgørelsen omhandlede spørgsmål*

omhegne

VERB. *-r, -de, -t*

omhegne ngt danne el. sætte et hegn omkring noget □ *et bælte af nåletræer omhegnede markerne* □ *omhegning*

omhu

SUBST. *-en*

det at være omhyggelig med at sørge for, passe el. pleje nogen el. noget □ *hun plejede den syge med stor omhu · man skal vælge sin ægtefælle med stor omhu*

omhyggelig

ADJ. *-t, -e; -ere, -st*
/om'hyggelig/

som udføres med opmærksomhed og omtanke = GRUNDIG, FORSIGTIG □ *hun er meget omhyggelig med alting · han læste kontrakten omhyggeligt igennem* □ *omhyggelighed*

ominøs

ADJ. *-t, -e*
[*omi'nø's*]

som er ildevarslende el. faretruende

omk.

fork. for *omkostninger*

omkalfatre

VERB. *-r, -de, -t*

omkalfatre ngt (glds.): lave om på noget = FORANDRE □ *omkalfatring*

omkamp

SUBST. *-en,* plur. *-e, -ene*

en sportskamp der spilles i stedet for en tidligere kamp som er endt uafgjort

omkartere

VERB. *-r, -de, -t*

omkartere ngt (på postkontor): kartere de forsendelser på et postkontor som er modtaget fra et andet postkontor, og som skal sendes videre □ *omkartering*

omklamre

VERB. *-r, -de, -t*

omklamre ng slå armene om nogen og holde fast □ *den druknende omklamrede sin redningsmand* □ *omklamring* • **omklamre ng** interessere sig så stærkt for nogen at det virker undertrykkende □ *de unge følte at deres forældre omklamrede dem* □ *omklamring*

omklædning

SUBST. *-en,* plur. *-er, -erne*

det at skifte tøj □ *skuespillerne havde ikke meget tid til omklædning* □ *omklædningsrum*

omklædningsrum

SUBST. *~rummet,* plur. *~rum, ~rummene*

et rum hvor man skifter tøj, specielt som forberedelse til sport

omkomme

VERB. *-r, omkom, -t (~kommen, ~komne)*

dø pga. ydre omstændigheder, fx en ulykke, sult el. kulde; dog ikke drab □ *omkomme ved et flystyrt · være ved at omkomme af træthed*

omkostning

SUBST. *-en,* plur. *-er, -erne*

= UDGIFT □ *hans onkel betalte omkostningerne*

ved hans uddannelse · sagens omkostninger betales af sagsøgeren · firmaet kan ikke bære de høje omkostninger ved produktionen □ *omkostningsberegning · omkostningskonto · omkostningsstigning* □ *byggeomkostning · enhedsomkostning · flytteomkostning · leveringsomkostning · produktionsomkostning* • tab el. afsavn som kræves for at opnå noget □ *uden omkostning af menneskeliv · det har krævet store omkostninger for ham at nå til den erkendelse* • **faste omkostninger** de udgifter som har en betydning for en virksomheds omsætning uden at de direkte vedrører produktion, fx husleje, renter og afskrivninger ≠ PRODUKTIONSOMKOSTNINGER

omkr.

fork. for *omkring*

omkranse

VERB. *-r, -de, -t*

omkranse ngt (poet.): danne en krans rundt om nogen eller noget = OMSLUTTE, KRANSE □ *ved kaffebordet sad hun omkranset af ældre, meget snakkesalige mænd · søen var omkranset af skov · tunge, sorte skyer omkransede bjergtoppene* □ *omkransning*

omkreds

SUBST. *-en,* plur. *-e, -ene*

længden omkring noget □ *træet er 2 m i omkreds* • (geometri): den samlede længde af en el. flere linier der danner en figur, fx en cirkel el. et kvadrat = PERIMETER, PERIFERI □ *et kvadrat med en sidelængde på 1 cm har en omkreds på 4 cm*

omkring

PRÆP., ADV.
/om'kring/

1. ⟨PRÆP.⟩ udtryk for at noget er beliggende i el. bevæger sig langs en helt el. delvis lukket cirkel = OM, RUNDT OM, UDEN OM □ *der er have omkring huset · de danser omkring juletræet · jeg gik hele vejen omkring byen · vi sad rundt omkring bordet · jeg holder af at se mennesker omkring mig* □ *omkringboende · omkringfarende · omkringliggende · omkringstrejfende · omkringstående* • ⟨ADV.⟩ udtryk for at noget bevæger sig fra sted til sted inden for et bestemt område = RUNDT, OM □ *han gik omkring i byen · de så sig omkring i huset · hun dalrer omkring i en salig rus · hunden strejfer omkring · hun besøgte folk rundt omkring i landet* □ *derindomkring · dernedomkring · deromkring · deropomkring · derudomkring · herindomkring · hernedomkring · heromkring · heropomkring · herudomkring* • **hen omkring** ⟨PRÆP.⟩ udtryk for at nogen el. noget bevæger sig hen til og væk fra et punkt = FORBI, HEN OM, HENNE OM □ *jeg var lige et smut henne omkring mit stamværtshus · kigger du hen omkring mormor en af dagene?* • ⟨ADV.⟩ udtryk for at nogen foretager en bevægelse en halv omgang = RUNDT □ *vende omkring · dreje sig omkring* • **gøre omkring** se under *gøre* • **rundt omkring** se under *rundt*
2. ⟨PRÆP.⟩ udtryk for at noget er anledning til en drøftelse el. overvejelse = OM □ *der er meget tovtrækkeri omkring den nye lønaftale · hans tanker kredsede hele tiden omkring børnene*
3. ⟨PRÆP., fork. *o.*⟩ = CIRKA □ *han er omkring 40 år gammel · der var omkring 200 mennesker · det er omkring 25 grader varmt* • i nærheden af □ *i årene omkring 1982*

omkringliggende

ADJ.

som ligger rundt om noget andet □ *den prangende villa stak af fra de omkringliggende huse · folk kom ned i landsbyen fra de omkringliggende bjerge*

omkuld

ADV.
/om'kuld/

udtryk for at man falder så man ligger helt ned □ *hun faldt omkuld på gaden så lang hun var · hun var ved at dejse omkuld af træthed · uddunstningerne får dem næsten til at gå omkuld · hun blev slået omkuld af den hårde blæst · han gik omkuld med en dundrende influenza*

omkvæd

SUBST. *-et,* plur. *omkvæd, -ene*

1. en el. flere verslinier som gentages efter hver strofe i en sang = REFRÆN □ *alle sang med på visens omkvæd*
2. noget som en person ofte siger □ *hendes evige omkvæd var 'vær dog fornuftig'*

omkørsel

SUBST. *-en* (el. *omkørslen*), plur. *omkørsler, omkørslerne*

det at en vej er lagt om ad en anden rute, fx pga. vejarbejde □ *der er omkørsel pga. jordskred · de kunne ikke komme gennem byen pga. omkørsel · skiltet meddelte at der var omkørsel* □ *omkørselsskilt · omkørselsspærring · omkørselsvej*

omliggende

ADJ.

som ligger uden om el. i omegnen af noget andet □ *de omliggende gårde var store og velholdte · Fyn og omliggende øer*

omlyd

SUBST. *-en*

en vokalændring der skyldes påvirkning af en anden lyd i samme ord □ *omlydsvokal*

omlægge

VERB. *-r, omlagde, omlagt*

1. omlægge ngt anlægge noget tidligere anlagt på en anden og bedre måde □ *omlægge en vej · omlægge haven* □ *omlægning*
2. omlægge ngt (økonomi): forandre opbygningen af noget ved at lægge større vægt på noget nyt = OMSTILLE □ *omlægge finanspolitikken · omlægge et lån* □ *omlægning*

omløb

SUBST. *-et,* plur. *omløb, -ene*

en kredsformet bevægelse rundt om et punkt □ *omløbshastighed* • en bevægelse frem og tilbage i forskellige retninger = KREDSLØB, CIRKULATION □ *sætte falske penge i omløb · sætte et rygte i omløb* □ *blodomløb* • **have omløb i hovedet** kunne tænke fornuftigt

omme

ADV.

1. i retning rundt om og bagved □ *bamsen lå omme bag sofaen · børnene leger omme i gården* □ *deromme · heromme*
2. være omme være holdt op el. overstået = SLUT □ *historien er omme · natten er nu omme · da sabbatåret var omme begyndte hun at arbejde*

ommøblere

VERB. *-r, -de, -t*

ommøblere ngt indsætte nye el. flytte om på eksisterende møbler i et rum, et hus el.lign. □ *ommøblere en lejlighed · ommøblere en stue* □ *ommøblering*

omnibus

SUBST. *omnibussen,* plur. *omnibusser, omnibusserne*

(glds.): = BUS □ *omnibussen kører hver halve time*

omnipotens

SUBST. *-en*
/omnipo'tens/

= ALMAGT

omniummatch

SUBST. *-en,* plur. *-er, -erne*

en konkurrence inden for cykelsport hvor rytterne deltager i flere forskellige discipliner der hver giver point, og som til sidst samles til et resultat

omplante

VERB. *-r, -de, -t*

omplante ngt plante på en anden måde el. et andet sted □ *roserne er blevet omplantet* □ *omplantning* • blive flyttet til et nyt sted □ *det kan være svært for ældre mennesker at blive omplantet til et nyt miljø*

ompostere

VERB. *-r, -de, -t*

ompostere ngt flytte et beløb til en anden konto i et regnskab □ *ompostering*

ompotte

VERB. *-r, -de, -t*

ompotte ngt tage en plante op af urtepotten og plante den igen i en ny el. i den samme med frisk jord □ *hun ompottede alle sine stueplanter* □ *ompotning*

omprioritere

VERB. *-r, -de, -t*

omprioritere ngt lave en ny rækkefølge for hvad der er vigtigst □ *omprioritering* • **omprioritere lån** optage nye lån til at betale gamle lån med, fx på en ejendom el. en bil = OMLÆGGE □ *de har omprioriteret lånene i huset* □ *omprioritering*

omr.

fork. for *område*

omregne

VERB. *-r, -de, -t*

omregne ngt udregne mængden el. størrelsen af noget i en anden møntsort el. måleenhed □ *omregne kroner til pund · omregnet i danske kroner · omregne tommer til centimeter* □ *omregning*

omrejsende

ADJ.

som rejser rundt til forskellige steder □ *et omrejsende cirkus*

omrids

SUBST. *-et,* plur. *omrids, -ene*

en ydre, synlig linie som afgrænser en skikkelse, en bygning el.lign. i forhold til omgivelserne = KONTUR, SILHUET □ *i tågen kunne man ane omridset af et hus*

omringe

VERB. *-r, -de, -t*

omringe ng(t) danne en ring om nogen el. noget □ *soldaterne forsøger at omringe byen • folk omringede ham for at høre nyt* □ *omringning*

område

SUBST. *-t,* plur. *-r, -rne*

1. en større, mere el. mindre tydeligt afgrænset del af et areal el.lign. □ *afspærre et område • de dyrkede områder • Sahara dækker et område på otte millioner km² • byens grønne områder • privat område • godsets område • udslættet dækker et større område af ryggen* □ *områdecenter • områdenummer* □ *byområde • landområde • naturområde • regnområde* • **grønt område** offentlig tilgængeligt, beplantet areal i by til brug for friluftsliv, rekreation, bevarelse af naturværdier m.m. □ *der er efterhånden en del grønne områder i København*
2. det man beskæftiger sig med som sit fag = FELT, FAG □ *hans område er atomfysikken • beklager, det er ikke mit område • det falder uden for hendes område • han er suveræn på sit område*

områdenummer

SUBST. *-et* (el. *~numret*), plur. *~numre, ~numrene*

de første cifre i et telefonnummer som angiver hvilket område man ringer til ≠ ENDETAL

oms

SUBST. *-en*

en indirekte skat der opkræves i forbindelse med salg af varer; afløstes i 1967 af *moms*; fork. for *omsætningsafgift*

omsagnsled

SUBST. *-et* (el. *~leddet*), plur. *~led, -ene* (el. *~leddene*)

= PRÆDIKATIV □ *omsagnsled til grundled • omsagnsled til genstandsled*

omsider

ADV.
/*om'sider*/

udtryk for at man har ventet på noget i lang tid, og at det sker nu = ENDELIG, TIL SIDST, LANGT OM LÆNGE, I SIDSTE ENDE, TIL SYVENDE OG SIDST □ *omsider fik hun svar på ansøgningen • så kom du omsider! • de fik omsider taget sig sammen til at hente den*

omsiggribende

ADJ.

som får større og større udbredelse □ *den omsiggribende forurening • omsiggribende teknologisk sprogbrug*

omskabe

VERB. *-r, omskabte, omskabt*

omskabe ng(t) = FORVANDLE □ *i eventyret blev prinsessen omskabt til en and*

omskiftelig

ADJ. *-t, -e*
/*om'skiftelig*/

som hyppigt forandrer tilstand; især fra god til dårlig = FORANDERLIG □ *vejret i april er meget omskifteligt*

omskiftelser

SUBST.PLUR. *-ne*

forandringer frem og tilbage, især fra god til dårlig □ *lykkens omskiftelser • tilværelsens omskiftelser • de omskiftelser som samfundsøkonomien har været inde i*

omskole

VERB. *-r, -de, -t*

omskole ng uddanne nogen til et andet fag □ *omskoling*

omskrive

VERB. *-r, omskrev, omskrevet* (*omskreven, omskrevne*)

omskrive ngt udtrykke noget på anden måde □ *omskrive en tekst* □ *omskrivelse • omskrivning*

omskrivning

SUBST. *-en,* plur. *-er, -erne*

det at udtrykke noget på en anden måde = PARAFRASE □ *en omskrivning af Bibelen • en omskrivning af lovteksten*

omskære

VERB. *-r, omskar, omskåret* (*omskåren, omskårne*)

omskære ng foretage en omskæring på nogen □ *skikken med at omskære piger er barbarisk • han nægtede at lade sig omskære • hun blev omskåret da hun var 11 år gammel* □ *omskæring • omskærelse*

omskæring

SUBST. *-en,* plur. *-er, -erne*

det at fjerne forhuden på en drengs penis eller det at fjerne en piges klitoris helt el. delvist og evt. også de små og en del af de store skamlæber; mandlig omskæring er en religiøs skik bl.a. hos jøder; kvindelig omskæring finder sted i flere afrikanske og arabiske lande = OMSKÆRELSE □ *kvindelig omskæring er forbudt i Danmark • omskæring af drenge finder som regel sted mens de endnu er spædbørn*

omslag

SUBST. *-et,* plur. *omslag, -ene*

1. = SMUDSOMSLAG □ *tegningen på bogens omslag er udført af forfatteren* □ *omslagstegning* □ *bogomslag*
2. lægge et koldt el. **varmt omslag** (medicin): et stykke stof der er vredet op i koldt el. varmt vand, og som lægges et sted på kroppen, fx for at få en hævelse til at falde el. lindre smerte □ *lægge et koldt eller varmt omslag* • (hist.): en grødet masse med lægemidler som smøres på en del af kroppen for at give lindring, fx for at trække betændelse ud = GRØDOMSLAG
3. = ÆNDRING □ *omslag i vejret • der er sket et omslag i hendes væremåde • der er et omslag på vej*

omslutte

VERB. *-r, -de, -t*

omslutte ng(t) befinde sig tæt omkring nogen el. noget = OMGIVE □ *han lod sig omslutte af hendes arme • hårsækken omslutter hårroden*

omslynge

VERB. *-r, -de, -t*

sidde omslynget sidde og omfavne hinanden □ *det unge par sad tæt omslyngede* □ *omslyngning*

omsonst

ADJ. *- , -e*
/*om'sonst*/

⟨ubøj. som prædikativ⟩ = NYTTELØS □ *enhver snak om forandring er omsonst • flere omsonste forsøg • alle forsøg var omsonst • det er omsonst at bruge kræfter på det projekt*

omsorg

SUBST. *-en*

det at tage sig af og tænke på andres behov og velbefindende □ *ældre mennesker har brug for omsorg og tryghed* □ *omsorgscenter • omsorgsfuld • omsorgspersonale • omsorgspædagog • omsorgssvigt* • **drage omsorg for ngt** påtage sig at sørge for noget □ *hun drog omsorg for at alle havde det godt*

omsorgsfuld

ADJ. *-t, -e*

som tænker på andre og sørger omhyggeligt for dem □ *han er utrolig omsorgsfuld • hun støttede ham omsorgsfuldt op ad trappen* □ *omsorgsfuldhed*

omspænde

VERB. *-r, omspændte, omspændt*

omspænde ngt omringe og indeslutte noget; især om ild □ *huset var omspændt af flammer* □ *omspænding*

omstille

VERB. *-r, -de, -t*

1. omstille ngt til ngt væsentligt forandre noget til noget andet = OMLÆGGE □ *de har omstillet landbruget til økologisk drift • omstille produktionen* • **omstille sig til** el. **efter ngt** tilpasse el. vænne sig til noget nyt □ *det er svært at omstille sig til venstrekørsel • omstille sig efter forholdene • giv hende tid til at omstille sig* □ *omstilling*
2. omstille ng til ng(t) (form.): forbinde nogen telefonisk; især via et omstillingsbord □ *hun bad om at blive omstillet til chefen • omstille til lokal 3045*

omstilling

SUBST. *-en,* plur. *-er, -erne*

1. en forandring af noget = TILPASNING, ÆNDRING □ *omstilling til nye omgivelser · der er sket en omstilling fra manuel til maskinel fremstilling* **2.** et sted hvor telefonlinier forbindes, fx i en kontorbygning □ *passe telefoner i en omstilling · ringe direkte eller over omstillingen · giv mig omstillingen!* □ *omstillingsbord · omstillingsdame · omstillingstavle* • det at forbinde en telefonlinie med en anden i en omstilling □ *omstilling af en samtale · omstillingen lykkedes ikke*

omstillingsbord

SUBST. *-et,* plur. *-e, -ene*

et apparat som kan forbinde en telefonlinie med en anden □ *passe et omstillingsbord*

omstrejfer

SUBST. *-en,* plur. *-e, -ne*

person som har valgt at leve et omvandrende liv uden regelmæssigt arbejde og fast bopæl = VAGABOND

omstridt

ADJ. *- , -e*

som der er stor uenighed el. megen polemik om □ *et meget omstridt spørgsmål · han var en omstridt person · den omstridte beboelsesejendom skulle rives ned*

omstrukturere

VERB. *-r, -de, -t;*

omstrukturere ngt ændre den måde noget er opbygget el. sammensat på □ *omstrukturere en virksomhed · omstrukturere arbejdsmarkedet* □ *omstrukturering*

omstyrte

VERB. *-r, -de, -t*

omstyrte ng(t) få noget til at falde, fx en regering el. et samfund □ *militæret forsøgte at omstyrte det demokratisk valgte styre* □ *omstyrtning*

omstændelig

ADJ. *-t, -e*

[ɔmˈsdænˈəli]

som har flere enkeltheder med end nødvendigt til formålet = VIDTLØFTIG □ *hans vittigheder er så omstændelige at han selv glemmer pointen* □ *omstændelighed*

omstændighed

SUBST. *-en,* plur. *-er, -erne*

/omˈstændighed/

1. et bestemt forhold som har betydning i el. er medbestemmende for en vis sammenhæng el. hændelse = FORHOLD □ *hvis omstændighederne tillader det · en formildende omstændighed · de har taget alle omstændigheder i betragtning · sagens nærmere omstændigheder · hun har det efter omstændighederne godt · den omstændighed at hun er syg · omstændighederne ved hans død* • **under alle omstændigheder** udtryk for at noget må el. vil ske; især om vilje el. hensigt □ *de andre er lidt i tvivl, men jeg kommer under alle omstændigheder · jeg må under alle omstændigheder have en form for garanti* • **under ingen omstændigheder** udtryk for at noget ikke må el. vil ske; især om vilje el. hensigt □ *de ville under ingen omstændigheder underskrive aftalen* **2. være i omstændigheder** el. **være i lykkelige omstændigheder** (glds., poet.): være gravid □ *hun er i lykkelige omstændigheder* □ *omstændighedskjole*

omstændighedskjole

SUBST. *-n,* plur. *-r, -rne*

= VENTEKJOLE

omstøde

VERB. *-r, omstødte, omstødt*

omstøde ngt gøre noget ugyldigt = UNDERKENDE □ *testamentet blev omstødt · landsrettens beslutning blev omstødt ved højesteret* □ *omstødelse*

omsving

SUBST. *-et,* plur. *omsving, -ene*

en pludselig forandring til det næsten modsatte □ *der er indtruffet et omsving i den offentlige mening*

omsværmet

ADJ. *- , omsværmede*

som mange af det modsatte køn er interesseret i = OMBEJLET □ *hun er en meget omsværmet ung pige*

omsvøb

SUBST. *-et,* plur. *omsvøb, -ene*

en afvigelse fra emnet; kan enten skyldes at man er overdrevent detaljeret el. at emnet er ubehageligt = FALBELADER, DIKKEDARER, KRUMMELURE, KRUMSPRING □ *efter mange omsvøb kom han til sagen · du kan godt springe omsvøbene over* • **uden omsvøb** uden at afvige fra emnet □ *uden omsvøb fortalte han sandheden*

omsætning

SUBST. *-en,* plur. *-er, -erne*

1. et samlet salg inden for en vis periode = SALG □ *forretningen har en omsætning på 600.000 kr. årligt · forøge omsætningen · omsætning af børspapirer* □ *omsætningsafgift · omsætningshastighed · omsætningsværdi* □ *totalomsætning* **2.** en kemisk omdannelse af et stof □ *kemisk omsætning af stoffer i organismen · omsætning af energi*

omsætningsafgift

SUBST. *-en,* plur. *-er, -erne*

fork. *oms*

= OMS

omsætte

VERB. *-r, omsatte, omsat*

1. omsætte ngt sælge varer el.lign. □ *omsætte varer · omsætte værdipapirer* □ *omsætning* • **omsætte for ngt** have en omsætning på et vist beløb = SÆLGE, AFHÆNDE, REALISERE □ *firmaet omsatte for flere millioner* • **omsætte ngt** sælge noget for at få rede penge = REALISERE □ *omsætte en veksel · omsætte sit indbo i rede penge* **3. omsætte ngt i** el. **til ngt** gøre tanker, håb el. teori til virkelighed = REALISERE □ *de omsatte deres tanker i handling · han forsøgte at omsætte teori til praksis*

omsættelig

ADJ. *-t, -e*

/omˈsættelig/

som kan omsættes til noget andet = NEGOTIABEL □ *en veksel er et omsætteligt værdipapir*

omtale[1]

SUBST. *-n,* plur. *-r, -rne*

1. det der bliver sagt om nogen el. noget □ *hun var genstand for almindelig omtale · han fik en hæderlig omtale i de kredse* • **kende ng af omtale** have hørt om nogen **2.** = ANMELDELSE □ *bogen fik en meget fin omtale*

omtale[2]

VERB. *-r, omtalte, omtalt*

omtale ng(t) tale el. skrive om nogen el. noget uden at gå i detaljer = NÆVNE, TALE OM □ *ministeren omtalte at han påtænkte at nedsætte et udvalg · han kritiserede forslaget uden med et ord at omtale at han selv havde være blandt initiativtagerne · i sin biografi omtaler hun ham uden navns nævnelse*

omtanke

SUBST. *-n,*

det at tænke sig om og tage hensyn til andre □ *situationen kræver omtanke · vise omtanke · vælge sin partner med omtanke* • en evne til at tænke sig om og tage hensyn til andre □ *hun mangler den fornødne omtanke*

omtr.

fork. for *omtrent*

omtrent

ADV.

/omˈtrent/

fork. *omtr.*

= CIRKA □ *klokken er omtrent 15 · det koster omtrent det samme · de er omtrent lige gamle*

omtrentlig

ADJ. *-t, -e*

/omˈtrentlig/

som er tilnærmelsesvis el. nogenlunde nøjagtig □ *en omtrentlig talangivelse*

omtumlet

ADJ. *- , omtumlede*

1. som er omskiftelig og uden fast holdepunkt □ *leve en omtumlet tilværelse* **2.** som føler sig ør el. forvirret □ *hun følte sig noget omtumlet efter narkosen* □ *omtumlethed*

omtvistelig

ADJ. *-t, -e*

/omˈtvistelig/

= DISKUTABEL □ *en omtvistelig sag · omtvistelige forretningsmetoder · et omtvisteligt spørgsmål* □ *omtvistelighed*

omtåget

ADJ. *- , omtågede*

som er udmattet og ude af stand til at tænke klart pga. fysisk el. psykisk påvirkning = ØR □ *han var helt omtåget af træthed · man er omtåget når man vågner af narkose* □ *omtågethed* • = BERUSET □ *en noget omtåget person*

omvandrende

ADJ.

(om person): som vandrer fra sted til sted □ *en omvandrende skærslipper*

omvej

SUBST. *-en,* plur. *-e, -ene*

en vej som ikke er den korteste el. den mest direkte □ *han kører gerne en omvej for at opleve en smuk natur • de gik hjem ad en omvej • turen ville uden omveje have taget 35 minutter • det var fodbolden som efter et par omveje blev hans levevej • han hørte om sin forfremmelse ad omveje*

omvende

VERB. *-r, omvendte, omvendt*

omvende ng få nogen til at ændre opfattelse; især religiøst el. politisk □ *missionæren omvendte alle de indfødte • hun er meget fast i sin politiske overbevisning, og jeg kan ikke omvende hende* □ *omvendelse*

omvendt

ADJ. *- , -e*

1. vendt el. ændret så bevægelsen el. rækkefølgen går imod den oprindelige el. sædvanlige retning = INVERS □ *hun gjorde alt i omvendt rækkefølge • du hjælper ham og omvendt • omvendt ordstilling* □ *omvendthed* • med bagsiden fremad, bunden opad el. indersiden udad □ *hun satte sig på en omvendt ølkasse • du har taget blusen omvendt på*
2. som har skiftet tro, el. er blevet troende □ *en omvendt synder • du er holdt op med at bande, er du blevet omvendt?*

omverden

SUBST. *-en*

det samfund og de mennesker der omgiver nogen □ *hun levede alene, isoleret fra omverdenen • uden Heinessens forfatterskab var færingerne sikkert forblevet lukket land for omverdenen*

omviser

SUBST. *-en,* plur. *-e, -ne*

en person der er ansat til at vise besøgende rundt, fx på et museum el. slot = GUIDE □ *omviser på et museum*

omvæltning

SUBST. *-en,* plur. *-er, -erne*

en fuldstændig forandring der sker på kort tid, fx politisk = REVOLUTION □ *der er sket store omvæltninger i firmaet • det er en omvæltning at bo i et fremmed land • det var en omvæltning at få trillinger • en omvæltning af det bestående samfund* □ *samfundsomvæltning*

onanere

VERB. *-r, -de, -t*
/ona'nere/

tilfredsstille sig selv seksuelt med hånden = MASTURBERE

onani

SUBST. *-en*
/ona'ni/

det at onanere = MASTURBATION

onanist

SUBST. *-en,* plur. *-er, -erne*
/ona'nist/

en person der onanerer

ond

ADJ. *-t, -e; -ere* (el. *værre*), *-est* (el. *værst*)

1. som gør fortræd med vilje ≠ GOD □ *hun var ond mod sin lillesøster • onde hensigter • have ondt i sinde* □ *ondskab • ondartet • ondsindet* • som er ubehagelig el. dårlig □ *en ond skæbne • det er der ikke noget ondt i • have onde drømme* • **den onde** = FANDEN □ *det er den onde lyne mig for galt* • **være ond i sulet** se under *sul* • **være ond på ng** være vred på nogen
2. {gøre} ondt have smerter og føle sig utilpas □ *det gør ondt i maven • jeg har ondt i hovedet • få ondt i øjnene af det skarpe lys* • **have ondt i røven over ngt** se under *røv*
3. have el. **få ondt af ng** være el. blive ked af det på nogens vegne og have medfølelse med dem □ *hun havde ondt af dem • jeg har ondt af dig* • **det gør mig ondt** udtryk hvormed man viser sin medfølelse over for nogen □ *det gør mig ondt at høre at du har mistet jobbet • det gør mig ondt for dig*

ondartet

ADJ. *- , ondartede*

som kan være vanskelig at klare el. som kan udvikle sig faretruende = MALIGN, FARLIG ≠ GODARTET □ *et ondartet tilfælde • en ondartet halsbetændelse*

onde

SUBST. *-t,* plur. *-r, -rne*

1. noget som er ondt □ *alt det onde i verden*
2. noget som er ubehageligt □ *et nødvendigt onde* • ⟨i sammensætn.⟩ = SYGDOM □ *maveonde • halsonde • hjerteonde*

ondsindet

ADJ. *- , ondsindede*

som har ondt i sinde = MALICIØS □ *en ondsindet gammel stodder • en ondsindet bemærkning*

ondskab

SUBST. *-en*

det at være ond □ *morderens ondskab er forenet med en vis snedighed • hun gjorde det af lutter ondskab • det er ren ondskab at pine små dyr • huset er fuld af ondskab* □ *ondskabsfuld*

ondskabsfuld

ADJ. *-t, -e*

fuld af ond vilje = ONDSINDET, NEDRIG, GEMEN, LUMPEN, MALICIØS □ *hun er en ondskabsfuld mokke • et ondskabsfuldt svar* □ *ondskabsfuldhed*

ondskabsfuldhed

SUBST. *-en,* plur. *-er, -erne*

det at være ondskabsfuld = PERFIDITET, NEDERDRÆGTIGHED • ondskabsfuld bemærkning = GIFTIGHED □ *han sagde den ene ondskabsfuldhed efter den anden • komme med ondskabsfuldheder*

ondulere

VERB. *-r, -de, -t*
/ondu'lere/

ondulere ng(t) krølle el. bølge håret ved hjælp af en speciel væske □ *hun blev onduleret hos frisøren til festen* □ *vandondulere* • **ondulere ng** gøre noget ubehageligt ved nogen, fx skælde ud el. give tæv □ *hvis han ikke holder op, skal jeg den onde lyneme ondulere ham*

onkel

SUBST. *-en* (el. *onklen*), plur. *onkler, onklerne*

en mand som er bror til ens mor el. far, el. som er gift med ens moster el. faster □ *grandonkel • halvonkel*

online

ADJ.
[ˈɔnlaːjn]

(edb): som står i direkte forbindelse med en central computer ≠ OFFLINE □ *arbejde online*

onomatopoietikon

SUBST. *onomatopoietikonet,* plur. *onomatopoietika, onomatopoietikaene*
[*onomatopɔjˈeˈtikɔn* el. *-poˈeˈtikɔn*]

= LYDORD □ *onomatopoietisk*

onsdag

SUBST. *-en,* plur. *-e, -ene*

den tredje dag i ugen □ *onsdag den 21.8. • vi tog derover onsdagen efter • sidste onsdag • næste onsdag* □ *onsdagsmøde* • **i onsdags** den onsdag det lige har været = SIDSTE ONSDAG □ *hvad lavede du i onsdags?* • **om onsdagen** den dag det er onsdag □ *museet er lukket om onsdagen • om onsdagen kom vi så endelig i gang* • **på onsdag** den første onsdag efter i dag = NÆSTE ONSDAG □ *vi kommer på onsdag*

ontogenese

SUBST. *-n*

et individs udvikling fra befrugtet æg til voksen tilstand ≠ FYLOGENESE □ *ontogenetisk*

onyks

SUBST. *-en,* plur. *-er, -erne*
[ˈoˑnygs]

en *agat* med afvekslende lyse og mørke farvelag

op

ADV.

1. fra et lavere til et højere plan ≠ NED □ *gå op til femte sal • kravle op ad et bjerg • samle noget op fra jorden • sætte noget op på væggen • kaste en sten op i luften • kaste op • nøgen fra maven og op* □ *opad • opdrift • opefter • opgående • ophænge • opkast • opkørsel • opsætte* • fra liggende til siddende el. stående stilling el. fra siddende til stående stilling ≠ NED □ *stå op af sengen • hun satte sig op i sengen med et sæt • rejse sig op • hjælp mig lige op at stå • rejs lige pladen op • han ligger ned, hun står op • sidde op i sengen* • fra syd til nord ≠ NED □ *de rejste op til Lapland* • fra under til over en overflade □ *spirene bryder op ad jorden • grave blomsterløg op*
2. i retning langs noget □ *de gik op og ned ad gaden* • fremad i et forløb el. en række □ *op*

gennem århundrederne · *de alvorligt syge flyttes op i toppen af ventelisten*
3. fra en mindre til en større kvantitet □ *priserne er gået op* · *sagerne hober sig op* · *gå op i vægt* · *gå op i løn* · *gasse op* · *blusse op* · *skrue op for radioen* · *skrue forventningerne op* · *hidse sig op* · *gå op i en spids* □ *opblusse* · *opblænde* · *opbringe* · *opgejle* · *opskrive* • udtryk for at få fat i el. samle noget sammen □ *støve noget op* · *spare op* · *liste op på papir* · *samle op på en sag* · *tælle penge op* □ *opliste* · *opsamle*
4. med højnelse af værdi til følge □ *han så op til sin storebror* □ *opvurdere* • med ødelæggelse, død, skade, fjernelse el.lign. til følge □ *brænde op* · *bilen er rustet op* · *spis op!* · *han gav op* □ *opgive*
5. fra en lavere til en højere klasse □ *rykke op i 3. klasse* · *rykke op i et højere samfundslag* □ *opgradere*
6. med skabelse, udvikling, bedring el.lign. til følge □ *han har bygget firmaet op fra grunden* · *sætte et teaterstykke op* · *sætte en tekst op* · *hun er livet helt op på det sidste* · *vejret klarer op* □ *opbygge* · *opdrage* · *opføre* · *opsætning* · *optugte*
7. være op til ng være nogens ansvar □ *det er op til dig at beslutte hvad vi skal gøre*

opad

ADV.

i retningen op = OPEFTER ≠ NEDAD, NEDEFTER □ *på dette stykke skråner vejen stejlt opad* □ *opadgående* · *opadførende* · *opadstigende* · *opadstræbende* · *opadtil*

opadgående

ADJ.

på vej opad □ *priserne er for opadgående* · *en opadgående kurve*

opadstigende

ADJ.

som stiger opad □ *en opadstigende luftstrøm*

opadstræbende

ADJ.

som stræber opad □ *hendes næse var en smule opadstræbende* · *en opadstræbende ung forretningskvinde*

opal

SUBST. *-en*, plur. *-er, -erne*
[*o'pa'l*]

(mineralogi): et mælkehvidt, glasagtigt mineral der består af vandholdig kiselsyre; anvendes som smykkesten

opalhvid

ADJ. *-t, -e*

med en hvid farve som opal der udviser et farvespil i svagt rødlige og grønlige nuancer

oparbejde

VERB. *-r, -de, -t*

udvikle el. forbedre noget el. få noget til at vokse □ *oparbejde en blomstrende virksomhed* · *han er ved at oparbejde en vis tillid hos kunderne*

opbage

VERB. *-r, ~bagte, ~bagt*

opbage ngt tilberede sovs af mel, fedtstof og mælk i en gryde el. på en pande = BAGE OP □ *sovsen opbages* □ *opbagning*

opbakning

SUBST. *-en*

støtte el. hjælp som man får i en diskussion el. til et forslag som man fremsætter □ *politikeren sikrede sig opbakning hos partierne på venstrefløjen*

opbevare

VERB. *-r, -de, -t*

opbevare ngt placere noget man ikke bruger lige nu på et sikkert sted □ *madvarer skal opbevares i køleskab* · *hvor vil du opbevare dine møbler nu hvor du ikke har noget sted at bo?* · *jeg opbevarer de gode minder i mit hjerte* □ *opbevaring*

opblande

VERB. *-r, -de, -t*

opblande ngt med ngt = BLANDE □ *mælken var opblandet med vand* □ *opblanding*

opblæst

ADJ. *-, -e*

= INDBILDSK □ *den opblæste nar bliver ikke inviteret her mere*

opbløde

VERB. *-r, opblødte, opblødt*

1. opbløde ngt få noget til at miste konsistensen og blive blødt ved at lade det ligge overdækket med vand = BLØDE OP □ *hun opblødte brødet i mælken* · *regnskyllet havde opblødt grusvejen*
2. opbløde ngt gøre mildere = BLØDE OP □ *man forsøgte at opbløde de skarpe holdninger under forhandlingerne*

opbragt

ADJ. *-, -e*

som er blevet oprørt, især af harme el. forargelse = INDIGNERET, FORTØRNET □ *han blev temmelig opbragt over fornærmelsen*

opbremsning

SUBST. *-en*, plur. *-er, -erne*

det at få nogen el. noget til at nedsætte hastigheden el. standse helt □ *føreren af bilen foretog en hård opbremsning* · *opbremsningen af den internationale økonomiske fremgang kan mærkes på landets eksport*

opbringe

VERB. *-r, opbragte, opbragt*

opbringe ngt tilbageholde et skib pga. ulovligheder el. i forbindelse med krigsførelse = BESLAGLÆGGE, KAPRE □ *canadierne opbragte de spanske trawlere* □ *opbringning*

opbrud

SUBST. *opbruddet*, plur. *opbrud, opbruddene*

det at man rejser sig og gør sig klar til at tage af sted □ *gøre signal til opbrud* · *ved ti-tiden var der almindeligt opbrud*

opbud

SUBST. *-et* (el. *opbuddet*), plur. *opbud, -ene* (el. *opbuddene*)

et stort antal personer el. ting som befinder sig på samme sted = SAMLING, MÆNGDE □ *et mægtigt opbud af gæster* · *et stort opbud af politi* · *butikken havde et overdådigt opbud af varer* □ *politiopbud* • **med opbud af ngt** det at man iværksætter de ressourcer man har i sig □ *med opbud af al sin energi* · *med et voldsomt opbud af kraft*

opbygge

VERB. *-r, -de, -t*

1. opbygge ngt få noget til at tage form og udvikle sig □ *lidt ros opbygger selvtilliden* · *han har opbygget firmaet fra grunden* · *hun opbyggede sit ego* · *et samfund der er helt anderledes opbygget* □ *opbyggelse* □ *genopbygge*
2. opbygge ngt = BYGGE □ *der var opbygget en 2 m høj snevold* □ *opbyggelse* □ *genopbygge*

opbyggelig

ADJ. *-t, -e*
/*op'byggelig*/

som bidrager til åndelig udvikling og styrkelse af moralen □ *opbyggelig litteratur* · *en opbyggelig tale*

opbød

VERB.

bøjningsform af *opbyde*

op.cit.

udtryk for at der anvendes et citat til at angive at man tidligere har citeret fra værket, hvorfor en ny angivelse af værkets forfatter, titel m.m. er unødvendig; fork. for *opere citato*

opdage

VERB. *-r, -de, -t*

1. opdage ng(t) få øje på nogen el. noget = BEMÆRKE □ *pludselig opdagede hun at der sad én i lokalet* · *han opdagede en plet på sin jakke* □ *opdagelse* · *opdager* • **opdage ngt** gøre en opdagelse □ *Columbus opdagede Amerika* · *hvem opdagede penicillinen?*
2. opdage ngt finde ud af noget □ *hun opdagede at det var for sent*

opdagelse

SUBST. *-n*, plur. *-r, -rne*

det at opdage noget □ *opdagelsen af Galapagosøerne i 1535* · *biologerne har gjort en revolutionerende opdagelse* □ *opdagelsesrejse* • **gå på opdagelse** gå rundt et sted for at se el. opleve noget nyt □ *de gik på opdagelse i de smalle gader i den gamle bydel*

opdager

SUBST. *-en*, plur. *-e, -ne*

1. en person som har fundet frem til et ikke tidligere kendt landområde □ *Columbus, Amerikas opdager*
2. en politimand der undersøger og opklarer forbrydelser = DETEKTIV, KRIMINALBETJENT

opdatere

VERB. *-r, -de, -t*

opdatere ngt forsyne noget med el. tilrette noget efter de nyeste oplysninger = AJOURFØRE □ *de er ved at opdatere kartoteket med de senest tilkomne navne • jeg må se at få opdateret min viden • vi må have en opdateret udgave af rapporten* □ *opdatering*

opdigt

SUBST. *et*

(glds.): = OPSPIND □ *det er det pure opdigt*

opdigte

VERB. *-r, -de, -t*

opdigte ngt finde på noget med fantasiens hjælp, evt. for at skjule noget = FINGERE □ *opdigte en historie • et opdigtet indbrud*

opdigtet

ADJ. *- , opdigtede*

som nogen har fundet på og som ikke eksisterer i virkeligheden = FIKTIV, FINGERET □ *han opgav et opdigtet navn • personerne i historien er opdigtede*

opdrag

SUBST. *-et,* plur. *opdrag, -ene*

få el. **give ng ngt i opdrag** få eller give nogen som opgave at gøre noget □ *opdragsgiver*

opdrage

VERB. *-r, -de* (el. *opdrog*), *-t*

opdrage ng fremme, især børns, udvikling og danne deres karakter □ *han er strengt opdraget • opdrage børn • han er blevet opdraget til at respektere andre • skolens opdragende funktion • du skal ikke opdrage på mig • personalet skal opdrages til at tænke internationalt* □ *opdragelse*

opdragelse

SUBST. *-n*

det at fremme, især børns, udvikling og danne deres karakter □ *faderen overlod hans opdragelse til moderen • en streng opdragelse • få en fri opdragelse • forældrene bærer ansvaret for deres børns opdragelse* • det at være velopdragen el. have gode manerer □ *sig mig, har du ingen opdragelse?*

opdrift

SUBST. *-en*

en genstands evne til at flyde på vand el. stige op gennem luft = OPDRIFTSEVNE □ *træs opdrift • ballonen har stor opdrift* • den opadrettede kraft hvormed en væske el. en luftart løfter en genstand □ *båden hæver sig ved vandets opdrift • flyvemaskinevinger og helikopterrotorer frembringer opdrift* □ *opdriftscentrum • opdriftslinie* • lyst el. evne til at avancere socialt og økonomisk □ *der er opdrift i ham*

opdrive

VERB. *-r, opdrev, opdrevet* (*opdreven, opdrevne*)

opdrive ng(t) = FREMSKAFFE □ *det var ikke til at opdrive en tjener i den overfyldte restaurant • tror du du kunne opdrive en pakke cigaretter til mig?* □ *opdrivelse*

opdræt

SUBST. *opdrættet,* plur. *opdræt, opdrættene*

erhvervsmæssig opfodring af husdyr = AVL □ *opdræt af husdyr • opdræt af tamsvin* □ *kvægopdræt • svineopdræt* • opdrættet kvæg; især ungkvæg

opdrætte

VERB. *-r, -de, -t*

opdrætte ngt opføde og pleje dyr; især erhvervsmæssigt □ *opdrætte svin • opdrætte gæs og kyllinger* □ *opdrætter • opdrætning*

opdrætter

SUBST. *-en,* plur. *-e, -ne*

en person der driver avl af dyr, fx heste el. hunde □ *opdrætter af racekatte* □ *hesteopdrætter • hundeopdrætter*

opdækning

SUBST. *-en,* plur. *-er, -erne*

1. en strategisk placering af spillerne i fx fodbold el. håndbold som har til formål at hindre en modspiller i at score □ *den danske opdækning var passiv • målmanden skældte ud over den manglende opdækning • i dele af kampen blev hun udsat for personlig opdækning* □ *mandsopdækning*
2. en måde et bord er dækket på □ *en fin opdækning med krystalglas, sølvbestik og stofserviet*

opefter

ADV.

= OPAD □ *de var på vej opefter da sneskreddet kom* • mod den øvre del □ *næsen smaller til opefter*

opelske

VERB. *-r, -de, -t*

opelske ngt bringe noget til at vokse ved omhyggelig pleje = FREMELSKE □ *opelske planter i drivhus* □ *opelskning* • **opelske ngt** støtte og hjælpe noget frem □ *opelske medmenneskelig forståelse*

opera

SUBST. *-en,* plur. *-er, -erne*

et dramatisk syngespil hvor handlingen synges akkompagneret af musik ≠ OPERETTE □ *Puccinis opera Madame Butterfly • en opera i tre akter* □ *operaforestilling • operakor • operasanger* • et kompagni der står for opførelsen af en opera el. en bygning hvor der opføres operaer □ *være ansat ved den Kongelige Opera • operaen er på turné i udlandet • operaen i Sydney er tegnet af Jørn Utzon* □ *operachef • operahus • operakompagni*

operasanger

SUBST. *-en,* plur. *-e, -ne*

en person som er uddannet til at synge opera □ *de mandlige operasangere er inddelt i bassangere, barytoner og tenorer*

operation

SUBST. *-en,* plur. *-er, -erne*
[*obəra'sjo'n*]

1. et kirurgisk indgreb hvor der skæres i patientens krop □ *plastisk operation* □ *operationsbord • operationsstue • operationssygeplejerske* □ *blindtarmsoperation • bypassoperation • hjerteoperation • mavesårsoperation*
2. en planlagt række handlinger der udføres for at nå et bestemt mål = AKTION, MANØVRE, TRANSAKTION □ *en militær operation • finansielle operationer* □ *operationalisere • operationsbasis • operationsdygtig • operationsradius • operativ* □ *fredsoperation*

operationel

ADJ. *-t, operationelle*
/*operatio'nel*/

som er klar til at blive brugt el. realiseret □ *den viden der eksisterer skal gøres operationel • planen er ikke videre operationel* • som vedrører el. kan bruges i en militær operation □ *organisationen har ringe militær operationel kapacitet • styrken er nu en fuldt operationel enhed*

operationsbord

SUBST. *-et,* plur. *-e, -ene*

et smalt bord som patienten ligger på under en operation; oftest af metal så det er let at holde sterilt □ *han var på operationsbordet i otte timer*

operationsstue

SUBST. *-n,* plur. *-r, -rne*

et rum på et hospital el. en klinik som er indrettet med henblik på operationer

operativ

ADJ. *-t, -e*

1. som har med udførelsen af noget at gøre
2. som har at gøre med militære opgaver □ *søværnets operative kommando*
3. som har med en læges operation at gøre □ *et operativt indgreb*

operativsystem

SUBST. *-et,* plur. *-er, -erne*
fork. *OS*

= STYRESYSTEM

operatør

SUBST. *-en,* plur. *-er, -erne*
/*opera'tør*/

en person der er uddannet til at betjene et bestemt apparat □ *operatørrum* □ *edb-operatør • filmoperatør • tasteoperatør*

operatørrum

SUBST. *~rummet,* plur. *~rum, ~rummene*

et rum i en biograf hvor forevisningsapparatet er placeret

operere

VERB. *-r, -de, -t*
/*ope'rere*/

1. operere ng foretage en lægelig operation □ *lægen opererede i flere timer • patienten blev opereret for blindtarmsbetændelse* □ *bortoperere • indoperere*
2. udføre sit arbejde el. virke = ARBEJDE, HANDLE, VIRKE □ *flyene opererer fra hangarskibe ud for kysten • der opererer flere agenter i området • tyven opererer kun om natten*
3. operere med ngt arbejde med noget □ *bankerne opererer med millionbeløb • vi opererer med en plan på to år*

operette

SUBST. *-n,* plur. *-r, -rne*
/ope'rette/

et muntert musikdramatisk teaterstykke hvor der veksles mellem talt og sunget dialog ≠ OPERA □ *Johan Strauss' operetter* □ *operettemusik* · *operettesanger* □ *wieneroperette*

opfandt

VERB.

bøjningsform af *opfinde*

opfange

VERB. *-r, -de, -t*

1. opfange ngt have held til at bemærke noget som er flygtigt el. kortvarigt = OPSNAPPE □ *jeg opfangede nogle brudstykker af samtalen* · *han spidsede ører for at opfange den svage lyd* · *kortbølgeamatøren opfangede et nødsignal*
2. opfange ngt hindre den videre bevægelse af noget ved at modtage og samle det □ *den store tønde opfangede regnvand* · *skærmen opfanger sollyset* □ *opfangning*

opfarende

ADJ.

som let bliver vred = KOLERISK, HASTIG □ *han er hidsig og opfarende af væsen* □ *opfarenhed*

opfatte

VERB. *-r, -de, -t*

opfatte ngt få fat i noget som man fx hører, ser el. læser og forstå betydningen af det □ *sådan opfatter jeg slet ikke den historie* · *jeg opfattede din tavshed som et samtykke* · *han opfattede ikke hvad der var sket* □ *opfattelse* □ *misopfatte*

opfattelse

SUBST. *-n,* plur. *-r, -rne*

opfattelse af ng(t) en personlig betragtning og bedømmelse af nogen el. noget □ *jeg har en anden opfattelse af filmens budskab* · *han har givet dig en forkert opfattelse af hende* · *det er min opfattelse at han ikke er på toppen fysisk* · *man kan diskutere opfattelsen af begrebet kærlighed* • en evne til at opfatte noget □ *han er langsom i opfattelsen* □ *opfattelsesevne*

opfattelsesevne

SUBST. *-n,* plur. *-r, -rne*

en evne til at opfatte noget = INTELLIGENS, NEMME □ *have en hurtig opfattelsesevne*

opfede

VERB. *-r, -de, -t*

opfede ng(t) gøre personer el. dyr tykkere = FEDE OP □ *opfede kreaturer* □ *opfedning*

opfinde

VERB. *-r, opfandt, opfundet (opfunden, opfundne)*

1. opfinde ngt udtænke el. udvikle noget som ikke før har eksisteret □ *Graham Bell opfandt telefonen* · *opfinde en vaccine mod polio*
2. opfinde ngt udtænke en forklaring el.lign. som ikke er sand □ *opfinde en historie* · *opfinde en undskyldning*

opfindelse

SUBST. *-n,* plur. *-r, -rne*

det at opfinde noget el. resultatet heraf □ *gøre en opfindelse* · *tage patent på en opfindelse* · *han har fået en pris for sin opfindelse af "Space - X"*

opfinder

SUBST. *-en,* plur. *-e, -ne*

en person som finder på nye apparater, maskiner el. teknikker □ *opfinderen har taget patent på metoden*

opfindsom

ADJ. *-t, opfindsomme*
/op'findsom/

som er god til at finde på noget nyt el. som vidner herom = IDÉRIG, PÅHITSOM, SINDRIG, FANTASIFULD □ *en opfindsom designer* · *en opfindsom titel* · *et opfindsomt argument* □ *opfindsomhed*

opflamme

VERB. *-r, -de, -t*

opflamme ng til ngt = OPILDNE □ *blive opflammet til dåd* · *folket venter på en leder der kan opflamme dem* · *hans brandtaler virkede opflammende på rebellerne*

opflaske

VERB. *-r, -de, -t*

opflaske ngt give specielt dyreunger næring gennem en sutteflaske □ *hun forsøgte at opflaske det efterladte rålam* □ *opflaskning* • **opflaske ng** udsætte nogen for en bestemt påvirkning fra de er helt små □ *han er opflasket med klassisk musik* · *hun opflasker sin søn med moral og gudsfrygt*

opfordre

VERB. *-r, -de, -t*

opfordre ng til ngt = TILSKYNDE □ *de opfordrede ham gang på gang til at tage chancen* · *den modtagelse opfordrer ikke til yderligere samarbejde* □ *opfordring*

opfordring

SUBST. *-en,* plur. *-er, -erne*

det at opfordre nogen til noget = INVITATION, INDBYDELSE □ *en opfordring til at se et teaterstykke* · *han accepterede forslaget på opfordring af sin kollega* · *den kritiske rapport blev til på opfordring fra firmaet* · *en opfordring til parterne på arbejdsmarkedet om at samarbejde*

opfostre

VERB. *-r, -de, -t*

opfostre ng (glds.): passe og opdrage nogen som ikke er ens eget afkom □ *da moren døde opfostrede bedsteforældrene drengen* · *han har opfostret to solsorteunger* □ *opfostring*

opfriske

VERB. *-r, -de, -t*

opfriske ngt forny noget, specielt om noget der trænger til reparation el. som man er ved at glemme = FORNY □ *opfriske huset med nye farver* · *opfriske sine sprogkundskaber* · *opfriske sin hukommelse* · *opfriske gamle minder* □ *opfriskning*

opfundet

VERB.

bøjningsform af *opfinde*

opfylde

VERB. *-r, ~fyldte, ~fyldt*

1. opfylde ngt sørge for at noget bliver en realitet el. lever op til noget = TILFREDSSTILLE, INDFRI, HONORERE, FULDBYRDE □ *visse lande opfylder ikke kommissionens krav* · *han opfyldte sit løfte* · *opfylde en målsætning* · *hun fik opfyldt sin drøm om at tage på jordomsejling* · *få sine ønsker opfyldt* □ *opfyldelse*
2. opfylde ngt fylde noget helt □ *affaldet opfyldte allerede flere lossepladser* □ *opfyldning*

opfølgning

SUBST. *-en,* plur. *-er, -erne*

det at gå videre med noget □ *dette projekt kræver opfølgning*

opføre

VERB. *-r, opførte, opført*

1. opføre ngt spille noget for et publikum, fx et teater- eller musikstykke □ *teatret opførte et klassisk drama* · *jeg kan ikke lide den moderne måde de opførte Shakespeare på* · *opføre en opera af Verdi* · *opføre en krigsdans* □ *opførelse* □ *førsteopføre* · *genopføre* · *uropføre*
2. opføre sig styre sin adfærd over for andre mennesker = TE □ *han har ikke begreb om at opføre sig* · *har du nu opført dig ordentligt?* □ *opførsel*
3. opføre ngt = BYGGE □ *boligselskabet opfører her en ejendom med 50 lejligheder* □ *opførelse* □ *genopføre*
4. opføre ngt skrive noget op □ *opføre navne på en liste* · *alle udgiftsposter i regnskabet er opført i venstre kolonne*

opførelse

SUBST. *-n,* plur. *-r, -rne*

1. det at spille et stykke for et publikum □ *stykket fortjener opførelse på Det Kongelige Teater* · *det er den første opførelse af den opera i 50 år* □ *genopførelse* · *førsteopførelse* · *uropførelse*
2. det at opføre noget □ *et nyt dæmningsanlæg er under opførelse*

opførsel

SUBST. *-en* (el. *opførslen*)

den måde man opfører sig på = ADFÆRD, VÆREMÅDE □ *hans opførsel var skandaløs* · *en barnlig opførsel* · *en mærkelig opførsel*

opg.

fork. for *opgang*

opgang

SUBST. *-en,* plur. *-e, -ene*

1. en stigning, fx i priser = STIGNING □ *der er opgang i beskæftigelsen* □ *opgangstider*
2. trapperummet i et etagehus □ *hun bor i samme opgang som sine forældre* · *han venter på hende nede i opgangen* □ *trappeopgang*

opgangsperiode

SUBST. *-n,* plur. *-r, -rne*

en periode hvor noget er for opadgående, fx et lands økonomi ≠ NEDGANGSTID

opgav

VERB.

bøjningsform af *opgive*

opgave

SUBST. *-n,* plur. *-r, -rne*

et afgrænset, fast defineret arbejde som skal udføres el. spørgsmål som der skal findes en løsning på □ *få noget til opgave* · *få til opgave at gøre noget* · *løse opgaven tilfredsstillende* · *det er samfundets opgave at hjælpe de svage* · *hun klarede den opgave der blev hende pålagt* · *efterhånden fik han overdraget flere opgaver og større ansvar* □ *opgaveformulering* · *opgaveløsning* · *opgaveretning* · *opgavestiller* □ *matematikopgave*

opgejle

VERB. *-r, -de, -t*

opgejle ng(t) = OPHIDSE □ *opgejle masserne* · *medierne opgejler en vrede blandt folk* · *opgejlet hysteri* □ *opgejling*

opgive

VERB. *-r, opgav, -t (opgiven, opgivne)*

1. opgive ngt frivilligt el. ufrivilligt ophøre med at have noget □ *opgive håbet* · *opgive sit forehavende* · *hun har omsider opgivet tanken om at flytte til udlandet* □ *opgivelse* • **opgive ng** ophøre med at forsøge at helbrede el. lave om på nogen □ *hun har opgivet ham* · *han er opgivet af lægerne*
2. opgive ngt oplyse el. angive noget □ *indtægten skal opgives på selvangivelsen* · *vil du opgive mig prisen på varen?* · *opgive 200 sider til eksamen* · *opgiv venligst navn, adresse og telefonnummer*

opgiver

SUBST. *-en,* plur. *-e, -ne*

en person der i boldspil giver bolden op = OPKASTER □ *jeg vil være opgiver*

opgjorde

VERB.

bøjningsform af *opgøre*

opgør

SUBST. *-et,* plur. *opgør, -ene*

et voldsomt sammenstød mellem stridende parter □ *det kom til et ægteskabeligt opgør mellem dem* · *vi havde et opgør* · *et voldeligt opgør mellem gangsterne* · *landet står over for et indre politisk opgør* □ *familieopgør* • = SPORTSKAMP □ *fodboldholdet forbereder lørdagens opgør* · *i et tempopræget opgør tilspillede hjemmeholdet sig de fleste chancer* □ *slutopgør* · *lokalopgør* • **et opgør med** et intellektuelt oprør mod □ *partiets opgør med ideologiske vaneforestillinger* · *bogen er et opgør med velfærdssamfundet*

opgøre

VERB. *opgør, opgjorde, opgjort*

opgøre ngt beregne noget til endelig afvikling el. opgørelse = AFSLUTTE □ *har du opgjort min regning?* · *de opgjorde deres overarbejdstimer til ca. ti om ugen* · *jeg har opgjort vores tab til 3.000 kr.* · *vi skal opgøre lageret i weekenden* · *opgøre et mellemværende* □ *opgørelse*

opgørelse

SUBST. *-n,* plur. *-r, -rne*

en samlet oversigt over fx indbo el. omkostninger □ *opgørelse af et dødsbo* · *opgørelse af lager* · *opgørelse over omkostningerne* · *statistisk opgørelse* □ *lageropgørelse* · *resultatopgørelse* · *slutopgørelse*

opgående

ADJ.

(om Solen): som er på vej op ≠ NEDGÅENDE □ *de første stråler fra den opgående Sol*

ophav

SUBST. *-et,* plur. *ophav, -ene*

1. den der har skabt, påbegyndt el. foranlediget noget = OPRINDELSE, ÅRSAG □ *Gud er alle tings ophav* · *han er ophav til flere romaner* □ *ophavsmand* · *ophavsret*
2. (spøg.): ens mor el. far □ *mit fædrene ophav* · *hans mødrene ophav*

ophavsmand

SUBST. *-en,* plur. *~mænd, ~mændene*

en person som står bag en handling el. frembringelse □ *han er den egentlige ophavsmand til sladderen* · *hvem er ophavsmanden til denne skrivelse?*

ophavsret

SUBST. *~retten*

en kunstners el. en forfatters rettigheder over sine værker = COPYRIGHT, DROIT MORAL □ *en krænkelse af ophavsretten*

ophedet

ADJ. *- , ophedede*

1. som er meget varm □ *de ophedede sten i saunaen* • (om økonomi): som er præget af stor efterspørgsel og stigende priser
2. som er præget af vrede og ophidselse = HIDSIG □ *en ophedet debat* · *en ophedet diskussion*

ophidse

VERB. *-r, -de, -t*

ophidse ng få nogen til at føle stor vrede, begejstring el. trang til at handle = HIDSE OP, OPGEJLE, GEJLE OP, OPVIGLE □ *medierne forstod at ophidse gemytterne* · *hun lader sig altid ophidse i diskussioner* · *der var en ophidset stemning på tilskuerpladserne* · *maden er ikke særlig ophidsende* □ *ophidselse* • **ophidse ng** gøre nogen seksuelt opstemt □ *han bliver ophidset af filmen* · *hun virker ophidsende på ham* □ *ophidselse*

ophobe

VERB. *-r, -de, -t*

ophobe sig over en tidsperiode samle en så stor mængde af noget at det er svært at slippe af med det igen = HOBE SIG OP, AKKUMULERE, SAMMENHOBE □ *sagerne ophobede sig på hans skrivebord* · *giftstoffet ophober sig oftest i nyrerne* □ *ophobning*

ophold

SUBST. *-et,* plur. *ophold, -ene*

1. det at opholde sig et sted i et kortere el. længere stykke tid □ *han er vendt hjem fra et længere ophold i Amerika* · *på rejsen til Bornholm gjorde de ophold i Sverige* • = PAUSE □ *hun lavede et lille ophold i sin tale*
2. livets ophold det at tjene penge til at leve for □ *han tjener selv penge til livets ophold*

opholde

VERB. *-r, opholdt, opholdt*

1. opholde ng(t) være årsag til at nogen el. noget sker el. kommer senere el. for sent = FORSINKE, SINKE □ *han blev opholdt på vejen og kom for sent til toget* · *de opholdt sagens afgørelse i et halvt år*
2. opholde sig være et bestemt sted i et begrænset tidsrum □ *i juleferien opholder han sig altid i Nice* · *han opholder sig illegalt i landet*
3. opholde sig ved ngt beskæftige sig med noget i nogen tid = DVÆLE □ *han opholdt sig ved en række detaljer*

opholdssted

SUBST. *-et,* plur. *-er, -erne*

det sted man befinder sig lige nu el. opholder sig mere permanent = TILHOLDSSTED □ *politiet kender ikke hans opholdssted* · *han skifter tit opholdssted* · *om vinteren er Solkysten hans foretrukne opholdssted*

opholdstilladelse

SUBST. *-n,* plur. *-r, -rne*

en tilladelse som en person skal have for lovligt at opholde sig i et andet land i en længere periode

opholdsvejr

SUBST. *-et*

en vejrperiode uden regn mellem byger □ *det er blevet opholdsvejr, skyerne har spredt sig*

ophovnet

ADJ. *- , ophovnede*

= OPSVULMET □ *hendes øjenlåg var ophovnede af gråd*

ophug

SUBST. *ophugget,* plur. *ophug, ophuggene*

det at ophugge noget = OPHUGNING □ *han sendte bilen til ophug*

ophugge

VERB. *-r, -de, -t*

ophugge ngt sønderdele fx biler og maskiner for at genbruge metal o.l. = HUGGE OP, SKROTTE □ *lade sin gamle bil ophugge* · *skibet skal ophugges* □ *ophugning*

ophæng

SUBST. *-et,* plur. *ophæng, -ene*

en indretning hvori noget ophænges

ophængt

ADJ. *- , -e*

være ophængt have travlt □ *hun virker ret ophængt for tiden*

ophæve

VERB. *-r, -de, -t*

ophæve ngt sætte noget ud af kraft = HÆVE, ANNULLERE, OPSIGE, OPLØSE □ *ophæve en kontrakt*

· ophæve en regel · ophæve et samarbejde · de har ophævet deres forlovelse · ophæve en forbandelse □ *ophævelse*

ophævelse

SUBST. *-n,* plur. *-r, -rne*

1. det at noget ophører med at eksistere el. gælde □ *ægteskabets ophævelse træder i kraft 1. maj · ophævelse af en lov*
2. gøre ophævelser mod ngt komme med indvendinger mod noget

ophøje

VERB. *-r, -de, -t*

ophøje ng give nogen en højere rang el. værdighed □ *man ophøjede ham til æresmedlem · ophøje til helgen* □ *ophøjning* • **ophøje ngt** give noget en højere værdi □ *ophøje bagateller til vigtige spørgsmål · ophøje et forslag til lov*

ophøjet

ADJ. *- , ophøjede*

som er hævet i forhold til grundfladen □ *i blindskrift anvendes ophøjet skrift* • = FORNEM □ *tage tingene med ophøjet ro* □ *ophøjethed*

ophør

SUBST. *-et,* plur. *ophør, -ene*

det at ophøre = AFSLUTNING, STANDSNING □ *forretningens ophør foranledigede mange fyringer · efter arbejdstidens ophør · bringe noget til ophør* • **uden ophør** uden afbræk el. pauser □ *hun talte og talte uden ophør · det regner uden ophør* • = UDLØB □ *opsige en traktat til ophør i januar · policens ophør* □ *kontraktophør*

ophøre

VERB. *-r, ophørte, ophørt*

standse el. holde op med at eksistere = STANDSE, SLUTTE □ *forretningen ophørte sidste år · regnen er endelig ophørt*

opildne

VERB. *-r, -de, -t*

opildne ng til ngt forsøge at vække stærke følelser hos nogen og få dem til at gøre noget = OPFLAMME, ILDNE, ÆGGE □ *han opildnede befolkningen til revolution · det er forbudt at opildne til fremmedhad · de dansede til de opildnende rytmer*

opinion

SUBST. *-en,* plur. *-er, -erne*
[*opin'jo'n*]

en offentlig mening der deles af en større gruppe af personer i et samfund □ *skabe en opinion for sine politiske holdninger* □ *opinionsdannelse · opinionsdannende · opinionsdanner · opinionsundersøgelse* □ *folkeopinion*

opinionsundersøgelse

SUBST. *-n,* plur. *-r, -rne*

en undersøgelse af den offentlige mening om et bestemt emne ved hjælp af spørgeskemaer, spørgsmål via telefon osv.; foretages blandt et repræsentativt udsnit af befolkningen = MENINGSMÅLING, GALLUPUNDERSØGELSE

opirre

VERB. *-r, -de, -t*

opirre ng (glds.): tirre nogen □ *hans ro opirrede hende yderligere* □ *opirring*

opium

SUBST. *-en* (el. *opiummen*) el. *-et* (el. *opiummet*)

tørret mælkesaft af opiumvalmuen der virker som rusmiddel når det ryges; indeholder bl.a. morfin og kodein som bruges i lægemidler og af narkomaner □ *opium(s)dråbe · opium(s)rus · opium(s)ryger · opium(s)valmue* □ *råopium*

opiumsvalmue el. opiumvalmue

SUBST. *-n,* plur. *-r, -rne*

en valmue som dyrkes i bl.a. Tyrkiet og Indien, og hvorfra fås birkes, som er plantens frø, spiseolie og opium, som udvindes af dens mælkesaft; latinsk navn *Papaver somniferum*

opkald

SUBST. *-et,* plur. *opkald, -ene*

= OPRINGNING □ *modtage et opkald fra udlandet · foretage et nyt opkald* □ *opkaldssignal*

opkalde

VERB. *-r, opkaldte, opkaldt*

opkalde ng(t) efter ng(t) give nogen el. noget navn efter nogen el. noget □ *de opkaldte drengen efter bedstefaren · hvem er du opkaldt efter? · hun er opkaldt efter et spansk vinmærke · katten er opkaldt efter min bedstemor*

opkast

SUBST. *-et*

maveindhold som er blevet kastet op = BRÆK, OPKASTNING

opkaste

VERB. *-r, -de, -t*

opkaste ngt kaste noget op □ *opkastede jordvolde* • **opkaste ngt** (dagl.): komme med en idé el. et uforberedt indlæg □ *der er blevet opkastet mange hypoteser om sprogets oprindelse* • **opkaste sig til {dommer}** give sig selv en bestemt funktion □ *opkaste sig til fører over flokken · opkaste sig til dommer over andres handlinger*

opkastning

SUBST. *-en,* plur. *-er, -erne*

det at brække sig; også om det opkastede maveindhold □ *patienten havde nogle voldsomme opkastninger*

opklare

VERB. *-r, -de, -t*

1. opklare ngt finde ud af hvordan noget hænger sammen, fx et mysterium el. en forbrydelse □ *opklare en forbrydelse · mysteriet om den forsvundne ost blev opklaret da de fandt musen · det bliver aldrig opklaret hvad han mente* □ *opklaring*
2. opklares få et lyst og venligt udseende □ *hans ansigt opklaredes af et smil*

opklaring

SUBST. *-en,* plur. *-er, -erne*

1. løsning af et problem, fx en forbrydelse □ *politiets opklaring gik langsomt · mysteriets opklaring* □ *opklaringsarbejde · opklaringsprocent*
2. ændring i vejret hvor dårligt vejr langsomt afløses af bedre, ofte solrigt vejr □ *der er opklaring på vej fra øst*

opkog

SUBST. *-et,* plur. *opkog, -ene*

give ngt et opkog genopvarme noget så det koger □ *sovsen skal lige have et opkog*

opkomling

SUBST. *-en,* plur. *-e* (el. *-er*), *-ene* (el. *-erne*)

(neds.): en person der hurtigt har nået et højere socialt stade, men uden at hans personlige kultur er fulgt med = PARVENU, GULLASCHBARON □ *en opkomling fra pøbelen · han er den typiske opkomling, rig men uden kulturel baggrund*

opkomst

SUBST. *-en,* plur. *-er, -erne*

= FREMKOMST □ *disse nye ideers opkomst har forvirret folks begreber*

opkræve

VERB. *-r, -de, -t*

opkræve ngt forlange betaling af noget □ *opkræve skat · opkræve en bøde · opkræve kontingent* □ *opkrævning*

opkvikkende

ADJ.

som gør nogen mere livlig el. i godt humør □ *kaffe virker opkvikkende*

opkøb

SUBST. *-et,* plur. *opkøb, -ene*

et køb af en større mængde el. alt hvad der er af noget; især om ting til videresalg □ *foretage opkøb af varer · han foretog opkøb af land · der er sket store opkøb af obligationer*

opkøbe

VERB. *-r, ~købte, ~købt*

opkøbe ngt købe en større mængde el. alt hvad der er af noget; især om ting der skal videresælges □ *opkøbe obligationer · opkøbe ejendomme · opkøbe varer til videresalg* □ *opkøbning*

opkøber

SUBST. *-en,* plur. *-e, -ne*

en person el. en virksomhed der køber noget op, evt. hos producenten, for at sælge det videre □ *omkringrejsende opkøbere · opkøber af brugt edb-udstyr · opkøber af gammelt jern* □ *kreaturopkøber · skrotopkøber*

opkørt

ADJ. *- , -e*

1. som er fortravlet og stresset □ *han er helt opkørt af nervøsitet og stress · vi lever i en opkørt tid*
2. som er delvist ødelagt af færdsel □ *vejen fortsætter i et opkørt spor · på pisterne er der sten, grene og opkørt sne*

opl.

1. fork. for *oplag*
2. fork. for *oplysning*
3. fork. for *opløsning*

oplade

VERB. *-r, oplod, opladt*

oplade sin {stemme} (glds., spøg.): sige noget = HÆVE, LØFTE □ *hun sad her en time uden at oplade sin stemme • oplade sin røst • oplade sin mund*

opladt

ADJ. *-, -e*

som er åben og modtagelig □ *med opladt blik • have et opladt sind for kunst og kultur*

oplag

SUBST. *-et,* plur. *oplag, -ene*
fork. *opl.*

et samlet antal eksemplarer af en tryksag fremstillet i én trykning; især om en bog el. avis ≠ UDGAVE □ *første oplag er trykt i 25.000 eksemplarer • et oplag på 25.000 • første oplag er udsolgt • 2. udgave 1. oplag* □ *oplagstal* □ *avisoplag*

oplagsnæring

SUBST. *-en*

(botanik): større forråd af næring som er ophobet i planters frø, rodknolde m.m. til brug i vækstperioder

oplagt

ADJ. *-, -e*

1. = INDLYSENDE □ *det er oplagt at hun skal have posten som formand • han var en oplagt forbryder*
2. som har lyst til noget □ *jeg er ikke oplagt til at gå i biografen i aften* □ *veloplagt*

opland

SUBST. *-et,* plur. *-e, -ene*

det område der omgiver en by og benytter sig af dens faciliteter □ *byen har et stort opland* □ *oplandskommune*

opleve

VERB. *-r, -de, -t*

opleve ngt være ude for el. med til noget □ *rejse ud for at opleve en masse spændende ting • hun har oplevet frygtelige ting under krigen • de har kun oplevet modgang i de seneste år • tænk at vi skulle opleve at blive forældre* □ *oplevelse* ● **opleve ng** overvære en persons væremåde □ *du skulle opleve hende på slap line*

oplevelse

SUBST. *-n,* plur. *-r, -rne*

det at opleve noget; især om en hændelse som gør indtryk på én □ *han fortalte om sine oplevelser • jeg var ude for en underlig oplevelse i går • det var en stor oplevelse at se ham spille Hamlet • blive en oplevelse rigere • det var en dag rig på oplevelser* □ *rejseoplevelse*

oplive

VERB. *-r, -de, -t*

1. oplive ng få til at blive mere glad og livlig □ *børnenes besøg oplivede bedsteforældrene* □ *genoplive*
2. oplive ng få en død person til at leve op igen □ *han forsøgte at oplive den druknede med mund-til-mund metoden* □ *oplivning* □ *genoplive*

oplod

VERB.

bøjningsform af *oplade*

oplukker

SUBST. *-en,* plur. *-e, -ne*

et redskab der kan lukke fx en flaske op □ *en praktisk oplukker til konservesdåser* □ *dåseoplukker • øloplukker*

oplyse

VERB. *-r, oplyste, oplyst*

1. oplyse ngt kaste lys over noget der ellers er mørkt = BELYSE, ILLUMINERE □ *gaden var dårligt oplyst • et oplyst værelse*
2. oplyse ngt el. **oplyse om ngt** fortælle el. forklare nogen noget = INFORMERE, MEDDELE, FORTÆLLE □ *han oplyste at han var søn af en læge • kan De oplyse mig prisen på denne rødvin? • han oplyste hende hvilket spor toget kørte fra* ● **oplyse ng** give nogen almen viden □ *oplysende virksomhed • danskerne tror selv at de er et meget oplyst folk*

oplysning

SUBST. *-en,* plur. *-er, -erne*

1. det at der kastes lys på noget = BELYSNING, LYS □ *der var ingen oplysning af husets forside • værelsets dunkle oplysning*
2. en meddelelse der har en forklarende el. opklarende funktion = INFORMATION, MEDDELELSE, BESKED, DATA, UNDERRETNING, ANGIVELSE □ *du kan få flere oplysninger hos studievejlederen* □ *forbrugeroplysning • seksualoplysning* ● et kontor el.lign. som giver hjælp til publikum, især pr. telefon el. ved personlig henvendelse = INFORMATION □ *statsbanernes oplysning • Københavns Kommune, det er oplysningen • De må henvende Dem i oplysningen* □ *oplysningskontor* ● **tage oplysning** el. **oplysninger på ng** undersøge nogens personlige forhold; især med henblik på at fastslå deres kreditværdighed
3. det at give viden el. undervisning for at fremme befolkningens dannelse og kultur □ *højskolerne står for en vigtig del af den folkelige oplysning • man kalder ofte 1700-tallet oplysningens århundrede • Voltaire kæmpede for oplysning mod kirkens tyranni* □ *folkeoplysning*

oplysningstid

SUBST. *-en*

en periode præget af åben og folkelig oplysning; især om en periode i europæisk kulturhistorie i 1700-tallet hvor bl.a. visse filosoffer og forfattere mente at man gennem udvikling af fornuften og folkelig oplysning kunne opnå et samfund med større frihed, tolerance og humanitet □ *vi lever i en oplysningstid • oplysningstidens forfattere*

oplæg

SUBST. *oplægget,* plur. *oplæg, oplæggene*

en tale el. en tekst som indleder fx en diskussion □ *politikeren lavede et oplæg til et nyt partiprogram • det var hans oplæg til de allierede • han har lavet et oplæg til et blodigt tv-drama*

oplære

VERB. *-r, ~lærte, ~lært*

oplære ng i ngt uddanne nogen i et fag el. håndværk □ *oplære én i at bruge værktøj • blive oplært i brugen af edb* □ *oplæring*

oplæser

SUBST. *-en,* plur. *-e, -ne*

den der læser noget op □ *oplæseren af historien var en kendt skuespiller* ● en person der læser nyheder op i radio el. tv = SPEAKER

opløb

SUBST. *-et,* plur. *opløb, -ene*

1. en større mængde mennesker der er stimlet sammen for at se noget □ *der havde dannet sig et helt opløb ved ulykkesstedet • branden samler opløb • sprede et opløb*
2. sidste del af væddeløb på strækningen lige før målstregen □ *slå nogen i opløbet • tage nogen i opløbet* □ *opløbsstrækning • opløbssving*
3. i forsk. forb.: ● **tage ngt i opløbet** standse noget inden det udvikler sig □ *tage en forkølelse i opløbet* ● **være med i opløbet** være blandt de sidste i en gruppe hvorfra en el. flere skal vælges

opløben

ADJ. *-t, opløbne*

(glds.): høj af sin alder, men ranglet af vækst = RANGLET □ *et langt, opløbent pigebarn*

opløfte

VERB. *-r, -de, -t*

1. opløfte ngt = HÆVE □ *han opløftede sin røst*
2. opløfte {7} i el. **til {3. potens}** (matematik): gange et tal med sig selv et bestemt gange, fx 7 × 7 × 7

opløftende

ADJ.

som stimulerer el. glæder én □ *en opløftende nyhed • det lyder ikke videre opløftende*

opløse

VERB. *-r, opløste, opløst*

opløse ngt få noget til at forsvinde el. blive en del af en væske = NEDBRYDE □ *papir opløses i vand • opløse sukker i vand • syren opløser metallet • liget var halvt opløst efter opholdet i havet* ● **opløse ngt** få noget til at forsvinde ved at opdele det i bestanddele = OPHÆVE □ *ægteskabet blev opløst • politiet opløste demonstrationen* ● **være opløst af ngt** være udmattet el. overvældet af noget □ *jeg er helt opløst af varmen • være opløst af gråd*

opløsning

SUBST. *-en,* plur. *-er, -erne*

1. en proces hvor noget gradvist nedbrydes og forsvinder □ *liget var begyndt at gå i opløsning*
2. en flydende blanding af et el. flere stoffer som

er opløst i en væske □ *du skal drikke en skefuld af opløsningen hver fjerde time · en kemisk opløsning* □ *kloropløsning · sukkeropløsning*
3. et forhold som opløses og evt. ophører med at eksistere □ *en families opløsning · hans verden var ved at gå i opløsning · samfundets opløsning*
4. en optisk gengivelse af detaljer, fx på en tv-skærm □ *teksten er utydelig fordi skærmen har en dårlig opløsning*

opløsningsmiddel

SUBST. *-et* (el. *~midlet*), plur. *~midler, ~midlerne*

en væske som kan opløse andre stoffer □ *organiske opløsningsmidler*

opløsningstegn

SUBST. *-et,* plur. *~tegn, -ene*

(musik): et tegn der ophæver et foregående *kryds* el. *b*

opmand

SUBST. *-en,* plur. *opmænd, opmændene*

en mægler som afgører en faglig strid □ *opmandsfunktion · opmandsgruppe · opmandskendelse · opmandslov*

opmarch

SUBST. *-en*

1. (militær): det at en kolonne soldater, kampvogne el.lign. sætter sig i stilling □ *hærens opmarch før et angreb* □ *opmarchfelt · opmarchområde*
2. en el. flere rækker af biler der holder i venteposition □ *der var en opmarch af biler ved fodgængerovergangen* □ *opmarchbås · opmarchfelt · opmarchområde · opmarchplads*

opmuntre

VERB. *-r, -de, -t*

1. opmuntre ng gøre nogen gladere □ *prøv om du ikke kan opmuntre ham lidt · det var opmuntrende at høre · hans ros opmuntrede mig virkelig* □ *opmuntring*
2. opmuntre ng til ngt = TILSKYNDE □ *opmuntre nogen til at lave ulykker · hun opmuntrede ham til at forsøge sig som digter*

opmærksom

ADJ. *-t, opmærksomme*
/op'mærksom/

1. som bevidst samler sin opfattelsesevne mod noget bestemt = NÆRVÆRENDE ≠ UOPMÆRKSOM □ *en opmærksom elev · jeg er opmærksom på problemet · de blev gjort opmærksom på at rygning ikke var tilladt*
2. som bemærker og opfylder andres behov = BETÆNKSOM □ *hendes mand er altid så opmærksom · de er meget opmærksomme over for børnenes behov* □ *opmærksomhed*

opmærksomhed

SUBST. *-en,* plur. *-er, -erne*
/op'mærksomhed/

det at lægge mærke til og koncentrere sig om noget el. nogen □ *henlede ens opmærksomhed på noget · opmærksomheden samlede sig om ham · aflede deres opmærksomhed · fastholde klassens opmærksomhed · barnet kræver fuld opmærksomhed · undgå ens opmærksomhed · være genstand for opmærksomhed* • gave som gives som tegn på interesse el. påskønnelse □ *blomsterne var en lille opmærksomhed i anledning af hendes fødselsdag · tak for opmærksomheden i anledningen af vores bryllup*

opnå

VERB. *-r, -ede, -et*

opnå ngt have held til at få noget □ *de opnåede højere løn ved overenskomsten · opnå et godt resultat · opnå en høj alder* □ *opnåelse*

opnåelig

ADJ. *-t, -e*
/op'nåelig/

som det er muligt at opnå ≠ UOPNÅELIG □ *et opnåeligt ønske*

opofre

VERB. *-r, -de, -t*

opofre ngt (glds.): give afkald på noget til fordel for en bestemt sag = OFRE □ *opofre sit liv for fædrelandet · han ville have en hustru der var mild og opofrende* □ *opofrelse*

opossum

SUBST. *-en* (el. *opossummen*), plur. *-er* (el. *opossummer*), *-erne* (el. *opossummerne*)

= PUNGROTTE

oppakning

SUBST. *-en,* plur. *-er, -erne*

tøj og udstyr som er pakket sammen så det kan transporteres på ryggen □ *en soldat med fuld oppakning*

oppasser

SUBST. *-en,* plur. *-e, -ne*

(foræld.): en soldat der fungerer som tjener for en officer

oppe[1]

VERB. *-r, -de, -t*

oppe sig anstrenge sig el. gøre fremskridt = TAGE SIG SAMMEN □ *det gælder om at oppe sig til prøven · han har endelig oppet sig og fundet et arbejde*

oppe[2]

ADV.

1. på et højereliggende sted i forhold til et givent el. naturligt udgangspunkt ≠ NEDE □ *han står længere oppe ad skråningen · oppe på loftet · oppe i luften* □ *oppefra* • i sin højeste position ≠ NEDE □ *bommen er oppe* • som ligger længere mod nord □ *oppe i Norge · hun kommer oppe fra Skagen*
2. på et højt niveau med hensyn til noget der kan tælles □ *temperaturen er oppe på 30° · jeg har desværre taget på, nu er jeg oppe på 70 kg · hun er oppe i 80'erne*
3. på et højt niveau □ *holde humøret oppe · han er helt oppe at køre*
4. vågen, i aktivitet el. i drift □ *er du allerede oppe? · jeg var oppe til kl. 4 i nat · hun er oppe med hønsene · det eneste der holder ham oppe er hans stædighed · computersystemet er oppe igen*
5. i forsk. forb.: • **holde ng(t) oppe** få nogen el. noget til at forblive • **være lige oppe over** være lige ved at ske • **være oppe** blive opført el. blive forevist □ *filmen er oppe i alle landets biografer* • **være oppe {til} ngt** være til eksamen □ *han er oppe til eksamen · i går var hun oppe i tysk*

oppebære

VERB. *-r, ~bar, ~båret*

modtage penge som en rettighed □ *enken oppebærer sin afdøde mands pension* □ *oppebærelse*

oppefra

ADV.

fra en højere position ≠ NEDEFRA □ *set oppefra ser byen meget lille ud · blinkene kom oppefra* □ *oppefrakommende* • fra den øverste del af noget □ *du skal begynde oppefra · oppefra og ned*

oppegående

ADJ.

som er ude af sengen □ *de oppegående hospitalspatienter*

oppiske

VERB. *-r, -de, -t*

1. oppiske ngt sætte noget i voldsomme bevægelser således at det løfter sig; især om vand □ *stormen oppisker havet · trøjen skal vaskes i varmt, oppisket sæbevand* □ *oppiskning*
2. oppiske ngt hidse en negativ el. voldelig stemning op □ *det voldsomme sammenstød mellem demonstranterne og ordensmagten oppiskede stemningen*

opponent

SUBST. *-en,* plur. *-er, -erne*
/oppo'nent/

en person som opponerer, fx ved en doktordisputats □ *forslaget har mange opponenter · opponenten kritiserede den anvendte litteratur* □ *fakultetsopponent* • **opponent ex officio** en officielt udpeget opponent ved en doktordisputats • **opponent ex auditorio** en uofficiel opponent ved en doktordisputats

opponere

VERB. *-r, -de, -t*
/oppo'nere/

opponere mod ngt komme med indvendinger mod noget = PROTESTERE □ *han opponerede mod forslaget* • optræde som opponent ved forsvar af en doktorafhandling □ *han var udpeget til at opponere mod NNs doktorafhandling*

opportun

ADJ. *-t, -e*
[*opɔ'tu'n* el. *ɔbɔ'tu'n*]

(form.): som er hensigtsmæssig og fordelagtig i en bestemt situation □ *det vil være opportunt at købe hus nu hvor priserne er lave · regeringen anser det for opportunt at rejse sagen nu*

opportunisme

SUBST. *-n*
/opportu'nisme/

(neds.): en fremgangsmåde som indretter sig efter hvad der i øjeblikket er mest fordelagtigt uden hensyn til principper □ *politisk opportunisme*

opportunist

SUBST. *-en,* plur. *-er, -erne*
/opportu'nist/

en person som handler efter hvad der i øjeblikket er mest fordelagtigt for vedkommende □ *en opportunist holder altid med vinderen* □ *opportunistisk* · *opportunisme*

opportunistisk

ADJ. *- , -e*
/opportu'nistisk/

som er præget af opportunisme □ *en opportunistisk handlemåde* · *handle opportunistisk*

opposition

SUBST. *-en,* plur. *-er, -erne*
[oposi'sjo'n]

1. det at forhindre at noget sker osv., især ved at ytre sin modvilje = MODSTAND □ *forslaget stødte på voksende opposition* • **være i opposition til ngt** være modstander af noget
2. et el. flere partier i et parlament som ikke er med i regeringen og er modstandere af dens politik □ *oppositionen kritiserede regeringens skattepolitik* □ *oppositionspresse*
3. en opponents indlæg ved forsvaret af en doktordisputats

oppositionel

ADJ. *-t, oppositionelle*
[oposisjo'næl' el. *ɔbosisjo'næl']*

som står i modsætning til noget □ *oppositionelle meninger*

opprioritere

VERB. *-r, -de, -t*

opprioritere ngt prioritere noget højere end tidligere □ *man besluttede at opprioritere arbejdet for ligestilling* · *indenrigsministeren rådes til at opprioritere indsatsen mod AIDS* · *han mener man bør opprioritere udenrigsstoffet i tv*

oppustet

ADJ. *- , oppustede*

fyldt med luft el. væske □ *oppustede balloner* · *maven føles oppustet* · *hans ansigt var oppustet at se på* · *føle sig oppustet*

opr.

1. fork. for *oprettet*
2. fork. for *oprindelig* el. *oprindelse*

oprandt

VERB.

bøjningsform af *oprinde*

opredt

ADJ. *- , -e*

som er redt op og klar til at ligge i □ *en opredt seng* · *et opredt leje*

opregne

VERB. *-r, -de, -t*

registrere hver enkelt enhed i en mængde el. en gruppe for at finde ud af hvor mange der er = OPTÆLLE □ *opregne en række klagepunkter* · *opregne fordelene ved at tage en ny fremgangsmåde i brug* □ *opregning*

oprejsning

SUBST. *-en,* plur. *-er, -erne*

det at blive renset for en falsk anklage □ *han har fået oprejsning efter mange års fornedrelse*

opreklamere

VERB. *-r, -de, -t*

opreklamere ngt reklamere for noget og især forsøge at få det til at fremstå som bedre end det i virkeligheden er □ *fabrikanten opreklamerer pulveret som erstatning for fløde* · *anti-abortbevægelsen forsøger at opreklamere moderskabet* · *varen er stærkt opreklameret* □ *opreklamering*

opremse

VERB. *-r, -de, -t*

opremse ngt nævne hver enkelt enhed i en mængde el. en gruppe i en bestemt orden = REMSE OP □ *opremse alle navnene for forsamlingen* · *opremse kongerækken* □ *opremsning*

opremsning

SUBST. *-en,* plur. *-er, -erne*

en række af ord el. sætninger der siges i rækkefølge = REMSE □ *han kom med en opremsning over alle sine gode kvaliteter*

opret

ADJ. *- , oprette*

som sidder el. står med lige ryg □ *sidde opret i sengen* □ *opretstående*

opretholde

VERB. *-r, ~holdt, ~holdt*

opretholde ngt sørge for at noget fortsat er som det hidtil har været = BEVARE □ *opretholde ro og orden* · *opretholde facaden* · *opretholde en høj levestandard* □ *opretholdelse*

opretstående

ADJ.

som står lodret □ *en opretstående væv* · *et opretstående klaver*

oprette

VERB. *-r, -de, -t*

1. oprette ngt få noget til at eksistere; især om noget vedvarende = GRUNDLÆGGE, INDGÅ, SLUTTE, ETABLERE, STIFTE, INSTITUERE □ *oprette en konto* · *oprette en skole* · *oprette en ny stilling* · *oprette et testamente* · *oprette en telefonforbindelse* · *oprette en kontrakt* □ *oprettelse*
2. oprette ngt tilpasse el. reparere noget □ *oprette en krøllet forskærm* · *oprette et hjul* □ *opretning* · *oprettelig*

oprevet

ADJ. *- , oprevne*

som er chokeret el. ophidset □ *han var oprevet over sin kones forsvinden* · *hun var for oprevet til at græde*

opridse

VERB. *-r, -de, -t*

1. opridse ngt kort gengive noget i store træk = RIDSE OP □ *rapporten opridser de væsentligste problemstillinger* □ *opridsning*
2. opridse ngt tegne noget med løs hånd = SKITSERE □ *tegningen var flygtigt opridset* · *de fandt et kort der opridsede Nordamerikas kyster længe før Columbus' tid*

oprigtig

ADJ. *-t, -e*
/op'rigtig/

som er åben og sandfærdig = ÆRLIG, LIGEFREM □ *med oprigtig glæde* · *han virker meget oprigtig* · *bogen gav et oprigtigt billede af deres indbyrdes forhold* □ *oprigtighed* • **oprigtigt talt** udtryk for el. en opfordring til at man taler sandt og ikke skjuler noget □ *oprigtigt talt, synes du ikke han opførte sig uheldigt?* · *jeg synes oprigtigt talt ikke om hendes mand*

oprinde

VERB. *-r, oprandt, oprundet*

(form.): = INDTRÆFFE □ *endelig oprandt hendes bryllupsdag* · *bedre tider vil oprinde* · *morgenen oprandt med strålende sol*

oprindelig

ADJ. *-t, -e*
/op'rindelig/
fork. *opr.*

som var i begyndelsen el. som har været fra begyndelsen □ *det oprindelige slot havde kun ét tårn* · *han havde glemt sin oprindelige hensigt* · *øens oprindelige befolkning* · *livets oprindelige mening* · *der er noget ægte og oprindeligt over hans kunst* · *oprindeligt havde hun tænkt sig noget andet* · *oprindeligt var byen et lille fiskerleje* □ *oprindelighed*

oprindelse

SUBST. *-n,* plur. *-r, -rne*

et sted el. en sammenhæng hvor noget tager sin begyndelse; især om hvor nogen el. noget stammer fra = ROD, UDSPRING, OPHAV, GENESE □ *af tvivlsom oprindelse* · *have sin oprindelse i oldtiden* · *hun var af simpel oprindelse* · *oprindelsen til denne skik er ukendt* · *ord af samme oprindelse* · *være af fremmed oprindelse* □ *oprindelsesbetegnelse* · *oprindelsesland*

opringning

SUBST. *-en,* plur. *-er, -erne*

det at ringe op til nogen på en telefon = TELEFONOPRINGNING □ *foretage en opringning* · *modtage en opringning* · *vente på en opringning*

oprivende

ADJ.

= RYSTENDE □ *en oprivende meddelelse* · *et oprivende syn* · *der udspillede sig en oprivende scene*

oprundet

VERB.

bøjningsform af *oprinde*

oprykke

VERB. *-r, -de, -t*

oprykke ng(t) flytte nogen el. noget op i en højere klasse, kategori el.lign. □ *efter eksamen bliver eleverne oprykket i næste klasse* · *oprykke en medarbejder til et andet løntrin* · *holdet er oprykket i 1. division* □ *oprykning*

oprømt

ADJ. - , -e

= OPSTEMT □ *han var meget livlig og oprømt* □ *oprømthed*

oprør

SUBST. -*et*, plur. *oprør*, -*ene*

et folkeligt angreb mod et lands magthavere, fx for at styrte dem el. ændre landets politiske system = OPSTAND, REVOLTE, REJSNING □ *folket gjorde oprør mod diktatoren* □ *oprører* · *oprørsk* · *oprørsbevægelse* · *oprørsfane* · *oprørsleder* · *oprørsstifter* • en protest mod skik og brug □ *de unge gjorde oprør mod deres forældre* □ *ungdomsoprør* • **i oprør** som er meget vred og ophidset □ *sætte én i oprør* · *hele byen var i oprør efter den frygtelige begivenhed* • **i oprør** i voldsom bevægelse □ *havet var i oprør*

oprøre

VERB. -*r*, *oprørte*, *oprørt*

1. **oprøre ngt** sætte noget i bevægelse el. uro □ *stormen oprører havet* · *oprørt vande* • **oprøre ngt med ngt** blande noget sammen med noget andet ved omrøring □ *mel oprøres med mælk og sukker*
2. **oprøre ng** gøre nogen vred så de reagerer synligt □ *det oprører mig at se dig spilde dine egne chancer på den måde* · *forældrene blev oprørt over de unges vilde fester* · *det er oprørende som du ter dig* · *folket blev oprørt over regeringens manglende lydhørhed* □ *oprører*

oprører

SUBST. -*en*, plur. -*e*, -*ne*

en person der gør oprør mod de herskende og gældende regler el. mod en autoritet = REBEL, MYTTERIST, KUPMAGER □ *oprørerne blev henrettet* · *oprørerne bukkede under for regeringens tropper* □ *ungdomsoprører*

oprørsk

ADJ. - , -e

1. som gør oprør mod herskende holdninger el. en herskende magt = REBELSK □ *en oprørsk taler* · *oprørske fanger* · *han har altid været oprørsk over for sine forældre*
2. som er i voldsom bevægelse pga. megen blæst □ *et oprørsk hav*

opråb

SUBST. -*et*, plur. *opråb*, -*ene*

et forsøg på at fortælle nogen noget □ *det var et opråb til politikerne*

opsagde

VERB.

bøjningsform af *opsige*

opsamle

VERB. -*r*, -*de*, -*t*

opsamle ngt opfange væske et bestemt sted = SAMLE □ *tønden bruges til at opsamle regnvand* □ *opsamling* • **opsamle ng** tage nogen op og bringe dem væk = SAMLE OP □ *soldaterne kørte rundt i området og opsamlede de sårede*

opsang

SUBST. -*en*, plur. -*e*, -*ene*

et udtryk for stor vrede mod nogen fordi de har gjort noget forkert = OVERHALING, SKIDEBALLE, RØFFEL, BALLE, OMGANG, IRETTESÆTTELSE, REPRIMANDE, SKÆLDUD □ *læreren gav ham en ordentlig opsang*

opsat

ADJ. - , *opsatte*

opsat på ngt som er indstillet på og ivrig efter noget = BESLUTTET PÅ, IVRIG EFTER, FORHIPPET PÅ □ *han er meget opsat på at starte nu*

opsats

SUBST. -*en*, plur. -*er*, -*erne*

1. en opstilling af forskellige dele, fx fade som tilsammen udgør en enhed □ *på bordet stod en høj opsats med frugt* □ *blomsteropsats*
2. en artikel el. en mindre afhandling om et bestemt emne □ *han gjorde i en opsats rede for sine synspunkter* · *i sin opsats i Politiken giver NN sin uforbeholdne mening om folkeskolen*
3. = GEVIR

opsatte

VERB.

bøjningsform af *opsætte*

opsejling

SUBST. -*en*

være under opsejling være på vej el. nærme sig; ofte om noget ubehageligt □ *hun mærkede at der var et skænderi under opsejling* · *en ny oliekatastrofe er under opsejling*

opsende

VERB. -*r*, *opsendte*, *opsendt*

opsende ngt sende noget op mod himlen el. ud i rummet □ *opsende nødraketter* · *opsende brevduer* · *opsende en satellit* · *opsende en bøn* □ *opsendelse*

opsige

VERB. -*r*, *opsagde*, *opsagt*

opsige ng = AFSKEDIGE □ *firmaet måtte opsige personalet og lukke* • **opsige ngt** ophæve el. give varsel om ophævelse af en aftale □ *opsige en kontrakt* · *opsige et lejemål* · *opsige et lån* · *opsige en stilling*

opsigelse

SUBST. -*n*, plur. -*r*, -*rne*

en skriftlig besked om at fx et ansættelsesforhold el. lejeforhold ophører □ *de ansatte modtog deres opsigelse pr. brev* · *tre måneders opsigelse af en lejlighed* □ *opsigelsesbestemmelse* · *opsigelsesfrist* · *opsigelsesklausul* · *opsigelsestermin* □ *masseopsigelse*

opsigt

SUBST. -*en*

1. det at observere nogen el. noget og sørge for at alt går rigtigt til el. at der ikke sker uheld = OPSYN, TILSYN, OBSERVATION □ *lad ikke børn bade uden opsigt* · *han har opsigt med patienterne* · *huset bliver holdt under stadig opsigt*
2. ualmindelig opmærksomhed □ *hendes frifindelse har vakt stor opsigt* · *forsøge at skabe opsigt om sin person*

opsigtsvækkende el. opsigtvækkende

ADJ.

som de fleste lægger mærke til = SENSATIONEL □ *en opsigtsvækkende handling* · *er den hat ikke lidt for opsigtsvækkende?*

opskrift

SUBST. -*en*, plur. -*er*, -*erne*

en skriftlig anvisning på hvordan noget skal laves □ *opskrift på pandekager* □ *opskriftsbog* · *opskriftssamling* □ *grundopskrift* · *kageopskrift* · *madopskrift* • en måde at gøre tingene på □ *en pikant roman efter fransk opskrift*

opskrive

VERB. -*r*, *opskrev*, *opskrevet*, (*opskreven*, *opskrevne*)

opskrive ngt med ngt = REVALUERE □ *opskrive kronen med 3%* · *renten blev opskrevet* □ *opskrivning*

opskrivning

SUBST. -*en*, plur. -*er*, -*erne*

= REVALUERING □ *opskrivning af kronen*

opskræmme

VERB. -*r*, *opskræmte*, *opskræmt*

opskræmme ng gøre nogen bange på en pludselig og overrumplende måde = SKRÆMME □ *en flok opskræmte høns* · *forbrydelsen opskræmte alle i kvarteret*

opslag

SUBST. -*et*, plur. *opslag*, -*ene*

1. en kant på en beklædningsdel som bukkes op □ *frakken har store opslag på ærmerne*
2. det at bladre hen til en side i en bog □ *foretage et opslag i et leksikon* □ *opslagsbog* · *opslagsord* · *opslagsværk* • to modstående sider i en bog, avis, bogopslag o.l.
3. en seddel med en meddelelse som er sat på en tavle □ *hun så et opslag om en bortløben skildpadde* □ *opslagstavle*

opslagsord

SUBST. -*et*, plur. ~*ord*, -*ene*

ord som er en overskrift for hver artikel i en ordbog el. et leksikon; ofte skrevet med fed skrift = LEMMA, STIKORD □ *næste opslagsord er 'opslagstavle'*

opslagstavle

SUBST. -*n*, plur. -*r*, -*rne*

en plade på væggen til at hænge meddelelser op på □ *sætte en besked op på opslagstavlen*

opslidende

ADJ.

som er psykisk meget anstrengende □ *opslidende arbejde* · *opslidende diskussioner* · *gennemgå en opslidende skilsmisse*

opsluge

VERB. -*r*, *opslugte*, *opslugt*

1. **opsluge ng(t)** optage nogen el. noget mindre i sig og få det til at forsvinde □ *hun vinkede til han var opslugt af mørket* · *havet opslugte hurtigt båden* □ *opslugning* • **opsluge ngt** få noget til at gå i opløsning, ødelægges el. forsvin-

de □ *prisstigningen opslugte lønstigningen*
2. opsluge ng være genstand for nogens fulde opmærksomhed□ *arbejdet opsluger ham fuldstændigt* · *barnet er helt opslugt af sin leg*

opslå

VERB. *-r, opslog, -et*

1. opslå en stilling meddele at en stilling er ledig og kan søges□ *børnehaven har opslået to stillinger* · *firmaet har opslået en nyoprettet stilling*
2. opslå telt sætte telt op

opslået

ADJ. *- , opslåede*

= ÅBEN □ *bogen lå opslået på bordet*

opsnappe

VERB. *-r, -de, -t*

opsnappe ngt opfatte noget i forbifarten el. på trods af hindringer = OPFANGE □ *opsnappe nogle henkastede ord* · *hun opsnappede nyheden før de andre* □ *opsnapning*

opsnuse

VERB. *-r, -de* (el. *~snuste*), *-t* (el. *opsnust*)

opsnuse ng(t) = OPSPORE □ *brudeparret var taget på hemmelig bryllupsrejse, men medierne fik opsnuset dem på Bali* · *det lykkedes hende at opsnuse et eksemplar af den sjældne bog* · *journalister skal være gode til at opsnuse nyheder* □ *opsnusning*

opsparing

SUBST. *-en,* plur. *-er, -erne*

et beløb som er sparet op, dvs. den del af en persons el. virksomheds indtægter som ikke anvendes til forbrug el. lign.□ *samle en formue ved opsparing* □ *opsparingskonto* · *opsparingslån* □ *boligopsparing* · *børneopsparing* · *bruttoopsparing* · *pensionsopsparing* • **bunden opsparing** et vist tvungent beløb som lånes til staten som led i et lands økonomiske konsolidering

opspind

SUBST. *-et,* plur. *opspind, -ene*

noget usandt som nogen har opdigtet = OPDIGT, DIGT, LØGN □ *det er løgn og opspind* · *det pure opspind*

opspore

VERB. *-r, -de, -t*

opspore ng(t) finde nogen el. noget ved at søge planmæssigt el. følge et spor = OPSNUSE, OPSTØVE, STØVE OP □ *hunden opsporede vildtet* · *kan du ikke forsøge at opspore nyt om regeringens planer?* · *hun forsøgte at opspore sin faster i Canada* □ *opsporing*

opstadset

ADJ. *- , opstadsede*

(neds.): som har gjort overdrevent meget ud af sit udseende og derfor virker upassende el. pinlig □ *hun var meget opstadset til festen*

opstalde

VERB. *-r, -de, -t*

opstalde ngt sætte i stald el. på staldfodring □ *hesten er opstaldet i en gammel fabrik* □ *opstaldning*

opstand

SUBST. *-en,* plur. *-e, -ene*

et folkeligt angreb mod et lands magthavere, fx for at styrte dem el. ændre landets politiske system = OPRØR □ *der rejste sig en folkelig opstand mod landets magthavere* □ *folkeopstanden*

opstandelse

SUBST. *-n,* plur. *-r, -rne*

1. en tilstand af stor opsigt og ophidselse = POSTYR □ *nyheden vakte stor opstandelse* · *når opstandelsen har lagt sig*
2. det at opstå fra de døde □ *Jesu opstandelse* · *kødets opstandelse og det evige liv*

opstanden

ADJ. *opstandet, opstandne*

som er genopstået□ *Jesus var opstanden fra de døde* • (spøg.): stået ud af sengen □ *er du vel opstanden?*

opstander

SUBST. *-en,* plur. *-e, -ne*

en lodret pæl, fx i et fodboldmål□ *han sparkede bolden direkte på opstanderen*

opstemt

ADJ. *- , -e*

som er glad, og som er højrøstet; især om midlertidig sindstilstand = OPRØMT □ *de blev opstemte af vinen* · *pillen gjorde ham opstemt*

opstigning

SUBST. *-en,* plur. *-er, -erne*

det at bevæge sig opad ≠ NEDSTIGNING □ *vi foretog flere opstigninger til alpetoppene* · *han blev ramt af dykkersyge da han foretog en opstigning fra 18 meters dybde* • **social opstigning** en opnåelse af en bedre position i samfundet

opstille

VERB. *-r, -de, -t*

1. opstille ngt anbringe el. ordne noget på en overskuelig måde □ *opstille et regnskab* · *opstille en liste* · *opstille stolene i rækker* □ *opstilling* • **opstille ngt** arrangere el. montere noget således at det fungerer□ *opstille et monument* · *opstille et forsøgsapparat* · *opstille en maskine* • **opstille ngt** fremsætte og formulere noget□ *opstille sine krav* · *opstille en hypotese* · *opstille et princip*
2. opstille ng gøre nogen til kandidat til et valg □ *hun er opstillet til kommunalvalget* · *hun har ladet sig opstille til EU-parlamentet*

opstillingskreds

SUBST. *-en,* plur. *-e, -ene*

en valgkreds hvori en kandidat opstilles □ *en amtskreds eller storkreds omfatter et vist antal opstillingskredse*

opstoppernæse

SUBST. *-n,* plur. *-r, -rne*

en næse hvis næsetip peger lidt opad = OPSTOPPERTUD

opstrammer

SUBST. *-en,* plur. *-e, -ne*

1. en drik som gør en mere veloplagt el. modig□ *tage sig en opstrammer før maden* · *når vikingerne virkelig havde brug for en opstrammer, drak de bersærkerøl*
2. en bearbejdning der gør noget mere struktureret el. nøjagtigt □ *skattelovgivningen trænger til en opstrammer* · *Bibelen har fået sig en sproglig opstrammer*

opstrøg

SUBST. *-et,* plur. *opstrøg, -ene*

et buestrøg på et strygeinstrument der begynder ved buens spids og ender ved *froschen* ≠ NEDSTRØG

opstyltet

ADJ. *- , opstyltede*

som er overdrevent unaturlig og forfinet i sin væremåde = KRUKKET □ *hun er altid utrolig opstyltet*

opstød

SUBST. *-et,* plur. *opstød, -ene*

en lille mængde luft el. væske fra maven som stiger stødvis op gennem munden = BØVS □ *han fik et surt opstød* · *hun tog en brusetablet mod opstød* • **{surt} opstød** en negativ bemærkning af en bestemt karakter□ *han kom med et af sine sædvanlige sure opstød* · *jeg gider ikke høre på dine moralske opstød*

opstøve

VERB. *-r, -de, -t*

opstøve ng(t) = OPSPORE □ *hunden opstøvede vildtet* · *han opstøvede en gammel udgave af bogen* □ *opstøvning*

opstå

VERB. *-r, opstod, -et*

1. blive til = FREMKOMME, KOMME I STAND □ *der var opstået problemer i forbindelse med byggeriet* · *ideen til romanen opstod længe før han fik den skrevet* · *ilden opstod i stalden* · *opstå tvivl* · *opståen*
2. blive levende igen □ *Jesus opstod fra de døde* □ *opstandelse* □ *genopstå* • (spøg.): stå op af sengen □ *vel opstået!*

opsuge

VERB. *-r, -de, -t*

opsuge ngt suge noget op el. optage noget i sig = ABSORBERE □ *opsuge slam* · *planten opsuger næring fra mulden* · *renten blev hævet for at opsuge den ledige likviditet i samfundet* □ *opsugning*

opsummere

VERB. *-r, -de, -t*

opsummere ngt = SAMMENFATTE □ *opsummere kendsgerningerne* · *opsummere resultatet af mødet* □ *opsummering*

opsving

SUBST. *-et,* plur. *opsving, -ene*

en kraftigt fremadskridende, positiv udvikling el. vækst = FREMGANG □ *opsvinget i erhvervslivet giver nye arbejdspladser* · *turistindustrien vil opleve et opsving i de kommende år · et økonomisk opsving* □ *opsvingsperiode*

opsvulmet

ADJ. - , *opsvulmede*

som er vokset i omfang pga. væskeansamling, blodansamling el.lign. = OPHOVNET □ *den syge hånd var stærkt opsvulmet · tungen var kraftigt opsvulmet rundt om bistikket · være opsvulmet af gråd · opsvulmede kønsorganer*

opsyn

SUBST. *-et*

det at holde øje med og passe på nogen el. noget = TILSYN, OBSERVATION, INSPEKTION □ *to lærere holdt opsyn med børnene · politiet holder opsyn med huset · føre opsyn · børnene må kun bade under opsyn* □ *opsynsmand*

opsynsmand

SUBST. *-en,* plur. *~mænd, ~mændene*

en person der holder opsyn, fx i en park

opsætning

SUBST. *-en,* plur. *-er, -erne*

det at arrangere el. montere noget således at det fungerer el. resultatet af dette □ *opsætning af en tv-antenne* • det at opføre et teaterstykke el.lign.; især med henblik på en speciel fortolkning = ISCENESÆTTELSE □ *Sylfiden i Peter Schaufuss' opsætning · en ny og spændende opsætning af Hamlet* □ *genopsætning · nyopsætning · originalopsætning* • det at arrangere en tekst og gøre den klar til trykning = LAYOUT □ *typografi og opsætning er den samme som formiddagsbladenes*

opsætsig

ADJ. *-t, -e*

/op'sætsig/

som trodsigt nægter at parere ordre = TRODSIG □ *opsætsighed*

opsætte

VERB. *-r, opsatte, opsat*

1. opsætte ngt på ngt sætte noget op på hylder, vægge el.lign. □ *hendes job var at opsætte varer i et supermarked · opsætte plakater* □ *opsætning*

2. opsætte ngt = UDSKYDE □ *de måtte opsætte rejsen* □ *opsættelse*

3. opsætte ngt udfærdige et juridisk dokument □ *opsætte et testamente* □ *opsættelse*

opsættelse

SUBST. *-n,* plur. *-r, -rne*

1. opsættelse af ngt en udskydelse af det tidspunkt hvor noget fx skal betales el. afleveres = UDSÆTTELSE □ *sagen tåler ikke længere tidsopsættelse*

2. en udfærdigelse af et juridisk dokument □ *opsættelse af et testamente*

opsøge

VERB. *-r, opsøgte, opsøgt*

opsøge ng møde op hos nogen med et bestemt formål □ *jeg opsøgte ham i hans hjem · opsøge en advokat · opsøge en læge* □ *opsøgning* • **opsøge ngt** opføre sig på en sådan måde at man giver anledning til el. bliver involveret i en konflikt □ *hun opsøgte ligefrem ballade · han opsøger altid et slagsmål*

optage

VERB. *-r, optog, -t (optagen, optagne)*

1. optage ng(t) gøre nogen el. noget til en del af noget større = INDLEMME, INKORPORERE, ADOPTERE □ *optage næring gennem blodet · han blev højtideligt optaget i de voksnes rækker · dansk har optaget ord fra andre sprog · han optog et nyt punkt på dagsordenen · optage NN i folketingsgruppen · optage Polen i EU* □ *optagelse* • **optage ng(t)** give nogen el. noget adgang til et sted □ *bladet optog ikke hans artikel · landet optog et antal asylansøgere*

2. optage ngt (glds.): tage noget op af jorden □ *optage kartofler* □ *optagning*

3. optage ngt registrere noget på film, bånd, plade, cd-ROM el.lign. = INDSPILLE □ *optage en film · han optager koncerten på bånd · han optog et interview · optage rapport* □ *optagelse* □ *båndoptage*

4. optage ngt = INDLEDE □ *han optog kampen mod svenskerne · de optog jagten på ræven · optage forhandlinger med Østersølandene* □ *optagelse* □ *genoptage*

5. optage ngt trænge ind på et område og tage det i besiddelse = BESÆTTE, OKKUPERE □ *bordet optager for meget plads · pladserne var optaget · telefonen var optaget · hun optog en hel time af min kostbare tid*

6. optage ng rette al sin opmærksomhed mod nogen el. noget □ *emnet optog os meget · han var stærkt optaget af hende* □ *optagethed*

optagelsesprøve

SUBST. *-n,* plur. *-r, -rne*

en prøve som skal bestås inden man kan blive optaget på en skole, en uddannelse el.lign. □ *gå til optagelsesprøve på konservatoriet · ansøgere skal igennem en optagelsesprøve og en samtale*

optaget

ADJ. - , *optagede*

som er beskæftiget med noget andet el. som ikke er ledig □ *jeg er optaget de næste to timer · som mor til to er hun meget optaget · han er optaget af kunden · stolen er optaget · den er optaget*

optagethed

SUBST. *-en*

en tilstand hvor ens opmærksomhed er rettet mod noget bestemt □ *hans stærke optagethed af kvinder*

optakt

SUBST. *-en,* plur. *-er, -erne*

1. = INDLEDNING □ *den tilsyneladende ubetydelige begivenhed blev optakt til en katastrofe · optakt til en valgkampagne*

2. en ubetonet indledning til et musikstykke □ *satsen begynder med en optakt*

optant

SUBST. *-en,* plur. *-er, -erne*

/op'tant/

en person som opterer □ *de danske optanter i Sønderjylland efter 1864*

optativ

SUBST. *-en,* plur. *-er, -erne*

en *konjunktiv* som udtrykker ønske = ØNSKEMÅDE

optegne

VERB. *-r, -de, -t*

optegne ng(t) lave optegnelse over nogen el. noget = NOTERE, NEDSKRIVE □ *han optegner gamle skillingsviser inden de helt bliver glemt · i kirkebogen havde man optegnet alle tænkelige oplysninger om sognebørnene* □ *optegnelse*

optegnelse

SUBST. *-n,* plur. *-r, -rne*

enkelte ord el. korte sætninger om bestemte emner, begivenheder el. personer; kan også være mere omfattende = NOTAT □ *hans optegnelser er af stor kulturhistorisk interesse · gøre optegnelser* □ *dagbogsoptegnelser*

optere

VERB. *-r, -de, -t*

/op'tere/

optere for ngt benytte sig af retten til frit at vælge om man vil beholde sit statsborgerskab i et afstået landområde el. blive statsborger i det land området er afstået til □ *efter 1864 opterede mange sønderjyder for Danmark*

optik

SUBST. *optikken*

/op'tik/

den del af fysikken som handler om lysets egenskaber og optiske instrumenter □ *optiker* • et linsesystem i fx en kikkert, et mikroskop el. øjets linse, som sætter mennesket i stand til at se

optiker

SUBST. *-en,* plur. *-e, -ne*

en person el. en butik der fremstiller og sælger briller, kontaktlinser og andre optiske instrumenter = OPTOMETRIST

optimal

ADJ. *-t, -e*

/opti'mal/

som er mest gunstig for et forløb el. resultat = BEDST □ *den optimale løsning · det optimale ville være at købe nu · optimal udnyttelse af produktionsapparatet · et optimalt forsvar*

optimere

VERB. *-r, -de, -t*

/opti'mere/

optimere ngt få noget til at fungere på den bedst mulige måde el. få det bedst mulige resultat ud af noget □ *optimere fortjenesten · optimere sin indsats · optimere udnyttelsen af produktionsapparatet* □ *optimering*

optimisme

SUBST. *-n*

/opti'misme/

en positiv livsholdning og tro på det bedste i fremtiden = LYSSYN ≠ PESSIMISME □ *der hersker stor optimisme i branchen · de nærer optimisme til fremtiden · de går til opgaven med en vis optimisme*

optimist

SUBST. *-en,* plur. *-er, -erne*
/opti'mist/

en person der har en positiv livsholdning, og som regner med at der sker noget godt =LYSSEER ≠ PESSIMIST □ *hun er en uforbederlig optimist* · *man skal være optimist for at bo her!*

optimistisk

ADJ. *-* , *-e*
/opti'mistisk/

som regner med at der vil ske noget godt =FORTRØSTNINGSFULD ≠ PESSIMISTISK □ *han så optimistisk på sagen* · *du lyder ikke særlig optimistisk* · *et optimistisk livssyn*

optimistjolle

SUBST. *-n,* plur. *-r, -rne*

en lille, fladbundet jolle med sænkekøl og flad forstævn

optimum

SUBST. *-et* (el. *optimummet*), plur. *optima, optimaene*

det bedst mulige resultat under de givne forhold □ *landet har på få år nået sit økonomiske optimum*

option

SUBST. *-en,* plur. *-er, -erne*
[ɔb'sjo'n]

ret til at vælge først mellem forskellige muligheder, fx om en aftale skal gælde el. om et produkt skal købes = FORKØBSRET □ *forlaget har option på bogen* □ *optionsaftale* • ret for en indbygger i et afstået landområde til at vælge om han vil beholde sit oprindelige statsborgerskab el. blive statsborger i det nye land

optisk

ADJ. *-* , *-e*

1. som har at gøre med lyset og dets egenskaber □ *en optisk effekt*
2. som har at gøre med synet og synssansen □ *optisk bedrag* · *en optisk illusion* • **optisk instrument** et instrument der bruges som hjælpemiddel for øjnene, fx en kikkert el. et mikroskop • **optisk hvidt** et stof som tilsættes vaskepulver så det får tøj til at se hvidere ud

optjene

VERB. *-r, optjente, optjent*

spare noget op som gør én fortjent til noget, fx arbejde, feriepenge el. rabat □ *han har optjent fire ugers ferie* · *man kan optjene point ved at flyve med SAS*

optjeningsår

SUBST. *-et,* plur. *~år, -ene*

det år hvori en lønmodtager oparbejder retten til de feriepenge der kommer til udbetaling det kommende år

optog[1]

SUBST. *-et,* plur. *optog, -ene*

en mængde af mennesker, vogne, ryttere el.lign. som bevæger sig samlet af sted, fx i forbindelse med en festlig begivenhed el. en demonstration = TOG □ *under karnevallet genlyder byen af festlige optog* □ *demonstrationsoptog* · *festoptog* · *karnevalsoptog* · *rytteroptog*

optog[2]

VERB.

bøjningsform af *optage*

optometri

SUBST. *-en*
/optome'tri/

undersøgelse af synsevnen □ *optometrisk*

optometrist

SUBST. *-en,* plur. *-er, -erne*
/optome'trist/

en person der fremstiller og tilpasser briller og kontaktlinser =OPTIKER

optrappe

VERB. *-r, -de, -t*

optrappe ngt få noget til at vokse gradvist i omfang el. styrke =TRAPPE OP, ESKALERE ≠ NEDTRAPPE □ *hun har optrappet sit forbrug af medicin* · *de forsøger at optrappe produktiviteten* · *konflikten optrappes time for time* □ *optrapning*

optrevle el. optrævle

VERB. *-r, -de, -t*

optrevle ngt pille noget op el. fra hinanden ved at starte ved et punkt og arbejde sig systematisk frem □ *optrevle et strikketøj* · *optrevle en forbryderbande* □ *optrevlning* • **optrevle ngt** påvise at noget er uholdbart □ *hun optrevlede lynhurtigt hele hans argumentation*

optrin

SUBST. *-et* (el. *optrinnet*), plur. *optrin, -ene* (el. *optrinnene*)

1. en kort, usædvanlig hændelse □ *det kom til et pinligt optrin mellem de to modstandere* · *et rørende optrin* · *han fulgte opmærksomt optrinet, men sagde ingenting*
2. en kort scene i en forestilling □ *han havde selv skrevet alle teksterne til revyens optrin og viser*

optryk

SUBST. *optrykket,* plur. *optryk, optrykkene*

en udgave af noget, fx en bog □ *bogen foreligger i uforandret optryk* · *et fotografisk optryk af førsteudgaven* · *nye optryk af gamle indspilninger på CD*

optrykke

VERB. *-r, optrykte, optrykt*

optrykke ngt trykke noget i et nyt oplag =GENOPTRYKKE, GENUDGIVE □ *forlaget ønsker at optrykke bogen* □ *optrykning* □ *genoptrykke* · *nyoptrykke*

optræde

VERB. *-r, optrådte, optrådt*

1. vise sig offentligt, specielt i kunstnerisk og underholdende øjemed =AGERE □ *hun optrådte som Ofelia i Shakespeares "Hamlet"* · *hun har optrådt på verdens førende scener* · *der må ikke optræde vilde dyr i cirkus* · *optræde som vidne* · *de optrædende musikere* · *optræde live* · *optræde i tv* □ *optræden* □ *gæsteoptræde* • **optræde som** fungere som □ *han indvilligede i at optræde som mægler*
2. = OPFØRE SIG □ *tjeneren optrådte høfligt over for gæsterne* · *hun optræder som et forkælet barn*
3. = FOREKOMME □ *sygdommen optræder kun i troperne* · *udgiften optræder to gange i regnskabet*

optræk

SUBST. *optrækket,* plur. *optræk, optrækkene*

1. = ACCELERATION □ *en topfart på 150 km/t og et optræk der siger spar to* · *de er lige hurtige i optræk op til 100 km/t* · *bilen har et forbavsende godt optræk* • **være {langsom} i optrækket** være lang tid om at forstå noget □ *han er noget tung i optrækket*
2. være optræk til ngt el. **være under optræk** se ud som om noget er på vej til at ske; ofte om noget uønsket □ *der er optræk til regn* · *der er optræk til uroligheder* · *der er et uvejr under optræk*

optrækkeri

SUBST. *-et*
/optrække'ri/

det at nogen forlanger en for høj pris for en vare el. en ydelse □ *den hotelregning er det rene optrækkeri*

optrævle

VERB.

se *optrevle*

optrådte

VERB.

bøjningsform af *optræde*

optælle

VERB. *-r, optalte, optalt*

tælle hver enkelt enhed i en mængde el. en gruppe for at finde ud af hvor mange der er =TÆLLE OP, OPREGNE □ *det tog tid at optælle stemmerne efter valget* □ *optælling*

optø

VERB. *-r, -ede, -et*

optø ngt få noget til at skifte fra frossen til ikke frossen tilstand ved at udsætte det for varme = TØ OP □ *optø frosne varer* □ *optøning*

optøjer

SUBST.PLUR. *-ne*

protestbetingede slagsmål og uroligheder på offentlige steder =TUMULT □ *det kom til voldsomme optøjer efter afstemningen* · *blodige optøjer* · *de blev dømt for at have deltaget i optøjerne* □ *fangeoptøjer* · *gadeoptøjer*

opulent

ADJ. *-* , *-e*
/opu'lent/

som virker imponerende stor og overdådig □ *en opulent herre* · *opulent smørrebrød* □ *opulenthed*

opus

SUBST. *-et* (el. *opusset*), plur. *-er* (el. *opusser* el. *opus*), *-erne* (el. *opusserne* el. *-ene* el. *opussene*)

et større kunstnerisk værk □ *et litterært opus* · *et*

musikalsk opus • et musikalsk værk som er et i rækken af en komponists kronologisk nummererede værker □ *Beethovens sonate for violin og klaver, opus 47 · violinkoncert i D-dur, opus 35* □ *opusnummer*

opvakt

ADJ. -, *-e*

= KVIK □ *et opvakt barn*

opvarme

VERB. *-r, -de, -t*

opvarme ngt gøre noget varmt = LUNE □ *stuen blev opvarmet af solens stråler · opvarme maden · huset er dyrt at opvarme* □ *opvarmning* • **opvarme ngt** gøre noget smidigt □ *opvarme musklerne med strækøvelser*

opvarmningsgruppe

SUBST. *-n,* plur. *-r, -rne*

en musikgruppe der ved en koncert spiller før hovednavnet for at sætte folk i den rette stemning □ *bandet var opvarmningsgruppe for Rolling Stones på deres seneste turne*

opvarte

VERB. *-r, -de, -t*

opvarte ng sørge for at andre personer har hvad de ønsker; især ved at give dem mad og drikke = VARTE OP □ *tjeneren opvartede gæsterne* □ *opvartning*

opvarter

SUBST. *-en,* plur. *-e, -ne*

(glds.): = TJENER

opvask

SUBST. *-en,* plur. *-e, -ene*

snavset porcelæn og service der skal vaskes op □ *lade hele opvasken stå til næste dag · hjælpe til med opvasken · hvis du tager opvasken, så støvsuger jeg* • ⟨ikke plur.⟩ det at vaske op □ *hun skulle hjælpe til med opvask, rengøring og børnepasning*

opvaskemaskine

SUBST. *-n,* plur. *-r, -rne*

en maskine som vasker tallerkner, bestik o.l. rent ≠ VASKEMASKINE □ *skålene kan tåle at komme i opvaskemaskinen*

opveje

VERB. *-r, -de, -t*

opveje ngt kompensere for el. ophæve den negative virkning af noget = KOMPENSERE FOR, UDLIGNE □ *hans charme opvejede hans uheldige udseende · husets beliggenhed opvejer mangelen på bekvemmeligheder* □ *opvejning*

opvigle

VERB. *-r, -de, -t*

opvigle ng til ngt (glds.): ophidse nogen, fx til oprør □ *opvigling*

opvise

VERB. *-r, opviste, opvist*

opvise ngt gøre noget synligt □ *det er én af de største tragedier historien kan opvise · han opviste et stort organisationstalent* □ *opvisning*

opvisning

SUBST. *-en,* plur. *-er, -erne*

det at fremvise noget, fx tøj el. dans, for en større forsamling = SHOW □ *balletskolens årlige opvisning afholdes i Musikhuset* □ *modeopvisning · gymnastikopvisning* • en elegant og overlegen præstation, fx i sport □ *Brøndbys spil var den rene opvisning*

opvækst

SUBST. *-en*

det at vokse op på en bestemt måde el. under bestemte betingelser □ *under sin opvækst var han temmelig svagelig · en beskyttet opvækst · hans problemer stammer fra hans opvækst* □ *opvækstbetingelser · opvækstmiljø · opvækstår*

opvågnen

SUBST. *en*

det at vågne op □ *en brat opvågnen til hverdagens bekymringer*

opøve

VERB. *-r, -de, -t*

opøve ng(t) gøre nogen el. noget bedre gennem træning = TRÆNE, ØVE, INDØVE □ *opøve sine fysiske færdigheder · hun har opøvet en vis færdighed i at spille violin* □ *opøvelse*

orakel

SUBST. *oraklet,* plur. *orakler, oraklerne*
[*o'ragəl*]

1. (i den græske oldtid): en helligdom hvor guderne gennem en præst formidlede dunkle og tvetydige varsler og råd til menneskene □ *orakelsvar* • en person som man mente en gud kunne tale igennem
2. en meget vidende person som giver svar på alting □ *han er et sandt orakel · et orakel inden for økonomi*

oral

ADJ. *-t, -e*
[*o'ra'l*]

1. som har at gøre med munden = MUNDTLIG □ *en oral kultur · styr dine orale udgydelser · en afdeling for oral patologi · en oral AIDS-vaccine · professor i oral biologi* □ *oralerotik · oralkirurgi · oralsex*
2. den orale fase (psykoanalyse): den første fase i bevidsthedslivet hvor barnets kontakt til moderen og omverdenen primært etableres gennem lystfølelser knyttet til munden

orange

ADJ.

= ORANGEFARVET □ *orangegul · orangerød*

orangeade

SUBST. *-n,* plur. *-r, -rne*
[*oraŋ'sja·ðə*]

en læskedrik der indeholder appelsinsaft el.lign.

orangefarvet

ADJ. -, *~farvede*

med en farve som en appelsin; ligger mellem gul og rød på farveskalaen = ORANGE, APPELSINFARVET, RØDGUL

orangegul

ADJ. *-t, -e*

med en kraftig gullig orange farve; ligger mellem gul og orange på farveskalaen = GULORANGE □ *majsgul, æggegul og banangul er orangegule farver*

orangemarmelade

SUBST. *-n,* plur. *-r, -rne*

en marmelade der er fremstillet af appelsiner og evt. citroner, pomerans el. grapefrugt

orangeri

SUBST. *-et,* plur. *-er, -erne*
[*oraŋsjɔ'ri'*]

et drivhus til citrustræer

orangutang

SUBST. *-en,* plur. *-er, -erne*
/o'rangutang/

en stor, indonesisk menneskeabe med en rødbrun pels, lange arme og et stort, fladt ansigt; latinsk navn *Pongo pygmaeus*

oratorisk

ADJ. -, *-e*
/ora'torisk/

som har med talekunst at gøre = RETORISK, VELTALENDE • som er god til at formulere sig = VELTALENDE, RETORISK □ *en oratorisk begavelse*

oratorium

SUBST. *oratoriet,* plur. *oratorier, oratorierne*
/ora'torium/

et stort dramatisk musikværk for solosang, kor og orkester, som regel med religiøst indhold; fremføres som koncert uden scenedekorationer og kostumer □ *juleoratorium*

ord

SUBST. *-et,* plur. *ord, -ene*

1. en enhed i sproget som har en betydning, og som kan siges el. skrives for sig; i skriften adskilles ord fra hinanden med mellemrum = GLOSE □ *jeg forstod ikke et ord af hvad han sagde · det ene ord tog det andet, så vi blev uvenner · nævn et ord der begynder med 'f' · der er kommet mange nye ord i sproget · ikke et ord kom over han læber · send et par ord* □ *ordbog · ordliste* □ *skældsord · tillægsord* • **famle efter ordene** tale tøvende og usikkert □ *han stod og famlede efter ordene og kunne ikke rigtig få det sagt* • **for et godt ord** = NEMT □ *han bliver ophidset for et godt ord* • **det forløsende ord** en udtalelse som løser op for en vanskelig situation □ *de var begge to for stædige til at ville sige det forløsende ord · der sagde du det forløsende ord* • **få det sidste ord** sige de sidste, afgørende ord som kommer til at stå uimodsagt i en diskussion • **godt ord igen** udtryk hvormed man beder nogen om ikke være vred over det man har sagt • **have ord for at være ngt** have ry for at være noget □ *han har ord for at være meget dygtig* • **ikke mine ord igen** (glds.): vær venlig ikke at fortælle det jeg siger videre til andre • **det levende ord** det talte ord ≠ DET SKREVNE ORD • **lægge et godt ord ind for ng** anbefale nogen □ *når du taler med chefen så læg et godt ord ind for mig* • **med andre ord** ⟨fork. *m.a.o.*⟩ sagt på en anden måde • **ord for ord** nøjagtig som noget er sagt el.

skrevet = ORDRET □ *hun gengav teksten ord for ord* • **snuble over ordene** udtrykke sig uklart pga. ivrighed □ *han var stakåndet og snublede over ordene* • **sætte ord på ngt** forsøge at udtrykke noget verbalt □ *sætte ord på sine følelser* • **veje sine ord** tænke nøje over noget før man siger det højt □ *vej dine ord* · *man må veje sine ord på en guldvægt*
2. = TALE □ *hans ord er lov* □ *ordfører* · *ordstyrer* • **bede om ordet** bede om lov til at sige noget, fx ved et møde • **frafalde ordet** afstå fra at sige noget selv om man har bedt om ordet • **føre ordet** tale på en gruppes vegne □ *han førte ordet på mødet* • **have ordet** have ret til at tale □ *hold mund, det er mig som har ordet* • **have ordet i sin magt** være dygtig til at udtrykke sig sprogligt, fx til at holde tale • **komme til orde** få lov til at tale □ *han snakker så meget at ingen anden kan komme til orde* • **tage ordet** begynde at tale til en forsamling, fx ved en fest el. et møde
3. = LØFTE □ *han gav os sit ord på at han ville komme til tiden* · *et ord er et ord* · *jeg tror ham på hans ord* · *svigte sit ord* • **gå fra sit ord** ikke holde hvad man lover • **stå ved sit ord** holde hvad man lover • **tage ngn på ordet** hindre nogen i at ændre et udsagn ved at slå til med det samme □ *han sagde han ville sælge og jeg tog ham på ordet* • **tage sine ord i sig igen** el. **tilbage** tilbagekalde hvad man har sagt

ordbillede
SUBST. *-t,* plur. *-r, -rne*

et ord opfattet som et hele □ *eleverne skal lære at læse ordbilleder i stedet for at pille ordene fra hinanden* · *det er vigtigt at retskrivningen er stabil så sprogbrugerne ikke hele tiden skal vænne sig til nye ordbilleder* □ *ordbilledmetode*

ordblind
ADJ. *-t, -e*

som lider af ordblindhed = DYSLEKTISK, LÆSERETARDERET, LÆSESVAG □ *ordblindeterapeut*

ordblindhed
SUBST. *-en*

mangelfuld evne til at læse og skrive = DYSLEKSI

ordbog
SUBST. *~bogen,* plur. *~bøger, ~bøgerne*

en bog med ord der er systematisk ordnet og med oplysning om fx ordenes stavemåde, ordklasse, bøjning og betydning el. deres oversættelse til et andet sprog □ *dansk-tysk ordbog* · *juridisk ordbog* · *teknisk ordbog* · *slå ordet op i en ordbog* · *en ordbog over jagtsproget* · *bogen indeholder en lille ordbog over programmets fagtermer* □ *ordbogsbruger* · *ordbogsredaktør* □ *fremmedordbog* · *retskrivningsordbog* · *rimordbog* · *specialordbog* · *tosprogsordbog* • udtryk for at man kender til noget □ *ordet frygt står ikke i hendes ordbog*

orddannelse
SUBST. *-n,* plur. *-r, -rne*

(sprogvidenskab): den del af *morfologien* som har at gøre med afledning og sammensætning □ *orddannelseslære*

orddeling
SUBST. *-en,* plur. *-er, -erne*

en deling af et ord mellem forstavelser; gøres for at få længden af linierne i en tekst så ens som muligt

orden
SUBST. *-en* (el. *ordnen*), plur. *-er* (el. *ordner*), *-erne* (el. *ordnerne*)

1. = RÆKKEFØLGE □ *i alfabetisk orden* · *i kronologisk orden* □ *nummerorden* · *talorden*
2. en situation hvor tingene er som de skal el. bør være; det kan være et naturligt el. menneskeskabt system ≠ ROD, KAOS □ *håndhæve ro og orden* · *naturens orden* · *holde sit hjem i orden* · *komme i orden efter en flytning* · *det skal nok gå i orden* · *det er i orden med længere betænkningstid* · *for en ordens skyld* · *have orden i sagerne* □ *ordensmagt* · *ordensmenneske*
3. en gruppe mennesker som frivilligt indgår i et isoleret samfund med egne regler og normer □ *være medlem af en orden* □ *broderorden* · *frimurerorden* · *munkeorden* · *nonneorden* • (biologi): en klassifikation i biologisk systematik under *klasse* og over *familie;* fx ordenen af hvaler, *Cetacea*
4. et mærke el. en medalje der gives udvalgte personer som hædersbevisning □ *hans jakke var behængt med ordener* □ *Dannebrogsorden* · *Elefantorden*

ordensbånd
SUBST. *-et,* plur. *~bånd, -ene*

et bånd hvori et ordenstegn bæres

ordensduks
SUBST. *-en,* plur. *-e, -ene*

en skoleelev der skal sørge for at der er orden i klasseværelset □ *i denne uge er han ordensduks*

ordenshistoriograf
SUBST. *-en,* plur. *-er, -erne*

en historiker der studerer ordener og deres historie □ *kongelig ordenshistoriograf*

ordenshåndhæver
SUBST. *-en,* plur. *-e, -ne*

(spøg.): en person der håndhæver lov og orden, normalt en politibetjent

ordenskansler
SUBST. *-en,* plur. *-e, -ne*

formand for *ordenskapitlet*

ordensmagt
SUBST. *-en*

en myndighed der sørger for at opretholde sikkerhed og orden = POLITI □ *der bør være et fortroligt og tillidsfuldt forhold mellem borgere og ordensmagt*

ordensmarskal
SUBST. *-en,* plur. *-er, -erne*

en person der ordner og leder større officielle fester, og som fx anmelder gæsternes ankomst

ordensmenneske
SUBST. *-t,* plur. *-r, -rne* (el. *-ne*)

person med udpræget ordenssans ≠ RODEHOVED

ordenspoliti
SUBST. *-et*

den del af politiet der har til opgave at opretholde ro og orden ≠ KRIMINALPOLITI

ordenssans
SUBST. *-en*

en evne til at holde orden på tingene □ *en sekretær skal have udpræget ordenssans*

ordenstal
SUBST. *~tallet,* plur. *~tal, ~tallene*

et tal der angiver placering i en rækkefølge, *første, anden, tredje* OSV. = ORDINALTAL

ordentlig
ADJ. *-t, -e*

1. som opfylder krav el. forventning om orden ≠ RODET □ *hans værelse er meget ordentligt* · *bogholderen var ordentlig og omhyggelig med sit arbejde* • som opstiller de krav man normalt stiller i forhold til de krav el. forventninger som man har □ *lejligheden har ikke et ordentligt badeværelse* · *få en ordentlig løn* • som er socialt acceptabel = ANSTÆNDIG □ *sådan gør ordentlige mennesker ikke* · *opføre sig ordentligt* · *tage noget ordentligt tøj på* · *tage en ordentlig uddannelse* · *kan du så være ordentlig!*
2. som har et anseeligt omfang □ *han fik en ordentlig bule i panden* · *give huset en ordentlig omgang* • som holder af el. tilstræber orden □ *hun er et meget ordentligt menneske*

ordentligvis
ADV.

(glds.): = SÆDVANEMÆSSIG □ *drengen skulle ordentligvis have haft sin faders efternavn*

ordflom
SUBST. *ordflommen,* plur. *ordflomme, ordflommene*

(neds.): en strøm af indholdsløs tale = UDGYDELSE, ØREGAS, ORDGYDERI □ *folk undgår ham pga. den ordflom han altid kommer med* · *en ordflom af undskyldninger*

ordforråd
SUBST. *-et,* plur. *ordforråd, -ene*

1. den samlede mængde ord som findes i et sprog
2. den mængde ord som en person behersker = GLOSEFORRÅD, GLOSER, VOKABULAR □ *børn har et begrænset ordforråd* · *han har et stort ordforråd på fransk og tysk* • **aktivt ordforråd** den mængde ord som en person bruger • **passivt ordforråd** den mængde ord som en person kender og forstår

ordførende
ADJ.

som er udset til at lede et møde og som i den forbindelse bestemmer hvem der skal have ordet

ordfører
SUBST. *-en,* plur. *-e, -ne*

en politiker som varetager et bestemt politisk område for sit parti □ *politisk ordfører* · *udenrigspolitisk ordfører* □ *ordførerskab*

ordgyderi

SUBST. *-et,* plur. *-er, -erne*

(neds., glds.): = ORDFLOM □ *politikerens tale var det rene ordgyderi*

ordholden

ADJ.

se *ordholdende*

ordholdende el. **ordholden**

ADJ.
(ordholden: -t, ordholdne)

som holder sit ord = ORDHOLDEN □ *han har ry for at være ærlig og ordholdende · han vil blive husket som en ordholdende forretningsmand* □ *ordholdenhed*

ordinaltal

SUBST. *~tallet,* plur. *~tal, ~tallene*

= ORDENSTAL

ordinat

SUBST. *-en,* plur. *-er, -erne*
[ådi'na't]

en koordinat på *y-aksen* i et koordinatsystem, dvs. *y* i koordinatsættet *(x,y)* ≠ ABSCISSE

ordinatakse

SUBST. *-n,* plur. *-r, -rne*

= Y-AKSE ≠ ABSCISSEAKSE

ordination

SUBST. *-en,* plur. *-er, -erne*
[ådina'sjo'n]

1. en læges anvisning af medicin el. behandling = ORDINERING
2. det at ordinere en person til præst el. biskop = ORDINERING

ordinere

VERB. *-r, -de, -t*
/ordi'nere/

1. ordinere ngt anvise medicin el. anden behandling □ *ordinere varme bade og massage · ordinere penicillin* □ *ordinering*
2. ordinere ng helliggøre en person ved en kirkelig ceremoni så han kan indtage et kirkeligt embede som præst el. biskop = VIE □ *lade sig ordinere · efter at være blevet ordineret fik han embedet som sognepræst* □ *ordinering*

ordinær

ADJ. *-t, -e*
/ordi'nær/

1. som går el. fungerer efter en fast plan ≠ EKSTRAORDINÆR □ *afholde ordinær generalforsamling · det ordinære tog går kl. 16.15* □ *ordinærstil*
2. som er yderst almindelig og kedelig = BANAL, GEMEN, TRIVIEL □ *en ordinær person · et ordinært udseende · en ordinær mavesygdom*
3. (om skrifttype): som er skrevet med denne typografi: ordinær; er den mest almindelige skrifttype ≠ KURSIV, FED, KAPITÆL

ordklasse

SUBST. *-n,* plur. *-r, -rne*

en gruppe af ord med fælles grammatiske egenskaber; *navneord, tillægsord* og *udsagnsord* er ordklasser

ordkløver

SUBST. *-en,* plur. *-e, -ne*

= HÅRKLØVER

ordkløveri

SUBST. *-et,* plur. *-er, -erne*
/'ordkløveri/

en smålig strid der beskæftiger sig med hvilke ord parter i en diskussion bruger snarere end med ordenes indhold □ *diskussionen endte i det rene ordkløveri* □ *ordkløverisk*

ordknap

ADJ. *-t, ordknappe*

som siger tingene med så få ord som muligt = FÅMÆLT □ *han har en ordknap facon* □ *ordknaphed*

ordlyd

SUBST. *-en*

en ytrings nøjagtige form med de deri anvendte ord □ *jeg husker ikke brevets ordlyd, men jeg husker indholdet · jeg må se den nøjagtige ordlyd før jeg tager stilling*

ordne

VERB. *-r, -de, -t*

ordne ngt anbringe noget i en bestemt orden el. bringe noget i orden □ *bøgerne var ordnet alfabetisk · ordne stolene i lige rækker · ordne sit værelse · ordne sit hår · det ordner sig nok* • **ordne ngt** sørge for noget = KLARE, FIKSE, SKULDRE □ *vil du ordne indkøbene i dag?* • **ordne ng** give nogen en irettesættelse, evt. med vold □ *hvis du ikke holder op skal jeg komme og ordne dig!*

ordnet

ADJ. *- , ordnede*

ordnede forhold forhold som er præget af orden □ *leve under ordnede forhold*

ordning

SUBST. *-en,* plur. *-er, -erne*

en passende aftale, plan el. gensidig forståelse □ *vi har fået en ordning med banken om tilbagebetaling af lånet · I må se at finde en ordning på problemet* □ *skolefritidsordning · turnusordning*

ordonnans

SUBST. *-en,* plur. *-er, -erne*
/ordon'nans/

en militærperson der overbringer meldinger og ordrer

ordre

SUBST. *-n,* plur. *-r, -rne*

1. et krav om at udføre en bestemt handling = BEFALING, PÅBUD, INSTRUKS □ *adlyde ordrer · de fik ordre til at lukke forretningen · gør som jeg siger, det er en ordre · soldaterne handlede efter ordre fra kaptajnen · udføre en ordre* □ *arrestordre · forholdsordre*
2. en begæring om køb af varer der evt. først skal produceres = BESTILLING □ *afgive en ordre på 500 styk · effektuere en ordre · ekspedere en ordre · modtage ordrer på varer · firmaet har to skibe i ordre* □ *ordrebekræftelse · ordrebog · ordregiver · ordreseddel* □ *restordre · vareordre*

ordret

ADJ. *- , ordrette*

som nøjagtigt modsvarer el. er i overensstemmelse med forlæggets ord □ *et ordret citat · han gengav ordret hvad hun havde sagt*

ordrig

ADJ. *-t, -e*

som indeholder mange ord, og som derfor giver mulighed for en meget nuanceret beskrivelse ≠ ORDFATTIG □ *et ordrigt sprog*

ordskifte

SUBST. *-t,* plur. *-r, -rne*

en kort, ofte ophidset samtale = ORDVEKSLING, REPLIKSKIFTE, DISKUSSION □ *det kom til et heftigt ordskifte mellem parterne*

ordskvalder

SUBST. *-en* el. *-et*

(neds., glds.): = ORDFLOM

ordspil

SUBST. *ordspillet,* plur. *ordspil, ordspillene*

det at man bevidst bruger ord der har mere end én betydning, fx i vittige bemærkninger □ *ordspilsleg*

ordsprog

SUBST. *-et,* plur. *~sprog, -ene*

en fast vending som udtrykker en leveregel el. en erfaring som man kan lære af, fx *som man reder, så ligger man* el. *brændt barn skyr ilden* = TALEMÅDE □ *ordsprogssamling*

ordstilling

SUBST. *-en,* plur. *-er, -erne*

den rækkefølge som sætningsleddene står i i en sætning □ *ordstillingsregel* • **ligefrem ordstilling** en ordstilling hvor subjektet kommer før verbalet • **omvendt ordstilling** en ordstilling hvor verbalet kommer før subjektet, fx i spørgsmål som *går du?* el. når sætningen indledes med en tidsangivelse som i *nu kommer de* = INVERSION

ordstrid

SUBST. *-en*

(glds.): en samtale hvorunder sindene kommer i kog = SKÆNDERI, DISKUSSION

ordstrøm

SUBST. *ordstrømmen,* plur. *ordstrømme, ordstrømmene*

= TALESTRØM

ordstyrer

SUBST. *-en,* plur. *-e, -ne*

en person som holder ro og orden ved et møde, fremlægger dagsordenen og bestemmer hvem der har taletid = DIRIGENT, MØDELEDER □ *ordstyreren gav ordet til den næste taler · ordstyreren råbte 'ro i salen'*

ordvalg

SUBST. *-et,* plur. *~valg, -ene*

valg af ord i tale el. tekst som giver en bestemt stil • **være omhyggelig med sit ordvalg** bruge ord som ikke virker stødende

ordveksling

SUBST. *-en,* plur. *-er, -erne*

en kort, ofte ophidset samtale = ORDSKIFTE, SAMTALE, DISKUSSION □ *vi havde en ordveksling i forbifarten om det, og lovede hinanden at komme tilbage til sagen*

oregano

SUBST. *-en*
/o'regano/

et krydderi af planten oregano; anvendes især på pizzaer og i tomatsauce • en plante el. lille busk af vild merian

oret

ADJ. - , *orede*

fordærvet af mider □ *oret mel*

org.

1. fork. for *organisation* el. *organisere*
2. fork. for *organisk*

organ

SUBST. *-et,* plur. *-er, -erne*
/or'gan/

1. en samling væv el. celler i legemet som har en særlig funktion der er med til at holde et menneske el. dyr i live □ *hjertet er et livsvigtigt organ · legemet består af mange organer* □ *organdonor · organtransplantation*
2. den menneskelige stemme □ *der skulle et kraftigt organ til for at råbe salen op*
3. en avis, radiostation el.lign. der udtrykker en bestemt gruppes synspunkter □ *avisen er det socialdemokratiske partis organ*
4. en organisation som har et bestemt formål □ *der savnes et nordisk organ til fremme af sproglig ensartethed · partiets ledende organer holder møde i weekenden*

organdi

SUBST. *-en*
/or'gandi/

et finttrådet, gennemsigtigt bomuldsstof som i efterbehandlingen får en stiv og glasbatistagtig kvalitet; anvendes bla. til kjoler, bluser og besætning

organisation

SUBST. *-en,* plur. *-er, -erne*
[åganisa'sjo'n]

en sammenslutning, ofte med fagligt el. politisk formål □ *faglig organisation · humanitær organisation · kommunale organisationer · landbrugets organisationer* □ *organisationsarbejde · organisationsform* □ *brancheorganisation · idrætsorganisation · interesseorganisation* • den måde som fx en virksomhed er opbygget på □ *en omstrukturering af firmaets organisation · tage et kursus i ledelse og organisation* □ *organisationstalent*

organisere

VERB. *-r, -de, -t*
/organi'sere/

1. organisere ngt tilrettelægge noget på en systematisk måde = ARRANGERE, STRUKTURERE, SYSTEMATISERE □ *organisere en konference · virksomheden var effektivt organiseret · organisere indsatsen* • **organisere ngt** (slang): skaffe noget, evt. på en ulovlig måde □ *organisere noget kaffe · organisere en bil til tyveriet*
2. organisere ng optage nogen som medlem □ *fagforeningen organiserer både faglærte og ufaglærte arbejdere* • danne el. være medlem af en fagforening □ *de organiserede sig i landets første fagforening · alle arbejdere på fabrikken skal være organiserede · organiseret arbejdskraft*

organisk

ADJ. - , *-e*

1. som har at gøre med kroppen □ *en organisk sygdom*
2. som indeholder kulstofforbindelser, dvs. som i stoffer fra dyre- og planteriget □ *organiske stoffer · et organisk opløsningsmiddel* • **organisk kemi** se under *kemi*
3. som har en indre, naturlig sammenhæng = NATURLIG, HARMONISK, SAMMENHÆNGENDE □ *forfatterskabet danner et organisk hele · de omkringliggende landsbyer er smeltet organisk sammen med storbyen*

organisme

SUBST. *-n,* plur. *-r, -rne*
/orga'nisme/

et system af organer der udgør en levende enhed = KROP, INDIVID □ *organismens evne til at tilpasse sig skiftende ydre vilkår · en mikroskopisk organisme · encellede organismer* □ *mikroorganisme · vandorganisme* • en gruppe af individer der fungerer som en enhed = SAMFUND □ *byen er en kompleks organisme · målet er at virksomheden skal fungere som en organisme* □ *samfundsorganisme*

organist

SUBST. *-en,* plur. *-er, -erne*
/orga'nist/

en person som spiller orgel i en kirke □ *han er ansat ved kirken som organist og kantor*

organza

SUBST. *-en*
/or'ganza/

tyndt, halvstift, gennemsigtigt stof af silke el. syntetiske fibre; anvendes fx til kjoler

orgasme

SUBST. *-n,* plur. *-r, -rne*
/or'gasme/

det punkt hvor den seksuelle lystfølelse kulminerer, hos kvinden ledsaget af sammentrækninger af skedeindgangen, hos manden af sædafgang = UDLØSNING □ *få orgasme*

orgastisk

ADJ. - , *-e*
/or'gastisk/

= ORGIASTISK

orgel

SUBST. *-et* (el. *orglet*), plur. *orgler, orglerne*

et musikinstrument som især findes i kirker, og hvor tonerne fremkommer ved at luft presses gennem rør (orgelpiber) af forskellig længde □ *spille orgel · spille på orgel* □ *orgelbygger · orgelkoncert · orgelmusik · orgelpibe · orgelspil* □ *elorgel · hammondorgel · stueorgel*

orgelkoral

SUBST. *-en,* plur. *-er, -erne*

et musikstykke for orgel som er en bearbejdelse af en salmemelodi

orgelpunkt

SUBST. *-et,* plur. *-er, -erne*

(i musik): en dyb tone der bliver liggende mens de øvrige stemmer bevæger sig i vekslende harmonier, især hen imod en melodis afslutning

orgiastisk

ADJ. - , *-e*
/orgi'astisk/

som er præget af ekstase = ORGASTISK □ *stammefolkets dans nåede et orgiastisk højdepunkt · orgiastiske frugtbarhedsriter · en orgiastisk oplevelse*

orgie

SUBST. *-t,* plur. *-r, -rne*

1. en ekstatisk religiøs fest med mange deltagere • en animeret fest; ofte med seksuelle udskejelser □ *et natligt orgie · deltage i et orgie*
2. et orgie af ngt en overflod el. overdreven brug af noget □ *bedet var beplantet med et orgie af forskellige blomster · maleriet er et sandt orgie af farver*

orient

SUBST. *-en*
/ori'ent/

Orienten = ØSTEN • **den nære orient** = DET MELLEMSTE ØSTEN • **den fjerne orient** = DET FJERNE ØSTEN

orientaler

SUBST. *-en,* plur. *-e, -ne*
/orien'taler/

en person der stammer fra Orienten = ØSTERLÆNDING

orientalist

SUBST. *-en,* plur. *-er, -erne*
/orienta'list/

en person der forsker i Orientens sprog og kultur

orientalsk

ADJ. - , *-e*
/orien'talsk/

som har at gøre med Orienten = ØSTERLANDSK

orientere

VERB. *-r, -de, -t*
/orien'tere/

1. orientere ng om ngt give nogen korte, generelle oplysninger om noget = INFORMERE, OPLYSE, FORKLARE, ADVISERE □ *han orienterede mig om hvor stationen lå · jeg skal nok orientere dig hvis der dukker noget op · han orienterede os i hovedtræk om de mexicanske indianeres historie · hun blev orienteret om opbygningen af socialforsorgen i amtet* □ *forhåndsorientere* • **orientere sig om ngt** skaffe sig viden om noget = STUDERE, UNDERSØGE □ *jeg har orienteret mig om den italienske vinproduktion*
2. orientere sig i ngt finde ud af hvor man befinder sig i forhold til omgivelserne = FINDE VEJ □ *ved hjælp af kortet lykkedes det ham at orien-*

tere sig i storbyen · en indholdsfortegnelse er vigtig for at kunne orientere sig i denne enorme bog
3. orientere ng(t) mod ngt placere el. bevæge nogen el. noget i en bestemt retning = DREJE, FLYTTE □ *vi må hellere orientere os mod Solen · søfolkene orienterede skibet mod den lille ø* • **orientere ng mod ngt** ændre nogens holdning i en bestemt retning □ *højskolen var socialistisk orienteret · vi er ved at orientere partiet mod en mere socialistisk kurs*

orientering

SUBST. *-en,* plur. *-er, -erne*
/orien'tering/

1. en kortere redegørelse for et emne □ *de gav dem en orientering om handlen* □ *baggrundsorientering*
2. en viden om hvor man befinder sig og hvor man skal hen □ *det er let at miste orienteringen i parcelhuskvarteret fordi alle husene er ens* □ *orienteringsløb*

orienteringsløb

SUBST. *-et,* plur. *~løb, -ene*

en idræt hvor man ved hjælp af kort og kompas finder den hurtigste vej til posterne som er placeret forskellige steder i skoven og til mål

orig.

fork. for *original*

origami

SUBST. *-en*
[ori'ga·mi]

kunsten at klippe og folde papir som oprindelig er opstået i Japan = PAPIRFOLDEKUNST □ *den klassiske japanske origami er blevet videreudviklet i Vesten*

original[1]

SUBST. *-en,* plur. *-er, -erne*
/origi'nal/

1. et oprindeligt eksemplar el. en oprindelig udformning af noget som man kan lave en kopi el. en efterligning af ≠ KOPI, EFTERLIGNING □ *tage en kopi af originalen · originalen er i guld, men efterligningen er af messing · originalen kan ses på museet* □ *originaldokument · originalindbinding · originalmanuskript · originaludgave* • en tekst som kan afskrives ≠ AFSKRIFT □ *jeg sendte en bekræftet afskrift og beholdt originalen* • en tekst som kan oversættes til et andet sprog □ *oversættelsen kommer ikke på højde med originalen*
2. en person hvis adfærd, påklædning m.m. virker særpræget = SÆRLING, EXCENTRIKER □ *han er byens original* • (neds.): en person som er et fjols □ *du er vel nok en original hvis du gør det · din original!*

original[2]

ADJ. *-t, -e; -ere, -est*
/origi'nal/

1. = OPRINDELIG □ *de originale guldhorn blev smeltet om, og der findes nu kun en efterligning · museet har det originale alter, men har ladet lavet en kopi til kirken* □ *originalitet*
2. som adskiller sig fra andet ved sin kvalitet □ *en original idé · en original kunstner*

originalsprog

SUBST. *-et,* plur. *~sprog, -ene*

det sprog hvori noget først er skrevet = GRUNDSPROG □ *jeg vil hellere læse bogen på originalsproget end i oversættelse*

originaludgave

SUBST. *-n,* plur. *-r, -rne*

= FØRSTEUDGAVE

orkan

SUBST. *-en,* plur. *-er, -erne*
/or'kan/

vind der blæser meget kraftigt og har voldsomt ødelæggende virkninger; er den højeste styrke på vindskalaen □ *orkanen rammer kysten ved midnatstid* □ *orkanstyrke* • en tropisk hvirvelstorm med meget høj vindstyrke; fortrinsvis om hvirvelstorm der rammer den østlige del af Nordamerika = TROPISK ORKAN, CYKLON, TYFON □ *orkanramt* • **orkanens øje** et stille punkt med lavt lufttryk som luftmasserne i en hvirvelstorm roterer omkring

orke

VERB. *-r, -de, -t*

orke ngt have energi til at overvinde sig til at gøre noget = GIDE □ *være så træt at man ikke orker at rejse sig · nu orker jeg altså ikke mere · orker du en time til?*

orkere

VERB. *-r, -de, -t*
/or'kere/

udføre *orkis*

orkester

SUBST. *-et* (el. *orkestret*), plur. *orkestre, orkestrene*
/or'kester/

en gruppe af musikere der spiller sammen på forskellige instrumenter = BAND □ *spille i et orkester · koncert for violin og orkester · orkestret spillede op til dans* □ *orkesterdirigent · orkestermedlem · orkesterleder · orkestermusik* □ *amatørorkester · blæseorkester · danseorkester · jazzorkester · strygeorkester · symfoniorkester*

orkestergrav

SUBST. *-en,* plur. *-e, -ene*

en forsænket plads foran scenen på et teater hvor orkestret befinder sig

orkesterplads

SUBST. *-en,* plur. *-er, -erne*

tilskuerpladserne nærmest orkestergraven og scenen på et teater

orkestral

ADJ. *-t, -e*
/orke'stral/

som har at gøre med orkester □ *orkestral musik · en orkestral komposition*

orkestrere

VERB. *-r, -de, -t*
/orke'strere/

orkestrere ngt arrangere el. bearbejde et musikstykke for orkester □ *orkestrering*

orkidé el. orkide

SUBST. *-en,* plur. *-er, -erne*
[åki'de']

en plante med voksagtige blomster i uregelmæssige former og smukke farver som især vokser i tropiske regnskove, men også dyrkes som prydplante i Danmark; orkidéfamilien er den næststørste familie af blomsterplanter med over 18.000 arter; latinsk navn *Orchidaceae*

orkis

SUBST. *en*

en form for kniplinger bestående af ringe og buer der er velegnede til fx besætninger og kraver; tråden kan være af hør, bomuld el. silke □ *orkisblonde · orkisbue · orkisknude*

orlogsgast

SUBST. *-en,* plur. *-er, -erne*

en menig i søværnet

orlogskaptajn

SUBST. *-en,* plur. *-er, -erne*

(militær): officersgrad i søværnet; over kaptajnløjtnant og under kommandørkaptajn

orlogsskib

SUBST. *-et,* plur. *-e, -ene*

= KRIGSSKIB

orlov

SUBST. *-en,* plur. *-er, -erne*

periode hvor man er fritaget for arbejde el. tjeneste □ *soldaterne fik orlov i påsken · tage orlov fra skolen · søge om orlov · få et års orlov* □ *barselsorlov · uddannelsesorlov*

orm

SUBST. *-en,* plur. *-e* (el. *orm*), *-ene*

1. et lille hvirvelløst dyr med en langstrakt lemmeløs krop som kan være opdelt i led; latinsk navn *Vermes* □ *der er orm i æblet* □ *børsteorm · fladorm · ledorm · pæleorm · regnorm · rundorm* • ⟨i sammensætn.⟩ andre dyrs larver □ *knoporm · kålorm · sankthansorm · silkeorm* • **vride sig som en orm** forsøge at undslippe nogen el. undgå noget
2. = INDVOLDSORM □ *hunden skal have en kur for orm* □ *ormefrø · ormeinfektion · ormekur · ormemiddel* □ *bændelorm · børneorm · gælleorm · ringorm · spolorm*

ormstukken

ADJ. *-t* (el. ormstukket), *ormstukne*

som der er el. har været orm i = ORMÆDT □ *et ormstukkent æble* • som er fordærvet i moralsk henseende □ *en ormstukken moral · en ormstukken politik*

ormædt

ADJ. *-, -e*

som er helt el. delvis ødelagt af orm = ORMSTUKKEN □ *træværket er halvrråddent og ormædt · der var billeder af ormædte skeletter*

ornament

SUBST. *-et,* plur. *-er, -erne*
/orna'ment/

stiliseret figur, mønster el. tegning som ofte

gengiver slyngede planter, fantasidyr o.l.; bruges som udsmykning på fx huse, møbler og kunsthåndværk =FORSIRING □ *et gammelt spisestel med ornamenter langs kanten* □ *bladornament* · *blomsterornament* · *gipsornament* · *guldornament*

ornamental

ADJ. *-t, -e*
/ornamen'tal/

= DEKORATIV □ *der var både blomstermønstre og rent ornamentale mønstre*

ornamentere

VERB. *-r, -de, -t*
/ornamen'tere/

forsyne med ornamenter □ *møblerne var rigt ornamenterede* □ *ornamentering*

ornamentik

SUBST. *ornamentikken*
/ornamen'tik/

udsmykning med ornamenter □ *baroktidens ornamentik virker ofte overlæsset*

ornat

SUBST. *-et,* plur. *-er, -erne*
[å'na't]

en gejstlig embedsdragt

orne

SUBST. *-n,* plur. *-r, -rne*

hannen hos svin

ornitolog

SUBST. *-en,* plur. *-er, -erne*
/ornito'log/

en person der beskæftiger sig med ornitologi som hobby el. erhverv =FUGLEKENDER □ *feltornitolog*

ornitologi

SUBST. *-en*
/ornitolo'gi/

læren om fugle, fx deres adfærd, udseende, udvikling og levesteder □ *ornitologisk*

ortodoks

ADJ. *-t, -e*
/orto'doks/

som er i streng overensstemmelse med den oprindelige udformning el. officielle udlægning af noget □ *skolen er meget ortodoks og prøver ikke nye undervisningsformer* • (religion): som overholder en trosretnings forskrifter til punkt og prikke =RETTROENDE ≠ HETERODOKS • **ortodokse kirke** = GRÆSKKATOLSKE KIRKE

ortodoksi

SUBST. *-en*
/ortodok'si/

en udformning el. udlægning af noget som er i streng overensstemmelse med det oprindelige □ *professorerne styrer fakultetet med streng dogmatisk ortodoksi* · *politisk ortodoksi* • (religion): det at overholde en trosretnings forskrifter til punkt og prikke =RETTROENHED □ *islamisk ortodoksi* · *streng kristen ortodoksi*

ortodonti

SUBST. *-en*
/ortodon'ti/

det at forske i og udføre tandretning =TANDRETNING

ortografi

SUBST. *-en,* plur. *-er, -erne*
/ortogra'fi/

den skriftlige gengivelse af ord = STAVEMÅDE, RETSKRIVNING □ *dansk ortografi* · *ordets ortografi* □ *ortografisk*

ortopæd

SUBST. *-en,* plur. *-er, -erne*
[-'pæ'ð]

en læge som er specialist i *ortopædi*

ortopædi

SUBST. *-en*
/ortopæ'di/

læren om behandling af bygningsfejl og skader på kroppen, fx skæv ryg el. hofteskred ved hjælp af optræning, operation el. støttemidler □ *ortopædisk* · *ortopædkirurgi*

ortopædiskomager

SUBST. *-en,* plur. *-e, -ne*

skomager som er specielt uddannet til at lave fodtøj til folk med invaliderede ben og fødder

os[1]

SUBST. *-en*
['o's]

let kvælende, støvet røg der lugter ubehageligt, og som dannes når et stof brænder □ *kulos* · *mados* · *stegeos*

os[2]

PRON.

bøjningsform af *vi*

oscillator

SUBST. *-en,* plur. *-er, -erne*
[ɔsi'la·tå]

et apparat der kan frembringe vekselspænding med en bestemt frekvens; bruges fx i radioer, radarer og computere

oscillograf

SUBST. *-en,* plur. *-er, -erne*

et apparat til gengivelse af elektriske svingningers forløb, fx på papir

ose

VERB. *-r, -de* (el. *oste*), *-t*

1. afgive ildelugtende røg =RYGE □ *vægen osede da stearinlyset blev slukket* · *cigaretten ligger og oser* · *en osende petroleumslampe* □ *osepind* • **ose af ngt** lugte meget af noget bestemt □ *hun osede langt væk af øl*
2. se på varer i en forretning uden at have til hensigt at købe noget □ *de var ude at ose* □ *oser*

osmose

SUBST. *-n,* plur. *-r, -rne*
/os'mose/

en udligningsproces som foregår når to opløsninger af forskellig styrke er adskilt af en halvgennemtrængelig hinde, fx en cellemembran; når fx planterødder optager vand fra den omgivende jord foregår det ved osmose

osmotisk

ADJ. *- , -e*
[ɔs'mo'tisk]

som har at gøre med *osmose* • **osmotisk tryk** det tryk vand udøver på en halvgennemtrængelig hinde el. membran når det strømmer fra en opløsning af lavere til en opløsning af højere koncentration

ossobuco

SUBST. *-en*
/osso'buco/

en ret af skiver af kalve el. okseskank med marv

ost[1]

SUBST. *-en,* plur. *-e, -ene*

et fødemiddel der er lavet af mælk som er syrnet med osteløbe el. mælkesyrebakterier □ *en skive ost* · *stærk ost* · *mellemlagret ost* · *et stykke ost med kommen* · *franskbrød med ost* □ *osteanretning* · *ostefremstilling* · *ostehandler* · *ostehøvl* · *ostekiks* · *osteklokke* · *osteløbe* · *ostemad* · *ostemasse* · *ostemide* · *osteskorpe* □ *blåskimmelost* · *dessertost* · *fetaost* · *flødeost* · *fåreost* · *gedeost* · *hytteost* · *løbeost* · *rygeost* · *skæreost* · *smelteost* · *smøreost* ·

ost[2]

SUBST.
['o'st]

(sømandssprog, spøg.): =ØST □ *nordost* · *sydost*

oste

VERB. *-r, -de, -t*

(om mælk): blive til ost

osteanretning

SUBST. *-en,* plur. *-er, -erne*

et måltid der består af fx brød, kiks og oste som er anrettet på et fad el.lign. □ *servere en osteanretning til dessert*

ostehandler

SUBST. *-en,* plur. *-e, -ne*

en person el. en butik der handler med ost

ostehøvl

SUBST. *-en,* plur. *~høvle, -ene*

et redskab hvormed man skærer skiver af ost

ostekiks

SUBST. *-en,* plur. *~kiks, -ene*

en kiks der spises sammen med ost □ *en pakke blandede ostekiks* • en kiks der er bagt af dej tilsat reven ost

osteklokke

SUBST. *-n,* plur. *-r, -rne*

et rundt bræt med et kuppelformet glaslåg til opbevaring af ost

ostelærred

SUBST. *-et,* plur. *-er, -erne*

lærredsvævet stof som er ubleget

ostepind

SUBST. *-en,* plur. *-e, -ene*

et stykke fast ost, evt. med tilbehør der serveres på en lille pind

osteri

SUBST. *-et,* plur. *-er, -erne*
/oste'ri/

1. italiensk kro el. værtshus
2. et sted hvor der tilvirkes ost

osv.

fork. for *og så videre* = ETC.

othellokage

SUBST. *-n,* plur. *-r, -rne*
/o'thellokage/

en lagkage med vaniliecreme, flødeskum og chokoladeovertræk = OTHELLOLAGKAGE

otium

SUBST. *-et* (el. *otiummet* el. *otiet*)

en periode i et menneskes liv som indledes når man bliver pensioneret □ *nyde sit otium*

ottave

SUBST. *-n,* plur. *-r, -rne*
[ɔ'ta·və]

en strofe bestående af otte verselinjer der rimer

otte

TALORD

tallet 8 □ *de har en arbejdsdag på otte timer · klokken er otte* □ *ottearmet · ottecylindret · ottekantet · otteogfirs · ottetal · ottetiden · ottetimers* □ *halvotte* • **(i morgen) otte dage** en uge frem fra den nævnte dag □ *vi ses mandag otte dage*

ottende

TALORD

nummer 8 i en række □ *hver ottende dag · Christian den Ottende*

ottendedel

SUBST. *-en,* plur. *-e, -ene*

en af 8 lige store stykker som noget kan deles i

ottendedelsnode

SUBST. *-n,* plur. *-r, -rne*

et tegn for en tone der varer et halvt taktslag

otter

SUBST. *-en,* plur. *-e, -ne*

1. noget som har tallet el. værdien 8, fx en bestemt buslinie el. et spillekort □ *stige af otteren · tage stikket med en otter*
2. en kaproningsbåd med otte roere og en styrmand □ *en otter er knap 18 m lang · de vandt guld i otter*

ottetiden

SUBST.BEST.

ved ottetiden omkring klokken otte □ *jeg kommer ved ottetiden*

otteårig

ADJ. *-t, -e*

som varer otte år = OTTEÅRS □ *en otteårig periode* • som er otte år gammel = OTTEÅRS □ *en otteårig dreng*

otteårs

ADJ.

som varer otte år = OTTEÅRIG □ *en otteårs periode* □ *otteårsperiode* • som er otte år gammel = OTTEÅRIG □ *en otteårs dreng*

otti

TALORD

tallet 80; anvendes bl.a. på checks og postanvisninger hvor et beløb angives med bogstaver = FIRS □ *ottifire · ottini*

ottoman

SUBST. *-en,* plur. *-er, -erne*
[ɔto'ma'n]

en bred *divan*

ounce

SUBST. *en,* plur. *-s, -ne*
['awns]
fork. *oz*

en engelsk vægtenhed brugt i handelen: 1 ounce = 28,35 g • en engelsk vægtenhed brugt ved vejning af guld, juveler og medicin: 1 ounce = 31,1 g

out

ADV.

1. (slang): ikke længere på mode = UMODERNE, YT ≠ IN □ *de flipper er simpelthen out*
2. (boldspil, om en bold el. en spiller): som er uden for banen el. ude af spillet = UDE □ *bolden er out · nummer 7 er out*

output

SUBST. *outputtet,* plur. *output, outputtene*
['awdput]

resultatet af en proces el. et stykke arbejde = UDDATA ≠ INPUT

outreret

ADJ. *- , outrerede*
[u'træ'ɔð]

som er bevidst overdreven el. yderliggående □ *en outreret mode · hans synspunkter er altid meget outrerede* □ *outrerethed*

outrigger

SUBST. *-en,* plur. *-e, -ne*
['awdrægɔ el. *-rigɔ]*

en kaproningsbåd hvis åregafler sidder i stativer uden for bådens side ≠ INRIGGER

outsider

SUBST. *-en,* plur. *-e, -ne*
['awdsajdɔ]

1. en person der ikke er accepteret af en gruppe af mennesker der holder sammen socialt
2. (sport): en konkurrencedeltager som man ikke regner blandt favoritterne

ouverture

SUBST. *-n,* plur. *-r, -rne*
[uvär'ty'ɔ el. *ɔwɔ'ty'ɔ]*

et musikstykke for orkester som indleder et større musikalsk værk, fx en opera, en ballet el. et oratorium □ *ouverturen til Elverhøj*

ouzo

SUBST. *-en,* plur. *-er, -erne*
['u·so]

en græsk brændevin med smag af anis

oval[1]

SUBST. *-en,* plur. *-er, -erne*
/o'val/

en aflang, ægformet cirkel ≠ ELLIPSE □ *bordet har form som en oval*

oval[2]

ADJ. *-t, -e*
/o'val/

med form som en oval = ÆGFORMET

ovarie el. **ovarium**

SUBST. *ovariet,* plur. *ovarier, ovarierne*
/o'varie/

= ÆGGESTOK

ovation

SUBST. *-en,* plur. *-er, -erne*
[ova'sjo'n]

et langvarigt og stort bifald = BIFALD, APPLAUS □ *han blev hyldet med stående ovationer*

oven

ADV.

1. **fra oven** fra en højereliggende position ≠ FRA NEDEN □ *det står på side 3 linie 3 fra oven · lyset kom fra oven*
2. **oven for** i en højereliggende position i forhold til noget ≠ NEDEN FOR □ *hun stod oven for trappen · kirken ligger på en bakke oven for landsbyen* • **oven over** = OVER □ *i lejligheden oven over os bor familien Petersen* • ⟨i sammensætn.⟩ i en højereliggende position ≠ NEDEN- □ *ovenanført · ovenfra · ovenind · ovenlys · ovennævnt · ovenstående · ovenud*
3. **oven i** på el. ned i det øverste af noget □ *hun var landet lige oven i en snedrive* • **oven på** = PÅ □ *han satte sig oven på kufferten for at lukke den*
4. **oven på** efter og som udbedring af noget anstrengende el. ubehageligt □ *oven på dagens hårde arbejde måtte hun hvile sig · hun kom sig oven på forskrækkelsen* • **oven i** udtryk for en forværring □ *oven i sygdommen kom så skilsmissen*
5. i forsk. forb. • **behandle ng oven fra og ned** behandle nogen overlegent • **holde sig oven vande** ⟨PRÆP.⟩ klare sig økonomisk • **oven vande** ⟨PRÆP.⟩ over vandoverfladen • **oven senge** ⟨PRÆP.⟩ rask efter at have været syg

ovenanført

ADJ. *- , -e*

som er anført ovenfor □ *i det ovenanførte citat*

ovenfor

ADV.

som befinder sig længere oppe ≠ NEDENFOR □ *se afsnittet ovenfor* □ *ovenforstående*

ovenforstående

ADJ.

som står ovenfor □ *det ovenforstående afsnit*

ovenfra

ADV.

fra oven □ *de stod på altanen og så optoget ovenfra*

oveni

ADV.

= I TILGIFT □ *og så fik han en bøde oveni · kokken hældte en pose dybfrosne ærter oveni*

ovenind

ADV.

ind ovenfra □ *bølgerne slog ovenind i båden*

ovenlys

SUBST. *-et,* plur. *~lys, -ene*

⟨ikke plur.⟩ lys der kommer ind i en bygning oppefra □ *et atelier med ovenlys · salen får ovenlys fra en aflang åbning i taget · kunstværkerne får ovenlys fra tagets skylight* □ *ovenlysvindue* • en åbning i et tag som giver ovenlys □ *rummet har et ovenlys som lader sollyset slippe ind · opgangen er forsynet med et stort tragtformet ovenlys* □ *ovenlyskarm*

ovenn.

fork. for *ovennævnte*

ovennævnt

ADJ. *-, -e*

som er nævnt længere oppe i teksten ≠ NEDENNÆVNT □ *den ovennævnte kilde*

ovenom

ADV.

opover el. henover ≠ NEDENOM □ *hvis du ikke kan komme udenom må du kravle ovenom*

ovenover

ADV.

som befinder sig på et niveau højere oppe ≠ NEDENUNDER □ *familien i lejligheden ovenover larmer meget*

ovenpå

ADV.

1. på el. til et sted højere oppe □ *hun lå nederst, de tre andre lå ovenpå · den stejle trappe førte ovenpå*
2. være ovenpå klare sig godt □ *han er ovenpå, økonomisk set*

ovenst.

fork. for *ovenstående*

ovenstående

ADJ.

som står lige ovenover i en sætning ≠ NEDENSTÅENDE □ *det ovenstående citat stammer fra en anonym kilde*

oventil

ADV.

= FOROVEN □ *søjlen bliver smallere oventil*

ovenud

ADV.

1. ud foroven □ *vandet løb ovenud af spanden*
2. = OVERMÅDE □ *han var ovenud lykkelig · hun blev ovenud tilfreds · ovenud dejligt*

over[1]

SUBST. *-en,* plur. *-e, -ne*
[ˈɔwɔ]

den øverste halvdel af en bolle ≠ UNDER □ *tænk, kan du bedst lide overen?*

over[2]

PRÆP., ADV.

1. ⟨PRÆP.⟩ på et sted højere oppe end noget el. i bevægelse højere oppe end noget ≠ UNDER □ *flyet befandt sig højt over skyerne · 10 m over jorden · nogle få centimeter over knæet · hun sprang over hegnet · han trådte over den sovende skikkelse der lå på gulvet* □ *overarm · overbo · overdel · overjordisk · overkant · overkrop · overkæbe · overkøje · overlagen · overlæbe · overskrift · overtone* • på tværs af noget el. fra den ene side el. ende til den anden □ ⟨PRÆP.⟩ *gå over gaden · han kørte over broen · han kørte tværs over marken · rejse over bjerge og dale · han er bred over skuldrene og smal over hofterne ·* ⟨ADV.⟩ *hun lagde æblerne over i kurven · jeg går lige over til Peter* □ *overfart · overkørsel · overskride* • ⟨PRÆP.⟩ = VIA □ *toget til Næstved går over Roskilde · hans vej til magten gik over indre opgør i partiet · der kom en meddelelse over radioen* • ⟨PRÆP.⟩ sådan at noget dækker noget □ *de findes over hele jorden · han trak dynen over hovedet · de havde svinet til over hele huset · han havde røde knopper over hele ryggen · hun lagde et viskestykke over dejen · han havde et regnslag over frakken* □ *overbygge · overdække · overdænge · overfrakke · overglasur · overgroet · overhælde · overise · overmale · oversvømme*
2. ⟨PRÆP.⟩ fra begyndelsen til afslutningen af et tidsrum eller en aktivitet □ *han fungerede som fransklærer over en treårs periode · hun blev weekenden over · bliver han natten over? · de snakkede om det over en øl* □ *overnatte · overvintre* • ⟨PRÆP.⟩ senere end et helt klokkeslet □ *klokken er fem minutter over syv · den er kvart over seks · klokken er over ti · den er over midnat*
3. ⟨PRÆP.⟩ større end noget andet i antal, pris, alder, højde el.lign. □ *der var over 200 mennesker til stede · uret kostede over 500 kr. · han er over 2 m høj · hun er over 40 år gammel · barnet har over 40 i feber* □ *overpris · overstørrelse* • ⟨PRÆP.⟩ af højere rang el. kvalitet □ *en general rangerer over en oberst · hans præstation lå over min · han var digteren over alle digtere* □ *overborgmester · overhus · overklasse · overkommando · overlæge · overmenneske · overrabbiner* • i højere grad el. større omfang end noget el. end det ønskelige □ ⟨PRÆP.⟩ *det lykkedes over al forventning · hun elskede ham over alt andet · ikke noget ud over det sædvanlige · det går over min forstand · han arbejder over den aftalte tid ·* ⟨ADV.⟩ *hun arbejder over* □ *overanstrenge · overarbejde · overbefoket · overbegavet · overbooke · overfylde · overfølsom · overophede · overproduktion · overvægt*
4. ⟨PRÆP.⟩ på grund af noget □ *han græd over farens sygdom · han er bekymret over min indstilling · hun var overrasket over hans opførsel · vi er stolte over vores børn · jeg er glad over at det lykkedes · hvad er du sur over?* • ⟨PRÆP.⟩ på grundlag af noget □ *tale over et emne · romanen var skrevet over en virkelig begivenhed · udgiften afholdes over driftsregnskabet*
5. ⟨PRÆP.⟩ sådan at noget præges af noget □ *der var en egen ynde over hendes bevægelser · der er noget skummelt over ham*
6. ⟨PRÆP.⟩ som indeholder el. viser noget □ *en liste over medlemmerne · et kort over øen · et mindesmærke over slaget ved Odden · han gjorde status over dagens hændelser*
7. ⟨PRÆP.⟩ udtryk for at noge har magt over, kontrollerer el.lign. □ *hun bestemmer over sine børn · han hersker over sine slaver · de vandt over svenskerne · han er biskop over Ribe stift · nu har hun fuld kontrol over situationen* □ *overblik · overherredømme · overmagt · overvinde*
8. over for ⟨ADV.⟩ med beliggenhed lige ud for på den modsatte side □ *huset ligger over for kirken* • **over for** ⟨ADV.⟩ udtryk for nogens forhold til andre □ *han var venlig over for de nye naboer*
9. være over ngt have klaret en sorg, en besværlig sag el.lign. = OVRE □ *vi er over det værste* • **være over ng** holde øje med og hele tiden kritisere nogen hvis de gør noget forkert □ *han var hele tiden over hende*
10. i forsk. forb.: *over* forekommer med andre ord i forskellige forbindelser, fx **arbejde over, bære over med, gå over, komme over, køre over, tale over sig** og **over alt, over det hele**, se under *arbejde, bære, gå, komme, køre, tale* og *al, hel*

overall

SUBST. *-en,* plur. *-s* (el. *overall*), *-sene* (el. *overallene*)
[ˈɔwɔå·l]

lange bukser der foran er forsynet med en smæk som fastholdes af seler; bruges også som arbejdstøj = SMÆKBUKSER

overalt

ADV.
/over'alt/

alle steder på el. inden for et område = ALLE VEGNE □ *der var fest overalt i byen · hun havde røde pletter overalt på kroppen · jeg har ledt efter dig overalt*

overanstrenge

VERB. *-r, ~anstrengte, ~anstrengt*

overanstrenge sig arbejde el. anstrenge sig så meget at det medfører skade på kroppen □ *han har ondt i ryggen fordi han har overanstrengt sig · hun overanstrengte sine øjne af for megen læsning · nu skal du da ikke overanstrenge dig! · overanstrenge en muskel* □ *overanstrengelse*

overanstrengelse

SUBST. *-n,* plur. *-r, -rne*

udmattelse fordi man har arbejdet el. anstrengt sig for meget □ *slavearbejderne døde ofte af overanstrengelse · skuespilleren måtte aflyse forestillingen pga. overanstrengelse*

overarbejde[1]

SUBST. *-t*

arbejde ud over den fastsatte arbejdstid □ *tage overarbejde* • *få ekstrabetaling for overarbejde* • *afspadsere overarbejde* □ *overarbejdspenge* • *overarbejdstime*

overarbejde[2]

VERB. *-r, -de, -t*

fortsætte med at arbejde ud over den fastsatte arbejdstid = ARBEJDE OVER □ *hver gang man overarbejder en time skal man have halvanden times afspadsering* • *han var overarbejdet og måtte holde en lang ferie*

overarm

SUBST. *-en,* plur. *-e, -ene*

den øverste del af menneskets arm fra skulder til albue ≠ UNDERARM □ *hendes overarme var meget muskuløse* □ *overarmsmuskel*

overbalance

SUBST. *-n*

få overbalance komme ud af ligevægt □ *han fik overbalance og faldt* • *skibet fik overbalance og tippede om på siden*

overbebyrde

VERB. *-r, -de, -t*

overbebyrde ng belaste nogen for stærkt; især med arbejde el. forpligtelser □ *hun er overbebyrdet med arbejde* • *lad nu være med at overbebyrde ham* □ *overbebyrdelse*

overbefolket

ADJ. *-* , *~befolkede*

(om et land): befolket med flere mennesker end der er plads el. føde til □ *etbarnspolitikken har til hensigt at forhindre et totalt overbefolket Kina der ikke kan brødføde sig selv* • fyldt med for mange mennesker □ *en overbefolket lille hytte* • *avisen er overbefolket af ambitiøse journalister* • *der er overbefolket på modstanderens banehalvdel*

overbeglo

VERB. *-r, -ede, -et*

overbeglo ng(t) glo meget intenst på nogen el. noget □ *han overbegloede hende* • *føle sig overbegloet*

overbelaste

VERB. *-r, -de, -t*

overbelaste ng(t) udsætte noget el. nogen for en for stor belastning □ *når man dyrker motion skal man passe på ikke at overbelaste muskler og led* • *personalet på hospitalet føler sig meget overbelastet* □ *overbelastning*

overbetjent

SUBST. *-en,* plur. *-e, -ene*

(foræld.): en overordnet politimand

overbevise

VERB. *-r, ~beviste, ~bevist*

overbevise ng om ngt få nogen til at tilslutte sig en bestemt holdning, tro el. tankegang = OVERTYDE □ *politikernes argumenter overbeviste mange vælgere om at de skulle stemme ja til forslaget* • *hun overbeviste mig om sagens rette sammenhæng* • *jeg er overbevist om at det er det rigtige at gøre*

overbevisning

SUBST. *-en,* plur. *-er, -erne*

en fast tro = FORVISNING □ *jeg handlede efter min bedste overbevisning* • *hun fulgte sin overbevisning* • *de er af den overbevisning at det kan lade sig gøre* □ *religionsoverbevisning* • **uden overbevisning** uden interesse el. begejstring □ *publikum klappede uden overbevisning*

overbid

SUBST. *~biddet,* plur. *~bid, ~biddene*

en tandstilling hvor fortænderne i overmunden rager ud over undermundens når munden er lukket ≠ UNDERBID □ *have overbid*

overblik

SUBST. *~blikket,* plur. *~blikke, ~blikkene*

det at overskue en situation el. et emne og se det i en større sammenhæng □ *han havde overblik over situationen* • *de forsøgte at danne sig et overblik over katastrofen* • *hun har svært ved at bevare overblikket* • *miste overblikket* • *mangel på overblik* □ *overbliksartikel* • *overbliksbillede*

overbo el. **overboer**

SUBST. *-en,* plur. *-er, -erne*
(overboer: *-en,* plur. *-e, -ne*)

en person der bor oven over én i et fleretagers hus ≠ UNDERBO

overborgmester

SUBST. *-en,* plur. *~borgmestre, ~borgmestrene*

øverste borgmester i Københavns kommune; har ansvar for økonomien og er formand for magistraten

overbringe

VERB. *-r, ~bragte, ~bragt*

overbringe ng ngt (form.): give nogen en meddelelse på vegne af en anden person = OVERLEVERE □ *overbring ham mine lykønskninger!* □ *overbringelse* • *overbringer*

overbud

SUBST. *-et* (el. *~buddet*), plur. *~bud, -ene* (el. *~buddene*)

1. det at overbyde nogen □ *deres forretningspolitik er præget af overbud*
2. en overdreven mængde af noget □ *der var et overbud af billeder og effekter* • *et overbud af visuelle effekter*

overbudspolitik

SUBST. *~politikken*

det at fremsætte uholdbare løfter for at nå egne mål □ *oppositionslederen beskyldte regeringen for at føre overbudspolitik* • *kreditforeningens aggressive overbudspolitik*

overbyde

VERB. *-r, ~bød, ~budt*

1. overbyde ng sige at man er parat til at betale en højere pris end nogen for en bestemt ting, fx ved en auktion □ *Jensen havde budt 2.000 kr. for det maleri, men jeg overbød ham* □ *overbydning*
2. overbyde ng (glds.): søge at overgå nogen ved at være bedre el.lign. □ *de overbød hinanden med løfter* • *fyrsterne søgte at overbyde hinanden i pragt*

overbærende

ADJ.

som er tålmodig over for nogen fordi man kender og til dels undskylder grunden til vedkommendes opførsel = TOLERANT, FORSTÅENDE, BARMHJERTIG □ *en overbærende hovedrysten* • *være mild og overbærende* • *et overbærende smil* □ *overbærenhed*

overbærenhed

SUBST. *-en*
/over'bærenhed/

det at være overbærende □ *behandle nogen med overbærenhed* • *se med overbærenhed på noget* • *vise overbærenhed med andres fejl*

overdel

SUBST. *-en,* plur. *-e, -ene*

den øverste del af noget som er flerdelt i højden □ *overdelen af en bikini* • *bygningens overdel* • *klapvognens overdel kan tages af og vendes om*

overdosis

SUBST. *-en* (el. *~dosissen*), plur. *~doser, ~doserne*

en større mængde end man kan tåle, fx af narkotika □ *han døde af en overdosis heroin* • *hun begik selvmord ved at tage en overdosis smertestillende piller*

overdrage

VERB. *-r, ~drog, -t* (*~dragen, ~dragne*)

overdrage ng ngt (form.): give nogen noget i forvaring el. råderet over noget = OVERGIVE □ *hun overdrog alle rettighederne til sin mand* • *billetten må ikke overdrages til andre* □ *overdragelse*

overdramatisere

VERB. *-r, -de, -t*

overdramatisere ngt omtale en begivenhed sådan at den bliver mere spændende end den var i virkeligheden = OVERDRIVE □ *du skal altid overdramatisere!*

overdrev[1]

SUBST. *-et,* plur. *overdrev, -ene*

1. et uopdyrket område omkring en landsby som før i tiden brugtes til græsning
2. et grænseområde til noget, fx litteratur el. sport □ *litteraturens overdrev* • *sportens overdrev* • **ude på overdrevet** udtryk for at man kommer for langt væk fra sagens kerne □ *nu er du vist ude på overdrevet!*

overdrev[2]

VERB.

bøjningsform af *overdrive*

overdreven el. **overdrevet**

ADJ. *-t, ~drevne*
(overdrevet: *-* , *~drevne*)

som er urimelig høj el. al for stor □ *en overdre-*

ven beskedenhed · hun er nærmest overdrevent venlig · overdreven soldyrkelse

overdrive

VERB. *-r, ~drev, ~drevet (~dreven, ~drevne)*

overdrive ngt få noget til at fremstå større el. vigtigere end det i virkeligheden er □ *han skal altid overdrive · rygterne om min død er stærkt overdrevne · overdrive betydningen af videnskaben* • **overdrive ngt** gøre noget for meget □ *det er godt at dyrke sport, men overdriv nu ikke*

overdrivelse

SUBST. *-n,* plur. *-r, -rne*

det at overdrive □ *sport er sundt men at løbe 20 km om dagen er noget af en overdrivelse · overdrivelse fremmer forståelsen · hun er uden overdrivelse over 2 m høj*

overdrog

VERB.

bøjningsform af *overdrage*

overdække

VERB. *-r, -de, -t*

bygge et tag hen over noget □ *en overdækket terrasse · teltet skal overdække tilskuerpladserne · pengene skal bruges til at overdække trafikken så generne mindskes for borgerne*

overdænge

VERB. *-r, -de, -t*

overdænge ng(t) med ngt kaste el. slynge noget i store mængder mod nogen el. noget = OVERØSE, DÆNGE □ *overdænge hinanden med skældsord · demonstranterne overdængede politiet med brosten · gæsterne overdængede brudeparret med ris* □ *overdængning*

overdøve

VERB. *-r, -de, -t*

overdøve ng(t) tale, råbe el. spille højere end nogen el. noget □ *taleren forsøgte at overdøve larmen · han skreg for at overdøve støvsugeren · man skulle tale højt for at overdøve jukeboxen* □ *overdøvning*

overdådig

ADJ. *-t, -e; -ere, -st*
/over'dådig/

som der er en masse af, og som synes overvældende □ *et overdådigt frokostbord · skovbunden var dækket af et overdådigt blomsterflor* □ *overdådighed* • som er luksuriøs og ødsel = EKSTRAVAGANT □ *han lever overdådigt · en overdådig fest* • **være i overdådigt humør** være opstemt og kåd

overens

ADV.
/over'ens/

1. komme overens være el. blive enige □ *de kommer fint overens med hinanden · de forsøger at komme overens om arvens fordeling*
2. stemme overens med ngt være præcist det samme som el. harmonere med noget □ *din forklaring stemmer ikke overens med hans udlægning af sagen · deres beregninger stemte ikke overens*

overenskomst

SUBST. *-en,* plur. *-er, -erne*
/over'enskomst/

en skriftlig aftale opnået som et resultat af forhandlinger mellem de berørte parter □ *slutte overenskomst med nogen · løn og ansættelsesvilkår i henhold til overenskomsten mellem HK og Amtsrådsforeningen* □ *overenskomstaftale · overenskomstansat · overenskomstforslag · overenskomstperiode · overenskomststridig* □ *arbejdstidsoverenskomst · lønoverenskomst*

overenskomststridig

ADJ. *-t, -e*

som er i strid med en overenskomst □ *en overenskomststridig arbejdsnedlæggelse*

overensstemmelse

SUBST. *-n,* plur. *-r, -rne*
/over'ensstemmelse/

det at to el. flere forhold udtrykker det samme el. passer sammen = HARMONI, SAMKLANG, SAMMENFALD, PARALLELISME, KORRESPONDENS ≠ DISHARMONI □ *overensstemmelse mellem bogens tekst og billeder · overensstemmelse mellem vidneudsagnene · bringe forskellige interesser i overensstemmelse · i overensstemmelse med sandheden · det er ikke i overensstemmelse med vores aftale*

overfald

SUBST. *-et,* plur. *overfald, -ene*

1. det at overfalde en person □ *han blev udsat for et meget voldeligt overfald* □ *overfaldsmand*
2. stykke som bøjes ned over og lukker fx en lomme □ *en lomme med overfald*

overfalde

VERB. *-r, ~faldt, -t (~falden, ~faldne)*

overfalde ng angribe nogen fysisk, mentalt el. verbalt, især som led i en forbrydelse over for en sagesløs person □ *hun blev overfaldet på gaden · tyven overfaldt hende og løb med pengene · overfaldt ham med kritik · kedsomheden overfaldt hende* □ *overfaldsmand*

overfart

SUBST. *-en,* plur. *-er, -erne*

en rejse med skib over et mindre farvand □ *overfarten over Storebælt tog en time · i ferietiden er der indsat flere færger på overfarten · man har indkøbt en ekstra færge til Helsingør-Helsingborg overfarten* □ *overfartssted · overfartstid*

overflade

SUBST. *-n,* plur. *-r, -rne*

ydersiden af noget = YDRE ≠ INDRE □ *hudens overflade · vandets spejlblanke overflade · den største del af Jordens overflade er dækket af vand · en ru overflade* □ *overfladeareal · overfladebehandle · overfladespænding* □ *vandoverflade* • en persons ydre fremtoning = FACADE ≠ INDRE □ *på overfladen virkede hun som et lykkeligt menneske · han er ren overflade, et menneske uden indre følelsesliv* □ *overfladisk · overflademenneske*

overfladebehandle

VERB. *-r, -de, -t*

overfladebehandle ngt beskytte el. forskønne overfladen af især træ og metal med maling el.lign. □ *overfladebehandling*

overfladespænding

SUBST. *-en*

den spænding der virker på tværs af en væskes overflade, og som gør at denne opfører sig som en elastisk hinde og at dråber trækkes sammen til en kugle

overfladisk

ADJ. *- , -e*

1. som findes på overfladen ≠ DYB □ *et overfladisk sår · overfladiske læsioner · overfladisk lighed*
2. som ikke går i dybden med noget, el. som ikke er særlig omfattende = FLYGTIG, PERIFERISK ≠ GRUNDIG □ *overfladiske kundskaber · behandle noget overfladisk · berøre et emne overfladisk · han havde kun et overfladisk kendskab til emnet* • (om en person): som ikke engagerer sig el. tænker dybt over tingene ≠ DYBSINDIG □ *en kold og overfladisk person · han opfattede ikke sig selv som overfladisk*

overflod

SUBST. *-en*

rigelig mængde som er større end det egentlige behov; også om unødvendig materiel velstand = OVERMÅL □ *have overflod af noget · der er overflod af varer på markedet · give af sin overflod · være til stede i overflod · leve i overflod · det er til overflod bevist at det skader miljøet*

overflytte

VERB. *-r, -de, -t*

overflytte ng(t) til ngt flytte nogen el. noget til et andet sted el. regi □ *patienten er blevet overflyttet til en anden afdeling · skoleklubberne er overflyttet fra socialudvalget til et kulturelt udvalg* □ *overflytning*

overflødig

ADJ. *-t,* plur. *-e*
/over'flødig/

som ikke er nødvendig el. som der ikke længere er behov for = UVÆSENTLIG, FUTIL □ *det burde være overflødigt at sige det · væk med de overflødige kilo! · lygten var overflødig i fuld dagslys · føle sig overflødig* □ *overflødighed*

overflødighedshorn

SUBST. *-et,* plur. *~horn, -ene*
/over'flødighedshorn/

en kransekage fyldt med konfekt o.l. • udtryk for at der er rigeligt el. overdrevent meget af noget □ *et overflødighedshorn af kunst og kultur · energimæssigt er hotellerne rene overflødighedshorn, så der er mange penge at spare*

overfor

ADV.

på den modsatte side □ *de bor i villaen overfor*

overforbrug

SUBST. *-et*

det at bruge meget mere af noget end nødvendigt; ofte i en grad som skader miljøet, fx pga. forurening med affaldsstoffer el. som tærer for kraftigt på Jordens ressourcer□ *den industrialiserede verdens overforbrug af naturlige ressourcer*

overfrakke

SUBST. *-n,* plur. *-r, -rne*

en varm, tung vinterfrakke

overfuse

VERB. *-r, -de, -t*

overfuse ng skælde nogen ud på en voldsom måde □ *han overfusede den stakkels dreng, så han ikke vidste hvor han skulle gøre af sig selv* □ *overfusning*

overfølsom

ADJ. *-t, ~følsomme*

1. som ikke kan tåle el. som reagerer kraftigt på ting som andre kan tåle, fx visse fødevarer el. lyd el. lys =ALLERGISK □ *han er overfølsom over for hvepsestik* □ *overfølsomhed*
2. = NÆRTAGENDE

overfølsomhed

SUBST. *-en*

det at være overfølsom =ALLERGI □ *lide af overfølsomhed over for bestemte stoffer*

overføre

VERB. *-r, ~førte, ~ført*

1. overføre ng(t) til ng(t) flytte el. transportere nogen el. noget fra ét sted el. en person til et andet sted el. en anden person □ *fangen er blevet overført til et andet fængsel · rotter kan overføre smitte · overføre kønssygdomme* □ *overførelse · overføring* • **overføre ngt til ng** viderebringe el. overdrage noget til nogen; især om rettigheder, viden o.l. □ *han forsøgte at overføre sine kundskaber til eleverne · hun overførte rettighederne til sin søn* • **overføre ngt** bringe noget til anvendelse et andet sted end først planlagt □ *de forsøgte at overføre fængslets hakkeorden til verden udenfor* • **overføre ngt til ngt** kopiere noget til et andet materiale el.lign. □ *hun overførte fotografiet til en T-shirt*
2. overføre ngt flytte et beløb fra én konto til en anden □ *jeg bad ham overføre pengene til min konto* • **overføre ngt** føre et beløb om til den næste side el. en ny periode i et regnskab □ *beløbet er overført til næste regnskabsår*

overføringsbillede

SUBST. *-t,* plur. *-r, -rne*

et billede som er overtrukket med en limmasse som gør det muligt at overføre det til huden, et vindue el.lign. □ *der er overføringsbilleder i tyggegummipakkerne*

overgang

SUBST. *-en,* plur. *-e, -ene*

1. et sted hvor man krydser noget □ *den gamle hængebro var den eneste overgang over floden · længere henne er der en overgang for fodgængere* □ *fodgængerovergang · grænseovergang*
2. en udvikling el. en forandring til en ny tilstand der sker mere el. mindre gradvist□ *overgang til demokrati · overgangen fra puppe til larve · der er en brat overgang mellem farverne* □ *overgangsalder · overgangsperiode · overgangsregering* • et skift af et emne i tanke, tale el. skrift □ *uden overgang gav han sig til at læse gamle digte op* • **i overgang** (om drengestemme): som er ved at udvikle sig fra lys til dyb idet den synker en oktav □ *hans stemme er i overgang*
3. en periode i fortiden □ *en overgang drømte hun om at blive skuespiller · han har været gift en overgang* • en tilstand som ikke varer længe og snart er glemt □ *det er kun en overgang!*
4. (elektricitet): det at strømmen forlader sin rette bane i et elektrisk apparat og går gennem et mellemled til jorden således at en sikring springer el. man får stød ved berøring□ *der er overgang i kaffemaskinen*

overgangsalder

SUBST. *-en*

en periode i kvindens liv omkring 50-års-alderen med store hormonelle forandringer som bevirker at menstruationerne og muligheden for befrugtning ophører =KLIMAKTERIUM □ *hun kom i overgangsalderen da hun var 48 · mange mener at manden også har en overgangsalder*

overgav

VERB.

bøjningsform af *overgive*

overgearet

ADJ. *- , ~gearede*

som er glad på en overstadig måde

overgik

VERB.

bøjningsform af *overgå*

overgive

VERB. *-r, ~gav, -t*

1. overgive ng ngt = OVERDRAGE □ *de overgav sagen til en advokat · generalen overgav kommandoen til den næstbefalende* □ *overgivelse*
2. overgive sig give op og underkaste sig nogen = KAPITULERE □ *japanerne overgav sig til amerikanerne i 1945 · jeg overgiver mig*

overgiven

ADJ. *-t, overgivne*

= KÅD □ *en overgiven latter · være overgiven munter* □ *overgivenhed*

overgreb

SUBST. *-et,* plur. *~greb, -ene*

lovstridig handling hvor en, oftere stærkere part, krænker den svage el. dennes rettigheder□ *begå overgreb mod nogen · et overgreb på ophavsretten · være offer for et seksuelt overgreb · blive udsat for overgreb · det er et overgreb på fundamentale menneskerettigheder*

overgær

SUBST. *-en*

en gærart der bruges ved brygning af *hvidtøl* og *skibsøl;* samler sig på overfladen efter gæringen ≠ UNDERGÆR

overgæret

ADJ. *- , ~gærede*

overgæret øl øl som er fremstillet ved tilsætning af *overgær* ≠ UNDERGÆRET □ *overgæring*

overgå

VERB. *-r, ~gik, -et*

1. overgå til ng(t) skifte fra én ejer, tilstand el.lign. til en anden □ *ejendommen overgik til hans tre sønner · lovforslaget er overgået til 2. behandling · overgå til statseje · magten er overgået til militæret*
2. overgå ng uventet ske for nogen; især om en stor og skelsættende begivenhed =VEDERFARES, HÆNDE, RAMME, TIMES □ *tænk at det skulle overgå ham at opleve firmaets konkurs*
3. overgå ng(t) være dygtigere, større, bedre el. have mere af noget end nogen el. noget =OVERSTIGE, OVERSTRÅLE □ *overgå sig selv · det overgik mine værste forventninger*

overhale

VERB. *-r, -de, -t*

1. overhale ng(t) indhente og bevæge sig forbi nogen el. noget =PASSERE □ *vi overhalede bilen foran · overhale indenom · sideordnet opstilling giver ham mulighed for at overhale sin modkandidat · de øvrige europæiske lande er ved at overhale udviklingen herhjemme* □ *overhaling*
2. overhale ngt efterse og istandsætte noget □ *overhale et skib*

overhaling

SUBST. *-en,* plur. *-er, -erne*

1. et udtryk for stor vrede mod nogen fordi de har gjort noget forkert =OPSANG, SKIDEBALLE, RØFFEL, IRETTESÆTTELSE, REPRIMANDE, SKÆLDUD □ *jeg gav ham en ordentlig overhaling for hans dovenskab*
2. det at indhente og bevæge sig forbi nogen el. noget□ *12% af ulykkerne skete ifølge statistikken under overhaling*
3. et grundigt eftersyn med udbedring af skader o.l. □ *om foråret får båden en ordentlig overhaling*

overhead

SUBST. *-en,* plur. *-er* (el. *-s*),*-erne* (el. *-ene*)
[ˈ*åwvɔhæd*]

en gennemsigtig planche med tekst el. billeder der vises på en overheadprojektor

overheadprojektor

SUBST. *-en,* plur. *-er, -erne*
[ˈ*åwvɔhædprosjægtɔ*]

et apparat som på et lærred kan vise hvad der er skrevet el. tegnet på et stykke gennemskinneligt plastic

overherredømme

SUBST. *-t,* plur. *-r, -rne*

(glds.): =OVERHØJHED □ *randstaterne var under tysk overherredømme*

overholde

VERB. *-r, ~holdt, ~holdt*

overholde ngt være tro mod el. adlyde noget = FØLGE, RETTE SIG EFTER □ *overholde loven · overholde en gammel skik · overholde reglementet*

· *overholde en aftale* · *overholde en diæt* · *overholde en frist* □ *overholdelse*

overhoved

SUBST. *-et*, plur. *-er, -erne*

den største, fornemste el. mægtigste person inden for en bestemt gruppe el. et bestemt samfund □ *faren er familiens overhoved* · *paven er den katolske kirkes overhoved* · *præsidenten er statens overhoved* □ *familieoverhoved* · *statsoverhoved*

overhovedet

ADV.
/over'hovedet/

⟨i spørgende sætninger⟩ udtryk for at man tvivler på at noget har fundet sted el. vil ske □ *har du overhovedet set filmen?* · *hvis han overhovedet kommer* ● **overhovedet ikke** udtryk for at noget helt sikkert ikke er tilfældet = SLET IKKE □ *jeg tror overhovedet ikke på hvad du siger* · *det har jeg overhovedet ikke tid til* · *det er der overhovedet ingen tvivl om*

overhud

SUBST. *-en*

det øverste lag af huden hos dyr og mennesker

overhus

SUBST. *-et*

det ikke folkevalgte kammer The House of Lords i det britiske parlament □ *Overhuset i det britiske parlament*

overhængende

ADJ.

1. som er nært forestående; især om noget truende □ *i overhængende fare* · *en overhængende trussel*
2. som hænger ud over noget □ *overhængende grene* · *overhængende trækroner*

overhøjhed

SUBST. *-en*

den øverste politiske magt over noget = SUVERÆNITET, OVERHERREDØMME □ *Sudan var under britisk overhøjhed*

overhøre

VERB. *-r, ~hørte, ~hørt*

1. overhøre ngt lade som om man ikke hører nogen el. noget □ *han overhørte hendes forklaring* · *overhøre advarselssignalerne* · *overhøre et råb om hjælp* · *overhøre deres sladder* · *overhøre en ordre* □ *overhørig*
2. overhøre ng høre noget ved et tilfælde □ *jeg kom til at overhøre en bemærkning han kom med forleden*
3. overhøre ng spørge nogen ud for at finde ud af hvor meget han ved om noget bestemt □ *han blev overhørt i dagens lektie*

overhørig

ADJ.

sidde ngt overhørig lade som om man ikke hører noget el. undlade at handle i overensstemmelse med det □ *han sad de gode råd overhørig* · *virksomheden sidder alle klager fra utilfredse kunder overhørig* · *den opfordring kan jeg ikke sidde overhørig*

overhøring

SUBST. *-en*, plur. *-er, -erne*

1. det at spørge nogen ud for at finde ud af hvor meget de ved om noget bestemt = EKSAMINATION □ *den studerende kan vælge mellem mundtlig og skriftlig overhøring*
2. det at man hører noget □ *overhøring af foredraget*

overhånd

SUBST. *en*

få el. **tage overhånd** tiltage for stærkt el. få for stor magt □ *hans drikkeri har taget overhånd* · *hun var stresset og følte at hendes arbejde var ved at tage overhånd*

overhåndtagende

ADJ.

(glds.): som er ved at tage overhånd □ *det overhåndtagende skattesnyderi*

overile

VERB. *-r, -de, -t*

overile sig miste besindelsen og gøre noget uhensigtsmæssigt □ *hun overilede sig og kom til at råbe ad chefen* · *undskyld at jeg overilede mig* □ *overilelse*

overilet

ADJ. *-, ~ilede*

som er uigennemtænkt og uhensigtsmæssig □ *en overilet handling* · *det var overilet af mig at godtage tilbudet uden videre* □ *overilethed*

overjordisk

ADJ. *-, -e*

1. som er over jordoverfladen ≠ UNDERJORDISK □ *plantens overjordiske dele*
2. som ligger uden for den sansebare virkelighed = OVERNATURLIG, SFÆRISK, ÆTERISK □ *interessere sig for det overjordiske* · *et overjordisk væsen* · *en overjordisk skønhed*

overkant

SUBST. *-en*, plur. *-er, -erne*

1. den øverste kant af noget □ *det trækker ind langs vinduets overkant*
2. i overkanten udtryk for at noget næsten er for meget til at man kan klare el. vil acceptere det □ *prisen er i overkanten af det rimelige* · *et marathonløb er lige i overkanten af hvad jeg kan klare*

overklasse

SUBST. *-n*, plur. *-r, -rne*

den højeste samfundsklasse der består af de såvel økonomisk som socialt mest velstillede personer i befolkningen ≠ UNDERKLASSE, MIDDELKLASSE □ *overklassebarn* · *overklassepige* · *overklassehjem*

overklasseløg

SUBST. *-et*, plur. *~løg, -ene*

(neds.): en person som er socialt bedrestillet, og som derfor er forvænt, snobbet m.m. □ *hun er et irriterende overklasseløg*

overknees

SUBST.PLUR.

et par damestrømper med ribkant over knæet; er lavet af bomuld el. polyester, og bruges ofte til hotpants el. en kort spencer

overkommando

SUBST. *-en*, plur. *-er, -erne*

den øverste myndighed inden for militæret ● **have overkommandoen** have den øverste ledelse □ *den tyske overkommando*

overkomme

VERB. *-r, ~kom, -t*

overkomme ngt have kræfter til at få noget fra hånden □ *han overkommer det utrolige* · *jeg kan ikke overkomme mere end to timer i det tempo* □ *overkommelig*

overkommelig

ADJ. *-t, -e*
/over'kommelig/

som er til at overkomme □ *et overkommeligt problem* · *en overkommelig pris* · *det er overkommeligt for hende*

overkrop

SUBST. *~kroppen*, plur. *~kroppe, ~kroppene*

kroppen fra hals til talje ≠ UNDERKROP □ *en muskuløs overkrop* · *en mand med bar overkrop*

overkvalificeret

ADJ. *-, ~kvalificerede*

som har flere kvalifikationer end der er nødvendig for at udføre et bestemt arbejde el. løse en bestemt opgave □ *overkvalificeret arbejdskraft* · *hun er overkvalificeret til jobbet*

overkæbe

SUBST. *-n*, plur. *-r, -rne*

den øverste af de to knogler i kæben hvori tænderne i overmunden sidder ≠ UNDERKÆBE

overkøje

SUBST. *-n*, plur. *-r, -rne*

den øverste seng i en køjeseng ≠ UNDERKØJE

overkørt

ADJ. *-, -e*

= OVERTRÆT □ *han er træt og overkørt*

overlade

VERB. *-r, ~lod, ~ladt*

overlade ng ngt lade nogen tage ansvar for el. bestemme noget □ *han overlod gården til sin søn* · *han overlod det til hende at tage alle beslutningerne* □ *overladelse* ● **overlade ng til sig selv** lade nogen være alene □ *barnet var overladt til sig selv hele dagen*

overlagde

VERB.

bøjningsform af *overlægge*

overlagt

ADJ. *-, -e*

som er gjort med vilje □ *overlagt mord*

overlappe

VERB. *-r, -de, -t*

overlappe ngt dække det samme areal el. område som en del af noget andet ▫ *plankerne overlapper hinanden i en klinkbygget båd* ▫ *overlapning* • **overlappe ngt** berøre el. involvere de samme emner, personer, tidsperioder o.l. som noget andet ▫ *emnerne overlapper hinanden* · *min ferie overlapper din med en uge*

overlast

SUBST. *-en*

fortræd el. skade pga. vold, mishandling el. skødesløs behandling ▫ *gidslerne havde ikke lidt overlast* · *varerne har lidt overlast under transporten* · *tilføje nogen overlast* · *der er ikke sket ham nogen overlast*

overlegen

ADJ. *-t, overlegne*
[ˈɔwɔleˈjən el. ˈɔwɔlajən]

1. som er meget bedre end noget andet ▫ *de vandt en overlegen sejr* · *de er os langt overlegne* · *en overlegen præstation* ▫ *overlegenhed*
2. = INDBILDSK ▫ *hun smilede overlegent* · *en overlegen karl* ▫ *overlegenhed*

overleve

VERB. *-r, -de, -t*

1. fortsætte med at leve, især efter at have været tæt ved at dø ▫ *familien måtte stjæle for at overleve* · *hun blev slemt forbrændt ved ulykken, men hun overlevede* ▫ *overlevelse* • fortsætte med at være virksom ▫ *for at overleve måtte virksomheden flytte til udlandet* · *banken overlevede en længerevarende kriseperiode* ▫ *overlevelse*
2. overleve ng leve længere end en anden ▫ *hun overlevede sin mand*

overlevelsestur

SUBST. *-en,* plur. *-e, -ene*

et ophold i naturen hvor man skal forsøge at udstå hårde strabadser, løse forskellige fysisk krævende opgaver for derved at styrkes fysisk og psykisk ▫ *tage på overlevelsestur*

overlevere

VERB. *-r, -de, -t*

1. overlevere ngt = OVERBRINGE ▫ *overlevere en besked til nogen*
2. overlevere ngt bringe noget videre til eftertiden ▫ *der er overleveret mange beretninger om det gamle slot* · *fortællingen er overleveret fra slægt til slægt* ▫ *overlevering*

overlevering

SUBST. *-en,* plur. *-er, -erne*

det at fortællinger og skikke fra ældre tider fortælles fra generation til generation = SAGN ▫ *vi har kun den historie i mundtlig overlevering* · *en gammel overlevering siger at hvis Danmark er i nød så vågner Holger Danske*

overliggende

ADJ.

som ligger oven på noget andet ▫ *de overliggende etager* · *en overliggende tå*

overligger

SUBST. *-en,* plur. *-e, -ne*

en bjælke, en stang el. en sten der ligger hen over andre • den øverste stang i et fodboldmål ▫ *bolden ramte overliggeren*

overliste

VERB. *-r, -de, -t*

overliste ng liste sig ind på nogen og overraske ham, så han evt. hindres i at handle = OVERRUMPLE ▫ *han overlistede sine fjender i mørket* · *endnu engang overlistede sønnen sine forældre*

overlod

VERB.

bøjningsform af *overlade*

overlydsfly

SUBST. *-et,* plur. *~fly, -ene*

et fly som kan flyve hurtigere end lyden; bruges oftest som militærfly = SUPERSONISK FLY ≠ SUBSONISK FLY

overlæbe

SUBST. *-n,* plur. *-r, -rne*

mundens øverste læbe og stykket mellem munden og næsen ≠ UNDERLÆBE ▫ *bide sig i overlæben* · *en glatbarberet overlæbe*

overlæg

SUBST. *overlægget,* plur. *~læg, overlæggene*

1. = OVERVEJELSE ▫ *efter modent overlæg* · *hun gjorde det uden nogen form for overlæg*
2. med overlæg ⟨ubøj.⟩ med vilje ▫ *mordet blev begået med fuldt overlæg* • **med gustent overlæg** med kynisk og kold beregning

overlæge

SUBST. *-n,* plur. *-r, -rne*

en læge som er fastansat på et hospital i en overordnet stilling, efter at have gennemført en uddannelse som specialist ▫ *overlægesekretær*

overlægge

VERB. *-r, ~lagde, ~lagt*

overlægge ngt (glds.): = OVERVEJE ▫ *sammen ville de overlægge hvordan de skulle klare problemet* ▫ *overlægning*

overlærer

SUBST. *-en,* plur. *-e, -ne*

en folkeskolelærer som har en vis anciennitet

overløb

SUBST. *-et,* plur. *~løb, -ene*

et afløb i vandbeholdere o.l. der hindrer at vandet når op over en vis højde ▫ *en håndvask med overløb* • det at vand el.lign. flyder ud over kanten på en beholder ▫ *udslippet skyldes overløb fra en tank* · *der er problemer med overløb fra rensningsanlæggene i regnvejr*

overløber

SUBST. *-en,* plur. *-e, -ne*

(neds.): en person der forråder nogen el. skifter standpunkt i en sag = RENEGAT ▫ *vi vil aldrig mere have noget at gøre med den overløber der har svigtet vores sag på det groveste*

overmagt

SUBST. *-en*

en person el. gruppe som har større magt end andre ▫ *bøje sig for overmagten* · *kæmpe mod overmagten* · *han lod de andre føle sin overmagt*

overmale

VERB. *-r, -de, -t*

overmale ngt dække noget med et el. flere lag maling ▫ *kalkmalerierne var blevet overmalet flere gange* • **overmale ngt** overkradse noget med tegninger el. skrift ▫ *væggen var overmalet med navne* · *togvognene var overmalet med graffiti*

overmand

SUBST. *~manden,* plur. *~mænd, ~mændene*

en person der er en anden overlegen ▫ *verdensmesteren har endelig fundet sin overmand* · *det lykkedes hende at blive sin skæbnes overmand*

overmande

VERB. *-r, -de, -t*

overmande ng tage magten over nogen, fx med fysisk vold ▫ *han overmandede sin modstander og bandt ham* · *trætheden overmandede ham*

overmenneske

SUBST. *-t,* plur. *-r, -rne* (el. *-ne*)

en menneskeype som er det gennemsnitlige menneske overlegen; det kan være moralsk, fysisk el. intellektuelt ▫ *overmennesket var et ideal for Hitler* · *jeg er jo ikke noget overmenneske*

overmenneskelig

ADJ. *-t, -e*

som overstiger almindelige menneskers formåen ▫ *en overmenneskelig anstrengelse* · *angsten gav ham overmenneskelige kræfter*

overmod

SUBST. *-et*

en overdreven selvtillid som får en person til at handle uforsigtigt el. være indbildsk ▫ *dæmpe sit overmod* · *i sit overmod inviterede han hende ud* · *forsvareren hævdede at de blot havde handlet i ungdommeligt overmod*

overmoden

ADJ. *-t, ~modne*

alt for moden ▫ *pæren var overmoden, den smagte ikke godt* · *fersknerne bliver melede når de er overmodne*

overmodig

ADJ. *-t, -e*

= DUMDRISTIG ▫ *han fremturede overmodigt* · *en overmodig knægt*

overmorgen

SUBST.

i overmorgen dagen efter dagen i morgen ▫ *vi har fri i dag, i morgen og i overmorgen*

overmund

SUBST. *-en,* plur. *-e, -ene*

den øverste, indre del af munden≠ UNDERMUND □ *han mangler en tand i overmunden* • en tandprotese til overmunden ≠ UNDERMUND □ *hun havde tabt sin overmund og måtte have taget mål til en ny*

overmåde

ADV.

(glds.): forstærkende udtryk = OVERORDENTLIG, OVENUD, OVERVÆTTES □ *han er overmåde dygtig*

overmål

SUBST. *et*

= OVERFLOD □ *et overmål af energi* · *han holdt sit løfte til overmål*

overnatte

VERB. *-r, -de, -t*

blive et sted natten over□ *overnatte på et hotel* □ *overnatning*

overnaturlig

ADJ. *-t, -e*

som ikke tilhører den kendte virkelighed, og som strider mod naturlovene = OVERSANSELIG, OVERJORDISK, OKKULT □ *nisser og trolde er overnaturlige væsner* · *hun mente hun havde overnaturlige evner og kunne tale med de døde* · *tro på det overnaturlige* · *tilhøre det overnaturliges verden* • som er større end legemsstørrelse □ *en statue i overnaturlig størrelse*

overordentlig

ADV.
/over'ordentlig/

forstærkende udtryk = SÆRDELES, UHYRE, YDERST, HØJST, MORDERLIG, OVERMÅDE □ *en overordentlig svær opgave* · *overordentligt gerne*

overordnet

ADJ. *- , ~ordnede*

1. som har en vigtigere funktion el. en mere ansvarsfuld stilling end andet el. andre□ *overordnede hensyn* · *en overordnet stilling* · *følelserne er overordnet fornuften* · *overordnet sætning* · *adlyde sine overordnede*
2. ⟨SUBST.⟩ en person i en højere stilling end én selv = FORESAT ≠ UNDERORDNET □ *brevet blev kontrolleret af min overordnede*

overpris

SUBST. *-en,* plur. *-er, -erne*

en for høj betaling for en vare□ *betale overpris for en vare*

overpræsident

SUBST. *-en,* plur. *-er, -erne*

en titel for den øverste embedsmand i Københavns *overøvrighed* □ *Københavns overpræsident*

overpræsidium

SUBST. *~præsidiet,* plur. *~præsidier, ~præsidierne*

Københavns Overpræsidium en institution som bl.a. tager sig af familieretslige forhold i Københavns Kommune

overrabbiner

SUBST. *-en,* plur. *-e, -ne*

den øverste rabbiner i et jødisk trossamfund

overrakte

VERB.

bøjningsform af *overrække*

overraske

VERB. *-r, -de, -t*

1. overraske ng gøre at noget sker for nogen på en uventet måde = FORBLØFFE, OVERRUMPLE □ *han overraskede hende med sit frieri* · *de blev overrasket af en byge* · *det overrasker mig ikke at han har ret* · *blive glædeligt overrasket* · *blive ubehageligt overrasket* □ *overraskelse*
2. overraske ng opdage, fange el. angribe nogen mens de ikke venter det □ *han overraskede hende i at stjæle pærer* · *overraske fjenden*

overraskelse

SUBST. *-n,* plur. *-r, -rne*

det at blive overrasket = FORBAVSELSE □ *han lagde ikke mærke til overraskelsen i hendes ansigt* · *livet er fuldt af overraskelser* • noget som overrasker; fx en gave, et besøg el.lign. □ *det var sandelig en overraskelse* · *gaven skal være en overraskelse* · *forfremmelsen kom som en overraskelse* · *en glædelig overraskelse* · *undgå ubehagelige overraskelser* · *jeg har en overraskelse til dig*

overrende

VERB. *-r, ~rendte, ~rendt*

overrende ng(t) besøge nogen el. noget i stort antal el. meget hyppigt □ *autografjægerne overrender skuespilleren* · *sommergæsterne overrender bestemt ikke bymuseet* · *lad nu være med at overrende hende* · *jeg er træt af overrendte turistmål*

overretssagfører

SUBST. *-en,* plur. *-e, -ne*

(forældt.): en sagfører der før 1920 har erhvervet ret til at procedere ved en højere instans som indtil 1919-1920 blev betegnet 'overret' ≠ LANDSRETSSAGFØRER

overrisle

VERB. *-r, -de, -t*

overrisle ngt vande en mark, eng el.lign. ved at lede vand ud over den□ *overrisle marken med vand* □ *overrisling*

overrislet

ADJ.

(slang): = BERUSET □ *vi gik lettere overrislede fra receptionen*

overrumple

VERB. *-r, -de, -t*

overrumple ng som er en overraskelse for nogen = OVERRASKE, FORBLØFFE, FORBAVSE, KOMME BAG PÅ □ *hendes spørgsmål overrumplede ham* · *lad dig ikke overrumple af opgavens sværhed* • **overrumple ng** overfalde og besejre nogen som ikke er forberedt på det□ *overrumple fjenden*

overrække

VERB. *-r, ~rakte, ~rakt*

overrække ng ngt give nogen noget på en højtidelig måde el. ved en højtidelighed□ *han overrakte hende blomsterne* · *borgmesteren overrakte byens nøgler til æresborgeren* · *hun fik overrakt prisen af dronningen* □ *overrækkelse* · *overrækning*

overs.

fork. for *oversat* el. *oversættelse* el. *oversætter*

oversanselig

ADJ. *-t, -e*

som ikke kan opfattes med sanserne = OVERJORDISK, TRANSCENDENTAL, SFÆRISK, OVERNATURLIG □ *læren om det oversanselige*

oversatte

VERB.

bøjningsform af *oversætte*

overse

VERB. *-r, ~så, -t*

1. overse ng(t) ved en fejltagelse ikke lægge mærke til nogen el. noget = GLEMME, IGNORERE □ *jeg oversá fejlen* • **overse ng(t)** ikke ville se nogen el. noget = IGNORERE □ *hun valgte bevidst at overse ham*
2. til at overse udtryk for at der ikke er meget af noget = OVERSKUE □ *deres begejstring var til at overse*

oversidder

SUBST. *-en,* plur. *-e, -ne*

en sportsmand el. et sportshold som ikke skal deltage i en bestemt kamp el. runde af en turnering □ *den regerende danmarksmester var oversidder i første runde og gik derfor direkte videre til semifinalen* • (glds.): en elev der ikke bliver rykket op i næste klasse

oversigt

SUBST. *-en,* plur. *-er, -erne*

en kort, overskuelig fremstilling af noget el. af det væsentligste indhold af noget = FORTEGNELSE, LISTE, RESUMÉ, SAMMENDRAG □ *lave en skriftlig oversigt over tilbuddet* · *en oversigt over priserne* · *en oversigt over afgangs- og ankomsttider* □ *oversigtskort* □ *prisoversigt*

overskride

VERB. *-r, ~skred, ~skredet (~skreden, ~skredne)*

overskride ngt gå ud over el. videre end noget; det kan fx være en grænse el. en regel□ *tropperne overskred grænsen* · *hans sjofelheder overskrider grænserne for al anstændighed* · *hun overskrider sine beføjelser* · *bilens hastighed overskred fartgrænsen* · *hans foredrag overskred den aftalte tid* □ *overskridelse*

overskrift

SUBST. *-en,* plur. *-er, -erne*

en kort tekst, anbragt øverst, som sammenfatter el. antyder hvad den efterfølgende tekst handler om = RUBRIK □ *avisens overskrifter* · *han nåede kun at læse overskrifterne* □ *overskriftsstørrelse* □ *avisoverskrift* · *kapiteloverskrift*

overskrævs
ADV.
/over'skrævs/

udtryk for at sidde med et ben på hver side af noget □ *sidde overskrævs på en hest* · *han sad overskrævs på bænken*

overskud
SUBST. *overskuddet*, plur. *~skud, overskuddene*

1. en person el. en ting som er tilovers □ *der var overskud af herrer ved middagen* · *overskud af energi* □ *overskudslager* · *overskudssamfund* · *overskudsværdi* □ *smøroverskud* • et beløb som er tilovers når alle udgifter er betalt □ *have 1.000 kr. i overskud* · *overskuddet blev brugt til investeringer* · *regnskabet udviser et overskud på 10.000 kr.* · *virksomheden gav overskud* □ *overskudsdeling* □ *eksportoverskud*
2. energi til at gøre noget til trods for fx træthed □ *have overskud til at motionere efter arbejde* · *hun har et overskud af energi*

overskue
VERB. *-r, -de, -t*

1. overskue ngt forstå og have overblik over noget □ *jeg kan ikke overskue problemet* · *han kunne ikke overskue konsekvenserne af forslaget*
2. til at overskue udtryk for at der ikke er meget af noget = OVERSE □ *deres begejstring var til at overskue*

overskuelig
ADJ. *-t, -e*
/over'skuelig/

1. som er klar og velstruktureret og derfor let at overskue = KLAR, TYDELIG, ANSKUELIG □ *en klar og overskuelig fremstilling* · *bogen behandler på en meget overskuelig måde de vigtigste problemer ved oprettelse af testamente* □ *overskuelighed* □ *uoverskuelig*
2. som ikke er større, vanskeligere o.l. end man kan overkomme det = OVERKOMMELIG □ *en overkommelig opgave*
3. som vil ske inden der er gået lang tid, og som man derfor kan tage med i sin planlægning el. sine overvejelser □ *han tror ikke på at skolen får en idrætshal inden for en overskuelig årrække* · *hans nye bog vil være på gaden inden for en overskuelig fremtid*

overskydende
ADJ.

som er tilovers = OVERTALLIG, RESTERENDE, EKSTRA, TILOVERSBLEVEN □ *de overskydende stole* · *du må gerne beholde de overskydende penge*

overskyet
ADJ. *- , ~skyede*

dækket af skyer ≠ KLAR □ *en overskyet himmel* · *det er overskyet i dag* □ *overskyethed*

overskygge
VERB. *-r, -de, -t*

overskygge ngt kaste en skygge over noget □ *halvtaget overskyggede terrassen* □ *overskygning* • **overskygge ng(t)** få nogen el. noget til at virke mindre betydningsfuld. el. ødelægge glæden ved noget □ *sygdommen overskyggede hele hendes tilværelse* · *han overskyggede sine søskende* · *hans nyeste roman overskygger de tidligere*

overskylle
VERB. *-r, -de, -t*

overskylle ng(t) strømme ned el. hen over nogen el. noget i store mængder □ *vejen blev overskyllet af regnvejr* · *forbrændingen skal overskylles med vand* · *markedet blev overskyllet af billige varer*

overskæg
SUBST. *~skægget*, plur. *~skæg, ~skæggene*

et skæg mellem overlæben og næsen = MOUSTACHE, KNEBELSBART □ *manden barberede sit overskæg af*

overslag
SUBST. *-et*, plur. *~slag, -ene*

1. en foreløbig og skønsmæssig beregning af omkostninger ved et foretagende, det kan fx være et overslag over hvor meget en reparation vil komme til at koste □ *lave et overslag over udgifterne* □ *overslagsberegning*
2. en gymnastisk øvelse hvor benene føres op over hovedet og over på den anden side

overspille
VERB. *-r, -de, -t*

1. overspille ngt kopiere en *cd*, videofilm el.lign. til kassette- el. videobånd □ *kan du ikke overspille cd'en til mig?* · *de har to videomaskiner så de kan overspille filmen* □ *overspilning*
2. overdrive sine følelser el. bevægelser; især mens man optræder i en rolle □ *overspille sin rolle*

overspringe
VERB. *-r, ~sprang, ~sprunget* (*~sprungen, ~sprungne*)

overspringe ng(t) = SPRINGE OVER □ *fodnoterne kan overspringes* □ *overspringelse* · *overspringning*

overspændt
ADJ. *- , -e*

som er meget nervøs og næsten hysterisk = EKSALTERET □ *hun er meget overspændt*

overstadig
ADJ. *-t, -e; -ere, -st*

= KÅD □ *holdets tilhængere blev mere og mere overstadige for hvert mål der blev scoret* □ *overstadighed*

overstemme
SUBST. *-n*, plur. *-r, -rne*

den øverste stemme i flerstemmig musik

overstige
VERB. *-r, ~steg, ~steget*

overstige ngt være større el. mere end noget = OVERGÅ, OVERTRÆFFE □ *udgifterne overstiger indtægterne* · *resultatet oversteg langt vore forventninger* · *det overstiger langt mine pengemidler* · *det overstiger mine evner*

overstod
VERB.

bøjningsform af *overstå*

overstrege
VERB. *-r, -de, -t*

overstrege ngt slå en streg hen over noget i en tekst for at angive at det ikke skal læses med, fx fordi det er forkert = STREGE OVER, STREGE UD, UDSTREGE, STREGE, SLETTE □ *han overstregede lange passager i kladden* □ *overstregning*

overstråle
VERB. *-r, -de, -t*

(glds.): = OVERGÅ □ *han overstrålede sine samtidige*

overstykke
SUBST. *-t*, plur. *-r, -rne*

(glds.): = FRAKKE

overstå
VERB. *-r, ~stod, -et*

overstå ngt komme igennem el. klare noget vanskeligt □ *overstå en krise* · *jeg glæder mig til jeg har overstået min eksamen* · *det værste er nu overstået* · *et overstået stadium* · *lad os bare få det overstået!* □ *overståelse*

oversvømme
VERB. *-r, -de, -t*

1. oversvømme ngt (om vand): flyde over kanten af noget og dække et område □ *floden oversvømmer sine bredder* · *vandet oversvømmede hele havneområdet* □ *oversvømmelse*
2. oversvømme ngt ankomme til el. blive tilført et sted el. område i store mængder; især om noget negativt □ *byen var oversvømmet af turister* · *billige piratkopier oversvømmer markedet*

oversvømmelse
SUBST. *-n*, plur. *-r, -rne*

vand der oversvømmer et område □ *oversvømmelseskatastrofe* · *oversvømmelsesområde* · *oversvømmelsesskade*

oversætte
VERB. *-r, ~satte, ~sat*

oversætte ngt til ngt overføre tekst el. tale fra et sprog til et andet □ *bogen er oversat til flere sprog* · *bogen er oversat fra dansk til engelsk* □ *oversættelse* • **oversætte ngt for ng** (spøg.): forklare meningen med en udtalelse □ *det forstod jeg ikke, det må du oversætte for mig*

oversættelse
SUBST. *-n*, plur. *-r, -rne*

det at oversætte noget til et andet sprog, el. en tekst der er oversat □ *hun arbejdede på oversættelsen af artiklen* · *den franske krimi findes i dansk oversættelse* □ *oversættelsesbureau* · *oversættelseslån*

oversættelseslån
SUBST. *-et*, plur. *~lån, -ene*

et ord der er dannet ved oversættelse af ord i et andet sprog

oversætter
SUBST. *-en*, plur. *-e, -ne*

en person som oversætter fra et sprog til et andet = TRANSLATØR

oversøisk

ADJ. -, -*e*

som bevæger sig hen over el. ligger på den anden side af verdenshavene ▫ *oversøisk trafik* · *en oversøisk rejse* · *en oversøisk udstationering* · *være i oversøisk tjeneste*

oversået

ADJ. -, ~*sående*

oversået med ngt som er fyldt med noget på overfladen = FULD AF ▫ *hans arme var oversået med røde knopper* · *landskabet var oversået med kæmpehøje* ▫ *billederne var oversående med cirkler*

overså

VERB. -*r*, -*ede*, -*et*

overså med ngt være fuld af noget = OVERSTRØ ▫ *hans arme var oversået med røde knopper* · *landskabet var oversået med kæmpehøje* ▫ *oversåning*

overtag

SUBST. -*et*

få el. **have overtaget** blive el. være den stærkeste ▫ *få overtaget i diskussionen* · *have det moralske overtag*

overtage

VERB. -*r*, ~*tog*, -*t* (el. ~*tagen*, ~*tagne*)

overtage ngt modtage el. købe noget der har tilhørt en anden og derved selv få ansvaret for det ▫ *han overtog virksomheden efter sin far* · *han overtog ansvaret for børnene* · *han overtog cyklen efter sin storesøster* · *han overtog chefens stilling* · *hæren har overtaget magten* ▫ *overtagelse*

overtal

SUBST. *et*

være i overtal udgøre flertallet ▫ *aborttilhængerne er i klart overtal*

overtale

VERB. -*r*, ~*talte*, ~*talt*

overtale ng til ngt få nogen til at gøre noget ved med ord at forsøge at overbevise dem om at det er det rigtige at gøre = BESNAKKE ▫ *han kunne ikke overtales til at blive længere* · *han overtalte hende til at købe en bil* · *hun lod sig overtale* ▫ *overtalelse*

overtallig

ADJ. -*t*, -*e*

= OVERSKYDENDE ▫ *overtallige eksemplarer* · *de overtallige stole*

overtegnet

ADJ. -, ~*tegnede*

1. fyldt med tegninger ▫ *papiret er overtegnet med figurer*
2. reserveret el. optaget ud over sidste plads ▫ *listen blev hurtigt overtegnet* · *holdet er overtegnet*

overtid

SUBST. -*en*

arbejdstid ud over normal arbejdstid ▫ *få ekstrabetaling for overtid* · *arbejde på overtid* · *afspadsere overtid* ▫ *overtidsarbejde* · *overtidsbetaling*

overtime

SUBST. -*n*, plur. -*r*, -*rne*

en arbejdstime ud over det normale antal = OVERARBEJDSTIME ▫ *afspadsere overtimer* ▫ *overtimebetaling*

overtog

VERB.

bøjningsform af *overtage*

overtone

SUBST. -*n*, plur. -*r*, -*rne*

en af flere svagtklingende toner med højere frekvenser der ledsager en tone; en tones klang afhænger af overtonernes antal og styrke i forhold til grundtonen

overtraf

VERB.

bøjningsform af *overtræffe*

overtro

SUBST. -*en*

en overdreven og irrationel tro på gamle forestillinger om lykke og ulykke, held og uheld o.l. som er knyttet til bestemte situationer i dagliglivet ▫ *ifølge gammel overtro betyder det syv års ulykke at knuse et spejl*

overtroisk

ADJ. -, -*e*

som nærer en overdreven og irrationel tro på gamle forestillinger om lykke og ulykke, held og uheld o.l. som er knyttet til bestemte situationer i dagliglivet ▫ *hun er så overtroisk at hun spytter når en sort kat krydser hendes vej*

overtruffet

VERB.

bøjningsform af *overtræffe*

overtrumfe

VERB. -*r*, -*de*, -*t*

overtrumfe ng søge at være bedre end nogen = OVERGÅ, OVERBYDE, OVERTRÆFFE ▫ *de overtrumfer hinanden med fristende tilbud*

overtryk

SUBST. ~*trykket*, plur. ~*tryk*, ~*trykkene*

1. ⟨ikke plur.⟩ et lufttryk der er større end omgivelsernes tryk, især i forhold til normalt atmosfærisk tryk ▫ *opvarme en dampkedel til overtryk* ▫ *overtrykskabine* · *overtryksturbine* · *overtryksventil*
2. (grafik): et tryk der er udført oven på noget trykt ▫ *overtryksfarve* · *overtryksmærke* · *overtrykspapir* · *overtrykspresse*

overtræde

VERB. -*r*, ~*trådte*, ~*trådt*

overtræde ngt ikke rette sig efter noget, fx en lov el. et forbud = TILSIDESÆTTE ▫ *de overtrådte færdselsloven* · *det amerikanske spiritusforbud er blevet overtrådt utallige gange* ▫ *overtrædelse*

overtrædelse

SUBST. -*n*, plur. -*r*, -*rne*

et brud på en lov, en regel, et forbud o.l. ▫ *gentagne overtrædelser af et forbud* ▫ *lovovertrædelse*

overtræffe

VERB. -*r*, ~*traf*, ~*truffet*

overtræffe ng(t) være bedre el. mere end nogen el. noget = OVERGÅ, OVERSTIGE, OVERTRUMFE ▫ *dette overtraf alt andet hun havde set* · *hun overtræffer ham i hurtighed*

overtræk

SUBST. ~*trækket*, plur. ~*træk*, ~*trækkene*

1. et lag der dækker noget andet ▫ *is med overtræk af chokolade* · *nyt blomstret overtræk til sofaen* ▫ *overtrækschokolade* · *overtræksbukser* · *overtrækstøj* ▫ *chokoladeovertræk* · *sofaovertræk* · *sukkerovertræk*
2. et underskud på en konto fordi den er overtrukket ▫ *betale strafrente for overtræk* · *bevilge et overtræk på 10.000 kr.* ▫ *overtræksrente*

overtrække

VERB. -*r*, ~*trak*, ~*trukket* (el. ~*trukken*, ~*trukne*)

1. overrække ngt med ngt dække noget med noget andet ▫ *overtrække marcipan med chokolade* · *sofaen er overtrukket med blomstret stof*
2. overtrække ngt hæve et beløb på en konto som er større end det der står på kontoen ▫ *overtrække kontoen med 1.000 kr.*

overtræksbukser

SUBST.PLUR.

et par bukser der trækkes uden på tøjet, enten som beskyttelse el. for at holde varmen

overtræt

ADJ. -, ~*trætte*

som er meget træt = OVERKØRT, OVERANSTRENGT

overtrådte

VERB.

bøjningsform af *overtræde*

overtværs

ADV.

/*over'tværs*/

1. sidde overtværs på ngt sidde med ét ben på hver side af noget ▫ *hun sad overtværs på bukken*
2. se *overtvært*

overtvært el. **overtværs**

ADV.

/*over'tvært*/

1. bryde overtvært med ng(t) gøre det fuldstændigt forbi med nogen el. noget ▫ *jeg brød overtvært med hende* · *hun brød overtvært med alle spekulationer og rejste* · *bryde overtvært med sit tidligere liv*
2. tage noget overtvært tage en hurtig beslutning og gøre noget

overtyde

VERB. *-r, -de, -t*

overtyde ng om ngt = OVERBEVISE □ *han overtydede mig om at det var sådan det hang sammen* □ *overtydelse*

overtøj

SUBST. *-et*

tøj til udendørsbrug som bæres over andet tøj, fx frakke el. vindjakke □ *hæng dit overtøj i entreen*

overvandt

VERB.

bøjningsform af *overvinde*

overveje

VERB. *-r, -de, -t*

overveje ngt tænke nøje over noget før der tages en beslutning = GENNEMTÆNKE, TÆNKE IGENNEM □ *hun overvejede sagen længe inden hun tog sin beslutning · efter organisationsændringen sagde alle mellemlederne at de ville overveje deres stilling · det er et tilbud der er værd at overveje · jeg overvejer at flytte på landet* □ *overvejelse*

overvejelse

SUBST. *-n,* plur. *-r, -rne*

jf. *overveje* = SPEKULATION, REFLEKSION, BETRAGTNING, OVERLÆG □ *tilbudet fortjener nøjere overvejelse · efter moden overvejelse valgte hun at tage chancen · det krævede lange overvejelser* □ *overvejelsesstadium* ● **tage ngt op til overvejelse** □ *tage en idé op til overvejelse* ● **tage ngt under overvejelse** □ *de tog sagen under fornyet overvejelse*

overvejende

ADJ.

som udgør størstedelen el. dominerer en bestemt sammenhæng = FREMHERSKENDE □ *der er overvejende sandsynlighed for at det lykkes · den overvejende mening · den overvejende del af beboerne er pensionister*

overvinde

VERB. *-r, ~vandt, ~vundet (~vunden, ~vundne)*

overvinde ngt lykkes at få magten over fx nogle følelser el. en sygdom □ *overvinde sin angst*

overvintre

VERB. *-r, -de, -t*

blive vinteren over på et bestemt sted □ *ekspeditionen overvintrer på Grønland · storken overvintrer i syden* □ *overvintring* ● holde sig levende el. friske vinteren over □ *overvintrende planter*

overvismand

SUBST. *-en,* plur. *~mænd, ~mændene*

formanden for det Økonomiske Råd

overvundet

VERB.

bøjningsform af *overvinde*

overvurdere

VERB. *-r, -de, -t*

overvurdere ng(t) vurdere nogen el. noget for højt □ *hun overvurderede hans evner · den ejendom er stærkt overvurderet · en overvurderet kunstner* □ *overvurdering*

overvægtig

ADJ. *-t, -e*

som vejer så meget at det giver besvær el. øget risiko for sygdom = TYK, FED, SVÆR, OVERERNÆRET, KRAFTIG ≠ UNDERVÆGTIG

overvælde

VERB. *-r, -de, -t*

1. overvælde ng med ngt give nogen noget i store mængder □ *de overvældede barnet med gaver · hun overvældede ham med kærlighed · han overvældede hende med spørgsmål · et overvældende antal · tilslutningen var ikke overvældende*

2. overvælde ng påvirke nogen så stærkt at man bliver hjælpeløs = BEMÆGTIGE □ *følelserne overvældede ham · trætheden var nær ved at overvælde hende · hun var overvældet af sorg* □ *overvældelse*

overvældende

ADJ.

i meget høj grad □ *et overvældende indtryk · middagen var overvældende dyr · en overvældende smuk udsigt · ferien var overvældende dejlig*

overvære

VERB. *-r, -de, -t*

overvære ngt være til stede ved el. vidne til en vigtig begivenhed el. handling □ *overvære en fodboldkamp · overvære optællingen af stemmer* □ *overværelse*

overvættes

ADV.

(glds.): = OVERMÅDE □ *en overvættes stor tilslutning*

overvåge

VERB. *-r, -de, -t*

overvåge ng(t) holde øje med nogen el. noget □ *politiet overvågede den mistænktes bolig · overvåge produktionen · hun følte sig overvåget* □ *overvågning*

overøse

VERB. *-r, -de* (el. *~øste*), *-t* (el. *~øst*)

overøse ng(t) med ngt hælde vand el. anden væske i store mængder over nogen el. noget = OVERHÆLDE, OVERDÆNGE □ *de overøste det brændende juletræ med vand* ● **overøse ng med ngt** forsyne nogen med noget i rigelige mængder = OVERDÆNGE, DÆNGE □ *de overøste barnet med gaver · han blev overøst med hæder og ordener efter den vellykkede aktion · han overøste hende med bebrejdelser*

ovf.

fork. for *ovenfor*

ovn

SUBST. *-en,* plur. *-e, -ene*

en indretning med et lille lukket rum som kan opvarmes og bruges til at tilberede el. bearbejde noget i □ *sætte ovnen på 200° · varme ovnen op · en elektrisk ovn · bage et brød i ovnen · stege en steg i ovnen · brænde lertøj i en ovn* □ *ovnbagt · ovnfast · ovnlak* □ *bageovn · elovn · gasovn · krematorieovn · keramikovn · mikrobølgeovn · varmluftsovn* ● en indretning til at brænde fx træ i med det formål at opvarme et rum □ *lægge brænde i ovnen · varme sig ved ovnen* □ *brændeovn · kakkelovn · petroleumsovn · varmeovn*

ovnfast

ADJ. *- , -e*

som kan tåle høje temperaturer □ *et ovnfast fad · ovnfast porcelæn*

ovre

ADV., PRÆP.

1. ⟨ADV.⟩ på et andet sted et stykke væk □ *ovre på øen · ovre på den andens ide af gaden · ovre hos naboen · ovre i Sverige* □ *derovre · herovre*

2. ⟨ADV.⟩ **være ovre** være holdt op el. overstået = SLUT, FORBI, OVERSTÅET □ *når vinteren er ovre · krisen var ovre* ● ⟨PRÆP.⟩ **være ovre ngt** have klaret en sorg, en besværlig sag el.lign. □ *vi er ovre det værste nu*

oxalsyre

SUBST. *-n*

/o'xalsyre/

en syre som findes i forskellige planter, fx rabarber og spinat, og som binder kalk i kosten

oxid el. oxyd

SUBST. *-en,* plur. *-er, -erne*

/o'xid/

= ILTE □ *blyoxid · dioxid · monoxid · svovloxid*

oxidere el. oxydere

VERB. *-r, -de, -t*

/oxi'dere/

indgå i en kemisk proces hvorved atomerne i et stof afgiver elektroner til et andet stof □ *bly oxiderer og bliver sort · øreringe af oxideret sølv* □ *oxidering* ● **oxidere ngt** få noget til at oxidere; det kan fx være at behandle metal med en svovlforbindelse så overfladen bliver sort = ILTE □ *luft oxiderer aluminium* □ *oxidering*

oxyd

SUBST.

se *oxid*

oxydere

VERB.

se *oxidere*

oxygen

SUBST. *-et*

[ɔgsy'ge'n]

(kemi): = ILT

ozelot

SUBST. *ozelotten*, plur. *ozelotter, ozelotterne*
[*osə'lɔt*]

et mellem- og sydamerikansk rovdyr af kattefamilien med et meget eftertragtet, gult skind med mørke pletter; latinsk navn *Felis pardalis*

ozon

SUBST. *-en* el. *-et*
[*o'so'n*]

en giftig, farveløs gasart som dannes ved en reaktion mellem ilt og solens stråler, bl.a i *stratosfæren* □ *ozonhul* · *ozonkoncentration* · *ozonlag*

ozonlag

SUBST. *-et*

et lag af ozon i *stratosfæren* omkring Jorden der beskytter mod solens *ultraviolette* stråler; ozonlagets tykkelse varierer med årstiden □ *der er fundet huller i ozonlaget over polerne* · *nedbrydning af ozonlaget* · *ozonlagsskadende*

p[1]

SUBST. *p'et,* plur. *p'er, p'erne*

det 16. bogstav i alfabetet □ *p-lyd*

p[2]

fork. for *parkering* □ *p-anlæg* · *p-billet* · *p-skive* • (musik): fork. for *piano*

p.

1. fork. for *pagina*
2. fork. for *punkt*

Pa

fork. for *pascal*

p.a.

fork. for *pro anno*

pace[1]

SUBST. *-n*
['*pæjs* el. '*pæ·s*]

1. hestens fart under et væddeløb
2. det at en cykelrytter ligger i læ af fx en knallert og derved lader sig trække op i fart □ *cyklelrytteren benyttede sig af pace under træningen* □ *motorpace*

pace[2]

VERB. *-r, -de, -t*
['*pæ·sə*]

pace ng drive nogen til at arbejde ekstra hårdt på noget □ *blive pacet frem til eksamen* · *de har pacet den stakkels fyr så meget at han har fået mavesår* • **pace ng** (sport): løbe el. køre foran en deltager i et væddeløb for at få denne til at løbe hurtigst muligt

pacemaker

SUBST. *-en,* plur. *-e, -ne*
['*pæjsmæjgɔ*]

et apparat der stimulerer og regulerer hjerteslagene, og som oftest indopereres i kroppen □ *mange hjertepatienter får indopereret en pacemaker*

pacer

SUBST. *-en,* plur. *-e, -ne*
['*pæjsɔ* el. '*pæ·sɔ*]

en person på knallert el.lign. som kører foran en cykelrytter og derved trækker denne op i fart under en motorpacekonkurrence □ *paceren ramte træbarrieren og styrtede* · *han blev verdensmester med hjælp fra verdens bedste pacer*

pacificere

VERB. *-r, -de, -t*
[*pasifi'se'ɔ*]

pacificere ng(t) gøre nogen el. noget fredelig, fx med militær magtanvendelse □ *det nye regime pacificerede de sidste områder hvor oprørerne havde opereret* · *efterhånden fik vi den vrede mand pacificeret* □ *pacificering*

pacifisme

SUBST. *-n*
/*paci'fisme*/

den opfattelse at konflikter mellem stater bør løses uden vold • den retning inden for fredsbevægelsen som forkaster enhver form for krig og og anvendelse af vold

pacifist

SUBST. *-en,* plur. *-er, -erne*
/*paci'fist*/

en person der er tilhænger af pacifismen □ *pacifisterne demonstrerede mod styret*

pacifistisk

ADJ. *- , -e*
/*paci'fistisk*/

som har at gøre med pacifisme □ *en pacifistisk indstilling*

padde

SUBST. *-n,* plur. *-r, -rne*

et hvirveldyr som har fire ben og tynd kirtelrig hud, og som gyder sine æg i vand, fx en *frø, tudse* el. *salamander;* latinsk navn *Amphibia* □ *springpadde*

paddehat

SUBST. *~hatten,* plur. *~hatte, ~hattene*

en svamp der har form som en paraply • **skyde op som paddehatte** brede sig hurtigt og tæt □ *solarierne skyder op som paddehatte*

paddehattesky el. **paddehatsky**

SUBST. *-en,* plur. *-er, -erne*

røg og damp der stiger op i atmosfæren efter sprængning af en atombombe

paddel el. **padle**

SUBST. *-en (el. padlen),* plur. *padler, padlerne*
padle: *-n, plur. -r, -rne*

en kort åre som har en bred, flad plade i den ene ende, og som bruges til at drive en kano frem med = PADLEÅRE ≠ PAGAJ

padderok el. **padderokke**

SUBST. *padderokken,* plur. *padderokker, padderokkerne*

en plante med hule, leddelte stængler med kransstillede sidegrene som et juletræ; latinsk navn *Equisetum*

padle[1]

SUBST. *-n,* plur. *-r, -rne*
['*paðlə*]

se *paddel*

padle[2]

VERB. *-r, -de, -t*

ro ved hjælp af en padle □ *padle i kano over søen* · *ligge og padle rundt i vandet* · *hun padlede dem over åen*

paella

SUBST. *-en,* plur. *-er, -erne*
[*pa'ælja*]

en spansk risret med kød, fisk, skaldyr m.m. og krydret bl.a. med safran

paf[1]

ADJ.

= MÅLLØS □ *jeg er ganske paf over hans forlangende* · *hun gjorde ham paf med sin reaktion*

paf[2]

LYDORD

gengivelse af en dæmpet el. let knaldende lyd □ *paf, paf lød det fra pistolskuddene* • ⟨SUBST.: *et*⟩ □ *der hørtes kun et let paf da den lyddæmpede pistol gik af* • **pif paf** se under *pif*

pag.

fork. for *pagina*

pagaj

SUBST. *-en,* plur. *-er, -erne*
/*pa'gaj*/

en dobbeltbladet åre som bruges til at drive en kajak frem med ≠ PADDEL

pagaje

VERB. *-r, -de, -t*
/*pa'gaje*/

ro ved hjælp af pagaj □ *pagaje en båd* □ *pagajning*

page

SUBST. *-n,* plur. *-r, -rne*
[ˈpaˑsjə]

en ung ofte adelig mand der i middelalderen gjorde tjeneste ved et hof

pagehår

SUBST. *-et*

en halvlang frisure med pandehår hvor håret er klippet lige langt hele vejen rundt

pagina

SUBST. *en*
[ˈpaˑgina]
fork. *p.* el. *pag.*

en side i en bog □ *se pagina 44*

paginere

VERB. *-r, -de, -t*
/pagiˈnere/

paginere ngt forsyne siderne i en bog med sidetal □ *paginering*

pagode

SUBST. *-n,* plur. *-r, -rne*
/paˈgode/

et østasiatisk, buddhistisk tempel □ *pagodestil*

pagt

SUBST. *-en,* plur. *-er, -erne*

en gensidigt bindende aftale; især mellem lande der gælder større, ofte militære, spørgsmål □ *slutte en pagt · besegle en pagt* □ *pagtlande* □ *Atlanterhavspagten · fredspagt · ikke-angrebspagt* • **i pagt med ngt** i overensstemmelse med noget □ *hans nye roman er helt i pagt med tidens ånd · i pagt med naturen · det er ikke i pagt med hans tidligere udtalelser* • **pagtens ark** den kiste hvori israelitterne opbevarede lovtavlerne med de ti bud

paillet

SUBST. *pailletten,* plur. *pailletter, pailletterne*
[*palˈjæt* el. *paˈjæt*]

hver af flere små tynde, blanke skiver af metal som bruges til pynt på tøj, fx på artistdragter □ *pailletdragt · pailletkjole*

paj

SUBST.

se *pie*

pak

SUBST. *pakket*

1. = RAKKERPAK □ *tyveknægte og andet pak* □ *rakkerpak · tyvepak*
2. pik og pak se under *pikpak*

paket

SUBST. *paketten,* plur. *paketter, paketterne*
[*paˈkæt*]

= PAKETBÅD

paketbåd

SUBST. *-en,* plur. *-e, -ene*

(hist.): et mindre fartøj der sejler i regelmæssig rutefart med stykgods og passagerer, fx mellem København og provinshavne = PAKET

pakhus

SUBST. *-et,* plur. *-e, -ene*

en bygning der benyttes til opbevaring af varer indtil de skal sælges el. videredistribueres = DEPOT, LAGERBYGNING □ *oplægge varer i pakhus*

pakis

SUBST. *-en*

en tæt masse af store isstykker el. isflager der er presset og frosset sammen □ *skibene blev advaret mod pakis · isbryderen lavede en passage i pakisen*

pakistaner

SUBST. *-en,* plur. *-e, -ne*
/*pakiˈstaner*/

en person fra Pakistan

pakistansk

ADJ. *- , -e*
/*pakiˈstansk*/

som har at gøre med Pakistan

pakkasse

SUBST. *-n,* plur. *-r, -rne*

en kraftig kasse, ofte af træ, til at opbevare og transportere ting i □ *i pakkassen lå en splinterny guitar*

pakke[1]

SUBST. *-n,* plur. *-r, -rne*

1. en genstand som er pakket ind i papir, pap el.lign., fx med opbevaring el. forsendelse for øje □ *en pakke cigaretter · købe tre pakker kaffe · lægge pakker under juletræet · sende brevet som pakke* □ *pakker · pakkeforsendelse · pakkeporto · pakkepost* □ *gavepakke · postpakke*
2. (slang): en flot pige □ *sikke en pakke der går dér, udbrød han*
3. ⟨i sammensætn.⟩ en helhed som består af flere dele □ *pakkeløsning · pakkerejse* □ *servicepakke · skattepakke*

pakke[2]

VERB. *-r, -de, -t*

1. pakke ngt anbringe ting i fx en taske el. kuffert fordi man skal rejse, på arbejde el.lign. □ *han pakkede kufferten hurtigt · pakke sin skoletaske · de havde pakket alt og var klar til at rejse* □ *pakkeri · pakning · pakkehal* • **pakke ngt i ngt** □ *de pakkede varerne i en stor container* • **pakke ngt ind** lægge papir el.lign. rundt om noget for at beskytte el. dække det □ *pakke gaver ind* • **pakke ngt ned** lægge noget ned i kasser el.lign. for at gemme det væk, el. fordi man skal rejse □ *sommertøjet blev pakket ned for vinteren* • **pakke ngt op** el. **ud**= ÅBNE □ *børnene kunne næsten ikke vente med at pakke gaverne op · pakke en pakke op* • **pakke ngt sammen** samle sine ting sammen og lægge dem fx i en taske □ *de studerende pakkede deres bøger og papirer sammen da forelæsningen var slut* • **pakke ngt ud** tage ting ud af indpakning el. af kasse, taske, kuffert osv. □ *han pakkede sin gave ud · på hotelværelset begyndte han at pakke ud* • **pakke sig ind** tage varmt tøj på □ *man skal pakke sig godt ind inden man går ud i sneen*
2. presse sammen □ *folk stod tæt pakket i bussen · der er risiko for at isen pakker ved østvendte kyster* □ *pakis*
3. pakke kort anbringe spillekort i en sådan rækkefølge at kortgiveren kender fordelingen □ *kortene var pakket*
4. pakke sammen (slang): lade være med at blande sig □ *tag og pak sammen!*

pakkeløsning

SUBST. *-en,* plur. *-er, -erne*

en samtidig helhedsløsning af forskellige opgaver el. problemer □ *han valgte en pakkeløsning med både fax og telefon*

pakkenelliker

SUBST.PLUR. *-ne*

de poser, pakker og andre småting som man har erhvervet på en indkøbstur, eller som man har med på en rejse □ *hun kom anstigende med alle sine pakkenelliker*

pakkepost

SUBST. *-en*

post i form af pakker □ *sende noget som pakkepost*

pakker

SUBST. *-en,* plur. *-e, -ne*

en person der beskæftiger sig med pakning af varer på fx fabrik □ *dygtig pakker søges til eksportforretning*

pakkeri

SUBST. *-et,* plur. *-er, -erne*
/*pakkeˈri*/

1. det at pakke noget, fx en kuffert el. en flyttekasse □ *kan du ikke lige stoppe dit pakkeri og høre efter? · det er et evindeligt pakkeri når man flytter så tit*
2. et sted hvor en virksomhed pakker varer og sender dem ud til kunderne □ *hun arbejdede i pakkeriet · avisen har fået nye maskiner i pakkeriet · der var strejke i slagteriets pakkeri*

pakmester

SUBST. *-en,* plur. *~mestre, ~mestrene*

= KONTORPAKMESTER

pakning

SUBST. *-en,* plur. *-er, -erne*

1. det at pakke noget ind el. sammen □ *varerne vil blive afsendt straks efter pakningen · pakning af kufferter tog ikke lang tid* • = INDPAKNING □ *varerne blev sendt i en solid pakning*
2. en flad skive af blødt materiale som bruges til tætning af mellemrum; fx i rørsamlinger □ *skifte pakning i vandhanen*

pakvogn

SUBST. *-en,* plur. *-e, -ene*

en vogn indrettet til transport af varer, rejsegods o.l.; især om jernbanevogn til de rejsendes indskrevne bagage

pal

SUBST. *-en,* plur. *-er, -erne*
[ˈpaˀl]

en hage på et spil, hejseværk el.lign. som griber ind i et tandhjul og hindrer det i at dreje tilbage

palads

SUBST. *-et,* plur. *-er, -erne*
/pa'lads/

en stor monumental bygning =SLOT, PALÆ □ *præsidentpalads*

paladsrevolution

SUBST. *-en,* plur. *-er, -erne*

en politisk omvæltning der planlægges og gennemføres af de magthavendes nærmeste omgivelser □ *der foregik en paladsrevolution i firmaets ledelse* · *kejseren blev styrtet ved en paladsrevolution*

palatal[1]

SUBST. *-en,* plur. *-er, -erne*
[pala'ta'l]

en sproglyd som dannes ved at tungeryggen hæves mod den forreste del af ganen =GANELYD

palatal[2]

ADJ. *-t, -e*
[pala'ta'l]

som har at gøre med ganen • (om sproglyde): som dannes ved at tungeryggen hæves mod den forreste del af ganen □ *palatale vokaler* · *palatale konsonanter*

palataliseret

ADJ. *- , palataliserede*

(om konsonanter): udtalt med en j-agtig lyd □ *et palataliseret k* □ *palatalisering*

palaver

SUBST. *-en,* plur. *-e, -ne*
[pa'law'ɔ]

en omstændelig forhandling hvor man taler sig til rette om en beslutning □ *efter en længere palaver blev de enige* • en indholdsløs, ofte larmende, samtale hvor deltagerne taler i munden på hinanden □ *de holdt en værre palaver* · *der lød en farlig palaver i den anden ende af røret*

palet

SUBST. *paletten,* plur. *paletter, paletterne*
[pa'læt]

en lille oval plade, sædvanligvis af træ, som en kunstmaler anbringer og blander sine farver på, og som holdes i den frie hånd under malingen □ *billedet viser maleren med paletten i den ene hånd og penslen i den anden* □ *farvepalet*

paletkniv

SUBST. *-en,* plur. *-e, -ene*

en bred, flad kniv uden æg som anvendes i madlavning; især til at vende madvarer på en stegepande • en kniv med tyndt, elastisk blad til afskrabning af en palet

pali

SUBST.
['pa·li]

et indisk sprog som taltes ca. 300-1100 efter Kristus, og som er brugt i buddhismens ældste hellige bøger □ *palihåndskrift* · *paliordbog*

palindrom

SUBST. *-et,* plur. *-er, -erne*
/palin'drom/

1. et ord, en ordrække el. tal der er ens læst forfra og bagfra fx sætningen *en af dem der red med fane*
2. et musikstykke hvis anden del er en spejlvendt gentagelse af første del

palisade

SUBST. *-n,* plur. *-r, -rne*
/pali'sade/

et forsvarsværk som består af foroven tilspidsede pæle som er rammet ned i jorden □ *palisadehus* · *palisadeværk*

palisander

SUBST. *-en* el. *-et*
/pali'sander/

hårdt, rødligt træ med mørke årer som bruges til møbler; kommer fra det brasilianske træ *Dalbergia nigra* □ *palisanderbord* · *palisandertræ*

palladium

SUBST. *-et* (el. *palladiummet*)
/pal'ladium/

et sølvhvidt metallisk grundstof der ligner platin; atomtegn *Pd*

palle

SUBST. *-n,* plur. *-r, -rne*

en lav, flad ramme i standardmål, ofte af træ, til at anbringe og transportere varer på □ *pallerne løftes og flyttes med en truck* · *sætte varer på paller* □ *bokspalle* · *lastpalle*

palliativ[1]

SUBST. *-et,* plur. *-er, -erne*

et lindrende, men ikke helbredende lægemiddel

palliativ[2]

ADJ. *-t, -e*

som virker lindrende, men ikke helbredende

palme

SUBST. *-n,* plur. *-r, -rne*

et tropisk træ med høj, leddelt stamme uden grene og store, fligede blade som vokser i en dusk i toppen; frugten er bær el. stenfrugt; latinsk navn *Palmae* □ *palmegren* · *palmehave* □ *daddelpalme* · *kokospalme* · *viftepalme* • **sejrens palmer** palmeblade brugt som tegn på sejr • **stå med palmer i hænderne** have vundet hæder og ære

palmegren

SUBST. *-en,* plur. *-e, -ene*

hvert af bladene på en palme

palmeolie

SUBST. *-n,* plur. *-r, -rne*

en smørlignende olie som udvindes af forskellige palmers frugter, bl.a. oliepalmens, og som bruges til fremstilling af margarine, sæbe o.l.

palmesøndag

SUBST. *-en*

søndagen før *påskedag;* fejres til minde om Jesu indtog i Jerusalem

palmette

SUBST. *-n,* plur. *-r, -rne*
[pal'mædə]

et vifteformet ornament der minder om et palmeblad

palmin

SUBST. *-en*
[pal'mi'n]

fedt udvundet af palmeolie; anvendes bl.a. til friture

palpe

SUBST. *-n,* plur. *-r, -rne*

et bevægeligt følevedhæng på munddelene hos visse leddyr, fx insekter og krebsdyr

palæ

SUBST. *-et,* plur. *-er, -erne*

en bolig for en adelig, kongelig el. rig person; især om slot i enkel stil □ *Amalienborg består af fire palæer*

palæografi

SUBST. *-en*
/palæogra'fi/

videnskaben om oldtidens og middelalderens skriftarter □ *palæograf* · *palæografisk*

palæontolog

SUBST. *-en,* plur. *-er, -erne*
/palæonto'log/

en person der beskæftiger sig med palæontologi

palæontologi

SUBST. *-en*
/palæontolo'gi/

videnskaben om fortidige, dyr og planter, fx dinosaurer □ *palæontolog* · *palæontologisk*

palæstinenser

SUBST. *-en,* plur. *-e, -ne*
/palæsti'nenser/

en person af arabisk herkomst med tilknytning til det tidligere Palæstina □ *frigivelsen af 150 fængslede palæstinensere*

palæstinensisk

ADJ. *- , -e*
/palæsti'nensisk/

som har at gøre med Palæstina el. det palæstinensiske folk □ *palæstinensiske områder*

pamfilius

SUBST. *-en* (el. *pamfiliussen*), plur. *-er* (el. *pamfiliusser*), *-erne* (el. *pamfiliusserne*)
/pam'filius/

en lykkens pamfilius udtryk for at man er heldig □ *han er en lykkens pamfilius*

pamflet

SUBST. *pamfletten,* plur. *pamfletter, pamfletterne*
[pam'flæt]

1. en lille tryksag □ *de uddelte pamfletter til de forbipasserende*
2. et kort smædeskrift □ *et politisk pamflet mod kapitalismen*

pampas el. **pampa**

SUBST. *-en* (el. *pampassen*), plur. *pampas, -ene* (el. *pampassene* el. *-erne* el. *pampasserne*) (pampa: *-en*, plur. *-er, -erne*)

en græssteppe i store områder i det centrale Argentina

pamper

SUBST. *-en*, plur. *-e, -ne*
[*'pam'bɔ*]

en leder i en fagforening, et politisk parti el. en anden organisation som misbruger sin magt til egen fordel og har glemt at det er andres interesser vedkommende skal arbejde for, og som ikke anerkender gamle venner fra tidligere trin i karrieren □ *fagforeningspamper* · *partipamper*

panamahat

SUBST. *~hatten*, plur. *~hatte, ~hattene*

en let, blød stråhat

panamaner

SUBST. *-en*, plur. *-e, -ne*
/*pana'maner*/

en person fra Panama

panamansk

ADJ. *-* , *-e*
/*pana'mansk*/

som har at gøre med Panama

pande

SUBST. *-n*, plur. *-r, -rne*

1. = STEGEPANDE □ *pandekage* □ *pytipande* · *wokpande* • **være pot og pande** se under *pot*
2. den øverste del af hovedets forside over øjnene og under håret □ *han har en høj pande* · *de slog panderne sammen, da de bukkede sig* □ *pandeben* · *pandebånd* · *pandehule* · *pandehår* • **brodne pander** se under *brodden* • **med løftet** el. **oprejst pande** med sin værdighed i behold □ *han tog dommen med løftet pande* • **rende panden mod en mur** støde på uovervindelige hindringer □ *politiet rendte panden mod en mur i opklaringsarbejdet* • **rynke panden** vise utilfredshed el. manglende forståelse □ *han rynkede panden, da han læste artiklen om gensplejsning* • **slå sig for panden** udtryk for at man synes noget er håbløst □ *hun slog sig for panden, da hun så rodet*

pandeben

SUBST. *-et*, plur. *~ben, -ene*

= PANDESKAL

pandebrask

SUBST. *-en*, plur. *-er, -erne*

= PANDESKAL

pandebånd

SUBST. *-et*, plur. *~bånd, -ene*

et bånd der sættes omkring panden for at holde på håret el. for at modstå kulde • bånd der bindes omkring panden; bruges ved sportsudøvelser for at undgå at sveden løber ned i øjnene = SVEDBÅND

pandehule

SUBST. *-n*, plur. *-r, -rne*

et luftholdigt hulrum i pandebenet □ *pandehulebetændelse*

pandekage

SUBST. *-n*, plur. *-r, -rne*

en flad, rund kage af æg, mælk og mel der er bagt på stegepande; spises som dessert rullet sammen med fx sukker, syltetøj el. is, el. som middagsret med kød- el. grøntsagsfyld □ *bage pandekager* · *vende en pandekage i luften* · *pandekager med is* · *pandekager med syltetøj* · *fyldte pandekager* □ *pandekagedej* □ *majspandekage* · *rådhuspandekage*

pandelap

SUBST. *~lappen*, plur. *~lapper, ~lapperne*

den forreste del af storhjernen

pandeskal

SUBST. *~skallen*, plur. *~skaller, ~skallerne*

den del af hovedskallen som udgør panden = PANDEBRASK, PANDEBEN

panegyrik

SUBST. *panegyrikken*, plur. *panegyrikker, panegyrikkerne*
/*panegy'rik*/

overdrevent rosende og svulmende lovprisning = LOVTALE □ *panegyrisk*

panegyriker

SUBST. *-en*, plur. *-e, -ne*
/*pane'gyriker*/

en person der fremfører panegyrik

panel

SUBST. *-et*, plur. *-er, -erne*
[*pa'ne'l*]

1. en vægbeklædning af træ □ *panelbræt* · *panelfelt* · *panelfyldning* · *panelmaleri* · *panelvæg* □ *brystpanel* · *fodpanel* · *halvpanel* · *helpanel* · *lysningspanel*
2. en aflang kasse til føring af el-ledninger • = STYREPANEL
3. en gruppe af personer, fx dommere i en konkurrence el. eksperter som skal belyse et emne ud fra hver deres faglige forudsætninger □ *paneldeltager* · *paneldiskussion* □ *eksportpanel* · *dommerpanel* · *spørgepanel*

panere

VERB. *-r, -de, -t*
/*pa'nere*/

panere ngt dyppe noget som skal steges i rasp eller mel, evt. efter først at have dyppet det i pisket æg □ *panering* □ *tørpanere*

panik

SUBST. *panikken*
/*pa'nik*/

1. en pludselig og ukontrolleret skræk el. angst □ *der gik panik i hende* · *han blev grebet af panik* □ *panikreaktion* · *panikslagen*
2. en meget nervøs stemning □ *der var panik på Børsen* · *der gik panik i mængden da politiet ankom* • **ingen panik** udtryk for at der ikke er grund til bekymring □ *ingen panik, jeg har sagen under kontrol*

panikslagen

ADJ. *-t, ~slagne*

som er grebet af panik □ *de blev trampet ned af den panikslagne folkemægde* · *hun var panikslagen ved tanken om at møde ham*

panisk

ADJ. *-* , *-e*

som er præget af panik □ *de flygtede i panisk rædsel* · *hun nærer en panisk skræk for hvepse*

panoptikon

SUBST. *-et*, plur. *-er, -erne*
/*pa'noptikon*/

= VOKSKABINET

panorama

SUBST. *-et*, plur. *-er, -erne*
/*pano'rama*/

en vid udsigt over et område = RUNDSKUE □ *fra hotellet havde de et overdådigt panorama over bugten* □ *panoramaudsigt* · *panoramavindue* • et billede der giver et bredt udsyn over et område □ *fotografiet var et panorama over slægtsgården med markerne liggende rundt om* □ *panoramisk* • en opstilling af genstande foran en malet rundhorisont el. en anden form for bevægelig baggrund

panorere

VERB. *-r, -de, -t*
/*pano'rere*/

dreje noget så det følger en genstand el. giver udsyn over et område, især et kamera under en filmoptagelse □ *kameraet panorerede hen over pladsen* · *han lader blikket panorere mens han venter* □ *panorering*

panser[1]

SUBST. *-en*, plur. *-e, -ne*

(slang): = POLITIBETJENT

panser[2]

SUBST. *-et*, plur. *-e, -ne*

1. en tyk hærdet stålplade der anvendes som beskyttelse mod projektiler, fx på kampvogne og krigsskibe = PANSRING □ *panserbatteri* · *panserplade* · *panserskib* · *panserstål* · *pansertårn* · *panservogn* • noget som giver god beskyttelse □ *skilpaddens skjold er et effektivt panser mod rovdyr*
2. = BRYNJE □ *være i panser og plade*

panserskib

SUBST. *-et*, plur. *-e, -ene*

et krigsskib hvis skrog og kanontårne er beklædt med svært panser □ *panserskibsflåde* □ *kystpanserskib*

panserværn

SUBST. *-et*, plur. *~værn, -ene*

våben til bekæmpelse af pansrede køretøjer □ *panserværnsgranat* · *panserværnskanon* · *panserværnsraket*

pansret

ADJ. *-* , *pansrede*

beklædt med panser □ *pansrede køretøjer* · *pansrede ryttere* □ *pansring*

pansring

SUBST. *-en,* plur. *-er, -erne*

= PANSER

pant

SUBST. *-et,* plur. *-er*

1. noget af værdi som man stiller som sikkerhed mod at låne penge, og som den man låner pengene af har ret til hvis man ikke kan betale pengene tilbage ≠ GARANTI, KAUTION □ *jeg gav mit ur i pant · indløse et pant · stille huset som pant · optage et lån mod pant i ens hus · tage pant i fast ejendom* □ *panthaver · pantsætter* □ *håndpant · underpant*
2. ⟨også *-en,* plur. *-er*⟩ et depositum som betales ved køb af fx en flaske øl; beløbet tilbagebetales ved aflevering af flasken □ *betale pant for flasken · få 1 kr. i pant* □ *flaskepant*

pante

VERB. *-r, -de, -t*

pante ng = UDPANTE □ *han blev pantet for skat · pante en skyldner · de personer der ikke kan betale skal pantes* □ *pantning*

pantebrev

SUBST. *-et,* plur. *-e, -ene*

et gældsbevis som giver en kreditor sikkerhed i form af pant i fast ejendom el. løsøre □ *optage et pantebrev i sin ejendom* □ *pantebrevsrente* □ *ejerpantebrev · sælgerpantebrev*

pantefoged

SUBST. *-en* (el. *~fogden*), plur. *-er* (el. *~fogder*), *-erne* (el. *~fogderne*)

en person der er ansat i en kommune el. i skattevæsnet til at tage sig af det offentliges krav på skatter, afgifter og bøder ≠ FOGED

panteisme

SUBST. *-n*
/pante'isme/

den anskuelse at Gud er ét med Universet og indgår i dens mindste dele □ *panteistisk*

panteist

SUBST. *-en,* plur. *-er, -erne*
/pante'ist/

en person der er tilhænger af panteismen

panteleg

SUBST. *-en,* plur. *-e, -ene*

(glds.): en selskabsleg hvor deltagerne skal aflevere en genstand som de senere kan indløse ved at udføre en handling

pantelåner

SUBST. *-en,* plur. *-e, -ne*

en person der yder lån mod indlevering af ting som pant

panter

SUBST. *-en,* plur. *-e, -ne*

en sort leopard

panthaver

SUBST. *-en,* plur. *-e, -ne*

en person som har pant i noget □ *panthaverdeklaration*

pantomime

SUBST. *-n,* plur. *-r, -rne*
/panto'mime/

et skuespil hvor personerne kun udtrykker sig ved at mime ledsaget af musik □ *pantomimisk · pantomimeteater*

pantry

SUBST. *-et,* plur. *-er, -erne*
[*'pantri*]

et rum til anretning af mad på større skibe el. i fly ≠ STIRRIDS

pantsætte

VERB. *-r, ~satte, ~sat*

pantsætte ngt give noget som pant for at låne penge = STAMPE □ *han pantsatte familiens sølvtøj for at få penge til mad · gården var pantsat* □ *pantsætning · pantsættelse*

pap

SUBST. *pappen* el. *pappet,* plur. *papper, papperne*

1. pladeformet materiale fremstillet af sammenpresset papir; anvendes især til indpakning □ *gaven var pakket ind i pap og papir* □ *papkasse* □ *bølgepap*
2. skære ngt ud i pap forklare noget overdrevent og grundigt □ *hun skal have alting skåret ud i pap*

papa

SUBST. *-en,* plur. *-er, -erne*
[*'paba* el. *pa'pa'*]

= FAR

papaja

SUBST. *-en,* plur. *-er, -erne*
/pa'paja/

en melonlignende, kugle- el. æggeformet frugt med orange frugtkød og en gullig mælkesaft

papand

SUBST. *-en,* plur. *~ænder, ~ænderne*

1. = FJOLS □ *din papand! · de er nogle værre papænder*
2. rage ng en papand udtryk for at man er ligeglad med noget □ *det rager mig en papand hvad han mener*

papegøje

SUBST. *-n,* plur. *-r, -rne*
/pape'gøje/

en farverig tropisk fugl med kraftigt, krumt næb; holdes også som stuefugl og kan i nogle tilfælde lære at efterligne menneskets stemme; mange arter, bl.a. *kakadue* og *dværgpapegøje;* latinsk navn *Psittaciformes* = POPPEDRENG □ *papegøjebur* • **skyde papegøjen** være meget heldig □ *hun har skudt papegøjen ved at få fat på ham*

papegøjetang

SUBST. *-en,* plur. *~tænger, ~tængerne*

en justerbar tang til vandrør, møtrikker o.l. som har form som et papegøjenæb = VANDPUMPETANG

paperback

SUBST. *-en,* plur. *-s, -ene*
[*'pæjbɔbak*]

en bog med limet ryg og omslag af karton el.lign.; ofte en billigere udgave af en bog der først er kommet indbundet □ *den er kommet som paperback* □ *paperbackudgave*

papillot

SUBST. *papillotten,* plur. *papillotter, papillotterne*
[*pabi'lɔt* el. *pabə'lɔt* el. *pabil'jɔt*]

en lille rund genstand til at rulle håret om for at få det krøllet = CURLER □ *sætte papillotter i håret · hun havde håret fuldt af papillotter*

papir

SUBST. *-et,* plur. *-er, -erne*
/pa'pir/

1. et tyndt materiale som anvendes til bl.a. at skrive på, at pakke noget ind i el. at tørre noget op med □ *et ark papir · notere på et stykke papir · linieret papir · pakke gaverne ind i papir · tørre mælken op med et stykke papir* □ *papirkniv · papirkurv · papirmølle · papirsaks · papirserviet · papirsæk · papirtynd · papir(s)flyver · papir(s)kugle · papir(s)pose* □ *akvarelpapir · brevpapir · bøttepapir · gavepapir · genbrugspapir · kopipapir · pergamentpapir · silkepapir · skrivepapir · tegnepapir · toiletpapir · trækpapir*
2. et dokument som vedrører økonomiske transaktioner □ *den aktie er et fint papir* □ *børspapir · ihændehaverpapir · værdipapir* • **papirer** vigtige personlige dokumenter □ *private papirer · have orden i sine papirer · sende sine papirer til personalechefen · hans efterladte papirer er udgivet* • **få papir på ngt** få et skriftligt bevis for noget, fx et eksamensbevis el. et skøde □ *han fik papir på ejendommen*
3. i forsk forb.: • **{blive afskediget} på gråt papir** udtryk for at blive afskediget fordi man ikke gør sit arbejde godt nok □ *han fik sin afsked på gråt papir* • **kigge ng i papirerne** undersøge en persons forhold nærmere • **have papirerne i orden** have nødvendige og lovlige forudsætninger for noget

papirbind

SUBST. *-et,* plur. *~bind, -ene*

et bogbind der er beklædt med papir på både ryg og sider

papirformat

SUBST. *-et,* plur. *-er, -erne*

en størrelse på et papirark, fx A4 el. A3 □ *kopimaskinen kan tage to papirformater*

papirkniv

SUBST. *-en,* plur. *-e, -ene*

en ikke skarp kniv til at skære i papir med, fx til at sprætte konvolutter og bøger op med

papirkurv

SUBST. *-en,* plur. *-e, -ene*

en spand til affaldspapir • **{ryge} i papirkurven** udtryk for at noget bliver kasseret el. ikke bliver brugt, fx om et forslag, en ansøgning el. et manuskript □ *forslaget røg lige i papirkurven · havne i papirkurven*

papirløs

ADJ. *-t, -e*

(om parforhold): som ikke er attesteret af myndighederne ved vielse □ *papirløst samliv* · *papirløst ægteskab* · *de lever papirløst*

papirpose el. **papirspose**

SUBST. *-n*, plur. *-r, -rne*

en pose af papir □ *skal det være en papirpose eller en plasticpose?*

papirtiger

SUBST. *-en*, plur. *-e* (el. *~tigre*), *-ne* (el. *~tigrene*)

en person, organisation el. stat der ikke er nær så farlig som vedkommende prøver at give det udseende af

papmaché el. **papmache**

SUBST. *-en*

[*pabma'sje* el. *'pabmasje*]

opløst papirmasse der i våd tilstand presses til forskellige genstande, bl.a. til emballage

paprika

SUBST. *-en*, plur. *-er* (el. *paprika*, *-erne* (el. *paprikaene*)

et pulveriseret orangerødt krydderi fremstillet af rød peberfrugt; kan både være mild og meget stærk i smagen □ *sød paprika* · *stærk paprika* □ *rosenpaprika*

papuaner

SUBST. *-en*, plur. *-e, -ne*

en person fra Papua Ny Guinea

papuansk

ADJ. *-* , *-e*

som har at gøre med Papua Ny Guinea

papvin

SUBST. *-en*, plur. *~vin, -ene*

vin der sælges i papkartoner

papyrus

SUBST. *-en* (el. *papyrussen*), plur. *-er* (el. *papyrusser* el. *papyrus*), *-erne* (el. *papyrusserne* el. *-ene* el. *papyrussene*)

/*pa'pyrus*/

en tropisk sumpplante med op til 6 m høje stængler; latinsk navn *Cyperus papyrus* □ *papyrusplante* • en slags papir lavet af papyrusplante; forbindes især med skrifter fra oldtidens Egypten □ *papyrusrulle*

par

SUBST. *parret*, plur. *par, parrene*

1. to ens el. sammenhørende ting set som en helhed □ *et par sko* · *strømperne koster 29 kr. parret* · *hun har kun medbragt to par bukser* · *et par handsker*
2. to personer som har el. lever i et parforhold □ *ugens mest omtalte par* □ *brudepar* · *kongepar* · *ægtepar* • **danne par** det at to personer vælger at være kærester, samboende el. gifte sig □ *de har valgt at danne par* □ *pardannelse*
3. et mindre antal □ *det koster et par kroner* · *i det seneste par år har han været syg* · *send mig et par ord* · *hun blev kun et par og tyve* · *der går sikkert et par dage*

par.

fork. for *paragraf*

parabel

SUBST. *-en* (el. *parablen*), plur. *parabler, parablerne*

/*pa'rabel*/

1. (matematik): en kurve som fremkommer ved at et punkt bevæger sig sådan at det holder lige stor afstand til et fast punkt og til en fast linje
2. (litteratur): = LIGNELSE

parabol

SUBST. *-en* el. *-et*, plur. *-er, -erne*

/*para'bol*/

et skålformet apparat som opfanger og videresender radiosignaler, lys- el. varmestråler i et smalt bundt □ *parabolen skal opstilles på det højeste bjerg* · *det er vigtigt at paparbolens diameter har de nøjagtige mål* □ *parabolantenne*

parabolantenne

SUBST. *-n*, plur. *-r, -rne*

en skålformet fjernsynsantenne som fx gør det muligt at se satellit-tv □ *de har opsat en parabolantenne i haven*

parabolisk el. **parabolsk**

ADJ. *-* , *-e*

/*para'bolisk*/

1. som har form af en parabel = SKÅLFORMET
2. som indeholder lignelser el. allegoriske elementer

parade

SUBST. *-n*, plur. *-r, -rne*

/*pa'rade*/

1. en militær opvisning, fx foran generaler og politiske ledere = MØNSTRING □ *i den kommunistiske æra var der store parader den første maj på Den røde Plads* · *stille til parade* □ *paradeuniform* □ *vagtparade* • et festligt optog med musikledsagelse = OPTOG □ *der var parade med Randers pigegarde*
2. en afværgende bevægelse i kampsport □ *fægteren afværgede angrebet ved en hurtig parade* · *bokseren løftede handskerne i en klassisk parade* • et undvigende svar □ *hans svar til journalisterne var rene parader*

paradeforestilling

SUBST. *-en*, plur. *-er, -erne*

= PARADENUMMER

paradentose el. **parodontose**

SUBST. *-n*, plur. *-r, -rne*

/*paraden'tose*/

betændelse i tandkødet som medfører blottede tandhalse og degeneration af knoglerne i kæben, så man kan tabe tænderne = TANDKØDSBETÆNDELSE □ *man kan få paradentose hvis man ikke børster sine tænder*

paradenummer

SUBST. *-et* (el. *~numret*), plur. *~numre, ~numrene*

en fremvisning der er lagt an på at imponere = PARADEFORESTILLING □ *pressemødet var bare et paradenummer der skulle stille ministeren i et bedre lys* · *koncerten var et flot og tomt paradenummer*

paradere

VERB. *-r, -de, -t*

/*para'dere*/

1. deltage i en militær parade □ *paradering*
2. fremvise noget på en iøjnefaldende el. pralende måde □ *hun paraderer i sit nye tøj*

paradigme el. **paradigma**

SUBST. *-t*, plur. *-r, -rne*
(paradigma: *-et*, plur. *-er, -erne*)

/*para'digme*/

1. et sæt af arbejdsmetoder og antagelser som på et givet tidspunkt er anerkendt som grundlæggende inden for et videnskabeligt område, og som præger forskningen inden for dette □ *et nyt paradigme der knytter forbindelse mellem flere hidtil adskildte videnskabsgrene* · *paradigmet er teoretisk konsistent* · *vi uddannes til at tænke inden for et bestemt paradigme* □ *paradigmeskift* • en person, et kunstværk el.lign. der står som et forbillede for nogen = FORBILLEDE □ *han står som et paradigme for den senere tids kunstnere* · *den humanistiske tolerance fra oplysningstiden er stadig et paradigme for faget religionshistorie*
2. = BØJNINGSMØNSTER

paradigmeskift el. **paradigmeskifte**

SUBST. *-et*, plur. *~skift, -ne*

ændring af et videnskabeligt paradigme

paradis

SUBST. *-et*, plur. *-er, -erne*

1. ⟨ikke plur.⟩ Guds rige; det sted hvor de frelste sjæle kommer hen efter døden = HIMMEL □ *komme i Paradiset* • **Paradisets Have** den have som Adam og Eva opholdt sig i før de blev bortvist af Gud; den betragtes som et sted hvor der hersker evig lykke = EDENS HAVE
2. et vidunderligt sted □ *landsbyen var et lille paradis* · *legepladsen var et paradis for børn* · *stedet er et paradis for turisterne*
3. et kortvarigt og lykkeligt tidspunkt □ *han tænkte på sin barndom som det tabte paradis*

paradisfugl

SUBST. *-en*, plur. *-e, -ene*

en tropisk spurvefugl hvis han har en farvestrålende fjerdragt med lange prydfjer; flere arter; latinsk navn *Paradisaeidae*

paradisisk

ADJ. *-* , *-e*

/*para'disisk*/

som ligner el. minder om paradis = ELYSISK □ *en paradisisk tilstand af uskyldighed* · *en paradisisk ø*

paradisæble

SUBST. *-t*, plur. *-r, -rne*

en stor busk med blanke blade, hvide, lysrosa el. karminrøde blomster og små æbler som er gule el. røde; flere arter; latinsk navn *Malus*

paradoks

SUBST. *-et*, plur. *-er, -erne*

/*para'doks*/

et udsagn el. en situation som virker selvmodsigende □ *det er et paradoks at så mange mennesker lider nød i så rigt et land*

paradoksal

ADJ. *-t, -e; -ere, -est*
[paradɔg'sa'l]

som tilsyneladende modsiger sig selv = SELVMODSIGENDE □ *han elsker at gøre sig interessant med sine paradoksale påstande* · *paradoksalt nok reddede kommunisternes stemmer den borgerlige regering igennem afstemningen*

parafere

VERB. *-r, -de, -t*
/para'fere/

parafere ngt = KONTRASIGNERE □ *kongen underskrev loven, og ministeren paraferede* □ *parafering*

paraffin

SUBST. *-en* el. *-et*, plur. *-er, -erne*
/paraf'fin/

en hvid, voksagtig masse uden lugt og smag der bruges til fremstilling af lys, imprægnering af træ m.m.; fremstilles ved destillation af forskellige mineralske olier □ *paraffinlys* · *paraffinolie*

paraffinolie

SUBST. *-n*, plur. *-r, -rne*

en tyktflydende væske uden farve og smag som bruges som afføringsmiddel; fremstilles af paraffin

parafrase

SUBST. *-n*, plur. *-r, -rne*
/para'frase/

1. en tekst el. udtalelse som er blevet omskrevet el. omarbejdet; især for at gøre den mere forståelig = OMSKRIVNING □ *bogen er en parafrase af Hamlet*
2. en fri bearbejdning af et musiktema fra en anden komposition

parafrasere

VERB. *-r, -de, -t*
/parafra'sere/

parafrasere ngt lave en parafrase af noget = OMSKRIVE □ *parafrasere et digt til prosa* · *jeg vil tillade mig at parafrasere Kierkegaard* · *han parafraserer altid over kendte klassikere*

paragraf

SUBST. *paragraffen*, plur. *paragraffer, paragrafferne*
/para'graf/
fork. *par.*

1. et nummereret afsnit i en tekst, især i juridiske dokumenter; angives med tegnet § □ *ifølge paragraf 10 er dette ikke lovligt* · *paragraf 13-eftersyn* □ *formålsparagraf* · *lovparagraf* · *løfteparagraf*
2. klare paragrafferne ordne en sag □ *du må selv klare paragrafferne*

paragrafrytter

SUBST. *-en*, plur. *-e, -ne*

en person der holder sig strengt til ordlyden af paragrafferne i en lov el. andre bestemmelser = PEDANT

paragrafrytteri

SUBST. *-et*

det at man holder sig strengt til ordlyden af noget = PEDANTERI

paraguayaner el. paraguayer

SUBST. *-en*, plur. *-e, -ne*
/paragua'yaner/

en person fra Paraguay

paraguayansk el. paraguaysk

ADJ. *- , -e*
/paragua'yansk/

som har at gøre med Paraguay

paraguayer

SUBST.

se *paraguayaner*

paraguaysk

ADJ.

se *paraguayansk*

parallakse

SUBST. *-n*, plur. *-r, -rne*
/paral'lakse/

den tilsyneladende forskydning af en genstands placering der sker når den ses fra forskellige steder; brugt i astronomi ved bestemmelse af afstanden til planeter og de nærmeste stjerner, fx ved observation af en stjerne fra yderpunkter i Jordens bane om Solen □ *parallaktisk* • (fotografi): forskel mellem billedudsnittet i søgeren og på den fotografiske hinde

parallel[1]

SUBST. *parallellen*, plur. *paralleller, parallellerne*

1. noget som svarer til el. kan sammenlignes med noget andet = SIDESTYKKE, PENDANT, MODSVARIGHED, MODSTYKKE □ *bankrøveriet i nabobyen er en parallel til dette røveri*
2. (geometri, om en linie): som i hele sin længde har den samme afstand til en anden linie □ *tegn en parallel til denne linie*

parallel[2]

ADJ. *-t, parallelle*
/paral'lel/

(geometri, om linier): som overalt har samme afstand til hinanden □ *parallelforskyde* • som bevæger sig i den samme retning el. afvikles ved siden af hinanden el. samtidigt = SAMTIDIG □ *to parallelle veje* · *to parallelle kurser* · *de to brødre levede et parallelt liv* □ *parallelklasse* · *paralleltoneart*

parallelisere

VERB. *-r, -de, -t*
/paralleli'sere/

parallelisere ngt opstille el. anskue to forskellige ting el. begreber side om side som var de jævnbyrdige = SIDESTILLE, LIGESTILLE □ *han paralleliserer kærlighed og erotik* □ *parallelisering*

parallelisme

SUBST. *-n*, plur. *-r, -rne*
/paralle'lisme/

det at to ting har lighedspunkter el. evt. er helt identiske med el. modsvarer hinanden = OVERENSSTEMMELSE, SYMMETRI □ *parallelisme mellem to udviklinger*

parallelitet

SUBST. *-en*, plur. *-er, -erne*
/paralleli'tet/

det at noget er parallelt med noget andet □ *der var stor parallelitet mellem deres synspunkter*

parallelklasse

SUBST. *-n*, plur. *-r, -rne*

en skoleklasse på samme trin som en anden □ *8.a skal lave et teaterstykke sammen med parallelklassen, 8.b*

parallelogram

SUBST. *parallelogrammet*, plur. *parallelogrammer, parallelogrammerne*
/parallelo'gram/

(matematik): firkant hvis modstående sider er parallelle

paralleltoneart

SUBST. *-en*, plur. *-er, -erne*

dur- og moltoneart med samme *fortegn* □ *anden sats begynder i Es-durs paralleltoneart c-mol*

paralyse

SUBST. *-n*, plur. *-r, -rne*
/para'lyse/

lammelse med fuldstændig ophævelse af en muskels funktion = LAMMELSE ≠ PARESE

paralysere

VERB. *-r, -de, -t*
/paraly'sere/

= LAMME □ *han var paralyseret i begge ben* · *han var paralyseret af skræk* □ *paralysering*

paralytiker

SUBST. *-en*, plur. *-e, -ne*
/para'lytiker/

en person der lider af paralyse

paralytisk

ADJ. *- , -e*
/para'lytisk/

som lider af paralyse = LAMMET

parameter

SUBST. *-en* el. *-et*, plur. *parametre, parametrene*
/para'meter/

1. en størrelse som kan bruges til beregning, måling, beskrivelse osv. af noget □ *inflationsraten er en vigtig parameter for samfundsøkonomien* · *det er svært at sige hvilke parametre vi skal gå ud fra*
2. en variabel der bruges som en arbitrær konstant i et matematisk udtryk □ *ligningen y = 2x + b indeholder parameteren b som angiver ordinaten til skæringspunktet med y-aksen*

paranoia

SUBST. *-en*
[parɑ'nɔja]

= FORFØLGELSESVANVID

paranoid

ADJ. *-t, -e*
/parano'id/

som lider af paranoia □ *hun er paranoid · han har paranoide forestillinger*

paranød

SUBST. *~nødden,* plur. *~nødder, ~nødderne*

en aflang nød i gråbrun skal fra et paranøddetræ; er meget næringsrig og olieholdig

paraply

SUBST. *-en,* plur. *-er, -erne*
/para'ply/

en sammenfoldelig stofskærm på skaft som holdes over hovedet til beskyttelse mod regn□ *slå en paraply op eller ned* □ *paraplyholder · paraplyhåndtag* □ *taskeparaply* • ⟨i sammensætn.⟩ noget som danner et fælles midtpunkt om flere ting, fx for forskellige, delvist selvstændige afdelinger□ *paraplyorganisation · paraplyprogram*

paraplyorganisation

SUBST. *-en,* plur. *-er, -erne*

en organisation der samler en række mindre organisationer el. grupper under sig□ *De Grønne tilslutter sig European Green som er en paraplyorganisation for adskillige økologiske partier*

parapsykologi

SUBST. *-en,* plur. *-er, -erne*

studiet af overnaturlige psykiske fænomener som fx clairvoyance og telepati□ *parapsykologisk*

parasit

SUBST. *parasitten,* plur. *parasitter, parasitterne*
[para'sit]

= SNYLTER □ *parasitisk*

parasol

SUBST. *parasollen,* plur. *parasoller, parasollerne*
[para'sɔl']

en paraplylignende solskærm på skaft□ *slå parasollen op og ned · sæt dig under parasollen hvis du har det for varmt* □ *parasolfod* □ *haveparasol*

parat

ADJ. *- , -e*
/pa'rat/

⟨kan være ubøj. som prædikativ⟩ som er færdig og klar til noget =KLAR, REDE□ *jeg er parat til at gå · vi er parat om et øjeblik · maden er parat · holde sig parat · stå parat med kaffe og kage · han har altid et svar parat · parat til start* □ *paratviden* • = VILLIG □ *han er altid parat til at hjælpe*

paratakse

SUBST. *-n*
/para'takse/

en grammatisk forbindelse af sætninger el. sætningsled hvor disse er sidestillede = SIDEORDNINGSFORBINDELSE ≠ HYPOTAKSE □ *parataktisk*

parataktisk

ADJ. *- , -e*
/para'taktisk/

som har at gøre med paratakse ≠ HYPOTAKTISK □ *en parataktisk forbindelse · parataktisk stil*

paratyfus

SUBST. *-en* (el. *~tyfussen*), plur. *-er* (el. *~tyfusser*), *-erne* (el. *~tyfusserne*)

en mildere tarminfektion som ligner tyfus

paravane

SUBST. *-n,* plur. *-r, -rne*
/para'vane/

et torpedolignende apparat som bruges ved minestrygning, og som slæbes på hver side af skibet til afsøgning af forankrede miner

par avion

[pa· a'vjɔŋ]

med luftpost

parboiled

ADJ.
['pa·bɔjld]

dampbehandlet så mineraler og vitaminer bibeholdes = FORKOGT □ *parboiled ris*

parcel

SUBST. *parcellen,* plur. *parceller, parcellerne*
[pa'sæl']

et jordstykke med tilhørende bygninger som er udstykket af en større ejendom □ *grunden består af to parceller* □ *parcellist · parcelhus · parcelnummer*

parcelhus

SUBST. *-et,* plur. *-e, -ene*

et fritliggende familiehus med have =ENFAMILIEHUS □ *parcelhusejer · parcelhuskvarter*

parcellist

SUBST. *-en,* plur. *-er, -erne*
[pasə'list]

indehaver af en mindre landejendom

pardon

SUBST. *en*
[pa'dɔŋ]

give ngn pardon vise en fjende skånsel□ *der blev ikke givet pardon* • (i tiltale, spøg.):□ *nu må du meget pardon!*

parentes

SUBST. *-en,* plur. *-er, -erne*
[pa·ɔn'te's]

1. skrifttegnene ( ) som sættes omkring ord, sætninger el. tal for at angive at der er tale om mindre vigtig information el. for at vise hvilke dele der hører sammen □ *begyndelsesparentes · startparentes* • **skarp parentes** skrifttegnene [ ]
2. i parentes som en sidebemærkning□ *må jeg i parentes bemærke at her tager De fejl*

parentetisk

ADJ. *- , -e*
[pa·ɔn'te'tisk]

som er indskudt som en parentes og er af mindre betydning □ *en parentetisk bemærkning · en parentetisk tilføjelse*

parere

VERB. *-r, -de, -t*
/pa'rere/

1. parere ngt afbøde el. forsøge at afværge et stød, slag el.lign. = AFPARERE □ *han parerede hugget med sin kårde · han parerede slaget med venstre arm · hun parerede elegant de spidse kommentarer* □ *parerering · parerplade*
2. parere ordre = LYSTRE □ *parering*
3. parere en hest (om rytter): holde en hest an

parerplade

SUBST. *-n,* plur. *-r, -rne*
/pa'rerplade/

en metalplade mellem fæstet og klingen på en kårde el. sabel til beskyttelse for hånden

parese

SUBST. *-n,* plur. *-r, -rne*
/pa'rese/

lammelse med delvis ophævelse af en muskels funktion =LAMMELSE ≠ PARALYSE □ *paretisk*

par excellence

[paægsə'laŋsə]

(form.): frem for alle andre □ *han var forestillingens stjerne par excellence*

parfait

SUBST. *-en*
[pa'fæ]

= FLØDEIS □ *ananasparfait · appelsinparfait · vaniljeparfait*

parforcejagt

SUBST. *-en,* plur. *-er, -erne*
/par'forcejagt/

en form for jagt hvor det enkelte stykke vildt jages til døde af ryttere og hunde

parforhold

SUBST. *-et,* plur. *parforhold, -ene*

det at to mennesker danner par; det kan være som kærester, samlevende el. ægtefolk□ *leve i parforhold · registreret parforhold · lykkeligt parforhold · deres parforhold var ved at slå revner*

parfume

SUBST. *-n,* plur. *-r, -rne*
[pa'fy·mə]

en velduftende væske som duppes el. sprøjtes på huden □ *eau de parfume* □ *parfumeri · parfumeafdeling · parfumeflaske · parfumeforretning*

parfumere

VERB. *-r, -de, -t*
[pafy'me'ɔ]

parfumere ng(t) gøre nogen el. noget vellugtende med duftstoffer□ *de parfumerer deres sæbeprodukter · hun parfumerer sig på halsen*

parfumeri

SUBST. *-et,* plur. *-er, -erne*
[*pafymɔ'ri'*]

= PARFUMEFORRETNING

pari

SUBST.

kurs 100 på værdipapirer, dvs. når kursværdien af et værdipapir er lig med papirets pålydende værdi □ *aktien står i pari* · *sælge over pari*

paria

SUBST. *-en,* plur. *-er, -erne*
[*'pɑria*]

en person der ikke tilhører nogen kaste i Indien • en udstødt og ringeagtet person der tilhører det laveste samfundslag

pariser

SUBST. *-en,* plur. *-e, -ne*
/pa'riser/

en person fra Paris □ *pariserinde*

pariserhjul

SUBST. *-et,* plur. *~hjul, -ene*

en lodretstillet, langsomtgående karrusel hvor passagererne sidder i små luftgynger = BALLONGYNGE, LUFTGYNGE □ *fra pariserhjulet er der udsigt over hele byen*

parisisk

ADJ. *- , -e*
/pa'risisk/

som har at gøre med Paris

paritet

SUBST. *-en,* plur. *-er, -erne*
[*pɑri'te't*]

paritetisk repræsentation af forskellige parter

paritetisk

ADJ. *- , -e*
/pari'tetisk/

(om udvalg): som har lige mange repræsentanter for hver part □ *et paritetisk nævn*

park

SUBST. *-en,* plur. *-er, -erne*

et stort, ofte offentligt tilgængeligt haveanlæg = PARKANLÆG □ *de gik tur i parken* · *der er en legeplads i parken* □ *slotspark* • (i sammensætn.) en samling af køretøjer m.m. □ *bilpark* · *maskinpark* · *vognpark*

parkacoat

SUBST. *-en,* plur. *-er* (el. *-s*), *-erne* (el. *-ene*)
[*'pɑ·kakåwt*]

en foret, grøn frakke med pelsbeklædt hætte = PARKA

parkanlæg

SUBST. *~anlægget,* plur. *~anlæg, ~anlæggene*

= PARK □ *slottet ligger midt i parkanlægget* · *kommunen har lagt en plan for renoveringen af parkanlægget*

parkere

VERB. *-r, -de, -t*
/par'kere/

parkere ngt anbringe et køretøj et bestemt sted i den tid man selv er væk fra det □ *hun parkerede i en lille sidegade* · *må man parkere her?* □ *parkering*

parkeringsforbud

SUBST. *-et* (el. *~forbuddet*), plur. *~forbud, -ene* (el. *~forbuddene*)

forbud mod at parkere

parkeringshus

SUBST. *-et,* plur. *-e, -ene*

en bygning indrettet til parkering af biler □ *det koster penge at parkere i et parkeringshus* · *parkeringshuset i Magasin er altid fyldt op*

parkeringsplads

SUBST. *-en,* plur. *-er, -erne*

et afgrænset areal som er beregnet til parkering af mange biler □ *holde på supermarkedets parkeringsplads* · *børnene leger på parkeringspladsen mellem blokkene* • et sted hvor der er plads til at parkere netop ét køretøj □ *jeg kunne ikke finde en parkeringsplads* · *lede efter en parkeringsplads*

parkeringsskive

SUBST. *-n,* plur. *-r, -rne*

en urskive med indstillelig viser som er permanent påklæbet forruden i en bil el. som placeres på en sådan måde at den er synlig gennem forruden; anvendes ved tidsbegrænset parkering til at angive hvornår parkeringen er påbegyndt □ *hun fik en bøde fordi hun havde glemt at stille parkeringsskiven*

parket

SUBST. *parkettet,* plur. *parketter, parketterne*
[*pa'kæt*]

1. en gulvbelægning af træstave = PARKETGULV
2. de forreste tilskuerpladser på gulvet i et teater ≠ PARTERRE

parketgulv

SUBST. *-et,* plur. *-e, -ene*

= PARKET

parkometer

SUBST. *-et* (el. *parkometret*), plur. *parkometre, parkometrene*
/parko'meter/

et apparat hvori der lægges betaling for ret til at parkere i et vist tidsrum

parlament

SUBST. *-et,* plur. *-er, -erne*
[*pala'mæn't*]

et lands øverste lovgivende forsamling, hvis medlemmer helt el. delvist er valgt af befolkningen = NATIONALFORSAMLING □ *parlamentsmedlem* · *parlamentsvalg* • **gadens parlament** det at gadens pøbel tager magten fra den lovligt valgte regering og parlamentet = PØBELVÆLDE

parlamentariker

SUBST. *-en,* plur. *-e, -ne*
/parlamen'tariker/

et medlem af et parlament □ *ikke alle partiets parlamentarikere kunne godkende forliget* □ *europaparlamentariker* • en dygtig debattør el. taktiker

parlamentarisk

ADJ. *- , -e*
/parlamen'tarisk/

som vedrører parlamentarisme □ *partiet mistede sit parlamentariske flertal* · *han er beskyttet af sin parlamentariske immunitet* · *parlamentarisk demokrati*

parlamentarisme

SUBST. *-n*
/parlamenta'risme/

en politisk regeringsform hvor parlamentet godkender regeringen og kan afsætte den ved flertal for et mistillidsvotum, og hvor regeringschefen kan opløse parlamentet og udskrive valg til dette

parlamentere

VERB. *-r, -de, -t*
/parlamen'tere/

parlamentere med ng om ngt diskutere en sag med nogen, ofte uden at nå til enighed = DISKUTERE □ *han har parlamenteret med naboen hele dagen om hvor skellet skal gå* · *de parlamenterede længe om sagen* □ *parlamentering*

parlamentær

SUBST. *-en,* plur. *-er, -erne*
/parlamen'tær/

en person der i en krigssituation sendes over til fjenden for at forhandle □ *parlamentæren bar et hvidt flag som tegn på hans ukrænkelighed* □ *parlamentærflag*

parlando

SUBST. *-et,* plur. *-er, -erne*
/par'lando/

en syngemåde der nærmer sig tale

parlør

SUBST. *-en,* plur. *-er, -erne*
[*pa'lö'r*]

en lille ordbog med de almindeligste ord og vendinger på et fremmed sprog □ *husk din franske parlør*

parmesanost

SUBST. *-en,* plur. *-e, -ene*
/parme'sanost/

en hård italiensk komælksost med en krydret smag der kan rives og drysses oven på fx pastaretter = PARMESAN □ *friskrevet parmesanost*

parnas

SUBST. *parnasset*
/par'nas/

(form., spøg.): det højeste niveau inden for et lands digtekunst □ *allerede i sine unge år besteg han parnasset* • (form., spøg.): en gruppe af de fremherskende digtere i et land □ *det danske parnas*

parodi

SUBST. *-en,* plur. *-er, -erne*
[paro'di']

en komisk, og ofte spottende efterligning af en person el. forvrængning af et alvorligt litterært el. musikalsk værk ≠ TRAVESTI ◻ *han laver en meget rammende parodi på en kendt tv-kok* · *lystspillet er en parodi på operaen* ◻ *parodist* ● noget som virker latterligt el. tåbeligt ◻ *hans undervisning var en ren parodi*

parodiere

VERB. *-r, -de, -t*
[parodi'e'ɔ]

parodiere ng fremstille en person på en komisk måde = KARIKERE ◻ *parodiering*

parodisk

ADJ. *-, -e*
[pa'ro'disk]

som har karakter af en parodi ◻ *bogen er en parodisk fremstilling af forholdene mellem kønnene* · *hovedpersonen er fremstillet meget parodisk* · *parodisk humor*

parodist

SUBST. *-en,* plur. *-er, -erne*
[paro'dist]

en person som fremstiller andre på en komisk måde ◻ *han var en kendt og frygtet parodist*

parodontose

SUBST.

se *paradentose*

parole

SUBST. *-n,* plur. *-r, -rne*
[pa'role]

1. en slagkraftig frase som udtrykker et krav el. anviser en bestemt handlemåde = SLAGORD, SLOGAN, MOTTO ◻ *demonstranternes parole var 'højere løn NU'* · *deres parole var: 'flere varer til lavere priser'* · *hans parole havde altid været at leve livet her og nu* ◻ *parolesprog*
2. en befaling el. en ordre som især udstedes af en partiledelse
3. (militær, politi): et møde for officerer el. politifolk hvor der gives dagsbefaling ◻ *kriminalpolitiet var samlet til parole* ◻ *parolesal*

parre

VERB. *-r, -de, -t*

1. parre ngt med ngt forene noget med noget andet i samme el. nogenlunde samme forhold ◻ *skønhed parret med vid* · *han forsøgte forgæves at parre spænding med tryghed* · *det er svært at parre kristendom med kommunisme* ◻ *parring* ● **parre ng(t)** ordne nogen el. noget parvis ◻ *parre strømperne efter vask* · *parre festdeltagerne efter alder*
2. parre sig tilfredsstille sin kønsdrift; især om dyr = KOPULERE ◻ *en hest kan parre sig med et æsel* · *fuglene parrer sig om foråret* ● **parre ngt med ngt** føre to dyr sammen så de kan udføre kønsakten; især med henblik på avl ◻ *parre hingsten med hoppen*

parring

SUBST. *-en,* plur. *-er, -erne*

det at parre sig el. parre noget med noget ◻ *ved parringen springer andrikken op på hunnens ryg og bider sig fast i hendes nakkefjer* ◻ *parringsakt* · *parringsleg* · *parringsskrig* · *parringstid*

parse

VERB. *-r, -de, -t*

parse ngt (edb): automatisk analysere en tekst el. andet sprogligt input og udlede en strukturel analyse ◻ *parser* · *parsing*

parser

SUBST. *-en,* plur. *-e, -ne*

(edb): et program der parser en tekst el. bogstavrækkefølge

part

SUBST. *-en,* plur. *-er, -erne*

1. en del af en helhed = DEL ◻ *han spiste kun en lille part af æblet* · *hun tog sin part af sliddet* ◻ *hovedpart* · *størstepart*
2. en person i fællesskab med el. i strid med én el. flere ◻ *det er bedst for begge parter at vi skilles* · *de stridende parter* · *jeg for min part er ligeglad* · *sagens parter* · *være part i en sag* ◻ *partsforklaring* ◻ *fjerdepart* · *medpart* · *modpart* · *tredjepart*
3. en andel i et skib ◻ *have part i en fiskekutter* ◻ *partejer* · *parthaver* · *partreder* · *partrederi* · *partsfiskeri* ◻ *halvpart*

partenogenese

SUBST. *-n*
[partenoge'nese]

= JOMFRUFØDSEL

partere

VERB. *-r, -de, -t*
[par'tere]

partere ngt (slagtning): skære kroppen af et slagtet dyr i stykker ◻ *grisen blev parteret af slagteren* ◻ *partering*

parterre

SUBST. *-t,* plur. *-r, -rne*
[par'terre]

1. de bageste tilskuerpladser på gulvet i et teater el.lign. ≠ PARKET ◻ *han havde købt billetter til parterret*
2. en bygnings nederste etage som er i plan med grunden
3. en blomsterhave i tilknytning til el. i samme plan som et beboelseshus

parthaver

SUBST. *-en,* plur. *-e, -ne*

en person som har part i et skib

parti

SUBST. *-et,* plur. *-er, -erne*
[par'ti]

1. en større sammenslutning af personer med fælles politiske holdninger ◻ *skifte parti* · *tilhøre et parti* · *tilslutte sig et parti* · *de borgerlige partier* · *være medlem af et politisk parti* ◻ *partikongres* · *partileder* · *partiprogram* ◻ *oppositionsparti* · *regeringsparti*
2. et område el. en afgrænset del af noget ◻ *partiet omkring rådhuset skal beplantes* · *han fremhævede de lyse partier i maleriet* ◻ *alterparti* · *skulderparti* · *øjenparti*
3. (handel): en bestemt mængde af en vare ◻ *et parti bukser* · *vi har kun bestilt et lille parti denne gang* · *købe i store partier* ◻ *vareparti*
4. en rolle el. stemme i en opera el.lign. ◻ *indøve Figaros parti* ◻ *korparti* · *sangparti*
5. en afsluttet omgang i visse sportsgrene el. kortspil ◻ *hun vandt det sidste parti* · *han opgav partiet* · *et parti golf* · *har du lyst til et parti skak?* · *et parti tennis* ◻ *bridgeparti* · *pokerparti*
6. i forsk. forb.: ● **et godt parti** en rig el. attraktiv person at gifte sig med ◻ *han er bestemt et godt parti* ● **tage parti for ng** el. **tage ngs parti** bakke op om nogen el. dele nogens synspunkt i en konflikt ◻ *hun tog sin mands parti* · *det lod til at ingen andre ville tage parti for ham i konflikten*

participere

VERB. *-r, -de, -t*
[patisi'pe'ɔ]

participere i ngt = DELTAGE ◻ *participering* · *participation*

participium

SUBST. *participiet,* plur. *participier, participierne*
fork. *ptc.*

hver af de to former af verbet som kan stå som adjektiv, *perfektum participium* og *præsens participium* = TILLÆGSFORM ◻ *participiumsendelse* · *participiumsform* ● **præsens participium** en bøjningsform af verberne som udtrykker noget igangværende fx *løbende, syngende* = NUTIDS TILLÆGSFORM, LANG TILLÆGSFORM ● **præteritum participium** en form af verberne der enten i forbindelse med et hjælpeverbum danner *perfektum,* fx *han er gået* el. som optræder som adjektiv fx *et tændt lys;* = DATIDS TILLÆGSFORM, KORT TILLÆGSFORM, PERFEKTUM PARTICIPIUM ● **perfektum participium** = PRÆTERITUM PARTICIPIUM

particulier

SUBST. *-en,* plur. *-er, -erne*
[patikyl'je]

en person der lever af sin formue = RENTIER

partiel

ADJ. *-t, partielle*
[pati'æl']

= DELVIS ≠ TOTAL ◻ *en partiel solformørkelse*

partifælle

SUBST. *-n,* plur. *-r, -rne*

en person som er medlem af samme politiske parti som én selv

partigænger

SUBST. *-en,* plur. *-e, -ne*

= PARTISOLDAT

partikel

SUBST. *partiklen,* plur. *partikler, partiklerne*
[par'tikel]

1. en meget lille del af et stof ◻ *små partikler af støv* · *vandet var uklart fordi det var fuldt af partikler* ◻ *partikelaccelerator* ◻ *elementærpartikel* · *sodpartikel*
2. et lille ord som optræder i forbindelse med verber, fx infinitivmærket *at* og adverbier som *op, under* ◻ *verbalpartikel*

partikularisme
SUBST. *-n*
/partikula'risme/

1. en hævdelse af særinteresser på bekostning af almenvellet; især om en befolkningsgruppes krav om større selvstændighed over for moderlandet □ *partikularismen hos de forskellige grupper førte til at landet blev delt*
2. (religion): den påstand at frelse er forbeholdt visse af Gud udvalgte personer ≠ UNIVERSALISME

partikulær
ADJ. *-t, -e*
/partiku'lær/

som vedrører en del af en større helhed, fx i fysik = SPECIEL

partikulærfred
SUBST. *-en*

en særlig fredsslutning med en enkelt af flere fjender

partimedlem
SUBST. *~medlemmet,* plur. *~medlemmer, ~medlemmerne*

medlem af et politisk parti

partiorgan
SUBST. *-et,* plur. *-er, -erne*

1. et medie der har tilknytning til et bestemt politisk parti, fx en avis el. et medlemsblad
2. en organisatorisk enhed i et politisk parti □ *hovedbestyrelsen er et vigtigt partiorgan*

partipolitik
SUBST. *~politikken*

den politik der har at gøre med el. føres i de enkelte politiske partier □ *organisationen er uafhængig af partipolitik* · *føre partipolitik*

partipolitisk
ADJ. - , *-e*

som vedrører partipolitik □ *tage partipolitiske hensyn* · *partipolitiske interesser*

partisan
SUBST. *-en,* plur. *-er, -erne*
[pati'sa'n]

et medlem af en væbnet undergrundsbevægelse = GUERILLA, FRIHEDSKÆMPER □ *partisanerne gemmer sig i bjergene og går uventet til angreb* □ *partisankrig* · *partisantropper*

partisekretær
SUBST. *-en,* plur. *-er, -erne*

en organisatorisk leder af et politisk partis daglige arbejde el. sekretariat

partisk
ADJ. - , *-e*
[pa'ti'sk el. *pa'tisk]*

(neds.): som på forhånd støtter el. holder med en bestemt person el. sag = ENSIDIG ≠ OBJEKTIV, UVILDIG □ *ordføreren var partisk og gav ikke deltagerne lige lang taletid* · *en partisk afgørelse* □ *partiskhed* □ *upartisk*

partisoldat
SUBST. *-en,* plur. *-er, -erne*

et trofast medlem af et politisk parti = PARTIGÆNGER

partitur
SUBST. *-et,* plur. *-er, -erne*
[pati'tu'r]

noder til et musikstykke med alle stemmerne skrevet op under hinanden så deres bevægelser kan aflæses parallelt; især beregnet for dirigenten □ *orkesterpartitur*

partner
SUBST. *-en,* plur. *-e, -ne*

hver af de personer der arbejder sammen; det kan være i kortspil, en sport el. en anden aktivitet = MAKKER □ *hun skulle skaffe en partner til en bridge* · *artisten havde mistet sin partner* □ *partnerskab* · *partnerske* □ *dansepartner* · *handelspartner* · *sparringspartner* • medejer af en virksomhed = KOMPAGNON □ *han overvejede at købe sin partner ud* • person som man lever i ægteskab eller ægteskabslignende forhold med □ *på invitationen stod der: med partner* □ *partnerske*

partnerskab
SUBST. *-et,* plur. *-er, -erne*

det at to personer, organisationer el.lign. arbejder sammen som partnere □ *han søger partnerskab med en anden advokat* · *indgå partnerskab*

partout
ADV.
[pa'tu]

(glds.): med en nødvendighed som man ikke kan tale nogen fra = ABSOLUT □ *han ville partout i vandet*

partoutkort
SUBST. *-et,* plur. *~kort, -ene*

et adgangskort til diverse aktiviteter, ofte med en vis tidsbegrænsning □ *med det partoutkort kan man rejse ubegrænset med DSB i 14 dage* · *der sælges partoutkort til udstillingen på alle stationer* · *de uddelte gratis partoutkort til børnene*

partreder
SUBST. *-en,* plur. *-e, -ne*

en person som er parthaver i et partrederi

partrederi
SUBST. *-et,* plur. *-er, -erne*

et rederi hvis skibe ejes af to el. flere parthavere som hver svarer økonomisk for rederiets forpligtelser i forhold til sin andel

party
SUBST. *-et,* plur. *-er* (el. *parties*), *-erne*
['pa'ti]

= FEST □ *cocktailparty* · *gardenparty* · *housewarmingparty*

parvenu
SUBST. *-en,* plur. *-er, -erne*
[pavə'ny]

= OPKOMLING

parvis el. parvist
ADV.

i par el. som et par = TO OG TO □ *de kom gående parvis* · *man skal tilmelde sig parvis* · *storkene kommer normalt parvis* · *sokkerne sælges kun parvis*

paryk
SUBST. *parykken,* plur. *parykker, parykkerne*
/pa'ryk/

kunstigt hovedhår der er fastsyet til et underlag af stof som er udformet således at det kan sættes på hovedet; bruges i dag hovedsagelig til at skjule hårmangel, dog bruger dommere i enkelte lande stadig paryk som en del af deres uniform □ *gå med paryk* □ *parykmager* □ *allongeparyk* • (spøg.): hårpragt □ *hun har en ordentlig paryk*

parykmager
SUBST. *-en,* plur. *-e, -ne*

en person der fremstiller parykker og toupéer

pas[1]
SUBST. *passet,* plur. *pas, passene*

et legitimationsbevis som giver en person tilladelse til at rejse ind i andre lande □ *få udstedt pas* · *få sit pas fornyet* · *vise passet ved grænsen* · *få sit pas stemplet* · *han fik sit pas inddraget* · *falsk pas* □ *pasfoto* · *paskontrol* · *paskontrollør* · *pasordning*

pas[2]
SUBST. *passet,* plur. *pas* (el. *passer*), *passene* (el. *passerne*)

en sænkning i en bjergkam som fungerer som overgang mellem to dale □ *bjergpas*

pas[3]
SUBST. *en,* plur. *passer* (el. *pas*), *passerne* (el. *passene*)

en melding i kortspil der betyder at man lader forudgående melding være gældende □ *melde pas* · *der er meldt pas hele bordet rundt* □ *paskort* · *pasmelding* • **melde pas over for ngt** erklære at der er noget man ikke kan el. vil gøre el. deltage i □ *hun meldte pas over for at skulle være den der tog det store slæb* · *da strabadserne blev for store måtte han melde pas*

pascal
SUBST. *en,* plur. *pascal*
fork. *Pa*

enhed for tryk; 1 pascal svarer omtrent til et stykke brevpapirs tryk på underlaget; anvendes bl.a. inden for meterologi

pasform
SUBST. *-en,* plur. *-er, -erne*

(om beklædning og fodtøj): en form som slutter sig til kroppen el. en del af kroppen □ *skoene har en god pasform* · *en dårlig pasform*

pasgang
SUBST. *-en*

1. en gangart hos firbenede dyr hvor den samme sides for- og bagben flyttes samtidigt ≠ TRAV, GALOP □ *kameler løber altid i pasgang* · *heste kan både galopere, trave og løbe i pasgang*
2. langsom gang □ *han bevægede sig i pasgang*

pasgænger

SUBST. *-en*, plur. *-e, -ne*

et dyr som bevæger sig i pasgang

pasha

SUBST. *-en*, plur. *-er, -erne*
[*'pasja*]

en person der fører en luksustilværelse, og som er omgivet af kvinder = PLAYBOY, LEVEMAND ▫ *han lever som en pasha*

paskvil

SUBST. *paskvillen*, plur. *paskviller, paskvillerne*
[*pa'sgvil'*]

(glds.): =SMÆDESKRIFT

pasning

SUBST. *-en*, plur. *-er, -erne*

1. det at passe nogen el. noget = PLEJE, RØGT ▫ *hun sørger for pasning af telefonen* • *er pasning af børn et offentligt eller privat anliggende?* ▫ *pasningsgaranti* • *pasningsordning* ▫ *børnepasning*
2. (kortspil): det at melde pas ▫ *han havde så dårlige kort på hånden at pasning var hans eneste udvej*

pass.

fork. for *passim* ▫ *kap. 8 pass.*

passabel

ADJ. *-t, passable*
[*pa'sa'bəl*]

1. = FARBAR ▫ *vejen er nu passabel*
2. (glds.): som har lige netop tilstrækkeligt med gode egenskaber = ACCEPTABEL ▫ *den kjole er passabel*

passacaglia

SUBST. *-en*, plur. *-er, -erne*
[*pasa'kalja*]

et instrumentalt musikstykke fra barokken, som regel i langsomt tempo og med stadig gentaget bastema ▫ *Bachs pragtfulde passacaglia er velkendt blandt orgelvenner*

passage

SUBST. *-n*, plur. *-r, -rne*
[*pa'sa·sjə*]

1. en aflang, smal gennemgang fra et sted el. område til et andet = GENNEMGANG ▫ *der var en smal passage mellem husene* • *de forsøgte at lave en passage gennem ruinerne* • *øen dannede en smal passage mellem de to farvande* • det at passere noget, fx en grænse el. en smal overgang ▫ *man skal betale afgift ved passage af broen* • *kræve fri passage* • *luftens passage gennem halsen* • *de havde endnu den vanskelige passage af bjergpasset tilbage*
2. et kort afsnit el. stykke af en tekst, et musikstykke el.lign. =AFSNIT ▫ *der var flere vanskelige passager i partiet* • *citere en passage fra bogen*

passager

SUBST. *-en*, plur. *-er, -erne*
[*pasa'sje'r*]

en person som rejser med tog, bus, bil, fly el. skib uden selv at styre og ofte mod betaling ▫ *der var mange passagerer med flyet* ▫ *bilpassager* • *medpassager* • **blind passager** en person som prøver at rejse med tog, bus, fly el. skib uden at betale ▫ *rejse som blind passager*

passagerbåd

SUBST. *-en*, plur. *-e, -ene*

en fartøj til passagertransport = PASSAGERSKIB ▫ *der sejler flere passagerbåde mellem København og Malmø* • *passagerbåden til Oslo*

passagerskib

SUBST. *-et*, plur. *-e, -ene*

et større fartøj til passagertransport = PASSAGERBÅD ▫ *tage med passagerskib til England*

passat

SUBST. *-en*, plur. *-er, -erne*
[*pa'sa't*]

en tropisk vind der konstant blæser mod Jordens *kalmebælte* på begge sider af dette, og som afbøjes mod vest ved Jordens rotation = PASSATVIND ▫ *nordøstpassat* • *sydøstpassat*

passe

VERB. *-r, -de, -t*

1. have den rigtige størrelse, form osv. ▫ *skoene passer godt* • *kjolen passer ikke* • *nøglen passede i låsen* • *han passer tøj med mig* • **passe {til} ng(t)** være i harmoni med nogen el. noget ▫ *blusens farve passer til buksernes* • *den slags tøj passer ikke rigtig til dig* • *det gardin vil passe fint til gulvtæppet* • *han passer ikke ind i rollen* • **passe ngt til** bearbejde el. ordne noget så det har den rigtige størrelse el. form =TILPASSE ▫ *han fik jakken passet til* • *rammen blev passet til så den havde samme størrelse som billedet* • *straffen blev passet til efter forseelsen*
2. være sandt = STEMME ▫ *passer det at du har været i fængsel?* • *det passede ikke hvad han sagde* • *det passer slet ikke at Månen er lavet af grøn ost*
3. passe ng(t) have tilsyn med nogen el. noget = PLEJE ▫ *passe børn* • *passe sit arbejde* • *passe telefonen* • *passe butikken* • **passe på ng(t)** være forsigtig med el. vagtsom over for nogen el. noget ▫ *pas på de fine glas* • *du skal passe på at du ikke falder* • *pas på ham, han er lumsk* • **passe tiden** sørge for at man ikke kommer for sent ▫ *du må hellere passe tiden*
4. = BEHAGE ▫ *det passer mig dårligt at komme på fredag* • *det passede ikke damen at skulle stå i kø* • *jeg står op når det passer mig*
5. passe ng op antaste nogen ▫ *han blev passet op af en motorcykelbetjent* • *ofret blev passet op af overfaldsmanden*
6. (kortspil): melde pas ▫ *jeg har dårlige kort så jeg passer!*

passé el. passe

ADJ.
/*pas'sé*/

som ikke længere er på mode ▫ *det whiskymærke er helt passé*

passende

ADJ.

som er i overensstemmelse med god opførsel ▫ *holde en passende afstand* • *det er ikke passende at glo på andre mennesker* • *det er vist ikke passende at lære ham den slags* • som passer ind i de planer man har i forvejen ▫ *nu kunne de passende komme*

passepartout

SUBST. *-en*, plur. *-er, -erne*
[*paspa'tu*]

et stykke karton el.lign. med form som en ramme der sættes omkring et billede, så det kan passe til en ramme der er større end billedet

passer

SUBST. *-en*, plur. *-e, -ne*

et simpelt redskab til måling og tegning af cirkler ▫ *han måler søkortet op med en passer* • *man tegner cirklen op med en passer eller efter en tallerken* ▫ *stikpasser*

passere

VERB. *-r, -de, -t*
/*pas'sere*/

1. passere ng(t) gå, rejse el. på anden måde bevæge sig forbi el. igennem nogen el. noget ▫ *han passerede mig på gaden* • *de passerede grænsen* • *disse tankskibe er for store til at passere gennem Suezkanalen* • *han har passeret de 70* • *tankerne passerede gennem hans hoved*
2. hænde el. foregå =SKE ▫ *der er intet alvorligt passeret*
3. kunne tillades el. gå an i en bestemt sammenhæng ▫ *kan den kjole passere?* • *dette må ikke passere upåtalt*

passerseddel

SUBST. *-en* (el. *~sedlen*), plur. *~sedler, ~sedlerne*
/*pas'serseddel*/

en skriftlig tilladelse til fri passage

passiar

SUBST. *-en*, plur. *-er, -erne*
[*pa'sja'*]

(glds.): en hyggelig og fredelig samtale ▫ *vi fik en lang passiar efter middagen* • (neds.): meningsløs snak = VRØVL ▫ *passiar!* • *jeg har fået nok af hans passiar*

passiare

VERB. *-r, -de, -t*
[*pa'sja'ɔ*]

= SLUDRE ▫ *han fortalte ikke noget nyt, han trængte blot til at passiare*

passim

ADV.
fork. *pass.*

spredt på forskellige steder; bruges ved henvisning til citater der findes flere steder i et skrift ▫ *se Brandes' bog om Holberg passim*

passion

SUBST. *-en*, plur. *-er, -erne*
[*pa'sjo'n*]

1. = LIDENSKAB ▫ *hendes passion er at danse* • *deres samliv var præget af passion* ▫ *passioneret*
2. Jesu lidelse og død ▫ *passionsblomst* • *passionshistorie* • *passionsmusik* • *passionssalme* • *passionsskuespil* • *passionsugen*

passioneret

ADJ. *- , passionerede*
[*pasjo'ne'ɔð*]

= LIDENSKABELIG ▫ *en passioneret kortspiller*

passionsblomst

SUBST. *-en,* plur. *-er, -erne*

en tropisk plante med smukke, ejendommelige blomster som kun er åbne én dag; frugterne er orangefarvede og spiselige; stueplante; latinsk navn *Passiflora*

passionsmusik

SUBST. *~musikken*

musikdramatisk fremstilling af påskeevangeliet

passionsugen

SUBST.BEST.

ugen mellem palmesøndag og påskedag

passiv[1]

SUBST. *-et,* plur. *-er, -erne*

en gældspost, fx prioritetsgæld el. banklån, i en virksomhed el. hos en person ≠ AKTIV □ *firmaets passiver oversteg aktiverne*

passiv[2]

SUBST. *-en,* plur. *-er, -erne*

den form som et verbum har i sætninger hvor subjektet er genstand for den handling der udtrykkes i sætningen; fx *åbnes* i *dørene åbnes klokken seks* = LIDEFORM ≠ AKTIV

passiv[3]

ADJ. *-t, -e*

1. som ikke foretager sig noget = UVIRKSOM □ *han forholdt sig passiv og ville ikke være med i legen · hun var passivt medlem af roklubben*
2. (om verber el. sætninger): som har den form der angiver at subjektet i en sætning er genstand for en handling ≠ AKTIV

passivisere

VERB. *-r, -de, -t*
/passivi'sere/

passivisere ng få nogen til at falde til ro ved at beskæftige dem med noget □ *tv kan have en passiviserende virkning · han fik passiviseret eleverne med en god film*

passivitet

SUBST. *-en*
/passivi'tet/

det at forholde sig passiv og ikke tage initiativ til noget = UVIRKSOMHED ≠ AKTIVITET □ *ledelsens passivitet er årsagen til firmaets konkurs*

passus

SUBST. *-en* (el. *passussen*), plur. *passus, -ene* (el. *passussene*)

et udtryk el. en vending i en tekst □ *en passus der citeres ofte · kan du huske denne passus fra bogen?*

password

SUBST. *et,* plur. *-s* (el. *password*), *-ene*
['pa:swö:d]

1. (edb.): en kode som kun kendes af en enkelt edb-bruger og som denne skal indtaste for at få adgang til et edb-system
2. et feltråb der bruges som kodeord = LØSEN

pasta

SUBST. *-en,* plur. *-er, -erne*

1. et frisk el. tørret fødemiddel af vand, mel og evt. æg der er formet i forskellige faconer, og som spises kogt, fx spaghetti og makaroni □ *ravioli er en lille fyldt pasta* □ *pastaplade · pastarør · pastaskrue · pastasløjfe* □ *båndpasta*
2. en dejagtig masse, især af madvarer, lægemidler el. kosmetiske midler □ *hummerpasta · tomatpasta · tandpasta*

pastel

SUBST. *pastellen,* plur. *pasteller, pastellerne*
[pa'sdæl']

= PASTELKRIDT □ *Degas har benyttet pastel til sine impressionistiske balletbilleder* □ *pastelbillede · pastelfarve · pastelfarvet · pastelkridt · pastelmaleri* • **male i pastel** male med pastelkridt □ *han maler mest i pastel* • et billede malet med pastelkridt = PASTELBILLEDE □ *han har lavet mange pasteller* • en let, lys farve = PASTELFARVE

pastelfarve

SUBST. *-n,* plur. *-r, -rne*

1. = PASTELKRIDT
2. en bleg og lys gullig, rødlig, grønlig el. blålig farve = PASTEL

pastelfarvet

ADJ. *- , ~farvede*

med en bleg og lys gullig, rødlig, grønlig el. blålig farve

pastelkridt

SUBST. *-et*

en tør, hård stift af farvet materiale uden bindemiddel som ligner kridt, og som benyttes til at tegne og male med = PASTEL, PASTELFARVE

pasteurisere

VERB. *-r, -de, -t*
[pasdɔri'se'ɔ]

pasteurisere ngt opvarme især mælk, øl el. vin for at dræbe bakterier □ *al dansk mælk pasteuriseres* □ *pasteurisering*

pastiche

SUBST. *-n,* plur. *-r, -rne*
[pa'sdisj el. *pa'sdi:sjə]*

en bevidst efterligning af en kunstners el. periodes stil som ikke blot er en kopi

pastil

SUBST. *pastillen,* plur. *pastiller, pastillerne*
[pa'sdel']

et lille stykke lakrids, chokolade el.lign., ofte tilsat et lægemiddel fx mod hoste □ *halspastil · lakridspastil · salmiakpastil · saltpastil · sodapastil*

pastinak

SUBST. *pastinakken,* plur. *pastinakker, pastinakkerne*
/pasti'nak/

en kraftig plante med en meterhøj, furet stængel, fligede blade og gule blomster i skærme; pæleroden bruges som suppeurt; latinsk navn *Pastinaca sativa*

pastor

SUBST. *-en,* plur. *-er, -erne*

en præst i den kristne kirke, især anvendt som titel foran navnet = PRÆST □ *pastor Thomsen skal prædike i dag*

pastoral

ADJ. *-t, -e*
[pasdo'ra'l]

1. (form.): som er landligt og fredfyldt = IDYLLISK □ *et pastoralt sceneri · pastorale omgivelser* • (i sammensætn.) som har med en pastorale at gøre □ *pastoralskuespil · pastoralsymfoni*
2. som har med præstegerningen at gøre = PRÆSTELIG □ *begravelser og andre pastorale pligter*

pastorale

SUBST. *-n,* plur. *-r, -rne*
/pasto'rale/

et musikstykke, ofte for blæsere, der skal lede tanken hen på landlig idyl

pastoralseminarium

SUBST. *~seminariet,* plur. *~seminarier, ~seminarierne*

en institution hvor teologiske kandidater uddannes i pastoralteologi

pastoralteologi

SUBST. *-en*

den del af præsteuddannelsen der omhandler præstens embedsgerning

pastorat

SUBST. *-et,* plur. *-er, -erne*
[pasdo'ra't]

1. = PRÆSTEKALD • (glds.): = SOGN

pastos

ADJ. *-t, -e*
[pa'sdo's]

som er tykt pålagt, især om farver på et maleri □ *pastos maleteknik · han maler meget pastost* • **pastos vin** vin med en fyldig smag

pastrami

SUBST. *-en*
/pa'strami/

saltet og røget oksekød skåret i skiver

patchwork

SUBST. *-et,* plur. *patchwork, -ene*
['padsjwö:k]

mange små stykker stof i forskellige farver, mønstre og former som er syet sammen til fx et kludetæppe

paté el. pate

SUBST. *-en,* plur. *-er, -erne*
/pa'té/

en postej af kød el. grøntsager bagt i form □ *kyllingepaté · nøddepaté · peberpaté*

patent

SUBST. *-et,* plur. *-er, -erne*
[pa'tæn't]

en eneret på udnyttelsen af en opfindelse □ *an-*

melde et patent · tage patent på en opfindelse · patentet udløber om to år · udnytte et patent □ *patentafgift · patentanmeldelse · patentbeskyttet · patentrettighed · patenthaver* • **have patent på ngt** (om en person): have eneret på noget □ *han mente at have patent på at komme til orde*

patentere

VERB. *-r, -de, -t*
/paten'tere/

patentere ngt beskytte en opfindelse ved at tage patent på den □ *en idé som er værd at patentere* □ *patentering*

patentløsning

SUBST. *-en,* plur. *-er, -erne*

en løsning som én gang for alle klarer et problem □ *der findes ingen patentløsning på problemet*

patentmedicin

SUBST. *-en,* plur. *-er, -erne*

en medicin som man har særlig tiltro til, og som man bruger over for forskellige sygdomme

pater

SUBST. *-en,* plur. *-e, -ne*
['pa'dɔ]

en katolsk gejstlig

paternitet

SUBST. *-en,* plur. *-er, -erne*
[patärni'te't]

= FADERSKAB □ *paternitetssag*

paternoster

SUBST. *-et* (el. *paternostret*), plur. *paternostre, paternostrene*
/pater'noster/

1. = FADERVOR • begyndelsesordene til fadervor i den latinske udgave af bønnen
2. = ROSENKRANS • en af de store perler i en rosenkrans hvorved der bedes fadervor
3. ⟨i sammensætn.⟩ en endeløs, lukket kæde i en mekanisme □ *paternosterelevator · paternosterkran · paternosterværk*

paternosterelevator

SUBST. *-en,* plur. *-er, -erne*

en elevator der er i stadig roterende bevægelse i to elevatorskakter, og som man skal stå på og af i farten

patetisk

ADJ. *- , -e*
[pa'te'tisk]

1. som er højtidelig og følelsesladet = HØJSTEMT, HØJTIDELIG □ *han holdt en patetisk tale for sin ven · hun forsøger at undgå det svulstige og patetiske i sin kunstneriske udtryksform*
2. (neds.): som vækker medynk på en latterlig måde = YNKELIG, LATTERLIG □ *han var en ret patetisk skikkelse · han kunne selv høre hvor patetisk og tomt det lød*

patient

SUBST. *-en,* plur. *-er, -erne*
[pa'sjæn't]

en person som modtager behandling på et hospital el. hos en læge □ *indlægge en patient · patienten kan udskrives i morgen · privatklinikken har mange patienter · en sengeliggende patient* □ *patientforening* □ *hjertepatient · kræftpatient · privatpatient*

patina

SUBST. *-en*
['pa'tina]

en belægning som dannes på overfladen af bronze, kobber og messing ved luftens påvirkning; kan også dannes kunstigt ad kemisk vej □ *et broncetag med grønlig patina · hun gav messingstatuerne en ny patina* • et udseende som vidner om at en genstand ikke er ny □ *lampen har fået en del patina gennem årene · jeg synes kun det er hyggeligt når møblerne har lidt patina*

patinere

VERB. *-r, -de, -t*
/pati'nere/

patinere ngt give noget kunstig patina for at det skal se ældre ud □ *patinere en bronzestatue · skeen er blevet patineret*

patolog

SUBST. *-en,* plur. *-er, -erne*
/pato'log/

en person der beskæftiger sig med patologi

patologi

SUBST. *-en*
/patolo'gi/

læren om sygdomme, deres årsag og indvirkning på kroppen □ *patologisk*

patologisk

ADJ. *- , -e*
/pato'logisk/

1. som har at gøre med patologi □ *patologisk anatomi · Patologisk Institut*
2. som opfører sig på en mærkelig og unormal måde = SYGELIG

patos

SUBST. *-en* (el. *patossen*)
['pa'tɔs]

højtidelig og følelsesladet fremstilling □ *han læste digtet op med patos*

patriark

SUBST. *-en,* plur. *-er, -erne*
/patri'ark/

1. (spøg.): en ærværdig gammel mand som regnes som familiens overhoved ≠ MATRIARK □ *patriarkalsk* • stamfar, især i Bibelen om Abraham, Isak og Jakob
2. en ærkebiskop i den græskkatolske kirke

patriarkalsk

ADJ. *- , -e*
[patria'ka'lsk]

1. som præges af faderlig autoritet el. af et mandligt overhoved i familien □ *et patriarkalsk samfund · et patriarkalsk familiemønster*
2. som har at gøre med en kristelig patriark

patriarkat

SUBST. *-et,* plur. *-er, -erne*
[patria'ka't]

1. en samfundsform hvor faren er familiens overhoved, og hvor magten i samfundet er samlet hos mænd ≠ MATRIARKAT
2. en kirkelig patriarks embede og embedsområde

patricier

SUBST. *-en,* plur. *-e, -ne*
[pa'trisjɔ]

en person af gammel, fornem slægt; især den gamle romerske fødselsadel ≠ PLEBEJER □ *patricierne og plebejerne kæmpede i mange hundrede år om samfundsmagten i Rom · hans familie tilhørte patricierne i det forrige århundredes København* □ *patriciervilla*

patriot

SUBST. *-en,* plur. *-er, -erne*
[patri'o't]

en person der elsker sit land og er parat til at arbejde for det og forsvare det □ *han er patriot, men ikke nationalist* □ *patriotisk* □ *lokalpatriot*

patriotisme

SUBST. *-n*
/patrio'tisme/

= NATIONALFØLELSE

patron

SUBST. *-en,* plur. *-er, -erne*
[pa'tro'n]

1. et rørformet hylster med ladning og evt. projektil □ *patronbælte · patronhylster · patrontaske*
2. en tæt, rørformet beholder som indeholder en luftblanding el. en væske □ *blækpatron · gaspatron · kulsyrepatron*
3. (glds.): = BESKYTTER

patronat

SUBST. *-et,* plur. *-er, -erne*
[patro'na't]

en patrons beskyttelse

patronisere

VERB. *-r, -de, -t*
/patroni'sere/

patronisere ng optræde beskyttende over for en person på en nedladende måde □ *lad være med at patronisere mig* • **patronisere ng** (glds.): = BESKYTTE □ *patronisering*

patrontaske

SUBST. *-n,* plur. *-r, -rne*

en taske til at bære patroner i

patronym el. **patronymikon**

SUBST. *-et,* plur. *-er, -erne*
(patronymikon: *-et,* plur. *patronymika, patronymikaene*)
/patro'nym/

et familienavn der er dannet af farens navn, fx *Jensen,* oprindelig af *Jens' søn* ≠ METRONYM □ *patronymisk*

patrulje

SUBST. *-n,* plur. *-r, -rne*
/pa'trulje/

en mindre enhed, især inden for militær el. politi, som udsendes til et særligt formål □ *politiet sendte en patrulje til stedet* □ *dødspatrulje ·*

grænsepatrulje · hundepatrulje · jobpatrulje · kamppatrulje · natpatrulje · snigpatrulje • det at patruljere □ *være på patrulje* □ *patruljebåd · patruljeflyvning · patruljevogn* • en lille enhed af spejdere inden for en trop □ *det er en lille trop med kun to patruljer* □ *patruljeleder*

patruljere

VERB. *-r, -de, -t*
/patrul'jere/

holde et område under bevogtning ved at bevæge sig rundt i det □ *politiet patruljerer i området · smuglerne blev nervøse da toldmyndighederne begyndte at patruljere i farvandet* □ *patruljering* □ *afpatruljere*

patruljevogn

SUBST. *-en,* plur. *-e, -ene*

en bil brugt af politi på patrulje = POLITIBIL □ *de så en patruljevogn dreje om hjørnet*

patte[1]

SUBST. *-n,* plur. *-r, -rne*

1. en sugevorte på et dyrs yver □ *koen har fire patter* □ *kopatte* • (vulg.): en kvindes bryst = BRYST □ *han tog hende på patterne*
2. falde til patten føje sig efter nogen = MAKKE RET

patte[2]

VERB. *-r, -de, -t*

suge mælk, især om dyreunger = DIE □ *hvalpene patter*

pattebarn

SUBST. *-et,* plur. *~børn, ~børnene*

(neds.): et spædbarn; især om et større barn som opfører sig umodent el. er pivet □ *lad være med at te dig som et pattebarn · du tør ikke, dit pattebarn!* □ *pattebarnsfacon · pattebarnsopførsel*

pattedyr

SUBST. *-et,* plur. *~dyr, -ene*

et hvirveldyr der har brystkirtler med mælk til ernæring af unger; pattedyr er fx elefanter, bjørne, heste, mus og mennesker; latinsk navn *Mammalia* □ *mennesket er det højst udviklede pattedyr*

pattegris

SUBST. *-en,* plur. *-e, -ene*

en spæd unge af en gris som endnu dier hos moderen □ *stegt pattegris*

pauke

SUBST. *-n,* plur. *-r, -rne*

et musikinstrument der består af et halvkugleformet kar med et udspændt skind som man slår på med køller

paukeslager

SUBST. *-en,* plur. *-e, -ne*

en person der spiller pauke = PAUKIST

paukist

SUBST. *-en,* plur. *-er, -erne*
/pau'kist/

= PAUKESLAGER

pause

SUBST. *-n,* plur. *-r, -rne*

en midlertidig standsning el. afbrydelse af noget som man er i gang med = OPHOLD □ *holde pause i arbejdet · efter en kort pause fortsatte taleren* □ *pauseklovn · pausekomma · pausesignal* □ *frokostpause · generalpause · kaffepause · kunstpause · rygepause · spisepause · tænkepause*

pauseklovn

SUBST. *-en,* plur. *-e* (el. *-er*), *-ene* (el. *-erne*)

en klovn der underholder i pauserne i cirkus • en person der godt kan lide at underholde andre □ *han er en rigtig pauseklovn*

pausekomma

SUBST. *-et,* plur. *-er, -erne*

en måde at sætte komma på som afgrænser meningsmæssige helheder; udgået af den autoriserede retskrivning i 1996 ≠ GRAMMATISK KOMMA

pausere

VERB. *-r, -de, -t*
/pau'sere/

(glds.): holde pause □ *pausering*

pauver

ADJ. *-t, pauvre*
[ˈpoˈvɔ el. *ˈpåˈvɔ]*

= RINGE □ *et pauvert resultat · holdets pauvre indsats*

pave

SUBST. *-n,* plur. *-r, -rne*

det lovgivende, dømmende og administrative overhoved for den romerskkatolske kirke; pæveværdigheden tildeles for livstid ved en afstemning blandt kardinalerne = DEN HELLIGE FADER □ *paven vælges af kardinalerne* □ *pavebesøg · pavedømme · pavekirke · pavekrone · pavestol* • **være stolt som en pave** være overordentlig stolt □ *barnet var stolt som en pave over at kunne cykle uden støttehjul*

pavekrone

SUBST. *-n,* plur. *-r, -rne*

en tredobbelt krone der er tegn på pavens værdighed = TIARA

pavillon

SUBST. *-en,* plur. *-er, -erne*
[pavilˈjɔŋ]

en mindre bygning i et anlæg □ *der er restaurant i pavillonen · en åben pavillon* • en mindre bygning i et hospitals- el. udstillingskompleks □ *den tyske pavillon på verdensudstillingen i Paris · have en fast pavillon på udstillingen* • en selvstændig del af en bygning der på en el. anden måde skiller sig ud fra det øvrige □ *en lang gennemgående pavillon på Roskilde Universitetscenter · pavillonen som fremover skal markere hovedindgangen til zoo*

PBS

en fælles servicecentral for banker og sparekasser som formidler pengeoverførsler mellem kundekonti; fork. af *Pengeinstitutternes Betalings Systemer*

p.b.v.

fork. for *på bestyrelsens vegne*

pc

SUBST. *pc'en,* plur. *pc'er, pc'erne*

en computer der består af en harddisk, en skærm og et tastatur, og som fx bruges til tekstbehandling; fork. af engelsk *personal computer*

pcb

en gruppe af kemiske stoffer der anvendes som blødgøringsmiddel i plast, til isolering i transformatorer, i maling og i smøremidler m.m.; fork. for *polyklereret bifenyl*

pct.

fork. for *procent*

peanut

SUBST. *peanutten,* plur. *-s* (el. *peanut*), *peanuttene*
[ˈpiˈnɔt]

jordnøddens kerne som er saltet og spises som snack

peb

VERB.

bøjningsform af *pibe*

peber[1]

SUBST. *-en,* plur. *-e* (el. *pebre*), *-ne* (el. *pebrene*)
[ˈpewɔ]

1. = PEBERFRUGT □ *køb en grøn og en gul peber* □ *chilipeber* • **spansk peber** = PEBERFRUGT
2. sort peber en tropisk slyngplante med hvide blomsteraks og mørkerøde bær der bruges som krydderi; latinsk navn *Piper nigrum*

peber[2]

SUBST. *-et*
[ˈpewɔ]

1. et krydderi som har en stærk, brændende smag, og som fremstilles af bær fra peberplanten *sort peber*; anvendes som hele bær el. knust som pulver □ *kværne peber · male peber · salt og peber* □ *peberbøf · peberbøsse · peberkorn · peberkværn* • **hvidt peber** afskallede og tørrede modne peberbær, enten hele el. knuste • **sort peber** afskallede og tørrede umodne peberbær, enten hele el. knuste • **stødt peber** fint knust peber
2. ønske el. **sende ng hen hvor peberet gror** ønske el. sende nogen meget langt væk, ofte fordi de gør livet besværligt for én □ *hun så gerne sin mands elskerinde sendt hen hvor peberet gror*

peberbøf

SUBST. *~bøffen,* plur. *~bøffer, ~bøfferne*

en oksebøf der er vendt i groftmalede peberkorn

peberbøsse

SUBST. *-n,* plur. *-r, -rne*

en lille dåse til stødt peber som har små huller i toppen

peberfrugt

SUBST. *-en,* plur. *-er, -erne*

1. en hul, aflang grøntsag der som moden er gul el. rød; spises umoden el. moden i fx salater el. forarbejdes til *paprika*; latinsk navn

Capsicum annuum = PEBER, SPANSK PEBER □ *gul peberfrugt* • *peberfrugterne skæres i strimler* • den lille kegleformede røde el. grønne grøntsag *chilipeber*
2. et bær af peberplanten *sort peber*

peberkværn

SUBST. *-en*, plur. *-e*, *-ene*

en lille håndkværn til maling af peberkorn

pebermynte

SUBST. *-n*, plur. *-r*, *-rne*
/peber'mynte/

1. et krydderi af planten pebermynte □ *pebermyntete* • en plante med savtakkede, ægformede blade; af planten udvindes også en olie der indeholder mentol; latinsk navn *Mentha piperita* □ *pebermynteolie*
2. en pastil som indeholder pebermynteolie □ *pebermyntelakrids* • *pebermyntepastil*

pebermø

SUBST. *-en*, plur. *-er*, *-erne*

en ældre, ugift kvinde; også om kvinde der ikke er gift når hun fylder tredive = GAMMELJOMFRU ≠ PEBERSVEND

pebernød

SUBST. *~nødden*, plur. *~nødder*, *~nødderne*

1. en lille brun småkage som især spises til jul
2. (slang): = SMÅPENGE □ *det er pebernødder i forhold til det samlede budget*

peberrod

SUBST. *-en*, plur. *~rod*, *-ene*

en plante med store blade og hvis tykke, hvide rod smager stærkt og bruges i madlavning; latinsk navn *Armoracia rusticana* □ *reven peberrod*

peberrodssovs

SUBST. *-en*, plur. *-er* (el. *-e*), *-erne* (el. *-ene*)

en hvid, opbagt sovs der er smagt til med reven peberrod □ *høne i peberrodssovs*

pebersvend

SUBST. *-en*, plur. *-e*, *-ene*

en ældre ungkarl; også om en mand der ikke er gift når han fylder tredive ≠ PEBERMØ

pebre

VERB. *-r*, *-de*, *-t*
['pewrɔ]

hælde peber på el. i mad □ *han pebrer sin mad meget*

pebret

ADJ. *-* , *pebrede*

pebret pris = DYR □ *taskerne havde en pebret pris selv om det var udsalg*

pedal

SUBST. *-en*, plur. *-er*, *-erne*
[pe'da'l]

en lille metalplade el. flad klods som man træder på for at kontrollere el. drive en maskine, fx i en bil el. på en cykel □ *træd på pedalen!* • *træde pedalen i bund* • *træde i pedalerne* □ *pedaltryk* □ *bremsepedal* • *gaspedal* • *cykelpedal* • ⟨også *-et*⟩ en pedal på et klaverinstrument som dæmper tonen el. får den til at klinge frit • ⟨også *-et*⟩ fodklaviatur på et orgel ≠ MANUAL

pedant

SUBST. *-en*, plur. *-er*, *-erne*
[pe'dan't]

person der er nøjeregnende og overdriver småtings betydning = PERNITTENGRYN, PARAGRAFRYTTER □ *han er en værre pedant*

pedanteri

SUBST. *-et*, plur. *-er*, *-erne*
/pedante'ri/

det at være nøjeregnende og overdrive småtings betydning = PARAGRAFRYTTERI □ *det er noget pedanteri med alle de formularer*

pedantisk

ADJ. *-* , *-e*
/pe'dantisk/

som er overdrevent nøjeregnende = PERNITTEN ≠ UPEDANTISK □ *den pedantiske lærer gav lavere karakter hvis der var rettelser i stilen* • *pedantisk kritik* □ *pedantiskhed*

peddigrør

SUBST. *-et*, plur. *~rør*, *-ene*

en tynd, bøjelig pind til kurvefletning □ *en stol flettet af peddigrør*

pedel

SUBST. *pedellen*, plur. *pedeller*, *pedellerne*
[pe'dæl']

= SKOLEBETJENT □ *pedel på et gymnasium* □ *skolepedel*

pedicure

SUBST. *-n*
[pedi'ky:ɔ]

fodpleje hvor hård hud fjernes, negle klippes m.m. ≠ MANICURE

pegasus

SUBST. *-en* (el. *pegasussen*), plur. *-er* (el. *pegasusser*), *-erne* (el. *pegasusserne*)
['pe'gasus]

en mytologisk, bevinget hest der symboliserer digterisk inspiration

pege

VERB. *-r*, *-de*, *-t*
['pajə]

1. pege på ngt strække pegefingeren el. en genstand i retning af noget for at henlede opmærksomheden på det □ *hun pegede på det æble hun gerne ville have* • *det forkælede barn får alt hvad han peger på* • *han pegede med blyanten på kortet* • *du må ikke pege!* □ *pegning* • *pegebog* • *pegefinger* • *pegepind*
2. pege på ngt gøre opmærksom på el. understrege noget = FREMHÆVE □ *i sit foredrag pegede han på Grundtvigs betydning for højskolebevægelsen* • *han pegede på at den tiltalte ikke selv havde startet slagsmålet* • **pege på ngt** tyde på noget □ *alt peger på at han er den skyldige*
3. i forsk. forb.: • **pege fingre ad ng** tale nedsættende om nogen □ *hun følte at naboerne pegede fingre ad hende* • **pege ng ud** identificere nogen blandt flere muligheder = UDPEGE

pegefinger

SUBST. *-en*, plur. *~fingre*, *~fingrene*

den anden finger på menneskets hånd, mellem tommel- og langfinger = SLIKKEPOT • **løfte pegefingeren** påpege noget moralsk betænkeligt □ *finansministeren havde den løftede pegefinger fremme*

pegepind

SUBST. *-en*, plur. *-e*, *-ene*

en pind som bruges til at pege med, især på en tavle

peignoir

SUBST. *-en*, plur. *-er*, *-erne*
[pænjo'a']

= FRISERSLAG • en tynd, elegant morgenkåbe til kvinder

pejle

VERB. *-r*, *-de*, *-t*

1. pejle ngt bestemme retningen el. positionen af noget ved hjælp af et kompas el.lign. □ *pejle skibets position* □ *pejling* • *pejleantenne* • **pejle sig ind på ng(t)** forsøge at få en fornemmelse el. forståelse af nogen el. noget □ *pejle sig ind på problemet* • *pejle sig ind på hinanden*
2. pejle ngt bestemme væskehøjden i en tank, et lastrum el.lign. ved hjælp af et lod og en lodline □ *pejle vandstanden i tanken* • *før pumpningen stoppes pejles der igen til vandspejlet*

pejlemærke

SUBST. *-t*, plur. *-r*, *-rne*

1. noget som man bruger til at orientere sig efter el. planlægge efter = ORIENTERINGSPUNKT □ *toldbygningen med de to hvide skorstene har altid været et sikkert pejlemærke i fiskerlejet* • *de vigtigste økonomiske pejlemærker melder om fremgang* • *vi gennemgik planen og hvilke pejlemærker vi skulle styre efter* • *pejlemærker i litteraturen* • *begivenheder som er pejlemærker for vores erindring*
2. et mærke på en stang el. snor som bruges til at bestemme vanddybden el. dybden af en væske i en beholder

pejs

SUBST. *-en*, plur. *-e*, *-ene*
['paj's]

et muret åbent ildsted □ *tænde op i pejsen* □ *pejsebrænde* • *pejsestue*

pejsestue

SUBST. *-n*, plur. *-r*, *-rne*

en stue med en åben pejs

pekingeser

SUBST. *-en*, plur. *-e*, *-ne*

en lille langhåret hund med bredt hoved og fladtrykt næse; stammer oprindelig fra Kina

pektin

SUBST. *-en* el. *-et*, plur. *-er*, *-erne*

et stof som findes i bær og frugt, og som får sukkeropløsninger til at stivne til gelé; bruges bl.a. til at gøre syltetøj stift

pekuniær

ADJ. *-t, -e*
/pekuni'ær/

(spøg.): som har at gøre med økonomiske forhold □ *hans pekuniære forhold er dårlige* · *have pekuniær fremgang* · *være i pekuniære vanskeligheder*

pelargonie

SUBST. *-n,* plur. *-r, -rne*
/pelar'gonie/

en plante med røde, lyserøde el. hvide blomster med fem kronblade som sidder i klynger på toppen af en bladløs stængel; latinsk navn *Pelargonium*

pelikan

SUBST. *-en,* plur. *-er, -erne*
/peli'kan/

1. en stor, hvid el. rosa svømmefugl med et langt næb med en gul næbpose som den gemmer fisk i; latinsk navn *Pelecanidae*
2. en halv pelikan (slang): udtryk for at det blæser kraftigt □ *det blæste godt og vel en halv pelikan* · *det stormede en halv pelikan*

peloton

SUBST. *-en,* plur. *-er, -erne*
[pelo'tɔŋ]

en deling soldater som udfører henrettelse med skydevåben

pels

SUBST. *-en,* plur. *-e, -ene*

1. hår som gror tæt på hele kroppen hos visse dyr, fx en bjørn, mus el. kat □ *isbjørnen har en tyk, hvid pels* · *hunden slikkede sin pels ren* · *pelsen folder* □ *bjørnepels* · *hundepels* · *minkpels*
2. skind der er dækket med hår, og som især også bruges til beklædning □ *damen bar en meget kostbar pels* · *der var syet pels på frakkekraven* · *gå med pels* □ *pelsbereder* · *pelsdyr* · *pelsfarm* · *pelsforretning* · *pelsfrakke* · *pelshat* · *pelsjæger* · *pelsværk* □ *minkpels* · *rævepels* · *sælskinspels*
3. i forsk. forb.: • **drikke ng på pelsen** drikke sig fuld □ *sømanden drak sig en på pelsen* • **redde pelsen** komme sikkert fra noget □ *han reddede lige akkurat pelsen* • **vove pelsen** udsætte sig for noget der indebærer en vis risiko □ *de vovede pelsen da de gik ud på den halvrådne hængebro*

pelsbereder

SUBST. *-en,* plur. *-e, -ne*

en person som behandler skind der skal bruges til pelsværk

pelsdyr

SUBST. *-et,* plur. *~dyr, -ene*

et dyr hvis skind kan bruges til pelsværk □ *pelsdyravl*

pelsdyravler

SUBST. *-en,* plur. *-e, -ne*

en person der driver en pelsdyrfarm = PELSAVLER

pelsdyrfarm

SUBST. *-en,* plur. *-e, -ene*

et sted hvor man opdrætter pelsdyr, som oftest mink, for at sælge skindene til pelsfabrikation = PELSFARM

pelsjæger

SUBST. *-en,* plur. *-e, -ne*

en jæger der skyder vilde dyr for at sælge pelsen

pelsværk

SUBST. *-et*

hårklædt skind af pattedyr som anvendes til beklædning • klædningsstykker fremstillet af dette materiale, især jakker og frakker = PELS

pen

SUBST. *pennen,* plur. *penne, pennene*

et tegne- el. skriveredskab med blæk el. anden væske □ *dyppe pennen* · *sætte pennen til papiret* □ *penneskaft* · *pennetegning* · *penneven* □ *fyldepen* · *kuglepen* · *tuschpen* • **en hvas** el. **en skarp** el. **en vittig pen** udtryk for at skrive på en hvas, skarp el. vittig måde □ *kronikøren har en skarp pen* • **føre en god pen** skrive godt • **leve af sin pen** leve af at være skribent

penalhus el. pennalhus

SUBST. *-et,* plur. *-e, -ene*
/pe'nalhus/

en aflang æske, skindpung el.lign. til at have blyanter, viskelæder og andre skriveredskaber i □ *husk at få dit penalhus med i skole* · *blyanterne lå samlet i et penalhus* □ *læderpenalhus* · *ruskindspenalhus*

pence

SUBST.

bøjningsform af *penny*

pencil

SUBST. *-en,* plur. *-er* (el. *-s*), *-erne*
['pænsil]

= SKRUEBLYANT □ *hun fik et skrivesæt bestående af pencil og kuglepen i julegave*

pendant

SUBST. *-en,* plur. *-er, -erne*
[paŋ'daŋ]

noget som svarer nøjagtigt el. danner et modstykke til noget andet = SIDESTYKKE □ *oplysningscenteret skal fungere som en slags pendant til en højskole*

pendel

SUBST. *-en* (el. *pendlen*) el. *-et* (el. *pendlet*), plur. *pendler, pendlerne*
['pæn'dəl]

en lampe med én pære ophængt i en ledning

pendle

VERB. *-r, -de, -t*

foretage en forholdsvis lang, regelmæssig tur mellem hjem og arbejdsplads □ *hun pendler mellem Århus og Silkeborg* □ *pendler* · *pendling*

pendler

SUBST. *-en,* plur. *-e, -ne*

en person som daglig må foretage en forholdsvis lang tur frem og tilbage mellem hjem og arbejdsplads

pendul

SUBST. *-et,* plur. *-er, -erne*
[pæn'du'l]

et lod der svinger regelmæssigt frem og tilbage i en snor el. en stang, og som kan bruges til at måle tid med; pendulet i et ur holdes i gang af en fjeder el. anden mekanik □ *urets pendul svinger* · *et frit ophængt pendul* · *et elektrisk pendul* · *fremkalde hypnose med et pendul* · *et udslag af pendulet* □ *pendulsvingninger*

pendulfart

SUBST. *-en,* plur. *-er, -erne*

en regelmæssig kørsel mellem to steder □ *bussen kører i pendulfart mellem festivalpladsen og banegården*

penge

SUBST.PLUR. *-ne*

et betalingsmiddel, ofte i form af mønter og sedler hvorpå der er trykt en værdi = FINANSER, MONETER, STAKATER, GRUNKER, SKEJSER ≠ NATURALIER □ *sætte penge i banken* · *anbringe penge i en virksomhed* · *pengene eller livet!* · *han skylder mig penge* · *låne penge i banken* □ *pengeafpresser* · *pengeanbringelse* · *pengebegærlig* · *pengeinstitut* · *pengekasse* · *pengepung* □ *børnepenge* · *dagpenge* · *drikkepenge* · *feriepenge* · *lommepenge* · *skolepenge* • **betale med lige penge** betale nøjagtigt det beløb varen koster så man ikke skal have penge tilbage □ *man bedes betale med lige penge* • **for** el. **til en billig penge** en billig pris □ *jeg har købt den for en billig penge* · *vi fik den til en billig penge* • **lade pengene rulle** bruge mange penge • **rede penge** = KONTANTER □ *jeg har ingen rede penge, men jeg kan skrive en check* • **pengene er små** man har ikke ret mange penge • **øse penge ud** bruge penge på en ødsel måde □ *den rare onkels eneste fornøjelse var at øse penge ud til julegaver*

pengeafpresning

SUBST. *-en,* plur. *-er, -erne*

en forbrydelse hvor en person truer nogen til at betale penge til gengæld for ikke at røbe hemmeligheder om vedkommende

pengeafpresser

SUBST. *-en,* plur. *-e, -ne*

en person der benytter sig af pengeafpresning □ *betale penge til en pengeafpresser*

pengegrisk

ADJ. - (el. *-t*), *-e*

grådig efter at få så mange penge som muligt □ *pengegriskhed*

pengeinstitut

SUBST. *~instituttet,* plur. *~institutter, ~instituterne*

et selskab der udøver bankvirksomhed fx private banker og sparekasser = BANK, SPAREKASSE

pengeløs

ADJ. *-t, -e*

udtryk for at brugen af kontanter er indskrænket til et minimum □ *vi er på vej mod det pengeløse samfund*

pengepolitik

SUBST. *~politikken*

myndighedernes indgreb på de finansielle markeder, især ved påvirkning af rente og kredit □ *føre pengepolitik*

pengepung

SUBST. *-en,* plur. *-e, -ene*

en pung til at opbevare penge i =PUNG □ *en lille, rød pengepung* • en persons økonomi □ *der er noget for enhver pengepung* · *det går ud over aktionærernes pengepung* · *blive straffet på pengepungen* • **mærke ngt på sin pengepung** få dårligere råd på grund af noget □ *de ældre kan mærke lovindgrebet på deres pengepung*

pengestærk

ADJ. *-t, -e; -ere, -est*

= KAPITALSTÆRK □ *et pengestærkt konsortium*

pengeøkonomi

SUBST. *-en,* plur. *-er, -erne*

et økonomisk system baseret på penge som omsætningsmiddel ≠ NATURALØKONOMI

penibel

ADJ. *-t, penible*
/pe'nibel/

som man skal behandle med takt for ikke at sagen skal mislykkes =ØMTÅLELIG, PREKÆR, KILDEN, DELIKAT, PINAGTIG □ *en penibel affære* · *befinde sig i en penibel situation*

penicillin

SUBST. *-en* el. *-et,* plur. *-er, -erne*
/penicil'lin/

et lægemiddel som bruges mod infektioner, og som udvindes af visse skimmelsvampe □ *penicillinindsprøjtning* · *penicillinkur* · *penicillinpille*

penis

SUBST. *-en* (el. *penissen*), plur. *-er* (el. *penisser*), *-erne* (el. *penisserne*)

den ydre del af de mandlige kønsorganer som bruges til at udlede urin fra legemet og til seksualaktivitet =LEM, TISSEMAND, PIK, TAP

pennalhus

SUBST.

se *penalhus*

pennefejde

SUBST. *-n,* plur. *-r, -rne*

= POLEMIK □ *pennefejden mellem Brandes og Bjørnson, den såkaldte sædelighedsfejde, fandt sted 1885-87*

pennestrøg

SUBST. *-et,* plur. *~strøg, -ene*

en enkel handling som afslutter el. annullerer noget □ *sagen kunne afgøres med et pennestrøg* · *de skrottede aftalen med et pennestrøg* · *det var ordnet med et pennestrøg*

penneven

SUBST. *~vennen,* plur. *~venner, ~vennerne*

en fortrolig ven som man udveksler breve med □ *hun har pennevenner og -veninder i mange lande* · □ *penneveninde*

penny

SUBST. *-en,* plur. *pence, pencene*
['pæni]

en møntenhed som er 1/100 pund □ *den koster 3 pund og 50 pence* • ⟨plur. *pennyer*⟩ en mønt som er en penny værd □ *han havde nogle få pennyer i lommen*

pens.

fork. for *pensioneret* el. *pensionist*

pensel

SUBST. *-en* (el. *penslen*), plur. *pensler, penslerne*

1. en slags børste på et skaft med hårene pegende i længderetningen; bruges til at lave malerier el. til at smøre maling el. lak på en flade □ *penselføring* · *penselstrøg* □ *malerpensel* · *mårhårspensel* · *retouchepensel*
2. male med den brede pensel gøre noget uden smålig skelen til detaljer

penselstrøg

SUBST. *-et,* plur. *~strøg, -ene*

et strøg med en pensel □ *han malede med små, hastige penselstrøg* · *Van Goghs geniale penselstrøg* · *billedet var malet med grove penselstrøg i skrigende farver* • **med brede penselstrøg** i grove vendinger □ *historien blev ridset op med brede penselstrøg*

pension

SUBST. *-en,* plur. *-er, -erne*
[paŋ'sjo'n]

1. et årligt beløb der betales af en pensionskasse el. det offentlige til en person der pga. alder el. sygdom ikke længere arbejder □ *gå af med pension* · *gå på pension* · *være på pension* · *få sin pension udbetalt* □ *pensionist* · *pensionsalder* · *pensionsforsikring* · *pensionskasse* □ *folkepension* · *førtidspension* · *invalidepension* · *kapitalpension*
2. = PENSIONAT □ *bo i en pension* □ *pensionær* • kost og forplejning på fx hotel □ *værelse med fuld pension* □ *halvpension* · *helpension* · *kvartpension*

pensionat

SUBST. *-et,* plur. *-er, -erne*
[paŋsjo'na't]

et mindre hotel ofte med fuldpension =PENSION □ *pensionatsværtinde* □ *feriepensionat*

pensionere

VERB. *-r, -de, -t*
[paŋsjo'ne'ɔ]

pensionere ng yde nogen pension el. afskedige nogen ved at yde dem pension □ *pensionere alle ansatte over 60 år* · *han blev pensioneret i en alder af 70 år* · *en pensioneret overlærer* □ *pensionering*

pensionist

SUBST. *-en,* plur. *-er, -erne*
[paŋsjo'nist]

en person der ikke arbejder pga. alder og sygdom el.lign., og som modtager en pension □ *pensionistkort* · *pensionistrabat* · *pensionistrejse* □ *enkepensionist* · *folkepensionist* · *førtidspensionist* · *invalidepensionist* · *selvpensionist*

pensionær

SUBST. *-en,* plur. *-er, -erne*
[paŋsjo'næ'r]

en person der bor el. spiser på et pensionat □ *hun havde to studenter som pensionærer*

pensle

VERB. *-r, -de, -t*

pensle ngt med ngt stryge en væske på noget med en pensel □ *lægen penslede hendes hals* · *pensle et sår med jod* · *pensle et brød med mælk* □ *pensling*

pensum

SUBST. *-et* (el. *pensummet*), plur. *pensa, pensaene*

en bestemt mængde læsestof der skal gennemgås, i en vis periode el. som opgives til en eksamen □ *der skal opgives et pensum på tretusinde sider til eksamen* · *vi har gennemgået hele pensum og skal til at repetere* □ *pensumkrav* · *pensumopgivelser* □ *eksamenspensum* · *årspensum*

pentaeder

SUBST. *-et,* plur. *pentaedre, pentaedrene*
/penta'eder/

et *polyeder* som er begrænset af fem sideflader

pentagon

SUBST. *-en,* plur. *-er, -erne*
[pænta'go'n]

en figur med fem ens sider og fem hjørner = FEMKANT

pentagram

SUBST. *pentagrammet,* plur. *pentagrammer, pentagrammerne*
/penta'gram/

en femtakket stjerne dannet af diagonalerne i en regelmæssig femkant; anvendt til magiske og okkulte formål

pentameter

SUBST. *-et,* (el. *pentametret*), plur. *pentametre, pentametrene*
/penta|meter/

et femfodet, daktylisk vers som er delt op i to dele ved *cæsur; forekommer mest i par med heksameter*

pep

SUBST. *peppet*
['pæp]

livlighed og energi □ *en pige med pep* □ *peppe*

pepitaternet

ADJ. - , ~ternede
/pe'pitaternet/

som er mønstret med små sorte og hvide tern □ *pepitaternede bukser*

pepsin

SUBST. *-et*
/pep'sin/

et stof i mavesaften der omdanner æggehvidestoffer

per

PRÆP.

se *pr.*

perception

SUBST. *-en,* plur. *-er, -erne*
[*pärsæb'sjo'n*]

en evne til at opfatte sansepåvirkninger fra omverdenen, fx gennem syn el. hørelse, el. fra ens egen organisme, fx i form af smerte el. kløe □ *perceptionen svækkes af træthed* □ *perceptionsforskning • perceptionsforstyrrelse • perceptionsmåde • perceptionspsykologi • perceptionsteori • perceptionstærskel*

percussion

SUBST.
[*pö'kɔsjən* el. *pärku'sjo'n*]

gruppen af slaginstrumenter i et symfoniorkester • (i jazz og latinamerikansk musik): gruppen af mere sjældne slaginstrumenter som fx congas og forskellige rasleinstrumenter

percussionist

SUBST. *-en,* plur. *-er, -erne*
/percussio'nist/

en person der spiller rytmeinstrumenter i et orkester el. et band

perestrojka

SUBST. *-en*
/pere'strojka/

et omfattende program i det tidligere Sovjetunionen til effektivisering af samfundets institutioner; udgjorde den centrale del af præsident Gorbatjovs reformprogram fra sidst i 1980'erne

perfekt

ADJ. - , *-e*
/per'fekt/

som er så god at der ikke er noget at udsætte på det el. den = FULDENDT, FEJLFRI □ *et perfekt vejr til en skovtur • han er en perfekt vært • han er perfekt til engelsk • en perfekt landing* □ *perfekthed • perfektion*

perfektibel

ADJ. *-t, perfektible*
/perfek'tibel/

som har gode muligheder for at blive perfekt

perfektion

SUBST. *-en,* plur. *-er, -erne*
[*pärfæg'sjo'n*]

det at noget er perfekt = FULDKOMMENHED □ *målet er ikke hurtighed men perfektion • hun kan sin rolle til perfektion*

perfektionere

VERB. *-r, -de, -t*
[*pärfægsjo'ne'ɔ*]

perfektionere ngt gøre noget perfekt □ *hun perfektionerede sin teknik*

perfektionisme

SUBST. *-n*
/perfektio'nisme/

en stræben efter fuldkommenhed □ *sangen fremstår helt uden personlighed i al dens polerede perfektionisme*

perfektionist

SUBST. *-en,* plur. *-er, -erne*
/perfektio'nist/

en person der stræber efter fuldkommenhed □ *hun er perfektionist med alt hvad der angår hendes arbejde*

perfektum

SUBST. *-en* (el. *perfektummen*) el. *-et* (el. *perfektummet*), plur. *-er* (el. *perfektummer* el. *perfekter*), *-erne* (el. *perfektummerne* el. *perfekterne*)
fork. *perf.*

en sammensat bøjningsform af verberne der betegner at noget stadig er aktuelt på taletidspunktet; dannes på dansk med *har* el. *er* plus perfektum participium, fx *hun har læst sine lektier og er gået ud i haven* = FØRNUTID • **perfektum participium** se under *participium*

perfid

ADJ. *-t, -e*
[*pär'fi'ð*]

ondskabsfuld og spottende = SPYDIG □ *spar dig dine perfide bemærkninger • det var en perfid gengivelse af mine ord*

perfidi

SUBST. *-en,* plur. *-er, -erne*
[*pärfi'di'*]

= PERFIDITET

perfiditet

SUBST. *-en,* plur. *-er, -erne*
/perfidi'tet/

det at være perfid el. en perfid handling = PERFIDI, NEDERDRÆGTIGHED, ONDSKABSFULDHED, FALSKHED, TROLØSHED □ *spar mig for dine perfiditeter!*

perforation

SUBST. *-en,* plur. *-er, -erne*
[*pärforɑ'sjo'n*]

det at noget er perforeret

perforere

VERB. *-r, -de, -t*
/perfo'rere/

perforere ngt gennembore el. gennemhulle noget; især om papir til afrivning □ *frimærkearket er perforeret • en perforeret blindtarm* □ *perforering*

performance

SUBST. *en,* plur. *-s, -ne*
[*pö'få·måns*]

en kunstnerisk aktivitet udført foran et publikum □ *det var en flot performance* • en teaterform som typisk ikke er tekstbaseret, hvori lys, lyd, scenografi o.l. er lige så fremtrædende som skuespillerne

pergament

SUBST. *-et,* plur. *-er, -erne*
/perga'ment/

et fint, hvidt skind tilberedt af huderne af forskellige dyr; tidligere brugt til skrivemateriale og bogbind

pergamentpapir

SUBST. *-et*

et grågulligt, fedttæt papir til indpakning af fx margarine el. smørrebrød = MADPAPIR, SMØRREBRØDSPAPIR

pergola

SUBST. *-en,* plur. *-er, -erne*
['*pär'gola*]

en overdækket gang der bæres af træstolper med slyngplanter, især i haver

perifer

ADJ. *-t, -e*
[*peri'fe'r*]

1. som ligger langt fra centrum □ *byens perifere distrikter*
2. = UVÆSENTLIG □ *en perifer person i denne sammenhæng • et perifert problem*

periferi

SUBST. *-en,* plur. *-er, -erne*

(geometri): en cirkels omkreds = OMKREDS □ *periferivinkel* • udkanten af noget □ *vi bor i byens periferi • i periferien af hendes synsfelt • dunkle anelser dukkede op i periferien af hans bevidsthed*

periferisk

ADJ. - , *-e*
/peri'ferisk/

= OVERFLADISK

perikon el. **perikum**

SUBST. *-en,* plur. *-er, -erne*
(perikum: *-en* (el. *perikummen*), plur. *-er* (el. *perikummer*), *-erne* (el. *perikummerne*)⟩

et krydderi af planten perikon, anvendes fx til snaps □ *perikonsnaps* • en plante med gule blomster der har fem kronblade og mange støvdragere, og som har rød saft i blomsterknopperne; latinsk navn *Hypericum* = BLODBLOMST

perimeter

SUBST. *-en,* plur. *perimetre, perimetrene*

= OMKREDS

periode

SUBST. *-n,* plur. *-r, -rne*
[*peri'o·ðə* el. *pär'jo·ðə*]

1. et tidsrum af en ikke nærmere defineret længde □ *vi hørte ikke fra ham i lange perioder • en periode med regn • en historisk periode • en periode på tre uger* □ *periodevis* □ *glansperiode • femårsperiode • overenskomstperiode • tidsperiode*
2. (i sprogvidenskab): en helsætning el. en række af helsætninger som afgrænses med punktum = PUNKTUM
3. en afsluttet musikalsk sats

periskop

SUBST. *-et,* plur. *-er, -erne*
/peri'skop/

et rørformet optisk instrument hvormed man kan se omgivelserne uden selv at blive set; især om et periskop der stikker op fra en neddykket undervandsbåd

peristaltik

SUBST. *peristaltikken*
/peristal'tik/

en bølgeformet sammentrækning der sker i tarmen så indholdet blandes og skubbes fremad

perle[1]

SUBST. *-n,* plur. *-r, -rne*

1. en lille masse af perlemor som kan dannes i skallen i visse muslinger; forarbejdes og anvendes til smykker □ *japanske perler · ægte perler · trække perler på en snor* □ *perlearmbånd · perlefisker · perlekæde · perlemusling · perlerad · perlestukken* □ *kulturperle* • ⟨i sammensætn.⟩ = DRÅBE □ *dugperle · svedperle* • noget som er godt, smukt el. værdifuldt □ *du er en perle! · filmen er en perle* □ *perlehumør · perleven · perleveninde* • **kaste perler for svin** ofre noget værdifuldt på personer som ikke forstår dets værdi □ *man skal ikke kaste perler for svin · det er at kaste perler for svin*
2. ⟨i sammensætn.⟩ en lille ofte kugle- el. cylinderformet genstand med hul i som kan trækkes på en snor □ *glasperle · metalperle · plasticperle · træperle*

perle[2]

VERB. *-r, -de, -t*

danne små bobler som ligner perler □ *perlende champagne · sveden perler på panden af ham*

perlegrå

ADJ. *-t, ~grå*

med en skinnende grålig farve som perlen i en perleøsters □ *en perlegrå due*

perlehøne

SUBST. *-n,* plur. *-r* (el. *~høns*), *-rne* (el. *~hønsene*)

en blå afrikansk hønsefugl med hvide prikker; flere arter, også tamfugl; latinsk navn *Numidae*

perlemor

SUBST. *-et*

det indvendige, glinsende lag af skallen hos visse muslinger og snegle □ *perlemorsbroche · perlemorsknap*

perlemusling

SUBST. *-en,* plur. *-er, -erne*

en musling der danner perlemor og perler som kan udnyttes til smykker; findes i det Indiske Ocean og Stillehavet; latinsk navn *Pteria*

perlende

ADJ.

= SPRUDLENDE □ *et perlende humør · en perlende latter*

perlerække

SUBST. *-n,* plur. *-r, -rne*

en lang og imponerende række af noget □ *en perlerække af små, idylliske øer · der ligger en perlerække af byer op langs kysten · en perlerække af skandaler gjorde ham kendt · gennem karrieren har han scoret en perlerække af mål · kulturbyårets perlerække af kunstneriske begivenheder*

perleven

SUBST. *~vennen,* plur. *~venner, ~vennerne*

en virkelig god = HJERTENSVEN □ *de to er uadskillelige perlevenner*

perm[1]

SUBST. *-en,* plur. *-er, -erne*

et stift bogbind på en indbunden bog □ *bagperm · forperm*

perm[2]

SUBST.

den yngste geologiske periode i *palæozoikum* fra for 286 til 245 millioner år siden hvor krybdyrene udbredtes □ *permformation*

permafrost

SUBST. *-en*

et jordlag hvis temperatur til stadighed er under frysepunktet, og som er frosset i stor dybde, fx i den nordlige del af Sibirien □ *teorierne går ud på at der under Marsoverfladen findes permafrost* • en tilstand hvor noget er frosset el. ikke fungerer □ *i forholdet mellem de to lande er der tyve års permafrost der skal tøs op · kulturel permafrost*

permanent

ADJ. *- , -e*
/perma'nent/

som er vedvarende el. konstant = VARIG, STADIG, BESTANDIG, KONSTANT □ *få permanent opholdstilladelse · han er i permanent pengenød · en permanent udstilling · en permanent smerte*

permanentbølge

VERB. *-r, -de, -t*

= PERMANENTE □ *permanentbølget hår · han er blevet permanentbølget*

permanente

VERB. *-r, -de, -t*
/perma'nente/

krølle el. bølge hår ved hjælp af kemiske stoffer, så krøllerne forbliver i håret i længere tid □ *permanentet hår · han er blevet permanentet hos frisøren*

permission

SUBST. *-en,* plur. *-er, -erne*
[pärmi'sjo'n]

orlov fra militærtjeneste

permissioner

SUBST.PLUR. *-ne*

(spøg.): bukser

pernitten

ADJ. *-t, pernitne*
/per'nitten/

(neds.): = PEDANTISK □ *han er utrolig pernitten og svær at arbejde sammen med*

pernittengryn

SUBST. *-en,* plur. *-er, -erne*
/per'nittengryn/

(neds., dagl.): = PEDANT □ *på det område er han en pernittengryn*

perpendikulær

ADJ. *-t, -e*
/perpendiku'lær/

= VINKELRET • = LODRET

perpetuum mobile

SUBST. *et*
/per'petuum 'mobile/

= EVIGHEDSMASKINE

perpleks

ADJ. - (el. *-t*), *-e*
/per'pleks/

som er forvirret og forbløffet = FORVIRRET □ *han blev helt perpleks da han hørte sit navn blive råbt op · se perpleks ud*

perron

SUBST. *-en,* plur. *-er, -erne*
[pä'rɔŋ]

en flad forhøjning bygget langs jernbanespor hvor togene standser, og hvor ind- og udstigning finder sted □ *toget går fra perron 1* □ *togperron*

pers.

fork. for *person* el. *personlig*

perse

VERB. *-r, -de, -t*

perse ngt presse vindruer til vinfremstilling = PRESSE □ *perse vindruer* □ *persning*

perser

SUBST. *-en,* plur. *-e, -ne*

en person som taler farsi, hovedsproget i Iran, og bor i Iran • en person fra det tidligere Persien

persianer

SUBST. *-en,* plur. *-e, -ne*
/persi'aner/

= PERSIANERPELS

persianerpels

SUBST. *-en,* plur. *-e, -ene*

pels af karakulfårets nyfødte lam

persienne

SUBST. *-n,* plur. *-r, -rne*
/persi'enne/

et vinduesforhæng af tynde vandrette lameller som kan stilles i forskellige positioner og dermed tillade mere el. mindre lys at slippe ind □ *åbne og lukke persiennerne · trække persiennen op*

persiflere

VERB. *-r, -de, -t*
/persi'flere/

persiflere ng(t) (litt.): =LATTERLIGGØRE

persille

SUBST. *-n*
/per'sille/

en skærmplante med krusede og meget fligede blade og gule blomster som dyrkes som krydderurt; latinsk navn *Petroselinum crispum* □ *persillekartofler* · *persillesovs* · *persillerod* □ *kruspersille*

person

SUBST. *-en,* plur. *-er, -erne*
[pär'so'n]

1. et enkelt menneske =MAND □ *den rette person til opgaven* · *dække til tolv personer* · *en vogn til fire personer* · *et antal ukendte personer* □ *persondyrkelse* · *personvogn* · *personnummer* · *persontog* □ *mandsperson* · *topersoners* • **juridisk person** en forening el.lign. der i retlige forhold kan betragtes som én person • **i egen person** = SELV □ *han mødte op i egen person*
2. en sproglig kategori for om den talende henviser til sig selv, den han taler med el. noget andet; udtrykkes i de personlige pronominer, fx *jeg, du, han,* og i nogle sprog ved bøjning af verber □ *første person* · *anden person* · *tredje person*

personage

SUBST. *-n,* plur. *-r, -rne*
[pärso'na:sjə]

(neds.): en underlig person; især om mand □ *han er en ubehagelig personage*

persona grata

SUBST. *en*
/per'sona 'grata/

en velanskrevet og velset person

personale

SUBST. *-t,* plur. *-r, -rne*
/perso'nale/

det samlede antal personer der er ansat på en arbejdsplads = PERSONEL □ *personaleafdeling* · *personalechef* · *personalegode* · *personalemøde* □ *kabinepersonale* · *kontorpersonale* · *lærerpersonale*

personalhistorie

SUBST. *-n,* plur. *-r, -rne*
/perso'nalhistorie/

en fremstilling af enkelte personers levned □ *personalhistorisk*

personalhistoriker

SUBST. *-en,* plur. *-e, -ne*
/perso'nalhistoriker/

en person der beskæftiger sig med personalhistorie

personalia

SUBST.PLUR. *-ene*
/perso'nalia/

oplysninger om en persons livshistorie

personalunion

SUBST. *-en,* plur. *-er, -erne*
/perso'nalunion/

et regentfællesskab mellem to i øvrigt selvstændige stater

persona non grata

SUBST. *en*

en person som ikke er velkommen □ *han blev erklæret persona non grata i Danmark*

personbil

SUBST. *-en,* plur. *-er, -erne*

en bil beregnet til maksimalt otte personer =BIL

personel[1]

SUBST. *personellet*
/perso'nel/

(militær): = PERSONALE □ *soldater fra hæren samt personel fra flåden og flyvevåbnet*

personel[2]

ADJ. *-t, personelle*
/perso'nel/

som har at gøre med personer □ *de personelle forhold*

persongalleri

SUBST. *-et,* plur. *-er, -erne*

samtlige personer som optræder i et litterært værk □ *romanen har et vældigt persongalleri*

personificere

VERB. *-r, -de, -t*
/personifi'cere/

personificere ngt opfatte el. fremstille begreber, ting el. dyr som personer der kan optræde talende og handlende =PERSONLIGGØRE □ *manden med leen personificerer døden* · *han er den personificerede ondskab* □ *personificering*

personifikation

SUBST. *-en,* plur. *-er, -erne*
[pärsonifika'sjo'n]

jf. *personificere* □ *græske guder er undertiden personifikationer af egenskaber* · *hun er personifikationen af snuhed*

personlig

ADJ. *-t, -e*
/per'sonlig/

som angår, tilhører el. bruges af en bestemt person = INDIVIDUEL □ *personlig frihed* · *han sendte hende et personligt brev* · *hun bad om en personlig samtale* · *personligt mener jeg at der må være tale om en misforståelse* □ *personliggøre* • = PRIVAT □ *en dagbog er noget helt personligt* · *må jeg stille dig et personligt spørgsmål* · *hans personlige ejendele* • som er udført af en person selv, ikke af en stedfortræder □ *han var personligt til stede ved mødet* • som har med krop og udseende at gøre □ *personlig hygiejne* • **blive personlig** komme med nærgående, uhøflige bemærkninger om nogen

personlighed

SUBST. *-en,* plur. *-er, -erne*
/per'sonlighed/

1. helhed af de fysiske, psykiske og adfærdsmæssige egenskaber og kvaliteter der adskiller en person el. en ting fra andre = KARAKTER □ *ulykken forandrede hele hans personlighed* · *huset har virkelig personlighed*
2. en person som er kendt for noget særligt el. betydningsfuldt □ *han er en stor personlighed*
3. komme med personligheder komme med personlige angreb el. uforskammetheder

personlighedsspaltning

SUBST. *-en,* plur. *-er, -erne*

= SKIZOFRENI

personnavn

SUBST. *-et,* plur. *-e, -ene*

det el. de egennavne som betegner en person, fx *Jette* el. *Peter Nielsen*

personnummer

SUBST. *-et* (el. *~numret*), plur. *~numre, ~numrene*
fork. *CPR-nr.*

et 10-cifret tal som alle danskere er registreret med i det Centrale Personregister; de første seks cifre viser fødselsdato

personsøger

SUBST. *-en,* plur. *-e, -ne*

en lille transportabel radiomodtager til at kalde personer med =BIPPER

personvogn

SUBST. *-en,* plur. *-e, -ene*

en vogn beregnet til transport af personer, fx en personbil el. en togvogn

perspektiv

SUBST. *-et,* plur. *-er, -erne*
/perspek'tiv/

1. en afbildning af en plan, dvs. todimensional, flade som giver indtryk af at have dybde, dvs. være tredimensional □ *perspektivisk* · *perspektivkunst* · *perspektivlære* · *perspektivtegning* □ *centralperspektiv* · *fugleperspektiv* · *linearperspektiv* · *rumperspektiv*
2. det at anskue noget i en bestemt sammenhæng el. ud fra en bestemt synsvinkel = SYNSVINKEL, SYNSPUNKT □ *fotografen har set byen i et helt nyt perspektiv* · *se sagen i et bestemt perspektiv* · *anskue noget i historisk perspektiv* □ *frøperspektiv* · *fugleperspektiv*
3. udsigter el. fremtidsmuligheder □ *der er dystre perspektiver for fremtiden* · *Spaniens indtræden i EU har skabt et helt nyt perspektiv for landets udvikling* □ *perspektivløs* □ *fremtidsperspektiv*

perspektivere

VERB. *-r, -de, -t*
/perspekti'vere/

perspektivere ngt anskue noget i forhold til en bestemt sammenhæng □ *eksaminanten blev bedt om at perspektivere teksten i forhold til samtidens litteratur* □ *perspektivering*

perspektivløs

ADJ. *-t, -e*

som er uden fremtidsudsigter □ *en perspektivløs uddannelse*

perspektivtegning

SUBST. *-en,* plur. *-er, -erne*

en tegning der selv om den er todimensional giver indtryk af udstrækning i rummet, dvs. en tegning med en vis dybdevirkning □ *han viste dem en perspektivtegning af huset*

pertentlig

ADJ. *-t, -e*
/per'tentlig/

som er overdrevent ordentlig og sirlig □ *en pertentlig herre · en pertentlig skrift · hun er meget pertentlig med sit arbejde · behøver du være så pertentlig?* □ *pertentlighed*

peruaner

SUBST. *-en,* plur. *-e, -ne*
/peru'aner/

en person fra Peru

peruansk el. **peruviansk**

ADJ. *- , -e*
/peru'ansk/

som har at gøre med Peru

perubalsam

SUBST. *-en* (el. *~balsammen*), plur. *-er* (el. *~balsammer* el. *~balsam*), *-erne* (el. *~balsammerne* el. *-ene* el. *~balsammene*)

en rødbrun balsam som dufter godt og virker desinficerende og som fremstilles af barken af et sydamerikansk træ af ærteblomstfamilien

peruviansk

ADJ.

se *peruansk*

pervers

ADJ. *-t, -e; -ere, -est*
/per'vers/

som på en sygelig måde afviger fra det normale, især i seksuel henseende □ *han har en pervers tankegang*

perversitet

SUBST. *-en,* plur. *-er, -erne*
/perversi'tet/

seksuel afvigelse

pervertere

VERB. *-r, -de, -t;*
/perver'tere/

pervertere ngt gøre noget perverst □ *visse pressefolk er med til at pervertere pressefriheden · rockerne har nogle perverterede æresbegreber · en perverteret tankegang · perverterede lyster* □ *pervertering*

pessar

SUBST. *-et,* plur. *-er, -erne*
[pe'sa·]

et præventionsmiddel som består af en lille skål af gummi med en fjedrende ring i kanten til at sætte op i kvindens skede så den dækker livmodermunden; bruges sammen med sæddræbende creme □ *køllepessar · skålpessar · okklusivpessar*

pessimisme

SUBST. *-n*
/pessi'misme/

en livsopfattelse hvor man ser dystert på tilværelsen og kun forventer det værst mulige = SORTSYN ≠ OPTIMISME □ *der var en del pessimisme omkring udfaldet af operationen*

pessimist

SUBST. *-en,* plur. *-er, -erne*
/pessi'mist/

en person som har en negativ livsholdning, og som ikke regner med at der sker noget godt = SORTSEER ≠ OPTIMIST □ *du er en uforbederlig pessimist*

pessimistisk

ADJ. *- , -e*
/pessi'mistisk/

som ikke regner med at der sker noget godt = DYSTER ≠ OPTIMISTISK □ *han ser meget pessimistisk på sagen · du lyder noget pessimistisk · et pessimistisk livssyn*

pest

SUBST. *-en*

1. en farlig epidemisk infektionssygdom med høj feber, ofte ledsaget af lungebetændelse el. bylder og blodforgiftning; menes udryddet i Europa □ *i middelalderen plagede pesten hele Europa* □ *pestbefængt · pestbyld · pesthule · pestramt* □ *byldepest*
2. sky ng(t) som pesten gøre sig store anstrengelser for at undgå noget el. nogen □ *de skyede hinanden som pesten* ● **pest eller kolera** udtryk for at man skal vælge mellem to lige ubehagelige muligheder

pesticid

SUBST. *-et,* plur. *-er, -erne*
[pæsdi'si'ð]

et middel til bekæmpelse af uønskede el. skadelige organismer; pesticider omfatter *insekticider, herbicider* og *fungicider*

pestilens

SUBST. *-en,* plur. *-er, -erne*
/pesti'lens/

= PLAGE □ *han er en pestilens for sine omgivelser · tobaksrøg var ham en pestilens*

petanque

SUBST.
[pe'ta·ŋk]

et kuglespil hvor to hold på 1-4 spillere med hver to jernkugler på ca. otte centimeter i diameter forsøger at kaste disse nærmest muligt til en lille målkugle af træ = BOULE, BOCCIA

petidin

SUBST. *-en* el. *-et*
/peti'din/

et smertestillende og euforiserende lægemiddel

petit

SUBST. *en*
[pe'ti el. *pö'ti]*

en lille skriftstørrelse □ *det er trykt med petit · husk også at læse det der står med petit*

petitesse

SUBST. *-n,* plur. *-r, -rne*
/peti'tesse/

= BAGATEL □ *det var blot en petitesse der bevirkede, at han dumpede til køreprøven · han hænger sig i petitesser*

petitfour

SUBST. *-en,* plur. *-s, -ene* (el. *-erne*)
[peti'fu·r el. *pöti'fu·r]*

en lille konditorkage, fx lavet af små udstukne stykker kage der er lagt sammen med fyld og overtrukket og pyntet

petrokemi

SUBST. *-en*

læren om og udnyttelsen af olie og naturgas □ *petrokemisk*

petrole el. **petrol**

ADJ.
[pe'tro'l el. *pe'trɔl]*

med en lys blågrønlig farve som det skinnende lag på petroleum = TURKISHVID □ *en petrole heldragt* □ *petrolfarvet*

petroleum

SUBST. *-en* (el. *petroleummen*) el. *-et* (el. *petroleummet*)
/pe'troleum/

en blanding af kulbrinter som er uddestilleret af jordolie; anvendes som brændsel, til belysning, og som opløsningsmiddel □ *petroleumslampe*

petroleumslampe

SUBST. *-n,* plur. *-r, -rne*

en lampe med en væge der brænder ved hjælp af petroleum

petroleumsovn

SUBST. *-en,* plur. *-e, -ene*

en varmeovn der brænder ved hjælp af petroleum □ *den gamle, forfaldne lejlighed havde en petroleumsovn i hvert rum*

petting

SUBST. *en*

seksuelt kæleri

petunia

SUBST. *-en,* plur. *-er* (el. *petunier*), *-erne* (el. *-ene* el. *petunierne*)
/pe'tunia/

en prydplante med store, trompetformede blomster i mange farver; flere arter; latinsk navn *Petunia*

pga. el. **p.g.a.**

fork. for *på grund af*

pgl.

fork. for *pågældende*

pH

SUBST. *pH'en* el. *pH'et*

mål for surhedsgraden af en væske, hvor neutralværdien er 7, mens lavere værdier viser stigende indhold af syre; fork. af latin *pondus hy-*

drogenii = PH-VÆRDI □ *undersøge en opløsnings pH* · *citronsaft har en lav pH* · *en neutral opløsning har pH 7*

ph.d.

SUBST. *ph.d.'en*, plur. *ph.d.'er*, *ph.d.'erne*
[*pehå'de'* el. *piæjdsj'di'*]

en akademisk grad mellem kandidat- og doktorgrad (jf. *cand.*- og *dr.*-), erhvervet ved et universitet el. anden højere læreanstalt på grundlag af en videnskabelig afhandling; fork. for *philosophiae doctor* □ *ph.d.-grad* · *ph.d.-studerende* · *ph.d.-studium*

pi

SUBST. *et*

det græske bogstav π; i geometrien det tal der udtrykker forholdet mellem en cirkels omkreds og dens diameter (ca. 22/7 el. 3,14) □ *omkredsen af en cirkel er 2πr*

pianette

SUBST. *-t*, plur. *-r*, *-rne*
/*pia'nette*/

et lille opretstående klaver = PIANINO

pianino

SUBST. *-et*, plur. *-er*, *-erne*
/*pia'nino*/

= PIANETTE

pianissimo

ADV.
/*pia'nissimo*/
fork. *pp*

udtryk for at et musikstykke fremføres meget svagt ≠ FORTISSIMO

pianist

SUBST. *-en*, plur. *-er*, *-erne*
/*pia'nist*/

en person der spiller klaver □ *pianistinde* · *pianistisk* □ *koncertpianist*

piano[1]

SUBST. *-et*, plur. *-er*, *-erne*
/*pi'ano*/

= KLAVER □ *spille piano* · *hun sad ved pianoet og spillede* □ *pianokoncert*

piano[2]

ADV.
/*pi'ano*/
fork. *p*

udtryk for at et musikstykke fremføres svagt og dæmpet ≠ FORTE

pianostemmer

SUBST. *-en*, plur. *-e*, *-ne*

en person der stemmer og reparerer flygler og klaverer = KLAVERSTEMMER

pibe[1]

SUBST. *-n*, plur. *-r*, *-rne*

1. et rør med en lille skålformet beholder i den ene ende som stoppes med tobak, og som man ryger på □ *ryge pibe* · *ryge en pibe tobak* · *stoppe piben med tobak* □ *pibehoved* · *pibekradser* · *pibeler* · *piberenser* · *pibestilk* · *pibetobak*
2. et instrument som kan frembringe en tone = FLØJTE □ *bådsmandspibe*
3. en rørformet og hul genstand □ *geværets pibe skal renses* □ *benpibe* · *geværpibe* · *orgelpibe* · *skorstenspibe* · *sækkepibe*
4. et rørformet læg på tøj, fx på en præstekrave □ *piberne på en krave* □ *pibekrave* · *pibestrimmel*
5. i forsk. forb.: • **danse efter ngs pibe** rette sig efter nogen □ *han danser altid efter hendes pibe* • **piben fik en anden lyd** ændre sin adfærd, fx være høfligere el. opføre sig bedre • **piber og trommer** udtryk for at noget sker eftertrykkeligt □ *han tabte valget med piber og trommer* • **stikke piben ind** dæmpe sig ned

pibe[2]

VERB. *-r*, *peb*, *pebet*

1. afgive en lav, hvinende lyd fordi man er ulykkelig = KLYNKE, GRÆDE □ *hunden peb ynkeligt* · *piber du nu igen?* • frembringe en hvinende lyd el. skarp fløjten □ *kuglerne peb soldaterne om ørerne* · *han piber i fingrene* • **pibe ng ud** få nogen til at gå sin vej fordi man giver udtryk for sin utilfredshed, fx ved at pifte af personen □ *publikum peb sangeren ud*
2. blæse og være meget koldt □ *vinden piber ind ad dørsprækken* · *kulden peb om ørerne*

pibekoncert

SUBST. *-en*, plur. *-er*, *-erne*

flere menneskers råbende og piftende tilkendegivelse af stor utilfredshed □ *da politikeren gik på talerstolen blev han modtaget med en pibekoncert*

pibekrave

SUBST. *-n*, plur. *-r*, *-rne*

en fremstående, rund, hvid krave lagt i tætte folder; er en del af den dragt som præsten bærer ved gudstjenesten

pibeler

SUBST. *-et*

en lys, fin lerart der kan bruges til fremstilling af kridtpiber

pibende

ADV.

(om sang): udtryk for at noget er meget skingert og falsk □ *han synger pibende falsk* • (om smag): udtryk for at noget smager meget surt □ *vinen er pibende sur*

piberenser

SUBST. *-en*, plur. *-e*, *-ne*

et stykke ståltråd med korte børster som bruges til at rense en pibe for tobakssovs m.m.

pibet

ADJ. *-*, *pibede*

1. (dagl., neds.): = PYLRET □ *han er noget pibet*
2. med et rørformet læg □ *pibede læg*

pibetøjet

SUBST.BEST.

hele pibetøjet = HELE MOLEVITTEN

pible

VERB. *-r*, *-de*, *-t*

vedvarende strømme frem el. ind, enten i dråber el. i ringe mængde □ *tårerne piblede frem* · *vandet piblede ind ad sprækkerne* □ *piblen* • myldre frem i stort tal; især om noget småt □ *blomster pibler op af jorden om foråret*

picador

SUBST. *-en*, plur. *-er*, *-erne*
[*pika'do'r*]

en ridende tyrefægter som tirrer tyren ved at stikke en lanse i dens nakke; kommer efter *capeador* og før *banderillero* = TYREFÆGTER

picaresk

ADJ.

se *pikaresk*

piccoline

SUBST. *-n*, plur. *-r*, *-rne*
/*picco'line*/

en ung pige der i større virksomhed går budtjeneste og hjælper med ved lettere kontorarbejde

piccolo

SUBST. *-en*, plur. *-er*, *-erne*

1. en ung mand el. en kvinde som hjælper til på et hotel fx med at bære kufferter el. hjælper til i et firma med lettere kontoropgaver
2. = PICCOLOFLØJTE

piccolofløjte

SUBST. *-n*, plur. *-r*, *-rne*

en lille tværfløjte hvis toner klinger en oktav højere end den almindelige tværfløjtes = PICCOLO

pickles

SUBST. *en*, plur. *pickles*, *-ene*

ituskårne agurker, blomkål, bønner osv. som er nedlagt i stærkt krydret dressing el. eddike, og som bruges som tilbehør til fx kød

pickup

SUBST. *pickuppen*, plur. *pickupper*, *pickupperne*
[*pig'ɔp*]

1. en del af en pladespiller med en lille diamant- el. safirnål der aflæser udsvinget i en pladerille og omsætter dette til lyd
2. en lille varebil med åbent lad

picnic

SUBST. *-en*, plur. *-er*, *-erne*

udflugt hvor man spiser i det fri = SKOVTUR □ *arrangere en picnic* □ *picnickurv*

pie el. **paj**

SUBST. *-n*, plur. *-r*, *-rne*
['*pa'j*' el. '*paj*']

en tærte fyldt med kød, fisk, grøntsager el. frugt som er dækket med et låg af dej □ *bage en pie* □ *piedej* · *pieform* □ *frugtpie* · *kødpie* · *fiskepie* · *æblepie*

piedestal

SUBST. *-en,* plur. *-er, -erne*
[pidə'sda'l]

1. et fodstykke til statue, kunstgenstand, vase, potteplante m.m. □ *sætte en statue på en piedestal* □ *blomsterpiedestal*
2. et gammeldags, højt, smalt, søjlelignende skab til porcelæn, sølvtøj o.l. • **anbringe ng på** el. **stille ng op på en piedestal** se op til nogen og mene de er helt uden fejl • **pille ng ned af** el. **fra piedestalen** erkende el. vise at nogen ikke er så beundringsværdige som man tidligere har troet

piercing

SUBST. *-en,* plur. *-er, -erne*
['pirsəŋ]

det at pierce

piesporter

SUBST. *en*
['pi·spå·dɔ]

en sød hvidvin fremstillet i Tyskland omkring byen Piesporter

pietet

SUBST. *-en*
[piə'te't]

følelse af dyb respekt for afdøde, gamle traditioner, minder og religion □ *pietetsfuld* · *pietetsfølelse* · *pietetsløs*

pietetsfuld

ADJ. *-t, -e*

(form., glds.): som er ærbødig og hensynsfuld

pietetsfølelse

SUBST. *-n,* plur. *-r, -rne*

respekt el. ærbødighed over for fx forældre, traditioner, naturen og de afdøde □ *renoveringen er sket med stor pietetsfølelse*

pietetsløs

ADJ. *-t, -e*

(form., glds.): =RESPEKTLØS

pietisme

SUBST. *-n*
/pie'tisme/

en retning inden for den protestantiske kirke som opstod omkring 1700-tallet, og som lagde vægt på from livsførelse

pietist

SUBST. *-en,* plur. *-er, -erne*
/pie'tist/

en tilhænger af pietismen □ *pietistisk*

pif

LYDORD

pif paf gengivelse af en knaldende lyd, fx af et skud □ *pif paf, lød det fra skydebanen* · *pif paf - kuglerne strøg om ørerne på dem*

pift

SUBST. *-et,* plur. *pift, -ene*

1. en høj, skinger lyd frembragt ved at pifte el. fløjte □ *et pift i fingrene* · *et pift i en fløjte* · *der lød pift og råb fra salen*
2. et element som gør noget bedre el. mere interessant □ *retten trænger til et pift af hvidløg og citron* · *teaterstykket var godt, men det manglede det sidste pift*

pifte

VERB. *-r, -de, -t*

1. frembringe en skarp fløjten ved hjælp af to fingre □ *pifte efter pigerne* • **pifte ng ud** udtrykke sit mishag el. sin utilfredshed mod nogen ved at frembringe en skarp fløjten □ *taleren blev piftet ud*
2. **pifte en cykel** lukke luften ud af en cykels slange gennem ventilen el. ved at skære et hul i den
3. **pifte ngt op** gøre noget mere interessant ved at tilsætte noget andet □ *hun piftede lammestuvningen op med hvidløg og rosmarin*

pig

SUBST. *piggen,* plur. *pigge, piggene*

1. en lang, tynd og spids vækst der vokser på huden af visse dyr; bryges fx til selvforsvar □ *hunden stak sin snude på pindsvinets pigge* □ *pigget* · *pighaj* · *pigrotte*
2. en lang, spids metalgenstand □ *der var pigge på muren så man ikke kunne kravle over* □ *pigtråd*

pige

SUBST. *-n,* plur. *-r, -rne*

et barn el. en ung person af hunkøn □ *de har en dreng og en pige* · *hun er fars pige* □ *pigegarde* · *pigekammer* · *pigenavn* · *pigespejder* □ *au pair-pige* · *barnepige* · *brudepige* · *stuepige* • **ung pige i huset** en ung kvinde som tager sig af husførelse hos en familie =HUSASSISTENT □ *efter skolen var hun ung pige i huset i et år*

pigebarn

SUBST. *-et,* plur. *~børn, ~børnene*

et barn af hunkøn □ *hun fødte et velskabt pigebarn* • (neds.): en ung kvinde man foragter = TØS □ *pigebarnet ville ikke lytte til gode råd* · *han kom slæbende med det forfærdelige pigebarn*

pigejæger

SUBST. *-en,* plur. *-e, -ne*

(neds.): = SKØRTEJÆGER □ *som ung var han en rigtig pigejæger*

pigelil

SUBST. *en*

(poet., glds.): en ganske ung pige el. kvinde □ *der var en svend med sin pigelil* · *skål for hver yndig pigelil*

pigenavn

SUBST. *-et,* plur. *-e, -ene*

1. et fornavn for piger ≠ DRENGENAVN □ *et af de mest populære pigenavne for tiden er Camilla*
2. et efternavn som en kvinde har haft før hun er blevet gift og har taget sit mands efternavn ≠ GIFTENAVN □ *fru Bechs pigenavn er Holm* · *hun beholdt sit pigenavn da hun blev gift*

pigeon

SUBST. *-en,* plur. *-er, -erne*
[pi'sjɔŋ]

et lille rødt æble med en karakteristisk smag; spises især til jul

pighud

SUBST. *-en,* plur. *-er, -erne*

et hvirvelløst havdyr med en femdelt krop som ofte er beklædt med kalkpigge; det kan fx være en *søstjerne,* et *søpindsvin* el. en *søpølse;* latinsk navn *Echinodermata*

pighvar

SUBST. *pighvarren,* plur. *pighvarrer, pighvarrerne*

en stor fladfisk som kan blive op til 1 m lang og 25 kg tung, har en stor, fremskydelig mund og er beklædt med benknuder på oversiden; god spisefisk; latinsk navn *Scophthalmus maximus*

pigment

SUBST. *-et,* plur. *-er, -erne*
/pig'ment/

1. et farvestof i væv el. celler hos mennesker dyr og planter som bestemmer farven af fx hår og hud □ *albinoer mangler pigment i huden*
2. et farvestof af pulveriserede mineraler som kan blandes med vand, olie el.lign. og bruges til at male med

pigmenteret

ADJ. *- , pigmenterede*
[pigmæn'te'ɔð el. *pijmæn'te'ɔð]*

forsynet med pigment

pigmentering

SUBST. *-en,* plur. *-er*
[pigmæn'te'reŋ el. *pijmæn'te'reŋ]*

fordelingen af pigment □ *hudens pigmentering* • det at forsyne noget med pigment

pigtråd

SUBST. *-en,* plur. *-e, -ene*

ståltråd besat med pigge som bruges til indhegning □ *indhegne en mark med pigtråd*

pigtrådshegn

SUBST. *-et,* plur. *~hegn, -ene*

et hegn af kraftig ståltråd der er snoet af kortere stykker hvor enderne stikker ud som pigge, og som spændes ud mellem pæle

pik[1]

SUBST. *pikken,* plur. *pikke, pikkene*
['pek]

(vulg.): = PENIS □ *pikhoved* □ *ståpik*

pik[2]

SUBST. *pikket,* plur. *pik, pikkene*
['pik]

1. hakken med noget spidst □ *fuglens pik på ruden*
2. **pik og pak** = PIKPAK

pikant

ADJ. *- , -e*
/pi'kant/

1. som er krydret □ *en pikant smag*
2. som er dristig el. pirrende for sanserne =LOKKENDE, ÆGGENDE □ *en pikant historie* · *pikant undertøj* · *et pikant show*
3. som er raffineret og særpræget □ *en pikant frisure* · *et pikant ansigt*

pikanteri

SUBST. *-et,* plur. *-er, -erne*
/pikante'ri/

noget som virker lokkende el. raffineret □ *hun var iført franske pikanterier*

pikaresk el. **picaresk**

ADJ. *- , -e*
/pika'resk/

som er gavtyveagtig og skælmsk, ofte om gamle ridderromaner

piké

SUBST.

se *piqué*

pikeret

ADJ. *- , pikerede*
/pi'keret/

som føler sig fornærmet el. forurettet □ *hun blev pikeret over hans optræden*

pikke

VERB. *-r, -de, -t*

prikke med noget spidst □ *hønen pikker efter korn · fugleungen pikkede hul på ægget*

pikkelhue

SUBST. *-n,* plur. *-r, -rne*

en læderhjelm med en spids el. pig som brugtes i den prøjsiske hær indtil første verdenskrig

pikpak

SUBST. *et*

alt det man ejer, el. det man tager med sig = PIK OG PAK □ *han rejste med alt sit pikpak · husk alt dit pikpak*

piktogram

SUBST. *piktogrammet,* plur. *piktogrammer, piktogrammerne*
/pikto'gram/

et meget enkelt billede der symboliserer et ord el. begreb

pil

SUBST. *-en,* plur. *-e, -ene*

1. en tynd, lige pind af træ, glasfiber el.lign. som ender i en spids i den ene ende og har en fjer i den anden, og som skydes fra en bue el. armbrøst □ *skyde med bue og pil · fare af sted som en pil* □ *pilekogger · pilespids · pileformet* □ *dartpil*
2. et løvtræ el. en stor busk med elliptiske el. pileformede blade; pilens *rakler* kaldes *gæslinger*; latinsk navn *Salix* = PILETRÆ □ *pilefletning · pilefløjte · pilehegn · pilekvist* □ *grædepil · hvidpil · hængepil*

pile

VERB. *-r, -de, -t*

= ILE □ *pile af sted · pile ud ad døren · musene pilede hen over gulvet*

pilekogger

SUBST. *-et,* plur. *-e, -ne*

et rørformet hylster til opbevaring af pile = KOGGER

piletræ

SUBST. *-et,* plur. *-er, -erne*

= PIL

pilfinger

SUBST. *-en,* plur. *pilfingre, pilfingrene*

en person som af nysgerrighed rører ved og undersøger alt □ *drengen er en rigtig pilfinger*

pilgrim

SUBST. *-en* (el. *pilgrimmen*), plur. *-e* (el. *pilgrimme*), *-ene* (el. *pilgrimmene*)

troende der rejser til et helligt sted

pilgrimsfærd

SUBST. *-en,* plur. *-er* (el. *~færd*), *-erne,* (el. *-ene*)

rejse til et helligt sted = VALFART □ *drage på pilgrimsfærd til Jerusalem*

pilk

SUBST. *-en,* plur. *-e, -ene*
['pil'k]

et fiskeredskab i form af et fiskelignende metalstykke med krog

pilke

VERB. *-r, -de, -t*

pilke ngt fange fisk med pilk □ *pilke torsk · pilke efter torsk* □ *pilkning*

pille[1]

SUBST. *-n,* plur. *-r, -rne*

1. en lille, rund skive af sammenpresset pulver som indeholder et lægemiddel som fx lindrer smerter = TABLET □ *pillekur · pillemisbrug · pilletriller* □ *foderpille · grønpille · hovedpinepille · nervepille · p-pille · sovepille · stikpille · vitaminpille* • **en bitter pille at sluge** en oplysning el. situation som vækker ubehag □ *hans utroskab var en bitter pille at sluge*
2. en tyk søjle som fx bruges som støtte under broer, halvtage og buer, og som især kendes fra antik græsk og romersk byggestil □ *taget hviler på fire piller · der er kun smalle piller mellem vinduerne* □ *pillebundt · pillespejl* □ *bropille · bærepille · stræbepille · støttepille*

pille[2]

VERB. *-r, -de, -t*

1. pille ved ngt røre ved noget med fingrene □ *han pillede ved frakkekraven · hold op med at pille ved den der! · han piller næse*
2. pille ngt fjerne skal fra en frugt □ *pille kartofler · pille en appelsin* □ *pillekartoffel* • **pille ngt {ud af ngt}** fjerne noget fra noget med fingrene □ *pille kød af benet · pille småting op fra gulvet · pille kerner ud af appelsinen* • **pille ngt fra hinanden** skille noget ad • **pille ngt op** trevle noget op; især om håndarbejde • **pille sig** (om fugle): rense fjerdragt

pillearbejde

SUBST. *-t,* plur. *-r, -rne*

et besværligt arbejde med små ting el. detaljer □ *at sy dukketøj er et værre pillearbejde*

pillen

ADJ. *-t, pilne*

(neds., glds.): som er overdrevent pertentlig el. sirlig = PERTENTLIG □ *være pillen i tøjet · hun er meget pillen med sin person*

pilleri

SUBST. *-et,* plur. *-er, -erne*
/pille'ri/

= PILLEARBEJDE □ *det er noget værre pilleri at lodde elektroniske dele*

pilot

SUBST. *-en,* plur. *-er, -erne*
[pi'lo't]

1. en fører af et fly □ *chefpilot · jetpilot · testpilot*
2. ⟨i sammensætn.⟩ som har at gøre med forundersøgelse □ *pilotprojekt · pilotundersøgelse*

pilotere

VERB. *-r, -de, -t*
/pilo'tere/

pilotere ngt slå pæle ned i jorden som underlag for en bygning □ *grunden skal piloteres* □ *pilotering*

pilrådden

ADJ. *-t, pilrådne*

som er helt igennem rådden □ *træværket er pilråddent · samfundet er pilråddent*

pils

SUBST. *-en,* plur. *pils, -ene*

(dagl.): = PILSNER

pilskaldet

ADJ. *- , pilskaldede*

fuldstændig skaldet □ *hun var pilskaldet som spæd*

pilsner

SUBST. *-en,* plur. *-e, -ne*

⟨ikke plur.⟩ en øl med en alkoholstyrke på 4,5% = PILSNERØL, BAJERSK ØL □ *pilsner er den øltype der drikkes mest af i Danmark* • en flaske med pilsner □ *en kasse pilsnere*

pilsur

ADJ. *-t, -e*

1. som har en meget sur smag
2. som er meget gnaven □ *hun er pilsur i dag*

pilt

SUBST. *-en,* plur. *-e, -ene*
['pil't]

(glds.): en lille dreng = POG □ *en pilt i matrostøj*

pimpe

VERB. *-r, -de, -t*

(neds.): drikke alkohol ofte og lidt ad gangen □ *hun går og pimper i smug* □ *pimperi*

pimpsten

SUBST. *-en,* plur. *~sten, -ene*

en meget porøs lysegrå til sort bjergart som består af vidkornede glas; bruges som slibemiddel og isolationsmateriale

pinagtig
ADJ. *-t, -e; -ere, -st*
/pin'agtig/

som man skal behandle med takt for ikke at sagen skal mislykkes = PREKÆR, UBEHAGELIG ▫ *en pinagtig venten · en pinagtig stemning* ▫ *pinagtighed*

pinakotek
SUBST. *-et,* plur. *-er, -erne*
/pinako'tek/

en samling af malerier som er offentlig tilgængelig; især om visse udenlandske samlinger med ældre malerier som har været i en fyrstes eje = MALERISAMLING ▫ *pinakoteket i München*

pincenez
SUBST. *-en,* plur. *-er, -erne*
[paŋs'ne]

= LORGNETTER

pincet
SUBST. *pincetten,* plur. *pincetter, pincetterne*
[pen'sæt el. *pin'sæt]*

et lille griberedskab af metal el. træ som består af to fjedrende arme der sidder sammen i den ene ende ▫ *fjerne en splint i fingeren med en pincet*

pincher el. pinscher
SUBST. *-en,* plur. *-e, -ne*

en art terrier der bl.a bruges til rottejagt ▫ *dobermann pincher · tysk pincher* ▫ *dværgpincher · mellempincher*

pind
SUBST. *-en,* plur. *-e, -ene*

1. et lille, smalt og tyndt stykke træ ▫ *samle pinde i skoven · lægge en pind i kakkelovnen · skrive med en pind i sandet · være stiv som en pind · spise med pinde · kanariefuglen sidder på sin pind* ▫ *pindebrænde · pindemad* ▫ *blomsterpind · ispind · kløpind · pegepind · priklepind · rorpind · slikkepind · styrepind* • et spil hvor man slår til en pind ▫ *spille pind* • **vandrende pind** et grønt el. brunligt tropisk insekt som ligner en lille kvist
2. = STRIKKEPIND ▫ *strømper skal strikkes på fire pinde · ribkanten strikkes på pind nummer tre* ▫ *rundpind* • en række med masker i strikketøj ▫ *strik en pind ret og en pind vrang · hun måtte trevle fem pinde op* ▫ *vrangpind*
3. i forsk. forb.: • **en pind til ngs ligkiste** udtryk for at noget virker tyngende på nogen ▫ *den sag bliver en pind til hendes ligkiste* • **ikke en pind** udtryk for at der er tale om intet overhovedet ▫ *hun forstår ikke en pind · han ved ikke en pind om det · det interesserer mig ikke en pind* • **ryge af pinden** el. **vippe ng af pinden** miste sin position el. sørge for at nogen mister deres position • **skyde en hvid pind efter ngt** opgive håbet om at opnå el. få noget ▫ *du kan godt skyde en hvid pind efter at bestå din eksamen hvis ikke du læser* • **stå på pinde for ng** opvarte nogen el. gøre alt hvad de beder en om = HOPPE OG SPRINGE FOR ▫ *hun må altid stå på pinde for sin mand*

pinde
VERB. *-r, -de, -t*

1. pinde ngt kløve noget til pinde ▫ *pinde brænde · pinde kvas* ▫ *pinding*
2. pinde ngt (om skomager): sætte overlæderet på læsten

pindebrænde
SUBST. *-t*

små pinde til optænding i fx en pejs el. en brændeovn ▫ *en bunke pindebrænde · han skar træet til pindebrænde* • **hugge ng(t) til pindebrænde** give nogen bank el. slå noget i små stykker ▫ *du skulle ikke slå ham ihjel, bare hugge ham til pindebrænde · huset var hugget til pindebrænde*

pindemad
SUBST. *-en* (el. *~madden*), plur. *~madder, ~madderne*

et lille stykke smørrebrød, cocktailpølse, ost o.l. hvori der er stukket en pind til at tage det med ▫ *servere pindemadder ved et cocktailparty*

pindso
SUBST. *-en,* plur. *~søer, ~søerne*

hunnen hos pindsvin

pindsvin
SUBST. *-et,* plur. *~svin, -ene*

et pattedyr hvis ryg er dækket af spidse pigge, og som ruller sig sammen som en kugle ved farer; latinsk navn *Erinaceidae europaeus* ▫ *pindsvineunge*

pine[1]
SUBST. *-n,* plur. *-r, -rne*

noget som er ubehageligt for én = PLAGE, TORTUR ▫ *holde pinen ud · det var ham en daglig pine at gå i skole* ▫ *pinebænk · pinefuld* ▫ *kattepine* • ⟨i sammensætn.⟩ det at noget gør ondt = SMERTE ▫ *hovedpine · mavepine · tandpine · ørepine*

pine[2]
VERB. *-r, pinte, pint*

pine ng påføre nogen vedholdende smerte = PLAGE, MARTRE ▫ *pine livet af nogen · torturbødlen pinte sine fanger ihjel · pine en tilståelse frem* ▫ *pinsel · pinebænk* • **pine ng** = NAGE ▫ *det piner mig at se ham lide · oplevelsen blev ved med at pine ham*

pinebænk
SUBST. *-en,* plur. *-e, -ene*

(hist.): et torturredskab hvorpå man pines til at tilstå en forbrydelse • **holde ng på pinebænken** strække nogens forventning el. spænding til det yderste

pinedød
ADV.

(glds.): mildt kraftudtryk ▫ *morsom er han pinedød ikke!*

pinegal
ADJ. *-t, -e*

(dagl.): = SKRUPFORKERT ▫ *en pinegal konklusion · en pinegal tankegang · den er pinegal oppe i hans hoved*

ping
SUBST. *-en,* plur. *-er, -erne*

en berømt og vigtig person ▫ *der var både pinger og pampere til stede ved receptionen*

pingpong
SUBST. *-en,* plur. *-er, -erne*

1. en form for bordtennis hvor bolden skal ramme bordet på egen side én gang inden man slår til bolden og en gang efter at man har slået
2. en debat med korte, hurtige replikker ▫ *interviewet tog form som en verbal pingpong ml. intervieweren og politikeren*

pingvin
SUBST. *-en,* plur. *-er, -erne*
/ping'vin/

en sorthvid svømmefugl med hvid bug, oprejst krop og luffer; kan ikke flyve, men svømmer godt; lever på den sydlige halvkugle, bl.a. på Sydpolen; flere arter, bl.a. *kongepingvin* og *kejserpingvin;* latinsk navn *Sphenisciformes*

pinje
SUBST. *-n,* plur. *-r, -rne*

et nåletræ med rød stamme, bred, parasolagtig krone og aflange, dekorative kogler; især udbredt i Middelhavslandene; latinsk navn *Pinus pinea*

pinjekerne
SUBST. *-n,* plur. *-r,-rne*

en lille, grøn kerne fra et pinjetræ; bruges i madlavning

pink
ADJ.

med en farve der er stærk lyserød el. rødviolet, og som er meget iøjnefaldende ▫ *pinkfarvet*

pinkode
SUBST. *-n,* plur. *-r, -rne*

en 4-cifret kode som kreditkort er udstyret med, og som sammen med kortets magnetstribe identificerer brugeren; fork. for *personlig identifikationsnummer-kode*

pinlig
ADJ. *-t, -e; -ere, -st*

1. som let vækker anstød el. spreder en trykket stemning = UBEHAGELIG ▫ *en pinlig situation · en pinlig bemærkning · et pinligt spørgsmål* ▫ *pinlighed*
2. som der ikke kan findes den mindste fejl ved = OMHYGGELIG, FULDKOMMEN, PERFEKT ▫ *pinlig orden · være pinlig nøjagtig*

pinscher
SUBST.

se *pincher*

pinse
SUBST. *-n,* plur. *-r, -rne*

en kristen højtid til minde om Helligåndens komme; falder den 7. søndag efter påske og omfatter *pinsedag* og *2. pinsedag* ▫ *fejre pinse · holde pinse* ▫ *pinseferie · pinsehøjtid*

pinsedag

SUBST. *-en*

søndag i pinsen = PINSESØNDAG, 1. PINSEDAG • **2. pinsedag** dagen efter pinsedag

pinsel

SUBST. *-en* (el. *pinslen*), plur. *pinsler, pinslerne*

stor fysisk el. psykisk pine = LIDELSE □ *lide de skrækkeligste pinsler* · *hvert skridt var en pinsel for ham*

pinselilje

SUBST. *-n*, plur. *-r, -rne*

en duftende plante hvis blomst har seks hvide kronblade der omgiver en lille, gul, trompetformet krone med en rød rand; latinsk navn *Narcissus poeticus*

pinselørdag

SUBST. *-en*, plur. *-e, -ene*

dagen før pinsedag

pinsemorgen

SUBST. *-en*, plur. *-er* (el. *~morgner*), *-erne* (el. *~morgnerne*)

pinsedags morgen

pinsesnit

SUBST. *~snittet*, plur. *~snit, ~snittene*

(spøg.): fint, nyt forårstøj

pinsesol

SUBST. *-en*

solen pinsemorgen • **se pinsesolen danse** se solopgang pinsemorgen efter at have festet hele natten

pioner

SUBST. *-en*, plur. *-er, -erne*
[*pio'ne'r*]

foregangsmand, især inden for foreninger, bevægelser el. et bestemt fagområde □ *en af arbejderbevægelsens pionerer* · *hun er en pioner inden for børnepsykologien* □ *pionerarbejde* · *pionerånd* • en soldat i ingeniørtropperne der gør veje og broer parat til de efterfølgende tropper • korps inden for brandvæsenet som er uddannet til specielle opgaver □ *pionerkorps* · *pionertjenesten* • = NYBYGGER □ *det vilde Vestens pionerer*

pip[1]

SUBST. *en*

en luftvejsinfektion hos hønsefugle som giver dem en pibende stemme og en hvidlig hinde på tungespidsen

pip[2]

SUBST. *et*

1. noget som er vanvittigt □ *det er det rene pip* • **få pip af ngt** el. **have pip** blive skør af noget eller være skør = SVIP □ *du må jo have pip!* · *jeg får pip af al den larm*
2. ikke et pip ikke den mindste lyd □ *jeg hørte ikke et pip* · *hun kunne ikke få et pip frem* · *jeg fatter ikke et pip* • **tage pippet fra ng** virke så overvældende på nogen at de mister modet □ *arbejdet var ved at tage pippet fra ham* · *ungerne tager snart pippet fra mig*

pip[3]

LYDORD

gengivelse af den lyd som små fugle frembringer □ *pip pip, lød det fra reden* • ⟨SUBST.: *pippet*, plur. *pip, pippene*⟩ □ *sige pip* □ *pipfugl*

pipaluk

SUBST. *pipalukken*, plur. *pipalukker, pipalukkerne*
/*pipa'luk*/

en høj spids kyse brugt af unge kvinder, oprindeligt på Grønland

pipeline

SUBST. *-n*, plur. *-s, -ne*
[*'pajblajn*]

en rørledning til transport af olie el. gas over større afstande □ *pipelinetransport*

pipette

SUBST. *-n*, plur. *-r, -rne*

et tyndt glasrør som bruges til opsugning og opmåling af små mængder væske

piphas

SUBST. *en*

en sygdom hos heste med væskeansamlinger under huden i haseled

pippe

VERB. *-r, -de, -t*

1. sige pip □ *spurven pipper i krattet* · *en pippende fugleunge* • komme med en forsigtig indvending □ *hvis børnene bare pippede lidt var han der straks og bad dem holde mund*
2. pippe frem spire frem el. skyde op □ *kornet pipper frem på marken*

piqué el. pique el. piké el. pike

SUBST. *-et*, plur. *-er, -erne*
[*pi'ke*]

væve- el. strikkemetode hvorved bomuldsstof får små fordybninger på retsiden; anvendes fx til polobluser □ *piquébroderi* · *piquéskjorte* · *piquésyning*

pirat

SUBST. *-en*, plur. *-er, -erne*
[*pi'ra't*]

1. = SØRØVER □ *piraterne gjorde havene usikre* · *piraterne plyndrede det rigt lastede skib* □ *piratflag* · *piratskib*
2. ⟨i sammensætn.⟩ som findes el. udøver virksomhed uden tilladelse □ *piratkopi* · *piratradio* · *piratsender* · *piratudgave* · *pirattryk*

piratbukser

SUBST.PLUR. *-ne*

bukser med bukseben der slutter lige under knæet

piratjolle

SUBST. *-n*, plur. *-r, -rne*

en tomandssejlbåd til kapsejlads

piratkopi

SUBST. *-en*, plur. *-er, -erne*

en ulovlig kopi af andres produkter

piratkopiere

VERB. *-r, -de, -t*

piratkopiere ngt ulovligt lave en kopi af andres produkter □ *det er forbudt at piratkopiere computerspil* □ *piratkopiering*

pirk

SUBST. *-en*, plur. *-e, -ene*

et kunstagn til lystfiskeri som består af en lang metalgenstand med krog ≠ BLINK, SPINDER

pirke

VERB. *-r, -de, -t*

pirke (i) ngt med ngt forsigtigt berøre og flytte på noget med et redskab □ *pirke til et dødt dyr med en pind* · *pirke op i en myretue med en gren* · *pirke i jorden* · *pirke en snegl ud af sneglehuset* • **pirke til** el. **ved ng** forsøge at få nogen til at gøre noget gennem en forsigtig, vedvarende tilskyndelse □ *han har så svært ved at tage sig sammen, kunne du ikke pirke lidt til ham?*

pirol

SUBST. *-en*, plur. *-er, -erne*
[*pi'ro'l*]

en slank spurvefugl med rødligt næb og, for hannens vedkommende, en lysende gul fjerdragt med sorte vinger og hale; latinsk navn *Oriolus oriolus* = GULDPIROL

pirre

VERB. *-r, -de, -t*

pirre ng gøre nogen interesseret, irriteret el. seksuelt opstemt = ÆGGE □ *pirre ens nysgerrighed* · *hold op med at pirre mig!* · *kvindens hår virker ifølge Koranen pirrende på mænd* □ *pirring*

pirrelig

ADJ. *-t, -e*

= IRRITABEL □ *han bliver pirrelig når han er sulten* · *hun er især pirrelig om morgenen*

piruet

SUBST. *piruetten*, plur. *piruetter, piruetterne*
/*piru'et*/

(dans): en hurtig omdrejning på tåspidsen • (dressurridning): en hel omdrejning mens hesten står på bagbenene

pis

SUBST. *pisset*

1. = URIN
2. (vulg.): udtryk for at noget er dårligt el. værdiløst = LORT, SHIT □ *sikke noget pis!* · *det er noget værre pis du har lavet!* · *nu gider jeg ikke høre på dit pis længere!* • **tage pis på ng** (slang): gøre grin med nogen □ *tager du pis på mig, mand?*

pisk[1]

SUBST. *-en*, plur. *-e, -ene*

et redskab i form af en lang snor af reb el. læder som er fastgjort til et håndtag; bruges til at drive trækdyr frem med el. til at slå mennesker med som straf □ *kusken slog knald med pisken* □ *piskeknald* · *piskeslag* □ *læderpisk* · *ridepisk* • **have** el. **få pisken over nakken** være el. blive presset til at gøre noget □ *efter lang tids slendrian har de nu pisken over nakken* · *hun gjorde det kun fordi hun havde fået pisken over nakken af chefen*

pisk[2]

SUBST. *-et,* plur. *pisk, -ene*

slag med en pisk □ *han gav hunden pisk* · *synderen fik pisk for sin forseelse*

piske

VERB. *-r, -de, -t*

1. piske ng slå et menneske el. et dyr med en pisk el.lign. □ *piske på hestene* · *de piskede ham som straf* · *græde som man var pisket* • **piske ng til ngt** tvinge nogen til at yde en indsats □ *træneren piskede holdet til at løbe* · *hun følte sig pisket til at gå* • ramme hårdt = SLÅ □ *regnen pisker mod ruden* · *haglene pisker ned* · *det pisker ned*
2. piske ngt røre kraftigt rundt i en masse og samtidig løfte den så den blandes med luft □ *piske æg* · *piske fløde til flødeskum* □ *piskeris*
3. i forsk. forb.: • **piske en stemning op** hidse en stemning op • **piske af sted** skynde sig meget

pisekfløde

SUBST. *-n*

fløde der indeholder mindst 38% fedt, og som kan piskes til flødeskum

piskeris

SUBST. *-et,* plur. *~ris, -ene*

et køkkenredskab som bruges til at piske fx fløde el. æg med; består af et skaft med bøjler af træ el. metal

piskesmæld

SUBST. *-et,* plur. *~smæld, -ene*

1. tråde o.l. der anbringes i enden af en piskesnert • et slag med en pisk □ *slå høje piskesmæld i luften*
2. en art bomuldsstof

piskesnert

SUBST. *-en,* plur. *-er, -erne*

en lang snor af reb el. læder som er en del af en pisk □ *hans ord ramte som en piskesnert*

pisse

VERB. *-r, -de, -t*

1. (vulg.): = TISSE □ *jeg skal lige pisse* · *den fulde mand pissede op ad muren*
2. pisse på ng (slang): behandle nogen på en nedladende måde □ *de pisser på dig!*

pissoir

SUBST. *-et,* plur. *-er, -erne*
[*peso'ɑ·*]

et offentligt rum el. aflukke til vandladning for mænd

pist[1]

SUBST. *-en,* plur. *-e* (el. *-er*), *-ene* (el. *-erne*)

1. = LØJPE □ *en stejl pist* · *rød pist* · *sort pist*
2. det spor hvori heste løber på en væddeløbsbane
3. den lave barriere rundt om en cirkusmanege
4. en platform til en fægtekamp

pist[2]

ADV.

pist væk udtryk for at nogen el. noget forsvinder meget pludseligt □ *han var pist væk da jeg kom tilbage* · *maden var pist væk!* • **hist og pist** se under *hist*

pist[3]

UDRÅBSORD

se *pst*

pistacie

SUBST. *-n,* plur. *-r, -rne*
[*pi'sda·sjə* el. *pi'sda'sjə*]

en velsmagende nød af træet *Pistacia vera* som bl.a. vokser i Middelhavslandene; spises rå el. bruges i is og konfekt = PISTACIENØD □ *pistaciegrøn*

pistil

SUBST. *pistillen,* plur. *pistiller, pistillerne*
[*pi'sdil'*]

en støder i en morter

pistol

SUBST. *-en,* plur. *-er, -erne*
/*pi'stol*/

1. et håndskydevåben med en kolbe som er skråt bagudrettet, og som har et magasin til patroner der ved hjælp af en fjedermekanisme føres frem efter hvert skud = REVOLVER □ *sætte en pistol for panden af nogen* · *lade en pistol* · *han skyder med pistol i en skydeklub* □ *pistolhylster* · *pistolskud* · *pistolskydning* · *pistolskytte* □ *gaspistol* · *maskinpistol* • ⟨i sammensætn.⟩ et apparat som ligner en pistol til at sætte fx på en haveslange el. til at sprøjtemale med □ *hæftepistol* · *malepistol* · *sprøjtepistol* · *sømpistol*
2. sætte ng pistolen for brystet tvinge én til at føje sig el. beslutte sig

pitchpine

SUBST. *-n*
[*'pidsjpajn*]

det hårde og harpiksholdige ved af det amerikanske fyrretræ *Pinus palustris*

pittoresk

ADJ. *-, -e*
/*pitto'resk*/

(poet.): = MALERISK □ *et pittoresk lille fiskeleje*

pivotere

VERB. *-r, -de, -t*
/*pivo'tere*/

(om boldspiller): udføre en drejende bevægelse om sin egen akse

pixel

SUBST. *-en,* plur. *-s* (el. *pixel*), *-ene*

et punkt som svarer til det mindste element der vises på et skærmbillede = BILLEDELEMENT

pizza

SUBST. *-en,* plur. *-er, -erne*

en tynd, rund bund af gærdej der er belagt med tomat, ost og andet fyld □ *bage pizza* □ *pizzabund* · *pizzadej* · *pizzafyld* · *pizzakrydderi* · *pizzeria*

pizzeria

SUBST. *-et,* plur. *-er, -erne*
/*pizze'ria*/

en restaurant el. forretning hvor der hovedsagelig sælges pizza

pizzicato

ADV.
/*pizzi'cato*/

en spillemåde der består i at man knipser et strygeinstruments strenge med fingrene i stedet for at stryge dem med buen

pjadder

SUBST. *-et*

meningsløs snak = VRØVL

pjadre

VERB. *-r, -de, -t*

= SKVADRE □ *de pjadrede løs i telefonen*

pjalt[1]

SUBST. *-en,* plur. *-er, -erne*

= LAS • □ *være klædt i laser og pjalter* □ *pjalteproletariat* · *pjaltet* • **slå pjalterne sammen** lave noget i fællesskab el. blive et par

pjalt[2]

SUBST. *-en,* plur. *-e, -ene*

en ynkværdig person = STYMPER

pjaltet

ADJ. *-, pjaltede*

= LASET □ *pjaltet tøj* • med laset tøj □ *en pjaltet fyr* · *pjaltede unger*

pjank

SUBST. *-et*

1. det at lave sjov = FJAS, FJANT, FJOLLERI, PJATTERI, PJANKERI, FJASERI, FJANTERI □ *de tænker kun på pjank*
2. meningsløs el. irriterende optræden el. snak = PJAT, VRØVL □ *jeg gider ikke høre mere pjank*

pjanke

VERB. *-r, -de, -t*

1. lave sjov med alt og ikke tage noget alvorligt = PJATTE, FJANTE, FJOLLE, FJASE □ *pigerne pjankede i timen* · *han pjankede med børnene* □ *pjankeri* · *pjankedorte* · *pjankehoved*
2. = SLØSE □ *pjanke tiden bort*

pjankeri

SUBST. *-et,* plur. *-er, -erne*
/*pjanke'ri*/

det at lave sjov = PJANK, FJAS, FJANT, FJOLLERI, PJATTERI, FJASERI, FJANTERI

pjanket

ADJ. *-, pjankede*

= PJATTET □ *en pjanket opførsel*

pjaske

VERB. *-r, -de, -t*

1. gøre bevægelser i vand så det sprøjter = PLASKE, SJASKE □ *hun pjaskede rundt i svømmebassinet* □ *pjaskeri* • kaste med el. slå ned i vand så

det sprøjter på nogen el. noget = PLASKE □ *børnene pjaskede vand i hovedet på hinanden • han pjaskede koldt vand i hovedet • lad være med at pjaske på mig!*
2. (om væske el. regn): falde ned på en overflade så det sprøjter = PLASKE □ *regnen pjaskede ned • mælken pjaskede ud på gulvet*

pjaskvåd
ADJ. *-t, -e*

= DRIVVÅD □ *skynd dig at skifte tøj, du er jo pjaskvåd*

pjat
SUBST. *pjattet*

meningsløs el. irriterende optræden el. snak = VRØVL, PJANK, PJATTERI □ *jeg er træt af at høre på hans pjat • det er noget pjat at du ikke vil spise gulerødder • ikke mere pjat - i seng med dig*

pjatte
VERB. *-r, -de, -t*

1. lave sjov med alt og ikke tage noget alvorligt = FJASE, FJANTE, PJANKE, FJOLLE □ *børnene pjattede med hinanden* □ *pjatteri • pjattegås • pjattehoved*
2. = SLØSE □ *pjatte pengene væk*

pjatteri
SUBST. *-et,* plur. *-er, -erne*
/pjatte'ri/

det at lave sjov = PJANK, FJAS, FJANT, FJOLLERI, PJANKERI, FJASERI, FJANTERI

pjattet
ADJ. *- , pjattede*

som laver sjov, og som ikke kan tage noget alvorligt = FJOLLET, PJANKET, FJANTET □ *eleverne var så pjattede til sidst at læreren opgav undervisningen • en pjattet film* • **pjattet med ng(t)** som er meget interesseret i noget el. nogen □ *hun er pjattet med popgruppen*

pjece
SUBST. *-n,* plur. *-r, -rne*
['pjæ:sə]

en lille, trykt sag med oplysninger om et bestemt emne = BROCHURE, FOLDER □ *der er kommet en pjece fra Hjerteforeningen*

pjevs
SUBST. *-en* el. *-et,* plur. *-e* (el. *-er*), *-ene* (el. *-erne*)

(neds.): = SVÆKLING □ *den lille pjevs kunne ikke klare modstanden*

pjevset
ADJ. *- , pjevsede*

(dagl.): som ser spinkel og svagelig ud □ *en pjevset hund • du ser lidt pjevset ud i dag*

pjok
SUBST. *pjokket,* plur. *pjok, pjokkene*

(neds.): = SKVAT □ *han dummer sig altid det pjok*

pjæk
SUBST. *et*

(slang): det at pjække □ *han fejler ikke noget, det er det rene pjæk*

pjække
VERB. *-r, -de, -t*

(slang): blive væk uden lovlig grund, især fra arbejde el. skole = SKULKE □ *pjække fra arbejde • pjække fra gymnastiktimerne • han overvejede at pjække fra mødet* □ *pjækkeri* □ *pjækkedag*

pjækkert
SUBST. *-en,* plur. *-er, -erne*

en kort toradet herrefrakke i kraftig uld = STORTRØJE

pk.
fork. for *pakke*

PK-gødning
SUBST. *-en*

kunstgødning der indeholder fosfor og kalium ≠ NPK-GØDNING

pkt.
fork. for *punkt*

pl.
1. fork. for *planche*
2. fork. for *pluralis*

placebo
SUBST. *-en* el. *-et,* plur. *-er, -erne*
/pla'cebo/

= BLINDTABLET □ *placebovirkning*

placere
VERB. *-r, -de, -t*
/pla'cere/

1. placere ng(t) {på} ngt få nogen el. noget til at være et bestemt sted, især efter nærmere overvejelse = ANBRINGE, SÆTTE, STILLE □ *han placerede vasen midt på bordet • han placerede sig i husets bedste stol • han placerede sin svigermor for bordenden • hun placerede sig midt på vejen • den er placeret over vinduet* □ *placering* □ *indplacere* • **placere ng** opnå en bestemt plads i en konkurrence □ *han er flere gange blevet placeret som nummer to eller tre, men han har endnu aldrig vundet en kamp • det lykkedes hende at placere sig som nr. 3* • **placere ngt i ngt** investere penge i noget = INVESTERE, ANBRINGE □ *han har placeret sin ledige kapital i anparter*
2. ikke kunne placere ng genkende nogen uden at kunne huske hvor man har set dem før el. hvem de er □ *han vidste han havde set hende før men kunne ikke placere hende*

placering
SUBST. *-en,* plur. *-er, -erne*
/pla'cering/

1. det at placere nogen el. noget et bestemt sted el. på en bestemt måde el. det sted hvor nogen el. noget er placeret el. skal placeres = ANBRINGELSE, BELIGGENHED □ *vil du tage dig af gæsternes placering ved bordet? • der har været en del debat om bibliotekets placering • han har en central placering i det finsk-estiske samarbejde* □ *fejlplacering*
2. en plads i en konkurrence □ *de satsede på en placering mellem de tre bedste • opnå en høj placering*

pladask
ADV., UDRÅBSORD
/pla'dask/

⟨ADV.⟩ helt uden kontrol over bevægelserne □ *falde pladask til jorden • hun satte sig pladask på halen • han faldt pladask for hendes charme* • ⟨UDRÅBSORD⟩ udtryk for at nogen falder på en klodset og ukontrolleret måde □ *pladask, der faldt han, lige så lang han var!*

pladder
SUBST. *-et*

1. = MUDDER □ *de vader i pladder til anklerne*
2. meningsløs snak = VRØVL □ *jeg vil ikke høre på dit pladder!*

plade
SUBST. *-n,* plur. *-r, -rne*

1. et fladt stykke med en ensartet tykkelse af forskelligt materiale □ *beklæde et loft med plader • en plade chokolade • en plade med kager i ovnen • pladen i bordet var af træ • plade af glas foran billedet* □ *pladesaks • pladetobak* □ *fingerplade • møbelplade • spånplade*
2. en tynd rund skive af plastic el. metal hvor lyd, fx musik er lagret i et spor = MUSIKPLADE □ *lægge en plade på grammofonen • spille en plade* □ *pladeomslag • pladespiller • pladevender* □ *cd-plade • grammofonplade*
3. ⟨i sammensætn.⟩ en flad genstand til elektrisk opvarmning af mad, vand el. luft □ *kogeplade • varmeplade*
4. panser og plade (hist.): = RUSTNING □ *klædt i panser og plade* • **stikke ng en plade** lyve for nogen

pladelager
SUBST. *-et,* plur. *~lagre, ~lagrene*

(edb): en plade med magnetiserbar belægning til permanent lagring af data; det kan være en harddisk el. diskette = DISK ≠ ARBEJDSLAGER

pladesaks
SUBST. *-en,* plur. *-e, -ene*

en saks som kan klippe i metalplader

pladespiller
SUBST. *-en,* plur. *-e, -ne*

= GRAMMOFON □ *lægge en plade på pladespilleren • spille plader på pladespilleren*

pladre
VERB. *-r, -de, -t*

1. gøre noget vådt el. mudret □ *vandet pladrede ud over bordet • gulvet er helt pladret til med mudder* • lege i vand □ *ungerne har pladret i vand hele dagen*
2. (neds.): sige noget som virker fjollet el. meningsløst = VRØVLE, PJADRE, SKVADRE □ *nu pladrer du vist • hun pladrede løs om alt hvad hun havde hørt*

plads
SUBST. *-en,* plur. *-er, -erne*

1. et åbent område, anlagt med vejbelægning, evt. omgærdet med hegn eller beplantning □ *byens torve og pladser • Den Røde Plads i Moskva* • ⟨i sammensætn.⟩ et anlagt område der er beregnet til et bestemt formål □ *boplads • byggeplads • bådplads • campingplads • gårds-*

plads · flyveplads · holdeplads · idrætsplads · legeplads · liggeplads · losseplads · parkeringsplads · rasteplads · skueplads · slotsplads · yngleplads • et sted hvor personer eller ting kan være □ *børnehaven har ingen ledige pladser · gør plads til cyklisterne · er der plads til at jeg kan være her?* □ *pladshensyn · pladsmangel* □ *institutionsplads · uddannelsesplads*
2. = SIDDEPLADS □ *der var 12 pladser omkring bordet · de fik plads på 1. række i biografen · denne plads er optaget · reservere plads i toget · vær venlig at tage plads!* □ *pladsbestilling* □ *orkesterplads · tilskuerplads · vinduesplads*
3. = PLACERING □ *indtage sin plads i rækken · skruen skal holde låget på plads · alle mand på pladserne!* □ *førsteplads · sidsteplads · tiendeplads* • **en plads i solen** en gunstig position i livet
4. = ANSÆTTELSE □ *få plads som kassedame · sige sin plads op* □ *praktikplads*
5. i forsk. forb.: • **sætte ng på plads** irettesætte nogen • **sætte ngt på plads** sætte noget der hvor det hører hjemme • **sætte ngt på plads** afklare uklarheder □ *de diskuterede længe og fik efterhånden sat tingene på plads* • **vige pladsen for ng** træde af eller tilbage for at lade en anden komme til • **være på (sin) plads** være passende □ *det er ikke på sin plads at sige du til dronningen · her var det vist på plads med en undskyldning* • **være på sin plads** være på vagt og klar til at udføre sin funktion □ *nu gælder det om at alle er på deres pladser*

pladsangst

SUBST. *-en*

= AGORAFOBI

pladsbillet

SUBST. *~billetten,* plur. *~billetter, ~billetterne*

en reservation af en nummereret siddeplads i et tog □ *bestille en pladsbillet*

pladshund

SUBST. *-en,* plur. *-e, -ene*

en vagthund på en lagerplads el.lign.

plaf

LYDORD

gengivelse af lyden af et skud fra et mindre skydevåben □ *plaf, der ramte han plet! · plaf plaf, lød det fra jægernes haglbøsser* • ⟨SUBST.: *et*⟩ □ *der lød et plaf fra luftbøssen*

plaffe

VERB. *-r, -de, -t*

plaffe ng ned (dagl.): skyde en person = SKYDE □ *han blev plaffet ned på åben gade* • **plaffe med ngt** affyre et skydevåben □ *han plaffede løs med sit luftgevær* □ *plafferi*

plag

SUBST. *-en,* plur. *-e, -ene*

en ung hest mellem 1 og 3-4 år = FOLE

plage[1]

SUBST. *-n,* plur. *-r, -rne*
[ˈplaːjə]

noget som gør tilværelsen besværlig og ubehagelig = SVØBE, PESTILENS, PINE □ *Ægyptens ti plager · den unge er da en ren plage! · hver dag har nok i sin plage* □ *plagsom* □ *landeplage*

plage[2]

VERB. *-r, -de, -t*

1. plage ng vedvarende udsætte nogen for ubehag el. smerte = FORFØLGE □ *være plaget af bekymringer · gigten plager mig · plage ham med sine problemer · være hårdt plaget · plages af dårlig samvittighed · en plaget mand* □ *plageri · plageånd* • **hvad plager dig?** hvad er der i vejen? = NAGE, TYNGE
2. plage ng om el. **for ngt** indtrængende og vedholdende bede om noget □ *barnet plager om slik · han plagede dem om at få lov til at være med*

plageånd

SUBST. *-en,* plur. *-er, -erne*

en person som generer el. irriterer én □ *hun er en plageånd med sine evindelige spørgsmål · han er skolens værste plageånd*

plagiat

SUBST. *-et,* plur. *-er, -erne*
[plagiˈaˀt]

en efterligning, især af en kunstners el. forfatters værker, under foregivende af at arbejdet er selvstændigt og originalt = EFTERLIGNING □ *maleriet viste sig at være et plagiat*

plagiator

SUBST. *-en,* plur. *-er, -erne*
/plagiˈator/

en person som plagierer andre

plagiere

VERB. *-r, -de, -t*
[plagiˈeˀɔ]

plagiere ngt lave et plagiat af noget = EFTERLIGNE □ *plagiering*

plagsom

ADJ. *-t, plagsomme*

som er årsag til lidelse □ *en plagsom sygdom*

plaid

SUBST. *-en,* plur. *-er, -erne*
[ˈplæˀd]

et blødt, varmt tæppe til at tage over sig □ *uldplaid* • et tæppe der er en del af den skotske højlænderdragt, og som bæres sammenfoldet over skulderen

plak

SUBST. *plakken*

en usynlig, bakteriefyldt hinde på tænderne som er årsag til paradentose og caries

plakat

SUBST. *-en,* plur. *-er, -erne*
/plaˈkat/

et stort billede trykt på papir, ofte med tekst □ *de var ude at klæbe plakater op · han havde en plakat med The Beatles på væggen* □ *plakatsøjle* • **tage forestillingen af plakaten** stoppe forestillingen i et teater el. en biograf

plakatfuld

ADJ. *-t, -e*

= DØDDRUKKEN

plakatsøjle

SUBST. *-n,* plur. *-r, -rne*

en søjle til at sætte plakater o.l. op på

plakette

SUBST. *-n,* plur. *-r, -rne*
/plaˈkette/

en præget plade, ofte af metal, som fx anvendes som en medalje

plamage

SUBST. *-n,* plur. *-r, -rne*
[plaˈmaːsjə]

en stor, tydelig plet der stammer fra en væske = PLET □ *der var kommet en ordentlig plamage på dugen · han havde plamager af blod i ansigtet*

plan[1]

SUBST. *-en,* plur. *-er, -erne*

1. en tegning el. et udkast til noget = SKITSE, KORT □ *en plan over bygningen · en plan over den nye jernbanebro* □ *planskitse*
2. en oversigt i tabelform, fx over trafiktider for offentlige transportmidler = OVERSIGT □ *se i planen hvornår toget går · i dag sejler alle færgerne efter planen* □ *fartplan · køreplan · rejseplan · sejlplan · timeplan · togplan* • et detaljeret handlingsprogram for udførelsen af en bestemt opgave □ *efter planen skulle man besætte havnen og så vente på forsyninger · planen blev sat i værk · alt gik efter planen · deres planer for fremtiden · alle hans planer er strandet · der er ingen plan i hans politik · han har store planer* □ *byplan · femårsplan · fredningsplan · helhedsplan · kommunalplan · kostplan · landsplan · læseplan · nødplan · perspektivplan · regionalplan · slagplan*

plan[2]

SUBST. *-et,* plur. *-er, -erne*

en vinge på en flyvemaskine □ *på planerne ses nationalitetsmærket · biplan · monoplan*

plan[3]

SUBST. *-et,* plur. *-er* (el. *plan*), *-erne* (el. *-ene*)

1. den højde hvori en vandret flade befinder sig i forhold til en anden vandret flade = NIVEAU □ *køkkenet ligger i plan med stuen* • et trin som noget befinder sig på i forhold til noget andet; særligt med hensyn til kvalitet, værdi og magt = NIVEAU □ *forhandlinger på højt plan*
2. en jævn, oftest vandret flade □ *de to planer skærer hinanden · lodret plan · vandret plan · et bærende plan*

plan[4]

ADJ. *-t, -e*

som er fri for større forhøjninger el. fordybninger = JÆVN □ *høvle pladen helt plan · et plant gulv* □ *planere · plankonkav · plankonveks · planslibe*

planche

SUBST. *-n,* plur. *-r, -rne*
[ˈplaŋsjə]
fork. *pl.*

1. en større illustration til undervisningsbrug opklæbet på papir □ *eleverne havde lavet en*

planche der viste fødekæden i en sø
2. en særlig side med illustrationer i bog = TAVLE □ *bogen havde mange farvelagte plancher*

plane

VERB. *-r, -de, -t*

(om køretøj): glide på vandoverfladen af en våd kørebane så køretøjet ikke kan styres □ *planing* • (om sejl- el. speedbåd): glide på vandoverfladen så en del af bådskroget løfter sig op over vandet □ *planing*

planere

VERB. *-r, -de, -t*
/pla'nere/

1. planere ngt (form.): have planer om noget □ *planere en ny motorvejsforbindelse* □ *planering*
2. planere ngt gøre noget plan = UDJÆVNE □ *marken skal planeres og bruges til boldbane* □ *planering*

planet

SUBST. *-en,* plur. *-er, -erne*
/pla'net/

et stort himmellegeme som kredser om en stjerne; de ni planeter i vores solsystem er Merkur, Venus, Jorden, Mars, Jupiter, Saturn, Uranus, Neptun og Pluto = KLODE □ *vor planet Jorden* · *fremmede planeter*

planetarisk

ADJ. - , *-e*
/plane'tarisk/

som har at gøre med en planet

planetarium

SUBST. *planetariet,* plur. *planetarier, planetarierne*
/plane'tarium/

en model af solsystemet der viser planeternes bevægelser • en kuppelformet bygning på hvis inderside stjernehimlen kan gengives

plangeometri

SUBST. *-en,* plur. *-er, -erne*

den del af geometrien der beskæftiger sig med figurer på en plan flade ≠ RUMGEOMETRI

plankalender

SUBST. *-en,* plur. *-e, -ne*

= PLANLÆGNINGSKALENDER

planke

SUBST. *-n,* plur. *-r, -rne*

et tykt bræt □ *plankegulv* · *plankeværk* □ *gulvplanke* · *skibsplanke* • **gå planken ud** (hist.): blive tvunget til, bagbundet og med bind for øjnene, at gå ud ad en planke der går ud fra et skib, og drukne

plankeværk

SUBST. *-et,* plur. *-er, -erne*

et hegn af brædder = STAKIT □ *der var et plankeværk omkring haven* • **komme på den forkerte side af plankeværket** gøre noget ulovligt

plankton

SUBST. *-et*

en mængde af små organismer der befinder sig i de øvre lag af have og søer; består af alger og flercellede planter og dyr = SVÆV

planlægge

VERB. *-r, ~lagde, ~lagt*

planlægge ngt lave en plan for noget = FORBEREDE, ARRANGERE, PROJEKTERE □ *planlægge et attentat* · *planlægge semesteret* · *den planlagte rejse måtte aflyses* □ *planlæggelse* · *planlægning*

planlægningskalender

SUBST. *-en,* plur. *-e, -ne*

en kalender i bogform til optegnelse af aftaler, arbejdsopgaver og notater, som regel med udfoldelig oversigtskalender = PLANKALENDER, TIMEMANAGER, AGENDA, LOMMEBOG

planløs

ADJ. *-t, -e*

som ikke er planlagt □ *en planløs handling*

planmæssig

ADJ. *-t, -e*

som følger en plan □ *rejsen forløb planmæssigt* · *en planmæssig ankomst* · *det hele går planmæssigt*

plantage

SUBST. *-n,* plur. *-r, -rne*
[plan'ta:sjə]

et område med træer el. store buske som er plantede, og som oftest står i rækker; i almindelighed frugttræer el. planter som har en nytteværdi i skovbrug o.l. □ *frugtplantage* · *granplantage*

plante[1]

SUBST. *-n,* plur. *-r, -rne*

1. en levende organisme hvis rod vokser i jord, og som optager næring gennem *fotosyntese* = VÆKST ≠ DYR, MINERAL □ *planteavl* · *plantebælte* · *plantemargarine* · *planteriget* · *planteskole* · *planteædende* □ *haveplante* · *kulturplante* · *potteplante* · *prydplante* · *skærmplante* · *sporeplante* · *stueplante* · *ukrudtsplante* · *vandplante*
2. en køn plante (neds., spøg.): en uartig person, især et barn □ *du er en køn plante!*

plante[2]

VERB. *-r, -de, -t*

1. sætte en voksende plante i jord ≠ SÅ □ *hun plantede begonier i altankassen* · *de plantede grunden til med nåletræer* · *stiklingerne plantes ud i april* · *rosen skal plantes om* □ *plantning*
2. (dagl.): = ANBRINGE □ *plante en stol midt på gulvet* · *plante sig i sofaen*
3. plante ng om flytte en person fra vante omgivelser □ *det er svært for ældre mennesker at blive plantet om*

planteavl

SUBST. *-en*

det at dyrke planter som fx korn el. kartofler i erhvervsøjemed □ *planteavlsforening* · *planteavlsforsøg* · *planteavlskonsulent* · *planteavlslaboratorium*

plantemargarine

SUBST. *-n,* plur. *-r, -rne*

margarine som er fremstillet af planteolier

planteriget

SUBST.BEST.

gruppen af alle plantearter på Jorden = PLANTEVERDENEN □ *høre til planteriget* · *dette stof må stamme fra planteriget*

plantesamfund

SUBST. *-et,* plur. *~samfund, -ene*

(botanik): forskellige plantearter der vokser sammen, fx i en skov, pga. ensartede krav til livsforhold

planteskole

SUBST. *-n,* plur. *-r, -rne*

et sted hvor der fremdrives planter med henblik på videresalg

planteverdenen

SUBST.BEST.

= PLANTERIGET

planteæder

SUBST. *-en,* plur. *-e, -ne*

et dyr der lever af planteføde, fx kvæg, svin og hjorte

planøkonomi

SUBST. *-en,* plur. *-er, -erne*

et økonomisk system hvor priser, produktion osv. styres af staten ≠ MARKEDSØKONOMI □ *de østeuropæiske landes overgang fra planøkonomi til markedsøkonomi*

planøkonomisk

ADJ. - , *-e*

som har at gøre med planøkonomi

plapre

VERB. *-r, -de, -t*

= SKVADRE □ *hun plaprede uforstyrret videre* • **plapre ud med ngt** = RØBE □ *skulle du absolut plapre ud med alt?*

plask

LYDORD

gengivelse af den lyd der fremkommer når man rammer ned i noget vådt, el. når vand rammer fx gulvet □ *han gled i pløret, plask!* · *plask plask, sagde det da barnet trampede rundt i vandpytterne* • ⟨SUBST.: *et,* plur. *plask, -ene*⟩ □ *der lød et plask da den våde gulvklud ramte gulvet*

plaske

VERB. *-r, -de, -t*

1. gøre bevægelser i vand så det sprøjter og der høres plask = PJASKE, SJASKE □ *børnene plaskede rundt i vandet* □ *plaskeri* • kaste med el. slå ned i vand så det sprøjter på nogen el. noget og der høres plask = PJASKE □ *hun plaskede vand på ham*
2. falde ned på en overflade så det sprøjter og der høres plask = PJASKE, SJASKE □ *regnen plaskede på ruden* · *regnen plaskede ned*

plaskregne

VERB. *-r, -de, -t*

regne kraftigt = ØSREGNE, SKYLREGNE, STYRTREGNE □ *det plaskregner udenfor*

plaskvåd

ADJ. *-t, -e*

= DRIVVÅD □ *skynd dig at skifte tøj, du er jo plaskvåd*

plasma

SUBST. *-et,* plur. *-er, -erne*

= BLODPLASMA

plast

SUBST. *-en* el. *-et,* plur. *plast, -ene*

= PLASTIC □ *plastpose · plastskum · plaststof* □ *melaminplast · skumplast · termoplast*

plaster

SUBST. *-et* (el. *plastret*), plur. *plastre, plastrene*

1. en selvklæbende forbinding som sættes hen over et mindre sår o.l. el. som bruges til at holde en større forbinding sammen = HÆFTEPLASTER □ *sætte plaster på en skramme · lægge et plaster på såret* □ *hæfteplaster · ligtorneplaster · nikotinplaster* ● **et plaster på såret** noget som bøder på en skuffelse
2. et omslag med noget lægende el. lindrende □ *maveplaster*

plastic el. **plastik**

SUBST. *-en* el. *-et,* plur. *-er, -erne*
plastik: *plastikken* el. *plastikket,* plur. *plastikker, plastikkerne*

et syntetisk materiale som man laver både hårde og bløde ting af, fx spande og poser; kan formes under opvarmning og har mange anvendelser = PLAST □ *en skål af plastic · legetøj af plastic · affaldsposer af plastic* □ *plasticjolle · plasticmaling · plasticpose · plasticflaske · plasticspand*

plasticmaling el. **plastikmaling**

SUBST. *-en,* plur. *-er, -erne*

en maling hvor bindemidlet er små plasticdråber *emulgeret* i vand ≠ OLIEMALING □ *en spand plasticmaling · vinduer og døre er malet med plasticmaling*

plastik[1]

SUBST.

se *plastic*

plastik[2]

SUBST. *plastikken*
[pla'stik]

1. kunst der beskæftiger sig med formning af et materiale ≠ BILLEDKUNST
2. legemsøvelse med smukke bevægelser

plastikkirurg

SUBST. *-en*

en kirurg som beskæftiger sig med plastikkirurgi

plastikkirurgi

SUBST. *-en*

(medicin): den form for kirurgi som beskæftiger sig med at rette medfødte el. erhvervede legemsfejl, især sådanne som vedrører udseendet = PLASTISK KIRURGI □ *plastikkirurgisk*

plastikmaling

SUBST.

se *plasticmaling*

plastisk

ADJ. *- , -e*

1. som er så blødt at det kan formes □ *et plastisk materiale · plastisk træ · plastisk ler · det våde ler er plastisk*
2. plastisk kirurgi (medicin): = PLASTIKKIRURGI
3. kunstnerisk udtryksfuld □ *hun levendegjorde denne skikkelse meget plastisk*

plat[1]

SUBST.

1. den side af en mønt hvorpå der ikke er et billede af en krone el. af fx en monark ● **slå plat og krone** el. **plat eller krone** lade et valg afgøre af hvilken side en mønt viser efter at den er blevet kastet op i luften □ *de slog plat og krone om hvem der skulle vaske op · hvad vælger du, plat eller krone?*
2. = BONDEFANGERI □ *leve af plat · han lever af at slå plat*

plat[2]

ADJ. *- , platte*

1. dum, smagløs og intetsigende = SMAGLØS □ *en plat bemærkning · en plat gang naturalisme · hans vitser tangerer det platte* □ *plathed*
2. plat umuligt fuldstændigt umuligt □ *det er plat umuligt at forstå hvad han siger*

platan

SUBST. *-en,* plur. *-er, -erne*
[pla'tan]

et træ med store, fligede blade og en lys bark som skaller af i flager; latinsk navn *Platanus*

plateau

SUBST. *-et,* plur. *-er, -erne*
[pla'to]

et højtliggende, fladt landområde = HØJSLETTE □ *et 2.000 m højt plateau · for enden af skiliften ligger et plateau som benyttes til langrend*

platfod

SUBST. *-en,* plur. *~fødder, ~fødderne*

en fod med nedsunkne fodrodsknogler hvorved svangen er nærmere ved el. rører underlaget □ *platfodet · platfodsindlæg*

platfodet

ADJ. *- , ~fodede*

som har platfod □ *platfodethed*

platform

SUBST. *-en,* plur. *-e, -ene*

1. et afgrænset område beregnet til at stå på, ofte hævet over omgivelserne □ *øverst på tårnet var der en platform* □ *udsigtsplatform* ● = BOREPLATFORM
2. et grundlag for et politisk program

plathed

SUBST. *-en,* plur. *-er, -erne*

en plat bemærkning = PLATITUDE, FLOSKEL, VULGARITET □ *talen var fuld af platheder og nærmest pinlig* ● det at være plat

platin

SUBST. *-et*
[pla'ti'n]

et blødt, gråt, ædelt metallisk grundstof som ikke anløber og er svagt magnetisk; bruges til smykker og kemisk og elektrisk udstyr; atomtegn *Pt* □ *platinmetal*

platinblond

ADJ. - (el. *-t*), *-e*

(om hår): som har en meget lys, næsten hvid farve □ *platinblondt hår · en platinblond pige · blive farvet platinblond*

platitude

SUBST. *-n,* plur. *-r, -rne*
[plati'ty·ðə]

= PLATHED

platmenage

SUBST. *-n,* plur. *-r, -rne*
[pladme'na·sjə]

en opsats el. en bakke med salt, peber, eddike osv. til at sætte på et spisebord

platonisk

ADJ. *- , -e*
[pla'tonisk]

som er på et åndeligt og usanseligt plan; især om forhold som ikke omfatter sex □ *et platonisk forhold · han tror ikke på platoniske venskaber mellem mand og kvinde*

platte

SUBST. *-n,* plur. *-r, -rne*

1. en flad, dekoreret tallerken som bruges til at hænge på væggen til pynt; fremstilles ofte til minde om en bestemt begivenhed □ *jubilæumsplatte · juleplatte · porcelænsplatte*
2. en anretning med forskelligt smørrebrød og kolde el. lune retter på en tallerken □ *frokostplatte*

plattenslager

SUBST. *-en,* plur. *-e, -ne*

en person der franarrer andre mennesker penge under falske forudsætninger = BONDEFANGER, BEDRAGER □ *han har hele sit liv ernæret sig som plattenslager, og har aldrig haft et redeligt arbejde* □ *plattenslageri*

plattenslageri

SUBST. *-et,* plur. *-er, -erne*
[plattenslage'ri]

= BONDEFANGERI

plattysk

SUBST. *et*

= NEDERTYSK

plausibel

ADJ. *-t, plausible*
/plau'sibel/

som det er rimeligt at tro på = TROVÆRDIG □ *en plausibel undskyldning · en plausibel forklaring*

playboy

SUBST. *-en,* plur. *-s, -ene*

en velhavende mand som lever et ubekymret liv med dyre fornøjelser, fester og kvinder = LEVEMAND, PASHA □ *hun giftede sig med en rig playboy*

plebejer

SUBST. *-en,* plur. *-e, -ne*
[ple'baj'ɔ]

1. (neds.): en ukultiveret, grov person = PROLETAR □ *han var velhavende, men opførte sig stadig som en plebejer* □ *plebejisk*
2. (hist.): et medlem af den romerske underklassse i oldtiden ≠ PATRICIER

plebejisk

ADJ. *- , -e*
/ple'bejisk/

som opfører sig på en måde der er typisk for underklassen = PROLETARISK, PØBELAGTIG

plebs

SUBST. *-en* el. *-et*

(glds.): = PØBEL

pleje[1]

SUBST. *-n,* plur. *-r, -rne*

nødvendigt tilsyn med og omsorg for mennesker, dyr el. planter = PASNING, RØGT □ *hun tog sig af plejen af de syge og gamle · hun var ikke vant til pleje af småbørn · hans arbejde på gården består i fodring op pleje af kreaturerne · bogen omhandler pleje af prydbuske* □ *plejepersonale* □ *barnepleje · sygepleje · ældrepleje* • **være i pleje hos ng** bo hos og blive passet af nogen som ikke er ens egen familie □ *han var i pleje hos en familie i Jylland · myndighederne besluttede at sætte ham i pleje* □ *plejebarn · plejefamilie* □ *familiepleje* • det at vedligeholde noget □ *imagepleje*

pleje[2]

VERB. *-r, -de, -t*

1. pleje ng(t) føre nødvendigt tilsyn med og drage omsorg for mennesker, dyr el. planter = PASSE, RØGTE □ *pleje sine blomster · pleje de gamle · pleje en syg · pleje småbørn* • **pleje ngt** vedligeholde el. beskæftige sig med noget □ *pleje sine interesser · pleje sit omdømme*
2. pleje at gøre ngt sædvanligvis el. regelmæssigt gøre noget = BRUGE □ *vi plejer at spise kalkun juleaften · hun plejer ikke at tale til mig på den måde · hvornår plejer far at komme hjem? · jeg gør bare som jeg plejer*

plejebarn

SUBST. *-et,* plur. *~børn, ~børnene*

et barn som i en kortere el. længere periode bor hos en plejefamilie □ *foruden deres egne børn havde de to plejebørn*

plejedatter

SUBST. *~datteren,* plur. *~døtre, ~døtrene*

pige man har som plejebarn

plejefader

SUBST.

se *plejefar*

plejefamilie

SUBST. *-n,* plur. *-r, -rne*

familie som tager et barn til sig og fungerer som forældre for det uden dog at overtage forældremyndigheden

plejefar el. **plejefader**

SUBST. *-en,* plur. *~fædre, ~fædrene*

en mand der har et barn i pleje

plejeforældre

SUBST.PLUR. *~forældre, ~forældrene*

forældre i en plejefamilie □ *de var plejeforældre til tre børn*

plejehjem

SUBST. *~hjemmet,* plur. *~hjem, ~hjemmene*

en institution for ældre der bor i beskyttede omgivelser og får hjælp af plejepersonale

plejemor el. **plejemoder**

SUBST. *-en,* plur. *~mødre, ~mødrene*

en kvinde der har et barn i pleje

plejer

SUBST. *-en,* plur. *-e, -ne*

en person der plejer og drager omsorg for patienter på et psykiatrisk hospital □ *plejerske*

plejesøn

SUBST. *~sønnen,* plur. *~sønner, ~sønnerne*

en dreng som man har som plejebarn □ *de havde to plejesønner*

plejl

SUBST. *-en,* plur. *-e, -ene*

et gammelt landbrugsredskab der blev brugt til at tærske korn med □ *plejlstang*

plekter

SUBST. *-et* (el. *plektret*), plur. *plektre, plektrene*

en lille flad skive af fx horn el. plastic der bruges til at anslå strengene med på visse strengeinstrumneter, fx en guitar

plenarforsamling

SUBST. *-en,* plur. *-er, -erne*
/ple'narforsamling/

en fuldtallig forsamling = PLENUM

plenarmøde

SUBST. *-t,* plur. *-r, -rne*
/ple'narmøde/

et møde for alle involverede parter □ *der blev indkaldt til plenarmøde*

plenum

SUBST. *et*

= PLENARFORSAMLING • et fællesmøde, i modsætning til udvalgs- el. gruppemøde □ *efter formiddagens gruppearbejde diskuterer vi spørgsmålene i plenum efter frokost*

pleonasme

SUBST. *-n,* plur. *-r, -rne*
/pleo'nasme/

et udtryk som indeholder et el. flere ord der overflødige for meningen, enten i form af gentagelse, fx *alle og enhver,* el. i form af en selvindlysende tilføjelse, *en rund cirkel* el. *en rytter til hest* = DOBBELTKONFEKT, TAUTOLOGI □ *pleonastisk*

plesken

SUBST. *-en,* plur. *-er* (el. *pleskner*), *-erne* (el. *plesknerne*)

en lille firkantet småkage med hasselnødder og perlesukker ovenpå

plet[1]

SUBST. *pletten,* plur. *pletter, pletterne*

1. et mindre, snavset område på overfladen af noget = PLAMAGE, SKJOLD □ *få en plet på tøjet · jeg kan ikke få pletten af gulvtæppet · pletten kan sikkert gå af i vask · der er kommet pletter på dugen* □ *pletfjerner* □ *chokoladeplet · rødvinsplet* • et mindre område på overfladen af noget som har en anden farve end resten □ *en sort ko med hvide pletter* □ *leverplet* • et lille stykke land el. jord □ *de fandt en solfyldt plet mellem træerne* • **gule plet** område i nethinden som er det synsskarpeste sted i øjet, og hvor øjets optiske akse træffer øjets bagvæg
2. en vanærende omstændighed; specielt om noget som forringer en persons omdømme el. rygte □ *episoden er en plet på min ære · forholdet betød en plet på hans ry* □ *pletfri* □ *skamplet* • **på pletten** udtryk for at man er på et bestemt sted lige på det tidspunkt hvor man bør være der □ *politiet var på pletten to minutter efter hendes opkald · hun var den første på pletten*
3. i forsk. forb.: • **en hvid plet på kortet** et uudforsket geografisk område □ *det hævdes at der stadig er enkelte hvide pletter på kortet over Himalaya* • **have en tør plet i halsen** være tørstig □ *hun vågnede op dagen derpå og havde en meget tør plet i halsen* • **ramme plet** ramme det man sigter efter □ *han skød til måls og ramte plet · hun forsøgte at gætte hans hemmelighed og ramte plet*

plet[2]

SUBST. *plettet*

et metal el. en metalgenstand som er overtrukket med sølv □ *pletsølv*

pletfri

ADJ. *-t, -e* (el. *pletfri*)

1. som ikke har nogen pletter ≠ PLETTET □ *et velpudset, pletfrit sølvfad*
2. som er moralsk uangribelig = UPLETTET, FEJLFRI ≠ BLAKKET, BELASTET, ANLØBEN, LASTEFULD □ *hans fortid er ikke ganske pletfri · en mand af pletfri vandel* □ *pletfrihed*

pletskud

SUBST. *~skuddet,* plur. *~skud, ~skuddene*

et skud der rammer lige i centrum af det der sigtes efter ▫ *fodboldspilleren leverede et pletskud* · *skyde pletskud* • en bemærkning el.lign. som passer perfekt til situationen ▫ *den replik var et pletskud*

plette

VERB. *-r, -de, -t*

plette ngt lave pletter på noget ved et uheld ▫ *du må prøve at undgå at plette på dugen* · *rødvin pletter* · *han har plettet på sin skjorte* · *et par plettede gamle bukser*

plettere

VERB. *-r, -de, -t*
/plet'tere/

plettere ngt give en genstand af metal et overtræk af et kostbart metal, især om overtræk af sølv ▫ *et pletteret fad* ▫ *plettering*

plettet

ADJ. - , *plettede*

1. mønstret med pletter ▫ *leoparden har en plettet pels*
2. = BLAKKET ▫ *hun havde et plettet rygte*

plettyfus

SUBST. *-en* (el. *~tyfussen*), plur. *-er* (el. *~tyfusser*), *-erne* (el. *~tyfusserne*)

en livsfarlig og smitsom infektionssygdom med høj feber, kulderystelser og lyserøde, blødende pletter på kroppen; overføres med lus, især fra rotter

pletvis

ADJ. - (el. *-t*), *-e*

på enkelte steder = SPREDT, STEDVIS ▫ *pletvis rust på bilen* · *der voksede pletvis blå anemoner i skoven* · *der er pletvis isglat*

plexiglas ®

SUBST. *~glasset*

et glasklart, hårdt kunststof ▫ *vinduer af plexiglas*

pli

SUBST. *-en*

dannelse og god opførsel = HØFLIGHED, ANSTAND, POLITUR, MANERER, LEVEMÅDE ▫ *du må se at få lært noget pli* · *har du ingen pli?* · *en kvinde med pli*

pligt

SUBST. *-en,* plur. *-er, -erne*

1. noget man skal gøre el. føler man bør gøre enten fordi det er ens arbejde, el. fordi moralen el. loven påbyder én at gøre det = FORPLIGTELSE ≠ LYST ▫ *opfylde sine pligter* · *have pligt til noget* · *gøre sin pligt* · *pligten kalder* · *forsømme sine pligter* · *det er min pligt at meddele Dem om dødsfaldet* · *huslige pligter* · *kende sin ret og sin pligt* ▫ *pligtig* · *pligtfølelse* · *pligtmenneske* · *pligtopfyldende* · *pligttro* ▫ *anmeldelsespligt* · *bidragspligt* · *bopælspligt* · *borgerpligt* · *tavshedspligt* · *undervisningspligt* · *værnepligt*
2. den forreste tofte el. roer i en kaproningsbåd

pligtforsømmelse

SUBST. *-n,* plur. *-r, -rne*

(jura): det at undlade at gøre noget man har pligt til, især som offentligt ansat ▫ *gøre sig skyldig i grov pligtforsømmelse*

pligtfølelse

SUBST. *-n*

det at have en klar opfattelse af hvad der er ens pligt samtidig med at man handler derefter ▫ *hendes pligtfølelse forbød hende at efterlade ham i den tilstand*

pligtig

ADJ. *-t, -e*

(form.): som man har pligt til ved lov ▫ *man er pligtig til at oplyse sin indkomst til skattemyndighederne* · *forældre er pligtige til at sørge for undervisningen af deres børn* ▫ *bidragspligtig* · *lovpligtig* · *mødepligtig* · *receptpligtig* · *skattepligtig* · *skolepligtig* · *toldpligtig* · *undervisningspligtig* · *værnepligtig*

pligtmæssig

ADJ. *-t, -e*

som man har pligt til ▫ *hun glemte den pligtmæssige anmeldelse af flytning til myndighederne* · *fondens midler skal tilvejebringes via pligtmæssige bidrag* ▫ *pligtmæssighed*

pligtopfyldende

ADJ.

som gør det man har fået pålagt = PLIGTTRO ▫ *en dygtig og pligtopfyldende elev*

pligtskyldigst

ADV.

udtryk for at man gør noget fordi det er ens pligt ▫ *han henter pligtskyldigt sin datter i børnehaven hver dag kl. 16*

pligttro

ADJ.

(form.): = PLIGTOPFYLDENDE ▫ *en pligttro medarbejder* · *en pligttro tjener* · *være pligttro*

plimsoller

SUBST. *-en,* plur. *-e, -ne*

et skib el. en båd som er i meget dårlig stand ▫ *en gammel, rusten plimsoller*

plint

SUBST. *-en,* plur. *-er, -erne*

1. et firkantet fodstykke til en søjle, skulptur el.lign.
2. et gymnastikredskab som er beregnet til springøvelser m.m.; det er kasseformet og som regel beklædt med skind

plire el. **plirre**

VERB. *-r, -de, -t*

løfte og sænke øjenlågene hurtigt efter hinanden = MISSE, BLINKE, GLIPPE ▫ *plire med øjnene* · *under hattens skygge plirrede et par levende, sorte øjne* ▫ *plirren*

plissé el. **plisse**

SUBST. *-en,* plur. *-er, -erne*
[pli'se]

hvert af mange skarpe læg som sidder tæt sammen i stof ▫ *plisséerne går ikke ud af nederdelen i vask*

plisseret

ADJ. - , *plisserede*
/plis'seret/

som er med plisséer ▫ *en plisseret nederdel* ▫ *plissering*

plombe

SUBST. *-n,* plur. *-r, -rne*

1. = FORSEGLING ▫ *varmemåleren er forsynet med en plombe som ikke må brydes*
2. = TANDFYLDNING

plombere

VERB. *-r, -de, -t*
/plom'bere/

1. plombere ngt forsyne noget med forsegling = FORSEGLE ▫ *pladen var plomberet så den kunne byttes* ▫ *plombering*
2. plombere ngt lave en tandfyldning i en tand ▫ *plombere en tand*

plot

SUBST. *plottet,* plur. *plot, plottene*

handling i roman, skuespil el. film = INTRIGE ▫ *filmen er bygget over et velkendt plot* · *historien holdes sammen af et simpelt plot*

plotte

VERB. *-r, -de, -t*

plotte ngt ind på ngt optegne el. afmærke forskellige oplysninger på et kort el. i en grafisk kurve ▫ *plotte grundene ind på kortet* · *plotte oplysninger om efterlyste biler ind på en computer* ▫ *plotning*

plotter

SUBST. *-en,* plur. *-e, -ne*

1. en printer med en pen der bevæger sig hen over papiret; anvendes fx til bygningstegninger
2. en person der betjener et plottingbord

plov

SUBST. *-en,* plur. *-e, -ene*

et landbrugsredskab med et tungt blad til at bryde jorden på en mark og vende den, så den fx kan blive tilsået med korn ▫ *gå bag ploven* · *lægge nyt land under ploven* · *kun en del af ejendommens jord er under ploven* ▫ *plovfure* · *plovjern* · *plovskær*

plovfure

SUBST. *-n,* plur. *-r, -rne*

en aflang fordybning i en mark frembragt af en plov

plovskær

SUBST. *-et,* plur. *~skær, -ene*

et skær på en plov

pludder

SUBST. *-et*

(dagl.): = MUDDER

pludderbukser

SUBST.PLUR. *-ne*

(spøg.): =PLUSFOURS

pludre

VERB. *-r, -de, -t*

snakke og sludre som et spædbarn ▫ *barnet pludrede løs i vuggen* • lave lyde som et barn der pludrer ▫ *vandet pludrede lystigt i bækken*

pludselig

ADJ. *-t, -e*
[ˈ*plusəli* el. ˈ*plusli*]

som sker hurtigt og uden at man ved det i forvejen =BRAT, UVENTET, BARDUS ▫ *en pludselig forandring i vejret · en pludselig bevægelse · en pludselig død · et pludseligt angreb · det skete meget pludseligt · en pludseligt opstået fejl* • ⟨ADV.: uden -t⟩ = MED ÉT ▫ *pludselig gik døren op · der var pludselig ingen mennesker · så var der pludselig ikke noget i vejen*

pluk

SUBST. *plukket,* plur. *pluk, plukkene*

1. en lille del af noget større, fx af en radioudsendelse = UDPLUK ▫ *her vises nogle pluk fra næste uges fjernsynsprogram*
2. en lille smule ▫ *jeg forstår ikke et pluk af det*

plukfisk

SUBST. *-en*

en middagsret af kogt fisk der er plukket i småstykker og lagt i en sovs; især torsk i sennepssovs • **blive slået** el. **lavet til plukfisk** få bank

plukke

VERB. *-r, -de, -t*

plukke ngt fjerne el. løsne noget fra en plante = AFPLUKKE ▫ *plukke blomster · plukke æbler · plukke vindruer* ▫ *plukning* • **plukke ng** tage noget fra nogen, fx penge =PLYNDRE, FLÅ ▫ *forretningerne plukker én for penge · han plukkede de andre i et spil poker · den uvane skal vi nok få plukket ud af ham* • **plukke ngt** fjerne fjerene af slagtet fjerkræ ▫ *hun plukkede gæs* • **plukke ng(t) ud** vælge nogen el. noget ud af en sammenhæng ▫ *han blev plukket ud af træneren · hun plukkede nogle rammende citater ud af bogen og læste dem op*

plukve el. plukkeve

SUBST. *-en,* plur. *-er, -erne*

en kortvarig sammentrækning af livmoderen som kan forekomme under hele graviditeten el. som forløber for de egentlige fødselsveer

plumbudding

SUBST. *-en,* plur. *-er, -erne*

en oprindelig engelsk kage med rosiner og anden tørret frugt som bages i vandbad

plumkage

SUBST. *-n,* plur. *-r, -rne*

en formkage med fx mandler, rosiner, sukat og pomeransskal

plump[1]

ADJ. *-t, -e*

som er grov, klodset og primitiv ▫ *en plump person · en plump skikkelse · en plump optræden* ▫ *plumphed*

plump[2]

LYDORD

gengivelse af den lyd der fremkommer når fx noget tungt falder ned i vand ▫ *plump, der sprang hunden i vandet* • ⟨SUBST.: *et*⟩ ▫ *det gav et plump da stenen ramte vandet*

plumpe

VERB. *-r, -de, -t*

plumpe el. **plumpe ngt** dumpe ned el. lade dumpe ned med et plump, oftest i væske ▫ *børnene kravlede ud på grenen og plumpede hvinende i vandet* • komme til at sige noget man ikke burde ▫ *plumpe ud med en hemmelighed · det er svært ikke at plumpe i*

plums

LYDORD

gengivelse af den lyd der fremkommer når nogen el. noget falder tungt ▫ *plums, der lå han!*

plur. el. pl.

fork. for *pluralis*

pluralis

SUBST. *-en* (el. *pluralissen*), plur. *-er* (el. *pluralisser*), *-erne* (el. *pluralisserne*)
fork. *plur.* el. *pl.*

en bøjningsform af substantiverne der angiver at der er tale om flere =FLERTAL ≠ SINGULARIS, ENTAL

pluralis majestatis

det at kongelige personer omtaler sig selv i pluralis, fx *vi Dronningen af Danmark*

pluralisme

SUBST. *-n*
/*pluraˈlisme*/

1. en filosofisk opfattelse der hævder at der er flere former for virkelighed, flere grundlæggende principper i tilværelsen ≠ MONISME, DUALISME
2. den holdning at der skal være plads til flere forskellige holdninger, opfattelser, religioner og kulturer i et samfund ▫ *et demokratisk land bygger blandt andet på pluralisme · vores parti går ind for pluralisme i det danske samfund* ▫ *værdipluralisme* • den politiske teori at samfundene i den kapitalistiske verden bliver holdt i balance af de mange indbyrdes stridende interessegrupper og ikke har nogen egentlig herskende klasse

pluralistisk

ADJ. *- , -e*
/*pluraˈlistisk*/

som er præget af flere forskellige holdninger, opfattelser el. kulturer ▫ *et ægte pluralistisk demokrati · et pluralistisk samfund · systemet er bøjeligt, smidigt og pluralistisk · storbyerne bliver mere og mere pluralistiske*

plus[1]

SUBST. *plusset,* plur. *plusser, plusserne*

1. tegnet + som viser at to el. flere tal skal lægges sammen el. at et tal er større end nul ≠ MINUS ▫ *overskuddet angives med et plus* • værdi større end nul
2. = FORDEL ≠ MINUS ▫ *det er et stort plus at kunne flere sprog · et plus for virksomheden · opveje plusser og minusser*

plus[2]

KONJ.

1. (matematik): udtryk for at en størrelse skal lægges til en anden =OG ≠ MINUS ▫ *to plus to er fire* • udtryk for at der tilføjes noget =OG, SAMT ≠ MINUS ▫ *jeg lånte en bog plus en blyant · beløbet er de faste udgifter plus moms*
2. udtryk for at en værdi er over nul ≠ MINUS ▫ *termometret viser plus 2°* ▫ *plusgrader · pluspoint*

plusfour el. plusfours

SUBST.PLUR. *-ene*
[*plusˈfå·*]

posede herrebukser af kraftigt materiale der når til knæene =KNÆBUKSER

plusgrad

SUBST. *-en,* plur. *-er, -erne*

en grad over frysepunktet =VARMEGRAD ≠ MINUSGRAD ▫ *i morgen får vi temperaturer på mellem tre plusgrader og en enkelt minusgrad*

pluskvamperfektum

SUBST. *-en* (el. *~perfektummen*) el. *-et* (el. *~perfektummet*), plur. *-er* (el. *~perfektummer*), *-erne* (el. *~perfektummerne*)
fork. *pluskv.*

en sammensat bøjningsform af verberne som betegner at noget er indtruffet før et tidspunkt i fortiden; på dansk dannes pluskvamperfektum af *havde* el. *var* efterfulgt af perfektum participium, fx *hun havde læst sine lektier, og var gået ud i haven* = FØRDATID

pluskæbet

ADJ. *- , ~kæbede*
[ˈ*pluskæ'bəð*]

som er tyk i ansigtet og har fremstående kinder

plutokrat

SUBST. *-en,* plur. *-er, -erne*
/*plutoˈkrat*/

en tilhænger af plutokrati ▫ *en plutokrat går ind for rigmandsvældet* ▫ *plutokratisk*

plutokrati

SUBST. *-et,* plur. *-er, -erne*
/*plutokraˈti*/

en statsform hvor et fåtal af velhavende personer har magten =RIGMANDSVÆLDE ≠ DEMOKRATI, ARISTOKRATI ▫ *plutokratisk*

plutonium

SUBST. *-et* (el. *plutoniummet*)
/*pluˈtonium*/

et radioaktivt grundstof der udvindes af brugt uranbrændsel i atomreaktorer og bruges i reaktorer og atomvåben; atomtegn *Pu*

plyndre

VERB. *-r, -de, -t*

plyndre ng(t) tage alt af værdi fra et sted el. en person uden at have lov til det = UDPLYNDRE,

UDBYTTE, FLÅ, PLUKKE □ *plyndre en bank* • *plyndre et juletræ* • *de tog ud for at røve og plyndre* □ *plyndring*

plys

SUBST. *plysset*, plur. *plysser, plysserne*

fløjlsagtigt, blødt stof med lang luv som anvendes til møbelbetræk □ *møbler betrukket med plys* □ *plysmøbel* • *plyspude* • *plystæppe*

plædere

VERB. *-r, -de, -t*
/plæ'dere/

1. **plædere for ngt** fremføre et synspunkt for retten; især som forsvar □ *forsvareren plæderede for frifindelse*
2. **plædere for ngt** tale ivrigt for noget □ *han plæderede for strengere straffe for vold*

plæne

SUBST. *-n*, plur. *-r, -rne*

et fladt stykke jord med tæt, klippet græs, fx i en have = GRÆSPLÆNE □ *plænen trænger snart til at blive slået* □ *plæneklipper* • *plænevander*

plæneklipper

SUBST. *-en*, plur. *-e, -ne*

en maskine til at slå græs med = GRÆSSLÅMASKINE, SLÅMASKINE □ *en elektrisk plæneklipper* • *en motordrevet plæneklipper* □ *plæneklipperolie* □ *cylinderplæneklipper* • *el-plæneklipper* • *motorplæneklipper* • *rotorplæneklipper*

pløje

VERB. *-r, -de, -t*

pløje ngt vende jord med en plov □ *pløje en mark* • *pløje en brakmark op* • *pløje gødning ned* • *landmanden pløjer om efteråret* □ *pløjning* • *pløjemesterskab* • **pløje igennem ngt** med besvær arbejde sig frem gennem noget □ *vi pløjede os igennem sneen* • **pløje ngt igennem** (dagl.): gennemlæse noget □ *nu har jeg pløjet alt hvad jeg kan finde om Grundtvig igennem*

pløjemark

SUBST. *-en*, plur. *-er, -erne*

en mark som er pløjet for at være klar til at blive sået til

pløk

SUBST. *pløkken*, plur. *pløkker* (el. *pløkke*), *pløkkerne* (el. *pløkkene*)

en stift el. bolt som anvendes til at holde noget fast med; især om de metalspyd som anvendes til at holde fast i underlaget med □ *slå pløkker i* • *fastgøre sålen med pløkker* □ *pløkhammer* • *pløkpose* • *pløksejl* □ *teltpløk*

pløkke

VERB. *-r, -de, -t*

1. **pløkke ngt** slå pløkker i fodtøj □ *pløkke en støvle* □ *pløkning*
2. **pløkke ng ned** (slang): skyde nogen □ *han blev pløkket ned på bedste western-maner*

pløre

SUBST. *-t*

= MUDDER □ *hun faldt i pløret*

plørefuld

ADJ. *-t, -e*

meget beruset □ *han var plørefuld da han kom hjem*

pløret

ADJ. *- , plørede*

1. fuld af pløre = SMATTET □ *vejen var helt pløret*
2. = BERUSET □ *han var godt pløret da han kom hjem fra festen*

pløs

SUBST. *-en*, plur. *-e, -ene*
['plø's]

det stykke læder på fodtøj der dækker åbningen mellem de sammensnørede stykker af overlæderet

p.m.v.

fork. for *på ministerens vegne*

pneumatisk

ADJ. *- , -e*
[pnöw'ma'tisk]

som indeholder luft el. virker ved trykluft □ *pneumatiske dæk* • *et pneumatisk bor*

pneumoni

SUBST. *-en*, plur. *-er, -erne*
[pnöwmo'ni']

= LUNGEBETÆNDELSE

PO

fork. for *postopkrævning*

poche

SUBST. *-n*, plur. *-r, -rne*
['pɔsjə]

1. en lommelignende drapering på kjole
2. et lille hulrum mellem en tand og tandkødet

pochere

VERB. *-r, -de, -t*
[po'sje'ɔ]

pochere ngt opvarme et levnedsmiddel til lige under kogepunktet så væsken kun perler i kanten af levnedmidlet og ikke bobler; benyttes bl.a. ved tilberedning af pølser og fisk □ *pochering* • **pochere æg** koge udslåede æg således at blommen ligger i hviden som i en lomme; spises bl.a. til frokostretter og i kørvelsuppe

podagra

SUBST. *-en*
['po'dagra]

gigt i fødderne, især i storetåen der viser sig som en rød, smertefuld bule i leddet

pode[1]

SUBST. *-n*, plur. *-r, -rne*

(glds., spøg.): en lille dreng = PRÅS, PURK □ *en håbefuld pode*

pode[2]

VERB. *-r, -de, -t*

1. **pode ngt på ngt** sætte en kvist fast i en anden plante, enten under barken el. i en grenende, og få den til at gro dér □ *vi har podet en æblekvist på det gamle pæretræ* □ *podning*
2. **pode ngt** tage slim fra en patient, fx fra svælget, og lade bakterier herfra udvikle sig i en væske så man kan bestemme hvilke bakterier der er tale om □ *podning*

podium

SUBST. *podiet*, plur. *podier, podierne*

en forhøjning i en koncertsal o.l. som er bestemt for de optrædende = SCENE, TRIBUNE

poem

SUBST. *-et*, plur. *-er, -erne*
[po'e'm]

(spøg.): = DIGT

poesi

SUBST. *-en*, plur. *-er, -erne*
/poe'si/

1. = LYRIK ≠ PROSA □ *skrive poesi* □ *poesibog* • **poesier** (spøg.): = DIGTE
2. en stemning som vækker fantasi og følelser □ *det var en yndig sommeraften fuld af poesi* □ *poesiforladt*

poesibog

SUBST. *-en*, plur. *~bøger, ~bøgerne*

en lille bog hvori skolebørn skriver små vers og hilsener til hinanden, og som gemmes som minde □ *vil du skrive i min poesibog?*

poesiforladt

ADJ. *- , -e*

som er kedelig og blottet for poesi = PROSAISK □ *en poesiforladt tilværelse*

poet

SUBST. *-en*, plur. *-er, -erne*
[po'e't]

1. = DIGTER
2. (spøg.): en person der udtrykker sig poetisk

poetik

SUBST. *poetikken*, plur. *poetikker, poetikkerne*
/poe'tik/

læren om digtekunsten, dens former og virkemidler

poetisk

ADJ. *- , -e*
/po'etisk/

1. som er forfattet på vers = LYRISK □ *forfatterens poetiske produktion*
2. som vækker fantasi og følelser □ *han udtrykker sig i et meget poetisk sprog*

pog

SUBST. *-en*, plur. *-e, -ene*
['på'w el. *'po']*

(glds.): = PILT

pogrom

SUBST. *-en*, plur. *-er, -erne*
[po'gro'm]

en voldelig forfølgelse af en befolkningsgruppe, især af jøder □ *jøderne har ofte været udsat for pogromer* • *landet gennemførte en antisemitisk pogrom* • *den armenske familie måtte flygte fra en pogrom*

point

SUBST. *-et,* plur. *point, -ene*
[*po'æŋ*]

et enhed brugt til opgørelse af resultater af noget, fx i spil og konkurrencer □ *det gælder om at opnå flest point for at vinde* · *han har samlet nok point til at komme ind på medicinstudiet* □ *pointberegning* · *pointsum* □ *minuspoint* · *strafpoint*

pointe

SUBST. *-n,* plur. *-r, -rne*
[*po'æŋdə*]

1. et væsentligt punkt i en sag = HOVEDSAG, ESSENS, HUMLE, SAGENS KERNE □ *pointen i hele planen*
2. kort overraskende slutning i en fortælling el. historie □ *de forstod ikke pointen i vittigheden*

pointere

VERB. *-r, -de, -t*
[*poæŋ'te'ɔ* el. *pɔjn'te'ɔ*]

pointere ngt = UNDERSTREGE □ *hun pointerede at hun ikke ville acceptere et nej* □ *pointering*

pointillisme

SUBST. *-n*
[*pwaŋti'lismə*]

en maleteknik hvor farven sættes på lærredet i små prikker

pointløb

SUBST. *-et,* plur. *~løb, -ene*

en disciplin inden for banecykling hvor der gives point for de enkelte baneomgange □ *han vandt pointløbet suverænt*

pointsejr

SUBST. *-en,* plur. *-e, -ene*

en sejr i boksning som vindes på at have fået flere slag ind end modstanderen ≠ KNOCKOUTSEJR

pokal

SUBST. *-en,* plur. *-er, -erne*
[*po'kal*]

en præmie af el. belagt med ædelmetal der har form som et bæger, en vase, et fad el.lign. □ *pokalfinale* · *pokalkamp* · *pokalløb* · *pokalturnering* □ *guldpokal* · *sølvpokal* · *vandrepokal* • et stort glas el. bæger på fod til at drikke af □ *svinge pokalerne* • **svinge pokalerne** feste og drikke

pokalkamp

SUBST. *-en,* plur. *-e, -ene*

en kamp i en pokalturnering □ *hjemmeholdet spillede pokalkamp mod oprykkerne*

pokalløb

SUBST. *-et,* plur. *~løb, -ene*

et løb hvor førstepræmien er en pokal; også om finalen i en løbskonkurrence

pokalturnering

SUBST. *-en,* plur. *-er, -erne*

en turnering som løber sideløbende med en idrætsgrens normale turneringer, og hvor hold fra forskellige divisioner o.l. kan møde hinanden □ *de blev slået ud i første runde af pokalturneringen*

poker

SUBST. *-en,* plur. *-e, -ne*

et kortspil hvor hver spiller har fem kort, og hvor man skal forsøge at samle forskellige kombinationer som indbyrdes slår hinanden; er et hasardspil hvor der ofte spilles om pengeindsatser □ *han tabte hele sin formue i poker* □ *pokeransigt* · *pokerfjæs* · *pokerhånd* · *pokerspil* · *pokerspiller* □ *strippoker*

pokeransigt

SUBST. *-et,* plur. *-er, -erne*

et udtryksløst ansigt hvoraf man ikke kan læse personens følelser

pokker

SUBST.

for pokker mildt kraftudtryk □ *kom så her, for pokker!* · *av for pokker!* · *så for pokker!* • **{hvad} pokker** mildt kraftudtryk □ *hvad pokker mener du!* · *hvor pokker er den blevet af!* • **gid pokker havde {det skidt}** mildt kraftudtryk □ *gid pokker havde ham med alt hans vrøvl!* • **som bare pokker** mildt kraftudtryk, udtryk for at noget i meget høj grad er tilfældet □ *de løb som bare pokker* • **det var som pokker** mildt kraftudtryk, udtryk for forbavselse • **det tror pokker** mildt kraftudtryk, udtryk for at noget er indlysende □ *ja, det tror pokker!* • **pokker i vold** mildt kraftudtryk, udtryk for at man ønsker nogen langt væk □ *han kan gå pokker i vold!*

pokkerme

ADV.

mildt kraftudtryk = SØREME, KNAGEME, SPILLEME □ *jeg ved pokkerme ikke hvor han er gået hen!*

pokkers

ADJ.

mildt kraftudtryk, udtryk for forundring el. ærgrelse = FORBANDET, FANDENS □ *et pokkers besvær* · *de pokkers unger* · *det var pokkers!* · *pokkers også!*

pol

SUBST. *-en,* plur. *-er, -erne*

1. hvert af de to punkter hvor jordaksen skærer jordoverfladen og det omkringliggende område □ *han rejste fra pol til pol* · *de geografiske poler* □ *polar* □ *nordpol* · *sydpol* • **magnetisk pol** hvert af de to steder på en magnet hvor magnetfeltet er stærkest, dvs. ved dens nord- og sydpol; også om Jordens magnetfelter
2. hvert af de to udtag for elektrisk strøm på en strømkilde □ *den positive og den negative pol* · *du skal forbinde den blå ledning med batteriets poler* □ *pluspol* · *minuspol*
3. hvert af to punkter el. områder som står i fuldstændig modsætning til hinanden; også om personer som har modstridende meninger □ *de er hinandens poler* · *partierne repræsenterer de to poler i Folketinget* □ *modpol*

polak

SUBST. *polakken,* plur. *polakker, polakkerne*
[*po'lak*]

en person fra Polen

polar

ADJ. *-t, -e*
[*po'la'*]

som har at gøre med Jordens poler □ *polare områder* · *polare dyrearter* □ *polarcirkel* · *polarforskning* · *polarklima* · *polarnat* · *polarræv* · *polarskib* · *polarudstyr*

polarcirkel

SUBST. *-en* (el. *~cirklen*), plur. *~cirkler, ~cirklerne*

hver af to linjer om Jorden ved 66½° nordlig og 66½° sydlig bredde som er grænsen for de områder hvor der er midnatssol om sommeren = POLARKREDS □ *Jan*

polarforsker

SUBST. *-en,* plur. *-e, -ne*

en person der forsker i polaregnene, bl.a. ved at tage på ekspedition i området

polarisation

SUBST. *-en,* plur. *-er, -erne*
[*polarisa'sjo'n*]

ændring af en elektromagnetisk bølgebevægelse sådan at svingningerne kun optræder i ét plan = POLARISERING □ *poralisation af lysstråler* □ *polarisationsapparat* · *polarisationsfilter* · *polarisationsinstrument* · *polarisationsplan* • **magnetisk polarisation** = MAGNETISERING

polarisere

VERB. *-r, -de, -t*
[*polari'sere*]

1. polarisere ng(t) skabe modsætning imellem nogen el. noget □ *den økonomiske krise polariserer befolkningen* □ *polarisering*
2. polarisere ngt (fysik): forårsage poralisation af noget □ *man kan polarisere lys ved at sende det igennem et materiale der kun lader visse stråler passere* □ *polarisering* □ *planpolarisere*

polariseret

ADJ. *- , polariserede*

1. som er præget af store modsætninger □ *den økonomiske krise har skabt et meget polariseret samfund* · *det politiske miljø bliver stadig mere polariseret*
2. polariseret lys lys hvis bølgebevægelser kun foregår i ét plan i forhold til udbredelsesretningen, fx fordi det er blevet sendt igennem et bestemt materiale el. kastet tilbage fra en blank flade □ *planporaliseret* • **polariseret glas** = POLAROIDGLAS

polaritet

SUBST. *-en,* plur. *-er, -erne*
[*polari'te't*]

= MODSÆTNING □ *polariteten mellem socialisme og liberalisme* · *modsætningen mellem venetiansk og florentinsk udgør en polaritet der stadig er virksom i malerkunsten* • det forhold ved et system at det har to punkter med modsatte egenskaber el. virkninger, fx nordpol og sydpol i en magnet el. positiv og negativ pol i et elektrisk batteri

polarklima

SUBST. *-et*

et klimabælte ved Jordens Nord- og Sydpol hvor gennemsnitstemperaturen i den varmeste måned er under 10°

polarkreds

SUBST. *-en,* plur. *-e, -ene*

= POLARCIRKEL

polarlys

SUBST. *-et,* plur. *~lys, -ene*

et bånd- el. tæppeformet lysfænomen som ses på himlen omkring Jordens poler, henholdsvis *nordlys* og *sydlys;* opstår ved at elektrisk ladede partikler fra Solen rammer atmosfærens højeste lag og får den tynde luft til at lyse

polaroidglas

SUBST. *~glasset*
/polaro'idglas/

glas der er behandlet så det holder polariseret lys ude og forhindrer reflekser; bruges til fx solbriller og bilruder = POLARISERET GLAS □ *fremstille polaroidglas* • ⟨plur. *~glas, ~glassene* ⟩ et brilleglas der er lavet af polaroidglas □ *solbriller med polaroidglas*

polemik

SUBST. *polemikken,* plur. *polemikker, polemikkerne*
/pole'mik/

en stridslysten meningsudveksling gennem aviser, tidsskrifter, pjecer o.l. hvor de involverede parter bliver ved med at angribe el. forsvare en mening = PENNEFEJDE □ *han indlod sig i polemik med skribenten* · *sagen har været genstand for megen polemik i pressen* · *de ønsker ikke mere polemik om sagen* □ *polemiker* · *polemisk*

polemiker

SUBST. *-en,* plur. *-e, -ne*
/po'lemiker/

en person der fører polemik □ *han er en dreven polemiker*

polemisere

VERB. *-r, -de, -t*
/polemi'sere/

føre polemik □ *han elsker at polemisere* · *han ønsker ikke at polemisere mod hende* □ *polemisering*

polemisk

ADJ. - , *-e*
/po'lemisk/

som har at gøre med polemik = DISKUTERENDE, STRIDBAR □ *en polemisk avisartikel* · *udtrykke sig polemisk*

polere

VERB. *-r, -de, -t*
/po'lere/

polere ngt gøre noget glat el. blankt ved at gnide på det med en klud el. bearbejde det på anden måde = PUDSE, BLANKE □ *polere en bordplade* · *polere vinduer* · *polerede ris* □ *polering* · *poleremaskine* · *polering* · *polerklud* · *polermiddel* · *polersand* · *polervoks* □ *blankpolere* • **polere ngt** gøre noget bedre □ *polere sit sprog* · *polere sine sprogkundskaber op*

poleret

ADJ. - , *polerede*

1. hvis overflade er gjort glat gennem polering □ *en poleret overflade* · *et poleret mahognibord* • **polerede ris** se under *ris*
2. (neds.): som er lidt for velopdragen og beleven = SLEBEN □ *en poleret optræden* · *efter min mening er han er alt for poleret*

polet

SUBST. *poletten,* plur. *poletter, poletterne*
[po'læt]

et møntlignende mærke der bruges som betalingsmiddel, fx på vaskerier □ *hun puttede vaskepoletten i vaskemaskinen og tørrepoletten i tørretumbleren*

police

SUBST. *-n,* plur. *-r, -rne*
[po'li·sə]

en forsikringskontrakt som forsikringsselskabet udsteder til den der tegner forsikringen; indeholder betingelserne for forsikringen og forsikringssummens størrelse □ *indløse en police* · *tegne en police* □ *policeejer* · *policeformular* · *policenummer* · *policeudstedelse* □ *forsikringspolice*

polio

SUBST. *-en*
['po'ljo]

en smitsom virussygdom i hjerne og rygmarv som ofte medfører varige lammelser = BØRNELAMMELSE □ *polioramt* · *poliovaccine* · *poliovaccinere*

polisk

ADJ. - , *-e*
/po'lisk/

= UNDERFUNDIG □ *han sagde det med et polisk smil* □ *poliskhed*

politbureau

SUBST. *-et,* plur. *-er, -erne*
/po'litbureau/

det udvalg der planlægger et kommunistisk partis politik

politi

SUBST. *-et*
/poli'ti/

en statslig organisation der sørger for at opretholde sikkerhed og orden; også om lokal afdeling af politiet □ *ringe til politiet* · *ringe efter politiet* · *gå til politiet* · *politiet efterlyser en grå Volvo* · *det hemmelige politi* □ *politianmeldelse* · *politibeskyttelse* · *politibil* · *politifolk* · *politiopbud* · *politipatrulje* · *politistyrke* · *politiundersøgelse* □ *færdselspoliti* · *kriminalpoliti* · *ordenspoliti* · *rigspoliti*

politiadvokat

SUBST. *-en,* plur. *-er, -erne*

en jurist der leder en forundersøgelse og repræsenterer anklagemyndigheden ved Københavns byret □ *politiadvokatur*

politiassessor

SUBST. *-en,* plur. *-er, -erne*

en ældre politifuldmægtig i en avancementsstilling der giver højere løn, men ikke større beføjelser

politiassistent

SUBST. *-en,* plur. *-er, -erne*

en politimand med flere års anciennitet

politibetjent

SUBST. *-en,* plur. *-e, -ene*

= POLITIMAND • en politimand med lavere anciennitet

politidirektør

SUBST. *-en,* plur. *-er, -erne*

chefen for det københavnske politi

politifuldmægtig

SUBST. *-en,* plur. *-e, -ene*

en jurist som er ansat ved politiet og er beskæftiget med anklagefunktionen; rangerer lige under politimesteren

politihund

SUBST. *-en,* plur. *-e, -ene*

en hund som bruges af politiet, fx til at fange tyve el. spore forsvundne mennesker

politiinspektør

SUBST. *-en,* plur. *-er, -erne*

en politimand der er daglig stationsleder

politik

SUBST. *politikken,* plur. *politikker, politikkerne*
/poli'tik/

de aktiviteter hvormed nogen, fx et parti el. en regering, søger at styre el. påvirke udviklingen inden for et område □ *interessere sig for politik* · *tage aktiv del i politik* · *gå ind i politik* · *snakke politik* · *partiet fører en venstreorienteret politik* · *liberal politik* · *international politik* · *regeringen fører en stram politik på skatteområdet* · *vælge en anden politik* · *firmaets politik over for medarbejderne er ret gammeldags* · *det har aldrig været min politik at undgå konflikter* □ *politiker* · *politisk* □ *finanspolitik* · *kommunalpolitik* · *lønpolitik* · *miljøpolitik* · *personalepolitik* · *realpolitik* · *socialpolitik* · *udenrigspolitik*

politiker

SUBST. *-en,* plur. *-e, -ne*
[po'litigɔ]

en person der deltager aktivt i politik □ *politikerne på Christiansborg* □ *politikertype* · *politikerlede* □ *kommunalpolitiker*

politikommissær

SUBST. *-en,* plur. *-er, -erne*

en stilling inden for politiet der ligger mellem politiassistent og politiinspektør

politikreds

SUBST. *-en,* plur. *-e, -ene*

et administrativt område med lokalt politi; landet er inddelt i 54 politikredse som hver ledes af en politimester el., i København, af en politidirektør

politimand

SUBST. *-en,* plur. *~mænd, ~mændene*

en person ansat i politiet til at sørge for sikkerhed og orden =POLITIBETJENT, BETJENT

politimester

SUBST. *-en,* plur. *~mestre, ~mestrene*

en leder af politiet i en politikreds undtagen i København

politisag

SUBST. *-en,* plur. *-er, -erne*

en mindre straffesag som politimesteren, og ikke statsadvokaten, rejser tiltale i

politisere

VERB. *-r, -de, -t*
/politi'sere/

politisere ngt gøre noget til et politisk spørgsmål □ *ministeren politiserede konflikten* • *han er kendt for gerne at ville politisere* □ *politisering* • **politisere ng** gøre nogen politisk bevidst

politisk

ADJ. - , *-e*
[po'litisk]

som har at gøre med politik□ *en politisk diskussion* • *politiske flygtninge* □ *apolitisk* • *geopolitisk*• *kønspolitisk*• *partipolitisk*• *tværpolitisk*

politisoldat

SUBST. *-en,* plur. *-er, -erne*

et medlem af militært uddannet og udrustet politiorganisation

politistation

SUBST. *-en,* plur. *-er, -erne*
[poli'tisdasjo'n]

et lokalt politikontor

politistav

SUBST. *-en,* plur. *-e, -ene*

= KNIPPEL

polititilhold

SUBST. *-et,* plur. *~tilhold, -ene*

et forbud som politiet udsteder over for en person mod at opholde sig et bestemt sted el. kontakte en bestemt person = TILHOLD □ *han fik polititilhold mod at opsøge hende* • *der blev udstedt polititilhold mod ham* • *han overtrådte polititilholdet*

politivedtægt

SUBST. *-en,* plur. *-er, -erne*

et sæt af forskrifter om opretholdelse af orden og anstændighed udfærdiget for hver politikreds

politolog

SUBST. *-en,* plur. *-er, -erne*
/polito'log/

en videnskabsmand med statskundskab som speciale

politur

SUBST. *-en,* plur. *-er, -erne*
/poli'tur/

1. schellak opløst i sprit til polering af træ □ *møbelpolitur*

2. ydre dannelse =PLI □ *selv om han er hyggelig og charmerende så mangler han politur*

polka

SUBST. *-en,* plur. *-er, -erne*

en oprindelig slavisk runddans i 2/4-takt□ *danse polka* • musik som hører til dansen

pollen

SUBST. *-et,* plur. *pollen, -ene*
['pɔl'ən]

de hanlige kønsceller fra blomstens *støvdragere* som, via insekter eller vinden, overføres til *støvfangene* i blomster af samme art = STØV □ *hun er overfølsom over for pollen* □ *pollenallergi* • *pollenallergiker* • *pollenanalyse* • *pollenkorn* • *pollental*

pollenallergi

SUBST. *-en,* plur. *-er, -erne*

= HØFEBER □ *pollenallergiker*

pollenanalyse

SUBST. *-n,* plur. *-r, -rne*

en undersøgelse af mosejords indhold af pollen; bruges bl.a. til at studere plantevækstens udviklingshistorie og til at datere fund fra gammel tid

pollental

SUBST. *~tallet,* plur. *~tal, ~tallene*

antallet af pollen per kubikmeter luft; offentliggøres i sommerhalvåret af hensyn til allergikere □ *dagens pollental for birk er 35* • *pollentallene for græs og bynke er lave i dag* • *der forventes høje pollental i år*

pollution

SUBST. *-en,* plur. *-er, -erne*
[polu'sjo'n]

uvilkårlig sædafgang, især under søvnen

polo

SUBST. *-en,* plur. *-er, -erne*
['po·lo]

et boldspil der spilles til hest med køller

polonæse

SUBST. *-n,* plur. *-r, -rne*
/polo'næse/

en indtogsmarch og dans i forskellige formationer som indledning til et bal • en langsom, pompøs dans i 3/4 takt, bl.a. brugt som hofdans i 1600- og 1700-tallet

poloskjorte

SUBST. *-n,* plur. *-r, -rne*

en kortærmet dame - el. herreskjorte af løstvævet bomuld som ikke er gennemknappet

polsk

ADJ. - , *-e*

som har at gøre med Polen

polstre

VERB. *-r, -de, -t*

polstre ngt forsyne noget, især et møbel, med fyld så det bliver blødt el. behagelig at sidde i□ *polstre en stol* • *polstre en sofa om* • *møbler polstres og betrækkes* • *bilsædet er polstret med skumgummi* • *væggene i cellen var polstrede* □ *polstring* □ *ompolstre* • *udpolstre* • **være godt polstret** være tyk

polterabend

SUBST. *en,* plur. *-er, erne*

et arrangement planlagt af fx venner og familie for en person som skal giftes □ *alle vennerne deltog i hans polterabend* • *holde polterabend* • *fejre polterabend*

polyandri

SUBST. *-et*
/polyan'dri/

et ægteskabeligt forhold mellem én kvinde og to el. flere mænd ≠ POLYGYNI

polyeder

SUBST. *-et,* plur. *polyedre, polyedrene*

(geometri): en rumfigur som er begrænset af et antal plane flader, fx en kubus el. en pyramide • **regulært polyeder** et polyeder som er opbygget af kongruente, regulære polygoner

polyester

SUBST. *-en* el. *-et,* plur. *-e, -ne*
/poly'ester/

stof af syntetiske fibre som er meget slidstærkt; blandes ofte med naturfibre, fx uld el. bomuld el. bruges som fyld i overtøj

polyfon

ADJ. *-t, -e*
/poly'fon/

som har at gøre med polyfoni

polyfoni

SUBST. *-en,* plur. *-er, -erne*
/polyfo'ni/

en musikalsk kompositionsform med flere selvstændige stemmer som alle er lige vigtige□ *polyfonisk* • et sammensurium af stemmer, meninger, ideer o.l. □ *vi tåler ikke mediesamfundets polyfoni hvor alle taler forbi hinanden på hver sin kanal* □ *polyfonisk*

polygam

ADJ. *-t, -e*
[poly'ga'm]

som har seksuel forbindelse med flere andre personer≠ MONOGAM

polygami

SUBST. *-et*
/polyga'mi/

seksuel forbindelse el., i visse kulturer, ægteskab mellem én person og flere andre≠ MONOGAMI

polygon

SUBST. *-en,* plur. *-er, -erne*
[poly'go'n]

en lukket, plan figur som er afgrænset af tre el. flere rette linier, fx en trekant, en firkant el. en femkant • **regulær polygon** en polygon hvor alle siderne og vinklerne er lige store, fx en ligesidet trekant el. et kvadrat

polyhistor

SUBST. *-en,* plur. *-er, -erne*
/poly'histor/

en person som ved meget om mange forskellige ting □ *en polyhistor med dybtgående og ubegrænset viden* • *han er en kulturel polyhistor*

polykrom

ADJ. *-t, -e*
/poly'krom/

= MANGEFARVET □ *skulpturen er opført i polykrom marmor*

polynesier

SUBST. *-en,* plur. *-e, -ne*
/poly'nesier/

en person fra Polynesien

polynesisk

ADJ. *- , -e*
/poly'nesisk/

som har at gøre med Polynesien

polynomium

SUBST. *polynomiet,* plur. *polynomier, polynomierne*

(matematik): et matematisk udtryk som består af en række led med + el. - imellem, og hvor hvert led er af formen Ax^k hvor A er en konstant og k er et positivt, helt tal el. 0; fx $2x^3 + 3x^3 + x - 9$ □ *andengradspolynomium*

polyp

SUBST. *polyppen,* plur. *polypper, polypperne*
/po'lyp/

1. en stilket svulst som udgår fra en slimhinde, fx i næsen el. i livmoren • **polypper** forstørrelse af vævet i næsens og svælgets slimhinder; forekommer hyppigt hos børn □ *have polypper* • *få fjernet polypperne*
2. et polypdyr som har den ene ende af kroppen fæstet til havbunden ≠ MEDUSE, GOPLE

polypdyr

SUBST. *-et,* plur. *~dyr, -ene*

et havlevende, hvirvelløst dyr som er opbygget omkring et hulrum med en åbning der tjener som både mund og gat; polypdyr er bl.a. *gopler, søanemoner* og *koraller;* latinsk navn *Coelenterata*

polysyndese

SUBST. *-n*
/'polysyndese/

forbindelse af sætninger el. sætningsled med gentagen brug af konjunktioner ≠ ASYNDESE □ *polysyndetisk*

polyteisme

SUBST. *-n*
/polyte'isme/

= FLERGUDERI ≠ MONOTEISME □ *polyteisme er almindelig hos primitive folkeslag*

polyteknik

SUBST. *polyteknikken*
/polytek'nik/

de fag der hører ind under ingeniørvidenskaberne

polytekniker

SUBST. *-en,* plur. *-e, -ne*
/poly'tekniker/

en person der studerer el. har taget eksamen i polyteknik

polyteknisk

ADJ. *- , -e*
/poly'teknisk/

som har at gøre med polyteknik

polær

ADJ. *-t, -e*
/po'lær/

som har fuldstændig modsatte egenskaber = DIAMETRAL □ *to tilsyneladende polære tilstande* • *hun er hans polære modsætning* • som har at gøre med begge Jordens poler □ *modtagning i Grønland er specielt fordelagtig fra polære satellitter der i hvert kredsløb passerer polerne* • *to satellitter med polære baner i ca. 800 kilometers højde*

pomade

SUBST. *-n,* plur. *-r, -rne*
/po'made/

et fedtstof med parfume anvendt af mænd til at gøre håret blankt og lettere at sætte □ *stryge håret tilbage med pomade* □ *pomadeduftende*

pomerans

SUBST. *-en,* plur. *-er, -erne*
/pome'rans/

en citrusfrugt af træet *Citrus aurantium amara;* bruges bl.a. til fremstilling af marmelade

pomme frite el. pomfrit

SUBST. *-n,* plur. *pommes frites, pommes fritene* (pomfrit: *pomfritten,* plur. *pomfritter, pomfritterne*)
[*pɔm'frit*]

hver af de smalle stænger som er skåret ud af en kartoffel og stegt i olie

pommeraner

SUBST. *-en,* plur. *-e, -ne*
/pomme'raner/

en person fra Pommern

pomp

SUBST. *-en*

pomp og pragt stor ståhej fx med festlige ceremonier, imponerede klæder, dekorationer o.l. □ *han blev modtaget med pomp og pragt* • *fyrsten levede i pomp og pragt*

pompon

SUBST. *-en,* plur. *-er, -erne*
[*pɔm'pɔŋ* el. *pɔŋ'pɔŋ*]

en kugleformet kvast til pynt på fx tøfler og hatte

pompøs

ADJ. *-t, -e*
/pom'pøs/

som er flot og overdådig = STORSLÅET □ *en pompøs villa* • *leve et pompøst liv* □ *pompøsitet*

poncho

SUBST. *-en,* plur. *-er, -erne*
[*'pɔndsjo*]

et slag beståede af et firkantet stykke stof med hul i midten til hovedet

pondus

SUBST. *-en* (el. *pondussen*)

en naturlig evne til at indgyde respekt = VÆRDIGHED, MYNDIGHED □ *have pondus*

ponton

SUBST. *-en,* plur. *-er, -erne*
[*pɔŋ'tɔŋ*]

en flydende genstand som anvendes som underlag for broer, til bjærgning af sunkne fartøjer o.l. □ *broen bygges på pontoner* • *katamaranen er bygget med to pontoner* □ *pontonbro* • *pontonfly* □ *luftponton*

pony

SUBST. *-en,* plur. *-er, -erne*
[*'pɔni*]

en lille hest der især bruges som ridedyr for børn, men som tidligere også brugtes som træk- og lastdyr □ *shetlandspony*

ponyvogn

SUBST. *-en,* plur. *-e, -ene*

en lille hestevogn som er beregnet til at blive trukket af en pony □ *de kørte på skovtur i ponyvognen*

pool[1]

SUBST.
[*'pu·l*]

et billardspil uden kegler, men med 15 farvede og nummererede kugler som man skal støde i hullerne □ *spille pool* □ *poolbord*

pool[2]

SUBST. *-en,* plur. *-er* (el. *pools*), *-erne* (el. *poolene*)
[*'pu·l*]

= SWIMMINGPOOL □ *en tur i poolen*

pop

SUBST. *poppen*

1. = POPMUSIK □ *popgruppe* • *popidol* • *popsang* • *popsanger* • *popstjerne*
2. noget som er for letkøbt og uden dybere værdi □ *forestillingen var ren pop*

popcorn el. popkorn

SUBST.PLUR. *-ene*
(popkorn: *popkornene*)

majskerner som ved opvarmning brister og svulmer op til en luftig, hvid masse □ *poppe popcorn* • *saltede popcorn* • *en pose popcorn* • *et bæger popcorn*

popkunst

SUBST. *-en*

en retning inden for billedkunst som bevidst anvender banale motiver og elementer fra hverdagslivet og folkelig kultur, fx fra tegneserier og reklamer

poplin

SUBST. *-en* el. *-et*, plur. *-er, -erne*
[*pɔb'læŋ*]

et glatvævet, glansfuldt halvsilkestof

popmusik

SUBST. *popmusikken*

iørefaldende og underholdende musik som man kan danse til = POP

poppedreng

SUBST. *-en*, plur. *-e, -ene*

(spøg.): = PAPEGØJE

poppel

SUBST. *-en* (el. *poplen*), plur. *popler, poplerne*

et højt løvtræ med brede langstilkede blade; latinsk navn *Populus* = ASP, POPPELTRÆ □ *poppelallé* · *poppelhegn* · *poppeltræ* □ *sølvpoppel* · *landevejspoppel*

poppet

ADJ. *-* , *poppede*

som er smagløs, useriøs el. overfladisk □ *en poppet frisure* · *jeg bryder mig ikke om det nye tv-show, det er for poppet*

popsang

SUBST. *-en*, plur. *-e, -ene*

en sang i den lettilgængelige genre som er præget af folkelighed og forenkling, og som primært henvender sig til ungdommen

popsanger

SUBST. *-en*, plur. *-e, -ne*

en person som synger popsange = REFRÆNSANGER

popularisere

VERB. *-r, -de, -t*
/*populari'sere*/

popularisere ngt fremstille noget i en letfattelig form; især om videnskabelige emner □ *i sine skrifter har han søgt at popularisere de store filosoffers tanker* · *en populariseret gengivelse* □ *popularisering*

popularitet

SUBST. *-en*
/*populari'tet*/

det at være populær □ *præsidentens popularitet er steget*

population

SUBST. *-en*, plur. *-er, -erne*
[*popula'sjo'n*]

en gruppe af individer af samme art som lever inden for et bestemt område; især om en gruppe som gøres til genstand for en undersøgelse □ *populationsgenetik* · *populationsstatistik* □ *målpopulation* · *undersøgelsespopulation*

populisme

SUBST. *-n*
/*popu'lisme*/

1. en folkelig politisk retning som går imod en statslig centraliseret styring af økonomi og politik
2. bestræbelser på at appellere til den brede befolkning □ *partiets populisme samler mange frustrerede vælgere* · *ved at balancere mellem eksklusivitet og populisme er det lykkedes museet at folkeliggøre kunsten*

populist

SUBST. *-en*, plur. *-er, -erne*
/*popu'list*/

en person som er tilhænger af *populisme*

populistisk

ADJ. *-* , *-e*
/*popu'listisk*/

som har at gøre med *populisme* □ *en populistisk politiker* · *en populistisk udtalelse*

populær

ADJ. *-t, -e*
/*popu'lær*/

som de fleste synes om □ *han er meget populær blandt kammeraterne* · *en populær film* · *et polulært feriemål* · *en populær løsning* □ *upopulær* • som fremstilles på en letforståelig måde □ *en populær fremstilling*

populærvidenskab

SUBST. *-en*, plur. *-er, -erne*

en lettilgængelig og forenklet fremstilling af et videnskabeligt emne □ *populærvidenskabelig*

porcelæn

SUBST. *-et*, plur. *-er, -erne*
/*porce'læn*/

et hårdt keramisk materiale af kaolin og bl.a. feldspat og kvarts der brændes ved høje temperaturer; bruges bl.a. til service og isolationsmateriale □ *en figur af porcelæn* · *kopperne er af det fineste porcelæn* □ *porcelænsdukke* · *porcelænskop* · *porcelænsmaler* · *porcelænsplombe* • service fremstillet af porcelæn = POSTELIN □ *hun dækkede bord med sit fineste porcelæn* □ *porcelænsskab*

porcelænsjord

SUBST. *-en*

= KAOLIN

pore

SUBST. *-n*, plur. *-r, -rne*

en lille kanal som fremstår som et fint hul i overfladen af fx hud el. træ □ *huden ånder gennem porerne* · *man kan tydeligt se træets porer i mikroskopet* □ *svedpore*

porfyr

SUBST. *-en*, plur. *-er, -erne*
[*på'fy'r*]

(mineralogi): en vulkansk bjergart med store, synlige krystaller i en finkornet masse □ *kvartsporfyr* · *rombeporfyr*

pornografi

SUBST. *-en*
/*pornogra'fi*/
fork. *porno*

billeder el. fortællinger med seksuelt indhold som skal virke ophidsende = PORNO □ *pornografisk* · *pornografilov* □ *børnepornografi*

pornografisk

ADJ. *-* , *-e*
/*porno'grafisk*/

med et seksuelt indhold der skal virke frækt el. ophidsende □ *pornografiske blade og film*

porre

SUBST. *-n*, plur. *-r, -rne*

en aflang grøntsag med hvide blade der er grønne i toppen, og som sidder lag på lag; latinsk navn *Allium porrum*

porse el. **pors**

SUBST. *-n*, plur. *-r, -rne*
(pors: *-en*, plur. *pors, -ene*)

en harpiksholdig busk som anvendes til krydring af brændevin; latinsk navn *Myrica* □ *porsesnaps* □ *mosepors*

port

SUBST. *-en*, plur. *-e, -ene*

1. en åbning i en mur el. gennem en bygning □ *byport* · *vippeport* • en kraftig dør el. en låge til at lukke for en portåbning
2. **sætte på porten** smide ud

portal

SUBST. *-en*, plur. *-er, -erne*
[*på'ta'l*]

en flot udsmykket el. udformet hovedindgang

portefølje

SUBST. *-n*, plur. *-r, -rne*
/*porte'følje*/

1. en mappe til dokumenter o.l.
2. sammensætning af en investors værdipapirer □ *porteføljeaktionær*
3. en ministerpost hvortil der hører et specielt fagministerium □ *han blev udnævnt som viceminister uden portefølje*

portemonnæ

SUBST. *-en*, plur. *-er, -erne*
/*portemon'næ*/

en lille taske til penge = PUNG

porter

SUBST. *-en*

stærkt, mørkt øl der er rig på ekstrakt, og som smager bittert □ *hun foretrak porter frem for pilsner* · *porter og citronvand* • ⟨plur. *-e, -ne*⟩ en flaske med porter

portier

SUBST. *-en*, plur. *-er, -erne*
[*på'tje*]

en ansat på et hotel som modtager gæster, anviser værelser o.l. □ *bed portieren bestille en taxa* □ *natportier*

portiere

SUBST. *-n*, plur. *-r, -rne*
[*på'tjæ·ɔ*]

et forhæng for en dør □ *portierestang*

portion

SUBST. *-en,* plur. *-er, -erne*
[på'sjo'n]

en mængde som tildeles på en gang til en person; især om mad □ *en portion is* · *spise to portioner* · *han har fået sin portion af pengene* □ *portionsanretning* · *portionsglas* □ *dyrtidsportion* · *grødportion* ● en mindre del □ *vi må dele opgaven op i små portioner* ● **en portion held** en del held □ *de har brug for en stor portion held*

portionsglas

SUBST. *~glasset,* plur. *~glas, ~glassene*

et glas med fod til portionsanretning af fx rejecocktail el. is

portner

SUBST. *-en,* plur. *-e, -ne*

en person der holder opsyn med indgangen til en bygning, fx i et firma el. på et slot □ *nøgle kan fås hos portneren* □ *portnerbolig*

porto

SUBST. *-en*

en betaling for at sende breve og pakker, ofte i form af frimærker □ *portoen for forsendelse af pakker er steget* □ *portoforhøjelse* · *portofrihed* · *portomærke* · *portoudgift* □ *brevporto* · *pakkeporto*

portræt

SUBST. *portrættet,* plur. *portrætter, portrætterne*
/por'træt/

1. en tegning, et maleri el. fotografi af en el. flere personer; ofte kun afbildning af ansigtet =KONTRAFEJ □ *et portræt af familien* □ *portrætalbum* · *portrætgalleri* · *portrætmaler* □ *ansigtsportræt* · *familieportræt* · *selvportræt* · *gruppeportræt*
2. en skriftlig el. mundtlig skildring af en person i fx en avis el. tv-udsendelse □ *der er et portræt af ham i avisen*

portrættere

VERB. *-r, -de, -t*
/portræt'tere/

portrættere ng lave et portræt el. en litterær skildring af nogen □ *maleren har portrætteret ham præcist, udleverende men ikke uden kærlighed* □ *portrættering*

portrættør

SUBST. *-en,* plur. *-er, -erne*
/portræt'tør/

en kunstner der laver portrætter

portugiser

SUBST. *-en,* plur. *-e, -ne*
/portu'giser/

en person fra Portugal

portugisisk

ADJ. *- , -e*
/portu'gisisk/

som har at gøre med Portugal □ *den portugisiske regering* · *portugisiske vine* □ *portugisiskfødt* □ *dansk-portugisisk* ● ⟨SUBST.⟩ det portugisiske sprog; tales foruden i Portugal også i Brasilien

portulak

SUBST. *portulakken,* plur. *portulakker, portulakkerne*
/portu'lak/

en slægt af tropiske og subtropiske planter; flere arter, bl.a. solportulak som bærer smukke røde el. gule blomster; latinsk navn *Portulaca*

portvin

SUBST. *-en,* plur. *-e, -ene*

en gylden til dybrød hedvin fra byen Porto i Portugal

portør

SUBST. *-en,* plur. *-er, -erne*
/por'tør/

1. en person som er ansat til at løfte og transportere patienter og tunge ting på et hospital =HOSPITALSPORTØR
2. en person som er ansat til at transportere tunge ting, fx rejsegods m.m. ved en station

porøs

ADJ. *-t, -e*
/po'røs/

gennemtrængt af små huller ≠ KOMPAKT □ *porøs jord* · *en pimpsten er porøs*

pose[1]

SUBST. *-n,* plur. *-r, -rne*

en beholder af papir, plastic el. tøj der er åben foroven, og som er beregnet til at opbevare el. bære ting i □ *en pose bolsjer* · *en pose til affald* · *en pose mel* □ *affaldspose* · *bærepose* · *indkøbspose* · *mulepose* · *mølpose* · *papirspose* · *plasticpose* · *skraldepose* · *sovepose* · *tepose* · *vindpose* ● **poser under øjnene** slap hud under øjnene, fx fordi man er meget træt □ *han så træt ud og havde poser under øjnene* ● **både i pose og sæk** udtryk for at man får til overflod af noget □ *du kan ikke få både i pose og sæk!* ● **snakke lige** el. **rent ud af posen** tale åbent og ærligt om noget □ *endelig kunne han snakke lige ud af posen*

pose[2]

VERB. *-r, -de, -t*

danne folder el. hænge ligesom en pose □ *kjolen poser i livet* · *posede ærmer* □ *posning*

posedame

SUBST. *-n,* plur. *-r, -rne*

en hjemløs kvinde som medbringer sine ejendele i plasticposer

posere

VERB. *-r, -de, -t*
/po'sere/

stille sig op til fotografering □ *modellen poserede foran fotografen* □ *posering*

position

SUBST. *-en,* plur. *-er, -erne*
[posi'sjo'n]

1. et veldefineret og afgrænset område hvor nogen el. noget befinder sig □ *bestemme et skibs position* · *indtage fjendens position* · *han havde forlængst set os komme fra sin position bag hækken* · *hun fik en parkeringsbøde for at parkere i anden position*
2. en stilling el. placering i forhold til andre el. andet af tilsvarende art □ *han har en fremtrædende position i samfundet* · *hun har skabt sig en position som en af landets førende unge lyrikere* · *virksomheden er ved at miste sin position på det tyske marked* · *partiet står i en meget stærk position* · *teologien indtager en lidt speciel position blandt videnskaberne* · *landets udsatte position mellem stormagterne* □ *magtposition*
3. en fodstilling i klassisk ballet □ *balleteleverne skulle lære de fem grundpositioner: første, anden, tredje, fjerde og femte position*

positionslys

SUBST. *-et,* plur. *~lys, -ene*

bilens svageste lys og det lys man tænder når en bil parkeres =PARKERINGSLYS

positiv[1]

SUBST. *-en,* plur. *-er, -erne*

grundformen el. 1. grad i adjektivers og adverbiers *komparation,* fx *sød*

positiv[2]

SUBST. *-et,* plur. *-er, -erne*

et fotografisk aftryk som er det endelige billede hvorpå farverne er fordelt som i virkeligheden ≠ NEGATIV

positiv[3]

ADJ. *-t, -e*

1. som er bekræftende el. imødekommende ≠ NEGATIV □ *hun fik et positivt svar* · *prøven var positiv* · *eleverne var positive over for lærerens forslag til emner* · *et positivt tegn*
2. positive tal (matematik): tal som har en værdi over 0
3. positiv ladning (fysik): overskud af protoner
4. positiv handelsbalance handelsbalance hvor indtægterne er større end udgifterne

positivisme

SUBST. *-n*
/positi'visme/

en filosofisk og videnskabelig retning der kun anerkender det som erfares el. iagttages som kilde for viden ≠ EMPIRISME □ *nypositivisme* ● den opfattelse at videnskaben skal holde sig til erfaringsmæssige kendsgerninger

positivliste

SUBST. *-n,* plur. *-r, -rne*

en liste over de stoffer og kemikalier det er tilladt at bruge i en produktion □ *i Danmark udgiver Statens Levnedsmiddelinstitut en positivliste over tilladte tilsætningsstoffer i fødevarer*

positur

SUBST. *-en,* plur. *-er, -erne*
[posi'tu'r]

en unaturlig el. skabagtig kropsstilling □ *stille sig i positur foran spejlet* □ *positurfoto* □ *mannequinpositur* · *scenepositur*

possement

SUBST. *et*
[pɔsə'mæn'ŋ]

bånd, kvaster, tresser og overspundne knapper til pynt på møbler og uniformer

possessiv[1]

SUBST. *-et,* plur. *-er, -erne*

= POSSESSIVT PRONOMEN

possessiv[2]

ADJ. *-t, -e*

possessivt pronomen se under *pronomen*

possessivpronomen

SUBST. *-et,* plur. *-er* (el. *~pronominer*), *-erne* (el. *~pronominerne*)

= POSSESSIVT PRONOMEN

post[1]

SUBST. *-en*

breve, pakker o.l. som sendes med postvæsenet □ *er posten kommet?* · *dagens post* □ *postombæring* • (dagl.): = POSTBUD □ *posten har været her* · *han har været post i 25 år* • **posten** = POSTVÆSENET □ *sende et brev med posten* □ *pakkepost*

post[2]

SUBST. *-en,* plur. *-er, -erne*

1. et beløb i et regnskab □ *alle poster skal føres ind i regnskabet* · *bogføre en post* □ *indtægtspost* · *udgiftspost* • **det er dog en post** det er betydeligt
2. en højere stilling el. hverv især inden for et firma el. en organisation = EMBEDE, ERHVERV □ *beklæde en høj post i et ministerium* · *han passer sin post som formand udmærket* · *overtage posten som direktør* □ *ministerpost*
3. (militær): en plads hvor en soldat holder vagt □ *soldaten står på sin post* · *afløse én fra hans post* · *falde på sin post* · *fremskudt post* □ *forpost* · *vagtpost* • = VAGTPOST □ *stille poster ud* · *trække en post tilbage* • **være på sin post over for ng(t)** være opmærksom over for nogen el. noget

post[3]

SUBST. *-en,* plur. *-e, -ene*

(glds.): = VANDPOST □ *hente vand ved posten* · *pumpe vand af posten* □ *postevand* □ *vandpost*

postal

ADJ. *-t, -e*
/po'stal/

som har at gøre med postvæsenet □ *et postalt anliggende*

postanvisning

SUBST. *-en,* plur. *-er, -erne*

en blanket hvormed man kan sende penge til andre □ *sende penge på en postanvisning*

postboks

SUBST. *-en,* plur. *-e, -ene*

en aflåst boks på et posthus som udlejes, og som lejerens post anbringes i så vedkommende selv kan hente den også uden for posthusets åbningstid

postbud

SUBST. *-et* (el. *~buddet*), plur. *-e, -ene*

en person der er ansat hos postvæsenet til at omdele breve og pakker, samle breve ind fra postkasser og sortere breve på posthuset = BREVBÆRER, POST □ *postbudestilling*

postdatere

VERB. *-r, -de, -t*

postdatere ngt = FREMDATERE

poste

VERB. *-r, -de, -t*

1. poste ngt lægge en forsendelse i en postkasse □ *poste et brev* □ *postning*
2. poste ngt få vand til at løbe ud af en pumpe □ *poste vand* · *poste spanden fuld* • **poste ngt i ngt** (dagl.): investere el. give store mængder af især penge til noget; oftest med stor risiko for tab □ *det er meningsløst at poste flere penge i det foretagende*

postej

SUBST. *-en,* plur. *-er, -erne*
/po'stej/

en kold el. varm ret af kød- el. grøntsagsfars der er bagt i en form □ *indbagt postej* □ *champignonpostej* · *leverpostej*

postekspedient

SUBST. *-en,* plur. *-er, -erne*

en person der er beskæftiget med kundeekspedition på et posthus

postelin

SUBST. *-et*
/poste'lin/

(spøg.): service af porcelæn = PORCELÆN

postere

VERB. *-r, -de, -t*
/po'stere/

1. postere ng anbringe nogen et bestemt sted for at de skal udføre en bestemt opgave; oftest i en kort periode □ *postere en betjent ved et gadekryds* · *der blev posteret vagter ved alle udgange* □ *postering*
2. postere ngt indføre indtægter og udgifter i et regnskab = FØRE IND □ *det er kun et spørgsmål om at postere tallene på den rigtige måde* □ *fejlpostere*

poste restante

ADV.
[pɔsdræ'sdaˑŋt]

en påskrift på brev der angiver at det skal forblive på posthuset til det afhentes

postevand

SUBST. *-et*

drikkevand tappet direkte fra vandhanen ≠ KILDEVAND, MINERALVAND □ *et glas postevand*

post festum

= FOR SENT □ *dine oplysninger kommer lidt post festum*

postgang

SUBST. *-en*

uddelingen af post □ *isvinteren har bragt forstyrrelser i den normale postgang* • **komme en postgang for sent** være for sent på den

postgiro

SUBST. *-en,* plur. *-er, -erne*

et system til overførsel af penge via Girobank □ *man kan nu betale gennem postgiro* • (dagl.): en konto til modtagelse af pengeoverførsel via Girobank □ *pengene skal indbetales på postgiro 700 413* □ *postgironummer*

posthum

ADJ. *-t, -e*
[pɔsd'hu'm]

som sker efter nogens død □ *en posthum erindringsbog* · *komponisten opnåede posthum anerkendelse* · *hans sidste roman blev udgivet posthumt*

posthus

SUBST. *-et,* plur. *-e, -ene*

et sted hvor postomdelte forsendelser ind- og udleveres, breve og pakker sorteres og omdeles, hvor der foretages giroindbetalinger og sælges frimærker = POSTKONTOR

postkasse

SUBST. *-n,* plur. *-r, -rne*

en kasse af metal som er sat op på offentlige steder af postvæsenet, og som folk kan lægge breve i som derpå samles ind og sendes med post □ *postkasserød*

postkasserød

ADJ. *-t, -e*

med en stærk rød farve som en dansk postkasse = POSTRØD

postkort

SUBST. *-et,* plur. *~kort, -ene*

et kort med et billede el.lign. på den ene side til åben forsendelse uden konvolut = KORT, PROSPEKTKORT □ *sender du ikke et postkort når du kommer frem?* · *farvestrålende postkort*

postludium

SUBST. *postludiet,* plur. *postludier, postludierne*
/post'ludium/

et stykke musik der spilles efter en kirkelig handling = EFTERSPIL ≠ PRÆLUDIUM, FORSPIL

postmester

SUBST. *-en,* plur. *~mestre, ~mestrene*

leder af postvæsenet i et postdistrikt

postmoderne

ADJ.

som har med postmodernisme at gøre

postmodernisme

SUBST. *-n*

en retning inden for bl.a. litteratur, arkitektur, kunst og filosofi som opstod efter 1960

postnummer

SUBST. *-et* (el. *~numret*), plur. *~numre, ~numrene*

en talkombination som står for et at de områder postvæsenet har inddelt landet i, og som skrives på postforsendelser for at lette sorteringen og fremskynde uddelingen □ *Birkerød har postnummer 3460* · *brevet skal være forsynet med adresse og postnummer*

postopkrævning

SUBST. *-en* plur. *-er, -erne*

en betaling for en postforsendelse som postvæsenet opkræver modtageren

postordre

SUBST. *-n*, plur. *-r, -rne*

en handelsform hvor en vare bestilles og leveres pr. post ▫ *handle pr. postordre* ▫ *postordrefirma* · *postordrekatalog* · *postordrevare*

postpakke

SUBST. *-n*, plur. *-r, -rne*

en postforsendelse i pakkeformat som registreres med en stregkode hvormed pakken kan følges og evt. efterlyses

postscriptum

SUBST. *et*, plur. *postscripta, postscriptaene*
/post'scriptum/
fork. *PS* el. *p.s.*

en tilføjelse til et brev = EFTERSKRIFT

postterminal

SUBST. *-en*, plur. *-er, -erne*

det sted hvor posten sorteres▫ *hovedpostterminal*

postulat

SUBST. *-et*, plur. *-er, -erne*
[pɔsdu'la't]

en påstand som ikke er bevist, og som det er svært at bevise = PÅSTAND ▫ *fremsætte et postulat* · *du har ikke belæg for dine postulater*

postulere

VERB. *-r, -de, -t*
/postu'lere/

postulere ngt (form.): fastholde at det man siger er sandt = PÅSTÅ, HÆVDE ▫ *magthaverne postulerede at de stod som garanter for frihed* ▫ *postulering* • **postulere ngt** (matematik, filosofi): forudsætte at noget er sandt el. eksisterer uden at der er ført bevis derfor = FORUDSÆTTE, ANTAGE ▫ *vi starter med at postulere et firdimensionalt rum med tiden som fjerde dimension* · *i nyere atommodeller postuleres eksistensen af en række elementarpartikler*

postvæsen

SUBST. *-et* (el. *~væsnet*), plur. *-er* (el. *~væsner*), *-erne* (el. *~væsnerne*)

en virksomhed inden for det offentlige som tager sig af forsendelse af breve, pakker, aviser m.m. samt af andre opgaver som fx formidling af telefonopkald til og fra udlandet = POSTEN

postyr

SUBST. *-et*
/po'styr/

tilstand af uro og forvirring = RØRE, OPSTANDELSE, BLÆST, TURBULENS ▫ *der blev et stort postyr, da historien slap ud* • = STÅHEJ ▫ *det er ikke noget at lave så stort postyr over*

posør

SUBST. *-en*, plur. *-er, -erne*
[po'sö'r el. *po'sø'r]*

en person som optræder på en indstuderet og skabagtig måde = KRUKKE, SKABEKRUKKE, SKABHALS ▫ *han bliver aldrig en rigtig god politiker, dertil er han for meget af en posør*

pot

SUBST. *potten*, plur. *potter, potterne*

1. en gammel dansk måleenhed for rumfang: 1 pot = 4 pægle = 0,966 liter; officielt afskaffet i 1907, men bruges endnu synonymt med liter ▫ *en pot mælk*
2. ⟨ikke plur.⟩ (slang): = MARIHUANA
3. i forsk. forb.: • **en pot billard** el. **kegler** et parti billard el. kegler ▫ *de hyggede sig over en pot kegler* · *en pot billard* • **pot og pande** gode venner el.lign. der holder sammen i tykt og tyndt ▫ *de to drenge er pot og pande* · *det nytter ikke noget at klage over hende, hun er pot og pande med ledelsen*

potageske

SUBST. *-en*, plur. *-er, -erne*
[po'ta·sjəsge']

stor ske til at øse suppe op med ▫ *suppen øses op med en potageske*

potaske

SUBST. *-n*

et hvidt stærkt vandsugende salt som bl.a. bruges i bagning til at gøre småkager sprøde; er en forbindelse af af kulsyre og kalium = KALIUMKARBONAT

pote

SUBST. *-n*, plur. *-r, -rne*

1. hver af de fire runde, bløde ender der sidder nederst på benene hos visse pattedyr, fx katte og hunde ▫ *hunden gav pote for at få hundekiksen* · *den har fine hvide poter og en pels så blød* ▫ *bagpote* · *forpote* · *kattepote* • (spøg.): = HÅND ▫ *væk med poterne!*
2. give pote give godt resultat = LØNNE SIG ▫ *investeringerne gav pote*

potens

SUBST. *-en*, plur. *-er, -erne*
[po'tæn's]

1. en mands evne til at få erektion ≠ IMPOTENS ▫ *han er kommet i den alder hvor han har problemer med erektionen* ▫ *potensforlænger* · *potenssymbol* • den magt og styrke som nogen har = STYRKE ▫ *mænd tror de styrer verden med magt og potens* · *den militære potens er så stor at det vil være en let sag at besætte landet* · *kommerciel potens*
2. (matematik): et tal ganget med sig selv et bestemt antal gange, fx 2^3, dvs 2 × 2 × 2 • **i {tredje} potens** ganget med sig selv et bestemt antal gange ▫ *2 i tredje potens er 8* · *opløfte 2 i anden potens* ▫ *potensopløftning* • **i højeste potens** i højeste grad ▫ *han er kunstner i allerhøjeste potens*

potensere

VERB. *-r, -de, -t*
/poten'sere/

potensere ngt (glds.): gøre noget stærkere ▫ *digtet er et potenseret udtryk for hans livsholdning*

potent

ADJ. *- , -e*
/po'tent/

som er i stand til at få erektion ≠ IMPOTENT ▫ *en potent ung mand* • som er kraftfuld og stærkt virkende ▫ *en potent sportsvogn* · *en potent udstråling*

potentiale

SUBST. *-t*, plur. *-r, -rne*
[potæn'sja·lə]

en mulighed el. evne for videre udvikling el. udfoldelse som endnu ikke er kommet til udtryk ▫ *øen hører til gruppen af u-lande med et ressourcemæssigt stort potentiale* · *han tilstræber at nå sit fulde potentiale*

potentiel[1]

SUBST. *potentiellet*, plur. *potentieller, potentiellerne*
[potæn'sjæl']

noget som eksisterer som en mulighed el. som er i besiddelse af en kraft el.lign. som ikke umiddelbart kommer til udtryk ▫ *landets militære potentiel*

potentiel[2]

ADJ. *-t, potentielle*
[potæn'sjæl']

som kan blive til noget eller nå et omfang som endnu ikke er virkeliggjort ▫ *en potentiel trussel* · *en potentiel kunde* · *vandværket leverer daglig 10.000 liter vand, men dets potentielle ydeevne er langt større*

potentil

SUBST. *potentillen*, plur. *potentiller, potentillerne*
[potæn'til' el. *-'ti'l']*

en plante med fligede blade og hvide, gule el. røde blomster; flere arter, bl.a. *vårpotentil, sølvpotentil* og *kragefod;* latinsk navn *Potentilla*

potkæs

SUBST. *-en*
['pɔdkæ·s]

en betegnelse for gammel, ofte revet ost oprørt med mælk el. fløde og tilsat rom el. anden spiritus

potpourri

SUBST. *-et*, plur. *-er, -erne*
[pɔdpu'ri']

1. et musikstykke bestående af sammenkædede melodier beregnet til underholdning
2. en blanding af tørrede, vellugtende blade i en krukke

potte[1]

SUBST. *-n*, plur. *-r, -rne*

1. en mindre, rund beholder af ler, plastic el.lign.; til fx planter, køkkenbrug el. til pynt = KRUKKE ▫ *hun havde lavet en hel serie potter på keramikkurset* · *hun plantede persille i en potte i vindueskarmen* ▫ *pottemuld* · *potteplante* ▫ *tepotte* · *urtepotte* • en mindre, rund beholder til at tisse og lave afføring i; bruges især af små børn under renlighedstræningen ▫ *sidde på potte* · *tømme potten* ▫ *pottetræning* ▫ *natpotte*

2. i forsk. forb.: • **være potte og pande med ng** (neds.): være meget gode venner og holde sammen med nogen □ *de har været potte og pande siden børnehaven* • **så er den potte ude** så er den sag afgjort □ *du får ikke lov til at tage af sted, og så er den potte ude*

potte[2]

VERB. *-r, -de, -t*

potte ngt plante en plante i en urtepotte □ *de nye stiklinger skal pottes før de bliver for store* • **potte ngt om** = OMPOTTE □ *stueplanter skal pottes om i marts måned*

pottemager

SUBST. *-en,* plur. *-e, -ne*

en person der som erhverv fremstiller potter el. andre genstande af brændt ler □ *pottemagerværksted*

potteplante

SUBST. *-n,* plur. *-r, -rne*

en plante som vokser i en urtepotte

poulard

SUBST. *-en,* plur. *-er, -erne*
[pu'la't]

en ung høne el. en hane som vejer mellem 1100 og 1600 g efter slagtning □ *en frossen poulard*

p.p.

1. udtryk for at en person har *prokura;* fork. for latin *per procura*
2. udtryk for at en person har flere ordner end den der er nævnt; fork. for latin *præter plura* □ *hr. oberst Niels Hansen, R. af D. p.p*

p-pille

SUBST. *-n,* plur. *-r, -rne*

et præventionsmiddel som består af en hormonpille til kvinder; virker ved at forhindre ægløsning □ *hun bruger p-piller*

PR el. pr

fork. for *public relation*

pr.[1] el. per

PRÆP.

1. udtryk for at noget er knyttet til en anført enhed = FOR HVER □ *69 pr. kg · pr. styk · 15-20 timer pr. uge · pr. gang · pr. deltager · pr. linie*
2. udtryk for at noget starter el. slutter på en angiven dato □ *hun er ansat pr. 1.4. · prisstigningerne gælder pr. 1. februar · ansættelsen ophører pr. 1.5. · beløbet forfalder pr. 1.6.*
3. ved hjælp af □ *pr. luftpost · vi klarer sagen pr. telefon* • udtryk for at noget sker automatisk på grundlag af noget □ *han vidste det pr. instinkt · hun reagerede pr. refleks*

pr.[2]

fork. for *præcis*

pragmatik

SUBST. *pragmatikken*
/pragma'tik/

1. studiet af hvordan sproget anvendes som kommunikationsmiddel i forskellige sprogbrugssituationer
2. en saglig og praktisk orienteret politik

pragmatiker

SUBST. *-en,* plur. *-e, -ne*
/prag'matiker/

en person der lægger vægt på det praktisk gennemførlige frem for på principper og idesystemer

pragmatisk

ADJ. *-, -e*
/prag'matisk/

1. som har at gøre med det praktisk gennemførlige frem for med principper og idesystemer = NYTTEBETONET □ *en pragmatisk holdning · han har et pragmatisk syn på tilværelsen · partiet har slået ind på en mere pragmatisk linie* • **pragmatisk historieskrivning** en historieskrivning som lægger vægt på begivenhedsforløb i historien i modsætning til fx økonomisk-statistiske forhold ≠ ANNALISTISK
2. (sprogvidenskab): som vedrører sprogbrugen

pragmatisme

SUBST. *-n*
/pragma'tisme/

1. en tilbøjelighed til at lade beslutninger om handlinger vejlede af deres praktiske følger
2. (filosofi): en erkendelsesteoretisk retning ifølge hvilken en erkendelse er sand hvis den er hensigtsmæssig snarere end hvis den er i overensstemmelse med virkeligheden

pragt

SUBST. *-en*

det at fremtræde el. omgive sig med flotte og kostbare ting = HERLIGHED, PRUNK □ *leve i stor pragt · han blev modtaget med pomp og pragt* • storslået skønhed □ *stjernernes pragt · Alperne knejsede i al deres pragt* □ *pragteksemplar · pragtvilla* □ *farvepragt · stemmepragt*

pragteksemplar

SUBST. *-et,* plur. *-er, -erne*

et meget fint el. stort eksemplar □ *han fangede et pragteksemplar af en gedde*

pragtfuld

ADJ. *-t, -e*

som er el. ser imponerende flot ud □ *en pragtfuld udsigt over bugten · et pragtfuldt kostume* • = SKØN □ *vi har haft en pragtfuld sommerferie*

praj

SUBST. *-et,* plur. *praj, -ene*

1. en kort påmindelse el. meddelelse, ofte i det skjulte = VINK, PÅMINDELSE □ *giv mig et praj når du ved noget mere · politiet havde fået et praj om hvor den flygtede fange opholdt sig*
2. et råb el.lign. hvormed man fx tilkalder en taxa el. råber et forbipasserende skib an

praje

VERB. *-r, -de, -t*

1. **praje en taxa** gøre tegn til en forbipasserende taxa om at standse for at tage én op = ANRÅBE □ *praje en taxa* □ *prajning*
2. **praje ngt** (søfart): råbe en besked til en anden båd

prakke

VERB. *-r, -de, -t*

prakke ng ngt på få nogen til at købe el. tage imod noget som man gerne vil af med □ *brugtvognsforhandleren forsøgte at prakke ham en gammel skrammelkasse på · hvad er det for nogle sludder du forsøger at prakke mig på?*

praksis

SUBST. *-en* (el. *praksissen*), plur. *-er* (el. *praksisser* el. *praksis*), *-erne* (el. *praksisserne* el. *-ene* el. praksissene)

1. praktisk udførelse af noget ≠ TEORI □ *planen tegnede godt, men den duede ikke i praksis · ét er teori, noget andet er praksis · omsætte en idé til praksis* • **i praksis** i virkeligheden □ *tilskuddet modregnes, så i praksis betaler man kun halvdelen af markedsværdien*
2. = SÆDVANE □ *hans måde at behandle sagen på var i strid med gældende praksis · ifølge sædvanlig praksis*
3. den virksomhed der udøves af læger, tandlæger, advokater o.l.; herunder patienterne, klienterne og lokalerne hvori den udøves □ *have en stor praksis · åbne en praksis i midtbyen* □ *advokatpraksis · lægepraksis · privatpraksis*

praktik

SUBST. *praktikken,* plur. *praktikker, praktikkerne*
/prak'tik/

en praktisk del af et uddannelsesforløb hvor eleven lærer noget om sit fag på en arbejdsplads □ *uddannelsen omfatter fire ugers praktik · han var i praktik i et elektronikfirma · lærerstuderende skal i praktik på en skole* □ *praktikleder · praktikplads* • = FREMGANGSMÅDE □ *anvende en vis praktik*

praktikant

SUBST. *-en,* plur. *-er, -erne*
/prakti'kant/

en studerende der sendes ud i praktik på en arbejdsplads som led i en teoretisk uddannelse □ *firmaet kunne ikke optage flere praktikanter · praktikant på en virksomhed · være ude som praktikant* □ *praktikantperiode* • en elev i folkeskolen som i en kort periode er i praktik på en arbejdsplads efter eget valg □ *hun var praktikant på et kontor*

praktisabel

ADJ. *-t, praktisable*
/prakti'sabel/

som kan praktiseres = MULIG

praktisere

VERB. *-r, -de, -t*
/prakti'sere/

1. **praktisere ngt** udføre noget i praksis = UDFØRE □ *praktisere en metode · her på skolen praktiserer vi at lade børnene vælge deres projekter selv*
2. udøve erhverv som fx læge, tandlæge el. advokat = UDØVE □ *hun er praktiserende læge · han har praktiseret jura i mange år · han praktiserer som tandlæge*

praktisk

ADJ. - , -e

1. som vedrører el. forekommer i virkeligheden ≠ TEORETISK □ *det har ingen praktisk betydning · de praktiske fag · hans opfindelse har fundet praktisk anvendelse inden for industrien*
2. som har et godt håndelag el. er god til at finde en løsning på dagliglivets små problemer □ *være praktisk anlagt · han er meget praktisk og kan selv foretage alle småreparationer af hus og bil · du er også altid så praktisk*
3. som ikke bare er moderne, flot el.lign., men egner sig godt til et bestemt formål □ *et praktisk tæppe · husk at tage noget praktisk tøj med på ferie · huset er praktisk indrettet* • som må anses for det mest hensigtsmæssige i en bestemt situation □ *hvad er den mest praktiske løsning? · det er nok mest praktisk at tage toget til Fredericia og så rejse videre med rutebil*
4. praktisk talt el. **taget** udtryk for at noget er lige ved at være tilfældet = SÅ GODT SOM, SNART SAGT □ *praktisk talt alle gæsterne deltog i oprydningen*

pral

SUBST. *et*

det at prale = PRALERI □ *jeg troede på at han havde en flot bil, men det var bare pral*

prale

VERB. *-r, -de, -t*

prale af el. **med ngt** tale overdrevent positivt om sig selv og sit eget = BROVTE, BLÆRE SIG, SKRYDE, SKVADRONERE □ *han praler af sin nye bil · han praler altid med hvor kloge hans børn er · det er ikke noget at prale af · jeg siger det ikke for at prale* □ *pralen · praleri*

praleri

SUBST. *-et,* plur. *-er, -erne*
/prale'ri/

= PRAL □ *hans praleri er et tegn på usikkerhed*

pralhals

SUBST. *-en,* plur. *-e, -ene*

en person som praler meget = BLÆRERØV, SKRYDER, VINDBØJTEL, VINDHAS, SKVADRONØR, PRALHANS □ *han er en værre pralhals*

pralhans

SUBST. *-en,* plur. *-e* (el. *-er*), *-ene* (el. *-erne*)

= PRALHALS

praltrille

SUBST. *-n,* plur. *-r, -rne*
['pra·l-]

en melodisk udsmykning bestående af en enkelt, hurtig drejebevægelse mellem en tone og den der ligger nærmest over den

pram

SUBST. *prammen,* plur. *pramme, prammene*

en fladbundet, åben båd; kan være et lastfartøj beregnet til at blive slæbt af en bugserbåd □ *flodpram · lastpram · lossepram · skydepram*

prange

VERB. *-r, -de, -t*

1. være iøjnefaldende på en pralende måde □ *hun prangede med sin nye pels*
2. (glds.): forsøge at presse prisen ned på en vare som man gerne vil købe = PRUTTE, TINGE, SJAKRE □ *prange om prisen* • (glds.): opkøbe heste el. kvæg stykvis på landet og sælge dem i byerne el. på markeder □ *prange med heste* □ *prangen · prangeri · pranger*

prangende

ADJ.

som er overdrevent flot og pralende □ *en prangende bil*

pranger

SUBST. *-en,* plur. *-e, -ne*

1. en person der handler med dyr på marked □ *hestepranger · studepranger*
2. (neds.): en person der søger at få størst muligt udbytte af en handel, uanset metoden □ *han er en værre pranger*

prc.

fork. for *præcis*

preciøs

ADJ.

se *pretiøs*

prekær

ADJ. *-t, -e; -ere, -est*
/pre'kær/

som man skal behandle med takt for at sagen ikke skal mislykkes = ØMTÅLELIG, PENIBEL, KILDEN, DELIKAT □ *et prekært emne* • = PINAGTIG □ *en prekær situation*

prelle

VERB. *-r, -de, -t*

prelle af mod el. **på ngt** ramme el. støde mod noget uden at fortsætte sin bane ind i det men bliver kastet tilbage el. bliver liggende □ *kuglen prellede af mod muren · regnen preller af på frakken* • **prelle af på ng** være fuldstændig uden virkning på nogen □ *kritikken prellede af på ham*

premiere

SUBST. *-n,* plur. *-r, -rne*
[præm'jæ·ɔ]

første gang et teaterstykke, en film el. en anden forestilling vises for et publikum □ *premiere på en ny film · premieren blev udsat* □ *premiereaften · premiereforestilling · premieregæster* □ *balletpremiere · filmpremiere · forpremiere · gallapremiere · nypremiere · operapremiere · teaterpremiere · tv-premiere · urpremiere*

premierløjtnant

SUBST. *-en,* plur. *-er, -erne*

(militær): en officersgrad mellem kaptajn og løjtnant el. i søværnet, mellem kaptajnløjtnant og løjtnant

premierminister

SUBST. *-en,* plur. *~ministre, ~ministrene*

en regeringschef i visse lande, fx England el. Frankrig = STATSMINISTER, MINISTERPRÆSIDENT □ *den engelske premierminister · premierministerens officielle besøg i USA*

prent

SUBST.

på prent = PÅ TRYK ≠ PÅ PRINT □ *han har svært ved at formulere sig på prent · historien er så banal at den ikke er værd at sætte på prent · kan jeg få det på prent? · han mente at jeg måtte se at få mit liv på prent*

prente

VERB. *-r, -de, -t*

1. prente ngt skrive noget omhyggeligt □ *han prentede sirligt sit navn på papiret* □ *prentning*
2. prente sig gøre et så stort indtryk at man ikke vil glemme det igen □ *det uhyggelige syn prentede sig i hans hukommelse* □ *indprente*

pres

SUBST. *presset,* plur. *pres, pressene*

1. det at presse nogen el. belaste nogen fysisk el. tidsmæssigt = PRESSION □ *han mærkede et hårdt pres fra ledelsen · psykisk pres · han følte arbejdet som et pres · han arbejdede altid under pres* □ *arbejdspres* • **lægge pres på ng** få noget til at føle sig mere el. mindre tvunget = PRESSE □ *de lagde pres på ham for at få ham til at opgive sine planer*
2. sætte pres på øge tempoet □ *de satte pres på for at blive færdige til tiden*
3. lægge ngt i pres anbringe noget under en tung genstand som retter en stor kraft mod det så det ændrer form og bliver fladere □ *lægge kødet i pres · lægge blomsterne i pres*

presenning

SUBST. *-en,* plur. *-er, -erne*
/pre'senning/

et stort dække af imprægneret sejldug el. kraftig plastic til beskyttelse mod regn og sol □ *de lagde en pressening over hullet mens de reparerede taget · hun løftede presenningen for at se hvad der var nedenunder* □ *presenning(s)holder · presenning(s)stof · presenning(s)udlejning*

present

SUBST. *-en,* plur. *-er, -erne*
[præ'saŋ]

(glds.): = GAVE

presfoder

SUBST. *-et*

= ENSILAGE

presse[1]

SUBST. *-n,* plur. *-r, -rne*

1. et redskab der udøver tryk på noget, og som anvendes til sammenpresning el. omformning af forskellige genstande el. til udskilning af væske □ *køre æbler gennem en presse* □ *honningpresse · høpresse · saftpresse* • en maskine til trykning af bøger, aviser og andre tryksager □ *seddelpresse*
2. trykte medier som udkommer periodisk, fx aviser, ugeblade o.l. □ *den frie presse · sagen blev omtalt i pressen · pressens magt* □ *pressekampagne* □ *lokalpresse · dagspresse* • en fællesbetegnelse for journalister og pressefotografer □ *pressen var til stede · lække noget til*

pressen · pressen har ikke adgang □ *presseloge* • omtale i aviser, ugeblade m.m. □ *stykket har fået god presse · tænk på den presse der kan komme ud af den sag* • **den kulørte presse** blade med sensationspræget indhold □ *hans navn dukkede tit op i den kulørte presse*

presse[2]

VERB. *-r, -de, -t*

1. presse ngt rette stor kraft mod noget fra én el. flere sider, fx for at ændre formen, for at gøre det mindre el. fladere el. for at få noget ud = TRYKKE, KLEMME, MASE □ *presse saften af en citron · presse blomster · presse mange mennesker sammen i et lokale* □ *presfoder · presglas · prespakket · presseve* □ *sammenpresse · udpresse* • = PERSE □ *presse druer*
2. presse ngt gøre tøj glat og give det skarpe folder; fx ved at stryge det □ *presse bukser* □ *presser · pressefolder*
3. presse ng få nogen til at føle sig mere el. mindre tvunget til at gøre noget □ *jeg pressede ham til at sige ja · han pressede ham til at betale ham · hun blev presset for et svar · han pressede ham til stregen · de pressede penge ud af ham* □ *afpresse* • belaste psykisk □ *han blev presset hårdt på arbejdet*
4. presse på = HASTE □ *arbejdet presser på*
5. presse citronen til sidste dråbe udnytte noget til det yderste

presseattaché el. presseattache

SUBST. *-en,* plur. *-er, -erne*

en person ved en ambassade som er beskæftiget med informationsarbejde for sit land

pressebureau

SUBST. *-et,* plur. *-er, -erne*

= NYHEDSBUREAU

pressechef

SUBST. *-en,* plur. *-er, -erne*

= PRESSESEKRETÆR

pressefold

SUBST. *-en,* plur. *-er, -erne*

en skarp fold ned langs forsiden og bagsiden af et bukseben som frembringes ved at buksebenet lægges sammen og presses med et strygejern □ *et par bukser med knivskarpe pressefolder*

pressefotograf

SUBST. *-en,* plur. *-er, -erne*

en fotograf som leverer fotografier af aktuelle begivenheder til aviser og dagblade

pressekonference

SUBST. *-n,* plur. *-r, -rne*

= PRESSEMØDE □ *holde en pressekonference · en hastigt indkaldt pressekonference*

pressekort

SUBST. *-et,* plur. *~kort, -ene*

et legitimationskort for journalister og pressefotografer □ *han viste sit pressekort og fik lov til at gå gennem politiafspærringen*

pressemøde

SUBST. *-t,* plur. *-r, -rne*

et møde hvor en el. flere personer udtaler sig til og besvarer spørgsmål fra repræsentanter for pressen = PRESSEKONFERENCE □ *indkalde til et pressemøde · holde et ugentligt pressemøde*

presserende

ADJ.
/pres'serende/

som er vigtig og derfor ikke kan udsættes = UOPSÆTTELIG □ *presserende forretninger · sagen er presserende*

presseråd

SUBST. *-en,* plur. *-er, -erne*

en presseattaché som også er ambassaderåd

pressesekretær

SUBST. *-en,* plur. *-er, -erne*

en person der varetager et større foretagendes interesser over for pressen

presseve

SUBST. *-en,* plur. *-er, -erne*

en af en række veer i den sidste fase af en fødsel som presser barnet ud af livmoderen

pression

SUBST. *-en,* plur. *-er, -erne*
[præ'sjo'n]

det at få nogen til at føle sig mere el. mindre tvunget til at gøre noget = PRES □ *blive udsat for pression* □ *pressionsgruppe · pressionsmiddel*

pressionsmiddel

SUBST. *-et (el. ~midlet),* plur. *~midler, ~midlerne*

en måde el. et middel til at presse nogen til noget så man kan få gennemført sine ønsker □ *han brugte barnet som pressionsmiddel · tavshed er det bedste pressionsmiddel*

prestige

SUBST. *-n*
[præ'sdi·sjə el. *præ'sdi·sj]*

meget høj anseelse og indflydelse = ANSEELSE □ *han har kun købt bilen for at få prestige · han fik et job der gav ham prestige · den sag styrkede hendes prestige* □ *prestigebunden · prestigebyggeri · prestigetab · prestigeprojekt · prestigespørgsmål*

prestissimo

ADV.
/pre'stissimo/

udtryk for at et musikstykke fremføres så hurtigt som muligt, hurtigere end *presto*

presto

ADV.

udtryk for at et musikstykke fremføres meget hurtigt • ⟨*SUBST.: -en,* plur. *-er, -erne*⟩ et musikstykke fremført presto • ⟨*SUBST.: -et,* plur. *-er, -erne*⟩ en del af en sats fremført presto

pret-a-porter

SUBST.
[prætapå'te]

færdigsyet tøj til kvinder = KONFEKTION ≠ HAUTE COUTURE

pretiøs el. preciøs

ADJ. *-t, -e*
[præ'sjø's]

1. som er overdrevent forfinet = OVERRAFFINERET
2. som er meget kostbar

preusser el. prøjser

SUBST. *-en,* plur. *-e, -ne*

en person fra Preussen, en tidligere tysk stat

preussisk el. prøjsisk

ADJ. *- , -e*

som har at gøre med Preussen, en tidligere tysk stat

prik

SUBST. *prikken,* plur. *prikker, prikkerne*

et lille rundt punkt el. mærke på noget □ *barnet havde røde prikker på huden · der var blå prikker på kjolen · til sidst var han kun en lille prik i horisonten · et lille prik med en nål, og så er du vaccineret* • **prikken over i'et** udtryk for at noget bliver fuldkomment ved at der tilføjes en sidste detalje, enten i positiv el. negativ forstand □ *som prikken over i'et havde hun sorte, højhælede sko på · prikken over i'et var nok at min journal var blevet væk · sætte prikken over i'et* • **stemme** el. **passe på en prik** stemme el. passe helt nøjagtigt □ *kjolen passer hende på en prik · beløbet stemmer på en prik* • **ligne ng(t) på en prik** ligne nogen el. noget fuldstændigt □ *på det punkt ligner han sin far på en prik · hendes kjole ligner min på en prik*

prikke

VERB. *-r, -de, -t*

1. prikke ngt stikke et lille hul i noget □ *prikke hul på en byld · prikke hul i papiret* □ *prikning* • **prikke ng på skulderen** røre el. slå nogen let på skulderen for at fange deres opmærksomhed
2. prikke til ng være sarkastisk over for nogen = STIKKE TIL □ *hold op med at prikke til mig hele tiden*
3. blive prikket blive fyret, egentlig blive prikket på skulderen og kaldt ind på chefens kontor for at blive sagt op □ *i dag bliver 300 bankmedarbejdere prikket som led i den seneste sparerunde* □ *prikkerunde*

prikken

ADJ. *-t, prikne*

som har let ved at blive vred og er svær at omgås = STIKKEN □ *er du ikke noget prikken i dag?*

prikket

ADJ. *- , prikkede*

som er fyldt med prikker □ *en prikket butterfly* □ *hvidprikket · polkaprikket*

prikle

VERB. *-r, -de, -t*

skille planter ad og plante dem enkeltvis □ *prikle planter ud*

prim

SUBST. *-en,* plur. *-er, -erne*
['pri'm]

1. (musik): et interval mellem to lige høje toner, dvs. to ens toner
2. en parade i fægtning rettet mod underarmen

prima

ADJ.

som er af bedste kvalitet = FØRSTEKLASSES □ *en prima vare* · *drikkevand af prima kvalitet* □ *primasort*

primaballerina

SUBST. *-en,* plur. *-er, -erne*

første solodanserinde i et balletkorps

primadonna

SUBST. *-en,* plur. *-er, -erne*
/prima'donna/

1. den kvindelige hovedkraft ved et teater el. en opera
2. en selvoptaget og lunefuld kvinde som vil have at andre skal gøre hende tjenester □ *hun er en værre primadonna* · *han teede sig som en primadonna* □ *primadonnanykker*

primalskrig

SUBST. *-et,* plur. *~skrig, -ene*

en betegnelse for fødselsskriget inden for primalterapi

primarius

SUBST. *-en* (el. *primariussen*), plur. *-er* (el. *primariusser*), *-erne* (el. *primariusserne*)
/pri'marius/

den violinist der leder et kammermusikensemble, oftest førsteviolinisten

primas

SUBST. *-en* (el. *primassen*), plur. *-er* (el. *primasser*), *-erne* (el. *primasserne*)

1. den øverste gejstlige i et land □ *Københavns biskop er den danske kirkes primas*
2. førsteviolinisten i et sigøjnerorkester

primat

SUBST. *-en,* plur. *-er, -erne*
/pri'mat/

et pattedyr med gribehænder og gribefødder og fremadrettede øjne; primaterne er aber, halvaber og mennesket

primaveksel

SUBST. *-en* (el. *~vekslen*), plur. *~veksler, ~vekslerne*

det første eksemplar af en veksel som er udstedt i flere eksemplarer ≠ SOLAVEKSEL

primetime

SUBST. *en*
['prajmtajm]

det bedste sendetidspunkt i tv om aftenen, dvs. det tidspunkt hvor der menes at være flest der ser tv

primfaktor

SUBST. *-en,* plur. *-er, -erne*

hvert af de primtal der indgår som faktorer i et produkt af flere primtal; fx indeholder produktet 6 = 2 × 3 primfaktorerne 2 og 3 □ *opløse et tal i primfaktorer* □ *primfaktoropløsning*

primitiv

ADJ. *-t, -e*

1. som er yderst enkel og uden bekvemmelighed = ENKEL □ *han rejste under primitive forhold* · *flygtningene boede i primitive skure*
2. som tilhører et tidligt stadium af en udvikling □ *primitive landbrugsmetoder* · *primitive redskaber* · *primitiv kunst* · *en primitiv levevis* • som tilhører et samfund hvor mennesker lever på en meget enkel måde, fx et naturfolk = OPRINDELIG □ *primitive stammer*

primitivitet

SUBST. *-en*
/primitivi'tet/

det at være primitiv

primo[1]

SUBST. *-en,* plur. *-er, -erne*

diskantstemmen i firhændigt klaverspil ≠ BASSTEMME, SEKUNDO • en musiker el. gruppe af musikere der spiller første stemme; især om førsteviolinisten i en strygekvartet ≠ SEKUNDO

primo[2]

ADV.

primo {august} i begyndelsen af en måned; mere præcist: inden for de ti første dage af en måned el., ved handel med værdipapirer og ved angivelse af vekslers forfaldsdag, på månedens første dag ≠ MEDIO, ULTIMO □ *varerne bliver leveret primo december* · *tiltrædelse primo august* • **primo {halvtreds}** inden for den første del af det tiår der begynder med det angivne tal □ *han er primo halvtreds*

primtal

SUBST. *~tallet,* plur. *~tal, ~tallene*

et tal der kun er deleligt med 1 og sig selv, fx *7* el. *29*

primula

SUBST. *-en,* plur. *-er, -erne*

en kort- el. langstilket staude med gule, hvide, røde el. blå blomster og rosetstillede blade; latinsk navn *Primula* = KODRIVER, AURIKEL

primus ®

SUBST. *-en* (el. *primussen*), plur. *-er* (el. *primusser*), *-erne* (el. *primusserne*)

et kogeapparat som bruger petroleum som brændstof = PRIMUSAPPARAT

primus motor

se under *motor* □ *han var foreningens primus motor*

primær

ADJ. *-t, -e*
['pri·mæ'r el. *pri'mæ'r]*

som er mere betydningsfuld el. grundlæggende end noget andet ≠ SEKUNDÆR □ *statens primære opgave er at varetage borgernes interesser* · *få dækket sine primære behov*

primærfarve

SUBST. *-n,* plur. *-r, -rne*

en af de tre farver (rød, gul, blå) hvoraf alle andre farver kan laves ved blanding = GRUNDFARVE

primærkommune

SUBST. *-n,* plur. *-r, -rne*
/pri'mærkommune/

= KOMMUNE ≠ AMTSKOMMUNE

primærvalg

SUBST. *-et,* plur. *~valg, -ene*

valg af delegerede til partikonventerne i USA □ *vinde et primærvalg* · *der var demokratisk primærvalg i staten Maryland*

princip

SUBST. *princippet,* plur. *principper, principperne*
/prin'cip/

en generel forudsætning el. overbevisning som man lægger til grund for sine holdninger og handlinger = GRUNDSÆTNING, GRUNDREGEL, MAKSIME □ *en mand med faste principper* · *det er imod mine principper* · *jeg har det princip at jeg ikke lytter til sladder* □ *principbeslutning* · *principdiskussion* · *principfast* · *principsag* · *principspørgsmål* • **af princip** i overensstemmelse med ens overbevisning □ *jeg spiser af princip aldrig kød* • **i princippet** hvad det væsentlige el. grundlæggende angår □ *vi er i princippet enige* · *det er i princippet godt nok, men trænger til visse justeringer* • en grundlæggende el. generel lov, regel, forestilling el. sandhed om noget □ *det ondes princip* · *principperne for Universets eksistens* · *det er i modstrid med socialismens grundlæggende principper* · *maskinen er i virkeligheden baseret på et meget simpelt princip* □ *gratisprincip*

principal[1]

SUBST. *-en,* plur. *-er, -erne*
/princi'pal/

1. (glds.): = ARBEJDSGIVER
2. ⟨også *-et*⟩ det vigtigste register i et orgel

principal[2]

ADJ. *-t, -e*
/princi'pal/

som er det vigtigste □ *det principale punkt på dagsordenen*

principfast

ADJ. *- , -e*

som ikke fraviger sine principper

principiel

ADJ. *-t, principielle*
[prænsi'pjæl']

som er baseret på et princip □ *hun er principielt imod at diskutere med børn* · *jeg stemmer nej af principielle grunde* • væsentlig og grundlæggende □ *vi er enige i det principielle*

prins

SUBST. *-en,* plur. *-er, -erne*

en søn af el. en nær slægtning til en konge el. en dronning □ *prins af Danmark* □ *arveprins* · *kronprins* □ *prinsregent* • en regerende dronnings el. kronprinsesses gemal □ *prinsgemal*

prinsesse

SUBST. *-n,* plur. *-r, -rne*
/prin'sesse/

en datter af el. en nær slægtning til en konge el. en dronning □ *arveprinsesse* · *kronprinsesse*

prinsgemal

SUBST. *-en,* plur. *-er, -erne*

en regerende dronnings ægtefælle

print

SUBST. *-et,* plur. *print, -ene*

1. udskrift fra en printer = UDSKRIFT □ *man kan se på skærmen hvad der kommer ud på print* · *tage et print af et udkast til en brochure* □ *laserprint* • **på print** som udskrift ≠ PÅ PRENT □ *lad os lige se det på print* · *kan jeg få det på print?*
2. en plade med påtrykt elektronisk kredsløb

printe

VERB. *-r, -de, -t*

printe ngt ud skrive tekst fra en computer ud på papir = UDSKRIVE □ *printe en tekst ud*

printer

SUBST. *-en,* plur. *-e, -ne*

(edb): en maskine som kan udskrive tekst og grafik fra en computer

prior

SUBST. *-en,* plur. *-er, -erne*

et overhoved for et mindre kloster el. abbedens nærmeste underordnede i et moderkloster = ABBED □ *munkene spurgte deres prior til råds* □ *priorkappe* □ *munkeprior* · *nonneprior*

priorinde

SUBST. *-n,* plur. *-r, -rne*
/prior'inde/

= ABBEDISSE

prioritere

VERB. *-r, -de, -t*
/priori'tere/

1. prioritere ngt ordne noget efter hvad der er mest betydningsfuldt □ *prioritere sine arbejdsopgaver* · *man må hele tiden prioritere* □ *prioritering* • **prioritere ng(t)** give nogen el. noget fortrinsret □ *han prioriterer familien højere end sit arbejde*
2. prioritere ngt optage prioritetslån i noget □ *prioritere gården* · *ejendommen er prioriteret til op over skorstenen*

prioritet

SUBST. *-en,* plur. *-er, -erne*
/priori'tet/

1. en fortrinsret i forhold til noget af mindre vigtighed □ *de gav sagen første prioritet* □ *prioritetsorden*
2. pant i fast ejendom □ *de indestående prioriteter i en ejendom* · *have en prioritet i en ejendom* · *fordringen har første prioritet* · *indfri en prioritet* □ *prioritetshaver* · *prioritetslån* · *prioritetsydelse*

prioritetslån

SUBST. *-et,* plur. *~lån, -ene*

et lån der optages mod at give sikkerhed i fast ejendom

pris

SUBST. *-en,* plur. *-er, -erne*

1. den mængde penge man må betale for en vare el. en tjenesteydelse □ *aftale en pris* · *prisen på kaffe er faldet* □ *prisbevidst* · *prisdannelse* · *prisklasse* · *priskrig* · *prisniveau* · *prisstigning* · *prisstop* □ *bundpris* · *dagspris* · *detailpris* · *indkøbspris* · *salgspris* · *vennepris*
2. en præmie ved en konkurrence □ *udsætte en pris* · *vinde en pris* □ *prisbelønne* □ *andenpris* · *filmpris* · *førstepris* · *litteraturpris* · *nobelpris*
3. en portion som kan holdes mellem tre fingre; især om snustobak □ *en pris tobak*
4. (ikke plur.): = LOVPRISNING □ *synge til Guds pris*
5. for enhver pris for alt i verden □ *jeg vil ikke påtage mig arbejdet for enhver pris* · *du må for enhver pris ikke komme for sent* • **sætte pris på ngt** værdsætte nogen el. noget □ *jeg sætter stor pris på ham*

prisbillig

ADJ. *-t, -e*

som er billig i pris ≠ DYR

prise[1]

SUBST. *-n,* plur. *-r, -rne*

et skib el. en ladning der er beslaglagt af en krigsførende magt

prise[2]

VERB. *-r, priste, prist*

1. = LOVPRISE □ *gæsterne priste den gode mad* · *hun priste ham i høje toner* · *prise Gud*
2. prise sig lykkelig for ngt føle sig lykkelig el. taknemmelig for noget □ *han kan prise sig lykkelig for at han ikke blev opdaget*

prisfald

SUBST. *-et,* plur. *~fald, -ene*

det at prisen på noget bliver mindre ≠ PRISSTIGNING □ *der kan forventes et mindre prisfald på landbrugsvarer*

prisgive

VERB. *-r, ~gav, -t*

prisgive ng(t) til ng(t) overlade nogen el. noget til at klare el. beskytte sig selv i en vanskelig el. truende situation □ *hvis hjælpen ikke kommer snart er vi prisgivet* · *prisgive byen til fjenden*

prisindeks

SUBST. *-en* el. *-et,* plur. *-er, -erne*

et indekstal der viser hvor meget priserne i gennemsnit stiger el. falder på visse varer □ *engrosprisindeks* · *forbrugerprisindeks* · *månedsprisindeks* · *råvareprisindeks*

prisklasse

SUBST. *-n,* plur. *-r, -rne*

en gruppering af varer med nogenlunde samme pris □ *frakker i forskellige prisklasser* · *bilen er den bedste i sin prisklasse* · *hun plejer ikke at drikke vin i den prisklasse*

prisme

SUBST. *-t,* plur. *-r, -rne*

1. en gennemsigtig, kantet genstand som bruges til afbøjning el. brydning af lyset, fx i en kikkert el. et periskop = OPTISK PRISME □ *et prisme afbøjer det hvide lys så det spreder sig ud og danner et farvet spektrum* □ *prismekikkert* □ *glasprisme* • (geometri): en lukket, rumlig figur hvis endeflader er to ens *polygoner* og hvis sideflader er *parallelogrammer;* i et tresidet prisme er endefladerne trekanter, i et firsidet firkanter osv.
2. ⟨best. *-n*⟩ hvert af de kantede glasstykker i en *prismekrone*

prismekrone

SUBST. *-n,* plur. *-r, -rne*

en stor lysekrone med mange nedhængende prismer som lyset brydes i = PRISMELYSEKRONE

prisstigning

SUBST. *-en,* plur. *-er, -erne*

en stigning i en pris □ *vi kan vente en voldsom prisstigning på el til vinter*

prisstop

SUBST. *~stoppet,* plur. *~stop, ~stoppene*

et politisk instrument der indfører stop i prisstigningerne □ *regeringen vedtog prisstop*

pristager

SUBST. *-en,* plur. *-e, -ne*

en person der har vundet en pris for sin præstation; fx i en konkurrence = PRÆMIETAGER

pristal

SUBST. *~tallet,* plur. *~tal, ~tallene*

et tal der angiver prisniveauets størrelse i forhold til prisniveauet et bestemt år □ *reguleringspristal*

pristalsregulere

VERB. *-r, -de, -t*

pristalsregulere ngt regulere priserne i forhold til udviklingen □ *pristalsregulerede lønninger*

priv.

fork. for *privat*

privat

ADJ. *- , -e*
/pri'vat/

1. som ejes el. bruges af en el. flere enkeltpersoner som har ret til at bestemme over det ≠ OFFENTLIG □ *foretagendet er privat* · *privat vej* · *privat ejendom* · *privat skifte* □ *privatbane* · *privatbil* · *privateje* · *privatkapital* · *privatklinik* · *privatskole* · *privatteater* · *privatøkonomi* • som ikke er professionel el. næringsdrivende □ *intet salg til private* □ *privatkunde* · *privatmand*
2. som kun inddrager el. angår en enkelt el. få personer = FORTROLIG □ *min helt private mening* · *en dagbog er noget meget privat* · *brevet var stemplet privat og personligt* · *pressen havde fået fat i private oplysninger om parret* · *vi omgås ikke privat* · *en privat bekendt* · *en privat samtale* · *et privat hjem* □ *privatliv* · *privatsag* · *privatundervisning* · *privatsfære*

privatisere

VERB. *-r, -de, -t*
/privati'sere/

privatisere ngt lade en offentlig virksomhed overgå til privat drift, dvs. at ledelsen ikke mere er under statskontrol □ *privatisere sygehusvæsenet* □ *privatisering*

privatist

SUBST. *-en,* plur. *-er, -erne*
/priva'tist/

en person der tager en eksamen uden at have fulgt undervisningen

privatliv

SUBST. *-et,* plur. *~liv, -ene*

livet i ens eget hjem = FAMILIELIV □ *han værnede om sit privatliv* · *du skal ikke blande dig i mit privatliv* · *privatlivets fred*

privatmand

SUBST. *-en,* plur. *~mænd, ~mændene*

den person en mand er når han ikke er på arbejde □ *som privatmand er han meget mere afslappet*

privatperson

SUBST. *-en,* plur. *-er, -erne*

den person man er når man ikke er på arbejde □ *som privatperson er han meget rarere*

privatsag

SUBST. *-en,* plur. *-er, -erne*

noget som ikke vedkommer andre □ *mit forhold til alkohol er en privatsag som ikke vedkommer andre*

privatskole

SUBST. *-n,* plur. *-r, -rne*

en skole der ejes af en privat organisation □ *gå på privatskole*

privatundervisning

SUBST. *-en,* plur. *-er, -erne*

undervisning der gives af en person uden for det officielle undervisningssystem, og som betales af eleverne selv ≠ SKOLEUNDERVISNING □ *modtage privatundervisning i engelsk*

privilegere

VERB. *-r, -de, -t*
/privile'gere/

privilegere ng(t) give nogen el. noget et privilegium □ *i stedet for at privilegere en bestemt kultur kaster byen sig ud i det mangfoldige* · *han har en privilegeret stilling*

privilegium

SUBST. *privilegiet,* plur. *privilegier, privilegierne*
/privi'legium/

en fordel el. rettighed som kun få har = SÆRRETTIGHED, FORRETTIGHED □ *lederstillingen giver mange privilegier*

pro anno

fork. *p.a.*

pr. år = ÅRLIG □ *renten er 10% pro anno*

probat

ADJ. *- , -e*
[pro'ba'ť]

som har en kraftig virkning = VIRKNINGSFULD □ *et probat middel mod lus*

probere

VERB. *-r, -de, -t*
/pro'bere/

probere ngt prøve at fastslå noget; specielt om en legerings indhold af ædle metaller □ *probering*

problem

SUBST. *-et,* plur. *-er, -erne*
/pro'blem/

1. en sag, person, ting el.lign. der giver vanskeligheder, og som det kræver omtanke el. handling at løse el. overvinde □ *det er et rent teknisk problem* · *diskutere et problem* · *løse et problem* · *jeg har problemer med at starte bilen* · *han er ved at blive et problem for sine omgivelser* · *have problemer med maven* □ *problembarn* · *problemløsning*
2. en bestemt opgave der skal løses □ *et matematisk problem* □ *problemregning*

problematik

SUBST. *problematikken,* plur. *problematikker, problematikkerne*
/problema'tik/

en række sammenhængende problemer set som en helhed □ *sætte sig ind i problematikken* · *der er tale om en yderst kompliceret problematik*

problematisere

VERB. *-r, -de, -t*
/problemati'sere/

problematisere ngt fremlægge el. diskutere en problematik □ *det problematiserende aspekt i kunsten* □ *problematisering* ● **problematisere ngt** gøre noget til et større problem end det i virkeligheden er □ *der er ingen grund til at problematisere situationen*

problematisk

ADJ. *- , -e*
/proble'matisk/

som giver anledning til problemer □ *forholdet mellem dem er problematisk* · *han har haft en problematisk opvækst* · *håndhævelsen af reglen kan blive problematisk*

problembarn

SUBST. *-et,* plur. *~børn, ~børnene*

et vanskeligt barn □ *hun er lidt af et problembarn*

procedere

VERB. *-r, -de, -t*
/proce'dere/

fremlægge en sag som man ser den, ofte om anklager og forsvarer i en retssag

procedure

SUBST. *-n,* plur. *-r, -rne*
[prosə'dy'ɔ]

1. et sæt af regler for hvordan noget skal gøres = FREMGANGSMÅDE □ *man følger en bestemt procedure ved optagelse af nye studerende*
2. en retssags behandling □ *retsprocedure* ● en advokats indlæg under en retssag □ *advokaten lagde ikke fingrene imellem i sin procedure*

procent

SUBST. *-en,* plur. *-er, -erne*
[pro'sæn'ť]
fork. *pct.* el. %

= HUNDREDEDEL □ *en høj procent* · *forskellige procenter* □ *procentenhed* · *procentindhold* · *procentregning* · *procentsats* · *procenttal* · *procenttegn* ● ⟨efter mængdeangivelse: plur. *procent*⟩ □ *87 procent stemte* · *aktien giver 6 procent i udbytte* · *eksporten er steget med 10 procent i forhold til sidste år* · *vinen indeholder 12 procent alkohol* ● **få procenter** få rabat □ *han kan få procenter i den forretning* ● **få procenter af salget** få et beløb udbetalt i forhold til hvor meget man sælger ● **100 procent** fuldstændig □ *jeg er 100 procent enig med dig*

procentdel

SUBST. *-en,* plur. *-e, -ene*

en mængde der angives i procent □ *kun en ringe procentdel af medlemmerne var mødt* · *det er et område med en høj procentdel af unge*

procentregning

SUBST. *-en*

(matematik): regning med procenter

procentsats

SUBST. *-en,* plur. *-er, -erne*

et tal der udtrykker et forhold beregnet i procent

proces

SUBST. *processen,* plur. *processer, processerne*
[pro'sæs]

1. et sæt af handlinger som medfører at noget ændres el. udvikles; det kan være et forløb el. en fremgangsmåde = OMDANNELSE, UDVIKLING □ *det er en vanskelig proces at lære at skrive* · *en indviklet psykologisk proces* · *en kemisk proces* · *processen kan rationaliseres for at spare ressourcer* □ *procesindustri* □ *tilvirkningsproces*
2. en strid som behandles og afgøres ved en domstol = RETSSAG □ *føre proces mod krigsforbryderen* · *ligge i proces med staten* · *vinde en proces* □ *procesfejl* · *procesret* □ *civilproces* · *skueproces* · *procesform* ● **fri proces** en retssag hvor omkostningerne betales af staten □ *få tilkendt fri proces*
3. gøre kort proces handle hurtigt □ *de gjorde kort proces med problemet*

procession

SUBST. *-en,* plur. *-er, -erne*
[prosə'sjo'n]

et højtideligt optog □ *gå i procession* · *processionen nærmede sig byens torv* · *de ankom i procession til slottet*

processor

SUBST. *-en,* plur. *-er, -erne*
/pro'cessor/

(edb): hovedkomponenten i en computer der styrer programudførelsen og udfører de forskellige former for databehandling = CPU, CENTRALENHED □ *mikroprocessor*

processuel

ADJ. *-t, processuelle*
/processu'el/

som har at gøre med førelsen af en retssag □ *der blev givet en processuel meddelelse*

producent

SUBST. *-en,* plur. *-er, -erne*
/produ'cent/

en person el. et firma der fremstiller en vare □ *nogle producenter sælger til omkringrejsende opkøbere* □ *producentland* □ *filmproducent · madvareproducent · våbenproducent* • en person der finansierer og leder fx en film- el. pladeindspilning □ *filmproducent · pladeproducent*

producer

SUBST. *-en,* plur. *-e, -ne*
[pro'dju·sɔ]

en person der leder optagelsen af og styrer økonomien for en film, en pladeindspilning el. en radio- el. tv-udsendelse □ *producer på en ny dansk tv-serie* □ *producerassistent* □ *filmproducer · tv-producer*

producere

VERB. *-r, -de, -t*
/produ'cere/

1. producere ngt lave et produkt = FREMSTILLE, FABRIKERE, LAVE □ *fabrikken producerer delkomponenter til radioer · grønne planter producerer ilt · han producerede en række børnebøger*
2. producere ngt forestå optagelsen af en film, en radioudsendelse el. et stykke musik □ *han har produceret mange filmklassikere* □ *koproducere*

produkt

SUBST. *-et,* plur. *-er, -erne*
/pro'dukt/

1. en fremstillet vare □ *fabrikken forsker hele tiden i nye produkter · de forskellige trin fra idé til færdigt produkt · en stykliste er en fortegnelse over de komponenter der indgår i det færdige produkt* □ *produktgaranti · produktudvikling* □ *biprodukt · landbrugsprodukt · naturprodukt · råprodukt · slutprodukt* • et resultat af et arbejde, en indsats el. en udvikling □ *produktet af en indsats · hun er et produkt af sin tid*
2. (matematik): det tal der er resultatet af en multiplikation □ *27 er produktet af 3 og 9* □ *produktregning*

produkthandler

SUBST. *-en,* plur. *-e, -ne*

en person der opkøber og videresælger gammelt jern og papir = JERNHANDLER

produktion

SUBST. *-en,* plur. *-er, -erne*
[produg'sjo'n el. *prodåg'sjo'n]*

fremstilling af et produkt □ *produktion af varer og tjenester · landet må mindske sin produktion af mælk* □ *produktionsapparat · produktionsfaktor · produktionskapacitet · produktionsleder · produktionsmiddel · produktionsomkostning* □ *egenproduktion · kornproduktion · masseproduktion · overproduktion · serieproduktion · vareproduktion* • **sætte ngt i produktion** starte en produktion af et produkt □ *de satte deres nye el-bil i produktion* • resultatet af det som er blevet fremstillet; især om kunstneriske værker □ *en udstilling af kunstnerens meget omfattende produktion* □ *filmproduktion, studieproduktion*

produktionsskole

SUBST. *-n,* plur. *-r, -rne*

en skole for unge mellem 18-30 år som afholder kurser i værkstedsfag o.l. sideløbende med almene fag

produktiv

ADJ. *-t, -e*

som fremstiller el. skaber meget = FRUGTBAR □ *en produktiv forfatter · et produktivt samarbejde* □ *produktivitet · produktivkraft*

produktivitet

SUBST. *-en,* plur. *-er, -erne*
/produktivi'tet/

et mål for en produktions effektivitet, dvs. forholdet mellem produktionsindsatsen og produktionsresultatet □ *japanske virksomheder har en meget høj produktivitet* □ *arbejdskraftproduktivitet*

produktudvikling

SUBST. *-en,* plur. *-er, -erne*

forbedring af produkter og skabelse af nye produkter til markedet

pro et contra

(form.): = FOR OG IMOD □ *debatten pro et contra privatisering af sundhedssektoren · her kan anføres både pro et contra*

prof.

1. fork. for *professionel*
2. fork. for *professor*

profan

ADJ. *-t, -e*
/pro'fan/

1. = VERDSLIG ≠ GEJSTLIG □ *profan musik*
2. som profanerer = BLASFEMISK □ *profane blikke*

profanation

SUBST. *-en,* plur. *-er, -erne*
[profana'sjo'n]

det at vanhellige noget = VANHELLIGELSE □ *nogle betragter skilmisse som en profanation af kirken*

profanere

VERB. *-r, -de, -t*
/profa'nere/

profanere ngt = VANHELLIGE □ *profanering*

profession

SUBST. *-en,* plur. *-er, -erne*
[profə'sjo'n]

en faglig beskæftigelse som man er oplært i, udddannet til eller ansat til at udføre □ *han er gartner af profession*

professionalisme

SUBST. *-n*
/professiona'lisme/

1. faglig dygtighed i udøvelsen af et erhverv □ *arbejdet var udført med stor professionalisme*
2. det at drive noget som erhverv; især om sport □ *professionalisme i sportsverdenen bliver mere og mere udbredt*

professionel

ADJ. *-t, professionelle*
/pro'fessionel/

1. som er udført med stor faglig dygtighed □ *et professionelt stykke arbejde*
2. som driver noget som erhverv; især sport □ *en professionel bokser · han blev professionel i sidste sæson · der var tilmeldt tre profesionelle til turneringen*

professor

SUBST. *-en,* plur. *-er, -erne*
/pro'fessor/

en lærer og en forsker af højeste grad ved et universitet el. anden højere læreanstalt □ *adjungeret professor · professor i fysik* □ *professortitel · professorkompetent* □ *engelskprofessor · matematikprofessor · universitetsprofessor*

professorat

SUBST. *-et,* plur. *-er, -erne*
[profæso'ra't]

en stilling som professor = PROFESSOREMBEDE □ *professorat i fysik · søge et professorat*

profet

SUBST. *-en,* plur. *-er, -erne*
[pro'fe't]

1. (i kristendom, jødedom og islam): en person som er udvalgt af Gud til at forkynde Guds vilje; el. i jødedommen, en religionsforkynder □ *profeten Esajas*
2. en person som kan forudsige noget der vil ske i fremtiden = SPÅMAND □ *vejrprofet*

profetere

VERB. *-r, -de, -t*
/profe'tere/

profetere ngt forkynde Guds vilje om noget □ *Jeremias profeterede jødernes og de andre folks skæbne* • **profetere ngt** = FORUDSIGE □ *han profeterede at Jugoslavien ville falde fra hinanden*

profeti

SUBST. *-en,* plur. *-er, -erne*
/profe'ti/

en profets forkyndelse • en forudsigelse el. spådom □ *hans profeti skulle vise sig at gå i opfyldelse* □ *dommedagsprofeti*

profetisk

ADJ. *- , -e*
/pro'fetisk/

som har at gøre med en profet el. en profeti • som er fremsynet el. forudsigende □ *profetiske ord*

profil[1]

SUBST. *-et,* plur. *-er, -erne*
/pro'fil/

et skematisk lodret tværsnit gennem en genstand; især om tværsnit af en bygning el. en konstruktion□ *tegningen viste et profil af huset*

profil[2]

SUBST. *-en,* plur. *-er, -erne*
/pro'fil/

et omrids af noget, især et ansigt set fra siden□ *have en smuk profil · tegne en profil af noget · male noget i profil · billedet er taget i profil* □ *profilbillede* • en samling bemærkelsesværdige egenskaber = SÆRPRÆG, PERSONLIGHED □ *partiet har ikke en markant profil · han var en markant profil i litteraturen* • **holde lav profil** undlade at gøre sig bemærket

profilere

VERB. *-r, -de, -t*
/profi'lere/

1. profilere ng(t) tydeliggøre el. fremhæve nogen el. noget i forhold til omgivelserne = MARKERE □ *han har profileret sig stærkt som ordfører i Folketinget · firmaet ønskede at profilere sig på det danske marked · vi må fremover profilere virksomheden og ikke enkeltpersoner · profilere et produkt*
2. profilere ngt forarbejde el. forme noget så det får en bestemt profil □ *profilerede loftslister* □ *profilering*

profit

SUBST. *profitten,* plur. *profitter, profitterne*
/pro'fit/

den indtægt en virksomhed har ved at sælge sit produkt □ *sælge en vare med profit* □ *profitbegreb · profitinteresse · profitmaksimering* □ *millionprofit* • (neds.): et økonomisk udbytte som opnås gennem umoralsk adfærd□ *jage efter profit · profitten i det kapitalistiske samfund* □ *profitmager* • **gå af med profitten** få hele fortjenesten

profitabel

ADJ. *-t, profitable*
/profi'tabel/

som giver et økonomisk overskud = LØNSOM □ *en profitabel forretning*

profitere

VERB. *-r, -de, -t*
/profi'tere/

profitere på el. **af ngt** have fortjeneste på noget el. fordel af noget □ *han profiterede af sine kundskaber i fransk · det sensationsblad profiterer på andres ulykke · bankerne profiterede på de dårlige tider* □ *profitering*

proforma

ADJ.
/pro'forma/

som er rent formelt, men som ikke har nogen virkelig betydning □ *gifte sig proforma* □ *proformaægteskab · proformapartnerskab*

prognose

SUBST. *-n,* plur. *-r, -rne*
[*pro'no·sə* el. *prog'no·sə*]

forudsigelse af en udvikling el. et resultat af noget, fx en patients chancer for helbredelse el. udfaldet af et valg□ *opstille en prognose · med hans alkoholbehov må man sige at hans leversygdom har en dårlig prognose · bankens prognose for næste år viser stigende ledighed · ifølge prognoserne vil trafikken over Storebælt stige eksplosivt* □ *prognosetal* □ *helbredsprognose · valgprognose · vejrprognose*

prognosticere

VERB. *-r, -de, -t*
[*pronɔsdi'se'ɔ* el. *prognɔsdi'se'ɔ*]

prognosticere ngt stille en prognose om noget□ *han prognosticerede en stor tilbagegang for socialdemokraterne* □ *prognosticering*

program

SUBST. *programmet,* plur. *programmer, programmerne*
/pro'gram/

1. en plan for hvordan noget skal forløbe, fx et stykke arbejde, en fest el. en forestilling□ *lægge et program for dagens arbejde · der er lagt et stramt program for dronningens besøg · så står der en times gymnastik på programmet · det Kongelige Teater har Figaro på programmet til efteråret* □ *arbejdsprogram · efterårsprogram · festprogram · kursusprogram · motionsprogram · teaterprogram* • et hefte med programmet for en forestilling□ *teaterprogram* • **have ngt på programmet** have planer om at gøre noget □ *hvad har du så på programmet i dag?*
2. ideer, mål og retningslinier for et politisk parti el. en bevægelse □ *partiprogram* □ *handlingsprogram · principprogram* • en handlingsplan for udvikling af et område □ *forskningsprogram · udviklingsprogram*
3. hver af de bølgelængder som radio- el. tv-udsendelse udsendes over□ *der er en opera på program 2 kl. 15* □ *programchef · programdirektør · programflade* • hver af de udsendelser der sendes i radio og tv = UDSENDELSE □ *se et program om natur · lytte til et program* □ *musikprogram · radioprogram · regionalprogram · tv-program · underholdningsprogram* □ *nyhedsprogram* • oversigt over udsendelser i radio el. tv
4. (edb): et sæt af instruktioner som indlæses i en computer til løsning af en bestemt opgave□ *dataprogram · tekstbehandlingsprogram*
5. en indstilling på en maskine, fx en vaskemaskine, som styrer et bestemt sæt af funktioner□ *kogeprogram · skåneprogram*

programchef

SUBST. *-en,* plur. *-er, -erne*

en person på en radio- el. tv-station der er ansvarlig for programlægning og afvikling af udsendelser

programflade

SUBST. *-n,* plur. *-r, -rne*

fordelingen af programtyper, fx kultur- og underholdningsprogrammer, i en radio- el. tv-stations udsendelser

programmel

SUBST. *programmellet,* plur. *programmeller, programmellerne*
[*progra'mæl'*]

= SOFTWARE

programmere

VERB. *-r, -de, -t*
/program'mere/

programmere ngt udarbejde et program, specielt til en computer

programmeringssprog

SUBST. *-et,* plur. *~sprog, -ene*

(edb): et kodningssprog der anvendes til at programmere edb-programmer i

programmusik

SUBST. *~musikken*

musik der skildrer fx naturoplevelser, begivenheder el. følelser, som regel angivet i titlen ≠ ABSOLUT MUSIK

programmør

SUBST. *-en,* plur. *-er, -erne*
/program'mør/

en person der som erhverv udvikler edb-programmer

programpolitik

SUBST. *~politikken*

den linie der lægges fra en radio- el. tv-stations side med hensyn til programmer og programtyper i udsendelserne

programvært

SUBST. *-en,* plur. *-er, -erne*

en person som er vært i et tv- el. radioprogram = STUDIEVÆRT □ *hun er programvært på p3*

progression

SUBST. *-en,* plur. *-er, -erne*
[*progræ'sjo'n*]

en fremgang der sker med jævn tilvækst; bruges især om skatteligningens procentvise stigning ved øget indtjening ≠ DEGRESSION, REGRESSION □ *progressionen i statsskatten skal udligne de lønmæssige uligheder i befolkningen* □ *progressionsberegning*

progressiv

ADJ. *-t, -e*

1. som er positiv over for nye tendenser og forandringer □ *en progressiv politik · have progressive holdninger* □ *progressivitet*
2. med jævn tilvækst ≠ DEGRESSIV, REGRESSIV □ *progressiv beskatning*

projekt

SUBST. *-et,* plur. *-er, -erne*
[*pro'sjægt*]

en idé og et udkast til gennemførelse af et større arbejde som kræver omhyggelig planlægning, og som strækker sig over et stykke tid; også om selve arbejdet □ *projektet blev vedtaget af bestyrelsen · eleverne arbejdede med et projekt om ungdomskriminalitet · han arbejdede på et projekt i Kenya* □ *projektansat · projektleder · projektopgave* □ *forskningsprojekt · landbrugsprojekt · pilotprojekt · skitseprojekt · ulandsprojekt*

projektere

VERB. *-r, -de, -t*
[*prosjæg'te'ɔ*]

projektere ngt udarbejde en plan for noget; især

om større anlægsarbejder = PLANLÆGGE ◻ *projektere et nyt boligområde* • *den projekterede motorvejsforbindelse* ◻ *projektering*

projektil

SUBST. *-et,* plur. *-er, -erne*
[*prosjæg'ti'l*]

en genstand som afskydes med et skydevåben, fx en kugle el. en granat ◻ *projektilet blev slået tilbage fra væggen* ◻ *projektilbane* • *projektilregn* ◻ *artilleriprojektil*

projektion

SUBST. *-en,* plur. *-er, -erne*
[*projæg'sjo'n*]

1. en geometrisk afbildning af en rumlig figur på en plan flade; især i forbindelse med korttegning ◻ *retvinklet projektion* • *parallel projektion*
2. det at frembringe et billede på en skærm el. et lærred ◻ *projektionsapparat*
3. (psykologi): det at tillægge andre sine egne motiver og følelser ◻ *hans foragt for hende var en projektion af hans egen mangel på selvværd*

projektmager

SUBST. *-en,* plur. *-e, -ne*

en person der opstiller urealisable projekter = FANTAST, HIMMELSTORMER

projektør

SUBST. *-en,* plur. *-er, -erne*
[*prosjæg'tø'r*]

et apparat der udsender en koncentreret, stærk lysstråle = LYSKASTER ◻ *stærke projektører som lyste mod flyet der stod på jorden* • *slottet var belyst af projektører* ◻ *projektørbelysning* • *projektørlys*

projicere

VERB. *-r, -de, -t*
/*proji'cere*/

1. projicere ngt afbilde en rumlig figur geometrisk på en plan flade; især i forbindelse med korttegning ◻ *projicering*
2. projicere ngt frembringe et billede på en skærm el. et lærred ◻ *oversigten blev projiceret på væggen*

proklama

SUBST. *-et,* plur. *-er, -erne*
/*pro'klama*/

en indkaldelse som sendes til personer der mener at have krav over for en person, et bo el.lign.; indebærer at de indkaldte personer skal møde op og gøre deres krav gældende inden en vis frist

proklamere

VERB. *-r, -de, -t*
/*prokla'mere*/

proklamere ngt højtideligt bekendtgøre noget = OFFENTLIGGØRE, BEKENDTGØRE, ERKLÆRE, NOTIFICERE ◻ *landet, proklamerede lederen, var blevet frihedens land* • *der er proklameret undtagelsestilstand* ◻ *proklamering*

prokura

SUBST. *-en,* plur. *-er, -erne*
[*pro'ku·ra*]

en generel fuldmagt til at handle på et firmas el. en banks vegne og træffe bindende aftaler ◻ *have prokura* • *prokura kan ikke overføres til en anden, men kan meddeles flere personer* ◻ *kollektivprokura*

prokurator

SUBST. *-en,* plur. *-er, -erne*
/*proku'rator*/

1. (spøg.): en advokat, især en som er snu el. pengegrisk ◻ *prokuratorfif* • *prokuratorkneb* • *prokuratorstreg* ◻ *lommeprokurator*
2. (jura, hist.): en sagfører udnævnt i perioden før maj 1868

prokuratorkneb

SUBST. *-et,* plur. *~kneb, -ene*

(neds.): et juridisk kneb som bruges for at fremme el. vinde en sag ◻ *du ville aldrig være blevet frikendt uden hans prokuratorkneb*

prokurist

SUBST. *-en,* plur. *-er, -erne*
/*proku'rist*/

en person der har *prokura* i et firma

proletar

SUBST. *-en,* plur. *-er, -erne*
/*prole'tar*/

1. et medlem af den laveste ejendomsløse samfundsklasse ◻ *proletarer i alle lande, foren jer!* • *være fortaler for proletarerne* ◻ *proletariat* • *proletarisere* • *proletarisme* • *proletarklasse* • *proletarkvarter*
2. (neds.): = PLEBEJER

proletariat

SUBST. *-et,* plur. *-er, -erne*
/*proletari'at*/

en gruppe af fattige el. mindrebemidlede personer ◻ *flipproletariat* • *kunstnerproletariat* • *pjalteproletariat* • (marxisme): en samfundsklasse som ikke ejer produktionsmidler, og som er nødt til at sælge sin arbejdskraft som vare ≠ BOURGEOISI

proletarisk

ADJ. *-, -e*
/*prole'tarisk*/

som er ukultiveret og hensynsløs = PØBELAGTIG

prolog

SUBST. *-en,* plur. *-er, -erne*
/*pro'log*/

en kort indledning til en bog el. et teaterstykke som angiver værkets tema el. morale = INDLEDNING, INTRODUKTION ≠ EPILOG

prolongation

SUBST. *-en,* plur. *-er, -erne*
[*prolɔŋga'sjo'n*]

udsættelse af betalings- el. leveringsfrist

promenade

SUBST. *-n,* plur. *-r, -rne*
/*prome'nade*/

et bredt udendørs gangområde, fx langs en strand, hvor man promenerer ◻ *promenadedæk* • *promenadetur* • *promenadevogn* ◻ *strandpromenade*

promenadedæk

SUBST. *~dækket,* plur. *~dæk, ~dækkene*

et åbent skibsdæk hvor passagererne kan spadsere frit omkring

promenere

VERB. *-r, -de, -t*
/*prome'nere*/

(glds., spøg.): spadsere omkring = SPADSERE ◻ *de to gamle damer promenerede i parken* • *han promenerede forbi med næsen i sky*

promille

SUBST. *-n,* plur. *-r, -rne*

1. = TUSINDEDEL ◻ *der er tale om nogle små promiller* ◻ *promilleafgift* • ⟨efter mængdeangivelse: plur. *promille*⟩ ◻ *6 promille af befolkningen* • *nogle få promille*
2. ⟨efter mængdeangivelse: plur. *promille*⟩ blodets alkoholindhold målt i tusindedele = SPIRITUSPROMILLE ◻ *det er strafbart at have over 0,8 promille i blodet når man fører et motorkøretøj* ◻ *promillekørsel*

promillekørsel

SUBST. *-en* (el. *~kørslen*)

kørsel i spirituspåvirket tilstand med en koncentration af alkohol i blodet mellem 0,8 og 1,2 promille = SPIRITUSKØRSEL, SPRITKØRSEL

prominent

ADJ. *-, -e*
/*promi'nent*/

(om en person): som er fremtrædende og betydningsfuld = HØJTSTÅENDE ◻ *prominente gæster* • *der er flere prominente navne på rollelisten*

promiskuitet

SUBST. *-en*
/*promiskui'tet*/

det at have seksuelt samvær med mange skiftende partnere

promotion

SUBST. *-en,* plur. *-er, -erne*
[*promo'sjo'n*]

tildeling af en akademisk grad, især om tildeling af doktorgrad = FORFREMMELSE

promotor

SUBST. *-en,* plur. *-er, -erne*
/*pro'motor*/

1. en person som arrangerer kampe el. styrer økonomien for professionelle idrætsudøvere ◻ *boksepromotor*
2. en person som tager initiativet til noget

promovere

VERB. *-r, -de, -t*
/*promo'vere*/

1. promovere ng(t) introducere el. reklamere for noget el. nogen ◻ *han bliver promoveret i pressen* • *promovere en idé* • *promovere et nyt produkt*
2. promovere ng tildele nogen en akademisk grad, især om tildeling af doktorgrad = FORFREMMELSE ◻ *promovering*

prompt

SUBST. *-en el. -et,* plur. *-er, -erne*

et lille tegn på en computerskærm som betyder at maskinen afventer brugerens indtastning

prompte

ADJ.

= ØJEBLIKKELIG □ *ordren må udføres prompte* · *en hurtig og prompte udskiftning*

pron.

fork. for *pronomen*

pronomen

SUBST. *-et,* plur. *-er* (el. *pronominer*), *-erne* (el. *pronominerne*)
/pro'nomen/
fork. *pron.*

et ord som betegner genstande el. personer uden at beskrive dem, og som står i stedet for substantiver, fx *han, den, vi* = STEDORD • **demonstrativt pronomen** et pronomen som bruges til at udpege den person el. ting der refereres til, fx *den* i sætningen *den bog er god* = DEMONSTRATIVPRONOMEN, DEMONSTRATIV, PÅPEGENDE STEDORD • **personligt pronomen** et pronomen som bruges i stedet for en person, fx *jeg, du, han, vi* = PERSONLIGT STEDORD • **possesivt pronomen** et pronomen der udtrykker et ejendoms- el. samhørighedsforhold, fx *min, din, vor* = POSSESSIVPRONOMEN, POSSESIV, EJESTEDORD • **reciprokt pronomen** et pronomen der betegner gensidighed, fx *hinanden* = GENSIDIGT STEDORD • **refleksivt pronomen** et pronomen som henviser et led i samme sætning, især subjektet, fx *sig* i *han vasker sig* = REFLEKSIVPRONOMEN, REFLEKSIV, TILBAGEVISENDE STEDORD • **relativt pronomen** et pronomen som viser hen til et led i en overordnet del af sætningen, fx *hvis* i sætningen *jeg mødte manden hvis kone lige er død* = RELATIVPRONOMEN, RELATIV, HENFØRENDE STEDORD

prop

SUBST. *proppen,* plur. *propper, propperne*

1. noget som lukker et hul el. spærrer i en snæver åbning □ *en prop i en en flaske* · *prop i øret* · *sætte en prop i en flaske* · *tage proppen af* · *trække en prop op* · *vinen smager af prop* □ *proptrækker* □ *blodprop* · *bundprop* · *korkprop* · *patentprop* · *ørеprop* · *stikprop*
2. en elektrisk sikring = SIKRING □ *der sprang en prop* · *udskifte en prop* · *skrue en ny prop i*
3. en korpulent person □ *en lille, tyk prop*
4. få en prop blive meget ophidset □ *hvis I bliver ved at larme sådan får jeg en prop*

propaganda

SUBST. *-en*
/propa'ganda/

udbredelse af en idé el. holdning gennem argumentation el. overtalelse = REKLAME, AGITATION □ *politisk propaganda* · *drive propaganda for noget* · *lave propaganda for sine varer* · *kampen var god propaganda for boksningen* □ *propagandafilm* · *propagandavirksomhed* □ *krigspropaganda*

propagandachef

SUBST. *-en,* plur. *-er, -erne*

en person der står for udbredelse af propaganda for et et parti, specielt det nazistiske parti før og under anden verdenskrig

propagandere

VERB. *-r, -de, -t*
/propagan'dere/

propagandere for ngt gøre propaganda for noget = AGITERE, PROPAGERE □ *han propaganderede for en bedre miljøbeskyttelse* □ *propaganderíng*

propagere

VERB. *-r, -de, -t*
/propa'gere/

propagere for ngt (form.): = PROPAGANDERE • **propagere ngt** (glds.): skaffe fremgang for noget

propel el. propeller

SUBST. *propellen,* plur. *propeller, propellerne* (propeller: *-en,* plur. *-e, -ne*)
[*pro'pæl'*]

en maskindel med to el. flere skråtstillede vinger som drejes hurtigt rundt af en motor, el. som driver en motor, og som fx fly el. skibe drives frem med □ *flyets propel blev beskadiget ved landingen* · *færgen er forsynet med propeller både for og agter* · *en vindmølle med en 17 m lang propel* · *en propel med stilbare blade* □ *propelblad* · *propeldreven* · *propelfly* · *propelmaskine* · *propelventilator* □ *skibspropel*

proper

ADJ. *-t, propre*

1. ren og ordentlig □ *en proper husassistent* · *et propert hjem* • = ORDENTLIG □ *arbejdet blev propert udført*
2. slå en proper næve se under *næve*

pro persona

/pro per'sona/

pr. person □ *det koster 20 kr. pro persona*

propfuld

ADJ. *-t, -e*

helt fuld □ *en propfuld koncertsal* · *kufferten var propfuld af snavset tøj*

proponere

VERB. *-r, -de, -t*
/propo'nere/

proponere ngt (form.): = FORESLÅ

proportion

SUBST. *-en,* plur. *-er, -erne*
[*propå'sjo'n*]

1. mængde- el. størrelsesmæssigt forhold mellem ting el. begreber der er en del af en helhed □ *en bygning med smukke proportioner* □ *proportionsforvrængning* · *proportionssans* • **ude af proportioner** ikke svarende til virkeligheden □ *sagen var helt ude af proportioner*
2. (matematik): en ligning som udtrykker at to forhold er lige store, fx a : b = c : d

proportional

ADJ. *-t, -e*
[*propåsjo'na'l*]

som står i forhold til noget andet og varierer bestemt af dette □ *skatten er proportional med indkomsten* · *det er slet ikke proportionalt med hvad han ellers mener* • (matematik, om en variabel størrelse): som vokser el. aftager i samme forhold som en anden variabel størrelse; fx er x proportional med y hvis det gælder at x = 2y = LIGEFREM PROPORTIONAL □ *en cirkels radius er proportional med dens radius* • **omvendt proportional** (matematik, om en variabel størrelse): som vokser i det samme forhold som en anden variabel størrelse aftager el. omvendt; fx er x omvendt proportional med y hvis det gælder at y = $^2/_x$

proportionalskat

SUBST. *~skatten,* plur. *~skatter, ~skatterne*

en skat der opkræves med samme procent af hele indkomsten

proportionsforvrængning

SUBST. *-en,* plur. *-er, -erne*

udtryk for at noget ikke står i forhold til noget andet

proposition

SUBST. *-en,* plur. *-er, -erne*
[*proposi'sjo'n*]

de betingelser under hvilke en sportskonkurrence udskrives

proppe

VERB. *-r, -de, -t*

1. proppe ngt i ngt fylde noget i noget på en uordentlig måde el. fylde noget til bristepunktet □ *hun proppede munden med mad* · *hun proppede bare det hele i en sæk uden at lægge det sammen* · *han proppede alle sine indkøb ned i tasken* • **proppe sig** spise for hurtigt el. for meget □ *hun propper sig med kager og slik*
2. proppe ngt lukke noget med en prop □ *proppe en flaske*

proprietær

SUBST. *-en,* plur. *-er, -erne*
/proprie'tær/

ejer af en større gård □ *proprietærgård*

proprietærgård

SUBST. *-en,* plur. *-e, -ene*

(foræld.): en landbrugsejendom på ca. 12-20 tønder hartkorn

proprium

SUBST. *propriet,* plur. *proprier, proprierne*

et substantiv der betegner en bestemt ting, dvs. et bestemt individ el. sted, fx *Lene, København* og *Jupiter;* skrives med stort begyndelsesbogstav = EGENNAVN ≠ APPELLATIV

proptrækker

SUBST. *-en,* plur. *-e, -ne*

et redskab til optrækning af korkpropper fra flasker; består af en tilspidset metalspiral der er påsat et håndtag el. en skruemekanisme

prorektor

SUBST. *-en,* plur. *-er, -erne*

en stedfortræder for en rektor ved et universitet

prosa

SUBST. *-en*

en sproglig fremstillingsform som ikke er bundet af metriske regler, dvs. den ligefremme tale- og skrivemåde ≠ POESI □ *prosaforfatter* · *prosalitteratur* · *prosatekst* □ *højprosa* · *knækprosa* · *sagprosa*

prosadigt

SUBST. *-et,* plur. *-e, -ene*

et digt der er skrevet på knækprosa

prosaisk

ADJ. *-* , *-e*
[pro'saj'isk el. *pro'sa'isk]*

1. som er nøgtern og hverdagsagtig = JORDBUNDEN, VIRKELIGHEDSNÆR, UPOETISK □ *de mere prosaiske gøremål som rengøringen og madlavningen måtte hun klare*
2. (litteraturvidenskab): udtryk for at noget udtrykkes el. fremstilles på prosa

prosektor

SUBST. *-en,* plur. *-er, -erne*
/pro'sektor/

en læge der leder obduktioner og underviser i dissektion og operationsøvelser

proselyt

SUBST. *proselytten,* plur. *proselytter, proselytterne*
/prose'lyt/

en person der antager en religion el. en overbevisning = TILHÆNGER, KONVERTIT, NYOMVENDT □ *hverve proselytter for en idé* · *Muhammed fandt mange proselytter for sin nye religion i Ægypten*

prosit

UDRÅBSORD

udtryk man bruger når nogen nyser □ *prosit, det nøs du på*

prosodi

SUBST. *-en,* plur. *-er, -erne*
/proso'di/

den del af fonologien som gælder fænomener som strækker sig over flere lyde, fx intonation og tryk □ *prosodisk*

prospekt

SUBST. *-et,* plur. *-er, -erne*
/pro'spekt/

1. en reklametryksag □ *datablade og prospekter kan rekvireres hos forhandleren*
2. en oversigt el. plan □ *kan I ikke lave et prospekt over det planlagte forløb?*
3. et perspektivisk billede af landskab, bygning el.lign. □ *prospektkort*

prospektkort

SUBST. *-et,* plur. *~kort, -ene*

(foræld.): = POSTKORT

prostata

SUBST. *-en,* plur. *-er, -erne*
['prɔsdata]

den kirtel der omgiver mandens urinrør lige under urinblæren = BLÆREHALSKIRTEL □ *han blev opereret for prostata* • den lidelse der kan opstå hos ældre mænd hvis prostata vokser hvilket medfører besvær med vandladningen

prostituere

VERB. *-r, -de, -t*
/prostitu'ere/

prostituere sig tilbyde samleje el. andre seksuelle tjenester mod betaling • **prostituere sig** gøre noget mod betaling som er under ens værdighed ≠ FORNEDRE SIG □ *han følte at han prostituerede sig ved at skrive noveller til et ugeblad*

prostitueret

SUBST. *en, den prostituerede,* plur. *prostituerede, de prostituerede*

en person som mod betaling tilbyder samleje el. andre seksuelle tjenester = LUDER, INTIMMASSØSE, MASSAGEPIGE □ *et tilholdssted for prostituerede* · *mandlig prostitueret* □ *gadeprostitueret*

prostitution

SUBST. *-en,* plur. *-er, -erne*
[prosditu'sjo'n]

det at man tjener penge på seksuelle ydelser □ *prostitutionsliv* □ *gadeprostitution* • det at man mod betaling gør noget som er under ens værdighed

protegé el. protege

SUBST. *-en,* plur. *-er, -erne*
[protə'sje]

en person der beskyttes og hjælpes frem af en indflydelsesrig person ≠ MÆCEN □ *han var en af præsidentens protegéer*

protegere

VERB. *-r, -de, -t*
[protə'sje'ɔ]

protegere ng have en person under sin protektion □ *han protegerede en del unge kunstnere*

protein

SUBST. *-et,* plur. *-er, -erne*
/prote'in/

et stof som er en vigtig bestanddel i alle levende organismer og i menneskets kost hvor det fungerer som byggesten for muskler, blod m.m.; er en kompliceret organisk forbindelse som består af aminosyrer = ÆGGEHVIDESTOF □ *animalsk protein* · *vegetabilsk protein* · *protein findes først og fremmest i kød, fisk og ost* □ *proteinindhold* · *proteinmolekyle* · *proteinrig* · *proteinstof* □ *fiskeprotein* · *sojaprotein*

protektion

SUBST. *-en,* plur. *-er, -erne*
[protæg'sjo'n]

en persons beskyttelse og gunst □ *stå under nogens protektion*

protektionisme

SUBST. *-n*
/protektio'nisme/

det at beskytte den hjemlige produktion mod konkurrence udefra ved at lægge told på importvarer el. indføre andre importrestriktioner □ *visse medlemslande i EU har større tradition for protektionisme end andre*

protektionist

SUBST. *-en,* plur. *-er, -erne*
/protektio'nist/

en tilhænger af toldbeskyttelse

protektionistisk

ADJ. *-* , *-e*
/protektio'nistisk/

som har at gøre med *protektionisme* □ *føre en protektionistisk politik*

protektor

SUBST. *-en,* plur. *-er, -erne*
/pro'tektor/

en fremtrædende person der er ærespræsident for en organisation, udstilling el.lign. = ÆRESPRÆSIDENT, VELYNDER, BESKYTTER □ *kongen var udstillingens protektor*

protektorat

SUBST. *-et,* plur. *-er, -erne*
/protekto'rat/

en stat som står under en stærkere stats beskyttelse og delvis anerkender dens overherredømme

protektrice

SUBST. *-n,* plur. *-r, -rne*
/protek'trice/

(glds.): en kvindelig protektor

protese

SUBST. *-n,* plur. *-r, -rne*
/pro'tese/

en kunstig erstatning for en manglende del af den menneskelige krop, fx kunstige tænder el. et kunstigt ben □ *få indopereret en protese* □ *benprotese* · *hofteprotese* · *knæprotese* · *tandprotese*

protest

SUBST. *-en,* plur. *-er, -erne*
/pro'test/

1. det at udtrykke at man er imod noget = INDSIGELSE, INDVENDING □ *nedlægge protest mod noget* · *gøre noget under protest* · *udmelde sig af foreningen i protest* □ *protestaktion* · *protestbevægelse* · *protestparti* · *protestsang* · *protestskrivelse*
2. en officiel bekræftelse på at en veksel ikke er blevet betalt til tiden □ *optagelse af protest* □ *protestbeskrivelse*

protestant

SUBST. *-en,* plur. *-er, -erne*
/prote'stant/

en tilhænger af *protestantismen*

protestantisk

ADJ. *-* , *-e*
/prote'stantisk/

som har med *protestantismen* at gøre □ *et protestantisk land* · *den protestantiske kirke*

protestantisme

SUBST. *-n*
/protestan'tisme/

en kristen retning som opstod som en reaktion mod den katolske kirke og som omfatter den lutherske og den reformerte kirke

protestere

VERB. *-r, -de, -t*
/prote'stere/

1. protestere mod el. **over ngt** udtrykke at man er

imod noget = INDVENDE, OPPONERE □ *protestere mod den nye vej* · *protestere over nedskæringerne* · *protestere mod sanktionerne* · *hun protesterede vildt*
2. protestere en veksel få en officiel bekræftelse på at en veksel ikke er blevet betalt til tiden

protokol

SUBST. *protokollen,* plur. *protokoller, protokollerne*
[*proto'kɔl'*]

1. en bog el. dokument med referat af forhandlinger ved et møde o.l. □ *protokolsekretær* □ *sagsprotokol* • **føre protokol** = OPTAGE REFERAT • **føre til protokols** skrive ind i en protokol = OPTEGNE
2. en bog til optegning af navne, karakterer, regnskaber o.l. □ *føre protokollen*
3. de formaliteter og det ceremoniel der skal overholdes i forbindelse med diplomatisk samkvem □ *overholde protokollen* □ *protokolchef*

protokolchef

SUBST. *-en,* plur. *-er, -erne*

chef for Udenrigsministeriets afdeling, Protokollen, der tager sig af repræsentationsopgaver i forbindelse med kongehuset, statsbesøg og diplomatiet

protokollat

SUBST. *-et,* plur. *-er, -erne*
/*protokol'lat*/

et referat som er indført i en protokol

protokollere

VERB. *-r, -de, -t*
/*protokol'lere*/

protokollere ngt indføre noget i protokol □ *protokollering*

protokolsekretær

SUBST. *-en,* plur. *-er, -erne*

en dommerfuldmægtig der fører protokollerne og gør forberedelser til sager ført ved Højesteret

proton

SUBST. *-en,* plur. *-er, -erne*
[*pro'to'n*]

en positivt ladet partikel i en *atomkerne;* antallet af protoner i en atomkerne angives ved atomnummeret, fx brint 1, guld 79 ≠ ELEKTRON, NEUTRON

protoplasma

SUBST. *-et*
/*proto'plasma*/

det levende materiale i en celle

prototype

SUBST. *-n,* plur. *-r, -rne*

det første, ikke seriefremstillede eksemplar af et industriprodukt □ *de måtte færdiggøre prototypen før en egentlig produktion kunne starte* • et typisk eksempel på noget, især om personer □ *han er prototypen på den økologiske landmand*

protozo

SUBST. *-et,* plur. *-er, -erne*
[*proto'so'*]

et encellet dyr; mange arter, bl.a. *flagellater, infusionsdyr* og *amøber*

protuberans

SUBST. *-en,* plur. *-er, -erne*
/*protube'rans*/

udbrud af gasmasser fra Solens overflade

provencaler

SUBST. *-en,* plur. *-e, -ne*
[*provaŋ'sa'lɔ*]

en person fra Provence

proveniens

SUBST. *-en,* plur. *-er, -erne*
[*proven'jæn's*]

(form.): en person el. et fænomens oprindelse; især med vægt på det historiske aspekt = OPRINDELSE, HERKOMST □ *et håndskrift af byzantinsk proveniens* □ *proveniensbestemmelse*

provenu

SUBST. *-et,* plur. *-er, -erne*
[*provə'ny*]

1. et beløb som man tjener især ved salg af værdipapirer = UDBYTTE □ *nettoprovenu*
2. et beløb som staten henter ind gennem skatter og afgifter = INDTÆGT □ *forøgelse af skatter og afgifter for at hæve provenuet* · *statens provenu er stigende*

proviant

SUBST. *-en*
/*provi'ant*/

et forråd af mad som man har med sig på en rejse el. til et afsides sted □ *en ekspeditions proviant* · *proviant om bord på et skib* · *provianten slap op* □ *proviantere* □ *skibsproviant*

proviantere

VERB. *-r, -de, -t*
/*provian'tere*/

forsyne sig med proviant = FOURAGERE □ *gå til købmanden for at proviantere* · *skibet skulle proviantere i næste havn* □ *proviantering*

provins

SUBST. *-en,* plur. *-er, -erne*
/*pro'vins*/

1. provinsen landet uden for hovedstaden □ *København og provinsen* · *bo i provinsen* □ *provinsafdeling* · *provinsblad* · *provinsboer* · *provinsby* · *provinsfolk*
2. (hist.): et landområde som er underlagt et overherredømme □ *en romersk provins*

provinsianer

SUBST. *-en,* plur. *-e, -ne*
/*provinsi'aner*/

en person fra provinsen

provinsiel

ADJ. *-t, provinsielle*
/*provinsi'el*/

som er smalsporet og gammeldags □ *en provinsiel holdning* · *hans optræden er meget provinsiel*

provision

SUBST. *-en,* plur. *-er, -erne*
[*provi'sjo'n*]

betaling for at have været medvirkende til at et salg blev gennemført; provison beregnes fx som en procentdel af det beløb salget indbringer □ *firmaets sælger får provision af salget* · *hele hans løn er provision* □ *provisionsløn* □ *agentprovision* · *inkassoprovision*

provisor

SUBST. *-en,* plur. *-er, -erne*
/*pro'visor*/

en farmaceut der er ansat på et apotek, og som leder apoteksassistenterne og deltager i det daglige arbejde

provisorisk

ADJ. - , *-e*
/*provi'sorisk*/

som kun skal gælde i en begrænset periode fordi det lige nu er nødvendigt el. passende = MIDLERTIDIG □ *provisoriske love* · *en provisorisk regering*

provisorium

SUBST. *provisoriet,* plur. *provisorier, provisorierne*
/*provi'sorium*/

en midlertidig foranstaltning

provo

SUBST. *-en,* plur. *-er, -erne*

en tilhænger af en hollandsk ungdomsbevægelse der ønsker at demonstrere deres utilfredshed med det bestående samfund ved provokerende adfærd og særpræget fremtoning • en person som er meget provokerende □ *han er lidt af en provo*

provokation

SUBST. *-en,* plur. *-er, -erne*
[*provoka'sjo'n*]

det at man gennem sin adfærd forsøger at fremkalde en modreaktion el. en negativ holdning □ *de anklagede nabostaterne for militære provokationer* · *hans spørgsmål blev opfattet som en provokation* · *der var tale om en bevidst provokation fra hans side*

provokatør

SUBST. *-en,* plur. *-er, -erne*
/*provoka'tør*/

en person der søger at fremkalde uroligheder ved at provokere = FREDSFORSTYRRER □ *han er en notorisk provokatør og ballademager*

provokere

VERB. *-r, -de, -t*
/*provo'kere*/

provokere ng opføre sig på en måde så man fremkalder en modreaktion hos nogen = TIRRE □ *det siger du bare for at provokere* · *hun provokerede ham til at tage med* · *en provokerende handling* · *virke provokerende* · *provokere en udtalelse frem* □ *fremprovokere*

provst

SUBST. *-en,* plur. *-er, -erne*

en overordnet præst der på vegne af en biskop fører tilsyn med præsterne i et provsti □ *provstinde* · *provstebolig* · *provsteret* □ *domprovst*

provsteret

SUBST. *~retten*, plur. *~retter*, *~retterne*

(foræld.): en gejstlig domstol uden for København hvori en provst har forsæde og påkender gejstlige sager i første instans

provsti

SUBST. *-et*, plur. *-er*, *-erne*
/prov'sti/

en del af et *stift* som er en provsts embedsdistrikt

prr

LYDORD, UDRÅBSORD

⟨LYDORD⟩ gengivelse af en hests prusten □ *prr, lød det fra hestebåsene* • ⟨UDRÅBSORD⟩ udtryk som bruges som tegn til hesten om at standse □ *prr, stop her, Lotte!*

prud

ADJ. - (el. *-t*), *-e*

(poet., glds.): ædel og smuk = PRÆGTIG □ *hun var ung og prud • han blev bortrevet i sin prude ungdom • en borg så prud og gran*

prunk

SUBST. *-en*

(glds.): overdreven og prangende pragt el. stads □ *dagligstuen var fuld af forloren og tung prunk*

prunkløs

ADJ. *-t*, *-e*

uden overdreven pragt og stads = UPRÆTENTIØS ≠ PRANGENDE □ *en prunkløs bolig • en prunkløs, men elegant, sort kjole* □ *prunkløshed*

prust

SUBST. *-et*, plur. *prust*, *-ene*

den lyd det giver når man ånder kraftigt ud gennem munden uden at adskille læberne □ *hesten gav et kraftigt prust*

pruste

VERB. *-r*, *-de*, *-t*

frembring en lyd ved at presse luft gennem næsen □ *hesten prustede da den fik øje på hende • prustende og stønnende nåede hun ud til den druknende* □ *prusten*

prut

SUBST. *prutten*, plur. *prutter*, *prutterne*

luft som slippes ud fra endetarmen = FIS, VIND, FJÆRT • **slå en prut** slippe en prut ud = PRUTTE, FISE, SLIPPE EN VIND

prutte

VERB. *-r*, *-de*, *-t*

1. slippe tarmluft ud = FISE, SLIPPE EN PRUT, SLIPPE EN VIND, FJÆRTE
2. prutte {om ngt} forhandle om prisen på en vare for at få den billigere = SJAKRE, TINGE, KØBSLÅ, PRANGE □ *han pruttede om prisen • han forlangte først 100 kr., men jeg fik prisen pruttet ned til 80 kr.* □ *prutten*

pryd

SUBST. *-en*

noget som forskønner og giver anseelse udadtil = SIR □ *parken er en pryd for byen • en pryd for øjet • advokaten er en pryd for sin stand* □ *prydbusk*

prydbusk

SUBST. *-en*, plur. *-e*, *-ene*

en busk som dyrkes til pynt i haver = SIRBUSK

pryde

VERB. *-r*, *-de*, *-t*

pryde ngt være placeret på noget og give det et pænt udseende = PYNTE □ *blomster og flag prydede salen • væggene var prydet med kostbare malerier • hans portræt pryder bogens bagside*

prydhave

SUBST. *-n*, plur. *-r*, *-rne*

en have med prydplanter ≠ NYTTEHAVE

prydplante

SUBST. *-n*, plur. *-r*, *-rne*

en plante som dyrkes til pynt i haver el. urtepotter = SIRPLANTE ≠ NYTTEPLANTE, UKRUDT □ *roser er almindelige prydplanter*

prygl

SUBST.PLUR. *-ene*

en kropslig straf i form af slag med en kæp el. en rem = STRYG, HØVL □ *han fik prygl af sin far* □ *pryglestraf*

prygle

VERB. *-r*, *-de*, *-t*

prygle ng afstraffe nogen med slag af fx en kæp = TAMPE, HUDFLETTE □ *han blev pryglet af sin far* □ *pryglestraf*

præambel

SUBST. *-en* (el. *præamblen*) el. *-et* (el. *præamblet*), plur. *præambler*, *præamblerne*
/præ'ambel/

en indledning til en lov el. traktat • et forspil til et musikstykke = PRÆLUDIUM

præcedens

SUBST. *en* el. *et*, plur. *-er*, *-erne*
[præ'se·dæn's]

en afgørelse som danner model for senere lignende tilfælde = FORTILFÆLDE □ *finansudvalget vil ikke skabe præcedens for den slags bevillinger • dumpningen vil kunne danne præcedens for hvordan man skiller sig af med udtjente boreplatforme • følge præcedens*

præcis

ADJ. *-t*, *-e*
/præ'cis/

som er utvetydig og omhyggelig = NØJAGTIG, EKSAKT □ *en præcis formulering • det præsice tal er 2.934 • han har svært ved at udtrykke sig præcist • symaskinen syr meget præcist* • ⟨ADV.: uden *-t*⟩ på det nøjagtig fastsatte tidspunkt el. sted = NØJAGTIG, EKSAKT, PUNKTLIG, PÅ SLAGET □ *de er altid præcise • han er præcis som et urværk • de kom præcis på slaget 10 • toget går præcis kl. 15 • udsalget starter præcis kl. 8 • udsalget starter kl. 8 præcis • den ramte præcis i midten* • ⟨ADV.: uden *-t*⟩ udtryk for at noget er i fuldstændig overensstemmelse med noget andet og er den relevante mulighed af flere = NØJAGTIG, LIGE, LIGE NETOP, AKKURAT □ *jeg ved præcis hvad du tænker på • det kom til at gå præcis som han sagde • jeg ved præcis hvordan du har det • det er præcis det jeg mener • han ligner præcis det han er • filmen var præcis lige så kedelig som jeg havde ventet • han var præcis den mand de havde brug for*

præcisere

VERB. *-r*, *-de*, *-t*
/præci'sere/

præcisere ngt udtrykke noget nøjagtigt □ *kan du ikke præcisere din mening nøjere?* □ *præcisering*

præcision

SUBST. *-en*
[præsi'sjo'n]

det at være nøjagtig el. punktlig □ *maskinen arbejder med en fantastisk præcision • han ankom til banegården med stor præcision • med militær præcision* □ *præcisionsarbejde • præcisionsmåling* □ *millimeterpræcision*

prædikant

SUBST. *-en*, plur. *-er*, *-erne*
/prædi'kant/

en præst som prædiker □ *prædikantliste* • en person som søger at udbrede en religion og skaffe nye tilhængere; ofte om en person inden for en frikirke

prædikat

SUBST. *-et*, plur. *-er*, *-erne*
[prædi'ka't]

1. et ord el. et udtryk som beskriver nogen el. noget = KARAKTERISTIK □ *i skolen fik han det prædikat at han var doven*
2. (i sprogvidenskab): = PRÆDIKATIV • (i sprogvidenskab): alt det der følger efter subjektet i en sætning □ *en sætning består af subjekt og prædikat*

prædikativ[1]

SUBST. *-et*, plur. *-er*, *-erne*

et sætningsled som beskriver el. navngiver det som subjektet el. objektet henviser til, fx *gul* i *huset er gult*, el. *Bjørn* i *de kaldte hunden Bjørn* = OMSAGNSLED, PRÆDIKAT □ *prædikativ til subjekt • prædikativ til objekt* □ *subjektsprædikativ • objektsprædikativ*

prædikativ[2]

ADJ. *-t*, *-e*

som optræder som prædikativ □ *i prædikativ anvendelse • i prædikativ stilling*

prædike

VERB. *-r*, *-de*, *-t*

prædike ngt for ng holde en prædiken for en kristen menighed □ *præsten prædiker for menigheden • prædike evangeliet • præsten prædiker hver søndag* □ *prædikestol* • **prædike over ngt** holde en prædiken over en bibelsk tekst □ *præsten prædikede over dagens tekst* • **prædike ngt for ng** = PRÆKE □ *prædike moral for ungdommen • nu prædiker han politik igen*

prædiken

SUBST. *-en,* plur. *-er, -erne*

forkyndelse af evangeliet i en kristen menighed; ofte ud fra en tekst i Bibelen ▫ *holde en prædiken over dagens tekst · skrive en prædiken* ▫ *bjergprædikenen* • = PRÆKEN ▫ *hun fik en længere prædiken om at komme hjem til den aftalte tid* ▫ *gardinprædiken · moralprædiken*

prædikestol

SUBST. *-en,* plur. *-e, -ene*

en ophøjet talerstol i en kirke hvorfra præsten holder sin prædiken ▫ *præsten går på prædikestolen · tale fra prædikestolen*

præfekt

SUBST. *-en,* plur. *-er, -erne*
/præ'fekt/

en administrativ leder, fx en leder af et departement i Frankrig

præference

SUBST. *-n,* plur. *-r, -rne*
[præfə'raŋsə]

noget som foretrækkes frem for noget andet ▫ *han har visse præferencer med hensyn til mad · han har sine personlige præferencer* • noget som har forret frem for noget andet ▫ *præferenceaftale · præferenceaktie · præferenceklausul · præferenceordning · præferencestilling · præferencetarif · præferencetold*

præferenceaktie

SUBST. *-n,* plur. *-r, -rne*

en aktie med fortrinsret frem for almindelige aktier

præfiks

SUBST. *-et,* plur. *-er, -erne*
/præ'fiks/

en eller flere stavelser som ikke svarer til et selvstændigt ord, og som sættes først i et ord hvorved et nyt ord dannes, fx *be-* i *bekæmpe* og *in-* i *inkompetent* = FORSTAVELSE ≠ SUFFIKS

præg

SUBST. *-et,* plur. *præg, -ene*

1. en sammenfatning af de indtryk som en person el. ting giver = KARAKTER ▫ *sorgen gav hende et præg af værdighed · hver af årstiderne har sit specielle præg* • **bære præg af ngt** vise synlige tegn på noget ▫ *bilen bærer præg af at være godt brugt · hans optræden bærer præg af nervøsitet* • **sætte sit præg på ng(t)** præge el. påvirke nogen el. noget ▫ *præsidenten har sat sit præg på landet · hun har sat sit præg på barnet · hendes langvarige ophold i udlandet har sat sit præg på hendes sprog*
2. et aftryk på en flade; især på en mønt ▫ *møntpræg*

præge

VERB. *-r, -de, -t*

1. præge ng(t) i høj grad kendetegne nogens el. nogets tilstand el. udseende = KARAKTERISERE, KENDETEGNE ▫ *han var præget af sorg · arbejdet var præget af sjusk · han er præget af sine oplevelser under krigen · københavnernes liv præges af hygge og fornøjelser* ▫ *prægning* • **præge ng** at påvirke nogens personlige udvikling = PÅVIRKE, ØVE INDFLYDELSE PÅ ▫ *han prægede sine elever med sit engagement i landets historie* ▫ *prægning*
2. præge ngt på ngt påtrykke et billede el. et mønster i relief på noget, fx en mønt ▫ *dronningens billede blev præget på den nye femkrone* ▫ *prægemaskine · prægepressse · prægestempel · prægning* ▫ *indpræge* • **præge en mønt** fremstille en mønt ▫ *der skal præges helt nye tikronemønter* ▫ *prægning*

prægnans

SUBST. *-en*
/præg'nans/

1. en klar og kompakt form el. udtryksmåde
2. (medicin): frugtsommelighed el. drægtighed

prægnant

ADJ. *- , -e; -ere, -est*
/præg'nant/

(om ord el. udtryk): som er vægtig, fyndig el. træffende • ▫ *prægnant lyrisk udtryksform*

prægtig

ADJ. *-t, -e; -ere, -st*

som udstråler pragt ▫ *et prægtigt skue · et prægtigt bygningsværk* • som er dejlig og har de bedste kvaliteter ▫ *han er et prægtigt menneske · en prægtig ridehest*

præjudicere

VERB. *-r, -de, -t*
/præjudi'cere/

dømme i en sag, før alle dens akter foreligger

præk

SUBST. *-et*

formanende udtalelser som virker irriterende ▫ *han kommer med sit evindelige præk om ungdommen*

præke

VERB. *-r, -de, -t*

præke ngt for ng holde en bedrevidende og kedelig enetale for at overbevise nogen om et bestemt emne el. sag = PRÆDIKE ▫ *præke moral for ungdommen · præke politik*

præken

SUBST. *-en,* plur. -er (el. *prækner*), *-erne* (el. *præknerne*)

en længere, bedrevidende og kedsommelig tale = PRÆDIKEN ▫ *gardinpræken · moralpræken*

prælat

SUBST. *-en,* plur. *-er, -erne*
[præ'la't]

en biskop, abbed el. højtstående gejstlig i den katolske kirke

præliminær

ADJ. *-t, -e*
/prælimi'nær/

= FORELØBIG

præliminæreksamen

SUBST. *-en,* plur. *-er* (el. *~eksaminer*), *-erne* (el. *~eksaminerne*)

en afsluttende eksamen af omtrent samme omfang som *realeksamen;* afskaffet 1958

præludere

VERB. *-r, -de, -t*
/prælu'dere/

spille præludium ▫ *præludering*

præludium

SUBST. *præludiet,* plur. *præludier, præludierne*
/præ'ludium/

et kortere musikstykke som spilles som indledning til noget, især det forspil som spilles på orglet forud for en kirkelig handling = FORSPIL ≠ POSTLUDIUM, EFTERSPIL • et lille stemningsfuldt musikstykke, især for klaver ▫ *Chopins præludier*

præmie

SUBST. *-n,* plur. *-r, -rne*

1. en belønning som gives til vinderen af en konkurrence, et spil el.lign.; det kan være en medalje, et trofæ el. penge ▫ *han har vundet mange præmier ved kapsejladser · uddele præmierne* ▫ *præmiering · præmiedyr · præmieobligation · præmieopgave · præmietager · præmieuddeling* ▫ *tipspræmie · førstepræmie · trøst(e)præmie · flidspræmie · ærespræmie*
2. betaling i rater for en forsikring ▫ *nedsættelse af præmien mod højere selvrisiko · den årlige præmie* ▫ *præmieberegning* ▫ *bonuspræmie · forsikringspræmie · helårspræmie*

præmieobligation

SUBST. *-en,* plur. *-er, -erne*

en statsobligation uden kuponrente der giver mulighed for gevinst ved udtrækning

præmiere

VERB. *-r, -de, -t*
/præmi'ere/

præmiere ng(t) tildele nogen el. noget en præmie ▫ *præmiere en fotograf for årets bedste pressefoto · præmiere dyrskuets største og flotteste ungtyr* ▫ *præmiering*

præmietager

SUBST. *-en,* plur. *-e, -ne*

= PRISTAGER

præmis

SUBST. *præmissen,* plur. *præmisser, præmisserne*
/præ'mis/

en forudsætning som ligger til grund for noget, fx en begrundelse for en domstols afgørelse el. et tilgrundliggende udsagn i en logisk slutning ▫ *ud fra hvilke præmisser træffer du dit valg? · dommens præmisser · det hele skal ikke foregå på hans præmisser* • (logik): en ytring der i en given situation kan tilskrives værdien sand eller falsk = UDSAGN

prænumerant

SUBST. *-en,* plur. *-er, -erne*
/prænume'rant/

= SUBSKRIBENT ▫ *de mange prænumeranter sikrer bogen succes på forhånd*

prænumeration

SUBST. *-en,* plur. *-er, -erne*
[prænumərɑ'sjo'n]

det at prænumerere på noget

prænumerere

VERB. *-r, -de, -t*
/prænume'rere/

prænumere på ngt = SUBSKRIBERE ▫ *hun har prænumereret på 10 eksemplarer af bogen* ▫ *prænumerering*

præp.

fork. for *præposition*

præparat

SUBST. *-et,* plur. *-er, -erne*
/præpa'rat/

1. et kemisk fremstillet stof ▫ *præparater til skadedyrsbekæmpelse* · *et medicinsk præparat* ▫ *insulinpræparat*
2. et biologisk el. geologisk materiale som er behandlet og konserveret med henblik på videnskabelig undersøgelse el. demonstration

præparere

VERB. *-r, -de, -t*
/præpa'rere/

1. præparere ngt behandle noget med noget, især med kemiske midler så det fx bliver holdbart og modstandsdygtigt ▫ *teltdugen var præpareret med vandskyende og brandhæmmende midler* · *kødbenet var præpareret med en duft*
2. præparere ng påvirke nogen i forvejen = BEARBEJDE ▫ *de havde præpareret ham til at give sit samtykke*

præposition

SUBST. *-en,* plur. *-er, -erne*
[præposi'sjo'n]
fork. *præp.*

et ubøjeligt ord som angiver et forhold mellem genstande el. begreber, fx *i, på, fra, over* = FORHOLDSORD ▫ *præpositionsforbindelse* · *præpositionsled*

præpositionsled

SUBST. *-et* (el. *~leddet*), plur. *~led, -ene* (el. *~leddene*)

et sætningsled som er dannet af en præposition plus *styrelse*, fx *i sengen* og *for at hjælpe* = PRÆPOSITIONSFORBINDELSE, FORHOLDSORDSLED, FORHOLDSORDSFORBINDELSE

prærie

SUBST. *-n,* plur. *-r, -rne*

en græssteppe næsten uden træer; findes i et stort område i Nordamerika = STEPPE ▫ *nybyggerne slog sig ned på prærien* ▫ *præriebrand* · *præriehund* · *prærieindianer* · *prærieulv* · *prærievogn*

prærievogn

SUBST. *-en,* plur. *-e, -ene*

en stor, overdækket hestevogn; kendes især fra de nordamerikanske nybyggere i forrige århundrede ▫ *om natten blev prærievognene stillet i en kreds som beskyttende foranstaltning* ▫ *prærievognsrejse*

prærogativ

SUBST. *-et,* plur. *-er, -erne*

(form.): = FORTRINSRET ▫ *ifølge Grundloven er det regeringens prærogativ at føre Danmarks udenrigspolitik*

præsens

SUBST. *en* el. *et*
fork. *præs.*

1. en bøjningsform af verberne der udtrykker at noget gælder nu, fx *læser* i sætningnen *hun læser i bogen;* på dansk kan præsens også udtrykke fremtid, fx i sætningen *hun læser bogen i morgen* = NUTID ▫ *verbet står i præsens* ▫ *præsensbøjning* · *præsensendelse* • **præsens participium** se under *participium*

præsent

ADJ. *- , -e*
[præ'sæn't]

som man har fremme i hukommelsen ▫ *jeg har ikke sagen præsent*

præsentabel

ADJ. *-t, præsentable*
/præsen'tabel/

(om person): som er pæn nok til at blive set af og præsenteret for andre mennesker ▫ *stillingen kræver et præsentabelt ydre* · *bureauet kræver at vikarerne skal være præsentable*

præsentation

SUBST. *-en,* plur. *-er, -erne*
[præsənta'sjo'n]

1. det at præsentere nogen for andre ▫ *efter endt præsentation gik vi til bords* ▫ *præsentationsrunde*
2. det at præsentere nogen for noget ▫ *i bogen er der en præsentation af alle de vigtigste begreber inden for moderne tekstbehandling* ▫ *forfatterpræsentation*

præsentere

VERB. *-r, -de, -t*
/præsen'tere/

1. præsentere ng for ng nævne navnene på de tilstedeværende personer og evt. yderligere korte oplysninger så alle kan lære hinanden at kende = FORESTILLE, INTRODUCERE ▫ *jeg præsenterede min bror for mine venner* · *må jeg præsentere aftenens taler* · *han præsenterede sig som doktor Hansen* ▫ *præsentation*
2. præsentere ng for ngt gøre nogen bekendt med noget ved at vise el. kort forklare det for dem = VISE, FREMLÆGGE ▫ *jeg præsenterede ham for en stor regning* · *præsentere et lovforslag*
3. præsentere sig tage sig godt ud ▫ *jeg synes ikke rigtig stuen præsenterer sig*

præservativ

SUBST. *-et,* plur. *-er, -erne*
/præ'servativ/

= KONDOM

præservere

VERB. *-r, -de, -t*
/præser'vere/

præservere ngt = BEVARE

præses

SUBST. *en,* plur. *-er, -erne*
['præ·səs]

= DOKTORAND

præsident

SUBST. *-en,* plur. *-er, -erne*
/præsi'dent/

1. en statschef i en republik ▫ *blive valgt til præsident for en fire-årig periode* · *præsidenten i Frankrig* · *USA's præsident* ▫ *præsidentemne* · *præsidentkandidat* · *præsidentstyre* · *præsidentværdighed* ▫ *vicepræsident*
2. en formand i en domstol bestående af flere medlemmer, fx i Højesteret el. landsretterne = RETSPRÆSIDENT • en formand for en organisation el. forsamling, fx for et videnskabeligt selskab ▫ *præsidenten udtaler sig på foreningens vegne*

præsidere

VERB. *-r, -de, -t*
/præsi'dere/

præsidere over ngt være leder af et foretagende el. et møde, el. være vært ved en sammenkomst ▫ *han præsiderer over et filmselskab* · *præsidere over forsamlingen* · *hun præsiderede over kommissionen* • **præsidere ved ngt** have den fornemste plads ved en sammenkomst ▫ *hædersgæsten præsiderede ved bordenden*

præsidium

SUBST. *præsidiet,* plur. *præsidier, præsidierne*
/præ'sidium/

en ledelse, fx for en koncern eller et parlament ▫ *under den gamle direktørs præsidium var tonen en anden* · *Folketingets Præsidium* ▫ *præsidiemøde* ▫ *overpræsidium*

præst

SUBST. *-en,* plur. *-er, -erne*

en person der er uddannet til at tage sig af forskellige religiøse handlinger som fx i den kristne kirke at stå for gudstjenesten, holde prædiken, foretage vielse, barnedåb, begravelse = PASTOR ▫ *præstebolig* · *præstegård* · *præstekald* · *præstekjole* · *præstekrave* · *præsteviet* ▫ *feltpræst* · *sømandspræst* • **gå til præst** gå til konfirmationsforberedelse hos en præst

præstation

SUBST. *-en,* plur. *-er, -erne*
[præsda'sjo'n]

et vellykket resultat, især af en større indsats = INDSATS, DÅD ▫ *en fin præstation til eksamen* · *det var en virkelig præstation at bestige Mont Blanc i det stormvejr* · *det var en sand præstation at redde samtlige passagerer med den søgang* ▫ *præstationsangst* · *præstationsevne* ▫ *kraftpræstation*

præstekald

SUBST. *-et,* plur. *~kald, -ene*

en stilling som præst = PASTORAT ▫ *hun vil søge et præstekald i folkekirken* · *ikke alle teologistuderende stræber efter et præstekald*

præstekjole

SUBST. *-n,* plur. *-r, -rne*

en lang, folderig kjole af sort stof hvortil bæres en hvid pibekrave = PRÆSTEDRAGT

præstekrave

SUBST. *-n,* plur. *-r, -rne*

1. en hvid pibekrave til en præstedragt
2. en lille sneppefugl med karakteristiske sorte

båndformede tegninger, bl.a. ved hoved og hals; flere arter; latinsk navn *Charadrius* □ *almindelig præstekrave* · *hvidbrystet præstekrave* · *kaspisk præstekrave* · *lille præstekrave*

præstelig

ADJ. *-t, -e*

som vedrører el. er typisk for en præst □ *han talte med præstelig mildhed*

præstere

VERB. *-r, -de, -t*
/præ'stere/

præstere ngt udføre et vanskeligt stykke arbejde el.lign. = YDE □ *præstere et godt stykke arbejde* · *hun præsterede sit allerbedste* · *han præsterede det utrolige* • **præstere ngt** fremskaffe noget □ *han kan præstere en stor udbetaling* • **præstere ngt** (iron.): vise en stor frækhed □ *han har præsteret at møde fuld på arbejde*

præsteskab

SUBST. *-et,* plur. *-er, -erne*

alle præster inden for en bestemt religion = GEJSTLIGHED, KLERESI □ *de udgør et selvbestaltet præsteskab* · *landet støttede det muslimske præsteskab* • (neds.): en gruppe af personer der vil fortælle andre hvordan de skal leve □ *psykologerne er vor tids præsteskab* · *dette firma opfører sig som teknologiens præsteskab*

præstevie el. **præstevi**

VERB. *-r, -de, -t*
(præstevi: *-r, -ede, -et*)

helliggøre en person ved en kirkelig ceremoni så han kan indtage et kirkeligt embede som præst = ORDINERE □ *præstevielse*

præstøer

SUBST. *-en,* plur. *-e, -ne*

en person fra Præstø

prætendere

VERB. *-r, -de, -t*
/præten'dere/

prætendere ngt (form.): give sig ud for noget = FOREGIVE □ *han prætenderer ikke at være videnskabsmand* · *romanen prætenderer at være historisk korrekt*

prætention

SUBST. *-en,* plur. *-er, -erne*
[*prætən'sjo'n* el. *prætaŋ'sjo'n*]

fordringsfuldhed overfor sig selv og andre □ *han er ganske jordbunden og uden prætentioner* · *en frisk drengebog uden de store kunstneriske prætentioner*

prætentiøs

ADJ. *-t, -e*
[*prætaŋ'sjø's* el. *prætən'sjø's*]

som er mere intellektuelt krævende end det egentligt er nødvendigt □ *en prætentiøs bog med en masse flotte ord i*

præteritum

SUBST. *-en* (el. *præteritummen*) el. *-et* (el. *præteritummet*), plur. *-er* (el. *præteritummer*), *-erne* (el. *præteritummerne*)
/præ'teritum/

en bøjningsform af verberne der udtrykker at noget er sket før nu, fx *hentede, læste, gik* = DATID, FORTID, IMPERFEKTUM □ *præteritum(s)endelse* • **præteritum participium** se under *participium*

prævention

SUBST. *-en,* plur. *-er, -erne*
[*prævən'sjo'n*]

1. forholdsregler mod at noget uønsket skal ske = FOREBYGGELSE □ *præventionsmiddel* □ *generalprævention* · *specialprævention*
2. = ANTIKONCEPTION

præventiv

ADJ. *-t, -e*

1. som er forebyggende for noget □ *klubben skulle virke præventivt over for ungdomskriminalitet*
2. præventive midler forebyggende midler, især midler som hindrer graviditet

prøjser

SUBST.

se *preusser*

prøjsisk

ADJ.

se *preussisk*

prøve[1]

SUBST. *-n,* plur. *-r, -rne*

1. et forsøg på at fastslå en tings egenskaber, holdbarhed el.lign. = UNDERSØGELSE, TEST □ *det må komme an på en prøve* · *underkaste noget en prøve* □ *prøveemne* · *prøvetur* • **på prøve** udtryk for at nogen el. noget iagttages i en bestemt periode for at se om de fungerer tilfredsstillende □ *være ansat på prøve* · *have et fjernsyn hjemme på prøve* · *løslade en fange på prøve*
2. et eksempel på el. en del af noget til undersøgelse, vurdering el.lign. □ *lægen tog nogle prøver* · *analysere prøver fra renseanlægget* · *varen svarer ikke til prøven* · *give en prøve på sit sangtalent* □ *blodprøve* · *stikprøve* · *urinprøve* · *vareprøve*
3. en række spørgsmål el. opgaver der har til formål at fastslå hvor meget man ved om et emne el. fag = EKSAMEN □ *skriftlig og mundtlig prøve* · *i morgen skal vi have prøve i matematik* · *gå op til en prøve* · *læse til en prøve* · *bestå en prøve* □ *fysikprøve* · *terminsprøve*
4. deltagernes forberedende arbejde med et teaterstykke, en ballet, film el.lign. □ *der er prøve på Hamlet i dag kl. 13* · *holde prøve* □ *generalprøve*

prøve[2]

VERB. *-r, -de, -t*

1. prøve ng(t) underkaste nogen el. noget en nærmere undersøgelse for fx at finde ud af hvad de kan el. hvordan noget virker = AFPRØVE, TESTE □ *prøve nogens kundskaber* · *prøve nogen i engelsk* · *prøve sig selv af* · *prøve sig frem til et resultat* · *prøve en beholder for utæthed* □ *prøvelse* · *prøveballon* · *prøveflyve* · *prøveklud* · *prøvekøre* · *prøveløslade* · *prøvevalg* □ *afprøve* · *gennemprøve* • **prøve ngt** (om beklædningsgenstande): tage noget på for at se om det passer □ *prøve en kjole* · *prøve en kjole på* · *prøve et par sko* □ *prøverum* • **prøve ngt** (om mad og drikke): smage på noget □ *du skulle prøve denne vin* · *jeg vil prøve den nye tandpasta* • **prøve ngt** (teater): gennemspille et stykke el. en scene for at øve sig i replikker m.m. = ØVE □ *vi må prøve 4. akt én gang til* · *de var i gang med at prøve på skuespillet*
2. prøve ngt udføre en handling for at se om noget lykkes = FORSØGE □ *lad mig prøve* · *prøv om du kan ramme bolden* · *du må prøve på at skrive tydeligere* · *jeg tvivler på at jeg kan komme, men jeg skal prøve* · *prøv ad!* · *du skulle prøve med en afmagringskur* · *prøve sig frem* • **prøve ngt** være udsat for noget □ *jeg har prøvet hvad det vil sige at være ensom* · *han har prøvet lidt af hvert* · *han er hårdt prøvet* · *et gammelt og prøvet venskab*

prøveballon

SUBST. *-en,* plur. *-er, -erne*

en lille ballon der anvendes ved vindstyrkemålinger forud for opsendelsen af en større ballon • et forsøg man gør for at finde ud af om man skal arbejde videre med det man er i gang med □ *forslaget var en prøveballon*

prøveklud

SUBST. *-en,* plur. *-e, -ene*

noget man eksperimenterer med □ *jeg vil ikke være prøveklud for en ung, uerfaren læge*

prøvekøre

VERB. *-r, ~kørte, ~kørt*

prøve el. teste noget for at se hvor godt det er □ *prøvekøre en ny bil* · *prøvekøre en ny metode*

prøvelse

SUBST. *-n,* plur. *-r, -rne*

1. = UNDERSØGELSE □ *det du siger må vist underkastes en nøjere prøvelse* · *tage en sag op til fornyet prøvelse*
2. nogen el. noget som er anstrengende, og som sætter ens tålmodighed på prøve □ *han er en prøvelse for sine medmennesker* · *de måtte gennem mange prøvelser, før det lykkedes at få et barn* · *en tid med prøvelser*

prøveløslade

VERB. *-r, ~løslod, ~løsladt*

det at foretage en prøveløsladelse

prøveløsladelse

SUBST. *-n,* plur. *-r, -rne*

en eftergivelse af en del af den straf som en person er idømt på visse betingelser

prås

SUBST. *-en,* plur. *-e, -ene*

1. et tyndt, dårligt tællelys • **gå en pråsop for ng** pludselig få den rette forståelse af noget
2. (spøg.): = PODE □ *en lille pråstrak mig i buksebenet*

PS el. **p.s.**

fork. for *postscriptum*

pseudonym[1]

SUBST. *-et,* plur. *-er, -erne*
/pseudo'nym/

et navn som bruges i stedet for ens rigtige navn

□ *hun skrev bogen under pseudonymet Isak Dinesen* · *det er pseudonym for Karen Blixen* □ *forfatterpseudonym*

pseudonym²

ADJ. *-t, -e*
/pseudo'nym/

med påtaget navn

psi

1. en enhed for tryk som bl.a anvendes ved måling af dæktryk
2. det græske bogstav ψ som er det 23. bogstav i det græske alfabet

psoriasis

SUBST. *-en* (el. *psoriasissen*)
[*so'ræ'asis* el. *so'ri'asis*]

en kronisk hudsygdom som giver kløende røde hudpartier med hvide skæl □ *lide af psoriasis* · *et middel mod psoriasis* □ *psoriasispatient*

pst

UDRÅBSORD

udtryk man bruger når man med lav stemme vil påkalde sig nogens opmærksomhed □ *pst, du dér, flyt dig lige lidt så jeg kan se*

psyk.

fork. for *psykologi* el. *psykologisk*

psyke

SUBST. *-n,* plur. *-r, -rne*
[*'sygə* el. *'sy'gə*]

helhed af de egenskaber hos mennesket der betinger tankevirksomhed, vilje og følelser = SJÆL □ *hun har en svag psyke*

psykedelisk el. **psykodelisk**

ADJ. *- , -e*

som kan forstærke og udvide sanseoplevelser; især om euforiserende stoffer el. lyd-, lys- og farveeffekter = BEVIDSTHEDSUDVIDENDE □ *psykedelisk rock* · *et psykedelisk lysshow*

psykiater

SUBST. *-en,* plur. *-e, -ne*
/psyki'ater/

en læge som er specialist i at behandle sindslidelser ved hjælp af forskellige former for medicin og terapi

psykiatri

SUBST. *-en,* plur. *-er, -erne*
/psykia'tri/

den del af lægevidenskaben som handler om sindslidelser og behandling af dem ≠ PSYKOLOGI □ *speciallæge i psykiatri* □ *psykiatrisk* □ *børnepsykiatri* · *distriktspsykiatri*

psykiatrisk

ADJ. *- , -e*
/psyki'atrisk/

som har med psykiatri at gøre □ *et psykiatrisk hospital*

psykisk

ADJ. *- , -e*

som har at gøre med de egenskaber hos mennesket der betinger tankevirksomhed, vilje og følelser = SJÆLELIG ≠ FYSISK

psykoanalyse

SUBST. *-n*

1. en psykologisk metode med vægt på påvirkning af og fra underbevidstheden og drifterne; teorien er grundlagt af Sigmund Freud
2. undersøgelse og behandling af psykiske lidelser der sigter mod at afsløre de dybere årsager til patientens symptomer □ *være i psykoanalyse* □ *psykoanalytiker* · *psykoanalytisk*

psykoanalytiker

SUBST. *-en,* plur. *-e, -ne*

en uddannet psykolog som behandler med psykoanalyse

psykodelisk

ADJ.

se *psykedelisk*

psykofarmakum el. **psykofarmakon**

SUBST. *-et* (el. *psykofarmakummet*), plur. *psykofarmaka, psykofarmakaene*
/psyko'farmakum/

et lægemiddel mod sindslidelser og forstyrrelser; påvirker centralnervesystemet = NERVEMEDICIN

psykogen

ADJ. *-t, -e*
[*sygo'ge'n*]

(om sygdom el. lidelse): som har sit udspring i el. er betinget af sjælelivet

psykolog

SUBST. *-en,* plur. *-er, -erne*
/psyko'log/

1. en person som er uddannet i psykologi og psykologiske behandlingsmetoder uden brug af medicin = CAND.PSYCH. ≠ FYSIOLOG □ *børnepsykolog* · *dybdepsykolog* · *gruppepsykolog* · *neuropsykolog* · *skolepsykolog* · *udviklingspsykolog*
2. = MENNESKEKENDER

psykologi

SUBST. *-en,* plur. *-er, -erne*
/psykolo'gi/

læren om sammenhængen mellem menneskets bevidsthedsliv og sjælelige udvikling og dets adfærd ≠ PSYKIATRI □ *han studerer psykologi på universitetet* □ *psykologisk* □ *adfærdspsykologi* · *børnepsykologi* · *dybdepsykologi* · *gruppepsykologi* · *metapsykologi* · *udviklingspsykologi* ● **klinisk psykologi** læren om psykologisk behandling af fx adfærdsforstyrrelser og depressioner

psykologisk

ADJ. *- , -e*
/psyko'logisk/

som har med psykologi at gøre

psykopat

SUBST. *-en,* plur. *-er, -erne*
/psy'kopat/

en person med et på visse punkter abnormt sjæleliv der ofte giver sig udtryk i en mangel på sociale og moralske hæmninger □ *morderen var psykopat* · *der gik flere år før hun indså at han var psykopat* □ *psykopattilbøjeligheder*

psykose

SUBST. *-n,* plur. *-r, -rne*
/psy'kose/

= SINDSSYGDOM □ *maniodepressiv psykose* □ *psykotisk* □ *angstpsykose* · *grænsepsykose*

psykosomatik

SUBST. *psykosomatikken*
/psykosoma'tik/

læren om samspillet mellem sjælelige og legemlige mekanismer, især om psykens indflydelse på fremkomsten af legemlige sygdomme □ *psykosomatisk*

psykoterapi

SUBST. *-en,* plur. *-er, -erne*

behandling af psykiske og legemlige sygdomme med psykologiske metoder, fx hypnose, gruppeterapi el. samtaleterapi □ *lægen forsøgte at integrere gængs medicinsk behandling med psykoterapi*

psykotisk

ADJ. *- , -e*
/psy'kotisk/

som er fremkaldt af en psykose el. som lider af en psykose □ *psykotisk adfærd* · *en psykotisk patient* · *være svært psykotisk*

pt.

fork. for *patient*

p.t.

fork. af latin *pro tempore* = FOR TIDEN □ *min adresse er p.t. i Vordingborg*

pub

SUBST. *pubben,* plur. *pubber, pubberne*
[*'pɔp*]

et værtshus efter engelsk forbillede □ *gå på pub*

pubertet

SUBST. *-en*
/puber'tet/

et stadie i et menneskes udvikling hvor kroppen udvikles fra barn til voksen □ *pubertetsalder* · *pubertetsproblemer* □ *senpubertet*

publicere

VERB. *-r, -de, -t*
/publi'cere/

publicere ngt gøre noget kendt el. tilgængeligt for offentligheden ved at lade det trykke el. udgive = OFFENTLIGGØRE, UDGIVE □ *avisen publicerede en liste over anholdte personer i forbindelse med gårsdagens optøjer* □ *publicering* ● **publicere ngt** gøre noget offentligt tilgængeligt gennem omtale i et offentligt skrift = OFFENTLIGGØRE □ *at publicere et arkæologisk fund* · *udgravningen af Fyrkat er blevet publiceret* □ *publicering*

publicist

SUBST. *-en,* plur. *-er, -erne*
/publi'cist/

en avis- el. tidsskriftsskribent = JOURNALIST, REPORTER □ *publicistklub*

publicity

SUBST. *-en*
[pu'blisiti el. *pɔ'blisiti]*

offentlig omtale der skal henlede opmærksomheden på nogen el. noget = REKLAME □ *de skabte publicity omkring deres produkter*

public relation

SUBST. *en,* plur. *-s, -ene*
['pɔblik ri'læjsjən]
fork. *PR*

det en virksomhed, en institution el.lign. gør for at informere om sit arbejde og sine forhold

publikation

SUBST. *-en,* plur. *-er, -erne*
[publika'sjo'n]

offentliggørelse af skriftligt materiale □ *publikation af en dokumentsamling* • en offentliggjort tryksag □ *en publikation udgivet af Sundhedsministeriet*

publikum

SUBST. *-et* (el. *publikummet*), plur. *-er* (el. *publikummer*), *-erne* (el. *publikummerne*)

1. folk i al almindelighed el. alle mennesker i et land, en by el.lign. □ *parken er åben for publikum*
2. de mennesker der overværer en forestilling el. en koncert, ser en film el. en tv-udsendelse, hører en radioudsendelse, deltager i et møde, læser en forfatters bøger el. ser en kunstners værker □ *publikum klappede begejstret* · *der er ikke noget publikum til den slags film*

publikummer

SUBST. *-en,* plur. *-e, -ne*

(spøg.): den enkelte person som overværer en forestilling □ *vi vil nu bede en publikummer om at komme op på scenen*

puck

SUBST. *-en,* plur. *-er, -erne*
['puk]

en hård, sort skive af vulkaniseret gummi el.lign. der bruges til at spille med i ishockey

puddel

SUBST. *-en* (el. *pudlen*), plur. *pudler, pudlerne*

en spinkelt bygget hund med tæt, krøllet pels, lang, smal snude og nedhængende ører; pelsen klippes ofte i karakteristiske frisurer = PUDDELHUND □ *dværgpuddel* · *kongepuddel*

pudder

SUBST. *-et,* plur. *-e, -ene*

= TALKUM □ *babypuder* • et hudfarvet pulver i løs el. fast form til at duppe på ansigtshuden; bruges til at dække skinnende hud og give en jævn farve □ *hun tog lidt pudder på næsen* □ *pudderdåse* · *pudderkvast*

pudderkvast

SUBST. *-en,* plur. *-e* (el. *-er), -ene*

en lille blød pude til påføring at pudder

puddersukker

SUBST. *-et,* plur. *-e, -ne*

= FARIN

pude

SUBST. *-n,* plur. *-r, -rne*

en lille stofpose fyldt med dun, fjer, skumgummi el. andet blødt materiale; bruges til pynt, til at sidde på, læne sig mod el. hvile sit hoved på når man sover □ *sove med dyne og pude* · *lægge hovedet på puden* · *få en pude i ryggen* · *ryste en pude* □ *pudebetræk* · *pudekamp* · *pudevår* □ *hovedpude* · *sofapude* · *varmepude* • noget der ligner en pude □ *puder af fedt på hofterne* □ *fedtpude* · *mospude* · *stødpude* · *trædepude*

pudebetræk

SUBST. *~betrækket,* plur. *~betræk, ~betrækkene*

et betræk som kan tages af en pude og vaskes = PUDEVÅR □ *hovedpudebetræk*

pudevår

SUBST. *-et,* plur. *~vår, -ene*

(glds.): = PUDEBETRÆK

pudre

VERB. *-r, -de, -t*

pudre ngt dubbe el. drysse pudder på noget □ *hun pudrede ansigtet* · *pudre numsen på en baby*

puds[1]

SUBST. *-en* el. *-et*

1. et dækkende og beskyttende lag på en mur, et loft el.lign. som er fremstillet af kalk og cement □ *overboen trampede rundt så pudset dryssede fra loftet* · *mureren har netop påført puds på husets yderside*
2. være i sit stiveste puds have sit fineste tøj på □ *alle festdeltagerne var i deres stiveste puds*

puds[2]

SUBST. *-et,* plur. *puds, -ene*

spille ng et puds listigt påfund hvorved man narrer nogen el. bringer dem i forlegenhed □ *han har spillet mig et puds mange gange, den slyngel* · *det er vel ikke din fantasi der spiller dig et puds?*

pudse

VERB. *-r, -de, -t*

1. pudse ngt fjerne snavs fra noget og gøre det blankt ved at gnide på det med en klud = POLERE □ *pudse vinduer* · *pudse sølvtøj* · *pudse sko* · *pudse sine briller* □ *pudsning* · *pudsecreme* · *pudseklud* · *pudsemaskine* · *pudsemiddel* □ *afpudse*
2. pudse næse rense næsen for snot ved at blæse luft ud gennem næseborene □ *pudse næse på et barn* · *pudse næsen i et lommetørklæde* · *pudse sin næse*
3. pudse ngt beklæde en overflade med mørtel □ *pudse en mur* · *et pudset loft* □ *pudsning*
4. pudse ng på ng få nogen til at være efter nogen; især om det at man får en hund til at jage nogen bort □ *hun pudsede hunden på dem* · *han snakkede om at pudse politiet på dem*

pudsig

ADJ. *-t, -e; -ere, -st*

som er mærkelig på en sjov måde = SJOV, LØJERLIG, SNURRIG □ *det var da pudsigt at møde dig her* · *pudsigt nok* · *sikken pudsig hat du har på!* · *en pudsig fyr* □ *pudsighed*

pudsighed

SUBST. *-en,* plur. *-er, -erne*

fænomen, egenskab el. vane som virker sær og en anelse komisk = EJENDOMMELIGHED, MÆRKVÆRDIGHED □ *hun har mange små pudsigheder*

pueril

ADJ. *-t, -e*
[puə'ri'l]

= BARNAGTIG

puertoricaner

SUBST. *-en,* plur. *-e, -ne*
[puärtori'ka'nɔ el. *påtori'ka'nɔ]*

en person fra Puerto Rico

puertoricansk

ADJ. *-* , *-e*
[puärtori'ka'nsk el. *påtori'ka'nsk]*

som har at gøre med Puerto Rico

puf[1]

SUBST. *puffen,* plur. *puffer, pufferne*

1. et gammeldags, kasseformet træmøbel med polstrede sider og låg som anvendes til at sidde på el. til opbevaring af ting
2. en udposning på tøj □ *ærmer med puffer* □ *pufærme*

puf[2]

SUBST. *puffet,* plur. *puf, puffene*

= SKUB □ *jeg gav ham et puf i siden*

puffe

VERB. *-r, -de, -t*

puffe til ng(t) skubbe blidt til nogen el. noget = SKUBBE □ *han puffede til mig* · *hun puffede til min arm* · *han puffede lillebroren i vandet* □ *pufferi* · *puffen* • **puffe ng(t)** føre nogen el. noget fremad el. væk ved hjælp af et el. flere små skub = SKUBBE □ *han puffede drengen foran sig* · *puffe tøjet ind i skabet* · *han puffede hende ud af køkkenet* · *han puffede hende hen til til gæsterne* □ *pufferi* · *puffen*

puffer

SUBST. *-en,* plur. *-e, -ne*

en støddæmpende indretning for enderne af fx jernbanevogne = BUFFER

pufærme

SUBST. *-t,* plur. *-r, -rne*

et kort ærme med stor vidde som samles forneden

puge

VERB. *-r, -de, -t*

skrabe penge sammen □ *han puger penge sammen til sin alderdom* □ *pengepuger*

puh

UDRÅBSORD

udtryk for at noget er ubehageligt, anstrengende, smager grimt el.lign. = PUHA □ *puh, hvor er det varmt!* · *puh, det smager harsk*

puha

UDRÅBSORD

udtryk for at noget er meget ubehageligt el. modbydeligt □ *puha, her er stegende hedt* · *puha, det der vil jeg ikke engang røre ved!*

pukke

VERB. *-r, -de, -t*

pukke på ngt henvise til noget på en brovtende måde □ *han er slem til at pukke på sin ret* · *han undlod at pukke på at hans arbejdsdag langt oversteg otte timer*

pukkel

SUBST. *-en* (el. *puklen*), plur. *pukler, puklerne*

1. en større bule på ryggen; det kan være en fedtsamling som giver næring til et dyr el. en misdannelse som opstår ved at et menneskes rygrad krummes voldsomt □ *en kamel har to pukler* · *klokkeren fra Notre Dame havde en stor pukkel* □ *pukkelokse* · *pukkelryg* · *pukkelrygget* • **få på puklen** blive skældt ud • **ærgre sig en pukkel til** ærgre sig meget over noget i længere tid
2. en ophobet dynge af arbejde som skal gøres færdigt □ *der opstår altid en pukkel af post ved juletid* · *en pukkel af arbejde*

pukkelrygget

ADJ. *-* , *~ryggede*

som har en udstående krumning på den øverste del af ryggen pga. en deformeret rygsøjle □ *en pukkelrygget mand* · *han er pukkelrygget* □ *pukkelryggethed*

pukle

VERB. *-r, -de, -t*

arbejde hårdt □ *han har puklet hele dagen* □ *pukleri*

puklet

ADJ. *-* , *puklede*

som har en pukkel el. som er pukkelrygget □ *enpuklet* · *topuklet*

puld

SUBST. *-en,* plur. *-e, -ene*

den øverste buede el. cylindriske del af en hat □ *blød puld* · *stiv puld* □ *hattepuld* • **få på pulden** få en omgang □ *han fik på pulden for ikke at have udført arbejdet*

pule

VERB. *-r, -de, -t*

pule ng (vulg.): have samleje med nogen

pulje

SUBST. *-n,* plur. *-r, -rne*

1. en mængde af fx penge, varer o.l. som deles mellem et antal personer
2. penge som er samlet sammen fra alle spillere i visse kortspil, og som er vinderens pris
3. en gruppe af deltagere i en sportsturnering hvor alle møder alle

pulk

SUBST. *-en,* plur. *-e, -ene*

bådformet slæde som er beregnet til at blive trukket; bl.a. en delvis overdækket slæde til mindre børn som trækkes af en person på ski □ *barnepulk*

pullert

SUBST. *-en,* plur. *-er, -erne*

en fortøjningspæl på en kaj el. et skib

pullimut

SUBST. *pullimutten,* plur. *pullimutter, pullimutterne*
/pulli'mut/

(slang): dårlig frugtvin

pullover

SUBST. *-en,* plur. *-e, -ne*
[*pul'åwɔ* el. *'pulåwɔ*]

en strikket trøje til at trække over hovedet; især trøje med V-udskæring =SWEATER

pulp

SUBST. *-en*

en blød masse som bliver tilovers når saften presses ud af et organisk materiale, fx frugt

pulpitur

SUBST. *-et,* plur. *-er, -erne*
/pulpi'tur/

et ophøjet, lukket galleri med stolesæder i en kirke □ *pulpiturudsmykning*

puls

SUBST. *-en,* plur. *-e, -ene*

1. den rytmiske udvidelse der forekommer i arterierne ved hvert hjerteslag □ *pulsen er ganske svag* · *hvad er din puls?* · *have en regelmæssig puls* □ *pulsslag* • **tage ngs puls** el. **tage pulsen på ng** tælle antallet af pulsslag pr. minut □ *tage patientens temperatur og puls* • **tage pulsen på ngt** undersøge noget for at finde ud af hvad der foregår og hvilke normer el. følelser der er fremherskende □ *tage pulsen på byens natteliv* · *vi tager pulsen på ungdommen i dag*
2. en levende, hurtig og intens livsstil □ *hun savnede storbyens puls*

pulse

VERB. *-r, -de, -t*

1. (om blod): banke i årerne □ *han følte blodet pulse i årerne*
2. pulse på ngt suge gentagne gange på en brændende cigaret, cerut el. cigar =RYGE, DAMPE PÅ □ *han pulser løs på en cigar* · *hun sidder og pulser på hjemmerullede cigaretter* • (om røg): komme stødvis □ *røgen pulsede op af skorstenen*

pulsere

VERB. *-r, -de, -t*
/pul'sere/

være i heftig aktivitet □ *hovedstadens pulserende liv*

pulsåre

SUBST. *-n,* plur. *-r, -rne*

ethvert af de kraftige blodkar i legemet der leder blod fra hjertet og ud i legemet =ARTERIE ≠ VENE □ *pulsårerne på hendes hånd var meget synlige* □ *halspulsåre* · *kranspulsåre* · *legemspulsåre* · *lungepulsåre*

pult

SUBST. *-en,* plur. *-e, -ene*

et lille bord med skråtstillet bordplade der evt. kan åbnes □ *pultklap* · *pultlåg* □ *skolepult* · *skrivepult*

pulterkammer

SUBST. *-et* (el. *~kamret*), plur. *~kamre, ~kamrene*

et rum hvor ting, møbler m.m. som ikke er i brug opbevares = PULTERUM □ *der er pulterkammer på loftet* · *hans stue ligner et pulterkammer*

pulterrum

SUBST. *~rummet,* plur. *~rum, ~rummene*

=PULTERKAMMER

pulver

SUBST. *-et,* plur. *-e, -ne*

1. stof i form af meget små korn =PUDDER, SMULD, SMULDER, STØV, MEL, GRANULAT, □ *maskinen knuser stenene til et fint pulver* · *et drys pulver* □ *pulverisere* · *pulverform* · *pulverheks* · *pulverkaffe* □ *bagepulver* · *grafitpulver* · *kløpulver* · *mælkepulver* · *skurepulver* · *vaskepulver*
2. en portion medicin i pulverform □ *tage et pulver* □ *hovedpinepulver* · *salicylsyrepulver*
3. et ordentligt pulver en ordentlig omgang fx skældud

pulverheks

SUBST. *-en,* plur. *-e, -ene*

en gammel, grim og arrig kvinde □ *hans mor er en frygtelig pulverheks som skræmmer alle hans kærester væk*

pulverisere

VERB. *-r, -de, -t*
/pulveri'sere/

pulverisere ngt knuse noget til pulver

puma

SUBST. *-en,* plur. *-er, -erne*

et gulgråt rovdyr af kattefamilien som lever i Nord- og Sydamerika; latinsk navn *Felis concolor* =BJERGLØVE

pump

SUBST. *-en,* plur. *-s, -ene*
[*'pɔmp*]

en let, udringet damesko uden rem el. snøring med lav hæl

pumpe[1]

SUBST. *-n,* plur. *-r, -rne*

1. et apparat som kan presse væske, luft el. gas ud af el. ind i noget □ *hente vand ved pumpen* □ *benzinpumpe* · *centrifugalpumpe* · *cykelpumpe* · *gyllepumpe* · *koldtvandspumpe* · *sugepumpe* · *vandpumpe*
2. køre på pumperne have svært ved at klare sig økonomisk □ *firmaet kører på pumperne*

pumpe[2]

VERB. *-r, -de, -t*

pumpe ngt {i} ngt fylde el. tømme noget ved hjælp af en pumpe □ *pumpe luft i cykelslangen* · *pumpe vand op af brønden* · *jeg skal lige* *pumpe min cykel* • **pumpe ngt i ngt** investere mange penge i et foretagende □ *han pumpede penge i foretagendet* • **pumpe ng for ngt** = UDFRITTE

pumpernikkel

SUBST. *-en* (el. *pumperniklen*)

en slags meget mørkt, sødligt rugbrød

pumpestok

SUBST. *~stokken*, plur. *~stokke, ~stokkene*

1. en del af en cykelpumpe
2. **fanden og hans pumpestok** alle mulige ting og sager □ *de vrøvlede om politik og økonomi og fanden og hans pumpestok*

punch

SUBST. *-en*, plur. *-e* (el. *-er*), *-ene* (el. *-erne*)
[ˈpån'sj]

en drik der er blandet af forskellige slags vin el. spiritus tilsat sukker og citron, og som kan serveres varm el. kold □ *punchebowle* · *puncheglas* · *puncheskе*

punchebolle

SUBST. *-n*, plur. *-r, -rne*

= BOWLE

pund

SUBST. *-et*, plur. *pund, -ene*

1. en vægtenhed: 1 pund = 500 g □ *købe et ½ pund smør*
2. en møntenhed, bl.a. i Storbritannien, Irland, Tyrkiet og Egypten □ *engelske pund sterling*

pung

SUBST. *-en*, plur. *-e, -ene*

1. en lille taske hvori man kan opbevare især penge, plastikkort og personlige papirer = PORTEMONNÆ □ *jeg har tabt min pung* · *pungen var fyldt med penge* □ *kosmetikpung* · *nøglepung* · *pengepung* · *tobakspung*
2. en hudpose hvori testiklerne ligger hos kønsmodne mænd og handyr □ *pungbrok*
3. en hudlomme på bugen af pungdyr som indeholder dievorter, og hvor den nyfødte unge opholder sig i flere måneder for at få næring □ *kænguruen havde endnu sin unge i pungen* □ *pungdyr* · *pungrotte*

pungdyr

SUBST. *-et*, plur. *~dyr, -ene*

et dyr som fx *kænguru og koala* som har en hudfold med dievorter på bugen hvori ungerne opholder sig i de første måneder af deres liv; udbredt i Australien og Ny Guinea; latinsk navn *Marsupialia*

punge

VERB. *-r, -de, -t*

punge ud med ngt betale et vist beløb □ *han måtte punge ud med et større beløb* · *nu er det vist min tur til at punge ud* · *på udflugten fik moren lov til at punge ud*

pungrotte

SUBST. *-n*, plur. *-r, -rne*

et klatrende pungdyr med gribehale som er udbredt i Amerika; flere arter; latinsk navn *Didelphidae* = OPOSSUM

punk

SUBST. *-en*
[ˈpɔŋk]

1. en livsstil blandt unge i 1980'erne hvis holdning til samfundet kommer til udtryk ved rå musik, ved specielt tøj og ved farvet, strittende hår og kraftig sminke □ *punkmusik*
2. se *punker*

punker el. **punk**

SUBST. *-en*, plur. *-e, -ne*
(punk: *-en*, plur. *-ere, -erne*)
[ˈpɔŋgɔ]

en person der har gjort punkstilen til sin livsform ≠ SKINHEAD

punket

ADJ. *-* , *punkede*

som har at gøre med el. minder om punk □ *en punket frisør* · *punkede unge mænd og kvinder mødes for at lytte til jazz* · *sangerens punkede provokationer*

punkt

SUBST. *-et*, plur. *-er, -erne*
fork. *pkt.*

1. et sted med en bestemt position, men uden nogen udstrækning □ *det højeste punkt i Danmark* · *du skal sigte på et bestemt punkt* · *linierne mødes i punktet B*
2. et bestemt spørgsmål, aspekt el. emne inden for en større helhed □ *der var syv punkter på dagsordenen* · *på det punkt er jeg enig med dig* · *der er flere svage punkter i hans argumentation* · *det er hans mest sårbare punkt* □ *anklagepunkt* · *programpunkt* · *stridspunkt* • et trin i en udvikling □ *vi har nået det punkt hvor vi ikke kan give efter* · *han er kommet over det punkt*
3. (musik): en prik der står efter en node el. pause, og som forlænger dennes værdi med det halve
4. en måleenhed i typografi: 1 punkt = 0,376 mm; bruges som mål for skriftstørrelser □ *punktstørrelse*
5. i forsk. forb.: • **et blødt punkt** nogen el. noget man ikke kan stå for □ *børn har altid været hendes bløde punkt* • **et dødt punkt** et tidspunkt hvor en samtale, forhandling el.lign. er gået i stå □ *et dødt punkt i forhandlingerne* · *vores samtale havde nået et dødt punkt og vi kom ikke til nogen afgørelse* • **det springende punkt** det afgørende spørgsmål □ *det springede punkt var forældremyndigheden over børnene* • **et svagt punkt** noget man ikke er god til □ *fysik var hans svage punkt* · *almen dannelse har altid været hendes svage punkt* • **et ømt punkt** et ømtåleligt emne □ *da hun begyndte at spørge til hans familie ramte hun et ømt punkt* • **til punkt og prikke** meget nøje □ *hun fulgte vejledningen til punkt og prikke*

punktafgift

SUBST. *-en*, plur. *-er, -erne*

en afgift til staten på enkelte varer, fx på tobak

punktere

VERB. *-r, -de, -t*
/punkˈtere/

gå hul på noget, især om det at der går hul på slangen i cykeldæk, bildæk el.lign. □ *cyklen punkterede* · *jeg punkterede på vej herhen* □ *punktering* · *punkterfri* • **punktere ngt** stikke hul på noget □ *lægen punkterede bylden* · *de har punkteret dækket!*

punkteret

ADJ. *-* , *punkterede*
/punkˈteret/

1. **punkteret linie** en linie bestående af prikker ≠ STIPLET
2. **punkteret node** en node med efterfølgende punktum som forlænger den med halvdelen af dens værdi

punktering

SUBST. *-en*, plur. *-er, -erne*
/punkˈtering/

1. et hul i noget som er fyldt med luft, fx en bil- el. cykelslange □ *cyklisterne havde tre punkteringer undervejs*
2. (medicin): = PUNKTUR

punktlig

ADJ. *-t, -e*

som nøje overholder den fastsatte tid for noget = PRÆCIS □ *han er punktlig som et urværk* · *han betaler punktlig hver den første* □ *punktlighed*

punktuel

ADJ. *-t, punktuelle*
/punktuˈel/

som består af el. beskæftiger sig med små, afgrænsede områder = PUNKTVIS □ *en punktuel afbildning* · *en punktuel maleteknik* · *typisk for sekten er dens punktuelle læsning af Biblen hvor man kun lægger vægt på enkelte passager*

punktum

SUBST. *-et* (el. *punktummet*), plur. *-er* (el. *punktummer*), *-erne* (el. *punktummerne*)

skrifttegnet . som viser at en sætning er slut, el. at et ord er forkortet; sættes også efter ordenstal, fx *7.* og *7.5.96*, og som tusindadskiller i store tal, fx *5.000* □ *der skal stort bogstav efter punktum* • en helsætning el. en række af helsætninger som afgrænses med punktum = PERIODE □ *læs lige det første punktum* • **sætte punktum for ngt** afslutte noget □ *med en håndbevægelse satte han punktum for den diskusion* • **punktum finale** udtryk for at noget skal være slut = BASTA

punktur

SUBST. *-en*, plur. *-er, -erne*
/punkˈtur/

(medicin): et indstik med fx en kanyle i et organ el.lign. for at tømme det for væske el. for at tage celleprøver = PUNKTERING □ *punktur af en lunge* · *punktur af en vabel* □ *lumbalpunktur*

pupil

SUBST. *pupillen*, plur. *pupiller, pupillerne*
[puˈpil']

en rund, sort åbning i øjets regnbuehinde som lyset passerer igennem □ *hans pupiller var meget store*

puppe

SUBST. *-n*, plur. *-r, -rne*

hvilestadiet mellem sidste larvestadium og

fuldt udviklet insekt • et hylster af fin tråd som en larve spinder rundt om sig i forbindelse med forvandlingen til et voksent insekt = KOKON

pur[1]

SUBST. *purret,* plur. *pur, purrene*
[*'pur*]

et tæt, uigennemtrængeligt krat □ *bøgepur · egepur* • en sammenfiltret masse □ *håret stod i et pur om hovedet på hende*

pur[2]

ADJ. *-t, -e; -ere, -est*
[*'pu'r*]

som er ren og ublandet = REN, LUTTER □ *den er af det pureste guld · ren og pur ondskab · pur misundelse · det er den pureste løgn*

pure

ADJ.

uden nogen forbehold el. indrømmelser = FULDSTÆNDIGT, BLANKT □ *det er pure løgn · han nægtede pure · ansøgningen blev pure afvist*

puré el. **pure**

SUBST. *-en,* plur. *-er, -erne*
[*py'ræ*]

en fint moset, næsten flydende, masse af frugt el. grøntsager ≠ KOMPOT □ *mos tomaterne til puré gennem en sigte* □ *hindbærpuré · tomatpuré*

purere

VERB. *-r, -de, -t*
[*py'ræ'ɔ*]

purere ngt lave noget til puré □ *purere frugt gennem en sigte* □ *purering*

puritaner

SUBST. *-en,* plur. *-e, -ne*
/*puri'taner*/

en tilhænger af en engelsk sekt som blev dannet i 1500-tallet, og som kræver renhed i troslæren og at gudstjenesten renses for katolske ceremonier • en person der lever asketisk = ASKET □ *efter en ret vild ungdom er hun nu blevet puritaner*

puritanisme

SUBST. *-n*
/*purita'nisme*/

puritanernes lære • en asketisk el. nøjsom leveform = ASKESE □ *hendes puritanisme indebar at hun aldrig gik i byen med sine kolleger*

puritansk

ADJ. *- , -e*
/*puri'tansk*/

som har el. er præget af en meget streng moral og en opfattelse af at fysisk nydelse er syndigt = ASKETISK, RENLIVET, KYSK □ *en puritansk livsindstilling · en puritansk person*

purk

SUBST. *-en,* plur. *-e, -ene*

= PODE

purløg[1]

SUBST. *-en,* plur. *~løg, -ene*

en plante med rødviolette og kugleformede blomster og hule, græslignende blade som kan spises; latinsk navn *Allium schoenoprasum*

purløg[2]

SUBST. *-et,* plur. *~løg, -ene*

de afklippede, hule blade af purløgsplanten som bruges i madlavning

purpur

SUBST. *-et*

et rødviolet farvestof som udvindes af kirtelssaft fra visse havsnegle el. fremstilles kunstigt □ *purpur har siden oldtiden været benyttet til farvning af tøj* □ *purpurfarve · purpurkappe · purpurklædt · purpursnegl*

purre

VERB. *-r, -de, -t*

1. purre op i håret el. **purre ng i håret** lade fingrene løbe igennem sit el. en andens hår = RODE □ *hun sad foran spejlet og purrede op i sit hår · han purrede den lille dreng i håret*
2. purre ng op el. **ud** = VÆKKE □ *børnene blev purret op kl. 6 om morgenen · purre mandskabet ud*

purser

SUBST. *-en,* plur. *-e, -ne*
[*'pɔ̈'sɔ*]

en person på et skib el. i et fly der har det overordnede ansvar for passagerernes komfort

purung

ADJ. *-t, -e*

ganske ung □ *en purung pige · han begyndte at skrive allerede som purung*

pus[1]

SUBST. *et,* plur. *pus, pussene*

et kært lille barn = NOR, NUS, PUSLING, MYR □ *de stakkels små pus · dit lille pus*

pus[2]

SUBST. *pusset*

en gullig væske som kommer ud af betændte sår; består af døde celler, hvide blodlegemer og bakterier = BETÆNDELSE, MATERIE

pusher

SUBST. *-en,* plur. *-e, -ne*
[*'pusjɔ*]

en person som handler med narkotika

pusle

VERB. *-r, -de, -t*

1. gøre noget på en stille og næsten lydløs måde □ *man kunne høre musene pusle under gulvet · hun gik og puslede ude i køkkenet* • hygge sig med en hobby el. små gøremål □ *sidde og pusle med en kryds og tværs · han gik altid og puslede ude i haven*
2. pusle om ng(t) passe og pleje nogen el. noget der ikke kan selv □ *hun puslede om sin syge mand · han puslede meget om sine planter* • **pusle ng** ordne et spædbarn, fx ved at vaske, skifte el. give det tøj på □ *puslebord · pusletaske*

puslebord

SUBST. *-et,* plur. *-e, -ene*

et særligt bord med en skumgummipude hvorpå man kan gøre et spædbarn i stand, fx vaske det, skifte det og give det tøj på

puslespil

SUBST. *~spillet,* plur. *~spil, ~spillene*

et spil med træ- el. papbrikker i forskellige faconer som skal lægges sammen så de danner et hele □ *lægge puslespil på 2.000 brikker*

pusling

SUBST. *-en,* plur. *-e* (el. *-er*), *-ene* (el. *-erne*)

= PUS □ *hun lagde puslingen til at sove*

pusselanke

SUBST. *-n,* plur. *-r, -rne*
/*pusse'lanke*/

(barn.): et barns ben □ *stik nu de små pusselanker ind under dynen*

pust

SUBST. *-et,* plur. *pust, -ene*
[*'pu'st* el. *'pust*]

en kort strøm af luft, fx en pludselig vind el. luft der pustes ud af næsen el. munden i et stød □ *et pust fik gardinet til blafre · et pust fik lyset til at gå ud* □ *vindpust* • **et frisk pust** ny inspiration fra andre personer el. kulturer □ *hans foredrag virkede som et frisk pust fra den store verden*

puste

VERB. *-r, -de, -t*

1. blæse luft ud af munden □ *han pustede på den varme mad · puste og stønne af anstrengelse · de vil puste støvet af den konservative politik · puste lyset ud · moderen pustede på barnets knæ* □ *pusten · pusterør* • **puste ngt** forme noget ved at blæse luft ind i det, fx glas el. bobler □ *glaspuster* • **puste ngt op** overdrive nogets betydning □ *han pustede sagen op til det helt store* • **puste sig op** gøre sig vigtig el. blive gal □ *han puster sig altid op når de diskuterer*
2. holde pause for at slappe af = KOBLE AF, HVILE □ *lad os puste et øjeblik · de satte sig på halvvejen for at puste ud* □ *pusterum*

pusten

SUBST.BEST.
[*'pusdən* el. *'pu'sdən*]

et roligt åndedræt = VEJRET □ *standse op for at få pusten igen · komme til pusten · holde pusten* • **tabe pusten** ikke kunne ånde normalt fordi man er forpustet • **tage pusten fra ng** overraske nogen så meget at de ikke kan sige noget

pusterum

SUBST. *~rummet,* plur. *~rum, ~rummene*

en pause til at holde hvil i □ *du må give mig et pusterum*

pusterør

SUBST. *-et,* plur. *~rør, -ene*

et jagtvåben som består af et langt, smalt rør hvorigennem man puster forgiftede pile el. lerkugler • et rørformet legetøj til at puste ærter el.lign. igennem □ *drengene skød med ærter gennem deres pusterør*

puszta

SUBST. *-en,* plur. *-er, -erne*

en græssteppe i Ungarn som dækker store områder; nu opdyrket

putte

VERB. *-r, -de, -t*

1. putte ngt i ngt anbringe noget på et sted hvor det ikke længere er synligt □ *hun puttede tingene ned i skuffen • putte chokoladen i munden • putte hænderne i lommen • putte pengene i sparegrisen*
2. putte ng lægge børn i seng □ *han puttede børnene • skal far putte os i aften?*
3. i forsk. forb.: • **putte sig** gemme sig □ *hvor har du puttet dig? • hun putter sig altid for sin mor* • **putte sig ind til ng** placere sig tæt op ad nogen for at få varme el. omsorg □ *hun frøs og puttede sig ind til ham • barnet kravlede op på skødet og puttede sig ind til hende*

p.u.v.

fork. for *på udvalgets vegne*

pvc

SUBST.

et sejt, elastisk plaststof der anvendes ved fremstilling af bløde plastprodukter som fx regntøj, legetøj og grammofonplader; fork. for *polyvinylklorid*

py

SUBST. *-en,* plur. *-er, -erne*

(spøg.): = PYJAMAS

pygmæ

SUBST. *-en,* plur. *-er, -erne*
/pyg'mæ/

en person der tilhører et dværgfolk i Midtafrika • (neds.): en person som er lille af vækst □ *den pygmæ kan ikke skræmme mig*

pyh

UDRÅBSORD

udtryk for at det føles varmt, indelukket, ildelugtende el.lign. = PYHA □ *pyh, jeg koger, giv mig lidt vand! • pyh, lad os få lidt frisk luft herind!*

pyha

UDRÅBSORD

= PYH □ *pyha, sikke en stank!*

pyjamas

SUBST. *-en* (el *pyjamassen*), plur. *-er* (el. *pyjamasser* el. *pyjamas*), *-erne* (el. *pyjamasserne* el. *-ene* el. *pyjamassene*)
[py'ja·mas el. *py'jamas* el. *py'djamas]*

nattøj der består af bukser og bluse el. skjorte = NATDRAGT, PY □ *pyjamasbukser • pyjamasjakke • pyjamasskjorte*

pylre

VERB. *-r, -de, -t*

pylre om ng pleje og passe nogen med overdreven omhu □ *pylre om sine børn* □ *pylren*

pylrehoved

SUBST. *-et,* plur. *-er, -erne*

1. (neds.): en person som er meget pylret = SKVAT □ *drengen er med på den værste, men pigen er et rigtigt pylrehoved*
2. en person der pylrer om andre □ *hendes mor er et pylrehoved som overbeskytter hende*

pylret

ADJ. - , *pylrede*

(dagl.): som er irritabel og klynkende, fx pga. træthed el. sygdom; især om børn = PIBET □ *feberen er faldet, men han er stadig meget pylret*

pylrevorn

ADJ. *-t, -e*

(neds., glds.): som er tilbøjelig til at pylre □ *han er blevet gammel og pylrevorn*

pynt[1]

SUBST. *-en,* plur. *-er, -erne*

den yderste spids af et næs el. en odde □ *bådene rundede pynten inden solnedgang* • **klare pynten** nå uden om pynten □ *skibet klarede pynten på trods af stormen* • **klare pynten** klare en vanskelig situation □ *vi troede at hun ville blive fyret, men hun klarede pynten alligevel!*

pynt[2]

SUBST. *-en*

noget som har til formål at gøre noget andet smukkere □ *pynt til juletræet • pejsen er kun til pynt • en kjole uden særlig pynt* □ *bordpynt • julepynt • påskepynt*

pynte

VERB. *-r, -de, -t*

pynte ng(t) hjælpe på el. forbedre udseendet af noget = PRYDE □ *bruden pyntes • pynte kirken med blomster • pynte juletræ • den nye fabrik pynter ikke i landskabet • det har pyntet med din nye frisure* □ *pyntning • pyntegardin • pynteliste* • **pynte på ngt** forbedre nogets ellers dårlige udseende □ *det pyntede på stuen at vi satte gardiner op* • **pynte på ngt** få noget til at se mere acceptabelt ud uden reelt at ændre dets indhold især om ulovlige el. lyssky forhold □ *pynte på tallene • pynte på regnskabet*

pyntelig

ADJ. *-t, -e*

(glds.): som pynter op el. er beregnet til pynt □ *en pyntelig kniplingskrave*

pyramidalsk el. **pyramidal**

ADJ. - , *-e*
(pyramidal: *-t, -e*)
/pyrami'dalsk/

1. = PYRAMIDEFORMET
2. imponerende, næsten ufattelig stor = KOLOSSAL

pyramide

SUBST. *-n,* plur. *-r, -rne*
/pyra'mide/

et egyptisk gravmonument af sten med firkantet grundflade og trekantede sider der er glatte el. trappetrinsformede, og som løber sammen i en spids foroven □ *de egyptiske pyramider er smukke* • (geometri): et pyramideformet legeme □ *dåserne i supermarkedet var stablet som en pyramide*

pyramideformet

ADJ. - , *~formede*

med en form som en pyramide = PYRAMIDALSK

pyroman

SUBST. *-en,* plur. *-er, -erne*
/pyro'man/

en person som lider af pyromani □ *pyromanbrand*

pyromani

SUBST. *-en*
/pyroma'ni/

en sygelig trang til at sætte ild på noget

pyrrhussejr

SUBST. *-en,* plur. *-e, -ene*

en alt for dyrekøbt sejr som i virkeligheden indebærer et nederlag

pyt[1]

SUBST. *pytten,* plur. *pytter, pytterne*

en lille samling væske, fx på gaden el. på gulvet □ *gaden var fuld af pytter efter regnvejret • vandet samlede sig i pytter på gulvet* □ *vandpyt*

pyt[2]

UDRÅBSORD

pyt med det det gør ikke noget □ *hov, jeg knuste et glas! - pyt med det, det var revnet i forvejen*

pyton

SUBST. *-en,* plur. *-er, -erne*

en stor kvælerslange som findes i Afrika, Sydøstasisen og Australien; flere arter hvoraf den største kan opnå en længde på 10 m = PYTONSLANGE

pædagog

SUBST. *-en,* plur. *-er, -erne*
[pæda'go'w]

1. en person der er uddannet til at arbejde i børnehaver og andre institutioner □ *pædagogmedhjælper • pædagogisk*
2. en lærer el. en opdrager □ *klasselæreren var en god pædagog*

pædagogik

SUBST. *pædagogikken,* plur. *pædagogikker, pædagogikkerne*
/pædago'gik/

læren om børneopdragelse og undervisning □ *socialpædagogik* • en måde at opdrage og undervise på

pædagogikum

SUBST. *et*
/pæda'gogikum/

en prøve i pædagogik for lærere i gymnasieskolen

pædagogisk

ADJ. - , *-e*
/pæda'gogisk/

som har med pædagogik at gøre □ *en pædagogisk opslagsbog • en pædagogisk lærer • en pædagogisk metode • det var ikke særlig pædagogisk at hænge drengen ud over for alle hans klassekammarater*

pædiater

SUBST. *-en,* plur. *-e, -ne*
/pædi'ater/

= BØRNELÆGE

pædiatri

SUBST. *-en*
/pædia'tri/

læren om børnesygdomme og deres behandling □ *pædiatrisk*

pædofil

ADJ. *-t, -e*
[pædo'fi'l]

som tiltrækkes seksuelt af børn

pædofili

SUBST. *-en*
/pædofi'li/

det at være pædofil

pægl

SUBST. *-en,* plur. *-e, -ene*
['pæ'l]

en gammel dansk måleenhed for rumfang: 1 pægl = 0,2315 liter, 4 pægle = 1 pot; blev officielt afskaffet i 1907 □ *en pægl brændevin*

pæl

SUBST. *-en,* plur. *-e, -ene*

1. en stolpe som hamres fast i jorden el.lign. for at kunne støtte noget = STOLPE, PILLE, STØTTE, SØJLE □ *pælene under gangbroen var begyndt at rådne · huset er bygget på pæle* □ *pælemusling · pælerod · pælestik* □ *betonpæl · bundgarnspæl · hegnspæl · lygtepæl · milepæl · telefonpæl · teltpæl · totempæl*
2. i forsk. forb.: • **ramme en pæl gennem ngt** én gang for alle tilbagevise el. forkaste noget □ *jeg skal snart få ramt en pæl igennem det rygte* • **stå på gloende pæle** være i en tilstand af forvirring, forventning og ophidselse = VÆRE PÅ DEN ANDEN ENDE □ *byen stod på gloende pæle da dronningen skulle komme på besøg*

pælemusling

SUBST. *-en,* plur. *-er, -erne*

= BLÅMUSLING

pælerod

SUBST. *~roden,* plur. *~rødder, ~rødderne*

en pæleformet planterod som gror lige ned i jorden, fx på mælkebøtter og gulerødder ≠ TREVLEROD

pælestik

SUBST. *~stikket,* plur. *~stik, ~stikkene*

et stik på et tov i form af en løkke som ikke kan give sig □ *slå et pælestik* • **dobbelt pælestik** et slags pælestik hvor tovet er lagt dobbelt

pæn

ADJ. *-t, -e; -ere, -est*

som har et behageligt og tiltalende udseende = KØN, NYDELIG, NET □ *hun er pæn · et pænt hus · have pænt tøj på · han har pæne, muskuløse ben · være pæn i tøjet* • som er anstændig og ordentlig □ *en pæn opførsel · vejret viser sig fra sin pæne side · en pæn pige bander ikke · det er pænt af dig · klare sig pænt* □ *pænhed*

pænhed

SUBST. *-en,* plur. *-er, -erne*

det at opføre sig anstændigt og ordentligt = KORREKTHED, SØMMELIGHED □ *lægge vægt på pænhed*

pæon

SUBST. *-en,* plur. *-er, -erne*
/pæ'on/

en haveplante med store, fyldige blomster i rødt, hvidt el. gult; latinsk navn *Paeonia* = BONDEROSE □ *pæonrød*

pære

SUBST. *-n,* plur. *-r, -rne*

1. en gulgrøn frugt af pæretræ som er bred og afrundet forneden og smal foroven □ *pæretræ · pærevælling*
2. en glødelampe i form af en pæreformet glasbeholder med gevind = ELEKTRISK PÆRE □ *sætte en pære i · pæren er gået*
3. (slang): = HOVED □ *pæren fejler ikke noget · have pæren i orden*

pære-

ADJ.

⟨i sammensætn.⟩ forstærkende udtryk □ *pæredansk · pærefuld · pærelet · pærenem*

pæredansk

ADJ. *- , -e*

ægte og meget typisk dansk □ *hun er da ikke udlænding, hun er pæredansk*

pærelet

ADJ. *- , ~lette*

meget nem □ *den opgave er da pærelet*

pæreskude

SUBST. *-n,* plur. *-r, -rne*

(neds.): et lille, klodset skib □ *sådan en pæreskude!*

pærevælling

SUBST. *-en*

1. en vælling som er kogt af byggryn, vand og pærer
2. sammenblandet rod □ *tingene lå på gulvet i én stor pærevælling*

pøbel

SUBST. *-en* (el. *pøblen*)

en gruppe af ukultiverede mennesker der er foragtede pga. deres hensynsløse adfærd = RAK □ *pøbelagtig*

pøbelagtig

ADJ. *-t, -e*

som er ukultiveret og hensynsløs = PROLETARISK, PLEBEJISK, UKULTIVERET □ *en pøbelagtig optræden* □ *pøbelagtighed*

pøj

UDRÅBSORD

udtryk for at noget smager dårligt □ *pøj, sikken tynd kaffe!*

pøl

SUBST. *-en,* plur. *-e, -ene*

en mindre mængde mudret væske □ *der lå en pøl af regnvand uden for døren* □ *mudderpøl*

pølse

SUBST. *-n,* plur. *-r, -rne*

1. en masse af hakket kød, spæk og krydderier som er fyldt i naturlige el. kunstige tarme; spises røget, kogt el. stegt □ *røget pølse · spise pølse med brød og sennep* □ *pølsebrød · pølsemad · pølsemager · pølseskind · pølsevogn* □ *blodpølse · cocktailpølse · grillpølse · kyllingepølse · kødpølse · medisterpølse · spegepølse · wienerpølse* • noget der er pølseformet □ *dejen rulles ud i pølser*
2. dødens pølse noget kedeligt

pølseforgiftning

SUBST. *-en,* plur. *-er, -erne*

= BOTULISME

pølsemager

SUBST. *-en,* plur. *-e, -ne*

en person der fremstiller pølser på en fabrik

pølsesnak

SUBST. *~snakken*

meningsløs snak = VRØVL □ *sikke noget pølsesnak!*

pølsevogn

SUBST. *-en,* plur. *-e, -ene*

en bod på hjul hvorfra der sælges pølser, brød m.m.

pønse el. **pønske**

VERB. *-r, -de, -t*

pønse på ngt påtænke noget fordækt □ *du ser så hemmelighedsfuld ud - hvad går du og pønser på? · i det stille gik hun og pønsede på hævn*

pø om pø

ADV.

(glds.): = EFTERHÅNDEN □ *hun lærte det pø om pø*

pøs

SUBST. *-en,* plur. *-e, -ene*

en spand til at øse vand med, især om bord i et fartøj = SPAND □ *pøsfuld*

pøse

VERB. *-r, -de, -t*

(dagl.): udtryk for at en væske bevæger sig meget kraftigt og hurtigt = STRØMME, ØSE □ *regnen pøsede ned fra taget · det øser og pøser* □ *pøsregne* • **pøse ngt {over} ng(t)** sprøjte el. kaste noget på nogen eller noget = ØSE, HÆLDE □ *brandmændene pøsede vand ind i det brændende hus · han pøsede planten over med vand* • **pøse ngt {over} med ngt** □ *han pøsede planten over med vand · de pøsede ham til med vand*

på

PRÆP., ADV.

1. udtryk for at nogen el. noget befinder sig el.

bliver anbragt i tæt berøring med en overflade □ ⟨PRÆP.⟩ *kortene ligger på bordet · hun satte sig på tæppet · myren kravler på bordbenet · der er en plet på dugen · der hænger et stort billede på væggen · der er ikke en sky på himlen · det står på side 222 i bogen ·* ⟨ADV.⟩ *hun elsker at have hat på · det er koldt, så vi må hellere tage varmt tøj på · hanken var faldet af, men jeg har limet den på igen · bank på inden du går ind* □ *påklistre · pålæg · påmale · påskrift · påsmøre · påstryge · påtrykke* □ *bagpå · derpå · forpå · herpå · hvorpå · midtpå · ovenpå · udenpå* • ⟨PRÆP.⟩ udtryk for at nogen el. noget befinder sig et bestemt sted el. inden for et bestemt område, fx på en ø, en plads, en vej el. en bygning □ *hun bor på Falster · han rejser rundt på fastlandet · de holder ferie på Kreta · de overvejer at flytte på landet · avisen har adresse på Rådhuspladsen · jeg skal på posthuset og betale regninger · flinteøksen opbevares på museet · toget kører ind på perronen om et øjeblik · det er hans kone der går på hans venstre side · der er støj på ledningen* • ⟨PRÆP.⟩ udtryk for at noget, fx berøring el. opmærksomhed, er rettet mod nogen el. noget □ *lægen følte på hans pande · han tog mig på skulderen · hun smagte på suppen · hun hørte tålmodigt på hvad han sagde · hun tænkte på det · han er gal på mig · hun er jaloux på ham · vi er misundelige på dem · jeg er sur på hende · han er blind på det ene øje* • ⟨PRÆP.⟩ udtryk for at nogen deltager i en bestemt aktivitet □ *han er på højskole · hun er på kursus · han går ofte på jagt · de er taget på ferie* • ⟨PRÆP.⟩ udtryk for at noget forhandles el. forekommer i en bestemt emballage el. et bestemt medium □ *de forhandler kun øl på flaske · skal ærterne være dybfrost eller på dåse? · jeg har lige købt den opera på CD · hans nyeste sange fås også på bånd* • **på den igen!** udtryk for at man opfordrer nogen til at begynde forfra og på en frisk med noget • **være på** være genstand for manges opmærksomhed, fx på en scene, i fjernsynet el. i radioen • **være på den** have problemer □ *de har opdaget at det er ham der har taget af kassen, så nu er han på den*

2. ⟨PRÆP.⟩ udtryk for at noget forekommer samtidig med et bestemt tidspunkt □ *klokken slog tolv, og på samme tid ringede telefonen · på den tid var han tilfreds med alting · det er tidligt på morgenen · det var sent på året* • ⟨PRÆP.⟩ udtryk for at noget foregår el. forekommer den nærmest kommende bestemte ugedag □ *kommer du på søndag? · han rejser på torsdag* • ⟨PRÆP.⟩ udtryk for at noget forløber el. afvikles inden for et bestemt tidsrum = I LØBET AF □ *han kan spise en ispind på to minutter · man kan sejle fra Danmark til Tyskland på en time · man kan nå meget på en formiddag · et studieophold på seks måneder* • ⟨PRÆP.⟩ udtryk for hvor gammel nogen er □ *en pige på fem år*

3. ⟨PRÆP.⟩ udtryk for hvor meget noget fylder, måler, vejer el. indeholder af en bestemt enhed □ *en kasse på 15 kubikmeter · et kirketårn på tyve meter · et skib på 20.000 ton · en lejlighed på fire værelser*

4. ⟨PRÆP.⟩ udtryk for at en bestemt legemsdel bevæges □ *hun rystede på hovedet · han rynkede på næsen · hun ryster på hånden · krigsveteranen trak på det ene ben · hun trak på skuldrene*

5. ⟨PRÆP.⟩ udtryk for at der er et nært tilhørsforhold mellem to ting □ *navnet på byen er Mariager · prisen på kaffe er lige steget · det er den varmeste tid på året · han fandt en genial løsning på problemet · mordet på Kennedy chokerede os alle dybt · jeg har tegnet abonnement på et nyt ugeblad · hun fik ikke svar på sit spørgsmål*

6. ⟨PRÆP.⟩ udtryk for at noget har noget andet som grundlag □ *han blev dømt på indicier · hun klarede hele formiddagen på et glas vand og en skive brød*

7. ⟨PRÆP.⟩ udtryk for at det nærmere karakteriserer hvordan en bestemt handling udføres □ *det kan kun gøres på denne her måde · hvordan siger man det på engelsk? · det var kun på skrømt han gav dig ret*

8. ⟨PRÆP.⟩ udtryk for at noget gentages □ *han læste bog på bog · gang på gang sagde han det samme vrøvl*

9. ⟨PRÆP.⟩ udtryk for at nogen er påvirket af et bestemt rusmiddel □ *han er på kokain · hun er på metadon · de er på piller*

10. i forsk. forb.: *på* forekommer desuden med andre betydninger i forskellige forbindelser, fx **bringe ngt på bane, finde på, gå ng på, på gensyn, på forhånd, tage på**, se under *bane, finde, gå, gensyn, forhånd, tage* osv.

påanke

VERB. *-r, -de, -t*

påanke ngt = ANKE □ *påanke en dom til en højere instans · sagen blev påanket til landsretten*

påbegynde

VERB. *-r, ~begyndte, ~begyndt*

påbegynde ngt gå i gang med noget som har en udvikling i tid el. rum = BEGYNDE □ *arbejdet påbegyndes nu · han påbegynder opgaven til april*

påberåbe

VERB. *-r, påberåbte, påberåbt*

påberåbe sig ngt anføre noget som en undskyldning el. støtte for sin påstand el. sit krav = HENHOLDE SIG TIL □ *han påberåbte sig sin diplomatiske status · de påberåbte sig deres ret til at få udbetalt løn · han påberåber sig at han ikke vidste besked med sin partners planer* □ *påberåbelse*

påbud

SUBST. *-et* (el. *påbuddet*), plur. *påbud, -ene* (el. *påbuddene*)

ordre som forpligter modtageren til at udføre en bestemt handling = DIKTAT, ORDRE □ *få påbud om at rydde sneen væk · sidde et påbud overhørig · udstede et påbud*

påbudstavle

SUBST. *-n*, plur. *-r, -rne*

en færdselstavle med påbud, fx om en bestemt kørselsretning

påbyde

VERB. *-r, påbød, påbudt*

påbyde ng ngt (form.): give nogen ordre til en bestemt adfærd = PÅLÆGGE □ *påbyde ved lov at børn i biler skal sidde fastspændt · kørelys er påbudt i Danmak*

pådrage

VERB. *-r, pådrog, -t*

pådrage sig ngt blive gjort til genstand for noget, især noget ubehageligt □ *pådrage sig en sygdom* □ *pådragelse*

pådutte

VERB. *-r, -de, -t*

pådutte ng ngt forsøge at få nogen til at acceptere el. overtage noget som de ikke ønsker = PÅTVINGE, BELEMRE, PÅNØDE □ *du skal ikke pådutte mig dine meninger · han forsøgte at pådutte hende ansvaret for hjem og børn* □ *pådutning*

pådømme

VERB. *-r, pådømte, pådømt*

pådømme ngt behandle og dømme i en retssag □ *sagen blev pådømt ved landsretten*

påfaldende

ADJ.

som man lægger mærke til og må undre sig over = BEMÆRKELSESVÆRDIG □ *der er en påfaldende forskel mellem de to søskende · hun var påfaldende tavs*

påfugl

SUBST. *-en*, plur. *-e, -ene*

en stor og meget farvestrålende hønsefugl med fjertop på issen og lange halefjer som spredes i en stor vifte under parringsspillet; latinsk navn *Pavo* □ *påfuglefjer*

påfugleøje

SUBST. *-n*, plur. *-r, -rne*

en sommerfugl med øjepletter på vingerne; forskellige arter, bl.a. *dagpåfugleøje* og *natpåfugleøje*

påfund

SUBST. *-et*, plur. *påfund, -ene*

= PÅHIT □ *et genialt påfund · undre sig over hans excentriske påfund · nymodens påfund*

påføre

VERB. *-r, påførte, påført*

1. påføre ngt (form.): tilføje noget til noget allerede eksisterende □ *påføre navn og adresse på blanketten · lakken påføres i et tyndt, jævnt lag* □ *påføring*

2. påføre ng ngt (form.): udsætte nogen for noget ubehageligt = FORVOLDE □ *påføre sit firma økonomisk tab* □ *påførelse*

påg.

fork. for *pågældende*

pågribe

VERB. *-r, pågreb, pågrebet* (*pågreben, pågrebne*)

pågribe ng fange en eftersøgt person = FANGE □ *efter en længere jagt blev forbryderen pågrebet* □ *pågribelse*

pågældende

ADJ.
fork. *pgl.* el. *påg.*

⟨også SUBST.⟩ som det i det foreliggende tilfælde drejer sig om el. som lige er nævnt □ *klagen bør stiles til pågældende myndighed · reglen er at finde i pågældende paragraf · jeg spurgte efter den som skulle træffe afgørelsen, men den pågældende var ikke til stede*

pågå

VERB. *-r, pågik, -et*

finde sted over længere periode = FOREGÅ ▫ *undersøgelsen pågår endnu* · *forhandlingerne forventes at pågå endnu nogle dage*

pågående

ADJ.

(neds.): som bliver ved med at være påtrængende selv om man bliver mødt af modvilje el. manglende interesse = NÆRGÅENDE, ANMASSENDE, PÅTRÆNGENDE, AGGRESSIV ▫ *han var meget pågående med sit tiggeri* · *sælgeren havde en meget pågående facon* ▫ *pågåenhed*

pågåenhed

SUBST. *-en*

det at være pågående ▫ *hans pågåenhed generede hende*

påhit

SUBST. *påhittet,* plur. *påhit, påhittene*

idé som man får ved at bruge sin fantasi el. som et resultat af en pludselig indskydelse = PÅFUND ▫ *et mærkeligt påhit* · *det var et af hendes sjove påhit* ▫ *påhitsom*

påhitsom

ADJ. *-t, påhitsomme*
/på'hitsom/

(spøg.): = OPFINDSOM

påholdende

ADJ.

tilbageholdende med at give penge ud = NÆRIG, SPARSOMMELIG ▫ *han er blevet mere påholdende med årene*

påholdenhed

SUBST. *-en*

det at være påholdende = NÆRIGHED, SPARSOMMELIGHED ▫ *gennem påholdenhed lykkedes det ham at spare en mindre formue sammen*

påhvile

VERB. *-r, -de, -t*

påhvile ng (form.): være nogens pligt el. opgave = PÅLÆGGE ▫ *det påhviler mig at sørge for underholdningen* · *vedligeholdelsen påhviler lejeren*

påhæng

SUBST. *-et,* plur. *påhæng, -ene*

en person der står én nær, fx børn, kæreste, mand el. kone ▫ *være inviteret til fest uden påhæng*

påhængsmotor

SUBST. *-en,* plur. *-er, -erne*

en motor som kan sættes på en mindre båd

påhængsvogn

SUBST. *-en,* plur. *-e, -ene*

= ANHÆNGER

påhør

SUBST. *et*

i ngs påhør mens nogen overværer el. hører det ▫ *hun brød sig ikke om at blive skældt ud i andres påhør* · *han tilstod tyveriet i vidners påhør*

påhøre

VERB. *-r, påhørte, påhørt*

påhøre ngt (glds., form.): = HØRE ▫ *han påhørte oplæsningen med interesse*

påkalde

VERB. *-r, påkaldte, påkaldt*

1. påkalde sig ngt tiltrække noget; især opmærksomhed ▫ *påkalde sig opmærksomhed* ▫ *påkaldelse*
2. påkalde ng appellere til nogen om hjælp el. tilgivelse; især til Gud ▫ *bispen påkaldte Gud og alle helgener for at forsvare sin uskyld*

påklæder

SUBST. *-en,* plur. *-e, -ne*

en person som passer kostumerne på et teater og gør dem klar til de optrædende ▫ *påklæderske*

påklædning

SUBST. *-en,* plur. *-er, -erne*

det at klæde sig på ▫ *påklædningen tog barnet lang tid* · *han havde brækket armen og måtte have hjælp til påklædningen* ▫ *påklædningsdukke* · *påklædningsværelse* • det tøj man har på ▫ *daglig påklædning* · *korrekt påklædning* · *tvangfri påklædning* · *hans påklædning passede ikke til lejligheden*

påklædningsdukke

SUBST. *-n,* plur. *-r, -rne*

en flad dukke af pap til at iklæde tøj af papir ▫ *lege med påklædningsdukker*

påklædt

ADJ. *- , -e*

som har tøj på ▫ *hun var ikke påklædt* · *han lå fuldt påklædt på sengen* · *halvt påklædt* · *anstændigt påklædt* • **let påklædt** se under *let*

påkommende

ADJ.

i påkommende tilfælde (form.): hvis der opstår en situation hvor det er nødvendigt ▫ *yde bistand i påkommende tilfælde*

påkrav

SUBST. *-et,* plur. *~krav, -ene*

en kreditors anmodning om at betale for en ydelse

påkrævet

ADJ. *- , påkrævede*

som er absolut nødvendig ▫ *er det absolut påkrævet at jeg kommer?* · *pænt tøj er påkrævet* · *forandringer er påkrævet*

påkøre

VERB. *-r, påkørte, påkørt*

påkøre ng(t) ramme og køre nogen el. noget ned med bil, cykel el.lign. ▫ *bilisten påkørte to fodgængere* · *hun påkørte hellen midt på vejen* ▫ *påkøring*

pålandsvind

SUBST. *-en*

vind der blæser fra havet og ind mod land ≠ FRALANDSVIND

pålidelig

ADJ. *-t, -e*
/på'lidelig/

som man kan stole på, og som er omhyggelig = TROVÆRDIG, VEDERHÆFTIG ▫ *en pålidelig medarbejder* · *fra pålidelig kilde* · *hans beretning var pålidelig* ▫ *pålidelighed*

påligne

VERB. *-r, -de, -t*

= BESKATTE ▫ *påligne skat*

pålydende[1]

SUBST. *-t,* plur. *-r, -rne*

1. et beløb der er trykt på et værdipapir men som sjældent er udtryk for den pris værdipapiret kan handles til ▫ *et værdipapirs pålydende*
2. tage ngt for pålydende opfatte noget præcis som det er sagt uden at opfatte undertoner el. dobbeltbetydninger ▫ *hun tager alting for pålydende*

pålydende[2]

ADJ.

pålydende værdi en værdi som står trykt på et værdipapir = NOMINEL VÆRDI, NOMINALVÆRDI ≠ KURSVÆRDI, REEL VÆRDI ▫ *obligationens pålydende værdi er 1.000 kr.*

pålæg

SUBST. *pålægget,* plur. *pålæg, pålæggene*

1. en tynd skive pølse, ost, leverpostej el.lign. der lægges el. smøres på brød ▫ *lægge pålæg på brødet* · *et stykke smørebrød med højt pålæg* ▫ *pålægschokolade* · *pålægsmaskine* ▫ *chokoladepålæg* · *figenpålæg* · *smørepålæg*
2. en ordre om at gøre noget bestemt ▫ *de fik pålæg om at deltage i mødet*
3. en forhøjelse af et beløb ▫ *få pålæg på lønnen* · *pålæg i lejen* ▫ *gagepålæg*

pålægge

VERB. *-r, pålagde, pålagt*

pålægge ng ngt give nogen ordre til at udføre noget = PÅBYDE, PÅHVILE ▫ *jeg pålagde ham en række opgaver* · *pålægge befolkningen en afgift på spiritus* · *pålægge nogen et ansvar* · *han fik pålagt at ordne sagen*

pålægschokolade

SUBST. *-n,* plur. *-r, -rne*

en tynd skive chokolade til at lægge på brød ▫ *en æske pålægschokolade* · *lys pålægschokolade* · *mørk pålægschokolade*

påminde

VERB. *-r, -de, -t*

påminde ng om ngt (form.): huske nogen på noget = MINDE OM ▫ *jeg påmindede ham om at skatten skulle betales* ▫ *påmindelse*

påmindelse

SUBST. *-n,* plur. *-r, -rne*

en hændelse el. meddelelse som får nogen til at

huske el. tænke på noget = PRAJ, VINK, ADVARSEL □ *han fik en påmindelse om at bøgerne skulle afleveres* · *bulen var en påmindelse om at han skulle passe på i den hårde trafik* □ *betalingspåmindelse*

påmønstre

VERB. *-r, -de, -t*

påmønstre ngt tage hyre på et skib □ *han påmønstrede skibet i Rotterdam* □ *påmønstring* • **påmønstre ng** hyre mandskab til et skib □ *blive påmønstret som matros* · *påmønstre folk* □ *påmønstring*

påpasselig

ADJ. *-t, -e*
/på'passelig/

som er omhyggelig og samvittighedsfuld□ *han var påpasselig med at møde til tiden* □ *påpasselighed* • = SPARSOMMELIG □ *være påpasselig i pengesager* · *nu hvor vi tjener mere, behøver vi ikke være så påpasselige*

påpege

VERB. *-r, -de, -t*

påpege ngt gøre opmærksom på noget =PÅVISE, BETONE □ *han påpegede en række fejl i opstillingen* □ *påpegning*

påregne

VERB. *-r, -de, -t*

påregne ngt regne med at noget vil være tilfældet □ *sagen vil kunne påregne interesse* · *du kan påregne et vist udbytte af handelen* · *tv påregner ikke et stort antal seere til de sene programmer* □ *påregning*

pårørende

SUBST. *en, den pårørende,* plur. *pårørende, de pårørende*

som er nogens nærmeste familie =FAMILIE □ *da han blev indlagt på hospitalet, skulle han opgive navnene på sine nærmeste pårørende* · *politiet tog ud for at underrette de pårørende om mandens død*

påse

VERB. *-r, påså, -t*

påse ngt (form.): holde øje med noget og sørge for at alt går rigtigt til□ *Finanstilsynet skal påse at den finansielle sektor overholder gældende regler*

påsejle

VERB. *-r, -de, -t*

påsejle ng(t) sejle ind i en anden båd, et andet skib el.lign. □ *færgen påsejlede sejlbåden i tågen* · *vi er blevet påsejlet, send en nødraket op!* □ *påsejling*

påske

SUBST. *-n,* plur. *-r, -rne*

en kristen forårshøjtid til minde om Jesu død og opstandelse; omfatter *palmesøndag, skærtorsdag, langfredag, påskedag* og 2. *påskedag* □ *fejre påske* · *holde påske* □ *påskeferie* · *påskeuge* • en jødisk forårshøjtid til minde om udvandringen fra Egypten

påskedag

SUBST. *-en,* plur. *-e, -ene*

søndagen i påsken som helligholdes til minde om Jesu opstandelse; falder mellem 22. marts og 25. april som den første søndag efter første fuldmåne efter forårsjævndøgn =PÅSKESØNDAG, 1. PÅSKEDAG • **2. påskedag** helligdag efter påskedag

påskelilje

SUBST. *-n,* plur. *-r, -rne*

en plante hvis blomst har seks gule kronblade der omgiver en trompetformet krone med krøllede kanter; latinsk navn *Narcissus pseudonarcissus*

påskelørdag

SUBST. *-en,* plur. *-e, -ene*

lørdagen mellem langfredag og påskedag

påskemorgen

SUBST. *-en* (el. *~morgnen*), plur. *-er* (el. *~morgner*), *-erne* (el. *~morgnerne*)

påskedags morgen =PÅSKEDAGSMORGEN

påskesøndag

SUBST. *-en,* plur. *-e, -ene*

= PÅSKEDAG

påskeæg

SUBST. *~ægget,* plur. *~æg, ~æggene*

et dekoreret hønseæg el. en æggeformet genstand som bruges som påskepynt □ *hænge påskeæg på grene* · *pynte med påskeæg* • en større æggeformet genstand af fx chokolade, pap el. træ som kan være fyldt med slik el. legetøj □ *børnene fik et påskeæg* □ *chokoladepåskeæg*

påskrevet

ADJ.

få læst og påskrevet blive kraftigt irettesat for en begået fejl

påskrift

SUBST. *-en,* plur. *-er, -erne*

bogstaver el. ord skrevet på noget□ *et skilt med påskriften 'adgang forbudt'* · *medaljen bærer påskriften 'pro patria'*

påskud

SUBST. *påskuddet,* plur. *påskud, påskuddene*

den årsag som man anfører for sin handlemåde, men som ikke er den egentlige årsag = UNDSKYLDNING, FOREGIVENDE □ *han brugte det dårlige vejr som påskud for ikke at komme* · *under påskud af sygdom blev han hjemme* · *hans overarbejde var kun et påskud* · *hun ventede kun på et påskud til at smide ham ud*

påskynde

VERB. *-r, -de, -t*

påskynde ngt få noget til at gå hurtigere □ *påskynde sin gang* · *han påskyndede produktionen* □ *påskyndelse*

påskønne

VERB. *-r, -de, -t*

påskønne ng(t) forstå at anerkende og værdsætte nogen el. noget = ANERKENDE □ *ledelsen påskønnede de ansattes store indsats* · *hun blev ikke påskønnet efter fortjeneste* □ *påskønnelse*

påskønnelse

SUBST. *-n,* plur. *-r, -rne*

det at påskønne nogen el. noget, el. det man modtager som tegn på at nogen påskønner ens præstation = TAKNEMMELIGHED, VÆRDSÆTTELSE, ANERKENDELSE, SKULDERKLAP □ *han udtrykte sin påskønnelse i rosende vendinger* · *modtage påskønnelse efter fortjeneste* · *vise sin påskønnelse af noget* □ *påskønnelsesværdig*

påstand

SUBST. *-en,* plur. *-e, -ene*

noget man hævder som sin mening el. fremstiller som en kendsgerning selv om det ikke er bevist = POSTULAT □ *bevise sin påstand* · *det er påstand mod påstand* · *fremsætte en påstand* · *han fik ret i sin påstand* · *det var ellers noget af en påstand!* • (jura): en erklæring som fremsættes af parterne i en retssal □ *fremsætte en påstand* · *frafalde en påstand* · *nedlægge påstand om frifindelse* · *han støtter sin påstand på indicier*

påstå

VERB. *-r, ~stod, -et*

påstå ngt bestemt sige at noget er sandt; som regel uden at kunne bevise det =HÆVDE, POSTULERE □ *han påstod at han ikke kendte noget til sagen* · *hun påstod den var ægte* · *jeg vil ikke påstå at hun direkte lyver*

påståelig

ADJ. *-t, -e*
/på'ståelig/

som stædigt fastholder sin mening = STÆDIG, RETHAVERISK, STIVNAKKET □ *han er meget påståelig* · *hvis man er alt for påståelig skader man let sin sag* □ *påståelighed*

påsyn

SUBST. *-et*

det at overvære noget = OVERVÆRELSE □ *han gjorde det i mit påsyn* · *sønnen røg aldrig i forældrenes påsyn*

påtage

VERB. *-r, påtog, -t* (*påtagen, påtagne*)

påtage sig ngt love at gøre noget el. begynde at gøre noget og tage ansvaret for det□ *han påtog sig opgaven* · *påtage sig ansvaret* · *hun påtog sig straks skylden for det der var sket* · *hun har påtaget sig mere end hun kan overkomme* □ *påtagelse*

påtaget el. påtagen

ADJ. *- , påtagede*
(påtagen: *påtaget, påtagne*)

som er tilstræbt og uægte =FORSTILT □ *et påtaget smil* · *hendes væremåde virker påtaget* • som ikke er rigtigt =FALSK □ *optræde under påtaget navn*

påtale[1]

SUBST. *-n,* plur. *-r, -rne*

det at gøre nogen opmærksom på, at de har gjort noget forkert; evt. fra offentlig myndighed =

IRETTESÆTTELSE □ *fortjene en alvorlig påtale* · *få en påtale* · *ikke rette sig efter ordstyrerens påtale* · *rejse en påtale mod nogen* □ *påtaleberettiget* · *påtalefrist* · *påtalemyndighed* · *påtaleret*

påtale[2]

VERB. *-r, påtalte, påtalt*

påtale ngt give nogen en påtale = IRETTESÆTTE □ *jeg måtte påtale hans opførsel* · *politimesteren kan påtale visse sager* · *påtale en forsømmelse*

påtegne

VERB. *-r, -de, -t*

påtegne ngt endossere el. attestere noget = BEKRÆFTE, UNDERSKRIVE, UNDERTEGNE □ *påtegne en ansøgning* □ *påtegning* · *påtegnelse*

påtrængende

ADJ.

1. (neds.): som hæmningsløst søger at få kontakt med el. opnå noget hos andre mennesker = ANMASSENDE □ *han er meget påtrængende*
2. som kræver at man handler = PRESSERENDE □ *et påtrængende problem* · *hendes frihedstrang blev stadig mere påtrængende*

påtrængenhed

SUBST. *-en*

(om en person): som er meget påtrængende = ANMASSELSE

påtvinge

VERB. *-r, påtvang, påtvunget (påtvungen, påtvungne)*

påtvinge ng ngt tvinge el. presse nogen til at modtage el. acceptere noget de ikke selv ønsker = BELEMRE, PÅDUTTE □ *han forsøger at påtvinge mig sin mening* · *han blev påtvunget hendes fortrolighed* □ *påtvingelse*

påtænke

VERB. *-r, påtænkte, påtænkt*

påtænke ngt have til hensigt at gøre noget = PLANLÆGGE, TÆNKE PÅ □ *jeg påtænker at rejse sydpå* · *den påtænkte fest blev aflyst*

påvirke

VERB. *-r, -de, -t*

1. påvirke ng(t) have en virkning på nogen el. noget = INDVIRKE PÅ, INFLUERE, BERØRE, ANFÆGTE, AFFICERE □ *hans sygdom påvirkede hele familien* · *vejret påvirkede ikke deres planer* · *solskin påvirker lærred så det mørner* □ *påvirkning* • **påvirke ng til ngt** få nogen til at gøre el. tænke noget bestemt = PRÆPARERE □ *de forsøgte at påvirke ham til at stemme liberalt* □ *påvirkning* · *påvirkelig*
2. påvirket beruset □ *bilisten var lettere påvirket*

påvirkelig

ADJ. *-t, -e*
/på'virkelig/

som let lader sig påvirke, især af andres holdninger □ *have et meget påvirkeligt sind*

påvirkning

SUBST. *-en,* plur. *-er, -erne*

det at påvirke nogen el. være påvirket af noget □ *være under påvirkning af spiritus* · *hun udøvede en stærk påvirkning på kammeraterne* · *forældrenes påvirkning fik ham til at vælge jurastudiet*

påvise

VERB. *-r, påviste, påvist*

påvise ngt vise at noget forholder sig på en bestemt måde = BEVISE □ *det kan ikke påvises at sagen forholder sig sådan* · *lægen har påvist en række bivirkninger* · *han påviste mange fejl i bogen*

påviselig

ADJ. *-t, -e*
/på'viselig/

som kan påvises □ *en påviselig forandring* · *stofferne har ingen påviselig skadelig effekt* · *han blev rasende uden nogen påviselig grund*

SKRAP □ *et skarpt svar* · *en skarp tunge* · *et skarpt blik* • som er hård og intensiv, oftest på en ubehagelig måde □ *et skarpt angreb* · *skarp bevogtning* · *skarpt forfulgt af modstanderen* · *tage skarpe forholdsregler* · *i skarp konkurrence med* · *skarp kontrol* · *skarp kritik* · *være i skarp træning* • **på det skarpeste** meget kraftigt □ *hun protesterede på det skarpeste* • **skyde med skarpt** bruge grove, stærke ord □ *journalisterne skød med skarpt*
5. som er årvågen og skarpsindig □ *have en skarp hjerne* · *en skarp hørelse* · *en skarp analyse* · *et skarpt og kynisk intellekt*

q

SUBST. *q'et*, plur. *q'er, q'erne*

det 17. bogstav i alfabetet; bruges i dansk kun i ord af fremmed oprindelse

qatarer

SUBST. *-en*, plur. *-e, -ne*
/*qa'tarer*/

en person fra Qatar

qatarsk

ADJ. *-* , *-e*
/*qa'tarsk*/

som har at gøre med Qatar

qua

KONJ.
[*'kva'*]

i egenskab af el. på baggrund af noget □ *jeg udtaler mig qua formand for foreningen* · *qua sit job havde han meget erfaring på området*

quiche

SUBST. *-n*, plur. *-r, -rne*
[*'kisj* el. *'ki·sj*]

en tærte med grøntsager, ost, æg o.l.

quickstep

SUBST. *quicksteppen*, plur. *quickstepper, quickstepperne*

en hurtig selskabsdans i 4/4-takt; hører til standarddansene i sportsdans □ *danse quickstep* • musik som hører til dansen

quilte el. **kvilte**

VERB. *-r, -de, -t*
[*'kvildə*]

quilte ngt sy to tynde stykker stof sammen med mellemlæg af vat så der dannes et reliefagtigt mønster □ *quiltning*

quisling

SUBST. *-en*, plur. *-e* (el. *-er*), *-ene* (el. *-erne*)
[*'kvisleŋ*]

= LANDSFORRÆDER

quiz

SUBST. *quizzen* el. *quizzet*, plur. *quizzer, quizzerne*
[*'kvis*]

en underholdende konkurrence om hvem der har den største paratviden inden for et bestemt område □ *quizdeltagere* · *quizshow* · *quizvært* □ *dyrequiz* · *sportsquiz*

quizze

VERB. *-r, -de, -t*

deltage i en quiz

r

SUBST. *r'et,* plur. *r'er, r'erne*

det 18. bogstav i alfabetet □ *r-lyd*

R

1. fork. for *rekommanderet*
2. fork. for *røntgen*

R.

1. fork. for *regina* el. *rex* □ *Margrethe R.*
2. fork. for *ridder af Dannebrog*

rabalder

SUBST. *-et*
[*ra'bal'ɔ*]

(spøg.): =BRAG □ *stolen væltede med et ordentligt rabalder*

rabaldermøde

SUBST. *-t,* plur. *-r, -rne*

et møde hvor der diskuteres kraftigt □ *et politisk rabaldermøde*

rabarber

SUBST. *-en,* plur. *rabarber, -ne*
/ra'barber/

en plante med meget store, hjerteformede blade som er let krøllede i kanten og tykke, røde el. grønne jordstængler der smager surt; stænglerne spises fx kogt som grød; latinsk navn *Rheum* □ *rabarberdråber* · *rabarbergrød* · *rabarberkompot*

rabarbergrød

SUBST. *-en*

en grød der er kogt af rabarber, vand og sukker

rabarberkompot

SUBST. *~kompotten,* plur. *~kompotter, ~kompotterne*

en kompot der er lavet af rabarber

rabarberkvarter

SUBST. *-et,* plur. *-er, -erne*

et område i en by med små, dårlige huse □ *han voksede op i et rabarberkvarter i Slagelse*

rabat

SUBST. *rabatten,* plur. *rabatter, rabatterne*
/ra'bat/

1. nedslag i prisen for en vare =PRISREDUKTION, DEKORT □ *en rabat på 10%* · *hun købte æblerne med rabat* · *få rabat* □ *rabathæfte* · *rabatkupon* · *rabatmærke* · *rabatkort* □ *kasserabat* · *kontantrabat* · *mængderabat* · *omsætningsrabat* · *studenterrabat* · *sæsonrabat*
2. en aflang, smal jordkant mellem kørebane og grøft el. mellem to kørebaner med færdsel i modsat retning □ *rabatten er blød* □ *rabatbredde* □ *midterrabat*

rabatkupon

SUBST. *-en,* plur. *-er, -erne*

en kupon, ofte i en avis el. en reklame, der ved forevisning i en forretning giver rabat på en bestemt vare

rabatmærke

SUBST. *-t,* plur. *-r, -rne*

et mærke som udleveres til en kunde ved køb for et vist beløb; kan indløses til varer el. penge □ *man får kun rabatmærker, hvis man er medlem af klubben* · *samle rabatmærker*

rabbi

SUBST. *-en,* plur. *-er, -erne*

en jødisk skriftlærd

rabbinat

SUBST. *-et,* plur. *-er, -erne*
/rabbi'nat/

en *rabbiners* embede

rabbiner

SUBST. *-en,* plur. *-e, -ne*
/rab'biner/

en jødisk præst og lærer ved en synagoge

rabiat

ADJ. *-, -e*
[*rabi'a't*]

meget yderliggående og fanatisk, ofte med et voldeligt islæt □ *en rabiat handling* · *rabiate meninger* · *en rabiat politisk fraktion* □ *rabiathed*

rabies

SUBST. *-en*
[*'ra'biæs*]

en smitsom virussygdom som forårsager angrebslyst, fråde om munden, bevidsthedsændringer, kramper og til sidst bevidstløshed og oftest død; rammer især hunde, katte og ræve = HUNDEGALSKAB □ *rabiesangreb* · *rabiessmitte*

rable

VERB. *-r, -de, -t*

1. **rable for ng** opføre sig forvirret el. skørt □ *nu rabler det da helt for hende - hun vil være popsanger* □ *rablen*
2. **rable ngt af** sige en hel masse meget hurtigt, så det nærmest er uforståeligt □ *han rablede en hel masse af sig* · *hun rablede lektien af, let og ubesværet* · *hvad står du og rabler om?* □ *rablen* · *rableri*

rablende

ADV.

forstærkende udtryk □ *hun opfører sig rablende vanvittigt* · *rablende skør*

rabundus

ADV.
/ra'bundus/

gå rabundus (spøg.): gå fallit □ *firmaet gik rabundus fordi direktøren var lidt for smart*

race[1]

SUBST. *-n,* plur. *-r, -rne*
[*'ra'sə*]

en gruppe individer inden for en art med arvelige fællestræk □ *der findes flere forskellige racer* · *den gule race* · *den hvide race* □ *racehund* · *racehygiejne* □ *dyrerace* · *fuglerace* · *hesterace* · *hunderace* · *menneskerace*

race[2]

SUBST. *-t,* plur. *race, -ne*
[*'ræjs*]

= VÆDDELØB □ *køre race*

race[3]

VERB. *-r, -de, -t*
[*'ræ'sə*]

køre meget hurtigt = RÆSE, SUSE, FARE □ *en motorcykel racede hen ad vejen* □ *racer*

racehad

SUBST. *-et*

et had som nogle mennesker har over for en el. flere andre menneskeracer □ *problemerne i Sydafrika skyldes racehad*

racehygiejne

SUBST. *-n*

udtryk for at man ønsker at holde menneskeracerne adskilt fra hinanden =EUGENIK

racer

SUBST. *-en,* plur. *-e, -ne*
[*'ræ'sɔ*]

udtryk for noget som kan køre el. bevæge sig hurtigt, fx en bil el. cykel □ *han kørte en tur på sin nye racer* □ *racerbil* · *racerbåd* · *racercykel* · *racerkører*

racisme

SUBST. *-n*
/ra'cisme/

den anskuelse at raceforskelle bør bestemme forskelle i sociale og politiske rettigheder □ *debatten drejede sig om hvordan racismen kommer til udtryk* • *kampen mod racismen* • *er fremmedhad det samme som racisme?* • *tidligere byggede den sydafrikanske politik åbent på racisme* • *de indfødte beretter om mange tilfælde af skjult racisme* □ *racismedebat* • *racismehensyn* □ *statsracisme*

racist

SUBST. *-en,* plur. *-er, -erne*
/ra'cist/

en tilhænger af *racisme* □ *racisterne i den sydlige del af USA vil have de sorte ud* □ *ærkeracist*

racistisk

ADJ. *- , -e*
/ra'cistisk/

som har at gøre med racisme □ *racistiske udtalelser*

rack

SUBST. *-et,* plur. *-s, -ene*
[*'rak* el. *'ræk*]

et reolmøbel til placering af musikanlæg, plader og bånd □ *musikrack*

rad[1]

SUBST. *-en,* plur. *-er, -erne*

1. placering af ting side ved side el. efter hinanden så de danner en linie = RÆKKE □ *en rad perler* • *de stod i lange rader* • *fire værelser på rad* • *trække perler på rad* • *stille op på rad* • *de stod i rad og række*
2. nu kommer raden til ng udtryk for at det nu bliver nogens tur □ *nu kommer raden snart til dig* • *raden rundt* • **raden rundt** rundt til alle i en forsamling □ *har vi nu været hele raden rundt og har alle givet deres mening til kende?* • *hatten gik raden rundt*

rad[2]

SUBST. *-en,* plur. *-e, -ene*

{en sjov} rad en person med et særpræg □ *din lange rad* • *han er en snu rad* • *en mærkelig rad*

rad[3]

SUBST. *en,* plur. *rad, -ene*
[*'ra'ð*]

en måleenhed for den mængde stråling der absorberes i et stof; 1 rad = 0,01 joule pr. kg

radar

SUBST. *-en,* plur. *-er, -erne*
[*'ra·da*]

et apparat til pejling af fx skibe el. fly ved hjælp af radiobølger; radiobølgerne reflekteres af genstandene og afbilder disse på en skærm □ *radarovervågning* • *radarskærm* • *radarstation* • *radarsystem* □ *flyradar* • *skibsradar*

radarskærm

SUBST. *-en,* plur. *-e, -ene*

en skærm hvorpå man kan se de genstande som en radar pejler

radbrække

VERB. *-r, -de, -t;*

1. radbrække ng (hist.): henrette nogen ved at knuse dem med el. binde dem til et tungt hjul • **radbrækket** = MØRBANKET □ *han var radbrækket efter at have sovet i bilen*
2. radbrække ngt mishandle noget; især om sprog som udtales dårligt el. dårligt spillet musik □ *radbrække en melodi* • *radbrække sproget* • *tale et radbrækket engelsk*

radere

VERB. *-r, -de, -t*
/ra'dere/

1. radere ngt fjerne noget skrevet el. trykt ved at kradse det væk el. overstrege det med korrekturlak □ *tallet var forsøgt raderet væk* □ *radering* • *raderkniv* • *raderlak*
2. radere ngt (kunst): ridse og ætse et billede på en metalplade til at tage aftryk fra □ *radering* • *radernål* • *raderplade*

raderer

SUBST. *-en,* plur. *-e, -ne*
/ra'derer/

en kunstner der udfører raderinger

radering

SUBST. *-en,* plur. *-er, -erne*
/ra'dering/

⟨ikke plur.⟩ (kunst): en grafisk teknik til at fremstille billeder ved aftryk fra en *ruderplade* som er ætset i syrebad • et billede som er lavet ved hjælp af radering □ *en samling fine raderinger* • *radering er en gammel teknik*

raderplade

SUBST. *-n,* plur. *-r, -rne*
/ra'derplade/

(kunst): en metalplade hvori et billede er raderet

radial

ADJ. *-t, -e*
/radi'al/

i retning som en cirkel el. kugles radius = STRÅLEFORMET □ *fra pladsen udgår der syv radiale gader* □ *radialdæk* • *radialhastighed*

radialdæk

SUBST. *~dækket,* plur. *~dæk, ~dækkene*

et dæk til person-og lastbiler hvor gummibælterne ligger radialt

radiator

SUBST. *-en,* plur. *-er, -erne*
/radi'ator/

= VARMEAPPARAT □ *skrue op og ned for radiatoren* • *tænde for radiatoren* □ *elradiator* • *gasradiator*

radikal[1]

SUBST. *-et,* plur. *-er, -erne*
/radi'kal/

et atom el. en forbindelse af atomer som indgår i et molekyle og forbliver uforandret ved kemiske reaktioner, men som normalt ikke har selvstændig eksistens • **frit radikal** et atom el. en forbindelse af atomer som kan indgå i hurtige kædereaktioner med andre atomer el. atomforbindelser hvorved der skabes nye frie radikaler

radikal[2]

ADJ. *-t, -e*
/radi'kal/

1. som går i dybden med el. til roden af noget = GENNEMGRIBENDE □ *en radikal ændring* • *et radikalt brud med fortiden* • *et radikalt middel* • *gå radikalt til værks*
2. som er yderliggående og har en frisindet tænkemåde, og som ønsker gennemgribende ændringer af fx politiske el. religiøse forhold □ *hans meninger er meget radikale* • *en radikal løsning* • *forældrene synes at den nye lærer er alt for radikal* □ *radikaler* • ⟨også SUBST.⟩ som har at gøre med partiet Det Radikale Venstre □ *et radikalt folketingsmedlem* • *de Radikale kunne ikke stemme for forslaget*

radikaler

SUBST. *-en,* plur. *-e, -ne*
/radi'kaler/

(spøg.): en person som er medlem af el. stemmer på Det Radikale Venstre

radikalisere

VERB. *-r, -de, -t*
/radikali'sere/

radikalisere ngt tilføre noget et radikalt præg □ *rektor ønsker at radikalisere undervisningen* • *hendes synspunkter er blevet radikaliseret væsentligt de senere år* □ *radikalisering*

radikalisme

SUBST. *-n,* plur. *-r, -rne*
/radika'lisme/

en yderliggående opfattelse præget af en frisindet tænkemåde □ *præsteboligen er præget af en usædvanlig radikalisme som chokerer nogle* • *der er tendes til radikalisme inden for partierne på de politiske yderfløje i disse år*

radikalitet

SUBST. *-en*
/radikali'tet/

det at have en radikal tænkemåde

radio

SUBST. *-en,* plur. *-er, -erne*

1. en teknik til transmission af lyd fra en sender til en modtager ved hjælp af radiobølger □ *radioantenne* • *radiobølge* • *radiomodtager* • *radiosender* • *radioteknik* • *radiotelegrafi* □ *AM-radio* • *FM-radio* • en udsendelse af nyheds- og underholdningsprogrammer til et stort lytterantal ved hjælp af radiobølger; også om den organisation som udsender radioprogrammer □ *sende et debatprogram i radioen* • *han arbejder ved radioen* • *Danmarks Radio* • *lytte til radioens nyhedsudsendelse kl. 12* □ *radioavis* • *radiohus* • *radiolytter* • *radiomedarbejder* • *radiomontage* • *radiostation* • *radioudsendelse* □ *dampradio* • *lokalradio* • *musikradio* • *regionalradio* • et apparat der modtager radioprogrammer = RADIOMODTAGER, RADIOAPPARAT □ *købe en ny radio* • *lukke op for radioen* • *tænde for radioen* • *skrue ned for radioen* □ *bilradio*

· *clockradio* · *stereoradio* · *transistorradio* • et apparat til tovejskommunikation ved hjælp af radiobølger □ *modtage et opkald over radioen* · *sende en besked pr. radio* □ *radioamatør* · *radiobil* · *radiotelefon* □ *politiradio*
2. (i sammensætn.) røntgen- el. radiumstråling el. elektromagnetiske bølger □ *radioaktiv* · *radioaktivitet* · *radioterapi*

radioaktiv

ADJ. *-t, -e*
/radio'aktiv/

som har at gøre med radioaktivitet □ *radioaktivt affald* · *radioaktiv stråling* · *radioaktive stoffer* · *radioaktivt henfald*

radioaktivitet

SUBST. *-en*

stråling fra visse grundstoffer som skyldes ændringer i stoffets atomkerner, og som i visse former er skadelig for levende organismer; strålingen kan bestå af *alfa-*, *beta-* el. *gammastråler* □ *arbejderne på atomkraftværket blev udsat for radioaktivitet*

radioavis

SUBST. *-en,* plur. *-er, -erne*

en radioudsendelse med nyheder ≠ TV-AVIS □ *havde de noget nyt om regeringskrisen i radioavisen?* □ *radioavisoplæser* · *radioavisredaktør*

radiobil

SUBST. *-en,* plur. *-er, -erne*

1. en lille elektrisk drevet vogn brugt som forlystelse i tivolier o.l. □ *tør du prøve radiobilerne?*
2. en politibil el. hyrevogn med radiokontakt til en station el. central □ *flyttefirmaet benytter radiobiler som kan kontaktes overalt*

radiobølge

SUBST. *-n,* plur. *-r, -rne*

en elektromagnetisk bølge af en sådan bølgelængde og frekvens at den kan udnyttes til overførsel af radio- og tv-signaler □ *radiobølgefrekvens*

radiograf

SUBST. *-en,* plur. *-er, -erne*
/radio'graf/

en person som røntgenfotograferer og røntgenundersøger patienter på et hospital

radiomodtager

SUBST. *-en,* plur. *-e, -ne*

et apparat der kan opfange radiobølger og frembringe lyd = RADIO, RADIOAPPARAT

radiorør

SUBST. *-et,* plur. *~rør, -ene*

= ELEKTRONRØR

radiosender

SUBST. *-en,* plur. *-e, -ne*

et apparat der bruges til udsendelse af radioprogrammer el. informationer ved hjælp af radiobølger □ *radiosenderen i Vordingborg er midlertidigt ude af drift* · *politiets radiosender* · *lastbilen er udstyret med en radiosender*

radiotelegrafi

SUBST. *-en*

en overførelse af telegrafiske meddelelser via radiobølger □ *radiotelegrafist*

radise

SUBST. *-n,* plur. *-r, -rne*
/ra'dise/

en rød og hvid rod af en lille plante med grønne blade; spises rå og smager stærkt; latinsk navn *Raphanus sativus*

radium

SUBST. *-et* (el. *radiummet*)

et radioaktivt, metallisk grundstof som fx bruges til røntgen; atomtegn *Ra* □ *radiumstation*

radiumstation

SUBST. *-en,* plur. *-er, -erne*

en hospitalsafdeling for strålebehandling

radius

SUBST. *-en* (el. *radiussen* el. *radien*), plur. *-er* (el. *radiusser* el. *radier*), *-erne* (el. *radiusserne* el. *radierne*)

(geometri): afstanden fra en cirkels centrum til et punkt på dens *periferi*, el. den rette linie som tegnes herimellem ≠ DIAMETER □ *en cirkels radius er halvdelen af dens diameter* · *kuglens radius er 2 meter*

radmager

ADJ. *-t, radmagre*

som har en meget mager krop □ *en radmager hund* · *han er så radmager at han ligner et skelet*

radon

SUBST. *-et*
['ra·dɔn]

et radioaktivt, luftformigt grundstof som findes i radioaktive mineraler, og som bl.a. er blevet benyttet til strålebehandling; atomtegn *Rn*

radrense

VERB. *-r, -de, -t*

radrense ngt tynde ud og rense mellem planter der er sået i rækker □ *radrense roerne* □ *radrensning*

radrenser

SUBST. *-en,* plur. *-e, -ne*

en landbrugsmaskine der bruges til radrensning og ukrudtsbekæmpelse

radså

VERB. *-r, -ede, -et*

radså ngt så frø i rækker ≠ BREDSÅ □ *radsåning*

raffinaderi

SUBST. *-et,* plur. *-er, -erne*
/raffinade'ri/

et anlæg hvor en vare, især olie el. sukker, raffineres □ *olieraffinaderi* · *sukkerraffinaderi*

raffinement

SUBST. *-et,* plur. *-er, -erne*
[rafinə'maŋ]

et raffineret udstyr, element el.lign. □ *huset var udstyret med alle mulige raffinementer* · *som et særligt raffinement blev der serveret iste på terrassen*

raffinere

VERB. *-r, -de, -t*
/raffi'nere/

raffinere ngt fremstille et produkt ved at rense råvarene for urenheder □ *raffineret olie* · *raffineret sukker* □ *raffinering*

raffineret

ADJ. *-* , *raffinerede*

1. som er elegant og sofistikeret □ *hun er raffineret klædt* · *en raffineret nydelse* · *raffineret ondskab*
2. som er fremstillet ved *raffinering* □ *raffineret olie* · *raffineret sukker*

rafle

VERB. *-r, -de, -t*

rafle om ngt spille terninger for at vinde noget □ *de raflede om hvem der skulle give næste omgang* · *de sad og raflede* □ *rafling* · *raflebæger* • **ikke noget at rafle om** ikke noget at diskutere □ *der er ikke noget at rafle om, beslutningen er taget*

raflebæger

SUBST. *-et* (el. *~bægret*), plur. *-e* (el. *~bægre*), *-ne* (el. *~bægrene*)

et bæger som man ryster terninger i når man rafler

rafte

SUBST. *-n,* plur. *-r, -rne*

lang tynd træstang med barken på □ *hegnet er lavet af rafter* □ *raftehegn* □ *granrafte*

raftehegn

SUBST. *-et,* plur. *~hegn, -ene*

et hegn af lange, tynde træstænger

rafting

SUBST. *en*

sejlads med gummibåd hvor man sejler ned ad en flod med kraftig strøm

rage

VERB. *-r, -de, -t*

1. rage {rundt i} ngt rode rundt i en bunke af ting på en hurtig el. ustruktureret måde; det kan være for at finde noget bestemt el. for at få bunken til at ligge på en anden måde = RODE, RIVE, LEDE □ *rage rundt i kommodeskuffen* · *rage efter et par sko på bunden af skabet* · *endelig fik han det raget frem fra bunken* · *hun ragede op i ilden og straks blussede den op* · *rage papiret ud af ilden* • **rage ngt til sig** (dagl.): tage penge el. andet til sig på en grådig måde = SKRABE TIL SIG □ *han tænker kun på at rage til sig* · *han ragede alle pengene til sig* • **rage ngt til sig** (dagl.): blive smittet med en sygdom □ *rage en forkølelse til sig* · *han rager alle sygdomme til sig* • **rage kastanierne ud af ilden** se under *kastanie*

2. rage på ng (dagl.): berøre nogen mod deres vilje = BEFAMLE □ *hun brød sig ikke om at han ragede på hende*
3. rage ngt af = BARBERE □ *rage skægget af* □ *ragekniv* □ *kronrage*
4. rage ng være af interesse for nogen; anvendes som afvisende, uhøfligt svar = ANGÅ, VEDKOMME, KOMME VED, VEDRØRE, VEDGÅ □ *mit privatliv rager ikke nogen* · *hvad rager det dig?* • **det rager {mig}** det er jeg totalt ligeglad med □ *det rager mig en fjer om han kommer eller ej* · *fodboldkampen rager ham en høstblomst* • **rage uklar med ng** blive uvenner med nogen = RYGE UKLAR □ *jeg er raget uklar med min søster* · *vi er raget uklar*
5. rage {frem} stikke synligt frem, op el. ud □ *rådhuset rager længere frem i gaden end nabohusene* · *trækronerne rager helt op over telefonmasterne* · *grenene rager ud som lange fingre* • **rage op over ng** være bedre end andre □ *han rager højt op over sine jævnaldrende med hensyn til modenhed og indsigt* · *hun rager op over gennemsnittet inden for branchen* · *som kunstner rager hun op over alle sine samtidige*

rageniv

SUBST. *-en*, plur. *-e, -ene*

= BARBERKNIV □ *skarp som en ragekniv*

ragelse

SUBST. *-n*

noget gammelt og værdiløst = BRAS, SKRAMMEL □ *på loftet stod en kasse med gammelt ragelse*

raglanærme

SUBST. *-t*, plur. *-r, -rne*

et ærme der fortsætter op til halsudskæringen i en skrå skulderlinie

ragnarok

SUBST. *ragnarokket*

1. et kaos med ødelæggelse og evt. tab af mange menneskeliv □ *verdenskrigenes ragnarok* · *et ragnarok af flammer og røg* • (nordisk mytologi) en voldsom kamp mellem aser og jætter hvor den gamle verden går under

ragout

SUBST. *-en*, plur. *-er, -erne*
[*ra'gu*]

en middagsret af kød og grøntsager kogt sammen i en sovs □ *ragoutfad* · *ragoutske* □ *kalvehaleragout* · *nyreragout* · *oksehaleragout*

ragsok

SUBST. *ragsokken*, plur. *ragsokker, ragsokkerne*
[*'ragsɔk*]

en tyk, grov sok

ragtime

SUBST. *-n*
[*'ragtajm*]

klavermusik fra ca. 1900 som er en forløber for jazz, og som har en jævn rytme i bassen og en synkoperet melodi i diskanten □ *ragtimeband*

raid

SUBST. *-en* el. *-et*, plur. *-er* (el. *raid*), *-erne* (el. *-ene*)
[*'ræjd*]

et overraskende militært lynangreb □ *kommandoraid*

rajah

SUBST. *-en*, plur. *-er, -erne*
[*'raja* el. *'radja*]

en indisk fyrste med lavere rang end *maharaja*

rajgræs

SUBST. *rajgræsset*, plur. *rajgræsser, rajgræsserne*

græs med mangeblomstrende aks; flere arter, bl.a. *almindelig rajgræs* som dyrkes som plænegræs; latinsk navn *Lolium*

rak

SUBST. *rakket*

= RAKKERPAK □ *imponere rakket* · *mandfolk er noget slemt rak* · *det er noget rak*

raket

SUBST. *raketten*, plur. *raketter, raketterne*
[*ra'kæt*]

et cylinderformet fartøj som drives frem gennem luften ved forbrænding af gasser, og som bruges ved udforskning af og rejser i rummet □ *de sendte en raket til månen* □ *raketdrevet* · *raketfly* · *raketmotor* · *rakettrin* □ *bremseraket* · *bæreraket* · *flertrinsraket* · *måneraket* · *rumraket* · *tretrinsraket* • et våben der drives frem som en raket, og specielt anvendes til at bære bomber □ *raketbase* · *raketrampe* · *raketværn* · *raketvåben* □ *luft til jord-raket* • en cylinderformet beholder der er fyldt med sprængstof, og som anvendes til fyrværkeri □ *nytårsaften fyrer man raketter af* · *de så raketterne i Tivoli* □ *raketfyrværkeri* □ *nødraket*

raketstyr

SUBST. *-et*, plur. ~styr, -ene

et våben til afskydning af raketter mod tanks; kan transporteres og betjenes af én mand = BAZOOKA

raketvåben

SUBST. *-et* (el. *~våbnet*), plur. *~våben, ~våbnene*

en selvstyrende raket med sprængladning med lang el. kort rækkevidde; kan være udstyret med atomvåben

rakke

VERB. *-r, -de, -t*

1. rakke rundt farte omkring □ *han går altid og rakker rundt ude i skoven* · *de lå og rakkede rundt i en gammel bil* · *hans job betyder at han må rakke rundt på landevejene*
2. rakke ng til slå og mishandle nogen □ *drengen var slemt rakket til efter slagsmålet*
3. rakke ned på ng(t) tale nedsættende om nogen el. noget = BAGTALE □ *hun rakker altid ned på sine kammerater* · *du skal ikke rakke ned på dit hjem bare fordi du føler dig svigtet* · *efter fyringen rakkede hun sin tidligere arbejdsplads ned i tide og utide* □ *nedrakning*

rakker

SUBST. *-en*, plur. *-e, -ne*

(hist.): en person som udfører renovationsarbejde el. er håndlanger for en bøddel

rakkerliv

SUBST. *-et*

et besværligt liv hvor man arbejder hårdt og rejser meget rundt □ *det er lidt af et rakkerliv at være musiker*

rakkerpak

SUBST. *~pakket*

en gruppe af ringeagtede og udstødte personer = RAK, PAK, BÆRME, ROS

rakle

SUBST. *-n*, plur. *-r, -rne*

en enkønnet blomsterstand der er er aks- el. klaseagtig; findes fx på birk, pil og hassel

rakte

VERB.

bøjningsform af *række*

ral

SUBST. *rallen* el. *rallet*

grus som er slidt rundt i havet, og som er skyllet op på stranden; findes i store mængder på Jyllands vestkyst og bruges ofte til belægning på veje og gangstier □ *havegangen var belagt med ral*

ralle

VERB. *-r, -de, -t*

trække vejret så det kan høres, fordi der er slim i luftvejene □ *den døende rallede* □ *rallen*

rally

SUBST. *-et*, plur. *-er, -erne*
[*'rali* el. *'rali*]

et motorvæddeløb hvor deltagerne starter fra hvert sit sted og kører mod samme mål, ofte efter kort □ *de har kørt rally i mange år*

ram[1]

SUBST. *rammen* (el. *ram'en*), plur. *ram, rammene* (el. *ram'ene*)

et ikke-permanent lager i en computer hvori der både kan læses og skrives, og som mister sit dataindhold når strømmen afbrydes; fork. af engelsk *random access memory* = HUKOMMELSE ≠ ROM □ *hvor mange ram har denne pc?* · *16 Mb ram*

ram[2]

SUBST.

få ram på ng ramme nogen, fx skyde nogen, el. få fat i nogen for at straffe dem □ *de prøvede at få ram på ham* · *før eller senere får de ram på ham* • **gå ram forbi** undgå noget ubehageligt, især kritik □ *heller ikke bestyrelsen gik ram forbi af kritikken* · *ingen går ram forbi når hun folder sig ud*

ram[3]

ADJ. *-t, ramme*

1. som lugter el. smager skarpt □ *vildtkødet havde en ram smag* · *der stod en ram lugt ud fra stalden* □ *ramhed* · *ramsaltet*
2. i ramme alvor se under *alvor*

ramasjang

SUBST. *-en* el. *-et*
/rama'sjang/

(spøg.): en larmende løssluppenhed, fx i forbindelse med en fest □ *lave ramasjang*

ramaskrig

SUBST. *-et,* plur. *~skrig, -ene*
[rɑma'sjɑŋ]

en ophidset protest □ *fyringerne udløste et ramaskrig blandt de ansatte* · *der lød et ramaskrig da hospitalet lukkede*

rambuk

SUBST. *~bukken,* plur. *~bukke, ~bukkene*

et redskab til nedramning af pæle

ramle

VERB. *-r, -de, -t*

1. ramle {ind i} ng(t) støde ind i nogen el. noget el. styrte ned □ *i mørket ramlede han ind i en standerlampe* · *vi er ramlet ind i et problem* · *flaskerne ramlede ned på gulvet* · *ulykkerne ramlede ned over dem* • **ramle sammen** = STYRTE SAMMEN □ *hele hans verden ramlede sammen*
2. (jægersprog, om visse dyr): parre sig

ramler

SUBST. *-en,* plur. *-e, -ne*

hannen hos harerne

ramme[1]

SUBST. *-n,* plur. *-r, -rne*

en fast kant som omkranser fx et billede □ *sætte et billede i ramme* · *tage et maleri ud af rammen* · *et spejl i forgyldt ramme* □ *billedramme* · *metalramme* · *sølvramme* · *træramme* • en konstruktion som noget er bygget over □ *væggen er bygget på en ramme af træ* • en fast afgrænsning for et virkefelt el. en fortælling □ *vi må holde økonomien inden for en vis ramme* · *børn i dag savner faste rammer* · *vi må fastsætte rammerne for projektet inden vi går i gang* · *investeringen sprængte de økonomiske rammer* · *stedet har dannet ramme for mange historiske begivenheder* · *indledningen og afslutningen fungerer som en ramme omkring historien* □ *rammeaftale* · *rammefortælling* □ *beløbsramme* · *handlingsramme* · *tidsramme*

ramme[2]

VERB. *-r, -de, -t*

1. ramme ngt ind forsyne noget med en ramme □ *ramme et maleri ind* □ *indramme* • **ramme ngt ind** afgrænse en fortælling □ *historien er fint rammet ind af jeg-fortællerens indledende og afsluttende bemærkninger*
2. ramme ngt hamre en stolpe, pæl el.lign. i jorden med et tungt redskab □ *ramme en stolpe i jorden* · *ramme en pæl ned* • **ramme en pæl igennem ngt** se under *pæl*

ramme[3]

VERB. *-r, ramte, ramt*

1. ramme ng(t) slå el. støde imod nogen el. noget = TRÆFFE □ *lussingen ramte ham på kinden* · *bilen ramte fodgængeren med en hastighed af 40 km/t* · *tagstenen ramte fortovet med et knald* · *ramme hovedet mod en karm* · *kuglen ramte ham i skulderen* • **ramme ng(t)** træffe et mål med et skyts □ *hun ramte ham i nakken med en snebold* · *han kan ramme plet på flere hundrede meters afstand* · *ramme ved siden af* · *du sigter godt, men rammer skidt*
2. ramme ngt finde kernen i noget, el. finde et sårbart punkt hos nogen = TRÆFFE □ *hendes fornemmelse ramte plet* · *med den bemærkning ramte han hovedet på sømmet* · *den er ramt lige i øjet* · *han er god til at ramme en stemning i sine fotografier* · *han følte sig ramt af hendes bemærkning*
3. ramme ng som ngt pludseligt påvirke nogen på en bestemt måde □ *oplysningen om hans død ramte familien som et chock* · *tanken ramte mig som et lyn fra en klar himmel* • **ramme ng** ske for nogen = OVERGÅ, HÆNDE FOR, VEDERFARES, TIMES □ *tænk at det skulle ramme hende at blive arbejdsløs* • **ramt af ngt** udsat for noget ubehageligt □ *en familie som er ramt af uheld* · *de er hårdt ramt på pengepungen* · *han blev ramt af sygdom* · *jeg blev ramt af dårlig samvittighed*

rammende

ADJ.

som passer præcis på den el. det der beskrives □ *han gav en rammende beskrivelse af hende* · *en rammende betegnelse*

rampe

SUBST. *-n,* plur. *-r, -rne*

1. en skråt stigende opkørsel, fx til brug ved af- og pålæsning af varer □ *i stedet for en trappe førte en rampe op til indgangen* □ *aflæsningsrampe* · *nedkørselsrampe* · *opkørselsrampe*
2. lamperække i forkanten af et teaters scene □ *rampelys*

rampelys

SUBST. *-et,* plur. *~lys, -ene*

1. en position hvor man får megen opmærksomhed og omtale □ *han er vant til at færdes i rampelyset* · *hun føler sig hjemme i offentlighedens rampelys*
2. lys som kastes op på en scene fra en række lamper foran scenen □ *skuespilleren stod badet i rampelys*

ramponere

VERB. *-r, -de, -t*
/rampo'nere/

ramponere ngt = BESKADIGE □ *cyklen var stærkt ramponeret* · *han havde et noget ramponeret rygte*

ramsaltet

ADJ. *-, ramsaltede*

1. så stærkt saltet at smagen er ram
2. med en bitter undertone □ *ramsaltede vittigheder*

ramsløg

SUBST. *-en,* plur. *~løg, -ene*

en løgplante med en flad skærm af hvide, stjerneformede blomster; almindelig i skove; latinsk navn *Allium ursinum*

ran

SUBST. *-et,* plur. *ran, -ene*

= TYVERI □ *ransmand* · *englændernes ran af flåden i 1807*

ranch

SUBST. *-en,* plur. *-er, -erne*
['ra·nsj el. 'ra·ndsj]

en amerikansk kvægfarm

rand

SUBST. *-en,* plur. *-e, -ene*

1. den yderste linie el. kant som omgiver noget □ *fylde glasset til randen* · *kortet åbnes ved at man river randen af* □ *alveolarrand* · *synsrand* · *sårrand* • et rundt afsat mærke □ *flaskerne lavede rande på bordpladen* • en linie el. stribe □ *han har mørke rande under øjnene* · *have sorte rande under neglene* • **være på randen af ngt** være i en tilstand lige før noget ubehageligt vil ske □ *på afgrundens rand* · *på falittens rand* · *på gravens rand* · *på grådens rand* · *på randen af et nervesammenbrud*
2. ⟨i sammensætn.⟩ madretter der er formet som en cirkel med hul i midten □ *fløderand* · *karamelrand* · *kødrand*

randbemærkning

SUBST. *-en,* plur. *-er, -erne*

en bemærkning anbragt i en bogs margin = MARGINALNOTE, GLOSSE □ *forsyne et manuskript med randbemærkninger* • en kritisk bemærkning □ *må jeg fremsætte nogle randbemærkninger til dette forslag?*

randrusianer

SUBST. *-en,* plur. *-e, -ne*
[rɑndru'sja'nɔ]

en person fra Randers

randstat

SUBST. *-en,* plur. *-er, -erne*

en stat der ligger i randen af et statsfællesskab

randt

VERB.

bøjningsform af *rinde*

rane

VERB. *-r, -de, -t*

rane ngt (glds.): = RØVE □ *han havde ranet tronen fra sin bror* □ *tilrane*

rang

SUBST. *-en*

1. en persons plads i en *rangforordning* □ *have rang som kaptajn* · *få fortræde efter rang* · *han er i rang med oberster* · *han er af høj rang* · *han står over mig i rang* □ *rangklasse* · *rangforordning* · *rangfølge* · *rangskala* · *rangstige*
2. noget af høj kvalitet □ *et hotel af første rang* · *en oplevelse af rang* · *en skuespiller af rang* • **-rangs** ⟨i sammensætn.⟩ placering efter kvalitet □ *andenrangs* · *andenrangshotel* · *førsterangsskuespiller* · *tredjerangs*
3. gøre ng rangen stridig kæmpe med nogen om retten til en værdighed, titel osv.

rangere

VERB. *-r, -de, -t*
[rɑŋ'sje'ɔ]

1. rangere {over} ngt have en bestemt plads el. rang i forhold til andre el. noget andet □ *jeg husker ikke hans titel, men han rangerer me-*

get højt inden for militæret • soldaten rangerer under kaptajnen • hun rangerer ikke særlig højt i deres agtelse • cd'en rangerer højt på hitlisterne □ *rangering* □ *indrangere*
2. rangere ngt ordne togvogne i en bestemt rækkefølge i en togstamme; også om at føre en del af en togstamme fra et spor til et andet □ *personalet skiller, samler og rangerer togsættene • toget rangeres om bord på færgen • godsvognen blev rangeret ud på et vigespor* □ *rangering • rangerlokomotiv* □ *omrangere • udrangere*

rangerlokomotiv
SUBST. *-et*, plur. *-er, -erne*
et lokomotiv som hovedsageligt bruges til rangering af togvogne □ *de så rangerlokomotivet arbejde*

rangforordning
SUBST. *-en*, plur. *-er, -erne*
statslig inddeling af personer med offentlige titler i forskellige rangklasser

rangfølge
SUBST. *-n*
den orden som noget er anbragt i efter rang □ *når der laves bordplan til en statsmiddag skal der tages hensyn til rangfølge • prinsessen er den tredje i rangfølgen til tronen • i Sovjetunionen blev goder fordelt efter rangfølge • længere nede i rangfølgen kommer premierløjtnanter og løjtnanter*

rangklasse
SUBST. *-n*, plur. *-r, -rne*
en klasse i en rangforordning □ *komme i første rangklasse • tilhøre de øverste rangklasser*

rangle
SUBST. *-n*, plur. *-r, -rne*
et legetøj som kan rasle, og som er beregnet til spædbørn

ranglet
ADJ. *- , ranglede*
som er høj og tynd = OPLØBEN □ *en ranglet ung fyr • en ranglet hest*

rangstige
SUBST. *-n*
en magtorden el. rangklasse som en person rangerer i □ *han er nået højt på den sociale rangstige • hun er røget lidt ned ad rangstigen på sin arbejdsplads*

rank
ADJ. *-t, -e; -ere, -est*
som er lige i vækst el. har en ret holdning = STRUNK □ *et rankt træ • man skal løfte med rank ryg*

ranke[1]
SUBST. *-n*, plur. *-r, -rne*
1. en tynd, slyngende stængel □ *der voksede grønbladede ranker op ad huset* □ *guldranke • humleranke • rosenranke • vinranke*
2. ride ranke sidde på en persons knæ og ride ligesom på en hest □ *barnet red ranke på farfars knæ*

ranke[2]
VERB. *-r, -de, -t*
1. ranke sig el. **ranke ryggen** rette sig op så ryggen bliver rank = RETTE □ *rankning*
2. ranke sig skyde ranker □ *blåregnen rankede sig op ad muren*

ransage
VERB. *-r, -de, -t*
ransage ngt undersøge noget for at finde skjulte genstande □ *politiet ransagede hans bopæl • tolderen ransagede bagagen* □ *ransagelse • ransagning • ransagedekret • ransagningskendelse* • undersøge kritisk og dybtgående □ *han sendte hende et ransagende blik • ransage sin hjerne for at finde et samtaleemne*

ransagelse
SUBST. *-n*, plur. *-r, -rne*
= UNDERSØGELSE □ *foretage en ransagelse af sin samvittighed*

ransagning
SUBST. *-en*, plur. *-er, -erne*
en undersøgelse af et hus, en lejlighed el.lign. el. visitation af en person; foretages af politiet for at fremskaffe beviser el. finde personer; kræver oftest en retskendelse

ransel
SUBST. *-en* (el. *ranslen*), plur. *ransler, ranslerne*
(glds.): = RYGSÆK

ranunkel
SUBST. *-en* (el. *ranunklen*), plur. *ranunkler, ranunklerne*
/ra'nunkel/
en plante med skinnende gule blomster som har ca. fem kronblade; latinsk navn *Ranunculus* = SMØRBLOMST

rap[1]
SUBST. *rappet*, plur. *rap, rappene*
et hurtigt, smældende slag, fx med en pisk el. med håndfladen □ *kusken gav hesten et rap med pisken • hun fik et rap over fingrene da hun ville snuppe slikket*

rap[2]
SUBST. *rappen*
en musikform udviklet blandt sort amerikansk storbyungdom i slutningen af 1970'erne, med tungt rytmisk præg, taleagtig sang, kvikke replikker præget af slang og ofte stærkt politiske tekster = RAPMUSIK

rap[3]
ADJ. *-t, rappe*
1. som går hurtigt og effektivt = HURTIG □ *være rap på fingrene* □ *rapfingret • rapfodet*
2. = NÆSVIS □ *et rapt svar • rap i replikken* □ *rapkæftet • rapmundet*

rap[4]
LYDORD
gengivelse af det en and siger □ *ænderne siger rap • rap rap, lød det fra andedammen* □ *rapand* • ⟨SUBST.: *et*⟩ □ *anden gav et lille rap*

rapelling
SUBST.
/ra'pelling/
det at fire sig ned ad en klippevæg med et reb

rapfodet
ADJ. *- , rapfodede*
som kan løbe hurtigt og sikkert ≠ POET.

rapkæftet
ADJ. *- , rapkæftede*
som er hurtig i replikken og svarer igen = MUNDRAP □ *hun er en rapkæftet kælling • nu skal du ikke være så rapkæftet!* □ *rapkæftethed*

rappe
VERB. *-r, -de, -t*
1. (om en and): frembringe de lyde som er karakteristiske for en and □ *ænderne rapper* □ *rappen*
2. rappe sig skynde sig □ *du må se at rappe dig så vi kan blive færdige!*

rappenskralde
SUBST. *-n*, plur. *-r, -rne*
/rappen'skralde/
(neds.): en skrap kvinde som taler meget og højt = RIVEJERN, HAVGASSE □ *da han kom stod hun i døren og råbte som en rappenskralde*

rapport
SUBST. *-en*, plur. *-er, -erne*
/rap'port/
1. en ofte længere redegørelse for fx en undersøgelse el. et handlingsforløb; beskriver og gengiver fakta, men kan også indeholde kommentarer, diskussioner og en eventuel vurdering af de indsamlede fakta = REDEGØRELSE, UDREDNING □ *udarbejde en rapport om et emne • soldaten aflagde rapport til sin overordnede om nattens episode • politiet optog rapport om ulykken* □ *biologirapport • delrapport • dommerrapport • fysikrapport • interimsrapport* • et indslag i et nyhedsprogram = REPORTAGE □ *en rapport fra vor udsendte medarbejder*
2. forbindelse el. kontakt mellem to el. flere parter □ *de to ambassadører står i løbende rapport med hinanden*

rapportere
VERB. *-r, -de, -t*
/rappor'tere/
rapportere ngt til ng afgive rapport til en person = BERETTE, MEDDELE, FORTÆLLE □ *soldaten rapporterede til sin overordnede • det rapporteredes at enklaven er under beskydning* □ *rapportering*

rapportør
SUBST. *-en*, plur. *-er, -erne*
/rappor'tør/
en person der rapporterer til nogen om noget

raps
SUBST. *-en*
en kålart med gule blomster og olieholdige frø □ *rapsmark • rapsolie*

rapse

VERB. *-r, -de, -t*

begå småtyverier □ *han rapsede i butikkerne* □ *rapseri*

rapseri

SUBST. *-et,* plur. *-er, -erne*
/rapse'ri/

tyveri af mindre ting □ *han blev grebet i rapseri* □ *butiksrapseri* · *smårapseri*

rapsodi

SUBST. *-en,* plur. *-er, -erne*
/rapso'di/

et musikstykke sammensat af flere melodier el. melodibrudstykker, fx folkemelodier

rapsodisk

ADJ. *-, -e*
/rap'sodisk/

som hurtigt viser enkelte dele af en helhed = BRUDSTYKKEAGTIG □ *en rapsodisk præsentation af hans værker* · *en rapsodisk gennemgang* • som har karakter af en rapsodi □ *et rapsodisk arrangement af folkemelodier*

raptus

SUBST. *-en* (el. *raptussen*), plur. *raptus, raptuserne*

anfald af fx uligevægtighed el. vild ustyrlighed □ *få en raptus* · *en religiøs raptus* · *det er kun en raptus*

rar

ADJ. *-t, -e; -ere, -est*

1. som har et behageligt og vindende væsen = FLINK, VENLIG □ *en rar mand* · *han er et godt og rart menneske* · *hent en bog, så er du rar!* · *se rar ud* · *vær nu rar og gør som jeg siger* □ *rarhed*
2. = BEHAGELIG □ *det er ikke så rart at rejse alene* · *hav det rart!* · *hvor er her rart og hyggeligt* □ *rarhed*

raritet

SUBST. *-en,* plur. *-er, -erne*
/rari'tet/

en genstand som er sjælden og derfor eftertragtet = SJÆLDENHED, KURIOSITET □ *samle på rariteter* · *bogen er en førsteudgave og en virkelig raritet* □ *raritetsbutik* · *raritetskabinet*

rase

VERB. *-r, -de, -t*

fortsætte med stor styrke og voldsomhed □ *stormen rasede* · *krigen raser videre* □ *rasen* • **rase mod** el. **over ngt** udtale sig stærkt negativt og vredt om noget □ *han rasere mod alt og alle* • være blevet skør □ *jeg tror du raser* · *du raser, Paulus* • **rase ud** blive rolig igen efter en vild el. ophidset periode □ *stormen har raset ud* · *ungdommen skal have lov til at rase ud*

rasende

ADJ.

1. som er meget vred = OLM □ *han blev rasende på dem* · *jeg er rasende over den behandling* □ *splitterrasende*
2. forstærkende udtryk = VOLDSOM □ *rasende tempo* · *rasende fart* · *det er rasende dyrt*

rasere

VERB. *-r, -de, -t*
/ra'sere/

rasere ngt = HÆRGE □ *stormen raserede* · *huset var raseret efter festen* □ *rasering*

raseri

SUBST. *-et*
/rase'ri/

en voldsom vrede = ARRIGSKAB, GALSKAB □ *hun skummede og sydede af raseri* □ *raserianfald*

rask

ADJ. *-* (el. *-t*), *-e; -ere, -est*

som ikke er syg □ *hun er blevet helt rask igen efter sin sygdom* · *sund og rask* · *blive rask* • hurtig og energisk = KVIK, HURTIG □ *en rask dreng* · *han løb rask af sted* · *gå med raske skridt* · *tage en rask beslutning*

rasle

VERB. *-r, -de, -t*

1. afgive en lyd som når små hårde el. tørre genstande rammer hinanden gentagne gange □ *pengene rasler i bøssen* · *blade raslede i vinden* □ *raslen* • **rasle med ngt** □ *rasle med en pengebøsse* · *rasle med terningerne*
2. rasle ned falde larmende ned □ *alle dåserne raslede ned på gulvet* • **rasle ned** falde kraftigt i værdi, mængde osv. på ganske kort tid = STYRTDYKKE □ *dollaren raslede ned* · *priserne rasler ned* · *hendes vægt rasler ned*

raslebøsse

SUBST. *-n,* plur. *-r, -rne*

en dåse med hul i toppen til at samle penge ind i □ *mange indsamlere var søndag ude med raslebøsserne*

rasp[1]

SUBST. *-en,* plur. *-e, -ene*

= GROVFIL

rasp[2]

SUBST. *-en*

tørre tvebakker el. andet brød der er knust og evt. ristet med sukker; anvendes fx til panering af kød □ *panere kød i rasp* □ *makronrasp* · *æblekagerasp*

raspe

VERB. *-r, -de, -t*

1. raspe ngt bearbejde med en rasp, et rivejern el.lign. □ *raspe brød* • **raspe ngt af sig** gøre el. fremstille noget hurtigt og uden større besvær □ *arbejde som man har raspet af sig i en fart* · *komponisten raspede et par melodier af sig*
2. tale med en hæs stemme □ *han rasper* · *en raspende stemme*

rast

SUBST. *-en,* plur. *-er, -erne*

= HVIL □ *holde rast under marchen* □ *rast(e)plads* · *rastløs*

raste

VERB. *-r, -de, -t*

holde hvil □ *fuglene slog sig ned på klippen for at raste* · *mange turister raster på øen inden de fortsætter mod fastlandet* □ *rast(e)plads*

rasteplads

SUBST. *-en,* plur. *-er, -erne*

en mindre holdeplads langs motorvej el. hovedvej, ofte med sidde- og toiletfaciliteter

raster

SUBST. *-en* el. *-et,* plur. *-e* (el. *raster*), *-ne*

en polyesterplade med indætset net der anvendes ved fotografering til frembringelse af finere overgange ved at opdele billedet i punkter • det punktmønster som et billede opdeles i

rastløs

ADJ. *-t, -e*

som ikke kan finde hvile og virker ukoncentreret og urolig = HVILELØS, STUNDESLØS □ *hun er for rastløs til at kunne sidde stille og tegne* · *jeg er lidt rastløs, jeg tror jeg vil gå mig en tur* · *disse rastløse tider* □ *rastløshed*

rat

SUBST. *rattet,* plur. *rat, rattene*

et styrehjul, fx i en båd el. en bil ≠ STYR □ *sidde bag rattet i en bil* · *dreje rattet til højre eller venstre* □ *rataksel* · *ratbetræk* · *ratgear* · *ratlås* · *ratslør* · *ratstamme* □ *bilrat* · *bådrat*

rate

SUBST. *-n,* plur. *-r, -rne*

1. en procentdel af en pengesum som betales fx månedsvis for en vare købt på kredit □ *betale varen i seks rater* □ *ratevis* · *ratebetaling*
2. en takst for transport til søs = FRAGTRATE

ratebetaling

SUBST. *-en,* plur. *-er, -erne*

= AFBETALING

ratificere

VERB. *-r, -de, -t*
[ratifi'se'ɔ]

ratificere ngt godkende en aftale, traktat el.lign. og erklære den for gyldig og bindende ofte ved at underskrive et dokument; især om en lovgivende forsamling = STADFÆSTE, KONFIRMERE □ *alle landene ratificerede aftalen* · *ratificere en traktat* □ *ratificering* · *ratifikation*

ratifikation

SUBST. *-en,* plur. *-er, -erne*
[ratifika'sjo'n]

jf. *ratificere* = STADFÆSTELSE □ *flere stater nedlagde veto mod aftalen, så ratifikationen blev forhindret* □ *ratifikationsdokument* □ *traktatratifikation*

ration

SUBST. *-en,* plur. *-er, -erne*
[ra-'sjo'n]

en afmålt portion af, fx mad til en person □ *fangernes rationer var små* · *rationerne af kaffe og te blev stadig mindre under krigen* · *soldaternes rationer var ved at slippe op* □ *kafferation* · *madration*

rational

ADJ. *-t, -e*
[*'rasjona'l*]

rationalt tal et helt tal el. en decimalbrøk med et endeligt antal cifre ≠ IRRATIONALT TAL

rationalisere

VERB. *-r, -de, -t*
[*rasjonali'se'ɔ*]

rationalisere ngt omlægge en produktions- el. arbejdsmåde så man opnår et større resultat med samme el. mindre indsats □ *formålet med forslaget er at effektivisere og rationalisere sygehusdriften* • *ledelsen har til hensigt at rationalisere* □ *rationalisering*

rationalisering

SUBST. *-en,* plur. *-er, -erne*
/rationali'sering/

1. det at rationalisere noget □ *rationaliseringsekspert*
2. en psykologisk forsvarsmekanisme hos mennesket som fx består i at man giver en fornuftig begrundelse for en uheldig handling □ *efterrationalisering*

rationalisme

SUBST. *-n*
[*rasjona'lismə*]

1. en opfattelse som hævder at erkendelsen ikke har sin grund i erfaringen men i forstanden ≠ EMPIRISME
2. (filosofi): en opfattelse der hævder at virkeligheden kan forstås fuldt ud ved hjælp af fornuft ≠ IRRATIONALISME □ *rationalismen var fremherskende i oplysningstiden*

rationel

ADJ. *-t, rationelle*
[*'rasjonæl'* el. *rasjo'næl'*]

som hører til el. er styret af fornuften = FORNUFTIG, INTELLEKTUEL ≠ IRRATIONEL □ *af rent rationelle årsager* • *rationel erkendelse* • *hun tænker klart og rationelt* • som er effektivt fordi det er indrettet på en arbejdsbesparende måde □ *drive landbrug efter rationelle metoder* • *rationel stordrift* • *arbejde rationelt*

rationere

VERB. *-r, -de, -t*
[*rasjo'ne'ɔ*]

rationere ngt fordele noget i rationer □ *rationere indførselen af noget* • *mange varer var rationeret under krigen* □ *rationering*

ratsch

LYDORD

gengivelse af den lyd der giver når noget rives af el. over □ *ratsch, hun rev brevet midt over!* • **ritsch ratsch** se under *ritsch*

ratslør

SUBST. *-et*

det stykke et rat på et motorkøretøj kan bevæges fra side til side uden at hjulene bevæger sig □ *der er en grænse for hvor meget ratslør en bil må have*

rav[1]

SUBST. *-et*

(mineralogi): gennemskinnelig el. mælket smykkesten i gyldne farver af hærdnet harpiks fra fortidige nåletræer; undertiden med indlejrede fossiler □ *ravsmykke*

rav[2]

SUBST. *et*

rav i den vrøvl og ballade □ *lave rav i den* • *der er rav i den*

ravage

SUBST. *-n,* plur. *-r, -rne*
[*ra'va·sjə*]

en tilstand af ødelæggelse, forstyrrelse el. uorden □ *bombardementet anrettede stor ravage* • *hun skabte stor ravage under forhandlingerne ved at fastholde sine krav* • *det hele endte i ravage*

rave[1]

SUBST. *-t,* plur. *-s, -ne*
[*'ræjv*]

en fest der strækker sig over et døgn, og hvor der spilles technomusik

rave[2]

VERB. *-r, -de, -t*

slingre planløst rundt □ *rave som en beruset* • *rave rundt i mørket*

ravelin

SUBST. *-en,* plur. *-er, -erne*
[*ravə'li'n*]

en halvmåneformet el. vinkelbøjet mur mellem to bastioner på en fæstning

ravende

ADV.

udtryk for at man raver rundt = SLINGRENDE □ *han var ravende fuld* • forstærkende udtryk □ *det er så ravende ligegyldigt* □ *splitterravende*

ravgul

ADJ. *-t, -e*

med en gylden farve som rav; kan variere fra lysegul til gyldenbrun

ravn

SUBST. *-en,* plur. *-e, -ene*

en meget stor, skinnende sort kragefugl med kraftigt, langt næb og kileformet hale; latinsk navn *Corvus corax* □ *ravnenæb* • *ravnerede*

ravnemor el. ravnemoder

SUBST. *-en,* plur. *~mødre, ~mødrene*

en mor som forsømmer sine børn

ravnsort el. ravnesort

ADJ. *- , -e*

med en blåsort farve som en ravn = DYBSORT □ *ravnsort hår*

ravruskende

ADV.

forstærkende udtryk □ *det her er ravruskende galt* • *han er ravruskende tosset* • *det er ravruskende forkert*

rawlplug ®

SUBST. *rawlpluggen,* plur. *-s, rawlpluggene*
[*'rå·lplɔk*]

et lille rørstykke af fibermateriale som anbringes i et boret hul i en mur til fastgørelse af en skrue

rayon

SUBST. *-en* el. *-et,* plur. *-er, -erne*
[*'rajɔn*]

kunstsilke el. kunstuld fremstillet af cellulose; bruges ofte sammen med naturlige fibrer som uld og bomuld □ *rayonuld*

rayonuld

SUBST. *-en*

uldlignende og kortfibret rayon = CELLULD

razzia

SUBST. *-en,* plur. *-er, -erne*
[*'radsja*]

en uanmeldt og grundig ransagelse af fx en bydel el. en natklub som regel foretaget af politiet for at afsløre og anholde lovovertrædere □ *foretage en razzia* • *under en storstilet razzia på motorvejen fangede politiet adskillige spritbilister* • *politiet gennemførte en omfattende razzia mod tre rockergruppers klubhuse*

re

SUBST. *-et,* plur. *-er, -erne*

tonen *d* som er den anden tone i C-durskalaen og i tonerækken *do, re, mi, fa, sol, la, si* som bruges i visse hørelæresystemer

reagensglas

SUBST. *~glasset,* plur. *~glas, ~glassene*

et højt, tyndt glas med afrundet bund som bruges til kemiske forsøg

reagensglasbarn

SUBST. *-et,* plur. *~børn, ~børnene*

et barn som er udviklet af et æg der er befrugtet uden for livmoderen; metoden blev først brugt på menneskefostre i 1978

reagere

VERB. *-r, -de, -t*
/rea'gere/

opføre sig på en bestemt måde som følge af en påvirkning udefra □ *hun reagerede med vrede da hun hørte om sagen* • *han prikkede til hende, men hun reagerede ikke* • *den kemiske opløsning reagerer stærkt ved sammenblanding med syre* • *hun har ikke reageret på mit brev* □ *afreagere* • *overreagere*

reaktion

SUBST. *-en,* plur. *-er, -erne*
[*ræag'sjo'n*]

1. det synlige udslag af en bestemt påvirkning = RESPONS □ *hendes reaktion på mit forslag var vild begejstring* • *forslaget mødte den sædvanlige reaktion fra højrefløjen* • *aktion og reaktion* □ *reaktionsevne* • *reaktionsmønster* □ *afreaktion* • *overreaktion* • **reaktionen** den reaktionære del af en befolkning
2. (kemi): en proces ved hvilken kemiske forbindelser dannes el. sønderdeles og hvorved et

stofs tilstedeværelse el. beskaffenhed skal påvises □ *reaktionsmåling* □ *immunreaktion* · *overfølsomhedsreaktion*

reaktionær

ADJ. *-t, -e*
[*'ræagsjonæ'r* el. *ræagsjo'næ'r*]

som er modstander af social og politisk forandring = BAGSTRÆBERISK □ *han er meget konservativ, ja ligefrem reaktionær* · *reaktionære kræfter i samfundet* □ *ærkereaktionær*

reaktor

SUBST. *-en,* plur. *-er, -erne*
/re'aktor/

= ATOMREAKTOR □ *reaktorbrændstof* · *reaktorkerne* · *reaktortank* □ *fissionsreaktor* · *formeringsreaktor* · *hurtigreaktor* · *kernereaktor*

real

ADJ. *-t, -e*
[*ræ'a'l*]

som eksisterer i virkeligheden el. har med den virkelige verden at gøre = VIRKELIG, FAKTISK □ *en materialist tror på den reale verdens objektive eksistens* · *matematik og fysik kaldes reale fag*

realeksamen

SUBST. *-en* (el. *realeksamenen*), plur. *-er* (el. *realeksaminer*), *-erne* (el. *realeksaminerne*)

en eksamen i folkeskolen der afsluttede *realklassen* el. *realklasserne* □ *realeksamensbevis*

realia

SUBST.PLUR. *-ene*
/re'alia/

kundskaber om samfundsmæssige forhold; især inden for sprogfag □ *i sin latinundervisning lagde han hovedvægten på realia* · *hun var til eksamen i realia*

realindkomst

SUBST. *-en,* plur. *-er, -erne*

= REALLØN

realisabel

ADJ. *-t, realisable*
/reali'sabel/

1. som kan udføres i praksis □ *forslaget er ikke realisabelt*
2. (handel): som kan omsættes i penge = OMSÆTTELIG □ *hans bogsamling er ikke let realisabel*

realisation

SUBST. *-en,* plur. *-er, -erne*
[*rælisa'sjo'n*]

1. en gennemførelse af noget □ *planens realisation er vanskelig*
2. (handel): en omsætning af noget i penge = SALG □ *hele varelageret er til realisation* □ *realisationspris*

realisere

VERB. *-r, -de, -t*
/reali'sere/

1. realisere ngt gøre tanker, håb el. teori til virkelighed = VIRKELIGGØRE, OMSÆTTE, FULDBYRDE, GENNEMFØRE □ *han realiserede sin målsætning* · *hendes drøm om et hus blev realiseret* □ *realisering* • **realisere sig selv** lære sig selv at kende
2. realisere ngt sælge noget for at få rede penge = OMSÆTTE □ *realisere sine smykker* · *realisere sit indbo i rede penge*

realisme

SUBST. *-n*
/rea'lisme/

1. en virkelighedsnær indstilling med sans for det praktisk gennemførlige = VIRKELIGHEDSSANS
2. en retning inden for billedkunst og litteratur der nøje gengiver virkeligheden; opstod bl.a. som reaktion på romantikken = NATURALISME ≠ ROMANTIK □ *socialrealisme* • (filosofi): en livsanskuelse der er baseret på at der eksisterer en virkelighed som er uafhængig af menneskets bevidsthed og erkendelse ≠ IDEALISME □ *begrebsrealisme*

realist

SUBST. *-en,* plur. *-er, -erne*
/rea'list/

1. en person som har en virkelighedsnær indstilling □ *moren er realist, men faren er lidt af en drømmer*
2. (kunst): en tilhænger af kunstretningen *realisme* □ *forfatteren er en af de store realister*
3. (foræld.): en person der har taget realeksamen □ *hendes mor var realist fra den gamle realskole* □ *realisthue*

realistisk

ADJ. *- , -e*
/rea'listisk/

1. som holder sig til hvad der lader sig gøre i praksis og ikke er overdrevent optimistisk □ *hun er helt realistisk i sin bedømmelse af vores chancer* • som lader sig udføre i praksis □ *planen er ikke realistisk*
2. = VIRKELIGHEDSNÆR □ *en realistisk skildring* · *en realistisk film om krigens gru*

realiter

ADV.
/re'aliter/

efter de faktiske forhold □ *det er realiter umuligt at træffe en tilfredsstillende afgørelse i den sag*

realitet

SUBST. *-en,* plur. *-er, -erne*
/reali'tet/

en omstændighed el. et forhold som eksisterer i virkeligheden, og som man derfor må tage hensyn til = KENDSGERNING, VIRKELIGHED □ *se realiteterne i øjnene* · *holde sig til realiteterne* · *nederlaget er en realitet* · *livets barske realiteter* • **i realiteten** = I VIRKELIGHEDEN □ *sagen er i realiteten afgjort* · *i realiteten er det sekretæren som styrer virksomheden, ikke direktøren* • **realiteternes verden** den virkelige verden hvor ikke alt er muligt el. sker som man ønsker sig det □ *han kender ikke meget til realiteternes verden*

realitetssans

SUBST. *-en*

= VIRKELIGHEDSSANS □ *patienten mangler helt realitetssans*

realkapital

SUBST. *-en*

en beholdning af bygninger, maskiner, varelagre m.m.

realklasse

SUBST. *-n,* plur. *-r, -rne*

en klasse i folkeskolen som svarede til 10. klasse, og som lå i forlængelse af *mellemskolen;* afskaffet i 1962 • hver de tre klasser som svarede til 8.-10. klasse i perioden 1962-78

realkredit

SUBST. *~kreditten*

et lån som ydes af realkreditinstitut mod sikkerhed i fast ejendom □ *realkreditforening* · *realkreditlån* · *realkreditinstitut* · *realkreditobligation*

realkreditinstitut

SUBST. *~instituttet,* plur. *~institutter, ~instituterne*

et institut som yder lån mod pant i fast ejendom; som sikkerhed for lånet overdrages et pantebrev på den belånte ejendom til realkreditinstituttet

realløn

SUBST. *~lønnen*

indkomsten beregnet i forhold til den mængde varer der kan købes for den, dvs. fraregnet inflationen = REALINDKOMST □ *lønnen var steget, men eftersom priserne var steget endnu mere, var reallønnen faldet* · *disponibel realløn* □ *reallønsfald* · *reallønsudvikling* • **disponibel realløn** den del af reallønnen som resterer når de direkte skatter er betalt = DISPONIBEL REALINDKOMST

realrente

SUBST. *-n*

en rentes forrentning fraregnet inflation □ *disponibel realrente* • **disponibel realrente** realrentens forrentning efter hensyntagen til direkte skatter og inflation

reassurance

SUBST. *-n,* plur. *-r, -rne*

= GENFORSIKRING

reassurere

VERB. *-r, -de, -t*

= GENFORSIKRE

reaumur

SUBST.
[*'ræ'wmy'r*]
fork. °*R*

en måleenhed for temperatur som tidligere har været anvendt i Frankrig; 0 ° reaumur = 0 °C, 80 ° reaumur = 100 °C

reb

SUBST. *-et,* plur. *reb, -ene*

1. et tykt, stærkt materiale fremstillet af sammensnoede snore af hamp el. bomuld; bruges især til fortøjring og sammenbinding af større ting □ *reberbane* · *rebslager* · *rebstige* · *rebtrick* □ *hampereb* · *taljereb*
2. en række af huller tværs over et sejl som er

beregnet til at trække en line igennem ved rebning af sejlet • **tage reb i sejlene** formindske sejlenes størrelse el. mængde

rebe

VERB. *-r, -de, -t*

rebe sejl formindske et sejls areal □ *rebning*

rebel

SUBST. *rebellen,* plur. *rebeller, rebellerne*
[ræ'bæl']

= OPRØRER □ *partiets unge rebeller* □ *rebelsk*

rebellere

VERB. *-r, -de, -t*
/rebel'lere/

gøre oprør

rebelsk

ADJ. - , *-e*
/re'belsk/

= OPRØRSK □ *han var rebelsk i sine unge dage*

rebslager

SUBST. *-en,* plur. *-e, -ne*

en håndværker som fremstiller reb □ *rebslageri*

rebus

SUBST. *-en* (el. *rebussen*), plur. *-er* (el. *rebusser*), *-erne* (el. *rebusserne*)

en gåde der består af billeder ud fra hvilke man skal gætte sig til et ord el. en sætning □ *børnerebus*

recept

SUBST. *-en,* plur. *-er, -erne*
[ræ'sæbt]

1. et stykke papir hvorpå en læges anvisning på medicin står □ *udstede en recept* • *skrive en recept på noget* • *købe medicin på recept* • *denne medicin udleveres kun mod recept* • *det fås kun på recept* □ *receptblok* • *receptpligtig*
2. efter den sædvanlige recept på den sædvanlige måde

reception

SUBST. *-en,* plur. *-er, -erne*
[ræsæb'sjo'n]

1. en oftest kortere selskabelig sammenkomst med officielt el. formelt præg = SELSKAB, FEST □ *efter vielsen var der reception i brudens hjem* • *gå til reception* □ *afskedsreception* • *velkomstreception*
2. et lokale el. en skranke til modtagelse af gæster, på fx hotel el. i en virksomhed □ *de fik udleveret deres nøgle i receptionen* □ *receptionsskranke* □ *receptionist* • *receptionschef*

receptiv

ADJ. *-t, -e*
['ræsæbti'v]

modtagelig for og i stand til at tilegne sig indtryk el. nye ideer ≠ PRODUKTIV □ *hans begavelse er udelukkende af receptiv art* • = LÆRENEM □ *en receptiv elev*

recession

SUBST. *-en,* plur. *-er, -erne*
[ræsæ'sjo'n]

tilbagegang i økonomisk aktivitet ≠ OPSVING, VÆKST

recidiv

SUBST. *-et,* plur. *-er, -erne*
[ræsi'di'v]

= TILBAGEFALD

recidivist

SUBST. *-en,* plur. *-er, -erne*
/recidi'vist/

en person der efter udstået straf igen begår forbrydelse

recipe

['ræ'sipə]
fork. *rp*

et tegn øverst på en recept som betyder 'modtag'

recipient

SUBST. *-en,* plur. *-er, -erne*
[ræsi'pjæn't]

1. en person som får tilført blod el. får indopereret et organ ved transplantation
2. den der udsættes for forurening; benyttes inden for miljøretten

reciprok

ADJ. *-t, reciprokke*
[ræsi'prɔk]

= GENSIDIG • **reciprokt pronomen** se under *pronomen*

recitativ

SUBST. *-et,* plur. *-er, -erne*
[ræsita'ti'v el. *'ræsitati'v]*

et sangparti i en opera el. et oratorium der minder om tale

recitator

SUBST. *-en,* plur. *-er, -erne*
/reci'tator/

en person der reciterer digte

recitere

VERB. *-r, -de, -t*
[ræsi'te'ɔ]

recitere ngt = FREMSIGE □ *reciterede digte* □ *recitering*

reck

SUBST. *-en,* plur. *-er, -erne*
['räk]

en vandret ophængt stålstang til gymnastiske øvelser for mænd □ *reckøvelse*

red.

fork. for *redaktion* el. *redaktør* el. *redigeret*

red[1]

SUBST. *-en,* plur. *-e, -ene*

en ankerplads uden for en havn, flodmunding o.l. □ *skibet ligger på reden*

red[2]

VERB.

bøjningsform af *ride*

redaktion

SUBST. *-en,* plur. *-er, -erne*
[rædag'sjo'n]

1. en gruppe af personer der redigerer stof til fx en avis, et tidsskrift, en bog el. et tv- el. radioprogram □ *redaktionschef* • *redaktionsmøde* • *redaktionssekretær* □ *avisredaktion* • stedet hvor redaktørerne arbejder □ *forlagsredaktion* • *nyhedsredaktion* • *sportsredaktion*
2. bearbejdning og ordning af stof til fx en avis, et tidsskrift, en bog el. et tv- el. radioprogram = REDIGERING

redaktør

SUBST. *-en,* plur. *-er, -erne*
/redak'tør/

en person der leder redaktionen el. en afdeling på en avis, et blad el. i radio el. tv □ *avisredaktør* • *chefredaktør* • *kulturredaktør* • *sportsredaktør* • *udenrigsredaktør* • = FORLAGSREDAKTØR • en person som står for udgivelsen af et bogværk der skrives af flere personer □ *hovedredaktør* • *ordbogsredaktør*

redde

VERB. *-r, -de, -t*

1. redde ng(t) bringe nogen el. noget ud af en farlig situation og i sikkerhed = FRELSE □ *han reddede barnet ud af det brændende hus* • *hun reddede hans liv* • *lånet reddede firmaet fra fallit* □ *redder* • *redning*
2. redde sig ngt sørge for at skaffe sig selv noget □ *han reddede sig det største stykke af lagkagen* • *det var et godt job du fik reddet dig dér* • *redde sig en forkølelse*

redder

SUBST. *-en,* plur. *-e, -ne*

en person der er ansat i redningskorps □ *Falckredder*

rede[1]

SUBST. *-n,* plur. *-r, -rne*

et sædvanligvis kurveformet leje hvor fugle lægger og udruger deres æg og passer deres unger indtil de er flyvefærdige □ *lærkerede* • *svalerede* • et sted indrettet af visse dyr hvor dets unger kan være i sikkerhed □ *muserede* • **være fløjet fra reden** om unge mennesker: være flyttet hjemmefra

rede[2]

SUBST.

en tilstand af orden og klarhed □ *bringe rede i en sag* • *finde rede i en sag* • *have rede på noget* • *holde rede på noget* • **gøre rede for ngt** = FORKLARE □ *jeg kunne ikke gøre rede for hvorfor han var mig imod* • **stå** el. **være rede med ngt** være parat med noget □ *han står altid rede med gode råd*

rede[3]

VERB. *-r, redte, redt*

1. rede ng(t) = FRISERE □ *hun redte håret* • *han havde redt håret tilbage* • *barnet redte dukkens hår* • *rede sig med en børste* • *hun glemte at rede sig* □ *redekam*

2. rede seng ordne en seng efter at man har sovet i den □ *hun redte altid sengen så snart hun stod op* • **rede op** gøre en seng parat til at sove i □ *hun redte op på sofaen* · *han redte op til gæsterne i børneværelset* • **ligge som ng har redt** el. **redet** få hvad man har fortjent fordi man har gjort noget forkert el. ikke har gjort sine ting godt nok = FÅ LØN SOM FORSKYLDT □ *han ligger som han har redt*
3. rede ngt ud ⟨også: *-r, -de, -t*⟩ undersøge og finde en forklaring på noget kompliceret = UDREDE □ *han forsøgte at rede den indviklede sag ud* · *de forsøgte at rede trådene i den spegede affære ud*
4. redt {slemt} til udtryk for at være hårdt såret, i dårlig stand el.lign. □ *hunden var slemt redt til efter slagsmålet*

rede[4]

ADJ.

(glds.): = PARAT □ *være rede til at hjælpe* □ *redebon* • **rede penge** se under *penge* • **have svar på rede hånd** se under *svar*

redebon

ADJ. *-t, redebonne*

(poet., glds.): som altid er parat til at gøre noget = BEREDVILLIG, IMØDEKOMMENDE □ *han er en hjælpsom kollega og redebon rådgiver* · *historien nåede frem til den altid redebonne presse* · *ånden er redebon, men kødet er skrøbeligt* · *sindet er opladt og sjælen redebon* □ *redebonhed*

redegøre

VERB. *~gør, ~gjorde, ~gjort*

redegøre for ngt at forklare = FORKLARE □ *han redegjorde for vanskelighederne i sagen* · *redegøre for hvad man mener* □ *redegørelse*

redegørelse

SUBST. *-n,* plur. *-r, -rne*

en skriftlig el. mundtlig fremstilling af et hændelsesforløb der gengiver sammenhænge og årsager = RAPPORT, UDREDNING □ *han kom med en lang redegørelse for sagen*

redekam

SUBST. *~kammen,* plur. *~kamme, ~kammene*

en kam til at frisere sig med = KAM • **spille på redekam** bruge en kam som musikinstrument ved at man puster mod et stykke pergamentpapir som man har foldet om den

redelig

ADJ. *-t, -e*

som er ærlig og pålidelig = REEL □ *en redelig person* · *have ærligt og redeligt fortjent det* □ *redelighed*

redelighed

SUBST. *-en*

1. det at være redelig = RETLINETHED □ *hans redelighed er hævet over enhver tvivl*
2. en kaotisk el. pinlig situation = MENAGE □ *det er en køn redelighed du har lavet* · *hvad er dette for en redelighed?* · *det er en værre redelighed han har fået os ud i* • **hele redeligheden** = DET HELE □ *hun rejste fra familie og hus og hele redeligheden* · *jeg opgiver snart hele redeligheden*

reder

SUBST. *-en,* plur. *-e, -ne*

= SKIBSREDER

rederi

SUBST. *-et,* plur. *-er, -erne*
/rede'ri/

en virksomhed der ejer et el. flere skibe □ *rederiforening* · *rederikontrakt* · *rederivirksomhed* □ *partrederi*

redigere

VERB. *-r, -de, -t*
/redi'gere/

redigere ngt korrigere og tilpasse en tekst med henblik på offentliggørelse □ *redigere en avis* · *redigere et tidsskrift* · *redigere en ordbog* □ *redigering*

rediskontere

VERB. *-r, -de, -t*

diskontere en allerede diskonteret veksel

redning

SUBST. *-en,* plur. *-er, -erne*

det at redde el. blive reddet = FRELSE □ *hans heltemodige redning af to små børn som var ved at drukne* · *den nye medicin blev hans redning* • (sport): det at forhindre at bolden går i mål, fx i fodbold □ *målmanden havde mange gode redninger*

redningsbælte

SUBST. *-t,* plur. *-r, -rne*

et bælte el. en ring som bæres rundt om maven, og som holder en person flydende i vand og forhindrer dem i at drukne, hvis de falder over bord

redningsbåd

SUBST. *-en,* plur. *-e, -ene*

en båd der er beregnet til at redde mennesker ved skibsforlis; det kan være en af flere, som regel åbne både der er anbragt på siderne af et større skib, el. det kan være en båd der sejler ud fra kysten □ *redningsbådsfører*

redningsflåde

SUBST. *-n,* plur. *-r, -rne*

en flåde el. en overdækket, oppustelig gummibåd som anvendes ved skibsforlis

redningskrans

SUBST. *-en,* plur. *-e, -ene*

en stor ring som holder en person flydende i vand og forhindrer dem i at drukne, hvis de falder over bord

redningsmand

SUBST. *-en,* plur. *~mænd, ~mændene*

en person der redder nogen fra en ulykke el. en knibe = FRELSENDE ENGEL □ *han takkede sin redningsmand*

redningsplanke

SUBST. *-n,* plur. *-r, -rne*

sidste mulige middel til at løse en vanskelig situation □ *han var hendes redningsplanke* · *tilbuddet om lån kom som en redningsplanke* • en planke som en skibbruden klamrer sig til

redningsvest

SUBST. *-en,* plur. *-e, -ene*

en vandtæt vest af let materiale el. oppustet med luft til at holde en person flydende i vand og forhindre dem i at drukne hvis de falder over bord □ *man bør altid være iført redningsvest til søs*

redoble

VERB.

se *reduble*

redressere

VERB. *-r, -de, -t*
/redres'sere/

redressere ngt (form.): gøre noget godt igen □ *fejlen kan endnu redresseres* □ *redressering*

redskab

SUBST. *-et,* plur. *-er, -erne*

1. et middel som er praktisk for at kunne udføre noget, fx en hammer, rive, el. stegepande = VÆRKTØJ, MIDDEL, GREJ, INSTRUMENT □ *redskab til at male med* · *redskab til gymnastik* · *øret er et redskab for hørelsen* □ *redskabsgymnastik* · *redskabsskur* □ *brandsikringsredskab* · *fangstredskab* · *haveredskab* · *køkkenredskab* · *spiseredskab* · *stenredskab*
2. en person der bruges el. lader sig bruge □ *i diktatorens hænder var politikerne kun redskaber* · *han var et skæbnens redskab*

redskabsskur

SUBST. *-et,* plur. *-e, -ene*

et skur beregnet til haveredskaber = HAVESKUR

reduble el. redoble

VERB. *-r, -de, -t*

reduble ngt firdoble uddelingen af både straf- og pluspoint i bridge

reducere

VERB. *-r, -de, -t*
[rædu'se'ɔ]

gøre mindre i omfang, antal el. afstand = FORMINDSKE, MINDSKE, SÆNKE, NEDBRINGE □ *hans indtægter er blevet stærkt reduceret* · *de reducerede omkostningerne ved at fyre nogle medarbejdere* · *vil du være rar at reducere hastigheden lidt?* □ *reducering* • **reducere ngt** forenkle noget ved at gøre det mindre i omfang = SAMMENDRAGE □ *teksten kan sagtens reduceres til én side* • **reducere til ngt** (i boldspil): gøre modstanderens forspring mindre ved at lave mål □ *Danmark reducerede til 1-2* □ *reducering* • **reducere ngt** (matematik): omskrive en brøk til den enklest mulige form ved at dividere tæller og nævner med samme tal = FORKORTE • **reducere ngt** (matematik): dividere med samme tal på begge sider af lighedstegnet i en ligning □ *reducere en ligning*

reduktion

SUBST. *-en,* plur. *-er, -erne*
[rædug'sjo'n]

det at noget bliver mindre = FORMINDSKELSE, NEDGANG, INDSKRÆNKNING □ *en reduktion af befolk-*

ningen • *en reduktion af lønnen* • *en reduktion af personalet* • *en betydelig reduktion af personalet* • *en reduktion af stillingen til 3 - 1* □ *reduktionsdeling* • (matematik): en omskrivning af et udtryk til den enklest mulige form

reeksamination

SUBST. *-en,* plur. *-er, -erne*

en ny eksamination af elev der har klaret sig dårligt el. er dumpet til en eksamen □ *reeksaminationen ligger i august*

reeksaminere

VERB. *-r, -de, -t*

reeksaminere ng tage nogen op til en ny eksamen, fx fordi de har klaret sig dårligt el. er dumpet til en tidligere eksamen □ *hvis man dumper har man ret til at blive reeksamineret* □ *reeksaminering*

reel[1]

SUBST. *-en,* plur. *-er, -erne*

[ˈriˑl]

en gammel, hurtig sømandsdans i 2/4 takt

reel[2]

ADJ. *-t, reelle*

[ræˈæl]

1. som er sand el. meget sandsynlig = VIRKELIG, FAKTISK ≠ IDEAL □ *et reelt billede af sagen* • *reel værdi* • *de reelle omkostninger* • *du har en reel chance for at vinde sagen*
2. som er ærlig og pålidelig, el. som virker god og rimelig = REGULÆR, REDELIG □ *have reelle hensigter* • *en reel person* • *lejligheden har tre gode, reelle værelser*

reetablere el. **retablere**

VERB. *-r, -de, -t*

/ˈreetablere/

reetablere ngt genoprette el. genskabe noget □ *det gode forhold mellem dem er blevet reetableret*

ref.

1. fork. for *referat* el. *referent* el. *refereret*
2. (i forretningsbreve): fork. for *reference*

refektorium

SUBST. *refektoriet,* plur. *refektorier, refektorierne*

/refekˈtorium/

en spisesal i et kloster

referat

SUBST. *-et,* plur. *-er, -erne*

/refeˈrat/

1. en sammenhængende og forklarende gengivelse af de væsentligste hovedpunkter i noget talt el. skrevet; er ofte længere end et resume ≠ RESUMÉ □ *referatet af mødet er sendt ud til deltagerne* • *tage referat af et møde* □ *referattager* □ *mødereferat*
2. have direkte referat til ngn det at en embedsmand har ret til forlæggelse af en sag for en overordnet □ *han har direkte referat til ministeren*

reference

SUBST. *-n,* plur. *-r, -rne*

[ræfəˈraŋsə]

1. en henvisning til litteratur el. anden kilde som danner grundlag for en oplysning el. påstand, el. som kan give yderligere oplysning = HENVISNING □ *i bogen var der flere referencer til andre værker*
2. en henvisning til en person el. et firma der kan give oplysninger om en person som søger en stilling = ANBEFALING □ *han har nogle gode referencer*

referenceramme el. **referensramme**

SUBST. *-n,* plur. *-r, -rne*

den baggrund af begreber, synspunkter, sædvaner o.l., på hvilken man opfatter og vurderer tingene og handler

referendum

SUBST. *-et,* (el. *referendummet*), plur. *-er* (el. *referendummer* el. *referenda*), *-erne* (el. *referendummerne* el. *referendaene*)

/refeˈrendum/

= FOLKEAFSTEMNING □ *et referendum om atomkraft* • *der rejste sig et krav om referendum*

referensramme

SUBST.

se *referenceramme*

referent

SUBST. *-en,* plur. *-er, -erne*

/refeˈrent/

en person der tager referat ved fx et møde □ *ved mødets start valgte man en dirigent og en referent*

referere

VERB. *-r, -de, -t*

/refeˈrere/

1. referere ngt give et referat af fx en tekst, en tale el. en hændelse □ *han refererede hvad der var blevet sagt* • **referere ng for ngt** pressen refererede ham for at have udtalt sin modstand mod projektet
2. referere til ng(t) henvise til nogen el. noget = HENVISE □ *ansøgeren refererede til sin tidligere chef* • *referere til side 112 i bogen*

refill

SUBST. *-en,* plur. *-er, -erne*

[ræˈfil el. *ˈriˑfil]*

noget som kan indsættes i et hylster el.lign., og som indeholder en ny forsyning af noget og derved får helheden til at fungere igen □ *en refill til en kuglepen* • *en refill til en læbestift*

refleks[1]

SUBST. *-en,* plur. *-er, -erne*

/reˈfleks/

1. tilbagekastet lys der glimter el. giver genskær fra det det kastes tilbage fra □ *hun blev blændet af reflekserne fra vandet* • *solen gav lyse reflekser i håret* • *prismerne kastede reflekser i alle retninger* □ *refleksfri* □ *lysrefleks*
2. en uvilkårlig reaktion, bevægelse el. kirtelafsondring forårsaget af et sanseindtryk el. en fysisk påvirkning □ *når man ser lækker mad, får ens reflekser tænderne til at løbe i vand* • *lægen testede hendes reflekser i musklerne ved at slå hende på knæet med en lille hammer* • *hundens reflekser får den til at spjætte med benene når man kløer den bag øret* □ *refleksbevægelse* □ *kirtelrefleks* • *muskelrefleks* • **betinget refleks** en refleks der opstår efter en tids indøvning hos dyr og mennesker

refleks[2]

SUBST. *-en* el. *-et,* plur. *-er, -erne*

/reˈfleks/

en lille lysreflekterende genstand på køretøjer el. personer som indfanger lys og kaster det tilbage; har til formål at gøre trafikanter synlige i mørke □ *refleksbrik* • *refleksbånd*

refleksbrik

SUBST. *~brikken,* plur. *~brikker, ~brikkerne*

en brik der kan hæftes på tøj og fungere som refleks i mørke

refleksion

SUBST. *-en,* plur. *-er, -erne*

[ræflægˈsjoˑn]

1. en tilbagekastning af lys el. lydbølger
2. = OVERVEJELSE □ *refleksioner over tilværelsen*

refleksionskikkert

SUBST. *-en,* plur. *-er, -erne*

= SPEJLKIKKERT

refleksiv[1]

SUBST. *-et,* plur. *-er, -erne*

[ˈræflægsiˑv]

= REFLEKSIVT PRONOMEN

refleksiv[2]

ADJ. *-t, -e*

1. som er en refleks på noget □ *en refleksiv handling* • *han reagerede refleksivt*
2. som viser tilbage til noget tidligere = TILBAGEVISENDE • **refleksivt pronomen** se under *pronomen*

refleksivpronomen

SUBST. *-et,* plur. *-er* (el. *~pronominer*), *-erne* (el. *~pronominerne*)

= REFLEKSIVT PRONOMEN

reflektere

VERB. *-r, -de, -t*

/reflekˈtere/

1. reflektere ngt kaste lysstråler el. lydbølger tilbage = SPEJLE, GENSPEJLE, KASTE TILBAGE □ *vandet reflekterer solens stråler* □ *reflektering*
2. reflektere over ngt tænke over noget □ *hun reflekterede meget over livet* • *hun reflekterede over hvad der mon skulle ske* • *hun er den reflekterende type* • *det har jeg ikke reflekteret så meget over*
3. reflektere på ngt svare på en annonce el.lign. □ *der var ikke mange der reflekterede på tilbudet*

reflektor

SUBST. *-en,* plur. *-er, -erne*

/reˈflektor/

1. en indadbuet flade der tilbagekaster lys- og varmestråler i en bestemt retning
2. = SPEJLTELESKOP

reform

SUBST. *-en,* plur. *-er, -erne*
/re'form/

en forandring af et samfundsanliggende der skal føre til forbedringer □ *en reform af folkeskoleloven var nødvendig* □ *reformbevægelse* · *reformiver* · *reformivrig* · *reformvirksomhed* □ *pensionsreform* · *skattereform*

reformation

SUBST. *-en,* plur. *-er, -erne*
[ræfåma'sjo'n]

det at reformere noget □ *en reformation af uddannelsen* · *er der mon sket en grundlæggende reformation af den menige russers syn på autoriteter?* • **Reformationen** en religiøs forandring inden for kirken i 1500-tallet som førte til protestantismens brud med den katolske kirke

reformator

SUBST. *-en,* plur. *-er, -erne*
/refor'mator/

en person der indfører reformer, især en politiker el. et statsoverhoved □ *Christian II var en vidtskuende social reformator*

reformere

VERB. *-r, -de, -t*
/refor'mere/

reformere ngt forandre fx et samfundsanliggende til det bedre □ *reformere lovgivningen* · *reformere undervisningen i folkeskolen*

reformert

ADJ. *- , -e*
[ræfå'me'rt]

som vedrører det protestantiske kirkesamfund, som bygger på Calvins og Zwinglis lære □ *den reformerte kirke er Danmarks ældste frikirke* · *landet anerkender både muslimske, jødiske, ortodokse, katolske og reformerte menigheder*

reformisme

SUBST. *-n*
/refor'misme/

en retning inden for arbejderbevægelsen som vil forbedre forholdene i samfundet gradvist gennem reformer, ikke gennem revolution □ *fagbevægelsens forslag er et udtryk for reformisme, det er ikke konfliktskabende*

refræn

SUBST. *-et,* plur. *-er, -erne*
[rä'fräŋ]

et omkvæd, især i popsange og revyviser = OMKVÆD □ *refrænsang* · *refrænsanger*

refrænsanger

SUBST. *-en,* plur. *-e, -ne*

= POPSANGER

refugium

SUBST. *refugiet,* plur. *refugier, refugierne*
/re'fugium/

= TILFLUGTSSTED • et hjem i forbindelse med et kloster hvor mennesker der søger hvile el. åndelig hjælp kan opholde sig en tid □ *han søgte til refugiet for at finde fred i sjælen* • et sted man søger til for at få ro = TILFLUGTSSTED □ *havehuset var hendes refugium om sommeren*

refundere

VERB. *-r, -de, -t*
/refun'dere/

refundere ng ngt give nogen en refusion = GODTGØRE, TILBAGEBETALE □ *firmaet refunderede sælgerens omkostninger* · *ubenyttede billetter refunderes ikke* · *pengene refunderes senere* · *de fik deres flybilletter fuldt ud refunderet* □ *refundering*

refusere

VERB. *-r, -de, -t*
[ræfy'se'ɔ el. *ræfu'se'ɔ]*

(form.): = AFVISE □ *hans forslag blev refuseret selvom ingen havde læst det igennem* □ *refusering* • (om hest): vægre sig ved at passere en forhindring □ *hesten refuserede ved den sidste forhindring* □ *refusering*

refusion

SUBST. *-en,* plur. *-er, -erne*
[ræfu'sjo'n]

et beløb som betales tilbage, og som delvist el. fuldt ud dækker en udgift = GODTGØRELSE, TILBAGEBETALING □ *få refusion for for meget betalt elektricitet* · *som refusion for noget* · *statslig refusion til kommunerne* □ *refusionsopgørelse*

reg.

fork. for *register* el. *registreret*

regalier

SUBST.PLUR. *-ne*
/re'galier/

symboler på konge- el. kejserværdigheden: krone, scepter, rigsæble og sværd = KRONREGALIER

regatta

SUBST. *-en,* plur. *-er, -erne*
/re'gatta/

en konkurrence i rosport el. sejlsport = KAPSEJLADS, KAPRONING □ *Admiral's cup er en regatta for store sejlskibe*

regel

SUBST. *-en* (el. *reglen*), plur. *regler, reglerne*

officielt el. alment accepteret princip for hvordan nogen el. noget skal forholde sig under bestemte omstændigheder □ *fastsætte regler for noget* · *overholde reglerne* · *handle imod reglerne* · *følge spillets regler* · *reglerne for subjektets placering* · *en gylden regel* · *en uskreven regel* · *det strider mod reglerne* · *det er undtagelsen snarere end reglen* □ *hovedregel* · *regneregel* · *udtaleregel* • **gylden regel** en regel som har været anerkendt og fulgt så længe at den anses for at være almengyldig □ *det er en gylden regel at man ikke skal tro på alt man hører* • **som regel** el. **i reglen** for det meste = GENNEMGÅENDE, GERNE, FOR DET MESTE, SÆDVANLIGVIS □ *han er som regel hjemme om aftenen* · *i reglen kommer han på besøg om søndagen* □ *regelmæssig*

regelbunden el. **regelbundet**

ADJ. *-t, ~bundne*
(regelbundet:: *- , ~bundne*)

(form.): som præges af den samme rutine = REGELMÆSSIG □ *et roligt, arbejdsomt og regelbundent liv* □ *regelbundenhed*

regelmæssig

ADJ. *-t, -e*

1. som er i overensstemmelse med visse regler el. rutiner = NORMAL □ *toggangen var regelmæssig* · *hun levede en regelmæssig tilværelse* □ *regelmæssighed* • (grammatik): som har *svag bøjning* ≠ UREGELMÆSSIG □ *'grave' er et regelmæssigt verbum*
2. udtryk for at noget finder sted med jævne mellemrum □ *de har regelmæssig kontakt med ham* · *børnene går regelmæssigt til tandlægen* · *de ses regelmæssigt*

regelret

ADJ. *- , ~rette*

som følger reglerne el. forskrifterne = REGELMÆSSIG □ *hele sagen kører fuldstændig regelret* · *føre en regelret tilværelse* · *en regelret udvikling* □ *regelrethed*

regeneration

SUBST. *-en,* plur. *-er, -erne*
[rægenərα'sjo'n]

det at noget gendannes; især om gendannelse af beskadiget væv el. en tabt legemsdel, fx en søstjernes arm el. et firbens hale

regenerere

VERB. *-r, -de, -t*
/regene'rere/

blive gendannet □ *firbenets hale kan regenerere* · *søvnen hjælper kroppen til at regenerere efter dagens slid* · *den ødelagte vegetation vil være 20-30 år om at regenerere* □ *regenerering* • **regenerere ngt** gendanne noget □ *et firben kan regenerere sin hale* · *det lykkedes at gensplejse og regenerere flere plantearter*

regent

SUBST. *-en,* plur. *-er, -erne*
/re'gent/

et statsoverhoved i et monarki = MONARK □ *regentskab* · *regentpar* • en stedfortræder for monarken ved dennes udenlandsophold, sygdom el.lign. □ *kronprinsen var regent under dronningens sygdom* □ *prinsregent*

regere

VERB. *-r, -de, -t*
/re'gere/

1. regere ng(t) el. **regere over ng(t)** udøve især politisk magt over nogen el. noget = HERSKE, STYRE, LEDE □ *Christian 4. regerede fra 1588 til 1648* · *det var en kejser der regerede over kineserne* · *en regerende fyrste* · *pengene regerer verden* □ *regering* • **regere med ng** = TYRANNISERE □ *ungen regerede med hele familien* · *hun hersede og regerede med os*
2. lave larm og uro □ *håndværkerne rodede og regerede over det hele*

regering

SUBST. *-en,* plur. *-er, -erne*
/re'gering/

1. en stats øverste politiske ledelse med flere ministre = STYRE □ *regeringen har besluttet at udskrive valg* · *den midlertidige regering* · *den*

socialdemokratiske regering · *hun sidder i regeringen* □ *regeringsbeslutning* · *regeringsparti* · *regeringstro* □ *eksilregering* · *formynderregering* · *flertalsregering* · *koalitionsregering* · *marionetregering* · *mindretalsregering* · *samlingsregering*
2. det at regere et land = STYRE □ *overtage regeringen* · *under denne konges regering* □ *regeringsform* · *regeringsmagt* · *regeringstid*

reggae

SUBST. *-n*
[*'rægæ·j*]

en musikform fra Jamaica i firedelt rytme hvor étslaget er underbetonet og to- og fireslagene er stærkt betonede □ *reggaemusiker*

regi

SUBST. *-en* el. *-et*
[*ræ'sji'* el. *ræ'sji*]

1. et teaterstykkes scenearrangement med dragter og rekvisitter □ *han stod for stykkets regi* · *regiet var bemærkelsesværdigt*
2. et kompetence- el. arbejdsområde som varetages af nogen □ *sagen ligger i Kulturministeriets regi* · *det her hører slet ikke til mit regi* · *aftalen ligger uden for EUs regi* · *amtet er imod kunstig befrugtning i offentlig regi*

regime

SUBST. *-t,* plur. *-r, -rne*
[*ræ'sji·mə* el. *ræ'sji·m*]

(neds.): det politiske system for en stats øverste ledelse = STYRE □ *et reaktionært regime* · *det nye regimes støtter* □ *militærregime* · *rædselsregime*

regiment

SUBST. *-et,* plur. *-er, -erne*
/*regi'ment*/

den største hærafdeling som består af flere bataljoner, kompagnier el. eskadroner, og som er under kommando af en oberst □ *han var chef for 1. regiment* · *Jydske Dragon Regiment* · *der var mad nok til et helt regiment soldater* □ *regimentschef*

regimente

SUBST. *-t,* plur. *-r, -rne*
/*regi'mente*/

et grusomt styre for et land □ *mange led under hans tyranniske regimente* □ *rædselsregimente*

regina

SUBST.
/*re'gina*/
fork. *R.*

(bruges oftest i underskrift): = DRONNING

region

SUBST. *-en,* plur. *-er, -erne*
/*regi'on*/

en nøje afgrænset del af et større område □ *sydens varme regioner* · *landet er inddelt i flere regioner* · *de danske FN-soldater var posteret i Krajina-regionen* □ *region(s)chef* · *region(s)opdeling* · *region(s)plan* □ *køkkenregion* • **de højere regioner** et tanke- el. følelsesmæssigt niveau som er svært forståeligt for andre = DE HØJERE LUFTLAG □ *det hører vist til de højere regioner* · *hun færdedes frit i de højere regioner*

regional

ADJ. *-t, -e*
/*regio'nal*/

som angår en bestemt region □ *regionale tv-stationer* · *regionale stridigheder* □ *regionalchef* · *regionalplan* · *regionalpolitik* · *regional-tv*

regionalplan

SUBST. *-en,* plur. *-er, -erne*

en overordnet planlægning af vejnet, bebyggelse m.m. i et amt el. en region ≠ BYPLAN, LOKALPLAN □ *regionalplanlægning*

regionaltog

SUBST. *-et,* plur. *-e* (el. *~tog*), *-ene*
fork. *RE-tog*

et passagertog som kører inden for en region, fx på Sjælland □ *de tog regionaltoget til Helsingør*

regissør

SUBST. *-en,* plur. *-er, -erne*
[*ræsji'sø'r*]

en person der sørger for scenearrangementet ved teater- el. tv-forestillinger

register

SUBST. *-et* (el. *registret*), plur. *registre, registrene*
/*re'gister*/
fork. *reg.*

1. en alfabetisk el. systematisk ordnet fortegnelse over hovedpunkter i et materiale, fx en fortegnelse med oplysninger om personer, publikationer el. sager = INDEKS □ *registertilsyn* □ *centralregister* · *personregister* · *sagsregister* · *stafferegister* • = STIKORDSREGISTER □ *du kan se i registeret bag i bogen* □ *forfatterregister* · *personregister* · *sagregister* • en institution der fører officielle fortegnelser □ *aktieselskabsregister* · *folkeregister*
2. (edb): et lager i centralenheden i en computer
3. et område som noget kan strække sig over, fx om en stemmes el. et musikinstruments tonelejer = SPÆNDVIDDE □ *vi var igennem hele registeret af følelser* · *det høje register* • hver af de ensartede orgelpiber der frembringer den samme type klang
6. holde register (bogbinderi): tilpasse to tryksider på hver side af et blad så de dækker hinanden nøjagtigt

registertilsyn

SUBST. *-et,* plur. *~tilsyn, -ene*

Registertilsynet en myndighed der kontrollerer at loven om private registre overholdes

registerton

SUBST. *~tonnen* el. *~tonnet,* plur. *-s* (el. *~ton*), *~tonnene*

et mål for rumindholdet af et skib, 1 registerton = 2,832 m^3

registertonnage

SUBST. *-n,* plur. *-r, -rne*

et skibs lasteevne el. vægt målt i *registerton*

registerudtræk

SUBST. *~udtrækket,* plur. *~udtræk, ~udtrækkene*

et håndgreb på et orgel der fra- og tilkobler et register = UDTRÆK, REGISTERTRÆK

registrant

SUBST. *-en,* plur. *-er, -erne*
/*regi'strant*/

en dokumentfortegnelse på et bibliotek, i et arkiv el.lign.

registrere

VERB. *-r, -de, -t*
/*regi'strere*/

1. registrere ng(t) indføre nogen el. noget i en fortegnelse el. et register □ *registrere dokumenter* □ *indregistrere* · *forskudsregistrere*
2. registrere ngt (om et instrument): måle og angive et resultat □ *termometeret registrerede en temperaturstigning* • **registrere ngt** lægge mærke til noget = BEMÆRKE □ *hun registrerede overhovedet ikke at de forlod stuen* · *jeg registrerede din irritation på lang afstand*
3. (musik): kombinere forskellige orgelstemmer med hinanden

reglement

SUBST. *-et,* plur. *-er, -erne*
[*rælə'maŋ*]

sæt af regler som en afgrænset gruppe mennesker skal følge □ *overtrædelse af skolens reglement* · *efter reglementet skal lyset slukkes kl. 21* · *det er i strid med reglementet*

regn

SUBST. *-en*

1. vand fra skyerne der falder til jorden i dråber □ *jorden trænger til regn* · *regnen slår mod ruden* □ *regnbue* · *regnbyge* · *regndråbe* · *regnfrakke* · *regnmængde* · *regnmåler* · *regnskov* · *regnskyl* · *regnvejr* □ *efterårsregn* · *finregn* · *heldagsregn* · *sommerregn* · *støvregn* • = REGNVEJR □ *det trækker op til regn* · *skovturen er aflyst, hvis det bliver regn*
2. en regn af ngt en større mængde af noget = BYGE, STRØM □ *en regn af gaver* · *en regn af spørgsmål* □ *blomsterregn* · *gaveregn* · *medaljeregn*

regnbue

SUBST. *-n,* plur. *-r, -rne*

en mangefarvet lysbue på himlen som ses i forbindelse med regnvejr, og som fremkommer ved at sollyset brydes og tilbagekastes i regndråberne □ *hun var klædt i alle regnbuens farver*

regnbuehinde

SUBST. *-n,* plur. *-r, -rne*

= IRIS

regnbueørred

SUBST. *-en,* plur. *~ørred, ~ørrederne*

en laksefisk som i gydeperioden har rødviolette farver langs siden; opdrættes i dam- og havbrug; latinsk navn *Salmo gairdneri*

regne

VERB. *-r, -de, -t*

1. falde regn □ *det har regnet hele dagen* • komme i stor mængde = STRØMME □ *spørgsmålene regnede ned over dem · det regnede ind med penge*
2. løse talopgaver ved fx at lægge tal sammen, trække tal fra hinanden, gange el. dele tal med hinanden □ *være dygtig til at regne · regne en opgave · regne med brøker · regne forkert · regne i hovedet · læse, skrive og regne · en computer kan regne meget hurtigere end et menneske* □ *regning · regneark · regneart · regnebog · regneeksempel · regnefejl · regnelærer · regnemaskine · regneopgave · regnestykke* □ *beregne · omregne · udregne* • **regne ngt efter** el. **igennem** kontrollere at et regnestykke er rigtigt udført □ *han regnede efter om der var fejl i sammentællingen · han regnede stykket igennem en gang til* • **regne ngt sammen** lægge tal sammen o.l. = LÆGGE SAMMEN, ADDERE □ *når det hele regnes sammen bliver det 50 kr.* • **regne ngt ud** komme frem til resultatet af et regnestykke ved hjælp af regneoperationer □ *jeg kan ikke regne det her stykke ud*
3. måle el. tælle fx fra et vist tidspunkt □ *højt regnet var der 100 mennesker · du er ansat regnet fra den første i denne måned · han har fået stillingen fra den første i næste måned at regne* • **rundt regnet** med en anslået størrelse = CIRKA □ *der er rundt regnet 100 mennesker til stede*
4. regne med ngt = FORVENTE □ *jeg regner med at du kommer · det regner jeg slet ikke med · det kan du regne med · vi regner med problemer i alle tilfælde* • **regne med ng** stole på nogen □ *ham kan man altid regne med · hende kan man ikke regne med*
5. regne ng(t) for ngt anse nogen el. noget for at være noget □ *jeg regner ham for at være min ven · jeg regner hende ikke for noget · han må regnes blandt de allerstørste danske digtere*
6. regne ng(t) fra ikke tælle nogen el. noget med ≠ REGNE MED □ *vi bliver tretten hvis vi regner ham fra · der er tolv stole når jeg har regnet de tre gamle stole fra* □ *fraregne* • **regne ng(t) med** tage nogen el. noget med i en opstilling ≠ REGNE FRA □ *jeg har regnet dem begge to med · jeg har regnet klaveret med* □ *medregne*
7. regne ng(t) op = OPREGNE □ *han regnede alle fordelene op*
8. regne ng(t) ud tænke sig frem til svaret på et spørgsmål = FINDE UD AF □ *jeg kan ikke regne ud hvordan det er gået til* • **forstå at regne den ud** være god til at skaffe sig personlige fordele

regneark

SUBST. *-et,* plur. *~ark, -ene*

(edb): et program der anvendes til opstilling af økonomiske beregninger, og som automatisk opdaterer resultaterne når enkelte tal el. oplysninger ændres □ *regnearkssystem*

regneart

SUBST. *-en,* plur. *-er, -erne*

= REGNINGSART □ *de fire regnearter er: at lægge sammen, trække fra, gange og dividere*

regnefejl

SUBST. *-en,* plur. *~fejl, -ene*

en fejl i et regnestykke □ *lave en regnefejl · opgørelsen er fuld af banale regnefejl*

regnemaskine

SUBST. *-n,* plur. *-r, -rne*

et mekanisk el. elektronisk apparat til udregninger □ *bogholderen bruger hellere den gamle regnemaskine end computerens regneark*

regnestok

SUBST. *~stokken,* plur. *~stokke, ~stokkene*

en lineal med inddelinger og et forskydeligt led; anvendes til matematiske udregninger □ *ingeniøren insisterer stadig på at bruge sin regnestok · regnestokken er blevet afløst af lommeregneren*

regnestykke

SUBST. *-t,* plur. *-r, -rne*

en talopgave som man løser ved fx at lægge tal sammen, trække tal fra hinanden, gange el. dele tal med hinanden □ *et uløst regnestykke · hun nåede at regne fem regnestykker · regnskabet efter festen var noget af et regnestykke · hvis regeringens regnestykke holder kommer mange i arbejde i det nye år*

regnfang

SUBST.

se *rejnfan*

regnfrakke

SUBST. *-n,* plur. *-r, -rne*

en frakke af et tyndt, vandtæt stof som beskytter tøjet mod at blive vådt

regnfuld

ADJ. *-t, -e; -ere, -est*

med meget regn = FUGTIG, VÅD □ *en regnfuld sommer · et regnfuldt klima*

regning[1]

SUBST. *-en*

den del af matematikken som vedrører tal og de simple regneregler: addition, subtraktion, multiplikation og division = ARITMETIK □ *undervise i regning · være god til regning* □ *regningsart* □ *blækregning · differentialregning · integralregning · rentesregning*

regning[2]

SUBST. *-en,* plur. *-er, -erne*

en opgørelse over hvor meget man skylder for en vare el. en tjeneste □ *vil De sende en regning? · betale en regning på posthuset · få skrevet varerne på regningen · må jeg bede om regningen* • **købe ngt på ngs regning** købe noget som en anden betaler for • **for egen regning** for ens eget vedkommende □ *jeg udtaler mig nu for egen regning · det vil jeg ikke være med til, det må stå for din egen regning* • **gøre regning uden vært** blive skuffet fordi noget ikke bliver som man har planlagt □ *han havde planlagt at låne forældrenes bil, i ferien, men han havde gjort regning uden vært* • **en streg i regningen** se under *streg*

regningsart

SUBST. *-en,* plur. *-er, -erne*

(matematik): hver af de fire grundlæggende måder at behandle tal på: at lægge sammen, trække fra, gange og dividere □ *de fire regningsarter*

regnmåler

SUBST. *-en,* plur. *-e, -ne*

en cylinderformet beholder som opfanger regn og som ved hjælp af en skala angiver hvor mange millimeter regn der falder

regnorm

SUBST. *-en,* plur. *-e, -ene*

en brunlig orm som lever i fugtig jord hvor den æder døde planter og omdanner dem til muld; latinsk navn *Lumbridicidae*

regnskab

SUBST. *-et,* plur. *-er, -erne*

1. en oversigt over de indtægter og udgifter som fx en virksomhed har haft i en bestemt periode □ *afslutte et regnskab · føre regnskab over firmaets udgifter · gøre regnskabet op · kassereren aflagde regnskab for bestyrelsen · udfærdige et regnskab · generalforsamlingen godkendte regnskabet* □ *regnskabsbalance · regnskabsbøger · regnskabsføring · regnskabssvig · regnskabsår* □ *virksomhedsregnskab · årsregnskab*
2. aflægge regnskab for ng(t) gøre rede for sine handlinger • **gøre et regnskab op** holde opgør med nogen • **kræve ng til regnskab for ngt** kræve at nogen tager ansvar for noget • **kræve regnskab af ng** kræve en forklaring af en person • **regnskabets time** el. **dag** et tidspunkt hvor fortidens fejl gøres op og straffes • **stå til regnskab for ng(t)** gøre rede for sine handlinger over for nogen

regnskabschef

SUBST. *-en,* plur. *-er, -erne*

chefen for en regnskabsafdeling

regnskabsår

SUBST. *-et,* plur. *~år, -ene*

en periode på et år for hvilken resultat og status opgøres i en virksomhed el.lign.

regnskov

SUBST. *-en,* plur. *-e, -ene*

en skov i tropiske og subtropiske egne med høj luftfugtighed og megen nedbør = JUNGLE □ *Amazonas regnskove er truet pga. rydning og afbrænding*

regnskyl

SUBST. *~skyllet,* plur. *~skyl, ~skyllene*

kort periode med kraftig regn □ *et voldsomt regnskyl ramte nordkysten*

regnslag

SUBST. *-et,* plur. *~slag, -ene*

et slag med el. uden hætte af plastik der beskytter mod regn

regntid

SUBST. *-en,* plur. *-er, -erne*

en periode i tropiske og subtropiske områder hvor hovedparten af årets nedbør falder

regnvejr

SUBST. *-et*

en vejrperiode med regn = REGN ≠ TØRVEJR □ *regnvejret bredte sig fra øst* □ *regnvejrsdag*

regres

SUBST. *regressen,* plur. *regresser, regresserne*
[*rä'gräs*]

et krav på godtgørelse for noget man har betalt på en andens vegne ▫ *kautionisten søger regres hos skyldneren*

regression

SUBST. *-en,* plur. *-er, -erne*
[*-'sjo'n*]

= TILBAGEGANG ≠ PROGRESSION

regressiv

ADJ. *-t, -e*

1. som går tilbage el. ned ≠ PROGRESSIV ▫ *en regressiv befolkningsudvikling* ▫ *regressivitet*
2. (jura): som søger *regres* ▫ *et regressivt krav*

reguladetri

SUBST. *-en*
/regulade'tri/

en regnemåde hvor man ud fra et forhold med tre kendte led finder det fjerde, fx anvendt i en opgave som: 'når 3 kg koster 9 kr., hvad koster så 8 kg?'

regulativ

SUBST. *-et,* plur. *-er, -erne*
/regula'tiv/

(form.): = REGLEMENT ▫ *regulativ for de i kommunen ansatte embedsmænd*

regulator

SUBST. *-en,* plur. *-er, -erne*
/regu'lator/

et apparat el.lign. der regulerer noget

regulere

VERB. *-r, -de, -t*
/regu'lere/

regulere ngt tilpasse noget så det følger de givne regler eller behov ▫ *termostaten regulerer varmen • betjenten regulerer trafikken • vandstanden kan reguleres op og ned • dette middel virker regulerende på blodtrykket* ▫ *nedregulere • opregulere*

regulær

ADJ. *-t, -e*
/regu'lær/

1. som er ærlig og pålidelig, el. som virker god og rimelig = REEL ▫ *de fik en regulær behandling • det skal gå regulært til • kan man ikke få et regulært svar • et regulært stykke kød • lejligheden har tre gode, regulære værelser*
2. udtryk for at noget skal tages for pålydende = FORMELIG ▫ *samtalen var et regulært krydsforhør • et regulært slagsmål*
3. som hører til det normale, fx som følger det normale tidsskema i flytrafik ▫ *der er udsolgt på de regulære afgange • regulære tropper*

rehabilitation

SUBST. *-en,* plur. *-er, -erne*
[*ræhabilita'sjo'n*]

jf. *rehabilitere* = REHABILITERING, ÆRESOPREJSNING ▫ *hun krævede rehabilitation efter de falske beskyldninger • han blev tilbudt rehabilitation da sagen var faldet til ro* • jf. *rehabilitere* = REHABILITERING ▫ *klinikken havde specialiseret sig i rehabilitation af trafikofre* ▫ *rehabilitationscenter*

rehabilitere

VERB. *-r, -de, -t*
/rehabili'tere/

rehabilitere ng skaffe el. give nogen en tabt anseelse, en tidligere stilling el.lign. tilbage ▫ *partiet ønskede at rehabilitere de politiske modstandere som det totalitære regime havde sat i fængsel • begge partier ønsker at rehabilitere generalen der var landets militærdiktator i fire år • hun blev rehabiliteret og genindsat som socialminister* ▫ *rehabilitering* • **rehabilitere ng(t)** hjælpe fx handicappede, prostituerede el. tidligere kriminelle til at leve et normalt liv el. bringe noget tilbage til dets oprindelige tilstand ▫ *socialarbejderne forsøger at redde og rehabilitere fattige kvinder som er blevet tvunget ud i prostitution • der lægges vægt på at rehabilitere landdistrikterne så flygtningene kan vende hjem fra nabostaterne* ▫ *rehabilitering*

reineclaude

SUBST. *-n,* plur. *-r, -rne*
[*rænə'klo·ðə*]

en grøn el. gulorange, meget velsmagende blomme

reinkarnation

SUBST. *-en,* plur. *-er, -erne*
[*'ræenka·nasjo'n*]

genfødelse efter døden til nyt liv på Jorden i et andet legeme = SJÆLEVANDRING ▫ *tro på reinkarnation* • en person som er genfødt i et andet legeme ▫ *Maria Magdalenes reinkarnation*

reje

SUBST. *-n,* plur. *-r, -rne*

1. et lille, slankt krebsdyr som er dækket af en tynd skal, og som har en kraftig hale; flere arter, bl.a. *dybhavsreje, fjordreje* og *hestereje;* latinsk navn *Natantia* ▫ *friske rejer • frosne rejer* ▫ *rejecocktail • rejemad • rejesalat*
2. ikke en rød reje slet ingen penge ▫ *jeg ejer ikke en rød reje*

rejecocktail

SUBST. *-en,* plur. *-s* (el. *~cocktail*), *-ene*

en let, kold anretning af pillede rejer, grøn salat og dressing; spises ofte som forret

rejehop

SUBST. *~hoppet,* plur. *~hop, ~hoppene*

et lille, hurtigt hop der minder om en rejes bevægelse

rejicere

VERB. *-r, -de, -t*
[*ræji'se'ɔ*]

rejicere ng(t) forkaste el. kassere nogen el. noget; især om at lade en eksamenskandidat dumpe = FORKASTE ▫ *blive rejiceret* ▫ *rejicering*

rejnfan el. regnfang

SUBST. *-en,* plur. *rejnfan, -ene*

en krydret duftende plante med en skærm af gule, knapformede blomsterkurve; latinsk navn *Tanacetum* = GULDKNAP

rejse[1]

SUBST. *-n,* plur. *-r, -rne*

bevægelse fra et sted til et andet over en større afstand og oftest ved hjælp af transportmidler ▫ *en rejse til Amerika • rejsen varer en uge • rejsen gik gennem Belgien • tage af sted på en længere rejse • lykke på rejsen!* ▫ *rejsearrangør • rejseklar • rejseplan* ▫ *bryllupsrejse • dagsrejse • ferierejse • gennemrejse • jomfrurejse • selskabsrejse • tjenesterejse • udlandsrejse*

rejse[2]

VERB. *-r, rejste, rejst*

1. tage af sted ▫ *han rejser til Amerika • rejse ud af landet • rejse sin vej • han er rejst* ▫ *rejseklar* • være på rejse ▫ *hun rejste Europa rundt • rejse på første klasse • rejse med tog* ▫ *rejselyst*
2. rejse ngt el. **rejse ng(t) op** få nogen el. noget til at stå el. til at være i lodret stilling = LØFTE ▫ *rejse en flagstang • rejse en mast • rejse en stige • rejse et telt • rejse hovedet • hunden rejser ørerne • han rejste stigen op • hun rejste ham op • stormen rejser bølgerne* ▫ *rejsning* ▫ *oprejse* • **rejse ngt** bygge noget op i lodret stilling = BYGGE ▫ *rejse barrikader • rejse et stillads • rejse en bygning • rejse en statue • rejse en statue • rejse et mindesmærke* ▫ *rejsning • rejsegilde* ▫ *genrejse • oprejse* • **rejse sig** el. **rejse sig op** ved egen kraft rejse sig op i lodret stilling el. tilbage til sin normale position ▫ *han rejste sig • hun rejste sig for en ældre dame • de rejste sig fra bordet • lad os rejse os og råbe hurra • hårene rejste sig på hans hoved • hun rejste sig op • hesten rejste sig op på bagbenene • han havde atter rejst sig efter sit nederlag* • **rejse sig over ngt** rage højt op over noget ▫ *tårnet rejser sig over byen*
3. rejse ng(t) mod ng få nogen til at gøre oprør el. selv gøre oprør mod nogen ▫ *han rejste bønderne til kamp mod adelen • holstenerne rejste sig mod den danske konge • greven rejste et oprør i Jylland*
4. rejse ngt gøre noget til genstand for debat, overvejelse fordring osv. = BRINGE PÅ BANE ▫ *rejse en indvending • rejse kritik • rejse et spørgsmål • rejse en stemning • rejse tvivl • rejse et krav* ▫ *rejsning* • **rejse sig** opstå og blive genstand for debat, overvejelse osv. ▫ *her rejser der sig et spørgsmål • der rejste sig et ramaskrig • der rejser sig mange protester* • **rejse tiltale mod ng** (jura): iværksætte en retssag med nogen som modpart ▫ *han rejste tiltale mod hende • hun rejste en sag om retten til marken ved kirkegården*
5. rejse ngt skaffe nogle nødvendige penge ▫ *rejse et lån • hun kunne ikke rejse penge til børnehjemmet* ▫ *rejsning*
6. rejse børster blive vred ▫ *hun fik ham altid til at rejse børster*

rejsefeber

SUBST. *-en*

den nervøsitet el. spænding som man føler inden man tager af sted på en større rejse ▫ *allerede en uge før afrejsen fik hun rejsefeber*

rejsegilde

SUBST. *-t,* plur. *-r, -rne*

et gilde der holdes når mure og tagkonstruktion på et nyt byggeri er rejst

rejsehjemmel

SUBST. -en (el. ~hjemlen), plur. ~hjemler, ~hjemlerne

billet el.lign. som giver adgang til et transportmiddel □ *kun passagerer med rejsehjemmel til 1. klasse har adgang til salonen*

rejsehåndbog

SUBST. -en, plur. ~bøger, ~bøgerne

håndbog for turister som indeholder gode råd om seværdigheder, hoteller o.l. i et land el. en by = GUIDE, TURISTFØRER, FREMMEDFØRER

rejseleder

SUBST. -en, plur. -e, -ne

en person der leder rejser for en gruppe turister og sørger for indkvartering, udflugter m.m. på feriestedet = GUIDE □ *destinationsrejseleder · grupperejseleder*

rejsende

SUBST. en, den rejsende, plur. rejsende, de rejsende

en person som rejser med et offentligt transportmiddel □ *nye rejsende bedes vise deres billetter* • = HANDELSREJSENDE □ *han er rejsende for et dansk firma · rejsende i herrekonfektion*

rejsning

SUBST. -en, plur. -er, -erne

1. det at opstille el. bygge noget □ *rejsning af en flagstang · rejsning af stilladser* • det at noget har en opadrettet position □ *taget havde høj rejsning* • = EREKTION • en strunk og stolt fysisk holdning = HOLDNING
2. = OPRØR □ *en væbnet rejsning · folkets rejsning mod undertrykkerne*
3. et skibs rigning = RIGNING

rekapitulere

VERB. -r, -de, -t
/rekapitu'lere/

rekapitulere ngt sammenfatte hovedpunkterne i en fremstilling = OPSUMMERE, RESUMERE □ *hun tvang arrestanten til at rekapitulere hændelsesforløbet · han rekapitulerede dagens forelæsning* □ *rekapitulering · rekapitulation*

reklamation

SUBST. -en, plur. -er, -erne
[ræklama'sjo'n]

(handel): = KLAGE □ *fremsætte en reklamation · firmaet modtog mange reklamationer pga. varens dårlige kvalitet* □ *reklamationsafdeling*

reklame

SUBST. -n, plur. -r, -rne
/re'klame/

et kommercielt budskab som skal påvirke forbrugere til at købe et bestemt produkt, fx i aviser, tv og radio = PROPAGANDA □ *falsk reklame · gøre reklame for en ny shampoo · reklamens magt er stor* □ *reklamebudget · reklamebudskab · reklamebureau · reklamefremstød · reklamegave · reklamekampagne · reklameudgifter* • en kort filmannonce, vareprøve el.lign. som gør opmærksom på et bestemt produkt □ *siderne i bladet var fyldt med reklamer* □ *reklamefilm · reklamespot · reklamesøjle* □ *vaskepulverreklame* • = PUBLICITY □ *firmaet gør reklame for sig selv*

reklamechef

SUBST. -en, plur. -er, -erne

en chef for et reklamefirma el. en reklameafdeling

reklamere

VERB. -r, -de, -t
/rekla'mere/

1. reklamere for ngt gøre opmærksom på en vare i fx aviser, blade el. tv for at få folk til at købe den □ *i brochuren blev der reklameret for cigaretter og rejsebureauer* □ *reklamering* □ *opreklamere*
2. reklamere over ngt klage over en vare som man har købt = KLAGE □ *reklamation*

rekognoscere

VERB. -r, -de, -t
[rækono'se'ɔ el. rækɔwno'se'ɔ]

(militær): undersøge et terræn el. en fjendes stillinger □ *militæret rekognoscerede området* □ *rekognoscering*

rekommandation

SUBST. -en, plur. -er, -erne
[rækåmanda'sjo'n]

1. en opfordring til nogen om at gøre noget = ANBEFALING □ *en rekommandation fra CVK er først og fremmest en anbefaling til de regionale videnskabsetiske komiteer om at følge bestemte procedurer · amtets rekommandation om at forbyde brugen af mobiltelefoner på hospitalerne*
2. en skriftlig el. mundtlig omtale af en person som denne får fra fx sin arbejdsgiver, og som kan bruges når vedkommende søger et nyt job = ANBEFALING

rekommandere

VERB. -r, -de, -t
/rekomman'dere/

1. rekommandere ng ngt (form.): sige god for og foreslå noget el. nogen til nogen = ANBEFALE □ *jeg kan rekommandere Dem et middel mod hovedpine · vi vil derfor rekommandere en frivillig aftrædelsesordning · vi kan med stor glæde rekommandere Nielsen til en lignende stilling* □ *rekommendation* • **rekommandere ng ngt** (form.): råde nogen til noget = ANBEFALE □ *han rekommanderede mig at rådføre mig med regnskabsafdelingen først · smoking er rekommanderet til middagen*

rekommanderet

ADJ. - , rekommanderede
fork. R

= ANBEFALET □ *sende et rekommanderet brev*

rekonstruere

VERB. -r, -de, -t
/rekonstru'ere/

1. rekonstruere ngt = GENSKABE □ *slottet er blevet totalt rekonstrueret · romanen er blevet rekonstrueret udfra de efterladte fragmenter · de rekonstruerede begivenheden ved hjælp af historiske kilder* □ *rekonstruering*
2. rekonstruere ngt reorganisere fx en virksomhed ved rationalisering, tilførsel af ny kapital m.m. □ *firmaet blev rekonstrueret under et nyt navn* □ *rekonstruering*

rekonvalescens

SUBST. -en, plur. -er, -erne
[rækɔnvalə'sæn's]

en periode el. en tilstand, hvor en patient kommer til kræfter efter en sygdom el. anden behandling □ *komme på rekonvalescens*

rekonvalescent

SUBST. -en, plur. -er, -erne
[-'sæn't]

en person som gennemgår en rekonvalescens

rekord

SUBST. -en, plur. -er, -erne
/re'kord/

den bedste præstation inden for et felt, fx sport □ *hvad er rekorden for 100 meter-løb? · hun har rekorden i højdespring* □ *rekordindehaver · rekordjag · rekordpræstation · rekordstor* □ *bundrekord · danmarksrekord · europarekord · svømmerekord · verdensrekord* • **sætte rekord** udføre den hidtil bedste præstation el. være den største, den dyreste, mest solgte el.lign. □ *hun satte rekord i svømning · han satte ny rekord i 100 meter-løb · pladen satte rekord ved at sælge over en million eksemplarer den første uge* • **slå rekord** forbedre resultatet af en præstation der tidligere blev registreret som den bedste □ *han har slået sin egen rekord med en tiendedel sekund · der blev slået flere rekorder ved de Olympiske Lege · privatforbruget slog rekord* • **slå alle rekorder** overgå alt hvad man hidtil har kendt □ *hans frækhed slår alle rekorder*

rekordtid

SUBST. -en, plur. -er, -erne

en tid der slår alle rekorder □ *hun løb på rekordtid · gennemføre et studie på rekordtid · flyet fløj verden rundt i rekordtiden 21 timer og 27 minutter*

rekreation

SUBST. -en, plur. -er, -erne
[rækræa'sjo'n]

det at hvile ud og komme til kræfter et stykke tid, især efter alvorlig sygdom el. en anstrengende periode = HVILE □ *være på rekreation · trænge til rekreation* □ *rekreationshjem · rekreationsophold*

rekreativ

ADJ. -t, -e

som giver mulighed for hvile og afslapning ≠ STRESSENDE □ *et rekreativt ferieophold · rekreative faciliteter* □ *rekrativitet* • **rekreativt område** områder hvor man har mulighed for at hvile sig og slappe af, fx parker og badestrande □ *kommunen vil give plads til flere rekreative områder i og omkring byen*

rekreere

VERB. -r, -de, -t
/rekre'ere/

rekreere sig komme til kræfter efter en sygdom el. anden strabads □ *han rekreerer sig efter lang tids sygdom*

rekrut

SUBST. rekrutten, plur. rekrutter, rekrutterne
/re'krut/

(militær): en værnepligtig soldat i den første del af uddannelsestiden □ *rekruttiden*

rekruttere

VERB. *-r, -de, -t*
/rekrut'tere/

rekruttere ng hverve nye soldater = HVERVE □ *officererne blev rekrutteret blandt unge adelsmænd* □ *rekruttering* • **rekruttere ng** (spøg.): skaffe nye medlemmer, medarbejdere el.lign. □ *klubben rekrutterer nye medlemmer blandt helt unge* · *rekruttere personale til en nyoprettet afdeling*

rektangel

SUBST. *-et* (el. *rektanglet*), plur. *rektangler, rektanglerne*
[*'rägtaŋ'əl* el. *'rägdan'əl*]

(matematik): en firkant dannet af to par parallelle linier der er parvis lige lange, og hvor alle vinkler er 90°

rektangulær

ADJ. *-t, -e*

som har form som et rektangel

rektor

SUBST. *-en,* plur. *-er, -erne*

en leder af et gymnasium, et seminarium, et universitet el. en anden højere læreanstalt □ *rektorstilling* □ *seminarierektor* · *universitetsrektor*

rektorat

SUBST. *-et,* plur. *-er, -erne*
/rekto'rat/

en stilling som rektor = REKTOREMBEDE

rektoskopi

SUBST. *-en,* plur. *-er, -erne*
/retrosko'pi/

en undersøgelse af endetarmen og den nedre del af tyktarmen for at se om der er sygelige forandringer

rekurs

SUBST. *-en,* plur. *-er, -erne*
/re'kurs/

en indsigelse mod et forvaltningsorgans afgørelse som indbringes for et højere forvaltningsorgan

rekursion

SUBST. *-en,* plur. *-er, -erne*
[*rækur'sjo'n*]

(matematik, edb og sprogvidenskab): en fremgangsmåde ved definition, beregning el. programmering som består i at man gentagne gange anvender en og samme simple regel

rekursiv

ADJ. *-t, -e*

(om en regel el. procedure): som hele tiden kan genanvendes på sit eget output; om regler og procedurer i matematik, edb og sprogvidenskab

rekviem

SUBST. *-et* (el. *rekviemmet*), plur. *-er* (el. *rekviemmer*), *-erne* (el. *rekviemmerne*)
[*'ræ'kviæm*]

en katolsk messe for en afdød persons sjæl = DØDSMESSE, SJÆLEMESSE • musik bygget over rekviemteksten □ *Mozarts rekviem*

rekvirent

SUBST. *-en,* plur. *-er, -erne*
/rekvi'rent/

en person som forlanger en fogedforretning, auktion, konkurs el.lign. afholdt

rekvirere

VERB. *-r, -de, -t*
/rekvi'rere/

rekvirere ngt hos el. **fra ng** bede nogen om at skaffe noget = BESTILLE □ *rekvirere en vare fra en forretning* · *rekvirere en bog fra biblioteket* □ *rekvirering*

rekvisit

SUBST. *rekvisitten,* plur. *rekvisitter, rekvisitterne*
/rekvi'sit/

en nødvendig genstand som bruges i et teaterstykke, en filmindspilning el.lign. □ *alle kulisser og rekvisitter var på plads til stykkets begyndelse* □ *teaterrekvisit* • tilbehør som er nødvendigt □ *sportsrekvisit*

rekvisition

SUBST. *-en,* plur. *-er, -erne*
[*rækvisi'sjo'n*]

det at rekvirere noget = BESTILLING □ *købe udstyr på rekvisition* · *udlevere varen på rekvisition* • et dokument hvormed man rekvirerer noget = REKVISITIONSSEDDEL □ *udfylde en rekvisition* □ *rekvisitionsseddel*

rekvisitus

SUBST. *en*
/rekvi'situs/

en person mod hvem en fogedforretning el.lign. kræves foretaget

relatere

VERB. *-r, -de, -t*
/rela'tere/

relatere ng(t) til ngt se el. sætte nogen el. noget i forhold til noget andet □ *varens pris må altid relateres til dens kvalitet* · *hun ville for enhver pris undgå at man relaterede hende til den mistænkelige transaktion* □ *relatering*

relation

SUBST. *-en,* plur. *-er, -erne*
[*ræla'sjo'n*]

1. en personlig kontakt mellem to el. flere parter = FORBINDELSE. KONTAKT □ *hvad er din relation til ham?* · *tætte relationer* · *personlige relationer* **2.** noget som knytter nogen el. noget sammen = FORBINDELSE, SAMMENHÆNG □ *er der en relation mellem de to personer?* · *der er ikke nogen som helst relation mellem avisernes skriverier og regeringens beslutning* • **i relation til ng(t)** = I FORHOLD TIL □ *varens pris må ses i relation til dens kvalitet*

relativ[1]

SUBST. *-et,* plur. *-er, -erne*

= RELATIVT PRONOMEN

relativ[2]

ADJ. *-t, -e*

1. som ses i forhold til noget andet, fx i forhold til en norm, og som har forskellig gyldighed under forskellige forhold ≠ ABSOLUT □ *lykke er et relativt begreb* · *den relative velstand der præger området* • **relativt** ⟨ADV.⟩ = FORHOLDSVIS ≠ ABSOLUT □ *der er relativt god plads* · *den er relativt billig* · *jeg er relativt sikker på udfaldet* · *i en relativt sen alder* · *en relativt stor bil* **2. relativt pronomen** se under *pronomen* • **relativ bisætning** (sprogvidenskab): se under *relativsætning*

relativitet

SUBST. *-en*
/relativi'tet/

det at noget må betragtes el. bedømmes i forhold til noget andet = FORHOLDSMÆSSIGHED

relativitetsteori

SUBST. *-en,* plur. *-er, -erne*

Einsteins teorier, den *specielle* og den *generelle relativitetsteori,* som er grundlæggende for moderne fysik, og som forklarer relationer mellem stof, rum og tid, bl.a. at der sker ændringer i genstande der bevæger sig meget hurtigt, og at massive legemer får rummet omkring sig til at krumme

relativpronomen

SUBST. *-et,* plur. *-er* (el. *~pronominer*), *-erne* (el. *~pronominerne*)

= RELATIVT PRONOMEN

relativsætning

SUBST. *-en,* plur. *-er, -erne*

en ledsætning der indledes med et relativt pronomen og som føjer en nærmere beskrivelse til et led i den overordnede sætning, fx *hvis far er præst* i sætningen *jeg mødte den fyr hvis far er præst* = HENFØRENDE BISÆTNING

relegere

VERB. *-r, -de, -t*
/rele'gere/

relegere ng fra ngt bortvise en student fra et universitet = BORTVISE □ *relegation* · *relegering*

relevans

SUBST. *-en,* plur. *-er, -erne*
/rele'vans/

det at noget har betydning i en given sammenhæng ≠ IRRELEVANS □ *spørgsmålet har relevans for hele sagen*

relevant

ADJ. *- , -e*
/rele'vant/

som har betydning i en given sammenhæng = VEDKOMMENDE ≠ IRRELEVANT □ *det du siger, er rigtigt nok, men det er bare ikke relevant i denne sag*

relief

SUBST. *relieffet,* plur. *relieffer, reliefferne*
[*ræl'jæf*]

et billede hvor dele er ophøjet fra grundfladen □ *fremstille et relief* · *fremstille noget i relief* □

reliefkort · reliefskrift □ *basrelief · vægrelief* • **sætte ngt i relief** danne baggrund til noget og få det til at fremstå på en anden måde □ *hans møde med jøderne og deres lidelseshistorie satte hans eget liv i relief*

reliefkort

SUBST. *-et,* plur. *~kort, -ene*

et geografisk kort hvorpå jordoverfladens højdeforskelle gengives ophøjet

religion

SUBST. *-en,* plur. *-er, -erne*
[ræli'gjo'n]

en tro på og dyrkelse af en el. flere guder og deres lære = TROSRETNING □ *den kristne og jødiske religion er beslægtede · hun underviser i religion* □ *religionshistorie · religionsfrihed*

religiøs

ADJ. *-t, -e*
[ræli'gjø's]

1. som har med religion at gøre □ *religiøs handling · religiøs overbevisning · religiøs konflikt* • som har en stærk tro på en religion = TROENDE, FROM, GUDFRYGTIG ≠ IRRELIGIØS □ *han er blevet meget religiøs efter sin kones død* □ *religiøsitet* □ *nyreligiøs*

religiøsitet

SUBST. *-en*
/religiøsi'tet/

det at være religiøs □ *bogen bar vidne om forfatterens religiøsitet*

relikt

SUBST. *-en* el. *-et,* plur. *-er, -erne*
/re'likt/

en rest af plante- el. dyreliv stammende fra ellers uddøde arter, el. en rest fra en tidligere periodes kultur el. sprog = LEVNING, LEVN □ *den blå fisk er et relikt fra en ældre periode i Jordens historie · formen 'til stede' er et relikt fra en ældre kasusbøjning* □ *reliktform*

relikvie

SUBST. *-n* el. *-t,* plur. *-r, -rne*
/re'likvie/

en rest af et helgens legeme el. en ting som en helgen har haft berøring med = HELGENLEVNING □ *det gamle stenalter har et gemme til relikvier* □ *relikvieskrin*

relæ

SUBST. *-et,* plur. *-er, -erne*
/re'læ/

en anordning som ved hjælp af ændringer i strømmen i et lille kredsløb får en elektromagnet til at slutte el. afbryde en strøm i et andet kredsløb □ *kortslutningen fik relæet til at slå fra* □ *fejlstrømsrelæ · HFI-relæ*

rem[1]

SUBST. *remmen,* plur. *remme, remmene*

1. et smalt bånd af læder, stof el.lign, ofte forsynet med et spænde □ *rygsæk med remme* □ *bukserem · livrem* • **alt hvad remmer og tøj kan holde** så stærkt man kan □ *de løb alt hvad remmer og tøj kunne holde* • **have en rem af huder** ikke være fri for en fejl el. en svaghed for noget
2. vandret tømmer i bindingsværk hvori de lodrette stolper er fastgjort; bruges om et vandretliggende tømmer der samler trækonstruktionen □ *fodrem · murrem · tagrem*

rem[2]

SUBST. *en*

en måleenhed for strålings biologiske virkning; 1 rem svarer til den dosis stråling der giver den samme virkning i væv som 1 *rad* røngtenstråling

remburs el. **rembours**

SUBST. *-en,* plur. *-er, -erne*
[ræm'bur's el. *raŋ'bur's]*

en betalingsmåde i international handlel hvor en køber indbetaler købesummen til sin bank som herefter overfører købesummen til sælgers bank mod overførsel af varedokumenter fra sælgers bank til købers bank □ *åbne en remburs* □ *rembursrekvirent*

remedium

SUBST. *remediet,* plur. *remedier, remedierne*
/re'medium/

(form.): en genstand som forenkler el bestemt arbejde = HJÆLPEMIDDEL, REDSKAB □ *han havde alle de remedier han skulle bruge*

reminiscens

SUBST. *-en,* plur. *-er, -erne*
[ræmini'sæn's]

(form.): = MINDELSE □ *der er i hans forfatterskab mange reminiscenser fra romantikken*

remis

SUBST. *-en,* plur. *-er, -erne*
[ræ'mi]

(skak): et uafgjort slutresultat □ *spille remis · vinde to remiser* □ *remisspil* • ⟨ADJ.⟩ (skak):= UAFGJORT □ *partiet er remis*

remise

SUBST. *-n,* plur. *-r, -rne*
/re'mise/

1. en bygning til opbevaring af jernbanevogne, busser el. sporvogne □ *remisearbejder*
2. en lille kratskov som er tilflugtssted for vildt

remisse el. **rimesse**

SUBST. *-n,* plur. *-r, -rne*
/re'misse/

en forsendelse af penge el. værdipapirer som betaling

remonce

SUBST. *-n*
[ræ'mɔŋsə]

kagefyld af smør og sukker, bruges bl.a. i wienerbrød

remoulade el. **remulade**

SUBST. *-n,* plur. *-r, -rne*
[ræmu'la'ðe]

en kold, tyk sovs af mayonnaise, hakkede syltede agurker, kapers, persille m.m.; bruges som pynt på pålæg el. som tilbehør til bl.a. grillmad □ *en tube remoulade · røre en remoulade* □ *remouladesovs*

remplacere

VERB. *-r, -de, -t*
[raŋpla'se'ɔ el. *rämpla'se'ɔ]*

remplacere ng(t) træde i stedet for nogen el. erstatte noget

remse[1]

SUBST. *-n,* plur. *-r, -rne*

en længere række af ord el. sætninger uden el. næsten uden mening □ *rim og remser* □ *børneremse* • en ordrække fra en lærebog som man har lært udenad □ *kunne noget på remse*

remse[2]

VERB. *-r, -de, -t*

remse ngt op nævne flere ting el. forhold efter hinanden = OPREMSE □ *han remsede alle fordelene op for mig*

remsko

SUBST. *-en,* plur. *~sko, -ene*

en sko med en el. flere remme over svangen

remulade

SUBST.

se *remoulade*

ren[1]

SUBST. *-en,* plur. *-er, -erne*

= RENSDYR □ *tamren* □ *renflok*

ren[2]

ADJ. *-t, -e; -ere, -est*

1. uden snavs ≠ SNAVSET □ *vaske sig ren · der duftede rent i hele huset efter forårsrengøringen · rene hænder · en ren tallerken* • **gøre rent** fjerne snavs, fx vaske gulv, støve af el. støvsuge
2. ikke blandet med noget andet som evt. forringer kvaliteten □ *rent guld · ren chokolade · rent trav · hunden er af ren race · luften er ren og klar · 80% ren sprit* □ *raceren · stilren* • som er klar og utvetydig □ *den rene skære sandhed · sige noget rent ud · rent ud sagt, så kan jeg ikke døje ham · det var rene ord for pengene · en ren bagatel · det er en ren fornøjelse at hjælpe ham · det var rent faktisk en forglemmelse* □ *klokkeren* • som ikke er falsk ≠ UREN □ *synge rent · en ren tone* • **rent trav** se under *trav* • **tale rent** tale uden barnlige udtryk el. fejl □ *drengen kan næsten tale rent*
3. moralsk uangribelig □ *ren samvittighed · ren i tanke, ord og handling · for den rene er alting rent* □ *stueren*
4. komme el. **være på det rene med ngt** blive el. være klar over noget

rend

SUBST. *-et*

det at løbe nogen på dørene □ *der var et evigt rend af journalister · kan vi ikke blive fri for det rend af folk der vil sælge os noget?* • **et lille rend** et kort besøg □ *hun havde været et lille rend ovre hos naboens* • **stikke i rend** begynde at løbe

rende[1]

SUBST. *-n,* plur. *-r, -rne*

en lang, smal fordybning hvori der kan løbe væske □ *de gravede en rende til at lede vandet bort · renderne i Storebælt skal uddybes* □ *rendegraver · rendegravning* □ *afløbsrende · sejlrende · skotrende · tagrende*

rende[2]

VERB. *-r, rendte, rendt*

1. = LØBE □ *han rendte sin vej da han så mig · jeg havde mest lyst til at rende fra det hele* □ *rendegarn · rendeløkke · rendemaske · renderi*
2. rende og hoppe udtryk for en afvisning □ *nu kan du ellers rende og hoppe*

rendemaske

SUBST. *-n,* plur. *-r, -rne*

en person som går meget ud □ *hun er blevet en rigtig rendemaske*

rendesten

SUBST. *-en,* plur. *-e, -ene*

området af kørebanen lige op til kanten af fortovet hvor regnvand opsamles og ledes væk • udtryk for det laveste i samfundet □ *han endte som alkoholikervrag i rendestenen · hun var helt nede i rendestenen da han mødte hende · mange psykisk syge er overladt til rendestenen* □ *rendestensjournalistik · rendestenspoesi · rendestenssprog*

rendezvous

SUBST. *-et,* plur. *-er, -erne*
[raŋdə'vu]

et møde, ofte af romantisk karakter = STÆVNEMØDE □ *i sin ungdom havde han haft et rendezvous med hende*

rendyrke

VERB. *-r, -de, -t*

rendyrke ngt frembringe noget i ren form = FORÆDLE □ *rendyrke en planteart · små ideer kan blive til store ideer hvis de rendyrkes* □ *rendyrkning*

rendyrket

ADJ.

= UDPRÆGET □ *han er en rendyrket materialist · musikken var rendyrket tekno-pop*

renegat

SUBST. *-en,* plur. *-er, -erne*
[rænə'ga't]

= OVERLØBER

renfærdig

ADJ. *-t, -e*
/ren'færdig/

som har en ren sjæl og levevis □ *hun var for renfærdig til at indlade sig på den slags lyssky affærer*

rengøre

VERB. *~gør, ~gjorde, ~gjort*

rengøre ngt fjerne snavs fra noget så det bliver rent = RENSE, VASKE □ *rengøre et sår · rengøre toilet og håndvask* □ *rengøring*

rengøring

SUBST. *-en,* plur. *-er, -erne*

det at gøre noget rent □ *vask, rengøring og indkøb · foretage en grundig rengøring af hele huset · vi har rengøring i dag · rengøring af flasker* □ *rengøringsartikler · rengøringsassistent · rengøringsdame · rengøringsmiddel · rengøringspersonale · rengøringsvanvid* □ *forårsrengøring · hovedrengøring*

rengøringsassistent

SUBST. *-en,* plur. *-er, -erne*

en person der er ansat til at gøre rent, fx i en virksomhed el. en offentlig institution = RENGØRINGSDAME

rengøringsdame

SUBST. *-n,* plur. *-r, -rne*

en dame der gør rent hos private, i firmaer el. på offentlige institutioner = RENGØRINGSASSISTENT

renlig

ADJ. *-t, -e*

omhyggelig med at holde sig selv og sine omgivelser ren □ *hun er meget renlig, både med sig selv og sit hjem* • (om små børn, kæledyr): som har lært at besørge på de rette steder, fx på wc = STUEREN □ *hunden har ikke tisset på gulvet siden den blev renlig · børn begynder at blive renlige i toårsalderen*

renlivet

ADJ. *- , renlivede*

som er noget helt igennem = ÆGTE, RENDYRKET □ *han er en renlivet socialdemokrat · det er renlivet fanatisme*

renommé el. renomme

SUBST. *-et,* plur. *-er, -erne*
/renom'mé/

= ANSEELSE □ *miste sit renommé · han bevarede sit renommé · han havde et dårligt renommé*

renonce[1]

SUBST. *-n,* plur. *-r, -rne*
[ræ'nɔŋs]

(kortspil): det at en spiller ikke har nogen kort i en bestemt farve; også om den farve som en spiller ikke har

renonce[2]

ADJ.
[ræ'nɔŋs]

uden kort i en bestemt farve □ *være renonce i klør*

renoncere

VERB. *-r, -de, -t*
[rænɔŋ'se'ɔ]

renoncere på ngt afstå fra noget □ *jeg renoncerede på tilbudet*

renovation

SUBST. *-en,* plur. *-er, -erne*
[rænova'sjo'n]

fjernelse af affald □ *renovationsarbejder · renovationsvogn* □ *dagrenovation · natrenovation*

renovationsarbejder

SUBST. *-en,* plur. *-e, -ne*

en person som arbejder med fjernelse af affald = SKRALDEMAND

renovationsvogn

SUBST. *-en,* plur. *-e, -ene*

en større specielt udformet bil som bruges til afhentning af husholdningsaffald i beboelsesområder = SKRALDEVOGN

renovere

VERB. *-r, -de, -t*
/reno'vere/

renovere ngt sætte noget i stand så det bevarer sin gamle karakter og samtidig bliver så godt som da det var nyt □ *de gamle huse blev renoveret med alle moderne faciliteter · renovere en facade* □ *renovering*

rensdyr

SUBST. *-et,* plur. *~dyr, -ene*

en stor, gråbrun hjort hvis hoved og ben er mørkebrune, og som lever i bl.a. Finland hvor samerne holder dem som husdyr; latinsk navn *Rangifer tarandus* = REN □ *julemanden kommer på en slæde trukket af rensdyr* □ *tamrensdyr*

rense

VERB. *-r, -de, -t*

1. rense ngt gøre ren □ *rense negle · rense flasker · rense tæpper · rense kakkelovnen · rense et sår for snavs* □ *renseri · rensning · renseserviet* • **rense ud** = UDRENSE □ *man rensede ud i partiet*
2. rense ng for ngt bevise at nogen er uskyldig □ *vidnerne rensede ham for mistanke · han rensede sig for anklagen* □ *renselse*

rensecreme el. rensekrem

SUBST. *-n,* plur. *-r, -rne*
(rensekrem:-en, -er, erne)

en creme der bruges til at opløse og fjerne makeup med

rensningsanlæg

SUBST. *~anlægget,* plur. *~anlæg, ~anlæggene*

et anlæg til rensning af spildevand, inden det udledes fra kloaksystemet, el. af drikkevand fra fx grundvandsboringer inden det når forbrugerne

rentabel

ADJ. *-t, rentable*
/ren'tabel/

som giver gode renter, og som kan betale sig = LØNSOM □ *en rentabel investering · gøre en forretning rentabel · det er ikke rentabelt at fremstille disse varer* □ *rentabilitet*

rentabilitet

SUBST. *-en,* plur. *-er, -erne*
/rentabili'tet/

en virksomheds forrentning af den investerede kapital □ *rentabilitet af investeret kapital* □ *rentabilitetsberegning*

rente

SUBST. *-n,* plur. *-r, -rne*

1. et udbytte som en långiver modtager for at udlåne penge i en periode □ *han tjente gode renter på sin konto i banken · pengene står og trækker renter* □ *rentedannelse · rentefod · renteindtægt · renteniveau · rentepolitik · rentesikring* □ *bankrente · indlånsrente* • en afgift som en låntager må betale for at låne en vis pengesum i en periode; også om afgift som skal betales hvis man ikke overholder en betalingsfrist □ *renter på studiegæld · betale høje renter · der løber renter på hvis beløbet ikke betales til tiden* □ *renteafgift · rentefri · rentemarginal · renteniveau · rentenedsætning* □ *byggerente · lånerente · morarente · strafrente · udlånsrente · ågerrente* • **direkte rente** den faktisk opnåede rente af et værdipapir ≠ NOMINEL RENTE • **effektiv rente** det afkast en obligation giver når man medregner chancen for at den bliver trukket ud før udløbsdatoen; den effektive rente er den direkte rente + udtrækningschancen • **nominel** el. **pålydende rente** den rente der er trykt på fx en obligation el. et pantebrev, og som udgør en fast procent af den pålydende værdi • **rentes rente** den rente renten trækker når den lægges sammen med kapitalen

2. ⟨i sammensætn.⟩ indkomst som fx en grundejers udbytte el. udbetaling fra et forsikringsselskab □ *jordrente · livrente*

rentebidrag

SUBST. *-et,* plur. *~bidrag, -ene*

et statsligt tilskud til socialt boligbyggeri på en procentdel af restgælden

rentedød

SUBST. *-en*

udtryk for at man ikke kan betale en stor gæld tilbage □ *mange landmænd lider rentedøden*

rentefod

SUBST. *-en,* plur. *~fødder, ~fødderne*

et tal for hvor høj en rente en indskudt kapital giver i en vis periode, rentefoden beregnes som regel i procent pr. år □ *rentefoden er 8%*

renteforsikring

SUBST. *-en,* plur. *-er, -erne*

en forsikringsform hvor forsikringsselskabet er forpligtet til at udbetale den sikrede en løbende ydelse ≠ KAPITALFORSIKRING

renteindtægt

SUBST. *-en,* plur. *-er, -erne*

en indtægt i form af renter på fx værdipapirer el. penge anbragt i en bank

rentemarginal

SUBST. *-en,* plur. *-er, -erne*

forskellen mellem den gennemsnitlige indlåns- og udlånsrente i et pengeinstitut

rentesregning

SUBST. *-en*

en regningsmåde der vedrører de forandringer en kapital undergår ved forrentning • **sammensat rentesregning** rentesregning med rentes rente • **simpel rentesregning** rentesregning med renter der lægges til kapitalen uden selv at trække renter

rentier

SUBST. *-en,* plur. *-er, -erne*
[*raŋ'tje* el. *rän'tje*]

en person der lever af sin formue = PARTICULIER

renæssance

SUBST. *-n,* plur. *-r, -rne*
[*ræna'saŋsa* el. *röna'saŋsa*]

1. en genoplivelse af tidligere kulturværdier el. -former □ *de gamle bondemøbler har oplevet en renæssance*

2. renæssancen en klassicistisk kulturperiode mellem gotik og barok; opstod i Italien omkring 1400-tallet og bredte sig til det øvrige Europa i 1500- og 1600-tallet □ *renæssancen brød først frem i Italien* □ *højrenæssance* • en stilart inden for billedkunst, arkitektur, litteratur og musik inspireret af antikkens idealer □ *Micheangelo er en af renæssancens store malere* □ *renæssancebygning · renæssancemaler · renæssancekunst*

reol

SUBST. *-en,* plur. *-er, -erne*
/*re'ol*/

et møbel som består af en ramme med hylder til fx bøger □ *en reol fuld af bøger · sætte en bog i reolen* □ *reolsystem* □ *bogreol · stigereol*

rep.

1. fork. for *reparation*
2. fork. for *republik*

reparation

SUBST. *-en,* plur. *-er, -erne*
[*ræpara'sjo'n*]

det at reparere noget □ *reparationen foretages på eget værksted · reparation og vedligeholdelse af maskiner og udstyr · udføre reparationer på noget* □ *reparationsarbejde · reparationsdel · reparationsudgift · reparationsværksted* □ *bilreparation · urreparation*

reparatør

SUBST. *-en,* plur. *-er, -erne*
/*repara'tør*/

en tekniker der reparerer apparater, maskiner o.l. □ *reparatør af husholdningsmaskiner* □ *tv-reparatør · vaskemaskinereparatør*

reparere

VERB. *-r, -de, -t*
/*repa'rere*/

reparere ngt udbedre en skade på noget så det fungerer igen = ISTANDSÆTTE, UDBEDRE, LAVE □ *kan stolen repareres, eller skal jeg købe en ny? · reparere en cykel · reparere et ur · få sin bil efterset og repareret på værksted*

repartition

SUBST. *-en,* plur. *-er, -erne*
[*ræpati'sjo'n*]

en forholdsmæssig fordeling af midlerne i et bo i forbindelse med arv • en skifteopgørelse hvorefter midlerne fordeles

repatriere

VERB. *-r, -de, -t*
/*repatri'ere*/

vende tilbage til hjemlandet og få statsborgerskab

repertoire

SUBST. *-t,* plur. *-r, -rne*
[*ræpärto'a:ɔ*]

1. de stykker som et teater har på sit program □ *det Kgl. Teater har altid mindst én af Holbergs komedier på repertoiret · teateret har et bredt repertoire*

2. samtlige roller som en skuespiller har indstuderet el. de musikværker som en musiker, et orkester el. en sanger har indøvet □ *hendes repertoire dækker over flere genrer* • en persons færdigheder el. vaner □ *hans faste repertoire af beklagelser*

repetere

VERB. *-r, -de, -t*
/*repe'tere*/

repetere ngt = GENTAGE □ *hun repeterede ordret hvad han havde sagt · alle bedes repetere efter mig · han repeterede det skete for sig selv* □ *repetering* • **repetere ngt** gennemgå noget igen med henblik på eksamen el. en opførsel □ *repetere pensum til eksamen* □ *repetition*

repetition

SUBST. *-en,* plur. *-er, -erne*
[*ræbəti'sjo'n*]

det at gøre noget igen; det kan være at læse et pensum forfra el. at øve sig på en opera el. en ballet der skal opføres = GENTAGELSE □ *repetition af årets pensum* □ *repetitionskursus · repetitionslæsning · repetitionstegn*

repetitør

SUBST. *-en,* plur. *-er, -erne*
/*repeti'tør*/

en person der indøver et musikværks enkelte dele med sangere el. balletdansere inden orkesterprøverne □ *operarepetitør*

replicere

VERB. *-r, -de, -t*
[*ræpli'se'ɔ*]

replicere ngt (form.): ytre sig om el. svare på noget □ *han replicerede omgående vittigt og skarpt* □ *replicering*

replik

SUBST. *replikken,* plur. *replikker, replikkerne*
/*re'plik*/

1. et ofte kort indlæg i en diskussion el.lign. □ *formanden bad ordstyreren om en kort replik · en slagfærdig replik* □ *replikføring · replikskifte* • en sætning en person siger i et litterært værk □ *han havde kun en replik i stykket* • **være kvik i replikken** være hurtig til at give vittige svar på tiltale

2. (jura): en sagsøgers indlæg i en retssag som svar på sagsøgtes svar på stævningen ≠ DUPLIK

3. = REPLIKA

replika

SUBST. *-en,* plur. *-er, -erne*
/*'replika*/

en reproduktion af et kunstværk udført el. kontrolleret af kunstneren selv = REPLIK • en nøjagtig genpart = KOPI

replikskifte

SUBST. *-t,* plur. *-r, -rne*

= ORDSKIFTE □ *det kom til et skarpt replikskifte mellem de to modstandere*

reportage

SUBST. *-n,* plur. *-r, -rne*
[*ræpå'ta·sjə*]

en skildring af en aktuel begivenhed bragt i en avis, radio el. tv = RAPPORT □ *reportagehold*

reporter

SUBST. *-en,* plur. *-e, -ne*
/*re'porter*/

= JOURNALIST

repos

SUBST. *-en,* plur. *-er, -erne*
[*ræ'po*]

= TRAPPEAFSATS

repr.

fork. for *repræsentant* el. *repræsentere*

repressalier

SUBST.PLUR. *-ne*
[*räprä'sa'ljə*]

gengældelsesforanstaltninger som indebærer en form for straf el. hævn for andres handlinger □ *befolkningen frygter repressalier fra de lokale bander* • *regeringen overvejer repressalier mod nabolandet efter den seneste tids brud på fredsaftalen*

repression

SUBST. *-en,* plur. *-er, -erne*
[*ræpræ'sjo'n*]

det at undertrykke el. nedkæmpe nogen el. noget □ *folket led under dikatorens repression* □ *repressionspolitik* • (psykologi): ubevidst fortrængning af noget □ *repression kan give fysiske skavanker*

repressiv

ADJ. *-t, -e*

som undertrykker el. hæmmer noget □ *det er en repressiv politik regeringen forsøger at gennemføre*

reprimande

SUBST. *-n,* plur. *-r, -rne*
[*ræpri'maŋdə* el. *ræpri'mandə*]

et formelt, alvorligt ment udtryk for utilfredshed med nogen fordi de har gjort noget forkert; gives især af en overordnet = IRETTESÆTTELSE, OPSANG, OVERHALING □ *få en reprimande* • *give nogen en reprimande*

reprise

SUBST. *-n,* plur. *-r, -rne*
/*re'prise*/

genoptagelse af et teaterstykke på et teaters repertoire el. genudsendelse af et radio- el. tv-program □ *udsendelsen sendes i reprise næste mandag* □ *repriseforestilling* • *repriseteater* • (musik): den sidste del af en sonateformet sats hvor ekspositionsdelen gentages

reproducere

VERB. *-r, -de, -t*
[*ræprodu'se'ɔ*]

1. reproducere ngt frembringe noget igen i den samme el. en lignende form = GENGIVE □ *da forudsætningerne ikke kan reproduceres vil eksperimentet ikke blive gentaget* • *reproducere ulykken på tv* □ *reproducering* • *reproducerbar* • gengive et kunstværk ved at trykke og mangfoldiggøre det □ *Rembrandts 'Nattevagt' er her reproduceret i flerfarvetryk*
2. reproducere sig frembringe afkom = YNGLE, FORMERE, FORPLANTE, MANGFOLDIGGØRE □ *det er ikke lykkedes at få denne art til at reproducere sig i fangenskab*

reproduktion

SUBST. *-en,* plur. *-er, -erne*
[*ræprodug'sjo'n*]
fork. *repro*

1. et aftryk af et billedkunstværk i mange eksemplarer □ *en reproduktion af Picassos 'Guernica'* • *de fleste af kunstnerens billeder kan fås i reproduktioner* • ⟨ikke plur.⟩ en teknik til genfremstilling af et billede, en tekst el.lign. i mange eksemplarer □ *reproduktionsanstalt* • *reproduktionskamera* • *reproduktionsmetode* • *reproduktionsteknik*
2. = FORPLANTNING □ *reproduktionsevne*

repræsentant

SUBST. *-en,* plur. *-er, -erne*
/*repræsen'tant*/

1. en person som har fuldmagt el. er valgt til at optræde på andres vegne □ *folketingsmedlemmerne er folkets repræsentanter* □ *repræsentantskab* □ *borgerrepræsentant* • *elevrådsrepræsentant* • *tillidsrepræsentant*
2. en person der på et firmas vegne tager imod ordrer, sælger varer osv. = SÆLGER, AGENT
3. en person som er typisk for en gruppe □ *han er en storartet repræsentant for den helt moderne kunst*

repræsentantskab

SUBST. *-et,* plur. *-er, -erne*

en forsamling af personer der repræsenterer en forening, et aktieselskab, en bank el.lign., og som optræder som mellemled mellem en bestyrelse og medlemmerne, aktionærerne osv. □ *DBUs repræsentantskab* • *han er medlem af bankens repræsentantskab* • *repræsentantskabet i Foreningen af Yngre Læger* □ *repræsentantskabsmøde* □ *borgerrepræsentantskab*

repræsentation

SUBST. *-en,* plur. *-er, -erne*
[*ræpræsənta'sjo'n*]

det at repræsentere nogen el. noget □ *de delegerede stod for repræsentationen af folkets stemme* □ *borgerrepræsentation* • en forsamling af repræsentanter □ *den danske repræsentation ankom til topmødet i samlet trop* • en selskabelighed i forbindelse med det at drive virksomhed, fx forretningsfrokoster el. arbejdsforhandlinger □ *firmaet regnede også med en del udgifter til repræsentation* • *der er blevet skåret ned på skattefradraget for repræsentation* □ *repræsentationsfradrag* • *repræsentationskonto*

repræsentativ

ADJ. *-t, -e*

1. som har med repræsentation at gøre □ *repræsentative pligter* • som repræsenterer nogle andre □ *en repræsentativ forsamling* • *undersøgelsen bygger på svar fra et repræsentativt udsnit af befolkningen*
2. som har et præsentabelt udseende □ *en repræsentativ person søges til receptionen*
3. = KARAKTERISTISK □ *bogen er repræsentativ for denne forfatter*

repræsentere

VERB. *-r, -de, -t*
/*repræsen'tere*/

1. repræsentere ngt optræde på en andens vegne; det kan være som stedfortræder el. talsmand □ *han repræsenterede kongehuset ved begravelsen* • *advokaten repræsenterede ofrene for ulykken* • *partiet repræsenterede de svage i samfundet* • *fagforeningen repræsenterer sine medlemmer overfor arbejdsgiverne* • **være repræsenteret** være til stede □ *alle aldersklasser var repræsenteret* • *partiet er svagt repræsenteret i Folketinget*
2. repræsentere ngt være et eksempel på el. udtryk for noget = UDGØRE, STÅ FOR □ *udstillingen repræsenterer det bedste i dansk kunst* • *bogen repræsenterer forældede synspunkter* • *hun repræsenterede alt det han afskyede* • *den repræsenterer en stor værdi for mig*

reps

SUBST. *-et*

stof med striber der er indvævede; væves i forskellige materialer, fx uld, silke, bomuld og halvsilke; anvendes fx som kjolestof □ *repsvævning*

reptil

SUBST. *-et,* plur. *-er, -erne*
[*räb'ti'l*]

= KRYBDYR

republik

SUBST. *republikken,* plur. *republikker, republikkerne*
/*repu'blik*/

en stat som regeres af folkevalgte repræsentanter, og hvis overhoved vælges for et vist antal år og har titlen præsident ≠ KONGEDØMME □ *forbundsrepublik*

republikaner

SUBST. *-en,* plur. *-e, -ne*
/*republi'kaner*/

1. en tilhænger af republikansk regeringsform
2. en tilhænger af et konservativt parti, fx i USA ≠ DEMOKRAT □ *han er republikanernes kandidat til præsidentposten*

republikansk

ADJ. *- , -e*
/*republi'kansk*/

som er tilhænger af en republikansk styreform □ *en republikansk forfatning*

reputation

SUBST. *-en,* plur. *-er, -erne*
[*ræputa'sjo'n*]

= ANSEELSE

research

SUBST.
[*ræ'sö·dsj*]

indsamling af data og baggrundsmateriale til noget; fx indsamling af materiale til en bog el. et tv-program, efterforskning i en kriminalsag el. undersøgelse af markeds- og forbrugerforhold med henblik på et bestemt produkt = UNDERSØGELSE □ *der ligger et halvt års research til grund for udsendelsen* · *opgaven kræver grundig research* · *omkostninger til research og fabrikation* · *drive research* □ *researchmedarbejder*

resedagrøn

ADJ. *-t, ~grønne*

med en grågrønlig farve som bladene hos planten *reseda*; ligger meget tæt på *olivengrøn*

reservat

SUBST. *-et,* plur. *-er, -erne*
[*ræsär'va't*]

et fredet område som er forbeholdt dyr, planter eller den oprindelige befolkning □ *dyrereservat* · *indianerreservat* · *naturreservat*

reservation

SUBST. *-en,* plur. *-er, -erne*
[*ræsɔva'sjo'n*]

1. det at reservere noget til bestemte personer, fx pladser i et tog, et teater el. en restaurant = BESTILLING, BOOKING □ *reservation af pladsbilletter* · *vi har reservation til et bord til fire personer* □ *reservationsgebyr* □ *bordreservation* · *pladsreservation*
2. det at man ikke umiddelbart vil godtage noget = FORBEHOLD □ *løftet blev givet med enhver reservation* • det at være afmålt el. tillukket over for andre = FORBEHOLDENHED □ *hans væsen er præget af kølig reservation* · *hun omgikkes altid naboerne med en tydelig reservation*

reserve

SUBST. *-n,* plur. *-r, -rne*
/*re'serve*/

1. noget som gemmes til eventuel senere brug, el. som erstatning for noget som kan gå i stykker, forsvinde m.m. = FORRÅD □ *de havde ekstra slikposer i reserve* · *han har nogle penge i reserve* □ *reservedel* · *reservehjul* · *reservenøgle* □ *oliereserve* · *valutareserve*
2. en person som er klar til at træde i stedet for en anden □ *han var reserve for målmanden* · *træneren indsatte en reserve* □ *reservekirurg* · *reservelæge*
3. en del af en virksomheds overskud som henlægges i en reservefond til forskellige formål □ *henlægge penge til reserven* □ *reservefond* □ *kapitalreserve* • **skjulte** el. **hemmelige reserver** midler der ikke direkte figurerer på regnskabet □ *selskabet har skjulte reserver*

reservebeholdning

SUBST. *-en,* plur. *-er, -erne*

en ekstra beholdning af penge som der ikke er budgetteret med, og som kan bruges i særlige tilfælde

reservedel

SUBST. *-en,* plur. *-e, -ene*

en del til en maskine som skal erstatte en del hvis den går i stykker □ *værkstedet kunne desværre ikke skaffe den reservedel der manglede til bilen*

reservefond

SUBST. *-en* el. *-et,* plur. *-e* (el. *-er*), *-ene* (el. *-erne*)

en del af en virksomheds egenkapital der henlægges til dækning af underskud el. udstedelse af fondsaktier □ *der kan frit disponeres over den ekstra reservefond* · *overføre 10% af overskuddet til reservefonden* · *sætte hen til reservefonden* □ *reservefondsbidrag* · *reservefondshenlæggelse*

reservelæge

SUBST. *-n,* plur. *-r, -rne*

1. en underordnet læge på et hospital
2. en læge som er ansat på et hospital i et mellemtrin på uddannelsen til autoriseret speciallæge i en periode på ca. 2-3 år • **1. reservelæge** en læge som fungerer som speciallæge på et hospital, og som står over almindelige reservelæger og under overlæger

reservepostbud

SUBST. *-et* (el. *~postbuddet*), plur. *-e, -ene*

et postbud der afløser i tilfælde af sygdom, ferie el.lign.

reservere

VERB. *-r, -de, -t*
/*reser'vere*/

reservere ngt forudbestille rådighed over fx pladser i et tog, et teater el. en restaurant = BESTILLE, BOOKE □ *jeg har reserveret en plads i sovevognen* · *husk at reservere bord til på lørdag* · *bøgerne kan reserveres til lånerne* □ *reservering* □ *forhåndsreservere*

reserveret el. reservert

ADJ. *- , reserverede*
(reservert: *- , -e*)
/*reser'ver(e)t*/

som ikke let lader andre mennesker komme ind på livet af sig = TILKNAPPET, TILLUKKET, AFMÅLT, UTILNÆRMELIG, TILBAGEHOLDENDE □ *hun var reserveret overfor kollegerne* · *han var en reserveret natur*

reservoir

SUBST. *-et,* plur. *-er, -erne*
[*ræsɔvo'a·*]

en kæmpe beholder el. et bassin, især til opbevaring af drikkevand som led i en bys vandforsyning □ *vandreservoir*

residens

SUBST. *-en,* plur. *-er, -erne*
/*resi'dens*/

en fyrstelig persons bolig, opholdssted □ *kongen har sin residens i hovedstaden* □ *residensby* · *residenspalæ*

resident

SUBST. *-en,* plur. *-er, -erne*
/*resi'dent*/

1. en person der bor midlertidigt el. permanent i et bestemt område □ *de vil kaldes residenter, ikke turister* · *kun områdets residenter må parkere her*
2. en højtstående embedsmand el. militærperson der er udstationeret i et andet land som repræsentant for sin stat el. en organisation □ *han er FNs resident i Mauritanien* · *han var KGBs resident i København*

residere

VERB. *-r, -de, -t*
/*resi'dere*/

(form.): bo el. have opholdssted □ *dronningen residerer på Amalienborg*

resignation

SUBST. *-en,* plur. *-er, -erne*
[*ræsina'sjo'n*]

accept af utilfredsstillende forhold fordi man er ude af stand til at ændre dem □ *han så på ødelæggelserne med resignation i blikket* · *stemningen er præget af resignation*

resignere

VERB. *-r, -de, -t*
[*ræsin'je'ɔ* el. *ræsi'ne'ɔ*]

afstå fra sine krav og ønsker og affinde sig med forholdene □ *de fleste venstreorienterede har resigneret og er blevet socialdemokrater* · *han er for ung endnu til at resignere* · *det er svært at skulle resignere* □ *resignation*

resistens

SUBST. *-en*
/*resi'stens*/

det at bakterier, vira o.l. ikke påvirkes af medicin mod dem □ *visse bakterier har resistens over for antibiotika*

resistent

ADJ. *- , -e*
/*resi'stent*/

som har resistens mod noget = MODSTANDSDYGTIG □ *bakterierne kan blive resistente over for antibiotika*

reskontro

SUBST. *-en,* plur. *-er, -erne*
/*re'skontro*/

(regnskab): en bog med specificerede konti for de enkelte debitorer el. kreditorer

resolut

ADJ. *- , resolutte*
/*reso'lut*/

som handler beslutsomt og hurtigt = BESLUTSOM □ *hun tog ham resolut i armen og førte ham ud* · *resolut drejede han om på hælen*

resolution

SUBST. *-en,* plur. *-er, -erne*
[*ræsolu'sjo'n*]

en forsamlings fælles beslutning vedtaget ved afstemning □ *FN har ikke evnet at lægge magt bag sine mange resolutioner*

resolvere

VERB. *-r, -de, -t*
/*resol'vere*/

resolvere ngt (glds.): = BESLUTTE

resonans

SUBST. *-en*, plur. *-er*, *-erne*
/reso'nans/

en forstærkning af toner der fremkommer ved tilbagekastning el. medsvingning af en flade el. luften i et rum □ *der er god resonans i dette rum* □ *resonansevne* • **finde** el. **vække resonans hos ng** få forstående tilslutning fra nogen = GENKLANG □ *hans ord fandt ingen resonans hos dem*

resonansbund

SUBST. *-en*, plur. *-e*, *-ene*

en tynd plade i et strengeinstrument der forstærker tonen = KLANGBUND

resp.

fork. for *respektive*

respekt

SUBST. *-en*
/re'spekt/

respekt for ng(t) det at beundre el. sætte nogen el. noget meget højt; og måske samtidig frygte dem lidt = ÆRBØDIGHED, ÆREFRYGT, AGTELSE, ANSEELSE, REVERENS ≠ DESPEKT □ *hun følte den dybeste respekt for det arbejde, de frivillige havde udrettet* • *respekt for menneskeliv* • *børnene havde stor respekt for deres fodboldtræner* • *hun havde stor respekt for sygdommen* • *filmen blev i pressen omtalt med stor respekt* • *hans succes må aftvinge en vis respekt* • *de nærede stor respekt for hans præstation i filmen* □ *respektfuld* • *respektindgydende* • *respektløs* • *respektstridig* □ *selvrespekt* • **sætte sig i respekt** få andre til at føle respekt for én

respektabel

ADJ. *-t*, *respektable*
/respek'tabel/

som indgyder respekt = AGTVÆRDIG, ÆRVÆRDIG □ *bo respektabelt* • *en respektabel familie*

respektabilitet

SUBST. *-en*
/respektabili'tet/

udtryk for at nogen er respekteret = AGTVÆRDIGHED

respektere

VERB. *-r*, *-de*, *-t*
/respek'tere/

1. respektere ng(t) føle el. vise respekt for nogen el. noget □ *jeg respekterer ham for hans dygtighed* • *man må respektere hans holdninger* • *lære barnet at respektere andre* • *en højt respekteret kvinde*
2. respektere ngt rette sig efter noget □ *du må respektere de regler som gælder her hos os* • *respektere hans sidste vilje*

respektfuld

ADJ. *-t*, *-e*

som viser respekt over for andre ≠ RESPEKTLØS □ *han stod i respektfuld afstand* • *de lyttede i respektfuld tavshed*

respektindgydende

ADJ.

som fremkalder respekt □ *hans respektindgydende fremtoning*

respektive

ADJ.

som hører til hver enkelt af de nævnte □ *de starter begge søndag og er favoritter i deres respektive løb* • *parternes respektive krav* • *der er en række ting som vi er uenige om, og som vi vil anke til de respektive myndigheder* • ⟨ADV.⟩ = HENHOLDSVIS □ *nr. 3 og 4 sælges for respektive 1.285 og 1.495 kr.* • *1.285 respektive 1.495 kr.* • *de to er direktør respektive fuldmægtig i firmaet*

respektløs

ADJ. *-t*, *-e*

som ikke ejer el. viser respekt = RESPEKTSTRIDIG □ *hans udtalelse var respektløs over for de kristne* □ *respektløshed*

respektstridig

ADJ. *-t*, *-e*

(glds.): = RESPEKTLØS ≠ RESPEKTFULD

respiration

SUBST. *-en*, plur. *-er*, *-erne*
[ræsbira'sjo'n]

= VEJRTRÆKNING □ *hans respiration er besværet af astmaen*

respirator

SUBST. *-en*, plur. *-er*, *-erne*
/respi'rator/

et apparat til kunstigt åndedræt □ *ligge i respirator* • *være tilkoblet en respirator* • *han holdes i live af en respirator*

respiratorisk

ADJ. *-*, *-e*
/respira'torisk/

som har at gøre med vejrtrækningen

respirere

VERB. *-r*, *-de*, *-t*
/respi'rere/

= ÅNDE □ *respirering*

respit

SUBST. *respitten*, plur. *respitter*, *respitterne*
[ræ'sbit]

1. = HENSTAND □ *få en kort respit* • *han fik en måneds respit med betalingen* • *jeg gav ham respit til på torsdag* □ *respitdag* • *respittid*
2. (sejlsport): en tidsgodtgørelse som et større fartøj skal give et mindre; indebærer at den større sejlbåd får et *handicap* □ *de små både fik tre timers respit*

respons

SUBST. *-en* el. *-et*, plur. *-er*, *-erne*
[ræ'sbɔn's]

en reaktion på noget i form af at man melder tilbage el. gør noget = REAKTION, FEEDBACK, TILBAGEMELDING, SVAR □ *har I fået nogen respons på jeres annonce?* • *jeg har skrevet flere gange, men har ikke fået respons* • *firmaet har fået stor respons på sin reklamekampagne*

responsum

SUBST. *-et* (el. *responsummet*), plur. *-er* (el. *responsummer* el. *responsa*), *-erne* (el. *responsummerne* el. *responsaene*)
/re'sponsum/

en erklæring fra en sagkyndig om et bestemt spørgsmål, især juridisk = EKSPERTUDTALELSE □ *afgive responsum* • *indhente et responsum fra en advokat*

ressort

SUBST. *en*, plur. *-er*, *-erne*
[ræ'så']

et område man har myndighed el. faglig kompetence inden for □ *disse sager hører ind under Kirkeministeriets ressort* • *organisationen har både teater, dans og musik som sin ressort* • *have noget under sin ressort* • *få udvidet sin ressort* □ *ressortfordeling* • *ressortministerium* • *ressortområde*

ressource el. **resurse**

SUBST. *-n*, plur. *-r*, *-rne*
[ræ'sursə]

et forråd af ting, materialer, kræfter, penge el.lign. som er til rådighed, og som kan sættes ind el. tages i anvendelse efter behov = RESERVE, FORRÅD, HJÆLPEKILDE, STYRKE □ *jordens ressourcer er begrænsede* • *vi må passe bedre på havets ressourcer* • *han manglede personlige ressourcer til at klare opgaven* • *vi har ikke ressourcer til at undervise mere* • *økonomiske ressourcer* □ *ressourceforbrug* • *ressourcefordeling* □ *arbejdskraftressource* • *naturressource*

rest

SUBST. *-en*, plur. *-er*, *-erne*

1. en mindre del som er tilbage af en større helhed □ *en lille rest mad* • *hvor er resten af flokken?* • *jeg kender ikke resten af historien* • *han betalte resten af pengene* • *når man dividerer 14 med 4 får man 3 og 2 til rest* □ *restbeløb* • *restgruppe* • *restgæld* • *restlager* • *restoplag* • *restemad* □ *madrest*
2. for resten udtryk for at man kommer i tanke om en ting til vedrørende nogen el. noget = I ØVRIGT, DESUDEN □ *han kom for resten ind til os i går* • *der var fire, nej for resten, der var fem flasker vin tilbage*

restance

SUBST. *-n*, plur. *-r*, *-rne*
[ræ'sdaŋsə]

et skyldigt beløb som ikke er blevet betalt til tiden □ *de sidste restancer blev betalt* • *kommunen inddriver restancer til skatten* □ *restancebeløb* • **være i restance med ngt** være bagud med betaling □ *de er i restance med huslejen*

restant

SUBST. *-en*, plur. *-er*, *-erne*
/re'stant/

en person som ikke kan betale det han skylder til tiden

restaurant

SUBST. *-en*, plur. *-er*, *-erne*
[ræsdo'raŋ]

et sted hvor madvarer tilberedes og serveres ved borde for gæsterne mod betaling = RESTAURATION,

SPISESTED □ *en femstjernet restaurant · gå på restaurant · græsk restaurant · kinesisk restaurant*

restauration

SUBST. *-en,* plur. *-er, -erne*
[*ræsdora'sjo'n*]

1. = RESTAURANT □ *restaurationsejer · restaurationsgæst · restaurationskæde · restaurationskøkken · restaurantionspersonale · restaurationsskat*
2. istandsættelse af ældre bygninger el. kunstværker, el. genoprettelse af politiske institutioner efter omvæltninger □ *restaurationsperiode*

restauratør

SUBST. *-en,* plur. *-er, -erne*
[*ræsdora'tø'r*]

en person der ejer el. driver en restaurant □ *få udstedt næringsbrev som restauratør*

restaurere

VERB. *-r, -de, -t*
[*ræsdo'ræ'ɔ* el. *ræsdaw'ræ'ɔ*]

restaurere ngt bringe noget tilbage til dets oprindelige tilstand; især om gamle bygninger og kunstværker □ *restaurere et kunstværk · byen er berømt for sine gamle, smukt restaurerede huse* □ *restaurering* □ *nyrestaurere*

restere

VERB. *-r, -de, -t*
/*re'stere*/

være en mindre del som er tilbage af en større helhed = MANGLE □ *jeg har betalt det meste af gælden, men der resterer endnu en del · der resterer et kvarter af anden halvleg · det resterende beløb betales i rater*

restituere

VERB. *-r, -de, -t*
/*restitu'ere*/

restitueret ngt = GENOPRETTE □ *restituering · restitution* • **restituere ng** blive rask igen □ *han er nu fuldkommen restitueret · restituere sig* □ *restituering · restitution* • **restituere ng** give nogen æresoprejsning og evt. genindsætte dem i et embede □ *restitution*

restitution

SUBST. *-en,* plur. *-er, -erne*
[*ræsditu'sjo'n*]

= GENOPRETTELSE • = HELBREDELSE • æresoprejsning og evt. genindsættelse i embede

restriktion

SUBST. *-en,* plur. *-er, -erne*
[*ræsdrig'sjo'n*]

en foranstaltning som begrænser mængden af fx importerede varer □ *indføre restriktioner i importen · staten ophævede restriktionerne* □ *handelsrestriktion* • en bestemmelse som begrænser nogens handlefrihed □ *regeringen vil indføre skrappere restriktioner for at komme volden til livs*

restriktiv

ADJ. *-t, -e*

som virker strengt begrænsende □ *hun er meget restriktiv over for sine børn, der er så meget de ikke må · en restriktiv finanspolitik · en restriktiv planlægning* □ *restriktivitet*

resultat

SUBST. *-et,* plur. *-er, -erne*
/*resul'tat*/

det der kommer ud af en handling, et forløb, en indsats el.lign. □ *forhandlingerne førte ikke til noget resultat · videnskabens nyeste resultater · resultatet af håndboldkampen blev 2-1 · dine anstrengelser skal nok give resultat · hun kom til det resultat at det var bedre at opgive* □ *resultatløs · resultatorienteret* □ *eksamensresultat · forhandlingsresultat*

resultatløs

ADJ. *-t, -e*

som ikke giver noget resultat = FORGÆVES, FRUGTESLØS ≠ RESULTATRIG □ *arbejdet viste sig at være resultatløst · resultatløse efterforskninger*

resultere

VERB. *-r, -de, -t*
/*resul'tere*/

resultere i ngt give noget som resultat □ *forhandlingerne resulterede i en overenskomst · mødet resulterede i at formanden gik af*

resumé el. **resume**

SUBST. *-et,* plur. *-er, -erne*
[*ræsy'me*]

en kortfattet og sammentrængt gengivelse af de væsentligste hovedpunkter i noget talt el. skrevet; et resumé kan indgå i et referat = SAMMENDRAG, SAMMENFATNING, SYNOPSIS, ABSTRAKT ≠ REFERAT □ *eleven skal give et resumé af romanen*

resumere

VERB. *-r, -de, -t*
[*ræsy'me'ɔ*]

resumere ngt give et resume af fx en tekst, en tale el. en hændelse = SAMMENFATTE □ *resumering · resumere hvad der hidtil er sket*

resurse

SUBST.

se *ressource*

ret[1]

SUBST. *retten*

1. samlingen af juridiske regler for hvad er der lovligt og ulovligt, samt deres brug □ *blive dømt efter engelsk ret · borgerlig ret · efter gældende ret · lov og ret · offentlig ret · retten må ske fyldest · thi kendes for ret* □ *retsbeskyttelse · retsbevidsthed · retsbrud · retsfølelse · retsgyldig · retshistorie · retshjælp · retskyndig · retslærd · retsløs · retsopfattelse · retspleje · retspraksis · retsregel · retsstridig · retsvidenskab · retsvirkning* □ *civilret · familieret · handelsret · krigsret · kriminalret · strafferet · territorialret* • ⟨plur. *retter, retterne*⟩ = DOMSTOL □ *ad rettens vej · advokaten møder i retten · bringe en sag for retten · foragt for retten · give møde for retten · indanke en sag for en højere ret · ordne en sag uden rettens mellemkomst · retten er sat · retten må gå sin gang* □ *retslig · retsafgørelse · retsbelæring · retsbog · retsforfølge · retsformand · retskendelse · retskreds · retslægeråd · retsmaskineri · retsmedicin · retsmøde · retspleje · retssag · retssal · rettergang* □ *byret · højesteret · krigsret · landsret · underret* • **uden for lands lov og ret** se under *land*
2. en juridisk el. moralsk rettighed □ *retten til at udtale sig frit · du har ikke ret til at blande dig i deres sager · hvis jeg gjorde dig din ret, fik du en endefuld · ingen har ret til at slå på børn · han har ret til være her* □ *retmæssig · retsløs · retssikkerhed* □ *arveret · førsteret · byggeret · bytteret · dagpengeret · eneret · fiskeret · klageret · ligeret · møderet · nødværgeret · påtaleret · råderet · stemmeret · strandret · sædvaneret · valgret · vetoret* • **tage sig selv til rette** skaffe sig sin ret uden om loven • **komme til sin ret** som har de bedst tænkelige forhold el. omgivelser □ *billedet kommer ikke rigtig til sin ret der i skyggen · den gode vin lader maden komme til sin ret*
3. det at have den rigtige opfattelse af noget □ *han havde ret i sine bange anelser · du får ret, og jeg får fred · det vil jeg ikke give dig ret i · det er kun ret og rimeligt* □ *retfærd · retfærdig · retlede · retlinet · retmæssig* • **gå i rette med ng** bebrejde el. rette på nogen • **med rette** med god grund = RETTELIG • **tale sig til rette** blive enige ved at tale om tingene
4. **finde sig til rette** indrette sig så man befinder sig godt • **hjælpe** el. **vise ng til rette** hjælpe nogen med at finde ud af noget el. med at indrette sig • **lægge ngt til rette** bringe noget i orden og gøre det klar
5. den side af tøj el. stof som vender udad ≠ VRANG □ *vende retten ud · lægge stoffet ret mod ret* • (strikning): = RETMASKE ≠ VRANG □ *strikke ret og vrang* □ *retstrikning*

ret[2]

SUBST. *retten,* plur. *retter, retterne*

en del af et større måltid = ANRETNING □ *middag med tre retter mad · kold ret · varm ret · små lune retter · dagens ret* □ *efterret · forret · gryderet · hovedret · livret · middagsret* • **tage for sig af retterne** spise løs af det der bliver sat for én

ret[3]

ADJ. *- , rette; rettere, rettest*

1. som ikke buer = LIGE ≠ KRUM, BUET □ *en ret linie · en ret ryg* □ *retlinet* • **ret vinkel** se under *vinkel* • **stå ret** (militær): stå med ret ryg, samlede ben og armene ind til siden = RETSTILLING ≠ RØR □ *kompagni, stå ret! · soldaterne stod ret*
2. = RIGTIG □ *sige det rette på det rette tidspunkt · han var vred eller rettere sagt rasende* • **ret og rimeligt** = RETFÆRDIGT □ *det er kun ret og rimeligt at du får en undskyldning*

ret[4]

ADV.

= TEMMELIG □ *de er ret forskellige · han ret flink · filmen var ret kedelig · det er ret alvorligt · det sker ret sjældent · det gik ret godt* • **ikke ret** = IKKE SÆRLIG □ *det gik ikke ret godt · de var ikke nået ret langt · der er ikke ret meget mad tilbage*

retablere

VERB.

se *reetablere*

retarderet

ADJ. *- , retarderede*

som er tilbagestående i sin udvikling = UDVIKLINGSHÆMMET □ *et retarderet barn · hun er lettere retarderet · fysisk retarderet · autister er ofte mentalt retarderede* □ *retarderethed* □ *læseretarderet*

retfærd

SUBST. *-en*

1. (form.): en handlemåde som er retfærdig **2.** en adfærd el. en handlemåde som har grund i lov og ret = RETFÆRDIGHED □ *retfærden har trange kår i et diktatur* □ *retfærdig* · *retfærdssamfund* · *retfærdsfølelse*

retfærdig

ADJ. *-t, -e; -ere, -st*
/ret'færdig/

1. som er moralsk korrekt = FAIR ≠ URETFÆRDIG □ *en retfærdig dom* · *en retfærdig person* □ *retfærdighed* · *retfærdigvis* · *retfærdiggøre* · *retfærdiggørelse* • som er passende = FAIR, BERETTIGET, RIMELIG ≠ URETFÆRDIG □ *det er ikke retfærdigt at det altid er mig der skal vaske op* · *retfærdig harme*
2. (i religion): som lever et godt og moralsk rigtigt liv □ *de retfærdiges sejr over det onde*

retfærdiggøre

VERB. *~gør, ~gjorde, ~gjort*

retfærdiggøre ngt udgøre et moralsk argument for noget = BERETTIGE, LEGITIMERE □ *at han har lidt uret retfærdiggør ikke hans handlemåde* · *drab kan aldrig retfærdiggøres* · *han udtalte sig til pressen for at retfærdiggøre sin beslutning* □ *retfærdiggørelse* • **retfærdiggøre sig** forsøge at bevise sin uskyld

retfærdighed

SUBST. *-en*
/ret'færdighed/

en adfærd el. en handlemåde som har grund i lov og ret = RETFÆRD □ *ønske at retfærdigheden sker fyldest* · *udøve retfærdighed* □ *retfærdighedsbegreb* · *retfærdighedsfølelse* · *retfærdighedssans* □ *milimeterretfærdighed* • **retfærdighedens håndhæver** = POLITIBETJENT

rethaverisk

ADJ. *- , -e*

(neds.): som har en overdreven trang til altid at få ret = PÅSTÅELIG

retirade

SUBST. *-n*, plur. *-r, -rne*
[ræti'ra·ðə]

(glds.): en lille bygning el. et rum hvor man kan gå på toilettet = NØDTØRFTSHUS, TOILET, LOKUM, DAS □ *retiraderne i gården*

retirere

VERB. *-r, -de, -t*
/reti'rere/

(form.): trække sig tilbage □ *hæren retirerede for overmagten* · *han retirerede fra sit tidligere synspunkt*

retlig

ADJ.

se *retslig*

retlinet

ADJ. *- , retlinede*

som er ærlig og pålidelig = HÆDERLIG □ *en retlinet og ubestikkelig karakter* · *han er noget af det mest retlinede jeg kender* □ *retlinethed*

retliniet el. retlinjet

ADJ. *- , retliniede*

som består af én el. flere rette linier □ *trekanter er retliniede figurer*

retmaske

SUBST. *-n*, plur. *-r, -rne*

(strikning): en masketype der giver den glatte side af glatstrikning = RET ≠ VRANGMASKE □ *strikke retmasker*

retmæssig

ADJ. *-t, -e*

som er i overensstemmelse med lov og ret = LEGITIM □ *han er den retmæssige arving* · *den retmæssige ejer*

retning

SUBST. *-en*, plur. *-er, -erne*

1. en udstrækning mod et punkt som nogen el. noget bevæger el. retter sig imod □ *vindens retning* · *hvilken retning skal vi gå?* · *gå i retning af havet* · *gå i modsat retning* · *udviklingen går i den forkerte retning* · *vinden blæser fra alle retninger* · *et skridt i den rigtige retning* □ *retningsbestemt* · *retningsgivende* · *retningssans* □ *bevægelsesretning* · *kørselsretning* · *vindretning* • **i den retning** i den henseende □ *i den retning er han en begavelse* • **eller noget i den retning** = ELLER NOGET LIGNENDE □ *de er halvbrødre eller noget i den retning* · *han er vist tømrer eller noget i den retning*
2. en gruppe mennesker med fælles ideer inden for politik, kunst, filosofi el.lign. = BEVÆGELSE □ *tilhøre en bestemt retning inden for islam* · *tidens politiske, religiøse og kunstneriske retninger* □ *kunstretning* · *moderetning* · *stilretning* · *tankeretning*
3. det at rette noget □ *opgaveretning* · *stileretning*

retningsgivende

ADJ.

som er et forslag til noget, ofte om priser = VEJLEDENDE □ *en retningsgivende fortolkning* · *retningsgivende priser*

retningslinier el. retningslinjer

SUBST.PLUR. *-ne*

vejledning og påbud om hvordan noget skal gøres □ *han gav retningslinier for hvordan arbejdet skulle foregå* · *der var faste retningslinier for hvordan receptionen skulle foregå*

RE-tog

SUBST. *-et*, plur. *-e* (el. *tog*), *-ene*

tog som kører på kortere strækninger end IC- og IR-togene, og som standser ved flere stationer; fork. for *regionaltog*

retorik

SUBST. *retorikken*, plur. *retorikker, retorikkerne*
/reto'rik/

læren om at tale smukt og velformuleret = TALEKUNST, VELTALENHED □ *retorik er ikke hans stærke side, så han holder sjældent tale* · *talen var bare tom retorik*

retoriker

SUBST. *-en*, plur. *-e, -ne*
/re'toriker/

1. en person som studerer el. underviser i retorik
2. en veltalende person

retorisk

ADJ. *- , -e*
/re'torisk/

som har at gøre med retorik = VELTALENDE, ORATORISK □ *rektor have retorisk talent og holdt lange taler*

retouche

SUBST. *-n*, plur. *-r, -rne*
[ræ'tusj]

det at retouchere □ *billedet er uden nogen som helst retouche*

retouchere

VERB. *-r, -de, -t*
[rætu'sje'ɔ]

efterbehandle et fotografi, fx for at fjerne skønhedsfejl □ *retouchering*

retriever

SUBST. *-en*, plur. *-e, -ne*
[ri'tri·vɔ]

en stor, kraftig jagthund med sort el. gylden pels; flere racer, fx *labradorretriever* og *golden retriever*

retrospektiv

ADJ. *-t, -e*

som giver et tilbageblik på noget □ *en retrospektiv udstilling* · *retrospektivt set er forfatterens tredje bog hendes bedste* · *han er inde i en alvorlig personlig krise som han muligvis vil kunne værdsætte retrospektivt*

retræte

SUBST. *-n*, plur. *-r, -rne*
/re'træte/

1. det at en hær trækker sig tilbage = TILBAGETOG □ *generalen valgte at give ordre til troppernes retræte* · *de tyske tropper var på hastig retræte i Rusland* • det at moderere tidligere fremsatte forslag el. synspunkter □ *da han kunne se at han ikke kunne få sit forslag igennem, foretog han en hastig retræte* • **på retræte** ved at blive forældet □ *knækprosaen er på retræte* · *det korte drengehår til piger er på retræte*
2. et horn- el. trommesignal der lyder i kaserner og lignende steder, for at tilkendegive at mandskabet skal til ro = TAPPENSTREG ≠ REVEILLE □ *der blev blæst retræte fra kasernens gårdsplads*

retsassessor

SUBST. *-en*, plur. *-er, -erne*

en dommerfuldmægtig af 1. grad

retsbelæring

SUBST. *-en*, plur. *-er, -erne*

retsformandens gennemgang i en nævningesag af sagens juridiske spørgsmål og resumé af sagen til vejledning for nævningene

retsbevidsthed

SUBST. *-en*

en fælles bevidsthed om og tro på at et samfunds myndigheder sørger for at retten sker fyldest i et samfund □ *nogle mener at de milde domme for vold støder folks retsbevidsthed* · *det skader retsbevidstheden i samfundet at så mange kommer af sted med at snyde det offentliges kasser*

retsbog

SUBST. *-en,* plur. *~bøger, ~bøgerne*

en bog der føres ved en ret som bevis for hvad der er foregået ved retten = RETSPROTOKOL

retsbogsudskrift

SUBST. *-en,* plur. *-er, -erne*

en udskrift af hvad der er indført i retsbogen i en bestemt sag □ *bestille en retsbogsudskrift på dommerkontoret* · *fremlægge en retsbogsudskrift under sagen*

retsbrud

SUBST. *~bruddet,* plur. *~brud, ~bruddene*

en retsstridig handling

retsforfølge

VERB. *-r, ~forfulgte, ~forfulgt*

retsforfølge ng rejse sag imod nogen

retsformand

SUBST. *-en,* plur. *~formænd, ~formændene*

en dommer som leder forhandlingerne i landsretternes afdelinger = RETSPRÆSIDENT

retsgyldig

ADJ. *-t, -e*

som er gyldig ifølge loven = LEGITIM □ *et retsgyldigt dokument*

retsind

SUBST. *-et*

en tænkemåde som er retfærdig □ *det stred mod hans retsind at snyde* □ *retsindig*

retsindig

ADJ. *-t, -e; -ere, -st*
/ret'sindig/

som er præget af retsind □ *en retsindig og ubestikkelig karakter* □ *retsindighed*

retskaffen

ADJ. *-t, retskafne*

som er ærlig og pålidelig = HÆDERLIG □ *føre et retskaffent liv* · *han var en retskaffen mand* □ *retskaffenhed*

retskendelse

SUBST. *-n,* plur. *-r, -rne*

= KENDELSE

retskreds

SUBST. *-en,* plur. *-e, -ene*

et område der hører under samme domstol

retskrivning

SUBST. *-en,* plur. *-er, -erne*

skriftlig gengivelse af ord som er i overensstemmelse med en vedtaget måde at gøre det på = ORTOGRAFI □ *retskrivningsfejl* · *retskrivningsordbog* · *retskrivningsregler* · *retskrivningssystem*

retskrivningsordbog

SUBST. *-en,* plur. *~ordbøger, ~ordbøgerne*

en ordbog som indeholder en fortegnelse over officielt vedtagne stavemåder og bøjningsformer □ *Retskrivningsordbogen udgives af Dansk Sprognævn*

retslig el. **retlig**

ADJ. *-t, -e*

som har at gøre med domstolene = JURIDISK □ *en retslig undersøgelse* · *sagen fik et retsligt efterspil* □ *indenretslig* · *udenretslig* • som har med lov og ret at gøre = JURIDISK □ *være retligt forpligtet til at give oplysninger til skattevæsenet*

retsmedicin

SUBST. *-en*

den del af lægevidenskaben der bruges i retssager, fx blodtypebestemmelse, gentestning og obduktion □ *retsmediciner* · *retsmedicinsk*

retsmediciner

SUBST. *-en,* plur. *-e, -ne*

en læge som undersøger lægelige forhold under retssager og aflægger vidnesbyrd om dem, fx. faderskab, dødsårsagen ved mord og blodprøver ved spirituskørsel = RETSLÆGE

retsmøde

SUBST. *-t,* plur. *-r, -rne*

et møde hvor en retssag behandles □ *han overværede et retsmøde; sagen foretoges i offentligt retsmøde*

retspleje

SUBST. *-n*

domstolenes virksomhed □ *strafferetspleje*

retsplejelov

SUBST. *-en,* plur. *-e, -ene*

den lov der regulerer retsplejen

retspraksis

SUBST. *-en* (el. *~praksissen*), plur. *-er* (el. *~praksisser* el. *~praksis*), *-erne* (el. *~praksisserne* el. *-ene* el. *~praksissene*)

et fællesudtryk for hvordan retterne forstår lovene og handler efter disse i konkrete tilfælde □ *efter retspraksis idømmes der sjældent længerevarende domme for disse forbrydelser* · *der er ingen retspraksis på dette område*

retsprotokol

SUBST. *~protokollen,* plur. *~protokoller, ~protokollerne*

= RETSBOG

retspræsident

SUBST. *-en,* plur. *-er, -erne*

hver af formændene for Højesteret, landsretterne og flere andre domstole = RETSFORMAND

retssag

SUBST. *-en,* plur. *-er, -erne*

en strid som behandles og afgøres ved en domstol = SAG, PROCES □ *der afsiges dom i retssagen næste uge* · *under retssagen mod firmaet kom der nye beviser frem* · *hun vandt retssagen* • **føre en retssag** få et retsligt spørgsmål behandlet af en domstol for at nå frem til en afgørelse

retssal

SUBST. *-en,* plur. *-e, -ene*

et lokale hvor en retssag fremlægges for at blive hørt og afgjort af en dommer

retsstridig

ADJ. *-t, -e*

= ULOVLIG □ *retsstridige handlinger*

retstrikning

SUBST. *-en*

strikning hvor man kun strikker retmasker

retsvidenskab

SUBST. *-en*

= JURA

retsvirkning

SUBST. *-en,* plur. *-er, -erne*

en følge der er af retlig karakter □ *en aftales retsvirkninger*

retsvæsen

SUBST. *-et* (el. *~væsnet*)

det der har med lovgivning, domstole og retssager at gøre

rette

VERB. *-r, -de, -t*

1. rette ngt el. **rette på ngt** gøre noget lige □ *rette ryggen* · *rette sin krogede skikkelse* · *rette et vejsving ud* · *rette på lagenet* • **rette sig** gøre ryggen el. kroppen lige □ *rette sig i stolen* · *rette sig op i sin fulde højde* · *rette sig ud i fuld længde* • **rette sig** blive bedre igen □ *forholdene har rettet sig* · *det retter sig nok*
2. rette ngt mod ng(t) gøre nogen el. noget til mål for noget □ *rette kikkerten mod et punkt i det fjerne* · *han rettede pistolen mod hende* • **rette ngt mod ng** gøre nogen til modtager el. genstand for noget = MØNTE, HENVENDE, STILE, ADRESSERE □ *kritikken var udelukkende rettet mod chefen* · *han rettede beskyldninger mod hende* · *hun rettede kritik mod ham* · *de rettede henvendelse til ham*
3. rette ng(t) el. **rette {på} ng(t)** ændre noget forkert til noget rigtigt el. bringe noget i orden = KORRIGERE □ *rette sine fejl* · *du må rette mig hvis jeg tager fejl* · *han rettede i regnskaberne* · *hun rettede på hans sprog* · *han rettede på slipset* · *hun rettede ved hovedpuden* □ *rettelse* · *rettefejl* • **rette ngt op** el. **rette op på ngt** gøre noget dårligt godt □ *rette økonomien op* · *der kunne ikke rettes op på fejlene* • **rette ngt til** ændre på noget til det passer □ *hun rettede kjolen til*

4. rette sig efter ng(t) gøre det som nogen el. noget kræver af én □ *jeg retter mig efter hvad du siger • hun rettede sig efter ham • rette sig efter forholdene*
5. rette ngt an gøre mad parat = ANRETTE □ *han rettede maden an i køkkenet*

rettelig
ADV.

udtryk for at noget er ret og rimeligt □ *en anden fik den stilling som rettelig tilkom ham* = MED RETTE

rettelse
SUBST. *-n,* plur. *-r, -rne*

ændring af noget forkert til noget rigtigt = BERIGTIGELSE, KORREKTION □ *der var mange rettelser i manuskriptet • foretage en rettelse • komme med en rettelse • rettelse af ordlyden*

rettergang
SUBST. *-en*

et retslig proces med behandling af skyldsspørgsmål og en afsluttende domsafsigelse □ *der blev holdt rettergang over de anklagede* • en uofficiel domsafsigelse el. fordømmelse □ *der blev holdt rettergang over synderen på stedet • pressens behandling af affæren var en offentlig rettergang*

rettergangschef
SUBST. *-en,* plur. *-er, -erne*

en militærchef som der rådføres med inden beslutning om påtale i militære straffesager

rettersted
SUBST. *-et,* plur. *-er, -erne*

et sted hvor der foretages henrettelser, især om henrettelsstedet i el. uden for en by i gamle dage □ *blive ført til rettersstedet*

rettesnor
SUBST. *-en,* plur. *-e, -ene*

norm for hvordan man bør handle el. opføre sig □ *hensynet til andre må være rettesnor for vore handlinger*

rettidig
ADJ. *-t, -e*

som overholder et aftalt el. planlagt tidspunkt = PUNKTLIG, PRÆCIS □ *toget gik rettidigt • rettidig levering*

rettighed
SUBST. *-en,* plur. *-er, -erne*

en ret el. et krav som man har i kraft af en vis egenskab, fx som medborger i et samfund □ *han blev frataget sine rettigheder • blive genindsat i sine rettigheder • hans rettigheder blev krænket • de konstitutionelle rettigheder • reformen sikrer de kontoruddannede rettighed til at uddanne sig* □ *menneskerettighed*

rettroende
ADJ.

som følger sin tros regler nøje = ORTODOKS □ *en rettroende katolik* □ *rettroenhed*

retur[1]
SUBST. *-en*
/re'tur/

tilbagevenden til udgangspunktet, fx tilbagetur el. tilbagesendelse □ *på returen anløb vi Rotterdam • der gives rabat ved retur inden inden 8 dage* □ *returbillet • returforsendelse • returglas • returkommision • returporto* • **tur retur** se *tur-retur* • **være på retur** være i tilbagegang □ *som kunstner er han stærkt på retur • tendensen er på retur*

retur[2]
ADV.
/re'tur/

udtryk for at noget vender tilbage til udgangspunktet = TILBAGE □ *brevet kom retur • sende defekte varer retur • de fik den retur igen*

returbillet
SUBST. *~billetten,* plur. *~billetter, ~billetterne*

en billet med tog, bus, fly el. skib som gælder både udrejsen og hjemrejsen = DOBBELTBILLET ≠ ENKELTBILLET

returkommission
SUBST. *-en,* plur. *-er, -erne*

et hemmeligt vederlag for at forhandle en kontrakt igennem □ *det kom frem at han havde modtaget returkommission*

returnere
VERB. *-r, -de, -t*
/retur'nere/

returnere til ngt rejse tilbage til udgangspunktet □ *skibet returnerede til hjemlig havn* □ *returnering* • **returnere ngt til ng** sende noget uønsket tilbage □ *returnere et brev til afsenderen bogen skal returneres inden ti dage* □ *returnering* • **returnere ngt** (sport): ramme en bold og sende den tilbage til modstanderen □ *returnere en hård serv* • **returnere ngt** svare el. give igen på noget □ *hun returnerede komplimenten med et fingerkys • han returnerede alle spørgsmål i debatten til sin modstander*

retvinklet
ADJ. *- , retvinklede*

(geometri): som har en ret vinkel, dvs. en vinkel på. 90° □ *en retvinklet trekant*

reumatisme
SUBST. *-n*
[*rɔjma'tismə* el. *röwma'tismə*]

= GIGT

rev[1]
SUBST. *-et,* plur. *rev, -ene*

en langstrakt forhøjning af havbunden nær ved havoverfladen □ *i stormen stødte skibet på et rev* □ *klipperev • koralrev*

rev[2]
VERB.

bøjningsform af *rive*

revalidere
VERB. *-r, -de, -t*
/revali'dere/

revalidere ng hjælpe personer der fx pga. svagt helbred har vanskeligt ved at få erhvervsarbejde ind i erhvervslivet igen ved hjælp af uddannelse, omskoling, optræning

revalidering
SUBST. *-en,* plur. *-er, -erne*

det at revalidere □ *man kan få økonomisk hjælp under revalidering*

revaluere
VERB. *-r, -de, -t*
[*rævalu'e'ɔ* el. *'ræ-*]

revaluere ngt med ngt forøge værdien af en valuta el. et aktiv med en vis procentdel = OPSKRIVE ≠ DEVALUERE, NEDSKRIVE □ *revaluere kronen med 3% • renten blev revalueret* □ *revaluering*

revaluering
SUBST. *-en,* plur. *-er, -erne*
[*rævalu'e'reŋ* el. *'ræ-*]

jf. *revaluere* = OPSKRIVNING ≠ DEVALUERING, NEDSKRIVNING □ *en revaluering af den svenske krone*

revanche
SUBST. *-n,* plur. *-r, -rne*
[*ræ'vaŋsjə* el. *ræ'vaŋsj*]

det at få æresoprejsning efter et nederlag el. en ydmygelse = HÆVN □ *han var en fiasko på hjemmefronten, men han fik til gengæld revanche i sit militære liv* • det at sejre over en modstander som man tidligere har lidt nederlag til □ *spillerne krævede revanche efter nederlaget • tage revanche*

revanchere
VERB. *-r, -de, -t*
[*rævaŋ'sje'ɔ*]

revanchere sig skaffe sig hævn el. revanche □ *jeg vil have mulighed for at revanchere mig efter dette første nederlag • OB vil gøre alt for at revanchere sig i lørdagens kamp mod jyderne*

reveille
SUBST. *-n,* plur. *-r, -rne*
[*ræ'væljə*]

et horn- el. trommesignal brugt til at vække mandskabet i en kaserne om morgenen ≠ RETRÆTE

reverens
SUBST. *-en,* plur. *-er, -erne*
/reve'rens/

= RESPEKT □ *vi har reverens over for traditionen, men vi skal også forny teateret • han døbtes med reverens for forfædrene og helgenerne • med skyldig reverens* • tegn på respekt □ *udstillingen er en reverens for den maler der har betydet meget i dansk billedkunst* • **gøre reverens for ng(t)** vise nogen el. noget respekt

reverenter
ADV.
/reve'renter/

reverenter talt med forlov at melde □ *han er reverenter talt en slyngel*

revers[1]

SUBST. *-en* el. *-et*, plur. *-er, -erne*
[*ræ'värs*el. *ræ'væ'r*]

et opslag el. en ombukket kant på en jakke el. frakke som omgiver brystudskæringen = KRAVE, OPSLAG

revers[2]

SUBST. *-en*, plur. *-er, -erne*
[*ræ'värs*]

bagsiden af en mønt el. en medalje ≠ AVERS

revidere

VERB. *-r, -de, -t*
/*revi'dere*/

revidere ngt gennemgå noget kritisk med henblik på at ændre det = OMARBEJDE □ *revidere loven · revidere sin opfattelse · revidere sine planer · ordbogen er udkommet i en ny, revideret udgave* □ *revidering* ● **revidere ngt** udføre økonomisk kontrol af noget, fx et regnskab □ *revidere et regnskab · regnskabet er revideret af NN* □ *revision*

revir

SUBST. *-et*, plur. *-er, -erne*
[*ræ'vi'r*]

et område el. distrikt der især bruges til jagt □ *de var ude at inspicere grevens revir · udstikke et revir* □ *jagtrevir* ● et område hvor en bestemt dyreart holder til = TERRITORIUM □ *ulvenes revir · det er landets bedste revir for havørred · katten mærkede sit revir af · trænge ind på dyrets revir*

revision

SUBST. *-en*, plur. *-er, -erne*
[*rævi'sjo'n*]

1. en gennemgang og ændring af noget, så indholdet opdateres el. bliver bedre □ *revision af bogbestanden på et bibliotek · foretage en revision af en lov*
2. en kritisk gennemgang og kontrol af fx et regnskab = REGNSKABSKONTROL □ *underkaste regnskabet en nøje revision* □ *revisionsanmærkning · revisionsberetning · revisionskontor · revisionsprotokol* ● en gruppe af revisorer el. afdeling for revision □ *rigsrevision*
3. tage ngt op til revision ændre holdning til noget

revisionisme

SUBST. *-n*
/*revisio'nisme*/

1. retninger inden for kommunismen der afviger fra det rent marxistiske el. den retning som var anerkendt i det tidligere Sovjetunionen
2. omskrivning af historieskrivningen så den passer til et bestemt syn på historien □ *i den tyske revisionisme har ny-nazistiske historikere forsøgt at påvise at holocaust aldrig har fundet sted*

revisor

SUBST. *-en*, plur. *-er, -erne*
/*re'visor*/

en regnskabsuddannet person der kontrollerer regnskaber for virksomheder o.l., og som også udfører regnskabarbejde = CAND.MERC.AUD. □ *registreret revisor · for firmaer af en vis størrelse skal revisionen foretages af en statsautoriseret revisor* □ *revisorkandidat* □ *skatterevisor · statsrevisor*

revl

SUBST.

revl og krat alle og enhver el. alting = RUB OG STUB □ *han inviterede revl og krat med til festen · kunderne tømte butikken, revl og krat blev solgt*

revle

SUBST. *-n*, plur. *-r, -rne*

en ophobning af sand og grus på havbunden som ligger parallelt med kystlinien □ *svømme ud til den første revle · revlerne ved Jyllands vestkyst*

revling

SUBST. *-en*, plur. *-er, -erne*

en lav, stedsegrøn busk med nåleformede blade, uanseelige røde blomster og sorte, spiselige bær; vokser bl.a. på heder; latinsk navn *Empetrum nigrum* □ *revlingebær*

revne[1]

SUBST. *-n*, plur. *-r, -rne*

1. en smal, aflang åbning i el. igennem noget el. imellem to sammenhørende ting = SPRÆKKE □ *en revne i bukserne · en revne mellem to gulvbrædder · jorden slog revner i tørken* ● en meget tynd linie i noget der er ved at gå i stykker □ *en revne i isen · en revne i kaffekoppen · vasen har fået en revne · en mur med revner og sprækker*
2. ligge el. **sove i revnen** sove oven på revnen mellem to senge der er sat sammen til en dobbeltseng □ *jeg lå i revnen til jeg var tre år gammel*

revne[2]

VERB. *-r, -de, -t*

1. gå delvis i stykker således at der opstår lange, smalle åbninger i overfladen = SPRÆKKE □ *koppen faldt på gulvet og revnede · æggeskallen revnede · spejlet er revnet · bukserne er revnet bagi* □ *revnefærdig* ● gå helt i stykker, fx pga. for stor belastning = BRISTE, SPRÆNGES □ *der revnede ballonen*
2. i forsk. forb.: ● **spise til man revner** fortsætte med at spise til man er mere end mæt ● **revne af grin** se under *grin*

revnefærdig

ADJ. *-t, -e*

være revnefærdig af ngt føle noget så stærkt at man næsten ikke kan holde det tilbage □ *være revnefærdig af nysgerrighed · være revnefærdig af stolthed*

revnende

ADV.

= FULDSTÆNDIG □ *jeg er revnende ligeglad · det er så revnende ligegyldigt*

revolte

SUBST. *-n*, plur. *-r, -rne*
/*re'volte*/

et folkeligt angreb mod et lands magthavere, fx for at styrte dem el. ændre landets politiske system = OPRØR

revoltere

VERB. *-r, -de, -t*
/*revol'tere*/

gøre oprør

revolution

SUBST. *-en*, plur. *-er, -erne*
[*rævolu'sjo'n*]

en pludselig og omfattende forandring, især en voldelig omvæltning af det bestående samfundssystem = OMVÆLTNING □ *den franske revolution · den russiske revolution · lave revolution · vi oplever en sand revolution på teknikkens område · den industrielle revolution · den seksuelle revolution* □ *revolutionsdomstol · revolutionshelt · revolutionskomité · revolutionsromantik* □ *kontrarevolution · paladsrevolution · verdensrevolution*

revolutionere

VERB. *-r, -de, -t*
[*rævolusjo'ne'ɔ*]

revolutionere ngt gennemgribende forandre noget □ *denne opfindelse har revolutioneret industrien · en revolutionerende opfindelse*

revolutionær

ADJ. *-t, -e*
[*rævolusjo'næ'r* el. *'ræ-*]

som har med revolution at gøre □ *revolutionær socialisme · revolutionære bevægelser · revolutionære tanker og idéer*

revolver

SUBST. *-en*, plur. *-e, -ne*
/*re'volver*/

en pistol med en tromle til patroner som automatisk drejer rundt efter hvert skud

revse

VERB. *-r, -de, -t*

revse ng straffe en person korporligt, fx med prygl = TUGTE, AVE □ *revse et uartigt barn* □ *revselse*

revy

SUBST. *-en*, plur. *-er, -erne*
/*re'vy*/

1. en teaterforestilling sammensat af satiriske viser og optrin med aktuelt indhold □ *revyforfatter · revymelodi · revysang · revyteater · revyvise*
2. en oversigt over de væsentligste begivenheder der har fundet sted i en periode; det kan være et tidsskrift el. filmklip
3. et eftersyn el. en mønstring af en afdeling af hær el. flåde □ *holde revy over sine tropper · lade tropperne passere revy*
4. passere revy opleve igen i tankerne □ *begivenhederne passerede revy for min erindring*

rex

SUBST.
[*'rägs*]

(bruges oftest i underskrift): = KONGE

rheinlænderpolka

SUBST. *-en*, plur. *-er, -erne*

en langsom selskabsdans som ligner polka, og

som spilles i 2/4-takt; opstod i Tyskland sidst i 1800-tallet • musik som hører til dansen

rhesusfaktor

SUBST. *-en*
/ˈ*rhesusfaktor*/
fork. *Rh-faktor*

et protein som forekommer i blodets røde blodlegemer hos ca. 85% af den danske befolkning, mens 15% savner det; hvis en person uden rhesusfaktor får tillført blod med rhesusfaktor dannes der antistoffer hvilket kan give problemer, fx ved efterfølgende graviditeter

rhesusnegativ

ADJ. *-t, -e*

som ikke har *rhesusfaktor* i blodet □ *rhesusnegative kvinder vaccineres efter en fødsel for at undgå at de senere danner antistoffer mod et rhesuspositivt barn*

rhesuspositiv

ADJ. *-t, -e*

som har *rhesusfaktor* i blodet

rhinskvin

SUBST. *-en,* plur. *-e, -ene*

en hvidvin fra egnen omkring Rhinen

ri

VERB. *-r* (el. *-er*), *-ede, -et*

ri ngt sy stof sammen i hånden mad lange sting = NÆSTE □ *hun riede en lap på bukserne* □ *rining* · *risting*

ribbe[1]

SUBST. *-n,* plur. *-r, -rne*

1. (gymnastik): et stigelignende redskab der er fastgjort til en væg □ *gøre øvelser i ribberne* · *hive sig op i ribben*
2. en ophøjet stribe der forekommer i strikning ved at skifte mellem ret- og vrangmasker □ *ribbort* · *ribstrikning*
3. hver af nerverne i et blad der buler udad på undersiden af bladet, og som fordeler vandet og leder næringsstoffer til planten = BLADRIBBE • stilk på fx solbær og ribs □ *ribbefri*
4. (arkitektur): en fremspringende og bærende muret bue i en ribbehvælving □ *ribbehvælving*

ribbe[2]

VERB. *-r, -de, -t*

1. ribbe ngt rive ribs, solbær el.lign. fra stilkene □ *hun ribbede ribsene med en gaffel* □ *ribning*
2. ribbe ng(t) for ngt = PLYNDRE □ *tyvene ribbede huset for alt af værdi*

ribbebort

SUBST.

se *ribbort*

ribbehvælving

SUBST. *-en,* plur. *-er, -erne*

en hvælving der opmures med krydsende, bærende buer (ribber) mellem hvælvingsfladerne (kapperne)

ribben

SUBST. *-et,* plur. *ribben, -ene*

hver af de 12 par lange, buede knogler i legemet som sidder i en bue fra rygsøjlen til brystbenet, og som beskytter organerne i brystkassen □ *han er så mager at man kan tælle hans ribben* · *hun brækkede tre ribben*

ribbenssteg

SUBST. *-en,* plur. *-e, -ene*

en steg af et ribbensstykke fra slagtet svin □ *mager ribbenssteg*

ribbort el. **ribbebort**

SUBST. *-en,* plur. *-er, -erne*

en kant der er strikket i ribstrikning, fx på en trøjes ærmer

ribs

SUBST. *-et,* plur. *ribs, -ene*

1. et syrligt, halvt gennemsigtigt rødt el. hvidt bær som vokser i hængende klaser på ribsbusken; latinsk navn *Ribes* □ *ribsbusk*
2. et surt ribs en sur kvinde □ *hun er et surt ribs* · *dit sure ribs!*

ribstrikning

SUBST. *-en*

strikning hvor man skifter mellem ret- og vrangmasker, hvorved der fremkommer ophøjede rækker som giver et elastisk resultat ≠ GLATSTRIKNING □ *ærmekanterne strikkes i ribstrikning*

rickshaw

SUBST. *-en,* plur. *-er, -erne*
[ˈ*rigsjå*ˑ]

en let tohjulet vogn til en el. to personer trukket af en mand □ *de kørte rundt i Calcutta i rickshaw* □ *rickshawkuli* · *rickshawplads* · *rickshawtur* □ *cykelrickshaw*

ridder

SUBST. *-en,* plur. *-e, -ne*

1. (i middelalderen): en adelsmand der ved en ceremoni var blevet optaget i en snæver kreds af en fyrstes stormænd □ *ridderideal* · *ridderløfte* · *ridderrustning* · *riddersal* · *ridderslag* · *riddersmand* · *ridderstand* · *riddervise* • **slå ng til ridder** optage nogen i ridderstanden
2. ⟨fork. *R*⟩ en person der har fået tildelt et ridderkors □ *ridder af Dannebrog* · *han er blevet slået til ridder* □ *ridderkors* · *ridderorden*
3. en mand der er modig, beleven og galant □ *ridderlig* • **ridderen på den hvide hest** manden i en piges liv • **slå sig til ridder på ngt** gøre sig bemærket på andres bekostning □ *det var en let sag for ham at slå sig til ridder på sin modstanders uvidenhed*

ridderkors

SUBST. *-et,* plur. *~kors, -ene*

den orden som tildeles en ridder af Dannebrog □ *dekoreret med Dannebrogsordenens ridderkors*

ridderlig

ADJ. *-t, -e*

som besidder egenskaber som mod og hensynsfuldhed, og som udviser gode manerer, især over for kvinder □ *en ridderlig mand* · *en ridderlig opførsel* · *være ridderlig over for en dame* □ *ridderlighed*

riddersal

SUBST. *-en,* plur. *-e, -ene*

en festsal på et slot

ridderslag

SUBST. *-et,* plur. *~slag, -ene*

om slag med et sværd på skulderen, hvormed en adelsmand optages i ridderstanden • en æresbevisning og officiel anerkendelse man opnår ved at have gjort noget særligt □ *den samlede kritik gav ham ridderslaget for den bog*

riddersmand

SUBST. *-en,* plur. *~mænd, ~mændene*

(poet., glds.): en mand som er høflig og hjælpsom på en uselvisk måde = KAVALER □ *han var i al sin færd den fuldendte riddersmand*

ridderspore

SUBST. *-n,* plur. *-r, -rne*

en plante med håndfligede blade og hvide, røde el. blå blomster med sporer; flere arter, bl.a. *kornridderspore;* latinsk navn *Delphinium*

ridderstjerne

SUBST. *-n,* plur. *-r, -rne*

en løgplante med fire tragtformede røde el. hvide blomster på en kraftig stilk; stueplante; latinsk navn *Hippeastrum hortorum* = AMARYLLIS, DE FIRE VERDENSHJØRNER

ride[1]

SUBST. *-n,* plur. *-r, -rne*

en mågefugl med et gult næb, sorte vingespidser og sorte ben; latinsk navn *Rissa tridactyla*

ride[2]

VERB. *-r, red, redet* (*reden, redne*)

1. ride {på ngt} bevæge sig af sted siddende på en hest el. et andet dyr □ *hun kan ride en hest* · *de ville prøve at ride på en kamel* · *de red en tur i skoven* · *hun er ude at ride* · *ride om kap* · *ride i galop* □ *ridder* · *ridning* · *rideskole* · *ridetur* • **ride ranke** se under *ranke*
2. i forsk. forb.: • **ride på en bølge af ngt** se under *bølge* • **ride ng som en mare** se under *mare* • **ikke ride den dag man sadler** være længe om at få gjort el. gennemført noget □ *han har godt nok gjort sig klar til at tage af sted, men han rider ikke den dag han sadler, så det er ikke godt at vide hvornår han rejser* • **ride stormen af** se under *storm*

ridebane

SUBST. *-n,* plur. *-r, -rne*

en jævnet bane til rideøvelser

ridedragt

SUBST. *-en,* plur. *-er, -erne*

en dragt bestående af stramtsiddende ridebukser, kort figursyet jakke, langskaftede læderstøvler med sporer samt en ridehjelm

rideskole

SUBST. *-n,* plur. *-r, -rne*

et sted med heste hvor der gives undervisning i ridning □ *rideskolelærer · rideskolehest*

rids

SUBST. *-et,* plur. *rids, -ene*

en hurtig el. oversigtsagtig skitse el. beskrivelse af noget □ *hun tegnede et rids af bygningen · han gav et kort rids af begivenhederne*

ridse[1]

SUBST. *-n,* plur. *-r, -rne*

et mærke lavet med en skarp el. spids genstand = SKRAMME □ *bordet har fået en ridse* • **have fået ridser i lakken** få skader □ *deres ægteskab har vist fået et par alvorlige ridser i lakken*

ridse[2]

VERB. *-r, -de, -t*

ridse ngt lave et mærke i noget med en skarp el. spids genstand □ *du må ikke ridse lakken · husk at ridse flæskestegen inden du sætter den i ovnen* □ *ridsning* □ *afridse · opridse* • **ridse ngt op** kort gengive noget i store træk = OPRIDSE □ *han ridsede situationen op for os*

ridt

SUBST. *-et,* plur. *ridt, -ene*

en ridetur på en hest □ *et langt ridt · et vildt ridt · et ridt på flere timer*

riesling

SUBST. *en*
[*'ri·sleŋ*]

en druesort brugt til fremstilling af hvidvin fra Rhindistriktet i Tyskland • en hvidvin fremstillet af rieslingdruer

riff

SUBST. *-et,* plur. *riff, -ene*

et rytmisk præget motiv i jazzmusik som stadig repeteres, fx mens en solist improviserer

riffel

SUBST. *-en* (el. *riflen*), plur. *rifler, riflerne*

et gevær med et riflet løb som sætter projektilet i rotation om længdeaksen, hvilket giver det en mere lige bane = GEVÆR □ *riffelkugle · riffelskud* □ *salonriffel*

riflet

ADJ. *- , riflede*

1. som er forsynet med riller, især som dekoration □ *riflet glas · riflet fløjl* □ *bredriflet · smalriflet*
2. (om et geværløb): med indvendige, skrueformede rifler som får projektilet til at rotere om længdeaksen □ *et gevær med riflet løb*

rift

SUBST. *-en,* plur. *-er, -erne*

1. en lille, overfladisk revne i huden som er revet af noget spidst el. skarpt = SKRAMME □ *man får mange rifter på benene, hvis man går barbenet gennem en brombærbusk*
2. rift om ngt stærk efterspørgsel efter noget □ *der er rift om billetterne til forestillingen*

rig[1]

SUBST. *riggen,* plur. *rigge, riggene*
[*'ræk*el. *'rik*]

1. = RIGNING
2. = BORERIG

rig[2]

ADJ. *-t, -e; -ere, -est*

1. (også SUBST.) som har mange penge ≠ FATTIG □ *familien er meget rig · forskellen mellem rig og fattig er øget · de rige lande* □ *rigdom · rigmand* □ *nyrig · stenrig*
2. som forekommer i stor mængde □ *området er rigt på olie · de gjorde rige fund af rav · retten er rig på proteiner · hun er rig på ideer* □ *rigelig · righoldig* □ *farverig · fiberrig · folderig · ordrig · vitaminrig* • som udmærker sig på en positiv måde □ *leve en rig tilværelse* □ *fremgangsrig · indflydelsesrig · omfangsrig · traditionsrig*

rigdom

SUBST. *rigdommen,* plur. *rigdomme, rigdommene*

1. en stor og rigelig mængde af penge, ejendomme el. andet værdifuldt ≠ FATTIGDOM □ *rigdom og magt · de drømte om rigdom · familien lever i rigdom* □ *fantasirigdom · farverigdom · ordrigdom*
2. noget som forekommer i overflod □ *husets rigdomme · en rigdom af detaljer* □ *detaljerigdom*

rige

SUBST. *-t,* plur. *-r, -rne*

1. et befolkningsområde som har sin egen regering el. sit eget overhoved = LAND □ *hele det danske rige · dronningen er rigets øverste* □ *rigsadvokat · rigsarkiv · rigsdag · rigsforstander · rigsvåben* □ *kongerige · kejserrige · zarrige* • et ofte abstrakt område som er karakteriseret ved noget bestemt □ *hun lever i fantasiens rige · Guds rige* □ *dødsrige · himmerige · jorderige* • **rejse land og rige rundt** rejse rundt i hele landet • **riget fattes penge** riget mangler penge • **det tredje rige** det nazistiske Tyskland som det tredje i rækken efter det tysk-romerske rige og den tysk-prøjsiske kejserstat
2. hver af de grupper i biologisk systematik som alt levende inddeles i, bl.a. dyreriget, planteriget og svamperiget; over *række* • hver af de tre naturvidenskabelige inddelingsgrupper □ *dyreriget · planteriget · mineralriget*
3. {hvad} i alverdens riger og lande udtryk som forstærker hv-spørgsmål □ *hvad i alverdens riger og lande forestiller du dig dog vi skal leve af? · hvor i alverdens riger og lande har du været siden i går?*

rigel

SUBST. *-en* (el. *riglen*), plur. *rigler, riglerne*

1. et metalstykke i en lås, fx en dørlås, som skydes frem når døren skal låses ≠ FALLE □ *skudrigel*
2. hver af de stænger som trækkes ud for at understøtte de løse plader i et udtræksbord

rigelig

ADJ. *-t, -e*

mere end tilstrækkelig i mængde el. grad = GODT MED, MASSER AF, GOD ≠ KNEBEN □ *her er rigelig plads · hun fik rigeligt at spise · tag nu rigeligt! · larmer I ikke lidt vel rigeligt? · huset er rigelig stort · frakken er rigelig stor til hende* □ *rigelighed*

rigellås

SUBST. *-en,* plur. *-e, -ene*

en lås der kun har rigel, fx låsen i en skuffe ≠ FALLELÅS, DOBBELTLÅS

rigge

VERB. *-r, -de, -t*

rigge ngt til forsyne et fartøj med rigning □ *de riggede båden til inden verdensomsejlingen · rigge en mast · skal vi se at få skuden rigget?* • **rigge ng til** el. **ud** bære en masse pynt □ *hun var godt rigget til med diadem og halskæder*

rigger

SUBST. *-en,* plur. *-e, -ne*

en person der rigger skibe

righoldig

ADJ. *-t, -e*

som har el. indeholder meget af noget □ *museet rummer en righoldig samling af kunstnerens billeder · det er en righoldig jord · undergrunden var righoldig på mineraler*

rigid

ADJ. *-t, -e; -ere, -est*
/ri'gid/

som stædigt fastholder sin måde at tænke på og nægter at acceptere forandringer = FORMALISTISK □ *en rigid og firkantet person* • som ikke kan el. vil ændres □ *en rigid holdning · et rigidt system*

rigmand

SUBST. *-en,* plur. *rigmænd, rigmændene*

en rig mand □ *rigmandshus · rigmandsliv · rigmandssøn · rigmandsvælde*

rigning

SUBST. *-en,* plur. *-er, -erne*
[*'rægneŋ*]

master, rundholter og tovværk på et skib el. en båd = RIG, TAKKELAGE, REJSNING □ *vinden tudede i rigningen · klatre op i rigningen · en høj rigning · miste rigningen* □ *skonnertrigning*

rigoristisk

ADJ. *- , -e*
/rigo'ristisk/

streng og ubøjelig □ *en rigoristisk bestemmelse*

rigsadvokat

SUBST. *-en,* plur. *-er, -erne*

øverste leder af den offentlige anklagemyndighed; fører straffesager ved *Højesteret*

rigsantikvar

SUBST. *-en,* plur. *-er, -erne*

chefen for *Nationalmuseet*

rigsdag

SUBST. *-en,* plur. *-e, -ene*

parlamentet i Sverige □ *rigsdagsmedlem* · *rigsdagssamling* · *rigsdagsstenograf* • indtil 1953 Danmarks parlament bestående af folketinget og landstinget

rigsdansk

ADJ. *-* , *-e*

som hører til dansk rigssprog □ *rigsdansk udtale* • ⟨SUBST.: *et*⟩ dansk rigssprog

rigsforstander

SUBST. *-en,* plur. *-e, -ne*

en person der leder en regering når regenten er fraværende

rigskansler

SUBST. *-en,* plur. *-e, -ne*

fra 1871 den øverste leder af den tyske rigsforvaltning, fra 1919 den parlamentariske førsteminister og endelig fra 1934 med Hitler den fulde og altovervejende myndighed

rigsmål

SUBST. *-et,* plur. *~mål, -ene*

= RIGSSPROG □ *det danske rigsmål* · *regionalt rigsmål*

rigsombudsmand

SUBST. *-en,* plur. *~mænd, ~mændene*

den danske stats repræsentant på Færøerne og i Grønland

rigspoliti

SUBST. *-et*

den øverste myndighed inden for politiet som samler alle specialafdelinger under sig □ *rigspolitiets rejseafdeling* □ *rigspolitichef*

rigsrevision

SUBST. *-en,* plur. *-er, -erne*

en institution som i overensstemmelse med bevillinger og love kontrollerer statens regnskaber og regnskaber for institutioner o.l. hvis udgifter el. underskud dækkes ved statstilskud

rigsrevisor

SUBST. *-en,* plur. *-er, -erne*

en person som udnævnes af Folketingets formand til at udføre rigsrevisionens arbejde og bistå statsrevisorerne ved gennemgang af statsregnskabet; en rigsrevisor kan ikke være medlem af Folketinget ≠ STATSREVISOR

rigssprog

SUBST. *-et,* plur. *~sprog, -ene*

en sprogform som er uden udprægede dialekttræk, og som er officielt sprog i et land = RIGSMÅL ≠ DIALEKT

rigsvåben

SUBST. *-et* (el. *~våbnet*), plur. *-er* (el. *~våbner* el. *~våben*), *-erne* (el. *~våbnene*)

et våbenmærke der bruges som symbol for et land □ *det danske rigsvåben* · *Sveriges rigsvåben*

rigsæble

SUBST. *-t*

en lille guldkugle, foroven prydet med et kors, som sammen med *scepteret* er tegn på en konges el. kejsers værdighed; bæres i venstre hånd

rigtig

ADJ. *-t, -e; -ere, -st*

1. som er uden fejl og i overensstemmelse med virkeligheden el. de vedtagne normer = KORREKT, SAND ≠ FORKERT □ *svaret er rigtigt* · *det er den rigtige måde at gøre det på* · *bære sig rigtigt ad* · *det er rigtigt at han ikke bor her mere* · *det skal gå rigtigt til* · *han havde ganske rigtigt set galt på køreplanen* · *det er rigtigt nok* · *det rigtigste ville være at trække tilbuddet tilbage* □ *rigtighed* • ægte hele vejen igennem ≠ UÆGTE □ *hun var en rigtig prinsesse* · *se, det var en rigtig historie* · *han er en rigtig bandit* · *hun er ikke rigtig død* • som er bedst til et bestemt formål □ *jeg fik fat i den rigtige reservedel* · *han er den rigtige person til opgaven* · *det helt rigtige at gøre nu og her er at lukke butikken*
2. ⟨ADV.⟩ udtryk for at noget er tilfældet i høj grad el. i temmelig høj grad □ *jeg morede mig rigtig godt* · *han er bare rigtig sød* · *det har du rigtig godt af* · *det er rigtig ærgerligt* · *det var rigtig dumt gjort* · *det går jo rigtig godt nu, synes jeg* · *det var såmænd en rigtig pæn præstation* • **rigtig klog** ved sine sansers fulde brug □ *er du rigtig klog!* · *du er ikke rigtig klog at gå ud i det vejr*

rigtignok

ADV.

udtryk for at taleren giver sætningen eftertryk = VIRKELIG, BESTEMT □ *det var rigtignok en dejlig tur* · *kender du ham? - ja det gør jeg rigtignok* • udtryk for en indrømmelse = GANSKE VIST □ *jeg var rigtignok ked af det, men jeg måtte jo gøre det*

rijsttafel el. **ristaffel**

SUBST. *et*
[*'rajstafəl*]

en sydøstasiatisk ret med ris og mange små anretninger af kød, grøntsager, frugt og krydderier

rikochettere

VERB. *-r, -de, -t*
[*rikɔsjə'te'ɔ*]

(om et projektil): springe videre el. tilbage efter at have ramt jorden, en mur el. en anden genstand □ *rikochettering*

rille[1]

SUBST. *-n,* plur. *-r, -rne*

en mindre rende el. fordybning □ *med en kvist lavede hun en rille i jorden til at lægge frøene i* · *der er kommet et hak i en af rillerne på min gamle grammofonplade* □ *rillesåning* • et udspring på den indvendige side af en ovn hvorpå pladen hviler □ *stegen skal stå på midterste rille*

rille[2]

VERB. *-r, -de, -t*

rille ngt lave riller i noget □ *en rillet plade* · *hun rillede et stykke træ* · *han rillede jorden op til såning* □ *rilning*

rim[1]

SUBST. *-en*

et hvidt lag af iskrystaller som lægger sig på en flade, fx på jorden når den afkøles til under frysepunktet = RIMFROST □ *om morgenen var græsset hvidt af rim* □ *rimtåge*

rim[2]

SUBST. *-et,* plur. *rim, -ene*

1. en lydlig overensstemmelse mellem to el. flere ord sådan at de er ens fra trykstavelsen og ud, men forskellige foran denne, fx *hjerte* og *smerte;* bruges som virkemiddel i digte og sange, især i slutningen af verselinier □ *sangen var fuld af sjove rim* □ *rimord* · *rimordbog* · *rimsmed* □ *enderim* · *stavelsesrim* • **kvindeligt rim** tostavelsesrim hvor næstsidste stavelse har tryk • **mandligt rim** enstavelsesrim, dvs. rim hvor sidste stavelse har tyk
2. vers el. digt med lydlig overensstemmelse mellem to el. flere ord □ *jeg har skrevet et lille rim*

rime

VERB. *-r, -de, -t*

1. danne rim med ord □ *'hjerte' rimer på 'smerte'* · *hun er god til at rime* · *'ære' og 'kære' rimer* · *det rimer ikke* • **rime med ngt** stemme overens = HARMONERE □ *dét du siger nu rimer ikke med dét du sagde i går*
2. falde rim □ *det havde rimet om natten*

rimelig

ADJ. *-t, -e; -ere, -st*

som er ganske god, passende el. fornuftig = HÆDERLIG, ANSTÆNDIG, TILFORLADELIG, FORNUFTIG ≠ URIMELIG □ *rimelige priser* · *en rimelig løn* · *en rimeligt rummelig aftale* · *det er en rimelig løsning* · *nu skal du være rimelig* □ *rimelighed* • ⟨ADV.⟩ = TEMMELIG □ *en rimelig god ordning* · *en rimelig pæn sum* • rigtig og retfærdig = RETFÆRDIG, BERETTIGET ≠ URIMELIG □ *det er ikke rimeligt at jeg skal gøre det hele* · *det er kun rimeligt at det er mig der betaler* □ *rimelighed*

rimeligvis

ADV.

1. = SANDSYNLIGVIS □ *han går rimeligvis ikke ind for planen*
2. udtryk for at noget er rimeligt □ *det kan man ikke rimeligvis forvente*

rimesse

SUBST.

se *remisse*

rimfrost

SUBST. *-en*

= RIM □ *bilruderne var dækket af rimfrost*

rimpe
VERB. *-r, -de, -t*

1. rimpe ngt ri noget så det rynker el. danner folder = RI, RYNKE □ *tøjet var skødesløst rimpet sammen* □ *rimpning*
2. rimpe ngt sammen snerpe noget sammen

rimsmed
SUBST. *-en,* plur. *-e, -ene*

(spøg., neds.): en person der skriver rim, fx lejlighedsdigte el. -sange = VERSEMAGER, POET □ *han kan knap kaldes digter, snarere rimsmed*

rimtåge
SUBST. *-n,* plur. *-r, -rne*

tåge som danner rim

rinde
VERB. *-r, randt,-t* (el. *rundet; runden, rundne*)

1. (om væske): flyde i en langsom, ubrudt strøm □ *tårene randt ned af hendes kinder* · *bækken rinder ud i søen*
2. (om tid): = GÅ, FORLØBE □ *tiden rinder* · *det gamle år rinder ud* · *livet rinder bort* · *dagene rinder stille hen* · *årene randt næsten umærkeligt* □ *oprinde*
3. rinde ngi hu (glds.): dukke frem i ens hukommelse □ *det rinder mig pludselig i hu* · *et salmevers randt mig i hu*
4. være runden el. **rundet af ngt** (glds.): stamme fra noget □ *han er runden af gammel bondeslægt*

ring
SUBST. *-en,* plur. *-e, -ene*

1. et rundt smykke som bæres på fingrene = FINGERRING □ *han satte en ring på hendes finger* □ *ringfinger* · *ringforlove* · *ringforlovelse* □ *diamantring* · *fingerring* · *forlovelsesring* · *guldring* · *signetring* · *vielsesring* • et rundt smykke el. en genstand som bæres i øreflippen el. i næsen □ *hun satte en ring i øret* · *fyren har ring i næsen* □ *ørering* · *studering* • cirkelformede figurer el. genstande □ *de olympiske ringe* · *der er ringe i græsset* · *puste røg ud i ringe* · *fugtige glas efterlader ringe på bordet* □ *gardinring* · *heksering* · *jernering* · *nøglering* · *røgring*
2. en lukket kreds som omslutter noget andet = RUNDKREDS □ *husene ligger i ring omkring kirken* • **køre** el. **gå i ring** bevæge sig af sted og komme tilbage til udgangspunktet □ *vi kørte i ring i skoven og kom tilbage til samme sted som vi forlod* • **køre i ring** hele tiden komme tilbage til det samme punkt □ *hendes tanker kører i ring*
3. = BOKSERING • **kaste håndklædet i ringen** signalere at kampen skal stoppes ved at kaste et håndklæde ind i bokseringen □ *træneren kastede håndklædet i ringen* • **være i ringen** deltage i en boksekamp
4. en sammenslutning af personer inden for et område; især om kriminelle el. lyssky foretagender □ *det lykkedes politiet at sprænge ringen* □ *smuglerring* · *spionring*

ringbind
SUBST. *-et,* plur. *~bind, -ene*

et bind hvori papirer sættes fast i ringe □ *han havde sat alle sine notater ind i ringbind*

ringdue
SUBST. *-n,* plur. *-r, -rne*

en stor due som har en lys plet på begge sider af halsen og et hvidt bånd over vingerne; latinsk navn *Columba palumbus* = SKOVDUE

ringe[1]
VERB. *-r, -de, -t*

1. ringe med ngt afgive el. frembringe lyd ved hjælp af en klokke = KIME, RINGLE, BIMLE □ *han ringede med cykelklokken* · *ringe på dørklokken* · *telefonen ringer* · *stille vækkeuret til at ringe klokke 8* · *det ringer på døren* □ *ringning* · *ringeklokke* · *ringetone* • **ringe ud** el. **ind** markere begyndelse el. afslutning på et frikvarter ved hjælp af en klokke □ *ringe ud til det store spisefrikvarter* · *det ringer ind igen om 10 minutter*
2. ringe til ng = TELEFONERE □ *jeg ringer lige til ham* · *ringe besked til nogen* · *ringe hjem* · *ringe tilbage* · *ringes ved* · *vi kan ringe sammen senere* □ *ringeri* · *ringeapparat* • **ringe ng op** telefonere til nogen □ *jeg ringer dig op senere*
3. ringe ngt (om klædedragt): gøre en hals- el. ærmeåbning videre □ *ærmegabet må ringes, hvis det er for stramt* · *kjolen var ringet stærkt ned i halsen* □ *nedringe* · *udringe*

ringe[2]
ADJ. *- ; -re, -st*

som har et lille omfang = UBETYDELIG □ *det kræver kun en ringe indsats* · *stoffet findes kun i ringe mængde* · *et ringe udbytte* · *en ringe trøst* · *efter ringe evne* • meget dårlig standard el. karakter = SIMPEL □ *det er for ringe* · *det er ikke så ringe endda* · *hun er et ringe menneske* · *en ringe moral* · *arbejdet var meget ringe udført* · *et ringe udbytte* □ *ringhed* · *ringeagt* · *ringeagte* • **ingen ringere end** = SELVE □ *ingen ringere end Sokrates har sagt det*

ringeagt
SUBST. *-en*

= FORAGT □ *vise ringeagt for nogen*

ringeagte
VERB. *-r, -de, -t*

ringeagte ng(t) = FORAGTE □ *han ringeagter mine gode råd* · *hun følte sig ringeagtet* □ *ringeagtelse*

ringfinger
SUBST. *-en,* plur. *~fingre, ~fingrene*

den fjerde finger på menneskets hånd, mellem lille- og langfinger = GULDBRAND

ringkøbingenser el. ringkøbinger
SUBST. *-en,* plur. *-e, -ne*
/ringkøbin'genser/

en person fra Ringkøbing

ringle
VERB. *-r, -de, -t*

1. afgive el. frembringe hyppige, metalliske lyde = RINGE □ *ringle med nøglerne* · *ringlende bjælder*
2. ringle ngt sno noget til ringe

ringmærke[1]
SUBST. *-t,* plur. *-r, -rne*

en lille ring af metal el. plastic som sættes om benet på en fugl med oplysninger om alder, hjemsted m.m. □ *forsyne en due med ringmærke* · *hønsene har et ringmærke om det ene ben*

ringmærke[2]
VERB. *-r, -de, -t*

ringmærke ngt forsyne en fugl med ringmærke □ *ringmærke duer* · *hønsene er ringmærket*

ringorm
SUBST. *-en,* plur. *~orm* (el. *-e*), *-ene*

en smitsom svampesygdom i huden som breder sig ringformet

ringridning
SUBST. *-en,* plur. *-er, -erne*

en sport hvor personer til hest forsøger at tage en ophængt ring ned ved hjælp af en lanse

ringvej
SUBST. *-en,* plur. *-e, -ene*

en vej der er anlagt for at lede gennemgående trafik uden om en by

rioja
SUBST. *en*
[ri'ɔka]

en let, tør rød- el. hvidvin fra Riojadistriktet i Nordspanien; distriktet er Spaniens vigtigste vindistrikt

ripenser
SUBST. *-en,* plur. *-e, -ne*
[ri'pæn'sɔ]

en person fra Ribe

ripensisk
ADJ. *- , -e*
/ri'pensisk/

som har at gøre med Ribe

ripostere
VERB. *-r, -de, -t*
/ripo'stere/

levere et modstød inden for fægting • svare slagfærdigt på noget

rippe
VERB. *-r, -de, -t*

rippe op i ngt bringe noget ubehageligt frem i lyset igen = RODE OP I □ *tal ikke til hende om ulykken, det ripper kun op i såret* · *der er ingen grund til at rippe op i den gamle historie igen, lad os hellere glemme den*

ris[1]
SUBST. *-en,* plur. *ris, -ene*

en græsart med hængende aks i toppen; latinsk navn *Oryza sativa* • små, ofte hvide korn fra risplanten som spises kogt □ *brune ris* · *hvide ris* · *vilde ris* □ *risalamande* · *risengryn* · *risengrød* · *rismel* · *risotto* · *ristaffel* □ *brudris* · *grødris* • **polerede ris** hvide ris hvor ydre og indre skaldele er fjernet

ris²

SUBST. *-et,* plur. *ris, -ene*

1. et bundt af tynde grene □ *riskost* □ *birkeris* · *fastelavnsris* • et strafferedskab af tynde grene el.lign. □ *riset havde i visse danske skoler sit eget navn og hed enten Tøger eller Thomas* • **få ris** få klø el. blive kritiseret □ *skuespillerne fik både ros og ris for forestillingen* • **ris til egen røv** udtryk for at man gør noget der kommer til at gå ud over én selv
2. ⟨i sammensætn.⟩ en busk el. et lille krat □ *blåbærris* · *brombærris* · *enebærris*
3. en måleenhed for papir: 1 ris = 500 ark

risalamande

SUBST. *-n*
[*ˈrisalamaŋ*]

en dessert af kold risengrød der blandes med flødeskum, vanilje og hakkede mandler; spises med kirsebærsovs og især til jul

rise

VERB. *-r, -de, -t*

rise ng op vække ng ved at slå med et fastelavnsris □ *børnene risede familien op fastlavnsmandag*

risengryn

SUBST. *-et,* plur. *~gryn, -ene*

gryn af riskorn □ *hvide risengryn* · *koge risengrød af risengryn*

risengrød

SUBST. *-en*

en grød der er kogt af grødris og mælk; spises med kanelsukker og smørklat □ *koge risengrød* · *et fad risengrød*

risikabel

ADJ. *-t, risikable*
/*risiˈkabel*/

som er forbundet med risiko = FAREFULD, FARLIG, VOVELIG □ *det er for risikabelt at gå i vandet i den kulde*

risikere

VERB. *-r, -de, -t*
/*risiˈkere*/

risikere ngt udsætte noget for fare el. sætte noget på spil □ *jeg tør ikke risikere hele min formue på den forretning* · *hvis du springer ned fra skuret, risikerer du at slå dig slemt*

risiko

SUBST. *-en,* plur. *-er* (el. *risici*), *-erne* (el. *risiciene*)

en mulighed for at noget uheldigt el. uønskeligt vil ske □ *der er en risiko forbundet med at være bjergbestiger* · *der er en risiko for glatte veje* □ *risikoanalyse* · *risikoforsikring* · *risikofyldt* · *risikomoment* · *risikovillig* □ *erhvervsrisiko* • **for** el. **på egen risiko** på eget ansvar □ *han udgiver bogen for egen regning og risiko* • **løbe en risiko** udsætte sig for en risiko □ *du løber en stor risiko ved at sige dit gamle job op*

risikoløs

ADJ. *-t, -e*

= UFARLIG

risikovillig

ADJ. *-t, -e*

risikovillig kapital penge som indskydes i foretagender af personer som er villige til at løbe den risiko at tabe pengene

risle

VERB. *-r, -de, -t*

strømme i en tynd strøm og afgive svag lyd □ *bækken rislede sagte af sted* · *en rislende kilde* □ *rislen*

rismel

SUBST. *-et*

fintmalet mel af brune el. hvide ris; indeholder ikke gluten og anvendes mest til grød □ *rismelsgrød* · *rismelsnudler*

rismelsgrød

SUBST. *-en*

en grød der er kogt af rismel og mælk

risotto

SUBST. *-en,* plur. *-er, -erne*
/*riˈsotto*/

en middagsret af kogt ris, kød, fisk el. grøntsager og evt. revet ost

rist

SUBST. *-en,* plur. *-e, -ene*

1. en ramme af metal med stænger på tværs; er fx placeret over et hul, en kloak el. en lyskasse □ *stå på risten* · *risten er stoppet af blade* · *pas på, risten på kakkelovnen er brændende varm* · *tør lige fødderne af på risten inden du går ind* □ *ristlåge* · *ristværk* □ *gitterrist* · *grillrist* · *hønserist* · *jernrist* · *kakkelovnsrist* · *skraberist* · *vejrist*
2. hverken have rist eller ro hverken kunne finde hvile el. ro □ *hun havde hverken rist eller ro før børnene var sikkert hjemme igen*

ristaffel

SUBST.

se *rijsttafel*

riste

VERB. *-r, -de, -t*

1. riste ngt varme noget så det bliver brunt og sprødt, fx skiver af brød □ *riste brød* · *riste pølser* · *grøntsagerne ristes på panden* · *ristet brød* · *servere ristede pølser* □ *ristning* □ *ovnriste*
2. riste ngt hugge el. skære runer el. billeder i fx sten el. træ □ *riste runer* • **riste en rune over ng** se under *rune*

ristorno

SUBST. *-en,* plur. *-er, -erne*
/*riˈstorno*/

1. (forsikringsvæsen): tilbagebetaling af indbetalt præmie □ *ristorno udbetales ved afbrydelse af forsikringsaftale*
2. (bogføring): udligning af en fejlagtig regnskabspost ved en tilsvarende modpost □ *oprette en ristorno*

ritardando

ADV.
/*ritarˈdando*/

udtryk for at et musikstykke fremføres med gradvis aftagende hastighed = RITENUTO

rite el. ritus

SUBST. *-n,* plur. *-r, -rne*
(ritus: *riten,* plur. *ritus* (el. *riter*), *riterne*)

en handling som har en symbolsk betydning i religiøs el. kultmæssig sammenhæng, og som derfor skal udføres på en ganske bestemt måde el. efter et helt bestemt mønster = KULTHANDLING □ *de religiøse riter* · *hedenske riter* □ *bryllupsriter* · *frugtbarhedsriter*

ritenuto

ADV.
/*riteˈnuto*/

= RITARDANDO

ritornel

SUBST. *ritornellen,* plur. *ritorneller, ritornellerne*
[*ritåˈnælˀ*]

1. en treliniet strofe hvis første og tredje linie rimer □ *Aarestrups ritorneller*
2. det stadig tilbagevendende hovedafsnit i en *rondo*

ritsch

LYDORD

gengivelse af den lyd der fremkommer når man flænger noget, fx tøj, el. når man ridser i noget □ *ritsch, sagde det, hun rev en lang flænge i kjolen* • **ritsch ratsch** gengivelse af den lyd det giver når noget rives i flere stykker el. når man ridser i noget □ *ritsch ratsch, lød det da hun rev brevet i tusinde stykker* · *ritsch ratsch, sang skøjterne mod isen*

ritual

SUBST. *-et,* plur. *-er, -erne*
[*rituˈaˀl*]

en bestemt handling som udføres på samme måde hver gang, især i forbindelse med religiøse handlinger □ *de blev viet efter katolsk ritual* □ *ritualhandling* · *ritualhøjtid* · *ritualmord* □ *bederitual* · *dåbsritual* · *kultritual* · *offerritual* · *tilbedelsesritual* · *vielsesritual* • en fast skik □ *de havde et bestemt ritual når barnet skulle sove* · *det er blevet et fast ritual for os at tage et glas portvin inden maden* · *tv-kiggeri er et fast ritual for mange danskere lørdag aften* □ *aftenritual* · *morgenritual*

rituel

ADJ. *-t, rituelle*
[*rituˈælˀ*]

som følger et ritual □ *en rituel handling* · *den rituelle bestænkning med vievand i den katolske kirke*

ritus

SUBST.

se *rite*

rival

SUBST. *-en,* plur. *-er, -erne*
[*riˈvaˀl*]

en person, gruppe, organisation el.lign. som man rivaliserer med □ *de er rivaler til jobbet* · *han havde fået en rival, en der også bejlede til hans kæreste* □ *rivalinde*

rivalisere

VERB. *-r, -de, -t*
[*rivali'se'ɔ*]

rivalisere med ng konkurrere med nogen om magt, pragt el. andres gunst ▫ *de rivaliserede om hendes gunst* ▫ *rivalisering*

rive[1]

SUBST. *-n,* plur. *-r, -rne*

et langskaftet haveredskab med et vifte- el. kamformet hoved med tænder ▫ *rive visne blade sammen med en rive*

rive[2]

VERB. *-r, rev, revet (reven, revne)*

1. rive ngt glatte jord ud, fjerne ukrudt fra jord el. samle fx hø sammen med en rive ▫ *rive et bed · rive hø sammen · rive jorden godt igennem* ▫ *rivning*
2. rive ng(t) lave flænger i noget = FLÆNGE ▫ *hun rev sin kjole · han rev hende i ansigtet · han rev sig på pigtråden* • **rive ngt** lave noget til strimler ▫ *rive gulerødder · rive ost* ▫ *rivejern* • **rive sig** give mange penge ud ▫ *i aften vil jeg rive mig og invitere dig på restaurant*
3. trække hårdt i noget = RYKKE, FLÅ ▫ *rive døren op · hun rev sig i håret af fortvivlelse · mælkebøtter skal rives op med rode · strømmen rev træer og huse med sig · hun rev og flåede i gearstangen · vinden rev dem omkuld* • **rive bort** el. **væk** (form.): = BORTRIVE ▫ *han blev revet bort i sin ungdoms vår · udsalgsvarerne blev revet væk · hun blev revet væk fra sin søn* • **rive i ngt** tage fat på noget ▫ *han vil gerne have noget at rive i* • **rive ngt i stykker** ødelægge noget fuldstændigt ved at trække el. rykke i det ▫ *hun rev bladet i stykker i arrigskab · vær venlig at rive brevet i stykker når du har læst det* • **rive med** påvirke stærkt ▫ *hun blev revet med af musikken · han lod sig rive med af stemningen* • **rive sig løs** = LØSRIVE ▫ *hun havde svært ved at rive sig løs fra bogen · han kunne ikke rive sig løs fra deres samtale* • **rive ngt ned** = NEDRIVE ▫ *huset blev revet ned*

rivegilde

SUBST. *-t,* plur. *-r, -rne*

et heftigt skænderi ▫ *diskussionen udviklede sig til et værre rivegilde · der er lagt op til et større rivegilde · partilederne holdt rivegilde i weekenden*

rivejern

SUBST. *-et,* plur. *~jern, -ene*

1. et køkkenredskab som bruges til at findele især fødevarer med = RÅKOSTJERN ▫ *rive ost på et rivejern*
2. (neds.): en arrig kvinde ▫ *hun er et rigtigt rivejern*

rivende

ADJ.

susende hurtig ▫ *en rivende strøm · det gik rivende stærkt · det gik i en rivende fart* • forstærkende udtryk ▫ *den er rivende gal med hr. Hansen · en rivende gal historie*

rives

VERB. *rives, reves, reves*

skændes el. være oppe at slås = SLÅS, STRIDES ▫ *arvingerne reves om sølvtøjet · kattene rives og slås*

riviera

SUBST. *-en,* plur. *-er, -erne*
[*rivi'e'ræ*el. *rivi'æ'ra*]

en kyststrækning med badestrande m.m. ▫ *kysten skal omdannes til en attraktiv riviera · de holdt ofte ferie ved den franske riviera* • **Rivieraen** den fransk-italienske Middelhavskyst ▫ *en badeby ved rivieraen*

rk.

fork. for *række*

rm

fork. for *rummeter*

ro[1]

SUBST. *-en*

1. en tilstand uden forstyrrelser og larm = FRED ≠ URO ▫ *kan vi så få ro! · fred og ro · der skal være ro på sovesalen* ▫ *rolig* ▫ *madro · nattero · sindsro* • en tilstand hvor man slapper af og hviler sig = HVILE ▫ *barnet faldt til ro · han har ingen ro på sig · hun skulle holde sig i ro i tre uger efter operationen* • **gå til ro** lægge sig til at sove
2. slå sig til ro med ngt være tilfreds med noget ▫ *med det løfte slog han sig til ro*

ro[2]

VERB. *-r, -ede, -et*

bevæge en båd gennem vand ved hjælp af årer ▫ *kan du ro? · ro en båd · ro ud til øen · ro nogen i land · ro nogen over på den anden side af søen · ro af alle kræfter* ▫ *roning · robåd · rosport*

roadie

SUBST. *-n,* plur. *-r, -rne*
[*'råwdi*]

en person der hjælper en rockgruppe el.lign. med transport og opstilling af instrumenter

roastbeef el. **rostbøf**

SUBST. *-en,* plur. *roastbeef, -ene*
(rostbøf: *~bøffen,* plur. *~bøffer, ~bøfferne*)
[*'råwsdbi'f*]

en aflang steg af et benfrit stykke oksekød der er snøret sammen med snor; spises også i tynde skiver som pålæg ▫ *en skive roastbeef · et stykke med roastbeef, remoulade og ristede løg*

robe

SUBST. *-n,* plur. *-r, -rne*

en stor og flot selskabskjole

robinsonade

SUBST. *-n,* plur. *-r, -rne*
[*robinso'nade*]

en oplevelse el. skildring om et ophold på en øde ø ▫ *efter det ufrivillige ophold på øen skrev hun en robinsonade og sendte den ind som kronik*

robot

SUBST. *robotten,* plur. *robotter, robotterne*
[*ro'bɔt*]

en maskine som styres af en computer, og som kan udføre en del af det arbejde der ellers kræver menneskelig arbejdskraft og tankegang ▫ *robotterne udfører næsten alt arbejdet på den japanske bilfabrik* ▫ *robotarbejde · robotarm · robotstyring* ▫ *malerobot · samlerobot*

robust

ADJ. *- , -e*
[*ro'bust*]

1. som er kraftigt sat sammen og tåler belastninger = HÅRDFØR ▫ *han er en robust knægt · hun har en robust psyke · bilen har et robust karosseri · en robust brystkasse*
2. mindre forfinet ▫ *en robust latter · hans robuste charme*

rock

SUBST. *-en*
[*rɔgən'råwl*]

en stil inden for musik som har et stærkt rytmisk præg, og hvor musikken spilles på elektriske instrumenter = ROCKMUSIK ▫ *rockband · rockgruppe · rockkoncert · rockmusiker · rockorkester · rocksanger · rockstjerne*

rock and roll

SUBST.
[*rɔgən'råwl*]

en rytmisk musikgenre fra 1950'erne med rødder i jazzen; populær dansemusik med udhamret rytme og høj lydstyrke ▫ *rock and roll band*

rocker

SUBST. *-en,* plur. *-e, -ne*

et medlem af en bande som kører på motorcykler og er iført læderjakker med rygmærker = LÆDERJAKKE ▫ *rockerbande · rockergruppe · rockerklub · rockeropgør · rockertype* ▫ *minirocker*

rockwool ®

SUBST. *-en*
[*'rɔgvul* el. *'rɔgwul*]

isoleringsmateriale af fine fibre fremstillet af smeltet sten = STENULD

rod[1]

SUBST. *-en,* plur. *rødder, rødderne*

1. den del af en plante som vokser i jorden, og som optager vand og næringsstoffer ▫ *planten har slået rod i jorden* ▫ *rodfrugt · rodknold · rodnet · rodskud*
2. = OPRINDELSE ▫ *hun ville finde sine rødder · ondet har dybe rødder · teorien har ingen rod i virkeligheden* • **slå rod** forblive et sted ▫ *han slog rod i den lille by*
3. en fræk og uartig person = LABAN ▫ *han er en lille rod*
4. (sprogvidenskab): den del af et ord hvorpå andre ordformer er baseret, og som er tilbage når afledningselementer og bøjningsendelser tages væk, fx *kær* i *kærlig, kære*
5. (matematik): et tal der ganget med sig selv et bestemt antal gange giver et bestemt andet tal, fx 3 i 3^2; et udtryk som *den 4. rod af 81 er 3* betyder at 3 er det tal som ganget med sig selv 4 gange, giver 81 ≠ EKSPONENT

rod[2]

SUBST. *-et*

stor mangel på orden = RODERI, UORDEN, KOKS ▫ *hun havde et værre rod på sit værelse · et syndigt rod · der er rod i regnskabet · det er noget værre rod med ham · vi ligger i et forfærdeligt rod efter vi er flyttet*

rodbehandling

SUBST. *-en,* plur. *-er, -erne*

behandling af en tandrod el. nerve ved at den trækkes ud gennem et hul der er boret i tanden som så fyldes op

rode[1]

SUBST. *-n,* plur. *-r, -rne*

et københavnsk forvaltningsdistrikt til opkrævning af skatter □ *rodekontor*

rode[2]

VERB. *-r, -de, -t*

1. lave rod el. være præget af rod □ *rode på sit værelse · det roder i hele huset* □ *roderi · rodebutik · rodehoved · rodeskuffe* • **rode i ngt efter ngt** flytte rundt på løsdele i noget for at finde noget bestemt = LEDE, RAGE □ *hun rodede i sin taske efter en lighter · svinene roder i jorden · tolderne rodede rundt i hans kuffert · han rodede sine lommer igennem* □ *gennemrode*
2. rode med ngt arbejde el. beskæftige sig med noget på en langsom el. usystematisk måde = BIKSE MED, MOSLE MED □ *sidde og rode med regnskaberne · gå og rode med sin bil · gå og rode med kemiske forsøg*
3. i forsk. forb.: • **rode ngt sammen** forveksle noget □ *han har rodet to historier sammen · du roder alting sammen når du fortæller noget* • **rode ngt sammen** blande forskellige ingredienser sammen til en ret uden at følge en opskrift = BIKSE, MIKSE □ *rode en gang biksemad sammen · jeg har bare rodet noget sammen* • **rode op i ngt** undersøge og skabe opmærksomhed om noget = RIPPE OP I, MUDRE OP I □ *rode op i en skandalehistorie · den gamle sag skal der ikke rodes op i* • **rode sig ind** el. **ud i ngt** blive involveret i noget kompliceret = BLANDE SIG IND I □ *hun er blevet rodet ind i en ubehagelig affære · han rodede sig ud i en alenlang undskyldning*

rodebutik

SUBST. *~butikken,* plur. *~butikker, ~butikkerne*

(spøg.): et sted med meget rod □ *lejligheden var én rodebutik*

rodehoved

SUBST. *-et,* plur. *-er, -erne*

en person uden ordenssans ≠ ORDENSMENNESKE □ *hun er et værre rodehoved*

rodekontor

SUBST. *-et,* plur. *-er, -erne*

(glds.): et kontor for skatteopkrævning i København

roderi

SUBST. *-et,* plur. *-er, -erne*
/rode'ri/

= ROD

rodeskuffe

SUBST. *-n,* plur. *-r, -rne*

en skuffe der er fyldt med forskellige småting der ikke hører hjemme andre steder

rodet

ADJ. *- , rodede*

som er præget af mangel på orden □ *et rodet værelse · en rodet tilværelse · en rodet opstilling*

rodfrugt

SUBST. *-en,* plur. *-er, -erne*

en planterod der spises som grøntsag el. anvendes til dyrefoder ≠ BÆRFRUGT □ *roer og kartofler er rodfrugter*

rodfæste

VERB. *-r, -de, -t*

rodfæste sig blive en fast del af en persons tankegang □ *denne erindring rodfæstede sig i hans sind · den nye lærdom skal lige have tid til at rodfæste sig* □ *rodfæstelse* • **rodfæste i ngt** have sin oprindelse i noget □ *fortællingen er rodfæstet i folketroen*

rodknold

SUBST. *-en,* plur. *-e, -ene*

en af flere klumper på visse planters rødder, fx kartoffelplantens, hvori der er oplagret næring til planten

rodløs

ADJ. *-t, -e*

som mangler et fast tilholdssted □ *rodløse unge mennesker · rodløs ungdom · jeg er rodløs og har ingen steder hjemme* □ *rodløshed*

rododendron

SUBST. *-en,* plur. *-er, -erne*
/rodo'dendron/

en busk med ovale, læderagtige blade og tragtformede blomster; latinsk navn *Rhododendron* = ALPEROSE

rodsammen

SUBST. *-et*
/rod'sammen/

= SAMMENSURIUM □ *mødet var ét rodsammen af spørgsmål og svar uden nogen fast dagsorden*

rodskud

SUBST. *rodskuddet,* plur. *rodskud, rodskuddene*

et planteskud som skyder frem fra en plantes rod

roe

SUBST. *-n,* plur. *-r, -rne*

en rodfrugt som er en dyrket art af bede el. kål med en opsvulmet, næringsrig rod; anvendes fx til dyrefoder el. til fremstilling af sukker; latinsk navn *Beta* el. *Brassica* □ *roekule · roemark · roeoptager · roesukker* □ *bederoe · foderroe · kålroe · majroe · runkelroe · sukkerroe*

roekule

SUBST. *-n,* plur. *-r, -rne*

en jordhøj der er opkastet over en dynge roer og tjener til opbevaring af dem

roer

SUBST. *-en,* plur. *-e, -ne*

en person som ror en båd el. som dyrker kaproning □ *en dygtig roer · roerne sad klar ved årerne* □ *kajakroer · kaproer · sluproer*

rogn

SUBST. *-en*

en mængde æg som en fisk gyder på én gang □ *fisken er med rogn* □ *lakserogn · stenbiderrogn · størrogn · torskerogn* • **gyde el. kaste rogn** udtømme rogn i vandet □ *fisken gyder rogn*

rok

SUBST. *rokken,* plur. *rokke, rokkene*

(glds.): et redskab som bruges til at spinde garn på = SPINDEROK

rokade

SUBST. *-n,* plur. *-r, -rne*
/ro'kade/

1. en omflytning af enheder el. personer □ *vi laver en rokade*
2. (i skak): en samtidig omflytning af konge og tårn

rokere

VERB. *-r, -de, -t*
/ro'kere/

rokere ng(t) flytte rundt på nogen el. noget så de bytter plads □ *man måtte rokere med deltagerne for at få lige store hold · rokere rundt med møblerne* □ *rokering* □ *omrokere* • (skak): udføre en *rokade*

rokke[1]

SUBST. *-n,* plur. *-r, -rne*

en fisk med en fladtrykt, rombeformet krop og en lang tynd hale; latinsk navn *Rajidae*

rokke[2]

VERB. *-r, -de, -t*

1. bevæge sig frem og tilbage med omdrejningspunkt for neden = VIPPE □ *pas på, lampen rokker! · han sad og rokkede på stolen · hun rokkede med hovedet* • **rokke ngt** bevæge noget ved at rokke det □ *han rokkede stolen på plads*
2. rokke ngt bevæge noget som står fast □ *klaveret var ikke til at rokke · skabet lod sig kun rokke nogle få centimeter* • **rokke ng** få nogen til at ændre mening □ *vi har prøvet at overtale ham i tre uger, men han er ikke til at rokke · det er svært at rokke forsamlingen*

rokkesten

SUBST. *-en,* plur. *~sten, -ene*

en stor stenblok der hviler sådan på underlaget at den kan rokkes med en ringe kraftanvendelse

rokoko

SUBST. *-en*
[ro'kɔgo]

en europæisk stilperiode inden for arkitektur og kunst der var fremherskende i 1700-tallet mellem *barok* og *nyklassicisme*, og som kendetegnes ved svungne linier, snirklet ornamentik og lyse pastelfarver □ *dette møbel stammer fra den tidlige rokoko* □ *rokokobord · rokokomøbel · rokokostol* □ *senrokoko*

rolig

ADJ. *-t, -e; -ere, -st*

1. som ikke bevæger sig meget = STILLE ≠ UROLIG □ *havet er roligt · han sad roligt og læste · en rolig vind · en rolig rytme* □ *urolig* • som virker

neddæmpet og harmonisk □ *en rolig farve · et roligt mønster*
2. tryg og upåvirket ≠ UROLIG □ *tag det nu roligt · bare rolig nu · jeg er ikke rolig før jeg har fået besked · han gik ganske roligt sin vej · et roligt hjørne · han lever et roligt liv · rolig og fattet · kold og rolig · en rolig søvn · stille og roligt* • **være rolig ved ng** være tryg ved nogen □ *jeg er ikke rigtig rolig ved ham*
3. være rolig for ngt være sikker på noget □ *du kan være rolig for at han nok skal tie stille · vær rolig for at han finder ud af det*

roligan

SUBST. *-en,* plur. *-er, -erne*

en fredelig og entusiastisk dansk fodboldtilskuer og landsholdstilhænger ≠ HOOLIGAN

rolle

SUBST. *-n,* plur. *-r, -rne*

1. en person i et teaterstykke el. en film som spilles af en skuespiller □ *han skal spille rollen som Jeppe · besætte rollerne i et stykke · han faldt ud af rollen* □ *rolleindehaver · rolleliste · rollebesætning · rollehæfte* □ *birolle · debutrolle · filmrolle · gennembrudsrolle · filmrolle · helterolle · hovedrolle · titelrolle*
2. den måde som en person opfører sig på i en social sammenhæng □ *rollemønster · rollespil* □ *faderrolle · familierolle · kvinderolle · kønsrolle · mandsrolle · moderrolle* • **give rollen som ngt** opføre sig på en bestemt, ofte overdreven måde over for andre □ *han gav rollen som stor mand og betalte for hele selskabet*
3. spille en {stor} rolle have betydning □ *hun spiller en stor rolle i hans liv · det spiller ingen rolle · det spiller kun en lille rolle* • **udspille sin rolle** miste sin betydning □ *som politiker har han udspillet sin rolle*

rollebesætning

SUBST. *-en,* plur. *-er, -erne*

en besættelse af rollerne i et stykke; også om den samlede stab af skuespillere der tilsammen udgør personerne i et stykke el. en film □ *den unge instruktør stod selv for rollebesætningen til filmen · rollebesætningen består af lutter kendte navne*

rollefag

SUBST. *-et,* plur. *~fag, -ene*

en bestemt type af roller som en skuespiller spiller □ *han har sin styrke i det komiske rollefag · hun har svært ved at komme ud af det rollefag hun én gang er sat i*

rolling

SUBST. *-en,* plur. *-er, -erne*

et lille barn = TUMLING, STUMP, SMÅBARN □ *så er det i seng, rollinger · vi lod rollíngerne blive hjemme*

roll-on

SUBST. *-en,* plur. *-er, -erne*
[råw'lɔn]

1. en elastisk hofteholder
2. en flydende deodorant med en kugle i flaskens hals

roll-on-roll-off-skib

SUBST. *-et,* plur. *-e, -ene*
fork. *ro/ro-skib* el. *ro-ro-skib*

et fragtskib hvor lasten køres direkte til og fra borde via én el. flere ramper som på en bilfærge ≠ CONTAINERSKIB

rom[1]

SUBST. *rommen*

spiritus der destilleres af rørsukker, og som indeholder op til 80% alkohol □ *en flaske rom · rom og cola* □ *rombudding · romessens · romfromage · romtoddy* □ *solbærrom*

rom[2]

SUBST. *rommen* (el. *rom'en*), plur. *rommer, rommerne* (el. *rom'erne*)

et permanent lager i en computer hvor informationerne er indlagt ved fabrikationen, så man ikke kan slette el. rette i dem, men kun læse dem; fork. af engelsk *read only memory* ≠ RAM □ *romstørrelse* el. *rom-størrelse*

roman

SUBST. *-en,* plur. *-er, -erne*
/ro'man/

en længere skønlitterær fortælling i bogform; ofte om opdigtede personer og begivenheder, men kan også være bygget over virkelige personer □ *en roman af Karen Blixen* □ *romanfigur · romanforfatter · romanhelt · romantrilogi* □ *agentroman · debutroman · dokumentarroman · knaldroman · kriminalroman · kærlighedsroman · murstensroman · nøgleroman · science fiction-roman · slægtsroman · trivialroman · ungdomsroman*

romance

SUBST. *-n,* plur. *-r, -rne*
[ro'maŋsə]

1. et romantisk kærlighedsforhold □ *ferieromance*
2. et fortællende digt med lyrisk stemning • et følelsesbetonet instrumentalstykke med solosang

romanforfatter

SUBST. *-en,* plur. *-e, -ne*

en person der skriver romaner = FORFATTER □ *med sin 'tossetriologi' tegnede Panduro sin selvstændige profil som romanforfatter*

romanist

SUBST. *-en,* plur. *-er, -erne*
/roma'nist/

en person der studerer romansk sprog og kultur

romansk

ADJ. *- , -e*
/ro'mansk/

1. som har at gøre med sprogfamilien romansk og med kulturen i romansktalende lande □ *romanske sprog* • ⟨SUBST.⟩ den sprogfamilie som har udviklet sig af latin, og som omfatter bl.a. fransk, italiensk, portugisisk, rumænsk og spansk
2. som har at gøre med den stil inden for arkitektur og kunst som dominerede i Europa fra ca. år 1000 til 1200, og som bl.a. var karakteriseret af *rundbuestil* □ *romansk kunst · romansk stil · romanske kirker*

romantik

SUBST. *romantikken*
/roman'tik/

1. et forhold der er præget af en poetisk og følelsesmættet stemning □ *der var romantik i luften da de unge mødtes*
2. romantikken en livsanskuelse og en retning inden for kunsten i begyndelsen af 1800-tallet som fremhæver følelsen og fantasien, og som sammen med stærk nationalfølelse interesserer sig for folkekultur og svundne tider □ *Oehlenschläger tilhørte romantikken* □ *romantiker* □ *nyromantik · senromantik* • = GULDALDER

romantiker

SUBST. *-en,* plur. *-e, -ne*
/ro'mantiker/

1. en digter el. en filosof der er inspireret af romantikken □ *Oehlenschläger var romantiker*
2. en person med sans for det romantiske ≠ REALIST □ *hun er romantiker, og han er realist*

romantisk

ADJ. *- , -e*
/ro'mantisk/

1. som er præget af romantik = SVÆRMERISK □ *et romantisk brullyp · romantisk kærlighed · være romantisk anlagt*
2. som vedrører romantikken □ *den romantiske stilperiode*

rombe

SUBST. *-n,* plur. *-r, -rne*

(matematik): firkant hvis modstående sider er parallelle og alle lige lange; to vinkler er over 90°, og to vinkler er under 90° □ *stoffet er dekoreret med røde romber*

rombeporfyr

SUBST. *-en,* plur. *-er, -erne*

(mineralogi): porfyr hvor de store krystaller er rombeformede og af feldspat

rombudding

SUBST. *-en,* plur. *-er, -erne*

en dessert af æg, sukker, husblas m.m. der er smagt til med rom

romer

SUBST. *-en,* plur. *-e, -ne*

en person fra Rom • en borger i Romerriget

romersk

ADJ. *- , -e*

som har at gøre med Rom • som har at gøre med Romerriget □ *de romerske kejsere · en romersk feltherre · en romersk statue*

romerskkatolsk

ADJ. *- , -e*

1. som har at gøre med den *romerskkatolske kirke* = KATOLSK ≠ GRÆSKKATOLSK
2. romerskkatolske kirke den gren af den kristne kirke som har paven i Rom som overhoved, og som er den ældste og største af de kristne kirkesamfund = KATOLSKE KIRKE ≠ GRÆSKKATOLSK

romertal

SUBST. *~tallet,* plur. *~tal, ~tallene*

et tal som skrives med et stort bogstav el. en kombination af store bogstaver, fx I = 1, V = 5, IV = 4; romertallene var oprindelig talsystemet i Romerriget og bruges nu fx på urskiver og til nummerering af indledende sider i bøger

rommy

SUBST. *-en,* plur. *-er, -erne*
[*'rɔmi*]

et kortspil hvor hver spiller kommer af med sine kort ved at lægge dem på bordet i kombinationer af tre el. fire af samme værdi el. i sekvenser af samme farve

romtoddy

SUBST. *-en,* plur. *-er, -erne*

en drik af rom og varmt vand med sukker = GROG

rondel

SUBST. *rondellen,* plur. *rondeller, rondellerne*
[*rɔn'dæl'* el. *rɔŋ'dæl'*]

en rund skive

rondo

SUBST. *-en,* plur. *-er, -erne*

et musikstykke med et stadigt tilbagevendende hovedafsnit (*ritornel*) afvekslende med forskellige kontrasterende afsnit

roquefort

SUBST. *-en,* plur. *-er, -erne*
[*rɔgə'få·*]

en halvfast fransk blåskimmelost fremstillet af fåremælk med en lugt og smag der er stærk aromatisk og pikant

ror

SUBST. *-et,* plur. *ror, -ene*

en lodret drejelig plade i et skibs agterstavn som bruges til at styre skibets sejlretning med □ *passe roret* · *sætte nogen til rors* · *rorgængeren står ved roret* □ *rorkarl* · *rorsmand* □ *højderor* · *skibsror* • **lægge roret om** dreje roret • **lægge roret om** ændre holdning □ *regeringen har lagt roret om*

ros[1]

SUBST. *-en*
[*'ro's*]

en meget positiv omtale af en person, en præstation el. en handling = LOVORD ≠ RIS □ *hun fik ros for sit arbejde* · *de havde kun ros tilovers for hans idé* · *bogen fik meget ros af kritikerne* □ *rosværdig* □ *selvros*

ros[2]

SUBST. *rosset*
[*'rɔs*]

= RAKKERPAK □ *hele rosset* · *et helt ros af unger*

rosa

ADJ.

med en mat lyserød farve □ *gammelrosa* · *purpurrosa*

rose[1]

SUBST. *-n,* plur. *-r, -rne*

1. en plante der har en tornet stængel og store, sødt duftende blomster der kan være gule, røde, lyserøde el. hvide; latinsk navn *Rosa* □ *rosenbed* · *rosenblad* · *rosenbusk* · *rosenvand*
2. en cirkelformet figur der er inddelt efter verdenshjørnernes retning □ *kompasrose* · *vindrose*
3. have roser på kinderne have rødmende kinder

rose[2]

VERB. *-r, roste, rost*

rose ng(t) omtale fx en person, en præstation el. en handling meget positivt = BERØMME, LOVPRISE ≠ KRITISERE □ *læreren roste eleverne for deres fine arbejde* · *forslaget blev rost til skyerne* □ *skamrose*

rosé el. **rose**

SUBST. *-en,* plur. *-er, -erne*
[*ro'se*]

= ROSÉVIN

rosen

SUBST. *en*

en smitsom hudbetændelse som medfører stærk, højrød hævelse af især ansigtshuden; er meget smertefuld og giver høj feber □ *hun havde fået rosen* □ *ansigtsrosen*

rosenbrød

SUBST. *-et,* plur. *~brød, -ene*

et fladt brød pyntet med glasur der evt. er tilsat rosenvand

rosenkål

SUBST. *-en,* plur. *~kål, -ene*

et lille grønt kålhoved der gror på kålplantens stængel; latinsk navn *Brassica oleracea gemmifera* □ *rosenkålsstuvning*

rosenolie

SUBST. *-n*

en velduftende olie der laves af rosenblade; bruges til at komme i badevandet

rosenrød

ADJ. *-t, -e*

1. (poet.): med en farve som røde roser □ *hun havde rosenrøde kinder*
2. udtryk for at noget virker lovende, uden at man tager hensyn til hvad der er realistisk □ *hun så alt i et rosenrødt skær* · *han foregøglede hende en rosenrød fremtid*

roset

SUBST. *rosetten,* plur. *rosetter, rosetterne*
/*ro'set*/

1. et ornament af form som en stiliseret blomst (rose)
2. (botanik): blade som udgår til alle sider fra en kort stængel = ROSETSTILLET

rosévin el. **rosevin**

SUBST. *-en,* plur. *-e, -ene*

en vin af lys rødlig farve; fremstilles ved at drueskallerne skilles fra på et tidligt tidspunkt af gæringen el. ved sammenstikning af rød- og hvidvin = ROSÉ, VIN ROSÉ

rosin

SUBST. *-en,* plur. *-er, -erne*
/*ro'sin*/

en tørret, blå drue som er blød, brun og rynket □ *rosinbolle* · *rosinbrød* • **rosinen i pølseenden** udtryk for at være den sidste el. at det bedste kommer til sidst

rosinante

SUBST. *-n,* plur. *-r, -rne*
/*rosi'nante*/

en gammel, mager hest = ØG

rosinbrød

SUBST. *-et,* plur. *~brød, -ene*

et hvedebrød med rosiner i og med glasur ovenpå

roskildenser

SUBST. *-en,* plur. *-e, -ne*
/*roskil'denser*/

en person fra Roskilde

roskildensisk

ADJ. *- , -e*
/*roskil'densisk*/

som har at gøre med Roskilde

roskildesyge

SUBST. *-n*

en kortvarig, smitsom mave-tarminfektion der bl.a. giver diarré og opkastninger □ *hele familien lå i sengen med roskildesyge*

rosmarin

SUBST. *-en,* plur. *-er, -erne*
/*rosma'rin*/

et krydderi af planten rosmarin • en lav, busket plante med violette læbeblomster og nåleformede blade; latinsk navn *Rosmarinus officinalis* □ *rosmaringrød*

rosport

SUBST. *-en*

sportsgrene der har at gøre med roning i robåd, kano og kajak

rostbøf

SUBST.

se *roastbeef*

rotation

SUBST. *-en,* plur. *-er, -erne*
[*rota'sjo'n*]

en bevægelse omkring et fast punkt i en ofte cirkelformet bane □ *Jordens rotation om sin akse* · *månens rotation om jorden tager ca. 28 døgn*

rotere

VERB. *-r, -de, -t*
/*ro'tere*/

1. bevæge sig rundt om en akse = DREJE □ *hjulene roterede* · *Jorden roterer om en akse fra nordpol til sydpol* · *hans far ville rotere i sin grav hvis han kunne se ham nu*
2. gå på omgang □ *jobbet som formand roterer mellem bestyrelsesmedlemmerne*

rotor

SUBST. *-en*, plur. *-er, -erne*

den roterende del af en turbine, en dynamo el. en elektromotor • de roterende blade på en helikopter som giver den op- og fremdrift

rotte[1]

SUBST. *-n*, plur. *-r, -rne*

et stort brunt el. sort muselignende dyr med en lang, nøgen hale som bl.a. lever i bebyggelser og kloaksystemer; er et skadedyr der formerer sig meget hurtigt; hvide rotter bruges som forsøgsdyr; latinsk navn *Rattus* • **rotter på loftet** udtryk for at man ikke er rigtig klog □ *den familie har rotter på loftet* • **rotterne forlader den synkende skude** udtryk for at der forestår et sammenbrud af en el. anden art hvor hver vil redde sit • **en gammel rotte** en snedig el. erfaren person □ *han er en gammel rotte inden for sit fag* • **være til rotterne** være ruineret el. udkørt □ *firmaet er helt til rotterne*

rotte[2]

VERB. *-r, -de, -t*

rotte sig sammen mod ng slå sig sammen mod andre □ *normalt skændes de, men hvis man skælder dem ud, rotter de sig sammen mod én*

rottegift

SUBST. *-en*, plur. *-e, -ene*

et giftigt middel som bruges til udryddelse af rotter, fx arsenik el. bladan

rottehale

SUBST. *-n*, plur. *-r, -rne*

1. en dusk hår samlet på hver side af hovedet □ *en lille pige med rottehaler*
2. et græs med en dusk af blomstrede småaks; flere arter, bl.a. *engrottehale* og *knold-rottehale;* latinsk navn *Phleum*

rotteræs

SUBST. *-et*, plur. *~ræs, -ene*

en verden med konkurrencebetonet, stressfremkaldende arbejde □ *mange føler sig chanceløse i det moderne rotteræs* • *han forlod rotteræset og flyttede til en sydhavsø*

rotting

SUBST. *-en*, plur. *-er, -erne*

en stængel fra rottingpalmen; bruges bl.a. til fletarbejder, fx møbler og stokke = SPANSKRØR □ *borde og senge i rotting* □ *rottingstol* • (hist.): en stok til korporlig afstraffelse = SPANSKRØR • (hist.): afstraffelse med rotting □ *pryglestraffen, rottingen, brugtes både som disciplinær straf og egentlig straf i fængslerne*

rottingpalme

SUBST. *-n*, plur. *-r, -rne*

en palme med lange lianer som bruges til spanskrør og peddigrør; mange arter; latinsk navn *Calamus*

rottweiler

SUBST. *-en*, plur. *-e, -ne*

en kraftig, sort og brun hund med en bred hovedskal og forholdsvis små hængeører

rotunde

SUBST. *-n*, plur. *-r, -rne*
[ro'tåndə]

en rund bygning el. sal □ *Marmorkirken er opført som en rotunde* • *gangene går ud fra en stor rotunde midt i bygningen* • en rund, åben plads

rouge

SUBST. *-n*, plur. *-r, -rne*
['ru·sj]

makeup i rødlige nuancer til at lægge på kinderne; kan være i creme- el. pudderform

roulade

SUBST. *-n*, plur. *-r, -rne*
[ru'la·ðə]

1. en aflang, rund skærekage med fx syltetøj, kagecreme el. flødeskum □ *bage en roulade* □ *rouladedej* □ *appelsinroulade* • *chokoladeroulade* • *honningroulade* • *mokkaroulade* • *nødderoulade* • kødstykker, kødfars el. kålblade der er rullet sammen om fyld inden tilberedning ≠ ROULETTE □ *farsroulade* • *kålroulade*
2. hurtig, virtuos tonerække i sang

rouleau

SUBST. *-en*, plur. *-er, -erne*
[ru'lo]

et bånd klippet på skrå som er syet sammen til en tube og bruges til kantning

roulette el. roulet

SUBST. *rouletten*, plur. *rouletter, rouletterne*
[ru'lædə]

1. et hasardspil hvor man satser et beløb på et tal; vindertallet findes ved at en lille kugle sættes i bevægelse på et roulettehjul og standser på et rødt el. sort tal mellem 0 og 36 □ *spille roulette* • *amerikansk roulette* • *fransk roulette* □ *roulettehjul* • *roulettespil* • et sted el. et bord hvor der spilles roulette □ *rouletten i Monte Carlo* • *vi kan lige nå et spil på rouletten inden de lukker* • **russisk roulette** hasardspil hvor man retter en revolver med kun ét skud i tromlen mod sit hoved □ *spille russisk roulette*
2. en stegt el. kogt bolle af fars pakket ind i kålblade □ *kålroulette*
3. et lille stålhjul med tænder til indvalsning af et riflet mønster på genstande, fx mønter □ *roulettehjul* • *roulettemøtrik* • *rouletteskrue* • *roulettestål*

rov

SUBST. *-et*, plur. *rov, -ene*

1. det at et dyr går på jagt efter bytte el. at en person stjæler noget □ *ræven gik på rov i hønsegården* □ *rovmord* □ *barnerov* • *æblerov*
2. det udbytte man får ved et røveri □ *bankrøverne delte rovet*

rovdrift

SUBST. *-en*

en hensynsløs udnyttelse, især af naturforekomster □ *drive rovdrift på jorden* • *organisationen forsøger at forhindre rovdriften på regnskoven* • *de drev rovdrift på hendes arbejdskraft*

rovdyr

SUBST. *-et*, plur. *rovdyr, -ene*

et dyr som fanger og æder andre dyr, fx *løve, bjørn* el. *edderkop;* især om pattedyr; latinsk navn *Carnivora* ≠ PLANTEÆDER □ *rovdyragtig* • *rovdyrbur*

rovfugl

SUBST. *-en*, plur. *-e, -ene*

en fugl med kraftige kløer og nedadkrummet næb som æder andre dyr, fx *ørn, falk, høg* el. *ugle;* latinsk navn *Falconiformes* □ *rovfuglebestand* • *rovfuglerede*

rovgrisk

ADJ. - (el. *-t*), *-e*

meget grådig efter bytte □ *en rovgrisk løve* □ *rovgriskhed*

rovmord

SUBST. *-et*, plur. *rovmord, -ene*

mord begået under et indbrud el. i forbindelse med et overfald □ *rovmorder*

royal

ADJ. *-t, -e*
[rɔ'ja'l]

som er tilhænger af kongedømme, el. som beskæftiger sig med kongelige personer □ *han er meget royal* • *et royalt ugeblad*

royalisme

SUBST. *-n*
[rɔja'lismə]

tilslutning til et kongedømme □ *de mange prinse- og prinsessebilleder på væggen afslørede hans royalisme* • *ridderen viste sin royalisme ved at sætte sit liv ind for kongen* □ *royalismehang*

royalist

SUBST. *-en*, plur. *-er, -erne*
/roya'list/

en tilhænger af et kongedømme

royalty

SUBST. *-en*, plur. *-er* (el. *royalties*), *-erne*
['rɔjalti]

en afgift som et firma betaler til en forfatter, komponist el. opfinder for retten til at udgive el. anvende deres arbejder □ *betale royalty* • *have 10% i royalty*

ru

ADJ.

1. som ikke er jævn og glat = GROV ≠ GLAT □ *ru hænder* • *en ru overflade* □ *ruhed*
2. som lyder uren og skrattende = HÆS, RUSTEN ≠ KLAR □ *en ru stemme*

rub

SUBST.

rub og stub hver en stump af noget = REVL OG KRAT □ *de solgte rub og stub*

rubank

SUBST. *-en*, plur. *-e, -ene*

en lang høvl til afhøvling af større flader

rubato

ADV.
/ru'bato/

udtryk for at tempoet i et musikstykke ikke overholdes strengt

rubbe

VERB. *-r, -de, -t*

rubbe {sig} skynde sig □ *hvis du skal nå det må du rubbe neglene • kan du så se at rubbe dig*

rubber

SUBST. *-en,* plur. *-e, -ne*

en afsluttet omgang i bridge hvor et makkerpar har vundet to games

rubel

SUBST. *-en* (el. *rublen*), plur. *rubler, rublerne*

en russisk møntenhed

rubin

SUBST. *-en,* plur. *-er, -erne*
/ru'bin/

en rød, meget hård, gennemsigtig ædelsten af mineralet korund der anvendes som smykkesten

rubinrød

ADJ. *-t, -e*

med en kraftig blårød farve som en rubin = RUBIN, BLÅRØD

rubricere

VERB. *-r, -de, -t*
[rubri'se'ɔ]

rubricere ng(t) inddele nogen el. noget i grupper el. rubrikker □ *rubricere befolkningen i klasser • han er svær at rubricere* □ *rubricering*

rubrik

SUBST. *rubrikken,* plur. *rubrikker, rubrikkerne*
/ru'brik/

1. en del af et skema der skal udfyldes med oplysninger = FELT □ *udfyld blot rubrikkerne for navn og adresse*
2. en overskrift over et afsnit, kapitel, en artikel el.lign. □ *dagens rubrikker lyder interessante* □ *underrubrik*

rubrikannonce

SUBST. *-n,* plur. *-r, -rne*

en avisannonce der ikke står på en tekstside

ruche

SUBST. *-n,* plur. *-r, -rne*
['rysj]

et rynket el. plisseret stykke stof brugt som besætning

rude

SUBST. *-n,* plur. *-r, -rne*

1. glasstykke i et vindue □ *blyindfattede ruder • trykke næsen flad mod ruden • smadre en rude • jage hånden gennem ruden • sætte en ny rude i* □ *dobbeltrude • forsatsrude • isoleringsrude • termorude • trækrude* • firkantet felt
2. en lav, ildelugtende busk fra middelhavsområdet med store gule blomster; gammel lægeplante; latinsk navn *Ruta*

rudel

SUBST. *-en* (el. *rudlen*), plur. *rudler, rudlerne*
['ru'ðəl]

en flok af dyr, især hjorte

ruder

SUBST. *-en,* plur. *-e* (el. *ruder*), *-ne*

en farve i kortspil □ *være renonce i ruder • melde ruder* • et kort der tilhører denne farve, og hvorpå der er aftegnet én el. flere røde romber □ *ruder ti*

rudiment

SUBST. *-et,* plur. *-er, -erne*
/rudi'ment/

et uudviklet el. forkrøblet organ el. en legemsdel der ikke mere synes at være til nogen nytte □ *menneskets halehvirvler er et rudiment fra vores fortid som aber* • = LEVN □ *røgelsespinde er et rudiment fra 60'erne*

rudimentær

ADJ. *-t, -e*
/rudimen'tær/

som er ufuldstændig el. mangelfuld □ *rudimentære organer • hun har kun et rudimentært kendskab til sagen*

rudkøbingenser el. **rudkøbinger**

SUBST. *-en,* plur. *-e, -ne*
/rudkøbin'genser/

en person fra Rudkøbing

ruelse

SUBST. *-n*

(glds.): = SAMVITTIGHEDSNAG □ *være fuld af ruelse over en ugerning*

ruf[1]

SUBST. *en*

i en ruf i en fart □ *hun klarede opvasken i en ruf*

ruf[2]

SUBST. *ruffet,* plur. *ruf, ruffene*

en overbygning på mindre skibe benyttet til kahytsrum for mandskabet

ruffer

SUBST. *-en,* plur. *-e, -ne*

en person der begår rufferi = KOBLER □ *ejeren af bordellet blev sigtet for rufferi* □ *rufferi • rufferske*

rufferi

SUBST. *-et*
/ruffe'ri/

det at fremme utugt mellem andre for vindings skyld, især det at drive bordel □ *blive anklaget for rufferi*

rug

SUBST. *-en*

en kornsort hvis kerner sidder i små aks med spidser i to rækker; latinsk navn *Secale* □ *rugbrød • rugkerne • rugkiks • rugmark • rugmel*

rugbrød

SUBST. *-et,* plur. *rugbrød, -ene*

et brød som er bagt på en surdej af rugmel og ofte tilsat hele el. halve rugkerner; spises ofte med pålæg □ *lyst rugbrød • mørkt rugbrød • en skive rugbrød* □ *rugbrødsdej • rugbrødsdrys • rugbrødsform • rugbrødsmad* □ *fuldkornsrugbrød • gærrugbrød • klidrugbrød • maltrugbrød*

rugby

SUBST. *en*
['rɔgbi]

et boldspil hvor man med hænder og fødder spiller med en oval bold, og hvor der scores point ved at bolden sendes over baglinien el. over tværribben mellem to målstænger

ruge

VERB. *-r, -de, -t;*

1. (om fugle): ligge på æg for at holde dem varme så fostrene indeni kan udvikle sig til unger □ *ruge på æg • ruge unger ud* □ *rugeri • rugning • rugehøne • rugekasse • rugemaskine • rugeplads • rugeæg* □ *udruge*
2. ruge over ngt være optaget af at tænke på noget bestemt; det kan være dystre tanker, bekymringer el. hemmeligheder □ *han gik længe og rugede over sin hemmelighed • hvad går du og ruger over?* • **ruge over ngt** vogte nidkært over noget □ *han rugede som en drage over sine ejendele* • **ruge over ngt** hvile tungt over noget på en ildevarslende el. trykkende måde □ *mørket rugede over byen • en rugende tavshed*

rugemor el. **rugemoder**

SUBST. *-en,* plur. *~mødre, ~mødrene*

en kvinde som påtager sig at være gravid med og føde et barn for andre, evt. mod betaling = SURROGATMOR

rugmel

SUBST. *-et,*

mel af rugkerner med el. uden skaller der bruges til bagning af bl.a. rugbrød; indeholder ikke gluten

ruhåret

ADJ. *- , ruhårede*

med en kort, krøllet pels □ *en ruhåret terrier*

ruin

SUBST. *-en,* plur. *-er, -erne*
/ru'in/

1. en rest af en ødelagt el. forfalden bygning □ *ruinen af Koldinghus • eksplosionen lagde bygningerne i ruiner • byen er skudt i ruiner • da branden var slukket, stod der kun en sort ruin tilbage • han ledte i ruinerne efter sine ejendele* □ *slotsruin*
2. ⟨ikke plur.⟩ et økonomisk sammenbrud = FALLIT □ *det foretagende bliver din ruin • det er den rene ruin • redde nogen fra økonomisk ruin*

ruinere

VERB. *-r, -de, -t*
/rui'nere/

ruinere ng(t) ødelægge nogen el. noget økonomisk □ *dine dyre vaner ruinerer mig • hvis vi ikke moderniserer bliver firmaet ruineret om kort tid* □ *ruinering*

rulamspels

SUBST. *-en,* plur. *-e, -ene*

en pels af lammeskind hvor den ru side vender ud og hårene ind

rulle[1]

SUBST. *-n,* plur. *-r, -rne*

1. et stykke fladt materiale der er rullet sammen så det danner et rør □ *en rulle papir · en rulle stof · en rulle film* □ *køkkenrulle* • ⟨i sammensætn.⟩ et rørformet redskab der kan dreje om sin egen akse □ *kagerulle · malerrulle*
2. en maskine hvor sengelinned, duge o.l. føres gennem to roterende ruller for at glatte det □ *rulleforretning* □ *strygerulle*

rulle[2]

VERB. *-r, -de, -t*

1. bevæge sig fremad ved at dreje rundt □ *hjulene rullede af sted · stenen rullede ned ad bjerget · bolden rullede i mål* □ *rullebord · rullebræt · rullegardin · rullekrave · rullemadras · rullepølse · rulleskøjte · rullesten · rullestok · rullestol · rulletrappe* □ *sammenrulle · udrulle* • (søfart): bevæge sig op og ned på tværs af sejlretningen = SLINGRE ≠ DUVE □ *skibet rullede* • udtryk for at en række lyde kommer hurtigt efter hinanden □ *tordenen ruller* • **lade {pengene} rulle** bruge mange penge □ *spare på femøren og lade daleren rulle*
2. rulle ngt få noget til at bevæge sig i én bestemt retning ved at dreje det rundt □ *han rullede hjulet hen til bilen · hun rullede kuglerne hen ad bordet · han rullede rullegardinet ned · han rullede ledningen sammen · han rullede ærmerne op* • **rulle ngt** lave kugler el. ruller af noget = TRILLE □ *rulle lerkugler · rulle marcipankonfekt · rulle cigaretter* □ *rulletobak* • **rulle ngt** glatte krøllet tøj med en rulle □ *han ruller lagner og duge* □ *håndrulle* • **rulle ngt ud** gøre fx en klump dej flad med en kagerulle □ *hun rullede dejen ud* • **rulle på ngt** (sprogvidenskab): udtale r-lyde med en kraftig snurren af tungespidsen el. drøvelen □ *italienerne og skotterne ruller kraftigt på deres r'er*
3. rulle ng slå nogen ned og udplyndre dem □ *han blev rullet af et par voldsmænd*
4. rulle sig ud optræde energisk og i høj stemning □ *du rullede dig rigtig ud til festen i går*

rullebræt

SUBST. *~brættet,* plur. *~brætter, ~brætterne*

= SKATEBOARD

rulleforretning

SUBST. *-en,* plur. *-er, -erne*

1. en virksomhed der stryger el. ruller tøj
2. (glds.): det at to el. flere personer samarbejder om at overfalde og udplyndre folk

rullegardin

SUBST. *-et,* plur. *-er, -erne*

et gardin der er rullet omkring en stang med en fjedermekanisme, og som trækkes op el. ned □ *trække rullegardinet ned · rulllegardinet rullede op med et smæld*

rullekrave

SUBST. *-n,* plur. *-r, -rne*

en høj tætsiddende krave der kan bukkes om □ *rullekravesweater*

rullemadras

SUBST. *~madrassen,* plur. *~madrasser, ~madrasserne*

en tynd, ofte vatteret madras som lægges oven på en rigtig madras

rullende

ADJ.

rullende materiel se under *materiel* • **rullende trappe** = RULLETRAPPE • **rullende vagtskema** et vagtskema med skiftende indplacering af personalet

rullepølse

SUBST. *-n,* plur. *-r, -rne*

pålæg der er lavet af svine- el. lammekød som rulles sammen med krydderier, koges og lægges i pres □ *en skive rullepølse · lægge en rullepølse i pres · snøre en rullepølse* □ *rullepølsepresse* □ *flæskerullepølse · lammerullepølse*

rulleskøjte

SUBST. *-n,* plur. *-r, -rne*

en støvle med fire små hjul under sålen □ *stå på rulleskøjter · løbe på rulleskøjter*

rullesten

SUBST. *-en,* plur. *~sten, -ene*

en lille sten som er blevet afrundet af bølgeslaget el. af rindende vand • en person som ikke ønsker sin bevægelsesfrihed begrænset af familie o.l.

rullestol

SUBST. *-en,* plur. *-e, -ene*

= KØRESTOL

rulletrappe

SUBST. *-n,* plur. *-r, -rne*

en rullende trappe der består af et langt bånd med trappetrin på som ved hjælp af et maskineri bliver drevet rundt og rundt, og som transporterer personer op el. ned = ESKALATOR, RULLENDE TRAPPE □ *de tog rulletrappen til 2. sal · der var rulletrappe lige til øverste etage*

rum[1]

SUBST. *rummet,* plur. *rum, rummene*

1. en del af en bygning med vægge, gulv og loft = VÆRELSE □ *huset har otte rum* □ *alrum · fællesrum · hobbyrum · pakrum* • en særskilt del af et større hele, fx taske, skuffe, skab osv. □ *hvilket rum ligger nøglerne i* □ *handskerum* • plads til at udfolde sig på □ *råderum*
2. rummet helheden af alle himmellegemer og rummet udenom = VERDENSRUMMET, UNIVERSET □ *udforskning af rummet · på rejse i rummet* □ *rumdragt · rumforskning · rumfærge · rumraket · rumrejse · rumskib · rumstation*

rum[2]

ADJ.

1. rum sø åbent hav □ *skibet var ude i rum sø*
2. rum tid lang tid □ *det tog en rum tid inden han kom*

rumalder

SUBST. *-en*

periode fra midten af det 20. århundrede efter at det blev muligt for mennesket at foretage rejser i verdensrummet

rumba

SUBST. *-en,* plur. *-er, -erne*

en afro-cubansk pardans i 4/4-takt som blev udbredt omkring 1930: tilhører de latinamerikanske danse i sportsdans • musik som hører til dansen

rumfang

SUBST. *-et,* plur. *~fang, -ene*

størrelsen af en rumlig enhed = VOLUMEN, KUBIKINDHOLD, RUMMÅL □ *kassens rumfang beregnes ved at gange højde, længde og bredde*

rumfart

SUBST. *-en*

flyvning i verdensrummet □ *den russiske rumfart · den amerikanske rumfart · rumfartens historie · bemandet rumfart · Apollo 13's rumfart* □ *rumfartsadministration · rumfartshistorie · rumfartsindustri · rumfartsinstitut · rumfartsnation · rumfartsorganisation · rumfartsprogram · rumfartsstyrelse*

rumfartøj

SUBST. *-et,* plur. *-er, -erne*

et fartøj som kan flyve i rummet, fx en raket □ *et bemandet rumfartøj · astronauterne blev vægtløse i deres rumfartøj*

rumfærge

SUBST. *-n,* plur. *-r, -rne*

et rumfartøj der ligner et fly, og som transporterer mennesker og udstyr mellem Jorden og en rumstation; en rumfærge sendes op med raket, men lander ved egen kraft på samme måde som et fly □ *den nye rumfærge skulle til rumstationen MIR*

rumkapsel

SUBST. *-en* (el. *~kapslen*), plur. *~kapsler, ~kapslerne*

en del af en rumraket som returnerer til Jorden

rumle

VERB. *-r, -de, -t*

afgive svagt buldrende lyde; ofte om noget der er i bevægelse = SKRUMLE □ *toget rumlede langsomt over broen · det rumler i min mave* □ *rumlen* • blive rystet i et transportmiddel = BUMLE □ *sidde og rumle i en bus hele natten*

rumlig

ADJ. *-t, -e*

som har et rumfang □ *en rumlig dimension · en rumlig udnyttelse af lyset*

rumme

VERB. *-r, -de, -t*

rumme ngt have plads til noget □ *flasken rummer 1 liter · stuen kan ikke rumme flere mennesker · jeg kan ikke rumme mere i mit hoved* • **rumme ngt** = INDEHOLDE □ *rapporten rummer* *mange kritikpunkter* • *den nye bydel skulle efter planen rumme kontorer og et handelscenter*

rummel

SUBST. *-en* (el. *rumlen*)

noget som virker støjende på en monoton måde □ *leve tilbagetrukket fra verdens rummel* • *den politiske rummel* • **kende rummelen** af erfaring vide hvordan noget plejer at udvikle sig i negativ retning □ *han lover bod og bedring, men jeg kender efterhånden rummelen* • **skabe rummel om ngt** skabe opmærksomhed om noget □ *den seneste debat har skabt rummel om partiet*

rummelig

ADJ. *-t, -e*

som rummer meget ≠ SNÆVER □ *værelserne er store og rummelige* • *kærlighed er et rummeligt begreb* □ *rummelighed*

rummeter

SUBST. *-en,* plur. *rummeter, -ne*
fork. *rm*

= KUBIKMETER □ *4 rummeter brænde* • *købe træ til 600 kr. pr. rummeter* • *de måtte betale 1.000 kr. pr. rummeter for at få renset den forurenede spildjord*

rummål

SUBST. *-et,* plur. *~mål, -ene*

= RUMFANG

rumpe

SUBST. *-n,* plur. *-r, -rne*

en del af et dyrelegeme mellem ryggen og bagbenene = BAGDEL, ENDE • (spøg.): menneskets bagdel □ *falde på rumpen*

rumpilot

SUBST. *-en,* plur. *-er, -erne*

en person der flyver med en rumraket el. en rumfærge = ASTRONAUT, KOSMONAUT □ *rumpiloterne gik om bord i rumfærgen* □ *rumpilotdragt*

rumraket

SUBST. *~raketten,* plur. *~raketter, ~raketterne*

en raket med el. uden bemanding som sendes i kredsløb om Jorden el. som landsættes på en planet ≠ RUMFÆRGE

rumskib

SUBST. *-et,* plur. *-e, -ene*

et bemandet rumfartøj □ *et havareret rumskib* • *Jorden overvåges af rumskibe fra fremmede planeter*

rumsonde

SUBST. *-n,* plur. *-r, -rne*

et ubemandet rumfartøj med instrumenter som bruges til at udforske verdensrummet □ *i 1976 landede de første rumsonder på Mars* • *rumsonden sender billeder fra de yderste planeter i vores solsystem* • *rumsonden er vendt hjem med prøver fra Mars' overflade*

rumstere

VERB. *-r, -de, -t*
/rum'stere/

bevæge sig omkring på en ofte støjende måde □ *hvem er det der går og rumsterer nedenunder?* • *flyttefolkene rumsterede i hele huset* • *det rumsterede på taget* □ *rumsteren*

rumæner

SUBST. *-en,* plur. *-e, -ne*
/ru'mæner/

en person fra Rumænien

rumænsk

ADJ. *-, -e*
/ru'mænsk/

som har at gøre med Rumænien

run

SUBST. *runnet*
[ˈrɔn]

1. en stor aktivitet, efterspørgsel el. tilstrømning af mennesker □ *der har været et kolossalt run på udstillingen* • *der har været meget run på her på det sidste* • *der er run på billigt kvalitetstøj*
2. (edb): en kørsel af et edb-program

rund

ADJ. *-t, -e; -ere, -est*

1. med en form uden hjørner og kanter, som en kugle, cirkel el. oval □ *glasset har sat et rundt mærke på bordet* • *et rundt hul* • *et rundt bord* • *en rund beholder* • *et rundt tårn* □ *rundagtig* • *rundkreds* • *rundpuldet* • *rundsav* □ *cirkelrund* • *kuglerund* • = BUTTET □ *runde kinder* • *en lidt rund person* • *runde former* • (om vin): blid og fyldig ≠ SKARP □ *den er dejlig rund i smagen*
2. rundt ⟨ADV.⟩ hele vejen omkring = OMKRING, UDEN OM □ *der er en have rundt om huset* • *Jorden rundt* • *Sjælland rundt og Fyn rundt er store kapsejladser* • i bevægelse med centrum i sig selv □ *hjulene snurrede rundt* • *Jorden drejer rundt om sig selv på 24 timer* • ⟨ADV.⟩ udtryk for at noget bevæger sig fra sted til sted inden for et bestemt område = OM, OMKRING □ *han gik rundt i byen* • *løse hunde flakker rundt i parker og på gader* • **rundt om** el. **rundt omkring** på forskellige steder □ *hun optræder rundt om i landet* • *der er frugttræer rundt omkring i haven* • **komme rundt om ngt** behandle et problem grundigt □ *vi nåede ikke at komme helt rundt om alle problemerne* • **løbe rundt** se under *løbe*
3. (om tal): som ender på *0*, fx *20* og *150* □ *et rundt tal* • *han har rund fødselsdag på lørdag* • **rundt regnet** se under *regne*
4. i forsk. forb.: • **med rund hånd** se under *hånd* • **rigtig rund** (spøg.): = SKØR □ *er du rigtig rund?* • **rundt på gulvet** udtryk for at man er forvirret □ *hun var helt rundt på gulvet da hun vågnede*

rundbold

SUBST. *-en*

et boldspil der udkæmpes mellem to hold hvor det gælder om at slå til en bold med et boldtræ og derefter løbe rundt på et spilleområde der er markeret med fire poster ≠ LANGBOLD

rundbordssamtale

SUBST. *-n,* plur. *-r, -rne*

et møde mellem eksperter hvor et bestemt emne diskuteres □ *regeringen og arbejdsmarkedets parter mødtes i en rundbordssamtale*

rundbuestil

SUBST. *-en*

romansk stil karakteriseret ved anvendelse af runde buer i døre og vinduer = ROMANSK STIL ≠ SPIDSBUESTIL, GOTISK STIL

runddel

SUBST. *-en,* plur. *-e, -ene*

en rund plads som er omgivet af træer el. bygninger, og hvor flere veje mødes; bruges især i navne □ *Frederiksberg Runddel*

runddysse

SUBST. *-n,* plur. *-r, -rne*

en rund dysse med en diameter på 10-15 m

runde[1]

SUBST. *-n,* plur. *-r, -rne*
[ˈråndə]

en bevægelse el. handling som slutter hvor den begyndte = OMGANG □ *jeg tog lige en runde for at tjekke om alle døre var låst* • *vægteren gik sin sædvanlige runde kl. 23* • *officererne foretog en runde for at inspicere vagtposterne* □ *kontrolrunde* • noget der når hele raden rundt, fx i kortspil, drikkelag el. forhandlinger □ *kan vi nå en runde til?* • *jeg giver den næste runde* • *så er vi nået til sidste runde* • *statslederne mødtes til den sidste runde af forhandlinger* □ *forhandlingsrunde*

runde[2]

VERB. *-r, -de, -t*

1. runde ngt gøre noget rundt el. buet □ *lad være med at runde ryggen* • *runde de skarpe kanter af* • *når vokalen 'a' udtales med rundede læber, bliver den til 'o'*
2. runde ngt op el. **ned** el. **af** forhøje el. formindske et tal el. beløb til et rundt tal el. beløb □ *de rundede regningen op til 1.000 kr.* • *tallet 1,35 rundes ned til 1* • *runde beløbet af til 20 kr.*
3. runde ngt komme hen til og videre forbi noget □ *bilen rundede hjørnet* • *hun rundede de 20 år* • *runde et skarpt hjørne* □ *runding*

rundelig

ADJ. *-t, -e*

(glds.): som betaler rigeligt el. er rundhåndet □ *han har sit rundelige udkomme* • *hun betalte ham rundeligt*

rundet

VERB.

bøjningsform af *rinde*

rundholt

SUBST. *-et,* plur. *-er, -erne*

en rund træstang; især om master, bomme, ræer osv. på et fartøj

rundhåndet

ADJ. - , *rundhåndede*

= GAVMILD ≠ NÆRIG □ *en rig, rundhåndet tante* · *være rundhåndet med kærlighed* □ *rundhåndethed*

rundkirke

SUBST. *-n,* plur. *-r, -rne*

en kirke med en rund grundplan; i middelalderen også anvendt som forsvarskirke; der findes i Danmark syv rundkirker □ *Bornholm har fire rundkirker*

rundkreds

SUBST. *-en,* plur. *-e, -ene*

en cirkelformet række, fx af personer = RING, KREDS □ *deltagerne i legen sætter sig i en rundkreds*

rundkørsel

SUBST. *-en* (el. *~kørslen*), plur. *~kørsler, ~kørslerne*

en rund plads hvor flere veje mødes og med en rabat i midten som man kører rundt om □ *køre rundt i en rundkørsel* · *når man kører ind i en rundkørsel er der ubetinget vigepligt* · *anlægge en rundkørsel*

rundrejse

SUBST. *-n,* plur. *-r, -rne*

rejse rundt i et område med tilbagevenden til udgangspunktet = TURNÉ □ *foretage en rundrejse i det nordlige Frankrig*

rundsav

SUBST. *-en,* plur. *-e, -ene*

en maskine med en rund savklinge som drejes hurtigt rundt; bruges til at save træ el. metal lige over

rundskrivelse

SUBST. *-n,* plur. *-r, -rne*

en skrivelse som er stilet til en større kreds af personer

rundskue

SUBST. *-t,* plur. *-r, -rne*

1. (glds.): en vid udsigt over et område = PANORAMA

2. besøg på forskellige institutioner □ *ministeren var på rundskue på byens plejehjem*

rundskåren el. **rundskåret**

ADJ. *~skåret, ~skårne*

(om tøj): som er syet af et cirkelformet stykke stof □ *en rundskåren nederdel* · *bukser med rundskåren vidde*

rundskåret

ADJ.

se *rundskåren*

rundspørge

SUBST. *-n* el. *-t,* plur. *-r, -rne*

en mindre og hurtig undersøgelse af folks mening el. af en aktuel situation; foretages ofte blandt personer inden for et bestemt område = ENQUETE □ *et rundspørge viser at mange er utilfredse med de nye afgifter* · *en hurtig rundspørge til landets hospitaler viser at antallet af fyrværkeriskader er steget*

rundstykke

SUBST. *-t,* plur. *-r, -rne*

et lille, rundt stykke brød der er bagt af mel, gær, vand, salt og olie, og som spises til morgenmad □ *et rundstykke med eller uden birkes* · *et halvt rundstykke med smør* · *spansk rundstykke*

rundtenom

SUBST. *-en* (el. *rundtenommen*), plur. *-er* (el. *rundtenommer*), *-erne* (el. *rundtenommerne*)

en hel skive rugbrød □ *skære sig en rundtenom* · *han spiste tre rundtenommer med spegepølse*

rundtosset

ADJ. - , *~tossede*

som har svært ved at holde balancen, og som føler at alt drejer rundt = SVIMMEL □ *børnene blev rundtosset af at køre i karrusel* • som er udmattet og ude af stand til at tænke klart pga. fysisk el. psykisk påvirkning = ØR □ *deres snak om kernefysik gjorde ham helt rundtosset*

rundtur

SUBST. *-en,* plur. *-e, -ene*

en tur rundt i et område fra et sted til et andet hvorefter man vender tilbage til udgangspunktet □ *tage på rundtur i Thailand*

rundvisning

SUBST. *-en,* plur. *-er, -erne*

en tur rundt i en bygning el. på et område med en person som fortæller deltagerne om stedet □ *deltage i en rundvisning i Folketinget* · *der er rundvisning i klostret hver lørdag*

rune

SUBST. *-n,* plur. *-r, -rne*

1. hvert af tegnene i germanernes gamle alfabet som engang blev brugt i det nordlige Europa, og som blev hugget i sten el. ridset i træ □ *de prøvede at tyde runerne på runestenen* □ *runestav* · *runesten* • **riste runer** skære el. hugge runer ind i fx sten el. træ • **riste en rune over ng** lave el. holde en tale til minde om nogen

2. et tegn el. et mærke som ligner runer; fx utydelig håndskrift □ *eleverne kunne ikke læse lærerens runer*

runesten

SUBST. *-en,* plur. *-e* (el. *~sten*), *-ene*

en sten med indhuggede runer og evt. ornamentik; oftest rejst til minde om en afdød □ *de ældste skandinaviske runesten stammer fra 300-tallet*

runge

VERB. *-r, -de, -t*

afgive en kraftig og dyb lyd som ofte giver genlyd □ *klokkerne rungede* · *han lo så det rungede* · *et rungende hurra* · *hans skridt rungede i det tomme værelse* □ *rungen*

runken

ADJ. *-t, runkne*

som har rynker og er lidt indtørret □ *et runkent æble*

rur

SUBST. *-en,* plur. *-er, -erne*

et lille krebsdyr som har en hvid skal med skarpe fremspring, og som hæfter sig fast på fx sten, pæle og skibsskrog; latinsk navn *Balanus*

rus[1]

SUBST. *-en,* plur. *-e, -ene*

[*ˈru's*]

1. det at være stærkt påvirket af alkohol el. narkotika = BRANDERT, KÆFERT □ *sove rusen ud* · *drikke sig en rus til*

2. en følelse af overvældende ophidselse og glæde □ *i begejstringens rus kyssede han hende* □ *glædesrus* · *sejrsrus*

rus[2]

SUBST. *russen,* plur. *russer, russerne*

[*ˈrus*]

en ny studerende på en højere læreanstalt □ *ruskursus* · *rus-tur* · *rus-vejleder*

ruse

SUBST. *-n,* plur. *-r, -rne*

et rørformet fiskegarn med runde stivere af stål el. pilegrene □ *åleruse*

rusgift

SUBST. *-en,* plur. *-e, -ene*

et giftigt stof med en rusfremkaldende virkning, fx alkohol el. narkotika; påvirker centralnervesystemet og kan i større doser medføre døden □ *heroin og kokain er stærke rusgifte*

rusk

SUBST. *-et,* plur. *rusk, -ene*

det at der bliver rystet el. rykket i nogen el. noget □ *blæstens rusk i trætoppene* · *han gav et hårdt rusk* • vind der blæser i stød □ *regn og rusk*

ruske

VERB. *-r, -de, -t*

ruske ng(t) el. i ng(t) voldsomt ryste el. rykke i nogen el. noget □ *han ruskede hende for at få hende vågen* · *han ruskede i håndtaget* · *hun forsøgte at ruske liv i ham* · *stormen rusker i træerne* • **ruske op i ng** forsøge at opildne nogen □ *med sine kritiske artikler ville han ruske op i befolkningen*

ruskind

SUBST. *-et,* plur. *ruskind, -ene*

blødt læder med ru overflade □ *frakken er af ruskind med pelskrave* □ *ruskindshandsker* · *ruskindsjakke* · *ruskindssko*

ruskomsnusk

SUBST. *en* el. *et*

/*ruskomˈsnusk*/

en rodet sammenblanding af forskellige ting □ *repertoiret var noget ruskomsnusk*

ruskregn

SUBST. *-en*

kold regn med blæst

ruskvejr

SUBST. *-et*

koldt vejr med regn og rusk

russer

SUBST. *-en,* plur. *-e, -ne*

en person fra Rusland

russerbluse

SUBST. *-n,* plur. *-r, -rne*

en vid bluse med faste hals- og håndlinninger

russisk

ADJ. *- , -e*

som har at gøre med Rusland □ *russiskfødt* □ *dansk-russisk* • ⟨SUBST.: *et*⟩ det russiske sprog □ *russisklærer* · *russisksproget* · *russisktalende* · *russisktime* · *russiskundervisning*

rust

SUBST. *-en*

1. (kemi): en rødbrun belægning som dannes ved iltning af ubeskyttet jern el. ståloverflader, især i forbindelse med fugt □ *rustbeskyttelse* · *rusten* · *rustfarvet* · *rustfast* · *rustfri* · *rustplet* · *rustrød*
2. (botanik): =RUSTSVAMP

ruste

VERB. *-r, -de, -t*

1. (om metal): blive angrebet af rust □ *når metallet bliver vådt, ruster det lettere* · *hængslet er rustet fast* · *cyklen står og ruster op* · *kølerhjelmen er rustet igennem* · *fugten ruster jernet*
2. ruste sig el. **ruste** samle et lager af våben som forberedelse til krig =AFRUSTE, NEDRUSTE □ *landet rustede sig til krig* · *stormagterne ruster om kap* □ *rustning* □ *kapruste* · *opruste* • **ruste sig** gøre sig klar til noget, fx ved at udstyre sig med nødvendigt materiale □ *ruste sig til en svær opgave* · *ruste sig med tålmodighed* · *vi er godt rustede til fremtiden* · *ruste sig imod kritikken* □ *udruste* • **rustet til tænderne** skarpt bevæbnet el. meget godt forberedt □ *han var rustet til tænderne med gode argumenter*

rusten

ADJ. *-t, rustne*

1. som er angrebet af rust □ *en rusten cykel* · *låsen er rusten* □ *rustenhed* □ *gennemrusten*
2. (om en stemme): som er hæs =HÆS, RU, SPRUKKEN □ *en rusten stemme* · *være rusten i mælet*

rustfri

ADJ. *-t, -e* (el. *rustfri*)

(om metal): som er behandlet på en særlig måde så det ikke kan ruste □ *rustfrit stål* · *rustfri knive*

rustik

ADJ. *-t, rustikke*
/ru'stik/

som har en kraftig struktur og et landligt præg □ *rustikke egetræsmøbler* · *rustikt lertøj*

rustning

SUBST. *-en,* plur. *-er, -erne*

1. forberedelse til krig = OPRUSTNING ≠ NEDRUSTNING □ *rustningsbegrænsning* · *rustningsindustri* · *rustningskapløb* □ *genoprustning* · *kaprustning*
2. en våbendragt af metal el. læder til beskyttelse mod slag og hug =BRYNJE, HARNISK, PANSER □ *i fuld rustning* □ *ridderrustning*

rustrød

ADJ. *-t, -e*

rødbrun af rust el. med en rødbrun farve som rust □ *rustrøde vandrør*

rustsvamp

SUBST. *-en,* plur. *-e, -ene*

en giftig sporesvampeart som vokser inden i andre planter og giver sorte el. rødbrune pletter på disses overflade; ses fx som snylter på nytteplanter; latinsk navn *Uredinales* = RUST

rustvogn

SUBST. *-en,* plur. *-e, -ene*

en bil til at transportere en ligkiste til kirke, kapel el. kirkegård

rute

SUBST. *-n,* plur. *-r, -rne*
['ru·də el. 'rudə]

en fastlagt strækning som nogen bevæger sig ad, især om offentlig transport □ *følge en bestemt rute* · *skibet sejler i fast rute mellem øerne* · *lægge ruten om* · *betjene ruten med busser* · *bringe et skib ud af dets rute* · *følge sin rute* □ *rutebåd* · *rutefart* · *rutefly* □ *bådrute* · *flyverute* · *sejlrute*

rutebil

SUBST. *-en,* plur. *-er, -erne*

en bus som kører ad en fastlagt rute; især om en bus i provinsen =BUS □ *rutebilchauffør* · *rutebilstation*

rutebåd

SUBST. *-en,* plur. *-e, -ene*

et passagerskib som sejler i rutefart =PASSAGERSKIB, PASSAGERBÅD □ *rutebåden til Oslo*

rutefart

SUBST. *-en*

sejlads, flyvning el. kørsel i fast rute mellem bestemte steder ≠ LINIEFART, TRAMPFART □ *skibet sejler i fast rutefart mellem øerne* · *rutefarten på England* • det at bevæge sig i fast rute □ *han gik i fast rutefart mellem køleskab og skrivebord*

rutine

SUBST. *-n*
/ru'tine/

1. en færdighed som er erhvervet gennem erfaring og øvelse □ *have mange års rutine* · *hun har stor rutine i maskinskrivning*
2. ⟨plur. *-r, -rne*⟩ en fastlagt procedure som udføres mere el. mindre automatisk i en bestemt situation □ *følge en bestemt rutine* · *en fast rutine* · *arbejdet bliver let til rutine* · *en behagelig afveksling fra den sædvanlige rutine* □ *rutinearbejde* · *rutinemæssig* · *rutinesag* · *rutineundersøgelse*

rutineret

ADJ. *- , rutinerede*

som har arbejdet længe med noget og er blevet god til det = ØVET, ERFAREN, DREVEN □ *rutineret advokatsekretær søges* · *et hold rutinerede marinesoldater*

rutsche el. rutsje

VERB. *-r, -de, -t*

glide hurtigt uden at have fuld kontrol over bevægelsen □ *rutsche ned ad bakken* · *rutsche i sædet* · *læsset begyndte at rutsche ned ad vognen* · *bilerne rutschede rundt i det glatte føre* □ *rutschebane*

rutschebane el. rutsjebane

SUBST. *-n,* plur. *-r, -rne*

en bane med stejle fald hvor man kører i små vogne som forlystelse □ *køre i rutschebane* • et legeredskab med glat underlag og et kort, stejlt fald □ *køre på rutschebane*

rutsje

VERB.

se *rutsche*

rutsjebane

SUBST.

se *rutschebane*

rutte

VERB. *-r, -de, -t*

rutte med ngt ødsle med noget □ *de har ikke meget at rutte med* · *rutte med pengene*

rwander

SUBST. *-en,* plur. *-e, -ne*

en person fra Rwanda

rwandisk

ADJ. *- , -e*

som har at gøre med Rwanda

ry

SUBST. *-et*

= ANSEELSE □ *han har et godt ry* · *det har ry for at være en god restaurant* · *han har ry for at være en hård træner*

rya

SUBST. *-en,* plur. *-er, -erne*

en form for vævning hvor garnet er knyttet i knuder på en vævet bund, fx til et ryatæppe □ *ryaknude* · *ryapude* · *ryatæppe*

rydde

VERB. *-r, -de, -t*

1. rydde ngt for ngt fjerne noget for nogen fordi det er i vejen =TØMME □ *rydde vejen for sne* · *de ryddede pladsen for træer* · *kan du ikke rydde bordet for bøger, vi skal snart spise* · *rydde skoven* · *rydde sne* · *rydde noget til side* □ *rydning* • **rydde ng(t) af vejen** skaffe sig af med nogen el. noget; især på en grov og ufølsom måde □ *mafiaen har ryddet en del advokater af vejen* · *rydde alle hindringer af vejen*
2. rydde op bringe orden i noget ved at lægge el. stille tingene på den rette plads □ *rydde op på værelset* · *jeg har været ude at rydde op i køkkenet* · *de ryddede op efter festen* · *der må ryddes op efter den gamle regerings sløseri* □ *ryddelig*

ryddelig

ADJ. *-t, -e*

som er pænt ryddet op □ *stuen var ikke særlig ryddelig*

rydning

SUBST. *-en,* plur. *-er, -erne*

det at rydde et område, fx for træer □ *rydning af træer · rydning af skov til landbrugsformål · rydning af miner · rydning af sne* □ *rydningsarbejde* □ *minerydning · skovrydning · snerydning* • en ryddet plads i en skov □ *der lå tre små hytter i rydningen* □ *skovrydning*

ryg

SUBST. *ryggen,* plur. *rygge, ryggene*

1. bagsiden af legemet mellem skuldrene og bagdelen □ *han kløede katten på ryggen · de sad med ret ryg · patienten havde smerter i ryggen · rette ryggen* □ *rygrad · ryghvirvel · rygsøjle* • **skyde ryg** krumme ryggen □ *katten skød ryg og hvæsede*
2. den del af en stol el. sofa som støtter den siddendes ryg □ *stolen har en høj ryg* □ *ryglæn*
3. den del af en bog som siderne er fastgjort til □ *ryggen på bogen er af skind · titlen var trykt på bogens ryg*
4. i forsk. forb.: • **bag ngs ryg** el. **bag ryggen på ng** udtryk for at man taler om nogen el. gør noget uden at informere den el. dem som det egentlig drejer sig om □ *de talte ondt om deres kollega bag hendes ryg* • **falde ng i ryggen** angribe nogen selv om man er vedkommendes ven el. har samme meninger □ *politikeren faldt partiet i ryggen* • **have en bred ryg** være fysisk el. psykisk robust • **have ng(t) i ryggen** være økonomisk uafhængig el. støttet af andre der har mange penge □ *de havde en formue i ryggen · have en stor pengetank i ryggen* • **holde** el. **sørge for at have ryggen fri** ikke have et udestående med nogen □ *han rådførte sig med en advokat for at have ryggen fri* • **løbe ng koldt ned ad ryggen** få kuldegysninger fordi man er bange □ *det løb dem koldt ned ad ryggen, da de hørte skridt på loftet* • **vende ryggen til ng** el. **vende ng ryggen** forlade el. svigte nogen □ *hun blev så vred at hun vendte ham ryggen*

rygcrawl

SUBST. *en*

crawl hvor man ligger på ryggen i vandet ≠ RYGSVØMNING

rygdækning

SUBST. *-en*

sikkerhed for støtte under et evt. angreb □ *statsministeren har politisk rygdækning for sit forslag til venstre i salen · jeg vil gerne vide om jeg har rygdækning inden jeg kaster mig ud i vovestykket*

ryge

VERB. *-r, røg, røget (røgen, røgne)*

1. afgive røg = OSE □ *skorstenen ryger · bålet ryger · det ryger i køkkenet · det ryger fra pejsen* □ *rygning*
2. ryge ngt suge tobaksrøg ind af en brændende pibe, cigaret, cigar el. cerut = PULSE, DAMPE, BAKKE PÅ, SMØGE □ *hun ryger 15 cigaretter om dagen · han ryger på en cigar · jeg er holdt op med at ryge · jeg ryger ikke · han ryger som en skorsten* □ *rygning · rygebord · rygeforbud · rygekupé · rygepause · ryger · rygeværelse* □ *kæderyge*
3. ryge ngt = RØGE □ *ryge en skinke · en røget sild* □ *rygeost*
4. gå i stykker el. gå tabt □ *der er røget en sikring · der røg sejlet · glasset røg på gulvet og blev knust · der røg mine sidste penge · der røg den chance · aftalen røg på gulvet da én af invesstorerne trak sig*
5. i forsk. forb.: • **ryge af ngt** pludselig falde af noget □ *pas på du ikke ryger af hesten · fuglen røg af pinden · hans hat røg af* • **ryge {ind i} ngt** havne midt i noget el. et bestemt sted □ *skibet røg ind i et forfærdeligt stormvejr i Østersøen · pladen røg direkte ind på top-tyve listen · vi røg ud i en situation som vi ikke havde drømt om kunne opstå · hun røg i en af politiets fartfælder · han risikerer at ryge direkte i fængsel* • **ryge {op af} ngt** fare el. blive slynget af sted • **ryge op** el. **ned** el. **i vejret** stige el. falde kraftigt □ *hans løn ryger op på 500.000 kr. fra årsskiftet · klubben røg ned i 3. division · den internationale rente røg i vejret* • **ryge og rejse** = FORSVINDE □ *bede en om at ryge og rejse · du kan ryge og rejse · ryg og rejs!* • **ryge uklar** blive uvenner = RAGE UKLAR □ *de er røget uklar med hinanden*

rygebord

SUBST. *-et,* plur. *-e, -ene*

et lille bord hvorpå rygesager som cigaretter, cigarer, cigarklipper, lighter m.m. anrettes

rygekokain

SUBST. *-en* el. *-et*

= CRACK

rygekupé el. **rygekupe** el. **rygerkupé** el. **rygerkupe**

SUBST. *-en,* plur. *-er, -erne*

en kupé i en togvogn hvor det er tilladt at ryge

rygende

ADJ.

forstærkende udtryk = MEGET □ *han er rygende gal · vi er rygende uenige · hun har rygende travlt*

rygeost

SUBST. *-en,* plur. *-e, -ene*

en blød, dansk, smørbar frisk ost som smager syrligt el. letrøget, og som er tilsat kommen; anvendes fx i osteanretninger el. som pålæg

ryger

SUBST. *-en,* plur. *-e, -ne*

en person som ryger cigaretter, pibe el. cigar ≠ IKKERYGER □ *dette er en kupé for rygere · vi holder en pause så rygerne kan få sig en smøg* □ *kæderyger · selskabsryger · storryger* • **passiv ryger** en ikkerygende person som befinder sig i et lokale hvor der ryges

rygerkupé

SUBST.

se *rygekupé*

ryggesløs

ADJ. *-t, -e*

som er fordærvet og samvittighedsløs = GUDSFORGÅEN, FORDÆRVET □ *en ryggesløs slyngel*

ryghvirvel

SUBST. *-en* (el. *ryghvirvlen*), plur. *ryghvirvler, ryghvirvlerne*

hver af de knogler i skelettet som tilsammen danner legemets rygrad

ryglæn

SUBST. *-et,* plur. *ryglæn, -ene*

en del af en stol, sofa el.lign. som man støtter ryggen imod = RYGSTØD ≠ ARMLÆN □ *stolen har polstret ryglæn*

rygmarv

SUBST. *-en*

en del af nervesystemet som består af et tykt bånd af nervebaner i rygsøjlen, og som transporterer informationer til og fra hjernen □ *rygmarvsprøve · rygmarvssygdom*

rygning[1]

SUBST. *-en,* plur. *-er, -erne*

= TAGRYG

rygning[2]

SUBST. *-en*

det at ryge tobak □ *rygning er ikke længere tilladt på offentlige kontorer* • **passiv rygning** det at indhalere tobaksrøg fra andres rygning □ *mange tusind mennesker udsættes hver dag for passiv rygning · det er bevist at også passiv rygning er skadeligt*

rygrad

SUBST. *-en,* plur. *-e, -ene*

= RYGSØJLE • udtryk for at en person er karakterfast □ *der er ikke megen rygrad i ham · han har rygrad som en regnorm* • en betydningsfuld person el. organisation □ *han er firmaets rygrad*

rygstød

SUBST. *-et,* plur. *rygstød, -ene*

1. et upolstret ryglæn □ *bænken er uden rygstød · pas på, rygstødet sidder løst*
2. økonomisk støtte el. personlig opbakning □ *skaffe sig økonomisk rygstød · kan du regne med rygstød hjemmefra hvis du siger ja til posten?*

rygsvømning

SUBST. *-en*

en svømmeart hvor man ligger på ryggen i vandet og med strakte arme skubber sig frem med håndfladerne samtidig med at man spreder og samler benene ≠ RYGCRAWL

rygsæk

SUBST. *~sækken,* plur. *~sække, ~sækkene*

taske med remme som kan bæres på ryggen = RANSEL, MEJS □ *pakke sin rygsæk · gå med rygsæk*

rygsøjle

SUBST. *-n,* plur. *-r, -rne*

en række knogler midt på ryggen mellem hoved og bækken som støtter overkroppen og beskytter rygmarven = RYGRAD, HVIRVELSØJLE

rygte

SUBST. *-t,* plur. *-r, -rne*

1. en nyhed el. oplysning der ofte er delvis opdigtet og som hurtigt spredes fra person til person = FORLYDENDE, SLADDER □ *sprede rygter · rygtet siger at han er ved at gå fallit · det er kun løse rygter · dementere et rygte* □ *rygtesmed · rygtespreder*
2. = ANSEELSE □ *hans gode navn og rygte · han er bedre end sit rygte · han fik et dårligt rygte*

rygtes

VERB. *rygtes, rygtedes, rygtedes*

udtryk for at delvist opdigtede nyheder el. oplysninger spredes fra person til person □ *begivenheden er rygtedes over hele byen · når det først rygtes, skal de interesserede nok indfinde sig*

ryk

SUBST. *rykket,* plur. *ryk, rykkene*

en pludselig, kraftig bevægelse = SÆT, HIV □ *toget satte sig i gang med et ryk*

rykind

SUBST. *et,* plur. *rykind, -ene*
/ryk'ind/

det at mange mennesker kommer ind og bliver i kortere el. længere tid = INVASION □ *der er et ustandseligt rykind i huset af gæster · forretningen havde et stort rykind hele dagen*

rykke

VERB. *-r, -de, -t*

1. ændre placering □ *han rykkede nærmere hen til mig · tropperne rykkede kun langsomt frem* • **rykke ng(t)** flytte nogen el. noget, fx til et andet sted, niveau el. tidspunkt □ *han blev rykket op i 5. klasse · rykke bordet hen til vinduet · mødet er blevet rykket en time frem* • **rykke i ng(t)** trække kortvarigt og pludseligt i nogen el. noget = TRÆKKE □ *det rykkede i ham af forskrækkelse · han rykkede hende i ærmet · hun rykkede i snoren* □ *rykken* • **rykke ngt {op}** trække noget ud af det sted det er placeret i = TRÆKKE □ *rykke ukrudt op · rykke en tand ud · træet var rykket op med rod*
2. **rykke ng for ngt** stærkt opfordre nogen til at give én noget de har lånt el. skylder én □ *kreditorerne rykkede ham for betaling af de forfaldne fakturaer · biblioteket har rykket mig for aflevering af tre bøger · han rykkede for svar på sit brev* □ *rykning · rykker · rykkerbrev*
3. (om panterettigheder): respektere visse nærmere angivne lån □ *nærværende pantebrev rykker for lån af kreditforeningsmidler*
4. i forsk. forb.: • **rykke ind** flytte ind □ *de rykkede ind i de nye lokaler* • **rykke ngt ind** = INDRYKKE □ *de rykkede en annonce ind i avisen* • **rykke sammen** flytte sig så man kommer tættere på hinanden □ *køerne rykkede sammen for at holde varmen · hvis vi rykker lidt sammen skulle vi nok alle sammen kunne være her* • **rykke ud** gå i aktion og komme til hjælp □ *brandvæsenet rykkede straks ud* • **rykke ud med ngt** nødtvungent fremkomme med en forklaring el.lign. □ *nu må du rykke ud med svaret*

rykker

SUBST. *-en,* plur. *-e, -ne*

et brev som påminder én om at gøre noget, fx at betale et forfaldent beløb el. at aflevere noget tilbage □ *modtage en rykker fra biblioteket* □ *rykkerbrev · rykkerskrivelse*

rykvis

ADJ. - (el. *-t*), *-e*

= STØDVIS □ *smerterne kom rykvis*

ryle

SUBST. *-n,* plur. *-r, -rne*

en vadefugl med forholdsvis korte ben og et kort næb; flere arter, bl.a. *dværgryle* og *krumnæbbet ryle;* latinsk navn *Calidris*

rynke[1]

SUBST. *-n,* plur. *-r, -rne*

en lille fold i fx stof el. hud □ *nederdelen havde stor vidde og mange rynker i taljen · du har fået rynker bag på kjolen af at sidde ned · han har dybe rynker i panden · hun havde en vred rynke mellem øjenbrynene* □ *rynkecreme · rynkemiddel* □ *gardinrynke · halsrynke · panderynke · øjenrynke* • **få rynker** få rynket hud med alderen □ *hun havde allerede fået rynker · han var ved at få rynker omkring øjnene*

rynke[2]

VERB. *-r, -de, -t*

rynke ngt lave små folder el. furer i noget, fx i stof el. i ansigtet □ *hun rynkede nederdelen i taljen · gardinerne skal rynkes foroven · han rynkede panden* □ *rynkning · rynkeri · rynkebånd · rynketråd*

rype

SUBST. *-n,* plur. *-r, -rne*

en hønsefugl med fjerklædte fødder og tæer som findes i bjerg- og polarområder; flere arter, bl.a. *fjeldrype* og *dalrype;* latinsk navn *Lagopus*

ryste

VERB. *-r, -de, -t*

1. gøre hurtige små el. store bevægelser op og ned el. frem og tilbage, evt. af angst el. nervøsitet = BÆVE, BÆVRE, SKÆLVE, DIRRE, SITRE □ *toget rystede · huset rystede ved eksplosionen* □ *rystelse · rystetur* • **ryste sig** gøre små hurtige bevægelser med kroppen □ *hunden rystede sig da den havde været ude at svømme* • **ryste ngt** få noget til at bevæge sig hurtigt frem og tilbage el. op og ned □ *ryste tæppet · ryste træet, så æblerne falder ned · ryste en cocktail · jordskælvet rystede husene · vindstødet rystede huset · hun rystede over hele kroppen · hendes stemme rystede · han rystede ved tanken om sin eksamen* □ *rysteribs* □ *omryste*
2. **ryste ng** skabe stærk sindsbevægelse, uro og angst □ *han rystede sine forældre ved pludselig at rejse sin vej · strejkerne rystede befolkningen* □ *rystelse*
3. i forsk. forb.: • **ryste ng(t)af sig** gøre sig fri af nogen el. noget □ *det lykkedes ham at ryste forfølgerne af sig · han rystede trætheden af sig* • **ryste på hovedet af ng(t)** se under *hoved* • **ryste på hovedet af ng(t)** bevæge hovedet fra side til side for at udtrykke forundret misbilligelse af nogen el. noget • **ryste ng sammen** få nogen til at lære hinanden at kende • **ryste ud** el. **op med ngt** komme frem med noget □ *ryste ud med nogle penge · endelig rystede han op med nogle oplysninger*

rystelse

SUBST. *-n,* plur. *-r, -rne*

det at noget ryster □ *efter jordskælvet kom flere smårystelser · alarmen gik i gang ved den mindste rystelse*

rystende

ADJ.

som forårsager stor sindsbevægelse, uro og angst = OPRIVENDE, CHOKERENDE □ *en rystende oplevelse · det var rystende at se hvordan de blev behandlet · der mødte dem et rystende syn*

rysteribs

SUBST. *-et,* plur. *~ribs, -ene*

rå ribs rystet i sukker

rytme

SUBST. *-n,* plur. *-r, -rne*

1. en vekslen mellem stærkere og svagere tryk som danner et regelmæssigt mønster, fx i musik, dans el. tale □ *musikken har en langsom rytme · danse til latinamerikanske rytmer · musikken forsatte i stigende rytme* □ *rytmeboks · rytmesans · rytmeskabende* □ *danserytme · versrytme* • **en dalende rytme** (litteratur): en verslinie der begynder trykstærkt og ender tryksvagt • **en stigende rytme** (litteratur): en verslinie der begynder tryksvagt og ender trykstærkt
2. et regelmæssigt mønster som man lever efter □ *deres liv var kommet ind i en fast rytme · de arbejder i en fast rytme* □ *biorytme · døgnrytme · livsrytme*

rytmik

SUBST. *rytmikken*
/ryt'mik/

læren om rytmer i musik • en form for gymnastik til rytmisk musik

rytmisk

ADJ. - , *-e*

som har rytme □ *hun ejer ikke rytmisk sans · en rytmisk oplæsning · rytmisk musik*

rytter

SUBST. *-en,* plur. *-e, -ne*

1. en person som rider på en hest som hobby el. erhverv □ *rytteren faldt af, da hesten refuserede* □ *rytterske* □ *konkurrencerytter · skolerytter · springrytter*
2. = CYKELRYTTER
3. ⟨i sammensætn.⟩ en person der udnytter noget til gene for andre □ *chancerytter · checkrytter · paragrafrytter · principrytter · vekselrytter*

rytteri

SUBST. *-et,* plur. *-er, -erne*
/rytte'ri/

(militær): en hær af ridende soldater = KAVALERI ≠ ARTILLERI, INFANTERI □ *han er officer i kavaleriet* □ *rytteriangreb · rytteriofficer*

ræb

SUBST. *-et,* plur. *ræb, -ene*

= BØVS

ræbe

VERB. *-r, -de, -t*

= BØVSE □ *han ræbede højlydt*

ræd

ADJ. *- , rædde*

= BANGE □ *han er ræd for store hunde · det er vel ikke noget at være ræd for* □ *mørkeræd*

rædderlig el. rærlig

ADJ. *-t, -e*

(dagl.): = RÆDSELSFULD □ *han ser rædderlig ud på det billede* □ *rædderlighed*

ræddes

VERB. *ræddes, ræddedes, ræddedes*

ræddes for el. **ved ng(t)** være meget bange for nogen el. noget = FRYGTE, BEFRYGTE □ *jeg ræddes ved ham · de ræddes for hvad der skal overgå dem*

ræddike

SUBST. *-n,* plur. *-r, -rne*

en plante med en opsvulmet, spiselig pælerod; latinsk navn *Raphanus*

rædsel

SUBST. *-en* (el. *rædslen*), plur. *rædsler, rædslerne*

en stærk og vedvarende forfærdelse = GRU, RÆDSEL □ *krigens rædsler · intet kan beskrive den rædsel jeg følte ved synet af ødelæggelserne · de tør ikke vidne af rædsel for følgerne · han blev grebet af rædsel* ● noget meget grimt □ *sofaen var mildest talt en rædsel*

rædselsfuld

ADJ. *-t, -e*

som fremkalder en stærk følelse af ubehag, el. som man synes er meget dårlig = FORFÆRDELIG, RÆDSOM, GRÆSSELIG, GYSELIG, HORRIBEL, RÆDDERLIG □ *en rædselsfuld film · hun har et rædselsfuldt sprog · jeg har haft det rædselsfuldt · et rædselsfuldt syn · han synger rædselsfuldt*

rædselsslagen

ADJ. *-t, ~slagne*

= SKRÆKSLAGEN □ *hun var rædselsslagen ved tanken om at skulle møde ham ansigt til ansigt*

rædselsvækkende

ADJ.

som fremkalder rædsel = GRUOPVÆKKENDE, HÅRREJSENDE, UHYGGELIG □ *en rædselsvækkende ugerning*

rædsom

ADJ. *-t, rædsomme*

som er meget grim el. ubehagelig = RÆDSELSFULD, FORFÆRDELIG, GRÆSSELIG, GYSELIG, HORRIBEL, RÆDDERLIG, UHYRLIG □ *en rædsom hat · det var dog et rædsomt spektakel*

ræer

SUBST.

bøjningsform af *rå*

række[1]

SUBST. *-n,* plur. *-r, -rne*

1. ⟨fork. *rk.*⟩ placering af ting side ved side el. efter hinanden så de danner en linie = RAD □ *en lang række biler · soldaterne stod på en række · på rad og række* □ *rækkehus · rækkevis* □ *bænkerække · knagerække · stolerække · tallerkenrække* ● et større antal af nogen el. noget □ *tv viste en række spændende film med en række berømte skuespillere · en række af begivenheder førte til at hun gik af* □ *rækkefølge* □ *foredragsrække · kongerække · talrække · tankerække · årrække* ● ⟨fork. *rk.*⟩ sæder som står på lige linie i en biograf el. et teater □ *de forreste rækker i salen er de dyreste* ● **i første række** først og fremmest □ *kritikken gælder i første række mig selv*
2. en biologisk klassifikation under *rige* og *over klasse;* fx rækken hvirveldyr, Vertebrata

række[2]

VERB. *-r, rakte, rakt*

1. række ng ngt strække armen el. kroppen for at give noget til nogen = GIVE, LANGE, STIKKE □ *vil du række mig saltet? · række frokosten ud af køkkenvinduet · række gæsterne hånden* □ *rækkevidde* □ *overrække* ● **række efter ngt** strække sig for at få fat i noget □ *han rakte efter sin serviet* ● **række en finger op** el. **i vejret** markere sig ved at strække armen og pegefingeren lige ud og op i luften □ *i skolen skal eleverne række fingeren op inden de spørger om noget* ● **række ngt frem** holde hånden el. noget man har i hånden frem □ *række hånden frem · række tallerknerne frem* ● **række over ng** række armen forbi nogen for at tage noget □ *række over sin borddame efter saltet · undskyld jeg rækker over!* ● **række armen** el. **hånden ud** strække armen til siden for at vise at man skal dreje = VISE AF □ *husk at række armen ud før du drejer til højre* ● **række sig** = STRÆKKE SIG □ *hvis jeg rækker mig, kan jeg nå æblerne på den øverste gren*
2. have en rækkevidde af en vis størrelse □ *så langt øjet rækker · pengene rækker ikke langt* □ *rækkevidde* ● **række til ngt** være nok til noget = SLÅ TIL □ *pengene rakte lige til billetten · lønnen rækker aldrig til hele måneden* ● **række ud over ngt** have en stor rækkevidde □ *hans interesser rækker ikke ud over hverdagen*

rækkefølge

SUBST. *-n,* plur. *-r, -rne*

den orden som noget er anbragt i el. foregår efter = ORDEN □ *alfabetisk rækkefølge*

rækkehus

SUBST. *-et,* plur. *-e, -ene*

et hus bygget sammen med andre huse således at de danner en række

rækkevidde

SUBST. *-n,* plur. *-r, -rne*

1. afstanden mellem én selv og det man kan nå ved at strække armen □ *flasken stod uden for hans rækkevidde · inden for rækkevidde · målmanden havde stor rækkevidde*
2. rækkevidden af ngt konsekvenserne af noget □ *er du klar over rækkevidden af din opfindelse? · måle rækkevidden af afgørelsen*

rækværk

SUBST. *-et,* plur. *-er, -erne*

et hegn sammensat af stænger af træ el. metal

ræling

SUBST. *-en,* plur. *-er, -erne*

det stykke af en skibsside der rager op over dækket = SKANSEKLÆDNING, LØNNING □ *rælingen blev slået ind · styrbords ræling · stille sig ved rælingen* □ *skibsræling* ● overkanten på den opragende del af et skibs el. en båds side = LØNNING □ *holde fast i rælingen*

rænkefuld

ADJ. *-t, -e*

(glds.): som er tilbøjelig til at lave ondskabsfulde intriger = INTRIGANT □ *hun er falsk og rænkefuld*

rænker

SUBST.PLUR. *-ne*

= INTRIGER □ *rænkesmed · rænkespil* ● **smede** el. **spinde rænker** lave intriger □ *de smedede rænker for at få chefen skiftet ud · hun ynder at spinde rænker om folk for at sætte dem i et dårligt lys*

rænkesmed

SUBST. *-en,* plur. *-e, -ene*

(glds.): = KONSPIRATOR

rænkespil

SUBST. *~spillet,* plur. *~spil, ~spillene*

hemmelighedsfulde manøvrer, fx i forbindelse med konspireren = KONSPIRATION

rær

SUBST. *-et,* plur. *rær, -ene*

et langt rær (dagl., neds.): en høj, tynd person = RÆKEL, BØNNESTAGE, STAVÆR □ *flyt dig, dit lange rær*

rærlig

ADJ.

se *rædderlig*

ræs

SUBST. *-et,* plur. *ræs, -ene*

1. en stressende livsførelse med jagt på penge og position i samfundet □ *han kunne ikke klare ræset mere* □ *rotteræs* ● **stå af ræset** ikke ville være med i kapløbet om store indtægter osv.
2. (sport, spøg.): væddeløb med racerbiler □ *køre ræs*

ræse

VERB. *-r, -de, -t*

= FARE □ *de ræsede af sted for at nå toget*

ræson

SUBST. *en*
[*ræ'sɔŋ*]

= FORNUFT □ *den plan er der ikke megen ræson i · det er der god ræson i*

ræsonnabel

ADJ. *-t, ræsonnable*
/ræson'nabel/

(form.): = FORNUFTIG □ *det lyder ræsonnabelt*

ræsonnement

SUBST. *-et,* plur. *-er, -erne*
[ræsɔnə'maŋ]

det at ræsonnere over noget; også om det man har ræsonneret sig frem til □ *efter længere tids ræsonnement fremlagde hun sin beslutning · et logisk ræsonnement · hans ræsonnement lød fornuftigt i alles ører*

ræsonnere

VERB. *-r, -de, -t*
/ræson'nere/

ræsonnere over ngt tænke over og drage en logisk slutning af noget □ *hun ræsonnerede over livets mening · der ræsonnerede du forkert* □ *ræsonnering*

ræsonnør

SUBST. *-en,* plur. *-er, -erne*
/ræson'nør/

= TÆNKER • (teater): en figur der udtrykker et skuespils idé

ræv

SUBST. *-en,* plur. *-e, -ene*

en rovdyr af hundefamilien som har en rødbrun pels med hvidlig bug og en tyk, busket hale, og som lever i skove og i byområder; latinsk navn *Vulpes vulpes* □ *rævefarm · rævefælde · rævegrav · rævehale · rævejagt · rævepels* □ *polarræv · fjeldræv* • en udspekuleret el. lumsk person = RÆVEPELS □ *han er en gammel ræv* • **have en ræv bag øret** være snu el. underfundig □ *den gamle mand har en ræv bag øret*

rævegrav

SUBST. *-en,* plur. *-e, -ene*

rævens hule

rævehale

SUBST. *-n,* plur. *-r, -rne*

græs med ranke el. knæbøjede strå og en tæt, blød dusk med blomstrede småaks; flere arter, bl.a. *engrævehale* og *knæbøjet rævehale;* latinsk navn *Alopecurus*

rævekage

SUBST. *-n,* plur. *-r, -rne*

noget man gør i det skjulte for at føre nogen bag lyset og selv opnå noget = INTRIGE □ *en politisk rævekage · lave rævekager · bage en rævekage*

rævepels

SUBST. *-en,* plur. *-e, -ene*

en udspekuleret el. lumsk person = RÆV □ *din rævepæls!*

rævérød

ADJ. *-t, -e*

1. med en rødbrun farve som en almindelig rød ræv □ *ræverødt hår*
2. som hører til langt ude på den politiske venstrefløj □ *som ung var han ræverød*

rævesaks

SUBST. *-en,* plur. *-e, -ene*

en slags rævefælde □ *rævens ene bagben sad fast i en rævesaks*

rævestreg

SUBST. *-en,* plur. *-er, -erne*

en drilagtig og evt. ondskabsfuld handling □ *det er en sand rævestreg at oppositionen pludselig vender og truer med at stemme imod finansloven · hvad er det for rævestreger I er i gang med?*

rævesøvn

SUBST.

sove rævesøvn lade som om man sover

røbe

VERB. *-r, -de, -t*

røbe ngt vise el. fortælle noget som har været skjult el. hemmeligt = AFSLØRE, ÅBENBARE, FORRÅDE □ *hun kom til at røbe deres hemmelighed · filmens afslutning skal ikke røbes her, gå selv ind og se den! · han røbede et forfærdende ukendskab til forholdene på stedet*

rød

ADJ. *-t, -e; -ere, -est*

1. med en farve som den blod har; den røde farve er en af de tre grundfarver □ *han gav hende en langstilket rød rose · være klædt i rødt* □ *rødblond · rødbrun · rødglødende · rødhåret · rødkindet · rødlig* □ *blodrød · dybrød · højrød · ildrød · knaldrød · lyserød · mørkerød · rosenrød · rustrød* • **blive rød i hovedet** få en rødlig farve i ansigtet fordi blodet stiger til hovedet pga. vrede, skam el. generthed □ *hun blev rød i hovedet af raseri*
2. = SOLSKOLDET □ *han var blevet rød af at opholde sig for længe i solen*
3. som hører til på den politiske venstrefløj; hentyder oprindeligt til de socialistiske og kommunistiske røde faner = KOMMUNISTISK, SOCIALISTISK, VENSTREORIENTERET □ *han var temmelig rød da han var ung*
4. ikke eje el. **have en rød reje** el. **øre** være uden penge • **male byen rød** gå ud i byen på værtshuse o.l. for at more sig □ *på lørdag skal vi rigtig ud og male byen rød* • **se rødt** blive rasende og miste besindelsen □ *han så rødt da hans kone fortalte ham at hun havde fundet en anden*

rødbede

SUBST. *-n,* plur. *-r, -rne*
/rød'bede/

en mørkerød rod af en plante med lange, ovale blade; spises ofte syltet; latinsk navn *Beta vulgaris cruenta* □ *rødebedefarvet*

rødblond

ADJ. *- , -e* (el. *-t*), *-e*

som har en lys hårfarve med et rødligt skær □ *hun er rødblond · rødblondt hår*

rødbrun

ADJ. *-t, -e*

med en rødlig brun farve □ *en rødbrun ko · rødbrunt hår*

rødbøg

SUBST. *-en*

det let rødlige ved af et bøgetræ; bruges bl.a. til møbler og parketgulve og som brænde ≠ HVIDBØG

rødder

SUBST.

bøjningsform af *rod*

rødglødende

ADJ.

1. (om metal): som er opvarmet så meget at det lyser rødt, dvs. til en temperatur på lidt over 500° ≠ HVIDGLØDENDE
2. være rødglødende af raseri være meget rasende

rødgran

SUBST. *-en,* plur. *-er, -erne*

et grantræ med aflange kogler, grønne nåle og, for yngre træers vedkommende, en rødlig bark; træet er Skandinaviens vigtigste skovtræ; latinsk navn *Picea abies*

rødgrød

SUBST. *-en*

en grød der er kogt af bær el. saft af fx solbær, ribs, hindbær og vand og sukker □ *rødgrød med fløde*

rødgul

ADJ. *-t, -e; -ere, -est*

med en farve som ligger mellem gul og rød på farveskalaen □ *orange er en rødgul farve*

rødhals

SUBST. *-en,* plur. *-e, -ene*

= RØDKÆLK

rødhud

SUBST. *-en,* plur. *-er, -erne*

(neds.): = INDIANER ≠ BLEGANSIGT

rødkælk

SUBST. *-en,* plur. *-e, -ene*

en lille spurvefugl som er rød fra panden og ned over brystet; latinsk navn *Erithacus rubecula* = RØDHALS

rødkål

SUBST. *-en,* plur. *~kål, -ene*

kål der har rødviolette, tætsiddende blade; kan spises rå, syltet el. kogt; latinsk navn *Brassica oleracea capitata rubra* □ *et glas rødkål · flæskesteg med rødkål*

rødlig

ADJ. *-t, -e*

som ser rød ud, el. som har en antydning af rød farve □ *himlen har et rødligt skær · et rødligt stof · rødligt hår*

rødme

VERB. *-r, -de, -t*

blive rød el. rødlig □ *aftensolen fik himlen til at rødme · huden rødmede der hvor hun havde brændt sig* • blive rød i ansigtet pga. raseri, skam, flovhed el.lign. □ *hun rødmede helt op til hårrødderne hvis nogen talte til hende* □ *rødmen*

rødmosset

ADJ. *- , rødmossede*

med en rød ansigtskulør □ *en lille rødmosset mand* · *et sundt og rødmosset ansigt*

rødrandet

ADJ. *- , rødrandede*

(om et øje): som er rødt og hævet, fx pga. af gråd □ *rødrandede øjne*

rødsprængt

ADJ. *- , -e*

som har røde pletter □ *være rødsprængt i ansigtet*

rødspætte

SUBST. *-n,* plur. *-r, -rne*

en fladfisk der er brun med røde pletter på den ene side og hvid på den anden; latinsk navn *Pleuronectes platessa* □ *stegt rødspætte med kartofler og persille* □ *rødspættefilet*

rødstjert el. **rødstjært**

SUBST. *-en,* plur. *-e, -ene*

en spurvefugl med en lang, rustrød hale og et spinkelt, spidst næb; latinsk navn *Phoenicurus phoenicurus*

rødstrømpe

SUBST. *-n,* plur. *-r, -rne*

en kvinde som taler for og kæmper for kvinders ligestilling med mænd □ *i halvfjerdserne var hun en fremtrædende rødstrømpe*

rødvin

SUBST. *-en,* plur. *-e, -ene*

en mørk, blårødlig vin der er fremstillet af blå druer hvor saften har gæret sammen med skaller, kerner og stilke ≠ HVIDVIN, ROSÉ □ *et glas rødvin* · *en flaske rødvin* □ *rødvinsglas* · *rødvinspunch* · *rødvinstoddy* · *rødvinstype*

rødvinsglas

SUBST. *~glasset,* plur. *~glas, ~glassene*

et vinglas til at drikke rødvin af; er større end et hvidvinsglas

rødvinstoddy

SUBST. *-en,* plur. *-er, -erne*

en varm drik der er lavet af rødvin, vand, sukker og evt. citronskal el. reven muskat

røffel

SUBST. *-en* (el. *røflen*), plur. *røfler, røflerne*

et uformelt udtryk for utilfredshed med nogen fordi de har gjort noget forkert = OVERHALING, OPSANG, BALLE, IRETTESÆTTELSE, SKÆLDUD □ *give nogen en røffel*

røg[1]

SUBST. *-en*

1. en hvid, grå el. sort luftmasse der dannes og stiger til vejrs når noget brænder □ *røgalarm* · *røgbombe* · *røgdykker* · *røgfane* · *røgfri* · *røghætte* · *røgring* · *røgsky* · *røgsværtet* · *røgtæppe* □ *cigaretrøg* · *cigarrøg* · *krudtrøg* · *piberøg* · *tobaksrøg*

2. i forsk. forb.: • **gå op i røg** ikke blive til noget □ *hele planen gik op i røg* • **røg i køkkenet** skænderier i familien

røg[2]

VERB.

bøjningsform af *ryge*

røgalarm

SUBST. *-en,* plur. *-er, -erne*

et alarmapparat som aktiveres i tilfælde af røgudvikling

røgbombe

SUBST. *-n,* plur. *-r, -rne*

en bombe der spreder røg når den eksploderer; anvendes til signalering el. for at tilsløre fx tilbagetrækning el. fremstød ved en krigsfront

røgdykker

SUBST. *-en,* plur. *-e, -ne*

en person der er uddannet og udstyret til at arbejde i et røgfyldt rum □ *det lykkedes røgdykkere at bjærge mor og søn* □ *røgdykkerudstyr*

røge

VERB. *-r, -de, -t*
[*ˈrɔjə* el. *ˈröˑjə*]

røge ngt behandle fødevarer med røg for at gøre dem mere holdbare = RYGE □ *farfar røger selv fisk* · *røgede sild* · *røgede ål* · *røget skinke* · □ *røgning* · *røgeovn* · *røgeri* □ *enebærrøget* · *ålerøget*

røgelse

SUBST. *-n,* plur. *-r, -rne*
[*ˈröˑjəlsə* el. *ˈrɔjəlsə*]

et stof der ved afbrænding afgiver en karakteristisk duftende røg □ *røgelseskar* · *røgelsespind*

røgeri

SUBST. *-et,* plur. *-er, -erne*
[*rɔjɔˈriˀ* el. *röˑjɔˈriˀ*]

et sted hvor fisk el. kød konserveres med røg

røgfane

SUBST. *-n,* plur. *-r, -rne*

= RØGSØJLE

røgfri

ADJ. *-t, -e* (el. *røgfri*)

1. som ikke afgiver røg □ *røgfrit krudt*

2. (om et sted): hvor rygning ikke er tilladt □ *der er et røgfrit lokale i kantinen* · *røgfrit område* • (om en person): som er holdt op med at ryge = NIKOTINFRI □ *han har været røgfri i et år*

røgsøjle

SUBST. *-n,* plur. *-r, -rne*

en stime af røg som stiger op i luften = RØGFANE, RØGSTIME

røgt

SUBST. *-en*

(glds.): pasning; især af husdyr = PASNING, PLEJE ≠ MISRØGT, VANRØGT □ *han har beskæftiget sig med røgt af kvæg i en menneskealder* · *hestens røgt og pleje*

røgte

VERB. *-r, -de, -t*

røgte ngt (glds.): passe noget; især husdyr = PASSE, PLEJE ≠ MISRØGTE, VANRØGTE □ *han har røgtet køer hele sit liv* · *røgte får* • **røgte ngt** sørge for at noget bliver udført el. kontrolleret og ordnet □ *røgte sit hverv* · *røgte garn*

røjser

SUBST. *-en,* plur. *-e, -ne*

= GUMMISTØVLE

røllike

SUBST. *-n,* plur. *-r, -rne*

en plante med takkede el. findelte blade og små blomster som danner en halvskærm; flere arter, bl.a. *nyserøllike* og *almindelig røllike;* latinsk navn *Achillea*

rømme

VERB. *-r, -de, -t*

1. rømme ngt forlade noget sådan at man opgiver det = FORLADE □ *tropperne måtte rømme området* · *rømme lejligheden* • **rømme ngt** tømme noget for mennesker el. ting = TØMME □ *rømme salen for mennesker* □ *rømning*

2. ⟨også *-r, rømte, rømt*⟩ flygte fra ubehagelige forhold, fx et fængsel = FLYGTE, DESERTERE □ *han var rømmet fra fængslet* · *rømme pladsen som tjenestepige*

3. rømme sig hoste let for at klare stemmen el. påkalde sig opmærksomhed

rømning

SUBST. *-en,* plur. *-er, -erne*

1. rømning af ng(t) det at tømme, flytte el. forlade nogen el. noget □ *rømning af huse* · *rømning af beboere* · *troppernes rømning af området* • det at flygte fra ubehagelige forhold, fx et fængsel □ *der er sket flere rømninger fra fængslet* □ *rømningsforsøg* · *rømningsmand*

2. det at rømme sig □ *efter et par rømninger fortsatte han talen*

røn

SUBST. *rønnen,* plur. *rønne* (el. *røn*), *rønnene*

et træ el en busk hvorpå der vokser rønnebær; latinsk navn *Sorbus* □ *rønnebær*

rønne

SUBST. *-n,* plur. *-r, -rne*

et faldefærdigt hus

rønnebo

SUBST. *-en,* plur. *-er, -erne*

en person fra Rønne

rønnebær

SUBST. *~bærret,* plur. *~bær, ~bærrene*

en rødorange frugt af røn som smager surt □ *rønnebærgelé* · *rønnebærtræ* • **rønnebærrene er sure** udtryk for at man nedvurderer nogen el. noget fordi man i virkeligheden er misundelig på dem el. er afskåret fra at have noget at gøre med det □ *når han kritiserer formanden lyder det som om rønnebærrene er sure*

røntgen

SUBST. *en*

undersøgelse el. behandling ved hjælp af røntgenstråler □ *han blev sendt til røntgen* · *bruddet kan ses på røntgen* · *svulsten behandles med røntgen* □ *røntgenafdeling* · *røntgenbillede* · *røntgenfoto* · *røntgenfotografere* · *røntgenlæge* · *røntgenundersøgelse* • ⟨plur. *røntgen, -ene;* fork. *R*⟩ en måleenhed for strålingsdosis □ *den tilladte dosis ved røntgenundersøgelser er ca. 25 røntgen, mens 1.000 røntgen er en dødelig dosis*

røntgenstråler

SUBST.PLUR. *-ne*

elektromagnetiske bølger med en så høj frekvens at de kan gå igennem uigennemsigtige legemer; bruges bl.a. ved medicinske undersøgelser idet knogler absorberer strålerne forskelligt fra andet væv og derved danner skyggebilleder på en fotografisk plade

rør[1]

SUBST. *-et,* plur. *rør, -ene*

1. en hul, cylinderformet genstand som er åben i begge ender □ *lægge rør ind til gas og vand* □ *rørføring* · *rørledning* · *rørlægger* · *rørtang* □ *drænrør* · *jernrør* · *kakkelovnsrør* · *nedløbsrør* · *pusterør* · *sugerør* · *vandrør* • et rørformet organ i kroppen □ *luftrør* · *spiserør* · *urinrør*
2. den del af en telefon som holdes hen til øret, og som man taler ind i = TELEFONRØR □ *hun lagde røret på telefonen*
3. hul, lufttom glasbeholder med metaltråd til at sende elektrisk strøm igennem □ *billedrør* · *elektronrør* · *lysstofrør* · *neonrør*
4. en høj græsart med lange hule strå som vokser tæt ved vandet; latinsk navn *Baldingera arundinacea* = RØRGRÆS □ *bondehuset var tækket med rør* □ *tagrør* • den rørformede del af en græsart □ *bambusrør* · *spanskrør* · *sukkerrør* · *tagrør*

rør[2]

UDRÅBSORD, ADV.

(militær): udtryk for at man må forandre retstillingen til en friere stilling ≠ RET □ *kompagni, rør!* · *soldaterne stod rør* □ *rørstilling*

rørblad

SUBST. *-et,* plur. *-e, -ene*

en lille elastisk bambusplade der sidder i mundstykket på et træblæseinstrument, og hvis svingninger forplanter sig til luftsøjlen i instrumentet

rørbladsinstrument

SUBST. *-et,* plur. *-er, -erne*

et blæseinstrument hvor lyden frembringes ved hjælp af et el. to *rørblade,* fx klarinet, saxofon og obo

rørdrum

SUBST. *rørdrummen,* plur. *rørdrummer* (el. *rørdrumme*), *rørdrummerne* (el. *rørdrummene*)

en gulbrun hejrefugl med tyk hals, kraftigt næb og korte, gulgrønne fødder med lange tæer; lever i tætte rørskove; latinsk navn *Botaurus stellaris*

røre[1]

SUBST. *-n* el. *-t*

megen uro el. diskussion om et emne el. en person = POSTYR, BLÆST, TURBULENS □ *nyheden vakte et vældigt røre* · *der har været en del røre om sagen* • **røre i andedammen** (neds.): forargelse og uro i det lokale samfund □ *hans person skaber røre i andedammen*

røre[2]

VERB. *-r, rørte, rørt*

1. røre ngt el. **ved ngt** bringe hænder el. fingre i kontakt med noget = BERØRE □ *du må ikke røre ved de udstillede ting* · *han rørte hende let på armen* • **røre ngt** bevæge noget □ *røre benene* • **røre sig** el. **på sig** □ *han kan ikke røre sig* · *de rører sig ikke ud af stedet* · *vi trænger til at komme ud og røre os* · *ikke en vind rører sig* · *de sovende begyndte så småt at røre på sig*
2. røre ngt (dagl.): spise el. drikke noget □ *jeg rører aldrig fisk* · *hun rører ikke spiritus*
3. røre ved ngt (dagl.): beskæftige sig med noget □ *jeg vil ikke røre ved den sag* · *forfatteren rører her ved et stort problem*
4. røre i ngt dreje noget, fx en ske, rundt i noget □ *røre i farsen* · *rørt smør* • **røre ngt op** el. **ud** blande noget med noget andet □ *farsen røres op med mælk* · *pulveret røres ud med vand*
5. røre ng bevæge nogen følelsesmæssigt = GRIBE □ *hendes sorg rørte mig dybt* · *jeg blev dybt rørt*

rørelse

SUBST. *-n,* plur. *-r, -rne*

1. (glds.): = SINDSBEVÆGELSE □ *græde af rørelse*
2. en generel tendens el. strømning □ *tidens åndelige rørelser*

røremaskine

SUBST. *-n,* plur. *-r, -rne*

en elektrisk køkkenmaskine til sammenrøring el. piskning af mad; består af røreskål og vippearm med udskifteligt tilbehør, fx dejkroge og piskeris

rørende

ADJ.

som bevæger nogen følelsesmæssigt □ *et rørende syn* · *det var rørende af ham at gøre det* • **rørende enig** fuldstændig enig □ *den sag var de rørende enige om*

rørhat

SUBST. *rørhatten,* plur. *rørhatte, rørhattene*

en svamp med en tyk stok og en skærmformet, hvælvet hat; flere arter, bl.a. *spiselig rørhat* og *rødbrun rørhat;* latinsk navn *Boletus*

rørhøne

SUBST. *-n,* plur. *-r* (el. *rørhøns*), *-rne* (el. *~hønsene*)

en vandhøne med koksgrå fjerdragt, rød pandeblis og grønne ben; latinsk navn *Gallinula chloropus*

rørig

ADJ. *-t, -e*

rask og rørig som er i stand til at bevæge sig omkring uden at være hæmmet af fysiske skavanker □ *den gamle mand er endnu rask og rørig*

rørlig

ADJ. *-t, -e*

1. som kan omsættes til penge, el. som er tilgængelig □ *hussalget omfatter også al rørlig ejendom* · *han hævede hele sin rørlige formue og tog på kasino*
2. som bevæger sig på en let og adræt måde □ *schæferen er en vagtsom, rørlig og energisk hund* · *han var rørlig trods den tunge krop*

rørstrømsk

ADJ. *- , -e*

= SENTIMENTAL

rørsukker

SUBST. *-et*

sukker der er fremstillet af sukkerrør □ *rørsukkersirup*

rørtang

SUBST. *-en,* plur. *~tænger, ~tængerne*

en tang hvis kæber kan forskydes i forhold til hinanden ved hjælp af en skrue, og som er beregnet til at gribe om rør

røræg

SUBST. *rpræggen* el. *rørægget*

sammenpisket æg og mælk som røres forsigtigt rundt i en gryde til det stivner; spises bl.a. som tilbehør til røget fisk

røse

SUBST. *-n,* plur. *-r, -rne*

(glds.): = STENDYNGE □ *som tegn på at de havde været der, byggede de en røse i ødemarken*

røst

SUBST. *-en,* plur. *-er, -erne*

den lyd et menneske udsender når det taler el. synger = STEMME □ *med høj røst* · *en dyb røst* · *opløfte sin røst og sige noget* □ *englerøst* · *gravrøst* · *stentorrøst* · *tordenrøst* • det der bliver sagt □ *lytte til folkets røst* · *rette sig efter sit hjertes røst* · *mange røster i aviserne advarer nu regeringen mod indgreb*

røv

SUBST. *-en,* plur. *-e, -ene*

(vulg.): en del af legemet under ryggen som består af to balder = BAGDEL □ *røvfuld* · *røvhul* • **have ondt i røven over ngt** (vulg.): være forarget over noget • **rende ng i røven** (vulg.): være ligeglad med nogen el. noget □ *han kan rende mig i røven!* • **røv og nøgler** (vulg.): udtryk for at noget el. nogen har en meget lav værdi □ *forestillingen er røv og nøgler* • **tage røven på ng** (slang): = SNYDE □ *han har vist taget røven på dig*

røve

VERB. *-r, -de, -t*

røve ngt stjæle noget; især med anvendelse af vold □ *vikingerne røvede og plyndrede langs kysten* · *røve en bank* □ *røveri*

røver

SUBST. *-en,* plur. *-e, -ne*

1. en person som stjæler værdier fra nogen med trusler om vold = TYV □ *blive overfaldet af røve-*

re · røveren slap væk gennem et vindue □ røverbande · røverborg · røverhøvding · røverhule · røveri · røverrede · røvertogt □ bankrøver · landevejsrøver · sørøver
2. din røver (spøg.): = FILUR □ *kom her, din lille røver*
3. halvstuderet røver = AMATØR
4. røvere og soldater en leg med to hold der forsøger at fange hinanden

røverhistorie

SUBST. *-n,* plur. *-r, -rne*

= AMMESTUEHISTORIE □ *den røverhistorie må du længere ud på landet med*

røveri

SUBST. *-et,* plur. *-er, -erne*
/røve'ri/

det at stjæle noget fra nogen med vold el. med trusler om vold ≠ TYVERI □ *begå et røveri* □ *bankrøveri · butiksrøveri · landevejsrøveri · sørøveri*

røverisk

ADJ. *- , -e*

røverisk overfald et overfald med det formål at stjæle fra den der overfaldes

røverkøb

SUBST. *-et,* plur. *~køb, -ene*

et meget billigt køb □ *den sofa er det rene røverkøb*

røvfuld

SUBST. *-en,* plur. *-e, -ene*

(vulg.): =ENDEFULD

røvhul

SUBST. *røvhullet,* plur. *røvhuller, røvhullerne*

1. (vulg.): tarmens åbning hvor afføring ledes ud af legemet =ENDETARMSÅBNING
2. (vulg.): en person som man ikke kan lide □ *han er et stort røvhul*

rå[1]

SUBST. *-en,* plur. *-er, -erne*

hunnen hos rådyr • (jagt): hunnen hos rådyrene ≠ BUK

rå[2]

SUBST. *-en,* plur. *ræer, ræerne*

et *rundholt* der sidder på tværs af masten på et sejlskib, og som bærer et *råsejl* □ *fokkerå · storrå*

rå[3]

ADJ. *-t, rå*

1. som er utilberedt el. ubearbejdet □ *appelsinsaft med en rå æggeblomme · en rå diamant · rå brædder · rå gulerødder · råt kød* □ *råfilm · råhvid · råhygge · råjern · råkladde · råkost · råmanuskript · råmælk · råolie · råprodukt · råsilke · råstof · råstyrke · råstærk · råsukker · råvare* • **sluge ngt råt** tro kritikløst på noget
2. som er uden hensyn og finesse =GROV □ *en rå spøg · en rå tone · et råt overfald · optræde råt over for nogen · udstøde rå eder* □ *råhed*
3. som er kold og fugtig □ *det var en rå og regnfuld morgen · vejret var råt* □ *råkold*

råb

SUBST. *-et,* plur. *råb, -ene*

en kraftig lyd som man udstøder når man råber = SKRIG □ *et råb om hjælp · udstøde et højt råb* □ *fyråb · feltråb · hurraråb · nødråb · opråb · tilråb · udråb*

råbe

VERB. *-r, råbte, råbt*

1. sige noget med høj stemme, ofte for at påkalde sig opmærksomhed □ *hun råbte at der var kaffe · hun råbte på børnene · de råbte 'idiot' efter ham · børnene råber op og larmer · råbe i munden på hinanden · råbe om hjælp · råbe og skrige* • **råbe ng op** få nogen til at høre efter □ *han var så optaget af sin leg at han ikke var til at råbe op · i den sag kan jeg ikke råbe ham op* • **råbe ng op** sige navne i rækkefølge □ *læreren råbte elevernes navne op* • **råbe ng an** kalde på nogen for at få dem til at standse = ANRÅBE □ *soldaten råbte den fremmede an*
2. i forsk. forb.: • **råbe til hinanden** udtryk for at der er stor afstand mellem noget □ *møblerne råber til hinanden i den store stue* • **råbe vagt i gevær** se under *vagt*

råber

SUBST. *-en,* plur. *-e, -ne*

en tragtformet lydforstærker til at sætte for munden = MEGAFON □ *cirkusdirektøren sætter en råber op for munden*

råbåndsknob

SUBST. *-et,* plur. *~knob, -ene*

et knob til sammenbinding af to tovender som laves ved at enderne snos om hinanden, vendes og snos en gang til med tampene vendt hver sin vej og med den samme tamp øverst begge gange

råd[1]

SUBST. *-et,* plur. *råd, -ene*

1. en anvisning på den bedste fremgangsmåde el. udvej i en bestemt situation = VINK □ *et godt råd mod forkølelse · finde på råd · kommer tid, kommer råd · hun fulgte hans råd og tog hjem · kan du give mig et godt råd?* □ *rådløs · rådsnar · rådvild* □ *husråd* • **være råd for ngt** udtryk for at der findes en løsning el. udvej på noget □ *det problem er der råd for* • **ikke vide el. ane sine levende råd** føle sig fortabt fordi man ikke ved hvad man skal gøre • **nu er gode råd dyre** udtryk for at man har et problem som man har svært ved at løse • **spørge ng til råds** = RÅDSPØRGE
2. de overvejelser el. forhandlinger som foregår i en mindre gruppe med henblik på at nå frem til et fælles standpunkt □ *holde råd om noget* □ *familieråd · krigsråd · samråd* • **tage ng med på råd** høre en andens mening før man træffer sin beslutning = RÅDFØRE • **lægge råd op** holde møde om hvad man skal gøre = RÅDSLÅ, KONFERERE □ *de lagde råd op om hvor de skulle angribe*
3. en forsamling af personer som repræsenterer forskellige grupper, og som skal træffe beslutninger på deres vegne □ *Etisk Råd · Det Kriminalpræventive Råd · Nordisk Råd* □ *rådsmedlem · rådsmøde* □ *amtsråd · byråd · elevråd · forældreråd · menighedsråd · ministerråd · sikkerhedsråd · studenterråd · tilsynsråd* • **pædagoisk råd** et råd der består af alle lærerne og andre pædagoiske medarbejdere på en skole, og som rådgiver skolens leder □ *pædagogisk rådsmøde*
4. ikke have råd til ngt ikke have penge nok til at betale for noget □ *vi får ikke råd til at tage på ferie i år · det har jeg ikke råd til* • **ikke have råd til ngt** søge at forhindre noget fordi det vil være skadeligt for én □ *han havde ikke råd til at miste alle sine venner*

råd[2]

SUBST. *råddet*
['rɔð]

= RÅDDENSKAB □ *der er råd i gulvbrædderne*

rådden

ADJ. *-t, rådne*

1. (om døde dyre- og plantedele): som er ved at opløses pga. bakteriers påvirkning; ofte med særlig vægt på dårlig lugt og smag □ *en sæk rådne æbler · en rådden stank · rådne tænder · et råddent æg*
2. (dagl.): som er mistænkelig el. moralsk forkastelig □ *den sag er simpelthen for rådden til at jeg vil røre ved den*

råddenskab

SUBST. *-en*

det at noget er råddent = RÅD □ *ejendommen er fuld af skimmel, svamp og råddenskab · storbyens råddenskab*

råde

VERB. *-r, -de, -t*

1. herske, specielt om tilstand el. stemning □ *der rådede tavshed i stuen* • **råde over ngt** have til sin rådighed el. bestemme over □ *selskabet råder over et stort net af salgskanaler i udlandet · de nye metoder lægevidenskaben råder over · fonden råder over en stor formue* □ *råderet · råderum*
2. få sin vilje = BESTEMME □ *her i familien er det mig der råder*
3. råde ng give nogen råd □ *jeg har svært ved at råde dig i denne sag · jeg vil råde dig til at vente*

råderum

SUBST. *~rummet*

mulighed for at udfolde sig, både fysisk og psykisk □ *børn kan også få for meget råderum · det er vigtigt for mig at have frit råderum i mit arbejde · lige nu er der ikke råderum for personlige følelser og hensyn*

rådføre

VERB. *-r, rådførte, rådført*

rådføre sig med ng = RÅDSPØRGE □ *ministeren vil først rådføre sig med sine embedsmænd inden han tager stilling til spørgsmålet* □ *rådføring*

rådgive

VERB. *-r, rådgav, -t*

rådgive ng tilkendegive hvad man synes er bedst for en anden person = RÅDE, VEJLEDE □ *han rådgiver bankens kunder · rådgive om børneopdragelse · rådgivende ingeniør · rådgivende forsamling* □ *rådgivning*

rådgiver

SUBST. *-en,* plur. *-e, -ne*

en person som er specialist og giver råd inden for et nærmere afgrænset område □ *præsidentens nærmeste rådgivere · en god rådgiver · politisk rådgiver · økonomisk rådgiver · juridisk rådgiver* □ *bankrådgiver · familierådgiver · socialrådgiver*

rådhus

SUBST. *-et,* plur. *-e, -ene*

en bygning hvor en bys råd og administration har lokaler □ *Københavns Rådhus · blive gift på rådhuset* □ *rådhusbetjent · rådhushal · rådhustårn · rådhusur*

rådhushal

SUBST. *~hallen,* plur. *~haller, ~hallerne*

et stort rum i en rådhusbygning hvorfra der er adgang til resten af rådhuset

rådig

ADJ. *-t, -e*

som kan råde over noget □ *han er ikke rådig over sin formue*

rådighed

SUBST. *-en*

en ret til at råde over noget = DISPOSITION □ *have rådighed over et område* □ *rådighedsaftale · rådighedsbeløb · rådighedssum* • **til rådighed** som man har mulighed for at benytte □ *direktøren har en personlig vejleder til rådighed · stå til rådighed med hjælp og vejledning · stille en bil til fri rådighed · vi vil benytte alle til rådighed stående midler*

rådløs

ADJ. *-t, -e; -ere, -est*

= RÅDVILD

rådmand

SUBST. *-en,* plur. *~mænd, ~mændene*

en person der leder en magistratsafdeling; findes kun i få større amtskommuner

rådne

VERB. *-r, -de, -t*

1. gennemgå en naturlig nedbrydningsproces og blive rådden; om dødt, vegetabilsk og animalsk stof = GÅ I FORRÅDNELSE □ *træværket rådner · spis frugten inden den rådner · kødet skal i køleskabet så det ikke rådner · kadaveret rådnede hurtigt pga. varmen · hans tænder er begyndt at rådne*
2. rådne op befinde sig i en situation der begrænser ens udfoldelsesmuligheder og nedbryder ens livskraft = HENSYGNE □ *han rådnede op i fængslet · jeg vil ikke sidde og rådne op i den her flække resten af mit liv*

rådslagning

SUBST. *-en,* plur. *-er, -erne*

grundige og ofte langvarige og formelle overvejelser vedr. et bestemt emne □ *holde rådslagning · ambassadøren blev kaldt hjem til rådslagning · efter en rådslagning blev byrådet enige om at bevilge pengene*

rådslå

VERB. *-r, rådslog, -et*

rådslå sig med ng om ngt = RÅDFØRE □ *han rådslog sig med sin sekretær om problemet* • holde møde om hvad man skal gøre = LÆGGE RÅD OP, KONFERERE □ *de rådslog om hvordan de skulle gribe sagen an*

rådsnar

ADJ. *-t, -e*

(glds.): = SNARRÅDIG

rådspørge

VERB. *-r, rådspurgte, rådspurgt*

rådspørge ng spørge nogen om deres mening fordi man ikke er helt klar over hvad man skal gøre = SPØRGE TIL RÅDS, RÅDFØRE SIG MED, RÅDSLÅ SIG MED, KONSULTERE □ *præsidenten rådspurgte sin udenrigsminister inden sin udtalelse · i denne sag må du rådspørge din egen samvittighed* □ *rådspørgning · rådspørgsel*

rådvild

ADJ. *-t, -e*

som ikke kan finde på råd el. udveje = I VILDREDE □ *hun så ganske rådvild ud · han stod rådvild tilbage* □ *rådvildhed*

rådyr

SUBST. *-et,* plur. *rådyr, -ene*

en rød- el. gråbrun hjort med hvidt haleparti med en meget lille hale; hannen kaldes *råbuk,* hunnen kaldes *rå;* latinsk navn *Capreolus capreolus* □ *rådyrkølle*

råfrugt

SUBST. *-en*

stivelsesholdige produkter, fx uspirede kornsorter, der anvendes ved ølbrygning

råge

SUBST. *-n,* plur. *-r, -rne*

en sort, metalskinnende kragefugl som har et hvidt, fjerløst parti omkring næbbet; latinsk navn *Corvus frugilegus* □ *rågekoloni*

rågummi

SUBST. *-en* el. *-et,* plur. *-er, -erne*

et materiale som udgør et mellemtrin i bearbejdningen af *kautsjuk* til gummi, og som er presset i plader ≠ VULKANISERET GUMMI

rågummisko

SUBST. *-en,* plur. *~sko, -ene*

en sko med rågummisål

råhed

SUBST. *-en,* plur. *-er, -erne*

mangel på hensyn og finesse = GROVHED, HENSYNSLØSHED, BRUTALITET □ *dyrisk råhed · krigen er skyld i megen råhed*

råhvid

ADJ. *-t, -e*

som er hvid med et skær af fx gråt el. gult = OFFWHITE, BRÆKKET HVID ≠ KRIDHVID □ *en råhvid sweater · råhvide vægge*

råkold

ADJ. *-t, -e; -ere, -est*

som er fugtig og meget kold = RÅ □ *en råkold vinterdag*

råkost

SUBST. *-en*

rå grøntsager og frugt; især om ret af revne gulerødder, fintsnittet kål, rosiner o.l. □ *en diæt der består af råkost og mælk · en tallerken råkost* □ *råkostjern · råkostsalat*

råkostjern

SUBST. *-et,* plur. *~jern, -ene*

et køkkenredskab som bruges til at findele grøntsager = RIVEJERN

råkostsalat

SUBST. *-en,* plur. *-er, -erne*

en salat af fintsnittede rå grøntsager, fx gulerødder og hvidkål

rålam

SUBST. *rålammet,* plur. *rålam, rålammene*

ungen hos rådyr

råmateriale

SUBST. *-t,* plur. *-r, -rne*

et naturligt materiale som ikke er forarbejdet • (om en person): grundlæggende egenskaber el. færdigheder □ *råmaterialet er godt nok, hun skal bare pudses lidt til*

råmælk

SUBST. *-en*

mælk der afsondres under graviditet el. de første dage efter en fødsel

råolie

SUBST. *-n,* plur. *-r, -rne*

en olie som er udvundet fra undergrunden, og som endnu ikke er viderebehandlet

råsejl

SUBST. *-et,* plur. *råsejl, -ene*

et sejl der hænger ned fra en *rå*

råsilke

SUBST. *-n,* plur. *-r, -rne*

udvasket natursilke fra silkesommerfuglen

råstof

SUBST. *råstoffet,* plur. *råstoffer, råstofferne*

et stof der findes i naturen, og som udvindes og anvendes til fremstilling af varer o.l. □ *Danmark er fattigt på råstoffer · produktionen er standset pga. mangel på råstoffer · olie, gas og andre råstoffer* □ *råstofmangel · råstofudvinding*

råstyrke

SUBST. *-n*

en kropslig styrke □ *det er slet ikke råstyrke det kommer an på i karate · han mangler råstyrke*

råstærk

ADJ. *-t, -e*

som er meget stærk □ *han er en råstærk mand*

råvare

SUBST. *-n,* plur. *-r, -rne*

et stof som forefindes i naturen, og som endnu ikke er forarbejdet□ *bruge gode råvarer i madlavningen* · *olie er den mest handlede råvare i verden* · *kaffe er landets vigtigste råvare*

råvildt

SUBST. *-et*

= RÅDYR □ *skoven er rig på råvildt*

s[1]

SUBST. *s'et*, plur. *s'er, s'erne*

det 19. bogstav i alfabetet □ *s-lyd*

s[2]

fork. for *sekund*

S

1. fork. for *small* i tøjstørrelse
2. fork. for *syd*

s.

1. fork. for *side* □ *s. 22*
2. fork. for *sekund*

sa.

fork. for *samme*

s.a.

uden årstal; fork. af latin *sine anno*

sabbat

SUBST. *sabbatten*, plur. *sabbatter, sabbatterne*

den jødiske hviledag fra fredag aften til lørdag aften □ *om sabbaten må man ikke udføre noget arbejde* □ *sabbatsaften* · *sabbatshvile* • = ORLOV □ *holde et års sabbat* □ *sabbat(s)ordning* · *sabbat(s)semester* · *sabbat(s)år*

sabbatår el. sabbatsår

SUBST. *-et*, plur. *~år, -ene*

et år hvor man holder pause fra arbejde, studier el.lign. □ *hun tog et sabbatår og rejste til Indien*

sabel

SUBST. *-en* (el. *sablen*), plur. *sabler, sablerne*

et sværd med lige el. buet, enægget klinge og fæste □ *sabeldans* · *sabelhug* · *sabelklirren* · *sabelsluger* □ *krumsabel* · *paradesabel* • **rasle med sablen** true med en krig el. en konflikt

sabelsluger

SUBST. *-en*, plur. *-e, -ne*

en artist der optræder med at føre en sabel el. et sværd ned i svælget

sable

VERB. *-r, -de, -t*

sable ng ned hugge nogen ned med en sabel □ *oprørerne blev brutalt sablet ned* □ *sabling* □ *nedsable* • **sable ngt ned** forkaste noget el. give det en hård kritik □ *koncerten blev sablet ned i anmeldelserne* · *lovforslaget blev sablet ned*

sabotage

SUBST. *-n*, plur. *-r, -rne*
[*sabo'ta·sjə*]

ødelæggelse af bygninger, transportmidler, maskiner, varer osv. for at skade fx en økonomisk, politisk el. militær modstander □ *sabotage af et fabriksanlæg* · *sabotage af jernbanebroer* • en handling som forhindrer gennemførelsen af noget □ *elevernes sabotage af undervisningen*

sabotere

VERB. *-r, -de, -t*
/*sabo'tere*/

1. sabotere ngt ødelægge noget med det formål at skade en modstander □ *frihedskæmperne saboterede jernbanelinien*
2. sabotere ngt = OBSTRUERE □ *eleverne saboterede undervisningen ved at blive væk* · *hun forsøgte at sabotere hans planer*

sad

VERB.

bøjningsform af *sidde*

saddel

SUBST.

se *sadel*

saddelmager

SUBST.

se *sadelmager*

saddelpind

SUBST.

se *sadelpind*

saddeltag

SUBST.

se *sadeltag*

sadel el. saddel

SUBST. *-en* (el. *sadlen*), plur. *sadler, sadlerne*

1. et sæde af læder som lægges på ryggen af et dyr, fx en hest, så man kan ride på det □ *lægge sadel på en hest* · *ride uden sadel* · *svinge sig i sadlen* · *hesten kastede hende af sadlen* □ *sadeltaske* □ *cowboysadel* · *damesadel* · *tværsadel* • et sæde på en cykel, knallert el. motorcykel □ *sidde på sadlen* · *en polstret sadel* □ *sadelpind* □ *racersadel* • **sidde {løst} i sadlen** befinde sig i en usikker position □ *direktøren sidder løst i sadlen efter skandalen* · *han sidder godt fast i sadlen* • **vippe ng af sadlen** overvinde nogen □ *det lykkedes ham at vippe sin modstander af sadlen*
2. en lille tværliste på et musikinstrument som strengene hviler på, og som holder dem fri af gribebrættet

sadelmager el. saddelmager

SUBST. *-en*, plur. *-e, -ne*

en håndværker der fremstiller sadler og andre lædervarer; kan også polstre og betrække møbler og vogne □ *sadelmageri* · *sadelmagerarbejde* · *sadelmagernål* · *sadelmagerværksted* □ *autosadelmager*

sadelpind el. saddelpind

SUBST. *-en*, plur. *-e, -ene*

det rør som en cykelsadel sidder på, og som stikker ned i stellet

sadeltag el. saddeltag

SUBST. *-et*, plur. *-e, -ene*

et tag som består af to flader der fra rygningen skråner til hver sin side ≠ VALMTAG

sadisme

SUBST. *-n*
/*sa'disme*/

det at nyde at pine andre = GRUSOMHED • oplevelse af seksuel lyst ved at pine og ydmyge en anden ≠ MASOCHISME

sadist

SUBST. *-en*, plur. *-er, -erne*
/*sa'dist*/

en person der nyder at pine andre □ *den lille sadist hev vingerne af sommerfuglen* · *læreren var lidt af en sadist!* • en person som opnår seksuel tilfredsstillelse ved at pine el. ydmyge andre ≠ MASOCHIST

sadistisk

ADJ. *-* , *-e*
/*sa'distisk*/

som er grusom og finder nydelse i at pine andre □ *'vent og se' sagde han med et sadistisk smil* · *en sadistisk bøddel* • som bliver seksuelt tilfredsstillet ved at pine andre ≠ MASOCHISTISK □ *realisere sine sadistiske fantasier*

sadle

VERB. *-r, -de, -t*

sadle ngt lægge sadel på et dyr □ *sadle en hest* · *kamelen står sadlet* □ *sadling* • **sadle af** tage sadel og seletøj af et dyr □ *sadle hesten af* • **sadle op** lægge sadel og seletøj på et dyr □ *sadle hesten op* • **sadle om** ændre fremgangsmåde, holdning el.lign. el. skifte taktik □ *udviklingen gør at vi må sadle om og finde nye løsninger*

sadomasochisme

SUBST. *-n*
fork. *SM*

en oplevelse af seksuel lyst både ved at pine og straffe en anden el. ved selv at blive pint og afstraffet ≠ SADISME, MASOCHISME

safari

SUBST. *-en,* plur. *-er, -erne*
/sa'fari/

tage el. **være på safari** en tur gennem områder i Afrika for at iagttage el. jage vilde dyr □ *fotosafari*

safir

SUBST. *-en,* plur. *-er, -erne*
/sa'fir/

(mineralogi): en blå, meget hård, gennemsigtig ædelsten af mineralet korund der anvendes som smykkesten □ *safirblå* · *safirring*

safirblå

ADJ. *-t, ~blå*

med en stærk dybblå farve som en safir □ *safirblå øjne* · *det safirblå hav*

safran

SUBST. *-en* el. *-et*
['sa·fran el. sa'fra'n el. 'safran]

et rødgult krydderi og farvestof som består af tørrede støvdragere fra krokusarten *Crocus sativus* □ *safrangul*

saft

SUBST. *-en,* plur. *-er, -erne*

1. en væske af pressede frugter = JUICE, MOST □ *saft af vindruer bliver til vin* · *drikke et glas saft* □ *saftflaske* · *saftpresser* □ *ananassaft* · *hindbærsaft* · *jordbærsaft* · *solbærsaft* • = SAFTEVAND • væske i planter som indeholder vand og næringsstoffer □ *safterne stiger op i træerne om foråret* □ *saftig* · *saftfylde* · *saftgrøn* · *saftrig* · *saftspændt* □ *mælkesaft* · *plantesaft*
2. i forsk. forb.: • **saft suse mig** kraftudtryk □ *det er saft suse mig for dårligt at du kommer en time for sent* • **uden saft og kraft** uden indhold og meget kedelig □ *en tale uden saft og kraft*

saftevand

SUBST. *-et*

en læskedrik af frugtsaft som er tilsat sukker og fortyndet med vand = LEMONADE □ *et glas saftevand*

saftholdig

ADJ. *-t, -e*

som indeholder meget saft = SAFTIG, SAFTRIG □ *bærrene er meget saftholdige*

saftig

ADJ. *-t, -e; -ere, -st*

1. som indeholder meget saft = SAFTHOLDIG, SAFTRIG □ *en saftig bøf* · *saftigt frugtkød* · *saftigt græs* □ *saftighed* · *saftiggrøn*
2. rigt på billeder og farver, og ofte seksuelt pikant □ *et saftigt sprog* · *saftige historier*

saftiggrøn

ADJ. *-t, ~grønne*

med en stærk lysegrøn farve som en bladknop der er lige ved at springe ud; bruges ofte om noget der ser saftigt ud = FORÅRSGRØNT □ *saftiggrønt græs* · *et saftiggrønt æble*

saftrig

ADJ. *-t, -e*

som indeholder meget saft = SAFTIG, SAFTHOLDIG □ *saftrige frugter*

sag

SUBST. *-en,* plur. *-er, -erne*

1. noget problematisk som man beskæftiger sig med □ *det bliver en sag mellem os to* · *nu skal jeg sætte dig ind i sagen* · *skolebestyrelsen tog sagen op* · *sagen behandles på næste møde* · *de ordnede sagen for ham* · *sagen ligger i ministeriet* · *politiet er kørt fast i sagen* □ *sagsbehandler* · *sagsbehandling* □ *hastesag* · *hjertesag* · *tillidssag* · *æressag* • en strid som behandles og afgøres ved en domstol = RETSSAG □ *lægge sag an mod naboen* · *betale sagens omkostninger* · *føre sag mod staten* · *sagens parter mødte for retten* · *sagen kommer for retten næste uge* □ *sagsanlæg* · *sagsfremstilling* · *sagsomkostninger* · *sagsøge* · *sagsøger* · *sagvolder* · *sagsakt* □ *civilsag* · *injuriesag* · *kriminalsag* · *straffesag* • et dokument som vedrører en sag □ *sagen er arkiveret* □ *sagsmappe*
2. noget som man interesserer sig for og sympatiserer med = ANLIGGENDE □ *det går til en god sag* · *i en god sags tjeneste* · *kæmpe for en sag* · *de støtter sagen* □ *frihedssagen* · *hjertesag* · *kvindesag* · *kræftsag* · *mærkesag* · *æressag*
3. sager ejendele og andre genstande □ *pakke sine sager sammen* · *skuffen var fuld af mærkelige ting og sager* • **søde sager** = SLIK
4. i forsk. forb. • **det er en anden sag** det er noget andet • **det er ingen sag** det er let □ *det er ingen sag at lave en lagkage* • **det er sin sag** udtryk for at noget er vanskeligt □ *det er sin sag at finde en lejlighed* • **få sin sag for** få travlt el. komme på et anstrengende arbejde □ *han fik sin sag for, da han skulle passe børnene og huset selv* • **få syn for sagen** få bekræftet noget ved selv at se det • **gøre fælles sag med ng** samles imod nogen • **gå lige til sagen** tale direkte om et emne uden indledende bemærkninger • **være sagen** være noget som mange synes om, el. som er moderne □ *korte skørter, det er bare sagen*

saga

SUBST. *-en,* plur. *-er, -erne*

1. en længere islandsk fortælling baseret på et mere el. mindre historisk grundlag nedskrevet i middelalderen □ *Egil Skallagrimssens saga* · *Njals saga* · *de islandske sagaer* □ *sagadigtning* □ *islændingesaga* · *kongesaga* · *slægtssaga*
2. en saga blot udtryk for at noget tilhører fortiden □ *traditionen for at ældre bor hos deres børn er en saga blot* • **ude af sagaen** udtryk for at nogen har udspillet sin rolle □ *han er helt ude af sagaen nu*

sagde

VERB.

bøjningsform af *sige*

sagesløs

ADJ. *-t, -e*

som er uden skyld og ikke indblandet i noget = USKYLDIG □ *overfald på sagesløs person* · *hun var helt sagesløs i denne ballade* □ *sagesløshed*

sagfører

SUBST. *-en,* plur. *-e, -ne*

forældl. = ADVOKAT

sagkundskab

SUBST. *-en,* plur. *-er, -erne*

en indgående faglig og saglig viden om noget □ *personalet manglede den fornødne sagkundskab til at kunne klare opgaverne* • en kreds af personer med indgående faglig viden inden for et område □ *vi må hellere spørge sagkundskaben*

sagkyndig

ADJ. *-t, -e; -ere, -st*

(også SUBST.) som besidder en høj grad af sagkundskab og udvælges til at afgive en bedømmelse □ *juridisk sagkyndig* · *sagkyndig i regnskabsføring* · *der blev tilkaldt en sagkyndig* □ *motorsagkyndig*

saglig

ADJ. *-t, -e*

som primært er baseret på el. holder sig til facts frem for følelser, intuition og personlige vurderinger □ *en saglig argumentation* · *en saglig debat* · *lad os nu være saglige!* · *en tør og saglig mand* □ *saglighed*

sagn

SUBST. *-et,* plur. *sagn, -ene*

1. en kort folkelig beretning om guder, heltebedrifter el. andre bemærkelsesværdige begivenheder □ *et sagn fra gamle dage* □ *sagndannelse* · *sagnfigur* □ *gudesagn* · *heltesagn* · *folkesagn* · *riddersagn*
2. få syn for sagn se under *syn*

sagnagtig

ADJ. *-t, -e*

som synes at stamme fra et sagn □ *en sagnagtig begivenhed* · *en sagnagtig person*

sagnomspunden el. sagnomspundet

ADJ. *~omspundet , ~omspundne*

som der fortælles meget fantastisk om

sago

SUBST. *-en,* plur. *sago, -ene*

et stivelsesprodukt som anvendes til mel og gryn, og som udvindes af marven af forskellige palmer el. fremstilles af kartoffelstivelse □ *sagogryn* · *sagomel* · *sagostivelse*

sagogryn

SUBST. *-et,* plur. *~gryn, -ene*

stivelsesholdige, hvide el. rødfarvede korn der

fremstilles af kartoffelmel; bruges bl.a. til sagosuppe • **ægte sagogryn** sagogryn der er fremstillet af forskellige palmers marv; forhandles ikke længere i Danmark

sagomel

SUBST. *-et*

1. mel af sagogryn
2. for sagomel mildt kraftudtryk □ *av for sagomel*

sagsanlæg

SUBST. *~anlægget*, plur. *~anlæg, ~anlæggene*

indlevering af en stævning mod nogen til berammelse af første retsmøde = SØGSMÅL □ *han truede med sagsanlæg · sagsanlægget blev trukket tilbage*

sagsbehandler

SUBST. *-en*, plur. *-e, -ne*

en person der tager sig af bestemte sager; især om en ansat i det offentlige, fx på et socialkontor el. en arbejdsformidling □ *han havde en tid hos sin sagsbehandler*

sagsbehandling

SUBST. *-en*, plur. *-er, -erne*

det at behandle en sag, fx på et offentligt kontor □ *kommunen bestræber sig på en hurtigere sagsbehandling*

sagsøge

VERB. *-r, sagsøgte, sagsøgt*

sagsøge ng anlægge sag mod nogen □ *indkalde den sagsøgte · sagsøge nogen til betaling af erstatning · sagsøgte gav ikke møde i retten* □ *sagsøger*

sagte

ADJ.

uden megen lyd el. bevægelse = STILLE □ *tale med sagte stemme · en sagte vals · en sagte ild · græde sagte*

sagtens

ADV.

uden problemer el. anstrengelser = LET □ *jeg kan sagtens klare det · du kan sagtens være glad · i din situation kan du sagtens snakke - tænk på os andre!* • **{du} kan {vel nok} sagtens** udtryk for at nogen er heldig □ *han kan vel nok sagtens med den søde kone! · du kan sagtens, du kan sove længe om morgenen!*

sagtmodig

ADJ. *-t*, plur. *-e*
/sagt'modig/

som ikke siger så meget, og som evt. er lidt ked af det □ *han finder sig stille og sagtmodigt i alt · et sagtmodigt lille smil* □ *sagtmodighed*

sagtne

VERB. *-r, -de, -t*

sagtne ngt bringe tempoet ned □ *sagtne farten*

sakkarin

SUBST. *-et*
/sakka'rin/

et stærkt sødende stof udvundet af stenkulstjære

sakke

VERB. *-r, -de, -t*

sakke bagud el. **agterud** ikke kunne følge med □ *hun begyndte at sakke agterud da de kom til bakken · han er sakket bagud med lektierne*

sakral

ADJ. *-t, -e*
/sa'kral/

som har med gudsdyrkelse at gøre □ *en udpræget sakral stemning · en helligdom med kerter, røgelse og sakral musik · ødipushistorien bliver næsten sakral i sin tone*

sakramente

SUBST. *-t*, plur. *-r, -rne*
/sakra'mente/

en hellig, rituel handling i den kristne kirke som formidler guds nåde; den lutherske kirke har to sakramenter: dåben og nadveren, den katolske kirke desuden konfirmationen, den sidste olie, vielsen og præstevielsen

sakristi

SUBST. *-et*, plur. *-er, -erne*
/sakri'sti/

et rum i en kirke hvor de ting der hører til gudstjenesten opbevares, og hvor præsten kan opholde sig

sakrosankt

ADJ. *- , -e*
[sakro'san't el. *-'saŋ't]*

som er hellig og ukrænkelig = FREDHELLIG □ *de sakrosankte relikvier · den sakrosankte kernefamilie*

saks

SUBST. *-en*, plur. *-e, -ene*

1. et redskab til at klippe med; består af to knive som holdes tæt samen af en bolt □ *hun klippede hår med en saks · stoffet var klippet til med en saks* □ *beskæresaks · brodersaks · fjerkræsaks · hækkesaks · køkkensaks · skræddersaks · tilskæresaks* • en del af en maskine som bruges til at skære i stål- og metalplader = MASKINSAKS • **komme under saksen** blive klippet
2. et fangstredskab hvor byttet klemmes fast mellem to stålkæber; bruges til at fange visse pelsdyr med = DYREFÆLDE □ *rævesaks*
3. et griberedskab hos visse krebsdyr = KLOSAKS
4. sidde i saksen være i en vanskelig situation

sakskøbingenser el. sakskøbinger

SUBST. *-en*, plur. *-e, -ne*
/sakskøbin'genser/

en person fra Sakskøbing

sal

SUBST. *-en*, plur. *-e, -ene*

1. et stort rum der anvendes til fx offentlige møder, festlige lejligheder og anden form for socialt samvær med deltagelse af mange personer □ *festsal · gildesal · gymnastiksal · koncertsal · læsesal · mødesal · retssal · riddersal · spisesal · sovesal · ventesal* • de personer der sidder i en sal □ *hele salen klappede · hele salen rejste sig da filmen var slut*
2. hver af etagerne oven over stueetagen = ETAGE □ *bo på første sal · anden sal · fra fjerde sals højde*

salamander

SUBST. *-en*, plur. *-e* (el. *salamandre*), *-ne* (el. *salamandrene*)
[sala'man'dɔ]

en padde med en lang krop og en lang hale som lever i moser og søer; latinsk navn *Salamandridae*

salat

SUBST. *-en*, plur. *-er, -erne*
/sa'lat/

1. en lav plante med store, spiselige grønne blade som vokser i løse lag uden på hinanden; latinsk navn *Lactuca* □ *salatblanding · salatdressing · salathoved · salatolie · salatsæt* □ *julesalat · hovedsalat · krølsalat*
2. en ret af skårne, revne el. hakkede grøntsager, frugt el. andet blandet med marinade, dressing el. mayonnaise □ *salatdressing · salatolie* □ *frugtsalat · hønsesalat · pastasalat · gulerodssalat · råkostsalat · sildesalat · waldorfsalat* • **italiensk salat** en salat af ærter og gulerødder i en mayonnaisedressing som spises oven på andet pålæg, fx rullepølse • **russisk salat** en salat af rødbedestykker i en rød dressing af mayonnaise, rødbedesaft m.m.

salatagurk

SUBST. *-en*, plur. *-er, -erne*

en lang, grøn agurk der anvendes i grønne salater og i agurkesalat

salatfad

SUBST. *-et*, plur. *-e, -ene*

(slang): en politivogn med gitter for vinduerne til udrykning og fangetransport

salathoved

SUBST. *-et*, plur. *-er, -erne*

en grøntsag med store, spiselige grønne blade som vokser i løse lag uden på hinanden så de danner en slags hoved = SALAT

salatolie

SUBST. *-n*, plur. *-r, -rne*

en madolie der ikke stivner ved nedkøling, og som derfor er velegnet til fremstilling af mayonnaise o.l.

salatsæt

SUBST. *~sættet*, plur. *~sæt, ~sættene*

langt og stort bestiksæt til at tage salat med; ofte i form af en ske og en slags gaffel

saldere

VERB. *-r, -de, -t*
/sal'dere/

(regnskab): udtryk for at debet- og kreditside er lige store

saldo

SUBST. *-en*, plur. *-er* (el. *saldi*), *-erne* (el. *saldiene*)

en forskel mellem debet- og kreditsiden i et regnskab □ *Deres konto udviser en saldo i vor favør på 500 kr. · få saldoen på sin checkkonto* □ *saldobalance · saldokvittering · saldooverførsel* □ *debetsaldo · kreditsaldo*

salg

SUBST. *-et,* plur. *salg, -ene*

en handel hvor man sælger en vare ≠ KØB □ *varerne er ikke til salg · fremme salget · køb og salg · salg mod forudbetaling · salg pr. efterkrav* □ *salgbar · salgsafdeling · salgschef · salgsomkostning · salgspris · salgsværdi* □ *billetsalg · dørsalg · hussalg · katalogsalg · løssalg · styksalg · udsalg*

salgbar

ADJ. *-t, -e; -ere, -est*

som er let at sælge = AFSÆTTELIG, SÆLGELIG □ *denne vare er ikke salgbar*

salgsassistent

SUBST. *-en,* plur. *-er, -erne*

en faglært salgsmedarbejder inden for detailhandel □ *der var en førstedame samt tre salgsassistenter ansat i forretningen*

salgschauffør

SUBST. *-en,* plur. *-er, -erne*

transportarbejder der er beskæftiget inden for handel □ *salgschaufføren afregnede direkte med kunden*

salgschef

SUBST. *-en,* plur. *-er, -erne*

en daglig leder af en virksomheds salgsafdeling

salgsdirektør

SUBST. *-en,* plur. *-er, -erne*

en person der er den øverste ansvarlige for en virksomheds salg af varer □ *salgsdirektøren fremlagde det kommende års strategi*

salgspris

SUBST. *-en,* plur. *-er, -erne*

en pris som en vare sælges for til forbrugeren ≠ KØBSPRIS, INDKØBSPRIS □ *salgsprissystem · vejledende salgspris* □ *udsalgspris*

salgssum

SUBST. *~summen,* plur. *~summer, ~summerne*

et samlet beløb som noget sælges til = AFHÆNDELSESSUM

salicyl

SUBST. *-et*
/sali'cyl/

et stof der indgår i forskellige kemiske forbindelser □ *salicylsyre*

salicylsyre

SUBST. *-n*

et lægemiddel som virker smertestillende og desinficerende, og som i store mængder kan skade nyrerne el. give mavesår; bruges mod gigt og til forebyggelse af blodpropper □ *salicylsyrepulver* □ *acetylsalicylsyre*

salig

ADJ. *-t, -e*

1. som er trancelignende lykkelig = FRYDEFULD, LYKKELIG □ *et saligt smil · komme i en salig stemning* □ *saliggørende · salighed*
2. (spøg.): som er død □ *min salig mand* • **i salig ihukommelse** (form.): i mindet om en afdød □ *min onkel, i salig ihukommelse*
3. = FRELST □ *troen gør salig*

salighed

SUBST. *-en*

1. en tilstand af fællesskab med Gud, især efter døden □ *i evig salighed* □ *salighedsed*
2. (form.): = LYKKE □ *evig salighed*
3. = SANDELIG □ *dette her skal du min salighed få betalt!*

salme

SUBST. *-n,* plur. *-r, -rne*

en religiøs sang som synges under gudstjenesten = LOVSANG, HYMNE □ *en salme af Thomas Kingo* □ *salmebog · salmedigter · salmedigtning · salmesang · salmevers* □ *indgangssalme*

salmiak

SUBST. *salmiakken*
/salmi'ak/

et hvidt, salt, vandopløseligt stof som består af en forbindelse af ammonium og klor = AMMONIUMKLORID □ *salmiaklakrids · salmiakpastiller · salmiaksmag · salmiakspiritus*

salmiakpastil

SUBST. *~pastillen,* plur. *~pastiller, ~pastillerne*

en pastil af salmiak, lakrids og sukker

salmiakspiritus

SUBST. *-en* (el. *~spiritussen*)

en opløsning af ammoniak i vand = AMMONIAKVAND

salmonella

SUBST. *-en*
/salmo'nella/

en bakterie som kan forekomme i madvarer, og som kan forårsage infektionssygdom med mavesmerter og voldsom diaré □ *salmonellafri · salmonellainfektion*

salomonisk

ADJ. *- , -e*
/salo'monisk/

som er klog og retfærdig; især om dom el. afgørelse □ *en salomonisk dom · kampen sluttede salomonisk uafgjort* • **en salomonisk afgørelse** en vis afgørelse der giver begge parter delvis ret

salon

SUBST. *-en,* plur. *-er, -erne*
[sa'lɔŋ]

1. en stor, fornem stue □ *de spiser altid i den blå salon* □ *salonmusik* • et stort fælles opholdsrum på et skib □ *skibets passagerer var samlet i salonen* □ *salondæk*
2. en forretning der beskæftiger sig med skønhed og mode □ *frisørsalon · modesalon · skønhedssalon*
3. litterær salon samlingssted for kunstnere, kulturpersoner og politikere med bl.a. oplæsning og musik

salonfæhig

ADJ. *-t, -e*

som hører hjemme el. kan begå sig i kultiverede kredse = KULTIVERET, VELOPDRAGEN, PRÆSENTABEL □ *han er ikke videre salonfæhig*

salonmusik

SUBST. *~musikken*

selskabelig underholdningsmusik af lettere karakter □ *wienersk salonmusik · finere salonmusik*

salonriffel

SUBST. *-en* (el. *~riflen*), plur. *~rifler, ~riflerne*

en let sportsriffel med en skudvidde på 50-150 m

salpeter

SUBST. *-en* el. *-et*
/sal'peter/

et salt af salpetersyre som bl.a. bruges til fremstilling af krudt og kunstgødning □ *salpeterbakterie · salpeterpapir · salpeterplante · salpetersur · salpetersyre* □ *chilesalpeter · kalisalpeter · natronsalpeter · mursalpeter*

salpetersyre

SUBST. *-n*

en stærk, kvælstofholdig ætsende syre som forekommer som en farveløs, rygende væske, og hvis nitrater er letopløselige

salsa

SUBST. *-en*

en musikform af cubansk oprindelse der har optaget træk fra jazzmusik og anvender forskellige slagtøjsinstrumenter som fx congas og bongotrommer = SALSAMUSIK □ *salsaband* • en dans til salsamusik

salt[1]

SUBST. *-et,* plur. *-e, -ene*

1. et hvidt krystalliseret og vandopløseligt stof som bruges i madlavning som smagsforstærker el. til at konservere madvarer med; brydes i saltminer el. udvindes af havvand ved inddampning = KOGSALT, NATRIUMKLORID □ *udvinde salt · lægge i salt · strø salt på maden · fint salt · groft salt · salt og peber* □ *saltaflejring · saltbøsse · saltkar · saltlage · saltsten · saltvand · salthurst* □ *bordsalt · havsalt · jodsalt · kogsalt · køkkensalt · middelhavssalt · stensalt* • **attisk salt** se under *attisk* • **ikke have** el. **eje salt til et æg** ikke eje en krone; være ludfattig • **strø salt i såret** gøre ondt værre • **tage** el. **forstå ngt med et gran salt** se under *gran*
2. (kemi): et krystallinsk stof som er afledet af en syre og består af et metal og en syrerest □ *salmiak er et salt · svovlsurt, salpetersurt salt · det mest kendte salt er natriumklorid* □ *saltsur · saltsyre* □ *ammoniumsalt · hjortetaksalt · jernsalt · lugtesalt · magnesiumsalt · syresalt*

salt[2]

ADJ. *- , -e; -ere, -est*

som indeholder salt og smager som havvand, tårer el. sved □ *salte tårer · det salte hav · suppen er for salt*

saltbøsse

SUBST. *-n,* plur. *-r, -rne*

en lille dåse til fint salt med små huller i toppen

salte

VERB. *-r, -de, -t*

salte ngt lægge madvarer i salt for at de skal

holde sig □ *han saltede sildene og røgede dem bagefter* □ *saltning* • **salte ngt** drysse salt på noget □ *salte veje om vinteren for at de ikke skal blive glatte af is* • *salte maden* □ *saltning*

saltkar

SUBST. *~karret,* plur. *~kar, ~karrene*

1. en lille skål der sættes på bordet med salt
2. et større kar til nedsaltning af flæsk o.l.
3. en hulning på halsen oven for nøglebenet

salto

SUBST. *-en,* plur. *-er, -erne*

= SALTOMORTALE □ *han slog en salto*

saltomortale

SUBST. *-n,* plur. *-r, -rne*
/*saltomor'tale*/

en kolbøtte i luften = SALTO □ *slå en saltomortale* • *en tredobbelt saltomortale*

saltpastil

SUBST. *~pastillen,* plur. *~pastiller, ~pastillerne*

en pastil af salt lakrids □ *en æske saltpastiller*

saltsyre

SUBST. *-n*

en stærk, ætsende syre som er en opløsning af klorbrinte i vand, og som bruges meget i industrien; saltsyres salte kaldes *klorider*

saltsø

SUBST. *-en,* plur. *-er, -erne*

en sø uden afløb med saltholdigt vand; findes i tørre områder med høj fordampning

saltvand

SUBST. *-et*

saltholdigt vand; især om havvand og vand i saltsøer □ *de forsøgte i desperation at drikke saltvand* • *skylle øjet i saltvand*

saltvandsindsprøjtning

SUBST. *-en,* plur. *-er, -erne*

noget som virker stærkt forfriskende og giver ny energi □ *foredraget gav de tilstedeværende en tiltrængt saltvandsindsprøjtning*

salut

SUBST. *salutten,* plur. *salutter, salutterne*
/*sa'lut*/

1. (militær): skydning med løst krudt som militær hilsen el. æresbevisning □ *en salut på 21 skud* • *skyde en salut for nogen* • *besvare en salut* □ *salutskud* □ *afskedssalut* • *kanonsalut* • (militær): en ceremoniel, militær hilsen med dragen sabel
2. en heftig omgang skældud □ *med den salut gik hun og smækkede døren* • *få en ordentlig salut* • *give nogen en salut*

salutere

VERB. *-r, -de, -t*
/*salu'tere*/

(militær): skyde salut □ *i det samme saluterer Kronborgs og Helsingborgs kanoner* □ *salutering*

salvadoraner

SUBST. *-en,* plur. *-e, -ne*
/*salvado'raner*/

en person fra El Salvador

salvadoransk

ADJ. *-, -e*
/*salvado'ransk*/

som har at gøre med El Salvador

salve[1]

SUBST. *-n,* plur. *-r, -rne*

1. en meget tyktflydende creme som smøres på huden, ofte med en lægende virkning, fx mod udslet og forbrændinger □ *en tube salve* • *komme salve på såret* □ *salvekrukke* □ *nardussalve* • *sårslave* • *zinksalve*
2. flere skud som affyres på én gang el. hurtigt efter hinanden = ILD □ *affyre en salve mod fjenden* □ *maskingeværsalve* • *skudsalve* • om noget der lyder som en skudsalve, fx en omgang skældud, kraftigt bifald el.lign. □ *hun gav pigen en ordentlig salve* □ *klapsalve*

salve[2]

VERB. *-r, -de, -t*

salve ng (i Bibelen): indgnide nogen i salve el. olie □ *hun bød gæsten indenfor og tvættede og salvede hans fødder* • **salve ng til konge** (i Bibelen): indvie nogen til konge ved at gnide dem ind i velduftende salver og olier

salvelsesfuld

ADJ. *-t, -e*

som er fuld af påtaget inderlighed og højtidelighed □ *en salvelsesfuld person* • *en salvelsesfuld tale* • *en salvelsesfuld stemme*

salveten

SUBST.BEST.
[*sal've'dən*]

være i salveten (glds.): have heldet med sig el. være i sikkerhed; især i økonomisk henseende □ *han er rigtig i salveten* • *komme i salveten*

salvie

SUBST. *-n,* plur. *-r, -rne*
/*sal'vie*/

et krydderi af lægeplanten salvie • en plante el. lille busk af læbeblomstfamilien med grågrønne, dunede blade og blå, lilla el. røde blomster i aks; flere arter; latinsk navn *Salvia* □ *engsalvie* • *kranssalvie* • *lægesalvie* • *pragtsalvie* • *sølvsalvie*

salær

SUBST. *-et,* plur. *-er, -erne*
/*sa'lær*/

et honorar for udført arbejde; især om honorar til en advokat □ *betale 2.700 i salær til advokaten* □ *advokatsalær* • *inkassosalær*

samarbejde[1]

SUBST. *-t*

det at flere personer eller grupper arbejder sammen om en opgave, og måden de gør det på = SAMVIRKE, TEAMWORK, MAKKERSKAB □ *samarbejde hen over midten* • *takke for godt samarbejde* □ *samarbejdspartner* • *samarbejdsudvalg* • *samarbejdsvanskeligheder* • *samarbejdsvillig* □ *kultursamarbejde* • *politisamarbejde*

samarbejde[2]

VERB. *-r, -de, -t*

samarbejde med ng om ngt arbejde sammen og indgå i et samspil med nogen om noget = SAMVIRKE □ *samarbejde med sine kolleger* • *det er det vigtigste at skolebørn lærer at samarbejde* • *sygeplejerskerne nægtede at samarbejde med sygeplejerne*

samarit

SUBST. *samaritten,* plur. *samaritter, samaritterne*
/*sama'rit*/

en person der har fået uddannelse i at give førstehjælp i sygdoms- og ulykkestilfælde □ *samariterhjælp* • *samaritertjeneste* • *samariteruddannelse* • *samaritervagt*

samaritaner el. **samaritan**

SUBST. *-en,* plur. *-e, -ne*
(samaritan: *-en,* plur. *-er, -erne*)
/*samari'taner*/

den barmhjertige samaritan en medfølende, hjælpsom person fra én af Jesu lignelser i Bibelen

samba

SUBST. *-en,* plur. *-er, -erne*

en selskabsdans i 4/4-takt af brasiliansk oprindelse • musik som hører til dansen

sambo[1]

SUBST. *-en,* plur. *-er, -erne*

en person man bor sammen med, men ikke er i familie med

sambo[2]

ADJ.

(om planter): som bærer både han- og hunblomster ≠ SÆRBO □ *nåletræer, bøg og eg er sambo*

samdrægtig

ADJ. *-t, -e*
/*sam'drægtig*/

(form., glds.): som man er fælles el. enig om = FÆLLES, ENIG □ *en samdrægtig indsats* □ *samdrægtighed*

same

SUBST. *-n,* plur. *-r, rne*

en person som tilhører et folk i Nordskandinavien som taler et finsk-ugrisk sprog, og hvoraf en del har rensdyravl som erhverv = LAP

samfulde

ADJ.PLUR.

enhver i en bestemt mængde = HELE, ALLE, SAMTLIGE □ *forestillingen har kørt for fulde huse i samfulde 12 år* • *hun lyttede til foredraget i samfulde de tre timer det varede* • *hun hørte ikke fra ham i fem samfulde måneder* • *samfulde de 40 millioner der er bevilget bruges på forskning*

samfund

SUBST. *-et,* plur. *samfund, -ene*

et fælleskab som udgøres af en større gruppe mennesker der lever i en stat; også om selve statssystemet □ *det danske samfund · samfundets udstødte · flere ligger samfundet til byrde* □ *samfundsbevarende · samfundsfarlig · samfundsborger · samfundsfag · samfundsforsker · samfundslære · samfundsorden · samfundssind · samfundsstige · samfundstjeneste · samfundsvidenskab* □ *lokalsamfund · nulvækstsamfund · nærsamfund · statssamfund* • et samfund som styres af en bestemt samfundsgruppe, el. som er organiseret i grupper med fælles træk el. interesser □ *et patriarkalsk samfund · religiøse samfund* □ *alternativsamfund · feudalsamfund · forbrugersamfund · klassesamfund · mandssamfund · trossamfund* • en gruppe af forskellige planter el. dyr som lever sammen □ *dyresamfund · plantesamfund · termitsamfund*

samfundsborger

SUBST. *-en,* plur. *-e, -ne*

en indbygger der opfylder sine pligter i samfundet □ *en god samfundsborger · vi må som samfundsborgere leve op til vore forpligtelser*

samfundsfag

SUBST. *-et,* plur. *~fag, -ene*

et studiefag i samfundslære • *samfundsfagslærer*

samfundsklasse

SUBST. *-n,* plur. *-r, -rne*

= SAMFUNDSLAG □ *han tilhørte den laveste samfundsklasse*

samfundslag

SUBST. *-et,* plur. *~lag, -ene*

en gruppe af personer i samfundet på omtrent samme sociale niveau = LAG, SAMFUNDSKLASSE, KLASSE, BEFOLKNINGSGRUPPE

samfundslære

SUBST. *-n*

læren om samtidige politiske, sociale og økonomiske strukturer og forhold i et samfund

samfundsmæssig

ADJ. *-t, -e*

som har at gøre med samfundet □ *de samfundsmæssige konsekvenser · for en samfundsmæssig betragtning*

samfundsorden

SUBST. *-en* (el. *~ordnen)*

de regler og normer som gælder i et samfund = SYSTEM

samfundsvidenskab

SUBST. *-en,* plur. *-er, -erne*

hver af flere videnskaber som forsker i forskellige samfundsmæssige forhold; det kan være sociologi, økonomi, statskundskab m.m.

samfundsøkonomi

SUBST. *-en,* plur. *-er, -erne*

en videnskab om de økonomiske forhold og kræfter i et samfund = NATIONALØKONOMI □ *samfundsøkonomisk*

samfærdsel

SUBST. *-en* (el. *samfærdslen)*

transport og trafik inden for et bestemt område □ *samfærdselslinie · samfærdselsmiddel*

samfærdselsmiddel

SUBST. *-et* (el. *~midlet),* plur. *~midler, ~midlerne*

et system til transport af personer el. varer i større målestok □ *fly er det hurtigste samfærdselsmiddel*

samhørighed

SUBST. *-en*

det at have meget til fælles = SLÆGTSKAB □ *de føler et åndeligt slægtskab*

samisk

ADJ. *-, -e*

som har at gøre med samer = LAPPISK □ *samisk kultur · en samisk nomadefamilie* • ⟨SUBST.: *et*⟩ det samiske sprog □ *tale samisk · forstå samisk*

samklang

SUBST. *-en*

1. = OVERENSSTEMMELSE □ *hans ord er i samklang med hans handlinger · leve i samklang med naturen · det var ikke i samklang med hvad han tidligere havde sagt*
2. (musik): to el. flere toner spillet samtidig = AKKORD

samkvem

SUBST. *samkvemmet*

(form.): omgang el. regelmæssig kontakt med andre mennesker = OMGANG, SAMVÆR □ *have regelmæssigt samkvem med sine naboer · afbryde samkvemmet med sin familie* • (jura, foræld.): det at den af forældrene som ikke har forældremyndigheden er sammen med sit barn = SAMVÆR □ *faderen blev tilkendt samkvem med børnene hveranden weekend · have samkvem med sit barn · han fik frataget retten til samkvem med sine børn*

samkvemsret

SUBST. *~retten*

= SAMVÆRSRET

samle

VERB. *-r, -de, -t*

1. samle ngt sætte flere løse dele sammen til en helhed □ *efter at have skilt radioen ad samlede han den igen · hun samlede en fin buket · samle et hus af klodser* • **samle ng(t)** bringe nogen el. noget sammen et bestemt sted □ *familien er samlet juleaften · samle vennerne omkring sig · foredraget samlede mange tilhørere · partiet samler stemmer før valget · egernet samler nødder til vinteren · efter borgerkrigen forsøgte man at samle landet igen* □ *samling* • **samle ngt** bringe noget tæt sammen □ *hold benene samlet når du springer ud fra vippen!* • **samle ngt ind** få noget som skal bruges til et bestemt formål = INDSAMLE □ *samle penge ind til krigens ofre · samle tøj ind til de fattige* • **samle ng op** hente nogen et bestemt sted □ *han blev samlet op i København* • **samle ngt op** tage en genstand op fra jorden □ *hun samlede tingene op efter ham · legetøjet skal samles op og sættes på plads* • **samle på ngt** være interesseret i en bestemt ting og have fx mange forskellige udgaver af den □ *samle på bøger · samle på frimærker* □ *samling · samlemani · samlemappe · samleobjekt* • **samle ngt sammen** stable noget på et sted □ *samle tallerknerne sammen · børnene samlede deres legetøj sammen før de gik* • **samle sig** danne en mængde □ *der samler sig støv i krogene · folk samlede sig på gaden · alle gæsterne samlede sig om værten*
2. samle ngt til ngt oparbejde fx styrke el. mod til at gøre noget □ *samle mod til eksamen · samle kræfter til næste dag · samle appetit til middagen* • **samle sig** få kontrol over sine følelser □ *jeg skal lige samle mig oven på den oplevelse* • **samle sig om ng(t)** koncentrere sig om nogen el. noget □ *interessen samlede sig om ham · han kunne ikke samle sig om studierne* • **samle sig sammen til ngt** tage sig sammen til at gøre noget □ *jeg kunne ikke samle mig sammen til at tage af sted*

samlebånd

SUBST. *-et,* plur. *~bånd, -ene*

et transportsystem på en fabrik som fører et produkt fra arbejdsproces til arbejdsproces indtil produktet er færdigt □ *samlebåndsarbejde* • **på samlebånd** udtryk for at noget sker i hurtig rækkefølge □ *syv bryllupper på samlebånd · det kører næsten som på samlebånd*

samleje

SUBST. *-t,* plur. *-r, -rne*

seksuelt samvær mellem en mand og en kvinde hvor manden fører penis ind i kvindens skede = COITUS, KØNSAKT, KOPULATION, KNALD □ *have samleje · afbrudt samleje · analt samleje* □ *samlejebevægelse · samlejestilling*

samlelinse

SUBST. *-n,* plur. *-r, -rne*

en linse der samler stråler i et brændpunkt = KONVEKS LINSE ≠ SPREDELINSE

samler

SUBST. *-en,* plur. *-e, -ne*

1. en person som har som hobby at samle på noget bestemt, fx frimærker □ *bogsamler · frimærkesamler · møntsamler · stensamler*
2. en person i et primitivt samfund el. i stenalderen som lever af det der er at finde og samle □ *først levede vi som samlere, så jægere, nomader og agerbrugere*

samlever

SUBST. *-en,* plur. *-e, -ne*

en person som man ikke er gift med, men som man lever sammen med i et ægteskabslignende forhold □ *nu er hun blevet gift med sin samlever gennem ti år* □ *samleverske*

samleverske

SUBST. *-n,* plur. *-r, -rne*

en kvindelig samlever

samling

SUBST. *-en,* plur. *-er, -erne*

1. samling af ngt det at samle noget □ *samlingen af de adskilte dele · samlingen af Italien* • ting el. personer bragt sammen på et sted = OPBUD, MÆNGDE □ *museet lå inde med en stor samling*

antikke glas • en samling mennesker stod uden for porten □ *samlingsmærke • samlingspunkt • samlingssted • samlingsstue* □ *digtsamling • kunstsamling • malerisamling* • **få samling på sine tanker** styr på sine tanker
2. Folketingets arbejdsperiode □ *loven blev vedtaget i forrige samling* □ *samlingsregering*
3. en gruppe af personer = FLOK □ *de er en samling tåber*

samlingsstue

SUBST. *-n,* plur. *-r, -rne*

(glds.): en stue til fælles afbenyttelse, fx på en kaserne, et herberg, et hospital o.l.

samliv

SUBST. *-et,* plur. *samliv, -ene*

det at leve sammen med et andet menneske; især i parforhold □ *et ægteskabeligt samliv • genoptage samlivet* □ *samlivsophævelse*

samme

ADJ.

1. som er identisk med noget □ *du skal gøre det på samme måde • de bestilte samme menu • han var i samme situation • de befandt sig i samme stue • den koster det samme alle steder • de har samme ambitioner* • som ikke forandrer sig = ENS □ *han er den samme altid • han har boet samme sted altid • han har altid levet under samme forhold* • (form.): = DENNE □ *han fik en medalje med tilladelse til at bære samme*
2. i forsk. forb.: • **det samme** udtryk for at noget forbliver ubetydeligt for nogen uanset hvad der sker □ *det er mig det samme • det kan være det samme* • **i det samme** udtryk for sammenfald i tid □ *i det samme kom han ud ad døren* • **med det samme** = STRAKS □ *du skal komme med det samme!*

sammen

ADV.
fork. *sm.*

1. udtryk for at noget eksisterer el. sker i fællesskab el. som et samarbejde □ *de to venner var altid sammen • synge en sang sammen • de har to børn sammen • de bor sammen • tale sammen • de ejer huset sammen • nu drejer det sig om at stå sammen • skrive en bog sammen med nogen* □ *sammenhold*
2. udtryk for at noget bliver til en helhed □ *såret voksede sammen • han syede stofstykkerne sammen • sætte farver sammen • spare penge sammen til et hus • lægge to tal sammen • blande noget sammen* □ *sammenbinde • sammenblande • sammenhobe • sammenknytte • sammenstykke*
3. udtryk for at noget bliver mindre i omfang □ *pakke teltet sammen • lægge vasketøj sammen • trække sig sammen • folde noget sammen • smelte sammen* □ *sammenlægning*
4. udtryk for at noget går i stykker □ *hulen faldt sammen • motoren brændte sammen • forhandlingerne brød sammen • slå noget sønder og sammen* □ *sammenbrud*
5. udtryk for en pludselig, voldsom berøring □ *støde sammen • bussen stødte sammen med bilen*
6. tage sig sammen til at gøre ngt koncentrere sin energi om noget = OPPE SIG □ *tag dig nu sammen og stå op! • han kunne ikke tage sig sammen til at rydde op*

sammenbidt

ADJ. *-, -e*

som er viljefast og stædig □ *han var en sammenbidt og tilknappet person • han spiller guitar med en sammenbidt autoritet • sammenbidt styrke*

sammenbinde

VERB. *-r, ~bandt, ~bundet* (*~bunden, ~bundne*)

sammenbinde ngt binde noget sammen □ *han lå på gulvet med sammenbundne fødder • sammenbinde neg • tre sammmenbundne bind*

sammenblande

VERB. *-r, -de, -t*

sammenblande ng(t) = FORVEKSLE □ *jeg sammenblander altid de to brødre • pas på ikke at sammenblande procent og brøk* □ *sammenblanding*

sammenbrud

SUBST. *~bruddet,* plur. *~brud, ~bruddene*

det at nogen el. noget pludselig holder op med at fungere normalt = KOLLAPS, FALLIT □ *den danske økonomi har været ude for et totalt sammenbrud • det tyske riges sammenbrud i 1945 • sammenbruddet i overenskomstforhandlingerne • hun fik et nervøst sammenbrud* □ *nervesammenbrud*

sammendrag

SUBST. *-et,* plur. *sammendrag, -ene*

en forkortet gengivelse af noget som kun medtager de vigtigste punkter el. begivenheder = RESUMÉ, OVERSIGT □ *et sammendrag af afhandlingen • give et sammendrag af gårsdagens landskamp • udarbejde et sammendrag over lønudviklingen de sidste fem år*

sammendrage

VERB. *-r, ~drog, -t* (*~dragen, ~dragne*)

sammendrage ngt lave en kort gengivelse af fx en debat, artikel el. begivenhed ved at udplukke de centrale ting = REDUCERE, FORKORTE, SAMMENFATTE

sammendynge

VERB. *-r, -de, -t*

over en tidsperiode samle noget sammen i en stor, uordentlig masse □ *sammendynge kundskaber i sin hjerne* □ *sammendyngning*

sammenfald

SUBST. *-et,* plur. *sammenfald, -ene*

1. = SAMMENTRÆF □ *et sammenfald af begivenheder*
2. = OVERENSSTEMMELSE □ *der var sammenfald mellem de forskellige oplysninger*

sammenfaldende

ADJ.

1. som sker på samme tid □ *sammenfaldende begivenheder*
2. = ENS □ *sammenfaldende oplysninger*

sammenfatte

VERB. *-r, -de, -t*

sammenfatte ngt lave en kort gengivelse af det væsentligste indhold af noget fx en debat el. artikel = SAMMENDRAGE, OPSUMMERE, OPREGNE □ *ordføreren sammenfattede kort diskussionen • en sammenfattende betegnelse* □ *sammenfatning*

sammenføje

VERB. *-r, -de, -t*

sammenføje ngt med ngt sætte noget løst sammen med noget andet = SAMLE □ *plankerne er sammenføjet med søm* □ *sammenføjning*

sammenhobe

VERB. *-r, -de, -t*

sammenhobe ngt = OPHOBE □ *sammenhobning • sammenhoben*

sammenhold

SUBST. *-et*

et fællesskab hvor man står sammen og støtter hinanden = SOLIDARITET □ *vise et stærkt sammenhold • der er for lidt fagligt sammenhold mellem akademikere • det nationale sammenhold under anden verdenskrig* □ *partisammenhold*

sammenholde

VERB. *-r, ~holdt, ~holdt*

sammenholde ngt sammenligne noget ved at stille detaljerne op over for hinanden □ *politiet sammenholder vidnernes forklaringer • sammenholde priser* □ *sammenholdelse*

sammenhæng

SUBST. *-en* el. *-et,* plur. *-e* (el. *sammenhæng*), *-ene*

1. noget der knytter nogen el. noget sammen, og som har en indbyrdes virkning på hinanden = FORBINDELSE, RELATION □ *der var en tydelig sammenhæng mellem de to begivenheder • der er sammenhæng mellem rygning og kræft • sagens rettes sammenhæng gik pludselig op for ham*
2. forbindelse mellem de enkelte dele i en tekst, fx en artikel el. en argumentation = KONTINUITET, KOHÆRENS □ *der var ingen sammenhæng i hans redegørelse* • den tekst som et ord indgår i = KONTEKST □ *ordets betydning fremgår af sammenhængen*

sammenhængende

ADJ.

som naturligt hører sammen og derfor er let at forstå = KOHÆRENT □ *en sammenhængende fremstilling* • som er forbundet med hinanden = KONTINUERLIG □ *et sammenhængende stisystem • tre sammenhængende værelser*

sammenknytte

VERB. *-r, -de, -t*

sammenknytte ng (om mennesker): indlede el. indgå en forbindelse = KNYTTE □ *de var sammenknyttet i et stærkt venskab*

sammenkomst

SUBST. *-en,* plur. *-er, -erne*

det at flere personer er sammen og evt. spiser og drikker sammen = KOMSAMMEN □ *I inviteres hermed til en mindre sammenkomst hos os lørdag aften*

sammenkæde

VERB. *-r, -de, -t*

sammenkæde ngt få noget til at møde noget andet = FORBINDE □ *ved at sammenkæde de forskellige begivenheder fik de opklaret sagen* □ *sammenkædning*

sammenligne

VERB. -r, -de, -t

sammenligne ng(t) bedømme nogen el. noget i forhold til andre el. andet for at finde forskelle og ligheder □ *man skal ikke sammenligne børn* • *de lande vi ønsker at sammenligne os med* • *de to ting kan slet ikke sammenlignes!* • *sammenlignet med Tokyo er København en lille by* • *sammenlignende videnskab* □ *sammenlignelig* • *sammenligning*

sammenlignelig

ADJ. -t, -e
/sammen'ligneligl/

som kan sammenlignes = KOMMENSURABEL □ *er de to forslag overhovedet sammenlignelige?*

sammenlime

VERB. -r, -de, -t

sammenlime ngt lime noget sammen □ *to sammenlimede ark* □ *sammenlimning*

sammensat

ADJ. - , ~satte

1. som består af flere selvstændige dele el. aspekter = KOMPLEKS □ *en sammensat ret* • *et sammensat ord* • *det er en mærkelig, sammensat forestilling* • *sammensat funktion* • *sammensat tal* • (om en person): som rummer flere modsatrettede elementer = KOMPLEKS □ *han er en ret sammensat person* • *hendes religiøsitet er mere sammensat end det lyder* □ *sammensathed*
2. (fysik, om bevægelser): som er resultatet af påvirkning af flere forskellige kræfter

sammenskudsgilde

SUBST. -t, plur. -r, -rne

et gilde hvortil hver deltager giver et bidrag i form af mad el. drikke

sammenslutning

SUBST. -en, plur. -er, -erne

en samlet enhed der består af flere personer, virksomheder el. lande som har fælles interesser = FORENING, FORBUND, UNION, TRUST, SOCIETET, LAV □ *danne en sammenslutning* □ *sammenslutningsgrundlag* □ *fagsammenslutning* • en forening af to el. flere erhvervsforetagender til én virksomhed = FUSION □ *en sammenslutning af virksomhederne vil medføre besparelser*

sammensmelte

VERB. -r, -de, -t

sammensmelte ngt forene noget gennem opvarmning = FUSIONERE □ *sammensmelte to metaller* • *sammensmelte to atomkerner til én* □ *sammensmeltning*

sammensmeltning

SUBST. -en, plur. -er, -erne

jf. *sammensmelte* = FUSION

sammensnøre

VERB. -r, -de, -t

1. sammensnøre ngt trække noget sammen og binde det, fx med en snor □ *han sammensnørede pølsen* □ *sammensnøring*
2. sammensnøre ngt få en legemsdel til at føles som om den trækker sig sammen som reaktion på en stærk følelsesmæssig påvirkning □ *mit hjerte sammensnøredes af angst* • *hendes hals sammensnøredes af gråd*

sammenspist

ADJ. - , -e

som kender hinanden meget godt, støtter hinanden og holder andre ude □ *en sammenspist flok* • *i kommunen er magthaverne bestemt ikke sammenspiste*

sammenstille

VERB. -r, -de, -t

sammenstille ng(t) sammenligne nogen el. noget og finde ligheder = SAMMENLIGNE □ *de to forfattere kunne ikke sammenstilles*

sammenstykke

VERB. -r, -de, -t

sammenstykke ngt = SAMMENSÆTTE □ *sammenstykke et møblement* • *ved fælles hjælp fik de sammenstykket et hæderligt program* □ *sammenstykning*

sammenstød

SUBST. -et, plur. ~stød, -ene

det at en genstand i bevægelse rammer en anden genstand; især om biler el.lign. = KOLLISION □ *sammenstødet mellem de to færger* • *hun blev dræbt ved sammenstødet med vejtræet* □ *frontalsammenstød* • *harmonikasammenstød* • = KAMP □ *det kom til et voldsomt sammenstød mellem mor og datter* • *der rapporteres i øjeblikket om voldsomme sammenstød mellem tropperne* • *verbale sammenstød* • *han blev dræbt under sammenstødet mellem de to befolkningsgrupper*

sammensurium

SUBST. - et (el. *sammensuriummet* el. *sammensuriet*), plur. -er (el. *sammensuriummer* el. *sammensurier*), -erne (el. *sammensuriummerne* el. *sammensurierne*)
/sammen'suriuml/

en forvirret og rodet blanding = RODSAMMEN □ *et sammensurium af alle mulige stilarter*

sammensværge

VERB. -r, ~svor, ~svoret (~svoren, ~svorne)

sammensværge sig rotte sig sammen med nogen i hemmelighed med henblik på at skade nogen, ofte en person med magt = KONSPIRERE □ *diktatorens fjender sammensvor sig imod ham* • *hun følte det som om alt havde sammensvoret sig imod hende* □ *sammensværgelse*

sammensværgelse

SUBST. -n, plur. -r, -rne

en hemmelig aftale mellem to el. flere personer om at udføre en handling rettet mod en styrende magt, fx et kup el. et attentat = KOMPLET, KONSPIRATION, SAMMENROTNING □ *stifte en sammensværgelse* • *de blev ofre for en international sammensværgelse* □ *sammensværgelsesteori*

sammensætning

SUBST. -en, plur. -er, -erne

1. det at sammensætte noget = KONSTELLATION □ *en smuk sammensætning af farver* • *statsministeren vil endnu ikke røbe sammensætningen af sin regering*
2. (grammatik): et ord der er sat sammen af to el. flere selvstændige ord □ *ordet 'skolegård' er en sammensætning* □ *sammensætningsled*

sammensætte

VERB. -r, ~satte, ~sat

sammensætte ngt samle flere dele til en helhed = SAMMENSTYKKE □ *sammensætte et program* • *sammensætte en menu* • *sammensætte en ansøgning* □ *sammensætning*

sammentræf

SUBST. *sammentræffet*, plur. *sammentræf*, *sammentræffene*

en tilfældig og overraskende forekomst af flere omstændigheder på samme tid = SAMMENFALD □ *et sammentræf af uforudsete omstændigheder* • *et pudsigt sammentræf*

sammentrække

VERB. -r, ~trak, ~trukket (~trukken, ~trukne)

sammentrække ngt trække noget sammen; især en muskel □ *livmoderen sammentrækkes hvorefter moderkagen udstødes* • *sammentrækkende lægemidler* □ *sammentrækning* • **sammentrække ngt** forkorte et el. flere ord □ *sammentrække Johannes til Hans* • *på engelsk kan 'it is' sammentrækkes til 'it's'*

sammentrækning

SUBST. -en, plur. -er, -erne

det at noget trækkes sammen el. forkortes = KONTRAKTION □ *sammentrækning af tråde* • *sammentrækning af livmoderen* • *'brunch' er en sammentrækning af de to engelske ord for morgenmad og frokost* □ *muskelsammentrækning*

samordne

VERB. -r, -de, -t

samordne ngt = KOORDINERE □ *planen var at samordne de forskellige uddannelser* • *regeringerne arbejder for at samordne de enkelte landes miljøpolitik* □ *samordning*

samovar

SUBST. -en, plur. -er, -erne
/samo'varl/

en beholder af messing el. kobber med kulbeholder el. elektrisk varmelegeme til kogning af tevand □ *en russisk samovar*

samråd

SUBST. -et, plur. ~råd, -ene

1. en rådslagning hvor man når frem til en fælles handlingsplan □ *efter samråd med familien rejste han* • *han traf beslutningen i samråd med sine kolleger* • en ministers mundtlige besvarelse af spørgsmål i et af Folketinget nedsat udvalg □ *være i samråd* • *tage en minister i samråd* • *ministeren skal i samråd på torsdag*
2. en gruppe organisationer som arbejder sammen □ *Dansk Folkeoplysnings Samråd*

samsing

SUBST. *-en,* plur. *-er, -erne*

en person fra Samsø

samsisk el. **samsk**

ADJ. - , *-e*

som har at gøre med Samsø = SAMSØSK

samspil

SUBST. *~spillet,* plur. *~spil, ~spillene*

1. det at forskellige personer el. ting virker el. handler sammen = INTERAKTION □ *samspillet i familien*
2. = VEKSELVIRKNING □ *et smukt samspil mellem billedets farver*

samspilsramt

ADJ. *~ramt, -e*

som udviser afvigende adfærd pga. misforhold i miljøet; især om børn□ *samspilsramte børn* · *en samspilsramt nation* · *samspilsramt boligbyggeri*

samstemme

VERB. *-r, samstemte, samstemt*

samstemme ngt få noget til at spille i samme toneart el. i bredere forstand harmonere indbyrdes □ *instrumenterne skal samstemmes inden koncerten* · *vi må lige samstemme vores oplæg inden mødet* · *efterhånden fik de samstemmet deres smag i møbler* □ *samstemning*

samstemmende

ADJ.

som udtrykker det samme el. som passer fuldstændig sammen□ *samstemmende udtalelser* · *alle udformningerne skal være samstemmende*

samstemmig

ADJ. *-t, -e*

som alle adspurgte er enige om og kommer frem med på samme tid = SAMSTEMMENDE, ENSTEMMIG □ *en samstemmig mening* · *en samstemmig udtalelse* · *samstemmige vidnesbyrd* · *eksperterne udtaler samstemmigt at der er grund til bekymring*

samsø

SUBST. *-en*

en fast til halvfast modnet dansk skæreost med en kraftig, sødlig og nøddekerneagtig smag; anvendes fx i osteanretninger og som pålæg

samsøsk

ADJ. - , *-e*

= SAMSISK

samt

KONJ.

udtryk for at der tilføjes noget; forbinder ens typer af ord og sætninger og bruges især som sidste konjunktion i en opremsning = OG □ *han har hund og kat samt et marsvin*

samtale[1]

SUBST. *-n,* plur. *-r, -rne*

det at tale sammen og udveksle synspunkter og oplysninger; ofte om en uformel samtale□ *føre en samtale* · *have en alvorlig samtale med sin søn* · *en uformel samtale* □ *samtaleemne* · *samtalepartner* □ *jobsamtale* · *portrætsamtale* · *rundbordssamtale* · *telefonsamtale* • en samtale pr. telefon□ *samtalen betales af modtageren* □ *samtaleafgift* · *samtaleanlæg* □ *lokalsamtale* · *indenrigssamtale* · *telefonsamtale* · *udenbyssamtale* · *udenrigssamtale*

samtale[2]

VERB. *-r, -de* (el. *samtalte*), *-t* (el. *samtalt*)

samtale med ng om ngt (form.): tale med en person om noget = TALE, SNAKKE □ *han samtalede med sin mor om problemet* · *de samtalede over en time*

samtid

SUBST. *-en*

1. den tid vi lever i = NUTIDEN □ *samtidshistorie* · *samtidsorientering*
2. udtryk for de mennesker der levede på samme tid ≠ EFTERTID □ *samtiden havde ingen forståelse for hans ideer* · *hun var den største maler i sin samtid* · *han var en af sin samtids betydeligste digtere*

samtidig

ADJ. *-t, -e*

1. på samme tidspunkt el. i samme periode som noget andet = SIMULTAN, SYNKRON, SIDELØBENDE, PARALLEL MED □ *de kom ind ad døren samtidig* · *en samtidig begivenhed i London* · *der er flere samtidige koncerter under festivalen* · *han blev student samtidig med mig* · *hun skrev børnebøger, og samtidig arbejdede hun med maleriet* · *de ankom samtidigt* • ⟨også SUBST.⟩ udtryk for at en person lever samtidig med en anden person□ *en samtidig forfatter* · *han er er samtidig med Holberg* · *han er Holbergs samtidige*
2. ⟨ADV.; uden *-t*⟩ udtryk for at noget omtales i forbindelse med noget andet□ *jeg vil gerne aflevere den her, og samtidig vil jeg gerne spørge om noget* · *og samtidig vil jeg rette en tak til værtsparret* · *samtidig skal det dog bemærkes at der er tale om et enkelttilfælde* • ⟨ADV.; uden *-t*⟩ udtryk for at der er en yderligere egenskab el. funktion ved noget = DESUDEN □ *ruderne kan lukkes automatisk, og samtidig har dørlåsen en særlig tyverisikring* · *nødderne har et højt indhold af jern og fibre, og samtidig er der masser af energi i dem*

samtidshistorie

SUBST. *-n*

læren og historieskrivningen om vor samtid = NUTIDSHISTORIE

samtidsorientering

SUBST. *-en*

et skolefag hvor der undervises i lokale, nationale og globale emner der har betydning i samtiden

samtlige

ADJ.PLUR.

enhver i en bestemt mængde = ALLE □ *samtlige sigtede nægtede sig skyldige* · *justitsministeren ønsker en undersøgelse af de administrative rutiner i samtlige ministerier*

samtykke[1]

SUBST. *-t*

det at samtykke noget □ *give sit samtykke til forslaget* · *de fik aldrig deres forældres samtykke til at blive gift*

samtykke[2]

VERB. *-r, -de, -t*

samtykke i ngt give udtryk for at man er enig i noget, el. villig til at gå med til noget□ *den der tier samtykker* · *jeg samtykkede i at sådan var det sket* · *hun nikkede samtykkende*

samurai

SUBST. *-en,* plur. *-er, -erne*
[*samu'raj'*]

et medlem af den professionelle krigeradel i det gamle, feudale Japan som var i tjeneste hos en feudalherre

samuraisværd

SUBST. *-et,* plur. *~sværd, -ene*

et langt, enægget japansk sværd

samvirke[1]

SUBST. *-t*

samvirke med ng om ngt = SAMARBEJDE □ *der er et frugtbart samvirke mellem de to organisationer* · *et nært samvirke mellem kunstneren og museet*

samvirke[2]

VERB. *-r, -de, -t*

1. = SAMARBEJDE
2. samvirke til ngt bidrage til det ønskede resultat af et samarbejde = VIRKE SAMMEN

samvittighed

SUBST. *-en,* plur. *-er, -erne*
/sam'vittighed/

det enkelte menneskes bevidsthed om hvad der er rigtigt og hvad der er forkert; især om egne handlinger = INDRE STEMME □ *gøre noget med god samvittighed* · *have dårlig samvittighed over noget* · *have mange synder på sin samvittighed* · *tale til ens samvittighed* · *handle imod sin samvittighed* • **have** el. **tage ngt på sin samvittighed** tage ansvaret for noget□ *han har flere mord på samvittigheden* · *den fadæse bliver jeg nødt til at tage på min samvittighed*

samvittighedsfuld

ADJ. *-t, -e*

som er omhyggelig og pligtopfyldende = ANSVARSBEVIDST ≠ SAMVITTIGHEDSLØS □ *han er en samvittighedsfuld og pålidelig medarbejder* □ *samvittighedsfuldhed*

samvittighedsløs

ADJ. *-t, -e*

som er i stand til at gøre alt muligt ondt el. forkert uden at få samvittighedskvaler = SKRUPPELLØS □ *en samvittighedsløs bedrager* · *det er noget samvittighedsløst frådseri* □ *samvittighedsløshed*

samvittighedsnag

SUBST. *-et*

det at have det skidt fordi man ved man har

handlet forkert = ANGER, RUELSE, SKAM □ *han havde samvittighedsnag over at have snydt*

samvær

SUBST. *-et*, plur. *samvær, -ene*

det at flere personer er sammen og snakker sammen □ *et fornøjeligt samvær* · *efter middagen er der hyggeligt samvær* · *jeg befinder mig godt ved hendes samvær* · *tak for behageligt samvær* · *faren har ret til samvær med sit barn mindst én gang om måneden* □ *samværsresolution* · *samværsret* • det at en fraskilt som ikke har forældremyndigheden er sammen med sine børn = SAMKVEM

samværsresolution

SUBST. *-en*, plur. *-er, -erne*

et juridisk dokument som fastsætter omfanget af samværet mellem et barn og den af forældrene som ikke har forældremyndigheden

samværsret

SUBST. *~retten*

ret for en fraskilt til at være sammen med sine børn i de tilfælde hvor den anden part har forældremyndigheden = SAMKVEMSRET □ *han fik tildelt samværsret to weekender om måneden*

sanatorium

SUBST. *sanatoriet*, plur. *sanatorier, sanatorierne*
/sana'torium/

en kuranstalt for patienter med en bestemt sygdom, fx tuberkulose el. gigt □ *være på sanatorium* □ *sanatorieophold* □ *gigtsanatorium*

sand[1]

SUBST. *-et*

et materiale der består af meget små mineralkorn som er dannet ved nedbrydning af bjergarter; kornstørrelse 0,06-2 mm □ *jeg får sand i skoene når jeg går på stranden* □ *sandstrand* · *sandkasse* · *sandkorn* · *sandslot* □ *strandsand* · *ørkensand* • **løbe ud i sandet** ikke blive til noget □ *alle hans planer løb ud i sandet*

sand[2]

ADJ. *-t, -e*

1. som er i overensstemmelse med virkeligheden = RIGTIG, KORREKT ≠ FALSK □ *en sand gengivelse af begivenhederne* · *nu viste han sit sande jeg* · *det var et sandt ord du der sagde* · *det er så sandt som det er sagt* · *sandt at sige kan jeg ikke lide det* □ *sandhed* · *sanddru* · *sandsiger* □ *usand* • **ikke sandt?** udtryk for at den talende søger samtalepartnerens accept af en ytring □ *du kommer i morgen, ikke sandt?* • **sandt nok** udtryk for at nogen giver nogen ret i at noget er sandt □ *han har sandt nok ikke været der længe*
2. som er en uforfalsket og ublandet udgave af noget = ÆGTE □ *sand kærlighed* · *han er en sand digter* · *en sand kristen* · *en sand revolutionær* · *en sand nydelse*

sandal

SUBST. *-en*, plur. *-er, -erne*
/san'dal/

en sommersko med overdel af remme □ *et par sandaler* □ *badesandaler*

sandart

SUBST. *-en*, plur. *-er, -erne*
['sana'rt]

en langstrakt ferskvandsfisk med mørke tværbånd over ryggen; latinsk navn *Lucioperca lucioperca*

sandbanke

SUBST. *-n*, plur. *-r, -rne*

flad forhøjning af sand på havbunden som rager op over vandoverfladen når det er lavvande □ *fuglene har samlet sig på sandbanken*

sandblæse

VERB. *-r, ~blæste, ~blæst*

gøre en flade ru og grovkornet ved at behandle den med sand som udslynges ved hjælp af et trykluftapparat □ *sandblæse en væg* · *sandblæst glas* □ *sandblæsning*

sanddru

ADJ.

som er ærlig og pålidelig ≠ LØGNAGTIG

sande

VERB. *-r, -de, -t*

1. sande ngt indse sandheden af noget □ *du skal komme til at sande mine ord* · *det måtte han sande*
2. sande til blive dækket med sand □ *husene sandede til i den evige vestenvind* · *pas på du ikke sander helt til i din ensomhed*

sandelig

ADV.

udtryk for at taleren giver sætningen eftertryk = MINSANDTEN, VISSELIG □ *det er sandelig flot hvad I har lavet* · *det er sandelig ikke noget at grine ad*

sandfarvet

ADJ. *-* , *~farvede*

med en lys, grågullig farve som sand = NATURFARVET □ *sandfarvet hår* · *sandfarvet tøj*

sandfærdig

ADJ. *-t, -e*
/sand'færdig/

som holder sig til sandheden □ *en sandfærdig beretning* □ *sandfærdighed*

sandhed

SUBST. *-en*, plur. *-er, -erne*

en ytring el. tanke som er i overensstemmelse med virkeligheden el. med en persons opfattelse af virkeligheden ≠ LØGN, USANDHED □ *man skal altid sige sandheden* · *den bitre sandhed* · *tale sandhed* · *fortie sandheden* · *holde sig til sandheden* · *få sandheden at vide* · *han sagde han var syg, men sandheden er at han ikke ville møde dig* · *se sandheden i øjnene* · *i sandhedens interesse må jeg indrømme at han har ret* □ *sandhedsapostel* · *sandhedsbevis* · *sandhedskærlig* · *sandhedspligt* · *sandhedsserum* · *sandhedsvidne* • **i sandhed** (glds.): forstærkende udtryk □ *det var i sandhed en god nyhed!* • **et par sandheder** udtryk for at tale åbenhjertigt og ærligt □ *nu skal jeg sige dig et par sandheder om ham* • **sandhedens time** et tidspunkt hvor noget skal afsløres □ *nu er sandhedens time kommet*

sandhedskærlig

ADJ. *-t, -e*

som altid taler sandt el. søger sandheden

sandjord

SUBST. *-en*, plur. *-e, -ene*

jord som har et stort indhold af sand, og som vand løber hurtigt igennem; især velegnet til dyrkning af kartofler og andre rodfrugter □ *sandjordskartoffel* • ⟨plur. *-er, -erne*⟩ sandjord som jordareal

sandkage

SUBST. *-n*, plur. *-r, -rne*

en tør formkage bagt af mel, sukker og æg og evt. tilsat citronsaft el. kakao □ *sandkageform* □ *appelsinsandkage* · *citronsandkage*

sandkasse

SUBST. *-n*, plur. *-r, -rne*

en lav, afgrænset fordybning el. kasse med sand som bruges af børn til at lege i □ *børnene legede i sandkassen* • et barnagtigt og uforpligtende forum □ *han betegnede Folketinget som den rene sandkasse*

sandkorn el. sandskorn

SUBST. *-et*, plur. *~korn, -ene*

en lillebitte sten der udgør den mindste bestanddel i sand □ *sandkornene knasede mellem tænderne*

sandpumper

SUBST. *-en*, plur. *-e, -ne*

et fartøj der pumper sand op fra havbunden

sandsiger

SUBST. *-en*, plur. *-e, -ne*

= SPÅMAND □ *sandsigerske*

sandsigerske

SUBST. *-n*, plur. *-r, -rne*

= SPÅKONE

sandskorn

SUBST.

se *sandkorn*

sandsten

SUBST. *-en*

en sedimentær bjergart bestående af fine sandkorn som er sammenkitlet af ler, kalk, kisel el. jernforbindelser

sandsynlig

ADJ. *-t, -e*
/sand'synlig/

som man kan formode er sandt el. vil ske = FORMENTLIG, FORMODENTLIG, TROLIG, VENTELIG ≠ USANDSYNLIG □ *en sandsynlig historie* · *det er ikke sandsynligt at vi ser ham igen* · *det er højst sandsynligt* · *en sandsynlig kandidat til præsidentposten* □ *sandsynliggøre* · *sandsynlighed* · *sandsynligvis*

sandsynligvis

ADV.

udtryk for at noget er sandsynligt = ANTAGELIG, RIMELIGVIS, NOK, SIKKERT, FORMENTLIG, FORMODENTLIG, VELSAGTENS, TROLIGT NOK □ *sådan er det sandsynligvis gået til* · *der er sandsynligvis tale om en fejltagelse*

sandwich

SUBST. *-en*, plur. *-er* (el. *sandwich*), *-erne* (el. *sandwichene*)
[*'sanvidsj*]

skiver af franskbrød der er lagt sammen med pålæg imellem □ *sandwichbrød* □ *bøfsandwich* · *ostesandwich* · *æggesandwich*

sanere

VERB. *-r, -de, -t*
/*sa'nere*/

sanere ngt forbedre et byområde ved at nedrive gamle, usunde huse og opføre nye, el. ved at istandsætte de eksisterende huse □ *man sanerede lejlighederne ved at forsyne dem med bad og toilet* · *det er nødvendigt at sanere boligmassen på Vesterbro* □ *sanering* · *saneringsmoden* • **sanere ngt** omlægge og forbedre noget, fx et firmas økonomi □ *rationaliseringseksperter sanerede virksomhedens struktur*

sang[1]

SUBST. *-en*, plur. *-e, -ene*

en kort tekst der synges og som er ledsaget af musik □ *sangbog* □ *børnesang* · *slagsang* • det at synge = VOKALMUSIK □ *bryde ud i sang* · *enstemmig sang* · *flerstemmig sang* □ *sanger* · *sangforening* · *sangkor* · *sangleg* □ *fællessang* · *korsang* • en fugls melodiøse kvidren □ *lytte til solsortens sang* □ *sangfugl* □ *nattergalesang*

sang[2]

VERB.

bøjningsform af *synge*

sangbog

SUBST. *-en*, plur. *~bøger, ~bøgerne*

en bog med sange der ofte indeholder både tekst og noder □ *børnesangbog* · *højskolesangbog*

sanger

SUBST. *-en*, plur. *-e, -ne*

1. en person som optræder med at synge □ *bassanger* · *countrysanger* · *gårdsanger* · *korsanger* · *operasanger* · *popsanger* · *rocksanger*
2. en lille spurvefugl med melodisk og varieret sang; mange arter, fx *havesanger, sivsanger, rørsanger* og *fuglekonge;* latinsk navn *Sylvinae*

sangerinde

SUBST. *-n*, plur. *-r, -rne*
/*sanger'inde*/

en kvindelig sanger □ *countrysangerinde* · *operasangerinde* · *popsangerinde* · *rocksangerinde*

sangfugl

SUBST. *-en*, plur. *-e, -ene*

en spurvefugl som kan frembringe melodiske fløjtelyde, fx en stær el. en nattergal

sangleg

SUBST. *-en*, plur. *-e, -ene*

en leg med bestemte skridt og bevægelser som udføres til en bestemt sang □ *børnene legede sanglegen 'Jeg gik mig over sø og land'*

sangskat

SUBST. *~skatten*, plur. *~skatte, ~skattene*

en samling sange som er en vigtig del af en kultur □ *den nationale sangskat*

sangskjuler

SUBST. *-en*, plur. *-e, -ne*

et hylster til at opbevare og omdele festsange i □ *lave en sangskjuler* · *bruge en høj hat som sangskjuler*

sangskriver

SUBST. *-en*, plur. *-e, -ne*

en person der skriver sangtekster og evt. melodier □ *slå igennem som sangskriver* · *han er sanger, guitarist og sangskriver*

sangspil

SUBST. *~spillet*, plur. *~spil, ~spillene*

= SYNGESPIL

sangstemme

SUBST. *-n*, plur. *-r, -rne*

1. en evne til at synge □ *en smuk sangstemme* · *hun har en stor og kraftfuld sangstemme*
2. en stemme i et flerstemmigt musikstykke der er bestemt til at synges og ikke spilles

sangsvane

SUBST. *-n*, plur. *-r, -rne*

en slank svane med et gult og sort næb som går ud i ét med panden; udstøder trompetagtige lyde, især under flugten; latinsk navn *Cygnus cygnus*

sangviniker

SUBST. *-en*, plur. *-e, -ne*
[*saŋ'vi'nigɔ*]

en person med sangvinsk temperament □ *han var sangviniker af natur og elskede fest og sjov*

sangvinsk

ADJ. *-* , *-e*
[*saŋ'vi'nsk*]

som er glad og sorgløs □ *et sangvinsk temperament*

sanitet

SUBST. *-en*
/*sani'tet*/

⟨især i sammensætn.⟩ = SUNDHED □ *sanitetskorps* · *sanitetstropper* · *sanitetsvæsen* • sanitære installationer og udstyr til badeværelse, toilet el.lign. □ *sanitetsartikel* · *sanitetsmester* · *sanitetsteknik*

sanitær

ADJ. *-t, -e*
/*sani'tær*/

som har at gøre med sundhed og hygiejne □ *de sanitære forhold på plejehjemmet er under al kritik* · *de sanitære myndigheder* • **sanitære installationer** installationer og udstyr til badeværelse, toilet el.lign.

sanitør

SUBST. *-en*, plur. *-er, -erne*
[*sani'tø'r*]

en assistent ved et rengøringsselskab

sank

VERB.

bøjningsform af *synke*

sanke

VERB. *-r, -de, -t*

sanke ngt samle fx brænde □ *sanke brænde* · *sanke aks* · *sanke strå* □ *sankning* · *sankekort*

Sankt

ADJ.
fork. *Skt.*

(i helgennavne): titel med betydningen hellig □ *Sankt Maria* · *Sankt Peter* · *Sankt Knuds Kirke*

sanktbernhardshund

SUBST. *-en*, plur. *-e, -ene*
/*sankt'bernhardshund*/

en meget stor, tung og godmodig hund med en kort, firkantet snude og hængende ører; bruges bl.a. som eftersøgnings- og redningshund i bjergområder

sanktelmsild

SUBST. *-en*
/*sankt'elmsild*/

lysende elektriske udladninger der i tordenvejr el. snestorm kan forekomme fra spidse genstande, fx kirkespir el. mastetoppe

sankthans

SUBST. *en*

sankthansaften den 23. juni og sankthansdag den 24. juni = MIDSOMMER

sankthansaften

SUBST. *-en* (el. *~aftnen*), plur. *-er* (el. *~aftner*), *-erne* (el. *~aftnerne*)
/*sankt'hansaften*/

aftenen d. 23. juni hvor man har den tradition at tænde bål for at fejre midsommer

sankthansdag

SUBST. *-en*, plur. *-e, -ene*
/*sankt'hansdag*/

dagen efter sankthansaften den 24. juni

sankthansorm

SUBST. *-en*, plur. *-e* (el. *~orm*), *-ene*
/*sankt'hansorm*/

en *ildflue* som på lune sommeraftner udsender et grønligt lys der af den vingeløse hun bruges til at lokke omkringflyvende hanner til; latinsk navn *Lampyris noctiluca*

sanktion

SUBST. *-en,* plur. *-er, -erne*
[*sang'sjo'n*]

1. straffeforanstaltninger over for en stat der bryder internationalt anerkendte love el. truer fred og sikkerhed □ *økonomiske og militære sanktioner* · *gribe til sanktioner* · *ophæve sanktionerne* · *tidsfristen for de bebudede sanktioner udløber i dag* □ *sanktionsmulighed* □ *handelssanktion* • en straf for overtrædelse af en lov el. bestemmelse □ *han skal idømmes en sanktion for forbrydelsen* · *domstolene bruger stadig oftere samfundstjeneste som sanktion*
2. en myndigheds officielle godkendelse af noget □ *forslaget har nu fået regeringens sanktion*

sanktionere

VERB. *-r, -de, -t*
[*sangsjo'ne'ɔ*]

1. sanktionere {mod} ng(t) indføre straffeforanstaltninger over for nogen el. noget □ *Sikkerhedsrådet sanktionerer mod krigens hovedaggressor* · *EU bør kunne sanktionere mod stater der ikke opfylder kravene* □ *sanktionering* • **sanktionere ngt** straffe nogen der overtræder en lov el. en bestemmelse □ *virksomheden vil sanktionere manglende brug af høreværn* · *det er nødvendigt at sanktionere besiddelse af narkotika* □ *sanktionering*
2. sanktionere ngt godkende noget officielt = GODKENDE, ANERKENDE, BLÅSTEMPLE □ *de forsøger at overtale parlamentet til at sanktionere en folkeafstemning* □ *sanktionering*

sanmarineser

SUBST. *-en,* plur. *-e, -ne*
/*sanmari'neser*/

en person fra San Marino

sanmarinesisk

ADJ. *- , -e*
/*sanmari'nesisk*/

som har at gøre med San Marino

sans

SUBST. *-en,* plur. *-er, -erne*

1. en evne der er knyttet til et bestemt organ, og som gør mennesker og dyr i stand til at se, høre, lugte, smage el. føle omgivelserne □ *de fem sanser er syn, hørelse, lugt, smag og følelse* · *have skarpe sanser* · *pirre ens sanser* · *møde noget nyt med åbne sanser* · *alle hans sanser blev vakt* □ *sanseapparat* · *sansebedrag* · *sanseindtryk* · *sansepirrende* □ *følesans* · *høresans* · *lugtesans* · *smagssans* · *synssans* • **sjette sans** en uforklarlig evne til at opfatte noget uden at bruge en af sine fem sanser til det = INTUITION □ *have en sjette sans* · *man mener at visse dyr har en sjette sans der gør dem i stand til blandt andet at finde vej over store afstande* • **være ved sine sansers fulde brug** være tilregnelig □ *han var ved sine sansers fulde brug da han gjorde testamente* • **fra sans og samling** el. **fra vid og sans** ude af stand til at opfatte noget el. handle fornuftigt □ *han drak sig fra sans og samling hver fredag* · *børnene blev skræmt fra vid og sans*
2. en medfødt evne el. tilbøjelighed = FLAIR, NÆSE, TÆFT □ *have økonomisk sans* · *praktisk sans* · *poetisk sans* · *ikke eje humoristisk sans* · *være i besiddelse af almindelig sund sans* · *der er ikke sund sans i det du siger* □ *ordenssans* · *stedsans* • **have sans for ngt** have evne el. interesse for noget □ *have sans for orden* · *have sans for naturen*

sanse

VERB. *-r, -de, -t*

sanse ngt opfatte noget ved hjælp af sanserne = FORNEMME, MÆRKE, FØLE □ *barnet er så småt begyndt at kunne sanse* · *han vandrede forvirret rundt uden at sanse omgivelserne* · *han var ved at glide ind i bevidstløsheden og sansede ingenting mere* □ *sansning* · *sanseindtryk* • **hverken kunne sanse eller samle** være fuldstændig forvirret □ *hun var så træt at hun hverken kunne sanse eller samle*

sansebedrag

SUBST. *-et,* plur. *~bedrag, -ene*

= HALLUCINATION

sanselig

ADJ. *-t, -e*

1. som er præget af nydelse med alle sanser, især erotik = SENSUEL □ *sanseligt begær* · *en sanselig maler* □ *sanselighed*
2. som kan opfattes med sanserne □ *den sanselige verden*

sanselighed

SUBST. *-en*

det at være præget af nydelse med alle sanser, især erotik □ *sanselighed i kunsten* · *hendes fulde læber vidnede om en vis sanselighed i hendes karakter*

sanseløs

ADJ. *-t, -e*

1. som er ude af sig selv □ *sanseløs skræk* · *være sanseløs af skræk*
2. som har mistet bevidstheden = BEVIDSTLØS □ *hun lå sanseløs på sofaen*

sanskrit

SUBST. *et*
[*'sansgrit*]

det ældste indoeuropæiske sprog, kendt især fra den ældste indiske religiøse litteratur

sardel

SUBST. *sardellen,* plur. *sardeller, sardellerne*
[*sa'dæl'*]

en lille, saltet ansjos □ *et glas oliven med sardeller*

sardin

SUBST. *-en,* plur. *-er, -erne*
/*sar'din*/

en lille, sølvglinsende fisk med store øjne og skæl; konserveres i olie el. tomat; latinsk navn *Sardina pilchardus* □ *sardiner i olie* □ *sardindåse*

sardonisk

ADJ. *- , -e*
/*sar'donisk*/

ondskabsfuld og spottende □ *en sardonisk latter* · *et sardonisk smil*

sarg

SUBST. *-en,* plur. *-e* (el. *-er*), *-ene* (el. *-erne*)

en vandret ramme der bærer pladen på et bord

sari

SUBST. *-en,* plur. *-er, -erne*

en indisk kvindedragt bestående af et langt stykke tøj draperet om kroppen og op over skulderen

sarkasme

SUBST. *-n,* plur. *-r, -rne*
/*sar'kasme*/

en stærkt ironisk el. spottende bemærkning der kan have som formål at fornærme, såre el. kritisere andre = SPYDIGHED □ *hans elegante vid forvandlede sig til bitter sarkasme* □ *sarkastisk*

sarkastisk

ADJ. *- , -e*
/*sar'kastisk*/

= SPYDIG, BIDENDE □ *en sarkastisk bemærkning* · *han har en meget sarkastisk facon*

sarkofag

SUBST. *-en,* plur. *-er, -erne*
/*sarko'fag*/

en stor, ofte udsmykket ligkiste af sten □ *Tordenskjold ligger i en sarkofag i Holmens Kirke*

sarong

SUBST. *-en,* plur. *-er, -erne*
/*sa'rong*/

et sydøstasiatisk klædningsstykke bestående af et firkantet stykke stof der vikles om kroppen under skuldrene

sart

ADJ. *- , -e; -ere, -est*

1. som skal behandles skånsomt □ *en creme til tør og sart hud* · *det er en meget sart plante* · *filmen er ikke for sarte sjæle* □ *sarthed* • som er følsom og ikke tåler meget af noget □ *hun er meget sart over for støj* · *jeg er overhovedet ikke sart*
2. fin og dæmpet = SKÆR ≠ LARMENDE □ *rosen er sart rosa* · *sarte farver* · *sarte toner*

sat

ADJ. *sat, satte*

som er magelig og ikke bryder sig om forandringer □ *efter de har fået børn er de blevet temmelig satte!*

satan

SUBST. *-en,* plur. *-er, -erne*

1. Satan = FANDEN □ *vig bort Satan!* · *dette er Satans værk*
2. for satan kraftudtryk = FOR FANDEN □ *for satan, hvor gør det ondt!* · *av for satan!* · *fy for satan!* · *så for satan!* • **{hvad} satan** kraftudtryk □ *hvad satan laver du!* · *hvor satan er de henne!* • **det var som syv satan** kraftudtryk, udtryk for forbavselse
3. et meget ondt menneske □ *han er en ren satan* · *den satan!* · *din satan!* • nogen el. noget som er meget irriterende □ *de myg er nogle små sataner*

satanedeme

ADV.

kraftudtryk □ *nu kan det satanedeme være nok!*

satanisk

ADJ. - , -*e*
/*sa'tanisk*/

meget ondskabsfuld = DJÆVELSK □ *en satanisk gerning* □ *sataniskhed*

satanisme

SUBST. -*n*
/*sata'nisme*/

tilbedelse af Satan

satans

ADJ.

kraftudtryk = FANDENS, HELVEDES □ *de satans fluer!* · *det var satans!* · *satans også!*

satellit

SUBST. *satellitten,* plur. *satellitter, satellitterne*
/*satel'lit*/

1. en kunstigt fremstillet genstand som er sendt i kredsløb om Jorden, Månen el. en anden planet for fx at foretage målinger el. at sende radio- og tv-signaler □ *tv-udsendelsen blev transmitteret via satellit* □ *satellitbillede* · *satellitfilm* · *satellit-tv* □ *kommunikationssatellit* · *vejrsatellit* • et himmellegeme som kredser omkring en planet der er større end den selv = MÅNE, BIPLANET, DRABANT
2. noget som er underordnet noget større □ *satellitby* · *satellitland* · *satellitstat*

satin

SUBST. -*en* el. -*et,* plur. -*er, -erne*
[*sa'tæŋ*]

en type blankt stof af fx bomuld el. silke der er fremstillet ved en særlig vævning □ *fore jakken med satin* □ *satinkjole* · *satinlagen* · *satinvævning* □ *bomuldssatin* · *silkesatin*

satire

SUBST. -*n,* plur. -*r, -rne*
/*sa'tire*/

en udtryksform hvormed man kritiserer personer el. sociale el. politiske forhold ved at latterliggøre dem = SPOT, SARKASME □ *filmen er en satire over borgerskabet i den lille by* · *en bidende satire* · *politisk satire* · *social satire* □ *satiriker* □ *samfundssatire*

satirisere

VERB. -*r, -de, -t*
/*satiri'sere*/

benytte satire som udtryksform □ *han satiriserede over ministeriets behandling af sagen*

satirisk

ADJ. - , -*e*
/*sa'tirisk*/

som benytter satire som udtryksform □ *en satirisk komedie* · *en satirisk kommentator*

satisfaktion

SUBST. -*en,* plur. -*er, -erne*
[*satisfag'sjo'n*]

(glds.): = ÆRESOPREJSNING □ *han forlangte satisfaktion efter den pinlige episode*

sats

SUBST. -*en,* plur. -*er, -erne*

1. et stof som let antændes, og som bruges til fx fyrværkeri og tændstikker □ *satser til fyrværkeri* · *satsen på en tændstik* □ *fængsats* · *sprængsats* · *tændsats*
2. (bogtryk): sammenstillede typer, fx en linie el. en side hvorefter trykkene laves □ *spatieret sats* □ *satsbræt* · *satsform* □ *maskinsats* · *fotosats*
3. (musik): en selvstændig og afsluttet del af et større musikstykke, ofte med et ensartet præg □ *anden sats i c-mol* · *symfonien har fire satser* □ *andantesats* · *fugasats* · *orkestersats*
4. et fastsat niveau for et beløb, fx en pris el. en løn = TAKST □ *hun blev indplaceret på den laveste sats* □ *satsberegning* □ *procentsats*

satse

VERB. -*r, -de, -t*

satse ngt risikere en indsats i spil el.lign. □ *jeg satser 100 kr. på hest nr. 3* · *hun satsede højt og bød over* • **satse på ngt** gøre sig anstrengelser for og forhåbninger om at opnå noget □ *jeg satser på at blive optaget på et lærerseminarium* · *forskningen har satset på at udrede sygdommens årsager* □ *satsning*

satte

VERB.

bøjningsform af *sætte*

satyr

SUBST. -*en,* plur. -*er, -erne*
[*'sa·ty'r* el. *'sa·tyr*]

en kåd og sanselig skovgud i græsk mytologi □ *satyrdans* · *satyrspil* • en sanselig, kynisk mand el. elsker

satyriasis

SUBST. *en*
/*saty'riasis*/

et stærkt seksualbehov hos mænd ≠ NYMFOMANI

satyrspil

SUBST. ~*spillet,* plur. ~*spil,* ~*spillene*

en moderne, satirisk komedie; oprindeligt et oldgræsk skuespil hvor koret bestod af *satyrer*

sauce

SUBST. -*n,* plur. -*r, -rne*
[*'så·s*]

en velsmagende og ofte tyk væske som hældes over el. spises som tilbehør til fx middagsretter og desserter = SOVS

saudiaraber

SUBST. -*en,* plur. -*e, -ne*

= SAUDIARABER

saudiarabisk

ADJ. - , -*e*

= SAUDIARABISK

saudier

SUBST. -*en,* plur. -*e, -ne*

en person fra Saudi-Arabien

saudisk

ADJ. - , -*e*

som har at gøre med Saudi-Arabien

sauerkraut

SUBST. -*en*

= SURKÅL

sauna

SUBST. -*en,* plur. -*er, -erne*

et rum med damp og meget høj varme hvori man kan ligge el. sidde og svede = BADSTUE, DAMPBAD □ *gå i sauna*

sautere

VERB. -*r, -de, -t*
[*so'te'ɔ*]

sautere ngt stege noget på en pande ved høj varme og med kraftig omrystning □ *sautering* · *sauterpande*

sauterne el. sauternes

SUBST. -*n,* plur. -*r, -rne*
(sauternes: *en*)
[*so'tärn*]

en sød hvidvin fra Bordeauxdistriktet

sav

SUBST. -*en,* plur. -*e, -ene*

værktøj med takket metalklinge til at skære i hårde materialer som træ og metal □ *savbuk* · *savklinge* □ *båndsav* · *grensav* · *løvsav* · *motorsav* · *rundsav* · *stiksav*

savanne

SUBST. -*n,* plur. -*r, -rne*
/*sa'vanne*/

en græssteppe med enkelte buske og træer i store områder af Afrika □ *den afrikanske savanne*

savbuk

SUBST. *savbukken,* plur. *savbukke, savbukkene*

et stativ hvor man lægger træ når det skal saves; kan fx bestå af en bjælke med kryds af brædder i hver ende hvori det der skal saves skal ligge

save

VERB. -*r, -de, -t*

save ngt skære noget med en sav ved at trække den frem og tilbage □ *save en gren over* · *save brænde* · *save 10 cm af stolpen* · *save træet helt igennem* · *save med motorsav* · *save den kvæstede fri af bilen* · *save sig i fingeren* □ *savning*

savklinge

SUBST. -*n,* plur. -*r, -rne*

den flade, takkede metaldel på en sav

savl

SUBST. -*et*

spyt der flyder ud af munden □ *have savl i mundvigene*

savle

VERB. *-r, -de, -t*

frembringe så meget spyt at det flyder ud af munden □ *babyen savler* · *hunden savler*

savn

SUBST. *-et,* plur. *savn, -ene*

en følelse af sorg el. smerte over tabet af nogen el. noget el. pga. længsel efter at få noget man gerne vil have □ *et dybfølt savn* · *dø uden at efterlade noget savn* · *jeg føler ikke savnet af en bil* · *hans død er et stort savn for firmaet* □ *afsavn*

savne

VERB. *-r, -de, -t*

1. savne ng(t) føle længsel efter nogen el. noget som man må være foruden = LÆNGES EFTER □ *han savnede børnene, da de var rejst hjemmefra* · *hun savnede sin muntre og sorgløse skoletid* · *være dybt savnet*
2. savne ng(t) ikke have noget man har brug for el. plejer at have = MANGLE □ *savne sine briller* · *savne det nødvendige til livets ophold* · *savne ord* · *savne evnen til at sætte sig i respekt* · *beskyldningen savner ethvert grundlag* · *de savnede en mand på holdet* · *melde en savnet* · *tabet er to faldne, tre sårede og en savnet*

savsmuld

SUBST. *-en* el. *-et*

et rest- el. affaldsprodukt ved savning bestående af findelt træ □ *inden forestillingen strøede man et tykt lag savsmuld i manegen* · *feje savsmuld op fra gulvet*

sax

SUBST. *-en,* plur. *-er, -erne*

= SAXOFON

saxofon

SUBST. *-en,* plur. *-er, -erne*
/saxo'fon/

et S-formet *rørbladsinstrument* af messing med ét blad i mundstykket; bruges mest i jazz og anden rytmisk musik = SAX □ *spille saxofon* · *spille på saxofon* □ *altsaxofon* · *sopransaxofon* · *tenorsaxofon*

saxofonist

SUBST. *-en,* plur. *-er, -erne*
/saxofo'nist/

en person som spiller saxofon

sb.

fork. for *substantiv*

S-bane

SUBST. *-n,* plur. *-r, -rne*

et banesystem i og omkring København hvor der kører elektrisk drevne lokaltog

scanne

VERB.

se *skanne*

scatsang

SUBST. *-en*
['sgat-]

en sangstil i jazz og rock'n'roll hvor sangeren improviserer på tilfældige stavelser for at fremhæve rytmen i musikken

scenario

SUBST. *-et* (el. *scenariet*), plur. *-er* (el. *scenarier*), *-erne* (el. *scenarierne*)
[se'na'rio]

1. = SCENARIUM
2. en organiseret række tænkte begivenheder til belysning af en udvikling el. en fremtidig situation □ *fremtidsscenario* · *krigsscenario*

scenarium

SUBST. *scenariet,* plur. *scenarier, scenarierne*
[se'na'riåm]

et manuskript til et teaterstykke el. en film der skitserer sceneopbygning, sceneskift, personernes placering o.l. = SCENARIO

scene

SUBST. *-n,* plur. *-r, -rne*
['se'nə]

1. det gulv hvor en kunstnerisk fremførelse, fx skuespil, opera el. ballet, finder sted □ *skuespilleren gjorde sin entre på scenen* □ *scenearrangement* · *scenebelysning* · *scenefunktionær* · *scenegulv* · *scenekunst* · *scenekunstner* · *scenemester* □ *balletscene* · *friluftsscene* · *intimscene* · *koncertscene* · *nationalscene* · *operascene* · *teaterscene* • **sætte ngt i scene** = ISCENESÆTTE • **gå til scenen** blive skuespiller
2. det miljø som et afsnit af et skuespil el. en film foregår i □ *scenen er en smugkro ved havet* □ *sceneskift* □ *indendørsscene* · *undendørsscene* • hvert af de afsnit af handlingsforløbet i et skuespil som udspiller sig i samme miljø og uden sceneskift; også om film □ *akt 4, scene 2* · *man måtte filme scenen flere gange* □ *krigsscene* · *kærlighedsscene* · *slutscene* · *åbningsscene*
3. en billedlig gengivelse af en gruppe af personer el. en begivenhed
4. en skueplads for en virkelig hændelse □ *træde ind på den politiske scene*
5. lave en scene = SKABE SIG □ *hun lavede en forfærdelig scene på vej hjem fordi hun ikke måtte få en is*

sceneinstruktør

SUBST. *-en,* plur. *-er, -erne*

en instruktør ved et teater

scenekunstner

SUBST. *-en,* plur. *-e, -ne*

en person der optræder på en scene inden for en kunstart, fx en skuespiller el. en sanger

scenemester

SUBST. *-en,* plur. *~mestre, ~mestrene*

den person der står for og koordinerer alt der har at gøre med scenen på et teater □ *assisterende scenemester* · *han er scenemester og produktionsleder*

sceneri

SUBST. *-et,* plur. *-er, -erne*
[se'nɔ'ri']

opstilling af kulisser og udstyr i et teaterstykke □ *tredje akt har samme sceneri som første akt* • baggrund for en situation □ *han glemte aldrig det uhyggelige sceneri der viste sig for dem da de nåede frem til ulykkesstedet* · *på alle banegårde er sceneriet det samme*

scenevant

ADJ. *-, -e*

som er vant til at optræde for et publikum □ *en scenevant skuespiller* · *bevæge sig scenevant omkring*

scenisk

ADJ. *-, -e*
['se'nisk]

som har med teater at gøre □ *et scenisk mesterværk* · *scenisk kunst*

scenograf

SUBST. *-en,* plur. *-er, -erne*
/sceno'graf/

en person der udformer scenografi

scenografi

SUBST. *-en,* plur. *-er, -erne*

udformning af kulisser, kostumer og andet udstyr til et teaterstykke, en film el. en tv-udsendelse □ *scenografien til Elverhøj* · *de jordbrune farver er gennemgående i scenografi og kostumer* □ *scenografisk*

scepter

SUBST. *-et* (el. *sceptret*), plur. *sceptre, sceptrene*
['sæbtɔ]

en udsmykket stav som sammen med bl.a. *rigsæblet* er tegn på en konges el. kejsers værdighed

schattere

VERB. *-r, -de, -t*
[sja'te'ɔ]

lægge skygger el. farvenuancer på en tegning el.lign. □ *schattering* • spille i forskellige farvenuancer □ *stoffet schatterer i blegblåt og gråt*

schellak el. shellak

SUBST. *schellakken*
['sjælak]

et harpiksagtigt stof afsondret af skjoldlus på træer i Indien; anvendes til lakering og polering □ *schellakpolitur*

scherzando

ADV.
[sgärd'sando]

udtryk for at et musikstykke fremføres spøgende og muntert

scherzo

SUBST. *-en,* plur. *-er, -erne*
['sgärdso]

et musikstykke som er let og muntert □ *scherzo for strygere* □ *scherzosats*

schnitzel el. **snitsel**

SUBST. *-en* (el. *schnitzlen*), plur. *schnitzler, schnitzlerne*
(snitsel: *-en*, el. *snitslen*, plur. *snitsler*)
[ˈ*snitsəl*]

en tynd skive af kalve- el. svinekød der steges med el. uden panering □ *skinkeschnitzel* · *wienerschnitzel*

schuft

SUBST.

se *sjuft*

schweizer el. **svejtser**

SUBST. *-en*, plur. *-e, -ne*

en person fra Schweiz

schweizerost el. **svejtserost**

SUBST. *-en*, plur. *-e, -ene*

= EMMENTALER

schweizisk el. **svejtsisk**

ADJ. - , *-e*

som har at gøre med Schweiz

schæchte

VERB. *-r, -de, -t*
[ˈ*sjægdə*]

schæchte ngt slagte et dyr på rituel jødisk måde ved at overskære luft- og spiserøret □ *schæchtning*

schæfer

SUBST. *-en*, plur. *-e, -ne*
[ˈ*sjæˈfɔ*]

en stor hund med sortbrun pels, spidse ører og busket hale; bruges bl.a. som førerhund, vagthund og politihund = SCHÆFERHUND

science fiction

SUBST. *en*
[*sajənsˈfigsjən*]

en genre inden for litteratur og film som skildrer fremtiden og ofte handler om rumrejser og liv på andre planeter □ *science fiction-forfatter* · *science fiction-film* · *science fiction-roman*

scirocco

SUBST. *-en*, plur. *-er, -erne*
[*sjiˈrɔko*]

en hed ørkenvind der blæser fra Nordafrika ind over Syditalien

scoop

SUBST. *-et*, plur. *scoop, -ene*
[ˈ*sguˑp*]

en opsigtsvækkende nyhed el. et billede som man har været heldig at få fat i □ *et journalistisk scoop* · *få fat i et scoop*

scooter

SUBST. *-en*, plur. *-e, -ne*
[ˈ*sguˑdɔ*]

en lille motorcykel med fodplade og små hjul, og med motoren placeret over og ved siden af baghjulet □ *mange italienere kører på scooter* □ *scooterstøvle* □ *snescooter*

scooterstøvle

SUBST. *-n*, plur. *-r, -rne*

en kraftig, foret herrestøvle der når til midt på underbenet

score

VERB. *-r, -de, -t*
[ˈ*sgoˑɔ*]

(sport): få points el. lave mål □ *score point* · *score kampens tredje mål* · *score på straffekast* □ *scoring* • **score et point** gøre sig positivt bemærket □ *med den bemærkning scorede hun et point hos sin svigerfar* • **score ng(t)** (slang): få fat på nogen el. noget i konkurrence med andre □ *hun scorede klassens flotteste fyr* · *jeg scorede den største kage!* • **score kassen** (slang): tjene mange penge uden at yde en stor indsats □ *mellemmændene scorede kassen på den handel*

scrabble

SUBST.

krydsordsspil med point for hvert dannet ord

scrapbog

SUBST. *-en*, plur. *~bøger, ~bøgerne*

en bog med tomme sider til indklæbning af fx avisudklip og rejsebilleder □ *føre scrapbog over sønnens bedrifter*

scrapie

SUBST.
[ˈ*sgræjpiˑ*]

en dødelig hjernesygdom blandt får som medfører at dyret får en manisk adfærd

scratche

VERB. *-r, -de, -t*

1. (sport): trække sig ud af en turnering • **scratche ng** udelukke nogen fra en kamp
2. gentage en lyd på en plade ved at køre den hurtigt frem og tilbage med hånden □ *han scratchede på tværs af rillerne*

screene

VERB. *-r, -de, -t*
[ˈ*sgriˑnə*]

1. screene ng(t) undersøge nogen el. noget, fx teste om blod indeholder et bestemt smitstof el. gennemse bagage for at checke om den indeholder våben □ *screening*
1. screene ng blokere for en modspiller i fx håndbold □ *screening*

sculler

SUBST. *-en*, plur. *-e, -ne*
[ˈ*sgɔlɔ*]

en smal *outrigger* med to årer til hver roer □ *dobbeltsculler* · *singlesculler*

s.d.

fork. for *se denne* el. *se dette* el. *se disse*

Sdr.

(i stednavne): fork. for *Sønder* el. *Søndre* □ *Sdr. Omme* · *Sdr. Fasanvej*

se

VERB. *-r, så, -t*

1. se ng(t) opfatte nogen el. noget med blikket = ØJNE, SKUE □ *kan du se hvad der står på skiltet?* · *de havde endnu ikke set land* · *det var så mørkt så man ingenting kunne se* · *hun så ham, men genkendte ham ikke* · *han så hun tog en kage til* · *vi ser fjernsyn* □ *seer* • **se {på} ng(t)** rette blikket mod nogen el. noget = KIGGE, SKUE, SPEJDE □ *han så længe på mig* · *se ned i gulvet* · *se på uret* · *se nogen i øjnene* · *se her!* · *se en gang!* □ *seer* · *sekraft* □ *bese* · *bise* · *efterse* · *gennemse* · *hense* · *påse* · *tilse* • **se sig for** passe på hvor man går og hvad man laver □ *se dig for, din klovn!* · *man skal se sig for når man går over gaden* • **se glad ud** kunne opfattes med synet på en måde som indebærer en vurdering □ *se glad ud* · *se godt ud* · *se tosset ud* · *han ser ikke ud af noget* · *hvordan er det dog du ser ud!* · *huset ser ikke ud af alverden* · *indtil nu har spillet ikke set lovende ud* • **se ngt igennem** = GENNEMSE □ *jeg så en bunke gamle breve igennem* • **se på** være tilskuer □ *Søren var skadet, så han måtte nøjes med at se på* • **se til** være passiv tilskuer □ *jeg kunne kun se til mens han tævede hende*
2. se ng el. **se ngt til ng** møde el. besøge nogen □ *jeg har ikke set hende siden jul* · *det er længe siden jeg har set noget til ham*
3. se ngt opfatte el. forstå noget □ *det er ikke svært at se at der er modstridende interesser* · *nu så han det hele klart* · *hun kunne ikke se nogen mening i at gøre modstand* · *du kan jo se at jeg stoler på dig* · *der ser du selv hvordan det kan gå* · *jo, ser du, det ved jeg ikke* · *politiet ser alvorligt på sagen* · *som jeg ser denne sag, så er det Oles skyld det hele* • **se ud til ngt** el. **se ud som ngt** udtryk for at noget forekommer sandsynligt = LADE TIL, SYNES □ *det ser ud til at blive regnvejr* · *dollaren ser ud til at stige yderligere* · *det ser ud som om du får ret*
4. foretrække at nogen gør noget bestemt □ *jeg ser gerne at du rejser* · *han så helst at hun gjorde sagen færdig* • forsøge at gøre noget □ *jeg skal se hvad jeg kan gøre* · *han ser om han kan få lavet det om*
5. i forsk. forb.: • **se ad** undersøge om noget er tilfældet □ *er din far hjemme? nu skal jeg se ad* • **se ng(t) an** bedømme nogen el. noget før man beslutter sig □ *hun skulle lige se ham an før hun ville udtale sig* · *se tiden an* • **se bort fra ngt** være ligeglad med noget = BORTSE FRA □ *vi må se bort fra de uheldige begivenheder* • **se efter ng** holde øje med og passe nogen □ *vil du se efter din lillebror i eftermiddag?* • **se efter ng(t)** lede efter nogen el. noget □ *jeg har set efter dig hele dagen* · *hun så efter bogen en hel time* • **se efter ng** undersøge om nogen er til stede □ *gider du se efter om Jens er kommet?* • **se frem til ngt** glæde sig til noget □ *jeg ser frem til at træffe din mor* · *en begivenhed vi alle ser frem til* • **se hen til ngt** glæde sig til □ *jeg ser med stor interesse hen til at høre dit foredrag* • **se ned på ng(t)** = FORAGTE □ *han så ned på de fattige* · *den slags folkekomedier ser hun ned på* • **se op til ng** = BEUNDRE □ *hun ser grænseløst op til ham* · *drengene så meget op til deres nye fodboldtræner* • **se skævt til ng** nære uvilje mod nogen • **se stort på ngt** være ligeglad med noget • **se tilbage** = MINDES □ *på sine gamle dage bruger hun meget tid på at se tilbage*

seance

SUBST. *-n*, plur. *-r, -rne*
[*seˈaŋsə*]

1. (spøg.): møde el. samvær; især uforpligtende □ *det her bliver vist en længere seance* · *seancen hos psykologen varede i to timer* • et luk-

ket, spiritistisk møde hvor man forsøger at opnå kontakt med afdøde personer □ *holde en seance med de døde*
2. det at sidde model for en kunstmaler

sec

ADJ.
[*'sæk*]

(om en vin): = TØR ≠ SØD

sedan

SUBST. *-en,* plur. *-er, -erne*
[*se'daŋ*]

en personbil med lukket karosseri og separat aflukket bagagerum

sedativ

SUBST. *-et,* plur. *-er, -erne*

beroligende lægemiddel

seddel

SUBST. *-en* (el. *sedlen*), plur. *sedler, sedlerne*

et lille stykke papir □ *hun skrev adressen på en seddel · det flød med små sedler på skrivebordet* □ *dosmerseddel · huskeseddel · ønskeseddel* • et betalingsmiddel med en påtrykt talværdi som er udsendt af staten = PENGESEDDEL ≠ MØNT □ *han betalte med en stor seddel · et bundt sedler · jeg har kun sedler på mig* □ *seddelautomat · seddelbundt* □ *dollarseddel · hundredekroneseddel* • ⟨i sammensætn.⟩ et beskrevet el. trykt stykke papir el. et kort med en kort meddelelse om noget el. en angivelse af el. fortegnelse over et bestemt indhold □ *fyreseddel · følgeseddel · lodseddel · løbeseddel · mærkeseddel · ordreseddel · slutseddel · spiseseddel · stemmeseddel*

sediment

SUBST. *-et,* plur. *-er, -erne*
/*sedi'ment*/

partikler og andet materiale fra forvitring af en bjergart som føres bort af vind, vand el. gletcheris og aflejres et andet sted, fx i form af moræne, dybhavsslam el. andre bjergarter □ *sedimentaflejring · sedimentbjergart*

sedimentær

ADJ. *-t, -e*
/*sedimen'tær*/

som udgøres af sedimenter □ *sandsten og kalksten er sedimentære dannelser · en sedimentær aflejring* • **sedimentær bjergart** se under *bjergart*

seede

VERB. *-r, -de, -t*
[*'si·də*]

seede ng lave en rangordning mellem deltagerne i en sportsturnering, så de formodet dygtigste spillere el. hold ikke kommer til at møde hinanden før sent i turneringen □ *hun er seedet til at komme i semifinalen · man begik en fejl ved at seede det danske landshold blandt de dårligste til VM* □ *topseede*

seer

SUBST. *-en,* plur. *-e, -ne*

1. en person der ser fjernsyn = FJERNSEER, KIGGER □ *seerstorm · seertal · seerundersøgelse* □ *fjernsynsseer*
2. = SPÅMAND □ *seerblik*

seerstorm

SUBST. *-en,* plur. *-e, -ene*

et stort antal samtidige opringninger til fjernsynet fra seere som ønsker at tilkendegive deres mening om en udsendelse el. et indslag □ *efter udsendelsen var der seerstorm på begge kanaler*

segl[1]

SUBST. *-en,* plur. *-e, -ene*

et gammeldags høstredskab som består af et træhåndtag og et stort, krumt knivsblad □ *Sovjetunionens flag var prydet med hammer og segl*

segl[2]

SUBST. *-et,* plur. *segl, -ene*

et aftryk i lak, voks el. metal som symboliserer en person el. en institution □ *brevet var lukket med et segl · bryde seglet · det pavelige segl* □ *segllak* □ *laksegl · metalsegl · vokssegl* • det instrument der bruges til at afsætte et segl i lak el. voks = SIGNET □ *seglcylinder · segllak* • **min mund er lukket med syv segl** se under *mund*

segment

SUBST. *-et,* plur. *-er, -erne*
/*seg'ment*/

en del af en helhed = UDSNIT • (matematik): en del af en cirkel der er begrænset af en kurve og en ret linie = AFSNIT □ *cirkelsegment · kuglesegment* • (biologi): en del af et leddyrs krop

segmentere

VERB. *-r, -de, -t*
/*segmen'tere*/

segmentere ngt opdele noget i selvstændige afsnit □ *segmentere en målgruppe · spørgsmålet er om man kan segmentere patienterne inden for akupunktur* □ *segmentering*

segne

VERB. *-r, -de, -t*

= FALDE OM □ *segne om under vægten · være lige ved at segne af træthed*

segnefærdig

ADJ. *-t, -e*

så træt el. overrasket at man er ved at falde om □ *være segnefærdig af træthed*

s.e.h.3k.

fork. for *søndag efter helligtrekonger*

seismograf

SUBST. *-en,* plur. *-er, -erne*
/*seismo'graf*/

et instrument til måling af bevægelser i jordskorpen og registrering af jordskælv

sej[1]

SUBST. *-en,* plur. *-er, -erne*

en mørkegrå fisk med en lige hvid sidelinie; spisefisk som i smag minder om torsk; latinsk navn *Pollachius virens* □ *sejfilet* □ *lyssej · mørksej · småsej*

sej[2]

ADJ. *-t, -e; -ere, -est*

1. som kan strækkes meget uden at gå i stykker = STRÆKBAR □ *gummi er et sejt materiale* □ *sejhed* • som er svær at skære igennem ≠ MØR □ *kødet er sejt*
2. som er udholdende og har stor livskraft □ *jyden han er stærk og sej* • (slang): som er smart, kraftfuld og lidt rå □ *en sej fyr · en sej jakke*
3. som er anstrengende og langtrukken = DRØJ, HÅRD □ *det var en sej omgang at komme igennem · et sejt tilfælde*

sejd

SUBST. *-en*

(hist.): skadelig trolddom □ *sejdkvinde · sejdmand* • (hist.): = TRYLLEDRIK □ *koge sejd*

sejl

SUBST. *-et,* plur. *sejl, -ene*

1. et stykke kraftigt stof som spændes ud fra masten af et skib for at fange vinden og dermed føre skibet frem □ *sætte sejl · sejle for sejl · bjerge sejlet · hejse sejlene · rebe sejlet · få vind i sejlene* □ *sejlareal · sejlføring* □ *bramsejl · forsejl · mesansejl · storsejl* • **for fulde sejl** med alle sejl sat □ *sejle for fulde sejl* • **for fulde sejl** (slang): for fuld kraft □ *de drønede af sted for fulde sejl* • **have vind i sejlene** have medgang □ *efter flere års stagnation har bevægelsen igen fået vind i sejlene* • **sætte alle sejl til** sætte alle kræfter ind for at opnå noget □ *for at nå målet må vi sætte alle sejl til*
2. ⟨i sammensætn.⟩ et udspændt stykke stof der beskytter mod sol, regn el. vind □ *oversejl · solsejl*

sejlads

SUBST. *-en,* plur. *-er, -erne*
[*saj'la's*]

en overfart el. skibsrejse □ *sejladsen tog 15 timer · sejladsen måtte indstilles pga. stormvejr*

sejlbar

ADJ. *-t, -e*

som er mulig at sejle på = NAVIGABEL □ *floden er sejlbar på de sidste 10 km*

sejlbåd

SUBST. *-en,* plur. *-e, -ene*

en båd der drives frem af et el. flere sejl, og som bruges som lystbåd el. til sejlsport

sejldug

SUBST. *-en*

tæt vævet stof af fx bomuld el. kunststof som bruges til sejl □ *sejldugen blev rullet sammen, da skibet kom i havn* □ *sejldugsbukser · sejldugsfabrikant · sejldugsforhæng*

sejle

VERB. *-r, -de, -t*

1. bevæge sig i vandet med et skib el. en båd □ *han sejlede til Bornholm · han har lært at sejle · hun har været ude at sejle på de syv have · sejle bananer til Tyskland · sejle for fuld kraft · sejle på grund* □ *sejlbar · sejldygtig · sejlklar · sejlløb · sejlrende* □ *besejle · gennemsejle · indsejle · kuldsejle · påsejle* • = AFGÅ □ *færgen til Norge sejler om en time* • gøre tjeneste om bord på et fartøj □ *han sejlede som maskinmester · hun har sejlet ti år i marinen* • **sejle ngt**

styre et fartøj □ *hun sejlede båden til Langeland*
2. bevæge sig blødt igennem luften □ *bolden sejlede lige ind i målet*
3. være rodet til □ *hele huset sejlede · hele gulvet sejlede med vand*
4. sejle for ng udtryk for at man er svimmel □ *alt sejlede for mig*

sejler
SUBST. *-en,* plur. *-e, -ne*

en person der sejler en lystbåd el. som dyrker sejlsport = SEJLSPORTSMAND, SEJLSPORTSKVINDE □ *hun er sejler i sin fritid* □ *kapsejler · lystsejler* • = SEJLBÅD □ *kapsejler · lystsejler*

sejlføring
SUBST. *-en,* plur. *-er, -erne*

de sejl et skib fører el. kan føre □ *med sin sejlføring på 207 m² er båden skabt til kapsejladser over Atlanten · der er forsket meget i vikingeskibenes sejlføring*

sejlgarn
SUBST. *-et*

en snor af hamp

sejlivet
ADJ. *- , sejlivede*

som ikke er let at udrydde □ *rotter er temmelig sejlivede · et sejlivet rygte* □ *sejlivethed*

sejlløb
SUBST. *-et,* plur. *~løb, -ene*

= SEJLRENDE

sejlmager
SUBST. *-en,* plur. *-e, -ne*

en person der fremstiller og forhandler sejl • en person der reparerer sejl om bord på et sejlskib

sejlrende
SUBST. *-n,* plur. *-r, -rne*

en rende på bunden af et farvand som er dyb nok til at skibe kan sejle der = SEJLLØB

sejlskib
SUBST. *-et,* plur. *-e, -ene*

et skib der drives frem ved hjælp af flere sejl ≠ MOTORSKIB, DAMPSKIB

sejlsport
SUBST. *-en*

en konkurrence for sejlbåde af samme type, vægt og størrelse □ *dyrke sejlsport* □ *sejlsportskonkurrence · sejlsportsmand* □ *konkurrencesejlsport*

sejr
SUBST. *-en,* plur. *-e, -ene*

1. sejr over ng det at sejre over en modstander i en kamp el. opnå noget som man har kæmpet for ≠ NEDERLAG □ *en sejr over sin værste modstander · en sejr over Sverige i håndbold · det var hendes livs sejr · det var en sejr for nationen* □ *sejrherre · sejrrig · sejr(s)sikker · sejrsgang · sejrsglæde · sejrsskjorte · sejrsstolt* □ *hjemmesejr · pointsejr · pyrrhussejr · udesejr* • **gå af med sejren** = SEJRE
2. sejr over ngt det at det lykkes at få magten over noget □ *en sejr over sygdommen*

sejre
VERB. *-r, -de, -t*

sejre over ng i ngt opnå at være den bedste el. stærkeste i en konkurrence el. en kamp = VINDE ≠ TABE □ *de allierede sejrede i anden verdenskrig · sejre over sin modstander · hun sejrede over ham i tennis · hun sejrede stort · sejre sig til døde · hun sejrede over sygdommen*

sejrherre
SUBST. *-n,* plur. *-r, -rne*

en person, et hold, en stat osv. som har sejret over nogen el. noget, især i politik, krig el.lign. = VINDER, TRIUMFATOR □ *han var krigens sejrherre · partiet blev valgets sejrherre · hun blev kampens sejrherre*

sejrrig
ADJ. *-t,* plur. *-e*

som har sejret, som ofte sejrer el. som giver udtryk for at have sejret □ *han gik sejrrig ud af kampen · den sejrrige tyske hær · han havde et sejrrigt udtryk i ansigtet · et sejrrigt slag*

sejrsgang
SUBST. *en*

gå sin sejrsgang gå fra den ene sejr til den anden □ *den teknologiske udvikling har gået sin sejrsgang over det meste af Jorden*

sek.
fork. for *sekund*

sekant
SUBST. *-en,* plur. *-er, -erne*

(geometri): en ret linie der går tværs igennem to punkter på en kurve ≠ KORDE

sekel
SUBST. *-et* (el. *seklet*), plur. *sekler, seklerne*

= ÅRHUNDREDE □ *sekelskifte*

sekondløjtnant
SUBST. *-en,* plur. *-er, -erne*
/se'kondløjtnant/

(foræld.): laveste officersgrad i værnene

sekret
SUBST. *-et,* plur. *-er, -erne*
/se'kret/

et stof som udskilles ved sekretion

sekretariat
SUBST. *-et,* plur. *-er, -erne*
/sekretari'at/

et kontor el. en afdeling i en organisation, i et firma, på en konference el.lign. der er ansvarlig for de administrative opgaver; bruges også om det tilknyttede personale □ *sekretariatet er lukket mellem jul og nytår · udenrigsministeriets sekretariat · rapporten kan rekvireres hos sekretariatet* □ *sekretariatschef · sekretariatsleder* □ *hovedsekretariat*

sekretion
SUBST. *-en,* plur. *-er, -erne*
[sekræ'sjo'n]

1. udskillelse af stof fra kirtlen = AFSONDRING • **indre sekretion** udskillelse af stoffer i blodet, fx hormoner fra hypofysen og skjoldbruskkirtlen • **ydre sekretion** udskillelse af stoffer til legemets hulrum, fx til mavesækken, el. til legemets overflade
2. udfældning af mineraler i bjergarters sprækker el. hulrum

sekretær
SUBST. *-en,* plur. *-er, -erne*
/sekre'tær/

1. en kontoruddannet person der assisterer en overordnet og fx skriver breve, tager referat, arrangerer møder m.m. □ *chefen dikterede et brev til sin sekretær · sekretær i et forsikringsselskab · være sekretær for salgschefen* □ *sekretærkursus* □ *chefsekretær · direktionssekretær · salgssekretær*
2. en person der har en koordinerende funktion på et højere niveau □ *ambassadesekretær · generalsekretær · kongressekretær* • en kandidatuddannet person der er ansat i en begyndelsesstilling i en offentlig forvaltning □ *ansat som sekretær i Arbejdsministeriet* □ *departementssekretær* • en politisk funktionær i et kommunistpartis ledelse □ *partisekretær*
3. et møbel med skuffer og en skriveklap som kan slås op så den dækker en del af skufferne ≠ CHATOL, KOMMODE □ *en antik sekretær · en sekretær af mahogni*
4. en stor tranelignende afrikansk rovfugl med lang hals og lange ben som især lever af slanger; latinsk navn *Sagittarius serpentarius* = SLANGEFALK

seks
TALORD

tallet 6 □ *insekter har seks ben* □ *seksdagesløb · sekskantet · seksløber · seksogtres · sekstal · sekstiden*

sekscifret
ADJ. *- , ~cifrede*

med seks cifre, fx 400.000 □ *et sekscifret beløb*

seksdagesløb
SUBST. *-et,* plur. *~løb, -ene*

et cykelløb der køres som parløb over seks døgn, ofte på en indendørsbane

seksender
SUBST. *-en,* plur. *-e, -ne*

(jagt): et gevir der har tre forgreninger på hver af de to takker; hvis der er tre på den ene tak og færre på den anden, kaldes den en ulige seksender • (jagt): en råbuk med et sådant gevir

sekser
SUBST. *-en,* plur. *-e, -ne*

noget som har tallet el. værdien 6, fx en bestemt buslinie, et spillekort el. en terning □ *tage sekseren til arbejde · slå to seksere*

seksløber
SUBST. *-en,* plur. *-e, -ne*

en revolver med et magasin til seks patroner i tromlen; især kendt fra westernfilm

seksogtres

SUBST. *en*

et kortspil for to personer hvor det gælder om først at få 66 point □ *idiotseksogtres* · *tremandsseksogtres*

sekst

SUBST. *-en,* plur. *-er, -erne*

(muisk): et interval på seks trin i en *diatonisk* skala

sekstant

SUBST. *-en,* plur. *-er, -erne*

et instrument til måling af et himmellegemes højde over horisonten; benyttes ved bestemmelse af et skibs position på det åbne hav, idet breddegraden bestemmes ved måling af solhøjden midt på dagen

seksten

TALORD
[*'sajsdən*]

tallet 16 □ *fylde seksten år* · *invitere seksten personer*

sekstende

TALORD

nummer 16 i en række

sekstendedel

SUBST. *-en,* plur. *-e, -ene*

en af 16 lige store dele som noget kan deles i

sekstener

SUBST. *-en,* plur. *-e, -ne*

noget som har tallet 16, fx en buslinie □ *tage seksteneren fra Rådhuspladsen*

sekstenårig

ADJ. *-t, -e*

som varer seksten år = SEKSTENÅRS □ *en sekstenårig periode* • som er seksten år gammel = SEKSTENÅRS □ *en sekstenårig pige*

sekstenårs

ADJ.

som varer seksten år = SEKSTENÅRIG □ *en sekstenårs periode* □ *sekstenårsperiode* • som er seksten år gammel = SEKSTENÅRIG □ *en sekstenårs pige*

sekstet

SUBST. *sekstetten,* plur. *sekstetter, sekstetterne*
[*sægs'tæt*]

seks personer som optræder sammen • et stykke musik for seks instrumenter el. sangstemmer

seksti

TALORD

tallet 60; anvendes bl.a. på checks og postanvisninger hvor et beløb angives med bogstaver = TRES □ *sekstisyv* · *sekstitre*

sekstiden

SUBST.BEST.

ved sekstiden omkring klokken seks □ *jeg kommer ved sekstiden*

seksualforbryder

SUBST. *-en,* plur. *-e, -ne*

en person der forbryder sig seksuelt mod andre = SÆDELIGHEDSFORBRYDER

seksualisme

SUBST. *-n*
/*seksua'lisme*/

en stærk optagethed af det seksuelle

seksualitet

SUBST. *-en*
/*seksuali'tet*/

kønsdrift og kønsliv hos mennesker □ *tidligere tiders stramme holdning til seksualitet og driftsliv* □ *aseksualitet* · *biseksualitet* · *heteroseksualitet* · *homoseksualitet* · *transseksualitet*

seksualliv

SUBST. *-et*

= KØNSLIV □ *have et aktivt seksualliv* · *for tiden har han ikke noget seksualliv*

seksualoplysning

SUBST. *-en,* plur. *-er, -erne*

undervisning i menneskets kønsliv, fx dets udvikling, anatomi, kvindens cyklus og prævention □ *skoler giver eleverne seksualoplysning*

seksuel

ADJ. *-t, seksuelle*
[*sægsu'æl*]

= KØNSLIG □ *seksuelt samvær* · *seksuelt underernæret* · *seksuel frigørelse* □ *aseksuel* · *biseksuel* · *heteroseksuel* · *homoseksuel* · *transseksuel*

seksårig

ADJ. *-t, -e*

som varer seks år = SEKSÅRS □ *en seksårig periode* • som er seks år gammel = SEKSÅRS □ *en seksårig dreng*

seksårs

ADJ.

som varer seks år = SEKSÅRIG □ *en seksårs periode* □ *seksårsperiode* • som er seks år gammel = SEKSÅRIG □ *en seksårs dreng*

sekt

SUBST. *-en,* plur. *-er, -erne*

1. en gruppe af mennesker der har sluttet sig sammen i el. har skilt sig ud fra et religiøst samfund, og som anses for at være særligt yderliggående el. fanatisk □ *grundlægge en sekt* · *være medlem af en sekt* □ *sekterisk* · *sekterisme*
2. ⟨ikke plur.⟩ tysk mousserende vin □ *den mest kendte sekt er 'Henkell Trocken'* □ *sektvin*

sekterisk

ADJ. *- , -e*
/*sek'terisk*/

(neds.): som er indforstået el. forbeholdt en snæver kreds □ *menigheden har et sekterisk præg* · *sekteriske meninger*

sektion

SUBST. *-en,* plur. *-er, -erne*
[*sæg'sjo'n*]

1. en del af en større helhed som har en bestemt funktion; det kan være en afdeling i en virksomhed el. inden for hæren = AFDELING □ *væggen er dækket af reoler med skabe i nederste sektion* • en del af en konstruktion □ *reolen består af tre sektioner* □ *reolsektion* • en del af en avis □ *udenlandsstoffet står i første sektion* □ *bilsektion* · *rejsesektion*
2. (i medicin): = OBDUKTION □ *sektionsdiagnose* · *sektionsstue*

sektionsleder

SUBST. *-en,* plur. *-e, -ne*

en leder af en sektion i en virksomhed, i militæret el. civilforsvaret

sektor

SUBST. *-en,* plur. *-er, -erne*

1. et administrativt el. erhvervsmæssigt område □ *den tidligere britiske sektor i Berlin* · *fordeling af nationalindkomsten mellem den offentlige og den private sektor* □ *banksektor* · *sundhedssektor*
2. (matematik): en del af en cirkel der er begrænset af en kurve og to rette linier der skærer den = UDSNIT □ *cirkelsektor*

sektorforskning

SUBST. *-en*

den del af den offentlige forskning som hører under de respektive fagministerier ≠ UNIVERSITETSFORSKNING □ *det er vigtigt at sektorforskningen sikres mere selvstændighed* □ *sektorforskningsinstitution* · *sektorforskningsinstitut*

sekularisere

VERB. *-r, -de, -t*
/*sekulari'sere*/

sekularisere ng(t) = VERDSLIGGØRE □ *det hævdes at Vestens mediepolitik truer med at sekularisere den islamiske kultur* · *sekulariserede jøder* · *moralen sekulariseres, og prævention og abort tillades* □ *sekularisering*

sekund[1]

SUBST. *-en,* plur. *-er, -erne*
/*se'kund*/

(musik): et interval mellem to nabotoner i den diatoniske skala c-d-e-f-g-a-h-c □ *intervallet mellem tonerne c og d er en sekund* • **formindsket sekund** et interval mellem to toner som oprindelig består af to halvtoner, men som ved et fortegn er blevet reduceret til én halvtone, fx d-es • **lille sekund** et interval mellem to toner bestående af én halvtone, fx e-f og h-c • **stor sekund** et interval mellem to toner bestående af to halvtoner, fx d-e

sekund[2]

SUBST. *-et,* plur. *-er, -erne*
/*se'kund*/
fork. *s, s.* el. *sek.*

1. ⟨fork. *sek.* el. *s*⟩ et meget kort tidsrum svarende til $^1/_{60}$ af et minut □ *han løb 100 meter på under 10 sekunder* · *hastigheden er 20 m i sekundet* □ *sekundkort* · *sekundmeter* · *sekundtæller* · *sekundviser* □ *millisekund* · *nanose-*

kund • **om {et} sekund** et sekund fra nu □ *vækkeuret ringer om 10 sekunder* • **på {et} sekund** afsluttet i løbet af et sekund□ *han kan spise et stykke rugbrød på 15 sekunder* • **i sekundet** i løbet af hvert sekund □ *linsen åbnes og lukkes mange gange i sekundet* • **lige på sekundet** = ØJEBLIKKELIG □ *du kommer, og det lige på sekundet* • **i {samme} sekund** lige i det øjeblik □ *i samme sekund eksploderede det hele* • *han nåede det i sidste sekund*
2. ⟨fork. *s* el. ''⟩ et mål for cirkelbuelængde svarende til $^1/_{60}$ af et bueminut el. $^1/_{3.600}$ af 1° = BUESEKUND □ *en cirkelbue deles i 360°, og hver grad deles i 60 minutter der hver igen deles i 60 sekunder* □ *buesekund* • et mål for længde- el. breddegrader svarende til $^1/_{60}$ af et gradminut el. $^1/_{3.600}$ af 1° =GRADSEKUND

sekunda

ADJ.
/se'kunda/

1. det andet eksemplar af en kvittering el.lign. der er udstedt i flere eksemplarer □ *sekundaveksel*
2. ⟨i sammensætn.⟩ udtryk for at noget er af dårligere kvalitet end det bedste =ANDENKLASSES □ *sekundavarer* • *sekundahold*

sekundant

SUBST. *-en,* plur. *-er, -erne*
/sekun'dant/

1. en person der hjælper en deltager i en boksekamp el. en anden sportskonkurrence□ *sekundant i en skakturnering* • *være sekundant for Muhammed Ali*
2. en personlig ledsager og hjælper ved en duel der bl.a. skal overvåge at reglerne overholdes □ *han skulle møde ved solopgang med sin sekundant*

sekundaveksel

SUBST. *-en* (el. *~vekslen*), plur. *~veksler, ~vekslerne*

det andet eksemplar af en veksel der er udstedt i flere eksemplarer

sekundere

VERB. *-r, -de, -t*
/sekun'dere/

1. give mundtlig støtte og udtryk for enighed □ *han blev kraftigt sekunderet af sine partifæller*
2. (glds.): optræde som sekundant ved en duel

sekundmeter

SUBST. *-en,* plur. *meter, -ne*

meter pr. sekund □ *kuling med en vindstyrke på 20 sekundmeter*

sekundo

SUBST. *-en,* plur. *-er, -erne*
/se'kundo/

basstemmen i firhændigt klaverspil ≠ PRIMO • en musiker el. gruppe af musikere der spiller anden stemme ≠ PRIMO

sekundær

ADJ. *-t, -e*

som ikke er så vigtig som noget andet =UNDERORDNET ≠ PRIMÆR □ *sagen er af sekundær betydning* • *have en sekundær funktion* • *et sekundært formål*

sekundærfarve

SUBST. *-n,* plur. *-r, -rne*

en farve der er en blanding af to el. flere primærfarver ≠ PRIMÆRFARVE

sekundærkommune

SUBST. *-n,* plur. *-r, -rne*

= AMTSKOMMUNE

sekvens

SUBST. *-en,* plur. *-er, -erne*
/se'kvens/

et kort afsnit af noget, fx af en film, et musikstykke el. en tekst □ *der blev vist nogle sekvenser af filmen* • *han genoplevede begivenhederne i korte sekvenser* □ *filmsekvens* • (musik): et motiv som gentages i andre tonelejer

sele

SUBST. *-n,* plur. *-r, -rne*

1. en anordning af remme, beslag og spænder som spændes fast på en hest el. et andet trækdyr så det kan trække en vogn el. et andet redskab□ *lægge sele på hesten*□ *seletøj* □ *træksele* • en anordning af remme, beslag og spænder som gør det nemmere el. mere sikkert at bære, styre el. transportere noget□ *faren bar barnet i en sele på maven* • *hun gik rundt med sin kanin i en sele* • *en kat kan ikke lide at gå i sele* □ *bæresele* • *gangsele* • *hundesele* • *rullesele* • *sikkerhedssele* • *trepunktssele* • **lægge sig i selen** arbejde ihærdigt□ *du må lægge dig i selen hvis du skal nå at blive færdig*
2. seler elastiske bånd som føres over skuldrene og påhæftes især bukser for at holde disse oppe□ *et par seler* • *gå med seler* • *selerne er til at knappe på*

selektion

SUBST. *-en,* plur. *-er, -erne*
[selæg'sjo'n]

= UDVÆLGELSE □ *den naturlige selektion sikrer arternes overlevelse*

selektiv

ADJ. *-t, -e*

som er baseret på præcis udvælgelse, fx af egenskaber□ *udviklingen er en selektiv proces* • *føre en selektiv socialpolitik* • *selektiv perception* • som er omhyggelig og kritisk i sine valg □ *en yderst selektiv person*

selen

SUBST. *-et*
/se'len/

et fast, ikke-metallisk grundstof som minder om svovl, og som bruges i bl.a. elektroniske instrumenter og også er et livsvigtigt sporstof; atomtegn *Se* □ *selenbrinte* • *selencelle* • *selenforbindelse* • *selenholdig* • *selenkobber*

seletøj

SUBST. *-et,* plur. *-er, -erne*

de remme og spænder som man styrer en hest med el. hvormed den fastgøres til en vogn □ *lægge seletøj på en hest* • *tage seletøjet af*

selleri

SUBST. *-en,* plur. *-er* (el. *selleri*), *-erne* el. *selleri-ene*)

en skærmplante med hvidlige blomster hvis sprøde stilk el. rod spises som grøntsag; latinsk navn *Apium* □ *sellerisalat* • *sellerisuppe* □ *bladselleri* • *blegselleri* • *rodselleri*

selskab

SUBST. *-et,* plur. *-er, -erne*

1. en sammenslutning inden for erhvervslivet□ *stifte et selskab* • *sætte penge i et selskab* □ *selskabskontrakt* • *selskabslov* • *selskabsret* • *selskabsskat* □ *aktieselskab* • *boligselskab* • *dampskibsselskab* • *datterselskab* • *forsikringsselskab* • *holdingselskab* • (ikke plur.): et samvær med andre personer□ *søge andre menneskers selskab* • *hun gjorde ham selskab på rejsen* • *vi holdt ham med selskab* • *vi deltog blot for selskabs skyld* • *han er fornøjeligt selskab* • *Peter kom i dårligt selskab og endte i fængsel* □ *selskabelig*
2. en sammenkomst af festlig karakter, som regel med indbudte gæster, hvor der ofte bydes på mad og drikke; også om de deltagende personer □ *vi holdt et stort selskab for hele familien* • *det var et privat selskab* □ *selskabsblære* • *selskabsdans* • *selskabsklædt* • *selskabsleg* • *selskabslokale* • *selskabsløve* □ *middagsselskab*
3. en gruppe af personer med fælles interesser□ *det var et meget blandet selskab der deltog i Norgesrejsen* □ *selskabsrejse* □ *jagtselskab* • *rejseselskab* • *skydeselskab* • en forening af fx politisk el. kulturel art □ *Videnskabernes Selskab* □ *selskabsforening*

selskabelig

ADJ. *-t, -e*
/sel'skabelig/

som er festlig el. kan lide at omgås andre□ *han var sur og ikke særlig selskabelig under hele middagen* • *en selskabelig sammenkomst* • *være selskabeligt anlagt* □ *selskabelighed*

selskabsdame

SUBST. *-n,* plur. *-r, -rne*

en kvinde der er ansat til opmuntring og underholdning i en familie□ *arbejde som sekretær og selskabsdame for den gamle baron* • *jeg er ikke ansat som din selskabsdame!*

selskabskjole

SUBST. *-n,* plur. *-r, -rne*

en lang el. kort damekjole der bruges ved festlige lejligheder

selskabsliv

SUBST. *-et*

selskabelige sammenkomster □ *deltage i selskabslivet* • *selskabslivets glæder*

selskabslokale

SUBST. *-t,* plur. *-r, -rne*

et større lokale til festlige sammenkomster □ *restauranten udlejede selskabslokaler til julefrokoster*

selv[1]

SUBST. *-et*

ens grundlæggende personlighed el. natur□ *finde ind til sit egentlige selv* • *nu ligner du dit eget selv igen*

selv[2]

PRON.

1. uden hjælp el. indblanding udefra □ *jeg henter den selv · du må selv gøre det · nu vil de selv ordne det* □ *selvantændelse · selvbestemmelse · selvfinansieret · selvforskyldt · selvfremkaldt · selvjusterende · selvkørende · selvlært · selvoplevet · selvskabt · selvstudium · selvstyre · selvsyn · selvvalgt*
2. udtryk hvormed det fremhæves at det netop er den pågældende person der er tale om □ *han slog sig selv over fingrene · jeg bed mig selv i fingeren · du må passe bedre på dig selv · det har vi ofte bebrejdet os selv · hun sidder og mumler stille med sig selv · Jensen selv kan man ikke tale med · du må hellere spørge hende selv · det gik ud over ham selv · jeg så det selv* • = I EGEN PERSON □ *det var formanden selv der åbnede mødet · jeg kommer selv · hun er sundheden selv* • betragtet separat = SELVE, I SIG SELV □ *lejligheden selv er der ikke noget galt med, det er kvarteret hun ikke kan lide* • ⟨i sammensætn.⟩ = SIG SELV □ *selvdestruktion · selvforagt · selvforståelse · selvkontrol · selvmedlidenhed · selvovervindelse · selvransagelse · selvtillid*
3. i forsk. forb.: • **af sig selv** ved egen kraft el. på eget initiativ □ *det vil ske helt af sig selv · han begyndte af sig selv at tage af bordet* • **blive sig selv** genvinde sin psykiske ligevægt □ *hun blev først rigtigt sig selv flere år efter ulykken* • **det kan du selv være** udtryk der kaster en beskyldning tilbage på afsenderen □ *dit fjols - det kan du selv være!* • **det må du selv om** det kan du selv bestemme • **det siger sig selv** det er indlysende og kræver ingen forklaring □ *det siger sig selv at hun blev glad for gaven* • **for sig selv** = ALENE □ *hun bor for sig selv på en lille gård · han er begyndt for sig selv med et lille cykelværksted · han kunne ikke holde hemmeligheden for sig selv* • **gå i sig selv** forsvinde el. gå over □ *min hovedpine gik i sig selv igen · sagen gik i sig selv igen* • **i sig selv** anskuet separat uden hensyn til ydre omstændigheder □ *i sig selv er sagen enkel nok* • **komme til sig selv** genvinde bevidstheden efter en besvimelse el. genvinde roen efter et chok • **noget for sig selv** en speciel personlighed □ *han er noget for sig selv* • **selv tak** se under *tak* • **sig selv nok** uinteresseret i andre mennesker • **være ude af sig selv** udsat for en meget stærk, negativ el. positiv sindsbevægelse □ *hun var ude af sig selv af lykke · han var ude af sig selv af glæde · de var ude af sig selv af forfærdelse · hun var ude af sig selv af sorg* • **være sig selv** være i psykisk ligevægt □ *han har ikke været sig selv siden datteren døde*

selv[3]

ADV.

udtryk for at noget overstiger hvad man kunne forvente □ *alle, selv børnene, var med · selv de gamle nød musikken · selv maden var der utilfredshed over · hun kunne ingenting, selv ikke tale*

selvagtelse

SUBST. *-n*

= SELVRESPEKT □ *længere tids arbejdsløshed nedbryder selvtillid og selvagtelse hos de fleste · Vietnam-krigen havde katastrofale følger for det amerikanske folks selvagtelse*

selvangivelse

SUBST. *-n,* plur. *-r, -rne*

en årlig opgørelse fra skatteydere over indkomst og formue; danner udgangspunkt for skatteberegningen □ *udfylde sin selvangivelse*

selvbebrejdelse

SUBST. *-n,* plur. *-r, -rne*

det at bebrejde sig selv noget □ *hun gjorde sig en masse selvbebrejdelser over at have givet ham en lussing · jeg kan ikke holde ud at høre på hans selvbebrejdelser*

selvbedrag

SUBST. *-et,* plur. *~bedrag, -ene*

det at overbevise sig selv om rigtigheden af noget som i virkeligheden er forkert = VRANGFORESTILLING □ *det er rent selvbedrag når han tror han er en god tennisspiller* □ *selvbedragerisk*

selvbeherskelse

SUBST. *-n*

det at kunne kontrollere sine egne følelser = KONTENANCE □ *han havde svært ved at bevare selvbeherskelsen når han blev vred · han tabte selvbeherskelsen*

selvbestaltet

ADJ. *- , selvbestaltede*

som gør noget på eget initiativ uden at være blevet bedt om det □ *være selvbestaltet arrangør af en fest · han optrådte som selvbestaltet politibetjent*

selvbestemmelsesret

SUBST. *~retten*

en befolkningsgruppes ret til frit at afgøre hvilket land den ønsker at tilhøre □ *selvbestemmelsesretten er et internationalt princip · områdets kamp for selvbestemmelsesret*

selvbetjening

SUBST. *-en,* plur. *-er, -erne*

det at kunder i en butik el. på en restaurant selv tager de varer de vil købe, og betaler for dem ved en særlig disk □ *selvbetjeningsbutik*

selvbevidst

ADJ. *- , -e*

som er bevidst om eget værd = SELVSIKKER □ *en selvbevidst mine · hun er utrolig selvbevidst og arrogant*

selvbiografi

SUBST. *-en,* plur. *-er, -erne*

en bog der beskriver en persons liv og oplevelser, og som er skrevet el. berettet af personen selv = AUTOBIOGRAFI, MEMOIRER, ERINDRINGER □ *selvbiografisk*

selvbygger

SUBST. *-en,* plur. *-e, -ne*

en person der bygger noget selv, især et hus, uden hjælp fra fagfolk

selvcentreret

ADJ. *- , ~centrerede*

= SELVOPTAGET □ *man bliver nødt til at være lidt selvcentreret for at overleve*

selvdød

ADJ. *-t, -e*

(om et dyr): som er død af sygdom el. alderdom i stedet for at være blevet slagtet □ *selvdøde dyr er uegnede til menneskeføde*

selve

ADJ.

som udgør den egentlige el. væsentligste del af noget = SELV, I SIG SELV □ *selve lejligheden er god, men beliggenheden er dårlig · det er selve kernen i problemet · selve sprøjtningen foregår manuelt*

selvejende

ADJ.

(om en institution el.lign.): som selv ejer den kapital der er grundlaget for dens drift □ *selvejende daginstitutioner · benzinselskaberne har truet med at stoppe investeringer i de selvejende tankstationer*

selverhvervende

ADJ.

som forsørger sig selv og ikke har behov for økonomisk støtte □ *en selverhvervende kvinde · en selverhvervende kunstner · erhvervsmulighederne er for begrænsede til at gøre Grønland selverhvervende*

selverkendelse

SUBST. *-n*

erkendelse af el. indsigt i sit eget væsen; især erkendelse af sine svagheder □ *hun er i besiddelse af en god portion selverkendelse*

selveste

ADJ.SUP.

som er netop den person og ikke en hvilken som helst person = I EGEN PERSON □ *selveste dronningen var til stede*

selvforglemmelse

SUBST. *-n*

en tilstand hvor man ikke fokuserer på sig selv og egne behov □ *opleve en følelse af total selvforglemmelse · kærlighed er selvforglemmelse*

selvfornægtelse

SUBST. *-n*

en undertrykkelse af egne behov og ønsker af moralske el. religiøse grunde □ *selvfornægtelse er et vigtigt element i mange religioner · han førte et liv præget af selvfornægtelse*

selvforstærkende

ADJ.

udtryk for at noget i en proces kan virke ind på processen selv så den forstærkes □ *et økonomisk opsving kan have en selvforstærkende effekt · behovet for statussymboler er selvforstærkende · efter flere nætters søvnløshed bliver søvnløsheden selvforstærkende*

selvforsvar

SUBST. *-et,* plur. *~forsvar, -ene*

det at forsvare sig selv □ *handle i selvforsvar · det var rent selvforsvar da hun stak voldtægts-*

manden med en kniv · de gik til kursus i selvforsvar · hans bog er et langt selvforsvar

selvforsynende

ADJ.

som dækker sine behov ved hjælp af egen produktion □ *Danmark har i de seneste år været selvforsynende med energi · de har en stor køkkenhave og er selvforsynende med grøntsager*

selvfølelse

SUBST. *-n*

en følelse af eget, personligt værd □ *have en svag selvfølelse · miste sin selvfølelse · være i besiddelse af en stærk selvfølelse*

selvfølge

SUBST. *en*

noget som er indlysende el. som med sikkerhed kan forventes; ofte udtryk for manglende påskønnelse = SELVFØLGELIGHED □ *hun tog deres gæstfrihed som en selvfølge · det er en selvfølge at alle møder op · anse det sociale sikkerhedsnet som en selvfølge · betragte sin partner som en selvfølge*

selvfølgelig

ADJ. *-t, -e*
/selv'følgelig/

som man kan forvente el. som er naturlig = INDLYSENDE, NATURLIG □ *en helt selvfølgelig afgørelse · han optræder med en selvfølgelig autoritet · for hende var det at tage en uddannelse den mest selvfølgelige ting i verden · hans bemærkning kom helt selvfølgeligt* □ *selvfølgelighed* • ⟨ADV.: uden *-t*⟩ udtryk for at noget er indlysende el. at man accepterer noget = NATURLIGVIS, SELVSAGT, BEGRIBELIGVIS □ *selvfølgelig kommer jeg · selvfølgelig har du ret · han har selvfølgelig undersøgt sagen · vi kan selvfølgelig også gå i biografen, men er der nogen ordentlige film? · men selvfølgelig, hvis du absolut mener det er nødvendigt, så skal jeg nok gøre det*

selvfølgelighed

SUBST. *-en,* plur. *-er, -erne*

= SELVFØLGE □ *det var en selvfølgelighed for ham at optræde korrekt* • indlysende påstand = BANALITET □ *hans oplæg bestod af lutter selvfølgeligheder*

selvgjort

ADJ. *- , -e*

som en person selv har gjort, ofte om arbejde □ *selvgjort arbejde · selvgjort er velgjort*

selvglad

ADJ. *-t, -e*

som er fuld af selvglæde = SELVTILFREDS, SELVGOD, SUFFICANT □ *han er utåleligt selvglad · man skal være lidt selvglad*

selvglæde

SUBST. *-n*

det at være overbevist om sin egen fortræffelighed □ *en sund selvglæde · jeg kan ikke udstå hans selvglæde*

selvgod

ADJ. *-t, -e*

(neds.): = SELVGLAD □ *den nye kapellan er så selvgod at man får kvalme*

selvhenter

SUBST. *-en,* plur. *-e, -ne*

en bold som man har skudt ud af banen, og som man selv må hente tilbage □ *det er en selvhenter · vi spiller med selvhentere*

selvhjulpen el. **selvhjulpet**

ADJ. *-t, ~hjulpne*
(selvhjulpet: *- , ~hjulpne*)

som ikke behøver hjælp el. bistand fra andre □ *man kan bo i ældreboligerne så længe man er selvhjulpen · den handicappede er helt selvhjulpen · de fleste ønsker sig en aktiv og selvhjulpen alderdom · ved at åbne vore markeder for østeuropæiske produkter kan deres økonomi blive selvhjulpen*

selvhjælp

SUBST. *-en*

hjælp til selvhjælp hjælp der sætter den der hjælpes i stand til at klare sig selv

selvhøjtidelig

ADJ. *-t, -e*

som tager sig selv alt for højtideligt □ *han er så selvhøjtidelig at han ikke er til at være i stue med*

selvindlysende

ADJ.

= INDLYSENDE

selvironi

SUBST. *-en,* plur. *-er, -erne*

ironi der er rettet imod en selv, og som viser at man er i stand til at vurdere sig selv på en kritisk og humoristisk måde

selvisk

ADJ. *- , -e*

som kun tager hensyn til sig selv = EGENKÆRLIG, EGENNYTTIG □ *han er for selvisk til at have børn* □ *selvviskhed*

selvklog

ADJ. *-t, -e*

(neds.): som er meget tilfreds med sin egen gode forstand på en irriterende måde = BEDREVIDENDE, INDBILDSK □ *selvklogskab*

selvklæbende

ADJ.

som er forsynet med et klæbende materiale og kan klistre uden først at skulle fugtes □ *selvklæbende etiketter · i visse lande er frimærkerne selvklæbende*

selvlyd

SUBST. *-en,* plur. *-e* (el. *selvlyd*), *-ene*

= VOKAL ≠ MEDLYD, KONSONANT □ *selvlydsskifte*

selvlysende

ADJ.

som tilbagekaster lys på en sådan måde at det synes at lyse af sig selv = FLUORESCERENDE, FOSFORESCERENDE □ *et ur med selvlysende tal · selvlysende øjne · hendes hvide hud virkede næsten selvlysende*

selvlært

ADJ. *- , -e*

som har erhvervet sin viden og sine kundskaber ved selvstudium = AUTODIDAKT □ *en selvlært skuespiller*

selvmodsigelse

SUBST. *-n,* plur. *-r, -rne*

påstand el. argument som modsiger sig selv □ *argumentationen rummer flere selvmodsigelser*

selvmodsigende

ADJ.

som modsiger sig selv = INKONSEKVENT, PARADOKSAL □ *et selvmodsigende ræsonnement · en flertydig og selvmodsigende karakter* □ *selvmodsigelse*

selvmord

SUBST. *-et,* plur. *~mord, -ene*

det at tage livet af sig selv fordi man ikke ønsker at leve længere □ *begå selvmord · kærlighedssorg drev ham til selvmord* □ *selvmordsforsøg* • noget som ødelægger nogens position □ *den hovedløse gældsætning er nationalt selvmord · det er politisk selvmord at udskrive valg nu*

selvom el. **selv om**

KONJ.

som foregår el. eksisterer på trods af at noget andet er tilfældet = SKØNT, OMENDSKØNT, ENDSKØNT, TRODS, UANSET, IHVORVEL, OM □ *selvom jeg kunne, ville jeg ikke · det var koldt selvom solen skinnede*

selvopholdelsesdrift

SUBST. *-en*

en instinktiv evne til at holde sig selv i live og beskytte sig mod farer □ *miste sin selvopholdelsesdrift · de var drevet af en stærk selvopholdelsesdrift*

selvopofrende

ADJ.

som ofrer sin egen bekvemmelighed for at hjælpe andre = OFFERVILLIG

selvoptaget

ADJ. *- , ~optagede*

som er alt for optaget af sin egen person = EGOCENTRISK, SELVCENTRERET, NAVLEBESKUENDE □ *hun er blevet så selvoptaget efter at hun er kommet i puberteten* □ *selvoptagethed*

selvoptagethed

SUBST. *-en*

overdreven optagethed af sig selv og sin egen tilstand = SELVCENTRERING, EGOCENTRISME, NAVLEBESKUELSE, NARCISSISME □ *jeg er træt af al jeres selvoptagethed*

selvovervurdering
SUBST. *-en*, plur. *-er, -erne*
en persons ofte overdrevne og urealistiske vurdering af sig selv og sine egne evner

selvportræt
SUBST. *~portrættet*, plur. *~portrætter, ~portrætterne*
et portræt af én selv malet el. tegnet af én selv

selvrespekt
SUBST. *-en*
en følelse af at man er værdifuld og betydningsfuld = SELVAGTELSE □ *hvis man lider mange nederlag, mister man sin selvrespekt*

selvretfærdig
ADJ. *-t, -e*
som mener at han selv altid handler rigtigt □ *en selvretfærdig mine* · *han er ulideligt selvretfærdig* □ *selvretfærdighed*

selvrisiko
SUBST. *-en*, plur. *-er* (el. *~risici*), *-erne* (el. *~risiciene*)
et mindre beløb der betales af den forsikrede til udgiften ved en skade, mens resten dækkes af forsikringen □ *der er en selvrisiko på 500 kr.*

selvros
SUBST. *-en*
det at udbrede sig om sin egen fortræffelighed □ *han tillod sig at sige det uden at rødme af selvros*

selvrådig
ADJ. *-t, -e*
som ikke lader andre bestemme over sig el. lytter til andres råd = EGENRÅDIG □ *han har altid været selvrådig, så det er hans egen skyld hvis det går galt* · *hun er stædig og selvrådig* □ *selvrådighed*

selvsagt
ADV.
= NATURLIGVIS □ *det kan selvsagt ikke komme på tale*

selvsikker
ADJ. *-t, ~sikre*
som ikke er i tvivl om eget værd = SELVBEVIDST □ *en selvsikker optræden* · *han virker meget selvsikker* □ *selvsikkerhed*

selvskreven el. **selvskrevet**
ADJ. *~skrevet, ~skrevne*
som er særlig berettiget til noget □ *han var en selvskreven kandidat til stillingen* · *NN var hendes selvskrevne efterfølger* · *han er selvskreven som leder*

selvstarter
SUBST. *-en*, plur. *-e, -ne*
en startanordning for motorer = STARTER

selvstyre
SUBST. *-t*, plur. *-r, -rne*
det at en befolkning i et område selv styrer områdets anliggender, som regel gennem en valgt forsamling = SELVBESTEMMELSESRET, AUTONOMI □ *selvstyre i Grønland* · *kommunalt selvstyre* · *lokalt selvstyre*

selvstændig
ADJ. *-t, -e*
1. som er i stand til at tænke og handle uafhængigt af andre □ *hun er meget selvstændig af natur* · *leve et selvstændigt liv* · *selvstændig medarbejder søges* □ *selvstændighed* • som bestemmer over egne anliggender = UAFHÆNGIG, SUVERÆN □ *frie og selvstændige stater* · *landet blev selvstændigt i 1947* · *Danmarks Radio er en selvstændig institution*
2. som har egen erhvervsvirksomhed □ *selvstændig håndværker* · *nedsætte sig som selvstændig*
3. som fungerer hver for sig = SÆRSKILT, ADSKILT □ *to selvstændige lejligheder*

selvsupplerende
ADJ.
som selv sørger for at rekruttere nye medlemmer □ *bestyrelsen er selvsupplerende*

selvsyn
SUBST. *-et*
det at se noget med sine egne øjne □ *kongen dannede sig ved selvsyn et indtryk af katastrofen*

selvtilfreds
ADJ. - (el. *-t*), *-e*
= SELVGLAD □ *en selvtilfreds mine* · *han er irriterende selvtilfreds*

selvtillid
SUBST. *-en*
tillid til sig selv og sine egne evner □ *have selvtilliden i orden* · *miste selvtilliden* · *udstråle charme og selvtillid* · *mangle selvtillid* · *hun har en stor selvtillid*

selvtilstrækkelig
ADJ. *-t, -e*
som har nok i sig selv □ *han er meget selvtilstrækkelig*

selvtugt
SUBST. *-en*
en streng disciplin man underkaster sig selv af fx moralske el. religiøse grunde = SELVDISCIPLIN

selvtægt
SUBST. *-en*
det at tage loven i egen hånd og fx fange og evt. straffe en forbryder uden at involvere politi el. domstole

selvtænkende
ADJ.
som tænker selvstændigt; bruges også om noget som er automatisk reguleret, fx et komfur □ *voksne, selvstændige og selvtænkende mennesker* · *selvtænkende unge* · *en selvtænkende, ubemandet miniubåd*

selvudslettende
ADJ.
som undertrykker sin egen personlighed og egne behov □ *hun er selvudslettende på grænsen til det destruktive* · *en selvudslettende person*

selvvalgt
ADJ. - , *-e*
som en person selv har valgt □ *skrive fristil med selvvalgt emne* · *det er selvvalgt så det er din egen skyld*

semantik
SUBST. *semantikken*
/seman'tik/
læren om ords betydning

semester
SUBST. *-et* (el. *semestret*), plur. *semestre, semestrene*
/se'mester/
en periode hvor der udbydes undervisning ved en højere læreanstalt; et kalenderår er i Danmark opdelt i to semestre □ *semesteret starter i september* · *hun læser medicin på 4. semester* □ *semesterstart* □ *efterårssemester* · *forårssemester*

semifinale
SUBST. *-n*, plur. *-r, -rne*
den næstsidste runde i en sportsturnering hvor fire modstandere kæmper om en plads i finalen □ *fodboldholdet kom ikke længere end til semifinalen*

semikolon
SUBST. *-et*, plur. *-er, -erne*
/semi'kolon/
skrifttegnet ; som markerer et ophold i en tekst der er kortere end et punktum men længere end et komma

seminar
SUBST. *-et*, plur. *-er, -erne*
/semi'nar/
1. undervisning i mindre grupper ved et universitet el. en anden højere læreanstalt □ *om onsdagen er der seminar eller foredrag på skemaet*
2. et møde med oplæg og fri diskussion af et bestemt problem el. emne □ *rapporten blev fremlagt og diskuteret på seminaret* · *afholde et seminar*

seminarium
SUBST. *seminariet*, plur. *seminarier, seminarierne*
/semi'narium/
en læreanstalt til uddannelse af folkeskolelærere el. pædagoger □ *børnehaveseminarium* · *fritidshjemsseminarium* · *lærerseminarium* • en læreanstalt for vordende præster, især om udenlandske forhold; i Danmark kun i sammensætn. □ *pastoralseminarium*

semiologi
SUBST. *-en*
/semiolo'gi/
videnskaben om tegnsystemer, fx sprog, skilte og signaler □ *studere semiologi* □ *semiologisk*

semit

SUBST. *semitten*, plur. *semitter, semitterne*
/se'mit/

1. en person af den semitiske sprog- og folkegruppe □ *semitterne siges at stamme fra Sem* □ *semitisk* □ *vestsemit* · *østsemit*
2. = JØDE □ *antisemit*

semitisk

ADJ. - , *-e*
/se'mitisk/

som har at gøre med en sprog- og folkegruppe der er opstået i det sydvestlige Asien og nordøstlige Afrika □ *hebraisk og arabisk er semitiske sprog* • som har at gøre med jøderne □ *antisemitisk*

sen

ADJ. *-t, -e; -ere, -est*

som sker hen imod slutningen af en bestemt periode, fx en dag, en årstid el. livet = SILDIG, SILDE □ *en sen nattetime* · *de fik børn i en sen alder* · *det er sent på sommeren* · *gå sent i seng* · *komme sent hjem* □ *sensommer* • **for sent** som ankommer el. sker efter det tidspunkt som kunne forventes □ *de kom for sent til toget* · *du må ikke komme for sent hjem* · *hun kom for sent i seng* • som er langsom = LANGSOM □ *han var ikke sen til at sige ja til forslaget* □ *sendrægtig* • **senest** ikke senere end et bestemt tidspunkt □ *senest kl. 10* · *brevet skal sendes senest på torsdag* • **senest** som lige har været der el. fundet sted □ *i den seneste tid* · *de seneste begivenheder* · *den seneste formand* • **i den senere tid** i løbet af den sidste tid

sen.

fork. for *senior*

senat

SUBST. *-et*, plur. *-er, -erne*
/se'nat/

1. andetkammeret i visse parlamenter med tokammersystem, fx det amerikanske □ *senatsbygning* · *senatsmedlem*
2. (hist.): den rådgivende forsamling i den romerske adelsrepublik

senator

SUBST. *-en*, plur. *-er, -erne*
/se'nator/

et medlem af et senat

sende

VERB. *-r, sendte, sendt*

1. sende ngt til ng(t) få noget bragt til nogen el. noget; ofte over en større afstand = UDSENDE, AFSENDE, TILSTILLE, FREMSENDE, SKIKKE □ *han sendte et brev til sin familie* · *hun sendte blomster til hendes fødselsdag* · *jeg sendte dig en venlig tanke* · *han sendte tøj til Afrika* · *sende noget med posten* · *sende et brev anbefalet* □ *sending* □ *afsende* · *eftersende* · *forsende* · *fremsende* · *indsende* · *tilsende*
2. sende ng sige til nogen at de skal bevæge sig et bestemt sted hen el. arrangere et ophold for dem □ *hun sendte børnene i skole* · *han sendte ungerne i seng* · *hun sendte ham i byen efter kaffe* · *de sendte tropper til Bosnien* · *han kom som sendt fra himlen* · *da han var otte år sendte hans far ham på kostskole* □ *sendebud* □ *hjemsende*
3. sende ngt viderebringe lyd el. billeder, fx i radio og tv = UDSENDE, TRANSMITTERE □ *tv sender hele fodboldkampen* · *på det andet program sender de klassisk musik* · *de sendte et signalement af morderen* · *sende et signal* □ *sender* · *sendetid* □ *samsende*

sendebud

SUBST. *-et* (el. *~buddet*), plur. *-e, -ene*

en person som kommer med en besked fra nogen om noget = BUDBRINGER □ *fyrstens sendebud* · *dødens sendebud*

sender

SUBST. *-en*, plur. *-e, -ne*

et anlæg der transmitterer billeder el. lyd □ *senderen i Hove er midlertidigt ude af drift* □ *fjernsynssender* · *FM-sender* · *kortbølgesender* · *nødsender* · *piratsender* · *støjsender*

sending

SUBST. *-en*, plur. *-er, -erne*

en samlet levering af varer □ *få en ny sending varer hjem*

sendrægtig

ADJ. *-t, -e*
/sen'drægtig/

som er irriterende sløv og langsom

sene

SUBST. *-n*, plur. *-r, -rne*

den del af en muskel som fæster den til knoglen, og som består af bindevæv; også om en muskel som helhed □ *løberen har forstrakt en sene i låret* □ *seneskede*

senegaleser

SUBST. *-en*, plur. *-e, -ne*
/senega'leser/

en person fra Senegal

senegalesisk

ADJ. - , *-e*
/senega'lesisk/

som har at gøre med Senegal

senegræs

SUBST. *~græsset*, plur. *~græsser, ~græsserne*

græs med lange underjordiske udløbere (*sener*); især om *almindelig kvik*

senehinde

SUBST. *-n*, plur. *-r, -rne*

1. = SENESKEDEHINDE
2. den yderste hinde i øjevæggen

seneknude

SUBST. *-n*, plur. *-r, -rne*

en ufarlig svulst på en sene, fx på håndryggen = GANGLIE

seneskede

SUBST. *-n*, plur. *-r, -rne*

en hinde der omgiver en sene

seneskedebetændelse

SUBST. *-n*, plur. *-r, -rne*

= SENESKEDEHINDEBETÆNDELSE

seneskedehinde

SUBST. *-n*, plur. *-r, -rne*

en glat hinde som sidder på indersiden af seneskeden; smører sig selv så den beskytter sene og seneskede mod de skader der kan opstå ved gnidningen når leddet bøjes

seneskedehindebetændelse

SUBST. *-n*, plur. *-n, -rne*

en betændelse i seneskedehinden og selve senen som medfører smerter og ømhed; forekommer især i håndled og skyldes fx overbelastning ved ensformige bevægelser = SENESKEDEBETÆNDELSE

senet

ADJ. - , *senede*

(om kød): som indeholder mange sener og som derfor er sejt at skære i og at tygge • (om en person): som har fremtrædende muskler og sener □ *han er mere senet end muskuløs* · *hans senede overarme*

seng

SUBST. *-en*, plur. *-e, -ene*

et møbel til at sove på; ofte en aflang ramme af træ el. metal med en bund hvorpå der ligger en madras der redes op med lagen, dyne og pude = SOVEPLADS, SOVESTED □ *ligge i en seng* · *komme sent i seng* · *være i seng kl. 11* · *stå op af sengen* · *få morgenkaffe på sengen* · *rede sengen* · *en uredt seng* □ *sengebord* · *sengebund* · *sengeforligger* · *sengegavl* · *sengehest* · *sengeleje* · *sengeliggende* · *sengelinned* · *sengetid* · *sengetæppe* · *sengetøj* · *sengevæder* □ *dobbeltseng* · *drømmeseng* · *himmelseng* · *køjeseng* · *tremmeseng* · *udtrækksseng* · *vandseng* · *ægteseng* • **gå i seng** lægge sig i en seng og sove □ *vi går i seng kl. 11* • **gå i seng med hønsene** gå tidligt i seng • **tage af sengen** tage sengetæppet af sengen så den er klar til at sove i • **holde sengen** blive i sengen fordi man er syg □ *lægen anbefalede hende at holde sengen et par dage* • **ligge i sengen** ligge i sengen pga. sygdom □ *han ligger i sengen med influenza* • **være lænket til sengen** lide af en sygdom der gør at man må ligge i sengen i længere tid el. altid • **gå** el. **være i seng med ng** have samleje med nogen □ *hun gik i seng med sin kæreste for første gang* · *de har ikke været i seng med hinanden endnu* • **tage ng på sengen** overraske nogen el. få fat i nogen som er fuldstændig uforberedte, fx fordi de ikke er stået op □ *alarmen tog os bogstavelig talt på sengen* · *bagmændene blev taget på sengen ved politiets lynaktion*

sengebord

SUBST. *-et*, plur. *-e, -ene*

= NATBORD

sengeforligger

SUBST. *-en*, plur. *-e, -ne*

et lille tæppe der ligger på gulvet ved siden af en seng

sengehest

SUBST. *-en,* plur. *-e, -ene*

et aflangt stykke træ el.lign. der anbringes langs en sengs side for at forhindre at man falder ud; det kan være på en børneseng, overkøje el. hospitalsseng

sengeklæder

SUBST.PLUR. *-ne*

= SENGETØJ

sengeleje

SUBST. *-t,* plur. *-r, -rne*

= SYGELEJE □ *ulykken kostede ham tre ugers sengeleje*

sengelinned

SUBST. *-et*

= SENGETØJ

sengetid

SUBST. *-en,* plur. *-er, -erne*

det tidspunkt hvor man plejer at gå i seng □ *børn har brug for faste sengetider* · *så er det sengetid!* · *det er langt over min sengetid*

sengetrøje

SUBST. *-n,* plur. *-r, -rne*

en kort strikket trøje som man har på i sengen for at holde varmen = SJÆLEVARMER

sengetæppe

SUBST. *-t,* plur. *-r, -rne*

et pyntetæppe der lægges hen over en redt seng □ *lægge sengetæppe på sengen*

sengetøj

SUBST. *-et*

lagen, dyne- og pudebetræk = SENGELINNED, SENGEKLÆDER □ *et sæt sengetøj* · *todelt sengetøj* · *tredelt sengetøj* · *lægge sengetøj på sengen*

senil

ADJ. *-t, -e*
/se'nil/

som lider af senilitet = ALDERDOMSSVÆKKET, FORKALKET ≠ ÅNDSFRISK □ *han er totalt senil* · *senil demens* □ *præsenil*

senilitet

SUBST. *-en*
/senili'tet/

svækkelse pga. alderdom, især med dårligere hukommelse og evne til at lære, fx pga. forkalkning = ALDERDOMSSVÆKKELSE, HJERNEFORKALKNING

senior

SUBST. *-en,* plur. *-er, -erne*

1. ⟨fork. *sen.* el. *sr.*⟩ den ældste af to mænd som bærer samme navn i samme familie; ofte om en far i forhold til sin søn = DEN ÆLDRE ≠ JUNIOR □ *brevet var adresseret til Hansen senior*
2. ⟨i sammensætn.⟩ en person der er ældre end en anden eller har højere anciennitet □ *seniorchef* · *seniorstipendiat*
3. en person i en aldersgruppe over 18 år inden for sport og spejdervæsen ≠ JUNIOR

seniorforsker

SUBST. *-en,* plur. *-e, -ne*

forsker ved en højere læreanstalt som er blevet tildelt et seniorstipendium

sennep

SUBST. *senneppen,* plur. *sennepper, sennepperne*

en plante med savtakkede, elliptiske blade og gule blomster; anvendes som krydder- og foderplante; latinsk navn *Sinapis alba* □ *gul sennep* □ *sennepsblomst* · *sennepsfrø* · *sennepsmark* · *sennepssovs* □ *agersennep* • en tyktflydende masse af sennepsfrø der er tilsat vand, eddike m.m.; smager stærkt el. sødt □ *en pølse med sennep og ketchup*

sennepsgas

SUBST. *~gassen,* plur. *~gasser, ~gasserne*

en usynlig, ætsende giftgas med en sennepsagtig lugt der angriber lunger og slimhinder, og som giver vabler og små sår

sennepsgul

ADJ. *-t, -e*

med en lys, gulbrun farve som sennep

sennepssovs

SUBST. *-en,* plur. *-er* (el. *-e*), *-erne* (el. *-ene*)

en opbagt sovs der er smagt til med sennep □ *kogt torsk med sennepssovs*

sensation

SUBST. *-en,* plur. *-er, -erne*
[sænsa'sjo'n]

en uventet og stærkt opsigtsvækkende begivenhed el. nyhed; bruges også om en person som vækker uventet opsigt □ *den danske fodboldsejr var en sensation* · *bogen vakte sensation* · *med sin nyopdagelse var han dagens sensation* □ *sensationspresse* □ *verdenssensation*

sensationel

ADJ. *-t, sensationelle*
[sænsasjo'næl']

som vækker sensation = OPSIGTSVÆKKENDE □ *en sensationel nyhed* · *et sensationelt arkæologisk fund*

sensibel

ADJ. *-t, sensible*
[saŋ'si'bəl el. sæn'si'bəl]

som let påvirkes af følelsesmæssige indtryk = SENSITIV, FØLSOM • som let påvirkes af stød, tryk el.lign. = FØLSOM, FINTMÆRKENDE, ØMFINDTLIG

sensibilitet

SUBST. *-en*
[sænsibili'te't]

det at være sensibel = FØLSOMHED

sensitiv

ADJ. *-t, -e*

= FØLSOM □ *et sensitivt kunstnersind* · *være meget sensitiv over for kritik* • = FINTMÆRKENDE □ *øjet er et sensitivt organ*

sensitivitet

SUBST. *-en*
/sensitivi'tet/

det at være sensitiv = FØLSOMHED □ *en tale præget af sensibilitet* □ *sensibilitetskursus* · *sensibilitetstræning*

sensommer

SUBST. *-en,* plur. *sensomre, sensomrene*

= EFTERSOMMER

sensor

SUBST. *-en,* plur. *-er, -erne*

et instrument som registrerer en bestemt påvirkning, fx lys, lyd el. bevægelse = FØLER

sensorisk

ADJ. *- , -e*
/sen'sorisk/

som vedrører sanserne □ *sensoriske stimuli*

sensuel

ADJ. *-t, sensuelle*
[sænsu'æl']

= SANSELIG □ *et sensuelt udseende* · *et sensuelt blik*

sentens

SUBST. *-en,* plur. *-er, -erne*
/sen'tens/

en kort sætning som udtrykker en almengyldig sandhed = FYNDORD, TANKESPROG □ *hans tale var fyldt med sentenser fra Bibelen*

sentimental

ADJ. *-t, -e*
/sentimen'tal/

overdrevent følsom = RØRSTRØMSK □ *filmen var frygtelig sentimental, så der var ikke et øje tørt i biografsalen* · *hun blev sentimental over billedet af sin ungdoms store kærlighed* · *en sentimental mand*

SE-nummer

SUBST. *-et* (el. *~numret*), plur. *~numre, ~numrene*

et nummer som erhvervsvirksomheder og fonde er registreret med i Told- og Skattestyrelsen, og som bl.a. benyttes ved indberetning til skattevæsenet om lønudbetaling; fork. for *Stamnummer for Erhvervsvirksomheder*

separat

ADJ. *- , -e*
/sepa'rat/

som forekommer for sig selv, selv om en forbindelse til noget andet findes el. kunne etableres = ADSKILT, SÆRSKILT, ISOLERET □ *sælge noget separat* · *regeringen førte separate forhandlinger med enkelte partier* □ *separation* · *separatisme* · *separator* · *separatoverenskomst* · *separere*

separation

SUBST. *-en,* plur. *-er, -erne*
[separa'sjo'n]

1. en opdeling i uafhængige bestanddele = ADSKILLELSE □ *stofferne adskilles ved kemisk separation*
2. en officiel ophævelse af ægtefællers samliv forud for den endelige skilsmisse □ *søge om separation* □ *separationsbevilling*

separatisme

SUBST. *-n*
/*separa'tisme*/

en tendens til at frigøre sig fra en større, især religiøs el. politisk helhed □ *ved afstemningen led separatismen endnu en gang nederlag*

separatist

SUBST. *-en,* plur. *-er, -erne*
/*separa'tist*/

1. en person der pga. særstandpunkter udskiller sig fra et samfund el. et parti □ *tv bragte et interview med den færøske separatist · flertallet tilhørte separatisterne* □ *separatistbevægelse*
2. en person der i et konkursbo har ret til at udtage en individuel genstand

separatistisk

ADJ. *- , -e*
/*separa'tistisk*/

som vedrører el. er kendetegnet af separatisme □ *separatistiske bevægelser · separatistiske synspunkter*

separere

VERB. *-r, -de, -t*
/*sepa'rere*/

blive separeret få separation

sepia

SUBST. *-en,* plur. *-er, -erne*

et jordbrunt farvestof som anvendes som malerfarve □ *rå sepia · romersk sepia* □ *sepiatoning · sepiatusch*

september

SUBST. *en*
/*sep'tember*/

den 9. måned i året □ *september måned · den 15. september · i september · sidste september · til september* □ *septemberdag*

septet

SUBST. *septetten,* plur. *septetter, septetterne*
[*sæb'tæt*]

syv personer som optræder sammen • et musikstykke for syv instrumenter el. sangstemmer

septiktank

SUBST. *-en,* plur. *-e, -ene*

en beholder til rensning af spildevand, især fra en enkelt ejendom uden kloakering

septim

SUBST. *-en,* plur. *-er, -erne*
[*sæb'ti'm*]

(musik): et interval på syv trin i en *diatonisk* skala

septimakkord

SUBST. *-en,* plur. *-er, -erne*

en akkord bestående af fire toner, 1., 3., 5. og 7. tone i en skala

serail

SUBST. *-et,* plur. *-er, -erne*
[*se'raj*]

et orientalsk slot; især brugt om dets haremsbygning

serber

SUBST. *-en,* plur. *-e, -ne*

en person fra Serbien

serbisk

ADJ. *- , -e*

som har at gøre med Serbien

serenade

SUBST. *-n,* plur. *-r, -rne*
/*sere'nade*/

en sang el. et musikstykke fremført om natten uden for en tilbedt kvindes vindue • et musikstykke af blid og let karakter

sergent

SUBST. *-en,* plur. *-er, -erne*
[*sär'sjan't*]

(militær): en befalingsmænd i alle værn, over korporal og under oversergent

serie

SUBST. *-n,* plur. *-r, -rne*

en fortsat række af ensartede, sammenhørende dele □ *forlaget udgiver en serie bøger om kunsthistorie · jeg følger med i en serie i tv · varerne produceres i serier* □ *seriebygget · seriefremstillet · serieproduktion · serievare* □ *billedserie · foredragsserie · tegneserie*

seriel

ADJ. *-t, serielle*
[*seri'æl'*]

1. som optræder i serier □ *billederne præsenteres i serielle forløb · serielt monogami*
2. seriel musik en type musik hvor visse elementer, som fx tonehøjder og rytmiske strukturer, er ordnet i serier som går igen i hele kompositionen

serielån

SUBST. *-et,* plur. *~lån, -ene*

et lån som tilbagebetales med en faldende ydelse gennem hele lånets løbetid; afdraget er konstant og renten vil være faldende

seriemord

SUBST. *-et,* plur. *~mord, -ene*

en række af næsten identiske mord der begås med jævne mellemrum af én person ≠ MASSEMORD □ *seriemorder*

serif

SUBST. *seriffen,* plur. *seriffer, serifferne*
/*se'rif*/

en lille tværstreg på bogstavernes grundstreg = SKRAFFERING

serigraf

SUBST. *-en,* plur. *-er, -erne*
/*seri'graf*/

en person der beskæftiger sig med serigrafi

serigrafi

SUBST. *-en*
/*serigra'fi*/

en grafisk trykkemetode hvor et finmasket net af kunststof el. metal der er spændt ud over en ramme påføres fotografisk emulsion hvorpå et motiv overføres; anvendes til trykning af reklametryksager, plakater m.m.

seriøs

ADJ. *-t, -e*
/*seri'øs*/

som er alvorlig og saglig □ *en seriøs roman · hun arbejdede seriøst med opgaven · virksomheden var et seriøst foretagende · det virkede seriøst nok · en seriøs, ung mand · føre en seriøs diskussion · seriøs musik* □ *seriøsitet*

serotonin

SUBST. *-en* el. *-et*

et stof der dannes i hjernen og i specielle celler i mave-tarmkanalen, og som bl.a. standser blødning og bekæmper betændelse

serpentine

SUBST. *-n,* plur. *-r, -rne*
/*serpen'tine*/

1. en lang og farvet papirsstrimmel der bruges som dekoration ved karnevaller, fester o.l. □ *der var balloner, flag og serpentiner overalt · puste serpentiner*
2. en slangeformet bugtning af en vej el. et vandløb

serum

SUBST. *-et* (el. *serummet*), plur. *-er* (el. *serummer* el. *sera*), *-erne* (el. *serummerne* el. *seraene*)

1. en gullig, gennemsigtig legemsvæske som indeholder protein og evt. antistoffer
2. en blodvæske med antistoffer der indsprøjtes i organismen som middel mod visse sygdomme = BLODSERUM □ *seruminstitut · serumterapi*
3. = SANDHEDSSERUM

serv el. serve

SUBST. *-en,* plur. *-er, -erne*
(serve: *-n,* plur. *-r, -rne*)

det at serve, fx i tennis el. badminton □ *han har en udmærket serv*

servante

SUBST. *-n,* plur. *-r, -rne*
/*ser'vante*/

et møbel med et skabsrum, en skuffe og evt. en bordplade af sten, oprindelig til at anbringe et vandfad og andre toiletsager på □ *servantestel*

servantestel

SUBST. *~stellet,* plur. *~stel, ~stellene*

et vandfad og en kande som man tidligere havde stående på *servanten* i soveværelset og vaskede sig ved, men som nu fortrinsvis anvendes til pynt

serve[1]

SUBST.

se *serv*

serve[2]

VERB. *-r, -de, -t*

sætte bolden i spil, fx i tennis el. badminton

server

SUBST. *-en,* plur. *-e, -ne*

en computer som automatisk udfører programmer, og som andre computere er forbundet til

servere

VERB. *-r, -de, -t*
/ser'vere/

servere ngt for ng bringe mad og skænke drikkevarer op til gæster ◻ *tjeneren serverede maden · pigerne serverede ved konfirmationen · de serverede for gæsterne · maden er serveret!* ◻ *servering* • **servere ngt med ngt** servere mad med bestemt tilbehør ◻ *kødet serveres med nye kartofler*

service[1]

SUBST. *-n,* plur. *-r, -rne*
['sö:vis]

1. gratis vejledning og ekstra betjening af kunder el. klienter = BETJENING ◻ *bibliotekerne ønsker at yde lånerne bedst mulig service · det er en del af vores service at veksle penge for vore gæster · på dette hotel ydes der fuld service* ◻ *servicefag · serviceniveau* ◻ *kundeservice*
2. kontrol og vedligeholdelse af apparater, maskiner osv. = EFTERSYN ◻ *alle vore støvsugere er til service* ◻ *servicebil · servicestation* ◻ *døgnservice · olieservice*

service[2]

SUBST. *-t,* plur. *-r, -rne*
[sär'vi:sə]

ting der bruges ved borddækning, dvs. spisestel, bestik, glas m.m. = BORDTØJ ◻ *engangsservice*

serviet

SUBST. *servietten,* plur. *servietter, servietterne*
/servi'et/

et firkantet stykke stof el. papir som fx bruges til at tørre mund el. fingre i ◻ *folde servietter · dug med tilhørende servietter* ◻ *servietholder · servietring* ◻ *mundserviet · papirserviet · stofserviet*

servietring

SUBST. *-en,* plur. *-e, -ene*

en ringformet holder af fx træ el. sølv til at sætte rundt om en sammenrullet serviet

servil

ADJ. *-t, -e*
/ser'vil/

som er overdrevent ydmyg og tjenstvillig = UNDERDANIG ◻ *servile lakajer · tjeneren førte dem servilt hen til deres bord* ◻ *servilitet*

servitrice

SUBST. *-n,* plur. *-r, -rne*
[särvi'tri:sə]

en kvinde uden tjeneruddannelse som serverer på et cafeteria el. en restaurant = SERVERINGSDAME

servitut

SUBST. *servitutten,* plur. *servitutter, servitutterne*
/servi'tut/

en bestemmelse knyttet til en fast ejendom som indskrænker ejerens ret til at råde over den; det kan være et forbud mod en bestemt slags byggeri el. udnyttelse af ejendommen ◻ *grunden er behæftet med servitutter · der ligger en servitut på huset* ◻ *servitutbelagt · servitutdokument · servitutfri · servitutret* ◻ *byggeservitut*

servoteknik

SUBST. *~teknikken,* plur. *~teknikker, ~teknikkerne*

en teknik der især drejer sig om systemer til regulering og kontrol

ses

VERB. *ses, sås, sets* (el. *setes*)

mødes med el. være sammen med nogen ◻ *de sås ofte · vi ses i morgen! · vi ses alt for sjældent*

sesam

UDRÅBSORD

sesam, luk dig op trylleformular til at åbne døre ind til skjulte skatte o.l.; fra eventyret om Ali Baba og de fyrretyve røvere ◻ *sesam sesam, luk dig op!*

sesamfrø

SUBST. *-et,* plur. *~frø, -ene*

et tørret, olieholdigt frø fra sesamplanten; bruges til fremstilling af olie og i kager og brød m.m. ◻ *hvide sesamfrø · sorte sesamfrø*

session

SUBST. *-en,* plur. *-er, -erne*
[sæ'sjo'n]

1. et møde for en forsamling el. domstol der ikke er i funktion hele året ◻ *Nordisk Råds session*
2. et møde hvor unge mænd som indkaldes til at være soldater, undersøges for at man kan finde ud af om de kan bruges som soldater og hvor de i så fald skal aftjene værnepligten

sessionslokale

SUBST. *-t,* plur. *-r, -rne*

et lokale hvor værnepligtige møder op til session

s.e.trin.

fork. for *søndag efter trinitatis*

setter

SUBST. *-en,* plur. *-e, -ne*

en langhåret jagthund med bløde, hængende ører og en højtudviklet lugtesans ◻ *irsk setter · engelsk setter*

settlement

SUBST. *-et,* plur. *-er, -erne*
['sædəlmæn't]

en institution der udfører humanitært og religiøst hjælpearbejde i belastede kvarterer

seværdig

ADJ. *-t, -e*
/se'værdig/

som er spændende og interessant at se ◻ *museet indeholder mange seværdige kunstværker · filmen er absolut seværdig*

seværdighed

SUBST. *-en,* plur. *-er, -erne*
/se'værdighed/

noget som er spændende og interessant at se; især for turister ◻ *rådhuset er byens største seværdighed · turistguiden fortalte om byens seværdigheder*

sex

SUBST. *en*
['sægs]

kønsligt samvær og hvad der i øvrigt har med kønslivet at gøre ◻ *der skrives meget om sex i aviserne · han havde sex med flere kvinder* ◻ *sexolog · sexologi · sexappeal · sexbombe · sexfilm · sexlitteratur · sexliv · sexobjekt* ◻ *analsex · gruppesex · oralsex*

sexappeal

SUBST. *-en*

en erotisk udstråling som virker seksuelt tiltrækkende på andre; især af modsatte køn ◻ *hun har masser af sexappeal*

sexbombe

SUBST. *-n,* plur. *-r, -rne*

en kvinde med stærk erotisk udstråling

sexet

ADJ. *-, sexede*

erotisk tiltrækkende ◻ *hun er meget sexet · sexet undertøj*

sexisme

SUBST. *-n*
[sæg'sismə]

den anskuelse at det ene køn er bedre end det andet; især om nedvurderende holdninger til kvinder

sexist

SUBST. *-en,* plur. *-er, -erne*
[sæg'sist]

en person hvis holdninger er præget af sexisme

sexistisk

ADJ. *-, -e*

som hævder at det ene køn er bedre end det andet ◻ *komme med sexistiske udtalelser*

sexliv

SUBST. *-et*

= KØNSLIV ◻ *et spændende sexliv · variation i sexlivet*

sexolog

SUBST. *-en,* plur. *-er, -erne*
/sexo'log/

en læge som er specialist i sexologi

sexologi

SUBST. *-en*
/sexolo'gi/

læren om menneskets kønsliv og dets indvirkning på følelseslivet □ *sexologisk*

seycheller

SUBST. *-en,* plur. *-e, -ne*
/sey'cheller/

en person fra Seychellerne

seychellisk

ADJ. *-, -e*
/sey'chellisk/

som har at gøre med Seychellerne

s.f.

fork. for *syd for*

sfinks

SUBST. *-en,* plur. *-er, -erne*
['sfeŋ's el. 'sveŋ's]

et fabeldyr med et menneskehoved og en dyrekrop • en egyptisk statue med et menneskehoved og en løvekrop • **være tavs og lukket som en sfinks** være gådefuld

sfære

SUBST. *-n,* plur. *-r, -rne*
['sfæ·ɔ el. 'svæ·ɔ]

1. de roterende, gennemsigtige kugleskaller omkring Jorden hvortil himmellegemerne er fæstet ifølge oldtidens og middelalderens verdensbillede □ *sfærernes musik* • **-sfære** ⟨i sammensætn.⟩ et af flere lag som omgiver et himmellegeme, bl.a. Jorden; det kan være jordskorpen og lag af vand og af gasser □ *biosfære · hydrosfære · jonosfære · stratossfære · troposfære*
2. et afgrænset område for en aktivitet el. interesse = FELT, INTERESSEOMRÅDE □ *romanen udspiller sig i den private sfære · hans tanker bevæger sig i højere sfærer* □ *arbejdssfære · emnesfære · interessesfære · intimsfære · privatsfære*

sfærisk

ADJ. *-, -e*
['sfæ'risk el. 'svæ'risk]

1. = KUGLEFORMET • (geometri): som har at gøre med en kugleflade □ *en sfærisk trekant er en trekant der ligger på overfladen af en kugle*
2. som er let og lys, næsten uden for den sansebare virkelighed = OVERJORDISK, OVERSANSELIG □ *en vibratoløs, næsten sfærisk klang · farven har en sfærisk gennemskinnelighed · kuplens sfæriske silhouet lyste mod aftenhimlen*

sg.

fork. for *singularis*

sgu

ADV.

kraftudtryk, udtryk for at taleren giver sætningen eftertryk; ofte som udtryk for vrede el. irritation = SÅGU □ *det vil jeg sgu ikke finde mig i! · jeg har sgu ikke haft den! · nu skal du sgu komme!*

sh.

fork. for *shilling*

s/h

(om billeder): fork. for *sort-hvid*

shah

SUBST. *-en,* plur. *-er, -erne*
['sja']

titel for den iranske monark

shaker

SUBST. *-en,* plur. *-e, -ne*
['sjæjgɔ]

en flaskeformet beholder til omrystning af blandingsdrikke

shampoo el. **shampo**

SUBST. *-en,* plur. *-er, -erne*
['sjampo el. 'sjampu']

en flydende sæbe til brug ved hårvask □ *to i en shampoo* □ *naturshampoo*

shanghaje

VERB. *-r, -de, -t*
['sjaŋhaj'ə]

shanghaje ng få nogen til at gøre noget for sig gennem overtalelse el. list; oprindelig om at skaffe søfolk til et skib på denne måde □ *straks ved ankomsten til Rom blev vi shanghajet af en drager* □ *shanghajning*

shave

VERB. *-r, -de, -t*
['sjæjvə]

= BARBERE □ *shave sig* □ *shaving*

shaver

SUBST. *-en,* plur. *-e, -ne*
['sjæjvɔ]

en elektrisk barbermaskine

sheik

SUBST. *-en,* plur. *-er, -erne*
['sjaj'k]

1. et arabisk overhoved for en familie, en stamme el. et fyrstendømme □ *sheikdømme* □ *oliesheik*
2. en flot og atletisk mand □ *sheikromantik* • (slang): en ung piges ven

shellak

SUBST.

se *schellak*

shelterdæk

SUBST. *~dækket,* plur. *~dæk, ~dækkene*
['sjældɔdæk]

en dækkonstruktion over et skibs hoveddæk som skal beskytte dækslasten mod sø og vejr

shelterdækker

SUBST. *-en,* plur. *-e, -ne*

et skib med shelterdæk

sherif

SUBST. *sheriffen,* plur. *sheriffer, sherifferne*
[sje'rif]

1. (i USA): en folkevalgt repræsentant med retslig og administrativ myndighed i et distrikt □ *sherifskilt · sherifstjerne* □ *vicesherif*
2. (i England): den øverste civile embedsmand i et grevskab □ *sheriffen af Nottingham*

sherry

SUBST. *-en,* plur. *-er, -erne*
['sjäri]

en lysegullig el. mørkebrun, sød el. tør hedvin □ *sherryvin*

SHF

radiofrekvens i området mellem 3.000 MHz og 30.000 MHz som bl.a. anvendes ved satellittransmission af tv; fork. af *super høj frekvens*

shilling

SUBST. *-en,* plur. *-s* (el. *shilling*), *-ene*
['sjileŋ]
fork. *s.* el. *sh.*

en britisk møntenhed som er 1/20 pund sterling; afskaffet 1971

shine

VERB. *-r, -de, -t*
['sjajnə]

shine ng(t) op forbedre udseendet af nogen el. noget, fx ved at pudse el. reparere det □ *de gamle møbler blev shinet op · jeg trænger til at blive shinet op*

shippingmand

SUBST. *-en,* plur. *~mænd, ~mændene*

en person der som erhverv beskæftiger sig med shipping

shirting

SUBST. *-en* el. *-et,* plur. *-er, -erne*
['sjirteŋ el. 'sjö·teŋ]

et tætvævet bomuldsstof som bl.a. anvendes til bogbind □ *shirting(s)bind*

shit

SUBST. *et*

(vulg.): udtryk for at noget er dårligt el. værdiløst = LORT, PIS □ *sikke noget shit!* • ⟨UDRÅBSORD⟩ (vulg.): udtryk for overraskelse el. ærgrelse □ *shit, mand! vi når det ikke!*

shorts

SUBST.PLUR. *-ene*
['sjå'ds]

korte bukser der går til under el. over knæet □ *bermudashorts · boksershorts · cykelshorts*

show

SUBST. *-et,* plur. *-s* (el. *show*), *-ene*
['sjå'w]

underholdning med indslag af sang, dans, musik el.lign. = FORESTILLING □ *han satte et show op på Broadway · 'Pallesen og Pilmark show'* □ *onemanshow · talkshow* • en seriøs situation der udvikler sig til en farce □ *med ham som ordstyrer ender vore møder altid som det rene show · det bliver årets show når de mødes i retssalen* • **surt show** en konstatering af at noget er mislykkedes el. har været en fiasko

SI

et system for måleenheder som er vedtaget af ISO, og som er baseret på de syv grundenheder;

meter, kilogram, sekund, ampere, kelvin, mol og candela; fork. for *det Internationale Enhedssystem,* fransk *Système International d'Unités* □ *SI-enhed* · *SI-system*

si[1]

SUBST. *-en,* plur. *-er, -erne*

et redskab med huller i bunden som bruges til at fjerne fast stof fra en væske = SIGTE, DØRSLAG, SOLD □ *hælde sovs gennem en si for at skille klumperne fra* • **have hukommelse som en si** være dårlig til at huske noget

si[2]

SUBST. *-et,* plur. *-er, -erne*

tonen *h* som er den syvende tone i C-durskalaen og i tonerækken *do, re, mi, fa, sol, la, si* som bruges i visse hørelæresystemer = BI

si[3]

VERB. *-r* (el. *-er*), *-ede, -et*

si ngt skille klumper fra en væske ved hjælp af en si = SIGTE, FILTRERE □ *klumperne sies fra*

siameser

SUBST. *-en,* plur. *-e, -ne*
/sia'meser/

en slank og smidig kat med blå øjne, et lille, trekantet hoved og en kort, blank pels

siamesisk

ADJ. *- , -e*
/sia'mesisk/

1. **siamesisk kat** = SIAMESER
2. **siamesiske tvillinger** se under *tvillinger*

sibirisk el. **sibirsk**

ADJ. *- , -e*
/si'birisk/

som har at gøre med Sibirien

sibylle

SUBST. *-n,* plur. *-r, -rne*
/si'bylle/

græsk-romersk udtryk for en spåkvinde som var inspireret af en gud, sædvanligvis Apollon □ *lytte til sibyllens ord*

sic

ADV.
['sik]

udtryk der betyder 'således står der virkelig', og som skrives efter noget der forekommer mærkeligt i et citat for at angive at man ikke fejlciterer

sicilianer

SUBST. *-en,* plur. *-e, -ne*
/sicili'aner/

en person fra Sicilien

siciliansk

ADJ. *- , -e*
/sicili'ansk/

som har at gøre med Sicilien

sid

ADJ. *-t, -e*
['si'ð]

(om klædningsstykke): som er rummelig og lang □ *en sid frakke*

sidde

VERB. *-r, sad, -t*

1. være anbragt så bagdelen hviler på et underlag, fx en stol, og overkroppen er oprejst ≠ STÅ, LIGGE □ *sidde på en stol* · *man bliver kold af at sidde på jorden* · *hun måtte sidde op i sengen og sove* · *det var dejligt at komme til at sidde ned* · *bliv endelig siddende!* · *sidde og se fjernsyn* · *sid pænt!* □ *siddebadekar*
2. være placeret et bestemt sted el. i en bestemt funktion el. situation □ *sidde i fængsel* · *sidde i en bestyrelse* · *sidde vagt over nogen* · *bolden sad lige i nettet* · *sidde i gæld* · *nøglen sidder i døren* · *smerten sidder i højre side* • **sidde efter** blive pålagt at blive på skolen en time efter skoletid som straf • **sidde fast** ikke kunne komme fri el. løs □ *buksebenet sidder fast i cykelkæden* · *låget sidder godt fast* · *der er et ben der sidder fast i min hals* • **sidde godt** el. **dårligt i det** være i en økonomisk god el. dårlig situation • **sidde kønt i det** være i en vanskelig situation • **sidde tilbage** være efterladt □ *hun sidder nu tilbage med minderne og en stor gæld*
3. (om tøj): passe til kroppen på en bestemt måde □ *kjolen sidder godt* · *bukserne sidder som de skal* · *slipset sidder skævt*
4. i forsk. forb.: • **sidde inde** være anbragt i fængsel □ *han sad inde for uagtsomt manddrab* • **sidde inde med ngt** kende til noget el. være i besiddelse af noget som andre ikke har □ *sidde inde med vigtige oplysninger* • **sidde over** ikke være med i en runde □ *når de var fem til at spille kort, skiftedes de til at sidde over* • **have ngt siddende på sig** føle sig beskyldt el. mistænkeliggjort for noget □ *den beskyldning ville han ikke have siddende på sig* • **sidde på ng(t)** dominere nogen el. noget □ *forældrene sidder på deres børn* · *68-generationen sidder på alle de faste stillinger på universitetet*

siddebadekar

SUBST. *~badekarret,* plur. *~badekar, ~badekarrene*

et kort badekar med en bund der er delt op i to niveauer

siddeplads

SUBST. *-en,* plur. *-er, -erne*

et sted hvor man kan sidde ned, især i offentlige transportmidler ≠ STÅPLADS □ *det var svært at finde en siddeplads i den overfyldte bus* · *alle siddepladser til landskampen er udsolgt*

side

SUBST. *-n,* plur. *-r, -rne*

1. hver af en genstands flere ensartede, plane overflader der hver går i en bestemt retning □ *skibets sider* · *bjergets side mod syd* · *på den anden side af huset* · *skriv kun på den ene side af papiret* □ *sidelæn* · *sidespejl* · *sidestykke* □ *bagside* · *forside* · *inderside* · *nordside* · *overside* · *sydside* · *yderside* · *underside* • ⟨fork. *s.*⟩ hver af de to modsatte flader på et ark i fx en bog, et blad el. en avis □ *krøl ikke bogens sider* □ *sidetal* □ *bagside* · *forside* · *midterside* • yderste kant af en krop fra skulder til lår □ *ligge på siden* □ *sideben* · *sidestik* · *sidesting* □ *flæskeside* • en retning el. hver del af et opdelt område el. et tidsforløb □ *højre side af vejen* · *folk kom strømmende fra alle sider* · *på den anden side af grænsen* · *gå lidt til side* · *på denne side af jul* □ *sideblik* · *sidebygning* · *sidegade* · *sidekammerat* · *sidelinie* · *sidemand* · *sidespor* · *sidespring* · *sidetallerken* · *sidevogn* · *sideværts* □ *langside* · *smalside* · *solside* · *vindside*
2. en fremtrædende egenskab som indgår i en persons karakter = KARAKTERTRÆK □ *han har mange gode sider* · *det er én af hans stærke sider* · *hans grådighed er hans svage side*
3. en måde at anskue el. analysere fx et problem el. en sag på = SYNSVINKEL □ *set fra min side går det godt* · *på den ene side forstår jeg dig godt, på den anden side gør jeg ikke* · *det er en side af samme sag* · *problemet kan ses fra flere sider* • □ *vælge side i en strid*
4. i forsk. forb.: • **ligge på den lade side** se under *lad* • **lægge ngt til side** gemme forråd el. spare op • **side om side** ved siden af hinanden • **sætte alt til side** behandle alt andet som underordnet for at koncentrere sig om én ting • **være til en side** ikke være helt normal □ *hun er lidt til en side*

sidebemærkning

SUBST. *-en,* plur. *-er, -erne*

en indskudt bemærkning □ *komme med en sur sidebemærkning* · *hendes utilfredshed kom til udtryk i slet skjulte sidebemærkninger*

sideflade

SUBST. *-n,* plur. *-r, -rne*

hver af siderne i en rumlig figur, fx en kubus el. et prisme ≠ GRUNDFLADE, ENDEFLADE

sidegade

SUBST. *-n,* plur. *-r, -rne*

en mindre gade som støder op til en større gade ≠ HOVEDGADE □ *for at undgå at blive set holdt de sig til sidegaderne*

sidehængt

ADJ. *- , -e*

hængslet i siden ≠ TOPHÆNGT, BUNDHÆNGT □ *vindue med sidehængt ramme*

sidelinie el. **sidelinje**

SUBST. *-n,* plur. *-r, -rne*

1. hver af de to linier der afgrænser en boldbane på dens lange led ≠ BAGLINIE □ *træneren stod ude på sidelinien og råbte af dommeren* · *bolden har været ude over sidelinien*
2. en slægtslinie som ikke er direkte op- el. nedadgående = SIDEGREN □ *han stammer fra en sidelinie af en tysk fyrsteslægt*
3. (geometri): en linie der går fra toppunktet til et vilkårligt punkt på grundfladens cirkelperiferi i en kegle

sidelæns

ADV.

til siden el. med siden forrest □ *kante sig sidelæns ind gennem døren* · *hun væltede sidelæns ind i en hæk*

sideløbende

ADJ.

som foregår på samme tid = SAMTIDIG, PARALLEL □

en sideløbende beskæftigelse · sideløbende forhandlinger · nedrivningen af det gamle stuehus foregår sideløbende med bygningen af det ny

sidemand

SUBST. *-en*, plur. *~mænd, ~mændene*

en person der sidder ved siden af en anden ◻ *han var min sidemand i skolen*

siden[1]

SUBST.BEST.

ved siden af ngt ⟨fork. *vsa.*⟩ nær ved noget ◻ *den hænger ved siden af din frakke · han bor lige ved siden af* • **ramme ved siden af** ikke ramme det man sigter på • **det er helt ved siden af** det er helt forkert

siden[2]

PRÆP., ADV., KONJ.

1. fra et tidspunkt i fortiden og frem til nu ◻ ⟨PRÆP.⟩ *det har været lige siden første oktober* · ⟨KONJ.⟩ *hvad er der sket, siden vi sås sidst? · han har været lidt underlig siden konen rejste* · ⟨ADV.⟩ *han skrev til jul, men siden har jeg ikke hørt fra ham* • **siden** el. **siden hen** ⟨ADV.⟩ efter taletidspunktet el. et andet angivet tidspunkt = BAGEFTER, SENERE ◻ *siden blev han ansat i DSB hvor han var indtil han blev pensioneret · siden kan vi jo altid tage hjem* • **for . . . siden** el. **det er . . . siden** ⟨ADV.⟩ på det tidspunkt hvor perioden begynder ◻ *for godt to år siden var vi i Norge · det er mange år siden vi har set hinanden sidst*
2. ⟨KONJ.⟩ = EFTERSOM ◻ *siden du er her kunne du gøre mig en tjeneste · har jeg fornærmet dig siden du er så sur?*

sideordne

VERB. *-r, -de, -t*

sideordne ngt tildele nogen el. noget samme vigtighed og betydning = SIDESTILLE, LIGESTILLE, PARALLELISERE ◻ *de to chefer er sideordnede* ◻ *sideordning* • **sideordnende konjunktion** se under *konjunktion*

sidespejl

SUBST. *-et*, plur. *-e, -ene*

et spejl på ydersiden af fx en bil ≠ BAKSPEJL

sidespor

SUBST. *-et*, plur. *~spor, -ene*

1. et jernbanespor der er forbundet med et hovedspor ◻ *toget blev kørt ind på et sidespor*
2. en afvigelse fra det egentlige emne ◻ *han bragte samtalen ind på et sidespor · føre forhandlingerne ind på et sidespor* • en forkert retning i tilværelsen ◻ *efter fyringen kom han ud på et sidespor*

sidespring

SUBST. *-et*, plur. *~spring, -ene*

et spring til siden ◻ *hesten gjorde et sidespring* • kort afvigelse fra hovedsagen = DIGRESSION • en kortvarig kærlighedsaffære uden for ægteskabet = ESKAPADE ◻ *det er de færreste der forlader hjem og familie pga. et sidespring*

sidestik

SUBST. *~stikket*, plur. *~stik, ~stikkene*

= SIDESTING

sidestille

VERB. *-r, -de, -t*

sidestille ngt med ngt give noget samme status som noget andet = LIGESTILLE, PARALLELISERE, SIDEORDNE, SAMMENLIGNE, SLÅ I HARTKORN MED ◻ *bidrag til politiske partier kan sidestilles med fagforeningskontingenter, mener partiet · de to begivenheder kan ikke sidestilles* ◻ *sidestilling*

sidesting

SUBST. *-et*, plur. *~sting, -ene*

en stikkende smerte i venstre side af mellemgulvet som kan forekomme, fx når man løber; skyldes krampe i milten pga. utilstrækkelig ilttilførsel = SIDESTIK

sidestykke

SUBST. *-t*, plur. *-r, -rne*

1. et stykke som danner siden på noget, fx en æske ◻ *gardinerne består af en kappe og to sidestykker · en sengs bund-, ende- og sidestykker*
2. noget som svarer til el. kan sammenlignes med noget andet = PENDANT, PARALLEL, MODSVARIGHED, MODSTYKKE ◻ *som et politisk sidestykke til børne- og kulturforforvaltningen oprettes et børne- og kulturudvalg · dette var uden sidestykke hans livs mest dramatiske øjeblik*

sidetal

SUBST. *~tallet*, plur. *~tal, ~tallene*

1. det samlede antal sider i en bog el. et hefte ◻ *sidetallet overstiger den maksimalt tilladte mængde*
2. nummeret på den enkelte side i en bog el. et hefte ◻ *sidetallene passer ikke*

sidevogn

SUBST. *-en*, plur. *-e, -ene*

en lille passagervogn som er koblet til siden af en motorcykel ◻ *motorcykel med sidevogn*

sidst

ADV., KONJ.

1. ⟨ADV.⟩ efter alle andre ting inden for en mængde el. et hændelsesforløb = SIDST ◻ *han står sidst på listen · sidst af alle kom Pernille · sidst, men ikke mindst, vil jeg gerne takke for en dejlig aften* ◻ *sidstfødte · sidstkendte · sidstkommende · sidstnævnte* • **til sidst** sidst i et forløb = TIL SLUT, OMSIDER, LANGT OM LÆNGE, ENDELIG ◻ *til sidst skal vi se den hellige grotte · til sidst var der kun to tilbage · så havde han til sidst fået nok · til sidst kunne han ikke holde på den længere og gav slip* • **sidst, men ikke mindst** udtryk for at noget nævnes til sidst, men samtidig fremhæves • **sidst på** el. **i ngt** i den sidste del af en tidsperiode = I SLUTNINGEN AF ◻ *sidst på året · sidst på sommeren · sidst i århundredet · sidst i livet · han er sidst i tyverne*
2. på det nærmeste tidspunkt før nu hvor noget er sket = SIDSTE GANG, FORRIGE GANG ◻ ⟨ADV.⟩ *det er længe siden vi sidst har set hinanden · jeg kan ikke huske hvornår jeg sidst havde den · sidst var der ikke noget i vejen* · ⟨KONJ.⟩ *sidst jeg så ham havde han ikke skæg · sidst du lånte den fik jeg den først tilbage efter et halvt år* • **tak for sidst** udtryk for at man takker for forrige gang man var sammen

sidste

ADJ.

1. efter alle andre ting inden for en mængde el. et hændelsesforløb ≠ FØRSTE ◻ *å er det sidste bogstav i alfabetet · den sidste aften skal vi i teatret · det er sidste vej på højre hånd · det er sidste gang jeg siger det · de sidste ti sider · folkeskolens sidste klasser · kampens sidste minut · de sidste dage i ferien · det var lige i sidste øjeblik vi nåede det · det er det sidste jeg vil gøre* ◻ *sidstedagen · sidstepladsen* • som er til rest ◻ *det er det sidste der er tilbage i flasken · det sidste af kagen* • **i sidste ende** el. **i den sidste ende** se under *ende* • **lægge sidste hånd på ngt** se under *hånd* • **på det sidste** udtryk for at noget nærmer sig sin afslutning ◻ *det er på det sidste med jordbærrene · det var på det sidste med hans syge onkel* • **ligge på det sidste** ligge på dødslejet • **synge på sidste vers** se under *vers*
2. som var på det nærmeste tidspunkt før nu = FORRIGE ◻ *hvem havde I i sidste time? · sidste gang gik det da udmærket · sidste møde fandt sted for 14 dage siden · sidste valg · den sidste smagte surt · sidste år var vi i Norge · sidste sommer · sidste fredag · sidste generalforsamling · vores sidste chef* • i en periode frem til nu ◻ *i de sidste to år har han boet i Odense · i de sidste par dage · i de sidste tre uger · den sidste time har hun siddet og kigget ud ad vinduet* • **i den sidste tid** el. **på det sidste** i den nærmest foregående tid = I DEN SENESTE TID ◻ *i den sidste tid er jeg begyndt at cykle til arbejde · hun har været lidt sløj på det sidste*

sidstnævnte

ADJ.

som er nævnt sidst ◻ *Møller og Larsen er mine kolleger, den sidstnævnte har været tyve år i firmaet*

sierraleoner

SUBST. *-en*, plur. *-e, -ne*
/sierrale'oner/

en person fra Sierra Leone

sierraleonsk

ADJ. *- , -e*
/sierrale'onsk/

som har at gøre med Sierra Leone

siesta

SUBST. *-en*, plur. *-er, -erne*
[*si'æsda*]

(om sydeuropæiske forhold): det tidsrum midt på dagen hvor varmen er størst, og man derfor holder fri fra arbejde ◻ *holde siesta · der er siesta fra 2 til 5*

sifon

SUBST. *-en*, plur. *-er, -erne*
[*si'fɔŋ*]

en større flaske med en hævertagtig aftapningsanordning hvormed man kan tilsætte kulsyre til vand og læskedrikke

sig

PRON.

1. den, det el. de samme som er nævnt forud i sætningen; især henvisende til samme ting som sætningens subjekt ◻ *han vaskede sig · hun lagde sig på sengen · de må lære at tilpasse sig*

· *man kan ikke sætte sig ind i hendes situation* · *han gav sig god tid til at læse bogen færdig* · *hun ønsker sig en ny kjole i julegave* · *han så sig i spejlet* • som en obligatorisk tilføjelse til bestemte verber □ *betale sig* · *bryde sig om* · *fortale sig* · *se sig for* · *skynde sig*
2. i forsk. forb.: • **hver for sig** betragtet én ad gangen □ *hver for sig er de gode nok* • **i og for sig** = EGENTLIG □ *bogen er i og for sig særdeles god* • **noget for sig** = SÆR □ *den fyr har altid været noget for sig*

sige

VERB. *-r, sagde, sagt*

1. sige ngt udtrykke noget med ord = YTRE, UDTRYKKE, NÆVNE, BEMÆRKE □ *hun sagde tak* · *han siger aldrig noget* · *sig du elsker mig, Lise!* · *han sagde noget uforståeligt* · *sig nu farvel til damen!* · *må jeg sige 'du'?* · *hun er sød, og så er alt sagt* · *som sagt prøvede jeg igen* · *det er så sandt som det er sagt* □ *sigende* • **sige ngt efter** gentage noget som en anden lige har læst op □ *børnene sagde de ord efter som læreren læste op* • **sige fra** sige at man ikke kan være med el. ikke kan acceptere noget □ *du skal huske at sige fra hvis du ikke kan komme* · *hvis der ikke sker ændringer, bliver vi nødt til at sige fra* • **sige ng imod** sige det modsatte af hvad en anden har sagt = MODSIGE □ *han siger mig altid imod* • **sige ngt op** meddele at man ønsker at fratræde et job □ *han sagde sin stilling op* • **sige ng op** meddele nogen at han skal fratræde sit job = AFSKEDIGE, FYRE □ *chefen sagde kontoristen op* • **sige ng ngt på** = KRITISERE □ *han har ikke noget at sige mig på* • **sige til** sige hvornår noget skal ske □ *sig til når jeg skal komme og hjælpe dig*
2. sige ngt have en bestemt opfattelse af noget = MENE, SYNES □ *hvad siger du til hendes forslag?* · *det kan være meget godt med hvad fuldmægtigen mener, men hvad siger ministeren?* • **sige ng ngt** gøre et bestemt indtryk på nogen = BETYDE □ *billedet siger mig ikke noget* · *bogen sagde mig ikke så meget*
3. sige ngt beslutte sig for og aftale noget □ *så siger vi på lørdag kl. 12* · *jamen, så siger vi at vi tager den store vaskemaskine*
4. sige ngt frembringe en bestemt lyd □ *motoren siger så underligt* · *det sagde 'bang' da skuddet gik af* · *toget siger 'fut-fut'*
5. i forsk. forb.: • **det er der ikke noget at sige til** det er forståeligt • **det er så meget sagt** det er overdrevent udtrykt • **det siger du ikke** er det virkelig sandt? • **det siges at** udtryk for at der går rygter om nogen el. noget □ *det siges at han er rig* • **det vil sige** (fork. *dvs.* el. *i.e.*) det betyder □ *han er lingvist, det vil sige sprogvidenskabsmand* • **du siger noget** det var vel nok en god idé! • **have noget at sige** have indflydelse □ *hun har meget at sige hos chefen* · *her i byen har de store fabrikanter mere at sige end borgmesteren* • **ikke sige ngt to gange** se under *gang* • **siger og skriver** hverken mere eller mindre □ *jeg fik tusind, siger og skriver, tusind kroner* • **sige sig selv** være indlysende □ *det kan du da sige dig selv* · *det siger sig selv at du skal med*

sigende

SUBST.

efter sigende efter hvad der officielt siges □ *efter sigende er han hovedrig* · *en efter sigende heftig forelskelse* · *demonstranterne blev efter sigende tilbageholdt*

sightseeing

SUBST. *-en*
[ˈsajdsiˑeŋ]

en rundtur for at se på seværdigheder □ *vi var på sightseeing i København*

sign.

fork. for *signeret*

signal

SUBST. *-et,* plur. *-er, -erne*
/sigˈnal/

1. et tegn, en lyd, en kort meddelelse el.lign. der skal informere el. advare om noget el. udløse en bestemt handling = TEGN □ *skibet afgav et tydeligt signal* · *gå til angreb på det første signal* · *give signal til angreb* · *give signal til at bryde op* □ *signalanlæg* · *signaleffekt* · *signalflag* · *signalhorn* · *signalklokke* · *signalmast* · *signalsystem* □ *advarselssignal* · *afgangssignal* · *klarsignal* · *nødsignal* · *røgsignal* · *trafiksignal* • et tegn som man bevidst el. ubevidst udsender til omgivelserne, fx i form af ændret handlemåde el. adfærd □ *partiet har på det sidste skiftet signaler* · *barnets ændrede adfærd er et signal om at noget er galt*
2. lyd, billeder el. information der udsendes i bølgeform, fx radio og tv □ *vi kan ikke modtage kanalen, signalet er ikke kraftigt nok* □ *radiosignal* · *tv-signal*

signalement

SUBST. *-et,* plur. *-er, -erne*
[-ˈmaŋ]

en detaljeret karakteristik af en persons udseende, især i forbindelse med en efterlysning □ *politiet udsendte et signalement af bankrøveren* · *hun var ikke i stand til at give et signalement af gerningsmanden* · *signalementet passer på den anholdte*

signalere

VERB. *-r, -de, -t*
/signaˈlere/

signalere ngt afgive et signal der skal informere el. advare om noget el. udløse en bestemt handling = SIGNALISERE □ *signalere en meddelelse* · *signalere med lys* □ *signalering* • **signalere ngt** bevidst el. ubevidst udsende signal til omgivelserne om noget □ *signalere en skærpet kurs*

signalflag

SUBST. *-et,* plur. *~flag, -ene*

flag hvormed skibe kan udveksle informationer ved hjælp af det internationale flagsystem

signalisere

VERB. *-r, -de, -t*
/signaliˈsere/

= SIGNALERE

signatur

SUBST. *-en,* plur. *-er, -erne*
/signaˈtur/

1. et mærke el. tegn på et kort til markering af veje, jordbund, bevoksning m.m. □ *signaturforklaring*
2. en persons underskrift, initialer el. navnetræk □ *et billede med kunstnerens signatur*

signe

VERB. *-r, -de, -t*

signe ng(t) (glds., poet.): give guddommelig nåde, beskyttelse el. indvielse af nogen el. noget, fx ved tegn, håndspålæggelse el. med ord = VELSIGNE □ *en signet stund til Guds ære* · *den signede dag*

signere

VERB. *-r, -de, -t*
[siˈneˀɔ el. sinˈjeˀɔ]

signere ngt skrive el. male sit navn el. sit mærke nederst på el. inden i noget, fx et maleri, en bog el. et dokument som man er ophavsmand til el. kunstnerisk skaber af = UNDERSKRIVE, UNDERTEGNE □ *et signeret maleri* · *forfatteren signerede sin nyeste bog ved en reception* · *han signerede brevet* · *signerede kranse* □ *signering* · *signerlak* · *signerstempel* □ *kontrasignere*

signet

SUBST. *-en* el. *-et,* plur. *-er, -erne*
[siˈneˀt]

et stempel el. en stempelplade med graveret navnetræk el. våbenmærke = SEGL □ *signetring*

signifikant

ADJ. *- , -e*
/signifiˈkant/

som er af stor betydning = VIGTIG, BETYDNINGSFULD □ *en signifikant meningsforskel* · *en signifikant person*

sigt

SUBST. *en*

1. = SIGTBARHED □ *der er god sigt ud over havet i dag* · *der er dårligt sigt pga. tåge* □ *sigtbar* □ *udsigt*
2. på sigt betragtet frem i tiden □ *jeg frygter at det på sigt kan få alvorlige konsekvenser* · *på sigt er det en uholdbar situation* · *vi vil på sigt udvikle andre plasttyper* • **på {lang** el. **langt} sigt** □ *på langt sigt vil det gavne vore børn* · *jeg er utryg ved konsekvenserne på lidt længere sigt* · *på kort sigt vil loven ikke have nogen virkning* · *på ti års sigt* □ *kortsigtet* · *langsigtet*

sigtbar

ADJ. *-t, -e*

sigtbart vejr vejr der tillader frit udsyn = KLART VEJR

sigtbarhed

SUBST. *-en*

luftens klarhed betragtet ud fra afstanden til den fjerneste genstand som man kan skelne i horisontal retning; *god sigtbarhed* er over 10 km, *moderat sigtbarhed* er mellem 1 og 10 km og *ringe sigtbarhed* er under 1 km = SIGT □ *der er ringe sigtbarhed pga. tæt tåge*

sigte[1]

SUBST. *-n,* plur. *-r, -rne*

et redskab med huller i bunden som bruges til at fjerne fast stof fra en væske el. til at skille større partikler fra mindre, fx i mel el. sand = SI, SOLD □ *lade saften løbe igennem en sigte*

sigte²

SUBST. *-t,* plur. *-r, -rne*

1. indstilling af et skydevåben el. et instrument mod et mål □ *et dårligt sigte* • **tage sigte** rette et skydevåben mod et mål for at ramme = SIGTE □ *han tog sigte og skød*
2. = HENSIGT □ *hvad er sigtet med denne erklæring?* · *planen har et dobbelt sigte* • **tage sigte på ngt** være beregnet på at noget skal ske □ *kurset tager sigte på at man skal kunne stave i løbet af en måned* · *loven tager sigte på sociale forbedringer*
3. i sigte udtryk for at man kan få øje på noget forude □ *land i sigte* · *der er økonomisk bedring i sigte* • **tabe ngt af sigte** miste noget af syne

sigte³

VERB. *-r, -de, -t*

1. sigte ngt skille klumper el. større partikler fra noget ved hjælp af en sigte = SI □ *sigte melet for klumper* · *sigte jorden for sten* □ *sigtning* · *sigtemel* • **sigte ngt fra** skille væsentligt fra uvæsentligt □ *hvis du sigter alt hans vrøvl fra, må der vel være noget der kan bruges*
2. sigte efter el. **på ng(t)** rette et skydevåben mod nogen el. noget for at ramme □ *betjenten sigtede efter benene* · *du sigter dårligt* □ *sigteapparat* · *sigtekorn* · *sigtemiddel* • **sigte mod ng(t)** være rettet mod nogen el. noget □ *kanonen sigter over mod skoven*
3. sigte mod ngt have til hensigt at opnå noget = HAVE SOM MÅL □ *vores planlægning sigter mod en mere effektiv udnyttelse af systemet* · *vi sigter mod at deltage i olympiaden* • **sigte til ngt** = HENTYDE □ *hvad sigter du til?*
4. sigte ng for ngt indlede retslig undersøgelse mod en person der mistænkes for en forbrydelse = REJSE SIGTELSE MOD, ANKLAGE, TILTALE □ *hun blev sigtet for tyveri* □ *sigtelse*

sigtebrød

SUBST. *-et,* plur. *~brød, -ene*

et franskbrød der er lavet af sigtemel, mælk, fedtstof, gær og salt □ *fuldkornssigtebrød*

sigtekorn

SUBST. *-et,* plur. *~korn, -ene*

det forreste, spidse sigtemiddel på et håndskydevåben

sigtelse

SUBST. *-n,* plur. *-r, -rne*

en tilkendegivelse over for en person af at han kan forvente at blive tiltalt for en forbrydelse el. at han er under stærk mistanke □ *politiet kunne ikke opretholde sigtelsen* · *rejse en sigtelse* · *frafalde en sigtelse* • **rejse sigtelse mod ng** sigte nogen □ *der blev rejst sigtelse mod ham for bedrageri*

sigtemel

SUBST. *-et*

en blanding af hvedemel og fint malet rugmel

sigtet

SUBST. *en, den sigtede,* plur. *sigtede, de sigtede*

en person der er sigtet for en forbrydelse

sigøjner

SUBST. *-en,* plur. *-e, -ne*
/si'gøjner/

en person der tilhører et folk af omstridt oprindelse som især tidligere var omrejsende i Europa, især i Rumænien, Bulgarien, Ungarn og Tyrkiet, og levede af småhandel; taler *romani*, et sprog af indisk oprindelse, og er gennem tiderne blevet forfulgt for deres anderledes levevis = TATER □ *en flok sigøjnere har slået lejr på marken uden for byen* □ *sigøjnerinde* · *sigøjnerlejr* · *sigøjnerliv* · *sigøjnermusik* · *sigøjnerpige* · *sigøjnerrace* · *sigøjnerske* · *sigøjnervogn*

sikahjort

SUBST. *-en,* plur. *-e, -ene*

en hjort med hvidt haleparti som om sommeren også har hvide pletter på kropssiderne; oprindeligt hjemmehørende i Østen; latinsk navn *Cervus nippon*

sikh

SUBST. *-en,* plur. *-er, -erne*

et medlem af et indisk religionssamfund som er tilhængere af kastevæsenets ophævelse og kæmper for at få en selvstændig stat i delstaten Punjab □ *sikh-oprør* · *sikh-opstand*

sikke

ADV.

bøjningsform af *sikken*

sikken

ADJ. *sikket, sikke*

et udtryk brugt i udråb til at angive en høj grad af noget = HVILKEN □ *sikken torden det er i dag* · *sikken sjov hat han har på* · *sikken udsigt* · *sikken larm* · *sikket vejr* · *sikke flotte tænder hun har* · *sikke farver* • **sikken** el. **sikke {et vejr}** ⟨ADV.⟩ □ *sikken en varme det er i dag* · *sikke en varme* · *sikken en sjov hat* · *sikke en sjov hat* · *sikken et vejr* · *sikke et vejr* · *sikken noget skidt* · *sikke noget skidt* · *sikke dejlige unger I har* • **sikke {længe}** ⟨ADV.⟩ □ *sikke længe det varer* · *sikke meget det regner* · *sikke mange* · *sikke blåt vandet er* • **sikken** el. **sikke** ⟨ADV.⟩ □ *sikken det regner* · *sikke det regner* · *sikken han ser ud* · *sikke han ser ud*

sikker

ADJ. *-t, sikre; sikrere, sikrest*

1. som er uden for fare, fx for angreb, ulykker el. andet uønsket □ *vejene gennem bjergene var ikke sikre* · *de flygtede til et andet land hvor de var sikre* · *vide sig sikker* · *føle sig på den sikre side* · *hos dem følte han sig sikker* · *det er det sikreste at tage paraplyen med* □ *sikkerhed* □ *bombesikker* · *brandsikker* · *brudsikker* · *børnesikker* · *flugtsikker* · *frostsikker* · *skudsikker* · *skridsikker* · *stødsikker* · *usikker*
2. som ikke ryster, vakler el. ændrer sig uforudsigeligt = FAST, PÅLIDELIG □ *med sikker hånd* · *eleven var sikker i alle fag* · *en sikker smag* · *langsomt men sikkert* · *en sikker konstruktion* · *hun er sikker i sadlen* · *en sikker skytte* · *hun maler med sikker rutine* □ *driftssikker* · *idiotsikker* · *selvsikker* · *stilsikker* · *træfsikker* · *usikker*
3. som er uden for al tvivl el. hvis pålidelighed ikke kan anfægtes □ *sikker viden om noget* · *det er helt sikkert at hun kommer* · *det er både sikkert og vist* · *sikre oplysninger* · *en sikker diagnose* · *den sikreste måde at skaffe sig uvenner på* · *et sikkert sovemiddel* · *en sikker indtægt* · *fra sikker kilde meddeles* • **være sikker på ngt** være overbevist om noget □ *jeg er sikker på han hedder Ole* · *vær ikke så sikker på det!* · *jeg er sikker på at du klarer det* · *han var sikker på sejren* • **være sikker i sin sag** være overbevist om at man har ret el. at det man siger er sandt

sikkerhedsforanstaltning

SUBST. *-en,* plur. *-er, -erne*

en foranstaltning som skal sikre mod angreb, ulykker o.l. □ *det er nødvendigt at træffe sikkerhedsforanstaltninger ved statsbesøg*

sikkerhedskopi

SUBST. *-en,* plur. *-er, -erne*

(edb): en kopi af programmer og data som sikkerhed for at intet går tabt el. beskadiges hvis computeren går i stykker, bliver ramt af virus el.lign. = BACKUP

sikkerhedskopiere

VERB. *-r, -de, -t*

sikkerhedskopiere ngt (edb): lave en sikkerhedskopi af programmer og data □ *sikkerhedskopiering*

sikkerhedsnet

SUBST. *~nettet,* plur. *~net, ~nettene*

et net som af sikkerhedsgrunde spændes ud under fx luftakrobater □ *optræde uden sikkerhedsnet* • et samfundssystem som sikrer den enkelte borger mod at miste sin sociale position ved fx sygdom, arbejdsløshed el. tab af ægtefælle □ *et finmasket socialt sikkerhedsnet* · *falde igennem det sociale sikkerhedsnet*

sikkerhedsnål

SUBST. *-en,* plur. *-e, -ene*

en lang, bøjet nål hvis spids føres ind i en slags lås; bruges fx til at holde tøj sammen med □ *kilten blev holdt sammen af en stor sikkerhedsnål* · *sætte båndet fast med en sikkerhedsnål*

sikkerhedssele

SUBST. *-n,* plur. *-r, -rne*

en rem som er fastgjort indvendig i en bil, og som spændes tværs over førerens og passagerernes overkrop således at disse fastholdes i sædet ved pludselig opbremsning el.lign. □ *spænde sikkerhedsselen* · *tage sikkerhedssele på* · *bruge sikkerhedssele* · *sikkerhedssele er påbudt ved lov i Danmark*

sikkert

ADV.

= SANDSYNLIGVIS □ *det er sikkert rigtigt* · *hun kommer sikkert i aften* · *han har sikkert ikke set den*

sikket

ADJ.

bøjningsform af *sikken*

siklinge

SUBST. *-n,* plur. *-r, -rne*

en tynd stålplade til at glatte en høvlet flade med

sikre

VERB. *-r, -de, -t*

sikre ng(t) mod ng(t) værne el. beskytte nogen el. noget mod nogen el. noget el. gøre noget mere sikkert og trygt = GARDERE □ *skolevejen skal sikres bedre · sikre sine børns fremtid · sikre et gevær · de forsøgte at sikre børnene mod sult og sygdom* □ *sikring* □ *børnesikre · tyverisikre* • **sikre sig ngt** skaffe sig noget □ *de sikrede sig de bedste pladser · jeg ringer for at sikre mig at du kommer som aftalt*

sikring

SUBST. *-en*

1. det at gøre noget sikkert □ *sikring af kysten i stormvejr · sikring af ubevogtede overskæringer ved lyssignaler · sikring af et hus mod indbrud · sikring af skolevejen · spare op til sikring af alderdommen* □ *afsikring*
2. ⟨plur. *-er, -erne*⟩ en anordning som afbryder strømmen ved overbelastning af ledningerne i et elektrisk anlæg; består af en porcelænsprop med en tynd metaltråd som smelter ved overbelastning = PROP □ *skrue en sikring i · skifte sikringer · der sprang en sikring · sikringerne er gået*

siksak

SUBST.

se *zigzag*

siksakke

VERB.

se *zigzagge*

sild

SUBST. *-en,* plur. *sild, -ene*

en sølvglinsende fisk med blålig til grønlig ryg, én rygfinne og skæl der let falder af; lever i stimer; latinsk navn *Clupea harengus* □ *stegt sild · røget sild · marineret sild* □ *sildefisk · sildefiskeri · sildepostej · sildesalat · sildestime* □ *majsild* • (slang): en ung kvinde □ *en lækker sild* • **en død sild** en sløv og kedelig person □ *han er sgu da en underlig død sild at have med at gøre!* • **en død sild** udtryk for at et forslag el. en idé ikke har mulighed for at blive realiseret □ *lovforslaget var en død sild allerede før det blev fremsat* • **ikke være mange sure sild værd** være ked af det el. udmattet □ *hun var ikke mange sure sild værd da hun fik brevet* • **stå som sild i en tønde** stå tæt presset sammen □ *tilskuerne stod som sild i en tønde til koncerten*

silde

ADV.

(glds.): = SENT □ *han kom for silde* • **tidligt og silde** meget tit □ *han render os på dørene både tidligt og silde*

sildesalat

SUBST. *-en,* plur. *-er, -erne*

1. en pålægssalat der er lavet af bl.a. spegesild og syltede rødbeder i mayonnaise el.lign. □ *russisk sildesalat · svensk sildesalat*
2. (slang): ordensbånd og distinktioner på en uniform

sildig

ADJ. *-t, -e*

(glds.): = SEN □ *sildige jordbær · hverken tidligt eller sildigt har man ro for dig*

sile

VERB. *-r, -de, -t*

sile ned (om regn): falde i en vedvarende, ubrudt strøm □ *regnen silede ned · en silende regn · tårerne silede ned ad hendes kinder*

silhuet

SUBST. *silhuetten,* plur. *silhuetter, silhuetterne* [*silhu'et*]

= OMRIDS □ *træerne tegnede deres silhuetter mod aftenhimlen · han så hende i silhuet* • et billede som klippes i især sort papir, og som gengiver en persons profil = SKYGGEBILLEDE □ *klippe silhuetter*

silicium

SUBST. *-et* (el. *siliciummet*) [*si'lisjåm* el. *si'li'sjåm*]

et ikke-metallisk grundstof som udvindes af sand og kvarts og bl.a. bruges i transistorer og mikrochips; atomtegn *Si* = KISEL □ *siliciumchip · siliciumbronze · siliciumjern · siliciumkarbid*

silikat

SUBST. *-et,* plur. *-er, -erne* [*sili'ka't*]

en af flere slags salte af kiselsyre

silikone

SUBST. *-n,* plur. *-r, -rne* [*sili'kone*]

en gummi- el. olieagtig kiselforbindelse med høj modstandskraft mod varme og fugt; bruges bl.a. som smøremiddel, i syntetisk gummi og plastic og til plastikkirurgi

silikose

SUBST. *-n* [*sili'kose*]

en lungesygdom der skyldes indånding af kiselpartikler, fx ved arbejde i sten- el. glasindustrien

silke

SUBST. *-n,* plur. *-r, -rne*

1. glat, blødt stof vævet af tråd fra sommerfuglelarvers kokoner = SILKESTOF □ *kjolen var af den fineste silke* □ *silkesløjfe · silkeslør · silkestof · silketøffel · silketøj · silketørklæde* □ *floksilke · helsilke · hørsilke · natursilke · plantesilke · råsilke · sysilke · thaisilke* • tråd som silke- el. morbærsommerfuglens larve spinder sin kokon med
2. spinde silke tjene penge

silkeborgenser

SUBST. *-en,* plur. *-e, -ne* [*selgəbå'gæn'sə*]

en person fra Silkeborg

silkehale

SUBST. *-n,* plur. *-r, -rne*

en rødbrun spurvefugl med farvestrålende hale- og vingespidser og en karakteristisk, bagudrettet top på hovedet; latinsk navn *Bombycilla garrulus*

silkeorm

SUBST. *-en,* plur. *-e, -ene*

silkesommerfuglens larve af hvis kokonspind man fremstiller natursilke

silkesnoren

SUBST.BEST.

få silkesnoren blive opfordret til at tage sin afsked

silkesommerfugl

SUBST. *-en,* plur. *-e, -ene*

en sommerfugl hvis larve, *silkeormen*, lever af morbærblade, og af hvis kokon man fremstiller natursilke; latinsk navn *Bombyx mori*

silo

SUBST. *-en,* plur. *-er, -erne*

en beholder med form som en cylinder til opbevaring af fx korn, cement el. kul der påfyldes foroven og udtømmes gennem en åbning forneden □ *silopakhus* □ *kompostsilo · kornsilo · tårnsilo* • en underjordisk cylindrisk beholder til opbevaring af missiler

simili

SUBST. *-en* el. *-et* [*'simili* el. *'si'mili*]

1. et smykke som er en imitation □ *armbåndet er kun simili* □ *similismykke · similisten · similiøreringe*
2. adfærd som er uægte □ *alt i hendes væsen er simili*

simpel

ADJ. *-t, simple; simplere, simplest*

1. som er helt ukompliceret i sin opbygning = ENKEL □ *amøberne er de simpleste encellede dyr · det er såre simpelt · en simpel løsning* □ *simpelhed · simpelthen*
2. som er efter almindelige normer □ *simpel høflighed · det er din simple pligt*
3. = RINGE □ *stoffet er af temmelig simpel kvalitet* • som er af ringe stand □ *en simpel soldat · en simpel sømand* • som er ufin i moralsk henseende = VULGÆR, TARVELIG □ *det var simpelt af ham at stjæle fra de fattige · en simpel fyr*
4. simpelt flertal det relativt største antal stemmer = KVALIFICERET FLERTAL □ *der var simpelt flertal for forslaget*
5. simpelt tyveri tyveri uden særlige skærpende omstændigheder ≠ GROFT TYVERI

simpelthen el. simpelt hen

ADV.

udtryk for at noget gælder uden forbehold = BARE □ *han er simpelthen den dejligste unge man kan tænke sig · det er simpelthen for meget!*

simplificere

VERB. *-r, -de, -t* [*semplifi'se'ə*]

simplificere ngt = FORENKLE □ *simplificere et firmas administration* □ *simplificering*

simplifikation

SUBST. *-en,* plur. *-er, -erne* [*semplifika'sjo'n*]

= FORENKLING

simre

VERB. *-r, -de, -t*

koge over svag varme = SMÅKOGE, SNURRE, SNERRE □ *lad retten simre i en times tid*

simulant

SUBST. *-en,* plur. *-er, -erne*
/simu'lant/

en person der lader som om han er syg □ *lægen havde ham mistænkt for at være simulant*

simulere

VERB. *-r, -de, -t*
/simu'lere/

simulere ngt foregive noget □ *han er ikke rigtig syg, han simulerer bare!* · *hun simulerede syg* · *simulere orgasme* · *simulere en religiøsitet der ikke er bevis for* □ *simulant* · *simulation* · *simulator* • **simulere ngt** efterligne et kompliceret hændelsesforløb □ *simulere en landing på computer* · *et simuleret bombeangreb* □ *simulering*

simultan

ADJ. *-t, -e*
[simul'ta'n]

(form.): som foregår el. eksisterer på samme tid = SAMTIDIG □ *filmen skildrer på glimrende vis de to simultane livsforløb*

simultantolkning

SUBST. *-en,* plur. *-er, -erne*

tolkning der sker samtidig med en tale el. et foredrag, fx via hovedtelefoner □ *konferencen foregår på fransk med mulighed for simultantolkning*

sin

PRON. *sit, sine*

1. som tilhører el. har tilknytning til nogen el. noget som er nævnt forud i sætningen; især henvisende til den el. det samme som sætningens subjekt □ *hun låste sin cykel* · *hun bevarede sit gode humør* · *han kunne ikke finde sine briller* · *han gav hende sin taske*
2. i forsk. forb.: • **gå hver til sit** udtryk for at man tager bort til hver sit gøremål □ *efter at have snakket sammen gik de hver til sit* • **i sin tid** se under *tid* • **på sin vis** se under *vis* • **sig og sine** en selv og ens familie □ *han skulle skaffe føden til sig og sine* • **sin sag** se under *sag* • **tage sin tid** se under *tid* • **til sin tid** se under *tid* • **tænke sit** gøre sig tanker om noget uden at sige noget; ofte fordi tankerne er alt andet end positive □ *han tænkte sit da han hørte at hun skulle giftes*

sind

SUBST. *-et,* plur. *sind, -ene*

1. en persons måde at tænke og føle på el. evne til at tænke og føle = SINDELAG, MENTALITET, VÆSEN □ *have et venligt sind* · *være ung i sindet* · *få fred i sindet* □ *sindsstemning*
2. have i sinde have til hensigt □ *jeg har i sinde at sælge mit hus* • **ligge ng på sinde** betyde meget for én □ *denne sag ligger mig stærkt på sinde* • **sætte sindene i bevægelse** stærkt påvirke tanker og følelser □ *nyheden satte sindene i bevægelse* • **være i syv sind** være stærkt i tvivl

sindbillede

SUBST. *-t,* plur. *-r, -rne*

(glds.): en billedlig fremstilling af et begreb = ALLEGORI, SYMBOL □ *et kors, et anker og et hjerte er sindbilleder for tro, håb og kærlighed* □ *sindbilledlig*

sinde

SUBST. *en*

ingen sinde se *ingensinde* • **nogen sinde** se *nogensinde*

sindelag

SUBST. *-et,* plur. *sindelag, -ene*

1. en persons måde at tænke og føle på el. evne til at tænke og føle = SIND
2. del af psyken der bestemmer på hvilken måde følelserne påvirker handling og væremåde = TEMPERAMENT, GEMYT □ *han har arvet sin fars hidsige sindelag*

sindet

ADJ. *- , sindede*

som har en bestemt indstilling el. hensigt □ *ministeriet er sindet at søge den nødvendige bevilling* · *være venligt sindet over for nogen* · *være fjendtligt sindet over for forslaget*

sindig

ADJ. *-t, -e; -ere, -st*

rolig og uden at forhaste sig □ *'nu får vi se se,' sagde han sindigt*

sindrig

ADJ. *-t, -e*

som er skarpsindigt fundet på, især om noget kompliceret = OPFINDSOM □ *en sindrig løsning på problemet* · *et sindrigt system* · *en sindrigt udtænkt model* □ *sindrighed*

sindsbevægelse

SUBST. *-n,* plur. *-r, -rne*

en stærk følelse som tydeligt kommer til udtryk; det kan fx være vrede, sorg, bekymring el. glæde = BEVÆGELSE, RØRELSE, AFFEKT, EMOTION, ALTERATION □ *han græd af sindsbevægelse* · *han havde dårligt hjerte og kunne ikke tåle nogen form for sindsbevægelse*

sindsligevægt

SUBST. *-en*

en stabil, rolig sindsstemning □ *nu må vi bevare sindsligevægten* · *hans sindsligevægt var i fare pga. oplevelserne under krigen*

sindsoprivende

ADJ.

som virker ophidsende el. rystende = NERVEPIRRENDE □ *en sindsoprivende meddelelse*

sindsoprør

SUBST. *-et,* plur. *~oprør, -ene*

(glds.): en voldsom uro i sindet = SINDSBEVÆGELSE, AFFEKT □ *hendes ubøjelighed bragte ham i et sindsoprør han aldrig før havde oplevet*

sindsro

SUBST. *-en*

en rolig og behersket sindsstemning el. reaktion = FORFATNING □ *han modtog den dramatiske meddelelse med sindsro* · *han kan med sindsro lægge sig til at sove*

sindsstemning

SUBST. *-en,* plur. *-er, -erne*

indre følelse af sorg, glæde, melankoli m.m. = HUMØR □ *stilheden passede til min sindsstemning*

sindssvag

ADJ. *-t, -e*

= BINDEGAL □ *en aldeles sindssvag idé*

sindssyg

ADJ. *-t, -e*

⟨også SUBST.⟩ som lider af en sindssygdom = VANVITTIG, GAL □ *det er svært at sige om han er genial eller sindssyg* □ *sindssygdom* · *sindssygehospital* • som er ved at miste besindelsen, el. som er irrationel og dum = VANVITTIG □ *jeg bliver sindssyg af at høre på jeres ævl* · *det er en sindssyg tanke* • ⟨ADV.⟩ forstærkende udtryk = VANVITTIG, UTROLIG, VÆLDIG, OVERORDENTLIG □ *en sindssyg god historie*

sindssygdom

SUBST. *~sygdommen,* plur. *~sygdomme, ~sygdommene*

en længerevarende el. kronisk psykisk lidelse med vrangforestillinger og manglende evne til at forholde sig til virkeligheden, fx skizofreni, paranoia, depression og maniodepressiv psykose = PSYKOSE, SINDSLIDELSE, SINDSSYGE □ *have en sindssygdom*

sindssyge

SUBST. *-n*

= SINDSSYGDOM □ *lide af sindssyge*

sing.

fork. for *singularis*

singaleser

SUBST. *-en,* plur. *-e, -ne*
/singa'leser/

en person fra Sri Lanka

singaporeaner

SUBST. *-en,* plur. *-e, -ne*
/singapore'aner/

en person fra Singapore

singaporeansk

ADJ. *- , -e*
/singapore'ansk/

som har at gøre med Singapore

single

SUBST. *-n,* plur. *-r, -rne*
['seŋgəl]

1. et spil hvor deltagerne kæmper én mod én; det kan fx være tennis el. badminton ≠ DOUBLE □ *spille single* □ *singlemesterskaber* · *singlesculler* □ *damesingle* · *herresingle*
2. en grammofonplade med ét nummer på hver side som afspilles med 45 omdrejninger pr. minut ≠ LP
3. en person som bor og lever alene = UGIFT

singlesculler

SUBST. *-en,* plur. *-e, -ne*
['seŋgəlsgɔlɔ]

en sculler til én person

singleton

SUBST. *-en,* plur. *-er, -erne*
['seŋgəltɔn]

(i kortspil): udtryk for at man kun har et kort i farven ▫ *sidde med kongen singleton*

singularis

SUBST. *-en* (el. *singularissen*), plur. *-er* (el. *singularisser*), *-erne* (el. *singularisserne*)
['seŋgulaˑris]
fork. *sing.* el. *sg.*

en bøjningsform af substantiverne som angiver at der kun er tale om én = ENTAL ≠ PLURALIS

singulær

ADJ. *-t, -e*
/singu'lær/

(form.): = ENESTÅENDE ▫ *singularitet*

sinkadus

SUBST. *-en,* plur. *-er, -erne*
[seŋga'du's]

et slag el. et stød ▫ *få en ordentlig sinkadus* • **få én på sinkadusen** få et ordentligt slag i hovedet

sinke[1]

SUBST. *-n,* plur. *-r, -rne*

1. en svagt begavet person hvis åndelige udvikling ikke svarer til hans jævnaldrende = TOSSE, TÅBE, TUMPE, DOSMER ▫ *i gamle dage blev sinkerne anbragt på den bageste bænk i klassen* • *han er en ren sinke i forhold til sin bror* ▫ *sinkeanstalt*
2. en tap udskåret i et træstykke der forbindes med et andet med tilsvarende hul
3. et metalbeslag på sko- og støvlesåler

sinke[2]

VERB. *-r, -de, -t*

1. sinke ng(t) være årsag til at nogen el. noget sker el. kommer senere el. for sent = FORSINKE, OPHOLDE ▫ *sygdom sinkede ham meget i hans arbejde* • *det dårlige vejr sinkede togene* • *konflikten har sinket beslutningsprocessen*
2. sinke ngt sammenføje to dele med sinker ▫ *sinke to stykker træ sammen* ▫ *sinkning*

sinolog

SUBST. *-en,* plur. *-er, -erne*
/sino'log/

en person der studerer sinologi

sinologi

SUBST. *-en*
/sinolo'gi/

videnskaben om kinesisk sprog og kultur ▫ *sinologisk*

sinus

SUBST. *en*
['siˑnus]
fork. *sin*

en trigonometrisk funktion; sinus til en spids vinkel i en retvinklet trekant er lig med den modstående katete divideret med hypotenusen ≠ COSINUS

sippet

ADJ. *- , sippede*

som er overdreven pertentlig el. anstændig = SNERPET, JOMFRUNALSK ▫ *en sippet ung dame der blev meget forarget over de unge mænds tilnærmelser*

sir[1]

SUBST. *en*

(glds., spøg.): = PRYD ▫ *de tre kønne døtre var husets bedste sir* ▫ *sirplante*

sir[2]

SUBST. *en*
['sö̈ˑ el. 'sö̈r]

titel for en mand i engelsktalende lande = HR. • **Sir** titel for en engelsk adelsmand tilhørende de laveste klasser (*baronet* og *knight*) ▫ *Sir James*

sirbusk

SUBST. *-en,* plur. *-e, -ene*

= PRYDBUSK

sirene

SUBST. *-n,* plur. *-r, -rne*
/si'rene/

1. et signalapparat med en langtrukken, gennemtrængende tone = ALARM, TÅGEHORN ▫ *luftværnssirene* • *tågesirene*
2. (græsk mytologi): et kvindeligt fabelvæsen der lokkede søfolk så tæt til land med sin sang at de led skibbrud ▫ *sirenesang* • en magtfuld kvinde

sirlig

ADJ. *-t, -e*

som giver et ordentligt og æstetisk tiltalende indtryk; ofte om noget som er overdrevent pænt og omhyggeligt ▫ *hun er meget sirlig med sin påklædning* • *en sirlig håndskrift* • *en sirligt klippet hæk* • *en sirlig gammel herre* • *agurkerne var skåret i sirlige skiver*

sirplante

SUBST. *-n,* plur. *-r, -rne*

= PRYDPLANTE

sirup

SUBST. *siruppen,* plur. *sirupper, sirupperne*

en sød, tyktflydende sukkermasse med en gylden til mørkebrun farve; bruges i bagværk, madlavning, drinks m.m. ▫ *et glas sirup* ▫ *sirupsagtig* • *sirupskage* • *sirupssød* ▫ *ahornsirup* • *frugtsirup* • *majssirup* • *rørsukkersirup* • *sukkersirup*

sirupskage

SUBST. *-n,* plur. *-r, -rne*

en kage der er tilsat sirup og krydderier, fx allehånde, kanel, ingefær og nelliker; spises med smør

sisal

SUBST. *en*

fibre af planten *Agave sisalana* der bruges til fx sækkelærred og tæpper

sisken

SUBST. *-en,* plur. *-er* (el. *siskner*), *-erne* (el. *sisknerne*)

en type finke af slægten Carduelis ▫ *grønsisken* • *gråsisken* • (neds.): en letsindig el. forfængelig kvinde

sisyfosarbejde

SUBST. *-t,* plur. *-r, -rne*

et resultatløst og anstrengende arbejde som aldrig hører op

sit

PRON.

bøjningsform af *sin*

sitdownstrejke

SUBST. *-n,* plur. *-r, -rne*

en arbejdsnedlæggelse hvor de ansatte bliver på deres arbejdsplads, enten som demonstration el. for at hindre andre i at udføre arbejdet

sitre

VERB. *-r, -de, -t*

ryste med hurtige bevægelser fordi man føler angst, nervøsitet el. kulde = RYSTE, SKÆLVE ▫ *han sitrede af nervøsitet* • *hun sitrede som et espeløv* • *bladene sitrede i sollyset* • *luften sitrer af varme* ▫ *sitren*

situation

SUBST. *-en,* plur. *-er, -erne*
[situa'sjo'n]

sammenfaldende omstændigheder som sammen udgør en tilstand ▫ *være i en fortvivlet situation* • *være i en presset situation* ▫ *situationsfornemmelse* • *situationskomik* • *situationsrapport* ▫ *nødsituation* • *tvangssituation*

situationsfornemmelse

SUBST. *-n,* plur. *-r, -rne*

en sans for hvordan man skal opføre sig i en given situation ▫ *han har absolut ingen situationsfornemmelse*

situeret

ADJ. *- , situerede*
/situ'eret/

stillet i økonomisk henseende = STILLET ▫ *han er dårligt situeret*

siv

SUBST. *-et,* plur. *siv, -ene*

en græsagtig plante med små blomster som især gror på fugtige steder; latinsk navn *Juncus* ▫ *sivmåtte* • *sivsko* ▫ *knopsiv* • *strandsiv*

sive

VERB. *-r, -de, -t*

flyde langsomt i dråber el. langsomt trænge sig ind i el. igennem noget; især om væske ▫ *vandet sivede ned i jorden* • *sive bort* • *blodet sivede igennem forbindingen* • *vandet siver ned ad væggene* • *lyset siver ind ad vinduerne* ▫ *siven* • *sivebrønd* • **lade ngt sive ud** sørge for at kendskabet til noget udbredes ▫ *nyheden var sivet ud* • *lade rygtet sive ud til pressen* • (dagl., om en stor gruppe mennesker): forlade et sted lidt efter lidt □ *efter pausen begyndte folk at sive* • **sive ind** (dagl., spøg.): = FATTE □ *den er sevet ind nu!* · *kan det dog ikke sive ind?*

sivebrønd

SUBST. *-en,* plur. *-e, -ene*

en beholder i jorden med dræn i bunden til bortledning af kloakvand

sivsko

SUBST. *-en,* plur. *~sko, -ene*

en sko af flettet siv

sixpence

SUBST. *-n,* plur. *-r, -rne*
[*'sigspæns*]

en slags kasket med blød puld

sj.

fork. for *sjælden*

sjagger

SUBST. *-en,* plur. *-e, -ne*

en kraftigt bygget spurvefugl med gråt hoved, plettet, gulbrunt bryst, kastanjebrun ryg og lang, sort hale; latinsk navn *Turdus pilaris*

sjak

SUBST. *sjakket,* plur. *sjak, sjakkene*

en gruppe mennesker der tilsammen udgør et arbejdshold el. et slæng □ *hele sjakket nedlagde arbejdet* · *jeg kender ingen fra det sjak* □ *arbejdssjak*

sjakal

SUBST. *-en,* plur. *-er, -erne*
[*sja'ka'l*]

en gulbrun, ådselædende hund som lever i flokke i Nordafrika og Sydasien; latinsk navn *Canis aureus*

sjakbajs

SUBST. *-en,* plur. *-er, -erne*

= SJAKFORMAND

sjakformand

SUBST. *-en,* plur. *~formænd, ~formændene*

en leder af et hold af arbejdsmænd, fx på en byggeplads = SJAKBAJS □ *sjakformanden gav instruktioner vedrørende dagens arbejde*

sjakre

VERB. *-r, -de, -t*

sjakre med ngt (glds.): drive småhandel med alskens gamle ting og ragelse = HØKRE □ *han sjakrede med gamle klude* □ *sjakren* • **sjakre om ngt** forhandle om prisen på en vare for at få den billigere = PRUTTE, TINGE, KØBSLÅ

sjal

SUBST. *-et,* plur. *-er, -erne*

et tre- el. firkantet stykke stof til at tage over hovedet el. skuldrene □ *hun tog sit sjal rundt om skuldrene* □ *sjalskrave*

sjalskrave

SUBST. *-n,* plur. *-r, -rne*

en krave og revers i ét stykke uden indsnit

sjap

SUBST. *sjappet*

en våd blanding af tøsne, jord og snavs; især om føre = SJASK, SØLE □ *en vinter med sne og sjap* □ *snesjap* · *tøsjap*

sjask

SUBST. *-et,* plur. *sjask, -ene*

(glds.): = SJAP □ *sjaskvejr* • (neds., dagl.): noget der er tyndere end det burde være □ *kaffen var noget tyndt sjask* · *stoffet er noget værre sjask, det kan du ikke sy i*

sjaske

VERB. *-r, -de, -t*

1. gøre bevægelser i vand så det sprøjter og der høres plask = PLASKE, PJASKE □ *børnene ligger og sjasker i vandet* □ *sjaskeri* • fordele vand ud over en overflade □ *hun ville lige sjaske gulvet over* • **sjaske ng(t) til med ngt** sprøjte noget ud over det hele på nogen el. noget □ *hun var sjasket til med snavs*
2. (om væske el. regn): falde ned på en overflade så det sprøjter og der høres plask □ *regnen sjaskede ned* · *kaffen sjaskede ned på gulvet*
3. sidde sjusket □ *kjolen sjaskede om benene på hende*

sjasket

ADJ. *-, sjaskede*

som er våd og snavset; især om føre □ *der er sjasket på vejen* • (om stof): som er tynd og falder dårligt □ *en sjasket kjole*

sjat

SUBST. *sjatten,* plur. *sjatter, sjatterne*

en meget lille smule af noget drikkeligt = SLAT, SKVAT, SKVÆT, TÅR □ *børnene drak sjatterne i glassene og blev lettere berusede* · *der var kun en sjat mælk tilbage* · *vil du have en sjat kaffe?* □ *kaffesjat* · *vandsjat* · *vinsjat*

sjette

TALORD

nummer 6 i en række □ *han går i sjette klasse* · *Christian den Sjette*

sjettedel

SUBST. *-en,* plur. *-e, -ene*

en af 6 lige store dele som noget kan deles i

sjippe

VERB. *-r, -de, -t*

gentagne gange hoppe over et tov man selv el. andre holder med hænderne og svinger over hovedet og under fødderne □ *børnene sjippede i frikvarteret* □ *sjipning* · *sjippetov*

sjippetov

SUBST. *-et,* plur. *-e, -ene*

en snor el. et tov som man sjipper med; tovet svinges rundt i en bue og man hopper over det □ *hoppe i sjippetov*

sjofel

ADJ. *-t, sjofle*

1. seksuelt anstødelig = FRÆK □ *en sjofel tankegang* · *fortælle sjofle vittigheder* □ *sjofelhed* · *sjofelist*
2. en sjofel opførsel = MODBYDELIG □ *det er sjofelt at sladre* □ *sjofelhed*

sjofle

VERB. *-r, -de, -t*

sjofle ng behandle nogen uretfærdigt □ *de sjoflede ham på det groveste* · *du skal ikke lade dig sjofle af ham* □ *sjofling* • **sjofle ngt** gøre noget på en tilfældig og ligeglad måde □ *han sjofler sit arbejde*

sjok

ADJ.

nummer sjok (neds., dagl.): den person som yder den dårligste præstation og derfor er placeret sidst □ *han blev nummer sjok i svømmekonkurrencen* · *hun var nummer sjok i klassen*

sjokke

VERB. *-r, -de, -t*

gå langsomt og klodset = SJOSKE, TØFLE □ *han kom sjokkende efter de andre*

sjoske

VERB. *-r, -de, -t*

= SJOKKE □ *sjoske af sted*

sjov[1]

SUBST. *en* el. *et*

1. en udtalelse el. en handling som skal more nogen = SKÆG, GRIN, SPAS, LØJER, MORSKAB □ *han forstår ikke sjov* · *sjov og ballade* · *hun er ikke oplagt til sjov* · *nu skal vi have lidt sjov* □ *sjover* • **for sjovs skyld** el. **for sjov** el. **i sjov** uden at mene det alvorligt = FOR SKÆG □ *jeg drillede ham kun for sjov* · *jeg mente det kun i sjov* • **lave** el. **holde sjov med ng(t)** gøre el. sige noget for at drille el. more nogen □ *børnene holdt sjov med vikaren* · *hun troede først han lavede sjov, men opdagede så at det var alvor* • **være ude på sjov** være oplagt til at lave løjer, især om det at gå i byen □ *de er vist ude på sjov i aften*
2. (iron.): = BESVÆR □ *hun var træt af alt det sjov hun havde med skattevæsenet*

sjov[2]

ADJ. *-t, -e; -ere, -est*

1. som får én til at le = MORSOM, SKÆG □ *en sjov film* · *hun er sød og sjov* · *vi havde det sjovt i aftes*
2. = MÆRKELIG □ *det er da sjovt at han ikke har sendt afbud* · *en sjov fætter*

sjover

SUBST. *-en,* plur. *-e, -ne*

1. en gemen og hensynsløs person = SLYNGEL, SKIDERIK □ *han opførte sig som en sjover* □ *sjoveragtig* · *sjoverstreg*
2. ⟨i sammensætn.⟩ en der udfører tilfældigt arbejde □ *billetsjover* · *havnesjover*
3. (maritimt): en løs tovende

sjuft el. schuft

SUBST. *-en,* plur. *-er, -erne*

= SJOVER □ *det vover han på, den sjuft!* · *din sjuft!*

sjus[1]

SUBST. *sjussen,* plur. *sjusser, sjusserne*

en drink der består af spiritus, fx whisky el. gin, som er tilsat sodavand □ *en dobbelt sjus* □ *flyversjus* · *whiskysjus*

sjus[2]

SUBST. *sjusset,* plur. *sjus, sjussene*

= GÆT □ *komme med et sjus*

sjusk

SUBST. *-et*

et dårligt og overfladisk udført arbejde □ *det er noget værre sjusk du har lavet* □ *byggesjusk*

sjuske[1]

SUBST. *-n,* plur. *-r, -rne*

et kvindeligt sjuskehoved = SJUSKEDORTE, SJUSKEMALENE □ *hun er en frygtelig sjuske i sit hjem*

sjuske[2]

VERB. *-r, -de, -t*

sjuske med ngt gøre noget dårligt på en overfladisk måde = SLØSE, JASKE □ *hun sjusker med sit arbejde* □ *sjuskeri • sjuskedorte • sjuskehoved*

sjuskedorte

SUBST. *en,* plur. *-r, -rne*

= SJUSKE

sjuskehoved

SUBST. *-et,* plur. *-er, -erne*

en person som er tilbøjelig til at sjuske □ *han er et værre sjuskehoved og kommer aldrig til tiden*

sjuskemalene

SUBST. *en,* plur. *-r, -rne*

= SJUSKE

sjuskemikkel

SUBST. *-en* (el. *~miklen*), plur. *~mikler, ~miklerne*

= MANDLIGT SJUSKEHOVED

sjuskeri

SUBST. *-et,* plur. *-er, -erne*
/sjuske'ri/

= SJUSK

sjusket

ADJ. *- , sjuskede*

som ikke er omhyggelig med hensyn til udførelse af et arbejde el. med sin påklædning = SLØSET, SKØDESLØS ≠ PERTENTLIG □ *gå sjusket klædt • en sjusket påklædning • arbejdet er sjusket udført*

sjusse

VERB. *-r, -de, -t*

sjusse sig frem til ngt = GÆTTE □ *han prøvede at sjusse sig frem til hvor mange mennesker der var i salen*

sjækkel

SUBST. *-en* (el. *sjæklen*), plur. *sjækler, sjæklerne*

en jernbøjle der lukkes med en bolt, og som bruges til fastgøring el. samling af kæder el. wirer

sjæl

SUBST. *-en,* plur. *-e, -ene*

1. del af person der ikke er krop og som lever videre efter døden □ *sjælemesse • sjælevandring* • helhed af de egenskaber hos mennesket der betinger tankevirksomhed, vilje og følelser = PSYKE □ *sjæleangst • sjæleglad • sjælefred • sjælekender • sjælekamp • sjæleliv • sjælesorg • sjælesørger*
2. noget som virker intenst og dybtfølt □ *hendes stemme har virkelig sjæl*
3. ikke en sjæl ikke nogen overhovedet □ *der var ikke en sjæl på gaden*

sjælden

ADJ. *-t, sjældne; sjældnere, sjældnest*

kun få gange inden for en periode ≠ HYPPIG, OFTE □ *et af deres sjældne møder • jeg ser ham kun en sjælden gang • han er en sjælden gæst hos os • det er uhyre sjældent den slags sker • jeg ser ham sjældent • han kommer her sjældent • hun har kun sjældent haft tid til det* • som kun forekommer i få tilfælde el. i få eksemplarer = USÆDVANLIG ≠ ALMINDELIG □ *havren er efterhånden sjælden på de danske marker • en sjælden orkidé • det er et meget sjældent og usædvanligt instrument • det blev påtalt med en sjælden åbenhed af de pågældende regeringer • han udviste en sjælden oprigtighed* • **sjælden grad** = MEGET HØJ GRAD □ *det er i sjælden grad lykkedes ham at træde i spinaten • han udviste en sjælden grad af finfølelse*

sjældenhed

SUBST. *-en,* plur. *-er, -erne*

en genstand, en begivenhed el. et fænomen som ses el. forekommer sjældent = KURIOSITET, RARITET, SÆRSYN □ *museet rummer mange sjældenheder • en sådan oplevelse hører til sjældenhederne • en sådan høflighed er en sjældenhed nu om dage*

sjæle

VERB. *-r, -de, -t*

danse m.m. med indlevelse og følsomhed □ *parrene sjælede på dansegulvet til den stille melodi* □ *sjæler*

sjælefred

SUBST. *-en*

udtryk for at have fred i sjælen

sjælekval

SUBST. *-en,* plur. *-er, -erne*

(glds.): en indre kamp el. pine, fx i forbindelse med en svær beslutning □ *lide svære sjælekvaler*

sjælelig

ADJ. *-t, -e*

som har at gøre med de egenskaber hos mennesket der betinger tankevirksomhed, vilje og følelser = PSYKISK, MENTAL □ *en sjælelig krise*

sjæleliv

SUBST. *-et*

måde hvorpå en person føler og tænker □ *have et rigt sjæleliv*

sjælemesse

SUBST. *-n,* plur. *-r, -rne*

= REKVIEM

sjæler

SUBST. *-en,* plur. *-e, -ne*

en sentimental dansemelodi

sjælesorg

SUBST. *-en*

omsorg for en der er i nød og trænger til trøst; især om en præsts opgave i forhold til menigheden □ *præsten ydede sjælesorg til en mor der havde mistet sit barn • der er god sjælesorg i hans bog om sorg, tro og livsmod*

sjælesørger

SUBST. *-en,* plur. *-e, -ne*

en person der lytter til og trøster én der er ked af det □ *menighedens præst og sjælesørger • hendes søster optrådte som sjælesørger*

sjælevandring

SUBST. *-en,* plur. *-er, -erne*

= REINKARNATION

sjælevarmer

SUBST. *-en,* plur. *-e, -ne*

= SENGETRØJE

sjælfuld

ADJ. *-t, -e*

(glds., poet.): som er præget af dybe, inderlige følelser = UDTRYKSFULD □ *sjælfulde øjne • en sjælfuld røst* □ *sjælfuldhed*

sjællandsk

ADJ. *- , -e*

som har at gøre med Sjælland • ⟨SUBST.⟩ de varianter af dansk som tales på Sjælland, og som afviger fra rigsmålet

sjællænder

SUBST. *-en,* plur. *-e, -ne*

en person fra Sjælland

sjælløs

ADJ. *-t, -e*

(glds.): som mangler menneskelige kvaliteter og ikke besidder dybe følelser = ÅNDLØS □ *en sjælløs materialist • se på nogen med sjælløse øjne* □ *sjælløshed*

skab[1]

SUBST. *-et*

fnat hos dyr; er livstruende hvis det ikke behandles □ *hunden havde fået skab*

skab[2]

SUBST. *-et,* plur. *-e, -ene*

et kasseformet møbel el. et lille rum med dør som bruges til opbevaring □ *en lejlighed med indbyggede skabe • der er tre skabe under køkkenbordet • en købmandsdisk med skuffer og skabe* □ *skabsdør • skabsplads* □ *garderobeskab • hjørneskab • klædeskab • køleskab • overskab • underskab • vægskab* • **skabs-** ⟨i sammensætn.⟩ udtryk for at man har en tilbøjelighed el. holdning som man skjuler □ *skabsbøsse • skabskatolik • skabssocialist* • **komme ud af skabet** erklære el. erkende at man har en bestemt, ikke alment accepteret tilbøjelighed el.

holdning, fx at man er bøsse = SPRINGE UD • **vide** el. **bestemme hvor skabet skal stå** være den der bestemmer □ *hans kone ved nok hvor skabet skal stå*

skabagtig

ADJ. *-t, -e; -ere, -st*
/skab'agtig/

som er overdrevent unaturlig og forfinet i sin væremåde = KRUKKET □ *en skabagtig fyr* · *en skabagtig latter*

skabe[1]

VERB. *-r, skabte, skabt*

skabe ngt få noget til at eksistere i en konstant form, især noget kunstnerisk el. betydningsfuldt = FREMBRINGE, KREERE, FOSTRE □ *Gud skabte jorden og himlen* · *skabe et kunstværk* · *skabe nye arbejdspladser* · *skabe en lykkelig tilværelse for sig og sin familie* · *hun er smukt skabt* · *de er som skabt for hinanden* · *en skabende fantasi* · *skabe sig et navn* • **skabe ngt** få noget til at opstå = VÆKKE, FREMKALDE, FREMBRINGE, MEDFØRE □ *hans venlige ansigt skaber tillid* · *hun skabte respekt omkring sig* · *skabe modstand* · *skabe tilfredshed* • **skabt** forstærkende tilføjelse □ *jeg har ikke begreb skabt om matematik*

skabe[2]

VERB. *-r, -de* (el. *skabte*), *-t* (el. *skabt*)

skabe sig opføre sig unaturligt el. hysterisk = LAVE EN SCENE □ *det er da ikke noget at skabe sig sådan over!* · *hvad skaber du dig for?* · *han skabte sig til han fik sin vilje* □ *skabekrukke*

skabekrukke

SUBST. *-n,* plur. *-r, -rne*

en person der skaber sig på en krukket måde = KRUKKE, POSØR, SKABHALS □ *hun er en værre skabekrukke*

skabelon

SUBST. *-en,* plur. *-er, -erne*
[sgabə'lo'n]

en udskåret plade som lægges på et underlag, og som man bruger som nøjagtig model for noget man fx tegner el. skriver □ *tegne en nisse efter skabelon* · *klippe efter skabelon*

skabelse

SUBST. *-n,* plur. *-r, -rne*

det at bringe noget til eksistens el. resultatet heraf = TILBLIVELSE □ *verdens skabelse* · *mennesket er en af Guds skabelser* · *skabelse af et kunstværk* □ *skabelsesakt* · *skabelsesberetning* · *skabelsesmyte* · *skabelsesværk*

skaber

SUBST. *-en,* plur. *-e, -ne*

en person som har skabt nogen el. noget; bruges specielt om Gud □ *skaberen af dette kunstværk* · *tak din Gud og skaber!* · *Gud er himlens og jordens skaber* · *skaberen i al sin kraft trådte frem for ham*

skaberi

SUBST. *-et,* plur. *-er, -erne*
/skabe'ri/

opførsel som er skabagtig

skabet

ADJ. *- , skabede*

1. som er fuld af skab □ *en skabet køter*
2. (neds.): som opfører sig unaturligt el. hysterisk □ *de skabede unger* · *hold op med at være så skabet!*

skabhals

SUBST. *-en,* plur. *-e, -ene*

(glds.): en person der skaber sig = SKABEKRUKKE □ *han er en skabhals der altid prøver at tiltrække sig opmærksomhed*

skabning

SUBST. *-en,* plur. *-er, -erne*

ethvert levende væsen □ *alle jordens skabninger* · *han er dog en mærkelig skabning* • **skabningens herre** herre over andre skabninger; bruges om Gud el. mennesket □ *mennesket er skabningens herre*

skade[1]

SUBST. *-n,* plur. *-r, -rne*

1. = ØDELÆGGELSE □ *stormen anrettede store skader* □ *skade(s)forsikring* · *skadesanmeldelse* · *skadeserstatning* · *skadesløs* □ *brandskade* · *maskinskade* · *personskade* · *stormskade* · *totalskade* · *vandskade* • **det var skade** = DET VAR IKKE SÅ GODT • **gøre mere skade end gavn** gøre noget værre selv om man prøver at hjælpe □ *at tale om ulykken gjorde mere skade end gavn* • **slå halv skade** dele en udgift ligeligt med en anden
2. en kropslig defekt, fx et. sår el. brud på kroppen forårsaget af ydre vold, fx stød, fald el. overanstrengelse □ *han fik en slem skade under fodboldkampen* □ *hjerneskade* · *høreskade* · *knæskade* · *meniskskade* · *rygskade* • **komme til skade** få en skade på kroppen
3. en sorthvid el. brunlig kragefugl, *husskaden* og *skovskaden*
4. en mørk rokkefisk med torne på siden af halen; latinsk navn *Raja batis*

skade[2]

VERB. *-r, -de, -t*

skade ng(t) tilføje nogen el. noget en skade = BESKADIGE □ *bilen blev skadet ved sammenstødet* · *han skadede sit navn ved at opføre sig så dumt* □ *totalskade*

skadedyr

SUBST. *-et,* plur. *~dyr, -ene*

et dyr som anretter skade, fx ved at æde fødevarer el. afgrøder ≠ NYTTEDYR □ *rotten er et skadedyr*

skadefro

ADJ.

som føler el. viser glæde over andres ulykke □ *en skadefro latter* · *han kunne ikke lade være med at være en lille smule skadefro*

skadefryd

SUBST. *-en*

det at være skadefro = MALICE □ *han tænkte med skadefryd på hendes mislykkede forsøg*

skadelig

ADJ. *-t, -e*

ødelæggende i fysisk el. moralsk forstand = NEDBRYDENDE, USUND □ *kemikalier som er skadelige for miljøet* · *en liste over skadelige tilsætningsstoffer* · *hun har en skadelig indflydelse på sine kammerater*

skadeserstatning

SUBST. *-en,* plur. *-er, -erne*

det at erstatte en skade el. det beløb som en skade erstattes med = GODTGØRELSE, KOMPENSATION, SKADESLØSHOLDELSE □ *bilen blev helt smadret, men jeg fik fuld skadeserstatning*

skadesløs

ADJ. *-t, -e*

som holdes fri for tab el. omkostninger □ *holde nogen skadesløs* · *skadesløs kvittering* · *skadesløs betaling* □ *skadesløsbrev*

skadesløsholdelse

SUBST. *-n,* plur. *-r, -rne*

(jura): = SKADESERSTATNING

skadestue

SUBST. *-n,* plur. *-r, -rne*

en afdeling på et hospital hvor man begynder behandlingen af akutte skader el. akut sygdom

skaffe

VERB. *-r, -de, -t*

1. skaffe ngt få fat på noget = FREMSKAFFE, FORSKAFFE □ *skaffe mad og tøj til de hjemløse* · *skaffe hjælp* · *kan du skaffe os pladser?* · *jeg har skaffet nye oplysninger til veje* □ *anskaffe* • **skaffe ngt af vejen** el. **bort** få noget til at forsvinde = BORTSKAFFE • **skaffe ng af vejen** = MYRDE □ *gangsterne skaffede stikkeren af vejen* • **skaffe sig ng(t)** tilegne sig nogen el. noget □ *hvordan skal jeg skaffe mig en kone?* · *han skaffer sig venner alle steder* · *hun skaffede sig adgang til de højere kredse* · *skaf os lige at vide hvad der egentlig foregår derhenne* · *skaffe sig ørenlyd* • **skaffe sig af med ng(t)** komme af med nogen el. noget □ *virksomheden skaffede sig af med de overflødige medarbejdere* · *man forsøgte at skaffe sig af med de store affaldsdynger*
2. få med ng at skaffe få bank el. skældud af nogen □ *hvis du ikke holder fingrene væk, får du med mig at skaffe*

skafot

SUBST. *skafottet,* plur. *skafotter, skafotterne*
/ska'fot/

et stillads el. en forhøjning hvorpå der sker henrettelser □ *bringe en dødsdømt på skafottet* · *betræde skafottet*

skaft

SUBST. *-et,* plur. *-er, -erne*

1. et aflangt håndtag på et redskab el. et stykke værktøj □ *en økse med langt skaft* · *en kniv med et skaft af elfenben* □ *hammerskaft* · *knivskaft* · *kosteskaft* · *spadeskaft* · *træskaft* · *økseskaft* • noget der ligner et skaft □ *skaftet på en kotelet* · *ridestøvler med lange skafter* □ *skaft(e)støvle* □ *strømpeskaft* · *støvleskaft*
2. (vævning): en anordning på en væv der løfter og sænker *trenden,* når der trædes på en *trampe*

skagle

SUBST. *-n,* plur. *-r, -rne*

1. en læderrem el. et reb der forbinder en hests seletøj med *hammelen* på en hestevogn
2. slå til skaglerne (glds.): slå sig løs

skak

SUBST. *skakken*

1. et brætspil for to spillere som hver har 16 sorte eller hvide brikker: en konge, en dronning, to løbere, to springere, to tårne og otte bønder □ *spille skak* · *et parti skak* □ *skakbog* · *skakbord* · *skakbrik* · *skakbræt* · *skakklub* · *skakparti* · *skakspil* · *skakternet* · *skaktræk* □ *blindskak* · *korrespondanceskak* · *simultanskak* · *solitærskak* • ⟨plur. *skakker, skakkerne*⟩ en stilling i skak hvor modstanderens konge trues □ *byde kongen skak* · *give skak* · *kongen står i skak* · *sige skak og mat* · *stille sig i skak* · *sætte modstanderen i skak* · *unddrage sig en skak* □ *skakmat*
2. holde ng(t) i skak holde nogen el. noget under nøje overvågning og kontrol □ *bankrøveren holdt personalet i skak med en pistol*

skakbræt

SUBST. *~brættet,* plur. *~brætter, ~brætterne*

et spillebræt inddelt i 64 sorte og lyse felter

skakke

ADJ.

lægge hovedet på skakke (glds.): lægge hovedet på skrå

skakmat

SUBST. *~matten,* plur. *~matter, ~matterne*
[*'sgagmat*]

en stilling i skak hvor modspilleren ikke kan flytte sin konge, og som betyder at spillet er endt = MAT □ *gøre modstanderen skakmat* · *sætte modstanderen skakmat*

skakspil

SUBST. *~spillet,* plur. *~spil, ~spillene*

et skakbræt med tilhørende brikker = SKAK • det at spille skak el. et enkelt parti skak □ *efter ti skakspil førte han stadig* □ *skakspiller*

skakspiller

SUBST. *-en,* plur. *-e, -ne*

en person som spiller skak

skakt

SUBST. *-en,* plur. *-e* (el.*-er*), *-ene* (el. *-erne*)

en lodret passage gennem en bygning □ *elevatorskakt* · *trappeskakt* • en lodret kanal □ *rørskakt* · *ventilationsskakt*

skaktræk

SUBST. *~trækket,* plur. *~træk, ~trækkene*

et træk i skak • en taktisk manøvre mod en modstander

skal[1]

SUBST. *skallen,* plur. *skaller, skallerne*

et tyndt el. hårdt lag som omgiver og beskytter noget □ *en hård skal* □ *frøskal* · *kokosskal* · *muslingeskal* · *nøddeskal* · *æggeskal* • en usynlig barriere der beskytter og isolerer én i forhold til omverdenen □ *trække sig ind i sin skal* · *omgive sig med en skal* • (slang): = HOVED □ *få én på skallen* · *blive gal i skallen* □ *hovedskal* · *pandeskal*

skal[2]

VERB.

bøjningsform af *skulle*

skala

SUBST. *-en,* plur. *-er, -erne*

1. størrelsesforholdet mellem en genstand og en afbildning af denne = MÅLESTOK
2. en gradinddeling på et måleinstrument □ *volumenstrømmen aflæses direkte på en skala anbragt bag røret* □ *skalaopdeling* · *skalaværdi*
3. en inddeling som bruges til at vurdere, sammenligne el. måle nogen el. noget med □ *nå skalaens højeste punkt* · *en stigende skala* · *hvordan vil du vurdere ham på en skala fra 1 til 10?* • et register af farver el. følelser □ *filmen gennemløber hele skalaen af følelser* □ *farveskala* • (musik): en trinvis ordnet række af toner inden for en oktav □ *spille skalaer på klaveret*

skalamodel

SUBST. *~modellen,* plur. *~modeller, ~modellerne*

en model der har samme indbyrdes måleforhold som den gengivne genstand □ *bygge en skalamodel af båden*

skalar

SUBST. *-en,* plur. *-er, -erne*

(matematik, fysik): en størrelse som er uden retning og kan angives alene ved en talværdi el. ved et punkt på en skala ≠ VEKTOR □ *temperatur, energi og masse er skalarer* □ *skalarprodukt* · *skalarstørrelse*

skaldepande

SUBST. *-n,* plur. *-r, -rne*

en skaldet isse □ *han har fuldskæg og skaldepande* • en skaldet mand □ *en gammel skaldepande med buskede øjenbryn og portvinstud*

skaldet

ADJ. *- , skaldede*

som ikke har hår på hovedet □ *blive skaldet* · *han er helt skaldet* · *skaldet plet* □ *pilskaldet* • (dagl., neds.): som ikke er meget værd = SØLLE □ *en skaldet femkrone fik han for sin ulejlighed*

skaldyr

SUBST. *-et,* plur. *~dyr, -ene*

et spiseligt saltvandsdyr der ligger i en skal el. har rygskjold, fx musling, østers, reje, hummer el. krabbe □ *fisk og skaldyr* □ *skaldyrsalat* · *skaldyrsovs* · *skaldyrsuppe*

skalke

VERB. *-r, -de, -t*

skalke ngt overdække lugerne på et skib med presenninger for at der ikke skal trænge vand ind

skalkeskjul

SUBST. *-et,* plur. *~skjul, -ene*

(neds.): noget som man foregiver for at dække over sandheden vedrørende sine hensigter el. sit væsen = DÆKKE □ *tjene som skalkeskjul* · *hans venlighed var et skalkeskjul for hans onde hensigter* · *hendes blide ydre er ikke andet end et skalkeskjul*

skalle[1]

SUBST. *-n,* plur. *-r, -rne*

1. en sølvskinnende karpefisk med orange finner og rød iris; latinsk navn *Rutilus rutilus*
2. give el. **nikke ng en skalle** give nogen et hårdt stød i hovedet med panden • **nikke den en skalle** (slang): arbejde hårdt i kort tid □ *lad os lige nikke den en skalle og få ryddet op!*

skalle[2]

VERB. *-r, -de, -t*

skalle (af) falde af i flager □ *malingen skallede af* · *huden skallede* □ *skalning*

skalotteløg el. chalotteløg

SUBST. *-et,* plur. *~løg, -ene*

et lille løg der er fladtrykt på den ene side; er mild i smagen og bruges ofte helt i gryderetter; latinsk navn *Allium ascalonicum*

skalp

SUBST. *-en,* plur. *-e, -ene*

huden på den øverste del af menneskets hoved; brugt af visse indianere som sejrstrofæ □ *indianerne tog deres fjenders skalpe som tegn på sejr* □ *skalpejagt* · *skalpejæger* • **være ude efter ngs skalp** søge at ramme el. skade nogen = EFTERSTRÆBE

skalpel

SUBST. *skalpellen,* plur. *skalpeller, skalpellerne*
[*sgal'pæl'*]

en operationskniv med fast el. udskiftelig klinge

skalpere

VERB. *-r, -de, -t*
/*skal'pere*/

skalpere ng fjerne nogens skalp □ *indianerne skalperede de dræbte fjender* □ *skalpering*

skalær

ADJ. *-t, -e*
/*ska'lær'*/

som har at gøre med en skala □ *en skalær inddeling*

skam[1]

SUBST. *skammen*

1. en følelse af flovhed forårsaget af uformåenhed el. en fortrydelig handling = BONDEANGER, SAMVITTIGHEDSNAG □ *rødme af skam* · *føle skam* · *det er ingen skam at være fattig* · *han ejer ikke skam i livet* □ *skamfuld* · *skamfølelse* · *skamløs* • **for skams skyld** (glds.): fordi man ikke kan være andet bekendt □ *give almisser for skams skyld*
2. = VANÆRE □ *bringe skam over familien*
3. det at noget er ærgerligt □ *sikken en skam!* · *det er en skam I ikke kan komme* · *det er synd og skam* □ *skamfuld* · *skamfølelse* · *skamløs*

skam[2]

ADV.

udtryk for en indrømmelse el. beklagelse □ *jeg kan skam godt lide ham • det var skam ikke meningen at jeg ville fornærme dig*

skamben

SUBST. *-et*, plur. *~ben, -ene*

(anatomi): et af to ben i den forreste del af bækkenbunden

skambide

VERB. *-r, ~bed, ~bidt*

skambide ng(t) skade et dyr el. et menneske slemt ved bid □ *løse hunde havde jagtet og skambidt flere hjorte • skarvene skambider ofte fisk i bundgarn • politiet har ret til at lade en hund aflive hvis den har skambidt et menneske* □ *skambidning*

skamfere

VERB. *-r, -de, -t*
/skam'fere/

skamfere ng ødelægge nogens udseende □ *han fik ansigtet skamferet* □ *skamfering*

skamfuld

ADJ. *-t, -e*

som udtrykker skam = FLOV □ *du kan med rette se skamfuld ud over det du har gjort • et skamfuldt blik*

skamfølelse

SUBST. *-n*, plur. *-r, -rne*

en følelse af skam = BLUSEL □ *blive overvældet af skamfølelse*

skamlæbe

SUBST. *-n*, plur. *-r, -rne*

hver af de to ydre kønsdele som omslutter åbningen til skede og klitoris i kvindens ydre kønsorganer

skamløs

ADJ. *-t, -e*

som er uden sans for hvad der sømmer sig = FRÆK, UBLU, UBLUFÆRDIG □ *en skamløs optræden • en skamløs løgner • en skamløs udnyttelse af uskyldige mennesker* □ *skamløshed*

skamme

VERB. *-r, -de, -t*

skamme sig være flov og føle skam □ *hun skammede sig over det hun havde gjort • du skulle skamme dig! • skamme sig ved at sige det højt • skamme sig over nogen* • **skamme ng ud** skælde nogen ud på en meget hård og vred måde □ *moderen skammede barnet ud*

skammekrog

SUBST. *-en*, plur. *-e, -ene*

(glds.): et hjørne i et lokale hvor børn anbringes for at skamme sig over noget □ *han blev sat i skammekrogen for sine drengestreger* • en situation hvor en person, en gruppe el.lign. er isoleret og sat uden for indflydelse □ *den kritiske forstander er sat i skammekrogen • kommunisterne blev henvist til parlamentets skammekrog • føre landet væk fra den internationale skammekrog*

skammel

SUBST. *-en* (el. *skamlen*), plur. *skamler, skamlerne*

en lille lav stol el. bænk uden ryg- og armlæn til at sidde el. hvile knæ el. fødder på □ *en trebenet skammel* □ *fodskammel • knæleskammel • malkeskammel*

skammelig

ADJ. *-t, -e*

1. = SKÆNDIG □ *en skammelig begivenhed • du opfører dig skammeligt*
2. = ÆRGERLIG □ *det er skammeligt at vi ikke mødte hinanden for lang tid siden*

skamplet

SUBST. *~pletten*, plur. *~pletter, ~pletterne*

en handling som giver anledning til skam og vanære □ *hans bedragerier satte en skamplet på familien • henrettelserne er en skamplet på landet*

skamros

SUBST. *-en*

overdreven, ufortjent og ukritisk ros

skamrose

VERB. *-r, ~roste, ~rost*

skamrose ng(t) rose nogen el. noget på en overdreven måde = LOBHUDLE □ *du skal skamrose hunden når den har været lydig!*

skamstøtte

SUBST. *-n*, plur. *-r, -rne*

en støtte der rejses til minde om en skændselsgerning nogen har begået □ *han vil rejse en skamstøtte over kommunalpolitikerne • han tildeles en skamstøtte • der rejses en skamstøtte over hans navn*

skandale

SUBST. *-n*, plur. *-r, -rne*
/skan'dale/

noget der krænker offentlighedens følelse af hvad der er moralsk korrekt el. acceptabelt □ *han laver altid skandale • det vakte skandale da forholdene på plejehjemmet blev almindelig kendt • det er en skandale at han stadig bliver mistænkt* □ *skandalisere • skandaløs • skandalehistorie • skandaleomsust • skandalepresse* □ *sexskandale*

skandalisere

VERB. *-r, -de, -t*
/skandali'sere/

skandalisere ng udsætte nogen for offentlig forargelse ved at offentliggøre noget pinligt om dem = KOMPROMITTERE □ *de er ude på at skandalisere ham fuldstændigt • hans forhenværende venner har skandaliseret ham godt og grundigt* □ *skandalisering*

skandaløs

ADJ. *-t, -e*
/skanda'løs/

= FORARGELIG □ *arbejdsforholdene var skandaløst dårlige • hans skandaløse opførsel bringer ham ofte i den kulørte presse • en skandaløs artikel*

skanderborgenser

SUBST. *-en*, plur. *-e, -ne*
[sganɔbå'gæn'sɔ]

en person fra Skanderborg

skandere

VERB. *-r, -de, -t*
/skan'dere/

skandere ngt læse noget op med stærk betoning af versefødderne □ *skandere et vers* □ *skandering*

skandinav

SUBST. *-en*, plur. *-er, -erne*
/skandi'nav/

en person fra de skandinaviske lande □ *der var mange skandinaver på hotellet*

skandinavisk

ADJ. *- , -e*
/skandi'navisk/

som har at gøre med Skandinavien, dvs. landene Danmark, Norge og Sverige, evt. også Island og Finland □ *de skandinaviske lande • de skandinaviske folk* • **den skandinaviske halvø** Norge, Sverige og den nordvestlige del af Finland

skandinavisme

SUBST. *-n*
/skandina'visme/

en bevægelse i 1800-tallet der tilstræbte fællesskab og samarbejde mellem de skandinaviske lande

skank

SUBST. *-en*, plur. *-e, -ene*

stykket mellem knæet og foden på slagtet kvæg □ *koge suppe på skanken af en kalv* □ *bagskank • forskank • kalveskank* • **slå skank** slå anklerne mod hinanden • **skanker** (dagl., spøg.): = BEN □ *bruge sine skanker • røre skankerne • tage skankerne med sig*

skanne el. scanne

VERB. *-r, -de, -t*

skanne ngt afsøge et områdes overflade med en lyskilde punkt for punkt i en bestemt rækkefølge ved hjælp af en *skanner*; det kan være at skanne en vares stregkode, at skanne en legemsdel med ultralyd el. skanne tekst, grafik o.l. ind i en computer □ *skanne en vares stregkode • skanne den gravides mave • skanne dokumenter • skanne et foto ind i computeren* □ *skanner • skanning* • **skanne ngt** hurtigt afsøge noget, ofte fordi man leder efter noget bestemt □ *skanne en tekst for fejl • fotografen skannede menneskemængden for kendte personer*

skanner el. scanner

SUBST. *-en*, plur. *-e, -ne*

et apparat til elektronisk afsøgning af en overflade, fx til aflæsning af stregkoder på varer • (medicin): et apparat der ved hjælp af ultralyd kan konstatere uregelmæssigheder i legemet, fx svulster m.m • (edb): et apparat til optisk aflæsning og digitalisering af grafik, tekst el. billeder så de kan databehandles; en slags fotokopimaskine hvor resultatet kommer ud i data i stedet for i papir

skanse

SUBST. *-n,* plur. *-r, -rne*

1. et militært befæstningsanlæg = FORSKANSNING □ *storme fjendens skanser* • **holde skansen** klare sig over for angreb • **være sidste mand på skansen** holde længst ud
2. den agterste forhøjede del af et skibsdæk

skanseklædning

SUBST. *-en,* plur. *-er, -erne*

det stykke af en skibsside der rager op over dækket = RÆLING, LØNNING

skar

VERB.

bøjningsform af *skære*

skarabæ

SUBST. *-en,* plur. *-er, -erne*

en amulet fra oldtidens Egypten i form af en gødningsbille • en *torbist* som er en *gødningsbille* og en *oldenborre;* latinsk navn *Scarabaeidae*

skare

SUBST. *-n,* plur. *-r, -rne*

en stor, talrig mængde af levende væsener = FLOK □ *en tæt skare tilskuere · dyrene vandrer i store skarer · en voksende skare af tilhængere* □ *engleskare · folkeskare · hærskare · menneskeskare*

skarlagen

SUBST. *-et*

en højrød farve som oprindelig blev fremstillet af en art tørrede skjoldlus og anvendt til farvning af tøj = KARMIN □ *skarlagenrød · skarlagensfeber*

skarlagensfeber

SUBST. *-en,* plur. *~febre, ~febrene*

en smitsom børnesygdom med rødt udslæt, høj feber, smerter i halsen og afskalning af huden; skyldes bakterieinfektion

skarlagensrød el. skarlagenrød

ADJ. *-t, -e*

= CINNOBERRØD

skarn

SUBST. *-et,* plur. *skarn, -ene*

1. = AFFALD □ *skarnboks · skarnbøtte · skarnkasse · skarnspand* • **kaste skarn på ng** sige nedsættende ting om en person • **slæbe ng i skarnet** bagvaske en person • **trække ng op af skarnet** hjælpe en person ud af elendige forhold
2. en person som opfører sig dårligt el. uartigt □ *et utaknemmeligt skarn · dit lille skarn* □ *skarnsknægt · skarnsstreg · skarnsunge*

skarnbasse

SUBST. *-n,* plur. *-r, -rne*

en sortblå, metalglinsende *torbist* hvis larver lever i kogødning; latinsk navn *Geotrupes*

skarnsknægt

SUBST. *-en,* plur. *-e, -ene*

(glds.): en dreng der laver ballade

skarnspand

SUBST. *-en,* plur. *-e, -ene*

(glds.): = SKRALDESPAND

skarnsstreg

SUBST. *-en,* plur. *-er, -erne*

en ubehagelig el. uartig handling □ *det var en skarnsstreg han lavede med hende · drengene i kvarteret har mange skarnsstreger på samvittigheden · lave skarnsstreger*

skarntyde

SUBST. *-n,* plur. *-r, -rne*
/skarn'tyde/

en høj plante med findelte blade og hvide blomster i skærme; er meget giftig; latinsk navn *Conium maculatum* □ *skarntydesaft*

skarp

ADJ. *-t, -e; -ere, -est*

1. som har en skarp kant og derfor skærer godt □ *en skarp kniv · en skarp saks* • som går ud i en spids el. vinkel □ *en skarp kant · en skarp hage · skarpe kløer · skarpe negle* • med tydeligt omrids □ *bjergene aftegnede sig skarpt mod horisonten · fotografiet var ikke videre skarpt · indstille skarpt på noget*
2. som føles skærende og gennemtrængende □ *en skarp lyd · skarpt lys · skarp frost · skarp vind · stemmen lød høj og skarp* • som lugter el. smager stærkt og gennemtrængende □ *parfumen har en tung og skarp duft · maden har en skarp smag · en skarp ost*
3. (om ammunition): som er forsynet med projektiler □ *skarp ammunition · skarpe skud i geværet · skyde med skarpt*
4. som forekommer kritisk og afvisende = HVAS, SKRAP □ *et skarpt svar · en skarp tunge · et skarpt blik* • som er hård og intensiv, oftest på en ubehagelig måde □ *et skarpt angreb · skarp bevogtning · skarpt forfulgt af modstanderen · tage skarpe forholdsregler · i skarp konkurrence med · skarp kontrol · skarp kritik · være i skarp træning* • **på det skarpeste** meget kraftigt □ *hun protesterede på det skarpeste* • **skyde med skarpt** bruge grove, stærke ord □ *journalisterne skød med skarpt*
5. som er årvågen og skarpsindig □ *have en skarp hjerne · en skarp hørelse · en skarp analyse · et skarpt og kynisk intellekt*

skarpladt

ADJ. *- , -e*

ladet med skarpe skud □ *en skarpladt revolver*

skarpretter

SUBST. *-en,* plur. *-e, -ne*

(hist.): en person som udfører halshugning af dødsdømte = BØDDEL, MESTERMAND

skarpsild

SUBST. *-en,* plur. *~sild, -ene*

= BRISLING

skarpsindig

ADJ. *-t, -e; -ere, -st*
/skarp'sindig/

som hurtigt bemærker, forstår el. udtrykker ting □ *en skarpsindig læser · en skarpsindig analyse · en skarpsindig bemærkning*

skarpskytte

SUBST. *-n,* plur. *-r, -rne*

en dygtig skytte

skarpsynet

ADJ. *- , ~synede*

som er dygtig til at opfatte og vurdere = SKARPSINDIG □ *en skarpsynet iagttagelse · et skarpsynet vidne* □ *skarpsynethed*

skarv

SUBST. *-en,* plur. *-e* (el. *-er*), *-ene* (el. *-erne*)

en stor, sort svømmefugl med en lang hals, en krog i spidsen af næbbet og en kileformet hale; latinsk navn *Phalacrocorax carbo* = ÅLEKRAGE □ *skarvekoloni · skarverede*

skat[1]

SUBST. *skatten,* plur. *skatte, skattene*

1. en samling af rigdomme som ofte opbevares på et sikkert sted □ *de indiske fyrster ejede umådelige skatte · han gemte en skat af guld og ædelstene* □ *skatkammer · skatmester · skat(te)kiste · skattejagt · skattekort* □ *guldskat* • ting el. åndelige værdier som man sætter høj pris på □ *bamsen var hendes kæreste skat · folkeviserne er en af litteraturhistoriens skatte* □ *kulturskat · kunstskat · sangskat*
2. en person man holder af = ELSKEDE □ *min egen søde skat* □ *skattepige*

skat[2]

SUBST. *skatten,* plur. *skatter, skatterne*

en procentdel af en persons el. virksomheds indtægt m.m. som skal betales til stat, kommune og evt. folkekirke til dækning af offentlige udgifter □ *betale 50.000 kr. i skat · svare skat af sine indtægter · staten udskrev nye skatter · lægge skat på vin* □ *skatteindtægt · skattekort · skattesystem · skattetryk · skattetænkning · skatteyder* □ *arveskat · formueskat · indkomstskat · kommunalskat · kirkeskat · marginalskat · statsskat · virksomhedsskat* • **direkte skat** en skat som betales af ens indtægt el. formue • **indirekte skat** en skat som betales i form af afgifter på varer og tjenesteydelser

skateboard

SUBST. *-et,* plur. *-s, -ene*
['sgæjdbå·t]

et lege- og sportsredskab som består af en aflang plade med to par rulleskøjtehjul som man står på og giver fart ved afsæt med den ene fod og styrer ved bevægelser med kroppen = RULLEBRÆT □ *børnene løb på skateboard ned ad gaden · han er Danmarksmester på skateboard* □ *skateboardbane · skateboardmesterskab*

skatkammer

SUBST. *-et* (el. *~kamret*), plur. *~kamre, ~kamrene*

(hist.): rum el. bygning til opbevaring af værdifulde ting □ *Rosenborgs skatkammer · Atreus skatkammer* • noget som rummer store, fx åndelige el. arkæologiske, værdier □ *lede i sangens skatkammer · et arkæologisk skatkammer*

skatte

VERB. *-r, -de, -t*

skatte ng(t) sætte stor pris på nogen el. noget =

VÆRDSÆTTE, VURDERE □ *han var et højt skattet medlem af bestyrelsen · italienerne skatter deres store industriledere som nærmest anses for folkehelte*

skatteansættelse

SUBST. *-n,* plur. *-r, -rne*

en beregning af skatteprocent og fradrag for en skatteyder i forhold til forventet indkomst □ *for høj skatteansættelse · meddelelse om skatteansættelse*

skatteborger

SUBST. *-en,* plur. *-e, -ne*

= SKATTEYDER

skattefradrag

SUBST. *-et,* plur. *~fradrag, -ene*

et beløb der trækkes fra indkomsten før skatten beregnes

skattefri

ADJ. *-t, -e* (el. *skattefri)*

som der ikke skal betales skat af □ *skattefri indtægter · lottogevinsten var skattefri*

skatteligning

SUBST. *-en,* plur. *-er, -erne*

fastsættelse af den skat som nogen skal betale = LIGNING □ *kommunen har problemer med at få færdiggjort skatteligningen*

skattely

SUBST. *-et,* plur. *~ly, -ene*

et land el. et område med lavere beskatning end i ens eget land, hvorfor nogle vælger at bosætte sig der el. lade deres virksomhed registrere der□ *mange danskere har søgt skattely i udlandet*

skattepligtig

ADJ. *-t, -e*

som der skal betales skat af; også om en person som skal betale skat □ *skattepligtig formue · som udlandsdansker er han ikke skattepligtig i Danmark* ● **skattepligtig indkomst** se under *indkomst*

skatteprocent

SUBST. *-en,* plur. *-er, -erne*

et udtryk i procent for hvor meget man skal betale i skat af den skattepligtige indkomst□ *min skatteprocent er 54 · kommunen har landets højeste skatteprocent*

skattesnyd

SUBST. *-et*

= SKATTESVIG □ *skattesnyder · skattesnyderi*

skattesvig

SUBST. *-et*

forsøg på at snyde i skat ved at opgive falske oplysninger til skattevæsnet = SKATTESNYD

skattetryk

SUBST. *~trykket*

den økonomiske belastning det er for den enkelte borger at betale skat et bestemt sted □ *landet har det højeste skattetryk i Europa*

skatteyder

SUBST. *-en,* plur. *-e, -ne*

en person som betaler skat = SKATTEBORGER

skavank

SUBST. *-en,* plur. *-er, -erne*
/ska'vank/

en mindre, især legemlig, svaghed el. utilstrækkelighed = FEJL □ *legemlige skavanker · en hest uden skavanker · med alderen får man mange skavanker* □ *småskavanker*

ske[1]

SUBST. *-en,* plur. *-er, -erne*

1. et redskab der består af et skaft med en afrundet fordybning; bruges til at spise el. røre med□ *grydeske · spiseske · suppeske · teske*
2. have ngt ind med skeer have alting nøje forklaret ● **tage skeen i en anden hånd** gøre noget på en radikalt anden måde, fx om ændring af levevis□ *hvis du ikke opfører dig ordentligt, bliver vi nødt til at tage skeen i den anden hånd* ● **være hård at bide skeer med** være hård at kæmpe imod

ske[2]

VERB. *-r, -te, -t*

finde sted = HÆNDE, FOREGÅ, INDTRÆFFE □ *der er sket en ulykke · befordringen sker med jernbane · hun trykkede på knappen, men intet skete · der sker aldrig noget i den her by · du skal ikke være bange, der sker ikke noget · det sker at han kommer forbi · hun beklagede det skete* ● **det kan ske** det er muligt□ *det kan ske at han kommer for sent · det kan godt ske at du har ret* ● **det er sket med ng(t)** udtryk for at noget er forbi el. at nogen må forlade en tilstand el. position □ *da de fik børn, var det sket med at sove længe søndag morgen · han har ikke gjort sit arbejde godt nok, så nu er det sket med ham · hvis han ikke betaler dem pengene senest i morgen, er det sket med ham*

sked

VERB.

bøjningsform af *skide*

skede

SUBST. *-n,* plur. *-r, -rne*

1. et hylster som en kniv, et sværd el.lign. stikkes ned i, og som kan sættes fast i en rem så man bærer det ved siden □ *sætte dolken i skeden · trække sværdet af skeden* □ *sværdskede*
2. gangen fra de ydre kønsorganer ind til livmoren på en kvinde el. et hundyr = VAGINA □ *skedekatar · skedemuskler*

skeetskydning

SUBST. *-en*
['sgi·t-]

lerdueskydning hvor lerduerne slynges ud fra katapulter på begge sider af skytten

skefuld

SUBST. *-en,* plur. *-e, -ene*

den mængde af noget der kan være i en ske□ *han tog en ordentlig skefuld · fem skefulde med top · en strøgen skefuld*

skeje

VERB. *-r, -de, -t*

skeje ud leve overdådigt og hæmningsløst □ *han skejede en del ud i sin ungdom · oven på en hård arbejdsuge trængte hun til at skeje ud*

skejs

SUBST. *en,* plur. *-er, -erne*

skejser (slang): = PENGE □ *har du nogen skejser?* ● **ikke en skejs** (slang): = IKKE EN RØD ØRE □ *jeg har ikke en skejs tilbage efter i går*

skel

SUBST. *skellet,* plur. *skel, skellene*

en linie der adskiller to grunde □ *åen danner skel mellem de to landbrugsejendomme* □ *skelsten* □ *grænseskel · markskel · vandskel* ● en afgørende forskel el. et vendepunkt□ *begivenheden satte et åndeligt skel i hans udvikling · der er et skarpt skel mellem mænd og kvinder her* □ *skelsættende · skelsår* □ *klasseskel*

skele

VERB. *-r, -de, -t*

1. have en fejlindstilling af det ene el. begge øjne □ *han skeler på det venstre øje* □ *skelen · skeløjet*
2. se til siden uden at bevæge hovedet = SKÆVE, SKOTTE □ *han skelede til sin tavse tante*
3. skele til ngt tænke på el. tage delvis hensyn til noget = SKÆVE □ *han skeler ikke til hvad det koster*

skelet

SUBST. *skelettet,* plur. *skeletter, skeletterne*
/ske'let/

1. den struktur i dyrs og menneskers krop som består af alle knoglerne; beskytter de indre organer og er omgivet af hud = BENRAD □ *læreren viste hvor kravebenet sidder i skelettet* ● en person der er meget tynd□ *hun er et rent skelet* ● **have et skelet i skabet** have noget ubehageligt som man forsøger at holde skjult
2. et stativ el. en ramme som andet bygges udenpå □ *kulissen blev bygget op på et skelet af jernstænger* ● en grundlæggende idé el. holdning □ *disse tanker var skelettet i hans livsanskuelse*

skelne

VERB. *-r, -de, -t*

1. skelne mellem ng(t) gøre forskel på ting el. opfatte ting som forskellige = SONDRE □ *man skelner mellem træer og buske · man bør kunne skelne mellem ondt og godt* □ *skelnen* ● **skelne ng(t) fra ng(t)** □ *jeg kan ikke skelne den ene tvilling fra den anden · hun kunne ikke skelne os fra hinanden*
2. skelne ngt se el. høre at noget træder frem fra en større helhed = SKIMTE □ *jeg kunne tydeligt skelne hendes stemme fra de andre · vi skelnede et hus i mørket*

skelsættende

ADJ.

meget opsigtsvækkende og betydningsfuld = EPOKEGØRENDE □ *en skelsættende begivenhed*

skelsår

SUBST. *et*

komme til skelsår og alder (glds.): nå et alderstrin hvor man er i stand til at skønne og tage ansvar

skeløjet

ADJ. - , *skeløjede*
[ˈsgelɔjˈəð]

som ser skævt med det ene øje el. begge øjne = VINDØJET □ *en skeløjet dreng* • *han er skeløjet* □ *skeløjethed* • **ikke så skeløjet** (dagl.): ikke så tosset □ *han er nu slet ikke så skeløjet!*

skema

SUBST. *-et,* plur. *-er, -erne*

en tidsplan for bestemte aktiviteter der foregår med en vis regelmæssighed, især undervisning = TIMEPLAN □ *klassens time stod ikke på skemaet* • *lægge skema for resten af året* □ *skemalægning* □ *arbejdsskema* • *skoleskema* • oversigt el. plan der viser hvordan noget fungerer □ *strømskema* • en blanket med systematisk ordnede felter til udfyldning □ *ansøgningsskema* • *forskudsskema* • *spørgeskema*

skematisk

ADJ. - , *-e*
/skeˈmatisk/

som fremstilles ved hjælp af et skema □ *energiforbruget fremgår af vedlagte skematiske oversigt* • som fremstilles systematisk el. i grove træk □ *en noget skematisk fremstilling der udelader mange vigtige detaljer*

skepsis

SUBST. *-en* (el. *skepsissen*)

en tvivlende, mistroisk el. kritisk indstilling til nogen el. noget = TVIVL, MISTRO, SKEPTICISME □ *betragte noget med skepsis* • *han nærede en sund skepsis over for alt* • *hans indstilling er præget af skepsis* • *hun kunne ikke skjule sin skepsis*

skepticisme

SUBST. *-n*
[sgæbtiˈsismə]

= SKEPSIS • (filosofi): en opfattelse som udelukker muligheden af en objektiv erkendelse

skeptiker

SUBST. *-en,* plur. *-e, -ne*

person som nærer skepsis = TVIVLER □ *han er en skeptiker ud over alle grænser* • *skeptikerne troede ikke på idéen, men tilhængerne gik fuldt og helt ind for den*

skeptisk

ADJ. - , *-e*

som forholder sig tvivlende, mistroisk el. kritisk over for nogen el. noget □ *han er en skeptisk natur* • *hun så skeptisk på ham* • *stille sig skeptisk over for noget*

sketch

SUBST. *-en,* plur. *-er* (el. *sketch*), *-erne (el. -ene)*
[ˈsgædsj]

en kort scene med en humoristisk pointe; ofte som indslag i en revy

ski

SUBST. *-en,* plur. *ski, -ene*

hver af to lange, smalle stykker træ el. plastic med opadbøjede spidser som spændes på fødderne så man kan glide hen over sne □ *løbe på ski* • *stå på ski i Norge* □ *skibukser* • *skihop* • *skilift* • *skiløb* • *skiløjpe* • *skisport* • *skistøvle* □ *fjeldski* • *hopski* • *langrendsski* • *slalomski* • *træski* • *vandski*

skib

SUBST. *-et,* plur. *-e, -ene*

1. et søgående fartøj beregnet til at transportere personer og varer over vand = BÅD □ *om bord på et skib* □ *skibsbygning* • *skibsdæk* □ *fragtskib* • *krigsskib* • *sejlskib* • **brænde sine skibe** afskære sig fra tilbagetog
2. = KIRKESKIB

skibbrud

SUBST. *~bruddet,* plur. *~brud, ~bruddene*

en ulykke hvor et skib synker = FORLIS □ *lide skibbrud* • *skibet stødte på skærene, og et skibbrud var forestående* □ *skibbruden* • noget som mislykkes og bryder sammen □ *deres ægteskab led skibbrud*

skibonit

SUBST. *skibonitten,* plur. *skibonitter, skibonitterne*
/skiboˈnit/

= SKIVEBO

skibsassistent

SUBST. *-en,* plur. *-er, -erne*

en sømand der er uddannet til at arbejde både på dækket og i maskinen på et skib

skibsbygger

SUBST. *-en,* plur. *-e, -ne*

en person der som erhverv arbejder med smede- og stålkonstruktioner i skibsindustrien □ *skibsbygger på skibsværftet* □ *skibsbyggerfag*

skibsdreng

SUBST. *-en,* plur. *-e, -ene*

(foræld.): = DÆKSDRENG

skibsfart

SUBST. *-en*

= SØFART □ *den daglige skibsfart i vores hjemlige farvande* • *skibsfarten over Østersøen* • *han tog på skibsfart*

skibsfører

SUBST. *-en,* plur. *-e, -ne*

en person der har kommandoen på et fragt- el. passagerskib □ *bevis som skibsfører giver ret til at være skibsfører på alle skibe* • *skibsføreren leder skibets daglige drift*

skibshandel

SUBST. *-en* (el. *~handlen*), plur. *~handler, ~handlerne*

en forretning der forhandler artikler for skibe og søfolk = SKIBSPROVIANTERINGSHANDEL

skibshandler

SUBST. *-en,* plur. *-e, -ne*

en person der driver en skibshandel

skibsmægler

SUBST. *-en,* plur. *-e, -ne*

en person der formidler aftaler om fragt af varer, og salg el. bygning af skibe mellem reder og den anden part □ *statsautoriseret skibsmægler*

skibsreder

SUBST. *-en,* plur. *-e, -ne*

en person der ejer handelsskibe og driver søfart = REDER

skid

SUBST. *-en,* plur. *-e* (el. *-er*)

1. en person som opfører sig tarveligt □ *han er en rigtig stor skid* • *din skid!*
2. slå en skid slå en prut □ *han slog en ordentlig skid* • *der er én der har slået en skid*
3. ikke en skid ikke spor □ *jeg forstod ikke en skid af hvad der foregik* • *vi kan ikke se en skid*

skide[1]

VERB. *-r, sked, skidt*

1. (vulg.): have afføring = DEFÆKERE, BESØRGE, LAVE □ *skide i bukserne*
2. skide ng et stykke (vulg.): udtryk for at nogen er ligeglad med nogen □ *hun sked ham et stykke* • **skide på ng(t)** (vulg.): udtryk for at nogen er ligeglad med nogen el. noget □ *de skider på dig* • *han skider på om han kommer for sent eller ej* • **skide være med ngt** el. **skide med ngt** (vulg.): udtryk for at nogen er ligeglad med noget = SKIDT MED □ *skide være med om vi kommer med eller ej!* • *skide med det!*

skide[2]

ADJ.

udtryk som understreger at noget er dårligt □ *den skide cykel er punkteret igen* • ⟨i sammensætn.⟩ (vulg.): forstærkende udtryk □ *skidedum* • *skidefræk* • *skidefuld* • *skidenem* • *skidesjov* • *skidesmart*

skideballe

SUBST. *-n,* plur. *-r, -rne*

(slang): en irettesættelse under brug af mange skældsord = OPSANG, OVERHALING, SKÆLDUD □ *han fik en ordentlig skideballe af sine forældre*

skidefuld

ADJ. *-t, -e*

= DØDDRUKKEN □ *drikke sig skidefuld*

skiden

ADJ. *-t, skidne*
[ˈsgiðən]

(glds.): meget snavset • ⟨i sammensætn.⟩ som har en mat og kedelig farve □ *skidengrøn* • *skidengrå* • *skidengul* • **skidne æg** se under *æg*

skidengrøn

ADJ. *-t, ~grønne*

= SKIDENGRÅ

skidengrå

ADJ. *-t, ~grå*

med en grågrønlig farve =SKIDENGRØN, SMUDSIGGRØN □ *skidengrå fabriksbygninger*

skidengul

ADJ. *-t, -e*

med en gul farve der er brunlig og virker støvet el. beskidt =SMUDSIGGUL

skiderik

SUBST. *skiderikken,* plur. *skiderikker, skiderikkerne*

en person der opfører sig meget dårligt over for andre =SJOVER, LUS, LORT □ *en værre skiderik* • *han har været en skiderik over for hende under skilsmissen*

skidt[1]

SUBST. *-et*

1. stof som befinder sig hvor det ikke burde være, og som gør noget urent, fx mudder, støv, madrester o.l. =SNAVS □ *der lå et tykt lag skidt på komfuret* • *de slæber skidt ind i stuen med støvlerne* • **have penge som skidt** have mange penge • **lade skidtet gro** lade være med at gøre rent

2. en ting som er meget dårlig el. værdiløs = BRAS □ *den vaskemaskine er noget gammelt skidt* • *lad os smide det gamle skidt ud og få en ny radio*

3. det er noget skidt det er en slem situation □ *det er da noget skidt at hun brækkede benet midt i konkurrencen* • **det lille skidt** (om en person): den lille stakkel • **skidt med det** det gør ikke noget

skidt[2]

ADJ. - , *-e*

= DÅRLIG □ *klare sig skidt til eksamen* • *en skidt fyr* • *det står skidt til* • = SLØJ □ *hun har det skidt* • *være skidt tilpas* • **komme skidt fra ngt** klare noget dårligt

skidtfisk

SUBST. *-en,* plur. *~fisk, -ene*

= INDUSTRIFISK

skidtvigtig

ADJ. *-t, -e*

= INDBILDSK □ *den skidtvigtige idiot skal du ikke tage dig af*

skifer el. **skiffer**

SUBST. *-en,* plur. -e (el. *skifre*), *-ne* (el. *skifrene*)

[*ˈsgifɔ*]

en sort el. grå bjergart som er presset sammen til et lag der let kan spaltes, og som fx bruges til beklædning af tage □ *skiferler* • *skiferolie* • *skifertag*

skiffle

SUBST. *en*

[*ˈsgifəl*]

en jazzstilart med inspiration fra bl.a. blues og boogie-woogie, spillet på bl.a. guitar, bas, banjo, vaskebræt og redekam

skift

SUBST. *-et,* plur. *skift, -ene*

det at nogen el. noget erstatter el. afløser noget tilsvarende =SKIFTE, UDSKIFTNING □ *vi har foretaget skift af slidte motordele* • *det er tid til skift af formand* • *et dramatisk skift i første sats* • *der skete et voldsomt skift ved reformationen i 1500-tallet* • *skift i vejret* • *skift i stemmeføringen* □ *formandsskift* • *gearskift* • *linieskift* • *olieskift* • *omskift* • *skoleskift* • *sceneskift* • *temposkift* • *toneskift* • én af flere arbejdsperioder som tilsammen dækker en større del af døgnet end en normal arbejdsdag □ *arbejde på skift* • *der er fem minutter mellem hvert skift* □ *skiftehold* □ *toholdsskift* • *treholdsskift* • **på skift** =SKIFTEVIS □ *vi køber ind på skift* • *de hjalp hinanden på skift* • *de kom på skift foran i kampen* • **gå på skift** udtryk for at flere deles ligeligt om nogen el. noget □ *børnene går på skift mellem forældrene* • *trappevasken gik på skift*

skifte[1]

SUBST. *-t,* plur. *-r, -rne*

1. det at nogen el. noget erstatter el. afløser noget tilsvarende = SKIFT □ *et skifte i kvindernes situation* • *foretage skifte til højere gear* • *skifte af transportmiddel* • *skifte i vejret* □ *ejerskifte* • *formandsskifte* • *generationsskifte* • *kønsskifte* • *systemskifte* • *århundredeskifte*

2. deling af et bo, især ved dødsfald □ *holde skifte* • *privat skifte* • *offentligt skifte*

3. (bygningsfag): det enkelte lag sten i et murværk □ *han havde muret 14 skifter* • *polsk skifte* □ *løberskifte* • *kopskifte*

skifte[2]

VERB. *-r, -de, -t*

1. skifte ng(t) erstatte el. ombytte nogen el. noget □ *skifte adresse* • *skifte hjul* • *skifte linned* • *skifte pære* • *skifte tænder* • *skifte tøj* • *skifte tog* • *huset har skiftet ejer to gange* • *skifte formand* • *skifte heste* • *skifte gear* □ *skiften* • **skifte ng(t) ud med ng(t)** fjerne nogen el. noget og erstatte dem med en anden el. andet =UDSKIFTE, OMBYTTE □ *de skiftede den hidtidige formand ud med en yngre* • *de gamle møbler trænger til at blive skiftet ud* □ *udskifte* • stige over i et andet transportmiddel □ *rejsende til Herning/Silkeborg skifter i Skanderborg* • *du tager 14'eren til Banegårdspladsen og skifter til en 2'er* • forandre sig fra en tilstand til en anden = ÆNDRE, VEKSLE, VARIERE □ *tiderne skifter* • *lyset skiftede til rødt* □ *skiftende* • **skifte ng** give nogen ren ble på □ *gider du lige skifte Thomas?*

2. skifte ng(t) med ng dele el. fordele et bo, især ved dødsfald □ *den længstlevende ægtefælle har ret til at overtage hele fællesboet uden at skifte med de fælles livsarvinger* • *den afdødes særeje skal skiftes*

skiftehold

SUBST. *-et,* plur. *~hold, -ene*

et hold af arbejdere som afløser et andet hold efter et bestemt tidsrum □ *arbejderne blev inddelt i skiftehold* • *hun har arbejdet på skiftehold i flere år* □ *skifteholdsarbejde*

skiftenøgle

SUBST. *-n,* plur. *-r, -rne*

1. en indstillelig skruenøgle =SVENSKNØGLE

2. en tast på et tastatur som bruges når man skal skrive store bogstaver

skifteramme

SUBST. *-n,* plur. *-r, -rne*

en holder med glas og evt. ramme til at sætte et billede i som nemt kan udskiftes

skifteret

SUBST. *~retten,* plur. *~retter, ~retterne*

en domstol under byretten der forestår skifte af dødsboer, konkursboer o.l. □ *skifteretten forestår skifte ved dødsfald, konkurs osv.* □ *skifteretsafgørelse* • *skifteretsdommer* • et sæt af retsregler vedrørende skifte

skiftes

VERB. *skiftes, skiftedes, skiftedes*

skiftes til ngt regelmæssigt afløse hinanden under udførelse af en bestemt aktivitet □ *de skiftedes til at holde vagt* • *vi har kun én badebold så I må skiftes til at lege med den*

skiftesko

SUBST. *-en,* plur. *~sko, -ene*

et ekstra par sko som man bringer med i byen for at kunne skifte til dem

skiftevis el. **skiftevist**

ADV.

udtryk for at man veksler mellem at gøre forskellige ting el. at flere personer skiftes til at gøre noget =PÅ SKIFT, VEKSELVIS □ *han tog skiftevis en bid af brødet og en slurk af flasken* • *de drejede skiftevis på håndtaget*

skifting

SUBST. *-en,* plur. *-er, -erne*

et barn af underjordiske væsner, fx trolde, som disse har ombyttet med et menneskebarn som de har bortført • et sært, grimt, troldagtigt barn

skiføre

SUBST. *-t*

det at der er sne så man kan stå på ski □ *godt skiføre* • *dårligt skiføre*

skihop

SUBST. *~hoppet,* plur. *~hop, ~hoppene*

en disciplin i skisport hvor man tager afsæt fra en lang, stejl bane som buer opad i bunden □ *skihopbakke* • *skihopper*

skik

SUBST. *skikken,* plur. *skikke, skikkene*

den måde man plejer at handle på i et samfund el. hos en gruppe mennesker =TRADITION □ *skikken er opstået i forrige århundrede* • *man holdt høstgilde som skik var på den tid* • *have for skik* • *efter gammel skik* • *det strider mod god skik* • *skik følge eller land fly* • *husets skik* • *landets skikke* • *skik og brug* • *sæd og skik* • **få** el. **sætte skik på ngt** bringe noget i orden □ *generalguvernøren fik sat skik på forholdene og regerede med hård hånd*

skikke

VERB. *-r, -de, -t*

1. skikke ng(t) efter ng(t) (glds.): sende en person el. en besked af sted for at hente nogen el. noget =SENDE □ *vi må straks skikke bud efter en*

læge · *kan du ikke skikke et bud ned efter en pakke chokolade?*
2. skikke sig ordne sig = FØJE SIG □ *det skikkede sig så heldigt at jeg traf ham på gaden* · *skik dig vel!* □ *skikkelig*
3. skikke sig {ordentligt} opføre sig pænt □ *nu håber jeg at I skikker jer ordentligt mens jeg er væk*

skikkelig

ADJ. *-t, -e*

godmodig på en lidt enfoldig måde = GODMODIG □ *en gammel skikkelig hest* · *en skikkelig hund* · *han er en skikkelig fyr* □ *skikkelighed*

skikkelse

SUBST. *-n,* plur. *-r, -rne*

den ydre form af noget = FORM □ *bringe en bygning tilbage til dens oprindelige skikkelse* □ *skikkelse(s)dannende* • = FIGUR □ *hun var spinkel af skikkelse* · *en flot skikkelse* · *de anede svagt en skikkelse i mørket* • **i skikkelse af ngt** i form af noget □ *heksen optrådte i skikkelse af en fe*

skilderi

SUBST. *-et,* plur. *-er, -erne*
/skilde'ri/

(neds., spøg.): et billede til at hænge på væggen, især et maleri □ *den gamle stue var fuld af sentimentale skilderier* · *har du set mit nye skilderi?*

skilderikrog

SUBST. *-en,* plur. *-e, -ene*

et messingbeslag med krog til ophængning af billeder

skildpadde

SUBST. *-n,* plur. *-r, -rne*

et krybdyr med en kort bred krop der er dækket af et bug- og rygskjold; kan ofte trække sig ind i skjoldet; latinsk navn *Chelonia* □ *en portion ægte skildpadde* · *en kam af ægte skildpadde* □ *skildpaddesuppe* · *skildpaddeskal* □ *elefantskildpadde* · *havskildpadde* · *landskildpadde* · *sumpskildpadde* • skildpaddens rygskjold som er dækket af hornplader = SKILDPADDESKAL • **forloren skildpadde** en ret af kalvekød, kalvetunge, kalvehjerne el. kød- el. fiskeboller i brun sovs

skildre

VERB. *-r, -de, -t*

skildre ngt fremstille noget på en levende og anskuelig måde = BESKRIVE □ *bogen skildrer en fisker og hans familie* · *operaen skildrer de fattige unge kunstneres liv og skæbne*

skildring

SUBST. *-en,* plur. *-er, -erne*

en gengivelse af noget i ord el. billeder = FREMSTILLING, GENGIVELSE, BESKRIVELSE □ *han gav en levende skildring af deres flugt over havet* □ *naturskildring* · *rejseskildring* · *samfundsskildring*

skildvagt

SUBST. *-en,* plur. *-er, -erne*

(militær): en militær vagtpost □ *to soldater stod skildvagt foran porten*

skilift

SUBST. *-en,* plur. *-e* (el. *-er*), *-ene* (el. *-erne*)

en lift som bruges til at hejse skiløbere op ad en bakke

skille

VERB. *-r, skilte, skilt*

1. skille ng(t) fra ng(t) fjerne forskellige dele af en helhed fra hinanden □ *krigen skilte børnene fra forældrene* · *du skal skille de dårlige æbler fra* • **skille ngt ad** □ *han prøvede at skille dem ad* · *han skilte uret ad* • **skille ng af med ngt** tage noget fra nogen for at hjælpe □ *lad mig skille dig af med din tunge taske* • **skille sig af med ngt** smide noget væk = KASSERE □ *de skilte sig af med de gamle møbler* • **skille ngt ud** fjerne noget fra en større helhed □ *de største kartofler blev skilt ud* • **skille sig ud fra ng(t)** være forskellig fra en større helhed = AFVIGE FRA, ADSKILLE SIG FRA □ *han skilte sig ud fra de andre ved sin opførsel*
2. sovsen skiller sovsen deler sig i sine bestanddele

skillelinie el. skillelinje

SUBST. *-n,* plur. *-r, -rne*

en tydelig grænse som markerer forskellen mellem to områder □ *kommunisterne trak en skillelinie mellem stat og kirke* · *en strid om skillelinien i Barentshavet*

skillemønt

SUBST. *-en*

= SMÅPENGE □ *veksle sedler til skillemønt* · *i hans lomme lå et bundt nøgler og syv styk skillemønt*

skillerum

SUBST. *~rummet,* plur. *~rum, ~rummene*

adskillende mur el. væg □ *værelset blev ved et skillerum delt i to* · *installere ventilation mellem skillerummene*

skilles

VERB. *skilles, skiltes, skilt*

tage afsked med hinanden ≠ MØDES □ *de skiltes som venner* • ⟨*blev skilt, er blevet skilt*⟩ få ophævet sit ægteskab ≠ BLIVE GIFT □ *hun ville skilles fra sin mand* · *de skal skilles* · *de blev skilt* □ *skilsmisse*

skilletegn

SUBST. *-et,* plur. *~tegn, -ene*

et tegn til inddeling af en tekst, fx *komma, punktum, tankestreg, spørgsmålstegn* og *udråbstegn* = INTERPUNKTIONSTEGN

skillevej

SUBST. *-en,* plur. *-e, -ene*

et sted hvor en vej deler sig i to □ *når du kommer til en skillevej, skal du tage den på højre hånd* • en situation hvor man må træffe et afgørende valg □ *stå ved livets skillevej*

skillevæg

SUBST. *~væggen,* plur. *~vægge, ~væggene*

en indvendig væg der adskiller to rum

skilling

SUBST. *-en,* plur. *-er* (el. *skilling*), *-erne* (el. *-ene*)
[*'sgel'eŋ* el. *'sgeleŋ*]

en dansk mønt som brugtes fra 1400-tallet og frem til sidst i 1800-tallet • en mønt uden større værdi el. en mindre sum penge □ *jeg ejer ikke en skilling* · *giv en skilling til en fattig mand!* · *det gav en god skilling i fortjeneste*

skillinge

VERB. *-r, -de, -t*

skillinge sammen til ngt (dagl.): være flere om at give penge til noget □ *skulle vi ikke skillinge sammen til en gave til ham?*

skilning

SUBST. *-en,* plur. *-er, -erne*

en linie på en persons hoved hvor håret deles □ *håret er redt med en skilning i venstre side*

skilsmisse

SUBST. *-n,* plur. *-r, -rne*

officiel opløsning af et ægteskab ved dom el. bevilling □ *blive enige om skilsmisse* · *begære skilsmisse* · *kræve skilsmisse pga. vold i ægteskabet* · *opnå skilsmisse* · *en ulykkelig skilsmisse* □ *skilsmissebarn* · *skilsmissebevilling* · *skilsmissegrund* · *skilsmisseprocent* • adskillelse af to parter □ *uenigheden førte til en ulykkelig skilsmisse mellem stat og kirke*

skilt

SUBST. *-et,* plur. *-e, -ene*

en plade med oplysninger på □ *hænge et skilt op* · *sætte et skilt op* · *have skilt på døren* · *skiltet viser hvor vi må parkere* · *det står på skiltet* □ *skilte* · *skiltefabrik* · *skiltemaler* · *skilteskov* □ *dørskilt* · *navneskilt* · *politiskilt* · *reklameskilt* · *vejskilt*

skilte

VERB. *-r, -de, -t*

opsætte skilte □ *museet er nemt at finde, der er skiltet hele vejen* □ *skiltning* • **skilte med ngt** åbenlyst udstille noget □ *man behøver ikke ligefrem at skilte med sin uvidenhed*

skiløb

SUBST. *-et,* plur. *~løb, -ene*

en konkurrence i skisport, fx styrtløb el. slalom □ *skiløber* · *skiløbsbakke*

skiløber

SUBST. *-en,* plur. *-e, -ne*

en person som står på ski el. som dyrker skisport □ *skoven var fuld af skiløbere*

skimlet

ADJ. *- , skimlede*

1. (glds.): som er angrebet af skimmel = MUGGEN
2. (om en hest): med isprængt hvidt i det mørke hårlag □ *gråskimlet* · *rødskimlet*

skimme

VERB. *-r, -de, -t*

skimme ngt gennemlæse en tekst hurtigt for at finde enkelte træk el. for at få overblik over indholdet □ *skimme dagens aviser · han har kun haft tid til at skimme bogen igennem* □ *skimming · skimning*

skimmel[1]

SUBST. *-en* (el. *skimlen*)
[ˈ*sgem'əl*]

= MUG □ *syltetøjet var dækket af et tæt lag skimmel* □ *skimlet · skimmelsvamp*

skimmel[2]

SUBST. *-en* (el. *skimlen*), plur. *skimler, skimlerne*
[ˈ*sgem'əl*]

en hest hvis hårlag er blandet af mørke og hvide hår □ *gråskimmel · rødskimmel*

skimmelsvamp

SUBST. *-en*, plur. *-e, -ene*

en svampeart der danner skimmel; disser arter bruges til fremstilling af fx penicillin el. skimmeloste

skimte

VERB. *-r, -de, -t*

skimte ng(t) se nogen el. noget utydeligt = ANE, SKELNE, ØJNE □ *han kunne skimte en skikkelse i mørket · dagens første skær begyndte at kunne skimtes*

skin

SUBST. *skinnet*

1. det lys der udgår fra en lyskilde □ *stjernernes blege skin · månens skin · lampen kastede et svagt skin over bordet* □ *solskin*
2. et overfladisk udseende = UDSEENDE □ *skinnet bedrager · have skinnet imod sig · de forsøgte at give historien et skin af sandhed · al hendes fromhed er kun et ydre skin · under skin af venskab fik hun lokket hemmeligheden ud af ham* □ *skinangreb · skinhellig · skinmanøvre* • **redde skinnet** bevare sit gode navn og rygte

skinbarlig

ADJ. *-t, -e*
/*skin'barlig*/

(glds.): som fremtræder åbenlyst el. i egen person □ *den skinbarlige djævel · den skinbarligste sandhed*

skind

SUBST. *et*, plur. *skind, -ene*

1. det yderste lag som omgiver et dyrs krop; kan være dækket af korte, ru hår el. skæl □ *han striglede hestens blanke skind* □ *hesteskind · krokodilleskind · løveskind · slangeskind · sælskind · zebraskind* • menneskers hud □ *hun mærkede kulden på det bare skind*
2. det yderste lag fra visse dyr som mennesker bruger til beklædning el.lign. □ *hun købte en frakke af skind · handskerne er lavet af det blødeste skind* □ *skindhandsker · skindjakke · skindstøvler · skindvest*
3. en hinde der lægger sig oven på fx mælkeprodukter □ *der var kommet skind på mælken*
4. i forsk. forb.: • **beholde skindet på næsen** klare sig nogenlunde igennem en vanskelig situation □ *de bliver nødt til at sælge huset for at beholde skindet på næsen* • **blive klædt af til skindet** miste alle sine penge □ *han blev klædt af til skindet i casinoet* • **gå ud af sit gode skind** miste tålmodigheden el. besindelsen □ *jeg går snart ud af mit gode skind over alt rodet* • **holde sig i skindet** lade være med at gøre noget man ellers havde lyst til □ *han kan dårligt holde sig i skindet* • **hytte sit eget skind** sørge for sig selv og ikke hjælpe andre • **lille skind** = STAKKEL □ *hvad er der dog sket, dit lille skind?* • **redde sit skind** el. **skindet** slippe ud af en vanskelighed □ *hun reddede med nød og næppe sit skind* • **vare sit skind** ikke at indlade sig på noget farligt • **være skind og ben** være meget tynd = RADMAGER □ *modellen er kun skind og ben* • **være ærlig i sind og skind** (glds.): være ærlig i både væremåde og udseende □ *han var ærlig i sind og skind*

skindød

ADJ. *-t, -e*

som tilsyneladende er død • **være mellem firs og skindød** være meget gammel

skinger

ADJ. *-t, skingre*

som lyder ubehageligt skarp og gennemtrængende □ *en skinger stemme · en skinger latter · skingre farver · et skingert tonefald* □ *skingerhed*

skingre

VERB. *-r, -de, -t*

afgive en gennemtrængende og ubehagelig lyd □ *han synger falsk så det skingrer · lyden skingrer i mine ører · et skingrende skrig* • **skingrende** udtryk som virker forstærkende □ *skingrende frost · skingrende skørt*

skinhead

SUBST. *en*, plur. *-s, -ene*
[ˈ*sgenhæd*]

en ung person med kronraget el. tætklippet frisure og ofte militæragtig påklædning; som gruppe i opposition til det bestående samfund ofte udtrykt ved højreekstremistisk holdning, stærkt fremmedhad og voldelig adfærd ≠ PUNKER

skinhellig

ADJ. *-t, -e*

from på en overdreven og overfladisk måde = BIGOT, HÆLDØRET □ *en skinhellig mine* □ *skinhellighed*

skinke

SUBST. *-n*, plur. *-r, -rne*

lårstykket af slagtet svin; spises ofte saltet el. røget □ *en skive skinke · røget skinke · lufttørret skinke* □ *skinkesalat · skinkesandwich · skinkesteg* □ *bayonneskinke · spegeskinke*

skinkeærme

SUBST. *-t*, plur. *-r, -rne*

ærmer som poser ud fra skulderen til albuen hvorfra det bliver stramt langs underarmen

skinmanøvre

SUBST. *-n*, plur. *-r, -rne*

en manøvre der er beregnet på at aflede nogens opmærksomhed el. lade dem tro noget forkert □ *at rejse ud af landet var blot en skinmanøvre over for politiet, han rejste tilbage under falsk navn*

skinne[1]

SUBST. *-n*, plur. *-r, -rne*

1. en tyk metalstang der lægges parallelt, og som fx et tog kører på = SPOR □ *toget løb af skinnerne* □ *skinnebus · skinnecykel · skinnelegeme · skinnerømmer · skinnevej* □ *jernbaneskinne · togskinne* • **sætte ngt på skinner** sætte noget i gang
2. et aflangt stykke metal som noget kan glide på, og som beskytter mod stød el. holder noget fast □ *gardinet gled på en skinne · trappetrinnene er belagt med skinner af metal*
3. en genstand der anvendes til afstivning el. beskyttelse af en legemsdel □ *få en skinne om armen for at holde den i ro · ishockeyspillere har skinner på både arme og ben* □ *armskinne · benskinne*

skinne[2]

VERB. *-r, -de, -t*

1. udsende lys = LYSE □ *solen skinner · lyset skinnede ham i øjnene · en skinnende hvid mur · hendes ansigt skinnede af renhed*
2. skinne igennem kunne anes □ *hans utilfredshed skinnede igennem · på de slidte steder skinner messingen frem igennem sølvet*

skinneben

SUBST. *-et*, plur. *~ben, -ene*

en knogle på forsiden af benet mellem knæ og ankel □ *hesten sparkede hende på skinnebenet*

skinnebenssår

SUBST. *-et*, plur. *~sår, -ene*

et sår på skinnebenet som har vanskeligt ved at hele; skyldes fx åreknuder el. en blodprop i benet

skinnecykel

SUBST. *-en* (el. *~cyklen*), plur. *~cykler, ~cyklerne*

en form for cykel som kører på togskinner, og som fx bruges i forbindelse med reparationsarbejde på skinnerne = SPORCYKEL ≠ DRÆSINE

skinsyg

ADJ. *-t, -e*

skinsyg = JALOUX □ *hun var skinsyg på sin lillebror*

skinsyge

SUBST. *-n*

han havde svært ved at skjule sin skinsyge = JALOUSI

skintonic

SUBST.
[ˈ*sgentɔnik*]

forfriskende astringerende rensende væske til pleje af især ansigtet

skippe

VERB. *-r, -de, -t*

skippe ng(t) holde op med at se nogen el. gøre noget = OPGIVE, DROPPE, KVITTE, AFSKRIVE □ *han har skippet sin tidligere omgangskreds · de skippede planen fordi den ville blive for dyr at gennemføre*

skipper

SUBST. *-en,* plur. *-e, -ne*

= SKIBSFØRER □ *skipperen stod selv ved roret* □ *skipperhistorie* · *skipperskrå* □ *fiskeskipper* · *kvaseskipper* · *kystskipper* · *sætteskipper* • en fører af et andet fartøj □ *ballonskipper*

skipperlabskovs

SUBST. *-en*

en labskovs som inden serveringen evt. tilsættes kogt el. røget skinke i terninger

skipperløgn

SUBST. *-en,* plur. *-e, -ene*

en utrolig historie om livet på søen

skisma

SUBST. *-et,* plur. *-er, -erne*

et forhold el. en situation som er præget af problematiske el. tankevækkende modsætninger □ *det er et skisma at dansk idræt styres af frivillige ledere samtidig med at der sker en utrolig professionel udvikling på området* · *bevægelsen er inde i et skisma om fremtidige mål og midler*

skisport

SUBST. *-en*

en sportsgren der udøves på ski og som er opdelt i flere discipliner; det kan fx være styrtløb, skihop og skiskydning

skistav

SUBST. *-en,* plur. *-e, -ene*

hver af de to lange, tynde stave man bruger som støtte el. til at skubbe sig fremad med når man løber på ski

skistøvle

SUBST. *-n,* plur. *-r, -rne*

en støvle til påspænding af ski; materiale og udformning afhænger af skitype

skitse

SUBST. *-n,* plur. *-r, -rne*

et forstudie el. udkast til et kunstværk el. en foreløbig plan til et projekt = UDKAST □ *skitser til et billede* · *skitse af en bygning* · *organisationsplanen foreligger kun i skitse* □ *skitsebog* · *skitseforslag* · *skitseprojekt* □ *billedskitse* · *råskitse*

skitsere

VERB. *-r, -de, -t*
/skit'sere/

skitsere ngt lave et udkast til noget □ *skitsere en plan* · *løst skitsere et projekt* · *skitsere en sags forløb i store træk* • **skitsere ngt** tegne noget med løs hånd = OPRIDSE □ *skitsere et portræt* · *skitsere modellen til en statue* □ *skitsering*

skive

SUBST. *-n,* plur. *-r, -rne*

1. et stykke som er savet el. skåret af noget større □ *en skive brød* · *skære noget i skiver* · *der skal to skiver spegepølse på* □ *skiveskåret* **2.** en rund plade efter hvilken man skyder til måls □ *skyde til skive* □ *dartskive* · *skydeskive* • □ *skivebremse* □ *bremseskive* · *drejeskive* · *kompasskive* · *p-skive* · *urskive*

skivebo

SUBST. *-en,* plur. *-er, -erne*

en person fra Skive = SKIBONIT

skizofren

ADJ. *-t, -e*
[sgiso'fræ'n el. *sgidso-]*

som lider af skizofreni el. har med sygdommen skizofreni at gøre ≠ SKIZOID □ *skizofren person* □ *skizofren paranoia*

skizofreni

SUBST. *-en,* plur. *-er, -erne*
/skizofre'ni/

en psykisk lidelse med splittet tankegang og evt. verdensfjernhed, ændret følelsesliv og vrangforestillinger; rammer oftest unge = UNGDOMSSLØVSIND, PERSONLIGHEDSSPALTNING

skizoid

ADJ. *-t, -e*
[sgiso'i'ð el. *sgidso-]*

som har træk der ligner skizofreni

skjald

SUBST. *-en,* plur. *-e, -ene*

(hist.): en omrejsende digter el. sanger □ *de store islandske skjalde* □ *skjaldedigtning* · *skjaldekunst* · *skjaldevers* • (form., spøg.): = DIGTER

skjold[1]

SUBST. *-et,* plur. *-e, -ene*

1. en plade af træ, metal el. plastic som man holder i hånden, og som man dækker kroppen med mod hug, slag el. kasteskyts □ *politibetjentene beskyttede sig med skjolde* · *ridderne var udstyret med skjold og lanser* □ *skjoldmø* • = VÅBENSKJOLD □ *han beundrede slægtens skjold* **2.** et hornlag på visse dyrs krop der fungerer som panser □ *skildpaddens skjold* □ *skjoldbille* □ *skildpaddeskjold*

skjold[2]

SUBST. *-en,* plur. *-er, -erne*

en svag, udflydende plet = PLET □ *de prøvede at fjerne pletten, men der var stadig en skjold tilbage på dugen*

skjoldbruskkirtel

SUBST. *-en* (el. *~kirtlen*), plur. *~kirtler, ~kirtlerne*

en kirtel i halsen under strubehovedet som regulerer cellernes stofskifte

skjorte

SUBST. *-n,* plur. *-r, -rne*

1. tøj i tyndt stof der dækker overkroppen, og som lukkes med knapper; kan have krave og lange el. korte ærmer □ *skjortebluse* · *skjortebryst* · *skjorteknap* · *skjorteærmer* □ *hawaiiskjorte* · *natskjorte* · *poloskjorte* **2. klæde ng af til skjorten** el. **plyndre ng til skjorten** ruinere en person □ *skattevæsnet klædte ham af til skjorten*

skjortebluse

SUBST. *-n,* plur. *-r, -rne*

en damebluse med form som en skjorte

skjortebryst

SUBST. *-et,* plur. *-er, -erne*

et stivet bryst i en manchetskjorte • et løst, stivet skjortebryst med flip der sættes fast om halsen og bindes rundt om ryggen = KLIPFISK

skjortekjole

SUBST. *-n,* plur. *-r, -rne*

en damekjole der har form som en lang skjorte; bæres oftest med tilhørende bælte

skjorteærme

SUBST. *-t,* plur. *-r, -rne*

et ærme på skjorte • (trække i skjorteærmer): tage jakken af

skjul

SUBST. *-et,* plur. *skjul, -ene*

= SKJULESTED □ *han kom forsigtigt frem fra sit skjul* · *søge skjul* · *krybe i skjul* · *stå i skjul* · *finde et sikkert skjul* • **ikke lægge skjul på ngt** ikke forsøge at tilsløre noget □ *hun lagde ikke skjul på sin mening* • **lege skjul** lege en leg hvor en person efter at have talt til fx 100 skal finde de andre som har gemt sig i mellemtiden

skjule

VERB. *-r, skjulte, skjult*

skjule ng(t) anbringe nogen el. noget så det ikke umiddelbart kan ses = GEMME □ *sørøveren skjulte skatten i en klippehule* · *skjule sin bevægelse* · *han skjuler noget for mig* · *skjule sit nederlag* · *foregå i det skjulte* · *det kan ikke skjules* · *holde noget skjult* · *skjulte fejl* · *ligge skjult i krattet* · *slet skjult skadefryd* □ *skjulested*

skjulested

SUBST. *-et,* plur. *-er, -erne*

et sted hvor man skjuler noget el. sig selv = SKJUL, GEMMESTED □ *være skjulested for en undsluppen fange* · *finde et godt skjulested til skatten* · *røbe et skjulested*

skjult

ADJ. *- , -e*

som er anbragt så det ikke kan opdages □ *han holdt sig skjult til eftersøgningen var afblæst* · *hun var godt skjult bag hækken* · *skjulte fejl og mangler* · *mikrofonen var skjult bag en lampe* • som ikke kan el. skal opfattes umiddelbart = UNDERLIGGENDE □ *en skjult hentydning* · *der lå en skjult mening i ordene* · *han sagde det med slet skjult hån* · *et skjult citat* · *han har mange skjulte talenter* • **holde ngt skjult** holde noget hemmeligt • **i det skjulte** i hemmelighed

sklerose

SUBST. *-n,* plur. *-r, -rne*
/skle'rose/

(medicin): en sygelig ændring og fortykkelse af bindevævet □ *lide af sklerose* · *dissemineret sklerose* □ *sklerosepatient*

sko[1]

SUBST. *-en,* plur. *sko, -ene*

et stykke fodbeklædning med overdel af læder el. stof og sål af læder, gummi el. et syntetisk materiale og eventuel hæl □ *højhælede sko* · *pudse sko* □ *skobørste* · *skocreme* · *skosål* □

damesko · herresko · laksko · løbesko · sivsko · slangeskindssko · tennissko · træsko • **gå i for små sko** være snæversynet • **kridte skoene** samle mod og åndsnærværelse til at gøre et el. andet □ *så gælder det om at kridte skoene og stå fast · skal vi så se at kridte skoene, vi kan jo ikke vente her hele dagen* • **skyde ng ngt i skoene** pådutte nogen en mening som vedkommende ikke selv har givet udtryk for □ *den opfattelse må du ikke skyde mig i skoene* • **vide hvor skoen trykker** vide hvor problemerne er

sko[2]

VERB. *-r, -ede, -et*

sko ngt sætte jernbeslag på hovene af en hest □ *skoning*

skocreme el. skokrem

SUBST. *-n,* plur. *-r, -rne*
(skokrem: *-en,* plur. *-er, -erne*)

= SKOSVÆRTE

skod

SUBST. *skoddet,* plur. *skod, skoddene*

en stump af en røget cigar el. cigaret □ *tænde et skod · samle skod op på gaden* □ *cigaretskod*

skodde[1]

SUBST. *-n,* plur. *-r, -rne*

en hængslet ramme med tremmer af træ til at lukke for et vindue

skodde[2]

VERB. *-r, -de, -t*

1. skodde ngt slukke fx en cigaret □ *skodning*
2. skodde ngt til sætte skodder for et vindue
3. standse en båd el. lade den foretage en skarp vending ved at føre åren i modsat retning

skoggerlatter

SUBST. *-en*

en høj, skraldende latter □ *slå en skoggerlatter op*

skoggerle

VERB. *-r, ~lo, ~leet* (el. *-t*)
[*'sgɔwɔle'* el. *'sgɔgɔle'*]

le højt og brølende

skogre

VERB. *-r, -de, -t*

frembringe en høj, larmende lyd; om den lyd som fx en kalkun frembringer og om menneskers latter □ *kalkunen skogrede · slå en skogrende latter op*

skohorn

SUBST. *-et,* plur. *skohorn, -ene*

en tungeformet genstand af metal el. plast som stikkes ned i hælkappen på en sko for at gøre det lettere at få den på

skokrem

SUBST.

se *skocreme*

skolastik

SUBST. *skolastikken*
/skola'stik/

en middelalderlig filosofisk-teologisk retning som søgte at udrede forholdet mellem tro og fornuft □ *højskolastikken · senskolastikken*

skolde

VERB. *-r, -de, -t*

1. skolde ngt hælde kogende vand over noget, fx for at sterilisere det □ *skolde servicet · mandlerne skal skoldes før de kan smuttes* □ *skoldning*
2. skolde ng brænde huden på nogen; især med varm væske el. pga. solen □ *hun skoldede tungen på den varme suppe · han blev skoldet af solen · skolde sig · skoldende varmt vand* □ *solskoldet*

skoldkopper

SUBST.PLUR. *-ne*

en smitsom børnesygdom med feber og udslæt som giver stærk kløe; giver immunitet

skole[1]

SUBST. *-n,* plur. *-r, -rne*

1. en undervisningsinstitution □ *gå i skole* • en bygning hvor der foregår undervisning □ *der var problemer med indeklimaet på skolen* □ *skolebibliotek · skoleelev · skoleinspektør · skolekomedie · skolekommission · skolelæge · skolelærer · skoletandpleje* □ *friskole · folkeskole · handelsskole · højskole · lilleskole · kommuneskole · privatskole*
2. en retning inden for en kunstart el. videnskab □ *den flamske skole*
3. danne skole være ophavsmand til en ny retning • **livets skole** de erfaringer livet giver • **tage ng i skole** irettesætte én • **være af den gamle skole** have gammeldags anskuelser

skole[2]

VERB. *-r, -de, -t*

skole ngt uddanne og udvikle nogen el. noget ved grundigt, målrettet arbejde □ *skole sin stemme · han er grundigt skolet i god opførsel · en skolet ridehest* □ *indskole · omskole*

skolealder

SUBST. *-en*

den alder som man har når man skal gå i skole □ *har du børn i skolealderen?*

skolebestyrelse

SUBST. *-n,* plur. *-r, -rne*

en forældrevalgt bestyrelse der fører tilsyn med undervisningen på en skole □ *hun er forældrerepræsentant i skolebestyrelsen*

skolebestyrer

SUBST. *-en,* plur. *-e, -ne*

(foræld.): en leder af en privatskole

skolebetjent

SUBST. *-en,* plur. *-e, -ene*

en person der fører tilsyn med en skoles bygninger og lokaler = PEDEL □ *skolebetjenten stillede stole op til skolekomedien*

skolebord

SUBST. *-et,* plur. *-e, -ene*

et bord som en el. flere elever kan sidde ved i et klasselokale

skolebrug

SUBST. *-en*

til skolebrug som bruges i skolen □ *bøger til skolebrug*

skolebus

SUBST. *~bussen,* plur. *~busser, ~busserne*

en bus som transporterer skolebørn til og fra skole

skoledirektør

SUBST. *-en,* plur. *-er, -erne*

en leder af en kommunes skolevæsen

skoledistrikt

SUBST. *-et,* plur. , *-er, -erne*

det distrikt hvorfra en skoles elever kommer

skoleeksempel

SUBST. *-et* (el. *~eksemplet*), plur. *~eksempler, ~eksemplerne*

et særlig tydeligt eksempel på noget □ *et skoleeksempel på manipulation*

skolegang

SUBST. *-en*

den periode hvor man går i skole □ *han afsluttede sin skolegang sidste år · efter ni års skolegang kan man komme i gymnasiet*

skoleinspektør

SUBST. *-en,* plur. *-er, -erne*

en leder af en kommunal folkeskole = SKOLELEDER □ *han blev kaldt op på skoleinspektørens kontor*

skolekøkken

SUBST. *-et* (el. *~køknet*), plur. *-er* (el. *~køkner*), *-erne* (el. *~køknerne*)

et køkken på en skole hvor eleverne lærer at lave mad i faget husgerning

skoleleder

SUBST. *-en,* plur. *-e, -ne*

en administrativ og pædagoisk leder af en skole; er ansvarlig over for skolebestyrelsen = SKOLEINSPEKTØR □ *Skolelederforeningen*

skolelæge

SUBST. *-n,* plur. *-r, -rne*

en børnelæge som tager rundt på folkeskoler for at undersøge om eleverne er raske og sunde og udvikler sig normalt, og som underviser dem i hygiejne □ *alle elever i 3.a. skal gå op til skolelægen*

skolemester

SUBST. *-en,* plur. *~mestre, ~mestrene*

(neds.): en belærende person □ *hun agerer skolemester · du skal ikke komme her og spille skolemester* □ *skolemesteragtig*

skolemoden
ADJ. - , -t, ~modne

som er moden nok til at begynde skolegang □ *han er ikke skolemoden endnu* · *i den skolemodne alder*

skolepatrulje
SUBST. -n, plur. -r, -rne

en gruppe af skoleelever der efter aftale med færdselspolitiet hjælper deres kammerater ved farlige færdselsårer i skolens nærhed

skolepligtig
ADJ. -t, -e

(foræld.): =UNDERVISNINGSPLIGTIG

skolepsykolog
SUBST. -en, plur. -er, -erne

en psykolog som er ansat ved en folkeskole for at give råd om specialundervisning og psykologiske problemer hos eleverne; skal i Danmark også være uddannet lærer

skoleret
SUBST.

stå skoleret for ng blive irettesat af nogen □ *han måtte stå skoleret for sin chef*

skoleridning
SUBST. -en

dressur af heste

skoleskema
SUBST. -et, plur. -er, -erne

en oversigt der viser hvornår, hvor og af hvem der undervises □ *vi har fået nyt skoleskema*

skoleskib
SUBST. -et, plur. -e, -ene

et skib, især et sejlskib, der anvendes som uddannelsessted for kommende søfolk □ *skoleskibene Georg Stage og Danmark*

skolestyrelseslov
SUBST. -en, plur. -e, -ene

(foræld.): =FOLKESKOLELOV

skolesøgende
ADJ.

i skolealderen □ *en dreng i den skolesøgende alder*

skoletandlæge
SUBST. -n, plur. -r, -rne

en tandlæge som undersøger og behandler skoleelevers tænder, og som underviser eleverne i tandhygiejne

skoletaske
SUBST. -n, plur. -r, -rne

en taske til skolesager

skoletid
SUBST. -en

det tidsrum af en dag hvor eleverne er på skolen □ *skal vi mødes efter skoletid* • den periode i ens liv hvor man går i skole □ *jeg husker hende fra min skoletid*

skoletjeneste
SUBST. -n, plur. -r, -rne

en afdeling under en kommune som administrerer bestilling af materiale, besøg på museer o.l. for skolerne

skoletræt
ADJ. - , ~trætte

som har mistet lysten til at gå i skole □ *han er allerede skoletræt* □ *skoletræthed*

skoleudgave
SUBST. -n, plur. -r, -rne

en udgave af en bog der er tilrettelagt til undervisningsbrug; kan fx indeholde noter □ *det Ny Testamente findes i en skoleudgave*

skolevej
SUBST. -en, plur. -e, -ene

en persons vej til og fra skole □ *han har en lang skolevej*

skolevogn
SUBST. -en, plur. -e, -ene

en bil som bruges af personer der skal lære at køre bil □ *de kom til at køre bag en skolevogn*

skolevæsen
SUBST. -et (el. ~væsnet), plur. -er (el. ~væsner), -erne (el. ~væsnerne)

administrationen af skolerne i en kommune □ *det københavnske skolevæsen* · *kommunalbestyrelsen har ansvaret for kommunens skolevæsen*

skolopender
SUBST. -en, plur. *skolopendre, skolopendrene* [*sgolo'pæn'dɔ*]

et tusindben med kraftige giftkroge og en krop som er opbygget af skiftevis korte og lange led; flere arter; latinsk navn *Chilopoda*

skomager
SUBST. -en, plur. -e, -ne

en person der som erhverv beskæftiger sig med reparation af sko el. sælger speciallavede sko □ *få nye hæle på et par sko hos skomageren* · *ortopædisk skomager* □ *skomageri* · *skomagerlaug* · *skomagermester*

skomagerbas
SUBST. ~bassen, plur. ~basser, ~basserne

primitiv bas, især i klaverspil, oftest bestående af skift mellem grundtonen og kvinten

skonnert
SUBST. -en, plur. -er, -erne

et sejlskib med to el. flere master med gaffelsejl og evt. med råsejl på den øverste del af formasten □ *tomastet skonnert* □ *skonnertbrig* □ *bramsejlsskonnert* · *topsejlsskonnert*

skonæse
SUBST. -n, plur. -r, -rne

=SKOSNUDE

skorpe
SUBST. -n, plur. -r, -rne

1. en overflade, ofte af hårdt, størknet materiale □ *skorper af størknet ler* · *en skorpe af snavs* · *der danner sig en skorpe på såret* · *sætte skorpe* □ *skorpefri* □ *isskorpe* · *jordskorpe* · *kontinentskorpe* · *lavaskorpe* · *sårskorpe* • en hård overflade på visse madvarer □ *fjerne skorpen fra osten* □ *brødskorpe* · *osteskorpe*
2. et lille, hårdt, tvebak-lignende stykke brød som er bagt og derefter flækket og ristet □ *en pose skorper*

skorpion
SUBST. -en, plur. -er, -erne
[*sgåb'jo'n*]

1. en slank, brun el. sort spindler med klosakse og en giftkrog på spidsen af bagkroppen; latinsk navn *Scorpiones*
2. en person som er født i stjernetegnet Skorpionen, dvs. mellem den 24/10 og den 22/11

skorsten
SUBST. -en, plur. -e, -ene

1. en kanal bygget op igennem en bygning med udmunding på taget til at lede røg ud fra et fyr el. en brændeovn □ *skorstensfejer* □ *fabriksskorsten*
2. prioriteret til op over skorstenen belånt til over husets værdi • **ryge som en skorsten** ryge meget tobak

skorstensfejer
SUBST. -en, plur. -e, -ne

en person som renser og efterser skorstene, fyr m.m. og udfører brandsyn □ *skorstensfejeren er klædt i sort* · *skorstensfejeren gik på tagryggen* □ *skorstensfejerkost*

skorte
VERB. -r, -de, -t

skorte på ngt mangle el. være for lidt af noget = MANKERE □ *det skorter ikke på gode råd* · *det skortede på flid og udholdenhed* · *det skal ikke skorte på hjælp fra min side*

skorzonerrod
SUBST. -en, plur. ~rødder, ~rødderne
/*skor'zonerrod*/

en spiselig hvid rod med sort skal fra en scorzonerplante; minder lidt om asparges i smagen

skose[1]
SUBST. -n, plur. -r, -rne

= SPYDIGHED

skose[2]
VERB. -r, -de, -t

skose ng for ngt (glds.): sige halvkvædede ondskabsfuldheder til nogen = STIKLE, HÅNE □ *hun skosede ham for hans fantasiløse påklædning*

skosnude
SUBST. -n, plur. -r, -rne

den del af en sko der omslutter tæerne =SKONÆSE, TÅNÆSE

skosse
SUBST. *-n,* plur. *-r, -rne*

= ISSKOSSE

skosværte
SUBST. *-n,* plur. *-r, -rne*

en blød masse som bruges til at farve, blanke og pleje fodtøj = SKOCREME ▫ *pudse sko med skosværte*

skot
SUBST. *skottet,* plur. *skotter, skotterne*
[ˈsgɔd]

(søfart): et skillerum på et skib ▫ *det agterste skot*

skotrende
SUBST. *-n,* plur. *-r, -rne*

en afløbsrende der sidder hvor to tagflader mødes

skotsk
ADJ. *-, -e*

som har at gøre med Skotland

skotte[1]
SUBST. *-n,* plur. *-r, -rne*

1. en person fra Skotland • (spøg.): en nærig mand der kommer fra Skotland = GNIER ▫ *og så var der historien om de tre skotter...* ▫ *skottehistorie*
2. en skotsk terrier

skotte[2]
VERB. *-r, -de, -t*

1. skotte til ng(t) se til siden med et usikkert blik el. kaste stjålne blikke efter nogen el. noget = SKÆVE, SKELE ▫ *hun skottede forsigtigt over til mig · han skottede til det sidste stykke kage*
2. skotte af med ngt = SKILLE FRA ▫ *rummets ene ende er skottet af med en bræddevæg*

skottehue
SUBST. *-n,* plur. *-r, -rne*

en rund, skotsternet hue med fast kant og blød, flad puld hvorpå der sidder en pompon

skotøj
SUBST. *-et*

alle former for sko og støvler = FODTØJ ▫ *skotøjsforretning · skotøjsæske*

skov
SUBST. *-en,* plur. *-e, -ene*

1. et landområde som er domineret af træer; ofte med buske og andre planter på skovbunden og et rigt dyreliv ▫ *plante en skov · søge ud i mark og skove · bjerget er dækket af skov · dybt inde i skoven* ▫ *skovbrug · skovbryn · skovbund · skovdistrikt · skovejer · skovgrænse · skovhugst · skovklædt · skovkro · skovmus · skovtekniker* ▫ *bøgeskov · fyrreskov · løvskov · nåleskov · regnskov · troldeskov · underskov · urskov* • **tage i skoven** tage på skovtur ▫ *hver søndag tager familien på skovtur*
2. i forsk. forb.: • **en skov af {arme}** en stor mængde af noget som strækker sig opad i form som træer i en skov ▫ *en skov af arme · en skov af master* • **ikke se skoven for bare træer** udtryk for at man ikke kan få øje på helheden fordi man hæfter sig ved enkelthederne • **love guld og grønne skove** love at alt bliver så godt som overhovedet muligt ▫ *hun hoppede på den fordi han lovede guld og grønne skove* • **være helt ud** el. **rent i skoven** være uden fornuft ▫ *det du siger, er da helt ud i skoven · hans opfattelse er rent i skoven*

skovbryn
SUBST. *-et,* plur. *~bryn, -ene*

udkanten af en skov som grænser op til åbent terræn ▫ *marken går helt op til skovbrynet*

skovbund
SUBST. *-en,* plur. *-e, -ene*

jordbunden i en skov; er ofte dækket af mos, små planter og døde planterester ▫ *skovbunden er dækket af anemoner*

skovdue
SUBST.

= RINGDUE

skovdød
SUBST. *-en*

det at træerne i skovene går ud pga. forurening; skyldes især syreregn ▫ *Sveriges nåleskove er truet af skovdød*

skovflåt
SUBST. *-en,* plur. *-er, -erne*
[ˈsgɔwflåˀd]

en *flåt* der lever i skove; latinsk navn *Ixodes ricinus*

skovfoged
SUBST. *-en* (el. *~fogden*), plur. *-er* (el. *~fogder*), *-erne* (el. *~fogderne*)

en daglig leder ved et skovbrug ▫ *han er skovfoged i Jægersborg Dyrehave*

skovgrænse
SUBST. *-n,* plur. *-r, -rne*

en skillelinie i bjergegne og polare områder over hvilken den naturlige træbevoksning hører op = TRÆGRÆNSE ▫ *i Alperne ligger skovgrænsen ca. 1800 m over havets overflade*

skovklædt
ADJ. *-, -e*

som er bevokset med skov ▫ *de skovklædte bjerge*

skovl
SUBST. *-en,* plur. *-e, -ene*

1. et graveredskab med en let buet, bred plade på et langt buet skaft der bruges til at flytte fx jord med ≠ SPADE ▫ *grave med en skovl · kaste et jordhul til med en skovl · kaste sne med en skovl* ▫ *skovlblad · skovlfuld* • en del på gravemaskine, vandmølle el.lign. der virker som en skovl ▫ *hjuldamperens skovle piskede vandet til skum* ▫ *skovlhjul* • = SKOVLFULD ▫ *han smed en skovl grus ud på fortovet*
2. (neds., om en person): en uintelligent person = SPADE ▫ *din skovl!* • **dum som en skovl** meget uintelligent
3. få skovlen under ng(t) få klaret noget el. få krammet på nogen ▫ *jeg kan ikke rigtig få skovlen under ham*

skovle
VERB. *-r, -de, -t*

skovle ngt bruge en skovl til at flytte noget med ▫ *skovle sne · skovle jorden op i en bunke* • **skovle ngt {ind}** tage noget til sig på en grådig måde el. i store mængder ▫ *skovle maden i sig · skovle penge sammen · politikeren skovler stemmer ind*

skovlfuld
SUBST. *-en,* plur. *-e, -ene*

en mængde der kan være på et skovlblad = SKOVL

skovløber
SUBST. *-en,* plur. *-e, -ne*

en person der er ansat ved et skovbrug, og som ofte fungerer som arbejdsformand og skovopsynsmand ▫ *skovløberhus*

skovmærke
SUBST. *-n,* plur. *-r, -rne*

en lille plante med blade i kranse og små, hvide blomster; vokser i løvskove; latinsk navn *Galium odoratum* = BUKKAR

skovranke
SUBST. *-n,* plur. *-r, -rne*

= KLEMATIS

skovrider
SUBST. *-en,* plur. *-e, -ne*

en forstkandidat der leder arbejdet i et skovdistrikt

skovser
SUBST. *-en,* plur. *-e, -ne*

en person fra Skovshoved; bl.a. om fiskerkoner fra Skovshoved der tidligere solgte fisk ved Gammel Strand i København

skovskade
SUBST. *-n,* plur. *-r, -rne*

en rødbrun kragefugl med en sort hale, en hvid overgump samt blå og hvide felter på vingerne; latinsk navn *Garrulus glandarius*

skovsneppe
SUBST. *-n,* plur. *-r, -rne*

en rødbrun fugl med langt næb og forholdsvis korte ben; lever i skove med fugtigt terræn; latinsk navn *Scolopax rusticola* = SNEPPE

skovspurv
SUBST. *-en,* plur. *-e, -ene*

en lille rødbrun og grå spurvefugl med brun isse og en sort plet på kinderne; meget almindelig i Norden; latinsk navn *Passer montanus*

skovsyre
SUBST. *-n,* plur. *-r, -rne*

en lille plante med tredelte, hjerteformede blade og hvide, violetårede blomster på tynde stilke; bladene har en skarp, syrlig smag og kan bruges i salater; latinsk navn *Oxalis acetosella*

skovtekniker

SUBST. *-en,* plur. *-e, -ne*

en person som især arbejder i skovbruget, på savværker el. som underviser

skovtur

SUBST. *-en,* plur. *-e, -ene*

en udflugt hvor man spiser i det fri = PICNIC □ *tage på skovtur* □ *familieskovtur* · *firmaskovtur*

skr.

1. fork. for *skrivelse*
2. fork. for *skriftlig*

skrabe

VERB. *-r, -de, -t*

1. skrabe ngt føre noget skarpt el. hårdt mod noget så overfladen ridses, skrammes el. går af □ *falde og skrabe sit knæ mod asfalten* · *skrabe gulerødder* · *skrabe østers* · *skrabe smørret* · *brød med skrabet smør* □ *skraber* · *skrabejern* · *skrabelod* · *skrabnæse* · *skrabsammen* · *skrabud* □ *afskrab* · *bundskrab* · *udskrab* • **skrabe ngt af** = AFSKRABE □ *skrabe malingen af* · *skrabe is af ruden* · *skrabe sine sko af på kantstenen* • **skrabe (efter) ngt** lede efter noget ved at rode i jorden med fødderne □ *hønsene skraber efter korn* · *hunden skraber i jorden* · *skrabe med fødderne*
2. skrabe ngt sammen el. **tilbage** samle noget i en bunke □ *skrabe pengene sammen og tage dem i lommen* · *skrabe håret tilbage* · *en skrabet frisure* □ *skrabsammen* • **skrabe ngt sammen** spare penge op el. samle penge ind □ *det lykkedes dem at skrabe 2.000 kr. sammen* • **skrabe ngt til sig** tage penge el. andet til sig på en grådig måde = RAGE TIL SIG □ *skrabe penge til sig* · *han tænker kun på at skrabe til sig*
3. bukke og skrabe se under *bukke*

skrabejern

SUBST. *-et,* plur. *~jern, -ene*

et skaft med et skær til at skrabe fx maling af med

skraber

SUBST. *-en,* plur. *-e, -ne*

1. et redskab til at skrabe en overflade med □ *isskraber* · *rudeskraber* · *sneskraber* · *spånskraber* · *vinduesskraber*
2. en tilstand hvor man sover i en kortere periode = LUR □ *han tog sig en ordentlig skraber*

skrabet

ADJ. *- , skrabede*

som kun indeholder det allermest nødvendige = USSELT, BARBERET □ *et skrabet byggeri* · *et skrabet budget* · *skrabet smørrebrød*

skrabeæg

SUBST. *~ægget,* plur. *~æg, ~æggene*

et æg fra en høne som ikke sidder i bur, men går frit omkring på et begrænset areal indendørs

skrabsammen

SUBST. *et*
/*skrab'sammen*/

= RAGELSE

skraffering

SUBST. *-en,* plur. *-er, -erne*
/*skraf'fering*/

= SERIF

skral

ADJ. *-t,* plur. *skralle*
[*'sgral'*]

1. som har det dårligt el. som det går dårligt med = DÅRLIG □ *det står skralt til med ham* · *det går skralt med forretningen*
2. (om vind): som er knap el. mindre gunstig; især om sidevand □ *vinden er skral*

skrald[1]

SUBST. *-et,* plur. *skrald, -ene*

en høj lyd, fx af noget der eksploderer = BRAG □ *der lød et højt skrald* □ *tordenskrald* • = SKÆLDUD □ *I må selv tage skraldet!*

skrald[2]

SUBST. *-et*

det der smides væk fra en husholdning, fx madrester og kasserede ting = AFFALD □ *skraldet køres bort i skraldevogne* □ *skraldebøtte* · *skraldemand* · *skraldepose* · *skraldespand* · *skraldesæk* · *skraldevogn* □ *storskrald*

skralde[1]

SUBST. *-n,* plur. *-r, -rne*

et træinstrument der giver en skraldende lyd når man svinger det

skralde[2]

VERB. *-r, -de, -t*

= LARME □ *en skraldende latter* · *han lo så det skraldede*

skraldebøtte

SUBST. *-n,* plur. *-r, -rne*

= SKRALDESPAND

skraldemand

SUBST. *-en,* plur. *~mænd, ~mændene*

= RENOVATIONSARBEJDER

skraldespand

SUBST. *-en,* plur. *-e, -ene*

beholder til affald, både om en mindre beholder el. pose i køkkenet og om en større beholder uden for huset = SKRALDEBØTTE, AFFALDSSPAND, SKARNSPAND □ *jeg har smidt den i skraldespanden*

skraldevogn

SUBST. *-en,* plur. *-e, -ene*

= RENOVATIONSVOGN

skramle

VERB. *-r, -de, -t*

skramle med ngt afgive høje, metalliske el. skurrende lyde □ *skramle med gryder og pander* · *skramle med stolene* □ *skramlen*

skramme[1]

SUBST. *-n,* plur. *-r, -rne*

et lille overfladisk sår = RIFT, SÅR □ *få en skramme på knæet* · *han slap uden en skramme* • et smalt spor som en skarp genstand har lavet i en blank overflade = RIDSE □ *en skramme i bilen* · *en skramme i bordpladen* □ *skrammet*

skramme[2]

VERB. *-r, -de, -t*

skramme ng(t) lave en skramme på nogen el. noget □ *skramme sit ben* · *cyklen blev skrammet ved sammenstødet*

skrammel

SUBST. *-et* (el. *skramlet*)

= RAGELSE □ *loftet var fuldt af gammelt skrammel* □ *skrammelkasse* · *skrammellegeplads*

skranke

SUBST. *-n,* plur. *-r, -rne*

1. et langt, højt bord på et offentligt kontor el. lokale hvor kunder betjenes; det kan være på et apotek, i en bank el. et retslokale □ *skranken adskiller personalet fra kunderne* · *stå bag skranken* · *blive betjent ved skranken* · *sælge noget over skranken* □ *skrankepave* • **stå for rettens skranke** blive stillet for en domstol
2. noget der begrænser og indskrænker folks handlefrihed = GRÆNSE □ *sociale skranker* · *bryde alle skranker*
3. træde i skranken for ng(t) forsvare nogen el. noget

skrankepave

SUBST. *-n,* plur. *-r, -rne*

en overlegen person som er ansat på et offentligt kontor = BUREAUKRAT □ *der er for mange utålelige skrankepaver på rådhuset*

skrante

VERB. *-r, -de, -t*

være sløj uden egentlig at være syg = VANTRIVES □ *han har skrantet lidt* □ *skrantning*

skrap

ADJ. *-t, skrappe; skrappere, skrappest*

1. som stiller store krav til andres opførsel og indsats = STRENG, BARSK, KRADSBØRSTIG, KRAS, STRIKS □ *en skrap lærer* · *hun gav sine børn en skrap opdragelse* □ *skraphed*
2. som er hård at komme igennem = DRØJ, STRENG □ *landet er kommet på en skrap økonomisk kur* · *det var en skrap omgang*
3. = DYGTIG □ *hun er skrap til at stå på mål*

skratte

VERB. *-r, -de, -t*

afgive en generende, forvrængende lyd □ *radioen skratter* · *trompeterne skratter* · *papegøjen skratter altid op* · *en skrattende stemme* □ *skratten*

skravere

VERB. *-r, -de, -t*
/*skra'vere*/

skravere ngt tegne tynde parallelle el. krydsende streger på noget □ *han skraverede de farlige områder på kortet* · *det skraverede felt skal ikke udfyldes* □ *skravering*

skravl

SUBST. *-et,* plur. *skravl, -ene*

(neds.): en lille, svagelig el. skrøbelig person = SKROG, SVÆKLING □ *det gamle skravl · det sølle skravl · et lille skravl*

skred[1]

SUBST. *-et* (el. *skreddet*), plur. *skred, -ene* (el. *skreddene*)

1. det at fx jord el. sne skrider ned ad en skråning □ *jordmasserne kom i skred · der er sket et skred nede i minen* □ *jordskred · sneskred* • ⟨i sammensætn.⟩ (medicin): det at en ledknogle skrider ud af leddet □ *hofteskred*
2. der kommer skred udtryk for at noget begynder at ske el. ændres □ *der kom endelig skred i forhandlingerne · så kom der skred i fortællingen · der indtraf et skred i priserne* □ *prisskred · stemmeskred*

skred[2]

VERB.

bøjningsform af *skride*

skreg

VERB.

bøjningsform af *skrige*

skrev

VERB.

bøjningsform af *skrive*

skribent

SUBST. *-en,* plur. *-er, -erne*
/skri'bent/

en person der som erhverv skriver, især i aviser = FORFATTER □ *avisskribent*

skrible

VERB. *-r, -de, -t*

skrible ngt (neds.): skrive noget overfladisk og hurtigt □ *han skriblede en halvdårlig tale sammen til hendes fødselsdag · han har skriblet et par små noveller*

skride

VERB. *-r, skred, skredet* (*skreden, skredne*)

1. bevæge sig fremad på en fornem måde □ *de skred op ad kirkegulvet*
2. være i gang el. gå som planlagt □ *arbejdet skrider langsomt fremad · nu skrider det endelig*
3. gå sin vej □ *jeg er den der er skredet · han skred bare uden et ord*
4. ved et uheld bevæge sig ud af sin bane og hen ad en flade uden at slippe kontakten med den = GLIDE □ *han skred i mudderet · baghjulet skred ud*
5. i forsk. forb.: • **skride i svinget** (slang): = DØ □ *den gamle er skredet i svinget* • **skride ind** gøre noget for at forhindre noget □ *det offentlige må skride ind over for misbruget · politiet skred ind da der opstod uroligheder* • **skride sammen** falde sammen □ *jordhulen skred sammen · brønden er skredet sammen* • **skride til handling** begynde at gøre noget □ *myndighederne må snart skride til handling*

skridt

SUBST. *-et,* plur. *skridt, -ene*

1. et enkelt løft af foden ved gang = TRIN, FJED □ *gå med lange skridt · jeg kender hendes skridt · de blev trængt tilbage skridt for skridt · barnets første usikre skridt · bordet stod nogle skridt fra døren* □ *kæmpeskridt · stormskridt · syvmileskridt* • **holde ng tre skridt fra livet** holde nogen på afstand • en hests rolige gangart □ *hesten gik i skridt* □ *skridtgang*
2. en besluttet og gennemført handling som tjener et bestemt formål = HANDLING □ *det var et alvorligt skridt at opsige overenskomsten* • **tage et skridt** el. **tage skridtet** foretage en handling □ *han tog et afgørende skridt · hun tog skridtet fuldt ud · hvem tager det første skridt?*
3. overgangen mellem lårets inderside og underlivet = LYSKE, SKRÆV □ *et spark i skridtet* □ *skridtbeskytter*

skridte

VERB. *-r, -de, -t*

= GÅ □ *skridte af sted · skridte rask af sted* • **skridte ngt af** måle noget med sine skridt □ *han skridtede fodboldbanen af* • **skridte fronten af** passere langs en opstillet militær afdeling • **skridte ud** gå el. løbe hurtigt

skridtgang

SUBST. *-en*

et dyrs, især en hests, rolige gangart; dyret løfter næsten samtidig højre forben og venstre bagben el. venstre forben og højre bagben ≠ GALOP, TRAV □ *skridtgang er hestens langsomste gangart · gå i skridtgang · ride i skridtgang*

skrift[1]

SUBST. *-en,* plur. *-er, -erne*

1. skreven tekst □ *han kæmpede for sagen i tale og skrift* □ *skriftsprog* • en måde at skrive bogstaver på □ *din skrift er nærmest ulæselig · teksten er sat med en smuk skrift* □ *skrifttegn · skrifttype* □ *formskrift · skråskrift · stejlskrift*
2. skriften = BIBELEN □ *de levede efter skriftens ord · han var kyndig i den hellige skrift* □ *skriftfortolker · skriftsted*
3. skriften på væggen et varsel om undergang

skrift[2]

SUBST. *-et,* plur. *-er, -erne*

et skrevet værk, fx en bog, en tryksag el. et program □ *forfatterens samlede skrifter* □ *smædeskrift*

skrifte[1]

SUBST. *et*

(i den katolske kirke) = SKRIFTEMÅL □ *gøre sit skrifte · gå til skrifte* □ *skriftefader · skriftemål · skriftestol · skriftetale* • det at redegøre for noget man ikke skulle have gjort □ *efter fadæsen måtte hun pænt stå til skrifte hos chefen · læreren tog alle eleverne til skrifte for at finde ud af hvem der havde knust ruden*

skrifte[2]

VERB. *-r, -de, -t*

skrifte ngt for ng (i den katolske kirke): bekende sine synder for en præst for at opnå syndsforladelse □ *han skriftede sine synder for præsten* □ *skriftefader · skriftemål · skriftestol · skriftetale*

• **skrifte ngt for ng** indrømme og fortælle noget fordækt, hemmeligt el. meget privat til nogen □ *han skriftede det hele for sin kone*

skriftefader

SUBST. *-en,* plur. *~fædre, ~fædrene*

en romerskkatolsk præst som modtager skriftemål □ *betro sig til sin skriftefader · skriftefaderens rolle består først og fremmest i at lytte*

skriftemål

SUBST. *-et,* plur. *~mål, -ene*

(i den katolske kirke): bekendelse af sine synder i nærvær af en præst = SKRIFTE, SYNDSBEKENDELSE □ *aflægge skriftemål · gøre sit skriftemål · præsten tog imod hendes skriftemål med bestyrtelse*

skriftestol

SUBST. *-en,* plur. *-e, -ene*

et fraskilt, lukket rum i en katolsk kirke hvor man kan aflægge skriftemål

skriftklog

ADJ. *-t, -e*

som er bibelkyndig; om jødisk lærd som var menighedens vejleder og lærer

skriftlig

ADJ. *-t, -e*
fork. *skr.*

som er formuleret i skrevet sprog ≠ MUNDTLIG □ *skriftlig erklæring · skriftlig eksamen · skriftlig afstemning · skriftlige kilder · formulere sig skriftligt · jeg vil gerne have det skriftligt*

skriftsnit

SUBST. *~snittet,* plur. *~snit, ~snittene*

en typografisk stil som giver alle tegn i et tegnsæt et fælles præg

skriftsprog

SUBST. *-et,* plur. *~sprog, -ene*

det skrevne sprog ≠ TALESPROG □ *latin og sanskrit kendes næsten kun som skriftsprog* • den måde man bruger sproget på når man skriver; ofte mere korrekt end når man taler □ *hans tale bar præg af skriftsprog*

skriftsted

SUBST. *-et,* plur. *-er, -erne*

et citat fra Bibelen □ *han ledte efter et skriftsted han kunne bruge som indledning til sin tale*

skrig

SUBST. *-et,* plur. *skrig, -ene*

1. en høj, gennemtrængende lyd som udstødes af et levende væsen som tegn på forskellige former for ophidselse, fx. angst □ *udstøde et skrig · de fik ham vasket under skrig og skrål · der lød et skrig i det fjerne · hun styrtede om med et skrig* □ *sejrskrig*
2. sidste skrig den nyeste mode □ *det sidste skrig i pelse*

skrige

VERB. *-r, skreg, skreget*

udstøde høje og uartikulerede lyde, fx pga. smerte el. skræk □ *skrige af smerte · hyle og skrige* · *skrige om hjælp* · *skrige af fuld hals* · *skrige i vilden sky* □ *skrigeri* · *skrigeballon* • råbe på en panikagtig måde □ *hun skreg til dem at de skulle skynde sig*

skrigefugl

SUBST. *-en,* plur. *-e, -ene*

en orden af fugle med en kraftig stemme; flere arter, bl.a. *isfugl, biæder* og *hærfugl;* latinsk navn *Coraciiformes*

skrigende

ADJ.

skrigende farve ubehagelig stærk farve

skrin

SUBST. *-et,* plur. *skrin, -ene*

1. æske el. mindre kiste □ *opbevare sine smykker i et skrin* □ *helgenskrin* · *pengeskrin* · *relikvieskrin* · *smykkeskrin*
2. få en på skrinet el. **et par på skrinet** (slang): udtryk for at man giver el. får nogle øretæver □ *hun stak ham et par på skrinet* · *de gav ham et par på skrinet* · *hun fik nogle på skrinet*

skrinlægge

VERB. *-r, ~lagde, ~lagt*

skrinlægge ngt lægge noget på hylden el. til side = OPGIVE, FORKASTE, GEMME □ *skrinlægge en plan* · *lad os skrinlægge de interne stridigheder* · *vi skrinlagde projektet for en tid*

skrive

VERB. *-r, skrev, skrevet* (*skreven, skrevne*)

1. skrive ngt sætte bogstaver, tal el. andre skrifttegn på en flade, især på papir el. på en skærm, ved hjælp af en pen, et tastatur el.lign. □ *han er kun tre år, men kan allerede skrive sit eget navn* · *det er så utydeligt skrevet at man ikke kan læse det* · *ansøgninger skal skrives i hånden* · *lære at læse og skrive* · *skrive på maskine* · *skrive på computer*
2. skrive ngt el. **skrive på ngt** være i gang med el. have som sit hverv at forfatte el. skabe noget, fx en bog, et skuespil el. et musikstykke □ *han skriver på en afhandling om Thomas Mann* · *hun skrev bogen allerede da hun var 20 år* · *skrive digte* · *skrive kriminalromaner* • have en bestemt skriftlig stil el. udtryksform □ *han skriver godt* · *hun skrev levende og engageret om sine år i Afrika*
3. skrive ngt = STAVE □ *skal 'gjort' skrives med eller uden d?* · *ordet skrives med stort begyndelsesbogstav*
4. skrive ngt udfylde et dokument el.lign. med de nødvendige oplysninger og underskrive det □ *kan du ikke skrive en check?* · *lægen skrev en recept*
5. skrive ngt el. **skrive ng for ngt** notere et indkøb til senere betaling □ *kan jeg få det skrevet til på fredag?*
6. i forsk. forb.: • **skrive ngt af efter ngt** kopiere noget en anden allerede har skrevet; oftest uden deres vidende og accept = KOPIERE, PLAGIERE □ *dele af afhandlingen er skrevet direkte af efter andre kilder* • **skrive ngt af på ngt** trække et beløb fra på en konto el. en gæld = AFSKRIVE • **skrive efter ngt** skriftligt bestille noget = REKVIRERE • **skrive ngt ned** el. **op** notere noget for ikke at glemme det □ *han skrev hendes adresse ned* · *han skrev bilens nummerplade ned* • **skrive ngt op til ng** = ORDINERE □ *lægen har skrevet nogle nye piller op til ham* • **skrive til ng** sende et brev el.lign. til nogen □ *skriver du ikke til mig når du er nået frem?* • **skrive ngt til** = TILFØJE □ *han skrev rettelserne til i margenen* • **skrive ngt under** el. **skrive under på ngt** = UNDERSKRIVE □ *direktøren skrev brevene under* · *skrive under på en protestskrivelse* • **skrive under på ngt** erklære sig enig i en holdning, udtalelse el.lign. = TILSLUTTE SIG □ *han er en slapsvans, det vil jeg godt skrive under på* • **skrive sig for ngt** forpligte sig til at betale et bestemt beløb ved en indsamling o.l. □ *du må godt skrive mig for 200 kr.* • **skrive sig for ngt** = STAMME FRA □ *denne holdning skriver sig helt tilbage fra det 16. århundrede* • **skrive sig fri** el. **ud af ngt** få et problem ud af systemet ved at skrive om det □ *han skrev sig ud af krisen*

skriveblok

SUBST. *~blokken,* plur. *~blokke, ~blokkene*

et bundt papirark der er sat sammen i den ene side og beregnet til at skrive på = NOTESBLOK

skrivebord

SUBST. *-et,* plur. *-e, -ene*

et bord som man kan skrive og udføre andet papirarbejde ved = ARBEJDSBORD □ *skrivebordsarbejde* · *skrivebordslampe* · *skrivebordsskuffe* · *skrivebordsstol*

skrivefejl

SUBST. *-en,* plur. *~fejl, -ene*

en fejl i en hånd- el. maskinskreven tekst □ *lave en skrivefejl*

skrivefærdighed

SUBST. *-en*

evnen til at skrive □ *forbedre sin skrivefærdighed*

skrivehoved

SUBST. *-et,* plur. *-er, -erne*

(edb): en komponent der skriver på en disk, og som består af en flytbar arm der bevæger sig over disken = SKRIVEARM ≠ LÆSEHOVED

skrivekridt

SUBST. *-et*

et kridtlag som findes under størstedelen af Danmark ≠ TAVLEKRIDT

skrivelse

SUBST. *-n,* plur. *-r, -rne*
fork. *skr.*

en officiel, skriftlig meddelelse = MEDDELELSE, BULLETIN, BREV □ *svaret fremgår af en skrivelse fra miljøministeren* □ *rundskrivelse*

skrivemaskine

SUBST. *-n,* plur. *-r, -rne*

en elektrisk el. manuel maskine som ved hjælp af et tastatur skriver bogstaver, tal og tegn på papir = MASKINE □ *skrive på skrivemaskine* · *skrivemaskinens klapren* □ *skrivemaskinebord* · *skrivemaskinehjul* · *skrivemaskinepapir*

skrivepult

SUBST. *-en,* plur. *-e, -ene*

en pult som man kan skrive ved

skriver

SUBST. *-en,* plur. *-e, -ne*

(hist.): en person der som erhverv beskæftiger sig med at skrive □ *skriverkarl* · *skriverkontor* □ *krønikeskriver* · *historieskriver* • ⟨i sammensætn.⟩ en person der skriver noget □ *brevskriver* · *maskinskriver* · *sangskriver* · *smædeskriver* · *underskriver*

skriveredskab

SUBST. *-et,* plur. *-er, -erne*

et redskab som man kan skrive med; det kan være en blyant, en kuglepen, en fyldepen m.m. □ *anvende en gåsefjer som skriveredskab*

skrivning

SUBST. *-en*

det at skrive noget □ *undervise de yngste klasser i skrivning* □ *maskinskrivning* · *renskrivning* · *retskrivning* · *skønskrivning* · *stilskrivning* · *underskrivning*

skrog

SUBST. *-et,* plur. *skrog, -ene*

1. den centrale del af et skib el. et fly, dvs. uden master el. vinger = KROP □ *flyets skrog var ubeskadiget* · *et slankt sejlskib med blåt skrog* □ *skrogtype* □ *glasfiberskrog* · *skibsskrog*
2. det afpillede skelet; af fjerkræ og vildt □ *ræven efterlod kun skroget af hønen* □ *gåseskrog* • et kernehus med rester af frugtkød □ *han kastede skroget fra sig da han havde spist æblet* □ *pæreskrog* · *æbleskrog*
3. en svag el. sølle person = SVÆKLING, STAKKEL, SKRAVL □ *han er syg igen, det skravl!* · *et sølle skrog*

skrot

SUBST. *skrotten* el. *skrottet*
[*ˈsgrɔt*]

affald af metal, sten o.l.; især om metalaffald som kan genbruges □ *skrothandler*

skrotte

VERB. *-r, -de, -t*

skrotte ngt kassere noget som skrot = OPHUGGE □ *bilen blev skrottet* · *skrotte alle mellemdistanceraketter* □ *skrotning* • **skrotte ngt** (dagl.): opgive noget = DROPPE □ *den plan kan du godt skrotte* · *han måtte skrotte sine ambitioner én efter én*

skru

SUBST. *-et*

rotation i en bold så den beskriver en krum bane □ *der er et gevaldigt skru i hans frispark* · *et skru fra hjørneflaget og ind i treeren*

skrub

SUBST. *skrubbet,* plur. *skrub, skrubbene*

= KNUBS □ *han fik nogle ordentlige skrub* · *han måtte tage sine skrub*

skrubbe[1]

SUBST. *-n,* plur. *-r, -rne*

1. en børste med stive hår til at rense og skure med □ *jeg måtte rense gryderne med en skrubbe* □ *gulvskrubbe*
2. en fladfisk som er mørk og ru på den ene side

og hvidlig på den anden side; meget udbredt spisefisk i Danmark; latinsk navn *Platichthys flesus*

skrubbe[2]

VERB. *-r, -de, -t*

1. skrubbe ng(t) gnide hårdt frem og tilbage på nogen el. noget med en stiv børste el.lign. for at gøre det rent = SKURE □ *skrubbe sig ren · hun skrubbede drengen til han var skinnende ren · skrubbe gryder og pander · skrubbe gulvet · skrubbe snavs af væggene · skrubbe sine negle med en neglebørste* □ *skrubberi · skrubning* • **skrubbe og skure** el. **skure og skrubbe** gøre rent □ *hun skrubbede og skurede dagen lang*
2. skrubbe af el. **ud** el. **i seng** skynde sig at gå væk, ud el. i seng = PILLE AF, FORSVINDE □ *bed ham om at skrubbe af · skrub ud herfra! · skrub så i seng med dig!*

skrubtudse

SUBST. *-n,* plur. *-r, -rne*

1. en stor, brun tudse som er almindelig i Danmark; latinsk navn *Bufo bufo*
2. en grov og uovervejet ytring □ *det var nogle værre skrubtudser han fik fyret af ved den lejlighed*
3. en slags fyrværkeri som springer rundt på jorden når man antænder det

skrud

SUBST. *-et* (el. *skruddet*), plur. *skrud, skruddene*

tøj som en kvinde har på, og som virker fint el. overdådigt □ *hun var i sit fineste skrud* • **trække i skrudet** tage festtøj på

skrue[1]

SUBST. *-n,* plur. *-r, -rne*

1. en lille metalpind med spids i den ene ende og et fladt el. halvrundt hoved i den anden; anvendes til at samle og fæste ting □ *skrue en skrue i · stramme en skrue · reolen er samlet med skruer* □ *messingskrue* • **en skrue uden ende** en udvikling el. et forløb som ikke har nogen afslutning □ *hendes op- og nedture er skruen uden ende* • **have en skrue løs** være tosset □ *hun må da have en skrue løs siden hun kan sige sådan noget*
2. en propel som driver et skib frem = PROPEL □ *det ene af de to blade på skruen er blevet slået af*
3. en skruende bevægelse med kroppen □ *udspringeren lavede to skruer før han ramte vandet* □ *dobbeltskrue*

skrue[2]

VERB. *-r, -de, -t*

1. skrue ngt dreje noget rundt som har gevind, fx en skrue el. et låg □ *skrue skruen i bund · skrue låget af · skrue låget på · han skruede på knapperne på radioen · skrue pæren i* □ *skrueblyant · skrueformet · skruegang · skruelåg · skruenøgle · skruestik · skruetvinge* • **skrue ngt** fæstne el. løsne noget ved at stramme el. løsne en skrue i det □ *han skruede bordet fast i væggen · han skruede hylden løs* • **skrue ngt** få ngt til at rotere □ *skrue en bold · han sendte en skruet bold ind i mål*
2. skrue ngt ned el. **ned for ngt** få noget til at blive svagere □ *skrue ned for varmen · skrue sine forventninger ned · skrue ned for vandet · skrue lyden ned* • **skrue ngt op** el. **op for ngt** få noget til at blive kraftigere □ *skrue op for varmen · skrue stemningen op · skrue prisen op · skrue op for vandet · skrue lyden op* □ *opskrue*
3. i forsk. forb.: • **have hænderne rigtigt skruet på** have et godt håndelag □ *han har hænderne skruet rigtigt på* • **isen skruer** udtryk for at isflager trykkes tæt sammen og begynder at glide ind over hinanden □ *isen begyndte at skrue · isen skruede skibet ned* □ *skrueis* • **skrue udviklingen tilbage** sætte noget tilbage i udvikling □ *de nye love har skruet udviklingen tyve år tilbage*

skrueaksel

SUBST. *-en* (el. *~akslen*), plur. *~aksler, ~akslerne*

en aksel til en skibsskrue

skrueblyant

SUBST. *-en,* plur. *-er, -erne*

en blyant af metal el. andet hårdt materiale med løse blyantsstifter der kan drejes el. trykkes frem, efterhånden som de bruges = PENCIL

skruebrækker

SUBST. *-en,* plur. *-e, -ne*

(slang): = STREJKEBRYDER

skruenøgle

SUBST. *-n,* plur. *-r, -rne*

et værktøj til fastspænding og løsning af møtrikker, bolte o.l. = SKIFTENØGLE, SVENSKNØGLE, FASTNØGLE

skruestik

SUBST. *skruestikken,* plur. *skruestikker, skruestikkerne*

1. et redskab til fastspænding af noget man arbejder på; består af to flade dele af træ el. metal som kan skrues sammen □ *brættet sad i skruestikken, mens det blev høvlet* □ *parallelskruestik · tangskruestik*
2. hårdt greb □ *politiet holdt ham i en skruestik*

skruet

ADJ. *- , skruede*

1. som skruer i luften □ *en skruet bold*
2. som snor sig = SNOET □ *mange antiloper har skruede horn*
3. som taler på en fin og fornem måde = AFFEKTERET □ *han taler så skruet*

skruetrækker

SUBST. *-en,* plur. *-e, -ne*

værktøj til at skrue skruer i el. ud med; består af en lille tilspidset metalstang som passer i fordybningen på en skrues hoved og et aflangt håndtag □ *stjerneskruetrækker*

skruetvinge

SUBST. *-n,* plur. *-r, -rne*

en bøjle af jern el. metal til at holde to emner sammen med □ *sæt en skruetvinge på til limen er tør · beslaget holdes fast på stolpen med en skruetvinge*

skruk

ADJ. *-t, skrukke*

(om høne): = LIGGEGAL □ *en skruk høne*

skrukhøne

SUBST. *-n,* plur. *-r* (el. *~høns*), *-rne* (el. *~hønsene*)

en liggegal høne el. en høne som ruger el. har kyllinger

skrumle

VERB. *-r, -de, -t*

= RUMLE □ *hestevognen skrumlede hen over brostenene*

skrummel

SUBST. *-et* (el. *skrumlet*), plur. *skrumler, skrumlerne*

(neds.): et møbel, en bygning el. en person som er stor og uformelig □ *et skrummel af et hus · flyt dig, dit store skrummel · hendes møbler er nogle store skrumler*

skrumpe

VERB. *-r, -de, -t*

skrumpe el. **skrumpe ind** blive mindre ved indtørring el. anden fysisk forandring = SVINDE □ *æblerne skrumpede ind til det bare ingenting · kødet skrumpede ind under stegningen · antallet af gæster skrumpede efterhånden ind til ti* □ *skrumpning*

skrumple

VERB. *-r, -de, -t*

køre under slingren, rysten og bump = SKUMPLE □ *vognen skrumplede hen over brostenene*

skrupelløs

ADJ.

se *skruppelløs*

skrupforkert

ADJ. *- , -e*

(dagl.): som er helt forkert = RAVGAL, PINEGAL, SPLITTERFORKERT □ *den påstand er skrupforkert · dit syn på tingene er skrupforkert · du er skrupforkert på den*

skrupgrine

VERB. *-r, -de* (el. *~grinte*), *-t*

grine længe og ubehersket □ *de skrupgrinede under hele komedien* • **skrupgrine ad** el. **af ng(t)** □ *børnene skrupgrinede ad klovnen*

skrupler

SUBST.PLUR. *-ne*

= BETÆNKELIGHED □ *han var fuld af skrupler over at være stukket af fra ulykken uden at forsøge at hjælpe · han havde ingen skrupler over de mord han begik*

skruppelløs el. skrupelløs

ADJ. *-t, -e*

(neds.): som kan finde på at handle uærligt og umoralsk for at fremme sine egne interesser = SAMVITTIGHEDSLØS □ *i profittens navn har skruppelløse medarbejdere organiseret illegale leverancer af atomaffald*

skrupskør

ADJ. *-t, -e*

som er mentalt svækket i høj grad □ *hende kan*

du ikke regne med, hun er skrupskør • som er meget irrationel og dum □ *det var dog en skrupskør idé*

skrupsulten

ADJ. *-t, ~sultne*

= HUNDESULTEN

skrupuløs

ADJ. *-t, -e*
/skrupu'løs/

som er meget ængstelig og forsigtig □ *skrupuløsitet*

skrutrygget

ADJ. *- , ~ryggede*

= KRUMRYGGET □ *skrutryggethed*

skrutten

SUBST.BEST.

(dagl., spøg.): = MAVE □ *fylde skrutten* · *jeg har ikke fået noget i skrutten hele dagen*

skryde

VERB. *-r, -de* (el. *skrød*), *-t*

lave en lyd som et æsel □ *hendes grin lyder som når et æsel skryder* □ *skryden* · *skryderi* • = PRALE □ *han skryder altid over sine mange penge*

skryder

SUBST. *-en,* plur. *-e, -ne*

= PRALHALS

skrædder

SUBST. *-en,* plur. *-e, -ne*

1. en person der som erhverv beskæftiger sig med tilskæring og syning af tøj □ *han fik jakken syet hos en skrædder* □ *skrædderarbejde* · *skrædderkridt* · *skræddersaks* · *skrædderstilling* · *skræddersy* □ *dameskrædder* · *herreskrædder* · *kjoleskrædder* · *lappeskrædder* · *teaterskrædder*
2. **forslår som en skrædder i helvede** udtryk for at noget ikke er tilstrækkeligt

skrædderstilling

SUBST. *-en*

en stilling hvor man sidder med benene trukket op, knæene ud til siden og underbenene krydsede foran sig □ *sidde i skrædderstilling* · *der var ingen stole i hytten så vi måtte indtage hele måltidet i skrædderstilling*

skræddersyet

ADJ. *- , ~syede*

(om tøj): som er syet efter mål af en skrædder og derfor passer perfekt □ *en skræddersyet dragt* · *jakken er skræddersyet* • som er udformet med henblik på el. tilpasset et specielt formål el. behov □ *jobbet er skræddersyet til ham* · *huset er skræddersyet til en familie med tre børn* · *en skræddersyet handlingsplan*

skræk

SUBST. *skrækken*

en pludselig følelse af stærk rædsel = RÆDSEL, GRU □ *hun var som lammet af skræk* · *hans hår stod lige i vejret af skræk* · *sprede skræk og rædsel* □ *skrækfilm* · *skrækslagen* □ *eksamensskræk* · *vandskræk* • **være ngs skræk** være noget meget ubehageligt for nogen □ *det var hendes store skræk at være med hele familien i sommerhus* · *tysklæreren var hele skolens skræk*

skrækindjagende

ADJ.

som fremkalder skræk = FRYGTINDGYDENDE □ *et skrækindjagende syn*

skrækkelig

ADJ. *-t, -e; -ere, -st*

= FRYGTELIG □ *et skrækkeligt vejr* · *leve under skrækkelige forhold* · *det var dog skrækkeligt* · *det er skrækkeligt som folk bander* · *han blev skrækkeligt bange* · *han er skrækkeligt forkælet*

skrækslagen

ADJ. *-t, ~slagne*

som er grebet af skræk = RÆDSELSSLAGEN □ *han var skrækslagen ved tanken om hvad forældrene ville sige* · *gyserfilm gjorde ham fuldkommen skrækslagen*

skræl

SUBST. *skrællen,* plur. *skræller, skrællerne*

det yderste lag på visse frugter og grøntsager som man fjerner inden man spiser dem □ *kartoflerne koges med skræl* □ *appelsinskræl* · *bananskræl* · *kartoffelskræl*

skrælle

VERB. *-r, -de, -t*

1. **skrælle ngt** fjerne skrællen fra frugt, grøntsager o.l. □ *skrælle en appelsin* · *skrælle kartofler* · *skrælle barken af en træstamme* □ *skrælning*
2. **skrælle ngt** (dagl.): stjæle dæk, slange og andre aftagelige dele fra en cykel, knallert o.l. □ *der er nogen der har skrællet min cykel* · *han fandt sin knallert totalt skrællet*

skrællekniv

SUBST. *-en,* plur. *-e, -ene*

en kniv til at skrælle; udformet med en åbning til skræl langs æggen

skrælling

SUBST. *-en,* plur. *-er, -erne*

1. (neds., glds.): = SVÆKLING
2. (hist.): vikingernes navn for *eskimo*

skræmme

VERB. *-r, skræmte, skræmt*

skræmme ng gøre nogen bange □ *du må ikke skræmme de små børn med alle de spøgelseshistorier* · *sporene skræmmer* · *han skræmte næsten livet af dem da han sprang ud over altanen* · *hun havde et skræmt udtryk i øjnene* · *skræmme ng fra vid og sans* · *skræmme vildtet op* □ *skræmthed* · *skræmmebillede* · *skræmmeskud* □ *opskræmme*

skræmmebillede

SUBST. *-t,* plur. *-r, -rne*

en afskrækkende skildring af noget □ *han gav et sandt skræmmebillede af kvindernes forhold i den arabiske kultur* • = BUSSEMAND

skrænt

SUBST. *-en,* plur. *-er, -erne*

en stejl skråning □ *vejen går mellem høje skrænter* · *falde ud over skrænten*

skræppe[1]

SUBST. *-n,* plur. *-r, -rne*

1. = TORDENSKRÆPPE □ *skræppeblad*
2. en ukrudtsplante med lange blade som krøller i kanten og mange små, grønlige blomster i topformede stande; flere arter; latinsk navn *Rumex*

skræppe[2]

VERB. *-r, -de, -t*

1. frembringe en række korte, høje, skarpe lyde; især om krager, skader, ænder og gæs □ *ravnen skræpper* · *en flok skræppende gæs*
2. **skræppe op** (neds.): tale på en råbende og gennemtrængende måde; ofte som udtryk for utilfredshed □ *kan du ikke lave noget i stedet for at stå der og skræppe op*

skræv

SUBST. *-et,* plur. *skræv, -ene*

overgangen mellem lårets inderside og underlivet = SKRIDT

skræve

VERB. *-r, -de, -t*

sprede benene □ *nederdelen skal være vid nok til at du kan skræve i den* · *lad være med at sidde med skrævende ben* · *han skrævede for at holde balancen* □ *skræven* • **skræve over ngt** sidde el. stå med et ben på hver side af noget el. tage et langt skridt over noget □ *skræve over en grøft* · *soldaterne skrævede hen over de døde kroppe* • **skræve ud** gå med lange skridt

skrøbelig

ADJ. *-t, -e; -ere, -st*

(om ting): som let går i stykker = SKØR ≠ ROBUST □ *en skrøbelig glasvase* □ *skrøbelighed* • som ikke er fysisk el. psykisk stærk □ *have et skrøbeligt helbred* · *hun virker så skrøbelig* · *en skrøbelig natur*

skrød

VERB.

bøjningsform af *skryde*

skrømt

SUBST.

på skrømt udtryk for at noget ser sådan ud, men ikke er tilfældet i virkeligheden □ *de sloges på skrømt* · *han gjorde modstand på skrømt*

skrøne

SUBST. *-n,* plur. *-r, -rne*

en opdigtet, usand historie = KRØNIKE, LØGNEHISTORIE □ *det er en skrøne at han har været Jorden rundt i en robåd*

skrå[1]

SUBST. *-en,* plur. *-er, -erne*

1. et stykke tobak som tygges og derefter placeres mellem kinden og kæben hvorfra tobakssaften suges = SKRÅTOBAK □ *tygge skrå* · *tage sig en skrå* · *en rulle skrå* □ *stangskrå*

2. en middelalderlig lov el. vedtægt som gælder for et mindre område el. for en sammenslutning □ *byskrå* • *gildeskrå* • *lavsskrå*

skrå[2]

SUBST. *-en* el. *-et*

groftmalet foderstof

skrå[3]

VERB. *-r, -ede, -et*

1. skrå {over} ngt gå over el. gennem noget i en skrå retning □ *hun skråede over gaden* • *lad os skrå over markerne* • *skrå gennem skoven*
2. tygge skråtobak

skrå[4]

ADJ. *-t, skrå*

som ikke er lodret el. vandret □ *en skrå linie* • *skrå øjne* • *stigen står skråt op ad muren* • *hun lagde hovedet på skrå* • *skråt afskåret tobak* □ *skråflade* • *skråhue* • *skrålinje* • *skråmadras* • *skråpude* • *skrårem* • *skråsejl* • *skråskrift* • *skrå(t)stille* • *skråstilling* • *skråstreg* • *skråtliggende* • *skråvæg* • **de skrå brædder** se under *bræt*

skråhue

SUBST. *-n,* plur. *-r, -rne*

en aflang hue af stift stof og uden skygge som bæres på skrå på hovedet

skrål

SUBST. *-et,* plur. *skrål, -ene*

et højt råb el. skrig el. stærk gråd □ *der lød skrig og skrål fra børneværelset* • *udstøde et højt skrål*

skråle

VERB. *-r, -de, -t*

(neds.): græde højlydt = VRÆLE, HYLE, BRØLE, GRÆDE □ *barnet slog sig og skrålede højt* □ *skråleri* • (neds.): synge højt og falsk □ *til fodboldkampen skrålede tilskuerne af fuld hals*

skråne

VERB. *-r, -de, -t*

have en skrå retning = HÆLDE □ *plænen skråner ned mod søen*

skråning

SUBST. *-en,* plur. *-er, -erne*

1. det at være på skrå □ *bakkens skråning* • *vejens skråning*
2. en hævning el. sænkning i terrænet □ *en stejlt opadgående skråning* • *en nedadgående skråning* • et skrånende område, fx siden af en bakke □ *huset ligger på en skråning* • *en skråning ned mod søen* • *han plukkede blomster på skråningen* □ *bakkeskråning*

skråpe

SUBST. *-n,* plur. *-r, -rne*

en brun og hvid el. sodfarvet *stormfugl* med et langt, tyndt næb; latinsk navn *Puffinus*

skråplan

SUBST. *-et,* plur. *-er, -erne*

en plan flade som hverken er lodret el. vandret, men som er stillet skråt □ *skråplanets hældning* • begyndende forfald el. tilbagegang □ *han er ude på et skråplan* • *hun er på vej længere og længere ud på skråplanet*

skråsikker

ADJ. *-t, ~sikre*

som er meget selvsikker og urokkelig i sin overbevisning = FORKROMET □ *jeg er træt af hans skråsikre meninger* □ *skråsikkerhed*

skråskrift

SUBST. *-en*

en måde at skrive på hvor bogstaverne hælder skråt fremefter i skriveretningen og kædes sammen ≠ FORMSKRIFT □ *han skrev altid med skråskrift*

skråstreg

SUBST. *-en,* plur. *-er, -erne*

en streg som går på skrå fra venstre opad mod højre: / ; bruges bl.a. til at angive alternativer i brøker og andre måleenheder og mellem dag og måned i datoangivelser □ *gifte/enlige er velkomne* • *køre 50 km/t* • *den 15/9-94*

skråtobak

SUBST. *~tobakken,* plur. *~tobakker, ~tobakkerne*

= SKRÅ □ *en pris skråtobak*

skråvæg

SUBST. *~væggen,* plur. *~vægge, ~væggene*

en væg som går i en skrå linie fra gulv til loft el. fra nederste lige vægstykke til loft

Skt.

fork. for *Sankt*

skub

SUBST. *skubbet,* plur. *skub, skubbene*

1. det at skubbe = PUF, STØD □ *hun gav ham et skub*
2. give ng(t) et skub el. **sætte skub i ngt** få nogen el. noget til at gå, bevæge sig el. handle hurtigere □ *hun kan virkelig sætte skub i foretagendet* • *han fik et skub i den rigtige retning* • *han gav forskningen et godt skub fremad*

skubbe

VERB. *-r, -de, -t*

1. skubbe til ng(t) give nogen el. noget et skub □ *han skubbede til hende, så hun faldt* • *han skubbede hende i vandet* • *lad være med at skubbe!* • **skubbe ng(t) op** presse nogen el. noget fremad, fx med hænderne el. kroppen = PUFFE ≠ TRÆKKE, HIVE □ *skubbe døren op med foden* • *han skubbede sig frem gennem mylderet* • *de skubbede bordet hen foran døren* • *de skubbede bilen ud over skrænten* • *han skubbede brillerne op i panden* □ *skubberi* • *skubben*
2. skubbe ngt {bort} undgå at beskæftige sig med noget el. ikke vedkende sig noget □ *hun skubbede de triste minder bort* • *han skubbede ansvaret fra sig* • *planerne blev skubbet ud i fremtiden*

skubber

SUBST. *-en,* plur. *-e, -ne*

et spiseredskab til små børn hvormed maden kan skubbes op på en ske el. en gaffel; har et kort skaft hvorpå der sidder en rektangulær flade = SKUBOPPER

skubopper

SUBST. *-en,* plur. *-e, -ne*

(barn.): = SKUBBER

skud

SUBST. *skuddet,* plur. *skud, skuddene*

1. noget der skydes ud af et skydevåben □ *hun affyrede tre skud* • *der var kun et skud tilbage i geværmagasinet* □ *skudhold* • *skudklar* • *skudlinie* • *skudsikker* • *skudsår* • *skudvidde* □ *advarselsskud* • **et skud for boven** et advarselsskud som affyres foran et skib for at få det til at standse □ *krydseren gav skibet et skud for boven* • **et skud for boven** en kraftig advarsel □ *han fik et skud for boven*
2. et kast med el. et stød til en bold □ *med et pragtfuldt skud sendte han bolden i nettet* □ *skudhold*
3. et anlæg til et blad el. en blomst på en plante som ofte er beskyttet af brune skæl = KNOP □ *planten var fuld af små nye skud* □ *aspargesskud* • *bambusskud* • et nyt medlem af en slægt □ *han er det sidste skud på stammen*
4. et mindre tyveri, især af frugt □ *drengene gik på skud efter æbler* □ *pæreskud* • *æbleskud*
5. slang en lille mængde af noget, fx narkotika □ *et skud morfin*
6. = SKUDGARN
7. i forsk. forb.: • **stå for skud** udsættes for kritik □ *ministeren måtte ofte stå for skud* • **være i skuddet** være veloplagt og have heldet med sig □ *jeg er ikke rigtig i skuddet i dag*

skuddag

SUBST. *-en,* plur. *-e, -ene*

den 24. februar i et **skudår**

skude

SUBST. *-n,* plur. *-r, -rne*

1. (spøg.): et mindre fartøj, især et gammelt fartøj = BÅD □ *han er fører af en lille skude* • *tør du virkelig tage med den gamle skude?* □ *skudehavn* □ *fiskeskude*
2. en tyk kvinde □ *hun var en ordentlig skude* • **en skude {grød}** en stor portion af noget □ *det var en ordentlig skude havregrød du får der*

skudgarn

SUBST. *-et,* plur. *-er, -erne*

de tråde i vævet stof der går på tværs af trenden = SKUD, ISLÆT ≠ KÆDEGARN

skudhold

SUBST. *-et*

komme på skudhold af ngt en afstand inden for hvilken der kan rammes med skydevåben □ *komme vildtet på skudhold* • *være inden for skudhold*

skudklar

ADJ. *-t, -e*

(om skydevåben): som er ladt og klar til at blive affyret □ *en skudklar pistol* • *stå med skudklare rifler*

skudlinie

SUBST. *-n,* plur. *-r, -rne*

et projektils vej fra skydevåbenet til bestemmelses- el. nedslagsstedet □ *huset lå lige i skudlinien* • **være i skudlinien** befinde sig i en udsat position hvor man fx bliver kritiseret □ *efter sine racistiske udtalelser er han rigtigt kommet i skudlinien*

skudrigel

SUBST. *-en* (el. *~riglen*), plur. *~rigler, ~riglerne*

en kort metalstang der kan skydes ind i et beslag på en dørkarm så døren ikke kan åbnes = SLÅ

skudsikker

ADJ. *-t, ~sikre*

som er lavet af et så kraftigt materiale at kugler ikke kan trænge ind i det □ *en skudsikker vest* · *skudsikre ruder* • (slang): som ikke kan anfægtes □ *jeg har et skudsikkert alibi for mordnatten*

skudsmål

SUBST. *-et,* plur. *~mål, -ene*

en bedømmelse af andre, fx en som overordnede afgiver om deres underordnede = ANBEFALING □ *husassistenten havde fået gode skudsmål fra flere pladser* · *byens folk gav ham ikke noget godt skudsmål*

skudt

VERB.

bøjningsform af *skyde*

skudveksling

SUBST. *-en,* plur. *-er, -erne*

det at nogen skyder mod hinanden □ *det kom til en kort skudveksling mellem politi og gidseltagere*

skudvidde

SUBST. *-n,* plur. *-r, -rne*

et område inden for hvilket der kan rammes med et skydevåben □ *være inden for skudvidde*

skudår

SUBST. *-et,* plur. *~år, -ene*

et år med *skuddag* og med 366 dage i stedet for normalt 365 dage; er alle årstal der er delelige med fire, for århundredetallene dog kun de årstal der er delelige med 400

skue[1]

SUBST. *-t,* plur. *-r, -rne*

et syn der er særligt overraskende el. storslået □ *processionen var et pragtfuldt skue* · *et smukt skue viste sig for vore øjne* · *et makabert skue* □ *skueplads* • **stille ngt til skue** stille noget hvor alle kan se det = UDSTILLE • **stille sig** el. **stille sig selv til skue** vise sig frem på en pralende måde

skue[2]

VERB. *-r, -de, -t*

1. skue ng(t) (glds., spøg.): opfatte nogen el. noget med synet = SE □ *hvad skuer mit øje?* · *han er en fryd at skue*
2. skue {frem} (glds., form.): rette blikket i en bestemt retning = SE, KIKKE □ *han skuede ud over byens tage* · *skuer vi nogle år frem, kommer vi nok til at nedlægge nogle af amtets sygehuse*

skueplads

SUBST. *-en,* plur. *-er, -erne*

et sted hvor der sker el. er sket noget dramatisk □ *kongressen var skueplads for et opgør mellem de to yderfløje i partiet* □ *krigsskueplads*

skuespil

SUBST. *~spillet,* plur. *~spil, ~spillene*

= TEATERSTYKKE □ *opføre et skuespil* · *optræde i et skuespil* · *Shakespeares skuespil* □ *skuespilforfatter* • kunsten at opføre og at optræde i skuespil □ *han er en af de helt store veteraner i britisk skuespil* · *det er veludført håndværk med godt skuespil* • en kunstig opførsel hvormed nogen vil opnå noget □ *hold så op med dit skuespil og rejs dig op!*

skuespiller

SUBST. *-en,* plur. *-e, -ne*

en person som optræder i fx et skuespil el. en film = AKTØR □ *skuespiller ved Det Kgl. Teater* □ *skuespillerinde* · *skuespillerskole* · *skuespillertalent* □ *amatørskuespiller* · *filmskuespiller* · *revyskuespiller* · *teaterskuespiller*

skuespillerskole

SUBST. *-n,* plur *-r, -rne*

et sted hvor man uddanner skuespillere = ELEVSKOLE □ *han er elev på skuespillerskolen*

skuffe[1]

SUBST. *-n,* plur. *-r, -rne*

1. en lav åben kasse som kan trækkes ud og skubbes ind i fx en kommode, og som bruges til opbevaring af ting □ *en kommode med fire skuffer* · *trække en skuffe ud* · *lukke en skuffe* · *skuffen binder* □ *skuffemøbel* □ *kommodeskuffe*
2. en dyb, bredbladet skovl
3. i forsk. forb.: • **hænge med skuffen** være nedtrykt og se trist ud • **mere af samme skuffe** mere af samme slags

skuffe[2]

VERB. *-r, -de, -t*

1. skuffe ng gøre nogen ked af det ved ikke at opfylde deres forventninger el. håb □ *en skuffende efterligning* · *han skuffede hende dybt ved ikke at komme* · *hun var skuffet over at han ikke kom* · *skuffe ens tillid* □ *skuffelse*
2. skuffe ngt fjerne noget ved først at løsne det □ *hun skuffede havegangen* · *skuffe sne* □ *skufning* · *skuffejern*

skuffedarium

SUBST. *skuffedariet,* plur. *skuffedarier, skuffedarierne*
/skuffe'darium/

= SKUFFEMØBEL

skuffejern

SUBST. *-et,* plur. *~jern, -ene*

et landbrugs- og haveredskab med et blad el. en klinge som sidder på et langt skaft; bruges til at fjerne ukrudt m.m. ≠ HAKKE □ *skuffe de tilgroede havegange med et skuffejern*

skuffelse

SUBST. *-n,* plur. *-r, -rne*

en følelse der opstår når en forventning ikke opfyldes □ *det var en stor skuffelse for børnene at festen måtte aflyses* · *filmen var en skuffelse* · *lide mange skuffelser* · *vi måtte med skuffelse konstatere at museet var lukket*

skuffemøbel

SUBST. *-et* (el. *~møblet*), plur. *~møbler, ~møblerne*

en kommode med skuffer, ofte af træ = SKUFFEDARIUM □ *han købte et smukt skuffemøbel af snedkeren*

skulder

SUBST. *-en,* plur. *skuldre, skuldrene*

1. den del af legemet som går fra hver side af halsen ud til armene □ *han lagde armen om hendes skulder* · *gevær på skulder!* · *græde ud ved hans skulder* □ *skulderblad* • **give** el. **vise ng en kold skulder** = AFVISE □ *han gav mig en kold skulder* • **have brede skuldre** have kraft og evne til at klare svære opgaver el. psykisk pres □ *de valgte hende fordi hun havde brede skuldre* • **lægge ngt på ngs skuldre** overdrage nogen en opgave el. et ansvar □ *det er en stor opgave man har lagt på hans skuldre* • **stå skulder ved skulder** holde sammen mod nogen □ *befolkningen stod skulder ved skulder i kampen mod overmagten* • **trække på skuldrene ad ng(t)** være ligeglad med nogen el. noget □ *han trækker på skuldrene ad alle vore bestræbelser*
2. stykket mellem halsudskæring og ærme på en beklædningsgenstand □ *en kjole med brede skuldre* □ *skulderpude*

skulderblad

SUBST. *-et,* plur. *-e, -ene*

hvert af menneskets to flade knogler øverst på ryggen som har ledforbindelse med krageben og overarmsben

skulderklap

SUBST. *~klappet,* plur. *~klap, ~klappene*

en påskønnelse af en oftest langvarig indsats som motiverer én til at fortsætte = ANERKENDELSE, PÅSKØNNELSE □ *de gode anmeldelser var et tiltrængt skulderklap*

skulderstrop

SUBST. *~stroppen,* plur. *~stropper, ~stropperne*

en strop over den ene el. begge skuldre til at holde et klædningsstykke oppe • vandretliggende strop på en jakke el. en frakke der dækker skuldersømmen

skuldertræk

SUBST. *~trækket,* plur. *~træk, ~trækkene*

det at løfte skuldrene som et udtryk for manglende interesse el. viden el. for ligegyldighed □ *han havde kun et skuldertræk tilovers for forslaget* · *hun modtog meddelelsen med et skuldertræk*

skuldre

VERB. *-r, -de, -t*

1. {godt} skuldret udtryk for at man mener nogen har klaret sig godt el. udført et godt stykke arbejde = GODT KLARET □ *det var flot skuldret af en pige med kun syv års skolegang*
2. skuldre ngt (militær): gøre honnør ved at bringe sit våben i lodret stilling ved højre side □ *skuldre gevær* · *skuldre for afløsning*

skule

VERB. *-r, -de, -t*

skule efter el. **til ng(t)** se vredt el. mistænksomt

efter nogen el. noget ved at vende blikket til siden uden at løfte det □ *han så skulende på hende* · *et skulende blik*

skulke

VERB. *-r, -de, -t*

(glds.): = PJÆKKE □ *skulke fra skolen* · *skulke fra en time* □ *skulkeri*

skulle

VERB. *skal, skulle, -t*

1. udtryk for nødvendighed, tvang el. opfordring □ *du vil måske ikke, men du skal* · *du skal komme nu* · *nu skal der bestilles noget* · *man kan når man skal* · *hvorfor skal man altid råbe ad jer?* · *man skal kende reglerne* · *en soldat skal adlyde sine overordnede* • udtryk for at man ønsker nogen noget □ *han skal leve!* • udtryk for at andre har bedt én om at gøre noget □ *jeg skal hilse fra min kone* · *jeg skal spørge fra min far* • udtryk for at man gør noget i overensstemmelse med regler, forretningsgang etc. □ *jeg skal henstille til Dem at De snarest betaler Deres regninger* • **skulle til** være nødvendig □ *der skal meget mad til for at mætte så mange* · *penge skal der til* · *hvad skal det til at råbe sådan op?* · *der skal ikke meget til før hun græder*
2. udtryk for hensigt, plan el. ønske □ *hvad skal du her?* · *skal du noget i aften?* · *jeg skal i biografen* · *skal du med?* · *jeg skal ikke forsinke dig* · *jeg skal ikke modsige dig* · *han skal være arkitekt* · *vi skal spise kl. 7* · *hvad skal han med en bil?* · *hvad skal det betyde?* • **skulle ud** have til hensigt at gå til selskab □ *skal du ud på søndag?* • **nu skal jeg** udtryk for at man nok skal gøre noget af venlighed el. irritation □ *lad hellere mig ordne det!* • **jeg skal lære dig** udtryk for en trussel om noget ubehageligt • **skal det være** el. **forestille** udtryk for at man undrer sig over om noget virkelig er hvad det giver sig ud for □ *skal det være et maleri?* · *skal det virkelig forestille engelsk?*
3. udtryk for hvad man kan forvente □ *de vidste ikke at de aldrig skulle ses mere* · *efter hvad han sagde, skulle flyttekasserne komme næste dag* • **skal nok** udtryk for hvad der sikkert er sket el. sker □ *han skal nok komme* · *han skal nok have glemt det* • **skulle** udtryk for hvad der eventuelt indtræffer □ *skulle det gå hen og blive regnvejr* · *det skulle ikke undre mig hvis han havde glemt det* • **{de} skulle vel ikke** udtryk for en høflig forespørgsel □ *de skulle vel ikke have en tændstik?* • **skulle det være en anden gang** et høfligt og beskedent svar på at nogen siger tak til én
4. udtryk for at noget siges el. forlyder at være tilfældet □ *han skal have dræbt flere mennesker* · *hun skal være meget dygtig* · *han skal have været en rig mand engang*

skulptur

SUBST. *-en,* plur. *-er, -erne*
/skulp'tur/

en tredimensional, kunstnerisk figur af sten, ler, metal, træ el.lign. = BILLEDHUGGERVÆRK □ *der står en smuk skulptur i parken* □ *skulptør* · *skulpturarbejde* · *skulpturel* · *skulpturkunst* □ *træskulptur* • ⟨ikke plur.⟩ alt der har at gøre med fremstilling af skulpturer = BILLEDHUGGERKUNST □ *han har forstand på skulptur*

skulptør

SUBST. *-en,* plur. *-er, -erne*
/skulp'tør/

= BILLEDHUGGER

skum

SUBST. *skummet*

en mængde små luftbobler der danner sig på overfladen af en væske □ *stormen piskede havet til skum* · *der er skum på øllet* □ *skumboble* · *skumtop* □ *flødeskum* · *sæbeskum* · *ølskum* • navn på forskellige slags mousserende drikke □ *et glas skum* • = FRÅDE • (medicin): et kemisk middel til svangerskabsforebyggelse som anbringes i skeden, og som indeholder sæddræbende stoffer

skumgummi

SUBST. *-en* el. *-et,* plur. *-er, -erne*

et materiale af porøst gummi; anvendes især til hynder og madrasser □ *skumgummifyld* · *skumgummihynde* · *skumgummimadras*

skumle

VERB. *-r, -de, -t*

være utilfreds med noget uden at formulere det klart = KNURRE, MURRE □ *folk har skumlet en del over de store administrationsudgifter* □ *skumlen* • tale bag om ryggen på nogen □ *stå og skumle i krogene* · *der skumles om at han snyder i skat*

skumme

VERB. *-r, -de, -t*

1. danne skum □ *øllet skummede* · *sæbepulveret skummer for meget* □ *skumning* • **skumme ngt** fjerne et lag af skum oven på en væske □ *suppen skal skummes et par gange for ikke at blive for fed*
2. skumme af ngt være meget vred over noget = FRÅDE □ *han skummede af raseri*
3. skumme fløden se under *fløde*

skummel

ADJ. *-t, skumle*

som virker mørk og truende = DYSTER □ *de boede i et gammelt, skummelt hus* · *de skulle gennem en skummel gyde* □ *skummelhed* • som virker mistænkelig, ofte grænsende til det forbryderiske = FORDÆKT, MISTÆNKELIG, LYSSKY □ *en skummel person* · *hun gik med skumle tanker om at komme sin konkurrent til livs* · *have skumle hensigter*

skummetmælk

SUBST. *-en*

en mælk med et fedtindhold på højst 0,3% ≠ LETMÆLK, SØDMÆLK, KÆRNEMÆLK □ *en liter skummetmælk* □ *skummetmælkscacao* □ *cacaoskummetmælk*

skumpelskud

SUBST. *~skuddet,* plur. *~skud, ~skuddene*

= UDSKUD

skumple

VERB. *-r, -de, -t*

= SKRUMPLE □ *vognen skumplede hen over brostenene*

skumre

VERB. *-r, -de, -t*

(glds.): begynde at blive mørkt efter solnedgang = MØRKNE, AFTNE □ *det var begyndt at skumre og gadebelysningen blev tændt*

skumring

SUBST. *-en,* plur. *-er, -erne*

den tid lige efter solnedgang hvor det er ved at blive mørkt = MØRKNING, TUSMØRKE □ *i skumringen kom bøflerne frem for at drikke* · *sidde uden lys i skumringen* □ *skumringstime* □ *aftenskumring*

skunk[1]

SUBST. *-en,* plur. *-er, -erne*

rummet mellem et loftværelses væg og den nederste del af taget □ *skunkrum*

skunk[2]

SUBST. *-en,* plur. *-e, -ene*

= STINKDYR

skunk[3]

SUBST. *-en*
[ˈsgɔŋ'g]

et rusmiddel der er en form for hash, men som er stærkere

skur

SUBST. *-et,* plur. *-e, -ene*

et lille primitivt udhus af træ □ *bræddeskur* · *brændeskur* · *haveskur* · *redskabsskur*

skure[1]

SUBST. *-n,* plur. *-r, -rne*

en skåret fordybning el. et mærke i overfladen på noget □ *ismasserne har lavet en bred skure i klipperne* • **i den gamle** el. **samme skure** som det plejer □ *så er vi tilbage i den gamle skure* · *fortsætte i samme skure*

skure[2]

VERB. *-r, -de, -t*

1. skure ngt = SKRUBBE □ *skure et gulv* □ *skuring* · *skurebørste* · *skurekone* · *skurepulver*
2. skure mod ngt gnide kraftigt mod noget hårdt □ *skure to sten mod hinanden* · *båden skurede mod bunden* · *forhjulet skurede mod kantstenen* · *en skurende lyd* □ *skuring* · *skuren* · *skurestribe*

skurestribe

SUBST. *-n,* plur. *-r, -rne*

en fure i bjergarter som er dannet ved at sten som er fastfrosset i ismasser er gledet hen over et fast underlag

skurk

SUBST. *-en,* plur. *-e, -ene*

1. en uhæderlig person = SLAMBERT, SLUBBERT □ *den skurk havde solgt ham et vrag af en bil* □ *skurkagtig* · *skurkestreg*
2. en person med dårlige karakteregenskaber i en film, et skuespil el.lign. ≠ HELT □ *han spillede skurken i filmen* · *skurken i stykket* □ *skurkerolle*

skurkestreg

SUBST. *-en,* plur. *-er, -erne*

en uhæderlig og skurkagtig handling =SLYNGELSTREG

skurpenge

SUBST.PLUR. *-ne*

et løntillæg der udbetales til håndværkere hvis de ikke har et lokale til rådighed

skurre

VERB. *-r, -de, -t*

frembringe en skrabende lyd □ *lågen skurrede mod fliserne* □ *skurren* • **skurre i ørerne** virke utroværdig □ *hans smukke ord om solidaritet skurrer i mine ører*

skurv

SUBST. *-en*

en plantesygdom som giver en pletvis forgrovet overflade på frugter og kartofler, og som skyldes svampeangreb, bakterier el. mider □ *kartoffelskurv* • en hudsygdom i hovedbunden hos mennesker el. hårlaget hos dyr som giver skorpedannelse, og som skyldes svamp

skurvogn

SUBST. *-en,* plur. *-e, -ene*

et lille kasseformet hus med hjul under som bruges på fx byggepladser som omklædningsrum o.l. for arbejderne

skvadderhoved

SUBST. *-et,* plur. *-er, -erne*

= FJOLS □ *det har du ingen forstand på, dit skvadderhoved!*

skvadre

VERB. *-r, -de, -t*

snakke meget og højrøstet om ligegyldige emner = PJADRE, PLADRE □ *hun skvadrede op om alt og alle* · *konerne skvadrede løs*

skvadronere

VERB. *-r, -de, -t*
/skvadro'nere/

= PRALE

skvadronør

SUBST. *-en,* plur. *-er, -erne*
/skvadro'nør/

= PRALHALS □ *tro ikke for meget på den skvadronør*

skvalder

SUBST. *-en* el. *-et*

en larmende, højrystet tale el. latter □ *slå en skvalder op*

skvalderkål

SUBST. *-en,* plur. *~kål, -ene*

en skærmplante som har savtakkede blade med en krydret duft, og som er en besværlig ukrudtsplante i haver pga. sine lange jordstængler og udløbere; latinsk navn *Aegopodium podagraria*

skvaldre

VERB. *-r, -de, -t*

snakke meget og højrøstet □ *hold op med at skvaldre så man kan få ørenlyd* · *hun skvaldrer op om alt muligt*

skvat

SUBST. *skvattet,* plur. *skvat, skvattene*

en holdningsløs og karaktersvag person = PJOK, SVÆKLING, SLAPSVANS, PYLREHOVED □ *han er og bliver et skvat* □ *skvatfigur* · *skvatmikkel*

skvatte

VERB. *-r, -de, -t*

(dagl.): = FALDE □ *skvatte om* · *skvatte sammen efter anstrengelserne*

skvulpe

VERB. *-r, -de, -t*

(om væske): være i vuggende bevægelse så der høres små plask □ *bølgerne skvulpede* • **skvulpe over** vugge så kraftigt at den ryger ud over en kant □ *mælken i kanden skvulpede over*

skvæt

SUBST. *skvættet,* plur. *skvæt, skvættene*

et stænk el. sprøjt af en væske = SJAT □ *hun kom et skvæt whisky i teen*

skvætte

VERB. *-r, -de, -t*

hælde el. sprøjte i små mængder □ *gå med en spand så fuld at vandet skvætter ud* · *han skvættede lidt kaffe i munden for at bløde brødet op*

sky[1]

SUBST. *-en,* plur. *-er, -erne*

1. en hvid el. grå masse som svæver højt oppe i luften, og som er dannet af vanddråber, snefnug el. iskrystaller □ *der gik en sky for solen* · *himlen var dækket af mørke skyer* · *skyerne går langsomt i opløsning* · *der er ikke en sky på himlen* □ *skybanke* · *skydække* · *skyformation* · *skyfri* · *skyhøjde* · *skypumpe* □ *kumulussky* · *lammesky* · *stratussky* · *tordensky* • **helt oppe i skyerne** udtryk for at man er meget lykkelig, næsten overstadig □ *hun var helt oppe i skyerne pga. sit bryllup* • **hæve** el. **rose ng til skyerne** rose nogen voldsomt • **i en sky af ngt** være klædt overdådigt □ *hun var i en sky af tyl og kniplinger* • **i vilden sky** = AF FULD HALS □ *hun sang i vilden sky* · *skrige i vilden sky* • **stikke** el. **sætte næsen i sky** se under *næse*
2. masse af støv el. røg som svæver i luften og forringer udsynet □ *der stod en sky af røg over brandstedet* □ *røgsky* · *støvsky*

sky[2]

SUBST. *-en*

kødsaft som trænger ud af kød når det steges □ *si fedtet fra skyen* · *skumme skyen* · *spæde skyen op* · *lave sovs af skyen* □ *skysovs* □ *stegesky* • kødsaft der er stivnet i en form, og som skæres i skiver og bruges på smørrebrød = PÅLÆGSSKY □ *et stykke sky* · *en leverpostejmad med sky*

sky[3]

ADJ.

som er genert el. let at skræmme □ *hesten er sky og svær at berolige* · *hun var meget sky over for fremmede*

sky[4]

VERB. *-r* (el. *-er*), *-ede, -et*

1. sky ng(t) prøve at undgå nogen el. noget pga. modvilje □ *han skyr alkohol* · *hun skyr ingen midler for at nå sit mål* · *hun skyede ham som pesten*
2. sky ngt ikke opsuge en væske □ *stoffet skyr vand*

skybanke

SUBST. *-n,* plur. *-r, -rne*

en formation af lavthængende skyer der dækker en del af himlen □ *der stod en sort skybanke i horisonten*

skybrud

SUBST. *~bruddet,* plur. *~brud, ~bruddene*

en kortvarig, men meget voldsom regnbyge □ *skybruddet medførte at mange kældre blev oversvømmet*

skyde

VERB. *-r, skød, skudt*

1. affyre et skud med et skydevåben □ *jægeren skød tre skud* · *bankrøveren skød op i luften* · *bueskytten skød forbi skydeskiven* · *skyde til måls* □ *skydning* · *skyder* · *skyderi* · *skydebane* · *skydegal* · *skydekonkurrence* • **skyde ng(t)** ramme og evt. dræbe en person el. et dyr med et skydevåben □ *hun skød voldsmanden med en revolver* · *jægeren skød en hjort* · *han skød sig selv i foden* • **skyde ngt af** = AFFYRE □ *skyde en kanon af* · *skyde raketter af* · *skyde fyrværkeri af nytårsaften* • **skyde ng(t) ned** ramme nogen el. noget så han falder om el. det styrter til jorden = PLAFFE □ *de skød stikkeren ned på åben gade* · *flyet blev skudt ned over Atlanterhavet* • **skyde på** el. **efter ng(t)** skyde for at ramme nogen el. noget □ *soldaterne skød på hinanden* · *han skød på mål* · *han skød efter æblerne* • **skyde sig** begå selvmord med et skydevåben □ *han skød sig en kugle for panden*
2. sparke til el. kaste en bold □ *Benny Olsen skyder, og bolden er i nettet!* · *skyd!*
3. skyde på ng udsætte en person som man er utilfreds med for mundtlige el. skriftlige angreb □ *aviserne har i den senere tid skudt på statsministeren*
4. skyde på ngt = GÆTTE □ *hvor mange mennesker skyder du på at der er til koncerten?* • **skyde forbi** gætte forkert
5. skyde {op} vokse og udvikle sig = KOMME OP □ *planten skyder op af jorden* · *blomsterne skyder frem* · *en rose så jeg skyde* · *drengen er skudt i vejret* · *der er skudt mange nye kædeforretninger frem*
6. gøre en bevægelse fremad □ *båden skyder en god fart* · *vi kan skyde genvej over marken* • **skyde ngt for** el. **fra** lukke el. åbne en dør med fx en slå □ *skyde slåen for døren* • **skyde ngt i** lukke fx en skydedør □ *skuyde en dør i* □ *skydedør*
7. skyde ngt fra sig undgå at beskæftige sig med noget el. ikke vedkende sig noget □ *hun blev ved med at skyde problemerne fra sig* · *ministrene skød ansvaret fra sig* • **skyde ngt over på ng**

give andre ansvaret el. skylden for noget □ *han skød ansvaret over på sine embedsmænd* • **skyde ngt til side** undlade at beskæftige sig med noget □ *han bliver ved med at skyde problemerne til side* • **skyde ng ud** = AFVISE □ *vi har skudt de mindst egnede ud* • **skyde ngt ud** = UDSKYDE □ *rejsen er skudt ud*
8. skyde sammen til ngt = SPLEJSE □ *lad os skyde sammen til en gave til ham* • **skyde ngt til** = BIDRAGE □ *han har skudt et klækkeligt beløb til*
9. være skudt i ng være forelsket i en person □ *han er fuldstændig skudt i hende*

skydebomuld

SUBST. *-en*

= NITROCELLULOSE

skydedør

SUBST. *-en*, plur. *-e, -ene*

en dør der glider på skinner

skydelære

SUBST. *-n*, plur. *-r, -rne*

et måleredskab som består af en lineal med en skyder, og som bruges til at måle tykkelser og hulrum

skydepram

SUBST. *~prammen*, plur. *~pramme, ~pramme-ne*

en pram der anvendes ved jagt

skyder

SUBST. *-en*, plur. *-e, -ne*

1. den forskydelige del af en lås o.l. □ *døren lukkes med en skyder* · *skub skyderen helt i bund*
2. (dagl.): en pistol el. et andet skydevåben □ *han trak sin skyder*

skydeskive

SUBST. *-n*, plur. *-r, -rne*

1. en plade man skyder mod ved fx en skydeøvelse
2. en person som andres ondskabsfuldheder rettes mod □ *han var skydeskive for kammeraternes drillerier*

skydeskår

SUBST. *-et*, plur. *~skår, -ene*

en udskæring i en mur, vold el.lign. til at skyde igennem med kanon el. gevær □ *de huggede skydeskår i muren og kørte kanonerne i stilling*

skydning

SUBST. *-en*, plur. *-er, -erne*

affyring af et skydevåben mod et mål, ofte som sport □ *der var spredt skydning ved fronten* · *indstille skydningen* □ *målskydning* · *præcisionsskydning* • en konkurrencesport i at skyde med skydevåben mod et mål □ *skytteforeningen afholdt to skydninger om eftermiddagen* □ *lerdueskydning* · *skiskydning* • **hold inde med skydningen** standse en strøm af ord el. spørgsmål

skydække

SUBST. *-t*

en stor sammenhængende masse af skyer der helt dækker himlen □ *himlen var skjult af et tæt skydække* · *lavt skydække* · *højt skydække*

skyet

ADJ. *-*, *skyede*

med nogle skyer ≠ KLAR □ *en let skyet himmel* · *vejret var blæsende og skyet* □ *skyethed* □ *overskyet*

skyformation

SUBST. *-en*, plur. *-er, -erne*

en dannelse af en særlig type skyer

skygge[1]

SUBST. *-n*, plur. *-r, -rne*

relativt mørke pga. fravær af direkte lys □ *haven lå hen i skygge* · *sidde i skyggen* · *søge ind i skyggen* · *der var 25° i skyggen* □ *halvskygge* • en mørk form der kastes på en overflade fordi en genstand afskærer lyskilden □ *solen kastede lange skygger* · *de sad i træets skygge* □ *skyggebillede* · *skyggeboksning* · *skyggespil* • en mørk rand under øjnene = RAND □ *han havde mørke skygger under øjnene* • en kant på en hat der går ud over panden, således at den skygger for øjnene □ *hatten havde en bred skygge* • **ikke skygge af ngt** ikke antydning af noget □ *der er ikke skygge af forskel* • **kaste skygge over ngt** forårsage en trykket stemning □ *konkursen kastede en skygge over hans sidste leveår* • **stå i skyggen af ng** ikke blive lagt mærke til fordi en anden dominerer billedet □ *han stod i skyggen af sin berømte bror* • **være en skygge af** ikke længere være den man var □ *hun er en skygge af sin fordums skønhed* · *efter sygdommen er han kun en skygge af sig selv* • **i skyggen** i fængsel □ *han har tilbragt et halvt år i skyggen*

skygge[2]

VERB. *-r, -de, -t*

1. skygge for ngt kaste el. give skygge for solens stråler □ *parasollen skyggede for solen* · *hun skyggede for solen med hånden* · *kom herhen hvor træerne skygger*
2. skygge ng følge efter nogen for at udspionere el. overvåge dem □ *hun havde en fornemmelse af at hun blev skygget*

skyggefuld

ADJ. *-t, -e*

som giver god skygge el. hvor der er skygge □ *en skyggefuld plet* · *skyggefulde træer*

skyggekabinet

SUBST. *~kabinettet*, plur. *~kabinetter, ~kabinetterne*

de politikere som hos oppositionen påtænkes at blive ministre ved et regeringsskifte □ *han har sit skyggekabinet klar*

skyggeside

SUBST. *-n*, plur. *-r, -rne*

1. den side af noget der ligger i skygge ≠ SOLSIDE □ *gadens skyggeside* · *vi går om på skyggesiden af huset*
2. de negative aspekter ved noget = ULEMPE, BAGSIDE □ *sagen har sin skyggeside* · *der er en skyggeside ved ordningen* • **leve** el. **være født på livets skyggeside** leve el. være født i fattige el. vanskelige kår

skyhøj

ADJ. *-t, -e*

(om priser): høj = TÅRNHØJ, HIMMELHØJ □ *skyhøje priser*

skyklap

SUBST. *skyklappen*, plur. *skyklapper, skyklapperne*

1. hvert af to læderstykker på hovedtøjet ved siden af hestens øjne som skal hindre den i at se til siderne
2. have skyklapper på el. **gå med skyklapper** være ensidig el. snæversynet □ *præsidenten har skyklapper på og ignorerer landets sociale problemer*

skyld

SUBST. *-en*

1. et ansvar som en person må påtage sig for en fejlagtig el. kriminel handling □ *det er din skyld at vi ikke nåede toget* · *han er uden skyld i ulykken* · *de skød skylden på deres lillebror* · *man lagde skylden for fejlen på hende* · *der er ingen tvivl om de anklagedes skyld* □ *skyldbetynget* · *skyld(s)bevidst* · *skyld(s)følelse* · *skyld(s)spørgsmål* □ *medskyld* • **være skyld i ngt** være årsag til noget □ *det glatte føre var skyld i ulykken*
2. ⟨i sammensætn.⟩ et beløb som man skylder til nogen; især om beskatning af jord og bygninger □ *skyldfri* · *skyldkreds* □ *ejendomsskyld* · *grundskyld* · *jordskyld* · *skatteskyld*
3. i forsk. forb.: • **for den sags skyld** i og for sig □ *for den sags skyld kan det være lige meget* • **for en gangs skyld** se under *gang* • **for en ordens skyld** for at være på den sikre side □ *for en ordens skyld skal det bemærkes at toget afgår kl. 10 præcis* • **for ngs skyld** udtryk for at man gør noget for at hjælpe en anden, el. at noget ikke generer én □ *jeg gør det kun for din skyld* · *for min skyld gerne* • **for sjovs skyld** kun for sjov □ *børnene drillede kun for sjovs skyld*

skyldbetynget

ADJ. *-*, *~betyngede*

= ANGERFULD □ *den anklagede var ikke videre skyldbetynget*

skyldbevidst el. skyldsbevidst

ADJ. *-*, *-e*

som er vidende om og evt. giver udtryk for sin skyld □ *han ser automatisk skyldbevidst ud når han går gennem tolden* · *hun følte sig flov og skyldbevidst da hun blev kaldt op til skoledirektøren*

skylde

VERB. *-r, skyldte, skyldt*

1. skylde ng ngt endnu ikke have betalt for en ydelse el. et lån □ *du skylder mig 10 kr.* · *jeg skylder for varer hos købmanden* · *han skylder i skat* · *hun skyldte stadig 10.000 kr. på sit banklån*
2. skylde ng ngt udtryk for at en anden person har noget til gode hos én som gengæld for noget andet □ *du skylder ham tak* · *vi skylder at invitere dem til middag* · *du skylder dig selv at tage chancen* · *hvad skylder man æren af dit besøg?*

skyldes

VERB. *skyldes, skyldtes, skyldtes*

skyldes ngt være årsag til = BERO PÅ, BUNDE I, HIDRØRE FRA, HAVE AT GØRE MED □ *det skyldes en fejl at pakken ikke er kommet endnu · ulykken skyldtes uforsigtighed · at jeg klarede det skyldes kun ham*

skyldfri

ADJ. *-t, -e* (el. *~fri*)

uden skyld □ *hun blev erklæret skyldfri i alle anklager* □ *skyldfrihed*

skyldfølelse el. **skyldsfølelse**

SUBST. *-n,* plur. *-r, -rne*

det at føle at man er skyld i noget og derfor have dårlig samvittighed

skyldig

ADJ. *-t, -e*

1. som har begået en fejl el. en forbrydelse; især om noget som man er sigtet for □ *retten kendte ham skyldig · den skyldige forbryder · hvem er den skyldige? · gøre sig skyldig i mandatsvig · erkende sig skyldig* □ *medskyldig · uskyldig*
2. som er i gæld til nogen el. som skylder nogen noget □ *det skyldige beløb · være ham svar skyldig* • (glds.): som er moralsk el. juridisk forpligtet til noget □ *han er skyldig at gøre det · vise hende skyldig ærbødighed*

skyldighed

SUBST. *-en,* plur. *-er, -erne*

(glds.): en pligt der påhviler nogen pga. deres særlige stilling □ *jeg har danset med hende tre gange, så jeg har vist gjort min skyldighed!*

skyldner

SUBST. *-en,* plur. *-e, -ne*

en person, et land el. en virksomhed som skylder penge væk = DEBITOR □ *sagen gik til inkasso fordi skyldneren ikke betalte* □ *skyldnerland · skyldnernation · skyldnersvig* □ *selvskyldner*

skyldnersvig

SUBST. *-en* el. *-et*

en berigelsesforbrydelse begået af en debitor over for en kreditor, fx afhændelse af en pantsat genstand

skyldsbevidst

ADJ.

se *skyldbevidst*

skyldsfølelse

SUBST.

se *skyldfølelse*

skylle[1]

SUBST. *-n,* plur. *-r, -rne*

1. = REGNBYGE □ *en kort skylle*
2. = UDSKÆLDNING □ *han gav dem en ordentlig skylle over den knuste rude*

skylle[2]

VERB. *-r, -de, -t*

1. skylle ngt hælde vand over noget så snavs, sæbe el. andet vaskes af ≠ SPULE □ *skylle tallerknerne rene · tøjet vaskes og skylles · skylle flasker · skylle munden* □ *skylning · skyllemiddel · skylleskål · skyllevand* • **skylle ng(t) {væk}** el. **{op på ngt}** flytte noget med sig i en strøm af væde □ *skylle snavs af tallerknerne · regnen skyller jorden væk · blive skyllet bort af strømmen · drivtømmer er skyllet i land · havet skyllede tang op på stranden · i uvejret blev tre mand skyllet over bord · hun skyllede pillen ned med vand* • **skylle {ind over} ngt** strømme frem i en stor masse = VÆLDE, BRUSE, VASKE □ *havet skyller ind over diget · bølgerne skyllede over dækket*
2. i forsk. forb.: • **skylle efter med ngt** drikke noget efter at have spist el. drukket noget andet, evt. for at få det til at glide bedre ned □ *han drak en øl og skyllede efter med whisky* • **skylle ned** regne meget kraftigt = ØSE, STRØMME □ *det har skyllet ned i flere timer · regnen skyller ned* • **skylle ngt ned** el. **i sig** drikke noget hurtigt □ *skylle et glas øl ned · skylle pillerne ned med vand · skylle en drink i sig* • **skylle ngt op** vaske let snavset tøj i hånden □ *skylle et par strømper op*

skyllemiddel

SUBST. *-et* (el. *~midlet*), plur. *~midler, ~midlerne*

en flydende tilsætningsvæske til tøjskylning, især til fjernelse af statisk elektricitet

skylleskål

SUBST. *-en,* plur. *-e, -ene*

en lille skål hvor man kan skylle sine fingre før og efter et måltid

skylregne

VERB. *-r, -de, -t*

regne kraftigt = ØSREGNE, PLASKREGNE, STYRTREGNE □ *det skylregner udenfor*

skynde[1]

VERB. *-r, -de, -t*

skynde på ng forsøge at få nogen til at være hurtig el. hurtigere □ *han skyndede på hende for at de ikke skulle komme for sent · hun skynder på for at få en afgørelse*

skynde[2]

VERB. *-r, skyndte, skyndt*

skynde sig bevæge sig el. arbejde hurtigt = HASTE, HALSE □ *hun skyndte sig væk · han skyndte sig med at få opvasken overstået · skynd dig!*

skynding

SUBST. *-en*

i skyndingen fordi han var alt for uopmærksom da han handlede meget hurtigt □ *i skyndingen glemte han at låse døren*

skyndsom

ADJ. *-t, skyndsomme*

som går hurtigt = HURTIG □ *foretage et skyndsomt tilbagetog · hun trak skyndsomt sine ord tilbage* • **skyndsomst** i stor hast □ *hun fik skyndsomst lagt brevet væk*

skypumpe

SUBST. *-n,* plur. *-r, -rne*

= TORNADO

skyskraber

SUBST. *-en,* plur. *-e, -ne*

et tårnagtigt højhus med mange etager

skysovs

SUBST. *-en,* plur. *-er* (el. *-e*), *-erne* (el. *-ene*)

1. en kraftig kødsaft der jævnes og spises som SOVS
2. dagens mand i skysovs en person der bliver hyldet for at have gjort en god gerning □ *han var dagens mand i skysovs*

skyts

SUBST. *-et*

1. tunge skydevåben, fx kanoner og raketvåben = SKYDEVÅBEN □ *fjenden kørte det svære skyts frem* • noget som man kaster efter andre = KASTESKYTS □ *drengene brugte kridtet som skyts*
2. et angreb med en voldsom kritik som er underbygget med stærke argumenter □ *avisen rettede sit skyts mod regeringens skattepolitik*

skytsengel

SUBST. *-en* (el. *~englen*), plur. *~engle, ~englene*

engel el. person der beskytter og hjælper én □ *Carolus Magnus er skytsengel for en del kirker samt universitetet i Paris · hun optræder altid som hans skytsengel*

skytshelgen

SUBST. *-en,* plur. *-er, -erne*

(religion): helgen der beskytter enkelte lande, steder, professioner, personer el.lign. = SKYTSPATRON □ *Skt. Nikolaus er de søfarendes skytshelgen*

skytspatron

SUBST. *-en,* plur. *-er, -erne*

(religion, glds.): = SKYTSHELGEN □ *Ærkeenglen Michael er hans skytspatron*

skytsånd

SUBST. *-en,* plur. *-er, -erne*

en kraft der formodes at beskytte og lede en bestemt person = SKYTSENGEL, GENIUS □ *hans skytsånd må have holdt hånden over ham siden han ikke kom til skade ved ulykken*

skytte

SUBST. *-n,* plur. *-r, -rne*

1. en person som er uddannet el. trænet i brug af skydevåben; det kan være en jæger, en soldat el. en person som skyder som hobby □ *skovens skytte sørger for at det er de sundeste og stærkeste dyr der bliver tilbage · soldaten er en god skytte* □ *skytteforening · skyttegrav · skyttekorps · skyttekæde · skyttelaug* □ *bueskytte · herregårdsskytte · krybskytte · skarpskytte · snigskytte*
2. (astrologi): en person der er født i stjernetegnet Skytten, dvs. mellem den 23/11 og den 21/12
3. = SKYTTEL

skyttegrav

SUBST. *-en,* plur. *-e, -ene*

et anlæg med gravede gange og opkastet jord til beskyttelse af soldater og til at skyde fra mod fjenden □ *skyttegravskrig*

skyttel

SUBST. *-en* (el. *skytlen*), plur. *skytler, skytlerne*

en beholder til en spole; det kan være en beholder til undertråden i en symaskine el. til garn som bruges til vævning =SKYTTE

skæbne

SUBST. *-n*, plur. *-r, -rne*

1. en højere magt som bestemmer over og styrer menneskets liv =FORSYN □ *skæbnen ville at han blev syg* · *ved skæbnens ugunst kom de bort fra hinanden* · *hun blev hårdt ramt af skæbnen* · *de troede sig frelst, men skæbnen ville det anderledes* · *det er skæbnens ironi* □ *skæbnebestemt* · *skæbnegudinde* · *skæbnetro* • **udfordre skæbnen** gøre noget dumdristigt □ *det ville være at udfordre skæbnen at gå over den bro*
2. den samlede mængde af de begivenheder, tildragelser o.l. der hænder et menneske igennem livet, og som man ikke selv har nogen indflydelse på =LIVSBANE, TILSKIKKELSER □ *hun fik en sørgelig skæbne* · *han deler skæbne med mange andre* · *hans skæbne stod skrevet i stjernerne* · *hans skæbne blev beseglet ved Waterloo* · *øllet blev hans skæbne* · *finde sig i sin skæbne* □ *livsskæbne* · *menneskeskæbne*

skæbnesvanger

ADJ. *-t, ~svangre*

som vil få stor indflydelse på ens skæbne el. som rummer årsagen til en kommende ulykke el. katastrofe = KATASTROFAL, FATAL □ *beslutningen viste sig at være skæbnesvanger* · *en skæbnesvanger fejltagelse*

skæbnetro

SUBST. *-en*

= FATALISME

skæfte[1]

SUBST. *-t*, plur. *-r, -rne*

den del af en kniv, en sabel, et sværd el. et stikvåben som man holder om =HEFTE, FÆSTE □ *knivskæfte* • den del af et håndskydevåben som man holder om =KOLBE □ *forreste skæfte på geværet* □ *geværskæfte* · *pistolskæfte* · *revolverskæfte*

skæfte[2]

VERB. *-r, -de, -t*

skæfte ngt sætte skaft el. skæfte på noget, fx en økse el. et skydevåben □ *skæfte en økse*

skæg[1]

SUBST. *skægget*, plur. *skæg, skæggene*

1. hårvækst i den underste del af ansigtet □ *drengen var ved at få skæg* · *manden barberede skægget af* · *en dame med skæg* □ *skæghår* · *skægpest* · *skægstub* · *skægvækst* □ *fipskæg* · *fuldskæg* · *overskæg* • **få skæg på hagen** (om en dreng): blive voksen □ *vent til du får skæg på hagen, min dreng!* • **lade skægget stå** undlade at barbere sig □ *han lod skægget stå i en uge* • **mumle i skægget** tale lavt el. utydeligt □ *lad være med at mumle i skægget!* • **smile i skægget** smile på en underfundig måde □ *han smilede i skægget over vittigheden*
2. hår el. hårlignende vækst hos dyr el. planter □ *østersens skæg* · *gedebukkens skæg*

skæg[2]

SUBST. *en* el. *et*

1. = SJOV □ *lave skæg og ballade* • **for skæg** uden at mene det alvorligt =FOR SJOV □ *jeg sagde det jo kun for skæg!* • **lave** el. **holde skæg med ng(t)** gøre el. sige noget for at drille el. more nogen • **være ude på skæg** være oplagt til at lave løjer
2. (iron.): = BESVÆR □ *nu vil jeg ikke have mere skæg med jer!*

skæg[3]

ADJ. *-t, skægge;* komp. *skæggere, skæggest*

= SJOV □ *en skæg bemærkning* · *vi havde det skægt sammen*

skægpantebrev

SUBST. *-et*, plur. *-e, -ene*

et pantebrev uden tilstrækkelig dækning

skægstub

SUBST. *~stubben*, plur. *~stubbe, ~stubbene*

kort, stift skæghår =STUB

skægvækst

SUBST. *-en.*

en hårvækst i underansigtet □ *en kraftig skægvækst*

skæl

SUBST. *skællet*, plur. *skæl, skællene*
[*'sgæl'*]

1. en lille, tynd hudflage som afstiver og beskytter huden på fisk el. krybdyr □ *skrabe skæl af fisken* □ *skældyr* □ *fiskeskæl* · *slangeskæl* • **falde skæl fra ens øjne** (glds.): se nogets rette sammenhæng
2. en almindelig sygdom i menneskets hovedbund hvor små, tørre flager af hud falder af □ *hun havde skæl i håret* · *han havde skæl på jakken* □ *skælshampoo*
3. en lille flage som dækker overfladen på især planter □ *grankoglernes skæl*

skælde

VERB. *-r, skældte, skældt*

skælde ng ud el. **skælde ud på ng** udtrykke vrede over for nogen fordi de har gjort noget man ikke synes om □ *hun skældte børnene ud fordi de ikke kom hjem til tiden* · *han skældte ud på dem* • **skælde og smælde** skælde meget ud i længere tid □ *hun skældte og smældte fra morgen til aften*

skældsord

SUBST. *-et*, plur. *~ord, -ene*

et fornærmende ord som man siger til nogen i vrede = ED, FORBANDELSE, UKVEMSORD □ *demonstranterne råbte skældsord efter politiet*

skældud

SUBST. *-en*, plur. *skældud, -ene*
/*skæld'ud*/

udtryk for vrede mod nogen fordi de har gjort noget forkert =SKÆND, SKIDEBALLE, OMGANG, REPRIMANDE, IRETTESÆTTELSE, RØFFEL, OPSANG, OVERHALING □ *få skældud* · *han slap for skældud*

skælm

SUBST. *-en*, plur. *-er* (el. *-e*), *-erne* (el. *-ene*)

= FILUR □ *du er en rigtig lille skælm* · *pas på ham - han er vist en skælm* □ *skælmeri* · *skælmsstykke* · *skælmeroman* · *skælmsnummer* · *skælmsk* · *skælmsstreg* • **have en skælm bag øret** have løjer el. skjulte planer for • **med en skælm i øjet** med et glimt i øjet

skælmeri

SUBST. *-et*, plur. *-er, -erne*
/*skælme'ri*/

det at optræde som en skælm □ *et potpourri givet med ironisk skælmeri* · *hun spilles med kløgtigt skælmeri af den unge skuespillerinde*

skælmsk

ADJ. - (el. *-t*), *-e*

som er oplagt til harmløse narrestreger □ *et skælmsk smil* · *en skælmsk person*

skælve

VERB. *-r, -de* (el. *skjalv*), *-t*

ryste med hurtige bevægelser, fx fordi man føler angst, nervøsitet el. kulde =RYSTE, DIRRE, SITRE, VIBRERE □ *han skælvede af kulde* · *hendes stemme skælvede* · *jorden skælvede under dem* · *træets blade skælvede* · *slottet skælvede i sin grundvold* □ *skælven* • **skælve for ngt** imødese noget med angst □ *hun skælver for at møde ham*

skæmme

VERB. *-r, -de, -t*

skæmme ng(t) forringe helhedsindtrykket af nogen el. noget; især med hensyn til udseende □ *den grimme ramme skæmmer billedet* · *en skæv næse skæmmer hans ansigt* · *en stor betonsilo skæmmer landskabet* · *et skæmmende ar*

skæmt

SUBST. *-en*

= SPØG □ *spøg og skæmt* □ *skæmtedigt* · *skæmtevise*

skæmte

VERB. *-r, -de, -t*

= SPØGE □ *den sygdom er ikke til at skæmte med* · *tale i en skæmtende tone* □ *skæmteri* · *skæmtevise*

skæmtsom

ADJ. *-t, skæmtsomme*

som udtrykker el. er ment som skæmt □ *et skæmtsomt blik i øjet* · *en skæmtsom bemærkning* □ *skæmtsomhed* • (glds.): som gerne driver skæmt = GAVTYVEAGTIG, LUN, SPØGEFULD □ *han var en glad og skæmtsom dreng*

skænd

SUBST.PLUR. *-ene*

(glds.): =SKÆLDUD □ *få skænd*

skænde[1]

VERB. *-r, -de, -t*

1. skænde ng(t) (glds., form.): groft krænke nogen el. noget □ *kirkegården og gravene var blevet skændet* · *skænde familiens ære* · *et skændet lig* • **skænde ng** (glds., form.): voldtage nogen □ *skænde en kvinde*

skænde[2]

VERB. *-r, skændte, skændt*

1. skænde på ng tale vredt til nogen fordi man mener de har gjort noget forkert = SKÆLDE UD, IRETTESÆTTE, REVSE ◻ *'skammer du dig ikke' skændte hun* ◻ *hun skændte på barnet*
2. skænde ngt (glds.): = VANHELLIGE • **skænde ng** (glds.): begå en seksualforbrydelse, fx voldtægt mod nogen ◻ *hun blev fundet skændet og myrdet i et kælderrum*

skænderi

SUBST. *-et,* plur. *-er, -erne*
/skænde'ri/

det at skændes = ORDSTRID, MUNDHUGGERI, KIV, RIVEGILDE, KÆVL, KLAMMERI ◻ *begynde et skænderi · de kom i skænderi om barnet · det kom til et voldsomt skænderi mellem dem · diskussionen udartede sig til et vildt skænderi*

skændes

VERB. *skændes, skændtes, skændtes*

udtrykke uenighed med og kritik af modpartens synspunkter = MUNDHUGGES, TOPPES, KÆVLES, STRIDES, TVISTES, TRÆTTES, KIVES ◻ *børnene skændes om opvasken hver eneste dag · være oppe at skændes med ham · vi har tit skændtes · de kom op at skændes · medlemmerne skændes indbyrdes · naboerne skændes så det brager*

skændig

ADJ. *-t, -e*

som er forkastelig, og som man burde skamme sig over = SKAMMELIG ◻ *hans skændige opførsel ødelagde festen* ◻ *skændighed*

skændsel

SUBST. *-en* (el. *skændslen*), plur. *skændsler, skændslerne*

= SKAM ◻ *han var en skændsel for sin stand · hun bragte skændsel over sin ansete familie · det er en skændsel som han behandler sine børn* ◻ *skændselsdåd · skændselsgerning*

skænk

SUBST. *-en,* plur. *-e, -ene*

1. et glas med en spiritusholdig drik = DRINK ◻ *de fik en skænk øl og en bid brød* • **tak for skænken** udtryk hvormed man takker for det man har drukket
2. et møbel i en spisestue med skabe og skuffer til duge, porcelæn, bestik m.m. = BUFFET ◻ *glassene står i skænken*

skænke

VERB. *-r, -de, -t*

1. skænke ngt op hælde væske op ◻ *skænke mælk op for barnet · tjeneren skænker op i glassene · skænke kaffe for gæsterne · skænke vin af en karaffel* ◻ *skænkebord · skænkedisk · skænkeprop · skænkestue* ◻ *udskænke*
2. skænke ng ngt give nogen en gave = DONERE, GIVE ◻ *han skænkede byen et smuk skulptur · han skænkede tre millioner til Røde Kors · han skænkede hele sin formue bort* • **skænke ng ngt** (form., glds.): = FØDE ◻ *hun skænkede sin mand en søn · skænke et barn livet* • **skænke ng(t) en tanke** = TÆNKE PÅ ◻ *jeg har ikke skænket ham en tanke i lange tider*

skænkestue

SUBST. *-n,* plur. *-r, -rne*

(glds.): et lokale i en kro el. et værtshus hvor drikkevarer udskænkes for gæsterne

skæppe[1]

SUBST. *-n,* plur. *-r, -rne*

1. en gammel måleenhed for rumfang: 1 skæppe = 17,39 liter; blev officielt afskaffet i 1907 • en gammel måleenhed for areal: 1 skæppe = 689,5 m^2; blev officielt afskaffet i 1907 ◻ *1 skæppe land*
2. måle ng skæppen fuld skælde nogen kraftigt ud • **sætte sit lys under en skæppe** se under *lys*

skæppe[2]

VERB. *-r, -de, -t*

give et godt udbytte el. resultat ◻ *rugen skæpper godt i år · det skæpper i kassen · han gør hvad han kan, men det skæpper kun lidt*

skæppeskøn

ADJ. *-t, ~skønne*

(slang): meget dejlig ◻ *det var en skæppeskøn fest*

skær[1]

SUBST. *-en,* plur. *skær, -ene*

en skærende kant på forskellige redskaber; fx på en saks ◻ *stemmejernets skær* ◻ *skærsliber* ◻ *plovskær*

skær[2]

SUBST. *-et,* plur. *skær, -ene*

1. en lille, enlig klippe, især ved kyster, som hæver sig lidt op over el. ligger lige under vandets overflade ◻ *skibet sejlede på et skær · støde på et skær* ◻ *skærgård* ◻ *undervandsskær* • **klare skærene** klare en vanskelig situation
2. et svagt lys el. en svag farvetone ◻ *himlen fik et rødligt skær · ved månens skær* ◻ *farveskær* • (poet.): den stemning el. de omstændigheder der præger nogen el. noget ◻ *der hviler et skær af mystik over hendes forsvinden* • **kaste et skær over ngt** give noget et bestemt præg ◻ *motivet kaster et forsonende skær over hans handling*

skær[3]

ADJ. *-t, -e*

1. som ser blød og sart ud = LYS, REN, SART ◻ *skære farver · en skær hud · skært lys*
2. (om kød): magert og uden ben og sener ◻ *skært kød er det dyreste*
3. ren og skær som ikke er påvirket af andre omstændigheder = UFORFALSKET ◻ *han gjorde det af ren og skær misundelse · det var et rent og skært held · det er den rene og skære sandhed*

skære

VERB. *-r, skar, skåret (skåren, skårne)*

1. skære ng(t) {i} ngt adskille noget, dele det op el. lave en fordybning i det med en skarp genstand ◻ *hun skar stykker af kødet med en kniv · han skar sig i hagen under barberingen · snoren skar sig ind i fingrene på mig · skære i glas med en diamant · skære brød i skiver* ◻ *skæring · skærebræt* ◻ *afskære · beskære · forskære · gennemskære*
2. skære ngt gå på tværs af noget = KRYDSE ◻ *de to veje skærer hinanden*
3. i forsk. forb.: • **skære ng af** afbryde nogen på en skarp måde ◻ *ordstyreren skar taleren af* • **skære i ng(t)** forårsage en stikkende smerte hos nogen el. noget ◻ *lyset skærer i øjnene · det skærer mig i hjertet at høre om hans ulykke* • **skære igennem ngt** trænge tydeligt igennem noget ◻ *hans stemme skar igennem larmen* • **skære ngt ned** gøre noget kortere, lavere el. mindre = NEDSKÆRE ◻ *buskadset skal skæres ned · budgettet er blevet skåret ned*

skærebrænder

SUBST. *-en,* plur. *-e, -ne*

et apparat hvormed man ved hjælp af en flamme kan skære i jern

skærebræt

SUBST. *~brættet,* plur. *~brætter, ~brætterne*

et bræt af træ el. plastic til at skære fx kød el. brød på = SPÆKBRÆT, HAKKEBRÆT

skærekasse

SUBST. *-n,* plur. *-r, -rne*

et kasseformet instrument hvori man kan anbringe lister der skal saves over i en bestemt vinkel, og som har savspor der styrer saven

skæreost

SUBST. *-en,* plur. *-e, -ene*

en fast ost som man kan skære skiver el. stykker af ◻ *husk at købe et stykke skæreost*

skærf

SUBST. *-et,* plur. *skærf, -ene*
['sgärf el. *'sjärf]*

et bredt bånd som bæres fra højre skulder til venstre hofte el. er bundet om livet; et skærf der bæres fra skulder til hofte bruges ofte som tegn på en bestemt værdighed ◻ *livskærf*

skærgård

SUBST. *-en,* plur. *-e, -ene*

en samling af skær og småøer i vandet uden for en kyst ◻ *de sejlede i den svenske skærgård* ◻ *skærgårdsferie · skærgårdsfisker · skærgårdshus · skærgårdsø*

skæringsdag

SUBST. *-en,* plur. *-e, -ene*

en dag som markerer en frist for noget el. et tidspunkt hvor noget nyt skal træde i kraft ◻ *den 1. marts er sat som skæringsdag for en løsning af konflikten*

skæringspunkt

SUBST. *-et,* plur. *-er, -erne*

(geometri): et punkt hvori to el. flere linier skærer hinanden • et punkt hvor forskellige ting mødes, og hvor noget slutter og noget andet begynder = GRÆNSE ◻ *den første Ford T-model er skæringspunktet mellem før og efter · skæringspunktet mellem senistid og efteristid · vi befinder os i et skæringspunkt af forskellige værdiopfattelser · landet befandt sig i et skæringspunkt · værket udgør et skæringspunkt mellem ungdommelig spontanitet og moden beherskelse*

skærm

SUBST. *-en,* plur. *-e, -ene*

1. en indretning som skaber læ, beskyttelse, skygge o.l. □ *en skærm til læ mod blæsten · bilens skærme er beskidte* □ *lampeskærm · læskærm*
2. en blomsterstand hvor blomsterne sidder på stilke og danner en paraplylignende skærm □ *skærmplante · skærmblomst* □ *blomsterskærm · dobbeltskærm · enkeltskærm · halvskærm*
3. en glasflade i et elektronisk apparat hvorpå signalet vises som et billede = MONITOR □ *skærm til computer* □ *skærmbillede* □ *billedskærm · computerskærm · fjernsynsskærm · tv-skærm*

skærmbræt

SUBST. *~brættet,* plur. *~brætter, ~brætterne*

en opretstående anordning af træ, stof el.lign. der kan stilles op i et rum og skærme et område af for fx træk

skærme

VERB. *-r, -de, -t*

skærme ng(t) mod ngt = BESKYTTE □ *paraplyen skærmede mod regnen · de skærmede hinanden mod omverdenens foragt* • **skærme for ngt** hindre at noget trænger igennem □ *parasollen skærmer for solen*

skærmplante

SUBST. *-n,* plur. *-r, -rne*

en plante med skærmformede blomsterstande, fx *bjørneklo, skvalderkål* og *pastinak;* latinsk navn *Umbelliferae*

skærmterminal

SUBST. *-en,* plur. *-er, -erne*

(edb): dataskærm og tastatur som står i forbindelse med en større, central computer i et flerbrugersystem = TERMINAL

skærmtrold

SUBST. *-en,* plur. *-e, -ene*

(spøg.): en person som optræder på tv, især som studievært el. oplæser

skærmydsel

SUBST. *-en* (el. *skærmydslen*), plur. *skærmydsler, skærmydslerne*
[sgär'mysəl]

et mindre skænderi over uvæsentlige småting = UOVERENSSTEMMELSE □ *stykket handler om venskab og skærmydsler mellem to småpiger · lad os slå en streg over tidligere skærmydsler · vores sidste alvorlige skærmydsel var for to år siden*

skærpe

VERB. *-r, -de, -t*

1. skærpe ngt gøre et redskab skarpere = HVÆSSE □ *hun skærpede kniven på slibestenen* • **skærpe ngt** gøre noget alvorligere, strengere el. skarpere □ *den dømte fik straffen skærpet · konflikten er blevet skærpet · toldkontrollen ved grænsen er blevet skærpet · fjendskabet mellem dem er blevet skærpet · skærpe kursen i Gaza · et skærpet beredskab · skærpe tonen* • **skærpe ngt** få en sans el.lign. til at fungere bedre □ *han skærpede sine sanser · hun skærpede opmærksomheden · den friske luft skærper appetitten* • **skærpende omstændighed** en omstændighed der gør at nogen el. noget bliver bedømt strengere end man ellers ville have gjort ≠ FORMILDENDE OMSTÆNDIGHED □ *det var en skærpende omstændighed at han i sin dagbog indgående havde beskrevet sine mordplaner*

skærsild

SUBST. *-en*

(religion): den renselse for skyld som ifølge den katolske lære finder sted efter døden □ *han vil brænde i skærsilden* • en pinefuld, men kortvarig prøvelse □ *han måtte igennem en skærsild af spørgsmål*

skærsliber el. skærslipper

SUBST. *-en,* plur. *-e, -ne*
/skær'sliber/

en person der lever af at slibe knive og sakse

skærsommer

SUBST. *-en*
/skær'sommer/

den første del af sommeren, især den del hvor dagene er længst, dvs. juni måned = FORSOMMER □ *skærsommerdag · skærsommernat · skærsommertid*

skærtorsdag

SUBST. *-en*
/skær'torsdag/

torsdagen før *påskedag;* fejres til minde om nadverens indstiftelse

skærv

SUBST. *-en*

(spøg.): et lille bidrag □ *give en skærv til en indsamling*

skærve

SUBST. *-n,* plur. *-r, -rne*

et lille skarpkantet stenstykke der bl.a. bruges som underlag for veje □ *slå sten til skærver · hugge skærver* □ *skærveknuser · skærvemosaik*

skærvindsel

SUBST. *en*
/skær'vindsel/

et gammelt selskabsspil som spilles med trumf tout-meldinger og stikmeldinger i forskellige varianter, fx en firemands skærvindsel med ni kast

skætte

VERB. *-r, -de, -t*

skætte ngt fjerne de træagtige dele af stænglerne fra fx hør- el. hampplanter □ *skætte hør* □ *skætning*

skæv

ADJ. *-t, -e; -ere, -est*

1. som ikke er lige, men som burde være det □ *skæve vægge · skæv næse · hjulene sidder skævt · billedet hænger skævt · gå hælene skæve · være skæv i ryggen · skæve skuldre* □ *skævhed · skævbenet · skævbider · skævrygget · skævøjet*
2. som ikke er helt rigtigt el. normalt □ *det hele gik skævt for ham · det har du nok bedømt lidt skævt*
3. som ikke er ligelig □ *en skæv fordeling*
4. påvirket af narkotika, især hash □ *han var både fuld og skæv*
5. i forsk. forb.: • **gå sin skæve gang** gå som det nu kan □ *nu må den sag gå sin skæve gang* • **se skævt til ng** føle uvilje over for nogen □ *de har set skævt til hinanden siden skoletiden* • **skæve helligdage** helligdage som ikke falder på søndage • **et skævt smil** et forlegent el. ironisk smil □ *han sendte hende et skævt smil* • **slå skæve** (spil): ramme fx en kegle el. en billardbal som giver minuspoint • **slå skæve** gøre noget uheldigt □ *man må tilgive ham at han slår nogle skæve en gang imellem* • **slå skæve** slå sig løs □ *han fik slået nogle skæve da han var ung*

skæve

VERB. *-r, -de, -t*

skæve til ng(t) se på nogen el. noget ved at kaste korte, usikre blikke på dem el. det = SKELE, SKOTTE □ *han skævede til Hanne for at se hvordan hun havde løst opgaven · de skævede længe til hinanden før de turde nærme sig · han skævede til klokken* • **skæve til ngt** tænke på el. tage delvis hensyn til noget = SKELE □ *vi har jo også skævet lidt til priserne før vi traf den endelige beslutning*

skød[1]

SUBST. *-et,* plur. *skød, -ene*

1. området mellem talje og knæ på en siddende person □ *sidde med nogen på skødet · tage et barn på skødet · sidde på skødet · den faldt lige ned i skødet på mig · jeg har skødet fuldt af blommer · han lå med hovedet i hendes skød* • **sidde med hænderne i skødet** forholde sig passivt □ *du kan ikke bare sidde der med hænderne i skødet og lade det ske!*
2. (poet.): kvindens ydre kønsorganer □ *man kunne ane hendes skød gennem tøjet*
3. i ngts skød (poet.): udtryk for at noget er gemt et sted hvorfra det kan komme frem □ *gemt i jordens skød · i havets skød · se hvad fremtiden bringer i sit skød* • **i familiens skød** i familiens midte □ *jeg skal holde jul i familiens skød i år*

skød[2] el. skøde

SUBST. *-et,* plur. *-er, -erne*
(skøde: *-t,* plur. *-r, -rne*)

hver af de nedhængende dele som rygstykket er delt op i på et kjolesæt el. en jaket □ *skødefrakke* □ *frakkeskød · kjoleskød*

skød[3]

VERB.

bøjningsform af *skyde*

skøde[1]

SUBST. *-t,* plur. *-r, -rne*

1. et dokument hvorved fast ejendom overdrages □ *få skøde på en ejendom · oprette et skøde · et betinget skøde · han fik overdraget skødet på ejendommen · tinglyse et skøde*
2. (søfart): et tov el. en wire til at udspile den nederste del af et sejl med
3. se *skød*

skøde[2]

VERB. *-r, -de, -t*

skøde ngt til ng overdrage fast ejendom til nogen ved et skøde □ *han har skødet sin ejendom til sin søn* □ *skødning*

skødehund
SUBST. *-en,* plur. *-e, -ene*

en lille hund som kan ligge på sin ejers skød

skødeskind el. skødskind
SUBST. *-et,* plur. *~skind, -ene*

et skindforklæde, især anvendt af skomagere og smede

skødesløs
ADJ. *-t, -e*

som ikke er tilstrækkelig omhyggelig og samvittighedsfuld = SJUSKET, LEMFÆLDIG, NONCHALANT □ *en skødesløs person* · *være skødesløs i pengesager* · *være skødesløs med sit udseende* • som er bevidst omhyggelig med sin påklædning, men samtidig ser afslappet ud □ *gå skødesløst klædt*

skøge
SUBST. *-n,* plur. *-r, -rne*

(glds., neds.): en prostitueret el. løsagtig kvinde = PROSTITUERET, HORE, ALLEMANDSPIGE □ *den babyloniske skøge* · *offentlig skøge* □ *skøgehus*

skøjte[1]
SUBST. *-n,* plur. *-r, -rne*

1. en metalskinne som monteres under en støvle el. en støvle med fast metalskinne til glidende løb på is □ *løbe på skøjter* · *stå på skøjter* · *spænde skøjterne på* □ *kunstskøjte*
2. en fladbundet flodbåd med bred bov; anvendt i Holland □ *trækskøjte*

skøjte[2]
VERB. *-r, -de, -t*

1. bevæge sig i hurtigt glidende løb hen over isen med skøjter på □ *børnene skøjter på søen* · *jeg kunne skøjte i timevis* □ *skøjtning* · *skøjtebane* · *skøjteløb* · *skøjteprinsesse*
2. skøjte hen over ngt tage let på noget og ikke gøre sig umage □ *hun skøjtede hen over problemet* · *han skøjter hen over sine lektier* □ *skøjten*

skøjteløb
SUBST. *-et,* plur. *~løb, -ene*

en konkurrence i skøjteløb, fx hurtigløb el. kunstløb □ *skøjteløber* □ *kunstskøjteløb*

skøjteløber
SUBST. *-en,* plur. *-e, -ne*

1. en person som har skøjter på og løber på is □ *hun er en fremragende skøjteløber*
2. et insekt som bevæger sig på overfladen af stillestående vand; latinsk navn *Aquarius najas*

skøn[1]
SUBST. *skønnet,* plur. *skøn, skønnene*

det at fastsætte størrelsen el. beskaffenheden af noget omtrentligt; især om beskikkede sagkyndige personers bedømmelse af en sag = VURDERING, ESTIMERING □ *danne sig et skøn over situationen* · *det vil jeg overlade til dit eget skøn* · *efter mit skøn vil han blive en dygtig lærer* · *man afventer nu udvalgets skøn i sagen* · *syn og skøn* □ *skønsforretning* · *skønsmand* · *skønsmæssig* · *skønsom* · *skønssag* · *skønsvis*

skøn[2]
ADJ. *-t, skønne; skønnere, skønnest*

1. = SMUK □ *Snehvide er skønnest i landet her* · *et skønt, gammelt hus* · *byen med de skønne tårne* □ *billedskøn* · *underskøn* • = DEJLIG □ *en skøn fest* · *dufte skønt* · *skønne, spildte kræfter* · *et skønt vejr*
2. en skønne dag se under *dag*

skønhed
SUBST. *-en,* plur. *-er, -erne*

det at være tiltalende at se på □ *hun blev bidt af Grønlands skønhed* · *indre harmoni har betydning for den ydre skønhed* · *rummets skønhed lå i det buede loft* □ *skønhedsklinik* · *skønhedsmiddel* • en smuk kvinde □ *hun er en stor skønhed* · *hun er ikke nogen skønhed* · *hun er en af byens tre skønheder*

skønhedsdronning
SUBST. *-en,* plur. *-er, -erne*

en kvinde som kåres til den smukkeste blandt flere □ *blive valgt til skønhedsdronning*

skønhedsekspert
SUBST. *-en,* plur. *-er, -erne*

= KOSMETOLOG

skønhedsfejl
SUBST. *-en,* plur. *~fejl, -ene*

en forholdsvis ubetydelig fejl i det ydre el. overfladen af noget □ *denne vare sælges billigt pga. små skønhedsfejl*

skønhedsklinik
SUBST. *~klinikken,* plur. *~klinikker, ~klinikkerne*

en forretning hvor man får skønhedspleje af hår, hud, negle o.l. = SKØNHEDSSALON

skønhedsplet
SUBST. *~pletten,* plur. *~pletter, ~pletterne*

en brun plet i huden som skyldes pigmentering = MOUCHE

skønhedssalon
SUBST. *-en,* plur. *-er, -erne*

= SKØNHEDSKLINIK

skønjomfru
SUBST. *-en,* plur. *-er, -erne*
/skøn'jomfru/

(poet., spøg.): en ung kvinde □ *jeg så ham i går spadsere i parken med en skønjomfru*

skønlitteratur
SUBST. *-en*

litteratur der er helt el. delvist fiktiv, fx romaner, eventyr og lyrik = FIKTIONSLITTERATUR, FIKTION, LITTERATUR ≠ FAGLITTERATUR

skønne
VERB. *-r, -de, -t*

1. skønne ngt = VURDERE □ *politiet skønner at der var 1.000 demonstranter på pladsen* · *så vidt jeg kan skønne foreligger der en misforståelse* · *det skønnede budget beløber sig til en million*
2. skønne på ngt = VÆRDSÆTTE □ *skøn på din ungdom så længe du har den*

skønsang
SUBST. *-en*

det at synge smukt • sentimental sang med et banalt indhold □ *i revyen er der flere gode viser og en rædselsfuld skønsang* · *publikum vil bare have skønsang*

skønsforretning
SUBST. *-en,* plur. *-er, -erne*

= SYNSFORRETNING

skønsmand
SUBST. *-en,* plur. *~mænd, ~mændene*

= SYNSMAND

skønsmæssig
ADJ. *-t, -e*

som er baseret på et skøn □ *en skønsmæssig beregning af udgifterne*

skønsom
ADJ. *-t, skønsomme*

1. som er baseret på et subjektivt skøn □ *han har foretaget et skønsomt udvalg af sine digte*
2. (glds.): = FORSTANDIG □ *den skønsomme læser vil have bemærket forskellen*

skønssag
SUBST. *en*

en sag el. afgørelse som beror på en individuel mening el. holdning □ *det er vel en skønssag om man vil karakterisere ham som en god digter*

skønt
KONJ.

(glds.): = SELVOM □ *han sparer altid skønt han har penge nok*

skønånd
SUBST. *-en,* plur. *-er, -erne*

en person som har et stort kendskab til og aktivt dyrker skønlitteratur □ *han er en skønånd som er levende interesseret i kunst og kultur* • = ÆSTET

skør
ADJ. *-t, -e; -ere, -est*

1. som let går i stykker = SKRØBELIG, TRÆT □ *gamle, skøre glas* · *hun har skøre knogler* □ *skørhed*
2. som er mentalt svækket, el. som er forvirret og irrationel = SINDSSYG, GAL, TOSSET, VANVITTIG, SKRUPSKØR, AFSINDIG, FORRYKT, MØR □ *han er vist ved at blive skør oven i hovedet* · *du må jo være skør!* · *det er til at blive skør af at høre på jeres kævl* · *hvorfor opfører du dig så skørt?* · *det var dog en skør idé* • som ser komisk ud □ *hvor har du købt den skøre hat?* • **skør efter** el. **med ng(t)** meget glad for nogen el. noget = VILD MED, TOSSET MED □ *hun var helt skør efter at komme til London* · *han var skør med den flotte fotomodel* · *hun har altid været skør med heste*

skørbug
SUBST. *-en*

en sygdom som bl.a. ytrer sig ved blødende

tandkød, og som opstår pga. mangel på C-vitamin □ *i gamle dage hærgede skørbug blandt søfolk på langfart*

skørlevned

SUBST. *-et*

(glds.): et liv med mange erotiske udskejelser □ *et liv i skørlevned*

skørost

SUBST. *-en,* plur. *-e, -ene*

en frisk surmælksost fremstillet af skummetmælk

skørt

SUBST. *-et,* plur. *-er, -erne*

1. undertøj der hænger frit fra taljen og ned, og som bruges under kjole el. nederdel = UNDERSKØRT □ *hun gik altid med skørt under sine nederdele* □ *snoreskørt · stivskørt · strutskørt* • også om en nederdel □ *miniskørt*
2. blive forelsket i ethvert skørt blive forelsket i enhver kvinde

skørtejæger

SUBST. *-en,* plur. *-e, -ne*

en mand som konstant er på jagt efter kvinder = PIGEJÆGER, DON JUAN □ *han har kun piger i tankerne, den skørtejæger*

skøtte

VERB. *-r, -de, -t*

skøtte ng(t) (glds.): tage vare på nogen el. noget = PASSE □ *lad dem bare skøtte sig selv · jeg skøtter mig selv* • **skøtte om ngt** bryde sig om noget □ *jeg skøtter ikke om at blive indblandet i den sag*

skål[1]

SUBST. *-en,* plur. *-e, -ene*

1. en dyb, rund beholder der er åben foroven, og som bruges til fx at lægge frugt i el. røre dej i □ *skålformet · skålfuld · skålpund · skålvægt* □ *glasskål · porcelænsskål · sukkerskål · sølvskål · vægtskål*
2. en del af en bh med uddybning til brystet; skålens størrelse angives med a,b el. c efter brystets størrelse □ *hun bruger en b-skål* □ *a-skål*

skål[2]

SUBST. *-en,* plur. *-er, -erne*

drikke en skål for ng(t) højtideligt løfte sit glas og drikke som hilsen el. til ære for nogen el. noget = SKÅLE □ *lad os drikke en skål for brudeparret · de drak adskillige skåler* □ *skåltale* □ *velkomstskål* • **udbringe en skål for ng(t)** foreslå at man drikker en skål □ *han udbragte en skål for brudeparret*

skål[3]

UDRÅBSORD

udtryk hvormed man opfordrer andre til at skåle med sig □ *skål og velkommen! · skål, Peter! · skål for Marianne! · skål på det, du!*

skåle

VERB. *-r, -de, -t*

skåle med ng løfte sit glas og drikke sammen med nogen som en hilsen el. for at ære nogen el. noget = DRIKKE EN SKÅL □ *de skålede med hinanden · lad os skåle for brudeparret! · lad os skåle på det!* □ *skåleri*

skålpund

SUBST. *-et,* plur. *~pund, -ene*

en urimelig høj pris man kræver til gengæld for noget □ *de små partier vil kræve deres skålpund kød for at støtte en af de to fløje · han har i årenes løb fået sit rigelige skålpund*

skåne

VERB. *-r, -de, -t*

skåne ngt være forsigtig med noget □ *skåne sit pæne tøj · skåne sin stemme* □ *skånekost · skånevask* • **skåne ng** lade være med at slå en person ihjel □ *soldaterne skånede kvinder og børn · han voldtog hende men skånede hendes liv* • **skåne ng for ngt** lade nogen slippe for noget = FORSKÅNE, SPARE □ *den syge bør skånes for larm og uro · skån os for dine dumme vittigheder*

skånejob

SUBST. *~jobbet,* plur. *~job, ~jobbene*

et job med særlige løn- og arbejdsbetingelser som tilbydes en person der fysisk og psykisk ikke kan klare de almindelige krav til effektivitet og kvalifikationer, men som gerne vil og kan arbejde under lidt andre betingelser

skåning

SUBST. *-en,* plur. *-e* (el. *-er*) *-ene,* (el. *-erne*)

en person fra Skåne

skånsel

SUBST. *-en* (el. *skånslen*)

(glds.): det at skåne nogen □ *forfølge nogen uden skånsel* □ *skånselsløs*

skånselsløs

ADJ. *-t, -e*

= NÅDESLØS □ *skånselsløst mejede tropperne alle byens indbyggere ned · hun bebrejdede sig selv skånselsløst*

skånsk

ADJ. *- , -e*

som har at gøre med Skåne

skånsom

ADJ. *-t, skånsomme*

som skåner nogen el. noget = NÆNSOM, FORSIGTIG □ *en kost der er skånsom for en sart mave · meddele én noget i skånsomme vendinger · vaskepulveret er skånsomt mod tøjet* □ *skånsomhed*

skår

SUBST. *-et,* plur. *skår, -ene*

1. en åbning el. et hul i kanten el. randen af noget; især om hak i kanten på porcelæn o.l. □ *et skår i koppen · knivens klinge var fuld af skår · han fik et skår i ploven* • et stykke der er brudt af noget □ *skårene af en knust rude* □ *flaskeskår · glasskår · potteskår* • **gøre skår i ngt** spolere el. ødelægge noget □ *uenigheden gjorde ikke skår i deres venskab* • **et skår i glæden** et savn midt i glæden over noget □ *datterens sygdom var et skår i glæden* • **lide skår i ngt** miste el. forringe noget □ *lide skår i sin ansættelse · lide skår i sin prestige* • **gå i skår** (glds.): gå i stykker □ *potten er gået i skår*
2. (slang): en flot pige □ *se et flot skår der går der!*

skåret[1]

VERB.

bøjningsform af *skære*

skåret[2]

ADJ. *- , skårede*

som der er slået skår i □ *en skåret kop*

s.l.

udtryk for at der ikke er anført udgivelsessted i en publikation; fork. af latin *sine loco* = UDEN STEDSANGIVELSE

slabberas el. slabberads

SUBST. *-en,* plur. *-er, -erne*
/slabbe'ras/

⟨i sammensætn.⟩ en uformel sammenkomst, fx med kaffe og kager og præget af hyggesnak □ *kaffeslabberas · teslabberas*

slacks

SUBST.PLUR. *-ene*
['slags]

lange damebenklæder

sladder

SUBST. *-en*

1. videregivelse af oplysninger om andre personers private forhold, herunder også urigtige og især ubehagelige oplysninger = RYGTER □ *give anledning til sladder · løbe med sladder · ikke lytte til ondsindet sladder · sladderen går i en lille by* □ *sladderhistorie · sladderkælling · sladderspalte · sladdervorn* □ *bysladder* • **løbe** el. **rende med sladder** være tilbøjelig til at sladre om andre □ *hun render altid med sladder*
2. en sludder for en sladder se under *sludder*

sladderagtig

ADJ. *-t, -e*

som er tilbøjelig til at videregive ondsindet sladder om andre

sladderhank el. sladrehank

SUBST.

se *sladrehank*

sladderkælling el. sladrekælling

SUBST. *-en,* plur. *-er, -erne*

en kvinde der render med sladder, og som svælger i skandaler = SLADDERTASKE □ *hun var den værste sladderkælling i byen*

sladdertaske el. sladretaske

SUBST. *-n,* plur. *-r, -rne*

(neds.): en kvinde der render med sladder, og som svælger i skandaler = SLADDERKÆLLING □ *man skal ikke fortælle hende noget, for hun er en værre sladdertaske*

sladre

VERB. *-r, -de, -t*

1. sladre om ngt til ng fortælle noget videre som man burde holde for sig selv, især noget sensationelt el. ufordelagtigt □ *død mand sladrer ikke · du må ikke sladre til min far! · kollegerne*

sladrer om deres forhold · folk sladrer bag hans ryg □ *sladren · sladrehank*
2. snakke løs om ligegyldige ting = HVISKE OG TISKE □ *konerne stod i gården og sladrede mens de hængte vasketøj op*

sladrehank el. sladderhank

SUBST. *-en,* plur. *-e, -ene*

en person, især et barn, som røber hvad andre har gjort □ *han er en rigtig lille sladrehank*

sladrekælling

SUBST.

se *sladderkælling*

sladretaske

SUBST.

se *sladdertaske*

slag

SUBST. *-et,* plur. *slag, -ene*

1. et stød med hånden el. en genstand = DRAG □ *han gav mig et slag i hovedet · hun slog et slag i bordet · et dræbende slag · ti slag med spanskrøret* □ *slagbor · slagfast · slaginstrument · slagkraft · slagregn · slagtøj* □ *håndkant(s)slag · knytnæveslag · kuskeslag · kølleslag · overhåndsslag · ridderslag · stokkeslag · sværdslag*
2. regelmæssig, kort lyd □ *hjertets slag · urets slag · midnatsklokken slog sit sidste slag* □ *bølgeslag · hjerteslag · hovslag · klokkeslag · taktslag · timeslag · vingeslag*
3. en større kamp mellem fjendtlige hære □ *slaget ved Waterloo · nu skal slaget slå · slaget om Jerusalem* □ *slagmark · slagorden · slagplan · slagsang · slagskib* □ *bråvallaslag · landslag · luftslag · søslag* • **slag {kort}** en omgang af fx et kortspil □ *lad os tage et slag kort*
4. ⟨i sammensætn.⟩ et pludseligt sygdomsanfald el. chok = ANFALD □ *hans død kom som et slag for hende* □ *slagtilfælde* □ *bommesislag · hjerteslag · lungeslag*
5. et ærmeløst stykke overtøj som består af et stort stykke stof til at lægge over skuldrene □ *regnslag*
6. i forsk. forb.: • **der er frit slag** man kan gøre hvad man vil • **ikke et slag** slet ingenting □ *jeg har ikke fået bestilt et slag hele dagen* • **på slaget** præcis □ *han kom på slaget ti* • **slag i en dyne** el. **i luften** en handling som ikke gør nytte □ *al deres argumenteren var bare et slag i luften* • **slag i slag** i ubrudt rækkefølge □ *begivenhederne kom slag i slag* • **slå et slag** svinge pludseligt □ *slå et slag til siden* • **slå et slag inden om ng** besøge nogen kort • **slå et slag for ngt** arbejde for en sag • **stor i slaget** som optræder pralende

slagbas

SUBST. *~bassen,* plur. *~basser, ~basserne*

den i jazz anvendte spillemåde, *pizzicato,* på kontrabassen

slagbor

SUBST. *-et,* plur. *~bor, -ene*

et bor der er hærdet til at kunne bore igennem hårde materialer, fx beton, og som anvendes i en slagboremaskine

slagboremaskine

SUBST. *-n,* plur. *-r, -rne*

en boremaskine hvor boret både roterer og støder, og som kan anvendes til at bore i meget hårde materialer

slagbænk

SUBST. *-en,* plur. *-e, -ene*

en bænk hvor sædet kan slås op, og som før i tiden blev brugt som seng

slagelseaner

SUBST. *-en,* plur. *-e, -ne*
/slagelse'aner/

en person fra Slagelse = SLAGELSEBO

slagelsebo

SUBST. *-en,* plur. *-er, -erne*

en person fra Slagelse = SLAGELSEANER

slagen

ADJ. *-t, slagne*

1. som er blevet besejret el. ruineret og derfor er ulykkelig □ *en slagen fjende · jeg er en slagen mand* • som er i en tilstand der er præget af en ubehagelig følelse □ *jeg var slagen af skræk* □ *panikslagen · rædselsslagen*
2. som mange har gået el. fulgt før □ *følge den slagne vej · den slagne vej til berømmelse*

slager

SUBST. *-en,* plur. *-e, -ne*

en populær melodi inden for den lette genre □ *de lyttede til gamle slagere fra deres ungdom*

slagfast

ADJ. *-, -e*

som kan tåle slag uden at få ridser el. gå i stykker □ *et slagfast materiale · slagfast lak · slagfast plast · en slagfast boks*

slagfærdig

ADJ. *-t,* plur. *-e*
/slag'færdig/

som er kvik og vittig □ *et slagfærdigt svar · han er både slagfærdig og frisk* □ *slagfærdighed*

slagge

SUBST. *-n,* plur. *-r, -rne*

et affaldsprodukt fra forbrænding af kul el. smeltning og bearbejdning af metaller □ *brænde noget til slagger · befri noget for slagger · rense en ovn for slagger* □ *slaggedannelse*

slaginstrument

SUBST. *-et,* plur. *-er, -erne*

et musikinstrument som man slår på med pinde el. med fingrene, fx tromme, congas el. pauke

slagkraft

SUBST. *-en*

1. en evne til at gøre indtryk og virke overbevisende = GENNEMSLAGSKRAFT □ *der var ingen slagkraft i hans angreb · hendes argumenter havde stor slagkraft*
2. (militær): den kraft hvormed et slag føres el. evnen til at føre et slag □ *militær slagkraft*

slagkraftig

ADJ. *-t, -e*

1. som har slagkraft □ *en slagkraftig organisation · et slagkraftigt argument*
2. (militær): som er kampdygtig og stærk □ *en slagkraftig hær*

slagmark

SUBST. *-en,* plur. *-er, -erne*

et sted hvor der udkæmpes et slag = VALPLADS □ *falde på slagmarken · de måtte efterlade ham på den blodige slagmark* • et meget rodet sted □ *mit værelse ligner en slagmark · da hun var gået var køkkenet igen en slagmark*

slagord

SUBST. *-et,* plur. *~ord, -ene*

en kort ytring el. ordforbindelse som udtrykker et ledende princip for et parti, en bevægelse el.lign., og som bruges i deres agitation = SLOGAN, DEVISE □ *'forskning for folket' var et af slagordene i 68 · ambassaden var overmalet med slagord · demonstranterne råbte slagord*

slagplan

SUBST. *-en,* plur. *-er, -erne*

en plan for en fremgangsmåde □ *lægge en slagplan* • (militær): en strategisk plan for et slag

slags

SUBST. *-en,* plur. *slags, -ene*

en gruppe der udviser fælles træk med hensyn til egenskaber el. karakteristika = ART □ *der findes mange slags dyr · gå ud i al slags vejr · den slags mennesker findes alle vegne · der er ikke tid til den slags spørgsmål* • mere el. mindre indlysende eksempler på noget = FORM □ *hendes bevægelser var en slags dans · de er også en slags mennesker*

slagsang

SUBST. *-en,* plur. *-e, -ene*

en sang som er kendetegn for el. som altid synges i en bestemt kreds el. sammenhæng □ *"Nu dages det, brødre" er arbejderbevægelsens slagsang · fodboldtilhængerne har lavet en ny slagsang*

slagsbror

SUBST. *-en,* plur. *~brødre, ~brødrene*

(neds.): en mand som godt kan lide at provokere, lave ballade og slås □ *han var en berygtet slagsbror og drukkenbolt*

slagside

SUBST. *en*

et skibs hældning når lasten har forskubbet sig el. pga. en skade □ *få slagside · skibet har en slagside på 45° · styrbords slagside · bagbords slagside* • det at et enkelt element får langt større betydning end et andet el. resten □ *debatten fik en teoretisk slagside*

slagskib

SUBST. *-et,* plur. *-e, -ene*

det største krigsskib inden for flåden med kraftig armering og panse; opererer på åbent hav og danner rygstød for egne mindre enheder □ *slagskibsflåde*

slagskygge

SUBST. *-n,* plur. *-r, -rne*

en skarpt afgrænset skygge kastet på en belyst flade □ *bygningens sorte slagskygge i måneskinnet*

slagsmål

SUBST. *-et,* plur. *~mål, -ene*

en fysisk kamp, især med næver el. slagvåben □ *de kom i vildt slagsmål* · *der var slagsmål om de forreste pladser i køen* □ *hundeslagsmål*

slagstyrke

SUBST. *-n,* plur. *-r, -rne*

1. (militær): et lands militære styrke el. en specielt sammensat kampenhed □ *man vil oprette en europæisk slagstyrke* · *slagstyrken er sammensat af europæiske og amerikanske enheder*
2. (om materialer): modstandskraft mod slag

slagte

VERB. *-r, -de, -t*

1. slagte ngt dræbe et dyr der skal spises □ *slagte et svin* · *vi slagter i oktober* □ *slagtekniv* • **slagte ng** dræbe nogen hensynsløst = MASSAKRERE □ *en hel generation blev slagtet på slagmarken*
2. slagte ngt nedlægge noget og bryde det op i mindre dele for at bruge delene hver for sig □ *slagte et gods* · *slagte gården* • afvise noget totalt □ *forslaget blev slagtet af forsamlingen*

slagtekvæg

SUBST. *-et*

kvæg som opdrættes til slagtning

slagter

SUBST. *-en,* plur. *-e, -ne*

en person el. en butik der sælger kød el. en person der som erhverv slagter dyr og udskærer kød □ *købe frisk kød hos slagteren* · *håndskåret pålæg fra slagteren* · *være ansat som slagter på et slagteri* □ *slagterbutik* · *slagterkniv* · *slagtermester*

slagterhund

SUBST. *-en,* plur. *-e, -ene*

fræk som en slagterhund ualmindelig fræk □ *han er fræk som en slagterhund*

slagteri

SUBST. *-et,* plur. *-er, -erne*
/slagte'ri/

1. en virksomhed hvor dyr slagtes □ *slagteriaffald* · *slagteriarbejder* · *slagteridirektør* · *slagteriselskab* □ *fjerkræslagteri* · *svineslagteri*
2. det at mange dyr el. mennesker bliver slået ihjel = MYRDERI □ *slagteriet på flygtningene*

slagtilfælde

SUBST. *-t,* plur. *~tilfælde, -ne*

en pludselig blødning el. blodprop i hjernen som giver lammelser; ofte dødelig = APOPLEKSI, HJERNEBLØDNING □ *han fik et slagtilfælde* • **få et slagtilfælde** få et chok og blive rasende = BOMMESISLAG

slagtøj

SUBST. *-et*

de musikinstrumenter i et orkester som man spiller med pinde el. køller el. slår mod hinanden, fx pauke, xylofon el. bækken

slagvare

SUBST. *-n,* plur. *-r, -rne*

en vare der sælges billigt for at trække kunder til □ *restaurantens slagvare er skibberlabskovs* · *produkterne udstilles som slagvarer i vinduerne* · *det var en ægte slagvare*

slagvolumen

SUBST. *-et* (el. *~voluminet*), plur. *-er* (el. *~voluminer*), *-erne* (el. *~voluminerne*)

rumfanget af alle en motors cylindere bestemt ved forholdet mellem cylinderenes diameter og længden af stemplets bevægelse; angives i liter el. kubikcentimeter

slalom

SUBST. *-en* (el. *slalommen*)

skiløb ned ad en løjpe der er markeret med flag som skal passeres skiftevis højre og venstre om □ *slalomport* · *slalomski* · *slalomstøvle* □ *storslalom* • et væddeløb hvor markeringer skal passeres i siksak; det kan være i bil, i båd el. på ski

slam

SUBST. *slammen el. slammet*

finkornet bundfald i en væske □ *slamsuger* □ *råslam*

slambert

SUBST. *-en,* plur. *-er, -erne*

= SKURK □ *kan du komme tilbage, din slambert!*

slang

SUBST. *-en* el. *-et*
['sla·ŋ]

en sprogbrug der afviger fra normalt sprog ved at benytte nye og ofte pudsige el. stødende ord og vendinger □ *slangordbog* · *slangudtryk* □ *skoleslang*

slange[1]

SUBST. *-n,* plur. *-r, -rne*

1. et langt, slankt krybdyr uden lemmer og med en lang, kløftet tunge; mange arter, hvoraf nogle har gifttænder, bl.a. *brilleslange, klapperslange, pyton, hugorm* og *snog;* latinsk navn *Ophidia* □ *slangebid* · *slangeskind* · *slangetæmmerske* • **nære en slange ved sin barm** tage sig venligt af en person som i det skjulte el. senere viser sig at være ens fjende
2. en oppustet ring af gummi i dækket til et køretøj □ *dækket var fladt fordi der var et lille hul i slangen* · *lappe slangen* □ *bilslange* · *cykelslange* • et bøjeligt rør til at lede væske el. gas igennem □ *husk at rulle slangen sammen når du har brugt den!* □ *brandslange* · *haveslange* · *iltslange* · *vandslange*

slange[2]

VERB. *-r, -de, -t*

1. slange sig bevæge sig som en slange = BUGTE SIG □ *slange sig hen over gulvet*
2. slange sig drive og dase, oftest i liggende stilling □ *han lå og slangede sig på sofaen*

slangebid

SUBST. *~biddet,* plur. *~bid, ~biddene*

et bid fra en slange

slangebøsse

SUBST. *-n,* plur. *-r, -rne*

legetøj der består af en Y-formet gren hvorpå der er fastgjort en gummislange til at slynge sten o.l. med; kan også bruges som våben

slangemenneske

SUBST. *-t,* plur. *-r, -rne* (el. *-ne*)

en meget smidig akrobat som har specialiseret sig i at vride kroppen i ellers umulige stillinger

slank

ADJ. *-t, -e; -ere, -est*

som ikke har overflødigt fedt på kroppen ≠ TYK □ *hun var slank som et siv* · *han er høj og slank* · *de jogger for at bevare den slanke linie* □ *åleslank* • smal i omkreds = SMAL □ *kirken har to høje, slanke tårne*

slanke

VERB. *-r, -de, -t*

slanke sig tabe sig i vægt ved fx at dyrke motion, spise mindre el. mindre fedende = AFMAGRE ≠ FEDE □ *motion slanker* · *jeg er nødt til at slanke mig* □ *slankning* · *slankekost* · *slankekur* · *slankepulver*

slankekur

SUBST. *-en,* plur. *-e, -ene*

en kur som skal få én til at tabe sig, og som består i ændrede kostvaner og evt. øget motion = AFMAGRINGSKUR □ *bladene er fulde af slankekure* · *en slankekur hvor man kun må spise grapefrugt* · *hun er altid på slankekur*

slant

SUBST. *-en,* plur. *-er, -erne*

1. en mønt af ringe værdi el. et lille beløb □ *han har arvet en slant penge efter sin bedstefar*
2. en lille rest af en væske □ *han drak den sidste slant snaps af flasken*

slap[1]

VERB.

bøjningsform af *slippe*

slap[2]

ADJ. *-t, slappe; slappere, slappest*

som hænger kraftesløst ned ≠ STRAM, SPÆNDT, STIV □ *blomstens blade hang slapt ned* · *tørresnoren er blevet så slap at den næsten rører jorden* · *bilens affjedring er blevet slap* □ *slaphed* • (om en person): uden styrke og kraft = SVAG, SLATTEN □ *han var slap i arme og ben efter at have været syg længe* · *et slapt håndtryk* □ *slapsvans* • som er holdningsløs og sløv = HOLDNINGSLØS, SLØV □ *en slap moral* · *han har en slap karakter* · *ungdommen nutildags er slap*

slappe

VERB. *-r, -de, -t*

1. slappe ngt gøre et tov el.lign. mindre stramt □ *hun slappede tøjlerne* · *kablerne skiftevis strammes og slappes* · *slappe grebet*
2. slappe af hvile og spænde af i kroppen □

spillerne slapper af mellem halvlegene · jeg slapper bedst af ude i naturen · han slapper af ved at meditere

slapsvans

SUBST. *-en,* plur. *-e, -ene*

1. (neds.): en doven person som laver mindre end man burde kunne forvente
2. (neds.): en person som ikke tør tage et ansvar el. træffe forpligtende beslutninger

slaraffenland

SUBST. *et*
/sla'raffenland/

et eventyrland hvor man kan få alt hvad man ønsker sig uden at lave noget □ *jeg fik hvad hjertet begærede, det var som at være i slaraffenland*

slaske

VERB. *-r, -de, -t*

hænge løst, slapt og uordentligt □ *den lange frakke slaskede om benene på ham · det våde sejl slaskede mod masten*

slat

SUBST. *slatten,* plur. *slatter, slatterne*

= SJAT □ *der var kun slatter tilbage · vil du have en slat kaffe?* □ *kaffeslat · vandslat · vinslat*

slatten

ADJ. *-t, slatne*

uden styrke og kraft = SLAP □ *være slatten i benene · hvad er det for en slatten holdning? · et slattent håndtryk*

slave[1]

SUBST. *-n,* plur. *-r, -rne*

en retsløs person som er berøvet sin frihed fordi han er ejet af en anden person, og som er tvunget til at udføre hårdt arbejde = TRÆL □ *slaverne i oldtidens Rom · slaverne i Amerika · holde slaver · en frigiven slave* □ *slaveri · slavearbejde · slavebinde · slavebunden · slavesjæl* □ *negerslave · husslave* • **være en slave af ng(t)** være stærkt afhængig af el. underkastet nogen el. noget □ *hun var en slave af moderen · han var en slave af tobak*

slave[2]

VERB. *-r, -de, -t*

arbejde hårdt = TRÆLLE, SLIDE □ *jeg går og slaver hele dagen mens I bare morer jer*

slavebinde

VERB. *-r, ~bandt, ~bundet (~bunden, ~bundne)*

slavebinde ng gøre nogen til slave = TRÆLBINDE □ *de forsøgte at slavebinde en fri nation*

slavehandel

SUBST. *-en* (el. *~handlen*), plur. *~handler, ~handlerne*

handel med slaver □ *slavehandler* • **hvid slavehandel** organiseret handel med unge kvinder som sælges til prostitution i et andet land

slaver

SUBST. *-en,* plur. *slavere* (el. *slaver*), *slaverne*
[*'sla'vɔ*]

en person der tilhører den østeuropæiske folkegruppe der bl.a. omfatter russere, polakker, tjekkere og serbere, og som taler slavisk

slaveri

SUBST. *-et*
/slave'ri/

et system der giver personer ret til at eje slaver □ *slaveriet i Amerika blev formelt afskaffet i 1865 · han bekæmpede slaveriet i Sydstaterne · være født i slaveri · leve og opvokse i slaveri*

slavewhisky

SUBST. *-en,* plur *-er, -erne*

billig, dårlig whisky

slavinde

SUBST. *-n,* plur. *-r, -rne*
/slav'inde/

en kvindelig slave

slavisk

ADJ. *- , -e*

1. som ikke afviger fra et oplæg el.lign., men nøje følger dette □ *han fulgte instrukserne slavisk*
2. som har at gøre med folkegruppen slaverne □ *de slaviske folk · de slaviske sprog* • ⟨SUBST.⟩ den gren af indoeuropæisk som omfatter bl.a. russisk, polsk, tjekkisk, slovakisk, bulgarsk, serbokroatisk og slovensk

slavist

SUBST. *-en,* plur. *-er, -erne*
/sla'vist/

en person der beskæftiger sig med slavistik

slavistik

SUBST. *slavistikken*
/slavi'stik/

studiet af slavisk sprog og kultur

sleb

VERB.

bøjningsform af *slibe*

sleben

ADJ. *-t, slebne*

som på overfladen er høflig og elskværdig □ *et slebent væsen · slebne manerer · en sleben diplomat* □ *slebenhed*

sled

VERB.

bøjningsform af *slide*

slem

ADJ. *-t, slemme; slemmere, slemmest*

1. som er uartig = UARTIG □ *en slem dreng · han sidder i skammekrogen fordi han har været slem*
2. som er alvorlig el. ubehagelig = MODBYDELIG, GRIM □ *en slem sygdom · såret så slemt ud · sikke en slem hoste · han befinder sig i en slem situation*

slendrian

SUBST. *-en*

en gentagen forsømmelighed □ *blive ved den gamle slendrian · kontorets sædvanlige slendrian · alt fortsætter i den gamle slendrian* • en doven og sjusket person □ *han er en slendrian*

slentre

VERB. *-r, -de, -t*

gå skødesløst □ *han slentrede af sted med hænderne i lommerne · slentre gennem livet*

slesk

ADJ. - (el. *-t*), *-e*
[*'sle'sk*]

som er overdrevent indsmigrende for selv at opnå en fordel = FØLGAGTIG □ *han er slesk over for sine foresatte, men uforskammet over for sine kolleger · en slesk person* □ *sleskhed*

sleske

VERB. *-r, -de, -t*
[*'sle·sgə* el. *'slesgə*]

være overdrevent imødekommende og indsmigrende for at opnå en fordel = LOGRE □ *sleske for læreren · sleske sig ind hos chefen* □ *sleskeri*

slesviger

SUBST. *-en,* plur. *-e, -ne*

en person fra (byen el. landsdelen) Slesvig □ *nord- og sydslesvigere*

slesvigsk

ADJ. *- , -e*

som har at gøre med Slesvig

slet[1]

ADJ. *- , slette*

1. som er moralsk fordærvet el. ond □ *et slet menneske · slet opførsel*
2. som ikke er tilfredsstillende = DÅRLIG □ *en slet præstation · en slet kvalitet*

slet[2]

ADV.

1. slet ikke = OVERHOVEDET IKKE □ *jeg forstår det slet ikke · har der slet ingen været her? · det er der slet ingen tvivl om*
2. slet og ret = SIMPELTHEN □ *jeg er slet og ret forelsket i dig!*

slette[1]

SUBST. *-n,* plur. *-r, -rne*

1. et stort, fladt landområde næsten uden træ- el. plantebevoksning □ *byen ligger på en slette* □ *slettelandskab* □ *græsslette · hedeslette · højslette · lavslette*
2. = ISING

slette[2]

VERB. *-r, -de, -t*

slette ngt fjerne noget så det ikke mere kan ses el. overstrege noget i en tekst = OVERSTREGE, STREGE, VISKE UD, STRYGE, FJERNE □ *han slettede det han havde skrevet · hun blev slettet af medlemslisten · tiden sletter alle spor · han fik slettet sin gæld · replikken blev slettet af censuren* □ *sletning*

slev

SUBST. *-en,* plur. *-e, -ene*

= GRYDESKE

slibe

VERB. *-r, sleb, slebet (sleben, slebne)*

slibe ngt gnide noget mod en ru flade for at gøre det glat el. afrundet = POLERE □ *slibe en bordplade · slibe hjørnerne af · slibe glas og diamanter · slibe noget op · pladen er slebet til* □ *slibning · slibekorn · slibemaskine · slibemiddel · slibepapir · slibesten · slibestøv* □ *hulslibe · planslibe* • **slibe ngt** = HVÆSSE □ *slibe knive · slibe sakse* □ *slibning* • **slibe kanter af** blive lettere at omgås □ *i årenes løb har de fået slebet nogle kanter af*

slibesten

SUBST. *-en,* plur. *-e* (el. *slibesten*), *-ene*

en cylindrisk, roterende sten til slibning af fx et knivsblad

slibrig

ADJ. *-t, -e*

1. = SLIMET
2. seksuelt anstødelig og kvalmende = FRÆK □ *en slibrig historie*

slibrighed

SUBST. *-en,* plur. *-er, -erne*

en slibrig historie el. bemærkning □ *bogen er fuld af injurier og slibrigheder · fri mig for dine slibrigheder!*

slid

SUBST. *sliddet*

1. hårdt arbejde = MØJE, BESVÆR □ *koste slid og slæb · det er et slid at opdrage den dreng · opnå noget ved hårdt slid · det daglige slid · efter 20 års slid*
2. det at noget bliver slidt = SLITAGE □ *beskytte tæppet mod slid · være udsat for stærkt slid · slid på motoren*

slidbane

SUBST. *-n,* plur. *-r, -rne*

den del af et cykel- el. bildæk der rører kørebanen

slidbanedæk

SUBST. *~dækket,* plur. *~dæk, ~dækkene*

et dæk til person- og lastbiler som er lavet ved at et nedslidt dæk har fået påført en ny gummibane

slide

VERB. *-r, sled, slidt*

1. slide ngt el. **slide på ngt** belaste noget ved hård el. jævnlig brug □ *slide sit tøj · slide hul i bukserne · det slider hårdt på motoren med de mange koldstarter · hans voldsomme temperament har slidt hårdt på hendes følelser* • **slide ngt op** el. **ned** belaste noget så meget at det bliver ubrugeligt □ *slide sit tøj op · skosålerne er slidt helt ned* • **slide ng op** belaste nogen så hårdt at de ikke kan klare mere □ *de går og slider hinanden op med deres evindelige skænderier · han slider sig selv op*
2. arbejde hårdt = KNOKLE, OKSE, MASE □ *slide hårdt for pengene · hun slider i det fra morgen til aften · vi slider og slæber til ingen nytte · eleverne sled med regneopgaverne*
3. rykke og trække i noget, især for at komme fri □ *tyren sled i tøjret for at komme løs · hunden gøede og sled i snoren*

slider

SUBST. *-en,* plur. *-e, -ne*

en person som arbejder hårdt □ *han er en rigtig slider*

slidgigt

SUBST. *-en*

en sygdom med smerter i leddene som skyldes at de beskyttende bruskplader i leddene er slidt helt el. delvist ned

slids

SUBST. *-en,* plur. *-er, -erne*

1. en smal, aflang indskæring i tøj som øger bevægelsesfriheden □ *en stram nederdel med slids bagi · en skjorte med slidser i siderne* □ *slidse*
2. en gaffelformet udskæring i fx træ hvori en tap kan gribe ind □ *skære en slids i et stykke træ*

slidsning

SUBST. *-en,* plur. *-er, -erne*

en vinkelret samling af to tømmerstykker hvori en tap griber ind i en slids

slidsom

ADJ. *-t, slidsomme*

som er præget af hårdt slid □ *en slidsom tilværelse · et slidsomt arbejde* □ *slidsomhed*

slidstyrke

SUBST. *-n*

det at være holdbar og kunne modstå slid □ *stålet har stor slidstyrke · akslen er glatvalset for at opnå lav friktion og god slidstyrke*

slidstærk

ADJ. *-t, -e*

som kan holde til slid el. i lang tid = UOPSLIDELIG □ *stoffet er velegnet til bukser fordi det er så slidstærkt · hans slidstærke venskab*

slidt

ADJ. *- , -e*

som bærer tydeligt præg af brug = NEDSLIDT, UDSLIDT □ *et par gamle, slidte cowboybukser · motoren er slidt · en slidt sofa* □ *blankslidt · luvslidt · nedslidt · tyndslidt · udslidt* • **slidt ned** (om en person): som er legemlig svag og udmattet pga. langvarigt og hårdt arbejde = NEDSLIDT, UDSLIDT, NEDKØRT, UDKØRT, FORSLIDT □ *jeg er slidt ned til sokkeholderne*

slig

ADJ. *-t, -e*

(form.): som er af en bestemt art el. på en bestemt måde = SÅDAN

slik[1]

SUBST. *slikket*

søde sager som fx bolcher, lakrids og chokolade = SLIKKERI □ *en pose blandet slik* □ *slikbutik · slikforretning · slikmund · slikpind · slikpose*

slik[2]

SUBST. *slikket,* plur. *slik, slikkene*

en bevægelse med tungen hen over noget □ *hunden gav sin ejer et slik på hånden*

slik[3]

SUBST. *en*

et meget lille beløb = BAGATEL □ *han købte bøgerne for en slik · den koster kun en slik*

slik[4]

SUBST. *slikken*

en meget frugtbar blanding af ler, vand og planterester som er bundfældet omkring flodmundinger

slikasparges

SUBST. *-en,* plur. *-er* (el. *~asparges*), *-erne* (el. *~aspargesene*)

hele, kogte asparges

slikke

VERB. *-r, -de, -t*

1. slikke {på} ngt bevæge tungen hen over noget, evt. for at spise det i små portioner ad gangen □ *hunden slikker ham i ansigtet · slikke på et frimærke · slikke sig om munden · slikke fingrene · slikke skeen ren · slikke på en is · katten slikkede mælken i sig · katten slikkede mælken op fra gulvet* □ *slikkepind*
2. spise søde sager □ *hendes overvægt skyldes at hun slikker for meget* • **slikke ngt op** købe søde sager for alle pengene □ *han slikkede alle sine lommepenge op · lad nu være med at slikke det hele op*
3. bevæge sig som en slikkende tunge □ *flammerne slikker op ad væggen · vandet slikkede op på stranden med lange hvide tunger*

slikken

ADJ. *-t, slikne*

som godt kan lide søde sager og ofte har lyst til dem □ *jeg forsøger at tabe mig, men jeg er så forfærdelig slikken*

slikkepind el. slikpind

SUBST. *-en,* plur. *-e, -ene*

en bolchemasse el. andet sødt der er sat på en tynd pind som man holder i □ *barnet suttede på en slikkepind*

slikkepot

SUBST. *~potten,* plur. *~potter, ~potterne*

(barn.): = PEGEFINGER

slikkeri

SUBST. *-et,* plur. *-er, -erne*
/slikke'ri/

= SLIK □ *bolcher, chokolade og andre slikkerier*

slikket

ADJ. *- , slikkede*

(neds.): som er overdrevent pæn, ordentlig og nydelig □ *en slikket frisure · ud af det hele ventes en slikket Euro-stil som vi alle kan samles om*

slikmund

SUBST. *-en,* plur. *-e, -ene*

en person som godt kan lide og ofte har lyst til søde sager □ *han er en rigtig slikmund*

slikpind

SUBST.

se *slikkepind*

slim

SUBST. *-en* el. *-et*

en tyk, klæbrig væske □ *han havde slim på lungerne · patienten hostede slim op · sneglen trak et spor af slim efter sig* □ *slimhinde*

slimet

ADJ. *- , slimede*

1. som ligner el. er belagt med slim = SLIBRIG □ *sneglen efterlod sig et slimet spor · en slimet masse · slimet mosevand*
2. (neds.): som er venlig og imødekommende alene for at fremme egne interesser □ *en slimet person*

slimhinde

SUBST. *-n,* plur. *-r, -rne*

den fine hud der beklæder væggene i kroppens hulrum □ *næsens slimhinde · tarmens slimhinde · have tørre slimhinder · for høje temperaturer udtørrer slimhinderne*

slinger

SUBST. *en*

1. en slingrende bevægelse □ *vognen kom i slinger pga. det glatte føre*
2. ingen slinger i valsen udtryk for at noget går som det skal □ *han passer sit arbejde uden slinger i valsen · der var ingen slinger i valsen i hans optræden*

slingre

VERB. *-r, -de, -t*

bevæge sig usikkert med mange udsving fra den lige retning □ *han slingrede som en beruset · bilen slingrede voldsomt · slingre over mod ham · slingre fra side til side · slingrende skridt* □ *slingren*

slip[1]

SUBST. *slippen,* plur. *slipper, slipperne*

en del af et stykke papir som kan klippes el. rives af; anvendes fx på giroblanketter = TALON □ *gem slippen, den gælder som kvittering*

slip[2]

SUBST. *slippet,* plur. *slip, slippene*

1. en ganske kort pause □ *der blev et lille slip i diskussionen*
2. give slip på ng(t) slippe nogen el. noget

slipover

SUBST. *-en,* plur. *-e, -ne*
[*slib'åwɔ*]

en ærmeløs trøje til at trække over hovedet

slippe[1]

SUBST. *-n,* plur. *-r, -rne*

et smalt stræde mellem huse

slippe[2]

VERB. *-r, slap, sluppet*

1. slippe ng(t) ophøre med at holde nogen el. noget fast □ *hun slap taget i hans arm · kagen vil ikke slippe formen · slippe alt hvad man har i hænderne · slip mig!* • **slippe {fri}** komme væk fra, forbi el. gennem noget □ *han slap bort fra gidseltageren · fangerne slap fri · hun slap ind ad bagdøren · han slap med nød og næppe igennem eksamen · slippe igennem fjendens linier* • **slippe ng(t) {fri}** gøre at nogen el. noget kommer væk fra, forbi el. gennem noget □ *slippe hundene løs · slippe lidenskaberne løs · slippe katten ud af sækken · han slap hende ind ad bagdøren · slip mig ud!* • **slippe af med ng(t)** blive fri for el. komme af med nogen el. noget □ *det lykkedes købmanden at slippe af med varerne · gæsterne var ikke til at slippe af med igen* • **slippe for ngt** blive fri for noget □ *han slap for at få skældud · de lod hende slippe for pligterne mens hun læste til eksamen · du skal ikke slippe så let* • **ikke slippe ng(t) af syne** holde øje med nogen el. noget hele tiden □ *hun slap ikke barnet af syne et øjeblik*
2. slippe af sted med ngt el. **slippe fra ngt** komme heldigt ud af en situation og undgå ubehagelige konsekvenser □ *han slap uheldigt fra første forsøg · han ville snyde jer hvis han kunne slippe af sted med det* • **slippe {med ngt}** komme heldigt ud af en situation □ *slippe med skrækken · slippe uskadt · han slap med en brækket arm · han slap med 500 kr. i bøde · slippe med en advarsel · slippe med skrækken* • **slippe om ved ngt** klare noget på en let måde □ *hun slap let om ved rengøringen · han slap hurtigt om ved lektierne* • **slippe sig til ngt** (glds.): gøre noget i det skjulte el. på trods af et forbud □ *han slap sig til at kysse hende i opgangen*
3. slippe op blive brugt, så der ikke er mere tilbage □ *maden slap op · pengene er sluppet op så vi må låne · nu slipper min tålmodighed snart op*

slippers

SUBST. *-en,* plur. *slippers, -erne* (el. *-ene*)

hjemme- el. morgensko uden hælkappe

slips

SUBST. *-et,* plur. *slips, -ene*

et bånd af stof som bindes rundt om halsen under skjortekraven, og som hænger ned □ *jakke og slips · have slips på* □ *slips(e)knude · slips(e)nål* □ *silkeslips*

slipsenål el. slipsnål

SUBST. *-en,* plur. *-e, -ene*

et kunstfærdigt nåleformet smykke der holder et slips på plads

sliske el. slisk

SUBST. *-n,* plur. *-r, -rne*
(slisk: *-en,* plur. *-er, -erne*)

et skråt underlag hvorpå man kan trække el. rulle noget tungt fra ét sted til et andet □ *der blev lagt en sliske op til lastbilens lad · skraldemændene krævede at der blev opsat en sliske på kældertrappen*

slitage

SUBST. *-n,* plur. *-r, -rne*
[*sli'ta·sjə*]

det at noget bliver slidt = SLID □ *slitage på en bil*

slivovits

SUBST. *-en,* plur. *-er, -erne*

en blommebrændevin som især kendes fra Balkan

slog

VERB.

bøjningsform af *slå*

slogan

SUBST. *-et,* plur. *-er* (el. *-s*), *-erne* (el. *-ene*)
[*'slo·gan* el. *'slåwgan*]

en kort sætning som fx udtrykker et politisk budskab el. et reklamebudskab □ *firmaets slogan var kvalitet frem for kvantitet* □ *reklameslogan*

sloges

VERB.

bøjningsform af *slås*

slot

SUBST. *slottet,* plur. *slotte, slottene*

en stor, fornem bygning som er el. har været bolig for kongelige el. adelige personer = PALADS, PALÆ □ *Amalienborg Slot* □ *slotshave · slotskirke · slotsplads* □ *kongeslot · renæssanceslot*

slovak

SUBST. *slovakken,* plur. *slovakker, slovakkerne*
/*slo'vak*/

en person fra Slovakiet

slovakisk

ADJ. *- , -e*
/*slo'vakisk*/

som har at gøre med Slovakiet

slovener

SUBST. *-en,* plur. *-e, -ne*
/*slo'vener*/

en person fra Slovenien

slovensk

ADJ. *- , -e*
/*slo'vensk*/

som har at gøre med Slovenien

slowmotion

SUBST. *en*
[*'slåwmåwsjən*]

meget langsom bevægelse, fx ved afspilning af film □ *fodboldkampens mål blev vist i slowmotion · bevæge sig i slowmotion*

slubbert

SUBST. *-en,* plur. *-er, -erne*

= SKURK □ *den slubbert snuppede pengene da jeg vendte ryggen til*

slubre

VERB. *-r, -de, -t*

1. slubre ngt i sig fortære noget flydende idet man sluger luft og frembringer en lyd □ *han slubrede suppen i sig* · *han slubrer når han drikker mælk*
2. (om fodtøj): være for løs og bevæge sig ukontrolleret om foden □ *skoene slubrede om fødderne på ham* · *hans fødder slubrede i de alt for store sko* • sjokke af sted i for løse sko □ *hun slubrede af sted i de alt for store sko*

slud

SUBST. *et*

nedbør der er en blanding af regn og sne □ *vi kan forvente sne eller slud sidst på dagen*

sludder[1]

SUBST. *-et*

meningsløs snak = VRØVL □ *hans tale var det rene sludder* · *sludder og vrøvl*

sludder[2]

SUBST. *-en,* plur. *-e, -ne*

1. en hyggelig, uformel samtale = SNAK, SLADDER, SLABBERAS □ *få sig en sludder over en kop kaffe* · *slå en sludder af*
2. en sludder for en sladder et svar som ikke siger noget om det man spørger om = SØFORKLARING □ *man får bare en sludder for en sladder når man spørger om hans mening* · *i stedet for et konkret svar fik jeg en sludder for en sladder*

sludre

VERB. *-r, -de, -t*

sludre med ng tale sammen for hyggens skyld = PASSIARE □ *de sludrede med hinanden i tre timer* · *kom og besøg mig en aften, så kan vi sludre lidt sammen* □ *sludrechatol* · *sludrehoved* · *sludrevorn* • sige noget sludder □ *som du dog kan sludre i det*

sludrechatol

SUBST. *~chatollet,* plur. *~chatoller, ~chatollerne*

= SNAKKEHOVED □ *hun er et rigtigt sludrechatol*

sludrehoved

SUBST. *-et,* plur. *-er, -erne*

= SNAKKEHOVED

sludrevorn

ADJ. *-t, -e*

som er tilbøjelig til at snakke meget

sluge

VERB. *-r, slugte, slugt*

1. sluge ngt synke mad hurtigt og grådigt uden at tygge det ordentligt = SYNKE □ *sluge maden i en fart* □ *slughals* · *slugvorn* □ *forsluge* • **sluge ngt** = FORBRUGE □ *nye vejanlæg sluger store summer* · *ovnen sluger meget brændsel* · *skat og husleje sluger en stor del af hans indtægt*
2. sluge ngt tage viden, indtryk osv. til sig med begærlighed □ *han tror han har slugt alverdens visdom* · *sluge en bog* · *han slugte hende med øjnene* □ *forsluge*
3. finde sig i noget □ *den var svær at sluge* · *det var en bitter pille at sluge* • **sluge ngt råt** se under *rå*

slughals

SUBST. *-en,* plur. *-e, -ene*

= ÆDEDOLK □ *den lille slughals skal have mad hver anden time*

slugt

SUBST. *-en,* plur. *-er, -erne*

en dyb kløft i jordoverfladen = KLØFT □ *der var dybe slugter langs bjergvejen*

slugvorn

ADJ. *-t, -e*

= FORSLUGEN

slukke

VERB. *-r, -de, -t*

1. slukke ngt el. **slukke for ngt** afbryde noget □ *slukke lyset* · *husk at slukke for radioen* · *slukke fjernsynet*
2. slukke ngt få en brand til at ophøre ved at bekæmpe den □ *det lykkedes brandfolkene at slukke ilden inden den bredte sig til naboejendommen* · *bålet skal slukkes inden lejrpladsen forlades* □ *slukning*
3. slukke ngt få noget til at gå væk el. holde op □ *slukke sin tørst* · *slukke sine sorger med en flaske vin*

slukøret

ADJ. *- , slukørede*

som er nedslået og skuffet □ *gå slukøret bort* · *han luskede slukøret af sted* □ *slukørethed*

slum

SUBST. *slummen* el. *slummet,* plur. *slum, slummene* [*'slåm* el. *'slåm*]

et byområde med dårlige og forfaldne boliger = SLUMKVARTER □ *byens slum*

slumkvarter

SUBST. *-et,* plur. *-er, -erne*

= SLUM

slummer

SUBST. *-en*

= BLUND □ *han blev vækket af sin slummer*

slump

SUBST. *-en*

en portion af ubestemt størrelse □ *han arvede en god slump penge efter sin onkel* • **på slump** uden at tælle, måle el. veje nøjagtigt □ *hun lavede dejen til kagen på slump* · *jeg opgav bogens sideantal på slump* □ *slumpetræf*

slumpe

VERB. *-r, -de, -t*

slumpe sig til ngt opnå el. få noget ved et lykketræf □ *han slumpede sig frem til det rigtige resultat* □ *slumpekøb* · *slumpetræf*

slumpetræf el. slumptræf

SUBST. *~træffet,* plur. *~træf, ~træffene*

= LYKKETRÆF □ *dette værdifulde frimærke fandt jeg ved et slumpetræf på et gammelt brevkort*

slumre

VERB. *-r, -de, -t*

= BLUNDE □ *han sad og slumrede i sin lænestol* □ *slumretæppe*

slumstormer

SUBST. *-en,* plur. *-e, -ne*

= BZ'ER

slunken

ADJ. *-t, slunkne*

tom og indfalden □ *en slunken mave* · *en slunken tegnebog*

sluppet

VERB.

bøjningsform af *slippe*

slurk

SUBST. *-en,* plur. *-e, -ene*

den mængde væske som man synker i ét drag = TÅR □ *må jeg få en slurk vand?* · *han tog en slurk af flasken* □ *slurkevis*

sluse[1]

SUBST. *-n,* plur. *-r, -rne*

et bassin med porte til at transportere skibe fra én vandstand til en anden el. til regulering af vandstanden □ *åbne slusen* · *skibet går ind i slusen* · *passere en sluse* · *tage et skib igennem en sluse* □ *sluseport* · *slusetrappe* · *sluseventil* · *sluseværk* □ *doksluse* · *kammersluse* • **åbne for sluserne** lade vand strømme i store mængder, især tårer el. regn □ *så snart han var ude af døren åbnede hun for sluserne* · *himlen åbnede for sine sluser*

sluse[2]

VERB. *-r, -de, -t*

sluse ngt igennem ngt el. **sluse ngt ind i** el. **ud af ngt** føre et fartøj igennem en sluse el. ind i el. ud af en sluse og sænke el. hæve det sammen med vandstanden □ *skibet blev sluset igennem* · *sluse et skib ind* · *sluse et skib ud* • **sluse ng igennem ngt** el. **sluse ng ind i** el. **ud af ngt** lede nogen igennem el. ind i el. ud af et system, en organisation el.lign. på en ordentlig og organiseret måde □ *de unge sluses igennem uddannelsessystemet* · *nye medlemmer sluses ind i partiet*

slut

SUBST.

være slut være holdt op el. overstået = FORBI, OMME, OVRE □ *nu må det være slut* · *krigen er slut* · *og så var filmen slut* • ⟨i sammensætn.⟩ = AFSLUTNING □ *slutakkord* · *slutbeløb* · *slutdato* · *slutløn* · *slutnummer* · *slutopgør* · *slutopgørelse* · *slutreplik* · *slutresultat* · *slutskat* · *slutspil* · *slutspurt* · *slutsten* · *slutsum* • **til slut** til sidst □ *til slut rejste alle sig for at skåle*

slutbeløb

SUBST. *-et,* plur. *~beløb, -ene*

det endelige beløb i en beregning el. opstilling = RESULTAT □ *slutbeløbet blev højere end beregnet*

slutn.

fork. for *slutning*

slutning

SUBST. *-en*, plur. *-er, -erne*

1. den sidste del af noget, fx af et tidsrum el. af en fremstilling = AFSLUTNING ≠ BEGYNDELSE □ *i slutningen af 30'erne · jeg betaler i slutningen af ugen · slutningen af talen var god · bogen havde en spændende slutning* □ *slutningsscene* • det at standse el. færdiggøre et arbejde □ *ved redaktionens slutning var vidnet endnu ikke afhørt*
2. resultat af en overvejelse el. undersøgelse = KONKLUSION, FØLGESLUTNING □ *jeg drager den slutning af vores samtale at du vil skilles* • (logik): et ræsonnement hvor man på grundlag af et el. flere udsagn (*præmisser*) hævder et nyt udsagn (en *konklusion*); en slutning er logisk gyldig el. sand hvis præmisserne er sande
3. en forbindelse af led til en helhed, fx det at slutte et elektrisk kredsløb □ *slutning af en elektrisk strøm · slutning af en kreds af personer* □ *slutningseffekt*
4. en vedtagelse af en overenskomst, især vedrørende fred □ *fredsslutning*
5. en bevoksning af træer der står så tæt at deres kroner når sammen

slutopgør

SUBST. *-et*, plur. *~opgør, -ene*

den sidste, afgørende kamp; fx i en fodboldturnering □ *slutopgøret i Superligaen · holdene mødes i slutopgøret*

slutopgørelse

SUBST. *-n*, plur. *-r, -rne*

skattemyndighedernes endelige oversigt over en persons el. virksomheds skattemæssige forhold = ÅRSOPGØRELSE

slutresultat

SUBST. *-et*, plur. *-er, -erne*

det endelige resultat ≠ DELRESULTAT

slutseddel

SUBST. *-en* (el. *~sedlen*), plur. *~sedler, ~sedlerne*

et dokument der fastslår hovedpunkterne i en afsluttet handel, fx ved et huskøb

slutspurt

SUBST. *-en*, plur. *-er, -erne*

den sidste, korte del af en spurt hvor man præsterer sit yderste □ *sætte slutspurten ind · hun vandt slutspurten* • den sidste hektiske periode før en begivenhed; især før et valg □ *valgkampens slutspurt*

slutsten

SUBST. *-en*, plur. *~sten, -ene*

den øverste afsluttende sten i en muret bue • **slutstenen på ngt** fuldendelsen af noget betydningsfuldt □ *sætte slutstenen på sit værk*

slutte

VERB. *-r, -de, -t*

1. (om en aktivitet): ikke fortsætte = ENDE, OPHØRE, HOLDE, STANDSE, STOPPE □ *filmen slutter kl. 21 · mødet sluttede sent · sæsonen slutter 1. maj* □ *slutning* • **slutte ngt** bringe noget til afslutning = AFSLUTTE □ *slutte en sag med en advarsel · slutte samtalen* • **slutte af med ngt** lade noget udgøre enden på noget andet = AFSLUTTE □ *de sluttede af med kaffe og dessert* • **slutte med el. på ngt** have noget som sin sidste del □ *ordet slutter på '-er' · mødet slutter med en middag*
2. slutte ngt udlede en forklaring el. slutning på noget = KONKLUDERE, UDLEDE, DEDUCERE □ *slutte sig til et resultat · man kan slutte sig til resten · jeg sluttede af hans tavshed at han intet vidste om sagen · slutte fra sin erfaring* □ *slutning*
3. slutte ngt formelt blive enige om noget = INDGÅ, OPRETTE, ETABLERE, STIFTE, GRUNDLÆGGE □ *slutte fred · slutte alliancen · slutte forlig · slutte venskab*
4. slutte ngt få enderne af noget til at nå sammen, især om at danne en kreds el. ring □ *slutte kreds · han sluttede hende i sine arme · slutte et kredsløb · slutte ring om noget* • **slutte ngt inde** lukke el. spærre nogen el. noget inde □ *byen har været sluttet inde i flere uger · slutte noget inde i en lufttæt æske* • **slutte ng(t) sammen** = FORENE □ *firmaerne har nu sluttet sig sammen · han følte at de sluttede sig sammen mod ham* • **slutte sig til ngt** forene sig med el. være enig med noget = STØDE TIL □ *slutte sig til hovedstyrken · jeg slutter mig til din mening* • **slutte op om ng(t)** støtte nogen el. noget; især om tanke o.l. □ *slutte op om partiets program · slutte op om ideen* • **slutte til** el. **tæt** være lukket for passage af luft, væske o.l. □ *låget slutter ikke ordentligt til · døren slutter ikke helt tæt · kjolen slutter tæt til kroppen · stemplet slutter i cylinderen* • **slutte ngt til** (elektricitet): sætte strøm på noget el. koble det til elnettet □ *slutte vaskemaskinen til · slutte ledningen til nettet*

slyng

SUBST. *-et*, plur. *slyng, -ene*

det at noget slynger sig = SLYNGNING □ *vejen snoede sig i skarpe slyng langs bjergvæggen* □ *båndslyng · tarmslyng*

slynge[1]

SUBST. *-n*, plur. *-r, -rne*

1. et trekantet stykke stof hvor to af snipperne er bundet sammen og gjort fast så et skadet lem kan hvile i folden □ *armslynge · benslynge*
2. et kastevåben, fx af snore til at slynge sten el. andet med

slynge[2]

VERB. *-r, -de, -t*

1. slynge sig bevæge sig fremad i en el. flere buer = SNO, BUGTE □ *floden slynger sig gennem landskabet · vedbenden slynger sig op ad muren og omkring skorstenen* □ *slyngning* • **slynge armene om ng** lægge armene omkring en person □ *børnene slyngede armene om hendes ben*
2. slynge ngt kaste noget med stor kraft, fx med en slynge □ *han slyngede stenen langt væk · slynge en lasso efter en hest · slynge sten efter fuglevildt* • **slynge ng ngt i ansigtet** sige noget ubehageligt på en direkte måde og ofte uden grund □ *hun slyngede ham beskyldningen lige i ansigtet*
3. slynge ngt bevæge noget rundt med stor hastighed så væske presses ud = CENTRIFUGERE □ *tøjet skal slynges før det puttes i tørretumbleren* □ *slyngning* • **slynge honning** slynge bikager rundt i en centrifuge så honningen presses ud

slyngel

SUBST. *-en* (el. *slynglen*), plur. *slyngler, slynglerne*

en person der opfører sig dårligt = BANDIT, HALUNK, KÆLTRING, SJOVER, SVINDLER □ *den slyngel til Hans* □ *slyngelagtig · slyngelstreg*

slyngelstreg

SUBST. *-en*, plur. *-er, -erne*

= SKURKESTREG

slyngelstue

SUBST. *-n*, plur. *-r, -rne*

et lokale på et værtshus el. i en kro med en enklere indretning, og hvor der serveres mere dagligdags mad

slyngplante

SUBST. *-n*, plur. *-r, -rne*

en plante hvis stængel slynger sig op ad træer, andre kraftige planter, hegn el.lign. hvorved toppen af planten kommer op i lyset

slæb

SUBST. *-et*, plur. *slæb, -ene*

1. en del af en kjole som ligger hen ad gulvet bag personen; især på brudekjoler □ *brudekjolen havde langt slæb · brudepigen bar brudens slæb* □ *brudeslæb*
2. = BESVÆR □ *sikke et slæb! · det var et værre slæb at få ham ind*
3. på slæb udtryk for at noget trækker noget efter sig □ *skibet tog båden på slæb*

slæbe

VERB. *-r, slæbte, slæbt*

1. hænge efter bag efter noget □ *tovet slæbte efter vognen · din frakke slæber*
2. slæbe ng(t) med besvær trække nogen el. noget efter sig = TRÆKKE, BUGSERE □ *han blev slæbt bort med magt · skibet måtte slæbes ind til havnen* □ *slæbebåd* • **slæbe ng(t)** gå med el. bære på nogen el. noget; især nogen el. noget tungt el. besværligt □ *hun slæbte den tunge kuffert hjem · han slæber den hund med overalt* • **slæbe sig af sted** bevæge sig langsomt og med besvær □ *den syge slæbte sig af sted* • **det slæber af** det går nogenlunde
3. arbejde meget hårdt = SLIDE, ASE, PUKLE, KNOKLE □ *hun sled og slæbte med sit arbejde*

slæbebåd

SUBST. *-en*, plur. *-e, -ene*

et lille skib med stor trækkraft som bruges til at bugsere større fartøjer ind i og ud af en havn el. til at slæbe pramme o.l. = BUGSERBÅD

slæber

SUBST. *-en*, plur. *-e, -ne*

(slang): = SKO

slæde[1]

SUBST. *-n*, plur. *-r, -rne*

1. et køretøj med to parallelle meder som glider på sne, ofte trukket af hunde el. heste □ *køre i slæde med hundeforspand* □ *slædefart · slædeføre · slædehund* □ *hundeslæde*
2. en maskindel der bevæger sig glidende

slæde[2]

VERB. *-r, -de, -t*

slæde ng(t) transportere nogen el. noget på en slæde

slægt

SUBST. *-en,* plur. *-er, -erne*

1. en gruppe af personer som nedstammer fra den samme person; især om personer hvis *genealogi* er blevet afdækket = FAMILIE, ÆT, DYNASTI □ *være af fornem slægt* · *en adelig slægt* □ *slægtsa rv* · *slægtsbog* · *slægtsforskning* · *slægtsforsker* · *slægtsgård* · *slægtskrønike* □ *adelsslægt* · *kongeslægt* ● = FAMILIE □ *han besøgte slægt og venner* · *de er i slægt med hinanden* □ *slægtning* ● = GENERATION □ *slægt skal følge slægters gang* · *hans navn vil mindes af sene slægter* · *slægt efter slægt* □ *slægtled* ● **være i slægt med ngt** ligne el. minde om noget □ *kirkens arkitektur er i nær slægt med Ribe Domkirke*
2. (biologi): en klassifikation i biologisk systematik under *familie* og over *art*

slægte

VERB. *-r, -de, -t*

slægte ng på ligne el. opføre sig som en ældre slægtning □ *han slægter sin fader på*

slægtled

SUBST. *-et* (el. *~leddet*), plur. *~led, -ene* (el. *~leddene*)

= GENERATION □ *hans familie havde domineret byens handel i flere slægtled*

slægtning

SUBST. *-en,* plur. *-e, -ene*

en person som er af samme slægt som en selv; ofte om person uden for ens nærmeste familie = FAMILIEMEDLEM □ *hendes nærmeste slægtning er en onkel i Sydamerika*

slægtsbog

SUBST. *-en,* plur. *~bøger, ~bøgerne*

en bog med en stamtavle og biografiske oplysninger om en slægt

slægtsforskning

SUBST. *-en*

udforskning af slægters oprindelse og udbredelse = GENEALOGI

slægtsgård

SUBST. *-en,* plur. *-e, -ene*

en gård der har været i en slægts eje gennem generationer

slægtskab

SUBST. *-et,* plur. *-er, -erne*

det at være i familie med nogen = FAMILIESKAB □ *slægtskab i opstigende linie* · *slægtskab på mødrene side* ● det at have meget til fælles = SAMHØRIGHED □ *det svenske sprogs nære slægtskab med det danske* · *de føler et åndeligt slægtskab*

slægtsnavn

SUBST. *-et,* plur. *-e, -ene*

= EFTERNAVN □ *hans slægtsnavn er Schmidt*

slække

VERB. *-r, -de, -t*

slække ngt el. **slække på ngt** gøre et tov el.lign. mindre stramt = SLAPPE, FIRE, LØSNE □ *hun slækkede tøjlerne* · *de slækkede på tovet* ● **slække ngt** el. **slække på ngt** gøre krav, regler el.lign. mindre strenge = FIRE, LINDE □ *slække kravene* · *slække på reglerne*

slæng

SUBST. *-et,* plur. *slæng, -ene*

en gruppe af venner i el. omkring teenagealderen = SJAK, KLIKE □ *hele slænget* · *han var sammen med slænget hver weekend*

slænge

VERB. *-r, -de* (el. *slængte*), *-t* (el. *slængt*)

slænge ngt kaste noget på en skødesløs måde = KASTE, SMIDE □ *han slængede et tørklæde om halsen* · *slænge en kappe om sig* · *slænge en bog hen ad bordet* □ *slængkappe* ● **slænge sig** ligge på en afslappet måde □ *hun slængede sig på sofaen*

slængkappe

SUBST. *-n,* plur. *-r, -rne*

(glds.): en vid kappe uden ærmer

sløj

ADJ. *-t, -e*

som ikke går særlig godt el. ikke viser tilfredsstillende resultat = DÅRLIG, UTILFREDSSTILLENDE □ *det er sløje tider* · *en sløj præstation* · *det går sløjt med salget* ● = UTILPAS □ *føle sig sløj* □ *halvsløj* · *småsløj*

sløjd

SUBST. *-en*

et skolefag hvor der undervises i fremstilling af ting i træ, metal, papir m.m. □ *sløjdlærer* □ *metalsløjd* · *småsløjd* · *tekstilsløjd* · *træsløjd*

sløje

VERB. *-r, -de, -t*

sløje af med ngt blive mindre påpasselig med noget; især pga. dovenskab el. manglende interesse □ *han er sløjet af med sit arbejde* · *sløje af med præcisionen* · *han er sløjet af i sine bestræbelser* ● **sløje af på den** blive svagere; ofte pga. alderdom □ *min mormor er sløjet meget af på den det sidste par år*

sløjfe[1]

SUBST. *-n,* plur. *-r, -rne*

1. en knude på et bånd der danner to buer, og som er let at løsne; bruges fx til at binde snørebånd med, som dekoration i hår el. på gaver □ *hun bandt sløjfe på snørebåndet* · *hun løsnede sløjfen i håret*
2. noget der danner buer ligesom på en sløjfe □ *en sløjfe på motorvejsnettet*
3. (i musik): en bue over noder som angiver at tonerne skal bindes sammen

sløjfe[2]

VERB. *-r, -de, -t*

sløjfe ngt aflyse el. fjerne noget som har eksisteret □ *de gamle bygninger blev sløjfet* · *sidste del af programmet blev sløjfet* · *de sløjfede deres planer* □ *sløjfning*

sløjfning

SUBST. *-en,* plur. *-er, -erne*

det at sløjfe noget så det ikke længere eksisterer = AFSKAFFELSE, NEDLÆGGELSE, NEDRIVNING □ *sløjfning af landbrugsjord* · *sløjfningen af afdelingen bevirkede at mange blev fyret* · *sløjfningen af den gamle bygning blev enstemmigt vedtaget*

slør

SUBST. *-et,* plur. *slør, -ene*

1. et tyndt stykke stof som bæres af kvinder, enten over håret, fx som en del af brudedragten, el. over håret og en del af ansigtet for at skjule dette □ *hun bar slør for ansigtet* · *kvinderne skal gå med slør* · *bruden havde langt, hvidt slør på* □ *brudeslør* · *sørgeslør* ● noget som skjuler el. tilslører □ *glemselens slør* □ *røgslør* · *tågeslør* ● **kaste et slør over ngt** prøve at skjule noget □ *kaste et slør over fortidens synder* ● **løfte sløret for ngt** afsløre noget der hidtil har været hemmeligholdt □ *træneren løftede sløret for sine fremtidsplaner* ● **tage sløret** blive nonne
2. ⟨ikke plur.⟩ et mellemrum mellem dele i en mekanisme som er opstået pga. slid, og som giver uregelmæssig gang □ *der er slør i rattet* · *slør i hjulet* · *hvis der er slør mellem tætningsring og aksel udskiftes den del der er slidt* □ *hjulslør* · *ratslør*

sløre

VERB. *-r, -de, -t*

1. sløre ngt gøre noget utydeligt el. hindre nogen i at se noget tydeligt □ *tågen slørede omridset af bygningerne* · *gardinerne slørede udsigten* · *tårerne slørede hendes blik* · *hendes øjne sløredes af gråd* ● **sløre ngt** gøre at noget ikke bemærkes = CAMOUFLERE, SKJULE □ *han søgte at sløre sin blakkede fortid* · *sløre sandheden* ● **sløre ngt** anvende maling, røg, net, grene o.l. for at få militære tropper el. udstyr til at falde sammen med omgivelserne = CAMOUFLERE □ *soldaterne skulle sløre sig inden øvelsen* · *slørede kampvogne*
2. (om en maskindel): sidde løst og ikke slutte fast □ *hjulet slører*
3. (søfart): sejle med vinden skråt ind bagfra □ *båden slører søvnigt fra den ene side til den anden*

sløret

ADJ. *- , slørede*

som er uklar □ *slørede farver* · *slørede konturer* · *et sløret billede* · *et sløret blik* · *en sløret stemme* · *sløret tale*

slørhale

SUBST. *-n,* plur. *-r, -rne*

en guldfisk med en slørlignende hale

sløse

VERB. *-r, -de, -t*

sløse med ngt = SJUSKE □ *sløse med sit arbejde* · *sløse med sine evner* □ *sløseri* ● **sløse ngt væk** el. **bort** spilde noget □ *han har sløset hele formuen væk* · *hun sløser tiden bort*

sløset

ADJ. *- , sløsede*

= SJUSKET □ *en sløset person* · *gå sløset klædt* ·

arbejdet er sløset udført • som bruger meget af noget uden omtanke = ØDSEL □ *det er ingen sag at være sløset med andres penge*

sløv

ADJ. *-t, -e*

med uskarp æg □ *kniven er sløv · en sløv saks* • langsom pga. træthed el. ugidelighed □ *man bliver sløv af varmen* □ *sløvhed*

sløve

VERB. *-r, -de, -t*

sløve ng gøre nogen sløv □ *det sløver børnene når de sidder foran fjernsynet hele dagen · det ensformige arbejde sløver*

slå[1]

SUBST. *-en,* plur. *-er, -erne*

en metalstang til at skyde for en dør for at spærre den = SKUDRIGEL □ *skyde slåen for* • **bag lås og slå** se under *lås*

slå[2]

VERB. *slår, slog, slået*

1. slå ng(t) støde hånden el. en genstand flere gange mod nogen el. noget □ *han slog ham på skulderen · han slog hånden i bordet · slå med hammeren · hun slog hovedet mod dørkarmen · han slog hunden med en kæp · hun slog ham med sine bare næver · han slog om sig · slå til! · han fik slået en tand ud* • **slå sig** blive skadet pga. fald, slag el. stød

2. frembringe en kort gentagen lyd el. bevægelse, fx når noget støder ind i noget andet = PISKE, BANKE □ *regnen slår mod ruden · slå på tromme · slå takten · hjertet slår · klokken slår elleve · fuglen slår sine triller · slå tonen an · fisken slog med halen · sejlet slog mod masten*

3. slå ng være den bedste af en el. flere personer i en konkurrence el. kamp = BESEJRE □ *slå en modstander · Danmark slog Norge i landskampen · hun blev slået på stregen · fjenden blev slået*

4. slå ngt lave en bestemt figur el. manøvre □ *slå en streg · slå en knude · slå en kolbøtte*

5. slå ngt afskære græs ved hjælp af en græsslåmaskine el. en le □ *slå græs · slå plænen · slå hø*

6. i forsk. forb.: • **slå an** få succes □ *han er aldrig slået igennem med sangen* • **slå af på ngt** gøre noget mindre omfattende □ *slå af på prisen · slå af på kravene* • **slå igennem med ngt** få gennembrud med noget □ *de slog igennem med den sidste cd* • **slå fejl** se under *fejl* • **slå ngt hen** omtale noget som betydningsløst □ *hun havde smerter, men slog det hen* • **slå ned** = LUKKE □ *slå øjnene ned* • **slå sig ned** sætte sig sted el. bosætte sig et sted □ *slå dig ned her hos os! · hun slog sig ned i Spanien* • **slå om** ændre retning □ *vinden slog om i øst* • **slå op** = ÅBNE □ *slå vinduet op · slå øjnene op* • **slå ng(t) op** el. **efter** se efter en oplysning i en bog el. et kartotek □ *du kan slå ham op i telefonbogen* • **slå op med ng** bryde en forlovelse eller en lignende forbindelse med nogen □ *hun slog op med ham · de slog op* • **slå ngt sammen** = FORENE □ *de to forretninger blev slået sammen* • **slå sig løs** more sig uden hæmninger □ *nu kan vi rigtig slå os løs* • **slå til** være tilstrækkelig = RÆKKE □ *melet slår lige til · øllerne slog ikke til* • **slå til** sige ja til noget □ *det var et godt tilbud, så jeg slog til* • **slå ngt til** = STARTE □ *slå motoren til* • **slå ud** få udslæt □ *han er slået ud over hele ansigtet* • **slå ng ud** gøre nogen ulykkelig og parat til at give op □ *det slog hende helt ud at blive fyret* • **slå ngt ud af hovedet** se under *hoved*

slåbrok

SUBST. *slåbrokken,* plur. *slåbrokker, slåbrokkerne*

et langt, frakkeformet klædningsstykke til hjemmebrug, især før og efter sengetid = KIMONO

slåen

SUBST. *en,* plur. *slåen, -ene*

et lille blådugget bær som har en snerpende smag = SLÅENBÆR □ *slåensnaps · slåenvin* • en busk hvorpå der vokser slåenbær; latinsk navn *Prunus spinosa* = SLÅENBUSK

slående

ADJ.

som gør et stærkt indtryk = FRAPPANT, FRAPPERENDE □ *en slående lighed · en slående beskrivelse*

slåfejl

SUBST. *-en,* plur. *~fejl, -ene*

en fejl under indskrivning el. indtastning på en maskine, fx en skrivemaskine

slåmaskine

SUBST. *-n,* plur. *-r, -rne*

= PLÆNEKLIPPER □ *græsslåmaskine*

slås

VERB. *slås, sloges, sloges*

= KÆMPE □ *de to brødre slås hele tiden · betjente sloges med demonstranter · slås med de bare næver · slås med knive · de to drenge er hele tiden oppe at slås · de kommer evig og altid op at slås · pigerne slås om ham · de slås om billetterne · de slås for at bedre verden · hun slås med store problemer* □ *slåskamp*

SM

fork. for *sadomasochisme*

sm

fork. for *sømil*

sm.

fork. for *sammen*

s.m.

1. fork. for *samme måned*
2. fork. for *sammen med*

smadder

SUBST. *-et*

1. i smadder (dagl.): = ITU □ *forholdet er gået helt i smadder · mandsopdækning vil slå angrebet helt i smadder*

2. (dagl.): et stort besvær = MAS □ *jeg havde et farligt smadder med at få bilen fri af sneen*

3 ⟨i sammensætn.⟩ forstærkende udtryk □ *smaddersød · smadderflot · smadderærgerligt*

smadre

VERB. *-r, -de, -t*

smadre ng(t) få noget til at gå i stykker ved slag, stød el.lign. = KNUSE, SPLINTRE □ *tyvene havde smadret døre og vinduer* • **være smadret** være træt og mørbanket □ *jeg er helt smadret oven på den fodboldkamp*

smag

SUBST. *-en,* plur. *-e, -ene*

1. den fornemmelse noget fremkalder når man kommer det i munden, og som adskiller det fra andre ting □ *har det en sur, sød, salt eller bitter smag? · maden har ingen smag · en smag af appelsin · det har en gennemtrængende smag · vinen har en fyldig smag · jeg har en grim smag i munden* □ *bismag · eftersmag · jordbærsmag* • **få smag for ngt** få lyst til el. begynde at kunne lide noget □ *jeg har virkelig fået smag for rejselivet · han er ved at få smag for vegetarisk mad* • **en grim** el. **dårlig smag i munden** en flov el. ubehagelig fornemmelse □ *hele episoden gav hende en grim smag i munden · hun fik en dårlig smag i munden bare ved at tænke på ham*

2. en subjektiv evne til at bedømme noget; især hvad der er smukt el. passende □ *have en god smag · en dårlig smag · smag og behag er forskellig · det er ikke lige min smag · klæde sig med udsøgt smag*

smage

VERB. *-r, smagte, smagt*

1. have en bestemt smag □ *maden smager godt · suppen smagte ikke af noget · vinen smager af prop · det smager af vanilje · det smager ad pommern til* • **smage efter mere** smage så godt at man gerne vil have mere • **smage ng** behage nogens smagsløg el. på anden måde gøre nogen tilfreds = BEHAGE, TILTALE □ *vinen smager mig · kritikken smagte ham ikke*

2. smage ngt mærke en smag af noget på tungen □ *man kan ikke smage at der er kardemomme i · han har hverken smagt vådt eller tørt i to dage · jeg er forkølet, så jeg kan ikke smage noget* □ *blindsmage · prøvesmage · tilsmage* • **smage på ngt** putte noget i munden for at mærke hvordan det smager □ *smage på sovsen · skal vi smage på vinen?* • **smage ngt til** give noget smag, fx med krydderier = KRYDRE □ *smage suppen til med salt og peber · sovsen smages til med lidt vin*

3. i forsk. forb.: • **smage af ngt** have bestemt karakter □ *det smager af bestikkelse · hans ord smager af selvros* • **smage ng** behage el. gøre en person tilfreds • **smage på ngt** tænke nærmere over noget = OVERVEJE □ *hun smagte lidt på forslaget før hun svarede* • **smage på ordene** tale meget langsomt og på en eftertænksom måde □ *han smagte selvtilfredst på ordene*

smagfuld

ADJ. *-t, -e*

som vidner om god smag □ *være smagfuldt klædt · bo i smagfulde omgivelser*

smagløs

ADJ. *-t, -e*

som viser en dårlig smag = VULGÆR, PLAT, USMAGELIG □ *en smagløs vittighed · hun var smagløst klædt · være vulgær og smagløs* □ *smagløshed*

smagsløg

SUBST.PLUR. *-ene*

grupper af celler på tungen og i ganen som formidler smagsindtryk □ *maden kildrer smagsløgene · hans smagsløg er til stærkt krydret mad*

smagsprøve

SUBST. *-n,* plur. *-r, -rne*

et lille stykke el. en lille portion af en mad- el. drikkevare som indtages for at få et indtryk af varens smag = MUNDSMAG □ *jeg fik en smagsprøve på osten i butikken* · *damen stod og uddelte smagsprøver i supermarkedet* • **en smagsprøve på ngt** en lille demonstration af noget = FORSMAG □ *her er en smagsprøve på hvad der kommer i tv i næste måned* · *han gav os en smagsprøve på sin fingerfærdighed*

smagssag

SUBST. *-en,* plur. *-er, -erne*

noget som afhænger af den enkeltes personlige bedømmelse el. smag □ *det er en smagssag om man foretrækker det ene eller det andet*

smagssans

SUBST. *-en*

evnen til at opfatte smagsforskelle = SMAGSEVNE

smal

ADJ. *-t, smalle; smallere, smallest*

som fylder meget lidt i bredden = SNÆVER, SLANK ≠ BRED □ *et smalt ansigt* · *en smal gade* · *en smal sti* · *være smal om livet* • **ingen smalle steder** se under *sted*

smalfilm

SUBST. *-en,* plur. *~film, -ene*

en film til fremvisning og optagelse af levende billeder på formater mindre end 35 mm; især om 16 mm film □ *smalfilmskamera* · *smalfilmsoptagelse*

smalhals el. **smalhans**

SUBST. *en*

(spøg.): = FATTIGDOM □ *der var smalhals i hjemmet* · *vi lever på smalhals lige for tiden*

small

ADJ.
[ˈ*små·l*]
fork. *S*

lille i tøjstørrelse; mindre end *medium* □ *en kjole i størrelse small* · *begge dele fås i small* · *ekstra small*

smalne

VERB. *-r, -de, -t*

smalne ind blive smallere □ *vejen smalnede ind til en sti* □ *smalning*

smalsporet

ADJ. *- , smalsporede*

1. (om en person): som har en indskrænket tankegang el. ringe åndsevner □ *en smalsporet person* · *være åndeligt smalsporet*
2. (om jernbanespor): som har relativ kort afstand mellem skinnerne ≠ NORMALSPORET, BREDSPORET □ *en smalsporet jernbane*

smaragd

SUBST. *-en,* plur. *-er, -erne*
[*smaˈraw'd*]

(mineralogi): en kostbar, gennemsigtig grøn ædelsten som er en beryl med en lille smule krom i, og som i alm. slibes i facetter og bruges som smykkesten □ *smaragdgrøn*

smart

ADJ. *- , -e; -ere, -est*

1. som er flot og moderne = FIKS □ *hun havde en vældig smart kjole på* · *hvor er du smart!* · *smarte biler*
2. kløgtig på en listig måde □ *løsningen viste sig at være lidt for smart, den gav tilbageslag* · *en smart forretningsmand* · *det var ikke særligt smart gjort* □ *smarthed* □ *dumsmart* · *eddersmart* · *dødsmart*

smash

SUBST. *-et,* plur. *-er* (el. *smash*), *-erne* (el. *-ene*)
[ˈ*smasj*]

(i boldspil, fx tennis, badminton og volleyball): et hårdt slag til en bold med løftet arm □ *han har et hårdt smash* · *hun afgjorde kampen med et smash*

smaske

VERB. *-r, -de, -t*

åbne og lukke munden så det kan høres; især før, under el. efter et måltid □ *det er ikke pænt at smaske mens man spiser* · *"skal vi have jordbær til dessert?" spurgte han og smaskede forventningsfuldt*

smattet

ADJ. *- , smattede*

som er fedtet, mudret og glat = PLØRET □ *et smattet føre* · *stien er helt smattet*

s.m.b.a.

fork. for *selskab med begrænset ansvar*

smed[1]

SUBST. *-en,* plur. *-e, -ene*

1. en person som laver og reparerer ting i metal □ *smeden skoede hesten* □ *smedelære* · *smedemester* □ *grovsmed* · *guldsmed* · *klejnsmed* · *låsesmed* · *rørsmed* · *sølvsmed*
2. enhver er sin egen lykkes smed enhver er ansvarlig for sin egen lykke • **passe på som en smed** passe særlig godt på

smed[2]

VERB.

bøjningsform af *smide*

smede

VERB. *-r, -de, -t*

smede ngt behandle og forme metal, især jern, i varm tilstand med en hammer □ *stemplerne er ikke støbte men smedede* · *smede et plovjern* □ *smedning* · *smedeværktøj* · *smedejern* • **smede mens jernet er varmt** se under *jern* • **smede ng sammen** el. **smede ng i lænker** vie nogen

smedje

SUBST. *-n,* plur. *-r, -rne*

et smedeværksted □ *klejnsmedje* · *maskinsmedje*

smelt

SUBST. *-en,* plur. *-er* (el. *smelt*), *-erne* (el. *-ene*)

en lille, slank laksefisk med en sølvskinnende krop; latinsk navn *Osmerus eperlanus*

smelte

VERB. *-r, -de, -t*

1. overgå fra fast til flydende form, især ved opvarmning □ *jern smelter ved ca. 1500°* · *sneen smelter i solen* · *smørret smelter på panden* · *smeltet smør* · *være ved at smelte af varme* □ *smeltning* · *smelteost* · *smeltevand* · *smeltetemperatur* □ *sammensmelte* • **smelte ngt** få noget til at smelte □ *smelte bly* · *smelte smør* · *solen smelter sneen* · *smelte metaller sammen* · *smelte mønter om* · *smelte fedt af flæsk* · *en smeltende varm sommerdag* □ *smelteri* · *smeltning* · *smeltedigel* · *smeltekedel* · *smelteovn* □ *afsmelte* · *nedsmelte* · *omsmelte* · *sammensmelte* · *udsmelte* • **smelte på tungen** udtryk for at noget er meget lækkert at spise □ *kødet var så mørt at det smeltede på tungen*
2. blive blid og følsom □ *han smeltede ved synet af sine børn* · *musikken fik ham til at smelte hen i betagelse* · *hun er ved at smelte hen i tårer* · *hun sang med smeltende stemme* • **smelte ng** □ *hans stil var nok til at smelte hendes hjerte*
3. smelte sammen forenes og blive til ét □ *de enkelte dele smelter sammen og bliver til et hele* · *farverne smelter sammen* • **smelte ngt sammen** □ *man blev enige om at smelte de to aktieselskaber sammen*

smelteost

SUBST. *-en,* plur. *-e, -ene*

en betegnelse for en ost der er smeltet og blandet med smør, fløde m.m.; kan være smørbar og tilsat krydderier og smag af fx rejer, skinke el. champignon el. fast og velegnet til madlavning □ *smørbar smelteost* · *fast smelteost i skiver*

smeltepunkt

SUBST. *-et,* plur. *-er, -erne*

de temperaturer ved hvilken et fast stof overgår til flydende form ≠ FRYSEPUNKT □ *varme jern op til smeltepunktet* · *en isternings smeltepunkt er 0°*

smeltevand

SUBST. *-et*

vand fra is el. sne som smelter fx fra en gletscher □ *floden flød over pga. smeltevand fra bjergene* □ *smeltevandsaflejring*

smergel

SUBST. *-en* (el. *smerglen*), plur. *smergler, smerglerne*

et slibemiddel der er fremstillet af en bestemt slags *korund*

smerte[1]

SUBST. *-n,* plur. *-r, -rne*

1. det at noget gør ondt fordi følenerverne påvirkes voldsomt af fx stød, varme, brud el. sygdom = SVIE, STING, JAG, VE, PINE □ *han havde mange smerter pga. den brækkede arm* □ *smertefri* · *smertefuld* · *smertensleje* · *smertestillende* · *smertevoldende* □ *hovedsmerter* · *mavesmerter*
2. følelse af sorg el. nedtrykthed ved fx tab, byrder og vanskeligheder = SORG, BEDRØVELSE, FORTVIVLELSE, HJERTESORG, KVAL, KVIDE □ *hun følte dyb smerte da vennerne svigtede* □ *smertensbarn*
3. en ubehagelighed, fx i økonomisk henseende

el. i forbindelse med en opgave som skal klares □ *økonomiske smerter* · *udgiften er ikke så uoverkommelig når smerten fordeles over seks måneder* · *de fordeler smerten ved at påtage sig hver sin del af opgaven* □ *lommesmerter*

smerte[2]

VERB. *-r, -de, -t*

1. gøre ondt = VÆRKE □ *såret smertede* □ *smertende*
2. smerte ng gøre bedrøvet = BEDRØVE, SKUFFE □ *det smertede mig at han svigtede hende*

smertefuld

ADJ. *-t, -e*

som giver mange smerter = PINEFULD □ *en tandbyld er meget smertefuld*

smertelig

ADJ. *-t, -e*

som volder stor sorg og smerte □ *et smerteligt tab* · *et smerteligt syn*

smertensbarn

SUBST. *-et,* plur. *~børn, ~børnene*

1. et barn som volder forældrene bekymring el. sorg
2. noget som volder problemer □ *boligproblemet er dansk politiks smertensbarn*

smertensleje

SUBST. *-t,* plur. *-r, -rne*

(spøg.): = SYGESENG □ *ligge på sit smertensleje*

smertestillende

ADJ.

som nedsætter el. fjerner smerter □ *vil du have noget smertestillende mod hovedpinen?* · *smertestillende medicin*

smide

VERB. *-r, smed, smidt*

1. smide ng(t) kaste nogen el. noget, især på en skødesløs el. vred måde □ *hun smed glasset ud ad vinduet* · *han smed brevet ind ad brevsprækken* · *han blev smidt i vandet* · *hun smed sig ned på jorden* · *han smed sig på maven* • **smide ngt** (dagl.): tage noget af; især om tøj = AFFØRE SIG □ *hun smed tøjet* · *smid frakken!*
2. smide ngt ud el. **bort** el. **væk** fjerne noget man ikke længere ønsker at beholde = KASSERE, SKILLE SIG AF MED □ *hun smed møblerne ud* · *han smed tøjet væk* · *smid det i skraldespanden* • **smide ng ud** få nogen fjernet fra et sted el. fra deltagelse i noget med magt el. ved at beslutte det = BORTVISE □ *englænderne smed de tyske soldater ud af fæstningen* · *han blev smidt ud af foreningen* · *de blev smidt ud af skolen*
3. smide om sig med ngt bruge overdrevent af noget, især penge

smidig

ADJ. *-t, -e; -ere, -st*

1. som bevæger sin krop hurtigt og elegant = BEHÆNDIG, SPÆNDSTIG □ *en smidig gymnast* · *han bevægede sig smidigt uden om alle forhindringerne* · *hun kravlede smidigt op i træet* □ *smidighed*
2. som kan bøjes og bevæges let og hurtigt = BØJELIG □ *en smidig krop* · *gymnasten trænede for at gøre sine knæ mere smidige* □ *smidighed* · *smidiggøre* • som er let at forme og bearbejde □ *sølv er et smidigt metal* · *når træet er fugtigt er det smidigt at arbejde med* □ *smidighed* · *smidiggøre*
3. som dygtigt tilpasser sine ord og tanker til omstændighederne = FLEKSIBEL □ *en smidig forhandler* · *smidigt undgik han alle pinlige emner* □ *smidighed*
4. varieret og rigt på nuancer □ *han skriver et smidigt nutidigt dansk*

smig

SUBST. *-en,* plur. *-e, -ene*

en vinkel mellem sammenstødende flader der ikke er ret □ *høvle i smig* • en af flere skrå kanter omkring et vindue □ *i nordsiden af koret var der kun smigene tilbage af de oprindelige vinduer*

smiger

SUBST. *-en*

en overdreven ros med det formål at opnå noget □ *hun er ikke modtagelig for smiger*

smigre

VERB. *-r, -de, -t*

smigre ng gøre nogen glad og stolt □ *hendes ærbødighed smigrede chefen* · *hans opmærksomhed smigrede hende* · *en smigrende bemærkning* • **smigre ng** el. **smigre sig ind hos ng** rose nogen på en overdrevet og ofte falsk måde for at opnå noget □ *han smigrede hendes forfængelighed* · *hun smigrer altid for chefen* · *han smigrede sig ind hos hende* · *hun forsøger at smigre sig ind alle steder* □ *smigrer* · *smigreri*

smigvinkel

SUBST. *-en* (el. *~vinklen*), plur. *~vinkler, ~vinklerne*

et vinkelinstrument der kan indstilles i alle vinkler, fx brugt ved snedkerarbejde

smil

SUBST. *-et,* plur. *smil, -ene*

et ansigtsudtryk hvor munden vender opad og øjnene lyser op; et tegn på glæde, munterhed, venlighed el.lign. □ *et venligt smil* · *få smilet frem* · *der spillede et lille smil om hans læber* · *vi bytter med et smil* □ *smilebånd* · *smilehul* · *smilerynke* • **være lutter smil** se meget glad ud • **kalde på smilet** fremkalde et smil

smile

VERB. *-r, -de* (el. *smilte*), *-t* (el. *smilt*)

1. trække mundvigene opad som tegn på glæde el. munterhed □ *han smilede overbærende* · *smile af en vittighed* · *smile over hele hovedet* · *smile til nogen* □ *smilebånd* · *smilehul* · *smilerynke*
2. smilende som bringer én i venlig stemning □ *et smilende landskab*

smilehul

SUBST. *~hullet,* plur. *~huller, ~hullerne*

et lille fordybning i kinden som ses når personen smiler

sminke[1]

SUBST. *-n,* plur. *-r, -rne*

farvede cremer der lægges på ansigtshuden som maskering af fx en skuespiller □ *klovnens ansigt var dækket af hvid sminke* □ *sminkebord* · *sminkekrukke* · *sminkespejl* □ *teatersminke* • = MAKEUP □ *lægge sminke på* · *tage sminke af* · *hun havde et kraftigt lag sminke på*

sminke[2]

VERB. *-r, -de, -t*

sminke ng(t) lægge makeup el. sminke □ *hun sminkede sig foran spejlet* · *klovnen sminkede ansigtet hvidt* □ *sminkning* • **sminke ngt** forsøge at dække over noget □ *de sminkede tallene i regnskabet*

smiske

VERB. *-r, -de, -t*

1. smiske for ng (neds.): sleske for nogen □ *smiske for publikum* □ *smisken* · *smiskeri*
2. (neds.): smile på en ubehagelig måde □ *han smiskede til de unge piger*

smitsom

ADJ. *-t, smitsomme*

som smitter □ *en smitsom sygdom*

smitstof

SUBST. *~stoffet,* plur. *~stoffer, ~stofferne*

en mængde af mikroorganismer som fremkalder infektionssygdomme

smitte[1]

SUBST. *-n*

overførsel af en sygdom fra et sygt individ til et rask □ *den syge må isoleres for at undgå smitte* · *smitten breder sig* · *sprede smitte* □ *smittefarlig* · *smittespreder* · *smittevej*

smitte[2]

VERB. *-r, -de, -t*

1. smitte ng med ngt videregive en sygdom til nogen □ *hun smittede ham med en forkølelse* · *jeg har været syg, men nu smitter jeg ikke længere* · *forkølelse smitter*
2. smitte af afsætte fx farve på noget andet □ *den røde bluse havde smittet af på resten af vasketøjet* □ *afsmitning*
3. smitte ng med ngt få andre til at have de samme følelser som én selv □ *hun smittede de andre med sin glæde* · *en smittende latter* □ *afsmitning*

sml.

fork. for *sammenlign* = CF., JF.

smog

SUBST. *smoggen*
[ˈsmɔg]

en tæt tåge i forbindelse med forurenet luft af forbrændings- og udstødningsgasser der kan lægge sig over storbyer og industriområder □ *smogalarm*

smoking

SUBST. *-en,* plur. *-er, -erne*

en sort el. hvid selskabsdragt for mænd; mindre højtidelig end kjole og hvidt □ *alle herrerne bar smoking*

smovse

VERB. *-r, -de, -t*

smovse i ngt spise overdrevent af noget = FRÅDSE □ *han smovsede i den lækre mad*

sms.

fork. for *sammensætning*

smst.

fork. for *sammesteds*

smuds

SUBST. *-et*

= SNAVS • sladder, læsestof el.lign. af dårlig kvalitet, evt. halvpornografisk el. meget voldeligt, som spekulerer i læsernes dårlige smag □ *smudsblad* · *smudslitteratur* · *smudspresse* • **kaste smuds på ng** sige nedsættende ting om nogen offentligt • **drage ng ned i smudset** bagvaske nogen □ *hans gode navn er blevet draget ned i smudset*

smudse

VERB. *-r, -de, -t*

smudse ng(t) til (glds.): = SNAVSE □ *han smudsede sit tøj til* · *hun har smudset sig til*

smudsig

ADJ. *-t, -e*

= SNAVSET ≠ REN □ *smudsige fingre* • som er moralsk utiltalende og præget af at være uhæderlig, kriminel, sjofel el.lign. = BESKIDT □ *en smudsig affære* · *en smudsig tankegang*

smudsomslag

SUBST. *-et*, plur. *~omslag, -ene*

et stykke løst papir som lægges uden om fx en bog for at beskytte den mod slid og snavs = OMSLAG

smug

SUBST.

i smug i det skjulte = I DØLGSMÅL, I LØNDOM □ *han drikker i smug* · *han kyssede hende i smug* □ *smugdrikke* · *smughandel* · *smugkro*

smugkro

SUBST. *-en*, plur. *-er, -erne*

et sted hvor der udskænkes spiritus uden bevilling

smugle

VERB. *-r, -de, -t*

smugle ngt ulovligt og i smug føre forbudt el. toldpligtig vare over en landegrænse □ *smugle cigaretter* · *smugle narkotika* · *smugle stjålne kunstskatte ud af landet* □ *smugleri* · *smugling*

smugler

SUBST. *-en*, plur. *-e, -ne*

en person som ulovligt fører toldpligtige el. forbudte varer over grænsen □ *toldvæsenet har afsløret en bande af smuglere* □ *smuglerbande* · *smuglergods* · *smuglervarer* □ *menneskesmugler* · *narkotikasmugler* · *spritsmugler*

smugleri

SUBST. *-et*, plur. *-er, -erne*
/smugle'ri/

det at smugle noget

smuk

ADJ. *-t, smukke; smukkere, smukkest*

som er tiltalende at se el. høre på = SKØN, YNDIG □ *et smukt landskab* · *den smukkeste mand* · *smukke toner* · *smukke resultater* · *smukt vejr* · *det smukke køn* · *som det så smukt hedder* · *smukke, men indholdsløse ord* • som er ædel og hensynsfuld □ *det var smukt af dig at hjælpe til* · *en smuk tanke*

smukkesere

VERB. *-r, -de, -t*
/smukke'sere/

smukkesere ng gøre nogen pænere ved fx at give dem makeup el. pænt tøj på □ *hun har været hos frisøren for at blive smukkeseret* · *han brugte en time på at smukkesere sig før festen*

smuld

SUBST. *-et*

en mængde små partikler som fremkommer ved at et materiale smuldrer, fx. pga. tørhed □ *smuld af kul* · *smuld af tørv* □ *savsmuld* · *tørvesmuld*

smuldre

VERB. *-r, -de, -t*

1. smuldre ngt dele noget i smuler el. krummer □ *hun smuldrede brødet til fuglene* · *margarinen findeles i melet ved at smuldre det med fingrene* □ *smuldring*
2. forsvinde lidt efter lidt □ *pengene smuldrede mellem hænderne på ham* · *det alternative miljø-flertal er ved at smuldre*

smule

SUBST. *en*, plur. *-r, -rne*

⟨ikke plur.⟩ en lille mængde el. et stykke af noget = KENDE □ *en smule penge* · *gem en smule chokolade til mig* · *han er blevet en smule klogere* · *det fryser en smule* • en lille rest fra et større måltid □ *de smuler som faldt fra de riges bord* · *han måtte nøjes med smulerne fra middagen* · *feje smulerne af bordet*

smult

ADJ.
['smul't]

i smult vand el. **vande** i roligt farvand

smurte

VERB.

bøjningsform af *smøre*

smut

SUBST. *smuttet*, plur. *smut, smuttene*

1. kort rejse til et sted og tilbage igen = SMUTTUR, SVIPTUR □ *jeg har været et smut i byen* · *slå et smut forbi* • **slå et smut forbi** komme på et kort besøg
2. slå smut kaste en flad sten i vandet, så den studser på overfladen og springer videre = SMUTTE □ *hvor mange smut kan du slå?* □ *smutsten* • **slå smut med øjnene** sende udfordrende blikke til nogen

smuthul

SUBST. *~hullet*, plur. *~huller, ~hullerne*

hul el. gennemgang til flugtrute som gør det muligt at ryste forfølgere af sig □ *de lokale spritsmuglere kendte alle smuthullerne i øhavet* • tvetydighed el. udeladelse i en lov m.m. som kan udnyttes til egen fordel □ *udnytte et smuthul i loven*

smutte

VERB. *-r, -de, -t*

1. bevæge sig hurtigt og let □ *musen smuttede ned i sit hul* · *fisken smuttede fra ham* · *kan du ikke lige smutte ned i kælderen efter min cykel*
2. (dagl.): = MISLYKKES □ *vi prøvede at ramme flere gange, men det smuttede* □ *smutter*
3. smutte ngt trykke skallen af noget; især mandler □ *smutte mandler*
4. = SLÅ SMUT □ *de konkurrerede om hvem der kunne smutte længst* · *han lod en sten smutte ud over den blanke vandoverflade*

smutter

SUBST. *-en*, plur. *-e, -ne*

(dagl.): en uønsket handling el. udtalelse som skyldes uagtsomhed = FEJLTAGELSE □ *det var en smutter!*

smutters

SUBST. *-en*, plur. *smutters, -erne* (el. *-ene*)

sko uden hælkappe

smuttur

SUBST. *-en*, plur. *-e, -ene*

en kortvarig tur □ *han tog på en smuttur til Helsingborg* · *en lille smuttur hen om hjørnet og tilbage igen*

smutvej

SUBST. *-en*, plur. *-e, -ene*

= GENVEJ □ *jeg kender en smutvej lige her i nærheden*

smyge

VERB. *-r, -de* (el. *smøg*), *-t* (el. *smøget*)

smyge sig bevæge sig med langsomme, glidende bevægelser el. følge formerne på noget □ *katten smyger sig op ad mit ben* · *han smøg sig ud af stuen* · *silketørklædet smyger sig om halsen på hende* · *solens stråler smøg hen over gulvet* • **smyge udenom ngt** forsøge at undgå noget

smykke[1]

SUBST. *-t*, plur. *-r, -rne*

en pyntegenstand, ofte af ædelmetal, som fx bæres om halsen, på fingeren el. om håndleddet □ *armbånd, halskæder og andre smykker* □ *smykkeskrin* · *smykkesten* □ *granatsmykke* · *guldsmykke* · *halssmykke* · *similismykke*

smykke[2]

VERB. *-r, -de, -t*

1. gøre fin ved hjælp af smukke ting = PYNTE, BESMYKKE □ *blomster og flag smykkede gaden* □ *flagsmykke*
2. smykke sig med lånte fjer se under *fjer*

smykkesten

SUBST. *-en,* plur. *-e* (el. *~sten*), *-ene*

et naturligt forekommende materiale, fx visse mineraler og bjergarter, som bruges til indfatning i smykker

smæde

VERB. *-r, -de, -t*

smæde ng (glds.): bagtale på en forhånende måde = BAGTALE, BAGVASKE □ *ingen skal smæde hendes minde* □ *smædekampagne*

smædeskrift

SUBST. *-et,* plur. *-er, -erne*

(neds.): skrivelse som indeholder grov og ondskabsfuld kritik af nogen; ofte anonymt = PASKVIL, PAMFLET, SKANDSKRIFT □ *et smædeskrift mod udlændinge i Danmark* · *de udgiver smædeskrifter*

smægte

VERB. *-r, -de, -t*

smægte efter ng(t) (glds.): tørste el. længes stærkt efter nogen el. noget □ *smægte efter et glas vand* · *vi har længe gået og smægtet efter hinanden* □ *smægten*

smægtende

ADJ.

som er sentimental og længselsfuld □ *smægtende toner*

smæk[1]

SUBST. *smækket,* plur. *smæk, smækkene*

1. et slag med flad hånd el. en genstand; især som afstraffelse = KLASK, KLAPS, ENDEFULD □ *børnene fik smæk* · *få smæk i numsen* · *hun gav ham smæk med en stok* • en kort lyd som af et slag □ *slå smæk med tungen* · *slå smæk med pisken*
2. (dagl.): et økonomisk tab = LUSSING □ *hans fallit var noget af et smæk for os* □ *skattesmæk*
3. få smæk for skillingen få noget for pengene

smæk[2]

SUBST. *smækken,* plur. *smækker, smækkerne*

1. et stykke stof el. plast som bindes om halsen på små børn; især mens de spiser for at undgå at de spilder på tøjet □ *spise med smæk på* □ *hagesmæk* · *savlesmæk* • den øverste del af nogle forklæder el. bukser som er syet fast til linningen, og som dækker brystet □ *han synes han er for stor til at bruge bukser med smæk* □ *smækbukser* · *smækforklæde*
2. = BAGSMÆK

smækfed

ADJ. *-t, -e*

= LASKET

smække

VERB. *-r, -de* (el. *smak*), *-t*

1. lukke af sig selv og give en kort kraftig lyd fra sig □ *han hørte en dør smække* · *låsen smækkede* □ *smæklås* • **smække ngt** få noget til at give en kraftig lyd fra sig ved, med voldsom kraft, at støde det mod noget el. lukke det = KNALDE □ *han smækkede låget på pengekassen i* · *smække døren i* · *smække røret på* · *smække med døren* · *smække hånden i bordet* □ *smækker* · *smækkys* • **smække ng én** give nogen en lussing □ *han smækkede drengen én på siden af hovedet*
2. smække ngt op rejse eller bygge noget hurtigt □ *nogle barakker blev smækket op*
3. smække ngt op = ÅBNE □ *de smækkede dørene op*

smækker

ADJ. *-t, smækre*

slank og smidig □ *hun var smækker om livet*

smækkys

SUBST. *~kysset,* plur. *~kys, ~kyssene*

et stort, hørligt kys □ *få et ordentligt smækkys*

smæklås

SUBST. *-en,* plur. *-e, -ene*

en sikkerhedslås hvor *rigelen* springer frem af sig selv når døren lukkes

smæld

SUBST. *-et,* plur. *smæld, -ene*

en kort, høj og skarp lyd ≈ KNALD □ *slå smæld med tungen* · *et smæld af et skud* □ *piskesmæld*

smælde

VERB. *-r, -de, -t*

afgive en el. flere korte lyde som fra et smæld el. knald □ *pisken smældede* · *geværkuglerne smældede* · *flaget smælder i vinden* · *en smældende lussing* • **skælde og smælde** ⟨også *smældte, smældt*⟩ se under *skælde* □ *hun skældte og smældte fra morgen til aften*

smælder

SUBST. *-en,* plur. *-e, -ne*

en bille der springer i vejret med et smæld hvis den havner på ryggen; flere arter; latinsk navn *Elateridae*

smøg[1]

SUBST. *-en,* plur. *-er, -erne*
[ˈsmɔjˀ]

= CIGARET □ *tage sig en smøg* □ *smøghungrende*

smøg[2]

VERB.

bøjningsform af *smyge*

smøge[1]

SUBST. *-n,* plur. *-r, -rne*
[ˈsmɔjə]

en smal, og ofte mørk passage mellem to bygninger = GYDE □ *en skummel smøge*

smøge[2]

VERB. *-r, -de, -t*
[ˈsmɔjə]

1. smøge ngt forkorte el. forlænge et klædningsstykke ved at rulle el. bukke det op eller ned □ *smøge ærmerne ned* · *smøge bukserne op til over knæet*
2. smøge ngt på el. **af** afføre sig stramtsiddende tøj med en glidende bevægelse □ *smøge strømperne af* · *smøge undertrøjen op over hovedet*
3. smøge den (slang): ryge cigaretter

smøl

SUBST. *-et,* plur. *smøl, -ene*

= SMØLERI □ *han klagede over smøl i sagsbehandlingen* • en person som er tilbøjelig til at smøle = DRYS □ *er du endnu ikke færdig, dit smøl* · *han er et smøl og et rodehoved*

smøle

VERB. *-r, -de, -t*

være langsom og ikke få udrettet noget □ *smøle med sit arbejde* · *vi kommer for sent hvis du bliver ved med at smøle sådan* □ *smøleri* · *smølehoved*

smøleri

SUBST. *-et,* plur. *-er, -erne*
/smøleˈri/

det at smøle med noget = SMØL □ *der er tale om smøleri fra domstolenes side* · *groft smøleri*

smør

SUBST. *smørret*

1. et fast, gult fedtstof som er fremstillet af fløde og ofte tilsat salt; bruges fx til at smøre på brød el. i bagværk □ *en pakke smør* · *kærne smør* · *smøre smør på brødet* · *brød med skrabet smør* · *usaltet smør* · *harsk smør* □ *smørbirkes* · *smørcreme* · *smørkage* · *smørrebrød* · *smørsovs* · *smørtyv* □ *hvidløgssmør* · *kakaosmør* · *kryddersmør* · *persillesmør* · *tandsmør*
2. det kommer ikke det smør ved det vedrører ikke den sag

smørblomst

SUBST. *-en,* plur. *-er, -erne*

= RANUNKEL

smøre[1]

SUBST. *-n,* plur. *-r, -rne*

(neds.): en lang og ofte rodet skrivelse □ *han har skrevet en længere smøre om sagen* · *han sendte mig en lang smøre af undskyldninger*

smøre[2]

VERB. *-r, smurte, smurt*

1. smøre ngt {på} ngt komme fedt, olie, smør, creme el.lign. på en fast overflade □ *smøre et hængsel med olie* · *kæden trænger til at blive smurt* · *smøre sig i ansigtet* · *smøre honning på et stykke brød* □ *smøring* □ *indsmøre* · *oversmøre* · *påsmøre* • **smøre ngt ud** påføre noget på en sjusket måde □ *læbestiften sad smurt ud over hele hovedet* · *billedet bestod bare af noget maling der var smurt ud på lærredet* • **det går som smurt** det går hurtigt og let • **smøre tykt på** overdrive en beretning □ *han smurte altid tykt på når han fortalte om sine rejser*
2. smøre ng besnære el. besnakke nogen □ *jeg skal nok ordne det, hun skal bare smøres lidt*

smørebræt

SUBST. *~brættet,* plur. *~brætter, ~brætterne*

et lille bræt til at smøre brød på

smørelse

SUBST. *-n,* plur. *-r, -rne*

1. en fed substans til at smøre på noget, fx for at mindske friktion og få det til at bevæge sig lettere og hurtigere □ *give tandhjulene en gang smørelse*

2. penge el. gaver man giver til nogen for at få dem til at tilgodese ens interesser = BESTIKKELSE □ *hvis han skal skaffe dig de oplysninger bliver det nødvendigt med lidt smørelse*

smøreost

SUBST. *-en,* plur. *-e, -ene*

= FLØDEOST

smører

SUBST. *-en,* plur. *-e, -ne*

1. en person der smører motorer på et skib = MOTORMAND
2. en dårlig skribent, forfatter el. maler □ *han er en skrækkelig smører* □ *bladsmører*

smørkage

SUBST. *-n,* plur. *-r, -rne*

en kage af wienerbrødsdej der er rullet sammen til snegle med bl.a. kagecreme og rosiner

smørrebrød

SUBST. *-et,* plur. *~brød, -ene*

en skive rugbrød med smør og pålæg på □ *et stykke smørrebrød · højt belagt smørrebrød · koldt og varmt smørrebrød · dansk smørrebrød* □ *smørrebrødsbutik · smørrebrødsjomfru · smørrebrødspapir · smørrebrødsseddel*

smørrebrødsjomfru

SUBST. *-en,* plur. *-er, -erne*

en person der tilbereder og anretter smørrebrød m.m.

smørrebrødspapir

SUBST. *-et*

pergamentpapir som bruges til indpakning af smørrebrød el. som mellemlag for smørrebrød i en madpakke

smørsovs

SUBST. *-en,* plur. *-er* (el. *-e*), *-erne* (el. *-ene*)

en sovs af smeltet smør

smørsyre

SUBST. *-n*

en ildelugtende syre der findes i smør og endvidere i ekskrementer og sved

smørtenor

SUBST. *-en,* plur. *-er, -erne*

en tenor med en sødladen stemme; også om selve stemmen □ *han ligner en italiensk smørtenor · Julio Iglesias' smørtenor strømmer blidt ud i æteren*

små

ADJ. *-t, små*

⟨plur.⟩ bøjningsform af *lille* • **småt** = LILLE □ *tøjet er for småt* • ⟨i sammensætn.⟩ i mindre omfang □ *smådrikke · småfed · småflabet · småfryse · småkoge · smålun · småløbe · småregne · småsnakke · småsur · småtosset* • **småt** ⟨ADV.⟩ kun i ringe omfang □ *han er småt begavet · vi har småt med penge for tiden · det er småt bevendt med hans evner som maler* • **den små {Pernille}** (spøg.): brugt kærligt nedladende om en pige • **små {to kilometer}** lidt mindre end det angivne tal □ *der er små 2 km til stationen · det varer små tre timer* • **de små timer** efter kl. 24 hvor klokkeslættene er små tal □ *festen sluttede først ud på de små timer* • **have det småt** være dårligt økonomisk stillet • **med småt** med lille skrift □ *det står med småt forneden på dokumentet*

småborgerlig

ADJ. *-t, -e*

som er præget af en vis konservatisme og trang til socialt avancement □ *en småborgerlig person · småborgerlige værdier* □ *småborgerlighed*

småbørn

SUBST.PLUR.

børn under 2-3 år □ *småbørn kan godt lide at lege i sandkasse · danske smørbørn er syge ca. 80 dage om året* □ *småbørnsfamilie · småbørnspædagog*

småfolk

SUBST.PLUR. *-ene*

1. (spøg.): børn; især inden fødslen □ *de venter småfolk i familien · er der småfolk på vej?*
2. folk af almindelige el. ringe kår □ *de rige blander sig ikke med os småfolk*

småhandlende

SUBST. *en, den småhandlende,* plur. *småhandlende, de småhandlende*

en indehaver af en mindre forretning, fx en grønthandler □ *opførelsen af supermarkedet truer kvarterets småhandlende · i Tyrkiet faldbyder de småhandlende deres varer med høje råb*

småkage

SUBST. *-n,* plur. *-r, -rne*

en lille, sprød kage; det kan være vaniljekranse, jødekager el. finskbrød □ *servere småkager til kaffen* □ *citronsmåkager · ingefærsmåkager · julesmåkager · nøddesmåkager*

småkravl

SUBST. *-et,* plur. *småkravl, -ene*

(spøg., neds.): noget småt; især om børn □ *jeg fatter ikke hvorfor folk skal slæbe deres småkravl med overalt*

småkød

SUBST. *-et*

rester fra udskæring af større kødstykker som hakkes til fars □ *oksesmåkød · svinesmåkød*

småkårsfolk

SUBST.PLUR. *-ene*

= FATTIGFOLK

smålig

ADJ. *-t, -e*

som er alt for nærig el. nøjeregnende og lægger overdreven vægt på bagateller □ *du behøver ikke se så småligt på andres fejl · bedsteforældrene var ikke smålige med julegaver* □ *smålighed*

småmønt

SUBST. *-en,* plur. *-er, -erne*

mønt med en lav værdi = HÅNDØRER □ *hun havde kun lidt småmønt på sig · har du nogle småmønter?*

småpenge

SUBST.PLUR. *-ne*

mønter med lav værdi = SKILLEMØNT □ *jeg har desværre ingen småpenge på mig*

småregne

VERB. *-r, -de, -t*

regne svagt □ *det småregnede hele dagen*

småsten

SUBST.PLUR. *-ene*

sten som er brudstykker fra forvitring af bjergarter og som er lidt større end grus

småtbegavet

ADJ. *- , ~begavede*

= UBEGAVET □ *mon hun er småtbegavet siden hun siger den slags?*

småting

SUBST. *-en,* plur. *~ting, -ene*

små ting, fx nips o.l. □ *varehusets afdeling for småting* • noget som er uden betydning = BAGATEL □ *den udgift er for småting at regne mod huslejen · det er ikke småting · hænge sig i småting* □ *småtingsafdeling*

småtosset

ADJ. *- , småtossede*

som er en lille smule skør □ *han er småtosset*

småtryk

SUBST. *småtrykket,* plur. *småtryk, småtrykkene*

en lille tryksag, fx en pjece el. en folder ≠ BOG □ *undervisningsministeriet har netop udsendt et småtryk om folkeskolens skolebestyrelser · der mangler nogle sider i dette småtryk*

småtskåren

ADJ. *-t* (el. *~skåret*), *~skårne*

som lægger for stor vægt på ubetydelige ting = NØJEREGNENDE, SMÅLIG □ *en småtskåren person* □ *småtskårenhed*

småtskåret

ADJ. *- , ~skårede* (el. *~skårne*)

skåret i små stykker □ *småtskåret kød*

småtteri

SUBST. *-et,* plur. *-er, -erne*
/*småtte'ri*/

noget der er meget småt el. uvæsenligt □ *hvad er det for noget småtteri der står nederst på siden? · han glemmer hovedsagen for uvæsentlige småtterier* □ *småtteripjat*

snabel

SUBST. *-en* (el. *snablen*), plur. *snabler, snablerne*

en lang, bevægelig næse hos visse dyr, især hos elefanten □ *elefanten sprøjtede vand ud af snablen* □ *snabelmus · snabelspids* • et langt organ hos sommerfugle som bruges til at suge nektar med = SUGESNABEL □ *under hvile er snabelen oprullet* • ⟨i sammensætn.⟩ noget som ligner en snabel □ *snabel-a · snabelsko* • **dyppe**

snablen (slang): drikke sig fuld ▫ *han har nok ordentlig fået dyppet snablen* • **få én på snablen** (slang): blive slået på næsen

snabel-a

SUBST. *~a'et*, plur. *~a'er, ~a'erne*

tegnet @

snack

SUBST. *-en*, plur. *-s, -ene*
[*'snak*]

1. chips, popcorn o.l. der spises for nydelsens skyld
2. = MELLEMMÅLTID ▫ *han gik ind for at spise en snack*

snadde

SUBST. *-n*, plur. *-r, -rne*

(spøg.): en tobakspibe = PIBE

snadre

VERB. *-r, -de, -t*

(om svømmefugle): bevæge næbbet i vand el. dynd for at søge efter føde ▫ *ænderne snadrer i dammen* • (neds.): lade munden løbe ▫ *de sidder der og snadrer dagen lang* ▫ *snadren*

snage

VERB. *-r, -de, -t*

snage i ngt gennemrode noget for at finde mad o.l. ▫ *grisen snagede i møddingen* ▫ *snagen* • **snage i ngt** (neds.): undersøge noget som ikke kommer én ved på en meget nysgerrig måde ▫ *snage i andres privatliv · lad være med at snage! · han har snaget i mine private papirer*

snak

SUBST. *snakken*, plur. *snakke, snakkene*

1. = SAMTALE ▫ *snakken gik livligt ved bordet · hun kom i snak med sin sidemand*
2. = VRØVL ▫ *sikke noget snak · snak med dig*
3. i forsk. forb.: • **blive ved snakken** ikke blive ført ud i livet ▫ *hans vilde planer blev ved snakken* • **holde ng hen med snak** snakke med nogen, så vedkommendes opmærksomhed holdes borte fra noget andet • **noget om snakken** noget rigtigt i det som siges ▫ *de så forelskede ud, så der var måske noget om snakken*

snakke

VERB. *-r, -de, -t*

1. snakke med ng om ngt = TALE ▫ *jeg har lige snakket med naboen om hækken · jeg vil gerne snakke lidt med dig · skal vi ikke snakke om noget andet? · de kunne snakke sammen i timevis · gæsterne snakkede meget højt · snakke forretning* • **snakke til ng** ▫ *vil du venligst høre efter når jeg snakker til dig!*
2. i forsk. forb.: • **du kan sagtens snakke** udtryk for at det er let at snakke for én der ikke selv er involveret • **du skulle snakke** udtryk for at nogen kritiserer andre for noget som de selv gør el. er • **snakke fanden et øre af** se under *fanden* • **snakke forbi hinanden** misforstå el. ikke interssere sig for hvad den anden part siger • **snakke ng fra ngt** overtale nogen til at lade være med noget ▫ *de prøvede at snakke ham fra at gå derhen igen* • **snakke sig fra ngt** slippe for noget ved at snakke om noget andet ▫ *han snakker sig altid fra opvasken* • **for at snakke om noget helt andet** udtryk for at man ønsker at skifte emne • **ikke noget at snakke om** udtryk for at noget ikke er af betydning ▫ *det er bare en forkølelese, det er ikke noget at snakke om* • **ikke snakke for højt om ngt** udtryk for at noget bør holdes hemmeligt ▫ *du skal ikke snakke for højt om at det var dig der smadrede ruden* • **snakke ng efter munden** se under *mund* • **snakke med om ngt** have viden el. erfaring nok til at kunne snakke om noget på en saglig måde • **snakke over sig** røbe noget man ikke skulle have sagt • **snakke sort** tale med korrekte ord men uden logisk sammenhæng i det sagte

snakkehjørnet

SUBST.BEST.

i snakkehjørnet være oplagt til at snakke ▫ *han var ordentlig i snakkehjørnet da han var her*

snakkehoved

SUBST. *-et*, plur. *-er, -erne*

en person som snakker meget = SLUDRECHATOL, SLUDREHOVED ▫ *han er et forfærdeligt snakkehoved*

snakkelysten

ADJ. *-t, ~lystne*

= SNAKKESALIG

snakkesalig

ADJ. *-t, -e*
/*snakke'salig*/

som snakker meget og længe = SNAKSOM, SNAKKELYSTEN ▫ *hun er meget snakkesalig · han var i det snakkesalige hjørne*

snakketøj

SUBST. *-et*

(spøg.): evne til at tale længe og meget = MUNDTØJ, MUNDLÆDER ▫ *der sidder et forfærdeligt snakketøj på hende*

snaksom

ADJ. *-t, snaksomme*

= SNAKKESALIG ▫ *hun er underholdende, men næsten for snaksom*

snalret

ADJ. *- , snalrede*

beruset, især så man har svært ved at tale sammenhængende = BERUSET ▫ *han var godt snalret*

snappe

VERB. *-r, -de, -t*

snappe ngt = SNUPPE ▫ *han snappede huen fra hende · hun snappede kagen for næsen af mig · han snappede papiret ud af hånden på mig* • **snappe ng(t)** forsøge at bide el. bide let i nogen el. noget ▫ *hunden snappede postbudet i benet · deres bidske hund snapper efter alle* • **snappe efter vejret** = GISPE ▫ *hun snappede efter vejret af overraskelse · han snappede efter vejret da han kom op af vandet*

snaps

SUBST. *-en*, plur. *-e, -ene*

spiritus der er fremstillet ved gæring og destillering af kartofler, og som har en alkoholstyrke på over 40% = AKVAVIT, BRÆNDEVIN ▫ *servere øl og snaps til frokosten* ▫ *snaps(e)flaske · snaps(e)glas* ▫ *kryddersnaps · perikonsnaps*

snapseglas el. snapsglas

SUBST. *~glasset*, plur. *~glas, ~glassene*

et lille drikkeglas til snaps

snapshot

SUBST. *snapshottet*, plur. *snapshot, snapshottene*
[*'snabsjɔt* el. *'snab-*]

et amatørfotografi som er taget hurtigt ▫ *tage et snapshot af børnene ved stranden*

snare

SUBST. *-n*, plur. *-r, -rne*

en fælde i form af en snor med en løkke som skal stramme sig sammen om forbipasserende vildt ▫ *det er forbudt at stille snarer ud for vildt* • en fælde som man lægger for en person ▫ *hans spørgsmål var en snare · hun blev fanget i sin egen snare*

snarere

ADV.KOMP.

mere sandsynligt el. mere præcist udtrykt = NÆRMERE ▫ *der er snarere tale om et forsøg på at være vittig · han er ikke ondskabsfuld, snarere lidt dum · hun er ikke ked af det, snarere tværtimod*

snarest

ADV.SUP.

1. = SÅ SNART SOM MULIGT ▫ *sagen vil blive undersøgt snarest · jeg vil snarest muligt tage en snak med hende · vi søger snarest en medarbejder til vores lager · tiltrædelse snarest*
2. mest sandsynligt el. mest præcist udtrykt = NÆRMEST ▫ *der er snarest tale om fejl i konstruktionen · efter min mening er han snarest skør*

snarlig

ADJ. *-t, -e*

(form.): som er nært forestående = TILSTUNDENDE ▫ *hans snarlige afrejse · på snarligt gensyn*

snarrådig

ADJ. *-t, -e*

som er hurtig til at løse problemer el. finde udveje = RÅDSNAR ▫ *takket være hans snarrådige indsats gik det godt · han bukkede sig snarrådigt og undgik slaget*

snart

ADV.

1. når der kun er gået kort tid = INDEN LÆNGE ▫ *jeg skal snart rejse · så snart som muligt · er du ikke snart færdig · klokken er snart mange · vi har snart ikke flere penge tilbage · snart efter begyndte det at regne · de havde snart fået samlet et stort forråd af nødder* • **så snart som** el. **så snart** lige efter at noget andet sker, el. så hurtigt som muligt = STRAKS, I SAMME ØJEBLIK ▫ *han faldt i søvn så snart som han havde lagt sig · så snart hun så ham, begyndte hun at skælde ud · kom så snart du kan! · vi henter den så snart som muligt* • **ikke** el. **aldrig så snart ..., før** lige efter at noget andet sker = NÆPPE ▫ *ikke så snart havde hun set ham, før hun begyndte at skælde ud · aldrig så snart var de kommet indenfor, før uvejret brød løs* • **snart ...., snart** udtryk for at noget skifter fra det ene

øjeblik til det andet □ *snart er han venlig og elskværdig, snart er han nærmest uhøflig*
2. = NÆSTEN □ *sådan har det været i snart ti år · det værste er snart at han ikke har betalt regningerne · der er snart ikke den ting der ikke er i vejen med ham · jeg ved snart ikke hvad jeg skal tro · joh, jeg ved snart ikke* • **snart sagt** = NÆR SAGT □ *han har rejst i snart sagt hele verden*

snask[1]

SUBST. *-en,* plur. *-er, -erne*

(slang): en tarvelig beværtning el. en lille rodet butik □ *hun var servitrice på en snask nede ved havnen*

snask[2]

SUBST. *-et*

noget som er fedtet, vådt el. beskidt □ *der er noget snask i burgeren · maskinen samler støv og snaks på ingen tid* • = SVINERI □ *det er os der skal leve i det snask I har efterladt til os*

snavs[1]

SUBST. *-et*

stof som befinder sig hvor det ikke skal være, og som gør noget urent, fx støv, mudder, jord, madrester = SKIDT, SMUDS □ *der sad et tykt lag snavs på ruderne · der er kommet noget snavs på din bluse*

snavs[2]

ADJ.

(glds.): som har det fysisk dårligt pga. sygdom □ *det er snavs med hans helbred · han føler sig snavs*

snavse

VERB. *-r, -de, -t*

snavse ng(t) til med el. uden vilje være årsag til at der kommer snavs på nogen el. noget = SMUDSE, GRISE, SVINE, BESUDLE, SØLE □ *børnene snavsede deres tøj til · han snavsede sig til · hvem har snavset på gulvet?* □ *snavsetøj*

snavset

ADJ. *- , snavsede*

med snavs på = BESKIDT, GRISET, SMUDSIG, UREN ≠ REN □ *snavsede fingre · put det snavsede tøj i vaskemaskinen · gulvet er meget snavset* • som er utiltalende og præget af at være uhæderlig, kriminel, sjofel el.lign. = BESKIDT □ *en snavset tankegang*

snavsetøj

SUBST. *-et*

tøj som er samlet sammen for at blive vasket □ *snavsetøjskurv*

sne[1]

SUBST. *-en*

1. hvide fnug af iskrystaller der falder i stedet for regn når temperaturen er under frysepunktet, og som ligger i et lag på jorden □ *der var faldet sne om natten · sneen smeltede hurtigt væk · børnene legede i sneen · skovle sne · hvid som sne* □ *snebold · snebriller · snedrive · snedækket · snefald · snefnug · snegrænse · snemand · snestorm · snevejr · snevinter* □ *frostsne · nysne · tøsne* • **evig sne** sne som ikke smelter om sommeren □ *Alpernes evige sne* • **være ude i den kolde sne** være udelukket af en gruppe
2. (slang): = KOKAIN

sne[2]

VERB. *-r, -ede, -et*

falde sne □ *det har sneet hele natten* • **sne inde** blive lukket inde af en stor mængde sne □ *de sneede inde i huset* • **sne til** blive helt dækket af et tykt lag sne □ *vejen var sneet til*

sneblind

ADJ. *-t, -e*

som lider af *sneblindhed*

sneblindhed

SUBST. *-en*

en midlertidig svækkelse af synet som forårsages af skarpt sollys der kastes tilbage af sne

snebold

SUBST. *-en,* plur. *-e, -ene*

sne som er sammentrykket i hænderne til en våd klump □ *slås med snebolde · kaste med snebolde · lave en snebold*

snebær

SUBST. *snebærren* el. *snebærret,* plur. *snebær, snebærrene*

en prydbusk med små rødlige blomster hvis frugt er snebær; latinsk navn *Symphoricarpos* • (botanik): et giftigt, oftest hvidt bær som vokser på busken snebær

sned

SUBST.
[*'sneð*]

på sned (om hat): på skrå □ *hatten sad på sned · han kom spankulerende med huen på sned*

snedig

ADJ. *-t, -e; -ere, -st*

som er opfindsom og fiks = SNU □ *en snedig teknisk indretning · en snedig fyr · en snedig plan* □ *snedighed*

snedker

SUBST. *-en,* plur. *-e, -ne*
[*'sne'gɔ*]

en håndværker der fremstiller og reparerer møbler, døre o.l. i træ □ *bestille et bord hos snedkeren* □ *snedkerarbejde · snedkerværksted · snedkerhammer · snedkersav* □ *bygningssnedker · maskinsnedker · møbelsnedker*

snedkerere

VERB. *-r, -de, -t*
/*snedke'rere*/

lave snedkerarbejde, især om en amatør □ *havemøblerne har jeg selv snedkereret* □ *snedkerering*

snedkersav

SUBST. *-en,* plur. *-e, -ene*

en sav hvis klinge er fastgjort i en ramme sådan at den kan drejes i forskellige vinkler i forhold til rammen

snedrive

SUBST. *-n,* plur. *-r, -rne*

en stor, sammenblæst dynge sne □ *bussen sad fast i en snedrive*

snefald

SUBST. *-et,* plur. *snefald, -ene*

en større mængde af sne som falder inden for en ofte kortere periode □ *vi kan forvente et kraftigt snefald i løbet af natten*

snefnug

SUBST. *snefnugget,* plur. *snefnug, snefnuggene*

hvert af de flade fnug af hvide, bløde og løst sammenpressede iskrystaller der falder når det er snevejr

snefog

SUBST. *-et*

det at det sner tæt og blæser samtidig

sneg

VERB.

bøjningsform af *snige*

snegl

SUBST. *-en,* plur. *-e, -ene*

1. et bløddyr som bevæger sig meget langsomt, og som har følehorn og ofte et *sneglehus* på ryggen; mange arter, både på land og i vand, fx *vinbjergsnegl, skovsnegl* og *boresnegl;* latinsk navn *Gastropoda* □ *sneglefart · sneglegang · sneglehus* □ *strandsnegl* • **en sær snegl** en mærkelig person □ *jeg synes, han er en sær snegl*
2. et rundt stykke wienerbrød formet som en spiral med glasur el. kanelsukker i midten
3. et organ i det indre øre som overfører nerveimpulser til hjernen
4. en anordning bestående af en skrue anbragt på langs af en aksel som driver et tandhjul på en tværgående aksel = SNEKKE

snegle

VERB. *-r, -de, -t*

snegle sig gå meget langsomt □ *tiden snegler sig af sted · optoget sneglede sig gennem byen*

sneglefart

SUBST. *-en*

et meget langsomt og irriterende tempo □ *bilkøen på motorvejen bevægede sig i sneglefart · den første del af vandreturen gik i sneglefart*

sneglehus

SUBST. *-et,* plur. *-e, -ene*

en ofte spiralsnoet kalkskal som de fleste snegle bærer på ryggen, og som sneglen kan trække sig ind

snegrænse

SUBST. *-n,* plur. *-r, -rne*

en skillelinie i bjergegne og polare områder over hvilken der ligger sne hele året

snehvid

ADJ. *-t, -e*

= KRIDHVID □ *snehvidt hår · en snehvid skjorte*

snekke
SUBST. *-n,* plur. *-r, -rne*

1. (poet.): = SEJLSKIB □ *de snekker mødtes i kvæld på hav, og luften begyndte at gløde*
2. en anordning til overførsel af bevægelse mellem to aksler der står vinkelret på hinanden; består af en skrue på langs af den ene aksel hvis gevind griber ind i tænderne på et tandhjul (*snekkehjulet*) på den tværgående aksel og driver dette rundt = SNEGL

sneklædt
ADJ. *- , -e*

som er dækket af sne □ *sneklædte bjerge*

snemand
SUBST. *-en,* plur. *snemænd, snemændene*

en menneskelignende figur som er formet i sne □ *børnene lavede en snemand*

sneplov
SUBST. *-en,* plur. *-e, -ene*

et stort arbejdskøretøj med en bred skovl foran til at skubbe sne væk fra vejen og ud til siden

sneppe
SUBST. *-n,* plur. *-r, -rne*

= SKOVSNEPPE

snerle
SUBST. *-n,* plur. *-r, -rne*

en lille plante med slyngede stængler og store, hvide el. lyserøde, tragtformede blomster; latinsk navn *Convolvulus* □ *snerleblomst*

snerpe[1]
SUBST. *-n,* plur. *-r, -rne*

en snerpet person □ *hun har altid været en rigtig snerpe*

snerpe[2]
VERB. *-r, -de, -t*

snerpe munden sammen snerpe læberne sammen; især som udtryk for forargelse el. fordi man smager på noget meget surt = RIMPE □ *han snerpede munden sammen da han så at brudgommen var i cowboybukser · han snerpede munden sammen da han bed i det sure æble* □ *sammensnerpe*

snerperi
SUBST. *-et,* plur. *-er, -erne*
[snerpe'ri]

det at være snerpet □ *det er noget snerperi at være forarget over topløse på stranden*

snerpet
ADJ. *- , snerpede*

meget sippet med hensyn til seksuelle forhold □ *en snerpet gammel dame · lad nu være med at være så snerpet!* □ *snerpethed*

snerre
VERB. *-r, -de, -t*

snerre ad ng (om hund): vise tænder og knurre ad nogen □ *hunden snerrede ad mig* □ *snerren* • **snerre ngt** el. **snerre ad ng** sige noget på en hård og vred måde □ *"lad mig være" snerrede hun · han snerrede ad børnene*

snert[1]
SUBST. *-en,* plur. *-er, -erne*
['snär't]

1. yderste ende på en pisk □ *han smældede med snerten* □ *piskesnert* • et slag i overført betydning □ *et par satiriske snert*
2. = ANSTRØG □ *børnene har influenza, og jeg har også en snert af det samme*

snert[2] el. snært
ADV.

snert på ngt tæt på noget □ *det var snert på - hvis hun ikke havde bremset, var de stødt sammen · skibet gik meget snert på kajen*

snerte
VERB. *-r, -de, -t*

ramme hårdt □ *et velplaceret snertende forhåndsslag* • spotte på en rammende og ofte ondskabfuld måde □ *snertende satire*

snes
SUBST. *-en,* plur. *-e, -ene*

20 stykker □ *en snes æg · de koster 54 kr. snesen* □ *snesevis*

snesevis
ADV.

i stort antal = MASSER □ *der var snesevis af ansøgninger*

snesko
SUBST. *-en,* plur. *snesko, -ene*

hver af to plader til at spænde under foden så man kan færdes i dyb sne

sneskred
SUBST. *-et* (el. *sneskreddet*), plur. *sneskred, -ene* (el. *sneskreddene*)

en snemasse der løsner sig og styrter ned ad en bjergskråning = LAVINE □ *der er fare for sneskred på fjeldet · han omkom ved et sneskred i Alperne*

snestorm
SUBST. *-en,* plur. *-e, -ene*

snevejr med kraftig blæst □ *vejene er lukket pga. snestorm*

snetykning
SUBST. *-en*

tæt snefald der formørker luften og forringer sigtbarheden

snevejr
SUBST. *-et*

en vejrperiode med sne □ *snevejret breder sig til resten af landet* □ *snevejrsdag*

sniffe
VERB. *-r, -de, -t*

sniffe ngt indånde en rusgift gennem næsen □ *sniffe en bane kokain · sniffe lightergas · han begyndte at sniffe da han var 13 år* □ *snifning* • **sniffe til ngt** (dagl.): forsøge at opfatte lugten af noget ved at ånde ind gennem næsen flere gange = SNUSE, LUGTE □ *han kunne sniffe sig frem til hvilken parfume hun havde på*

snige
VERB. *-r, sneg, sneget*

snige sig bevæge sig langsomt og ubemærket = LISTE, LUSKE □ *hun sneg sig ud ad døren · de sneg sig frem gennem skoven · han sneg sig ind på fjenderne · tiden sneg sig af sted* • **snige sig** komme lidt efter lidt □ *kulden sneg sig ind i stuen · en snigende sygdom* • **snige sig** gøre noget stille og ubemærket = LISTE □ *hun sneg sig til at se på uret · der kunne let snige sig en chokolademad ind mellem måltiderne*

snigløb
SUBST. *-et,* plur. *~løb, -ene*

et hemmeligt, lumsk angreb □ *hans handlemåde er et snigløb mod mine planer*

snigløbe
VERB. *-r, ~løb, -t* (*snigløben, snigløbne*)

snigløbe ng angribe el. svigte nogen på en lumsk og overraskende måde □ *hun følte sig snigløbet af sine venner*

snigmord
SUBST. *-et,* plur. *~mord, -ene*

et planlagt mord ofte foretaget som et bagholdsattentat □ *snigmorder*

snigmorder
SUBST. *-en,* plur. *-e, -ne*

en person der myrder nogen fra et baghold □ *han blev myrdet af en snigmorder der var bestilt af hans fjender*

snigmyrde
VERB. *-r, -de, -t*

snigmyrde ng myrde nogen fra baghold; især om betydningsfulde personer hvor mordet har et politisk motiv □ *fagforeningslederen blev snigmyrdet af en dødspatrulje*

snigskytte
SUBST. *-n,* plur. *-r, -rne*

en person som skyder fra baghold □ *sikkerhedsfolkene tjekkede de omkringliggende tage for snigskytter*

snigvej
SUBST. *-en,* plur. *-e, -ene*

ad snigvej med uærlige midler

sniksnak
SUBST. *et*

= VRØVL □ *han kunne ikke holde deres sniksnak ud*

snild
ADJ. *-t, -e; -ere, -est*

1. som er sikker i sine arbejdsbevægelser = DYGTIG, FIKS □ *han er snild på fingrene* □ *snilde · snildhed* □ *fingersnild · håndsnild*
2. som er god til at finde udveje el. løsninger = LISTIG, SMART □ *han er kendt for sin hittepåsomhed og snilde løsninger · det var snildt fundet på* • som uden problemer løser en bestemt opgave □ *de kunne snildt have tømt vognene på to dage · kompostkværnen klarer snildt at kværne grene med en diameter på op til 3 cm*

snilde

SUBST. *-n* el. *-t*

en dygtighed el. en evne til at finde nye løsninger el. måder at gøre ting på □ *maleren udviser stor kunstnerisk og teknisk snilde • han løser problemet med sin snilde* □ *fingersnilde*

snip[1]

SUBST. *snippen,* plur. *snipper, snipperne*

en spids ende af et stykke stof = FLIG □ *han tørrede sig med en snip af servietten*

snip[2]

UDRÅBSORD

snip snap snude, nu er historien ude (barn.): udtryk for at man er færdig med en historie

snipe

SUBST. *-n,* plur. *-r, -rne*
['snajbə]

en kapsejladsjolle med sænket køl som er lavet af plywood el. glasfiber, og som bl.a. bruges til konkurrencer ved DM, NM, EM og VM

snirkel

SUBST. *-en* (el. *snirklen*), plur. *snirkler, snirklerne*

1. (bygningsfag): en slyngning el. snoning i udskæringer o.l • en bugtet og uregelmæssigt formet linie el. flere linier som slynger og bugter sig mellem hinanden □ *en håndskrift med snirkler og sving*
2. en kunstfærdig og indviklet fremstilling i skrift og tale

snirklet

ADJ. *-, snirklede*

som har mange snirkler □ *snirklede ornamenter • en snirklet underskrift* • som er vanskelig for andre at sætte sig ind i = SNØRKLET □ *han har en snirklet tankegang*

snit

SUBST. *snittet,* plur. *snit, snittene*

1. det at snitte i noget med et skarpt redskab □ *et hurtigt snit med en kniv • skære noget igennem med et enkelt snit • kirurgen lagde et snit lige under brystbenet* □ *snitsår • snitværk* □ *indsnit • keglesnit • kejsersnit • linoleumssnit • længdesnit • træsnit • tværsnit* • en tynd, afskåren skive af noget som skal undersøges nærmere □ *sende et snit til mikroskopi* • = TVÆRSNIT □ *vise huset i snit • et snit af en bygning*
2. en måde som et mønster til tøj er tilskåret □ *dragten har et godt snit • tøj af nyeste snit* □ *snitmønster* □ *pinsesnit*
3. en sum der beregnes ved at lægge en række tal sammen som derefter divideres med antallet af sammenlagte tal = GENNEMSNIT □ *han fik 10 breve om dagen i snit • han fik 9,2 i snit til eksamen* □ *udsnit*
4. en tilskåren kant på en indbunden bogs blade □ *bogens snit • en bog med marmoreret snit* □ *guldsnit*
5. i forsk. forb.: • **det gyldne snit** (kunst): en opdeling af en linie i to dele, således at den mindste del forholder sig til den største som den største del forholder sig til hele linien □ *mange billedkunstnere har benyttet det gyldne snit som et middel til at opnå skønhed i kompositionen* • **det hvide snit** (medicin): = LOBOTOMI □ *få foretaget det hvide snit* • **se sit snit til ngt** gribe en chance til at gøre noget □ *i pausen så hun sit snit til at forlade mødet*

snitsel

SUBST.

se *schnitzel*

snitsår

SUBST. *-et,* plur. *~sår, -ene*

et sår som er frembragt med en skarp genstand, fx en kniv el. et glasskår

snitte[1]

SUBST. *-n,* plur. *-r, -rne*

1. et lille afskåret stykke □ *asparges i snitter • skære gulerødder i snitter* □ *aspargessnitte*
2. et lille stykke smørrebrød der som regel er smurt på en kvart skive rugbrød □ *han bestilte et par snitter og en øl*
3. et kødstykke der sidder på halsen lige under kæben på slagtet svin; bruges ofte saltet el. røget til fx suppe □ *flæskesnitte • halssnitte • kæbesnitte*

snitte[2]

VERB. *-r, -de, -t*

snitte ngt skære noget af med en kniv = SKÆRE □ *han snittede pinden spids • han snittede sig i fingeren • snitte løg* □ *snitning • snitsår*

sno

VERB. *-r, -ede, -et*

sno ngt dreje noget langt rundt om sin egen midterakse el. om en genstand = VIKLE □ *sno et reb • lad være med at sno telefonledningen • garnet har snoet sig • bordet har snoede ben • hun snoede en tot hår rundt om en blyant • han snoede et lommetørklæde om fingeren* □ *snoning • snobrød* • **sno sig** bevæge sig i krumninger □ *vildvinen snor sig op ad muren • floden snoede sig gennem landskabet • slangen snoede sig hen over vejen* • **sno sig** klare sig i en vanskelig el. ubehagelig situation □ *han forstår at sno sig • hun forsøgte at sno sig ud af det, men det var hende der havde smadret ruden • man må sno sig, sagde ålen*

snob

SUBST. *snobben,* plur. *snobber, snobberne*
['snɔp]

(neds.): en person der tilhører el. ser op til overklassen, og som ikke bryder sig om folk fra lavere klasser □ *hun er en rigtig snob* • (neds.): en person som ikke bryder sig om noget der er almindeligt populært □ *en intellektuel snob*

snobbe

VERB. *-r, -de, -t*

snobbe for ng (neds.): opføre sig krybende og slesk over for en højerestående person for at opnå noget □ *han har snobbet sig til magt og indflydelse • han snobber for sin chef*

snobberi

SUBST. *-et,* plur. *-er, -erne*
/snobbe'ri/

det at være snobbet □ *hendes snobberi for titler er utålelig*

snobbet

ADJ. *-, snobbede*

(neds.): som forsøger at indynde sig hos personer der er intelligente, har høj social status el.lign., og som ser ned på alle andre □ *han er både forkælet og snobbet* □ *snobbethed*

snobrød

SUBST. *-et,* plur. *~brød, -ene*

dej snoet om en pind og bagt over åben ild

snog

SUBST. *-en,* plur. *-e, -ene*

en sort slange med to gullige pletter i nakken og uden gifttænder; latinsk navn *Natrix natrix*

snolde

VERB. *-r, -de, -t*

købe slik = SLIKKE, SOLDE □ *snolde for en tier • eleverne snoldede i det store frikvarter*

snoldet

ADJ. *-, snoldede*

(neds.): som er for lille el. ussel □ *en snoldet kjole • en snoldet tier, er det alt? • nej, hvor er han snoldet* □ *snoldethed*

snoning

SUBST. *-en,* plur. *-er, -erne*

en snoet el. spiralformet del af noget = VINDING □ *der er kommet en snoning på rebet*

snor

SUBST. *-en,* plur. *-e, -ene*

et langt tekstilmateriale fremstillet af sammenvundne tråde; bruges især til fastgørelse og sammenbinding af noget = LINE □ *flagsnor • gardinsnor • guldsnor • sølvsnor • tørresnor* □ *snorebesætning • snoreloft • snorebetræk • snorlige*

snorke

VERB. *-r, -de, -t*

frembringe lyd gennem næse el. mund, mens man sover □ *han snorkede utrolig højt* □ *snorken • snorkelyde • snorketræ*

snorkel

SUBST. *-en* (el. *snorklen*), plur. *snorkler, snorklerne*

et rør til at trække vejret igennem ved svømning □ *han havde dykkermaske og snorkel med til stranden* • et luftrør på en ubåd

snorksove

VERB. *-r, ~sov, -t*

sove meget fast □ *hun snorksov under hele filmen*

snorlige

ADJ.

helt lige □ *vejen var snorlige*

snot

SUBST. *snottet*

1. slimet afsondring i næsen, bl.a. når man er forkølet □ *hun har næsen fuld af snot* □ *snotfor-*

kølet · *snotklat* · *snotklud* · *snotnæse* · *snotnæset*
2. ⟨i sammensætn.⟩ forstærkende, nedsættende udtryk □ *snotdum* · *snotforvirret* · *snotgrim* · *snotidiotisk*

snotabe

SUBST. *-n*, plur. *-r*, *-rne*

en dum, fjollet, tåbelig el. irriterende person □ *din snotabe!* · *han råbte "snotabe!" efter hende*

snothvalp

SUBST. *-en*, plur. *-e*, *-ene*

(neds.): en person der for ung el. for umoden i en given situation □ *han er jo kun en snothvalp* · *din lille snothvalp!*

snotnæse

SUBST. *-n*, plur. *-r*, *-rne*

en næse der løber snot ud af som tegn på forkølelse □ *alle børnene havde snotnæser*

snotten

SUBST.PLUR.

(slang): = NÆSEN □ *stikke snotten i andres sager* • **en på snotten** (slang): udtryk for at man får et slag på næsen el. får øretæver □ *han havde fået en ordentlig en på snotten* · *han stak hende en på snotten* • **holde snotten for sig selv** (slang): passe sig selv □ *hold snotten for dig selv!*

snottet

ADJ. *-* , *snottede*

(dagl.): som er forkølet □ *jeg er snottet og har ondt i halsen* • (neds.): som ikke er ret gammel el. klog, men alligevel er fræk og næsvis □ *sådan en snottet hvalp skal ikke komme og lære mig noget!*

snu

ADJ.

som er udspekuleret og listig = SNEDIG, LISTIG, FIFFIG, DURKDREVEN, FORSLAGEN, BEREGNENDE □ *en snu plan* · *en snu fyr* □ *snuhed* □ *rævesnu*

snubbe

VERB. *-r*, *-de*, *-t*

snubbe ngt af afkorte ord og sætninger i talen = AFKORTE □ *han snubber ordenes endelser af når han taler* • **snubbe ng af** afbryde nogen på en afvisende måde □ *hun snubbede ham af midt i en sætning*

snuble

VERB. *-r*, *-de*, *-t*

være lige ved at falde fordi man støder foden mod noget □ *han snublede over telefonledningen* • **snuble over ordene** se under *ord*

snude

SUBST. *-n*, plur. *-r*, *-rne*

1. den yderste del af ansigtet omkring lugteorganerne på visse dyr □ *hunden slikkede sig om snuden*
2. (spøg.): et menneskes næse = TRYNE □ *tørre sig om snuden* • **få én over snuden** = FÅ ÉN OVER NÆSEN • **stikke sin snude i ngt** blande sig i noget som ikke vedkommer én □ *du stikker også din snude i alting*
3. den ydeste del af fodtøj □ *skoene fik våde snuder* □ *skosnude* · *støvlesnude*

snudebille

SUBST. *-n*, plur. *-r*, *-rne*

en bille hvis forreste hoveddel er trukket ud til en snude; flere arter, hvoraf de fleste er skadedyr, bl.a. æblesnudebille og kornsnudebille; latinsk navn *Curculionidae*

snudeskaft

SUBST. *-et*, plur. *-er*, *-erne*

(spøg.): = NÆSE □ *få én på snudeskaftet* · *han har et ordenlig snudeskaft*

snue[1]

SUBST. *-n*

= FORKØLELSE □ *han led af en voldsom snue*

snue[2]

VERB. *-r*, *-de*, *-t*

halvsove og ikke have lyst til at stå op □ *han lå og snuede lige til middag*

snuppe

VERB. *-r*, *-de*, *-t*

snuppe ngt tage fat i noget med en hurtig bevægelse; evt. med henblik på at stjæle det = NAPPE, NUPPE, SNAPPE, STRYGE, NALLE □ *han snuppede et stykke kage i farten* · *tyven snuppede hendes taske* • **snuppe ng** = PÅGRIBE □ *han blev snuppet i tolden* · *hun snuppede ham i at rode hendes ting igennem* • **ikke kunne snuppe ng(t)** ikke kunne lide el. føle sig irriteret over nogen el. noget □ *jeg kan ikke snuppe ham* · *hun kunne ikke snuppe hans måde at tale på* • **snuppe ngt** (dagl.): bestemme sig for at nyde el. gøre noget = NAPPE □ *skal vi snuppe en flaske vin?* · *snuppe en øl*

snuptag

SUBST. *et*, plur. *~tag*, *-ene*

med et snuptag i en håndevending □ *han flyttede skabet med et snuptag*

snurre

VERB. *-r*, *-de*, *-t*

1. dreje hurtigt rundt, evt. flere gange efter hinanden = ROTERE □ *snurre som en top* · *hjulene snurrer* · *de snurrede rundt i dansen* · *snurre rundt på hælen* · *det snurrer rundt i mit hoved* □ *snurretop* · *snurrevod* • **snurre ng(t) rundt** dreje nogen el. noget hurtigt rundt □ *han snurrede sin dame rundt i dansen* · *de gav ham bind for øjnene og snurrede ham rundt*
2. = SIMRE □ *maden står og snurrer* · *kedlen snurrer over ilden*
3. udsende en række svage lyde hurtigt efter hinanden, fx som et lille tandhjul der snurrer rundt = SUMME, BRUMME, SPINDE □ *en snurrende lyd* · *motoren snurrer* · *symaskinen snurrer* · *katten ligger og snurrer*
4. **snurre i ngt** føle en svag prikkende fornemmelse i en legemsdel = PRIKKE □ *det snurrer i mine fingre*

snurrepiberi

SUBST. *-et*, plur. *-er*, *-erne*
/snurrepibe'ri/

(glds.): mærkelige småting el. kuriositeter □ *spilledåsen er et italiensk snurrepiberi*

snurretop

SUBST. *~toppen*, plur. *~toppe*, *~toppene*

et stykke legetøj med en spids ende som det kan snurre rundt på

snurrevod

SUBST. *~voddet*, plur. *~vod*, *~voddene*

et vod der lægges ud flere gange samme sted, hver gang drejet i en ny retning □ *snurrevodsfiskeri*

snurrig

ADJ. *-t*, *-e*

(om person): = PUDSIG □ *en snurrig fyr* · *et snurrigt indfald*

snus

SUBST. *-en* el. *-et*

1. tobakspulver som lægges i en klump mellem fortænderne i undermunden og underlæben = SNUSTOBAK □ *snusdåse*
2. **ikke en snus** (dagl.): ingenting overhovedet □ *bilen er ikke en snus værd* · *det forstår jeg ikke en snus af*

snuse

VERB. *-r*, *-de* (el. *snuste*), *-t* (el. *snust*)

1. **snuse til ngt** forsøge at opfatte lugten af noget = LUGTE □ *hunden snusede til kødbenet* • **snuse til ngt** stifte overfladisk bekendtskab med noget = LUGTE □ *han har lige snuset til lidt matematik* • **snuse sig frem til ng(t)** forsøge at finde nogen el. noget ved hjælp af lugtesansen = LUGTE □ *hunden snusede sig frem til hvor skatten lå begravet* • **snuse ngt ind** trække luft ind gennem næsen, og sammen hermed evt. en duft, røg osv. □ *han snusede den friske luft ind* · *hun snusede blomsterduften ind* □ *indsnuse* • **snuse ngt op** trække luft ind gennem næsen, især for at hindre snot o.l. i at løbe ud af næsen • **snuse ngt op** finde frem til noget gennem ihærdig efterforskning □ *hvor har du snuset den gamle bog op?* · *hun snusede noget sladder op om ham* □ *opsnuse*
2. indtage snustobak gennem næseborene □ *snustobak*
3. **snuse efter** el. **i ngt** undersøge noget el. lede efter noget som ikke kommer én ved, på en hemmmelighedsfuld og lusket måde □ *han går rundt og snuser efter skandaler* · *hun snuser i andre folks private sager* · *de går rundt og snuser, pas hellere på!*

snusfornuft

SUBST. *-en*

det at være snusfornuftig □ *i alt sin praktiske snusfornuft siger han ikke noget særligt dybt*

snusfornuftig

ADJ. *-t*, *-e*

som kommer med indlysende el. overdrevent fornuftige udtalelser = GAMMELKLOG □ *et snusfornuftigt indlæg i debatten* · *et snusfornuftigt barn*

snushane

SUBST. *-n*, plur. *-r*, *-rne*

(neds.): en nysgerrig person, især om tolder, privatdetektiv, politimand el.lign. □ *hyre en privat snushane til at finde oplysninger om nogen*

snusket

ADJ. - , *snuskede*

som er snavset og lettere mistænkelig □ *et snusket udseende* · *der er noget snusket over ham* · *et snusket værtshus*

snut

SUBST. *snutten*, plur. *snutter, snutterne*

(spøg.): kærlig tiltale til én man holder meget af □ *kom her, min snut*

snyd

SUBST. *-et*

en uhæderlig handling el.lign. over for nogen for at opnå en fordel = BEDRAG, SVINDEL □ *det er det rene snyd* · *gøre sig skyldig i snyd* · *snyd og bedrag*

snyde

VERB. *-r, snød, snydt*

1. snyde ng = BEDRAGE □ *hun snød ham for en masse penge* · *han snyder, så vandet driver af ham* · *han snød i kortspil* · *snyde i skat* · *snyde sig fra pligterne* · *snyde til eksamen* □ *snyderi* · *snydemetode* · *snydeoversættelse* · *snydetamp*
2. snyde næsen (dagl.): pudse næse • **være som snydt ud af næsen på ng** (dagl.): ligne nogen meget
3. ⟨i sammensætn.⟩ forstærkende udtryk □ *snydedum* · *snydeforelsket* · *snydefræk* · *snydefuld*

snydefuld

ADJ. *-t, -e*

= DØDDRUKKEN

snyder

SUBST. *-en*, plur. *-e, -ne*

en person som snyder = BEDRAGER □ *du kom jo ikke som du havde lovet, din snyder* · *du spiller med mærkede kort, din snyder* □ *snyderi* □ *skattesnyder*

snyderi

SUBST. *-et*, plur. *-er, -erne*
/snyde'ri/

det at snyde nogen = SNYD, BEDRAGERI, SVINDEL □ *æsken er jo kun halvfuld, sådan noget snyderi!* · *det er snyderi at gemme esser i ærmet i poker*

snylte

VERB. *-r, -de, -t*

snylte på ng(t) (biologi): leve på el. i andre mennesker, dyr el. planter og få føde fra dem = PARASITERE □ *misteltenen snylter på træer* □ *snyltebi* · *snyltedyr* · *snylteflue* · *snyltegæst* · *snyltehveps* · *snylteinsekt* · *snylteliv* · *snylteplante* • **snylte på ng** el. **snylte sig til ngt** få noget fra nogen ved at udnytte deres svaghed el. gavmildhed = NASSE PÅ □ *han snylter på sine venner* · *hun snyltede sig til mad og husly i en hel måned*

snyltedyr

SUBST. *-et*, plur. *~dyr, -ene*

et dyr som er en snylter

snyltegæst

SUBST. *-en*, plur. *-er, -erne*

en person som lever hos og snylter på andre

snylteplante

SUBST. *-n*, plur. *-r, -rne*

en plante som er en snylter

snylter

SUBST. *-en*, plur. *-e, -ne*

dyr, plante el. mikroorganisme som får føde fra andre levende væsner, og som fx lever i el. på dem = PARASIT, SNYLTEDYR, SNYLTEPLANTE • en person som udnytter andre og lader sig forsørge af dem = PARASIT, NASSER, SNYLTEGÆST

snære

VERB. *-r, -de, -t*

stramme, trykke el. på anden måde fremkalde ubehag el. smerte; især om tøj = STRAMME □ *kraven snærede i halsen* · *remmen snærede sig ind i kødet* • **snærende bånd** se under *bånd*

snært

ADV.

se *snert*

snæver

ADJ. *-t*, plur. *snævre; snævrere, snævrest*

1. så smal at det kniber med plads = TRANG, SMAL ≠ VID, RUMMELIG □ *en snæver gade* □ *snæverhed* • som sidder helt tæt = STRAM □ *en snæver kjole* • som står i tæt forbindelse □ *et snævert samarbejde* · *regeringen har snævre forbindelser til mafiaen* · *i denne snævre kreds kan jeg godt afsløre hemmeligheden*
2. som ikke er særlig omfattende, og som synes ensidig □ *hans åndelige horisont er snæver* □ *snæversind* · *snæversindet* · *snæversyn* · *snæversynet*

snæversindet

ADJ. - , *~sindede*

= SNÆVERSYNET □ *være snæversindet* · *en snæversindet person* □ *snæversindethed*

snæversyn

SUBST. *-et*

det at se på noget på en ensidig måde og være uvillig til at vise forståelse for nye ideer el. andre vaner = INDSKRÆNKETHED, FILISTERI ≠ VIDSYN

snæversynet

ADJ. - , *~synede*

præget af snæversyn = ENSPORET, ENØJET, BONERT, SNÆVERSINDET, ÅNDSFORSTOKKET, FILISTRØS □ *være snæversynet* · *en snæversynet person* □ *snæversynethed*

snævre

VERB. *-r, -de, -t*

snævre ind el. **snævre sig ind** blive smallere el. færre i antal □ *farvandet snævrer ind til en flod* · *buksebenene snævrer ind for neden* · *hen mod slutningen snævrer bogens perspektiv ind* · *det føles som om rummet snævrer sig ind* · *mulighederne snævrer efterhånden ind* · *antallet af kandidater har efterhånden snævret sig ind til to*

snød

VERB.

bøjningsform af *snyde*

snøft

SUBST. *-et*, plur. *snøft, -ene*

en indsnusning af luft gennem næsen, især i forbindelse med gråd el. forkølelse □ *under filmen var der højlydte snøft i salen* · *hun vendte ham ryggen med et fornærmet snøft*

snøfte

VERB. *-r, -de, -t*

snuse ind gennem næsen, især i forbindelse med gråd el. forkølelse □ *puds din næse i stedet for at snøfte!* · *hun snøftede længe efter hun var holdt op med at græde* □ *snøften* · *snøfteri* • trække vejret kraftigt ind gennem næsen for at vise foragt □ *da hun så resultatet snøftede hun hånligt* • **snøfte til ngt** lugte til noget; kun om dyr □ *hunden snøftede til den døde krage*

snøre[1]

SUBST. *-n*, plur. *-r, -rne*

en tynd snor; det kan være en line på en fiskestang el. snørebånd på sko □ *hive snøren ind* · *binde snørerne* • **være ude med snøren** forsøge at opnå noget

snøre[2]

VERB. *-r, -de, -t*

1. snøre ngt trække noget sammen og binde snore sammen med en sløjfe □ *han snørede sine sko* · *snøre en rygsæk til* · *snøre skoene op* · *snøre båndet stramt* □ *snøring* · *snørebånd* · *snøreliv* · *snøresko*
2. snøre ngt sammen anstrenge noget med en stærk negativ følelse □ *angsten snørede struben sammen* · *hendes hals snørede sig sammen*
3. snøre ng = BEDRAGE □ *jeg tror, du snører mig!*

snørebånd

SUBST. *-et*, plur. *~bånd, -ene*

en snor til fastbinding af en sko sådan at den sidder fast på foden

snøreliv

SUBST. *-et*, plur. *~liv, -ene*

et klædningsstykke ofte med stivere som bindes stramt om livet for at opnå en smallere talje; bruges især som undertøj = KORSET

snøresko

SUBST. *-en*, plur. *~sko, -ene*

en sko som lukkes fortil med snørebånd

snørestøvle

SUBST. *-n*, plur. *-r, -rne*

en støvle som lukkes fortil med snørebånd

snørklet

ADJ. - , *snørklede*

som bugter sig voldsomt □ *en snørklet vej* • som er vanskelig for andre at sætte sig ind i = SNIRKLET □ *udtrykke sig i snørklede vendinger*

snøvle

VERB. *-r, -de, -t*

1. tale gennem næsen med sænket ganesejl • tale utydeligt, fx fordi man er forkølet el. beruset □ *han snøvlede så man ikke kunne høre hvad han sagde*
2. være langsom = SMØLE, DRYSSE □ *han snøvler med sit arbejde · tiden snøvler sig af sted*

snøvleri

SUBST. *-et*
/snøvle'ri/

1. tale der lyder som om man er forkølet
2. arbejde el.lign. som foregår meget langsomt = SMØLERI □ *hold op med det snøvleri*

snøvsen

SUBST.BEST.

gå fra el. **tabe snøvsen** miste besindelsen så man ikke kan tænke klart □ *han gik helt fra snøvsen af begejstring · har du da fuldstændig tabt snøvsen?*

so

SUBST. *-en,* plur. *søer, søerne*

et voksent hunsvin □ *søerne var alle drægtige · en so med sine pattegrise* □ *grævlingeso · pindso* • en sjusket el. urenlig kvinde = MØGSO □ *hun er en gammel, fordrukken so · din fede so!*

soave

SUBST. *en*
/so'ave/

en tør og let hvidvin fra Soave- og Monfortedistrikterne i Italien

sober

ADJ. *-t, sobre*

1. afdæmpet, hæderlig og uden sensationslyst el. pral □ *tv-udsendelsen fremstillede sagen på en sober måde · hans hjem var præget af sober elegance*
2. (spøg., glds.): som ikke er påvirket af spiritus = ÆDRU □ *du er vist ikke helt sober*

soc.

1. fork. for *social* □ *soc.min. Karen Jespersen* • fork. for *socialdemokratisk* el. *Socialdemokratiet* = SOC.DEM. □ *Ritt Bjerregaard (soc.)*
2. fork. for *socialistisk*

soc.dem.

fork. for *socialdemokratisk* el. *Socialdemokratiet* = SOC.

social

ADJ. *-t, -e*
[so'sja'l]

1. som har med samfundet og borgernes velfærd at gøre □ *sociale problemer · social tryghed · sociale ydelser · socialt arbejde · social boligpolitik* □ *socialarbejder · socialdemokrati · socialforvaltning · socialhjælp · socialkontor*
2. som har med samspillet mellem mennesker at gøre □ *socialt samvær · socialt netværk · hun har et stort socialt behov*

socialbedrageri

SUBST. *-et,* plur. *-er, -erne*

en ulovlig udnyttelse af sociallovgivningen □ *det er socialbedrageri at modtage uberettiget bistandshjælp og SU på samme tid*

socialcenter

SUBST. *-et* (el. ~centret), *~centrer* (el. *~centre*), *~centrerne* (el. *~centrene*)

en amtskommunal institution der bl.a. bistår kommunernes social- og sundhedsforvaltninger • en social- og sundhedsforvaltning inden for Københavns kommune

socialdemokrat

SUBST. *-en,* plur. *-er, -erne*

en person som er medlem af el. stemmer på Socialdemokratiet

socialdemokrati

SUBST. *-et,* plur. *-er, -erne*

et politisk parti som arbejder for en ligelig indkomstfordeling i samfundet og indførelse af socialisme ved hjælp af reformer inden for rammerne af den kapitalistiske økonomi

socialdirektør

SUBST. *-en,* plur. *-er, -erne*

den øverste ansvarlige for en socialforvaltning i en større kommune

socialisere

VERB. *-r, -de, -t*

1. socialisere ng lære nogen et samfunds normer og værdier □ *når børn er sammen med andre, socialiseres de gradvist* □ *socialisering*
2. socialisere ngt overføre noget fra privat til statsligt eje = NATIONALISERE □ *socialisere en virksomhed · socialisere landbruget* □ *socialisering*

socialisme

SUBST. *-n*
/socia'lisme/

en politisk ideologi som bygger på fælles el. statslig ejendomsret til produktionsmidlerne, fælles styring af produktionen samt at man yder efter evne og modtager efter sin ydelse ≠ LIBERALISME

socialist

SUBST. *-en,* plur. *-er, -erne*
/socia'list/

en person der er tilhænger af socialisme

socialistisk

ADJ. *- , -e*
/socia'listisk/

som har at gøre med socialisme □ *socialistiske ideer*

socialmedicin

SUBST. *-en*

læren om sociale forholds indvirken på menneskers sundhed

socialminister

SUBST. *-en,* plur. *~ministre, ~ministrene*

en minister med ansvar for lovgivningen på det sociale område □ *socialministeren står for orlovsordningerne* □ *socialministerium*

socialministerium

SUBST. *~ministeriet,* plur. *~ministerier, ~ministerierne*

et ministerium som har at gøre med lovgivningen på det sociale område

socialrådgiver

SUBST. *-en,* plur. *-e, -ne*

en person der hjælper og rådgiver personer med sociale problemer; er ofte ansat i det offentlige, kan fx arbejde som sagsbehandler i en kommune □ *socialrådgiver der arbejder som sagsbehandler i socialforvaltningen*

societet

SUBST. *-et,* plur. *-er, -erne*
[sosjə'te'l]

(glds.): en sammenslutning af selskaber inden for samme erhverv □ *Grosserer-Societetet* □ *byggesocietet*

sociolekt

SUBST. *-en,* plur. *-er, -erne*
/socio'lekt/

sprogbrugen for en bestemt social gruppe el. klasse

sociolog

SUBST. *-en,* plur. *-er, -erne*
/socio'log/

en person der som erhverv beskæftiger sig med *sociologi* = CAND.SCIENT.SOC. □ *arbejdssociolog · uddannelsessociolog*

sociologi

SUBST. *-en,* plur. *-er, -erne*
/sociolo'gi/

en gren inden for samfundsvidenskab der beskæftiger sig med samfundet, dets enkelte dele, og menneskets adfærd i samfundet og andre sociale grupper □ *kultursociologi*

sod

SUBST. *-en*

en klæbrig masse af kulstof der dannes ved afkøling af røgen fra en ufuldstændig forbrænding □ *skorstensfejeren er sort i ansigtet af sod* □ *lampesod*

soda

SUBST. *-en*

et kulsurt salt som i krystallinsk form bl.a. bruges i rengøringsmidler og til fremstilling af glas = NATRIUMKARBONAT • **kaustisk soda** en stærk og meget ætsende base = ÆTSNATRON

sodapastil

SUBST. *~pastillen,* plur. *~pastiller, ~pastillerne*

en flad, rund, hvid sukkerpastil der er tilsat soda og pebermynteolie □ *en rulle sodapastiller*

sodavand[1]

SUBST. *-et*

en læskedrik der er tilsat kulsyre □ *en flaske sodavand · et glas sodavand* □ *sodavandsflaske · sodavandsis · sodavandsmaskine*

sodavand[2]

SUBST. *-en*, plur. *-er* (el. *sodavand*), *-erne* (el. *-ene*)

en flaske med sodavand □ *en kasse sodavand* · *han drak tre sodavander*

sodavandsis

SUBST. *-en*, plur. *~is*, *-ene*

en spiseis der er lavet af bl.a. vand, sukker og tilsatte smagsstoffer ≠ FLØDEIS • en ispind med sodavandsis □ *hun købte en isvaffel og en sodavandsis*

sode

VERB. *-r*, *-de*, *-t*

frembringe sod □ *lyset soder* · *skorstenen soder* • **sode ngt til** aflejre sod på noget □ *de våde tørv soder skorstenen til* □ *sodning*

sodomi

SUBST. *-en*
/sodo'mi/

seksuel omgang med dyr

sodomit

SUBST. *sodomitten*, plur. *sodomitter*, *sodomitterne*
/sodo'mit/

en person der er forfalden til sodomi • (i Bibelen): en person fra Sodoma

sofa

SUBST. *-en*, plur. *-er*, *-erne*

et polstret møbel med ryg- og armlæn og siddeplads til flere personer ≠ DIVAN, OTTOMAN, CHAISELONG □ *sidde i sofaen* · *ligge på sofaen* □ *sofabord* · *sofagruppe* · *sofapude* □ *hjørnesofa* · *lædersofa* · *sovesofa* · *topersonerssofa* · *trepersonerssofa*

sofastykke

SUBST. *-t*, plur. *-r*, *-rne*

et banalt maleri der hænger over en sofa

sofavælger

SUBST. *-en*, plur. *-e*, *-ne*

en person der ikke stemmer ved et valg

sofist

SUBST. *-en*, plur. *-er*, *-erne*
/so'fist/

en lærer i retorik og filosofi i oldtidens Grækenland • en person som bruger sofismer = ORDKLØVER

sofistikeret

ADJ. *-*, *sofistikerede*
/sofisti'keret/

som er yderst raffineret og forfinet □ *en sofistikeret levevis* · *en sofistikeret verdensmand* · *han har udviklet en sofistikeret teknik til løsning af problemet*

softice

SUBST. *-n*, plur. *softice*, *-ne*
['sɔfdajs]

en blød flødeis der spises i en vaffel el. et bæger □ *en softice med chokoladedrys* □ *softicemaskine*

software

SUBST. *-n* el. *-t*
['sɔfdwæ'r]

(edb): et el. flere programmer til en computer = PROGRAMMEL ≠ HARDWARE □ *softwareproducent* · *softwareprodukt*

sogn

SUBST. *-et*, plur. *-e*, *-ene*

et område der er knyttet til en kirke = PASTORAT

sognekirke

SUBST. *-n*, plur. *-r*, *-rne*

en kirke i et sogn • et sogns hovedkirke

sognepræst

SUBST. *-en*, plur. *-er*, *-erne*

en præst der er knyttet til en sognekirke

soignere

VERB. *-r*, *-de*, *-t*
[soan'je'ɔ el. sɔj'ne'ɔ]

soignere sig gøre sig ren og pæn og pleje sit ydre □ *katten soignerede sig* · *han er yderst soigneret* · *et soigneret udseende* □ *soignering*

soiré el. soire

SUBST. *-en*, plur. *-er*, *-erne*
[soa'ræ]

finere underholdning el. selskab som foregår om aftenen

soja

SUBST. *-en*

1. et sort el. mørkebrunt farvestof der er fremstillet af bl.a. sojabønner, og som bruges til at farve sovs = KULØR • et sort, flydende smagsstof der bl.a. anvendes i kinesisk mad
2. ⟨i sammensætn.⟩ produkter fremstillet af sojabønner □ *sojabønne* · *sojakage* · *sojamælk* · *sojaprotein* · *sojaolie* · *sojaskrå*

sojabønne

SUBST. *-n*, plur. *-r*, *-rne*

en bælgplante hvorpå der vokser sojabønner; latinsk navn *Glycine max* • en frugt af tilsvarende plante i form af små bælge med frø som er protein- og olieholdige

sojakage

SUBST. *-n*, plur. *-r*, *-rne*

en foderkage som er fremstillet af sojabønner og anvendes som kvægfoder □ *sojakagefabrik*

sok

SUBST. *sokken*, plur. *sokker*, *sokkerne*

1. en kort strømpe □ *et par sokker* □ *sokkefod* · *sokkeholder* · *soklet* □ *ankelsok* · *ragsok* · *strømpesok* • strømpens nederste del der omslutter foden
2. en dyrefod hvis farve afviger fra dyrets øvrige farver □ *en sort kat med hvide sokker*
3. få en sok blive våd om foden □ *han trådte i vandpytten og fik en sok* • **være mat i sokkerne** være træt, sløj

sokkeholder

SUBST. *-en*, plur. *-e*, *-ne*

(glds.): et elastikbånd om læggen med klemme til at holde sokken oppe

sokkel

SUBST. *-en* (el. *soklen*), plur. *sokler*, *soklerne*

et fodstykke til en statue, en søjle el. en mur; ofte fremtrukket og udført i et andet materiale = BASIS □ *huset har en høj sokkel*

soklet

SUBST. *sokletten*, plur. *sokletter*, *sokletterne*
/sok'let/

en ankelsok, især til herrer

sokratisk

ADJ. *-*, *-e*
/so'kratisk/

som vedrører Sokrates' lære □ *sokratisk metode* · *det sokratiske menneskesyn*

sol[1]

SUBST. *-en*, plur. *-e*, *-ene*

1. Solen el. **solen** den stjerne som Jorden og de andre planeter i vores solsystem bevæger sig i en bane omkring □ *solen står op i øst og går ned i vest* · *solen skinnede stærkt* · *solen var dækket af et tæt skydække* · *solen kom frem af skyerne* · *solen står højt på himlen* □ *solbad* · *solbriller* · *solbrændt* · *solcelle* · *solenergi* · *solfanger* · *solformørkelse* · *solhøjde* · *solnedgang* · *solopgang* · *solstråle* • det centrale himmellegeme i et solsystem = STJERNE • = SOLSKIN □ *der er sol på stuen hele eftermiddagen* · *hun lå og dasede i solen* □ *aftensol* · *morgensol* • **der er intet nyt under solen** udtryk for at der ikke sker noget nyt, men kun hvad der altid er sket • **når man taler om solen, så skinner den** udtryk for at en person som man lige har talt om dukker op • **dele** el. **skifte sol og vind lige** behandle nogen ens • **en plads i solen** se under *plads* • **forsvinde som dug for solen** se under *dug*
2. et stykke fyrværkeri der sættes på et søm, og som drejer rundt når det antændes

sol[2]

SUBST. *sollet*, plur. *soller*, *sollerne*
['sɔl]

tonen *g* som er den femte tone i C-durskalaen og i tonerækken *do, re, mi, fa, sol, la, bi* som bruges i visse hørelæresystemer

solarium

SUBST. *solariet*, plur. *solarier*, *solarierne*
/so'larium/

et apparat der udsender ultraviolette stråler, og som man kan ligge i og blive solbrændt over hele kroppen □ *et solcenter med ti solarier* · *gå i solarium* · *ligge i solariet i en halv time* □ *solariebrun* · *solarierør* □ *ansigtssolarium* · *hjemmesolarium* · *pyramidesolarium*

solar plexus

SUBST. *en*

en samling nerveceller og nervefibre som sidder i den øvre del af bughulen □ *et stød mod solar plexus*

solaveksel
SUBST. *-en* (el. *~vekslen*), plur. *~veksler, ~vekslerne*

en veksel som kun er udstedt i ét eksemplar ≠ PRIMAVEKSEL

solbad
SUBST. *-et,* plur. *-e, -ene*

tage solbad ligge i solen; især for at blive solbrændt = SOLE SIG

solbriller
SUBST.PLUR. *-ne*

briller med mørkt glas som beskytter øjnene mod solens stråler □ *gå med solbriller*

solbrændt
ADJ. *-* , *-e*

(om mennesker): farvet brun af solen; solens ultraviolette stråler bevirker at der midlertidigt ophobes et farvestof i overhudens celler = BRUN

solbær
SUBST. *solbærret,* plur. *solbær, solbærrene*

et lille, sort bær af solbærbusk som vokser i klaser; latinsk navn *Ribes nigrum* □ *solbærbusk · solbærrom · solbærsaft* • ⟨best. *~bærren*⟩ = SOLBÆRBUSK

solbærrom
SUBST. *~rommen*

en tykflydende, sød likør der er fremstillet på basis af solbær og rom □ *en flaske solbærrom*

solcelle
SUBST. *-n,* plur. *-r, -rne*

en fotocelle der omdanner sollys til elektrisk strøm; bruges bl.a. i solfangere og i lommeregnere □ *solcellebatteri*

sold[1]
SUBST. *-et,* plur. *sold, -ene*

1. = DRIKKEGILDE □ *det var et ordentligt sold vi havde i går* • (glds.): = SLIK □ *har du brugt alle dine penge til sold?*
2. et redskab med huller i til at skille større partikler fra mindre, fx til rensning af korn = SIGTE

sold[2]
SUBST. *-en* el. *-et*

(glds.): betaling for krigstjeneste, især om løn til lejetropper = LØN □ *tropperne fik udbetalt tre måneders sold* • **i ngs sold** i tjeneste hos nogen □ *han har 100 mand i sin sold* • **syndens sold** straffen for at synde □ *syndens sold er død*

soldat
SUBST. *-en,* plur. *-er, -erne*
/sol'dat/

(militær): en person som er el. bliver uddannet til at kæmpe i et lands militær; oftest en menig □ *være inde som soldat*

soldaterbog
SUBST. *-en,* plur. *~bøger, ~bøgerne*

en bog for hver menig soldat med oplysninger om hans tjenstlige forhold

solde
VERB. *-r, -de, -t*

1. drikke store mængder alkohol, oftest på værtshus = SVIRE □ *de soldede hele natten*
2. solde ngt op el. **væk** ødsle noget bort, især penge, på en meget ufornuftig måde □ *han har soldet en formue væk · regeringen har soldet de gunstige internationale konjunkturer op* • købe slik = SLIKKE, SNOLDE □ *du får en tier til at solde for*

soldebror el. soldebroder
SUBST. *-en,* plur. *~brødre, ~brødrene*

(glds.): = SVIREBROR □ *du og dine soldebrødre kommer ikke ind før I er blevet ædru*

solderist
SUBST. *-en,* plur. *-er, -erne*
/solde'rist/

(glds.): = SVIREBRODER □ *den gamle solderist er ikke velkommen her igen*

soldragt
SUBST. *-en,* plur. *-er, -erne*

en kvinde- el. en børnedragt i let bomuldsstof som lader arme, ben og evt. også skuldrene fri

sole
VERB. *-r, -de, -t*

sole sig ligge el. sidde i solen; især for at blive varm el. solbrændt = TAGE SOLBAD □ *hun sidder på terrassen og soler sig · skildpadderne lå på stenene og solede sig* • **sole sig i ngt** finde velbehag i nogens beundring el. gunst □ *klubpræsidenten for FC Barcelona soler sig i holdets triumfer*

soleklar
ADJ. *-t, -e*

(dagl.): som enhver kan indse □ *sagen er soleklar*

solemærker
SUBST.PLUR. *-ne*

efter alle solemærker at dømme efter al sandsynlighed

solenergi
SUBST. *-en*

den energi der udsendes fra solen i form af varme og lys, og som anvendes til opvarmning og elproduktion

solfanger
SUBST. *-en,* plur. *-e, -ne*

et anlæg som opfanger varme fra solen og bruger den til opvarmning, fx ved at opvarme en væske som igen kan opvarme vandet i et centralvarmeanlæg □ *et hus med en solfanger på taget*

solfege
SUBST. *-n*
[sɔl'fæ·sj]

sangundervisning der træner rytmesansen og evnen til at opfatte og synge toneintervaller = HØRELÆRE

solformørkelse
SUBST. *-n,* plur. *-r, -rne*

det fænomen at Månen helt el. delvis dækker Solen idet Jorden kommer ind i dens skygge = EKLIPSE □ *total solformørkelse · partiel solformørkelse*

solgul
ADJ. *-t, -e*

med en lysegul farve som Solen og sollyset = SOLSKINSGUL □ *solgule æggeblommer*

solhverv
SUBST. *-et,* plur. *solhverv, -ene*

hvert af de to tidspunkter på året hvor dagen er længst, henholdvis kortest; på den nordlige halvkugle falder solhverv den 21. el. 22. juni og den 21. el. 22. december □ *solhvervsfest* □ *sommersolhverv · vintersolhverv*

solhøjde
SUBST. *-n,* plur. *-r, -rne*

solens højde over horisonten

solid
ADJ. *-t, -e*
/so'lid/

1. som er stærk og holdbar □ *en solid planke · en solid frakke · en solid lastvogn · et solidt murstenshus · en solid selvopholdelsesdrift* □ *soliditet* • meget stor = ORDENTLIG □ *en solid slurk* • = MASSIV □ *en ring af solidt sølv*
2. pålidelig og grundig □ *en solid arbejdskraft · han har været en solid støtte for mig · han har solide kundskaber · en solid virksomhed* □ *bundsolid*

solidarisere
VERB. *-r, -de, -t*
/solidari'sere/

solidarisere sig med ng være el. blive solidarisk med nogen □ *arbejderne solidariserer sig med den fyrede kollega* □ *solidarisering*

solidarisk
ADJ. *-* , *-e*
/soli'darisk/

1. som føler samhørighed el. sympati med andre ligestillede, og som er parat til at hjælpe el. støtte dem □ *han er solidarisk med de strejkende arbejdere · solidarisk lønpolitik*
2. som er fælles med andre om forpligtelser el. ansvar □ *hæfte solidarisk · solidarisk ansvar*

solidaritet
SUBST. *-en*
/solidari'tet/

en følelse af samhørighed og sympati med og vilje til at hjælpe el. støtte andre = SAMMENHOLD □ *MS arbejder for international forståelse og solidaritet · de strejkede i solidaritet med den fyrede kollega*

soliditet
SUBST. *-en*
/solidi'tet/

det at være solid, især økonomisk solid □ *det rejser tvivl om firmaets soliditet · en følelse af overlegenhed og åndelig soliditet*

soling

SUBST. *-en,* plur. *-er, -erne*

en tremandsbåd til kapsejlads □ *verdensmesterskaberne for soling* □ *solingsejler*

solist

SUBST. *-en,* plur. *-er, -erne*
/so'list/

en person som udfører en solo □ *solistisk* · *solistoptræden*

solkurve

SUBST. *-n,* plur. *-r, -rne*

deformering af en jernbaneskinne der er forårsaget af stærk solvarme, og som kan medføre afsporing

solnedgang

SUBST. *-en,* plur. *-e, -ene*

det at solen nærmer sig og forsvinder under horisonten ≠ SOLOPGANG □ *en smuk solnedgang* · *ved solnedgang* □ *solnedgangstid*

solo[1]

SUBST. *-en,* plur. *-er* (el. *soli*), *-erne* (el. *soliene)*

et musikstykke for ét instrument el. én sanger, med el. uden akkompagnement □ *spille en solo* · *synge en solo* □ *violinsolo* • en dans i fx ballet udført af én danser □ *danse soloen*

solo[2]

ADJ.

som ikke er sammen med el. får hjælp af andre = ALENE □ *synge solo* · *spille solo* · *flyve solo* □ *solodans* · *soloflyvning* · *soloparti* · *solosang* · *solospil* · *solostemme* · *soloviolin*

solodanser

SUBST. *-en,* plur. *-e, -ne*

en balletdanser som har ret til at danse solopartier

sololie

SUBST. *-n,* plur. *-r, -rne*

en olie til beskyttelse af huden ved solbadning; findes i forskellige styrker der nedsætter skadevirkningen fra solens ultraviolette stråler □ *sololie med faktor 20*

solopgang

SUBST. *-en,* plur. *-e, -ene*

det at solen kommer op over horisonten ≠ SOLNEDGANG □ *de stod op kl. 4 for at se solopgangen* · *en smuk solopgang* · *ved solopgang* □ *solopgangstid*

solrig

ADJ. *-t, -e*

med meget solskin □ *en solrig sommerdag*

solsejl

SUBST. *-et,* plur. *solsejl, -ene*

et stykke stof som spændes ud, fx på en ramme som skygge for Solen □ *købmanden havde spændt et solsejl ud over varerne*

solside

SUBST. *-n,* plur. *-r, -rne*

den side af noget som solen skinner på ≠ SKYGGESIDE □ *jeg vil ikke sidde i solsiden af bilen* • gunstige, lykkelige ydre omstændigheder ≠ SKYGGESIDE □ *hun er vokset op på livets solside*

solsikke

SUBST. *-n,* plur. *-r, -rne*

en høj plante med en meget stor blomsterkurv som er brun og omgivet af gule tungeformede kronblade; latinsk navn *Helianthus* □ *solsikkefrø* · *solsikkeolie*

solsikkefrø

SUBST. *-et,* plur. *~frø, -ene*

et spiseligt frø fra solsikke; bruges fx til fremstilling af solsikkeolie og i bagværk

solsikkeolie

SUBST. *-n*

en smagløs, svagt gullig olie der er udvundet af solsikkefrø; anvendes i bagning og madlavning

solskin

SUBST. *~skinnet*

solens stråler som rammer Jorden □ *efter flere dage med kulde og regn nød folk solskinnet* □ *solskinsdag* · *solskinslys* · *solskinstime* · *solskinsvejr*

solskoldet

ADJ. *- , ~skoldede*

forbrændt af solen □ *solskoldet hud* · *blive solskoldet på ryggen*

solsort

SUBST. *-en,* plur. *-e* (el. *-er*), *-ene* (el. *-erne)*

en sort el. brun drossel med gult el. brunt næb som er almindelig i skove, parker og haver; stemmen er meget melodiøs; latinsk navn *Turdus merula* □ *solsortehun* · *solsorterede* · *solsorteæg*

solstik

SUBST. *et*

et pludseligt ildebefindende der fremkaldes af stærk solbestråling, og som bl.a. medfører meget høj feber □ *få solstik*

solstråle

SUBST. *-n,* plur. *-r, -rne*

en stråle af solens lys □ *hunden lå i solstrålen på gulvet* • en positiv el. glad person □ *han er familiens solstråle*

solstrålehistorie

SUBST. *-n,* plur. *-r, -rne*

en fortælling om et begivenhedsforløb med en lykkelig udgang □ *en solstrålehistorie om et barn der blev bortført og fundet igen* · *solstrålehistorien om det lille firma der overlevede de store konkurrenters overtagelsesforsøg*

solsystem

SUBST. *-et,* plur. *-er, -erne*

et område i universet som består af en samling af himmellegemer, gas og støv som er i kredsløb om en sol • **solsystemet** Solen og de ni planeter som kredser om Solen samt kometer og meteorer □ *Solsystemet ligger i galaksen Mælkevejen*

soltag

SUBST. *-et,* plur. *-e, -ene*

en del af et biltag som kan åbnes □ *en bil med soltag* · *kan vi ikke åbne soltaget her er så varmt*

solur

SUBST. *-et,* plur. *-e, -ene*

et ur der måler tiden ved hjælp af en lodret stav, hvis skygge angiver tiden på en cirkel el. en skive som er inddelt i klokkeslæt

solution

SUBST. *-en,* plur. *-er, -erne*
[solu'sjo'n]

en stærkt klæbende opløsning af rågummi som bl.a. anvendes ved lapning af cykelslanger

solvens

SUBST. *-en*
[sɔl'væn's]

det at være *solvent* ≠ INSOLVENS

solvent

ADJ. *- , -e*
[sɔl'væn't]

= BETALINGSDYGTIG ≠ INSOLVENT □ *en virksomhed er solvent hvis dens aktiver overstiger dens passiver* · *firmaet var solvent selvom det havde problemer med likviditeten*

som

KONJ.

1. udtryk for at der henvises bagud til et led i en anden sætning = DER □ *jeg kender den mand som går derhenne* · *den hund som løb forbi, tilhører naboen* · *en bil som ikke er til at slide op* · *vi mødte din fætter, som du snakkede om i går* · *det var den by som han boede i* · *det er noget som vi har erfaring med, og som vi plejer at kunne håndtere*

2. på en sådan måde som angives el. i overensstemmelse med noget □ *du skal gøre som jeg siger!* · *det må gå som det vil* · *det går som smurt* · *når man kender ham som jeg gør, kan man bedre forstå det* · *det er dog forfærdeligt som du ser ud!* · *sådan som de var den aften, håber jeg ikke at opleve dem igen* · *som du ved, har jeg lige fået den* · *som tingene er, kan vi ikke gøre mere* · *som du ønsker!* • udtryk for at noget sker på en bestemt måde el. har en bestemt egenskab □ *bogen blev sendt som pakke* · *bogen foreligger nu som paperback* · *den fungerer som terminal* · *han arbejder som repræsentant* · *som leder har han ansvaret for undersøgelsen* · *som betjent bør man kunne bevare roen* • udtryk for at noget eksemplificeres = FOR EKSEMPEL □ *fed mad som flæskesteg og smør* • i udtryk for forbavselse som er reduktion af fx *det er forfærdeligt som ...* □ *som du dog ser ud!* · *som det dog regner!* · *som han dog kan skælde ud!* • **som om** på en måde som antyder at noget er tilfældet □ *hun stirrede på mig som om jeg var en fremmed* · *han så ud som om han havde set et spøgelse* · *det er som om at der er en bedring i vejret* • **som om** udtryk for at man afviser at noget skulle være tilfældet □ *som om jeg var millionær!* · *som om*

det skulle betyde noget! · *som om jeg ikke havde problemer nok!* • **det var som {satan}** kraftudtryk for forbavselse □ *det var som pokker!*
3. udtryk for at noget svarer til noget andet = LIGESOM □ *hun er sorthåret som sin søster* · *det er akkurat som i går* · *middagen var lang som et ondt år* · *hun er smuk nu som før* • **lige så {stor} som** □ *han er næsten lige så stor som Eskild* · *den var lige så kedelig som jeg havde forventet* • **såvel ... som** = BÅDE OG □ *der var såvel forret som dessert* · *de har såvel sommerhus som båd*

somalier

SUBST. *-en,* plur. *-e, -ne*
/so'malier/

en person fra Somalia

somalisk

ADJ. *- , -e*
/so'malisk/

som har at gøre med Somalia

somatisk

ADJ. *- , -e*
/so'matisk/

som har at gøre med den menneskelige krop; især i forbindelse med sygdomme = FYSISK ≠ PSYKISK □ *somatiske handicap* □ *psykosomatisk*

sombrero

SUBST. *-en,* plur. *-er, -erne*
/som'brero/

en strå- el. filthat med en meget bred skygge og en høj puld; især almindelig i Latinamerika

somikkel

SUBST. *-en* (el. *somiklen*), plur. *somikler, somiklerne*

(neds.): en sjusket el. urenlig person = SVINEMIKKEL □ *du er en rigtig somikkel!*

somme

PRON.PLUR.

(glds., spøg.): en ikke nærmere angivet gruppe personer = NOGLE □ *somme hævder politikeren har taget mod bestikkelse*

sommer

SUBST. *-en,* plur. *somre, somrene*

1. den varmeste og lyseste årstid som kommer efter foråret og før efteråret □ *sommeren var kold i år* · *han tilbragte sommeren i en lille ferieby* □ *sommeradresse* · *sommeraften* · *sommerblomst* · *sommerdag* · *sommereksamen* · *sommerferie* · *sommerfest* · *sommergæst* · *sommerhalvår* · *sommerhus* · *sommerkjole* · *sommerland* · *sommerlig* · *sommernat* · *sommersko* · *sommersolhverv* · *sommertid* □ *eftersommer* · *forsommer* · *højsommer* · *midsommer* · *sensommer* · *skærsommer* • **i sommer** i løbet af dette års sommer som nu er forbi □ *jeg var på Bornholm i sommer* • **om sommeren** når det er sommer □ *vi plejer at holde ferie på Fyn om sommeren* • **til sommer** når det bliver sommer næste gang □ *vi skal til Italien til sommer*
2. flyvende sommer lange tråde ved hjælp af hvilke unge edderkopper om efteråret kan svæve lange strækninger

sommerfugl

SUBST. *-en,* plur. *-e, -ene*

et insekt med to par store, farvede vinger, sugesnabel og trådformede følehorn; mange arter, fx *citronsommerfugl, kålsommerfugl, admiral, påfugleøje* og *nældens takvinge;* latinsk navn *Lepidoptera* □ *sommerfuglelarve* · *sommerfuglenet*

sommerhus

SUBST. *-et,* plur. *-e, -ene*

et hus som ofte er beliggende i naturomgivelser, og som anvendes som feriebolig = FRITIDSHUS □ *tage i sommerhus* □ *sommerhusferie* · *sommerhusejer* · *sommerhusudlejer*

sommerhusområde

SUBST. *-t,* plur. *-r, -rne*

et område med sommerhusbebyggelse • et areal hvor der efter en godkendt plan kan opføres sommerhuse ≠ LANDZONE, BYZONE

sommerlig

ADJ. *-t, -e*

som minder om el. hører til sommeren ≠ VINTERLIG □ *allerede i marts var vejret helt sommerligt* · *en sommerlig duft af syrener*

sommersalat

SUBST. *-en,* plur. *-er, -erne*

en salat af radiser, agurker m.m. blandet med rygeost

sommersolhverv

SUBST. *-et,* plur. *~solhverv, -ene*

det tidspunkt på året hvor Solen står højest på himlen ved middagstid, og hvor dagen er længst ≠ VINTERSOLHVERV □ *sommersolhverv falder den 21. eller 22. juni*

sommertid

SUBST. *-en,* plur. *-er, -erne*

1. den perioden hvor det er sommer □ *den lune sommertid*
2. det princip at alle ure i perioden fra slutningen af marts til slutningen af september stilles en time frem i forhold til normal tid, så man bedre kan udnytte døgnets lyse timer ≠ VINTERTID □ *stille urene om til sommertid* · *sommertiden varer i år til natten mellem lørdag den 27. september og søndag den 28. september*

sommetider el. somme tider

ADV.

på forskellige, ikke fastsatte tidspunkter = UNDERTIDEN, AF OG TIL, EN GANG IMELLEM, NU OG DA, AF OG TIL, FRA TID TIL ANDEN, STUNDOM □ *jeg har også sommetider tænkt på det* · *sommetider cyklede de ind til byen* · *sommetider kan det være hårdt at nå det* · *det sker sommetider at de kommer for sent* · *hun sad og kiggede ind i bålet, sommetider fik hun røgen i øjnene*

sonate

SUBST. *-n,* plur. *-r, -rne*
/so'nate/

et musikstykke i tre el. fire satser for ét el. flere instrumenter; 1. sats er ofte i *sonateform,* 2. sats er i langsomt tempo, 3. sats er en menuet og 4. sats er i hurtigt tempo □ *Beethovens sonater* □ *klaversonate*

sonateform

SUBST. *-en,* plur. *-er, -erne*

en tredelt opbygning af en sats i *ekspositionsdel, gennemføringsdel* og *reprise;* anvendt i sonater, symfonier, kammermusikværker og ouverturer

sonatine

SUBST. *-n,* plur. *-r, -rne*
/sona'tine/

en lille sonate af lettere karakter

sonde

SUBST. *-n,* plur. *-r, -rne*
['sɔndə]

1. et stav- el. rørformet instrument som er beregnet til at føre ind i kroppen ved lægelige undersøgelser □ *føre en sonde ind i urinrøret* • en slange som føres gennem en patients spiserør og ned i mavesækken, og gennem hvilken der transporteres føde □ *sondemad*
2. et ubemandet fartøj med måleinstrumenter som sendes op i de højere luftlag el. ud i verdensrummet □ *månesonde* · *rumsonde*

sondere

VERB. *-r, -de, -t*
/son'dere/

sondere ngt undersøge noget for at få et overblik □ *sondere mulighederne for beskæftigelse* · *de har haft et første sonderende møde* □ *sondering* • **sondere terrænet** se under terræn

sondre

VERB. *-r, -de, -t*

sondre mellem ng(t) gøre forskel på ting el. opfatte ting som forskellige = SKELNE □ *sondre mellem væsentligt og uvæsentligt* □ *sondring*

sone

VERB. *-r, -de, -t*

sone ngt (form., glds.): forsøge at gøre noget godt igen □ *sone sin synd* · *sone sin brøde*

sonet

SUBST. *sonetten,* plur. *sonetter, sonetterne*
[so'næt]

et lyrisk digt som består af 14 femfods jambiske linier, med et indviklet system af enderim □ *Shakespeares sonetter er skrevet til en ukendt elsket*

sonor

ADJ. *-t, -e*
[so'no'r]

som har en dyb, fyldig klang = KLANGFULD □ *en smuk, sonor sangstemme* · *vokalerne er de mest sonore lyde* □ *sonoritet*

soppe

VERB. *-r, -de, -t*

gå el. vade med bare fødder på lavt vand □ *skal vi bade eller nøjes med at soppe?* □ *soppen* · *soppebassin*

sopran

SUBST. *-en,* plur. *-er, -erne*
[so'pra'n]

den højest og lysest klingende kvinde-, pige- el. drengestemme ≠ ALT □ *synge sopran* · *hun er sopran* □ *sopransanger* · *sopranstemme* □ *mezzosopran* • ⟨i sammensætn.⟩ et musikinstrument med et tilsvarende toneleje □ *sopranfløjte* · *sopransaxofon*

soraner

SUBST. *-en,* plur. *-e, -ne*
/so'raner/

en person fra Sorø • en elev på Sorø Akademi

sorbet

SUBST. *-en* (el. *sorbetten*), plur. *-er* (el. *sorbetter*), *-erne* (el. *sorbetterne*)
[*så'be*]

en blød spiseis der er fremstillet af fx vand, sukker, frugtmos el. saft og evt. tilsat æggehvider □ *appelsinsorbet* · *frugtsorbet* · *solbærsorbet* · *vinsorbet*

sordin

SUBST. *-en,* plur. *-er, -erne*
[*så'di'n*]

en dæmper til strygeinstrumenter □ *cellisten spiller med sordin i hele satsen*

sorg

SUBST. *-en,* plur. *-er, -erne*

en følelse af meget stærk nedtrykthed el. savn = BEDRØVELSE, SMERTE, KUMMER □ *føle dyb sorg over nogens død* · *volde nogen stor sorg* · *et liv fuld af sorger og bekymringer* · *hun har haft den sorg at miste to sønner* · *han har bragt sorg over sin familie* · *med sorg i hjertet måtte hun forlade sit land* □ *sorgbetynget* · *sorgfri* · *sorgfuld* · *sorgløs* □ *hjertesorg* · *kærestesorg* · *kærlighedssorg* · *landesorg* · *sjælesorg* • **bære sorg for ng** el. **klæde sig i sorg** være klædt i en sort sørgedragt som tegn på sorg over nogens død • **den tid, den sorg** man skal ikke bekymre sig over fremtidige sorger og problemer

sorgfuld

ADJ. *-t, -e*

(glds.): som er fuld af sorg ≠ SORGLØS □ *en sorgfuld kvinde*

sorgløs

ADJ. *-t, -e*

uden sorg el. bekymringer = UBEKYMRET □ *hun er sorgløs af natur* · *en sorgløs barndom* □ *sorgløshed*

sort[1]

SUBST. *-en,* plur. *-er, -erne*
[*'så·t*]

en gruppe ting, især planter, med en række fælles træk der naturligt afgrænser dem som en gruppe □ *vi har flere sorter æbler i haven* · *ved forædling har man udviklet en ny sort* □ *kornsort* · *vinsort*

sort[2]

ADJ. *- , -e; -ere, -est*
[*'sort*]

1. med en farve som tjære el. sod; farveformemmelsen fremkaldes når en genstand ikke tilbagekaster noget lys ≠ HVID □ *ude på landet kan natten være helt sort* · *skorstensfejerens uniform er sort* · *være klædt i sort* □ *sortbroget* · *sorthåret* · *sortladen* · *sortne* □ *begsort* · *blåsort* · *kulsort* · *matsort* · *ravnesort*
2. ⟨også SUBST.⟩ med en mørk hudfarve; om personer som tilhører den *negride* race = NEGER ≠ HVID □ *en sort kvinde* · *han er sort* · *raceuroligheder mellem hvide og sorte*
3. som ikke er præget af el. giver anledning til glæde og håb = DYSTER, TRIST, MØRK □ *han er i sort humør* · *han har et sort livssyn* · *det ser sort ud for hende*
4. som ikke opgives til skattevæsnet el. som foregår uofficielt og ulovligt □ *sort arbejde* · *sorte penge* · *handle sort* • **gøre ngt sort** udføre et stykke arbejde og modtage penge for det som ikke opgives til skattevæsnet □ *han spurgte håndværkerne om de ville gøre det sort*
5. som ikke giver mening □ *det er sort tale for mig* · *snakke sort*
6. i forsk. forb.: • **gøre sort til hvidt** forvanske sandheden □ *med dine talegaver kan du gøre sort til hvidt* • **gå i sort** pludselig ikke kunne tænke el. huske □ *spørgsmålet fik eksaminanden til at gå i sort* • **sort på hvidt** = SKRIFTLIGT □ *den udtalelse vil jeg gerne have sort på hvidt* · *det står skrevet her sort på hvidt*

sortbørshandel

SUBST. *-en* (el. *~handlen*), plur. *~handler, ~handlerne*

handel med ulovlige el. rationerede varer □ *der foregår en livlig sortbørshandel med vestlig pornografi* · *regionen er et center for sortbørshandel med alt fra fødevarer til brændstof og våben*

sortebroder

SUBST. *-en,* plur. *~brødre, ~brødrene*

en person der tilhører dominikanerordenen = DOMINIKANER, DOMINIKANERMUNK

sorteper

SUBST. *en*

et kortspil hvor det gælder om ikke at få et bestemt kort □ *spille sorteper* · *blive sorteper* • **blive** el. **være sorteper** være den der taber el. bliver snydt □ *det er altid mig der bliver sorteper* • **lade sorteper gå videre** overlade en ubehagelig afgørelse el.lign. til en anden □ *han lod sorteper gå videre til mig*

sortere

VERB. *-r, -de, -t*
/sor'tere/

1. sortere ngt inddele noget efter kvalitet, størrelse, farve m.m. □ *sortere vasketøjet* · *sortere posten* □ *sortering* □ *finsortere* · *grovsortere* • **sortere ng(t) fra** udelukke nogen el. noget □ *ansøgeren blev sorteret fra pga. utilstrækkelige kvalifikationer* · *sortere de dårlige æbler fra*
2. sortere under (form.): høre til el. ind under □ *sagen sorterer direkte under ham* · *sager om indfødsret sorterer under Indenrigsministeriet*

sort-hvid

ADJ. *-t, -e*

som er i sorte, grå og hvide farver □ *en sort-hvid film* · *filmen er i sort-hvidt*

sortie

SUBST. *-n,* plur. *-r, -rne*
[*så'ti*]

en flot finale på en begivenhed, fx en koncert = UDGANG □ *deres duet var den ultimative sortie* • det at forlade noget = AFGANG □ *han ville ikke kommentere skuespillerens hurtige sortie fra teaterensemblet*

sortiment

SUBST. *-et,* plur. *-er, -erne*
[*såti'maŋ*]

et udvalg af varer □ *butikken har et meget stort sortiment i grilltilbehør* · *et bredt sortiment* □ *varesortiment*

sortladen

ADJ. *-t, sortladne*

(poet.): som i farve nærmer sig til sort □ *du danskes vej til ros og magt, sortladne hav*

sortliste

SUBST. *-n,* plur. *-r, -rne*

en liste over sortlistede personer □ *der er kommet en ny sortliste fra FN med kunstnere der har optrådt i det boykottede land* · *i det gamle Sovjet havde man sortlister over personer som ikke måtte komme ind i landet*

sortne

VERB. *-r, -de, -t*

sortne for ng(t) blive mørkt el. sort for én, fx fordi man er ved at besvime □ *han fik et slag i nakken så det sortnede for øjnene* · *pludselig sortnede det for mig*

sortseer

SUBST. *-en,* plur. *-e, -ne*

1. en person der ikke har betalt tv-licens □ *pejlevognen fandt mange sortseere den aften*
2. = PESSIMIST ≠ LYSSEER □ *han er en rigtig sortseer!*

sortsmudsket

ADJ. *~smudsket, ~smudskede*

(neds.): = MØRKLØDET □ *en sortsmudsket, mistænkeligt udseende fyr*

sortsyn

SUBST. *-et*

= PESSIMISME

SOS

SUBST. *SOS'et,* plur. *SOS'er, SOS'erne*

et internationalt brugt nødsignal, anvendt bl.a. som morsenødsignal = MAYDAY □ *SOS-signal*

sostenuto

ADV.
/soste'nuto/

udtryk for at et musikstykke fremføres roligt og dvælende

sot

SUBST. *-en,* plur. *-er, -erne*
[*'so'ť*]

(glds.): = SYGDOM □ *hun blev ramt af den skrækkelige sot* □ *blåsot* · *gulsot* · *vattersot*

soubrette

SUBST. *-n,* plur. *-r, -rne*
[*su'brädə*]

en ung, slagfærdig, intrigerende tjenestepige i en komedie, opera el.lign. □ *soubretteparti*

soufflé el. **souffle**

SUBST. *-en,* plur. *-er, -erne*
[*su'fle*]

en let og luftig ovnret af piskede æggehvider og fyld, fx ost □ *vi fik soufflé til forret* □ *dessertsoufflé* · *ostesoufflé*

soul

SUBST. *en*
[*'såwl*]

jazzpræget, stærkt rytmisk og følelsesfuld vokalmusik

souper

SUBST. *-en,* plur. *-er, -erne*
[*su'pe*]

en finere middag □ *den sidste aften gav dronningen souper på kongeskibet Dannebrog* · *dagen slutter med en alt-godt-fra-havet souper*

souschef

SUBST. *-en,* plur. *-er, -erne*
[*'susjæ'f*]

en person som træder i chefens sted ved dennes fravær □ *han er souschef i et hotelkøkken*

souvenir

SUBST. *-en,* plur. *-er* (el. *-s*), *-erne* (el. *-ene*)
[*suvə'ni·r*]

en genstand til minde om noget; især et sted man har besøgt el. været på ferie □ *der var en 7-8 butikker i byen med alskens kunsthåndværk, postkort og andre souveniers* · *købe en souvenir med hjem* □ *souvenirbutik*

sove

VERB. *-r, sov, -t*

1. ligge ned med lukkede øjne uden at være bevidst om hvad der sker omkring én, og evt. drømme = BOBLE □ *de lagde sig til at sove* · *han sov dårligt* · *sove let* · *sove tungt* · *hun trængte til at sove* · *familien sov længe om lørdagen* · *barnet sover middagssøvn* · *babyen sover hos forældrene* · *bedstefar sidder og sover i lænestolen* · *sov godt!* □ *sovekammer* · *sovemedicin* · *sovemiddel* · *sovepose* · *sovesofa* · *sovetilstand* · *sovevogn* · *soveværelse* □ *halvsove* · *snorksove* • **få** el. **tage ngt at sove på** få el. tage et sovemiddel for at falde i søvn □ *han tog to sovepiller at sove på* • **sove hos ng** blive hos nogen natten over = OVERNATTE □ *han sover hos sin legekammerat* • **sove over sig** sove for længe □ *de sov altid over sig mandag morgen* • **sove ud** sove tilstrækkeligt □ *han har ikke sovet ud, derfor er han så forvirret* · *han sov rusen ud*
2. føle en snurrende el. prikkende fornemmelse i sine lemmer □ *mit ben sover*
3. i forsk. forb.: • **komme sovende til ngt** opnå noget på en let måde □ *hun er ikke kommet sovende til sin succes* • **sidde og sove** være fraværende og ikke høre efter, fx pga. træthed □ *vågn op! - du sidder og sover* • **sove ind** el. **hen** (form.): afgå ved døden = DØ □ *hun sov stille ind* • **sove på ngt** overveje noget til næste dag el. senere □ *jeg vil lige sove på dit forslag*

sovehjerte

SUBST. *et*

have et godt sovehjerte have nemt ved at sove

sovekammer

SUBST. *-et* (el. *~kamret*), plur. *~kamre, ~kamrene*

et lille soveværelse □ *sovekammerøjne*

sovemedicin

SUBST. *-en,* plur. *-er, -erne*

en type medicin som virker beroligende og sløvende, så man falder i søvn = SOVEMIDDEL

sovemiddel

SUBST. *-et* (el. *~midlet*), plur. *~midler, ~midlerne*

= SOVEMEDICIN

sovepille

SUBST. *-n,* plur. *-r, -rne*

en pille med sløvende el. søvndyssende medicin

sovepose

SUBST. *-n,* plur. *-r, -rne*

et aflangt hylster af et tykt, isolerende materiale med en lynlås i siden som bruges til at sove i, især på teltture o.l.

sovesofa

SUBST. *-en,* plur. *-er, -erne*

en sofa som kan slås ud og bruges som seng

sovesyge

SUBST. *-n*

en infektionssygdom der overføres af tsetsefluen, og som angriber centralnervesystemet og kan medføre at patienten kommer i en dyb søvnlignende tilstand = LETARGI

sovetryne

SUBST. *-n,* plur. *-r, -rne*

(spøg.): en person som sover meget el. længe = SNORKETRÆ □ *du er en forfærdelig sovetryne* · *vågn nu op, din sovetryne*

sovevogn

SUBST. *-en,* plur. *-e, -ene*

en togvogn med sovepladser □ *de var heldige at få plads i sovevognen* □ *sovevognsbillet* · *sovevognskonduktør*

soveværelse

SUBST. *-t,* plur. *-r, -rne*

et værelse der er indrettet til at sove i

sovjet

SUBST. *sovjetten,* plur. *sovjetter, sovjetterne*
[*sɔw'jæt*]

1. (hist.): et råd som repræsenterede arbejdere og soldater under den russiske revolution i årene efter 1917 • (hist.): et lokalt, regionalt el. nationalt parlament i det tidligere Sovjetunionen □ *bysovjet* · *landsovjet* • **den Øverste Sovjet** det nationale parlament i det tidligere Sovjetunionen

sovs

SUBST. *-en,* plur. *-er* (el. *-e*), *-erne*(el. *-ene*)

1. en velsmagende og ofte tyk væske som hældes over el. spises som tilbehør til fx middagsretter og desserter = SAUCE, DYPPELSE □ *varme sovse* · *kolde sovse* · *kartofler med brun sovs* · *opbagt sovs* · *jævne en sovs* · *is med chokoladesovs* □ *sovsegryde* · *sovsejævning* · *sovsekande* · *sovseske* · *sovseskål* □ *bearnaisesovs* · *bechamelsovs* · *chokoladesovs* · *grundsovs* · *hollandaisesovs* · *kirsebærsovs* · *saftsovs* · *skysovs* · *stegesovs*
2. en klæbrig væske i en pibe som afsondres fra tobakken = TOBAKSSOVS □ *piben er renset for sovs*

sovse

VERB. *-r, -de, -t*

(om tobak): danne sovs i en pibe □ *den billige tobak sovser mere end den dyre* • **sovse ngt ind i ngt** overtrække noget med en fedtet, klæbrig masse □ *motoren var helt sovset ind i olie* • **sovse ngt ind i ngt** (spøg.): pakke noget ind i rigelige mængder af noget □ *hans budskab var sovset ind i høflighedsfraser*

sovsekande

SUBST. *-n,* plur. *-r, -rne*

en lav, åben kande med lang tud og hank til at servere sovs i

sovseskål

SUBST. *-en,* plur. *-e, -ene*

en skål til sovs som øses op med en sovseske

sp.

fork. for *spalte* □ *s. 283 sp. 2*

spade

SUBST. *-n,* plur. *-r, -rne*

1. et redskab med en bred, skarp plade på et lige skaft der bruges til at grave i jord med ≠ SKOVL □ *grave med en spade* · *stikke spaden i jorden* □ *spadeformet* · *spadefuld* · *spadestik*
2. (neds., om en person): en uintelligent person = SKOVL □ *din spade!* • **dum som en spade** meget uintelligent

spadestik

SUBST. *~stikket,* plur. *~stik, ~stikkene*

længden af bladet på en spade □ *hullet var tre spadestik dybt* · *hun gravede to spadestik ned* • **det første spadestik til ngt** en ceremoniel markering af starten på et nyt stort bygningsværk □ *trafikministeren har taget det første spadestik til den nye motorvej*

spadsere

VERB. *-r, -de, -t*
[*sba'se'ɔ*]

1. gå en tur = PROMENERE □ *jeg vil ud at spadsere i det gode vejr* · *de spadserede adstadigt hen ad molen* □ *spadseredragt* · *spadseresti* · *spadserestok* · *spadseretur*
2. spadsere ngt af = AFSPADSERE

spadseredragt

SUBST. *-en,* plur. *-er, -erne*

dametøj der består af jakke og nederdel el. bukser; ofte af samme stof og i samme farve = DRAGT

spadseretur

SUBST. *-en,* plur. *-e, -ene*

en kortere gåtur = GÅTUR □ *lad os tage en lille spadseretur sammen*

spag

ADJ. -t, -e; -ere, -est

som er svag, tilbageholdende og usikker = SVAG ≠ KRAFTIG □ *en spag stemme* · *en spag protest* · *han nikkede spagt* □ *spaghed*

spagat

SUBST.
[*sba'ga't*]

en siddende stilling på fladt underlag med det ene ben helt fremstrakt og det andet helt tilbagestrakt □ *gå i spagat*

spagetti

SUBST.

se *spaghetti*

spagfærdig

ADJ. -t, -e
/*spag'færdig*/

som er tilbageholdende og stilfærdig □ *en spagfærdig optræden* · *en spagfærdig protest* □ *spagfærdighed*

spaghetti el. spagetti

SUBST. -*en*, plur. -*er* (el. *spaghetti*), -*erne* (el. *spaghettiene*)
[*sba'gædi*]

pasta formet som lange, tynde tråde el. rør ≠ MAKARONI □ *spaghetti med kødsovs* □ *båndspaghetti*

spaghettiwestern el. spagettiwestern

SUBST. *en*, plur. ~*western*, -*ene*

en italienskproduceret western, ofte med en meget enkel handling og udpenslede voldsscener

spagnum el. sphagnum

SUBST. -*en* (el. *spagnummen*) el. -*et* (el. *spagnummet*)

tørvemos der bruges til at forbedre jorden i haver og potteplanter = TØRVESTRØELSE □ *en pose spagnum* · *grave 20 liter spagnum ned i haven*

spalier

SUBST.

se *espalier*

spalt

SUBST. -*en*

kødsiden på spaltet læder ≠ NARVSPALT

spalte[1]

SUBST. -*n*, plur. -*r*, -*rne*

1. en smal, aflang åbning i noget □ *en spalte i klippen* · *en bred og dyb spalte i isen* □ *ganespalte* · *gletscherspalte* · *klippespalte* · *læbespalte*
2. ⟨fork. *sp.*⟩ hver af de kolonner som tekst på en avis- el. bogside er opdelt i ≠ KLUMME □ *hver side i ordbogen har to spalter* · *avisens spalter er altid åbne for ham* □ *spaltekorrektur* · *spalteplads* ● **skrive spalte op og spalte ned om ng(t)** skrive meget udførligt om nogen el. noget

spalte[2]

VERB. -*r*, -*de*, -*t*

1. revne i længderetningen = FLÆKKE □ *barken spalter på birketræerne* ● **spalte ngt** hugge el. skære noget igennem på langs = FLÆKKE, KLØVE □ *det er bedre at spalte træet end at save det* □ *spaltning*
2. spalte ngt (fysik): sønderdele i grundstoffer □ *ved elektrolyse spaltes vand i ilt og brint* □ *spaltning*

spand[1]

SUBST. -*en*, plur. -*e*, -*ene*

1. en cylinderformet beholder af metal el. plast med hank til at bære noget i; især væske = PØS □ *en spand vand* · *hælde vand i spanden* · *tømme spanden i vasken* · *fylde en spand med vand* · *en spand koks* □ *spandevis* □ *blikspand* · *gulvspand* · *plasticspand* ● **en spand koldt vand i hovedet** en stor skuffelse el. ubehagelig overraskelse □ *afslaget var en spand koldt vand i hovedet på hende*
2. en gammel, elendig bil □ *kører du stadig rundt i den gamle spand?*
3. være på spanden ikke have nogen penge □ *jeg er godt og grundigt på spanden i denne måned*

spand[2]

SUBST. -*et*, plur. *spand*, -*ene*

to el. flere dyr som sammen trækker en vogn, en plov el.lign. □ *vognen blev trukket af et spand på otte belgiske heste* □ *firspand* · *hestespand* · *oksespand* ● **gå i spand sammen** komme godt overens el. arbejde godt sammen med nogen □ *de to nyansatte går godt i spand sammen* · *de fandt hurtigt ud af at de slet ikke kunne gå i spand sammen*

spandauer

SUBST. -*en*, plur. -*e*, -*ne*

et rundt stykke wienerbrød med syltetøj el. creme i midten

spandevis

ADV.

= MASSEVIS □ *de har spandevis af penge* ● **i spandevis** □ *der var mælk i spandevis* · *de bæller te i spandevis*

spandt

VERB.

bøjningsform af *spinde*

spang el. spange

SUBST. -*en*, plur. -*e*, -*ene*
(spange: -*n*, plur. -*r*, -*rne*)

en smal, spinkel gangbro uden rækværk over et vandløb

spanier

SUBST. -*en*, plur. -*e*, -*ne*

en person fra Spanien

spanke[1]

VERB. -*r*, -*de*, -*t*

(glds.): = SPANKULERE

spanke[2]

VERB. -*r*, -*de*, -*t*
[*'sba'ŋgə*]

spanke ng udsætte nogen for spanking

spanking

SUBST. -*en*

seksuel leg der indebærer dominans og smerte

spankulere

VERB. -*r*, -*de*, -*t*
/*spanku'lere*/

gå rundt, oftest på en stolt og selvhøjtidelig måde = SPANKE □ *han spankulerede omkring og inspicerede arbejdet*

spansk

ADJ. - , -*e*

som har at gøre med Spanien □ *den spanske regering* · *spanske vine* □ *spanskejet* · *spanskfødt* □ *dansk-spansk* ● ⟨SUBST.⟩ det spanske sprog; tales foruden i Spanien også i de fleste latinamerikanske lande, bl.a. i Argentina, Chile og Mexico □ *tale spansk* · *forstå spansk* □ *spansktalende*

spanskgrønt

SUBST. *et*

et meget giftigt, grønt mineralsk farvestof som består af kobbersalt af eddikesyre

spanskrør

SUBST. -*et*, plur. ~*rør*, -*ene*

en stængel fra rottingpalmen; bruges bl.a. til flettearbejder, fx møbler, og stokke = ROTTING □ *spanskrørsstok* · *spanskrørsstol* ● en stok til korporlig afstraffelse som tidligere blev brugt i skolerne = ROTTING □ *få spanskrør*

spant

SUBST. -*et*, plur. -*er*, -*erne*

hver af de bjælker el. ribbe udgør skelettet i et fartøj, og som plankerne el. pladerne er fastgjort til □ *spantebygning* · *spanterejsning*

spar

SUBST. -*en*, plur. -*er*, -*erne*

en farve i kortspil □ *være renonce i spar* · *melde spar* ● et kort der tilhører denne farve og hvorpå der er aftegnet én el. flere sorte figurer der symboliserer lansespidser □ *spar es*

spare

VERB. -*r*, -*de*, -*t*

1. undgå at bruge penge og gemme dem til et fremtidigt behov el. formål □ *han sparer lidt op hver måned* · *han sparer sammen til en cykel* · *hun spadserede for at spare pengene til bussen* □ *sparebøsse* · *sparegris* · *sparekasse* · *sparepenge* □ *opspare* ● = NEDSKÆRE □ *regeringen har besluttet der skal spares på flygtningeområdet* □ *sparekniv* · *sparepolitik* · *sparerunde* ● **spare på ngt** helt el. delvist afstå fra at forbruge noget som skal række en vis tid □ *spar på energien* · *spare på kræfterne* ● **spinke og spare** se under *spinke*
2. spare ng for ngt lade nogen slippe for noget = SKÅNE □ *spar mig for dine undskyldninger*

sparebøsse

SUBST. *-n,* plur. *-r, -rne*

en lille æske el. dåse med en sprække foroven hvori især børn putter mønter for at spare op □ *tømme sparebøssen* · *putte penge i sparebøssen*

sparekasse

SUBST. *-n,* plur. *-r, -rne*

et foretagende som opbevarer, investerer og låner penge ud til kunder; nogle sparekasser er stadig selvejende institutioner, hvorimod andre, efter loven fra 1988 er omdannet til aktieselskaber □ *Sparekassen Bikuben* □ *sparekassebestyrer* · *sparekassedirektør* · *sparekassekunde*

sparekniv

SUBST. *-en*

en symbolsk betegnelse for gennemførelse af større besparelser; især inden for den offentlige sektor □ *de prøver at holde elevskolen fri af politikernes sparekniv* · *folkeskolen mærker sparekniven*

sparepenge

SUBST.PLUR. *-ne*

penge man har sparet op □ *han købte en cykel for sine sparepenge*

sparepolitik

SUBST. *~politikken*

en politik som er baseret på at spare på udgifterne = NEDSKÆRINGSPOLITIK

spareribs

SUBST.PLUR. *-ene*
[*ˈsbæ·rribs*]

ribben af gris med kød som er marineret i en sød blanding af krydderier og honning og stegt på grill

spark

SUBST. *-et,* plur. *spark, -ene*

det at sparke til noget med foden = LOS □ *han gav bolden et spark* · *hun fik et spark i enden* □ *sparkeri* · *sparkstøtting* □ *frispark* · *hjørnespark* · *hælspark* · *målspark* · *saksespark* · *straffespark* · *vristspark* · *æselspark*

sparke

VERB. *-r, -de, -t*

sparke ng(t) give nogen el. noget et hårdt stød med foden □ *han sparkede bolden i mål* · *hun sparkede ham bagi* · *hesten sparkede bagud* • **sparke ng ud** (dagl.): vise nogen bort = SMIDE UD □ *han blev sparket ud af klubben*

sparkedragt

SUBST. *-en,* plur. *-er, -erne*

en dragt til blebørn der går ud i ét og bæres uden på undertøjet; ofte med fødder og til at knappe over skuldrene

sparkstøtting

SUBST. *-en,* plur. *-er, -erne*

en slæde som er forsynet med lange meder og et højt ryglæn så man kan stå bag den og drive den frem ved skub med benet

sparre[1]

SUBST. *-n,* plur. *-r, -rne*

1. et af de tømmerstykker som danner taget på et hus, og som står spidst mod hinanden □ *tagsparre*
2. (heraldik): en figur i et våbenskjold el. på en uniformsdistinktion i form af et omvendt V

sparre[2]

VERB. *-r, -de, -t*

sparre med ng være træningspartner med nogen inden for boksning

sparringspartner el. **sparringpartner**

SUBST. *-en,* plur. *-e, -ne*

1. nogen som man udveksler holdninger og diskuterer med □ *han er politisk rådgiver og sparringspartner for ministeren* · *forfatteren opfatter kritikken som en vigtig sparringspartner*
2. en bokser der bokser med en anden som træning før en kamp

sparsom

ADJ. *-t, sparsomme*

= KNAP, RINGE, LILLE, LIDT, FÅ □ *en sparsom portion mad* · *sparsom vegetation* · *have sparsomt hår på hovedet* · *der kom kun sparsomme oplysningerne fra krigszonen* · *hans notater var sparsomme* · *værelset er sparsomt møbleret* □ *sparsommelig*

sparsommelig

ADJ. *-t, -e*
/*sparˈsommelig*/

som bruger få penge = ØKONOMISK, PÅHOLDENDE, NÆRIG ≠ ØDSEL □ *en sparsommelig dame* · *leve sparsommeligt* □ *sparsommelighed*

spartaner

SUBST. *-en,* plur. *-e, -ne*
/*sparˈtaner*/

en person fra Sparta

spartansk

ADJ. *- , -e*
/*sparˈtansk*/

1. som er præget af nøjsomhed og strenghed = NØJSOM, ENKEL, PRIMITIV □ *en spartansk levevis* · *værelset var spartansk indrettet* · *leve spartansk*
2. som har at gøre med det antikke Sparta

spartel

SUBST. *-en* (el. *spartlen*), plur. *spartler, spartlerne*

et redskab der består af en bred stålklinge med skaft og bruges fx til påføring af kit og afskrabning af maling = SPATEL □ *spartelfarve* · *spartelmasse*

spartle

VERB. *-r, -de, -t*

spartle ngt sætte kit el. spartelfarve på noget med en spartel □ *spartle vinduet* □ *spartling*

sparto

SUBST.
/*sparˈto*/

sige sparto til ng(t) overgå el. overtrumfe nogen el. noget □ *hun har truffet en del mænd som siger sparto til alt hvad der skrives om mænds dominans af kvinder*

spas

SUBST. *-en*

(iron.): = SPØG □ *det var en dyr spas* · *den spas kostede ham 1.000 kr.* □ *spasmager* • **drive spas med ng** □ *vennerne drev spas med brudgommen*

spasmager

SUBST. *-en,* plur. *-e, -ne*

= GAVTYV □ *han er en spasmager uden lige*

spasme

SUBST. *-n,* plur. *-r, -rne*

= KRAMPETRÆKNING

spastiker

SUBST. *-en,* plur. *-e, -ne*

en person der lider af spastisk lammelse

spastisk

ADJ. *- , -e*

som er ramt af en lammelse af det område i hjernen som styrer muskelbevægelser hvilket medfører manglende kontrol over især arm- og benbevægelser □ *spastisk lammelse* · *barnet var født spastisk lammet*

spat

SUBST. *spatten*
[*ˈsbat*]

1. en sygdom i haserne hos heste som gør at de bliver halte • **få spat af ng(t)** være træt af nogen el. noget som er irriterende □ *jeg får spat af at han altid blander sig*
2. en slags krystallinsk mineral med glasglans som let brækker i stykker □ *spatjernsten* □ *feldspat* · *flusspat* · *kalkspat*

spatel

SUBST. *-en* (el. *spatlen*), plur. *spatler, spatlerne*

1. = SPARTEL
2. et lille, spadeformet redskab som bruges til fx omrøring af kemikalier

spatie

SUBST.

se *spatium*

spatiere

VERB. *-r, -de, -t*
/*spatiˈere*/

spatiere ngt (typografi): lave mellemrum mellem bogstaver, ord el. linier i trykt sats = SPÆRRE □ *spatiering*

spatium el. **spatie**

SUBST. *-et* (el. *spatiummet*), plur. *-er* (el. *spatiummer*), *-erne* (el. *spatiummerne*)
(spatie: *-n,* el. *-t,* plur. *-r, -rne*)

(typografi): en mellemliggende tom plads; det kan være mellem bogstaver, ord el. linier i trykt sats = MELLEMRUM □ *tyk spatium* · *tynd spatium*

spe

SUBST.

1. til spot og spe udtryk for at nogen er genstand for hån □ *hun var til spot og spe for hele byen pga. sin uterlighed*
2. in spe se *in spe*

speaker

SUBST. *-en,* plur. *-e, -ne*
[*'sbi·gɔ*]

en person der læser nyheder op i radio el. tv og giver meddelelser om udsendelserne = OPLÆSER □ *speakerstemme* □ *radiospeaker* · *tv-speaker*

spec.

fork. for *speciel*

specialarbejder

SUBST. *-en,* plur. *-e, -ne*

en ufaglært arbejder der er oplært på selve arbejdspladsen inden for et bestemt arbejdsområde el. som har gennemgået et kursus på en specialarbejderskole □ *maskinførere, kranførere og truckførere er specialarbejdere*

speciale

SUBST. *-t,* plur. *-r, -rne*
[*sbe'sja·lə*]

1. et område inden for et fag el.lign. som en person el. en virksomhed er særligt god til el. har en særlig stor viden om □ *hun er læge med tarmsygdomme som speciale* · *virksomheden har gjort spildevandsløsninger til sit speciale*
2. en afsluttende opgave på universitetsniveau □ *skrive speciale* · *aflevere sit speciale*

specialisere

VERB. *-r, -de, -t*
/*speciali'sere*/

specialisere sig i ngt gøre nogen el. noget til sit særlige felt el. område □ *han har specialiseret sig i Thomas Mann* · *de små butikker må i højere grad specialisere sig for at overleve* □ *specialisering*

specialist

SUBST. *-en,* plur. *-er, -erne*
/*specia'list*/

specialist i ngt en fagmand der har specialiseret sig i en gren af et fagområde; især om en læge = EKSPERT ≠ GENERALIST □ *specialist i øjensygdomme* · *lægen henviste patienten til en specialist* · *specialist i skattelovgivning* □ *halsspecialist* · *ørespecialist* • en person der er god til noget; også om en person der gør noget gentagne gange □ *han er specialist i kortspil* · *hun er specialist i at komme for sent*

specialitet

SUBST. *-en,* plur. *-er, -erne*
/*speciali'tet*/

1. en vare el. et produkt som kendetegner en butik el.lign. og får den til at skille sig ud fra andre □ *kroens specialitet er stegt ål* · *udenlandske specialiteter* · *husets specialitet* · *eksotiske kæledyr er butikkens specialitet*
2. en handling el.lign. som man er særligt god til □ *rambukindbrud er tyvenes specialitet* · *taktfuld opførsel er ikke lige hans specialitet*

specialundervisning

SUBST. *-en*

undervisning af børn som kræver særligt hensyn el. særlig støtte

speciel

ADJ. *-t, specielle*
[*sbe'sjæl'*]

1. som har egenskaber som ikke er almindelige = SÆRLIG, SPECIFIK ≠ ALMINDELIG, NORMAL □ *hun skulle have speciel kost* · *jeg leder efter en speciel type stof* · *specielt fremstillet* • = MÆRKELIG □ *han er lidt speciel* • som er snævert afgrænset = PARTIKULÆR ≠ ALMINDELIG, ALMEN, GENEREL □ *en afhandling om et specielt emne*
2. specielt ⟨ADV.⟩ = ISÆR □ *han kikkede specielt på hende* · *han er specielt interesseret i biologi*

specificere

VERB. *-r, -de, -t*
[*sbesifi'se'ɔ*]

specificere ngt gøre nøje rede for fx de enkelte poster på en regning = PRÆCISERE □ *specificere en regning i enkeltposter* □ *specificering*

specifik

ADJ. *-t, specifikke*
[*sbesi'fik*]

1. som er kendetegnende for nogen el. noget □ *fjer er specifikke for fugle*
2. som er tydeligt udpeget og præciseret □ *en specifik regel* · *i den specifikke situation* · *han har ikke nogen specifik funktion*

specifikation

SUBST. *-en,* plur. *-er, -erne*
[*sbesifika'sjo'n*]

en detaljeret fortegnelse el. opgørelse der har form af en opremsning □ *bede om en specifikation af regningen* · *teksten bestod stort set kun af specifikationer*

spedalsk

ADJ. *-, -e*
[*sbe'da'lsk*]

som lider af spedalskhed □ *en spedalsk kvinde* · *de behandlede ham som en spedalsk*

spedalskhed

SUBST. *-en*
/*spe'dalskhed*/

en kronisk infektionssygdom med store sår, hudfortykkelser og evt. tab af de yderste dele af kroppen; er udryddet i Danmark = LEPRA

spedition

SUBST. *-en,* plur. *-er, -erne*
[*sbedi'sjo'n*]

en erhvervsmæssig overtagelse af vareforsendelse, toldklarering af varer m.m. i eget navn for andres regning □ *speditionsforretning* · *speditionsgebyr* · *speditionsudgift*

speditør

SUBST. *-en,* plur. *-er, -erne*
/*spedi'tør*/

en person der som erhverv beskæftiger sig med spedition □ *speditøren udfylder fragtbreve, konossementer, certifikater og toldpapirer*

speed

SUBST. *-en*
[*'sbi·t*]

et stimulerende stof, fx *amfetamin* □ *være på speed*

speedbåd

SUBST. *-en,* plur. *-e, -ene*

en lille åben motorbåd der kan sejle meget hurtigt

speede

VERB. *-r, -de, -t*
[*'sbi·də*]

speede ngt op sætte hastigheden op el. fremskynde noget □ *han speedede op for ikke at komme for sent* · *speede forhandlingerne op*

speeder

SUBST. *-en,* plur. *-e, -ne*
[*'sbi·dɔ*]

en pedal i en bil som man regulerer hastigheden med = SØM □ *træde speederen i bund* · *speederen har sat sig fast*

speedmarker

SUBST. *-en,* plur. *-e, -ne*
[*'sbi·dma·gɔ*]

en filtpen med hurtigløbende farve

speedometer

SUBST. *-et* (el. *speedometret*), plur. *speedometre, speedometrene*
[*sbido'me'dɔ*]

et instrument i et køretøj som måler køretøjets fart; vises som km per time = FARTMÅLER, HASTIGHEDSMÅLER □ *speedometeret viste 80 km*

speedway

SUBST. *-en,* plur. *-s, -ene*
[*'sbi·dwæj*]

et motorløb der køres på en særlig ca. 400 m lang oval jord-, grus- el. cindersbane □ *speedwaybane* · *speedwaykører* · *speedwayløb* · *speedwaymaskine* · *speedwaymesterskab*

spegepølse

SUBST. *-n,* plur. *-r, -rne*
[*'sbɑjə-*]

en pølse som er saltet og koldrøget, og som spises i skiver på brød □ *en skive spegepølse* □ *spegepølsemad* □ *lammespegepølse* · *oksespegepølse*

spegesild

SUBST. *-en,* plur. *~sild, -ene*
[*'sbɑjə-*]

en sild der har ligget i en blanding af salt og sukker, og som herefter kan udvandes, udbenes og marineres □ *marinerede spegesild* · *stegte spegesild* □ *spegesildefilet*

spegeskinke

SUBST. *-n,* plur. *-r, -rne*
[*'sbɑjə-*]

en saltet og røget skinke □ *en skive spegeskinke* · *en hel spegeskinke*

speget

ADJ. - , *spegede*
[*'sbajəð*]

= INDVIKLET □ *en speget sag · det ser speget ud*

spejde

VERB. *-r, -de, -t*

spejde efter ng(t) kigge ransagende og søgende for at få øje på nogen el. noget = SE □ *spejde efter land · han stod ved vinduet og spejdede ud over parkeringspladsen*

spejder

SUBST. *-en,* plur. *-e, -ne*

1. en dreng el. pige som er medlem af et spejderkorps □ *spejderne havde bygget en træhytte* □ *spejderbevægelsen · spejderbukser · spejderbælte · spejderfører · spejderløfte · spejderlejr · spejderuniform · spejderånd* □ *drengespejder · pigespejder · søspejder*
2. en soldat der er sendt i forvejen for en hær for at sondere terrænet = BLÆNKER □ *sende spejdere ud*

spejderhagl

SUBST. *-et,* plur. *~hagl, -ene*

et lille, sort bolsje med lakridssmag □ *en pose spejderhagl*

spejl

SUBST. *-et,* plur. *-e, -ene*

1. en flad, blank genstand man kan se sig selv i; er fremstillet af metal og glas der reflekterer lyset, og som derfor giver et billede af den el. det der befinder sig foran det □ *se sig i spejlet · stå foran spejlet* □ *spejlbillede · spejlblank · spejlfolie · spejlglas · spejlglat · spejlsal* □ *bakspejl · håndspejl · toiletspejl* • en overflade som er blank som et spejl □ *øjnene er sjælens spejl · søens blanke spejl*
2. (søfart): = AGTERSPEJL □ *et skib med spejl* □ *spejlgattet*
3. (biologi): en farvet plet el. stribe på vingerne af visse fugle □ *hos svømmeænder er vingernes spejl stærkt farvet og har metalglans* • det hvidlige bagparti på harer, hjorte og andet vildt □ *harens spejl · hjortens spejl*

spejlbillede

SUBST. *-t,* plur. *-r, -rne*

det billede som en spejlende flade frembringer af nogen el. noget □ *hun så sit eget spejlbillede i butiksvinduet · Narcissos forelskede sig i sit eget spejlbillede* • nogen el. noget som ligner el. afspejler en anden el. noget andet; det kan enten være fordi de er identiske el. fordi de er hinandens modstykke □ *partiet er græsrodsbevægelsens politiske spejlbillede · alt hvad mennesket praktiserer i sit ydre liv er et spejlbillede af dets indre*

spejle

VERB. *-r, -de, -t*

1. spejle ngt kaste lysstråler tilbage = REFLEKTERE □ *havet spejler solens stråler i sin overflade* □ *spejling* □ *afspejle · genspejle* • **spejle sig** betragte sit eget spejlbillede el. blive gengivet som i et spejl □ *hun spejler sig flere timer om dagen · de spejlede sig i butiksruden · træerne spejler sig i søens blanke overflade*
2. spejle ngt stege æg på en pande el.lign.

spejling

SUBST. *-en,* plur. *-er, -erne*

1. lys som rammer noget og kastes tilbage = LYSREFLEKS □ *en spejling i havet · en spejling fra et vindue · den lille lysplet i loftet er en spejling fra din urskive*
2. et billede som fremkommer ved at noget spejler sig i et spejl el. en blank overflade = SPEJLBILLEDE □ *jeg sad og betragtede træernes spejling i søen · krumme spejle giver forvredne spejlinger*

spejlreflekskamera

SUBST. *-et,* plur. *-er, -erne*

et fotografiapparat hvor søgerbilledet kastes fra objektivet ind i søgeren af et spejl

spejlteleskop

SUBST. *-et,* plur. *-er, -erne*

en astronomisk kikkert som anvender et hulspejl hvis billede ses gennem et linsesystem = REFLEKTOR, REFLEKSIONSKIKKERT

spejlæg

SUBST. *~ægget,* plur. *~æg, ~æggene*

et æg der er slået ud og stegt på en pande, til hviden er stivnet □ *biksemad med spejlæg*

spektakel

SUBST. *spektaklet,* plur. *spektakler, spektaklerne*
[*sbe'tagəl*]

1. = STØJ □ *lave et voldsomt spektakel* • **spektakler** uroligheder, ofte ledsaget af håndgemæng □ *der var spektakler hos naboen i nat · det kom til spektakler mellem politi og demonstranter* □ *spektakelmager* □ *gadespektakel · husspektakler*
2. (neds.): en grinagtig person □ *et galt spektakel · et langt spektakel*

spektakulær

ADJ. *-t, -e*
/*spektaku'lær*/

som er imponerende el. dramatisk = STORSLÅET □ *der er mange spektakulære solnedgange i den film · et spektakulært show*

spekter

SUBST.

se *spektrum*

spektralanalyse

SUBST. *-n,* plur. *-r, -rne*

= SPEKTROSKOPI

spektroskop

SUBST. *-et,* plur. *-er, -erne*
/*spektro'skop*/

et apparat til undersøgelse af et spektrum

spektroskopi

SUBST. *-en*
/*spektrosko'pi*/

en metode til undersøgelse af et stofs kemiske sammensætning ved hjælp af dets spektrum, dvs. farverne i det lys det udsender; baserer sig på at molekyler kan optage el. udsende energi i form af elektromagnetiske bølger, og anvendes bl.a. i astronomi til bestemmelse af en stjernes opbygning = SPEKTRALANALYSE

spektrum el. spekter

SUBST. *-et* (el. *spektrummet* el. *spektret*), plur. *-er* (el. *spektrummer* el. *spektre* el. *spektrer*), *-erne* (el. *spektrummerne* el. *spektrene* el. *spektrerne*)
(spekter: *-et* (el. *spektret*), plur. *spektre* (el. *spektrer*), *spektrene* (el. *spektrerne*))

1. et bånd af røde, orange, gule, grønne, blå og violette farver som dannes når hvidt lys brydes i et prisme □ *hvidt lys er en blanding af hele spektrets farver · gennem analyse af et stofs spektrum kan man bestemme dets kemiske sammensætning* □ *farvespektrum · lysspektrum*
2. et område der er varieret og bredt sammensat □ *hele det politiske spektrum var repræsenteret*

spekulant

SUBST. *-en,* plur. *-er, -erne*
/*speku'lant*/

en person som køber og sælger værdipapirer, valuta, fast ejendom o.l. med det formål at få en hurtig økonomisk gevinst □ *man forsøgte at undgå at firmaet blev opkøbt af spekulanter* □ *boligspekulant · børsspekulant · valutaspekulant*

spekulation

SUBST. *-en,* plur. *-er, -erne*
[*sbekula'sjo'n*]

1. tankemæssig beskæftigelse med et problem = OVERVEJELSE □ *hun havde mange spekulationer om hvordan problemet skulle løses*
2. en midlertidig pengeanbringelse for at opnå fortjeneste ved at udnytte en forventet stigning el. fald i priser ved handel med værdipapirer, valuta, huse m.m. □ *der er gået spekulation i i valutahandlen · han købte huset på spekulation* □ *spekulationsbyggeri · spekulationsforetagende · spekulationshandel* □ *børsspekulation · grundspekulation · jordspekulation · valutaspekulation*

spekulativ

ADJ. *-t, -e*

1. = EFTERTÆNKSOM □ *en spekulativ natur · et spekulativt svar* • (videnskab): som arbejder ad den rene tænknings vej ≠ EMPIRISK
2. som er fremkommet ved, især økonomisk, spekulation □ *en spekulativ investering*

spekulere

VERB. *-r, -de, -t*
/*speku'lere*/

1. spekulere over el. **på ngt** tænke dybt over noget = GRUBLE, GRUNDE, FUNDERE, TÆNKE □ *spekulere over livets mening · de var nødt til at spekulere over problemet* • □ *han spekulerede på hvad han skulle gøre* • **spekulere ngt ud** udtænke en plan el. løsning
2. spekulere i ngt gøre forretninger på grundlag af spekulation □ *spekulere i baissen · spekulere i jord · han spekulerede sin formue bort* • **spekulere på ngt** lave spekulationer, fx på børs el.lign. □ *hun spekulerede på børsen*

spekulum

SUBST. *-et,* (el. *spekulummet*), plur. *-er* (el. *spekulummer* el. *spekula*), *-erne* (el. *spekulummerne* el. *spekulaene*)

et instrument med hvilket man kan se ind i legemets hulrum; er rør- el. tragtformet el. udformet som en tang der kan udvide en passage □ *ved underlivsundersøgelsen brugte gynækologen et spekulum*

spencer

SUBST. *-en,* plur. *-e, -ne*
[ˈ*sbæn'sɔ*]

nederdel m. brede seler el. selelignende overdel

spendabel

ADJ. *-t, spendable*
[*sbæn'da'bəl*]

(spøg.): som er tilbøjelig til at spendere på andre = GAVMILD □ *en spendabel kavaler* · *være i det spendable hjørne*

spendere

VERB. *-r, -de, -t*
/*spen'dere*/

spendere ngt på ng(t) (spøg.): give penge el. andet af værdi ud på nogen el. noget = BRUGE, TRAKTERE □ *han spenderede en fin middag på os* · *spendere penge på nyt tøj*

sperling

SUBST. *-en,* plur. *-er, -erne*

en lille torskefisk med store øjne, underbid og en mørk, buet sidelinie; vigtig industrifisk; latinsk navn *Trisopterus esmarkii* □ *sperlingfiskeri*

sperm el. sperma

SUBST. *-en*
(sperma: *-en* el. *-et*)

en væske der produceres i de mandlige kønsorganer, og som indeholder *sædceller* = SÆD, SÆDVÆSKE □ *spermdråbe* · *spermaprøve*

spermatozo

SUBST. *-en,* plur. *-er, -erne*
[*sbärmato'so'*]

= SÆDCELLE

sphagnum

SUBST.

se *spagnum*

spid

SUBST. *spiddet,* plur. *spid, spiddene*

en tynd, spids stang hvorpå noget sættes fast; især kød som skal steges □ *et roterende spid* · *hovedretten bestod af spid med lammekød*

spidde

VERB. *-r, -de, -t*

spidde ng(t) stikke et spid el.lign. gennem nogen el. noget □ *han spiddede en fjende på bajonetten* · *fluen blev spiddet mens den sad på sukkerknalden*

spids[1]

SUBST. *-en,* plur. *-er, -erne*

1. en tynd, smal og ofte skarp el. stikkende ende på et redskab el.lign. = OD □ *knække spidsen på en blyant* · *spidsen af et spyd* □ *spidsformet* · *spidshammer* · *spidsmus* □ *knivspids* · *nålespids* · *pilespids* · *spydspids* • den yderste ende el. toppen af noget som er smallere end resten, el. som ender i en spids = TIP □ *spidsen af en finger* · *vi går ud til spidsen af øen* · *skære spidsen af en cigar* · *tårnet løber op i en spids* □ *spidsnæset* · *spidssnudet* □ *fingerspids* · *halespids* · *snudespids* · *sydspids* · *tagspids* · *tungespids* · *tåspids* · *vingespids*
2. en betydningsfuld person der befinder sig i toppen af et hierarki = NOTABILITET □ *det er kun byens spidser der er inviteret til receptionen i kongehuset* □ *spidskandidat* • **i spidsen** i forreste position af et optog, væddeløb el.lign. □ *han red i spidsen af festoptoget* · *den danske cykelrytter lå i spidsen af udbryderfeltet* • **gå** el. **stå i spidsen for ng(t)** være den ledende kraft el. personlighed i en gruppe el. et foretagende □ *han gik i spidsen for oprørerne* · *han gik i spidsen for modstanden mod atomprøvesprængningerne*
3. = SPIDSHUND □ *samojedespids*
4. en meget lille mængde af krydderi, spiritus el.lign. □ *til sidst smager vi sovsen til med en spids salt* · *vil du have en lille spids i kaffen* □ *knivspids*
5. gå op i en spids (om en person): blive stærkt ophidset □ *efter tre timers diskussion gik hun op i en spids og begyndte at råbe og skrige* • **gå** el. **løbe op i en spids** blive så problematisk at ingen løsning synes mulig □ *da de sidste meldinger om overbelastning på indfaldsvejene løb ind, gik trafiksituationen op i en spids* • **sætte ngt på spidsen** anskue noget fra en ekstrem synsvinkel el. drive det ud i det yderste, evt. med absurde konsekvenser □ *i sin kritik satte han sagen på spidsen* · *hvorfor skal du altid sætte tingene på spidsen, kan du ikke være lidt mere realistisk?* • **tak, spids** udtryk for overraskelse = TAK, SKÆBNE!

spids[2]

ADJ. *-t, -e*

1. som ender i en spids ≠ AFRUNDET, BUT □ *en spids kniv* · *blyanten er spids* · *kirkens spidse tag* · *hendes næse er spids*
2. ironisk på en kortfattet og ubehagelig måde = SPYDIG □ *en spids bemærkning* · *hun er lidt spids i det*

spidsartikel

SUBST. *~artiklen,* plur. *~artikler, ~artiklerne*

en kommenterende dagblads- el. tidsskriftsartikel der er anbragt på en iøjnefaldende plads = LEDER □ *han er mest kendt for sine elegante spidsartikler*

spidsborger

SUBST. *-en,* plur. *-e, -ne*

(glds.): en snæversynet person = FILISTER □ *spidsborgerlig*

spidsbryst

SUBST. *-et*

et kødstykke på den forreste del af brystet på en okse

spidsbue

SUBST. *-n,* plur. *-r, -rne*

en bue som er dannet af to vinkelafsnit, og som er karakteristisk for den gotiske stil □ *spidsbuestil* · *spidsbuevindue*

spidsbuestil

SUBST. *-en*

gotisk bygningsstil = GOTISK STIL ≠ RUNDBUESTIL

spidsbuk

SUBST. *~bukken,* plur. *~bukke, ~bukkene*

en råbuk der ikke har nogen sidegrene på takkerne

spidse

VERB. *-r, -de, -t*

1. spidse ngt gøre noget spidst, fx med en kniv □ *spidse en blyant* · *han spidsede stokken til for at stikke den ned i jorden* □ *spidsning* • **spidse ngt** give noget form som en spids □ *spidse munden* • **spidse til** blive spidsere □ *huen spidser til foroven* · *halvøen spidser til ud mod odden*
2. spidse til = TILSPIDSE □ *den politiske situation spidser til dag for dag*

spidsfindig

ADJ. *-t, -e*
/*spids'findig*/

som ikke er umiddelbart indlysende, fx fordi nogen bevidst har forsøgt at gøre det indviklet = SOFISTISK, HÅRTRUKKEN, SUBTIL, SØGT □ *et spidsfindigt argument* · *et meget spidsfindigt sammensat brev* □ *spidsfindighed*

spidshund

SUBST. *-en,* plur. *-e, -ene*

en hundetype med spids snude = SPIDS

spidskandidat

SUBST. *-en,* plur. *-er, -erne*

en kandidat der er opstillet som nr. 1 på en valgliste

spidskål

SUBST. *-en,* plur. *~kål, -ene*

en art hvidkål der er aflangt og spidst og med løse og sprøde blade

spidsmus

SUBST. *-en,* plur. *~mus, -ene*

et lille muselignende pattedyr med lang, bevægelig snude; lever af insekter; latinsk navn *Soricidae*

spidsrod

SUBST.

løbe spidsrod passere en række nysgerrige el. kritiske personer □ *efter kampen måtte spillerne løbe spidsrod mellem de mange fans*

spiger

SUBST. *-en* el. *-et,* plur. *-e* (el. *spigre* el. *spiger*), *spigrene* (el. *-ne*)

et meget stort søm

spigre

VERB. *-r, -de, -t*

spigre ngt fastgøre noget med *spiger* ≠ SØMME □ *spigre et bræt fast* · *låget er spigret på kisten* · *døren er spigret til* □ *spigring*

spil

SUBST. *spillet,* plur. *spil, spillene*

1. et hejseværk som består af en tromle med et reb el. en kæde på; det der skal hejses bindes fast i enden af tovet, hvorpå man drejer tromlen, så tovet vikles af el. på □ *spillet gik trægt* □ *ankerspil*
2. en hurtig bevægelse el. en vekslen mellem forskellige synsindtryk der giver indtryk af bevægelse □ *et muntert spil i øjnene* · *et spil af farver* · *skyggernes spil på væggen* □ *spilkoge* · *spillevende* · *spilvågen* □ *minespil* · *skyggespil* • **have** el. **få frit spil** kunne gøre hvad man vil □ *lade fantasien få frit spil*
3. en leg el. en sportsgren i hvilken der anvendes bestemte rekvisitter el. redskaber, og som følger bestemte regler; også om selve rekvisitterne og redskaberne □ *have held i spil* · *tage sig et spil kort* · *spille et spil billard* · *hun vandt spillet* · *spille ærligt spil* · *han har mange spil stående på reolen* □ *bankospil* · *boldspil* · *brætspil* · *hasardspil* · *kortspil* · *kricketspil* · *lottospil* · *ludospil* · *puslespil* · *skakspil* · *terningspil* • udøvelse af en sportsgren □ *bolden er i spil* · *spillet var langsomt* · *have hele spillet* · *vende spillet til egen fordel* · *han er ude af spillet* □ *spilfordeler* □ *boldspil* · *kombinationsspil* · *omspil* · *positionsspil* · *slutspil*
4. fremførelse af musik på et musikinstrument □ *pianistens fremragende spil* □ *guitarspil* · *klaverspil* · *klokkespil* · *strengespil* • **gå til spil** gå til musikundervisning □ *hun går til spil hver onsdag*
5. fremførelse af et skuespil = SKUESPIL, TEATER □ *skuespillerens overbevisende spil henførte alle* □ *hørespil* · *komediespil* · *radiospil* · *rollespil* · *skuespil* · *syngespil* • det at påtage sig el. spille en rolle for at dække over virkelige forhold □ *de spillede et spil over for hinanden* □ *magtspil* • **aftalt spil** det at to el. flere personer arbejder skjult sammen for at opnå noget
6. i forsk. forb.: • **spillet er ude** el. **tabt** udtryk for at noget er slut • **sætte livet på spil** udsætte sig for livsfare □ *brandmanden satte livet på spil for at redde de indespærrede* • **sætte ngt på spil** udsætte sig for at miste noget □ *han satte hele sin formue på spil* • **sætte ng ud af spillet** sætte nogen uden for indflydelse • **være på spil** lave narrestreger □ *det er nok børnene der har været på spil* • **være** el. **stå på spil** risikere at miste □ *hele min formue er på spil* · *der står meget på spil*

spild

SUBST. *-et*

1. en ødsel brug af noget □ *hullet i haveslangen forårsagede stort spild af vand* · *det er spild af tid og kræfter* □ *spildtid* □ *papirspild* · *stemmespild* · *tidsspild* · *vandspild* • **gå til spilde** gå tabt □ *der går meget vand til spilde*
2. ⟨i sammensætn.⟩ et affaldsprodukt der bliver til overs ved udnyttelse af et produkt □ *spildolie* · *spildprodukt* · *spildvarme*

spilde

VERB. *-r, spildte, spildt*

spilde ngt utilsigtet tabe noget flydende og derved lave pletter □ *hun spildte suppe på dugen* · *pas på ikke at spilde!* □ *spildegris* • **spilde ngt** anvende forgæves el. øde bort □ *spilde sin tid* · *spilde sit krudt på det* · *det er ikke værd at spilde flere ord på* · *der er ingen tid at spilde* · *spildt arbejde* · *spildte kræfter* · *spildt ulejlighed* · *spildte penge*

spildevand

SUBST. *-et*

vand der indeholder affaldsstoffer fra husholdningerne og industrien □ *udlede spildevand* □ *spildevandsrensning*

spile

VERB. *-r, -de, -t*

1. spile ngt ud få noget til at svulme op el. blive unaturligt stort = UDSPILE □ *han spilede næseborene ud* · *han stillede sig op foran spejlet og spilede brystkassen ud*
2. spile ngt op åbne noget helt □ *hun spilede forbløffet øjnene op*

spiler

SUBST. *-en,* plur. *-e, -ne*

et stort ekstrasejl på lystbåde som sættes når man sejler med vinden agterind □ *spilerstage*

spilfægteri

SUBST. *-et,* plur. *-er, -erne*

(neds.): forhandlinger hvor parterne kun foregiver modstridende synspunkter □ *debatten om finansloven var ikke andet end spilfægteri mellem regering og opposition* · *politiske spilfægterier*

spilkoge

VERB. *-r, ~kogte, ~kogt*

koge voldsomt □ *vandet spilkoger* · *spilkogende vand*

spille

VERB. *-r, -de, -t*

1. spille ngt deltage i spil med fastlagte regler □ *spille fodbold* · *spille kort* · *spille lotto* · *spille bold* · *spille i lotteriet* · *spille computerspil* • **spille ud** have udspillet i kortspil □ *det er din tur til at spille ud* · *spille trumf ud*
2. spille {på} ngt frembringe musik på et instrument = MUSICERE □ *spille på klaver* · *spille klaver* · *spille sonater* · *spille Mozart* · *spille jazz* · *spille i orkester* · *spille efter gehør* · *spille firhændigt* · *spille op til dans* • **spille ngt** betjene et apparat der kan frembringe musik □ *spille grammofon* · *spille en cd* · *spille højt* · *spille Doors hele natten*
3. spille ngt opføre et teaterstykke el. vise en film □ *stykket spiller frem til den 1. november* · *spille 'Et dukkehjem'* · *hvad spiller de i biografen?* • **spille ngt** optræde i en bestemt rolle el. i et bestemt stykke □ *spille hovedrollen* · *spille Ofelia* · *hun spiller med i Elverhøj* • **spille {dum}** foregive at være noget man ikke er = LEGE □ *spille dum* · *spille syg*
4. bevæge hurtigt frem og tilbage □ *slangen spillede med tungen* · *spille med musklerne*
5. i forsk. forb. • **spille ind** være medvirkende årsag □ *vejret spiller ind på humøret* • **spille op** optræde på en provokerende måde □ *du skal ikke komme her og spille op!* • **spille ng ud mod hinanden** bevirke at nogen bliver indbyrdes uenige □ *hans taktik var at spille beboerne ud mod hinanden* • **spille ud med ngt** lægge noget frem □ *de spillede ud med et nyt forslag* • **spille på ngt** udnytte noget □ *hun spiller på sin kvindelige charme*

spilleautomat

SUBST. *-en,* plur. *-er, -erne*

en automat som ved møntindkast sætter et lykkehjul el.lign. i gang □ *vinde jackpot på spilleautomaten*

spillebule

SUBST. *-n,* plur. *-r, -rne*

et illegalt sted hvor der spilles hasard

spilledåse

SUBST. *-n,* plur. *-r, -rne*

en æske med et apparat der spiller en melodi når man drejer på et håndsving el. når man åbner låget

spillefilm

SUBST. *-en,* plur. *~film, -ene*

en film med en opdigtet handling; især en biograffilm med en varighed på omkring 90 min. ≠ DOKUMENTARFILM, KORTFILM □ *det startede som en tv-serie, men endte med at blive en hel spillefilm* □ *spillefilm(s)længde*

spillefugl

SUBST. *-en,* plur. *-e, -ene*

en person som har en stærk trang til at spille hasard, fx roulette el. poker □ *han er en lidenskabelig spillefugl*

spillekasino

SUBST. *-et,* plur. *-er, -erne*

et sted hvor der spilles hasardspil om penge

spillekort

SUBST. *-et,* plur. *~kort, -ene*

hvert af de 52 små stive stykker papir med tal, særlige figurer og farver som bruges til forskellige spil = KORT

spillelidenskab

SUBST. *-en*

en sygelig trang til at spille hasard, fx roulette el. poker = LUDOMANI

spillelærer

SUBST. *-en,* plur. *-e, -ne*

en person der giver undervisning i brug af et musikinstrument, fx klaver

spillemand

SUBST. *-en,* plur. *~mænd, ~mændene*

en musiker der spiller for et levende publikum = MUSIKANT

spilleme

ADV.

mildt kraftudtryk = KNAGEME, SØREME, POKKERME □ *det er spilleme for kedeligt*

spillemærke

SUBST. *-t,* plur. *-r, -rne*

et plastic- el. metalstykke der kan bruges på et casino el. i en spilleautomat i stedet for penge

spiller

SUBST. *-en,* plur. *-e, -ne*

1. en person der deltager i et boldspil, et brætspil el. et kortspil □ *spillerne løb ind på banen · spillerne satte sig til rette rundt om bordet* □ *badmintonspiller · billardspiller · bridgespiller · falskspiller · fodboldspiller · kortspiller · markspiller · midtbanespiller · modspiller · skakspiller* • en person der deltager i væddemål □ *spillerne samles om rouletten · han er en lidenskabelig spiller* □ *spillernatur* □ *hasardspiller*
2. ⟨i sammensætn.⟩ en person som spiller på et musikinstrument el. opfører et teaterstykke □ *dukkespiller · fløjtespiller · medspiller · orgelspiller · skuespiller · violinspiller*

spilleregel

SUBST. *-en* (el. *~reglen*), plur. *~regler, ~reglerne*

1. en regel i et spil el. en leg □ *kender du spillereglerne til ludo? · den eneste spilleregel er at bolden skal røres af en medspiller før man må score*
2. en uskreven regel der gælder i en større sammenhæng = NORM, SÆDVANE □ *man må overholde det politiske livs spilleregler · han hævder at de demokratiske spilleregler er overholdt · naturens spilleregler*

spillerum

SUBST. *~rummet*

en mulighed for at udfolde sig = HANDLEFRIHED □ *give nogen frit spillerum · have et stort spillerum*

spilletid

SUBST. *-en,* plur. *-er, -erne*

1. den tid et spil el. en sportskamp varer □ *der måtte forlænget spilletid til før sejren var hjemme*
2. den tid det tager at spille en film, et teaterstykke el.lign. □ *filmen har en spilletid på 2 timer*

spillevende

ADJ.

fuld af liv = SPRÆLLEVENDE □ *forfatteren har en evne til at gøre sine romanfigurer til spillevende mennesker*

spilopmager

SUBST. *-en,* plur. *-e, -ne*

= GAVTYV □ *han er en værre spilopmager*

spilopper

SUBST.PLUR. *-ne*
/*spi'lopper*/

en drilagtig, ofte barnlig handling = NARRESTREGER, GAVTYVESTREG □ *Emil fra Lønneberg var fuld af spilopper · hvad er det for spilopper, du har for? · lave spilopper*

spilvågen

ADJ. *-t, ~vågne*

= LYSVÅGEN

spinal

ADJ. *-t, -e*
/*spi'nal*/

som har at gøre med rygraden □ *spinal lammelse* □ *spinalvæske*

spinat

SUBST. *-en*
/*spi'nat*/

1. en plante hvis store, hjerteformede, let krøllede blade spises som grøntsag; latinsk navn *Spinacia oleracea*
2. træde el. **jokke i spinaten** være taktløs el. sige el. gøre noget dumt

spind

SUBST. *-et,* plur. *spind, -ene*

1. lange tynde tråde som kan danne et net, og som er en kirtelafsondring hos visse insekter, fx edderkopper □ *fluen er fanget i edderkoppens spind · silkeormens spind*
2. et sammenfiltret net af noget, fx påfund el. løgne som det er svært at komme ud af igen □ *hun havde vævet sig ind i et spind af løgne* □ *tankespind* • noget der er spundet, fx garn el. tråd □ *hørspind · silkespind*
3. en roterende og selvforstærkende bevægelse; især om et flys rotation mens det styrter mod jorden

spinde

VERB. *-r, spandt, spundet* (*spunden, spundne*)

1. spinde ngt lave tråd ved at sno totter af fibre, fx uld, bomuld, silke el. hør □ *spinde garn* □ *spinder · spinderi · spinderok* • danne spindelvæv □ *edderkoppen spinder sit fine spind · larven spinder sig ind i en puppe*
2. frembringe en snurrende lyd □ *katten spinder af kælenskab · motoren spinder · symaskinen spandt inde i stuen*
3. dreje rundt på et glat underlag uden at trække □ *vi var ved at skride ud fordi hjulene spandt på isen* • (flyvning): være ude af kontrol og falde mod jorden mens det drejer rundt i små cirkler □ *det lykkedes piloten at få flyet til at holde op med at spinde i sidste øjeblik*
4. i forsk. forb.: • **spinde en ende** se under *ende* • **spinde guld** se under *guld* • **spinde rænker** se under *rænker*

spindelvæv

SUBST. *-et,* plur. *~væv, -ene*

= EDDERKOPPESPIND □ *der var spindelvæv i alle stuens kroge*

spinder

SUBST. *-en,* plur. *-e, -ne*

1. (fiskeri): et kunstagn til lystfiskeri som har en plade der roterer når agnet trækkes gennem vandet ≠ BLINK, PIRK
2. en sommerfugl med en tyk, lodden krop; mange arter, fx *natpåfugleøje* og *silkesommerfugl;* latinsk navn *Bombycidae*

spinderok

SUBST. *~rokken,* plur. *~rokke, ~rokkene*

= ROK

spindeside

SUBST. *-n*

(glds.): de kvindelige medlemmer af en slægt el. en gruppe = KVINDESIDE ≠ SVÆRDSIDE □ *de er beslægtede på spindesiden · på spindesiden har vi vundet flere mesterskaber i år*

spindler

SUBST. *-en,* plur. *-e, -ne*

et dyr som tilhører en klasse af leddyr som har spindekirtler, og som bl.a. omfatter *edderkopper, mejere, mider* og *skorpioner*

spinet

SUBST. *spinettet,* plur. *spinetter, spinetterne*
[*sbi'næt*]

et lille *cembalo* med klaviatur i én række

spinke

VERB. *-r, -de, -t*

spinke og spare (spøg.): være meget sparsommelig □ *de har spinket og sparet i mange år for at få råd til at købe hus*

spinkel

ADJ. *-t, spinkle; spinklere, spinklest*

lille og skrøbelig □ *spinkle grene · en spinkel tone · et spinkelt håb* • (om en person): tynd og ikke særlig kraftig knoglebygning □ *han er ikke mager, bare spinkelt bygget · en lille, spinkel pige*

spinlon ®

SUBST.
/*'spinlon*/

et syntetisk stof vævet af glatte, silkelignende garner

spion

SUBST. *-en,* plur. *-er, -erne*
/*spi'on*/

en person der arbejder for en efterretningstjeneste og fremskaffer fx militære hemmeligheder = AGENT □ *anklaget for at være spion for det tidligere Østtyskland · en hemmelig spion* □ *spionaffære · spionkamera · spionthriller* □ *kontraspion* • en person der udøver industrispionage □ *industrispion*

spionage

SUBST. *-n,* plur. *-r, -rne*
[*sbio'na:sjə*]

det at spionere □ *han drev spionage for tyskerne · mistænkt for spionage · dømt for spionage* □ *spionagecentral · spionagechef · spionagedømt · spionagevirksomhed* □ *industrispionage*

spionere

VERB. *-r, -de, -t*
/*spio'nere*/

spionere mod ng(t) hemmeligt indsamle oplysninger som har betydning for et lands militære sikkerhed el. for et firmas produktion □ *han* *spionerede mod forsvarsministeriet* • *spionere for tyskerne* □ *spionering* □ *udspionere*

spir

SUBST. *-et,* plur. *spir, -ene*

et tårn el. et tag hvis stejle stigende sider løber sammen i en smal spids, særlig på kirker og slotte □ *kirkespir*

spiral

SUBST. *-en,* plur. *-er, -erne*
/*spi'ral*/

1. en kurve der fremkommer når noget drejes rundt og rundt om et punkt med regelmæssigt tiltagende afstand □ *vindeltrappen har form som en spiral* □ *spiralformet* • *spiralblok* • *spiralfjeder* • *spiraltåge*
2. et præventionsmiddel til kvinder som består af en lille genstand som anbringes i livmoderen og gør livmodervæggen uimodtagelig for befrugtede ægceller; kan fx være af plastic el. kobber og have mange forskellige former = INTRAUTERIN PRÆVENTION

spiralbund

SUBST. *-en,* plur. *-e, -ene*

en sengebund med spiralfjedre til at lægge en madras på ≠ LAMELBUND □ *seng med spiralbund*

spirant

SUBST. *-en,* plur. *-er, -erne*
/*spi'rant*/

= FRIKATIV

spire[1]

SUBST. *-n,* plur. *-r, -rne*

1. (botanik): en lille kimplante som lige er brudt frem fra et frø □ *kornets første små spirer* • *karse sætter spirer på vådt vat* □ *spiredygtig* • *spireevne* □ *bønnespire* • *lucernespire* • *skydespire* • et nyt blad som lige er begyndt at vokse fra en knop
2. noget som er den første begyndelse til at noget udvikles = BEGYNDELSE □ *mødet blev spiren til et langvarigt venskab*
3. ⟨i sammensætn.⟩ (spøg.): i begyndelsen af en uddannelse el.lign. = BEGYNDER, ASPIRANT □ *han er en rigtig lille bøllespire* □ *bøllespire* • *forbryderspire* • *forfatterspire* • *kontorspire* • *officersspire*

spire[2]

VERB. *-r, -de, -t*

1. sætte spirer fra et frø el. en knop □ *græsset er begyndt at spire* • *bladene spirede på træerne* • *frøene spirer* □ *spiring*
2. begynde at vokse fra næsten ingenting □ *håbet om bedre tider spirede i befolkningen* • *et spirende overskæg* • *mistanken begyndte at spire i hende*

spiritisme

SUBST. *-n*
/*spiri'tisme*/

det at man gennem en person der har forbindelse til åndeverdenen kan komme i forbindelse med afdøde personer

spiritist

SUBST. *-en,* plur. *-er, -erne*
/*spiri'tist*/

en person som er tilhænger af spiritisme □ *spiritistmøde*

spiritualisme

SUBST. *-n*

en filosofisk anskuelse ifølge hvilken sjælen har en selvstændig eksistens som er uafhængig af legemet ≠ MATERIALISME

spiritualitet

SUBST. *-en*
/*spirituali'tet*/

= ÅNDFULDHED □ *udtrykke sig med spiritualitet*

spirituel

ADJ. *-t, spirituelle*
[*sbiritu'æl*]

som er åndfuld el. vittig på et højt plan □ *en spirituel samtale* • *hans artikler er meget spirituelle*

spirituosa

SUBST.PLUR. *-ene*
/*spiritu'osa*/

en drik der indeholder mere end 20% alkohold, fx cognac, rom, whisky og snaps = SPIRITUS, SPRUT, SPRIT □ *vine og spirituosa*

spiritus

SUBST. *-en* (el. *spiritussen*)

1. ren alkohol som bl.a. bruges til at desinficere og konservere med = ALKOHOL □ *denatureret spiritus* • *sætte en snog i spiritus* □ *spirituslak* □ *salmiakspiritus*
2. en drik der indeholder mere end 20% alkohol, fx cognac, rom, whisky og snaps = SPIRITUOSA, SPRIT, SPRUT □ *stærk spiritus* • *være påvirket af spiritus* • *han rører aldrig spiritus* □ *spiritusbeskatning* • *spiritusbevilling* • *spirituskørsel* • *spiritusprøve* • *spirituspåvirket*

spirituskørsel

SUBST. *-en* (el. *~kørslen*), plur. *~kørsler, ~kørslerne*

kørsel i spirituspåvirket tilstand med en koncentration af alkohol i blodet på over 1,21 promille = SPRITKØRSEL ≠ PROMILLEKØRSEL □ *20% af spirituskørslerne resulterede i ulykker*

spiritusprøve[1]

SUBST. *-n,* plur. *-r, -rne*

en prøve som politiet underkaster personer der menes at være påvirket af spiritus

spiritusprøve[2]

VERB. *-r, -de, -t*

spiritusprøve ng underkaste nogen en spiritusprøve □ *bilisten blev spiritusprøvet* □ *spiritusprøvning*

spirituøs

ADJ. *-t, -e*
/*spiritu'øs*/

som indeholder alkohol = ALKOHOLHOLDIG □ *spirituøse drikke*

spirrevip

SUBST. *spirrevippen,* plur. *spirrevipper, spirrevipperne*
/*spirre'vip*/

en lille, spinkel og adræt person

spiræa

SUBST. *-en,* plur. *-er* (el. *spiræa*), *-erne* (el. *-ene*)

en busk med små, hvide el. røde blomster i store stande; flere arter, bl.a. *snedrivebusk* og *rævehalespiræa;* latinsk navn *Spiraea*

spise[1]

SUBST. *-n,* plur. *-r, -rne*

noget der er beregnet til at blive spist = MADVARE, FØDE □ *grøntsager er en sund spise* • *han tåler ikke fede spiser* □ *spisekammer*

spise[2]

VERB. *-r, spiste, spist*

1. spise ngt putte mad el.lign. i munden som tygges og synkes = FORTÆRE, ÆDE, SLUGE ≠ DRIKKE □ *spise kager* • *spise en gulerod* • *de spiste og drak* • *spise en vitaminpille* • *hunden spiste resterne* □ *spiserør* □ *småspise* • *trøstespise* • **spise ngt** fortære et måltid mad □ *spise aftensmad* • *spise morgenmad* • *vi spiser kl. seks* • *jeg skal hjem og spise* • *spise til middag hos naboen* • *spise på restaurant* • *spise med kniv og gaffel* • *han har spist for meget* • *hun spiser hurtigt* □ *spisebestik* • *spisebord* • *spisefrikvarter* • *spisekøkken* • *spisepause* • *spisesal* • *spisestue* • *spisetid* • *spisevogn* • *spisevægring* • **spise af hånden** (om dyr): spise noget som en person holder i hånden □ *hesten spiser af hånden* • **spise af munden** tygge færdig og synke maden □ *spis af munden før du taler!* • **spise godt** spise god mad □ *det er en restaurant hvor man spiser godt* • *han sætter pris på at spise godt* • **spise op** spise hvad der er på tallerkenen □ *hvis du ikke spiser op, får du ingen dessert* • **spise ng ud af huset** spise utrolig meget □ *vores søn spiser os snart ud af huset* • **spise ude** spise et andet sted end hjemme hos sig selv, fx på restaurant □ *vi spiste ude i går* • **spise sig en mavepine til** spise så meget at man får ondt i maven □ *hun spiste sig en mavepine til i blommer* • **spise sig gennem ngt** spise alt det der bliver serveret, selv om man måske ikke har lyst til det eller behov for det □ *spise sig gennem et bjerg af kartofler* • *gæsterne spiste sig gennem fire retter mad* • **spise sig mæt** spise indtil man er mæt □ *ikke alle har mulighed for at spise sig mæt* • *han spiste sig mæt i kager*
2. spise ngt nedbryde el. udligne ngt □ *havet har spist en del af diget* • *afgifterne spiser den forventede skattelettelse op*
3. spise ng af med ngt lade nogen nøjes med noget som ikke er hvad der blev forventet □ *han spiste mig af med et telegram* • *de blev spist af med tomme løfter* • **spise ng(t) med øjnene** se lystfuldt på nogen el. sultent på noget □ *han spiste hende med øjnene* • *børnene spiste flødeskumskagerne med øjnene*

spisebord

SUBST. *-et,* plur. *-e, -ene*

et bord til at spise ved

spisekammer

SUBST. *-et* (el. *~kamret*), plur. *~kamre, ~kamrene*

1. et lille, ofte køligt rum hvor man opbevarer mad til senere brug = FORRÅDSKAMMER, FADEBUR
2. et område som har rigelige mængder af fx korn □ *Ukraine kaldtes engang Europas spisekammer*

spisekort

SUBST. *-et,* plur. *~kort, -ene*

en fortegnelse over de retter der serveres på en restaurant = MENUKORT

spisekøkken

SUBST. *-et* (el. *~køknet*), plur. *-er* (el. *~køkner*), *-erne* (el. *~køknerne*)

et køkken med spiseplads

spiselig

ADJ. *-t, -e*

som kan spises ≠ USPISELIG □ *spiselige svampe* · *pizzaen var spiselig, men den smagte ikke godt* • som lige akkurat kan accepteres el. som fremtræder indbydende □ *politikerne mente at pakken var spiselig hvis man også fik en række miljøgarantier* · *det gælder også om at gøre produktet spiseligt for kunderne*

spiserør

SUBST. *-et,* plur. *~rør, -ene*

en rørformet forbindelse fra mundhule til mavesæk som den tyggede føde glider ned igennem □ *spiserørsforsnævring*

spiseseddel

SUBST. *-en* (el. *~sedlen*), plur. *~sedler, ~sedlerne*

1. en plakat med en avisnyhed som står el. hænger uden for en aviskiosk □ *historien blev omtalt i lederen, på forsiden og på spisesedlen*
2. = SPISEKORT □ *restauranten har kun vegetariske retter på deres spiseseddel*

spiseske

SUBST. *-en,* plur. *-er, -erne*

en ske der bruges til at spise suppe, is el. grød med □ *spiseskefuld*

spisestel

SUBST. *~stellet,* plur. *~stel, ~stellene*

en fuldstændig samling af tallerkner, fade o.l. af samme design □ *de ønsker sig et nyt spisestel*

spisestue

SUBST. *-n,* plur. *-r, -rne*

et rum i et hus el. en lejlighed hvor man spiser □ *spisestuemøbel* • et spisebord med tilhørende stole □ *de købte en ny spisestue i eg*

spisevogn

SUBST. *-en,* plur. *-e, -ene*

en jernbanevogn hvori der er restaurant = RESTAURATIONSVOGN

spisning

SUBST. *-en,* plur. *-er, -erne*

det at spise noget □ *madens vej gennem kroppen fra spisning til fordøjelse og ekskrementering* • det at indtage et måltid □ *blive inviteret til spisning* · *plejehjemsbeboerne kunne selv vælge om de ville deltage i den fælles spisning*

spjæld

SUBST. *-et,* plur. *spjæld, -ene*

1. en luftkanal el. en klap for en luftkanal □ *kakkelovnsspjæld* · *skorstensspjæld*
2. (spøg.): = FÆNGSEL □ *han sad fjorten dage i spjældet* □ *spjældtur*

spjæt

SUBST. *spjættet,* plur. *spjæt, spjættene*

en pludselig, mindre bevægelse med kroppen el. en del af kroppen □ *barnet gjorde et spjæt med benet* · *det gav et spjæt i ham* □ *benspjæt*

spjætte

VERB. *-r, -de, -t*

gøre et spjæt □ *han kunne ikke svømme, men forsøgte at holde sig oven vande ved at spjætte med arme og ben*

splejs

SUBST. *-en,* plur. *-e* (el. *-er*), *-ene* (el. *-erne*)

en lille, spinkel og kraftløs person = SVÆKLING □ *han er en bleg lille splejs* · *du kan ikke skræmme mig, din splejs!* □ *splejset*

splejse

VERB. *-r, -de, -t*

1. splejse ngt sammen flette noget sammen □ *splejse to tove* □ *splejsning*
2. splejse til ngt (slang): samle penge ind til noget bestemt □ *de splejsede til gaven*
3. splejse ng sammen (slang): vie et par □ *de forlovede blev splejset sammen*

splejset

ADJ. *- , splejsede*

som er lille, spinkel og kraftløs □ *en splejset fyr*

splendid

ADJ. *-t, -e*
[*sblæn'di'ð*]

= EXCELLENT □ *en splendid middag*

splid

SUBST. *-en*

dyb uenighed □ *der er splid i familien* · *skabe splid i ledelsen* · *sætte splid i familien* • **være i splid med sig selv** være usikker på hvad man skal gøre

splint[1]

SUBST. *-en,* plur. *-er, -erne*

1. et lille stykke af fx træ = FLÆKKE, FLIS □ *få en splint i fingeren* □ *bensplint* · *træsplint*
2. en lille smule af noget □ *han har en splint af det djævelske i sit sind* · *vi bærer alle en splint af denne indstilling i os*
3. (spøg.): en person der er meget lille og spinkel

splint[2]

SUBST. *-en*

det lyse, blødere lag af ved lige under et træs bark ≠ KERNEVED

splinterny

ADJ. *-t,* plur. *-e* (el. *~ny*)

helt ny □ *drengen fik en splinterny cykel*

splintre

VERB. *-r, -de, -t*

splintre slå noget i splinter = KNUSE, SMADRE □ *ruden er splintret* · *granaterne havde splintret alt træværk* □ *splintring*

split

SUBST. *splitten,* plur. *splitter, splitterne*

1. et smalt el. v-formet indsnit □ *splitten i en pen* · *et flag med split* · *det danske orlogsflag har split* □ *splitflag* • = SPLITFLAG □ *flage med split*
2. en stift el. kile med to flige der kan bøjes fra hinanden; bruges fx til sikring af bolt □ *en skruebolt med split* □ *splitbolt*
3. en gymnastisk øvelse hvor benene strækkes vandret ud til siderne i en vinkel på 180° ≠ SPAGAT □ *lave en split*

splitflag

SUBST. *-et,* plur. *~flag, -ene*

et flag som har to el. tre spidser; bruges som stats- og orlogsflag i de nordiske lande = SPLIT ≠ STUTFLAG □ *kun offentlige institutioner må flage med splitflag*

splitte

VERB. *-r, -de, -t*

splitte ng(t) skille nogen el. noget ad □ *politiet splittede demonstranterne* · *krigen havde splittet familien* □ *splittelse* • **splitte ngt ad** sønderdele noget med risiko for ikke at kunne samle det igen = ØDELÆGGE □ *han splitter sit legetøj ad* • **splitte ngt op** dele noget i mindre dele = OPDELE □ *uddannelsen blev splittet op i to nye* • **splittet** ⟨ADJ.⟩ som er forvirret, usikker og ude af stand til at tage en beslutning □ *et splittet sind* · *hun følte sig splittet efter forældrenes skilsmisse* • **stå splittet** være uenig □ *vi står splittet i denne sag* · *partiet står splittet*

splittelse

SUBST. *-n,* plur. *-r, -rne*

det at dele el. skille noget oprindeligt sammenhørende □ *krigen medførte splittelse af familier* · *der var splittelse i partiet pga. sagen* · *afstemningen skabte dyb splittelse i byen*

spoiler

SUBST. *-en,* plur. *-e, -ne*
[*'sbɔjlɔ*]

1. en smal klap på en flyvinge som bruges til at forhindre flyets opdrift ved landing
2. en plade som monteres på en bil for at forbedre vejgrebet og give bedre aerodynamik; bruges især på racerbiler □ *Roveren har en spoiler på bagsmækken*

spole[1]

SUBST. *-n,* plur. *-r, -rne*

en cylinder som noget vikles op omkring □ *undertråden i symaskiner sidder på en spole* · *spole til en film* □ *spoleben* · *spolegarn* □ *filmspole* · *garnspole*

spole[2]

VERB. *-r, -de, -t*

spole ngt {tilbage} bruge en maskine til hurtigt at vikle et magnetbånd fra en spole til en anden □ *spole et videobånd tilbage* · *spole et bånd* *igennem for at finde et bestemt stykke musik • spole hen til afslutningen af filmen • spole fra den ene til den anden ende af båndet • man bruger megen tid på at spole • bare man kunne spole tiden tilbage* □ *spoling • spolning* • **spole ngt af** el. **op** vikle noget, fx tråd, af el. på en spole □ *spole garnet op*

spoleben

SUBST. *-et*, plur. *~ben, -ene*

den mindste af de to knogler i underarmen; går fra håndledets tommelfingerside til albuen ≠ ALBUEBEN

spolere

VERB. *-r, -de, -t*
/spo'lere/

spolere ngt = ØDELÆGGE □ *deres planer om en skovtur blev spoleret af uvejret* • **spolere ng** = FORKÆLE □ *du spolerer børnene med de dyre gaver*

spondæ

SUBST. *-en*, plur. *-er, -erne*
/spon'dæ/

en versefod der består af to trykstærke stavelser

sponsor

SUBST. *-en*, plur. *-er, -erne*

en person el. virksomhed der sponsorerer nogen el. noget □ *sponsoraftale • sponsorpenge* □ *hovedsponsor*

sponsorere el. sponsere

VERB. *-r, -de, -t*
/sponso'rere/

sponsorere ng(t) give penge til støtte for fx en idrætsudøver, forening, sportsklub, udstilling el.lign., som regel mod at få reklame til gengæld □ *firmaet sponsorerer femkæmperen* □ *sponsorering*

spontan

ADJ. *-t, -e*
[sbɔn'ta'n]

som sker pludselig af sig selv og uden synlig ydre årsag, el. som handler følelsesbetonet og uden overlæg □ *forestillingen fremkaldte et spontant bifald • 'hvor skønt', udbrød hun spontant • en spontan reaktion • en spontan abort • han har en spontan karakter*

spor

SUBST. *-et*, plur. *spor, -ene*

1. et mærke som en person, et dyr el. et køretøj har afsat på jorden = AFTRYK □ *der var tydelige spor i sneen efter haren • friske spor • følge et spor • hundene tabte sporet i vandet • regnen udslettede alle spor* □ *sporhund • sporsans* □ *bremsespor • fodspor • hjulspor • skispor • ulvespor* • et tegn på at nogen el. noget har befundet sig et bestemt sted; det kan være en duft, en væske el. efterladte genstande □ *gerningsmanden har ikke efterladt sig nogen spor • politiet har fundet et nyt spor i sagen • der var spor efter kamp • det var et blindt spor* □ *blodspor • duftspor* • **komme** el. **være på sporet af ng(t)** være tæt på at finde nogen el. noget man leder efter □ *politiet kom hurtigt på sporet af gerningsmanden • arkæologerne var på sporet af en glemt kultur* • **følge i ens spor** efterligne én □ *han fulgte i chefens spor i et og alt*
2. et tegn som præger en person el.en ting = PRÆG □ *alderen havde sat sine spor i hendes ansigt • bogen bar tydelige spor af at være en sjusket oversættelse* • **sætte sig dybe spor i ng(t)** sætte sit præg på nogen el. noget □ *begivenheden satte sig dybe spor i befolkningen*
3. to parallelle skinner i jorden som fx et tog kører på = SKINNER □ *toget løb af sporet • færdsel over sporene forbudt* □ *sporarbejde • sporskifte • sporvej • sporvidde* □ *jernbanespor • krybespor • sidespor • togspor • vigespor* • en perron hvor et tog ankommer og afgår fra □ *toget afgår fra spor 1* • **løbe af sporet** være forkert på den □ *forskerne løb af sporet*
4. et hold på et uddannelsessted; det kan være en klasse el. en retning □ *skolen havde fire spor på hvert klassetrin*
5. ikke spor udtryk for at noget ikke er på en bestemt måde = OVERHOVEDET IKKE, SLET IKKE, PÅ INGEN MÅDE □ *jeg er ikke spor vred • han var ikke spor glad over besøget • det gør ikke spor*

sporadisk

ADJ. *- , -e*
/spo'radisk/

som er uden samlet oprindelse el. organisation = SPREDET, PUNKTVIS ≠ EPIDEMISK □ *loven blev vedtaget mod en håndfuld sporadiske protester • sygdommen optræder kun sporadisk*

spore[1]

SUBST. *-n*, plur. *-r, -rne*

1. et lille hjul el. en spids af metal som sidder på hælen af en ridestøvle og bruges til at prikke i hestens sider for at drive den frem □ *give hesten af sporerne* • en spids udvækst på hælen hos visse fugle □ *hanespore* • et køkkenredskab med et skærende hjul □ *kagespore • klejnespore*
2. = TILSKYNDELSE □ *udsigten til en god fortjeneste var en spore til at lægge energi i arbejdet*
3. et ofte encellet legeme til ukønnet formering hos planter der ikke har blomster, fx *bregner, mosser* og *svampe* □ *sporeplante* • en udposning på et *kronblad* som er fyldt med nektar

spore[2]

VERB. *-r, -de, -t*

1. spore ng(t) blive opmærksom på lugten af nogen el. noget = VEJRE □ *hunden sporede vildtet • den hund kan spore hash • de har sporet udsivende gas • de forsvundne børn er blevet sporet • man kunne spore en svag lugt af parfume* • **spore ngt** = FORNEMME □ *der spores ingen forandring • der var en vis skuffelse at spore i hans stemme* • **spore ng(t) til ng(t)** følge sporene af nogen el. noget og finde ud af hvor de el. den er el. stammer fra □ *spore svindleren til Italien • sagnet kan spores til Indien • motivet til mordet kan spores tilbage til en gammel familiestrid* • **spore ng(t)** følge sporene af nogen el. noget og finde ham el. det □ *hunden sporede en hare op • jeg har sporet et par hemmeligheder op om ham*
2. spore ng prikke en hests sider med sporerne for at drive den frem □ *han sporede hesten og satte i galop ud over prærien*
3. spore ngt ind på ngt få noget til at bevæge sig i en bestemt retning □ *hun sporede samtalen ind på et nyt emne* □ *anspore*

sporenstregs

ADV.

(glds.): = ØJEBLIKKELIG □ *han læste telegrammet og tog sporenstregs til London*

sporhund

SUBST. *-en*, plur. *-e, -ene*

en hund der er dygtig til at finde personer el. ting

sporløs

ADJ. *-t, -e*

som ikke har efterladt sig nogen spor □ *hendes sporløse forsvinden er et mysterium • årene er gået sporløst hen over hende*

sporskifte

SUBST. *-t*, plur. *-r, -rne*

1. en anordning der sørger for at et tog skifter spor □ *sporskiftet er sneet til*
2. en radikal ændring af noget □ *der er sket et sporskifte i dansk politik*

sporstof

SUBST. *~stoffet*, plur. *~stoffer, ~stofferne*

et stof, fx jern, jod el. mangan, der i meget lille mængde er nødvendigt for det naturlige forløb af en organismes fysiologiske processer

sport

SUBST. *-en*

legemsøvelser som har til formål at styrke og træne kroppen; dyrkes ofte i hold og i konkurrence med andre = IDRÆT □ *det er en dyr sport at spille tennis • fodbold er den eneste sport han dyrker • gå til sport* □ *sportsdans* □ *hestesport* • en handling med et element af udfordring el. konkurrence □ *der gik sport i hvem der kunne spise flest flødeboller • der er mere sport i at klare sig uden offentlig støtte*

sportsfly

SUBST. *-et*, plur. *~fly, -ene*

et mindre fly som anvendes til fritids- el. konkurrenceflyvning

sportsgren

SUBST. *-en*, plur. *-e, -ene*

en bestemt sport der er udformet efter bestemte regler, og som evt. omfatter forskellige discipliner □ *atletik er en sportsgren der blandt andet omfatter disciplinerne løb, spring og kast*

sportsidiot

SUBST. *-en*, plur. *-er, -erne*

en person hvis eneste interesse er sport

sportskamp

SUBST. *-en*, plur. *-e, -ene*

en konkurrence inden for sport

sportslig

ADJ. *-t, -e*

som har at gøre med sport □ *en sportslig begivenhed • sportslig leder • den sportslige kvalitet af kampen • et sportsligt udseende* • som handler efter reglerne for god opførsel i sportskampe □ *en sportslig optræden • det var ikke særlig sportsligt af ham* □ *usportslig*

sportsplads

SUBST. *-en,* plur. *-er, -erne*

et udendørs område som er beregnet til udøvelse af forskellige former for sport

sportsstrømpe

SUBST. *-n,* plur. *-r, -rne*

en strømpe der når til lidt under knæet

sportsvogn

SUBST. *-en,* plur. *-e, -ene*

en lav, hurtig bil med en kraftig motor, men med ringe plads til passagerer el. bagage □ *sportsvognskører*

sportsånd

SUBST. *-en*

et sindelag der er i overensstemmelse med sportens regler for god opførsel og retfærdigt spil i forbindelse med konkurrencer□ *vise den rette sportsånd*

sporty

ADJ.
[*'sbå·ti*]

som ser sportslig ud□ *han var den sporty type* · *en sporty bil* · *selv om man ikke dyrker sport kan man godt se sporty ud*

sporvogn

SUBST. *-en,* plur. *-e, -ene*

et offentligt bytransportmiddel der kører på skinner i gaderne □ *sporvognskonduktør* · *sporvognsskinne*

spot[1]

SUBST. *spotten*

= HÅN □ *bogen er fuld af bidende spot* · *han er genstand for spot* · *hun er til spot for hele byen* • **drive spot med ng(t)** = HÅNE • **føje spot til skade** gøre en ulykkelig hændelse endnu sværere at bære ved sine handlinger, kommentarer osv.

spot[2]

SUBST. *-ten,* plur. *-s* (el. *spot*), *spottene*

= SPOTLIGHT

spot[3]

SUBST. *en* el. *et,* plur. *-s* (el. *spot*), *spottene*

et kort indslag i radio el. tv; ofte en reklame el. en forsmag på en kommende udsendelse □ *et spot i en reklameblok på TV2 er temmelig dyrt* · *de viste et spot om dyreudsendelsen på fredag* □ *reklamespot*

spotlight

SUBST. *-et,* plur. *-s, -ene*
[*'sbɔdlajt*]

en koncentreret lyskegle der er rettet direkte mod det man ønsker at belyse = SPOT □ *hun stod på scenen midt i de kulørte spotlights*

spotlys

SUBST. *-et,* plur. *~lys, -ene*

en lille lampe med et skarpt lys = SPOT, SPOTLIGHT • skarpt lys der kommer fra en spot

spotmarked

SUBST. *-et,* plur. *-er, -erne*

et marked hvor en vare afregnes kontant og leveres til køber omgående □ *olie fås på spotmarkedet i Rotterdam*

spotpris

SUBST. *-en,* plur. *-er, -erne*

en latterligt lav pris□ *varerne sælges til spotpriser*

spotsk

ADJ. - (el. *-t*), *-e*

= HÅNLIG □ *et spotsk smil*

spotte

VERB. *-r, -de, -t*

1. spotte ng(t) = HÅNE □ *de spottede hende for hendes klodsethed* · *hun spottede hans fejhed* · *spotte Gud* □ *spotter* · *spotteglose* □ *bespottelse* • **spotte med ngt** gøre grin med noget□ *man skal ikke spotte med døden* □ *spottefugl*
2. spotte ng(t) få øje på nogen el. noget □ *det er svært at spotte en genstand i det mylder* · *de var så små at de var umulige at spotte på en radarskærm* · *han spottede et godt bytte*

spr.

fork. for *sproglig*

spradebasse

SUBST. *-n,* plur. *-r, -rne*

(neds.): en lapset mand som optræder brovtende og indbildsk□ *spradebassen sad ved bordenden og kæftede op*

spraglet

ADJ. - , *spraglede*

med forskellige og stærke farver □ *hun var en livsglad kvinde som ofte gik klædt i meget spraglet tøj*

sprak

VERB.

bøjningsform af *sprække*

sprang

VERB.

bøjningsform af *springe*

spray

SUBST. *-en,* plur. *-er* (el. *spray*), *-erne* (el. *-ene*)
[*'sbræ·j*]

et apparat til forstøvning og spredning af væske ved hjælp af drivgas□ *spraydåse* · *sprayflaske* • en væske som i forstøvet form sprøjtes ud i luften □ *komme spray i håret* □ *spraymaling* □ *deospray* · *hårspray* · *myggespray*

sprechstallmeister

SUBST. *-en,* plur. *-e, -ne*

en konferencier i cirkus

sprede

VERB. *-r, spredte, spredt*

sprede ngt el. **sprede ngt ud** fordele personer, genstande el. stråling samt, fx informationer ud over et større område el. fx til flere enkeltpersoner □ *soldaterne blev spredt ud over terrænet* · *de spredte sig i byen* · *der er blevet spredt miner ud over skoven* · *malerisamlingen er blevet spredt for alle vinde* · *de spredte frø i køkkenhaven* · *de forkølede børn spreder smitte* □ *spredning* · *spreder* □ *udsprede* • **sprede ngt** få et koncentreret strålebundt til at blive bredere og bredere □ *linsen spreder lyset* □ *spredning* · *spredelinse* • **sprede ngt** fjerne noget fra hinanden □ *sprede fingrene* · *sprede benene* □ *spredning* • **sprede sig** have for mange forskellige interesser el. projekter□ *han tager aldrig den eksamen, sådan som han spreder sig*

spredelinse

SUBST. *-n,* plur. *-r, -rne*

en linse som bryder parallelle lysstråler så de spredes = KONKAV LINSE ≠ SAMLELINSE

spredning

SUBST. *-en*

1. det at sprede noget el. at noget spreder sig □ *spredning af gødning* · *ildens hurtige spredning* □ *grusspredning* · *informationsspredning*
2. den måde som noget fordeler sig på med hensyn til forskelle □ *der er stor spredning i elevernes alder* · *en lille spredning i lønsatserne*

spredt

ADJ. - , *-e*

som forekommer med nogen indbyrdes afstand og uden nogen organiseret sammenhæng = SPORADISK, PLETVIS, STEDVIS □ *husene lå spredt ud over området* · *spredt bebyggelse* · *tropperne gør spredt modstand* · *der hørtes spredt bifald* □ *spredthed* • **spredte iagttagelser** iagttagelser uden samlende overskrift

spring

SUBST. *-et,* plur. *spring, -ene*

1. en svævende bevægelse opad, fremad el. nedad som udføres ved at tage tilløb og sætte af med benene fra et fast underlag ≠ HOP □ *med et kraftigt spring kom han over grøften* · *hesten tog forhindringen i ét spring* □ *springer* · *springbræt* · *springgrav* · *springkonkurrence* · *springlagen* □ *faldskærmsspring* · *højdespring* · *kraftspring* · *længdespring* · *stangspring* · *udspring* • ⟨i sammensætn.⟩ □ *springbønne* · *springfjeder* · *springkniv* · *springpadde* · *springvand*
2. et brat skift el. en forandring □ *et spring i samtalen* · *et voldsomt spring i priserne* · *beslutningen medfører et spring ud i det uvisse* □ *tankespring*
3. stå på spring være parat□ *stå på spring til at gribe chancen* • **vove** el. **tage springet** gøre noget som indebærer en vis risiko

springbind

SUBST. *-et,* plur. *~bind, -ene*

et bind med en fjeder i ryggen til at fastholde løse blade

springbræt

SUBST. *~brættet,* plur. *~brætter, ~brætterne*

1. (i gymnastik): et bredt, fjedrende bræt til at sætte af fra når man springer fx på en plint

2. et middel som man bruger til at komme videre, fx i et karriereforløb □ *han bruger sin nuværende stilling som springbræt til at komme op i hierarkiet*

springe

VERB. *-r, sprang, sprunget (sprungen, sprungne)*

1. springe {over} ngt foretage en hurtig bevægelse op i luften og frem = HOPPE □ *han sprang over grøften · de sprang op på scenen · han sprang op fra stolen · katten sprang ned fra taget · barnet sprang frem fra skabet · springe i vandet · springe om bord i båden · springe ud af sengen · springe af cyklen · springe buk* □ *springer* • **springe op** pludselig blive åbnet el. gå fra hinanden □ *døren sprang op · hun skal holde sig i ro for at undgå at såret springer op · sammensyningen er sprunget op*
2. springe {af sted} løbe hurtigt □ *børnene sprang af sted over marken · hun sprang ud af døren for at nå toget · de sprang hen til politistationen for at hente hjælp · de måtte springe for livet · folk kom springende*
3. blive bragt til sprængning = BRISTE, SPRÆNGES, EKSPLODERE □ *sikringen springer tit · han lod champagneproppen springe og fyldte glasset · krudtet sprang i luften · atombomben sprang over Hiroshima*
4. springe {i} ngt foretage mange pludselige skift □ *han sprang i fortællingen og berettede kun det mest interessante · filmen springer i historien · bogen springer 10 år frem i tiden · hun springer imellem emnerne · en springende samtale · han springer fra job til job* • **springe ng(t) over** lade være med at følge en rækkefølge ved ikke at benytte el. give noget til en del af denne = UDELADE, OVERSPRINGE □ *hun sprang tredje klasse over · hun sprang flere sider over i bogen · han blev sprunget over da der blev delt slik ud · de sprang over i køen · springe kaffen over*
5. springe ud begynde at folde sine blade el. kronblade ud i stadiet mellem knop og udvokset blad el. blomst □ *bøgen springer ud 1. maj · blomsterne er sprunget ud* • **springe ud** lade omverdenen vide hvad man er, fx homoseksuel □ *efter fem år sprang han ud · det tog ti år før han turde springe ud som forfatter*
6. i forsk. forb.: • **hoppe og springe for ng** varte nogen op = STÅ PÅ PINDE FOR □ *hun hopper og springer for sine store børn* • **springe fra** opgive at deltage □ *han havde tilmeldt sig kurset, men sprang fra i sidste øjeblik* • **springe frem** (om væske): vælte frem □ *der springer en kilde frem fra klippevæggen · sveden sprang frem på panden og under armene* • **springe ind** træde til i stedet for en anden med kort varsel □ *han sprang ind i rollen som tv-vært* • **springe på ng** gå til angreb på nogen □ *hunden sprang på hende og bed hende i kinden · de store drenge sprang på den gamle dame* • **springe på ngt** (om en hingst): bedække en hoppe □ *hingsten sprang på hoppen* • **springe ud i ngt** gå i gang med noget som man ikke ved hvordan ender □ *jeg sprang ud i opgaven*

springer

SUBST. *-en,* plur. *-e, -ne*

en brik i skak, ofte med hestehoved, som flyttes to felter frem og et til siden

springflod

SUBST. *-en*

den højeste vandstand ved højvande som forekommer ved ny- og fuldmåne ≠ NIPFLOD • en usædvanlig høj og hurtigt stigende vandstand, fx ved højvande i stormvejr

springform

SUBST. *-en,* plur. *-e, -ene*

en rund bageform med løs bund

springkniv

SUBST. *-en,* plur. *-e, -ene*

en foldekniv hvor bladet springer frem ved hjælp af en fjeder

springpadde

SUBST. *-n,* plur. *-r, -rne*

en padde som har kraftige baglemmer hvormed den kan hoppe: *frøer* og *tudser;* latinsk navn *Anura*

springsk

ADJ. - (el. *-t*), *-e*

som bevæger sig uroligt i spring □ *den hest er noget springsk*

springtur

SUBST. *-en,* plur. *-e, -ene*

en periode hvor man er stukket af fra et fængsel el. en anden institution □ *han begik røveriet under en springtur · hun var på springtur fra ungdomshjemmet*

springvand

SUBST. *-et,* plur. *~vand, -ene*

et dekorativt anlæg med fremspringende vandstråler = FONTÆNE

sprinkler

SUBST. *-en,* plur. *-e, -ne*

et apparat som kan sprøjte vand el. anden væske ud over noget, fx en bilrude □ *bilens sprinkler er ude af drift · lygterne har ingen sprinklere · planterne vandes automatisk af sprinklere der kører på skinner hen over dem* □ *sprinkleranlæg · sprinklerdyse · sprinklermotor · sprinklervanding · sprinklervæske*

sprint

SUBST. *et*

en disciplin inden for forskellige idrætsgrene der foregår over en kort distance = SPRINTERLØB □ *sprinter*

sprinte

VERB. *-r, -de, -t*

(sport): løbe meget hurtigt over en kort distance □ *sprinter*

sprit

SUBST. *spritten*

1. ren alkohol som bl.a. bruges til at desinficere og konservere med = ALKOHOL □ *gøre spejlet rent med sprit · lægge snogen i sprit* □ *spritapparat* □ *finsprit · husholdningssprit · kogesprit · træsprit · tørsprit · vinsprit* • **denatureret sprit** sprit der er gjort udrikkelig ved denaturering
2. (slang): en drik der indeholder mere end 20% alkohol = SPRUT, SPIRITUS, SPIRITUOSA □ *man kan købe billig sprit i lufthavnen* □ *spritballon · spritbilist · spritkørsel · spritsmugler · spritter* • **ligge i sprit** være fuld i flere dage

spritapparat

SUBST. *-et,* plur. *-er, -erne*

et kogeapparat som bruger sprit som brændstof □ *lave mad på et spritapparat*

spritballon

SUBST. *-en,* plur. *-er, -erne*

en anordning med en ballon som tidligere blev anvendt ved spiritusprøver; nu erstattet af *alkometer* □ *puste i en spritballon*

spritbilist

SUBST. *-en,* plur. *-er, -erne*

en person som fører bil under stærk påvirkning af alkohol □ *han blev kørt ned af en spritbilist*

spritkørsel

SUBST. *-en* (el. *~kørslen*), plur. *~kørsler, ~kørslerne*

kørsel i spirituspåvirket tilstand med en koncentration af alkohol i blodet på over 0,8 promille = PROMILLEKØRSEL, SPIRITUSKØRSEL

spritter

SUBST. *-en,* plur. *-e, -ne*

en alkoholiseret vagabond der er forfalden til at drikke kogesprit o.l.

sprog

SUBST. *-et,* plur. *sprog, -ene*

1. et system af lyde el. skrifttegn som kombineres efter visse regler, og som mennesker bruger til at udtrykke sig med = TUNGEMÅL □ *det talte sprog · det skrevne sprog · klassiske og moderne sprog · et dødt sprog · sproget ejer ikke ord til at beskrive dette helvede · det danske sprog er svært at lære for udlændinge · børn lærer fremmede sprog i skolen* □ *sproglig · sprogbarriere · sprogblomst · sprogbrug · sprogforbistring · sprogforsker* □ *fremmedsprog · kunstsprog · nationalsprog · skriftsprog · talesprog* • en måde at udtrykke sig på med ord = UDTRYKSMÅDE □ *du skriver et godt sprog i dine opgaver · artiklen var holdt i et meget videnskabeligt sprog · det er dårligt sprog at bande · han brugte et forfærdeligt sprog når han talte til sine forældre* □ *sprogbrug* □ *barnesprog · kancellisprog · lovsprog · skriftsprog · talesprog* • kommunikation uden brug af ord, fx de lyde, dyr kommunikerer med □ *alle taler hjerternes sprog · gorillaen har et meget komplekst sprog* • ⟨i sammensætn.⟩ noget som bruges til at udtrykke sig med uden brug af ord □ *billedsprog · blomstersprog · kropssprog · programsprog · symbolsprog · tegnsprog · øjensprog* • **dødt sprog** et sprog der ikke tales mere ≠ LEVENDE SPROG
2. komme el. **rykke ud med sproget** = TILSTÅ

sprogbrug

SUBST. *-en* el. *-et,* plur. *~brug, -ene*

den måde sproget bruges på i en konkret sammenhæng □ *almindelig sprogbrug · moderne sprogbrug · juridisk sprogbrug · konkret sprogbrug · staveformen har langsomt tilpasset sig sprogbrugen*

sprogbruger

SUBST. *-en,* plur. *-e, -ne*

en person der aktivt bruger et bestemt sprog i skrift og tale

sprogforbistring

SUBST. *-en,* plur. *-er, -erne*

det forhold at et oprindeligt fælles sprog spaltes i flere der ved selvstændig udvikling fjerner sig mere og mere fra hinanden; specielt om adskillelsen mellem de skandinaviske sprog • det at en samtidig anvendelse af flere sprog kan give anledning til misforståelser = SPROGFORVIRRING

sprogforsker

SUBST. *-en,* plur. *-e, -ne*

en person der som erhverv beskæftiger sig med sprogforskning

sproglig

ADJ. *-t, -e*

som har at gøre med sprog = LINGVISTISK, VERBAL ◻ *sproglige kundskaber* · *han valgte den sproglige linie på gymnasiet* ◻ *gammelsproglig* · *klassisksproglig* · *nysproglig*

sproglærer

SUBST. *-en,* plur. *-e, -ne*

en lærer der underviser i fremmedsprog

sprogøre

SUBST. *-t*

et naturligt talent for sprog ◻ *have et godt sprogøre*

sprosse

SUBST. *-n,* plur. *-r, -rne*

en træliste der deler en vinduesramme = VINDUESSPROSSE

sprude

VERB. *-r, -de, -t*

udsende glødende partikler ◻ *vulkanen spruder ild*

sprudle

VERB. *-r, -de, -t*

vælde frem på en brusende måde ◻ *det friske vand i kilden sprudlede frem* ◻ *sprudlen* • **spudle af ngt** give tydeligt udtryk for noget positivt, fx glæde el. energi ◻ *hun sprudler af vitalitet og godt humør*

sprudlende

ADJ.

som giver udtryk for at man er glad og livlig = PERLENDE

sprukken

ADJ. *-t, sprukne*

1. som har fået små revner pga. udtørring ◻ *jorden var tør og sprukken* · *sprukne læber* ◻ *sprukkenhed* • (glds.): = UTÆT ◻ *et sprukkent kar*
2. som lyder ru og usikker = RUSTEN ◻ *klokken havde en sprukken klang* · *han fortalte med sprukken stemme om sin ulykkelige situation*

sprukket

VERB.

bøjningsform af *sprække*

sprunget

VERB.

bøjningsform af *springe*

sprut

SUBST. *sprutten*

(slang): en drik der indeholder mere end 20% alkohol = SPRIT, SPIRITUS, SPIRITUOSA ◻ *man kan købe billig sprut i lufthavnen*

sprutte

VERB. *-r, -de, -t*

sprøjte eksplosionsagtigt med dråber af fedtstof; fordi fedtstoffet kommer i berøring med en glohed pande ◻ *fedtet spruttede på panden* • **sprutte af grin** bryde ud i latter så små spytdråber eksplosionsagtigt sprøjter ud i luften

sprække[1]

SUBST. *-n,* plur. *-r, -rne*

en smal, aflang åbning i el. igennem noget el. imellem to sammenhørende ting = REVNE ◻ *en sprække i væggen* · *kigge ud gennem en sprække* · *vandet siver ind gennem en sprække* ◻ *brevsprække* · *dørsprække* · *gulvsprække*

sprække[2]

VERB. *-r, -de* (el. *sprak*), *-t* (el. *sprukket*) (*sprukken, sprukne*)

gå delvis i stykker således at der opstår lange, smalle åbninger i overfladen = REVNE ◻ *jorden er nu så tør at den sprækker*

spræl

SUBST. *sprællet,* plur. *spræl, sprællene*

1. en sprællende bevægelse ◻ *fiskens spræl på krogen*
2. sjov og kådhed ◻ *nu skal I ikke lave for meget spræl mens vi er væk* • det at være rask og livlig ◻ *han er lige blevet 80, men han er stadig fuld af spræl*

sprælle

VERB. *-r, -de, -t*

vride el. vende sig el. gøre små hurtige bevægelser med arme og ben ◻ *barnet lå på ryggen og sprællede med arme og ben* · *en måge med en sprællende fisk i næbbet*

sprællemand

SUBST. *-en,* plur. *~mænd, ~mændene*

en træ- el. papfigur der spræller når man trækker i en snor

sprællevende

ADJ.

fuld af liv og vitalitet = SPILLEVENDE ◻ *fisken er sprællevende*

sprælsk

ADJ. *-* (el. *-t*), *-e*

som er meget livlig og ikke til at styre = LIVLIG ◻ *et par sprælske unger* · *en sprælsk hest*

sprænge

VERB. *-r, sprængte, sprængt*

1. sprænge ngt få noget til at splintres med stor kraft, især ved eksplosion ◻ *sprænge en bombe* · *sprænge noget i luften* · *sprænge trommehinden* ◻ *sprængning* • **sprænge ngt** afstedkomme noget ved hjælp af sprængning ◻ *sprænge en tunnel* • **sprænge ngt** ødelægge el. splitte en sammenhængende enhed ◻ *politiet sprængte smuglerbanden* · *den etiopiske løber sprængte feltet* · *sprænge et budget* · *sprænge rammerne for god opførsel* • **være ved at sprænges** være stærkt sindspåvirket ◻ *hun var ved at sprænges af nysgerrighed* · *hans bryst var ved at sprænges af lykke*
2. sprænge ngt lægge kød i salt og derefter koge det ◻ *sprænge et stykke lammebryst* · *at sprænge en gås tilpas er lidt af en kunst*
3. sprænge af sted (glds.): ride hurtigt ◻ *han sprængte af sted alt hvad hesten kunne bære*

sprængfarlig

ADJ. *-t, -e*

1. som let kan sprænge i luften ◻ *en sprængfarlig granat* · *minen er sprængfarlig*
2. som let kan fremkalde protester el. voldsom debat ◻ *Danmarks forhold til EU er et meget sprængfarligt emme for tiden*

sprængfyldt

ADJ. *-* , *-e*

være sprængfyldt med ngt (dagl.): have store mængder af noget ◻ *være sprængfyldt med energi* · *solbær er sprængfyldt med C-vitaminer*

sprængladning

SUBST. *-en,* plur. *-er, -erne*

en portion sprængstof i fx en bombe el. en granat

sprænglærd

ADJ. *-* , *-e*

som er meget lærd

sprængning

SUBST. *-en,* plur. *-er, -erne*

det at sprænge noget i stykker ◻ *sprængning af klippeblokke* · *sprængning af en bankboks* · *sprængning af et vandrør* · *sprængningerne hørtes på lang afstand* • det at noget deles el. ødelægges, fx pga. uenighed ◻ *en sprængning af et politisk parti* · *sprængning af et forlig*

sprængstof

SUBST. *~stoffet,* plur. *~stoffer, ~stofferne*

1. et stof som ved slag, ild el. eksplosionsstød kan bringes til eksplosion; det kan være krudt, dynamit, nitroglycerin el. trotyl = EKSPLOSIV • **plastisk sprængstof** et sprængstof der minder om modelervoks, og som kan formes og sættes fast, fx på steder hvor andre sprængstoffer ikke kan bruges
2. noget som vil vække opsigt el. skandale ◻ *der er politisk sprængstof i denne sag*

sprængt

ADJ. *-* , *-e*

(om kød): som har ligget i salt og derefter er kogt = LETSALTET ◻ *sprængt oksebryst* · *sprængt høne*

sprætte

VERB. *-r, -de, -t*

sprætte ngt op skære noget op med en kniv, saks el.lign. □ *sprætte et brev op · sprætte en søm op* □ *sprætning*

sprød

ADJ. *-t, -e; -ere, -est*

1. som knaser og er let at tygge el. knække pga. en luftig struktur □ *flæskesteg med sprød svær · en sprød skorpe* □ *sprødhed*
2. (om lyd): som er tynd og svag □ *en sprød klang · en sprød stemme*

sprøjt

SUBST. *-et,* plur. *sprøjt, -ene*

1. et kraftigt stænk af væske □ *der stod et sprøjt af vand fra brandslangen*
2. en drik af dårlig kvalitet □ *køb noget ordentlig vin, vi gider ikke at drikke det billige sprøjt*

sprøjte[1]

SUBST. *-n,* plur. *-r, -rne*

1. medicin et instrument der består af et rør som væske kan suges op i og presses ud af gennem en hul nål el. et tyndt rør □ *sprøjtenarkoman* □ *engangssprøjte · injektionssprøjte · insulinsprøjte · klystersprøjte · lavementsprøjte · øresprøjte* • = INDSPRØJTNING □ *lægen gav hende en sprøjte med noget smertestillende · få en sprøjte* • **være på sprøjten** (slang): være stiknarkoman
2. et instrument til at sprede væske med □ *sprøjtehus · sprøjtepistol* □ *brandsprøjte · insektsprøjte · vandsprøjte* • ⟨plur.⟩ (dagl.): = BRANDBIL □ *sprøjterne kommer*
3. (spøg., neds.): = AVIS □ *den lokale sprøjte*

sprøjte[2]

VERB. *-r, -de, -t*

1. sprøjte ngt i el. **ind i ngt** indføre væske i en organisme med en sprøjte el.lign. = INDSPRØJTE □ *sprøjte vand ind i øret · narkomanen sprøjtede heroin ind i årene* □ *indsprøjte* • **sprøjte ngt med ngt** indføre el. sprede væske med en sprøjte el.lign. □ *sprøjte øret med lunkent vand · landmanden sprøjtede markerne med gylle · de sprøjter med vand* □ *sprøjtelakere · sprøjtemale · sprøjtemaler* □ *besprøjte* • **sprøjte ngt mod ngt** sprede gift mod ukrudt el.lign. ud over planter □ *sprøjte blomsterne mod bladlus*
2. sprøjte vand på ng(t) kaste væske på nogen el. noget □ *sprøjte vand på det brændende hus · børnene sprøjtede vand på hinanden* • **sprøjte ud over ngt** kaste væske ud over nogen el. noget □ *vandrøret sprang og vandet sprøjtede ud over gulvet · bilerne sprøjtede mudder op på fortovet*

sprøjtepistol

SUBST. *-en,* plur. *-er, -erne*

et malerredskab med en slags dyse der sprayer maling ud ved hjælp af tryk

spsk.

fork. for *spiseskefuld* □ *tilsæt fire spsk. sukker*

spule

VERB. *-r, -de, -t*

spule ngt skylle noget over med en kraftig vandstråle så det bliver rent □ *spule baderummet · spule dækket · spule fliserne rene · spule noget over med vand* □ *spuling · spuleslange*

spundet

VERB.

bøjningsform af *spinde*

spuns

SUBST. *-en,* plur. *-e* (el. *-er*), *-ene* (el. *-erne*)

en prop til et spunshul

spunse

VERB. *-r, -de, -t*

spunse ngt til lukke en tønde med en prop i spunshullet □ *spunse et vinfad til* □ *spunsning*

spunshul

SUBST. *~hullet,* plur. *~huller, ~hullerne*

et hul i en tønde til påfyldning og tømning

spunsvæg

SUBST. *~væggen,* plur. *~vægge, ~væggene*

en nedrammet væg i en udgravning, fx til brug ved opdæmning

spurgte

VERB.

bøjningsform af *spørge*

spurt

SUBST. *-en,* plur. *-er, -erne*

(sport): en del af en konkurrence, især den afsluttende del hvor man løber, sejler el. kører så hurtigt man kan □ *den danske cykelrytter var med i spurten · han satte i spurt alt for tidligt og blev for træt til at nå i mål* □ *slutspurt*

spurte

VERB. *-r, -de, -t*

(sport): løbe osv. så stærkt man kan under en spurt = SPRINTE □ *cykelrytterne spurtede mod mål*

spurv

SUBST. *-en,* plur. *-e, -ene*

en lille spurvefugl, to arter i Danmark: *gråspurv* og *skovspurv* • **en spurv i tranedans** udtryk for at man føler sig underlegen i forhold med andre □ *i det fornemme selskab følte han sig som en spurv i tranedans* • **skyde spurve med kanoner** bruge overdrevne el. voldsomme midler

spurvefugl

SUBST. *-en,* plur. *-e, -ene*

en fugl af en orden af små og mellemstore fugle hvis fødder har fire tæer, hvoraf den første tå vender bagud, og er tilpasset både til gang og til at gribe om grene og kviste med; mere end 5.000 arter, bl.a. *spurv, musvit, finke, lærke* og *krage;* latinsk navn *Passeriformes*

sputnik

SUBST. *sputnikken,* plur. *sputnikker, sputnikkerne*

en sovjetisk satellit □ *de første sputnikker blev opsendt i 1957*

spy[1]

SUBST. *-et*

spyfluens æg

spy[2]

VERB. *-r* (el. *-er*), *-ede, -et*

spy ngt = UDSPY □ *dragen spyr ild · vulkanen spyr lava · spy bræk og galde · i sit raseri spyede han eder og forbandelser ud · computeren spyr oplysninger ud*

spyd

SUBST. *-et* (el. *spyddet*), plur. *spyd, -ene* (el. *spyddene*)

en stang som er spids i den ene ende el. som ender i en metalspids; bruges fx til at kaste med, som våben el. til madlavning □ *kaste med spyd · grille noget på et spyd* □ *spydkast · spydskaft · spydspids* □ *grillspyd · kastespyd*

spydglans

SUBST. *-en*

= ANTIMONGLANS

spydig

ADJ. *-t, -e; -ere, -st*
[*ˈsbyˑði*]

som er stærkt ironisk og virker fornærmende, sårende el. kritiserende på andre = SARKASTISK, PERFID, SPIDS □ *et spydigt smil · en spydig bemærkning · en spydig latter* □ *spydighed*

spydighed

SUBST. *-en,* plur. *-er, -erne*

det at være spydig = SARKASME, HIB, SKOSE, STIKPILLE □ *det var ikke ment som en spydighed · alle hans spydigheder ødelægger mit gode humør*

spydkast

SUBST. *-et,* plur. *~kast, -ene*

en disciplin i atletik hvor man med tilløb kaster et spyd så langt som muligt ud i et markeret område

spydkaster

SUBST. *-en,* plur. *-e, -ne*

en person som dyrker spydkast

spyflue

SUBST. *-n,* plur. *-r, -rne*

en stor, blå el. grøn, metalskinnende flue, som lægger æg på kød og ådsler; latinsk navn *Calliphoridae*

spygat

SUBST. *spygattet,* plur. *spygatter, spygatterne*

åbning i skibssiden til afløb for vand fra dækket

spyt

SUBST. *spyttet*

en klar væske som udskilles i munden, og som blandes med føden mens man tygger = MUNDVAND □ *spytkirtel · spytklat*

spytkirtel

SUBST. *-en* (el. *~kirtlen*), plur. *~kirtler, ~kirtlerne*

en kirtel i mundhulen som producerer spyt □ *mundspytkirtel · tungespytkirtel · ørespytkirtel*

spytslikker

SUBST. *-en,* plur. *-e, -ne*

en person som opfører sig overdrevent indsmigrende over for nogen for selv at opnå en fordel

spytte

VERB. *-r, -de, -t*

1. spytte {på} ng(t) sende spyt af munden; ofte brugt som tegn på foragt el. for at ønske nogen held ▫ *han spyttede hende lige i ansigtet* · *spyt ikke på fortovet!* • **spytte ngt ud** presse el. ved hjælp af en stærk luftstrøm slynge noget ud af munden ▫ *hun spyttede maden ud igen* • **spytte i næverne og tage fat** se under *næve*
2. i forsk. forb.: • **spytte ud med ngt** fortælle noget ▫ *til sidst spyttede hun ud med hele sandheden* · *spyt så ud!* • **spytte i bøssen** se under *bøsse*

spæd

ADJ. *-t, -e; -ere, -est*

som er i begyndelsen af sin udvikling ▫ *spæde skud på træerne* · *et fotografi af Peter som spæd* · *barnet har taget sine første spæde skridt* ▫ *spædhed* · *spædbarn* · *spædlam* · *spædlemmet* • **med spæd stemme** med forsagt stemme

spædbarn

SUBST. *-et,* plur. *~børn, ~børnene*

et helt lille barn som endnu ikke kan tale el. gå = BABY ▫ *der lå et spædbarn i liften* ▫ *spædbarnsdødelighed*

spæde

VERB. *-r, -de* (el. *spædte*), *-t* (el. *spædt*)

1. spæde ngt el. **spæde ngt op med ngt** fortynde en væske med en anden tyndere væske; især vand ▫ *spæde suppen med vand* · *spæde sin drink op med cola* · *spæde vinen* • **spæde ngt** fylde en pumpe med vand før den startes ▫ *pumpen er ikke selvspædende og skal derfor spædes før første opstart og efter længere tids stilstand* • **spæde den op** holde en brandert ved lige ved at fortsætte med at drikke ▫ *bagefter spædede vi den op på hotellet*
2. spæde til give et økonomisk bidrag el. tilskud

spædekalv

SUBST. *-en,* plur. *-e, -ene*

en diende kalv • **som skidt fra en spædekalv** med stor tungefærdighed

spæge

VERB. *-r, -de, -t*

spæge ngt (glds.): styre el. tæmme noget = AVE ▫ *spæge sin vrede* · *spæge sit overmod* ▫ *spægelse* • **spæge ng(t)** (glds.): sulte nogen el. noget for at gøre det svagere el. mindre ▫ *faste og spæge sig* · *plage og spæge sit legeme*

spæk

SUBST. *spækket*

et fedtlag under huden på fx svin og visse havpattedyr; svinets spæk anvendes fx til fremstilling af leverpostej ▫ *fersk spæk* · *røget spæk* ▫ *spækbræt* · *spækhøker* ▫ *hvalspæk* · *svinespæk* · *sælspæk*

spækbræt el. spækkebræt

SUBST. *~brættet,* plur. *~brætter, ~brætterne*

= SKÆREBRÆT

spækhugger

SUBST. *-en,* plur. *-e, -ne*

en sort, op til 9 m lang tandhval med hvid bug og høj, seglformet rygfinne; kan angribe og æde sæler og hvaler; latinsk navn *Orcinus orca*

spække

VERB. *-r, -de, -t*

spække ngt med ngt stikke stykker af spæk el. andet i en steg ▫ *spække en haresteg* · *kyllingen er spækket med persille* ▫ *spækning* · *spækkebræt* · *spækkenål* • **spækket med ng(t)** fyldt med nogen el. noget ▫ *salen var spækket med mennesker* · *hans artikler var altid spækket med fremmedord*

spækkebræt

SUBST.

se *spækbræt*

spænd

SUBST. *-et,* plur. *spænd, -ene*

1. i spænd holdt fast mellem to flader el. punkter ▫ *sætte ski i spænd* · *holde en bog i spænd*
2. gå i spænd med ng komme godt overens el. passe sammen med nogen ▫ *de kan ikke gå i spænd sammen* · *de går godt i spænd sammen*

spændbeton

SUBST. *-en*

en betonkonstruktion som spændes op med stålstrenge i stedet for en understøtning, fx en bærende væg

spænde[1]

SUBST. *-t,* plur. *-r, -rne*

en lille rund el. firkantet ramme som anvendes til at fastholde el. lukke noget ▫ *lukke skoen med et spænde* · *åbne et spænde* · *hendes hår er holdt væk fra ansigtet med to spænder* ▫ *bæltespænde* · *hårspænde* · *skospænde* · *sølvspænde*

spænde[2]

VERB. *-r, spændte, spændt*

1. spænde ngt strække, sno el. sammenpressse en muskel el. noget andet så det bliver stramt ▫ *spænde musklerne i overarmen* · *du spænder for meget i nakken* · *spænde en bue* · *spænde en fjeder* · *spænde en violinstreng* · *spænde en skrue* · *spænde hanen på pistolen* · *spænde cykelkæden* ▫ *spænding* · *spændbeton* · *spændbøjning* · *spændeskive* · *spændetamp* · *spændkraft* · *spændskrue* · *spændvidde* ▫ *afspænde* · *anspænde* · *efterspænde* • **spænde ngt af** afslappe en muskel, en legemsdel el. hele kroppen ▫ *han har svært ved at spænde ordentligt af* ▫ *anspænde* • **spænde af** forløbe ▫ *hvordan mon det spænder af?* • **spænde ngt efter** spænde fx en skrue noget mere fordi den har løsnet sig • **spænde ngt ind** stramme fx et bælte yderligere et stykke ▫ *han spændte livremmen to huller ind før han gik i kamp* • **spænde ngt ud** løsne fx et bælte et stykke ▫ *han spændte livremmen to huller ud efter middagen*
2. spænde ngt om ngt binde fx en snor el. et bælte stramt rundt om noget ▫ *spænde et bælte* · *spænde sikkerhedsselen* · *han spændte et metalbånd om tønden* · *spænde en vaskesnor ud mellem to stolper* · *der blev spændt et net ud under cirkusartisterne* · *spænde en pakke på bagagebæreren* · *han blev spændt fast til sengen* ▫ *spænding* · *spændetrøje* ▫ *omspænde* · *udspænde* • **spænde om** el. **over** el. **fra ngt til ngt** kunne nå hele det angivne stykke med sin krop, sin stemme el. sin forstand ▫ *han spænder fra den ene side til den anden i den smalle gade* · *urremmen kan lige spænde om håndleddet* · *tre mand kan ikke spænde om træstammen* · *hendes stemme spænder over tre oktaver* · *han spænder over en stor viden* · *hun spænder vidt* • **spænde ngt for** fastgøre et trækdyr foran et køretøj ▫ *hestene blev spændt for* · *vognen blev spændt for* • **spænde ngt fra** løsne forbindelsen mellem et trækdyr og køretøjet foran det ▫ *hestene blev spændt fra*
3. udtryk for at noget føles ømt, fx ved en stærk hævelse ▫ *det spænder i bylden* · *det spænder i brystet*
4. spænde ngt forstærke en følelse lige før noget skal ske ▫ *spænde forventningerne højt* · *spænde sin nysgerrighed til bristepunktet*
5. i forsk. forb.: • **spænde ben for ng(t)** se under *ben* • **spænde buen for højt** se under *bue* • **spænde livremmen ind** se under *livrem*

spændende

ADJ.

som fængsler el. interesserer én = INTERESSANT ▫ *en spændende film* · *han er en meget spændende person* · *en spændende tilværelse*

spændeskive

SUBST.

se *spændskive*

spændetamp

SUBST. *-en,* plur. *-e, -ene*

et bånd med et spænde nederst på ryggen af en vest til at regulere dennes vidde

spændetrøje

SUBST. *-n,* plur. *-r, -rne*

en jakke med sammensyede ærmer som tidligere brugtes på psykiatriske hospitaler for at forhindre meget urolige patienter i at gøre voldsomme bevægelser ▫ *blive lagt i spændetrøje* • noget som hæmmer nogens frie udfoldelse ▫ *han følte familielivet som en spændetrøje*

spænding

SUBST. *-en,* plur. *-er, -erne*

1. en tilstand af anspændthed ▫ *spændinger i nakke og skuldre* · *give anledning til en spænding mellem to parter* · *der er spændinger mellem de to stater* ▫ *afspænding* · *muskelspænding*
2. ⟨ikke plur.⟩ en følelse der består af en blanding af skræk og forventning = NERVØSITET, OPHIDSELSE ▫ *en ulidelig spænding* · *spændingen vokser* · *de ventede i åndeløs spænding på resultatet* · *nu er det på tide at udløse spændingen* · *filmen var fuld af spænding og drama* · *henimod bogens slutning er spændingen på sit højeste*
3. (fysik): = SPÆNDINGSFORSKEL ▫ *spændingen er 220 volt* ▫ *spændingsdeler* · *spændingsstigning* · *spændingstab*

spændingsforskel

SUBST. *~forskellen*, plur. *~forskelle, ~forskellene*

den energiforskel mellem to punkter i et elektrisk kredsløb som får elektronerne til at bevæge sig som en elektrisk strøm; måles i *volt* = SPÆNDING

spændskive el. **spændeskive**

SUBST. *-n*, plur. *-r, -rne*

en rund skive der anbringes under en møtrik el. et skruehoved så at disse ikke trykker direkte på det der spændes fast

spændstig

ADJ. *-t, -e; -ere, -st*

som er meget smidig og har stærke muskler = SMIDIG □ *en spændstig og sportstrænet skikkelse*

spændt

ADJ. *- , -e*

1. som er udstrakt med stor kraft og som derfor er hård □ *en spændt bue* · *en spændt fjeder* · *kattens krop var spændt i en bue* · *hans spændte lægmuskler gjorde ondt* • = ANSPÆNDE □ *deres forhold var spændt* · *en spændt situation* · *en spændt konfrontation*
2. som er fuld af forventning el. nysgerrighed□ *børnene var spændte på, hvad der var i vente* · *jeg venter spændt på resultatet* · *udviklingen følges spændt af folk fra hele verden*

spændvidde

SUBST. *-n*, plur. *-r, -rne*

en afstand mellem to yderpunkter□ *flyvemaskinens spændvidde fra vingespids til vingespids* · *broen har en spændvidde på 50 m* • omfanget af det noget spænder over = REGISTER □ *hendes intellektuelle spændvidde er enorm* · *der er stor spændvidde i novellesamlingen*

spæne

VERB. *-r, -de, -t*

løbe hurtigt = FARE, LØBE □ *han spænede af sted som om fanden var i hælene på ham*

spær

SUBST. *-et*, plur. *spær, -ene*

hvert af de tømmerstykker der bærer lægterne og beklædningen på et tag

spærre

VERB. *-r, -de, -t*

1. spærre ngt anbringe hindringer for bevægelse osv. igennem el. henunder noget = BLOKERE, AFSPÆRRE, BARRIKADERE □ *træet spærrer for udsigten* · *han spærrede vejen for hende* · *de spærrede døren med et skab* · *politiet spærrede pladsen af* · *gaden er spærret af pga. vejarbejde* □ *spærring* · *spærreballon* · *spærreild* · *spærreregel* · *spærretid* □ *afspærre* · *indespærre* • **spærre ng(t) inde** el. **ude** spærre døre og vinduer så nogen el. noget ikke kan komme ud af el. ind i et hus, rum el. aflukke □ *de var spærret inde i det brændende hus* · *han har været spærret ude hele natten* · *hun har spærret katten inde i skabet* · *han har spærret sig inde på sit værelse* • **spærre en konto** nægte at udbetale penge fra en konto□ *banken har spærret kontoen indtil arvespørgsmålet er afgjort*
2. spærre ngt op åbne noget vidt op □ *spærre munden op* · *spærre øjnene op*
3. spærret skrift tryk med ekstra mellemrum mellem typerne for at fremhæve = SPATIERE □ *overskriften var sat med spærret tekst*

spærreild

SUBST. *-en*

1. beskydning med fx kanoner, raketter el. missiler der skal spærre for fjendens fremrykning
2. voldsomme bestræbelser på at standse noget □ *lovforslaget blev udsat for en politisk spærreild under behandlingen* · *nu kan vi alle uden indblanding af propaganda-maskineriets spærreild få sandheden om krigen at vide*

spærring

SUBST. *-en*, plur. *-er, -erne*

det at spærre et område af = AFSPÆRRING □ *det var nødvendigt at lave en spærring af gaden pga. maratonløbet* □ *afspærring* · *indespærring* · *trafikspærring* · *vejspærring* • det at spærre en bankkonto □ *spærring af en bankkonto* • noget som spærrer et område af = AFSPÆRRING □ *vejarbejderne har sat spærringer op på den ene side af vejen* · *politiet har sat spærringer op ved byens udfaldsveje for at forhindre den efterlyste forbryder i at slippe væk* □ *afspærring* · *vejspærring*

spætmejse

SUBST. *-n*, plur. *-r, -rne*

en kraftigt bygget spurvefugl med en blågrå overside, kort hale og et hoved der næsten går i ét med kroppen; klatrer op og ned ad træstammer under sin søgen efter føde; latinsk navn *Sitta europaea*

spætte

SUBST. *-n*, plur. *-r, -rne*

en mellemstor fugl med kileformet næb; klatrer lodret på træstammer idet den hakker efter insekter el. udhuler til en rede hvorved der opstår en trommelyd; danske arter: *flagspætte, grønspætte* og *sortspætte;* latinsk navn *Picidae* □ *spættehul*

spættet

ADJ. *- , spættede*

som har mange små pletter af forskellig farve = SPRAGLET, BROGET □ *et spættet fugleæg* · *en spættet fjerdragt* · *grå- og brunspættet*

spøg

SUBST. *-en*
[ˈsbɔjˀ el. ˈsbøjˀ]

noget man gør el. siger for at more andre = SKÆMT, JOKE, SPAS □ *han kan ikke tåle spøg* · *en grov spøg* · *det er kun en spøg* · *spøg og skæmt* · *drive spøgen for vidt* □ *spøgefuld* · *spøgartikler* • **ét spøg, et andet alvor** udtryk for at man vil gå over til at tale alvorligt • **gå ind** el. **være med på spøgen** □ *publikum gik med på spøgen* • **ikke kunne forstå** el. **tåle en spøg** el. **spøgen** udtryk for at man tager noget alvorligt som er ment som en spøg • **sige** el. **gøre ngt for** el. **i spøg** □ *han havde kun gemt blyanten i spøg* • **slå ngt hen i spøg** undlade at tage noget alvorligt ved at lave sjov • **spøg til side** slut med spøgefuldhederne • **tage ngt for** el. **som en spøg** ikke tage noget så alvorligt□ *han tog fornærmelsen som en spøg* • **en dyr spøg** noget som koster mange penge □ *festen blev en dyr spøg*

spøge

VERB. *-r, -de* (el. *spøgte*), *-t* (el. *spøgt*)
[ˈsbøˑjə]

1. vende tilbage til nutiden; om ånd el. død person = GÅ IGEN □ *den gamle ridder spøger på slottet* · *det spøger* □ *spøgelse* · *spøgeri*
2. tænke på noget som man overvejer at gøre □ *drømmen om at rejse til Amerika spøger hele tiden i hans hjerne* · *ideen spøgte stadig*
3. spøge med ng(t) lave sjov med nogen el. noget; især sige noget som man ikke mener alvorligt = SKÆMTE □ *hun lo og spøgte med børnene* · *det er for alvorligt til at spøge med* □ *spøgefuld* · *spøgefugl* • **ikke være til at spøge med** udtryk for at nogen er streng el. noget er farligt□ *chefen er ikke til at spøge med* · *floden er ikke til at spøge med*

spøgefugl

SUBST. *-en*, plur. *-e, -ene*
[ˈsbøˑjəfuˀl]

en person der laver sjov el. siger sjove ting = GALGENFUGL □ *han er en stor spøgefugl* · *tag ham ikke alvorligt, han er blot en spøgefugl!*

spøgefuld

ADJ. *-t, -e*
[ˈsbøˑjəfulˀ]

som laver sjov el. som er sjov = SKÆMTSOM □ *en spøgefuld person* · *en spøgefuld idé* □ *spøgefuldhed*

spøgelse

SUBST. *-t*, plur. *-r, -rne*
[ˈsbøˑwəlsə el. ˈsbøˑjəlsə el. ˈspɔjəlsə]

= GENFÆRD □ *ved midnat viste et spøgelse sig i tårnværelset* □ *spøgelseshistorie* · *spøgelsestime* • **se spøgelser ved højlys dag** ængstes uden grund

spøjs

ADJ. *-t, -e*

som er sjov på en lidt ejendommelig måde□ *en spøjs oplevelse* · *han er vel nok en spøjs fyr* · *han er spøjs at iagttage*

spørge

VERB. *-r, spurgte, spurgt*

1. spørge ng om ngt bede om oplysning om noget el. tilladelse til noget ≠ SVARE □ *eleven spurgte læreren om hvor langt der er til månen* · *du skal spørge før du låner mine ting* □ *spørgelyst* · *spørgepanel* · *spørgeskema* · *spørgesætning* · *spørgetid* □ *rundspørge* · *tilspørge* · *udspørge* • **spørge ng ad** spørge nogen om tilladelse □ *må jeg gå nu? spørg far ad* • **spørge efter ng(t)** spørge om nogen el. noget er til stede el. hvor det befinder sig = SØGE □ *hun spurgte efter Peter* · *han spørger efter saltet* · *kunden spurgte efter champagne* • **spørge fra ng** stille et spørgsmål på en andens vegne □ *jeg skulle spørge fra Jan om du vil med i biografen* • **spørge til ng** bede om underretning om nogens helbred • **spørge ng ud** = FORHØRE □ *den anholdte blev spurgt ud af politiet* · *journalisterne spurgte ham ud hele formiddagen* • **spørge på en vare** spørge om en vares pris

2. i forsk. forb.: **skal du spørge fra nogen?** el. **hvem skulle du spørge fra?** det kommer ikke dig ved • **det er ikke noget at spørge om** el. **det er da også noget at spørge om** det spørgsmål er malplaceret • **det må du nok spørge om** det ved jeg heller ikke • **spørg mig ikke** det ved jeg ikke

spørgebisætning

SUBST. *-en,* plur. *-er, -erne*

en bisætning der indeholder et indirekte spørgsmål; indledes med et interrogativt pronomen el. med *om,* fx *jeg ved ikke hvad du vil gøre* og *han spurgte om hun kunne nå det* = INDIREKTE SPØRGESÆTNING

spørgeskema

SUBST. *-et,* plur. *-er, -erne*

en blanket med en række spørgsmål som skal besvares; ofte med fortrykte svarmuligheder hvor man skal sætte kryds ved det svar man vælger □ *alle ansøgere til stillingen skal udfylde et spørgeskema*

spørgsmål

SUBST. *-et,* plur. *spørgsmål, -ene*
[*ˈsbörsmåˀl*]

1. det man siger når man spørger om noget = FORESPØRGSEL □ *de stillede et spørgsmål til ministeren* · *ministeren besvarede spørgsmål fra salen* · *det var da også et spørgsmål* □ *spørgsmålstegn* • noget man er i tvivl om = TVIVLSSPØRGSMÅL □ *det er et spørgsmål om han vil klare matematikprøven* · *det er et stort spørgsmål om vi kommer på ferie i år* • **ledende spørgsmål** et spørgsmål som peger mod et bestemt svar • **retorisk spørgsmål** et spørgsmål som man ikke forventer svar på • **åbent spørgsmål** vides ikke □ *det er et åbent spørgsmål om ministeren vil gå af efter uroen* • udtryk for at noget vil ske inden for den tid der angres □ *det er et spørgsmål om sekunder inden raketten bliver affyret* · *det er kun et spørgsmål om dage før rapporten færdig* • **et spørgsmål om liv** el. **død** en sag hvor menneskeliv er på spil
2. noget der er genstand for overvejelse el. undersøgelse = OPGAVE, SAG □ *det er et politisk spørgsmål* · *har vi klaret spørgsmålet om fordelingen af pengene?* • **det er et ganske andet spørgsmål** det er noget andet □ *han har mange penge, men om han også er rar, det er et ganske andet spørgsmål*

spørgsmålstegn

SUBST. *-et,* plur. *~tegn, -ene*

et skrifttegn som sættes sidst i en spørgende sætning □ *vil du komme til min fødselsdag?* • **sætte spørgsmålstegn ved ngt** rejse tvivl om noget □ *kan man sætte spørgsmålstegn ved regeringsviljen til at løse problemet* • **være ét stort spørgsmålstegn** ikke at have forstået noget som helst □ *eleverne var som ét stort spørgsmålstegn efter gennemgangen af integralregning*

spå

VERB. *-r, -ede, -et*

spå ng forudsige hvad der vil ske i fremtiden fx ved hjælp af en krystalkugle, kort el. håndens linier = FORUDSIGE, PROFETERE □ *sigøjnerkvinder spåede ham* · *han blev spået lykke og rigdom* · *hun kan spå* · *spå i kort* · *spå i kaffegrums* · *har du nogensinde prøvet at blive spået?* • **spå om ngt** udtale sig om noget som man er ret usikker på □ *det vil være halsløs gerning at begynde at spå om den politiske udvikling i Kina* · *det er vanskeligt at spå, især om fremtiden* • **spå ngt** (glds.): varsle el. tyde på noget □ *sorte fugle spår ulykke* · *almanakker spår regn*

spådom

SUBST. *spådommen,* plur. *spådomme, spådommene*

forudsigelse om hvad der vil ske i fremtiden, fx ved hjælp af en krystalkugle, kort el. håndens linier □ *spådommen gik i opfyldelse* · *en dyster spådom* □ *spådomskunst*

spåkone

SUBST. *-n,* plur. *-r, -rne*

en kvinde der tager penge for at forudsige menneskers fremtid; fx ved at studere kort, linierne i en hånd el. en krystalkugle = SANDSIGERSKE

spåmand

SUBST. *-en,* plur. *spåmænd, spåmændene*

person der kan forudsige noget der vil ske i fremtiden = SANDSIGER, SEER, PROFET □ *jeg er ingen spåmand*

spån

SUBST. *-en,* plur. *-er, -erne*
[*ˈsbåˀn* el. *ˈsbɔn*]

et lille, tyndt og fladt stykke træ el. metal som er gået af et større stykke under bearbejdning af dette □ *spånerne fløj fra høvlen* □ *høvlspåner* · *jernspåner* · *træspåner* • **spåner** = SÆBESPÅNER • **{gå} i spåner** mislykkes el. bryde sammen □ *vores plan gik i spåner* · *hun gik helt i spåner over nederlaget* · *ejendomsimperiet ligger i spåner* · *deres ægteskab er i spåner*

spånkurv

SUBST. *-en,* plur. *-e, -ene*

en flettet kurv, fx af piletræ

spånplade

SUBST. *-n,* plur. *-r, -rne*

en træplade som er fremstillet af sammenpressede træspåner og lim; anvendes i møbel- og byggeindustrien □ *en hjemmelavet reol af spånplader*

spåntag

SUBST. *-et,* plur. *-e, -ene*

en tagoverflade af udkløvede kraftige træspåner der udgør tynde spærplanker

squash[1]

SUBST. *-en,* plur. *squash, -ene*
[*ˈsgwɔsj*]

en drik af presset frugtsaft som fortyndes med vand □ *appelsinsquash*

squash[2]

SUBST. *en*
[*ˈsgwɔsj*]

et ketsjerspil for to el. fire spillere der spilles på en bane med fire vægge som en bold slås mod efter bestemte regler □ *squashbane* · *squashbold* · *squashketcher*

squash[3]

SUBST. *-en,* plur. *-er* (el. *squash*), *-erne* (el. *squashene*)
[*ˈsgwɔsj*]

en aflang grøntsag med grøn el. gul skal og hvidt, lettere melet kød; spises farseret, smørdampet el. stegt; latinsk navn *Cucurbita pepo* = COURGETTE, ZUCCHINI

squaw

SUBST. *-en,* plur. *-er, -erne*
[*ˈsgwåˀ*]

en nordamerikansk indianers hustru

srilankaner

SUBST. *-en,* plur. *-e, -ne*
/*srilanˈkaner*/

en person fra Sri Lanka

srilankansk

ADJ. *-, -e*
/*srilanˈkansk*/

som har at gøre med Sri Lanka

S/S el. SS

(foran et skibs navn): dampskib; fork. af engelsk *steamship* □ *S/S Thyra*

St.

(i stednavne): fork. for *Store* □ *St. Magleby*

st.

1. fork. for *station*
2. fork. for *stue* el. *stueetage* □ *Vestergade 73 st. th.*

stab

SUBST. *-en,* plur. *-e, -ene*

en gruppe af personer der assisterer og rådgiver en ledende person □ *præsidentens stab af rådgivere* · *generalens stab* · *firmaets stab af konsulenter* □ *stabschef* · *stabsofficer* □ *admiralstab* · *forsvarsstab* · *generalstab* · *hofstab* • en gruppe af sidestillede personer der har samme funktion □ *lærerstab* · *medarbejderstab*

stabejs

SUBST. *-en,* plur. *-er, -erne*
[*sdaˈbajˀs*]

en løjerlig, især gammel, mand = STARUT □ *en gammel stabejs* · *han er en underlig stabejs*

stabel

SUBST. *-en* (el. *stablen*), plur. *stabler, stablerne*

1. bunke af genstande som er lagt oven på hinanden i en vis orden = STAK □ *en stabel brænde* · *stabler af bøger* · *en hel stabel tallerkner* □ *brændestabel*
2. = BEDDING □ *sætte et skib på stablen* • **løbe af stabelen** (om skib): blive søsat • **løbe af stablen** (om større arrangement): finde sted for første gang □ *hvornår skal forestillingen løbe af stablen?*

stabelafløbning

SUBST. *-en,* plur. *-er, -erne*

søsætning og evt. navngivning af et nyt skib; ofte under festlige omstændigheder

stabil

ADJ. *-t, -e*
/sta'bil/

som ikke kan påvirkes til at forandre tilstand el. humør = STØT ≠ USTABIL □ *en stabil økonomi · et stabilt helbred · stabil ligevægt · han er altid stabil · en stabil ven · en stabil medarbejder*

stabilisator

SUBST. *-en,* plur. *-er, -erne*
/stabili'sator/

1. en anordning på et skib som modvirker at det slingrer i søgang • (på et fly): et ror som tjener til at sikre balancen
2. et tilsætningsstof der hindrer at en blanding, fx mayonnaise, skiller □ *alginat er en stabilisator · maden er tilsat stabilisatorer*
3. noget som stabiliserer noget □ *en politisk stabilisator · EU's rolle som stabilisator i et Europa i forandring*

stabilisere

VERB. *-r, -de, -t*
/stabili'sere/

stabilisere ngt gøre noget stabilt ≠ DESTABILISERE □ *legestativet rokker, vi må hellere stabilisere det så det ikke falder når børnene klatrer i det · vi må arbejde for at stabilisere forholdet mellem parterne* □ *stabilisering* • **stabilisere sig** blive stabil □ *vi håber at den politiske situation stabiliserer sig · renten har stabiliseret sig på et niveau omkring de 7%*

stabilitet

SUBST. *-en*
/stabili'tet/

det at være stabil = FASTHED, SIKKERHED, VARIGHED □ *han forbedrede konstruktionens stabilitet · politisk stabilitet · økonomisk stabilitet · psykisk stabilitet · stabilitet og punktlighed kræves af ansøgeren*

stable

VERB. *-r, -de, -t*

stable ngt lægge noget i en stabel □ *han stablede brænde · stable tallerkner oven på hinanden* □ *stabling* • **stable ngt** el. **sig på benene** få el. komme op at stå med noget besvær □ *han faldt men de hjalp med at stable ham på benene igen · selvom han var meget fuld fik han sig omsider stablet på benene* • **stable ngt på benene** arrangere noget, fx en fest, med en del besvær □ *de fik stablet en fin fest på benene · det lykkedes at få et forlig stablet på benene*

stabschef

SUBST. *-en,* plur. *-er, -erne*

den øverste chef for en stab, fx i militæret, som varetager strategiske og administrative opgaver, fx planlægning og uddannelse □ *stabschef i hæren · han er stabschef i DSB* □ *generalstabschef*

stabsofficer

SUBST. *-en,* plur. *-er, -erne*

(militær): en officer med rang af major, oberstløjtnant el. oberst

stabstambur

SUBST. *-en,* plur. *-er, -erne*
['sda·bstambu'r]

= TAMBURMAJOR

staccato

ADV.
/stac'cato/

udtryk for at et musikstykke fremføres med små pauser mellem tonerne ≠ LEGATO • udtryk for at man taler hakkende og stødvis = STØDVIS □ *tale staccato*

stad

SUBST. *-en,* plur. *stæder, stæderne*

(spøg., poet.): en større by = BY □ *tage til staden · staden København · Rom, den evige stad · Europas stæder* □ *hovedstad · købstad · storstad* • **stads-** ⟨i sammensætn.⟩ som har at gøre med en større by el. kommune □ *stadsarkitekt · stadsarkiv · stadsingeniør*

stade

SUBST. *-t,* plur. *-r, -rne*

1. = STADIUM □ *det kulturelle stade var lavt · det stade er tilbagelagt · dansk landbrug er kendt for sit høje veterinære stade · hans raseri nåede et stade af hysteri*
2. et sted hvor man er placeret, og hvor man ser noget fra □ *hun har fast stade ved vinduet* • = STÅSTED □ *et fast stade i tilværelsen · han så det fra et ophøjet stade*
3. et sted på et torv el. en gade hvor en handlende sælger sine varer; det kan være et opstillet bord el. en bod = BOD □ *de handlendes stader på markedet* □ *stadeplads* □ *salgsstade*
4. = BISTADE □ *bierne søgte ind i deres stader*

stadeplads

SUBST. *-en,* plur. *-er, -erne*

et udmålt areal som en person kan sælge sine varer fra, ofte på et loppemarked □ *leje en stadeplads · for 30 kr. om dagen kan man erhverve sig en stadeplads*

stadfæste

VERB. *-r, -de, -t*

stadfæste ngt give et dokument sin endelige gyldighed ved at underskrive det = ATTESTERE, BEKRÆFTE, BESEGLE, KONFIRMERE, RATIFICERE □ *dronningen stadfæster lovene med sin underskrift* □ *stadfæstelse*

stadig

ADJ. *-t, -e*
['sda·ði]

1. udtryk for at noget forløber uafbrudt = VEDVARENDE, KONTINUERLIG, KONSTANT, UOPHØRLIG, UAFBRUDT, IDELIG □ *en stadig strøm af biler · i stadig bevægelse · hun er anledning til stadig undren · en stadig smerte i knæet · han var en stadig gæst på kroen · et stadigt rend af nysgerrige*
2. ⟨ADV.: uden *-t*⟩ = STADIGVÆK □ *det regner stadig · de er stadig ikke kommet · jeg har den stadig · der sker stadig nye ulykker · hun virker stadig lige ungdommelig · vi kan vel stadig være venner · du kan stadig nå at skifte mening · Paris er stadig byernes by · festen var stadig i fuld gang da vi kom* • ⟨ADV.: uden *-t*, foran komparativ⟩ udtryk for at noget fortsætter med at ske i stigende grad = FORTSAT, HELE TIDEN □ *hun fik stadig mere at lave på kontoret · det bliver stadig værre og værre · det bliver stadig koldere*

stadigvæk el. stadig væk

ADV.

udtryk for at noget fortsætter med at være tilfældet, nu el. på et andet angivet tidspunkt = STADIG, FORTSAT, FREMDELES, ENDNU □ *det regner stadigvæk · de er stadigvæk ikke kommet · jeg har den stadigvæk · der sker stadigvæk nye ulykker · hun virker stadigvæk lige ungdommelig · festen var stadigvæk i fuld gang da vi kom*

stadion

SUBST. *-et,* plur. *-er, -erne*
['sda'djɔn]

et større anlæg med forskellige faciliteter til idræt og boldspil, herunder baner, tilskuerpladser og bygninger til omklædning m.m.

stadium

SUBST. *stadiet,* plur. *stadier, stadierne*
['sda'djåm]

en afgrænset del af en udvikling el. et forløb = TRIN, STADE □ *den vanskelighed er nu et overstået stadium · sygdommen er nu inde i sit sidste stadium · for hende er mænd et overstået stadium · undersøgelsen befinder sig i et forberedende stadium* □ *forstadium · larvestadium · puppestadium*

stads[1]

SUBST. *-en*
['sda's]

= PYNT □ *stuen er kun til stads · sidde til stads · være i fuld stads* □ *stadstøj* □ *julestads* • **gøre stads af ngn** vise nogen stor opmærksomhed □ *bedsteforældrene gjorde stads af børnebørnene*

stads[2]

SUBST. *-et*
['sda's]

= BRAS □ *lad os rydde op i alt det gamle stads på loftet · kagen er noget sødt stads · det er noget værre stads*

stadsarkitekt

SUBST. *-en,* plur. *-er, -erne*

en overordnet arkitekt der er ansat af en kommune, og som bl.a. har ansvaret for vedligeholdelse og fornyelse af kommunale bygninger og gadeinventar □ *stadsarkitekten har lavet et forslag til renovering af byens rådhus*

stadsbibliotekar

SUBST. *-en,* plur. *-er, -erne*

en bibliotekar som er chef for biblioteksvæsenet i en større kommune

stadsdyrlæge

SUBST. *-n,* plur. *-r, -rne*

en dyrlæge som har ansvaret for kontrol af fødevarer der er lavet af produkter fra dyr i en købstad

stadse

VERB. *-r, -de, -t*

stadse ng op klæde nogen overdrevent fint på □ *hun skal altid stadse sig op*

stadsgartner

SUBST. *-en*, plur. *-e, -ne*

en overordnet gartner der er ansat af en kommune, og som bl.a. har ansvaret for vedligeholdelse af kommunale parker og naturområder

stadsingeniør

SUBST. *-en*, plur. *-er, -erne*

en overordnet ingeniør der er ansat af en kommune, og som bl.a. har ansvaret for vedligeholdelse og anlæggelse af veje og kloakker

stadslæge

SUBST. *-n*, plur. *-r, -rne*

embedslægen i København

stadstøj

SUBST. *-et*

(glds., spøg.): tøj til fin brug □ *finde stadstøjet frem* · *trække i stadstøjet*

stafet

SUBST. *stafetten*, plur. *stafetter, stafetterne*
[*sda'fæt*]

1. et kapløb hvor flere løbere på forskellige hold skiftes til at løbe en bestemt distance ved at overrække en *depeche* til næste løber; også om disciplin inden for svømning, fx 4x100 m. crawl □ *stafetløb* · *stafetløber*
2. (hist.): et ridende sendebud der transporterede og overbragte et budskab i et rør = ILBUD, KURER

stafetløb

SUBST. *-et*, plur. *~løb, -ene*

et holdkapløb hvor deltagerne på hvert hold afløser hinanden på skift efter at have løbet en bestemt distance; den der løber, holder en stafet i hånden som skal gives videre til næste løber □ *stafetløber*

staffage

SUBST. *-n*
[*sda'fa·sjə*]

unødig udsmykning □ *det tjener kun til staffage* · *hun var herligt fri for glimmer og staffage* □ *staffagefigur* • udfyldende figurer m.m. på maleri, scene m.m.

staffeli

SUBST. *-et*, plur. *-er, -erne*
/*staffe'li*/

et trebenet træstativ som en kunstmaler stiller malerlærredet på, mens han maler

staffere

VERB. *-r, -de, -t*
/*staf'fere*/

1. staffere ngt udstyre noget med staffage • **staffere ngt** male linier el. streger på noget □ *staffere et cykelstel*
2. staffere ngt sy to stykker stof løst sammen i hånden □ *foret stafferes i jakken*

staffering

SUBST. *-en*, plur. *-er, -erne*
/*staf'fering*/

1. en påmalet linje el. streg □ *cyklen har hvide stafferinger*
2. en løs, håndsyet søm □ *jakken havde indvendige stafferinger*

stafylokok

SUBST. *stafylokokken*, plur. *stafylokokker, stafylokokkerne*
[*sdafylo'kɔk*]

en bakterie som forårsager madforgiftning el. betændelse

stag

SUBST. *-et*, plur. *stag, -ene*

et svært tov el. en wire der støtter master og bovspryd på et sejlskib i skibets længderetning ≠ VANT □ *stagsejl* □ *agterstag* · *bagstag* · *forstag* • **gå over stag** = STAGVENDE

stage[1]

SUBST. *-n*, plur. *-r, -rne*

1. en lang træstang som fx bruges til at stage en båd frem el. til at støtte en plante □ *de drev båden frem ved at støde fra på havbunden med en stage* □ *bønnestage*
2. holder til lys = LYSESTAGE □ *der stod to stager af sølv med tændte lys stod på bordet*

stage[2]

VERB. *-r, -de, -t*

stage ngt drive en båd frem i lavt vand ved at støde fra på hav- el. søbunden med en stage □ *gondolieren stagede gondolen* · *strømmen var så stærk at de måtte stage sig frem gennem vandløbet* □ *stagning*

stagflation

SUBST. *-en*
[*sdawfla'sjo'n*]

en situation med høj arbejdsløshed, højt løn- og prisniveau og ringe efterspørgsel efter varer

stagnation

SUBST. *-en*, plur. *-er, -erne*
[*sdawna'sjo'n*]

= STILSTAND □ *stagnationen i økonomien er omsider til ende*

stagnere

VERB. *-r, -de, -t*
[*sdaw'ne'ɔ*]

udvikle sig stadig langsommere og efterhånden gå i stå = GÅ I STÅ, STÅ I STAMPE □ *et stagneret kærlighedsforhold* · *lønningerne er stagneret* · *udviklingen var stagneret* □ *stagnering*

stagsejl

SUBST. *-et*, plur. *~sejl, -ene*

et trekantet sejl der sættes som forsejl el. mellem skibets master

stagvende

VERB. *-r, ~vendte, ~vendt*

(om et sejlskib): dreje op mod vinden så vinden kommer ind fra modsat side = GÅ OVER STAG □ *stagvending*

stak[1]

SUBST. *stakken*, plur. *stakke, stakkene*

en bunke af ting som er lagt oven på hinanden el. stillet op ad hinanden = STABEL □ *en stak brænde* · *stakke af bøger* · *sætte neg i stak* □ *brændestak* · *halmstak* · *høstak*

stak[2]

VERB.

bøjningsform af *stikke*

stakater

SUBST.PLUR. *-ne*
/*sta'kater*/

(slang): = PENGE □ *jeg har ingen stakater*

stakit

SUBST. *stakittet*, plur. *stakitter, stakitterne*
/*sta'kit*/

= PLANKEVÆRK

stakkel

SUBST. *-en* (el. *staklen*), plur. *stakler, staklerne*

en person som er ulykkelig el. har det elendigt, og som vækker medynk □ *græd nu ikke, din lille stakkel!* · *den arme stakkel* · *staklerne blev sendt lige i døden* • en person der ikke kan klare sig □ *han er en stakkel*

stakkels

ADJ.

⟨bruges ikke som prædikat⟩ som det er synd for = ARM □ *stakkels dig!* · *den stakkels mand*

stakket

ADJ. - , *stakkede*

som varer alt for kort = KORTVARIG □ *en stakket frist* · *en stakket stund*

stakåndet

ADJ. - , *~åndede*

= FORPUSTET □ *han var for stakåndet til at kunne gøre sig forståelig*

stald

SUBST. *-en*, plur. *-e, -ene*

1. en bygning som er indrettet til husdyr = STI □ *køerne står på stald* · *sætte en hest ind i stalden* □ *staldkarl* □ *grisestald* · *hestestald* · *kostald*
2. være i stald hos arbejde hos et modelbureau □ *hun var i stald hos modelbureauet Unique Models*

staldfidus

SUBST. *-en*, plur. *-er, -erne*

en hemmelig oplysning fra en væddeløbsstald om en hests vinderchance = STALDTIP • = TIP □ *han gav dem alletiders staldfidus*

staldkarl

SUBST. *-en*, plur. *-e, -ene*

en person der passer heste, fx på et hestestutteri

stalinisme

SUBST. *-n*
/*stali'nisme*/

den politiske doktrin der forbindes med Josef

Stalins embedsperiode som leder af det daværende Sovjetunionien 1922-53; bl.a. kendetegnet af en hård undertrykkelse af anderledes tænkende og af koncentration af magten

stalinist

SUBST. *-en,* plur. *-er, -erne*
/stali'nist/

en person som er tilhænger af stalinisme

stalle

VERB. *-r, -de, -t*

(om et fly el. et skib): tabe opdrift el. miste greb i luften el. på vandet fordi der dannes hvirvler på den ene side af vingen, sejlet el. roret □ *flyet staller ved for brat en stigning · hvis der opstår hvirvler i stedet for sugevirkning kan sejlet stalle*

stambog

SUBST. *-en,* plur. *~bøger, ~bøgerne*

1. et register over avlsdyr inden for en bestemt husdyrrace, fx heste og hunde
2. en liste over en militær afdelings personel

stambord

SUBST. *-et,* plur. *-e, -ene*

det bord en stamgæst plejer at sidde ved, fx i en restaurant □ *er vores stambord ledigt kl. 7?*

stamcafé el. **stamcafe** el. **stamkafé** el. **stamkafe**

SUBST. *-en,* plur. *-er, -erne*

en café som man besøger regelmæssigt

stamfar el. **stamfader**

SUBST. *-en,* plur. *~fædre, ~fædrene*

en mand som en slægt kan dateres tilbage til ≠ STAMMOR □ *Abraham var det israelitiske folks stamfar*

stamgæst

SUBST. *-en,* plur. *-er, -erne*

en gæst der kommer hyppigt, fx på en restaurant el. et værtshus

stamherre

SUBST. *-n,* plur. *-r, -rne*

(hist.): den ældste, arveberettigede søn af en stamgodsejer

stamkunde

SUBST. *-n,* plur. *-r, -rne*

en fast kunde som besøger den samme forretning, restaurant, frisør el. lign. □ *hun er stamkunde i den lille kaffeforretning om hjørnet*

stamme[1]

SUBST. *-n,* plur. *-r, -rne*

1. den tykke lodrette del af et træ som grenene sidder på og som vokser op fra rødderne i jorden □ *bøgetræet har en høj slank stamme* □ *træstamme* • den centrale del af noget □ *foreningens stamme af gamle medlemmer* □ *togstamme*
2. en gruppe mennesker af samme race og med samme sprog og kultur som har en høvding som overhoved □ *stammerne i Amazonas jungle* □ *stammehøvding · stammekrig* □ *indianerstamme* • en gruppe nært beslægtede individer der oprindeligt stammer fra samme individ □ *gærstamme · hestestamme*
3. den del af et ord som bøjningsendelserne føjes til; stammen i *læse* er *læs*

stamme[2]

VERB. *-r, -de, -t*

1. tale usikkert og snublende med mange gentagelser af ord el. dele af ord pga. talefejl el. nervøsitet = HAKKE □ *hun stammede meget som barn · han hakkede og stammede og kunne ikke få det sagt* □ *fremstamme*
2. stamme fra ngt kunne føre en persons el. tings oprindelse tilbage til et bestemt sted, tidspunkt el.lign. = NEDSTAMME FRA, KOMME FRA, HIDRØRE FRA, DATERE SIG FRA □ *min familie stammer fra Jylland · vasen stammer fra Kina · kirken stammer fra det tolvte århundrede · rygtet stammer fra diplomatiske kredse · mange danske ord stammer fra tysk*

stammor el. **stammoder**

SUBST. *-en,* plur. *~mødre, ~mødrene*

en kvinde som en slægt kan dateres tilbage til □ *Eva betragtes som alles stammor*

stampe[1]

SUBST.

stå i stampe gå i stå midt i en forventet videre udvikling □ *forhandlingerne står i stampe*

stampe[2]

VERB. *-r, -de, -t*

1. (spøg.): = TRAMPE □ *han stampede i gulvet af vrede* • **stampe ngt** trampe jord flad der er fyldt i et hul
2. stampe ngt (spøg.): = PANTSÆTTE □ *vi bliver nødt til at stampe arvesølvet hvis vi skal betale den bøde*
3. stampe ngt op af jorden = FREMTRYLLE □ *jeg kan ikke pludselig stampe penge op af jorden til en ferierejse*

stamtavle

SUBST. *-n,* plur. *-r, -rne*

en fortegnelse over en persons el. et dyrs slægt □ *en stamtavle over danske konger · hunden har en fin stamtavle*

stamtone

SUBST. *-n,* plur. *-r, -rne*

hver af tonerne *a, c, d, e, f, g* og *h;* disse har ingen fortegn i nodeskriften

stamtræ

SUBST. *-et,* plur. *-er, -erne*

en stamtavle som er fremstillet som et træ hvor stammen er stamfaderen og -moderen, og grenene er efterkommere

stand[1]

SUBST. *-en,* plur. *-e, -ene*

en stade, en bod el. et område hvor man sælger el. udstiller varer □ *have en stand på en udstilling*

stand[2]

SUBST. *-en,* plur. *stænder, stænderne*

hver af fire samfundsgrupper som i middelalderen havde forskellig retsstilling og forskellige privilegier □ *han er en pryd for sin stand · være af fornem stand · den gejstlige stand · rigets stænder* □ *standsforskel · standsfælle · standshovmod · standsperson* □ *adelstand · bondestand · borgerstand* • (glds.): en gruppe af personer der udøver et bestemt erhverv el. tilhører et bestemt samfundslag □ *handelsstand · håndværkerstand · lærerstand · mellemstand · middelstand · præstestand*

stand[3]

SUBST. *en*

1. = TILSTAND □ *bilen var i god stand* □ *foderstand*
2. bringe ngt i stand = ARRANGERE □ *det lykkedes at bringe et møde i stand* • **gøre** el. **sætte ngt i stand** gøre noget klart så det fungerer □ *de satte værelset i stand med maling og tapet · gøre bilen i stand* • **gøre sig i stand** ordne sig med hensyn til vask, frisure, påklædning o.l. □ *hun gjorde sig i stand før hun skulle i byen* • **komme i stand** blive ordnet □ *aftalen er endnu ikke kommet i stand*
3. i stand til ngt udtryk for at man kan gøre noget = KUNNE □ *jobbet kræver at man er i stand til at improvisere · først et år efter blev han igen i stand til at gå* • **ude af stand til ngt** udtryk for at man ikke kan gøre noget □ *han er ude af stand til at klare sig selv*
4. være godt i stand være tyk
5. holde stand stå fast □ *soldaterne holdt stand mod fjenden*

standard

SUBST. *-en,* plur. *-er, -erne*
['sdanda'f]

1. et niveau for hvor godt noget er = KVALITET □ *serviceniveauet er af høj standard* • ⟨i sammensætn.⟩ udtryk for at noget er normalt, tilladt el. alment accepteret □ *standardeksempel · standardfradrag · standardprocedure · standardsvar*
2. en teknisk specifikation der er offentligt tilgængelig = NORM □ *båden er bygget efter bestemte standarder*

standardisere

VERB. *-r, -de, -t*
/standardi'sere/

standardisere ngt opnå en vis ensartethed for et bestemt fagområde, produkter og metoder □ *standardisere retskrivningen · følge den standardiserede prøvemetode · motoren har standardiseret NEMA top* □ *standardisering*

standart

SUBST. *-en,* plur. *-er, -erne*
[sdan'da'f]

= RYTTERFANE

stande

VERB. *-r, -de* (el. *stod*), *-t*

(poet., glds.): stå el. befinde sig = STÅ □ *landet stander i våde · der stander en borg så prud og gran · en standende strid*

stander

SUBST. *-en,* plur. *-e, -ne*

1. opretstående stang □ *standerlampe*
2. mindre, trekantet flag i forskellige farver og

mønstre; bruges som kendingsmærke fx i søværnet el. for ro- eller sejlklub el. som signalflag □ *hejse standeren* □ *standerhejsning*

standerlampe

SUBST. *-n,* plur. *-r, -rne*

en lampe på en lang, opretstående stang =GULVLAMPE

standfugl

SUBST. *-en,* plur. *-e, -ene*

en fugl der lever og yngler i samme egn hele året≠TRÆKFUGL

standhaftig

ADJ. *-t, -e*

/stand'haftig/

urokkelig i modgang el. over for fristelser □ *den standhaftige tinsoldat* · *hun sagde standhaftigt nej til de mange tilbud* □ *standhaftighed*

stand-in

SUBST. *en,* plur. *stand-ins, stand-innene*

[*sdand'en*]

en stedfortræder for en skuespiller, fx i tilfælde af fravær el. ved optagelse af farlige scener =DUBLEANT, STUNTMAN

standpunkt

SUBST. *-et,* plur. *-er, -erne*

1. en holdning til et bestemt emne □ *tage standpunkt til en sag* · *indtage et klart standpunkt* · *skifte standpunkt*
2. et fagligt el. intellektuelt niveau □ *hun diskuterede sit standpunkt i de forskellige fag med læreren* □ *standpunktsprøve*

standret

SUBST. *~retten,* plur. *~retter, ~retterne*

en domstol der fælder domme og idømmer straffe, ofte dødsstraf efter en hurtig rettergang, især under krig

standse

VERB. *-r, -de, -t*

(om en aktivitet): ikke fortsætte, for kortere el. længere tid =STOPPE, HOLDE □ *bilen standsede* · *snakken standsede* ● **standse ng(t)** få noget el. nogen til at standse = STOPPE □ *han blev standset for at køre for stærkt* · *standse udviklingen* ● **standse ngt** el. **for ngt** □ *standse blødningen* · *standse for rødt lys* · *standse for importen af ost* ● **standse op** = STOPPE OP □ *de standsede op og lyttede*

standsmæssig

ADJ. *-t, -e*

som er passende for ens stand □ *leve standsmæssigt* · *optræde standsmæssigt*

standsning

SUBST. *-en,* plur. *-er, -erne*

det at standse =STOP, OPHOLD □ *standsning af arbejdet* · *standsning af trafikken* □ *arbejdsstandsning*

standur

SUBST. *-et,* plur. *-e, -ene*

et stueur i en høj kasse som står på gulvet = BORNHOLMERUR, BORNHOLMER

stang

SUBST. *-en,* plur. *stænger, stængerne*

1. en rund, aflang og smal genstand af fx træ el. metal der fx bruges til at støtte noget el. som del af en konstruktion □ *badmintonnettet var spændt ud mellem to stænger* · *den ene stang på brillen knækkede* □ *stangspring* · *stanglorgnet* □ *brillestang* · *flagstang* · *gardinstang* · *gearstang* · *løftestang* · *medestang* · *metalstang* · *teltstang* · *træstang* · *vognstang* ● ⟨i sammensætn.⟩ noget som har form som el. minder om en stang □ *stanglakrids* □ *borgmesterstang* · *chokoladestang* · *lakridsstang* ● **flage på halv stang** (om et flag): hejse et flag til midten af en flagstang pga. dødsfald □ *på Kristi Himmelfartsdag flages der på halv stang til kl. 12*
2. stænger (slang): = BEN □ *det gælder om at bruge stængerne*
3. ⟨i sammensætn.⟩ forstærkende udtryk □ *stangdrukken* · *stangsikker* · *stangstiv* · *stangsmart*
4. holde ng stangen holde nogen på afstand el. hen i uvished □ *hun holdt ham stangen*

stangdrukken

ADJ. *-t, ~drukne*

(slang): =DØDDRUKKEN

stange

VERB. *-r, -de, -t*

1. stange ng (om dyr): støde nogen med hornene el. geviret □ *bukken stanger* · *tyrefægteren blev stanget ihjel* □ *stangning*
2. stange ål fange ål ved at spidde dem med et ålejern □ *han er ude og stange ål* ● **stange tænder** rense tænder med en tandstikker el.lign. □ *stange tænder* ● **stange ng ngt** (slang): række nogen noget □ *stang mig lige salt og peber* ● **stange ngt ud** (slang): række noget ud på en forhastet eller barsk måde □ *han stangede mig en slidt spade ud*

stanglakrids

SUBST. *-en* el. *-et,* plur. *-er, -erne*

lakrids i stænger ● **være solgt til stanglakrids** befinde sig i en ubehagelig situation

stanglorgnet

SUBST. *~lorgnetten,* plur. *~lorgnetter, ~lorgnetterne*

et par lorgnetter som ikke bæres på næsen, men som holdes op for øjnene ved hjælp af en lille stang

stangspring

SUBST. *-et,* plur. *~spring, -ene*

en atletikdisciplin hvor idrætsudøveren udfører et højdespring ved hjælp af en elastisk stang □ *verdensrekordholderen i stangspring* · *et stangspring på 5,10 m* □ *stangspringsrekord*

stangtøj

SUBST. *-et*

tøj som er masseproduceret i standardstørrelser □ *jeg har kun råd til stangtøj*

stank[1]

SUBST. *-en,* plur. *-e, -ene*

en meget ubehagelig lugt = HØRM, DUNST, FIMS, ODØR ≠ DUFT □ *den stank af sure tæer er ikke til at holde ud* · *en stank af gamle cigarer*

stank[2]

VERB.

bøjningsform af *stinke*

stankelben

SUBST. *-en* el. *-et,* plur. *~ben, -ene*

1. en familie af myg som er store og har lange, tynde ben og vinger; latinsk navn *Tipulidae*
2. (spøg.): en person med lange tynde ben

stanniol

SUBST. *-en* el. *-et*

[*sdan'jo'l*]

= SØLVPAPIR □ *pakke fisken ind i stanniol* □ *stanniolpapir*

stanse

VERB. *-r, -de, -t*

stanse ngt presse bestemte former, huller el. mønstre i noget, fx i læder el. metal =UDSTANSE □ *skindene lægges i flere lag og stanses ud med skarpe stålforme* · *stanse plader ud* · *stanse huller i et bælte* □ *stansning* · *stansemaskine* · *stanseværktøj*

stanze

SUBST. *-n,* plur. *-r, -rne*

[*'sdansə*]

en strofe i et digt som består af otte rimede verslinier =OTTAVE

star[1]

SUBST. *-en,* plur. *star, -ene*

[*'sda'*]

græs med stive, skarpe stængler; flere arter; latinsk navn *Carex* = STARGRÆS

star[2]

SUBST. *-en,* plur. *-s, -ene*

[*'sda'*]

en filmstjerne =IDOL, BERØMTHED □ *en film med alle de største stars* □ *filmstar* · *superstar*

starblind

ADJ. *-t, -e*

(glds.): =STÆRBLIND

starlet

SUBST. *starletten,* plur. *starletter, starletterne*

en mindre betydende filmstjerne el. sangerinde som primært er slået igennem ved hjælp af sit udseende □ *hun begyndte som starlet*

start

SUBST. *-en,* plur. *-er, -erne*

= BEGYNDELSE □ *starten af bogen er kedelig* · *starten af ruten stiger brat* · *i starten af måneden* ● en igangsættelse af noget, især en sportskonkurrence □ *få en god start* · *komme dårligt fra start* · *han kom bagud i starten* · *bringe en hest til start* · *få en flyvende start* · *klar til start* · *være med fra starten* □ *startskud* · *startanordning* · *startforbud* · *startknap* · *startnummer* · *startomkostninger* □ *chokstart* · *koldstart* · *opstart* · *skolestart* · *tyvstart*

startbane

SUBST. *-n,* plur. *-r, -rne*

en bane på en flyveplads hvorfra flyene letter og lander = LANDINGSBANE □ *flyet kommer hurtigt fra startbanen*

starte

VERB. *-r, -de, -t*

sætte sig i bevægelse el. begynde = SÆTTE I GANG, BEGYNDE □ *bilen startede uden problemer* · *flyvemaskinerne lander og starter* · *hesten starter som nummer to* · *filmen starter klokken otte* · *jeg starter på kurset i morgen* • **starte ngt** sætte noget i bevægelse el. begynde noget □ *starte maskinen* · *starte et nyt firma* · *vi starter turen i morgen* · *starte sin livsbane* • **starte med ngt** gøre noget som det første af flere ting = INDLEDE, BEGYNDE □ *han startede med at undskylde forsinkelsen og råbte så deltagernes navne op* • **starte op** gå i gang □ *fabrikken er netop startet op efter ferien* • **starte ngt op** sætte noget i gang □ *skolen starter kurset op i august*

starter

SUBST. *-en,* plur. *-e, -ne*

1. en person som giver signal til start i en sportskonkurrence • en person, hest o.l. som starter el. deltager i en sportskonkurrence • **en langsom starter** en person som har svært ved at komme i gang □ *han får ikke udrettet det store om morgenen da han er en langsom starter*
2. = SELVSTARTER
3. en lille anretning der serveres som forret

starthullerne

SUBST.PLUR.

komme op el. **ud af starthullerne** begynde øjeblikkeligt på en aktivitet □ *hvis du skal nå at handle inden lukketid må du vist hellere se at komme ud af starthullerne*

startskud

SUBST. *~skuddet,* plur. *~skud, ~skuddene*

et skud som markerer starten på noget, fx en sportskonkurrence □ *startskuddet lød og bilerne susede af sted* · *affyre startskuddet*

starut

SUBST. *starutten,* plur. *starutter, starutterne*
/sta'rut/

(neds.): en person som man ikke rigtig ved hvordan man skal betegne = KANUT □ *hvad er det for en starut hun har med?* · *jeg kender ikke de starutter hun omgås*

stat

SUBST. *-en,* plur. *-er, -erne*

1. et område som udgør en selvstændig politisk enhed under et fælles overhoved = LAND □ *en selvstændig stat* · *oprettelsen af en palæstinensisk stat* · *de nordafrikanske stater* □ *statsoverhoved* □ *diktaturstat* · *politistat* • en selvstyrende enhed i en forbundsrepublik: især om amerikanske forhold □ *Texas, Ohio og andre stater i USA* □ *statsgrænse* □ *delstat* · *sydstat*
2. et lands regering og den offentlige administration □ *staten opkræver skatter* · *det er staten som står for bygningernes vedligeholdelse* · *være ansat i statens tjeneste* · *staten overtager driften* □ *statsfinanser* · *statsinstitution*

statholder

SUBST. *-en,* plur. *-e, -ne*
[*'sdadhɔlɔ*]

(hist.): en regents stedfortræder i en provins, en landsdel el. et land

statik

SUBST. *statikken*
/sta'tik/

den gren af fysikken der behandler lovene for ligevægten af legemer som er påvirket af kræfter

statiker

SUBST. *-en,* plur. *-e, -ne*

en person der beskæftiger sig med statik

station

SUBST. *-en,* plur. *-er, -erne*
[*sda'sjo'n*]

1. = JERNBANESTATION □ *toget holder ved alle stationer* □ *stationsbygning* · *stationsforstander*
2. = POLITISTATION □ *blive hentet til afhøring på stationen*
3. ⟨i sammensætn.⟩ et centralt sted hvor noget forefindes el. foregår □ *flyvestation* · *flådestation* · *militærstation*

stationcar

SUBST. *-en,* plur. *-s, -ene*
[*'sdæjsjənka·*]

en rummelig personbil med bagsæder der kan slås ned så bilen også kan bruges til varetransport

stationere

VERB. *-r, -de, -t*
/statio'nere/

stationere ng = UDSTATIONERE □ *der er stationeret tropper på øen* · *han blev stationeret som handelsattaché i Rom* · *journalisten fra radioen var i tre år stationeret i Moskva* □ *stationering*

stationsforstander

SUBST. *-en,* plur. *-e, -ne*

(foræld.): en leder af en større togstation

stationsleder

SUBST. *-en,* plur. *-e, -ne*

(fx om): en leder af fx en politistation, en radiostation el. en falckstation

stationsmester

SUBST. *-en,* plur. *~mestre, ~mestrene*

en leder af en mindre togstation, fx en landstation

stationær

ADJ. *-t, -e*
/statio'nær/

som er fast placeret el. installeret et bestemt sted og ikke kun er beregnet på el. tilbøjelig til at blive flyttet el. transporteret = FAST, IMMOBIL ≠ TRANSPORTABEL □ *stationære tropper* · *stationære anlæg* · *den stationære befolkning* · *et stationært lavtryk*

statisk

ADJ. *- , -e*

som ikke er i bevægelse el. forandring = STILLESTÅENDE ≠ DYNAMISK □ *statisk elektricitet* · *statisk belastning* · *statisk tryk* · *en statisk tankegang* • **statisk elektricitet** se under *elektricitet*

statist

SUBST. *-en,* plur. *-er, -erne*
/sta'tist/

en person i et skuespil el. en film som ikke har nogle replikker, og som fx medvirker i scener med mange mennesker □ *statistrolle* □ *filmstatist*

statistik

SUBST. *statistikken,* plur. *statistikker, statistikkerne*
/stati'stik/

en samling af tal som repræsenterer fakta om forholdene i et land, en by, et erhverv o.l.; præsenteres ofte i tabelform □ *statistik over befolkningens fordeling efter alder, køn og erhverv* · *føre statistik* · *statistik over børnedødelighed* □ *statistiker* · *statistisk* □ *færdselsstatistik* · *valgstatistik* • læren om indsamling, bearbejdning, repræsentation og analyse af talmæssige fakta

statistiker

SUBST. *-en,* plur. *-e, -ne*
/sta'tistiker/

en person hvis arbejde er at udarbejde statistikker

statistisk

ADJ. *- , -e*
/sta'tistisk/

som har at gøre med statistik □ *det er en statistisk kendsgerning* · *tallene rummer en statistisk usikkerhed* · *statistisk materiale*

stativ

SUBST. *-et,* plur. *-er, -erne*
/sta'tiv/

en anordning hvori el. hvorpå man kan stille en genstand som ikke kan stå af sig selv el. som skal hæves fra jorden □ *stativben* · *stativkikkert* □ *cykelstativ* · *fotostativ* · *opvaskestativ* · *tørrestativ*

statsadvokat

SUBST. *-en,* plur. *-er, -erne*

en jurist som på vegne af den offentlige anklagemyndighed rejser tiltale mod personer for lovovertrædelse, især ved landsretten = OFFENTLIG ANKLAGER ≠ RIGSADVOKAT □ *statsadvokatur*

statsadvokatur

SUBST. *-en,* plur. *-er, -erne*

den offentlige anklagemyndighed; også om beskikkelse som offentlig anklager □ *statsadvokaturen undersøger i øjeblikket sagen* · *Statsadvokaturen for Sønderjylland* · *han fik sin statsadvokatur i 1970*

statsamt

SUBST. *-et,* plur. *-er, -erne*

et forvaltningsområde under staten som omfatter flere kommuner, og som bl.a. tager sig af sager vedrørende skilsmisser og faderskabssager; der er 14 statsamter i Danmark = AMT □ *statsamtmand*

statsansat

ADJ. - , *~ansatte*

⟨også SUBST.⟩ som er ansat af staten □ *de statsansatte kræver mere i løn*

statsautoriseret

ADJ. - , *~autoriserede*

som opfylder krav som staten stiller til udøvelse af visse virksomheder □ *en statsautoriseret revisor • han er statsautoriseret ejendomsmægler*

statsbane

SUBST. *-n*, plur. *-r, -rne*

en statsstøttet jernbane ≠ PRIVATBANE □ *Danske Statsbaner*

statsborgerret

SUBST. *~retten*

= STATSBORGERSKAB

statsborgerskab

SUBST. *-et*, plur. *-er, -erne*

den status som giver en person rettigheder og forpligtelser som borger i en stat, fx opholdsret, adgang til tjenestemandsstillinger, valgret og værnepligt; erhverves ved fødslen el. ved *naturalisation* = INDFØDSRET, STATSBORGERRET

statsforbund

SUBST. *-et*, plur. *~forbund, -ene*

en sammenslutning af stater, fx med fælles forsvar, men uden fælles regering = KONFØDERATION ≠ FORBUNDSSTAT

statsgaranti

SUBST. *-en*, plur. *-er, -erne*

det at staten garanterer for noget, fx lån

statsgæld

SUBST. *-en*

statens samlede gæld □ *statsgælden er faldet de senere år*

statshemmelighed

SUBST. *-en*, plur. *-er, -erne*

en oplysning som berører et lands sikkerhed □ *afsløre statshemmeligheder*

statskalender

SUBST. *-en*, plur. *-e, -ne*

en håndbog med oplysninger om tjenestemænd, institutioner, ordener m.m. □ *hof- og statskalenderen*

statskasse

SUBST. *-n*, plur. *-r, -rne*

en stats pengebeholdning □ *en udgift som belaster statskassen*

statskirke

SUBST. *-n*, plur. *-r, -rne*

en folkekirke hvor staten udnævner kirkens tjenestemænd og administrerer kirkens økonomi

statskundskab

SUBST. *-en*

studiet af samfundets politiske struktur og de former hvorunder samfundsmagt udøves □ *hun læser statskundskab på Århus Universitet og ender forhåbentlig med at blive cand. scient.pol.*

statskup

SUBST. *~kuppet*, plur. *~kup, ~kuppene*

en pludselig og voldelig magtovertagelse i et land; udføres ofte af en mindre gruppe inden for den siddende regering el. inden for militæret = PALADSREVOLUTION □ *militæret gennemførte et statskup • han blev diktator efter et statskup*

statslån

SUBST. *-et*, plur. *~lån, -ene*

et lån som en stat optager, fx i en udenlandsk bank • et lån som staten yder, fx et uddannelseslån

statsmand

SUBST. *-en*, plur. *~mænd, ~mændene*

en fremtrædende og handlekraftig politiker, især inden for udenrigspolitik □ *landet har brug for en dygtig statsmand • mange mener han er den fødte statsmand*

statsminister

SUBST. *-en*, plur. *~ministre, ~ministrene*

en leder af en regering □ *statsministeren præsenterede den nye regering* □ *statsministerium*

statsministerium

SUBST. *~ministeriet*, plur. *~ministerier, ~ministerierne*

et ministerium som har at gøre med spørgsmål vedr. statsforfatningen, dronningen og kongehuset, Grønlands og Færøernes hjemmestyre

statsobligation

SUBST. *-en*, plur. *-er, -erne*

en obligation som er udstedt af staten

statspapir

SUBST. *-et*, plur. *-er, -erne*

et gældsbrev som staten udsteder

statsret

SUBST. *~retten*

forfatnings- og forvaltningsret

statsretslig el. statretlig

ADJ. *-t, -e*

som har at gøre med statsret □ *statsretlig praksis*

statsrevisor

SUBST. *-en*, plur. *-er, -erne*

en person der vælges af Folketinget til at gennemgå det årlige statsregnskab i overensstemmelse med love og forskrifter; der vælges 4-6 statsrevisorer samt en stedfortræder for hver ≠ RIGSREVISOR

statsråd

SUBST. *-et*, plur. *~råd, -ene*

et ministermøde under regentens forsæde

statsskat

SUBST. *~skatten*, plur. *~skatter, ~skatterne*

den skat borgerne betaler til staten □ *målet er en nedsættelse af statsskatten* □ *statsskattedirektoratet*

statsskole

SUBST. *-n*, plur. *-r, -rne*

en skole som drives, betales og ejes af staten; i Danmark kun på Christiansø ≠ KOMMUNESKOLE, PRIVATSKOLE

statsskov

SUBST. *-en*, plur. *-e, -ene*

en skov der er ejet af staten ≠ PRIVATSKOV □ *de danske statsskove* □ *statsskovbrug • statsskovvæsen*

statsstøtte

SUBST. *-n*, plur. *-r, -rne*

en økonomisk støtte fra staten til fx erhvervslivet □ *skibsværftsindustrien fik fem mia. kr. i statsstøtte*

statstilskud

SUBST. *~tilskuddet*, plur. *~tilskud, ~tilskuddene*

et økonomisk tilskud fra staten som ofte indgår i en større økonomisk sammenhæng □ *staten giver statstilskud til miljøfremme*

statsvidenskab

SUBST. *-en*, plur. *-er, -erne*

videnskaben om staten og det offentliges virksomhed som bl.a. omfatter statskundskab, statsret, forvaltningsret og nationaløkonomi; studium ved Københavns Universitet □ *når man læser statsvidenskab bliver man cand.polit.*

statuarisk

ADJ. - , *-e*
/statu'arisk/

som ligner en statue □ *han forlod lokalet med statuarisk værdighed • hun stod statuarisk i bar figur • en statuarisk stil*

statue

SUBST. *-n*, plur. *-r, -rne*

en fritstående skulptur af en figur i hel skikkelse = BILLEDSTØTTE ≠ BUSTE, RELIEF □ *en statue af Christian IV* □ *bronzestatue • marmorstatue*

statuere

VERB. *-r, -de, -t*
/statu'ere/

statuere ngt (jura): fastsætte el. bestemme noget □ *retten statuerede frifindelse* □ *statuering* • **statuere et eksempel** se under *eksempel*

statuette

SUBST. *-n*, plur. *-r, -rne*
/statu'ette/

en lille statue □ *i vindueskarmen stod en statuette af porcelæn*

statur

SUBST. *-en*, plur. *-er, -erne*
/sta'tur/

vækst el. legemsbygning = LEGEMSBYGNING □ *han er lille af statur • hans korpulente statur*

status

SUBST. *-en*, plur. *-er* (el. *statusser*), *-erne* (el. *statusserne*)

1. en stilstand hvor to el. flere påvirkende kræfter ophæver hinanden = BALANCE □ *statusopgørelse* • en optælling af en virksomheds varelager □ *gøre status* · *forretningen havde lukket 4. januar pga. status*
2. en persons anseelse inden for en gruppe el. organisation □ *have en høj status* · *social status* · *hans arbejde gav ham høj status* □ *statussymbol* • en persons rangmæssige stilling □ *diplomatstatus* · *observatørstatus*
3. gøre status over sit liv opregne de gode og dårlige ting i sit liv □ *han gjorde status over sit liv*

statusopgørelse

SUBST. *-n*, plur. *-r*, *-rne*

en skriftlig opgørelse over en virksomheds aktiver og passiver ved en regnskabsperiodes afslutning

status quo

SUBST. *en*
[*sda'tus'kvo*]

bevare el. **opretholde status quo** bevare den nuværende tilstand

statussymbol

SUBST. *-et*, plur. *-er*, *-erne*

en ting som opfattes som tegn på at ejeren har en rimelig høj social status □ *mobiltelefonen er blevet så billig at den ikke længere har nogen værdi som statussymbol* · *han er fuldstændig ligeglad med statussymboler*

statut

SUBST. *statutten*, plur. *statutter*, *statutterne*
/*sta'tut*/

en vedtægt for en forening el. en institution = VEDTÆGT □ *foreningen har fået en række nye statutter* · *det er ikke tilladt ifølge institutionens statutter*

staude

SUBST. *-n*, plur. *-r*, *-rne*
[*'sdawdə* el. *'sdaw'də*]

en flerårig prydplante med blomster som formerer sig ved jordstængel el. stængelknold, fx asters, brudeslør el. bonderose □ *staudebed*

stav

SUBST. *-en*, plur. *-e*, *-ene*

1. en stok el. et bræt af træ el. andet stift, men eftergivende materiale som bruges til at støtte sig til, slå med m.m. □ *politibetjentene trak stavene* □ *stavformet* □ *hockeystav* · *politistav* · *skistav* · *tiggerstav* · *tryllestav* · *vandringsstav* • et træstykke som bruges som en del af en konstruktion □ *gærdestav* · *tøndestav*
2. ⟨i sammensætn.⟩ et symbol på værdighed el.lign. □ *bispestav* · *hyrdestav* · *krumstav* · *marskalstav* · *ekskulapstav*

stave[1]

SUBST. *-n*, plur. *-r*, *-rne*

et kort, smalt bræt i en tønde el. et andet trækar • **falde i staver** blive åndsfraværende □ *hun faldt i staver og hørte ikke hvad han sagde*

stave[2]

VERB. *-r*, *-de*, *-t*

stave ngt skrive el. nævne bogstaverne i et ord □ *stav lige ordet!* · *stave et ord forkert* · *lære at stave* · *han stavede sit navn for mig* · *'kigge' kan også staves med 'kk'* □ *staver* · *stavning* · *stavebog* · *stavetavle* • **stave sig igennem ngt** møjsommeligt læse noget □ *hun stavede sig igennem lovteksten*

stavefejl

SUBST. *-en*, plur. *~fejl*, *-ene*

en fejl i stavningen af et ord □ *brevet er fyldt med stavefejl* □ *stavefejlsundersøgelse*

stavelse

SUBST. *-n*, plur. *-r*, *-rne*

1. en del af et ord som indeholder en vokal plus eventuelle forudgående el. efterfølgende konsonanter; fx består ordet *læ-se-hest* af tre stavelser □ *ordet 'hotel' har tryk på sidste stavelse* · *trykløs stavelse* □ *stavelsesdeling* · *stavelsesgrænse* · *stavelsesstruktur* □ *slutstavelse*
2. ikke forstå en stavelse ikke forstå noget □ *jeg forstår ikke en stavelse af det du siger der*

stavemåde

SUBST. *-n*, plur. *-r*, *-rne*

= ORTOGRAFI □ *ordets stavemåde* · *ordet har to stavemåder i ordbogen*

staver

SUBST. *en*, plur. *-e*

løbe sig en staver i livet komme i vanskeligheder pga. uforsigtighed el. taktløshed □ *han løb sig en staver i livet med den bemærkning*

stavformet

ADJ. *-*, *~formede*

som har en aflang facon som en stav □ *stavformede bakterier*

stavlygte

SUBST. *-n*, plur. *-r*, *-rne*

en stavformet, batteridreven lygte

stavn

SUBST.

se *stævn*

stavnsbinde

VERB. *-r*, *~bandt*, *~bundet* (*~bunden*, *~bundne*)

stavnsbinde ngn forpligte en person til at blive boende på et bestemt sted □ *lejeloven er i visse tilfælde med til at stavnsbinde de gamle til billige og store lejligheder* · *banken forsøger med sine overførselsgebyrer at stavnsbinde sine kunder*

stavnsbunden el. stavnsbundet

ADJ. *-t*, *~bundne*
(stavnsbundet: *-*, plur. *~bundne*)

som er forpligtet til at forblive boende og arbejde et bestemt sted

stavnsbånd

SUBST. *-et*

et system som forpligtede danske bønder til at forblive boende og arbejde på det sted hvor de var født; stavnsbåndet blev indført i 1733 og ophævet i 1788 □ *indføre stavnsbånd* · *løse stavnsbåndet*

stavre

VERB. *-r*, *-de*, *-t*

gå med stive, usikre skridt = STOLPRE □ *den lille stavrede hen ad gulvet*

stavrim

SUBST. *-et*, plur. *~rim*, *-ene*

= BOGSTAVRIM

stavær

SUBST. *-et*, plur. *-er*, *-erne*
/*sta'vær*/

1. en høj, underlig el. klodset genstand som kan være svær at rubricere □ *bag tribunen var der opstillet et højt stavær med valgplakater*
2. en høj og tynd person = RÆR, RÆKEL, BØNNESTAGE □ *et langt stavær*

stearin

SUBST. *-en* el. *-et*
/*stea'rin*/

et fedtstof som bruges til stearinlys; er en blanding af syrer som udvindes af forskellige fedtstoffer □ *flydende stearin* · *lys af ægte stearin* · *stearin er dryppet ned på dugen* □ *stearinlys* · *stearinsyre*

stearinlys

SUBST. *et*, plur. *~lys*, *-ene*

en stang el.lign. af stearin el. et andet brændbart materiale med en væge i midten som brænder med en lysende flamme = LEVENDE LYS □ *tænde et stearinlys* · *hun læste i skæret fra to stearinlys*

sted

SUBST. *-et*, plur. *-er*, *-erne*

1. en mere el. mindre afgrænset del af noget; fx den plads hvor nogen el. noget befinder sig = OMRÅDE, PLADS, PUNKT □ *rejse fra sted til sted* · *henvende sig det rigtige sted* · *stedets politimester* · *skal du besøge andre steder i Danmark?* · *ilden brød ud samtidig på flere steder* · *det står på side 43 eller 44 et sted* □ *gerningssted* · *opholdssted*
2. et hus el. en mindre landejendom □ *han ejer flere steder i København* · *han har købt et lille sted uden for byen*
3. i forsk. forb.: • **af sted** udtryk for at man bvæger sig bort □ *han gik af sted med hurtige skridt* · *hun er netop taget af sted til Spanien* · *vi må hellere se at komme af sted* • **finde sted** se under *finde* • **i stedet for ng(t)** el. **i ngs sted** som erstatning el. til gengæld for nogen el. noget □ *du må holde talen i stedet for mig* · *tage cyklen i stedet for bilen* · *lade bilen stå og tage cyklen i stedet* · *give løfter i stedet for penge* · *han har været i en fars sted for dem* • **ingen smalle steder** udtryk for at der ikke bliver sparet på noget □ *der var sandelig ingen smalle steder ved det bryllup* • **komme** el. **slippe af sted med ngt** finde lejlighed til at gøre noget ubemærket □ *han stjæler lige så snart han kan slippe af sted med det* • **på stedet** der hvor noget sker el. vil ske □ *vi stiller om til vores reporter på stedet* • **lige på stedet** i samme øjeblik = STRAKS □ *husk*

at når jeg kalder så kommer du lige på stedet • **til stede** som er el. findes på et sted □ *han skyndte sig at forsvinde inden politiet kom til stede* · *er der en læge til stede?*

stedbarn

SUBST. *-et,* plur. *~børn, ~børnene*

1. et barn som ens ægtefælle har med en anden, og som man er far el. mor for□ *han holdt af sit stedbarn som var det hans eget barn*
2. en ting el. en person der ikke er værdsat □ *sabbatorloven har været et stedbarn siden sin fødsel* · *samfundets stedbørn* · *et møde mellem verdenssamfundets stedbørn*

stedbror el. **stedbroder**

SUBST. *-en,* plur. *~brødre, ~brødrene*

en søn af ens stedmor el. stedfar, men ikke af ens far el. mor≠ HALVBROR

steddatter

SUBST. *-en,* plur. *~døtre, ~døtrene*

en datter som ens ægtefælle har med en anden, og som man fungerer som far el. mor for

stede

VERB. *-r, -de* (el. *stedte*), *-t* (el. *stedt*)
[*'sdæ·ðə*]

stede ngt til hvile el. **til jorden** (form.): begrave nogen□ *hun blev stedt til hvile på Vestre Kirkegård*

stedfar el. **stedfader**

SUBST. *-en,* plur. *~fædre, ~fædrene*

en mand som et barns mor lever i ægteskab el. ægteskabslignende forhold med, men som ikke er barnets biologiske far

stedfortrædende

ADJ.

som træder i stedet for en anden person ved dennes fravær □ *under hans sygdom traf en stedfortrædende kollega afgørelsen*

stedfæste

VERB. *-r, -de, -t*

stedfæste ngt (glds.): angive hvor noget findes = LOKALISERE □ *man har ikke kunnet stedfæste slaget ved Svold* □ *stedfæstelse*

stedlig

ADJ. *-t, -e*

som findes på det pågældende sted = LOKAL □ *de stedlige myndigheder* · *de stedlige bestemmelser*

stedmoder

SUBST.

se *stedmor*

stedmoderblomst

SUBST.

se *stedmorblomst*

stedmoderlig

ADJ. *-t, -e*

som er uretfærdig el. utilstrækkelig □ *få en stedmoderlig behandling*

stedmor el. **stedmoder**

SUBST. *-en,* plur. *~mødre, ~mødrene*

en kvinde som et barns far lever i ægteskab el. ægteskabslignende forhold med, men som ikke er barnets biologiske mor

stedmorblomst el. **stedmoderblomst**

SUBST. *-en,* plur. *-er, -erne*

en lille plante hvis blomster har fem kronblade i farverne violet, gul og hvid; det nederste og forreste kronblad er lysest og størst; latinsk navn *Viola tricolor*

stednavn

SUBST. *-et,* plur. *-e, -ene*

et navn på et bestemt sted, fx en by el. et land

stedord

SUBST. *-et,* plur. *~ord, -ene*

= PRONOMEN □ *henførende stedord* · *personligt stedord* □ *ejestedord* • **gensidigt stedord** = RECIPROKT PRONOMEN • **henførende stedord** = RELATIVT PRONOMEN • **personligt stedord** = PERSONLIGT PRONOMEN • **påpegende stedord** = DEMONSTRATIVT PRONOMEN • **spørgende stedord** = INTERROGATIVT PRONOMEN

stedsans

SUBST. *-en*

en evne til at orientere sig og finde vej, især ukendte steder□ *have en højt udviklet stedsans* · *miste stedsansen*

stedse

ADV.

(form.): udtryk for at noget sker igen og igen □ *han kommer stedse for sent* • udtryk for at noget tager til el. af på en konstant og jævn måde = STADIG □ *vejen blev stedse smallere* · *Punjab var præget af stedse mere uro* • **for stedse** = FOR ALTID □ *nu rejser jeg fra dig for stedse*

stedsegrøn

ADJ. *-t, ~grønne*

(om en plante): som bærer grønne blade hele året ≠ LØVFÆLDENDE □ *stedsegrønne træer og buske*

stedsevarende

ADJ.

(form., glds.): = VEDVARENDE □ *stedsevarende beklagelser* · *stedsevarende talestrøm*

stedsøn

SUBST. *~sønnen,* plur. *~sønner, ~sønnerne*

en søn som ens ægtefælle har med en anden, og som man fungerer som far el. mor for

stedsøskende

SUBST.

ens stedbrødre og stedsøstre□ *da hendes far giftede sig igen, fik hun to stedsøskende*

stedsøster

SUBST. *-en,* plur. *~søstre, ~søstrene*

en datter af ens stedmor el. stedfar, men ikke af ens far el. mor≠ HALVSØSTER

stedt

ADJ. *- , -e*
[*'sdæ't* el. *'sde't*]

som befinder sig i en bestemt vanskelig situation □ *uden ham var jeg ilde stedt* · *være stedt i fare* □ *nødstedt*

stedtillæg

SUBST. *~tillægget,* plur. *~tillæg, ~tillæggene*

et løntillæg til tjenestemænd i egne med høje leveomkostninger, fx i København

stedvis

ADJ. - (el. *-t*), *-e*

som forekommer enkelte steder inden for et område = SPREDT, PLETVIS □ *udsigt til varmt vejr, stedvis med torden* · *stedvise byger* · *den vilde tulipan vokser stedvis på Bornholm*

steeplechase

SUBST. *et*
[*'sdi·bəltjæjs*]

et hestevæddeløb med faste forhindringer

steg[1]

SUBST. *-en,* plur. *-e, -ene*

1. et helt stykke kød el. fjerkræ som steges i ovn el. gryde □ *grydestegt steg* □ *culottesteg* · *flæskesteg* · *grydesteg* · *gåsesteg* · *kalvesteg* · *lammesteg* · *oksesteg* · *ribbensteg* · *rullesteg* · *rådyrsteg* · *tyndsteg* · *tyksteg*
2. (slang): en person der er ung og tiltrækkende □ *en lækker steg*

steg[2]

VERB.

bøjningsform af *stige*

stege

VERB. *-r, stegte, stegt*

1. stege ngt brune kød, fisk o.l. i fedtstof ved stærk varme□ *stege fisk* · *kødstykkerne steges i en gryde eller på panden* · *stegt lever* □ *stegegaffel* · *stegemargarine*
2. udsende stærk varme = BAGE □ *solen steger* · *vi måtte vente 2 timer i stegende sol* · *her er stegende varmt*

stegebo

SUBST. *-en,* plur. *-er, -erne*

en person fra Stege

stegeflæsk

SUBST. *-et*

et kødstykke med el. uden svær fra midterstykket af slagtet svin; bruges til ribbenssteg, stegt flæsk el. spareribs

stegepande

SUBST. *-n,* plur. *-r, -rne*

en rund el. firkantet gryde med lav kant og langt skaft til at stege mad i = PANDE

stegeso

SUBST. *-en,* plur. *-er* (el. *~søer*), *-erne* (el. *~søerne*)

et ildfast fad med låg til stegning i ovn

stejl

ADJ. *-t, -e; -ere, -est*

1. stærkt skrånende ▫ *en stejl skrænt · det går stejlt nedad*
2. = STÆDIG ▫ *han er meget stejl i sine meninger · stå stejlt på sin ret · indtage en stejl holdning*

stejle

VERB. *-r, -de, -t*

1. (om hest): rejse sig på bagbenene ▫ *hesten blev sky og stejlede* ▫ *stejlen · stejlerem*
2. stejle over ngt udvise stærk modvilje mod noget ▫ *folk stejler over de høje priser*

stejleplads

SUBST. *-en,* plur. *-er, -erne*

en plads hvor fiskegarn hænger til tørre på stejler

stel

SUBST. *stellet,* plur. *stel, stellene*

1. en ramme til at sammenholde forskellige dele ▫ *cyklens stel er nylakeret* ▫ *brillestel · cykelstel*
2. en større el. komplet samling af ting til borddækning ▫ *et pragtfuldt stel af kinesisk porcelæn* ▫ *kaffestel · testel · servantestel · spisestel*

stemme[1]

SUBST. *-n,* plur. *-r, -rne*

1. de lyde el. toner som mennesker el. dyr frembringer ved hjælp af et organ i halsen, og som har en karakteristisk klang = RØST ▫ *tale med lav stemme · hun har en smuk stemme · stemmen knækker over · han sagde det med bitterhed i stemmen · synge med klar stemme · grådkvalt stemme · en dyb stemme · en høj stemme · nattergalens stemme* ▫ *stemmebånd · stemmeleje · stemmelæbe · stemmestyrke* ▫ *drengestemme · fuglestemme · sangstemme* • **hæve stemmen** tale højere • **indre stemme** et menneskes fornuft, følelser el. samvittighed = SAMVITTIGHED ▫ *husk at lytte til din indre stemme*
2. en enstemmig tonefølge i et flerstemmigt musikstykke som udføres af en enkelt el. en gruppe sangere el. instrumenter ▫ *de synger duet med hver sin stemme · orkesterets forskellige stemmer · jeg synger anden stemme · et værk for fire stemmer* • en gruppe orgelpiber med den samme klang
3. den enkeltes tilkendegivelse af sin mening i forbindelse med en afstemning el. et valg ▫ *afgive sin stemme · der var 50 stemmer for forslaget og 27 imod · en blank stemme · hun fik mange af landmændenes stemmer · forslaget er vedtaget med alle stemmer · optælle stemmer* ▫ *stemmeoptælling · stemmeskred · stemmesluger*

stemme[2]

VERB. *-r, stemte, stemt*

1. tilkendegive sin mening i forbindelse med en afstemning el. et valg ▫ *jeg gider ikke stemme ved næste valg · tre partier stemte for lovforslaget, og syv stemte imod · der var mange der stemte på ham · stemme blankt · hvad stemmer du? · hvilket parti stemmer du på?*
2. stemme ngt bringe et musikinstruments toner i det rette indbyrdes forhold ▫ *stemme et klaver · stemme en violin* ▫ *stemning* • (om musikinstrumenter): være i harmoni med hinanden ▫ *instrumenterne stemte ikke*
3. stemme med ngt være i overensstemmelse med el. hænge logisk sammen med noget = PASSE, SVARE TIL ▫ *beløbet stemmer · prisen stemmer ikke med min udregning · der er noget her der ikke stemmer · det du siger stemmer ikke overens med det du sagde i går · regnskabet stemmer ikke* • **stemme ngt af** regne ud om udgifter og indtægter i et regnskab passer sammen ▫ *stemme bøgerne af*
4. stemme ng frembringe en bestemt sindstilstand hos nogen ▫ *hun forsøgte at stemme ham lidt mildere*
5. stemme i el. **stemme i med** begynde at synge sammen med flere andre ▫ *de stemte i med en fødselsdagssang · han begyndte at synge, og de andre stemte i med*

stemme[3]

VERB. *-r, -de* (el. *stemte*), *stemt*

stemme ngt mod ngt presse noget mod noget for at gøre modstand ▫ *han stemmede skulderen mod døren · han stemte imod med fødderne* • **stemme op for ngt** blokere for udløbet af noget ▫ *stemme op for sine følelser · stemme op for strømmen* • **stemme ng for brystet** give nogen en trykkende fornemmelse i brystet ▫ *luften stemte ham for brystet*

stemmebånd

SUBST. *-et,* plur. *~bånd, -ene*

hvert af de to læbeformede fremspring i struben som kan strammes og sættes i svingninger af luftstrømmen, og som derved danner stemmens klang = STEMMELÆBE

stemmeføring

SUBST. *-en,* plur. *-er, -erne*

den måde hvorpå man bruger sin stemme, dvs. både hvor højt og hurtigt man taler samt betoninger og evt. pauser; man kan give udtryk for følelser, meninger m.m. ved at variere stemmeføringen ▫ *hun talte med lav stemmeføring*

stemmegaffel

SUBST. *-en* (el. *~gaflen*), plur. *~gafler, ~gaflerne*

et lille redskab af stål som består af en stamme der deler sig i to, og som giver en bestemt tone når det anslås; bruges til at stemme musikinstrumenter efter

stemmejern

SUBST. *-et,* plur. *~jern, -ene*

en tynd mejsel til bearbejdning af træ, fx til udhuling el. udhugning af mønstre ▫ *du skal slå forsigtigt med hammeren på stemmejernet*

stemmeleje

SUBST. *-t,* plur. *-r, -rne*

det vekslende niveau som stemmen befinder sig i afhængigt af hvordan den bruges mht. tonehøjde, styrke m.m ▫ *hun forsøgte at få stemmen i et naturligt stemmeleje · lavere stemmeleje · højere stemmeleje*

stemmelæbe

SUBST. *-n,* plur. *-r, -rne*

= STEMMEBÅND

stemmeret

SUBST. *~retten*

en ret til at afgive sin stemme ved et valg = VALGRET ▫ *have stemmeret · miste sin stemmeret · siden han fik stemmeret har han altid stemt på samme parti* ▫ *stemmeretsbegrænsning · stemmeretskampagne*

stemmeseddel

SUBST. *-en* (el. *~sedlen*), plur. *~sedler, ~sedlerne*

en fortegnelse over opstillede partier og kandidater el. andre valgmuligheder som man afgiver sin stemme på i en skriftlig afstemning ▫ *der må kun sættes ét kryds på stemmesedlen*

stemmetal

SUBST. *~tallet,* plur. *~tal, ~tallene*

antal afgivne stemmer ▫ *det samlede stemmetal*

stemmeurne

SUBST. *-n,* plur. *-r, -rne*

en kasse hvori man lægger sin stemmeseddel når man har afgivet sin stemme ▫ *i morgen går vælgerne til stemmeurnerne for at vælge bydelsråd*

stemning

SUBST. *-en,* plur. *-er, -erne*

1. følelsesmæssig tilstand hos én el. flere personer på et bestemt tidspunkt, til en vis grad betinget af ydre omstændigheder ▫ *en god stemning ved festen · en positiv stemning i befolkningen · er der stemning for en tur i biografen? · være i stemning til at danse · løfte stemningen · komme i stemning · stemningen var imod ham · bryde stemningen · vende stemningen* ▫ *stemningsbillede · stemningsbølge · stemningsfuld · stemningsmenneske · stemningsmættet*
2. (musik): det at stemme el. være stemt

stemningsbillede

SUBST. *-t,* plur. *-r, -rne*

et billede el. en beretning fuld af stemning

stemningsbølge

SUBST. *-n,* plur. *-r, -rne*

flere menneskers kraftige tilkendegivelse af mishag el. utilfredshed ▫ *en stemningsbølge af had og hævn · en stemningsbølge tvang regeringen til at gå af*

stemningsfuld

ADJ. *-t, -e*

som er præget af en højtidelig el. poetisk stemning ▫ *en stemningsfuld aften*

stempel

SUBST. *-et* (el. *stemplet*), plur. *stempler, stemplerne*

1. en stang som presses op og ned i et rør som slutter helt tæt om den; fungerer som en del af en motor el. af en anden maskine, fx en bilmotor, en dampmaskine el. en pumpe ▫ *stempel i pumpe, i en bilmotors cylinder* ▫ *stempelfjeder · stempelhammer · stempelmotor · stempelpresse · stempelstang · stempelventil* ▫ *motorstempel · pumpestempel · trykstempel*
2. et instrument som bruges til at trykke et mær-

ke el. en kort tekst på fx et brev□ *stempelpude* · *stempelsværte* • et mærke el. en kort tekst, fx navn og adresse, trykt på et brev el.lign. med et stempel □ *stempel på frimærke* · *stemplet garanterer dokumentets ægthed* · *han har et russisk stempel i sit pas* □ *stempelafgift* · *stempelmærke* · *stempelpapir* □ *poststempel* • et negativt kendemærke □ *efter den affære har han fået det stempel på sig at han er en snusket svindler* · *hans ansigt bar sorgens stempel* • **blåt stempel** blive godkendt el. anerkendt som værende af første klasse□ *planen har fået det blå stempel af byrådet*

stempelafgift

SUBST. *-en*, plur. *-er, -erne*

en afgift til staten der betales når man anvender bestemte dokumenter som fx pantebreve og gældsbreve

stemple

VERB. *-r, -de, -t*

1. stemple ngt (foræld.): sætte et aftryk fra et stempel på noget□ *dokumentet skal stemples af notaren* · *frimærket er stemplet i København* □ *stempling* • **stemple ng som ngt** varigt karakterisere nogen som værende noget; især noget negativt □ *hendes sønner er begge stemplet som forbrydere* · *han er stemplet som løgner*

2. være arbejdsløs og regelmæssigt melde sig på arbejdsformidlingen □ *man skal huske at stemple for at bevare sit ret til dagpenge*

stemt

ADJ. *-, -e*

1. (om sproglyd): som indebærer svingning af stemmebåndene □ *stemte og ustemte lyde* · *alle vokaler er stemte*

2. være stemt for ngt gå ind for el. have lyst til noget□ *jeg er mest stemt for at vi bliver hjemme* • **være ng(t) {venligt} stemt** være positivt indstillet over for nogen el. noget □ *hun er forslaget gunstigt stemt* · *han er venligt stemt over for hendes børn* · *han er hende venligt stemt*

sten[1]

SUBST. *-en*, plur. *sten, -ene*

1. hårde stykker af bjergarter□ *trappen var af sten* • enkeltstykker af bjergarter som er mellem 2 og 20 cm i diameter□ *stendysse* · *stengærde* □ *kampesten* · *småsten* • **en sten falder fra ens hjerte** udtryk for en stor lettelse □ *der faldt en sten fra hans hjerte* • **have et hjerte af sten** være ufølsom • **sove som en sten** sove meget fast

2. en kerne med en hård skal i midten af en frugt□ *husk at spytte stenene ud*□ *stenfrugt* □ *kirsebærsten*

3. et stykke af et hårdt materiale som dannes i visse af kroppens organer; består af udkrystalliserede mineraler i sure kropsvæsker, fx galde og urin □ *galdesten* · *nyresten*

4. = TESTIKEL

sten[2]

SUBST. *-en*, plur. -e (el. *sten*), *-ene*

1. = SMYKKESTEN □ *kronen var besat med ædle stene* □ *stenrig* □ *månesten* · *rhinsten* · *similisten* · *ædelsten*

2. en sten i hvilken der er indhugget en inskription og som er rejst til minde om en person el. en begivenhed □ *sætte en sten på graven* · *rejse en sten for de faldne* □ *gravsten* · *mindesten* · *runesten*

3. give stene for brød give noget værdiløst i stedet for noget værdifuldt □ *den lange frasefyldte tale gav folk stene for brød*

stenalder

SUBST. *-en*

en kulturperiode frem til bronzealderen hvor sten var det vigtigste materiale som våben og redskaber blev lavet af; strækker sig i Norden frem til ca. 1500 f.Kr□ *yngre stenalder* · *ældre stenalder* · □ *stenalderboplads* · *stenalderfund* · *stenaldergrav* · *stenaldermenneske*

stenbider

SUBST. *-en*, plur. *-e, -ne*

en fisk med en tyk hudkam på ryggen og sugekopper på bugen så den kan suge sig fast til sten; spises ofte røget, og rognen bruges til uægte kaviar; latinsk navn *Cyclopterus lumpus* □ *stenbiderrogn*

stenbro

SUBST. *-en*, plur. *-er, -erne*

1. (glds.): = BROLÆGNING

2. en bys gader el. selve byen□ *Københavns stenbro* · *når sommeren var forbi, skulle de tilbage til stenbroen*

stenbrud

SUBST. *~bruddet*, plur. *~brud, ~bruddene*

et brud hvorfra man graver sten ud

stenbuk

SUBST. *~bukken*, plur. *~bukke, ~bukkene*

1. en bjergged med lange, svungne horn

2. (astrologi): en person som er født i stjernetegnet Stenbukken, dvs. mellem den 22/12 og den 20/1

stencil

SUBST. *-en*, plur. *-er* (el. *stencils*), *-erne* (el. *-ene*) ['*sdænsil* el. '*sdænsil*']

et papir hvorpå man skriver et fortryk der skal duplikeres; er forsynet med et tyndt lag paraffin som gennembrydes når der skrives på det hvorefter farve kan slippe igennem og overføres til et andet stykke papir • en duplikeret kopi som er fremstillet ved hjælp af et sådant papir□ *læreren uddelte stenciler i klassen* · *bogen er nu blevet udgivet efter at have cirkuleret i stencil*

stendysse

SUBST. *-n*, plur. *-r, -rne*

en grav fra stenalderen bygget af store sten som er sat i en cirkel el. en langstrakt kreds □ *der er bevaret mellem 2.000 og 3.000 stendysser i Danmark*

stendød

ADJ. *-t, -e*

fuldstændig død□ *der er ikke noget at gøre, han er stendød*

stene

VERB. *-r, -de, -t*

1. stene ng dræbe el. fordrive nogen med stenkast □ *stene nogen ihjel* · *stene ham ud af byen* □ *stening*

2. stene ngt rense noget for sten □ *stene kirsebær*

stenfisker

SUBST. *-en*, plur. *-e, -ne*

en person der samler ral op fra havbunden fra særligt fartøj□ *stenfiskerfartøj*

stenfrugt

SUBST. *-en*, plur. *-er, -erne*

en frugt med et stenhårdt frø omgivet af et lag frugtkød, fx et kirsebær el. en fersken ≠ BÆRFRUGT

stengrund

SUBST. *-en*, plur. *-e, -ene*

en jord- el. havbund som er fyldt med sten • **falde på stengrund** ikke blive forstået el. blive ignoreret; især om velmente råd og forslag □ *ordene faldt på stengrund*

stenhugger

SUBST. *-en*, plur. *-e, -ne*

en person der som erhverv bearbejder sten og fremstiller fx gravsten el. monumenter□ *stenhuggeren kan vælge mellem at blive sandstenshugger eller granithugger* □ *stenhuggeri*

stenhøj

SUBST. *-en*, plur. *-e, -ene*

en lille høj af stablede sten; fx som dekoration i en have □ *stenhøjsplante*

stenhård

ADJ. *-t, -e*

som er meget hård = JERNHÅRD □ *brødet er stenhårdt*

stenkast

SUBST. *-et*, plur. *~kast, -ene*

det at kaste med sten□ *demonstranterne svarede igen med stenkast* • en afstand der ikke er længere end man kan kaste med en sten□ *huset ligger kun et stenkast fra skoven*

stenkul

SUBST. *~kullet*, plur. *~kul, ~kullene*

en sort, stenlignende bjergart som overvejende består af kulstof, og som anvendes som brændsel

stenkulstjære

SUBST. *-n*

en sort, tyktflydende og ildelugtende væske som dannes ved tørdestillation af stenkul, og hvoraf forskellige stoffer som er vigtige for den kemiske industri, kan udvindes

stenografere

VERB. *-r, -de, -t*
/*stenogra'fere*/

stenografere ngt nedskrive en tale el. et diktat ved hjælp af et skriftsystem med særlige tegn og forkortelser som kan skrives meget hurtigt □ *vidneudsagnet blev stenograferet* · *de søgte en sekretær der kunne stenografere og skrive på maskine* □ *stenografering*

stenografi
SUBST. *-en,* plur. *-er, -erne*
/stenogra'fi/

et skriftsystem med særlige tegn og forkortelser som kan skrives meget hurtigt, og som bruges til at nedskrive tale el. diktat ◻ *på sekretærkurser undervises der i stenografi og maskinskrivning* ◻ *stenografisk*

stensætning
SUBST. *-en,* plur. *-er, -erne*

en samling sten oven på hinanden som ofte danner en form for gærde

stente
SUBST. *-n,* plur. *-r, -rne*

en overgang over et gærde

stentorrøst
SUBST. *-en,* plur. *-er, -erne*

en meget kraftig stemme

stentryk
SUBST. *~trykket*

en teknik til at fremstille billeder ved aftryk fra en fugtig stenplade = LITOGRAFI

stentrykker
SUBST. *-en,* plur. *-e, -ne*

= LITOGRAF

stentrykkeri
SUBST. *-et,* plur. *-er, -erne*

et litografisk værksted

stentøj
SUBST. *-et*

keramik af en særlig hårdtbrændt kvalitet ◻ *en vase i blåt stentøj* · *bornholmsk stentøj* ◻ *stentøjsfigur* · *stentøjskrukke*

stenuld
SUBST. *-en*

= ROCKWOOL

step
SUBST. *steppet,* plur. *step, steppene*

en dans med hurtige fodbevægelser hvor tå og hæl slås i gulvet så det kan høres idet skoene er forsynet med metalbeslag; mest som opvisning = STEPDANS ◻ *stepdanser* · *stepsko*

stepdans
SUBST. *-en,* plur. *-e, -ene*

= STEP

steppe[1]
SUBST. *-n,* plur. *-r, -rne*

et regnfattigt landområde med græs og spredte, lave buske = PRÆRIE ◻ *steppeantilope* · *steppebrand* · *steppevegetation* ◻ *busksteppe* · *græssteppe*

steppe[2]
VERB. *-r, -de, -t*

1. danse step ◻ *hun steppede i takt til musikken*
2. bevæge fødderne nervøst henover gulvet

stereo
SUBST. *-en*

optagelse og gengivelse af lyd så lytteren, gennem to el. flere højtalere, oplever den rumlige placering af de forskellige lydkilder = STEREOFONI ◻ *koncerten sendes i stereo* ◻ *stereogengivelse* · *stereoindspilning* • ⟨*-en,* plur. *-er, -erne*⟩ = STEREOANLÆG

stereoanlæg
SUBST. *~anlægget,* plur. *~anlæg, ~anlæggene*

et musikanlæg der gengiver lyden i stereo, og som består af en forstærker og fx pladespiller og radio = STEREO

stereofoni
SUBST. *-en*
/stereofo'ni/

= STEREO ◻ *stereofonisk*

stereotyp
ADJ. *-t, -e*
[*sdereo'ty'p* el. *sdero'typ*]

som på en stivnet og fantasiløs måde ikke afviger fra det gængse ◻ *udtrykke sig i stereotype vendinger* ◻ *stereotypi*

stereotypi
SUBST. *-en,* plur. *-er, -erne*
/stereoty'pi/

1. (medicin): en fortsat gentagelse af de samme bevægelser el. ytringer; optræder i forbindelse med visse psykiske lidelser, især skizofreni
2. (typografi): en sats el. et billede som er en støbt gengivelse efter en matrice

stereotypør
SUBST. *-en,* plur. *-er, -erne*
/stereoty'pør/

en person der inden for typografi beskæftiger sig med *stereotypi*

steril
ADJ. *-t, -e*
/ste'ril/

1. som ikke er i stand til at få børn pga. manglende frugtbarhed = UFRUGTBAR, GOLD ◻ *sterilisere* · *sterilisation* · *sterilitet*
2. fri for snavs, bakterier og andre mikroorganismer = BAKTERIEFRI, ANTISEPTISK ◻ *forbindingen skal være steril*
3. som mangler udtryk og liv ◻ *rummet virkede sterilt* · *et sterilt maleri*

sterilisation
SUBST. *-en,* plur. *-er, -erne*
[*sderilisa'sjo'n*]

1. det at fjerne al snavs og bakterier
2. en operation som umuliggør forplantning = STERILISERING ◻ *tvangssterilisation*

sterilisere
VERB. *-r, -de, -t*
/sterili'sere/

1. sterilisere ngt fjerne snavs og bakterier helt fra noget, fx ved varmebehandling el. kemisk behandling = DESINFICERE ◻ *sterilisere fødemidler* · *sterilisere kirurgiske instrumenter* ◻ *sterilisation* · *sterilisering*
2. sterilisere ng(t) bortoperere evnen til forplantning, fx ved at en del af æggeledere el. sædstrenge skæres bort ◻ *steriliseing*

sterilitet
SUBST. *-en*
/sterili'tet/

det at være steril

sterling
SUBST. *en,* plur. *sterling*

pund sterling en britisk møntenhed som er 1 pund ◻ *mange metaller noteres traditionelt i britiske pund sterling* ◻ *sterlingkurs*

sterlingsølv
SUBST. *-et*

sølv af finhed 925; oprindelig standardfinhed for mønter i England før 1920

steroid
SUBST. *-et,* plur. *-er, -erne*
/stero'id/

en gruppe organiske stoffer omfattende bl.a. steroler, vitaminer, kønshormoner og binyrebarkhormoner • **anabolisk steroid** et kunstigt fremstillet hormon der styrker opbygningen af protein i legemet og medfører øget præstationsevne fx hos sportsudøvere ◻ *misbrug af anaboliske steroider*

stesolid
SUBST. *en,* plur. *-er, -erne*

varenavn for et kendt *diazepam*

stetoskop
SUBST. *-et,* plur. *-er, -erne*
[*sdeto'sgo'p*]

et apparat man kan lytte til hjerte og lunger med; består af en lille plastmembran i en flad metalskål der sættes mod det der skal lyttes til, og to rør der går fra skiven i et Y op til ørerne ◻ *stetoskopere* · *stetoskopi* · *stetoskopisk*

stetoskopisk
ADJ. *- , -e*
/steto'skopisk/

som udføres med et stetoskop

stev
SUBST. *-et,* plur. *stev, -ene*

(i oldnordiske digte): en kort strofe el. et omkvæd

stevedore
SUBST. *-n,* plur. *-r, -rne*
[*sde·və'do'r* el. *sdi·və'då·ɔ*]

en person der forestår losning og ladning af skibe; er en selvstændig næringsdrivende som tager losning og lastning i entreprise ◻ *havnearbejdere antages af havnens stevedorer*

steward
SUBST. *-en,* plur. *-er, -erne*
[*'sdju·ɑt*]

en mand der står for forplejningen og yder service til passagerer i fly, tog el. på skib

stewardesse

SUBST. *-n,* plur. *-r, -rne*
[sdjuaˈdæsə]

en kvinde der står for forplejningen og yder service til passagerer i fly, tog el. på skib □ *stewardessen demonstrerede brugen af redningsvesten* □ *stewardesseuniform* □ *flystewardesse* · *flyvebådsstewardesse* · *togstewardesse*

sti

SUBST. *-en,* plur. *-er, -erne*

1. en smal vej; især for fodgængere og som regel uden belægning □ *en stejl sti førte op i bjergpasset* □ *stifinder* □ *bjergsti* · *cykelsti* · *gangsti* · *havsti* · *kirkesti* · *kreatursti* · *skovsti*
2. et aflukke i en stald til svin el. andre mindre husdyr □ *svinesti* • **holde sin sti ren** opføre sig på en sådan måde at der ikke er noget at kritisere □ *hun møder til tiden, arbejder gerne over og holder i det hele taget sin sti ren*

stifinder

SUBST. *-en,* plur. *-e, -ne*

en person der er dygtig til at finde vej □ *den unge Griffin var en dygtig stifinder* • = BANEBRYDER □ *gruppen er ikke længere stifinder i den mere fremadrettede rockmusik*

stift[1]

SUBST. *-en,* plur. *-er, -erne*

et tyndt, meget lille og spidst søm □ *sætte en plakat op med stifter* • ⟨i sammensætn.⟩ en ting som i sin form kan minde om en stift □ *blyantsstift* · *grammofonstift* · *limstift* · *læbestift*

stift[2]

SUBST. *-et,* plur. *-er, -erne*

et administrativt kirkeligt område hvis øverste myndighed er en biskop; Danmark er inddelt i ti stifter □ *stiftsøvrighed*

stiftamtmand

SUBST. *-en,* plur. *~amtmænd, ~amtmændene*

en amtmand der sammen med biskoppen udgør stiftsøvrigheden

stifte

VERB. *-r, -de, -t*

1. stifte ngt få noget til at eksistere både reelt og formelt = OPRETTE □ *stifte en forening* · *en stiftende generalforsamling* · *stifte familie* · *stifte forlig* · *stifte ufred* · *stifte gæld* · *stifte et legat* □ *stiftelse* · *stifter* □ *indstifte*
2. stifte ngt fastgøre noget med stift ≠ SØMME □ *stifte et låg på en kasse* · *stifte en plakat op på et plankeværk* □ *stiftning*

stiftelse

SUBST. *-n,* plur. *-r, -rne*

1. det at stifte noget fx en forening = OPRETTELSE, GRUNDLÆGGELSE □ *foreningens stiftelse fandt sted i 1965* · *være med til stiftelse af en forening*
2. en ved gravsten el. testamente oprettet institution med velgørende formål, især ydelse af fri bolig = FOND □ *huset er ejet af en stiftelse* · *en stiftelse for sømænds enker*

stifter

SUBST. *-en,* plur. *-e, -ne*

en person som opretter el. sætter noget i gang = GRUNDLÆGGER □ *man fejrede foreningens stifter* · *efterkommere af legatets stiftere har fortrinsret* □ *brandstifter* · *fredsstifter* · *legatstifter* · *urostifter*

stiftsdame

SUBST. *-n,* plur. *-r, -rne*

en adelig kvinde der enten er ugift, tidligere hofdame, enke efter el. skilt fra en adelsmand, og som bor på en stiftelse for adelige = STIFTSFRØKEN, KONVENTUALINDE

stiftsfrøken

SUBST. *-en* (el. *~frøknen*), plur. *-er* (el. *~frøkner*), *-erne* (el. *~frøknerne*)

= STIFTSDAME

stiftsprovst

SUBST. *-en,* plur. *-er, -erne*

(hist.): = DOMPROVST □ *stiftsprovsti*

stiftsøvrighed

SUBST. *-en,* plur. *-er, -erne*

biskoppen og stiftamtmanden der især bestyrer stiftets kirkelige økonomi og fører tilsyn med kirkerne

stifttand

SUBST. *-en,* plur. *~tænder, ~tænderne*

en kunstig tand fastgjort med en metalstift i tandroden

stigbøjle

SUBST. *-n,* plur. *-r, -rne*

1. en af to metalbøjler som er fastgjort med en rem til en sadel, og som man holder fødderne i mens man rider og bruger når man stiger på og af en hest □ *sætte fødderne i stigbøjlerne*
2. (anatomi): en lille knogle i mellemøret som er med til at lede lydsvingningerne til det indre øre

stige[1]

SUBST. *-n,* plur. *-r, -rne*

en indretning med trin man kan kravle op el. ned ad til et højere el. lavere punkt; består af to lange, parallelle stænger som er forbundet med kortere tværstænger □ *kravle op ad en stige* · *stille en stige op ad en mur* · *stå på en stige* □ *stigereol* · *stigevogn* □ *hønsestige* · *rebstige* · *trappestige* · *wienerstige*

stige[2]

VERB. *-r, steg, steget (stegen, stegne)*

1. bevæge sig opad ≠ DALE □ *solen stiger på himlen* · *månen stiger op over bakkekammen* · *i østen stiger solen op* · *flyet steg til 2.000 m* · *ballonerne steg til vejrs* · *terrænet stiger stejlt på det sidste stykke* · *blodet stiger mig til hovedet* · *hun mærkede galden stige op i spiserøret* □ *stigning* □ *nedstige* · *opstige*
2. stige af el. **ned fra ngt** bevæge sig ned fra noget □ *stige af en hest* · *stige af cyklen* · *hun steg af bussen* · *taleren steg ned fra talerstolen* • **stige om fra ngt til ngt** skifte bus, tog el.lign. □ *du skal stige om på Rådhuspladsen fra linje 16 til linje 250* • **stige {på} ngt** gå ind i el. op i et transportmiddel □ *stige på toget* · *stige ind i en bil* · *stige om bord i et skib* • **stige ud af ngt** gå ud af el. ned fra et transportmiddel □ *stige ud af en bil*
3. øges i antal, grad, omfang, værdi, styrke osv. = TILTAGE, VOKSE ≠ FALDE □ *medlemstallet er steget med 20%* · *barometeret stiger* · *underskuddet er steget fra 18 mia. kr. til 21 mia. kr.* · *efterspørgslen i takt med den forbedrede økonomi* · *kurserne stiger* · *blæsten steg til stormstyrke* · *hans stemme stiger i styrke* · *vandstanden er steget* · *han er steget i graderne*

stigma

SUBST. *-et,* plur. *-ta, -ene*

1. et sårmærke som ser ud som dem Jesus ifølge Bibelen fik ved korsfæstelsen, og som siges at være opstået spontant på visse helgener □ *stigmatisering* • = SKAMPLET □ *et socialt stigma*
2. (botanik): støvfang på blomst

stigning

SUBST. *-en,* plur. *-er, -erne*

1. det at noget bliver større = TILVÆKST □ *stigning i priserne* · *der har været en stigning i antallet af forbrydelser* · *en stigning i leveomkostningerne* □ *lønstigning* · *prisstigning*
2. et sted i terrænet hvor det går op ad bakke □ *stigningerne på bjergetapen gjorde det næsten af med cykelrytterne*

stik[1]

SUBST. *stikket,* plur. *stik, stikkene*

1. det at blive stukket af noget spidst □ *et stik af en bi* · *et stik af en nål* · *sygeplejersken gav ham et stik i armen* □ *stiksår* · *stikvåben* □ *bistik* · *dolkestik* · *hvepsestik* · *knivstik* · *loppestik* · *myggestik* · *nålestik* • en hurtig følelse af smerte el. anden ubehag □ *han følte et stik i hjertet* · *hun mærkede et stik af skuffelse* · *han følte et stik af jalousi* □ *stiksmerte* □ *sidestik*
2. et billede fremstillet som aftryk af en graveret metalplade = GRAVURE □ *kobberstik* · *stålstik*
3. en genstand der bruges til at forbinde to elektriske ledninger, forsynet med enten nogle metalben el. med nogle dertil svarende huller □ *stikdåse* · *stikkontakt* · *stikprop* □ *bananstik* · *hanstik* · *hunstik* · *jackstik*
4. en slyngning på et reb hvormed man binder to reb sammen el. fastgør rebet til en fast genstand □ *et dobbelt stik* · *knob og stik* □ *dobbeltstik* · *halvstik* · *pælestik*
5. (kortspil): to el. flere kort som efter reglerne i det pågældende kortspil passer sammen og kan lægges til side □ *han fik det sidste stik* • **tage alle stikkene hjem** = VINDE
6. holde stik vise sig at være rigtig □ *den påstand holder næppe stik*

stik[2]

SUBST. *stikken,* plur. *stikker, stikkerne*

1. = TROMMESTIK
2. være på stikkerne se under *stikkerne*

stik[3]

ADJ.

udtryk for at noget er direkte modsat af noget andet el. af hvad man ville forvente □ *i stik modsætning til tidligere* · *han gik den stik modsatte vej* · *stik mod alle beregninger blev resultatet vellykket* • (om vind): udtryk for at vinden kommer nøjagtigt fra en bestemt retning □ *stik modvind* · *vinden er stik østlig*

stikdåse

SUBST. *-n,* plur. *-r, -rne*

en afslutning på en fast elektrisk installation for tilslutning af løse elektriske installationer, fx. lamper og køkkenmaskiner□ *firestikdåse* · *trestikdåse* • en anordning af plastic med tre el. fire hunstik på række og en ledning med hanstik

stikflamme

SUBST. *-n,* plur. *-r, -rne*

en flamme der pludselig skyder frem□ *der stod en stikflamme ud af kakkelovnen og sved hans øjenbryn*

stikirenddreng

SUBST. *-en,* plur. *-e, -ene*
/stiki'renddreng/

(spøg.): en person som man udnytter ved at sende vedkommende ud i ærinder som man selv burde klare □ *gå selv derhen, jeg er ikke din stikirenddreng*

stikke

VERB. *-r, stak, stukket (stukken, stukne)*

1. trykke noget spidst ind i el. igennem et blødt materiale□ *stikke en sprøjte i armen* · *stikke lys i kagen* · *stikke sig på en nål* · *hun stak ham med kniven* · *hvepsen stikker* • **stikke ng ned** såre el. dræbe nogen med knivstik □ *han blev stukket ned på åben gade* • **stikke til {maden}** skubbe noget rundt på tallerkenen uden at spise det • have en ubehagelig el. irriterende effekt på nogen □ *solen stikker i øjnene* · *uldtrøjen stikker* · *hans ord stak mig i hjertet* · *gråden stak ham i halsen* • **stikke af mod ngt** være en ubehagelig kontrast til noget □ *hans slips stak af mod skjorten* • **stikke til ng** være spydig over for nogen □ *han havde indrømmet sin fejl, men hun blev ved med at stikke til ham*
2. føre gennem en åbning □ *stikke fødderne i skoene* · *stikke en finger i munden* · *stikke hovedet ud af vinduet* · *stikke tråden gennem nåleøjet* · *stikke nøglen i lommen*
3. bevæge sig hurtigt□ *stik lige hen til bageren* · *jeg stikker lige op og henter dem* • **stikke af** tage af sted el. forsvinde; ofte uden tilladelse□ *han forsøgte at stikke af men blev fanget* · *hvis der ikke er mere at tale om stikker jeg af nu* · *hun var stukket af fra en lukket afdeling* • **stikke i {rend}** starte pludseligt på noget □ *stikke i rend* · *barnet stak i et hyl* • **stikke op** el. **frem** være synlig □ *skorstenene stak op over byen* · *pengene stak frem af pungen* • **stikke ngt under** være noget lusk med i spillet □ *det er for billigt, der må stikke noget under*
4. stikke ild på ngt el. **stikke ngt i brand** få noget til at brænde□ *hun stak huset i brand* · *stikke ild på bålet*
5. stikke ng melde nogen til myndighederne □ *modstandsgruppen blev stukket til tyskerne* · *hun stikker sine naboer for sort arbejde*
6. stikke ng(t) overgå el. give igen på noget□ *jeg har tre esser, kan du stikke den?* · *hun indså at hun ikke kunne stikke verdensmesteren* • **stikke ng ud** (glds.): overvinde nogen; især en rival □ *han stak fjenden ud og vandt prinsessen* • **stikke {kager} ud** stikke fx småkager ud af en udrullet dej med en kageform el.lign.
7. stikke ng ngt give el. låne nogen noget□ *stik mig en 20'er* · *han stak hende én på kassen* · *han prøvede at stikke hende en løgn* · *han stak pengene til sig* • **stikke ngt til side** gemme noget til senere = OPSPARE □ *han stak penge til side til bedre tider*
8. (om skib): have en vis dybde under vandspejlet□ *fartøjet stikker dybt* · *sejlbåden stikker 3 m* • **stikke dybt** være alvorligt□ *problemet stikker ikke så dybt*
9. stikke ngt sy en søm med stikkesting på noget □ *kraven stikkes langs den yderste kant*
10. stikke ngt = GRAVERE □ *hun stikker i stål og kobber*
11. stikke ngt an begynde at tappe noget □ *de stak vinfadet an* • **stikke ngt om** tappe noget om □ *de måtte stikke vinen om*

stikkelsbær

SUBST. *~bærret,* plur. *~bær, ~bærrene*

et stort rødt el. gult, ofte dunet bær af stikkelsbærbusken; latinsk navn *Ribes uva-crispa* • ⟨best. *~bærren*⟩ = STIKKELSBÆRBUSK

stikkelsbærben

SUBST. *-et,* plur. *~ben, -ene*

(spøg.): et behåret ben □ *han har tynde, hvide stikkelsbærben*

stikkelsbærgrød

SUBST. *-en*

en grød der er kogt af stikkelsbær, vand og sukker

stikken[1]

SUBST.

lade ng i stikken svigte nogen der er i knibe = SVIGTE

stikken[2]

ADJ. *-t, stikne*

1. (om en person): der er pirrelig og svær at omgås = PRIKKEN □ *en stikken herre*
2. = STÆDIG □ *hun kan godt være temmelig stikken*

stikker

SUBST. *-en,* plur. *-e, -ne*

en person der mod betaling hjælper politiet el. en anden myndighed ved at angive el. forråde andre = ANGIVER □ *stikkeri* · *stikkerlikvidering* · *stikkervirksomhed* □ *politistikker*

stikkerne

SUBST.PLUR.

være på stikkerne have travlt el. være om sig □ *han er altid på stikkerne*

stikkontakt

SUBST. *-en,* plur. *-er, -erne*

en kontakt hvorfra man med en ledning kan trække strøm til lamper og elektriske apparater

stiklagen

SUBST. *-et* (el. *~lagnet*), plur. *-er* (el. *~lagner*), *-erne* (el. *~lagnerne*)

et ekstra lagen som er nemt at skifte ud; bruges ofte i hospitalssenge

stikle

VERB. *-r, -de, -t*

stikle til ng (glds.): være spydig over for nogen ved at komme med hentydninger□ *stiklen* · *stiklerier*

stikling

SUBST. *-en,* plur. *-er, -erne*

et afskåret skud af en plante der bringes til at slå rod = AFLÆGGER

stiklomme

SUBST. *-n,* plur. *-r, -rne*

en lomme med en lodret el. skrå åbning

stiknarkoman

SUBST. *-en,* plur. *-er, -erne*

en narkoman der tager narkotika via indsprøjtninger

stikning

SUBST. *-en,* plur. *-er, -erne*

1. en søm der er udført med stikkesting, især som pynt
2. (fodbold): en aflevering i et hul mellem flere modspillere = AFLEVERING □ *han blev spillet fri med en dyb stikning*

stikord

SUBST. *-et,* plur. *~ord, -ene*

1. sidste ord i en skuespillers replik som er signal til at en medspiller skal tale el. komme ind på scenen □ *give stikordet*
2. = OPSLAGSORD

stikordsregister

SUBST. *-et* (el. *~registret*), plur. *~registre, ~registrene*

et alfabetisk ordnet register bag i en bog med sidehenvisninger til emner, navne o.l. = REGISTER, INDEKS

stikpille

SUBST. *-n,* plur. *-r, -rne*

1. en større pille der indføres i fx endetarmen
2. = SPYDIGHED

stikprøve

SUBST. *-n,* plur. *-r, -rne*

en tilfældigt udvalgt prøve fra en større mængde som bruges til at undersøge el. vurdere denne mængde□ *prognoserne er baseret på meningsmålinger og stikprøver fra selve stemmeafgivelsen* · *tolderne tager kun stikprøver* □ *stikprøvekontrol* · *stikprøvevis*

stiksav

SUBST. *-en,* plur. *-e, -ene*

en lille sav med en tilspidset klinge som kan save fra midten af en flade

stiksår

SUBST. *-et,* plur. *~sår, -ene*

et dybt sår i kroppen som er frembragt med fx en kniv, og hvor de indre organer kan være beskadiget

stikvåben

SUBST. *-et* (el. *~våbnet*), plur. *~våben, ~våbnene*

et våben man stikker med, fx en kniv el. en kårde ≠ HUGVÅBEN

stil[1]

SUBST. *-en,* plur. *-e, -ene*

1. = STILART □ *en bygning i ren eller blandet stil* • *han malede i impressionistisk stil* • *søjler i jonisk stil* • *gotisk stil* • *antik stil* • *romersk stil* □ *stildannende* • *stilfornemmelse* • *stilisere* • *stilkjole* • *stilkunst* • *stilløs* • *stilmøbel* • *stilperiode* • *stilren* • *stilsikker* • *stiltræk* □ *barokstil* • *biedermeierstil* • *byggestil* • *empirestil* • *jugendstil* • *klunkestil* • *møbelstil* • *rokokostil* • *tøjstil*
2. den måde man giver sprogligt udtryk for et tankeindhold □ *bunden stil* • *litterær stil* • *en tør stil* □ *stilart* • *stilbrud* • *stilfigur* • *stilideal* • *stilforskel* □ *kancellistil* • *lapidarstil* • *nominalstil* • *telegramstil*
3. en typisk måde som nogen opfører sig el. gør noget på, el. som noget er på □ *det er slet ikke hans stil at blive jaloux* • *Bogarts specielle stil* □ *gangstil* • *livsstil* • *løbestil* • *spillestil* • *sangstil* • en korrekt og elegant adfærd = LEVEMÅDE □ *en kvinde med stil* • *han har slet ingen stil* • *vi må holde stilen* □ *stilfuld* • *stilsikker*
4. i {den} stil af en bestemt art = RETNING, GENRE □ *jeg vil gerne have en taske i en lidt mere praktisk stil* • *han sagde noget i den stil* • **i stil med ngt** af samme art el. på samme måde som noget = I RETNING AF, I GENRE MED □ *jeg kunne godt tænke mig et par bukser i stil med dine*
5. i stor stil i høj grad □ *han er charmør i stor stil*

stil[2]

SUBST. *-en,* plur. *-e, -ene*

en skriftlig sprogøvelse i skolen som ofte skrives over et bestemt emne □ *skrive dansk stil* • *have stil for* □ *stile(e)mne* • *stil(e)retning* • *stil(e)skrivning* • *stil(e)øvelse* • *stilebog* • *stilehefte* □ *fristil* • *referatstil*

stilart

SUBST. *-en,* plur. *-er, -erne*

en fremstillingsmåde el. formgivning der er typisk for et arbejde, en kunstner, en retning el. en periode, især inden for arkitektur og kunst = STIL □ *barok og rokoko er forskellige stilarter*

stilbrud

SUBST. *~bruddet,* plur. *~brud, ~bruddene*

en uheldig brug af et element som ikke passer ind i den øvrige stil □ *det er stilbrud at bruge udtrykket 'opstart' om indgangssalmen til en gudstjeneste*

stile

VERB. *-r, -de, -t*

1. stile ngt til ng gøre nogen til modtager el. mål for noget = HENVENDE, RETTE, ADRESSERE □ *spørgsmålet er stilet til professoren* • **stile ngt til ng** skrive et brev til nogen med nævnelse af denne som modtager først i brevet □ *brevet var stilet til forstanderen*
2. stile mod ng(t) gå i retning mod □ *han stilede lige hen imod mig* • **stile mod** el. **efter ngt** = STRÆBE □ *hun stiler efter at blive valgt til formandsposten* • *han stiler højt* • *han stiler mod det Hvide Hus*

stilet

SUBST. *stiletten,* plur. *stiletter, stiletterne*
[*sdi'læt*]

1. et stikvåben i form af en lille dolk med en tynd, tre- el. firkantet klinge som er meget spids og uden æg
2. en sko med en stilethæl □ *hun havde stiletter på til festen* □ *stilethæl* • *stiletsko*

stilethæl

SUBST. *-en,* plur. *-e, -ene*

en meget tynd, høj hæl på en damesko □ *elegante sko med stilethæle*

stilfigur

SUBST. *-en,* plur. *-er, -erne*

en udtryksmåde der har en bestemt form, og som har en bestemt stilistisk virkning; det kan fx være en *metafor* el. en *anafor*

stilfuld

ADJ. *-t, -e*

som har stil = STILIG □ *han er ikke særlig stilfuld* • *en stilfuld dragt* • *stilfuld musik*

stilfærdig

ADJ. *-t, -e*
/*stil'færdig*/

som har en stille og rolig fremtræden = FREDSOMMELIG □ *et stilfærdigt menneske* • *sige noget på en stilfærdig måde* □ *stilfærdighed*

stilhed

SUBST. *-en*

et fravær af lyd el. støj □ *der var dyb stilhed i skoven* • *der herskede stilhed i byen efter midnat* • *han indåndede sommeraftenens stilhed* • *åndeløs stilhed* • *der blev syb stilhed i kirken da præsten tabte kraven* • **i stilhed** som er privat og kun omfatter en snæver kreds af indbudte gæster □ *begravelsen foregår i stilhed* • *brylluppet blev holdt i al stilhed*

stilig

ADJ. *-t, -e*

= STILFULD □ *en stilig mand* • *bilen er stiligt indrettet*

stilisere

VERB. *-r, -de, -t*
/*stili'sere*/

stilisere ngt give noget en forenklet form så hovedtrækkene træder tydeligt frem □ *et mønster med stiliserede blomster* • *spillekort er forsynet med stiliserede gengivelser af hjerter, ruder og klør* • *bogen har et stiliseret persongalleri* □ *stilisering*

stilist

SUBST. *-en,* plur. *-er, -erne*
/*sti'list*/

en skribent der har en fornem og rendyrket skrivestil □ *ud over at være en god fortæller var Herman Bang også en stor stilist*

stilistik

SUBST. *stilistikken,* plur. *stilistikker, stilistikkerne*
/*stili'stik*/

læren om stilmæssige virkemidler i sproget □ *stilistik er et klassisk fag som for mange er gået i glemmebogen*

stilistisk

ADJ. *- , -e*
/*sti'listisk*/

som har at gøre med stilistik □ *stilistisk er romanen et mesterværk* • *stilistisk analyse*

stilk

SUBST. *-en,* plur. *-e, -ene*

1. den del af en blomsterplante der er over jorden og som bærer knopper, blade og blomster = BLOMSTERSTILK, STÆNGEL □ *roser med lange stilke* • *skære noget af stilken* • den tynde del af en plante der forbinder et blad, en blomst el. en frugt med stængel el. kvist □ *bladstilk* • *æblestilk* • noget som har form som en stilk □ *stilk på et glas* □ *glasstilk*
2. på stilke udtryk for at være meget nysgerrig □ *hendes øjne stod på stilke* • *med øjnene på stilke*

stilket

ADJ. *- , stilkede*

som er forsynet med stilk □ *et stilket blad* • *en stilket svulst* • *krebsdyr har stilkede øjne*

still

SUBST. *et,* plur. *-s, -sene*

et billede som fryses fast i en film □ *et still af hovedpersonens ansigt midt i dødsspringet* • noget som trækkes ud af en sammenhæng el. en handlingsgang og gengiver dens essens i sammentrængt form □ *forfatteren tegner et still af kønnenes fortrædeligheder*

stillads

SUBST. *-et,* plur. *-er, -erne*
[*sde'la's* el. *sdi'las*]

et midlertidigt stativ af stålrør og brædder som arbejderne kan stå på under opførelse og reparation af høje bygninger el.lign. □ *rejse et stillads* □ *stilladsarbejde*

stille[1]

VERB. *-r, -de, -t*

1. stille ng(t) {på} ngt få nogen el. noget til at være et bestemt sted = SÆTTE, ANBRINGE, PLACERE □ *hun stillede en vase på bordet* • *han stillede cyklen fra sig* • *hvor skal jeg stille bilen?* • *vil du godt stille skiene udenfor* • *stille en bog på plads* • *stille mad frem på bordet* • *blive stillet for en dommer* • **stille sig {på} ngt** gå hen og stå et bestemt sted □ *han stillede sig henne ved vinduet* • *hun stillede sig op på stolen* • **stille {i} ngt** melde el. indfinde sig et sted □ *han fik besked på at stille i vagtstuen kl. 12.00* • *stille til klø* • **stille ng** anbefale nogen som kandidat til et valg = OPSTILLE □ *de stillede ikke mindre end syv kandidater til hovedbestyrelsen* □ *stiller* • **stille op** være parat til at gøre noget, fx være kandidat til et valg □ *han stiller altid op når der er brug for en hjælpende hånd* • *han stiller op for Socialdemokratiet til næste folketingsvalg*
2. stille ng(t) skaffe nogen el. noget som kræves til gengæld for noget andet = TILVEJEBRINGE □ *stille sikkerhed for et lån* • *stille en garanti* • *stille kaution* • *stille et depositum på 7.000 kr.*
3. stille ngt el. **stille på ngt** justere noget, fx ved at dreje på en knap □ *stille uret* • *stille på klokken* • *stille vækkeuret til at ringe kl. 7* • *stille termostaten på fem* • *stille fryseren på quick freeze* • **stille ind på ngt** vælge program på en

radio ▫ *han stillede ind på Danmarkskanalen* • **stille om til ngt** skifte transmissionssted i en radio- el. tv-udsendelse ▫ *vi stiller nu om til vor korrespondent i Moskva* • **stille ng om** el. **ind til ng(t)** forbinde nogen telefonisk med nogen, fx via et omstillingsbord ▫ *han bad om at blive stillet om til hovedkontoret* · *jeg stiller Dem ind til salgschefen, et øjeblik*
4. stille op med ngt ⟨i nægtende sætninger⟩ = UDRETTE ▫ *jeg ved ikke hvad jeg skal stille op med sådan en tingest* · *her er ikke noget at stille op*
5. stille sig an lade som om man har det anderledes end i virkeligheden = ANSTILLE ▫ *stille sig tosset an* · *stille sig ulykkelig an* • **stille sig {undrende}** forholde sig på en bestemt måde = FORHOLDE SIG ▫ *hun stillede sig tvivlende til den anklagedes forklaring* · *stille sig undrende* · *stille sig afventende* • **være {godt} stillet** befinde sig på en bestemt måde ▫ *han er godt stillet* · *han er dårligt stillet* · *hun er uheldigt stillet*
6. stille ngt mindske el. fjerne noget ▫ *stille smerterne med medicin* • **stille ngt** = TILFREDSSTILLE ▫ *han stillede sin sult og tørst på kroen* · *stille sin nysgerrighed* • **stille ng tilfreds** = TILFREDSSTILLE ▫ *han er vanskelig at stille tilfreds*

stille[2]

ADJ.

1. uden at bevæge sig = UBEVÆGELIG ▫ *sidde stille* · *stå stille* · *holde stille* ▫ *stillesiddende* · *stillestående* · *stilstand* • uden særlig aktivitet ▫ *det har været stille i dag* · *det har været en stille dag på børsen*
2. uden larm = TYST, SAGTE, LYDLØS ▫ *være helt stille* · *der er stille i huset* · *stille!* ▫ *stilleleg* · *stillelæsning* · *stilne* · *stiltiende* • som ikke siger særlig meget ▫ *han er meget stille* • **gå stille med dørene** se under *dør* • **tie stille** se under *tie*
3. uden anstalter og postyr ▫ *brylluppet gik stille af* · *få sig en stille bajer* · *han har ordnet sagen lige så stille* · *sove stille ind*
4. i ngs stille sind for sig selv og uden at man nævner det for nogen ▫ *han ærgrede sig i sit stille sind* • **stå stille for ng** være ude af stand til at tænke ▫ *det står stille for mig*

stilleben

SUBST. *-et*, plur. *-er* (el. *~leben*), *-erne* (el. *-ene*)
[ˈsdelle·bən]

et maleri hvor motivet er en opstilling af livløse genstande, fx frugter, blomster, fisk el. vildt = NATURE MORTE ▫ *han maler især stilleben og landskabsbilleder* · *der hænger et stilleben henne ved vinduet*

stillekupé el. stillekupe

SUBST. *-en*, plur. *-er*, *-erne*

en kupé i et intercitytog for passagerer der vil have ro under rejsen

stilleleg

SUBST. *-en*, plur. *-e*, *-ene*

en leg hvor det gælder om at være stille længst muligt ▫ *lege stilleleg*

stillestående

ADJ.

som er præget af ringe aktivitet el. ændring = STATISK ▫ *stillestående vand* · *luften var lummer og stillestående* · *et stillestående liv*

stillevej

SUBST. *-en*, plur. *-e*, *-ene*

en vej, ofte med anlagte vejbump, hvor motorkøretøjer ikke må køre over 30 km i timen ▫ *vejen der går forbi skolen, blev gjort til stillevej* ▫ *stillevejsbump*

stilling

SUBST. *-en*, plur. *-er*, *-erne*

1. den måde man anbringer el. har anbragt sin krop på ▫ *man bliver træt af at sidde i den samme stilling* · *hun lå i en akavet stilling* · *i siddende stilling* · *øvelsen udføres i liggende stilling* ▫ *stillingsskift* ▫ *fosterstilling* · *liggestilling* · *skrædderstilling* • den relative placering af noget ▫ *stjernernes stilling på himlen* · *brikkernes stilling på skakbrættet* ▫ *cirkelstilling* • en situation el. position ▫ *jeg er i en vanskelig stilling i denne sag* · *hun indtog en fremtrædende stilling i virksomheden*
2. et standpunkt el. en holdning ▫ *det er svært at tage stilling for eller imod krig* · *du kan ikke bare lade som ingenting, du er nødt til at tage stilling* · *han forbeholdt sig sin stilling i den spegede sag* ▫ *stillingtagen*
3. en militær opstilling ▫ *en fjendtlig stilling* · *kan de holde stillingen?* ▫ *stillingskrig* ▫ *hærstilling* • **befæste sin stilling** styrke sin position
4. det arbejde man udfører som sit erhverv = ANSÆTTELSE, BESKÆFTIGELSE, ARBEJDE, JOB ▫ *have stilling som lærer* · *søge en stilling* · *have en fast stilling* ▫ *stillingsansøgning* · *stillingsbeskrivelse* · *stillingsprofil* ▫ *deltidsstilling* · *fuldtidsstilling* · *livsstilling* · *topstilling* • **være sin stilling voksen** kunne leve op til de krav der bliver stillet til én ▫ *han er ikke sin stilling voksen*

stillingsansøgning

SUBST. *-en*, plur. *-er*, *-erne*

en skriftlig anmodning om at komme i betragtning til en stilling

stillingtagen

SUBST. *en*

det at tage stilling til noget, beslutte noget el. have en holdning til noget ▫ *han efterlyser en politisk stillingtagen fra regeringen* · *sagen er forelagt statsadvokaten med henblik på stillingtagen til tiltalespørgsmålet*

stilne

VERB. *-r*, *-de*, *-t*

stilne af blive svagere = AFTAGE ▫ *stormen stilnede af* · *trafikken er stilnet af* · *regnen stilnede af*

stilren

ADJ. *-t*, *-e*

som konsekvent holder sig til en bestemt stil ▫ *en stilren indretning* · *en stilren bygning*

stilsikker

ADJ. *-t*, *~sikre*

med sans for hvad der er stilfuldt ▫ *klæde sig stilsikkert*

stilstand

SUBST. *-en*

en afbrydelse el. standsning af noget der er i gang = STAGNATION ▫ *efter ugers stilstand kørte busserne igen* · *der har været stilstand i eksporten i lang tid* ▫ *våbenstilstand*

stiltiende

ADJ.

som accepteres uden indvendinger el. uden at skrive noget ned ▫ *en stiltiende aftale* · *han nikkede stiltiende*

stime[1]

SUBST. *-n*, plur. *-r*, *-rne*

stor, myldrende flok ▫ *en stime fisk* · *sildene står i store stimer* · *kunderne står i stimer* ▫ *fiskestime* · *makrelstime* · *menneskestime*

stime[2]

VERB. *-r*, *-de*, *-t*

samle sig i stimer ▫ *folk stimede af sted til arbejde* · *silden stimer i fjorden*

stimle

VERB. *-r*, *-de*, *-t*

stimle sammen samle sig i en flok ▫ *folk stimlede sammen omkring ulykkesstedet* ▫ *stimlen*

stimmel

SUBST. *-en* (el. *stimlen*), plur. *stimle*, *stimlene*

en større mængde af mennesker der er stimlet sammen ▫ *bane sig vej gennem stimlen*

stimulans

SUBST. *-en*, plur. *-er*, *-erne*
/stimuˈlans/

et middel som virker opkvikkende, fx kaffe, te, el. tobak; kraftigere stimulanser som fx kokain og amfetamin kan være stærkt vanedannende

stimulere

VERB. *-r*, *-de*, *-t*
/stimuˈlere/

sætte aktivitet i gang hos nogen el. noget, både psykisk og fysisk = KVIKKE OP, STYRKE ▫ *det er vigtigt at stimulere små børn* · *stimulere fantasien* · *kaffe stimulerer hjernen* · *medicin som stimulerer hjertet* · *stimulerende midler*

stimulus

SUBST. *-en el. stimulussen*, plur. *stimuli*, *stimuliene*

1. en ydre sansepåvirkning der får nerve- el. muskelceller til at reagere ▫ *lys, lyd, slag, stød og andre stimuli*
2. noget som opmuntrer til el. fremskynder en bestemt handling = TILSKYNDELSE

sting

SUBST. *-et*, plur. *sting*, *-ene*

1. en tråd i et stof som er syet med en nål ▫ *hun syede lappen med små sting* ▫ *systing* · *blindsting* · *kædesting* · *hulsting* · *knaphulssting* · *korssting*
2. = SIDESTING

stinkdyr

SUBST. *-et*, plur. *~dyr*, *-ene*

et amerikansk dyr af mårfamilien som har sort pels med hvide striber, og som udsprøjter en ildelugtende væske for at holde sine fjender på afstand; latinsk navn *Mephitis mephitis* = SKUNK

stinke

VERB. *-r, stank, -t*

lugte meget grimt = FIMSE, DUNSTE □ *her stinker forfærdeligt* • **selvros stinker** det er dårlig smag at rose sig selv

stipendiat

SUBST. *-en,* plur. *-er, -erne*
[*stipæn'dja't*]

en person der modtager el. har et stipendium □ *en fattig stipendiat · en stipendiat i kemi · hun er juridisk stipendiat · han har forsket som stipendiat ved Odense Universitet* □ *forskerstipendiat · kandidatstipendiat · seniorstipendiat*

stipendium

SUBST. *stipendiet,* plur. *stipendier, stipendierne*
/*sti'pendium*/

en tidsbegrænset økonomisk støtte til en studerende el. en kunstner, især til rejser og videreuddannelse □ *søge et stipendium · modtage et stipendium · et stipendium på 10.000 kr. · rejse udenlands på et stipendium* □ *stipendieansøgning · stipendiefond · stipendieudvalg* • en tidsbegrænset ansættelse med mulighed for forskning ved et universitet el. en anden højere læreanstalt □ *få et stipendium ved Niels Bohr Instituttet* □ *forskerstipendium · kandidatstipendium · seniorstipendium*

stiplet

ADJ. *- , stiplede*

stiplet linie en linie bestående af korte streger med mellemrum imellem ≠ PUNKTERET

stipulere

VERB. *-r, -de, -t*
/*stipu'lere*/

stipulere ngt bestemme noget ved en aftale el. kontrakt □ *stipulation*

stirre

VERB. *-r, -de, -t*

stirre på ng(t) kigge vedvarende og intenst på nogen el. noget □ *hun kiggede ud over havet · han lå på ryggen og stirrede på en revne i loftet · hun stirrede forskrækket på ødelæggelserne* □ *stirren* • **stirre på ng(t)** rette blikket stift og vedholdende mod nogen el. noget = GLO PÅ, NIDSTIRRE □ *han stirrede på mig med vilde øjne · hun stirrede forskrækket på ødelæggelserne* □ *stirren* □ *nidstirre*

stirrids

SUBST. *-et,* plur. *-er, -erne*

et rum på et skib hvor der opbevares madvarer, service OSV. ≠ PANTRY

stiv

ADJ. *stift, -e; -ere, -est*

1. som ikke lader sig bøje □ *et stift ben · en bog i stift bind · en stiv flip · stift papir · hans fingre var stive af kulde · han var stiv som et bræt i ryggen · stive skørter · stiv som en pind* · □ *stivelse · stivbenet · stiver · stiverik · stivfrossen · stivhed · stivkrampe · stivlærred · stivskørt* • uden bløde overgange mellem visse punkter □ *en stiv armbevægelse · han gik med stive skridt hen ad gulvet* • som ikke flytter sig □ *han så på hende med et stift blik · hun stirrede stift på ham* • **stiv af skræk** handlingslammet pga. angst • **stiv af syre** el. **stiv** stærkt beruset □ *hun var godt stiv af al den champagne*
2. unaturlig og uden spontanitet = USMIDIG □ *han har et stift væsen · et stift smil · han holdt stift på hvad han var blevet enig med sig selv om · hun står stift på sine meninger*
3. (alkohol): = UFORTYNDET □ *en stiv whisky*
4. i forsk. forb.: • **det er et stift stykke** el. **det var dog den stiveste** det er dog for galt! • **stiv køreplan** en køreplan med faste afgange på faste minuttal hver time • **en stiv time** en hel lang time som føles meget trættende □ *vi sad og ventede en stiv klokketime* • **sit stiveste puds** det flotteste tøj man har at tage på □ *han var i sit stiveste puds* • **tage ngt i stiv arm** se under *arm* • **være stiv i ngt** være dygtig til noget □ *jeg er ikke så stiv i latin mere* • **være stiv i papirerne** have gode boglige kundskaber

stive

VERB. *-r, -de, -t*

1. stive ngt gøre noget stift □ *stive et skørt* □ *stivning · stivelse* • **stive ngt af** støtte noget med stivere □ *minegangene blev stivet af for at undgå sammenstyrtninger*
2. stive ng(t) op el. **stive sig af med ngt** kvikke nogen el. noget op el. ruste sig til noget □ *det stivede humøret gevaldigt op · stive sig op med en kop kaffe · han gik ned på en bodega for at stive sig af med et par snapse*

stivelse

SUBST. *-n*

et *kulhydrat* som findes i planters rodknolde, stængler og frø, og som er planternes vigtigste oplagsnæring □ *hvede, ris og kartofler indeholder store mængder stivelse* □ *stivelsesholdig · stivelseskorn* □ *kartoffelstivelse · majsstivelse · sagostivelse* • et middel til at stive noget med, fx madvarer el. tøj = STIVELSESMIDDEL □ *vaske stivelsen ud af en skjorte*

stiver

SUBST. *-en,* plur. *-e, -ne*

noget som støtter el. stiver noget af, fx tynde bånd af ben, plast el. metal i et korset el. en skråtstillet pæl mod en mur □ *et korset med stivere · pumperøret var holdt fast i brønden ved hjælp af stivere*

stiverik

SUBST. *stiverikken,* plur. *stiverikker, stiverikkerne*

(slang): en erigeret penis = JERN, STÅPIK

stivfrossen

ADJ. *-t, ~frosne*

som er el. har frosset meget hårdt og ikke kan bevæges el. skifte form □ *grøntsagerne var stivfrosne · man kan ikke grave i den stivfrosne jord* • som er meget kold og forfrossen □ *hans fingre var stivfrosne*

stivkrampe

SUBST. *-n*

en farlig sygdom med langvarige kramper og høj feber; skyldes en bakterie, og ses i forbindelse med forurenede sår, fx efter bid □ *stivkrampevaccination · stivkrampevaccine*

stivnakket

ADJ. *- , stivnakkede*

= STÆDIG □ *mænd over halvtreds er som regel temmelig stivnakkede*

stivne

VERB. *-r, -de, -t*

1. blive stiv = HÆRDNE, STØRKNE □ *når blandingen begynder at stivne vendes æggehvider og flødeskum i* □ *stivning*
2. standse brat midt i en bevægelse; især pga. en ubehagelig overraskelse □ *stivne af skræk · blodet stivnede i hans årer · et stivnet smil*

stivsind

SUBST. *-et*

det at være meget stædig = STÆDIGHED □ *hans stivsind var skyld i at de aldrig så hinanden igen*

stivsindet

ADJ. *- , ~sindede*

= STÆDIG □ *den stivsindede idiot ødelægger samarbejdet*

stivstikker

SUBST. *-en,* plur. *-e, -ne*

(neds.): en sær, uomgængelig og stædig person □ *din gamle stivstikker!*

stjal

VERB.

bøjningsform af *stjæle*

stjerne

SUBST. *-n,* plur. *-r, -rne*

1. et selvlysende himmellegeme som er en kugle af brændende gasser, og som ses som en lille lysende prik på himlen om natten = SOL □ *kigge stjerner · nattehimlen er bestrøet med stjerner* □ *stjernehimmel · stjerneklar · stjernekort · stjerneskin · stjerneskud · stjernetåge* □ *aftenstjerne · fiksstjerne · morgenstjerne* • en figur med fem el. flere spidser som skal forestille en stjerne □ *der skal en stjerne i toppen af juletræet · tegne en stjerne* • **det står skrevet i stjernerne** det er bestemt af skæbnen • **have en høj stjerne hos ng** være beundret af en person • **være født under en lykkelig stjerne** være heldig hele tiden
2. en særlig populær el. dygtig sanger, skuespiller, sportsmand el. sportsudøver el.lign. □ *stjerneskuespiller · stjerneparade* □ *filmstjerne · sportsstjerne · sangstjerne*

stjernebillede

SUBST. *-t,* plur. *-r, -rne*

et mønster på himlen som dannes af bestemte stjerner, og som har et bestemt navn □ *Karlsvognen er et stjernebillede · der er tolv stjernebilleder i Dyrekredsen*

stjernehimmel

SUBST. *-en* (el. *~himlen*), plur. *~himler, ~himlerne*

en nattehimmel hvorpå stjernerne er synlige □ *de kiggede op på stjernehimlen*

stjernekaster

SUBST. *-en,* plur. *-e, -ne*

en slags fyrværkeri som man kan holde i hånden, og som sprutter og lyser når den antændes

stjerneklar

ADJ. *-t, -e*

(om en nattehimmel): som er så klar at stjernerne tydeligt kan ses □ *en stjerneklar nat*

stjerneskruetrækker

SUBST. *-en,* plur. *-e, -ne*

en skruetrækker til skruer med *krydskærv*

stjerneskud

SUBST. *~skuddet,* plur. *~skud, ~skuddene*

en meteor el. en anden mindre genstand som med stor hastighed trænger ind i Jordens atmosfære og brænder op; kan ses som en kortvarig lysende stribe på nattehimlen □ *en sværm stjerneskud · du kan ønske når du ser et stjerneskud*

stjernetegn

SUBST. *-et,* PLUR. ~tegn, *-ene*

hver af de 12 perioder som man i astrologien inddeler året i, og som har navn efter det stjernebillede på himmelen hvor solen befinder sig i den pågældende periode, fx Vædderen fra 21. marts til 20. april

stjernetyder

SUBST. *-en,* plur. *-e, -ne*

en person der spår om menneskers karakter og skæbne ved at studere stjernernes stilling = ASTROLOG

stjert el. **stjært**

SUBST. *-en,* plur. *-e, -ene*

1. (glds.): et levende væsens hale el. bagdel □ *han skulle have et skud løst krudt i stjerten*
2. en styre- el. trækstang, fx på en hestevogn
3. (søfart): et kort stykke line el. tov

stjæle

VERB. *-r, stjal, stjålet (stjålen, stjålne)*

stjæle ngt ulovligt tage noget i sin besiddelse som tilhører andre = TAGE, HUGGE, NALLE, RAPSE, HOLE, NOLE, NEGLE, NEME, TYVSTJÆLE □ *pigen havde stjålet slik i butikken · røverne flygtede i en stjålen bil* • **stjæle sig til at gøre ngt** gøre noget i hemmelighed □ *han stjal sig til at læse tegneserier under dynen*

stjært

SUBST.

se *stjert*

stjålen

ADJ. *-t, stjålne*

1. som nogen har stjålet □ *en stjålen cykel*
2. som udveksles i det skjulte □ *et stjålent håndtryk · veksle stjålne øjekast*

stjålet

VERB.

bøjningsform af *stjæle*

stk.

1. fork. for *stykke* el. *styk* □ *kransekage pr. stk. 12,95*
2. fork. for *stykke* □ *Retsplejeloven par. 365, stk. 3, 3. pkt.*

stockholmer

SUBST. *-en,* plur. *-e, -ne*
/stock'holmer/

en person fra Stockholm

stockholmsk

ADJ. *- , -e*

som har at gøre med Stockholm

stod[1]

SUBST. *stoddet,* plur. *stod, stoddene*
[*'sdɔð*]

flok af heste; især om en hingst og dens hopper □ *et stod af heste* □ *hestestod*

stod[2]

VERB.

bøjningsform af *stå*

stodder

SUBST. *-en,* plur. *-e, -ne*

1. (glds.): en fattig stakkel = TIGGER, SUBJEKT □ *han vandrede på landevejen som en anden stodder* □ *stodderagtig · stodderkonge · stodderprins*
2. en ubehagelig mand □ *hun har været gift med den stodder i 10 år · hun har smidt stodderen ud*

stof

SUBST. *stoffet,* plur. *stoffer, stofferne*

1. blødt materiale der er vævet af naturlige el. syntetiske fibre; anvendes til fx tøj og møbler = TEKSTIL □ *væve et stof · forårets nye stoffer · kjolen er syet af et mønstret stof · stoffet er 140 cm i bredden* □ *stofforretning · stofhandske · stofrulle · stoftryk* □ *bomuldsstof · jerseystof · silkestof · uldstof*
2. oplysninger som bearbejdes og nedskrives el. læses □ *samle stof til en artikel · avisen er fuld af spændende stof · mangle stof til bladet · han nåede ikke at læse hele stoffet inden den mundtlige eksamen* □ *stofmængde · stofnød* □ *avisstof · eksamensstof · forsidestof · lærestof · læsestof* • **give stof til ngt** giver anledning til revurdering af noget □ *ulykken gav stof til en fornyet debat om sikkerhed til søs · talen gav ham stof til eftertanke*
3. (fysik): materiale der kan adskilles i bestanddele med specifikke fysiske og kemiske egenskaber; det kan være de bestanddele som verden omkring os er opbygget og sammensat af el. bestanddele som noget er fremstillet af □ *organiske stoffer · radioaktive stoffer · klor er et letopløseligt stof* □ *stofskifte* □ *antistof · brændstof · farvestof · giftstof · grundstof · kulstof · kvælstof · mineralstof · næringsstof · råstof · sprængstof · sødestof · tilsætningsstof · æggehvidestof*
4. = NARKOTIKA □ *hun er på stoffer · sælge stoffer på gaden · narkomanerne skaffer sig penge til stoffer ved prostitution* □ *stoffri · stofmisbrug* • **euforiserende stoffer** = NARKOTIKA • **hårde stoffer** euforiserende stoffer som er stærkt vanedannende, fx heroin og kokain
5. (om person): egenskab som peger i en bestemt retning □ *der er stof i hende til en digter*

stoffri

ADJ. *-t, -e* (el. *stoffri*)

(om en misbruger): som ikke længere indtager euforiserende stoffer □ *hun har været stoffri i en måned*

stoflig

ADJ. *-t, -e*

som har fast form el. hører til den konkrete virkelighed = MATERIEL

stofmisbrug

SUBST. *-en* el. *-et,* plur. *~misbrug, -ene*

= NARKOMANI

stofmisbruger

SUBST. *-en,* plur. *-e, -ne*

= NARKOMAN

stofmængde

SUBST. *-n,* plur. *-r, -rne*

en mængde af stof; det kan være tekstil, narkotika, nyhedsstof el. fysiske el. kemiske bestanddele □ *gardinforretningen har enorme stofmængder på lager · politiet har fanget narkokurerer med stofmængder på op til 10 kg heroin · avisens overvældende stofmængde · den samlede stofmængde i universet*

stofnød

SUBST. *-en*

mangel på tekstmateriale, fx en avis' mangel på nyhedsstof □ *artiklen om Busser og Blondies ægteskab viser tydeligt at avisen har været i stofnød · en forfatter i stofnød · en folketingskandidat i stofnød · en underviser i stofnød*

stofskifte

SUBST. *-t*

de kemisk processer i levende organismer hvorved stoffer optages, dannes el. nedbrydes, fx iltoptagelse og omdannelse af næringsstoffer = METABOLISME □ *et lavt stofskifte · et forhøjet stofskifte · stofskiftet er højt når man er i aktivitet og bruger megen energi*

stofskiftesygdom

SUBST. *~sygdommen,* plur. *~sygdomme, ~sygdommene*

en sygdom i et af de organer som styrer kroppens stofskifte, fx i skjoldbruskkirtelen □ *sukkersyge og basedow er stofskiftesygdomme*

stoftryk

SUBST. *~trykket,* plur. *~tryk, ~trykkene*

⟨ikke plur.⟩ en metode til at trykke mønster i farver på tekstil, fx ved hjælp af klodser med udskåret mønster □ *stoftrykker · stoffarve* • et stof med mønster trykt på

S-tog

SUBST. *-et,* plur. *-e* (el. *S-tog*), *-ene*

et tog der kører på S-bane □ *S-togsstation*

stoicisme

SUBST. *-n*
[sdoi'sismə]

(i oldgræsk filosofi): en filosofisk retning el. holdning der går ud på at søge fornuft og indre ro uden at begære materielle ting • = SINDSLIGEVÆGT

stoisk

ADJ. *-, -e*
['sdo'isk]

som har at gøre med den filosofiske retning stoicisme • = LIGEVÆGTIG □ *tage sin modgang med stoisk ro*

stok

SUBST. *stokken,* plur. *stokke, stokkene*

1. en genstand af træ el. metal som man støtter sig til □ *han støttede sig til en stok · gå med stok*
2. en tyk plante med stængel □ *stokrose* □ *vinstok · kålstok* • **gå** el. **løbe i stok** sætte frø for tidligt hvilket ødelægger fx grøntsagers nytteværd □ *dilden er ikke så god når den er gået i stok*
3. den faste stok en fast kreds af mennesker □ *den faste stok mødes om onsdagen* • **over stok og sten** udtryk for at man kommer hovedkuls af sted □ *løbe over stok og sten*

stokdøv

ADJ. *-t, -e*

(neds.): fuldstændig døv □ *er du stokdøv, eller gider du bare ikke høre efter?*

stokrose

SUBST. *-n,* plur. *-r, -rne*

en plante med op til flere meter høj, tyk stængel og store, lyserøde, hvide, gule el. røde blomster; latinsk navn *Althaea* □ *almindelig stokrose · havestokrose · lægestokrose · orientalsk stokrose*

stokværk

SUBST. *-et,* plur. *~værk, -ene*

(glds., om ældre bygninger): = ETAGE

stol

SUBST. *-en,* plur. *-e, -ene*

1. et møbel som en person kan sidde på; består ofte af et ryglæn, sæde, fire ben og evt. armlæn ≠ TABURET, SKAMMEL □ *sidde på en stol · trække stolen ud · skubbe stolen ind under bordet · vippe på stolen · en højrygget stol · en stol med klapsæde* □ *stolearm · stoleben · stolebetræk · stoleryg · stolerække · stolesæde* □ *drejestol · gyngestol · klapstol · kurvestol · kørestol · liggestol · lænestol · spisebordsstol · sækkestol* • **den elektriske stol** et stolelignende apparat der anvendes til at henrette en dødsdømt person ved at sende stærkstrøm igennem kroppen; anvendes bl.a. i USA □ *dømme nogen til den elektriske stol · komme i den elektriske stol · blive henrettet i den elektriske stol*
2. et lille træstykke der holder strengene i afstand fra gribebrættet på strengeinstrument □ *violinstol*
3. i forsk. forb.: • **den hellige stol** pavens embede = PAVESTOLEN, PAVEVÆRDIGHEDEN • **stikke ngt under stolen** skjule el. fortie noget • **sætte ng stolen for døren** tvinge nogen til at gøre noget • **sætte sig mellem to stole** undlade at vælge side og derfor komme i en vanskelig situation el. gå glip af noget • **være ved at falde ned af stolen** blive meget overrasket □ *hun var ved at falde ned af stolen, da hun hørte det*

stola

SUBST. *-en,* plur. *-er, -erne*

et langt, lige skulderklæde, oftest med frynser i enderne • et skulderbånd som bæres af katolske præster under messen

stole

VERB. *-r, -de, -t*

stole på ng(t) have tillid til nogen el. noget = TRO PÅ, HAVE TILLID TIL □ *jeg stoler ikke på ham · jeg stoler på at det lykkes*

stolle

SUBST. *-n,* plur. *-r, -rne*

en vandret gang i en grube

stolpe

SUBST. *-n,* plur. *-r, -rne*

1. et opretstående rundt el. kantet stykke træ der tjener til at støtte el. bære en konstruktion = PÆL, STANG □ *bolden ramte stolpen* □ *målstolpe · sengestolpe · hjørnestolpe · dørstolpe* • tykt ben □ *barnet kom løbende på sine små stolper*
2. snakke op ad stolper og ned ad vægge snakke i en uendelighed, især om indholdsløse ting

stolpre

VERB. *-r, -de, -t*

= STAVRE □ *det lille barn stolprede af sted*

stolt

ADJ. *-, -e*

1. som sætter sin ære højt = ÆREKÆR □ *han var for stolt til at bede om penge hos sin familie · hun var for stolt til at tale med en som ikke var så fin som hende selv* □ *stolthed*
2. som føler glæde og tilfredshed med sig selv, en anden el. noget andet □ *hun var stolt og glad over at have klaret sig så godt · jeg er stolt af dig, min pige · en stolt far · skal vi hilse på hestens stolte ejer*
3. som er prægtig og imponerende □ *skibet var et stolt syn som det stod ud af havnen · han tog sig stolt ud i stadstøjet · klare sig stolt igennem*
4. ikke være stolt ved ngt føle sig ubehagelig til mode over noget □ *jeg var altså ikke stolt ved situationen*

stoltsere

VERB. *-r, -de, -t*
/stolt'sere/

gå på en hovmodig måde = SPANKULERE □ *de stoltserede hen ad gaden*

stop

SUBST. *stoppet,* plur. *stop, stoppene*

1. et ophold i el. en afbrydelse af et forløb el. en aktivitet = STANDSNING, HOLDT, PAUSE, MORATORIUM □ *ekspressen kører igennem uden stop · et stop i produktionen · de gjorde stop ved kiosken · der er sat stop for atomprøvesprængninger* □ *avancestop · bombestop · byggestop · hjertestop · importstop · lønstop · motorstop · prisstop* • **fuldt stop** et påbud for trafikanter om at standse; det kan fx være ved en lyskurve el. ved en udkørsel til en hovedvej □ *køre over for fuldt stop* • **køre på stop** = BLAFFE □ *køre på stop gennem Europa*
2. en pibefuld tobak □ *må jeg låne et stop tobak?*

stopfuld

ADJ. *-t, -e*

= STOPFYLDT

stopfyldt

ADJ. *-, -e*

helt fyldt = STOPFULD □ *bussen er stopfyldt med passagerer*

stopklods

SUBST. *-en,* plur. *-er, -erne*

en klods som bruges til at stoppe noget □ *de satte en stopklods bag dækkene for at forhindre traileren i at køre ned ad bakke* • en forhindring for noget □ *han er en stopklods for vores planer · loven virker som en stopklods for udviklingen*

stopmæt

ADJ. *-, ~mætte*

så mæt at man ikke kan spise mere

stoppe

VERB. *-r, -de, -t*

1. (om en aktivitet): ikke fortsætte, for kortere el. længere tid = STANDSE, HOLDE □ *bilen stoppede for rødt · samtalen stoppede da han trådte ind i rummet · stoppe ved busstoppestedet* □ *stoppested* • **stoppe ng(t)** få noget el. nogen til at stoppe = STANDSE □ *hun stoppede bilen ved indkørslen · stoppe en løbsk hest · stoppe en taxa · stoppe nogen i farten · stop tyven!* □ *stopklods · stoplys · stopprøve · stopsignal · stopur · stopventil* • **stoppe ngt** el. **stoppe for ngt** □ *hvordan kan vi stoppe for vandet · stoppe blødningen · stoppe importen af ost* □ *stophane* • **stoppe med ngt** holde op med noget □ *stoppe med at ryge* • **stoppe op** blive på et bestemt punkt efter at have været i bevægelse el. i aktivitet = STANDSE OP □ *han stoppede op et øjeblik for at stoppe sin pibe · pludseligt stoppe op og lytte · stoppe op midt i sin tale · stoppe op undervejs* • **stoppe munden på ng** få nogen til at tie stille □ *det burde stoppe munden på hende*
2. give forstoppelse = OBSTIPERE □ *forskellige slags medicin kan godt virke stoppende · mælk stopper* □ *forstoppe*
3. stoppe ngt = TÆTNE □ *stoppe et hul i taget* • **stoppe ngt** reparere et hul fx i en strømpe ved at sy tråde på kryds og tværs over hullet □ *stopning · stoppegarn · stoppekurv · stoppenål · stoppestrømpe · stoppeæg* □ *kunststoppe* • **stoppe ngt i ngt** = FYLDE □ *stoppe munden fuld af mad · stoppe tøjet i sækken · stoppe en pibe · stoppe en pude · stoppe dynen ned om sig* □ *stopning · stopfodre · stopfuld · stopfyldt · stopmæt* □ *udstoppe*

stoppenål

SUBST. *-en,* plur. *-e, -ene*

en kraftig synål der bl.a bruges til at stoppe strømper med

stopper

SUBST. *-en,* plur. *-e, -ne*

1. en genstand som standser en bevægelse ◻ *en stopper på et vækkeur* ◻ *dørstopper · kættingstopper · margenstopper* • **sætte en stopper for ngt** få noget til at stoppe ◻ *knæskaden satte en stopper for hans fodboldkarriere · tante satte en stopper for legen, da børnene knuste ruden* **2.** (foræld.): = SWEEPER ◻ *bagstopper*

stoppested

SUBST. *-et,* plur. *-er, -erne*

et sted hvor passagerer kan stå af og på fx en bus = BUSSTOP ◻ *stoppested for busser* ◻ *busstoppested*

stoppeæg

SUBST. *~ægget,* plur. *~æg, ~æggene*

en ægformet klods der bruges som underlag ved stopning af tøj

stopprøve

SUBST. *-n,* plur. *-r, -rne*

en eksamen på en højere læreanstalt som den studerende skal bestå for at kunne fortsætte på studiet ◻ *der er indført stopprøver på samtlige uddannelser*

stopsignal

SUBST. *-et,* plur. *-er, -erne*

et signal i trafikken, fx i form af et skilt el. et rødt lys, som tilkendegiver at man skal standse ◻ *overse et stopsignal*

stopur

SUBST. *-et,* plur. *-e, -ene*

et ur som bruges til tidtagning, fx under sportspræstationer, og som kan startes, stoppes og nulstilles ved tryk på knapper

stor

ADJ. *-t, -e; større, størst*

1. som fylder el. omfatter forholdsvis meget = BETYDELIG, OMFATTENDE ≠ LILLE ◻ *bo i et stort hus · have en stor næse · et stort land · en stor del af landets befolkning stemte nej · han er stor af sin alder · en stor familie · de holdt et stort bryllup · den er større end den her · hvilken en er størst? · det er den største overraskelse jeg nogensinde har fået* ◻ *storhed · storbedrift · storbladet · storblomstret · storby · storfamilie · storindustri · stormagasin · storkreds · stortromme · stor(e)tå* ◻ *halvstor · kæmpestor · mellemstor · rekordstor* • ⟨også SUBST.⟩ som er ved at være voksen ≠ LILLE ◻ *de har to store piger · vær nu en stor dreng · når jeg bliver stor skal jeg være brandmand · vokse sig stor og stærk · en film for både store og små* ◻ *storebror · storesøster* • forstærkende udtryk ◻ *dit store fjols! · det vil være mig en stor glæde · jeg har den største lyst til at gøre det · filmen vakte stor begejstring · han så på hende med stor bekymring* • **med stort** med stort bogstav = MED VERSAL ≠ MED LILLE ◻ *ordet skrives med stort* • **en større {middag}** udtryk for at noget er forholdsvis stort ◻ *hun skulle til en større middag · en større forsamling*
2. som er betydningsfuld og særlig ◻ *en stor dag · påsken er en stor højtid · en stor kunstner · han er et stort navn inden for musikken · festivalen er en stor årlig begivenhed* ◻ *storartet · storhertug · stormagt · stormester · storpolitik*
3. i forsk. forb.: • **det betyder ikke stort** det betyder ikke noget videre • **lave stort** have afføring ◻ *barnet lavede stort på potten* • **se ngt stort i ngt** se en persons muligheder, evner m.m. ◻ *hun så straks at der var noget stort i maleren* • **slå ngt stort op** gøre noget mere alvorligt end det er ◻ *nyheden blev slået stort op i aviserne* • **være stor på det** være overlegen ◻ *han er lidt stor på det*

storartet

ADJ. *- , ~artede*

som ligger over gennemsnittet = UDMÆRKET ◻ *en stortartet idé · hun har det storartet*

storblomstret

ADJ. *- , ~blomstrede*

som har et mønster af store blomster ◻ *en storblomstret kjole · det storblomstrede dynebetræk*

storby

SUBST. *-en,* plur. *-er, -erne*

en stor by, især om en by med over 100.000 indbyggere ◻ *storbyens mange spændende forretninger og forlystelser · storbyens larm* ◻ *storbyliv · storbymenneske · storbyungdom*

storcirkel

SUBST. *-en* (el. *~cirklen*), plur. *~cirkler, ~cirklerne*

(geometri): en cirkel der ligger på en kugleflade og har centrum fælles med kuglen

storebror el. storebroder

SUBST. *-en,* plur. *~brødre, ~brødrene*

en bror som er ældre end en selv

stores

SUBST. *-en,* plur. *stores, -ene*
[*ˈsdo·ɔs* el. *ˈsdå·ɔs*]

et gennemsigtigt gardin der dækker hele vinduet

storesøster

SUBST. *-en,* plur. *~søstre, ~søstrene*

en pige som har søskende der er yngre ≠ LILLESØSTER ◻ *min storesøster*

storetå el. stortå

SUBST. *-en,* plur. *~tæer, ~tæerne*

fodens tykkeste tå

storhed

SUBST. *-en,* plur. *-er, -erne*

det at imponere ved sin store betydning, skønhed, magt osv. ◻ *forskeren var grebet af opgavens storhed · hun blev betaget af naturens storhed · de gamle slotte vidnede om svundne tiders storhed* ◻ *storhedstid · storhedsvanvid* • en person som er berømt el. har stor indflydelse ◻ *blandt periodens storheder var Bernstorfferne · en falden storhed*

storhedstid

SUBST. *-en,* plur. *-er, -erne*

en periode hvor fx en person el. et land har succes, magt, rigdom osv. ◻ *som skuespiller havde han sin storhedstid i 1950'erne · efter sin storhedstid som cykelrytter erhvervede han en stor cykelforretning · det 17. århundrede var Sveriges storhedstid · det foregik i den engelske imperialismes storhedstid*

storhedsvanvid

SUBST. *~vanviddet*

overdrivelse af egen betydning; symptom ved visse psykiske sygdomme, fx. forfølgelsesvanvid = OVERMOD, HOVMOD

storhertug

SUBST. *-en,* plur. *-er, -erne*

regenten i Luxembourg; tidligere også titel for en fyrste der stod mellem en konge og en hertug, bl.a i Tyskland og Italien ◻ *storhertugdømme · storhertuginde*

storhjerne

SUBST. *-n,* plur. *-r, -rne*

den forreste del af hjernen som består af en højre og venstre halvdel, og som er centrum for al bevidst aktivitet og for sansefornemmelser ≠ LILLEHJERNE

storindustri

SUBST. *-en,* plur. *-er, -erne*

store industrivirksomheder som udgør en magtfaktor i samfundet

storis

SUBST. *-en*

ismasserne i havet langs Grønlands østkyst ◻ *den Grønlandske storis kortlægges med radar · jollerne blev fanget i storisen*

stork

SUBST. *-en,* plur. *-e, -ene*

en stor sort og hvid fugl med lange, røde ben, lang hals og langt rødt næb; forskellige arter, den danske *hvide stork* bygger rede på hustage, men er en sjælden ynglefugl i Danmark; latinsk navn *Ciconiiformes* ◻ *storkerede · storkeunge*

storke

VERB. *-r, -de, -t*

storke af sted gå hurtigt med lange, stive skridt

storkenæb

SUBST. *-en* (el. *~næbben*), plur. *~næb, -ene* (el. *~næbbene*)

= GERANIE

storkommune

SUBST. *-n,* plur. *-r, -rne*

en kommune der er opstået ved sammenlægning af mindre kommuner

storkreds

SUBST. *-en,* plur. *-e, -ene*

et af flere områder som København er inddelt i ved valg; svarer til amter i provinsen ◻ *Vestre Storkreds · Østre Storkreds*

storkøb

SUBST. *-et,* plur. *~køb, -ene*

køb af varer i store partier □ *der er mange penge at spare ved storkøb* □ *storkøbsforretning*

storladen

ADJ. *-t, storladne*

1. som er overvældende og gør et stærkt indtryk = STORSLÅET, GRANDIOS, MAGNIFIK □ *Grønlands storladne natur* □ *storladenhed*
2. = GAVMILD □ *storladent skænkede hun en stor sum penge til velgørende arbejde*

storm

SUBST. *-en,* plur. *-e, -ene*

1. blæst med meget kraftig vindstyrke som kan forårsage store ødelæggelser = STORMVEJR □ *der blæser en voldsom storm* · *færgerne er indstillet pga. stormen* · *skibet forsøgte at ride stormen af* □ *stormflod* · *stormfuld* · *stormpisket* · *stormskade* · *stormvarsel* · *stormvind* □ *efterårsstorm* · *snestorm* · *vinterstorm*
2. et voldsomt og uventet angreb = ANGREB □ *stormen på København 1659* · *tropperne indtog landet med storm* □ *stormløb*
3. i forsk. forb.: • **en storm i et glas vand** stor ståhej for ingenting • **løbe storm mod ng(t)** gå imod nogen el. noget pga. stor utilfredshed □ *oppositionen løb storm mod ministeren* • **ride stormen af** klare sig igennem en vanskelig situation □ *det lykkedes bestyrelsen at ride stormen af og undgå at blive væltet* • **tage ng med storm** vække voldsom begejstring hos nogen □ *skuespilleren tog publikum med storm*

stormagasin

SUBST. *-et,* plur. *-er, -erne*

en stor forretning der består af flere forskellige afdelinger

stormagt

SUBST. *-en,* plur. *-er, -erne*

et land med stor militær, økonomisk og politisk magt = SUPERMAGT □ *stormagterne nedruster* · *stormagten USA* · *de vestlige stormagter* □ *stormagtsaftale* · *stormagtsangreb* · *stormagtsforhold* · *stormagtskrig* · *stormagtsleder* · *stormagtspolitik*

stormangreb

SUBST. *-et,* plur. *~angreb, -ene*

(militær): et pludseligt og voldsomt angreb □ *det knusende stormangreb på den irakiske hær under Golfkrigen*

stormast

SUBST. *-en,* plur. *-er, -erne*

den højeste mast på et sejlskib, som regel mast nummer to

storme

VERB. *-r, -de, -t*

1. blæse kraftigt □ *det stormer fra øst*
2. angribe i større flok el. fra flere sider; især for at indtage et område el. en bygning □ *i april 1945 stormede russerne Berlin* · *demonstranterne stormede bygningen*
3. løbe hastigt = FARE □ *hun stormede sin far i møde*
4. stormende meget stor, positiv el. kraftig □ *hun gjorde stormende lykke* · *hun fik en stormende modtagelse*

stormester

SUBST. *-en,* plur. *~mestre, ~mestrene*

1. en professionel skakspiller el. bridgespiller af høj international klasse □ *international stormester* □ *stormesterskab*
2. en leder af en ridderorden el. et ordensselskab

stormflod

SUBST. *-en,* plur. *-er, -erne*

en stigning af vandstanden i havet ved kraftig pålandsvind som kan medføre oversvømmelser i lave kystområder □ *stormflodsvarsling*

stormfugl

SUBST. *-en,* plur. *-e, -ene*

en mågelignende havfugl med næsebor der er forlænget i et par rør oven på næbbet; flere arter, bl.a. *albatros, mallemuk, skråpe* og *stormsvale;* latinsk navn *Procellariiformes*

stormfuld

ADJ. *-t, -e*

1. med en kraftig storm □ *det var en mørk og stormfuld nat*
2. som er heftig, overrumplende og ofte kortvarig □ *et stormfuldt møde* · *en stormfuld forelskelse*

stormkur

SUBST. *-en,* plur. *-e, -ene*

gøre stormkur til ng bejle voldsomt til nogen □ *han gjorde stormkur til hende*

stormløb

SUBST. *-et,* plur. *~løb, -ene*

et angreb el. en fremrykning der foretages i større flok el. fra flere sider = STORM □ *et stormløb mod fæstningen* · *drengene satte i stormløb mod pølsevognen* • voldsom kritik □ *pressen startede et stormløb mod ministeren* • **løbe stormløb mod ngt** angribe i stor flok, især for at indtage et område el. en bygning = STORME □ *soldaterne løb stormløb mod fæstningen*

stormmåge

SUBST. *-n,* plur. *-r, -rne*

en hvid måge med grå ryg og vinger, mørke øjne, gult næb og grøngule fødder; latinsk navn *Larus canus*

stormpisket

ADJ. *- , ~piskede*

som er bragt i voldsom bevægelse af en storm □ *et stormpisket hav*

stormskridt

SUBST. *-et,* plur. *~skridt, -ene*

1. med stormskridt i meget hurtig gang □ *han nærmede sig med stormskridt*
2. en hurtig udvikling □ *teknikken går frem med stormskridt* · *et stormskridt i den rigtige retning*

stormvarsel

SUBST. *-et* (el. ~varslet), plur. *~varsler, ~varslerne*

et varsel om at det bliver kraftigt stormvejr □ *der er stormvarsel for Skagerrak* · *der er udsendt stormvarsel for natten mellem lørdag og søndag*

stormvind

SUBST. *-en,* plur. *-e, -ene*

en vind af stormstyrke • **som en stormvind** udtryk for at man bevæger sig meget hurtigt □ *hun for som en stormvind gennem huset*

storpolitik

SUBST. *~politikken*

politik på et internationalt plan □ *spionsagen udvikler sig til storpolitik* · *EU fører i høj grad storpolitik med checkhæftet* · *europæisk storpolitik* · *Rusland er ude af det storpolitiske billede*

storpolitisk

ADJ. *~politisk, -e*

som har at gøre med storpolitik □ *storpolitiske forhandlinger mellem stormagterne* · *storpolitisk forlig i Folketinget* · *et storpolitisk slagsmål* · *de er fanget i et storpolitisk spil*

storsejl

SUBST. *-et,* plur. *~sejl, -ene*

det største af sejlene på et sejlskib; det kan fx være det underste sejl på stormasten af et tremastet skib, det agterste gaffelsejl på en skonnert el. det sejl som er fæstnet til masten og bommen på en sejlbåd

storsind

SUBST. *-et*

overbærende og generøs holdning som er ud over al forventning = NOBLESSE, ÆDELMODIGHED □ *han viste storsind ved at tilgive sin værste fjende* · *handlingen vidner om et sjældent storsind*

storsindet

ADJ. *- , ~sindede*

som viser storsind = NOBEL, ÆDEL, ÆDELMODIG, LARGE □ *dét var storsindet af hende at dække over den skyldige og selv påtage sig skylden* · *et storsindet løfte* □ *storsindethed*

storslem

ADJ. *-t, ~slemme*

som er meget slem □ *du er storslem*

storslået

ADJ. *- , ~slåede*

1. som er overvældende og gør et stærkt indtryk = STORLADEN, STORSTILET, GRANDIOS, MAGNIFIK □ *optoget var et storslået skue* □ *storslåethed*
2. = GAVMILD □ *med en storslået gestus betalte hun hele gildet*

storsnudet

ADJ. *- , storsnudede*

= HØJRØVET □ *han er blevet storsnudet af at have penge*

storstilet

ADJ. - , *storstilede*

1. som er slået stort og flot op = STORSLÅET, GRANDIOS □ *byggeriet var et storstilet projekt · en storstilet plan*
2. = OMFATTENDE □ *politiet iværksatte en storstilet eftersøgning*

stortalende

ADJ.

som praler el. overdriver meget □ *hans stortalende facon gjorde ham ikke populær blandt vælgerne*

stortromme

SUBST. *-n,* plur. *-r, -rne*

en stor tromme med dyb klang; den dybeste tromme i et trommesæt

stortrøje

SUBST. *-n,* plur. *-r, -rne*

= PJÆKKERT

stortude

VERB. *-r, -de, -t*

= TUDBRØLE

stortå

SUBST.

se *storetå*

storvask

SUBST. *-en,* plur. *-e, -ene*

1. vask af stor mængde tøj på en gang ≠ KLATVASK □ *de havde storvask hver mandag*
2. holde storvask have et større opgør med nogen □ *holde politisk storvask*

stovt

ADJ. - , *-e*

(glds.): som er rank, modig og stolt □ *en stovt bonde · en stovt karl*

str.

fork. for *størrelse*

strabadser

SUBST.PLUR. *-ne*
[*sdra'basɔ*]

store anstrengelser □ *soldaterne måtte igennem utrolige strabadser under marchen · strabadserne udmattede dem fuldstændigt*

stradivarius

SUBST. *-en* (el. *stradivariussen*), plur. *-er* (el. *stradivariusser*), *-erne* (el. *stradivariusserne*) /*stradi'varius*/

hver af de violiner som er lavet af den italienske violinbygger Antonio Stradivari (1644-1737) el. af hans søn, og som regnes for de bedste i verden

straf

SUBST. *straffen,* plur. *straffe, straffene*

det nogen må lide for en forseelse de har begået □ *hun blev idømt en straf på 3 års fængsel · som straf for at komme for sent hjem fik han ingen lommepenge · udstå sin straf · en ufortjent straf · få straf som forskyldt* □ *strafbar · strafafsoner · strafansvar · straffri · strafporto · strafrente · straframme · strafudmåling* □ *bødestraf · diciplinærstraf · dødsstraf · frihedsstraf · fængselsstraf · hæftestraf · pryglestraf*

strafafsoner

SUBST. *-en,* plur. *-e, -ne*

en person der afsoner en straf, fx i et fængsel = STRAFFEFANGE

strafansvar

SUBST. *-et*

udtryk for at man stilles til ansvar for ulovlige handlinger el. urigtige udtalelser □ *kommunalt strafansvar · han udtaler sig under strafansvar · ifalde strafansvar for en lovovertrædelse · man kan ikke unddrage sig dansk strafansvar fordi man flytter et selskab til udlandet*

strafbar

ADJ. *-t, -e*

som medfører straf i henhold til loven ≠ STRAFFRI □ *en strafbar handling · tyveri er strafbart*

straffe[1]

SUBST. *et,* plur. *-r* (el. *straffe*), *-rne* (el. *-ne*)

= STRAFFESPARK □ *kampen blev afgjort på straffe · dommeren dømte straffe* ● = STRAFFEKAST □ *hun er den suverænt bedste til at kaste straffe*

straffe[2]

VERB. *-r, -de, -t*

straffe ng dømme en person til noget ubehageligt fordi han har gjort noget kriminelt el. forkert; det kan være ved at give ham en bøde, berøve ham hans frihed el. pålægge ham at udføre et stykke arbejde = AFSTRAFFE □ *han blev straffet med tre års fængsel · hun blev straffet for sin ansvarsløshed · han er ikke tidligere straffet* □ *straffeattest · straffefange · straffelov · strafferamme · strafferet · straffesag*

straffeattest

SUBST. *-en,* plur. *-er, -erne*

en attest hvorpå en persons strafbare forhold registreres □ *han har en ren straffeattest · han er parat til at tage konsekvenserne og dermed få sin straffeattest ødelagt*

straffefange

SUBST. *-n,* plur. *-r, -rne*

en person der sidder i fængsel for at afsone en dom = STRAFAFSONER □ *den 27-årige straffefange blev stærkt forulempet af sine medfanger*

straffekast

SUBST. *-et,* plur. *~kast, -ene*

et uhindret skudforsøg som følge af en regelforseelse, fx i håndbold el. basketball = STRAFFE □ *han scorede på alle sine straffekast*

straffelov

SUBST. *-en,* plur. *-e, -ene*

den lov som fastslår hvilke handlinger der er strafbare, og som fastsætter straffen for dem □ *det fremgår af straffelovens paragraf 144*

strafferamme el. straframme

SUBST. *-n,* plur. *-r, -rne*

det spænd der er mellem den højest og den lavest mulige straf for lovovertrædelse □ *fastsætte en straf inden for den fastsatte strafferamme*

strafferegister

SUBST. *-et* (el. *~registret*), plur. *~registre, ~registrene*

en fortegnelse over straffede personer som føres af politimesteren i den retskreds hvor den pågældende er født, i København dog ved byretten

strafferet

SUBST. *~retten*

lovbestemmelser om forbrydelser og straffe = KRIMINALRET

strafferetslig el. strafferetlig

ADJ. *-t, -e*

som har at gøre med strafferetten □ *et strafferetsligt spørgsmål*

straffesag

SUBST. *-en,* plur. *-er, -erne*

en sag der føres på baggrund af strafferetten

straffespark

SUBST. *-et,* plur. *~spark, -ene*

et uhindret skudforsøg mod målet som følge af et frispark i straffesparksfeltet = STRAFFE □ *score på straffespark · han brændte et straffespark* □ *straffesparksekspert*

straffri

ADJ. *-t, -e* (el. *~fri*)

som ikke medfører straf ≠ STRAFBAR □ *en handling der er foretaget i nødværge er straffri*

strafporto

SUBST. *-en*

en tillægsporto på postforsendelser der er frankeret for lavt el. helt mangler frankering □ *jeg havde glemt at frankere brevet, så jeg måtte betale strafporto · postvæsenet opkrævede strafporto*

straframme

SUBST.

se *strafferamme*

strafrente

SUBST. *-n,* plur. *-r, -rne*

en rente der betales pga. for sen indbetaling = MORARENTE

strafudmåling

SUBST. *-en,* plur. *-er, -erne*

fastsættelse af en konkret forskyldt straf inden for strafferammen

straks

ADV., KONJ.

⟨ADV.⟩ lige efter at noget andet sker, el. om meget kort tid = ØJEBLIKKELIG, OM ET ØJEBLIK □ *han friede til hende, og hun sagde straks ja · han fortrød straks sit voldsomme vredesudbrud ·*

straks efter begyndte det at regne · vi skal lige straks gå · jeg kommer straks • ⟨KONJ.⟩ = SÅ SNART SOM □ *straks hun så ham, begyndte hun at skælde ud*

strakt

VERB.

bøjningsform af *strække* • **i strakt arm** ⟨ADJ.: - , *e*⟩ med ikke bøjet arm □ *han holdt stolen ud i strakt arm · han løftede den i strakte arme* • **i strakt {galop}** ⟨ADJ.⟩ i hurtig bevægelse med benene strakt helt ud □ *i strakt løb · i strakt galop · i strakt karriere*

strakte

VERB.

bøjningsform af *strække*

stram

ADJ. *-t, stramme; strammere, strammest*

1. som sidder helt tæt el. er hårdt spændt = SNÆVER ≠ LØS □ *er den kjole ikke lige stram nok? · snoren er næsten for stram · trommeskindet sidder stramt nok · slipset er stramt bundet* □ *stramhed · stramtsiddende*
2. som er streng og bestemt □ *stram disciplin · der gælder stramme krav her i huset* □ *stramhed · stramtandet* • som ikke giver noget spillerum □ *en stram tidsplan · et stramt program · de lever på et stramt budget* • **stram i ansigtet** el. **et stramt udtryk i ansigtet** som ser misfornøjet ud = SUR □ *hun blev stram i ansigtet · læreren kom ind med et stramt udtryk i ansigtet* • **køre** el. **føre ng i stramme tøjler** begrænse nogens handle- el. bevægelsesfrihed

stramaj

SUBST. *-et*
[*sdra'maj'*]

et groft lærredsstof til broderi □ *sy stramaj*

strambuks

SUBST.

(glds.): prygl på bagdelen

stramme

VERB. *-r, -de, -t*

1. være for stram; især om tøj = SPÆNDE, SNÆRE □ *skjorten strammer over brystet · bukserne strammer* • **stramme ngt** gøre noget mere spændt el. fast, fx ved at trække i det = SPÆNDE, BINDE FAST □ *han strammede snoren · hun strammede møtrikken · trommeskindet skal strammes* □ *stramning*
2. stramme ngt gøre noget vanskeligere el. strengere □ *de strammede reglerne for optagelse i klubben · bankerne har strammet kreditten*
3. i forsk. forb.: • **stramme ng op** gøre nogen mere veloplagt el. modig □ *han prøvede at stramme sig op med et glas cognac* • **stramme ng(t) op** gøre noget mere effektivt □ *han forsøgte at stramme undervisningen op* • **stramme sig an** anstrenge sig for at blive bedre og dygtigere □ *nu må du stramme dig lidt an*

stramtandet

ADJ. - , *~tandede*

(neds.): som virker hård og uvenlig; især om ældre damer = SNERPET, SUR □ *hun er en stramtandet dame*

strand

SUBST. *-en,* plur. *-e, -ene*

et smalt område langs kysten som er dækket med sand, sten el. grus □ *de spillede bold på stranden · vandet gik højt op på stranden · vi tager til stranden for at bade* □ *strandbred · strandmusling · strandsten · strandsø · strandvold* □ *klippestrand · sandstrand · stenstrand* • **løbet meget vand i stranden** se under *vand*

strandbred

SUBST. *~bredden,* plur. *~bredder, ~bredderne*

den del af en strand som ligger tættest ved vandet □ *gå tur langs en strandbred*

strande

VERB. *-r, -de, -t*

1. gå på grund i lavt vand el. skylle op på land □ *færgen strandede ved den jyske vestkyst · skibet strandede på et rev · hvalen strandede et sted oppe ved Hanstholm · efter olieudslippet kunne man finde strandede fisk og havfugle langs hele kysten* □ *stranding*
2. komme til et sted el. et punkt uden at kunne komme videre □ *de strandede på en øde ø · han strandede i en lille flække oppe i det nordlige Sverige* • **strande på ngt** gå i stå el. mislykkes pga. noget bestemt □ *planen strandede på dårlig økonomi · hele projektet strandede på hans manglende lederevner*

strandfoged

SUBST. *-en* (el. *~fogden*), plur. *-er* (el. *~fogder*), *-erne* (el. *~fogderne*)

en offentlig ansat der fører tilsyn med et strandområde

strandhugst

SUBST. *-en,* plur. *-er, -erne*

uretmæssig indgriben i andres sædvanlige virksomhedsområde □ *gå på strandhugst i en anden branche*

stranding

SUBST. *-en,* plur. *-er, -erne*

en situation hvor et skib føres mod kysten og støder på grund = GRUNDSTØDNING □ *ved vestkysten fandt der ofte strandinger sted* □ *strandingsgods* • en situation hvor noget mislykkes □ *projektets stranding gjorde mange arbejdsløse*

strandkant

SUBST. *-en,* plur. *-er, -erne*

det område hvor strand og hav mødes = VANDKANT, HAVSTOK □ *børnene sopper i strandkanten*

strandkål

SUBST. *-en,* plur. *~kål, -ene*

en kraftig, blålig plante med kålagtige blade og hvide blomster som vokser på stenede strandbredder; latinsk navn *Crambe maritima*

strandskade

SUBST. *-n,* plur. *-r, -rne*

en vadefugl med sort og hvid fjerdragt, langt rødt næb og røde ben; latinsk navn *Haematopus ostralegus*

strandvasker

SUBST. *-en,* plur. *-e, -ne*

et lig der skylles op på stranden □ *strandvaskeren var ikke blevet identificeret endnu*

strangulere

VERB. *-r, -de, -t*
[*sdraŋgu'le'ɔ*]

strangulere ng kvæle nogen ved omsnøring el. andet pres på halsen = KVÆLE □ *hun blev stranguleret med sit eget tørklæde*

strategi

SUBST. *-en,* plur. *-er, -erne*
/*strate'gi*/

planlægning af hvilken taktik og fremgangsmåde der skal tages i brug for at nå et bestemt mål □ *træneren har lagt en strategi for, hvordan holdet skal spille sine kampe i turneringen · lægge en strategi for at indtage et område · politiet har ændret strategi i jagten på spritbilister* □ *strategisk*

stratego

SUBST.
/*stra'tego*/

strategisk brætspil for to hvor det gælder om at vinde over modstanderens militærforsvar

stratificere

VERB. *-r, -de, -t*
[*sdratifi'se'ɔ*]

inddele i lag el. klasser = LAGDELE □ *stratificering · stratifikation*

stratifikation

SUBST. *-en,* plur. *-er, -erne*
[*sdratifika'sjo'n*]

= LAGDELING

stratosfære

SUBST. *-n*
/*stratos'fære*/

det midterste lag af atmosfæren, over troposfæren □ *stratosfærisk*

stratussky

SUBST. *-en,* plur. *-er, -erne*

en lavtliggende under 2 km, lagdelt sky som ofte dækker hele himlen og giver den et bølgeformet udseende = LAGSKY ≠ CIRRUSSKY, CUMULUSSKY

streamer

SUBST. *-en,* plur. *-e, -ne*
[*'sdri·mɔ*]

en selvklæbende strimmel med en reklame som fx kan anbringes på bagruden af en bil □ *på bilens bagrude sidder en streamer med firmaets navn · streamerne på busserne*

stred

VERB.

bøjningsform af *stride*

stredes

VERB.

bøjningsform af *strides*

streg

SUBST. *-en,* plur. *-er, -erne*

1. en tegnet el. skrevet, sædvanligvis lige linie = LINIE □ *slå en streg · trække en streg · sætte en streg under noget · der var malet hvide streger på fodboldbanen · morsealfabetet består af prikker og streger* □ *bindestreg · blyantsstreg · brøkstreg · målstreg · skråstreg · tankestreg* • en inddelingsenhed på et måleinstrument □ *temperaturen er faldet et par streger · vinden er gået to streger mere sydlig · en streg til øst* • en tegners stil □ *Storm P. havde helt sin egen streg* **2. gale streger** et smart el. frækt og måske lidt ondskabsfuldt påfund □ *han er fuld af gale streger* □ *drengestreg · narrestreg · rævestreg · skurkestreg* **3.** i forsk. forb.: • **en streg i regningen** noget uventet og ubehageligt □ *det var en streg i regningen at bilen brød sammen da vi skulle rejse på ferie* • **gå over stregen** opføre sig for frækt • **have en lille streg på** (spøg.): være lidt beruset □ *du har vist en lille streg på* • **slå en streg** = TISSE • **slå en streg over ngt** glemme og tilgive noget □ *skal vi ikke slå en streg over den åndssvage historie?*

strege

VERB. *-r, -de, -t*

1. strege ngt slette = OVERSTREGE □ *der var streget en del i kladden · strege en passage · strege noget over · strege noget ud* □ *stregning* • **strege ngt** = SLETTE □ *jeg har streget hende af listen* **2. strege ngt ind** indramme noget i en tekst med en streg for at fremhæve det • **strege ngt under** sætte streger under noget i en tekst for at fremhæve det = UNDERSTREGE □ *han stregede de vigtigste begreber i teksten under*

stregkode

SUBST. *-n,* plur. *-r, -rne*

en kode på en vare bestående af lodrette, parallelle streger som bruges til optisk aflæsning af pris, lagerstyring m.m. = EAN-KODE

strejf

SUBST. *-et,* plur. *strejf, -ene*

en let antydning af noget = STRØG □ *hun følte et strejf af et klæde mod sin kind · et strejf af solskin · der var et strejf af vrede i hendes stemme · jeg følte et strejf af misundelse* □ *strejflys* □ *solstrejf*

strejfe

VERB. *-r, -de, -t*

1. strejfe om vandre hvileløst omkring uden at have et bestemt mål = FLAKKE, FØJTE □ *hunden havde strejfet om hele natten · strejfe rundt i gaderne · strejfe omkring i skoven* **2. strejfe ngt** røre hurtigt og let i forbifarten □ *kuglen strejfede soldatens arm · hun strejfede hans skulder da hun løb forbi* **3. strejfe ng(t)** omtale meget kort el. gå hurtigt gennem hovedet □ *han strejfede emnet i sit foredrag · tanken havde strejfet hende*

strejflys

SUBST. *-et,* plur. *~lys, -ene*

et kortvarigt lys, fx fra en bils lygter • et glimt af forståelse □ *dagbogsnotaterne kastede et strejflys over hans særprægede karakter*

strejfskud

SUBST. *~skuddet,* plur. *~skud, ~skuddene*

et skud som strejfer nogen □ *soldaten blødte fra et strejfskud i skulderen*

strejftog

SUBST. *-et,* plur. *~tog, -ene*

en udflugt med et ikke planlagt forløb □ *vi gik på strejftog i byen · han vendte hjem efter et af sine mange strejftog i omegnen* • det at man kun flygtigt omtaler noget □ *skribenten foretager et strejftog ind på dramaets område*

strejke[1]

SUBST. *-n,* plur. *-r, -rne*

nedlæggelse af arbejdet pga. utilfredshed og for at få opfyldt krav som de ansatte har stillet til arbejdsgiveren = ARBEJDSNEDLÆGGELSE ≠ LOCKOUT □ *der er strejke på skibsværftet · afblæse en strejke · iværksætte en strejke · den varslede strejke er overenskomststridig · chaufførerne gik i strejke* □ *strejkebryder · strejkeramt · strejkevagt · strejkevarsel* □ *generalstrejke · punktstrejke · sitdown-strejke · sympatistrejke*

strejke[2]

VERB. *-r, -de, -t*

1. nedlægge arbejdet pga. utilfredshed el. for at få opfyldt krav som de ansatte har stillet til arbejdsgiveren □ *lagerarbejderne strejker, fordi en tillidskvinde er sagt op* □ *strejkefond · strejkekasse · strejkeret* **2.** holde op med at fungere □ *bilens motor strejker*

strejkebryder

SUBST. *-en,* plur. *-e, -ne*

en person som arbejder på en arbejdsplads på trods af at den er ramt af strejke = SKRUEBRÆKKER □ *strejkebryderne ankom til virksomheden under politibeskyttelse*

strejkekasse

SUBST. *-n,* plur. *-r, -rne*

en pulje som fagforeningerne har samlet til hjælp for medlemmerne under strejker

strejkevagt

SUBST. *-en,* plur. *-er, -erne*

en person der under en strejke hindrer adgang til en arbejdsplads □ *politiet og strejkevagterne kom op at slås* • **holde strejkevagt** hindre adgang til en arbejdsplads under en strejke

strejkevarsel

SUBST. *-et* (el. *~varslet*), plur. *~varsler, ~varslerne*

et varsel fra en fagforening om arbejdsnedlæggelse på en arbejdsplads □ *SIDs strejkevarsel mod havnen vil lamme eksporten · arbejdsgiveren har modtaget andet strejkevarsel fra fagforbundet*

streng[1]

SUBST. *-en,* plur. *-e, -ene*

1. en stærk tråd af et elastisk materiale; det kan fx være en tråd af metal el. kunststof som spændes over et musikinstrument, en bue el. en ketsjer □ *der er knækket to strenge på guitaren · bueskytten slap strengen og pilen fløj af sted · tennisketcherens strenge er spændt hårdt op* □ *strengeinstrument · strengeleg · strengespil* □ *buestreng · guitarstreng · harpestreng · klokkestreng · metalstreng · navlestreng · nylonstreng* **2.** en række af indbyrdes forbundne dele el. hændelser = KÆDE □ *en streng af informationer · en streng af begivenheder* □ *DNA-streng · informationsstreng · søgestreng* **3. strenge** = FØLELSER □ *spille på de kendte strenge · spille på de nationale strenge* • **have flere strenge på sin bue** have flere interesser el. talenter el. flere udveje el. muligheder

streng[2]

ADJ. *-t, -e; -ere, -est*

som kræver el. udtrykker at noget skal overholdes fuldt ud, fx med hensyn opførsel = SKRAP, STRIKS, STRAM □ *en streng dommer · strenge forældre · se strengt på utroskab · en streng straf · hun talte strengt til ham · strenge ord · han er streng i sin bedømmelse · de fik strenge ordrer på at blive inde · holde strengt på formerne · han forbød dem på det strengeste at gøre det igen · adgang er strengt forbudt · det er ikke strengt nødvendigt* □ *strenghed* • som stiller store krav til udholdenhed = HÅRD, BARSK, KRÆVENDE, SVÆR ≠ MILD, LET □ *et strengt arbejde · en streng vinter · have det strengt · det er strengt at blive gammel* • **strengt taget** el. **talt** el. **regnet** udtryk for at lade alt uvedkommende ude af betragtning □ *det var strengt taget ikke min skyld*

strenge

VERB. *-r, -de, -t*

1. strenge ngt op forsyne et musikinstrument el. en ketcher med strenge el. gøre de eksisterende strenge strammere □ *strenge en guitar op · strenge en ketsjer op* □ *opstrenge* **2. strenge sig an** være ihærdig □ *nu må du strenge dig an* □ *anstrenge*

strengeinstrument

SUBST. *-et,* plur. *-er, -erne*

et musikinstrument med én el. flere strenge, fx violin og guitar

streptokok

SUBST. *streptokokken,* plur. *streptokokker, streptokokkerne* /strepto'kok/

en bakterie som bl.a. giver halsbetændelse og skarlagensfeber

stress

SUBST. *-en* el. *-et*

en psykisk el. fysisk belastning; også om den spændingstilstand belastningen kan frembringe □ *han har levet under konstant stress i mange år · udkørt pga. stress · når kroppen udsættes for stress, fx pga. en infektion, udløses dens forsvarsmekanismer · hun har stress* □ *stressfaktor · stressniveau · stresspåvirkning · stresssymptom · stresstilstand*

stresse

VERB. *-r, -de, -t*

stresse ng udsætte nogen for stress □ *hold op med at larme, I stresser mig! · sygdommen* *stresser hans legeme · jeg tror han er ved at blive stresset · hvorfor stresse et halvt år for at kunne holde ferie i to uger ekstra* • **stresse af** ophøre med at være stresset □ *jeg kan slet ikke stresse af* • **stresse rundt** opføre sig som om man har alt for travlt □ *hun stresser rundt uden rigtigt at få noget fra hånden*

stribe

SUBST. *-n,* plur. *-r, -rne*

1. et forholdsvist langt, smalt felt el. en streg af en anden farve end baggrunden □ *zebraen har sorte og hvide striber · en fuldt optrukken hvid stribe på vejbanen betyder at man ikke må overhale · kjolen er blå med grønne striber på tværs* • = STRÅLE □ *lysstribe · solstribe*
2. en lang række af nogen el. noget □ *børnene var stillet op på stribe · der ligger en hel stribe værsthuse i den gade* □ *stribevis*
3. en tegneseriesekvens □ *dagens stribe handler om livet på en café*

stribet

ADJ. *-t,* plur. *stribede*

som er fyldt med striber □ *en stribet bluse · kjolen er rød- og hvidstribet* □ *bolchestribet · bredstribet · nålestribet · skråstribet · smalstribet · tigerstribet · tværstribet · zebrastribet*

stribevis

ADV.

udtryk for at noget findes i flere enheder som følger lige efter hinanden □ *forfatteren har udgivet stribevis af bøger* • **i stribevis** □ *hun har haft kærester i stribevis*

strid[1]

SUBST. *-en*

en uenighed hvor man forsøger at bekæmpe el. besejre modstanderen = KONFLIKT □ *der er strid mellem parterne · ligge i strid med naboen · være anledning til strid · ideologisk strid · stridens parter · stridens kerne* □ *stridshandske · stridslysten · stridsmagt · stridspunkt · stridsspørgsmål · stridsøkse* □ *kappestrid · ordstrid* • **i strid med** i konflikt med □ *det er i strid med loven · hun er i strid med sin samvittighed · det er i strid med al sund fornuft* • **stridens æble** stridens genstand

strid[2]

ADJ. *-t, -e; -ere, -est*

1. som er kraftig og ofte af den grund ubehagelig el. generende = STIV, GROV, HÅRD □ *stridt græs · hendes hår er svært at klippe fordi det er så stridt · strid modvind* □ *stridhåret*
2. (om en person): som er hårdnakket el. fræk □ *en strid gammel harpe · hvor er du strid!*
3. en strid strøm el. **i stride strømme** en voldsom mængde □ *hver dag lander der en strid strøm af papirer på mit skrivebord · det regnede i stride strømme*

stridbar

ADJ. *-t, -e*

= KRIGERISK □ *en stridbar natur*

stride

VERB. *-r, stred, stridt*

1. (glds.): = KÆMPE □ *soldaterne stred til hest · de stridende parter · jeg har stridt med den opgave i lang tid · stride med døden*
2. stride imod ngt stå i modsætning til noget □ *det strider mod al sund fornuft*

stridig

ADJ. *-t, -e*
[*'sdri·ði*]

1. ⟨i sammensætn.⟩ som strider imod noget □ *fornuftstridig · lovstridig · naturstridig · overenskomststridig · respektstridig · retstridig*
2. gøre ng rangen stridig se under *rang*

stridighed

SUBST. *en,* plur. *-er, -erne*

en ofte varig strid el. uoverensstemmelse □ *den halve million flygtninge er en følge af de etniske stridigheder · der er interne stridigheder i partiet*

stridslysten

ADJ. *-t, ~lystne*

= KRIGERISK □ *han havde et stridslystent glimt i øjet*

stridsøkse

SUBST. *-n,* plur. *-r, -rne*

1. en hellig indiansk økse der opbevares i jorden i fredstid, og som graves op og bæres af høvdingen når der er krig
2. begrave stridsøksen slutte fred efter uenighed, fx et skænderi

strigle[1]

SUBST. *-n,* plur. *-r, -rne*

1. en langhåret børste til at børste heste med □ *strigle og kardæsk* □ *striglebørste · striglehandske*
2. en arrig og ubehagelig kvinde = KÆLLING □ *hun opfører sig som en strigle · sikke en strigle*

strigle[2]

VERB. *-r, -de, -t*

strigle ngt børste en hest med en strigle □ *strigling*

strik[1]

SUBST. *strikken,* plur. *strikker* (el. *strikke*), strikkerne (el. *strikkene*)

= GAVTYV □ *din lille strik!*

strik[2]

SUBST. *en* el. *et*

strikket tøj □ *heluldent strik · italiensk strik* □ *strikbluse · striktrøje*

strikke[1] el. strik

SUBST. *strikken,* plur. *strikker, strikkerne*

(glds.): et reb bundet i en løkke brugt ved hængning af forbrydere □ *de lagde strikken om halsen på ham*

strikke[2]

VERB. *-r, -de, -t*

strikke ngt lave tøj af garn ved hjælp af pinde; det foregår ved at man slår en række garnmasker op på den ene pind og derefter laver en ny række masker som griber ind i den foregående og så videre □ *jeg er ved at strikke en varm trøje til min lille dreng* □ *strikning · strikkebog · strikkegarn · strikkepind · strikketøj*

strikkeoperatør

SUBST. *-en,* plur. *-er*

en person der betjener strikkemaskiner på en trikotagefabrik

strikkepind

SUBST. *-en,* plur. *-e, -ene*

en pind som bruges til at strikke med = PIND

strikketøj

SUBST. *-et,* plur. *-er, -erne*

et stykke tøj som er ved at blive strikket □ *trævle et strikketøj op*

striks

ADJ. *- , -e*

som stiller store krav til andres opførsel og indsats helt ned i den mindste detalje = STRENG, SKRAP □ *være underlagt strikse regler · en striks lærer*

strikte

ADV.

meget nøjagtigt = TIL PUNKT OG PRIKKE □ *reglementet skal strikte overholdes*

strimle

VERB. *-r, -de, -t*

strimle ngt skære noget i strimler □ *salathovedet strimles*

strimmel

SUBST. *-en* (el. *strimlen*), plur. *strimler, strimlerne*

et båndlignende stykke af et materiale □ *strimler af papir · en strimmel tøj · en strimmel jord*

stringendo

ADV.
/strin'gendo/

= ACCELERANDO

stringens

SUBST. *-en*
/strin'gens/

(form.): logisk konsekvens = FØLGESTRENGHED □ *gennemføre en undersøgelse med metodisk stringens*

stringent

ADJ. *- , -e*
/strin'gent/

(form.): som er klar og logisk □ *en stringent argumentation*

strinte

VERB. *-r, -de, -t*

strinte ng(t) til med ngt gøre nogen el. noget meget vådt el. beskidt ved at sprøjte på dem el. det □ *han blev helt strintet til med olie · hunden har strintet hele gulvtæppet til · strinte med* *vand* • **strinte {på} ng(t)** stænke urin på nogen el. noget; især om et handyrs markering af et territorium □ *din kat har lige strintet på mig* • *hunden blev så glad at den strintede på gulvet* • (slang): = TISSE □ *han står og strinter op ad en lygtepæl* • *jeg skal lige ud at strinte*

strip

SUBST. *strippen,* plur. *-s, -sene*

1. ⟨ikke plur.⟩ = STRIPTEASE □ *en klub med strip og topløs servering* □ *stripnummer* • ⟨ikke plur.⟩ udtryk for at nogen blotter sig el. bliver blottet □ *det var strip for åben skærm*
2. en strimmel papir
3. = TEGNESERIESTRIBE □ *en strip med Poeten og Lillemor*

strippe

VERB. *-r, -de, -t*

1. klæde sig af i nærværelse af andre så man er nøgen □ *hun strippede for ham* • *han strippede midt på gaden* □ *stripning* • *stripperi*
2. strippe ng(t) for ngt tage noget fra nogen el. noget □ *de strippede virksomheden for værdier*

stripper

SUBST. *-en,* plur. *-e, -ne*

en person der udfører striptease = STRIPTEASE-DANSER □ *hun arbejder som stripper på en natklub i Hamburg*

strippoker

SUBST. *-en,* plur. *-e, -ne*

et pokerspil hvor deltagerne skal afføre sig et klædningsstykke for hver gang de taber

striptease

SUBST. *-n,* plur. *-r, -rne*
[*'sdribti's*]

en form for underholdning hvor en person langsomt klæder sig af på en seksuelt æggende måde = STRIP □ *stripteasedanserinde* • *striptease-nummer*

strisser

SUBST. *-en,* plur. *-e, -ne*

(slang): = POLITIBETJENT

stritte

VERB. *-r, -de, -t*

1. stå stift ud fra noget = STRUTTE □ *håret stritter* • *han strittede med lillefingeren*
2. stritte imod gøre kraftig modstand □ *fangen strittede imod da de førte ham ind i cellen* • *han strittede imod med hænder og fødder* • *erhvervslivet stritter imod det nye lovforslag*
3. stritte ngt kaste el. udslynge noget □ *han stritter vand på dem*

strofe

SUBST. *-n,* plur. *-r, -rne*

en række sammenhængende linier i et digt el. en sang = VERS □ *sangen har fire strofer* • en stump af en melodi □ *nynne et par strofer af en melodi* • *nynne på en strofe*

strofisk

ADJ. *- , -e*

som er inddelt i strofer □ *et strofisk digt*

stroganoff

SUBST. *-en*

bøf stroganoff en ret der består af strimler af oksekød stegt i flødesovs med løg, champignon og krydderier

strontium

SUBST. *-et* (el. *strontiummet*)

et blødt, gulligt metallisk grundstof som har en radioaktiv isotop; atomtegn *Sr* □ *strontiumisotop*

strop

SUBST. *stroppen,* plur. *stropper, stropperne*

et smalt bånd til at holde noget fast med el. til at bære el. hænge noget op i □ *et par gamacher med strop under foden* • *en kjole uden stropper* • *sy strop i et viskestykke* • *soldaten bar geværet i en strop over skulderen* □ *bærestrop* • *elastikstrop* • *gummistrop* • *læderstrop* • *skulderstrop*

stropløs

ADJ. *-t, -e*

(om tøj): som ikke har stropper op over skuldrene, men holdes oppe af stivere m.m. □ *stropløst undertøj* • *en stropløs aftenkjole*

stroppetur

SUBST. *-en,* plur. *-e, -ene*

en hård omgang der tildeles nogen som straf for noget, især om en soldat der sendes ud på en særlig hård march

strube

SUBST. *-n,* plur. *-r, -rne*

passagen fra den bagerste del af munden ned i halsen; deler sig i luft- og spiserøret □ *strubehoste* • *strubehoved* • *strubelyd* • *strubelåg* • **gribe ng i** el. **om struben** gribe fast om halsen på nogen □ *han greb ham i struben og tvang ham ned på jorden*

strubehoste

SUBST. *-n*

en tør, gøende hoste som særlig høres ved betændelsesagtige tilstande i strubehovedet = KRUP, FALSK STRUBEHOSTE • **ægte strubehoste** strubehoste forårsaget af *difteri* = ÆGTE KRUP

strubehoved

SUBST. *-et,* plur. *-er, -erne*

den øvre del af halsen som indeholder stemmebåndene

strubelåg

SUBST. *-et,* plur. *~låg, -ene*

en bruskklap bag tungeroden som lægger sig over luftrøret når føde synkes og derved leder føden over i spiserøret

struds

SUBST. *-en,* plur. *-e, -ene*
[*'sdrus*]

en meget stor fugl med lille hoved, lang hals, stor rund krop og lange ben; kan ikke flyve, men er en god løber; lever på den afrikanske savanne; latinsk navn *Struthio camelus* □ *struds(e)fjer* • *struds(e)æg*

strudsepolitik el. strudspolitik

SUBST. *~politikken*

det at man ikke tør se ubehagelige kendsgerninger i øjnene □ *han anklager ministeren for at føre strudsepolitik og dermed skubbe problemerne foran sig* • *USA vil have Tyskland til at opgive sin sikkerhedspolitiske strudsepolitik*

struggler

SUBST. *-en,* plur. *-e, -ne*
[*'sdrɔglɔ*]

en hensynsløs stræber = STRÆBER

struktur

SUBST. *-en,* plur. *-er, -erne*
[*sdrug'tu'r* el. *sdråg-*]

den indre opbygning af noget □ *hjernens struktur* • *sprogets struktur* • *kunstværkets struktur* • *stoffet har en løs struktur* □ *strukturproblem* • *strukturvævet* • *strukturændring* □ *arbejdsmarkedsstruktur* • *dybdestruktur* • *infrastruktur*

strukturel

ADJ. *-t, strukturelle*
[*sdrugtu'räl'* el. *sdråg-*]

som har at gøre med en struktur □ *de strukturelle ændringer i en forvaltning* • *strukturelle forskydninger i undergrunden* • *et strukturelt problem*

strukturere

VERB. *-r, -de, -t*
[*sdrugtu'ræ'ɔ* el. *sdråg-*]

strukturere ngt tilrettelægge noget efter en bestemt plan = ORGANISERE □ *arbejdet måtte struktureres* • *arbejde struktureret* • *strukturere informationer* □ *strukturering*

strukturændring

SUBST. *-en,* plur. *-er, -erne*

en ændring af strukturen i en organisation for at forbedre og rationalisere arbejdsgangene □ *som følge af strukturændringer vil staben i løbet af de næste år blive reduceret med 10%* • *den nye situation er opstået som følge af en strukturændring i efteråret*

struktør

SUBST. *-en,* plur. *-er, -erne*
[*sdrug'tø'r* el. *sdråg-*]

en specialuddannet jord- og betonarbejder

struma

SUBST. *-en,* plur. *-er, -erne*

sygelig forstørrelse af skjoldbruskkirtlen, fx forårsaget af *basedow;* ses som en hævelse på halsen

strunk

ADJ. *-t, -e*

= RANK □ *en strunk holdning* • *holde sig strunk i modgang*

strutmave

SUBST. *-n,* plur. *-r, -rne*

en mave som strutter □ *et toårs barn med strutmave* • *en gravid kvinde med strutmave*

strutte

VERB. *-r, -de, -t*

strutte el. **strutte med ngt** stikke frem el. lade noget stikke frem = STRITTE □ *strutte med maven · en ko med struttende yver · skørtet strutter* □ *strutten* • **strutte af ngt** have en masse af noget og vise det □ *strutte af sundhed · strutte af vigtighed*

stryg

SUBST.PLUR. *-ene*

= PRYGL

stryge

VERB. *-r, strøg, strøget (strøgen, strøgne)*

1. stryge ng(t) føre håndfladen el. en genstand hen over overfladen på nogen el. noget □ *han strøg buen over strengene · hun strøg et par krummer væk fra dugen · hun strøg ham over håret · stryge en tændstik · stryge violinen · stryge fingrene gennem håret* • **stryge sig {mod} ng(t)** lade kroppen el. en kropsdel glide tæt op ad noget □ *katten strøg sig op ad hendes ben* • **stryge ngt væk** el. **bort** fjerne noget ved at lade hånden glide over det □ *stryge håret væk fra panden · stryge tårerne bort* • = MALE □ *stryge en dør · stryge maling på døren* • **stryge ng med hårene** se under *hår*
2. stryge ngt glatte tøj med et strygejern □ *stryge skjorter · stryge en fold ud* □ *strygeri · strygejern · strygestykke · strygetøj* □ *nystrøget*
3. stryge ngt udelukke el. springe over noget = SLETTE □ *han strøg et helt afsnit i artiklen · hun strøg morgenmaden · stryge et navn af listen* • **stryge ngt** = SNUPPE □ *stryge fortjenesten selv*
4. bevæge sig med stor fart □ *han strøg ud ad døren uden at sige farvel · hun strøg af sted til Paris i går · stryge forbi · vinden strøg ind af døren*
5. stryge ngt tage noget ned □ *stryge flaget · stryge sejlene*

strygebræt

SUBST. *~brættet,* plur. *~brætter, ~brætterne*

et fladt, aflangt bræt med ben som bruges til at stryge tøj på □ *slå et str*[illegible] *op · betræk til* [illegible]

[illegible] *e)*

[illegible] af stof som ikke krøller, og som derfor ikke behøver at blive strøget □ *en strygefri skjorte · strygefri lagner*

strygeinstrument

SUBST. *-et,* plur. *-er, -erne*

et strengeinstrument hvis strenge stryges med en bue, fx en violin = STRYGER

strygejern

SUBST. *-et,* plur. *~jern, -ene*

et tungt redskab med en flad underside som kan varmes op og bruges til at glatte tøj med

strygekvartet

SUBST. *~kvartetten,* plur. *~kvartetter, ~kvartetterne*

en kvartet af strygere

strygende

ADJ.

hurtigt el. meget godt □ *det går strygende · forretningen går strygende · i en strygende fart · strygende afsætning*

stryger

SUBST. *-en,* plur. *-e, -ne*

= STRYGEINSTRUMENT • en person der spiller på et strygeinstrument □ *strygerne i orkesteret*

strygerulle

SUBST. *-n,* plur. *-r, -rne*

en indretning med en el. flere valser til at udglatte store stykker tøj, fx lagner og dynebetræk □ *en elektrisk strygerulle · vaskeriets strygerulle*

strygestål

SUBST. *-et,* plur. *stål, -ene*

en rund, riflet stålstang som man sliber knive på

strygetøj

SUBST. *-et*

vasket og tørret tøj som skal stryges

stryknin

SUBST. *-en*
[*sdryg'ni'n* el. *sdrög-*]

et yderst giftigt stof som kan fremkalde stivkrampe og åndenød inden døden indtræffer; findes i ved, bark og frø hos visse planter □ *forgive nogen med stryknin* □ *strykninforgiftning*

stræbe

VERB. *-r, stræbte, stræbt*

1. stræbe efter ngt anstrenge sig meget for at opnå noget man har sat sig som mål = TRAGTE, HIGE, ASPIRERE, STILE □ *han stræbte efter anerkendelse · hun stræber efter lykke · han har altid stræbt efter magt · det er godt at have noget at stræbe efter* □ *stræben* □ *bestræbe · efterstræbe · tilstræbe* • **stræbe ng efter livet** forsøge at slå nogen ihjel = TRAGTE
3. (glds.): rage i vejret □ *byens tårne stræber mod himlen*

stræbepille

SUBST. *-n,* plur. *-r, -rne*

en pille der udvendig støtter en mur

stræber

SUBST. *-en,* plur. *-e, -ne*

en person som stræber efter at komme frem og få succes, ofte på bekostning af andre = STRUGGLER □ *erhvervslivets unge stræbere*

stræbsom

ADJ. *-t, stræbsomme*

ambitiøs og flittig på en småborgerlig måde = AMBITIØS □ *han er lidt for stræbsom for min smag · en stræbsom og flittig mand* □ *stræbsomhed*

stræde

SUBST. *-t,* plur. *-r, -rne*

1. en snæver gade □ *på gader og stræder* □ *Pilestræde*
2. = SUND □ *strædet ved Calais* □ *Beringstrædet · Formosastrædet*

stræk

SUBST. *strækket,* plur. *stræk, strækkene*

1. det at strække noget el. være strakt □ *et stræk i en elastik · lægge et ben i stræk* □ *strækbandage · strækmarch · stræknylon*
2. en strækning som tilbagelægges □ *på et langt stræk er vejen dårlig* • **i ét stræk** uden afbrydelse □ *jeg læste bogen ud i ét stræk · vi kørte til Paris i ét stræk*

strække

VERB. *-r, strakte, strakt*

1. strække ngt gøre noget lige el. trække i noget så det bliver længere el. bredere = RETTE, UDSPÆNDE □ *strække benene · strække ryggen · str*[illegible]*dre · strække en arm af* [illegible]*ning · strækban*[illegible]*rch · strækny*[illegible] **[illegible]kke ngt med** [illegible] at komme n[illegible] *salaten med ma*[illegible]*ilsætning* • **strække sig** [illegible] *gabte og strakte* [illegible] **stræk**[illegible] *strakt si*[illegible] fx en hånd fr[illegible] = RÆKKE □ *hun strak*[illegible]*sen · han strakte armen* [illegible]*en* • **strække ud** strække sener og muskler efter motion så man undgår at blive stiv og øm □ *husk at strække ud efter løbeturen* • **strække ud** løbe hurtigt □ *hun fik hesten til at strække ud · den red i strakt galop*
2. strække sig dække et vist areal el. en vis tid □ *grunden strakte sig helt over til skoven · forhandlingerne strakte sig over flere år · heden strækker sig fra vest til øst*
3. være nok = FORSLÅ □ *jeg tror vi kan få pengene til at strække · maden strækker ikke til så mange gæster · pengene strækker ikke langt* • **strække benene** se under *ben* • **strække sig langt** give mange indrømmelser □ *jeg har strakt mig langt · han kan strække sig til 5.000 kr.* • **strække våben** se under *våben*

strækmarch

SUBST. *-en,* plu[illegible]

en paradema[illegible]en □ *marchere i strækmarch*

strækning

SUBST. *-en,* [illegible]

en afstand [illegible]etragtet som en afstand man bevæg[illegible]em = DISTANCE □ *en strækning på 2 km ·* [illegible]*kningen mellem København og Korsør · tilbagelægge en lang strækning · vejen var spærret over en strækning på flere kilometer* □ *jernbanestrækning* • et landområde i naturen der ikke er nøjagtigt afgrænset, men strækker sig i en bestemt retning □ *store strækninger med skov · strækninger af uopdyrket land* □ *kyststrækning*

strø[1]

SUBST. *-en,* plur. *-er, -erne*

en lægte der bruges som underlag, fx for et gulv el. et tag

strø[2]

VERB. *-r, -ede, -et*

1. strø ngt på ngt lade noget falde her og der

inden for et vist område = DRYSSE □ *strø salt og peber på æggemaden · strø grus på fortorvet* □ *strøbemærkning · strøske · strøsukker · strøtanke* • **strø under ngt** lægge strøelse under et dyr i en stald □ *strø under hesten* □ *strøhalm*
2. strø om sig med ngt give noget bort i store mængder og uden videre omtanke□ *strø om sig med penge · strø om sig med løfter*

strøelse

SUBST. *-n*

den halm der strøs under husdyr i en stald

strøg[1]

SUBST. *-et,* plur. *strøg, -ene*

1. en let antydning af noget = STREJF □ *hun gav barnet et kærligt strøg over kinden · med et strøg glattede hun hastigt kjolen · violinbuens følsomme strøg mod strengene · der var et strøg af selvkritik i hans tale* □ *nedstrøg · penselstrøg · pennestrøg*
2. en gade med mange butikker; det kan være en hovedgade el. en gågade□ *vi gik en tur på byens strøg* □ *strøgbutik · strøgkunde · strøgtur* □ *forretningsstrøg*
3. = EGN □ *dalstrøg · himmelstrøg*

strøg[2]

VERB.

bøjningsform af *stryge*

strøm

SUBST. *strømmen,* plur. *strømme, strømmene*

1. vands bevægelse i én bestemt retning, fx i en å el. i havet □ *strømmen er stærk her · ro mod strømmen · have vind og strøm imod sig* □ *strømhvirvel* □ *havstrøm* • den fremherskende meningsretning et sted = TIDSÅND □ *hun har altid fulgt med strømmen · gå imod strømmen · strømmen har vendt sig* • **en strøm af ngt** en strømmende mængde af noget = BYGE, REGN □ *en strøm af ord · en strøm af lava · en strøm af tårer* □ *luftstrøm · menneskestrøm · tårestrøm · væskestrøm*
2. ⟨ikke plur.⟩ = ELEKTRISK STRØM □ *værket producerer strøm · afbryde strømmen · der er ikke mere strøm på batteriet* □ *strømafbrydelse · strømforbrug · strømforsyning* □ *jævnstrøm · vekselstrøm* • **elektrisk strøm** bevægelse af *elektroner* el. *ioner* i et elektrisk ledende legeme; måles i *ampere* = STRØM, ELEKTRICITET, EL

strømer

SUBST. *-en,* plur. *-e, -ne*

(slang): = POLITIBETJENT

strømførende

ADJ.

som transporterer elektricitet□ *en strømførende ledning · strømførende kabler*

strømhvirvel

SUBST. *-en* (el. *~hvirvlen*), plur. *~hvirvler, ~hvirvlerne*

1. en hvirvel der opstår i stærkt strømmende vand □ *vandet er fuld af strømhvirvler*
2. strømme der genereres i metalmasser der udsættes for vekslende magnetfelter

strømkilde

SUBST. *-n,* plur. *-r, -rne*

en indretning som frembringer elektrisk strøm, fx en generator □ *tilslutte et elektrisk apparat til en strømkilde*

strømkæntring

SUBST. *-en,* plur. *-er, -erne*

en ændring i vands strømretning

strømlinet el. strømliniet el. strømlinjet

ADJ. *-* , *~linede*

1. (om et transportmiddel): med en smal og afrundet form som giver den mindst mulige modstand ved bevægelse gennem luft el. vand □ *en strømlinet bil · skibet er strømlinet · en strømlinet cykelhjelm* □ *strømlinethed*
2. som er tilpasset med henblik på størst mulig effektivitet og færrest mulige gnidninger; ofte med en bibetydning af at være uden særpræg, men tilpasset nutiden = MODERNE □ *man forsøgte at gøre virksomheden mere strømlinet · en strømlinet uddannelse · strømlinede unge forretningsfolk · et strømlinet kongehus* □ *strømlinethed*

strømme

VERB. *-r, -de, -t*

1. strømme {ud af} ngt (om flydende stof): bevæge sig temmelig hurtigt og kraftigt i en ubrudt strøm = FLYDE, FOSSE, BRUSE, RINDE, SILE □ *floden strømmer gennem kløften · vandet strømmer ud af vandhanen · gassen strømmer ud fra et brud på røret · regnen strømmer ned · floden strømmer over sine bredder* □ *strømning* • **strømme {ud af} ngt** (om lys, lyd el. luft): blive udsendt el. trænge frem i en ubrudt strøm □ *lys strømmede ind gennem en lille sprække i væggen · musikken strømmede ud af radioen · frisk luft strømmede ind i lokalet*
2. strømme {ud af} ngt komme i stort antal = VÆLTE, REGNE □ *folk strømmer ind i salen · folk strømmede til for at høre talen · mennesker strømmede til fra alle kanter · flygtningen strømmede ind over grænsen · brevene strømmede ind*

strømning

SUBST. *-en,* plur. *-er, -erne*

1. en bevægelse i luft el. vand = STRØM □ *luftens strømninger · strømninger i vandoverfladen* □ *gennemstrømning · luftstrømning · tilstrømning*
2. en udbredt tendens i samfunds- el. kulturlivet = IDÉ, RETNING □ *de politiske strømninger i tiden · nye strømninger i litteraturen · tidens revolutionære strømninger*

strømpe

SUBST. *-n,* plur. *-r, -rne*

tøj der dækker foden og et stykke af benet □ *et par strømper* □ *strømpebånd · strømpefod · strømpeholder · strømpeskaft · strømpesok* □ *knæstrømpe · nylonstrømpe · sportsstrømpe*

strømpebukser

SUBST.PLUR. *-ne*

strømper og bukser ud i ét = BUKSESTRØMPER □ *hun har strømpebukser på inde under bukserne* □ *nylonstrømpebukser*

strømpebånd

SUBST. *-et,* plur. *~bånd, -ene*

et bånd el. en strop til at holde strømper på plads med • lakrids i båndform

strømpefødder

SUBST.PLUR.

udtryk for at man ikke har sko på = STRØMPESOKKER □ *gå på bare strømpefødder · han tog imod på strømpefødder · hun danser rundt på strømpefødder*

strømpeholder

SUBST. *-en,* plur. *-e, -ne*

et elastisk bånd på et korset el. bælte hvorpå strømperne sættes fast

strømpesokker

SUBST.PLUR.

= STRØMPEFØDDER □ *han tog skoene af og sad i strømpesokker · han tabte skoen og scorede i strømpesokker*

strømpil

SUBST. *-en,* plur. *-e, -ene*

noget som giver et fingerpeg, fx om et kommende resultat el. om retningen i en udvikling = TENDENS □ *gallupundersøgelsen blev taget som en strømpil for folkeafstemningen · der er flere strømpile i tiden som antyder at arbejdsmarkedet er midt i en forandringsproces*

strømstyrke

SUBST. *-n,* plur. *-r, -rne*

et mål for den mængde elektricitet som passerer et punkt i et elektrisk kredsløb på et sekund; måles i *ampere* □ *en strømstyrke på 10 ampere*

strøsukker

SUBST. *-et*

= MELIS

strøtanke

SUBST. *-n,* plur. *-r, -rne*

en løsreven, kortfattet og tankevækkende ytring = GULDKORN, AFORISME □ *hans filosofi består af lutter strøtanker*

strå

SUBST. *-et,* plur. *strå, -ene*

en hul stængel på korn el. græs som bærer plantens blomster el. kerner □ *huset er tækket med strå* □ *strågul · stråtag · stråtækt · stråhat* □ *græsstrå · halmstrå · kornstrå* • **trække det korteste strå** komme til kort el. bukke under • **være højt på strå** være indflydelsesrig, velstående, heldig

strågul

ADJ. *-t, -e*

med en bleg gul farve som et strå□ *strågult hår*

stråhat

SUBST. *~hatten,* plur. *~hatte, ~hattene*

en hat af strå med en bred skygge som værn mod solen

stråle[1]

SUBST. *-n,* plur. *-r, -rne*

1. en ofte smal strøm af fx lys el. væske som bevæger sig gennem luften = STRIBE ▫ *Solens varme stråler · der stod en stråle ud fra vandrøret · en fin stråle af sand løb ned i timeglassets nederste del · ultraviolette stråler* ▫ *strålebehandling · strålebundt · stråleformet · stråleglans · strålekaster · strålerør · stråleskade · strålevarme* ▫ *alfastråle · blodstråle · laserstråle · lysstråle · månestråle · røngtenstråle · solstråle · vandstråle · varmestråle* • en følelse som mærkes i hele kroppen ▫ *smerterne går i en stråle ned gennem benet · en stråle af lykke gik gennem hende*
2. del af fiskens finner i form af en huddannelse af horn og ben som kan være bløde og leddelte, el. som kan være stive og udelte ▫ *strålerne i fiskens finne* ▫ *blødstråle · finnestråle · pigstråle*

stråle[2]

VERB. *-r, -de, -t*

1. sprede kraftige stråler af lys og varme = LYSE ▫ *solen stråler · lyset stråler · stjernerne stråler på himmelen · varmen stråler ud af ovnen* ▫ *bestråle*
2. udvise stor glæde ▫ *hun stråler som en sol i dag · hun strålede da hun så ham komme*

strålebundt

SUBST. *-et,* plur. *-er, -erne*

(fysik): en samling af stråler, fx lysstråler, der går gennem det samme punkt

stråleglans

SUBST. *-en*

lys som stråler ud fra nogen el. noget = AURA, LYSSKÆR ▫ *der var en stråleglans om helgenens gloriebærende hovede · diamantens stråleglans*

strålende

ADJ.

som skinner ved at udsende stråler ▫ *en strålende diamant · strålende solskin · et strålende smil* • som er virkelig udmærket ▫ *i strålende humør · en strålende idé · en strålende plan · en strålende præstation*

stråling

SUBST. *-en,* plur. *-er, -erne*

overførsel af energi gennem luften el. det tomme rum i form af elektromagnetiske bølger el. partikler ▫ *stråling fra radioaktivt stof · radioaktiv stråling · elektromagnetisk stråling · ultraviolet stråling* ▫ *strålingsbelastning · strålingsbeskyttelse · strålingsfare · strålingsmodstand · strålingsrisiko · strålingssyge* ▫ *gammastråling · lysstråling · mikrobølgestråling · røntgenstråling · varmestråling*

strålingsfare

SUBST. *-n*

risiko for at blive udsat for skadelig radioaktiv stråling ▫ *der meldes om strålingsfare i området*

stråmand

SUBST. *-en,* plur. *~mænd, ~mændene*

en person der fungerer som mellemhandler, ofte i en ulovlig handel ▫ *han er stråmand for firmaet · han beskyldes for at være stråmand for det kommunistiske styre · forhandle gennem en stråmand*

stråtag

SUBST. *-et,* plur. *-e, -ene*

et tag tækket med rørstængler

stråtækt el. **stråtækket**

ADJ. *- , -e*
(stråtækket: - , *~tækkede*)

hvis tag er beklædt med strå ▫ *et stråtækt bindingsværkshus*

stub

SUBST. *stubben,* plur. *stubbe, stubbene*

1. = TRÆSTUB ▫ *stubben af et træ · sætte sig og hvile på en stub* • = SKÆGSTUB ▫ *have mørke stubbe i ansigtet* • rester af afskårne strå på en mark ▫ *rugens stubbe · pløje stubbe ned*
2. rub og stub se under *rub*

stubmølle

SUBST. *-n,* plur. *-r, -rne*

en mølle som står på en drejefod, og som derfor kan dreje rundt ≠ VINDMØLLE

stud

SUBST. *-en,* plur. *-e, -ene*

1. en tyr som har fået fjernet kønskirtlerne ▫ *studedriver · studepranger*
2. = TØLPER ▫ *opføre sig som en stud*

stud.

fork. for *studerende*

studehandel

SUBST. *-en* (el. *~handlen*), plur. *~handler, ~handlerne*

en uformel og ofte fordækt handel; det kan fx være en byttehandel el. en handel hvor den ene part stiller krav som ikke umiddelbart har noget med selve handlen at gøre ▫ *det var en rigtig studehandel, jeg fik to kufferter og en lampe for mit kommodeskab · mange firmaer laver studehandler hvor den ene part forpligter sig til fremtidige køb eller lignende* • **politisk studehandel** en opportunistisk politisk overenskomst ▫ *politiske studehandler i magtens korridorer · en politisk studehandel hvor et mindre parti får mere indflydelse på et område hvis det til gengæld stemmer ja til et lovforslag*

student

SUBST. *-en,* plur. *-er, -erne*
/stu'dent/

en person der har taget studentereksamen ▫ *han blev student i fjor* ▫ *studentereksamen · studenterfest · studenterhue · studenterkursus* • ⟨i sammensætn.⟩ = STUDERENDE ▫ *studenterforening · studenteroprør · studenterråd* ▫ *evighedsstudent*

studenterbrød

SUBST. *-et,* plur. *~brød, -ene*

en lille kage med glasur og krymmel

studentereksamen

SUBST. *-en,* plur. *-er* (el. *~eksaminer*), *-erne* (el. *~eksaminerne*)

en eksamen der afslutter det tre-årige gymnasium el. et tilsvarende kursus som varer to år

studenterhue

SUBST. *-n,* plur. *-r, -rne*

en hvid kasketlignende lærredshue med bånd og emblem der varierer alt efter hvilken eksamen den repræsenterer: studentereksamen: rødt bånd og Skt Andreas kors; HF: vandblåt bånd og Skt Andreas kors; HH: koboltblåt bånd og merkur stav; HTX: marineblåt bånd og et særligt HTX emblem

studenterkursus

SUBST. *-et* (el. *~kursusset* el. *~kurset*), plur. *~kursus* (el. *~kurser*), *-ene* (el. *~kursussene* el. *~kurserne*)

en toårig uddannelse som svarer nøje til gymnasieuddannelsen

studenterråd

SUBST. *-et,* plur. *~råd, -ene*

en anerkendt repræsentation for de st[illegible]nde ved et universitet

studentikos

ADJ. *-t, -e*
[sdudænti'ko's]

som er el. lever som en student = STUDENTERAGTIG ▫ *er han ikke lidt studentikos i sin tankegang? · en studentikos vittighed · de lever en studentikos tilværelse*

studere

VERB. *-r, -de, -t*
/stu'dere/

1. uddanne sig i et fag på højere læreanstalt = LÆSE ▫ *hun studerer matematik · han studerer til læge · han er en studeret ung mand* ▫ *studerekammer*
2. undersøge i detaljer = GRANSKE ▫ *hun studerede det indsamlede materiale · han studerede landkortet · det spørgsmål må jeg studere lidt nærmere*

studerende

SUBST. *en, den studerende,* plur. *studerende, de studerende*
fork. *stud.*

en person som studerer ved en højere læreanstalt ▫ *de studerende samledes i auditoriet*

studereværelse

SUBST. *-t,* plur. *-r, -rne*

(glds.): et værelse som er indrettet til at studere i ▫ *professoren sad i sit studereværelse*

studie[1]

SUBST. *-n* el. *-t,* plur. *-r, -rne*

et udkast til et kunstværk el. en afhandling = SKITSE ▫ *en studie til et maleri · en litterær studie over Goethes lyrik* ▫ *detailstudie · forstudie*

studie²

SUBST. *-t*, plur. *-r, -rne*

1. lokale til optagelse af film og lyd til udsendelse af radio el. tv-program □ *studiemedarbejder · studiekulisser · studieoptagelse · studievært* □ *filmstudie · pladestudie · radiostudie · tv-studie*
2. en mindre lejlighed el. et lokale der bruges af en kunstner som arbejdssted = ATELIER □ *studielejlighed*

studiekreds

SUBST. *-en*, plur. *-e, -ene*

en gruppe mennesker der sammen studerer et bestemt emne □ *melde sig til en studiekreds i moderne litteratur*

studielektor

SUBST. *-en*, plur. *-er, -erne*

en person som holder øje med den pædagogiske udvikling på et gymnasium, og som tager sig af uddannelsen af lærerkandidater

studienævn

SUBST. *-et*, plur. *~nævn, -ene*

et udvalg af lærere og studerende ved en højere læreanstalt som bl.a. godkender undervisningsplanen og udarbejder forslag til studieordningen □ *være medlem af studienævnet ved matematik og fysik på Københavns Universitet · studielederen er formand for studienævnet* □ *studienævnsformand · studienævnsmøde*

studievejleder

SUBST. *-en* plur. *-e, -ne*

en person på en uddannelsesinstitution som vejleder de studerende med valg af uddannelse og hjælper hvis der opstår studiemæssige problemer under uddannelsen

studievært

SUBST. *-en*, plur. *-er, -erne*

en person som præsenterer et program o.l. i tv el. radio = PROGRAMVÆRT, TV-VÆRT

studine

SUBST. *-n*, plur. *-r, -rne*
/stu'dine/

en kvindelig studerende el. student

studium

SUBST. *studiet*, plur. *studier, studierne*

et fag el. en retning på en højere læreanstalt, fx et universitet □ *vælge studium · passe sine studier · skifte studium* □ *studieegnethed · studiegæld · studiekammerat · studienævn · studierejse · studietid · studietræthed · studievejledning* □ *konferensstudium · selvstudium · sprogstudium* • et stort arbejde □ *det er et helt studium at sætte sig ind i den brugsanvisning*

studs¹ el. stuts

SUBST. *-en*, plur. *-e* (el. *-er*), *-ene* (el. *-erne*)
[*'sdus*]

1. enden af et rør □ *der stikker en studs ud fra væggen*
2. på en studs ⟨ubøj.⟩ i løbet af et øjeblik □ *jeg kan ikke klare det hele på en studs*

studs²

ADJ. *-t, -e*
[*'sdus*]

lidt vred og afvisende □ *han gav et studst svar · hun blev noget studs da han ikke kom til tiden*

studse

VERB. *-r, -de, -t*
[*'sdusə*]

1. studse over el. **ved ngt** blive forbavset og undre sig over noget □ *han studsede ved at se mig*
2. studse ng(t) klippe en persons hår el. skæg lidt til = TRIMME □ *frisøren studsede ham lidt · studse skægget* • afskære en stor del af halen el. ørerne på en hest el. en hund = KUPERE

stue

SUBST. *-n*, plur. *-r, -rne*

1. et rum i en privat bolig hvor man opholder sig om dagen og aftenen □ *en hyggelig stue · sætte sig ind i stuen og se fjernsyn · stuen vender mod nord* □ *stueantenne · stuebord · stuedør · stuehus · stuemøbel · stueplante · stueur* □ *dagligstue · pejsestue · opholdsstue · spisestue · tv-stue · udestue · vinkelstue* • et rum i en institution el. på et hospital □ *der er 12 børn på hver stue i børnehaven · patienten ligger på stue sammen med tre andre · ligge på stue 12* □ *stuegang* □ *enestue · fødestue · hospitalsstue · operationsstue · tosengsstue* • ⟨i sammensætn.⟩ et el. flere rum beregnet til et bestemt formål □ *frokoststue · krostue · skadestue · systue · tegnestue · vinstue · vuggestue · vævestue*
2. den nederste beboede etage i en ejendom = STUEETAGE □ *jeg bor i nr. 24 i stuen til venstre · bo i en lejlighed i stuen* □ *stuelejlighed* • **høj stue** stueetage der ligger højt over gadeplan □ *forretningen ligger i en høj stue*
3. ikke til at være i stue sammen med ikke til at holde ud □ *min søsters kæreste er ikke til at være i stue sammen med*

stuearrest

SUBST. *-en*, plur. *-er, -erne*

en straf hvor nogen skal forblive indendørs i et vist tidsrum □ *hans forældre har givet ham en uges stuearrest*

stueetage

SUBST. *-n*, plur. *-r, -rne*

den nederste etage i et hus, lige ved jorden el. over kælderetagen = STUE

stueflue

SUBST. *-n*, plur. *-r, -rne*

en lille, sort og meget udbredt flue som er knyttet til menneskets bolig; latinsk navn *Musca domestica*

stuefugl

SUBST. *-en*, plur. *-e, -ene*

en fugl som holdes i bur i hjemmet, fx en undulat el. en beostær

stuegang

SUBST. *-en*, plur. *-e, -ene*

det at en læge går rundt og snakker med el. tilser patienterne på en hospitalsafdeling el. beboerne på et plejehjem □ *lægen går stuegang om mandagen og torsdagen*

stuehus

SUBST. *-et*, plur. *-e, -ene*

den del af en landejendom som er til beboelse

stuelejlighed

SUBST. *-en*, plur. *-er, -erne*

en lejlighed i stueetagen

stuelærd

ADJ. *- , -e*

(om en person): som kun har sin viden fra bøgerne og derfor mangler praktiske erfaringer □ *en verdensfjern, stuelærd professor*

stueorgel

SUBST. *-et* (el. *~orglet*), plur. *~orgler, ~orglerne*

= HARMONIUM

stuepige

SUBST. *-n*, plur. *-r, -rne*

en kvinde der er ansat på et hotel til at renholde værelser m.m. • (glds.): en kvinde der er ansat i større husholdning til lettere husarbejde = HUSASSISTENT □ *fruen i huset ringede efter stuepigen*

stueplante

SUBST. *-n*, plur. *-r, -rne*

en plante som dyrkes som prydplante inden døre = POTTEPLANTE ≠ HAVEPLANTE □ *stuebirk, julestjerne og azalea er kendte stueplanter*

stueren

ADJ. *-t, -e*

1. (om en hund): som har lært kun at besørge udendørs = RENLIG □ *er hvalpen blevet stueren?*
2. som overholder gængse regler for god tone = SØMMELIG, ANSTÆNDIG □ *den historie er ikke helt stueren*

stueur

SUBST. *-et*, plur. *-e, -ene*

et vægur el. standur til at hænge el. sætte i dagligstue ≠ KØKKENUR □ *bornholmerure og almindelige stueure*

stuk

SUBST. *stukken* el. *stukket*

en blanding af kalk og gips som formes og anvendes til udsmykninger af loft og vægge □ *gipsstuk*

stukkatur

SUBST. *-en*
[*sduka'tu'r*]

ornament fremstillet af stuk

stukkatør

SUBST. *-en*, plur. *-er, -erne*
[*sduka'tø'r*]

en person der udfører stukarbejde

stukket

VERB.

bøjningsform af *stikke*

stum

ADJ. *-t, stumme*

som ikke kan tale el. som ikke taler □ *hun var født stum · han blev stum af forbavselse* □ *stumfilm· stumtjener* • som ikke gives udtryk i ord □ *stum beundring · stum klage · stum smerte*

stumfilm

SUBST. *-en,* plur. *~film, -ene*

en film uden gengivelse af tale og lyd ≠ TALEFILM, TONEFILM □ *en gammel stumfilm fra tyverne* □ *stumfilmstjerne*

stump[1]

SUBST. *-en,* plur. *-er, -erne*

1. en meget lille del af noget større = BROKKE □ *en stump af en melodi · en stump snor · en stump tøj · stump for stump · vasen gik i stumper og stykker* □ *cigaretstump · halestump · lysestump* • **redde stumperne** redde hvad der kan reddes
2. (slang): et lille barn □ *han var en stump i forhold til sine ældre søskende · hej stump!*

stump[2]

ADJ. *-t, -e*

1. som ikke er spids el. skarp □ *en stump snude · et stumpt redskab · stumpe våben · pilens od er stump* • som er sløv og uden lidenskab □ *synke hen i stump resignation · have et stumpt følelsesliv*
2. stump vinkel se under *vinkel*

stumpe

VERB. *-r, -de, -t*

være for kort □ *jakken stumper på ærmerne*

stumpet

ADJ. *- , stumpede*

som er kortere end normalt □ *en stumpet hale · hendes trøje er så stumpet at man kan se et stykke af maven · en lille, stumpet tøs · barnet rakte de stumpede arme frem*

stumpnæse

SUBST. *-n,* plur. *-r, -rne*

en lille, flad næse

stumtjener

SUBST. *-en,* plur. *-e, -ne*

et fritstående stativ med knager til at hænge overtøj på

stund

SUBST. *-en,* plur. *-er, -erne*

et kort tidsrum = ØJEBLIK □ *i samme stund · vi havde en hyggelig stund sammen · der var også stunder med ro og stille glæde* • **al den stund** udtryk for at den efterfølgende sætning giver en begrundelse = FORDI, EFTERSOM □ *jeg kan ikke gå med al den stund jeg ingen smoking har* • **nu om stunder** i vor tid = NUTILDAGS

stunde

VERB. *-r, -de, -t*

stunde til el. **ad** el. **mod ngt** (poet., glds.): udtryk for at noget nærmer sig = TILSTUNDE, LAKKE, LIDE □ *vinteren stunder til · det stunder til mod vår · det stunder ad morgen*

stundesløs

ADJ. *-t, -e; -ere, -est*

(glds.): som er urolig og rastløs og beskæftiger sig med flere forskellige ting uden at få udrettet noget □ *hun virker så stundesløs* □ *stundesløshed*

stundom

ADV.
[*ˈsdåndɔmˈ* el. *-dɔm*]

(glds.): = SOMMETIDER □ *stundom kom det over mig at jeg tænkte tilbage på den smukke tid vi havde haft sammen*

stunt

SUBST. *-et,* plur. *-s* (el. *stunt*), *-ene*
[*ˈsdɔnt*]

en farlig, ofte akrobatisk handling der udføres under en filmoptagelse, typisk af en stuntman der træder ind i stedet for den egentlige rolleindehaver □ *et stunt hvor en motorcyklist kører ind i en bil og bliver slynget 15 m gennem luften* □ *stuntman · stuntnummer · stuntkørsel · stuntspring* • en farlig situation hvor nogen klarer sig ved at være behændig □ *han nåede lige at kaste sig til siden da bilen kom om hjørnet, det var et stunt uden lige*

stuntman el. stuntmand

SUBST. *en,* plur. *stuntmen, stuntmenene*
(stuntmand: *-en,* plur. ~mænd, ~mændene)

en person der træder i stedet for en skuespiller i scener der er farlige el. kræver særlige færdigheder = STAND-IN □ *en kvindelig stuntman · biljagten i filmen var så farlig at man måtte benytte en stuntman*

stupid

ADJ. *-t, -e; -ere, -est*
[*sduˈpiˈð*]

som ikke tænker sig ordentligt om, el. som ikke er velovervejet = DUM, TÅBELIG, BØVET □ *din stupide mand! · jeg har aldrig hørt om noget så stupidt*

stupiditet

SUBST. *-en*
[*sdupidiˈteˈt*]

= DUMHED □ *mage til stupiditet er ikke længe set · stupiditetens højborg*

stutflag

SUBST. *-et,* plur. *~flag, -ene*

et almindeligt firkantet flag ≠ SPLITFLAG □ *stutflaget er både national- og handelsflag*

stuts

SUBST.

se *studs*

stutteri

SUBST. *-et,* plur. *-er, -erne*
/*stutteˈri*/

en avls- og opdrætningsvirksomhed, ofte med heste □ *stutterimester* □ *hestestutteri*

stuve

VERB. *-r, -de, -t*

1. stuve ng(t) {ind} i ngt fylde nogen el. noget ind i noget = PROPPE, FYLDE □ *hun stuvede alt tøjet ind i skabet · chaufføren stuvede os ind i den overfyldte taxa* □ *stuvning* • **stuve ngt fuld af ngt** stoppe ting ind i en beholder så den er helt fyldt □ *stuve en kasse fuld* • **stuve ng(t) sammen** mase nogen el. noget sammen på mindst mulig plads = PROPPE, PAKKE □ *seks mennesker sad stuvet sammen i den lille bil · der var stuvende fuldt af mennesker* □ *sammenstuve*
2. stuve ngt væk el. **af vejen** gemme noget væk
3. stuve ngt lægge især mindre stykker kogte grøntsager el. kartofler i en hvid, opbagt mælkesovs □ *stuve grøntsager · stuvede kartofler* □ *stuvning*

stuvning

SUBST. *-en,* plur. *-er, -erne*

en opbagt hvid sovs hvori der blandes grøntsager, kødstykker m.m. □ *jævne en stuvning* □ *aspargesstuvning · hønsekødsstuvning*

styg

ADJ. *-t, stygge; styggere, styggest*

(om en person): = HÆSLIG □ *heksen var så styg at ingen turde se på hende* □ *styghed* • = MODBYDELIG □ *det er stygt af dig · et stygt sår · en styg tanke*

styk

SUBST. *et,* plur. *styk, stykkene*
fork. *stk.*

en enhed af noget □ *100 styk våben · en disketteboks til to styk* □ *stykvis · stykpris · styksalg* • **pr. styk** for et enkelt eksemplar af noget = STYKKET □ *æblerne koster 2 kr. pr. styk*

stykgods

SUBST. *-et*

gods sendt styk- el. kassevis ≠ MASSEGODS □ *stykgodsskib*

stykke[1]

SUBST. *-t,* plur. *-r, -rne*
fork. *stk.*

1. en mindre del af noget el. et eksemplar af noget □ *et stykke kage · et stykke jord · et stykke brænde · et stykke blå himmel · et stykke natur · et stykke græsmark · de gik et stykke · et stykke vej · han læste et stykke længere · hun var kommet et stykke ind i romanen · det tog et stykke tid at blive færdig · et stykke kvæg · to stykker legetøj · tre stykker værktøj · et vanskeligt stykke arbejde* □ *stykkevis* □ *brudstykke · brændestykke · bundstykke · endestykke · fodstykke · forstykke · glasstykke · jernstykke · jordstykke · klippestykke · midterstykke · skovstykke · sprængstykke · topstykke · træstykke* • en genstand som er en del af et sammenhængende sæt el. en samling af fx kunstværker el. arkivalier □ *dette chatol er det fineste stykke i samlingen · den herregård er i sig selv et enestående stykke arkitekturhistorie* □ *aktstykke · arkivstykke · arvestykke · beklædningsstykke · klædningsstykke · museumsstykke* • en smurt skive brød med pålæg = KLEMME, MAD, SMØRREBRØD □ *et stykke med ost · han spiste fire stykker til frokost · et stykke højt belagt med rejer* • en opgave i matematik, regning osv.

□ *børnene skulle regne nogle svære stykker* □ *gangestykke · regnestykke* • en underinddeling af især paragraffer i lovtekster □ *paragraf 37, stykke 2* • et scenisk litterært produkt el. en afsluttet musikalsk komposition □ *på det lille teater spillede de et stykke af Ibsen · han satte sig hen til klaveret og spillede et stykke af Chopin* □ *debutstykke · musikstykke · orgelstykke · sørgestykke · teaterstykke* • = MALERI □ *marinestykke · sofastykke · solnedgangsstykke* • ⟨mest i sammensætn.⟩ en kunstnerisk el. iøjnefaldende forestilling, bedrift el. handling □ *kunststykke · mesterstykke · skælmsstykke · svendestykke · tilløbsstykke · udstyrsstykke · vovestykke*
2. stykket = PR. STYK □ *pelargonierne koster 10 kr. stykket · han tager 2 kr. stykket for pærerne*
3. i stykker udtryk for at noget ikke fungerer eller er splittet ad = ITU □ *lampen er i stykker · stolen gik i stykker da han hamrede den i gulvet · hendes hjerte gik i stykker af sorg · deres forlovelse er gået i stykker · vasen gik i stykker · han rev brevet i stykker* • **slå ngt i stykker** få noget til at gå i stykker = ØDELÆGGE, SLÅ ITU □ *han slog vasen i stykker* • **i stumper og stykker** udtryk for at noget er gået meget voldsomt og dramatisk i stykker □ *der lå suppeterrinen i stumper og stykker*
4. i forsk. forb. • **blæse ng et stykke** behandle nogen overlegent og ligegyldigt • **{når} det kommer til stykket** når det bliver virkelig alvor □ *når det kommer til stykket løber han sin vej* • **en {seks} stykker** = OMTRENT □ *klokken er en seks stykker · vi var en tre-fire stykker* • **der går ingen stykker af {dig} for den skyld** det ødelægger ikke nogens prestige at noget sker el. bliver gjort • **et stift stykke** udtryk for at nogen har gjort noget meget groft eller usædvanligt utilladeligt □ *det var et stift stykke at han skulle komme lige netop til begravelsen* • **i det stykke** med hensyn til en bestemt sag eller et bestemt spørgsmål □ *i det stykke ligner han sin far* • **i ét stykke** lavet af samme udelte eller usammensatte hele blok af samme materiale □ *kniven har skæfte og blad i ét stykke* • **stykke for stykke** det ene stykke efter det andet □ *de erobrede højsletten stykke for stykke* • **to alen af ét stykke** (neds.): udtryk for at to personer ligner hinanden meget □ *ham og hans ældste søn, de er to alen af ét stykke når det gælder forretninger*

stykke[2]

VERB. *-r, -de, -t*

1. stykke ngt ud opdele noget i mindre stykker □ *grunden blev stykket ud i 4 mindre grunde · arbejdet må stykkes ud på flere hænder* □ *udstykke* • **stykke ngt fra** □ *stykke jord fra*
2. stykke ngt sammen sætte noget sammen af forskellige dele □ *stuens møblement er stykket tilfældigt sammen* □ *sammenstykke*

stykkevis el. stykkevist

ADV.

i brudstykker □ *bogen kan læses fra ende til anden eller stykkevis · sandheden kommer frem stykkevis* □ *brudstykkevis*

stykpris

SUBST. *-en,* plur. *-er, -erne*

en pris for et styk □ *stykprisen på bøger bliver mindre når oplaget stiger · med en stykpris på 65 kr. er cigarerne forbeholdt et eksklusivt publikum*

stykvis el. stykvist

ADV.

i enkelte enheder □ *købe æbler i poser eller stykvis · koncernens virksomheder skal sælges stykvis*

stylte

SUBST. *-n,* plur. *-r, -rne*

hver af to træstænger som er forsynet med små trin til at sætte fødderne på så man kan gå med dem hævet over jorden □ *gå på stylter* □ *styltekapløb* • en lang, tynd anordning som holder noget oppe □ *huset er bygget på stylter i tilfælde af storm og højvande* • = BEN □ *sikken et par lange stylter hun har*

stymper

SUBST. *-en,* plur. *-e, -ne*

= PJALT

styne

VERB. *-r, -de, -t*

styne ngt hugge toppen af et træ □ *styne en poppel* □ *styning*

styr

SUBST. *-et,* plur. *styr, -ene*

1. det man drejer når man styrer fx en cykel, knallert el. motorcykel ≠ RAT □ *gedebukkestyr · cykelstyr · racerstyr*
2. i forsk. forb.: • **gå over styr** ikke blive til noget □ *forlovelsen gik over styr* • **have** el. **holde** el. **få styr på ng(t)** have el. opnå kontrol over nogen el. noget = CHECK □ *befalingsmanden havde ikke styr på sine tropper · han fik langsomt styr på sine følelser · har du styr på det? · hun kunne ikke holde styr på sine aftaler* • **sætte ngt over styr** satse noget og miste det □ *han satte hele sin formue over styr · sætte sit helbred over styr*

styrbar

ADJ. *-t, -e*

(om et fartøj): som kan styres = NAVIGABEL □ *et styrbart luftskib*

styrbord

SUBST.

den højre side af et fartøj set mod forstævnen, og retningen mod højre; der føres grøn lanterne på styrbords side ≠ BAGBORD □ *gå over i styrbord · holde til styrbord* • ⟨ADV.⟩ i retning mod styrbord □ *skibet svinger styrbord om · sejle styrbord om fyret* • **til** el. **om styrbord** □ *have Kronborg til styrbord · en fiskerbåd 45° om styrbord cirka fire sømil ude*

styre[1]

SUBST. *-t,* plur. *-r, -rne*

en regering el. ledelse = REGIME □ *et demokratisk styre · tage styret* □ *folkestyre*

styre[2]

VERB. *-r, -de, -t*

1. styre ngt få noget til at bevæge sig i en bestemt retning, fx ved at dreje på et rat el. et ror = NAVIGERE □ *han styrede bilen udenom cyklisten · styre en båd · styre et fly · styre kursen · styre efter kompasset* □ *styrbar · styregrejer · styrehus · styrepind · styretøj* • bevæge sig i en bestemt retning = NAVIGERE □ *skibet styrede mod land · han styrede straks hjemad · bilen styrede uden om os · vi styrer imod en hurtig løsning*
2. styre ng(t) holde nogen el. noget under kontrol = TØJLE, DOMINERE □ *han kan ikke styre sine børn · hun kunne ikke styre sin vrede · hun er ikke til at styre på ti tønder land · han kan ikke styre arme og ben · hun kan ikke styre sig · jeg kunne ikke styre min trang til at slå ham* □ *styring · styresystem* • **få sin lyst styret** se under *lyst*
3. styre ng(t) udøve fx politisk magt over nogen el. noget = REGERE □ *styre et land · styre et folk · styre et hus · hun styrer dem med jernhånd · kristisere de styrende organer* □ *styrelse · styreform*
4. styre ngt (sprogvidenskab): kræve en bestemt bøjningsform af et tilknyttet ord □ *flere tyske præpositioner styrer akkusativ*

styrelse

SUBST. *-n,* plur. *-r, -rne*

1. en overordnet statslig myndighed der er underlagt et ministerium, fx miljøstyrelse el. socialstyrelse □ *styrelseschef · styrelseslov*
2. en gruppe af valgte personer som er ansvarlig for ledelsen af noget, fx en virksomhed el. en forening = BESTYRELSE, LEDELSE □ *selskabets styrelse har vedtaget nye regler · hun var medlem af foreningens styrelse* • noget guddommeligt som antages at styre skæbnen □ *ved forsynets styrelse slap han fra det med livet i behold*
3. (i sprogvidenskab): det el. de ord der er tilknyttet præpositionen i et *præpositionsled, fx huset* i forbindelsen *i huset*

styrelseslov

SUBST. *-en,* plur. *-e, -ene*

den lov der regulerer højere læreranstalter □ *regeringen ønsker ændringer i den nuværende styrelseslov*

styrepind

SUBST. *-en,* plur. *-e, -ene*

en anordning i fx en båd el. en flyvemaskine som bruges til at styre med

styresystem

SUBST. *-et,* plur. *-er, -erne*

det grundlæggende program i en computer som aktiveres når computeren tændes, og som styrer programafviklingen på computeren = OPERATIVSYSTEM

styretøj

SUBST. *-et,* plur. *-er, -erne*

det materiel som bevirker at fx en bil svinger når man drejer rattet □ *bilens styretøj er i uorden*

styring

SUBST. *-en,* plur. *-er, -erne*

det at styre el. administrere noget □ *styring af de offentlige udgifter · han fik overladt styringen af hestene* □ *styringsmand* • det man styrer noget med □ *skibet havde automatisk styring · der er noget galt med styringen*

styrke[1]

SUBST. *-n,* plur. *-r, -rne*

1. en fysisk el. psykisk kraft som nogen el. noget

har = KRAFT, POTENS □ *han har styrke til at klare det tunge arbejde • hun har ingen styrke i armene • hans tålmodighed er hans styrke • det gav hende styrke at klare sig selv • et had af stor styrke • matematik er ikke hans styrke • lyden voksede i styrke • vindens styrke aftog* □ *styrkeforhold • styrkegrad • styrkeprøve • styrketræning* □ *lydstyrke • lysstyrke • muskelstyrke • råstyrke • stormstyrke • strømstyrke • vindstyrke* • en stærk side af ens personlighed □ *matematik er ikke hans store styrke • styrken ligger i hans tålmodighed • kende sin styrke og sine svagheder* • en evne til at modstå fysiske el. psykiske belastninger = BÆREEVNE □ *han testede bærekablets styrke* □ *styrkegrad* • indhold af stoffer som påvirker sanserne el. kroppen; især om indhold af alkohol □ *alkohol med en styrke på 96%* □ *styrkegrad* □ *alkoholstyrke • smagsstyrke*
2. en afdeling af en hær, et politikorps el. en anden gruppe med en bestemt opgave □ *FN's fredsbevarende styrker • de sendte en styrke på 1.000 mand • hele styrken blev sat ind på opgaven* □ *styrkemål* □ *fredsstyrke • militærstyrke • panserstyrke • politistyrke*

styrke[2]

VERB. *-r, -de, -t*

1. styrke ng(t) gøre nogen el. noget fysisk el. psykisk stærkere = FORSTÆRKE, HÆRDE, BEFÆSTE □ *styrke sine muskler • hun har styrket sin økonomiske stilling • styrke selvtilliden • moralen er blevet styrket • hun var styrket af Guds ord • begivenheden styrkede hans mistænksomhed • hun gik styrket ud af konflikten* □ *styrkning*
2. styrke sig på ngt blive frisket op ved at drikke noget □ *han fik en kold øl at styrke sig på • han styrkede sig med en kop kaffe i pausen*

styrkemål

SUBST. *-et,* plur. *~mål, -ene*

et mål for hvor stor en militær styrke skal være □ *fastsætte militære enheders styrkemål • forsvarsministrene vedtog styrkemålene for 1995*

styrkeprøve

SUBST. *-n,* plur. *-r, -rne*

en prøve el. en kamp der skal bevise nogens styrke el. overlegenhed i forhold til andre □ *en politisk styrkeprøve • de planlægger en militær styrkeprøve • der er langt op til en interessant styrkeprøve mellem de to boksere*

styrketræning

SUBST. *-en*

træning af muskler for at gøre dem stærkere □ *jeg går til styrketræning nede i motionscenteret*

styrmand

SUBST. *-en,* plur. *~mænd, ~mændene*

en navigatør og arbejdsleder på et fragt- el. passagerskib □ *erhverve bevis som styrmand • være 1. styrmand • vagthavende styrmand* □ *styrmandsaspirant • styrmandseksamen* □ *enestyrmand • overstyrmand*

styrt

SUBST. *-et,* plur. *styrt, -ene*

det at vælte mens man kører på fx en cykel el. det at falde el. dykke ned fra luften = FALD □ *jeg var udsat for et styrt på cykel • flyveren foretager et styrt* □ *styrtbøjle • styrtdyk • styrtebad • styrtflyver • styrthjelm • styrtløb • styrtregn* □ *cykelstyrt • flystyrt*

styrtdyk

SUBST. *~dykket,* plur. *~dyk, ~dykkene*

et brat styrt ned mod jorden, fx med et fly □ *piloten foretog et styrtdyk mod det fjendtlige hangarskib • han tog et styrtdyk fra 5. sal*

styrte

VERB. *-r, -de, -t*

1. styrte {ned} falde el. vælte med stor kraft □ *barnet styrtede ud ad vinduet • flyveren er styrtet ned • han styrtede ned fra stigen • huset styrtede sammen • styrte med sin cykel* • **styrte ng(t)** berøve nogen el. noget magten = OMVÆLTE, AFSÆTTE □ *oprørerne styrtede regeringen • blive styrtet* • **styrte ngt** få noget til at falde til et lavere niveau med stor kraft = KASTE □ *styrte gods ombord* □ *styrtegods* • **styrte ned** regne kraftigt □ *det styrter ned i øjeblikket*
2. fare af sted med stor voldsomhed □ *de styrtede af sted til skole* • **styrte sig ud i ngt** uden betænkning udsætte sig selv for noget; især om en fare el.lign. □ *han styrtede sig ud i trafikken* • **styrtende** udtryk for at noget er overvældende □ *en styrtende masse penge • have styrtende travlt • tjene styrtende med penge*

styrtebad

SUBST. *-et,* plur. *-e, -ene*

en afvaskning af kroppen under en bruser = BRUSEBAD □ *et koldt styrtebad*

styrthjelm

SUBST. *-en,* plur. *-e, -ene*

en plaststøbt el. fiberopbygget hjelm som er polstret indvendig til beskyttelse af fx motorcyklister mod skader i hovedet ved styrt; spændes fast med en rem under hagen; kan være med el. uden visir

styrtløb

SUBST. *-et,* plur. *~løb, -ene*

et skiløb som foregår på en stejl bane med få forhindringer, så hastigheden bliver meget høj ≠ SLALOM □ *styrtløbskonkurrence*

styrtregn

SUBST. *-en*

en meget kraftig regn • en stor mængde af noget □ *han blev mødt med en styrtregn af spørgsmål*

styrtsø

SUBST. *-en,* plur. *-er, -erne*

en høj bølge med stor kraft som fx slår ned over et skib = BRODSØ □ *styrtsøen væltede frådende ind over skibet og knækkede masten* • en voldsom mængde af sprøjtende vand, blod, spyt el.lign. □ *en styrtsø af blod oversprøjtede de nærmeste soldater • der stod en styrtsø af spyt ud af munden på ham*

stæder

SUBST.

bøjningsform af *stad*

stædig

ADJ. *-t, -e; -ere, -st*

som holder meget stærkt på det man mener el. vil = STEJL, HÅRDNAKKET, STIVSINDET, STIVNAKKET, HALSSTARRIG, STIKKEN □ *han er stædig som et æsel • han blev stædigt ved med at forsøge • dit stædige asen • min stædige tvivl • hun holdt stædigt fast ved sit* □ *stædighed* □ *bundstædig • dumstædig*

stække

VERB. *-r, -de, -t*

stække ngts vinger klippe de yderste fjer af en fugls vinger for at forhindre den i at flyve væk □ *hønsenes vinger var stækkede* • **stække ngs vinger** = UNDERKUE □ *hans vinger var blevet stækket* • **stække ngt** = UNDERTRYKKE □ *hans vilje er blevet stækket*

stænder

SUBST.

bøjningsform af *stand*

stænge[1]

SUBST. *-t,* plur. *-r, -rne*

(glds.): et lag af løse stænger der danner et loft over en stald el.lign. □ *høstænge*

stænge[2]

VERB. *-r, -de* (el. *stængte*), *-t* (el. *stængt*)

stænge ngt el. **stænge for ngt** (glds.): sætte en stang el. bom for noget □ *porten er stænget • stænge for kreaturerne* □ *stængning*

stængel

SUBST. *-en* (el. *stænglen*), plur. *stængler, stænglerne*

en del af en plante ud fra hvilken der skyder blade og blomster = STILK □ *blomstens stængel* □ *stængelknold* □ *bladstængel • blomsterstængel • jordstængel*

stængelknold

SUBST. *-en,* plur. *-e, -ene*

en opsvulmet underjordisk plantestængel som oplager stivelse fra én vækstsæson til den næste, fx en kartoffel ≠ LØGKNOLD, LØG

stænger

SUBST.

bøjningsform af *stang*

stænk

SUBST. *-et,* plur. *stænk, -ene*

et sprøjt fra en væske som næsten ikke bemærkes □ *der falder nogle stænk • der var stænk af maling på gulvet • et stænk whisky* □ *stænkmale • stænkpuds • stænkskærm* □ *regnstænk • søstænk • vandstænk* • noget som kun netop kan anes □ *et stænk af bitterhed sporedes • han havde grå stænk i håret*

stænke

VERB. *-r, -de, -t*

1. stænke på ng sprøjte i dråber □ *mudderet stænkede på dem da lastbilen kørte forbi* □ *bestænke · overstænke* • **stænke ng(t) til med ngt** sprøjte dråber ud over det hele på nogen el. noget □ *hun var fuldstændig stænket til med stegefedt* • **stænke ngt** sprøjte vanddråber på tøj □ *hun stænkede tøjet inden hun strøg det*
2. regne lidt = DRYPPE

stær[1]

SUBST. *-en,* plur. *-e, -ene*

en spurvefugl med sort, metalglinsende fjerdragt med pletter og en meget kort hale; almindelig i haver, parker og skove; latinsk navn *Sturnus vulgaris* □ *stæreflok · stærekasse*

stær[2]

SUBST. *-en*

en gruppe øjensygdomme som påvirker evnen til at se □ *stærblind* • **grøn stær** øget tryk i øjet hvor synsnerven nedbrydes pga. dårlig blodforsyning • **grå stær** uklarhed i øjets linse der ofte skyldes alderdom, og som kan behandles ved operation = KATARAKT • **sort stær** fuldstændig blindhed

stærblind

ADJ. *-t, -e*

meget nærsynet el. svagsynet; også som er fuldstændig blind = STARBLIND □ *du må jo være stærblind! dit slips ligger lige foran dig*

stærk

ADJ. *-t, -e; -ere, -est*

1. som er i besiddelse af stor legemlig styrke ≠ SVAG □ *vi har brug for et par stærke folk til at flytte skabet· stærk som en bjørn* • **den stærkes ret** det at den stærkeste bestemmer uanset om han har ret el. ej fordi han er overlegen i styrke • **der skal et stærkt bryst til** det kræver styrke og mod • **det stærke køn** se under *køn*
2. som besidder stor magt el. åndelig styrke = MAGTFULD ≠ SVAG □ *den stærke mand i politik · landet har brug for en stærk regering* • **stærke nerver** det at man ikke er bange for og ikke berøres af noget = MOD □ *det kræver stærke nerver at se den film*
3. som virker med stor styrke = KRAFTIG, VOLDSOM ≠ MILD, LET, SVAG □ *stærk blæst · stærke briller · stærk lugt · stærk smerte · der er en stærk strøm i bugten* • som virker usædvanligt godt □ *et stærkt helbred · stærk hørelse · stærkt syn* • **stærke drikke** se under *drik* • = DYGTIG □ *han er stærk i tysk grammatik · matematik er hendes stærke side* • (om fødevarer): som smager kraftigt og gennemtrængende, evt. af krydderier □ *gryderetten var utrolig stærk · en stærk karry · en kop god, stærk kaffe* • **det er for stærkt** det er for galt el. groft
4. = TALSTÆRK □ *der var stærk søgning på kurset*

stærkstrøm

SUBST. *~strømmen*

elektrisk strøm med så høj spænding at den kan være farlig for mennesker; bruges til belysning, varme m.m. ≠ SVAGSTRØM □ *stærkstrømsafbryder · stærkstrømsanlæg · stærkstrømsisolator · stærkstrømskabel · stærkstrømsledning · stærkstrømsteknik*

stævn el. stavn

SUBST. *-en,* plur. *-e, -ene*

= FORSTÆVN □ *bagbord er skibets venstre side, set mod stævnen · holde stævnen op mod bølgerne* • hver af enderne på et skib el. en båd □ *agterstævn · bagstævn · forstævn*

stævne[1]

SUBST. *-t,* plur. *-r, -rne*

1. et stort arrangement hvor mange mennesker fra forskellige egne mødes for at deltage i fælles aktiviteter □ *de holdt et stort stævne på sportspladsen · hun deltager i stævnet · stævnet bliver afholdt i maj* □ *fodboldstævne · gymnastikstævne · idrætsstævne · landsstævne · spejderstævne · sportsstævne*
2. sætte hinanden stævne aftale at mødes på bestemt sted til en bestemt tid □ *de satte hinanden stævne uden for biografen*

stævne[2]

VERB. *-r, -de, -t*

1. stævne ng (jura): forpligte nogen til noget retsligt bindende, især at møde op til en retssag = INDSTÆVNE □ *stævne nogen for retten · stævne nogen som vidne · stævne nogen til betaling af noget · stævne nogen til at anerkende noget* □ *stævning* • **stævne ng sammen til ngt** indkalde folk til et møde el. en anden form for sammenkomst med angivelse af tid og sted □ *personalet blev i al hast stævnet sammen til møde*
2. stævne mod ngt sætte af sted i en bestemt retning el. mod et bestemt mål □ *skibet stævnede mod nord · lad os nu stævne mod byen! · stævne mod et mål*

stævnemøde

SUBST. *-t,* plur. *-r, -rne*

et aftalt møde mellem to elskende □ *de holdt stævnemøde i skoven*

stævning

SUBST. *-en,* plur. *-er, -erne*

1. det at stævne en person til at møde i retten som part i en sag el. som vidne □ *stævningsformular · stævningsmand · stævningsudfærdigelse*
2. et dokument der benyttes til at stævne en person til at møde for retten □ *forkynde en stævning for den sagsøgte · udtage stævning mod den sagsøgte*

stævningsmand

SUBST. *-en,* plur. *~mænd, ~mændene*

en person der forkynder en dom over for domfældte på dennes bopæl

støbe

VERB. *-r, støbte, støbt*

1. støbe ngt lave en genstand ved at hælde flydende materiale, fx metal, gips el. stearin, i en form og lade det størkne □ *støbe en statue i bronze; støbe lys* □ *støbning · støbeform*
2. sidde som støbt passe fuldstændigt □ *kjolen sidder som støbt* • **støbe kuglerne til ngt** tage initiativ til og forberede skabelsen af noget; evt. uden at fremstå som den der har gjort det □ *det er mig der har støbt kuglerne til det projekt*

støbegods

SUBST. *-et*

støbte metalvarer

støbejern

SUBST. *-et*

jern med højt kulindhold som bruges til støbning; anvendes især til fremstilling af maskindele □ *støbejernskakkelovn · støbejernskrumtap*

støber

SUBST. *-en,* plur. *-e, -ne*

= FORMER □ *bronzestøber · jernstøber*

støbeske

SUBST. *-en,* plur. *-er, -erne*

1. et redskab som bruges ved støbning, og hvori man smelter støbemassen og herfra hælder den i formen
2. være i støbeskeen være begyndt at blive lavet □ *planen for byggeriet er endnu i støbeskeen*

støbning

SUBST. *-en,* plur. *-er, -erne*

1. støbning af ngt det at støbe □ *støbning af lys*
2. en solid karakter □ *en mand af hans støbning giver ikke så let op · en person med høje idealer og af ædel støbning*

stød

SUBST. *-et,* plur. *stød, -ene*

1. det at ramme mod nogen el. noget, ofte med en lige og fremadrettet bevægelse i modsætning til fx et sving = SKUB, SLAG, PUF ≠ HUG □ *han gav mig et ordentligt stød i ryggen med begge hænder · bokseren udmattede sin modstander med små stød i nyrerne · et stød med en billardkø · et stød med en kårde · afbøde et stød* □ *støddæmper · stødpude · stødsikker · stødtand · stødtrop* □ *billardstød · dødsstød · sammenstød* • resultatet af at noget rammer mod nogen el. noget = BUMP □ *da hun hoppede ned med strakte ben gik der et stød hele vejen gennem hendes krop · det gav et hårdt stød i bilen da den ramte kantstenen* • en oplevelse som virker som et hårdt slag □ *det er den slags stød verden giver · hustruens død var et hårdt stød for ham*
2. et kraftigt pust, fx af vind el. i en trompet □ *trompetstød · vindstød*
3. en elektrisk strøm som går gennem kroppen □ *et elektrisk stød · pas på du ikke får stød når du reparerer fjernsynet · jeg får hele tiden små stød når jeg rører ved tingene*
4. (fonetik): en uregelmæssighed i stemmelæbernes svingninger ved udtale af en vokal el. en konsonant □ *'Møller' udtales med stød 'møller' uden stød · en vokal med stød*
5. = TRÆSTUB
6. i forsk. forb.: • **komme i stød** komme i korte, gentagne ryk el. perioder □ *vinden kom i hårde stød · smerterne kommer i stød* □ *stødvis* □ *vindstød* • **give stødet til ngt** sætte noget i gang □ *beboerne gav stødet til oprettelsen af en klub* • **være i stødet** være frisk og veloplagt

støddæmper

SUBST. *-en,* plur. *-e, -ne*

en anordning i et køretøj som dæmper stød

støde

VERB. *-r, stødte, stødt*

1. **støde {til} ng(t)** berøre noget med så stor kraft at man tager skade af det el. at det flytter sig = RAMME, KNALDE, SLÅ □ *støde armen* · *støde hovedet mod køkkenlågen* · *jeg kom til at støde til vasen* · *støde sig på en sten* · *hun kørte gennem porten uden at støde på* · *han stødte hende omkuld* • **støde til ngt** (billard): ramme en bal med en kø □ *hun kom til at støde til den hvide bal* · *det er din tur til at støde* • **støde ngt i ngt** hugge el. stikke fx en kniv i noget □ *han stødte en dolk i hendes mave* · *støde en kniv i dyrets hals* • **støde ng {bort}** skubbe til nogen for at få dem til at fjerne sig = SKUBBE □ *han stødte hende bort* · *barnet stødte den fremmede væk* • **støde fra ngt med ngt** skubbe sig væk fra noget □ *støde fra land med en åre* · *da hun ville støde fra røg hun i vandet* • **støde sammen** ramme hinanden med stor kraft = KOLLIDERE, TØRNE SAMMEN □ *bilerne stødte sammen* • **støde på grund** se under *grund*
2. **støde ngt** knuse et materiale til pulver □ *støde krydderier i en morter* · *stødt melis* □ *støder*
3. **støde {på} ng** tilfældigt møde en person man kender = MØDE, TRÆFFE □ *jeg stødte på en gammel ven da jeg var i biografen* · *tænk at vi skulle støde ind i hinanden i Grækenland* • **støde {på} ngt** komme ud for el. opdage noget □ *jeg er stødt på en fejl* · *jeg har aldrig stødt på det ord før* · *vi er stødt ind i mange problemer* • **støde til** = SLUTTE SIG TIL □ *han støder til senere* • **støde til** = TILSTØDE □ *bare der ikke støder komplikationer til*
4. **støde ng** = FORNÆRME □ *hans bemærkning stødte mig* · *en stødende bemærkning* • **støde an mod ng(t)** = FORARGE □ *hendes udtalelser støder an mod den gode tone* • **støde ng fra sig** opføre sig på en måde over for nogen som får dem til at holde sig væk □ *de støder folk fra sig med deres megen snak om ingenting*
5. **støde frem** bevæge sig fremad = RYKKE FREM □ *tropperne er stødt 20 km frem i går* • **støde ngt frem** udtale ord stødvis og usikkert = FREMSTØDE □ *han stødte ordene frem*
6. **støde op** el. **ud til ngt** ligge ved siden af hinanden □ *værelserne støder op til hinanden* · *hvor støder stien ud til hovedvejen?* · *værelserne støder ud til entreen* • **støde sammen** mødes et bestemt sted □ *vejene støder sammen lige uden for byen*

støder

SUBST. *-en,* plur. *-e, -ne*

1. et redskab hvormed man støder noget til pulver = MORTER, PISTIL
2. **gammel støder** (neds.): en gammel mand = HØNISSE, KNARK □ *den gamle støder giver os ikke andet end ubehageligheder*

stødpude

SUBST. *-n,* plur. *-r, -rne*

et middel til at mindske effekten af en uønsket ydre påvirkning = BUFFER □ *danne stødpude for noget* · *være stødpude mellem stridende parter* □ *stødpudestat* · *stødpudezone*

stødt

ADJ. *-* , *-e*

1. som har været udsat for stød □ *et stødt æble*
2. = FORNÆRMET □ *han bliver så let stødt når man kritiserer ham*

stødtand

SUBST. *-en,* plur. *~tænder, ~tænderne*

en lang tand der stikker ud af munden på et dyr, fx en elefant el. en hvalros

stødtrin

SUBST. *-et* (el. *~trinnet*), plur. *~trin, -ene* (el. *~trinnene*)

det lodrette stykke mellem en trappes trin □ *trappen er farlig fordi den ikke har stødtrin*

stødtrop

SUBST. *~troppen,* plur. *~tropper, ~tropperne*

en gruppe soldater der anvendes til fremstød mod fjenden □ *han lå i forreste stødtrop*

stødvis

ADJ. - (el. *-t*), *-e*

som kommer i korte stød = RYKVIS □ *ordene kom stødvis ud ad munden på ham* · *et stødvist åndedræt*

støj

SUBST. *-en*

høje, generende lyde = LARM, SPEKTAKEL □ *støjen fra maskinerne var ikke til at holde ud* · *der er støj på radiosenderen* □ *trafikstøj*

støje

VERB. *-r, -de, -t*

frembringe støj = LARME □ *naboerne støjede hele natten* · *en støjende maskine* □ *støjen*

støjforurening

SUBST. *-en,* plur. *-er, -erne*

støj som generer miljøet, fx ved at fremkalde høreskader el. forstyrre dyreliv = STØJPLAGE

støjfri

ADJ. *-t, -e* (el. *~fri*)

fri for uønsket støjplage = STØJSVAG □ *et støjfrit arbejdsmiljø* □ *støjfrihed*

støjsender

SUBST. *-en,* plur. *-e, -ne*

en radiostation der bruges til at forstyrre andre radiostationers udsendelser □ *under krigen brugte tyskerne støjsendere for at forhindre aflytningen af Londons radio*

støjsvag

ADJ. *-t, -e; -ere, -est*

med meget kraftig dæmpning af en oprindeligt støjende lydkilde = LYDSVAG, STØJFRI □ *en støjsvag mejetærsker* □ *støjsvaghed*

støn

SUBST. *stønnet,* plur. *støn, stønnene*

en tung og besværet udånding som udtrykker anstrengelse □ *under pust og støn kæmpede de sig op ad trappen* · *med et støn konstaterede de at de havde tabt valget*

stønne

VERB. *-r, -de, -t*

trække vejret i overfladiske, kraftige stød, fx fordi man har smerter el. er overanstrengt □ *stønne af varme* · *stønne af smerte* · *stønne af fryd* · *puste og stønne* □ *stønnen* • lide højlydt = VÅNDE SIG □ *befolkningen stønner under de høje skatter*

stør

SUBST. *-en,* plur. *-e*(el. *-er*), *-ene* (el. *-erne*)

en fisk med lang cylindrisk krop, benplader og spids snude med føletråde; flere arter, bl.a. nogle hvis rogn kaldes ægte kaviar; latinsk navn *Acipenser*

størkne

VERB. *-r, -de, -t*

overgå fra flydende til fast form = STIVNE, HÆRDNE, KOAGULERE □ *mudderet var størknet til hårde klumper* · *limen størkner hurtigt* · *plastmaterialet sættes under tryk i formen hvor det skal størkne i 40 minutter* □ *størkning*

større

ADJ.

bøjningsform af *stor*

størrelse

SUBST. *-n,* plur. *-r, -rne*

1. en angivelse af hvor stort noget er □ *husets størrelse* · *en statue i overnaturlig størrelse* · *området er på størrelse med København* · *landets størrelse* □ *størrelsesorden* • ⟨fork. *str.*⟩ hvert af de standardmål som beklædningsdele produceres i □ *frakker i store størrelser* · *hvilken størrelse bruger du i sko?* · *størrelse small* · *lille i størrelsen* □ *buksestørrelse* · *skjortestørrelse* · *skostørrelse* · *standardstørrelse* ·
2. (matematik): = TALSTØRRELSE □ *ubekendte størrelser*
3. et væsen som virker mærkeligt □ *han er en underlig størrelse* · *dine børn er vel nok nogle søde små størrelser* · *en myrer er underlige størrelser*

størrelsesorden

SUBST. *-en* (el. *~ordnen*), plur. *-er* (el. *~ordner*), *-erne* (el. *~ordnerne*)

en omtrentlig størrelse ofte angivet ved et rundt tal □ *lønnen var i størrelsesordenen 20.000 om måneden* · *tabene var i en størrelsesorden af 100.000 kr.* · *problemer af den størrelsesorden løses ikke så let*

størst

ADJ.

bøjningsform af *stor*

størstedelen

SUBST.BEST.

en stor del og over halvdelen af noget = STØRSTEPARTEN □ *størstedelen af gælden er allerede betalt*

størsteparten

SUBST.BEST.

(glds.): = STØRSTEDELEN

støt

ADJ. *-* , *støtte*

som ikke kan påvirkes til at forandre tilstand = STABIL □ *han arbejder støt og roligt* · *motoren går støt* · *støt står den danske sømand*

støtte[1]

SUBST. *-n,* plur. *-r, -rne*

en hjælpeforanstaltning der skal holde noget på plads □ *sætte støtte under frugttræets grene* □ *støtteforbinding* · *støttefod* □ *bogstøtte* • = HJÆLP □ *hans venner var ham en stor støtte* · *økonomisk støtte* □ *støttepædagog* □ *uddannelsesstøtte* • et mindestmærke i form af en fritstående søjle el. pille □ *Frihedsstøtten*

støtte[2]

VERB. *-r, -de, -t*

1. støtte ng(t) yde hjælp til at holde nogen el. noget på plads el. oprejst = UNDERSTØTTE □ *støtte en mur* · *patienten blev støttet af to sygeplejersker* □ *understøtte* • **støtte ngt** lade noget hvile mod noget andet □ *støtte ryggen* · *støtte albuerne på bordet*
2. støtte ngt = HJÆLPE □ *støtte en velgørende institution* • **støtte ng(t)** støtte en person i en diskussion el. støtte et forslag som en person fremsætter = BAKKE OP

støtteben

SUBST. *-et,* plur. *~ben, -ene*

en anordning som bruges til at holde en cykel oprejst når man stiller den fra sig; den består ofte af en stang el. to stænger i gaffelform som er monteret nederst på stellet, og som ved hjælp af en svingmekanisme kan slås op og ned □ *montere et støtteben på en cykel*

støttecenter

SUBST. *-et* (el. *~centret*), plur. *~centrer* (el. *~centre*), *~centrerne* (el. *~centrene*)

et sted hvor folk med problemer kan søge hjælp og rådgivning □ *der er oprettet et støttecenter for anonyme alkoholikere*

støttehjul

SUBST. *~hjulet,* plur. *~hjul, ~hjulene*

små hjul som man monterer på hver side af baghjulet på en barnecykel for at barnet lettere kan lære at cykle og holde balancen ≠ FORHJUL, BAGHJUL

støttelærer

SUBST. *-en,* plur. *-e, -ne*

en lærer der tager sig af en eller flere elever i en klasse □ *støttelærerordning*

støttepille

SUBST. *-n,* plur. *-r, -rne*

en pille der støtter en bygningsdel

støttepunkt

SUBST. *-et,* plur. *-er, -erne*

1. et punkt som giver støtte for noget □ *kroppens tyngdepunkt flyttes skiftevis fra en position bag fodens støttepunkt på jorden til en position foran støttepunkt*
2. (militær): et område som indgår som støtte i en militær operation □ *amerikanerne brugte basen som støttepunkt for de atombevæbnede bombefly* · *den militære offensiv fortsatte mod støttepunktet i højdedragene over den belejrede by*

støttepædagog

SUBST. *-en,* plur. *-er, -erne*

en pædagog der varetager særlige opgaver i forbindelse med fysisk el. psykisk udviklingshæmmede børn og unge i en daginstitution el. på en skole

støttevæv

SUBST. *-et,* plur. *~væv, -ene*

= BINDEVÆV

støv

SUBST. *-et*

1. fint pulver af forskelligt materiale □ *tørre støv af i stuen* · *støvet på vejen blev hvirvlet op* □ *støvbold* · *støvdrager* · *støvsuger* • **samle støv** blive brugt meget lidt og dermed blive støvet □ *hans bøger samler støv på bibliotekets hylder*
2. = POLLEN □ *støvbærer* · *støvfang* · *støvdrager* · *støvknap* · *støvvej* □ *blomsterstøv*
3. meget fine skæl på en sommerfugls vinger
4. et dødt el. dødeligt menneske □ *digterens støv hviler i Sorø* · *vi er alle støvets børn* • **blive til støv** = DØ • **støvets år** en høj alder □ *han havde nået støvets år*
5. i forsk. forb.: • **falde støv på ngt** blive forældet el. umoderne □ *der er allerede faldet støv på den roman* • **krybe** el. **bøje sig** el. **ligge** el. **kaste sig i støvet for ng** være meget ydmyg og ærbødig over for nogen • **træde ng(t) i støvet** behandle nogen el. noget meget nedladende og dårligt

støvblad

SUBST. *-et,* plur. *-e, -ene*

= STØVDRAGER

støvbold

SUBST. *-en,* plur. *-e, -ene*

en kugleformet svamp; flere arter, hvoraf nogle kan blive meget store, bl.a. *kæmpestøvbold;* latinsk navn *Lycoperdon* □ *kæmpestøvbold* · *markstøvbold*

støvbærer

SUBST. *-en,* plur. *-e, -ne*

= STØVDRAGER

støvdrager

SUBST. *-en,* plur. *-e, -ne*

hvert af blomstens hanlige kønsorganer der består af en *støvtråd* som i spidsen bærer en lille *støvknap* hvori *pollen* dannes = STØVBLAD, STØVBÆRER

støve

VERB. *-r, -de, -t*

1. afgive støv □ *tæppet støver når man banker på det* · *grusvejen støver kraftigt når bilerne kører på den*
2. støve ngt af tørre støv af møbler o.l. □ *støve et bord af med en klud* · *hvis du støver af i stuen og på værelserne så tager jeg opvasken* □ *afstøve*
3. i forsk. forb.: • **støve ngt igennem** el. **støve rundt efter ngt** søge efter noget □ *vi har støvet hele huset igennem efter den nøgle* · *jeg har støvet hele byen rundt efter en bestemt bog jeg gerne vil have* • **støve ng(t) op** = OPSPORE □ *hunden støvede vildtet op* · *jeg fik støvet flere af mine gamle venner op i telefonbogen*

støver

SUBST. *-en,* plur. *-e, -ne*

en jagthund der er opdrættet til at opspore vildtet for jægeren □ *støverjagt*

støvet

ADJ. *- , støvede*

med støv på; også om noget der støver □ *støvede møbler* · *en støvet vej* • som er gammel og ikke tidssvarende = FORÆLDET, ANTIKVERET □ *gamle og støvede lovbestemmelser*

støvfang

SUBST. *-et,* plur. *støvfang, -ene*

den øverste del af *støvvejen* som er klæbrig el. håret, og som opfanger pollen ved bestøvning = AR

støvfnug

SUBST. *~fnugget,* plur. *~fnug, ~fnuggene*

en ofte svævende samling af støvpartikler □ *da vi flyttede kommoden hvirvlede der en masse støvfnug op*

støvgran

SUBST. *-et* (el. *~grannet*), plur. *~gran, -ene* (el. *~grannene*)

= STØVKORN □ *der er ikke et støvgran at finde i huset når rengøringshjælpen har været der*

støvknap

SUBST. *~knappen,* plur. *~knapper, ~knapperne*

en lille knop som sidder for enden af en af *støvtrådene* hvori *pollen* dannes

støvkorn

SUBST. *-et,* plur. *~korn, -ene*

en lille partikel af støv = STØVGRAN □ *få et støvkorn i øjet* · *når de har gjort rent er der ikke et støvkorn tilbage i huset*

støvle

SUBST. *-n,* plur. *-r, -rne*

et stykke fodtøj som dækker anklen og ofte en del af underbenet □ *et par støvler* · *pudse støvler* · *korte støvler* · *lange støvler* □ *fodboldstøvle* · *gummistøvle* · *læderstøvle* · *ridestøvle* • **få gang i støvlerne** få fart på □ *se så at få gang i støvlerne!*

støvleknægt

SUBST. *-en,* plur. *-e, -ene*

en gaffelformet anordning som står på gulvet og bruges til at trække støvler af med

støvlet

SUBST. *støvletten,* plur. *støvletter, støvletterne* /støv'let/

en kort støvle

støvregn

SUBST. *-en*

fin og stille regn = FINREGN

støvregne

VERB. *-r, -de, -t*

regne med fin og stille regn □ *det støvregnede da jeg var ude før*

støvsky

SUBST. *-en,* plur. *-er, -erne*

en mængde af støvpartikler som hvirvler op og ligner en sky □ *der stod en støvsky efter rytterne*

støvsuge

VERB. *-r, -de, -t*

støvsuge ngt rengøre noget med en støvsuger □ *støvsuge gulvtæpperne · der trænger til at blive støvsuget* □ *støvsugning* • **støvsuge ngt for ngt** lede grundigt efter noget □ *politiet støvsugede lejligheden for beviser*

støvsuger

SUBST. *-en,* plur. *-e, -ne*

et elektrisk apparat med en lang slange og et mundstykke som bruges til at suge støv op fra gulve el. tæpper □ *støvsugerledning · støvsugerpose · støvsugerslange*

støvvej

SUBST. *-en,* plur. *-e, -ene*

et rørformet hunligt kønsorgan i en blomst der ofte sidder i midten; består af en *frugtknude* og en *griffel*

stå[1]

SUBST.

gå i stå holde op med at fungere i kortere el. længere tid □ *uret er gået i stå · bilen gik i stå midt på vejen · samtalen gik i stå · han gik i stå midt i en sætning · han gik i stå og kunne ikke komme videre med stilen* • **sætte ng(t) i stå** få nogen el. noget til at gå i stå □ *han satte uret i stå*

stå[2]

VERB. *-r, stod, -et (standen, standne)*

1. være i oprejst stilling ≠ SIDDE, LIGGE □ *barnet kan både stå og gå · de måtte stå op i bussen · op at stå! · kan du få pinden til at stå af sig selv? · han står ved siden af hende* • **stå {på} ngt** befinde sig et sted □ *bogen står på hylden · solen står højt på himlen · pengene står i banken · flasken står henne ved vasken · pilleglasset står oppe i toiletskabet* • **stå {på} ngt** bevæge sig fra et sted til et andet □ *stå på en bus · stå til søs · stå op af sengen · stå af toget · stå ud af en bil · skibet stod ud af havnen*
2. befinde sig i en bestemt tilstand el. situation □ *døren står åben · ordet står i flertal · uret står stille · huset står i flammer · hvordan står rugen i år? · det står hen i det uvisse · det står 2-0 til Danmark · jeg står og mangler 100 kr. · stå i lære · han står til to års fængsel ·* □ *henstå* • forblive på et sted el. i en tilstand □ *lad bare tingene stå, vi henter dem i morgen · lade skægget stå* • finde sted □ *brylluppet skal stå i Frederiksborg Slotskirke* • **stå på** strække sig over en vis tid = VARE □ *det stod på i fire år*
3. **stå {i} ngt** være skrevet □ *det stod i avisen · det står sort på hvidt*
4. **stå ngt** gennemgå og klare noget □ *nu skal vi se om hun kan stå distancen · det er nu at planen skal stå sin prøve · kan du stå strabadserne ud?*
5. i forsk. forb.: • **hvordan står det til?** hvordan går det? □ *hvordan står det til med forretningen?* • **ikke kunne stå for ng(t)** være meget glad for nogen el. noget □ *jeg kan simpelthen ikke stå for små børn · hun kunne ikke stå for søde sager* • **lade ngt stå til** overlade noget til sig selv □ *du kan da ikke bare lade firmaet stå til* • **stå bag ng** bakke nogen op • **stå bag ngt** være ophavsmand til noget □ *hvem står bag kuppet?* • **stå for ngt** tage sig af el. arrangere noget = SØRGE FOR □ *du står for opvasken, jeg vasker gulvet · det er ham der står for festen* • **stå foran ngt** skulle gøre el. beslutte noget □ *de stod foran en afgørende beslutning · vi står foran store forandringer* • **stå for ngt** = SYMBOLISERE • **stå {godt} sammen med** el. **til ngt** passe sammen med el. til noget □ *farverne står godt sammen · slipset står dårligt til skjorten* • **stå hen** ikke blive brugt el. afklaret □ *bilen står ubrugt hen i garagen · det får stå hen · det står hen i det uvisse* □ *henstå* • **stå imod ng(t)** holde stand over for nogen el. noget □ *de stod imod fjenden · hun kunne ikke stå imod fristelsen til at tage endnu et stykke kage · han har ikke mange kræfter at stå imod med* □ *modstå* • **stå inde for ng(t)** sige god for nogen el. garantere for noget □ *jeg står inde for ham · jeg står inde for at oplysningerne er korrekte* □ *indestå* • **stå ng nær** være tæt knyttet til nogen □ *de står hinanden nær* • **stå over** ikke deltage □ *jeg står over i denne runde* • **stå på ngt** holde fast ved noget □ *han står på sin ret · stå på sine meninger* • **stå sammen** holde sammen □ *de står sammen i tykt og tyndt* • **stå tilbage for ng** være nogen underlegen □ *han vil ikke stå tilbage for de andre · de står tilbage for den øvrige klasse i intelligens* • **stå ved ngt** indrømme el. fastholde noget □ *han vil ikke stå ved sin fejltagelse · jeg står ved det jeg har sagt* □ *vedstå*

ståhej

SUBST. *-en* el. *-et*
[*sdɔ'haj* el. *sdå'haj*]

(spøg.): overdreven anstrengelse som skaber travlhed og forvirring = HURLUMHEJ, POSTYR, VÆSEN □ *stor ståhej for ingenting · gøre stor ståhej ud af fødselsdagen*

stål

SUBST. *-et*

en hård og slidstærk legering af jern med ringe indhold af kulstof □ *værktøj af stål · rustfrit stål* □ *stålarbejder · stålgrå · stålhjelm · stålhård · stålsat · stålstik · ståltråd · ståluld · stålværk*

stålarbejder

SUBST. *-en,* plur. *-e, -ne*

en person der som erhverv arbejder med stål, fx på stålvalseværk

stålbryllup

SUBST. *~brylluppet,* plur. *~bryllupper, ~brylluperne*

75 års bryllupsdag

stålgrå

ADJ. *-t, ~grå*

med en grå farve som stål; anvendes ofte om noget der har en hård og kold fremtoning □ *stålgrå øjne · stålgrå facader*

stålorm

SUBST. *-en,* plur. *-e* (el. *~orm*), *-ene*

et lille brunt el. stålgråt, slangelignende dyr; latinsk navn *Anguis fragilis*

stålsat

ADJ. *- , ~satte*

som der ikke kan rokkes ved = VILJESTÆRK □ *en stålsat karakter · stålsatte ambitioner*

stålstik

SUBST. *~stikket,* plur. *~stik, ~stikkene*

(ikke plur.) en grafisk trykkemetode hvor billedet frembringes ved at lave et aftryk af en ætset stålplade ≠ KOBBERSTIK • et billede som er fremstillet ved hjælp af denne metode

ståltråd

SUBST. *-en*
[*'sdɔltrå'ð*]

tråd af stål som fx bruges til hegn □ *hun fik lårbenet sat sammen med ståltråd · kofangeren er bundet op med ståltråd for ikke at falde af* □ *ståltrådshegn*

ståluld

SUBST. *-en*

stålspåner der anvendes til rengøring og slibning

ståpik

SUBST. *~pikken,* plur. *~pik, ~pikkene*

(vulg.): = STIVERIK

ståplads

SUBST. *-en,* plur. *-er, -erne*

en plads på et stadion el.lign. hvor en tilskuer kan stå op ≠ SIDDEPLADS □ *jeg fik to ståpladser til kampen mod Sverige*

ståsted

SUBST. *-et,* plur. *-er, -erne*

et standpunkt som man har i en sag el. har som livssyn = STADE □ *et ståsted mellem radikalisme og konservatisme · finde et ståsted i tilværelsen*

ståtrold

SUBST. *en*

en fangeleg hvor de der fanges skal blive stående på stedet; også om fangeren i legen

s.u.

fork. for *svar udbedes*

subjekt[1]

SUBST. *-et,* plur. *-er, -erne*
[*'subjægt*]
fork. *subj.*

1. det led i en sætning som er nærmest knyttet til verbalet, og som hyppigst betegner den der handler, el. det der gør noget; fx *han* i *han gav pigen et æble* = GRUNDLED • **formelt subjekt** et ord der kun har den betydning end at udfylde subjektpladsen i en sætning, fx *der* i sætningen *der var engang en konge*
2. (filosofi): det oplevende, erkendende, handlende jeg i modsætning til de af jeg'et oplevede fænomener ≠ OBJEKT

subjekt[2]

SUBST. *-et,* plur. *-er, -erne*
[sub'jægt]

en forhutlet person ▫ *han er blevet et rent subjekt*

subjektiv

ADJ. *-t, -e*

som er præget af en personlig og ofte forudindtaget opfattelse = PARTISK, ENSIDIG, FARVET ≠ OBJEKTIV ▫ *hans bedømmelse er meget subjektiv* · *fri os for dine subjektive kommentarer!* • (filosofi): som bygger på et menneskes individuelle evne til at opfatte og forstå ≠ OBJEKTIV ▫ *subjektiv erkendelse* ▫ *subjektivisme* · *subjektivitet*

subjektivisme

SUBST. *-n*
/subjekti'vismə/

en filosofisk anskuelse der hævder at al erkendelse er subjektiv ≠ OBJEKTIVISME ▫ *subjektivismen hævder at der ikke findes en objektiv sandhed*

subjektivitet

SUBST. *-en*
/subjektivi'tet/

det at være subjektiv ≠ OBJEKTIVITET ▫ *Kierkegaard hævdede at subjektiviteten er sandheden*

subkontinent

SUBST. *-et,* plur. *-er, -erne*

en stor, naturligt afgrænset del af en verdensdel, fx Indien i forhold til Asien

subkultur

SUBST. *-en,* plur. *-er, -erne*

en kultur der er karakteristisk for en mindre samfundsgruppe, og som afviger fra de dominerende mønstre i et samfund ▫ *hip hop-kulturen og andre subkulturer*

sublim

ADJ. *-t, -e*
[su'bli'm]

som er storslået i åndelig forstand = OPHØJET ▫ *i sin digtning når han undertiden det sublime* · *koncerten var en sublim oplevelse*

sublimat

SUBST. *-et,* plur. *-er, -erne*
/subli'mat/

et produkt fremstillet ved *sublimering* • et hvidt, letopløseligt stof der bruges som antiseptisk middel = KVIKSØLVKLORID

sublimere

VERB. *-r, -de, -t*
/subli'merə/

1. sublimere ngt (psykologi): bevirke at en energi der bindes af en fortrængt, fx seksuel, drift udløses og bliver drivkraft i en el. anden form for social el. kulturel virksomhed ▫ *sublimere sine drifter og begynde at spille klaver* ▫ *sublimering*
2. (kemi): gennemgå en proces ved hvilken et fast stof fordamper, og dampene ved afkøling igen fortættes til et fast stof uden at passere væskeformen ▫ *det er især flygtige stoffer som kamfer og jod som kan sublimere* ▫ *sublimering*

subliminal

ADJ. *-t, -e*

(psykologi): = UNDERBEVIDST ▫ *reklamespots der påvirker os på et subliminalt plan* · *subliminal perception*

subsidiaritetsprincip

SUBST. *~princippet*

= NÆRHEDSPRINCIP

subsidier

SUBST.PLUR. *-ne*
/sub'sidiər/

økonomisk hjælp, især statslig støtte til visse erhverv, som ydes for at holde prisen på bestemte varer nede ▫ *yde subsidier til landbruget* · *direkte subsidier* · *skibsværfter i Polen har modtaget subsidier* ▫ *landbrugssubsidier*

subsidiere

VERB. *-r, -de, -t*
/subsidi'erə/

subsidiere ngt støtte noget med offentlige midler = SUBVENTIONERE, STØTTE

subsidiær

ADJ. *-t, -e*
/subsidi'ær/

som træder i stedet for noget hvis dette ikke kan opfyldes ▫ *idømme én en bøde, subsidiært frihedsstraf*

subsistensløs

ADJ. *-t, -e*

⟨også SUBST.⟩ som ikke har penge til sit eget underhold

subskribent

SUBST. *-en,* plur. *-er, -erne*
/subskri'bent/

en person der subskriberer på noget = PRÆNUMERANT ▫ *leksikonets 25.000 subskribenter sikrer at det omfattende værk kan udgives* ▫ *subskribentindbetalinger* ▫ *leksikonsubskribent*

subskribere

VERB. *-r, -de, -t*
/subskri'berə/

subskribere på ngt tegne sig for køb af og forudbetale et litterært værk der udkommer bind- el. hæftevis = PRÆNUMERERE ▫ *ved at subskribere på værket får De hvert bind så snart det udkommer* ▫ *subskribering*

subskription

SUBST. *-en,* plur. *-er, -erne*
[subsgrib'sjo'n]

det at subskribere på noget ▫ *værket kan fås billigere ved subskription* ▫ *subskriptionstilbud*

subst.

fork. for *substantiv*

substans

SUBST. *-en,* plur. *-er, -erne*
/sub'stans/

1. noget som har en konkret, fysisk eksistens, men en ubestemt form = VÆSE ▫ *en ildelugtende og klæbrig substans* · *fast substans* · *flydende substans*
2. det egentlige indhold i noget ▫ *substansen i hans tale* · *der var ingen substans i det han sagde* ▫ *substansløs*

substantiel

ADJ. *-t, substantielle*
[subsdan'sjæl']

= VÆSENTLIG ▫ *et værk af substantiel betydning* · *dine argumenter virker lovlig luftige, kan du ikke komme med noget mere substantielt?*

substantiv

SUBST. *-et,* plur. *-er, -erne*
fork. *subst.* el. *sb.*

et ord som betegner ting, levende væsner el. begreber, fx *sten, motor, dreng, fysik* = NAVNEORD ▫ *substantivisk*

substituere

VERB. *-r, -de, -t*
[subsditu'e'ɔ]

substituere ng(t) med ng(t) = UDSKIFTE ▫ *substituere asbest med et mindre skadeligt stof* · *to lægemidler der indbyrdes kan substitueres* ▫ *substituering* • **substituere for ng(t)** træde i stedet for nogen el. noget = ERSTATTE ▫ *han blev bedt om at substituere for formanden i dennes fravær*

substitut

SUBST. *substitutten,* plur. *substitutter, substitutterne*
[subsdi'tut]

= STEDFORTRÆDER ▫ *han er substitut for NN på landsholdet*

substitution

SUBST. *-en,* plur. *-er, -erne*
[subsdidu'sjo'n]

det at udskifte noget med noget andet ▫ *løse en ligning ved substitution* · *substitution af benzin og diesel* · *substitution af mere miljøvenlige kemikalier har også givet arbejdsmiljøfordele* ▫ *substitutionsmetode* · *substitutionsproces* · *substitutionsprodukt*

substrat

SUBST. *-et,* plur. *-er, -erne*
[sub'sdra't]

1. = GRUNDLAG ▫ *bag sagnkredsen ligger et substrat af gammel overlevering*
2. en næringssubstans til dyrkning af bakteriekulturer
3. (sprogvidenskab): et oprindeligt sprog som er blevet fortrængt af et andet, men som har efterladt spor i dette

subtil

ADJ. *-t, -e*
[sub'ti'l]

som er udsøgt skarpsindig el. spidsfindig = FIN, RAFFINERET, SOFISTIKERET, UNDERFUNDIG ▫ *subtile argumenter* · *en subtil forskel* · *der er mange subtile finesser i hans fremstilling · en subtil analyse* □ *subtilitet*

subtrahend

SUBST. *-en,* plur. *-er, -erne*
[*subtraˈhænˀt*]

(matematik): tal der skal trækkes fra et andet tal ≠ DIMINUEND □ *i 4-3 = 1 er '3' subtrahenden*

subtrahere

VERB. *-r, -de, -t*
[*subtraˈheˀɔ*]

subtrahere {6} fra {9} (matematik): formindske et tal med et andet tal = FRATRÆKKE □ *hvis man subtraherer 6 fra 9 får man 3* □ *subtrahering*

subtraktion

SUBST. *-en,* plur. *-er, -erne*
[*subtragˈsjoˀn*]

(matematik): det at trække tal fra hinanden ≠ ADDITION, MULTIPLIKATION, DIVISION □ *subtraktion er en af de fire regningsarter*

subtroperne

SUBST.PLUR.

de egne som ligger mellem troperne og de tempererede egne hvor streng frost ikke kendes ≠ TROPERNE □ *vandmangel er et stort problem i subtroperne · det er de fugtige områder i subtroperne der er belastet med malaria · i det danske palmehus kan man nyde subtroperne indendørs*

subtropisk

ADJ. - , *-e*

som er typisk for el. har at gøre med *subtroperne* □ *subtropisk klima · subtropisk dyre- og planteliv · den subtropiske regnskov*

subvention

SUBST. *-en,* plur. *-er, -erne*
[*-ˈsjoˀn*]

støtte med offentlige midler = SUBSIDIERING, UNDERSTØTTELSE □ *subvention er bandlyst i det indre marked · subvention var skibsværftets sidste chance*

subventionere

VERB. *-r, -de, -t*
/*subventioˈnere*/

subventionere ngt støtte noget med offentlige midler = STØTTE, SUBSIDIERE □ *de danske værfter har problemer fordi de tyske bliver subventioneret · det er ikke tilladt at subventionere landbruget i EU* □ *subventionering*

succes

SUBST. *-en,* plur. *-er, -erne*
[*sygˈse*]

det at noget lykkes for én og folks anerkendelse heraf □ *han havde stor succes med rollen · filmen blev en succes · de gennemførte sammenlægningen med succes*

succesfuld

ADJ. *-t, -e*

som har stor succes = SUCCESRIG □ *en succesfuld forfatter*

succesrig

ADJ. *-t, -e*

= SUCCESFULD □ *en succesrig skuespiller*

succession

SUBST. *-en,* plur. *-er, -erne*
[*sugsəˈsjoˀn*]

en ubrudt række af personer, ting el. begivenheder • tronfølge el. arvefølge □ *kongens børn er berettigede til succession, arvefølge, efter bestemte regler* • **den apostolske succession** den ubrudte rækkefølge af biskopper der går tilbage til aposteltiden

successiv

ADJ. *-t, -e*
[*ˈsugsəsiˀv*]

som sker gradvis el. trinvis □ *en successiv levering af materialer · han fik successivt alle sine penge tilbage · en successiv stigning i indtjeningen · successiv afgiftning af en stofmisbruger*

successive

ADV.
[*ˈsugsəsiˀvə*]

udtryk for at man gør noget i flere på hinanden følgende etaper = EFTERHÅNDEN, LIDT EFTER LIDT □ *formindske boligtilskuddet successive · han fik successive alle sine penge tilbage*

sudaner el. **sudaneser**

SUBST. *-en,* plur. *-e, -ne*
/*suˈdaner*/

en person fra Sudan

sudansk el. **sudanesisk**

ADJ. - , *-e*
/*suˈdansk*/

som har at gøre med Sudan

suder

SUBST. *-en,* plur. *-e, -ne*
[*ˈsuˀðɔ*]

en grønbrun karpefisk med en slimet krop; populær sportsfisk; latinsk navn *Tinca tinca*

sufficient

ADJ. - , *-e*
[*sufiˈsjænˀt*]

= TILSTRÆKKELIG

suffiks

SUBST. *-et,* plur. *-er, -erne*
/*sufˈfiks*/

en endelse i et ord som ikke er en bøjningsendelse, fx *-else* i *bekæmpelse* og *-isk* i *komisk* = AFLEDNINGSENDELSE ≠ PRÆFIKS • = ENDELSE □ *afledningssuffiks*

suffisance

SUBST. *-n*
[*sufiˈsaŋsə* el. *syfi-*]

det at være suffisant □ *han udtalte sig med stor suffisance*

suffisant

ADJ. - , *-e*
/*suffiˈsant*/

(neds.): selvglad og skråsikker = SELVGLAD □ *en suffisant bemærkning · han havde en suffisant mine på*

sufflere

VERB. *-r, -de, -t*
/*sufˈflere*/

sufflere ng hviske replikker til en skuespiller □ *sufflering* • **sufflere ng** hviske hjælpende ord til nogen som er i en trængt situation □ *ministeren måtte suffleres af sine embedsmænd*

sufflør

SUBST. *-en,* plur. *-er, -erne*
/*sufˈflør*/

en person på et teater der hvisker replikker til skuespillerne under forestillingen □ *suffførkasse* • **spille på suffløren** spille uden at have lært rollen

sufflørkasse

SUBST. *-n,* plur. *-r, -rne*

en overdækket fordybning forrest på en teaterscene hvori suffløren sidder

suffløse

SUBST. *-n,* plur. *-r, -rne*
/*sufˈfløse*/

en kvindelig sufflør

sug

SUBST. *-et,* plur. *sug, -ene*

1. det at suge □ *den gamle mands sug på piben kunne høres langt væk · tag et sug af naturens friske luft · hun satte munden til sugerøret og tog et ordentligt sug · skypumpens vældige sug · det sidste vand løb ud af badekarret med et højlydt sug*
2. en følelse af mangel der opleves som en sugen i kroppen □ *flere måneder efter skilsmissen følte han et smerteligt sug i brystet · et sug i maven af sult*

suge

VERB. *-r, -de, -t*

suge ngt trække noget til el. ind i sig; det kan fx være luft el. væske som trækkes ind i munden = OPSUGE, INDÅNDE □ *suge luft ind gennem næseborene · barnet sugede mælk fra brystet · suge på en pibe · suge saft med et sugerør · myggen suger blod · støvsugeren sugede støv op · svampen suger vand · hvirvelstrømmen sugede båden ned* □ *sugemund · sugepumpe · sugerør* □ *opsuge · støvsuge* • **suge ngt til sig** tage noget til sig med stor interesse □ *suge lærdom til sig · hun sugede alle indtrykkene til sig* □ *indsuge* • **suge sig fast til ngt** fæstne sig til noget ved at skabe undertryk, fx med en sugekop □ *mallen suger sig fast til akvarieglasset · blæksprutten suger sig fast til sit bytte* □ *sugefod · sugemalle · sugekop*

sugekop

SUBST. *~koppen,* plur. *~kopper, ~kopperne*

et redskab til fasthæftning der er lavet af et gummiagtig materiale og har form som en kop; virker ved undertryk • et kopformet organ hos visse dyr; virker ved undertryk og bruges fx til at hage sig fast med

sugerør

SUBST. *-et,* plur. *~rør, -ene*

et tyndt rør af plastic el. papir til at suge væske op med ▫ *drikke saftevand med sugerør* · *sugerør med knæk*

suggerere

VERB. *-r, -de, -t*
[sugəˈreˀɔ]

suggerere ng påvirke nogen psykisk så de ubevidst tager fremmede ideer el. forestillinger til sig ▫ *suggerere en forsamling til begejstring* · *have en suggererende indflydelse på nogen*

suggestibel

ADJ. *-t, suggestible*
[sugəˈsdiˈbəl]

som let lader sig suggerere

suggestion

SUBST. *-en,* plur. *-er, -erne*
[sugəˈsdjoˈn] el. *sugəˈsjoˈn]*

suggererende påvirkning ▫ *være modtagelig for suggestion* · *påvirke nogen gennem suggestion* · *man kan helbrede visse nervøse lidelser ved suggestion* ▫ *suggestionskraft* · *suggestionsterapi*

suggestiv

ADJ. *-t, -e*

1. som suggererer ▫ *hans stærke personlighed har en ligefrem suggestiv virkning*
2. som er ledende ▫ *et suggestivt spørgsmål*

suite

SUBST. *-n,* plur. *-r, -rne*
[ˈsvidə]

1. en sammenhængende række af værelser som udgør en helhed, især på et hotel ▫ *huset har 2 stuer en suite* ▫ *bryllupssuite* · *fyrstesuite* · *hotelsuite*
2. en sammenhængende række af forskellige ting ▫ *billedsuite* · *romansuite* • (musik): et musikstykke som består af en række kortere satser ▫ *dansesuite* · *orkestersuite* • **en suite** se *en suite*

sujet

SUBST. *sujettet,* plur. *sujetter, sujetterne*
[syˈsjæt]

et emne el. motiv for en kunstnerisk bearbejdning

suk

SUBST. *sukket,* plur. *suk, sukkene*

en dyb og hørbar indånding efterfulgt af en langsom udånding; udtryk for sorg, træthed, lettelse m.m. ▫ *udstøde et dybt suk* · *drage et lettelsens suk* · *et suk af tilfredshed* • **drage sit sidste suk** (poet.): = DØ • **ikke forstå et suk** ikke forstå noget overhovedet ▫ *jeg forstår ikke et suk af det hele!*

sukat

SUBST. *-en*
/suˈkat/

en syltet, kandiseret skal fra visse citrusfrugter; bruges som fyld i bagværk ▫ *syltet sukat* ▫ *sukatcitron*

sukke

VERB. *-r, -de, -t*

ånde dybt og højlydt ind og langsomt ud; udtryk for sorg, træthed, lettelse m.m. ▫ *sukke af lettelse* · *sukke dybt* · *det hjælper ikke at sukke og klage* · *'ak og ve' sukkede hun* · *hun sukkede over alle sine problemer* ▫ *sukken* • (poet.): lyde som et suk ▫ *vinden sukkede i trætoppene* • **sukke efter** længes efter ▫ *landmændene sukker efter regn*

sukker

SUBST. *-et,* plur. *-e, -ne*

1. et sødt tilsætningsstof som er hvidt el. brunt; udvindes af sukkerrør og sukkerroer og laves til fx stødt melis, flormelis, farin og sirup = RØRSUKKER, ROESUKKER ▫ *hvidt sukker* · *brunt sukker* · *stødt sukker* · *komme sukker i kaffen* ▫ *sukkerfri* · *sukkerlage* · *sukkerovertræk* · *sukkerraffinaderi* · *sukkersirup* · *sukkerske* · *sukkerskål* · *sukkerstads* · *sukkersød* · *sukkertang* ▫ *florsukker* · *krystalsukker* · *perlesukker* · *puddersukker* · *råsukker* · *strøsukker* • **hugget sukker** krystalliseret sukker som er støbt i små terninger ▫ *komme to stykker hukket sukker i kaffen* • **stødt sukker** løst krystalliseret sukker = MELIS, STØDT MELIS
2. en type af *kulhydrat* der bl.a. findes i alle planter og i mælk ▫ *frugt indeholder meget sukker* ▫ *sukkerroe* · *sukkerrør* ▫ *bygsukker* · *druesukker* · *frugtsukker* · *maltsukker* · *mælkesukker* · *roesukker* · *rørsukker*

sukkerkugle

SUBST. *-n,* plur. *-r, -rne*

en lille kugle af sukker; fremstilles i forskellige farver og bruges til pynt på kager

sukkerroe

SUBST. *-n,* plur. *-r, -rne*

en hvid roe som man udvinder sukker af; latinsk navn *Beta vulgaris altissima*

sukkerrør

SUBST. *-et,* plur. *~rør, -ene*

en meget høj, tropisk græsart med tykke stængler hvoraf der udvindes sukker; latinsk navn *Saccharum officinarum*

sukkerske

SUBST. *-en,* plur. *-er, -erne*

en lille ske til at tage stødt sukker med

sukkerskål

SUBST. *-en,* plur. *-e, -ene*

en lille skål til at have sukker i

sukkersyge

SUBST. *-n,*

en arvelig og kronisk stofskiftesygdom som medfører øget mængde af sukker i blodet fordi bugspytkirtlen ikke producerer nok insulin = DIABETES ▫ *sukkersygepatient* ▫ *gammelmandssukkersyge*

sukkersød

ADJ. *-t, -e*

overdrevent sød ▫ *hun var alt for slesk og sukkersød* · *en sukkersød stemme* ▫ *sukkersødhed*

sukkertang

SUBST. *-en,* plur. *~tænger, ~tængerne*

en lille tang til at tage hugget sukker med

sukkerært

SUBST. *-en,* plur. *-er, -erne*

en sød ært hvis bælg mangler den inderste seje hinde og derfor også kan spises

sukre

VERB. *-r, -de, -t*

sukre ngt søde noget med sukker ▫ *du skal ikke sukre kaffen så meget* ▫ *sukring* • **sukre ngt {ind i} ngt** få noget negativt til at virke positivt = KAMUFLERE ▫ *sukre spydigheder ind i elskværdige vendinger* · *sukre et problematisk politisk forslag med store løfter*

sul

SUBST. *-et*

1. (glds.): kød fra slagtede dyr, især svin ▫ *sulefad* · *sulemad* · *sulevælling*
2. have sul på kroppen være velnæret • **være ond i sulet** være indædt gnaven og arrig

sule

SUBST. *-n,* plur. *-r, -rne*

en stor, næsten snehvid svømmefugl med lange, smalle vinger og et langt spidst næb; latinsk navn *Sula bassana*

sulfapræparat

SUBST. *-et,* plur. *-er, -erne*

et lægemiddel som bruges mod infektionssygdomme; især ved luftrørs- og urinvejsinfektioner

sulfat

SUBST. *-et,* plur. *-er, -erne*
[sulˈfaˈt]

salt af svovlsyre som dannes ved bl.a. svovlsyrens reaktion med metaller ▫ *bariumsulfat* · *bisulfat*

sulfid

SUBST. *-et,* plur. *-er, -erne*
[sulˈfiˈð]

en kemisk forbindelse mellem svovl og et andet stof

sulfo

SUBST. *-en* el. *-et*

= SULFOSÆBE

sulfosæbe

SUBST. *-n,* plur. *-r, -rne*

et syntetisk vaskemiddel som består af forskellige svovlforbindelser, og som er svært nedbrydeligt = SULFO

sulky
SUBST. *-en,* plur. *-er, -erne*
[*ˈsɔlki* el. *ˈsulki*]

et let tohjulet hestekøretøj til travløb

sult
SUBST. *-en*

mangel på mad i længere tid = HUNGER, HUNGERSNØD □ *folk led sult og nød i de krigsramte områder* · *dø af sult* • en umiddelbar følelse af at være sulten □ *føle sult* · *stille sin sult*

sultan
SUBST. *-en,* plur. *-er, -erne*

en muhamedansk fyrste, især om de tidligere herskere i Tyrkiet og Marokko □ *sultanat* · *sultaninde*

sultanat
SUBST. *-et,* plur. *-er, -erne*
[*sultaˈnaˀt*]

en sultans embede el. rige □ *det olierige sultanat Brunei er et af verdens rigeste lande*

sulte
VERB. *-r, -de, -t*

1. få for lidt mad el. helt mangle mad = HUNGRE □ *befolkningen sulter i de krigsramte områder* · *mange sultede sig ihjel* □ *sultedød* · *sultegrænse* · *sultekost* · *sultekur* · *sulteløn* · *sultestrejke* □ *udsulte* • **sulte ng(t)** afskære mennesker el. dyr fra tilstrækkelig fødeforsyning □ *diktatoren sultede befolkningen* · *sulte fjenden ud* · *bondemanden sulter sin husdyrbesætning* □ *udsulte* • **sulte sig** undlade at spise for at tabe sig i vægt □ *sulte sig for at blive slank*
2. sulte efter ngt have et stort behov for noget = HUNGRE □ *han sulter efter udfordringer* · *barnet sulter efter voksenkontakt*

sultekur
SUBST. *-en,* plur. *-e, -ene*

1. en slankekur hvor man sulter sig □ *hun havde sat sig selv på sultekur* · *hun var i gang med den årlige sultekur efter julen*
2. en økonomisk kur hvor der skæres drastisk ned på budgetter o.l. = SPAREKUR □ *ernæringsrådet er sat på sultekur* · *kommunen oplevede sultekuren da der blev skåret i dens budgetter*

sulteløn
SUBST. *~lønnen*

en meget lille løn = SULTELØNNING □ *arbejde til sulteløn* · *ansætte nogen til sulteløn*

sulten
ADJ. *-t, sultne*

som føler trang til at få noget at spise = HUNGRIG □ *de sultne dyr brølede i stalden* · *jeg er sulten som en ulv* · *har du lidt mad til en sulten sjæl* · *en sulten mave* □ *forsulten* · *gammelsulten* · *hundesulten* · *skrupsulten* • som føler en stærk lyst til noget □ *hun var sulten efter nye oplevelser* · *være sulten efter kundskab*

sultestrejke[1]
SUBST. *-n,* plur. *-r, -rne*

det at ophøre med at spise i protest mod noget □ *sultestrejken har nu varet 25 døgn* · *fangerne er gået i sultestrejke*

sultestrejke[2]
VERB. *-r, -de, -t*

ophøre med at spise i protest mod noget □ *fangerne sultestrejker i protest mod de dårlige forhold i fængslet*

sum[1]
SUBST. *summen,* plur. *summer, summerne*

en mængde penge = BELØB □ *en sum på to millioner kr.* · *han arvede en betydelig sum efter sin tante* · *der er tale om betydelige summer* □ *købssum* · *salgssum* • en samlet mængde af noget □ *summen af vores overvejelser* · *summen af alle mine anstrengelser* • (matematik): resultatet af to el. flere tal der lægges sammen □ *summen af 4, 3 og 5 er 12*

sum[2]
LYDORD

gengivelse af det en bi frembringer □ *sum, sum, lød det fra bikubens indre*

summarisk
ADJ. *- , -e*
[*suˈmaˀrisk* el. *såˈmaˀrisk*]

som kort sammenfatter noget uden at gå i detaljer ≠ DETALJERET □ *en summarisk gennemgang*

summa summarum
som det endelige resultat af noget = ALT I ALT □ *summa summarum af vores drøftelser er altså at vi deler udgifterne* · *det giver summa summarum 1.000 kr.*

summe
VERB. *-r, -de, -t*

frembringe en lav, monoton og vedvarende lyd □ *fluerne summer* · *maskinen summer* · *det summer for mine ører* · *en summende lyd* □ *summen* • være i hurtigt omløb el. hektisk aktivitet = SVIRRE, SURRE □ *rygterne summede omkring hende* · *butikken summede af travlhed*

summere
VERB. *-r, -de, -t*
[*suˈmeˀɔ* el. *såˈmeˀɔ*]

summere ngt op regne noget sammen □ *summere sin fortjeneste op* · *summere beløbet op* · *rapporten bruger mange sider på at summere undersøgelserne op* □ *summering* □ *opsummere*

sump
SUBST. *-en,* plur. *-e, -ene*

et fugtigt, plantebevokset landområde hvor grundvandet står op til el. over jordoverfladen; især om områder i tropiske egne = MOSE, MORADS □ *sumpegn* · *sumpskov* □ *mangrovesump*

sumpet
ADJ. *- , sumpede*

fugtig og vanskeligt farbar □ *en sumpet jordbund* · *mosen er alt for sumpet til at man kan komme over den*

sumpgas
SUBST. *~gassen,* plur. *~gasser, ~gasserne*

en gasart som kan dannes når planter rådner i moser; dannes ved gæring af cellulose

sund[1]
SUBST. *-et,* plur. *-e, -ene*

et smalt farvand som forbinder to havområder, el. som er mellem en ø og et fastland el. mellem to øer = STRÆDE, BÆLT □ *Salling Sund* · *Svendborg Sund* □ *Øresund*

sund[2]
ADJ. *-t, -e; -ere, -est*

= RASK ≠ USUND, SYG □ *sunde børn* · *en sund appetit* · *en sund kulør* • som er godt for helbredet □ *sund mad* · *det er sundt at svømme* · *få sig en sund latter* • **sund fornuft** el. **sans** en almindelig, praktisk evne til at dømme ud fra erfaring snarere end ud fra noget man har studeret sig til □ *det strider mod al sund fornuft* · *min sunde sans siger mig at det ikke kan lade sig gøre*

sunde
VERB. *-r, -de, -t*

sunde sig hvile lidt el. holde en lille pause for at komme til hægterne igen, fx efter en forskrækkelse el. en sygdom = KOMME SIG □ *jeg må sunde mig lidt oven på forskrækkelsen* · *blive hjemme et par dage endnu for at sunde sig oven på en sygdom*

sundhed
SUBST. *-en*

godt helbred ≠ SYGDOM □ *åndelig og legemlig sundhed* · *befolkningens sundhed*

sundhedsfarlig
ADJ. *-t, -e*

som har en skadelig virkning på helbredet = USUND □ *sundhedsfarlige produkter* · *indånding af klordampe er meget sundhedsfarligt*

sundhedslære
SUBST. *-n*

en lære om metoder til fremme af sundhed og forebyggelse af sygdomme = HYGIEJNE

sundhedspleje
SUBST. *-n,* plur. *-r, -rne*

1. læren om pasning og pleje af spædbørn □ *sundhedsplejerske* • en kommunal institution som beskæftiger sig med sundhedspleje
2. forebyggelse af sygdomme i en befolkning, fx gennem forbedring af levevilkår og livsstil

sundhedsplejerske
SUBST. *-n,* plur. *-r, -rne*

en person som vejleder forældre i at passe og pleje deres små børn □ *sundhedsplejersken vejer og måler barnet* • en person som er tilknyttet en skole til at tage sig af spørgsmål vedrørende elevernes sundhed

sundhedstegn
SUBST. *-et,* plur. *~tegn, -ene*

et tegn på en god el. sund tilstand □ *at firmaet kan overleve så stort et tab er et sundhedstegn*

sundhedsvæsen

SUBST. *-et* (el. *~væsnet*), plur. *-er* (el. *~væsner*), *-erne* (el. *~væsnerne*)

den samlede mængde af personer, institutioner og andre instanser der tager sig af borgernes sundhed; omfatter bl.a. læger, tandlæger, sundhedsplejersker, apoteker og hospitaler

sunget

VERB.

bøjningsform af *synge*

sunket

VERB.

bøjningsform af *synke*

super

ADJ. *-t* (el. *super*), *supre* (el. *super*)
[*'su'bɔ*]

1. (slang): virkelig god □ *en super lejlighed* · *det er bare super*
2. ⟨i sammensætn.⟩ som er af en ekstrem grad el. størrelse = OVER-, HYPER-, HØJEST, STØRST □ *superfin* · *superklog* · *supermagt* · *supermand* · *supermarked* · *supersonisk* · *superstjerne* · *supertanker*

superb

ADJ. *-t, -e*
[*sy'pärb* el. *su'pär'b*]

= FORTRÆFFELIG □ *vinen var superb*

superellipse

SUBST. *-n*, plur. *-r, -rne*

en geometrisk form der er en mellemting mellem en ellipse og et rektangel □ *husets grundplan er nærmest en superellipse* □ *superellipsebord*

superlativ

SUBST. *-en*, plur. *-er, -erne*
/*su'perlativ*/

1. 3. og højeste grad af adjektivers og adverbiers komparation; *størst* er superlativ af *stor* = HØJESTE GRAD
2. et ord el. et udtryk der er meget rosende □ *hun udtrykte sig i superlativer om musikken* · *anmeldelsen er fuld af superlativer*

superleder

SUBST. *-en*, plur. *-e, -ne*

et materiale som kan lede en elektrisk strøm uden modstand og uden at der tabes energi i form af varme □ *et metal der nedkøles til nærved det absolutte nulpunkt bliver til en superleder*

supermagt

SUBST. *-en*, plur. *-er, -erne*

= STORMAGT

supermand

SUBST. *-en*, plur. *~mænd, ~mændene*

en person som er meget stærk el. kan klare en masse □ *har du slået hele græsplænen, du er vel nok en supermand!* · *efter sine bedrifter ansås han for at være noget af en supermand* · *han er en supermand i børnenes øjne*

supermarked

SUBST. *-et*, plur. *-er, -erne*

en stor selvbetjeningsbutik hvor man køber fødevarer og andre dagligvarer □ *de køber altid ind i et supermarked* · *hun er ansat i supermarkedet* □ *supermarkedskæde*

supernova

SUBST. *-en*, plur. *-er, -erne*

en stjerne som eksploderer med enorm lysstyrke og kaster stof ud i galaksen omkring sig af hvilket der opstår nye, mindre stjerner; supernovaen forsvinder helt efter eksplosionen

supersonisk

ADJ. *-, -e*
/*super'sonisk*/

(om et fly): som flyver hurtigere end lydens hastighed □ *concorden er et supersonisk fly*

supersværvægt

SUBST. *en*

en vægtklasse i boksning hvor bokserne må veje fra 91 kg og opefter

supertanker

SUBST. *-en*, plur. *-e, -ne*

et meget stort tankskib

suppe

SUBST. *-n*, plur. *-r, -rne*

1. en flydende madret der spises med ske; kan være afkog af kød, fisk, fjerkræ el. grøntsager el. kogt på gryn, tørret frugt m.m. □ *koge suppe på oksekød* · *klar suppe* · *legeret suppe* · *suppe med kød og melboller* · *suppe, steg og kage* □ *suppegryde* · *suppekød* · *suppenuddel* · *suppeterning* · *suppeterrin* · *suppetallerken* · *suppeurt* · *suppevisk* □ *aspargessuppe* · *fiskesuppe* · *grønkålssuppe* · *havresuppe* · *hønsekødssuppe* · *kærnemælkssuppe* · *oksekødssuppe* · *sødsuppe* · *tomatsuppe*
2. koge suppe på ngt blive ved med at tale om noget □ *den historie kan du ikke blive ved med at koge suppe på* ● **koge suppe på en pølsepind** behandle et tyndt emne på en omstændelig måde

suppedas

SUBST. *-en*
[*såbə'da's*]

(spøg.): en ubehagelig situation □ *det er en værre suppedas vi er havnet i* · *ved venners hjælp kom han ud af suppedasen*

suppeterning

SUBST. *-en*, plur. *-er, -erne*

en suppe der er inddampet til en koncentreret masse og presset sammen til en lille terning; bruges til at lave suppe med el. som smagsforstærker i madretter

suppevisk

SUBST. *-en*, plur. *-e, -ene*

blade og rødder af køkkenurter som bindes sammen og koges med en suppe for at give den mere smag □ *en suppevisk af porretop, persille, selleri- og pastinakblade*

suppl.

fork. for *supplement* el. *supplerende*

suppleant

SUBST. *-en*, plur. *-er, -erne*
[*subla'an't*]

= STEDFORTRÆDER □ *der skulle vælges fem medlemmer og to suppleanter til bestyrelsen* □ *andensuppleant*

supplement

SUBST. *-et*, plur. *-er, -erne*
[*sublə'maŋ* el. *sublə'mæn't*]

noget som tilføjes en allerede eksisterende helhed = TILLÆG, KOMPLEMENT □ *der blev udsendt et supplement til leksikonet* · *et supplement til den egentlige beretning* · *vitamintilskuddet er et supplement til modermælken* · *børnehaven skal ses som et supplement til hjemmet* □ *supplement(s)bind*

supplementvinkel

SUBST. *-en* (el. *~vinklen*), plur. *~vinkler, ~vinklerne*
[*sublə'mæn'tveŋ'gəl*]

(geometri): en vinkel der sammen med en anden danner en vinkel på 180°

supplere

VERB. *-r, -de, -t*
[*su'ple'ɔ*]

supplere ngt tilføje noget til en eksisterende helhed for at gøre den fuldstændig □ *supplere sit varelager op* · *supplere sin bogsamling* · *supplere sin indkomst ved sort arbejde* · *supplerende oplysninger* · *supplerende dagpenge* □ *supplering* ● **supplere hinanden** arbejde el. være sammen på en måde hvor man støtter hinanden □ *ægtefællerne supplerede hinanden godt*

suppleringsvalg

SUBST. *-et*, plur. *~valg, -ene*

valg af suppleant for et parlaments- el. styrelsesmedlem der dør el. træder tilbage før valgperiodens udløb

supplikant

SUBST. *-en*, plur. *-er, -erne*
/*suppli'kant*/

(form.): = ANSØGER

supponere

VERB. *-r, -de, -t*
/*suppo'nere*/

supponere ngt gå ud fra noget som værende rigtigt el. muligt = FORUDSÆTTE, ANTAGE □ *vi supponerer at udfaldet bliver gunstigt*

supporter

SUBST. *-en*, plur. *-e, -ne*

1. en tilhænger af en klub, fx en fodboldklub el. en rockerklub = STØTTEMEDLEM □ *han er supporter i Hells Angels* □ *Brøndby-supporter*
2. en person der hjælper og vejleder nogen = HJÆLPER □ *han er ansat som supporter i forbindelse med EDB-undervisningen*

supranaturalisme

SUBST. *-n*

tro på noget overnaturligt

sur

ADJ. *-t, -e; -ere, -est*
[*ˈsuˀr*]

1. som har en surhedsgrad el. Ph-værdi på under 7 ≠ BASISK □ *sur jordbund • et surt miljø • en sur væske • stoffet reagerer surt* □ *surhed • surdej* • som smager som fx en citron el. et umodent æble = SYRLIG □ *en sur smag • sure agurker • et opstød af sur galde • en billig, sur vin* □ *sursød* • (om mælkeprodukter): som har en grim el. ram smag pga. fordærvelse □ *surmælk • sur fløde*
2. = GNAVEN □ *han var sur over at de andre kom for sent • er du sur på mig? • hun så sur ud • en sur bemærkning • sure miner* □ *surhed* □ *eddikesur • mavesur • småsur*
3. ⟨ADV.⟩ udtryk for at noget er ubehageligt □ *mine surt optjente spareskillinger • et surt slid* • (slang): = ÆRGERLIG □ *det var surt at du ikke fik det job* • **løbe sur i ngt** gå i stå med noget så man ikke kan komme videre □ *jeg er løbet sur i paragrafferne • han løb sur i det og måtte starte forfra*

surbrød

SUBST. *-et,* plur. *~brød, -ene*

et sigtebrød med kommen og lavet af dej tilsat surdej

surdej

SUBST. *-en,* plur. *-e, -ene*

1. en dej der er fremstillet af rugmel, salt og kærnemælk el. yoghurt, og som efter nogle dages gæring bruges som grundsubstans i rugbrød; smager og lugter surt □ *surdej kan holde sig ca. 14 dage i køleskab* □ *surdejsbrød* • en gennemsyrende kraft □ *stifterens tanker var bevægelsens surdej*
2. af samme surdej af samme slags □ *de er af samme surdej • den efterfølgende tale var blot mere af samme surdej*

surfbræt

SUBST. *~brættet,* plur. *~brætter, ~brætterne*
[*ˈsɔ̈ːf-* el. *ˈsɔ̈rf-*]

et smalt, aflangt bræt af træ el. glasfiber med el. uden sejl som flyder oven på vandet og bruges til surfing

surfe

VERB. *-r, -de, -t*
[*ˈsɔ̈ːfə* el. *ˈsɔ̈rfə*]

dyrke surfing □ *han tog ud og surfede • de surfer i Middelhavet* □ *surfing*

surfer

SUBST. *-en,* plur. *-e, -ne*

en person der dyrker surfing; også om selve surfbrættet = SURFRIDER, WINDSURFER, BRÆTSEJLER

surfing

SUBST. *-en*

en sport hvor en surfer står på et surfbræt som drives frem ved hjælp af brændingen el. af vinden = SURFRIDING, WINDSURFING, BRÆTSEJLADS □ *windsurfing*

surfrider

SUBST. *en,* plur. *-e, -ne*
[*ˈsɔ̈ːfrajdɔ* el. *ˈsɔ̈rf-*]

en surfer der dyrker surfriding; også om selve surfbrættet

surfriding

SUBST. *-en*
[*ˈsɔ̈ːfrajdeŋ* el. *ˈsɔ̈rf-*]

surfing hvor surferen holder balancen på et surfbræt som drives ind mod kysten af brændingen

surinamer

SUBST. *-en,* plur. *-e, -ne*
[*ˈsuˀrinamˀɔ*]

en person fra Surinam

surinamsk

ADJ. *- , -e*
[*ˈsuˀrinamsk*]

som har at gøre med Surinam

surkål

SUBST. *-en*

en ret af ituskåren, gæret hvidkål; en meget almindelig spise i Tyskland = SAUERKRAUT □ *kogt surkål • surkål med flæsk*

surmule

VERB. *-r, -de, -t*

være sur og tavs = MULE □ *hun går og surmuler som et lille barn* □ *surmuleri*

surmælksprodukt

SUBST. *-et,* plur. *-er, -erne*

et mælkepodukt der er produceret af syrnet mælk □ *ymer, A-38 og andre surmælksprodukter*

surre

VERB. *-r, -de, -t*

1. summe på en irriterende, syngende måde □ *symaskinen surrede uafbrudt* □ *surren* • være i hektisk aktivitet = SUMME □ *tankerne surrer i mit hoved*
2. surre ng(t) binde nogen el. noget godt fast med et reb □ *surre bagagen fast på taget af bilen • han stod surret fast til masten da de forlod skibet* □ *surring*

surrealisme

SUBST. *-n*
[*ˈsyrælismə* el. *syræaˈlismə*]

en kunstretning inden for billedkunst og litteratur der søger at gengive og beskrive det underbevidste sjæleliv, drøm, fantasi og drift; opstod ca. 1920 i Frankrig med udgangspunkt i dadaismen □ *surrealismen dyrkedes af Salvador Dali*

surrealist

SUBST. *-en,* plur. *-er, -erne*

en tilhænger af surrealismen

surrealistisk

ADJ. *- , -e*

(kunst, litteratur): som har at gøre med surrealisme □ *surrealistisk malerkunst • et surrealistisk digt*

surring

SUBST. *-en,* plur. *-er, -erne*

en fastgøring af tovværk □ *surringerne var solide*

surrogat

SUBST. *-et,* plur. *-er, -erne*
[*suroˈgaˀt*]

noget som man bruger som erstatning for den rigtige vare; ofte om fødevarer = ERSTATNING □ *bruge ristet rug som surrogat for rigtig kaffe • computerspil er for ham et surrogat for kontakt med kammeraterne* □ *surrogatmor* □ *kaffesurrogat*

surrogatmor el. surrogatmoder

SUBST. *-en,* plur. *~mødre, ~mødrene*

= RUGEMOR

sursød

ADJ. *-t, -e*

som er tilsat eddike og sukker □ *en sursød sovs* • som udtrykker både negative og positive følelser □ *et sursødt smil*

sus

SUBST. *-et,* plur. *sus, -ene*

1. en svag og ensformig lyd som fx opstår når vinden bevæger træernes grene □ *vindens sus i granerne • man kunne høre suset fra fuglens vinger • der er sus på telefonforbindelsen* □ *vindsus • vingesus*
2. udtryk for overraskelse, begejstring el. beundring □ *der gik et sus igennem forsamlingen* • **ikke det store sus** udtryk for at noget ikke er særlig spændende □ *forestillingen var ikke det store sus* • **i sus og dus** udtryk for at man lever et liv hvor man bruger mange penge □ *de lever et liv i sus og dus*

suse

VERB. *-r, -de* (el. *suste*), *-t*

1. udsende en vedvarende, ensformig lyd □ *vinden suser i træerne • det suser i telefonen pga. den dårlige forbindelse*
2. køre el. løbe hurtigt = FARE □ *bilen susede ned ad gaden • hun susede ud ad døren for at nå toget • jeg har susende travlt*

suspekt

ADJ. *- , -e*
[*suˈspekt*]

= MISTÆNKELIG □ *en suspekt person • et suspekt forehavende • se suspekt ud • det virker suspekt*

suspendere

VERB. *-r, -de, -t*
[*susbənˈdeˀɔ*]

suspendere ngt udsætte el. aflyse noget □ *ministerpræsidentens besøg blev suspenderet • strejken blev suspenderet • suspendere en forhandling* • **suspendere ngt** ophæve noget midlertidigt; især om regler o.l. □ *denne ene dag suspenderes den sædvanlige helligdagslovgivning • reglen om mødepligt blev suspenderet* • **suspendere ng** midlertidigt fratage en tjenestemand tjeneste □ *politimanden blev suspenderet efter episoden* □ *suspendering*

suspension

SUBST. *-en*, plur. *-er*, *-erne*
[*susbən'sjo'n*]

1. en tvungen fritagelse for tjeneste af en tjenestemand □ *suspensionen trådte i kraft med det samme* · *skride til suspension*
2. (fysik): opslæmning af faste partikler fra en flydende blanding □ *et stof i suspension*

sut[1]

SUBST. *sutten*, plur. *sutter*, *sutterne*

1. en genstand af gummi som man giver små børn til at sutte på som trøst = NARRESUT • en genstand af gummi med et lille hul i spidsen som trækkes ned om åbningen på en sutteflaske, og gennem hvilken det lille barn kan drikke
2. sutter (dagl.): = HJEMMESKO □ *hun gik rundt i et par udtrådte sutter*
3. en fordrukken person = DRANKER □ *der stod et par sutter og drak henne på hjørnet*

sut[2]

SUBST. *suttet*, plur. *sut*, *suttene*

det at sutte på el. af noget □ *du må få tre sut på min slikkepind* · *barnet drak af flasken i små sut*

sutsko

SUBST. *-en*, plur. *~sko*, *-ene*

= HJEMMESKO

sutte

VERB. *-r*, *-de*, *-t*

sutte på el. **af ngt** have noget i munden og suge på el. af det □ *sutte på et bolsje* · *barnet sutter af flasken* · *sutte på fingeren* □ *sutten* · *sutteflaske* · *sutteklud* · *sutterefleks*

sutteflaske

SUBST. *-n*, plur. *-r*, *-rne*

en flaske forsynet med en sut til at suge væske ud af □ *barnet fik sutteflaske* · *varme en sutteflaske med mælk*

sutteklud

SUBST. *-en*, plur. *-e*, *-ene*

1. en klud som mindre børn sutter på som trøst □ *barnet bruger ikke sut, men sutteklud*
2. noget som kortvarigt tilfredsstiller folk og giver dem en falsk følelse af tryghed □ *løfterne om frie valg viste sig bare at være en sutteklud*

sutur

SUBST. *-en*, plur. *-er*, *-erne*
[*su'tu'r*]

en kirurgisk sammensyning □ *få fjernet en sutur* · *såret er syet med opløselig sutur* □ *suturnål* · *suturtråd*

suveræn

ADJ. *-t*, *-e*
/*suve'ræn*/

1. (om en person): som bestemmer uden indblanding fra andre = ENEVÆLDIG □ *landets suveræne overhoved* · *det er hans suveræne afgørelse* · *han bestemmer suverænt hvem der skal med* · *det må de enkelte kommuner suverænt afgøre* □ *suverænitet* • (om en stat): med selvbestemmelsesret = SELVSTÆNDIG, UAFHÆNGIG □ *samarbejde mellem suveræne stater* □ *suverænitet*
2. som er overlegent dygtig □ *en suveræn tennisspiller* · *forfatternes suveræne behandling af stoffet* · *han spiller suverænt i den film* · *derfor fløj fortidens kæmpeøgler så suverænt*

suverænitet

SUBST. *-en*
/*suveræni'tet*/

1. det at en stat er selvstændig = SELVSTÆNDIGHED □ *Golfkrigen begyndte med Iraks angreb på Kuwaits suverænitet* • et lands bestemmelse over sine indre anliggender = SELVSTÆNDIGHED, UAFHÆNGIGHED □ *EU-landene har afgivet suverænitet til Unionen* • = OVERHØJHED □ *Tahiti er under fransk suverænitet*
2. overlegen dygtighed □ *ingen har anfægtet Paul Elvstrøms suverænitet inden for sejlsport*

svaber

SUBST. *-en*, plur. *-e*, *-ne*

et kraftigt sammenbundet tovværk som sættes på et skaft, og som anvendes til at optørre vand, fx på et skibsdæk □ *der gik et par mænd på dækket og gjorde rent med nogle store svabere*

svabre

VERB. *-r*, *-de*, *-t*

svabre ngt aftørre noget med en svaber □ *svabre dækket* · *svabre gulvet i gymnastiksalen* □ *svabring*

svada

SUBST. *-en*, plur. *-er*, *-erne*

= ORDSTRØM □ *han kom med en lang svada om alle sine vanskeligheder*

svag

ADJ. *-t*, *-e*; *-ere*, *-est*

1. som mangler legemlig styrke ≠ STÆRK □ *han var for svag til at bære kufferten alene* • **det svage køn** se under *køn*
2. som mangler fysisk modstandskraft ≠ STÆRK □ *hun var svag efter lang tids sygdom* • som mangler åndelig styrke □ *han har en svag karakter* · *i et svagt øjeblik gav han efter for børnenes plageri* • **have svage nerver** være meget nervøst anlagt • **at være svag over for ngt** at være eftergivende □ *han var svag over for små børn* · *hun er svag overfor svigersønnens charme*
3. som virker med meget lav styrke ≠ STÆRK □ *de hørte en svag lyd* · *stegen skal tilberedes ved svag varme* · *der kom kun en svag vind fra havet* • som er dårligt udviklet el. fungerer dårligt ≠ STÆRK, GOD, VELFUNGERENDE □ *han havde svage lunger* · *han er født med et svagt helbred* · *ældre mennesker har ofte en svag hukommelse* • (om fødevarer): som har ringe styrke ≠ STÆRK □ *det var en svag kop kaffe* • = DÅRLIG □ *hun er svag i matematik* · *grammatik er hans svage side* · *golfspilleren havde en svag dag* · *løberne præsterede kun svage tider* • **stå svagt** have ringe chance for at klare sig □ *han står svagt i valgkampen* • **det tør jeg svagt antyde** (iron.): det er ganske tydeligt sandt □ *jeg tør svagt antyde at du dummede dig*
4. som ikke er særlig talstærk □ *der var svag tilstrømning til valgmødet* · *der er kun svag trafik på villavejen*

svagelig

ADJ. *-t*, *-e*

som har et svagt helbred = SART, SKRANTENDE, SKRØBELIG □ *han er blevet temmelig svagelig på sine gamle dage* □ *svagelighed*

svaghed

SUBST. *-en*, plur. *-er*, *-erne*

det at være fysisk el. psykisk svag □ *løven overfalder straks et dyr der viser det mindste tegn på svaghed* · *tøver man en kende i ærlighedens navn, udråbes det som svaghed* · *i et øjebliks svaghed* □ *svaghedstegn* • en mangel på et bestemt område som ofte ødelægger helhedsindtrykket □ *filmens svaghed er at indledningen er alt for lang* • det at man ikke kan modstå trangen til noget behageligt = FAIBLE □ *han har en svaghed for hurtige biler* · *han er kendt for sin svaghed for unge piger*

svagstrøm

SUBST. *~strømmen*

en elektrisk strøm med så svag spænding at den ikke medfører fare for mennesker; bruges til telegrafi, telefoni m.m. □ *svagstrømsanlæg* · *svagstrømsteknik*

svagsyn

SUBST. *-et*

nedsat synsevne der kan være arvelig betinget, el. som kan skyldes fx forkert kost el.lign. □ *svagsynet* · *svagsynsbriller*

svagsynet

ADJ. *-*, *~synede*

= SVAGTSEENDE

svagtbegavet

ADJ. *-*, *~begavede*

= UBEGAVET □ *selvom han er svagtbegavet, klarer han sig blandt de andre børn*

svagthørende

ADJ.

som hører dårligt = HØREHÆMMET

svagtseende

ADJ.

som har dårligt syn = SVAGSYNET, SYNSHÆMMET □ *forening for blinde og svagtseende*

svaj

SUBST. *-et*, plur. *svaj*, *-ene*

1. en buet form □ *hun har et alt for kraftigt svaj i lænden* · *stolen har et godt svaj i ryggen* · *benklæder med et let svaj* □ *svajryg*
2. ligge på svaj (om et skib): være fortøjet ved kun én stævn for at kunne dreje sig efter vind og strøm

svaje

VERB. *-r*, *-de*, *-t*

1. svinge frem og tilbage i langsomme bevægelser □ *de slanke træer svajede i vinden* · *hun stod og svajede frem og tilbage* · *svajende palmer* • bøje ryggen bagover □ *svaje i ryggen* □ *svajning* · *svajrygget*
2. svaje et skib rundt (søfart): vende et skib i en havn ved hjælp af fortøjninger

svajer

SUBST. *-en,* plur. *-e, -ne*

(slang): =CYKELBUD

svajrygget

ADJ. *- , svajryggede*

(om en person el. et dyr): som har et kraftigt svaj i ryggen ◻ *han er stærkt svajrygget · en svajrygget hest*

sval

ADJ. *-t, -e*

som er kølig på en behagelig måde ◻ *en sval sommeraften · en sval brise*

svale[1]

SUBST. *-n,* plur. *-r, -rne*

en sort- el. brunhvid spurvefugl som har spidse vinger, en kløftet hale og et bredt næb, og som fanger insekter i luften; ses ofte siddende i flok på el-ledninger; tre danske arter: *bysvale, landsvale* og *digesvale;* latinsk navn *Hirundinidae* ◻ *svalerne flyver lavt* ◻ *svalerede*

svale[2]

VERB. *-r, -de, -t*

svale ngt gøre noget køligere = KØLE, AFKØLE, AFSVALE, KØLNE ◻ *hun gik ud i vandet for at svale sine fødder · svale sig i den lette brise · han trænger til at blive svalet af* • **svale ngt** = NEDDÆMPE ◻ *oplysningen svalede hendes vrede · hans begejstring svalede hurtigt*

svalegang

SUBST. *-en,* plur. *-e, -ene*

en overdækket, udvendig gang på en bygning der giver adgang til bygningens forskellige rum

svalehale

SUBST. *-n,* plur. *-r, -rne*

en gul sommerfugl med sorte, blå og røde tegninger; bagvingerne er forlængede med halelignende spidser; latinsk navn *Papilio machaon*

svalerede

SUBST. *-n,* plur. *-r, -rne*

en svales rede • en gymnastisk øvelse i tove, ringe el. trapez

svamp

SUBST. *-en,* plur. *-e, -ene*

1. en sporeplante som ikke har *klorofyl,* og som for mange arters vedkommende har en bred, rund top der sidder som en hat på en stilk; visse arter er spiselige, andre er dødeligt giftige; latinsk navn *Fungi* ◻ *de gik ud i skoven for at plukke svampe* ◻ *svampejagt · svampestuvning* ◻ *fyrsvamp · poresvamp* • ⟨ikke plur.⟩ angreb i fugtigt tømmer af visse svampearter ◻ *der er gået svamp i gulvet* ◻ *svampeangreb · svampeforsikring · svampeskade* ◻ *hussvamp · rådsvamp* • ⟨ikke plur.⟩ hudinfektion fremkaldt af visse svampearter ◻ *fodsvamp*

2. et primitivt, hvirvelløst dyr som lever i havet, og som trækker vand gennem et net af fine porer; mange arter hvoraf nogle bruges som vaskesvampe; latinsk navn *Porifera* = SVAMPEDYR

3. et blødt, vandsugende redskab til at vaske sig med, enten et brunt svampedyr el. lavet af kunststof = VASKESVAMP ◻ *komme sæbe på svampen*

svampet

ADJ. *- , svampede*

som er blød og fugtig som en vaskesvamp = SVAMPEAGTIG ◻ *radiserne er svampede*

svandt

VERB.

bøjningsform af *svinde*

svane

SUBST. *-n,* plur. *-r, -rne*

en stor, hvid svømmefugl med lang hals, stort vingefang og korte, kraftige ben; lever i søer og ved kyster; flere arter, bl.a. *knopsvane* og *sangsvane;* latinsk navn *Cygninae*

svanehals

SUBST. *-en,* plur. *-e, -ene*

1. en svanes hals

2. udtryk for ting som i formen minder om en svales hals, fx et mikrofonstativ • forbindelsesleddet mellem bom og mast på et skib

svang[1]

SUBST. *-en*

den midterste, buede del af undersiden af en fod el. en sål på fodtøj ◻ *have en høj svang · en støvle med indlæg i svangen*

svang[2]

SUBST.

gå i svang (om noget lastefuldt) finde sted i rigt mål ◻ *drikkeri og spil gik svang i byen*

svang[3]

VERB.

bøjningsform af *svinge*

svanger

ADJ. *-t, svangre*

(glds.): =GRAVID ◻ *svangerskab* • **gå svanger med en plan** (spøg.): have en plan ◻ *han går svanger med hævnplaner* • **være svanger med** være ladet med ◻ *luften var svanger med uhygge*

svangerskab

SUBST. *-et,* plur. *-er, -erne*

= GRAVIDITET ◻ *tegn på svangerskab · under hele svangerskabet* ◻ *svangerskabsforebyggende · svangerskabsprøve*

svangerskabsafbrydelse

SUBST. *-n,* plur. *-r, -rne*

= PROVOKERET ABORT

svans

SUBST. *-en,* plur. *-e, -ene*

1. (glds.): et dyrs hale

2. (slang, neds.): en homoseksuel mand = BØSSE

svanse

VERB. *-r, -de, -t*

gå selvhøjtideligt og let vrikkende ◻ *hun svansede lige forbi dem*

svar[1]

SUBST. *-et,* plur. *svar, -ene*

1. ytring der almindeligvis følger efter og knytter sig til et forudgående spørgsmål ◻ *jeg kan ikke give dig svar på dit spørgsmål lige nu · et skriftligt svar · få klart svar på noget · hun nikkede til svar · have svar på rede hånd* ◻ *svarbrev · svarkuvert* • en handling el. en person som er en reaktion på el. modsvarer en lignende handling el. person ◻ *arbejdsgivernes lockout er svar på arbejdernes strejke · hun er Danmarks svar på Marilyn Monroe · nikke som svar på hans hilsen* • = LØSNING ◻ *der findes ingen nemme svar på problemet*

2. i forsk. forb.: • **blive ng svar skyldig** ikke være i stand til at svare på nogens spørgsmål ◻ *på det område bliver jeg dig svar skyldig* • **få** el. **give ng svar på tiltale** blive affærdiget el. affærdige nogen med et svar der passer til spørgsmålet ◻ *han kritiserede dem voldsomt, men fik senere svar på tiltale* • **have svar på rede hånd** have svar parat ◻ *du behøver ikke have svar på rede hånd* • **svar udbedes** ⟨fork. *s.u.*⟩ (i breve): giv svar! ◻ *svar udbedes senest 1. november!*

svar[2]

ADJ. *-t, -e*

(form., glds.): som er stor og tyngende ◻ *en svar synd · svare kvaler*

svare

VERB. *-r, -de, -t*

1. svare ng(t) på ngt reagere på et spørgsmål el. en henvendelse; især mundtligt el. skriftligt ◻ *svare ja · svare bekræftende · svare undvigende · hun svarede på hendes spørgsmål · hun svarede forkert · hun svarede ham ikke · hun har endnu ikke svaret på mit brev · jeg har forsøgt at ringe til hende hele dagen, men der er ingen der svarer · svare på en annonce · svare med et nik · hun svarede at hun ville tænke over det*

2. svare ngt yde el. betale noget = ERLÆGGE ◻ *der skal svares skat af lejeindtægten · svare told · svare renter*

3. i forsk. forb.: • **svare for ng(t)** (form. glds.): garantere el. tage ansvaret for nogen el. noget = INDESTÅ FOR, HÆFTE FOR ◻ *jeg kan ikke svare for følgerne · ham tør jeg godt svare for* • **svare for sig** svare tilfredsstillende el. forsvare sig godt i en diskussion el.lign. hvor man selv el. ens synspunkter er under angreb • **svare igen** tale næsvist til nogen; især om børn ◻ *skal du svare igen knægt?* • **svare igen** reagere som en modforanstaltning ◻ *da arbejderne strejkede svarede arbejdsgiverne igen med en lockout · landet svarede igen på importrestriktionerne med blokade* • **svare til ngt** være det samme som, passe til el. stemme overens med noget = MODSVARE ◻ *varen svarede ikke til forventningerne · straffen skal svare til forbrydelsen · han hedder Sten, og man må sige at han svarer godt til sit navn · han svarer godt til beskrivelsen* • **svare sig** være indsatsen el. omkostningerne værd = BETALE SIG ◻ *det kan ikke svare sig at få fjernsynet repareret*

svartbag

SUBST. *-en,* plur. *-e, -ene*

en meget stor og kraftig havmåge som er sort på ryggen og oversiden af vingerne; latinsk navn *Larus marinus*

svastika

SUBST. *-et,* plur. *-er, -erne*

= HAGEKORS □ *et flag med svastika*

svecisme

SUBST. *-n,* plur. *-r, -rne*
[*sveˈsismə*]

et sprogligt træk el. en vending som er karakteristisk for svensk, og som optræder i et andet sprog = SVENSKHED

sved[1]

SUBST. *-en*

en væske som afgives gennem huden for at køle kroppen □ *sveden løb ned ad ansigtet på ham af anstrengelse · tøjet var gennemvædet af sved* □ *svedbånd · svedkirtel · svedekur* • **kold sved** sved som produceres fordi man bliver bange = KOLDSVED □ *den kolde sved sprang frem på hans pande* • **angstens sved** se under *angst* • **i sit ansigts sved** se under *ansigt*

sved[2]

VERB.

bøjningsform af *svie*

svede

VERB. *-r, svedte, svedt*

1. afgive sved fra legemet gennem huden □ *jeg sveder over hele kroppen* □ *svedig · svedekur · svederem* □ *udsvede* • det at en plante el. en ost afgiver væske □ *osten sveder · træet sveder når man skræller barken af* • **svede tran** se under *tran*
2. svede ngt ud = GLEMME □ *jeg havde fuldstændig svedt ud at jeg skulle til møde kl. 19*

sveden

ADJ. *-t, svedne*

som er brændt på og er blevet sort el. har fået en brændt smag □ *grøden er sveden · fadet er svedent i bunden* • **svedent grin** se under *grin*

sveder

SUBST. *-en,* plur. *-e, -ne*

en straf hvor en skoleelev bliver pålagt at blive på skolen en time efter skoletid = EFTERSIDNINGSTIME □ *få en sveder for ikke at have læst sine lektier*

svederem

SUBST. *~remmen,* plur. *~remme, ~remmene*

en læderrem i hat der skal beskytte denne mod sved

svedig

ADJ. *-t, -e*

som er dækket af sved el. fyldt med sved = SVEDT □ *en svedig hest · holdlederen samlede de svedige bluser sammen efter kampen*

svedt

ADJ. *- , -e*

(om en person el. et dyr): som er dækket af sved = SVEDIG □ *han var blevet ganske svedt af det hårde arbejde*

sveg

VERB.

bøjningsform af *svige*

svejse

VERB. *-r, -de, -t*

svejse ngt {sammen} sammensmelte to emner af metal el. andet materiale, fx plastic el. gummi □ *svejse skibssektioner sammen · svejse skærme på en bil · industrirobotten svejser legetøj sammen i hård plastic · hun står omme i haven og svejser* □ *elektrosvejse · flammesvejse · sammensvejse* □ *svejsebrænder · svejseflamme* • **svejse ng sammen** (slang): knytte nogen stærkt til hinanden □ *i løbet af disse uger blev gruppen svejset sammen til en velfungerende enhed · præsten svejsede det unge par sammen*

svejser

SUBST. *-en,* plur. *-e, -ne*

en person der som erhverv beskæftiger sig med svejsning, fx. på et skibsværft □ *elektrosvejser*

svejtser

SUBST.

se *schweizer*

svejtserost

SUBST.

se *schweizerost*

svejtsisk

ADJ.

se *schweizisk*

svelle

SUBST. *-n,* plur. *-r, -rne*

en bjælke der bruges som fundament, fx for jernbaneskinner □ *lægge sveller og skinner* □ *svellebro* □ *jernbanesvelle*

svend

SUBST. *-en,* plur. *-e, -ene*

1. en fuldt uddannet, men ikke selvstændig håndværker □ *først var han lærling og siden blev han svend i samme firma* □ *svendebrev · svendeprøve · svendestykke* □ *bagersvend · malersvend · murersvend · tømrersvend* • **farende svend** en håndværkssvend der er på *valsen*
2. (spøg.): = FYR □ *en lystig svend · en rask svend* □ *pebersvend · ungersvend* • **være en svend** være en rask fyr

svendborgenser

SUBST. *-en,* plur. *-e, -ne*
/*svendborˈgenser*/

en person fra Svendborg

svendebrev

SUBST. *-et,* plur. *-e, -ene*

et bevis for at en håndværker har bestået svendeprøven

svendeprøve

SUBST. *-n,* plur. *-r, -rne*

en prøve som håndværkere aflægger ved afslutningen af lærlingetiden

svendestykke

SUBST. *-t,* plur. *-r, -rne*

et arbejde der udføres af en håndværkerlærling ved svendeprøven □ *dette chatol er et svendestykke* • en præstation der viser at nogen har opnået tilstrækkelig dygtighed på et område som de skal til at bestride □ *talen blev betragtet som hendes politiske svendestykke*

svensk

ADJ. *- , -e*

som har at gøre med Sverige □ *svensk-amerikaner · svenskbygget · svenskejet · svenskfødt* • ⟨SUBST.: *et, svensken*⟩ det svenske sprog □ *tale svensk* □ *svenskundervisning*

svensken

SUBST.BEST.
[*ˈsvænsgən*]

(poet., spøg.): = SVENSKERNE □ *hissa hussa hejsasa, nu skal svensken ha' dada*

svensker

SUBST. *-en,* plur. *-e, -ne*

en person fra Sverige

svensknøgle

SUBST. *-n,* plur. *-r, -rne*

et værktøj til fastspænding af møtrikker, bolte o.l. som kan indstilles efter disses størrelse = SKIFTENØGLE

sveske

SUBST. *-n,* plur. *-r, -rne*

en sød, tørret sveskeblomme som ved tørring bliver sort, rynket og fedtet □ *sveskeblomme · sveskegrød · sveskesten · svesketærte*

sveskegrød

SUBST. *-en*

en grød der er kogt af svesker, vand og sukker

sveskotærte

SUBST. *-n,* plur. *-r, -rne*

en tærte med fyld af bl.a. kagecreme og sveskemos

SVGA

en grafikstandard til computere som viser mindst 256 farver ad gangen på et skærmbillede og med en opløsning på 800 × 600 pixels; fork. af engelsk *super video graphics array* = SUPERVGA ≠ VGA, EGA, CGA

svibel

SUBST. *-en* (el. *sviblen*), plur. *svibler, sviblerne*

løg af blomsterplanter, især af hyacint = BLOMSTERLØG □ *svibelglas*

svide

VERB. *sved, svedet (sveden, svedne)*

1. svide ngt give noget for meget varme så det farves mørkt og lugter som om der er ild i det ◻ *ilden sved hans øjenbryn · svide hul i blusen · svide fjer af en høne · græsset er svedet gult af solen* ◻ *afsvide* • **svide ngt af** ◻ *hele skoven blev svedet af*
2. se *svie*

svie[1]

SUBST. *-n,* plur. *-r, -rne*

1. det at noget svier ◻ *han mærkede en svie i såret · salven fjerner kløe og svie*
2. svie og smerte lidelse som er overgået nogen ved at nogen har gjort noget imod dem ◻ *erstatning for mange års svie og smerte* • **tort og svie** se under *tort*

svie[2] el. svide

VERB. *-r, sved, svedet*

føre el. påføre brændende smerte i hud el. øjne ◻ *røgen sved i næse og øjne · det svier at få jod på et sår · hendes kind sved efter lussingen* • noget som virker rammende ◻ *en sviende bemærkning · en sviende satire* • **et sviende nederlag** et stort nederlag • **svie til ng** gå ud over nogen selv ◻ *ved eksamen sved det til ham at han ikke havde læst pensum*

svig

SUBST. *-en* el. *-et*

= BEDRAGERI ◻ *han blev dømt for svig* ◻ *sviagtig* ◻ *mandatsvig · skyldnersvig* • en falsk væremåde ◻ *et menneske uden svig*

svige

VERB. *-r, sveg, sveget (svegen, svegne)*

svige ngt ikke holde hvad man lover = SVIGTE, FORRÅDE ◻ *politikeren sveg sine løfter til befolkningen*

svigefuld

ADJ. *-t, -e*

(form.): som svigter nogen = TROLØS, FORRÆDERISK, ILLOYAL ◻ *være svigefuld og upålidelig*

svigerdatter

SUBST. *-en,* plur. *~døtre, ~døtrene*

en kvinde som er gift med ens søn

svigerfader

SUBST.

se *svigerfar*

svigerfar el. svigerfader

SUBST. *-en,* plur. *~fædre, ~fædrene*

faren til ens ægtefælle

svigerforældre

SUBST.PLUR. *-ne*

en mand og en kvinde der er forældre til ens ægtefælle

svigerinde

SUBST. *-n,* plur. *-r, -rne*
/sviger'inde/

en søster til ens ægtefælle el. en kvinde som er gift med ens bror el. gift med ens ægtefælles bror

svigermor el. svigermoder

SUBST. *-en,* plur. *~mødre, ~mødrene*

moren til ens ægtefælle • **svigermors skarpe tunge** plante som har stive, opretvoksende sværdformede blade, oftest med mørke tværstriber; latinsk navn *Sansevieria trifasciata*

svigersøn

SUBST. *~sønnen,* plur. *~sønner, ~sønnerne*

en mand som er gift med ens datter

svigt

SUBST. *-et,* plur. *svigt, -ene*

det at noget svigter ◻ *de dårlige tal skyldes et katastrofalt svigt i eksporten · der er et svigt et eller andet sted i systemet* ◻ *nyresvigt · strømsvigt*

svigte

VERB. *-r, -de, -t*

1. svigte ng(t) ikke holde noget som man lover el. skylder nogen = FORRÅDE, SVIGE ◻ *en aldrig svigtende tro · hun svigtede vores aftale · svigte sin bedste ven · svigte sit løfte · vennerne svigtede ham*
2. ikke være tilstrækkelig el. fungere ◻ *benene svigtede under ham · forsyningerne svigter · hvis min hukommelse ikke svigter · modet svigter ham · motoren svigtede · pga. svigtende helbred*

svikmølle

SUBST. *-n,* plur. *-r, -rne*

1. en situation hvor en begivenhed afløser en anden og medfører en uhensigtsmæssig udvikling som er svær at standse = OND CIRKEL, SKRUE UDEN ENDE ◻ *højere priser giver højere løn, og højere løn giver højere priser, en svikmølle er i gang · sætte en svikmølle i gang · være i en svikmølle · svikmøllen går*
2. en situation i spillet *mølle* hvor en spiller har en brik som kan flyttes frem og tilbage, så den hele tiden danner en ny mølle

svime

SUBST.

falde i svime (spøg.): blive voldsomt betaget af noget så man er lige ved at besvime = BESVIME ◻ *hun var ved at falde i svime over den flotte aftenkjole*

svimle

VERB. *-r, -de, -t*

1. blive svimmel ◻ *han svimlede ved synet af afgrunden* ◻ *svimlen*
2. svimle for ng gøre nogen svimmel ◻ *da jeg rejste mig svimlede det for mig* • **svimle for ng** gøre nogen ør af overraskelse, glæde el.lign. ◻ *det svimlede for mig da jeg hørte prisen · tanken om den store gevinst fik det til at svimle for ham*

svimlende

ADJ.

enormt stor = ASTRONOMISK ◻ *hun vandt et svimlende beløb i lotto*

svimmel

ADJ. *-t, svimle*

som lider af svimmelhed = RUNDTOSSET, ØR ◻ *højder gør hende svimmel · være svimmel og have kvalme* ◻ *svimmelhed*

svimmelhed

SUBST. *-en*

en ubehagelig følelse af at omgivelserne drejer rundt og man ikke kan holde balancen ◻ *svimmelhed ses ofte ved blodmangel*

svin

SUBST. *-et,* plur. *svin, -ene*

et hovdyr som har tryneformet snude, korte ben og en tyk krop med en lille krøllet hale, og som opdrættes til slagtning; latinsk navn *Suidae* = GRIS ◻ *slagte et svin til jul · svinene hyler før fodring · Danmarks eksport af svin* ◻ *svineavl · svinebørste · svineeksport · svinekød · svineopdræt · svinestald* ◻ *tamsvin · vildsvin · vortesvin* • en utiltalende person der fx er snavset, spiser og drikker for meget el. ikke tager hensyn til andre ◻ *han vasker sig aldrig, det svin! · et mandschauvinistisk svin · dit fulde svin! · det fulde svin! · som det svin han er, elsker han at snage i andres privatliv* ◻ *svinagtig* ◻ *møgsvin*

svind

SUBST. *-et,* plur. *svind, -ene*

den mængde af noget som forsvinder; det kan være pga. udsivning, indtørring, fordampning, tyveri osv. = TAB ◻ *vandværket har konstateret et svind på 5 m³ pr. dag · ved tilberedning af kartofler må man regne med et svind på 20% · kalkulere med et årligt svind i varelageret på 5%* ◻ *muskelsvind*

svinde

VERB. *-r, svandt, svundet (svunden, svundne)*

få mindre omfang el. styrke = MINDSKES, AFTAGE ◻ *øllet er svundet i tønden · fra flyveren så vi jorden svinde under os · bylden er svundet · han mærkede kræfterne svinde* • **svinde bort** el. **hen** (poet.): forsvinde efterhånden ◻ *tiden svandt bort · de år der svandt hen · den svundne tid* • **svinde ind** blive mindre i omfang el. antal ◻ *medlemstallet svandt ind*

svindel

SUBST. *-en* (el. *svindlen*)

= BEDRAGERI ◻ *lave svindel med betroede midler* ◻ *svindelaffære* ◻ *forsikringssvindel · storsvindel* • = SNYD ◻ *tryllenummeret var den rene svindel*

svindle

VERB. *-r, -de, -t*

svindle {med} ngt give sig af med noget som har til hensigt at bedrage nogen = BEDRAGE, FIFLE ◻ *svindle med regnskaberne · han har svindlet for 6.000 kr. · svindle sig til noget* ◻ *svindler · svindleri · svindlerisk*

svindler

SUBST. *-en,* plur. *-e, -ne*

en person som svindler = BEDRAGER, KÆLTRING, SLYNGEL ◻ *de er svindlere og bedragere alle sammen* ◻ *svindleraffære · svindlerfirma* ◻ *storsvindler*

svindsot

SUBST. *-en,* plur. *-er, -erne*

= LUNGETUBERKULOSE

svine

VERB. *-r, -de, -t*

svine ng(t) til snavse nogen el. noget kraftigt til, rode el. sjuske kraftigt = SNAVSE □ *børnene har svinet forfærdeligt ude i badeværelset · svine sig til med mudder · svine med malingen · svine med et stykke arbejde* □ *svineri · svinemikkel* • **svine ng til** = BAGTALE □ *blive svinet til i pressen*

svinebinde

VERB. *-r, ~bandt, ~bundet(~bunden, ~bundne)*

svinebinde ng(t) binde hænder og ben sammen på et menneske el. alle fire ben sammen på et dyr □ *røverne svinebandt deres fanger* □ *svinebinding* • **svinebinde ng(t)** fuldstændigt lamme el. tage handlefriheden fra nogen el. noget □ *diktatoren svinebandt landets presse · den økonomiske struktur svinebinder dem*

svinebæst

SUBST. *-et,* plur. *-er, -erne*

= SVINEHUND

svineheld

SUBST. *-et*

et stort held □ *det var et svineheld at du nåede lyntoget i sidste øjeblik*

svinehund

SUBST. *-en,* plur. *-e, -ene*

en led person = SVINEBÆST □ *deres chef er en svinehund uden lige* • **den indre svinehund** en dyrisk og hadefuld drift som holdes skjult el. fortrængt bag en persons tilsyneladende harmløse og velmenende overflade □ *danskernes indre svinehund har på ny stukket sit grimme fjæs frem i flygtningedebatten*

svinekam

SUBST. *~kammen,* plur. *~kamme, ~kammene*

øverste rygstykke på et svin som udskæres til steg, koteletter el. svinefilet

svinemikkel

SUBST. *-en* (el. *~miklen*), plur. *~mikler, ~miklerne*

= SOMIKKEL

svineri

SUBST. *-et,* plur. *-er, -erne*
/svine'ri/

(neds.): væmmeligt rod el. snavs = GRISERI, SNASK □ *det er noget svineri ikke at vaske op i flere uger · du skulle have set et svineri de havde efterladt sig* • noget som man er indigneret over □ *det er noget svineri at køre bil i spirituspåvirket tilstand og bringe andres liv i fare*

svinesti

SUBST. *-en,* plur. *-er, -erne*

1. et aflukke i en stald til svin
2. et uordentligt, snavset sted □ *hans hjem er en værre svinesti*

svinestreg

SUBST. *-en,* plur. *-er, -erne*

en uhæderlig el. illoyal handling □ *det er en virkelig svinestreg de har lavet*

sving

SUBST. *-et,* plur. *sving, -ene*

1. en bevægelse af sig selv el. noget andet i en bue, til siden el.lign. □ *skiløberen lavede et flot sving · flyveren lavede et sving i luften før han landede · han lavede et sving med armen* □ *armsving · bremsesving · fejesving · herresving · højresving · opsving · udsving · venstresving* • **gøre et sving** el. **slå et sving** el. **tage et sving** udføre et sving = VEJSVING □ *hun gjorde et sving til siden · vejen slog et skarpt sving til højre · lad os slå et sving ud og besøge ham · hun tog et sving mod højre · partiet tog et sving mod venstre* □ *hårnålesving* • **i sving** i aktivitet • **sætte i sving** få i gang med at gøre noget aktivt • **for fuldt sving** af alle kræfter
2. en drejning af en vej □ *et farligt sving · han standsede midt i svinget* □ *hårnålesving · serpentinsving · vejsving* • **tage et sving** køre igennem et vejsving □ *han tog svinget i stor fart* • **ligge lunt i svinget** befinde sig i en gunstig situation
3. et livligt og elegant præg □ *der var et vist lyrisk sving over hans tale*
4. ⟨i sammensætn.⟩ en stang med håndtag som man sætter ind i enden af en akse og drejer denne rundt med □ *håndsving · startsving*

svingdør

SUBST. *-en,* plur. *-e, -ene*

en dør der kan lukkes op til begge sider og derefter af sig selv svinge tilbage til lukket stilling • en dør der roterer når man går igennem den □ *øjet lader sig forvirre af den hastigt roterende svingdør i regeringsbygningen i Rom*

svinge

VERB. *-r, -de, -t*

1. bevæge sig i en bue □ *pendulet svingede frem og tilbage · porten svingede op* □ *svingning* • = DREJE □ *hun svingede rundt om hjørnet · båden svingede rundt* □ *svingning* • **svinge med ngt** bevæge noget i en bue □ *han svingede med armene · hun svingede med fanen* • **svinge ng(t)** ⟨også *svang, svunget*⟩ bevæge nogen el. noget i en bue □ *han svingede hammeren · han svingede barnet rundt · de svang fanen* • **svinge sig** ⟨også *svang, svunget*⟩ bevæge sig hurtigt frem og tilbage □ *de svang sig i dansen · hun svang sig i armene*
2. skifte frem og tilbage fra et punkt til et andet = VARIERE □ *temperaturen svinger · humøret svinger · kurserne svinger* □ *svingning*
3. svinge sig op til ngt få sig selv til noget □ *han kunne ikke svinge sig op til at være glad for det*

svingefeber

SUBST.

se *svingfeber*

svingel

SUBST. *-en* (el. *svinglen*), plur. *svingler, svinglerne*

1. græs med flade, sammenfoldede el. børsteformede blade; flere arter, bl.a. *engsvingel, kæmpe-svingel* og *rød svingel;* latinsk navn *Festuca*
2. hver af de bevægelige tværstænger i en *hammel* hvortil trækdyrenes *skagler* fæstes

svingfeber el. svingefeber

SUBST. *-en,* plur. *~febre, ~febrene*

en infektionssygdom som spredes med dyr el. mælk, og hvis symptomer bl.a. er hævede lymfeknuder og svingende feber □ *han er indlagt med svingfeber*

svingfjer

SUBST. *-en,* plur. *~fjer, -ene*

en af flere store, stive fjer der sidder langs kanten af en fuglevinge

svinghjul

SUBST. *-et,* plur. *~hjul, -ene*

en tung skive på en *krumtapaksel* i en maskine; udjævner stemplernes rykvise bevægelser og gør akselens omdrejning jævn

svingning

SUBST. *-en,* plur. *-er, -erne*

1. en gentagende bevægelse frem og tilbage over det samme punkt □ *sætte en streng i svingninger · et pendul foretager svingninger · elektriske svingninger* □ *svingningsakse · svingningsbredde · svingningsenergi · svingningsfrekvens · svingningshastighed · svingningspunkt · svingningstid · svingningsudslag* □ *pendulsvingning*
2. et regelmæssigt el. tilbagevendende skift fra et niveau til et andet □ *svingninger i prisen · svingninger i kursen · svingninger i humøret · barometrets svingninger · svingninger i regeringens politik · svingninger i den offentlige mening*

svingom

SUBST. *svingommen,* plur. *svingommer, svingommerne*
/sving'om/

(spøg.): = DANS □ *skal vi tage os en svingom?*

svinkeærinde el. svinkeærende

SUBST. *-t,* plur. *-r, -rne*

en ureglementeret afstikker □ *gå nu den lige vej uden svinkeærinder!* • = UDENOMSSNAK □ *forklar mig sagens rette sammenhæng uden svinkeærinder*

svinsk

ADJ. - (el. *-t*), *-e*

så beskidt at det er frastødende, evt. ildelugtende = ULÆKKER □ *værelset er svinsk og rodet · han har nogle svinske vaner* • som er moralsk utiltalende og præget af at være uhæderlig, kriminel, sjofel el.lign. = BESKIDT □ *han har en svinsk tankegang · en svinsk affære*

svip

SUBST. *svippet,* plur. *svip, svippene*

1. et hurtigt og let slag = SVIRP □ *hesten fik et svip med pisken* • **i en** el. **et svip** i et snuptag
2. en kort tur = SMUT □ *på vejen hjem fra arbejde tager han gerne et svip forbi sit stamværtshus · jeg går lige et svip hen på torvet · gå et svip ind om bageren* □ *sviptur*
3. få svip af ng(t) føle at man bliver vanvittig af nogen el. noget □ *hun har fået svip af sin lillebror · jeg får snart svip af mit arbejde*

svippe

VERB. *-r, -de, -t*

1. svippe op el. **tilbage** (om en tynd, aflang og elastisk genstand): svinge tilbage til sin normale position efter at have været bøjet □ *grenen svippede op da han slap den* • **svippe med ngt** lave et hurtigt og let slag med fx en pisk □ *hun svippede med ridepisken*
2. svippe til ngt tage en kort tur el. afstikker til et sted man er i nærheden af □ *vi svippede en tur til Helsingborg da vi var i Helsingør*

svipse

VERB. *-r, -de, -t*

= MISLYKKES □ *jeg prøvede 3 gange, men det svipsede hver gang* □ *svipser*

svipser

SUBST. *-en,* plur. *-e, -ne*

noget der mislykkes = FUSER, KIKSER, FORBIER, AFBRÆNDER, NITTE □ *alle tre forsøg var svipsere*

sviptur

SUBST. *-en,* plur. *-e, -ene*

en kortvarig rejse □ *hun vandt konkurrencen om en sviptur til fodboldmesterskaberne i VM* • *de er taget på en sviptur fra Esbjerg til Harwich* • *de tog en sviptur over grænsen for at købe billige smøger*

svir

SUBST. *-en*

1. løssluppen festlighed = SOLDERI □ *han førte et vildt liv med drik og svir*
2. = FORNØJELSE □ *det var en ren svir at danse med hende* • *det er ingen svir at være cyklist i myldretiden*

svire

VERB. *-r, -de, -t*

gå på værtshus og drikke meget alkohol = BUMLE, TURE □ *han har været ude at svire hele natten, så nu har han tømmermænd*

svirebror el. **svirebroder**

SUBST. *-en,* plur. *~brødre, ~brødrene*

(glds.): en fast deltager i en vis gruppes drikkegilder = SOLDEBROR, BÆGERSVINGER, SOLDERIST □ *de tre svirebrødre måtte bæres hjem*

sviregilde

SUBST. *-t,* plur. *-r, -rne*

= DRIKKEGILDE □ *de købte øl til et helt sviregilde*

svirp

LYDORD

gengivelse af lyden af piskesmæld i luften □ *svirp, sagde det da pisken hvinede gennem luften* • ⟨SUBST.: *et*⟩ □ *piskens svirp efterlod røde streger hen over huden* • *et svirp med pisken*

svirpe

VERB. *-r, -de, -t*

svirpe ng(t) slå nogen el. noget med et svirp □ *hun svirpede med pisken* • *grenene svirpede rytteren i ansigtet* • *svirpe hesten over benene med en pisk* □ *svirpen*

svirre

VERB. *-r, -de, -t*

bevæge vingerne hurtigt frem og tilbage og dermed frembringe en summende lyd = VIBRERE □ *guldsmedens vinger svirrer* • *myggene svirrer omkring lampen* • *svirrende insekter* □ *svirren* • være i hurtigt omløb el. hektisk aktivitet = SUMME □ *rygterne svirrer i hele byen* • *huset svirrer af travlhed*

svirreflue

SUBST. *-n,* plur. *-r, -rne*

en lille hvepselignende flue der har en hurtig flugt og kan stå stille i luften med svirrende vinger; flere arter; latinsk navn *Syrphidae* = SVÆVEFLUE

svirvel

SUBST. *-en* (el. *svirvlen*), plur. *svirvler, svirvlerne*

et drejeligt metalled som anbringes på en fiskesnøre foran krogen for at hindre at snøren snor sig

svitse

VERB. *-r, -de, -t*

svitse ngt gøre noget let brunt el. gyldent på overfladen ved stegning □ *løgene svitses på panden* □ *svitsning*

svoger

SUBST. *-en,* plur. *svogre, svogrene*
[*'svå'wɔ*]

en bror til ens ægtefælle el. en mand som er gift med ens søster el. gift med ens ægtefælles søster

svor

VERB.

bøjningsform af *sværge*

svovl

SUBST. *-en* el. *-et*

et fast, gult ikke-metallisk grundstof med en stærk lugt; findes i naturen i mange former og er et vigtigt råstof til fremstilling af bl.a. svovlsyre, insektmidler, plastic og farvestoffer; atomtegn *S* □ *der er store mængder svovl aflejret omkring vulkanen* □ *svovlbakterie* • *svovlblå* • *svovldioxid* • *svovlgul* • *svovlholdig* • *svovlilte* • *svovlkis* • *svovlsur* • *svovlssyre* • *svovlsyrlig* • *svovlsyrling* □ *råsvovl* • *stangsvovl*

svovlbrinte

SUBST. *-n*

en farveløs, giftig luftart med en ubehagelig rådden lugt □ *når fx æg eller tang forrådner dannes der svovlbrinte* □ *svovlbrinteforgiftning*

svovldioxid

SUBST. *-en* el. *-et*

en giftig, farveløs luftart med en stikkende lugt som dannes ved forbrænding af svovl = SVOVLILTE

svovle

VERB. *-r, -de, -t*

1. bande voldsomt □ *han bander og svovler værre end en gammel sømand*
2. svovle ngt konservere noget med svovlilte □ *denne rødvin er ikke svovlet* • *normalt svovler man tørrede figner til eksport* □ *svovling*

svovlgul

ADJ. *-t, -e*

med en meget lys, gul farve som svovl □ *der hang en svovlgul dis over byen*

svovlilte

SUBST. *-n*

= SVOVLDIOXID

svovlkis

SUBST. *-en*

et hårdt, messinggult mineral der består af jern og svovl og anvendes til fremstilling af svovlsyre □ *svovlkiskonkretion* • *svovlkiskrystal* • *svovlkisleje*

svovlsur

ADJ. *-t, -e*

som indeholder svovlsyre □ *svovlsur ammoniak* • *svovlsurt bly* • *svovlsurt natron*

svovlsyre

SUBST. *-n*

en stærkt ætsende og olieagtig, farveløs syre i væskeform der indeholder svovl og er vandsugende; bruges fx til fremstilling af gødning ved olieraffinering

svovlsyrling

SUBST. *-en,* plur. *-er, -erne*

en relativt svag syre som dannes når svovldioxid opløses i vand □ *svovlsyrlingvand*

svullen

ADJ. *-t, svulne*

= BULLEN □ *hendes hænder er røde og svulne* • *en svullen finger*

svulme

VERB. *-r, -de, -t*

svulme el. **svulme op** blive større i omfang; især pga. af ophobning af væske = HOVNE OP, BULNE, BUGNE □ *den forstuvede finger svulmede op* • *varmeregningen er svulmet op* • *blodårene svulmer på armene af anstrengelse* □ *svulmen* • **svulme af ngt** være opfyldt til bristepunktet af noget □ *hjertet svulmer af glæde* • *svulme af kraft*

svulst

SUBST. *-en,* plur. *-er, -erne*

1. = TUMOR □ *en svulst i maven* □ *kræftsvulst* • *lungesvulst* • *vandsvulst*
2. tale med svulst tale svulstigt

svulstig

ADJ. *-t, -e; -ere, -st*

1. som er overdreven og bombastisk □ *en svulstig udtryksmåde*
2. som i omfang er meget stor □ *hun er meget svulstig*

svumpukkel

SUBST. *-en* (el. *~puklen*), plur. *~pukler, ~puklerne*

(glds.): en nedrig person □ *elendige svumpukkel!*

svundet

VERB.

bøjningsform af *svinde*

svunget

VERB.

bøjningsform af *svinge*

svup

LYDORD *svuppet,* plur. *svup, svuppene*

gengivelse af en våd, sugende lyd der fremkommer når man fx har vand i skoene, trækker noget op af mudder o.l. □ *svup svup, lød det fra hendes gummistøvler som var fulde af vand* • ⟨SUBST.: *et,* plur. *svup, svuppene*⟩ □ *det gav nogle høje svup da hun gik med våde fødder hen over gulvet*

svuppe

VERB. *-r, -de, -t*

give plaskende, slubrende lyde fra sig; som når noget slipper en klæbrig væske □ *det svuppede da de gik rundt i mudderet*

svække

VERB. *-r, -de, -t*

svække ngt gøre at nogen el. noget mister styrke el. bliver dårligere = AFSVÆKKE, FORRINGE □ *fjendens hær er svækket efter de mange angreb · intet kunne svække hans mod · en svækket hørelse* □ *svækkelse* • **svække ng** gøre nogen svag og træt = AFKRÆFTE □ *sygdommen har svækket ham*

svækling

SUBST. *-en,* plur. *-e, -ene*

en person som mangler fysisk el. psykisk styrke = PJOK, SKVAT, SKRAVL, PJEVS, TØSEDRENG, SKRÆLLING □ *han var en svækling og kunne ikke løfte noget · svækling som han var gav han efter for presset* □ *svæklingeagtig*

svælg

SUBST. *-et,* plur. *svælg, -ene*

1. den bagerste del af mund- og næsehulen i forbindelse med struben
2. en stor, dyb sprække i jordoverfladen = AFGRUND, KLØFT • en stor afstand mellem meninger, livsstil m.m. = AFGRUND □ *der er et svælg mellem deres synspunkter*

svælge

VERB. *-r, -de, -t*

1. svælge ngt = SYNKE □ *hun har svært ved at svælge maden*
2. svælge i ngt have i overflod af noget = FRÅDSE □ *de svælger i luksus* • **svælge i ngt** være meget optaget af noget på en uhæmmet måde □ *svælge i detaljer omkring mordet · svælge i andres ulykke · pressen svælgede i hans erobringer*

svælgkatar

SUBST. *-en,* plur. *-er, -erne*

en akut el. kronisk betændelse i svælgets slimhinde med hoste og smerter når man synker = FORKØLELSE, HALSKATAR

svær[1]

SUBST. *-en,* plur. *svær, -ene*

1. den tykke hud på et slagtet svin □ *flæskesteg med sprød svær* □ *flæskesvær*
2. død i sværen dvask, uoplagt og ikke rigtig til at komme i kontakt med □ *han virker lidt død i sværen*

svær[2]

ADJ. *-t, -e; -ere, -est*

1. som ikke er enkel og ligetil, men kræver omtanke og øvelse = VANSKELIG ≠ LET, NEM □ *en svær opgave · det er svært at gå på line* □ *besvær · halvsvær · hundesvær* • **have svært ved ngt** □ *jeg har svært ved at høre, hvad du siger · jeg har svært ved at løse opgaven*
2. som er tung; det kan være noget følelsesmæssigt el. en ting som vejer meget □ *en svær byrde · en svær træbjælke · svært artilleri* • (om en person): = KRAFTIG □ *han er blevet noget svær · en svær hårpragt* □ *barmsvær · mavesvær*
3. i høj grad = MEGET □ *jeg kan svært godt lide ham* • som udtryk for overraskelse □ *det var svært, så høje børnene er blevet · det var svært!*

sværd

SUBST. *-et,* plur. *sværd, -ene*

1. et langt, tungt hug- el. stikvåben med et lige en- el. tveægget blad • **gribe til sværdet** ty til krigeriske midler
2. en art sænkekøl på ydersiden af et sejlskib

sværdfisk

SUBST. *-en,* plur. *~fisk, -ene*

en stor, grålig fisk med et langt, spidst sværd ud fra overmunden; latinsk navn *Xiphias gladius*

sværdlilje

SUBST. *-n,* plur. *-r, -rne*

= IRIS

sværdside

SUBST. *-n*

de mandlige medlemmer af en slægt el. en gruppe = MANDSSIDE ≠ SPINDESIDE □ *de er beslægtede på sværdsiden · sværdsiden har vundet fem medaljer i år*

sværdslag

SUBST. *-et,* plur. *~slag, -ene*

uden sværdslag uden at gøre modstand □ *de overgav sig uden sværdslag*

sværge

VERB. *-r, -de* (el. *svor*), *-t* (el. *svoret; svoren, svorne*)

1. sværge på ngt aflægge ed på noget □ *hun sværgede på at hun var uskyldig* • **sværge ved ng(t)** aflægge ed under påberåbelse af en guddommelig skikkelse el. noget andet helligt □ *jeg sværger ved den hellige jomfru · han svor ved alt hvad der var ham helligt* • **sværge ng troskab** love nogen troskab
2. sværge på ngt udtryk for at man er meget sikker på noget = BANDE □ *jeg tør sværge på at han kommer*

sværlemmet

ADJ. *- , sværlemmede*

som har kraftige arme og ben □ *en stor, sværlemmet karl*

sværm

SUBST. *-en,* plur. *-e, -ene*

forvirret samling af levende væsener der er i bevægelse = FLOK □ *en sværm af bier · en sværm af nysgerrige · hele sværme af meteorer* □ *bisværm · myggesværm · menneskesværm · myggesværm*

sværme

VERB. *-r, -de, -t*

1. flyve omkring i flok □ *myggene sværmer · det sværmer med fly på himlen* • **sværme {omkring} ngt** bevæge sig rundt i større, uordnet flok □ *det sværmede med politi i gaden · soldaterne sværmede omkring hendes hovedkvarter*
2. hengive sig til romantiske følelser □ *det unge par sværmede i måneskinnet* • **sværme for ng(t)** være følelsesmæssigt optaget af nogen el. noget □ *han sværmer for naboens datter · sværme for Mozarts musik* □ *sværmeri* • **sværme om** el. **omkring ng** kredse omkring en person som man er betaget af el. forelsket i □ *de unge mænd sværmede omkring hende*

sværmer

SUBST. *-en,* plur. *-e, -ne*

1. = DRØMMER □ *en religiøs sværmer* □ *sværmeri · sværmerisk*
2. ⟨i sammensætn.⟩ en art sommerfugle □ *aftensværmer · dagsværmer · køllesværmer · ligustersværmer · natsværmer*
3. (om fyrværkeri): en raket der spreder flere mindre raketter

sværmerisk

ADJ. *- , -e*

som er meget følelsesladet og poetisk anlagt = ROMANTISK, DRØMMENDE □ *hun er sværmerisk af natur · en noget sværmerisk fremstilling af datidens åndsliv*

sværte[1]

SUBST. *-n,* plur. *-r, -rne*

en tyk, fedtet masse som anvendes til at give farve med □ *avisen lugter af sværte · han smurte skoene ind i brun sværte* □ *sværteaftryk · sværtepude · sværtevalse* □ *skosværte · tryksværte* • **hele sværten** (glds.): rub og stub

sværte[2]

VERB. *-r, -de, -t*

1. sværte ngt farve noget med sværte el. sod □ *sværte et par sko brune · sværte sit ansigt sort* □ *sværtet*
2. sværte ng til tale ondt om nogen □ *den nye minister blev sværtet til i dagspressen*

sværvægt

SUBST. *en*

en vægtklasse i boksning hvor bokserne må veje mellem 81 og 91 kg □ *sværvægter · sværvægtsbokser*

sværvægter

SUBST. *-en,* plur. *-e, -ne*

1. en idrætsudøver som tilhører vægtklassen sværvægt • (spøg.): en stor, kraftig og tung person el. ting □ *han er en ordentlig sværvægter*
2. en person som er meget dygtig, indflydelsesrig el. betydningsfuld □ *en af erhvervslivets sværvægtere · en intellektuel sværvægter · en politisk sværvægter*

sværvægtsbokser

SUBST. *-en,* plur. *-e, -ne*

en bokser som er sværvægter

svæv

SUBST. *-et,* plur. *svæv, -ene*

1. = PLANKTON □ *der er svæv i vandet*
2. det at noget bevæger sig let, roligt og lydløst gennem luften el. fremtræder som om det gør det □ *musvågernes svæv højt oppe på himlen · hans stemme giver cd-en et spøgelsesagtigt svæv · et tankemæssigt svæv*

svæve

VERB. *-r, -de, -t*

1. bevæge sig gennem luften i et stabilt tempo uden at bruge vingeslag, propelbevægelser el.lign. = GLIDE □ *rovfuglen svævede hen over skoven · en svævende fugl · mursejlerne svævede gennem luften · glideplanet svævede opad mod skyerne · satellitten svævede gennem det tomme rum · sodpartikler svævede rundt i luften* □ *svævning · svævebane · svæveflyver · svævehud · svæveplan · svævestøv* • bevæge sig let og lydløst □ *danserinden svævede hen over gulvet*
2. befinde sig i usikker situation □ *svæve i lykkelig uvidenhed · svæve mellem liv og død*

svævebane

SUBST. *-n,* plur. *-r, -rne*

en bjergbane hvis vogne trækkes af stålkabler fra et maskineri; ofte bevæger to vogntog sig i modsat retning på samme tid = TOVBANE

svæveflue

SUBST. *-n,* plur. *-r, -rne*

= SVIRREFLUE

svævefly

SUBST. *-et,* plur. *~fly, -ene*

en flyvemaskine uden motor der holder sig i glideflugt ved at udnytte opadgående luftstrømninger

svæveflyvning

SUBST. *-en,* plur. *-er, -erne*

flyvning med et svævefly

svævende

ADJ.

som er svag el. drømmende = VAG, UKLAR □ *et svævende svar · svævende idéer*

svøb

SUBST. *-et,* plur. *svøb, -ene*

1. et klæde til at lægge rundt om en baby □ *hun lagde barnet i svøb*
2. blade der beskytter blomsterne og frugterne hos kurv- og skærmplanter
3. i svøb udtryk for noget der endnu ikke er fuldt udviklet □ *han er en kunstner i svøb*

svøbe[1]

SUBST. *-n,* plur. *-r, -rne*

1. en pisk med kort skaft og lang snor; ofte om en hjemmelavet pisk • **svinge svøben over ng** skælde nogen ud = REVSE □ *han svang svøben over sin samtid*
2. en slem plage □ *krigens svøbe*

svøbe[2]

VERB. *-r, svøbte, svøbt*

svøbe ng i ngt lægge et tæppe el.lign. hele vejen rundt om nogen; især om spædbørn □ *han svøbte barnet i et tæppe · jordemoderen svøbte den nyfødte*

svømme

VERB. *-r, -de, -t*

1. bevæge sig gennem vand ved at bevæge lemmerne □ *drengen svømmede i bassinet · hun svømmede 500 m · svømme rygsvømning · han forsøgte at svømme over fjorden · hunden svømmede i søen · fisken svømmer i akvariet* □ *svømning · svømmebassin · svømmedisciplin · svømmedykker · svømmefødder · svømmehal · svømmehud · svømmeprøve · svømmetag* • flyde rundt i el. oven på en væske □ *kødbollerne svømmede i suppen · kork svømmer ovenpå* • **svømme over** (om en flod, sø el.lign.): = FLYDE OVER □ *floden svømmede over sine bredder · badekarret svømmer over* □ *oversvømme*
2. i forsk. forb.: • **svømme {hen af} ngt** komme i en drømmende sindstilstand el. blive så fyldt af en følelse at man bliver overstadig □ *de svømmede hen af begejstring · hun svømmede hen i tårer · hun svømmer over af lykke hver gang hun ser ham · massagen fik ham til at svømme hen* • **svømme i ngt** have meget af noget □ *børnene svømmede i legetøj · han svømmede i penge* • **svømme i ngt** (om et øje): blive fyldt med tårer □ *hans øjne svømmede i vand da han fortalte om gamle dage · svømme i tårer* • **svømme ovenpå** klare sig godt ved at være heldig el. begunstiget på anden vis □ *han svømmer ovenpå i tilværelsen* • **være ude at svømme** være i en usikker situation

svømmebassin

SUBST. *-et,* plur. *-er, -erne*

et bassin fyldt med vand beregnet til at svømme i = SWIMMINGPOOL, SVØMMEPØL, POOL

svømmeblære

SUBST. *-n,* plur. *-r, -rne*

en blære hos visse fisk som kan fyldes med luft så fisken kan flyde i vandet

svømmedykker

SUBST. *-en,* plur. *-e, -ne*

en dykker der arbejder iført svømmedragt og iltudstyr; arbejder fx med bjærgning el. med opgaver i forbindelse med havbiologisk forskning = FRØMAND □ *svømmedykkerskole*

svømmefod

SUBST. *-en,* plur. *~fødder, ~fødderne*

en fuglefod med svømmehud mellem tæerne, fx en ande- el. en svanefod • en fodbeklædning med en lang flap i forlængelse af tåen; bruges fortrinsvis af dykkere til at komme hurtigere frem ad i vandet □ *dykkermaske, snorkel og svømmefødder*

svømmehal

SUBST. *~hallen,* plur. *~haller, ~hallerne*

en offentlig bygning el. en del af en bygning med et el. flere indendørs svømmebassiner

svømmehud

SUBST. *-en*

hud der er udspændt mellem kløerne hos visse dyr som jager og lever i vand

svømmepøl

SUBST. *-en,* plur. *-e, -ene*

= SVIMMINGPOOL

svømmer

SUBST. *-en,* plur. *-e, -ne*

1. (idræt): en person som svømmer el. som dyrker svømmesport □ *hun er en dygtig svømmer* □ *svømmerske* □ *brystsvømmer · frisvømmer · langdistancesvømmer · rygsvømmer*
2. en flydende genstand der regulerer vandstanden i cisterne el.lign. = FLYDER

swagger

SUBST. *-en,* plur. *-e, -ne*
[ˈ*svagɔ* el. ˈ*swagɔ*]

en halvlang, løs, vid damefrakke

swahili

SUBST. *et*
/*swaˈhili*/

et bantusprog som er officielt sprog i Kenya og Tanzania, og som bruges som handelssprog i store dele af Østafrika

swazilandsk

ADJ. *- , -e*

som har at gøre med Swaziland

swazilænder

SUBST. *-en,* plur. *-e, -ne*

en person fra Swaziland

sweater

SUBST. *-en,* plur. *-e, -ne*
[ˈ*svædɔ*]

en tyk, strikket trøje til at trække over hovedet = PULLOVER □ *rullekravesweater · uldsweater*

sweatshirt

SUBST. *-en,* plur. -s (el. *sweatshirt*), *-ene*

en kraftig bomuldsbluse med lange ærmer og indvendig luv; især til sportsbrug

sweeper

SUBST. *-en,* plur. *-e, -ne*
[ˈ*swiˑbɔ*]

(foræld.): en fodboldspiller der i holdopstillingen er placeret mellem målmand og de øvrige forsvarsspillere = STOPPER

sweepstake

SUBST. *et,* plur. *-s, -ne*
[*'swi·bsdæjk*]

et hestevæddeløb hvor alle deltagerne betaler indskud og det samlede beløb går til vinderen

swimmingpool

SUBST. *-en,* plur. *-er, -erne* (el. *~poolene*)

et svømmebassin, især et mindre privatejet svømmebassin el. et svømmebassin ved et hotel = SVØMMEPØL, POOL

swing

SUBST. *en* el. *et*
[*'sweŋ*]

1. en jazzstil opstået ca. 1935-1945 som er karakteriseret af en pulserende rytme og arrangementer for store orkestre (*bigbands*) med korte solistindslag □ *swingorkester*
2. en særlig rytmisk fornemmelse i jazz og rockmusik □ *der er swing og tæthed i rytmen*

swinge

VERB. *-r, -de, -t*

1. (om musik): have en medrivende rytme □ *musikken swinger · det swinger når de spiller sammen*
2. være med på noderne □ *det swinger i London*

sy

VERB. *-r* (el. *-er*), *-ede, -et*

sy ngt hæfte stofstykker sammen el. pynte dem ved at føre en nål med en tråd op og ned i et mønster □ *sy en lap på bukserne · sy knapper i · sy på maskine · sy i hånden · jeg syr alt mit tøj selv · sy børnetøj · få en habit syet* □ *syning · synål · systue · sytråd · sytøj* □ *omsy* • **sy ngt ind** ændre en søm på et stykke tøj så det bliver mindre □ *hun syede hans bukser ind* • **sy ngt ud** ændre en søm på et stykke tøj så det bliver større • **sy ngt** lukke et sår med nål og tråd □ *lægen syede såret sammen · han fik syet tre sting*

sybarit

SUBST. *sybaritten,* plur. *sybaritter, sybaritterne*
/*syba'rit*/

en nydelsessyg person = LEVEMAND, EPIKURÆER, HEDONIST □ *sybaritisk*

syd

SUBST.

1. ⟨fork. *S*⟩ det verdenshjørne som man ser imod når man, på vores halvdel af jordkloden, ser imod Solen midt på dagen ≠ NORD □ *hvilken retning er syd? · de krydsede landet fra syd til nord · floden løber mod syd · bjergene mod syd · bjergene i syd · nu står Orion i nord* □ *sydeuropæisk · sydhimmelen · sydjysk · sydtysker · sydkyst · sydside · sydspids · sydvendt* • ⟨ADV.⟩ i retning mod syd = SØNDEN □ *gården ligger syd for byen · de sejlede syd om Sjælland · den peger stik syd* • **i syd** (om vind): fra syd □ *vinden er i syd · vinden er gået om i syd · vinden er slået om i syd*
2. landområder mod syd el. lande på den sydlige del af kloden, fx Afrika over for Europa □ *samarbejde mellem nord og syd*

sydafrikaner

SUBST. *-en,* plur. *-e, -ne*

en person fra Sydafrika

sydafrikansk

ADJ. *- , -e*

som har at gøre med Sydafrika

sydamerikaner

SUBST. *-en,* plur. *-e, -ne*

en person fra Sydamerika

sydamerikansk

ADJ. *- , -e*

som har at gøre med Sydamerika

syde

VERB. *-r, -de, -t*

1. (om væske): frembringe en hvislende lyd som når vand koger hurtigt ind □ *fedtet syder på panden · vandet syder og bobler* □ *syden*
2. syde af ngt være præget af ophidselse, hektisk aktivitet el.lign. = KOGE, SKUMME □ *syde af raseri · byen syder af travlhed · storbyen var en sydende heksekedel*

syden

SUBST. *et*

landområder mod syd □ *rejse til det solrige syden · sydens lande · staterne i syden*

sydfra

ADV.

= FRA SYD □ *vinden kommer sydfra*

sydfrugt

SUBST. *-en,* plur. *-er, -erne*

1. en frugt der dyrkes i sydlige lande □ *appelsiner og andre sydfrugter*
2. pakke sine sydfrugter tage sine ting og forsvinde □ *så kan du godt pakke dine sydfrugter*

sydgående

ADJ.

med kurs mod syd □ *sydgående trafik · sydgående strøm* • **for sydgående** □ *skibet er for sydgående*

sydhavsø

SUBST. *-en,* plur. *-er, -erne*

en ø i det sydlige Stillehav

sydkoreaner

SUBST. *-en,* plur. *-e, -ne*

en person fra Sydkorea

sydkoreansk

ADJ. *- , -e*

som har at gøre med Sydkorea

sydlandsk

ADJ. *- , -e*

som har at gøre med lande mod syd □ *sydlandsk accent · sydlandske varer*

sydlig

ADJ. *-t, -e; -ere, -st*

som er mod syd □ *sydlig kurs · sydlige himmelstrøg · den sydlige del af landet · byen ligger sydligt* • (om vind og strøm): som kommer fra syd □ *en varm sydlig vind*

sydlænding

SUBST. *-en,* plur. *-e, -ene*

en person fra Sydeuropa

sydover

ADV.

udtryk for at noget bevæger sig el. strækker sig mod syd = MOD SYD, SYDPÅ □ *de sejlede sydpå*

sydpol

SUBST. *-en,* plur. *-er, -erne*

⟨ikke plur.⟩ et område omkring jordaksens sydlige endepunkt ≠ NORDPOL □ *jordens geografiske sydpol · jordens magnetiske sydpol* □ *sydpolsekspedition · sydpolsfarer* • det ene af de to steder på en magnet hvor magnetfeltet er stærkest, og som vil pege mod Jordens sydpol, hvis magneten kan dreje rundt ≠ NORDPOL □ *en sydpol tiltrækker en nordpol og frastøder en sydpol*

sydpå

ADV.

udtryk for at noget bevæger sig mod el. er placeret mod syd = MOD SYD, SYDOVER □ *de skal sydpå i ferien · de bor sydpå*

sydvest[1]

SUBST. *-en,* plur. *-er* (el. *-e*), *-erne* (el. *-ene*)
/*syd'vest*/

en hovedbeklædning af vandtæt stof med bred skygge i nakken; bruges af fiskere i hårdt vejr

sydvest[2]

SUBST.
/*syd'vest*/

retningen mellem syd og vest □ *storm fra sydvest · mod sydvest* • ⟨ADV.⟩ i retning mod sydvest □ *sydvest for byen*

sydvestlig

ADJ. *-t, -e; -ere, -st*
/*syd'vestlig*/

som er mod sydvest □ *vandre i sydvestlig retning · den sydvestlige del af landet* • (om vind og strøm): = FRA SYDVEST □ *sydvestlig vind*

sydyemenit

SUBST. *sydyemenitten,* plur. *sydyemenitter, sydyemenitterne*

en person fra Sydyemen

sydyemenitisk

ADJ. *- , -e*

som har at gøre med Sydyemen

sydøst

SUBST.
/*syd'øst*/

retningen mellem syd og øst □ *vind fra sydøst · højen ligger mod sydøst* • ⟨ADV.⟩ i retning mod sydøst □ *gården ligger sydøst for byen*

sydøstlig

ADJ. *-t*, plur. *-e; -ere, -st*
/syd'østlig/

som er mod sydøst □ *de vandrede i sydøstlig retning* · *den sydøstlige del af landet* • (om vind og strøm): = FRA SYDØST □ *sydøstlig vind*

syerske

SUBST. *-n*, plur. *-r, -rne*

en kvinde der som erhverv beskæftiger sig med syning, fx på en konfektionsfabrik □ *fabrikssyerske* · *kjolesyerske*

syfilis

SUBST. *-en* (el. *syfilissen*)
[*'syfilis*]

en kønssygdom der starter som et klæbrigt sår; senere kommer udslæt, og efter flere år nedbrydes kroppens væv begyndende med lever og hjerne □ *have syfilis i 2. stadie* □ *syfilissår*

syfilitiker

SUBST. *-en*, plur. *-e, -ne*
/syfi'litiker/

en person der lider af syfilis

syfilitisk

ADJ. *-* , *-e*
/syfi'litisk/

som lider af syfilis el. har at gøre med syfilis

syg

ADJ. *-t, -e*

1. som lider under unormale tilstande i kroppen el. sindet, fx pga. bakterierinfektion, forgiftning el. sindslidelser = DÅRLIG, ELENDIG, LIDENDE, UTILPAS, UPASSELIG ≠ RASK, SUND □ *han var syg og dårlig* □ *sygdom* · *syge* · *sygelig* · *sygehus* · *sygejournal* · *sygeplejerske* □ *dødssyg* · *hundesyg* · *køresyg* · *liggesyg* · *sindssyg*
2. som fungerer forkert el. er unormalt □ *et sygt samfund* · *han er jo syg oven i hovedet!*
3. være syg efter ng(t) hige efter nogen el. noget □ *giftesyg* · *morsyg* · *pyntesyg*

sygdom

SUBST. *sygdommen*, plur. *sygdomme, sygdommene*

en unormal tilstand i kroppen el. sindet som medfører at man ikke har det godt = DÅRLIGDOM, LIDELSE, ONDE, SOT ≠ SUNDHED □ *lide af en sygdom* · *hun har en sjælden sygdom* □ *sygdomsbillede* · *sygdomsramt* · *sygdomstegn* □ *børnesygdom* · *erhvervssygdom* · *følgesygdom* · *infektionssygdom* · *mangelsygdom* · *stofskiftesygdom* · *tropesygdom* · *virussygdom*

sygdomsbillede

SUBST. *-t*, plur. *-r, -rne*

de mærkbare udslag af en sygdom fx feber og hovedpine

sygdomsmærket

ADJ. *-* , *~mærkede*

som bærer tegn på at være el. have været alvorligt syg, fx magerhed el. træthed

syge

SUBST. *-n*, plur. *-r, -rne*

= SYGDOM □ *engelske syge* · *spansk syge*

sygedag

SUBST. *-en*, plur. *-e, -ene*

en dag hvor en person er sygemeldt fra sit arbejde □ *hun havde tre sygedage på en måned*

sygeforsikring

SUBST. *-en*, plur. *-er, -erne*

en forsikring mod økonomisk tab som følge af sygdom = SYGESIKRING □ *hun anlagde sag mod tandlægernes sygeforsikring*

sygehjælper

SUBST. *-en*, plur. *-e, -ne*

en person som deltager i den daglige pleje af syge mennesker sammen med og under ledelse af sygeplejersker; udskiftes nu med social- og sundhedsassistenter

sygehus

SUBST. *-et*, plur. *-e, -ene*

= HOSPITAL □ *amtssygehus* · *centralsygehus*

sygekasse

SUBST. *-n*, plur. *-r, -rne*

en sammenslutning der indtil 1973 sikrede sine medlemmer mod de økonomiske følger af sygdom; herefter afløst af sygesikring

sygeleje

SUBST. *-t*, plur. *-r, -rne*

det at være tvunget til at hvile pga. en sygdom; også om den seng som en syg person ligger i = SYGESENG, SENGELEJE □ *rejse sig fra sit sygeleje* · *derpå fulgte et par måneders sygeleje*

sygelig

ADJ. *-t, -e*

1. som tyder på sygdom el. dårligt helbred = SVAGELIG ≠ SUND □ *hun ser bleg og sygelig ud*
2. som opfører sig på en mærkelig og unormal måde = UNORMAL □ *være sygeligt optaget af noget*

sygemelde

VERB. *-r, ~meldte, ~meldt*

sygemelde ng give en erklæring til en arbejdsplads om at en ansat er syg □ *lægen sygemeldte hende i to måneder* · *han ringede og sygemeldte sig* □ *sygemelding*

sygepleje

SUBST. *-n*

daglig pleje og pasning af syge som bl.a. indebærer visse dele af den behandling lægen ordinerer, hygiejne og ernæring • læren om pasning og pleje af syge og tilskadekomne □ *sygeplejer* · *sygeplejerske* · *sygeplejeelev* □ *hjemmesygepleje*

sygeplejeelev

SUBST. *-en*, plur. *-er, -erne*

en person som uddanner sig til sygeplejerske

sygeplejer

SUBST. *-en*, plur. *-e, -ne*

en sygehjælper i militæret

sygeplejerske

SUBST. *-n*, plur. *-r, -rne*

en person der er uddannet til at foretage den daglige pleje af syge mennesker og sørge for at det lægen ordinerer bliver gjort □ *afdelingssygeplejerske* · *hjemmesygeplejerske* · *oversygeplejerske* □ *sygeplejerskeskole*

sygesikring

SUBST. *-en*

= SYGEFORSIKRING □ *tallene viser stigende udgifter til sygesikring og hospitaler* • **den offentlige sygesikring** en offentlig ordning som sikrer alle borgere tilskud til behandling på hospital, hos læge, tandlæge osv. □ *kronisk syge er dækket af den offentlige sygesikring i udlandet*

sygne

VERB. *-r, -de, -t*

sygne hen blive svag og tynd pga. sygdom, mangel el. sorg □ *sygdommen fik ham til at sygne hen* · *blomsten sygnede hen af mangel på vand*

syl

SUBST. *-en*, plur. *-e, -ene*

et redskab med en kort, meget spids stang af metal på et aflangt håndtag; bruges til at stikke huller i træ, læder osv. med □ *sylespids* □ *issyl* · *pløksyl*

syld

SUBST. *-en*

et fundament af sten under en bygningsmur □ *syldsten*

sylespids

ADJ. *-t, -e*

spids som en syl

sylfide

SUBST. *-n*, plur. *-r, -rne*
/syl'fide/

1. (ovrtro, folketro): en kvindelig ånd der menes at bo i luften
2. en spæd, fin kvindeskikkelse

syllabisk

ADJ. *-t, -e*
/syl'labisk/

som har at gøre med stavelser □ *tosyllabisk* · *trisyllabisk* • som danner en stavelse el. kernen i en stavelse = STAVELSESDANNENDE □ *ordet 'lejr' udtales ofte med syllabisk r*

sylte[1]

SUBST. *-n*, plur. *-r, -rne*

en ret af kogt, ituskåret kød som afkøles i egen kogelage til den er stiv og kan skæres i skiver; spises kold med bl.a. rugbrød, sennep og syltede rødbeder som tilbehør □ *presse kød og lage til sylte* · *mager sylte* · *fed sylte* □ *syltesuppe* □ *grisesylte* · *julesylte* · *kalvesylte* · *pressesylte* · *trillesylte* · *urtesylte*

sylte[2]

VERB. *-r, -de, -t*

1. sylte ngt konservere frugt og grøntsager ved at indkoge dem med sukker el. nedlægge dem i en lage af eddike, sukker og salt□ *i morgen skal vi sylte · sylte agurker · syltede rødbeder* □ *syltning · sylteglas · syltekrukke · syltekrydderi · syltetøj* □ *eddikesylte · råsylte · sukkersylte*
2. sylte ngt undlade at behandle noget □ *sagen blev syltet i ministeriet*

sylteagurk

SUBST. *-en,* plur. *-er, -erne*

= DRUEAGURK

syltekrukke

SUBST. *-n,* plur. *-r, -rne*

en krukke der bruges til syltet frugt og grønt

syltetøj

SUBST. *-et*

frugt som er kogt med vand og sukker; er mere flydende end marmelade ≠ MARMELADE □ *koge syltetøj · franskbrød med syltetøj · et glas syltetøj* □ *syltetøjsasiet · syltetøjsglas · syltetøjskrukke · syltetøjsmad · syltetøjsske* □ *brombærsyltetøj · hindbærsyltetøj · jordbærsyltetøj · solbærsyltetøj*

syltetøjsglas

SUBST. *~glasset,* plur. *~glas, ~glassene*

et glas til opbevaring af syltetøj

symaskine

SUBST. *-n,* plur. *-r, -rne*

en maskine til at sy med□ *en elektrisk symaskine · en gammeldags symaskine* □ *symaskinebord · symaskinenål · symaskineolie* □ *industrisymaskine*

symbiose

SUBST. *-n,* plur. *-r, -rne*
/symbi'ose/

(biologi): samliv mellem dyr el. planter fra forskellige arter; især om et samliv der er til gensidig nytte for begge arter □ *eremitkrebs og søanemoner lever i symbiose* • et meget nært forhold mellem to personer el. parter, især om et forhold der er til gensidig nytte □ *deres ægteskab er en symbiose · tekstforfatteren og grafikeren indgår i en symbiose · de to virksomheders samarbejde minder næsten om en symbiose*

symbol

SUBST. *-et,* plur. *-er, -erne*
[*sym'bo'l* el. *søm'bo'l*]

1. noget som repræsenterer noget andet, fx en idé el. et begreb = SINDBILLEDE □ *på dette maleri er træet symbol på livet, slangen er symbol på det onde* □ *fallossymbol · statussymbol*
2. et bogstavtegn el. en figur som repræsenterer en handling el. en ting; det kan fx være et tegn i matematik el. musik el. en figur i en vaskeanvisning el. på et skilt = TEGN □ *matematiske symboler · det kemiske symbol for vand er* H_2O

symbolik

SUBST. *symbolikken*
/symbo'lik/

læren om symboler • det at udtrykke noget ved hjælp af symboler

symbolisere

VERB. *-r, -de, -t*
/symboli'sere/

symbolisere ngt repræsentere noget i form af noget andet = STÅ FOR □ *i litteraturen symboliserer den røde farve ofte kærligheden · kronen symboliserer kongemagten* □ *symbolisering*

symbolisme

SUBST. *-n*
/symbo'lisme/

en retning inden for billedkunst og litteratur som søger at udtrykke det ubevidste ved hjælp af symboler; opstod i slutningen af 1800-tallet i Frankrig

symbolistisk

ADJ. *- , -e*
/symbo'listisk/

som vedrører symbolismen

symbolsk

ADJ. *- , -e*
/sym'bolsk/

1. som er et symbol på noget andet □ *træet på maleriet skal opfattes symbolsk*
2. som er af en ubetydelig størrelse □ *en symbolsk erstatning · et symbolsk beløb*

symfoni

SUBST. *-en,* plur. *-er, -erne*
[*symfo'ni'* el. *sømfo'ni'*]

1. et større musikstykke for orkester, oftest i tre el. fire satser□ *Mahlers 9. symfoni* □ *symfonisk*
2. en symfoni af ngt udtryk for at noget findes i en stor og forskelligartet mængde; især om farver □ *han bruger en symfoni af farver i sine billeder · buketten var en symfoni af røde og violette nuancer*

symfoniker

SUBST. *-en,* plur. *-e, -ne*
/sym'foniker/

en person som spiller i et symfoniorkester • en person som skriver symfonier

symfoniorkester

SUBST. *-et* (el. *~orkestret*), plur. *~orkestre, ~orkestrene*

et stort orkester med mange forskellige grupper af instrumenter

symmetri

SUBST. *-en,* plur. *-er, -erne*
/symme'tri/

det at to halvdele el. sider er nøjagtigt ens, sådan at de hver især er hinandens spejlbillede ≠ ASYMMETRI □ *der er fuldstændig symmetri i bygningens facade, idet der er 3 ens vinduer på hver side af døren · symmetrien i hans ansigt gav ham et perfekt udseende* □ *symmetrisk*

symmetrisk

ADJ. *- , -e*
/sym'metrisk/

som viser symmetri ≠ ASYMMETRISK □ *et symmetrisk mønster · symmetrisk anlagte blomsterbede*

sympati

SUBST. *-en,* plur. *-er, -erne*
[*sympa'ti'* el. *sømba'ti'*]

en venlig og forstående indstilling = VELVILJE ≠ ANTIPATI □ *nære sympati for nogen · jeg har stor sympati for ideen · du har min fulde sympati · de nedlagde arbejdet i sympati med de strejkende chauffører* □ *sympatistrejke · sympatitilkendegivelse*

sympatisere

VERB. *-r, -de, -t*
/sympati'sere/

sympatisere med ng(t) føle velvilje over for el. støtte nogen el. noget = STØTTE, LIDE □ *jeg sympatiserer ikke med ham · han sympatiserede med tyskerne under krigen · hun sympatiserer med boykotten selv om den rammer hende selv*

sympatisk

ADJ. *- , -e*
/sym'patisk/

som vækker sympati = TILTALENDE □ *en sympatisk ung mand · have et sympatisk væsen*

sympatisør

SUBST. *-en,* plur. *-er, -erne*
/sympati'sør/

en person som sympatiserer med en bevægelse, parti el.lign. uden at være aktivt medlem = TILHÆNGER □ *de tyske Baader-Meinhof-terrorister havde mange sympatisører på venstrefløjen*

symposion

SUBST. *symposiet,* plur. *symposier, symposierne*
/sym'posion/

et drikkelag hvor der holdes åndfulde diskussioner = SYMPOSIUM

symposium

SUBST. *symposiet,* plur. *symposier, symposierne*
/sym'posium/

1. et møde hvor forskere drøfter et emne og udveksler erfaringer □ *lægerne holder symposium for at diskutere den nyeste forskning på området*
2. = SYMPOSION

symptom

SUBST. *-et,* plur. *-er, -erne*
[*sym'to'm*]

tegn på en tilstand især sygdom = TEGN, KENDETEGN, TRÆK, SYGDOMSTEGN □ *feber og hoste er symptomer på forkølelse · tortur er et symptom på et sygt samfund* □ *symptomatisk · symptombehandling* □ *abstinenssymptom*

symptomatisk

ADJ. *- , -e*
[*symto'ma'tisk*]

som er symptom på en sygdom□ *en symptomatisk sygdom* • som er tegn på noget dårligt =

BETEGNENDE, KENDETEGNENDE □ *partiernes lave medlemstal er symptomatisk for folks mistillid til politikerne*

syn[1]

SUBST. *-et,* plur. *syn, -ene*

1. evnen til at kunne se = SYNSEVNE, SYNSSANS □ *hun har mistet synet · have nedsat syn på højre øje* □ *synsk · synsbedrag · synsfelt · synshæmmet · synsindtryk · synsnerve · synsprøve · synssans · synsstyrke · synsvidde* □ *langsyn · nærsyn · selvsyn* • noget som kan ses □ *det var et yndigt syn · synet af moderen beroligede barnet · skaderne efter bomben var et skrækkeligt syn* • **få syn for sagn** el. **sagen** få noget bekræftet ved selv at se det • **komme til syne** dukke op □ *skibet kom til syne i horisonten* • **ikke slippe ng af syne** ikke lade være med at holde øje med nogen □ *du må ikke slippe dem af syne et øjeblik* • **tabe ng(t) af syne** udtryk for at man ikke længere kan få øje på en person el. en ting □ *hun tabte ham af syne i folkemængden · de tabte flyet af syne*
2. syn på ng(t) en mening om en person el. en sag □ *hvad er dit syn på vores nye fiskeriminister? · jeg deler ikke dit syn på medarbejderindflydelse* □ *synspunkt · synsvinkel* □ *folkesyn* • **for syns skyld** el. **et syns skyld** af hensyn til andres mening □ *han gik kun med til mødet for syns skyld*
3. en besigtigelse og en bedømmelse af en genstands kvalitet □ *bilen skal til syn i morgen · syn og skøn* □ *synsforretning · synsmand*
4. i synet i ansigtet □ *bolden ramte ham lige midt i synet*

syn[2]

SUBST. *-et,* plur. *-er, -erne*

en overnaturlig oplevelse hvor man ser noget for sig som ikke eksisterer i virkeligheden = VISION □ *få et natligt syn · se syner ved højlys dag* □ *drømmesyn*

synagoge

SUBST. *-n,* plur. *-r, -rne*
[syna'goge]

en jødisk kirke

synd[1]

SUBST. *-en,* plur. *-er, -erne*

1. (kristendom): en handling som strider mod Guds bud □ *det er en synd at stjæle · begå en alvorlig synd · Kristus tog menneskenes synder på sine skuldre · bede om syndernes forladelse · den gammeltestamentlige idé om at forfædrenes synder kan nedarves* □ *syndig · synderegister · syndflod · syndsbekendelse · syndsforladelse · syndsfri* □ *arvesynd · dødssynd* • en forkert el. umoralsk handling, ofte af seksuel karakter □ *disse kvinder bedriver synd · syndens gade* □ *syndig* □ *efterladelsessynd* • **dø i synden** undgå følgerne af sine handlinger □ *han skal ikke dø i synden* • **for ngs synders skyld** (spøg.): som nogens straf for noget □ *jeg blev leder af virksomheden for mine synders skyld* • **leve i synd** (glds.): leve sammen i et seksuelt forhold uden at være gift • **syndens sold** se under *sold*
2. synd og skam el. **en synd og skam** udtryk for at noget er ærgerligt □ *det er en synd og skam at du ikke kan komme til festen*

synd[2]

ADJ.

1. som vækker medfølelse = TRIST, ÆRGERLIG □ *det er synd for hende · det var synd du ikke kunne komme til festen*
2. = FORKERT □ *det ville være synd at sige at udflugten gik godt · det ville være synd andet end at holde fri i dag*

synde

VERB. *-r, -de, -t*

handle imod Guds vilje, religiøse forestillinger, den almindelige seksualmoral el. andre udbredte regelsæt = FORBRYDE SIG, FORSYNDE SIG □ *synde mod Gud · synde mod det sjette bud · synde mod selskabslivets uskrevne love*

syndebuk

SUBST. *~bukken,* plur. *~bukke, ~bukkene*

en uskyldig person der får skylden for andres misgerninger = OFFERLAM

syndefald

SUBST. *-et,* plur. *~fald, -ene*

et moralsk fald; især bibelsk om menneskenes fald fra den oprindelige uskyldstilstand, symboliseret ved Adam og Eva der spiser af kundskabens træ og uddrives af Paradiset □ *syndefaldsberetning*

syndefuld

ADJ. *-t, -e*

som indeholder el. begår mange synder □ *hun døde efter et langt og syndefuldt liv · syndefulde tanker · det er en syndefuld slægt*

synder

SUBST. *-en,* plur. *-e, -ne*

1. (spøg.): en person el.lign. som er skyldig i en forseelse □ *der var knaldet en rude, men ingen ville røbe hvem synderen var · her har vi synderen, det er katten der har spist fisken*
2. (i religion): en person der har gjort noget moralsk forkert som må fordømmes □ *en angergiven synder · synderne kommer i helvede · toldere og syndere* □ *synderinde*

synderegister

SUBST. *-et* (el. *~registret*), plur. *~registre, ~registrene*

en optegnelse over en persons kriminelle gerninger i fortiden; også almindeligt om de forkerte el. umoralske handlinger en person har begået i tidens løb = GENERALIEBLAD □ *forbryderen havde et langt synderegister · præsidentkandidaten måtte trække sig da hans synderegister blev oprullet i pressen*

synderlig

ADJ. *-t, -e*

ikke synderlig = IKKE SÆRLIG □ *det gør ingen synderlig forskel · der er ingen synderlig grund til at nævne det · det gik uden synderlige problemer · det er ikke synderlig varmt i dag*

syndflod

SUBST. *-en,* plur. *-er, -erne*

1. ⟨ikke plur.⟩ (i Det Gamle Testamente): en stor oversvømmelse som ramte Jorden som straf for menneskenes synder • **fra før syndfloden** udtryk for at noget er meget gammelt el. gammeldags □ *den hat er fra før syndfloden*
2. et voldsomt regnskyl
3. en stor mængde af noget □ *en syndflod af udsalgsvarer · en syndflod af eder og forbandelser*

syndig

ADJ. *-t, -e; -ere, -st*

(glds.): som er præget af synd □ *et syndigt menneske · syndige tanker og handlinger · føre et syndigt liv* • som er voldsom og nærmest umoralsk □ *et syndigt rod · en syndig larm · hun følte en syndig lyst til kager*

syndikalisme

SUBST. *-n*
[søndika'lismə]

en revolutionær fagforeningsbevægelse som søgte at afskaffe kapitalismen og overføre produktionsmidlerne til fagforeningerne; fik stor udbredelse ca. 1880-1920, især i Frankrig, Italien og Spanien

syndikat

SUBST. *-et,* plur. *-er, -erne*
[søndi'ka'f]

en sammenslutning af forretningsforetagender med fælles salgsorganisation

syndrom

SUBST. *-et,* plur. *-er, -erne*
[syn'dro'm]

en bestemt samling af træk som tilsammen er typiske for en sygdom, en krise el. en anden tilstand □ *hans hallucinationer og hans urolige adfærd er syndrom for en psykisk sygdom* • en sygdom, en krise el. en anden tilstand som typisk viser sig ved en bestemt samling af træk □ *han lider af et tvangsneurotisk syndrom*

syndsforladelse

SUBST. *-n*

det at Gud tilgiver nogen deres synder; især i den katolske kirke, efter skriftemål = ABSOLUTION, TILGIVELSE, AFLAD □ *præsten gav morderen syndsforladelse*

syne

VERB. *-r, -de, -t*

1. syne ngt vurdere noget med henblik på evt. godkendelse = INSPICERE □ *bilen skal synes ved overtagelse · lejligheden skal afleveres synet og istandsat · lade noget syne af sagkyndige*
2. syne af ngt give indtryk af □ *huset syner ikke af ret meget udefra · to mand syner selvfølgelig ikke af så meget som et kompagni · det syner ikke af noget*

synergi

SUBST. *-en*
[syner'gi]

= SYNERGISME □ *der opstod synergi mellem gruppens medlemmer* • effekten af synergisme = SYNERGIEFFEKT

synergisme

SUBST. *-n*
[syner'gismə]

samvirke mellem to el. flere kræfter som giver en større effekt end blot summen af de enkelte kræfter

synes

VERB. *synes, syntes, syntes*

1. se ud som om = FOREKOMME, LADE TIL, SE UD TIL, VIRKE □ *husene synes større end de egentlig er · alt håb syntes ude · det synes som om forsøget mislykkedes*
2. synes ngt have en bestemt opfattelse af og holdning til noget = MENE, FINDE □ *jeg synes at filmen var god · du skal sige hvad du synes · hvad synes I jeg skal sige?* • **synes om ng(t)** føle positivt for nogen el. noget = HOLDE AF, BRYDE SIG OM, KUNNE LIDE □ *jeg synes ikke om ham · hvad synes du om farven? · jeg synes godt om at gå på udstilling*

synftig

ADJ. *-t, -e*

(glds.): som udtrykker sig på en direkte og friskfyragtig måde = BRAMFRI □ *et synftigt sprog · synftige manerer* □ *synftighed*

synge

VERB. *-r, sang, sunget (sungen, sungne)*

1. synge ngt frembringe musik el. sang med stemmen = AFSYNGE □ *hun synger smukt · lad os synge en sang · synge af fuld hals · synge Carmen i operaen af samme navn · synge duet · synge falsk · synge fra bladet · synge højt · fuglene starter med at synge tidligt om morgenen · nattergalen synger* □ *syngepige · syngespil* □ *afsynge · indsynge* • **synge for** være forsanger el. starte før andre falder ind □ *hun sang for i kirken* • **synge med** falde ind i en sang som andre er i gang med at synge □ *jeg synger selve verset og I synger med på omkvædet* • **synge ud** synge kraftigt
2. (sprog): tale dansk uden stød og med en anden fordeling af tonehøjder end i rigsdansk □ *fynboerne synger på ordene · han snakker syngende fynsk*
3. afgive en vibrerende, høj lyd som giver genlyd = RUNGE □ *det synger for mine ører · hun fik et slag i hovedet, så det sang*
4. i forsk. forb.: • **det blev ikke sunget ved {hans} vugge** det var der ingen der havde forestillet sig om ham □ *det blev ikke sunget ved hans vugge at han skulle blive så berømt* • **hver fugl synger med sit næb** man bruger de evner man har • **høre en lille fugl synge om ngt** høre et rygte om noget • **synge ngs pris** rose nogen • **synge på sit sidste vers** se under *vers* • **så man kan høre englene synge** udtryk for at noget er vidunderligt □ *det smagte så godt så man kunne høre englene synge*

syngespil

SUBST. *~spillet,* plur. *~spil, ~spillene*

et skuespil med indlagte sange = SANGSPIL, VAUDEVILLE

synke

VERB. *-r, sank, sunket (sunken, sunkne)*

1. bevæge sig til et lavere niveau, især til bunds i havet el. noget andet flydende = FALDE, GÅ NED □ *den synkende sol · faldskærmen sank mod jorden · hovedet sank ned til brystet · han sank ned i en stol · hun sank om på gulvet · han sank død om* • blive lavere i værdi osv. □ *han sank i min agtelse · humøret synker · priserne på huse synker · standarden synker · temperaturen synker · vandstanden synker · han er sunket dybt · de sank ned i fattigdom* • forfalde til en negativ sindstilstand □ *han sank hen i sløvhed · hun sank sammen i sorg* • **synke i grus** (glds.): blive til en ruin □ *slottet sank i grus*
2. synke ngt få føde, drikke el. andet til at bevæge sig fra mundhulen ned igennem spiserøret = SLUGE, NEDSVÆLGE, SVÆLGE □ *jeg skal lige synke min mad · hun kan ikke synke piller* □ *synkebesvær · synkebevægelse · synkerefleks* • **synke en ekstra gang** blive lidt forskrækket el. overrasket over noget
3. i forsk. forb.: • **lade ngt synke ind** bearbejde fx et indtryk el. en oplevelse • **være som sunket i jorden** være sporløst forsvundet

synkefærdig

ADJ. *-t, -e*

som er lige ved at synke □ *et synkefærdigt skibsvrag · båden nåede synkefærdig i havn*

synkope

SUBST. *-n,* plur. *-r, -rne*
/syn'kope/

1. (musik): en rytmisk forskydning hvor et ubetonet slag trækkes sammen med det følgende betonede slag
2. (sprogvidenskab): bortfald af en vokal mellem to konsonanter, fx bortfald af *e'* et i *cykel* i bøjningsformen *cykler*

synkopere

VERB. *-r, -de, -t*
/synko'pere/

1. synkopere ngt (musik): forskyde et slag rytmisk så der opstår en *synkope* □ *synkoperede jazzrytmer* □ *synkopering*
2. synkopere ngt udsætte en stavelse for synkope □ *'cykel' synkoperes i pluralis: 'cykler'* □ *synkopering*

synkretisere

VERB. *-r, -de, -t*
/synkreti'sere/

synkretisere ngt forene el. forsøge at forene synspunkter fra forskellige filosofiske el. religiøse retninger □ *synkretisering*

synkron

ADJ. *-t, -e*
[syŋ'kro'n]

1. som foregår el. udføres på samme tid og på samme måde = SAMTIDIG ≠ ASYNKRON □ *synkronsvømning* • (om motor): som har et konstant omdrejningstal som bestemmes af vekselstrømmens frekvens og ikke af motorens belastning ≠ ASYNKRON □ *asynkronmotorens rotor er til stadighed en smule bagefter det synkrone omdrejningstal* □ *synkronmotor*
2. som betragter noget på en ikke-historisk måde = SYNKRONISK ≠ DIAKRON, AKRON □ *synkron sprogforskning*

synkronisere

VERB. *-r, -de, -t*
/synkroni'sere/

synkronisere ngt få noget til at arbejde i takt med noget andet □ *synkronisere urene · synkronisere bevægelser* □ *synkronisering* • **synkronisere ngt** (film): bearbejde en film så den forsynes med lyd, el. så en lydoptagelse erstattes med en anden, især i forbindelse med oversættelse el. udskiftning af stemmer = EFTERSYNKRONISERE □ *de fleste film i Frankrig, Tyskland og Italien bliver synkroniserede · filmen er synkroniseret til spansk · den engelske skuespiller er blevet synkroniseret til kinesisk tale* □ *synkronisering*

synkronisk

ADJ. *- , -e*
/syn'kronisk/

= SYNKRON

synlig

ADJ. *-t, -e*

som kan ses ≠ USYNLIG □ *havet er synligt fra vinduet · kometen er synlig med det blotte øje · han var synlig lettet · nu er snyderiet blevet synligt for enhver* □ *synliggøre*

synode

SUBST. *-n,* plur. *-r, -rne*
/sy'node/

en besluttende el. rådgivende kirkeforsamling = KIRKEMØDE, KONCIL

synonym[1]

SUBST. *-et,* plur. *-er, -erne*
/syno'nym/

et ord der har samme el. næsten samme betydning som et andet ord på samme sprog, fx er *slet, dårlig* og *ringe* synonymer ≠ ANTONYM □ *synonymordbog*

synonym[2]

ADJ. *-t, -e*
/syno'nym/

som har samme el. næsten samme betydning

synonymi

SUBST. *-en*
/synony'mi/

det forhold at to el. flere ord er synonyme

synopsis el. synopse

SUBST. *synopsen,* plur. *synopser, synopserne*
/syn'opsis/

1. en kort sammenfatning af noget længere, fx en film, en bog el. en fagtekst = RESUMÉ, ABSTRAKT • et oplæg til en opgave med angivelse af emneafgrænsning, metode og disposition □ *du skal lave en synopsis før du går i gang*
2. en opstilling af tekster i parallelle spalter så enkeltheder der svarer til hinanden, kan sammenlignes; fx om sammenstilling af de tre første evangelier, Mattæus, Markus og Lukas

synoptisk

ADJ. *- , -e*
/syn'optisk/

som er formuleret som en kortfattet oversigt □ *en synoptisk fremstilling* • **de synoptiske evangelier** de tre første evangelier, Mattæus, Markus og Lukas, som har så stor indbyrdes lighed at de kan opstilles i en *synopsis*

synsbedrag

SUBST. *-et,* plur. *~bedrag, -ene*

en forkert opfattelse af noget man har set = FATAMORGANA □ *desværre var det store vandhul under ørkenpalmen et synsbedrag · han forsøgte at slå oplevelsen hen som et synsbedrag*

synsfelt

SUBST. *-et*, plur. *-er, -erne*

det område man kan se □ *når man sidder på første række fylder biograflærredet næsten hele synsfeltet* · *sidespejlene udvider bilistens synsfelt*

synsforretning

SUBST. *-en*, plur. *-er, -erne*

et erhverv udført af syns- og skønsmænd der afgiver en bedømmelse af et forhold i en retssag, fx et bevismiddel, efter forudgående besigtigelse = SKØNSFORRETNING □ *foretage en synsforretning* □ *syns- og skønsforretning*

synshæmmet

ADJ. - , *~hæmmede*

= SVAGTSEENDE

synsindtryk

SUBST. *~indtrykket*, plur. *~indtryk, ~indtrykkene*

noget man ser □ *byens mangfoldighed af synsindtryk*

synsk

ADJ. - (el. *-t*), *-e*

som har evnen til at se ind i fremtiden = CLAIRVOYANT, VISIONÆR

synskreds

SUBST. *-en*

= HORISONT

synsmand

SUBST. *-en*, plur. *~mænd, ~mændene*

en sagkyndig som er beskikket til at foretage et syn el. skøn som grundlag for en afgørelse = SKØNSMAND □ *syns- og skønsmand*

synspunkt

SUBST. *-et*, plur. *-er, -erne*

en bestemt vinkel at se et problem ud fra = SYNSVINKEL □ *prøv at se sagen fra hans synspunkt* · *anlægge nye synspunkter* • en opfattelse af og holdning til noget = MENING □ *hun er altid god for nogle skarpe synspunkter* · *hvad er dit synspunkt i denne sag?*

synsrand

SUBST. *-en*

= HORISONT

synssans

SUBST. *-en*

evnen til at opfatte synsindtryk = SYNSEVNE

synsvidde

SUBST. *-n*

være inden for el. **uden for synsvidde** være så tæt på at man kan ses el. så langt væk at man ikke kan ses □ *skibet var kommet inden for synsvidde* · *selv længe efter at knallerten var uden for synsvidde kunne man høre larmen*

synsvinkel

SUBST. *-en* (el. *~vinklen*), plur. *~vinkler, ~vinklerne*

1. den side hvorfra man ser på noget = PERSPEKTIV, VINKEL □ *set fra denne synsvinkel ser det lige ud*
2. en bestemt måde at betragte et emne på = SYNSPUNKT, BETRAGTNINGSMÅDE, VINKEL □ *fra kommunens synsvinkel var besparelsen en gevinst*

syntaks

SUBST. *-en*, plur. *-er, -erne*

ordenes sammenføjning til sætninger = SÆTNINGSBYGNING □ *syntaksen i sætningen* · *dansk syntaks*

syntaktisk

ADJ. - , *-e*

/syn'taktisk/

som vedrører syntaks

syntese

SUBST. *-n*, plur. *-r, -rne*

/syn'tese/

1. en sammenfatning af forskellige enheder til en helhed ≠ ANALYSE □ *forfatterens ambitiøse projekt er at lave en syntese af biologiens og psykologiens grundlæggende teorier*
2. en fremstilling af en kemisk forbindelse ud fra grundstofferne el. enklere kemiske forbindelser ≠ ANALYSE □ *fotosyntese*

syntetisk

ADJ. - , *-e*

/syn'tetisk/

1. som har at gøre med syntese = SAMMENFATTENDE ≠ ANALYTISK □ *en syntetisk metode*
2. kunstigt frembragt, især ad kemisk vej □ *en bluse af et syntetisk stof* · *syntetisk gummi* · *syntetiske perler* · *nylon er et syntetisk materiale* · *syntetiske farvestoffer* · *syntetiske sødestoffer* · *et syntetisk rusmiddel* · *saftevandet smager syntetisk*
3. syntetisk sprog se *flekterende sprog*

synthesizer

SUBST. *-en*, plur. *-e, -ne*

['søndəsajsɔ el. 'sendəsajsɔ]

et elektronisk musikinstrument med tangenter som kan frembringe og blande næsten alle mulige toner, klange og lyde

sypigetips

SUBST.

det at tippe uden system og uden at kende de enkelte kampes odds □ *hun vandt en 13'er ved sypigetips*

syre[1]

SUBST. *-n*, plur. *-r, -rne*

1. et kemisk stof der reagerer med vand og danner en sur opløsning, og som sammen med baser danner salte; har en surhedsgrad på under 7 og farver lakmuspapir rødt □ *organiske og uorganiske syrer* □ *syrebad* · *syrebestandig* · *syrefast* · *syrerest* □ *borsyre* · *kulsyre* · *oxalsyre* · *salpetersyre* · *saltsyre* · *svovlsyre* • (slang): = LSD
2. en plante med små, rødlige blomster og lysegrønne, lancetformede blade som smager syrligt; latinsk navn *Rumex acetosa* □ *fjeldsyre* · *skovsyre*

syre[2]

VERB. *-r, -de, -t*

syre ngt af ætse noget med syre; det kan være at rense en overflade for maling □ *de fik syret trægulvet og dørkarmene af så man kunne se træet* □ *afsyre*

syrebad

SUBST. *-et*, plur. *-e, -ene*

en fortyndet syre hvori noget anbringes for at undergå en kemisk behandling □ *afsyre en dør i et syrebad*

syren

SUBST. *-en*, plur. *-er, -erne*

/sy'ren/

en busk el. et træ med hjerteformede blade og oprette rosa, lilla, violette el. hvide blomsterklaser; latinsk navn *Syringa* □ *syrenduft* · *syrensæbe*

syrer

SUBST. *-en*, plur. *-e, -ne*

en person fra Syrien

syreregn

SUBST. *-en*

sur nedbør der bl.a. indeholder svovldioxid; medfører forsuring af søer og ødelæggelse af skove

syrisk

ADJ. - , *-e*

som har at gøre med Syrien

syrlig

ADJ. *-t, -e*

som er let sur i smagen el. lugten □ *syrlige bolsjer* · *der var en syrlig duft af rabarber i hele køkkenet* · *æblet smagte syrligt* □ *syrlighed* • som er ironisk og en smule ond = BESK □ *han havde et syrligt udtryk i ansigtet* · *et syrligt smil* · *en syrlig bemærkning* □ *syrlighed*

syrling

SUBST. *-en*, plur. *-er, -erne*

en syre der ikke er fuldt mættet med ilt □ *fosforsyrling* · *klorsyrling* · *salpetersyrling* · *svovlsyrling*

syrne

VERB. *-r, -de, -t*

(om et mælkeprodukt): blive sur □ *mælken syrner i varmen* □ *syrning* • **syrne ngt** gøre et mælkeprodukt let surt □ *på mejeriet syrnes mælken til ymer og fløden til cremefraiche* · *syrnet fløde*

sysle

VERB. *-r, -de, -t*

sysle med ngt være beskæftiget med noget = PUSLE □ *morfar går og sysler i værkstedet* · *hun sysler med store planer*

syssel

SUBST. *-en* (el. *syslen*), plur. *sysler, syslerne*

en stilfærdig mindre anstrengende beskæftigelse som man kan gå til og fra □ *hun tussede rundt og passede sine huslige sysler · åndelige sysler □ sysselsætte □ fritidssyssel*

sysselsætte

VERB. *-r, ~satte, ~sat*

sysselsætte ng med ngt (glds.): = BESKÆFTIGE □ *hun er altid sysselsat med et eller andet □ sysselsætning*

system

SUBST. *-et,* plur. *-er, -erne*
/sy'stem/

1. et sammenhængende hele i hvilket de enkelte dele er indbyrdes relaterede og fungerer efter bestemte principper □ *bremsesystem · kloaksystem · nervesystem · solsystem* • et videnskabeligt klassifikationsprincip □ *Linnés system* • = SAMFUNDSORDEN □ *det kapitalistiske system · han kritiserer altid systemet □ systemkritiker □ etkammersystem · topartisystem*
2. (edb): den samlede mængde af hardware, software og mandskab der er organiseret til løsning af en funktion el. opgave □ *systemanalyse · systemanalytiker · systembeskrivelse · systembibliotek*
3. kroppen med alle dens følelser og funktioner □ *hun kunne ikke få ham ud af systemet*

systematik

SUBST. *systematikken,* plur. *systematikker, systematikkerne*
/systema'tik/

systematisk ordning el. fremstilling □ *der er en næsten demonstrativ systematik i hendes fortællinger □ fagsystematik*

systematisere

VERB. *-r, -de, -t*
/systemati'sere/

systematisere ngt sætte noget i system = ORGANISERE □ *systematisere sine notater · en systematiseret proces □ systematisering*

systematisk

ADJ. *-, -e*
/syste'matisk/

som følger et system = PLANMÆSSIG, METODISK ≠ USYSTEMATISK □ *systematisk træning af kroppen · bogens kapitler har en systematisk opbygning · politiets systematiske efterforskning af mordsagen · gå systematisk til værks · læse et opslagsværk systematisk igennem*

systemkritiker

SUBST. *-en,* plur. *-e, -ne*

en person som åbenlyst kritiserer et lands politiske system og ledelse

systue

SUBST. *-n,* plur. *-r, -rne*

et lokale hvor man syr; det kan være et stort lokale på fx en tekstilkvirksomhed el. et mindre rum i en privatbolig □ *arbejde på en systue □ systuemedarbejder*

sytråd

SUBST. *-en,* plur. *-e, -ene*

en tråd til at sy med □ *en rulle sytråd*

sytten[1]

SUBST.

for sytten mildt kraftudtryk □ *for sytten da, jeg knækkede en negl!*

sytten[2]

TALORD

tallet 17 □ *fylde sytten år*

syttende

TALORD

nummer 17 i en række □ *den syttende maj er det Norges nationaldag*

syttendedel

SUBST. *-en,* plur. *-e, -ene*

en af 17 lige store dele som noget kan deles i

syttener

SUBST. *-en,* plur. *-e, -ne*

noget som har tallet 17, fx en buslinie □ *tage syttener en fra Hovedbanegården*

syttenårig

ADJ. *-t, -e*

som varer sytten år = SYTTENÅRS □ *en syttenårig periode* • som er sytten år gammel = SYTTENÅRS □ *en syttenårig pige*

syttenårs

ADJ.

som varer sytten år = SYTTENÅRIG □ *en syttenårs periode □ syttenårsperiode* • som er sytten år gammel = SYTTENÅRIG

sytøj

SUBST. *-et,* plur. *-er, -erne*

et stykke tøj man er ved at sy el. brodere

syv

TALORD

tallet 7 □ *en uge har syv dage · klokken er kvart over syv · verdens syv underværker · de syv dødssynder □ syvarmet · syvmileskridt · syvoghalvfjerds · syvsover · syvtal · syvårig □ halvsyv* • **syv, ni, tretten** udtryk som man siger for at afværge noget ondt □ *jeg har, syv, ni, tretten, aldrig været udsat for tyveri* • **syv lange og syv brede** udtryk for at noget tager lang tid □ *foredraget varede syv lange og syv brede*

syvende

TALORD

1. nummer 7 i en række □ *hun går i syvende klasse · Frederik den Syvende*
2. være i den syvende himmel se under *himmel*
3. til syvende og sidst = OMSIDER □ *så gjorde du det til syvende og sidst!* • **til syvende og sidst** udtryk for at noget er den grundlæggende del af en sammenhæng = I SIDSTE ENDE, NÅR ALT KOMMER TIL ALT, I SIDSTE INSTANS □ *til syvende og sidst er det et spørgsmål om penge*

syvendedel

SUBST. *-en,* plur. *-e, -ene*

en af 7 lige store dele som noget kan deles i

syver

SUBST. *-en,* plur. *-e, -ne*

noget som har tallet el. værdien 7, fx en bestemt buslinie el. et spillekort □ *syverens endestation · der er fire syvere i et spil kort*

syvmileskridt

SUBST. *-et,* plur. *~skridt, -ene*

(folkeeventyr): et skridt som er syv mil langt, og som man kan tage med magiske støvler • = KÆMPESKRIDT □ *med digitaliseringen af medierne tager vi et syvmileskridt ind i informationssamfundet*

syvsover

SUBST. *-en,* plur. *-e, -ne*

en person som sover længe om morgenen

syvti

TALORD

tallet 70; anvendes bl.a. på checks og postanvisninger hvor et beløb angives med bogstaver = HALVFJERDS □ *syvtito · syvtitre*

syvtiden

SUBST.BEST.

ved syvtiden omkring klokken syv □ *jeg kommer ved syvtiden*

syvårig

ADJ. *-t, -e*

som varer syv år = SYVÅRS □ *en syvårig periode* • som er syv år gammel = SYVÅRS □ *en syvårig dreng*

syvårs

ADJ.

som varer syv år = SYVÅRIG □ *en syvårs periode* • som er syv år gammel = SYVÅRIG □ *en syvårs pige*

sæbe[1]

SUBST. *-n,* plur. *-r, -rne*

et middel der anvendes med vand, og som man vasker sig med el. gør rent med □ *brun sæbe · et stykke sæbe · vaske sig med sæbe · hælde sæbe i vaskemaskinen · blande sæbe og vand □ sæbeboble · sæbeduft · sæbeholder · sæbepulver · sæbeskum · sæbespån · sæbevand □ håndsæbe · lavendelsæbe* • **brun sæbe** geleagtig brun sæbe der er fremstillet af vegetabilske planteolier, og som bl.a. bruges til rengøring af ubehandlet træ

sæbe[2]

VERB. *-r, -de, -t*

sæbe ngt af gøre ting el. flader rene med sæbe □ *væggene blev sæbet af* • **sæbe ng ind** vaske en person med sæbe □ *hun sæbede sig ind · moderen sæbede barnet ind*

sæbeboble

SUBST. *-n,* plur. *-r, -rne*

en boble som dannes ved at man dypper en særlig ring i sæbevand og puster til den □ *blæse sæbebobler · sæbebobler brister let*

sæbekassebil

SUBST. *-en,* plur. *-er, -erne*

en hjemmelavet bil af træ som børn kan lege med □ *drengene skiftedes til at skubbe hinanden rundt i sæbekassebilen*

sæbespåner

SUBST.PLUR. *-ne*

sæbe i tynde små stykker □ *en pose sæbespåner* · *vaske gulvet med sæbespåner*

sæbeøje

SUBST. *-t,* plur. *~øjne, ~øjnene*
[alm. ˈsæˈvəɔjə]

(spøg.): et øje hvis omgivelser er blodunderløbne af slag el. stød = BLÅT ØJE

sæd[1]

SUBST. *-en*

1. en mængde frø som lægges i jorden; bruges også om afgrøde på marken = KORN □ *landmændene såede sæden i jorden* □ *sædskifte* □ *vintersæd* · *valsæd*
2. en væske der produceres i de mandlige kønsorganer, og som indeholder *sædceller* = SPERM, SÆDVÆSKE □ *sædafgang* · *sædbank* · *sædcelle* · *sæddonor* · *sædvæske*

sæd[2]

SUBST. *-en,* plur. *-er, -erne*

(glds., poet.): = SÆDVANE □ *efter gammel sæd* · *indianernes sæder og skikke* · *lære gode sæder* · *sædernes forfald*

sædafgang

SUBST. *-en,* plur. *-e, -ene*

= EJAKULATION

sædcelle

SUBST. *-n,* plur. *-r, -rne*

hver af de hanlige kønsceller som dannes i testiklerne; er opbygget af et hoved og en hale som slår fra side til side og derved bevæger cellen fremad = SPERMATOZO ≠ ÆGCELLE

sæde

SUBST. *-t,* plur. *-r, -rne*

1. den del af en stol el.lign. som man sidder på □ *stolens ryglæn og sæde* · *et polstret sæde* · *sæderne i biografen kan slås op* · *sædet på en sofa* · *et glidende sæde i en robåd* □ *stolesæde* • en siddeplads i fx bil, tog, el. fly □ *bilens sæder var betrukket med blåt stof* □ *bagsæde* · *bilsæde* · *flysæde* · *forsæde* · *togsæde* • (form.): et sted hvor nogen sidder □ *vige sædet for en anden*
2. (medicin): = BAGDEL □ *rytteren skal sidde med sædet i sadlens dybeste del* · *mærker af slag i sædet* □ *sædemuskel*
3. en embedsstilling som en person indtager el. et hjemsted for fx en institution □ *han har sæde i flere udvalg* · *dommeren må vige sit sæde* · *byen blev sæde for den nye parlamentsbygning* · *FN har sæde i New York* · *regeringens sæde er København* □ *bispesæde* · *dommersæde* · *enkesæde* · *herresæde* · *hovedsæde* · *højsæde*
4. føle sig sikker i sædet føle at ens position ikke kan trues

sædekorn

SUBST. *-et,* plur. *~korn, -ene*

et frø der bruges til såning, fx et hvedekorn der sås på en mark = SÅKORN □ *til efteråret skal vi have leveret bedre sædekorn og kunstgødning*

sædelig

ADJ. *-t, -e*

som har at gøre med seksualmoral □ *sædelig renhed* · *sædelig fordærvelse* □ *sædelighed* • (form.): som har en streng moral, især med hensyn til seksuel udfoldelse = DYDIG, TUGTIG ≠ USÆDELIG □ *føre et sædeligt liv* · *et sædeligt hjem*

sædelighed

SUBST. *-en*

= SEKSUALMORAL □ *krænkelse af sædeligheden* · *forbrydelser mod sædeligheden* □ *sædelighedsforbrydelse* · *sædelighedsforbryder* · *sædelighedspoliti*

sædelighedsforbrydelse

SUBST. *-n,* plur. *-r, -rne*

en forbrydelse som fx voldtægt, seksuelt misbrug el. blufærdighedskrænkelse

sædelighedsforbryder

SUBST. *-en,* plur. *-e, -ne*

en person der forbryder sig seksuelt mod andre = SEKSUALFORBRYDER

sædleder

SUBST. *-en,* plur. *-e, -ne*

et rørformet organ der transporterer sæd fra testiklen hos dyr og mennesker af hankøn

sædv.

fork. for *sædvanlig*

sædvane

SUBST. *-n,* plur. *-r, -rne*

den måde man plejer at handle på = PRAKSIS, KUTYME, BRUG, SÆD □ *mod sædvane blev han væk uden at melde afbud* · *sædvanen tro mødte han op til spisetid*

sædvanemæssig

ADJ. *-t, -e*

(form.): som følger normal sædvane = SÆDVANLIG, HABITUEL, ORDENTLIGVIS □ *sædvanemæssig betaling*

sædvanlig

ADJ. *-t, -e*
/sædˈvanlig/

som plejer at være tilfældet i en bestemt situation = VANLIG, VANT, GÆNGS, ALMINDELIG □ *dette er den sædvanlige måde at løse problemet på* · *være mere venlig end sædvanlig* · *være lidt ud over det sædvanlige* · *han kom som sædvanligt for sent* · *han kommer med de sædvanlige indvendinger*

sædvanligvis

ADV.
/sædˈvanligvis/

= SOM REGEL □ *det er sædvanligvis mig der køber ind*

sæk

SUBST. *sækken,* plur. *sække, sækkene*

stor pose □ *en sæk kartofler* · *en sæk affald* · *kjolen hænger som en sæk på hende* · *tage sækken på nakken* □ *affaldssæk* · *papirsæk* · *postsæk* • (neds.): = KVINDE □ *den sæk har taget min kæreste*

sækkekjole

SUBST. *-n,* plur. *-r, -rne*

en kjole af form som en sæk, dvs. med samme vidde hele vejen

sækkelærred

SUBST. *-et,* plur. *-er, -erne*

groft lærred af hamp el. blår; bruges fx til fremstilling af hessian □ *sækkelærredskittel*

sækkeløb

SUBST. *-et,* plur. *~løb, -ene*

et væddeløb hvor deltagerne hopper el. løber af sted med en sæk trukket op om benene og underkroppen

sækkepibe

SUBST. *-n,* plur. *-r, -rne*

et blæseinstrument som består af en lædersæk hvori luften blæses ind og herfra presses ud i tre piber hvoraf en har gribehuller; er især kendt fra Skotland □ *sækkepibespiller*

sækkevogn

SUBST. *-en,* plur. *-e, -ene*

en trækvogn på to hjul til transport af fx sække og kasser ved håndkraft

sæl

SUBST. *-en,* plur. *-er, -erne*

et pattedyr der lever i vand, og som har store øjne og luffer med kløer; vigtigt fangstdyr i Grønland; flere arter, bl.a. *grønlandssæl, gråsæl* og *ringsæl;* latinsk navn *Pinnipedia* = SÆLHUND □ *sælfanger* · *sælskind* · *sælspæk* · *sæltran*

sælge

VERB. *-r, solgte, solgt*

sælge ng ngt lade ejendomsretten til noget overgå til en anden mod betaling = AFSÆTTE, BORTSÆLGE ≠ KØBE □ *vi har solgt vores hus til naboen* · *sælge varer en gros* · *han sælger blomster ved dørene* · *forretningen sælger møbler på afbetaling* □ *sælger* • **sælge ngt** være genstand for efterspørgsel □ *bogen sælger godt* · *bladet sælger dårligt* • **sælge ng ngt** skabe efterspørgsel blandt forbrugere for en vare □ *de sælger København til turisterne* · *det er en annonce der sælger!* • **sælge ngt fra** sælge en del af noget □ *han solgte to grunde fra* • **sælge ud af ngt** sælge varer i større mængde for at komme af med dem □ *forretningen sælger ud af sine varer* • **sælge ngt for en slik** sælge noget meget billigt □ *bøgerne blev solgt for en slik* • i forsk. forb. • **sælge sig selv** være prostitueret • **være solgt** ikke længere være noget værd □ *hvis denne forretning går i fisk, er jeg solgt* • **være solgt** være meget betaget af nogen el. noget □ *da jeg hørte ham synge, var jeg fuldstændig solgt*

sælgelig

ADJ. *-t, -e*

= SALGBAR □ *kjolen er let sælgelig*

sælger

SUBST. *-en,* plur. *-e, -ne*

1. en person der sælger varer for et firma, enten på stedet el. ved at tage ud til kunderne□ *sælgeren demonstrerede den nye model for kunden* □ *bilsælger* · *dørsælger*
2. en person der sælger en af sine ejendele, fx sit hus ≠ KØBER □ *sælger og køber var blevet enige om prisen* □ *sælgerpantebrev* □ *hussælger*

sælgerpantebrev

SUBST. *-et,* plur. *-e, -ene*

et gældsbevis, især i forbindelse med hushandler, som udstedes af køberen til sælgeren som dækning for en del af sælgerens fortjeneste ved salget.

sælhund

SUBST. *-en,* plur. *-e, -ene*

= SÆL

sællert

SUBST. *-en,* plur. *-er, -erne*

en vare som sælger godt □ *bogen viste sig at være en sællert*

sælsom

ADJ. *-t, sælsomme*

som er mærkelig og samtidig lidt uhyggelig el. mystisk = MYSTISK, MÆRKVÆRDIG □ *en sælsom oplevelse* · *en sælsom historie* □ *sælsomhed*

sænk

SUBST. *-et,* plur. *sænk, -ene*

1. sejle el. **skyde et skib i sænk** få et skib til at synke ved at sejle det ind i noget el. skyde på det • **køre ng(t) i sænk** nedbryde nogen el. noget økonomisk el. psykisk□ *han kørte konkurrenterne i sænk* · *de kørte ham langsomt i sænk med deres psykiske terror* · *de kørte virksomheden i sænk på få måneder*
2. noget tungt der holder fx en fiskesnøre nede i vandet = LOD

sænke

VERB. *-r, -de, -t*

1. sænke ngt bringe noget ned på et lavere niveau el. lade noget falde □ *sænke en kiste i graven* · *sænke vandstanden* · *sænke blikket* · *sænke fanen* · *sænke stemmen* • **sænke ngt** få noget til at synke□ *sænke et skib* · *sænke et lig i havet* • **sænke sig** = DALE □ *mørket sænker sig over landet* · *stilheden sænkede sig i lokalet*
2. sænke ngt gøre noget mindre i omfang el. antal = REDUCERE, FORMINDSKE, MINDSKE, INDSKRÆNKE, NEDSÆTTE □ *sænke prisen* · *sænke omkostningerne*

sænkekøl

SUBST. *-en,* plur. *-e, -ene*

en køl der kan hæves og sænkes gennem bådens bund

sær

ADJ. *-t, -e*

som er mærkelig på en måde der vækker en let negativ holdning = MÆRKELIG, BESYNDERLIG, APARTE, EXCENTRISK □ *blive sær på sine gamle dage* · *en sær dreng* · *en sær snegl* · *han er, sært nok, ikke blevet klogere* · *det lyder så sært* · *være sært uvillig til at gøre noget* □ *særhed*

særart

SUBST. *-en,* plur. *-er, -erne*

(glds.): = EGENART □ *pietismens inderste særart*

særbo

ADJ.

(om planter): som bærer enten han- el. hunblomster; for at sætte frugt må hunplanten modtage pollen fra en hanplante = TVEBO ≠ SAMBO

særdeles

ADV.
/sær'deles/

forstærkende udtryk = OVERORDENTLIG, UTROLIG, VÆLDIG, VANVITTIG □ *hun er særdeles dygtig* · *det er et særdeles velegnet forslag* □ *særdeleshed*

særegen

ADJ. *-t, ~egne*

som er ganske særlig og enestående = EGENARTET, SPECIEL, SÆRPRÆGET, KARAKTERISTISK □ *der er noget særegent ved naturen her* · *rundkirkerne er særegne for Bornholm* □ *særegenhed*

særeje

SUBST. *-t,* plur. *-r, -rne*

det at en del af en persons formue holdes uden for et formuefællesskab, især mellem ægtefæller; også om selve formuen ≠ FÆLLESEJE □ *ægteparret har særeje* · *ejendommen tilhører ham som særeje* · *arven er hustruens særeje* · *inventaret blev gjort til særeje*

særhed

SUBST. *-en,* plur. *-er, -erne*

en egenskab el. vane som afviger fra det normale, og som derfor er påfaldende og lettere irriterende □ *den gamle har sine små særheder* · *trods alle hans særheder er han et elskeligt menneske*

særk

SUBST. *-en,* plur. *-e, -ene*

en løsthængende underbeklædning for kvinder med el. uden ærmer og af varierende længde • en simpel form for chemise

særkende

SUBST. *-t,* plur. *-r, -rne*

et almindeligt kendt træk ved nogen = SÆRTRÆK, KENDEMÆRKE, KARAKTERISTIKUM, SÆRMÆRKE □ *gæstfrihed er et særkende for grækerne*

særklasse

SUBST. *-n,* plur. *-r, -rne*

i særklasse i en overlegen klasse = ENESTÅENDE □ *denne cykelrytter er afgjort i særklasse* · *en i særklasse velsmagende tærte*

særlig

ADJ. *-t, -e*

som har egenskaber der ikke er almindelige = SPECIEL ≠ ALMINDELIG, NORMAL □ *en særlig situation* · *der kan kun bruges en særlig type skruer* · *der var ikke noget særligt ved den bog* · *hun har nu også en særlig form for humor* • ⟨ADV.⟩ udtryk for at noget gælder i høj grad og evt. frem for noget andet = SPECIELT, ISÆR □ *han lagde særligt mærke til hende* · *hun er særlig glad for is* · *der er særlig mange agern i år* • **ikke særlig** = IKKE NÆVNEVÆRDIG, IKKE SYNDERLIG, IKKE RET □ *der er ingen særlig grund til at nævne det* · *det gik uden særlige problemer* · *han er ikke særlig syg* · *de er ikke særlig forskellige* · *det gik ikke særlig godt*

særling

SUBST. *-en,* plur. *-e, -ene*

en sær og mærkelig person der gerne går for sig selv = ORIGINAL, EXCENTRIKER, ENEBOER □ *han er og bliver en særling*

særmærke[1]

SUBST. *-t,* plur. *-r, -rne*

(foræld.): = SÆRKENDE □ *hans særmærke som digter er hans barokke fantasi*

særmærke[2]

VERB. *-r, -de, -t*

særmærke ngt (foræld.): = KENDETEGNE □ *vor tid særmærkes af forjagetheden*

særnummer

SUBST. *-et* (el. *særnumret*), plur. *særnumre, særnumrene*

et nummer af en tryksag som udgives ekstraordinært i en speciel anledning = EKSTRANUMMER □ *til jubilæet udkommer der et særnummer af bladet*

særpris

SUBST. *-en,* plur. *-er, -erne*

en pris som er lavere end normalprisen, og som kun gælder for visse kunder = SPECIALPRIS □ *foreningens medlemmer kan købe bogen til særpris*

særpræg

SUBST. *-et,* plur. *~præg, -ene*

et træk som klart adskiller nogen el. noget fra andre = EGENART, SÆRTRÆK □ *det lokale særpræg er ved at forsvinde* · *man skal prøve at bevare virksomhedens særpræg*

særpræget

ADJ. *- , særprægede*

= SÆREGEN □ *der er noget særpræget ved naturen her* • = MÆRKELIG □ *et særpræget ansigt* · *et særpræget synspunkt* · *de har en særpræget smag* □ *særprægethed*

særrettighed

SUBST. *-en,* plur. *-er, -erne*

= PRIVILEGIUM

særskilt

ADJ. *- , -e*

som er for sig selv = SELVSTÆNDIG, ADSKILT □ *betragte de enkelte problemer særskilt* · *delene sælges ikke særskilt* · *et særskilt soveværelse til børnene* · *nævne noget særskilt*

særstilling

SUBST. *-en*

en særlig, ofte fremtrædende position som nogen el. noget indtager i en given sammenhæng □ *hun indtager en særstilling i det politiske liv • sagen har fået en særstilling i medierne*

særsyn

SUBST. *-et*

et fænomen som sjældent ses = SJÆLDENHED □ *det er et særsyn at se ham i jakkesæt*

særtilfælde

SUBST. *-t,* plur. *særtilfælde, -ne*

et unormalt tilfælde □ *han er noget af et særtilfælde • i visse særtilfælde træder reglerne ud af kraft*

særtog

SUBST. *-et,* plur. *-e* (el. *særtog*), *-ene*

et tog som kører uden for normal køreplan = EKSTRATOG □ *de havde indsat særtog i anledning af fodboldkampen*

særtryk

SUBST. *~trykket,* plur. *~tryk, ~trykkene*

et selvstændigt tryk af enkelt artikel fra et tidsskrift el. en bog

særtræk

SUBST. *~trækket,* plur. *~træk, ~trækkene*

(form.): et træk som klart adskiller nogen el. noget fra andre = KARAKTERISTIKUM, SÆRKENDE, SÆRPRÆG □ *der er visse ubehagelige særtræk ved hans karakter*

sæson

SUBST. *-en,* plur. *-er, -erne*
[*sæ'sɔŋ*]

en del af året hvor noget bestemt foregår el. forefindes □ *teatret åbnede sæsonen med en klassisk forestilling • nu er det sæson for jordbær* □ *sæsonarbejde • sæsonkort • sæsonstart* □ *efterårssæson • feriesæson • teatersæson • jordbærsæson*

sæsonarbejde

SUBST. *-t,* plur. *-r, -rne*

arbejde der er betinget af sæsonen □ *hun har sæsonarbejde i Tivoli* □ *sæsonarbejder*

sæsonarbejder

SUBST. *-en,* plur. *-e, -ne*

en person hvis beskæftigelse er betinget af årstiden, fx om det er turistsæson, sommer el. vinter □ *bærplukkere er sæsonarbejdere • Tivoli beskæftiger mange sæsonarbejdere*

sæt

SUBST. *sættet,* plur. *sæt, sættene*

1. en samling af flere ting som hører sammen □ *et sæt nøgler • et sæt tøj • et sæt tænder • et sæt normer • et sæt undertøj • et sæt guitarstrenge* □ *sætvis* □ *byggesæt • forskærersæt • jakkesæt • kjolesæt • klassesæt • normsæt • salatsæt • samlesæt • tandsæt • tankesæt • topnøglesæt • trommesæt • vognsæt*
2. en kortvarig, heftig og pludselig bevægelse = GIB □ *det gav et sæt i hende af forskrækkelse • han vågnede med et sæt • bilen startede med et sæt*
3. en del af en jazzkoncert el. en kamp i tennis, badminton el.lign. □ *han vandt alle sæt • de måtte ud i tre sæt • nu spiller vi sidste nummer i første sæt, og så er der pause* □ *sætbold*
4. på sæt og vis (glds.): på en måde = EGENTLIG □ *på sæt og vis er han da meget flink*

sætbold

SUBST. *-en,* plur. *-e, -ene*

en bold som kan afgøre udfaldet af et sæt, fx i tennis, badminton, volleyball og squash ≠ MATCHBOLD □ *hun havde tre sætbolde i træk*

sæter

SUBST. *-en,* plur. *-e, -ne*

et område i fjelde og bjerge der om sommeren benyttes som græsgang □ *sæterhytte*

sætning

SUBST. *-en,* plur. *-er, -erne*

1. en forbindelse af ord som danner en afgrænset betydningsmæssig helhed, og som normalt indeholder *subjekt* og *verbal* □ *analysere en sætning* □ *sætningsgrænse • sætningsled • sætningsstruktur* □ *helsætning • ledsætning*
2. = LÆRESÆTNING
3. arbejdet med at sammensætte typer til ord og linier, fx teksten til en bog □ *sætning og trykning af en bog*

sætningsbygning

SUBST. *-en,* plur. *-er, -erne*

= SYNTAKS

sætningskløvning

SUBST. *-en,* plur. *-er, -erne*

en udvidelse af én sætning til to således at et sætningsled fremhæves, fx *det er forældrene der har ansvaret* i modsætning til sætning uden kløvning: *forældrene har ansvaret* = KLØVNING

sætningsknude

SUBST. *-n,* plur. *-r, -rne*

det at et led fra en ledsætning er rykket frem først i en overordnet sætning, fx *dem håber jeg ikke du kommer til at møde* i stedet for *jeg håber ikke du kommer til at møde dem*

sætningsled

SUBST. *-et* (el. *~leddet*), plur. *~led, -ene* (el. *~leddene*)

hver af de selvstændige dele en sætning er opbygget af, bl.a. *subjekt, verbal,* og *objekt*

sætstykke

SUBST. *-t,* plur. *-r, -rne*

en løs teaterdekoration □ *publikum jublede da et sætstykke kom ind i utide*

sætte

VERB. *-r, satte, sat*

1. sætte ng(t) {på} ngt få nogen el. noget til at være et bestemt sted = ANBRINGE, STILLE, PLACERE □ *hun satte skålen på bordet • han satte posen fra sig på stolen • jeg har sat den ind under bordet • jeg satte den udenfor • hun satte hesten i stald • sætte papir i skrivemaskinen • stolen satte mærker i gulvet • sætte penge i banken* □ *indsætte • isætte • landsætte • programsætte • påsætte • søsætte • tilsidesætte* • **sætte ng af** standse et køretøj og lade nogen komme ud □ *du kan sætte mig af på hjørnet* • **sætte ngt over** sætte en gryde el. kedel på komfuret og tænde under den □ *sætte vand over til æg • sætte vand over til te • sætte kartoflerne over* • **sætte sig {i} ngt** anbringe sig i en siddende stilling □ *de satte sig i sofaen • sæt dig ned! • sæt dig op! • sætte sig til bords* • **sætte sig** (om bygninger og bygningsdele): synke lidt sammen el. forskyde sig □ *muren har sat sig så der er opstået en revne*
2. sætte ngt {på} ngt frembringe noget □ *sætte ild på huset • sætte musik til teksten • sætte smag på maden • sætte kulør på tilværelsen* • **sætte ng(t) {i gang}** bevirke at noget sker el. kommer i en bestemt stand el. at nogen gør noget □ *hun satte ham i gang med at rydde op • sætte sagerne i system • sætte tempoet op • sætte teltet op • sætte prisen ned • vi kan ikke sætte tiden tilbage • sygdommen havde sat ham tilbage i udvikling • sætte loven ud af kraft* • **sætte ng fra ngt** fjerne nogen fra en opgave el. et job □ *de satte ham fra opgaven • træneren blev sat fra bestillingen* • **sætte ng til ngt** give nogen en arbejdsopgave □ *hun satte ham til at rydde op • hvad kan vi nu sætte dig til?* • **sætte ngt** bestemme at noget skal gælde □ *sætte en tidsfrist • sætte en dagsorden • sætte sig et mål*
3. sætte ngt forestille sig el. tage udgangspunkt i noget = ANTAGE □ *sæt nu at det går galt! • lad os sætte at x er lig med 10* □ *sætning*
4. sætte ngt (bogtryk): sætte typer sammen til bogstaver, linier og sider □ *bogen skal sættes med stor skrift • sætte en artikel* □ *sætning • sættemaskine* □ *fotosætte*
5. i forsk. forb.: • **sætte af fra ngt** tage afsæt fra noget □ *hun satte af fra kanten af bassinet* • **sætte ngt af** el. **fra til ng(t)** reservere noget fra en større mængde □ *hun satte et stykke kage fra til sønnen • de satte penge af til ferien • sætte tid af til forberedelse* • **sætte efter ng** begynde at løbe el. på anden måde bevæge sig efter nogen for at indhente dem □ *betjenten satte efter den flygtende* • **sætte fra** tage afsæt □ *hun tog afsæt med samlede ben • han tog fra med hånden* • **sætte ng(t) højt** vurdere nogen el. noget højt = VÆRDSÆTTE, SÆTTE PRIS PÅ □ *de sætter ham meget højt • jeg sætter vores venskab meget højt* • **sætte ngt igennem** få gennemført noget □ *han fik sat sin vilje igennem • hun satte andre regler igennem* • **sætte ngt ind på ngt** gøre en indsats for at opnå noget □ *de satte alt ind på at redde gården • sætte alle kræfter ind* • **sætte ngt på ng(t)** sætte penge på noget el. nogen i spil = SATSE, VÆDDE □ *jeg satte 100 kr. på hest nummer 5* • **sætte ngt til** el. **sætte ngt over styr** = MISTE □ *hun satte pengene til på spil • han satte sit helbred til ved det hårde arbejde • sætte livet til* • **sætte ng(t) ud af ngt** bevirke at noget ikke fungerer el. at nogen ikke er et sted mere □ *sætte maskinen ud af funktion • sætte anlægget ud af drift • han blev sat ud af spillet • de blev sat ud af lejligheden* • **sætte sig ngt for** beslutte at ville gøre noget □ *når han har sat sig noget for, er det svært at få ham fra det* • **sætte sig imod ngt** protestere mod noget = MODSÆTTE SIG □ *han sætter sig imod at vi går videre med sagen* • **sætte sig op imod ng** være ulydig mod nogen □ *befolkningen satte sig op mod regeringen • hun satte sig op mod faren* • **sætte sig på ng(t)** bemægtige sig nogen eller noget □ *hun formåede at sætte sig på alle pengene • hun*

satte sig på sønnen • **sætte sig ud over ngt** undgå at noget påvirker én ▫ *man må sætte sig ud over sine fordomme*

sætteri

SUBST. *-et,* plur. *-er, -erne*
/sætte'ri/

en afdeling på et trykkeri hvor sætningen af bøger m.m. foregår ▫ *vi var to lærlinge og fem svende i sætteriet*

sætternisse

SUBST. *-n,* plur. *-r, -rne*

sætternissen har været på spil (spøg.): udtryk for at der er en trykfejl i en avis, en bog el.lign. ▫ *begrebet en 'tyrkfejl' opstod en dag sætternissen havde været på spil*

sætteskipper

SUBST. *-en,* plur. *-e, -ne*

en fører af et mindre skib ▫ *han er uddannet sætteskipper*

sættevogn

SUBST. *-en,* plur. *-e, -ene*

en tohjulet påhængsvogn til lastbil der kobles af og læsses mens hovedvognen er borte

sø

SUBST. *-en,* plur. *-er, -erne*

1. en stor samling vand som er helt omgivet af land, og som kan have afløb til havet ▫ *de tog ned til søen for at fiske* • *søen var frosset til* • *sejle på søen* • *huset ligger ved søen* ▫ *søbred* ▫ *saltsø* • *ørredsø*
2. = HAV ▫ *rederiet har 20 skibe på søen* • *skibet sejlede ud i åben sø* • *sætte et fartøj i søen* • *befinde sig i åben sø* ▫ *søfart* • *søfolk* • *søkikkert* • *sømærke* • *søsyg* • *søvej* • **rum sø** det åbne hav hvor man ikke længere er i læ ved kysten ▫ *skibet var allerede i rum sø* • **være** el. **stå til søs** befinde sig på el. tage ud på havet ▫ *det er et rask liv at være til søs* • *drengen stod til søs* • *skibet stod til søs* • **søens folk** sømænd ▫ *jeg sender en hilsen til søens folk* • **lade ng sejle sin egen sø** udtryk for at man overlader nogen til sig selv el. slår hånden af nogen ▫ *forældrene lod barnet sejle sin egen sø* • **så til søs** udtryk for at man bliver forskrækket el. ophidset over noget ▫ *så til søs, nu kommer chefen*
3. = BØLGE ▫ *båden blev ramt af en forkert sø* • *søerne slog ind over dækket* ▫ *brodsø* • *styrtsø* • en kraftig bølgegang ▫ *der gik en stærk sø* • *søen gik højt* • **ikke kunne tåle søen** blive søsyg

søanemone

SUBST. *-n,* plur. *-r, -rne*

et cylinderformet *polypdyr* som har flere kredse af fangarme, og som lever fastsiddende på havbunden; flere arter, bl.a. *sønellike* og *søgeorgine;* latinsk navn *Actiniaria*

søbe

VERB. *-r, -de, -t*

søbe ngt suge suppe el.lign. ind i munden ▫ *hun søbede kaffen op fra underkoppen* • *han søbede grådigt suppen i sig* ▫ *søberi* • *søbemad* • *søbelyd*

søbemad

SUBST. *-en*

flydende kost som ikke skal tygges, og som er nem at synke ▫ *den gamle mand får kun søbemad*

sød

ADJ. *-t, -e; -ere, -est*

1. som smager som sukker el. dufter som blomster ▫ *desserten var meget sød* • *sød sherry* • *søde vindruer* • *en sød duft* ▫ *sødlig* • *sødsuppe* ▫ *bittersød* • *honningsød* • *sukkersød* • *sursød*
2. som har behagelige og vindende egenskaber = VENLIG, ELSKELIG, KÆR ▫ *det var sødt af dig at huske mig* • *en lille sød hundehvalp* • *en sød dreng* • *et sødt menneske* • *nu skal du være sød* • *sødeste børn!* • *vær sød at hjælpe mig* • *være sød imod sine venner* ▫ *smaddersød*
3. som er behagelig på en vis måde for andre sanser end smags- og lugtesanserne ▫ *hævnen er sød* • *ligge i sin sødeste søvn* • *sove sødt og drømme behageligt* • *sød musik*

søde

VERB. *-r, -de, -t*

søde ngt gøre noget sødt ved at tilsætte sukker el.lign. ▫ *du har sødet øllebrøden for meget* ▫ *sødning* • *sødeevne* • *sødemiddel* • *sødestof*

sødgrød

SUBST. *-en*

= BYGGRØD

sødladen

ADJ. *-t, sødladne*

(neds.): som er overdreven venlig = INDSMIGRENDE ▫ *et sødladent smil* • som føles ubehageligt sødlig; specielt om lugte ▫ *en sødladen duft* • *en sødladen parfume*

sødme

SUBST. *-n*

1. det at have en sød smag el. duft ▫ *frugtvinens friske sødme* • *blomsterduftens sødme* ▫ *sødmefyldt*
2. (om en person): det at være sød af udseende el. i sin væremåde ▫ *den unge kvinde var fuld af friskhed og sødme* • *hans sødme virkede en smule påtaget* • noget behageligt som man opnår gennem noget andet ▫ *nyde magtens sødme* • *sejrens sødme* • *hævnens sødme* • *elskovens sødme* ▫ *sødmefyldt*

sødmefyldt

ADJ. *- , -e*

som udstråler sødme ▫ *en sødmefyldt klang* • *et sødmefyldt smil* • *hun spillede en sødmefyldt Zerlina i 'Don Giovanni'*

sødmælk

SUBST. *-en*

en mælk med et fedtindhold på højst 3,5% ≠ LETMÆLK, SKUMMETMÆLK, KÆRNEMÆLK ▫ *en liter sødmælk* ▫ *sødmælkskalv*

sødsuppe

SUBST. *-n,* plur. *-r, -rne*

1. en sød, varm frugtsuppe som evt. jævnes med sagogryn el. byggryn ▫ *byggrynssødsuppe* • *sagogrynssødsuppe*
2. en gang sødsuppe en overdreven positiv fremstilling ▫ *den roman var en værre gang sødsuppe*

sødygtig

ADJ. *-t, -e*

(om et fartøj) som opfylder alle de krav der stilles for at kunne sejle ▫ *skibet er sødygtigt i al slags vejr* ▫ *sødygtighed*

søelefant

SUBST. *-en,* plur. *-er, -erne*

en stor sæl som yngler ved bl.a. Californiens kyst; hannen har en snabelagtig snude og kan veje op til 3 ton; latinsk navn *Mirounga*

søfarende

ADJ.

som færdes på havet ▫ *efterretninger for søfarende* • *en søfarende nation*

søfart

SUBST. *-en*

det at færdes til søs og den virksomhed der er forbundet med det = SKIBSFART, SEJLADS ≠ LUFTFART ▫ *søfart er en vigtig næringsvej for landet* • *han tog på søfart* ▫ *søfartsafgift* • *søfartsministerium* • *søfartsmuseum*

søforhør

SUBST. *-et,* plur. *~forhør, -ene*

et forhør der afholdes af retten på det offentliges vegne i forbindelse med en søforklaring, ofte efter en ulykke til søs ▫ *holde søforhør i anledning af et forlis* • *oplysningerne kom frem under det lukkede søforhør* • *der er berammet søforhør til næste uge*

søforklaring

SUBST. *-en,* plur. *-er, -erne*

en vidneforklaring afgivet ved søforhør efter ulykke el.lign. til søs ▫ *afgive søforklaring* • *søforklaringen kastede lys over, hvad der var sket på skibet* • en lang og svævende forklaring ▫ *han gav dem en søforklaring om hvorfor han kom for sent*

søfyrbøder

SUBST. *-en,* plur. *-e, -ne*

en skibsassistent som arbejder i et skibs maskinanlæg = MOTORMAND

søgang

SUBST. *-en*

bølgers bevægelse op og ned = BØLGEGANG ▫ *et skib i høj søgang* • *den hårde søgang fik flere både til at kæntre*

søge

VERB. *-r, søgte, søgt*

1. søge efter ng(t) el. **søge ng(t)** bestræbe sig på at finde nogen el. noget = LEDE ▫ *jeg søger efter min far* • *han søgte efter ordene* • *hun søgte efter sine briller* • *han søgte guld i Alaska* • *hvad søger de?* • *årsagen må søges i hans barndomsmiljø* • *han har altid søgt sandheden* ▫ *søgning* • *søgelygte* • *søgelys* • *søger* ▫ *afsøge* • *gennemsøge* • **søge ng(t)** bestræbe sig på at få fat i nogen el. opnå noget ▫ *søge hjælp* • *søge*

hvile · søge lykken · søge døden · søge oprejsning · søge trøst · søge sin egen fordel · villa søges til leje · brugt klaver søges kontant · ung mand søges til lettere buskørsel · firmaet søger en sekretær • **søge sin lige** savne modstykke ◻ *hun søger sine lige blandt Hollywoods stjerner*
2. søge ng(t) bestræbe sig på at nå frem til nogen el. noget ◻ *søge læge · hun søgte hen til sin mor · han søgte tit deres selskab · katten søgte hen i en krog · søge land · søge havn · søge skjul · søge i ly for regnen · søge tilflugt i et hjørne · hun har intet sted at søge hen*
3. søge ngt el. **søge om ngt** søge en stilling el.lign. = ANSØGE ◻ *han søger et professorat · hun søgte en stilling i ministeriet · han søgte en række legater · søge om understøttelse · søge om asyl · søge hyre på et skib · søge arbejde · søge orlov* • **søge bort** søge en stilling et andet sted end hvor man er • **søge ind hos ng** søge en stilling hos nogen ◻ *han søgte ind hos postvæsenet*
4. = FORSØGE ◻ *søge at skabe bedre forhold · han søgte at nå opgaven til tiden · hun søgte altid at leve op til kravene · sagen søges afgjort ved forlig*

søgelys
SUBST. *-et*, plur. *~lys, -ene*

en kraftig lyskegle der kan drejes i forskellige retninger ◻ *søgelys fejede hen over havet* • ⟨ikke plur.⟩ det at flere lægger mærke til nogen el. noget = OPMÆRKSOMHED ◻ *offentlighedens søgelys var rettet mod ham som hovedmistænkt · han ville helst undgå at komme i søgelyset*

søgestreng
SUBST. *-en*, plur. *-e, -ene*

(edb): en struktur, fx et el. flere ord, som man søger på i en database el. en tekst

søgnedag
SUBST. *-en*, plur. *-e, -ene*

= HVERDAG ◻ *udsætte den endelige vedtagelse af en lov i 12 søgnedage*

søgnehelligdag
SUBST. *-en*, plur. *-e, -ene*

en helligdag der falder på en dag som ellers ville være en normal arbejdsdag ◻ *søgnehelligdagsbetaling*

søgning
SUBST. *-en*, plur. *-er, -erne*

1. det at søge efter noget ◻ *han igangsatte en søgning i databasen · søgningen viste sig at være resultatløs* ◻ *informationssøgning*
2. tilstrømning af kunder, gæster o.l. = TILSTRØMNING, TILLØB ◻ *uddannelsen havde kun lille søgning i år · der er stor søgning til kroen i weekenderne · beskeden søgning*

søgsmål
SUBST. *-et*, plur. *~mål, -ene*

= SAGSANLÆG ◻ *anlægge søgsmål · offentligt eller privat søgsmål* ◻ *søgsmålsimmunitet · søgsmålskompetence* ◻ *injuriesøgsmål*

søgt
ADJ. *-, -e*

1. som virker unaturligt og konstrueret = KUNSTIG ◻ *et søgt eksempel · en noget søgt forklaring* • som ikke er oprigtig = UÆGTE, FALSK, FORLOREN, KUNSTIG ◻ *der er noget søgt over hans væremåde*
2. som har en stor kundekreds ◻ *en meget søgt læge · som sproglærer er han meget søgt*

søgående
ADJ.

= HAVGÅENDE

søhelt
SUBST. *-en*, plur. *-e, -ene*

en person som hædres for bedrifter på havet ◻ *den store søhelt, admiral Nelson*

søhest
SUBST. *-en*, plur. *-e, -ene*

en finneløs fisk med en lang snohale og et hoved som minder om et hestehoved; de fleste arter lever i troperne; latinsk navn *Hippocampus*

søjle
SUBST. *-n*, plur. *-r, -rne*

1. en opretstående cylinderisk støtte ◻ *indgangen til hovedbygningen indrammedes af to søjler* ◻ *søjlebord · søjlegang · søjlehal*
2. noget som står ret op i luften ◻ *vandet stod i en søjle op fra hullet i røret* ◻ *røgsøjle*

søjlediagram
SUBST. *~diagrammet*, plur. *~diagrammer, ~diagrammerne*

en tegning el. et skema som i søjleform viser forholdene mellem forskellige talstørrelser ◻ *et søjlediagram over de forskellige partiers stemmeandel*

søko
SUBST. *-en*, plur. *søkøer, søkøerne*

et planteædende havpattedyr med en plump krop og stive luffer; lever ved varme kyster i bl.a. det Indiske Ocean og ved Florida; flere arter, bl.a. *dygong* og *lamartin;* latinsk navn *Sirenia*

søkort
SUBST. *-et*, plur. *~kort, -ene*

et kort over et farvand til brug ved navigering ≠ LANDKORT

søkyndig
ADJ. *-t, -e*

som har erfaring med at færdes på havet ◻ *en søkyndig skipper* ◻ *søkyndighed*

søle[1]
SUBST. *-n* el. *-t*

en fugtig, klæbrig masse af noget = SJAP ◻ *det havde regnet kraftigt, og vejen lå i ét søle · der var et søle af vin og madrester på gulvet* • noget umoralsk ◻ *vælte sig i sølet · hun trak ham med ned i sølet*

søle[2]
VERB. *-r, -de, -t*

søle ngt til snavse noget til med noget flydende ◻ *der er helt sølet på gaden · gulvet var sølet til · befolkningen sølede slottet til under belejringen*

sølle
ADJ.

som er elendig el. ikke meget værd = ELENDIG, SKALDET ◻ *en sølle stakkel · det står så sølle til? · de sølle 10 kr. kan du da nok låne mig*

sølv
SUBST. *-et*

et gråhvidt skinnende, blødt og bøjeligt ædelt metal som er en god leder af varme og elektricitet, og som fx bruges til smykker og bestik; atomtegn *Ag* ◻ *ægte sølv · tretårnet sølv* ◻ *sølvmønt · sølvring · sølvske · sølvtøj* ◻ *sterlingsølv*

sølvbrokade
SUBST. *-n*, plur. *-r, -rne*

en brokade hvor de indvævede figurer er lavet af sølvtråde

sølvbrud
SUBST. *-en*, plur. *-e, -ene*

kvinden i et sølvbrudepar

sølvbrudepar
SUBST. *~parret*, plur. *~par, ~parrene*

et ægtepar som har sølvbryllupsdag

sølvbrudgom
SUBST. *~gommen*, plur. *~gomme, ~gommene*

manden i et sølvbrudepar

sølvbryllup
SUBST. *~brylluppet*, plur. *~bryllupper, ~brylluperne*

25-års bryllupsdag ◻ *holde sølvbryllup* ◻ *sølvbryllupsgæster · sølvbryllupsfest*

sølvbryllupskvarter
SUBST. *-et*, plur. *-er, -erne*

(spøg.): en bydel hvor de fleste beboere er omkring 50 år

sølvfad
SUBST. *-et*, plur. *-e, -ene*

et fad af sølv • **servere ngt på et sølvfad** gøre at nogen opnår noget uden at arbejde for det ◻ *han serverede opklaringen af forbrydelsen på et sølvfad for politiet · hjemmeholdet fik sejren serveret på et sølvfad*

sølvfisk
SUBST. *-en*, plur. *~fisk, -ene*

= SØLVKRÆ

sølvgrå
ADJ. *-t, ~grå*

med en skinnende grå farve som let anløbet sølv ◻ *en sølvgrå bil · en sølvgrå måge · sølvgråt hår*

sølvhvid
ADJ. *-t, -e*

som er hvid og skinnende som rent, blankt sølv ◻ *sølvhvidt hår · sølvpoplens blade har en sølvhvid underside*

sølvkræ

SUBST. *-et,* plur. *~kræ, -ene*

et lille vingeløst, sølvglinsende insekt som ofte findes i menneskeboliger; lever bl.a. af sukker, mel og brødkrummer; latinsk navn *Lepisma saccharina* = SØLVFISK

sølvmåge

SUBST. *-n,* plur. *-r, -rne*

en stor hvid måge med sølvfarvede vinger og ryg, gult næb og gule øjne; latinsk navn *Larus argentatus*

sølvnitrat

SUBST. *-et,* plur. *-er, -erne*

= LAPIS

sølvpapir

SUBST. *-et*

tynd sølvskinnende folie som bruges til indpakning af madvarer, og som er lavet af aluminium el. tidligere af tin = ALUMINIUMSFOLIE, STANNIOL □ *sætte sølvpapir over maden*

sølvsmed

SUBST. *-en,* plur. *-e, -ene*

en håndværker der fremstiller og reparerer brugsgenstande og smykker i sølv □ *sølvsmedeforretning · sølvsmedekunst* □ *bestiksølvsmed · korpussølvsmed*

sølvtøj

SUBST. *-et*

1. bestik, kander, skåle osv. af sølv □ *bordet bugnede af kostbart sølvtøj · pudse sølvtøj · de så sig tvunget til at pansætte sølvtøjet*
2. denne vej med sølvtøjet det er her der skal betales el. afleveres

søløjtnant

SUBST. *-en,* plur. *-er, -erne*

(forældl.): løjtnant i søværnet; betegnelsen afskaffet 1970

søløve

SUBST. *-n,* plur. *-r, -rne*

en sort sæl med lang hals og lange lemmer; lever i Stillehavet og det sydlige Atlanterhav; flere arter hvoraf nogle er lette at dressere

søm[1]

SUBST. *sømmen,* plur. *sømme, sømmene*

en ombøjet, syet kant eller sammensyning på stof □ *dobbelt søm · enkelt søm · indvendig søm · de lange sømme på dugen var syet i hånden · bukserne er sprækket i sømmene · sprætte en søm op* □ *sømkant · sømløs · sømmerum · sømsyning* □ *blindsøm · hulsøm · indersøm · overlocksøm · strømpesøm* **• gå** el. **se ngt efter i sømmene** undersøge noget nærmere □ *en professor i jura har set forslaget efter i sømmene* **• gå op i sømmene** ikke længere fungere el. gå i opløsning □ *deres forhold var ved at gå op i sømmene*

søm[2]

SUBST. *sømmet,* plur. *søm, sømmene*

1. et tyndt, aflangt og spidst stykke metal som fx bruges til at hamre i et træstykke for at fæstne det til noget andet □ *slå et søm ind i en væg · hænge et billede op på et søm · trække et søm ud* □ *sømfast · sømhoved · sømpistol* □ *jernsøm · hesteskosøm · kobbersøm · syvtommersøm*
2. (slang): = SPEEDER □ *træde sømmet i bund*
3. i forsk. forb.: **• de forhåndenværende søms princip** (spøg.): udtryk for at man bruger de begrænsede midler man har til sin rådighed el. prøver sig frem på bedste beskub el. med □ *byggeriet er udført efter de forhåndenværende søms princip · tingene fungerer efter de forhåndenværende søms princip · at værket er skrevet af 31 mænd og to kvinder er næppe diskriminering, men snarere de forhåndenværende søms princip · metoden er de forhåndenværende søms* **• {slå} hovedet på sømmet** udtryk for at man udpeger det væsentligste ved noget □ *kritikeren slår hovedet på sømmet når han siger at forfatterskabet er for omfattende · artiklen træffer hovedet på sømmet angående de problemer landet slås med · som sædvanlig har hun ramt hovedet på sømmet* **• slå hovedet på sømmet** udtryk for at noget får nogens tålmodighed til at briste □ *afgørelsen om at rejse tiltale mod de tre politifolk har slået hovedet på sømmet hos politiet · hovedet blev slået på sømmet da han fik inddraget sin ferie* **• have spist søm** være helt forkert på den □ *hvis du tror du får lov til at gå i biografen, så må du må have spist søm!*

sømand

SUBST. *-en,* plur. *~mænd, ~mændene*

et menigt besætningsmedlem på et skib = SØFARENDE □ *påmønstre som sømand* □ *sømandshjem · sømandskone · sømandsliv · sømandspræst · sømandsvise*

sømandshjem

SUBST. *~hjemmet,* plur. *~hjem, ~hjemmene*

en pension for sømænd som er i havn

sømandskab

SUBST. *-et*

det at arbejde som sømand □ *forstå sit sømandsskab til bunds*

sømandspræst

SUBST. *-en,* plur. *-er, -erne*

en præst der er udsendt til en havneby i udlandet for at udøve sin præstegerning for søfolk af egen nationalitet □ *den danske sømandspræst i Singapore · han er udsendt som sømandspræst*

sømandstrøje

SUBST. *-n,* plur. *-r, -rne*

en kraftig, strikket marineblå trøje af uld med rullekrave og karakteristisk mønster

sømil

SUBST. *-en,* plur. *sømil, -ene*
fork. *sm*

en måleenhed for længde til søs: 1 sømil = 1.852 m = NAUTISK MIL □ *12 sømil nordvest for Hanstholm*

sømme

VERB. *-r, -de, -t*

1. sømme ngt sy stof sammen i sømmen □ *han sømmede viskestykkerne* **• sømme ngt op** ændre på en søm for at gøre et stykke tøj kortere □ *hun sømmede kjolen op*
2. sømme ngt fastgøre noget med søm ≠ BOLTE, NAGLE, NITTE, SPIGRE, STIFTE □ *sømme et bræt fast · sømme en kasse sammen · sømme et vindue til*
3. sømme sig være i overensstemmelse med uskrevne regler om hvordan man opfører sig i en given situation = PASSE SIG □ *det sømmer sig ikke for ham at kritisere sin chef · de lever som det sømmer sig for ordentlige folk*

sømmelig

ADJ. *-t, -e; -ere, -st*

som sømmer sig og er anstændig = TÆKKELIG, ÆRBAR □ *alt gik sømmeligt til · han var sømmeligt klædt* □ *sømmelighed*

sømærke

SUBST. *-t,* plur. *-r, -rne*

et pejlemærke på havet som skibe kan orientere sig efter

søn

SUBST. *sønnen,* plur. *sønner, sønnerne*

1. en dreng eller en mand som er ens barn = DRENG ≠ DATTER □ *de har tre sønner og to døtre* □ *sønlig · sønnedatter · sønnesøn · sønnike* □ *adoptivsøn · plejesøn · stedsøn*
2. (form.): en mand som er præget af visse forhold, hører til en bestemt tid, et bestemt sted el. folk □ *landets sønner må i krig · revolutionens tapre sønner · han er søn af sin tid*
3. Sønnen el. **Menneskesønnen** Guds søn, Jesus □ *Faderen, Sønnen og Helligånden*

søndag

SUBST. *-en,* plur. *-e, -ene*

den syvende dag i ugen og anden dag i weekenden □ *søndag den 25.8 · vi tog derover søndagen efter · sidste søndag · næste søndag* □ *søndagsfrokost* **• i søndags** den søndag det lige har været = SIDSTE SØNDAG □ *hvad lavede du i søndags?* **• om søndagen** den dag det er søndag □ *museet er lukket om søndagen · om søndagen kom vi så endelig i gang* **• på søndag** den første søndag efter i dag = NÆSTE SØNDAG □ *vi kommer på søndag*

søndagsbarn

SUBST. *-et,* plur. *~børn, ~børnene*

1. et barn der er født på en søndag □ *hun fødte et søndagsbarn*
2. en heldig person □ *dansk teaters søndagsbarn*

søndagsbilist

SUBST. *-en,* plur. *-er, -erne*

(neds.): en bilist der sjældent kører bil og derfor er usikker □ *sådan en søndagsbilist!*

søndagsskole

SUBST. *-n,* plur. *-r, -rne*

kirkelig undervisning om søndagen for børn mellem 5 og 12 år; foregår i kirkens tilbygninger = DÅBSUNDERVISNING

sønden

ADV.

i retning mod syd = SYD □ *sønden for byen · de sejlede sønden om Samsø*

søndenvind
SUBST. *-en,* plur. *-e, -ene*

vind der blæser fra syd

sønder
ADV.

sønder og sammen i stumper og stykker □ *skyde bygningen sønder og sammen* • *kritisere et stykke sønder og sammen* • *tæske drengen sønder og sammen* □ *sønderbombe* • *sønderdele* • *sønderflænge* • *sønderknuse* • *sønderlemme* • *sønderrive*

sønderborgenser
SUBST. *-en,* plur. *-e, -ne*
/sønderbor'genser/

en person fra Sønderborg

sønderbryde
VERB. *-r, ~brød, ~brudt*

sønderbryde ngt brække noget i stykker □ *bøddelen sønderbrød hans hoved*

sønderdele
VERB. *-r, ~delte, ~delt*

sønderdele ngt splitte noget ad i meget små dele □ *kyllingen sønderdeles og blandes i salaten* □ *sønderdeling*

sønderhoning
SUBST. *-en,* plur. *-er, -erne*
[sönɔ'ho'neŋ]

en person fra Sønderho

sønderjyde
SUBST. *-n,* plur. *-r, -rne*

en person fra Sønderjylland

sønderjysk
ADJ. *- , -e*

som har at gøre med Sønderjylland

sønderknuse
VERB. *-r, ~knuste, ~knust*

sønderknuse ngt (glds.): = TILINTETGØRE □ *hun sønderknuste hans sidste håb* • **sønderknuse ng** gøre nogen dybt ulykkelig □ *nederlaget sønderknuste hende fuldstændigt* • *han var sønderknust ved tanken om sin skyld*

sønderlemmende
ADJ.

som virker tilintetgørende = KNUSENDE □ *forslaget blev udsat for en sønderlemmende kritik* • *bogen fik en sønderlemmende omtale*

sønderrive
VERB. *-r, ~rev, ~revet (~reven, ~revne)*

sønderrive ngt rive noget i helt små stykker □ *hun sønderrev brevet* • *rovdyret sønderrev sit bytte med kløer og tænder* □ *sønderrivning*

søndre
ADJ.

(glds.): som ligger mod syd ≠ NØRRE, VESTRE, ØSTRE □ *Søndre Fasanvej*

sønlig
ADJ. *-t, -e*

som findes hos el. ligner noget der findes hos en søn ≠ FADERLIG, MODERLIG, BRODERLIG, SØSTERLIG □ *han behandlede hende med sønlig respekt* • *sønlig kærlighed*

sønnedatter
SUBST. *-en,* plur. *~døtre, ~døtrene*

en datter af ens søn = BARNEBARN

sønnesøn
SUBST. *~sønnen,* plur. *~sønner, ~sønnerne*

en søn af ens søn = BARNEBARN

sønnike
SUBST. *-n,* plur. *-r, -rne*
['sön'əgə]

(spøg.): = SØN □ *han har strøget sønnike af testamentet* • *i en alder af 18 år har sønnike allerede overgået farmands meritter* • ⟨især i tiltale⟩ en dreng el. ung mand □ *nå, hvad vil du, sønnike?*

søofficer
SUBST. *-en,* plur. *-er, -erne*

(militær): en person som har en officersgrad i søværnet, fx admiral, kommandør el. orlogskaptajn

søpapegøje
SUBST. *-n,* plur. *-r, -rne*

= LUNDE

søpindsvin
SUBST. *-et,* plur. *søpindsvin, -ene*

en *pighud* som er dækket af et panser af kalkplader med bevægelige pigge; flere arter; latinsk navn *Echinoidea* □ *et forstenet søpindsvin*

søpølse
SUBST. *-n,* plur. *-r, -rne*

en *pighud* med en langstrakt, orme- el. valseformet krop; flere arter; latinsk navn *Holothuroidea*

søreme
ADV.

mildt kraftudtryk = KNAGEME, POKKERME, SPILLEME □ *det var søreme regnet godt ud!* • *jeg kan søreme ikke klare mere i dag*

søren
SUBST.

1. slå til søren slå sig løs, fx når man går i byen □ *de skal rigtig ud og slå til søren i aften*
2. for søren el. **for syv søren** mildt kraftudtryk □ *av for søren!* • *kom nu, for søren!* • *nå for syv søren!* • **{hvad} søren** mildt kraftudtryk □ *hvad søren er der i vejen med dig!* • **som søren** mildt kraftudtryk, udtryk for forbavselse □ *er han gået fallit? det var som søren!*

sørens
ADJ.

mildt kraftudtryk, udtryk for forundring el. ærgrelse = POKKERS □ *de sørens papirer!* • *det var sørens!* • *det er sørens irriterende!* • *sørens også, da!*

søret
SUBST. *søretten,* plur. *~retter, ~retterne*

en domstol der dømmer i søfartssager □ *Sø- og Handelsretten*

sørge
VERB. *-r, -de, -t*

1. sørge over ng(t) føle sorg over nogen el. noget = BEGRÆDE □ *hun sørger dybt over sin afdøde mand* • *han sørger over sine tab* □ *sørgebind* • *sørgedragt* • *sørgeflor* • *sørgehøjtid* • *sørgeklædt* • *sørgerand* • *sørgetog*
2. sørge for ng(t) tage sig af nogen el. noget = PASSE, DRAGE OMSORG FOR, KLARE, ORDNE, STÅ FOR □ *han sørger ikke ordentligt for sine børn* • *kan du ikke lige sørge for gæsterne?* • *du må sørge for dig selv* • *jeg skal sørge for at arbejdet bliver gjort* • *det er mig der sørger for regnskaberne*

sørgebind
SUBST. *-et,* plur. *~bind, -ene*

et sort bånd der bæres på overarmen som tegn på at man bærer sorg

sørgeflor
SUBST. *-et,* plur. *~flor, -ene*

= SØRGEBIND

sørgelig
ADJ. *-t,* plur. *-e; -ere, -st*

som gør nogen ked af det = TRIST, BEDRØVELIG, NEDSLÅENDE, TRAURIG □ *det er sørgeligt* • *en sørgelig meddelelse* • *historien fik en sørgelig slutning* • = DÅRLIG □ *en sørgelig forfatning* • *det står sørgeligt til* • *hun fik en sørgelig eksamen*

sørgemarch
SUBST. *-en,* plur. *-er, -erne*

1. et musikstykke med en højtidelig marchkarakter ≠ FESTMARCH □ *Chopins sørgemarch*
2. en march der markerer en sørgelig hændelse, fx en massakre på uskyldige ofre i en krig = SØRGEOPTOG □ *hvert år på samme tid gik byens indbyggere i sørgemarch gennem gaderne*

sørgerand
SUBST. *-en,* plur. *-e, -ene*

en sort kant som indrammer noget for at udtrykke sorg □ *brevpapir med sørgerand* • *avisen blev udgivet med sørgerand*

sørgeslør
SUBST. *-et,* plur. *~slør, -ene*

et stykke sort tyl der sættes på en kvindehat som tegn på at hun bærer sorg

sørgmodig
ADJ. *-t, -e*
/sørg'modig/

som ser trist ud = MELANKOLSK, TRIST □ *et sørgmodigt ansigt* • *et sørgmodigt udtryk* • *sørgmodige øjne* • *se sørgmodig ud*

sørgmunter
ADJ. *-t, ~muntre*

som på samme tid er sørgelig og munter ≠ TRAGIKOMISK, BITTERSØD □ *vagabondens sørgmuntre tilværelse* • *en sørgmunter fortælling*

sørøver

SUBST. *-en,* plur. *-e, -ne*

en person som kaprer og plyndrer skibe = PIRAT, KORSAR □ *en sørøver med klap for øjet og træben* □ *sørøveri* · *sørøverbande* · *sørøverflag* · *sørøverkaptajn* · *sørøverskib*

sørøveri

SUBST. *-et,* plur. *-er, -erne*
/sørøveˈri/

røveri hvor et skib bordes og udplyndres □ *drive sørøveri*

søside

SUBST. *-n*

den side af en vej, et hus osv. som ligger tættest ved el. vender mod havet □ *huset ligger på søsiden af Strandvejen*

søskende

SUBST.PLUR.

personer som har samme forældre □ *de er mange søskende* · *han har fem søskende* □ *søskendebarn* · *søskendeflok* □ *halvsøskende* · *helsøskende* · *stedsøskende*

søskendebarn

SUBST. *-et,* plur. *~børn, ~børnene*

1. en søn el. datter af ens fars el. mors bror el. søster = FÆTTER, KUSINE, NÆSTSØSKENDE
2. en søn el. datter af ens bror el. søster el. af ens mands el. kones bror el. søster = NIECE, NEVØ

søslange

SUBST. *-n,* plur. *-r, -rne*

et slangelignende fabeldyr som ifølge gammel overtro og sagnfortællinger findes i visse have og søer □ *et middelalderligt motiv med søslanger og andre fabeldyr* · *søslangen i Loch Ness*

søster

SUBST. *-en,* plur. *søstre, søstrene*

1. en pige el. kvinde som har samme mor el. far el. forældre som en selv ≠ BROR □ *jeg har en yngre søster* □ *halvsøster* · *lillesøster* · *storesøster* · *tvillingesøster*
2. en kvinde som har et fællesskab med andre kvinder; desuden brugt især blandt medlemmer af kvindebevægelsen i 1970'erne om en hvilken som helst anden kvinde □ *søstersolidaritet* □ *kaffesøster* · *medsøster*
3. en kvinde som er medlem af kristelig orden, el. som er uddannet på et kristeligt grundlag = NONNE, DIAKONISSE □ *søster Anna* · *klosterets søstre*

søsterdatter

SUBST. *-en,* plur. *~døtre, ~døtrene*

en datter af ens søster = NIECE

søsterkage

SUBST. *-n,* plur. *-r, -rne*

en kage som er tilsat rosiner, mandler, kardemomme og evt. sukat

søsterlig

ADJ. *-t, -e*

meget venskabelig som forholdet mellem søstre kan være ≠ BRODERLIG □ *hun nærede kun rent søsterlige følelser for ham*

søsterskib

SUBST. *-et,* plur. *~skib, -ene*

hvert af flere skibe som er bygget og indrettet ens □ *de to færger er søsterskibe*

søstersøn

SUBST. *~sønnen,* plur. *~sønner, ~sønnerne*

en søn af ens søster = NEVØ

søstjerne

SUBST. *-n,* plur. *-r, -rne*

en *pighud* med en flad krop og fem arme som tilsammen danner en stjerneform; latinsk navn *Asteroidea*

søstærk

ADJ. *-t, -e*

(om en person): som kan opholde sig på havet uden at blive søsyg □ *hun er søstærk*

søstøvle

SUBST. *-n,* plur. *-r, -rne*

en kort gummistøvle som har et vidt skaft, således at fiskere, hvis de falder i vandet, kan sparke støvlen af; bruges især af erhvervsfiskere

søsyg

ADJ. *-t, -e*

som lider af søsyge □ *skibets vippen gjorde næsten alle passagererne søsyge*

søsyge

SUBST. *-n*

en transportsyge som kan opstå når man sejler □ *han lider meget af søsyge*

søsætte

VERB. *-r, søsatte, søsat*

søsætte ngt lade et fartøj sejle ud for første gang □ *søsætte et skib* □ *søsætning* • **søsætte ngt** sætte noget i gang □ *søsætte en plan* · *søsætte et forslag* □ *søsætning*

søtunge

SUBST. *-n,* plur. *-r, -rne*

en stor oval fladfisk med lille mund; er en meget velsmagende spisefisk; latinsk navn *Solea solea* = TUNGE □ *søtungefilet* · *søtungeroulade*

søulk

SUBST. *-en,* plur. *-e, -ene*

(spøg.): en gammel, erfaren sømand □ *en gammel søulk*

søvej

SUBST. *-en,* plur. *-e, -ene*

havet som transportvej □ *opdagelsen af søvejen til Indien* · *tage søvejen til USA* · *ad søvejen* · *den vestlige søvej til Indien*

søvn

SUBST. *-en*

1. en hviletilstand hvor man sover □ *efter en hel nats søvn var hun frisk igen* · *falde i søvn* · *vække barnet af søvne* □ *søvncentrum* · *søvndrukken* · *søvndyssende* · *søvnforstyrrelser* · *søvngænger* · *søvnløs* □ *vintersøvn* • **gå** el. **tale i søvne** gå el. tale mens man sover □ *søvngængeri* • **ikke få søvn i øjnene** ikke få sovet □ *jeg har ikke fået søvn i øjnene hele natten*
2. pus der afsondres i øjnene under søvn □ *have søvn i øjnene*

søvndrukken

ADJ. *-t, ~drukne*

som er søvnig efter at have sovet □ *du ser mig noget søvndrukken ud her til morgen* · *'hvad er det?' mumlede han søvndrukkent da han blev vækket*

søvndyssende

ADJ.

som gør én søvnig □ *et søvndyssende foredrag* · *søvndyssende medicin*

søvngænger

SUBST. *-en,* plur. *-e, -ne*

en person som går i søvne □ *han gik mekanisk som en søvngænger*

søvnig

ADJ. *-t, -e*

som er træt og trænger til at sove □ *det var sent og børnene var søvnige* • som er svagt og søvndyssende □ *et søvnigt lys*

søvnløs

ADJ. *-t, -e*

som ikke kan sove □ *han lå søvnløs hele natten*

søvnløshed

SUBST. *-en*

det ikke at kunne sove el. have svært ved at falde i søvn □ *lide af søvnløshed*

søværn

SUBST. *-et,* plur. *søværn, -ene*

den del af et lands militær som har at gøre med forsvar og angreb på havet = FLÅDE □ *søværnets opgaver i fredstid* · *søværnet har rekrutteret en række nye officerer* · *regeringens nye besparelsesforslag vil især gå ud over søværnet*

søværts

ADJ.

ad søvejen el. som har at gøre med søvejen □ *varerne udføres søværts til Spanien* · *søværts transport* · *de skulle kun tage sig af de deciderede søværts sider af projektet*

så[1]

VERB. *-r, -ede, -et*

så ngt lægge plantefrø i el. på jorden for at de skal spire og blive til nye planter □ *så korn* · *så gulerødder* · *så marken til med hvede* □ *såning* · *såkorn* · *såtid* • **så splid** være årsag til en uoverensstemmelse □ *han såede splid mellem kollegerne*

så[2]

VERB.

bøjningsform af *se*

så[3]

ADJ., ADV.
['så' el. sɔ]

i så fald el. **i så tilfælde** se under *fald* • **i så henseende** = I DEN HENSEENDE □ *i så henseende er der ikke noget at udsætte på ham* • **eller så** = ELLER DEROMKRING □ *han var et halvthundrede år eller så* • **som så** i et vist omfang = SOM SÅDAN □ *jeg er haveinteresseret som så · til husholdingen som så er der ansat et personale på to personer · hun var ikke større end som så* • **om jeg så må sige** udtryk for at det man siger, måske ikke er helt præcist og kan virke stødende □ *hun virker, om jeg så må sige, en smule ubegavet* • **så at sige** = NÆSTEN □ *der var så at sige ingen mennesker til stede* • **så som så** udtryk for at noget ikke gælder i særlig høj grad = SMÅT MED □ *det er så som så med renligheden der · det er så som så med hans dygtighed* • (glds.): = SÅLEDES □ *men det skulle nu ikke så være*

så[4]

ADV., KONJ.

1. ⟨ADV.⟩ = DEREFTER □ *først spiser vi, og så går vi en tur, og så kan vi altid se hvad vi så gør · først kommer m, og så kommer n · hvad skal du så lave når du er færdig med det?* • ⟨ADV.⟩ = NU □ *kom så! · så er der frokost! · så er det nu! · så er vi omsider færdige*
2. ⟨ADV.⟩ udtryk for at en betingelse er opfyldt = DA □ *hvis alle er kommet, så kan vi vist godt begynde · ja, men så må vi jo finde på noget andet · han kommer i morgen, og det vil så vise sig om du har ret* • ⟨ADV.⟩ udtryk for at noget er tilfældet □ *når du så har fået besked, kan vi jo tage ud at se på den · om du så tilbyder mig en million, vil jeg ikke gøre det · hvis de så bare havde kunnet stave, ville det ikke have været så slemt* • ⟨KONJ.⟩ udtryk for at noget følger af noget forudgående = SÅLEDES AT □ *han blev syg, så han måtte blive hjemme · jeg hjalp ham, så han kunne blive færdig til tiden · hun plaskede i vandet så at skummet sprøjtede omkring hende* • **se så** udtryk for opsummering □ *se så, det klarede vi jo fint*
3. ⟨ADV.⟩ i en sådan grad el. i samme grad som noget andet □ *han var så syg at han måtte blive hjemme · den er så lille som en mus · der var så stille som i en kirke · du kan komme så tit du vil · hun er lige så god som hun er smuk* • ⟨ADV.⟩ udtryk for at noget i høj grad er tilfældet □ *her er så dejligt i haven om sommeren · hun vil så gerne med · der er så stille* • **ikke så {længe}** = IKKE SÆRLIG □ *det varer ikke så længe · det gør ikke så meget · det sker ikke så tit · det er ikke så sjovt* • **så snart** se under *snart* • **for så vidt** se under *vid* • **så vidt {jeg} ved** se under *vid*
4. ⟨ADV.: i spørgende sætninger⟩ i stedet for noget omtalt = DA □ *hvis de ikke kan, hvem skal så gøre det? · jamen, hvad er det så du vil?*

så[5]

UDRÅBSORD

udtryk for at man prøver at dæmpe den man taler med □ *så, så, tag det roligt! · så, nu er det nok! · så, så, det skal nok gå!*

s.å.

fork. for *samme år*

sådan

ADJ. *-t, sådanne*

af en bestemt art som er omtalt = SLIG □ *en sådan situation må ikke gentage sig · et sådant hus kunne jeg ikke bo i · noget sådant kan vi slet ikke acceptere · lav nu ikke et sådant postyr · sådanne oplevelser glemmer man aldrig* • **sådan {en bog}** ⟨ADV.: uden *t*⟩ □ *jeg vil gerne have sådan et hus · sådan noget skidt · sådan nogle oplevelser er svære at klare* • ⟨ADV.: uden *t*⟩ forstærkende udtryk □ *jeg havde sådan en mærkelig oplevelse* • **som sådan** = I SIG SELV □ *sagen som sådan er ikke særlig kompliceret* • ⟨ADV.: uden *t*⟩ på den måde = SÅLEDES □ *sådan må du ikke tænke · nå, sådan gik det til! · sådan går det når man ikke hører efter · råb nu ikke sådan op · du må ikke være sådan* • **sådan da** udtryk for at nogen el. noget er nogenlunde, omstændighederne taget i betragtning □ *jeg slap uskadt fra ulykken, sådan da* • **sådan set** i grunden = EGENTLIG □ *hun er sådan set meget flink · jeg havde sådan set ikke noget valg · og så er der sådan set ikke mere vi skal nå i dag* • **ikke være sådan {at have med at gøre}** ikke være nem □ *de var ikke sådan at have med at gøre · hun er ikke sådan at hamle op med · han var ikke sådan at få med på idéen*

såfremt

KONJ.
/så'fremt/

(form.): = HVIS □ *såfremt De ikke betaler, går jeg til en advokat med sagen · såfremt omstændighederne tillader det*

sågar

ADV.
/så'gar/

(glds.): = TILMED □ *han tjente mange penge, ja, han blev sågar millionær*

sågu

ADV.
/så'gu/

(glds.): mildt kraftudtryk = SGU □ *dette her går sågu ikke*

såh

UDRÅBSORD

udtryk for tvivl □ *såh, det siger du ikke? · såh, ser man det? · såh, synes du det?*

såk.

fork. for *såkaldt*

såkaldt

ADJ. - , *-e*
fork. *såk.*

som omtales på en måde som er misvisende el. ukendt for de fleste □ *den såkaldte sø var kun en lille dam · det er en såkaldt totenschlæger, en meget tung og farlig gummiknippel*

sål

SUBST. *-en,* plur. *-er, -erne*
['så'l el. 'sɔ'l]

en slidflade på undersiden af fodtøj el. en strømpe el. et udskifteligt indlæg i en sko □ *sålen er gået fra · slidte såler · sætte nye såler under et par sko · der er gået hul på strømpens sål · sålen er faldet ud af din sko* □ *sålelæder · sålforstærket* □ *bindsål · gummisål · indersål · lædersål · plateausål · skosål · strømpesål · støvlesål · uldsål* • = FODSÅL □ *skære sig under sålen* □ *sålegænger*

sålbænk

SUBST. *-en,* plur. *-e, -ene*
['sɔlbæŋ'k]

et skråtstillet fremspring under et vindue som skal beskytte muren mod slagregn og sne

således

ADV.

1. (form.): på den måde = SÅDAN □ *se her, således skal du gøre! · således har jeg ikke forstået det · i loven formuleres det således · således talte Zarathustra*
2. af den grund = DERFOR □ *han er syg og således forhindret i at komme · således ville det være bedre at hjælpe · han begik mordet under påvirkning af stoffer og var således ikke ved sin fornufts fulde brug · indflytningen kan således finde sted hvornår det skal være*
3. som eksempel herpå □ *mange har beskrevet den begivenhed, således fx Brandes i en avisartikel*

sålegænger

SUBST. *-en,* plur. *-e, -ne*

et pattedyr der træder på hele foden, fx en bjørn ≠ TÅGÆNGER

såmænd

ADV.
/så'mænd/

i grunden = EGENTLIG, FAKTISK □ *jeg synes såmænd rigtig godt om ham*

sår

SUBST. *-et,* plur. *sår, -ene*

1. et sted på kroppen hvor der er hul ind til blodkarrene, fx fordi huden er skrabet el. slidt af = LÆSION □ *hun faldt og fik et grimt sår på knæet* □ *sårsalve · sårskorpe · sårvæske* □ *brandsår · liggesår · skinnebenssår · skudsår · snitsår* • indtørret skorpe af blod el. betændelse på hul i huden □ *pille et sår af* □ *sårskorpe*
2. sjælelig skade □ *han tilføjede hende et sår på sjælen · tiden læger alle sår*
3. et plaster på såret se under *plaster*
4. rippe op i såret tale om noget ubehageligt som ellers var glemt
5. slikke sine sår komme sig oven på en ubehagelig oplevelse

sårbar

ADJ. *-t, -e*

som er let at skade □ *huden er meget sårbar efter en forbrænding · tankvognens sårbare punkt er larvefødderne* □ *sårbarhed* • som er let at såre følelsesmæssigt □ *teenagere er meget sårbare når det gælder deres udseende · han var meget sårbar efter sin kones død*

såre[1]

VERB. *-r, -de, -t*

1. såre ng tilføje nogen skader på kroppen så det bløder = KVÆSTE □ *han blev hårdt såret · hun forbandt de sårede · flere mennesker blev lettere såret ved eksplosionen · være alvorligt såret*

2. såre ng gøre nogen ked af det; især ved at komme med en taktløs bemærkning = FORNÆRME, KRÆNKE □ *han kan ikke længere såre mig* · *hans bemærkning var bevidst sårende*

såre[2]

ADV.

1. (glds.): = SÆRDELES □ *det sker såre sjældent*
2. så såre (glds.): så snart □ *så såre jeg fik besked, rejste jeg*

sårfeber

SUBST. *-en*

feber der skyldes betændelse i et sår • (botanik): det at en plante hurtigt visner og dør når den er blevet tilføjet et sår

såsom

KONJ.
[ˈsåˈsɔm]

1. som for eksempel □ *hjemmelavede julegaver såsom grydelapper og vanter*
2. (glds.): = FORDI □ *såsom fristen er udløbet, bortfalder aftalen*

såsæd

SUBST. *-en*

den sæd man sår = UDSÆD

såt

SUBST. *-en*, plur. *-er, -erne*
[ˈsåˀt]

et afgrænset område hvor vildtet jages op under en jagt □ *jagten var delt i fire såter*

såvel el. så vel

ADV.
/såˈvel/

såvel {...} som el. **så vel {...} som** udtryk for at noget gælder i lige høj grad for to ting el. to parter = BÅDE OG, OG OGSÅ □ *såvel børn som voksne skulle med til festen* · *det gælder såvel den foregående som den nuværende bestyrelse* · *publikum såvel som anmeldere roste filmen* · *der var forret såvel som dessert* · *de har sommerhus såvel som båd*

t[1]

SUBST. *t'et*, plur. *t'er, t'erne*

det 20. bogstav i alfabetet □ *t-lyd*

t[2]

fork. for *ton*

t.

fork. for *time*

tab

SUBST. *-et*, plur. *tab, -ene*

noget man har mistet □ *tab af prestige* · *det var et stort tab for ham, da hans kone døde* · *uden tab af menneskeliv* □ *tabsliste* □ *blodtab* · *hukommelsestab* · *prestigetab* · *vægttab* • en indtjening som er væsentligt forringet og evt. medfører underskud □ *søge at begrænse sit tab* · *firmaet havde haft et tab på 14 millioner* · *forretningen måtte sælge partiet med tab* □ *tab(s)givende* · *tabskonto* · *tabsudligning* · *tabsvare* □ *eksporttab* · *kurstab* · *milliontab*

tab.

fork. for *tabel*

tabe

VERB. *-r, tabte, tabt*

1. tabe ngt ikke længere have noget fordi det er blevet væk el. taget fra én = MISTE □ *tabte sine nøgler* · *tabe sine tænder* · *tabe håret* · *han har tabt mange penge på den forretning* · *vi tabte 30.000 kr. ved hussalget* • **tabe ngt for ng** ikke længere have respekt for nogen □ *jeg har tabt alt for ham efter den episode*
2. tabe ngt komme til at lade noget falde □ *han har tabt et glas på gulvet* · *du tabte noget!*
3. tabe ngt til ng blive besejret af nogen i en kamp el.lign. ≠ VINDE □ *hvordan gik kampen? Danmark tabte kampen* · *vi tabte 2-1 til Norge* · *Napoleon tabte slaget ved Waterloo*
4. (om ur): gå for langsomt ≠ VINDE □ *uret taber et minut i timen* · *du kan ikke regne med det ur, det taber*
5. tabe sig el. **tabe ngt** reducere sin vægt = SLANKE, AFMAGRE ≠ TAGE PÅ □ *hun har tabt sig* · *hun har tabt 2 kg* · *hun har tabt sig 2 kg*

tabel

SUBST. *tabellen*, plur. *tabeller, tabellerne*
/ta'bel/

1. en skematisk opstilling der består af en el. flere rækker og kolonner; anvendes til at vise fakta der fx kan udtrykkes i tal □ *en tabel over priserne på de forskellige hoteller i området* · *en tabel over gennemsnitslevealderen fordelt på lande* □ *tabelform* □ *pristabel* · *tidstabel*
2. (matematik): en liste over resultater der fremkommer når man ganger to tal med hinanden □ *den lille og den store tabel* □ *multiplikationstabel* • **den lille tabel** en tabel hvor to tal mellem 1 og 10 ganges med hinanden • **den store tabel** en tabel hvor et tal mellem 0 og 10 ganges med et tal mellem 11 og 20

taber

SUBST. *-en*, plur. *-e, -ne*

en person som taber noget, fx et valg el. en sportskamp □ *hun stod ellers længe som taber i meningsmålingene* · *ligne en taber* · *der er trøstpræmier til taberne* • **en dårlig taber** en person der ikke kan tåle at tabe • **en social taber** en person som ikke kan klare sig i samfundet □ *det er vores pligt at hjælpe de sociale tabere på fode igen* · *jeg er træt af alle de sociale tabere og nasserøvene* □ *tabermentalitet*

tabernakel

SUBST. *tabernaklet*, plur. *tabernakler, tabernaklerne*
[*tabɔ'nɑgəl*]

1. (hist.): jødernes transportable helligdom under ørkenvandringen
2. alterskabet i en katolsk kirke hvori nadverbrødet gemmes
3. en kirke for forskellige kristne sekter, fx mormonerne
4. (spøg.): støjende morskab = BALLADE

tabgivende

ADJ.

se *tabsgivende*

tabl.

fork. for *tablet*

tableau

SUBST. *-et*, plur. *-er, -erne*
[*ta'blo*]

1. en arrangeret opstilling af personer el. figurer som fx fremstiller en historisk begivenhed □ *et tableau med Karen Blixen og udstoppede løver*
2. en kortere afdeling af et skuespil, en opera el. ballet
3. ⟨UDRÅBSORD⟩ udtryk som man siger i forbindelse med en pludselig og fx overraskende el. pinlig situation □ *terrinen faldt på gulvet, tableau!*

tablet

SUBST. *tabletten*, plur. *tabletter, tabletterne*
/ta'blet/

en lille, rund skive af sammenpresset pulver som indeholder et lægemiddel el. et stof som lindrer halsen = PILLE □ *halstablet*

tabloidformat

SUBST. *-et*, plur. *-er, -erne*
/tablo'idformat/

det format især frokostaviser udgives i, og som svarer til halvdelen af et almindeligt avisformat = FROKOSTFORMAT □ *en avis i tabloidformat*

tabsgivende el. **tabgivende**

ADJ.

som giver økonomisk tab □ *en tabsgivende forretning*

tabu

SUBST. *-et*, plur. *-er, -erne*
['*ta·bu*]

et religiøst bestemt forbud mod at nævne el. berøre bestemte personer, dyr, handlinger el.lign. i visse primitive kulturer □ *medicinmanden erklærede begravelsespladsen for tabu* · *overtræde et tabu* • et emne som man ikke beskæftiger sig med da det er forbundet med stærke følelser □ *incest har været tabu indtil for nylig* · *hans navn var stadig tabu i det hjem* □ *tabuemne* · *tabubelagt*

tabuere el. **tabuisere**

VERB. *-r, -de, -t*
/'tabu'ere/

tabuere ngt belægge noget med tabu □ *tabuering*

tabulator

SUBST. *-en*, plur. *-er, -erne*
/tabu'lator/

en tast på et tastatur som rykker markøren el. skrivehovedet et bestemt stykke ind når der trykkes på tasten □ *tabulatoranordning* · *tabulatortast* · *tabulatorstop* □ *decimaltabulator*

taburet

SUBST. *taburetten*, plur. *taburetter, taburetterne*
/tabu'ret/

1. en stol uden arme og ryglæn
2. en ministers embede = MINISTEREMBEDE □ *statsministeren er i færd med at fordele taburetterne* □ *taburetklæber* • **klæbe til** el. **ved taburetten** hage sig fast ved sin stilling som minister

tackle el. **takle**

VERB. *-r, -de, -t*

1. tackle ng (fodbold, håndbold, rugby, ishockey

m.m.): gå ind på livet af en modspiller for at erobre bolden el. pucken □ *tackle en modspiller med skulderen · tackle hårdt* · □ *tackling*
2. tackle ng(t) håndtere nogen el. noget på en bestemt måde og evt. lykkes i sit forehavende = KLARE □ *han tackler børnene forkert · den stigende ledighed må tackles med nye midler · vi må tackle problemerne efterhånden som de dukker op*

tadsjiker

SUBST. *-en,* plur. *-e, -ne*
[*ta'djigə*]

en person fra Tadsjikistan

tadsjikisk

ADJ. *- , -e*
[*ta'djigisk*]

som har at gøre med Tadsjikistan

taekwondo

SUBST. *-en*
/*taek'wondo*/

en koreansk kampform der dyrkes som sport, og hvor man bruger bestemte slag, spark og parader; adskiller sig fra karate fx ved kampstilling, speciel fodteknik og ved at konkurrencedeltagere bærer beskyttende brystskjold □ *taekwondokæmper*

taffel

SUBST. *-et* (el. *taflet*), plur. *tafler, taflerne*

fornemt måltid, især ved hoffet □ *være til taffel hos dronningen* □ *taffeldækker · taffelmusik · taffelselskab*

taffelmusik

SUBST. *~musikken*

musik som spilles ved et måltid, især kammermusik som spilledes ved hoffet i barokken

taffelur

SUBST. *-et,* plur. *-e, -ene*

et ur der er beregnet til at stå på et bord, en kamin el.lign.

taft

SUBST. *-en* el. *-et,* plur. *-er, -erne*

et glat, stift lærredsvævet silkestof

tag[1]

SUBST. *-et,* plur. *-e, -ene*
['*ta'j*]

1. øverste dække på en bygning som består af en bærende konstruktion og en tagbeklædning □ *lægge tag på huset* □ *tagbeklædning · taghældning* □ *skifertag · stråtag · tegltag*
2. få el. **have tag over hovedet** få el. have et sted at bo

tag[2]

SUBST. *-et,* plur. *tag, -ene*
['*ta'j* el. '*taw*]

= GREB □ *hun tog ham i armen med et fast tag · slippe taget* • en bevægelse med armene der skal føre nogen fremad □ *ro/svømme med lange tag* □ *svømmetag · åretag* • **tage et tag med** give en hånd med • **have tag på ngt** have et særligt håndelag for noget □ *hun har et godt tag på børnene*

tagdækker

SUBST. *-en,* plur. *-e, -ne*

en person der renoverer og lægger tage på huse m.m. □ *tagdækkerfirma*

tage

VERB. *-r, tog, -t* (*tagen, tagne*)

1. tage ngt strække hånden ud efter noget, lukke fingrene om det og evt. flytte det □ *han tog et æble · hun tog hans hånd · han tog bolden op fra gulvet · tage i døren · han tog sit atlas frem* • **tage ngt af ngt** sørge for at noget ikke er hvor det var før = FJERNE □ *tage dugen af bordet · tage pletten af tøjet · tage hænderne op af lommen · tage stegen ud af ovnen · tage tøjet af · filmen er taget af plakaten* • **tage fat i ngt** el. **tage ved ngt** tage noget og holde fast i det □ *hun tog fat i dugen og rykkede til · tag nu ordentlig ved så den ikke glider* • **blive taget af ng** = BLIVE PÅGREBET □ *han blev taget af politiet · hendes far blev taget af nazisterne* • **tage ud** rydde service o.l. af bordet □ *jeg vasker op hvis du tager ud*
2. tage ng(t) bestemme sig for at få el. benytte nogen el. noget □ *han tog den røde kjole · den tager jeg! · de tog desværre en anden ansøger · vi tager lejligheden · vi tager vin til maden · tage en genvej · tage den korteste vej · hun tog ham for pengenes skyld · tage et glas vin · tage sig en pause* • **tage ngt** = PÅTAGE SIG □ *tage en risiko · tage ansvaret · tage konsekvensen* • **tage ngt** forlange noget som modydelse ved salg el.lign. □ *han tager 10 kr. for en pose æbler · hun tager sig godt betalt* • **tage ngt** el. **tage med ngt** benytte sig af et transportmiddel □ *tage toget · jeg tager min cykel · tage med rutebilen · hun tager altid med fly · skal vi tage bilen eller spadsere?* • **tage for sig af ngt** forsyne sig med ngt uden at holde sig tilbage □ *de tog for sig af bordets glæder · hun tog for sig af vinen* • **tage imod ng(t)** acceptere at modtage noget = MODTAGE □ *tag imod et godt råd og hold din mund · han vil ikke tage imod pengene · jeg tog imod brevet · han tog imod dem ved porten*
3. tage {hjem} rejse el. bevæge sig et sted hen
4. tage ngt klare el. gennemføre noget □ *han tog trappen i løb · han har taget studentereksamen · jeg tager opvasken* • **tage ngt** være i stand til at rumme el. bære noget □ *færgen kan tage 100 biler · tanken har taget 1.200 liter*
5. tage {et skridt} udføre en handling □ *han tog et skridt hen mod døren · tage et spring · tage afsked* • **tage ngt** bestemme noget ved måling □ *tage temperaturen · lægen tog hans puls · tage blodtryk*
6. tage ng(t) forholde sig på en bestemt måde til nogen el. noget □ *hun vidste præcis hvordan hun skulle tage ham · han tog nyheden med fatning · du skal ikke tage hans ord alvorligt · tag det som en mand! · hun tog hans død tungt* • **ikke tage ng(t)** = IKKE UDHOLDE □ *jeg kan ikke tage ham · han kunne ikke tage hendes måde at tale på* • **tage sig af ng(t)** sørge for nogen el. noget □ *hun tog sig af den forældreløse dreng · mormoren tog sig af at sende ham i skole* • **tage sig af ng(t)** tillægge nogen el. noget betydning □ *ham skal du ikke tage dig af! · hun tog sig ikke af hvad jeg sagde* • **tage ngt i sig** give udtryk for at man fortryder noget man har sagt □ *jeg tager beskyldningen i mig igen · vil du være venlig at tage det i dig!*
7. udtryk for at man opfordrer nogen til noget □ *tag lige og ræk mig bogen · hvorfor tager du ikke bare og holder mund? · tag og skrub af!*
8. tage ng have samleje med nogen □ *han tog hende på sofaen*
9. i forsk. forb.: • **tage af** el. **til** blive svagere el. stærkere = LØJE AF □ *vinden tager af · modstanden tager til* • **tage af for ngt** beskytte mod noget □ *grenene tog af for vinden* • **tage fat på ngt** begynde på noget □ *de tog fat på arbejdet* • **tage ng for ngt** = ANSE □ *hvad tager du mig for?* • **tage ng i ngt** blive opmærksom på og evt. bremse en tankegang el. en handling som nogen har el. udfører = GRIBE I □ *jeg tog mig selv i at ønske ham død · han tog hende i at slå drengen* • **tage ind** el. **ud** gøre et strikketøj smallere el. bredere □ *tage ind til halsen* • **tage ngt op** beskæftige sig med noget □ *han har taget badminton op igen · tage et spændende emne op* • **tage over** = OVERTAGE • **tage på** forøge sin vægt □ *hun havde taget på i julen · barnet var endelig begyndt at tage på* • **tage på ng** slide hårdt på nogen □ *årene har taget hårdt på hende · det hårde arbejde har taget på hans helbred* • **tage sig sammen** arbejde for at forbedre sin indsats el. tilværelse = MANDE SIG OP □ *du må tage dig sammen til eksamen · tag dig nu sammen og hold op med at græde · hvis du ikke tager dig sammen finder du aldrig et nyt job · hun besluttede sig for at holde op med at drikke og tage sig sammen* • **tage sig til ngt** give sig i kast med noget □ *hun har ikke noget at tage sig til* • **tage sig ud** se ud □ *hvordan tager jeg mig ud i denne kjole? · han tog sig flot ud i smoking*

tagetage

SUBST. *-n,* plur. *-r, -rne*

en etage under taget på et hus med skråt tag

tagetes

SUBST. *-en,* plur. *tagetes, -ene*
/*ta'getes*/

en haveplante med takkede blade og gule el. rødbrune blomster = FLØJLSBLOMST

tagfat

SUBST. *en*
[*ta'fat*]

en leg hvor en person skal forsøge at fange de andre deltagere □ *lege tagfat*

tagkammer

SUBST. *-et* (el. *~kamret*), plur. *tagkamre, tagkamrene*

= LOFTSKAMMER

tagkonstruktion

SUBST. *-en,* plur. *-er, -erne*

den konstruktion der bærer et tag □ *en høj tagkonstruktion · en let og elegant tagkonstruktion · velisolerede tagkonstruktioner · der er sket omfattende skader på skolens tagkonstruktion*

taglagt

ADJ. *- , -e*

som er lagt i lag, ofte om grøntsager □ *taglagte tomatskiver · skær kartoflerne i skiver og anbring dem taglagt i et ildfast fad*

tagpap

SUBST. *tagpappen* el. *tagpappet,* plur. *tagpapper, tagpapperne*

et tagdækningsmateriale bestående af et armeringsvæv beklædt med asfalt

tagrende

SUBST. *-n,* plur. *-r, -rne*

en rende af metal el. plastic langs et skråt tags nederste rand til opsamling af regnvand som ledes til et rør ned i en kloak

tagryg

SUBST. *tagryggen,* plur. *tagrygge, tagryggene*

den øverste kant mellem to skrå tagflader = RYGNING, TAGRYGNING MØNNING, KIP

tagrygning

SUBST. *-en,* plur. *-er, -erne*

= TAGRYG

tagrytter

SUBST. *-en,* plur. *-e, -ne*

et lille pyntetårn med et spir som er placeret på en tagryg

tagselvbord

SUBST. *-et,* plur. *-e, -ene*

et bord hvorpå der er fremsat flere retter mad som man selv kan hente og sammensætte = BUFFET • udtryk for at man kan tage hvad man vil have □ *den danske kulturmenu fylder ikke så meget ved det store europæiske tagselvbord*

tagskæg

SUBST. *tagskægget,* plur. *tagskæg, tagskæggene*

den del af et tag der går ud over husmuren □ *det drypper fra tagskægget*

tagsten

SUBST. *-en,* plur. *~sten, -ene*

en sten som bruges til tagbeklædning

taifun

SUBST.

se *tyfon*

taiwaner

SUBST. *-en,* plur. *-e, -ne*
/*tai'waner*/

en person fra Taiwan

taiwansk

ADJ. *- , -e*
/*tai'wansk*/

som har at gøre med Taiwan

tajga

SUBST. *-en*

de store sammenhængende strækninger af nåleskov i Sibirien mellem tundraen i nord og stepperne i syd

tak[1]

SUBST. *takken*

1. udtryk for at man føler sig taknemmelig over noget □ *mange tak! · på forhånd tak! · tak for gaven · tak for brevet! · tak for sidst! · tusind tak! · tak for lån! · du skal have tak for hjælpen! · han fik ingen tak for sin store indsats · være nogen tak skyldig · sende noget tilbage med tak* • **ja tak** udtryk for høflig accept af noget man er blevet tilbudt □ *vil du have mere kaffe? - ja tak* • **nej tak** udtryk for høflig afslag på noget man er blevet tilbudt □ *vil du have mere kaffe? - nej tak* • **tak i lige måde** udtryk for at man takker og ønsker det samme for den anden □ *god weekend! - tak i lige måde! · glædelig jul! - tak i lige måde!* • **selv tak** udtryk for at den der takker nogen, selv skal have tak □ *tak for hjælpen - selv tak · tak for i aften - selv tak* • **tak for mad** udtryk brugt efter et måltid som tak til værten for den mad man har spist ≠ VELBEKOMME • **det er takken** (iron.): udtryk for utaknemmelighed □ *er det takken for min indsats!* • **tage til takke med ngt** nøjes med noget □ *I må tage til takke med hvad huset formår*
2. tak skæbne udtryk for at man er forskrækket el. forbavset over noget □ *tak skæbne hvor er hun blevet tynd!*

tak[2]

SUBST. *takken,* plur. *takker, takkerne*

1. en lille trekantet spids som stikker ud fra noget ≠ HAK □ *takker på et frimærke · takker på et tandhjul · takkerne på et gevir*
2. en lille smule = TAND, GRAD, SMULE □ *denne model er en tak bedre end den første*

tak[3]

LYDORD

tik tak se under *tik*

takke

VERB. *-r, -de, -t*

1. takke ng for ngt udtrykke taknemmelighed over noget over for nogen □ *han takkede sine bedsteforældre for julegaven · hun takkede ham fordi han havde reddet hendes liv · takke for sidst · jeg ved ikke hvordan jeg skal takke dig* • **takke sig selv for ngt** selv være skyld i noget □ *han kunne kun takke sig selv for den grove fejltagelse* • **takke af** tage afsked el. gå sin vej □ *nu er det vist tid til at takke af*
2. takket være udtryk for at noget er forårsaget af el. skyldes nogen el. noget = PÅ GRUND AF □ *det gik godt takket være ham · takket være en hurtig indsats blev alle reddet*
3. takke ngt gøre noget takket □ *takke et stykke papir med en saks* □ *takning*

takkelage

SUBST. *-n,* plur. *-r, -rne*
[*tɑgə'la·sjə*]

det tovværk der hører til et skibs el. en båds rigning • = RIGNING

takle

VERB. *-r, -de, -t*

1. se *tackle*
2. takle ngt udstyre et skib med *takkelage* □ *takling*
3. takle ngt omvikle et tov el.lign. med garn for at forhindre at det løber op □ *takling · taklegarn*

taknemmelig el. taknemlig

ADJ. *-t, -e*
/*tak'nem(me)lig*/

1. (om en person): som føler glæde over noget en anden person har gjort = FORBUNDEN □ *jeg er dig dybt taknemmelig for din hjælp · hun er taknemmelig for sine gaver* □ *taknemmelighed*
2. som let lader sig udføre med godt resultat □ *et taknemmeligt stykke arbejde · en taknemmelig opgave*

taknemmelighed el. taknemlighed

SUBST. *-en*
/*tak'nem(me)lighed*/

det at være taknemmelig = ERKENDTLIGHED □ *føle taknemmelighed · hun viste sin taknemmelighed mod ham · de modtog pengene med dyb taknemmelighed*

taknemmelighedsgæld el. taknemlighedsgæld

SUBST. *-en*

en tak som man skylder nogen for noget de har gjort for én □ *jeg står i en dyb taknemmelighedsgæld til jer · betale en taknemmelighedsgæld tilbage · sætte sig i taknemmelighedsgæld til nogen*

taks

SUBST. *-en,* plur. *taks, -ene*

et nåletræ el. en nålebusk med bløde, mørkegrønne nåle som ikke stikker; latinsk navn *Taxacus baccata*

taksation

SUBST. *-en,* plur. *-er, -erne*
[*tɑgsa'sjo'n*]

det at taksere noget = VURDERING, VÆRDIBESTEMMELSE

taksator

SUBST. *-en,* plur. *-er, -erne*
/*tak'sator*/

en person der ansætter værdien af forsikringsskader ≠ VURDERINGSMAND

taksere

VERB. *-r, -de, -t*
/*tak'sere*/

taksere ngt anslå el. fastsætte værdien el. størrelsen af noget; ofte ved en sagkyndig vurdering = VURDERE, VÆRDIBESTEMME □ *ejendommen blev takseret til 11 millioner kr. · opkøberen takserede rokokomøblerne · dommeren takserede hans forseelser til fem år · taksere en skade* □ *taksering · taksator*

taksigelse

SUBST. *-n,* plur. *-r, -rne*
/*tak'sigelse*/

(form.): det at sige tak

taksonomi

SUBST. *-en,* plur. *-er, -erne*
/*taksono'mi*/

en inddeling af et videnskabeligt område i kategorier = KLASSIFICERING, SYSTEMATISERING, KLASSIFIKATIONSSYSTEM □ *taksonomisk*

takst

SUBST. *-en,* plur. *-er, -erne*

en fast pris på visse tjenesteydelser, fx personbefordring, porto el. telefon □ *betaling efter taksten · forhøje taksten for buskørsel · fuld takst · hvad er taksten for at sende en pakke?* □ *takstforhøjelse · takstgrænse · takstzone* □ *linietakst · nattakst · telefontakst · weekendtakst*

takt[1]

SUBST. *-en,* plur. *-er, -erne*

1. hvert af de afsnit som et musikstykke tidsmæssigt er inddelt i; er i nodeskrift markeret ved lodrette streger (*taktstreger*) □ *temaet består af otte takter · hun begyndte at spille, men standsede efter et par takter · tælle takter · trefjerdedels takt* □ *taktart · taktlængde · taktslag · taktstreg* • en regelmæssig rytme □ *trommeslageren slog takten an · holde takten · falde ud af takten · lige takt · ulige takt* □ *taktfast · taktstok* • **i takt** i samme takt = I TRIT □ *marchere i takt · klappe i takt til musikken* • **todelt takt** en takt med to hovedslag i takten
2. **takter** en god og lovende præstation □ *landsholdet viste gode takter i aftenens kamp mod spanierne*
3. i forsk. forb.: • **i takt med ngt** i samme tempo el. i overensstemmelse med noget □ *priserne stiger i takt med lønningerne · hans ideer er i takt med tidsånden* • **ude af takt med ngt** ikke i overensstemmelse med noget □ *en ledelsespolitik som er ude af takt med tiden*

takt[2]

SUBST. *en*

en god fornemmelse for hvordan man skal opføre sig for ikke at såre el. støde an = FINTFØLELSE, DISKRETION □ *at fortælle sandheden krævede takt og hensynsfuldhed* □ *taktfuld · taktfølelse · taktløs* • **takt og tone** almindeligt gældende normer for god opførsel = ETIKETTE □ *et håndkys er stadig god takt og tone over for fine damer*

taktfast

ADJ. *-, -e*

som foregår i en regelmæssig rytme □ *taktfaste klapsalver · trampe taktfast i gulvet · publikum rejste sig og klappede taktfast i flere minutter*

taktfuld

ADJ. *-t, -e*

som har en god fornemmelse for hvordan man undgår at forarge andre = FINTFØLENDE, DISKRET ≠ TAKTLØS □ *taktfuld som han var, nævnte han ingen navne* □ *taktfuldhed*

taktfølelse

SUBST. *-n*

en evne til at undgå at såre el. støde andre personer □ *han begår sig med stor taktfølelse*

taktik

SUBST. *taktikken,* plur. *taktikker, taktikkerne* /tak'tik/

nøje planlagt fremgangsmåde som er tilpasset den enkelte situation □ *skifte taktik under forhandlingerne · lægge en langsigtet taktik for området · hans taktik var at spille parterne ud mod hinanden · militær taktik* □ *taktikmøde* □ *overraskelsestaktik*

taktløs

ADJ. *-t, -e*

som i en bestemt situation mangler fornemmelse for hvordan man undgår at såre og forarge andre = UFIN ≠ TAKTFULD □ *optræde taktløst · en taktløs person · en taktløs bemærkning*

taktregulering

SUBST. *-en,* plur. *-er, -erne*

en regulering af offentligt ansattes løn delvis i takt med lønglidningen på det private arbejdsmarked □ *til gengæld for den mistede taktregulering ville man tilbyde de offentligt ansatte tryghed i ansættelsen*

taktstok

SUBST. *~stokken,* plur. *~stokke, ~stokkene*

en stok som fx en tamburmajor bruger til at anslå og dirigere takten med

takvinge

SUBST. *-n,* plur. *-r, -rne*

en sommerfugl med takkede vinger; flere arter, bl.a. *nældens takvinge* og *dagpåfugleøje;* latinsk navn *Nymphalidae*

tal

SUBST. *tallet,* plur. *tal, tallene*

1. et tegn for hver af de størrelser som bruges til at tælle og måle med, fx *4, 17* el. *324* □ *tallet 324 · lægge to tal sammen* □ *tallinie · tallære · talord · talsystem* □ *ettal · femtal · grundtal · mængdetal · ordenstal · primtal* • ⟨i sammensætn., plur. *-taller, -tallene*⟩ □ *hun fik to trettentaller til eksamen* □ *ettal · total · femtal · elletal · trettental* • **helt tal** et tal som ikke er brøk, el. som ikke har decimaler, fx *2, 153 el. 1.749* • **lige tal** et tal som kan deles med *2*, fx *2, 6* el. *28* • **naturligt tal** et helt positivt tal, fx *1, 17* og *876* • **negativt tal** et tal som er mindre end *0*, og som skrives med minustegn foran, fx *-6, -0,5* • **positivt tal** et tal som er større end *0*, fx *1, 67, 345* el. *0,5* • **ulige tal** et tal som ikke kan deles med *2*, fx *1, 9* el. *17*
2. mængden af en række enheder som betragtes under ét = ANTAL □ *folk var mødt frem i stort tal · tallet af sårede var stort efter kampen* • **have** el. **holde tal på ngt** kende antallet af noget □ *hun prøvede at holde tal på, hvor mange æbleskiver hun bagte · jeg har ikke tal på, hvor mange vi er*
3. (i sprogvidenskab): = NUMERUS □ *ental og flertal · navneord, stedord og tillægsord bøjes i tal*
4. **-tallet** ⟨i sammensætn.⟩ den hundredårige periode som begynder med det angivne tal; udtrykket *1900-tallet* svarer til *det 20. århundrede* □ *industrialiseringen begyndte så småt i 1800-tallet*

talblind

ADJ. *-t, -e*

som har en mangelfuld evne til at læse tal, regne m.m. ≠ ORDBLIND

tale[1]

SUBST. *-n,* plur. *-r, -rne*

1. ⟨ikke plur.⟩ det at meddele sig mundtligt med ord = ORD □ *hans tale gled over i en mumlen · hun blev hyldet i sang og tale · tale er sølv, men tavshed er guld* • ⟨ikke plur.⟩ evnen til at udtrykke sig med ord □ *det er talen som skiller mennesket fra dyrene · hun havde mistet talens brug* • **bringe** el. **føre** el. **lede talen hen på ngt** dreje samtalen hen til et emne man gerne vil drøfte □ *de fik behændigt ledt talen hen på skattelettelser* • **få ng i tale** komme til at tale med nogen □ *direktøren var svær at få i tale* • **ikke tale om** udtryk der understreger at man siger nej til noget □ *ikke tale om at jeg vil med på den tur! · det kan der ikke være tale om!* • **være tale om** udtryk for at noget er det man taler om □ *der er kun tale om to personer · der er tale om at forhøje afgiften · det er der ikke tale om* • **på tale** udtryk for at der tales om noget som en mulighed □ *på et tidspunkt var det på tale at klassen skulle til London · klassen ville gerne til Berlin, men det kunne slet ikke komme på tale · hun bragte sagen på tale under mødet* • **talen falder på ng(t)** der bliver talt om nogen el. noget □ *når talen falder på rengøring, bliver hun ganske tavs*
2. en udtalelse som er henvendt til en person el. en gruppe af tilhørere, oftest i en speciel anledning □ *han holdt en smuk tale · han holdt tale for damerne · der blev holdt mange taler* • **for at gøre en lang tale kort** kort fortalt
3. **direkte tale** ordret gengivelse af en persons tale el. tanker • **indirekte tale** gengivelse af en persons tale el. tanker, omformet til ledsætninger efter et anførende udtryk; i *han sagde at han ville komme senere* er ledsætningen *at han ville komme senere* indirekte tale

tale[2]

VERB. *-r, talte, talt*

1. udtrykke sig mundtligt med ord = SNAKKE □ *hun kan ikke tale · han taler flydende russisk · hun elsker at høre sig selv tale · en talende papegøje* □ *taleevne · talefejl · talefilm · talefrihed · taleorganer · talepædagog* □ *aftale · bagtale · indtale · omtale · tiltale · udtale* • **tale med ng om ngt** □ *jeg må tale med dig om den sag · det må vi tale om senere · de taler altid om politik · vi har talt sammen om det* • **tale til ng** □ *hør efter, jeg taler til dig!* • **for at tale om noget helt andet** udtryk for at man ønsker at skifte emne • **tale forbi hinanden** misforstå el. ikke interessere sig for hvad den anden part siger • **tale godt for ng(t)** få nogen el. noget til at blive medgørlig ved at tale pænt □ *han fik hunden til at give slip på sin arm ved at tale godt for den* • **tale godt for sig** tale på en overbevisende måde • **tale ngt igennem** diskutere en sag grundigt □ *lad være med at sige ja før I har fået vilkårene talt ordentligt igennem* • **ikke noget at tale om** udtryk for at noget ikke er af betydning □ *det er bare en forkølelse, det er ikke noget at tale om* • **ikke tale for højt om ngt** udtryk for at noget bør holdes hemmeligt □ *du skal nok ikke tale for højt om at det var dig der smadrede ruden* • **der er ingen der taler til dig** (dagl.): = BLAND DIG UDENOM • **tale med om ngt** have viden og erfaring nok til at kunne tale om noget på en saglig måde □ *det er du for ung til at kunne tale med om* • **tale over sig** røbe noget man ikke skulle have sagt • **tale sort** tale med korrekte ord, men uden logisk sammenhæng i det sagte • **til at tale med** være modtagelig for forslag og argumenter □ *lad os spørge far, han er til at tale med* • **tale ud** tale til man har sagt hvad man vil = TALE FÆRDIGT □ *lad mig tale ud!* • **tale ud** fortælle sine inderste tanker om noget □ *vi må se at få talt ud med hinanden · hun taler ud i pressen om sit liv som pornomodel · efter mange års tavshed talte han omsider ud* • **tales ved** udtryk for at man aftaler at tale sammen senere; også brugt som afsluttende hilsen □ *vi kan tales ved om en time · vi tales ved, hej!* • **tale sig til rette** tale om noget til man bliver enige • **tale sig varm** tale ivrigt om noget
2. udtrykke sig uden brug af ord, fx med blikke

el. kropsholdning □ *de lod øjnene tale* · *med en talende bevægelse afskrev han sagen* • **det taler for sig selv** det fremgår tydeligt uden forklaring
3. tale til ngs {fordel} være et positivt træk ved nogen □ *det taler til hans fordel at han huskede at give besked* · *det taler til hans ære at han straks tilbød at betale* • **tale til ngs samvittighed** el. **bedre jeg** udtryk for at noget får nogen til at overveje om de gør det rigtige □ *hendes gråd talte til hans samvittighed*

taleboble

SUBST. *-n,* plur. *-r, -rne*

et indrammet felt til angivelse af replikker inde i tegningen i tegneserier

talefejl

SUBST. *-en,* plur. *~fejl, -ene*

en fysisk el. nervøs svaghed der bevirker at evnen til at tale rent er nedsat

talefilm

SUBST. *-en,* plur. *~film, -ene*

en film med gengivelse af tale og lyd = TONEFILM ≠ STUMFILM

talefod

SUBST. *en*

ikke være på talefod med ng ikke tale med el. omgås nogen; især fordi man er uvenner □ *hun er ikke på talefod med sin mor* · *de er ikke på talefod for tiden*

talegaver

SUBST.PLUR. *-ne*

en evne til at tale smukt el. overbevisende □ *have store talegaver* · *hun brugte sine talegaver til at komme ud af klemmen*

talekunst

SUBST. *-en*

evnen til at formulere sig på en effektiv måde = RETORIK □ *hans talekunst reddede ham ud af den pinlige situation*

talemåde

SUBST. *-n,* plur. *-r, -rne*

1. en måde at udtrykke sig på □ *han anlagde talemåder og gebærder efter sin farbror*
2. en kort, fast ytring uden dybere mening som man ikke skal tage for alvorligt = FRASE, FLOSKEL, VENDING □ *det er bare en talemåde* · *tomme talemåder* · *bruge gamle ord og talemåder*

talent[1]

SUBST. *-et,* plur. *-er, -erne*
/ta'lent/

medfødte evner inden for et bestemt område = ANLÆG, EVNE □ *han har skjulte talenter* · *hans spil røber et vist talent* · *han har talent for at spille tennis* □ *talentfuld* · *talentløs* · *talentspejder* □ *naturtalent* · *skuespillertalent* • en person som har talent □ *kunstneren er et stort talent* · *én af dansk kampsports lysende talenter* · *unge talenter fra ind- og udland præger udstillingen*

talent[2]

SUBST. *en,* plur. *-er, -erne*

en vægt- og møntenhed som man brugte i oldtiden

talentfuld

ADJ. *-t, -e*

som har el. er et udtryk for talent inden for et bestemt område □ *en talentfuld musiker* · *en talentfuld fortolkning* · *en talentfuld fodboldspiller*

talentløs

ADJ. *-t, -e; -ere, -est*

som er uden evner = UDUELIG ≠ TALENTFULD □ *hans klaverspil er talentløst* · *hun er en talentløs chef*

talepædagog

SUBST. *-en,* plur. *-er, -erne*

en lærer som underviser personer med talevanskeligheder = LOGOPÆD □ *han har gået til talepædagog for at holde op med at stamme*

taler

SUBST. *-en,* plur. *-e, -ne*

en person som holder en tale el. et foredrag = FOREDRAGSHOLDER □ *den sidste ærede taler* · *jeg er ikke nogen stor taler* · *aftenens taler* □ *talerstol* □ *festtaler*

talerstol

SUBST. *-en,* plur. *-e, -ene*

et indretning hvorfra man stående holder tale til en større forsamling; ofte et forhøjet bord som indhegner taleren □ *gå op på talerstolen* · *Folketingets talerstol*

talerør

SUBST. *-et,* plur. *~rør, -ene*

en person, avis, organisation el.lign. som er fortaler for en bestemt sag, opfattelse el.lign. = MEDIE □ *den avis var talerør for de nye anarkister* · *han er den nye kunstnergenerations talerør*

talesprog

SUBST. *-et,* plur. *~sprog, -ene*

den måde man bruger sproget på når man taler; ofte lidt mindre korrekt og mere farverigt end når man skriver ≠ SKRIFTSPROG □ *hans bøger er skrevet i talesprog*

talestrøm

SUBST. *~strømmen,* plur. *~strømme, ~strømmene*

det at tale længe og uafbrudt = ORDSTRØM, SVADA □ *hun prøvede at stoppe hans talestrøm*

talg

SUBST. *-en*

fedt der afsondres fra hudkirtler som ligger i nær forbindelse med hårsækkene; gør overhuden blød og smidig □ *talgafsondring* · *talgkirtel* • fedt fra forskellige drøvtyggere; anvendes fx til margarine-, stearin- og sæbefabrikation samt til medicinsk brug og spisebrug = TÆLLE □ *afsmeltet talg* · *talg af okse* · *talg til spisebrug* □ *talglys* · *talgsmelteri* □ *fåretalg* · *hjortetalg* · *nyretalg* · *oksetalg*

talisman

SUBST. *-en,* plur. *-er, -erne*

en genstand der tillægges beskyttende og lykkebringende kraft = AMULET

talje

SUBST. *-n,* plur. *-r, -rne*

1. det smalle sted på menneskelegemet over hofterne på linje med navlen = LIV, MIDJE, BÆLTESTED □ *hun har en smal talje* · *jakken sad stramt om taljen* □ *taljemål* · *taljevidde* • et sted midt på livet på en beklædningsgenstand □ *sy kjolen ind i taljen*
2. et redskab med små hjul til at hejse tunge ting el. udøve store træk med; består af blokke med et el. flere hjul hvorigennem et tov el. en line løber = GI □ *taljeblok* · *taljereb* · *taljetræk* □ *skrueblok-talje* · *skruebloktalje*

talk

SUBST. *-en*

et hvidt el. lysegrønt mineral af vandholdigt magnesiumsilikat; anvendes pulveriseret som talkum

talkum

SUBST. *-et,* (el. *talkummet*)

et hvidt pulver som anvendes på kroppen for at forhindre rød og irriteret hud, el. som sportsfolk tager på hænderne for at de ikke skal være glatte; lavet af pulveriseret talk = PUDDER □ *badetalkum* • pulveriseret talk der tilsættes papir, farver og pudder

tallerken

SUBST. *-en* (el. *tallerknen*), plur. *-er* (el. *tallerkner*), *-erne* (el. *tallerknerne*)
/tal'lerken/

1. et fladt, rundt fad til at spise mad af □ *flad tallerken* · *dyb tallerken* · *en tallerken suppe* · *sætte tallerkner på bordet* □ *tallerkenfuld* · *tallerkenrække* · *tallerkenskab* □ *desserttallerken* · *dækketallerken* · *frokosttallerken* · *middagstallerken* · *sidetallerken* · *suppetallerken*
2. flyvende tallerken et rumskib fra en fremmed planet = UFO

tallinie el. tallinje

SUBST. *-n,* plur. *-r, -rne*

(matematik): en ret linie som er inddelt i punkter der repræsenterer en række af tal i fortløbende rækkefølge, fx x-aksen i et koordinatsystem

tallotteri

SUBST. *-et,* plur. *-er, -erne*

et spil hvor hver spiller har en el. flere plader med nummererede felter, og hvor hvert felt skal dækkes med et kort hvorpå der står samme nummer, og som trækkes fra bunken

talløs

ADJ. *-t, -e*

= UTALLIG □ *talløse stjerner på himlen*

talon

SUBST. *-en,* plur. *-er, -erne*
[ta'lɔŋ]

1. en slip på et ark papir, fx den afrivelige kvittering på en regning el. en kupon på en obligation
2. (kortspil): den bunke kort der er tilovers efter kortgivningen = STAK

talord

SUBST. *-et,* plur. *~ord, -ene*

et ord der angiver en talstørrelse; det kan være et *mængdetal*, dvs. en, to, tre osv., el. et ordenstal, dvs. *første, anden, tredje osv.* = NUMERALE

talrig

ADJ. *-t, -e*

som findes i et stort antal = MANGE, TALSTÆRK, MANGFOLDIG □ *en talrig forsamling* · *talrige ulykker ramte landet*

talrække

SUBST. *-n,* plur. *-r, -rne*

en række af tal □ *talrækken fra 1 til 100*

talsmand

SUBST. *-en,* plur. *~mænd, ~mændene*
[ˈtaˈlsman]

1. en person som er valgt til at repræsentere en gruppe, et parti, en organisation el.lign., og som udtaler sig på gruppens vegne = FORTALER, FORSVARER, REPRÆSENTANT □ *han er en god talsmand for partiet* □ *talsmandsordning*
2. gøre sig til talsmand for ngt gå ind for en sag og argumentere for den

talstærk

ADJ. *-t, -e*

= TALRIG □ *en talstærk forsamling*

talsystem

SUBST. *-et,* plur. *-er, -erne*

et system til at angive ethvert tal ved at sammenstille et begrænset antal cifre; fx titalssystemet som bruges til at angive tal ved hjælp af cifrene fra 0 til 9, el. totalssystemet som bruges til at angive tal ved hjælp af cifrene 0 og 1

talte

VERB.

bøjningsform af *tælle*

taltegn

SUBST. *-et,* plur. *taltegn, -ene*

= CIFFER

talværdi

SUBST. *-en,* plur. *-er, -erne*

en værdi som er opgjort i tal

tam

ADJ. *-t, tamme; tammere, tammest*

(om dyr): som er vant til el. ikke er bange for el. aggressive over for mennesker ≠ VILD □ *fuglen var tam og kom og satte sig på pigens skulder* · *en tam abe* □ *tamhed* · *tamhøne* · *tamkat* · *tamkvæg* · *tamsvin* □ *håndtam* • (neds.): som er svag og uden initiativ og kraft □ *han er blevet noget tam på sine gamle dage* · *det var et tamt indlæg han kom med* · *angrebet var for tamt til at kunne skabe målchancer* · *teaterstykket var en tam forestilling*

tamburin

SUBST. *-en,* plur. *-er, -erne*
/tambuˈrin/

en lille håndtromme med bjælder el. metalskiver i kanten som klirrer når trommen bevæges el. anslås

tamburmajor

SUBST. *-en,* plur. *-er, -erne*

en befalingsmand der går i spidsen for et militært musikkorps og markerer takten ved at svinge med en stav = STABSTAMBUR

tamdyr

SUBST. *-et,* plur. *tamdyr, -ene*

= HUSDYR

tamil[1]

SUBST. *et*
[ˈtamil el. *taˈmiˈl]*

et sprog som tales bl.a i Sydøstindien og på Sri Lanka

tamil[2] el. tamiler

SUBST. *-en,* plur. *-er, -erne*
(tamiler: *-en,* plur. *-e, -ne*)
[taˈmiˈl]

en person med tamil som modersmål

tamilsk

ADJ. *- , -e*
[taˈmiˈlsk]

som har med tamilere at gøre

tamp

SUBST. *-en,* plur. *-e, -ene*

1. et kort tov el. en tovende • en pisk af ni knyttede snore fastgjort til et håndtag; brugt som afstrafningsmiddel i tidligere tider • **få** el. **give tamp** få el. give en person prygl
2. en dreng el. mand som er en tyksak el. en kraftkarl □ *bokseren var en ordentlig tamp*
3. tampen brænder udråb som bruges i gemmeleg til at antyde at den der leder nærmer sig det gemte

tampe

VERB. *-r, -de, -t*

tampe ng (glds.): = PRYGLE

tampon

SUBST. *-en,* plur. *-er, -erne*
[tamˈpɔŋ]

1. en lille rulle af presset vat el. gaze til at opsuge blod el. spyt □ *tamponere* □ *gazetampon* · *vattampon*
2. lille rulle af presset vat med en snor i enden som anbringes i kvindens skede for at opsuge menstruationsblod

tamtam

SUBST. *tamtammen,* plur. *tamtammer, tamtammerne*
/tamˈtam/

1. en cylindrisk tromme med skind • et gonglignende instrument der anslås med en blød kølle
2. (spøg.): en munter og larmende sammenkomst □ *nytårstamtam*

tan

SUBST. *en*
[ˈtaˈn]

en gulbrun farve som garvet læder har

tand

SUBST. *-en,* plur. *tænder, tænderne*

1. hver af de små, hårde dele i over- og undermund som bruges til at tygge mad med el. bide med □ *hunden viste tænder da den fremmede kom ind* · *pigen tabte en tand, da hun tog en bid af æblet* · *tandlægen så tænderne efter* · *have ondt i tænderne* · *klapre tænder af kulde* □ *tandbyld* · *tandlæge* · *tandpasta* · *tandpine* · *tandpleje* · *tandrod* · *tandskifte* · *tandregulering* · *tandsten* · *tandstilling* · *tandsæt* □ *fortand* · *guldtand* · *hjørnetand* · *hajtand* · *hugtand* · *kindtand* · *mælketand* · *rokketand* • **have ondt for tænder** udtryk for at et spædbarn har ondt i gummerne fordi det er ved at få tænder □ *den lille græd fordi hun havde ondt for tænder* • **kunstige tænder** = GEBIS • **mine tænder løber i vand** have lyst til noget mad • **skifte tænder** få nye tænder □ *barnet skiftede tænder fra hun var 3 år* • **skære tænder** gnide tænderne i under- og overmund hårdt mod hinanden • **stange tænder** rense tænderne med en tandstik □ *han stangede tænder ved middagsbordet* • **sætte tænderne i ngt** tage en bid af noget □ *hun satte tænderne i kødet*
2. hver af de tynde, spidse dele der stikker ud fra noget = HAK, TAK □ *kammens tænder er af ben* · *han satte farten en tand op* · *tænderne på tandhjulet var slidte* □ *tandhjul*
3. en lille smule = GRAD, SMULE □ *denne opgave er en tand bedre end de andre du har lavet* · *lad os give tempoet en tand mere*
4. i forsk. forb.: • **bide tænderne sammen** anstrenge sig for at klare el. beherske noget □ *hun bed tænderne sammen og tav* • **føle ng på tænderne** se nogen an □ *personalechefen følte ansøgeren på tænderne* • **holde tand for tunge** tie stille med en hemmelighed □ *advokaten holdt tand for tunge* • **tand for tand** udtryk for at skade andre på samme måde som de har skadet én = ØJE FOR ØJE □ *han gengældte tand for tand* • **tidens tand** se under *tid* • **vise tænder** optræde truende, fx ved at blotte tænderne □ *gravhunden viste tænder da den fik øje på koen* • **være væbnet** el. **rustet til tænderne** være grundigt forberedt □ *hun var rustet til tænderne inden den mundtlige eksamen*

tandbrud

SUBST. *~bruddet,* plur. *~brud, ~bruddene*

tændernes frembryden hos småbørn □ *nogle børn får feber under tandbrud*

tandbyld

SUBST. *-en,* plur. *-er, -erne*

en byld i kæbebenet ved roden af en tand som giver stærke smerter og evt. hævelse i kæben og kinden

tandbørste

SUBST. *-n,* plur. *-r, -rne*

en lille børste på et skaft til at rengøre tænder og tandkød med □ *børste tænder med en tandbørste*

tande

SUBST. *-n,* plur. *-r, -rne*

den del af vægen i et lys som rager op af lyset = VÆGE

tandem

SUBST. *-en* (el. *tandemmen*), plur. *-er* (el. *tandemmer*), *-erne* (el. *tandemmerne*) [*'tandæm*]

1. en cykel til to cyklister som sidder i forlængelse af hinanden; kun den forreste styrer cyklen = TANDEMCYKEL □ *de tog på tur på tandem* □ *tandempar*
2. en måde at spænde to heste for en vogn, således at den ene går foran den anden □ *hestene var vant til at gå i tandem*

tandfyldning

SUBST. *-en,* plur. *-er, -erne*

udfyldning i tand der er hul i = FYLDNING, PLOMBE □ *hun har lige fået lavet en tandfyldning*

tandhals

SUBST. *-en,* plur. *-e, -ene*

den del af en tand som er smallest og nærmest tandkøddet □ *tandlægen renser grundigt, især omkring tandhalsene*

tandhjul

SUBST. *-et,* plur. *~hjul, -ene*

en flad, rund maskindel med tænder som overfører en drejende bevægelse ved at gribe ind i andre tænder

tandhval

SUBST. *-en,* plur. *-er, -erne*

en hval med tænder i over- og underkæben og ét åndehul; flere arter, bl.a. *kaskelot, spækhugger* og *delfin;* latinsk navn *Odontoceti* ≠ BARDEHVAL

tandklinik

SUBST. *~klinikken,* plur. *~klinikker, ~klinikkerne*

en klinik hvor man får undersøgt og behandlet sine tænder □ *tandklinikassistent* □ *skoletandklinik*

tandkød

SUBST. *-et*

det bløde, lyserøde væv som omgiver tandhalsene □ *tandkødsbetændelse* · *tandkødslomme*

tandlæge

SUBST. *-n,* plur. *-r, -rne*

en person som er uddannet i undersøgelse, behandling og pleje af tænder, fx reparation af huller i tænderne, rodbehandlinger og tandudtrækninger = ODONTOLOG, CAND.ODONT. □ *han er bange for tandlægen* · *gå til tandlægen* □ *tandlægeklinik*

tandløs

ADJ. *-t, -e*

1. som ikke har nogen tænder □ *en tandløs gammel mand* □ *tandløshed*
2. uden styrke el. bid = SVAG □ *et tandløst angreb på modstanderne* · *et tandløst forsøg på at gendrive en beskyldning*

tandpasta

SUBST. *-en,* plur. *-er, -erne*

en pasta som ved hjælp af en tandbørste bruges til at rense og polere tænderne med = TANDCREME □ *tandpastasmil* □ *fluortandpasta*

tandpine

SUBST. *-n,* plur. *-r, -rne*

en smerte i nerven inden i en tand el. i vævet omkring tanden

tandsten

SUBST. *-en*

aflejring af kalk omkring tandhalsene □ *fjerne tandsten med tandtråd*

tandstikker

SUBST. *-en,* plur. *-e, -ne*

en lille pind som bruges til at rense mellemrummene mellem tænderne med

tandsæt

SUBST. *~sættet,* plur. *~sæt, ~sættene*

et sæt af tænder □ *et smukt og regelmæssigt tandsæt* · *smile så man kan se hele tandsættet* · *efterse tandsættet på en hest*

tandteknik

SUBST. *~teknikken*

en teknik hvormed man fremstiller kunstige tænder, støber tandfyldninger, broer, kroner m.m. □ *tandtekniker*

tandtekniker

SUBST. *-en,* plur. *-e, -ne*

en person der som erhverv beskæftiger sig med tandteknik □ *klinisk tandtekniker*

tang[1]

SUBST. *-en,* plur. *tænger, tængerne*

et værktøj som består af to ens, lange dele lagt på kryds og samlet med en split nær den ene ende, så de kan vippe i forhold til hinanden som en saks; bruges til at bide noget over med el. til at holde noget fast □ *barnet måtte tages med tang ved fødslen* □ *bidetang* · *fladtang* · *ildtang* · *knibtang* · *rørtang* · *sukkertang*

tang[2]

SUBST. *-en*

en plante der vokser i vand, især alger □ *der var skyllet meget tang op på stranden* □ *tangloppe* · *tangmadras* · *tangplante* · *tangskov* □ *blæretang* · *bændeltang* · *sargassotang*

tanga

SUBST. *-en,* plur. *-er, -erne*

= TANGATRUSSER

tangatrusser

SUBST. plur. *-ne*

et par trusser som er meget smalle, især på siden af hofterne = TANGA, TANGATRUSSE □ *hun var kun iklædt tangatrusser og stilethæle* · *der findes også tangatrusser til mænd*

tange

SUBST. *-n,* plur. *-r, -rne*

en smal landstrækning med vand på begge sider som forbinder to større landområder

tangens

SUBST. *en*
[*'taŋgæn's*]

en trigonometrisk funktion; tangens til en spids vinkel i en retvinklet trekant er lig med den modstående katete divideret med den hosliggende katete ≠ COTANGENS

tangent

SUBST. *-en,* plur. *-er, -erne*
/tan'gent/

1. hver af de dele på fx et klaver, cembalo, keyboard el. orgel som man trykker på når man spiller □ *tangentinstrument* • en tast på en skrivemaskine = TAST
2. (matematik): en ret linie som rører en kurve i et punkt

tangentiel

ADJ. *-t, tangentielle*

med en svag berøring el. tilknytning □ *hans forhold til kunst var kun tangentielt*

tangere

VERB. *-r, -de, -t*
/tan'gere/

1. tangere ngt ligge meget tæt på noget = GRÆNSE TIL □ *hans historier tangerer det sjofle* □ *tangering* • **tangere ngt** berøre noget let i forbifarten = STREJFE □ *bolden tangerede lige målstolpen* · *han tangerede lige det ubehagelige problem* □ *tangering* • **tangere ngt** nå det samme niveau som noget, fx gentage en rekord i sport □ *han tangerede verdensrekorden i højdespring* · *denne danmarksrekord for obligationsrente er kun blevet tangeret én gang siden* □ *tangering*
2. tangere ngt (matematik): røre en kurve i et punkt uden at skære denne □ *liniestykket tangerer cirklen* □ *tangering* □ *tangeringspunkt*

tangloppe

SUBST. *-n,* plur. *-r, -rne*

et lille krebsdyr som lever i vegetationen i fersk- og saltvand, og som kan springe som en loppe; latinsk navn *Gammarus*

tango

SUBST. *-en,* plur. *-er, -erne*
[*'taŋgo*]

en temperamentsfuld pardans i to-delt takt som danses med glidende gåtrin og let bøjede knæ; hører til standarddansene i sportsdans □ *danse tango* • musik som hører til dansen

tank[1]

SUBST. *-en,* plur. *-e, -ene*

1. en større beholder, fx til drikkevand, benzin, olie el. gas □ *fyld tanken helt op* · *tanken er utæt* □ *tankbåd* · *tankfuld* · *tankvogn* · *tankskib* □ *benzintank* · *brændstoftank* · *gastank* · *reservetank* · *olietank* · *rådnetank* · *septiktank* · *vandtank*
2. en forretning som fortrinsvis sælger benzin og forskelligt tilbehør til biler □ *købe smøger på tanken efter lukketid* □ *tankpasser* · *tankstation* □ *benzintank*

tank[2]

SUBST. *-en,* plur. -e (el. *-s*), *-ene* (el. *-sene*) [*'ta·ŋk*]

= KAMPVOGN □ *tankangreb* □ *amfibietank*

tankbåd

SUBST. *-en,* plur. *-e, -ene*

= TANKSKIB

tanke[1]

SUBST. *-n,* plur. *-r, -rne*

1. det at tænke på fx en hændelse, en person el. en idé □ *hun sad i dybe tanker* · *lede tanken hen på noget* · *han kunne ikke samle sine tanker om arbejdet* · *hendes tanker kredsede om det samme* · *han havde sine tanker andre steder* □ *tankebane* · *tankeeksperiment* · *tankeforbindelse* · *tankefoster* · *tankefuld* · *tankegang* · *tankelyrik* · *tankelæser* · *tankelæsning* · *tankerække* · *tankespind* · *tankesprog* · *tanketom* □ *eftertanke* · *flyvetanke* · *mistanke* · *strøtanke* · *tvangstanke* • noget som man har tænkt på, og som man evt. har til hensigt at gøre □ *jeg fik den tanke at du måske trængte til selskab* · *jeg har selv haft den tanke* · *han opgav tanken om at rejse væk* • **falde i tanker over ngt** blive uopmærksom fordi man tænker på noget bestemt • **have høje tanker om ng** mene at nogen er meget klog el. dygtig • **komme i tanke** el. **tanker om ngt** erindre noget □ *jeg kunne ikke komme i tanke om hvad han hed* • **komme på andre** el. **bedre tanker** ombestemme sig □ *jeg nåede at komme på bedre tanker inden brylluppet* • **tanke for ngt** interesse for noget bestemt □ *han har kun tanke for at blive underholdt* • **uden tanke om** el. **på ng(t)** uden at tænke på og tage højde for nogen el. noget = OMTANKE □ *uden tanke på sig selv sprang hun i vandet for at redde barnet* · *han gjorde det uden tanke om at få en belønning*
2. en central og bagvedliggende hensigt = IDÉ □ *den bagvedliggende tanke i en tale* · *den europæiske tanke* · *udødelige tanker* □ *kongstanke*
3. have en tanke (om madvarer): være på vej til at rådne = ANELSE □ *kødet lugtede og så ud som om det havde en tanke*

tanke[2]

VERB. *-r, -de, -t*

tanke op fylde en tank med brændstof □ *standse ved en benzinstation for at tanke op* · *tanke et fly op* · *tanke fra et tankskib* · *benzintanken er snart tom så vi må tanke* □ *tankning*

tankefuld

ADJ. *-t, -e*

= EFTERTÆNKSOM □ *han gik tankefuldt forbi uden at ænse dem* □ *tankefuldhed*

tankegang

SUBST. *-en,* plur. *-e, -ene*

en række af tanker som tilsammen danner en helhed □ *hans tankegang er uklar* · *jeg kan godt følge din tankegang i denne sag* · *prøv at sætte dig ind i min tankegang* · *for en religiøs tankegang er det noget man helst skal undgå*

tankelyrik

SUBST. *~lyrikken*

lyrik hvor ræsonnementer er omsat til poesi

tankeløs

ADJ. *-t, -e*

som handler uden at tænke sig om = UBETÆNKSOM, LETSINDIG, UKLOG, UFORNUFTIG □ *det var tankeløst af børnene at gå ud på den tynde is* · *han er så tankeløs og impulsiv* · *en tankeløs bemærkning* □ *tankeløshed*

tankeoverføring

SUBST. *-en*

= TELEPATI

tanker

SUBST. *-en,* plur. *-e, -ne*

= TANKSKIB □ *olietanker* · *supertanker*

tankespind

SUBST. *-et,* plur. *~spind, -ene*

tankevirksomhed som er uden hold i virkeligheden □ *lad nu være med at bekymre dig, det er jo bare tankespind* · *det er det rene tankespind*

tankesprog

SUBST. *-et,* plur. *~sprog, -ene*

en kort sætning som udtrykker en almengyldig sandhed = FYNDORD, SENTENS

tankestreg

SUBST. *-en,* plur. *-er, -erne*

et skrifttegn som bl.a. bruges omkring et indskud i en sætning, fx omkring *langt om længe* i sætningen *nu har hun - langt om længe - forstået sagens kerne*

tanketom

ADJ. *-t, ~tomme*

som er halvdum el. uden nærmere overvejelse = UIGENNEMTÆNKT □ *hun spiller en tanketom blondine* · *en tanketom selvparodi* · *hele iscenesættelsen virker tanketom*

tanketorsk

SUBST. *-en,* plur. *~torsk, -ene*

en tåbelig el. fornærmende bemærkning som skyldes fortalelse el. ubetænksomhed □ *han kommer med den ene tanketorsk efter den anden*

tankeverden

SUBST. *-en,* plur. *-er* (el. *~verdner*), *-erne* (el. *~verdnerne*)

1. en måde at tænke på □ *digterens fascinerende tankeverden* · *middelalderens tankeverden*
2. en indbildt verden som kun findes i nogens tanker = DRØMMEVERDEN □ *hun lever helt i sin egen tankeverden*

tankpasser

SUBST. *-en,* plur. *-e, -ne*

en person der er ansat på en benzintank □ *tankpasseren målte luften i dækkene*

tankskib

SUBST. *-et,* plur. *-e, -ene*

et fragtskib hvis lastrum er opdelt i flere tanke til transport af flydende materiale, fx olie el. gas = TANKER, TANKBÅD □ *olietankskib* · *supertanker*

tankvogn

SUBST. *-en,* plur. *-e, -ene*

en lastbil el. godsvogn med en tank til transport af flydende el. pulveragtive stoffer som benzin, mælk el. korn

tannin

SUBST. *-en* el. *-et*
[*ta'ni'n*]

= GARVESYRE

tant

SUBST. *en* el. *et*

(glds., poet.): ting som ikke har nogen varende værdi □ *verdens tant* · *bruge sine penge på tant og fjas*

tantaluskvaler

SUBST.PLUR. *-ne*

en stærk følelse af ubehag over ikke at kunne opnå el. få noget som tilsyneladende er lige inden for ens rækkevidde □ *lide tantaluskvaler*

tante

SUBST. *-n,* plur. *-r, -rne*

1. en kvinde der gift med ens morbror el. farbror
2. (neds.): en ældre kvinde som er jomfrunalsk el. snerpet □ *hun er en rigtig tante* □ *sladretante*

tantieme

SUBST. *-n,* plur. *-r, -rne*
[*taŋ'tjæ·m*]

en procentvis andel i en virksomheds overskud som udbetales til de ansatte, især lederne

tanzanier

SUBST. *-en,* plur. *-e, -ne*
/*tan'zanier*/

en person fra Tanzania

tanzanisk

ADJ. *-* , *-e*
/*tan'zanisk*/

som har at gøre med Tanzania

tap

SUBST. *tappen,* plur. *tappe* (el. *tapper*), *tappene* (el. *tapperne*)

1. en lille cylinderformet prop el. tilspidset genstand □ *en tap i en tøndes spånshul* □ *taphane* · *taphvirvel* · *tapløbe* □ *akseltap* · *istap* · *krumtap* · *svingtap* • en fremspringende del på et træstykkes endeflade som skal gribe ind i fx en slids □ *gamle møbler er samlet med tapper af træ*
2. (slang): = PENIS □ *drengens lille tap*

tape

SUBST. *-n*
[*'tæjp*]

1. lange bånd med klæbemiddel på den ene el. begge sider; bruges fx til at klæbe to stykker papir sammen = KLISTERBÅND, KLÆBEBÅND, KLÆBESTRIMMEL □ *hun hængte tegningen på væggen med tape* □ *gaffatape* · *malertape*
2. et magnetbånd til fx båndoptagere hvorpå man kan optage lyd = BÅND, KASSETTEBÅND, SPOLEBÅND, LYDBÅND,

tapestreamer

SUBST. *-en,* plur. *-e, -ne*
[*'tæjpsdri·mɔ*]

(edb): en båndoptager med et magnetbånd som bruges til hurtig sikkerhedskopiering af store datamængder fra en computer

tapet

SUBST. *-et,* plur. *-er, -erne*
/ta'pet/

en tynd vægbeklædning af papir, plastic el. stof, ofte med påtrykt mønster el. struktur □ *de havde fået nyt tapet i alle stuerne • tapetet var helt gulnet af ælde* □ *tapetdesign • tapetdør • tapetklister • tapetmønster • tapetrulle • tapetserie* □ *blomstertapet • børnetapet • soveværelsestapet*

tapetsere

VERB. *-r, -de, -t*
/tapet'sere/

tapetsere ngt forsyne vægge med tapet □ *stuen trænger til at blive tapetseret* □ *tapetsering*

tapetserer

SUBST. *-en,* plur. *-e, -ne*
/tapet'serer/

1. en person der polstrer og betrækker møbler = MØBELPOLSTRER □ *tapetserermester*
2. en person der sætter tapeter op = TAPETOPSÆTTER □ *tapetsererfirma*

tapir

SUBST. *-en,* plur. *-er, -erne*
/ta'pir/

et planteædende pattedyr med en kort, bevægelig snabel som går ud i ét med hovedet; én indisk og tre sydamerikanske arter; latinsk navn *Tapiridae*

tappe

VERB. *-r, -de, -t*

1. tappe ngt af el. **fra ngt** lade en væske løbe ud af noget ved at fjerne en tap fra el. lave et hul i det □ *tappe øl på flasker • tappe vin af et anker • tappe saft af et træ • tappe gummi • tappe vandet af køleren* □ *tapning* □ *aftappe*
2. tappe ng for ngt få nogen til at have meget mindre el. næsten intet tilbage af noget = TØMME □ *hun var tappet for kræfter • han blev tappet for blod • Europa bliver tappet for forskere*
3. tappe ngt fra ngt optage lyd el. billeder fra radio el. tv på bånd = OPTAGE □ *tappe musik fra radioen • tappe film fra fjernsynet*
4. tappe ngt sammen sætte ngt sammen ved hjælp af tapper; især træ □ *reolstykkerne er tappet sammen i hjørnerne*

tappenstreg

SUBST. *-en,* plur. *-er, -erne*

et militært signal blæst af et helt musikkorps • **blæse** el. **slå tappenstreg** give signal til at der skal være ro i kvarteret

tapper

ADJ. *- t, tapre*

1. = MODIG □ *de tapre soldater • tappert gik han rovdyret i møde* □ *tapperhed*
2. = UDHOLDENDE □ *de kæmpede sig tappert igennem kulden og regnen* □ *tapperhed*

tara

SUBST. *-en*

vægten af en vares indpakning = TARAVÆGT

tarantel

SUBST. *tarantellen,* plur. *taranteller, tarantellerne*
[*tɑran'tæl'*]

1. en stor, natlevende jagtedderkop med et smertefuldt, men ufarligt bid; findes i Sydeuropa og Asien; latinsk navn *Lycosa tarantula*
2. en livlig, syditaliensk folkedans hvis tempo øges hen mod slutningen

tarif

SUBST. *tariffen,* plur. *tariffer, tarifferne*
/ta'rif/

en oversigt over takster, lønninger priser o.l. □ *betale arbejderne efter tariffen • fastsætte tariffen for fragt af ilgods • toldsystem med flere tariffer* □ *tarifafslag • tarifberegning • tarifbestemmelse • tarifløn* □ *fragttarif • løntarif • toldtarif*

tarlatan

SUBST. *-en* el. *-et*

et let og gazeagtigt bomuldsstof

tarm

SUBST. *-en,* plur. *-e, -ene*

1. et langt, slynget organ som strækker sig fra mavesækken til endetarmsåbningen; transporterer affaldsstoffer fra mavesækken ud af kroppen □ *tarmkanal • tarmkatar • tarmrenser • tarmslyng • tarmsystem* □ *blindtarm • endetarm • hønsetarm • tolvfingertarm • tyktarm • tyndtarm*
2. noget der er langt og smalt □ *gangen var en smal tarm som forbandt stuen med køkkenet*

tarmflora

SUBST. *-en,* plur. *-er, -erne*

den samlede mængde uskadelige bakterier der findes i tarmkanalen

tarmkatar

SUBST. *-en,* plur. *-er, -erne*

en akut el. kronisk betændelse i tarmens slimhinde

tarmrenser

SUBST. *-en,* plur. *-e, -ne*

en person der færdigbehandler tarme fra nyslagtede dyr så de er klar til brug ved pølsefremstilling

tarmslyng

SUBST. *-en* el. *-et.*

en tilstand hvor der ikke er passage igennem tarmen, pga. brok el. fx hvis tarmen er snoet el. lammet = TARMSTOP

tarok el. tarot

SUBST. *tarokken,* plur. *tarokker, tarokkerne*
(tarot: *-en,* plur. *tarotter, tarotterne*)
/ta'rok/

et kortspil som består af 56 kort plus 22 trumfkort med forskellige billeder der symboliserer jordelivets farer og fristelser; bruges hovedsagelig som spådomskort □ *tarokkort • tarokspil*

tars

SUBST. *-en,* plur. *-er, -erne*

1. den nederste del af benet hos fugle, før tæerne; dannet ved sammenvoksning af mellemfodsknoglerne = LØB
2. den yderste del af et insektben

tartelet

SUBST. *tarteletten,* plur. *tarteletter, tarteletterne*
[*tɑdə'læt*]

en lille bagt skål af butterdej el. mørdej til at fylde med stuvning ≠ KRUSTADE □ *tarteletter med hønsekødsstuvning* □ *tarteletfyld*

tarv

SUBST. *en* el. *et*

det som anses for at være det bedste for nogens trivsel = INTERESSE □ *afgørelsen skal tage hensyn til barnets tarv • det er den løsning der bedst tjener hendes tarv*

tarvelig

ADJ. *-t, -e; -ere, -st*

1. som bryder uskrevne regler om hæderlighed, pålidelighed m.m. = UFIN, LURVET, LUSET, SIMPEL □ *en tarvelig bemærkning • et tarveligt kneb • det var tarveligt gjort af ham*
2. som er af simpel og dårlig kvalitet = LURVET, SIMPEL □ *et tarveligt måltid mad • et tarveligt hotelværelse • en tarvelig påklædning • vi lever ganske tarveligt* • som er simpel og vulgær = SIMPEL □ *en tarvelig tøs • tarveligt sprog*

taske

SUBST. *-n,* plur. *-r, -rne*

beholder med hank el. skulderrem af læder, stof el. plastic til at medbringe fx pung el. bøger i □ *pakke sin taske • lede efter noget i tasken • have en taske i hånden* □ *cykeltaske • dametaske • jagttaske • skoletaske • skuldertaske • toilettaske* • (neds.): = KVINDE

taskenspiller

SUBST. *-en,* plur. *-e, -ne*

en tryllekunstner som spiller på øjenbedrag = TRYLLEKUNSTNER □ *taskenspillerkunster*

taskenspillerkunst

SUBST. *-en*

et behændigt trick der spiller på øjenbedrag = TRICK □ *gøre taskenspillerkunster • lære sig nye taskenspillerkunster • politiske taskenspillerkunster • udøve taskenspillerkunst • ved kogleri og taskenspillerkunst*

tast el. taste

SUBST. *-en,* plur. *-er, -erne*
(taste: *-n,* plur. *-r, -rne*)

hver af de små knapper på et tastatur som skriver et bogstav, et tal el. udfører en funktion

tastatur

SUBST. *-en* el. *-et,* plur. *-er, -erne*
/tasta'tur/

tasterne på en skrivemaskine, computer, regnemaskine el. telefon = KEYBOARD • = KLAVIATUR

taste[1]

SUBST.

se *tast*

taste[2]

VERB. *-r, -de, -t*

taste ngt trykke et nummer på en trykknaptelefon ▫ *taste et telefonnummer · når De hører klartonen, skal De taste lokalnummeret* ▫ *tasteri· tastning* ▫ *indtaste* • **taste ngt ind** indføre data i en database = INDTASTE ▫ *taste oplysningerne ind*

tatar

SUBST. *-en,* plur. *-er, -erne*
/ta'tar/

1. en person fra en tyrkisktalende folkegruppe ved Volga i Rusland • (hist.): en person fra en mongolsk folkestamme i Centralasien
2. ⟨i sammensætn.⟩ finthakket, fedtfattigt oksekød ▫ *tatarbøf · tatarkød · tatarmad*

tatarbøf

SUBST. *~bøffen,* plur. *~bøffer, ~bøfferne*

finthakket, fedtfattigt oksekød der er formet til en bøf, og som spises råt med bl.a. rå æggeblomme og kapers = BØF TATAR

tater

SUBST. *-en,* plur. *-e, -ne*

= SIGØJNER ▫ *taterblod · taterbrun · tatersprog*

tatovere

VERB. *-r, -de, -t*
/tato'vere/

tatovere ngt prikke og farve tegninger i huden ▫ *tatovere en rose på skulderen* ▫ *tatovering*

tatovering

SUBST. *-en,* plur. *-er, -erne*
/tato'vering/

det at tatovere; også om den tatoverede tegning ▫ *han lever af tatovering· tatoveringer på brystet* ▫ *tatoveringskunst* ▫ *armtatovering · brysttatovering · kropstatovering · rygtatovering*

tatovør

SUBST. *-en,* plur. *-er, -erne*
/tato'vør/

en person der tatoverer

tattoo

SUBST. *-et,* plur. *-er, -erne*
[*ta'tu·*]

en udendørs militæropvisning ledsaget af musik ▫ *der blev holdt tattoo på Rosenborg Slotsplads* ▫ *tattoomusik*

tautologi

SUBST. *-en,* plur. *-er, -erne*
/tautolo'gi/

= PLEONASME ▫ *tautologisk* • et udsagn der er tomt fordi det er selvindlysende, fx *min bedstemor er en kvinde* ▫ *tautologisk*

tav

VERB.

bøjningsform af *tie*

tave

SUBST. *-n,* plur. *-r, -rne*

hver af de sammensnoede fibre i spindestoffer; det kan være plantefibre af fx hør el. hamp, uldfibre el. syntetiske fibre, fx af nylon

taverne

SUBST. *-n,* plur. *-r, -rne*
/ta'verne/

(om udenlandske forhold): et værtshus el. en kro ▫ *de mødte hinanden på en græsk taverne*

tavl

SUBST. *-et,* plur. *tavl, -ene*

(glds.): kvadratisk figur i gulv, loft o.l. = KVADRAT • (foræld.): slags brætspil hvor spillepladen er inddelt i tern ▫ *spille tavl med nogen* • (i bindingsværkshuse): det firkantede rum mellem tømmeret som er udfyldt med murværk

tavle

SUBST. *-n,* plur. *-r, -rne*

1. en aflang plade som er hængt op på væggen i et undervisnings- el. mødelokale til at skrive på ▫ *gå op til tavlen · skrive på tavlen med kridt · regne på tavlen* ▫ *tavleklud · tavlekridt* • = OPSLAGSTAVLE ▫ *hænge en besked på tavlen*
2. en plade af sten, træ el. metal med indskrift og udsmykning ▫ *lovens tavler* ▫ *altertavle · mindetavle* • et skilt med symboler og tekst ▫ *anvisningstavle · færdselstavle · påbudstavle*
3. en illustration der fylder en hel side i en bog = PLANCHE ▫ *der var tolv farvelagte tavler i bogen*
4. ⟨i sammensætn.⟩ en systematisk fortegnelse over for fx en slægt = FORTEGNELSE ▫ *anetavle · slægtstavle · stamtavle · tidstavle*

tavlekridt

SUBST.

kridt som anvendes til at skrive el. tegne på en skiffertavle ≠ SKRIVEKRIDT

tavs

ADJ. *-t,* plur. *-e*

1. (om en person): som siger meget lidt el. ingenting el. som kun nødigt deltager i en samtale ▫ *han stirrede tavs ud ad vinduet · han var meget tavs under middagen · han forholdt sig tavs det meste af aftenen* ▫ *tavshed*
2. det tavse flertal se under *flertal*

tavshed

SUBST. *-en*

det at være tavs el. stille = STILHED ▫ *der herskede fuldstændig tavshed under middagen · emnet blev forbigået i tavshed · der herskede en dyb tavshed i kirken* ▫ *tavshedsløfte · tavshedspligt*

taxa

SUBST. *-en,* plur. *-er, -erne*

en bil med chauffør som mod betaling kører passagerer hen hvor de ønsker det; taxaer er oftest organiserede i et taxaselskab = TAXI, HYREVOGN, VOGN ▫ *taxachauffør · taxaflyvning · taxaholdeplads · taxakørsel · taxaselskab*

taxameter

SUBST. *-et* (el. *~metret*), plur. *~metre, ~metrene*

et apparat i en hyrevogn som udmåler prisen på den enkelte tur i forhold til turens længde og den tid den tager

taxi

SUBST. *-en,* plur. *-er, -erne*

= TAXA ▫ *taxichauffør · taxiflyvning · taxiholdeplads · taxikørsel · taxiselskab*

T-bone-steak

SUBST. *-en,* plur. *-s, -ene*
[*'ti·båwnsdæjk*]

en skive oksetyndsteg med et t-formet ben

tchader

SUBST. *-en,* plur. *-e, -ne*

en person fra Tchad

tchadisk

ADJ. *- , -e*

som har at gøre med Tchad

td.

fork. for *tønde*

tdl.

fork. for *tønde land*

tdr.

fork. af *tønder*

tdw el. **t dw**

fork. for *ton dødvægt*

te[1]

SUBST. *-en*

1. en varm drik af teblade og kogende vand ▫ *de drak te og spiste kager til · teen skal trække i fem minutter* ▫ *tebord · tebrev · tehætte · tekande · tekop · tesi* ▫ *citronte · eftermiddagste · frugtte · urtete* • de fintskårne, tørrede blade af tebusken ▫ *hun købte en dåse te* ▫ *teblad · tebusk · tehandel · tehandler · tesort* • ⟨plur. *-er, -erne*⟩ = TESORT ▫ *krydrede teer · forretningen fører 15 forskellige teer*
2. i forsk. forb.: • **en køn kop te** se under *kop* • **ikke min kop te** se under *kop* • **en tynd kop te** se under *kop*

te[2]

VERB. *-r, teede, teet*

te sig opføre sig på en bestemt måde = ARTE SIG ▫ *han ter sig så mærkeligt · hvordan er det du ter dig? · te dig nu ordentligt*

teak

SUBST. *-en*
[*'tik* el. *'ti·k*]

ved af teaktræet = TEAKTRÆ ▫ *et bord af teak*

teaktræ

SUBST. *-et,* plur. *-er, -erne*
[*'tik-*]

et stort træ som vokser i Sydøstasien; latinsk navn *Tectona grandis* • ⟨ikke plur.⟩ det hårde, gulligbrune træ som er ved af teaktræet, og som bruges til bl.a. møbler = TEAK ▫ *teaktræsbord · teaktræsmøbel*

team

SUBST. *-et,* plur. *team, -ene*
[*'ti'm*]

en gruppe af personer som arbejder tæt sammen = HOLD □ *de er et godt team, det kan man både mærke og se på produktiviteten · professoren samlede et team af dygtige unge forskere under sig · hvis landsholdet skal vinde, skal det føle sig som et team* □ *teamopbygning · teamwork* □ *arbejdsteam · sportsteam*

teamwork

SUBST. *et*
[*'ti'mwɔ̈'k*]

det at flere samarbejder, som et hold, om en opgave, det effektive samspil i sådant samarbejde samt produktet af det = SAMARBEJDE □ *der er et godt teamwork i denne gruppe · denne bog er et udpræget stykke teamwork*

teater

SUBST. *-et* (el. *teatret*), plur. *teatre, teatrene*
/*te'ater*/

en kunstart hvor skuespillere opfører skuespil for et publikum □ *spille teater* □ *teateranmeldelse · teaterkritik · teaterkritiker · teaterskole · teaterskuespiller* □ *børneteater · dukketeater · eksperimentalteater · marionetteater · skyggeteater · totalteater* • en bygning el. et sted hvor der opføres teater o.l. □ *det Kongelige Teater · være leder af et teater · de går i teateret én gang om året* □ *teaterchef · teaterdirektør · teatergænger* □ *amfiteater · friluftsteater · nationalteater · egnsteater · gadeteater* • **være ved teatret** være ansat ved et teater • uægte kunst el. skabagtig adfærd □ *der var for meget teater i hans tale*

teaterstykke

SUBST. *-t,* plur. *-r, -rne*

et litterært værk i dialogform som opføres af skuespillere på et teater, på tv el. i radioen = SKUESPIL, DRAMA □ *skrive et teaterstykke · iscenesætte et teaterstykke · opføre et teaterstykke*

teatralsk

ADJ. *-, -e*
/*tea'tralsk*/

som virker iscenesat = OVERSPÆNDT, UNATURLIG □ *en teatralsk bevægelse*

tebirkes

SUBST. *-en* el. *-et,* plur. *tebirkes, -ene*

morgenbrød af butterdej med birkes (valmuefrø) ovenpå

tebrev

SUBST. *-et,* plur. *-e, -ene*

en lille aflang pose med te som kan sænkes ned i kogende vand og trækkes op igen ved hjælp af en snor □ *lave en kande te af to tebreve*

technicolor ®

SUBST.
[*'tægnikɔlɔ*]

et system til fremstilling af farvefilm □ *filmen er i technicolor*

techno el. tekno

SUBST. *-en*
[*'tægno*]

computerskabt musik med en hurtig, ensformig rytme og indspillede lyde lagt oveni □ *technofest · technoklub · technomusik*

tedeum

SUBST. *-et* (el. *tedeummet*), plur. *-er* (el. *tedeummer*), *-erne* (el. *tedeummerne*)
[*te'de'åm*]

en oldkirkelig hymne *Te deum laudamus* (dig, Gud, priser vi) og musikken hertil

teenager

SUBST. *-en,* plur. *-e, -ne*
[*'ti'næjdjɔ*]

en person i alderen 13 til 19 år □ *et par forældre teenagere* • **teenage-** ⟨i sammensætn.⟩ □ *teenagealder · teenagemode · teenagepige · teenageproblemer · teenagesøn · teenageårene*

teflon ®

SUBST. *-en* el. *-et*
[*'tæflɔn*]

stærk plastic som tåler varme, og som bruges som belægning i gryder og pander for at hindre at maden brænder fast □ *teflongryde · teflonpande*

tegl

SUBST. *-en* el. *-et*

brændt ler som anvendes til mur- og tagsten □ *husets tag er af rød tegl · fuldbrændt tegl · halvbrændt tegl* □ *teglsten · tegltag*

teglsten

SUBST. *-en,* plur. *~sten, -ene*

mur- el. tagsten af brændt ler □ *glaserede teglsten*

teglstensrød

ADJ. *-t, -e*

= TERRAKOTTA □ *huse med teglstensrøde tage*

teglværk

SUBST. *-et,* plur. *-er, -erne*

en fabrik som fremstiller mur- og tagsten

tegn

SUBST. *-et,* plur. *tegn, -ene*

1. = SYMBOL □ *matematiske tegn · husk at sætte tegn som komma og punktum · gøre korsets tegn* □ *anførselstegn · fortegn · lighedstegn · sejrstegn · skrifttegn · udråbstegn* • et stjernebillede el. en situation som domineres af en bestemt handling el. følelse □ *han er født i jomfruens tegn · weekenden står i oprydningens tegn* • en bevægelse man gør med kroppen for at udtrykke en bestemt hensigt el. kommando = SIGNAL □ *betjenten gjorde tegn til at bilerne måtte køre frem · cyklisten glemte at give tegn · betjenten gav tegn til at skyde · give svømmerne tegn til start* • en foreteelse som indikerer noget el. at noget vil ske = SYMPTOM □ *et tegn på sygdom · der var ikke tegn på liv · hun viste alle tegn på utilfredshed · der var intet tegn på at han havde været der · det er et godt tegn* □ *livstegn · opløsningstegn · sundhedstegn · svaghedstegn*

2. ⟨i sammensætn.⟩ en tilladelse el. et bevis som man har erhvervet sig □ *baltegn · fisketegn · hundetegn · jagttegn · nattegn*

tegne

VERB. *-r, -de, -t*

1. tegne ng(t) udforme et billede ved hjælp af fx en blyant, en pen, et stykke kridt el.lign. □ *kan du tegne et hus? · jeg vil gerne tegne dig · hun tegnede ham siddende i haven · tegn en firkant · nogle af børnene tegnede mens andre legede med ler · han foretrækker at tegne med kul* □ *tegner · tegning · tegneredskab · tegnetalent* • **tegne et portræt af ng(t)** beskrive en persons liv og gerninger i skrift el. tale □ *i radioudsendelsen tegnede journalisten et portræt af forfatteren · historikeren tegnede et portræt af datidens København*
2. tegne ngt el. **tegne sig for ngt** forpligte sig til at købe noget □ *tegne abonnement på en avis · tegne aktier · tegne forsikring · tegne sig for 300 kr. til indsamlingen* □ *tegning · tegneret*
3. tegne ngt have ret til at underskrive på et firmas vegne □ *fuldmægtigen tegnede firmaet i udlandet · sekretæren har ret til at tegne firmaet* □ *tegning* □ *undertegne* • **tegne ngt udadtil** være et symbol for et firma over for dets kundekreds □ *konsulenterne i marken er dem der tegner virksomheden udadtil · direktøren tegner firmaets ansigt udadtil*
4. tegne {godt} love godt, dårligt el.lign. □ *vejret tegner godt · det tegner ikke godt · fremtiden tegner sig lyst* • **tegne til ngt** se ud til at noget er tilfældet □ *det tegner til at blive en varm sommer · det tegner til at gå godt · det tegner til regn*

tegnebog

SUBST. *-en,* plur. *~bøger, ~bøgerne*

en større pung med flere rum til mønter, pengesedler, kørekort m.m.; bruges især af mænd □ *han gik rundt med sin tegnebog i lommen · en slatten tegnebog*

tegnefilm

SUBST. *-en,* plur. *~film, -ene*

en film med tegnede figurer der bevæger sig i tegnede omgivelser; fremstilles ved fotografering af en stor mængde tegninger som er minimalt forskellige □ *se tegnefilm*

tegner

SUBST. *-en,* plur. *-e, -ne*

en person der fremstiller tegninger □ *teknisk tegner* □ *karikaturtegner · korttegner · modetegner · reklametegner · rentegner · tegneserietegner*

tegneserie

SUBST. *-n,* plur. *-r, -rne*

en række af tegninger med kort tekst som fortæller en kortere el. længere historie; forekommer i dagblade og ugeblade el. som selvstændige hefter □ *tegneseriefigur* □ *Tintin-tegneserie*

tegnestift

SUBST. *-en,* plur. *-er, -erne*

et lille, let søm med et stort, fladt hoved til at sætte fx plakater og tegninger op på en væg el. en opslagstavle med □ *en æske tegnestifter*

tegnestue

SUBST. *-n,* plur. *-r, -rne*

en virksomhed el. en afdeling i en virksomhed som fremstiller tekniske tegninger af bygninger el. maskiner

tegning

SUBST. *-en,* plur. *-er, -erne*

1. det at tegne billeder med fx pen, farveblyant, kridt el. kul □ *tegning er hendes store interesse* • et tegnet billede □ *han lavede en tegning af et hus og en mand* • = AFTEGNING □ *hunden havde fine tegninger i pelsen*
2. det at forpligte sig til at købe noget □ *tegning af aktier* □ *tegningsberettiget* · *tegningsfrist* · *tegningsliste* · *tegningsret* □ *aktietegning*
3. ødelægge tegningen ødelægge bestemte planer □ *vi skulle have været på skovtur, men så ødelagde regnvejret hele tegningen*

tegningsret

SUBST. *~retten*

1. en fortrinsret som en aktionær har til at tegne nye aktier i vedkommende selskab ved udvidelse af aktiekapitalen □ *tegningsretbevis* □ *fortegningsret*
2. en ret til at underskrive på vegne af en forening el.lign.

tegnsprog

SUBST. *-et,* plur. *~sprog, -ene*

et system af bevægelser med hænderne som udtrykker mening; især om de døve og hørehæmmedes sprog □ *lære tegnsprog* · *han kunne ikke et ord fransk og måtte klare sig på tegnsprog*

tegnsætning

SUBST. *-en,* plur. *-er, -erne*

punktum og komma og andre tegn som er sat i en tekst for at vise hvad der hører sammen, og hvad der skal skilles ad = INTERPUNKTION □ *eleverne var ikke gode til tegnsætning* □ *tegnsætningsfejl*

tehætte

SUBST. *-n,* plur. *-r, -rne*

en foret hætte til at sætte over en tepotte for at holde teen varm

tein

SUBST. *-et*
[*te'i'n*]

= KOFFEIN

teint

SUBST. *-en*
[*'tæŋ*]

ansigtshudens naturlige farve og udseende □ *hun har en meget lys teint*

tekn.

fork. for *teknisk*

teknik

SUBST. *teknikken,* plur. *teknikker, teknikkerne*
/*tek'nik*/

1. en metode til at udføre et arbejde □ *pianistens teknik er fremragende* · *det er vigtigt at beherske sit håndværks teknik* □ *tekniker* □ *køreteknik* · *mnemoteknik* · *notatteknik* · *sangteknik* · *spilleteknik* · *trykketeknik*
2. brug af maskiner, elektronik, o.l. til at udføre arbejde □ *vor tid er teknikkens tidsalder* · *moderne teknik* □ *tekniker* · *teknisk* □ *elektroteknik* · *hydroteknik* · *pyroteknik* · *teleteknik*

tekniker

SUBST. *-en,* plur. *-e, -ne*

en person som beskæftiger sig med teknik □ *byggetekniker* · *fjernsynstekniker* · *geotekniker* · *maskintekniker* · *scenetekniker* · *tandtekniker* · *teletekniker* • en person der forstår sit fags teknik godt □ *violinisten var en god tekniker, men ikke en stor kunstner*

teknikum

SUBST. *et,* plur. *teknika, teknikaene*

(foræld.): en fagskole for uddannelse af ingeniører med speciale i bygnings-, maskin-, elektro-, skibs- el. produktionsteknik □ *han læser på teknikum* □ *teknikumingeniør*

teknikumingeniør

SUBST. *-en,* plur. *-er, -erne*

(foræld.): = DIPLOMINGENIØR

teknisk

ADJ. *-, -e*

som har at gøre med teknik □ *have forstand på tekniske indretninger* · *Danmarks Tekniske Universitet* · *teknisk assistent* · *teknisk tegner* · *teknisk uheld* □ *edb-teknisk* · *sprogteknisk* · *overteknisk*

tekno

SUBST.

se *techno*

teknokrat

SUBST. *-en,* plur. *-er, -erne*
/*tekno'krat*/

en teknisk ekspert el. økonom som er tilhænger af *teknokrati* □ *partiet styres af teknokrater uden kontakt til virkeligheden*

teknokrati

SUBST. *-et,* plur. *-er, -erne*
/*teknokra'ti*/

et samfund som ledes af tekniske eksperter; især om en teori udformet i USA i 1932 ifølge hvilken samfundet skal organiseres efter tekniske metoder og ledes af teknikere □ *teknokratiet er blevet indført ad bagvejen i mange virksomheder* □ *teknokratisere* · *teknokratisk*

teknologi

SUBST. *-en,* plur. *-er, -erne*
/*teknolo'gi*/

læren om den praktiske brug af moderne teknik □ *teknologisk* □ *bioteknologi* · *højteknologi* • maskiner, tekniske hjælpemidler, metoder o.l. som bygger på denne videnskab □ *der er indført ny teknologi på kontoret* □ *teknologiaftale* □ *informationsteknologi*

teknologisk

ADJ. *-, -e*
/*tekno'logisk*/

som har med teknologi at gøre □ *den teknologiske udvikling* · *moderne teknologisk udstyr* □ *højteknologisk*

t.eks.

fork. for *til eksempel*

tekst

SUBST. *-en,* plur. *-er, -erne*

1. en større el. mindre helhed af sammenhængende rækker af ord, fx den skrevne del af en bog i modsætning til illustrationer og noter □ *teksten var trykt med meget små typer* · *der hørte en tekst til billedet* · *en vanskelig tekst at oversætte* · *bogen indeholder tekster fra flere lande* □ *tekstanalyse* · *tekstbog* · *tekstforfatter* · *tekstkritik* · *tekstrettelse* □ *avistekst* · *lovtekst* • **dagens tekst** det sted i Bibelen som bruges som udgangspunkt for en prædiken □ *præsten talte over dagens tekst* • **gå** el. **komme videre i teksten** fortsætte med noget • **læse ng teksten** skælde nogen ud
2. ordlyden til en melodi □ *hvem skrev teksten til den danske nationalsang?* □ *sangtekst*
3. en skriftlig gengivelse af dialogen i en film el. et tv-program nederst på lærredet el. skærmen = UNDERTEKST □ *hun kunne ikke nå at læse filmens tekster* · *selvom man forstår det sprog der tales, kan man ikke lade være med at læse teksterne*
4. (typografi): en meget stor skriftstørrelse

tekstbehandling

SUBST. *-en,* plur. *-er, -erne*
fork. *etb*

indskrivning, redigering og udskrivning af tekst på en computer □ *tekstbehandlingsprogram* · *tekstbehandlingssystem*

tekste

VERB. *-r, -de, -t*

tekste ngt forsyne billeder med en skreven tekst, især forsyne en film el. et tv-program med undertekster □ *tekste en engelsk film til dansk* · *filmen er tekstet for hørehæmmede* □ *tekstning*

tekster

SUBST. *-en,* plur. *-e, -ne*

en person som udformer undertekster til film og tv-programmer □ *filmtekster* · *tv-tekster*

tekstil

SUBST. *-et,* plur. *-er, -erne*
/*teks'til*/

blødt materiale der er vævet af naturlige el. syntetiske fibre; anvendes til fx tøj og møbler = STOF □ *tekstilfibre* · *tekstilindustri* · *tekstilfabrik* · *tekstilforhandler* · *tekstilforretning* · *tekstilkunst* · *tekstilvare*

tekstilarbejder

SUBST. *-en,* plur. *-e, -ne*

en person der er ansat på en virksomhed som fremstiller tekstiler □ *tekstilarbejder på en konfektionsfabrik*

tekstilsløjd

SUBST. *-en*

et skolefag hvor eleverne lærer at lave håndarbejde =HÅNDARBEJDE

tekst-tv

SUBST. *~tv'et*
fork. *TTV*

en facilitet som gør det muligt via fjernsyn at modtage skriftlige informationer, nyheder, undertekster til tv-programmer o.l. □ *et fjernsyn med tekst-tv* · *slå op på tekst-tv for at finde dagens tv-program* · *de seneste nyheder kan findes på tekst-tv side 199* · *underteksterne til programmet for hørehæmmede sendes via tekst-tv* □ *TTV-tekstning*

tekøkken

SUBST. *-et* (el. *~køknet*), plur. *-er* (el. *~køkner*), *-erne* (el. *~køknerne*)

et mindre køkken hvor der kan laves te, kaffe o.l., men ikke tilberedes større måltider □ *udleje et værelse med tekøkken*

teledata

SUBST.PLUR. *-ene*

et transmissionssystem hvormed man via telefonnettet kan kalde informationer fra en database frem på sin dataskærm

telefax

SUBST. *-en*, plur. *-er*, *-erne*

= FAX □ *telefaxen står i kopirummet* • = FAX □ *modtage en telefax*

telefon

SUBST. *-en*, plur. *-er*, *-erne*
/tele'fon/
fork. *tlf.*

et apparat der er tilknyttet et elektrisk system så man kan samtale direkte med en anden over lang afstand □ *tage telefonen* · *tale i telefon* · *stille telefonen ind til chefen* · *telefonen ringer* · *naboen er i telefonen* · *der er telefon til dig* □ *telefonbog* · *telefonboks* · *telefonforbindelse* · *telefonnummer* · *telefonopringning* · *telefonrør* · *telefonsamtale* · *telefonstik* · *telefonsvarer* □ *mobiltelefon* · *mønttelefon* · *trykknaptelefon* • **trådløs telefon** en telefon hvor ringeapparatet og røret ikke er forbundet med en ledning

telefonbog

SUBST. *-en*, plur. *~bøger*, *~bøgerne*

et alfabetisk ordnet opslagsværk over telefonabonnenter i et bestemt område □ *har du en telefonbog over Vestsjælland?* □ *fagtelefonbog* · *lokaltelefonbog* · *navnetelefonbog*

telefonbombe

SUBST. *-n*, plur. *-r*, *-rne*

en meddelelse i telefonen om et forestående bombeattentat □ *lige før stævnet skulle begynde modtog arrangørerne en telefonbombe*

telefonere

VERB. *-r*, *-de*, *-t*
/telefo'nere/

(form.): sætte sig i forbindelse med nogen ved hjælp af en telefon = RINGE □ *hun telefonerede til sin veninde* · *telefonere en besked* · *af hensyn til trafiksikkerheden bør bilister holde ind til siden når de telefonerer* □ *telefonering* □ *indtelefonere*

telefoni

SUBST. *-en*
/telefo'ni/

som har at gøre med at telefonere □ *det nye produkt er en sammensmeltning af den trådløse telefoni og den håndholdte computer* · *selskabet skal som et minimum tilbyde almindelig telefoni* · *udviklingen inden for telefoni* □ *billedtelefoni* · *computertelefoni* · *mobiltelefoni*

telefonisk

ADJ. *-*, *-e*
/tele'fonisk/

via telefonen □ *være i telefonisk forbindelse med nogen* · *jeg har fået telefonisk besked*

telefonist

SUBST. *-en*, plur. *-er*, *-erne*
/telefo'nist/

en person som passer telefon, især i en omstilling

telefonkæde

SUBST. *-n*, plur. *-r*, *-rne*

en ordning hvor en person ringer til en el. flere personer på en liste som så hver især ringer videre til andre så en besked hurtigt når ud i en større kreds □ *etablere en telefonkæde* · *via telefonkæder blev de studerende orienteret om at undervisningen var aflyst*

telefonnummer

SUBST. *-et* (el. *~numret*), plur. *~numre*, *~numrene*

et nummer som man drejer el. trykker på en telefon for at komme i forbindelse med en bestemt abonnents telefon □ *opgive navn, adresse og telefonnummer*

telefonstorm

SUBST. *-en*, plur. *-e*, *-ene*

et stort antal opringninger til samme nummer inden for et kort tidsrum □ *da koncerten blev annonceret var der telefonstorm på billetkontorerne* · *efter udsendelsen var der en telefonstorm fra vrede seere*

telefonsvarer

SUBST. *-en*, plur. *-e*, *-ne*

et apparat med en båndoptager som er sat i forbindelse med en telefon, og som kan afgive en besked til og modtage beskeder fra dem som ringer op

telegraf

SUBST. *-en*, plur. *-er*, *-erne*
/tele'graf/

et apparat til telegrafi □ *telegrafkabel* · *telegrafnøgle* · *telegrafstation*

telegrafere

VERB. *-r*, *-de*, *-t*
/telegra'fere/

telegrafere ngt til ng sende meddelelser ved hjælp af telegrafi

telegrafi

SUBST. *-en*
/telegra'fi/

overførsel af meddelelser ved hjælp af bestemte tegn, fx morsealfabetet, via kabler el. radioteknik □ *radiotelegrafi*

telegrafist

SUBST. *-en*, plur. *-er*, *-erne*
/telegra'fist/

en person der som erhverv beskæftiger sig med telegrafi □ *telegrafist i postvæsenet* □ *radiotelegrafist*

telegram

SUBST. *telegrammet*, plur. *telegrammer*, *telegrammerne*
/tele'gram/

en kortfattet meddelelse sendt ved hjælp af telegraf i almindeligt el. kodet sprog □ *sende et telegram* □ *telegramadresse* · *telegrambureau* · *telegramstil*

telekinese

SUBST. *-n*
/teleki'nese/

bevægelse som foregår uden påviselig ydre påvirkning, og som tilskrives okkulte kræfter □ *løfte en sten ved hjælp af telekinese*

telekinetisk

ADJ. *-*, *-e*
/teleki'netisk/

som har at gøre med *telekinese* □ *hun har telekinetiske evner* · *et telekinetisk fænomen*

telepati

SUBST. *-en*
/telepa'ti/

en overføring af tanker el. følelser fra en person til en anden uden brug af kendte kommunikationsmidler = TANKEOVERFØRING □ *benytte sig af telepati*

telepatisk

ADJ. *-*, *-e*
/tele'patisk/

som har med telepati at gøre □ *telepatiske evner*

teleskop

SUBST. *-et*, plur. *-er*, *-erne*
/tele'skop/

1. en større kikkert til astronomiske observationer □ *teleskopisk* □ *spejlteleskop* • et astronomisk instrument der samler stråling fra bestemte spektralområder □ *radioteleskop* · *røntgenteleskop*
2. ⟨i sammensætn.⟩ noget som består af dele som kan skydes ind i hinanden □ *teleskopisk* · *teleskopantenne* · *teleskopledning* · *teleskopmast* · *teleskoprør* · *teleskopøje*

teleskopantenne

SUBST. *-n*, plur. *-r*, *-rne*

en antenne som består af flere rør der kan skydes ind i hinanden

teleteknik

SUBST. *~teknikken*
/teletek'nik/

udtryk for den elektroniske del af telekommunikation ▫ *elektriske kabler er på retur i forbindelse med teleteknik*

teletekniker

SUBST. *-en,* plur. *-e, -ne*

en teknisk uddannet person der beskæftiger sig med teleteknik

television

SUBST. *-en,* plur. *-er, -erne*
[teləvi'sjo'n]
fork. *tv*

en teknik til transmission af billeder fra en sender til en modtager ved hjælp af radiobølger = FJERNSYN, TV ▫ *televisionsnet*

telex

SUBST. *-en*

et system til overførelse af meddelelser fra en art skrivemaskine til en anden ved hjælp af telegraf el. telefon ▫ *han bekræftede pr. telex at han accepterede forliget* • ⟨*-en* el. *-et,* plur. *-er, -erne*⟩ en meddelelse der er overført ved hjælp af telex ▫ *de sendte ham et telex*

tellur

SUBST. *-en* el. *-et*
/tel'lur/

et sølvhvidt grundstof som minder om *selen* men er mere metallisk; atomtegn *Te*

telt

SUBST. *-et,* plur. *-e, -ene*

en flyttelig bolig, fx en bolig af huder. el. et midlertigt opholdssted af plast el. stof som spændes ud over stænger og fastgøres til underlaget ved hjælp af pløkker ▫ *ligge i telt* • *slå et telt op* • *tage et telt ned* ▫ *teltdug* ▫ *cirkustelt* • *fortelt* • *indianertelt* • *tomandstelt* • *villatelt*

teltdug

SUBST. *-en*

et kraftigt, imprægneret stof til fremstilling af telte m.m. ▫ *tasken var lavet af teltdug* ▫ *teltdugspresenning* • *teltdugstaske*

teltholder

SUBST. *-en,* plur. *-e, -ne*

en indehaver af en forretning på et marked el. forlystelsessted ▫ *teltholder på Dyrehavsbakken*

tema

SUBST. *-et,* plur. *-er, -erne*

1. = EMNE ▫ *konferencens tema var børns vilkår i det moderne samfund* ▫ *temadag* • *temanummer* ▫ *hovedtema*
2. et melodistykke i et større stykke musik som gentages flere gange ▫ *tema med variationer*

temmelig

ADV.

i nogenlunde høj grad = RET, FORHOLDSVIS, LOVLIG, RIMELIG ▫ *en temmelig god bog* • *det gik temmelig godt* • *efter omstændighederne har han det temmelig godt* • *hun kører temmelig stærkt*

tempel

SUBST. *-et* (el. *templet*), plur. *templer, templerne*

en hellig bygning el. et sted som er indviet til en guddom, især inden for de ikke-kristne religioner ▫ *tempelherreordenen* ▫ *gravtempel*

tempera

SUBST. *en*
['tæm'bəra]

en maleteknik med vandfarve tilsat olie og æggehvide el. lim som giver en mat overflade ▫ *temperamaleri*

temperament

SUBST. *-et,* plur. *-er, -erne*
[tæmbra'maŋ]

del af psyken der bestemmer på hvilken måde følelserne påvirker handling og væremåde = SINDELAG ▫ *hun havde et hidsigt temperament* • *han havde svært ved at styre sit temperament* • **have temperament** let blive vred el. let hidse sig op

temperamentsfuld

ADJ. *-t, -e*

som har et livligt temperament

temperatur

SUBST. *-en,* plur. *-er, -erne*
[tæmbəra'tu'r el. *tæmbra'tur']*

1. graden af varme el. kulde i et stof el. et legeme; måles i *celcius, fahrenheit, reamur* el. *kelvin* ▫ *måle vandets temperatur* • *luftens temperatur er 20°* • *temperaturen er i nærheden af frysepunktet* • *temperaturen stiger* • *temperaturen er faldet til under frysepunktet* • *angive temperaturen i fahrenheit* ▫ *temperaturfald* • *temperaturforskel* • *temperaturkurve* • *temperaturmåling* • *temperaturstigning* • *temperatursvingning* • *temperaturtagning* • legemstemperatur som kan vise noget om en persons helbredstilstand ▫ *hun tog patientens temperatur hver anden time* • *måle hans temperatur til 40,5°* • *høj temperatur* • *de slog temperaturen ned med kolde omslag*
2. (musik): stemning af et musikinstrument på en måde som tillader små afvigelser fra de korrekte intervaller, og som gør at der kan spilles på det i alle tonarter ▫ *lægge temperaturen*

temperere

VERB. *-r, -de, -t*
[tæmbə'ræ'ɔ]

temperere ngt give noget en passende temperatur ▫ *temperere rødvinen* ▫ *tempering*

tempereret

ADJ. - , *tempererede*

som har en tilpas, behagelig temperatur ▫ *vandet i badekaret er tempereret* • *tempereret vin* • **tempereret klima** et klimabælte hvor temperaturen i gennemsnit er over 10° i varmeste måned og under 5° i koldeste måned ▫ *flere lande i Europa har tempereret klima*

tempo

SUBST. *-et,* plur. *-er* (el. *tempi*), -erne (el. *tempiene*)

1. den hastighed hvormed noget foregår = FART ▫ *sætte tempoet op* • *holde tempoet* • *i hurtigt tempo* • *i langsomt tempo* • *lad os nu få lidt tempo!* ▫ *temposkift* ▫ *lyntempo* • *snegletempo* • **sætte tempoet** = BESTEMME FARTEN ▫ *det er hende der sætter tempoet her i afdelingen* • **gøre ngt i {to} tempi** gøre noget over flere omgange ▫ *vi vil afvikle projektet i to tempi*
2. (musik): den hastighed hvormed takterne følger efter hinanden ▫ *tempo allegro* • *a tempo* • **a tempo** (musik): udtryk for at det oprindelige tempo genoptages

temporær

ADJ. *-t, -e*
[tæmpo'ræ'r]

= MIDLERTIDIG

tempus

SUBST. *et,* plur. *tempora, temporaene*

en bøjningskategori af verberne der angiver hvornår det forhold som verbet udtrykker, finder sted; af tempora findes bl.a. *præsens, præteritum og futurum* = TID ▫ *tempusform*

ten

SUBST. *-en,* plur. *-e, -ene*

en garnspole på et spinderedskab ▫ *haspe garn af tenen* ▫ *håndten*

tendens

SUBST. *-en,* plur. *-er, -erne*
[tæn'dæn's]

1. det at være tilbøjelig til noget = TILBØJELIGHED, HÆLDNING ▫ *låsen har en tendens til at gå op* • *han har en tendens til at snakke over sig* • *hun har en tendens til topmave* ▫ *tendensdigtning* • *tendenslodtrækning*
2. noget som giver et fingerpeg, fx om et kommende resultat el. om retningen i en udvikling = STRØMPIL ▫ *der er en tendens i det moderne samfund til at familien opløses*

tendentiøs

ADJ. *-t, -e*
[tændæn'sjø's]

som er præget af en ensidig fortolkning af virkeligheden ▫ *et tendentiøst referat af en samtale hvor kun få af modstanderens synspunkter gengives* • *sagen blev fremstillet tendentiøst i avisen*

tender

SUBST. *-en,* plur. *-e, -ne*
['tændɔ]

1. en kul- og vandvogn som er koblet direkte efter et damplokomotiv
2. et lille fartøj som bringer passagerer og forsyninger mellem et større skib og land

tendere

VERB. *-r, -de, -t*
[tæn'de'ɔ]

tendere mod ngt gå i retning af noget ▫ *udviklingen tenderer mod en større forståelse mellem parterne*

tennis

SUBST. *-en* (el. *tennissen*)

et boldspil mellem to personer el. to par som slår en tennisbold frem og tilbage over et net med ketsjere ▫ *vinde mesterskabet i tennis* ▫ *tennisbane* · *tennisbold* · *tennishal* · *tennisinstruktør* · *tennisspiller* · *tennisturnering*

tennisalbue

SUBST. *-n*, plur. *-r, -rne*

seneskedebetændelse i albuen som bl.a. forekommer hos tennisspillere og folk der laver mange ensidige bevægelser med armene

tennisbane

SUBST. *-n*, plur. *-r, -rne*

en aflang boldbane hvorpå der spilles tennis, og som er dækket af græs el. rødt grus

tennisbold

SUBST. *-en*, plur. *-e, -ene*

en hård, luftfyldt gummibold til at spille tennis med som er beklædt med hvidt el. gult filt

tennissko

SUBST. *-en*, plur. *~sko, -ene*

en sko af groft lærred med gummisål og snørring ▫ *et par tennissko*

tenor

SUBST. *-en*, plur. *-er, -erne*
[te'no'r]

(musik): den højest og lysest klingende mandsstemme som ligger over *bas* og *baryton* ▫ *synge tenor* · *han er tenor* · *de tre berømte tenorer* ▫ *tenorsolo* • ⟨i sammensætn.⟩ et musikinstrument med et tilsvarende toneleje ▫ *tenorfløjte* · *tenorsaxofon*

tenornøgle

SUBST. *-n*, plur. *-r, -rne*

C-nøglen på den fjerde linie i nodesystemet

tentakel

SUBST. *tentaklen*, plur. *tentakler, tentaklerne*
[tæn'tagəl]

hver af de bevægelige føletråde el. fangarme hos hvirvelløse dyr, fx hos en søanemone

tentativ

ADJ. *-t, -e*

= FORSØGSVIS

teolog

SUBST. *-en*, plur. *-er, -erne*
/teo'log/

en person som har en uddannelse i *teologi* = CAND.THEOL. ▫ *teologiuddannelse*

teologi

SUBST. *-en*, plur. *-er, -erne*
/teolo'gi/

læren om religion, især om kristendommens indhold og gudsopfattelse ▫ *hun læser teologi på universitetet* ▫ *teologisk*

teorem

SUBST. *-et*, plur. *-er, -erne*
[teo'ræ'm]

en vigtig sætning som hører til en videnskabs logisk sammenhængende system, og som kan bevises inden for dette = LÆRESÆTNING

teoretiker

SUBST. *-en*, plur. *-e, -ne*
/teo'retiker/

en person som beskæftiger sig med el. forstår sig på teorier ▫ *hun er en stor teoretiker, men mangler totalt praktisk erfaring* · *lad os høre hvad teoretikerne siger til problemet* ▫ *kemiteoretiker*

teoretisere

VERB. *-r, -de, -t*
/teoreti'sere/

formulere teorier ▫ *han teoretiserer for meget og glemmer virkeligheden* ▫ *teoretisering* ▫ *overteoretisere* • **teoretisere over** el. **om ngt** udvikle teorier om et emne ▫ *han teoretiserede over det etiske forfald*

teoretisk

ADJ. *- , -e*
/teo'retisk/

som er baseret på teori og ikke praksis ≠ PRAKTISK ▫ *en teoretisk videnskab* · *teoretisk fysik* · *afhandlingen er meget teoretisk* · *de studerende mente, undervisningen var alt for teoretisk* · *et rent teoretisk spørgsmål* • **teoretisk set** el. **rent teoretisk** i teorien, men ikke nødvendigvis i praksis ▫ *teoretisk set skulle der ikke være noget i vejen for det*

teori

SUBST. *-en*, plur. *-er, -erne*
/teo'ri/

et system af læresætninger og idéer som ligger til grund for fx en handlemåde, et fag el. en videnskab ▫ *han kender teorien, men forstår ikke at omsætte den i praksis* · *i teorien kan en humlebi ikke flyve* ▫ *teoretiker* ▫ *erkendelsesteori* · *informationsteori* · *konsensusteori* · *kvanteteori* · *skrivebordsteori* · *videnskabsteori* • forsøg på forklaring af en begivenhed ▫ *jeg har en teori om, hvordan røveren er kommet ind i huset* • læren om reglerne for færdsel i trafikken med et motorkøretøj ▫ *man skal bestå teorien før man kan komme til køreprøve*

tepotte

SUBST. *-n*, plur. *-r, -rne*

en kande med låg

terapeut

SUBST. *-en*, plur. *-er, -erne*
[tera'pöw't]

en person som er uddannet til at behandle syge mennesker fx med fysioterapi el. psykoterapi snarere end at lave undersøgelser og stille diagnoser ▫ *terapeutisk* ▫ *beskæftigelsesterapeut* · *ergoterapeut* · *fysioterapeut* · *gruppeterapeut* · *musikterapeut* · *psykoterapeut*

terapi

SUBST. *-en*, plur. *-er, -erne*
/tera'pi/

behandling af en fysisk el. psykisk sygdom el. skade ved hjælp af andre midler end operation og medicin, ofte med aktiv deltagelse af patienten = BEHANDLING ▫ *terapirum* ▫ *beskæftigelsesterapi* · *ergoterapi* · *fysioterapi* · *gruppeterapi* · *kemoterapi* · *psykoterapi* · *samtaleterapi*

term

SUBST. *-en*, plur. *-er, -erne*
['tär'm]

et ord som bruges inden for et bestemt fagområde = TERMINUS, FAGUDTRYK, BETEGNELSE ▫ *'hvid dværg' er en astronomisk term* ▫ *terminologi*

termik

SUBST. *termikken*, plur. *termikker, termikkerne*
/ter'mik/

varm, opadstigende luft ▫ *kunsten at holde et svævefly i luften består i at stige med termik og vinde* · *når jorden bliver opvarmet af solen opstår der termik*

termin

SUBST. *-en*, plur. *-er, -erne*
/ter'min/

1. et fastsat tidspunkt for en bestemt handling, fx fødsel el. eksamen ▫ *hun har termin den 14. oktober* ▫ *terminsdag* ▫ *eksamenstermin*
2. en dag for opfyldelse af en økonomisk forpligtelse; anvendes især om datoerne 11. juni og 11. december der er fastsat som betalingsdag for renter og afdrag af obligationer og pantebreve = RENTEBETALINGSDAG ▫ *have penge til terminen* · *lånet forfalder til december termin* · *han kan ikke klare terminen* ▫ *terminsbetaling* · *terminstillæg* · *terminsydelse* • en halvårsperiode mellem de to terminer ▫ *juni termin* · *december termin*

terminal[1]

SUBST. *-en*, plur. *-er, -erne*
[tärmi'na'l]

1. en større endestation for transportmidler el. for transport af gods, råvarer el.lign. ▫ *terminalleder* ▫ *busterminal* · *godsterminal* · *olieterminal* · *postterminal*
2. (edb): = SKÆRMTERMINAL

terminal[2]

ADJ. *-t, -e*
[tärmi'na'l]

som hører til afslutningen af noget, el. som er sidste element i en rækkefølge • **terminal sygdom** uhelbredelig sygdom

terminalhospital

SUBST. *-et*, plur. *-er, -erne*

= HOSPICE

terminologi

SUBST. *-en*, plur. *-er, -erne*
/terminolo'gi/

fagudtryk inden for et bestemt fag ▫ *den medicinske terminologi*

terminsforretning

SUBST. *-en*, plur. *-er, -erne*

en aftale om at handle værdipapirer, valuta el. andre aktiver til en aftalt fast pris på et senere aftalt tidspunkt

terminsprøve

SUBST. *-n,* plur. *-r, -rne*

en skriftlig prøve på gymnasieniveau der afholdes i hhv. 2. og 3. g i perioden medio februar til primo april; karakteren fra terminsprøven indgår i årskarakteren ≠ ÅRSPRØVE □ *eleverne sad og svedte i seks timer til terminsprøve* · *hun fik kun 6 i engelsk til terminsprøven, men hun kunne stadig nå at læse op til eksamen* □ *terminsprøveopgave* · *terminsprøveopsyn* · *terminsprøvetekst* · *terminsprøvevagt*

terminus

SUBST. *en,* plur. *termini, terminiene*

= TERM □ *det fysiske foredrag indeholdt flere termini jeg ikke kendte*

termisk

ADJ. *-, -e*

som har at gøre med varme □ *termisk stabilitet* □ *jordtermisk* · *soltermisk*

termit

SUBST. *termitten,* plur. *termitter, termitterne*
/ter'mit/

et myrelignende insekt med et stort hoved og bidende munddele; lever af træ og findes især i tropiske og subtropiske områder hvor de bygger store, op til 6 m høje, boer; latinsk navn *Isoptera* □ *termitbo*

termodynamik

SUBST. *~dynamikken*

en gren inden for fysikken der beskæftiger sig med varmeenergi og dens overgang til andre former for energi = VARMELÆRE, VARMETEORI □ *ifølge termodynamikkens første hovedsætning er summen af al energi i verden konstant* □ *termodynamisk*

termoflaske

SUBST. *-n,* plur. *-r, -rne*

en beholder der virker varmeisolerende; består af to forsølvede glasvægge med et lufttomt rum imellem

termokande

SUBST. *-n,* plur. *-r, -rne*

en kande med tætsiddende låg til især varme drikke; holder væsken varm i et længere stykke tid

termometer

SUBST. *-et* (el. *termometret*), plur. *termometre, termometrene*
/termo'meter/

et instrument til måling af fx væske- el. lufttemperatur; indeholder en væske der udvider sig og trækker sig sammen alt efter hvor varmt det er □ *aflæse et termometer* · *termometeret viser tre graders kulde* □ *celsiustermometer* · *digitaltermometer* · *indendørstermometer* · *kviksølvtermometer* · *køleskabstermometer* · *stegetermometer* · *udendørstermometer* • et instrument til måling af legemstemperatur som anbringes i en hulhed i legemet, fx under tungen el. i endetarmen • **slå et termometer ned** ryste et termometer til måling af legemstemperatur så søjlen kommer under normal temperatur

termoplastisk

ADJ. *-, -e*

(om et formstof): som ændrer karakter ved opvarmning □ *termoplastiske stoffer* · *stoffet har termoplastiske egenskaber*

termorude

SUBST. *-n,* plur. *-r, -rne*

en vinduesrude bestående af to el. flere sammenkittede el. sammensvejsede glasplader med et tyndt lag luft i mellem = ISOLERINGSRUDE

termostat

SUBST. *-en,* plur. *-er, -erne*
[tärmo'sda't]

en anordning på fx et varmeapparat el. i en ovn som sørger for at temperaturen holder sig konstant el. ikke overskrider en vis varmegrad □ *termostatisk* · *termostatstyret*

termotøj

SUBST. *-et*

overtøj af særligt varmeisolerende stof

tern

SUBST. *-en* el. *-et,* plur. *-er* (el. *tern*), *-erne* (el. *-ene*)

firkantet felt som gentages så der dannes et mønster □ *forklædet havde røde og hvide tern* · *et skakbræt er inddelt i sorte og hvide tern* □ *klantern* · *skaktern*

terne

SUBST. *-n,* plur. *-r, -rne*

1. en mågefugl med sort hætte, kløftet hale og, for de fleste arters vedkommende, rødt næb; latinsk navn *Sterniae* □ *fjordterne* · *havterne* · *splitterne*
2. (hist.): en ung tjenestepige hos en dame af fornem stand

ternet

ADJ. *-, ternede*

som er mønstret med regelmæssigt placerede tern el. linier som krydser hinanden vinkelret □ *en ternet skjorte* · *en rød- og hvidternet kjole* · *et stykke stof ternet i blåt og sort* □ *pepitaternet* · *skakternet* · *skotskternet* · *småternet* · *storternet*

terning

SUBST. *-en,* plur. *-er, -erne*

en lille klods med seks lige store kvadratiske sider som hver er forsynet med et forskelligt antal prikker fra en til seks; bruges fx til brætspil hvor et kast med en el. flere terninger angiver hvor mange felter en brik skal flyttes □ *spille med terninger* · *de kastede terninger om hvem der skulle begynde* □ *terning(e)kast* · *terning(e)spil* • noget som er skåret i en form som en terning □ *skære kød i terninger* □ *osteterning* · *skinketerning* • (geometri): = KUBUS

terpe

VERB. *-r, -de, -t*

tilegne sig et stof ved mekanisk udenadslære □ *læreren terper tyske verber med klassen* □ *terperi*

terpentin

SUBST. *-en*
/terpen'tin/

en farveløs væske der udvindes af nåletræer og bruges som opløsningsmiddel og til fortynding af lakker og malerfarver

terrakotta[1]

SUBST. *-en,* plur. *-er* (el. *terrakotter*), *-erne* (el. *terrakotterne*)
/terra'kotta/

uglaseret, rødbrunt brændt ler □ *en figur af terrakotta* □ *terrakottakande* · *terrakottakeramik* • keramik lavet af terrakotta □ *smukke terrakotter fra oldtiden*

terrakotta[2]

ADJ.
/terra'kotta/

med en rødgul el. rødbrun farve som terrakotta og teglsten = TEGLSTENSRØD □ *væggene er terrakotta*

terrarium

SUBST. *terrariet,* plur. *terrarier, terrarierne*
/ter'rarium/

en kasse el. en bygning hvori man holder krybdyr, padder el. insekter □ *i terrariet i Zoologisk Have kan man se slanger, kamæleoner og andre former for krybdyr* □ *terrariedyr*

terrasse

SUBST. *-n,* plur. *-r, -rne*
/ter'rasse/

en plan plads foran et hus, ofte belagt med fliser og beregnet til at opholde sig på, især i godt vejr □ *sidde på terrassen* □ *terrassemøbler* • en naturligt, aflejret el. kunstigt anlagt trappeagtig flade i stigende terræn □ *terrasseafsats* · *terrassedyrkning* · *terrasseskråning*

terrazzo

SUBST. *-en*
[ta'raso el. *ta'radso]*

en gulvbelægning af sammenkittede små sten □ *en trappe af terrazzo* □ *terrazzogulv*

terre

SUBST.

et behændighedsspil hvor man kaster småsten, brikker el. terninger op i luften og griber et bestemt antal på håndryggen

terrier

SUBST. *-en,* plur. *-e, -ne*
['tärjɔ el. *'tär'jɔ]*

en hund med spidse, oprejste ører, kort hale og glat, krøllet el. pjusket pels □ *skotsk terrier* □ *airedaleterrier* · *foxterrier*

terrin

SUBST. *-en,* plur. *-er, -erne*
/ter'rin/

en rund el. oval skål med låg hvori suppe serveres, og hvorfra der øses op □ *øse suppe op af en terrin* □ *terrinfuld* · *terrinlåg* □ *suppeterrin*

territorial

ADJ. *-t, -e*
/territori'al/

som har at gøre med et territorium □ *territoriale besiddelser* □ *territorialfarvand* · *territorialgrænse* · *territorialret*

territorium

SUBST. *territoriet,* plur. *territorier, territorierne*
/terri'torium/

et område som tilhører en stat □ *vraget ligger på dansk territorium* · *overflyvningen var en krænkelse af svensk territorium* □ *territorieplanlægning* · *territoriestrid* □ *fællesterritorium* · *Nordvestterritoriet* • et område som et menneske el. dyr betragter som sit og forsvarer mod andres indtrængen = REVIR □ *hanløvens territorium* · *kampen om territoriet* · *kolonihavefolket kæmper for deres territorium*

terror

SUBST. *-en*

organiseret voldshandling der fremkalder frygt i en befolkning; især om en politisk begrundet voldshandling der har til formål at tvinge magthavere til at imødekomme fremsatte krav, fx ved at bombe offentlige bygninger el. kapre passagerfly □ *udøve terror* · *Europa er ramt af terror* · *diktaturet var præget af terror* □ *terrorist* · *terrorbalance* · *terrorhandling* · *terrorregimente* • gentagent personligt chikaneri □ *bilterror* · *telefonterror*

terrorisere

VERB. *-r, -de, -t*
/terrori'sere/

terrorisere ng gøre nogen bange ved at bruge el. true med vold, så man får sin vilje i noget □ *militært terrorisere befolkningen* · *han terroriserede sine mindre søskende*

terrorisme

SUBST. *-n*
/terro'risme/

terror som politisk pressionsmiddel; ofte udført af yderliggående religiøse el. politiske grupper

terrorist

SUBST. *-en,* plur. *-er, -erne*
/terro'rist/

en person som udøver organiseret terror □ *bomben blev placeret af terrorister* · *terroristerne kaprede et fly* □ *terroristisk* · *terrorisme*

terroristisk

ADJ. *- , -e*
/terro'ristisk/

som har at gøre med terrorisme □ *terroristiske handlinger* · *en terroristisk politik*

terræn

SUBST. *-et,* plur. *-er, -erne*
[*ta'räŋ*]

et landskabs jordoverflade □ *fladt terræn* · *bakket terræn* · *kuperet terræn* · *de begav sig ud i det åbne terræn* □ *terrænbane* · *terrænforhold* · *terrænpleje* □ *skiterræn* • **sondere terrænet** undersøge et område på forhånd inden man begiver sig ind i det □ *de sendte en spejder ud for at sondere terrænet* • **sondere terrænet** undersøge forholdene el. omstændighederne for noget på forhånd □ *de forsøgte at sondere terrænet inden de fremlagde forslaget* • **vinde terræn** vinde grobund og udbredelse □ *de nye pædagogiske ideer var ved at vinde terræn*

terrængående

ADJ.

(om et køretøj): som kan køre uden for de anlagte veje og i et mere vildt terræn □ *normal bilkørsel er umulig her, der kræves terrængående køretøjer*

terrænløb

SUBST. *-et,* plur. *~løb, -ene*

et løb der foregår i fri natur, fx i skov og på marker □ *i moderne femkamp er en af disciplinerne terrænløb* · *han stiller op til det krævende terrænløb i Hammer Bakker*

tertiær

SUBST.
/terti'ær/

= TERTIÆRTIDEN

tertiærtiden

SUBST.BEST.
/terti'ær-/

en geologisk periode fra omkring 65 til 2 millioner år siden hvor pattedyrene udvikles og primaterne opstår = TERTIÆR

terts

SUBST. *-en,* plur. *-er, -erne*

1. (musik): et interval på tre trin i en *diatonisk* skala
2. (fægtning): et hug el. stød mod modstanderens højre side

terylene ®

SUBST. *-n* el. *-t*
[*'tärilin* el. *'tärili·n*]

et krølfrit stof af kunstfibre af polyestertypen □ *terylenebukser* · *terylenejakke* · *terylenenederdel*

terzet

SUBST. *terzetten,* plur. *terzetter, terzetterne*
[*tär'sæt*]

det at 3 personer synger trestemmigt □ *synge terzet* • et musikstykke for 3 instrumenter el. sangstemmer = TRIO

tese el. tesis

SUBST. *tesen,* plur. *teser, teserne*

= HYPOTESE □ *fremsætte en tese* · *hun havde ret i sin tese om at branden skyldtes kortslutning* □ *hovedtese* · *antitese*

teske

SUBST. *-en,* plur. *-er, -erne*

lille ske til fx at røre sukker rundt i en tekop med □ *teskefuld*

teskefuld

SUBST. *-en,* plur. *-e, -ene*
fork. *tsk.*

den mængde af noget der kan være i en teske; som medicinmål: 1 teskefuld = 5 ml

test

SUBST. *-en,* plur. *-er* (el. *test*), *-erne* (el. *-ene*)

en undersøgelse der foregår ved at man udsætter nogen el. noget for særlige belastninger, forsøg el.lign. for at måle deres egenskaber, fx styrke el. udholdenhed = PRØVE □ *han gennemgik en psykologisk test inden han fik jobbet* · *en test af den nye bil* · *hun ville teste hans udholdenhed* □ *testmetode* · *testpilot* · *testprøve* □ *aids-test* · *psykotest*

testamentarisk

ADJ. *- , -e*
/testamen'tarisk/

som er nedskrevet i et testamente □ *en testamentarisk bestemmelse*

testamente

SUBST. *-t,* plur. *-r, -rne*
/testa'mente/

1. et juridisk bindende dokument der angiver hvad der skal ske med nogens formue, ejendom og øvrige ejendele efter deres død □ *skrive testamente* · *arvingerne ventede spændt på afsløringen af den afdødes testamente* · *tanten betænkte også sin nevø i sit testamente* □ *testamenteklausul* · *testamenteudkast* · *testamentsvidne* □ *livstestamente* • en persons sidste ønske el. overleverede plan □ *hans politiske testamente var at denne fredsaftale skulle gennemføres*
2. Det Gamle Testamente 1. del af den kristne kirkes hellige skrift • **Det Ny Testamente** 2. del af den kristne kirkes hellige skrift

testamentere

VERB. *-r, -de, -t*
/testamen'tere/

testamentere ng ngt skrive i sit testamente hvem der skal arve ens formue, værdigenstande m.m. når man er død = TESTERE □ *testamentere sin formue til en fond* □ *testamentering*

teste

VERB. *-r, -de, -t*

teste ng(t) undersøge nogen el. noget for bestemte evner el. egenskaber ved hjælp af en test el.lign. opgave = AFPRØVE □ *vi testede elevernes kundskaber* · *maskinen blev grundigt testet før den blev sat i handelen* □ *testning*

testere

VERB. *-r, -de, -t*
/te'stere/

testere ng ngt (jura): = TESTAMENTERE □ *testering*

testikel

SUBST. *testiklen,* plur. *testikler, testiklerne*
/te'stikel/

hver af de to runde organer som ligger i en hudpose under og bag penis, og som danner sædceller = NOSSE □ *tekstikelbetændelse* · *testikelkræft* □ *bitestikel*

testimonium

SUBST. *testimoniet,* plur. *testimonier, testimonierne*
/testi'monium/

(jura): = VIDNEUDSAGN □ *vidnet bedes aflægge testimonium*

tete-a-tete
SUBST. *-n*, plur. *-r, -rne*

et stævnemøde el. en nær kontakt til nogen ◻ *hun havde en tete-a-tete med en italiensk forretningsmand · jeg havde en lille tete-a-tete med min computer · jeg var helt overrumplet af min tete-a-tete med sigøjnerverdenen*

teten
SUBST.BEST.

tage teten overtage føringen el. ledelsen ◻ *danskeren har taget teten i cykelløbet · hun har taget teten i forhandlingerne*

tetraeder
SUBST. *-et*, plur. *-e, -ne*

(geometri): et *polyeder* der er begrænset af fire plane flader, fx en tresidet pyramide

TH
udtryk for at et tv-program har undertekster; fork. for *tekstet for hørehæmmede*

th. el. t.h.
fork. for *til højre*

thailandsk
ADJ. - , *-e*

som har at gøre med Thailand

thailænder
SUBST. *-en*, plur. *-e, -ne*

en person fra Thailand

thaisilke
SUBST. *-n*, plur. *-r, -rne*

grov og fed silke

thi
ADV., KONJ.

(glds., form.): udtryk for begrundelse = FOR ◻ *sagen er vanskelig at bedømme thi begge parter har skyld · thi kendes for ret*

thriller
SUBST. *-en*, plur. *-e, -ne*

en bog el. film som fortæller en spændende historie om mord el. andre forbrydelser = GYSER

thybo
SUBST. *-en*, plur. *-er, -erne*

1. en person fra Thy
2. en fast til halvfast, modnet dansk skæreost med en mild og let-syrlig smag; anvendes fx i osteanretning og som pålæg

ti
TALORD

tallet 10 ◻ *de ti bud · i ni af ti tilfælde havde han ret · hun kom kl. 10* ◻ *tidobbelt · tikamp · tital · titiden* ◻ *halvti · topti*

tiara
SUBST. *-en*, plur. *-er, -erne*
[*ti'a·ra*]

en udsmykket hovedbeklædning som paven bærer ved særlige lejligheder = PAVEKRONE

tibetaner
SUBST. *-en*, plur. *-e, -ne*
[*tibə'ta'nɔ*]

en person fra Tibet

tibetansk
ADJ. - , *-e*
[*tibə'ta'nsk*]

som har at gøre med Tibet

tic
SUBST. *et*, plur. *tics, ticene*

en ufrivillig muskelsammentrækning, især ved øjet ◻ *han har tics ved øjet*

tid
SUBST. *-en*

1. den del af tilværelsen som omfatter fortid, nutid og fremtid, og som måles i sekunder, minutter, timer, dage osv. ◻ *tiden går · tiden flyver af sted · i tidens løb har jeg læst mange bøger · tiden skal gå med noget · tiden havde udslettet gravskriften* ◻ *tidløs · tid(s)krævende · tid(s)mangel · tidsmæssig · tidsalder · tidsbegrænset · tidsfordriv · tidsramme · tidsspilde* • ⟨plur. *-er, -erne*⟩ et afsnit af tiden uden væsentlig udstrækning = TIDSPUNKT ◻ *de skulle møde på arbejde til fastsat tid · tiden for hans afrejse nærmede sig · det var tid til at spise frokost · jeg har bestilt tid hos lægen · hvad tid kommer du? · hun fik en tid hos frisøren · overholde de aftalte tider* ◻ *femtiden · mødetid · spisetid* • ⟨plur. *-er, -erne*⟩ et afsnit af tiden som har en vis udstrækning = TIDSRUM, PERIODE ◻ *jeg glæder mig i denne tid, nu falder julesneen hvid · det tager lang tid at lære fransk · de boede i Århus i den første tid · har du bestilt noget i den senere tid? · det var i den tid jeg boede i Paris · miraklernes tid er ikke forbi · lektierne tager al min tid · du må udnytte tiden godt · i ældre tider · hårde tider · omstille sig til nye tider · det er dårlige tider for landbruget · vente på bedre tider* ◻ *arbejdstid · barndomstid · fritid · juletid · kontortid · kridttid · oldtid · skoletid · soldatertid · sommertid · spisetid · ungdomstid · urtid · vintertid · årstid* • ⟨plur. *-er, -erne*⟩ det tidsrum som en aktivitet varer, fx en sportsudøvelse ◻ *de opnåede fine tider i løbet · køre på tid · tage tid på forløbet* • **ngs tid** = LEVETID ◻ *i vor tid · på vore bedsteforældres tid · disse knogler er fra Gorm den Gamles tid · det var før min tid · min tid er snart omme · det vil vare ved min tid ud · hans tid var ej lang* • **en {times} tid** omtrent af den varighed der angives ◻ *det tager en times tid · efter et års tid · en måneds tid* • **alle tiders** udtryk for at noget er vældig godt ◻ *det er alle tiders chance! · alle tiders fest · jeg synes han er alle tiders! · det er alle tiders at du kommer!* • **den tid, den sorg** det må vi finde ud af når det senere bliver nødvendigt • **efter den tid** = SIDEN ◻ *men efter den tid har jeg ikke set mere til ham* • **for tiden** i denne tid ◻ *jeg har ikke noget arbejde for tiden · lige for tiden er hun rask* • **fra tid til anden** = NU OG DA ◻ *de kommer og besøger os fra tid til anden* • (før i tiden): i en tidligere periode af ens liv el. af historien = I GAMLE DAGE ◻ *før i tiden havde vi ikke så travlt · før i tiden brugte man også tang til tagdækning* • (før tiden): før et fastsat tidspunkt ◻ *de nåede det før tiden · vi var der før tiden* • **glemme tiden** glemme at tænke på hvad klokken er • **god tid** tilstrækkelig lang tid, fx før et bestemt tidspunkt ◻ *vi har god tid, toget går først om en time · de kom i god tid · vi er vist i god tid · han gav sig god tid til at lave mad · han gav sig god tid til at svare* • **have tiden for sig** have tid nok ◻ *vi skal nok nå det, vi har tiden for os* • **hele tiden** udtryk for at noget sker uafbrudt ◻ *der er hele tiden nogen der holder vagt · der er hele tiden noget i vejen · det gør hele tiden ondt · det regnede hele tiden mens vi var i Spanien* • **i rette tid** på det rigtige tidspunkt, før det er for sent ◻ *de kom i rette tid til at se fyrværkeriet* • **i sin tid** i en tidligere periode ◻ *i sin tid var han en stor maler · det var i sin tid et dejligt hus* • **i tide** inden det er for sent ◻ *de blev fundet i tide og overlevede · vi var der lige i tide til at se dronningen* • **i tide og utide** se under *utide* • **ingen tid at spilde** udtryk for at der skal handles straks ◻ *skynd dig, der er ingen tid at spilde!* • **med tiden** = EFTERHÅNDEN ◻ *firmaet er med tiden vokset til det dobbelte* • **på høje tid** = I SIDSTE ØJEBLIK ◻ *det er på høje tid du kommer, for toget kører om to minutter* • **på tide** udtryk for at man må gøre noget nu hvis man skal nå det ◻ *det er vist på tide at komme i tøjet nu · det er på tide vi får talt sammen* • **en rum tid** se under *rum* • **se tiden an** afvente hvad der sker før man træffer en beslutning ◻ *lad os nu lige se tiden an før vi beslutter os endeligt* • **somme tider** se *sommetider* • **spilde tiden** ikke udnytte den tid man har til rådighed ◻ *vi spilder tiden med snak, vi må hellere komme i gang* • **tage sin tid** tage temmelig lang tid ◻ *det tager sin tid inden han beslutter sig* • **tid til ngt** den tid der skal bruges til noget ◻ *der er tid nok til en drink · giv mig lige tid til at tale ud · han gav sig tid til at læse avisen* • **tiden er inde til ngt** udtryk for at man må gøre noget nu hvis man skal nå det ◻ *nu er tiden vist inde til at vi forsvinder* • **tidens tand** udtryk for at noget nedbrydes med tiden ◻ *huset er mørnet af tidens tand* • **til andre tider** på andre tidspunkter ◻ *sommetider er hun kvik nok, til andre tider går hun helt i stå* • **til den tid** når det tidspunkt kommer ◻ *til den tid vil jeg være rejst* • **til sin tid** engang i fremtiden ◻ *til sin tid vil landet her være oversvømmet* • **til tiden** på det aftalte tidspunkt ◻ *vi skal sørge for at være der til tiden* • **til tider** = SOMMETIDER ◻ *hun virker til tider lidt anstrengt · stykket var sjovt, til tider urkomisk*
2. (sprogvidenskab): = TEMPUS ◻ *datid · fortid · fremtid · nutid*

tidebøn
SUBST. *~bønnen*, plur. *~bønner, ~bønnerne*

en bøn der bedes ved dagens bestemte bedetimer

tidehverv
SUBST. *et*

en tidsperiode præget af særlige kendetegn = EPOKE ◻ *industriens og teknikkens tidehverv · et nyt tidehverv*

tidende
SUBST. *-n*, plur. *-r, -rne*

1. (glds.): en meddelelse om noget der er sket = MEDDELELSE, EFTERRETNING, UNDERRETNING ◻ *bringe dårlige tidender*
2. en daglig el. periodisk udkommende avis el. et tidsskrift ◻ *Amtstidende, Stiftstidende, Folketingstidende, Statstidende, Berlingske Tidende*

tidevand

SUBST. *-et,* plur. *-e, -ene*

en regelmæssig ændring i havoverfladens niveau mellem *højvande* og *lavvande* som skyldes Solens og Månens tiltrækning og Jordens rotation □ *besejlingen af havnen er afhængig af tidevandets bevægelser*

tidl.

fork. for *tidligere*

tidlig

ADJ. *-t, -e; -ere, -st*

udtryk for at noget forekommer i begyndelsen af en periode, el. at det forekommer før det sædvanlige el. forventede tidspunkt = ÅRLE ≠ SEN □ *han bestilte tidlig vækning · de befinder sig endnu på et tidligt stadium · spise tidlig middag · toget kom ti minutter tidligere end forventet · det blev tidligt forår i år · han kom 10 minutter for tidligt · de mødte på arbejdet tidligt om morgenen · de fik tidligt fri fra skole · hun blev født i de tidlige 1950'ere · det er et af forfatterens tidlige værker* • **i morgen tidlig** i morgen om morgenen □ *vi ses i morgen tidlig kl. 7* • **tidligere** som ligger forud for denne tid □ *det må være et af hans tidligere værker · på et tidligere møde besluttede vi at afskaffe røg i lokalerne · der går hendes tidligere mand · han er tidligere dømt for vold · det skulle du have sagt tidligere* • **tidligst** ⟨ADV.⟩ ikke før end □ *konflikten kan tidligst træde i kraft om 14 dage · det kan tidligst ske i september eller i begyndelsen af oktober · der afsiges dom tidligst om et år*

tidløn

SUBST. *tidlønnen*

betegnelse for løn fastsat efter tid ≠ AKKORDLØN

tidnød

SUBST.

se *tidsnød*

tidobbelt

ADJ. *- , -e*

som er ganget med ti □ *et kort i tidobbelt format*

tids

ADV.

tids nok se *tidsnok*

tidsalder

SUBST. *-en,* plur. *~aldre, ~aldrene*

et langt tidsrum som forbindes med og afgrænses af særlige forhold el. bestemte dominerende elementer = EPOKE □ *vi lever i teknikkens tidsalder · det var i hesteplovens tidsalder · er vi på vej ind i matriarkatets tidsalder?*

tidsbefragtning

SUBST. *-en,* plur. *-er, -erne*

= TIMECHARTER

tidsbestemme

VERB. *-r, ~bestemte, ~bestemt*

tidsbestemme ngt fastslå hvornår noget er sket, el. fra hvilken tid noget stammer = DATERE, TIDSFÆSTE □ *tidsbestemme et arkæologisk fund* □ *tidsbestemmelse*

tidsbestemt

ADJ. *- , -e*

1. (om straf): som er af en bestemt længde □ *han fik en tidsbestemt fængselsstraf*
2. som hører til el. bærer præg af en bestemt tid □ *moralopfattelse vil altid være tidsbestemt*

tidsbillede

SUBST. *-t,* plur. *-r, -rne*

en beskrivelse af typiske stemninger el. forhold i en bestemt periode el. epoke □ *romanen giver et interessant tidsbillede af København i 1890'erne · stykket er et rammende tidsbillede*

tidsel

SUBST. *-en* (el. *tidslen*), plur. *tidsler, tidslerne*

en plante med tornede blade og stængler og lilla kurvblomster; latinsk navn *Carduus* □ *tidselblomst · tidseltorn*

tidsfordriv

SUBST. *en* el. *et*

en fornøjelig beskæftigelse uden nytte for at fordrive tiden □ *en behagelig tidsfordriv · de spillede kort som tidsfordriv · hun arbejder kun for tidsfordriv, ikke for pengenes skyld*

tidsfrist

SUBST. *-en,* plur. *-er, -erne*

= FRIST □ *han havde en tidsfrist på 8 dage til at skaffe pengene*

tidsfæste

VERB. *-r, -de, -t*

tidsfæste ngt fastslå hvornår noget er sket, el. fra hvilken tid noget stammer = TIDSBESTEMME, DATERE □ *tidsfæste et håndskrift*

tidsindstillet

ADJ. *-t, ~indstillede*

som er indstillet til at blive aktiveret el. eksplodere på et bestemt tidspunkt □ *en tidsindstillet bombe*

tidsnok el. **tids nok**

ADV.

på et tidspunkt hvor det endnu er muligt at nå noget bestemt = TIDLIGT NOK, I TIDE □ *hun ankom lige tidsnok til at nå toget · det er tidsnok hvis hun kommer på onsdag* • snart el. på et tidligere tidspunkt end ønsket □ *det kan han tidsnok få at vide · det kan tidsnok ske*

tidsnød el. **tidnød**

SUBST. *-en*

en mangel på tid □ *vi er i tidsnød i forhold til deadline · pga. tidsnød blev artiklen kortere end planlagt*

tidspunkt

SUBST. *-et,* plur. *-er, -erne*

et bestemt klokkeslæt el. øjeblik = TID □ *hvad er det for et tidspunkt at komme på? · festen begyndte nøjagtig på det planlagte tidspunkt · de afventede det helt rigtige tidspunkt for lanceringen af det nye produkt · på det tidspunkt boede de stadig i Køge · et uheldigt tidspunkt at ringe på* □ *mødetidspunkt · starttidspunkt*

tidsramme

SUBST. *-n,* plur. *-r, -rne*

en forud given afgrænsning af tidsforløbet for et projekt el.lign.

tidsregning

SUBST. *-en,* plur. *-er, -erne*

et system for hvordan tiden inddeles i år, måneder og dage gældende fra et bestemt tidspunkt = KALENDER □ *efter kinesisk tidsregning er det buddhistiske år ca. 354 dage · romerne invaderede området i det første århundrede af vor tidsregning* • **efter vor tidsregning** ⟨fork. *e.v.t.*⟩ efter Kristi fødsel = EFTER KRISTUS □ *levede hun før eller efter vor tidsregning?* • **før vor tidsregning** ⟨fork. *f.v.t.*⟩ før Kristi fødsel = FØR KRISTUS □ *Sokrates døde år 399 før vor tidsregning*

tidsrum

SUBST. *~rummet,* plur. *~rum, ~rummene*

et vist stykke tid = PERIODE □ *et kort tidsrum · et længere tidsrum · projektet skal være klart inden for et bestemt tidsrum · inden for et tidsrum på 10 år · i dette tidsrum gik det stærkt fremad*

tidsskrift

SUBST. *-et,* plur. *-er, -erne*

et trykt hefte med artikler som udkommer regelmæssigt; ofte rettet mod en bestemt gruppe læsere □ *abonnere på et tidsskrift · et månedligt tidsskrift* □ *biltidsskrift · sportstidsskrift*

tidsspilde el. **tidsspild**

SUBST. *-t*
(tidsspild: *-et*)

nytteløs brug af tid på noget □ *det er tidsspilde at læse den bog · lad os gå, det er rent tidsspilde at blive her*

tidssvarende

ADJ.

som passer og lever op til tidens stil og krav □ *husets indretning er ikke tidssvarende · kontorets edb-udstyr er absolut tidssvarende*

tidstypisk

ADJ. *- , -e*

som er typisk for en bestemt tidsperiode □ *en tidstypisk holdning · en tidstypisk ligegyldighed med andre · en tidstypisk melodi · tidstypisk tøj*

tidszone

SUBST. *-n,* plur. *-r, -rne*

et geografisk område som har samme klokkeslæt; Jorden er inddelt i 24 tidszoner

tidtager

SUBST. *-en,* plur. *-e, -ne*

en person der tager tid ved fx sportskonkurrencer □ *tidtageren var klar med stopuret*

tie

VERB. *-r, -de* (el. *tav*), *-t*

undlade at sige noget □ *selvom han var uenig, tav han · den der tier samtykker* • **tie stille** = TIE

□ *ti nu stille!* • **tie stille med ngt** = FORTIE, FORSTUMME □ *tie stille med en hemmelighed* • **tie ngt ihjel** dække over noget ved at undlade at fortælle om det = FORTIE □ *tie en sag ihjel*

tiebreak

SUBST. *et*, plur. *-s, -ene*
[*'tajbræjk*]

(tennis): en regel til afgørelse af et sæt i tennis; ved stillingen 6-6 spilles til 7 vundne bolde, dog således at man kun kan vinde med to overskydende bolde = TIEBREAKER □ *det var den længste tiebreak i Wimbledons historie* □ *tiebreakregel*

tiebreaker

SUBST. *-en*, plur. *-e, -ne*
[*'tajbræjgɔ*]

= TIEBREAK

tiende[1]

SUBST. *-n*, plur. *-r, -rne*
[*'ti'ənə* el. *'ti'ənə*]

(hist.): en afgift til kirken el. kongen evt. betalt i naturalier og omfattende en tiendedel af en afgrøde el. anden indtægt□ *betale tiende* □ *tiendeafgift* · *tiendefri* · *tiendepenge* · *tiendepligtig* · *tiendeydelse* □ *bispetiende* · *kirketiende* · *kongetiende* · *præstetiende*

tiende[2]

TALORD
[*'ti'ənə*]

nummer 10 i en række □ *hun var den tiende i rækken* · *Christian den Tiende* □ *tiendedel*

tiendedel

SUBST. *-en*, plur. *-e, -ene*

en af 10 lige store dele som noget kan deles i □ *næsten en tiendedel af Finlands befolkning er svensktalende*

tier

SUBST. *-en*, plur. *-e, -ne*

1. næstsidste ciffer i et tal på mere end to cifre, dvs. det første ciffer i tallene fra 10-99□ *i tallet 253 er der to hundreder, fem tiere og tre enere*
2. noget som har tallet el. værdien 10, fx en bestemt buslinie, en mønt el. et spillekort□ *betale med en tier* · *han stak med en tier* • = TIKRONE
3. tierne det andet årti i det 21. århundrede, dvs. fra 2010-19

tifold

ADV.

i ti gange så stor mængde, omfang osv. □ *branchen forventer at pengene kommer tifold igen* · *i hovedstaden er problemerne tifold større*

tiger

SUBST. *-en*, plur. *-e* (el. *tigre*), *-ne* (el. *tigrene*)

et stort, vildt kattedyr hvis pels er gul med sorte striber; lever i Sydasien; latinsk navn *Panthera tigris* □ *tigerkat* · *tigerskind* · *tigerstribet*

tigge

VERB. *-r, -de, -t*

tigge ngt bede indtrængende og ydmygt om, fx penge el. mad pga. fattigdom = BETLE, BOMME □ *han tiggede penge til mad* · *hun var så fattig at hun måtte tigge på gaden* · *de tiggede ved dørene* □ *tigger* · *tiggeri* • **tigge ng om ngt** trygle el. plage nogen om noget □ *han tiggede hende om at blive* · *hun tiggede om nåde* · *børnene tiggede om lov til at gå i biografen* · *hunden tiggede ved bordet* • **tigge sig til ngt** □ *hun ville ikke tigge sig til sin ret* · *børnene tiggede sig til en is*

tigger

SUBST. *-en*, plur. *-e, -ne*

en fattig person der hovedsageligt lever af at tigge □ *tiggerbrev* · *tiggergang* · *tiggermunk* · *tiggerorden* · *tiggerstav*

tiggergang

SUBST. *-en*

det at bede om noget som kræver en andens nåde el. forgodtbefindende□ *hun måtte gå tiggergang for at få en lejlighed* · *han gik tiggergang til chefen for at bede om en fridag*

tiggermunk

SUBST. *-en*, plur. *-e, -ene*

(hist.): en munk der tilhørte en bestemt munkeorden som kun måtte leve af almisser og intet måtte eje

tik

LYDORD

gengivelse af en svag, tikkende lyd, fx fra et lille ur • **tik tak** gengivelse af et større urs tikken □ *urets tik tak hørtes tydeligt gennem stilheden*

tikamp

SUBST. *-en*, plur. *-e, -ene*

en atletikkonkurrence som omfatter ti discipliner □ *i tikamp gælder det om at være all-round*

tikke

VERB. *-r, -de, -t*

frembringe en lyd som et ur der går□ *uret tikker* · *telegrafen udsendte en tikkende lyd* □ *tikken* · *tikkeri* · *tikkeværk*

tikrone

SUBST. *-n*, plur. *-r, -rne*

en mønt med værdien 10 kr. = TIER

til

PRÆP., ADV., KONJ.

1. ⟨PRÆP.⟩ udtryk for at noget bliver givet, overdraget, bidraget, tilegnet el. kommunikeret med en bestemt modtager som adresse□ *jeg gav bogen til Inger* · *læreren giver en opgave til eleverne* · *jeg sendte brevet til ham* · *han overlod gården til sine børn* · *han købte blomster til hende* · *hun bestilte en billet til mig* · *han bidrog til diskussionen med et langt indlæg* · *denne bog er til dig* · *hvad sagde hun til dig* □ *tilhviske* · *tilkaste* · *tilråbe* · *tilsende* · *tilskrive* · *tiltale* • med et sted el.lign. som mål, orienteringspunkt el. grænse □ ⟨PRÆP.⟩ *gå hen til købmanden* · *rejse til Paris* · *hun rejste rundt fra by til by* · *dette er bussen til Holbæk* · *vejen gik helt ned til stranden* · *komme til møde* · *se til begge sider før du går over gaden* · *han rejste ad byen til* · *adgang til kirken* · *værelse til gården* · *kjolen går til midt på knæet* · *hans mark grænser op til kirkegården* · ⟨ADV.⟩ *folk begyndte at strømme til* · *han vendte den anden kind til* □ *tilflyttet* · *tilgrænsende* · *tililende* · *tilkalde* · *tilkørsel* · *tilløbende* · *tillokkende* · *tilrejsende* · *tilstrømning* · *tiltrække* • **til og fra** frem og tilbage □ *hun går til og fra og rydder op* • **til {bords}** ⟨PRÆP.⟩ placeret et bestemt sted □ *til alters* · *til bords* · *til lands* · *til søs* · *til vands* · *til vogns* · *til hest* • udtryk for en afgrænsning i antal, grad el.lign.□ *der er 10 til 15 elever i hver klasse* · *stiv til hård kuling*
2. udtryk for angivelse af aktuel el. kommende tid □ *til hverdag spiser vi helt enkelt* · *nu til morgen var vejret godt* · *han sad og sov til mødet* · *husk det til en anden gang* · *hun vil rejse til første maj* · *til sommer skal vi på en lang ferie* · *han kommer hjem til jul* • **natten til** natten før □ *natten til tirsdag* • udtryk for en grænse i tid = INDTIL □ ⟨PRÆP.⟩ *han arbejder fra otte til fire* · *han bliver boende helt til nytår* · *bliv her til i morgen!* · *fra mandag til lørdag* · *fra maj til september* · ⟨ADV.⟩ *der er længe til han kommer* · *jeg ventede til det blev mørkt* · *du må råbe til de hører det* · □ *tilendebringe* • **af og til** = UNDERTIDEN □ *der kommer af og til nogen forbi*
3. ⟨PRÆP.⟩ udtryk for at noget hører sammen el. passer sammen □ *han er far til barnet* · *hvor er låget til kagedåsen?* · *huen passer til vanterne* · *elevatoren er beregnet til fire personer* · *en båd til to* · *en forstad til København* · *forfatteren til bogen* · *årsagen til dette* · *der er ikke noget alternativ til den plan* • ⟨PRÆP.⟩ med henblik på et bestemt formål, en bestemt brug el.lign. □ *han bruger bilen til at komme på arbejde* · *de krukker er til at komme søm og skruer i* · *tæppet er til entreen* · *de havde ingen penge til sommerferien* · *til forret serverede hun rejemadder* · *han havde billetter til koncerten* · *han strakte hånden frem til hilsen* · *huset er til salg* · *blomsterne er til min kone* · *den slidte lænestol er ikke til noget mere* • **for {stor} til ngt** for stor til et bestemt formål, en bestemt person el.lign. □ *de sko er for store til dig* · *den trøje er for varm til at have på nu* · *det gardin er for kulørt til et kontor* • ⟨PRÆP.⟩ for så vidt angår en bestemt handling, et handlingsforsæt el.lign. □ *hun er villig til forlig* · *han har ingen kræfter til at gøre modstand* · *hun har let til latter* · *jeg er parat til at gå videre med den sag* · *han er altid til disposition* · *han har bundet sig til at gøre rent i tre uger* • ⟨PRÆP.⟩ interesseret i, fx seksuelt□ *han er kun til piger* · *hun er mest til rødvin og bøf* · *de er klart til rockmusik*
4. udtryk for overgang el. forandring, evt. med et bestemt resultat □ ⟨PRÆP.⟩ *vælge nogen til formand* · *hun blev forfremmet til direktør* · *blive forvandlet til ukendelighed* · *blive til en frø* · *sagen må bringes til opklaring* · *hun driver mig til vanvid* · ⟨ADV.⟩ *hun huggede stenen til* · *han skar stoffet til* □ *tilhugge* · *tilintetgøre* · *tilskære* • ⟨PRÆP.⟩ udtryk for at noget resulterer i noget □ *disse penge blev til megen gavn for os* · *han var til meget besvær* · *den bedrift var ham til megen ære* · *han blev dømt til døden ved hængning*
5. ⟨PRÆP.⟩ som koster el. har en vis størrelse□ *et hus til en million* · *prisen var sat til 500 kr.* · *de købte fire flasker til 30 kr. hver* · *de målte strækningen til 50 m*
6. som udvidelse el. forøgelse af noget = YDERLIGERE □ ⟨PRÆP.⟩ *til dette kommer så at han faktisk blev væk* · ⟨ADV.⟩ *sig det en gang til* · *tag*

bare et stykke til · *hun føjede et par bemærkninger til* · *han arbejder sig en pukkel til* □ *tilføje* · *tilkoble* · *tilvækst* ● ⟨PRÆP.⟩ (matematik): lagt oven i □ *tre til fire er syv* ● ⟨PRÆP.⟩ som tilbehør til mad □ *en fransk bøf med råstegte karfofler til* · *jeg vil gerne have hollandaisesovs til laksen*
7. ⟨ADV.⟩ udtryk for at noget lukkes el. dækkes med noget = I □ *han knappede frakken til* · *hun skruede låget til* · *han plantede bedet til* □ *tildække* · *tilgitre* · *tilgroet* · *tilknappet* · *tillukket* · *tilsande* · *tilstoppet* · *tilså* · *tilvokse* ● ⟨ADV.⟩ med så stor kraft som muligt □ *han fik ikke sømmet banket i før han slog ordentlig til* · *du skal synge til hvis vi skal høre dig*
8. ⟨ADV.⟩ udtryk for en forekomst el. eksistens □ *det er godt at du er til* · *den regel er til for at forhindre ulykker* · *siden kom der flere til* □ *tilblivelse*
9. ⟨PRÆP.⟩ i visse kraftudtryk □ *fandens til idiot* · *helvedes til klodsmajor*
10. i forsk. forb.: *til* forekommer desuden med andre betydninger i forskellige forbindelser, fx **falde til, gå til, hjælpe til** og **til fods, til gene, til veje,** se under *falde, gå, hjælpe* og *fod, gene, vej* osv.

tilbage

ADV.
[*te'ba·jə*]

1. i retning mod udgangspunktet ≠ FREM, FREMAD □ *han gik tilbage ad stien* · *han gik frem og tilbage* · *tilbage til emnet!* · *komme tilbage til udgangspunktet* · *lyden blev kastet tilbage* □ *tilbageblik* · *tilbagefald* · *tilbagegang* · *tilbageholde* · *tilbagesende* · *tilbageskridt* · *tilbageslag* · *tilbagetog* · *tilbagetrække* · *tilbagevej* ● bagud i forhold til et bestemt punkt ≠ FREM □ *han stillede uret en time tilbage* ● udtryk for at nogen el. noget igen befinder sig i en tidligere situation el. tilstand □ *han leverede bogen tilbage* · *han stillede æsken tilbage på hylden* · *situationen i landet er gradvist ved at vende tilbage til det normale* · *hun skal nok komme tilbage* · *aftalen er blevet trukket tilbage* ● **holde tilbage** holde med et køretøj så andre kan ikke køre frem = HOLDE IGEN □ *holde tilbage for færdsel fra højre* ● **holde ngt(t) tilbage** standse nogen el. noget = HOLDE IGEN □ *hun prøvede at holde tårerne tilbage* · *tag bare, du skal ikke holde dig tilbage!* ● **være tilbage i udvikling** være sent el. mangelfuldt udviklet
2. som udgør af resten af noget = IGEN, TIL REST □ *der er ikke mere kage tilbage* · *af sine tre børn har hun kun ét tilbage* · *han har kun 100 kr. tilbage til resten af måneden* · *nu er der kun 2 km tilbage* · *kan du give tilbage på en hundredkroneseddel?* · *du skal have 5 kr. tilbage* □ *tilbagebleven* · *tilbageværende*

tilbageblik

SUBST. *~blikket*, plur. *~blikke, ~blikkene*

det at tænke tilbage på el. kort beskrive tidligere hændelser □ *i et tilbageblik så han sig selv som 9-årig* · *tv-udsendelsen er et tilbageblik på 1960'erne*

tilbagefald

SUBST. *-et*, plur. *~fald, -ene*

det at vende tilbage til en bestemt uønsket tilstand, fx sygdom el. narkotikamisbrug = RECIDIV □ *medicinen hæmmer kræftens udbredelse og mindsker risikoen for tilbagefald* · *fanger med væsentlig risiko for tilbagefald til kriminalitet løslades ikke*

tilbagegang

SUBST. *-en*, plur. *-e, -ene*

det at noget forandres fra en fordelagtig til en mindre fordelagtig position el. fra et stort til et mindre antal = REGRESSION □ *eksporten er i tilbagegang* · *en markant socialdemokratisk tilbagegang blandt vælgerne* · *nattergalen har været i konstant tilbagegang* · *en tilbagegang på 15%*

tilbageholde

VERB. *-r, ~holdt, ~holdt*

tilbageholde ng(t) forhindre nogen el. noget i at undslippe □ *han blev tilbageholdt af politiet* · *hun prøvede at tilbageholde et smil* · *tilbageholde restskatten i lønnen* · *tilbageholde oplysninger* · *et tilbageholdt skrig* □ *tilbageholdelse*

tilbageholden

ADJ. *-t, tilbageholdne*

= BESKEDEN

tilbageholdende

ADJ.

som ikke uden videre giver noget fra sig □ *han er tilbageholdende med betalingen* · *hun var tilbageholdende med hvad hun sagde* ● beskeden og reserveret = RESERVERET □ *han var meget tilbageholdende ved bordet* · *et tilbageholdende væsen* □ *tilbageholdenhed*

tilbageholdenhed

SUBST. *-en*

det at være tilbageholden □ *udvise tilbageholdenhed over for noget* · *en smule tilbageholdenhed skader ikke*

tilbagekalde

VERB. *-r, ~kaldte, ~kaldt*

tilbagekalde ngt trække noget tilbage □ *tilbagekalde en udtalelse* · *tilbagekalde et produkt pga. fare for elektrisk overgang* · *tilbagekalde en tilståelse* · *tilbagekalde et løfte* □ *tilbagekaldelse*

tilbagemelding

SUBST. *-en*, plur. *-er, -erne*

besked til en afsender om at en meddelelse er modtaget = RESPONS, SVAR □ *give tilbagemelding* · *ønske tilbagemelding*

tilbageskridt

SUBST. *-et*, plur. *~skridt, -ene*

det at noget bliver ringere = TILBAGESLAG ≠ FREMSKRIDT □ *der er desværre kun tilbageskridt i hans udvikling* · *afgørelsen er et stort tilbageskridt i foreningens historie* · *den ny styrelseslov er et tilbageskridt for de højere læreanstalter*

tilbageslag

SUBST. *-et*, plur. *~slag, -ene*

det at noget pludselig bremses el. bliver ringere = TILBAGESKRIDT □ *reaktorkatastrofen i Tjernobyl kan blive et alvorligt tilbageslag for elektrificeringsplanerne* · *et økonomisk tilbageslag* · *eksportvirksomhederne kan ikke redde dansk økonomi for et alvorligt tilbageslag*

tilbagetog

SUBST. *-et*, plur. *~tog, -ene*

det at en hær rykker tilbage = RETRÆTE □ *foretage et tilbagetog* ● det at moderere tidligere fremsatte forslag el. synspunkter = TRÆKKE I LAND □ *under forhandlingerne måtte den ene part foretage et tilbagetog* ● **være på tilbagetog** være ved at blive forældet □ *ordet er på tilbagetog og anvendes nu kun sjældent* · *punk og grimt look er på tilbagetog*

tilbagetrækning

SUBST. *-en*, plur. *-er, -erne*

det at trække specielt militærtropper tilbage □ *kræve amerikansk tilbagetrækning fra Den persiske Havbugt*

tilbagetur

SUBST. *-en*, plur. *-e, -ene*

= HJEMTUR ≠ UDTUR □ *tilbageturen gik hen over tagene* · *de lagde tilbageturen gennem mosen* · *den stak af fra os på tilbageturen*

tilbagevejen

SUBST.BEST.

på tilbagevejen = PÅ HJEMVEJEN ≠ UDTUREN □ *på tilbagevejen til sommerhuset* · *han måtte løbe på tilbagevejen*

tilbagevendende

ADJ.

som sker el. indtræffer med mellemrum = REGELMÆSSIG, PERIODISK □ *der er tilbagevendende klager over maden* · *det er et tilbagevendende problem* · *en årligt tilbagevendende begivenhed*

tilbagevise

VERB. *-r, ~viste, ~vist*

1. afvise noget ved at argumentere imod det = GENDRIVE □ *tilbagevise en påstand*
3. tilbagevisende stedord = REFLEKSIVT PRONOMEN

tilbede

VERB. *~beder, ~bad, ~bedt*

tilbede ng opfatte nogen som guddom og opsende bønner til dem □ *fønikerne tilbad guden Baal* □ *tilbedelse* ● **tilbede ng** føle stor kærlighed og beundring for nogen = DYRKE, FORGUDE □ *han tilbad hende på afstand* · *pigerne tilbeder den smukke sanger*

tilbeder

SUBST. *-en*, plur. *-e, -ne*

en person som tilbeder nogen el. noget; især om en mand som holder af en kvinde og viser det ved at gøre kur til hende = BEUNDRER □ *hun har mange tilbedere* □ *tilbederblik* □ *kvindetilbeder* · *pengetilbeder*

tilbehør

SUBST. *-et*, plur. *tilbehør, -ene*

en række genstande som hører til noget bestemt = UDSTYR □ *boremaskine med alt tilbehør* · *en del af tilbehøret var i stykker* ● mad, fx grøntsager, som serveres sammen med noget andet = GARNERING □ *kokken kom med forslag til nyt tilbehør til kødretter*

tilberede

VERB. *-r, tilberedte, tilberedt*

tilberede ngt (i madlavning): gøre noget klar til at blive spist□ *tilberede middagsmaden· tilberede en steg*

tilblivelse

SUBST. *-n*

(form.): det at bringe noget til eksistens =GENESE, OPRINDELSE, SKABELSE, OPSTÅEN □ *verdens tilblivelse* □ *tilblivelseshistorie · tilblivelsesproces*

tilbringe

VERB. *-r, tilbragte, tilbragt*

tilbringe ngt {i} ngt opholde sig et bestemt sted i en periode el. bruge tiden på noget bestemt □ *han tilbragte sin ferie i udlandet· de tilbringer alle ferier på landet · de tilbragte ventetiden med at spille kort*

tilbud

SUBST. *-et* (el. *tilbuddet*), plur. *tilbud, -ene* (el. *tilbuddene*)

1. det at tilbyde en vare el. et arbejde til en bestemt pris□ *acceptere et tilbud· håndværkeren afgav et tilbud· indhente tilbud for at sammenligne priserne · ugens tilbud i supermarkedet* □ *tilbudsgiver · tilbudsvarer* □ *introduktionstilbud · specialtilbud*
2. en opfordring til at modtage en tjeneste el. hjælp □ *aftenskolen skal være et tilbud for folket · få tilbud om at rejse til USA · jeg tog imod hans tilbud om at købe ind* □ *jobtilbud*

tilbundsgående

ADJ.
/til'bundsgående/

= DYBTGÅENDE ≠ OVERFLADISK □ *tilbundsgående undersøgelser*

tilbyde

VERB. *-r, tilbød, tilbudt*

tilbyde ng ngt give nogen mulighed for at vælge om de vil modtage el. afslå noget = OFFERERE □ *han tilbød sin hjælp · forretningen tilbyder sine varer til halv pris*

tilbygning

SUBST. *-en,* plur. *-er, -erne*

en bygning der er bygget til den eksisterende bygning□ *slottet fik gennem årene flere tilbygninger*

tilbøjelig

ADJ. *-t, -e*
/til'bøjelig/

som har anlæg, lyst el. hang til noget□ *han var tilbøjelig til at få hoste· hun var tilbøjelig til at blive meget vred · hun var tilbøjelig til at opgive det hele · jeg er tilbøjelig til at give dig ret* □ *tilbøjelighed*

tilbøjelighed

SUBST. *-en,* plur. *-er, -erne*
/til'bøjelighed/

det at komme i en bestemt tilstand el. komme til at gøre el. opfatte noget på en bestemt måde = TENDENS, DISPOSITION, ANLÆG □ *have tilbøjelighed til at blive fornærmet · have kriminelle tilbøjeligheder · låsen har tilbøjelighed til at gå op*

tilbørlig

ADJ. *-t, -e*
/til'børlig/

som sømmer sig =PASSENDE □ *holde sig i tilbørlig afstand · vise ham tilbørlig respekt*

tilde

SUBST. *-n,* plur. *-r, -rne*

tegnet ~ ; bruges over nasalerede vokaler i portugisisk og over *n* i spansk: *ñ*, til angivelse af udtalen [*nj*], og bruges bl.a. også som negationstegn i logik, fx *~p*, dvs.: ikke p

tildele

VERB. *-r, tildelte, tildelt*

tildele ng ngt udvælge nogen og give dem noget bestemt = GIVE, BESKIKKE □ *rådet vedtog at tildele kunstneren en pris · hun blev tildelt et rejselegat · de fik tildelt en sum penge · hun tildelte ham en reprimande* □ *tildeling*

tildrage

VERB. *-r, tildrog, -t*

1. tildrage sig ngt = TILTRÆKKE □ *begivenheden tildrog sig almindelig opmærksomhed*
2. tildrage sig = INDTRÆFFE □ *der har tildraget sig noget ejendommeligt*

tildragelse

SUBST. *-n,* plur. *-r, -rne*

(form.): noget som sker =BEGIVENHED, HÆNDELSE □ *en beklagelig tildragelse · en mærkelig tildragelse*

tildække

VERB. *-r, -de, -t*

tildække ngt dække noget til for at beskytte el. skjule det □ *kvindernes ansigter skal være tildækkede · de kom med de tildækkede ofre på bårer* □ *tildækning*

tilegne

VERB. *-r, -de, -t*

1. tilegne ng ngt erklære at noget er lavet for at ære nogen bestemt = DEDICERE, VIE □ *han tilegnede forældrene sin første digtsamling*
2. tilegne sig ngt lære noget □ *have let ved at tilegne sig kundskaber · han fik hurtigt tilegnet sig firmaets særlige jargon · tilegne sig viden*
3. tilegne sig ngt (form.): bemægtige sig noget uretmæssigt □ *han havde tilegnet sig hele formuen*

tilegnelse

SUBST. *-n,* plur. *-r, -rne*

1. en erklæring om at fx en bog er til ære for én el. flere bestemte personer =DEDIKATION
2. det at lære noget =INDLÆRING□ *der er mange nye teorier om barnets tilegnelse af modersmålet*

tilendebringe

VERB. *-r, ~bragte, ~bragt*
/til'endebringe/

tilendebringe ngt = AFSLUTTE □ *tilendebringe en opgave · tilendebringe et arbejde* □ *tilendebringelse*

tilf.

fork. for *tilføjelse* el. *tilføjet*

tilfalde

VERB. *-r, tilfaldt, -t* (*tilfalden, tilfaldne*)

tilfalde ng komme i nogens besiddelse el. blive tildelt nogen □ *arven tilfalder den ældste søn · præmien tilfaldt hende*

tilfangetagen el. **tilfangetaget**

ADJ. *~taget, ~tagne* (el. *~tagede*)

⟨også SUBST.⟩ som er taget til fange□ *en tilfangetaget kvindelig agent tilstod at hun anbragte en bombe i flyet · de tilfangetagne fik bind for øjnene*

tilflugt

SUBST. *-en*

det at flygte fra ubehag el. fare og opholde sig et sikkert og fredeligt sted □ *under uvejret søgte de tilflugt i kælderen · de ældre festdeltagere søgte tilflugt i køkkenet fra den støjende musik · ofrene for krigen søgte tilflugt i udlandet* □ *tilflugtsrum · tilflugtssted* • **søge** el. **tage sin tilflugt til ngt** = TY TIL □ *han tog tilflugt til dårlige undskyldninger for at slippe for flere spørgsmål · de måtte søge tilflugt til den traditionelle forklaring, nemlig for få lærere pr. barn*

tilflugtsrum

SUBST. *~rummet,* plur. *~rum, ~rummene*

rum hvor man søger tilflugt under luftangreb = BESKYTTELSESRUM □ *opholde sig i et tilflugtsrum i flere døgn*

tilflugtssted

SUBST. *-et,* plur. *-er, -erne*

et sted hvor man søger ly el. beskyttelse□ *borgen blev tidligere brugt som tilflugtssted for kvinder og børn når der var optræk til krig*

tilflyde

VERB. *-r, tilflød, tilflydt*

tilflyde ng lade noget komme nogen i hænde el. for øre □ *de lod hende tilflyde ekstra bevillinger · jeg lod ham tilflyde meddelelse om min beslutning* □ *tilflydning*

tilflytter

SUBST. *-en,* plur. *-e, -ne*

en person som er flyttet til en ny egn el. by□ *han er ikke fra Samsø oprindelig, han er tilflytter · de lokale opfatter tilflytterne som et fremmedelement*

tilforladelig

ADJ. *-t, -e*
/tilfor'ladelig/

1. som man kan stole på, og som er omhyggelig = PÅLIDELIG □ *en tilforladelig metode · han virker meget tilforladelig*
2. som er ganske god =RIMELIG, ANSTÆNDIG, HÆDERLIG □ *arbejdet så ganske tilforladeligt ud*

tilforordne

VERB. *-r, -de, -t*

tilforordne ng udnævne nogen til en særlig opgave el. et hverv □ *han er tilforordnet ministe-*

riet som konsulent• han er tilforordnet til kommunevalget □ *tilforordning*

tilfreds

ADJ. - (el. *-t*), *-e*
[*te'fræs*]

som er glad, og som har fået dækket sine behov = VELTILFREDS, FORNØJET, GLAD □ *en mæt og tilfreds baby* • *et tilfreds udtryk i ansigtet* • *glad og tilfreds* • *hun er svær at stille tilfreds* □ *tilfredshed* • *tilfredsstille* • **tilfreds med ng(t)** □ *han var tilfreds med resultatet* • *være tilfreds med lidt*

tilfredsstille

VERB. *-r, -de, -t*

tilfredsstille ng(t) behage nogen ved at dække et behov, ønske el.lign. = OPFYLDE, STILLE TILFREDS □ *hun kunne ikke tilfredsstille børnenes behov* • *han er svær at stille tilfreds* • *tilfredsstille sin nysgerrighed* • *de nåede frem til en løsning som tilfredsstillede alle parter* • *et tilfredsstillende svar* □ *tilfredsstillelse*

tilfælde

SUBST. *-t*, plur. *tilfælde, -ne*

1. en bestemt omstændighed som knytter sig til et sted, en person, en begivenhed el.lign. □ *der er et tilfælde af skoldkopper i børnehaven* • *i dette tilfælde vil jeg gøre en undtagelse* • *i hendes tilfælde er der næppe mulighed for helbredelse* • *i tilfælde af aflysning får man pengene tilbage* • *jeg troede han var rejst, men det var ikke tilfældet* □ *enkelttilfælde* • *fortilfælde* • *grænsetilfælde* • *nødstilfælde* • *slagtilfælde* • *særtilfælde* • *tvivlstilfælde* • *ulykkestilfælde* • **for alle tilfældes skyld** for en sikkerheds skyld □ *for alle tilfældes skyld må vi hellere mødes en time før toget afgår* • **i hvert tilfælde** under alle omstændigheder □ *I må i hvert tilfælde komme i morgen* • *det er i hvert tilfælde forkert at slå* • **i så tilfælde** = I SÅ FALD
2. = TILFÆLDIGHED □ *de mødtes ved et rent tilfælde* • *det var hverken held eller snyd, det var et tilfælde*
3. få et tilfælde blive meget vred = GÅ OP I EN SPIDS □ *han får et tilfælde når han hører at du ikke vil komme*

tilfældig

ADJ. *-t, -e*
/*til'fældig*/

som ikke er bestemt af nogen form for vilje el. lov = VILKÅRLIG □ *han spurgte en tilfældig forbipasserende om vej* • *tænk på et tilfældigt tal mellem 1 og 10* • *et tilfældigt møde på en tilfældig vej en tilfældig dag* • *et tilfældigt sammentræf af begivenheder* • *jeg bemærkede det ganske tilfældigt* □ *tilfældighed* • *tilfældigvis*

tilfældighed

SUBST. *-en*, plur. *-er, -erne*
/*til'fældighed*/

noget som er et resultat af omstændigheder som ikke kan planlægges el. forudses = TILFÆLDE, TRÆF □ *en ren tilfældighed* • *jeg tror livet opstod ved en tilfældighed*

tilfældigvis

ADV.

udtryk for at noget sker uden det er planlagt el. kunne forudses □ *jeg kom tilfældigvis forbi* • *han havde tilfældigvis hørt at hun var i byen*

tilfælles el. **til fælles**

ADV.
/*til'fælles*/

udtryk for at ligne hinanden ved at have samme interesser el. føle gensidig sympati □ *de to venner havde ikke længere noget tilfælles* • *hans nye kæreste havde absolut intet tilfælles med hans gamle venner* • *de to udkast har flere punkter tilfælles*

tilføje

VERB. *-r, -de, -t*

1. tilføje ngt yderligere fremføre noget el. lade noget indgå i en større sammenhæng □ *hun tilføjede endnu et afsnit til artiklen* • *bygningen fik tilføjet en ekstra længe* • *jeg har ikke yderligere at tilføje* • *det skal også tilføjes at generalforsamlingen er ekstraordinært indkaldt* □ *tilføjelse*
2. tilføje ng ngt påføre nogen noget ubehageligt □ *tilføje nogen et nederlag* • *tilføje nogen et tab*

tilføjelse

SUBST. *-n*, plur. *-r, -rne*

noget som tilføjes en tekst el. yderligere fremføres = TILLÆG □ *rettelser og tilføjelser til bogen* • *en tilføjelse til andenudgaven* • *komme med en vigtig tilføjelse* • *fastholde sin udtalelse med den tilføjelse at han beklagede forløbet*

tilføre

VERB. *-r, tilførte, tilført*

tilføre ng(t) ngt forsyne nogen el. noget med noget som er påkrævet el. nyttigt □ *læreren forsøgte at tilføre kursisterne ny viden* • *tilføre markedet nye varer* • *jeg kan ikke tilføre sagen noget nyt* □ *tilføring* • *tilførsel*

tilgang

SUBST. *-en*, plur. *-e, -ene*

1. en tilstrømning af fx vand el. luft ≠ UDLØB, AFGANG □ *ventilationssystemet regulerer tilgangen af luft i lokalet* □ *tilgangsrør* • *tilgangsventil* • de mennesker der optages på et studium, i en organisation el.lign. på et givet tidspunkt ≠ AFGANG □ *den store tilgang til lægeuddannelsen* • *der er en øget tilgang af elever til gymnasiet* • *foreningen har tilgang af nye medlemmer*
2. den måde man griber et spørgsmål an på = SYNSVINKEL □ *foredragsholderen havde en spændende tilgang til emnet*

tilgift

SUBST. *-en*

1. i tilgift som noget ekstra = OVENI □ *han fik en flot gave og et stort knus i tilgift*
2. (jura): en gave der ydes i forbindelse med og som forudsætning for varekøb □ *tilgift er som hovedregel forbudt i Danmark*

tilgive

VERB. *-r, tilgav, -t* (*tilgiven, tilgivne*)

tilgive ng ngt sige el. føle at man ikke længere er vred på el. ønsker at afstraffe nogen for noget de har gjort = FORLADE, UNDSKYLDE □ *tilgiv mig at jeg opførte mig så dumt!* • *han kunne aldrig tilgive en fornærmelse* • *takket være hans charme havde man let ved at tilgive ham hans unoder* • *jeg har begået en fejl, kan du tilgive mig?* □ *tilgivelse*

tilgivelse

SUBST. *-n*

jf. *tilgive* = PARDON, FORLADELSE, SYNDSFORLADELSE, ABSOLUTION □ *få tilgivelse* • *bede om tilgivelse*

tilgjort

ADJ. - , *-e*

som ikke er naturlig = UNATURLIG □ *et tilgjort væsen*

tilgodehavende

SUBST. *-t*, plur. *-r, -rne*
/*til'godehavende*/

et beløb som andre skylder én □ *inddrive et tilgodehavende* • *min konto viser et tilgodehavende på 300 kr.* • *vort tilgodehavende hos Dem er 375 kr.* □ *tilgodehavendebevis*

tilgodese

VERB. *-r, ~så, -t*
/*til'godese*/

tilgodese ng(t) tage hensyn til nogen el. noget og forsøge at tilfredsstille fx deres behov el. krav □ *hun tilgodeså kun sine egne interesser* • *vi har tilgodeset alles krav i vores forslag* • *vi må tilgodese alle krav og behov i denne sag*

tilgroet

ADJ. - , *tilgroede*

som er dækket til med fx ukrudt og træer = FORVOKSET □ *en tilgroet sti* • *der står en faldefærdig rønne midt i en tilgroet have* • *en tilgroet jernbanestrækning*

tilgrænsende

ADJ.

som ligger umiddelbart ved siden af noget andet = TILSTØDENDE □ *den tilgrænsende grund* • *de tilgrænsende lande*

tilgængelig

ADJ. *-t, -e*
/*til'gængelig*/

som er muligt at komme frem til el. som er let at forstå el. få fat i □ *området er svært tilgængeligt* • *parken er tilgængelig for publikum* • *romanen er ikke særlig tilgængelig* • *digtsamlingen er nu tilgængelig i paperback* • *med alle tilgængelige midler* □ *lettilgængelig* • *sværttilgængelig* • *utilgængelig*

tilgå

VERB. *-r, tilgik, -et*

tilgå ng komme nogen i hænde □ *der tilgik ham meddelelse om sagens udsættelse* • *analysen vil i næste uge tilgå samtlige folketingsmedlemmer* • *oplysningerne bør tilgå forsikringsselskabet*

tilh.

fork. for *tilhørende*

tilhold

SUBST. -*et*, plur. *tilhold, -ene*

= POLITITILHOLD □ *overtræde et tilhold* · *politiet gav ham et tilhold om ikke at opsøge hende mere*

tilholdssted

SUBST. -*et*, plur. -*er, -erne*

et sted hvor man ofte er = OPHOLDSSTED □ *cafeen er klubbens faste tilholdssted* · *parken er tilholdssted for narkomaner*

tilhylle

VERB. -*r, -de, -t*

tilhylle ngt (glds.): dække noget til ved hjælp af et klæde for at skjule det □ *tilhylle sit ansigt* □ *tilhylning*

tilhænger

SUBST. -*en*, plur. -*e, -ne*

en person som følger og støtter en bestemt tro el. idé = SYMPATISØR, MENINGSFÆLLE, FAN, PROSELYT □ *markedsøkonomien har mange tilhængere i den unge generation* • **være tilhænger af ngt** tilslutte sig noget = STØTTE, BAKKE OP, GÅ IND FOR □ *de fleste sygeplejersker var tilhængere af øjeblikkeligt at gå i strejke*

tilhøre

VERB. -*r, ~hørte, ~hørt*

1. tilhøre ng være nogens ejendom □ *bogen tilhører mig* · *hun tilhører ham med hud og hår* · *jorden tilhører dem som lever af den*
2. tilhøre ng(t) udgøre en del af en helhed □ *hun tilhører en gammel adelsfamilie* · *hun tilhører gruppen af grænsepsykotiske børn* · *jakke med tilhørende hat*

tilhører

SUBST. -*en*, plur. -*e, -ne*

en person som er til stede ved og overværer noget uden selv at deltage aktivt □ *mange af tilhørerne forlod koncerten før den var forbi* · *der kom kun få tilhørere til foredraget*

tilhørsforhold

SUBST. *et*, plur. *~forhold, -ene*

det at føle at man hører til nogen el. noget □ *hun har intet tilhørsforhold til sin familie* · *de har et varmt indbyrdes tilhørsforhold* · *medarbejderne har et stærkt tilhørsforhold til deres virksomhed* · *jeg har ingen politiske tilhørsforhold*

tilintetgøre

VERB. *~gør, ~gjorde, ~gjort*
/*til'intetgøre*/

tilintetgøre ngt ødelægge nogen fuldstændigt = SØNDERKNUSE, DESTRUERE, ATOMISERE □ *stormen tilintetgjorde store bygninger* · *deres forhåbninger blev tilintetgjort* □ *tilintetgørelse*

tiljuble

VERB. -*r, -de, -t*

tiljuble ng hylde nogen ved at juble

tilkalde

VERB. -*r, tilkaldte, tilkaldt*

tilkalde ng(t) anmode nogen el. noget om at komme derhen hvor man befinder sig; ofte fordi man har brug for hjælp □ *tilkalde hjælp* · *tilkalde en taxa* · *tilkalde politiet* · *tilkalde forstærkning* · *tilkalde lægen* □ *tilkaldelse*

tilkaste

VERB. -*r, -de, -t*

1. tilkaste en grav fylde jord i en grav efter at kisten er blevet nedsænket i den □ *graverne tilkastede graven* · *de efterladte stod og så på den tilkastede grav* □ *tilkastning*
2. tilkaste ng et blik sende nogen et blik □ *hun tilkastede ham et hvast blik for at få ham til at tie stille* · *moren tilkastede faren et hastigt blik hen over bordet*

tilkende

VERB. -*r, tilkendte, tilkendt*

tilkende ng ngt afgøre at nogen skal have noget bestemt □ *retten tilkendte ham en erstatning* · *moderen fik tilkendt barnet ved skilsmissen* · *de blev tilkendt en præmie* □ *tilkendelse*

tilkendegive

VERB. -*r, ~gav, -t* (*~given, ~givne*)
/*til'kendegive*/

tilkendegive ngt give udtryk for noget i handling el. tale = UDTRYKKE, YTRE □ *han tilkendegav med et nik at jeg godt kunne gå* · *tilkendegive sin utilfredshed* □ *tilkendegivelse*

tilkendegivelse

SUBST. -*n*, plur. -*r, -rne*
/*til'kendegivelse*/

jf. *tilkendegive* □ *tilkendegivelse af bifald eller mishag frabedes*

tilknappet

ADJ. - , *tilknappede*

= RESERVERET □ *han virker meget tilknappet*

tilknytning

SUBST. -*en*, plur. -*er, -erne*

= FORBINDELSE □ *jeg har nær tilknytning til ham og hans familie* · *han ønskede at tilføje noget i tilknytning til sagen*

tilknytte

VERB. -*r, -de, -t*

tilknytte ng(t) til ng(t) skabe forbindelse mellem personer, organisationer el. andet □ *man ønskede at tilknytte nogle flere til projektet* · *de færreste er i dag tilknyttet et politisk parti* □ *tilknytning*

tilkomme

VERB. -*r, tilkom, -t* (*tilkommen, tilkomne*)

tilkomme ng tilfalde nogen med rette □ *halvdelen af fortjenesten tilkommer mig* · *hele æren tilkommer ham* · *det tilkommer ikke mig at dømme i denne sag*

tilkommende

SUBST. *en, den tilkommende*, plur. *tilkommende, de tilkommende*

(form.): den person som man skal giftes med = FORLOVEDE □ *han mødte sin tilkommende på højskolen*

tilkæmpe

VERB. -*r, -de, -t*

tilkæmpe sig ngt opnå noget gennem kamp = BEMÆGTIGE □ *det lykkedes dem at tilkæmpe sig sejren* · *hun har tilkæmpet sig en vis position* □ *tilkæmpelse*

tilkæmpet

ADJ. - , *tilkæmpede*

som kræver en indre kraftanstrengelse, og som medfører at man virker unaturlig i sin fremtoning □ *med tilkæmpet ro fortsatte han sin tale*

till.

fork. for *tillæg*

tillade

VERB. -*r, tillod, tilladt*

tillade ng ngt give lov til noget = TILSTEDE □ *det er ikke tilladt at ryge her* · *betjenten tillod dem at køre videre* □ *tilladelse* • **tillade sig ngt** tage sig den frihed at gøre noget selv om man måske ikke burde □ *det kan du simpelt hen ikke tillade dig* · *hun tillod sig en is selvom hun egentlig var på slankekur* · *hun tjener så meget at hun kan tillade sig at rejse udenlands hvert år* • **tillade ng ngt** gøre noget muligt for nogen □ *det gode vejr tillod folk at sidde udenfor* · *tiden tillader ikke et længere ophold*

tilladelse

SUBST. -*n*, plur. -*r, -rne*

lovning på at man ikke vil forhindre en bestemt handling i at finde sted = LOV □ *børnene fik forældrenes tilladelse til at tage med på cykelturen* · *indhente tilladelse hos myndighederne* · *børn under 18 år kan ikke få tilladelse til at komme ind* □ *arbejdstilladelse* · *byggetilladelse* · *indrejsetilladelse* · *opholdstilladelse* · *udrejsetilladelse*

tillempe

VERB. -*r, -de, -t*

= TILPASSE □ *du må tillempe dine krav efter forholdene* □ *tillempelse* · *tillempning*

tillid

SUBST. -*en*

tro på at man kan stole på nogen el. noget □ *have tillid til rigtigheden af en oplysning* · *i tillid til hans dygtighed betroede jeg ham opgaven* · *nyde almindelig tillid* · *pigen var fuld af tillid til de voksne* · *nære blind tillid til nogen* □ *tillidserklæring* · *tillidsfuld* · *tillidsbrud* · *tillidshverv* · *tillidskløft* · *tillidskvinde* · *tillidsmand* · *tillidsrepræsentant* · *tillidssag* · *tillidsvotum* · *tillidsvækkende* · *tillidskrise* □ *mistillid* · *selvtillid*

tillidsfuld

ADJ. -*t, -e*

som er fuld af tillid □ *et tillidsfuldt blik* · *hun er en meget tillidsfuld pige*

tillidshverv

SUBST. -*et*, plur. *~hverv, -ene*

en post man bliver valgt el. udpeget til, og som indebærer at man repræsenterer andre og tager beslutninger på deres vegne □ *formandskabet var et ulønnet tillidshverv* · *det er et tillidshverv at komme med i udvalgsarbejde*

tillidskvinde

SUBST. *-n,* plur. *-r, -rne*

en kvindelig tillidsrepræsentant = TILLIDSREPRÆSENTANT

tillidsmand

SUBST. *-en,* plur. *~mænd, ~mændene*

en mandlig tillidsrepræsentant = TILLIDSREPRÆSENTANT □ *være de ansattes tillidsmand over for ledelsen* □ *tillidsmandsmøde*

tillidsrepræsentant

SUBST. *-en,* plur. *-er, -erne*

en person som vælges af sine kolleger på en arbejdsplads til at repræsentere dem over for ledelsen i sager der vedrører arbejdsforhold = TILLIDSMAND, TILLIDSKVINDE

tillidssag

SUBST. *-en*

noget som forudsætter tillid □ *det er en tillidssag at købe en brugt bil* · *det er en tillidssag jeg pålægger dig*

tillige

ADV.
[*te'li·ə*]

(form.): = DESUDEN □ *han er inkompetent og vigtig tillige*

tilligemed

ADV.

(form.): = DESUDEN □ *han er dum og tilligemed stædig*

tilliggende[1]

SUBST. *-t,* plur. *-r, -rne*

et stykke jord der tilhører en ejendom □ *godsets 13.000 hektar store tilliggende drives fortrinsvis som skovbrug* · *ejendommens vurderingssum udregnes ikke kun af bygninger, men også af tilliggender som marker, skove, enge og parkarealer* • noget som er nært beslægtet med noget andet □ *kriminallitteraturen med tilliggender har i disse år tegnet sig for spændende og nyskabende værker og forfatterskaber* · *i dansk politik savner man det oprindelige VS og tilliggende*

tilliggende[2]

ADJ.

som ligger op ad noget andet □ *Lolland med tilliggende øer*

tillokkelse

SUBST. *-n,* plur. *-r, -rne*

noget el. nogen som virker stærkt tiltrækkende □ *stranden har stor tillokkelse for de fleste børn* · *filmstjernen er en stor tillokkelse, hun trækker folk i biografen ligegyldigt hvilken film hun spiller i*

tillukket

ADJ.

som ikke giver udtryk for sine tanker = RESERVERET, INDESLUTTET, INDADVENDT □ *hun virker meget tillukket* · *han er meget tillukket med hensyn til oplysninger om sagen*

tillykke el. **til lykke**

UDRÅBSORD

udtryk for at man lykønsker nogen □ *tillykke med fødselsdagen!* • ⟨SUBST.: *et*⟩ = LYKØNSKNING □ *tillad mig at overbringe dig et hjerteligt tillykke fra hele afdelingen* • **ønske ng tillykke** el. **sige tillykke til ng** = LYKØNSKE, GRATULERE □ *vi ønsker dig tillykke med forfremmelsen* · *der kom mange for at sige tillykke til jubilaren*

tillæg

SUBST. *tillægget,* plur. *tillæg, tillæggene*
fork. *till.*

noget som tilføjes en allerede eksisterende helhed = SUPPLEMENT, ADDENDA, TILFØJELSE □ *ordbogen indeholder et tillæg med retskrivningsregler* · *han fik et tillæg til sin løn* · *et tillæg til avisen* · *et tillæg til loven* □ *tillægsbestemmelse* · *tillægsbevilling* · *tillægsgevinst* · *tillægsmandat* · *tillægspension* □ *dyrtidstillæg* · *løntillæg* · *nattillæg* · *smudstillæg* · *stedtillæg* · *udetillæg* · *ulempetillæg*

tillægge

VERB. *-r, tillagde, tillagt*

tillægge ng(t) ngt mene at noget tilkommer el. skyldes nogen el. noget = TILSKRIVE □ *tillægge ham hele æren* · *jeg tillagde det ikke nogen betydning* □ *tillæggelse* • **tillægge ng ngt** mene at nogen er ophavsmand til en udtalelse, et skrift el.lign. □ *denne udtalelse er ofte blevet tillagt venstremanden Knud Kristensen* · *man tillagde Herman Bang forfatterskabet til denne posthumt udgivne novelle*

tillægsfald

SUBST. *-et,* plur. *~fald, -ene*

= GENITIV

tillægsform

SUBST. *-en,* plur. *-er, -erne*

= PARTICIPIUM • **nutids tillægsform** = PRÆSENS PARTICIPIUM • **datids tillægsform** = PRÆTERITUM PARTICIPIUM • **kort tillægsform** = PRÆTERITUM PARTICIPIUM • **lang tillægsform** = PRÆSENS PARTICIPIUM

tillægsord

SUBST. *-et,* plur. *~ord, -ene*

= ADJEKTIV

tillægspension

SUBST. *-en,* plur. *-er, -erne*

Arbejdsmarkedets Tillægspension en pensionsordning som sikrer lønmodtagere en pension ud over folkepensionen, og som alle lønmodtagere og arbejdsgivere betaler til; fork. *ATP*

tillært

ADJ. *-, -e*

som er tilstræbt for at virke anderledes □ *en tillært væremåde*

tilløb

SUBST. *-et,* plur. *tilløb, -ene*

1. løb før et spring for at kunne sætte kraftigere af □ *tage tilløb* · *springe uden tilløb* · *der tillades et tilløb på 10 m* · *tilløbet var for kort* □ *tilløbsbane* • **tilløb til ngt** den første begyndelse til noget □ *efter adskillige tilløb tog han sig endelig sammen til at fri* · *tilløb til uroligheder* · *ingen gjorde tilløb til at skride ind* · *hun tog tilløb til at sige sin mening*
2. en tilstrømning af væske □ *en kanal opsamler tilløbene fra de omkringliggende områder* · *søen har tilløb fra to åer* □ *tilløbskanal* • en tilstrømning af tilskuere, kunder el.lign. = SØGNING, TILSTRØMNING □ *der var stort tilløb til koncerten* · *slagsmålet samlede tilløb*

tilløbsstykke

SUBST. *-t,* plur. *-r, -rne*

noget som mange mennesker kommer for at overvære □ *udstillingen er blevet lidt af et tilløbsstykke* · *den nye færge var et tilløbsstykke da den i går blev præsenteret på Langelinie* · *vælgermødet blev et tilløbsstykke*

tilmed

ADV.

udtryk for en yderligere omstændighed som det er værd at bemærke = ENDDA, ENDOG, ENDOGSÅ, SÅGAR □ *han måtte finde sig i det og tilmed se glad ud* · *han vandt i lotteriet, og så fik han tilmed skat tilbage*

tilmelde

VERB. *-r, tilmeldte, tilmeldt*

tilmelde ng til ngt lade nogen registrere som deltager i noget = MELDE TIL □ *hvor mange har tilmeldt sig festen?* · *svømmeklubben tilmeldte fire deltagere til konkurrencen* □ *tilmelding* · *tilmeldelse*

tilmålt

ADJ. *-, -e*

som der er lidt af, og som er bestemt for el. tildelt nogen □ *deres fritid er knapt tilmålt* · *barnet fik kun morens opmærksomhed i tilmålte mængder* · *præsidenten har tilmålt bladet fyrre minutter til interviewet* • som er bestemt for el. tildelt nogen

tilnavn

SUBST. *-et,* plur. *-e, -ene*

et navn som bruges sammen med en persons rigtige navn, og som ofte hentyder til personens udseende el. væremåde □ *kong Svend havde tilnavnet Tveskæg*

tilnærmelse

SUBST. *-n,* plur. *-r, -rne*

det at to parter nærmer sig hinanden □ *der var tale om en tilnærmelse mellem de to lande* • et forsøg på at komme i kontakt med en person □ *han gjorde tilnærmelser til pigen* · *erotiske tilnærmelser* • (matematik): det at komme så nær så muligt til, fx et tal □ *brøken 22/7 er en god tilnærmelse til forholdet mellem en cirkels omkreds og dens diameter*

tilnærmelsesvis

ADV.

bruges især nægtende el. indskrænkende til at betegne at den situation, det mål m.m. der er opstillet ikke er opnået □ *man kan ikke engang tilnærmelsesvis opfylde behovet*

tilovers

ADV.
/til'overs/

som er i overskud □ *der var fem stykker tilovers* · *der er intet tilovers* · *få penge tilovers* □ *tiloversbleven* · *tiloversblevet* • **føle sig tilovers** føle sig overflødig og uden for fællesskabet • **ikke have ngt tilovers for ng** overhovedet ikke bryde sig om nogen

tilpas

ADJ. - , *tilpasse* (el. *tilpas*)
[*te'pas*]

som passer godt, fx med hensyn til størrelse, temperatur el. tid = PASSENDE, BELEJLIG, APROPOS □ *en tilpas størrelse* · *temperaturen er lige tilpas* · *suppen er tilpas varm* · *du kommer meget tilpas* • **være tilpas** el. **føle sig tilpas** have det godt □ *være tilpas i sit nye job* · *føle sig godt tilpas* · *føle sig dårligt tilpas* • **gøre ng tilpas** sørge for at nogen er tilfreds □ *han er ikke let at gøre tilpas*

tilpasse

VERB. *-r, -de, -t*

tilpasse ngt give noget en form el. et indhold så det passer sammen med noget andet = AFPASSE □ *tilpasse nøglen til den nye lås* · *det er nødvendigt at tilpasse loven til det indre marked* □ *tilpasning* • **tilpasse sig ng(t)** el. **tilpasse sig til** el. **efter ng(t)** indordne sig efter nogen el. noget □ *i begyndelsen havde hun svært ved at tilpasse sig* · *de var nødt til at lære at tilpasse sig hinanden* · *tilpasse sig efter forholdene*

tilproppe

VERB. *-r, -de, -t*

tilproppe ngt lukke noget til med en prop □ *flasken var tilproppet* □ *tilpropning*

tilredt

ADJ. - , *-e*

som er blevet beskadiget på legemet □ *han blev slemt tilredt under slagsmålet* · *være ilde tilredt*

tilrettelægge

VERB. *-r, ~lagde, ~lagt*
/til'rettelægge/

tilrettelægge ngt organisere og lægge planer for noget bestemt □ *tilrettelægge sin undervisning* · *tilrettelægge en rejse*

tilrettevise

VERB. *-r, ~viste, ~vist*
/til'rettevise/

tilrettevise ng = IRETTESÆTTE □ *tilrettevisning*

tilrettevisning

SUBST. *-en*, plur. *-er, -erne*
/til'rettevisning/

= IRETTESÆTTELSE □ *de støjende elever fik en tilrettevisning*

tilråb

SUBST. *-et*, plur. *tilråb, -ene*

et råb rettet mod en el. flere bestemte personer, fx for at opmuntre dem, udtrykke mishag el. tiltrække deres opmærksomhed □ *publikum kom med høje tilråb til spillerne* · *der lød høje tilråb nede fra salen* · *han standsede på betjentens tilråb* □ *publikumstilråb*

tilråde

VERB. *-r, -de, -t*

tilråde ng ngt (form.): råde nogen til noget = ANBEFALE □ *jeg vil tilråde dig rekreation i mindst en måned* □ *tilrådelig*

tilrådelig

ADJ. *-t, -e*
/til'rådelig/

som kan tilrådes □ *det er ikke tilrådeligt at opsætte sagen*

tilsagn

SUBST. *-et*, plur. *tilsagn, -ene*

et formelt løfte □ *give et bindende tilsagn* · *hun fik tilsagn om opholdstilladelse*

tilsammen

ADV.
[*te'samən*]

tilsammen udtryk for at flere ting danner et hele, fx et beløb □ *tilsammen med de andre indtægter bliver det en pæn sum* · *varerne koster tilsammen 100 kr.* • udtryk for at man gør noget i fællesskab □ *tilsammen kan vi udrette mere end hver for sig*

tilse

VERB. *-r, tilså, -t*

tilse ng(t) se efter nogen el. noget for at sikre sig at alt er som det skal være □ *lægen tilser patienten* · *arkitekten tilså byggeriet*

tilsidesætte

VERB. *-r, ~satte, ~sat*
/til'sidesætte/

tilsidesætte ng(t) prioritere nogen el. noget meget lavt □ *han tilsidesætter alle rimelige hensyn* · *tilsidesætte al anstændighed* · *de tilsidesatte deres egen bekvemmelighed* · *hun følte sig tilsidesat da hun fik en lillesøster* □ *tilsidesættelse*

tilsige

VERB. *-r, tilsagde, tilsagt*

1. tilsige ng til ngt give nogen officiel besked på at gøre noget = INDKALDE □ *han er tilsagt til at møde på politistationen* · *tilsige nogen til et retsmøde* □ *tilsigelse* • **tilsige ng ngt** = PÅBYDE □ *hans samvittighed tilsiger ham at handle* · *etiketten tilsagde manden at bukke for en ældre dame*
2. tilsige ng ngt (glds.): = LOVE □ *jeg tilsiger dig min fulde støtte* · *tilsige nogen syndernes forladelse*

tilsigelse

SUBST. *-n*, plur. *-r, -rne*

en skriftlig indkaldelse til et møde, forhør el.lign. □ *han fik en tilsigelse fra politiet*

tilsigte

VERB. *-r, -de, -t*

tilsigte ngt have et bestemt formål med noget = HAVE TIL HENSIGT, TILSTRÆBE, INTENDERE □ *med dette forslag tilsigter vi en hurtig reduktion af arbejdsløsheden* · *hans uforskammethed var vist ikke tilsigtet* · *behandlingen havde ikke den tilsigtede virkning*

tilsikre

VERB. *-r, -de, -t*

tilsikre ng ngt give nogen et løfte om noget = LOVE □ *man tilsikrede vidnerne i voldssagen fuld anonymitet*

tilskikkelse

SUBST. *-n*, plur. *-r, -rne*

en hændelse som er bestemt af en højere magt = SKÆBNE □ *han accepterede sin skæbne som man accepterer vejrets og naturens uundgåelige tilskikkelser* · *han tog det som en af livets tilskikkelser*

tilskrive

VERB. *-r, tilskrev, tilskrevet* (*tilskreven, tilskrevne*)

1. tilskrive ngt ngt begrunde noget med noget andet □ *jeg tilskrev det varmen at han var så rød i hovedet* □ *tilskrivning* · *tilskrivelse*
2. tilskrive ng ngt mene at nogen har en bestemt kvalitet el. egenskab = TILLÆGGE □ *man tilskrev ham en vis robust charme*
3. tilskrive ng ngt (form.): meddele nogen noget skriftligt = SKRIVE TIL □ *ministeriet tilskrev kommunen at gårdrydningsplanen var i strid med byggezoneloven*
4. tilskrive ngt = TILFØJE □ *han havde tilskrevet bemærkninger i margenen* · *tilskrive renter*

tilskud

SUBST. *tilskuddet*, plur. *tilskud, tilskuddene*

ekstra mængde af noget □ *tilskud af vitaminer* □ *kosttilskud* · *proteintilskud* · *vitamintilskud* • en ydelse, som regel penge, som indgår i en større pulje □ *han fik et tilskud af sin fader til rejsen* · *få 30% i kommunalt tilskud* · *bevilge et tilskud til institutionen* □ *tilskudsydelse* □ *bloktilskud* · *børnetilskud* · *kapitaltilskud* · *statstilskud*

tilskuer

SUBST. *-en*, plur. *-e, -ne*

en person der overværer noget uden selv at tage del i det □ *tilskuerne var begejstrede* · *20.000 tilskuere så landsholdets sejr over Sverige* · *være tilskuer til det politiske liv* · *være tilskuer til en dramatisk redningsaktion* · *en flok skuffede tilskuere* · *trafikuheldet tiltrak mange nysgerrige tilskuere* □ *tilskuerantal* · *tilskuerbænk* · *tilskuerplads*

tilskynde

VERB. *-r, -de, -t*

tilskynde ng få nogen til at handle på en bestemt måde gennem sine ord, sine handlinger el. sit forbillede = ANSPORE, MOTIVERE, OPFORDRE, OPMUNTRE □ *han tilskyndede mig til at gå* □ *tilskyndelse*

tilskyndelse

SUBST. *-n*, plur. *-r, -rne*

det at tilskynde nogen til noget el. blive tilskyndet til noget = SPORE, MOTIVATION, INCITAMENT, STIMULUS □ *han følte en indre tilskyndelse til at skrige højt* · *han handlede på kollegernes tilskyndelse*

tilskærer

SUBST. *-en,* plur. *-e, -ne*

en person der tager mål og klipper stof, fx på en konfektionsfabrik□ *tilskærersaks*

tilskøde

VERB. *-r, -de, -t*

tilskøde ng ngt give nogen skøde på fast ejendom □ *enken tilskødede gården til den ældste søn* □ *tilskødning*

tilslutning

SUBST. *-en,* plur. *-er, -erne*

jf. *tilslutte* □ *tilslutning af en maskine* • *jeg giver forslaget min tilslutning* • *Danmarks tilslutning til den Europæiske Union* • stor almen deltagelse □ *mødet havde stor tilslutning*

tilslutte

VERB. *-r, -de, -t*

1. tilslutte ngt sætte strøm til noget ved at slutte det til et kredsløb ≠ AFBRYDE □ *tilslutte strøm* • *tilslutte en maskine* □ *tilslutning*

2. tilslutte sig ng(t) blive en del af en gruppe el. gå ind og støtte andres ideer, forslag, politik el.lign. □ *de tilsluttede sig selskabet* • *jeg tilslutter mig forslaget* • *han tilsluttede sig partiet* □ *tilslutning*

tilsløre

VERB. *-r, -de, -t*

tilsløre ngt skjule især ansigtet ved hjælp af et slør□ *ifølge gammel islamisk skik skal en kvinde tilsløre sig når hun når den kønsmodne alder* • *med tilsløret ansigt*

tilsmile

VERB. *-r, -de* (el. *tilsmilte*), *-t* (el. *tilsmilt*)

tilsmile ng have heldet med sig□ *lykken tilsmilede ham sjældent* • *de blev tilsmilet af lykken da de fandt hinanden* □ *tilsmiling*

tilsnigelse

SUBST. *-n,* plur. *-r, -rne*

et uholdbart argument på et utilstrækkeligt grundlag □ *gøre sig skyldig i en tilsnigelse* • *hans påstand er en tilsnigelse*

tilsnit

SUBST. *tilsnittet*

en samling af de karakteristiske egenskaber ved noget □ *uniformerne fik et mere civilt tilsnit* • *modebutikker af vestlig tilsnit* • *en bog af pornografisk tilsnit*

tilspidse

VERB. *-r, -de, -t*

blive alvorligere og sværere at løse =SPIDSE TIL □ *konflikten tilspidsedes* • *en tilspidset situation* □ *tilspidsning*

tilspørge

VERB. *-r, tilspurgte, tilspurgt*

tilspørge ng (formelt): spørge nogen om noget; især brugt af præster under bryllupsritualet□ *så tilspørger jeg dig, Jens Peder Hansen: 'vil du ægte Lise Petersen som ved din side står?'*

tilstand

SUBST. *-en,* plur. *-e, -ene*

den situation som nogen el. noget befinder sig i = SITUATION, FORHOLD, FORFATNING □ *i flydende tilstand* • *3 af uheldene kan henføres til vejenes tilstand* • *køre bil i beruset tilstand* • *i opvarmet tilstand* • *i vågen tilstand* • *hans tilstand er kritisk* • *befinde sig i en tilstand af frygt* • *prøve at forbedre tingenes tilstand* □ *betændelsestilstand* • *choktilstand* • *driftstilstand* • *helbredstilstand* • *sindstilstand* • *sundhedstilstand*

tilstandsform

SUBST. *-en,* plur. *-er, -erne*

en fysisk tilstand som et stof kan antage, dvs. fast form, flydende form el. gasform □ *de tre tilstandsformer* • *væske er en tilstandsform hvor stoffet har et bestemt rumfang, men ikke en bestemt form* • *de fleste stoffer kan forekomme i alle tilstandsformer, afhængig af temperatur og tryk* • *kviksølvs normale tilstandsform er flydende*

tilstede

VERB. *-r, -de* (el. *tilstedte*), *-t* (el. *tilstedt*)

tilstede ng ngt (glds., form.): give nogen lov til noget = TILLADE □ *han tilstedes adgang* • *det tilstedes ham at besøge hende*

tilstedeværelse

SUBST. *-n*

/til'stedeværelse/

det at være til stede = NÆRVÆRELSE, NÆRVÆR ≠ FRAVÆR □ *hans tilstedeværelse krævedes* • *tilstedeværelsen af de mange mennesker generede ham ikke*

tilstedeværende

ADJ.

/til'stedeværende/

⟨også SUBST.⟩ som er til stede ≠ FRAVÆRENDE □ *den tilstedeværende forsamling* • *de tilstedeværende morede sig godt*

tilstille

VERB. *-r, -de, -t*

tilstille ng ngt (form.): stile noget til nogen og bringe det hen til dem = SENDE □ *svaret bedes tilstillet ministeriet inden udgangen af denne måned* □ *tilstillelse*

tilstoppe

VERB. *-r, -de, -t*

tilstoppe ngt lukke noget □ *en tilstoppet skorsten* • *min næse er helt tilstoppet* • *cremen virker rensende på tilstoppede porer* □ *tilstopning*

tilstræbe

VERB. *-r, tilstræbte, tilstræbt*

tilstræbe ngt anstrenge sig for at opnå et bestemt resultat □ *vi tilstræber at blive færdig med opgaven i løbet af en uge*

tilstrækkelig

ADJ. *-t, -e*

/til'strækkelig/

som har et omfang som svarer til hvad der i en konkret sammenhæng kræves, ønskes el. behøves =NOK, SUFFICIENT, NOKSOM□ *have tilstrækkeligt med penge* • *det er fuldt ud tilstrækkeligt* • *vi er tilstrækkelig mange til at kunne klare det* □ *selvtilstrækkelig* • *utilstrækkelig*

tilstrømning

SUBST. *-en,* plur. *-er, -erne*

1. det at en væske strømmer hen til et bestemt sted = TILLØB □ *tilstrømning af forurenet vand til åen*

2. det at mange mennesker pludselig indfinder sig på samme tidspunkt på samme sted =TILLØB, SØGNING □ *tilstrømningen til koncerten var stor* • *en stor tilstrømning af flygtninge til landet*

tilstundende

ADJ.

(glds.): som nærmer sig =SNARLIG □ *den tilstundende vinter*

tilstøde

VERB. *-r, tilstødte, tilstødt*

tilstøde ng ngt ske noget med nogen =STØDE TIL □ *tænk hvis der skulle tilstøde dem en ulykke*

tilstødende

ADJ.

som ligger umiddelbart ved siden af noget andet = TILGRÆNSENDE □ *det tilstødende værelse*

tilstå

VERB. *-r, tilstod, -et*

1. tilstå ngt erklære sig skyldig i en fejlagtig el. kriminel handling =INDRØMME, BEKENDE, ERKENDE, VEDGÅ, VEDKENDE □ *manden har tilstået at han var med til røveriet* • *jeg tilstår villigt min ubetænksomhed* □ *tilståelse* • **tilstå ngt** indse og åbent erklære noget = INDRØMME, ERKENDE, MEDGIVE □ *jeg må tilstå at jeg ikke helt forstår hvad sagen drejer sig om*

2. tilstå ng ngt give nogen noget efter anmodning =BEVILGE □ *hun tilstod ham allernådigst et kys* • *banken har tilstået mig kredit* • *prinsen tilstod pressen et interview i anledning af forlovelsen* □ *tilståelse*

tilståelse

SUBST. *-n,* plur. *-r, -rne*

1. en erklæring om at man er skyldig i en fejlagtig el. kriminel handling; især efter at man er blevet anholdt og anklaget for noget =BEKENDELSE □ *den anholdte afgav fuld tilståelse* • *aftvinge nogen en tilståelse* • *tilståelsen faldt straks* • *trække en tilståelse tilbage* • *aflægge tilståelse om en forbrydelse*

2. det at tilstå nogen noget□ *tilståelse af længere ferie*

tilståelsessag

SUBST. *-en,* plur. *-er, -erne*

en retssag hvori den sigtede har afgivet tilståelse, og hvor det derfor ikke er skyldsspørgsmålet, men straffens art og omfang der skal afgøres□ *retssagen forventes at afgøres som en tilståelsessag* • *sagen blev ført som en tilståelsessag*

tilsv.

fork. for *tilsvarende*

tilsvarende

ADJ.
fork. *tilsv.*

1. som omtrent kan sidestilles med noget andet = ANALOG □ *en tilsvarende ulykke fandt sted i Slagelse sidste år · de søgte en korrespondent i tysk eller en person med tilsvarende kvalifikationer*
2. som passer til noget andet □ *hue med tilsvarende halstørklæde*

tilsynekomst

SUBST. *-en,* plur. *-er, -erne*
/til'synekomst/

det at komme til syne = FREMKOMST □ *politiets tilsynekomst fik røverne til at stikke af*

tilsyneladende

ADJ.
[te'sy·nəla'ðənə]

som ser ud til at være el. forholde sig på en bestemt måde selv om det ikke nødvendigvis er sådan = ØJENSYNLIG □ *hans selvsikkerhed er vist kun tilsyneladende · det går tilsyneladende godt · hun var tilsyneladende i godt humør*

tilsynsførende

ADJ.

en person som holder opsyn og sikrer at alt foregår efter forskrifterne = TILSYNSHAVENDE □ *han er tilsynsførende ved eksamen · tilsynsførende ved hjemmeplejen · som fører tilsyn med noget*

tilsæt

SUBST. *et*

= TAB □ *det var det rene tilsæt*

tilsætning

SUBST. *-en,* plur. *-er, -erne*

1. et stof der tilsættes et andet for at fremkalde en bestemt virkning = IBLANDING, TILSÆTNINGSSTOF, ADDITIV □ *kaffe med tilsætning · tilsætning af farvestof i madvarer · være uden tilsætning af kunstig farve* □ *tilsætningsstof*
2. et tab af en fortjeneste □ *æggesalget var den rene tilsætning*

tilsætningsstof

SUBST. *~stoffet,* plur. *~stoffer, ~stofferne*

et stof der tilsættes et andet i små mængder; især om kunstigt fremstillet kemisk stof som tilsættes madvarer for at forlænge deres holdbarhed el. ændre deres farve, konsistens el. smag = ADDITIV, TILSÆTNING □ *et tilsætningsstof der er godkendt af Levnedsmiddelstyrelsen* □ *smagstilsætningsstof*

tilsætte

VERB. *-r, tilsatte, tilsat*

tilsætte ngt blande noget i noget andet □ *tilsætte klor til vandet · tilsætte dejen salt · tilsat B-vitaminer · vand og krydderier tilsættes og suppen småkoger i 20 minutter* □ *tilsætning*

tilså

VERB. *-r, -ede, -et*

tilså ngt så i et helt område □ *tilså en mark med hvede · det tilsåede stykke* □ *tilsåning*

tiltag

SUBST. *-et,* plur. *tiltag, -ene*

en handling som sætter noget i gang = INITIATIV □ *vi har gjort mange tiltag for at dæmme op for arbejdsløsheden · et nyt politisk tiltag* □ *mødetiltag*

tiltage

VERB. *-r, tiltog, -t (tiltagen, tiltagne)*

1. forøges med hensyn til omfang, mængde el. grad = VOKSE, STIGE ≠ MINDSKE, FALDE □ *den gravide mave tiltager i størrelse uge for uge · befolkningstallet tiltager år for år · larmen tiltager kraftigt · stormen tiltager i styrke*
2. tiltage sig magten el. **retten til ngt** tage magten el. retten til noget

tiltagende

ADJ.

som vokser i styrke el. omfang ≠ AFTAGENDE □ *vinden var tiltagende · hendes indflydelse er tiltagende · tiltagende udvikling* • som gradvist bliver mere synlig (om månen): = NY ≠ AFTAGENDE, NÆ □ *Månen er i tiltagende · tiltagende måne*

tiltale[1]

SUBST. *-n,* plur. *-r, -rne*

1. en påtale hvor en person stilles for retten som påstået gerningsmand til forbrydelse; iværksættes ved udfærdigelsen af et anklageskrift □ *frafalde en tiltale · rejse tiltale mod nogen · være under tiltale* □ *tiltalebegrænsning · tiltalefrafald · tiltalerejsning* • **slippe for videre tiltale** slippe for at blive beskyldt for noget = BESKYLDNING
2. det at tale til nogen □ *direkte tiltale · i tiltale bruges dels 'du', dels 'De'* □ *tiltaleform*
3. svar på tiltale skarpt direkte svar □ *få svar på tiltale*

tiltale[2]

VERB. *-r, tiltalte, tiltalt*

1. tiltale ng det at rejse en tiltale mod nogen □ *den tiltalte svarede ikke på dommerens spørgsmål · tiltale nogen for drab*
2. tiltale ng tale til nogen □ *tiltale en fremmed dame på gaden*
3. tiltale ng virke positivt på nogen = APPELLERE □ *det tiltaler mig ikke at skulle rejse hjem · en tiltalende person · et tiltalende forslag · farven tiltaler mig*

tiltalefrafald

SUBST. *-et,* plur. *~frafald, -ene*

udtryk for at man undlader at rejse tiltale i en retssag = PÅTALEFRAFALD, ABOLITION

tiltalerejsning

SUBST. *-en,* plur. *-er, -erne*

det at man rejser tiltale i en retssag

tiltro[1]

SUBST. *-en*

= TILLID □ *have tiltro til nogen · misbruge nogens tiltro til én · nære tiltro til nogen · vælgerne har ikke tiltro til at politikerne kan løse problemet*

tiltro[2]

VERB. *-r, -ede, -et*

tiltro ng ngt mene noget bestemt om en person = TRO OM, TILTÆNKE □ *man kunne tiltro ham det værste · jeg tiltror hende efterhånden alt, sådan som hun har opført sig*

tiltræde

VERB. *-r, tiltrådte, tiltrådt*

1. tiltræde ngt påbegynde en virksomhed el. indtræde i et nyt forhold; især om at starte på et nyt arbejde □ *han tiltrådte den nye stilling i går · regeringen tiltrådte officielt i dag · tiltræde et embede · tiltræde en arv* □ *tiltrædelse · tiltræden*
2. tiltræde ngt (form.): udtrykke sin enighed i en sag = TILSLUTTE SIG □ *jeg kan kun tiltræde Deres mening · tiltræde et forslag* □ *tiltrædelse*

tiltrække

VERB. *-r, tiltrak, tiltrukket (tiltrukken, tiltrukne)*

1. tiltrække ngt få noget til at bevæge sig hen imod sig uden at røre det, fx ved hjælp af magnetisme ≠ FRASTØDE □ *vand tiltrækker lynet · en positiv magnetpol tiltrækker en negativ · marmeladen tiltrækker hvepse* □ *tiltrækning*
2. tiltrække ng få mange til at komme el. interessere sig for noget = TILDRAGE □ *larmen tiltrak folk · det varme klima tiltrækker mange turister · miljøspørgsmål tiltrækker sig stigende opmærksomhed* □ *tiltrækning* • **tiltrække ng** have en tillokkende el. fascinerende indflydelse på nogen □ *hun føler sig især tiltrukket af høje, bredskuldrede mænd · hendes gode humør tiltrækker mange* □ *tiltrækkende*

tiltrækkende

SUBST.

= ATTRAKTIV □ *hun var en meget tiltrækkende kvinde · det var en tiltrækkende kontrakt*

tiltrækningskraft

SUBST. *-en*

1. (fysik): den egenskab ved enhver masse at den tiltrækker andre masser = GRAVITATION □ *tiltrækningskraften mellem to legemer · Jordens tiltrækningskraft*
2. evnen til at tiltrække opmærksomhed = APPEAL □ *tv er et medium med voldsom tiltrækningskraft · hun har en utrolig tiltrækningskraft*

tiltrådte

VERB.

bøjningsform af *tiltræde*

tiltuske

VERB. *-r, -de, -t*

tiltuske sig ngt skaffe sig noget ved uofficiel byttehandel el. gennem uofficielle kanaler el. aftaler □ *tiltuskede sig rav for glasperler · hun fik tiltusket sig to billetter til premieren* □ *tiltuskning*

tiltvinge

VERB. *-r, tiltvang, tiltvunget (tiltvungen, tiltvungne)*

tiltvinge sig ngt uretmæssigt skaffe sig adgang til noget □ *tiltvinge sig adgang til huset · han ville tiltvinge sig en arv efter sin mor på*

40.000 kr. · *det lykkedes manden at tiltvinge sig samleje med den 38-årige kvinde* · *de forsøger at tiltvinge sig magten*

tiltænke

VERB. *-r, tiltænkte, tiltænkt*

tiltænke ng ngt bestemme at nogen skal have noget □ *han tiltænkte hende en stor rolle* · *vi har tiltænkt dig en særlig opgave* · *det skud var tiltænkt en anden*

tilvalg

SUBST. *-et,* plur. *tilvalg, -ene*

en mulighed som en studerende har for at vælge kurser ud over de obligatoriske fag ● = TILVALGSFAG

tilvant

ADJ. *- , -e*

(glds.): som man har vænnet sig til

tilvejebringe

VERB. *-r, ~bragte, ~bragt*
/til'vejebringe/

tilvejebringe ngt = FREMSKAFFE □ *tilvejebringe midlerne til byggeriet* · *tilvejebringe beviser* · *tilvejebringe oplysninger* · *direktørskiftet har ikke tilvejebragt nogen større ændringer* □ *tilvejebringelse*

tilvirke

VERB. *-r, -de, -t*

tilvirke ngt (glds.): lave et produkt = FREMSTILLE □ *tilvirke nye tekstilstoffer* □ *tilvirkning*

tilvækst

SUBST. *-en*

= STIGNING □ *dette års tilvækst til bibliotekets bogbestand er ret stor* · *der er øget tilvækst af medlemmer til partiet* □ *befolkningstilvækst*

tilværelse

SUBST. *-n,* plur. *-r, -rne*

et bestemt liv el. en bestemt persons liv □ *hendes tilværelse lyder ikke særlig spændende* · *han fører en hemmelig tilværelse* · *begynde en ny tilværelse i udlandet* · *han lever en beskyttet tilværelse*

timbale

SUBST. *-n,* plur. *-r, -rne*
[tem'ba·lə el. *tam'bal]*

1. en metaltromme med skind foroven og åben bund; spilles med trommestikker
2. en finere farsret kogt i vandbad i en høj form med lige sider

timbre

SUBST. *-n*
['ta·ŋbrɔ]

= KLANGFARVE

time[1]

SUBST. *-n,* plur. *-r, -rne*

1. et tidsrum på 60 minutter svarende til 1/24 af et døgn; fork. *t* el. *h* □ *jeg ventede en time* · *det varede en halv time* · *han kørte 80 km i timen* · *uret slår hver hele time* · *otte timers arbejdsdag* · *hun blev smidt ud med en times varsel* □ *timeafgang* · *timebetaling* · *timebillet* · *timeglas* · *timelang* · *timeløn* · *timenyheder* · *timeseddel* · *timeslag* · *timevis* · *timeviser* □ *arbejdstime* · *kilowatttime* · *klokketime* · *mandetime* · *overtime* ● **om {en} time** en time fra nu □ *gæsterne kommer om en time* · *færgen sejler om tre timer* ● **på {en} time** afsluttet i løbet af en time □ *fotoforretningen fremkalder film på en time* ● **i timen** i løbet af hver time el. for hver periode på en time □ *han kørte 140 km i timen* · *det koster 60 kr. i timen at leje en robåd*
2. en periode med undervisning = LEKTION □ *han giver timer i spansk* · *vi skal have to timer engelsk* · □ *timelærer* · *timeplan* · *timetal* □ *badmintontime* · *byrdetime* · *dansktime* · *dobbelttime* · *fritime* · *konfrontationstime* · *skoletime* · *spørgetime*
3. et ubestemt tidsrum = STUND □ *vi havde mange gode timer sammen* · *efter den dag havde han ikke en glad time* · *jeg kan komme hvad time det skal være* □ *dagtime* · *hyrdetime* · *middagstime* · *morgentime* · *nattetime* · *skumringstime*
4. et betydningsfuldt tidspunkt □ *jeg troede min sidste time var kommet* · *afskedens time nærmede sig* · *nu var det sandhedens time* □ *afskedstime* · *dødstime* · *skæbnetime*
5. i forsk. forb. ● **den blå time** (poet.): tiden fra det begynder at blive mørkt om aftenen til det er så mørkt at man skal tænde lys = SKUMRINGSTIMEN ● **en stiv time** en fuld time □ *han ventede en stiv time* ● **i ellevte time** i sidst mulige øjeblik □ *han nåede det, men det var i ellevte time* ● **sove i timen** være uopmærksom □ *hvis du ikke ved det, så er det vist fordi du har sovet i timen* ● **ud på de små timer** efter midnat □ *de spillede kort til ud på de små timer*

time[2]

VERB. *-r, -de, -t*
['tajmə]

1. time ngt vælge det rette tidspunkt □ *det hele var timet og tilrettelagt* · *din entre er dårligt timet* □ *timing*
2. time ngt tage tid på noget el. måle noget op i tidsafsnit, fx en sportspræstation el. en filmoversættelse el. et fjernsynsprogram □ *svømmekonkurrencens times i hundrededele sekunder* · *programmet skal times inden jeg kan gøre det helt færdigt* □ *timing*

timecharter

SUBST. *et*
['tajmsja·dɔ]

en fragtaftale hvor en befragter får stillet et skib til rådighed i et vist tidsrum og i denne periode selv kan bestemme hvilke rejser fartøjet skal foretage = TIDSBEFRAGTNING

timeglas

SUBST. *~glasset,* plur. *~glas, ~glassene*

en tidsmåler der består af en glasbeholder som er indsnævret på midten, og som indeholder sand der i løbet af et bestemt tidsrum kan løbe fra øverste del til den nederste □ *vende timeglasset*

timelig

ADJ. *-t, -e*

(form.): som har med livet på jorden at gøre = VERDSLIG, JORDISK, DENNESIDIG ≠ EVIG □ *han interesserer sig mest for det timelige*

timelærer

SUBST. *-en,* plur. *-e, -ne*

en skolelærer der ikke er fastansat

timeløn

SUBST. *~lønnen*

løn for én times arbejde □ *en timeløn på 100 kr.* · *hun arbejder på timeløn*

timemanager ®

SUBST. *-en,* plur. *-e, -ne*
['tajmmanidjɔ]

= PLANLÆGNINGSKALENDER □ *en forretningsmand med attachétaske og timemanager* · *leve sit liv efter en timemanager*

times

VERB. *times, timedes, timedes*

times ng (form.): ske for nogen = OVERGÅ, HÆNDE FOR, VEDERFARES □ *skulle det virkelig times mig at blive den bedste?* · *noget lykkeligere var aldrig timedes ham*

timeshare

SUBST. *-n*
['tajmsjär]

det at flere har brugsret til noget i aftalte perioder, fx brugsret til en arbejdskraft, til maskineri el. til en ferielejlighed □ *timeshare af arbejdskraft* · *sælge lejligheder på timeshare* □ *timeshareandel* · *timesharebasis* · *timesharebolig* · *timeshareejer* · *timesharekontrakt* · *timesharelejlighed* · *timesharevirksomhed* ● ⟨plur. *-s, -ne*⟩ en andel i et timeshareforetagende □ *købe en timeshare* · *salg af timeshares* · *prisen er 25.000 kr. pr. timeshare*

timetal

SUBST. *~tallet,* plur. *~tal, ~tallene*

det antal timer noget varer, fx en arbejds- el. skoleuge □ *læreren havde fuldt timetal* · *der er mange småbørnsforældre der ønsker at gå ned i timetal* · *specialundervisningstimerne har ikke kunnet opveje skaderne ved det reducerede timetal*

timetervippe

SUBST. *-n,* plur. *-r, -rne*

en vippe til udspring fra ti meters højde □ *springe fra timetervippen*

timevis

ADJ. *-* (el. *-t*), *-e*

i timevis i flere timer □ *hun kan fortælle i timevis*

timian

SUBST. *-en,* plur. *-er* (el. *timian*), *-erne* (el. *-ene*)

et krydderi af planten timian ● en lav, busket plante med små ægformede blade; latinsk navn *Thymus* □ *timiankvist*

timing

SUBST. *-en*
['tajmeŋ]

udtryk for det at vælge el. have sans for at vælge præcis det rette tidspunkt for en handling □ *investeringen gik galt på grund af dårlig timing* · *han har en dårlig timing*

timoroso

ADV.
/timo'roso/

udtryk for at et musikstykke fremføres ængsteligt, tøvende

tin

SUBST. *tinnet*

et blødt, sølvhvidt el. gråt metallisk grundstof som fx bruges til lodning, overtrækning af jern og til legeringer, fx i konservesdåser; atomtegn *Sn* □ *tinfad* · *tinpest* · *tinsoldat* · *tintallerken* □ *loddetin*

tinde

SUBST. *-n,* plur. *-r, -rne*

1. bjergspids □ *Himalayas tinder* □ *bjergtinde*
2. = HØJDEPUNKT □ *han stod på magtens tinde* · *berømmelsens tinde*

tinding

SUBST. *-en,* plur. *-er, -erne*

hver af de flade områder på siden af hovedet ved panden □ *han blev ramt af et slag i tindingen* · *hun masserede tindingerne for hovedpine* □ *tindingeben* • **få grå tindinger** blive gråhåret ved tindingerne □ *han har fået grå tindinger inden for de sidste par år*

tindre

VERB. *-r, -de, -t*

udsende kraftigt gennemskærende lys fra fx krystaller = FUNKLE, LYNE, LYSE □ *over hans hoved tindrede stjernerne* □ *tindren*

tindrende

ADV.

i meget stærk grad □ *han er tindrende gal* · *jeg er tindrende ligeglad*

ting[1]

SUBST. *-en,* plur. *ting, -ene*

en afgrænset fysisk størrelse som man kan berøre, holde el. flytte = GENSTAND, TINGEST □ *der stod en masse gamle ting på loftet* · *møbler er kun døde ting* · *vi har købt en lille ting til dig* · *alle hans ting lå på gulvet* □ *tingsfikseret* · *tingslig* □ *småting* • noget som udgør en abstrakt sammenhængende helhed, fx et begreb, en handling el. en begivenhed = SAG, FORHOLD □ *jeg har tre ting at indvende* · *nu skal jeg sige dig en ting* · *kalde tingene ved deres rette navn* · *én ting ad gangen* · *hver ting til sin tid* · *selvkritik er en god ting* · *religion og moral er to forskellige ting* · *der er ikke den ting han ikke ville gøre for penge* · *han havde udrettet store ting i sit liv* □ *biting* · *mellemting* • **kunne sine ting** være god til sit arbejde el. et fag □ *han kunne sine ting til fingerspidserne* • **ting og sager** alle mulige forskellige ting • **tingenes tilstand** den måde som tilværelsen er indrettet på □ *hun ville ikke affinde sig med tingenes tilstand*

ting[2]

SUBST. *-et,* plur. *ting, -ene*

1. en lovgivende forsamling, fx det danske Folketing □ *der er møde i tinget* · *vor mand på tinge* · *det høje ting* □ *alting* · *folketing* · *lagting* · *landsting*
2. (hist.): en lokal forsamling af befolkningen til offentlig rådslagning og afgørelse af retssager □ *tingsted*

tingbog

SUBST. *-en,* plur. *~bøger, ~bøgerne*

hver af de bøger i de enkelte retskredse hvori tinglysninger af ejendomme registreres; efter indførelsen af EDB-tinglysning føres tingbøger ikke længere □ *Danmarks gamle tingbøger er erstattet af en elektronisk tingbog* □ *tingbogsattest* · *tingbogsoplysning*

tingbogsattest

SUBST. *-en,* plur. *-er, -erne*

en udskrift el. en fotokopi fra tingbogen om en ejendom □ *salgsopstillingen skal have vedhæftet en tingbogsattest*

tinge

VERB. *-r, -de, -t*

tinge om ngt forhandle om noget, især om størrelsen af en pris = PRUTTE, SJAKRE, KØBSLÅ □ *han tingede med taxachaufføren om prisen på turen* □ *tingen*

tingeltangel

SUBST. *-et* (el. *tingeltanglet*)
/tingel'tangel/

(neds.): ting af dårlig kvalitet el. små unyttige ting som giver en raslende lyd; det kan fx være smykker = RAGELSE □ *stensmykker er mere rustikke end det tingeltangel man køber hos guldsmeden* · *rocksangeren havde en masse tingeltangel hængende om halsen og håndleddene* · *på markedet sælges en masse religiøst tingeltangel*

tingest

SUBST. *-en,* plur. *-er, -erne*

en mindre ting hvis navn man ikke kender = DIMS □ *hvad er det for en tingest?*

tinghus

SUBST. *-et,* plur. *-e, -ene*

en retsbygning; ofte om en retsbygning uden for København

tinglyse

VERB. *-r, ~lyste, ~lyst*

tinglyse ngt registrere og offentliggøre rettigheder, især over fast ejendom □ *tinglyse en grund* · *skødet er tinglyst* · *tinglyse et pantebrev* □ *tinglysning*

tingsted

SUBST. *-et,* plur. *-er, -erne*

1. (hist.): et sted i det fri hvor der blev afholdt *ting*; bestod af sten der var placeret i en cirkel på en central plads i en by
2. (jura): det sted hvor retten afholder sine møder = RETSBYGNING

tinnitus

SUBST.
['tin'itus]

en ørelidelse der opleves som en konstant ringen, brummen el. susen for ørerne = ØRESUSEN

tinte

SUBST. *-n,* plur. *-r, -rne*

en bændelorm på et tidligt stadium i sin udvikling □ *tintestadium* □ *oksetinte* · *svinetinte* • en byldlignende dannelse i svinekød bestående af bændelorm på tintestadiet

tip[1]

SUBST. *tippen,* plur. *tipper, tipperne*

den yderste ende af noget aflangt el. fremspringende = SPIDS □ *haletip* · *næsetip*

tip[2] el. tips

SUBST. *tippet,* plur. *tip, tippene*
(tips: *-et,* plur. *tips, -ene*)

1. et begrundet gæt □ *mit tip er at det bliver tvillinger*
2. en fortrolig oplysning som kan være til nytte = STALDFIDUS □ *politiet fik et tip om røveriet*

tipi

SUBST. *-en,* plur. *-er, -erne*

et kegleformet telt af lange rafter beklædt med huder el. bark; anvendt af nordamerikanske indianere, især prærieindianere ≠ WIGWAM

tipoldebarn

SUBST. *-et,* plur. *~oldebørn, ~oldebørnene*

et barn af ens oldebarn

tipoldefar el. tipoldefader

SUBST. *-en,* plur. *~fædre, ~fædrene*

far til ens oldefar □ *tiptipoldefar*

tipoldeforældre

SUBST.PLUR. *-ne*

forældrene til ens oldeforældre

tipoldemor el. tipoldemoder

SUBST. *-en,* plur. *~mødre, ~mødrene*

mor til ens oldemor □ *tiptipoldemor*

tippe

VERB. *-r, -de, -t*

1. udfylde og betale for en tipskupon □ *hun tipper hver uge* □ *tipning* □ *undertippe* • **tippe ngt** gætte på udfaldet af noget □ *jeg tipper at det danske hold vinder* • **tippe ng som ngt** □ *jeg tipper ham som favorit til formandsposten*
2. komme ud af balance og vælte □ *pas på at trækvognen ikke tipper, så børnene falder ud* · *vognen tippede over* □ *tipning* · *tippelad* • **tippe ngt** vippe fx et lad el. en beholder i en skrå vinkel hvorved indholdet hældes ud = VÆLTE □ *tippe trillebøren* · *han tippede jorden af vognen*

tipper

SUBST. *-en,* plur. *-e, -ne*

en person der deltager i tips

tips

SUBST.

1. en gættekonkurrence der er organiseret af Dansk Tipstjeneste, om udfaldet af fodboldkampe □ *vinde i tips* · *få en trettener i tips* □ *tipskupon* · *tipsmidler* · *tipspenge* · *tipspræmie* · *tipstjeneste* □ *sypigetips*
2. se *tip*

tipskupon

SUBST. *-en*, plur. *-er*, *-erne*

en trykt seddel med fodboldkampe som man tipper på ved at udfylde sedlen med sine tip

tiptop

ADJ.

i højeste klasse el. form □ *alt er tiptop moderne* · *hun er bare tiptop* · *han er tiptop trænet* · *hun fik en tiptop eksamen*

tipvogn

SUBST. *-en*, plur. *-e*, *-ene*

en godsvogn der kan tippes □ *malmen blev kørt ud i tipvogne*

tirade

SUBST. *-n*, plur. *-r*, *-rne*
/ti'rade/

1. (neds.): en højtravende, langvarig ordflom som er alt for velkendt el. på anden måde ligegyldig □ *så kom hun med sine sædvanlige tirader om hvor vigtigt det er at være konsekvent over for børn* · *hold nu op med dine tirader, bare sig ja eller nej*
2. et hurtigt toneløb i sang

tirre

VERB. *-r*, *-de*, *-t*

tirre ngg forsøge at fremkalde vrede el. ophidselse hos nogen = OPIRRE, PROVOKERE □ *hunden bider hvis du tirrer den* □ *tirring*

tirsdag

SUBST. *-en*, plur. *-e*, *-ene*

den anden dag i ugen □ *tirsdag den 20. maj* · *vi tog derover tirsdagen efter* · *sidste tirsdag* · *næste tirsdag* □ *tirsdagsmøde* • **i tirsdags** den tirsdag det lige har været = SIDSTE TIRSDAG □ *hvad lavede du i tirsdags?* • **om tirsdagen** den dag det er tirsdag □ *museet er lukket om tirsdagen* · *om tirsdagen kom vi så endelig i gang* • **på tirsdag** den første tirsdag efter i dag = NÆSTE TIRSDAG □ *vi kommer på tirsdag*

tis

SUBST. *tisset*

= URIN

tiske

VERB. *-r*, *-de*, *-t*

tale sagte □ *og så blev der hvisket og tisket i hele byen* □ *tisken*

tisse

VERB. *-r*, *-de*, *-t*

komme af med sin urin = URINERE, LADE VANDET, PISSE □ *barnet tissede i bleen* · *hunden tissede op ad lygtepælen* □ *tisning* · *tissekone* · *tissemand* · *tissetrængende* · *tissetår*

tissekone

SUBST. *-n*, plur. *-r*, *-rne*

(barn.): de ydre kønsorganer hos piger = KUSSE

tissemand

SUBST. *-en*, plur. *~mænd*, *~mændene*

= PENIS

tissemyre

SUBST. *-n*, plur. *-r*, *-rne*

en rødlig myre der sprøjter sviende myresyre ud af bagkroppen mod en angriber

tit

ADV. *komp. tiere*, sup. *tiest*

= OFTE □ *han kom tit på besøg* · *jeg har sagt det så tit* · *jo tiere, des bedre*

titalssystem

SUBST. *-et*

et talsystem der har 10 som grundtal, og som er vort almindelige talsystem = DECIMALSYSTEM

titan

SUBST. *-en*, plur. *-er*, *-erne*
/ti'tan/

1. en overmægtig person = HIMMELSTORMER □ *titanisk*
2. (kemi): et metallisk grundstof; atomtegn *Ti* □ *titan har atomnummer 22* □ *titanhvidt*

titanisk

ADJ. *-* , *-e*
/ti'tanisk/

som forstærkende udtryk □ *det var en titanisk udfordring for pianisten* · *med en titanisk kraft*

titel

SUBST. *titlen*, plur. *titler*, *titlerne*

1. navnet på en bog, et digt, et skuespil o.l. □ *bogens titel* □ *titelblad* □ *bogtitel* · *filmtitel* · *originaltitel*
2. en tilføjelse til en persons navn som fx angiver personens uddannelse, stilling el. adelige stand □ *hans fulde titel er professor, dr.med.* □ *adelstitel* • (sport): en betegnelse som tildeles én el. flere personer som har vundet en turnering □ *vinde en titel i en kamp* · *forsvare titlen* □ *titelkamp* · *titelindehaver* · *titelforsvarer*

titelkamp

SUBST. *-en*, plur. *-e*, *-ene*

en boksekamp hvor en titel er på spil, fx en europamestertitel □ *en titelkamp om europamesterskabet*

titelrolle

SUBST. *-n*, plur. *-r*, *-rne*

hovedrollen i en film el. et skuespil = HOVEDROLLE □ *hun spillede stykkets titelrolle*

titiden

SUBST.

ved titiden omkring klokken ti □ *jeg kommer ved titiden*

titte

VERB. *-r*, *-de*, *-t*

1. kigge gennem en åbning el. sprække □ *hun holdt hænderne op for ansigtet og tittede ud gennem fingrene* · *hun tittede ud under dynen*
2. titte frem stikke ud el. rage op □ *små valmuer tittede frem blandt solbærbuske og tykt, blødt mos* · *klipperne tittede frem bag skovens træer*

tittit

UDRÅBSORD
/tit'tit/

(barn.): udtryk som bruges når man leger skjul og derefter pludselig viser sig □ *tittit, kan du se mig?*

titulatur

SUBST. *-en*, plur. *-er*, *-erne*
/titula'tur/

alle en persons titler □ *hvad er egentlig den nye prinsesses korrekte titulatur?*

titulere

VERB. *-r*, *-de*, *-t*
/titu'lere/

titulere ngg tiltale nogen med en titel = BETITLE, BENÆVNE □ *han titulerede ham 'hr. departementschef'* □ *titulering*

titulær

ADJ. *-t*, *-e*
/titu'lær/

som fører en titel uden at have det tilsvarende embede □ *en titulær professor* · *den titulære præsident* · *en titulær uddannelse*

tivoli

SUBST. *-et*, plur. *-er*, *-erne*

et sted med forlystelser, boder, spisesteder m.m. = FORLYSTELSESPARK □ *der kommer tivoli nede på havnepladsen i anledning af byfesten* · *et omrejsende tivoli*

tiår

SUBST. *-et*, plur. *tiår*, *-ene*

en periode på ti år = DEKADE, ÅRTI □ *i dette tiår* · *det sidste tiår* · *efter et tiår* • **tiåret for ngt** et tidspunkt hvor der er gået ti år efter en bestemt begivenhed □ *festlighederne ved tiåret for kroningen* □ *tiårsdag*

tiårig

ADJ. *-t*, *-e*

som varer ti år = TIÅRS □ *en tiårig periode* • som er ti år gammel = TIÅRS □ *en tiårig dreng*

tiårs

ADJ.

som varer ti år = TIÅRIG □ *en tiårs periode* □ *tiårsplan* · *tiårsperiode* • som er ti år gammel = TIÅRIG □ *et tiårs barn*

tja

UDRÅBSORD

udtryk for tøven el. betænkelighed = JAH □ *hvor mange kommer der? - tja, det er ikke godt at vide* · *stemmer du for eller imod forslaget? - tja, det må jeg lige tænke lidt over*

tjald

SUBST. *-en*

(slang): = HASH

tjans

SUBST. *-en*, plur. *-er*, *-erne*

(slang): gunstig lejlighed til noget, især hvor man kan tjene lette penge □ *den tjans nupper jeg* □ *loppetjans*

tjatte

VERB. *-r, -de, -t*

tjatte {til} ng(t) ramme nogen el. noget med et let slag med hånden ▫ *børnene tjattede til hinanden · han tjattede efter hende · hun tjattede barnet over fingrene · han tjattede hende bagi · du skal ikke tjatte til bolden i langbold, slå til!* ▫ *tjatteri*

tjavs

SUBST. *-en,* plur. *-er, -erne*

en strittende tot hår ▫ *hans hår hang i tjavser*

tjek

SUBST.

se *check*

tjekke[1]

SUBST. *-n,* plur. *-r, -rne*

en person fra Tjekkiet

tjekke[2]

VERB.

se *checke*

tjekket el. **checket**

ADJ. *- , tjekkede*

som i opførsel, udseende el. karakter giver indtryk af selvsikkerhed, kontrol m.m. som ifølge en toneangivende gruppe, især unge, er eftertragtelsesværdigt ≠ UTJEKKET ▫ *en tjekket fyr · hun ser altid så cool og tjekket ud · caféen er byens mest tjekkede sted · det er ikke særlig tjekket at komme for sent til en jobsamtale*

tjekkisk

ADJ. *- , -e*

som har at gøre med Tjekkiet

tjekkoslovak

SUBST. *tjekkoslovakken,* plur. *tjekkoslovakker, tjekkoslovakkerne*
/tjekkoslo'vak/

en person fra det tidligere Tjekkoslovakiet

tjekkoslovakisk

ADJ. *- , -e*
/tjekkoslo'vakisk/

som har at gøre med det tidligere Tjekkoslovakiet

tjene

VERB. *-r, tjente, tjent*

tjene ngt modtage penge regelmæssigt for udført arbejde ▫ *han tjener godt · hun tjener 25.000 kr. om måneden* • **tjene ngt** have som fortjeneste ▫ *hun har tjent mange penge på den handel* • være ansat hos nogen mod betaling, specielt for at udføre husligt arbejde ▫ *hun kom ud at tjene da hun var 14* • **tjene ng(t)** forsøge at være til nytte el. hjælp for = HJÆLPE ▫ *hvormed kan jeg tjene Dem? · tjene sit fædreland · det tjener intet formål* • **være tjent med ngt** have grund til at være tilfreds med noget

tjener

SUBST. *-en,* plur. *-e, -ne*

1. en person som bl.a. tager imod bestilling og serverer for gæsterne på en restaurant = KELNER ▫ *tjener! må jeg bede om regningen* ▫ *tjeneruddannelse* • en person der er ansat hos en fornem familie og opvarter den ▫ *tjener ved hoffet* ▫ *tjenerstab* ▫ *kammertjener*
2. en person som arbejder for højere mål el. for andre menneskers vel ▫ *en sand herrens tjener · han var en stor politiker og folkets tjener*

tjenerskab

SUBST. *-et,* plur. *-er, -erne*

det samlede antal tjenere i fx et hjem

tjeneste

SUBST. *-n,* plur. *-r, -rne*

hjælpsom handling ▫ *gør mig den tjeneste ikke at komme for sent · den ene tjeneste er den anden værd* • (form., glds.): = ARBEJDE ▫ *for tiden gør han tjeneste i Randers · være fritaget for tjeneste* • ⟨i sammensætn.⟩ en gren af arbejdet inden for en større institution ▫ *sundhedstjenesten · teletjenesten · udenrigstjenesten*

tjenestebolig

SUBST. *-en,* plur. *-er, -erne*

en bolig der hører med til et job og som ligger nær arbejdspladsen = EMBEDSBOLIG ▫ *skolens område omfatter også tjenesteboliger til pedel og skoleinspektør*

tjenestefolk

SUBST.PLUR. *~folkene*

personer der er ansat hos et herskab, i et hjem el. på en gård til at varetage husholdningen og yde andre personlige tjenester = TYENDE ▫ *herskab og tjenestefolk*

tjenestegørende el. **tjenstgørende**

ADJ.
fork. *tjg.*

som arbejder el. er ansat et sted; ofte om embedsmænd el. offentligt ansatte ▫ *politiassistenten er fortsat tjenestegørende efter at han er blevet afhørt · han var tjenestegørende i CIA · hun er tjenestegørende ved flyvestationen i Karup*

tjenestekarl

SUBST. *-en,* plur. *-e, -ene*

(hist.): en mand der hjælper til på en gård = LANDBRUGSMEDHJÆLPER

tjenestemand

SUBST. *-en,* plur. *~mænd, ~mændene*

en person med fast ansættelse i stat el. kommune ▫ *hun er ansat som tjenestemand inden for kommunen* ▫ *tjenestemandsansættelse · tjenestemandspension · tjenestemandssag · tjenestemandsstilling*

tjenestepige

SUBST. *-n,* plur. *-r, -rne*

(hist.): en kvinde der er ansat på en gård el. hos en familie, og som hjælper med den daglige husførelse = HUSASSISTENT, UNG PIGE I HUSET

tjenesterejse

SUBST. *-n,* plur. *-r, -rne*

en rejse i tjenstlig anledning ▫ *han er på tjenesterejse i Norge*

tjenestested

SUBST. *-et,* plur. *-er, -erne*

det sted hvor man arbejder; ofte om offentlige ansattes arbejdsplads ▫ *kørselstillægget afhænger af afstanden mellem hjem og tjenestested · vi kender både hans navn og tjenestested*

tjenestetid

SUBST. *-en,* plur. *-er, -erne*

= ARBEJDSTID ▫ *lærernes aftale om tjenestetiden*

tjenlig

ADJ. *-t, -e*

(glds.): = MODEN ▫ *nu er rugen tjenlig · bilen er tjenlig til ophugning*

tjenstgørende

ADJ.

se *tjenestegørende*

tjenstivrig

ADJ. *-t, -e*

som er ivrig efter at gøre andre tjenester = GELASSEN ▫ *den nye ekspedient er så tjenstivrig så han er lige ved at falde over sine egne ben* ▫ *tjenstivrighed*

tjenstlig

ADJ. *-t, -e*

som har at gøre med ens arbejde ▫ *der vil blive foretaget en tjenstlig undersøgelse af hans embedsførelse · jeg er her i tjenstligt ærinde*

tjenstvillig

ADJ. *-t, -e*
/tjenst'villig/

som gerne vil gøre andre en tjeneste = HJÆLPSOM ▫ *en tjenstvillig politibetjent forklarede hende vejen* ▫ *tjenstvillighed* ▫ *utjenstvillig*

tjg.

fork. for *tjenestegørende*

tjimdada

LYDORD

gengivelse af munter musik, fx hornmusik ▫ *orkestret kom marcherende gennem gaden med fuld musik - tjimdada tjim*

tju

LYDORD

gengivelse af lyden af et knytnæveslag ▫ *så fik han nogen på tæven, tju bang!*

tjur

SUBST, *-en,* plur. *-er, -erne*

en stor hønsefugl som bl.a. lever i de norske og svenske nåleskove; hannen er blåsort med brune vinger; latinsk navn *Tetrao urogallus*

tjære[1]

SUBST. *-n,* plur. *-r, -rne*

en tyktflydende, mørk masse som er dannet ved destillation af organiske stoffer som kul og træ; bruges fx i industrien, til vejbelægning og til behandling af tagpaptage ▫ *sort som tjære* ▫ *tjærebeton · tjærefarvestof · tjærekost · tjæreolie ·*

tjærepap · tjæresalve · tjæresæbe · tjærevand □ *brunkulstjære · skifertjære · stenkulstjære · trætjære*

tjære[2]

VERB. *-r, -de, -t*

tjære ngt smøre tjære på noget □ *han tjærede tag*

tjørn

SUBST. *-en,* plur. *-e, -ene*

en busk el. et lille træ med tornede grene, mørkegrønne blade og røde el. hvide blomster; bærer rødlige frugter om efteråret; latinsk navn *Crataegus* □ *tjørnen blomstrer i maj-juni* □ *tjørnebusk · tjørnehæk · tjørnekrat* □ *hvidtjørn · rødtjørn*

tlf.

fork. for *telefon*

tnt

fork. for *trinitrotoluen* = TROTYL

to

TALORD

1. tallet 2 □ *hun købte to liter mælk · han kom kl. to · bilen er til to personer* □ *tobenet · tocifret · tohjulet · tokammmersystem · toogtyve · tosengsstue · tospand · total* □ *halvto*
2. i forsk. forb.: • **det bliver vi to om at bestemme** det får du ikke lov til at bestemme alene • **ikke lade sig sige ngt to gange** se under *gang* • **lægge to og to sammen** foretage en enkel følgeslutning □ *jeg lagde to og to sammen og indså straks at hun havde snydt mig* • **to og to** = PARVIS □ *i denne øvelse skal man være sammen to og to · de gik to og to* • **to om ngt** være to personer for at gøre noget □ *vi må være to om at bære klaveret ned*

t.o.

(om biograffilm): fork. for *tilladt over* □ *t.o. 12 år*

toastbrød

SUBST. *-et,* plur. *~brød, -ene*
[ˈ*tåwsdbröð*]

et hvedebrød der er beregnet til at riste, og som forhandles i kvadratiske skiver = SANDWICHBRØD □ *en skive toastbrød*

toastmaster

SUBST. *-en,* plur. *-e, -ne*
[ˈ*tåwsdmaˑsdɔ*]

en person som ved en festmiddag styrer rækkefølgen af taler og giver talerne ordet

tobak

SUBST. *tobakken,* plur. *tobakker, tobakkerne*
/*to*ˈ*bak*/

en mængde af nikotinholdige blade af tobaksplanten som er tørret og skåret fint; ryges i pibe el. rulles til fx cigarer □ *ryge en pibe tobak · tobakken er sammensat af 20 forskellige tobakker* □ *tobaksblad · tobakshandler · tobakspibe · tobaksplante · tobakspung · tobaksrøg* □ *pibetobak · røgtobak · shagtobak · skråtobak · snustobak · virginiatobak*

tobakshandler

SUBST. *-en,* plur. *-e, -ne*

en person el. en butik der handler med tobaksvarer □ *man kan købe specialblandet tobak hos tobakshandleren*

tobaksplante

SUBST. *-n,* plur. *-r, -rne*

en busk hvis blade indeholder *nikotin,* og som bruges til fremstilling af tobak; latinsk navn *Nicotiana tabacum*

tobis

SUBST. *-en,* plur. *-er, -erne*
[*to*ˈ*bi's* el. ˈ*toˑbis*]

en lille sølvfarvet, langstrakt fisk som bruges til fremstilling af fiskemel og fiskeolie; flere arter, bl.a. *sandgrævling* og *tobiskonge;* latinsk navn *Ammodytidae* □ *tobisfiskeri*

toccata

SUBST. *-en,* plur. *-er, -erne*
/*toc*ˈ*cata*/

et kunstfærdigt musikstykke for orgel el. klaver med improviseret indledning og slutning

tocifret

ADJ. *- , tocifrede*

med to cifre, fx 23 og 48 □ *et tocifret tal*

toddy

SUBST. *-en,* plur. *-er, -erne*
[ˈ*tɔdi*]

en drik af spiritus og varmt vand med sukker □ *toddyglas · toddyske* □ *romtoddy · rødvinstoddy*

todelt

ADJ. *- , -e*

som er delt i to el. består af to dele □ *en todelt badedragt · todelt takt*

todimensional

ADJ. *-t, -e*

som fremtræder i to dimensioner: højde og bredde

todækker

SUBST. *-en,* plur. *-e, -ne*

1. en flyvemaskine med to par vinger over hinanden = BIPLAN, DOBBELTDÆKKER ≠ MONOPLAN, TREDÆKKER
2. et skib med to dæk el. en bus i to etager = DOBBELTDÆKKER □ *todækkerbus*

toer

SUBST. *-en,* plur. *-e, -ne*

1. noget som har tallet el. værdien 2, fx en bestemt buslinie, et spillekort el. en terning □ *spille ud med en toer · slå tre toere*
2. en kaproningsbåd med to roere □ *en toer er godt 10 m lang · Danmark vandt guld i toer uden styrmand*

toetages el. **toetagers**

ADJ.

med to etager □ *en toetageslejlighed* □ *toetageshus · toetagesejendom*

tofamiliehus el. **tofamiliershus** el. **tofamilieshus**

SUBST. *-et,* plur. *-e, -ene*

et hus der er beregnet til to familier således at der er to køkkener, to badeværelser og to hoveddøre

tofamilieshus

SUBST.

se *tofamiliehus*

toft

SUBST. *-en,* plur. *-er, -erne*

(glds.): den plads hvorpå et hus el. en gård er bygget □ *botoft · byggetoft · hustoft* • (hist.): et mindre, sædvanligvis indhegnet, jordstykke som lå lige ved en gård, og som var undtaget fra jordfællesskabet • (hist.): et jordstykke der lå i el. ved en landsby, og som ikke blev brugt til agerland, men især til andet fælles brug

tofte

SUBST. *-n,* plur. *-r, -rne*

et bræt til at sidde på i en båd

tog[1]

SUBST. *-et,* plur. *-e* (el. *tog*), *-ene*

et transportmiddel der kører på skinner og består af en række af forbundne vogne som trækkes af et lokomotiv □ *toget afgår fra spor 2 · toget er forsinket 5 minutter · jeg skal med toget til Fredericia* □ *togbillet · togfører · togkonduktør · togkort · togpassager · togplan · togstamme* □ *biltog · bumletog · eksprestog · fjerntog · godstog · lyntog · passagertog*

tog[2]

SUBST. *-et,* plur. *tog, -ene*

= OPTOG □ *ligtog · strejftog · sørgetog · tilbagetog · triumftog*

tog[3]

VERB.

bøjningsform af *tage*

toga

SUBST. *-en,* plur. *-er, -erne*

et romersk klædningsstykke til mænd bestående af et aflangt stykke stof draperet rundt om kroppen, over venstre skulder og båret over venstre underarm

togbetjent

SUBST. *-en,* plur. *-e, -ene*

en person der arbejder i et tog med pladsanvisning, billettering m.m. □ *togbetjent ved Statsbanerne · togbetjenten fløjtede til afgang*

togoleser

SUBST. *-en,* plur. *-e, -ne*
/*togo*ˈ*leser*/

en person fra Togo

togolesisk

ADJ. *- , -e*
/*togo*ˈ*lesisk*/

som har at gøre med Togo

togstamme

SUBST. *-n,* plur. *-r, -rne*

en række sammenkoblede jernbanevogne

togstewardesse

SUBST. *-n,* plur. *-r, -rne*

en kvinde der på længere togrejser yder service til passagererne □ *togstewardessen gik igennem toget med sin vogn*

togt

SUBST. *-et,* plur. *-er, -erne*

(hist.): længere sørejse, især med det formål at erobre nye områder □ *vikingerne drog på togt til England* □ *erobringstogt · hævntogt · krigstogt · plyndringstogt*

toilet

SUBST. *toilettet,* plur. *toiletter, toiletterne*
[*toa'læt* el. *tɔi'læt*]

et sted hvor man kan komme af med urin og afføring = WC, LOKUM, DAS, RETIRADE □ *gå på toilettet · være på toilettet* □ *toiletbræt · toiletbesøg · toiletbørste · toiletforhold · toiletpapir* □ *dametoilet · gæstetoilet · herretoilet* • et rum med wc, håndvask og evt. bad □ *toiletdør · toiletskab · toiletspejl*

toiletbord

SUBST. *-et,* plur. *-e, -ene*

et bord med spejl og evt. skuffer hvor man kan opbevare artikler til personlig pleje og sidde når man lægger makeup

toiletpapir

SUBST. *-et*

tyndt papir i en rulle som man bruger til at tørre sig med når man har været på toilettet = WC-PAPIR □ *toiletpapirholder*

toiletrulle

SUBST. *-n,* plur. *-r, -rne*

en rulle toiletpapir = WC-RULLE

toilette

SUBST. *-t,* plur. *-r, -rne*
[*toa'lædə*]

1. (om kvinder): gøre sig i stand; omfatter vask, sminkning og påklædning □ *hun gør toilette hver morgen* □ *toiletartikel · toiletbord · toiletgarniture · toilettaske · toiletværelse* □ *aftentoilette · morgentoilette*
2. en elegant kjole; især om selskabskjole □ *hun mødte op til festen i det helt store toilette* □ *toilettepragt*

tokammersystem

SUBST. *-et,* plur. *-er, -erne*

et parlamentarisk system hvor parlamentet består af to kamre ≠ ETKAMMERSYSTEM □ *Grundloven af 1866 byggede på et tokammersystem med forskellige valgregler til folketing og landsting*

tokrone

SUBST. *-n,* plur. *-r, -rne*

en mønt med værdien 2 kr. = DALER

toksikologi

SUBST. *-en*
/*toksiko'logi*/

læren om giftstoffer, deres sammensætning, forekomst og virkning på levende organismer

toksin

SUBST. *-et,* plur. *-er, -erne*
/*tok'sin*/

et giftstof der er dannet af el. i en levende organisme, fx en bakterie, og som ved optagelse i en dyreorganisme udløser dannelsen af antistoffer ≠ ANTITOKSIN

told

SUBST. *-en*

en afgift som en stat lægger på varer der passerer landets grænser □ *betale told · der er told på cigaretter · regeringen forhøjer tolden på spiritus · lægge told på en vare* □ *tolder · toldfri · toldgrænse · toldkammer · toldsats · toldunion · toldvæsen* □ *beskyttelsestold · finanstold · importtold · styktold · vægttold* • et sted hvor indførsel af varer kontrolleres = TOLDSTED □ *de gik gennem tolden · hele varepartiet blev beslaglagt i tolden*

toldbehandle

VERB. *-r, -de, -t*

toldbehandle ngt = FORTOLDE □ *toldbehandling*

toldbod

SUBST. *-en,* plur. *-er, -erne*

den kaj hvor toldbygningerne findes

toldeftersyn

SUBST. *-et,* plur. *~eftersyn, -ene*

et eftersyn af toldpligtige varer □ *lastvognen blev underkastet et toldeftersyn*

tolder

SUBST. *-en,* plur. *-e, -ne*

en person der er ansat i toldvæsenet til at kontrollere om der indføres toldrigtige varer □ *en tolder undersøgte min kuffert*

toldfri

ADJ. *-t, -e (el. -)*

1. som der ikke skal betales told af ≠ TOLDPLIGTIG □ *toldfri indførsel af spiritus op til en vis grænse · toldfri varer · varerne leveres fragt- og toldfrit* □ *toldfrihed*
2. tanker er toldfri man har lov at tænke, hvad man vil

toldkammer

SUBST. *-et* (el. *~kamret*), plur. *~kamre, ~kamrene*

toldvæsenets bygning og det personale der er knyttet dertil □ *ejeren af motorcyklen skal møde op i et toldkammer til endelig vurdering af registreringsafgiften*

toldklarerer

SUBST. *-en,* plur. *-e, -ne*

en person der udreder toldafgifter for varer der ind- og udføres af landet; er fx ansat i et speditørfirma □ *toldklarereren toldberigtiger varer*

toldpligtig

ADJ. *-t, -e*

som der skal betales told af ≠ TOLDFRI □ *toldpligtige varer*

toldunion

SUBST. *-en,* plur. *-er, -erne*

en union mellem stater uden indbyrdes told og med en fælles toldsats over for ikke-medlemslande; fx er EU en toldunion

toldvæsen

SUBST. *-et* (el. *~væsnet*), plur. *-er* (el. *~væsner*), *-erne* (el. *~væsnerne*)

en offentlig myndighed som tager sig af sager vedrørende told og afgifter

toleddet

ADJ. *- , toleddede*

som består af to led

tolerance

SUBST. *-n*
[*tolə'raŋsə*]

1. udvisning af respekt og overbærenhed med nogen el. noget der afviger fra normen el. én selv i tanke, opførsel osv. ≠ INTOLERANCE □ *behandle nogen med tolerance · religiøs tolerance*
2. (medicin): kroppens evne til at tåle et lægemiddel = MODSTANDSDYGTIGHED □ *tolerancedosis · toleranceniveau*
3. (teknik): tilladt afvigelse i vægt og mål fra en standard □ *et mål med en tolerance på 0,03 mm* □ *tolerancegrad · toleranceregler · toleranceværktøj*

tolerant

ADJ. *- , -e*
[*tolə'ran't*]

som viser tolerance = FORDOMSFRI ≠ INTOLERANT □ *hans synspunkter var tolerante · være tolerant over for indvandrere*

tolerere

VERB. *-r, -de, -t*
[*tolə'reˀɔ*]

tolerere ng(t) finde sig i el. bære over med nogen el. noget = TÅLE □ *de andre kunne ikke tolerere hans måde at være på · man må lære at tolerere hans særheder*

tolk

SUBST. *-en,* plur. *-e, -ene*

1. en person der oversætter tale mellem to el. flere parter som taler forskellige sprog; kan også være translatør = OVERSÆTTER □ *da de ikke kunne tale hinandens sprog, måtte de bruge tolk · en fransk tolk* □ *tolkeuddannelse* □ *konferencetolk · simultantolk*
2. = TALSMAND □ *han gjorde sig til tolk for de nye ideer*

tolke

VERB. *-r, -de, -t*

1. oversætte mundtlig tale fra ét sprog til et andet □ *hun tolkede i to timer · tolke simultant* □ *tolkning*
2. tolke ngt = FORTOLKE □ *hun tolkede hans tavshed som tegn på træthed · de prøvede at tolke runeindskriften*

tolkning

SUBST. *-en,* plur. *-er, -erne*

1. mundtlig oversættelse ▫ *tolkningen varetages af indfødte, tosprogede korrespondenter* ▫ *tolkningsafdelingen* ▫ *fejltolkning · konsekutivtolkning · simultantolkning*
2. tolkning af ngt en forklaring der bygger på en analyse = FORTOLKNING ▫ *forskellige tolkninger af et digterværk* ▫ *tolkningslære* ▫ *fejltolkning · mistolkning*

tolv

TALORD

tallet 12 ▫ *der er tolv i et dusin · Jesus og de tolv diciple · der er tolv måneder i året* ▫ *halvtolv* • **fem minutter i tolv** udtryk for at noget sker i sidste øjeblik

tolver

SUBST. *-en,* plur. *-e, -ne*

noget som har tallet tolv, fx tolv rigtige resultater i tipning el. en buslinie ▫ *i denne uge gav en tolver 4500 kr. · de ventede på tolveren*

tolvfingertarm

SUBST. *-en,* plur. *-e, -ene*

den del af tarmen der ligger mellem mavesæk og tyndtarm

tolvte

TALORD

nummer 12 i en række ▫ *årets tolvte måned*

tolvtedel

SUBST. *-en,* plur. *-e, -ene*

en af 12 lige store dele som noget kan deles i

tolvtiden

SUBST.BEST.

ved tolvtiden omkring klokken tolv ▫ *jeg kommer ved tolvtiden*

tolvtonemusik

SUBST. *~musikken*

musik skrevet ud fra et system hvor skalaens tolv toner er ligeværdige i modsætning til tonal musik = DODEKAFONI

tolvårig

ADJ. *-t, -e*

som varer tolv år = TOLVÅRS ▫ *en tolvårig periode* • som er tolv år gammel = TOLVÅRS ▫ *en tolvårig pige*

tolvårs

ADJ.

som varer tolv år = TOLVÅRIG ▫ *en tolvårs periode* ▫ *tolvårsperiode* • som er tolv år gammel = TOLVÅRIG ▫ *en tolvårs pige*

tom

ADJ. *-t, tomme*

1. som ikke indeholder noget ≠ FULD ▫ *et tomt glas · gaden var tom for biler · kassen er tom · med tomme lommer · skolen stod tom om sommeren · bænken var tom · den tomme mængde · lejligheden har stået tom i et halvt år · drikke på tom mave* ▫ *tomhed* ▫ *halvtom · lufttom*
2. som er uden intellektuelt el. følelsesmæssigt indhold = INDHOLDSLØS ▫ *være tom for ideer · der blev tomt da hun rejste · han følte sig helt tom indvendig · dagene føltes tomme uden arbejde · et tomt blik* ▫ *tanketom* • uden alvor, betydning el. værdi = HUL ▫ *tomme løfter · tomme ord · tomme trusler · tomt praleri · tomme tønder buldrer mest*

t.o.m.

fork. for *til og med*

tomahavk

SUBST. *-en,* plur. *-er, -erne*
[*toma'hæw'k*]

en indiansk stridsøkse

tomandshånd

SUBST.

på tomandshånd en situation hvor der kun er to personer til stede ▫ *først da de var på tomandshånd, indrømmede hun at hun havde løjet · han ønskede at tale med hende på tomandshånd*

tomastet

ADJ. *- , tomastede*

som har to master ▫ *et tomastet skib*

tomat

SUBST. *-en,* plur. *-er, -erne*
/*to'mat*/

en rød, saftig frugt af en plante med gule, tragtformede blomster; almindelig grøntsag som spises rå, kogt el. stegt; latinsk navn *Lycopersicum esculentum* ▫ *flåede tomater* ▫ *tomatsalat · tomatsuppe* ▫ *bøftomat · sherrytomat* • sovs el. puré af tomater ▫ *makrel i tomat* ▫ *tomatketchup*

tomatketchup

SUBST. *~ketchuppen*

= KETCHUP

tomatsovs

SUBST. *-en,* plur. *-er* (el. *-e*), *-erne* (el. *-ene*)

en kold el. varm sovs der bl.a. er lavet af tomater el. tomatpuré ▫ *fiskeboller i tomatsovs*

tombola

SUBST. *-en,* plur. *-er, -erne*
[*'tɔm'bola* el. *tɔm'bo·la*]

et lotteri med sammenrullede lodsedler som blandes i og trækkes fra en roterende tromle; også om selve tromlen el. den bod hvor tromlen er opstillet ▫ *han trak syv nitter og et gevinstlod i tombolaen*

tomgang

SUBST. *-en*

en tilstand hvor en motor er i gang uden der sker en kraftoverførsel ▫ *holde stille med motoren i tomgang · motoren går i tomgang · sætte en maskine i tomgang* • **gå i tomgang** arbejde el. skride mekanisk fremad uden egentlig udvikling el. resultat ▫ *min hjerne går i tomgang · den sidste halve time går filmen i tomgang*

tomhændet

ADV.

udtryk for at man ikke medbringer noget af værdi ▫ *gå tomhændet bort · komme tomhændet hjem*

tomle

VERB. *-r, -de, -t*

= BLAFFE ▫ *han tomlede til København*

tomme

SUBST. *-n,* plur. *-r, -rne*

et længdemål: 1 tomme = 1/12 fod = 2,54 cm svarende til en engelsk *inch,* el., som gammelt dansk mål, = 2,615 cm ▫ *et fjernsyn med en skærm på 22 tommer* ▫ *22-tommers*

tommel

SUBST. *- en,* (el. *tomlen*), plur. *tomler, tomlerne*

= TOMMELFINGER

tommelfinger

SUBST. *-en,* plur. *~fingre, ~fingrene*

1. den korte, tykke finger yderst på menneskets hånd som sidder for sig selv i forhold til de andre fire fingre = TOMMELTOT ▫ *babyen suttede på sin tommelfinger* • **have for mange** el. **ti tommelfingre** være klodset til noget ▫ *du skal ikke give ham hammeren for han har ti tommelfingre* • **rejse på tommelfingeren** rejse gratis med i en bil ved at gøre tegn til bilisten ved at holde tommelfingeren opad = BLAFFE, TOMLE ▫ *de rejste på tommelfingeren gennem Europa* • **trille tommelfingre** flette begge hænders fingre sammen og dreje tommelfingrene rundt om hinanden • **trille tommelfingre** udtryk for at man keder sig ▫ *damen trillede tommelfingre under hele foredraget* • **vende tommelfingeren nedad** el. **opad** signalere at man er utilfreds el. tilfreds med nogen el. noget ▫ *tilskuerne til fodboldkampen vendte tommelfingeren nedad*
2. den del af en handske el. en vante som dækker tommelfingeren ▫ *have hul på tommelfingeren*

tommelfingerregel

SUBST. *-en* (el. *~reglen*), plur. *~regler, ~reglerne*

en letfattelig huskeregel

tommelskrue el. tommeskrue

SUBST. *-n,* plur. *-r, -rne*

et torturinstrument der består af skruestikker som spændes om tommelfingeren • **{give} ngt tommelskruerne på** træffe foranstaltninger som skal presse nogen til at gøre noget ▫ *arbejdsgiveren har givet de strejkende tommelskruerne på ved at indstille udbetalingen af feriepenge · banken strammer nu tommelskruerne og forlanger lånet tilbagebetalt*

tommeltot

SUBST. *tommeltotten,* plur. *tommeltotter, tommeltotterne*

(barn.): = TOMMELFINGER

tommeskrue

SUBST.

se *tommelskrue*

tommestok

SUBST. *~stokken,* plur. *~stokke, ~stokkene*

en leddelt, sammenklappelig målestok som er inddelt i centimeter på begge sider el. i tommer på den ene side og i centimeter på den anden side

tomotorers

ADJ.

som har to motorer = TOMOTORET □ *et tomotorers fly* □ *tomotorersfly*

tomotoret

ADJ. - , *tomotorede*

= TOMOTORERS □ *et tomotoret fly*

tomrum

SUBST. *~rummet,* plur. *~rum, ~rummene*

1. et rum hvis luftindhold er nedbragt til det mindst mulige = VAKUUM □ *planeterne kredser i et tomrum*
2. en følelse af tomhed og savn = VAKUUM □ *da han døde, efterlod han et tomrum · der bliver et tomrum når hun rejser · hvem skal udfylde tomrummet efter ham?*

tomt

SUBST. *-en,* plur. *-er, -erne*

en grund hvorpå der har stået en bygning □ *huset er revet ned, og der skal nu bygges på tomten* □ *brandtomt*

ton

SUBST. *tonnen* el. *tonnet,* plur. *-s* (el. *ton*), tonnene
fork. *t*

1.000 kg □ *den vejer mindst en ton*

tonal

ADJ. *-t, -e*
/to'nal/

(musik): som har at gøre med tonalitet ≠ ATONAL □ *dur-mol-tonal*

tonalitet

SUBST. *-en*
/tonali'tet/

(musik): det princip at tonerne i en komposition står i et bestemt forhold til en grundtone

tonart

SUBST.

se *toneart*

tone[1]

SUBST. *-n,* plur. *-r, -rne*

1. en lyd der er sammensat af regelmæssige svingninger, og som opfattes som én sammenhængende, ensartet lyd; især om en lyd der frembringes af et musikinstrument, en sangstemme el.lign. □ *fløjtens blide toner · koret havde svært ved at ramme og holde tonen · de dansede til tonerne af en vals · dirigenten angav tonen* □ *ton(e)art · tonedøv · tonefilm · tonehoved · toneskift · tonetrin* □ *grundtone · heltone · halvtone · hyletone · kammertone · kvarttone · overtone · summetone · undertone* • = KLANG □ *instrumentet har en fyldig tone* • **halv tone** (musik): = HALVTONE • **hel tone** (musik): = HELTONE • **ikke have en tone i livet** være umusikalsk □ *hun elsker at synge, men har ikke en tone i livet*
2. måde at tale el. skrive på som vidner om en bestemt indstilling og bestemte følelser □ *han anslog en kammeratlig tone · hun irettesatte ham i en skarp tone · brevet var holdt i en optimistisk tone · en hjertelig tone* □ *tonefald · toneleje* □ *undertone* • **prise** el. **rose ngt i høje toner** omtale nogen med meget rosende ord
3. selskabelig omgangsform el. skik □ *det er ikke god tone at opføre sig sådan · der hersker en fri tone i hjemmet · der er skrevet flere bøger om takt og tone* □ *toneangivende* □ *omgangstone*
4. = FARVETONE □ *himlen havde en rødlig tone · han gjorde farven en tone mørkere · billedet var holdt i lyse toner* □ *farvetone · gråtone*

tone[2]

VERB. *-r, -de, -t*

1. genlyde af toner = LYDE, KLINGE □ *sangen tonede klart i det høje kirkerum* • **tone ud** klinge af og forsvinde □ *musikken tonede ud*
2. tone ngt give noget en let farvning □ *hun tonede sit hår blåt · de tonede loftet efter væggene* □ *toning* □ *nedtone*
3. tone frem komme til syne og langsomt blive tydeligere □ *kysten tonede frem i det fjerne*
4. tone flag se under *flag*

toneangivende

ADJ.

som indirekte har stor indflydelse på en stor gruppe menneskers meninger og adfærd □ *en toneangivende avis*

toneart el. **tonart**

SUBST.

en række af toner der tilsammen danner enten en *dur-* el. en *molskala; tonearterne tager navn efter den første tone i skalaen (grundtonen),* fx *C-dur, fis-mol*

tonefald

SUBST. *-et,* plur. *~fald, -ene*

den klang man kan give sin stemme, fx for at udtrykke følelser □ *sige noget i et muntert tonefald · de kunne høre på hans tonefald at han var gal*

tonefilm

SUBST. *-en,* plur. *~film, -ene*

= TALEFILM

tonehoved

SUBST. *-et,* plur. *-er, -erne*

en anordning i en båndoptager el. en video som indspiller el. aflæser båndets lyd- el. billedsignaler □ *rense båndoptagerens tonehoveder*

tonekunst

SUBST. *-en*

musik betragtet som en kunstart

tonekunstner

SUBST. *-en,* plur. *-e, -ne*

= KOMPONIST

toneleje

SUBST. *-t,* plur. *-r, -rne*

et frekvensområde for toner el. stemmer □ *de diskuterede, om sangen skulle synges i et højt eller lavt toneleje · hans stemme lå i et dybt toneleje*

tonganer

SUBST. *-en,* plur. *-e, -ne*
/ton'ganer/

en person fra Tonga

tongansk

ADJ. - , *-e*
/ton'gansk/

som har at gøre med Tonga

tonic

SUBST. *-en,* plur. *-er* (el. *tonic*), *-erne* (el. *-ene*)
['tɔnik]

en sodavand der er tilsat kinin, og som har en bitter smag □ *gin og tonic*

tonika

SUBST. *en*
['to'nika]

grundtonen i en toneart ≠ DOMINANT □ *c er tonika i C-durskalaen* • den treklang der bygger på grundtonen

tonløs

ADJ. *-t, -e*

som er næsten uden klang el. betoning □ *en tonløs stemme · et tonløst svar · være tonløs i stemmen*

tonnage

SUBST. *-n,* plur. *-r, -rne*
[tɔ'na·sjə]

et skibs lasteevne el. vægt □ *tonnageafgift · tonnagedæk · tonnageåbning* □ *bruttotonnage · dødvægttonnage · nettotonnage* • tonnagen for det samlede antal skibe i et rederi el. et land □ *landets tonnage er stigende* □ *handelstonnage*

tonsur

SUBST. *-en,* plur. *-er, -erne*
[tɔn'su'r]

en stor, rund, glatbarberet plet på issen hos katolske gejstlige

top[1]

SUBST. *toppen,* plur. *toppe, toppene*

1. toppen af ngt det øverste af noget ≠ BUND □ *træets top · i toppen af masten · på toppen af bjerget* □ *bjergtop · bølgetop · hårtop · trætop* • **toppen af ngt** om nogen el. noget af høj status el. værdi = HØJDEPUNKT □ *toppen af samfundet · på toppen af sin karriere* □ *topchef · topfigur · topforhandler · topform · topjob · topklasse · topleder · toppolitiker · topstilling* □ *dansktop · partitop* • en spids dynge □ *der var top på læsset · skefuld med top* □ *toplæsset* • **til tops** el. **til top** om noget der kommer op □ *flaget gik til tops · komme til tops i samfundet* • **fra top til tå** fra hovedet ned til fødderne, fx om en persons påklædning □ *blive målt fra top til tå · han var pyntet fra top til tå · han var i blåt fra top til tå*

tosse[1]

SUBST. *-n,* plur. *-r, -rne*

= FJOLS □ *det er ikke noget at grine ad, din tosse! · jeg elsker alligevel den gamle tosse* □ *tossegod · tossehoved* ● = SINKE □ *og så var der historien om de to tosser der var på tur* □ *tossegod · tossehoved*

tosse[2]

VERB. *-r, -de, -t*

være fjollet el. opføre sig tåbeligt □ *lad være med at sidde der og tosse, opfør dig normalt! · nu har du tosset omkring hele dagen, tag nu og sæt dig roligt ned · hvordan er det du tosser rundt, opfør dig nu ordentligt!* □ *tosseri*

tossegod

ADJ. *-t, -e*

overdreven naiv og uden hensyntagen til egne interesser □ *han havde været så tossegod at låne hende pengene · ingen kan leve af at være tossegod*

tossestreger

SUBST.PLUR. *-ne*

fjollede handlinger = FJOLLERIER □ *vi lavede en masse tossestreger, da vi var børn · det er nogle værre tossestreger, myndighederne laver*

tosset

ADJ. *- , tossede*

1. som er mentalt svækket, el. som er forvirret og irrationel = SINDSSYG, GAL, SKØR, VANVITTIG, AFSINDIG, SKRUPSKØR, FORRYKT □ *han er vist blevet tosset oven i hovedet · hun blev tosset efter mandens død · her bor de tossede · ti stille, det er til at blive tosset af jeres larm · man bliver tosset af at høre på den støj · det vil da være godt tosset at sige nej til det tilbud · du må jo være tosset at gå ud i det vejr · nej, hvor er du tosset · det var dog en tosset idé* ● som ser komisk ud □ *hvor har du købt den tossede hat?* ● **tosset med ng(t)** meget glad for nogen el. noget = VILD MED, SKØR MED □ *hun er tosset med sin søn · hun er tosset med fodbold* ● **ikke tosset** ikke dårlig □ *den film er faktisk ikke så tosset endda*
2. = RASENDE □ *far bliver tosset når han ser bulen i bilen · de blev tossede på hende · hun kan blive meget tosset*

tostavelsesord

SUBST. *-et,* plur. *~ord, -ene*

et ord der består af to stavelser ≠ ENSTAVELSESORD, FLERSTAVELSESORD □ *'skole' er et tostavelsesord*

tostemmig

ADJ. *-t, -e*

(musik): som udføres af to melodistemmer i samklang □ *tostemmig sang*

tostreget el. tostrøget

ADJ. *- , tostregede*

(musik): udtryk for at tonerne ligger i den oktav der ligger højere end en enstreget oktav; kan være betegnet ved to apostroffer efter tonenavnet

tot

SUBST. *totten,* plur. *totter, totterne*
[*'tɔt*]

en lille samling af trådlignende materiale, fx hår el. græs = DUSK, TJAVS □ *der hang en lille tot hår ned i hans pande · hun hev en tot græs op af plænen* □ *græstot · hårtot · uldtot* ● **ryge i totterne på ng** komme op at slås med nogen □ *de røg i totterne på hinanden*

totaktsmotor

SUBST. *-en,* plur. *-er, -erne*

en forbrændingsmotor hvor indsugning og udblæsning reguleres direkte af stemplets bevægelse i krumtaphuset ≠ FIRETAKTSMOTOR

total

ADJ. *-t, -e*
[*to'ta'l*]

som omfatter alt inden for en helhed = FULDSTÆNDIG, FULDKOMMEN ≠ DELVIS, PARTIEL □ *det totale beløb · de totale omkostninger · den totale længde · den totale størrelse · total måneformørkelse* □ *totalafholdende · totalbeløb · totalfredet · totalforbud · totallængde · totalomlægning · totalophør · totalskadet · totalvægt* ● uden forbehold el. indskrænkninger = FULDSTÆNDIG, FULDKOMMEN, KOMPLET □ *stilheden var total · nyheden kom som en total overraskelse for dem · han var totalt uforberedt · en total forandring · han bliver totalt til grin · det er totalt uforståeligt · den er totalt forsvundet*

totalforlis

SUBST. *-et,* plur. *~forlis, -ene*

et forlis hvor alt ødelægges = TOTALHAVARI □ *forsikre mod totalforlis*

totalisator

SUBST. *-en,* plur. *-er, -erne*
/*totali'sator*/

et system for el. et kontor der formidler kontrolleret spil ved væddeløb hvor gevinster udbetales i forhold til indsatsen; bruges i Danmark ved heste-, cykel- og brevduevæddeløb □ *spille i totalisatoren · udfylde en kupon til totalisatoren · gøre indsatser i totalisatoren · galopbanens totalisatorer · i England trives den statslige totalisator side om side med private bookmakere* □ *totalisatorspil*

totalitarisme

SUBST. *-n*

et politisk system hvor ét parti el. statsmagten behersker de vigtigste dele af samfundet

totalitet

SUBST. *-en,* plur. *-er, -erne*
/*totali'te'l*/

= HELHED □ *totaliteten af alt levende, altså mennesker, dyr og planter · erindringen stod som en totalitet for ham* ● det at gælde el. kunne forekomme til alle tider og under alle forhold = UNIVERSALITET ≠ PARTIKULARITET □ *en teori som hævder sin totalitet*

totalitær

ADJ. *-t, -e*
/*totali'tær*/

som præges af at én person el. ét politisk parti regerer og styrer alle vigtige samfundsanliggender □ *en totalitær stat · et totalitært fascistisk diktatur*

totalsystem

SUBST. *-et,* plur. *-er, -erne*
/*'total-*/

et talsystem der har to grundtal: cifrene 0 og 1, og som bl.a. bruges i elektronisk databehandling = BINÆRT TALSYSTEM

totalteater

SUBST. *-et* (el. *~teatret*), plur. *~teatre, ~teatrene*

en teaterform hvor publikum bliver inddraget i handlingen

totem

SUBST. *-en* (el. *totemmen*) el. *-et* (el. *totemmet*), *-er* (el. *totemmer*), *-erne* (el. *totemmerne*)
[*'to'tæm*]

et lykkedyr for en indianerstamme som tilbedes af stammen = TOTEMDYR

totemdyr

SUBST. *-et,* plur. *~dyr, -ene*

= TOTEM

totempæl

SUBST. *-en,* plur. *-e, -ene*

en udskåret, malet pæl med motiver af totemdyr

toti

TALORD

tallet 20; anvendes bl.a. på checks og postanvisninger hvor et beløb angives med bogstaver = TYVE □ *totifire · totisyv*

totiden

SUBST.BEST.

ved totiden omkring klokken to □ *jeg kommer ved totiden*

totur

SUBST. *-en,* plur. *-e, -ene*

en folkelig dans danset af to personer i to afdelinger el. musikken til denne □ *danse en totur · spille en totur*

touche

SUBST. *-n,* plur. *-r, -rne*
[*'tusj*]

en fanfare i stigende og faldende treklange □ *orkestret gav en touche som hyldest*

touché el. touche

SUBST. *-en* el. *-et,* plur. *-er, -erne*
[*tu'sje*]

et stød i fægtesport der rammer korrekt på den del af kroppen som det er tilladt at ramme

toupé el. toupe el. toupet

SUBST. *-en,* plur. *-er, -erne*
[*tu'pe*]

en lille paryk der dækker issen

toupere

VERB. *-r, -de, -t*
[*tu'pe'ɔ*]

toupere ngt rede håret fra spidserne og ind mod

hovedbunden så det kommer til at fylde meget □ *toupere håret op* · *touperet hår* □ *toupering*

tournedos

SUBST. *-en,* plur. *-er, -erne*
[*turnə'do* el. *tånə'do*]

en tyk skive oksemørbrad stegt som bøf

tournure

SUBST. *-n,* plur. *-r, -rne*
[*tå'ny'ɔ* el. *sjældent tur'ny'ɔ*]

en pude el. et stativ båret bagtil under en damekjole; moderne i 1800-tallet

tov

SUBST. *-et,* plur. *-e, -ene*

1. et tykt, stærkt materiale fremstillet af sammenflettede reb; bruges især til fortøjring og bugsering af meget store og tunge ting □ *båden var bundet fast med et tov* □ *tovbane* · *tovværk* □ *ankertov* · *klatretov* · *sjippetov* · *slæbetov*
2. trække tov leg hvor to hold trækker i hver sin retning i et langt tov, og hvor det gælder om at trække det andet hold omkuld □ *tovtrækning* • **trække tov** diskutere frem og tilbage • **være ude i tovene** være i en vanskelig situation el. være ude af sig selv

tovtrækkeri

SUBST. *-et,* plur. *-er, -erne*
/*tovtrække'ri*/

en langvarig diskussion hvor parterne står stejlt på egne synspunkter □ *forhandlingerne endte i tovtrækkeri mellem parterne* · *juridisk tovtrækkeri*

tovværk

SUBST. *-et*

en mængde af grovere reb el. liner, især på skibe □ *skibets tovværk er gammelt og slidt*

toværelses el. **toværelsers**

ADJ.

(også SUBST.) som består af to værelser □ *en toværelses lejlighed* · *jeg har en lille toværelses på Nørrebro*

toårig

ADJ. *-t, -e*

som varer to år = TOÅRS □ *en toårig periode* • som er to år gammel = TOÅRS □ *en toårig dreng*

toåring

SUBST. *-en,* plur. *-er, -erne*

et dyr som er to år gammelt; især om heste

toårs

ADJ.

som varer to år = TOÅRIG □ *en toårs periode* □ *toårsperiode* • som er to år gammel = TOÅRIG □ *et toårs barn*

tr.

fork. for *træffes* □ *tr. 10-14*

t/r

fork. for *tur-retur*

tradition

SUBST. *-en,* plur. *-er, -erne*
[*tradi'sjo'n*]

fast etableret skik som gentages i stort set uforandret form i et samfund el. hos en gruppe mennesker = SKIK, SÆDVANE □ *det er en god, gammel tradition at spise risengrød juleaften* · *traditionen lever endnu* · *følge traditionen* · *bryde traditionen* · *der er tradition for at holde en tale for værtinden* · *traditionen tro* · *stolte traditioner*

traditionalist

SUBST. *-en,* plur. *-er, -erne*

en person som holder fast ved en traditionel linie □ *den ene kandidat til posten er traditionalist, den anden mere moderne og åben for nye strømninger* □ *traditionalistisk*

traditionel

ADJ. *-t, traditionelle*
[*tradisjo'næl'*]

som finder sted i overensstemmelse med en tradition □ *den traditionelle julemiddag* · *leve efter det traditionelle kønsrollemønster*

traf

VERB.

bøjningsform af *træffe*

traffes

VERB.

bøjningsform af *træffes*

trafik

SUBST. *trafikken,* plur. *trafikker, trafikkerne*
/*tra'fik*/

bevægelse af mennesker og transportmidler der færdes til lands, til vands el. i luften = FÆRDSEL □ *der er stærk trafik på gaden* · *tung trafik* · *tæt trafik* · *kollektiv trafik* · *afvikle trafikken* · *snemasserne lammer trafikken* · *gennemgående trafik* · *modgående trafik* □ *trafikdrab* · *trafiksikkerhed* · *trafikulykke* □ *fjerntrafik* · *nærtrafik* • en tvivlsom fremgangsmåde el. ulovlig handel □ *ordningen er blevet misbrugt, men kommunen vil nu sætte en stopper for den trafik* · *der foregik en livlig trafik med hash og hårde stoffer*

trafikal

ADJ. *-t, -e*
/*trafi'kal*/

som har at gøre med trafik □ *byrådet behandlede nogle trafikale sager* · *byen har store trafikale problemer*

trafikant

SUBST. *-en,* plur. *-er, -erne*
/*trafi'kant*/

en person som færdes i trafikken = VEJFARENDE □ *alle trafikanter, både bilister, cyklister og fodgængere, skal vise hensyn i trafikken* • **bløde trafikanter** fodgængere og cyklister □ *bløde trafikanter er en specielt udsat gruppe i trafikken*

trafikeret

ADJ. *-, trafikerede*
/*trafi'keret*/

med trafik = BEFÆRDET □ *vejen er stærkt trafikeret* · *det er byens mest trafikerede hovedstrøg*

trafikflyver

SUBST. *-en,* plur. *-e, -ne*

en pilot der har ret til flyve som erhvervspilot ≠ PRIVATFLYVER □ *trafikflyvercertifikat*

trafikminister

SUBST. *-en,* plur. *~ministre, ~ministrene*

en minister med ansvar for trafik, infrastruktur m.m.

trafikministerium

SUBST. *~ministeriet,* plur. *~ministerier, ~ministerierne*

et ministerium som har at gøre med biltrafik, togtrafik og flytrafik

trafikprop

SUBST. *~proppen,* plur. *~propper, ~propperne*

en midlertidig standsning af kørende trafik fordi der er mange trafikanter på vejen □ *han sad fast i en trafikprop på motorvejen en halv time*

tragedie

SUBST. *-n,* plur. *-r, -rne*
[*tra'ge'ðjə*]

1. et skuespil som ender sørgeligt, især med hovedpersonens død = SØRGESPIL ≠ KOMEDIE □ *Shakespeares tragedie hamlet*
2. en sørgelig begivenhed el. en ulykkelig skæbne □ *tragedien ramte dem hårdt* · *de sidste år af hendes liv var en ren tragedie*

tragik

SUBST. *tragikken*
/*tra'gik*/

det at noget er tragisk ≠ KOMIK □ *dramaets rystende tragik*

tragikomisk

ADJ. *-, -e*

som er både tragisk og komisk □ *en tragikomisk situation*

tragisk

ADJ. *-, -e*

som volder smerte og er sørgeligt ≠ KOMISK □ *en tragisk ulykke* • som virker trist el. sørgelig □ *han fik en tragisk skæbne* · *en tragisk person*

tragt

SUBST. *-en,* plur. *-e, -ene*

et rør med en bred åbning foroven som bruges til at hælde væske el. pulver på en beholder med en smal åbning for at undgå at spilde □ *han hældte saften gennem tragten* □ *tragtformet*

tragte

VERB. *-r, -de, -t*

1. tragte efter ngt ønske noget og gøre sig umage for at opnå det = STRÆBE □ *han tragtede efter magt og rigdom* · *en tredjeplads er ikke noget at tragte efter*
2. tragte ngt hælde noget gennem en tragt □ *tragte kaffe*

trailer

SUBST. *-en*, plur. *-e, -ne*
[*'træjlɔ*]

1. = ANHÆNGER
2. et brudstykke af en film el. et tv-program som vises som reklame for filmen el. programmet ▫ *før selve filmen kom trailere for andre film*

trak

VERB.

bøjningsform af *trække*

trakasserier

SUBST.PLUR. *-ne*

det at være i splid og kævles = KÆVLERI ▫ *der var en del trakasserier mellem de implicerede parter* · *de mange trakasserier er underholdende for tv-seerne* · *det hele forsinkes på grund af proceduremæssige trakasserier*

traktat

SUBST. *-en*, plur. *-er, -erne*
/*trak'tat*/

1. en overenskomst mellem to el. flere stater ▫ *USA har sluttet traktat med EU* · *en overtrædelse af traktaten* · *underskrive en traktat* · *i henhold til traktatens bestemmelse* ▫ *traktatlig* · *traktatsforhandlinger* · *traktatlande* ▫ *Romtraktaten*
2. et lille opbyggeligt el. religiøst skrift

traktement

SUBST. *-et*, plur. *-er, -erne*
[*tragdə'maŋ*]

mad og drikke som man får serveret som gæst ▫ *på bordet var et lækkert traktement anrettet* · *seminaret bød også på et fornemt traktement* · *traktementet var skrabet, de fik kun en kop kaffe uden noget til* · *traktementet var rigeligt* ▫ *eftermiddagstraktement* · *frokosttraktement* · *middagstraktement*

traktere

VERB. *-r, -de, -t*
/*trak'tere*/

1. **traktere ng med ngt** = BEVÆRTE ▫ *hun trakterede gæsterne med te og lagkage* · *hun trakterede sine venner* ▫ *traktering* • **traktere på ng** beværte en person • **traktere på ngt** invitere på fx kaffe og kage
2. **traktere ngt** (spøg.): udsætte noget for en dårlig behandling ▫ *pianisten trakterede klaveret så det var en gru at høre på* · *hvordan er det du trakterer bogen!* ▫ *maltraktere*

traktor

SUBST. *-en*, plur. *-er, -erne*

1. et motorkøretøj med meget stærk motor, store baghjul og kraftige dæk som især bruges til at trække landbrugsredskaber ▫ *traktorer har erstattet hesten i landbruget* ▫ *traktorfører* ▫ *bæltetraktor* · *hjultraktor*
2. (edb): en anordning på printere som fører papir i endeløse baner frem ved hjælp af små tappe som griber ind i huller på papiret

traktose

SUBST. *-n*
/*trak'tose*/

den sammenpressede, ufrugtbare tilstand som jord kan komme i efter at traktorer el. andre tunge maskiner har kørt på den

traktørsted

SUBST. *-et*, plur. *-er, -erne*
/*trak'tørsted*/

en mindre restaurant, fx ved et udflugtssted

tralala

UDRÅBSORD

udtryk for at man synger ▫ *tralala, lød det skrålende fra badeværelset* · *tralala, hvor er jeg glad i dag!*

tralle

VERB. *-r, -de, -t*

tralle ngt synge uden ord med lydmalende stavelser, fx *tralala* ▫ *hun kunne ikke hele teksten, så hun trallede i stedet* · *han trallede en gammel sang* ▫ *trallen* · *tralleri*

trampbåd

SUBST. *-en*, plur. *-e, -ene*

et fragtskib der ikke går i rutefart ≠ LINIEBÅD

trampe

VERB. *-r, -de, -t*

1. **trampe {på} ngt** træde hårdt ned, ofte så det kan høres = STAMPE ▫ *trampe i gulvet* · *han trampede i pedalerne på cyklen* • **trampe ng(t) ned** trampe på noget så det bliver fladt, el. trampe på nogen så de dør ▫ *de trampede græsset ned* · *de blev trampet ned af mængden*
2. **trampe på ng(t)** behandle andre og deres følelser dårligt ▫ *hun følte sig trampet på af vennerne* · *de trampede på hans følelser*

trampfart

SUBST. *-en*

det at et fragtskibs sejlrute varierer efter hvilke havne der skal fragtes gods imellem ≠ LINIEFART, RUTEFART ▫ *rederiet driver trampfart på Nord- og Østersøen* · *sejle i trampfart*

trampolin

SUBST. *-en*, plur. *-er, -erne*
/*trampo'lin*/

et sportsredskab som bruges til at hoppe i, og som består af et firkantet metalstativ med et stykke lærred der er udspændt med fjedre ▫ *trampolinspring*

trampolinspring

SUBST. *-et*, plur. *~spring, -ene*

det at springe i en trampolin ▫ *øve på et trampolinspring* ▫ *trampolinspringer* • ⟨ikke plur.⟩ en sport hvor man laver forskellige spring i serier på en stor trampolin; dyrkes solo, for hold på fem personer el. som synkronspring

tran

SUBST. *trannen* el. *trannet*

fedtstof udvundet af hvaler, sæler el. fisk ▫ *tranlampe* • **svede tran** svede kraftigt

trance

SUBST. *-n*, plur. *-r, -rne*
[*'traŋsə*]

en søvnlignende tilstand hvor man kan kontrollere sine tanker og handlinger; forekommer fx hos spiritistiske medier ▫ *være i trance* ▫ *trancetilstand* • en sindstilstand som er præget af stille henrykkelse ▫ *gå som i en trance* · *falde i trance over en film*

tranchere

VERB. *-r, -de, -t*
[*traŋ'sje'ɔ*]

tranchere ngt (i madlavning): skære et stykke stegt fjerkræ op i portionsstykker, fx med brug af fjerkræsaks ▫ *tranchersaks*

trane

SUBST. *-n*, plur. *-r, -rne*

en stor, skifergrå fugl med lang hals, langt næb og lange ben; udfører et imponerende parringsspil med dybe buk og høje spring; latinsk navn *Grus grus* ▫ *tranedans*

tranebær

SUBST. *~bærret*, plur. *~bær, ~bærrene*

små, mørkerøde og kuglerunde bær af busken tranebær som bliver halvt gennemsigtige efter frost ▫ *tranebærgelé* · *tranebærsyltetøj* • ⟨best. *~bærren*⟩ en lav, krybende busk hvorpå der vokser tranebær; latinsk navn *Oxycoccus*

trang[1]

SUBST. *-en*

en stærk følelse af at skulle have el. gøre noget = BEHOV ▫ *hun følte trang til at synge af glæde* · *en stærk, indre trang* ▫ *besiddertrang* · *selvstændighedstrang*

trang[2]

ADJ. *-t, -e*

så småt at det kniber med plads = SNÆVER ▫ *her er sandelig trangt med plads* · *en trang korridor* ▫ *tranghed* · *trangbrystet* • **leve i trange kår** være fattig • **være trang om hjertet** være sorgfuld

trangbrystet

ADJ. *-* , *trangbrystede*

(glds.): som lider af vejrtrækningsbesvær el. som let bliver forpustet ▫ *han er blevet noget trangbrystet med alderen*

transaktion

SUBST. *-en*, plur. *-er, -erne*
[*transag'sjo'n*]

det at udføre en forretning = HANDEL ▫ *forretningsmanden foretog nogle økonomiske transaktioner*

transatlantisk

ADJ. *-* , *-e*

som går hen over Atlanterhavet ▫ *transatlantisk fællesskab* · *transatlantisk samarbejde* · *han var midt i en transatlantisk telefonsamtale* · *transatlantiske flyruter*

transcendent

ADJ. *-* , *-e*
[*transæn'dæn't*]

(filosofi, religion): som ligger uden for grænserne for det som kan opfattes med sanserne el. bevidstheden og erfaringen = TRANSCENDENTAL,

OVERNATURLIG, OVERSANSELIG, OVERJORDISK, METAFYSISK, OKKULT ≠ IMMANENT □ *guddommen er i de fleste religioner af transcendent art* • som strækker sig langt ud over normale grænser □ *Mozarts transcendente begavelse*

transcendental

ADJ. *-t, -e*
[*transəndæn'ta'l*]

1. = TRANSCENDENT □ *transcendentale ideer* □ *transcendentalfilosofi*
2. transcendental meditation se under *meditation*

transducer

SUBST. *-en,* plur. *-e, -ne*
[*trans'dju·sɔ*]

en anordning der omformer én form for fysisk påvirkning til en anden, fx strøm til bevægelse i en motor el. lyd til elektriske impulser i en mikrofon □ *en elektronisk transducer* · *transduceren indeholder den nyeste avancerede teknik* · *transduceren monteres under køretøjet*

transfer

SUBST. *-en,* plur. *-er, -erne*
[*trans'fɔ̈·*]

1. overførsel af pengebeløb fra et land til et andet • den sum en fodboldspiller sælges for til en anden klub □ *i moderne fodbold betales der ofte transferer på adskillige millioner* □ *transfersystem*
2. = TRANSPORT □ *transfer mellem lufthavn og hotel*
3. = OVERFØRINGSBILLEDE □ *transferteknik*

transformator

SUBST. *-en,* plur. *-er, -erne*
/*transfor'mator*/

en anordning der kan give vekselstrøm højere el. lavere spænding = TRANSFORMER □ *transformatoranlæg* · *transformatorbeholder* · *transformatorkapacitet* · *transformatorstation*

transformer

SUBST. *-en,* plur. *-e, -ne*
/*trans'former*/

= TRANSFORMATOR

transformere

VERB. *-r, -de, -t*
/*transfor'mere*/

1. transformere ngt = OMFORME • **transformere ngt** (elektricitet): ændre en elektrisk strøms spænding

transfusion

SUBST. *-en,* plur. *-er, -erne*
[*transfu'sjo'n*]

overførelse af blod fra et individ til et andet □ *blodtransfusion*

transistor

SUBST. *-en,* plur. *-er, -erne*
/*tran'sistor*/

en elektronisk komponent som kan forstærke el. afbryde elektriske signaler og som bruges i computere og forstærkere □ *transistorradio* • = TRANSISTORRADIO □ *sætte nye batterier i transistoren*

transistorradio

SUBST. *-en,* plur. *-er, -erne*

en bærbar radio = TRANSISTOR

transit

SUBST. *transitten,* plur. *transitter, transitterne*
/*tran'sit*/

transport af varer el. personer fra ét land gennem et andet til et tredje □ *have varer i transit* □ *transitgård* · *transithal* · *transithandel* · *transithavn* · *transitlager* · *transitlast* · *transittold*

transithal

SUBST. *~hallen,* plur. *~haller, ~hallerne*

en hal i en lufthavn hvor passagerer som skal rejse til udlandet el. som mellemlander kan opholde sig

transithandel

SUBST. *-en* (el. *~handlen*), plur. *~handler, ~handlerne*

handel med varer der transporteres fra ét land til et andet gennem et tredje land

transitiv

ADJ. *-t, -e*

transitivt verbum et verbum som kan have objekt, fx *finde* og *give* i *jeg finder bogen* og *hun gav pigen et æble* = INDVIRKENDE UDSAGNSORD ≠ INTRANSITIVT VERBUM, UINDVIRKENDE UDSAGNSORD

translatør

SUBST. *-en,* plur. *-er, -erne*
/*transla'tør*/

en person der oversætter vanskelige tekster, fx juridiske og politiske dokumenter; kan også være tolk = OVERSÆTTER □ *translatør i engelsk* □ *translatørautorisation* · *translatørbureau*

translokation

SUBST. *-en,* plur. *-er, -erne*
[*transloka'sjo'n*]

en højtidelighed på en skole der markerer skoleårets afslutning, og hvor der bl.a. udstedes eksamensbeviser

transmission

SUBST. *-en,* plur. *-er, -erne*
[*transmi'sjo'n*]

1. overføring af bevægelse el. energi; også om en indretning der overfører bevægelse el. energi □ *transmissionssystem*
2. en direkte tv- el. radioudsendelse □ *vi bringer en direkte transmission fra festen på rådhuset* □ *transmissionsaftale* · *transmissionsforbindelse* □ *radiotransmission* · *tv-transmission*

transmittere

VERB. *-r, -de, -t*
[*transmi'te'ɔ*]

transmittere ngt til ngt overføre noget til noget andet; det kan være en bevægelse, kraft, et signal el.lign. = OVERFØRE □ *stempelbevægelsen transmitteres via en krumtap til hjulakslen* · *lyslederkablet kan transmittere 2.000 samtaler på én gang* □ *transmission* · *transmittering* • **transmittere ngt** sende direkte radio el. tv fra en begivenhed = SENDE, UDSENDE □ *aftenens semifinale transmitteres direkte på DR TV*

transparent[1]

SUBST. *-en* el. *-et,* plur. *-er, -erne*
[*transba'raŋ*]

1. en gennemsigtig planche som belyses bagfra, fx på en overheadprojektor
2. et langt stykke stof med tekst malet på og hængt op, fx tværs over en gade, el. båret af to personer i en demonstration

transparent[2]

ADJ. *- , -e*
[*transba'rän't*]

= GENNEMSIGTIG □ *forbrugeren kan se varen direkte gennem den transparente plast*

transpiration

SUBST. *-en,* plur. *-er, -erne*
[*transbira'sjo'n*]

= SVED

transpirere

VERB. *-r, -de, -t*
[*transbi'ræ'ɔ*]

= SVEDE

transplantation

SUBST. *-en,* plur. *-er, -erne*
[*transplanta'sjo'n*]

en operation hvor en ødelagt del af legemet erstattes af en tilsvarende del fra en anden person, el. ødelagt væv erstattes med væv som er taget et andet sted på patienten □ *transplantere* · *transplantationskirurgi* □ *hjertetransplantation* · *hudtransplantation* · *nyretransplantation* · *ægtransplantation*

transponere

VERB. *-r, -de, -t*
/*transpo'nere*/

transponere ngt omsætte musik fra én toneart til en anden □ *transponering*

transport

SUBST. *-en,* plur. *-er, -erne*
/*trans'port*/

1. befordring af varer, personer m.m. i større målestok fra et sted til et andet; også om selve det der transporteres = BEFORDRING □ *varerne blev beskadiget under transporten* · *transport ad søvejen* · *transport af varer foregår med fly* · *en kostbar transport blev opsnappet af fjenden* □ *transportarbejder* · *transportfartøj* · *transportled* · *transportmiddel* · *transportomkostning* □ *fangetransport* · *flytransport* · *landevejstransport* · *persontransport* · *sygetransport* · *varetransport* · *våbentransport*
2. (i regnskab): overførelse af en slutsum fra én side til den næste; også om selve summen der overføres □ *fra forrige side har vi en transport på 547,50 kr.*
3. en skriftlig overdragelse af en fordring el.lign.

transportabel

ADJ. *-t, transportable*
/*transpor'tabel*/

som er let el. forholdsvis let at transportere el. som er beregnet på at kunne transporteres = BÆRBAR, MOBIL, FLYTBAR ≠ STATIONÆR □ *et transportabelt fjernsyn* · *apparatet fås både i en transportabel udgave og til fast installation* □ *transportabilitet*

transportbånd

SUBST. *-et,* plur. *~bånd, -ene*

et endeløst motordrevet bånd som bruges til massetransport el. som samlebånd □ *bilerne fremstilles på transportbånd* • **ske** el. **foregå på transportbånd** ske rutinemæssigt og ofte overfladisk □ *afhøringen af arrestanterne skete på transportbånd*

transportere

VERB. *-r, -de, -t*
/transpor'tere/

1. transportere ng(t) gennemføre en flytning af nogen el. noget fra et sted til et andet sted = FRAGTE, BEFORDRE □ *transportere varer med lastbil* · *passagererne bliver transporteret videre med busser* □ *transportering*
2. transportere ngt overføre en regnskabssides slutpost til den næste side □ *transportering*
3. transportere ngt til ng overdrage en fordring el.lign. til en anden person □ *kravet er blevet transporteret til den nye ejer af ejendommen* □ *transportering*

transportmiddel

SUBST. *-et* (el. *~midlet*), plur. *~midler, ~midlerne*

et redskab til at transportere personer el. varer fra et sted til et andet, fx et køretøj, et fly el. skib = BEFORDRINGSMIDDEL □ *cyklen er et billigt transportmiddel* • **offentlige transportmidler** transportmidler som er beregnet til offentlig transport, dvs. tog, busser og skibe □ *de valgte at lade bilen stå og i stedet bruge de offentlige transportmidler*

transportsyge

SUBST. *-n*

en utilpashed med kvalme og svimmelhed som kan opstå når man transporteres med fx bil, båd el. fly = KØRESYGE, LUFTSYGE, SØSYGE

transportør

SUBST. *-en,* plur. *-er, -erne*
/transpor'tør/

1. en virksomhed el.lign. der transporterer varer, forsyninger el.lign. □ *virksomheden er den tredjestørste transportør af stykgods* · *Dansk Flygtningehjælp er den største transportør af nødhjælp* • noget som bruges til at transportere noget andet med □ *virussen bruges som transportør af det raske gen*
2. (matematik): en halvcirkel inddelt i grader til udmåling og afsætning af vinkler

transseksualisme

SUBST. *-n*

en trang til at skifte køn ≠ TRANSVESTISME

transseksuel

ADJ. *-t, ~seksuelle*

⟨også SUBST.⟩ som har trang til at være det modsatte køn og evt. gennemføre *kønsskifte* ≠ TRANSVESTIT □ *den transseksuelle Lars skiftede køn og hedder nu Lorene* · *transseksuelle sikres bedre vilkår* □ *transseksualitet*

transskribere

VERB. *-r, -de, -t*
/transskri'bere/

transskribere ngt skrive noget med et andet tegnsystem, fx skrive noget med lydskrift • (musik): omskrive et værk fra en nodeskrift til en anden el. fra en instrumentbesætning til en anden

transskription

SUBST. *-en,* plur. *-er, -erne*
[*transgrib'sjo'n*]

det at transskribere noget, el. noget som er transskriberet • (musik): omskrivning af et musikstykke for et andet instrument

transvestisme el. **transvestitisme**

SUBST. *-n*
/transve'stisme/

en trang til at klæde sig i det andet køns tøj ≠ TRANSSEKSUALISME

transvestit

SUBST. *transvestitten,* plur. *transvestitter, transvestitterne*
/transve'stit/

en person med trang til at klæde sig i det andet køns tøj ≠ TRANSSEKSUEL

transvestitisme

SUBST.

se *transvestisme*

trap

LYDORD

trip trap se under *trip*

trapez[1]

SUBST. *-et,* plur. *-er, -erne*
[*tra'pæds*]

(geometri): en firkant med to parallelle sider

trapez[2]

SUBST. *-en,* plur. *-er, -erne*
[*tra'pæds*]

et gymnastikredskab som består af en vandret stang der er ophængt mellem to tove □ *øvelser i trapez* · *akrobaterne viste deres nummer i trapez* □ *trapezkunstner* · *trapeznummer* · *trapezøvelse*

trappe[1]

SUBST. *-n,* plur. *-r, -rne*

1. et antal sammenhængende trin som man kan gå op el. ned ad □ *fra forstuen førte en trappe op til første sal* · *han løb op ad trappen* · *hun tog trappen i to spring* · *de tager trappen to trin ad gangen* · *de tog trappen ned* · *jeg mødte ham på trappen* · *familien bor to trapper oppe* □ *trappeafsats* · *trappeatlet* · *trappegang* · *trappegavl* · *trappesten* · *trappestige* · *trappetrin* · *trappevask* □ *bagtrappe* · *brandtrappe* · *hovedtrappe* · *køkkentrappe* · *musetrappe* · *rulletrappe* · *spindeltrappe* · *vindeltrappe* • **rullende trappe** = RULLETRAPPE • **slide ngs trapper** løbe nogen på dørene □ *nu har jeg slidt hans trapper i et halvt år, men stadig uden resultat*
2. på trapperne udtryk for at noget er nært forestående el. at nogen snart kommer □ *der er vist et nyt lovforslag på trapperne* · *har regeringen noget spændende på trapperne?* · *han er vist lige på trapperne*

trappe[2]

VERB. *-r, -de, -t*

trappe ngt ned gøre noget mindre lidt efter lidt = NEDTRAPPE, AFTRAPPE ≠ OPTRAPPE □ *det er besluttet at trappe mødeaktiviteterne ned* · *jeg forsøger at trappe ned på rygningen* • **trappe ngt op** gøre noget større lidt efter lidt = OPTRAPPE ≠ AFTRAPPE □ *vi arbejder på at trappe antallet af forsøg op*

trappeafsats

SUBST. *-en,* plur. *-er, -erne*

en afsats mellem trapper i en opgang = REPOS

trappegang

SUBST. *-en,* plur. *-e, -ene*

= TRAPPEOPGANG

trappeløb

SUBST. *-et,* plur. *~løb, -ene*

et trappeparti mellem to afsatser

trappeopgang

SUBST. *-en,* plur. *-e, -ene*

trappen og afsatserne mellem etagerne i en bygning = TRAPPEGANG □ *jeg har sat den ude på trappeopgangen*

trappesten

SUBST. *-en,* plur. *~sten, -ene*

et el. flere trin ved indgangen til et hus □ *børnene sad på trappestenen uden for huset*

trappestige

SUBST. *-n,* plur. *-r, -rne*

en mindre stige der kan stå frit på jorden, og som har brede trin som på en trappe ≠ WIENERSTIGE

traske

VERB. *-r, -de, -t*

gå langsomt og tungt □ *traske af sted* · *hunden traskede trofast i hælene på ham hvor han gik*

trassat

SUBST. *-en,* plur. *-er, -erne*
[*tra'sa't*]

den person en veksel er trukket på

trassent

SUBST. *-en,* plur. *-er, -erne*
[*tra'sæn't*]

en person der trækker en veksel på en anden

trassere

VERB. *-r, -de, -t*
[*tra'se'ɔ*]

trække en veksel på en person

tratte

SUBST. *-n,* plur. *-r, -rne*

en veksel hvormed en *trassent* anmoder en *trassat* om at betale en gæld på et givet tidspunkt = TRUKKET VEKSEL, TRASSERET VEKSEL □ *advisering af en tratte* · *udstede en tratte på et firma*

trauma

SUBST.

se *traume*

traumatisk

ADJ. - , -e
/trau'matisk/

som fremkalder et psykisk traume el. som har med traumer at gøre ▫ *en traumatisk oplevelse*

traume el. trauma

SUBST. *traumet,* plur. *traumer, traumerne*

1. en stærk, ubehagelig psykisk påvirkning som giver varige skader på sindet ▫ *ulykken gav hende et traume for livet* ▫ *barndomstraume*
2. en legemlig skade som følge af voldelig påvirkning = SKADE, BESKADIGELSE

traurig

ADJ. *-t, -e*

= SØRGELIG ▫ *en traurig affære* • = BEDRØVET ▫ *du ser så traurig ud i dag* ▫ *traurighed*

traurighed

SUBST. *-en,* plur. *-er, -erne*

udtryk for at man er nedtrykt

trav

SUBST. *-et,* plur. *trav, -ene*

1. en hurtig gangart hos en hest hvor de to diagonale ben berører jorden samtidig, fx højre forben og venstre bagben ≠ SKRIDTGANG, GALOP ▫ *ride trav* · *sætte i trav* ▫ *travbane* · *traver* · *travhest* · *travkusk* · *travløb* · *travsport* • = TRAVLØB ▫ *gå til trav* · *køre trav* • **rent trav** trav som ikke er iblandet anden gangart; også om aktiviteter som er uangribelige • **urent trav** trav der slår over i galop; også om aktiviteter virker luskede ▫ *på overfladen så sagen helt legal ud, men kommissæren havde mistanke om urent trav*
2. hurtig gang el. løb hos mennesker ▫ *han satte i skarpt trav for at nå toget*

trave[1]

SUBST. *-n,* plur. *-r, -rne*

en række af kornneg opstillet på marken; tidligere brugt som optællingsenhed om bestemt antal ▫ *kornet står i traver*

trave[2]

VERB. *-r, -de, -t*

1. (om en hest): løbe i gangarten trav ≠ GALOPPERE ▫ *hesten traver*
2. trave {en tur} gå rask af sted = VANDRE ▫ *vil du med ud at trave en tur?* · *sønnen travede i hælene på ham* ▫ *traveri* · *travesko* · *travetur*

traver

SUBST. *-en,* plur. *-e, -ne*

1. en gammel traver en historie el. en vittighed som er gentaget mange gange og derfor er kedelig og uinteressant ▫ *han fortalte igen den gamle traver om hvordan han havde mødt sin kone*
2. = TRAVHEST ▫ *opdrætte travere*

travesko

SUBST. *-en,* plur. *~sko, -ene*

en sko som har en tyk sål, og som er velegnet til lange traveture ▫ *et par solide travesko*

travesti

SUBST. *-en,* plur. *-er, -erne*
[*travə'sdi'*]

en fremstilling af et alvorligt emne på en lattervækkende måde; især en komisk efterligning el. omdigtning af et alvorligt digterværk

travetur

SUBST. *-en,* plur. *-e, -ene*

en længere gåtur i det fri ▫ *jeg var på en lang travetur i dag*

travhest

SUBST. *-en,* plur. *-e, -ene*

en hest der deltager i travløb = TRAVER

travkusk

SUBST. *-en,* plur. *-e, -ene*

en person der sidder i sulkyen i et travløb = TRAVJOCKEY ▫ *travkusken har vundet mange løb*

travl

ADJ. *-t, -e*

som har meget at lave ▫ *de travle insekter* · *en travl forretningsmand* · *han er travlt optaget af at snakke i telefon* · *det har været en travl dag* · *der var travlt på kontoret i dag* · ▫ *travlhed* • hvor der er megen aktivitet ▫ *en travl storby* · *den travle storby* · *en travl periode* · *dagens travle aktivitet* • **få travlt med ngt** begynde at gøre noget hurtigt, fx fordi der kun er lidt tid til det ▫ *de fik travlt med at gøre rent inden forældrene kom hjem fra ferie* · *efter den brøler fik han travlt med at snakke om noget andet* · *han fik travlt med at nå toget* · *hun fik travlt med at komme væk* • **have travlt med ngt** arbejde hårdt med noget fordi man skal skynde sig ▫ *han havde travlt med at læse lektier* · *jeg har travlt og vil ikke snakke med nogen* · *han havde ikke travlt med at svare hende* • **have travlt med ng(t)** (neds.): være meget optaget af at sladre om el. rakke ned på nogen el. noget ▫ *folk har altid så travlt med hende*

travløb

SUBST. *-et,* plur. *~løb, -ene*

et væddeløb for heste som løber i trav og trækker en sulky med en kusk ▫ *gå til travløb* · *køre travløb*

travsport

SUBST. *-en*

det at køre travløb som sport ▫ *travsporten har mange tilhængere*

trawl

SUBST. *-en* el. -et, plur. *trawl, -ene*
[*'trå·l* el. *'trå'l*]

et stort tragtformet fiskenet der slæbes over havbunden i to wirer ▫ *trawler* · *trawlfiskeri* • fiskeri med trawl = TRAWLFISKERI ▫ *kutteren er taget ud på trawl*

trawle

VERB. *-r, -de, -t*
[*'trå·lə* el. *'trå·lə*]

1. fiske med trawl
2. trawle ngt igennem gennemsøge noget ▫ *jeg har ikke fundet bogen selv om jeg har trawlet hele biblioteket igennem*

trawler

SUBST. *-en,* plur. *-e, -ne*
[*'trå·lɔ* el. *'trå·lɔ*]

et fiskefartøj hvorfra der fiskes med trawl = FISKETRAWLER ≠ FISKEKUTTER ▫ *trawlerflåde*

tre

TALORD

1. tallet 3 ▫ *de tre vise mænd* · *rummets tre dimensioner* · *den gode fe gav ham tre ønsker* ▫ *tredimensional* · *trekant* · *tremaster* · *treogtredive* · *trespring* · *tresproget* · *tretal*
2. alle gode gange tre tredje gang skal det nok lykkes • **gæt tre gange** udtryk som svar på enfoldigt spørgsmål • **holde ng tre skridt fra livet** holde afstand til nogen

trecifret

ADJ. - , *trecifrede*

med tre cifre, fx 415 og 730 ▫ *et trecifret beløb*

tredimensional

ADJ. *-t, -e*

som fremtræder i tre dimensioner: højde, længde og bredde ▫ *pyramiden er en tredimensional figur* • ⟨fork. *3D*⟩ som giver indtryk af dybde, men som i sig selv kun er todimensional ▫ *tredimensional film* · *tredimensionale briller*

tredive el. tredve

TALORD

tallet 30 ▫ *hun er lige fyldt 30* · *månederne april, juni, september og november har hver 30 dage* ▫ *treogtredive*

trediver el. tredver

SUBST. *-en,* plur. *-e, -ne*

1. noget som har tallet 30, fx en buslinie
2. trediverne alderen fra 30 til 39 ▫ *en yngre kvinde i midten af trediverne* • **trediverne** det fjerde årti i et århundrede, især om perioden fra 1930-39 ▫ *depressionen i trediverne* · *de blev gift i midten af trediverne*

trediveårig el. tredveårig

ADJ. *-t, -e*

som varer tredive år = TREDIVEÅRS ▫ *en trediveårig mand* • som er tredive år gammel = TREDIVEÅRS ▫ *en trediveårig mand*

trediveårs el. tredveårs

ADJ.

som varer tredive år = TREDIVEÅRIG ▫ *en trediveårs fødselsdag* ▫ *trediveårsperiode* • som er tredive år gammel = TREDIVEÅRIG ▫ *en trediveårs kvinde*

tredivte el. tredvte

TALORD

nummer 30 i en række ▫ *den tredivte i måneden* ▫ *tredivtedel* ▫ *enogtredivte*

tredivtedel el. tredvtedel

SUBST. *-en,* plur. *-e, -ene*

en af 30 lige store dele som noget kan deles i

tredje

TALORD

nummer 3 i en række □ *den tredje i rækken* · *Frederik den Tredje*

tredjedel

SUBST. *-en,* plur. *-e, -ene*

en af 3 lige store dele som noget kan deles i □ *to tredjedele*

tredjegradsforbrænding

SUBST. *-en,* plur. *-er, -erne*

en forbrænding af sværeste grad som giver brandsår og beskadigelse af dybereliggende væv □ *han havde fået tredjegradsforbrændinger*

tredjegradsforhør

SUBST. *-et,* plur. *~forhør, -ene*

et forhør hvor der anvendes tortur mod den forhørte for at få ham til at tilstå

tredjeland

SUBST. *-et,* plur. *-e, -ene*

et land som ikke er et af de to lande der har indgået et handelssamarbejde, en aftale el.lign. □ *denne eksportvare må ikke videresendes til tredjeland* · *der opretholdes en høj toldsats over for tredjelandene*

tredobbelt

ADJ. *-* , *-e*

som er ganget med tre □ *arbejde til tredobbelt løn* · *betale det tredobbelte beløb for en vare*

tredoble

VERB. *-r, -de, -t*

tredoble ngt gange noget med tre □ *prisen er blevet tredoblet* □ *tredobling*

tredve

TALORD

se *tredive*

tredver

SUBST.

se *trediver*

tredveårig

ADJ.

se *trediveårig*

tredveårs

ADJ.

se *trediveårs*

tredvte

TALORD

se *tredivte*

tredvtedel

SUBST.

se *tredivtedel*

tredækker

SUBST. *-en,* plur. *-e, -ne*

1. en brun-, hvid- og sortspættet vadefugl med en noget plump kropsbygning; den største af de tre danske bekkasinarter; latinsk navn *Gallinago media*
2. en flyvemaskine med tre par vinger over hinanden ≠ MONOPLAN, DOBBELTDÆKKER
3. et skib med tre dæk, fx en færge med tre bildæk

treenighed

SUBST. *-en*
/tre'enighed/

1. Treenigheden el. **den hellige treenighed** en kristen grundforestilling ifølge hvilken Faderen, Sønnen og Helligånden tilsammen udgør det guddommelige □ *treenighedslære* · *treenighedssymbol*
2. en gruppe som består af tre □ *byens største virksomheder har dannet en treenighed* · *historien er baseret på en treenighed af kærlighed, fødsel og død* · *de arbejder sammen i treenighed*

treer

SUBST. *-en,* plur. *-e, -ne*

noget som har tallet eller værdien 3, fx en bestemt buslinie, et spillekort el. en terning □ *de tog treeren til stationen*

treetages el. **treetagers**

ADJ.

med tre etager □ *et treetages hus* □ *treetageshus* · *treetagesejendom*

trefjerdedelstakt

SUBST. *-en*

en taktart med tre slag pr. takt, hvoraf det første er mest betonet, fx valsetakt □ *melodien står i trefjerdedelstakt*

trefod

SUBST. *-en,* plur. *trefødder, treføddeme*

1. et trebenet stativ til at montere noget tungt på el. noget som skal holdes stille, fx et maskingevær, et fotografiapparat el. en gryde □ *maskingeværet var anbragt på en trefod*
2. en lav, trebenet skammel □ *malkepigen sad på en trefod*

trefoldig

ADJ. *-t, -e*

= TREDOBBELT □ *et trefoldigt hurra* · *en trefoldig sejr* · *udbringe et trefoldigt leve for jubilaren* · *han er trefoldig verdensmester i speedway*

trehjulet

ADJ. *-* , *trehjulede*

som har tre hjul □ *en trehjulet cykel*

trekant

SUBST. *-en,* plur. *-er, -erne*

1. en plan figur med tre sider □ *trekant(s)beregning* • **retvinklet trekant** en trekant hvor mindst én vinkel er ret, dvs. 90°
2. et forhold el. en aktivitet som inddrager tre parter, fx tre personer el. tre lande □ *en ægteskabelig trekant* · *det unge par og en af de øvrige gæster lavede en intim trekant i dobbeltsengen* □ *trekant(s)drama* · *trekant(s)forhold* · *trekant(s)handel* · *trekant(s)sex*

trekantet

ADJ. *-* , *trekantede*

1. som har form som en trekant □ *en trekantet figur*
2. som er sær el. kejtet □ *han er så underlig trekantet*

trekantsdrama el. **trekantdrama**

SUBST. *-et,* plur. *-er, -erne*

et problematisk kærlighedsforhold hvor tre personer er involveret

treklang

SUBST. *-en,* plur. *-e, -ene*

en akkord bestående af tre toner i tertsafstand

trekløver

SUBST. *-en,* plur. *-e, -ne*

et kløverblad med tre småblade ≠ FIRKLØVER • en sammentømret gruppe el. klike der består af tre personer □ *I er et kønt trekløver*

trekornsbrød

SUBST. *-et,* plur. *~brød, -ene*

et groft brød, bagt af mel iblandet hørfrø, sesamfrø og hvedekim

trekvart

ADJ. *-* , *-e*

3 af 4 lige store dele som noget kan deles i □ *trekvart liter mælk* · *det sidste trekvarte år har han været syg* □ *trekvartlang* · *trekvartstor*

treleddet

ADJ. *-* , *treleddede*

som består af tre led

trema

SUBST. *-en* el. *-et,* plur. *-er, -erne*

et tegn bestående af to prikker ¨ der anbringes over en vokal for at angive at den udtales selvstændigt, fx *Zoëga, Citroën*

tremaster

SUBST. *-en,* plur. *-e, -ne*

et sejlskib med tre master

tremastet

ADJ. *-* , *tremastede*

som har tre master □ *et tremastet skib*

tremme

SUBST. *-n,* plur. *-r, -rne*

hver af flere parallelt monterede stænger i en ramme □ *et vindue med tremmer for* □ *tremmebur* · *tremmekalv* · *tremmeseng* · *tremmesofa* · *tremmestol* • **komme ind** el. **sidde bag tremmer** el. **ruske i tremmer** (dagl.): komme el. sidde i fængsel

tremmekalv

SUBST. *-en,* plur. *-e, -ene*

en kalv der opfedes i et snævert aflukke med tremmer

tremolo

SUBST. *-et,* plur. *-er, -erne*

(musik): en meget hurtig gentagelse af samme tone, især på et strygeinstrument

tremulant

SUBST. *-en,* plur. *-er, -erne*
/tremu'lant/

(musik): en vibrerende lyd fremkaldt ved hurtig gentagelse af samme tone

tremulere

VERB. *-r, -de, -t*
/tremu'lere/

(musik): synge med rystende stemme el. frembringe tremulanter

trenchcoat

SUBST. *-en,* plur. *-er* (el. *-s*), *-erne* (el. *-ene*)
[*'trænsjkåwt*]

en imprægneret frakke med skulderstropper og bælte

trend[1]

SUBST. *-en,* plur. *-s, -ene*

en formodet langsigtet udvikling el. en tendens i tiden □ *nye trends i efterårsmoden* □ *trendsætter* · *trendskabende*

trend[2]

SUBST. *-en,* plur. *-er, -erne*

de tråde i vævet stof som løber i stoffets længderetning ≠ ISLÆT, SKUD

trendy

ADJ.

som opfylder tidens og modens krav og peger fremad i udviklingen □ *et trendy sæt tøj* · *en trendy roman*

trense

SUBST. *-n,* plur. *-r, -rne*

et hovedtøj til en hest □ *han sørger for rengøring af bid og trense*

trepanation

SUBST. *-en,* plur. *-er, -erne*
[*træpana'sjo'n*]

en operation hvor en del af hjerneskallen fjernes midlertidigt for at muliggøre medicinsk behandling □ *patienten måtte underkastes en trepanation* □ *trepanere*

trepanere

VERB. *-r, -de, -t*
/trepa'nere/

trepanere ng(t) foretage en kirurgisk åbning af kraniet for at kunne behandle en sygdom i hjernen el. hjernehinderne □ *trepanering*

trepersoners

ADJ.

som kan rumme tre personer □ *en trepersoners sofa*

tres

TALORD

tallet 60 = TRESINDSTYVE □ *han fylder snart tres* □ *femogtres*

tresindstyve

TALORD

= TRES

tresindstyvende

TALORD

nummer 60 i en række □ *det var hans tresindstyvende landskamp* □ *tresindstyvendedel* □ *treogtresindstyvende*

tresindstyvendedel

SUBST. *-en,* plur. *-e, -ene*

en af 60 lige store dele som noget kan deles i

tresse

SUBST. *-n,* plur. *-r, -rne*

et vævet el. flettet bånd, ofte med indvævet metaltråd; anvendes på uniformer og kasketter som gradstegn = GALON □ *guldtresse* · *sølvtresse*

tresser

SUBST. *-en,* plur. *-e, -ne*

1. noget som har tallet el. værdien 60, fx en buslinie
2. tresserne alderen fra 60 til 69 □ *en ældre herre i tresserne* • **tresserne** det syvende årti i et århundrede, især om perioden fra 1960-69 □ *i tresserne var der økonomisk opsving*

trestemmig

ADJ. *-t, -e*

(musik): som udføres af tre melodistemmer i samklang □ *trestemmig sang* · *synge trestemmigt*

tresårig

ADJ.

som varer tres år = TRESÅRS □ *en tresårig periode*

tresårs

ADJ.

som varer tres år = TRESÅRIG □ *en tresårs periode* □ *tresårsperiode* • som er tres år gammel = TRESÅRIG □ *en tresårs mand*

treti

TALORD

tallet 30; anvendes bl.a. på checks og postanvisninger hvor et beløb angives med bogstaver = TREDIVE □ *tretifire* · *tretisyv*

tretiden

SUBST.BEST.

ved tretiden omkring klokken tre □ *jeg kommer ved tretiden*

tretten

TALORD

tallet 13; anses almindeligvis for at være et uheldigt tal □ *fylde tretten år* · *være tretten til bords*

trettende

TALORD

nummer 13 i en række □ *fredag den trettende er en meget uheldig dag*

trettendedel

SUBST. *-en,* plur. *-e, -ene*

en af 13 lige store dele som noget kan deles i

trettener

SUBST. *-en,* plur. *-e, -ne*

noget som har tallet tretten, fx en buslinie el. tretten rigtige resultater i tipning

trettenårig

ADJ. *-t, -e*

som varer tretten år = TRETTENÅRS □ *en trettenårig periode* • som er tretten år gammel = TRETTENÅRS □ *en trettenårig pige*

trettenårs

ADJ.

som varer tretten år = TRETTENÅRIG □ *en trettenårs periode* □ *trettenårsperiode* • som er tretten år gammel = TRETTENÅRIG □ *en trettenårs dreng*

tretårnet

ADJ. *-* , *tretårnede*

tretårnet sølv sølv som har tre tårne som kvalitetsmærke, og som indeholder mindst 83% sølv, resten kobber □ *de fik et helt bestik i tretårnet sølv*

treven

ADJ. *-t, trevne*

= TRÆG

trevl el. **trævl**

SUBST. *-en,* plur. *-er, -erne*

en løs tråd der udgår fra tøj, planter el. andet organisk materiale = FLOS □ *tøjet hang i trevler* · *plantens rod havde fine trevler* □ *trevlefilter* · *trevlerod* • **ikke have en trevl på kroppen** være nøgen

trevle el. **trævle**

VERB. *-r, -de, -t*

1. hænge i trevler, fx pga. slid □ *kjolen trevlede forneden* · *stoffet trevler hvis det ikke zigzagges*
2. trevle ngt op adskille noget strikket el. hæklet = PILLE OP □ *hun måtte trevle et stykke af blusen op fordi der var en fejl i den* □ *optrevle* • **trevle ngt op** blotlægge de enkelte bestanddele i noget □ *kontrolchefen og hans toldere er i gang med at trevle tre-fire grove smuglersager op detalje for detalje* · *hans udskejelser blev trevlet op i medierne verden over* · *forbryderorganisationen blev trevlet op* · *trevle hele rettergangen op* □ *optrevle*

trevlerod el. **trævlerod**

SUBST. *-en,* plur. *~rødder, ~rødderne*

en rod med et stort antal tynde, forgrenede smårødder som kan trænge ned i stenet el. meget hård jord ≠ PÆLEROD

trevlet el. **trævlet**

ADJ. *-* , *trevlede*

som er fuld af trevler = FLOSSET □ *et trævlet gardin* · *kødet er sejt og trævlet*

treværelses el. **treværelsers**

ADJ.

⟨også SUBST.⟩ som består af tre værelser □ *en treværelses lejlighed* · *jeg har en treværelses med bad på Østerbro* □ *treværelseslejlighed*

treårig

ADJ. *-t, -e*

som varer tre år = TREÅRS □ *en treårig periode* • som er tre år gammel = TREÅRS □ *et treårigt barn*

treårs

ADJ.

som varer tre år = TREÅRIG □ *en treårs periode* □ *treårsperiode* • som er tre år gammel = TREÅRIG □ *et treårs barn*

triangel

SUBST. *-en* (el. *trianglen*), plur. *triangler, trianglerne*

1. noget som har form som en trekant □ *hjulophængenes triangler* □ *triangelsvingarm* · *triangelplantning* □ *træktriangel*
2. et lille musikinstrument der består af en metalstang bøjet som en trekant, og som man slår på med en anden metalstang

triangulation

SUBST. *-en*, plur. *-er, -erne*
[*triaŋgula'sjo'n*]

en metode til at opmåle et terræn ved at inddele det i et net af trekanter hvis vinkler måles = TRIANGULERING

triangulær

ADJ. *-t, -e*
/*triangu'lær*/

= TREKANTET

trias

SUBST.

en geologisk periode fra omkring 245 til 208 millioner år siden hvor bl.a. dinosaurerne og pattedyrene opstod

triatlon

SUBST. *en*

en idrætsgren der kombinerer disciplinerne svømning, cykling og løb = TREKAMP

tribunal

SUBST. *-et*, plur. *-er, -erne*
/*tribu'nal*/

en art domstol som oprettes til at behandle en enkelt sag, ofte af politisk karakter = DOMSTOL □ *tribunalet fastslog at han var skyldig i krænkelse af menneskerettighederne* · *Russel-tribunalet*

tribune

SUBST. *-n*, plur. *-r, -rne*
[*tri'by'nə*]

en forhøjning, fx til optrædende el. tilskuere = SCENE, PODIUM, PLATFORM

tribut

SUBST. *tributten*, plur. *tributter, tributterne*
[*tri'but*]

= BIDRAG □ *betale sin tribut til naturen* · *yde sin tribut til naturen*

trick

SUBST. *-et*, plur. *-s* el. *trick, -ene*

en hurtig el. smart måde at gøre noget på □ *det var et trick han havde lært på politiskolen* · *bryderen vandt takket være nogle ufine tricks* • en måde at gøre noget på som snyder el. underholder andre = KNEB □ *tryllekunstneren kan mange tricks* · *han prøvede alle mulige tricks for at slippe ud* · *bruge et beskidt trick* □ *filmtrick*

trifli

SUBST. *-en*, plur. *-er, -erne*

en dessert af makroner, frugtkompot, vaniljecreme og flødeskum □ *jordbærtrifli* · *svesketrifli*

trigonometri

SUBST. *-en*, plur. *-er, -erne*

(geometri): læren om beregning af sider og vinkler i en trekant; ved hjælp af de trigonometriske funktioner *sinus, cosinus, tangens* og *cotangens* kan man ud fra kendte vinkler og sider i en trekant beregne de ukendte □ *trigonometrisk*

trikolore

SUBST. *-n*, plur. *-r, -rne*
/*triko'lore*/

trefarvet flag; især om det blå-hvid-røde franske nationalflag, Trikoloren

trikot

SUBST. *-en* el. *-et*, plur. *-er, -erne*
[*tri'ko*]

et elastisk stof som er strikket på maskine □ *bomuldstrikot* • en stramtsiddende dragt, især brugt af artister og dansere

trikotage

SUBST. *-n*, plur. *-r, -rne*
[*triko'ta:sjə*]

= STRIKVARE

trille[1]

SUBST. *-n*, plur. *-r, -rne*

1. en hurtig vekslen mellem en tone og dens nabotone □ *trillefløjte* □ *praltrille* • **slå sine triller** (om fugle): = SYNGE □ *droslen slår sine triller*
2. det spiller ingen trille det gør ingen forskel

trille[2]

VERB. *-r, -de, -t*

1. trille {ind i} ngt bevæge sig ved at rulle rundt □ *tårerne trillede ned ad kinden* · *bolden trillede i nettet* · *de trillede rundt på gulvet* · *trille omkuld* • (om et køretøj): bevæge sig af sig selv i forholdsvis langsomt tempo □ *bilen trillede ned ad bakken* • **trille ngt** bevæge noget ved at rulle det rundt □ *trille tønden på plads* · *trille med en bold* • **trille ngt** bevæge et køretøj i langsomt tempo □ *trille vognen i garage* · *trille med barnevognen* □ *trillebør*
2. trille ngt lave kugler af noget = RULLE □ *trille smørkugler* · *trille dejen til boller*
3. trille tommelfingre se under *tommelfinger*

trillebør

SUBST. *-en*, plur. *-e, -ene*

en lille vogn med ét hjul, to ben og to håndtag til at holde vognen i når den skubbes frem □ *man tømmer en trillebør ved at vippe den forover*

trilliard

SUBST. *-en*, plur. *-er, -erne*

en million billiarder, dvs. et 1-tal efterfulgt af 21 nuller

trilling

SUBST. *-en*, plur. *-er, -erne*

hver af tre samtidigt fødte søskende □ *trilling(e)fødsel*

trillion

SUBST. *-en*, plur. *-er, -erne*
/*trilli'on*/

en million billioner, dvs. et 1-tal efterfulgt af 18 nuller; i nogle lande, fx USA og Frankrig, er en trillion et 1-tal fulgt af 12 nuller, svarende til det der kaldes en *billion* i Danmark

trilobit

SUBST. *trilobitten*, plur. *trilobitter, trilobitterne*
/*trilo'bit*/

et forhistorisk, havlevende leddyr som var blandt de første dyr med skal; uddøde for ca. 260 millioner år siden

trilogi

SUBST. *-en*, plur. *-er, -erne*
[*trilo'gi'*]

et musikalsk el. litterært værk i tre selvstændige dele som udgør et hele □ *den første roman i trilogien er den bedste* □ *filmtrilogi* · *romantrilogi*

trimaran

SUBST. *-en*, plur. *-er, -erne*
/*trima'ran*/

et fartøj med tre smalle skrog der er forbundet med hinanden i en vis afstand over vandoverfladen; ≠ KATAMARAN

trimle

VERB. *-r, -de, -t*

trimle {rundt} falde el. bevæge sig med små, rullende bevægelser = TUMLE □ *trimle ned ad trappen* · *børnene trimlede rundt i sneen*

trimme

VERB. *-r, -de, -t*

1. trimme ngt klippe en persons hår el. skæg lidt til, el. klippe og tynde ud i et dyrs pels = STUDSE □ *trimme sit overskæg* · *trimme en hund*
2. trimme ngt gøre kroppen pænere gennem fysisk træning □ *hun gik meget op i at trimme sin krop*
3. trimme ngt efterse el. justere en maskine el. en motor for at forbedre dens ydeevne
4. trimme ngt afbalancere et fartøj ved at fordele ballasten rigtigt □ *trimme et skibs last*

trin

SUBST. *-et* (el. *trinnet*), plur. *trin, -ene* el. *trinnene*)

en bevægelse med foden hvorved den løftes og sættes ned et andet sted = SKRIDT □ *tre trin til højre* · *en dans med svære trin* · *man hørte trin på gangen* · *han tog trappen i tre trin* □ *ballettrin* · *dansetrin* · *fodtrin* · *valsetrin* • en flad, smal overflade som er placeret i et andet niveau end den forrige overflade, fx på en stige el. en trappe □ *trappens trin* · *falde over trinnet* · *stigen har ti trin* · *der er et trin ned til havestuen* □ *trinbræt* □ *dørtrin* · *trappetrin* • = STADIUM □ *hans stilling er på højeste trin af lønskalaen* · *på hvilket trin befinder projektet sig?* · *arbejdet nærmer sig trin for trin sin afslutning* □ *trindeling* · *trindelt* · *trinløs* · *trinvis* □ *udviklingstrin* • (musik): afstanden mellem to på hinanden følgende toner i en skala

trinbræt

SUBST. *~bræ̈ttet*, plur. *~brætter, ~brætterne*

1. et bræt ved dørene på et køretøj med høje hjul som gør det lettere at stige ind og ud □ *togets trinbræt* · *bilen er forsynet med trinbræt*
2. en primitiv holdeplads for tog □ *tidligere var banegården blot et trinbræt*

trind

ADJ. *-t, -e*

= BUTTET □ *babyen har trinde kinder*

trine

VERB. *-r, -de* (el. *tren*), *-t*

trine {ind i} ngt (spøg., glds.): = TRÆDE □ *se, hvem der triner ind ad døren!*

trinidader

SUBST. *-en*, plur. *-e, -ne*

en person fra Trinidad

trinidadisk

ADJ. *- , -e*

som har at gøre med Trinidad

trinitatis

SUBST.
[*trini'ta·tis*]

første søndag efter pinse

trinvis

ADJ. - (el. *-t*), *-e*

som sker trin for trin = GRADVIS, ETAPEVIS □ *en trinvis udvikling* · *trinvis tilbagetrækning af tropper*

trio

SUBST. *-en*, plur. *-er, -erne*

1. tre personer som optræder sammen • et musikstykke for tre instrumenter el. sangstemmer
2. midterstykket i en menuet, scherzo el. march

triol

SUBST. *-en*, plur. *-er, -erne*
[*tri'o'l*]

en gruppe af tre lige lange noder der udføres på samme tid som to af samme værdi

trip[1]

SUBST. *trippet*, plur. *trip, trippene*

kort rejse til et sted og tilbage igen □ *jeg tager et trip til Malmø på søndag* • (slang): uvirkelig oplevelse efter indtagelse af narkotika □ *et dårligt trip* □ *LSD-trip*

trip[2]

LYDORD

trip trap gengivelse af lette fodtrin □ *barnet løb hen over gulvet, trip trap, trip trap!* • **trip trap træsko** udtryk for at noget går trinvis, begyndende med den mindste og sluttende med den største □ *de tre drenge stod side om side efter størrelse - trip trap træsko*

trippe

VERB. *-r, -de, -t*

bevæge sig med små, lette trin □ *den gamle dame kom trippende ned ad gaden* □ *trippevals* • bevæge sig nervøst på stedet af utålmodighed □ *hun stod og trippede uden for døren*

triptæller

SUBST. *-en*, plur. *-e, -ne*

en kilometertæller på et køretøj som kan indstilles til at begynde forfra ved den enkelte turs begyndelse

trisse[1]

SUBST. *-n*, plur. *-r, -rne*

1. en skive eller et hjul med en fure i kanten hvori der kan løbe en snor el. et tov □ *trisseværk*
2. en rulle som der er viklet garn el. tråd om □ *garntrisse*

trisse[2]

VERB. *-r, -de, -t*

trisse {rundt} gå planløst omkring = TULLE, TUSSE, TØFFE □ *hun trisser alene rundt i lejligheden hele dagen*

trist

ADJ. *- , -e*

lettere deprimeret = NEDTRYKT, BEDRØVET □ *føle sig trist til mode* · *se trist ud* · *et trist smil* □ *tristhed* • lettere deprimerende = NEDSTEMMENDE, SØRGELIG □ *en trist historie* · *et trist vejr* · *triste fremtidsudsigter* • som vækker ærgrelse og medfølelse = SYND, ÆRGERLIG □ *hvor er det trist at du ikke kan komme*

tristesse

SUBST. *-n*
[*tri'sdæs*]

udtryk for at noget er trist el. trøstesløst □ *filmen viser billeder af storbyens tristesse* · *det eneste man ser er tristesse, melankoli og desillusion* · *midt i den økonomiske tristesse er der alligevel grund til glæde*

trit

SUBST. *trittet*, plur. *trit, trittene*

1. i trit i samme takt = I TAKT □ *de marcherede i trit* · *gå i trit* · *falde i trit* □ *antrit*
2. i forsk. forb.: • **følge** el. **holde trit med ng(t)** være på højde el. følge med nogen el. noget = FODSLAG □ *den gamle mand kunne ikke holde trit med de unge mennesker op ad bakke* · *virksomheden kæmper for at følge trit med udviklingen* • **ude af trit med ngt** ikke være på højde med noget □ *hun var ude af trit med de moderne forretningsmetoder* · *jeg er helt ude af trit i dag*

triumf

SUBST. *-en*, plur. *-er, -erne*
/*tri'umf*/

en stor sejr el. succes, fejring heraf el. stolthed herover □ *som filminstruktør havde han fejret mange triumfer* · *den nye film var en triumf for hende* · *fejre triumfer som sanger* · *der var triumf i hans blik* · *en klang af triumf i stemmen* · *vinderen af løbet førtes i triumf gennem byens gader* □ *triumfbue* · *triumftog*

triumfator

SUBST. *-en*, plur. *-er, -erne*
/*trium'fator*/

en person som har vundet en el. flere store sejre, og som fejres derfor = SEJRHERRE □ *han vandt både slalom og storslalom og blev dermed mesterskabets største triumfator*

triumfbue

SUBST. *-n*, plur. *-r, -rne*

1. en fritstående port som er sat op til minde om sejr □ *triumfbuen i Paris*
2. den bueformede åbning i væggen mellem koret og skibet i en kirke = KORBUE

triumfere

VERB. *-r, -de, -t*
/*trium'fere*/

have el. føle triumf □ *han triumferede på 400 meteren* · *hun triumferede over sin modstander* · *han triumferede med en ny film* • vise sin stolthed over en sejr med det forsæt at ydmyge den besejrede = HOVERE □ *du skal ikke triumfere for tidligt!*

triumftog

SUBST. *-et*, plur. *~tog, -ene*

et sejrrigt fremstød el. indtog □ *skuespillerindens turné blev et sandt triumftog* · *fra århundredskiftet begyndte arbejderbevægelsens triumftog*

triumvirat

SUBST. *-et*, plur. *-er, -erne*
[*triåmvi'ra't*]

en gruppe på tre personer som udgør en form for ledelse el. førerskab = TROJKA □ *direktøren, vicedirektøren og økonomichefen udgør et magtfuldt triumvirat i virksomheden*

trivelig

ADJ. *-t, -e*

som er lidt tyk = KRAFTIG, VELNÆRET, KORPULENT, FØR

trives

VERB. *trives, trivedes, trivedes*

udvikle sig godt og være veltilpas □ *planterne trives i den frugtbare jord* · *han trives ikke i skolen* · *de trives fint i deres nye hus* · *hun trives bedst i vante omgivelser* · *børn der er født til tiden trives bedre end for tidligt fødte børn* · *kulturen trives også i forstæderne* □ *stortrives* · *vantrives*

trivialisere

VERB. *-r, -de, -t*
/triviali'sere/

trivialisere ngt gøre at noget bliver trivielt = FORFLADIGE □ *mange mener at religionens indhold trivialiseres* □ *trivialisering*

trivialitet

SUBST. *-en*, plur. *-er, -erne*
/triviali'tet/

det at være triviel =HVERDAGSAGTIGHED, BANALITET □ *det daglige livs trivialitet* · *alle de indviklede formuleringer kan ikke skjule påstandens trivialitet* • et indlysende udsagn =FRASE, TRUISME □ *foredraget bestod af lutter trivialiteter*

triviallitteratur

SUBST. *-en*, plur. *-er, -erne*
/trivi'allitteratur/

underholdningslitteratur som er skrevet i et lettilgængeligt sprog • (neds.): ligegyldig, kedelig litteratur

trivial pursuit ®

et brætspil for to el. flere hvor det gælder om paratviden og at svare på flest mulige spørgsmål om bl.a. sport, historie og naturvidenskab m.m.

triviel

ADJ. *-t, trivielle*
[trivi'æl']

som ikke afviger fra det forudsigelige, det velkendte og det daglige =BANAL, GEMEN, ORDINÆR □ *et trivielt eksempel* · *trivielle gentagelser*

trivsel

SUBST. *-en* (el. *trivslen*)

det at trives =VELFÆRD □ *trivslen på en arbejdsplads* · *sørge for familiens trivsel* · *dyrs trivsel i det moderne samfund er deres mærkesag* · *dårlig trivsel* □ *trivselsfremmende* · *trivselsmiljø* · *trivselsproblem*

tro[1]

SUBST. *-en*

1. det at anse noget for sandsynligt □ *hun havde en blind tro på at det nok skulle gå* · *handle i god tro* · *han troede at han havde handlet klogt, og vi lod ham blive i troen* • det at have tillid til nogen el. noget = TILLID □ *have en fast tro på nogen* · *tro og tvivl* • **i {god} tro** udtryk for at man gør noget med bevidsthed om at det er rigtigt el. forkert □ *hun handlede i god tro* · *hun solgte hælervarerne i ond tro* • **på tro og love** se under *love*
2. dyrkelse af en el. flere guder el. overnaturlige væsner og den tilhørende lære =TROSRETNING □ *afsværge sin tro* · *bekende sig til den kristne tro* · *tro kan flytte bjerge* · *troen på nisser* · *troen på ånder* □ *trosartikel* · *trosbekendelse* · *trosfælle* · *trosretning* · *trossamfund* □ *barnetro* · *gudstro* · *kristentro*

tro[2]

VERB. *-r, -ede, -et*

1. tro ngt anse noget for sandsynligt □ *jeg tror ikke det er nogen god idé* · *jeg tror godt du kan komme nu* · *jeg tror det bliver regnvejr* · *de troede ikke de kunne nå toget* · *tror du jeg er idiot?* • **tro ng(t)** el. **tro på ng(t)** have tillid til en person, et udsagn m.m. =STOLE PÅ □ *jeg tror ikke på ham* · *jeg tror dig når du siger det* · *den historie tror jeg ikke på* · *kan man tro på denne avis?* · *du kan tro det bliver flot når vi er færdige med at male!* • **ikke tro ng over en dørtærskel** se under *dørtærskel* • **ikke tro sine egne øjne** el. **ører** opleve noget der er så overraskende el. usandsynligt at man tvivler på at man har set el. hørt rigtigt
2. tro på ngt være overbevist om eksistensen af noget overnaturligt □ *de tror på spøgelser* · *tro på Gud* · *tror du?* □ *trosartikel* · *trosbekendelse* · *trosfrihed* · *trosfælle* · *trosiver* · *trosretning* · *trossamfund*

tro[3]

ADJ.

1. som er hengiven og trofast ≠ UTRO □ *en tro ven* · *være tro mod sine løfter* · *de har altid været hinanden tro* • som ikke svigter noget □ *være tro mod sin overbevisning* · *han er tro mod sine forældres opdragelse* · *traditionen tro tændte de bål sankthansaften*
2. som er en nøjagtig kopi □ *en tro kopi*

trods[1]

SUBST. *-en*

1. det at nægte at indordne sig □ *han var fuld af trods* · *hun gik sin vej i trods* · *han viser trods mod sine lærere* □ *trodsalder*
2. på trods af el. **til trods for** uden hensyn til = UANSET □ *de købte huset på trods af deres dårlige økonomi* · *han deltog i fodboldkampen, til trods for at han havde dårligt ben*

trods[2]

PRÆP.

modsat hvad man kunne forvente under de givne omstændigheder = PÅ TRODS AF, SELVOM, TIL TRODS FOR, UAGTET, UANSET □ *de holdt ud trods sult og kulde* · *trods sin alder var han den hurtigste* · *trods det at alle gjorde deres bedste, mislykkedes forsøget alligevel* • **trods alt** udtryk for at man som en modsigelse fremfører noget elementært □ *han kan trods alt ikke gøre for at færgen var forsinket* · *han er trods alt en af mine gamle venner* · *hun er jo trods alt ikke nogen årsunge længere*

trodsalder

SUBST. *-en*

en periode i barndommen hvor et barn viser stærk selvstændighedsfølelse og trang til at sætte sin vilje igennem □ *de fleste børn kommer i trodsalderen når de er to-tre år gamle*

trodse

VERB. *-r, -de, -t*

trodse ngt gøre noget alligevel selv om det er forbudt, ubehageligt el. vanskeligt □ *han trodsede sine forældres forbud* · *de trodsede det dårlige vejr og tog af sted* · *han trodsede boykotten* · *han trodsede både studierne og regnen for at besøge hende* • **trodse ng** handle mod nogens vilje □ *han trodsede sin far* • **trodse enhver beskrivelse** ikke kunne beskrives □ *rodet i lejligheden trodsede enhver beskrivelse*

trodsig

ADJ. *-t, -e*

som nægter at indordne sig under regler el. henstillinger =GENSTRIDIG, URIMELIG, OBSTERNASIG, OPSÆTSIG, KONTRÆR □ *et trodsigt barn* · *hun sendte ham et trodsigt blik* □ *trodsighed*

troende

SUBST.

1. en person som tror på en gud el. en religion □ *de troende gik i kirke hver søndag*
2. stå til troende (glds.): være sandt □ *hans ord står til troende*

trofast

ADJ. - , *-e*

som ikke svigter nogen el. noget =TRO, LOYAL ≠ TROLØS □ *en trofast hund* · *en trofast ægtemand* · *trofaste venner* · *være trofast mod sine idealer* □ *trofasthed*

trofæ

SUBST. *-en* el. *-et*, plur. *-er, -erne*
[tro'fæ']

en genstand som er tegn på sejr; det kan være en præmie, et krigsbytte el. et udstoppet dyrehoved □ *jagttrofæ* · *krigstrofæ* · *sejrstrofæ*

trohjertig

ADJ. *-t, -e*
/tro'hjertig/

(glds.): =TROSKYLDIG

trojka

SUBST. *-en*, plur. *-er, -erne*

et russisk køretøj med forspand af tre heste ved siden af hinanden □ *trojkaridt* • en ledelse bestående af tre personer = TRIUMVIRAT □ *da den magtfulde direktør gik af, blev ledelsen af virksomheden overtaget af en trojka*

trokle

VERB. *-r, -de, -t*

trokle ngt sy med krydsede sting hen over en ombøjet kant for at hindre at stoffet trævler

trokæ

SUBST. *-en*, plur. *-er, -erne*
[tro'kæ']

en versefod der består af en trykstærk og en tryksvag stavelse; fx består linien *Danmark, dejligst vang og vænge* af fire trokæer ≠ JAMBE □ *trokæisk*

trold

SUBST. *-en*, plur. *-e, -ene*

1. et overnaturligt væsen som i eventyr ofte fremstilles som stor og fæl og med lang hale og store, lodne ører □ *trolden boede i højen i skoven* □ *trolddom* · *troldehøj* · *troldkælling* · *troldmand* · *troldspejl* · *troldtøj* • en arrig fyr □ *han er noget af en trold* · *han sprang op som en trold af en æske*
2. et lille sødt barn □ *Mikkels lillesøster på to år er en rigtig lille trold*

troldand

SUBST. *-en,* plur. *~ænder, ~ænderne*

en lille dykand med en nedhængende nakketop; hannen er let at kende på sine kontrastrige sorte og hvide farver; latinsk navn *Aythya fuligula*

trolddom

SUBST. *trolddommen*

udøvelse af overnaturlige metoder, fx fremsigelse af trylleformularer el. brug af særlige remedier for at få noget bestemt til at ske = MAGI, HEKSERI, TROLDERI □ *afværge noget ved trolddom • blive løst af trolddommen* □ *trolddomsmagt • trolddomsord*

trolde

VERB. *-r, -de, -t*

(spøg.): udøve trolddom □ *trolderi*

trolderi

SUBST. *-et,* plur. *-er, -erne*
/trolde'ri/

(spøg.): = TROLDDOM □ *det må være gået til ved trolderi • øve trolderi*

troldkælling

SUBST. *-en,* plur. *-er, -erne*

en kvinde med magiske evner som kan få gode ting og onde ting til at ske = HEKS □ *troldkællingen og hendes sorte kat • troldkællingen stod og rørte i en stor gryde*

troldmand

SUBST. *-en,* plur. *~mænd, ~mændene*

1. en mand som tidligere mentes at have magiske evner og kunne få onde el. gode ting til at ske □ *troldmanden i eventyret opfyldte drengens første ønske • troldmanden kastede en forbandelse over familien • troldmandens lærling* • en person der har særlige evner inden for et område □ *han er en ren troldmand på et klaver*

troldspejl

SUBST. *-et,* plur. *-e, -ene*

et spejl der forvrænger billedet = TRYLLESPEJL • **få en splint af troldspejlet i øjet** miste evnen til at se det smukke i tilværelsen

troldtøj

SUBST. *-et*

trolde og trolddom □ *den gamle kone var ikke bange for troldtøj • hvad er det for troldtøj der har været på færde her?*

trolig

ADJ. *-t, -e*

1. = SANDSYNLIG □ *det er meget troligt at du har ret*
2. ⟨ADV.⟩ uden nogensinde at svigte □ *han kom troligt til undervisningen • han reder troligt sin seng hver morgen*

trolleybus

SUBST. *~bussen,* plur. *~busser, ~busserne*

en elektrisk drevet bus som får strøm fra luftledninger via to stænger mellem bussen og ledningerne = TROLLEYVOGN

trolleyvogn

SUBST. *-en,* plur. *-e, -ene*

1. = TROLLEYBUS
2. et lille bord på hjul som bruges til servering af mad m.m.

trolovelse

SUBST. *-n,* plur. *-r, -rne*
/tro'lovelse/

(glds.): en aftale mellem en mand og en kvinde om at indgå ægteskab på et senere tidspunkt = FORLOVELSE □ *trolovelsen var indgået allerede da pigen var ganske ung* □ *trolovelsesring*

trolovet

ADJ. *-, trolovede*
/tro'lovet/

(form.): = FORLOVET

troløs

ADJ. *-t, -e*

som svigter nogen = ILLOYAL, SVIGEFULD, FORRÆDERISK, UTRO ≠ TROFAST □ *en troløs ven • en troløs ægtefælle • være troløs imod nogen* □ *troløshed*

trombone

SUBST. *-n,* plur. *-r, -rne*
/trom'bone/

= BASUN

tromle[1]

SUBST. *-n,* plur. *-r, -rne*

1. en genstand der har form som en cylinderisk beholder □ *tromlen i en vaskemaskine • en tromle med olie*
2. en cylinderformet del på et skydevåben der har huller til patroner, og som kan drejes; ses fx på revolvere □ *en seksløber har plads til seks patroner i tromlen*
3. et redskab til jævning af jord el. asfalt □ *damptromle • vejtromle*

tromle[2]

VERB. *-r, -de, -t*

tromle ngt gøre noget jævnt og fast med en tromle □ *vejarbejderne tromlede den nylagte asfalt* □ *tromling* • **tromle ng(t) ned** el. **flad** nedkæmpe el. gennemhegle nogen el. noget på en grov måde □ *hæren tromlede alt og alle ned hvor den kom frem • hun tromlede alle sine mulige konkurrenter til posten ned • lederen tromlede fuldstændig medarbejderens synspunkter flade • hun tromler alle sine medarbejdere flade med sine krav*

tromme[1]

SUBST. *-n,* plur. *-r, -rne*

1. et musikinstrument som består af et skind spændt ud over en rund ramme, og som man slår på med hænderne el. med pinde □ *spille tromme • spille på tromme* □ *trommerytme • trommeslag* □ *lilletromme • marchtromme • stortromme*
2. **slå på tromme for ngt** kraftigt gøre opmærksom på noget og anbefale det □ *han slog på tromme for sænkning af skatteprocenten*

tromme[2]

VERB. *-r, -de, -t*

tromme {på} ngt spille på tromme □ *trommen* • **tromme {på} ngt** slå med små hårde slag mod noget □ *han trommede med fingrene i bordet • regnen trommer mod ruden* □ *trommen*

trommehinde

SUBST. *-n,* plur. *-r, -rne*

en hinde i øret som sættes i bevægelse når lyd trænger ind i øret, og som overfører lydsvingningerne til det indre øre □ *den høje musik var ved at sprænge trommehinderne på tilskuerne*

trommehvirvel

SUBST. *-en* (el. *~hvirvlen*), plur. *~hvirvler, ~hvirvlerne*

meget hurtige, regelmæssige slag på en tromme

trommeslager

SUBST. *-en,* plur. *-e, -ne*

en person som spiller på tromme

trommestik

SUBST. *~stikken,* plur. *~stikker, ~stikkerne*

en træpind til at spille på trommer med = STIK

trommesæt

SUBST. *~sættet,* plur. *~sæt, ~sættene*

et sæt af trommer som består af lilletromme, stortromme, bækken og highhat og tamtammer; bruges i rytmisk musik

trompet

SUBST. *-en,* plur. *-er, -erne*
[tråm'pe't]

et messingblæseinstrument der består af et langt, bøjet rør som vider sig ud i en tragt, og som giver en klar gennemtrængende tone □ *spille trompet • spille på trompet • blæse trompet • blæse på trompet* □ *trompetfanfare • trompetsolo*

trompeter

SUBST. *-en,* plur. *-e* (el. *-er*), *-ne* (el. *-erne*)
['tråmpe'dɔ el. *tråmbə'te'r]*

en trompetist ved militæret

trompetist

SUBST. *-en,* plur. *-er, -erne*
[tråmbə'tist]

en person der spiller trompet

trompetsnegl

SUBST. *-en,* plur. *-e, -ene*

= KONK

tronarving

SUBST. *-en,* plur. *-er, -erne*

= TRONFØLGER □ *Kronprins Frederik er Danmarks tronarving*

trone[1]

SUBST. *-n,* plur. *-r, -rne*

en position som hersker □ *bestige tronen • blive stødt fra tronen • sidde på landets trone* □ *kej-*

sertrone · kongetrone • = TRONSTOL □ *dronningen tog plads på tronen, omgivet af sin nærmeste familie*

trone[2]

VERB. *-r, -de, -t*

trone {ved} ngt sidde fornemt som på en trone □ *husets herre troner ved bordenden*

tronfølger

SUBST. *-en,* plur. *-e, -ne*

en fyrstelig person der har arveret til en trone; det kan være en kronprins, en kronprinsesse el. en arveprins = TRONARVING □ *tronfølgerlov*

tronsal

SUBST. *-en,* plur. *-e, -ene*

en sal hvori en kongelig trone er anbragt

tronstol

SUBST. *-en,* plur. *-e, -ene*

en ophøjet og særlig fornem stol til en konge el. dronning som de indtager ved særlige lejligheder = TRONE, KONGESÆDE

trontale

SUBST. *-n,* plur. *-r, -rne*

en regerende fyrstes tale til et parlament el.lign. • statsministerens programtale ved Folketingets åbning

trop

SUBST. *troppen,* plur. *troppe, troppene*

en gruppe mennesker som har en leder, og som laver noget i fællesskab; det kan fx være spejdere, soldater el. gymnaster □ *de var spejdere i samme trop · en trop elitegymnaster* □ *tropsfører · tropsøvelse* □ *bagtrop · fortrop · gymnastiktrop · spejdertrop* • **følge trop med ng** følges med en gruppe □ *vi kunne ikke følge trop med de andre · Holland og Belgien fulgte trop med resten af landene i EU* • **i sluttet** el. **samlet trop** i én samlet gruppe □ *vi gik i sluttet trop*

trope

SUBST. *-n,* plur. *-r, -rne*

(i stilistik): et sprogligt udtryk som fx metafor, besjæling el. sammenligning hvor ordene bruges med en anden betydning end den normale □ *troper og figurer*

tropehjelm

SUBST. *-en,* plur. *-e, -ene*

en hvid korkhjelm der beskytter mod stærk sol

troperne

SUBST.PLUR.

de varme landområder som ligger mellem den sydlige og den nordlige vendekreds ≠ SUBTROPERNE □ *rejse ned til troperne*

tropesygdom

SUBST. *~sygdommen,* plur. *~sygdomme, ~sygdommene*

en sygdom som hovedsageligt forekommer i troperne fordi de mikroorganismer der fremkalder dem trives bedst i et varmt og fugtigt klima, fx gul feber, kolera, malaria og sovesyge,

tropisk

ADJ. *-, -e*

som er typisk for el. har at gøre med troperne □ *tropisk klima · tropiske frugter · den tropiske regnskov* □ *subtropisk*

tropisme

SUBST. *-n,* plur. *-r, -rne*

/*tro'pisme*/

det fænomen at en plante vokser i en bestemt retning som følge af en ydre påvirkning; det kan fx være nye skud som vokser mod lyset (*fototropisme*) el. rødder som vokser nedad pga. tyngdekraften (*geotropisme*)

troposfære

SUBST. *-n*

/*tropos'fære*/

jordatmosfærens nederste lag □ *troposfærisk*

troppe

VERB. *-r, -de, -t*

troppe op komme til stede = DUKKE OP □ *han troppede op til festen iført shorts og høj hat · gæsterne troppede op lidt efter lidt · hvad bilder du dig ind bare at troppe op her uanmeldt?*

tropper

SUBST.PLUR. *-ne*

større grupper af soldater □ *russiske tropper rykkede mod Berlin · de allierede landsatte tropper på kysten* □ *troppestyrke · troppetransport* □ *elitetropper · hjælpetroppper · ingeniørtropper · kamptropper · landgangstropper*

tropsfører

SUBST. *-en,* plur. *-e, -ne*

en leder af en spejdertrop

tros

SUBST. *trosset*

['*trɔs*]

en hærs el. hærafdelings bagage og de personer og vogne der er knyttet til den □ *felttros*

trosbekendelse

SUBST. *-n,* plur. *-r, -rne*

1. en formel erklæring af at man går ind for en trosretning el. et skrift der indeholder en sådan erklæring = KONFESSION, BEKENDELSE, APOSTOLISK BEKENDELSE □ *aflægge sin trosbekendelse · præsten læser trosbekendelsen sammen med forsamlingen · den augsburske trosbekendelse*
2. dyrkelse af en el. flere guder og den tilhørende lære = TROSRETNING

troskab

SUBST. *-en*

det at være tro mod nogen el. noget ≠ UTROSKAB □ *ridderne svor kongen evig troskab · i ægtepagten lovede de hinanden troskab · han viste sin troskab ved at give sit liv i kampen* □ *troskabsløfte*

troskyldig

ADJ. *-t, -e*

/*tro'skyldig*/

som er fuld af naiv tillid = TILLIDSFULD □ *et troskyldigt blik · barnet er troskyldigt* □ *troskyldighed*

trosretning

SUBST. *-en,* plur. *-er, -erne*

dyrkelse af en el. flere guder og den tilhørende lære = RELIGION, TROSBEKENDELSE, TRO, KONFESSION □ *bekende sig til en tro*

trossag

SUBST. *-en,* plur. *-er, -erne*

noget som ikke kan efterprøves videnskabeligt, og som man vælger at tro på □ *det er en trossag om man vil lade sit liv styre af astrologiske forudsigelser · al religion er en trossag, for det kan ikke bevises*

trossamfund

SUBST. *-et,* plur. *~samfund, -ene*

et overordet fællesskab af tilhængere af en bestemt tro □ *det jødiske trossamfund · det kristne trossamfund · de frikirkelige trossamfund*

trosse

SUBST. *-n,* plur. *-r, -rne*

meget svært reb el. kabel der bruges til fortøjninger o.l.

trotyl

SUBST. *-en* el. *-et*

[*tro'ty'l*]

fork. *tnt*

et meget kraftigt sprængstof hvis sprængkraft bruges som målestok for andre sprængstoffers virkning

troubadour

SUBST. *-en,* plur. *-er, -erne*

[*truba'du'r*]

en digter og sanger fra Middelalderen hvis digtning skildrer den høviske kærlighed; især i Sydfrankrig i 1100-tallet □ *troubadourdigtning* • en visesanger som akkompagnerer sig selv på et strengeinstrument

troværdig

ADJ. *-t, -e*

/*tro'værdig*/

= PLAUSIBEL □ *det lyder som en troværdig historie · troværdige oplysninger · troværdige vidner* □ *troværdighed*

truck

SUBST. *-en,* plur. *-er* (el. *truck*), *-erne* (el. *-ene*)

['*trɔk*]

et kraftigt motorkøretøj til flytning af tunge genstande □ *truckcertifikat · truckfører* □ *gaffeltruck*

true

VERB. *-r, -de, -t*

true ng tilkendegive over for nogen at man har til hensigt at skade, straffe el. såre dem □ *du skal ikke true mig! · hun truede ham med alverdens* *ulykker hvis han ikke opførte sig ordentligt · hun truede med at forlade ham · true et vidne til tavshed · hun truede ad fartbøllen med knyttede næver · en truende mine* • **true ng på livet** tilkendegive over for nogen at man vil dræbe vedkommende □ *den anklagede truede vidnet på livet* • risikere at noget ubehageligt el. farligt kan ske □ *det truer med sne · firmaets eksistens er truet · de følte sig truet · en truet art · området står over for en truende katastrofe*

truffet

VERB.

bøjningsform af *træffe*

trug

SUBST. *-et,* plur. *trug, -ene*

en lang, smal, åben beholder som især bruges til vand el. foder til dyr □ *svinene æder af truget* □ *dejtrug · ædetrug*

truisme

SUBST. *-n,* plur. *-r, -rne*
/tru'isme/

(filosofi): en indlysende sandhed = TRIVIALITET, BANALITET

trukket

VERB.

bøjningsform af *trække*

trumf

SUBST. *-en,* plur. *-er, -erne*

1. en kortfarve som tildeles større værdi end de andre kortfarver i en runde i et kortspil, og som derfor kan stikke højere kort i andre farver □ *klør er trumf · melde trumf · stikke med en trumf · trække trumfer · være stærk i trumf · spille en trumf ud* □ *trumfkort · trumffarve · trumfstik*
2. et overraskende udspil som man fremlægger som sidste mulighed for at opnå noget □ *med truslen om opsigelse spillede hun sin sidste trumf ud · have en trumf i baghånden · hun satte trumf på sine udtalelser*

trumfe

VERB. *-r, -de, -t*

1. (kortspil): stikke med en trumf
2. trumfe ngt igennem gennemføre noget ved sin magtposition el. ved vedholdende påvirkning □ *de fik trumfet forslaget igennem*

trummerum el. tummerum

SUBST. *en*
/trumme'rum/

en vanepræget, dagligdags rutine □ *gå i sin egen trummerum · den daglige trummerum · alt går i den gamle trummerum*

trup

SUBST. *truppen,* plur *trupper* (el. *truppe*), *trupperne* (el. *truppene*)

en gruppe af skuespillere el. artister som rejser rundt og optræder □ *cirkustrup · teatertrup*

trusse

SUBST. *-n,* plur. *-r, -rne*

= TRUSSER □ *en hvid trusse* □ *dametrusse · herretrusse*

trusseindlæg

SUBST. *~indlægget* plur. *~indlæg, ~indlæggene*

et tyndt, aflangt stykke sugende materiale som kvinder lægger i trusserne til at opsuge udflåd o.l.

trussel

SUBST. *-en* (el. *truslen*), plur. *trusler, truslerne*

1. en advarsel om at noget kan få alvorlige konsekvenser hvis ikke den ene part retter sig efter den andens ønske el. ordre □ *forældrene brugte trusler for at få børnene til at gøre hvad de skulle · han gjorde alvor af sin trussel · hun fremsatte trusler mod alle sine modstandere · han tvang hende til at følge med under trussel om vold · det var en slet skjult trussel · en tom trussel* □ *trusselsbrev* □ *krigstrussel*
2. en person, en ting el. en idé som udgør fare for nogen el. noget □ *forureningen er en trussel mod miljøet · han er en trussel mod partiets chancer til næste valg*

trusser

SUBST.PLUR. *-ne*

et par underbukser uden ben = TRUSSE □ *et par trusser* □ *trusseindlæg* □ *dametrusser · herretrusser*

trust

SUBST. *-en,* plur. *-er, -erne*
['trɔst]

en sammenslutning inden for en gren af erhvervslivet som har til formål at hindre overproduktion og bringe markedet under kontrol

trut[1]

SUBST. *trutten,* plur. *trutter, trutterne*

(spøg.): en spids mund □ *kysse hende lige på trutten · spidse munden til en trut* □ *trutmund*

trut[2]

SUBST. *truttet,* plur. *trut, truttene*

en kort, høj lyd som frembringes af et blæseinstrument □ *et trut i trompeten*

truthorn

SUBST. *-et,* plur. *~horn, -ene*

et simpelt blæseinstrument, fx et kræmmerhuslignende paphorn brugt til festlige lejligheder som fx nytårsaften

trutmund

SUBST. *-en,* plur. *-e, -ene*

en mund formet som til et kys □ *hun blev sur og lavede trutmund*

trutte

VERB. *-r, -de, -t*

1. frembringe en kort, høj lyd med et tudehorn el. en trompet □ *chaufføren trutter i hornet · trutte i trompeten*
2. trutte munden lave trutmund

tryg

ADJ. *-t, trygge*

1. som ikke føler sig truet = SIKKER ≠ UTRYG □ *først da hun havde låst døren følte hun sig tryg*
2. som føler sig godt tilpas og befinder sig i rolige og harmoniske omgivelser □ *han voksede op i et trygt hjem · hun føler sig tryg i sit ægteskab* • uden bekymringer □ *sove trygt · ham kan du trygt stole på* • som er økonomisk velstillet □ *de lever i trygge kår · spare op til en tryg alderdom*

tryghed

SUBST. *-en*

1. det at føle sig uden for fare = SIKKERHED ≠ UTRYGHED □ *først da forbryderen var fanget, følte de sig i tryghed på gaden*
2. en følelse af ro og harmoni □ *sammen ville de skabe tryghed for deres børn · han længtes efter tryghed i familiens skød* □ *trygehedsnarkoman*

trygle

VERB. *-r, -de, -t*

trygle ng om ngt indstændigt bede el. plage nogen om noget = BØNFALDE, PLAGE, ANRÅBE, BESVÆRGE □ *trygle om hjælp · børnene tryglede læreren om at få tidligere fri* □ *tryglen · trygleri*

tryk

SUBST. *trykket,* plur. *tryk, trykkene*

1. det at noget klemmes el. presses □ *hun gav hans hånd et tryk* □ *trykknap · tryklås* □ *håndtryk · skattetryk* • den kraft hvormed noget presser på noget andet □ *der er for stort tryk i slangen · trykket på 1.000 m dybde* □ *trykimprægnering · trykkabine · trykkoger · trykkraft · trykluft* □ *blodtryk · dæktryk · højtryk · lavtryk · lufttryk*
2. fremstilling af tekst, billeder el. mønstre i aviser, bøger o.l. el. på stof ved at farve påføres en valse el. blok som så trykkes mod papiret el. stoffet □ *trykfejl · tryksag · tryksværte* □ *billedtryk · bogtryk · farvetryk · olietryk · optryk · silketryk · stoftryk* • **på tryk** som er trykt, fx i en avis el. bog = PÅ PRENT • **i trykken** udtryk for at noget er ved at blive trykt □ *avisen er i trykken · bogen skal i trykken om en måned*
3. fremhævelse af et ord el. en stavelse ved ændret tryk el. tone = ACCENT, BETONING □ *ordet 'personale' har tryk på andensidste stavelse · han lagde trykket på sidste stavelse* □ *trykfordeling · trykstærk · tryksvag* □ *bitryk · hovedtryk*

trykfejl

SUBST. *-en,* plur. *~fejl, -ene*

en fejl i en trykt tekst som er sket under indskrivningen el. sætningen ≠ SLÅFEJL □ *bogen er fuld af trykfejl · det vrimler med trykfejl · en meningsforstyrrende trykfejl*

trykke[1]

VERB. *-r, -de, -t*

1. trykke ng(t) rette en jævnt fordelt kraft mod nogen el. noget = PRESSE, KLEMME, MASE □ *han trykkede hendes hånd · hun trykkede næsen mod ruden · man åbner ved at trykke på en knap · han trykkede et kys på hendes mund* □ *trykknap · trykkontakt · tryklås* • **trykke af** affyre et skydevåben □ *han rettede geværet mod haren og trykkede af* • **trykke til** bruge alle kræfter for at få bevæget noget □ *han satte skulderen mod døren og trykkede til* • **trykke ngt ud** klemme en filipens, en byld osv. så kraftigt at den åbner sig og indholdet tømmes ud □ *han trykkede bylden ud*
2. trykke ngt tvinge priser el. lønninger nedad □

det store udbud af makrel har trykket priserne • de polske sæsonarbejdere trykker lønnen i frugtindustrien □ *løntrykker*

3. smerte let på en ubestemmelig måde □ *det trykker over brystet* • **trykke ng** være en kilde til bekymring for nogen = PLAGE, TYNGE □ *samvittigheden trykker mig • er der noget der trykker dig? • hans kundskaber trykker ham ikke • stemningen var trykket • han var trykket af situationen • der er for mange trykkende skatter*

4. trykke sig forsøge at skjule sig el. holde sig tilbage □ *haren trykkede sig for ikke at blive set • han sad genert og trykkede sig*

trykke[2]

VERB. *-r, trykte, trykt*

trykke ngt massefremstille en tekst el. et billede i fx aviser og bøger ≠ FOTOKOPIERE, STENCILERE, KALKERE, PRINTE □ *trykke en bog • trykke en tegning • få en artikel trykt* □ *trykning • trykkeklar • trykkekunst • trykkemoden* □ *aftrykke • optrykke • påtrykke • rentrykke*

trykkefrihed

SUBST. *-en*

frihed til at udbrede tanker og holdninger i trykt form, fx i bøger, tidsskrifter og aviser uden censur □ *trykkefriheden er grundlovssikret*

trykkende

ADJ.

tung og ubehagelig □ *en trykkende hede • luften i værelset var trykkende varm*

trykker

SUBST. *-en,* plur. *-e, -ne*

en person der er ansat på et trykkeri, og som beskæftiger sig med trykning af bøger, brochurer, litografier m.m. □ *grafisk trykker* □ *trykkeri* □ *bogtrykker • kobbertrykker • lystrykker • offsettrykker*

trykkeri

SUBST. *-et,* plur. *-er, -erne*
/trykke'ri/

en virksomhed som trykker fx bøger, blade og plakater □ *bogtrykkeri*

trykket

ADJ.

en trykket stemning en tilstand hvor ingen siger noget, og hvor man føler sig ubehageligt tilpas □ *der hvilede en underlig trykket stemning over forsamlingen, som ved en begravelse*

trykluft

SUBST. *-en*

luft under stort tryk □ *trykluftbeholder • trykluftbor*

tryklås

SUBST. *-en,* plur. *-e, -ene*

en lille anordning af metal til at knappe tøj; består af to dele der trykkes ind i hinanden

trykmåler

SUBST. *-en,* plur. *-e, -ne*

et instrument til at måle trykket i en væske el. en gas med = MANOMETER

tryksag

SUBST. *-en,* plur. *-er, -erne*

et trykt produkt som massefremstilles og udsendes til mange mennesker, fx en reklame, brochure el. avis □ *tryksagsporto*

trykseksten

SUBST. *en* el. *et*
/tryk'seksten/

et kraftigt tryk □ *bilen fik en ordentlig trykseksten under sammenstødet*

trykstærk

ADJ. *-t, -e*

(om en stavelse): som har tryk; fx er tredje stavelse i *personale* trykstærk = BETONET, ACCENTUERET ≠ TRYKSVAG

tryksvag

ADJ. *-t, -e*

(om en stavelse): som ikke har tryk = UBETONET ≠ TRYKSTÆRK

tryksværte

SUBST. *-n,* plur. *-r, -rne*

en sværte der bruges til at trykke fx bøger og aviser med □ *avisen lugter af tryksværte*

trylle

VERB. *-r, -de, -t*

trylle ngt få noget til at ske ved trolddom □ *den gode fe tryllede en balkjole frem til Askepot • trylle noget væk* □ *trylledrik* • **trylle ngt** udføre tryllekunster □ *han tryllede kaniner op af hatten • hun tryller for børnene* □ *trylleformular • tryllekunst • tryllestav* • **trylle ngt** gøre noget som synes umuligt □ *han kan trylle med en bold • med ganske få midler tryllede de et festmåltid frem*

tryllebinde

VERB. *-r, ~bandt, ~bundet(~bunden, ~bundne)*

tryllebinde ng fængsle nogens følelser fuldstændigt = BETAGE, FORTRYLLE, BJERGTAGET, FORHEKSE □ *hun var tryllebundet af musikken • han tryllebinder læserne med sine fantastiske eventyr*

tryllekunst

SUBST. *-en,* plur. *-er, -erne*

en handling hvor tilskuerne forledes til at tro at der sker noget overnaturligt □ *han underholdt selskabet med tryllekunster • lave tryllekunster* □ *tryllekunstner*

tryllekunstner

SUBST. *-en,* plur. *-e, -ne*

en person som tryller og laver tricks = ILLUSIONIST □ *tryllekunstneren tryllede en hvid kanin op af hatten*

trylleri

SUBST. *-et,* plur. *-er, -erne*
/trylle'ri/

= TROLDDOM □ *man skulle tro, det gik til ved trylleri • som ved et trylleri, blev der lyst* • en romantisk overnaturlig stemning □ *sommernattens trylleri • forvaltningens magiske trylleri* • det at lave tryllekunster = TRYLLEKUNST □ *han underholder børnene med trylleri*

trylleslag

SUBST. *-et,* plur. *~slag, -ene*

en bevægelse af en tryllestav □ *tryllekunstneren slog tre trylleslag* • **som ved et trylleslag** som sker fra det ene sekund til det andet, som ved trylleri □ *vejret ændredes som ved et trylleslag*

tryne[1]

SUBST. *-n,* plur. *-r, -rne*

den yderste del af ansigtet omkring lugteorganerne på en gris □ *grisetryne* • (spøg.): et menneskes næse = NÆSE, SNUDE □ *han fik én på trynen*

tryne[2]

VERB. *-r, -de, -t*

tryne ng = KUE □ *de store drenge trynede de små • hun følte sig trynet af sine kolleger* □ *tryning • tryneevne • trynehumør • trynemetode*

træ

SUBST. *-et,* plur. *-er, -erne*

1. en vedplante med en ofte tyk stamme ud fra hvilken der skyder grene; bærer blade og blomster som kan blive til bær el. frugter ≠ BUSK □ *plante et træ • fælde et træ • klatre i træer* □ *trægrænse • trækrone • træstamme • træstub* □ *bøgetræ • frugttræ • grantræ • juletræ • løvtræ • æbletræ* • ⟨ikke plur.⟩ et materiale af træers ved som bruges til mange formål; det kan fx være skafter til redskaber, møbler, byggeri, visse musikinstrumenter, beholdere, m.m. □ *gulvet er af træ* □ *træben • træblæser • træbænk • trægulv • trælast • træmand • træsko • træskærer • træværk* □ *boldtræ • bøgetræ • egetræ • fyrretræ • teaktræ*

2. i forsk. forb.: • **kundskabens træ** se under *kundskab* • **træerne vokser ikke ind i himlen** udtryk for at intet får lov til at udvikle sig ubegrænset • **vokser ikke på træerne** udtryk for at noget forekommer sjældent □ *genier vokser ikke på træerne*

træblæseinstrument

SUBST. *-et,* plur. *-er, -erne*

et blæseinstrument som oprindelig var fremstillet af træ samt *rørbladsinstrumenter,* fx blokfløjte, tværfløjte, fagot, klarinet, obo og saxofon

træblæser

SUBST. *-en,* plur. *-e, -ne*

= TRÆBLÆSEINSTRUMENT • en person der spiller på et træblæseinstrument

træbuk

SUBST. *~bukken,* plur. *~bukke, ~bukkene*

en bille med en aflang krop og kraftige følehorn hvis larver gnaver gange i træ; flere arter, bl.a. *husbuk;* latinsk navn *Cerambycidae*

træde

VERB. *-r, trådte, trådt*

1. træde {på} ngt sætte foden ned med en vis kraft på el. i noget □ *træde på en sten • træde hårdt i gulvet • træde i en vandpyt • træde en frø ihjel • træde speederen i bund • hun trådte et glasskår op i foden* □ *trædemølle • trædepude* □ *betræde* • **træde ng {på} ngt** □ *han trådte mig over tæerne • hun trådte hunden på halen*

• **træde forkert** træde så man vrikker om på foden □ *hun trådte forkert og forstuvede anklen* • **træde i det** begå en uheldig og klodset fejl • **træde i spinaten** se under *spinat* • **træde på ng** krænke nogen □ *han følte sig trådt på* · *de trådte på hendes følelser* • **træde sine barnesko** se under *barnesko* • **træde ng under fode** se under *fod* • **træde vande** se under *vand* • **træde varsomt** bære sig forsigtigt ad • **træde ved siden af** begå en uheldig og klodset fejl
2. tage nogle skridt □ *træde et skridt nærmere* · *træde nogen i møde* · *træde hen over dørtærsklen* · *træde indenfor* · *træde ned fra tribunen* • **træde af** (militær): forlade geleddet □ *træd af!* • **træde an** (militær): stille op i række • **træde ng for nær** krænke nogen • **træde frem** blive synlig □ *de lyse figurer træder tydeligt frem på den mørke baggrund* • **træde frem** give sig offentligt til kende □ *den ukendte forfatter trådte frem nogle år efter bogens udgivelse* • **træde i baggrunden** se under *baggrund* • **træde ind i ngt** overgå til □ *den kolde krig er trådt ind i en ny fase* • **træde ind i ngt** blive medlem af □ *han er trådt ind i partiet* □ *indtræde* • **træde sammen** påbegynde et møde □ *festudvalget trådte sammen* □ *sammentræde* • **træde til** komme til hjælp □ *hun kunne ikke klare det alene, så de andre måtte træde til* • **træde tilbage** nedlægge et hverv □ *hun trådte tilbage som formand* • **træde ud** holde op med at være medlem □ *han er trådt ud af partiet* □ *udtræde*
3. træde i {funktion} påbegynde el. etablere et forhold, en aktivitet el.lign. □ *træde i funktion* · *træde i forbindelse* · *træde i kraft*
4. træde en nål = TRÅDE □ *trædning*

trædemølle

SUBST. *-n,* plur. *-r, -rne*

1. en maskine der består af et hjul der drives rundt af mennesker el. dyr □ *okserne går i en trædemølle*
2. en tilstand der er præget af ensformigt og hårdt arbejde □ *han ønsker at komme ud af dagligdagens trædemølle* · *ferien er forbi, så er vi igen i trædemøllen*

trædepude

SUBST. *-n,* plur. *-r, -rne*

et kødfuldt område på tåspidserne el. undersiden af fødderne hos visse dyr

træet

ADJ. *- , træede*

som har en hård, trevlet konsistens som træ □ *træede asparges*

træf

SUBST. *træffet,* plur. *træf, træffene*

1. noget som virker planlagt, men ikke er det = TILFÆLDE, TILFÆLDIGHED □ *det var da et pudsigt træf at vi skulle mødes her* □ *lykketræf* · *sammentræf* · *slump(e)træf*
2. en sammenkomst, ofte af større karakter □ *et træf i dyrehaven med tæpper, frokostkurve og lyst tøj* □ *motorcykeltræf*

træffe

VERB. *-r, traf, truffet* (*truffen, trufne*)

1. træffe ng = MØDE □ *vi traf hinanden til en fest* · *jeg traf ham desværre ikke hjemme* · *træffer jeg Sofie?* · *hun ville gerne træffe sine gamle venner* □ *træffetid* • **træffe på ng(t)** (glds.): støde på nogen el. noget □ *jeg traf på ham inde i byen i går* · *man træffer på de særeste ting på museet* · *de traf på flere nye planter på ekspeditionen*
2. træffe ng(t) slå imod nogen el. noget i et punkt = RAMME □ *han traf ham i ansigtet med en lige højre* · *skuddet traf dyret i panden* · *kuglen traf hende i benet* • **træffe ng(t)** finde kernen i noget, el. finde et sårbart punkt hos nogen = RAMME □ *oversætteren har truffet digtets mening præcist* · *han kom med en træffende bemærkning* · *satiren traf ham på et ømt punkt* · *han følte sig truffet af hendes ord*
3. træffe {en beslutning} beslutte sig for at ville gøre noget □ *træffe en afgørelse om en sag* · *træffe en aftale om en forretning* · *træffe en beslutning om hvad man skal gøre* · *træffe foranstaltninger til et selskab* · *træffe forberedelser til mødet*
4. træffe sig el. **træffe** (glds): = SKE □ *det traf sig så heldigt at hun netop var der* · *det kan træffe at det sner i maj måned*

træffer

SUBST. *-en,* plur. *-e, -ne*

1. et skud der træffer nogen el. noget □ *hurra, jeg fik en træffer* □ *fuldtræffer* • en rammende bemærkning □ *det var vist en træffer, se hvor han rødmer!*
2. en melodi, et teaterstykke el.lign. der opnår stor publikumssucces □ *sangen blev en rigtig træffer* · *teaterdirektøren fik en træffer med teaterstykket*

træffes

VERB. *træffes, traffes* (el. *træffedes*), *træffedes*

møde hinanden □ *de træffedes neden for trappen* • være til at træffe □ *kordegnen træffes hver dag kl. 8-9.30*

træffetid

SUBST. *-en,* plur. *-er, -erne*

et bestemt tidspunkt hvor en person kan træffes □ *professoren har træffetid mellem kl. 13 og 14* □ *træffetidsmeddelelse*

træfning

SUBST. *-en,* plur. *-er, -erne*

et mindre slag el. væbnet sammenstød i krig □ *det kom til mindre træfninger, men for det meste var der stille i Sarajevos gader i dag* □ *grænsetræfning*

træfsikker

ADJ. *-t, ~sikre*

1. som er sikker på at ramme noget □ *en træfsikker skytte* · *en træfsikker hånd* • som er rammende og vellykket □ *romanen er præget af barsk humor og træfsikker persontegning* · *en træfsikker mimik*
2. som er sikker på at blive en træffer □ *en træfsikker idé* · *en træfsikker melodi*

træg

ADJ. *-t, -e*

så langsom og sløv at det virker irriterende = TREVEN, GUMPETUNG □ *samtalen gik meget trægt* · *arbejdet går alt for trægt* · *han er noget træg i opfattelsen*

træghed

SUBST. *-en*

det at være træg = INERTI □ *den indbyggede træghed i enhver større organisation* · *en træghed i fordøjelsen*

træk[1]

SUBST. *trækket,* plur. *træk, trækkene*

1. det at trække i noget □ *et træk i snoren* · *et træk på 20 kg* · *træk og slip* □ *trækbasun* · *trækdyr* · *trækgardin* · *trækharmonika* · *trækvogn* □ *firhjulstræk* · *kædetræk* · *remtræk* · *snoretræk* • det at trække på skulderen □ *skuldertræk*
2. det at hæve penge på en konto el. beskatte en indtægt □ *et stort træk på kontoen* □ *trækprocent* □ *bruttotræk* · *overtræk* · *skattetræk* · *undertræk*
3. = EGENSKAB □ *sproget har visse dialektale træk* • egenskab der tydeligt kendetegner et ansigts udseende = DRAG, KARAKTERTRÆK □ *hun har nogle ualmindeligt kønne træk* □ *ansigtstræk* • en egenskab som indgår i en persons karakter = KARAKTERTRÆK, EGENSKAB □ *det var et smukt træk hos dig at du huskede min fødselsdag* □ *karaktertræk*
4. (i spil): det at flytte en brik □ *mat i to træk* • en handling der sigter mod et bestemt resultat = MANØVRE □ *det var klogt træk at sælge huset nu* □ *modtræk*
5. det at bevæge sig i samlet flok fx fra kolde til varme egne el. omvendt □ *en flok svaner på træk* □ *trækfugl* □ *fugletræk* • en stor flok i samlet bevægelse □ *et træk vildgæs* · *det store træk af turister* · *et træk af biler*
6. i grove el. **store træk** uden for mange detaljer □ *han beskrev hende i grove træk* · *i store træk ligner den svenske sociallovgivning den danske*
7. i træk uden pause □ *han arbejdede i ti timer i træk*

træk[2]

SUBST. *trækken*

en luftstrøm der siver ind, fx gennem en sprække □ *der var træk fra vinduet* · *gigtsvage mennesker kan ikke tåle træk* · *jeg har siddet i træk fra døren under hele middagen* □ *trækkanal* □ *gennemtræk* • en luftgennemstrømning i en skorsten □ *der er ikke ordentligt træk i skorstenen* • **falsk træk** luft der kommer ind gennem revner i en ovn

trækbasun

SUBST. *-en,* plur. *-er, -erne*

= BASUN

trækfugl

SUBST. *-en,* plur. *-e, -ene*

en fugl der yngler i et køligt klima om sommeren og flyver til et varmere klima når det bliver vinter ≠ STANDFUGL

trækharmonika

SUBST. *-en,* plur. *-er, -erne*

= HARMONIKA

trække

VERB. *-r, trak, trukket* (*trukken, trukne*)

1. trække ng(t) have fat i noget og bevæge det

hen over el. langs med noget□ *hundene trækker slæden · lokomotivet trak 20 godsvogne · han trak brevet op af lommen · han trak de våde støvler af· hun trak en gammel kjole på· trække en båd på land · få trukket en tand ud · hun kom trækkende med sin hest · han trak døren til efter sig · hvis gardinerne stadig er trukket for, skal de trækkes fra · trække rullegardinet ned* □ *trækkraft · trækvogn* • **trække ng(t)** tilfældigt vælge el. få tildelt noget i en konkurrence el. et lotteri □ *træk et kort · trække en nitte · trække lod om det sidste stykke kage · og nu skal vi trække den heldige vinder · holdet har trukket hjemmebane i de første tre kampe* • **trække i ngt** tage fat i noget og rykke i det□ *han trak hende i håret · tamponen fjernes ved at trække i snoren* • **trække på ngt** gøre en bestemt bevægelse med en muskel i ansigtet el. med en del af kroppen□ *trække på smilebåndet· trække på skuldrene · det trak i hans ansigt* • **trække ngt** tegne, afmærke el. føre noget fra et sted til et andet□ *trække en streg · trække en grænse · kunne vi ikke trække tørresnoren mellem de to træer? · de var i færd med at trække telefonkabler mellem de nye huse* • **trække ngt** tage et våben frem og true nogen med det□ *han trak sin revolver· trække en kniv· trække blankt* • **trække {en flaske} op** fjerne proppen fra en flaske med en proptrækker □ *er rødvinen trukket op?* • **trække {et ur} op** dreje fjedermekanismen på fx et ur rundt så det kan gå □ *jeg har glemt at trække stueuret op* • **trække i ngt** tage tøj på = IFØRE SIG □ *så kan I godt trække i festtøjet*
2. trække ngt tilbage permanent fjerne el. opgive noget, fx fordi man har fortrudt det□ *han trak forslaget tilbage · medicinalfirmaet har besluttet at trække præparatet tilbage* • **trække sig** alligevel ikke stille op til noget, fx et valg□ *han trak sig som kandidat til præsidentvalget · han trak sig før kampen* • **trække sig tilbage** frivilligt ophøre med at have et bestemt arbejde el. bestride en bestemt funktion□ *han har trukket sig tilbage fra formandsposten · trække sig tilbage pga. alder* • **trække sig ud af ngt** beslutte at man alligevel ikke vil deltage i noget □ *hvornår trak Frankrig sig ud af NATO? · hun har trukket sig helt ud af politik* • **trække sig ind i sig selv** blive sky og indadvendt□ *siden sin mands død har hun trukket sig mere og mere ind i sig selv*
3. trække ngt fra el. **trække i ngt** formindske noget med noget = FRATRÆKKE □ *udgiften kan trækkes fra på selvangivelsen · restskatten blev trukket i hans løn · hvis vi har 10 æbler og vi trækker 4 fra, hvor mange er der så tilbage?* • **trække ngt på ngt** hæve penge på en konto □ *jeg vil gerne trække 5.000 kr. på min lønkonto* • **trække over** hæve så mange penge på sin konto at den er i underskud □ *han trækker altid over sidst på måneden*
4. bevæge sig fra et sted hen mod et andet □ *uvejret trækker østover · fuglene trækker sydpå om efteråret · tilskuerne trak over torvet til slottet* □ *trækfugl* • (om en luftstrøm): bevæge sig ind ad el. igennem noget til gene for dem der befinder sig i nærheden □ *det trækker · hvor trækker det fra? · det trækker ind ad vinduet* • **trække op til ngt** se ud som om noget snart vil ske; især noget ubehageligt□ *det trækker op til uvejr · det trækker op til ballade*
5. (om prostitueret): forsøge at skaffe sig kunder på gaden el. andre offentlige steder□ *hun trækker på Halmtorvet* □ *trækkerdreng*
6. trække ng være så underholdende el. interessant at der kommer mange mennesker for at overvære det = TILTRÆKKE □ *dyrskuet trækker hvert år et stort, trofast publikum · lokalopgøret ventes at trække mindst 5.000 tilskuere · forestillingen trækker hver aften fulde huse*
7. trække på ng(t) få nogen til at hjælpe sig med el. gøre brug af noget til en bestemt opgave el. et bestemt formål □ *kan vi trække på dig igen i morgen hvis han stadig er syg? · jeg bliver nødt til at trække på de penge jeg havde sat hen til ferien · klubben har fået tilladelse til at trække på skolens ekspertise og udstyr · jeg har efterhånden ikke flere ressourcer tilbage at trække på*
8. trække ud vare længere end forventet□ *afgørelsen kan trække ud i årevis · besøget trak længere ud end jeg havde regnet med* • **trække i langdrag** se under *langdrag*
9. trække ngt opsuge en væske□ *mine sko trækker vand* • lade noget stå i en væske således at væsken kan optage dets aroma □ *hvor lang tid skal teen trække? · krydderierne kommes i snapsen og trækker et par måneder*
10. (i brætspil): flytte en brik□ *det er din tur til at trække*

trækkerdreng

SUBST. *-en,* plur. *-e, -ene*

en ung mandlig prostitueret

trækkes

VERB. *trækkes, trakkes* el. *trækkedes, trækkedes*

trækkes med ng(t) have besvær med el. være belastet af noget el. nogen □ *han har i flere år måtte trækkes med myndighedernes langsommelige sagsbehandling · befolkningen må trækkes med en arbejdsløshed på over 10%*

trækning

SUBST. *-en,* plur. *-er, -erne*

1. det at vælge et vindernummer i et lotteri □ *trækningen af hovedgevinsten finder sted på mandag · han vandt i sjette trækning*
2. = MUSKELTRÆKNING □ *der gik en nervøs trækning over drengens ansigt*

trækningsliste

SUBST. *-n,* plur. *-r, -rne*

en liste over udtrukne numre i et lotteri el.lign. □ *trækningslisten for præmieobligationerne er kommet*

trækningsret

SUBST. *~retten,* plur. *~retter, ~retterne*

en ret til at trække på en bankkonto el.lign. □ *deltagelse i EMS'en betyder ubegrænset trækningsret på den Tyske Bundesbank · landet har fri trækningsret på Nationalbanken*

trækpapir

SUBST. *-et,* plur. *-er, -erne*

et stærkt sugende papir til at opsuge overskydende blæk fra brevpapir o.l. = KLATPAPIR

trækplaster

SUBST. *-et* (el. *~plastret*), plur. *~plastre, ~plastrene*

nogen el. noget der får folk til at møde frem til en begivenhed□ *han var trækplaster ved showet på Pårup Kro · topmodellen var det store trækplaster ved modemessen · bandet er et af de store trækplastre ved årets Roskildefestival*

trækprocent

SUBST. *-en,* plur. *-er, -erne*

= SKATTEPROCENT □ *en skatteprocent på 53 · kommunen har landets laveste skatteprocent*

trækvogn

SUBST. *-en,* plur. *-e, -ene*

en lille vogn på fire hjul med en stang til at trække i; bruges især til at trække børn rundt i□ *vi må tage en trækvogn med i skoven hvis børnene skulle blive trætte af at gå*

træl

SUBST. *trællen,* plur. *trælle, trællene*

en slave i et nordisk land i oldtiden og den tidlige middelalder = SLAVE □ *trældom · trælbinde*

trælast

SUBST. *-en,* plur. *-er, -erne*

1. en skibslast af tømmer□ *der skal udarbejdes et specielt system til kontrol af trælast*
2. en forretning der handler med tømmer o.l. = TRÆLASTHANDEL

trælbinde

VERB. *-r, ~bandt, ~bundet* (*~bunden, ~bundne*)

trælbinde ng (glds.): = SLAVEBINDE

trældom

SUBST. *trældommen*

det at være træl

trælle

VERB. *-r, -de, -t*

slide og slæbe til gavn for andre = SLAVE □ *jeg træller fra morgen til aften* □ *trælleri · trællearbejde*

træls

ADJ. - (el. *-t*), *-e*

(dagl.): som virker anstrengende og irriterende = ANSTRENGENDE, IRRITERENDE □ *vejen var lang og træls · en træls omgang · det er træls at lærerne altid skal bestemme · han er træls at høre på* • = IRRITERENDE

træløber

SUBST. *-en,* plur. *-e, -ne*

en spinkel spurvefugl med et langt nedadbøjet næb, brun overside og hvid underside; bevæger sig op ad træstammer i hurtige ryk under sin søgen efter føde; latinsk navn *Certhia familiaris*

træmand

SUBST. *-en,* plur. *træmænd, træmændene*

(neds.): en tør og kedelig mand = TØRVETRILLER □ *hun er gift med en rigtig træmand!* • (spøg.): en person der er beskæftiget i træbranchen □ *som professionel træmand kunne han skelne de forskellige træsorter*

træne

VERB. *-r, -de, -t*

træne ng(t) målrettet forsøge at forbedre især fysiske færdigheder ved at gennemføre særlige øvelser = ØVE, OPØVE, INDØVE □ *træne et fodboldhold · træne sine benmuskler · hun træner 3* *timer hver dag · en trænet fodboldspiller · træne bøjning af tyske verber · hun træner til Marselisløbet · efter trafikuheldet har han trænet sig op til at gå med krykker* □ *træning* □ *genoptræne · løbetræne · smugtræne*

træner

SUBST. *-en,* plur. *-e, -ne*

en person der uddanner sportsfolk el. træner væddeløbsheste □ *han er træner for landsholdet* □ *trænerlicens* □ *fodboldtræner · galoptræner · volleyballtræner*

trænge

VERB. *-r, trængte, trængt*

1. trænge til ngt have behov for noget = BEHØVE □ *jorden trænger til vand · jeg trænger til et bad nu · huset trænger til en gang maling · han trænger til nyt tøj*
2. trænge ng {tilbage} presse el. tvinge nogen i en bestemt retning □ *politiet trængte mængden tilbage · passagererne blev trængt sammen i bussen · trænge sig frem i første række · han blev trængt ud på vejen · han trængte hende op i et hjørne så hun ikke kunne flygte* • blive el. føle sig psykisk presset □ *han var hårdt trængt af konkurrence fra alle sider · hun følte sig trængt pga. sin utilstrækkelighed* • **trænge ng op i en krog** se under *krog*
3. trænge {frem} bane sig vej □ *oprørerne trænger frem · trænge igennem junglen · røverne trængte ind gennem døren · trænge sig ind på forbudt område · røgen trænger ind i soveværelset · lyset trængte ud gennem de tunge gardiner* • **trænge ind** blive forstået med en vis træghed □ *er det jeg har sagt efterhånden trængt ind hos jer? · trængte den ind?* • **trænge sig på** el. **ind på ng** være pågående over for nogen for at opnå noget □ *ikke for at trænge mig på, men må jeg låne Deres avis? · han trængte sig gang på gang ind på sine kolleger for at få kontakt*

trænges

VERB. *trænges, trængtes, trængtes*

tvinges til nær kropskontakt fordi der er for lidt plads □ *folk trængtes foran butikken · passagererne stod og trængtes i gangene* • **trænges om ng(t)** samle sig i flok om nogen el. noget □ *fansene trængtes om stjernen · de delegerede trængtes om at komme på talerstolen*

trængsel[1]

SUBST. *-en* (el. *trængslen*)

manglende plads et sted hvor mange mennesker befinder sig □ *trængsel ved isboden · der er trængsel i butikkerne ved juletid · bane sig vej gennem trængslen · barnet blev væk i trængslen*

trængsel[2]

SUBST. *-en* (el. *trængslen*), plur. *trængsler, trængslerne*

modgang el. besværlighed som man udsættes for □ *han fortalte udførligt om sine trængsler på rejsen · nå, lad mig så høre om alle dine trængsler*

træning

SUBST. *-en*

det at træne □ *hård træning · fire timers træning om dagen · hun går til træning hver uge · træning i boldbehandling · intensiv træning af spillerne* • **være i træning** være god til noget fordi man er vant til det el. har trænet det □ *hun er i træning med at læse · han er i god træning* • **være ude af træning** være dårlig til noget fordi man ikke har trænet i et stykke tid □ *jeg er ude af træning med at svømme*

træsk

ADJ. - (el. *-t*), *-e*
[ˈ*træ'sk*]

(glds.): = LUMSK □ *træske kvindfolk*

træsko

SUBST. *-en,* plur. *~sko, -ene*

en sko med træbund og overdel af læder, kan være med el. uden bagkappe; oprindelig sko lavet helt af træ • **grine som en flækket træsko** grine uhæmmet • **gå i folk med træsko på** være charmerende og umiddelbar • **stille træskoene** (slang): dø

træskostøvle

SUBST. *-n,* plur. *-r, -rne*

en støvle med en bund af træ

træsnit

SUBST. *træsnittet,* plur. *~snit, træsnittene*

et billede som laves ved aftryk af en træplade hvor motivet er skåret ud og tryksværte er smurt ud over de ophøjede områder = XYLOGRAFI

træsprit

SUBST. *træspritten*

= METANOL

træstamme

SUBST. *-n,* plur. *-r, -rne*

den udelte del af et træ som befinder sig over jorden og hvorfra grenene udgår

træstub

SUBST. *træstubben,* plur. *træstubbe, træstubbene*

den del af et træ der står tilbage når træet er fældet = STUB, STØD

træt

ADJ. - , *trætte*

som behøver hvile el. søvn □ *han kom træt hjem fra arbejde · børnene er trætte og skal i seng · et træt smil* □ *træthed* □ *dødtræt · overtræt* • **træt af ng(t)** som har mistet lysten til fx at høre på en person el. at gøre noget □ *jeg er træt af at høre på al den sladder · hun er træt af ham · dine klager gør mig træt · træt af at gå i skole* □ *dødtræt · livstræt · skoletræt* • **køre træt** blive træt □ *han er kørt træt af sit arbejde · han er efterhånden kørt træt af den jammer*

trætte[1]

SUBST. *-n,* plur. *-r, -rne*

(glds.): = STRID □ *dommeren afgjorden trætten mellem dem · de er altid i trætte med hinanden*

trætte[2]

VERB. *-r, -de, -t*

trætte ng med ngt gøre en person træt, fx med at tale meget □ *du må ikke trætte onkel Hans med al din snak · arbejdet trætter mig meget · han er trættende at høre på*

trættekær

ADJ. *-t, -e*

(glds.): = KRAKILSK □ *han er utrolig trættekær når han er fuld*

trættes

VERB. *trættes, trættedes, trættedes*

(glds.): = SKÆNDES □ *lad nu være med at trættes om bagateller*

træuld

SUBST. *-en*

fine træspåner der bruges som beskyttende materiale i pakker m.m.

trævl

SUBST.

se *trevl*

trævle

VERB.

se *trevle*

trævlerod

SUBST.

se *trevlerod*

trævlet

ADJ.

se *trevlet*

træværk

SUBST. *-et*

del af bygning o.l. som er af træ □ *husets træværk er sortmalet*

trøffel

SUBST. *-en* (el. *trøflen*), plur. *trøfler, trøflerne*

1. ægte trøffel en sjælden, sort spiselig svamp der vokser på egetræers rodnet; opsnuses af svin og hunde; latinsk navn Tuber melanosporum □ *henkogte trøfler · trøfler på dåse* □ *trøffelsovs · trøffelsvamp · trøffelsvin* □ *hjortetrøffel · périgordtrøffel · sommertrøffel*
2. en konfektmasse der bl.a. er lavet af chokolade □ *trøffelmasse* □ *romtrøffel*

trøje

SUBST. *-n,* plur. *-r, -rne*

1. tøj til overkroppen med lukke foran el. til at trække over hovedet; det kan være en *bluse* el. en *sweater* □ *en ulden trøje* □ *sportstrøje · stortrøje · striktrøje · uldtrøje*
2. være i trøjen være i hæren □ *han havde været i trøjen i et år*

trøske

SUBST. *-n*

1. træ der er rådnet pga. svampe- og bakterieangreb □ *forrådnelse danner trøske · trøsket træ*
2. en lidelse hos småbørn der viser sig som mælkehvide belægninger på mundens slimhinder; forårsages af *trøskesvamp*

trøsket

ADJ. - , *trøskede*

(om træ): = FRØNNET □ *et trøsket, gammelt hyldetræ*

trøst

SUBST. *-en*

noget som giver lindring for sorg el. bekymring □ *som trøst får du en buket blomster* · *han søgte trøst hos hende* · *det er da en trøst at man ikke er alene om sorgen* · *det er en dårlig trøst at andre også lider* · *en trøst i nøden*

trøste

VERB. *-r, -de, -t*

trøste ng hjælpe nogen som er ked af det til at føle sig bedre tilpas □ *hun prøvede at trøste det grædende barn* · *han trøstede sig hurtigt efter sin kones død* · *hun trøstede sig med en stor is*

trøster

SUBST. *-en,* plur. *-e, -ne*

1. noget som bringer trøst
2. en lille hæklet, broderet el. syet pude, fx på en lænestol el. i en sofa, som man læner sit hoved imod

trøstesløs

ADJ. *-t, -e*

som er trist og ikke giver håb □ *et trøstesløst vejr* · *trøstesløse udsigter* □ *trøstesløshed* ● = UTRØSTELIG

trøstig

ADJ. *-t, -e; -ere, -st*

= UFORTRØDEN □ *vær kun ved trøstigt mod*

tråd[1]

SUBST. *-en,* plur. *-e, -ene*

1. et langt, tyndt, fast materiale der er fremstillet af sammenvundne plante- el. dyrefibre el. af metal, og som fx bruges at sy tøj sammen med □ *arbejde med nål og tråd* □ *trådhegn* · *trådløs* · *trådnet* · *trådsav* □ *glødetråd* · *kinesertråd* · *pigtråd* · *ståltråd* · *sytråd* · *telefontråd*
2. i forsk. forb.: ● **falde i tråd med ngt** stemme overens med noget □ *det falder helt i tråd med min holdning* ● **hænge i en tynd tråd** være ved at gå tabt □ *hele planen hang i en tynd tråd* · *hans liv hang i en tynd tråd* ● **let** el. **løs på tråden** = LØSAGTIG ● **slå på tråden** ringe op på telefon ● **tabe tråden** miste koncentrationen og ikke kunne huske hvad man var i gang med at fortælle □ *jeg var ved at fortælle noget, men så tabte jeg tråden* ● **tage tråden op** tage en sag el. et emne op efter en afbrydelse ● **tråden** el. **den røde tråd** den sammenhængende hovedtanke i noget □ *genoptage tråden i en samtale* · *det er den røde tråd i historien* ● **trække i trådene** styre noget på en usynlig måde

tråd[2]

SUBST. *trådde t,* plur. *tråd, tråddene*

[ˈtrɔð]

det at sætte foden til jorden under gang el. løb, el. at træde i pedalerne under cykling □ *hun har et fint tråd i pedalerne* · *cykelrytterne fandt deres tråd*

tråde

VERB. *-r, -de, -t*

tråde en nål sætte tråd igennem en nåls øje = TRÆDE

trådnet

SUBST. *~nettet,* plur. *~net, ~nettene*

et netværk lavet af metal □ *sætte nyt trådnet på kaninburet* · *løbegården var indhegnet af trådnet*

trådte

VERB.

bøjningsform af *træde*

tsar

SUBST.

se *zar*

tsarina

SUBST.

se *zarina*

tsarisme

SUBST.

se *zarisme*

tsetseflue

SUBST. *-n,* plur. *-r, -rne*

en afrikansk flue som suger blod af kvæg og mennesker; flere arter, hvoraf nogle overfører sovesyge; latinsk navn *Glossina*

T-shirt

SUBST. *-en,* plur. *-s* (el. *T-shirt*), *-ene*

[ˈtiːsjɶːʔd]

en bluse uden krave og med korte ærmer

tsk.

fork. for *teskefuld*

TTV

fork. for *tekst-tv*

tuba

SUBST. *-en,* plur. *-er, -erne*

et stort messingblæseinstrument med dyb tone □ *spille tuba* · *spille på tuba* □ *bastuba*

tubaist

SUBST. *-en,* plur. *-er, -erne*

/tubaˈisd/

en person der spiller tuba

tube

SUBST. *-n,* plur. *-r, -rne*

en aflang, smal beholder af bøjeligt materiale der bruges til at opbevare en fugtig masse i, fx tandpasta, lim el. maling, som trykkes ud gennem en åbning i den ene ende □ *jeg vil gerne købe en tube tandpasta* · *trykke lim ud af tuben* □ *tubecreme* · *tubemaling* · *tubesmør* □ *cremetube* · *tandpastatube*

tuberkulose

SUBST. *-n,* plur. *-r, -rne*

/tuberkuˈlosə/

en smitsom sygdom som angriber lungerne og flere andre organer; smitter via spyt og luftbårne dråber □ *tuberkuløs* · *tuberkulosevaccination* □ *lungetuberkulose*

tuborg

SUBST. *-en,* plur. *-er, -erne*

skrifttegnene { }; bruges bl.a. i matematik omkring tal for at angive at de er elementer i en mængde = TUBORGKLAMME, KLAMME

tud[1]

SUBST. *-en,* plur. *-e, -ene*

en åbning på en beholder, fx en tepotte, hvorfra man hælder væske ud ≠ HANK □ *der er gået et skår af kandens tud* · *en kop med tud* □ *tudformet* · *tudkop* □ *svingtud* ● (slang): = NÆSE □ *få én på tuden* · *give nogen et hak i tuden* · *en kæmpe tud* □ *braktud* · *kartoffeltud* · *opstoppertud*

tud[2]

SUBST. *-et,* plur. *tud, -ene*

en tudelyd som fx et skib udsender □ *færgen gav et enkelt tud da de sejlede forbi*

tudbrøle

VERB. *-r, -de, -t*

(neds.): græde voldsomt = STORTUDE

tude

VERB. *-r, -de, -t*

1. udstøde en kraftig, langtrukken, ofte uhyggelig lyd = HYLE □ *ulvene tuder* · *uglen tuder* · *sirenerne tuder kl. 12* · *vinden tuder* · *tudende horn* □ *tuden*
2. = GRÆDE □ *drengen tuder* · *det er til at tude over!* □ *tudemikkel* · *tudetur* □ *småtude* · *stortude*
3. tude ng ørerne fulde af ngt (neds.): belære nogen om noget igen og igen □ *lige siden vi var små har vi fået tudet ørerne fulde af det*
4. ⟨i sammensætn.⟩ (neds.): forstærkende udtryk □ *tudedum* · *tudegrim*

tudehorn

SUBST. *-et,* plur. *~horn, -ene*

et apparat i en bil som giver en høj, trompetagtig lyd, fx til at advare andre trafikanter med = HORN □ *chaufføren brugte tudehornet*

tudekop el. **tudkop**

SUBST. *~koppen,* plur. *~kopper, ~kopperne*

en kop med et låg og en lille tud som fx børn el. sengeliggende kan drikke af uden at spilde

tuderi

SUBST. *-et*

/tudeˈri/

det at græde □ *hold op med det tuderi*

tudevorn

ADJ. *-t, -e*

(neds., glds.): som let kommer til at græde = KLYNKEVORN □ *hun er blevet en tudevorn, gammel kone*

tudkop

SUBST.

se *tudekop*

tudse

SUBST. *-n,* plur. *-r, -rne*

en hoppende padde med en kort, tyk krop, forholdsvis korte bagben med lidt svømmehud og mange vorter på ryggen; kvækker i parringstiden og om natten; flere arter, bl.a. *skrubtudse, grønbroget tudse* og *strandtudse;* latinsk navn *Bufonidae*

tue

SUBST. *-n,* plur. *-r, -rne*

en lille forhøjning i jordoverfladen□ *engen var fuld af tuer* · *en lille tue kan vælte et stort læs* □ *græstue* · *myretue*

tuf

SUBST. *tuffen,* plur. *tuffer, tufferne*

en porøs bjergart som består af hærdet vulkansk aske og støv; anvendes som byggesten□ *tufsten* □ *kalktuf*

tugt

SUBST. *-en*

(glds.): en tilstand hvor man må indordne sig under strenge regler = DISCIPLIN, AFSTRAFFELSE □ *blive holdt i tugt* □ *tugthus* □ *hustugt* · *kirketugt* · *klostertugt* · *selvtugt* • **leve i tugt og ære** (glds., om ægtefolk): være hinanden tro □ *leve sammen i tugt og ære* □ *tugtig*

tugte

VERB. *-r, -de, -t*

(form., glds.): straffe nogen korporligt el. disciplinere nogen = REVSE □ *den der elsker sin søn tugter ham i tide*

tugthus

SUBST. *-et,* plur. *-e, -ene*

(foræld.): = FÆNGSEL

tugthuskandidat

SUBST. *-en,* plur. *-er, -erne*

en slyngel som burde i fængsel

tugtig

ADJ. *-t, -e*

(glds.): som har en streng moral, især med hensyn til seksuel udfoldelse = ÆRBAR, SÆDELIG ≠ UTUGTIG □ *et tugtigt levned*

tuja

SUBST. *-en,* plur. *-er, -erne*

et nåletræ med stedsegrønne, skælformede blade; flere arter; latinsk navn *Thuja*

tulipan

SUBST. *-en,* plur. *-er, -erne*
/*tuli'pan*/

en løgplante med en lang, glat lysegrøn stængel og elliptiske blade og store skålformede blomster der består af et enkelt lag blanke kronblade; latinsk navn *Tulipa*

tulipantræ

SUBST. *-et,* plur. *-er, -erne*

1. et træ med store, grønlige og orangegule blomster der i formen minder om tulipanens; stammer fra Nordamerika; latinsk navn *Liriodendron tulipifera*
2. = MAGNOLIE

tulle

VERB. *-r, -de, -t*

= TRISSE □ *tulle omkring uden at få bestilt noget*

tumle

VERB. *-r, -de, -t*

tumle {rundt} lege, slås for sjov el. falde med store, voldsomme bevægelser = TRIMLE □ *børnene tumler rundt i haven* · *tumle ned ad skrænten* · *hun kan ikke tumle sig som andre børn* □ *tumling* • kunne klare el. styre □ *tumle en hest* · *tumle en klasse vilde skolebørn* • **tumle med ngt** forsøge at løse noget □ *han går for meget alene og tumler med problemerne*

tumleplads

SUBST. *-en,* plur. *-er, -erne*

et sted hvor man kan lege og udfolde sig frit □ *stranden er børnenes tumleplads* · *himmelrummet er pilotens tumleplads*

tumler

SUBST. *-en,* plur. *-e, -ne*

1. et lille barn der endnu ikke kan gå rigtigt el. sikkert = TUMLING
2. en brunsort, buttet delfin med hvid bug og en afrundet snude = MARSVIN

tumling

SUBST. *-en,* plur. *-er, -erne*

1. et lille barn der endnu ikke kan gå rigtigt el. sikkert = TUMLER
2. et lille bæger uden fod, men med meget tung bund så det ikke kan vælte • en dukke el. et legedyr med en rundet, tung bund der gør at den ikke kan vælte
3. en duerace der kaster sig bagover i flugten

tummel

SUBST. *-en* (el. *tumlen*)

en tilstand af larm og forvirring som kan opstå hvor mange mennesker er sammen og bevæger sig samtidig = TUMULT □ *der var altid en voldsom tummel i skolegården*

tummelumsk

ADJ. *-, -e*
/*tumme'lumsk*/

= ØR

tummerum

SUBST.

se *trummerum*

tumor

SUBST. *-en,* plur. *-er, -erne*

en sygelig vækst af celler i kroppen som ikke har nogen funktion = SVULST

tumpe

SUBST. *-n,* plur. *-r, -rne*

= FJOLS □ *tumper og genier går i samme klasse* · *din tumpe!*

tumpet

ADJ. *- , tumpede*

= TÅBELIG □ *et tumpet spørgsmål* · *det var tumpet af politikerne at godkende den busterminal*

tumult

SUBST. *-en,* plur. *-er, -erne*
/*tu'mult*/

en tilstand af larm og forvirring = TUMMEL □ *der opstod tumult* · *lave tumult* • ballade el. slagsmål = OPTØJER □ *det kom til tumulter på gaden*

tumultagtig

ADJ. *-t , -e*

som er præget af tumulter = TUMULTARISK □ *det udviklede sig til et tumultagtigt landsmøde*

tumultarisk el. **tumultuarisk**

ADJ. *- , -e*
/*tumul'tarisk*/

= TUMULTAGTIG □ *en tumultarisk demonstration*

tun

SUBST. *-en,* plur. *tun, -ene*

en meget stor fisk med små finner mellem gatfinnen og den smalle, stive halefinne; udbredt spisefisk som ofte konserveres i olie el. vand; latinsk navn *Thunnus thynnus* = TUNFISK □ *tunsalat* · *tunmousse*

tundra

SUBST. *-en,* plur. *-er, -erne*

hede- el. moseområde i polare egne hvor jorden er bundfrossen det meste af året□ *den sibiriske tundra*

tune

VERB. *-r, -de, -t*
[*'tju·nə*]

1. tune en motor give en motor en behandling der gør at den får større ydeevne el. er mere økonomisk i drift□ *han kørte på en tunet knallert* □ *tuning*
2. tune ind på ngt indstille en radiomodtager på en bestemt kanal□ *tune ind på 95,9 megahertz* □ *tuning*

tuneser

SUBST. *-en,* plur. *-e, -ne*
/*tu'neser*/

en person fra Tunesien

tunesisk

ADJ. *- , -e*
/*tu'nesisk*/

som har at gøre med Tunesien

tung

ADJ. *-t, -e; -ere, -est*

1. som vejer meget ≠ LET □ *en stor, tung sten* · *tung som bly* · *2 kg tung* · *kassen er tung* · *skibet er tungt læsset* · *tung trafik* · *maden*

ligger tungt i maven □ *tungmetal* · *tungtlastet* · *tungtvejende* □ *tonstung* • **veje tungt** have stor betydning □ *det argument vejer tungt i diskussionen* • **være tung at danse med** være vanskelig at få i gang el. få til at gøre noget bestemt □ *bureaukratiet er tungt at danse med* · *ifølge de ansatte er ledelsen meget tung at danse med* • **vende den tunge ende nedad** ramme de dårligst stillede hårdest □ *forslaget om brugerbetaling vender den tunge ende nedad* · *grønne afgifter har det med at vende den tunge ende nedad* · *vandmanglen i landsbyen vender den tunge ende nedad* · *sygdommen vender den tunge ende nedad i social henseende* • **sove tungt** sove på en måde så man ikke vågner selvom der er meget støj • **tung industri** se under *industri* • **tungt vand** se under *vand*
2. som føles trykkende □ *tunge skyer* · *tung luft* · *være tung i hovedet* · *en tung parfume* · *luften var tung af røg*
3. som er indviklet og vanskeligt at forstå □ *et tungt foredrag* · *en tung bog* □ *tungtfordøjelig* · *tungtforståelig*
4. som er tynget af sorg el. melankoli □ *et tungt sind* · *det er tungt at miste en af sine nærmeste* · *være tung om hjertet* □ *tungsind* · *tungsindig* • **tage ngt tungt** blive sørgmodig el. alvorsfuld over noget □ *hun tog hans død meget tungt* · *chefen tager tungt på medarbejdernes fejl* · *tag det nu ikke så tungt*
5. udtryk for at noget er anstrengende el. belastende □ *et tungt arbejde* · *pligterne hviler tungt på hendes skuldre* · *han måtte gå den tunge gang til bestyrelsen og fortælle om underskuddet*
6. som er langsomt opfattende □ *han er lidt tung i det* · *hun er noget tung i optrækket* □ *tungnem* □ *gumpetung*

tunge[1]

SUBST. *-n,* plur. *-r, -rne*

1. et bevægeligt, aflangt organ i munden som mennesker bl.a. bruger til at smage el. føle med □ *hun bed sig i tungen* · *katten rensede sin pels med tungen* · *maden brændte på tungen* □ *tungebånd* · *tungerod* · *tungespids* □ *bagtunge* · *fortunge* · *kattetunge* • **række tunge ad ngn** stikke tungen ud af munden for at udtrykke foragt for nogen □ *pigen rakte tunge ad sin lillesøster*
2. tungen hos dyr som man tilbereder og spiser □ *de skal have tunge til middag* □ *kalvetunge* · *svinetunge*
3. noget som ligner el. minder om en tunge □ *tunger af ild slog op om taget* · *dugen havde broderede tunger*
4. (form.): = SPROG □ *tungemål*
5. = SØTUNGE
6. i forsk. forb.: • **bide tungen af sig selv** fortryde noget man har sagt □ *han kunne have bidt tungen af sig selv* • **have en {skarp} tunge** udtale sig til el. om nogen på en uvenlig el. ubehagelig måde □ *hun har sandelig en hvas tunge* · *hun har en giftig tunge* • **have ngt på tungen** føle at man er meget tæt på at kunne huske det man vil sige □ *jeg har det lige på tungen* • **holde tand for tunge** se under *tand* • **holde tungen lige i munden** bevare fatningen i en presset situation □ *linedanseren holdt tungen lige i munden* • **have en glat tunge** være god til at besnakke folk • **ligge ngn på tungen** være lige ved at sige noget □ *det lå mig lige på tungen* • **med tungen ud af halsen** i fuld fart • **onde tunger** personer som fortæller ond sladder □ *onde tunger siger at hun blev fyret fordi hun havde taget penge af kassen* • **række tungen ud af munden** udtryk for at mad ikke smager af noget □ *det smager som at række tungen ud af munden* • **smelte på tungen** udtryk for at noget mad er meget lækkert el. mørt □ *bøffen smeltede på tungen* • **tungen på vægtskålen** have afgørende indflydelse på et resultat □ *det lille politiske parti kan blive tungen på vægtskålen*

tunge[2]

VERB. *-r, -de, -t*

forme som en el. flere tunger □ *skørtet er tunget ud forneden*

tungebånd

SUBST. *-et,* plur. *~bånd, -ene*

den fold der forbinder tungen med undermunden □ *barnet var født med for kort tungebånd* • **løse ngs tungebånd** gøre nogen snaksalig □ *vinen løste hans tungebånd* • **være godt skåret for tungebåndet** have gode talegaver el. tale meget □ *fætteren holdt tale, men han har nu også altid været godt skåret for tungebåndet* · *hun er lidt for godt skåret for tungebåndet*

tungefærdighed

SUBST. *-en*

evne til at tale hurtigt og præcist □ *forklare noget med rivende tungefærdighed*

tungemål

SUBST. *-et,* plur. *~mål, -ene*

(form., glds.): et sprog der tales; det kan være et nationalt sprog el. en dialekt = MÅL □ *man kan høre alverdens tungemål i FN*

tungerod

SUBST. *~roden,* plur. *~rødder, ~rødderne*

den bageste del af tungen

tungetale

SUBST. *-n*

en spontan, delvis uforståelig og tranceagtig tale der i visse religiøse kredse betragtes som lovprisning af Gud, og som af Paulus er betegnet som en guddommelig nådegave □ *han tror på tungetale og at han modtager direkte profetier fra Gud* • uforståelig el. indholdsløs tale □ *de brød ud i den slags tungetale som vi har lært af vores politikere* · *diplomatiets tungetale*

tunghør

ADJ. *-t, -e*

som har dårlig hørelse □ *tunghørhed*

tunghørhed el. tunghørighed

SUBST. *-en*

det at være tunghør □ *mange ældre mennesker lider af tunghørhed*

tungmetal

SUBST. *~metallet,* plur. *~metaller, ~metallerne*

et metal med en stor massefylde, især kviksølv, kadmium og bly, som danner giftige forbindelser i miljøet □ *nedsætte udslippet af tungmetaller*

tungnem

ADJ. *-t, tungnemme*

som har svært ved at forstå og at lære noget = TYKHOVEDET □ *en langsom og tungnem elev* · *er du tungnem eller hvad?*

tungsind

SUBST. *-et*

dyb nedtrykthed = MELANKOLI □ *knuende tungsind* · *i perioder med tungsind og mismod fandt hun tilflugt i religionen*

tungsindig

ADJ. *-t, -e*
/tung'sindig/

som er præget af tungsind = MELANKOLSK □ *være tungsindig* · *en tungsindig natur* □ *tungsindighed*

tungtvejende

ADJ.

som vejer meget • som har afgørende betydning = VÆGTIG □ *jeg håber du har tungtvejende grunde til at forlade os*

tunika

SUBST. *-en,* plur. *-er, -erne*

en knælang romersk klædning båret med bælte og uden ærmer el. med et stort ærme • en løsthængende, lang bluse

tunnel

SUBST. *-en* (el. *tunnellen*), plur. *-er* (el. *tunneller*), *-erne* (el. *tunnellerne*)
['tån'əl el. tån'əl']

en udgravet passage under jorden el. gennem et bjerg □ *toget kørte gennem en mørk tunnel* · *banen er ført i en tunnel gennem bjerget* · *en tunnel vil forbedre trafikken mellem landsdelene* · *en tunnel under havet* · *bore en tunnel* · *grave en tunnel ud til det fri* □ *tunnelbane* · *tunnelboring* · *tunnelbyggeri* · *tunnelføring* □ *jernbanetunnel* · *vejtunnel*

tunneldal

SUBST. *-en,* plur. *-e, -ene*

en daltype med et ofte slingrende forløb som er udgravet af smeltevand under indlandsisen

tur

SUBST. *-en,* plur. *-e, -ene*

1. udflugt el. rejse = UDFLUGT □ *gå sig en tur* · *køre en tur* · *tage på tur* · *tage en tur på landet* · *turen går til Spanien* · *lægge turen om ad Slagelse* · *jeg har været en tur i Jylland* · *en tur i byen* □ *turplan* □ *biltur* · *cykeltur* · *ferietur* · *fisketur* · *hyttetur* · *kanotur* · *køretur* · *rundtur* · *sightseeingtur* · *skovtur* · *smuttur* · *spadseretur* · *spejdertur* · *travetur* · *vandretur* • **tur retur** el. **tur og retur** se *tur-retur*
2. bestemt rækkefølge hvor mennesker el. hændelser afløser hinanden □ *det er min tur til at lave mad* · *nu kommer turen til dig* · *gøre noget efter tur* · *stå for tur* · *de kom til efter tur*
3. ubehagelig omgang □ *hun tog den store tur med ham* · *du kender turen* □ *hyletur* • periodisk anfald □ *smerterne kom i ture*

turban

SUBST. *-en,* plur. *-er, -erne*

en hovedbeklædning som bæres af mænd i dele af Nordafrika og det sydlige Asien, og som består af et langt klæde som vikles tæt om hovedet el. om en fez • **en appelsin i ngs turban** uventet held, især om økonomisk gevinst

turbine

SUBST. *-n,* plur. *-r, -rne*
/tur'bine/

en motor med skovlhjul der roterer når de rammes af vand, gas el. damp ◻ *turbineaksel · turbineanlæg · turbinedamper · turbinedreven · turbinehjul · turbinemotor · turbinepumpe · turbinerotor · turbineskovl* ◻ *dampturbine · gasturbine · luftturbine · vandturbine*

turbulens

SUBST. *-en,* plur. *-er, -erne*
/turbu'lens/

uregelmæssig, hvirvlende bevægelse i væske, gas el. luft ◻ *flyveturen var meget ubehagelig pga. turbulens* • megen uro el. diskussion omkring en person el. et emne = BLÆST, RØRE, POSTYR ◻ *der opstod politisk turbulens omkring hans udnævnelse*

turbulent

ADJ. *-* , *-e*
/turbu'lent/

som er præget af en voldsom uro ◻ *turbulente vinde · en turbulent periode i historien*

turde

VERB. *tør, turde, -t*

turde ngt have mod til at gøre noget = VOVE ◻ *jeg turde ikke kravle op i toppen af det høje træ · han tør ikke sige sandheden · at hun tør! · hvor gammel er De, om jeg tør spørge?*

ture

VERB. *-r, -de, -t*

ture {rundt} køre rundt på en overfladisk måde og uden egentligt bestemmelsessted ◻ *han turer om i gaderne på sin cykel · ture landet rundt* • gå på flere forskellige værtshuse og drikke meget alkohol = SVIRE ◻ *de turede hele byen rundt og blev meget fulde* ◻ *turen*

turisme

SUBST. *-n*
/tu'risme/

alt hvad der har at gøre med turistrejser og turistrejsende ◻ *Danmark vil styrke turismen fremover · turismen præger mange byer langs Sydeuropas kyster*

turist

SUBST. *-en,* plur. *-er, -erne*
/tu'rist/

en person som rejser på ferie for at slappe af og tage på sightseeing ◻ *rejse som turist* ◻ *turisthotel · turistkontor · turistrejse* ◻ *charterturist*

turistbus

SUBST. *~bussen,* plur. *~busser, ~busserne*

en bus som kører med turister; turistbusser er ofte store busser med flere bekvemmeligheder end almindelige busser fx toilet, aircondition og flysæder ◻ *de tog på sigthseeing med turistbussen · turistbussen kører til Østrig hver uge*

turkis[1]

SUBST. *-en,* plur. *-er, -erne*
[tur'ki's el. *tyr'ki's]*

(mineralogi): et ugennemsigtig himmelblåt til blåliggrønt mineral med en voksagtig glans hvis farve skyldes kobberindholdet; anvendes som smykkesten ◻ *turkisblå · turkisfarvet*

turkis[2]

ADJ. *-* , (el. *-t*), *-e*
[tur'ki's el. *tyr'ki's]*

med en blålig el. grønlig farve som den smykkestenen turkis har = BLÅGRØN ◻ *turkisblå* ◻ *mørketurkis*

turkmener

SUBST. *-en,* plur. *-e, -ne*
/turk'mener/

en person fra Turkmenistan

turkmensk

ADJ. *-* , *-e*
/turk'mensk/

som har at gøre med Turkmenistan

turné el. **turne**

SUBST. *-en,* plur. *-er, -erne*
/tur'né/

rundrejse hvor kunstnere, foredragsholdere o.l. optræder forskellige steder ◻ *skuespillerne tog på turné i provinsen · være på turné*

turnere

VERB. *-r, -de, -t*
/tur'nere/

turnere {i} ngt være på turné ◻ *teatergruppen turnerede hele sommeren · turnere i provinsen*

turnering

SUBST. *-en,* plur. *-er, -erne*
/tur'nering/

en konkurrence med mange deltagere el. hold der kæmper mod hinanden to og to; taberen udelukkes for videre deltagelse og der konkurreres til der er to modstandere tilbage som mødes i en finale ◻ *turneringskamp* ◻ *fodboldturnering · firmaturnering · pokalturnering · ridderturnering · skoleturnering · sportsturnering · tennisturnering*

turnips

SUBST. *-en,* plur. *turnips, -ene*

en spiselig hvidgullig rodfrugt der fortrinsvis dyrkes til kreaturfoder; latinsk navn *Brassica campestris*

turnus

SUBST. *-en* (el. *turnussen*), plur. *-er* (el. *turnusser*), *-erne* (el. *turnusserne*)

det at skifte el. afløse hinanden i bestemt rækkefølge el. med bestemte mellemrum ◻ *der blev holdt vagt efter en bestemt turnus* • medicinske kandidaters obligatoriske tjeneste på skiftende hospitaler el. typer af afdelinger

tur-retur el. **tur retur** el. **tur og retur**

SUBST. *en*
fork. *t/r*

en billet til både udrejse og hjemrejse

turteldue

SUBST. *-n,* plur. *-r, -rne*

en lille, slank due med lyserødt bryst, brun- og sortmønstret ryg og en sort- og hvidstribet plet på siden af halsen; latinsk navn *Streptopelia turtur* • **turtelduer** et forelsket par ◻ *der gik et par turtelduer et stykke nede ad skovstien*

turtleneck

SUBST. *en,* plur. *-s, -sene*
['tö'dəlnæk]

en høj hals på fx en bluse el. sweater ◻ *en bluse med turtleneck og lange ærmer* ◻ *turtlenecksweater*

tus

SUBST. *tussen,* plur. *tusser, tusserne*

= FILTPEN ◻ *en pakke tusser · en rød tus* ◻ *farvetusser*

tusch

SUBST. *-en*

en spritbaseret farve som bruges til at tegne med; blev tidligere fremstillet af lampesod ◻ *tegne med tusch · flydende tusch · rød tusch* ◻ *tuschfarve · tuschpen* • ⟨plur. *-er, -erne*⟩ = FILTPEN ◻ *en pakke tuscher*

tuschere

VERB. *-r, -de, -t*
[tu'sje'ɔ]

tuschere ngt trække noget op med tusch

tusind[1]

SUBST.

se *tusinde*

tusind[2]

TALORD

se *tusinde*

tusindben

SUBST. *-et,* plur. *~ben, -ene*

et leddyr hvis krop er opdelt i mange, ensartede led med hvert to par ben; latinsk navn *Diplopoda*

tusinde[1] el. **tusind**

SUBST. *-t,* plur. *-r* (el. *tusinde*), *-rne*
(tusind: *-et,* plur. *-er* (el. *tusind*), *-erne*)

et antal på ca. 1.000 ◻ *tusinder af mennesker · menneskemassen kunne regnes i tusinder · tusinder og atter tusinder af bøger · der var mange tusinde til stede*

tusinde[2] el. **tusind**

TALORD

tallet 1.000; ofte brugt unøjagtigt om et stort antal ◻ *Finland kaldes de tusinde søers land · tusind tak · tusind og en nats eventyr · vasen gik i tusind stykker* ◻ *tusindben · tusindfryd · tusindkunstner · tusindårsrige* • **tusinde** ⟨ordenstal⟩ nummer 1.000 i en række ◻ *nu siger jeg det for tusinde gang*

tusindedel

SUBST. *-en,* plur. *-e, -ene*

en af 1.000 lige store dele som noget kan deles i = PROMILLE

tusindfryd

SUBST. *-en,* plur. *tusindfryd, -ene*

= BELLIS

tusindkunstner

SUBST. *-en,* plur. *-e, -ne*

en person der kan en masse ting □ *han er en hel tusindkunstner, han både tegner, modellerer og spiller alle mulige instrumenter • vores sekretær er noget af en tusindkunster for ind imellem skal hun afløse alle i afdelingen*

tusindtal

SUBST. *et*

mange tusind = TUSINDVIS □ *tilskuerne kom i tusindtal • et tusindtal af myrer kravlede ind i huset*

tusindtallig

ADJ. *-t, -e*

som omfatter mange tusind □ *en tusindtallig mængde*

tusindvis

ADV.

mange tusind = I TUSINDTAL □ *der var tusindvis af mennesker • folk var mødt op i tusindvis*

tusindårig

ADJ. *-t, -e*

som varer 1.000 år = TUSINDÅRS □ *en tusindårig* • som er 1.000 år gammel □ *en tusindårig eg*

tuske

VERB. *-r, -de, -t*

tuske sig til ngt = TILTUSKE □ *han tuskede sig til værdifuld indfødt kunst for glasperler*

tuskhandel

SUBST. *-en* (el. *~handlen*), plur. *~handler, ~handlerne*

handel der sker ved bytning af varer uden brug af penge; også om en lidt lyssky form for handel □ *under krigen var der en del der drev tuskhandel med fødevarer*

tusmørke

SUBST. *-t*
[ˈtusmœ̈rgə]

halvmørket ved overgangen fra dag til nat = SKUMRING □ *tusmørket falder • sidde uden lys i tusmørket*

tusse[1]

SUBST. *-n,* plur. *-r, -rne*

(slang): = TUSINDKRONESEDDEL □ *kan du låne mig en tusse?*

tusse[2]

VERB. *-r, -de, -t*

tusse rundt gå rundt uden hast og uden noget særligt formål = TRISSE, SJOKKE, TØFFE, TULLE □ *hun tussede rundt for sig selv* □ *tusseri*

tut[1]

SUBST. *tutten,* plur. *tutter, tutterne*

1. et lille hylster med form som en cylinder el. tragt □ *få udleveret en tut med tikroner i banken • hun havde en lille tut af gummi på fingeren når hun talte pengesedler op*
2. et lille barn □ *pigen var en sød lille tut på et par år*

tut[2]

LYDORD

gengivelse af den lyd der kommer fra et horn, fx et bil- el. tågehorn el. en tuba □ *tut tut, lød det da skibet stod ud af havnen • tut, sagde hornet* • ⟨SUBST.: *tuttet,* plur. *tut, tuttene*⟩ □ *det pludselige tut fra bilen var ved at vælte hende af cyklen • tubaens dybe tut kunne høres langt væk*

tutor

SUBST. *-en,* plur. *-er, -erne*
[ˈtjuˑtɔ]

en person, især en ældre studerende, der vejleder en gruppe studerende i forhold der har at gøre med deres studium

tuttenuttet

ADJ. *- , tuttenuttede*
[tutteˈnutted]

som er meget nuttet □ *en rigtig tuttenuttet baby • den flæseskjorte gør dig altså lidt for tuttenuttet*

tutti

ADJ.

(musik): udtryk for at alle stemmerne i et orkester skal spille på en gang ≠ SOLO □ *koret lyder bedst tutti*

tuvaluaner

SUBST. *-en,* plur. *-e, -ne*

en person fra Tuvalu

tuvaluansk

ADJ. *- , -e*

som har at gøre med Tuvalu

tv

SUBST. *tv'et,* plur. *tv'er, tv'erne*

en teknik til transmission af billeder fra en sender til en modtager ved hjælp af radiobølger = FJERNSYN, TELEVISION ≠ RADIO □ *tv-antenne* □ *kabel-tv • satellit-tv* • en udsendelse af nyheds- og underholdningsprogrammer til et stort seerantal ved hjælp af radiobølger; også om det sted, den organisation el.lign. som udsender tv-programmer = FJERNSYN □ *tv sender nyheder døgnet rundt • udenlandsk tv dækkede nyheden • se nyheder i tv • tv for børn* □ *tv-avis • tv-narkoman • tv-program • tv-seer • tv-serie • tv-station • tv-udsendelse • tv-vært* □ *lokal-tv • tekst-tv* • = TV-APPARAT □ *købe et nyt tv • tænde for tv'et • mit tv er gået i stykker* □ *farve-tv* • **sort-hvid tv** et apparat som gengiver skærmbilledet i sorte, hvide og grå toner = SORT-HVID FJERNSYN ≠ FARVE-TV, FARVEFJERNSYN

tv. el. **t.v.**

fork. for *til venstre*

tvang[1]

SUBST. *-en*

det at tvinge nogen til noget □ *aflægge tilståelse under tvang • fysisk tvang • hun læste kun af tvang* □ *tvangsarbejde • tvangsauktion • tvangsfjernelse • tvangsfodre • tvangsforestilling • tvangsforflytte • tvangsindlæggelse • tvangssituation • tvangstanke* □ *købetvang • skoletvang • visumtvang*

tvang[2]

VERB.

bøjningsform af *tvinge*

tvangfri

ADJ. *-t, -e* (el. *tvangfri*)

som er uformel og afslappet = UTVUNGEN □ *tonen mellem de unge var tvangfri • tvangfri påklædning*

tvangsauktion

SUBST. *-en,* plur. *-er, -erne*

en auktion over fast ejendom som er forlangt af kreditorer □ *huset blev solgt på tvangsauktion*

tvangsfjerne

VERB. *-r, -de, -t*

tvangsfjerne ng på myndighedernes initiativ fjerne et barn fra dets hjem som følge af grov forsømmelse fra forældrenes side □ *tvangsfjernelse*

tvangsfuldbyrdelse

SUBST. *-n,* plur. *-r, -rne*

gennemførelse af en dom el. en kendelse □ *tvangsfuldbyrdelse af en dom*

tvangssituation

SUBST. *-en,* plur. *-er, -erne*

en situation hvor nogen tvinges til at handle på en bestemt måde □ *regeringen handlede i en tvangssituation • det kommunale selvstyre sætter regeringen i en tvangssituation • borgerne bringes i en tvangssituation når de skal opgive helbredsoplysninger for at få en livsforsikring*

tvangstanke

SUBST. *-n,* plur. *-r, -rne*

en virkelighedsfjern, sygelig tanke el. idé som man ikke kan gøre sig fri af □ *det er blevet en tvangstanke for hende at hun skal rejse jorden rundt*

tv-apparat

SUBST. *-et,* plur. *-er, -erne*

et apparat der modtager tv-programmer = FJERNSYN, TV

tv-avis

SUBST. *-en,* plur. *-er, -erne*

en nyhedsudsendelse på tv □ *hun er blevet studievært på tv-avisen* □ *tv-avisjournalist • tv-aviskorrespondent • tv-avisoplæser • tv-avisreporter* □ *aften-tv-avis*

tvebak

SUBST. *tvebakken,* plur. *tvebakker, tvebakkerne*

en halv bolle som er tør og sprød; spises fx til frugtsuppe□ *kærnemælkstvebak*

tvebo

ADJ.

= SÆRBO

tvedelt

ADJ. - , *-e*

delt i to

tvedragt

SUBST. *-en*

(glds.): = STRID

tvekamp

SUBST. *-en,* plur. *-e, -ene*

en kamp mellem to personer; især på liv og død □ *han udfordrede sin bror til tvekamp*

tvekønnet

ADJ. - , *tvekønnede*

som både er mandlig og kvindelig = HERMAFRODITISK □ *tvekønnede dyr og planter* · *et fem uger gammelt foster er fysiologisk set et tvekønnet væsen* · *han prøver lykken som tvekønnet entertainer* □ *tvekønnethed*

tvelyd

SUBST. *-en,* plur. *-e* (el. *tvelyd*), *-ene*

= DIFTONG

tvende

TALORD

(glds., højt.): = TO □ *vort lands placering mellem tvende have har en geografisk relevans*

tvesyn

SUBST. *-et*

det at se noget fra to sider

tvetunget

ADJ. - , *tvetungede*

(glds.): som giver udtryk for modstridende opfattelser på forskellige tidspunkter

tvetydig

ADJ. *-t, -e*

som kan forstås på mindst to forskellige måder = DOBBELTTYDIG, DOBBELTBUNDET □ *ministeren svarede bevidst tvetydigt* · *han smilede tvetydigt* □ *tvetydighed*

tvetydighed

SUBST. *-en,* plur. *-er, -erne*

noget som er tvetydigt = AMBIGUITET □ *denne tvetydighed skaber utryghed* • en tvetydig udtalelse □ *hans tvetydigheder støder mange*

tveægget

ADJ. - , *tveæggede*

1. med en skarp æg på begge sider□ *et tveægget sværd* □ *tveæggethed* • **et tveægget sværd** udtryk for at noget kan bruges både til noget godt og noget dårligt □ *evnen til at kunne gennemskue alle mennesker er et tveægget sværd - det gør ikke altid én lykkeligere*
2. som er udviklet af hver sit æg □ *tveæggede tvillinger*

tvilling

SUBST. *-en,* plur. *-er, -erne*

1. hver af de to søskende som er født på samme tid □ *sammenvoksede tvillinger* · *hun venter tvillinger* · *selvom de er tvillinger, er de meget forskellige* · *den ene tvilling var meget mindre end den anden* □ *tvilling(e)bror* · *tvilling(e)fødsel* · *tvilling(e)par* · *tvilling(e)søster* · *tvilling(e)vogn* • **enæggede tvillinger** tvillinger udviklet af ét æg • **siamesiske tvillinger** sammenvoksede tvillinger • **tveæggede tvillinger** tvillinger udviklet af hver sit æg
2. (astrologi): en person som er født i stjernetegnet Tvillingerne, dvs. mellem den 22/5 og den 21/6 □ *jeg er vægt og min bror er tvilling*

tvillingebror el. **tvillingbror** el. **tvillingebroder** el. **tvillingbroder**

SUBST. *-en,* plur. *~brødre, ~brødrene*

en dreng el. en mand som er nogens tvilling □ *hun var nært knyttet til sin tvillingebror*

tvillingesøster el. **tvillingsøster**

SUBST. *~søsteren,* plur. *~søstre, ~søstrene*

en pige el. en kvinde som er nogens tvilling

tvinde

VERB. *-r, tvandt, tvundet* (*tvunden, tvundne*)

tvinde ngt sno flere tråde el. ender garn sammen til fx snor el. reb □ *tvinde to ender garn sammen* · *tvinde garn* · *tvundet reb*

tvinge[1]

SUBST. *-n,* plur. *-r, -rne*

= SKRUETVINGE

tvinge[2]

VERB. *-r, tvang, tvunget* (*tvungen, tvungne*)

tvinge ng(t) få nogen til at gøre noget mod sin vilje el. få en handling gennemført, især ved at udnytte sin magt el. bruge vold el. trusler□ *tvinge ham til at tie stille* · *tvinge sin vilje igennem* · *han tvang ham væk fra posten* · *han måtte tvinge maden ned* · *ulykken tvang dem til at flytte* · *de høje udgifter tvang dem til at spare* · *der skal meget tvingende grunde til at få ham til at holde op* □ *aftvinge* · *fremtvinge* · *gennemtvinge* · *påtvinge* · *tiltvinge*

tvist[1]

SUBST. *-en,* plur. *-er, -erne*

en langvarig uenighed, specielt om juridiske spørgsmål = TVISTIGHED □ *der opstod en tvist mellem de to gårdejere om retten til jordstykket* · *retten afgør tvisten* · *retslige tvister* · *bilægge tvisten* □ *tvistemål*

tvist[2]

SUBST. *-en* el. *-et*

løst spundet og sammenfiltret bomuldsgarn til at pudse med • stof af løst spundet bomuldsgarn ofte i forskellige farver

tvistes

VERB. *tvistes, tvistedes, tvistedes*

tvistes om ngt = SKÆNDES □ *de tvistedes ustandseligt om politiske spørgsmål*

tvistighed

SUBST. *-en,* plur. *-er, -erne*

= TVIST

tvivl

SUBST. *-en,* plur. *tvivl, -ene*

det ikke at tro på el. være usikker på nogen el. noget = SKEPSIS □ *drage noget i tvivl* · *hans ærlighed er hævet over enhver tvivl* · *have sin tvivl om noget* · *rejse tvivl* · *tvivlen skal komme den anklagede til gode* · *være i tvivl om noget* □ *tvivlagtig* • **nære tvivl om ngt** = TVIVLE • **uden tvivl** = UTVIVLSOMT □ *han har uden tvivl ret*

tvivle

VERB. *-r, -de, -t*

tvivle om ngt ikke være sikker på noget = NÆRE TVIVL □ *jeg tvivler om at han får jobbet* · *tvivle om hvordan sagen bedst gribes an* · *tvivle om sagens udfald* □ *tvivlen* • **tvivle på ngt** have tvivl om noget el. ikke stole på nogen el. noget = NÆRE TVIVL □ *jeg tvivler på hans ærlighed* · *jeg tvivler ikke på hende* □ *tvivlen*

tvivlrådig

ADJ. *-t, -e*

som er i tvivl; især om en person som har svært ved at beslutte sig, og som vakler mellem flere antagelser = UBESLUTSOM □ *hun var tvivlrådig med hensyn til hvad hun skulle mene* □ *tvivlrådighed*

tvivlsom

ADJ. *-t, tvivlsomme*

som giver anledning til tvivl ≠ DISKUTABEL □ *det er tvivlsomt om han kommer* · *en tvivlsom aftale* □ *tvivlsomhed* • (neds.): som er af blandet karakter; især om noget som er dårligt el. uheldigt = DUBIØS □ *det var en tvivlsom fornøjelse at se ham optræde* · *have et tvivlsomt ry* · *være af tvivlsom kvalitet*

tvivlsspørgsmål

SUBST. *-et,* plur. *~spørgsmål, -ene*

et spørgsmål der rejser tvivl, og som man derfor ikke kan svare på selv□ *som konsulent hjælper hun folk med at give svar på tvivlsspørgsmål*

tvivlstilfælde

SUBST. *-t,* plur. *~tilfælde, -ne*

en situation el. et forhold hvor man er i tvivl om hvad man skal gøre □ *i tvivlstilfælde skal du altid spørge chefen til råds* · *Peter er et tvivlstilfælde, hvad skal vi stille op med hans anmodning?*

tv-udsendelse

SUBST. *-n,* plur. *-r, -rne*

et program i tv = FJERNSYNSUDSENDELSE, TV-PROGRAM

tvungen

ADJ. *-t, tvungne*

1. som kræves = OBLIGATORISK □ *tvungen under-*

visning · i nogle lande er der tvungen værnepligt
2. som virker uægte og unaturlig □ *et tvungent smil · optræde tvungent*

tvunget

VERB.

bøjningsform af *tvinge*

tvær

ADJ. *-t, -e*

(glds.): = GNAVEN □ *lad nu være med at være så tvær*

tvære

VERB. *-r, -de, -t*

1. tvære ngt ud gnide noget ud uden nogen hensigt, fx i hast el. irritation □ *tvære maling ud over det hele · hun havde tværet pudder ud over hele ansigtet · hendes læbestift var tværet ud · lad være med at tvære marmeladen ud på dugen* □ *tværing*
2. tvære ng ud ydmyge nogen bevidst og i ond mening □ *han tværede sin assistent ud i påhør af alle · hun var helt tværet ud efter den opsang*

tværfløjte

SUBST. *-n,* plur. *-r, -rne*

en fløjte der blæses fra siden, og hvis huller dækkes dels af fingrene, dels af klapper

tværgående

ADJ.

som har retning på tværs af noget □ *den tværgående trafik var meget stærk*

tværmål

SUBST. *-et,* plur. *~mål, -ene*

= DIAMETER

tværreb

SUBST. *-et,* plur. *~reb, -ene*

et kødstykke på den midterste del af en slagtet okse; kan fx grydesteges □ *oksetværreb*

tværs

ADV.

1. hen over fra side til side el. skråt hen over fra side til side □ *han løb tværs over gaden · de gik tværs over boldpladsen · han sad henslængt på tværs i sofaen · broen går tværs over sundet · bilen stod på tværs så den spærrede for trafikken · fiskebenet havde sat sig på tværs i halsen og var ved at kvæle barnet*
2. på tværs udtryk for at man er i opposition til nogen el. noget □ *hun skal altid være på tværs af andre · han er altid på tværs af tidens tendenser* • **på tværs** udtryk for at noget kommer i vejen for ens planer el. ønsker □ *det møde kom virkelig på tværs af mine planer* • **på kryds og tværs** se under *kryds*

tværskib

SUBST. *-et,* plur. *-e, -ene*

den tværbygning som er indskudt mellem *langskibet* og *koret* i en korskirke

tværsnit

SUBST. *~snittet,* plur. *~snit, ~snittene*

1. et snit tværs gennem noget □ *tegningen viser et tværsnit af et æble så man kan se kernehuset*
2. et repræsentativt uddrag af en helhed □ *bogen tegner et tværsnit af samfundet · pladen rummer et tværsnit af 30 års rockmusik*

tværsum

SUBST. *~summen,* plur. *~summer, ~summerne*

summen af et tals cifre, fx: tværsummen af 44 er 8

tvært

ADV.

tvært imod ngt udtryk for at noget er direkte modsat af noget andet = STIK IMOD □ *tværtimod aftalen gik han tidligt hjem*

tværtimod

ADV.

udtryk for at noget er direkte modsat af noget andet, el. at det ikke er sandt = TVÆRTOM □ *frem for at sige undskyld blev hun tværtimod mere og mere uforskammet · er du sur? - nej, tværtimod*

tværtom

ADV.

= TVÆRTIMOD

tvætte

VERB. *-r, -de, -t*

tvætte ngt = VASKE □ *tvætte sine hænder · den plet får han aldrig tvættet af sit gode navn* □ *tvætning*

tweed

SUBST. *-en* el. *-et,* plur. *-er, -erne*
[*'tvi·t* el. *'twi·t*]

groft uldent stof der er vævet af ukæmmet uld; er ofte meleret el. småmønstret

twist

SUBST. *-en*

en selskabsdans i 4/4 takt som opstod i USA i 1960'erne; danses med voldsomme kropsvridninger og uden at parret rører ved hinanden □ *danse twist*

twiste

VERB. *-r, -de, -t*

danse twist

twostep

SUBST. *en*
[*'tu·sdæp*]

en amerikansk dans i to-fjerdedels takt ≠ VALS, QUICKSTEP, TANGO □ *danse twostep*

ty

VERB. *-r* (el. *-er*), *-ede, -et*

ty til ng(t) søge tilflugt, styrke el. støtte hos nogen el. noget □ *han tyr til sin onkel når han trænger til penge · hun måtte ty til skrappe midler for at få børnene til at opføre sig ordentligt · er det nødvendigt at ty til så ubehagelige midler?*

tychobrahesdag

SUBST. *en,* plur. *-e, -ene*

dag fuld af uheld

tyde

VERB. *-r, -de, -t*

1. tyde ngt fortolke el. slutte sig til betydningen af noget som ikke udtrykkes tydeligt el. som er dunkelt = DECHIFRERE □ *kan du tyde skriften? · hun tydede hans tilbageholdenhed som generthed · tyde drømme* □ *tydning* □ *antyde · betyde · hentyde · mistyde · omtyde*
2. tyde på ngt være et tegn på noget □ *hendes manglende svar tyder på at hun ikke kommer · der er meget der tyder i samme retning · vejret tyder dårligt*

tydelig

ADJ. *-t, -e; -ere, -st*

som man let kan forstå el. opfatte med sine sanser □ *en tydelig skrift · det er tydeligt at børnene er tilfredse · et tydeligt spor i sagen · en tydelig forværring · tal lidt tydeligere! · resterne taler deres tydelig sprog · han blev tydeligt forbavset · lægen kunne tydeligt høre hendes puls* □ *tydelighed*

tydeliggøre

VERB. *~gør, ~gjorde, ~gjort*

tydeliggøre ngt gøre noget mere begribeligt, fx med eksempler = EKSPLICITERE, KONKRETISERE, KLARGØRE □ *han tydeliggjorde problematikken ved hjælp af et eksempel* □ *tydeliggørelse*

tydeligvis

ADV.

udtryk for at noget tydeligt kan ses el. fornemmes □ *han er tydeligvis forelsket i hende*

tyende

SUBST. *-t,* plur. *-r, -rne*
[*'ty'ənə*]

(hist.): = TJENESTEFOLK □ *tyendet på gården bestod af to karle og tre piger*

tyfon el. taifun

SUBST. *-en,* plur. *-er, -erne*
[*ty'fo'n*]

en tropisk orkan i Asien = CYKLON

tyfus

SUBST. *-en* (el. *tyfussen*), plur. *-er* (el. *tyfusser*), *-erne* (el. *tyfusserne*)

en smitsom sygdom med diaré, langvarig høj feber, kulderystelser, røde, blødende pletter på huden, og svækkelse af musklerne; smitter ofte via vand el. føde = GASTRISK FEBER □ *musetyfus · paratyfus · plettyfus*

tygge

VERB. *-r, -de, -t*

1. tygge ngt el. **på ngt** knuse og mase, fx føde, med tænderne = GUMLE □ *det er sundest at tygge maden godt · du skal tygge maden grundigt før du sluger den · tygge på en gulerod* □ *tyggeflade · tyggegummi · tyggemad · tyggetablet* □ *drøvtygge · gennemtygge* • **tygge af munden** sluge den mundfuld man er i gang med at tygge • **tygge på ngt** overveje noget grundigt = TYGGE

DRØV PÅ NGT ▫ *han gik længe og tyggede på hvad hun havde sagt • han tyggede noget på forslaget før han gik ind for det • nu kan du tygge på det*
2. tygge ngt igennem arbejde grundigt med noget ▫ *eleverne havde tygget emnet godt igennem*

tyggegummi
SUBST. *-et*

en blød, gummiagtig masse som man tygger på i lang tid og derefter smider ud; er tilsat sødestof og smag ▫ *tygge tyggegummi • sukkerfrit tyggegummi* ▫ *tyggegummibobbel* ▫ *salmiaktyggegummi*

tyk
ADJ. *-t, tykke; tykkere, tykkest*

1. som har en stor afstand mellem to flader el. en stor omkreds ≠ TYND ▫ *tykke mure • et tykt lag sne • træet har en tyk stamme* ▫ *tykhud • tykhudet • tyksålet • tyktarm* ▫ *tommetyk*
2. som har en kropsform hvis omfang er større end normalt pga. større fedtlag ≠ TYND, SLANK ▫ *en tyk mand • man bliver tyk af at spise for meget • jeg er blevet for tyk og skal på slankekur* ▫ *tykmavet • tyksak* • (spøg.): udtryk for at man er dum og opfatter langsomt ▫ *kan du ikke få ind i dit tykke hoved at det er umuligt* ▫ *tykhovedet • tykpandet*
3. (om væske): som har en sej konsistens ≠ TYND ▫ *tyk fløde • sovsen er tyk* ▫ *tykmælk • tyktflydende*
4. som der er så meget af at det kan være svært at se el. færdes igennem = TÆT ▫ *der var tykt med mennesker • tyk tåge • luften var tyk af tobaksrøg* • som taler med en stemme der lyder forkølet ▫ *tyk i mælet • en tyk og grødet stemme*
5. som er så overdrevet at det er usandsynligt ▫ *en tyk løgnehistorie • nej, den historie er for tyk!* • **gøre tykt nar af ng** gøre kraftigt nar af nogen
6. i forsk. forb.: • **følges ad i tykt og tyndt** følges ad gennem mod- og medgang • **have fat i den tykke ende** være gunstigere stillet end modparten • **tjene tykt på ngt** tjene mange penge på noget ▫ *han tjener tykt på sin opfindelse*

tykhovedet
ADJ. *- , tykhovedede*

som ikke kan el. vil forstå noget = TUNGNEM ▫ *han er så tykhovedet at du ikke kan forklare ham noget!*

tykhud
SUBST. *-en,* plur. *-er, -erne*

et dyr med en meget tyk hud, fx en *flodhest,* en *elefant* el. et *næsehorn*

tykhudet
ADJ. *- , tykhudede*

1. med tyk hud ▫ *elefanter, næsehorn og flodheste er tykhudede dyr*
2. = UFØLSOM ▫ *han er så tykhudet at alle argumenter preller af som vand på en gås* ▫ *tykhudethed*

tykkam
SUBST. *tykkammen,* plur. *tykkamme, tykkammene*

et kødstykke på den forreste del af rygstykket på en slagtet okse; bruges fx til gryderetter ▫ *oksetykkam*

tykke
SUBST. *et*

efter ngs tykke (glds.): udtryk for at nogen handler uvilkårligt og som de har lyst til ▫ *han skaltede og valtede med pengene efter eget tykke*

tykkelse
SUBST. *-n,* plur. *-r, -rne*

1. en tyk konsistens for en væske ▫ *maling af en vis tykkelse*
2. et mål for en massiv genstand; det kan være i bredde, dybde el. diameter ▫ *et træs tykkelse • som i forskellige tykkelser • murens tykkelse*

tykmælk
SUBST. *-en*

et surmælksprodukt af sødmælk tilsat kærnemælk og piskefløde; henstår urørt hvorved mælken bliver tyk og geléagtig

tykning
SUBST. *-en,* plur. *-er, -erne*

en tæt bevoksning af træer i en skov ▫ *en tykning i skoven*

tyksak
SUBST. *tyksakken,* plur. *tyksakke* (el. *tyksakker*), *tyksakkene* (el. *tyksakkerne*)

en tyk person = KLODS ▫ *en lille tyksak*

tyksteg
SUBST. *-en,* plur. *-e, -ene*

et kødstykke på den bagerste del af rygstykket på en slagtet okse; tilberedes fx som steg ▫ *marineret tykstegsfilet*

tyktarm
SUBST. *-en,* plur. *-e, -ene*

den del af tarmen der ligger mellem tyndtarm og endetarm hvor maden omdannes til faste affaldsstoffer ▫ *tyktarmsbetændelse*

tyl
SUBST. *tyllen* el. *tyllet,* plur. *tyller, tyllerne*

let, åbent stof af bomuld, silke el. nylon; tyl anvendes bl.a. til kjoler, brudeslør og moskitonet ▫ *kjolen var af taft med underskørt af tyl* ▫ *kjoletyl • stivtyl • ærtetyl*

tylle
VERB. *-r, -de, -t*

tylle ngt i sig drikke hurtigt og meget af noget ▫ *han tyllede øl i sig som om det var vand*

tynd
ADJ. *-t, -e; -ere, -est*

1. som har en lille afstand mellem to flader el. en lille omkreds = SMAL, FIN ≠ TYK ▫ *en tynd væg • et tyndt lag sne • en tynd træstamme* ▫ *tyndskallet • tyndslidt • tyndsålet • tyndtarm • tyndvægget* ▫ *papirtynd*
2. som har en kropsform hvis omfang er mindre end normalt pga. et mindre fedtlag = MAGER ≠ TYK, FED ▫ *hun er for tynd om livet • han er tynd i forhold til sin højde* ▫ *tyndbenet*
3. (om væske): som har en vandig konsistens el. som ikke smager af noget ≠ TYK ▫ *sovsen er blevet for tynd • en tynd te* ▫ *tyndtflydende*
4. som der er lidt af ▫ *landet er tyndt befolket • luften er tynd på toppen af bjerget* ▫ *tyndhåret • tyndtbefolket*
5. som er uinteressant el. uden væsentligt indhold ▫ *udstillingen var en tynd kop te • det var en tynd vittighed • hans indsats til eksamen var lidt tynd • et tyndt bevismateriale*
6. rejse el. **sejle ngt tyndt** har været overalt ▫ *han har rejst verden tynd*

tyndbenet
ADJ. *- , ~benede*

som har tynde ben ≠ TYKBENET ▫ *en ranglet og tyndbenet knægt • en tyndbenet hest* ▫ *tyndbenethed* • som er utilstrækkelig og uden indhold ≠ FYLDESTGØRENDE ▫ *hans forklaring var noget tyndbenet • et tyndbenet foredrag*

tynde
VERB. *-r, -de, -t*

tynde ud i ngt fjerne noget i en større mængde så der bliver bedre plads til resten ▫ *han tyndede ud i sine bøger • hun tyndede ud i rækkerne af gulerødder • håret trænger til at tyndes ud* • **tynde ud i** el. **blandt ng** blive færre af nogen ▫ *det tynder ud i rækkerne af medlemmer • det tynder ud blandt deltagerne*

tyndhudet
ADJ. *- , tyndhudede*

1. med tynd hud ≠ TYKHUDET
2. = NÆRTAGENDE ▫ *hun er tyndhudet over for kritik efter sit seneste nederlag • han virker ret tyndhudet i denne tid* ▫ *tyndhudethed*

tyndhåret
ADJ. *- , ~hårede*

som ikke har meget hår, el. som har meget fint hår ≠ TYKHÅRET ▫ *blive tyndhåret med alderen • hun er tyndhåret*

tyndskid
SUBST. *-en*

= DIARÉ

tyndslidt
ADJ. *- , -e*

som er slidt tynd ▫ *en tyndslidt daler • et par bukser med tyndslidte knæ* • som har været brugt meget og derfor ikke længere har den store interesse ▫ *en tyndslidt kliché • en tyndslidt debat • hovedstadens image er ved at være lidt tyndslidt* • som har været udsat for stor belastning og derfor ikke fungerer optimalt ▫ *tyndslidte nerver • et tyndslidt ego*

tyndsteg
SUBST. *-en,* plur. *-e, -ene*

et kødstykke på den bagerste del af rygstykket på en slagtet okse; tilberedes som steg ▫ *oksetyndsteg* ▫ *tyndstegsfilet*

tyndtarm
SUBST. *-en,* plur. *-e, -ene*

den del af tarmen der ligger mellem mavesæk og tyktarm hvor organismen opsuger næringsstoffer fra maden

tyngde
SUBST. *-n,* plur. *-r, -rne*

det noget vejer, og som tynger noget ned ▫ *læs-*

sets tyngde var for stor for vognen • tyngden havde forskubbet sig så skibet begyndte at hælde □ *tyngdeangivelse • tyngdekraft • tyngdelov • tyngdemål • tyngdepunkt* □ *kropstyngde* • en følelsesmæssig byrde □ *han følte tyngden af sit ansvar • tyngden af synder blev for stor for hende*

tyngdekraft

SUBST. *-en*

= MASSETILTRÆKNING □ *tyngdekraften mellem to legemer afhænger af deres masse og afstanden imellem dem • jordens tyngdekraft* • **tyngdekraften** den tiltrækningskraft som jorden udøver på ethvert legeme ved dens overflade □ *måle tyngdekraften • tyngdekraften er rettet mod jordens centrum • tyngdekraften bevirker at æblet falder til jorden • i et lufttomt rum ophæves tyngdekraften*

tyngdeloven

SUBST.BEST.

den naturlov at ethvert legeme er underlagt massetiltrækning fra andre legemer □ *tyngdeloven blev formuleret første gang af Newton*

tyngdepunkt

SUBST. *-et,* plur. *-er, -erne*

1. (fysik): et punkt i et legeme hvor tyngdekraften virker og omkring hvilket legemet holder sig i ligevægt = MASSEMIDTPUNKT □ *man kan holde en bakke med glas med en hånd hvis man sørger for at holde lige under bakkens tyngdepunkt*
2. en vigtig del af noget hvor hovedparten af indholdet er koncentreret □ *en anklages tyngdepunkt • afhandlingens tyngdepunkt er en kritik af de pågældende skattelove*

tynge

VERB. *-r, -de, -t*

tynge ngt trykke el. trække noget ned med sin vægt □ *sneen tynger træets grene ned • oppakningen begyndte at tynge* • **tynge ng(t)** påvirke nogen el. noget negativt = KNUGE, BELASTE, PLAGE □ *han er 75, men alderen tynger ham ikke • være tynget af dårlig samvittighed • udgifterne tynger budgettet • en tyngende gæld*

type

SUBST. *-n,* plur. *-r, -rne*
[ˈ*tybə* el. ˈ*ty·bə*]

1. nogen el. noget som har bestemte, karakteristiske fællestræk □ *hun har skiftet type • der var nogle sjove typer med til festen • den type møbler er ikke længere moderne • han er ikke min type* □ *typehus* □ *arketype • blodtype • bådtype • prototype • vævstype* • et karakteristisk eksemplar el. eksempel □ *han er typen på en fortravlet forretningsmand*
2. et trykt bogstav □ *det var svært at læse så små typer • teksten er trykt med fede typer* □ *typeenhed* □ *skrifttype*

typisk

ADJ. *- , -e*
[ˈ*tybisk* el. ˈ*ty'bisk*]

1. som har de samme egenskaber, og som er almindelig for en type □ *den typiske amerikanske forretningsmand • en typisk begynderfejl • en typisk dansk sommer • et typisk træk*
2. = KARAKTERISTISK □ *det er typisk for hende at hun bliver borte uden at sende afbud • hans typiske måde at synge på*

typograf

SUBST. *-en,* plur. *-er, -erne*
/*typo'graf*/

1. en person der arbejder på et trykkeri som fx trykker el. sætter
2. en barkbille hvis larvers gangsystemer ligner udskårne trykketavler; latinsk navn *Ips typographus*

typografi

SUBST. *-en,* plur. *-er, -erne*
/*typogra'fi*/

det at forberede skrift el. billeder til trykning • måden en bog el.lign. er trykt på □ *bogens typografi var meget særpræget*

typologi

SUBST. *-en,* plur. *-er, -erne*
/*typolo'gi*/

en systematisk klassifikation af typer på grundlag af deres forskellige egenskaber el. særtræk □ *psykologisk typologi* □ *typologilære • typologisystem* □ *artstypologi • emnetypologi*

tyr

SUBST. *-en,* plur. *-e, -ene*

1. hannen hos kvæg og andre okser, og også hos bl.a. elsdyr, rensdyr og kameler □ *tyren så olm ud* □ *tyrefold • tyrefægtning • tyrekalv • tyrestation* □ *elgtyr • rentyr* • en mand som har haft seksuelle forhold til mange kvinder □ *pas på ham, han er en rigtig tyr*
2. (astrologi): en person der er født i stjernetegnet Tyren, dvs. mellem den 21/4 og den 21/5
3. tage tyren ved hornene gå lige løs på en sag □ *vi må tage tyren ved hornene hvis vi skal nå det hele*

tyran

SUBST. *tyrannen,* plur. *tyranner, tyrannerne*
/*ty'ran*/

en grusom og undertrykkende enehersker = DESPOT, VOLDSHERSKER □ *ned med tyrannen!* • en herskesyg og hensynsløs person = DESPOT □ *i sit hjem var han en ren tyran • hun er kun tre år, men hun er en rigtig lille tyran der regerer hele familien*

tyranni

SUBST. *-et,* plur. *-er, -erne*
/*tyran'ni*/

en styreform der ledes af en tyran = VOLDSHERREDØMME □ *diktatorens tyranni* • en undertrykkende og hensynsløs behandling □ *hele familien led under faderens tyranni • underkaste sig modens tyranni*

tyrannisere

VERB. *-r, -de, -t*
/*tyranni'sere*/

tyrannisere ng herske enerådende og grusomt over nogen = REGERE □ *han tyranniserede sine elever*

tyrannisk

ADJ. *- , -e*
/*ty'rannisk*/

som er voldelig el. stærkt undertrykkende □ *et tyrannisk styre • en tyrannisk chef* □ *tyranniskhed*

tyre

VERB. *-r, -de, -t*

1. tyre ng dominere og undertrykke nogen □ *han forsøger at tyre sine underordnede • hun tyrer folk til at yde mere end de egentlig kan • du skal ikke prøve at tyre mig!*
2. tyre ngt slide hårdt med noget, fx med lektier el. studier □ *tyre latin til eksamen • de har tyret tysk grammatik sammen hele weekenden • de sidder og tyrer i det med lektier til næste uge*

tyrefægter

SUBST. *-en,* plur. *-e, -ne*

en person der optræder til fods el. til hest i en arena sammen med en tyr, især i Spanien, Portugal og Latinamerika = TOREADOR, MATADOR, BANDARILLERO, PICADOR, CAPEADOR

tyrefægtning

SUBST. *-en,* plur. *-er, -erne*

en kamp mellem en tyr og en tyrefægter hvor det gælder om at dræbe tyren; tyrefægterne kaldes *capeador, picador, banderillero* og *matador*; almindelig i bl.a. Spanien, Portugal og Latinamerika

tyrekalv

SUBST. *-en,* plur. *-e, -ene*

en kalv af hankøn

tyrenakke

SUBST. *-n,* plur. *-r, -rne*

et kraftigt nakkeparti, især hos en mand □ *en skaldet mand med tyrenakke*

tyrker el. **tyrk**

SUBST. *-en,* plur. *-e, -ne*
(tyrk: *-en,* plur. *-er, -erne*)

1. en person fra Tyrkiet
2. kold tyrker (slang): det pludseligt at ophøre med at indtage narkotika som start på en afvænning

tyrkerdue

SUBST. *-n,* plur. *-r, -rne*

en lille, langhalet due med sandfarvede vinger, ryg og hale og et sort bånd i nakken; latinsk navn *Streptopelia decaocto*

tyrkertro

SUBST. *-en*

en urokkelig tro □ *hun har en tyrkertro på at hendes plan nok skal lykkes*

tyrkisk

ADJ. *- , -e*

som har at gøre med Tyrkiet

tyroler

SUBST. *-en,* plur. *-e, -ne*
/*ty'roler*/

en person fra Tyrol

tyrolerhat

SUBST. *~hatten,* plur. *~hatte, ~hattene*

en lille grøn filthat med bånd og gimsehår

tyrolervals

SUBST. *-en,* plur. *-e, -ene*

en pardans i $^4/_4$ takt med mange omdrejninger; menes at være den oprindelige vals

tys

UDRÅBSORD

udtryk for at nogen skal tie stille el. dæmpe sig = HYS □ *tys, tal ikke så højt!* · *tys, gå stille, den lille sover*

tysk

ADJ. - , *-e*

som har at gøre med Tyskland □ *tyskejet* · *tyskfødt* □ *dansk-tysk* • ⟨SUBST.: *et, tysken*⟩ det tyske sprog □ *forstå tysk* · *tale et smukt tysk* □ *tysklærer* · *tysksproget* · *tysktalende* · *tysktime* · *tyskundervisning*

tysker

SUBST. *-en,* plur. *-e, -ne*

en person fra Tyskland

tysse

VERB. *-r, -de, -t*

tysse på ng bede nogen om at være stille = HYSSE PÅ □ *hun tyssede på børnene* □ *tysseri* • **tysse ng(t) ned** sørge for at nogen tier stille el. at noget ikke bliver kendt el. omtalt offentligt □ *hun havde svært ved at tysse børnene ned* · *historien blev tysset ned*

tyst

ADJ. - , *-e; -ere, -est*

fredfyldt og følelsesfuldt stille, fx om sang, musik el. en naturlyd □ *der hørtes en tyst melodi i skumringen* · *her er meget tyst*

tyttebær

SUBST. *~bærret,* plur. *~bær, ~bærrene*

et kuglerundt, højrødt bær af planten tyttebær som smager friskt og syrligt; latinsk navn *Vaccinium vitis-idaea* □ *tyttebærgele* · *tyttebærsaft* · *tyttebærsyltetøj* • ⟨best. *~bærren*⟩ = TYTTEBÆRPLANTE

tyv

SUBST. *-en,* plur. *-e, -ene*

1. en person der uretmæssigt tager andres ejendom = TYVEKNÆGT, RØVER □ *gribe en tyv på fersk gerning* · *sikker mod tyve* · *stop tyven!* · *tyven slap af sted med for 30.000 kr. i smykker* □ *tyveri* · *tyvagtig* · *tyvebande* · *tyveknægt* · *tyvekoster* · *tyvstjæle* □ *biltyv* · *butikstyv* · *indbrudstyv* · *lommetyv* · *vildtyv*
2. som en tyv om natten helt uventet □ *ulykken kom som en tyv om natten*

tyvagtig

ADJ. *-t, -e*
/tyv'agtig/

som er tilbøjelig til at stjæle = LANGFINGRET □ *drengen var doven og tyvagtig*

tyve

TALORD

tallet 20 □ *jeg har sagt det mindst tyve gange* · *han er lige fyldt 20* □ *tyvestykspakke* □ *enogtyve* · *femogtyve* · *toptyve* · *treogtyve*

tyveknægt

SUBST. *-en,* plur. *-e, -ene*

1. = TYV □ *en flok tyveknægte*
2. enarmet tyveknægt en spilleautomat med et håndtag som der trækkes i for at aktivere maskinen

tyvekoster

SUBST.PLUR. *-ne*

stjålne ting

tyvekrone

SUBST. *-n,* plur. *-r, -rne*

en mønt med værdien 20 kr. = TYVER

tyvende

TALORD

nummer 20 i en række □ *det tyvende århundrede* □ *tyvendedel* □ *enogtyvende* · *femogtyvende* · *otteogtyvende*

tyvendedel

SUBST. *-en,* plur. *-e, -ene*

en af 20 lige store dele som noget kan deles i

tyver

SUBST. *-en,* plur. *-e, -ne*

1. noget der har tallet el. værdien 20, fx en buslinie el. en mønt □ *har du en tyver?*
2. tyverne alderen fra 20 til 29 □ *en ung mand først i tyverne* • **tyverne** det tredje årti i et århundrede, især om perioden fra 1920-29

tyveri

SUBST. *-et,* plur. *-er, -erne*
/tyve'ri/

det at stjæle noget fra nogen = RAN ≠ RØVERI □ *være forsikret mod tyveri* · *begå tyveri* □ *tyverialarm* · *tyveriforsikring* □ *biltyveri* · *brugstyveri* · *cykeltyveri* · *indbrudstyveri* · *lommetyveri*

tyveårig

ADJ. *-t, -e*

som varer tyve år = TYVEÅRS □ *en tyveårig periode* • som er tyve år gammel = TYVEÅRS □ *en tyveårig mand*

tyveårs

ADJ.

som varer tyve år = TYVEÅRIG □ *et tyveårs jubilæum* □ *tyveårsperiode* • som er tyve år gammel = TYVEÅRIG □ *en tyveårs mand*

tyvstart

SUBST. *-en,* plur. *-er, -erne*

udtryk for at en person i en leg, sportskamp el.lign. starter før der er givet signal

tyvstarte

VERB. *-r, -de, -t*

starte før startsignalet er givet i leg el. sport □ *der er ikke noget med at tyvstarte*

tyvstjæle

VERB. *-r, tyvstjal, tyvstjålet(tyvstjålen, tyvstjålne)*

(spøg.): = STJÆLE □ *jeg har tyvstjålet ideen fra dig*

tyvte

VERB. *-r, -de, -t*

tyvte ng (glds.): beskylde nogen for tyveri

tæer

SUBST.

bøjningsform af *tå*

tæft

SUBST. *-en,* plur. *-e, -ene*

1. et medfødt talent el. en særlig evne for noget = SANS, FLAIR, NÆSE □ *han har altid tæft for en god forretning*
2. det at få spor af vildt = FÆRT □ *hunden får tæften af et stykke vildt*

tæge

SUBST. *-n,* plur. *-r, -rne*

et insekt med en flad krop som suger næring af larver el. planter el. blod af mennesker og dyr; latinsk navn *Heteroptera*

tække[1]

SUBST. *en* el. *et*

evnen til at tiltrække og indtage andre □ *hun er ingen skønhed, men hun har alligevel tække* □ *herretække* · *hundetække* · *kvindetække* · *publikumstække*

tække[2]

VERB. *-r, -de, -t*

tække ngt dække el. beklæde et hustag med fx strå, rør el. tegl □ *tække et hus* · *husets tag er tækket med strå* □ *tækning* · *tækkemand* □ *blytækket* · *stråtækket*

tækkelig

ADJ. *-t, -e; -ere, -st*

(om påklædning): = SØMMELIG □ *gå tækkeligt klædt* · *en tækkelig kjole*

tækkes

VERB. *tækkes, tækkedes, tækkedes*

tækkes ng tiltrække el. behage nogen □ *partiet lover skattelettelser for at tækkes vælgerne*

tælle[1]

SUBST. *-n*

fedt af forskellige drøvtyggere = TALG □ *der er for meget tælle på den lammesteg* □ *tællelys* · *tælleprås*

tælle[2]

VERB. *-r, talte, talt*

1. nævne tallene i rækkefølge et efter et □ *barnet havde lært at tælle* · *tælle til tyve* · *tælle til fem på fingrene* · *tælle galt* □ *tælleri* · *tælling* □ *nedtælle* • **tælle ng(t)** registrere hver enkelt enhed i en mængde el. en gruppe for at finde ud af hvor mange der er □ *han talte sine penge* · *tælle point sammen* · *tælle de afgivne stemmer op* · *alle blev talt med* □ *tælbarhed* · *tællelig* · *tælle-*

ri · tælling · tælleapparat □ *fintælle · grovtælle · optælle · sammentælle* • **tælle ngt af** tælle mindre enheder meget nøjagtigt, fx dråber □ *hun talte 20 dråber baldrian af* • **tælle ng(t) efter** kontrollere noget ved at tælle det én gang til □ *de talte stemmesedlerne efter · pædagogerne talte børnene efter mange gange på skovturen* • **tælle ned** tælle fra fx 10 og ned til 0; især om nedtælling ved opsendelse af et rumfartøj • **tælle på fingrene** se under *finger* • **tælle på knapperne** se under *knap* • **tælle {sekunderne} til ngt** længes meget efter noget og tælle antallet af sekunder, minutter, timer, dage, uger osv. til det sker □ *jeg tæller sekunderne til vi ses igen · hun talte timerne til han kom hjem · børnene talte minutterne til der kom tegnefilm* • **tælle ng ud** (boksning, om en dommer): tælle til ti når en bokser er blevet slået i gulvet; hvis ikke bokseren har rejst sig inden da, vinder modstanderen kampen □ *han blev talt ud allerede i første runde* • **ikke kunne tælle til fem** se under *fem*
2. have el. være af betydning □ *han er en af dem der tæller i dansk politik · hun tæller slet ikke i denne sammenhæng · 20.000 kr. - det er et beløb der tæller* • **tælle ng blandt ngt** regne nogen for noget □ *jeg tæller ham blandt mine venner · som kunstner tæller hun blandt de største i vort århundrede* • **tælle med** blive regnet med □ *karakteren tæller med ved den endelige eksamen · han tæller ikke med* • **det tæller ikke** det gælder ikke
3. tælle {100} udgøre et vist antal □ *tilskuerne tæller 20.000 · ifølge politiet talte demonstranterne under 100* • **tælle ng(t) på** el. **i ngt** udtryk for at nogen el. noget udgør en bestemt mængde □ *antallet af tilskuere kunne tælles på én hånd · tenorens fanskare kan tælles i tusinder* • **være til at tælle** udtryk for at der er tale om en lille mængde □ *antallet af tilhørere var til at tælle* • **være talte** være enden nær □ *hans dage er talte*

tælleapparat

SUBST. *-et,* plur. *-er, -erne*

et apparat der tæller antallet af folk der fx besøger en udstilling □ *tilskuer nr. 10.000 passerede i dag udstillingens tælleapparat*

tællelys

SUBST. *-et,* plur. *~lys, -ene*

(hist.): en stang af oksetælle med en væge i midten som brænder med en lysende flamme □ *han skrev alle sine digte ved et tællelys*

tæller

SUBST. *-en,* plur. *-e, -ne*

1. et instrument som tæller noget □ *tælleren står på 160* □ *dråbetæller · geigertæller · kilometertæller · skridttæller · triptæller*
2. (matematik): det tal el. det udtryk der står over stregen i en brøk, fx 5 i $^5/_{12}$ el. x + 3 i $\frac{x+3}{y}$ ≠ NÆVNER

tælling

SUBST. *-en,* plur. *-er, -erne*

det at tælle forekomsten af noget □ *foretage en tælling af influenzatilfælde* □ *folketælling · nedtælling · optælling* • **på tælling** udtryk for at gøre noget i det øjeblik der bliver talt til et bestemt tal □ *gymnastikopvisningen gik nøjagtig på tælling · soldaterne satte i løb på tælling* • **på tælling** i det rette øjeblik og på en mekanisk måde □ *tilskuerne klappede som på tælling · eleverne rejste sig på tælling da læreren kom ind* • **tage tælling** (boksning, om en dommer): begynde at tælle til 10 over en bokser som er blevet slået ud □ *udfordreren måtte tage tælling to gange* • **tage tælling** (om en bokser): benytte tællingen til at tage en hvilepause □ *den garvede bokser tog tælling til otte inden han rejste sig op*

tæmme

VERB. *-r, -de, -t*

1. tæmme ngt træne et vildt dyr til at kunne omgås mennesker og adlyde kommandoer fra mennesker = DOMESTICERE □ *tæmme vilde heste · tæmme en bjørn*
2. tæmme ngt få kontrol over el. undertrykke visse følelser = BEHERSKE, STYRE □ *tæmme sin vrede*

tænde

VERB. *-r, tændte, tændt*

1. tænde ngt få noget til at brænde, varme el. lyse ved anvendelse af ild □ *tænde ild · tænde en pibe · tænde stearinlyset · tænde gaskomfuret · de tændte bål på stranden* □ *tænding* • **tænde {for} ngt** aktivere et elektrisk apparat el. en elektrisk installation □ *tænde for fjernsynet · tænde radioen · tænde for varmen · tænde komfuret · tænde lyset · tænde under kedlen · lygterne tændes kl. 7* • **tænde op i ngt** sætte ild til brænde i en pejs el. kakkelovn □ *tænde op i pejsen · han er ved at tænde op*
2. tænde ng gøre nogen forelsket el. interesseret □ *han tændte hende første gang hun så ham · idéen tændte hende* • **tænde på ng(t)** blive sansemæssigt vakt af nogen el. noget □ *han tændte på kvinder med langt, lyst hår · hun tænder på klassisk musik*

tænder

SUBST.

bøjningsform af *tand*

tænding

SUBST. *-en,* plur. *-er, -erne*

1. jf. *tænde* □ *tænding af gadebelysningen sker ved solnedgang*
2. en anordning i en motor som frembringer den gnist der antænder benzinblandingen i cylinderen

tændrør

SUBST. *-et,* plur. *~rør, -ene*

et rør med to *elektroder* som frembringer en elektrisk gnist der antænder, fx benzin i en motors cylinder el. sprængstoffet i en bombe

tændsats

SUBST. *-en,* plur. *-er, -erne*

en pulverformet blanding af let brandbare stoffer som får sprængstof til at eksplodere = SATS

tændstik

SUBST. *tændstikken,* plur. *tændstikker, tændstikkerne*

en lille træpind som er præpareret med et særligt stof i den ene ende, og som brænder når det stryges mod siden af en tændstikæske □ *stryge en tændstik · brække svovlet af en tændstik · hun tændte bålet med en tændstik* □ *tændstikæske*

tændstikæske

SUBST. *-n,* plur. *-r, -rne*

en lille æske som indeholder tændstikker, og som har ru sider som tændstikkerne kan stryges imod

tænger

SUBST.

bøjningsform af *tang*

tænke

VERB. *-r, tænkte, tænkt*

1. have sin opmærksomhed rettet mod noget for at finde ud af det el. vurdere det = FUNDERE, REFLEKTERE, SPEKULERE □ *tænke logisk · tænke gode tanker · tænke en tanke til ende · sagde du noget? - nej, jeg tænkte bare højt* □ *tænkning · tænksom · tænkeboks · tænkeevne · tænkemåde · tænkepause* □ *gennemtænke · optænke · udtænke* • **tænke over ngt** □ *han tænkte meget over tilværelsen · jeg skal tænke over det til i morgen · tænke frem og tilbage over et forslag* • **tænke ngt igennem** = OVERVEJE □ *tænk sagen godt igennem inden du beslutter dig* • **tænke efter** tage noget op til overvejelse igen □ *når jeg tænker nærmere efter, forstår jeg det alligevel godt · tænk nu godt efter inden du svarer* • **tænke sig om** tænke grundigt før man gør noget □ *tænk dig grundigt om inden du beslutter dig*
2. tænke sig ngt have noget i tankerne □ *jeg har tænkt mig at tage ferie · hvad har du tænkt dig at gøre? · jeg tænkte du ville sige det · hvornår havde du tænkt at gæsterne skulle komme?* • **tænke frem** have sine tanker rettet mod noget fremtidigt □ *bare tænk to år frem - så er det hele overstået* • **tænke på ng(t)** have nogen el. noget i tankerne □ *det var sødt af dig at tænke på mig til min fødselsdag · du tænker da også på alt · hvad tænker du på? · jeg tænker på at skrive en bog* • **tænke tilbage på ngt** = MINDES □ *jeg tænker tit tilbage på min ungdom* • **tænk** el. **vil du tænke dig** udtryk for at man har oplevet noget overraskende □ *tænk, tandlægen borede slet ikke! · vil du tænke dig, han så det slet ikke!*
3. tænke om ngt have en mening om en person, handling el.lign. = MENE □ *hvad skal man tænke om det foretagende? · tag dig ikke af hvad andre tænker* • **tænke om** skifte mening □ *hvis du ikke vil forstå det må du tænke om igen* • **tænke ved ngt** lægge en betydning i noget □ *jeg gjorde det uden at tænke noget særligt ved det · du må da have tænkt noget ved det da du sprang ud over altanen*

tænkeboks

SUBST. *-en,* plur. *-e, -ene*

1. en lydtæt boks som bruges ved konkurrencer i radio og tv til at forhindre quizdeltagere i at høre hinandens svar
2. gå el. *være i tænkeboks* give sig tid til overvejelser □ *partiets ledelse er gået i tænkeboks for at finde ud af hvilke lovændringer der skal foreslås*

tænkeevne

SUBST. *-n,* plur. *-r, -rne*

evnen til at tænke = INTELLIGENS □ *hans tænkeevne er formidabel, men han har alligevel svært ved at tage beslutninger*

tænkelig

ADJ. *-t, -e*

som man kan forestille sig = MULIG □ *det er vel ikke tænkeligt at de er rejst · den værst tænkelige katastrofe · jeg havde al tænkelig grund til at være sur*

tænkemåde

SUBST. *-n,* plur. *-r, -rne*

en måde at tænke på; især om en persons religiøse, moralske el. politiske forhold □ *en ophøjet tænkemåde · der er forskel på nordisk og sydeuropæisk tænkemåde*

tænkende

ADJ.

som tænker □ *et tænkende individ · han er anderledes tænkende · vi er selvstændigt og rationelt tænkende væsener*

tænker

SUBST. *-en,* plur. *-e, -ne*

en person som tænker dybsindige og filosofiske tanker = FILOSOF, RÆSONNØR □ *Kierkegaard er en af de store europæiske tænkere*

tænksom

ADJ. *-t, tænksomme*

= EFTERTÆNKSOM □ *den tænksomme læser · drengen er alvorlig og tænksom*

tæppe[1]

SUBST. *-t,* plur. *-r, -rne*

1. et kraftigt stykke stof el.lign. til at lægge på gulvet, hænge på væggen el. til at tage over sig for at holde sig varm □ *væve et tæppe · knytte et tæppe · hun frøs og tog et tæppe over sig* □ *tæppebanker · tæppebelagt · tæppeflise · tæpperens* □ *gulvtæppe · kelimtæppe · kludetæppe · kokostæppe · sengetæppe · slumretæppe · vattæppe · vægtæppe · væg-til-væg-tæppe* • **et ægte tæppe** et håndknyttet orientalsk tæppe
2. et stort stykke stof som trækkes for el. rulles ned mellem publikum og scene på et teater □ *tæppet gik op for første akt · tæppet faldt for sidste akt · tæppet gik ned efter sidste akt* □ *tæppefald · tæppereplik* □ *bagtæppe · fortæppe* • **for åbent tæppe** uden at tæppet trækkes for el. rulles ned □ *sceneskiftet foregik for åbent tæppe* • **for åbent tæppe** i fuld offentlighed □ *familiens skænderier foregik for åbent tæppe*
3. noget der ligger oven på noget andet som et tæppe □ *sneens hvide tæppe* □ *lyngtæppe · mostæppe*

tæppe[2]

VERB. *-r, -de, -t*

tæppe af tage tæppet af en seng

tæppefald

SUBST. *-et,* plur. *~fald, -ene*

det at fortæppet i et teater sænkes ved slutningen af en akt □ *mordet sker lige før tæppefald i anden akt*

tære

VERB. *-r, -de, -t*

1. tære {på} ng(t) få nogen til at sygne hen el. noget til at nedbrydes langsomt □ *sygdommen havde tæret på ham · rusten havde tæret på metallet · vandet tærer røret · røret er tæret af rust · hun er tæret hen af sorg* □ *tæring* □ *hentære*
2. tære på ngt bruge noget som er samlet el. sparet sammen □ *vi måtte tære på vores opsparede penge · bjørnen tærer på sine fedtdepoter mens den er i hi* □ *fortære* • give appetit □ *søluften tærer*

tæring

SUBST. *-en,* plur. *-er, -erne*

1. nedbrydning af ikke-organisk materiale, fx fordybninger el. huller i metal = KORROSION □ *tæring i rør*
2. = FORBRUG • **sætte tæring efter næring** indrette sit forbrug efter sine indkomster □ *man må sætte tæring efter næring*
3. (foræld.): = TUBERKULOSE □ *lide af tæring*

tærske

VERB. *-r, -de, -t*

1. tærske ngt (landbrug): løsne og skille frø og kerne fra akset □ *tærskning · tærskemaskine · tærskeredskab · tærskeværk*
2. tærske langhalm på ngt se under *langhalm*

tærskel

SUBST. *-en* (el. *tærsklen*), plur. *tærskler, tærsklerne*

= DØRTRIN • begyndelse □ *vi står på tærsklen til en ny tid* • grænse □ *tolerancetærskel*

tærskeværk

SUBST. *-et,* plur. *-er, -erne*

(glds.): en større tærskemaskine • **som et tærskeværk** udtryk for at nogen gør noget længe og vedholdende □ *han har en kæft som et tærskeværk · hans ben går som et tærskeværk · de spiser som et tærskeværk*

tærte

SUBST. *-n,* plur. *-r, -rne*

en kage af mør- el. butterdej tilsat sukker som er fyldt med fx frugt, syltetøj, kagecreme el. flødeost □ *tærtebund · tærteform* □ *frugttærte · nøddetærte · ostetærte · æbletærte* • en frokost- el. middagsret af mør- el. butterdej uden sukker som er fyldt med grøntsager, pisket æg og reven ost □ *porretærte · tomattærte*

tæsk

SUBST.PLUR. *-ene*

= BANK □ *han fik tæsk af sin storebror · drengene gav altid hinanden tæsk*

tæske

VERB. *-r, -de, -t*

tæske ng slå med hænderne på nogen for at få magten over dem = BANKE □ *han kunne tæske sin storebror · de tæskede løs på hinanden*

tæt

ADJ. *- , tætte; tættere, tættest*

1. som intet kan trænge igennem fordi det er uden åbninger ≠ UTÆT □ *spanden er ikke tæt · vinduerne er tætte · er båden tæt?* □ *tæthed* □ *lufttæt · regntæt · støvtæt · vandtæt · vindtæt* • **holde tæt** se under *holde*
2. (om kropsbygning): = KOMPAKT □ *han er lille og tæt*
3. med lille indbyrdes afstand = NÆR □ *sidde tæt ved siden af hinanden · trykke nogen tæt ind til sig · moren blev nervøs fordi børnene gik så tæt ved kanten* • **være tæt ved** el. **på** være lige ved □ *han var tæt ved at opgive det hele · hun var så syg at hun var tæt på at dø · pyha, det var tæt på!* • **gå tæt på ng** stille nærgående spørgsmål til nogen □ *hun lod aldrig journalisterne gå for tæt på*

tætbygget

ADJ. *- , tætbyggede*

som er muskuløs og har en kraftig overkrop og hals = FIRSKÅREN □ *han er lille og tætbygget*

tætne

VERB. *-r, -de, -t*

tætne ngt gøre noget tæt = TÆTTE □ *tætne vinduer · tætne en dør* □ *tætning*

tætsluttende

ADJ.

som slutter tæt □ *en tætsluttende hætte*

tætte

VERB. *-r, -de, -t*

tætte ngt = TÆTNE

tættekam

SUBST. *~kammen,* plur. *~kamme, ~kammene*

en kam med tætsiddende tænder □ *lus kan findes med en tættekam · hun satte en tættekam i håret* • **med tættekam** meget grundigt □ *med tættekam har hun gennemsøgt sognets kirkebøger · alle kontrakter bør gennemgås med tættekam · politiet gennemgår bagagen med en tættekam*

tæv

SUBST.PLUR. *-ene*

= BANK □ *få en omgang tæv* • **få tæv** blive grundigt besejret = BANK □ *de fik tæv i returkampen · du får tæv i matador*

tæve[1]

SUBST. *-n,* plur. *-r, -rne*

1. = HUNHUND □ *de kunne vælge mellem en tæve og en hanhund* □ *tævehund*
2. = MÆR
3. en på tæven et slag i hovedet □ *give nogen en på tæven · få en ordentlig en på tæven · han fik ofte på tæven derhjemme*

tæve[2]

VERB. *-r, -de, -t*

tæve ng slå med hænderne på nogen for at få magten over dem □ *han blev tævet af de andre drenge* • **tæve ng** (slang): være bedre end en el. flere personer i en konkurrence, især i sport = BESEJRE □ *vi tævede de andre i fodbold · hun tævede ham i bordtennis*

tø[1]

SUBST. *en*

en vejrperiode hvor is og sne smelter efter en periode med frost = TØVEJR □ *efter den langvarige frost satte det ind med tø* □ *tøsjap · tøsne*

tø[2]

VERB. *-r, -ede, -et*

udtryk for at sne og is smelter pga. varmere vejr ◻ *sneen tør hurtigt i solen · det tør* • **tø ngt op** = OPTØ ◻ *de frosne grøntsager tøede op · det tilrådes at kødet tøs op ved stuetemperatur* • **tø op** blive mere selskabelig el. imødekommende ◻ *i begyndelsen var hun tilbageholdende, men så tøede hun op*

tøbrud

SUBST. *~bruddet,* plur. *~brud, ~bruddene*

1. et pludseligt tøvejr hvor is og sne smelter hurtigt ◻ *tøbrudsskade*
2. forbedring af et forhold efter en periode med fjendtlighed, undertrykkelse el. tilbagegang ◻ *der er sket et tøbrud i forhandlingerne*

tøddel

SUBST. *-en* (el. *tødlen*), plur. *tødler, tødlerne*

= EN LILLE SMULE ◻ *de har ikke rykket sig en tøddel i forhandlingerne · ikke en tøddel fik han ud af at sælge på det tidspunkt*

tøf

LYDORD

gengivelse af en motors lyd ◻ *motorbåden sagde tøf, tøf*

tøffe

VERB. *-r, -de, -t*

1. (om et køretøj, fartøj): køre el. sejle af sted med lyden af damp el. røg der kommer ud gennem skorstenen el. udstødningsrøret ◻ *toget tøffede ind på stationen · fiskekutteren tøffede ud af havnen*
2. tøffe rundt el. **af sted** (om en person): bevæge sig langsomt el. med små skridt = TUSSE, TRISSE, TULLE ◻ *tøffe rundt i en badekåbe til langt op ad formiddagen*

tøffel

SUBST. *-en* (el. *tøflen*), plur. *tøfler, tøflerne*

en sko af blødt stof til indebrug = HJEMMESKO, SUTSKO, SUTTER, MORGENSKO ◻ *et par tøfler* • **være under tøflen** om mandens rolle i et forhold hvor det er konen der bestemmer

tøffeldyr

SUBST. *-et,* plur. *~dyr, -ene*

et langstrakt og ovalt encellet dyr med fimretråde i kanten; latinsk navn *Paramaecium*

tøffelhelt

SUBST. *-en,* plur. *-e, -ene*

en ægtemand der lader sig regere af sin kone og som adlyder hende = NIKKEDUKKE, VATNISSE ◻ *tøffelhelteagtig*

tøfle

VERB. *-r, -de, -t*

= SJOKKE ◻ *han tøflede sørgmodigt ud i køkkenet*

tøj

SUBST. *-et,* plur. *-er, -erne*

1. ⟨ikke plur.⟩ et blødt materiale som man tager på kroppen, fx bukser, bluse, kjole, jakke = KLÆDER, BEKLÆDNING ◻ *tage tøj på · købe nyt tøj · hun syr sit tøj selv · hun hjalp barnet i tøjet · se nu at komme i tøjet! · være pæn i tøjet* ◻ *tøjbutik · tøjindustri · tøjklemme · tøjkurv · tøjstativ* ◻ *andendagstøj · fritidstøj · matrostøj · nattøj · stadstøj · undertøj · vasketøj* • et blødt materiale vævet af naturlige el. syntetiske fibre = STOF ◻ *et stykke tøj til en kjole* ◻ *sengetøj* • ⟨i sammensætn.⟩ = BEKLÆDNINGSGENSTAND ◻ *fodtøj · hovedtøj · skotøj* • **dagligt tøj** tøj som man bruger til hverdag • **alt hvad remmer og tøj kan holde** se under *rem* • **tage sit gode tøj og gå** blive fornærmet og gå sin vej
2. ⟨i sammensætn.⟩ et redskab el. en ting i almindelighed ◻ *fyrtøj · køretøj · låsetøj · mundtøj · seletøj · snakketøj · syltetøj · værktøj*

tøjeri

SUBST. *-et,* plur. *-er, -erne*
/tøje'ri/

(glds.): = VRØVL ◻ *min drøm var blot noget løst tøjeri*

tøjjon

SUBST. *-en,* plur. *-er, -erne*

= LAPS

tøjle[1]

SUBST. *-n,* plur. *-r, -rne*

1. en lang rem som er fastgjort til et bidsel, og som bruges til at styre en hest med ◻ *holde en hest i tøjlen · ride med løse tøjler · give hesten tøjlen · stramme tøjlerne* ◻ *tøjleføring · tøjlering*
2. i forsk. forb.: • **give** el. **lade ng(t) få frie tøjler** ophøre med at forsøge at styre el. kontrollere nogen el. noget ◻ *give sine børn meget frie tøjler · lade sin fantasi få frie tøjler* • **give tøjlerne fra sig** videregive en position el. ledelsen over nogen el. noget ◻ *han ville nødig give tøjlerne fra sig efter at have været formand i så mange år* • **gribe** el. **overtage tøjlerne** overtage en position el. ledelsen over nogen el. noget ◻ *gribe regeringens tøjler* • **holde** el. **køre ng(t) i stramme tøjler** sørge for at nogen el. noget følger meget faste regler ◻ *holde sine børn i stramme tøjler* • **stramme tøjlerne** køre noget meget stramt ◻ *som formand må du stramme tøjlerne på møderne*

tøjle[2]

VERB. *-r, -de, -t*

tøjle ng(t) holde en drift el. en kraft under kontrol = STYRE, BETVINGE, UNDERTVINGE ◻ *tøjle sin vrede · tøjle sine sidenskaber · tøjle en folkemængde*

tøjlesløs

ADJ. *-t, -e*

(glds.): som ikke tager hensyn til regler for god og moralsk opførsel ◻ *et tøjlesløst og udsvævende liv · tøjlesløse udskejelser*

tøjr

SUBST. *-et,* plur. *tøjr, -ene*

1. et reb el. en kæde til at binde især kreaturer med så de kan bevæge sig inden for et begrænset område ◻ *sætte en tyr i tøjr · køerne stod i tøjr på marken*
2. slå sig i tøjret være utilfreds og protestere mod nogen el. noget ◻ *ledelsen har fastsat nye regler for overarbejdsbetaling, men medarbejderne slår sig i tøjret*

tøjre

VERB. *-r, -de, -t*

tøjre ng(t) sætte et dyr i tøjr ◻ *tøjre en hest · tøjret kvæg · koen stod tøjret til en pæl* ◻ *tøjring · tøjrekølle · tøjrepæl*

tøjrslag

SUBST. *-et,* plur. *~slag, -ene*

1. det cirkelformede område hvorpå et tøjret dyr kan nå at æde græsset af
2. frit spillerum ◻ *teaterlivet har fået større tøjrslag · der må være et vist tøjrslag for dette eksperiment · censuren tillod alligevel aviserne et vist tøjrslag til meldinger om bombeangreb*

tøjsnor

SUBST. *-en,* plur. *-e, -ene*

= TØRRESNOR

tøjte

SUBST. *-n,* plur. *-r, -rne*

(neds.): en kvinde el. pige der er uforskammet el. skamløs = MÆR ◻ *kan du få noget tøj på, din tøjte! · hun råbte ad ham som en anden tøjte*

tølper

SUBST. *-en,* plur. *-e, -ne*

en grov, ubehøvlet person = GROBRIAN, STUD ◻ *tølperen smækkede døren i lige i hovedet på mig* ◻ *tølperagtig*

tølperagtig

ADJ. *-t, -e*

(neds.): som er grov og mangler dannelse = UBEHØVLET ◻ *en tølperagtig opførsel* ◻ *tølperagtighed*

tømme[1]

SUBST. *-n,* plur. *-r, -rne*

1. en lang snor, oftest af fx læder som fastgøres til et trækdyrs bidsel sådan at dyret kan styres
2. holde ngt i tømme = BEHERSKE ◻ *han prøvede at holde sin vrede i tømme*

tømme[2]

VERB. *-r, tømte, tømt*

tømme ngt fjerne indholdet fra noget så det bliver tomt ◻ *tømme et glas · tømme sine lommer · tømme blæren · stuen blev tømt for møbler · tømme affald · han tømte en hel flaske whisky · postkassen tømmes tre gange dagligt* ◻ *tømning* • **tømme ngt {for} ngt** fjerne indholdet fra en beholder, fx ved at holde den på skrå, evt. over i en anden beholder = HÆLDE, ØSE ◻ *tømme skoene for sand · tømme olien ud af tanken · tømme posen ned i papirkurven · tømme askebægeret i skraldespanden*

tømmer

SUBST. *-et*

groft, delvist ubearbejdet træ i store, lange stykker til bygning af huse og skibe ◻ *bjælker, brædder og andet tømmer · et stykke tømmer · savet tømmer · tilhugget tømmer · hugge tømmer i en skov · flåde tømmer ned ad floden* ◻ *tømmerhandel · tømmerhugning · tømmerstabel · tømmerværk* ◻ *bøgetømmer · drivtømmer*

tømmerflåde

SUBST. *-n,* plur. *-r, -rne*

et primitivt, fladt fartøj af sammentømrede planker el. andet materiale som kan flyde

tømmermænd

SUBST.PLUR. *-ene*

1. dunkende hovedpine som man får af at drikke meget alkohol □ *have tømmermænd*
2. moralske tømmermænd = DÅRLIG SAMVITTIGHED

tømre

VERB. *-r, -de, -t*

tømre ngt tilhugge og sammenføje tømmer ≠ SNEDKERERE □ *tømre en kasse sammen · tømre et hus · der blev muret og tømret på huset*

tømrer

SUBST. *-en,* plur. *-e, -ne*

en håndværker der fremstiller og reparerer tungere trækonstruktioner, fx tagrejsning, etageadskillelse og gulvlægning □ *tømrer og entreprenør · være i lære som tømrer* □ *tømrermester · tømrersvend* □ *skibstømrer*

tømrermester

SUBST. *-en,* plur. *~mestre, ~mestrene*

en tømrer som har egen virksomhed □ *tømrermesteren har fire svende ansat*

tømrersvend

SUBST. *-en,* plur. *-e, -ene*

en tømrerlærling der har svendebrev

tønde

SUBST. *-n,* plur. *-r, -rne*
fork. *td.*

1. en rund beholder af træ el. metal som er flad i enderne □ *en tønde vin · en tønde til regnvand* □ *tøndebånd · tøndeformet* □ *fastelavnstønde · krudttønde · gifttønde · olietønde · vintønde* • et gammelt dansk rummål med forskellige værdier, bl.a.: 1 tønde korn = 139 liter korn, 1 tønde øl = 131,4 liter øl • **tønde smør** en vægtenhed for smør: 1 tønde smør = 112 kg • **tønde olie** en rummål for olie: 1 tønde råolie = 170,34 liter, 1 tønde raffineret olie = 158,98 liter • **slå katten af tønden** se under *kat*
2. tønde land ⟨fork. *tdl.*⟩ et flademål: 1 tønde land = 5516,2 m^2 □ *gården er på 60 tønder land · en 20 tønder land stor grund* • **ikke være til at styre på en hel tønde land** være meget svær at styre

tøndebånd

SUBST. *-et,* plur. *~bånd, -ene*

1. et metalbånd som holder sammen på en trætønde
2. en ring som bl.a. anvendes til leg, i cirkus og i kvindegymnastik = HOPPERING □ *de leger med et tøndebånd · hundene i cirkus sprang gennem et brændende tøndebånd · pigegymnastik med tøndebånd*

tønder

SUBST. *-et*
[ˈtønˀɔ el. ˈtönˀɔ]

let antændeligt materiale brugt til at få ild til at fænge = OPTÆNDINGSMATERIALE □ *det tørre, luftige væv i en fyrsvamp er godt som tønder · de anvendte lidt trøsket træ som tønder til bålet*

tøndersk

ADJ. *- , -e*

som har at gøre med Tønder □ *tønderske kniplinger*

tøndersvamp

SUBST. *-en,* plur. *-e, -ene*

= FYRSVAMP

tøndeslagning

SUBST. *-en,* plur. *-er, -erne*

det at slå *katten af tønden* □ *foreningen holder tøndeslagning fastelavnsmandag*

tøndring

SUBST. *-en,* plur. *-er, -erne*
[ˈtønræŋ el. ˈtönræŋ]

en person fra Tønder

tør[1]

VERB.

bøjningsform af *turde*

tør[2]

ADJ. *-t, tørre; tørrere, tørrest*

1. som er uden væske el. fugtighed ≠ VÅD, FUGTIG □ *vasketøjet bliver tørt i solen · tør jord · hun har tør hud · tørre læber · tage tørt tøj på · give barnet en tør ble* □ *tørhed* □ *knastør* • som er fattig på nedbør □ *det var en tør sommer i år* • **give ng tørt på** skifte ble på et barn • **løbe tør for ngt** have opbrugt noget □ *bilen løb tør for benzin · vi er løbet tør for vaskepulver* • **løbe tør for ngt** være udtømt for fx ideer □ *de løb tør for ideer · løbe tør for samtaleemner*
2. som har lavt sukkerindhold ≠ SØD □ *tør vin · en tør sherry* = SEC
3. som er saglig og kedelig □ *han er en tør og kedelig fyr · bogen var skrevet i et tørt sprog* □ *knastør* • som er stilfærdig og ironisk □ *en tør form for humor · en tør latter*
4. i forsk. forb. • **falde på et tørt sted** komme på det rette tidspunkt □ *pengene faldt på et tørt sted* • **give ng tørt på** skælde nogen ud • **have sit på det tørre** være økonomisk velstillet

tørkage

SUBST. *-n,* plur. *-r, -rne*

en kage uden flødeskum, fx en napoleonshat, en kokosmakron el. en linse ≠ FLØDESKUMSKAGE

tørke

SUBST. *-n,* plur. *-r, -rne*

en lang vejrperiode uden nedbør □ *høsten har taget skade af den langvarige tørke · befolkningen flygtede fra tørken* □ *tørkehjælp · tørkeområde · tørkeperiode · tørkeramt*

tørkloset

SUBST. *~klosettet,* plur. *~klosetter, ~klosetterne*

et toilet der virker ved kemikalier i stedet for ved udskylning med vand

tørklæde

SUBST. *-t,* plur. *-r, -rne*

et aflangt el. firkantet stykke stof til at binde om hovedet el. om halsen som beskyttelse mod vind og kulden el. som pyntegenstand □ *halstørklæde · lommetørklæde · silketørklæde · uldtørklæde*

tørkost

SUBST. *-en*

frysetørret mad, ofte i pulverform, som er let og hurtig at tilberede □ *de havde vand, kiks, chokolade og tørkost med på kanoturen · soldaterne må klare sig med tørkost når de er på øvelse · han arbejdede med fremstilling af tørkost til hunde og katte*

tørlast

SUBST. *-en,* plur. *-er, -erne*

en last hvor godset er lastet i en tank; fx jernmalm el. kul □ *tørlastskib*

tørlastskib

SUBST. *-et,* plur. *-e, -ene*

et fragtskib til transport af tørlast, fx cement el. korn

tørlægge

VERB. *-r, tørlagde, tørlagt*

1. tørlægge ngt = DRÆNE □ *tørlægge en mose* □ *tørlægning*
2. tørlægge ngt forbyde udskænkning af spiritus i et område □ *byen blev tørlagt*

tørn[1]

SUBST. *-en,* plur. *tørn, -ene*

1. det at arbejde på skift = OMGANG, TUR □ *hvis tørn er det? · tage sin tørn med · tage en tørn ved rattet* • **en hård tørn** et hårdt stykke arbejde
2. tage en tørn med ng skændes med nogen fordi man vil overbevise dem om noget □ *tillidsmanden tog en ordentlig tørn med ledelsen for at få lønnen sat op*

tørn[2]

SUBST. *-en* el. *-et,* plur. *tørn, -ene*

en løkke der bindes om en pæl el.lign.

tørne

VERB. *-r, -de, -t*

1. tørne sammen el. **tørne mod ngt** ramme noget med stor kraft = STØDE □ *bilerne tørnede sammen · hun tørnede hovedet mod en væg* • **tørne sammen** komme op at skændes □ *de to søstre tørner ustandselig sammen i heftige diskussioner*
2. tørne ind el. **ud** lægge sig til at sove el. stå op, især på et skib □ *nu er det på tide at tørne ind · matroserne tørnede ud af køjerne · soldaterne tørnede ud kl. 5*
3. tørne rundt (om et skib): = VENDE □ *skibet tørnede rundt og satte kurs mod syd*

tørre[1]

SUBST. *en*

til tørre til fordampning for at noget skal blive tørt □ *hænge tøj til tørre*

tørre[2]

VERB. *-r, -de, -t*

1. blive tør efter at have været våd el. fugtig □ *vasketøjet tørrer hurtigt i solen* □ *tørring · tørresnor · tørrestativ* □ *dryptørre · hentørre ·*

indtørre · *lufttørre* · *udtørre* • **tørre ngt** få noget til at tørre □ *tørre korn* · *vi tørrer vasketøj i kælderen* · *tørre sig efter badet* · *tørre håret* · *tørre opvasken af* · *tørre øjnene* □ *tørring* · *tørrehjelm* · *tørreloft* · *tørretumbler* □ *aftørre* · *frysetørre* · *føntørre* · *ovntørre*
2. tørre ngt {af} fjerne snavs o.l. fra noget med en klud □ *tørre fødderne af* · *tørre næsen med et lommetørklæde* · *tørre den spildte mælk op* · *tørre støv af hylden*
3. tørre ngt ud tømme noget for vand □ *tørre en sø ud* • **tørre ud** = SVINDE □ *hans poetiske åre er tørret ud*
4. tørre ng = BEDRAGE □ *hun tørrede ham for hans formue*
5. tørre ngt af på ng overlade noget ubehageligt til nogen

tørrehjelm

SUBST. *-en,* plur. *-e, -ene*

en halvkugleformet anordning som man kan få tørret sit hår under, især hos en frisør □ *få håret tørret under en tørrehjelm*

tørreloft

SUBST. *-et,* plur. *-er, -erne*

et loft hvor vasketøj hænger til tørre

tørrelse

SUBST. *-n,* plur. *-r, -rne*

et stof der tilsættes fernis og oliefarve for at fremskynde tørringen

tørresnor

SUBST. *-en,* plur. *-e, -ene*

en snor til at hænge vasketøj til tørre på = TØJSNOR

tørrestativ

SUBST. *-et,* plur. *-er, -erne*

et ofte sammenklappeligt metalstativ med snore til at hænge vasketøj til tørre på □ *slå tørrestativet op*

tørretumbler

SUBST. *-en,* plur. *-e, -ne*

en maskine med en roterende tromle hvori vasketøj tørres ved hjælp af varm luft □ *tørre tøj i tørretumbleren*

tørskoet

ADJ. *-* , *tørskoede*

uden at få fødderne el. skoene våde □ *vi kom tørskoede over bækken*

tørst

SUBST. *-en*

1. behov for at få noget at drikke □ *føle en stærk tørst* · *være plaget af tørst* · *lide tørst* · *stille sin tørst* · *slukke sin tørst med vand* • **en tår over tørsten** se under *tår*
2. en stærk trang til at få noget □ *en tørst efter magt* · *en brændende tørst efter viden og kundskaber* □ *hævntørst*

tørste

VERB. *-r, -de, -t*

1. lide af mangel på væske □ *man kommer til at tørste af salt mad* · *sulte og tørste* · *tørste ihjel* · *jorden tørster efter vand*
2. tørste efter ngt have en stærk trang til at få noget □ *tørste brændende efter hævn* · *tørste efter kærlighed*

tørstig

ADJ. *-t, -e*

1. som føler tørst □ *hun var både sulten og tørstig* □ *kaffetørstig*
2. som har en stærk længsel efter el. lyst til noget □ *han var meget tørstig efter at få hævn* □ *blodtørstig* · *hævntørstig*

tørv

SUBST. *-en,* plur. *tørv, -ene*

1. en jordart som især findes i moser og som består af en ophobning af planterester som ikke er fuldstændigt formuldet □ *tørvejord* · *tørvemose* · *tørvesmuld* · *tørvestrøelse* • en firkantet klump af tørv som er tørret, og som anvendes som brændsel □ *grave tørv* · *fyre med tørv* □ *tørvebriket* · *tørvefyring*
2. = GRÆSTØRV

tørvejr

SUBST. *-et*

en vejrperiode uden nedbør ≠ REGNVEJR □ *det har holdt tørvejr i to uger* □ *tørvejrsdag*

tørvestrøelse

SUBST. *-n*

= SPAGNUM

tørvetriller

SUBST. *-en,* plur. *-e, -ne*

(neds.): en tør, kedelig og langsom person = VISSENPIND, TRÆMAND, HÆNGEHOVED □ *kom nu, din tørvetriller!*

tøs

SUBST. *-en,* plur. *-e* (el. *-er*), *-ene* (el. *-erne*)

en pige el. ung kvinde; især med en kærlig undertone □ *en lille tøs på fem år* · *min egen tøs!* □ *tøseagtig* · *tøsealder* · *tøsedreng* · *tøsesnak* • (neds.): en pige el. ung kvinde som man foragter = PIGEBARN □ *en dum tøs* · *hun er dog en uopdragen tøs*

tøsedreng

SUBST. *-en,* plur. *-e, -ene*

= BANGEBUKS □ *du tør ikke køre uden hænder, din tøsedreng* · *hun har gjort ham til en tøsedreng ved at pylre sådan om ham*

tøset

ADJ. *-* , *tøsede*

(neds.): som er kvindagtig og barnlig på en fjantet el. fjollet måde = KVINDAGTIG, FJANTET □ *en tøset fnisen*

tøsne

SUBST. *-en*

sne som er ved at smelte; det kan være nyfalden sne el. sne som efter en periode med frost begynder at smelte fordi temperaturen stiger

tøve

VERB. *-r, -de, -t*

lade et stykke tid gå mens man usikkert overvejer hvad man skal sige el. gøre □ *han tøvede lidt før han bankede på* · *hun tøvede med at svare* · *mit svar bliver et tøvende ja* □ *tøven* • (glds.): ikke forlade et sted □ *tøv nu lidt!*

tøvejr

SUBST. *-et*

= TØ □ *tøvejret fortsætter* □ *tøvejrsdag*

tå

SUBST. *-en,* plur. *tæer, tæerne*

1. hver af de fem bevægelige dele yderst på foden □ *hun gravede i sandet med tæerne* · *skoen klemte tæerne* · *han havde snavs mellem tæerne* □ *tåspids* · *tånegl* □ *lilletå* · *storetå* • **fra top til tå** se under *top*
2. den yderste del af en strømpe el. sko der dækker tæerne □ *han havde hul på tåen* · *sådan strikker man tåen* · *en sandal med åben tå*
3. i forsk. forb.: • **gå** el. **stå på tæerne for ng** opvarte el. gøre alt for nogen = STÅ PÅ HOVEDET FOR □ *hun står på tæer for ham* • **krumme** el. **krølle tæer** føle at noget er meget dårligt el. pinligt □ *han krummede tæer, da han læste romanen* • **træde ng over tæerne** fornærme el. genere nogen □ *hans udtalelser trådte hende over tæerne* • **være på tæerne** være energisk el. have travlt □ *medarbejderne er hele tiden på tæerne*

tåbe

SUBST. *-n,* plur. *-r, -rne*

en person der opfører sig meget dumt = FJOLS, DÅRE, HØVED □ *det er en værre flok tåber* · *jeg synes han er en tåbe* · *kun en tåbe frygter ikke havet* · *kun en tåbe kan finde på sådan noget* □ *tåbeparagraf*

tåbelig

ADJ. *-t, -e; -ere, -st*

som ikke tænker sig ordentligt om, el. som ikke er velovervejet = DUM, STUPID, TUMPET □ *han bærer sig tåbeligt ad* · *hun er en tåbelig kvinde* · *tåbelige spørgsmål*

tåge

SUBST. *-n,* plur. *-r, -rne*

små vanddråber, iskrystaller el. støvpartikler i luften nær jorden som forringer sigtbarheden meget = GUS, DIS, SMOG □ *flytrafikken er indstillet pga. tåge* · *tågen letter hen på eftermiddagen* □ *tågebanke* · *tågedis* · *tågehorn* · *tågelygte* · *tågerim* □ *frosttåge* · *regntåge* · *rimtåge* · *støvtåge* • uklarhed i opfattelse el. tale □ *høre noget som gennem en tåge* · *snakke i tåger* □ *tågesnak* · *tågetale*

tågedis

SUBST. *-en*

en tæt dis med lav sigtbarhed som danner overgang til tåge

tågehorn

SUBST. *-et,* plur. *~horn, -ene*

1. et apparat hvormed et advarselssignal udsendes i tåget vejr for at advare skibe □ *tågehornet lød flere gange*
2. en person som ikke formår at udtrykke sig klart = VRØVLEHOVED □ *avisens nye skribent er et rigtigt tågehorn*

tågesnak

SUBST. *~snakken*

meningsløs snak = VRØVL □ *hun forstod ikke noget af hans tågesnak*

tåget

ADJ. - , *tågede*

som er indhyllet i tåge = DISET □ *tåget vejr* · *en tåget aften i december* · *det er meget tåget i dag* · *et tåget omrids* • som er intellektuelt uklar □ *have en tåget forestilling om noget*

tågænger

SUBST. *-en*, plur. *-e*, *-ne*

et pattedyr som kun støtter på tæerne el. tåspidserne, fx en hund ≠ SÅLEGÆNGER

tåle

VERB. *-r, tålte, tålt*

tåle ngt kunne modstå virkningen af noget uden at tage skade = HOLDE TIL, UDHOLDE □ *han er svag og tåler ikke nogen form for anstrengelse* · *jeg tåler ikke kaffe* · *han har vist drukket mere end han kan tåle* · *han tåler ikke kritik* · *suppen kan godt tåle lidt mere salt* • **tåle ng(t)** finde sig i el. bære over med nogen el. noget = TOLERERE □ *i årevis havde hun tålt deres drillerier* · *jeg kan simpelthen ikke tåle min svigermor* □ *tålelig* • **tåle og tie** finde sig i noget uden at protestere

tålelig

ADJ. *-t, -e; -ere, -st*

ikke særlig god men dog nogenlunde acceptabel = UDHOLDELIG □ *arbejderne havde tålelige kår* · *han klarede sig tåleligt* · *det går ham tåleligt i skolen* □ *utålelig*

tålmod

SUBST. *-et*

(glds.): = TÅLMODIGHED □ *bære en byrde med tålmod* · *finde sig i noget med tålmod* · *vise tålmod* □ *tålmodig*

tålmodig

ADJ. *-t, -e*
/tål'modig/

som kan vente roligt i lang tid og tåle besvær uden at blive irriteret = LANGMODIG, OVERBÆRENDE ≠ UTÅLMODIG □ *bære noget tålmodigt* · *en tålmodig pædagog* · *høre tålmodigt på nogen* · *være tålmodig med nogen* □ *tålmodighed*

tålmodighed

SUBST. *-en*
/tål'modighed/

evnen til at være tålmodig = TÅLMOD □ *han ventede med tålmodighed på at de skulle blive færdige* · *det har jeg ikke tålmodighed til* · *nu er det slut med min tålmodighed!* · *du må væbne dig med tålmodighed* • **ruste** el. **væbne sig med tålmodighed** forberede sig på tålmodigt at kunne klare besværligheder

tåls

SUBST.

slå sig til tåls med ngt = AFFINDE SIG MED □ *de slog sig til tåls med forholdende* · *hun kunne ikke slå sig til tåls med den rolige tilværelse på landet*

tålsom

ADJ. *-t, tålsomme*

(glds.): = TOLERANT □ *være tålsom over for anderledes tænkende* □ *tålsomhed*

tånæse

SUBST. *-n*, plur. *-r, -rne*

= SKOSNUDE

tår

SUBST. *-en*

en lille mængde af noget flydende = SLURK □ *en tår vand* · *få sig en tår kaffe* • **en tår over tørsten** udtryk for at indtage så meget alkohol at man bliver beruset □ *han drak sig en tår over tørsten*

tåre

SUBST. *-n*, plur. *-r, -rne*

1. en dråbe salt væske som flyder fra øjet hvis det er irriteret el. man er følelsesmæssigt ude af balance □ *tårerne løb ned ad hendes kinder* · *vinden fik tårer frem i hans øjne* · *hun kneb en tåre* □ *tårekanal* · *tårekirtel* · *tårevædet* • **græde tørre tårer** foregive at være ked af noget man i virkeligheden er tilfreds med □ *hun græd tørre tårer da hun hørte at millionæren var død* • **være badet i tårer** have grædt meget □ *hun var badet i tårer da historien sluttede* • **være rørt til tårer** blive dybt bevæget □ *mormoren blev rørt til tårer da hun så sit barnebarn for første gang* • **knuse en tåre** undertrykke sin gråd el. græde ganske lidt
2. en dråbe vand □ *schweitzerost med tårer*

tåregas

SUBST. *~gassen*, plur. *~gasser, ~gasserne*

en gasart blanding af fx klor og krom som får øjnene til at svie og løbe i vand □ *politiet brugte tåregas mod demonstranterne*

tårekanal

SUBST. *-en*, plur. *-er, -erne*

en lille kanal i øjenlåget som leder tårer ud i den indre øjenkrog

tårekvalt

ADJ. - , *-e*

= GRÅDKVALT □ *med tårekvalt stemme*

tåreperser

SUBST. *-en*, plur. *-e, -ne*

en film el. en roman som er så sørgelig el. rørende at publikum el. læser kommer til at græde

tårevædet

ADJ. - , *~vædede*

som er fyldt med tårer, el. som bærer præg af lige at have grædt □ *tårevædede øjne* · *et tårevædet lommetørklæde* · *hun kom tårevædet ind i stuen*

tårn

SUBST. *-et*, plur. *-e, -ene*

en høj bygning som står alene el. danner en del af en kirke, et slot el.lign. □ *hjørnetårn* · *kirketårn* · *rådhustårn* • en skakbrik der kan flyttes i lige linie el. flere skridt frem, tilbage og til siden

tårne

VERB. *-r, -de, -t*

tårne sig op ophobe sig i en uoverskuelig mængde □ *arbejdet tårner sig op* · *problemerne tårnede sig op for ham*

tårnhøj

ADJ. *-t, -e*

meget høj = SKYHØJ, HIMMELHØJ □ *tårnhøje priser*

tåspidssko

SUBST. *-en*, plur. *~sko, -ene*

en balletsko med forstærkning i spidsen som er særlig velegnet til dans på tåspidserne □ *pigerne brugte ikke tåspidssko under træningen*

u

SUBST. *u'et*, plur. *u'er, u'erne*

det 21. bogstav i alfabetet □ *u-lyd*

uafbrudt

ADJ. - , *-e*

som er uden ophold = VEDVARENDE, KONTINUERLIG, KONSTANT, UOPHØRLIG, FORTLØBENDE, STADIG, IDELIG □ *en uafbrudt række af problemer* · *i uafbrudt bevægelse* · *tale uafbrudt* · *arbejde uafbrudt* • som gentages i det uendelige = EVINDELIG □ *han blev vækket uafbrudt* · *han var træt af hendes uafbrudte forstyrrelser*

uafgjort

ADJ. - , *-e*

(om et spil el. en kamp): som efter endt spilletid ikke er afgjort til nogens fordel fordi holdene el. spillerne har fået lige mange point = LIGE, REMIS □ *en uafgjort kamp* · *et uafgjort resultat* · *holdene spillede uafgjort* · *fodboldkampen endte uafgjort* · *holdet var tilfreds med uafgjort* • som endnu ikke er afsluttet □ *et uafgjort spørgsmål* · *et uafgjort mellemværende* · *sagen er endnu uafgjort*

uafhængig

ADJ. *-t, -e*

som bestemmer over sig selv uden at være kontrolleret, tilknyttet el. påvirket af andre = SELVSTÆNDIG, FRI, SUVERÆN, UBUNDEN, FRIBÅREN □ *uafhængige stater* · *Indien blev uafhængig i 1947* · *føle sig fri og uafhængig* · *et uafhængigt dagblad* · *uafhængig af partiinteresser* · *en uafhængig domstol* · *bøgerne kan læses uafhængigt af hinanden* · *økonomisk uafhængig* □ *uafhængighed*

uafladelig

ADJ. *-t, -e*
/uaf'ladelig/

som ikke holder op el. afbrydes □ *en uafladelig strøm af biler* · *de skændes uafladeligt* □ *uafladelighed*

uafrystelig

ADJ. *-t, -e*
/uaf'rystelig/

som man ikke kan slippe af med □ *en uafrystelig byrde*

uafvidende

ADV.

(glds.): uden at vide det □ *han havde, ham selv uafvidende, begået en lovovertrædelse*

uagtet

PRÆP., KONJ.

(form.): uden hensyn til = TRODS, SELVOM, UANSET □ ⟨PRÆP.⟩ *uagtet alle indvendinger må planen gennemføres* · ⟨KONJ.⟩ *han tog med, uagtet hans helbred var meget dårligt* □ *desuagtet*

uagtsom

ADJ. *-t , uagtsomme*
/u'agtsom/

som ikke passer på, el. som sker fordi man ikke passer på = UFORSIGTIG, UOVERLAGT □ *en uagtsom én man let kunne narre* · *det går galt hvis man behandler det uagtsomt* · *uagtsomt manddrab* □ *uagtsomhed*

ualmindelig

ADJ. *-t, -e*

1. = USÆDVANLIG □ *det var en ualmindelig oplevelse* · *hun er ualmindelig smuk* · *han er ualmindelig grim*
2. = SJÆLDEN ≠ ALMINDELIG □ *det er en ualmindelig sommerfugl, den ser man ikke tit*

uanet

ADJ. - , *uanede*

så mange el. så meget at man ikke har tal på det □ *uanede muligheder* · *der var uanede mængder af god mad* · *familien havde ikke uanede midler*

uanfægtet

ADJ. - , *uanfægtede*

= UPÅVIRKET □ *trods larmen arbejdede han uanfægtet videre*

uangribelig

ADJ. *-t, -e*

som ikke kan anfægtes ≠ ANGRIBELIG □ *det er hans uangribelige ret* · *handle korrekt og uangribeligt* □ *uangribelighed*

uanmeldt

ADJ. - , *-e*

som ikke er meddelt på forhånd □ *direktøren gik en uanmeldt inspektionsrunde* · *restauranten fik uanmeldt besøg af stadsveterinæren*

uanselig el. uanseelig

ADJ. *-t, -e*
/uan'se(e)lig/

ubetydelig af størrelse el. udseende ≠ ANSELIG □ *nattergalen er en uanselig fugl* · *hun var en ret uanselig figur* · *en uanselig mængde* · *et ikke uanseligt beløb*

uanset

PRÆP.

uden hensyn til = TRODS, LIGEGYLDIGT, SELVOM, UAGTET □ *jeg tager af sted uanset dine indvendinger* · *stolen er grim, uanset at den har andre fordele* · *han måtte tale, uanset hvad hun ville sige* · *han ville af sted, uanset om der var tid eller ej*

uanstændig

ADJ. *-t, -e*

som støder den almindelige moral, ofte specielt seksualmoral = LØSAGTIG, ANSTØDELIG, UHØVISK □ *de opførte sig uanstændigt* · *det ville være uanstændigt at byde ham den løn* · *en uanstændig påklædning* · *forlange en uanstændig pris* □ *uanstændighed*

uansvarlig

ADJ. *-t, -e*

som opfører sig ansvarsløst og tager let på tingene = LETFÆRDIG, LØSAGTIG □ *det er ganske uansvarligt at lade børn lege med tændstikker* · *en uansvarlig handling* □ *uansvarlighed*

uantastet

ADJ. - , *uantastede*

som ikke bliver tiltalt, stoppet el. angrebet □ *spionen gik uantastet rundt på militært område* · *hans politik stod uantastet tilbage*

uappetitlig

ADJ. *-t, -e*

= ULÆKKER ≠ APPETITLIG □ *maden så uappetitlig ud* □ *uappetitlighed*

uartig

ADJ. *-t, -e*
/u'artig/

1. som ikke opfører sig pænt = FRÆK, SLEM ≠ ARTIG □ *et uartigt barn* · *være uartig* □ *uartighed*
2. lettere seksuelt pikant ≠ FRÆK □ *fortælle en uartig historie* · *'røv' er et uartigt ord* □ *uartighed*

uartikuleret

ADJ. - , *uartikulerede*

som ikke udtales el. formuleres klart □ *han gav et uartikuleret grynt til svar* · *en uartikuleret protest*

ubeboelig

ADJ. *-t, -e*

som ikke er egnet til beboelse

ubeboet

ADJ. - , *ubeboede*

som ikke er beboet af mennesker = ØDE □ *en ubeboet ø* • *huset har stået tomt og ubeboet længe*

ubefæstet

ADJ. - , *ubefæstede*

(militær): som ikke er befæstet □ *et ubefæstet område* • *voldene lå ubefæstede hen*

ubeføjet

ADJ. - , *ubeføjede*

1. som ikke er baseret på overbevisende grund = GRUNDLØS, UBERETTIGET, UMOTIVERET □ *en ubeføjet anklage* • *mistanken viste sig at være ubeføjet*
2. være ubeføjet til ngt som ikke er berettiget til noget i kraft af sit embede □ *erklære sig for ubeføjet* • *han er ubeføjet til at skrive under*

ubegavet

ADJ. - , *ubegavede*

som har lavere intelligens end de fleste = SMÅTBEGAVET, SVAGTBEGAVET, UNDERBEGAVET, INDSKRÆNKET, ENFOLDIG □ *han virker ubegavet* • *de elever er simpelthen ubegavede!*

ubegribelig

ADJ. *-t, -e*
/ube'gribelig/

⟨også SUBST.⟩ = UTROLIG □ *historien er ubegribelig* • *det er mig ubegribeligt, hvordan det kan lade sig gøre* • *det kan være svært at forholde sig til det ubegribelige* • ⟨ADV.⟩ forstærkende udtryk = UTROLIG, VÆLDIG, OVERORDENTLIG, VANVITTIG □ *en ubegribelig stor afstand*

ubegrænset

ADJ. - , *ubegrænsede*

som er uden grænser med hensyn til mål, størrelse el.lign. = UINDSKRÆNKET □ *have ubegrænsede midler til sin rådighed* • *ubegrænset ansvar* • *ubegrænset frihed*

ubehag

SUBST. *-et*

en følelse af lede ved og utilfredshed over noget □ *hun følte et stigende ubehag ved synet af de elendige forhold* • *de følte ubehag ved tyrefægtningen* • *med stort ubehag* • *hans udtalelser vakte ubehag hos tilhørende* □ *ubehagelig*

ubehagelig

ADJ. *-t, -e*

som føles generende = UBEKVEM ≠ BEHAGELIG □ *man sidder virkelig ubehageligt i denne stol* • *et ubehageligt arbejde* □ *ubehagelighed* • = FRASTØDENDE □ *en ubehagelig person* • *en ubehagelig oplevelse* • *hun kan være noget så ubehagelig mod nye kolleger*

ubeheftet el. **ubehæftet**

ADJ. - , *ubeheftede*

(om ejendom): som ikke er bebyrdet med gældsforpligtelser □ *ejendommen er ubeheftet*

ubehersket

ADJ. - , *ubeherskede*

som ikke behersker sig = FREMFUSENDE □ *han lo ubehersket* • *hans ubeherskede armbevægelser kostede tre krystalglas*

ubehjælpsom

ADJ. *-t, ubehjælpsomme*
/ube'hjælpsom/

som er så upraktisk at det grænser til det hjælpeløse □ *være ubehjælpsom med en hammer* □ *ubehjælpsomhed* • som tyder på manglende kompetence □ *en ubehjælpsom oversættelse*

ubehæftet

ADJ.

se *ubeheftet*

ubehøvlet

ADJ. - , *ubehøvlede*

(neds.): som er grov og uforskammet i tale og handling = UFORSKAMMET, TØLPERAGTIG, GROV □ *en ubehøvlet optræden* • *en ubehøvlet fyr* □ *ubehøvlethed*

ubekendt

ADJ. - , *-e*

som man ikke kender el. har nogen forhåndsviden om □ *sagen er mig fuldstændig ubekendt* • *stemmen i telefonen var hende ubekendt* □ *ubekendthed* • ⟨EN, den UBEKENDTE, plur. UBEKENDTE⟩ (matematik): en størrelse som man ikke kender talværdien af □ *en ligning med to ubekendte*

ubekvem

ADJ. *-t, ubekvemme*

1. som ikke føles behagelig for kroppen = UMAGELIG ≠ BEKVEM □ *en ubekvem stol* • *en ubekvem stilling*
2. som ikke passer ret godt ind i ens planer = UBELEJLIG □ *han kom på et meget ubekvemt tidspunkt* • *det ville være ubekvemt for mig at køre den vej*

ubekymret

ADJ. - , *ubekymrede*

uden bekymringer = SORGLØS □ *han er en ubekymret natur* • *et ubekymret liv* • *trods advarsler gik de ubekymret videre ind i skoven* □ *ubekymrethed*

ubemidlet

ADJ. - , *ubemidlede*

som ikke har nogen formue □ *han er ganske vist ubemidlet, men ikke fattig* □ *ubemidlethed*

ubemærket

ADJ. - , *ubemærkede*

som ingen lægger mærke til □ *forfatteren lever til daglig et ubemærket liv uden for mediernes søgelys* • *han fortæller en historie som ellers ville gå ubemærket hen* □ *ubemærkethed*

uberegnelig

ADJ. *-t, -e*
/ube'regnelig/

som ikke er til at forudsige = LUNEFULD, UFORUDSIGELIG □ *ulykken får uberegnelige konsekvenser* • *hendes humør er aldeles uberegneligt*

uberygtet

ADJ. - , *uberygtede*

som ikke er belastet af noget vanærende ≠ BERYGTET □ *til posten som kirkelig leder er det vigtigt at finde en totalt uberygtet person* □ *uberygtethed*

uberørt

ADJ. - , *-e*

som intet har forstyrret el. rørt ved □ *naturen var uberørt af menneskehånd* • *den store uberørte sneflade var et smukt syn* □ *uberørthed* • = UPÅVIRKET □ *han virkede helt uberørt af sagens alvor*

ubesat

ADJ. - , *ubesatte*

= LEDIG ≠ BESAT □ *ubesatte pladser* • *en ubesat stilling*

ubeset

ADJ. - , *-e*

(om en vare): som man ikke har set nærmere på □ *købe noget ubeset*

ubesindig

ADJ. *-t, -e*

= UOVERVEJET □ *hans ubesindige opførsel har skadet os meget*

ubeskadiget

ADJ. - , *ubeskadigede*

som ikke er beskadiget □ *en ubeskadiget postpakke* • *en ubeskadiget vase* • *ubeskadigede frugter* • *ubeskadigede varer*

ubeskeden

ADJ. *-t, ubeskedne*

som ikke er tilbageholdende ≠ BESKEDEN □ *det er ubeskedent at tage det største stykke kage* □ *ubeskedenhed*

ubeskæftiget

ADJ. - , *ubeskæftigede*

som ikke beskæftiger sig med el. som er arbejdsløs □ *sidde ubeskæftiget hen* • *et projekt for ubeskæftigede*

ubeskåren el. **ubeskåret**

ADJ. *ubeskåret, ubeskårne* (el. *ubeskårede*)

i sin helhed □ *indtægten går ubeskåret til de sultende i Afrika* • som ikke er beskåret □ *ubeskårne pæretræer*

ubeslutsom

ADJ. *-t, ubeslutsomme*

som ikke kan beslutte sig = VANKELMODIG, TVIVLRÅDIG □ *en ubeslutsom karakter* • *hun stod ubeslutsom foran døren* • *han vandrede ubeslutsomt frem og tilbage foran hendes hus* □ *ubeslutsomhed*

ubesmittet

ADJ. - , *ubesmittede*

(glds.): som ikke er forurenet af noget = REN □ *Jomfru Marias ubesmittede undfangelse* • *en ubesmittet jomfru* • *landsbyen var endnu ubesmittet af den tiltagende materialisme* • (religion): som er uberørt af arvesynden □ *Jomfru Marias ubesmittede undfangelse*

ubesmykket

ADJ. - , *ubesmykkede*

som man ikke har forsøgt at forskønne = UTILSLØRET ≠ BESMYKKET □ *den ubesmykkede sandhed*

ubestemt

ADJ. - , *-e*

1. som ikke er klart fastsat el. afgrænset □ *han gav et ubestemt svar · de fik orlov på ubestemt tid* □ *tidsubestemt*
2. (sprogvidenskab): som angiver at det som et substantiv henviser til ikke er kendt for tilhøreren = INDEFINIT ≠ BESTEMT □ *ubestemt form* • **ubestemt artikel** el. **kendeord** se under *artikel*

ubestikkelig

ADJ. *-t, -e*
/ube'stikkelig/

som ikke kan bestikkes □ *en tro og ubestikkelig medarbejder · et ubestikkeligt vidne · han er ubestikkelig i sine krav* □ *ubestikkelighed*

ubestridelig

ADJ. *-t, -e*
/ube'stridelig/

som ikke kan nægtes el. anfægtes = UNÆGTELIG □ *en ubestridelig kendsgerning · hun er ubestrideligt den dygtigste elev skolen har haft · en ubestridelig juridisk kapacitet* □ *ubestridelighed*

ubestridt

ADJ. - , *-e*

som ingen anfægter el. benægter □ *hendes nye bog er en ubestridt kritikersucces · hun er ubestridt den dygtigste i klassen · hans position som bevægelsens politiske leder er ubestridt · hun blev ubestridt stævnets store vinder*

ubesværet

ADJ. - , *ubesværede*

som ikke føler anstrengelse el. ubehag □ *bevæge sig ubesværet · være ubesværet af varmen · han udførte arbejdet med ubesværet lethed*

ubetalelig

ADJ. *-t, -e*
/ube'talelig/

som koster så mange penge at det ikke kan el. næsten ikke kan betales □ *den regning er simpelthen ubetalelig* • forstærkende udtryk = OVERORDENTLIG □ *han er ubetalelig morsom*

ubetalt

ADJ. - , *-e*

som ikke er betalt = UDESTÅENDE □ *en ubetalt regning*

ubetinget

ADJ. - , *ubetingede*

uden forbehold el. indskrænkninger = ABSOLUT, AFGJORT, FULDKOMMEN □ *hun nærer en ubetinget tillid til sin far · officeren krævede ubetinget lydighed af soldaterne* □ *ubetingethed* • ⟨ADV.⟩ uden forbehold el. indskrænkninger = ABSOLUT, AFGJORT, BESTEMT □ *hun er ubetinget den bedste på holdet · han har ubetinget brug for en ordentlig nattesøvn*

ubetænksom

ADJ. *-t, ubetænksomme*

som handler uden at tænke på sin egen el. andres velfærd = TANKELØS ≠ BETÆNKSOM □ *det var ubetænksomt af dig at gå over gaden uden at se dig for · en uopdragen og ubetænksom ung mand · en meget ubetænksom bemærkning*

ubevidst

ADJ. - , *-e*

som man ikke er klar over at man gør, tænker el. føler □ *en ubevidst bevægelse · han havde et ubevidst ønske om at såre sine forældre · ubevidst kom han til at tale dansk*

ubevogtet

ADJ. - , *ubevogtede*

som ikke er bevogtet □ *en ubevogtet jernbaneoverskæring · prinsen fik aldrig lov til at gå ubevogtet omkring* • **et ubevogtet øjeblik** et tidspunkt hvor ingen bemærker noget □ *i et ubevogtet øjeblik tog drengen den sidste kage*

ubillig

ADJ. *-t, -e*

(glds.): = URIMELIG □ *et ubilligt forlangende*

ublandet

ADJ. - , *ublandede*

som kun består af én ting, én følelse el.lign. = REN □ *ublandet glæde · ublandet vin · ublandet heroin* □ *ublandethed*

ublu

ADJ.

= SKAMLØS □ *det er rent optrækkeri at forlange de ublu priser*

ublufærdig

ADJ. *-t, -e*

som mangler skamfølelse = SKAMLØS □ *han er aldeles ublufærdig* □ *ublufærdighed*

ubodelig

ADJ. *-t, -e*
/u'bodelig/

som ikke kan afhjælpes el. gøres god igen = UOPRETTELIG □ *gøre ubodelig skade · et ubodeligt tab*

ubrugelig

ADJ. *-t, -e*
/u'brugelig/

som ikke kan bruges til noget el. anvendes efter sin egentlige bestemmelse □ *apparaturet er ubrugeligt og nedslidt · hun følte sig gammel, ensom og ubrugelig · selvdøde dyr er ubrugelige som fødevarer* □ *ubrugelighed*

ubrugt

ADJ. - , *-e*

som ikke har været brugt = NY □ *ubrugt energi · den øverste etage står ubrugt hen*

ubrydelig

ADJ. *-t, -e*
/u'brydelig/

som ikke kan brydes = UBRØDELIG □ *et ubrydeligt venskab · et ubrydeligt løfte · ubrydelig troskab*

ubrødelig

ADJ. *-t, -e*
/u'brødelig/

= UBRYDELIG

ubuden

ADJ. *-t, ubudne*

som ikke er indbudt, men som alligevel kommer □ *han ville ikke komme ubuden til festen* • **ubuden gæst** se under *gæst*

ubunden el. ubundet

ADJ. *-t, ubundne*
(ubundet: - , *ubundne*)

som har ubegrænset handlefrihed = UAFHÆNGIG, FRI □ *føle sig fri og ubunden · ubunden prosa* □ *ubundenhed*

ubændig

ADJ. *-t, -e; -ere, -st*
/u'bændig/

som ikke lader sig undertrykke el. styre = USTYRLIG, UKUELIG, VILD, VOLDSOM □ *en ubændig lyst til noget · et ubændigt raseri* □ *ubændighed*

ubøjelig

ADJ. *-t, -e*
/u'bøjelig/

som ikke kan påvirkes til at ændre noget el. skifte mening = UBØNHØRLIG □ *ubøjelig vilje · han er ubøjelig når det gælder spisetider · han forsvarede ubøjeligt sine meninger*

ubønhørlig

ADJ. *-t, -e*
/ubøn'hørlig/

som ikke lader sig standse el. påvirke = NÅDESLØS, UBØJELIG □ *en ubønhørlig dommer · han kom ubønhørligt til at tænke på hende · ubønhørligt rullede pansertropperne videre*

ubåd

SUBST. *-en,* plur. *-e, -ene*

= UNDERVANDSBÅD □ *ubådsangreb · ubådskaptajn · ubådskrig* □ *atomubåd · miniubåd*

uciviliseret

ADJ. - , *uciviliserede*

1. som ikke er højt udviklet samfundsmæssigt □ *fjerne, uciviliserede egne*
2. = UDANNET □ *en uciviliseret opførsel · et uciviliseret udseende · han færdes i uciviliserede kredse*

ud

ADV.

1. i retning fra det indre af noget mod noget mere åbent el. noget udenfor ≠ IND □ *gå ud af stuen · gå ud ad døren · gå ud ad vejen · gå ud i køkkenet · vinduerne vender ud mod gaden · grenene strittede ud fra træets stamme · han*

hænger ud over gelænderet · han så ud over byen □ *udad · udgang · udhæng · udlængsel · udskibe · udslip* • **{måneden} ud** indtil den angivne periode er slut □ *din ansættelse varer måneden ud · han får pension året ud · de spillede med 11 mand kampen ud · han forblev en bitter mand livet ud* • **ud på {aftenen}** sent i den angivne periode □ *ud på natten · ud på eftermiddagen* • **ud af** = AF □ *ni ud af ti filmstjerner bruger Lux*
2. til fest, på besøg el.lign. □ *jeg skal ud i aften · hun går ikke meget ud*
3. i forsk. forb.: • **komme ud for ngt** blive udsat for noget □ *han kom ud for en ulykke* • **lige ud** frem efter en lige linie = LIGE FREM □ *han gik lige ud · de løb lige ud* • **ud for ngt** lige foran noget □ *bilen holder ud for indgangen* • **ud fra ngt** på baggrund af noget □ *ud fra det du siger kan jeg godt forstå problemet* • **ud over ngt** som kommer i tillæg til noget andet □ *det kommer til at koste 100 kr. ud over det aftale beløb · den kan ikke noget ud over at vise datoen · det er ud over al rimelighed*

udad

ADV.

udtryk for en retning el. bevægelse væk fra det indre el. midten af noget = UDEFTER ≠ INDAD □ *døren åbner udad · hans fødder vender udad · foret kan også vendes udad · båden sejlede udad*

udadlelig

ADJ. *-t, -e*
/u'dadlelig/

(glds.): = ULASTELIG ≠ ANGRIBELIG □ *en udadlelig optræden* □ *udadlelighed*

udadrettet

ADJ. *- , ~rettede*

som gerne har kontakt med andre mennesker = UDADVENDT, EKSTROVERT □ *hun er et meget udadrettet menneske* • som retter sig mod andre mennesker □ *foreningen har mange udadrettede aktiviteter*

udadtil

ADV.

udtryk for at noget ser sådan ud for omverdenen ≠ INDADTIL □ *familien holdt sammen udadtil, men skændtes indbyrdes*

udadvendt

ADJ. *- , -e*

1. som vender udad □ *den udadvendte flade*
2. som gerne har kontakt med andre mennesker = UDADRETTET, EKSTROVERT ≠ INDADVENDT □ *han er et meget udadvendt menneske* □ *udadvendthed* • som retter sig mod andre mennesker = UDADRETTET □ *foreningen har mange udadvendte aktiviteter*

udannet

ADJ. *- , udannede*

som ikke har nogen manerer el. kundskaber = UKULTIVERET, UOPDRAGEN, UCIVILISERET, USLEBEN, BONDSK, VULGÆR □ *det er udannet at tørre fingrene af i dugen · en fræk og udannet opførsel*

udarbejde

VERB. *-r, -de, -t*

udarbejde ngt arbejde noget igennem og give det en bestemt udformning □ *udarbejde en plan · udarbejde en tale* □ *udarbejdelse*

udaset

ADJ. *- , udasede*

= UDKØRT

udb.

fork. for *udbetaling*

udbede

VERB. *-r, udbad, udbedt*

udbede sig ngt (form.): anmode om noget □ *udbede sig en forklaring · udbede sig betænkningstid · udbede sig et hurtigt svar · kvittering udbedes · svar udbedes · hermed fremsendes de udbedte prøver*

udbedre

VERB. *-r, -de, -t*

udbedre ngt ordne noget som er i stykker el. beskadiget så det fungerer igen = ISTANDSÆTTE, REPARERE □ *hullet i vejen skal udbedres · udbedre en skade* □ *udbedring*

udbene

VERB. *-r, -de, -t*

udbene ngt tage benene ud af fisk el. kød □ *fiskehandleren har udbenet silden · han udbener brystflæsk på slagteriet* □ *udbening*

udbet.

fork. for *udbetaling*

udbetale

VERB. *-r, udbetalte, udbetalt*

udbetale ng ngt overdrage nogen et beløb; især i kontanter og især om betaling af løn el. anden regelmæssig overdragelse af penge □ *hun udbetalte pengene i sedler · få en check udbetalt · pengene bliver udbetalt hver den første · udbetale et beløb til nogen · udbetale løn* □ *udbetaling*

udbetaling

SUBST. *-en,* plur. *-er, -erne*

1. det at udbetale noget □ *udbetaling af løn*
2. en del af en større sum som udbetales på forhånd ved fx køb af hus □ *de betalte 60.000 kr. i udbetaling på huset*

udblik

SUBST. *udblikket,* plur. *udblik, udblikkene*

en mulighed for at se nærmere på noget □ *udblik over det danske folks historie · et samlet udblik over kunstnerens værker*

udblokke

VERB. *-r, -de, -t*

udblokke ngt udvide noget ved at presse en stor ting ind i det □ *udblokke et par sko*

udbløde

VERB. *-r, udblødte, udblødt*

udbløde ngt gøre noget blødt og næsten opløse det ved at lægge det i vand el. en anden væske = BLØDE UD, OPBLØDE □ *de tørrede frugter udblødes i vand* □ *udblødning*

udbombet

ADJ. *- , udbombede*

som er bombet helt i stykker □ *en udbombet by* • (om en person): træt og udmattet □ *jeg er totalt udbombet efter festen i går*

udbore

VERB. *-r, -de, -t*

udbore ngt udhule noget ved boring □ *udbore en tand* • **udbore ngt** lave hullet til benzintilførslen større i en benzinmotor så den virker kraftigere □ *udbore en motor · knallerten er ulovlig fordi den er udboret*

udbrede

VERB. *-r, udbredte, udbredt*

1. udbrede ngt få noget til at fordele sig over en større flade el. et område el. til mange personer = UDSPREDE, SPREDE □ *dalen lå udbredt for vore fødder · han udbredte et tæppe over skovbunden · fuglen fløj med udbredte vinger · han tog imod os med udbredte arme · katten udbredte en ubehagelig lugt i stuen · man forsøgte at udbrede kendskabet til det nye middel* □ *udbredelse*
2. udbrede sig om ngt tale alt for længe om noget □ *han udbredte sig om sine nye ideer*

udbredelse

SUBST. *-n,* plur. *-r, -rne*

det at være el. blive udbredt blandt mange mennesker □ *religionen har stor udbredelse · udbredelsen af den europæiske kultur* □ *udbredelsescentrum · udbredelsesområde*

udbringe

VERB. *-r, ~bragte, ~bragt*

1. udbringe ngt levere post el. varer med bud □ *posten udbringes en gang om dagen · udbringe aviser · varer udbringes gratis overalt* □ *udbringning*
2. udbringe et leve el. **en skål for ng** lykønske en person ved at råbe hurra el. skåle for ham

udbrud

SUBST. *udbruddet,* plur. *udbrud, udbruddene*

1. pludselig begyndelse af noget □ *ildens udbrud · sygdommens udbrud* □ *epedimiudbrud · krigsudbrud* • det at en vulkan pludselig bliver aktiv og udsender aske, lava o.l. □ *vulkanens udbrud · være i udbrud* □ *vulkanudbrud* • (sport): det at fx en cykelrytter bryder ud fra feltet □ *den danske rytter viste et fantastisk udbrud · være i udbrud* • det at fanger o.l. forsøger at skaffe sig adgang til friheden □ *han er flygtet efter et udbrud af fængslet* □ *fangeudbrud*
2. en overraskende og pludselig ytring; især med følelsesladet indhold = UDRÅB □ *han kom med et udbrud af forbavselse · udbrud af vrede · harmen kom til udbrud* □ *latterudbrud · vredesudbrud*

udbrudt

VERB.

bøjningsform af *udbryde*

udbryde

VERB. *-r, udbrød, udbrudt*

1. begynde pludseligt el. voldsomt □ *der udbrød brand* · *der er udbrudt krig*
2. udbryde ngt sige noget pludseligt el. på anden måde ytre sig □ *'det skal du få betalt', udbrød han vredt* · *udbryde i lovtaler*

udbryder

SUBST. *-en,* plur. *-e, -ne*

1. en fange der bryder ud af noget, fx et fængsel
2. en person der melder sig ud af et parti el. en forening □ *udbryderen vil forsøge at danne et nyt parti*
3. en cykelrytter der bryder ud fra feltet □ *udbrydergruppe*

udbrændt

ADJ. *-, -e*

1. som er helt brændt el. brændt ud så intet, evt. med undtagelse af den yderste skal, er tilbage □ *et udbrændt hus* · *loftetagen er totalt udbrændt* · *en udbrændt vulkan*
2. som har opbrugt al sin energi og derfor er meget træt □ *efter en lang arbejdsdag følte han sig fuldstændig udbrændt*

udbrød

VERB.

bøjningsform af *udbryde*

udbud

SUBST. *-et* (el. *udbuddet*), plur. *udbud, -ene* (el. *udbuddene*)

en mængde af varer el. tjenesteydelser som sælgere i en given periode er villige til at afsætte på markedet; udbudet er afhængigt af efterspørgslen ≠ EFTERSPØRGSEL □ *der har været et stort udbud af brugte biler* · *udbud og efterspørgsel* □ *udbudselasticitet* · *udbudskurve*

udbyde

VERB. *-r, udbød, udbudt*

udbyde ngt tilbyde noget som der kan afgives tilbud på el. fremsættes ønske om at købe □ *udbyde et arbejde i licitation* · *udbyde en vare til salg* · *udbyde aktier*

udbygge

VERB. *-r, -de, -t*

udbygge ngt med ngt gøre noget større el. bedre ved at bygge noget ekstra til det □ *udbygge en skole med en ekstra fløj* · *udbygge gården med en længe* · *udbygge en dæmning* · *udbygge et forsvarsanlæg* · *en facade med udbygget balkon* □ *udbygning* • **udbygge ngt med ngt** gøre noget mere komplekst el. omfattende □ *udbygge en uddannelse med flere fag* · *samarbejdet bør udbygges* · *et fuldt udbygget system* □ *udbygning*

udbygning

SUBST. *-en,* plur. *-er, -erne*

= TILBYGNING • = UDVIDELSE □ *systemet er konstrueret med henblik på yderligere udbygning*

udbytte[1]

SUBST. *-t,* plur. *-r, -rne*

1. en fortjeneste på værdipapirer el. anden form for investering = AFKAST, AFKASTNING, PROVENU □ *den handel gav godt udbytte* · *aktierne gav et udbytte på 10%* □ *udbytteforøgelse* · *udbyttedeling* · *udbytteskat* □ *aktieudbytte*
2. penge som er stjålet □ *røveriet gav et udbytte på 150.000 kr.*
3. = GAVN □ *eleverne fik udbytte af undervisningen*

udbytte[2]

VERB. *-r, -de, -t*

udbytte ng(t) udnytte nogen el. noget på en hensynsløs måde for at skaffe sig økonomisk gevinst = EXPLOITERE □ *du må ikke lade chefen udbytte din arbejdskraft* · *arbejderne blev udbyttet af kapitalisterne* · *over hele verden udbyttes børn som billig arbejdskraft* □ *udbytning* · *udbytter*

udbytterig

ADJ. *-t, -e*

som er til gavn for nogen □ *en udbytterig rejse*

udbød

VERB.

bøjningsform af *udbyde*

udd.

fork. for *uddannelse* el. *uddannet*

uddanne

VERB. *-r, -de, -t*

uddanne ng formidle de nødvendige kundskaber og færdigheder til nogen som skal anvende disse i deres fremtidige erhverv □ *samfundet har brug for at uddanne endnu flere sygeplejersker* · *skolen uddanner årligt 50 jordmødre* · *hun er uddannet lærer* · *videnskabeligt uddannet* □ *efteruddanne* · *færdiguddanne* · *specialuddanne* · *videreuddanne* • **uddanne sig til ngt** tage en bestemt uddannelse □ *han uddanner sig til kok*

uddannelse

SUBST. *-n,* plur. *-r, -rne*

1. et forløb hvor en person undervises i et fag med det formål at vedkommende bagefter skal kunne udføre arbejde inden for faget □ *faget kræver 3 års uddannelse; han er i gang med at tage en uddannelse inden for servicefagene*
2. åben uddannelse et uddannelsestilbud for voksne som visse uddannelsesinstitutioner udbyder; det kan være fx faglige grunduddannelser, lange videregående uddannelser el. korte koncentrerede kursusforløb

uddannelsespolitik

SUBST. *~politikken*

en politik som føres inden for områderne skolegang og uddannelse

uddata

SUBST. *-et,* plur. *~data, -ene*

(edb): data som har været igennem databehandling, og som udskrives fra en printer = OUTPUT ≠ INDDATA

uddebattere

VERB. *-r, -de, -t*

uddebattere ngt drøfte noget indgående til der ikke er mere at sige om det □ *sagen er uddebatteret*

uddele

VERB. *-r, uddelte, uddelt*

1. uddele ngt til ng = DELE UD □ *julemanden uddelte gaver til børnene* □ *uddeling* • **uddele ngt til ng** give en præmie, et legat el.lign. til nogen □ *skoleinspektøren uddelte præmier til eleverne* □ *uddeling*
2. uddele ordrer give flere ordrer til en gruppe □ *kaptajnen uddelte ordrer til soldaterne*

uddeler

SUBST. *-en,* plur. *-e, -ne*

en bestyrer af en brugsforening

uddeling

SUBST. *-en,* plur. *-er, -erne*

jf. *uddele* = OMDELING, OVERRÆKKELSE, TILDELING □ *uddeling af julegaver* · *uddeling af præmier* □ *gaveuddeling* · *præmieuddeling*

uddokke

VERB. *-r, -de, -t*

uddokke ngt søsætte et skib der ligger i dok □ *uddokning*

uddrag

SUBST. *-et,* plur. *uddrag, -ene*

et udvalg af de væsentlige dele af en større helhed; det kan være et kapital fra en bog el. højdepunkterne i et længere tv-program = RESUMÉ, UDPLUK, EKSTRAKT, EXCERPT □ *et uddrag af artiklen* · *avisen bragte hans erindringer i uddrag* · *tv viser et uddrag af åbningsceremonien i morgen* • **gøre uddrag af ngt** = EXCERPERE

uddrage

VERB. *-r, uddrog, -t* (*uddragen, uddragne* el. *uddragede*)

1. uddrage ngt af ngt konkludere noget på baggrund af en mængde oplysninger, hændelser el.lign. = SAMMENFATTE, SLUTTE □ *kan du uddrage noget af alle de mange oplysninger?* · *hvad kan vi uddrage af hændelsesforløbet?*
2. uddrage kvadratroden af {9} (matematik): se under *kvadratrod*

uddrive

VERB. *-r, uddrev, uddrevet* (*uddreven, uddrevne*)

uddrive ng(t) tvinge nogen el. noget væk fra et sted = FORDRIVE, FORJAGE, BORTJAGE □ *uddrive en ond ånd* □ *uddrivelse* · *uddrivning* • **uddrive ngt af ngt** frigøre et stof fra et andet □ *uddrive en luftart af en væske* □ *uddrivelse* · *uddrivning*

uddybe

VERB. *-r, -de, -t*

1. uddybe ngt gøre noget dybere □ *hullet måtte uddybes* · *kløften mellem dem blev uddybet* □ *uddybning*
2. uddybe ngt gøre noget mere udførligt el. mere omfattende □ *uddybe sin forklaring* · *uddybe en sag* · *jeg må bede dig uddybe det nærmere* · *uddybe sin viden om et emne* · *uddybe sit kendskab til sprog* □ *uddybelse* · *uddybning*

uddø

VERB. *-r, -de, -et* (el. *uddød*)

(om en art el. slægt): ophøre med at eksistere □

dinosaurerne uddøde for mange millioner år siden · *de er ikke uddøet på én gang* · *slægten er ved at uddø* · *en uddøende race*

uddød

ADJ. -*t*, -*e*

1. (om en art el. slægt): som er ophørt med at eksistere □ *uddøde dyrearter* · *en uddød gren af slægten*
2. som er kedelig fordi der ikke sker noget □ *byen er uddød om søndagen* · *her er helt uddødt om aftenen*

ude

ADV.

1. udtryk for at noget befinder sig væk fra den centrale del af noget □ *han er ude i køkkenet* · *ude på fløjen* · *ude på landet* · *ude omkring i landet* · *ude i skoven* · *ude ved kysten* · *ude på havet* · *det ligger langt ude i fremtiden* • i fri luft = UDENFOR ≠ INDE □ *børnene leger ude* · *det er koldt ude, så vi bliver inde i dag* · *ude i haven* □ *udetøj* • (sport): uden for banen □ *bolden er ude* • **ude af ngt** udtryk for at nogen el. noget befinder sig væk fra noget el. ikke er med i noget □ *han var ude af bilen på et sekund* · *han var ude af døren på et øjeblik* · *tropperne var ude af landet i løbet af fem måneder* · *han blev holdt ude af forhandlingerne* · *han var hurtigt ude af hendes tanker* · *han er ude af billedet nu* · *han er ude af trit med virkeligheden* · *det er helt ude af proportioner* • **langt ude** langt væk fra virkeligheden □ *det er for langt ude når han påstår at den er blevet væk*
2. væk fra ens hjem el. der hvor man plejer at være ≠ HJEMME □ *begge forældre arbejder ude* · *hun er alt for sent ude hver aften* · *hun er ude at handle* · *det er for dyrt at spise ude hver dag* · *i den her runde er det vores hold der spiller ude* □ *udearbejde* · *udearbejdende* · *udebane* · *udehold* · *udekamp* · *udeliv* · *udetillæg*
3. udtryk for at man gør noget el. at noget sker = FREMME □ *kommunen var tidligt ude med rensning af spildevand* · *jeg var for sent ude til at få fat i bogen* · *partiet var ude med tanker om genforhandling af forslaget* · *de var ude med et godt tilbud* · *uheldet var ude*
4. = FORBI □ *snip snap snude - nu er den historie ude* · *alt håb er ude* · *tiden er ude* · *det var ude med ham* · *inden året er ude* • **ude med ngn** udtryk for at nogen omkommer el. det går dem dårligt □ *hvis hun ikke havde set ham, ville det have været ude med ham* · *det er ude med os hvis jeg ikke når at blive færdig* • **ude over ngt** udtryk for at man har passeret noget □ *han er ude over sin bedste alder* · *det problem er vi ude over for længe siden*
5. i forsk. forb.: • **ude af sig selv {af raseri}** med hel el. delvis mangel på kontrol over sine følelser og sanser □ *han var ude af sig selv af fortvivlelse* · *hun blev ude af sig selv af glæde over den gode nyhed* · *hun var helt ude af sig selv, så hun fattede ingenting* • **ude af stand til ngt** se under *stand* • **ude efter ng(t)** interesseret i at få fat i nogen el. noget □ *han var ude efter formandsposten* · *hun var ude efter skolens flotteste fyr* · *politiet var ude efter ham* • **ude for ngt** udsat for noget □ *hun var ude for et slemt biluheld* • **ude i ngt** i en bestemt situation □ *de havde vist været ude i noget kriminelt* · *hun var ude i en krise* • **ude om ngt** årsag til el. skyld i noget □ *han var selv ude om at det gik galt* • **ude på ngt** interesseret i at opnå noget □ *hvad er du egentlig ude på?*

udebane

SUBST. -*n*

(sport): en sportsplads hvor ens modspiller hører hjemme ≠ HJEMMEBANE □ *spille på udebane* · *hvor mange sejre har de haft på udebane?*

udeblive

VERB. -*r*, ~*blev*, ~*blevet* (~*bleven*, ~*blevne*)

mod forventning undlade at vise sig □ *virkningen udeblev* · *nødforsyningerne er desværre udeblevet* · *han udeblev fra sit arbejde*

udeblivelse

SUBST. -*n*, plur. -*r*, -*rne*

jf. *udeblive* □ *udeblivelse fra en retssag* · *udeblivelse fra militærtjeneste* · *udeblivelse uden lovlig grund straffes* □ *udeblivelsesdom*

udefra

ADV.

fra den udvendige del af et sted ≠ INDEFRA □ *udefra ser huset pænt ud* · *han kommer lige udefra* · *døren var låst udefra* · *vinduet kan ikke åbnes udefra* • udtryk for at nogen el. noget kommer fra et andet sted □ *moden er som regel påvirket udefra* · *vi holder en fest for beboerne, og vi vil ikke have nogen med udefra* · *den nye direktør kom udefra*

udefter

ADV.

(glds.): = UDAD ≠ INDEFTER □ *døren åbnes udefter* · *hans fødder vender udefter*

udelade

VERB. -*r*, ~*lod*, ~*ladt*

udelade ngt bevidst undlade at tage noget med = OVERSPRINGE □ *du må udelade den bemærkning af dit brev* · *udelade vigtige detaljer i sin beretning*

udeladelse

SUBST. -*n*, plur. -*r*, -*rne*

det at udelade noget el. noget som er blevet udeladt □ *læserbrevet blev bragt med en række udeladelser*

udelt

ADJ. -, -*e*

1. som ikke er delt □ *formuen tilfalder ham helt og udelt* · *udelt skole* · *udelte besiddelser*
2. = I HØJ GRAD □ *spørgsmålet har min udelte interesse*

udeltagende

ADJ.

som ikke interesserer sig for el. har medfølelse med nogen der er kede af det el. bekymrede = LIGEGYLDIG □ *han var ganske udeltagende i de andres sorg*

udelukke

VERB. -*r*, -*de*, -*t*

1. udelukke ng nægte nogen adgang el. deltagelse i noget = UDSTØDE □ *de udelukkede ham af fællesskabet* · *hun blev udelukket fra deltagelse i mødet* □ *udelukkelse*
2. udelukke ngt se bort fra noget □ *det ene udelukker ikke det andet* · *man kan ikke udelukke at andre også er indblandet* · *udelukke enhver tvivl* · *udelukke en mulighed* □ *udelukkelse*

udelukkende

ADV.

udtryk for at der ikke er tale om andet end det der angives = KUN, ALENE, LUTTER □ *der var udelukkende kvinder til stede* · *jeg gør det udelukkende for din skyld*

uden

PRÆP., KONJ., ADV.
fork. *u.*

1. 〈PRÆP.〉 som mangler el. i mangel på ≠ MED □ *en kjole uden ærmer* · *han gik ud i kulden uden frakke på* · *trapezartisten arbejder uden sikkerhedsnet* · *hun er ikke uden charme* · *han er uden sammenligning den mest uopdragne dreng jeg kender* · *hun er uden tvivl stukket af* · *uden mad og drikke duer helten ikke* · *han så på mig uden at blinke* · *hun plyndrede kagedåsen uden at blive opdaget* · *uden at tøve besvarede han det ubehagelige spørgsmål* • 〈KONJ.〉 hvis ikke □ *han kommer ikke uden vi har inviteret ham* • **uden for** et el. andet sted på den modsatte side set fra det indre af noget ≠ INDEN FOR □ *hun stod uden for huset* · *han stod uden for døren* • **uden om** = OMKRING □ *der var en rosenhæk uden om haven* • **uden om** i en bueformet bevægelse for ikke at støde ind i noget ≠ INDEN OM □ *vi kørte uden om den parkerede bil* • **uden på** på ydersiden af noget □ *hendes navn stod uden på konvolutten* · *hun havde en let frakke uden på kjolen*
2. uden videre med det samme □ *han kom uden videre og hjalp til*

udenad

ADV.

udtryk for at man husker el. lærer at huske noget så man ikke behøver at læse det op □ *hun kan opskriften udenad* · *skuespilleren har endnu ikke lært sine replikker udenad* □ *udenadlært* · *udenadslære*

udenbords

ADV.

uden for el. på den udvendige side af et fartøj ≠ INDENBORDS □ *falde udenbords* · *båden er malet gul udenbords*

udenbys

ADJ.

som befinder sig el. hører til uden for byen ≠ INDENBYS □ *han er kendt både indenbys og udenbys* · *et udenbys brev* · *en udenbys telefonsamtale*

udendørs

ADJ.

ude i fri luft = UDEN FOR ≠ INDENDØRS □ *det er koldt udendørs* · *udendørs aktiviteter* · *udendørs arbejde* □ *udendørsaktiviteter* · *udendørsarrangement* · *udendørsliv* · *udendørsservering*

udenfor

ADV.

udtryk for en bevægelse ud på den anden side af noget el. en placering el. tilstand på den anden side af noget ≠ INDENFOR □ *du må vente udenfor · det er koldt udenfor · gå lige udenfor et øjeblik!* • udtryk for at man er isoleret fra nogen el. noget □ *føle sig udenfor · blive holdt udenfor*

udenforstående

ADJ.

som ikke deltager i el. har særlig stor viden om noget □ *vurderingen foretages af udenforstående personer · det er svært for udenforstående at forstå og acceptere at efterforskningen kan tage så lang tid*

udenlands

ADJ.

som befinder sig i el. har retning mod udlandet □ *han rejste udenlands · de har boet udenlands i mange år* □ *udenlandsdansker · udenlandsrejse*

udenlandsk

ADJ. -, *-e*

som har at gøre med udlandet □ *udenlandsk valuta · udenlandske varer · udenlandske forældre · en udenlandsk udseende person · tale udenlandsk*

udenom

ADV.

langs ydersiden af el. forbi nogen el. noget ≠ INDENOM □ *et hus med have udenom · du bliver nødt til at køre udenom · gå dog udenom!* • **ingen vej udenom** ingen andre muligheder, især om noget ubehageligt □ *du bliver nødt til at spørge ham, der er ingen vej udenom*

udenoms

ADJ.

som vedrører omgivelserne □ *stykket foregår ved århundredeskiftet og kostumer og alt det udenoms er så smukt, så smukt · tage sig af alt det udenoms i forbindelse med konferencen* □ *udenomsfaciliteter · udenomsplads* • (om seksuelle forhold): som angår en anden end ens ægtefælle el. faste partner; især om sex med andre □ *jeg har lovet mig selv ikke at lave noget udenoms de næste 14 dage* □ *udenomsægteskabelig*

udenomsparlamentarisk

ADJ. -, *-e*

som søger at ændre samfundsmæssige forhold uden om lovgivningen = EKSTRAPARLAMENTARISK

udenomssnak

SUBST. *~snakken*

uvæsentlig el. uvedkommende snak = SVINKEÆRINDE □ *lad os komme til sagen i stedet for al den udenomssnak!*

udenpå

ADV.

på ydersiden af el. oven på noget □ *en bog med et billede udenpå · hun havde to trøjer på og en tyk frakke udenpå*

udenrigs

ADJ.

som har at gøre med udlandet = UDENLANDSK ≠ INDENRIGS □ *udenrigs skibsfart* □ *udenrigshandel · udenrigsministeriet · udenrigspolitik*

udenrigshandel

SUBST. *-en* (el. *~handlen*), plur. *~handler, ~handlerne*

handel med udlandet ≠ INDENRIGSHANDEL □ *den danske udenrigshandel er steget betydeligt* □ *udenrigshandelsstatistik*

udenrigsminister

SUBST. *-en,* plur. *~ministre, ~ministrene*

en minister med ansvar for et lands udenrigspolitik og udenrigstjeneste

udenrigsministerium

SUBST. *~ministeriet,* plur. *~ministerier, ~ministerierne*

et ministerium som har at gøre med landets forhold til andre lande

udenrigspolitik

SUBST. *~politikken*

politik som vedrører et lands forhold til andre lande

udenværker

SUBST.PLUR. *-ne*

noget som befinder sig langt fra kernen el. er af mindre betydning □ *han beskæftiger sig mest med studiets udenværker · i stykket er alle bogens omstændelige udenværker siet fra · man har haft så travlt med alle mulige udenværker at man har glemt det centrale*

udestue

SUBST. *-n,* plur. *-r, -rne*

en overdækket terrasse el. altan

udestående[1]

SUBST. *-t,* plur. *-r, -rne*

= MELLEMVÆRENDE □ *min nabo og jeg har et gammelt udestående · der var et økonomisk udestående mellem fodboldspilleren og klubben*

udestående[2]

ADJ.

(om et beløb): som endnu ikke er afviklet el. betalt = UBETALT □ *udestående fordringer · udestående gæld · en udestående post* • **have ngt udestående med ng** være uvenner

udfald

SUBST. *-et,* plur. *udfald, -ene*

1. angreb fra en forsvarsposition □ *gøre et udfald fra den befæstede stilling · fægterne gjorde udfald mod hinanden* • voldsom kritik □ *han kom med et voldsomt udfald mod sine politiske modstandere*
2. et endeligt resultat □ *sagens udfald · udfaldet af eksamenen var tilfredsstillende*

udfaldsvej

SUBST. *-en,* plur. *-e, -ene*

en stor og trafikeret vej der hovedsagelig fører trafik væk fra en by ≠ INDFALDSVEJ □ *i weekenderne er udfaldsvejene blokerede af folk som skal på ferie på landet*

udfaldsvinkel

SUBST. *-en* (el. *~vinklen*), plur. *~vinkler, ~vinklerne*

(fysik): vinklen mellem en flade og en lysstråle som forlader fladen el. en linie vinkelret på fladen ≠ INDFALDSVINKEL □ *udfaldsvinklen er lig med indfaldsvinklen*

udfarende

ADJ.

som på en meget energisk måde retter sin interesse mod omverdenen □ *hun er meget aktiv og udfarende · tilsynet burde have været mere udfarende og kontrolleret* • **udfarende kraft** den el. det som afstedkommer handling □ *han var den udfarende kraft i projektet · hun er den af dem der har den udfarende kraft*

udflugt

SUBST. *-en,* plur. *-er, -erne*

en kortere rejse til et bestemt sted og hjem igen som foretages for fornøjelsens skyld = TUR □ *klassen tog på udflugt til Stevns* □ *udflugtsmål · udflugtssted* □ *biludflugt · skoleudflugt · svampeudflugt · søndagsudflugt* • undskyldning for at slippe uden om noget = BORTFORKLARING, KRUMSPRING □ *han kom med den ene udflugt efter den anden · jeg ignorerede hans udflugter*

udflydende

ADJ.

som flyder ud el. sammen □ *udflydende farver* • som er uskarp og karakterløs □ *udflydende ansigtstræk · et udflydende blik*

udflåd

SUBST. *udflåddet,* plur. *udflåd, udflåddene*

væske, slim el.lign. som udskilles fra kønsorganer, sår el. slimhinderne ved øjet og i næsen

udfolde

VERB. *-r, -de, -t*

1. udfolde ngt bruge el. fremvise noget i alle detaljer □ *udfolde en teori · han udfoldede al sin charme · udfolde sine evner · dansk industri må selv udfolde bestræbelser på at blive underleverandør* □ *udfoldelse* • **udfolde sig** opføre sig uden hæmninger □ *han udfoldede sig rigtigt til sin søsters bryllup · børnene fik lov til at udfolde sig frit · han udfoldede sig i al sin galskab · i ægteskabet fik hun plads til at udfolde sig* □ *udfoldelse*
2. udfolde ngt brede noget ud = ÅBNE □ *sommerfuglen udfoldede sine vinger*

udfordre

VERB. *-r, -de, -t*

udfordre ng opfordre nogen til at konkurrere el. kæmpe mod sig = UDÆSKE □ *han udfordrede den kendte skakmester · han udfordrede alle til armlægning · New Zealand har udfordret USA til en dyst om Americas Cup i kæmpebåde op til 30 m* □ *udfordrer*

udfordrende

ADJ.

= PROVOKERENDE □ *en udfordrende holdning · hun opfører sig meget udfordrende*

udfordring

SUBST. *-en,* plur. *-er, -erne*

1. en stor, spændende og krævende opgave □ *at arbejde med handicappede er en udfordring · regeringen står over for sin hidtil største udfordring · tage en udfordring op · der ligger altid en udfordring i at prøve noget nyt og ukendt*
2. en opfordring til konkurrence el. kamp □ *der var ingen der reagerede på hans udfordring · Canada har meldt sig som deltager i udfordringen for 90 fods både*

udforme

VERB. *-r, -de, -t*

udforme ngt arbejde detaljeret med noget og tilpasse det forskellige faktorer = UDFÆRDIGE, UDARBEJDE □ *udforme et mæglingsforslag · udforme et system* □ *udformning* • **udforme ngt** give noget en bestemt form = FORME □ *et smukt udformet gavlparti* □ *udformning*

udforske

VERB. *-r, -de, -t*

udforske ngt undersøge noget grundigt og systematisk, fx fremmede egne, ofte med videnskabeligt formål □ *den første tid gik med at udforske de nye omgivelser · man udforsker et nyt intracellulært protein · de skal som de første udforske flodens talrige strømfald · udforske det indre Afrika*

udfri

VERB. *-r* (el. *-er*), *-ede, -et*

udfri ng (glds.): = BEFRI □ *han er blevet udfriet af fangenskab · døden udfriede ham af lidelserne*

udfritte

VERB. *-r, -de, -t*

udfritte ng om ng(t) udspørge nogen af nysgerrighed efter at få kendskab til noget bestemt = FRITTE, PUMPE, UDPUMPE □ *hun blev udfrittet om de mange rygter* □ *udfritning*

udfylde

VERB. *-r, udfyldte, udfyldt*

1. udfylde ngt med ngt fylde noget fuldstændigt ud med noget = FYLDE □ *udfylde huller i vejen med grus · udfylde en pause med musik · udfylde et tomrum · udfylde et savn* □ *udfyldning* • **udfylde ngt med ngt** skrive de oplysninger der anmodes om i felter m.m. □ *udfylde en rubrik · udfylde et spørgeskema · udfylde et skema korrekt · udfylde sin selvangivelse · udfylde en kryds-og-tværs-opgave · blanketten skal afleveres i udfyldt stand* □ *udfyldning*
2. udfylde ngt have de kvalifikationer der kræves en bestemt stilling □ *udfylde et embede · hun udfylder sin stilling tilfredsstillende*

udfælde

VERB. *-r, -de, -t*

udfælde ngt af ngt (kemi): få et fast stof til at udskille sig af en væske = AFLEJRE □ *udfælde et stof af en opløsning · stoffet udfælder sig* □ *udfældning*

udfærdige

VERB. *-r, -de, -t*

(form.): udarbejde en kortere, skriftlig tekst = AFFATTE, FORMULERE, SKRIVE □ *udfærdige en ansøgning · ministeren har hjemmel til at udfærdige bekendtgørelsen* □ *udfærdigelse*

udføre

VERB. *-r, udførte, udført*

1. udføre ngt sende el. bringe varer ud af et land = EKSPORTERE ≠ INDFØRE □ *Danmark udfører landbrugsvarer · nationale antikviteter må ikke udføres uden særlig tilladelse*
2. udføre ngt omsætte det planlagte besluttede el. beordrede indhold af en arbejdsproces til virkelighed, evt. resulterende i et fysisk produkt = LAVE, FORETAGE, ANSTILLE, ØVE, UDØVE, FORRETTE, PRAKTISERE, GØRE □ *udføre et hverv · udføre en ordre · udføre store bedrifter · planen lader sig let udføre · kongen lod billedhuggeren udføre en statue i marmor · udføre et eksperiment* □ *udførelse*

udførlig

ADJ. *-t, -e*
/ud'førlig/

som medtager selv de mindste detaljer = DETALJERET, MINUTIØS □ *en udførlig forklaring · røveriet fik udførlig omtale i aviserne · en udførlig brugsanvisning* □ *udførlighed*

udg.

1. fork. for *udgave*
2. fork. for *udgiver* el. *udgivet*

udgang

SUBST. *-en,* plur. *-e, -ene*

1. en åbning hvorigennem man kan gå ud fra rum, bygning, område m.m. □ *der er udgang gennem porten · huset har to udgange · stue med udgang til haven · sætte vagt ved udgangen* □ *nødudgang · reserveudgang* • tilladelse til midlertidigt at forlade et fængsel el. et militært område □ *soldaterne havde udgang · han stak af fra sin ledsager under udgang fra fængslet* □ *udgangsforbud · udgangstilladelse · udgangstur · udgangsuniform* • **vinde udgang** (kortspil): vinde en omgang i bridge • (religion): livets afslutning □ *Gud bevare din udgang og din indgang*
2. = AFSLUTNING □ *udgangen på konflikten · ved udgangen af denne måned · han beklagede at sagen havde fået denne udgang · inden årets udgang · en lykkelig udgang* □ *udgangsbillet · udgangsbøn*
3. det at begynde et bestemt sted □ *udgangsposition · udgangspunkt · udgangsstilling*

udgangsbøn

SUBST. *~bønnen,* plur. *~bønner, ~bønnerne*

en bøn som afslutter en gudstjeneste ≠ INDGANGSBØN □ *præsten afsluttede gudstjenesten med en atypisk udgangsbøn*

udgangseffekt

SUBST. *-en,* plur. *-er, -erne*

styrken af den effekt der udgår fra et elektrisk apparat i modsætning til den som tilføres □ *højttalerne har en udgangseffekt på 100 watt*

udgangsforbud

SUBST. *-et* (el. *~forbuddet*), plur. *~forbud, -ene* (el. *~forbuddene*)

en regel om at nogen skal blive indendøre inden for et bestemt tidsrum □ *der er udgangsforbud mellem kl. 20 og kl. 6 · magthaverne har indført et udgangsforbud*

udgangspunkt

SUBST. *-et,* plur. *-er, -erne*

et sted hvorfra noget påbegyndes □ *stien har ført os tilbage til vores udgangspunkt · den økonomiske situation er udgangspunkt for forhandlingerne · forfatteren tog sit udgangspunkt i et ordsprog*

udgangstilladelse

SUBST. *-n,* plur. *-r, -rne*

tilladelse til at forlade et sted i et vist tidsrum □ *den indsatte fik udgangstilladelse i 24 timer*

udgav

VERB.

bøjningsform af *udgive*

udgave

SUBST. *-n,* plur. *-r, -rne*
fork. *udg.*

et eksemplar af en bog, avis el.lign. som er udgivet i et el. flere oplag □ *førsteudgave · originaludgave* • udgivelsen af et litterært værk el. en genstand som er ændret i indhold el. form i forhold til tidligere udgivelser ≠ OPLAG □ *bogen er kommet i en ny udgave · den billige udgave · den skrabede udgave af en bil · formindsket udgave* □ *miniatureudgave · piratudgave*

udgift

SUBST. *-en,* plur. *-er, -erne*

penge som man betaler for at få noget = OMKOSTNING ≠ INDTÆGT □ *løbende udgifter · uforudsete udgifter · udgifterne overstiger indtægterne · holde udgifterne nede* □ *udgiftsbog · udgiftsføre · udgiftspost · udgiftsside* □ *forsvarsudgift · husholdningsudgift · merudgift*

udgik

VERB.

bøjningsform af *udgå*

udgive

VERB. *-r, udgav, -t* (*udgiven, udgivne*)

1. udgive ngt lade noget udsende på tryk = PUBLICERE, OFFENTLIGGØRE □ *udgive en bog · udgive et blad · udgive en avis · udgive noget under pseudonym · romanen udgives posthumt · hun fik udgivet en digtsamling på landets største forlag* □ *udgivelse*
2. udgive sig for ng(t) påstå at man er nogen el. noget man ikke er □ *han udgav sig for at være læge · hun udgav sig for sin søster · han er ikke den han udgiver sig for*

udgiver

SUBST. *-en,* plur. *-e, -ne*

en person el. et foretagende som udgiver noget □ *udgiveren har forsynet bogen med en indledning*

udgjorde

VERB.

bøjningsform af *udgøre*

udglatte

VERB. *-r, -de, -t*

1. udglatte ngt gøre noget glat ved at stryge hånden el. andet hen over det = GLATTE ▫ *udglatte en fold i en dug • udglatte en krøllet bluse* ▫ *udglatning*
2. udglatte ngt formilde el. forsone nogen el. noget = GLATTE UD ▫ *forsøge at udglatte en misforståelse • udglatte uoverensstemmelser • udglatte modsætninger*

udgyde

VERB. *-r, udgød, udgydt*

udgyde ngt (glds.): lade en væske flyde ▫ *udgyde tårer • her har Danmarks store helte udgydt deres blod* ▫ *udgydelse*

udgydelse

SUBST. *-n,* plur. *-r, -rne*

= ORDFLOM ▫ *brevet endte med en længere udgydelse om hans vanskeligheder*

udgød

VERB.

bøjningsform af *udgyde*

udgøre

VERB. *udgør, udgjorde, udgjort*

udgøre ngt være noget, enten det at flere ting tilsammen er noget, el. det at noget er årsag til el. grundlag for noget = ANDRAGE, DANNE, KONSTITUERE ▫ *kvinderne udgør over halvdelen af Danmarks befolkning • byernes andel udgør 5% • de tre spillere udgjorde midtbanen • landsbyen udgjordes af seks huse • hans ideer udgør grundlaget for vores politk • trafikken udgør en betydelig fare for skolebørnene • han udgør en trussel for sine omgivelser*

udgå

VERB. *-r, udgik, -et*

1. udgå for ngt ophøre med at være i besiddelse af noget ▫ *købmanden var udgået for salt • jeg er ved at udgå for cigaretter* • **udgå af ngt** ophøre med at være en del af el. deltage i noget = FORLADE, FORSVINDE ▫ *punktet udgår af programmet • den unge skøjteløber udgår desværre af konkurrencen • de lod hans navn udgå af listen • den vare er ved at udgå*
2. udgå fra ngt begynde et bestemt sted og bevæge sig væk fra det ▫ *demonstrationen udgår fra Rådhuspladsen • fra pladsen udgår tre gader* • **udgå af ngt** have sin oprindelse et bestemt sted ▫ *en mand der er udgået af folket • han er udgået af embedsmandsslægt • hvert et ord der udgik af hendes mund* • **udgå fra ng(t)** blive udsendt af nogen el. noget ▫ *ordrer der udgår fra ham skal adlydes • ord som udgår fra hjertet • der udgik en meddelelse til alle kommunens skoler* • **udgå fra ngt** få en eksamen fra et bestemt uddannelsessted ▫ *han er udgået fra en velanskrevet skole*

udgående

ADJ.

1. som har retning væk fra et udgangspunkt ▫ *afdelingens udgående post • på kyststrækningen findes ca. 150 net udgående fra kysten*
2. som foregår uden for fx en administrations sædvanlige kontor ▫ *udgående fogedforretning • udgående efterforskning*

udhaler

SUBST. *-en,* plur. *-e, -ne*

1. (søfart): et tov hvormed noget hales på plads, fx et sejl ▫ *udhalertalje*
2. = LAPS

udholde

VERB. *-r, udholdt, udholdt*

udholde ngt være i stand til at klare noget = HOLDE TIL, TÅLE ▫ *de kunne ikke længere udholde sult og tørst • jeg kan ikke udholde at se barnet græde* ▫ *udholdelig* • **udholdende** som kan klare noget i lang tid ▫ *han er en meget udholdende løber* ▫ *udholdenhed*

udholdelig

ADJ. *-t, -e*
/ud'holdelig/

= TÅLELIG ▫ *smerten er trods alt udholdelig*

udholdenhed

SUBST. *-en*

det at kunne klare at gøre noget i lang tid ▫ *han viste stor udholdenhed i sit arbejde* ▫ *udholdenhedsprøve*

udhule

VERB. *-r, -de, -t*

udhule ngt fjerne det inderste af noget ▫ *vandet udhuler klippen • kålhovedet udhules og farsen kommes i • de sejlede i en udhulet træstamme* ▫ *udhuling* • **udhule ngt** gøre noget dårligere el. mindre værd = SVÆKKE, UNDERGRAVE ▫ *den oprindelige plan er fuldstændig udhulet • inflationen udhuler pengenes købekraft* ▫ *udhuling*

udhus

SUBST. *-et,* plur. *-e, -ene*

et mindre fritstående hus som ligger i forbindelse med et beboelseshus, men som har en anden funktion ▫ *staldene og de øvrige udhuse brændte*

udhvilet

ADJ. - , *udhvilede*

som har hvilet sig til al træthed er forsvundet = UDSOVET ▫ *være udhvilet efter søvnen • føle sig frisk og udhvilet*

udhæng

SUBST. *-et,* plur. *udhæng, -ene*

en del af en bygning der rager ud over muren, især det fremspringende stykke af et tag

udhængsskab

SUBST. *-et,* plur. *-e, -ene*

et udstillingsskab på muren uden for en butik

udhæve

VERB. *-r, -de, -t*

udhæve ngt (typografi): fremhæve bogstaver, ord el. afsnit i en tekst ▫ *ordet er udhævet med fede typer* ▫ *udhævning • udhævningsskrift*

udjævne

VERB. *-r, -de, -t*

1. udjævne ngt gøre noget jævnt = JÆVNE, PLANERE ▫ *udjævne jordoverfladen* ▫ *udjævning*
2. udjævne ngt fjerne en hindring el. forskel som skiller mennesker ad = UDLIGNE, NIVELLERE ▫ *udjævne en forskel • udjævne modsætninger • udjævne stridigheder • udjævne en vanskelighed for nogen • udjævne ulighederne i samfundet • udjævne kløften mellem rige og fattige*

udkald

SUBST. *-et,* plur. *~kald, -ene*

en henstilling til passagerer i en lufthavn kort før afgang om at tage plads i flyvemaskinen • **sidste udkald** sidste chance for at nå noget ▫ *hun vidste at hvis hun skulle have børn, var det ved at være sidste udkald*

udkant

SUBST. *-en,* plur. *-er, -erne*

den del af en by el.lign. der er længst væk fra centrum = PERIFERI ▫ *han bor i udkanten af byen • huset ligger i skovens udkant*

udkast

SUBST. *-et,* plur. *udkast, -ene*

1. en foreløbig udformning af noget = SKITSE, RIDS ▫ *lave et udkast til en ny struktur • udkast til en ny bebyggelse • komme med et udkast • vise en plan i udkast* ▫ *lovudkast • projektudkast*
2. i fx fodbold og håndbold: kast fra målet

udkaste

VERB. *-r, -de, -t*

1. udkaste ngt fra ngt kaste noget ud fra noget ▫ *udkaste våben fra en flyvemaskine* ▫ *udkastning*
2. udkaste ngt lave el. komme med et udkast til noget ▫ *udkaste en plan*

udkig[1] el. udkik

SUBST. *et,* plur. *udkig, udkiggene*
(udkik: *et,* plur. *udkik, udkikkene*)

det at overvåge et område og evt. få øje på nogen el. noget ▫ *børnene holdt udkig efter gæsterne • man holdt udkig efter skibet* ▫ *udkigspost • udkigstønde • udkigstårn* • **være på udkig efter ngt** søge efter noget ▫ *på udsalget var hun på udkig efter en billig frakke*

udkig[2] el. udkik

SUBST. *udkiggen*
(udkik: *udkikken*)

en sømand som har til opgave at holde udkig ▫ *udkiggen sad oppe i masten og råbte 'land i sigte'* ▫ *udkigstønde*

udkigspost el. udkikspost

SUBST. *-en,* plur. *-er, -erne*

et sted hvorfra man kan overvåge et område og evt. få øje på nogen el. noget

udklasse

VERB. *-r, -de, -t*

udklasse ng (i sport): besejre en modstander på en overbevisende måde

udklække

VERB. *-r, -de, -t*

udklække {et æg} = KLÆKKE □ *ravnene er 25 dage om at udklække æggene · æggene udklækkes efter tre uger · larverne udklækkes på bunden af søen* • **udklække ng** færdiguddanne en person □ *skolen har ry for at udklække dygtige ingeniører · i år udklækkes en masse studenter · kan Danmark blive ved med at udklække medaljevindere? · mange countrysangere udklækkes i Nashville* • **udklække ngt** = UDTÆNKE □ *udklække en plan*

udkommandere

VERB. *-r, -de, -t*

udkommandere ng beordre især politi el. militær til at tage sig af en bestemt opgave □ *politiet blev udkommanderet til at opløse demonstrationen · de udkommanderede styrker kunne ikke nedkæmpe opstanden · en udkommanderet officer*

udkomme[1]

SUBST. *-t*

de fornødenheder der er tilstrækkelige til at sikre livets ophold □ *det daglige udkomme · have sit udkomme · have sit beskedne udkomme · skaffe sig udkommet på en hæderlig måde · tjene til udkommet · arbejdet sikrer mig udkommet* • **der en ingen** el. **intet udkomme med ng** (glds.): det er umuligt at komme til en forståelse med nogen □ *ham er der intet udkomme med*

udkomme[2]

VERB. *-r, udkom, -t (udkommen, udkomne)*

blive udsendt på tryk □ *bogen udkommer i morgen · avisen udkom ved middagstid · bogen udkom i et oplag på 10.000 eksemplarer · forfatterens sidst udkomne bog har fået dårlig kritik*

udkonkurrere

VERB. *-r, -de, -t*

udkonkurrere ng(t) tvinge nogen el. noget væk fra en konkurrence om kunder el. en position ved at være suverænt bedre = KONKURRERE UD □ *det store firma udkonkurrerede det lille ved at sælge til lavere priser · han udkonkurrerede de andre modstandere*

udkrystallisation

SUBST. *-en,* plur. *-er, -erne*

det at noget udkrystalliserer sig = KRYSTALLISATION □ *udkrystallisation af et stof*

udkrystallisere

VERB. *-r, -de, -t*

1. udkrystallisere sig danne krystaller = KRYSTALLISERE □ *væsken udkrystalliserer sig ved 50° □ udkrystallisering*
2. udkrystallisere ngt gøre noget meget tydeligt = KRYSTALLISERE □ *under læsningen udkrystalliserede en teori sig hos ham · hendes planer begyndte at udkrystallisere sig □ udkrystallisering*

udkæmpe

VERB. *-r, -de, -t*

udkæmpe ngt deltage i en kamp til den er afgjort □ *udkæmpe et slag · udkæmpe en kamp på liv og død □ udkæmpelse · udkæmpning*

udkørsel

SUBST. *-en* (el. *udkørslen*), plur. *udkørsler, udkørslerne*

en vej som fører væk fra et lukket område og ud på en vej el. gade ≠ INDKØRSEL □ *udkørslen fra parkeringspladsen*

udkørt

ADJ. *- , -e*

meget udmattet = UDASET, MØRBANKET, UDPUMPET, SLIDT NED □ *han er fuldkommen udkørt af at have skovlet sne hele dagen*

udladning

SUBST. *-en,* plur. *-er, -erne*

1. passage af en elektrisk strøm gennem et vakuum □ *selvstændig udladning · uselvstændig udladning □ udladningslampe*
2. = LOSNING □ *udladning af et skib*
3. det at lade sine følelser komme til udtryk ved at give slip på dem □ *hun åndede heftigt efter den voldsomme udladning □ følelsesudladning*

udlagde

VERB.

bøjningsform af *udlægge*

udlagt

ADJ. *- , -e*

udlagt beløb et beløb som man har lagt ud som betaling

udland

SUBST. *-et*

et el. flere af de lande som ligger uden for ens eget land ≠ INDLAND □ *rejse til udlandet · tage til udlandet · bo i udlandet · købe varer i udlandet · opholde sig i udlandet · det sydlige udland · han er vendt hjem fra det store udland □ udlandsdansker · udlandsrejse · udlandssamtale* • ⟨plur. *-e, -ene*⟩ et land som ligger uden for ens eget land □ *det er et fænomen fra de store udlande · krigens ofre blev hentet til Danmark og andre udlande*

udlede

VERB. *-r, udledte, udledt*

1. udlede ngt lede en væske ud i en å, i havet el.lign. □ *udlede giftigt affald i havet □ udledning*
2. udlede ngt = KONKLUDERE □ *af hans vage svar kunne jeg udlede at han ikke var interesseret □ udledning*

udleje

VERB. *-r, -de, -t*

udleje ngt til ng låne noget som man ejer til nogen mod betaling □ *udleje et værelse til en lejer □ udlejning*

udlejer

SUBST. *-en,* plur. *-e, -ne*

en ejer af en ejendom som udlejer lejligheder og værelser = EJER, HUSVÆRT

udleve

VERB. *-r, -de, -t*

udleve ngt føre en tanke el. følelse ud i virkeligheden □ *udleve en fantasi · udleve sine drømme · udleve sine lyster*

udlevere

VERB. *-r, -de, -t*

1. udlevere ngt til ng aflevere noget til en person efter anmodning □ *tyven udleverede smykkerne til ejeren · pakken blev kun udleveret hvis hun kunne vise legitimation □ udlevering* • **udlevere ng til ngt** overgive en person til et andet land □ *flygtningene blev udleveret til deres hjemland □ udlevering*
2. udlevere sig selv = AFSLØRE SIG □ *med den bemærkning kom hun til at udlevere sig selv □ udlevering*

udligne

VERB. *-r, -de, -t*

udligne ngt mindske virkningen af noget ved at fjerne uligheder el. forskelle = KOMPENSERE, OPVEJE □ *udligne de sociale forskelle · tab og gevinst udligner hinanden □ udligning* • **udligne ngt** bringe noget på nul; især om en konto el. en gæld □ *udligne et mellemværende · udligne en gæld · udligne en konto* • score et mål el. point sådan at de to hold har lige mange mål el. points □ *Brøndby udlignede i sidste minut, og resultatet af kampen blev uafgjort*

udlodde

VERB. *-r, -de, -t*

udlodde ngt (om pengemidler): uddele noget i mindre dele, fx til arvinger, kreditorer el. aktionærer □ *selskabet udlodder sin formue skattefrit til medlemmerne · de udlodder kursgevinster*

udlosse

VERB. *-r, -de, -t*

udlosse ngt = LOSSE □ *skibet udlossede kul □ udlosning*

udlove

VERB. *-r, -de, -t*

udlove ngt love at bortgive noget på visse betingelser □ *udlove en belønning · dusør udloves · der er udlovet en dusør til den der kan bringe politiet nærmere en opklaring □ udlovning*

udlyd

SUBST.

stå i udlyd (sprogvidenskab): stå sidst i en stavelse el. et ord □ *udlydskonsonant □ stavelsesudlyd*

udlæg

SUBST. *udlægget,* plur. *udlæg, udlæggene*

1. et beløb som man betaler på en andens vegne □ *godtgøre et udlæg · sælgeren havde et udlæg på 1.000 kr. · dække den ansattes udlæg*
2. gøre el. **foretage udlæg i ngt** beslaglægge ejendele hos en person som skylder penge så kreditorerne kan få deres tilgodehavender dækket

udlægge

VERB. *-r, udlagde, udlagt*

1. udlægge ngt placere noget et sted ◻ *pas på - der er udlagt rottegift i laden · vi udlægger foder til vildtet · udlægge miner i havet* ◻ *udlæggelse · udlægning* • **udlægge ngt til ng** placere et arbejde el. en opgave hos nogen =UDDELEGERE ◻ *staten udlægger en større del af ansvaret til kommunerne*
2. udlægge ngt gøre udlæg i en persons ejendom ◻ *skattevæsenet krævede hendes sommerhus udlagt* • **udlægge ngt til ngt** inddrage et område til et bestemt formål ◻ *man besluttede at udlægge arealerne til rekreativt område* ◻ *udlæggelse · udlægning*
3. udlægge ngt =FORTOLKE ◻ *præsten udlægger skriftens ord · hvordan vil du udlægge hans opførsel i denne situation?* ◻ *udlægning* • **udlægge ng som ngt** beskylde nogen for noget ◻ *han blev udlagt som den skyldige · hun udlagde naboen som far til hendes barn*

udlægning

SUBST. *-en,* plur. *-er, -erne*

1. udlægning af ngt det at udlægge foder m.m. et sted ◻ *udlægning af rottegift* • **udlægning af ngt til ng** det at udlægge et arbejde el. en opgave til nogen =UDDELEGERING ◻ *medarbejderansvar indebærer bl.a. udlægning af ansvar til de underordnede medarbejdere*
2. udlægning af ngt inddragelse af et område til et bestemt formål ◻ *kommunen har godkendt udlægningen af store arealer til rekreativt område*
3. udlægning af ngt =FORTOLKNING ◻ *de diskuterede udlægningen af romanen*

udlændighed

SUBST. *-en*
/ud'lændighed/

det at befinde sig i et andet land end sit hjemland ◻ *leve i udlændighed* ◻ *udlændighedstid · udlændighedsår*

udlænding

SUBST. *-en,* plur. *-e, -ene*

en person fra et andet land ◻ *tyskere, franskmænd og andre udlændinge*

udlært

ADJ. *- , -e*

som har gennemført en faglig uddannelse ◻ *hun er udlært sølvsmed · han er udlært dekoratør · han arbejder som udlært inden for faget*

udløb

SUBST. *-et,* plur. *udløb, -ene*

1. et sted hvor en væske løber ud af noget og ud i noget andet ◻ *kloakkens udløb · floden har udløb i havet · ved Rhinens udløb i Nordsøen* ◻ *udløbshane · udløbshastighed · udløbshul · udløbsmunding · udløbsrende · udløbsrist · udløbsrør*
2. et tidspunkt hvor noget ophører med at være gyldigt ◻ *han nåede det lige inden tidsfristens udløb · depositum betales tilbage ved kontraktens udløb* ◻ *udløbsdato · udløbstid*

udløbe

VERB. *-r, udløb, -t*

ophøre med at eksistere el. være gyldig ◻ *tiden er udløbet · kontrakten er udløbet · ansøgningsfristen udløber snart · lejemålet udløber næste år*

udløber

SUBST. *-en,* plur. *-e, -ne*

1. et nyt skud på en plante som danner egne rødder ◻ *jordbærplantens udløbere*
2. en del af noget større ◻ *en udløber af bjergkæden* • noget som er opstået af noget andet ◻ *sagen har mange udløbere · protestantismen er en udløber af kristendommen · foreningen er en udløber af en stor organisation*

udløse

VERB. *-r, udløste, udløst*

udløse ngt sætte noget i gang =FREMPROVOKERE, IGANGSÆTTE ◻ *udløse en mekanisme · talen udløste et stort bifald · programmet udløste en voldsom debat* ◻ *udløsning*

udløsning

SUBST. *-en,* plur. *-er, -erne*

1. det at udløse noget ◻ *udløsning af koblingen · udløsning af spændingen* ◻ *udløsningsanordning · udløsningsmekanisme*
2. det at lade indestængte følelser komme til udtryk =AFLØB, LUFT ◻ *få udløsning for sin vrede i et raserianfald* • seksuel udløsning = ORGASME ◻ *få udløsning · give nogen udløsning*

udlån

SUBST. *-et,* plur. *udlån, -ene*

et lån som et pengeinstitut yder til en person el. virksomhed ≠ INDLÅN ◻ *banken har haft faldende udlån · den lave rente øger udlånene* ◻ *udlånsafdeling · udlånsdato · udlånsloft* • lån af bøger m.m. fra et bibliotek; også om det sted hvor bøgerne registreres som udlånt og afleveret ◻ *vær' venlig at henvende Dem i udlånet* ◻ *udlånssal · udlånsskranke* ◻ *biblioteksudlån*

udlåne

VERB. *-r, udlånte, udlånt*

låne ng ngt give nogen midlertidig brugs- og råderet over noget ◻ *banken udlåner penge mod rente til private kunder · biblioteket udlåner også plader · billedet er udlånt af Statens Museum for Kunst* ◻ *udlåning*

udmale

VERB. *-r, -de, -t*

udmale ngt beskrive noget på en levende og detaljeret måde; især med brug af fantasi el. dramatisk sans =BESKRIVE, SKILDRE ◻ *hun udmalede alle sine oplevelser for de andre · han udmalede deres gyldne fremtid i det nye land*

udmanøvrere

VERB. *-r, -de, -t*

udmanøvrere ng skaffe sig af med en uønsket modstander ved at bære sig taktisk klogt ad ◻ *de fik ham udmanøvreret af bestyrelsen*

udmarve

VERB. *-r, -de, -t*

udmarve ng(t) tage kræfter el. ressourcer fra noget el. nogen =UDTÆRE, UDMATTE, AFKRÆFTE ◻ *krigen udmarvede landet · et fattigt og udmarvet folk* ◻ *udmarvning*

udmatte

VERB. *-r, -de, -t*

udmatte ng gøre en person udmattet =UDMARVE, UDKØRE ◻ *løbet udmattede ham* ◻ *udmattelse*

udmattet

ADJ. *- , udmattede*

mat og træt af hård fysisk el. psykisk anstrengelse = KVÆSTET ◻ *være udmattet af at løbe maraton · han er udmattet efter en hård dag på jobbet*

udmelde

VERB. *-r, ~meldte, ~meldt*

udmelde ng af ngt meddele at man ikke længere ønsker at være medlem af noget = MELDE UD ◻ *han udmeldte sig af foreningen* ◻ *udmeldelse*

udmunde

VERB. *-r, -de, -t*

udmunde i ngt lede frem til og ende i noget = LØBE UD, FLYDE UD, ENDE I ◻ *floden udmunder i Middelhavet · gaden udmunder i en åben plads* ◻ *udmunding* • **udmunde i ngt** lede frem til og ende med noget =RESULTERE ◻ *forhandlingerne skulle gerne udmunde i en resolution · diskussionen udmundede i et skænderi*

udmærke

VERB. *-r, -de, -t*

1. = KENDETEGNE ◻ *munterhed udmærker søens folk*
2. udmærke sig gøre sig fordelagtigt bemærket ◻ *han udmærkede sig i tenniskampen · kødet udmærker sig ved et lavt vandindhold* ◻ *udmærkelse*

udmærkelse

SUBST. *-n,* plur. *-r, -rne*

= HÆDERSBEVISNING ◻ *modtage en udmærkelse*

udmærket

ADJ. *- , udmærkede*

som er vældig god =STORARTET, GLIMRENDE ◻ *det er en udmærket bog · han spillede en udmærket første halvleg* • som ikke er særlig god ◻ *det kan da være udmærket, men lad os nu vente alligevel*

udmønte

VERB. *-r, -de, -t*

udmønte ngt i ngt omsætte ideer, planer o.l. til handling el. konkrete resultater ◻ *forfatteren udmønter sin store viden i en række populærvidenskabelige bøger · hans ideer udmøntede sig i tre projekter*

udnytte

VERB. *-r, -de, -t*

udnytte ngt drage fuld nytte af noget ◻ *udnytte mulighederne · udnytte en maskines kapacitet · udnytte hele arealet · udnytte sine evner · udnytte tiden til noget fornuftigt* ◻ *udnyttelse* • **udnytte ng(t)** bruge nogen el. noget på en uretfærdig og hensynsløs måde = UDBYTTE ◻ *han udnyttede sin yngre kammerats naivitet · han udnytter sine ansatte · hun blev udnyttet seksuelt* ◻ *udnyttelse*

udnævne

VERB. *-r, udnævnte, udnævnt*

udnævne ng(t) officielt tildele nogen el. noget et hverv el. en titel =UDPEGE, UDRÅBE, BESKIKKE, DESIGNERE □ *blive kongeligt udnævnt · hun blev udnævnt til minister · han blev udnævnt til klassens repræsentant · udnævne en efterfølger · udnævne sin arving · bogen blev udnævnt til årets bedste*

udnævnelse

SUBST. *-n,* plur. *-r, -rne*

det at udnævne nogen el. noget el. blive udnævnt □ *få sin udnævnelse · kongelig udnævnelse · hans udnævnelse vakte uro i afdelingen* □ *udnævnelsesdato · udnævnelsesret*

udover

ADV.

i retning væk mod noget mere åbent □ *efter at have sejlet langs kysten tog vi kurs udover*

udpante

VERB. *-r, -de, -t*

udpante ng tage en skyldners ejendele i pant = PANTE □ *han blev udpantet for skat* □ *udpantning*

udpantning

SUBST. *-en,* plur. *-er, -erne*

det at tage en skyldners ejendele i pant □ *det kommunale skattevæsen har foretaget mange udpantninger i år* □ *udpantningsdom · udpantningsforretning*

udpege

VERB. *-r, -de, -t*

1. udpege ng identificere nogen blandt flere muligheder =UDVÆLGE, PEGE UD □ *hun udpegede den skyldige blandt de mistænkte* □ *udpegning*
2. udpege ng = UDNÆVNE □ *bestyrelsen udpegede en ny formand · udpege en kandidat* □ *udpegelse*

udpensle

VERB. *-r, -de, -t*

udpensle ngt beskrive noget i alle enkeltheder = UDMALE □ *udpensle en uhyggelig oplevelse · udpensle sin lidelseshistorie · en stærkt udpenslet beskrivelse* □ *udpensling*

udpine

VERB. *-r, udpinte, udpint*

udnytte noget til det yderste på en ødelæggende måde □ *udpine jorden · udpine arbejdskraften · befolkningen var udpint efter årtiers diktatur* □ *udpining*

udplacere

VERB. *-r, -de, -t*

1. udplacere ng (boldspil): placere en bold så modstanderen ikke kan nå den □ *udplacere en målmand · hun udplacerede kineseren med en stopbold*
2. udplacere ng(t) sætte nogen el. noget ud af spillet □ *de har udplaceret konkurrenterne med dumpingpriser og en særdeles aggressiv markedsføring · i denne sag har det emotionelle udplaceret det rationelle*

udpluk

SUBST. *udplukket,* plur. *udpluk, udplukkene*

nogen el. noget som er valgt ud af en større mængde □ *et tilfældigt udpluk af befolkningen · på billedet er der et udpluk af firmaets faste stab · her er et udpluk af hans tekst · et udpluk af sentenser*

udplyndre

VERB. *-r, -de, -t*

udplyndre ng(t) plyndre nogen el. noget fuldstændigt = PLYNDRE □ *soldaterne hærgede og udplyndrede byerne* □ *udplyndring*

udpræget

ADJ. *- , udprægede*

som er meget tydelig el. kraftig =UDTALT, DECIDERET □ *han er et udpræget ordensmenneske · han taler med udpræget dialekt · forslaget mødte udpræget modvilje hos eleverne*

udpumpe

VERB. *-r, -de, -t*

1. udpumpe ngt tømme noget ved hjælp af en pumpe □ *udpumpe en patients mave · udpumpe en kælder* □ *udpumpning*
2. udpumpe ng om ngt = UDFRITTE

udpønse

VERB. *-r, -de, -t*

udpønse ngt (glds.): = UDTÆNKE □ *han udpønsede en plan*

udradere

VERB. *-r, -de, -t*

udradere ngt slette noget skrevent □ *udradere en fejlskrivning* □ *udradering* • **udradere ngt** = UDSLETTE □ *bomberne udraderede hele byer*

udrangeret

ADJ. *- , udrangerede*

som er rede til at blive kasseret pga. nedslidning = UDTJENT, UDSLIDT, SLIDT □ *udrangeret tøj · en udrangeret hest*

udrede[1]

VERB. *-r, -de* (el. *udredte*), *-t* (el. *udredt*)

1. udrede ngt løse noget sammenfiltret op □ *udrede det filtrede garn* □ *udredelse*
2. udrede ngt undersøge og gøre rede for noget □ *udrede en indviklet sag* □ *udredning*

udrede[2]

VERB. *-r, -de, -t*

udrede ngt = BETALE □ *han skulle udrede et større beløb til skattevæsenet · udrede omkostningerne ved branden*

udredning

SUBST. *-en,* plur. *-er, -erne*

en længere skriftlig redegørelse udarbejdet af el. for en offentlig myndighed der samler spredte oplysninger på et sted =REDEGØRELSE, RAPPORT • klarlægning af en sag, så alt kommer for dagen □ *udredning af en indviklet bedragerisag*

udrette

VERB. *-r, -de, -t*

udrette ngt beskæftige sig med noget el. få noget gjort færdigt =BESTILLE, FORETAGE, LAVE, STILLE OP □ *i dag har jeg udrettet en masse i hus og have · vi har ikke udrettet noget i løbet af dagen · den mand kan udrette mirakler · hun har udrettet noget stort*

udringet

ADJ. *- , udringede*

(om tøj el. sko): som har en stor udskæring omkring hals, arme el. fødder =NEDRINGET □ *en udringet bluse · en dybt udringet kjole · udringede ærmegab · udringede sko*

udruge

VERB. *-r, -de, -t*

udruge ngt (om en fugl): holde æg varme så ungen indeni færdigudvikles og til sidst får skallen til at revne så den kan komme ud □ *udruge æg · udruge kyllinger*

udruste

VERB. *-r, -de, -t*

udruste ng(t) = UDSTYRE □ *folkene var udrustet med geværer · de udrustede skibet til en ekspedition · naturen havde udrustet ham med en god forstand*

udrustning

SUBST. *-en,* plur. *-er, -erne*

våben el. andet udstyr som nogen el. noget er udrustet med = UDSTYR □ *militær udrustning · elektrisk udrustning · han medbragte hele sin udrustning* □ *udrustningsgenstande · udrustningsomkostninger* • det at udruste nogen el. noget med våben el. andet udstyr □ *udrustning af et skib · udrustning af militære styrker*

udrydde

VERB. *-r, -de, -t*

udrydde ng(t) hensynsløst få nogen el. noget til at ophøre med at eksistere □ *dyrearten er tæt ved at være udryddet pga. forurening · udrydde en aberace · udrydde et skadedyr* □ *udryddelse* • **udrydde ngt** gøre en indsats for at få noget til at forsvinde □ *fordomme kan ikke udryddes · tuberkulosen er næsten udryddet i Danmark* □ *udryddelse*

udrykning

SUBST. *-en,* plur. *-er, -erne*

det at skynde sig ud på en alvorlig og hastende opgave, især om ambulancer, brandbiler o.l. som rykker ud, fx til en brand el. et ulykkessted □ *lægen havde pakket sin taske så han var klar til udrykning · brandvæsnet havde en travl nat med fem udrykninger* □ *udrykningshorn · udrykningskøretøj · udrykningstjeneste* • **med** el. **for fuld udrykning** (om udrykningskøretøjer): med blå blink og sirenen slået til □ *limousinen blev fulgt af to motorcykelbetjente med fuld udrykning · brandbilerne kørte gennem byen for fuld udrykning* • **for fuld udrykning** meget hurtigt □ *han vil opad i systemet og gerne for fuld udrykning*

udråb

SUBST. *-et,* plur. *udråb, -ene*

et pludseligt råb □ *han kom med et overrasket udråb* • *et glad udråb* • *et advarende udråb*

udråbe

VERB. *-r, udråbte, udråbt*

udråbe ng = UDNÆVNE □ *han blev udråbt til konge*

udråber

SUBST. *-en,* plur. *-e, -ne*

en person der med høj røst gør opmærksom på noget; det kan være en person der faldbyder varer på et marked el. en person der fx introducerer et nummer i cirkus □ *han var udråber ved et cirkus*

udråbsord

SUBST. *-et,* plur. *~ord, -ene*

= INTERJEKTION

udråbstegn

SUBST. *-et,* plur. *~tegn, -ene*

tegnet ! som bruges for at vise at det der står foran tegnet er ment som et udråb, en ordre el. et ønske = INTERJEKTIONSTEGN

uds.

1. fork. for *udsendelse* el. *udsendt*
2. fork. for *udsolgt*

udsagn

SUBST. *-et,* plur. *udsagn, -ene*

en mundtlig el. skriftlig udtalelse el. erklæring = ERKLÆRING, UDTALELSE □ *efter vidnernes udsagn* • *afkræfte eller bekræfte et udsagn* • *efter hans udsagn var hun ikke hjemme den pågældende aften* • *efter eget udsagn ser han godt ud*

udsagnsled

SUBST. *-et* (el. *~leddet*), plur. *~led, -ene* (el. *~leddene*)

= VERBAL

udsagnsord

SUBST. *-et,* plur. *~ord, -ene*

= VERBUM • **indvirkende udsagnsord** = TRANSITIVT VERBUM • **uindvirkende udsagnsord** = INTRANSITIVT VERBUM

udsalg

SUBST. *-et,* plur. *udsalg, -ene*

1. et salg af detailvarer til nedsat pris □ *gå på udsalg* • *butikkerne holder udsalg i august* • *varen koster 20 kr. på udsalg* □ *udsalgpris* • *udsalgsvare* □ *brandudsalg* • *januarudsalg* • *ophørsudsalg* • *sommerudsalg* • (glds.): = FORRETNING □ *brødudsalg* • *mælkeudsalg*
2. holde udsalg af ngt slække på noget □ *holde udsalg af sine ideer*

udsat

ADJ. *- , udsatte*

som er forbundet med en vis risiko □ *en udsat post* • *han har et udsat job*

udsatte

VERB.

bøjningsform af *udsætte*

udse

VERB. *-r, udså, -t*

udse sig ng(t) el. **udse ng til ngt** = UDVÆLGE □ *de udså sig de bedste pladser* • *hun var på forhånd udset til rollen*

udseende[1]

SUBST. *-t,* plur. *-r, -rne*

1. den måde nogen el. noget ser ud på = YDRE, SKIN □ *et smukt udseende* • *han har fuldstændig forandret udseende* • *landskabet ændrer udseende med årstiderne* • *han er meget omhyggelig med sit udseende* • *hun har sit udseende imod sig* • *efter udseendet at dømme bør han være omkring de halvtreds* • **kende ng af udseende** have set, men ikke stiftet nærmere bekendtskab med en person □ *jeg kender hende kun af udseende*
2. give sig el. **give udseende af ngt** foregive at være el. gøre noget man ikke er el. gør □ *give sig udseende af at være ligeglad* • *han giver sig udseende af at være ekspert på området* • *hun gav det udseende af at hun arbejdede*

udseende[2]

ADJ.

som ser ud på en bestemt måde □ *en flot udseende kvinde*

udsende

VERB. *-r, ~sendte, ~sendt*

udsende ngt offentliggøre el. udgive noget □ *de udsendte et officielt kommuniké* • *forlaget udsender en bog om kongehuset til efteråret* • **udsende ngt** sende noget via radio el. tv = SENDE, TRANSMITTERE □ *aftenens semifinale udsendes direkte på tv* • *samtalen blev udsendt i radioen* • *de udsender en kavalkade over årets højdepunkter* • *udsende nødsignaler* □ *udsendelse* □ *genudsende* • **udsende ngt** danne og give noget fra sig = AFGIVE, UDSTRÅLE □ *projektøren udsender et skarpt lys* • *radiatoren udsender varme* • *blomsterne udsender en dejlig duft* • **udsende ng(t)** sende nogen i et bestemt ærinde □ *han udsendte diplomatiske repræsentanter over hele jordkloden* • *vores udsendte medarbejder* □ *udsending*

udsendelse

SUBST. *-n,* plur. *-r, -rne*

det at offentliggøre og udgive noget □ *der er en større udsendelse i gang af selvangivelser til hele befolkningen* • det at sende et program i radio el. tv = TRANSMISSION □ *under udsendelsen af fodboldkampen opstod der strømafbrydelse* • et program som bliver sendt i radio el. tv = PROGRAM □ *jeg hørte en god udsendelse i radioen* • *tv sender en udsendelse om havpattedyr* □ *brevudsendelse* • *musikudsendelse* • *nyhedsudsendelse* • *sportsudsendelse* • *ungdomsudsendelse*

udsending

SUBST. *-en,* plur. *-e, -ene*

en person som repræsenterer en anden el. som er sendt ud for at løse opgaver på andres vegne □ *en udsending fra en fremmed stat*

udsigt

SUBST. *-en,* plur. *-er, -erne*

et overblik over et større område fra et højere beliggende sted = VUE, UDSYN □ *vi havde en flot udsigt fra altanen* • *herfra er der udsigt til parken* • *værelset er med udsigt over havet* □ *alpeudsigt* • *havudsigt* • muligheder for el. håb om noget fremtidigt □ *hvordan er dine udsigter til at få et job?* • *der er ingen udsigt til at der vil ske en bedring af situationen* □ *fremtidsudsigt* • **stille ng ngt i udsigt** love nogen noget □ *hun blev stillet en stor erstatning i udsigt* • **have lange udsigter** vare længe □ *det har lange udsigter med at nå til enighed*

udskejelse

SUBST. *-n,* plur. *-r, -rne*

overdådig el. udsvævende livsstil = UDSVÆVELSE, EXCESS □ *hengive sig til vilde udskejelser* • *seksuelle udskejelser* • forstyrrende afvigelse fra det egentlige emne = DIGRESSION □ *vi har ikke tid til udskejelser* • *ideologiske udskejelser*

udskibe

VERB. *-r, -de, -t*

udskibe ngt sende noget afsted med skib □ *tropperne blev udskibet* • *varerne udskibes*

udskifte

VERB. *-r, -de, -t*

udskifte ng(t) med ng(t) bruge en anden ting el. person end den man hidtil har brugt = ERSTATTE, BYTTE UD, SUBSTITUERE □ *han udskiftede den gamle bil med en ny* • *han prøvede at redde maskinen ved at udskifte alle tandhjulene* • *det meste af det gamle personale er blevet udskiftet* • *den skadede spiller blev udskiftet* □ *udskiftning*

udskiftning

SUBST. *-en,* plur. *-er, -erne*

det at skifte nogen el. noget ud med en anden el. noget andet □ *udskiftning af en gammel bil* • *træneren foretog en hurtig udskiftning af den skadede spiller* • *der har været flere udskiftninger i virksomhedens ledelse* □ *udskiftningsspiller* □ *spillerudskiftning*

udskille

VERB. *-r, udskilte, udskilt*

udskille ngt gøre noget fri fra sig = AFGIVE, AFSONDRE, UDSONDRE □ *dyret udskiller en bestemt lugt* • *kirtlen udskiller et stof* • *ved afkøling af væsken udskilles et bundfald* □ *udskillelse* • *udskilning*

udskrabning

SUBST. *-en,* plur. *-er, -erne*

(medicin): en mindre operation hvor slimhinden i livmoderen fjernes med et skeformet instrument □ *få foretaget en udskrabning*

udskrev

VERB.

bøjningsform af *udskrive*

udskrift

SUBST. *-en* el. *-et,* plur. *-er, -erne*

en afskrift el. et aftryk af en tekst, el. en tekst

som er udskrevet via en printer = PRINT □ *udskrift af en dom · udskrift af et dokument fra computer □ udskriftskvalitet □ computerudskrift · domsudskrift · kontoudskrift*

udskrive

VERB. *-r, udskrev, udskrevet (udskreven, udskrevne)*

1. **udskrive ng fra ngt** formelt lade en patient forlade et hospital el.lign. efter endt behandling ≠ INDLÆGGE □ *patienten blev udskrevet fra hospitalet · han bliver udskrevet i morgen □ udskrivning*
2. **udskrive ngt** skrive tekst ud fra en computer = PRINTE UD □ *udskrive et dokument fra en computer □ udskrivning*
3. **udskrive ngt** officielt bekendtgøre noget □ *udskrive valg · udskrive en konkurrence · udskrive skatter □ udskrivning*
4. **udskrive ng til ngt** indkalde nogen til militærtjeneste = REKRUTTERE □ *udskrive soldater □ udskrivning*

udskud

SUBST. *udskuddet,* plur. *udskud, udskuddene*

en udstødt og ringeagtet person = SKUMPELSKUD □ *han følte sig som et udskud*

udskudt

VERB.

bøjningsform af *udskyde*

udskyde

VERB. *-r, udskød, udskudt*

udskyde ngt vente med noget til et senere tidspunkt = UDSÆTTE, OPSÆTTE □ *man udskød mødet til senere □ udskydelse · udskydning*

udskæring

SUBST. *-en,* plur. *-er, -erne*

1. en åbning til at stikke hovedet igennem, fx i en bluse el. en kjole □ *en kjole med dyb udskæring □ halsudskæring · V-udskæring*
2. det at udskære el. skære i fx træ el. sten □ *udskæring af tømmerstokke · udskæring af fedtstensfigurer □ udskæringsjern · udskæringskniv* • et udskårent mønster m.m. fx i træ el. sten □ *en stol med fine udskæringer*
3. det at skære en slagtet dyrekrop i mindre stykker efter en særlig plan □ *udskæring af kød · udskæring af en gris · en halv gris deles i 14 grove udskæringer*

udskød

VERB.

bøjningsform af *udskyde*

udslag

SUBST. *-et,* plur. *udslag, -ene*

1. afvigelse fra ligevægtsstillingen på visere, målere o.l. = UDSVING □ *hun fulgte viserens udslag med øjnene · vægtens udslag kunne ikke måles*
2. en virkning el. et resultat af noget □ *hans generthed gav sig de mærkeligste udslag · den økonomiske krise gav sig udslag i øget arbejdsløshed* • **gøre udslaget** afgøre udfaldet af noget □ *det var hans indsats der gjorde udslaget*

udslagsgivende el. udslaggivende

ADJ.

= AFGØRENDE □ *din stemme kan blive udslagsgivende ved valget*

udslette

VERB. *-r, -de, -t*

udslette ngt få noget til at forsvinde = UDRADERE, TILINTETGØRE □ *bombardementet udslettede byen · udslette sine spor · udslette alt levende □ udslettelse*

udslidt

ADJ. *- , -e*

= SLIDT □ *en udslidt sofa · et par udslidte sko* • (om en person): = SLIDT NED □ *en træt og udslidt mand*

udslip

SUBST. *udslippet,* plur. *udslip, udslippene*

et stof som slipper ud fra fx en fabrik el. et anlæg, og som skader miljøet □ *radioaktivt udslip*

udslynge

VERB. *-r, -de, -t*

udslynge ngt sige noget højt og vredt, evt. uden man har gennemtænkt det først □ *udslynge eder og forbandelser · udslynge en påstand · udslynge en beskyldning mod nogen*

udslæt

SUBST. *udslættet,* plur. *udslæt, udslættene*

områder på huden med blærer, røde pletter el. afskalning; skyldes overfølsomhed el. visse sygdomme = EKSEM □ *sygdommen røde hunde giver et rødt udslæt*

udsmykke

VERB. *-r, -de, -t*

udsmykke ngt gøre noget smukkere, fx ved hjælp af billeder el. blomster = PYNTE, BESMYKKE, DEKORERE □ *salen var rigt udsmykket med malerier på vægge og loft · udsmykke byen til fest*

udsmykning

SUBST. *-en,* plur. *-er, -erne*

det at udsmykke □ *stå for den kunstneriske udsmykning* • det som bruges til at udsmykke med = DEKORATION □ *udsmykningen bestod af blomster og levende lys □ blomsterudsmykning · vinduesudsmykning*

udsnit

SUBST. *udsnittet,* plur. *udsnit, udsnittene*

1. en del der fremhæves i forhold til helheden = SEGMENT □ *et udsnit af befolkningen · et udsnit af virkeligheden □ befolkningsudsnit*
2. (matematik): en del af en cirkel der er begrænset af en kurve og to rette linier der skærer den = SEGMENT □ *et udsnit af en cirkel □ cirkeludsnit*

udsolgt

ADJ. *- , -e*

som der ikke er mere af fordi alt er solgt □ *alle billetter er udsolgt til teaterstykket · forretningen fik hurtigt udsolgt varelageret · rugbrødet er udsolgt*

udsondre

VERB. *-r, -de, -t*

udsondre ngt = UDSKILLE □ *udsondring*

udsovet

ADJ. *- , udsovede*

= UDHVILET □ *han vågnede frisk og udsovet*

udspandt

VERB.

bøjningsform af *udspinde*

udspejde

VERB. *-r, -de, -t*

udspejde ng(t) = UDSPIONERE □ *udspejde en modstander □ udspejdning*

udspekulere

VERB. *-r, -de, -t*

udspekulere ngt = UDTÆNKE

udspekuleret

ADJ. *- , udspekulerede*

som er udtænkt el. har udtænkt noget til egen fordel = BEREGNENDE □ *udspekuleret ondskab · en udspekuleret rad □ udspekulerethed*

udspil

SUBST. *udspillet,* plur. *udspil, udspillene*

en indledende handling el. tilkendegivelse af et standpunkt = OPLÆG, TILTAG, INITIATIV □ *komme med et udspil · have udspillet* • (kortspil): retten til el. det at lægge det første kort på bordet □ *et stærkt udspil · Nord har udspillet □ trumfudspil*

udspile

VERB. *-r, -de, -t*

udspile ngt give noget en størst mulig overflade = SPILE UD □ *katten udspiler kløerne · vinden udspilede sejlet · hans mave var udspilet · under den blege hud var årerne udspilede*

udspille

VERB. *-r, -de, -t*

1. **udspille sig** finde sted på en dramatisk måde = UDSPINDE □ *de dramatiske begivenheder udspillede sig en lørdag i april · der udspiller sig gribende scener i det lille hjem · handlingen udspilles i London*
2. **udspille ng** (sport): spille på en sådan måde at modstanderen er chanceløs □ *forsvaret er totalt udspillet*
3. **udspille ngt** miste betydning □ *han har udspillet sin rolle som formand · teaterstykket er udspillet*

udspinde

VERB. *-r, udspandt, udspundet*

udspinde sig (glds.): finde sted på en dramatisk måde = UDSPILLE □ *der udspinder sig en heftig debat*

udspionere

VERB. *-r, -de, -t*

udspionere ng i hemmelighed holde øje med nogen for at se hvad de foretager sig = BELURE, UDSPEJDE □ *KGB bad ham udspionere sin bed-*

ste ven • *han udspionerede sin forældre for at høre hvad de talte om* □ *udspionering*

udsprang

VERB.

bøjningsform af *udspringe*

udsprede

VERB. *-r, udspredte, udspredt*

udsprede ngt = UDBREDE □ *udsprede rygter* • *udsprede kendskab til noget* • *udsprede glæde* • *papirerne lå udspredt på gulvet* □ *udspredelse*

udspring

SUBST. *-et,* plur. *udspring, -ene*

1. det at springe ud fra noget, fx et fly, en bro el.lign. □ *faldskærmsudspring* ● (sport): en disciplin inden for svømmesporten hvor man springer fra vipper ned i bassinet □ *udspring fra femmetervippen* • *dyrke udspring* ● det at blomster og blade springer ud □ *bøgeskoven er lige i sit udspring* • *blomsten står i udspring*
2. et punkt el. område hvor et vandløb begynder = KILDE □ *floden har sit udspring i bjergene* • *åens udspring* ● = OPRINDELSE □ *problemet har sit udspring i en gammel vedtagelse*

udsprunget

VERB.

bøjningsform af *udspringe*

udspundet

VERB.

bøjningsform af *udspinde*

udspy

VERB. *-r* (el. *-er*), *-ede, -et*

udspy ngt sende noget ud gennem en åbning, især gennem munden = SPY UD □ *dragen udspyr ild* • *vulkanen udspyr lava* • *udspy galde* • *hun udspyede sin vrede* • *rotationspressen udspyr aviser* □ *udspyning*

udspørge

VERB. *-r, ~spurgte, ~spurgt*

udspørge ng om ngt stille en person indgående spørgsmål om et bestemt emne □ *han blev udspurgt om sin fortid* • *udspørge ham om hans rejse* □ *udspørgning*

udstaffere

VERB. *-r, -de, -t*

(neds.): pynte på en overdreven måde, så det virker upassende el. pinligt □ *hun var udstafferet med en kæmpestor hat*

udstationere

VERB. *-r, -de, -t*

udstationere ng anbringe nogen et bestemt sted for at de skal udføre en bestemt opgave; især inden for militæret og diplomatiet; oftest om fjerntliggende steder og for en længere periode = STATIONERE □ *FN udstationerede soldater i området* • *piloten var udstationeret et år i USA* • *garnisonen udstationerede heste hos de omkringboende landmænd* □ *udstationering*

udstede

VERB. *-r, udstedte, udstedt*

udstede ngt udfærdige noget og give det officiel gyldighed □ *udstede en fuldmagt* • *udstede en regning* • *udstede en arrestordre* • *udstede en check til nogen* • *udstede et forbud mod noget* • *passet er udstedt for 30 år siden og er ikke længere gyldigt* □ *udstedelse*

udstikke

VERB. *-r, udstak, udstukket* (*udstukken, udstukne*)

1. udstikke ngt planlægge og markere hvor noget skal befinde sig, el. hvordan noget skal være og inden for hvilke rammer det skal udformes = AFMÆRKE □ *udstikke en linieføring* • *udstikke en afgrænsning* • *udstikke retningslinier for en ny miljølovgivning* □ *udstikning*
2. udstikke ngt af ngt skære mindre stykker ud af et større stykke ved at trykke et redskab med skarp kant ned i det = UDSKÆRE □ *udstikke kager af den udrullede dej med et glas* • *udstukne figurer* □ *udstikning*

udstille

VERB. *-r, -de, -t*

1. udstille ngt vise noget frem □ *udstille kunstværker* • *udstille varer i et vindue* • *de udstillede genstande må ikke berøres* • *hun udstiller på Charlottenborg* □ *udstilling*
2. udstille ng anbringe nogen et bestemt sted = OPSTILLE □ *udstille vagtposter langs en rute*

udstilling

SUBST. *-en,* plur. *-er, -erne*

jf. *udstille* □ *eleverne havde lavet en udstilling af deres arbejder* • *en udstilling af inkaernes guldsmykker* • *udstilling af vagtposter* □ *udstillingscenter* • *udstillingskatalog* • *udstillingslokale* • *udstillingsvindue* □ *fotoudstilling* • *hundeudstilling* • *kunstudstilling* • *mindeudstilling* • *vandreudstilling*

udstillingslokale

SUBST. *-t,* plur. *-r, -rne*

et lokale hvor der afholdes udstillinger

udstillingsvindue

SUBST. *-t,* plur. *-r, -rne*

et vindue i en forretning el.lign. hvor et udvalg af de varer som udbydes til salg, udstilles

udstod

VERB.

bøjningsform af *udstå*

udstoppe

VERB. *-r, -de, -t*

udstoppe ngt fylde noget ud med et materiale; det kan være at fylde noget med fx vat el. balsamere og fylde et dødt dyr med et bestemt materiale □ *tøjelefanten udstoppes med vat* • *udstoppe en fugl* • *det vakte forargelse at kunstneren brugte udstoppede hundehvalpe i sin skulptur* □ *udstopning*

udstrege

VERB. *-r, -de, -t*

udstrege ngt = OVERSTREGE □ *han udstregede lange passager i kladden* □ *udstregning*

udstrække

VERB. *-r, udstrakte, udstrakt*

1. udstrække ngt = RÆKKE □ *udstrække en hånd til forsoning*
2. udstrække ngt udvide noget el. udvide gyldighedsområdet for noget = UDVIDE □ *de udstrakte deres erobringer mod øst* • *udstrække loven til også at gælde personer over 25 år* □ *udstrækning*
3. udstrakt strakt ud over en flade □ *han lå udstrakt på sengen*
4. udstrakt = OMFATTENDE □ *i udstrakt grad* • *han nød en udstrakt frihed*

udstrækning

SUBST. *-en,* plur. *-er, -erne*

1. den længde el. det område som noget dækker □ *ejendommens udstrækning*
2. i sin fulde udstrækning i sin helhed □ *man kunne se månen i sin fulde udstrækning* ● **i vid udstrækning** i høj grad

udstråle

VERB. *-r, -de, -t*

1. udstråle ngt udsende noget, fx lys el. varme = UDSENDE, EMITTERE □ *glødelampen udstråler et varmt gult lys* • *brændeovnen udstrålede en stærk varme* □ *udstråling*
2. udstråle ngt give udtryk for en bestemt følelse el. holdning □ *hans ansigt udstrålede tilfredshed* • *hun udstrålede en dyb skuffelse*

udstråling

SUBST. *-en,* plur. *-er, -erne*

1. det at udstråle fx lys el. varme □ *en kraftig udstråling af varme fra en ovn* □ *varmeudstråling*
2. et særpræg el. en styrke som en person udstråler □ *den gamle dame havde en fantastisk udstråling* • *en skuespiller med en stor udstråling* • *denne politiker savner helt udstråling*

udstykke

VERB. *-r, -de, -t*

udstykke ngt dele et stykke land op i mindre stykker, fx til grunde hvor der kan bygges huse □ *han udstykkede området til sommerhusgrunde* □ *udstykning*

udstyr

SUBST. *-et,* plur. *udstyr, -ene*

de genstande som bruges i en bestemt sammenhæng = TILBEHØR, GREJ, UDRUSTNING, MATERIEL, APPARATUR □ *der hører en del udstyr til maskinen* • *de skulle skaffe det nødvendige udstyr til ekspeditionen* • *forestillingen blev sat op i flot udstyr* □ *udstyrsforretning* • *udstyrsstykke* □ *babyudstyr* • *brudeudstyr* • *ekstraudstyr* • *køkkenudstyr* • *rejseudstyr* • *sceneudstyr* ● sengetøj, spisestel o.l. som en kvinde bringer med sig når hun bliver gift = BRUDEUDSTYR □ *hun samler på udstyr*

udstyre

VERB. *-r, -de, -t*

udstyre ng(t) give nogen el. noget noget nyttigt el. nødvendigt til et bestemt formål = UDRUSTE, FORSYNE □ *de udstyrede sig med klæder og mad til rejsen · han er udstyret med en god forstand · køkkenet var udstyret med opvaskemaskine og mikrobølgeovn*

udstøde

VERB. *-r, udstødte, udstødt*

1. udstøde ng udelukke nogen af et fællesskab = EKSKLUDERE □ *blive udstødt af samfundet · han følte sig som en udstødt · han blev udstødt af partiet*
2. udstøde ngt frembringe en pludselig lyd el. ytring □ *hun udstødte et suk · hjælp, udstødte han · udstøde et skrig* • **udstøde ngt** slynge el. puffe noget ud ved en mekanisk el. naturbestemt bevægelse □ *bilerne udstøder kulilte · organismen udstøder giftstoffet*

udstødning

SUBST. *-en,* plur. *-er, -erne*

1. det at blive udelukket el. stødt bort fra noget □ *udstødningen fra arbejdsmarkedet · langvarig arbejdsløshed kan føre til social udstødning*
2. den gas som en motor udsender □ *reducere den giftige udstødning fra biler · skærpe kravene til bilers udstødning* □ *udstødningsgas · udstødningsfri · udstødningsrør · udstødningsventil*

udstå

VERB. *-r, udstod, -et*

1. udstå ngt = AFSONE □ *han har udstået sin straf*
2. udstå ngt = UDHOLDE □ *de har udstået utallige strabadser på rejsen · hun har udstået meget kritik* • **ikke kunne udstå ng** ikke bryde sig om en person = AFSKY □ *jeg kan altså ikke udstå ham*

udstående

ADJ.

som står ud fra noget mere end det er normalt = STRITTENDE □ *udstående ører*

udsuge

VERB. *-r, -de, -t*

1. udsuge ngt suge noget ud af noget; det kan være at suge luft el. røg ud af fx et lokale el. at suge indmaden ud af noget □ *anlægget udsuger røgen · edderkoppen udsuger sit bytte* □ *udsugning*
2. udsuge ng udnytte nogen økonomisk □ *herremanden udsugede bønderne*

udsving

SUBST. *-et,* plur. *udsving, -ene*

en afvigelse fra et stabilt punkt; det kan være en visers udsving el. et udsving i priser = SVINGNING, UDSLAG □ *pendulet lavede et lille udsving · måleapparatet viste et stort udsving · der har været stort udsving i priserne i den sidste tid · dollarkursen viser små udsving* □ *udsvingning · udsvingsstyrke*

udsvævelse

SUBST. *-n,* plur. *-r, -rne*

= UDSKEJELSE □ *et vildt liv med mange udsvævelser*

udsvævende

ADJ.

som nyder livet overdrevent, især med hensyn til sex og alkohol = LETLEVENDE □ *han var noget udsvævende i sine unge dage*

udsyn

SUBST. *-et,* plur. *udsyn, -ene*

mulighed for at se frem og til siderne = UDSIGT □ *have frit udsyn over vejen · fra fyrtårnet har man udsyn over hele området · huset spærrer for udsynet · billisten havde dårligt udsyn pga. frost på ruderne · vejtræerne er en hindring for det frie udsyn*

udsæd

SUBST. *-en*

= SÅSÆD

udsætte

VERB. *-r, udsatte, udsat*

1. udsætte ngt = UDSKYDE □ *kan vi ikke udsætte det til i morgen? · mødet er udsat til et senere tidspunkt* □ *udsættelse*
2. udsætte ngt {i} ngt sætte dyr ud i det fri = SÆTTE UD □ *udsætte fiskeyngel i havet* □ *udsættelse* • **udsætte ng {om} ngt** placere nogen i udkanten af et område = SÆTTE UD, UDSTILLE □ *udsætte vagtposter om lejren* □ *udsættelse*
3. udsætte ngt love en belønning □ *udsætte en præmie · udsætte en dusør*
4. udsætte ng(t) for ngt bringe nogen el. noget i en bestemt situation = EKSPONERE □ *de undgik at udsætte børnene for ubehageligheder · bjergbestigeren udsatte sit liv for farer* • **udsætte ngt for ngt** (musik): bearbejde en melodi så den kan spilles af et bestemt instrument □ *udsætte en melodi for klarinet*
5. have ngt at udsætte på ng(t) have kritik af nogen el. noget □ *jeg har ikke noget at udsætte på hende · vi har meget at udsætte på hans indsats*

udsættelse

SUBST. *-n,* plur. *-r, -rne*

1. en udskydelse af det tidspunkt hvor noget skal fx betales el. afleveres = OPSÆTTELSE, HENSTAND □ *de fik udsættelse med betalingen til fredag · give de studerende udsættelse*
2. det at sætte dyr ud i det fri □ *udsættelse af fiskeyngel*

udsøge

VERB. *-r, udsøgte, udsøgt*

udsøge sig ngt vælge noget efter grundig overvejelse □ *hun udsøgte sig det lækreste stykke kage* □ *udsøgning*

udsøgt

ADJ. *- , -e*

som adskiller sig fra omgivelserne ved at være særlig fornem el. fortræffelig = FORTRÆFFELIG □ *en udsøgt malerisamling · udsøgte vine · en udsøgt fornøjelse · en udsøgt nydelse · udsøgt smag*

udså

VERB.

bøjningsform af *udse*

udtag

SUBST. *-et,* plur. *udtag, -ene*

et sted hvorfra luft, elektrisk strøm el. varme tages, fx en stikkontakt ≠ INDTAG □ *luftudtag*

udtage

VERB. *-r, udtog, -t (udtagen, udtagne)*

1. udtage ngt tage noget ud □ *hønen plukkes og indvoldene udtages* □ *udtagelse · udtagning*
2. udtage ng(t) = UDVÆLGE □ *han blev udtaget til målmand*

udtale[1]

SUBST. *-n,* plur. *-r, -rne*

den måde noget siges på □ *hans engelske udtale er god · øve sin udtale · den rigtige udtale* □ *udtalefejl*

udtale[2]

VERB. *-r, udtalte, udtalt*

1. udtale ngt sige noget offentligt = YTRE □ *ministeren udtalte at hun ville lade sagen undersøge · han udtalte sin glæde over det store fremmøde* □ *udtalelse*
2. udtale ngt sige et el. flere ord på en bestemt måde □ *hvordan udtaler du dit navn? · du udtaler det forkert · udlændinge har svært ved at udtale ordet 'rødgrød'*

udtalelse

SUBST. *-n,* plur. *-r, -rne*

1. en kort skriftlig el. mundtlig ytring om et emne = UDSAGN, ERKLÆRING, YTRING □ *ministerens udtalelser skabte debat*
2. en skriftlig udtalelse en anbefaling som en person kan bruge når vedkommende søger nyt job = ANBEFALING, REFERENCE

udtalt

ADJ. *- , -e*

meget klar og tydelig = UDPRÆGET □ *han er udtalt modstander af budgettet · der var en udtalt interesse for projektet · en udtalt mangel på engagement · en udtalt tvivl · han skjulte ikke sin udtalte forbavselse · forskellen er mindre udtalt nu*

udtjent

ADJ. *- , -e*

som har opfyldt sit formål og nu er gammel og slidt = SLIDT □ *denne her frakke er vist ved at være udtjent · en gammel udtjent hest* □ *udtjenthed*

udtog

SUBST. *-et,* plur. *udtog, -ene*

1. en samling af udvalgte stykker fra et længere musikstykke el. en længere tekst □ *et udtog af Carmen · et udtog af Danmarkshistorien · fortælle noget i udtog · gengive noget i udtog*
2. = KONTOUDTOG

udtryk

SUBST. *udtrykket,* plur. *udtryk, udtrykkene*

1. det at fremføre en tanke el. følelse; især i

skrift og tale □ *publikum gav udtryk for mishag* · *hans tavshed var udtryk for glæde og overraskelse* · *hun lader sjældent sine følelser komme til udtryk* · *modsætningerne kom til udtryk i debatten* · *billedets kunstneriske udtryk* □ *udtryksfuld* · *udtryksmiddel* • vise sine følelser el. tanker med ansigt el. øjne □ *have et trist udtryk i ansigtet* · *hendes øjne havde et tomt udtryk* □ *ansigtsudtryk*
2. et ord el. en række af ord med en specifik betydning □ *vulgært udtryk* · *oversætte udtrykket til fransk* · *der var mange gammeldags udtryk i romanen* · *idiomatiske udtryk* □ *fagudtryk* · *kraftudtryk* · *slangudtryk*

udtrykke

VERB. *-r, udtrykte, udtrykt*

udtrykke ngt give udtryk for fx følelser el. meninger = TILKENDEGIVE, VISE, MANIFESTERE, YTRE, SIGE □ *hendes øjne udtrykte forundring* · *han udtrykte sine følelser i sine malerier* · *udtrykke sin utilfredshed i skrift og tale* • **udtrykke sig** formulere sine tanker i et klart sprog □ *hun udtrykte sig altid klart* · *hvis jeg må udtrykke mig åbent, vil jeg kalde hende en snob*

udtrykkelig

ADJ. *-t, -e*
/ud'trykkelig/

som udtrykkes på en tydelig og bestemt måde □ *det var hans udtrykkelige ønske* · *jeg har udtrykkeligt sagt at I ikke må gå alene ned til søen* · *en udtrykkelig ordre*

udtryksfuld

ADJ. *-t, -e*

som er ladet med følelser = EKSPRESSIV ≠ UDTRYKSLØS □ *hun har nogle udtryksfulde øjne* · *han er meget udtryksfuld* · *hun stirrede udtryksfuldt på ham* □ *udtryksfuldhed*

udtryksløs

ADJ. *-t, -e*

som ikke udtrykker følelser □ *udtryksløse øjne* · *et udtryksløst ansigt* · *svare med en udtryksløs stemme*

udtræk

SUBST. *udtrækket,* plur. *udtræk, udtrækkene*

1. en genstand som kan trækkes ud fra noget andet, fx en plade på et bord □ *bord med hollandsk udtræk* · *kikkert med udtræk* □ *udtræksbord* · *udtrækshylde* · *udtrækskamera* · *udtræksseng*
2. et stof som er udvundet af fx en plante □ *koge et udtræk af urter*
3. det at hæve penge på en konto □ *der har været et stort udtræk i bankerne de sidste dage*
4. = REGISTERUDTRÆK □ *spille med fuldt udtræk* • **spille med fuldt udtræk** bruge kraftige virkemidler

udtræksbord

SUBST. *-et,* plur. *-e, -ene*

et bord der kan trækkes ud og forlænges med en el. flere bordplader

udtur

SUBST. *-en,* plur. *-e, -ene*

turen hen til et sted = UDVEJ ≠ HJEMTUR, TILBAGETUR, HJEMVEJEN, TILBAGEVEJEN □ *hvordan gik jeres udtur?* · *udturen varede en dag* · *de lagde udturen gennem skoven* · *på udturen så vi tre ørne*

udtvære

VERB. *-r, -de, -t*

udtvære ngt brede noget ud over en større flade □ *udtvære en klat maling* · *et udtværet maleri* □ *udtværing*

udtænke

VERB. *-r, udtænkte, udtænkt*

udtænke ngt komme frem til en klog idé el. plan ved at tænke den igennem til mindste detalje = UNDFANGE, UDPØNSE, UDKLÆKKE, FOSTRE, UDSPEKULERE □ *udtænke en plan* · *han udtænkte en raffineret hævn*

udtære

VERB. *-r, -de, -t*

udtære ng = UDMARVE □ *sygdommen udtærede ham* · *fangen var mager og udtæret* □ *udtæring*

udtømme

VERB. *-r, udtømte, udtømt*

1. udtømme ngt i ngt = UDLEDE □ *udtømme radioaktivt affald i havet* □ *udtømning* • **udtømme ngt** fjerne indholdet af mad og afføring fra tarmen □ *før undersøgelsen skal tyktarmen være fuldstændig udtømt*
2. udtømme ngt diskutere et emne el. en sag så grundigt at der ikke er mere at tilføje = UDDEBATERE □ *nu har vi vist udtømt emnet* • **udtømme ngt** bruge noget til der ikke er mere tilbage = OPBRUGE □ *hans kræfter er udtømt*

udtørre

VERB. *-r, -de, -t*

blive fuldstændig tør, især pga. høj lufttempetatur, lav luftfugtighed el. ringe vandtilstrømning □ *vandløbet vil snart udtørre* · *huden udtørrer i den varme luft* □ *udtørring* • **udtørre ngt** få noget til at udtørre = AFSVIDE □ *udtørre en mose* · *den varme luft udtørrer huden* □ *udtørring*

udtørring

SUBST. *-en,* plur. *-er, -erne*

det at væske, herunder kropsvæsker, forsvinder fra et sted, fx ved fordampning = DEHYDRERING □ *udtørring af åer og vandløb* · *det farligste ved diaré er risiko for udtørring af kroppen*

uduelig

ADJ. *-t, -e*
/u'duelig/

som er uegnet og for dårlig = UEGNET, USKIKKET ≠ DUELIG □ *være uduelig til sit arbejde* · *den elev er uduelig* □ *uduelighed*

udvalg

SUBST. *-et,* plur. *udvalg, -ene*

1. enkelte ting der repræsenterer en større mængde □ *butikken havde et bredt udvalg af varer* · *dette er et repræsentativt udvalg af kunstnerens bedste værker* □ *tøjudvalg* • det at udvælge noget □ *vi foretager et udvalg af prøverne* · *kan jeg få sendt alle de røde kjoler hjem i udvalg?*
2. en gruppe personer der er valgt af en større forsamling til at arbejde med en bestemt sag el. opgave □ *forsamlingen nedsatte et udvalg som skulle undersøge sagen* · *ad hoc udvalg* □ *udvalgsbehandling* · *udvalgsformand* □ *finansudvalg* · *forretningsudvalg* · *samarbejdsudvalg*

udvalgsværelse

SUBST. *-t,* plur. *-r, -rne*

et lokale hvor et udvalg arbejder □ *der blev holdt møde i udvalgsværelset*

udvande

VERB. *-r, -de, -t*

udvande ngt lægge noget i vand for at formindske dets saltindhold □ *udvande klipfisk* · *spegesilden udvandes et døgn før man marinerer den* □ *udvanding* • **udvande ngt** (neds.): tømme noget for sin oprindelige styrke og koncentration □ *en udvandet vittighed* · *en udvandet forestilling* · *hans religion bliver mere og mere udvandet* □ *udvanding*

udvandre

VERB. *-r, -de, -t*

udvandre fra {et land} til {et land} rejse fra et land for at bosætte sig i et andet land = EMIGRERE ≠ INDVANDRE □ *hans onkel udvandrede til USA i tyverne* · *hans familie var udvandret fra Sverige* □ *udvandring* • **udvandre fra ngt** (om flere personer): gå fra noget fordi man ikke kan lide det el. ikke kan klare sig □ *filmen var så kedelig at tilskuerne udvandrede* · *flere unge udvandrer fra fiskerierhvervet* □ *udvandring*

udvandrer

SUBST. *-en,* plur. *-e, -ne*

en person som er udvandret fra et land = EMIGRANT ≠ INDVANDRER

udvandring

SUBST. *-en,* plur. *-er, -erne*

udvandring fra {et land} til {et land} det at folk udvandrer fra et land = EMIGRATION ≠ INDVANDRING □ *udvandringsbølge* • **udvandring fra ngt** det at folk går fra noget fordi de ikke kan lide det el. ikke kan klare sig

udvandt

VERB.

bøjningsform af *udvinde*

udvej

SUBST. *-en,* plur. *-e, -ene*

1. en mulig løsning på et vanskeligt problem = LØSNING □ *situationen virkede håbløs, men hun fandt en udvej* · *der må findes en udvej* · *vi kan altid gribe til den udvej at sælge gården* · *han har ingen anden udvej end at rejse* · *som en sidste udvej forsøgte hun at låne penge*
2. en vej el. passage ud i det fri = UDGANG □ *ræven har flere udveje af sin hule* · *den eneste udvej er gennem kælderen* • **udvejen** en rejse hjemmefra og til et bestemt sted = UDTUR ≠ HJEMVEJEN, HJEMTUR □ *på udvejen var børnene livlige, men på hjemturen var de godt trætte*

udveksle

VERB. *-r, -de, -t*

udveksle ngt bytte noget med noget andet af samme slags = VEKSLE □ *udveksle adresser* · *de* *udvekslede synspunkter • veninderne udvekslede erfaringer* □ *udveksling*

udveksling

SUBST. *-en,* plur. *-er, -erne*

det at udveksle nogen el. noget □ *udveksling af adresser • udvekslingen af spioner vil finde sted på grænsen mellem de to lande* □ *udvekslingsaftale* □ *idéudveksling* • det at en studerende opholder sig i kortere el. længere tid på en udenlandsk uddannelsesinstitution som har en gensidig aftale med den hjemlige institution hvortil den studerende er knyttet □ *hun tog på udveksling til USA og hendes familie modtog en amerikansk studerende* □ *udvekslingsstuderende*

udvendig

ADJ. *-t, -e*

som vender udad el. befinder sig på ydersiden af noget = YDRE ≠ INDVENDIG □ *en udvendig trappe • nøglen sad udvendigt i døren • de malede kun den udvendige side af hegnet* □ *udvendighed*

udvide

VERB. *-r, -de, -t*

udvide ngt gøre noget større i omfang = FORØGE, UDSTRÆKKE, VIDE UD ≠ INDSKRÆNKE □ *forretningen blev udvidet • han har udvidet sin trøje i livet • udvide sin vennekreds • udvide sine kundskaber • en udvidet udgave af bogen • udvide personalet • tiltalen blev udvidet til andre forhold • udvide valgretten* □ *udvidelse • udvidelig*

udvidelse

SUBST. *-n,* plur. *-r, -rne*

det at udvide noget el. blive udvidet □ *store udvidelser af virksomheden • en udvidelse af medlemsskaren*

udvidelseskort

SUBST. *-et,* plur. *~kort, -ene*

(edb): et kort der øger computerens kapacitet, og som placeres på *bundkortet* = ADAPTER

udvikle

VERB. *-r, -de, -t*

1. udvikle ngt komme frem til et resultat på grundlag af forskning □ *udvikle et produkt • udvikle en ny teori om Jordens tilblivelse* □ *udvikling* □ *produktudvikle • videreudvikle*
2. udvikle ngt fremkalde noget ønsket el. uønsket; det kan være at fremkalde en effekt el. fremme en evne, en følelse el.lign. □ *gnidningsmodstanden udviklede stor varme • hun tog til Italien for at udvikle sine evner som kunstner • han udviklede varme følelser for hende* □ *videreudvikle* • **udvikle sig** forvandle sig til noget andet; det kan være at vokse, at ændre karakter el. at blive mere omfattende = FORANDRE SIG □ *larven har udviklet sig til en sommerfugl • han udviklede sig til en forbryder af den værste skuffe • vin udvikler sig ved lagring • situationen udviklede sig i en forkert retning* □ *videreudvikle*

udvikling

SUBST. *-en,* plur. *-er, -erne*

1. det at konstruere og opfinde noget nyt på baggrund af forskning og eksperimenter □ *udvikling af nye maskiner • udvikling af en teori • en videre udvikling af hans oprindelige skitse* □ *produktudvikling* • det at forandre sig af sig selv, fx i forbindelse med vækst el. politiske el. historiske begivenheder □ *børns udvikling • sagens udvikling • larvens udvikling til sommerfugl • samfundets udvikling har medført at næsten alle har fjernsyn • udviklingen går i retning af mere arbejdsdeling • det er et led i udviklingen • en rivende udvikling* □ *udviklingshistorie • udviklingsland • udviklingslære • udviklingsmønster • udviklingspsykologi • udviklingsroman • udviklingstrin • udviklingstro* □ *samfundsudvikling*
2. det at der dannes et stof el.lign. □ *pga. udvikling af giftdampe standsede man maskinen*

udviklingsland

SUBST. *-et,* plur. *-e, -ene*

et land i Afrika, Asien el. Latinamerika som er ved at gennemgå en industriel udvikling = ULAND ≠ I-LAND

udviklingslære

SUBST. *-n*

den opfattelse at de forskellige plante- og dyrearter er opstået ved en udvikling fra lavere til højere former = EVOLUTIONSLÆRE, EVOLUTIONISME

udvinde

VERB. *-r, udvandt, udvundet (udvunden, udvundne)*

udvinde ngt af ngt få et stof ud af et andet stof ved at bearbejde det med fx maskiner el. kemiske midler □ *udvinde jern af malm • udvinde et metal • udvinde olie • udvinde kul* □ *udvinding*

udvirke

VERB. *-r, -de, -t*

udvirke ngt sørge for at noget bliver gjort = GØRE □ *han udvirkede at firmaet fik eksporttilladelse*

udvise

VERB. *-r, udviste, udvist*

1. udvise ng give nogen ordre til at forlade det sted de befinder sig, især et land el. en sportskamp = FORVISE, BORTVISE □ *udvise nogen fra en retssal • han blev udvist af landet*
2. udvise ngt = VISE □ *han udviste foragt for retten • kontoen udviser en saldo i vores favør • regnskabet udviser et overskud • udvise dristighed • udvise stor forståelse*

udviske

VERB. *-r, -de, -t*

udviske ngt fjerne skrift med fx en svamp el. et viskelæder = VISKE UD □ *udviske en kridtstreg • en halvt udvisket blyantstegning* □ *udviskning* • **udviske ngt** gøre noget uklart □ *tågen udviskede landskabets konturer • et udvisket fingeraftryk • en halvt udvisket erindring*

udvisning

SUBST. *-en,* plur. *-er, -erne*

1. det at blive udvist, fx fra et land el. en sportskamp □ *flygtningene gik under jorden fordi de frygtede udvisning • udvisning af landet • deres bedste forsvarsspillers udvisning blev deres skæbne*
2. det at vise noget □ *han fik belønning for udvisning af mod*

udvokset

ADJ. *- , udvoksede*

som er færdig med at vokse og har nået sin endelige størrelse □ *han var fuldt udvokset som 15-årig • hun plukkede de endnu ikke udvoksede kål • en udvokset hundehvalp*

udvortes[1]

SUBST. *et*

en persons ydre el. udseende □ *et smukt udvortes • under hans barske udvortes banker et varmt hjerte*

udvortes[2]

ADJ.

= UDVENDIG ≠ INDVORTES □ *salven er kun til udvortes brug*

udvundet

VERB.

bøjningsform af *udvinde*

udvækst

SUBST. *-en,* plur. *-er, -erne*

en vækst som vokser ud fra en flade □ *der er en udvækst på træets stamme* • en synlig gevækst som vokser ud fra huden □ *han har en udvækst på næsen*

udvælge

VERB. *-r, udvalgte, udvalgt*

udvælge ng(t) vælge nogen eller noget blandt flere muligheder □ *der skulle udvælges tre blandt de ti ansøgere • digtsamlingen består af udvalgte værker • deltagerne bliver udvalgt ved lodtrækning • ulden er omhyggeligt udvalgt til formålet* □ *udvælgelse*

udyr

SUBST. *-et,* plur. *udyr, -ene*

(glds.): et primitivt og brutalt menneske = UMENNESKE, UHYRE, BESTIE □ *hendes mand var et rigtigt udyr*

udæske

VERB. *-r, -de, -t*

udæske ng til ngt (glds.): = UDFORDRE □ *han udæskede dem til kamp* □ *udæskning*

udødelig

ADJ. *-t, -e*
/u'dødelig/

som ikke glemmes □ *en udødelig forfatter • et udødeligt værk • gøre en film udødelig • udødelige klassikere* □ *udødelighed*

udødeliggøre

VERB. *~gør, ~gjorde, ~gjort*
/u'dødeliggøre/

udødeliggøre ng(t) bevare mindet om nogen el. noget for eftertiden; især ved at gøre dem el. det kendte el. det berømte □ *hun udødeliggjorde ham med det smukke portræt* □ *udødeliggørelse*

udørk el. **udørken**

SUBST. *en*
(udørken: *-en* (el. *udørknen*))

et afsidesliggende, ensomt og kedeligt sted hvor der ikke er noget at foretage sig □ *bo i en udørk*

udøse

VERB. *-r, -de* (el. *udøste*), *-t* (el. *udøst*)

udøse ngt give udtryk for sine inderste følelser □ *hun udøste sit hjerte for mig · han ledte efter en syndebuk som han kunne udøse alle sine aggressioner over*

udøve

VERB. *-r, -de, -t*

1. **udøve ngt** udføre arbejde osv. inden for et vist erhverv = UDFØRE, PRAKTISERE □ *udøve lægelig behandling · udøve kommando · udøve præstegerningen · han havde udøvet adskillige aktiviteter · udøve virksomhed · han var musiker, men ikke mere udøvende* □ *udøvelse · udøver* • **udøvende kunst** kunstnerisk udførelse af allerede eksisterende kunstneriske forlæg i form af manuskripter, partiturer osv. ≠ SKABENDE KUNST • **den udøvende magt** den del af statens magtapparat som håndhæver lovgivningen og bringer domme til udførelse ≠ DEN LOVGIVENDE MAGT, DEN DØMMENDE MAGT
2. **udøve ngt** styre el. påvirke andre med en vis indflydelse = ØVE □ *udøve magt · udøve tiltrækning · han udøver mørkets gerninger · udøve indflydelse* □ *udøvelse*

udåd

SUBST. *-en*

(glds.): en skændig gerning

udånde

VERB. *-r, -de, -t*

puste luft ud af lungerne ≠ INDÅNDE □ *udånding* • (form.): = DØ

ueffen

ADJ. *-t, uefne*

1. **ikke ueffen** ikke dårlig □ *han er ikke ueffen i sin måde at takle problemerne på · den bog er ikke så ueffen*
2. **effen eller ueffen** se under *effen*

uefterrettelig

ADJ. *-t, -e*

(glds., form.): som er upålidelig el. som forsømmer sine pligter = FORSØMMELIG □ *være uefterrettelig med at svare på breve · være uefterrettelig med sit arbejde* □ *uefterrettelighed*

uegal

ADJ. *-t, -e*

= UENSARTET □ *et uegalt klaverspil*

uegennyttig

ADJ. *-t, -e*

som ikke tænker på egen fordel = ALTRUISTISK

uendelig

ADJ. *-t, -e*
/u'endelig/

som er uden grænser i tid og rum el. som er af voldsom størrelse el. varighed = ENDELØS, GRÆNSELØS □ *det uendelige verdensrum · en uendelig række forhindringer · uendelig sorg · tiden forekom uendelig* □ *uendelighed*

uengageret

ADJ. *- , uengagerede*

= UINTERESSERET □ *han var fraværende og uengageret under samtalen · en banal og uengageret gang sniksnak*

uenig

ADJ. *-t, -e*
/u'enig/

ikke af samme mening □ *hun er uenig med ham om alt · censoren var uenig i bedømmelsen · de lærde er uenige* □ *uenighed*

uenighed

SUBST. *-en,* plur. *-er, -erne*

det at være uenige om noget = UOVERENSSTEMMELSE, MENINGSFORSKEL □ *der var stor uenighed om sagen · skabe uenighed · de overvandt deres uenighed · uenighed mellem parterne · sagen giver anledning til uenighed*

uens

ADJ.

= UMAGE □ *to uens handsker*

uensartet

ADJ. *- , uensartede*

som er meget uens sammensat = UEGAL, HETEROGEN, DISPARAT □ *bedømmelserne er meget uensartede · et uensartet program*

uerholdelig

ADJ. *-t, -e*
/uer'holdelig/

som er at betragte som nytteløs

uf

UDRÅBSORD

udtryk for at man synes noget er modbydeligt □ *uf, hvor det smager ækelt · uf, fjern det ulækre askebæger!*

ufaglært

ADJ. *- , -e*

uden en håndværksmæssig uddannelse ≠ FAGLÆRT □ *en ufaglært arbejder*

ufarlig

ADJ. *-t, -e*

ikke farlig = FAREFRI, RISIKOFRI, RISIKOLØS, HARMLØS, USKADELIG □ *de er bevæbnet med ufarlige knaldhættepistoler · den nye angrebsspiller er ikke ufarlig · det er et helt ufarligt forehavende · en ufarlig sygdom* □ *ufarlighed*

ufattelig

ADJ. *-t, -e*
/u'fattelig/

(også SUBST.) som man ikke kan forstå = UTROLIG, UFORSTÅELIG ≠ FATTELIG □ *en ufattelig afgørelse · det er mig aldeles ufatteligt hvordan det kunne ske · folk drages af det ufattelige* • (ADV.) forstærkende udtryk = UTROLIG, OVERORDENTLIG, VÆLDIG, VANVITTIG □ *ufattelig mange penge · ufattelige mængder · et ufattelig godt resultat · et ufatteligt mod*

ufejlbarlig

ADJ. *-t, -e*
/ufejl'barlig/

1. som ikke kan begå fejltagelser el. tage fejl = FEJLFRI □ *ifølge et katolsk dogme er paven ufejlbarlig når han taler på kirkens vegne · ingen er ufejlbarlig* □ *ufejlbarlighed*
2. (om middel): som helt sikkert har den ønskede virkning = SIKKER □ *et ufejlbarligt middel*

ufin

ADJ. *-t, -e*

som ikke passer med pæn opførsel = TARVELIG ≠ PÆN □ *en ufin bemærkning · ufine manerer · bruge ufine metoder*

ufo

SUBST. *-en,* plur. *-er, -erne*

en flyvende genstand hvis tilstedeværelse man ikke umiddelbart kan forklare, og som nogle derfor formoder er et navigeret fartøj fra det ydre rum = FLYVENDE TALLERKEN □ *mange mennesker hævder at de har set ufoer · ud af ufoen trådte en lille grøn mand med antenner på hovedet*

uforanderlig

ADJ. *-t, -e*

som ikke ændrer sig el. som ikke kan ændres = KONSTANT, FAST, INVARIABEL □ *en uforanderlig beslutning · en uforanderlig regel · vejret var uforanderligt · hendes tilstand var uforanderlig* □ *uforanderlighed*

uforandret

ADJ. *- , uforandrede*

som har beholdt sine oprindelige egenskaber □ *efter så mange år er han stadig uforandret · hendes udseende var uforandret*

uforbederlig

ADJ. *-t, -e*
/ufor'bederlig/

som har et fast karaktertræk, det være positivt el. negativt, som intet el. ingen kan ændre på = HÅBLØS □ *en uforbederlig skurk · en uforbederlig optimist · han er uforbederlig* □ *uforbederlighed*

uforbeholden

ADJ. *-t, uforbeholdne*

som er ærlig, oprigtig og uden forbehold □ *en uforbeholden undskyldning · han fik vores uforbeholdne støtte · sige sin uforbeholdne mening* □ *uforbeholdenhed*

uforberedt

ADJ. *- , -e*

som ikke har forberedt sig □ *eleven mødte uforberedt til eksamen* • som bliver overrasket af noget □ *landet var uforberedt da krigen kom · hun var aldeles uforberedt på de mange gæster*

uforbindende

ADJ.

som ikke er bindende = UFORPLIGTENDE ≠ FORBINDENDE □ *et uforbindende tilbud · uforbindende forhandlinger*

ufordragelig

ADJ. *-t, -e*
/ufor'dragelig/

(glds.): som har ringe tålmodighed med andres synspunkter og ivrigt bekæmper dem = STRIDBAR, TRÆTTEKÆR □ *han har et ufordrageligt sind* □ *ufordragelighed*

uforfalsket

ADJ. - , *uforfalskede*

som er i overensstemmelse med eller udgør noget oprindeligt = ÆGTE □ *han snakker et uforfalsket jysk* · *det lyder som uforfalsket tyrolermusik* □ *uforfalskethed*

uforfærdet

ADJ. - , *uforfærdede*

= FRYGTLØS □ *uforfærdet stillede han op til kamp mod fjenderne på begge fronter* □ *uforfærdethed*

uforglemmelig

ADJ. *-t, -e*

som gør så stærkt indtryk at man ikke kan glemme det □ *en uforglemmelig oplevelse* · *det blev en uforglemmelig aften*

uforgribelig

ADJ. *-t, -e*
/ufor'gribelig/

ngs uforgribelige mening en mening som fremføres med sikkerhed, men uden dybere indsigt

uforgængelig

ADJ. *-t, -e*

1. som ikke kan nedbrydes el. forsvinde □ *stoffet er uforgængeligt i naturen*
2. som ikke glemmes = UDØDELIG □ *et uforgængeligt ry* · *uforgængelig berømmelse*

uforholdsmæssig el. **uforholdsmæssigt**

ADV.

ikke i rimeligt forhold til hvad der ellers plejer at være tilfældet = URIMELIG □ *et uforholdsmæssigt stort antal officerer blev dræbt* · *en uforholdsmæssig høj pris for en så dårlig kvalitet*

uforklarlig

ADJ. *-t, -e*

som ikke kan forklares = GÅDEFULD □ *et uforklarligt naturfænomen* · *han havde en uforklarlig oplevelse* · *af uforklarlige grunde var hun gået* □ *uforklarlighed*

uforlignelig

ADJ. *-t, -e*
/ufor'lignelig/

som er så meget bedre end andre af sin slags at det ikke tåler sammenligning □ *en uforlignelig tennisspiller* □ *uforlignelighed*

uformel

ADJ. *-t, uformelle*

som i omgangen med andre er afslappet, og som ikke lægger særlig vægt på at overholde en korrekt form udadtil = NATURLIG, UHØJTIDELIG ≠ FORMEL □ *han var ganske uformel i sin optræden* · *en uformel samtale* · *en uformel indbydelse* · *værten var helt uformel* · *lad os sige det helt uformelt*

uformelig

ADJ. *-t, -e*
/u'formelig/

som har en uregelmæssig og ubestemmelig form som evt. er uhåndterlig □ *en uformelig masse* · *den pakke er for stor og uformelig til at blive båret op ad trappen* • (om en person): så tyk at man ikke har normal kropsform □ *hun er så tyk at hun efterhånden er ganske uformelig*

uformindsket

ADJ. - , *uformindskede*

som ikke er gjort mindre = UÆNDRET, SAMME □ *han blev slået omkuld, men rejste sig og kæmpede videre med uformindsket styrke* · *trods nederlaget fortsatte hun med uformindsket iver*

uformodet

ADJ. - , *uformodede*

= UVENTET □ *hans uformodede komplimenter gjorde hende forvirret*

uformåen

SUBST. *-en*

= UFORMÅENHED

uformående

ADJ.

som ikke har mulighed for el. evne til at klare en bestemt situation □ *de stod uformående over for katastrofen*

uformåenhed

SUBST. *-en*

en utilstrækkelig evne til at kunne klare en bestemt situation = UFORMÅEN □ *de kunne måle sig med hinanden i uformåenhed*

ufornuftig

ADJ. *-t, -e*

= TANKELØS □ *et ufornuftigt pigebarn* · *det var ret ufornuftigt af få det barn*

uforrettet

ADJ. - , *uforrettede*

som ikke er gjort el. tilendebragt □ *han måtte gå med uforrettet sag*

uforsagt

ADJ. - , *-e*

= FRIMODIG □ *uforsagthed*

uforsigtig

ADJ. *-t, -e*

som ikke passer på = UAGTSOM □ *han var uforsigtig og faldt* · *et uforsigtigt ord fra dig kan skaffe os en masse ballade*

uforskammet

ADJ. - , *uforskammede*

som taler og handler uden tanke for om det generer eller forarger andre = UBEHØVLET, TAKTLØS, FLABET, FRÆK, SKAMLØS, IMPERTINENT □ *en uforskammet opførsel* · *en uforskammet bemærkning* · *en uforskammet knægt* · *hun var så fræk at antyde at jeg skulle være misundelig* □ *uforskammethed*

uforskyldt

ADJ. - , *-e*

uden egen skyld ≠ SELVFORSKYLDT □ *han var ude for en ulykke, men det var ganske uforskyldt*

uforsonlig

ADJ. *-t, -e*

som ikke er indstillet på forsoning = FJENDTLIG □ *en uforsonlig modstander* · *uforsonlig vrede* · *han nærede et uforsonligt had til politiet* □ *uforsonlighed*

uforstand

SUBST. *en*

manglende forstand □ *fejlen skyldes hans ungdom og uforstand* · *i sin uforstand satte hun penge i et tvivlsomt foretagende* □ *uforstandig*

uforstilt

ADJ. - , *-e*

ægte og naturlig = OPRIGTIG □ *uforstilt glæde*

uforstyrrelig

ADJ. *-t, -e*
/ufor'styrrelig/

som ikke lader sig bringe ud af fatning □ *han sad helt uforstyrrelig* · *en ophøjet og uforstyrrelig ro*

uforstyrret

ADJ. - , *uforstyrrede*

som ikke bliver el. lader sig forstyrre af noget □ *en uforstyrret samtale* · *uforstyrret søvn* · *tyvene kunne uforstyrret kravle ind gennem et vindue* · *trods larmen fortsatte hun uforstyrret sit arbejde* · *her kan vi snakke uforstyrret*

uforståelig

ADJ. *-t, -e*

som ikke kan tydes el. forstås □ *hans sprog var komplet uforståeligt for dem* · *den bog er uforståelig for andre end eksperter* · *hun fik et helt uforståeligt sammenbrud* □ *uforståelighed*

uforstående

ADJ.

som ikke har forståelse for noget □ *indtage en uforstående holdning* · *være uforstående over for andres problemer*

uforsvarlig

ADJ. *-t, -e*

som ikke kan forsvares med gode grunde □ *redningsbælterne var i en uforsvarlig stand* · *det var uforsvarligt af dig at køre uden sikkerhedssele*

uforsætlig

ADJ. *-t, -e*

= UOVERLAGT □ *en uforsætlig fornærmelse*

uforsørget

ADJ. - , *uforsørgede*

som ikke har nogen til at forsørge sig □ *han efterlader enke og tre uforsørgede børn*

ufortalt

ADJ. - , *-e*
[ˈ*ufåtal'ʼt*]

som anerkendes, men ikke tillægges større betydning i en bestemt sammenhæng = BORTSET FRA □ *hans flid ufortalt, tror jeg ikke han passer til stillingen*

ufortjent

ADJ. - , *-e*

som man ikke fortjener □ *en ufortjent ære* · *resultatet var ufortjent for vi var de bedste*

ufortrøden

ADJ. *-t, ufortrødne*

som ikke standser el. lader sig påvirke = TRØSTIG □ *trods vanskeligheder fortsatte han ufortrødent sit arbejde* · *en ufortrøden iver* □ *ufortrødenhed*

ufortøvet

ADJ. - , *ufortøvede*

(glds.): = ØJEBLIKKELIG □ *han kom mig ufortøvet til hjælp*

uforudselig el. uforudseelig

ADJ. *-t, -e*

som ikke kan forudses □ *en uforudselig begivenhed*

uforudset

ADJ. - , *-e*

som ikke kan forudses = UVENTET □ *en uforudset udgift* · *en uforudset efterregning* · *en uforudset hændelse*

uforudsigelig

ADJ. *-t, -e*

som ikke er til at forudsige = UBEREGNELIG □ *en uforudsigelig katastrofe*

uforvarende

ADJ.

udtryk for at man ikke passer på fordi man ikke er forberedt, el. for at noget sker uden det er tilsigtet = UOVERLAGT □ *han skræmmer livet af uforvarende turister* · *i et uforvarende øjeblik* · *jeg kom uforvarende til at tage en forkert hat* · *han havde uforvarende åbnet døren i det forkerte øjeblik* · *hun var uforvarende blevet medlem af bestyrelsen*

ufravendt

ADJ. - , *-e*

som er koncentreret og uden afbrydelse □ *han stirrede ufravendt mod indgangen* · *med ufravendt opmærksomhed* □ *ufravendthed*

ufravigelig

ADJ. *-t, -e*
/*ufraˈvigelig*/

som ikke kan fraviges ≠ FRAVIGELIG □ *det er en ufravigelig regel* · *hun kom ufravigeligt ind som den sidste* □ *ufravigelighed*

ufred

SUBST. *-en*

en tilstand af langvarig konflikt som man evt. bruger vold for at løse □ *krig og ufred* · *bringe ufred med sig* · *leve i ufred med sin familie* · *give anledning til ufred* · *sagen skabte ufred mellem medlemmerne* · *det var slut med ufreden og den dårlige stemning*

ufremkommelig

ADJ. *-t, -e*

som er umulig at komme frem ad □ *vejene er ufremkommelige efter oversvømmelsen* □ *ufremkommelighed*

ufri

ADJ. *-t, -e* (el. *ufri*)

som er berøvet retten til at bestemme over sig selv el. som ikke kan bestemme selv ≠ FRI □ *en ufri person* · *et ufrit land* □ *ufrihed* • som virker hæmmet i sin adfærd ≠ FRIGJORT □ *han er ufri i sit væsen* □ *ufrihed*

ufrivillig

ADJ. *-t, -e*

som man ikke gør med vilje el. som man bliver tvunget til □ *ufrivillig landflygtighed* · *ufrivillig komisk* □ *ufrivillighed*

ufrugtbar

ADJ. *-t, -e*

som ikke er i stand til at få børn el. unger = STERIL, GOLD □ *ufrugtbarhed* • som ikke giver afgrøde ≠ FRUGTBAR □ *ufrugtbar jord* • som ikke giver resultat □ *en ufrugtbar diskussion*

ufuldendt

ADJ. - , *-e*

som ikke er tilendebragt = UAFSLUTTET, UFULDFØRT, UFÆRDIG ≠ FULDENDT □ *et ufuldendt stykke arbejde* · *en ufuldendt roman*

ufuldkommen

ADJ. *-t, ufuldkomne*

= MANGELFULD □ *hans påklædning var noget ufuldkommen* · *en ufuldkommen redegørelse*

ufølsom

ADJ. *-t, ufølsomme*

som ikke viser følsomhed = AFSTUMPET, HÅRDHUDET, TYKHUDET □ *han var ufølsom over for andres lidelser*

uføre

SUBST. *-t*

en situation som er fuld af problemer, el. som ikke fører til noget godt □ *komme ud i uføre* · *føre nogen ud i et økonomisk uføre* · *få nogen ud af uføret*

ugander

SUBST. *-en,* plur. *-e, -ne*
/*uˈgander*/

en person fra Uganda

ugandisk

ADJ. - , *-e*
/*uˈgandisk*/

som har at gøre med Uganda

uge

SUBST. *-n,* plur. *-r, -rne*

en fast cyklus af syv dage med hver deres eget navn, altid i samme rækkefølge, som al fortløbende tidsregning er opdelt i □ *vi får post fra fastlandet hver uge* · *året har 52 uger* · *hun arbejder 37 timer hver uge* · *jeg får bedre tid i uge 33* · *lørdag er ugens bedste dag* □ *ugeavis* · *ugedag* · *ugekort* · *ugeløn* · *ugentlig* · *ugepenge* · *ugerevy* · *ugeskrift* · *ugevis* □ *påskeuge* • syv dage □ *det tager en uges tid* · *det er færdigt på onsdag om tre uger* □ *ugegammel* · *ugelang* • **om ugen** pr. uge = UGENTLIG □ *hun cykler mindst 200 km om ugen* • **om {en} uge** en uge fra nu □ *hun flytter om en uge* · *de skal giftes om tre uger* • **på {en} uge** afsluttet i løbet af en uge □ *de malede hele huset på en uge* · *han rettede alle opgaverne på to uger* • **i ugen** på hverdage ≠ I WEEKENDEN □ *han er bortrejst i ugen, men kommer hjem hver weekend* • **i ugevis** i mange uger □ *han var forsvundet i ugevis* • **den stille uge** ugen op til påskedag • **når der er to torsdage i en uge** aldrig □ *jeg holder op med at ryge når der er to torsdage i en uge*

ugeblad

SUBST. *-et,* plur. *-e, -ene*

et blad som udkommer én gang om ugen, og som ofte rummer meget blandet og underholdende stof □ *de illustrerede ugeblade* · *ugebladene går som varmt brød* · *de læser kun ugeblade, lægeromaner og den slags* · *Familiejournalen, Hjemmet og andre ugeblade* □ *udebladskoncern* · *ugebladsnovelle*

ugeløn

SUBST. *ugelønnen*

den løn man får udbetalt for en uges arbejde □ *han har en ugeløn på 4.000 kr.* □ *ugelønssats*

ugenert

ADJ. - , *-e*

1. som er frimodig og ikke tager sig af hvad andre tænker el. mener □ *han klædte sig ugenert af for øjnene af hele forsamlingen* · *hun flirtede ugenert med sin fætter*
2. som har en beliggenhed hvor man ikke bliver forstyrret el. iagttaget af andre = UFORSTYRRET □ *en ugenert have* · *her kan vi tale ugenert*

ugennemførlig el. uigennemførlig

ADJ. *-t, -e*

ikke mulig at gennemføre = UREALISABEL □ *en ugennemførlig plan*

ugennemsigtig el. uigennemsigtig

ADJ. *-t, -e*

som man ikke kan se igennem □ *ugennemsigtige ruder* • som er svær at forstå □ *sagen er helt ugennemsigtig*

ugennemtrængelig el. uigennemtrængelig

ADJ. *-t, -e*

som man ikke kan trænge igennem = TÆT □ *et ugennemtrængeligt vildnis*

ugennemtænkt el. **uigennemtænkt**

ADJ. - , -e

som ikke er tænkt ordentlig igennem ◻ *planen virker ugennemtænkt*

ugentlig

ADJ. -t, -e
fork. *ugtl.*

som forekommer hver uge = OM UGEN, PR. UGE ◻ *to ugentlige møder* • *de mødtes to gange ugentligt*

ugerne

ADV.

(glds.): = NØDIG ◻ *jeg gør det kun ugerne*

ugerning

SUBST. -en, plur. -er, -erne

en ond el. forbryderisk handling = MISGERNING, FORBRYDELSE ◻ *begå en skændig ugerning* ◻ *ugerningsmand*

ugevis

ADJ. - (el. -t), -e

som finder sted én gang om ugen ◻ *ugevis udbetaling af løn* • **i ugevis** i flere uger ◻ *han har været væk i ugevis*

ugidelig

ADJ. -t, -e
/u'gidelig/

= DOVEN

ugift

ADJ. - , -e

som ikke er gift

ugjort

ADJ. - , -e

som ikke er gjort ≠ GJORT, FÆRDIGGJORT ◻ *ugjort arbejde* • *jeg ville ønske den handling ugjort*

uglad

ADJ. - , -e

(glds., om en person): som ikke ejer evnen til at være glad ◻ *han forekommer mig altid så uglad*

ugle[1]

SUBST. -n, plur. -r, -rne

1. en kraftig rovfugl med brede vinger og store øjne som jager efter mørkets frembrud; har en meget fin hørelse; mange arter, bl.a. *natugle, hornugle* og *sneugle;* latinsk navn *Striges* ◻ *en ugle tudede i skoven* ◻ *uglegylp* • *ugleskrig*
2. i forsk. forb.: • **der er ugler i mosen** = DER ER NOGET GALT • **fange ugler** stikke åren forkert i vandet så man mister magten over den • **have ugler i håret** have filtret hår som er svært at rede ud

ugle[2]

VERB. -r, -de, -t

ugle ngt lave uorden i noget, fx hår el. tøj = FILTRE, RODE ◻ *lad være med at ugle mit hår* • *håret var uglet*

uglegylp

SUBST. -et, plur. ~gylp, -ene

en klump som en ugle har gylpet op, og som består af ufordøjede ben og fjer

ugleset

ADJ. - , -e

som ingen bryder sig om = ILDESET, UPOPULÆR ◻ *en ugleset handling* • *være ugleset*

ugrisk

SUBST. et
['u'grisk]

sprog af den finsk-ugriske sproggruppe som tales i Ungarn og i det østlige Rusland

ugræs

SUBST. *ugræsset*

= UKRUDT • **ugræs fyger over hegnet** udtryk for at der kommer en masse ind i éns kultur el. land som man ikke er begejstret for ◻ *engelske ord, fremmede skikke og andet ugræs fyger over hegnet og ovesvømmer Danmark*

ugtl.

fork. for *ugentlig*

ugudelig

ADJ. -t, -e
/u'gudelig/

1. som ignorerer religionens forskrifter ◻ *hans opførsel er aldeles ugudelig* • *de ugudelige hedninge* ◻ *ugudelighed*
2. som er urimelig ◻ *priserne er ugudeligt høje* • *et ugudeligt tidspunkt*

ugunst

SUBST. en

et forhold som ikke er fordelagtigt ◻ *det taler til ugunst for ham* • *tidernes ugunst* • *ved skæbnens ugunst* ◻ *ugunstig* • en følelse af manglende velvilje ◻ *han pådrog sig sin families ugunst*

ugørlig

ADJ. -t, -e
/u'gørlig/

ikke mulig at gøre = UMULIG ◻ *det var ugørligt at redde ham*

uh

UDRÅBSORD

udtryk for at man fryser, er bange, spændt, forventningsfuld el.lign. ◻ *uh, hvor er her koldt!* • *uh, hvor er der mørkt herinde* • *uh, det er en ulideligt spændende kamp!* • *uh, jeg glæder mig til jul!*

u.h.

fork. for *under havets overflade* ◻ *11.022 m u.h.*

uha

UDRÅBSORD
/u'ha/

udtryk for at man er bange el. føler med nogen el. er forarget over noget ◻ *uha, der sidder en edderkop!* • *uha, jeg tør ikke gå derned alene!* • *uha, det er en slem knibe hun er kommet i* • *uha, sikken pinlig historie*

uhelbredelig

ADJ. -t, -e

som ikke kan helbredes ◻ *en uhelbredelig sygdom*

uheld

SUBST. -et, plur. *uheld, -ene*

1. mangel på held = VANDHELD ≠ HELD ◻ *han havde uheld i spil* • *de sad i uheld* • *hun er forfulgt af uheld* ◻ *uheldig*
2. en mindre hændelse hvor der uforsætligt sker skade på en person el. ting ◻ *han var ude for et uheld i trafikken* • *have et uheld med bilen* • *teknisk uheld* • *ved et uheld tabte hun glasset* ◻ *uheld(s)vanger* • *uheld(s)varslende* ◻ *færdselsuheld* • *trafikuheld*

uheldig

ADJ. -t, -e
/u'heldig/

1. som rammes af el. er præget af uheld = ULYKSAGELIG ◻ *et uheldigt sammenfald* • *jeg var så uheldig at tabe mit nye ur* • *uheldige omstændigheder* • *være uheldig i spil* • *være uheldig med noget* • *være uheldigt stillet*
2. som ikke er passende i en given situation = BEKLAGELIG, UPASSENDE ◻ *en uheldig bemærkning* • *en uheldig påklædning* • *et uheldig optrin*

uheldigvis

ADV.

udtryk for beklagelse over en uheldig hændelse el. situation = DESVÆRRE ◻ *der var uheldigvis ikke nogen hjemme* • *uheldigvis måtte vi gå netop som han kom hjem*

uheldssvanger el. **uheldsvanger**

ADJ. -t, ~svangre

som forudsiger ulykke = ILDEVARSLENDE ◻ *et uheldssvangert varsel* • *der var noget uhyggeligt uheldssvangert over stedet*

UHF

radiofrekvens i området mellem 300 MHz og 3.000 MHz som anvendes til transmission af tv; fork. af engelsk *ultra high frequency* ◻ *UHF-sender*

uhildet

ADJ. - , *uhildede*

= NEUTRAL ◻ *en uhildet person* • *et uhildet syn på sagen* ◻ *uhildethed*

uhjemlet

ADJ. - , *uhjemlede*

som der ikke er hjemmel for, fx i lovgivningen ◻ *ministeren vil have de uhjelmede udgifter stoppet*

uhjælpelig

ADJ. -t, -e
/u'hjælpelig/

som man ikke kan forandre el. lave om på = HÅBLØS ◻ *et uhjælpeligt fjols* • *være uhjælpelig fortabt* • *han var uhjælpelig til grin* • *han sad uhjælpeligt fast i mudderet*

uholdbar

ADJ. *-t, -e*

som ikke kan modstå belastninger el. bestå ret længe ≠ HOLDBAR □ *uholdbart materiale · en uholdbar teori · det er uholdbart at fortsætte produktionen når varen ikke kan sælges*

uhu

LYDORD
/u'hu/

efterligning af en ugles tuden □ *uhu, lød det i skumringen fra uglernes tilholdssted* • efterligning af gråd el. tuden □ *pigen græd hjerteskærende over det knuste krystalglas - uhu! · uhu, tudede hunden langtrukkent*

uhumsk

ADJ. - (el. *-t*), *-e*

så beskidt at det er frastødende, evt. ildelugtende = ULÆKKER □ *et uhumsk værelse* • meget ubehagelig og frastødende □ *en uhumsk historie*

uhygge

SUBST. *-n*

en skrækindjagende stemning □ *uhyggen bredte sig i det mørke rum* • en utiltalende og kold atmosfære ≠ HYGGE □ *stuen havde et præg af uhygge*

uhyggelig

ADJ. *-t, -e*
/u'hyggelig/

som fremkalder en følelse af skræk = RÆDSELSVÆKKENDE ≠ HYGGELIG □ *et uhyggeligt syn · det er det mest uhyggelige jeg længe har hørt · et uhyggeligt skrig · han ser uhyggelig ud · en uhyggelig film · føle sig uhyggeligt til mode* • ⟨ADV.⟩ forstærkende udtryk □ *han er blevet uhyggeligt tynd*

uhyre[1]

SUBST. *-t*, plur. *-r, -rne*
/'uhyre/

1. et uhyggeligt fabeldyr, fx en drage □ *et frygteligt uhyre vogtede skatten*
2. (neds.): et grusomt menneske • (spøg.): en person som ikke opfører sig ordentligt □ *kan du holde fingrene fra lagkagen, dit lille uhyre!*
3. en ting som er stor og tung □ *et uhyre af en kuffert*

uhyre[2]

ADJ.
/u'hyre/

= VÆLDIG □ *jeg har uhyre respekt for ham* • ⟨ADV.⟩ forstærkende udtryk = OVERORDENTLIG, OVERMÅDE, VÆLDIG, UTROLIG, VANVITTIG □ *jeg holder uhyre meget af ham*

uhyrlig

ADJ. *-t, -e*
/u'hyrlig/

1. som vækker stærke følelser af ubehag = RÆDSOM □ *stolen er uhyrlig grim* □ *uhyrlighed*
2. som er usand el. usandsynlig og vækker forargelse el. krænker □ *en uhyrlig påstand · han kom med de mest uhyrlige anklager imod mig* □ *uhyrlighed*

uhæderlig

ADJ. *-t, -e*

= UÆRLIG □ *det grænser til det uhæderlige · en uhæderlig natur · uhæderlig og upålidelig* □ *uhæderlighed*

uhøjtidelig

ADJ. *-t, -e*

som opfører sig på en fri måde = UFORMEL □ *han tager ganske uhøjtideligt på tingene · en forfriskende uhøjtidelig facon* □ *uhøjtidelighed*

uhørlig

ADJ. *-t, -e*
/u'hørlig/

næsten ikke til at høre □ *en uhørlig hvisken* □ *uhørlighed*

uhørt

ADJ. - , *-e*

1. som er så usædvanlig at man aldrig har hørt magen = HORRIBEL □ *en uhørt pris · hans krav er rent ud sagt uhørt · en uhørt frækhed · en uhørt stor sum penge · en uhørt hård dom* □ *uhørthed*
2. uden at blive forhørt □ *dømme nogen uhørt*

uhøvisk

ADJ. - , *-e*

(glds.): = UANSTÆNDIG ≠ HØVISK □ *en uhøvisk historie* □ *uhøviskhed*

uhåndgribelig

ADJ. *-t, -e*

som man ikke kan røre ved og føle, og som derfor virker uforståelig el. uklar ≠ HÅNDGRIBELIG □ *en uhåndgribelig fornemmelse*

uigendrivelig

ADJ. *-t, -e*

som ikke kan modbevises = UOMSTØDELIG □ *et uigendriveligt bevis* □ *uigendrivelighed*

uigenkaldelig

ADJ. *-t, -e*

som ikke står til at ændre = DEFINITIV, ENDELIG □ *en uigenkaldelig forskydning af magtbalancen · et uigenkaldeligt farvel · døden er uigenkaldelig · stykket går for uigenkaldeligt sidste gang*

uigennemførlig

ADJ.

se *ugennemførlig*

uigennemsigtig

ADJ.

se *ugennemsigtig*

uigennemtrængelig

ADJ.

se *ugennemtrængelig*

uigennemtænkt

ADJ.

se *ugennemtænkt*

uimodsagt

ADJ. - , *-e*

som ingen indvender noget imod □ *en uimodsagt påstand · lade noget være uimodsagt · denne påstand bør ikke stå uimodsagt*

uimodsigelig

ADJ. *-t, -e*

som er hævet over enhver tvivl og derfor ikke kan modarbejdes el. diskuteres = INDISKUTABEL, UOMTVISTELIG □ *en uimodsigelig sandhed* □ *uimodsigelighed*

uimodståelig

ADJ. *-t, -e*

som er umulig at modstå □ *en uimodståelig trang til chokolade · hun er helt uimodståelig · en charmerende og uimodståelig mand*

uimodtagelig

ADJ. *-t, -e*

uimodtagelig for ngt som ikke lader sig påvirke af noget = UPÅVIRKELIG, UTILGÆNGELIG □ *han er uimodtagelig for fornuft · hun var ikke uimodtagelig for hans charme* □ *uimodtagelighed*

uindfriet

ADJ. - , *uindfriede*

som endnu ikke er blevet ført ud i livet □ *et uindfriet løfte*

uindskrænket

ADJ. - , *uindskrænkede*

= UBEGRÆNSET □ *uindskrænket magt · herske uindskrænket · uindskrænket myndighed*

uindtagelig

ADJ. *-t, -e*

som ikke kan erobres □ *en uindtagelig fæstning*

uindvirkende

ADJ.

uindvirkende udsagnsord se under *udsagnsord*

uinteresseret

ADJ. - , *uinteresserede*

som ikke viser interesse for en person, en handling el.lign. = UENGAGERET □ *de serverede alle sønnens livretter, men han var fuldstændig uinteresseret · hun kiggede uinteresseret på ham*

ujævn

ADJ. *-t, -e*

som er fri for større uregelmæssigheder som fx forhøjninger og fordybninger ≠ GLAT, LIGE, PLAN □ *planken var ret ujævnt høvlet · vejen var ujævn og fuld af mudderhuller* □ *ujævnhed* • som ændrer sig el. varierer i væsentlig grad □ *han arbejder meget ujævnt · bogen er ret ujævnt skrevet · en ujævn fordeling*

ukendt

ADJ. - , *-e*

som man ikke ved noget om □ *de begav sig ind i hidtil ukendte områder · det er et ukendt stof for mig · motivet til mordet er ukendt* • som ikke er berømt el. anerkendt □ *da var hun endnu en ukendt forfatter* • **være ukendt med ngt** ikke have kendskab til el. erfaring med noget □ *jeg er desværre endnu ukendt med stedet her*

uklar

ADJ. *-t, -e; -ere, -est*

= GRUMSET □ *vinen er uklar* □ *uklarhed* • som ikke er umiddelbart forståelig el. indlysende = UTYDELIG, DUNKEL □ *reglerne er uklare* · *et uklart punkt i aftalen* • som ikke kan tænke og meddele sig klart = FORVIRRET, KONFUS □ *hun var stadig uklar efter bedøvelsen* • **rage uklar med ng** blive uvenner med

uklog

ADJ. *-t, -e*

uden at tænke sig om = TANKELØS, LETSINDIG, UFORNUFTIG □ *en uklog handling* · *en uklog investering*

ukorrekt

ADJ. *- , -e*

som ikke er rigtig = FORKERT ≠ KORREKT □ *en ukorrekt oplysning* · *en ukorrekt påstand* · *en ukorrekt udtale* • = UPASSENDE ≠ KORREKT □ *han optrådte ganske ukorrekt* · *din påklædning er ukorrekt*

ukrainer

SUBST. *-en,* plur. *-e, -ne*

en person fra Ukraine

ukrainsk

ADJ. *- , -e*
[*ukra'i'nsk*]

som har at gøre med Ukraine

ukristelig

ADJ. *-t, -e*

1. = FRYGTELIG □ *blive vækket på et ukristeligt tidspunkt* · *en ukristelig masse mennesker*
2. som ikke er i overensstemmelse med kristendommen □ *en absolut ukristelig opfattelse*

ukronet

ADJ. *- , ukronede*

som er den bedste el. mest betydningsfulde inden for et bestemt område □ *han er boksesportens ukronede konge* · *hun er firmaets ukronede dronning*

ukrudt

SUBST. *-et*

uønskede, vildtvoksende planter i haver og på marker = UGRÆS ≠ NYTTEPLANTE, PRYDPLANTE □ *vi lugede ukrudtet væk i haven* · *morgenfruer formerer sig som ukrudt* □ *ukrudtsfjerner* · *ukrudtsmiddel* · *ukrudtsplante*

ukrænkelig

ADJ. *-t, -e*
/*u'krænkelig*/

som ikke kan el. må tilsidesættes □ *ejendomsretten er ukrænkelig* □ *ukrænkelighed*

ukuelig

ADJ. *-t, -e*
/*u'kuelig*/

som ikke kan undertrykkes el. holdes nede = UBÆNDIG □ *et ukueligt mod* · *et ukueligt godt humør* · *han er komplet ukuelig*

ukulele

SUBST. *-n,* plur. *-r, -rne*
[*uku'le'lə*]

et lille strengeinstrument som ser ud som en guitar, men som kun er halvt så stor som denne og kun har fire strenge = HAWAIIGUITAR

ukultiveret

ADJ. *- , ukultiverede*

= UDANNET □ *en ukultiveret optræden*

ukvemsord

SUBST. *-et,* plur. *~ord, -ene*

= SKÆLDSORD □ *de råbte ukvemsord efter hinanden*

ukvindelig

ADJ. *-t, -e*

som ikke er feminin el. som ikke forbindes med kvinder = MANDHAFTIG □ *en ukvindelig sport* · *ukvindelig opførsel* □ *ukvindelighed*

uladsiggørlig

ADJ. *-t, -e*
/*uladsig'gørlig*/

= UMULIG □ *det er uladsiggørligt*

uland

SUBST. *-et,* plur. *-e, -ene*

= UDVIKLINGSLAND □ *ulandsbistand* · *ulandsfrivillig* · *ulandshjælp* · *ulandsprojekt*

ulandshjælp

SUBST. *-en*

forskellige former for støtte til ulandene, fx overførsel af kapital og fødevarer og udsendelse af fagfolk

ulastelig

ADJ. *-t, -e*
/*u'lastelig*/

som der ikke kan påvises nogen fejl ved = KORREKT, UPÅKLAGELIG, UDADLELIG □ *en ulastelig optræden* · *han var ulasteligt klædt i gråt jakkesæt* □ *ulastelighed*

ulave

SUBST. *en* el. *et*

i ulave (glds.): = I UORDEN □ *motoren er i ulave* · *garnet er kommet i ulave*

uld

SUBST. *-en*

1. tykt, blødt hår fra får, geder, kaniner, kameler el. lamaer □ *klippe ulden af fårene* □ *uldgarn* · *uldeksport* · *uldhår* · *uldspind* □ *angorauld* · *blanduld* · *halvuld* · *heluld* · *kradsuld* · *klipuld* · *mohairuld* · *skinduld* • garn el. stof fremstillet af uld □ *trøjen var af ren uld* □ *uldtrøje* · *uldtæppe* · *uldundertøj*
3. uld i munden udtryk for at tale uden at sige noget konkret el. tage stilling □ *han har uld i munden* · *han taler med uld i munden*

ulden

ADJ. *-t, uldne*

1. som er lavet af uld □ *tæppet er uldent* · *uldne sokker* · *en ulden sweater*
2. som er mistænkelig og uklar □ *der er noget uldent ved den sag* • som er utydelig □ *stemmen er ulden* · *være ulden i konturerne*

uldjyde

SUBST. *-n,* plur. *-r, -rne*

(spøg.): en person fra Herningegnen • (hist.): en jysk uldkræmmer fra egnen omkring Herning, hvor strikning før blev drevet som hjemmeindustri

ulejlige

VERB. *-r, -de, -t*
/*u'lejlige*/

ulejlige ng med ngt tage nogens opmærksomhed i en kort periode □ *må jeg ulejlige dig med et par spørgsmål?* • **ulejlige sig** (glds., form.): begive sig et andet sted hen □ *må jeg bede Dem ulejlige Dem op på 3. sal?*

ulejlighed

SUBST. *-en*
/*u'lejlighed*/

udtryk for at noget er til lettere besvær el. griber forstyrrende ind i noget igangværende □ *du kan godt spare dig ulejligheden* · *volde nogen ulejlighed* · *hvis det ikke er for megen ulejlighed* · *han får ikke noget for sin ulejlighed* · *jeg kommer vel ikke til ulejlighed?*

ulempe

SUBST. *-n,* plur. *-r, -rne*

en ufordelagtig egenskab = MINUS, BAGDEL, GENE ≠ FORDEL □ *det er en ulempe at der ikke er toilet i lejligheden* · *overenskomsten er til ulempe for lønmodtagerne* · *der er mange ulemper forbundet ved at arbejde hjemme* · *der er både fordele og ulemper ved ordningen*

ulidelig

ADJ. *-t, -e*
/*u'lidelig*/

= UTÅLELIG □ *det er ulideligt at høre ham tale* · *en ulidelig varme*

ulig

ADJ. *-* (el. *-t*), *ulig*

(kun som prædikativ): = FORSKELLIG FRA □ *hans væsen er meget uligt faderens* · *ulig broren er han en stor begavelse* · *deres bevægelser er ikke ulig dem man ser i visse afrikanske danse*

ulige

ADJ.

som ikke er ensartet el. jævnbyrdigt fordelt = SKÆV □ *en ulige fordeling af byrderne* · *en ulige kamp* □ *ulighed* • **ulige {tal}** et tal som ikke kan deles med 2, fx 3, 17, 103 ≠ LIGE TAL □ *1.735 er et ulige tal* · *der må parkeres i den side af vejen på ulige datoer* · *ulige gadenumre*

uligevægtig

ADJ. *-t, -e*

(om en person): som ved en let påvirkning alt for hurtigt forandrer humør = LABIL □ *hun er nervøs og meget uligevægtig*

ulivssår

SUBST. *-et,* plur. *~sår, -ene*

(poet.): et dødeligt sår = BANESÅR ▫ *Kong Frode står i Lejregård, han gav sin broder ulivssår*

ulk

SUBST. *-en,* plur. *-e, -ene*

en fisk med et stort hoved og hud med pigge og benknuder; flere arter, bl.a. *almindelig ulk* og *ferskvandsulk;* latinsk navn *Cottida*

ulme

VERB. *-r, -de, -t*

1. brænde el. gløde svagt = GLØDE ▫ *bålet ulmer* **2.** være på vej til at blusse op ▫ *et ulmende oprør* · *vreden ulmede i hende*

ulovlig

ADJ. *-t, -e*
/u'lovlig/

som strider mod loven = ILLEGAL, LOVSTRIDIG, RETSSTRIDIG ≠ LOVLIG

ulovmedholdelig el. **ulovmedholdig**

ADJ. *-t, -e*

(jura): som loven ikke giver ret til

ulster

SUBST. *-en,* plur. *-e, -ne*

en overfrakke af kraftigt, groft uldstof

ult.

fork. for *ultimo*

ultimativ

ADJ. *-t, -e*

som har karakter af at være et ultimatum ▫ *dette er mit ultimative krav*

ultimatum

SUBST. *-et* (el. *ultimatummet*), plur. *-er* (el. *ultimatummer*), *-erne* (el. *ultimatummerne*)
/ulti'matum/

et ufravigeligt krav der er behæftet med visse sanktioner som iværksættes såfremt kravet ikke efterkommes ▫ *stille nogen et ultimatum* · *give efter for et ultimatum* · *fagforeningens ultimatum udløber mandag nat kl. 24, hvorefter strejken begynder* · *Tysklands ultimatum til Danmark om overgivelse* ▫ *ultimatum(s)-politik*

ultimo

ADV.

ultimo {august} i slutningen af en måned; mere præcist: inden for perioden fra den 21. til udgangen af en måned el., ved handel med værdipapirer og ved angivelse af vekslers forfaldsdag, på månedens sidste dag ≠ PRIMO, MEDIO ▫ *varerne bliver leveret ultimo december* · *tiltrædelse ultimo august* • **ultimo {halvtreds}** inden for den sidste del af det tiår der begynder med det angivne tal ▫ *han er ultimo halvtreds*

ultralyd

SUBST. *-en*

lyd med så høj frekvens, over 20.000 Hz, at den ikke opfattes af det menneskelige øre; anvendes medicinsk til fysioterapeutisk behandling, rensning af tandsten, og som billeddiagnostisk undersøgelsesmetode ≠ INFRALYD ▫ *ultralydsbehandling* · *ultralydsscanning* · *ultralydssvejsning* · *ultralydsundersøgelse*

ultramarin

SUBST. *-en* el. *-et*
/ultrama'rin/

et farvestof med en dyb blå farve; tidligere fremstillet af sølvnitrat ▫ *ultramarinblå*

ultraviolet

ADJ. *-, ~violette*

(om lys): som har så kort en bølgelængde at det ikke kan ses med det menneskelige øje; ligger mellem røntgenstråler og den violette ende af det synlige spektrum ▫ *ultraviolet lys* · *ultraviolette stråler*

ulv

SUBST. *-en,* plur. *-e, -ene*

et hvidgråt rovdyr af hundefamilien med lang spids snude og en busket hale; lever i flok; latinsk navn *Canis lupus* ▫ *journalisterne faldt over ministeren som ulve* · *jeg er så sulten som en ulv* ▫ *ulvehund* · *ulvehyl* · *ulveunge* ▫ *hunulv* • **en ulv i fåreklæder** udtryk for at man er værre end man giver sig ud for

ulvetid

SUBST. *-en,* plur. *-er, -erne*

en hård tid med fx krise, sult el. undertrykkelse ▫ *vi lever i en ulvetid* · *ulvetider er på vej* · *midt i en ulvetid*

ulvetime

SUBST. *-n*

timen mellem nattens ophør og solens opgang

ulveunge

SUBST. *-n,* plur. *-r, -rne*

1. en ulvs unge
2. en dreng i alderen 8-12 år der er med i et spejderkorps uden endnu at være egentlig spejder

ulydig

ADJ. *-t, -e*
/u'lydig/

som ikke gør hvad der bliver sagt ▫ *et ulydigt barn* · *han er ulydig mod sine forældre* ▫ *ulydighed*

ulykke

SUBST. *-n,* plur. *-r, -rne*

1. en sørgelig og pludselig hændelse hvor en person skades el. dør = ULYKKESTILFÆLDE ▫ *der er sket en frygtelig ulykke i vejkrydset* · *han blev dræbt ved en ulykke* · *omkomme ved en ulykke* · *der er hændt hende en ulykke* · *være forfulgt af ulykker* ▫ *ulykkesbil* · *ulykkesforsikring* · *ulykkessted* · *ulykkestilfælde* ▫ *bilulykke* · *dødsulykke* · *enmandsulykke* · *flyulykke* · *togulykke*
2. en situation med modgang og sorg ▫ *børskrakket blev hans ulykke* · *det var en stor ulykke for familien da farens firma måtte lukke*
3. gøre en ulykke på sig selv begå selvmord • **gøre** el. **lave ulykker** lave narrestreger • **komme i ulykke** (glds.): blive gravid uden for ægteskab • **være grim som en ulykke** være uhyrlig grim

ulykkelig

ADJ. *-t, -e; -ere, -st*
/u'lykkelig/

som føler el. medfører sorg og utilfredshed = BEDRØVET, FORTVIVLET ▫ *den lille dreng var ulykkelig over at have tabt sin bamse* · *arbejdsløsheden havde bragt familien i en ulykkelig situation* · *et ulykkeligt menneske* · *en ulykkelig barndom* · *en ulykkelig handling* · *ulykkelig kærlighed* · *komme ulykkeligt af dage* ▫ *ulykkeligvis*

ulykkeligvis

ADV.

udtryk for at man beklager en ulykkelig hændelse el. situation = BEKLAGELIGVIS, DESVÆRRE ▫ *ulykkeligvis for mig* · *ulykkeligvis var der ingen hjælp at hente*

ulykkessted

SUBST. *-et,* plur. *-er, -erne*

et sted hvor der er sket en ulykke ▫ *ambulancer kørte de tilskadekomne væk fra ulykkesstedet* · *der blev taget rapport på ulykkesstedet*

ulykkestilfælde

SUBST. *-t,* plur. *~tilfælde, -ne*

= ULYKKE ▫ *et ulykkestilfælde som krævede ti dødsofre* · *hun mistede en finger ved et ulykkestilfælde*

ulyksalig

ADJ. *-t, -e*
/ulyk'salig/

som er ulykkelig el. som har uheldige følger = KEDELIG, UHELDIG, BEKLAGELIG ▫ *en ulyksalig tilstand* · *en ulyksaglig historie*

ulækker

ADJ. *-t, ulækre*

som er frastødende at se på, smage på, lugte til eller røre ved = UHUMSK, SVINSK ≠ LÆKKER ▫ *der var en ulækker os i køkkenet* · *en ulækker, fed person* · *gammelt, ulækkert pålæg* • som er moralsk frastødende ▫ *det er ulækkert som han går og spiller op til alle på kontoret* · *en ulækker sag*

uløst

ADJ. *-, -e*

som der ikke er fundet en løsning på ▫ *en uløst gåde* · *en uløst opgave* · *spørgsmålet henstår stadig uløst*

um

UDRÅBSORD

udtryk for at noget smager godt ▫ *um, en lækker kage!* · *um, skal vi have kylling i dag?*

umage[1]

SUBST. *-n*

gøre sig umage med ngt anstrenge sig for at gøre noget så godt som muligt ▫ *gøre sig umage med at sy kraven i* • **ikke være umagen værd** ikke kunne betale sig = BESVÆR ▫ *det er ikke umagen værd at plukke de små bær*

umage[2]

ADJ.

som ikke passer sammen = UENS □ *strømperne er umage · et umage par*

umandig

ADJ. *-t, -e*

som ikke udviser så meget mod og fasthed som mange forventer af en mand = BLØDSØDEN, FEJ ≠ MANDIG □ *en umandig optræden · det er umandigt at tude på den måde* □ *umandighed*

umanérlig el. **umanerlig**

ADJ. *-t, -e*
/uma'nerlig/

1. som er overraskende stor, flot el.lign. = UTROLIG □ *en umanérlig god middag · en umanérlig hurtig vogn*
2. (glds.): som ikke er til at styre; især om børn □ *et umanérligt barn*

umenneske

SUBST. *-t*, plur. *-r, -rne* (el. *-ne*)

et grusomt menneske = UDYR, UHYRE □ *han anede hvad dette umenneske havde i sinde · selvfølgelig vil vi hjælpe dig, vi er jo ikke umennesker*

umenneskelig

ADJ. *-t, -e*

som ikke er et menneske værdigt = INHUMAN ≠ MENNESKELIG □ *fangerne blev udsat for en umenneskelig behandling · umenneskelige forhold · umenneskelige krav · umenneskelige lidelser* □ *umenneskelighed*

umiddelbar

ADJ. *-t, -e*

uden mellemled = DIREKTE □ *en umiddelbar virkning · huset ligger umiddelbart op til kirken; det er umiddelbart forståeligt · han faldt i søvn umiddelbart efter middagen* ● = IMPULSIV □ *hun er meget umiddelbar af væsen · en umiddelbar følelse*

umindelig

ADJ. *-t, -e*
/u'mindelig/

(om et tidspunkt el. et tidsrum): som ikke er nærmere angivet, men som ligger meget langt tilbage i tiden el. strækker sig over en lang periode □ *jeg har ikke set hende i umindelige tider · det er umindelige tider siden jeg har læst en god bog · krokodillerne har eksisteret fra umindelig tid*

umiskendelig

ADJ. *-t, -e*
/umis'kendelig/

som ikke er til at tage fejl af □ *der er en umiskendelig lighed mellem far og søn · vandet havde en umiskendelig smag af klor* □ *umiskendelighed*

umistelig

ADJ. *-t, -e*
/u'mistelig/

som ikke kan mistes □ *en umistelig ret*

umoden

ADJ. *-t, umodne*

1. som endnu ikke er moden □ *umodne frugter*
2. (om en person): hvis opførsel er barnlig el. ikke svarer til alderen □ *han er ung og umoden · umoden opførsel* □ *umodenhed*

umoderne

ADJ.

som ikke er moderne = PASSÉ, YT □ *kjolen fra sidste år er allerede umoderne*

umoralsk

ADJ. *-* , *-e*

som strider mod den almindelige moral ≠ MORALSK □ *en umoralsk film · optræde umoralsk · umoralsk litteratur*

umotiveret

ADJ. *-* , *umotiverede*

1. som ikke har el. viser interesse for el. lyst til at deltage i noget = UINTERESSERET □ *eleverne virkede meget umotiverede*
2. som der ikke synes at være en fornuftig grund til □ *en umotiveret handling · fuldstændig umotiveret begyndte han at tale om et andet emne · sløjfen sad helt umotiveret på den hat*

umulig

ADJ. *-t, -e*
/u'mulig/

1. som ikke kan lade sig gøre, el. som der ikke kan være tale om = UGØRLIG, ULADSIGGØRLIG □ *planen er helt umulig · vi kan umuligt nå det nu · det kan umuligt være ham der har gjort det · en umulig kamp · hun præsterer næsten det umulige · han kan umuligt andet end blive glad* □ *umuliggøre · umulighed*
2. som ikke har nogen som helst evner for noget bestemt □ *hun er helt umulig til fransk · han er umulig og klodset*
3. som ikke er til at have med at gøre □ *han har været fuldkommen umulig hele dagen · gøre sig umulig · det var en helt umulig dag* □ *kropumulig*

umulius

SUBST. *-en* (el. *umuliussen*), plur. *-er* (el. *umuliusser*), *-erne* (el. *umuliusserne*)
/u'mulius/

(spøg.): en person som ikke kan finde ud af at gøre noget = FJOLS □ *jeg er en umulius til gymnastik*

umyndig

ADJ. *-t, -e*
/u'myndig/

som mangler myndighed pga. ung alder el. umyndiggørelse □ *blive erklæret umyndig · gøre nogen umyndig · en værge skal råde over de umyndige børns formue* □ *umyndiggøre · umyndighed*

umyndiggøre

VERB. *~gør, ~gjorde, ~gjort*
/u'myndiggøre/

umyndiggøre ng (jura): gøre nogen umyndig □ *pga. sindssygdom blev han umyndiggjort* □ *umyndiggørelse*

umælende

ADJ.

stum og dum □ *han stod som et umælende bæst*

umættelig

ADJ. *-t, -e*
/u'mættelig/

som ikke kan gøres mæt □ *børnene var umættelige når det gjaldt slik · en umættelig appetit* □ *umættelighed* ● som er svær at stille tilfreds □ *børn har en umættelig nysgerrighed*

umættet

ADJ. *-* , *umættede*

(om kemisk forbindelse): som ikke har optaget så meget af et stof som det er muligt ≠ MÆTTET □ *en umættet forbindelse · mættede og umættede fedtsyrer* □ *flerumættet · polyumættet*

umådeholden el. **umådeholdende**

ADJ. *-t, umådeholdne*
(umådeholdende: ubøj.)

som har et større omfang end det er nødvendigt el. rimeligt □ *hun er umådeholden i sit drikkeri · ryge umådeholdent* □ *umådeholdenhed*

umådelig

ADJ. *-t, -e*
/u'mådelig/

= VÆLDIG □ *en umådelig sum penge · umådeligt omfang* ● ⟨ADV.⟩ forstærkende udtryk = MÆGTIG, OVERORDENTLIG, UTROLIG, VANVITTIG □ *det er umådeligt morsomt · umådeligt mange mennesker*

unaturlig

ADJ. *-t, -e*

1. = UNORMAL ≠ NATURLIG □ *det var unaturligt at hun blev så tynd · det er en unaturlig mor som ikke bryder sig om sit barn · han har nogle unaturlige tilbøjeligheder* □ *unaturlighed* ● som ikke opfører sig naturligt = KUNSTIG ≠ NATURLIG □ *han opførte sig unaturligt i hendes selskab*

unavngiven el. **unavngivet**

ADJ. *-t, ~givne*
(unavngivet: *-* , *~givne*)

som ikke har gengivet sit navn □ *en unavngiven oversættelse · en unavngiven forfatter*

unbrakonøgle ®

SUBST. *-n*, plur. *-r, -rne*
/un'brakonøgle/

et vinkelbøjet stykke metal med sekskantet tværsnit; det findes i mange størrelser og anvendes til skruning af skruer hvis hovede er forsynet med en tilsvarende sekskantet fordybning □ *unbrakonøglesæt*

unddrage

VERB. *-r, unddrog, -t* (*unddragen, unddragne*)

unddrage ng ngt undlade at give nogen noget de har ret til □ *man kan ikke unddrage sine børn deres arv · han har unddraget skattevæsenet en stor sum* ● **unddrage sig ngt** slippe for el. undgå noget □ *hun forsøgte at unddrage sig sine pligter · unddrage sig retfærdighed · hun forsøgte at unddrage sig hans berøring*

unde

VERB. -*r, undte, undt*

unde ngn ngt gerne lade nogen få noget ≠ MISUNDE □ *jeg under hende virkelig den rejse* · *skal vi ikke unde os selv et hvil nu?* · *de undte sig ikke et øjebliks ro* · *hun under ham ikke salt til et æg*

under[1]

SUBST. *-en,* plur. *-e, -ne*
[*ˈånɔ*]

den underste halvdel af en krydder, tvebak el.lign. ≠ OVER □ *vil du have underen eller overen?*

under[2]

SUBST. *-et,* plur. *-e, -ne*
[*ˈån'ɔ*]

en ufattelig el. overnaturlig hændelse = MIRAKEL □ *det er et under at ingen mistede livet ved ulykken*

under[3]

PRÆP., ADV.
fork. *u.*

1. på et sted lavere end noget el. i retning ned fra noget og evt. på tværs af dette ≠ OVER □ ⟨PRÆP.⟩ *hunden gemte sig under sengen* · *han bor i lejligheden under os* · *han satte sit navn under kontrakten* · *han tændte under kartoflerne* · *de drak ham under bordet* · *de kørte under kanalen gennem den nye tunnel* · ⟨ADV.⟩ *læg en avis under* □ *underbo* · *underdel* · *underdyne* · *underføring* · *underekstremitet* · *undergreb* · *undergrund* · *underkøje* · *underrubrik* · *underskov* • ⟨PRÆP.⟩ dækket af □ *kælderen står under vand* · *hun havde silketrusser på under kjolen* · *han fejede det ind under gulvtæppet* · *under den tilsyneladende venlighed gemte der sig et flammende had* · *han skjulte sin usikkerhed under et selvsikkert smil* □ *underbetræk* · *underbukser* · *underglasur* · *underhud* • ⟨PRÆP.⟩ tynget af en byrde □ *gulvbrædderne knirkede under deres tunge trin* • **ind under** ind imod □ *skibet gik ind under land*
2. ⟨PRÆP.⟩ mens noget andet varer el. indtræffer □ *han besøgte mig under min sygdom* · *den lov blev vedtaget under den forrige regering* · *under disse omstændigheder kan der ikke være tale om det* • **hen under** hen imod □ *han kom hen under aften*
3. ⟨PRÆP.⟩ mindre end noget i antal, pris, alder el. højde ≠ OVER □ *der er under 50 mennesker her* · *bogen koster under 100 kr.* · *hun er under 25* · *han er under halvanden meter* □ *underpris* · *undertal* · *undertryk* • ⟨PRÆP.⟩ af lavere rang el. dårligere kvalitet ≠ OVER □ *en kaptajn rangerer under en oberst* · *det foredrag var under al kritik* · *han har 30 folk under sig* · *det er under min værdighed* · *hun giftede sig under sin stand* · *han gik en klasse under os* □ *underafdeling* · *underdirektør* · *underhus* · *underklasse* · *underlødig* • ⟨i sammensætn.⟩ i mindre grad el. omfang end noget el. end det ønskelige □ *underbegavet* · *underbelyse* · *underbemande* · *underbetale* · *underbyde* · *underdimensionere* · *underkvalificeret* · *undervurdere* · *undervægt*
4. ⟨PRÆP.⟩ udtryk for at man er underlagt, påvirket af el. kontrolleret af noget □ *hun var under pres fra vennerne* · *han blev opereret under fuld bedøvelse* · *broen er under reparation* · *han var under mistanke for mord* · *England blomstrede litterært under dronning Elizabeth I* · *hæren var under kontrol af general de Meza* • ⟨PRÆP.⟩ ledsaget af □ *han holdt en tale under almindelig morskab* · *under hurraråb fra tilhængerne gik det danske landshold op på æresskamlen* · *de fortsatte med at arbejde under protest* • **{komme ind} under ngt** være en underordnet del af noget □ *fremmed valuta hører under min kollegas, bankassistent Petersens, område*
5. under {navnet} benævnt med et navn □ *han var kendt under navnet "den tynde"* · *hun rejste gennem krigszonen under falsk navn*
6. i forsk. forb.: *under* forekommer desuden med andre betydninger i forskellige forbindelser, fx **gå under, stikke under** se *gå, stikke* osv.

underafdeling

SUBST. *-en,* plur. *-er, -erne*

en afdeling som er en underordnet del af en større organisatorisk helhed □ *et kompagni er en underafdeling af en bataljon* · *firmaet har hovedkontor i København og underafdelinger i hele landet*

underarm

SUBST. *-en,* plur. *-e, -ene*

den underste del af menneskets arm fra albue til håndled ≠ OVERARM

underbegavet

ADJ. - , *~begavede*

= UBEGAVET □ *hvis hun er underbegavet skal hun have ekstra hjælp*

underbid

SUBST. *~biddet,* plur. *~bid, ~biddene*

en tandstilling hvor fortænderne i undermunden rager ud over fortænderne i overmunden når der bides sammen ≠ OVERBID □ *have underbid* · *en mand med underbid*

underbinde

VERB. *-r, ~bandt, ~bundet* (*~bunden, ~bundne*)

underbinde en blodåre binde steril tråd stramt om en blodåre så blodgennemstrømningen standses, fx under en operation □ *underbinding*

underbo el. **underboer**

SUBST. *-en,* plur. *-er, -erne*
(underboer: *-en,* plur. *-e, -ne*)

en person der bor neden under én i et fleretagers hus ≠ OVERBO

underbukser

SUBST.PLUR. *-ne*

undertøj som dækker den nederste del af kroppen og med korte el. lange ben el. uden ben = UNDERBENKLÆDER □ *han købte et par underbukser*

underbygge

VERB. *-r, -de, -t*

underbygge ngt med ngt gøre et udsagn mere troværdigt ved at benytte fakta = BEGRUNDE □ *underbygge sine teorier med mange eksempler* · *underbygge sin anklage med beviser* · *underbygge en påstand med argumenter* · *et dårligt underbygget angreb*

underdanig

ADJ. *-t, -e*
/underˈdanig/

som er el. opfører sig ydmygt og underkaster sig andre = SERVIL, YDMYG □ *en underdanig natur* · *være Gud underdanig* □ *underdanighed* • = ÆRBØDIG □ *hun bad underdanigst om nåde*

underdejlig

ADJ. *-t, -e*

= UNDERSKØN

underdrejet

ADJ. - , *~drejede*

ligge underdrejet (om et skib): ligge med forstavnen drejet op mod vinden og med langsomtgående maskine el. ringe sejlføring, fx for at klare sig igennem en storm □ *skibet lå underdrejet i seks timer ud for Esbjerg og red stormen af* • **ligge underdrejet** være uvirksom og vente på at kunne foretage sig noget □ *virksomheden ligger underdrejet pga. problemerne med eksporten* · *han var underdrejet af angst*

underdrive

VERB. *-r, ~drev, ~drevet* (*~dreven, ~drevne*)

underdrive ngt få noget til at fremstå mindre el. mere uvæsentligt end det i virkeligheden er ≠ OVERDRIVE □ *dirigenten har valgt at underdrive effekterne* · *det er et jysk karaktertræk at underdrive* · *han er underdrivelsernes mester* · *forfatteren opnår stor effekt ved at underdrive sine udtryk* □ *underdrivelse*

underernæret

ADJ. - , *~ernærede*

som lider af underernæring

underernæring

SUBST. *-en*

det at få for lidt el. for dårlig føde så vækst og udvikling hæmmes □ *lide af underernæring* · *dø af underernæring*

underforstået

ADJ. - , *~forståede*

som kun antydes og ikke udtrykkes direkte = IMPLICIT □ *en underforstået trussel* · *der lå et underforstået løfte om hjælp i det han sagde* □ *underforståelse*

underfuld

ADJ. *-t, -e*

= FORUNDERLIG □ *der er et underfuldt lys i grotten* · *et underfuldt blik*

underfundig

ADJ. *-t, -e; -ere, -st*
/underˈfundig/

som er snedig og hemmelighedsfuld på en spøgefuld måde = POLISK □ *et underfundigt blik* □ *underfundighed*

undergang

SUBST. *-en,* plur. *-e, -ene*

1. en slutfase i et forløb hvor noget går til grunde og evt. tilintetgøres □ *monumentet blev reddet fra undergang ved en grundig restaurering* ·

være sin undergang nær · *Roms undergang* · *skibets undergang skyldtes et isbjerg* □ *undergangsperiode*
2. en tunnel under en jernbane el. stærkt trafikeret vej beregnet til fx fodgængere □ *undergangen blev oversvømmet under det stærke regnskyl*

undergive

VERB. *-r, ~gav, -t (~given, ~givne)*

undergive sig ng(t) el. **være undergivet ng(t)** forpligte sig el. være tvunget til at handle i overensstemmelse med noget el. nogen □ *undergive sig en bestemt lovgivning* · *de love mennesket er undergivet* · *kongen er ikke undergivet de almindelige love* · *firmaet er undergivet statskontrol*

undergrave

VERB. *-r, -de, -t*

undergrave ngt svække el. ødelægge noget lidt efter lidt, ofte i det skjulte □ *bekymringerne undergravede hans helbred* · *eleverne undergravede lærerens autoritet* · *undergravende virksomhed*

undergrund

SUBST. *-en*

lagene under de øverste jordlag □ *miljøfarlige stoffer siver med regnvandet ned i undergrunden* • ⟨i sammensætn.⟩ en bevægelse der går imod det etablerede samfunds normer □ *undergrundsbevægelse* · *undergrundsblad* · *undergrundshær* • = UNDERGRUNDSBANE □ *køre med undergrunden* □ *undergrundsstation*

undergrundsbane

SUBST. *-n,* plur. *-r, -rne*

= METRO □ *de tog undergrundsbanen i London* · *musikerne spillede i undergrundsbanen*

undergær

SUBST. *-en*

en gærart der bruges ved brygning af *pilsner, lagerøl, porter* og *fadøl;* samler sig på gærkarrets bund efter gæringen

undergæret

ADJ. *- , gærede*

undergæret øl øl som er fremstillet ved tilsætning af *undergær* □ *undergæring*

undergørende

ADJ.

som udretter mirakler □ *et undergørende middel* · *en undergørende kilde* · *have en undergørende virkning*

undergå

VERB. *-r, ~gik, -et*

undergå ngt være genstand for el. deltage i en voldsom, svær el. langvarig proces = GENNEMGÅ □ *hun har undergået en forvandling* · *hans liv har undergået store forandringer* · *de vil lade huset undergå en større reparation* · *samfundsstrukturen undergår i øjeblikket en revolution*

underhandle

VERB. *-r, -de, -t*

underhandle med ng om ngt forhandle med en fjende om noget, især under krig = FORHANDLE □ *underhandle med fjenden om våbenstilstand* □ *underhandling*

underhandling

SUBST. *-en,* plur. *-er, -erne*

(glds.): en forhandling, især på højt politisk plan □ *påbegynde underhandlinger* · *de igangværende underhandlinger*

underhold

SUBST. *-et*

det der behøves for at opretholde tilværelsen; især om kost og logi □ *han tjente selv til sit underhold i studietiden* · *hun skal sørge for familiens underhold* · *retten bestemte at han skulle betale for børnenes underhold* □ *underholdsbidrag* · *underholdspligt*

underholde

VERB. *-r, underholdt, underholdt*

1. underholde ng = FORSØRGE □ *når børnene er fyldt 18 år har forældrene ikke pligt til at underholde dem* □ *underholdsbidrag*
2. underholde ng optræde for nogen; om iscenesat underholdning der fremføres af skuespiller, sanger el.lign. = DIVERTERE □ *komikeren underholdt publikum i en time* · *tv underholder seerne med let underholdning fredag aften* □ *underholdning*
3. underholde ng more nogen og skabe en hyggelig stemning; det kan være gennem selskabelig samtale el. ved at deltage i forlystelser = FORLYSTE, FORNØJE □ *han underholdt sin borddame under hele middagen* · *han underholdt selskabet med sine vittigheder* · *de underholdt feriegæsterne med en tur i Tivoli* • **underholde sig med ng** snakke el. føre en høflig samtale med nogen = KONVERSERE □ *han underholdt tante Line hele aftenen* • **underholde ng med** el. **om ngt** (iron.): □ *han underholder os altid med de samme historier* · *hun underholdt alle om sin forkølelse*

underholdning

SUBST. *-en,* plur. *-er, -erne*

noget som underholder, og som er afslappet og fornøjeligt uden at være dybdegående □ *foreningen holder møde med underholdning og dans* □ *underholdningsbranche* · *underholdningsfilm* · *underholdningsmusik* · *underholdningsprogram* · *underholdningsroman* □ *børneunderholdning*

underholdsbidrag

SUBST. *-et,* plur. *~bidrag, -ene*

et bidrag til en el. flere personer som man har forsørgelsespligt over for = ALIMENTATION

underhus

SUBST. *-et*

det folkevalgte kammer i det britiske parlament, House of Commons

underhånden

ADV.
/under'hånden/

1. i al fortrolighed el. hemmelighed □ *fortælle nogen noget underhånden* · *få noget at vide underhånden* · *tilbyde nogen noget underhånden* □ *underhåndsløfte* · *underhåndsoplysning*
2. som sælges privat uden offentligt udbud □ *sælge noget underhånden* · *salg underhånden* □ *underhåndsaftale* · *underhåndssalg*

underjordisk

ADJ. *- , -e*

1. som befinder sig under jordens overflade □ *en underjordisk klippehule* · *en underjordisk jernbane* · *muldvarpens underjordiske gange*
2. som foregår i det skjulte □ *en underjordisk modstandsbevægelse*

underkant

SUBST. *-en,* plur. *-er, -erne*

en afslutning nedadtil □ *billedets underkant* · *pilen sad i underkanten af pletten* • **i underkanten af ngt** på et lavere niveau end noget □ *prisen var i underkanten af hvad vi plejer at tage for varen* · *hans begavelse er i underkanten af det normale* · *rationerne var i underkanten af et eksistensminimum*

underkaste

VERB. *-r, -de, -t*

underkaste ng(t) ngt udsætte nogen el. noget for noget □ *sagen blev underkastet en grundig undersøgelse* · *han blev underkastet tortur* · *hun underkastede ham et skarpt forhør* · *tyrannen underkastede befolkningen sin vilje* • **underkaste sig ng(t)** udsætte sig for noget el. lade nogen el. noget bestemme over sig □ *de underkastede sig spillets regler* · *han underkastede sig hendes dom* · *hun underkastede sig en operation* □ *underkastelse* • **underkaste sig ngt** lægge noget ind under sin magt = UNDERTVINGE □ *han underkastede sig nabolandene*

underkende

VERB. *-r, ~kendte, ~kendt*

underkende ng(t) ikke godkende nogen el. noget = OMSTØDE □ *byrettens dom blev underkendt ved landsretten* · *regeringens lovforslag blev underkendt af oppositionen* □ *underkendelse* • **underkende ngt** = UNDERVURDERE □ *jeg underkender ikke hans gode sider* □ *underkendelse*

underkjole

SUBST. *-n,* plur. *-r, -rne*

en tynd kjole med stropper som bæres under den egentlige kjole

underklasse

SUBST. *-n,* plur. *-r, -rne*

den laveste samfundsklasse der består af de såvel økonomisk som socialt dårligst stillede personer i befolkningen ≠ MIDDELKLASSE, OVERKLASSE

underkop

SUBST. *~koppen,* plur. *~kopper, ~kopperne*

en lille tallerken som en kop står på

underkrop

SUBST. *~kroppen,* plur. *~kroppe, ~kroppene*

kroppen fra taljen og nedefter ≠ OVERKROP □ *et biluheld gjorde ham lam i underkroppen*

underkue

VERB. *-r, -de, -t*

underkue ng tvinge nogen el. noget ind under sin kontrol = KNÆGTE, KUE, UNDERTVINGE □ *han underkuede bønderne • hun lod sig ikke underkue*

underkæbe

SUBST. *-n,* plur. *-r, -rne*

den underste af de to knogler i kæben som tænderne i undermunden sidder i ≠ OVERKÆBE

underkøbe

VERB. *-r, ~købte, ~købt*

underkøbe ng = BESTIKKE □ *lade sig underkøbe* □ *underkøb*

underlag

SUBST. *-et,* plur. *~lag, -ene*

et fladt stykke som ligger under noget andet □ *et blødt underlag • bruge noget som underlag • tæppet ligger på et underlag af filt • bilen skred ud på det glatte underlag* □ *filtunderlag • gummiunderlag • liggeunderlag • skriveunderlag • trafikunderlag* □ *underlagsfilt • underlagspap*

underlegen

ADJ. *-t, underlegne*
[ˈånɔleˈjən el. ˈånɔlɑjˈən]

som i visse henseender er mindre værd end andre = MINDREVÆRDIG □ *føle sig underlegen • han er sin modstander langt underlegen • vi var dem langt underlegne i antal* □ *underlegenhed*

underlig

ADJ. *-t, -e; -ere, -st*

= MÆRKELIG □ *en underlig person • en underlig oplevelse • han er lidt underlig*

underliggende

ADJ.

1. som ligger under noget □ *de underliggende jordlag*
2. som ikke kommer til udtryk i ord el. handling, men som alligevel påvirker menneskelige relationer = SKJULT □ *en underliggende trussel kunne anes i hans ord • hun har uden tvivl underliggende motiver • i forholdet mellem dem var der altid en underliggende spænding*

underliv

SUBST. *-et*

den indre, nederste del af bugen hos et menneske □ *hun havde problemer med underlivet* □ *underlivsbetændelse • underlivssygdom*

underlivsbetændelse

SUBST. *-n,* plur. *-r, -rne*

betændelse i kvindens livmoder og evt. æggeledere; skyldes infektion med bakterier og kan forårsage sterilitet

underlægge

VERB. *-r, ~lagde, ~lagt*

1. **underlægge sig ngt** få herredømmet over noget = EROBRE □ *Rom underlagde sig Middelhavslandene • Napoleon underlagde sig store dele af Europa* □ *underlæggelse*
2. **være underlagt ngt** være tvunget til at indrette sig efter noget □ *salg af medicin er underlagt visse regler • konsulatet er underlagt ambassaden • han er underlagt min myndighed*
3. **underlægge ngt med ngt** forsyne en film med musik el. en melodi med tekst □ *underlægge en film med musik • underlægge en melodi med tekst • en melodi med underlagt tekst* □ *underlægningsmusik*

underlægningsmusik

SUBST. *~musikken*

musik som ledsager en film

underminere

VERB. *-r, -de, -t*

underminere ngt = UNDERGRAVE □ *bekymringerne underminerede hans helbred*

undermund

SUBST. *-en,* plur. *-e, -ene*

den underste, indre del af munden ≠ OVERMUND □ *han mangler fire tænder i undermunden* • en tandprotese til undermunden ≠ OVERMUND □ *få taget mål til en undermund*

underneden

ADV.

på el. i tilknytning til under- el. indersiden af noget □ *kedlen er sort underneden • hun havde en strikket trøje på og underneden en hvid bluse*

underordne

VERB. *-r, -de, -t*

underordne ng(t) ng(t) anbringe nogen el. noget i en position hvor det afhænger af noget andet □ *vi må underordne de enkeltes ønsker det fælles mål • sætningen er underordnet den forudgående sætning* • **underordne sig ngt** underkaste el. tilpasse sig noget □ *hun har svært ved at underordne sig forholdene på arbejdspladsen* • **underordnende konjunktion** se under *konjunktion*

underordnet

ADJ. *- , ~ordnede*

som er mindre betydningsfuld el. næsten uden betydning = SEKUNDÆR □ *hun spiller en underordnet rolle • alderen er underordnet • lønnen er underordnet* • som har en lavere stilling end en anden el. som er lavere placeret i arbejdspladsens hierarki ≠ OVERORDNET □ *han er min underordnede • en underordnet funktionær*

underpris

SUBST. *-en,* plur. *-er, -erne*

en pris lavere end den normale

underret

SUBST. *~retten,* plur. *~retter, ~retterne*

(foræld.): en domstol som fungerer som første instans = BYRET

underretning

SUBST. *-en,* plur. *-er, -erne*

en oplysning som man modtager direkte og personligt = MEDDELELSE, BESKED, EFTERRETNING, MELDING, OPLYSNING, INFORMATION □ *vi fik straks underretning om ulykken*

underrette

VERB. *-r, -de, -t*

underrette ng om ngt direkte og personligt give nogen oplysninger om noget = INFORMERE, ADVISERE, MEDDELE □ *han underrettede hende om slagets gang • jeg skal nok holde dig løbende underettet • underrette politisk*

underrubrik

SUBST. *~rubrikken,* plur. *~rubrikker, ~rubrikkerne*

1. et kort stykke tekst som er placeret under overskriften (*rubrikken*), og som sammenfatter væsentlige punkter i den følgende tekst, fx i aviser
2. en overskrift over afsnit i en længere tekst

underskov

SUBST. *-en*

en lav træ- og buskbevoksning som vokser under de høje træer i en skov □ *en kraftig underskov af hassel*

underskrift

SUBST. *-en,* plur. *-er, -erne*

en persons navn skrevet af vedkommende selv, fx på en check = NAVNETRÆK □ *sætte sin underskrift • forfalske en underskrift* □ *underskrift(s)indsamling*

underskrive

VERB. *-r, underskrev, underskrevet* (*underskreven, underskrevne*)

underskrive ngt skrive sit navn nederst på et dokument el.lign. for at tilkendegive at man selv har skrevet det el. at man er enig i dets indhold = SKRIVE UNDER, UNDERTEGNE, SIGNERE, BIFALDE □ *han underskrev brevet 'din gamle ven Jens' • han underskriver sig altid 'PP' • underskrive en kontrakt* □ *underskrivelse • underskrift • underskriver* □ *medunderskrive*

underskud

SUBST. *underskuddet,* plur. *underskud, underskuddene*

en mangel i forhold til hvad man har behov for el. havde forventet; især det beløb hvormed udgifterne overstiger indtægterne = DEFICIT □ *der er underskud på regnskabet • forretningen giver underskud • dække underskuddet på finansloven ind gennem skatter • underskud på betalingsbalancens løbende poster • forestillingen kører med underskud • vise et underskud* □ *underskudsforretning* □ *eksportunderskud*

underskøn

ADJ. *-t, ~skønne*

som er vidunderlig skøn = UNDERDEJLIG, BILLEDSKØN □ *en underskøn kvinde*

underskål

SUBST. *-en,* plur. *-e, -ene*

en skål hvori en urtepotte anbringes, og som opsamler vand når planten vandes □ *husk at du kun skal vande blomsten i underskålen*

underslæb
SUBST. *-et,* plur. *~slæb, -ene*

= BEDRAGERI □ *han begik underslæb* • det at nægte at man skylder penge selv om det ikke er sandt; er strafbart

underspille
VERB. *-r, -de, -t*

underspille ngt fremføre noget på en mindre betydningsfuld måde □ *hun underspillede sin rolle ved mødet*

underst
ADJ. *- , -e*

som er længst nede og under noget andet = NEDERST ≠ ØVERST □ *det underste trin* · *den underste kommodeskuffe* · *underste etage* · *ligge underst*

understel
SUBST. *~stellet,* plur. *~stel, ~stellene*

den nederste, bærende del af en konstruktion □ *bilens understel* • (spøg.): den del af kroppen der udgøres af benene □ *hun havde et kraftigt understel*

understrege
VERB. *-r, -de, -t*

understrege ngt sætte en streg under noget for at fremhæve det □ *hun understregede det vigtige i teksten med rødt* □ *understregning* • **understrege ngt** fremhæve noget som vigtigt = FREMHÆVE, POINTERE □ *han understregede at denne sag ikke angik andre* · *begivenheden understregede alvoren i situationen* · *hun understregede sin kvindelighed med højrøde læber* □ *understregning*

understrøm
SUBST. *~strømmen,* plur. *~strømme, ~strømmene*

en kraftig vandstrøm under havoverfladen □ *båden blev ført til havs af en kraftig understrøm* · *de badende blev advaret om de farlige understrømme*

understøtte
VERB. *-r, -de, -t*

1. understøtte ng(t) anbringe en bærende konstruktion under noget = STØTTE □ *understøtte en mur* · *understøtte loftet med søjler* □ *understøtning*
2. understøtte ngt styrke noget el. gøre det mere troværdigt ved at tilføre yderligere oplysninger □ *vidneudsagnet understøtter hans forklaring* · *understøtte en påstand* □ *understøttelse* • **understøtte ng** yde nogen økonomisk el. moralsk støtte □ *hun understøtter sin søn med penge* · *hun forsøger at understøtte ham moralsk* □ *understøttelse*

understøttelse
SUBST. *-n,* plur. *-r, -rne*

en økonomisk støtte som udbetales af en A-kasse til et ledigt medlem såfremt betingelserne herfor er opfyldt = DAGPENGE, ARBEJDSLØSHEDSUNDERSTØTTELSE □ *modtage understøttelse* · *han har været på understøttelse i flere år* · *ret til understøttelse*

understå
VERB. *-r, ~stod, -et*

understå sig i ngt gøre noget som andre ikke vil have at man gør = VOVE PÅ, BRYDE SIG OM □ *du kan understå dig i at slå ham*

undersætsig
ADJ. *-t, -e*

lav og firskåren af skikkelse □ *en lille, undersætsig mandsperson*

undersøge
VERB. *-r, ~søgte, ~søgt*

undersøge ng(t) se grundigt på nogen el. noget for at finde ud af sammenhænge og årsager = STUDERE, GRANSKE □ *det lille barn undersøger alt omkring sig* · *lægen undersøgte patienten* · *prøverne undersøges grundigt* · *politiet undersøgte sagen til bunds* · *et undersøgende blik* □ *undersøgelse* □ *mentalundersøge*

undersåt
SUBST. *undersåtten,* plur. *undersåtter, undersåtterne*

en person der er underordnet en anden persons myndighed; især en beboer i et land i forhold til landets regent □ *dronningens tro undersåtter* □ *undersåtlig* · *undersåtsforhold*

undertal
SUBST. *et*

være el. **komme i undertal** være for få til at vinde en kamp el. til at få indflydelse ≠ OVERTAL □ *vores soldater var i undertal, men klarede sig ved list og udholdenhed* · *de kom i undertal ved afstemningen og fik ingen indflydelse*

undertegne
VERB. *-r, -de, -t*

undertegne ngt (glds.): = UNDERSKRIVE □ *undertegnet en ikke-angrebspagt*

undertegnede
SUBST.BEST.

den person som har skrevet og underskrevet et brev □ *undertegnede søger hermed den opslåede stilling*

undertekst
SUBST. *-en,* plur. *-er, -erne*

1. en skriftlig oversættelse el. gengivelse af dialogen i en film el. et tv-program nederst på lærredet el. skærmen = TEKST □ *en fransk film med danske undertekster* · *filmen vises uden undertekster*
2. en betydning som fremgår indirekte □ *situationens seksuelle undertekst er tydelig* · *talens klare undertekst var at man skulle støtte organisationen*

undertiden
ADV.

= SOMMETIDER □ *undertiden slår det mig hvor forskellige de to brødre er*

undertitel
SUBST. *~titlen,* plur. *~titler, ~titlerne*

en forklarende el. supplerende titel til fx en bogtitel □ *bogens undertitel* · *undertitlen var skrevet med andre typer*

undertone
SUBST. *-n,* plur. *-r, -rne*

1. en følelse el. andet som kun antydes og ikke udtrykkes direkte ≠ OVERTONE □ *der er en undertone af bitterhed i brevet* · *forslaget rummer politiske undertoner*
2. (musik): en tone som er så meget lavere end en grundtone som en given *overtone* er højere ≠ OVERTONE □ *undertonerække*

undertryk
SUBST. *~trykket,* plur. *~tryk, ~trykkene*

et tryk som er lavere end atmosfærens □ *ved forkølelse opstår der hurtigt undertryk i mellemøret* · *undertryk i ørerne kan fjernes ved at lave synkebevægelser* · *der er undertryk i kabinen* · *ved forsøget suges luften ud af beholderen hvorved der opstår undertryk og flødebollen eksploderer*

undertrykke
VERB. *-r, ~trykte, ~trykt*

undertrykke ng(t) forhindre at nogen el. noget kan udfolde sig frit el. komme til udtryk = KUE □ *regimet undertrykte befolkningen* · *undertrykke et smil* · *undertrykke bevismateriale* · *undertrykke sin nervøsitet* □ *undertrykkelse*

undertrøje
SUBST. *-n,* plur. *-r, -rne*

undertøj som dækker den øverste del af kroppen og som er med el. uden ærmer

undertråd
SUBST. *-en,* plur. *-e, -ene*

en sytråd i en symaskine der kommer nede fra skyttelen ≠ OVERTRÅD □ *sætte undertråd i maskinen*

undertvinge
VERB. *-r, ~tvang, ~tvang (~tvungen, ~tvungne)*

undertvinge ng(t) tage magten over nogen el. noget = UNDERKUE, TØJLE, UNDERKASTE □ *undertvinge et naboland* · *en undertvungen latter*

undertøj
SUBST. *-et*

tøj som bæres inderst på kroppen; det kan fx være underbukser, undertrøje el. bh

underudviklet
ADJ. *- , ~udviklede*

som ikke er fuldt udviklet i forhold til noget andet

undervandsbåd
SUBST. *-en,* plur. *-e, -ene*
fork. *ubåd*

et fartøj som kan dykke ned og sejle dybt under havoverfladen; anvendes som krigsfartøj = UBÅD □ *undervandsbåden dykkede op til overfladen* □ *atomundervandsbåd* · *miniundervandsbåd*

undervejs
ADV.
/under'vejs/

under en rejse el. midt i et forløb = PÅ VEJEN, PÅ VEJ □ *stoppe op undervejs og tænke sig om* ·

undervejs drak vi kaffe på en kro · undervejs i forløbet måtte vi ændre på indholdet · der er et barn undervejs i familien

underverden

SUBST. *-en*

1. (græsk mytologi): = DØDSRIGE □ *Orfeus begav sig ned i underverdenen*
2. den kriminelle verden = FORBRYDERKREDSE □ *storbyens underverden · den amerikanske underverden*

undervise

VERB. *-r, ~viste, ~vist*

undervise ng i ngt formidle viden og færdigheder inden for et fag □ *undervise en klasse i dansk og regning · der undervises på engelsk · han underviser i fysik*

underviser

SUBST. *-en,* plur. *-e, -ne*

en person som underviser andre, fx på en skole

undervisning

SUBST. *-en,* plur. *-er, -erne*

formidling af viden og færdigheder inden for et fag □ *jeg går til undervisning i fransk* □ *undervisningssprog · undervisningssted · undervisningstilbud* □ *aftenskoleundervisning · privatundervisning · skoleundervisning · specialundervisning · taleundervisning · voksenundervisning*

undervisningsassistent

SUBST. *-en,* plur. *-er, -erne*

en ikke fastansat underviser på de højere uddannelser

undervisningsministerium

SUBST. *~ministeriet,* plur. *~ministerier, ~ministerierne*

et ministerium som har at gøre med statens undervisning og uddannelse

undervisningspligt

SUBST. *-en*

1. det at et barn skal deltage i folkeskolens undervisning el. anden tilsvarende undervisning □ *alle børn i Danmark har undervisningspligt* □ *undervisningspligtig*
2. det antal timer en lærer ved de højere uddannelser skal undervise; set i forhold til administrationspligt el. forskningspligt

undervisningstime

SUBST. *-n,* plur. *-r, -rne*

= LEKTION

undervurdere

VERB. *-r, -de, -t*

undervurdere ng(t) fejlagtigt bedømme nogen el. noget til at være dårligere el. mindre betydningsfulde end de rent faktisk er = FORKLEJNE □ *det er farligt at undervurdere en modstander · hun havde undervurderet betydningen af at være vellidt · hans indflydelse må ikke undervurderes* □ *undervurdering*

underværk

SUBST. *-et,* plur. *-er, -erne*

en fantastisk ting, bygning el.lign. □ *verdens syv underværker · motoren er et mekanisk underværk* • **gøre underværker** have en fantastisk god virkning □ *det gjorde underværker at få sovet ud · den medicin har gjort underværker*

undfange

VERB. *-r, -de, -t*

1. skabe liv ved befrugtning □ *barnet blev undfanget en nat i september* □ *undfangelse*
2. = UDTÆNKE □ *han undfangede den idé at skrive et drama om krigen*

undfly

VERB. *-r* (el. *-er*), *-ede, -et*

undfly ng(t) (form.): undgå nogen el. noget ved flugt = UNDLØBE □ *undfly sine fjender*

undgik

VERB.

bøjningsform af *undgå*

undgælde

VERB. *-r*

undgælde for ngt blive straffet for noget = BØDE □ *han kom til at undgælde for sine dumheder · hun måtte undgælde for en andens fejl* □ *undgældelse*

undgå

VERB. *-r, undgik, -et*

undgå ng(t) sørge for ikke at komme i kontakt med el. blive udsat for nogen el. noget = VIGE UDENOM, KOMME UDENOM □ *med nød og næppe undgik jeg stolpen · han undgik hendes blik · han undgik at der blev rejst anklage · ingen undgår sin skæbne · historien undgik min opmærksomhed · hun undgår helst at tale om det · jeg kunne ikke undgå at høre hvad I talte om* □ *undgåelse*

undine

SUBST. *-n,* plur. *-r, -rne*
/un'dine/

en kvindelig ånd el. alf som i følge middelalderlig folketro levede i vandet

undkomme

VERB. *-r, undkom, -t* (*undkommen, undkomne*)

(form., glds.): = UNDSLIPPE □ *de undkomne fanger*

undlade

VERB. *-r, undlod, undladt*

undlade ngt (form.): lade være med noget □ *jeg skal ikke undlade at meddele dig konsekvenserne · undlade brug af fremmedord · undlade at tilkalde politiet · donorerne opfodres til at undlade at give blod hvis de har såkaldt risikoadfærd* □ *undladelse*

undløbe

VERB. *-r, -de, -t* (*undløben, undløbne*)

(glds.): = UNDFLY

undre

VERB. *-r, -de, -t*

undre ng vække undren hos nogen □ *hans opførsel undrede selskabet* • **undre sig over ngt** synes at noget er mærkeligt □ *jeg undrer mig over hvor han bliver af*

undren

SUBST. *en*

det at man synes at noget er mærkeligt □ *hans optræden vakte undren · hun hørte på ham med undren · til sin undren opdagede han at døren var låst · hun mærkede hans undren · de betragtede os med undren · han var fuld af undren over at noget kunne være så dejligt · en kilde til stadig undren*

undsagde

VERB.

bøjningsform af *undsige*

undsatte

VERB.

bøjningsform af *undsætte*

undse

VERB. *-r, undså, -t*

undse sig for el. **ved ngt** vige tilbage for el. skamme sig over noget □ *han undser sig ikke for at tage imod bestikkelse · hun undså sig ved sin nøgenhed* □ *undseelse*

undseelig

ADJ.

se *undselig*

undseelse

SUBST. *-n*

det at være genert el. beskeden = GENERTHED, BESKEDENHED □ *føle undseelse over for nogen · gøre noget uden undseelse · falsk undseelse*

undselig el. **undseelig**

ADJ. *-t, -e*
/und'se(e)lig/

= GENERT □ *et undseligt smil · en undselig, lille mand* □ *undselighed*

undsige

VERB. *-r, undsagde, undsagt*

undsige ng (form.): erklære fjendskab imod nogen □ *han undsagde sin bedste ven · adlen undsiger Christian II* □ *undsigelse*

undskylde

VERB. *-r, undskyldte, undskyldt*

1. **undskylde ngt** udtrykke beklagelse over noget man selv el. en anden har gjort = BEKLAGE □ *jeg undskylder mange gange at jeg kom til at såre dig* □ *undskyldning* • **{du} må undskylde ngt** udtryk for at man beklager noget □ *I må undskylde jeg kommer så sent · du må undskylde hende opførsel* • **undskyld** udtryk for at man beklager noget, el. høflighedsudtryk man bruger når man ulejliger el. forstyrrer nogen □ *undskyld, jeg kommer for sent · undskyld, men du kan vel ikke sige mig hvor teatret ligger*
2. **{du} må undskylde mig** el. **have mig und-**

skyldt udtryk for at man man høfligt afbryder en samtale fordi man skal noget andet □ *men nu må du undskylde mig, jeg skal nå at købe ind før butikkerne lukker*
3. undskylde ng ngt finde en grund der berettiger nogens handlemåde, især hvis man selv el. andre misbilliger den = TILGIVE □ *jeg har svært ved at undskylde ham hans optræden* · *han undskyldte sig med at hans cykel var punkteret* □ *undskyldning*

undskyldning

SUBST. *-en*, plur. *-er, -erne*

1. det at beklage noget man har gjort □ *du må give hende en undskyldning* · *få en uforbeholden undskyldning* · *stikke ham en undskyldning* ● = TILGIVELSE □ *der findes vist ingen undskyldning for det han har gjort*
2. = PÅSKUD □ *som undskyldning for at blive væk angav han træthed* · *en dårlig undskyldning*

undslap

VERB.

bøjningsform af *undslippe*

undslippe

VERB. *-r, undslap, undsluppet (undsluppen, undslupne)*

1. undslippe ng(t) have held til at slippe væk fra el. undgå nogen el. noget □ *de flygtende undslap gennem en hemmelig gang* · *en undsluppet fange* · *undslippe sine forfølgere* · *undslippe fra fængslet* · *præsidenten undslap attentatforsøget*
2. undslippe ng komme til at sige noget uden at ville det □ *der undslap ham en ed*

undslog

VERB.

bøjningsform af *undslå*

undslå

VERB. *-r, undslog, -et*

undslå sig for ngt tilkendegive gennem ytring el. handling at man modsætter sig noget = VÆGRE SIG VED □ *du kan ikke undslå dig for at deltage i arbejdet* · *han undslog sig for at modtage en belønning*

undsætte

VERB. *-r, undsatte, undsat*

undsætte ng komme nogen til hjælp i en farlig situation □ *undsætte de skibbrudne* · *de blev undsat med helikopter* □ *undsætning*

undså

VERB.

bøjningsform af *undse*

undt.

fork. for *undtagelse* el. *undtagen*

undtage

VERB. *-r, undtog, -t*

undtage ng(t) undlade at medregne nogen el. noget = SE BORT FRA □ *når man undtager et enkelt uheld, var opvisningen vellykket* · *når undtages Peter, er alle i skole* · *alle reglementets bestemmelser gælder medmindre det udtrykkeligt er undtaget* · *alle raske personer, gravide undtaget, blev sat til at arbejde* □ *undtagelse*

undtagelse

SUBST. *-n*, plur. *-r, -rne*

et enkelt tilfælde som er anderledes end el. ikke medregnes i noget □ *de fleste børn elsker is, men hun er en undtagelse* · *i hans tilfælde gør vi en undtagelse* · *ingen regel uden undtagelser* · *alle skal med, uden undtagelse* · *alle kom med undtagelse af John* · *det hænder det sner i april, men det hører til undtagelserne* □ *undtagelsesvis*

undtagen

PRÆP., KONJ.

1. udtryk for at man undlader at medtage nogen el. noget i en betragtning = BORTSET FRA, PÅ NÆR, EKSKLUSIVE, MINUS □ *alle kommer, undtagen Ole* · *han havde ellers aldrig drukket, undtagen lige i går* · *alle sammen undtagen denne gæst, opførte sig normalt*
2. ⟨KONJ.⟩ bortset fra hvis = MEDMINDRE □ *du skal ikke gøre det, undtagen du er interesseret* · *hun gør det ikke, undtagen nogen driller hende*

undtog

VERB.

bøjningsform af *undtage*

undulat

SUBST. *-en*, plur. *-er, -erne*
[*ɔndu'la't* el. *åndu'la't*]

en lille australsk papegøje med hvid, gul, grøn el. blå fjerdragt; almindelig burfugl; latinsk navn *Melopsittacus undulatus*

undvige

VERB. *-r, undveg, undveget (undvegen, undvegne)*

1. undvige fra ngt = FLYGTE □ *to fanger undveg fra fængslet i går* · *de undvegne stod til en streng straf* □ *undvigelse*
2. undvige ngt prøve at undgå nogen el. noget □ *han undveg hendes blik* □ *undvigemanøvre* ● **undvigende** som ikke giver alle faktiske oplysninger fordi det er ubehageligt □ *et undvigende svar* · *svare undvigende*

undvære

VERB. *-r, -de, -t*

undvære ng(t) klare sig uden noget el. nogen = VÆRE FORUDEN, AFSE □ *jeg vil nødig undvære min daglige avis* · *jeg kan ikke undvære min familie ret længe ad gangen* · *jeg kan sagtens undvære min bil i et par dage* · *jeg ville ikke have undværet den oplevelse for alt i verden*

unfair

ADJ.
[*'ɔnfæ'r*]

som ikke er retfærdig el. fornuftig ≠ FAIR □ *bruge unfair metoder* · *det er unfair at straffe alle for hans forseelse* · *alle syntes at afskedigelsen var unfair*

ung

ADJ. *-t, -e; yngre, yngst*

⟨også SUBST.⟩ som er på et tidligt stadium i livet el. som er under udvikling ≠ GAMMEL □ *en ung kone* · *en ung mand* · *en ung stat* · *han er yngre end hende* · *hun er den yngste i flokken* · *i de unge år* · *unge træer* · *ungt selskab* · *være ung af sind* · *her mødes unge og gamle* · *hun forstod ikke de unge* □ *ungdom* · *ungkvæg* · *ungmø* □ *evigung* · *purung* ● **en yngre {mand}** en forholdsvis ung voksen person □ *der var en yngre kvinde der fortalte mig om det* ● **yngre {jernalder}** senere med hensyn til tidsperiode □ *yngre bronzealder* · *yngre nydansk*

ungarer

SUBST. *-en*, plur. *-e, -ne*

en person fra Ungarn

ungarsk

ADJ. *-, -e*

som har at gøre med Ungarn

ungdom

SUBST. *ungdommen*

den periode i ens liv hvor man er ung, dvs. fra teenageårene til 30-års alderen ≠ ALDERDOM, BARNDOM □ *i min ungdom så jeg anderledes på tingene* · *han tilbragte det meste af sin ungdom på landet* · *hun følte hun havde forspildt sin ungdom* · *hun er ude over den første ungdom* · *min tidlige ungdom* · *den grønne ungdom* · *den svundne ungdom* □ *ungdomsbillede* · *ungdomsdage* · *ungdomselskede* · *ungdomserindring* · *ungdomsflor* · *ungdomsforelskelse* · *ungdomsven* · *ungdomsår* ● en gruppe af unge mennesker = UNGE □ *bekymre sig over nutidens ungdom* · *den studerende ungdom* · *ungdommen i byerne* · *ungdommens oprørstrang* □ *ungdomsforsorg* · *ungdomsfængsel* · *ungdomsgård* · *ungdomshjem* · *ungdomshus* · *ungdomsskole* · *ungdomssløvsind* · *ungdomsydelse*

ungdommelig

ADJ. *-t, -e*
/*ung'dommelig*/

som ikke er, men virker ung □ *en ungdommelig 50-årig* · *et ungdommeligt udseende* · *klæde sig ungdommeligt* · *se ungdommelig ud* · *det er lykkedes ham at bevare et ungdommeligt sind* □ *ungdommelighed*

ungdomsfængsel

SUBST. *-et* (el. *~fængslet*), plur. *~fængsler, ~fængslerne*

(foræld.): en frihedsstraf indtil tre måneder for personer mellem 15 og 21 år; indført i 1930 og ophævet i 1973

ungdomsherberg

SUBST. *-et*, plur. *-er, -erne*

= VANDRERHJEM

ungdomshjem

SUBST. *~hjemmet*, plur. *~hjem, ~hjemmene*

et hjem for unge med særlige problemer □ *han er blevet placeret på et af kommunens ungdomshjem* · *han fik en straf der indebærer at han skal på ungdomshjem i Vendsyssel*

ungdomsskole

SUBST. *-n*, plur. *-r, -rne*

offentligt støttet fritidsundervisning til unge mellem 14-18 år; kurserne kan være almene, prøveforberedende el. have et erhvervsmæssigt sigte = EFTERSKOLE

ungdomssløvsind

SUBST. *-et*

= SKIZOFRENI

unge

SUBST. *-n,* plur. *-r, -rne*

et afkom af et dyr □ *pattedyr føder levende unger* □ *fugleunge · museunge · tigerunge* • (spøg.): = BARN □ *den frække unge tog hele kagen · ungerne er ude at lege · en dejlig unge*

ungefær

ADV.
['ångefæ'r]

(glds.): = CIRKA □ *han er ungefær 50 år · de er ungefær lige store*

ungersvend

SUBST. *-en,* plur. *-e, -ene*

(glds., poet.): en rask og livslysten ung mand = YNGLING □ *ungersvenden gjorde hende sin opvartning*

ungkarl

SUBST. *-en,* plur. *-e, -ene*

en mand som hverken er gift el. lever i ægteskabslignende forhold □ *da han var ungkarl gik han i byen hver eneste aften* □ *ungkarlehybel · ungkarlelejlighed · ungkarleliv*

ungkok

SUBST. *~kokken,* plur. *~kokke, ~kokkene*

en nyudlært kok

ungmand

SUBST. *-en,* plur. *~mænd, ~mændene*

(foræld.): en sømand der har været skibsdreng, men ikke har uddannelse nok til at blive letmatros = JUNGMAND

ungtjener

SUBST. *-en,* plur. *-e, -ne*

en nyudlært tjener

uniform[1]

SUBST. *-en,* plur. *-er, -erne*
/uni'form/

tøj der er fremstillet efter faste regler, og som bæres af alle inden for en gruppe el. organisation, fx inden for hæren el. politiet □ *alle soldaterne bar uniform* □ *uniformsbukser · uniformsfrakke · uniformskasket* □ *admiralsuniform · gallauniform · generalsuniform · politiuniform · skoleuniform · spejderuniform · stuepigeuniform* • en persons ensartede påklædning som kan virke kedelig □ *farven blå var en del af hendes uniform*

uniform[2]

ADJ. *-t, -e*
/uni'form/

= ENSARTET

uniformere

VERB. *-r, -de, -t*
/unifor'mere/

uniformere ng udstyre nogen med uniform □ *overalt var der posteret uniformerede vagter · uniformeret og civilt politi* □ *uniformering* • (neds.): forme på en ensartet måde □ *uniformere uddannelsessystemet* .

unik

ADJ. *-t, unikke*
[u'nik]

= ENKELTSTÅENDE □ *unik og industriel fremstilling · et unikt tilfælde* • = ENESTÅENDE □ *en unik oplevelse · et unikt tilbud*

unika

SUBST. *-et,* plur. *-er, -erne*

noget der kun findes i ét eksemplar □ *denne vase er et unika · et musikalsk unika · ud over masseproduktionen af statuer og platter fremstiller porcelænsfabrikken også unikaer*

unikum

SUBST. *-et* (el. *unikummet*), plur. *-er* (el. *unikummer*), *-erne* (el. *unikummerne*)

en person el. ting som er enestående og fortræffelig = ENER □ *være et unikum · den pige er et unikum*

union

SUBST. *-en,* plur. *-er, -erne*
[un'jo'n]

en sammenslutning af flere lande, foreninger el.lign. som er knyttet tæt sammen □ *Dansk Boldspil Union · den nordiske union blev stiftet i Kalmar i 1397 · den Europæiske Union* □ *unionist · unionistisk · unionsborger · unionsflag · unionskrise* □ *Sovjetunionen · trestatsunion*

unionsborger

SUBST. *-en,* plur. *-e, -ne*
[un'jo'ns-]

en person der har statsborgerskab i et land der er medlem af en union; i EU har en unionsborger ret til at færdes frit inden for EU's grænser og ret til at stemme og opstille til lokalvalg i de andre EU-lande og til Europaparlamentet □ *unionsborgerskab*

unison

ADJ. *-t, -e*
[uni'so'n]

(musik): udtryk for at flere vokal- el. instrumentalstemmer følger samme melodistemme = ENSTEMMIG

univ.

fork. for *universitet*

univers

SUBST. *-et,* plur. *-er, -erne*
[uni'värs]

1. helheden af alle himmellegemer og rummet udenom = VERDENSRUMMET, RUMMET □ *måske findes der mange beboede planeter i universet · alle solsystemerne i universet · forskerne har opdaget en ny planet i vort univers* • **universet** = VERDENSALTET
2. et individs tankeverden el. virkelighedsopfattelse = VERDEN, TILVÆRELSE □ *sådan ser det ikke ud i mit univers · i hans univers betyder det ingenting · dyrenes eget univers*

universal

ADJ. *-t, -e*

= UNIVERSEL □ *han arbejder for universal fred* • ⟨i sammensætn.⟩ som kan alt el. er af almen art og ikke begrænset til et enkelt område □ *universalgeni · universalmiddel · universalløsning · universalnøgle · universaltang*

universalarving

SUBST. *-en,* plur. *-er, -erne*

en person der arver alt det i et bo som ikke er testamenteret til andre

universalgeni

SUBST. *-et,* plur. *-er, -erne*

en person der er et geni inden for mange områder

universalisme

SUBST. *-n*
/universa'lisme/

en ideologisk retning ifølge hvilken menneskets handlinger først og fremmest skal være til gavn for helheden ≠ INDIVIDUALISME • (religion): den grundsætning der går ud på at Gud vil frelse alle mennesker, retfærdige såvel som syndere ≠ PARTIKULARISME

universalnøgle

SUBST. *-n,* plur. *-r, -rne*

en skruenøgle der kan tilpasses alle skruevidder

universaltang

SUBST. *-en,* plur. *~tænger, ~tængerne*

en tang hvis kæber har en riflet flade, en riflet bue og en skarp æg, og som kan bruges som både fladtang, rørtang og bidetang

universel

ADJ. *-t, universelle*
[univär'sæl']

som omfatter hele verden, el. som er almindelig og udbredt = ALMENGYLDIG, UNIVERSAL □ *sikre en universel fred · et universelt problem*

universitet

SUBST. *-et,* plur. *-er, -erne*
[univärsi'te't]

en højere læreanstalt hvis formål det er at drive forskning og undervisning inden for hovedområderne, humaniora, samfundsvidenskab og naturvidenskab □ *gå på universitetet · Københavns Universitet* □ *universitetsbibliotek · universitetscenter · universitetshospital · universitetslektor · universitetsstuderende* □ *folkeuniversitet*

universitetslektor

SUBST. *-en,* plur. *-er, -erne*

en fastansat lektor på et universitet

universitær

ADJ. *-t, -e*
/universi'tær/

som har at gøre med et universitet □ *en universitær titel · en universitær terminologi · man taler om tingene i en universitær sammenhæng · en universitær referenceramme*

unode

SUBST. *-n*, plur. *-r*, *-rne*

= UVANE □ *hun havde den unode at snøfte* • **unoder** gale streger □ *børnene laver unoder*

unormal

ADJ. *-t*, *-e*

som ikke er normal = UNATURLIG, ANORMAL, ABNORM ≠ NORMAL □ *en unormal adfærd*

unuanceret

ADJ. - , *unuancerede*

som er ensidig el. uden variation el. detaljer □ *en unuanceret beskrivelse* • *en unuanceret måde at opfatte en sag på*

unægtelig

ADV.

/u'nægtelig/

som ikke kan nægtes = UBESTRIDELIG □ *det er unægtelig en meget vanskelig sag*

unævnelig

ADJ. *-t*, *-e*

/u'nævnelig/

som er for chokerende til at blive sagt højt □ *unævnelige rædsler i koncentrationslejrene* • *et unævneligt ord*

unødig

ADJ. *-t*, *-e*

som ikke er nødvendig el. som er overflødig □ *gør dig ikke unødigt besvær* • *gøre sig unødige bekymringer*

unødvendig

ADJ. *-t*, *-e*

ikke nødvendig = UNØDIG, UPÅKRÆVET □ *et stort hus uden unødvendig luksus* • *udsæt dig ikke for unødvendig risiko!* □ *unødvendighed*

unøjagtig

ADJ. *-t*, *-e*

som er el. gengiver noget ukorrekt el. på en tvetydig måde = UPRÆCIS ≠ NØJAGTIG □ *referatet er unøjagtigt* • *en unøjagtig oversættelse* □ *unøjagtighed*

unåde

SUBST. *en*

(form.): det at miste el. være uden nogens velvilje □ *da han giftede sig faldt han i evig unåde hos sin far* • *være i unåde*

uomgængelig

ADJ. *-t*, *-e*

/uom'gængelig/

1. som man ikke kan komme udenom □ *det er en uomgængelig nødvendighed at du deltager i mødet*
2. (om en person): som er vanskelig at omgås ≠ OMGÆNGELIG □ *hun var sur og uomgængelig* □ *uomgængelighed*

uomstødelig

ADJ. *-t*, *-e*

som ikke kan ændres el. modbevises = UIGENDRIVELIG □ *et uomstødeligt bevis* • *rettens afgørelse er helt uomstødelig* □ *uomstødelighed*

uomtvistelig

ADJ. *-t*, *-e*

som er hævet over enhver tvivl og derfor ikke kan modsiges el. diskuteres = INDISKUTABEL, UIMODSIGELIG □ *en uomtvistelig kendsgerning* □ *uomtvistelighed*

uopdragen

ADJ. *-t*, *uopdragne*

som ikke har fået en ordentlig opdragelse = UDANNET □ *det er uopdragent at stirre på folk* • *en uhøflig og uopdragen dreng* • *en uopdragen tølper* □ *uopdragenhed*

uopfordret

ADV.

uden at være blevet bedt om det □ *han hjalp hende ganske uopfordret* • *han mødte uopfordret op*

uopholdelig el. **uopholdeligt**

ADV.

/uop'holdelig/

1. (glds.): = HELE TIDEN □ *han fablede uopholdeligt om hende*
2. (glds.): = ØJEBLIKKELIG □ *det indkaldte mandskab skal uopholdelig begive sig til kasernerne*

uophørlig

ADJ. *-t*, *-e*

/uop'hørlig/

som ikke hører op el. som føles sådan = UAFBRUDT □ *fortet var under uophørlig beskydning* • *uophørlig regn*

uoplagt

ADJ. - , *-e*

ikke være i humør til at foretage sig noget □ *føle sig træt og uoplagt* • *han var uoplagt og ville ikke være med til at spille kort*

uoplyst

ADJ. - , *-e*

som ikke har fået tilstrækkelig information og viden □ *en uoplyst befolkning* • *borgerne er ganske uoplyste om de faktiske forhold* • *ministeren holdt Folketinget uoplyst om sagen*

uopmærksom

ADJ. *-t*, plur. *uopmærksomme*

1. hvis opmærksomhed ikke er rettet mod det der lige nu er vigtigst = DISTRÆT ≠ OPMÆRKSOM □ *eleverne var uopmærksomme i matematiktimen* □ *uopmærksomhed*
2. som ikke tager hensyn til andre eller opfylder deres behov = UGALANT ≠ OPMÆRKSOM □ *en uopmærksom ægtemand* □ *uopmærksomhed*

uopnåelig

ADJ. *-t*, *-e*

/uop'nåelig/

som det ikke er muligt at opnå □ *en uopnåelig lykke* • *hun virkede fjern og uopnåelig for ham*

uoprettelig

ADJ. *-t*, *-e*

/uop'rettelig/

som ikke kan gøres god igen = UBODELIG □ *stormen forårsagede uoprettelige skader* • *hendes død er et uopretteligt tab for virksomheden* □ *uoprettelighed*

uopsagt

ADJ. - , *-e*

som ikke er opsagt □ *være i en uopsagt stilling*

uopslidelig

ADJ. *-t*, *-e*

/uop'slidelig/

som holder sig meget længe uden at blive ubrugelig el. slidt op = SLIDSTÆRK □ *et par uopslidelige bukser* • *en uopslidelig vittighed* □ *uopslidelighed*

uopsættelig

ADJ. *-t*, *-e*

/uop'sættelig/

som er vigtig og derfor ikke kan udsættes = PRESSERENDE □ *et uopsætteligt møde* • *en uopsættelig aftale*

uorden

SUBST. *-en* (el. *uordnen*)

mangel på orden = ROD, FORVIRRING □ *der var en frygtelig uorden på hendes værelse* • *papirerne lå i den syndigste uorden* • *der er uorden i regnskabet* • *hæren flygtede i vild uorden* • *situationen i landet er præget af social og økonomisk uorden* • **i uorden** udtryk for at noget ikke fungerer som det skal = I ULAVE, I UREDE □ *maskinen er i uorden* • *min mave er i uorden*

uorganiseret

ADJ. - , *uorganiserede*

1. som ikke er sat i system ≠ ORGANISERET □ *undervisningen virkede temmelig uorganiseret*
2. som ikke er medlem af en faglig organisation ≠ ORGANISERET □ *en uorganiseret arbejder* • *virksomheden benyttede uorganiseret arbejdskraft*

uorganisk

ADJ. - , *-e*

som ikke er organisk □ *uorganiske stoffer* • *uorganiske forbindelser* • **uorganisk kemi** se under *kemi*

uoverensstemmelse

SUBST. *-n*, plur. *-r*, *-rne*

et punkt hvorom der er uenighed = UENIGHED, SKÆRMYDSEL □ *en mindre uoverensstemmelse fik dem til at fare i totterne på hinanden* • *der var visse uoverensstemmelser i forbindelse med formuleringen af notatet* • *gemytternes uoverensstemmelse* • det forhold at noget ikke passer med noget andet = FORSKEL, DISHARMONI, MISFORHOLD, MODSTRID □ *der var uoverensstemmelse mellem det hun sagde, og det hun gjorde*

uoverensstemmende

ADJ.

som ikke stemmer overens el. harmonerer med noget □ *uoverensstemmende holdninger* • *være i uoverensstemmelse med*

uoverlagt

ADJ. - , -e

som ikke sker med vilje = UFORSÆTLIG, UFORVARENDE, UAGTSOM □ *en uoverlagt handling*

uoverskuelig

ADJ. -t, -e

som ikke er til at overskue □ *regnskabet er uoverskueligt stillet op* · *fejlen kan få uoverskuelige konsekvenser*

uovertruffen el. **uovertruffet**

ADJ. *uovertruffet, uovertrufne*

som aldrig har været overgået □ *hun er en uovertruffen kok* · *som vagthund er den uovertruffen*

uovervejet

ADJ. - , *uovervejede*

som man ikke har tænkt ordentligt igennem = HOVEDLØS, UBESINDIG □ *en uovervejet bemærkning*

uovervindelig

ADJ. -t, -e

1. som ikke er til at vinde over = URØRLIG, OVERLEGEN □ *fodboldholdet forekom uovervindeligt i 70'erne*
2. som ikke er til at komme over □ *en uovervindelig hindring*

u.p.

1. fork. for *uden for partierne*
2. fork. for *uden portefølje*

upag.

fork. for *upagineret*

upartisk

ADJ. - , -e

= NEUTRAL □ *en upartisk dommer* · *en upartisk observatør* · *strengt upartisk* □ *upartiskhed*

upasselig

ADJ. -t, -e
/u'passelig/

(glds.): = UTILPAS

upassende

ADJ.

som ikke passer til den pågældende situation = UKORREKT ≠ KORREKT □ *en meget upassende bemærkning* · *være upassende klædt på til lejligheden* · *opføre sig upassende*

uplejet

ADJ. - , *uplejede*

som bærer præg af ikke at være plejet ordentligt, fx med hensyn til rengøring □ *have uplejet hår* · *huset gjorde et uplejet indtryk* · *børnene så uplejede og forhutlede ud*

uplettet

ADJ. - , *uplettede*

som er moralsk uangribelig = PLETFRI ≠ BLAKKET □ *have et uplettet rygte* □ *uplettethed*

uppercut

SUBST. *~cutten,* plur. *-s* (el. *uppercut*), *uppercuttene*
['ɔbɔkɔt]

(boksning): et stød nede fra og op mod kæben □ *bokseren gav modstanderen en uppercut*

upræcis

ADJ. -t, -e

= UNØJAGTIG

uprøvet

ADJ. - , *uprøvede*

1. som ikke er afprøvet □ *en uprøvet metode* · *intet må lades uprøvet*
2. som ikke er særlig erfaren = UERFAREN □ *en ung og uprøvet politiker*

up to date

ADJ.
['ɔp tu 'dæjt]

som er moderne og tidssvarende = TIDSSVARENDE □ *køkkenets indretning er up to date* · *computerens software er ikke up to date*

upåagtet

ADJ. - , *upåagtede*

som ingen bemærker el. påskønner □ *han besidder et upåagtet talent* · *kvindernes store indsats under krigen har hidtil været upåagtet*

upåklagelig

ADJ. -t, -e
/upå'klagelig/

som der ikke er noget at udsætte på = ULASTELIG □ *en upåklagelig opførsel* · *maskinen har i mange år fungeret upåklageligt* □ *upåklagelighed*

upåklædt

ADJ. - , -e

uden tøj på ≠ PÅKLÆDT □ *hun var endnu upåklædt da postbudet ringede på* □ *upåklædthed*

upåkrævet

ADJ. - , *upåkrævede*

som ikke er nødvendig til et bestemt formål = UNØDVENDIG □ *hans entusiasme i denne sag er helt upåkrævet*

upålidelig

ADJ. -t, -e

som man ikke kan stole på = UTROVÆRDIG, UVEDERHEFTIG □ *et upålideligt vidne* · *han er upålidelig når det gælder aftaler* □ *upålidelighed*

upåtalt

ADJ. - , -e

som ikke kommenteres □ *lade noget gå upåtalt hen* · *beskyldningen fik lov at passere upåtalt* · *en sådan opførsel bør ikke forblive upåtalt*

upåvirkelig

ADJ. -t, -e

som ikke lader sig påvirke følelsesmæssigt = UIMODTAGELIG □ *de bønfaldt ham om at skifte mening, men han var fuldstændig upåvirkelig*

upåvirket

ADJ. - , *upåvirkede*

som ikke er følelsesmæssigt påvirket af noget bestemt = UANFÆGTET, UBERØRT □ *han var rolig og tilsyneladende upåvirket af ulykken* · *hun var upåvirket af sin succes*

ur[1]

SUBST. *-et,* plur. *-e, -ene*

et instrument der måler tid, og som viser hvilket tidspunkt på døgnet det er; også om et måleinstrument til tidtagning □ *mit ur er gået i stå* · *uret slog tre slag* · *uret vinder fem minutter i døgnet* · *uret går for langsomt* · *uret passer ikke* · *uret viser fem* · *have ur på* · *stille uret frem* · *trække uret* · *uret er foran* □ *urforretning* · *urrem* □ *armbåndsur* · *digitalur* · *dykkerur* · *guldur* · *lommeur* · *standur* · *stopur* · *tårnur* · *æggeur*

ur[2]

SUBST. *-en,* plur. *-er, -erne*

nedstyrtede og forvitrede sten som har samlet sig ved foden af et bjerg

ur-

SUBST. *-en,* plur. *-er, -erne*

1. ⟨i sammensætn.⟩ som er oprindelig el. stammer fra de ældste tider □ *urbefolkning* · *urmenneske* · *urnordisk*
2. ⟨i sammensætn.⟩ forstærkende udtryk □ *urgammel* · *urkomisk*

uran

SUBST. *-en* el. *-et*
[u'ra'n el. 'u·ra'n]

et blødt, sølvhvidt, metallisk grundstof som er radioaktivt, og som bruges til atomvåben og kernebrændsel i atomreaktorer; atomtegn *U* □ *uranreaktor*

uransagelig

ADJ. -t, -e
/uran'sagelig/

(glds.): = GÅDEFULD □ *Herrens veje er uransagelige* · *af uransaglige grunde var han ikke lykkelig*

urban

ADJ. -t, -e
[ur'ba'n]

= DANNET □ *udtrykke sig i urbane vendinger* · *en urban opførsel*

urbanisere

VERB. *-r, -de, -t*
/urbani'sere/

urbanisere ngt omdanne noget til byområde □ *i løbet af 1900-tallet blev området kraftigt urbaniseret* □ *urbanisering*

urbanitet

SUBST. *-en*
/urbani'tet/

det at opføre sig urbant □ *en fin diplomat af stor urbanitet*

urdu
SUBST. *et*

et indoeuropæisk sprog som er et af de officielle sprog i Pakistan, og som bruges af muslimer i Indien

urealisabel
ADJ. *-t, urealisable*

= UIGENNEMFØRLIG □ *en urealisabel plan*

urede
SUBST. *en* el. *et*

i urede udtryk for at noget er filtret sammen = I UORDEN, I ULAVE □ *jeg havde vundet garnet, men nu er det kommet i urede • han lukkede op kun iført nattøj og med håret i urede*

uredelig
ADJ. *-t, -e*
/u'redelig/

= UÆRLIG □ *uredelig embedsførelse • uredelige forretningsmetoder • være uredelig i pengesager* □ *uredelighed*

uredt
ADJ. *- , -e*

som ikke er redt □ *sengen stod uredt hele dagen • han stod på terrassen i morgenkåbe og med uredt hår*

ureflekteret
ADJ. *- , ureflekterede*

som ikke tænker dybere over tingene □ *han er en ureflekteret natur*

uregelmæssig
ADJ. *-t, -e*

1. som afviger fra en fast rutine el. fra almindelige og accepterede planer, regler el. vaner ≠ REGELMÆSSIG □ *toggangen er uregelmæssig i dag • en uregelmæssig vejrtrækning* □ *uregelmæssighed*
2. = UJÆVN □ *en uregelmæssig overflade • et sæt uregelmæssige tænder*
3. (grammatik): som ikke bøjes efter faste forudsigelige regler ≠ REGELMÆSSIG □ *uregelmæssigt verbum*

uregerlig
ADJ. *-t, -e*

som opfører sig vildt og ikke lader sig dæmpe ned el. styre = USTYRLIG, VILTER, VILD, BALSTYRIG □ *ungerne er helt uregerlige* □ *uregerlighed*

uren
ADJ. *-t, -e*

1. = SNAVSET ≠ REN □ *en uren skjorte* • **uren hud** fedtet hud med hudorme og filipenser
2. blandet med noget andet som evt. forringer kvaliteten ≠ UREN □ *urent metal • uren farve* • som er falsk ≠ UREN □ *en uren tone • synge urent*
3. (i Bibelen): smittet med sygdom, især spedalskhed, og uegnet til at færdes blandt andre mennesker = BESMITTET

uret
SUBST. *uretten*

en moralsk angribelig el. forkert handling = URETFÆRDIGHED □ *der er begået en uret mod ham • det er en uret over for mindretallet • en blodig uret • forsøge at gøre sin uret god igen* • **gøre ng uret** være uretfærdig imod nogen □ *da hun mistænkte ham for tyveriet gjorde hun ham en stor uret • du har gjort mig blodig uret • for ikke at gøre mig selv uret, må jeg forklare hvorfor jeg gjorde det* • **have uret** fremsætte en fejlagtig påstand = TAGE FEJL ≠ RET □ *du har uret i det du siger • han indrømmede at han havde uret* • **lide uret** være udsat for en uretfærdig behandling □ *det er bedre at lide uret end at gøre uret* • **med urette** på et fejlagtigt grundlag ≠ MED RETTE □ *de beskyldte hende med urette for at have stjålet penge • stykket blev med urette tilskrevet Shakespeare*

uretmæssig
ADJ. *-t, -e*

som man ikke har lovlig adkomst til □ *han var kommet uretmæssigt til pengene • en uretmæssig tilegnelse*

urfugl
SUBST. *-en,* plur. *-e, -ene*

en hønsefugl som lever på heder; hannen er blåsort, har lyreformet hale og en rød kam over øjet; latinsk navn *Lyrurus tetrix*

urgermansk
SUBST.

= FÆLLESGERMANSK • ⟨ADJ.⟩ = FÆLLESGERMANSK

uriaspost
SUBST. *-en,* plur. *-er, -erne*

en ubehagelig el. udsat stilling el. position □ *det er en uriaspost at være minister i en kriseperiode*

urimelig
ADJ. *-t, -e*
/u'rimelig/

1. som ikke er retfærdig el. rimelig = UBILLIG □ *de levede under urimelige forhold • han fremsatte en urimelig beskyldning • det er urimeligt at tage en sådan beslutning uden forudgående drøftelse • deres krav er helt urimelige • en urimelig lov* □ *urimelighed*
2. som er svær at omgås □ *medicinen gjorde hende deprimeret og urimelig • være urimelig om morgenen*

urin
SUBST. *-en,* plur. *-er, -erne*
[u'ri'n]

den gullige væske som man udskiller, og som indeholder affaldsstoffer opløst i vand, udskilt gennem nyrerne = TIS, PIS □ *der var ikke meget urin i bleen* □ *urinblære • urinleder • urinprøve • urinrør • urinveje • urinvejssygdomme* □ *morgenurin*

urinal el. urinale
SUBST. *-et,* plur. *-er, -erne*
(urinale: *-t,* plur. *-r, -rne*)
/uri'nal/

en kumme til vandladning = PISSOIR □ *et badeværesle uden urinal*

urinere
VERB. *-r, -de, -t*
/uri'nere/

= TISSE □ *urinering*

urinrør
SUBST. *-et,* plur. *~rør, -ene*

et rør som leder urinen fra urinblæren ud af legemet; hos manden leder urinrøret også sæd ud af legemet □ *have en infektion i urinrøret*

urinveje
SUBST.PLUR. *-ne*

de organer der danner urinen og fører den ud af legemet □ *urinvejslidelse • urinvejssygdom*

urkomisk
ADJ. *- , -e*

som er meget komisk = GRUNDKOMISK □ *det var så urkomisk at vi revnede af grin*

urkraft
SUBST. *-en,* plur. *urkræfter, urkræfterne*

en oprindelig, primitiv kraft □ *pigerne repræsenterer Ruslands urkraft og indre disciplin • hun har kontakt til selve livets urkraft • i ly af natten og med stofferne i blodet føler de unge sig opfyldt af en rå og bestialsk urkraft*

urmager
SUBST. *-en,* plur. *-e, -ne*

en håndværker der bl.a. efterser, reparerer og sælger ure; også om selve forretningen □ *gå til urmageren for at få renset sit ur • hvor ligger der en urmager?* □ *urmagerelev • urmagerværksted*

urne
SUBST. *-n,* plur. *-r, -rne*

1. en krukke til en afdød og kremeret persons aske □ *sætte en urne i jorden* □ *urnegrav • urnehal • urneplads • urnested*
2. ⟨i sammensætn.⟩ en beholder til stemmesedler □ *stemmeurne • valgurne*

urnehal
SUBST. *~hallen,* plur. *~haller, ~hallerne*

et opbevaringssted for gravurner = KOLUMBARIUM

urnordisk
SUBST.

= FÆLLESNORDISK • ⟨ADJ.: -, *-e*⟩ = FÆLLESNORDISK

uro¹
SUBST. *-en*

1. = BEKYMRING □ *give anledning til uro • hendes uro voksede fordi børnene ikke var kommet hjem endnu • uro og frygt bredte sig i befolkningen* • en manglende evne til at falde til ro = MURREN □ *uro i benene • hun kunne ikke falde i søvn pga. den indre uro*
2. en tilstand af larm, rod og forvirring □ *der var en forfærdelig uro i lokalet hvor folk gik ud og ind* □ *uromager • urostifter*

uro²
SUBST. *-en,* plur. *-er, -erne*

1. en pyntegenstand som hænges op og bevæger sig under påvirkning af luftens strømninger; består typisk af flere tynde stænger hvortil der er bundet figurer der hænger i balance = MOBILE
2. et lille svinghjul der regulerer et mekanisk lomme- el. armbåndsurs gang

urokkelig

ADJ. -t, -e
/u'rokkelig/

som ikke kan flyttes el. ændres □ *det store skab stod urokkeligt fast* • *en urokkelig naturlov* • som ikke skifter mening el. holdning uanset hvad der sker □ *han var urokkelig i sine krav* • *en urokkelig forvisning om at alt var godt* • *en urokkelig ærlighed*

urolig

ADJ. -t, -e
/u'rolig/

1. som er bekymret el. bange = UROLIG □ *hun blev først urolig da han havde været væk i flere timer* • *urolig tog hun telefonen* • *hun var urolig for børnene* • *jeg vil ikke gøre dig urolig*
2. som støjer og ikke kan falde til ro ≠ ROLIG □ *børnene var urolige og ville ikke sidde stille*

uroligheder

SUBST.PLUR. -ne

en tilstand af uro som evt. leder til optøjer □ *der er optræk til uroligheder* • *efter demonstrationen opstod der uroligheder i gaderne* • *landet trues af indre uroligheder*

urologi

SUBST. -en
/urolo'gi/

videnskaben om sygdomme i urinvejene og tilhørende organer

uromager

SUBST. -en, plur. -e, -ne

en person der forårsager ballade og uroligheder = FREDSFORSTYRRER, UROSTIFTER □ *det var nogle få uromagere der startede balladen*

uropatrulje

SUBST. -n, plur. -r, -rne

en enhed inden for politiet som holder opsyn på særligt udsatte steder, og som ofte er klædt i civil under tjenesten □ *de seks personer blev anholdt af uropatruljen* • *politiets uropatrulje lavede mange razziaer på Christiania*

uropførelse

SUBST. -n, plur. -r, -rne

den absolut første gang et teaterstykke opføres = FØRSTEOPFØRELSE, URPREMIERE □ *stykket har premiere her i morgen, men uropførelsen fandt sted i Oslo sidste år*

urostifter

SUBST. -en, plur. -e, -ne

= FREDSFORSTYRRER □ *optøjerne iværksattes af ungdommelige urostiftere*

urovækkende

ADJ.

som giver anledning til uro og ængstelse = FORUROLIGENDE

urpremiere

SUBST. -n, plur. -r, -rne

den absolut første gang et teaterstykke el. en film spilles = UROPFØRELSE, FØRSTEOPFØRELSE □ *filmen havde urpremiere i New York i 1957*

urskov

SUBST. -en, plur. -e, -ene

en stor skov som ikke er berørt af mennesker; især i tropiske regnskove = JUNGLE

urt

SUBST. -en, plur. -er, -erne

en plante der har bløde og saftige dele, og hvis stængel ikke bliver til *ved* □ *komme urter på suppen* • *etårige urter* □ *urtebed* • *urtehave* □ *bulmeurt* • *gåseurt* • *krydderurt* • *lægeurt* • *malurt* • *suppeurt*

urtekost

SUBST. -en, plur. -e, -ene

(spøg.): = BLOMSTERKOST

urtekræmmer

SUBST. -en, plur. -e, -ne

en person el. en butik der sælger krydderier, te m.m. □ *du kan købe hel kardemomme hos urtekræmmeren*

urtepotte

SUBST. -n, plur. -r, -rne

en beholder af ler el. plast til dyrkning af især stueplanter □ *urtepotteskjuler*

urtepotteskjuler

SUBST. -en, plur. -e, -ne

en dekorativ beholder til at sætte en urtepotte med plante i

urtesuppe

SUBST. -n, plur. -r, -rne

en suppe lavet af grøntsager og krydderier

urtete

SUBST. -en, plur. -er, -erne

tørrede urter der anvendes til tebrygning, og som ikke indeholder garvesyre □ *en pose urtete* • ⟨ikke plur.⟩ en te lavet af tørrede urter □ *en kande urtete*

urtid

SUBST. -en

den allertidligste periode i Jordens historie □ *Jordens urtid* • *i en fjern urtid levede der kæmpeøgler i Europa* □ *urtidsdyr* • *urtidsøgle*

uruguayaner el. uruguayer

SUBST. -en, plur. -e, -ne
/urugua'yaner/

en person fra Uruguay

uruguayansk el. uruguaysk

ADJ. - , -e
/urugua'yansk/

som har at gøre med Uruguay

urørlig

ADJ. -t, -e
/u'rørlig/

1. som ikke bevæger sig □ *han stod så urørlig som en statue*
2. som ikke er til at vinde over = UOVERVINDELIG □ *tennismesteren er urørlig*

urørt

ADJ. - , -e

som ikke er blevet berørt af nogen □ *han lod vinen stå urørt*

uråd

SUBST. et

ane uråd have mistanke om at noget er galt □ *han anede ikke uråd da han fik tilbud om at købe de stjålne varer*

usagt

ADJ. - , -e

som undlader at tillægge en ytring nogen betydning □ *skal vi ikke betragte den bemærkning som usagt?* • som undlader at udtale sig om noget □ *om han har ret, skal jeg lade være usagt* • *jeg skal lade det være usagt om de har handlet efter reglerne*

usand

ADJ. -t, -e

som ikke gengiver forholdene som de virkelig er = FALSK, FORKERT □ *et usandt vidneudsagn* • *hun talte usandt* □ *usandhed*

usandfærdig

ADJ. -t, -e

som ikke holder sig til sandheden = LØGNAGTIG □ *drengen har en tendens til at være usandfærdig* • *en usandfærdig historie* • *et usandfærdigt vidne* □ *usandfærdighed*

usandhed

SUBST. -en, plur. -er, -erne

en påstand el. en oplysning som ikke er sand = LØGN □ *blive grebet i en usandhed* • *han fortalte den ene usandhed efter den anden*

usandsynlig

ADJ. -t, -e

⟨også SUBST.⟩ som man næppe kan forvente el. tro på = UTROLIG, UTÆNKELIG ≠ SANDSYNLIG □ *en usandsynlig historie* • *det er højst usandsynligt at han når opgaven på den korte tid* • *det er det usandsynlige der kontrollerer begivenhederne* • ⟨ADV.⟩ forstærkende udtryk = UTROLIG, OVERORDENTLIG, VÆLDIG, VANVITTIG □ *de har usandsynlig mange penge* • *der er usandsynlig mange myg i år* • *han er usandsynlig doven*

usbeker

SUBST. -en, plur. -e, -ne
/us'beker/

en person fra Usbekistan

usbekisk

ADJ. - , -e
/us'bekisk/

som har at gøre med Usbekistan

uset

ADJ. - , -e

som undgår at blive set □ *hun sneg sig uset ind i lokalet* • *tyven undslap uset* • som aldrig er set før = UKENDT □ *der kom ansøgninger i et hidtil uset omfang*

usigelig
ADJ. -*t*, -*e*
/u'sigelig/

som er så overvældende at det ikke kan beskrives med ord □ *usigelig forbavselse* · *usigelig rædsel* · *usigelig lykke* · *blive usigelig glad*

usikker
ADJ. -*t*, *usikre*

1. som er vaklende el. rystende □ *han var usikker på benene* · *stigen står usikkert* · *hans tysk er yderst usikkert* • som man ikke kan stole fuldt ud på □ *en usikker statistik* · *prognosen er usikker*
2. som er i tvivl el. som mangler selvtillid = TVIVLRÅDIG □ *være usikker med hensyn til fremtiden* · *han er usikker over for kvinder* □ *usikkerhed*
3. som udgør en risiko □ *byens gader er usikre om aftenen* · *isen er usikker* · *det er usikkert at færdes i kvarteret*

uskadelig
ADJ. -*t*, -*e*
/u'skadelig/

som ikke gør nogen skade = UFARLIG, HARMLØS □ *et uskadeligt dyr* · *disse tabletter er ganske uskadelige* · *trods al sit råberi er han helt uskadelig* □ *uskadelighed* · *uskadeliggøre*

uskadeliggøre
VERB. ~*gør*, ~*gjorde*, ~*gjort*
/u'skadeliggøre/

uskadeliggøre ng gøre ude af stand til at anrette skade □ *stik af hvis du ikke kan uskadeliggøre angriberen*

uskadt
ADJ. - , -*e*

(om en person): uden skader = VELBEHOLDEN, HELSKINDET □ *slippe uskadt fra en ulykke*

uskarp
ADJ. -*t*, -*e*

som ikke er skarp = SLØV, STUMP □ *kniven var uskarp* • som er utydelig i konturerne = SLØRET □ *billederne er uskarpe* · *en uskarp forstørrelse*

uskik
SUBST. *uskikken*

en dårlig skik = UVANE, UTING □ *det er en uskik med de kostbare konfirmationsfester* · *det er en uskik at gå og snøfte indad*

uskikket
ADJ. - , *uskikkede*

som ikke egner sig til noget = UDUELIG □ *han er uskikket til stillingen pga. farveblindhed* □ *uskikkethed*

uskreven
ADJ. -*t*, *uskrevne*

som ikke er formelt vedtaget og nedskrevet, men eksisterer gennem sædvane □ *en uskreven lov* · *uskrevne regler*

uskrømtet
ADJ. - , *uskrømtede*

(glds.): som er ægte = UTILSLØRET, OPRIGTIG, SAND □ *vise uskrømtet glæde* □ *uskrømtethed*

uskyld
SUBST. -*en*

1. det at være uden skyld i noget □ *han bedyrede sin uskyld*
2. det at man endnu ikke har den voksnes erfaring og viden om verden = TROSKYLDIGHED □ *han så på hende med barnlig uskyld* • det at være uden erotisk erfaring □ *hun mistede sin uskyld*

uskyldig
ADJ. -*t*, -*e*
/u'skyldig/

1. som er uden skyld i noget = SAGESLØS □ *han var uskyldig i forbrydelsen* · *han blev uskyldigt dømt* · *spille uskyldig* • som ikke gør skade □ *en uskyldig spøg* · *bomben så helt uskyldig ud* · *en uskyldig bemærkning*
2. som endnu har sin barnlige uskyld = TROSKYLDIG, USKYLDSREN □ *et uskyldigt barn* • som er uden erotisk erfaring = UERFAREN, USKYLDSREN □ *hun spillede en ung, uskyldig nonne*

uskyldsren
ADJ. -*t*, -*e*

(poet.): som er ren og uskyldig = USKYLDIG □ *en uskyldsren pige* · *uskyldsrene øjne* · *de uskyldsrene barndomsår*

uskøn
ADJ. -*t*, *uskønne*

som er frastødende, i modsætning til hvad man kunne forvente ud fra omstændighederne □ *en uskøn alliance* · *en uskøn blanding*

usleben
ADJ. -*t*, *uslebne*

1. ⟨også *uslebet*⟩ som ikke er slebet □ *en usleben diamant* · *en usleben kniv*
2. = UDANNET □ *et uslebent væsen* · *uslebne manerer*

usling
SUBST. -*en*, plur. -*e* (el. -*er*), -*ene* (el. -*erne*)

en ussel, foragtelig person □ *en fej usling*

usmagelig
ADJ. -*t*, -*e*
/u'smagelig/

som støder almindelig moral og virker væmmelig = SMAGLØS □ *det var en usmagelig affære* · *en usmagelig nysgerrighed* □ *usmagelighed*

usminket
ADJ. - , *usminkede*

1. som man ikke har forsøgt at pynte på el. ændre = UTILSLØRET □ *den usminkede sandhed*
2. som er uden sminke □ *et usminket ansigt*

usolid
ADJ. -*t*, -*e*

udtryk for en skyldner hvis betalingsevne er usikker □ *han blev betegnet som en usolid kunde i banken* · *økonomisk usolid*

ussel
ADJ. -*t*, *usle*

som er meget lille, simpel el. ynkelig = RINGE, ELENDIG □ *det var kun en ussel trøst* · *han sled og slæbte for en ussel løn* · *han boede i et usselt lille kammer* · *en ussel hytte*

u.st.
(i litteraturfortegnelse): fork. for *uden stedsangivelse*

ustabil
ADJ. -*t*, -*e*

som ved let påvirkning forandrer tilstand el. humør; især fra godt til dårligt = LABIL ≠ STABIL □ *vejret er ustabilt* · *hans sygdom er meget ustabil i øjeblikket* · *et geologisk ustabilt område* · *en ustabil medarbejder* · *en ustabil situation*

ustadig
ADJ. -*t*, -*e*

som hele tiden forandrer sig meget; især fra godt til dårligt □ *ustadigt vejr*

ustandselig
ADJ. -*t*, -*e*
/u'standselig/

som hele tiden foregår el. gentager sig = UAFBRUDT □ *hun er ustandselig oppe at slås med sin bror* · *de ustandselige krav om øget effektivitet*

ustemt
ADJ. - , -*e*

1. (musik): ikke justeret til at give rene toner med præcise intervaller □ *klaveret er ustemt*
2. (sprog): som dannes uden stemmetone fra stemmelæberne □ *det danske s er en ustemt lyd*

ustuderet
ADJ. - , *ustuderede*

som ikke er faguddannet = LÆG □ *en jævn og ustuderet mand*

ustyrlig
ADJ. -*t*, -*e*; -*ere*, -*st*
/u'styrlig/

1. som ikke lader sig styre = UREGERLIG, UBÆNDIG, VILTER, VILD, BALSTYRIG □ *ungerne er helt ustyrlige* □ *ustyrlighed*
2. som er bemærkelsesværdig stor el. forekommer i bemærkelsesværdig høj grad = UTROLIG □ *ustyrlig morsom* · *en ustyrlig masse penge*

usund
ADJ. -*t*, -*e*

som i større el. mindre grad virker ødelæggende på legemet el. psyken = SKADELIG, SUNDHEDSFARLIG ≠ SUND □ *usund mad* · *slik er usundt* · *han har en usund levevis* · *usunde vaner* • sygelig af udseende □ *hun har en usund hud* · *en usund ansigtskulør* □ *usundhed* • som ikke har en gavnlig virkning □ *regeringen fører en usund pengepolitik*

usvigelig

ADJ. *-t, -e*
/u'svigelig/

som ikke svigter el. ændrer sig =TROFAST, STABIL □ *med usvigelig sikkerhed* · *usvigelig kærlighed* □ *usvigelighed*

usynlig

ADJ. *-t, -e*
/u'synlig/

som ikke kan ses ≠ SYNLIG □ *gøre sig usynlig* · *stjernen er usynlig for det blotte øje* · *der er en usynlig mur mellem dem*

usædelig

ADJ. *-t, -e*
/u'sædelig/

som bryder moralen, især seksuelt = UTUGTIG, UTERLIG □ *føre et usædeligt liv* □ *usædelighed*

usædvanlig

ADJ. *-t, -e*

som afviger meget fra det normale =UALMINDELIG, EXCEPTIONEL, EKSTRAORDINÆR, UTRADITIONEL □ *det er usædvanligt at folk bliver over 100 år* · *en usædvanlig sommer* · *usædvanlig hård frost* □ *usædvanlighed*

usødet

ADJ. - , *usødede*

1. uden sukker □ *usødet frugtsaft*
2. give råt for usødet give el. svare igen på samme, ofte hårde måde

usårlig

ADJ. *-t, -e*
/u'sårlig/

som ikke kan såres el.krænkes □ *prinsen fik en magisk kappe som gjorde ham usårlig* · *han virker følelseskold og usårlig, men i virkeligheden er han meget følsom* □ *usårlighed*

utak

SUBST. *utakken*

mangel på taknemmelighed og værdsættelse □ *høste utak* · *lønne nogen med utak* · *utak er verdens løn*

utal

SUBST. *et*

et meget stort antal □ *et utal af muligheder*

utallig

ADJ. *-t, -e*
/u'tallig/

som er meget talrig = TALLØS □ *der er utallige muligheder*

utalt

ADJ. - , *-e*
['utal't]

(glds.): =TALLØS □ *verdensrummets utalte stjerner*

uterlig

ADJ. *-t, -e*
/u'terlig/

som er krænkende over for nogen seksuelt = USÆDELIG □ *optræde uterligt over for børn* □ *uterlighed*

uterus

SUBST. *en*

= LIVMOR

utide

SUBST.

i utide for tidligt og på et ubelejligt tidspunkt □ *bomben eksploderede i utide* · *hun nedkom i utide* · *han rejste hjem i utide* • **i tide og utide** mange gange og på ubelejlige tidspunkter □ *hun beklager sig i tide og utide* · *han kommer løbende i tide og utide og spørger om alt muligt*

utidig

ADJ. *-t, -e*

1. som er træt og søvnig og derfor pylret og vanskelig; især om børn □ *det var sent, og børnene var efterhånden temmelig utidige* □ *utidighed*
2. som passer dårligt ind i den sammenhæng el. på det tidspunkt hvor det forekommer = UPASSENDE, MALPLACERET □ *utidig nysgerrighed* · *utidig indblanding i andres forhold*

utilbørlig

ADJ. *-t, -e*

= UPASSENDE □ *det var en ganske utilbørlig opførsel i den situation* □ *utilbørlighed*

utilfreds

ADJ. - (el. *-t*), *-e*

som ikke er tilfreds med nogen el. noget = MISFORNØJET □ *han er altid utilfreds* · *hun var dybt utilfreds med betjeningen* □ *utilfredshed*

utilgængelig

ADJ. *-t, -e*

1. svær el. umulig at få adgang til ≠ TILGÆNGELIG □ *en utilgængelig bjergtop* · *skoven havde i mange år været utilgængelig for offentligheden* □ *utilgængelighed*
2. være utilgængelig for ngt være umulig at påvirke med noget =UIMODTAGELIG □ *han er utilgængelig for fornuft* · *de var utilgængelige for bestikkelse* □ *utilgængelighed*

utilitarisme

SUBST. *-n*
/utilita'risme/

en filosofisk retning der mener at alle handlinger skal bedømmes efter deres nytteværdi = NYTTEMORAL

utilladelig

ADJ. *-t, -e*

= UTILSTEDELIG □ *en utilladelig dovenskab*

utilnærmelig

ADJ. *-t, -e*
/util'nærmelig/

svær at komme i nærheden af = RESERVERET □ *han virker meget utilnærmelig indtil man lærer ham at kende* □ *utilnærmelighed*

utilpas

ADJ. - , *utilpasse* (el. *utilpas*)

som føler sig dårlig □ *føle sig utilpas* □ *utilpashed*

utilregnelig

ADJ. *-t, -e*

som ikke kan forventes at handle normalt □ *når han havde drukket, blev han utilregnelig* · *han erklærede sig utilregnelig i gerningsøjeblikket* · *han er komplet utilregnelig og temmelig ondskabsfuld*

utilsløret

ADJ. - , *utilslørede*

1. som man ikke har forsøgt at pynte på el. ændre = USKRØMTET, USMINKET, ÅBENHJERTIG □ *en utilsløret ondskabsfuldhed* □ *utilsløret hed*
2. som ikke bærer slør for ansigtet □ *nutildags er uddannede arabiske kvinder utilslørede*

utilstedelig

ADJ. *-t, -e*
/util'stedelig/

som man af moralske grunde ikke kan forsvare el. acceptere =UTILLADELIG □ *en utilstedelig indblanding* · *en utilstedelig optræden* · *på utilstedelig vis*

utiltalende

ADJ.

som virker frastødende i sit væsen □ *et utiltalende par* · *en utiltalende person* · *et utiltalende ydre*

uting

SUBST. *en*

en generende skik = USKIK □ *lange bordtaler er en uting* · *det er en uting at ryge mens andre spiser*

utopi

SUBST. *-en*, plur. *-er, -erne*
/uto'pi/

en forestilling om en uopnåelig ideal, tilstand, især vedrørende samfundsforhold o.l. =UVIRKELIGHED, ØNSKETÆNKNING □ *fred i verden lader til at være en utopi* □ *utopisk*

utopisk

ADJ. - , *-e*
/u'topisk/

som er uopnåelig el. ikke realistisk =UOPNÅELIG □ *det er utopisk at tro at vi kan gennemføre projektet til tiden*

utopist

SUBST. *-en*, plur. *-er, -erne*
/uto'pist/

en tilhænger af virkelighedsfjerne teorier om samfundets ideelle indretning =IDEALIST

utraditionel

ADJ. *-t, utraditionelle*

1. = USÆDVANLIG □ *en utraditionel løsning af problemet* · *man tog utraditionelle metoder i brug*
2. som ikke ligger til grund i traditioner □ *et utraditionelt familiemønster*

utro

ADJ.

1. som har et seksuelt forhold til en anden end sin ægtefælle, samlever el. kæreste ≠ TRO □ *være sin kone utro med nogen* □ *utroskab*
2. som svigter nogen el. noget = TROLØS, ILLOYAL, SVIGEFULD, FORRÆDERISK ≠ TROFAST □ *han var utro mod sin grundlæggende overbevisning*

utrolig

ADJ. *-t, -e; -ere, -st*
/u'trolig/

⟨også SUBST.⟩ som er uden sidestykke, og som man derfor har svært ved at tro el. forstå = UBEGRIBELIG, UFATTELIG, USANDSYNLIG □ *det er utroligt, men sandt* • *en utrolig oplevelse* • *det lyder helt utroligt* • *det grænser til det utrolige* • *man kan høre det utroligste* • ⟨ADV.⟩ forstærkende udtryk □ *utrolig mange penge* • *han er utrolig naiv* • *det smager utrolig godt* • *hun udviste et utroligt mod*

utroskab

SUBST. *-en,* plur. *-er, -erne*

det at have et seksuelt forhold til en anden end sin ægtefælle, samlever el. kæreste □ *han beskyldte sin kone for utroskab*

utroværdig

ADJ. *-t, -e*

som man ikke kan tro på el. have tillid til = UPÅLIDELIG, UVEDERHEFTIG □ *et utroværdigt vidne*

utryg

ADJ. *-t, utrygge*

som føler sig urolig el. truet = BEKLEMT ≠ TRYG □ *jeg føler mig utryg ved situationen* • *bange og utryg forlod jeg huset* □ *utryghed*

utrættelig

ADJ. *-t, -e*
/u'trættelig/

= IHÆRDIG □ *med utrættelig iver* • *han var utrættelig optaget af at lede efter en snog* • *et utrætteligt smil*

utrøstelig

ADJ. *-t, -e*
/u'trøstelig/

som er meget ked af det og ikke kan trøstes □ *han er utrøstelig over hendes død*

utugt

SUBST. *-en*

= HOR □ *drive utugt som erhverv* • *leve af utugt* □ *utugtig*

utugtig

ADJ. *-t, -e*

seksuelt anstødelig = FRÆK, USÆDELIG □ *utugtig adfærd* • *utugtig litteratur* □ *utugtighed*

utur

SUBST. *en*

have utur el. **være i utur** være uheldig

utvetydig

ADJ.

som kun kan tolkes på én måde og derfor ikke kan misforstås = ENTYDIG, KLAR □ *et utvetydigt svar* • *udtrykke sig utvetydigt* □ *utvetydighed*

utvivlsom

ADJ. *-t, utvivlsomme*
/u'tvivlsom/

som der ikke kan tvivles om = SIKKER, GIVET, GIVETVIS, UDEN TVIVL □ *en utvivlsom kendsgerning* • *en malerisamling af utvivlsom betydning* • *det er utvivlsomt sandt hvad han siger* • *han er utvivlsomt en stor skuespiller* • *han har utvivlsomt set den da han gik ud* □ *utvivlsomhed*

utvivlsomt

ADV.

udtryk for at noget gælder med meget stor sandsynlighed = UDEN TVIVL, GIVETVIS, GIVET, HELT SIKKERT, BESTEMT ≠ SANDSYNLIGVIS □ *han har utvivlsomt glemt det* • *der er utvivlsomt mange der mener sådan* • *det vil utvivlsomt være en stor opgave*

utvungen

ADJ. *-t, utvungne*

= TVANGFRI □ *bevæge sig frit og utvungent*

utydelig

ADJ. *-t, -e*
/u'tydelig/

som er svær at se el. høre = UKLAR, USKARP □ *utydelig skrift* • *tale utydeligt* • *et utydeligt billede*

utyske

SUBST. *-t,* plur. *-r, -rne*

(glds.): en uregerlig person; især et barn □ *lad være med at drille katten, dit lille utyske!* □ *utyskestreger*

utæmmelig

ADJ. *-t, -e*
/u'tæmmelig/

som ikke lader sig styre = USTYRLIG

utænkelig

ADJ. *-t, -e*
/u'tænkelig/

som man næppe kan forvente = USANDSYNLIG □ *det er utænkeligt at han kommer i det vejr*

utæt

ADJ. *- , utætte*

som der er et hul el. en revne i, og som der kan sive noget ud af el. igennem = LÆK, SPRUKKEN ≠ TÆT □ *et utæt rør* • *en utæt gasledning* • *taget er utæt* • *mine sko er utætte* □ *utæthed*

utøj

SUBST. *-et*

skadedyr som lever på mennesker og dyr, fx lus og lopper □ *hunden er fuld af utøj og klør sig uafbrudt* • *fugleungen var befængt med utøj* • *et middel mod utøj* □ *utøjsbefængt* • *utøjsbekæmpelse* • *utøjsmiddel*

utålelig

ADJ. *-t, -e*
/u'tålelig/

som ikke er til at holde ud = ULIDELIG, UUDHOLDELIG □ *en utålelig, selvglad person*

uudgrundelig

ADJ. *-t, -e*
/uud'grundelig/

= GÅDEFULD □ *hun havde et uudgrundeligt udtryk i ansigtet* • *af uudgrundelige årsager fortiede hun det* □ *uudgrundelighed*

uudholdelig

ADJ. *-t, -e*
/uud'holdelig/

= UTÅLELIG □ *en uudholdelig larm*

uudslettelig

ADJ. *-t, -e*
/uud'slettelig/

som man ikke kan glemme □ *det gjorde et uudsletteligt indtryk på mig* • *sætte sine uudslettelige spor*

uudslukkelig

ADJ. *-t, -e*
/uud'slukkelig/

som ikke kan slukkes □ *en uudslukkelig tørst* • som varer ved □ *et uudslukkeligt had* • *uudslukkeligt videbegær*

uudtømmelig

ADJ. *-t, -e*
/uud'tømmelig/

som eksisterer i store mængder og derfor aldrig bliver opbrugt □ *en uudtømmelig kilde* • *en uudtømmelig viden* □ *uudtømmelighed*

uundgåelig

ADJ. *-t, -e*
/uund'gåelig/

som ikke er til at undgå ≠ UNDGÅELIG □ *katastrofen var uundgåelig* • *en uundgåelig konsekvens af noget* □ *uundgåelighed*

uvan

ADJ. *-t, -e*
[*'uva'n*]

= OLM □ *en uvan tyr*

uvane

SUBST. *-n,* plur. *-r, -rne*

en dårlig vane = LAST, UNODE, USKIK □ *hun har den uvane at komme for sent*

uvant

ADJ. *- , -e*

som man ikke kender særlig godt □ *finde sig til rette i uvante omgivelser* • *han fik hold i ryggen pga. en uvant bevægelse* • *uvant arbejde* • **være uvant med ngt** □ *skuespilleren var uvant med at ride*

uvederheftig el. **uvederhæftig**

ADJ. *-t, -e*

= UPÅLIDELIG □ *han var en uverhæftig samarbejdspartner* □ *uvederheftighed*

uvedkommende

ADJ.

som ikke har noget at gøre med en bestemt sag el. som ikke har noget at gøre med noget overhovedet = IRRELEVANT ≠ VEDKOMMENDE □ *det er sagen uvedkommende* • *vi må se bort fra alle uvedkommende detaljer* • *uvedkommende forbydes adgang*

uvejr

SUBST. *-et*

dårligt vejr med stærk blæst og fx regn og torden □ *det trækker op til uvejr* • *et forfærdeligt uvejr* □ *uvejrshimmel* • *uvejrssky*

uvejsom

ADJ. *-t, uvejsomme*
/*u'vejsom*/

som er meget svær at færdes i, fx fordi der ikke er anlagt en sti el. vej □ *et uvejsomt terræn*

uven

SUBST. *uvennen,* plur. *uvenner, uvennerne*

en person som nærer uvilje mod en anden = FJENDE □ *han mødte sin værste uven på gaden* • *hun havde ikke én uven* • **være uvenner** skændes el. være uenig med nogen uden at kunne forliges □ *de var uvenner men er nu blevet gode venner igen* • *de blev uvenner da de skulle dele dødsboet*

uvenskab

SUBST. *-et,* plur. *-er, -erne*

det at to parter er uvenner □ *deres lange uvenskab fik endelig en ende* • *skilles i uvenskab*

uventet

ADJ. *- , uventede*

som ikke er ventet = UFORUDSET, PLUDSELIG ≠ VENTET □ *brevet kom ganske uventet* • *en uventet venlighed* • *en uventet gæst* • *en uventet sejr* • *hun blev chokeret fordi frieriet kom så uventet*

UV-filter

SUBST. *-et* (el. *~filtret*), plur. ~filtre, *~filtrene*

et filter til et kamera som absorberer ultraviolette stråler der ellers kan give misfarvning af filmen; fork. for *ultraviolet filter*

uvidende

ADJ.

som kun har en begrænset almen viden □ *han er dum og uvidende* • **uvidende om ngt** som ikke har viden om noget bestemt □ *vi var uvidende om forholdet*

uvidenhed

SUBST. *-en*

mangel på viden; det kan være almen og konkret viden □ *mange fordomme skyldes folks uvidenhed* • *der er ingen grund til at holde dem hen i uvidenhed*

uvildig

ADJ. *-t, -e*
[*'uvil'di*]

= NEUTRAL ≠ PARTISK □ *en uvildig dommer* • *en voldgiftsmand er en uvildig part der mægler i en sag* □ *uvildighed*

uvilje

SUBST. *-n*

1. afvisende holdning over for nogen el. noget = MODVILJE ≠ VELVILJE □ *forslaget mødte uvilje blandt beboerne* • *vise sin uvilje mod noget* • *blive mødt med uvilje*
2. manglende lyst til noget □ *overvinde sin uvilje mod at fortælle om overfaldet* • *føle uvilje mod at gøre noget*

uvilkårlig

ADJ. *-t, -e*

som man gør uden at ville det bevidst □ *han tog sig uvilkårligt til lommen da han blev spurgt om han havde taget pengene* • *man bliver uvilkårlig glad over at høre den musik* • *jeg kom uvilkårlig til at tænke på et spøgelse*

uvillig

ADJ. *-t, -e*

som kun nødigt gør noget = MODVILLIG □ *være uvillig til at indgå et kompromis* • *ministeriet stillede sig ikke uvilligt* • *bilen er meget uvillig til at starte i koldt vejr* • *hun rejste sig uvilligt*

uvirkelig

ADJ. *-t, -e*

som ikke stemmer overens med sædvanlige erfaringer, og som derfor virker indbildt el. uforståelig = IRREAL ≠ VIRKELIG □ *en uvirkelig hændelse* • *det hele føltes så uvirkeligt* □ *uvirkelighed*

uvirksom

ADJ. *-t, uvirksomme*

som ikke foretager sig noget i kort el. lang tid = PASSIV, INAKTIV □ *hun sad uvirksom i sin lænestol dagen lang* □ *uvirksomhed*

uvis

ADJ. *-t, uvisse*

(også SUBST.) som ikke lader sig forudsige el. er til at overskue = USIKKER □ *situationen er uvis* • *i en eller anden uvis fremtid* • *det er uvist om han kommer* • *uvist hvordan lykkedes det ham at slippe ud* • *begive sig ud i det uvisse* • *svaret henstår i det uvisse* □ *uvished*

uvorn

ADJ. *-t, -e*

som er uopdragen og fræk i sin opførsel; især om børn = UOPDRAGEN, VANARTET, UARTIG, NÆSVIS □ *en uvorn unge* • *jeg kan ikke holde deres uvorne unger ud*

UV-stråling

SUBST. *-en*

stråling med bølgelængde mellem røntgenstråling og synligt lys som bl.a. har stærkere biokemiske virkninger end lys, og som frembringer solbrændthed; fork. for *ultraviolet stråling*

uvurderlig

ADJ. *-t, -e*
/*uvur'derlig*/

som er meget værdifuld □ *kronjuvelerne er uvurderlige* • *din hjælp har været uvurderlig*

uvægerlig

ADJ. *-t, -e*
/*u'vægerlig*/

= UUNDGÅELIG □ *går du med våde fødder, bliver du uvægerlig forkølet* • *den nye mærkning vil uvægerligt forvirre forbrugeren*

uværdig

ADJ. *-t, -e*
/*'uværdig* el. *u'værdig*/

som ikke lever op til standarden ≠ VÆRDIG □ *et uværdigt forslag* • *jeg føler mig uværdig til den store ære* □ *uværdighed*

uvæsen

SUBST. *-et* (el. *uvæsnet*)

en generende el. uacceptabel handling el. praksis □ *børnene lavede et værre uvæsen* • *røveri og andet uvæsen* • *rygning ved bordet er et uvæsen* • *forsøge at komme et uvæsen til livs* □ *administrationsuvæsenet* • *bandeuvæsen*

uvæsentlig

ADJ. *-t, -e*

som er af ringe betydning og næsten unødvendig = OVERFLØDIG, LIGEGYLDIG, BETYDNINGSLØS, MARGINAL, PERIFER □ *det var en fuldstændig uvæsentlig fejl* • *han hæfter sig altid ved de mest uvæsentlige detaljer* □ *uvæsentlighed*

uægte

ADJ.

1. som er frembragt af mennesker som en efterligning af noget naturligt = KUNSTIG ≠ ÆGTE □ *en uægte perle*
2. som ikke er oprigtig = FORLOREN, KUNSTIG, SØGT, FALSK □ *hendes opførsel virkede uægte* • *et uægte smil*

uærlig

ADJ. *-t, -e*

som taler usandt el. ikke handler i overensstemmelse med moralske normer = UHÆDERLIG, UREDELIG, FALSK □ *han er uærlig og lyver til sin egen fordel* • *handle uærligt* • *skaffe sig fordele på uærlig vis* • *uærlig fortjeneste* • *uærligt spil* □ *uærlighed*

uønsket

ADJ. *- , uønskede*

som ingen har ønsket, og som man derfor ønsker at slippe af med igen □ *reformen får en del uønskede virkninger* • *et uønsket svangerskab* • *din tilstedeværelse er uønsket*

u.å.

(i litteraturfortegnelse): fork. for *uden årstal*

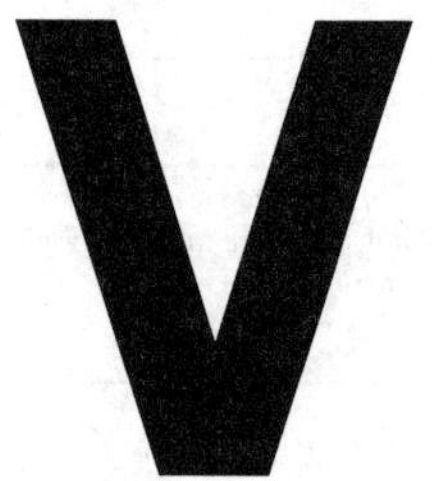

v

SUBST. *v'et,* plur. *v'er, v'erne*

det 22. bogstav i alfabetet □ *v-lyd*

V

1. romersk taltegn for 5
2. fork. for *volt*
3. fork. for *vest*

V.

(i stednavne): fork. for *Vester* □ *V. Vandet*

v.

1. fork. for *ved* □ *Munkebjerg v. Vejle* · *stk.pris 35.00 v. 4 fl.*
2. udtryk for der henvises til et bestemt sted i en tekst; fork. af latinsk *vide* = SE □ *v. p. 28*
3. (i navne): fork. for *von* el. *van*

vabel el. **vable**

SUBST. *-en* (el. *vablen*), plur. *vabler, vablerne* (vable: *-n,* plur. *-r, -rne*)

en væskefyldt blære i huden; ses fx ved forbrænding el. hvis huden gnides så hårdt at den løsner sig, fx af stramme sko = BÆRE, BLEGNE, BLASE □ *brandvabel*

vaccination

SUBST. *-en,* plur. *-er, -erne*
[*vagsina'sjo'n*]

en indsprøjtning af vaccine for at forebygge sygdom □ *få vaccinationer mod børnesygdomme* □ *calmettevaccination* · *koppevaccination* · *poliovaccination* · *revaccination* · *stivkrampevaccination*

vaccine

SUBST. *-n,* plur. *-r, -rne*
[*vag'si·nə*]

svækkede el. dræbte bakterier el. virus der føres ind i kroppen, fx ved indsprøjtning for at fremprovokere modstandskraft mod den sygdom de ville have fremkaldt □ *vaccination* · *vaccinere* □ *koleravaccine* · *koppevaccine* · *poliovaccine* · *tripelvaccine*

vade[1]

SUBST. *-n,* plur. *-r, -rne*

havbunden i et vadehav som er tørlagt under ebbe og dækket af vand under flod

vade[2]

VERB. *-r, -de, -t*

vade {gennem} ngt gå gennem lavt vand el. fugtigt terræn □ *vade over en flod* · *vade ud i søen* · *vade i land* · *vade i dynd* · *vade gennem den våde sne* □ *vadestøvle* • **vade {gennem} ngt** gå med tunge, slæbende skridt □ · *han vader af sted i sine store støvler* · *de vadede lige ind i huset* • **vade i ngt** have rigeligt af noget □ *de vader i penge* · *sangeren vader i succes* • **vade i det** blive ved at tale om noget som er ubehageligt el. pinligt for andre □ *nu behøver du ikke vade mere i det!*

vadefugl

SUBST. *-en,* plur. *-e, -ene*

en fugl med lange ben og langt, spidst næb som lever på strandenge el. ved moser hvor den søger føde på lavt vand; flere arter, bl.a. *klyde, ryle, hjejle, regnspove* og *bekkasin;* latinsk navn *Charadriidae*

vadehav

SUBST. *-et,* plur. *-e, -ene*

et farvand langs kysten som er tørlagt ved lavvande og dækket af vand ved højvande □ *vadehavsområde* · *vadehavssejlads* · *vadehavsø*

vadested

SUBST. *-et,* plur. *-er, -erne*

et sted i en å el. en flod hvor bunden hæver sig, så dyr og mennesker kan passere over = VEJLE □ *et vadested i en å* · *passere et vadested* · *skifte hest i vadestedet*

vadestøvle

SUBST. *-n,* plur. *-r, -rne*

en lang, vandtæt støvle som kan gå helt op på brystet; anvendes især af lystfiskere

vadmel

SUBST. *-et*

(hist.): groft, løst vævet uldent stof; blev tidligere anvendt som arbejdstøj el. til den fattige landbefolknings klædedragt □ *vadmelsfolk* · *vadmelsklæder*

vadsæk

SUBST. *vadsækken,* plur. *vadsække, vadsækkene*

taske der har form som en sæk og kan snøres til foroven □ *sømanden bar sin vadsæk på ryggen*

vaf

LYDORD

gengivelse af en mindre hunds gøen = VOV □ *vaf, bjæffede hundehvalpen!*

vaffel

SUBST. *-en* (el. *vaflen*), plur. *vafler, vaflerne*

1. en trekantet, firkantet el. hjerteformet kage som er bagt af en slags tyk pandekagedej i et vaffeljern; drysses fx med flormelis el. sukker □ *varme vafler med sukker og syltetøj* · *belgiske vafler med is* □ *vaffeldej* · *vaffeljern*
2. et sprødt kræmmerhus af dej som fx fyldes med is □ *gammeldags is i hjemmebagt vaffel* □ *vaffelbageri* · *vaffelis* □ *isvaffel*

vaffelis

SUBST. *-en,* plur. *~is, -ene*

= ISVAFFEL

vaffeljern

SUBST. *-et,* plur. *~jern, -ene*

et apparat til at bage vafler i

vag

ADJ. *-t, -e; -ere, -est*

som ikke er klar og tydelig = UKLAR, , SVÆVENDE, VATTET □ *en vag fornemmelse* · *en vag udtalelse* · *han fik kun et vagt svar på det direkte spørgsmål*

vagabond

SUBST. *-en,* plur. *-er, -erne*
[*vɑga'bån't* el. *vaga'bɔn't*]

en person som ikke har hjem og arbejde, og som vandrer fra sted til sted = LANDSTRYGER, LANDEVEJSRIDDER, BUMS, LØSGÆNGER □ *vagabondtilværelse*

vagabondere

VERB. *-r, -de, -t*
/*vagabon'dere*/

leve et omvandrende liv uden regelmæssigt arbejde og fast bopæl

vager

SUBST. *-en,* plur. *-e, -ne*

et sømærke i form af en tønde- el. baljelignende beholder med en stage igennem □ *vagerbøje* · *vagerdamper* · *vagerkost* · *vagerline* · *vagerpenge* · *vagerstation* · *vagertønde* · *vagerudlægning* · *vagervæsen* □ *tøndevager*

vagina

SUBST. *en*
[*va'gi·na* el. *'va'gina*]

gangen fra de ydre kønsorganer ind til livmoren på en kvinde el. et hundyr = SKEDE

vaginal

ADJ. *-t, -e*
/vagi'nal/

som har at gøre med vagina

vagt

SUBST. *-en,* plur. *-er, -erne*

1. det at holde opsyn og passe på noget = OPSYN □ *holde vagt* · *være på vagt* · *reservelægen har vagt i aften* · *overtage vagten* □ *vagtselskab* · *vagtværn* • et tidsrum hvor der holdes vagt □ *jeg har vagt fra kl. 17 til kl. 24* · *overtage vagten* □ *aftenvagt* · *dagvagt* · *døgnvagt* · *morgenvagt* · *nattevagt* • et sted hvor der holdes vagt □ *soldater med nattegn skal melde sig i vagten*
2. en person der holder vagt □ *vagten kommer kl. 3* · *vagten kommer og låser porten* · *stå vagt* □ *vagthold* □ *hundevagt* · *lægevagt* · *nattevagt* · *strejkevagt* • = VAGTPOST □ *der står en vagt ved kasernens port* · □ *livvagt* • = VAGTHOLD □ *vagten på Amalienborg* □ *vagtparade*
3. råbe vagt i gevær gøre indsigelser mod noget □ *udviklingen får os til at råbe vagt i gevær*
4. være på vagt over for ng(t) være mistænksom over for nogen el. noget

vagtel

SUBST. *-en* (el. *vagtlen*), plur. *vagtler, vagtlerne*

en lille, buttet hønsefugl som har en sandfarvet fjerdragt med mørke pletter og længdestriber; latinsk navn *Coturnix coturnix* □ *vagtelæg*

vagthavende

ADJ.

en person som passer telefonen og ekspederer dem der henvender sig personligt □ *henvende sig til den vagthavende på politistationen* · *vagthavende læge*

vagthund

SUBST. *-en,* plur. *-e, -ene*

en hund som beskytter et hus el. en virksomhed mod indbrud □ *vagthunden bed indbrudstyven i benet* • en person el. organisation som holder øje med udviklingen på et område i samfundet □ *hun er forbrugernes vagthund*

vagtlokale

SUBST. *-t,* plur. *-r, -rne*

et lokale hvor vagtpersonale opholder sig mellem deres runder □ *vagtkommandøren opholder sig i vagtlokalet*

vagtpost

SUBST. *-en,* plur. *-er, -erne*

et sted hvor der holdes vagt • en soldat der holder vagt = VAGT □ *stille vagtposter ud*

vagtselskab

SUBST. *-et,* plur. *-er, -erne*

en privat virksomhed som sørger for vagtpersonale til natlig overvågning af arbejdspladser, bygninger o.l.

vagtskifte

SUBST. *-t,* plur. *-r, -rne*

det at en vagt afløser en anden, evt. ved en højtidelig ceremoni = VAGTAFLØSNING □ *på Amalienborg finder vagtskiftet sted kl. 12*

vagtsom

ADJ. *-t, vagtsomme*

som er på vagt over for sine omgivelser □ *have vagtsomme øjne* · *de mange tyverier har gjort folk vagtsomme* · *hunden løftede vagtsomt hovedet* □ *vagtsomhed*

vagtværn

SUBST. *-et,* plur. *~værn, -ene*

en gruppe personer der fungerer som vagt □ *oprette et vagtværn* · *private vagtværn*

vaje

VERB. *-r, -de, -t*

vaje {over} ngt hænge og blafre i vinden □ *flaget vajer over slottet* · *det tyske flag vajede over Danmark i 1940-1945* · *vajende fjerbuske*

vakance

SUBST. *-n,* plur. *-r, -rne*
[*va'kaŋsə*]

en stilling som midlertidig er ledig; også om den periode hvor stillingen er ledig □ *under vakancen blev sekretæren konstitueret som fuldmægtig*

vakant

ADJ. *-* , *-e*
/va'kant/

(form.): = LEDIG □ *stillingen er vakant*

vakkelvorn el. vaklevorn

ADJ. *-t, -e*

(om en brugsgenstand): som står skævt på sine ben el. er så løst i leddene at det vakler ved brug = LEDELØS □ *en vakkelvorn stol* · *et vakkelvornt bord* • (om en person): som ikke tager en beslutning = UBESLUTSOM □ *han er altid så vakkelvorn*

vakker

ADJ. *-t, vakre; vakrere, vakrest*

(glds.): = SMUK □ *Tornerose var et vakkert barn* · *et vakkert syn*

vakle

VERB. *-r, -de, -t*

bevæge sig fra den ene til den anden side og være lige ved at falde = SLINGRE □ *benene vakler under mig* · *bordet står og vakler* · *den fulde mand vaklede hen ad gaden* □ *vakkelvorn* · *vaklevorn* • være ubeslutsom el. usikker i sit valg □ *jeg vakler imellem om jeg skal vælge det ene eller det andet* · *uden vaklen traf han sit valg* · *vakle i sin beslutning* · *vakle i troen* · *hans tillid til hende vaklede*

vaklevorn

ADJ.

se *vakkelvorn*

vaks

ADJ. *-t, -e; -ere, -est*

1. som er hurtigt opfattende = KVIK □ *i trafikken gælder det om at være vaks* • **være vaks til ngt** være dygtig til noget □ *hun er vaks til at strikke* · *det er du ikke særlig vaks til!*
2. som ser smart og frisk ud □ *hun så vaks ud i modetøj*

vakuum

SUBST. *-et* (el. *vakuummet*), plur. *-er* (el. *vakuummer*), *-erne* (el. *vakuummerne*)
['*va'kuåm*]

1. et lufttomt rum = TOMRUM □ *vakuumbremse* · *vakuummeter* · *vakuumpakke* · *vakuumpakning* · *vakuumpumpe* • et rum i en beholder el.lign. hvor der ved at udpumpe luft er skabt et undertryk
2. en overgangssituation hvor der ikke sker noget = TOMRUM □ *op til et amerikansk præsidentskifte opstår der altid et udenrigspolitisk vakuum* · *efter skilsmissen befandt han sig i et følelsesmæssigt vakuum*

valbirk

SUBST. *-en,* plur. *-e, -ene*

= AHORN

valdhorn

SUBST. *-et,* plur. *~horn, -ene*
['*valdhor'n* el. '*val-*]

et blæseinstrument af messing hvis rør er bøjet i en cirkel

valdhornist

SUBST. *-en,* plur. *-er, -erne*
/valdhor'nist/

en person der spiller valdhorn

valen[1]

SUBST.BEST.
['*va'lən*]

(poet.): = VALPLADS □ *segne på valen* · *blive på valen* · *falde på valen*

valen[2]

ADJ. *-t, valne*

1. som er helt slap og følelsesløs pga. kulde □ *være valen om fingrene af kulde*
2. som udviser en ligegyldig holdning; det kan være manglende lyst til at indtage et klart standpunkt el. manglende begejstring = LUNKEN □ *indtage en valen holdning til et problem*

valens

SUBST. *-en,* plur. *-er, -erne*
[*va'læn's*]

1. et grundstofs kombinationsegenskaber forstået som det antal brintatomer som et atom af stoffet kan forbinde sig med el. erstatte i kemiske forbindelser □ *ilt har valensen 2*
2. et ords kombinationsmuligheder, forstået som det antal led som det nødvendigvis må forbinde sig med i en sætning; fx det at et verbum som *give* kræver et subjekt og et direkte og et indirekte objekt □ *valensgrammatik*

valent

ADJ. *-* , *-e*
[*va'læn't*]

(kemi): som har en vis *valens* □ *avalent* □ *monovalent* · *divalent* · *trivalent* · *polyvalent*

valerian el. valeriane

SUBST. *-en*
(valeriane: *-n*)
/valeri'an/

= BALDRIAN

valfart

SUBST. *-en,* plur. *-er, -erne*

= PILGRIMSFÆRD □ *pilgrimmenes valfart til Mekka* • besøg på et seværdigt sted □ *en vældig valfart til vikingegravene*

valfarte

VERB. *-r, -de, -t*

være på valfart til et helligt el. seværdigt sted□ *folk valfartede til museet for at se den store udstilling* · *valfarte til en hellig kilde*

valg

SUBST. *-et,* plur. *valg, -ene*

1. det at bestemme sig for én el. flere klart definerede muligheder □ *et vanskeligt valg* · *patienten har frit valg mellem amtets hospitaler* · *valget faldt på den ældste af ansøgerne* · *jeg har ikke noget valg* · *han er kræsen i sit valg af venner* · *nu må du træffe dit valg* □ *valgmulighed* □ *fravalg* · *ordvalg* · *selvvalg*
2. det at en el. flere personer ved afstemning blandt en afgrænset gruppe får overdraget visse funktioner, specielt af officiel og repræsentativ karakter □ *valget var fastsat til den 13. juli* · *valget stod mellem en mandlig og en kvindelig kandidat* · *udskrive valg* · *stille op til valg* · *regeringen har bebudet frie valg til efteråret* · *valg til skolebestyrelsen* · *afholde valg* · *direkte valg* □ *byrådsvalg* · *folketingsvalg* · *fredsvalg* · *genvalg* · *kampvalg* · *midtvejsvalg* · *nyvalg* · *præsidentvalg* · *prøvevalg* · *suppleringsvalg* • **direkte valg** et valg hvor vælgerne selv umiddelbart vælger deres repræsentanter • **indirekte valg** det at en valgt forsamling vælger personer til andre råd el. forsamlinger, dvs. valg ved valgmænd

valgbar

ADJ. *-t, -e*

som har ret til at lade sig opstille til et valg □ *være valgbar til Folketinget*

valgflæsk

SUBST. *-et*

tomme løfter som en politiker fremsætter ved et valg □ *forslaget om at forhøje folkepensionen var bare valgflæsk*

valgforbund

SUBST. *-et,* plur. *~forbund, -ene*

valgsamarbejde mellem forskellige partiers kandidatlister hvorved de stemmer som listerne får, tælles under ét så stemmespild undgås ≠ LISTEFORBUND □ *de to partier er gået i valgforbund*

valgfri

ADJ. *-t, -e* (el. *valgfri*)

som kan vælges frit = OPTIONEL ≠ TVUNGEN □ *tysk er et valgfrit fag i 10. klasse* · *det er helt valgfrit om I vil med* □ *valgfrihed*

valghandling

SUBST. *-en,* plur. *-er, -erne*

afgivning af stemmer ved et valg□ *en demokratisk valghandling* · *en fredelig valghandling* · *besætte en post uden valghandling* · *de fik bekræftet deres mandat uden valghandling*

valgkamp

SUBST. *-en,* plur. *-e, -ene*

debat og propaganda som partier el. personer fører fx i tv el. ved møder inden et valg□ *partierne førte en heftig valgkamp forud for valget* · *valgkampen kom til at dreje sig om personer snarere end holdninger*

valgkort

SUBST. *-et,* plur. *~kort, -ene*

et kort som udsendes til alle stemmeberettigede før et valg, og som medbringes til valgstedet

valgliste

SUBST. *-n,* plur. *-r, -rne*

en liste over opstillede el. stemmeberettigede personer til et valg □ *være spidskandidat på et partis valgliste* · *for at stemme skal man være optaget på en valgliste*

valgmand

SUBST. *-en,* plur. *~mænd, ~mændene*

(hist.): en folkevalgt person der vælger medlemmerne af et landsting □ *ved landstingsvalget valgte vælgerne valgmænd der atter valgte landstingsmedlemmerne*

valgmenighed

SUBST. *-en,* plur. *-er, -erne*

en menighed inden for folkekirken der selv vælger sin præst □ *valgmenighedspræst*

valgret

SUBST. *~retten*

= STEMMERET □ *indføre valgret for 18-årige* · *valgret til Folketinget har enhver som har dansk indfødsret og er bosat i Danmark* □ *valgretsalder* • en ret til at lade sig opstille til et valg □ *hun kommer fra et land hvor kvinder hverken har valgret eller stemmeret*

valgretsalder

SUBST. *-en*

den alder man skal have for at kunne stemme til et valg; især om alderen for valgret til Folketinget □ *i Danmark er valgretsalderen 18*

valgsprog

SUBST. *-et,* plur. *~sprog, -ene*

en kort sætning el. få ord som udtrykker en persons livsindstilling el. en bevægelses princip = MOTTO □ *Frederik VII's valgsprog var 'Folkets kærlighed, min styrke'*

valgte

VERB.

bøjningsform af *vælge*

validitet

SUBST. *-en*
/validi'tet/

(form.): det at der ikke kan rettes indvendinger imod noget, fx om en videnskabeligt korrekt test = GYLDIGHED

valium

SUBST. *-en* (el. *valiummen*) el. *-et* (el. *valiummet*)

varenavn på et beroligende lægemiddel som indeholder benzodiazepin der dæmper angst og uro □ *hun har fået to valium* □ *valiumtablet*

valkyrie

SUBST. *-n,* plur. *-r, -rne*
/val'kyrie/

et kvindeligt væsen i nordisk mytologi som bestemte hvem der skulle falde i kamp, og som førte de faldne til Valhal

vallak

SUBST. *vallakken,* plur. *vallakker, vallakkerne*

en kastreret hingst

valle

SUBST. *-n*

en væske der udskilles ved fremstilling af ost

valmtag

SUBST. *-et,* plur. *-e, -ene*

et *sadeltag* som også har tagflader i enderne af huset

valmue

SUBST. *-n,* plur. *-r, -rne*

en plante hvis højrøde blomst har fire kronblade og lysegrønne behårede blade og stængler; latinsk navn *Papaver* □ *valmuefrø* · *valmueolie* · *valmuesaft*

valmuefrø

SUBST. *-et,* plur. *~frø, -ene*

frø fra en valmueplante; især om frø fra opiumsvalmue som bruges til fremstilling af birkes, madolie og opium

valnød

SUBST. *valnødden,* plur. *valnødder, valnødderne*

en lysebrun nød af valnøddetræ hvis kerne har dybe, uregelmæssige furer □ *valnød(de)brød* · *valnød(de)kerne* · *valnød(de)saft* · *valnød(de)træ* • ⟨ikke plur.⟩ ved af valnøddetræ □ *spisebordet var udformet i valnød*

valnøddetræ el. valnødtræ

SUBST. *-et,* plur. *-er, -erne*

et nøddetræ hvorpå der vokser valnødder; latinsk navn *Juglans* = VALNØD

valplads

SUBST. *-en,* plur. *-er, -erne*

(form., poet.): et sted hvor der udføres krigshandlinger = VALEN □ *han blev på valpladsen til det sidste* · *stedet har været valplads for mange slag* · *beholde valpladsen* · *forlade valpladsen*

vals

SUBST. *-en,* plur. *-e, -ene*

en af flere slags europæiske pardanse i ³/₄-takt; menes at stamme fra østrigske og sydtyske folkedanse □ *danse vals* □ *valsetakt* · *valsetoner* ·

valsetrin □ *brudevals* · *wienervals* ● musik som hører til dansen ● **engelsk vals** en langsom, glidende vals hvor man drejer mod uret; hører til standarddansene i sportsdans

valse[1]

SUBST. *-n*, plur. *-r, -rne*

et cylinderformet legeme der kan dreje om sin egen akse □ *papiret skal rundt om valsen i skrivemaskinen* · *stålpladen føres igennem to store valser* □ *valseværk* □ *båndvalse*

valse[2]

VERB. *-r, -de, -t*

1. danse vals □ *de valsede ud på dansegulvet* □ *valsetakt* · *valsetrin* · *valsetone* ● **valse {rundt}** bevæge sig på en dansende, bekymringsløs måde □ *hun valsede rundt i stuen af glæde*
2. valse ngt behandle noget med en valse □ *valse stål til tynde plader* · *valset jern* · *valsede havregryn* □ *valsning* · *valseblik* · *valsebly* · *valsejern* · *valsemaskine* · *valsestål* · *valseværk* □ *udvalse*

valsen

SUBST.BEST.

gå el. **være på valsen** (hist., om en håndværkssvend): rejse rundt og tage arbejde forskellige steder, især til fods og i udlandet □ *han var på valsen det meste af året*

valte

VERB. *-r, -de, -t*

skalte og valte med ng(t) se under *skalte*

valuar

SUBST. *-en*, plur. *-er, -erne*

en statsautoriseret ejendomsmægler der har taget en tillægseksamen i vurdering af fast ejendom □ *han er ejendomsmægler og valuar*

valuta

SUBST. *-en*, plur. *-er, -erne*
[*va'luta*]

et gældende betalingsmiddel i et land □ *dansk valuta* · *forbud mod indførsel af udenlandsk valuta* · *omveksling af valuta* · *betale med udenlandsk valuta* □ *valutabeholdning* · *valutakrise* · *valutakurs* · *valutasamarbejde* · *valutaspekulation* · *valutatab* ● **hård valuta** en valuta som står i høj kurs ● **få valuta for pengene** få fuld værdi for pengene □ *det er en flot bil, du har købt, du har da fået valuta for pengene*

valutabørs

SUBST. *-en*, plur. *-er, -erne*

en børs hvor der handles med valuta

valutakurs

SUBST. *-en*, plur. *-er, -erne*

en pris på 100 enheder af en fremmed valuta på et vist tidspunkt = KURS ● **fast valutakurs** en valutakurs som ifølge internationale aftaler skal holdes inden for nærmere angivne grænser ● **flydende valutakurs** en valutakurs som ikke styres af internationale aftaler, men bestemmes af udbud og efterspørgsel på valutamarkedet

valutareserve

SUBST. *-n*, plur. *-r, -rne*

nationalbankens beholdning af udenlandsk valuta

valutarisk

ADJ. *- , -e*
/*valu'tarisk*/

som har at gøre med valuta □ *en valutarisk union*

valutaslange

SUBST. *-n*, plur. *-r, -rne*

en aftale inden for en sammenslutning af europæiske lande, ifølge hvilken deltagernes valuta kun må vise små udsving □ *valutaslangen i EMS-samarbejdet*

valør

SUBST. *-en*, plur. *-er, -erne*
[*va'lɔ̄·r* el. *va'lø'r*]

1. et ords stilpræg el. en nuanceforskel i ords betydning = STILPRÆG, BETYDNINGSNIVEAU □ *ordene 'nydelig' og 'smart' har forskellig valør*
2. den måde en *farvetone* er afstemt på med hensyn til lyshed; er afhængig af farvens tæthed og indhold af sort □ *valørforskel* · *valørmaleri* · *valørskema*
3. ⟨fork. *val.*⟩ (bankvæsen): en dato fra hvilken renten beregnes □ *valørdato*

vammel

ADJ. *-t, vamle*

som er frastødende i sin sødme □ *en vammel kærlighedsroman* · *vammel idyl* □ *vammelhed* · *vammelsød* ● som vækker kvalme □ *en vammel smag* · *han er en vammel, gammel buk* · *en vammel farve*

vamp

SUBST. *-en*, plur. *-e, -ene*
[*'vamp* el. *'va·mp*]

en kvinde som optræder og klæder sig forførende; ofte på en billig måde og især med det formål at udnytte mænd

vampet

ADJ. *- , vampede*

som opfører og klæder sig på en billig måde □ *en vampet kvinde*

vampyr

SUBST. *-en*, plur. *-er, -erne*
[*vam'py'r*]

1. en genganger med lange, spidse hjørnetænder som om natten forlader sin grav for at suge blod af mennesker; ofret bliver efter sin død selv vampyr og menes at have evigt liv □ *Grev Dracula er en kendt vampyr* · *man kan beskytte sig mod vampyrer med hvidløg og kors* □ *vampyrfilm* ● (slang): = ÅGERKARL
2. en sydamerikansk flagermus som lever af blod fra dyr el. mennesker; latinsk navn *Desmodontiae* = VAMPYRFLAGERMUS

vams

SUBST. *-en*, plur. *-e, -ene*

en tyk, varm trøje el.lign.

vanartet

ADJ. *- , vanartede*

som er uopdragen og uartig; især om børn = UVORN □ *et vanartet barn* □ *vanartethed*

vand[1]

SUBST. *-et*

1. en klar væske som falder ned fra skyerne som regn, og som danner floder, søer og have □ *drikke et glas vand* · *sætte blomster i vand* · *markerne står under vand* · *vand koger ved 100°* · *vandet frøs til is* · *rent vand* □ *vandig* · *vandboring* · *vanddråbe* · *vandfald* · *vandkraft* · *vandkvalitet* · *vandoverflade* · *vandrør* · *vandpyt* · *vandskade* · *vandtank* · *vandåre* □ *badevand* · *drikkevand* · *ferskvand* · *grundvand* · *postevand* · *regnvand* · *saltvand* · *smeltevand* · *søvand* ● ⟨*-et*, plur. *-e, -ene*⟩ en samling af vand i naturen, fx en sø el. en del af et hav □ *de stille, spejlblanke vande* · *byen ligger ved vandet* · *vil du med i vandet?* · *gå i vandet* · *vraget ligger på 10 m vand* □ *vanddybde* · *vandhul* · *vandkant* · *vandløb* □ *fiskevand* ● **blødt vand** vand med lavt kalkindhold ≠ HÅRDT VAND ● **dagligt vande** middelvandstanden mellem lavvande og højvande □ *under stormfloden stod vandet 2 m over dagligt vande* ● **holde vand** være tæt □ *støvlerne kan ikke holde vand* ● **hårdt vand** vand med højt kalkindhold ≠ BLØDT VAND ● **oven vande** over vandoverfladen □ *holde hovedet oven vande* ● **rindende vand** vand der er indlagt i et rørsystem i en beboelse □ *der er rindende vand på værelset* ● **stå under vand** være oversvømmet □ *kælderen stod under vand* ● **sætte ngt under vand** = OVERSVØMME ● **tage vand ind** være utæt så der løber vand ind = LÆKKE □ *båden tager vand ind* ● **til vands** på havet □ *stridskræfterne til lands og til vands* ● **træde vande** holde sig på samme sted i vand hvor man ikke kan bunde ved at bevæge arme og ben ● **træde vande** forholde sig afventende □ *de trådte vande i flere dage med forhandlingerne* · *de trådte vande indtil skandalen var glemt* ● **tungt vand** vand hvor et flertal af brintatomerne er tung brint
2. kropsvæske af forskellig slags der minder om vand □ *vand i knæet* · *vand i lungerne* □ *fostervand* ● **lade vandet** el. **sit vand** = TISSE ● **løbe i vand** (om øjnene): få tårer i øjnene pga. fx blæst el. stærkt lys ● **løbe i vand** (om tænderne): udtryk for at noget vækker ens appetit □ *hans tænder løb i vand ved synet af maden*
3. noget som ikke ser ud af noget i forhold til noget andet, el. som ikke volder problemer □ *det er vand ved siden af det vi oplevede på vores tur* · *det klarer jeg som det rene vand*
4. i forsk. forb.: ● **falde** el. **gå i vandet** dumme sig □ *den opgave er lige til at gå i vandet på* ● **fiske i rørt vande** prøve at drage fordel af en situation hvor nogen er uenige ● **hælde vand ud af ørerne** beklage sig ● **lægge vand mellem sig og ng** tage afstand fra nogen □ *han lagde vand mellem sig og partiet* ● **løbet meget vand i stranden** udtryk for at der er gået lang tid □ *der er løbet meget vand i stranden siden vi sidst var sammen* ● **slå koldt vand i blodet** tage det roligt ● **som at slå vand på en gås** være virkningsløst □ *det er som at slå vand på en gås at prøve at overtale ham* ● **snyde ng så vandet driver af dem** snyde nogen kraftigt ● **vand på ngs mølle** noget der passer ind i det nogen er i gang med, fx som er bevis på at de har ret i noget □ *de bemærkninger var lige vand på hans*

mølle • **vandene deler sig** meningerne bliver delte ▫ *da man på generalforamlingen nåede til det vigtigste punkt delte vandene sig*

vand²

SUBST. *-en,* plur. *-er* (el. *vand*), *-erne* (el. *-ene*)

en flaske med en ikke-alkoholisk drik, fx sodavand el. mineralvand ▫ *en vand og to øl* ▫ *appelsinvand* · *sodavand*

vandal

SUBST. *-en,* plur. *-er, -erne*
[*van'da'l*]

en person der øver hærværk mod noget ▫ *soldaterne var de rene vandaler* · *vandalerne kom selv til at betale for udbedring af hærværket* • medlem af en germansk stamme under folkevandringstiden der i det 5. århundrede udplyndrede Rom

vandalisere

VERB. *-r, -de, -t*
/*vandali'sere*/

vandalisere ngt udsætte noget for vandalisme ▫ *deres smukke hjem var blevet fuldstændig vandaliseret ved festen*

vandalisme

SUBST. *-n*
/*vanda'lisme*/

bevidst og meningsløs ødelæggelse, især af noget smukt el. ærværdigt = HÆRVÆRK ▫ *det ville være vandalisme at rive det gamle palæ ned* ▫ *vandalsk*

vandbad

SUBST. *-et,* plur. *-e, -ene*

en skål el.lign. med varmt vand hvori man anbringer noget der skal opvarmes, ofte i en beholder ▫ *chokoladen smeltes i en skål over et vandbad* · *det yderste lag af skallen opvarmes i et vandbad* · *forsøgspersonen anbringer foden i et vandbad og ved hjælp af apparatet sendes ultralyd ind i hælen*

vandbakkelse

SUBST. *-n,* plur. *-r, -rne*

en luftig kage med fyld af fx creme

vandbærer

SUBST. *-en,* plur. *-e, -ne*

1. (astrologi): = VANDMAND
2. en person der er medhjælper for nogen som har elitestatus, fx for cykelryttere

vandcykel

SUBST. *-en* (el. *~cyklen*), plur. *~cykler, ~cyklerne*

en lille flad båd som drives frem med pedaler som på en cykel ▫ *man kan leje vandcykler ved stranden*

vande

VERB. *-r, -de, -t*

vande ngt komme vand ved el. på noget ▫ *vande blomster* · *vande plænen* ▫ *vanding* ▫ *afvande* · *grundvande* · *udvande* • **vande ngt** give især større husdyr vand ▫ *kreaturerne skal snart vandes* • **vande høns** se under *høns*

vandel

SUBST. *-en*

1. handel og vandel salgsværdi ▫ *hvad er ejendommen værd i handel og vandel?*
2. (glds.): = LEVEVIS ▫ *føre en ulastelig vandel* · *hun har attest for hæderlig vandel*

vandet

ADJ. *-* , *vandede*

1. som indeholder for meget vand ▫ *grøntsagerne er vandede* ▫ *vandethed*
2. som er åndløs el. intetsigende ▫ *en vandet vittighed* · *en vandet tale*

vandfald

SUBST. *-et,* plur. *~fald, -ene*

et sted i et større vandløb hvor vandet styrter ned til en lavere højde ▫ *vandfaldet løb ned over bjergsiden* · *de badede for foden af vandfaldet*

vandfarve

SUBST. *-n,* plur. *-r, -rne*

en farve som opløses med vand og påføres papir el. andet med en pensel; bruges fx til at male *akvareller med* = AKVAREL ≠ OLIEFARVE ▫ *male med vandfarver* · *en æske vandfarver*

vandfast

ADJ. *-* , *-e*

som ikke opløses af vand ▫ *vandfast mascara*

vandflyver

SUBST. *-en,* plur. *-e, -ne*

en flytype som kan starte og lande på vand = VANDFLY ▫ *vandflyveren landede på søen*

vandførende

ADJ.

vandførende lag et jordlag som er gennemtrængeligt for grundvandet nedefra ▫ *der pumpes drikkevand op fra jordens vandførende lag*

vandgang

SUBST. *-en,* plur. *-e, -ene*

1. en situation hvor man bliver våd, enten utilsigtet el. ved badning ▫ *efter vandgangen vil vi drikke te*
2. vandlinien på et skib; også om skroget i vandlinien ▫ *skuddet traf lige i vandgangen*

vandglas

SUBST. *~glassen*

et glasagtigt stof der bl.a. anvendes til præservering af æg og til imprægnering

vandgrød

SUBST. *-en*

en grød der er kogt af byggryn, vand og rosiner el. æblebåde

vandhane

SUBST. *-n,* plur. *-r, -rne*

et rør hvorfra der kommer vand når man drejer el. løfter et håndtag = HANE ▫ *åbne for vandhanen* · *lukke for vandhanen* · *vandhanen stod åben*

vandhund

SUBST. *-en,* plur. *-e, -ene*

en person der elsker at bade ▫ *du er vist en rigtig vandhund*

vandhøne

SUBST. *-n,* plur. *-r* (el. *~høns*), *-rne* (el. *~hønsene*)

en hønselignende fugl som lever i søer og moser; flere arter, bl.a. *blishøne, rørhøne* og *vandrikse;* latinsk navn *Rallidae*

vandig

ADJ. *-t, -e*

som indeholder vand ▫ *en vandig opløsning*

vandkalv

SUBST. *-en,* plur. *-e, -ene*

en bille der svømmer, og som lever i søer; latinsk navn *Dytiscidae*

vandkande

SUBST. *-n,* plur. *-r, -rne*

en kande med en lang tud som bruges til at vande blomster og planter med

vandkanon

SUBST. *-en,* plur. *-er, -erne*

en vandsprøjte med en kraftig stråle; brugt fx af politiet til at bortjage demonstranter

vandkant

SUBST. *-en,* plur. *-er, -erne*

det område hvor vand og strandbred el. søbred mødes = STRANDKANT ▫ *der lå en søstjerne i vandkanten*

vandklar

ADJ. *-t, -e*

som er klar og gennemsigtig som vand ▫ *en vandklar væske*

vandkringle

SUBST. *-n,* plur. *-r, -rne*

en kringle som er lavet af dej der indpakkes i et viskestykke og lægges i koldt vand i flere timer, før den bages

vandkæmme

VERB. *-r, -de, -t*

vandkæmme ngt rede hår glat med vand ▫ *vandkæmme sit hår* · *en nyvasket og vandkæmmet dreng* ▫ *vandkæmning*

vandladning

SUBST. *-en,* plur. *-er, -erne*

det at tisse ▫ *ufrivillig vandladning* ▫ *vandladningsbesvær* · *vandladningsproblemer* · *vandladningstrang*

vandlinie el. vandlinje

SUBST. *-n*

det sted på et fartøjs skrog som vandoverfladen når til ▫ *skibet fik et hul under vandlinien*

vandloppe

SUBST. *-n,* plur. *-r, -rne*

et lille, 1-2 mm stort krebsdyr der lever i ferskvand; latinsk navn *Cyclops*

vandløb

SUBST. *-et,* plur. *~løb, -ene*

en rende i jordoverfladen med rindende vand, fx om bække, åer, floder □ *vandløbet er så smalt at man kan springe over det* · *de fiskede ved vandløbets bredder*

vandlås

SUBST. *-en,* plur. *-e, -ene*

en bøjning på et rør der gør at der står vand i røret så der dannes et lukke for gennemgang af luft nedefra; bruges bl.a. i wc-kummer og vaske

vandmand

SUBST. *-en,* plur. *~mænd, ~mændene*

1. = GOPLE • en klar gople uden fangtråde med nældeceller; almindelig i danske farvande; latinsk navn *Aurelia aurita* = ØREGOPLE ≠ BRANDMAND
2. (astrologi): en person som er født i stjernetegnet Vandmanden, dvs. mellem den 21/1 og den 18/2 = VANDBÆRER

vandmelon

SUBST. *-en,* plur. *-er, -erne*

en stor, rund melon med grøn skal, rødt, saftigt frugtkød og sorte kerner; har et vandindhold på over 90% • en plante hvorpå der vokser vandmeloner; latinsk navn *Cucumis citrullus vulgaris*

vandmærke

SUBST. *-t,* plur. *-r, -rne*

1. et mærke, fx i en pengeseddel el. et andet værdipapir, som kan ses når det holdes op mod lyset □ *forsyne et dokument med vandmærke* · *de falske pengesedler der i øjeblikket er i omløb, kendes på at de ikke har vandmærke*
2. en underliggende og gennemgående kvalitet el. egenskab □ *en original synsvinkel er forfatterens vandmærke* · *venstrefløjens rationalitet har været dens vandmærke i generationer*
3. et mærke, fx på en pæl, hvoraf vandstanden kan aflæses

vandmølle

SUBST. *-n,* plur. *-r, -rne*

en mølle der drives af vandkraft

vandnymfe

SUBST. *-n,* plur. *-r, -rne*

en slank, blå el. grøn guldsmed; flere arter; latinsk navn *Zygoptera*

vandopløselig

ADJ. *-t, -e*

som kan opløses i vand

vandpest

SUBST. *-en*

en vandplante som formerer sig meget hurtigt, og som kan tilstoppe vandløb; latinsk navn *Helodea canadensis*

vandpibe

SUBST. *-n,* plur. *-r, -rne*

en pibe hvor røgen føres gennem en beholder med vand og derved afkøles

vandplante

SUBST. *-n,* plur. *-r, -rne*

en plante som lever i vandet, fx åkande og tang

vandpolo

SUBST. *-en,* plur. *-er, -erne*

et boldspil der spilles i vandet af to hold svømmere

vandpost

SUBST. *-en,* plur. *-e, -ene*

en udendørs pumpe hvormed man henter grundvand op = POST, VANDPUMPE □ *vandposten på gårdspladsen*

vandpumpetang

SUBST. *-en,* plur. *~tænger, ~tængerne*

en tang hvis kæber kan forskydes i forhold til hinanden ved indgreb i huller, og som er beregnet til at gribe om rør

vandpyt

SUBST. *~pytten,* plur. *~pytter, ~pytterne*

en lille samling regnvand, fx på gaden

vandre

VERB. *-r, -de, -t*

gå en længere tur = TRAVE, VANKE □ *jeg skal ud at vandre de næste 14 dage* · *vandre hvileløst frem og tilbage over gulvet* □ *vandring* · *vandrefugl* · *vandrehal* · *vandreherberg* · *vandrehjem* · *vandrelav* · *vandrer* · *vandresko* · *vandrestøvle* • bevæge sig rundt □ *ålen vandrer* · *pengene vandrer ud af landet* · *hans blik vandrede spørgende frem og tilbage mellem de to kammerater* □ *vandring* · *vandrebibliotek* · *vandreklit* · *vandremyre* · *vandrepokal* □ *afvandre* · *indvandre* · *udvandre*

vandrehal

SUBST. *~hallen,* plur. *~haller, ~hallerne*

en stor hal i en bygning som folk kan opholde sig i el. passere igennem □ *hospitalets vandrehal*

vandreherberg

SUBST.

se *vandrerherberg*

vandrehjem

SUBST.

se *vandrerhjem*

vandreklasse

SUBST. *-n,* plur. *-r, -rne*

en skoleklasse der ikke har eget klasseværelse

vandrelav

SUBST.

se *vandrerlav*

vandrer

SUBST. *-en,* plur. *-e, -ne*

en person som i sin fritid går lange ture i naturen □ *i skoven traf vi en ensom vandrer* · *han er en ivrig vandrer* □ *vandrerkort* □ *nattevandrer*

vandrerherberg el. **vandreherberg**

SUBST. *-et,* plur. *-er, -erne*

= VANDRERHJEM

vandrerhjem el. **vandrehjem**

SUBST. *~hjemmet,* plur. *~hjem, ~hjemmene*

et billigt og enkelt hotel uden servering, men evt. med mulighed for egen madlavning = UNGDOMSHERBERG □ *bo på vandrerhjem* □ *vandrerhjemsbestyrer* · *vandrerhjemsferie*

vandrerlav el. **vandrelav**

SUBST. *-et,* plur. *~lav, -ene*

en sammenslutning af folk som ønsker at deltage i og udbrede vandre- og cykelsport □ *være medlem af et vandrerlav*

vandret

ADJ. *~ret, ~rette*

som danner en ret vinkel med en lodret linie el. flade = HORISONTAL ≠ LODRET □ *en vandret linie* · *vægtstangen skal stå helt vandret* · *vandret flyvning* • **ligge vandret** have meget travlt □ *jeg har ligget vandret hele ugen for at nå det hele*

vandring

SUBST. *-en,* plur. *-er, -erne*

det at vandre omkring ≠ LØB □ *hans vandring førte ham vidt omkring* □ *vandringsmand* · *vandringsstav* □ *bjergvandring* · *markvandring* • en tur hvor man vandrer □ *de var på vandring i bjergene*

vandringsmand

SUBST. *en,* plur. *~mænd, ~mændene*

(glds.): = VANDRER □ *en munter vandringsmand*

vandringsstav

SUBST. *-en,* plur. *-e, -ene*

(poet.): en stav som bruges til at støtte sig til på vandreture = STOK

vandrotte

SUBST. *-n,* plur. *-r, -rne*

= MOSEGRIS

vandskade

SUBST. *-n,* plur. *-r, -rne*

en beskadigelse som er forårsaget af vand, fx af dele af et hus el. et inventar □ *få en vandskade* · *et utæt vandrør har forårsaget en omfattende vandskade* □ *vandskade(s)erstatning* · *vandskade(s)forsikring*

vandski

SUBST. *-en,* plur. *~ski, -ene*

brede ski af træ el. glasfiber med hvilke man står på vandet mens man trækkes af sted i et tov efter en motorbåd □ *stå på vandski* □ *vandskiløb* · *vandskiløber*

vandskorpe

SUBST. -*n*

1. en stillestående vandmasses overflade □ *en krusning i vandskorpen* · *nogle fisk stod lige i vandskorpen*
2. i forsk. forb.: • **hænge med enden** el. **røven i vandskorpen** være i en situation hvor det er lige ved at gå galt • **ligge og lure i vandskorpen** vente på en gunstig lejlighed til at angribe

vandskræk

SUBST. ~*skrækken*

angst for at gå i vandet = HYDROFOBI

vandspejl

SUBST. -*et*, plur. -*e*, -*ene*

vandets overflade når det er roligt □ *solen glimtede i vandspejlet* · *båden skar sig gennem det blanke vandspejl* □ *grundvandspejl*

vandstand

SUBST. -*en*, plur. -*e*, -*ene*

en vandoverflades højde i forhold til et fast punkt □ *havets vandstand* · *måle vandsstanden* · *vandstanden i svømmebassinet er for lav* · *der er meget høj vandstand i dag* · *aftagende vandstand* □ *vandstandshøjde* · *vandstandsmåling* · *vandstandsregulering* · *vandstandssænkning* · *vandstandsændring*

vandt

VERB.

bøjningsform af *vinde*

vandtæt

ADJ. ~*tæt*, ~*tætte*

1. som er så tæt at vand ikke kan trænge igennem □ *vandtætte støvler* · *et vandtæt ur* · *er teltet vandtæt?* □ *vandtæthed*
2. som ikke har nogen svage punkter og derfor ikke kan modbevises, forkastes el.lign. ≠ UHOLDBART □ *et vandtæt alibi* · *en vandtæt plan*

vandtårn

SUBST. -*et*, plur. -*e*, -*ene*

et tårn med indbygget vandreservoir i toppen; formålet er at skabe et naturligt tryk i forbindelse med vandforsyning

vandudlader

SUBST. -*en*, plur. -*e*, -*ne*

et apparat til at fjerne vandansamling fra dampledninger

vandvarmer

SUBST. -*en*, plur. -*e*, -*ne*

en beholder til opvarmning af vand □ *huset har en elektrisk vandvarmer på loftet* · *udskifte en vandvarmer* □ *el-vandvarmer* · *gasvandvarmer*

vandværk

SUBST. -*et*, plur. -*er*, -*erne*

et anlæg der renser og ilter vandet før det sendes ud til forbrugerne = VANDFORSYNINGSANLÆG

vane

SUBST. -*n*, plur. -*r*, -*rne*

tilbøjelighed til mere el. mindre bevidst at opføre sig el. gøre noget på en bestemt måde ofte og regelmæssigt □ *gøre noget til en vane* · *det er en dårlig vane* · *have den vane at spise for hurtigt* · *arbejdet bliver hurtigt en vane* · *af gammel vane* · *komme ud af vane med noget* · *have for vane at gøre noget* · *vanens magt* · *have dyre vaner* □ *uvane*

vanedannende

ADJ.

som fremkalder fysisk el. psykisk afhængighed □ *et vanedannende stof* · *rygning er vanedannende*

vanemæssig

ADJ. -*t*, -*e*

som beror på en vane □ *en vanemæssig handling* □ *vanemæssighed*

vanesag

SUBST. -*en*

et forhold der afhænger af vane □ *det er en vanesag hvad man spiser til frokost* · *at stå tidligt op er blot en vanesag*

vanfør

ADJ. - (el. -*t*), -*e*

= HANDICAPPET □ *hun er født vanfør* · *han blev vanfør efter en færdselsulykke* □ *vanførefond* · *vanførehjem*

vang

SUBST. -*en*, plur. -*e*, -*ene*

(poet.): = MARK □ *nu blinker alle sunde, nu grønner sig hver vang*

vange

SUBST. -*n*, plur. -*r*, -*rne*

1. det bærende sidestykke på en trappe el. en stige □ *trappen har vanger af metal* · *stigen er af aluminium og har firkantede huller i vangerne* □ *aluminiumsvanger* · *metalvanger* · *trævanger*
2. en langsgående jernbjælke som forstærker en bils karosseri □ *det er den eneste bil hvor vangerne er indbygget i dørene*

vanheld

SUBST. -*et*

(glds.): = UHELD □ *være forfulgt af vanheld*

vanhellige

VERB. -*r*, -*de*, -*t*

vanhellige ngt behandle noget der anses for helligt uden respekt = PROFANERE, BESUDLE □ *vanhellige en helligdom* □ *vanhelligelse*

vanilje el. **vanille**

SUBST. -*n*
[va'niljə]

en tørret, umoden frugt af vanilje der har form som en pind; har en sød smag og bruges bl.a. i bagning og i is □ *vaniljeis* · *vaniljekrans* · *vaniljesukker* · *vaniljestang* • en mexikansk orkidé med klatrerødder hvorpå frugten vanilje vokser; latinsk navn *Vanila planifolia*

vaniljeis el. **vanilleis**

SUBST. -*en*, plur. ~*is*, -*ene*

en spiseis der er tilsat vanilje

vaniljekrans el. **vanillekrans**

SUBST. -*en*, plur. -*e*, -*ene*

en småkage med vanilje der er formet til små kranse □ *en pose vaniljekranse* □ *vaniljekransedej*

vanille

SUBST.

se *vanilje*

vanilleis

SUBST.

se *vaniljeis*

vanillekrans

SUBST.

se *vaniljekrans*

vanke

VERB. -*r*, -*de*, -*t*

1. kunne ventes at blive givet □ *der vanker klø* · *til jul vanker der slik og gaver*
2. **vanke {omkring}** (glds., poet.): = VANDRE □ *vanke om i landet*

vankelmod

SUBST. -*et*

(glds.): en tilstand af skiftende sindsstemning og mangel på beslutsomhed = VÆGELSIND ≠ SINDSRO

vankelmodig

ADJ. -*t*, -*e*

= VÆGELSINDET

vankundig

ADJ. -*t*, -*e*
/van'kundig/

(glds.): = UVIDENDE □ *vankundighed*

vanlig

ADJ. -*t*, -*e*
['va·nli]

= SÆDVANLIG □ *hans vanlige uforskammethed* · *med vanlig sikkerhed*

vanry

SUBST. -*et*.

et dårligt rygte □ *han bragte sit navn i vanry* · *han var kommet i vanry efter sine lyssky transaktioner*

vanrøgt

SUBST. -*en*

mangelfuld pasning el. pleje = MISRØGT □ *vanrøgt af heste* · *barnet havde været udsat for vanrøgt*

vanrøgte

VERB. -*r*, -*de*, -*t*

vanrøgte ng(t) undlade at give nogen el. noget den nødvendige omsorg = MISRØGTE □ *vanrøgte* *et embede · en vanrøgtet ejendom · forældrene vanrøgtede deres børn*

vansire

VERB. *-r, -de, -t*

vansire ng(t) skæmme nogen el. nogets udseende ◻ *store ar vansirer hendes ansigt · han blev vansiret ved bilulykken · landskabet vansires af en stor motorvej* ◻ *vansiring*

vansiret

ADJ. *- , vansirede*

med ødelagt udseende som følge af skade el. sygdom = SKÆMMET ◻ *hans ansigt var vansiret af ar fra brandsår*

vanskabning

SUBST. *-en,* plur. *-er, -erne*

et vanskabt el. misdannet menneske = MISFOSTER ◻ *han er en vanskabning*

vanskabt

ADJ. *- , -e*

som er udviklet på en unormal måde = MISDANNET ◻ *en vanskabt kalv med to hoveder · barnet var vanskabt og manglede den ene hånd* ◻ *vanskabning*

vanskelig

ADJ. *-t, -e; -ere, -st*

som er svær at udføre, afgøre el. forstå ◻ *en vanskelig opgave · et vanskeligt valg · han er vanskelig at gøre tilpas · gøre det vanskeligere for fangerne at flygte · være vanskeligt stillet · vanskeligt tilgængeligt · have vanskeligt ved at forstå noget* • som er svær at have med at gøre ◻ *et vanskeligt barn*

vanskeliggøre

VERB. *~gør, ~gjorde, ~gjort*

vanskeliggøre ngt gøre noget vanskeligt at gennemføre = HÆMME ◻ *branden vanskeliggør byggeriet* ◻ *vanskeliggørelse*

vanskelighed

SUBST. *-en,* plur. *-er, -erne*

det at noget er vanskeligt = BESVÆRLIGHED ◻ *vi har store vanskeligheder med at få projektet i gang · reglerne er så simple at de uden vanskelighed kan forstås af alle · det skulle ikke volde de store vanskeligheder* • **vanskeligheder** problematisk situation ◻ *komme i vanskeligheder · hjælpe ham ud af vanskeligheder*

vanskæbne

SUBST. *-n,* plur. *-r, -rne*

(form.): en uheldig og ulykkelig skæbne ◻ *lide den vanskæbne at gå fallit*

vansmægte

VERB. *-r, -de, -t*

sygne hen pga. manglende omsorg el. lide pga. mangel på fx vand = FORSMÆGTE ◻ *sidde og vansmægte i et fængsel · vansmægte af tørst*

vant[1]

SUBST. *-et,* plur. *vant* (el. *-er*), *-ene* (el. *-erne*)

et tov el. en wire der støtter et fartøjs mast i sideretningen ≠ STAG

vant[2]

ADJ. *- , -e*

som man kender godt og er fortrolig med = SÆDVANLIG ◻ *nu var han tilbage i de vante omgivelser · han udførte arbejdet med sin vante præcision · livet gik sin vante gang · falde tilbage i de vante folder* ◻ *hjemmevant · husvant · scenevant · søvant* • **være vant til ngt** være fortrolig med noget fordi man tit har gjort det ◻ *det er jeg ikke vant til · være vant til at arbejde hårdt* • **være godt** el. **bedre vant** pleje at have gode el. bedre forhold ◻ *han er godt vant hjemmefra · jeg er ikke bedre vant*

vante

SUBST. *-n,* plur. *-r, -rne*

1. tøj til hånden hvor tommelfingeren er adskilt fra de øvrige fingre; er ofte af strikket garn = LUFFE ≠ HANDSKE, FINGERVANTE ◻ *en strikket vante* ◻ *bælgvante*
2. på med vanten frisk mod! • **være en vante** være et pjok ◻ *han er en rigtig vante*

vantreven

ADJ. *-t, vantrevne*

(glds.): som trives dårligt = FORKRØBLET ◻ *et lille vantrevent grantræ · se vantreven og mager ud*

vantrives

VERB. *vantrives, vantrivedes, vantrivedes*

1. befinde sig dårligt i de omgivelser man lever i ≠ TRIVES ◻ *de vantrivedes i deres ny lejlighed · børnene vantrives i deres nye klasse*
2. være svag og ude af stand til at udvikle sig normalt = SKRANTE ≠ TRIVES ◻ *planten vantrives i mørke*

vantro[1]

SUBST. *-en*

mangel på tro ◻ *Jesus bebrejdede dem deres vantro*

vantro[2]

ADJ.

som ikke tror på nogen el. noget = MISTROISK ◻ *de lyttede vantro til den fantastiske historie · hun stirrede vantro på ham* • (religion): som mangler religiøs tro ◻ *de vantro indianere*

vanuatisk

ADJ. *- , -e*

som har at gøre med Vanuatu

vanuatuer

SUBST. *-en,* plur. *-e, -ne*

en person fra Vanuatu

vanvare

SUBST.

det at gøre noget uforsætligt ◻ *jeg kom af vanvare til at skubbe til ham*

vanvid

SUBST. *vanviddet*

1. en sindstilstand der minder om sindssyge ◻ *vanviddet lyste ud af hans blik* ◻ *vanvidsanfald* ◻ *forfølgelsesvanvid · storhedsvanvid*
2. tåbelig el. uovervejet handling = AFSIND ◻ *det er vanvid at nedlægge skoler når børnetallet stiger · det er det glade vanvid*
3. elske ngn til vanvid elske nogen meget højt • **drive ng til vanvid** irritere nogen

vanvittig

ADJ. *-t, -e*

⟨også SUBST.⟩ som er mentalt svækket = SINDSSYG, GAL ◻ *hun var rablende vanvittig · han skreg som en vanvittig* • som er ved at miste besindelsen, el. som er irrationel og dum = SINDSSYG, AFSINDIG, TOSSET, SKØR, FORRYKT, BESAT ◻ *hun var ved at blive vanvittig af utålmodighed · det er en vanvittig tanke* • ⟨ADV.⟩ forstærkende udtryk = SINDSSYG, AFSINDIG ◻ *det er vanvittig sjovt*

vanære[1]

SUBST. *-n*

tab af ære og respekt = FORNEDRELSE ◻ *bringe vanære over nogen · generalen gik af i vanære*

vanære[2]

VERB. *-r, -de, -t*
[ˈ*vanæ'ɔ*]

vanære ng(t) forårsage at nogen el. noget taber ære og respekt ◻ *vanære sin slægt · han har vanæret firmaets gode rygte* ◻ *vanærelse*

vaps

SUBST. *-en,* plur. *-er, -erne*

en lille hund ◻ *sådan en sød lille vaps!*

var.

fork. for *variabel* el. *variant* el. *variation*

var[1]

ADJ.
[ˈ*va'*]

bliv ng(t) var (glds.): blive opmærksom på nogen el. noget = OPDAGE, BEMÆRKE ◻ *der gik en rum tid uden at jeg blev denne fejl var · hun blev var at han kiggede på hende*

var[2]

VERB.

bøjningsform af *være*

varan

SUBST. *-en,* plur. *-er, -erne*
[*va'ra'n*]

en stor, kraftig øgle med en kløftet tunge og en lang hals; findes i Afrika, Asien og Australien; latinsk navn *Varanidae*

varde

SUBST. *-n,* plur. *-r, -rne*

et sø- el. vejmærke opbygget af sten el. tømmer

vardenser

SUBST. *-en,* plur. *-e, -ne*
/*var'denser*/

en person fra Varde

vardensisk

ADJ. *- , -e*
/*var'densisk*/

som har at gøre med Varde

vare[1]

SUBST. *-n,* plur. *-r, -rne*

1. en genstand som man køber el. sælger □ *bringe varer ud · butikkens hylder var fulde af varer · købe et parti varer · føre en bestemt vare* □ *varebetegnelse · varedeklaration · varehus · varelager · varemærke · vareprøve · vareudførsel* □ *dybfrostvare · grovvare · hvidevare · madvare · transitvare · trævare · udsalgsvare* • **den ægte vare** en vare som ikke er en forfalskning
2. i forsk. forb.: • **smage på varerne** smage på vin el. spiritus • **tage ngt for gode varer** anerkende fx en udtalelse □ *den forklaring tager jeg ikke for gode varer* • **våde varer** = SPIRITUS □ *han havde fået for meget af de våde varer*

vare[2]

SUBST.

tage vare på ng(t) passe på nogen el. noget □ *vil du tage vare på pengene mens jeg er væk?*

vare[3]

VERB. *-r, -de, -t*

1. strække sig over en vis tid = STÅ PÅ, TAGE □ *mødet varer en time · krigen varede i fire år · det varer 10 minutter inden jeg kommer · intet varer evigt · det varede en evighed inden han kom · det varer ikke længe før jeg mister tålmodigheden · ærlighed varer længst* • **vare ved** strække sig i tid uden ophør = BLIVE VED, FORTSÆTTE □ *regnen varede ved · den høje feber kan ikke vare ved · mon freden vil vare?*
2. vare sig mod ng(t) beskytte sig mod noget el. nogen □ *ingen kunne vare sig mod pesten* • **vare sig for at gøre ngt** undlade at gøre noget der evt. indebærer en risiko = TAGE SIG I AGT FOR □ *jeg skal vare mig for at nævne navne · var dig, dreng!* • **vare sin mund** være forsigtig med hvad man siger el. undlade at sige noget □ *var din mund!* • **vare sit skind** se under *skind*

varebetegnelse

SUBST. *-n,* plur. *-r, -rne*

= VAREDEKLARATION □ *blive beskyldt for falsk varebetegnelse · sælge en vare under urigtig varebetegnelse* • en forkert beskrivelse □ *at kalde hende smuk er falsk varebetegnelse*

varedeklaration

SUBST. *-en,* plur. *-er, -erne*

en skriftlig angivelse af en vares sammensætning og kvalitet □ *af varedeklarationen fremgår det hvilke tilsætningsstoffer der er i pølsen*

varedeklarere

VERB. *-r, -de, -t*

varedeklarere ngt forsyne en vare med varedeklaration □ *varedeklarerede møbler* □ *varedeklarering*

varefakta

SUBST.PLUR. *-ene*

en varedeklaration hvor oplysningernes rigtighed er undersøgt og godkendt af Dansk Varefakta Nævn

varehus

SUBST. *-et,* plur. *-e, -ene*

en stor butik der sælger mange forskellige varer el. som har et stort udvalg inden for en bestemt varegruppe □ *varehuskæde* □ *lavprisvarehus · møbelvarehus*

varelager

SUBST. *-et,* plur. *-e* (el. *~lagre*), *-ne* (el. *~lagrene*)

en beholdning af varer på et givet tidspunkt = VAREBEHOLDNING □ *opgøre varelageret · sælge ud af varelageret* □ *varelagerbog*

varemærke

SUBST. *-t,* plur. *-r, -rne*

et særligt mærke, fx et navn el. et logo, som en virksomhed forsyner sine produkter med, så de tydeligt adskiller sig fra lignende produkter = FABRIKAT □ *et velkendt varemærke · et registreret varemærke* □ *varemærkelov · varemærkeregistrering* • en kvalitet el. egenskab som er karakteristisk for nogen el. noget □ *en løssluppen humor er blevet instruktørens varemærke*

vareprøve

SUBST. *-n,* plur. *-r, -rne*

en mindre prøve på en vare

varetage

VERB. *-r, ~tog, -t*

varetage ngt sørge for noget på bedst mulig måde □ *fagforeningen varetager medlemmernes interesser · man må varetage sine egne interesser · hun varetager en række opgaver for virksomheden* □ *varetagelse*

varetægt

SUBST. *-en*

det at passe på el. blive passet på af nogen □ *bedstemoderen har barnet i sin varetægt · barnet er nu i bedstemoderens varetægt* □ *varetægtsfængsel*

varetægtsarrest

SUBST. *-en,* plur. *-er, -erne*

= VARETÆGTSFÆNGSEL □ *sidde i varetægtsarrest*

varetægtsfængsel

SUBST. *-et* (el. *~fængslet*), plur. *~fængsler, ~fængslerne*

et fængselsophold som skal forhindre den indespærrede i at fjerne bevismateriale el unddrage sig retsforfølgelse og straf = VARETÆGTSARREST □ *sidde i varetægtsfængsel · otte dages varetægtsfængsel · sende en mistænkt i varetægtsfængsel på ubestemt tid*

varetægtsfængsle

VERB. *-r, -de, -t*

varetægtsfængsle ng fængsle en sigtet person hvis der er begrundet mistanke om at vedkommende har begået en lovovertrædelse af grov art, og at det er sandsynligt at den sigtede vil flygte el. begå en ny, lignende lovovertrædelse □ *manden blev varetægtsfængslet for 14 dage* □ *varetægtsfængsling*

varia

SUBST.PLUR. *-ene*

forskellige, blandede skrifter; fx brugt som undertitel i en bog om forskellige emner

variabel[1]

SUBST. *variablen,* plur. *variable* (el. *variabler*), *variablene* (el. *variablerne*)
/vari'abel/

en størrelse som kan antage forskellige talværdier ≠ KONSTANT □ *i budgettet er der taget højde for alle tænkelige variabler · i udtrykket 3x + 1 er x en variabel · en funktion af tre variabler*

variabel[2]

ADJ. *-t, variable*
/vari'abel/

som let el. hyppigt forandres i størrelse, omfang OSV. ≠ KONSTANT □ *variabel indkomst · variable udgifter*

variabilitet

SUBST. *-en*
/variabili'tet/

= VARIATION • det forhold at individer der hører til samme art udviser større el. mindre indbyrdes afvigelser = VARIATION ≠ MUTATION

variant

SUBST. *-en,* plur. *-er, -erne*
[vari'an't]

en afvigende type af noget □ *der findes mange varianter af denne vittighed* • en afvigende form af et ord □ *check er den amerikanske variant af cheque*

variation

SUBST. *-en,* plur. *-er, -erne*
[varia'sjo'n]

1. forekomst af forskellighed mellem to el. flere lignende ting = AFVEKSLING, FORANDRING, VARIABILITET □ *der bør være variation i kosten · der er stor variation i huspriserne fra egnsdel til egnsdel · det er rart med lidt variation i arbejdet* □ *variationsmuligheder*
2. (musik): en ændring af melodi, harmoni el. rytme i et af flere korte musikstykker der er skrevet over samme enkle melodi □ *variationer over et tema · et tema med variationer · frit improviserede variationer*
3. = VARIABILITET

variere

VERB. *-r, -de, -t*
/vari'ere/

forandre sig med hensyn til størrelse el. mængde = SKIFTE, SVINGE □ *temperaturen har varieret meget inden for den sidste måned · antallet af turister varierer meget fra sæson til sæson* • **variere ngt** forandre dele af noget mens den grundlæggende form el. idé bevares = VEKSLE □ *det er vigtigt at variere undervisningen · opskriften kan varieres på mange måder*

varieté el. variete

SUBST. *-en,* plur. *-er, -erne*
/varie'té/

et forlystelses- og spisested med let og afvekslende underholdning; også om selve forestillingen □ *varieténummer · varietésanger · varietéstjerne*

varietet

SUBST. *-en,* plur. *-er, -erne*
[*vɑriəˈteˀt*]

(biologi): en lille gruppe af en art der udviser små afvigelser fra den typiske art □ *klæbefrø fås i en varietet med hvidbrogede blade der er meget dekorativ*

varig

ADJ. *-t, -e*

som varer ved = PERMANENT □ *varig fred · en varig løsing · et varigt venskab · et varigt minde · varige skader*

varlig

ADJ. *-t, -e*

(glds.): = FORSIGTIG

varm

ADJ. *-t, -e; -ere, -est*

1. som har en høj temperatur ≠ KOLD □ *det er varmt om sommeren · kogepladen er varm · varm mad · lukke op for det varme vand · det er varmt i stuen* · □ *varmluft* □ *halvvarm* • som er over frysepunktet □ *det er 5° varmt*
2. som holder på varme og beskytter mod kulde □ *en varm frakke · varmt tøj · holde sig varm*
3. som giver en følelse af hjertelighed og glæde □ *en varm stemme · et varmt smil · varme følelser · varm interesse · give børnene en varm modtagelse* □ *varmblodet · varmblodig · varmhjertet*
4. blive varm og kold over hele kroppen blive nervøs el. bange • **være varm på ng** være forelsket i nogen • **være varm på ngt** være opsat på el. tryg ved noget

varmblodig

ADJ. *-t, -e*

= FYRIG □ *sigøjnerne er et varmblodigt folkeslag · en varmblodig kvinde*

varme[1]

SUBST. *-n*

1. temperatur over frysepunktet ≠ KULDE □ *vand koger ved 100 graders varme · temperaturen i weekenden bliver kun 5 graders varme · solens varme* □ *solvarme · strålevarme* • høj lufttemperatur ≠ KULDE □ *der er varme på vej · stønne af varme* □ *varmebølge · varmefront* □ *lummervarme* • et middel til at gøre noget varmt, fx et anlæg til holde et hus varmt □ *tænde for varmen · skrue op for varmen · huslejen er 4.000 kr. med varme · indlægge varme* □ *varmeapparat · varmedunk · varmekilde · varmelampe · varmelegeme · varmemåler · varmeovn · varmeplade · varmepude · varmeskab* □ *centralvarme · elvarme · fjernvarme · fyringsvarme · gulvvarme · jordvarme · kraftvarme* • **have det med varme** døje med el. lide under varmen • **holde varmen** have det varmt, fx ved varm rumtemperatur el. ved at bevæge sig meget □ *kan du holde varmen?* • **sejle på varmen** sejle i troperne
2. milde, venlige el. begejstrede følelser □ *han var fuld af varme og liv · gæsterne blev modtaget med varme · hun mødte megen varme hos den familie hun skulle bo hos · være fuld af varme for en sag · tale med begejstringens varme* □ *varmtfølende · varmhjertet* □ *hjertevarme* • **inde i varmen** udtryk for at man er populær el. er med i et sammenhold ≠ UDE I KULDEN

varme[2]

VERB. *-r, -de, -t*

1. varme ng(t) gøre nogen el. noget varm = LUNE □ *varme vand · skal jeg varme dine hænder? · ovnen varmer godt* □ *opvarme* • **varme ngt op** gøre noget varmt □ *varme stuen op · varme maden op* • **varme sig {ved} ngt** blive varm af at opholde sig på el. tæt ved noget varmt □ *de varmede sig ved ilden · katten varmede sig på varmeapparatet*
2. varme ng gøre nogen glad = LUNE □ *dit søde brev varmede mig · det varmede mit hjerte at opleve det*
3. varme op gøre sig klar til noget, fx gøre kroppens muskler smidige ved forskellige øvelser før man dyrker sport □ *det er vigtigt at varme op inden en sportskamp · vi varmer lige op med en bajer først* • **varme ng op** sætte folk i den rette stemning, fx før et show □ *gruppen varmede publikum op før aftenens hovedattraktion kom på scenen*
4. i forsk. forb.: • **varme bænke** ikke blive budt op til dans ved fx et bal • **varme ngs ører** give nogen en lussing □ *jeg skal varme hans ører!*

varmeapparat

SUBST. *-et,* plur. *-er, -erne*

et apparat der opvarmer et rum ved hjælp af varmt vand, el el. gas = RADIATOR □ *et elektrisk varmeapparat · tænde og slukke for varmeapparatet*

varmebehandle

VERB. *-r, -de, -t*

varmebehandle ngt behandle noget med varme; det kan være kortvarigt at opvarme et levnedsmiddel, en medicin el. andet for at slå sygdomsfremkaldende bakterier ihjel el. at forøge temperaturen i en kropsdel for at forøge blodgennemstrømningen, fx ved hjælp af en varmelampe el. ultralyd □ *varmebehandle kyllinger og æg for at slå salmonellabakterier ihjel · varmebehandle blødermedicin af hensyn til faren for at overføre AIDS-virus · varmebehandlet blod* □ *varmebehandling*

varmelegeme

SUBST. *-t,* plur. *-r, -rne*

en anordning som afgiver varme □ *varmelegemet i et elektrisk strygejern*

varmemester

SUBST. *-en,* plur. *~mestre, ~mestrene*

en person der er ansat til at passe kedler, centralfyr m.m.

varmeovn

SUBST. *-en,* plur. *-e, -ene*

en ovn der opvarmer et rum ved hjæp af forbrænding; det kan være en petroleumsovn, en gasovn, en lukket kamin el.lign. □ *en elektrisk varmeovn*

varmepude

SUBST. *-n,* plur. *-r, -rne*

en flad pude med et elektrisk varmelegeme som fx bruges til varmebehandling af ømme muskler og led el. til at få varmen med □ *en elektrisk varmepude*

varmfront

SUBST. *-en,* plur. *-er, -erne*

en bred bevægelig grænse i atmosfæren med varm luft som fortrænger kold luft ≠ KOLDFRONT

varmhjertet

ADJ. *- , varmhjertede*

som er i besiddelse af el. udspringer af varme følelser og imødekommenhed = HJERTEVARM ≠ KOLDHJERTET □ *en varmhjertet person · en varmhjertet velkomst* □ *varmhjertethed*

varmtvandsbeholder

SUBST. *-en,* plur. *-e, -ne*

en elektrisk installation i form af en beholder hvori vand opvarmes □ *en varmtvandsbeholder på 60 liter*

varmtvandshane

SUBST. *-n,* plur. *-r, -rne*

hane til varmt vand ≠ KOLDTVANDSHANE

varpe

VERB. *-r, -de, -t*

varpe ng ud (dagl.): smide nogen ud fordi de ikke er ønskede = VERFE □ *han blev varpet ud*

varsel

SUBST. *-et* (el. *varslet*), plur. *varsler, varslerne*

1. en meddelelse om el. et tegn på at en bestemt hændelse vil finde sted = FORVARSEL, OMEN □ *arbejderne har givet første varsel om strejke · et godt varsel · jeg tager det som et varsel om at han vil trække sig tilbage · når kometen kommer er det et varsel om ulykke* □ *varselsråb · varselsskrig* □ *stormvarsel · strejkevarsel*
2. = FRIST □ *tre måneders varsel · han rejste med kort varsel* □ *opsigelsesvarsel*

varsko[1]

SUBST. *-et,* plur. *-er* (el. *varsko*), *-erne* (el. *-ene*)

et advarende tegn el. et råb = VARSEL □ *begivenheden er et varsko om at uroligheder kan ventes · råbe varsko · han forlod sin post uden varsko* □ *varskoråb*

varsko[2]

VERB. *-r, -ede, -et*

varsko ng om ngt advare nogen el. give nogen meddelelse om noget der vil ske = ADVARE □ *vil du varsko mig når han kommer?*

varsle

VERB. *-r, -de, -t*

varsle ngt meddele i forvejen at man har til hensigt at udføre en bestemt handling □ *arbejderne varslede strejke · fabrikken varslede mangefyringer* □ *varsling* • **varsle ngt** være tegn på at noget vil komme el. ske = BEBUDE □ *træernes knopper varsler forår · det varsler godt for hans fremtid*

varsom

ADJ. *-t, varsomme*

= FORSIGTIG □ *hun løftede varsomt den kinesi-*

ske vase • *man skal være varsom med at gøre sådan noget* • *pige træd varsomt, for scenen er skrå* □ *varsomhed*

varte

VERB. *-r, -de, -t*

varte ng op = OPVARTE □ *tjeneren vartede gæsterne op* • *de blev vartet op med kaffe og kage* • *han vartede hende op i alle ender og kanter*

vartegn

SUBST. *-et*, plur. *~tegn, -ene*

et monument el. bygningsværk der samtidig fungerer som symbol for noget = KENDETEGN □ *Gåsetårnet er Vordingborgs vartegn* • *Frihedsgudinden er New Yorks vartegn*

varulv

SUBST. *-en*, plur. *-e, -ene*

1. (overtro): et menneske som kan skabe sig om til en ulv ved fuldmåne □ *varulvenat*
2. et medlem af en hemmelig nazistisk organisation der saborterede de allierede besættelsesstyrker lige efter anden verdenskrig

vasal

SUBST. *vasallen*, plur. *vasaller, vasallerne*
[*va'sal'*]

(i middelalderen): en person der er undergivet *feudalherren*, og som har fået tildelt jord til gengæld for troskab og hjælp i krig • = VASALSTAT

vasalstat

SUBST. *-en*, plur. *-er, -erne*

et land under et andet lands overherredømme

vase

SUBST. *-n*, plur. *-r, -rne*

en beholder til at sætte afskårne blomster i □ *sætte blomster i vand i en vase* □ *alabastvase* • *glasvase* • *keramikvase*

vaseline el. vaselin

SUBST. *-n*, plur. *-r, -rne*
(vaselin: *-en*, plur. *-er, -erne*)
/*vase'line*/

et fedtet, gult el. hvidt stof der bruges som salve el. smøremiddel

vask

SUBST. *-en*, plur. *-e, -ene*

1. en beholder el. kumme med afløb som opsamler og udleder rindende vand og bruges til at vaske noget i □ *sætte proppen i vasken* • *stå ved vasken* • *hælde kartoffelvandet i vasken* • *lægge tøj i blød i vasken* □ *håndvask* • *køkkenvask* • *stålvask* • *zinkvask*
2. 〈ikke plur.〉 det at vaske noget, fx tøj □ *familien bruger meget tid på vask og rengøring* • *stoffet tåler vask* • *tøjet er krøbet i vask* • *pletten gik af i vask* • *skjorten kommer lige fra vask* • *lægge tøj til vask* • *sende tøj til vask* □ *vaskbar* □ *bilvask* • *finvask* • *forvask* • *hårvask* • *klatvask* • *kogevask* • *opvask* • *storvask* • = VASKETØJ □ *hænge vasken til tørre* • *en skinnende hvid vask* • *hun klarede flere vaske om dagen*
3. gå el. **ryge i vasken** ikke blive til noget □ *skovturen gik i vasken fordi vejret var dårligt*

vaskbar

ADJ. *-t, -e*

(om ting): som kan tåle at blive vasket □ *vaskbart tapet* • *er frakkens for vaskbart?*

vaske

VERB. *-r, -de, -t*

1. vaske ng(t) gøre nogen el. noget ren med vand og sæbe = RENGØRE, TVÆTTE □ *vaske tøj* • *vaske gulv* • *vaske hår* • *vaske sig over hele kroppen* • *vaske noget rent* • *hun har vasket og strøget hele dagen* • *vaske på møntvaskeri* □ *vaskeri* • *vaskebalje* • *vaskebræt* • *vaskedag* • *vaskekone* • *vaskekumme* • *vaskekælder* • *vaskemaskine* • *vaskemiddel* • *vaskepulver* □ *afvaske* • *bortvaske* • *håndvaske* • *klatvaske* • *renvaske* • **vaske ngt af** fjerne snavs fra noget ved at tørre det af, skylle det over med el. dyppe det i vand □ *vaske servicet af* • *vaske panelerne af* • *vaske snavs af tallerknerne* • *vaske en plet af* • *det kan vaskes af* • **vaske ngt op** vaske tallerkner, glas, bestik OSV. □ *vaske servicet op* • *vaske op efter middagen* • *vaske op, tørre af og stille på plads* • **vaske sig** (om et dyr): slikke sig ren □ *katten vasker sig*
2. vaske mod el. **ind over ngt** (om vand): strømme frem i store mængder = SKYLLE, STRØMME □ *bølgerne vaskede mod skibet* • *havet vaskede ind over dækket* • **vaske ngt {væk}** flytte noget med sig el. fjerne noget i en strøm af væde □ *regnen vasker malingen væk* • *bølgerne vaskede en stor del af skrænten væk* • *halvdelen af kystvejen blev vasket bort i uvjeret* • *en mand blev vasket over bord i uvejret*
3. vaske kort se under *kort*

vaskebalje

SUBST. *-n*, plur. *-r, -rne*

en balje af metal el. plastic til at vaske tøj i □ *lægge tøj i blød i en vaskebalje*

vaskebjørn

SUBST. *-en*, plur. *-e, -ene*

et nordamerikansk rovdyr med en tyk, sølvgrå pels og sorte og hvide ringe omkring halen; latinsk navn *Procyon lotor*

vaskebræt

SUBST. *~brættet*, plur. *~brætter, ~brætterne*

et bræt med en rillet metalplade som man tidligere brugte til at gnubbe tøjet mod når man vaskede • et vaskebræt der bruges som musikinstrument i traditionel jazz, og som spilles med fingerbøl på fingrene

vaskeklud

SUBST. *-en*, plur. *-e, -ene*

en klud til at vaske ansigt og krop med □ *vaske sig med en vaskeklud*

vaskekone

SUBST. *-n*, plur. *-r, -rne*

en kvinde der som erhverv vasker tøj for andre

vaskekumme

SUBST. *-n*, plur. *-r, -rne*

en kumme på fast fod el. nedsænket i et bord til at vaske sig ved = HÅNDVASK

vaskekælder

SUBST. *-en*, plur. *-e* (el. *~kældre*), *-ne* (el. *~kældrene*)

en kælder hvor der står en vaskemaskine og evt. en centrifuge og en tørretumbler

vaskemaskine

SUBST. *-n*, plur. *-r, -rne*

en maskine med en tromle som kan vaske tøj på forskellige programmer og ved forskellige temperaturer = MASKINE ≠ OPVASKEMASKINE □ *starte vaskemaskinen* • *tage tøjet ud af vaskemaskinen og hænge det op til tørre*

vaskemiddel

SUBST. *-et* (el. *~midlet*), plur. *~midler, ~midlerne*

et stof i form af pulver el. flager el. i flydende form som opløses i vand og bruges til rengøring af især tekstiler = SÆBE, VASKEPULVER □ *flydende vaskemiddel* • *dosering af vaskemiddel* • *pas på med ikke at overdosere vaskemidlet* □ *opvaskemiddel*

vaskeprogram

SUBST. *~programmet*, plur. *~programmer, ~programmerne*

en indstilling på en vaskemaskine der muliggør forskellige former for vask, fx kogevask, kulørtvask el. hurtigvask

vaskepulver

SUBST. *-et*, plur. *-e, -ne*

et vaskemiddel i pulverform □ *koncentreret vaskepulver* □ *vaskepulverreklame*

vaskeri

SUBST. *-et*, plur. *-er, -erne*
/*vaske'ri*/

en virksomhed som vasker tøj for andre el. et rum hvor der er opstillet vaskemaskiner som man selv kan benytte, evt. mod betaling ≠ RENSERI □ *sende tøj på vaskeri* • *der er vaskeri i ejendommens kælder* □ *vaskeriejer* □ *møntvaskeri*

vaskerum

SUBST. *~rummet*, plur. *~rum, ~rummene*

et rum i en vaskekælder

vaskeskind

SUBST. *-et*, plur. *~skind, -ene*

et tyndt, blødt, gulligt skind som er garvet på en bestemt måde så det let lader sig gennevæde; bruges til tøj el. som pudseklud □ *tørre forruden af med et vaskeskind* □ *vaskeskindshandsker*

vasketur

SUBST. *-en*, plur. *-e, -ene*

en ret for beboere i en større ejendom til efter tur at benytte et privat vaskeri □ *vi har vasketur i næste uge*

vasketøj

SUBST. *-et*

tøj, sengetøj m.m. som skal vaskes, el. som er blevet vasket □ *putte vasketøjet i maskinen* • *hænge vasketøjet til tørre* □ *vasketøjskurv*

vaskeægte

ADJ.

1. som kan tåle at blive vasket uden at farverne forsvinder el. det krymper ◻ *vaskeægte farver* · *en vaskeægte bluse* ◻ *vaskeægthed*
2. (dagl.): som er i overensstemmelse med el. udgør noget oprindeligt = ÆGTE, RIGTIG ◻ *en vaskeægte indianer*

vat

SUBST. *vattet*, plur. *vatter, vatterne*

en blød, hvid klump af uspundet bomuld som kan opsuge væske; bruges fx til at rense hud el. sår med ◻ *lægen rensede skrammen med en tot vat med sprit på* · *vandskyende vat* ◻ *vatpind* · *vattampon* · *vattot* ◻ *bomuldsvat* • **pakke ngn ind i vat** overbeskytte nogen ◻ *forældrene pakkede deres datter ind i vat*

vater

SUBST.
[ˈvadɔ]

i vater helt vandret ≠ LOD ◻ *hylden er ikke i vater* ◻ *vaterpas*

vaterpas

SUBST. *vaterpasset*, plur. *vaterpas* (el. *vaterpasser*), *vaterpassene* (el. *vaterpasserne*)

et instrument der viser om en flade er helt vandret el. helt lodret; består af en firkantet stok med *libeller*

vatikansk

ADJ. -, *-e*

som har at gøre med Vatikanstaten

vatnisse

SUBST. *-n*, plur. *-r, -rne*

en viljesvag person ◻ *han er en rigtig vatnisse*

vattere

VERB. *-r, -de, -t*
/vatˈtere/

vattere ngt udstoppe noget med vat el.lign. så det bliver tykkere og varmere ◻ *et vatteret tæppe* ◻ *vattering*

vattet

ADJ. -, *vattede*

(neds.): som er karakterløs og undvigende = VAG, VEG ◻ *en vattet person* · *et vattet svar* · *han har en vattet holdning til tingene*

vaudeville

SUBST. *-n*, plur. *-r, -rne*
[vodəˈvilə]

et lystspil med indlagte sange = SYNGESPIL, SANGSPIL

vb.

fork. for *verbum*

ve[1]

SUBST. *-en*, plur. *-er, -erne*

en af en række smertefulde sammentrækninger af livmoderens muskulatur under en fødsel ◻ *der var fem minutter mellem veerne* · *få veer* · *have veer* ◻ *fødselsve* · *plukve* · *presseve* • (glds., form.): = KVAL ◻ *aldrig havde man andet end ve af den knægt* • **ve og vel** = VELFÆRD ◻ *tage hensyn til patienternes ve og vel* · *interessere sig for andres ve og vel*

ve[2]

UDRÅBSORD

udtryk for klage ◻ *ve os ulykkelige!* · *ak og ve!*

ved[1]

SUBST. *veddet*

1. den faste masse som udgør hovedbestanddelen i træers og buskes stammer, grene og rødder, og som er mellem barken og marven ◻ *piletræets ved er sejt og bøjeligt* · *teaktræets ved bruges blandt andet til møbler* ◻ *vedlag* · *vedring* ◻ *kerneved*
2. bære ved til bålet hjælpe noget til at udvikle sig videre på en måde som er negativ for nogen ◻ *hendes kritiske bemærkninger bar ved til bålet*

ved[2]

VERB.

bøjningsform af *vide*

ved[3]

PRÆP., ADV.
fork. *v.*

1. på et sted nær noget andet el. på selve stedet ◻ ⟨PRÆP.⟩ *huset ligger ved stationen* · *stolen står ved vinduet* · *han sad ved bordet* · *Herlufsholm ligger ved Næstved* · *Napoleon blev slået ved Waterloo* · *sagen blev afgjort ved Højesteret* · ⟨ADV.⟩ *stationen ligger lige ved* ◻ *vedføje* · *vedhæng* · *vedlægge* • **ved siden af** se under *siden*
2. ⟨PRÆP.⟩ omkring en bestemt tid el. i forbindelse med en bestemt lejlighed ◻ *de kommer ved syvtiden* · *det plejer at sne ved juletid* · *de mødtes ved solopgang* · *ved nat kommer møllene frem* · *vi mødtes ved koncerten* · *jeg så hende ved min søsters bryllup* · *ved ankomsten blev hun modtaget af sin familie* · *det var kærlighed ved første blik* · *varerne blev beskadiget ved transporten* · *ved brand lukkes branddøren* • ⟨PRÆP.⟩ udtryk for ansættelse el. tilknytning til et bestemt sted ◻ *han var ansat ved statsbanerne* · *han var sergent ved artilleriet* · *hun læser engelsk ved universitetet* · *han er ved radioen* · *en journalist ved et nyt ugeblad* • ⟨PRÆP.⟩ udtryk for at man er i gang med noget ◻ *vi var ved at pakke* · *nu vi er ved det, så vil jeg godt sige et par ting*
3. ⟨PRÆP.⟩ udtryk for at noget er et middel ◻ *hun læste ved et stearinlys* · *han tjente penge ved at gå med aviser* · *ved at cykle kommer man hurtigere frem* · *han fremhævede hende ved navns nævnelse* · *han ledte den blinde ved hånden* · *hun tabte sig ved at spise fornuftigt* · *han reddede sig ved at springe ud af vinduet* • ⟨PRÆP.⟩ i eder ◻ *ved Gud!* · *ved den søde grød!* · *ved alt hvad jeg har kært!* · *jeg sværger ved alt det vi begge tror på!* • **ved hjælp af** ⟨fork. *vha.*⟩ ved brug af ◻ *han fandt vej ved hjælp af kortet*
4. ⟨PRÆP.⟩ udtryk for en egenskab ◻ *der er ikke noget ved den historie* · *ham er der ikke meget ved* · *der er ikke noget uærligt ved hende* · *der er ikke noget ved det hele* · *det er det morsomme ved det* • ⟨PRÆP.⟩ udtryk for en tilstand ◻ *han var ved fuld bevidsthed* · *hun var ved fuld magt* · *han er ikke ved sine fulde fem* · *de var ved godt mod* · *alt er ved det gamle*
5. ⟨PRÆP.⟩ udtryk for at nogen el. noget behandles el. bearbejdes af nogen ◻ *han er god ved børn* · *hvad kan vi gøre ved det?* · *teksterne er udgivet ved en professor i latin*
6. ⟨ADV.⟩ udtryk for at noget fortsætter ◻ *det bliver ved med at regne* · *det varede ved i to timer*
7. i forsk. forb.: *ved* forekommer desuden med andre betydninger i forskellige forbindelser, fx **hænge ved, tage ved, tales ved, være ved,** se under *hænge, tage, tales, være* osv.

vedbend

SUBST. *-en*, plur. *vedbend, -ene*

en slyngplante med gulgrønne blomster og blanke, læderagtige blade der har tre til fem spidser; latinsk navn *Hedera helix* = EFEU ◻ *vedbenden slyngede sig op ad træet*

vedblive

VERB. *-r, vedblev, vedblevet*

vedblive med ngt (form.): = BLIVE VED, FORTSÆTTE ◻ *han talte dansk og vedblev med at tale dansk* · *det danske skolesystem skulle gerne vedblive med at være blandt de bedste i verden*

vederfares

VERB. *vederfares, vederfaredes, vederfaret* (el. *vederfaredes*)
/vederˈfares/

vederfares ngn (form., glds.): ske for nogen = OVERGÅ, HÆNDE FOR, TIMES ◻ *han var rørt over at den ære skulle vederfares ham*

vederheftig el. **vederhæftig**

ADJ. *-t, -e*
/vederˈheftig/

1. som man kan stole på, og som er omhyggelig = PÅLIDELIG ◻ *en vederheftig person i bund og grund* · *vederheftig journalistik* · *vederheftige oplysninger* ◻ *vederheftighed*
2. som er økonomisk stabil

vederkvæge

VERB. *-r, -de, -t*
/vederˈkvæge/

(form., glds.): = FORFRISKE ◻ *vederkvægelse*

vederlag

SUBST. *-et*, plur. *vederlag, -ene*

et beløb som betales som honorar el. godtgørelse for noget ◻ *betale vederlag for rejsen* · *modtage et vederlag på 1.000 kr.* · *udføre et arbejde uden vederlag* ◻ *vederlagsfri* · *vederlagskrav* · *vederlagssum*

vederstyggelig

ADJ. *-t, -e*
/vederˈstyggelig/

= MODBYDELIG ◻ *hendes sladder er mig vederstyggelig* · *en vederstyggelig stank* ◻ *vederstyggelighed*

vedføje

VERB. *-r, -de, -t*

vedføje ngt (form.): = VEDLÆGGE ◻ *et katalog med vedføjet prisliste* ◻ *vedføjelse*

vedgå

VERB. *-r, ~gik, -et*

1. vedgå ngt = VEDKENDE □ *han vedgik at have taget af kassen* · *vedgå sin synd* · *vedgå arv og gæld* □ *vedgåelse*
2. vedgå ng(t) være af interesse for nogen el. have relevans for noget = ANGÅ, VEDKOMME, RAGE □ *det vedgår ikke dig*

vedhefte el. **vedhæfte**

VERB. *-r, -de, -t*

vedhefte ngt hefte et papir fast til noget andet = VEDLÆGGE □ *kortet var vedheftet buketten* □ *vedheftning*

vedholdende

ADJ.

som bliver længe ved = IHÆRDIG □ *hans flid er stor og vedholdende* · *en vedholdende smerte*

vedhæfte

VERB.

se *vedhefte*

vedhæng

SUBST. *-et,* plur. *vedhæng, -ene*

en mindre del som er forbundet med el. hænger fast på noget større □ *blindtarmens ormformede vedhæng* • et smykke der hænger i fx en kæde el. en ørering □ *et vedhæng der forestiller et hjerte*

vedk.

fork. for *vedkommende*

vedkende

VERB. *-r, ~kendte, ~kendt*

vedkende sig ngt indrømme at man er ansvarlig for noget = VEDGÅ, VEDSTÅ, INDRØMME, TILSTÅ □ *jeg vedkender mig mit ansvar* · *vedkende sig en udtalelse* · *vedkende sig sin underskrift* · *vedkende sig faderskabet* · *han vedkendte at have taget af kassen* □ *vedkendelse*

vedkomme

VERB. *-r, vedkom, -t*

vedkomme ng være af interesse for nogen el. have relevans for noget = KOMME VED, RAGE, ANGÅ, VEDGÅ, VEDRØRE □ *den sag vedkommer ikke andre end mig selv* · *mit privatliv vedkommer ikke sagen* □ *vedkommende*

vedkommende[1]

SUBST. *et*
fork. *vedk.*

for ng(t)s vedkommende som angår nogen el. noget □ *for mit vedkommende kan vi godt gå nu* · *for statsansattes vedkommende henvises til gældende overenskomst* · *forsamlingen bestod for størstedelens vedkommende af folk over halvtreds*

vedkommende[2]

ADJ.

1. ⟨også SUBST., fork. *vedk.*⟩ som sagen drejer sig om ≠ UVEDKOMMENDE □ *de enkelte sager indbringes for vedkommende myndighed* · *patienten kan selv vælge hvilket hospital vedkommende ønsker at blive indlagt på* · *papirerne bedes afleveret til rette vedkommende*
2. som har interesse = RELEVANT ≠ UVEDKOMMENDE □ *dette emne er ikke vedkommende i denne sag* · *en aktuel og vedkommende roman*

vedl.

fork. for *vedlagt*

vedlagde

VERB.

bøjningsform af *vedlægge*

vedligeholde

VERB. *-r, ~holdt, ~holdt*
/ved'ligeholde/

vedligeholde ngt holde noget i god el. samme stand = BEVARE □ *huset er pænt vedligeholdt* · *han vedligeholder sin have* · *vi må vedligeholde det gode forhold til vores naboer* □ *vedligeholdelse*

vedlægge

VERB. *-r, vedlagde, vedlagt*

vedlægge ngt medsende uddybende materiale = BILÆGGE, VEDFØJE, VEDHEFTE □ *de bedes vedlægge fotografi* · *en ansøgning vedlagt anbefalinger* · *vedlagt følger to bilag* □ *vedlæggelse*

vedr.

fork. for *vedrørende*

vedrøre

VERB. *-r, vedrørte, vedrørt*

vedrøre ng(t) omfatte el. omhandle nogen el. noget = VEDKOMME, ANGÅ, RAGE, VEDGÅ, GÆLDE □ *sagen vedrører ikke dig* · *forslaget vedrører personer over 60 år* · *beslutningen vedrørte kun de økologiske landbrug* · *jeg har intet at bemærke vedrørende denne sag* • **vedrørende** ⟨fork. *vedr.*⟩ = ANGÅENDE □ *jeg ringer vedrørende en annonce*

vedstå

VERB. *-r, vedstod, -et*

vedstå ngt = VEDKENDE □ *hun vedstod at hun havde skiftet standpunkt* □ *vedståelse* • **vedstå ngt** holde fast ved noget man har gjort el. tilkendegivet tidligere □ *jeg vedstår min tidligere udtalelse*

vedtage

VERB. *-r, vedtog, -t* (*vedtagen, vedtagne*)

1. vedtage ngt endeligt vælge at foretrække en løsning på et problem el.lign., normalt gennem forhandling, afstemning o.l. i en gruppe = AFTALE, BESLUTTE □ *Folketinget har vedtaget en lov* · *børnene vedtog at festen skulle holdes om lørdagen* · *forslaget blev enstemmigt vedtaget* · *jeg vedtog at gøre det senere* □ *vedtagelse* • **vedtage ngt med sig selv** beslutte at mene noget bestemt
2. vedtage ngt (jura): gå med til at lade sig idømme noget, især en bøde □ *tiltalte vedtog en bøde på 500 kr.*

vedtagelse

SUBST. *-n,* plur. *-r, -rne*

1. vedtagelse af ngt det endeligt at vælge at foretrække en løsning på et problem, normalt gennem forhandling, afstemning o.l. i en gruppe □ *vedtagelsen af loven trak i langdrag*
2. (jura): det at gå med til at lade sig idømme en bøde

vedtægt

SUBST. *-en,* plur. *-er, -erne*

1. sæt af grundlæggende bestemmelser, fx for en forening □ *i henhold til foreningens vedtægter skal generalforsamlingen indkaldes med fjorten dages varsel* · *udfærdige vedtægter for foreningen* · *rette sig efter vedtægterne* · *det er imod vedtægterne* · *gældende vedtægter* □ *vedtægtsmæssig* · *vedtægtsændring*
2. retsforskrift der er fastsat af offentlige myndigheder, og som har gyldighed inden for et begrænset lokalområde, fx et amt el. en kommune □ *lokale vedtægter* □ *byplanvedtægt* · *politivedtægt* · *sundhedsvedtægt*

vedtægtsmæssig

ADJ. *-t, -e*

som er i overensstemmelse med vedtægterne □ *en vedtægtsmæssig beslutning*

vedvare

VERB. *-r, -de, -t*

(form., glds.): holde sig uforandret = VARE VED, FORTSÆTTE □ *regnen vedvarer* · *vort venskab vil vedvare indtil døden skiller os* □ *vedvaren*

vedvarende

ADJ.

som varer ved i længere tid = STEDSEVARENDE □ *vedvarende energi* · *vedvarende overenskomstforhandlinger* · *en vedvarende snue* · *vedvarende regn*

veg[1]

VERB.

bøjningsform af *vige*

veg[2]

ADJ. *-t, -e; -ere, -est*

som har for lidt viljestyrke og karakter til at gøre egne holdninger gældende = KARAKTERLØS, VILJESVAG, VILJELØS, VATTET ≠ VILJESTÆRK □ *en veg karakter*

veganer

SUBST. *-en,* plur. *-e, -ne*
/ve'ganer/

en person der går ind for veganisme = VEGAR ≠ VEGETAR

veganisme

SUBST. *-n*
/vega'nisme/

en ernæringsteori der går ud på at mennesket udelukkende bør leve af planteføde og undlade at anvende animalske produkter til beklædningsgenstande

vegetabilsk

ADJ. *- , -e*
[vegəta'bi'lsk]

som vedrører planteriget, og som evt. er af fremstillet el. består af plantestoffer ≠ ANIMALSK, MINERALSK □ *vegetabilsk olie, fedt eller margarine* · *vegetabilsk føde*

vegetar

SUBST. *-en,* plur. *-er, -erne*
[*vegə'ta'*]

en person der ikke spiser kød og evt. heller ingen andre animalske produkter = VEGETARIANER ≠ VEGANER □ *være vegetar* □ *vegetarianer* · *vegetarisk* · *vegetarkost*

vegetarianer

SUBST. *-en,* plur. *-e, -ne*
/*vegetari'aner*/

= VEGETAR

vegetarianisme

SUBST. *-n*
/*vegetaria'nisme*/

= VEGETARISME

vegetariansk

ADJ. *-, -e*
/*vegetari'ansk*/

= VEGETARISK

vegetarisk

ADJ. *-, -e*
/*vege'tarisk*/

(om fødevarer): som udelukkende består af vegetabilske næringsstoffer = VEGETARIANSK □ *et vegetarisk måltid* · *vegetarisk føde* · *spise vegetarisk* · *leve vegetarisk*

vegetarisme

SUBST. *-n*
/*vegeta'risme*/

en ernæringsteori der går ud på at mennesket bør undlade at spise kød; nogle vegetarer lever udelukkende af planteføde mens andre spiser fx fisk, mælkeprodukter og æg = VEGETARIANISME

vegetation

SUBST. *-en,* plur. *-er, -erne*
[*vegəta'sjo'n*]

1. (botanik): plantevæksten i et bestemt område = BEVOKSNING □ *vegetationen er på sine steder meget kraftig*
2. (medicin): en sygelig, svulstagtig vækst i kroppen • **adenoide vegetationer** se under *adenoid*

vegetativ

ADJ. *-t, -e*

1. som angår dyrs el. planters vækst □ *de vegetative funktioner* · *vegetativ formering*
2. (om en person): som fører et stillestående liv □ *en vegetativ tilværelse*

vegetere

VERB. *-r, -de, -t*
/*vege'tere*/

1. (om plante): gro og trives
2. (om person): hengive sig til stille livsnydelse □ *jeg sidder altid og vegeterer en halv times tid inden jeg går i seng* • tilbringe tiden med at lave ting som ikke virker udviklende el. stimulerende □ *han går bare derhjemme og vegeterer*

vegne

SUBST.PLUR.

1. alle vegne alle steder = OVERALT □ *man ser flag alle vegne* · *folk kom til byen alle vegne fra* · *jeg har søgt efter det her og der og alle vegne* • **ingen vegne** ikke ud af stedet □ *vi kommer ingen vegne* · *det kommer du ingen vegne med* · *jeg kan ikke komme nogen vegne med ham*
2. på ngs vegne el. **på vegne af ng** i stedet for nogen el. med nogens billigelse □ *han taler på alles vegne* · *han har givet hende fuldmagt til at handle på sine vegne* · *han er urolig på mine vegne* · *jeg kan selvfølgelig kun udtale mig på egne vegne* · *hun takkede arrangørerne på vegne af samtlige deltagere*

vegsten

SUBST. *-en*

= KLÆBERSTEN

vej

SUBST. *-en,* plur. *-e, -ene*

1. en bred bane som er anlagt til at gå og køre på □ *en trafikeret vej* · *gå over vejen* · *gå ud på vejen* · *vejen er lukket pga. et større trafikuheld* · *børnene leger på vejen* · *de bor på samme vej* · *gå hen ad vejen* □ *vejanlæg* · *vejarbejde* · *vejføring* · *vejkryds* · *vejnet* · *vejskilt* · *vejvæsen* □ *bivej* · *europavej* · *grusvej* · *hovedvej* · *landevej* · *motorvej* · *ringvej* · *skovvej* · *stillevej* · *udfaldsvej* • **blind vej** en vej som er lukket i den ene ende
2. en strækning som man tilbagelægger el. en rute som man følger □ *der er lang vej til byen* · *have lang vej hjem* · *endelig nåede de til vejs ende* · *vi har gået hele vejen rundt om søen* · *tage den korteste vej hjem* · *kender du vejen til Odense?* · *spørge om vej* · *køre den forkerte vej* · *tage den direkte vej* · *lægge vejen forbi København* · *de viste hende vej* □ *vejviser* □ *genvej* · *smutvej* · *tilbagevej* • en retning som noget har □ *vende hovedet den anden vej* · *hvilken vej vender den?* • **bane vej for ng(t)** gøre noget muligt el. gøre det muligt for nogen at komme frem □ *han banede vej for de andre gennem sneen* · *lovforslaget baner vej for en lempelse af skatterne* • **på vej** i færd med at bevæge sig mod et mål = UNDERVEJS □ *han er på vej hjem* · *hun var på vej ud ad døren da telefonen ringede* · *rumskibet er på vej mod Jupiter* · *han er godt på vej mod en direktørstilling* • **i vejen for ng(t)** udtryk for at noget er en hindring for at nogen el. noget kan komme forbi el. gå i gang □ *hunden lagde sig i vejen for hende* · *de nåede ikke færgen fordi der kom noget i vejen* · *foreningen stillede sig i vejen for brobyggeriet* · *der er ikke noget i vejen for at vi starter nu* • **spærre vejen for ng** afskære nogen fra at komme videre □ *gederne spærrede vejen for bilisterne* • **lægge vejen over ngt** rejse igennem et sted □ *de lagde vejen over Sorø*
3. en retning som en person vælger som levevis □ *de gik hver sin vej, den ene blev bager, den anden snedker* · *lede en person på rette vej* □ *levevej* · *livsvej* · *næringsvej* · *skillevej* · *udvej* • **gå sine egne veje** være selvstændig el. egenrådig • **på gale veje** udtryk for at gøre noget moralsk forkert □ *hun kom på gale veje*
4. i forsk. forb.: • **ad en vej** en måde hvorpå man opnår noget □ *opnå noget ad frivillighedens vej* · *jeg fik det at vide ad anden vej* · *gå ad rettens vej* • **af vejen** udtryk for at fjerne el. blive færdig med noget □ *få hunden af vejen inden katten lukkes ind* · *skaffe tyvekosterne af vejen* · *han fik arbejdet af vejen i en fart* · *af vejen!* • **hen ad vejen** = EFTERHÅNDEN □ *problemerne løser sig hen ad vejen* • **ikke gå af vejen for ngt** ikke være bange for at gøre noget □ *han går ikke af vejen for at sige chefen sin mening* • **der er noget i vejen** udtryk for at der er noget galt med nogen el. at noget ikke fungerer □ *er der noget i vejen med dig?* · *hvad er der i vejen?* · *der er noget i vejen med køleskabet* · *der er ikke noget i vejen med den* · *der er ikke den ting der ikke er i vejen med ham* • **der er ingen vej udenom** udtryk for at der ikke er noget at gøre • **rydde ng af vejen** = MYRDE □ *gangsterne ryddede stikkeren af vejen* • **tage på vej** el. **veje** hidse sig op og skælde ud □ *lad nu være med at tage sådan på vej over bagateller* · *han tog voldsomt på vej da han så at bilen var væk* • **til veje** udtryk for at fremskaffe noget □ *politiet skaffede nye beviser til veje* · *bringe de manglende akter til veje*

vejarbejde

SUBST. *-t,* plur. *-r, -rne*

et arbejde med at bygge el. reparere en vej □ *vejen er spærret pga. vejarbejde*

vejbane

SUBST. *-n,* plur. *-r, -rne*

= KØREBANE

vejbeliggenhed

SUBST. *-en*

(glds.): = VEJGREB

vejbred

SUBST. *-en,* plur. *vejbred, -ene*

en vild plante med blade som vokser i roset rundt om stilken tæt ved jorden og med meget små blomster i ofte lange, tætte aks; latinsk navn *Plantago*

veje

VERB. *-r, -de, -t*

1. have en bestemt vægt □ *stenen vejer 35 kg* · *hvor meget vejer du?* · *kufferten vejer 5 kg for meget* · *guldringen vejer tungt* · *den sæk vejer godt til* • **veje ng(t)** måle nogens el. nogets vægt □ *veje kufferten* · *veje sig på en vægt* · *veje en sten i hånden* · *veje et pund kaffe af* · *veje mel og gryn ud* · *veje brevet efter for at kontrollere om der er nok frimærker på* □ *vejning* · *vejepenge* · *vejeredskab* · *vejeseddel* □ *afveje* · *opveje* • **veje ngt ned** tynge noget ned □ *lasten vejede bagstavnen af båden ned* · *æblerne vejer grenen ned* • **veje ngt op med guld** være rede til at bytte noget for dets vægt i guld □ *den bog kan ikke vejes op med guld* · *det er ikke til at veje op med guld*
2. have betydning □ *hans argumenter vejer kun lidt* · *sådanne hensyn vejer ikke for ham* · *fordelene vejer mere end ulemperne* · *hans mening vejer tungt når der skal træffes en beslutning* · *det argument vejer stærkere til end det der tidligere er blevet sagt* • **veje ng og finde dem for lette** vurdere nogen og konkludere at de ikke er gode nok □ *han blev vejet og fundet for let* • **veje ngt mod ngt** forsøge at vurdere om noget opvejer noget andet □ *veje fordele og ulemper mod hinanden* · *veje de foreliggende muligheder mod hinanden* · *veje grundene for og imod en sag* · *veje for og imod*

vejfarende

ADJ.

(glds.): =TRAFIKANT □ *leddet er til stor gene for de vejfarende*

vejgreb

SUBST. *-et*

en bils evne til at ligge stabilt på vejen under kørslen, bl.a. i et sving = VEJBELIGGENHED, VEJSTABILITET □ *bilen har et godt vejgreb* • *dækkene sørger for et godt vejgreb*

vejgrøft

SUBST. *-en,* plur. *-er, -erne*

en grøft langs siden af en vej der skal bortlede regnvand □ *vejgrøfternes vilde blomsterflor* • *køre i vejgrøften*

vejkant

SUBST. *-en,* plur. *-er, -erne*

hver af de to sider af en vej □ *parkere i vejkanten*

vejkryds

SUBST. *-et,* plur. *~kryds, -ene*

et sted hvor veje mødes el. krydser hinanden = KRYDS □ *et farligt vejkryds*

vejl.

1. fork. for *vejledende* □ *vejl. pris kr. 49,95*
2. fork. for *vejledning*

vejlede

VERB. *-r, vejledte* (el. *-de*), *vejledt* (el. *-t*)

vejlede ng orientere nogen om hvad der er mest hensigtmæssigt at gøre i en given situation = RÅDGIVE □ *de vejledes i færdselsreglerne* • *vejlede ham i brugen af maskinen* • *hun vejleder unge arbejdsløse* □ *vejledning*

vejledende

ADJ.

som udgør en rettesnor □ *vejledende pris* • *vejledende regler* • *vejledende takst* • *vejledende afstemning*

vejleder

SUBST. *-en,* plur. *-e, -ne*

en person som vejleder andre, fx studerende □ *de holdt møde med deres vejleder* • *partiets ideologiske vejleder* □ *vejlederfunktion* □ *erhvervsvejleder* • *familievejleder* • *projektvejleder* • *studievejleder*

vejledning

SUBST. *-en,* plur. *-er, -erne*
fork. *vejl.*

orientering af nogen om hvad der er mest hensigtmæssigt at gøre i en given situation = RÅDGIVNING □ *eksamensvejledning* • *erhvervsvejledning* • *familievejledning* • et sted hvor der gives vejledning om noget bestemt = RÅDGIVNING

vejlenser

SUBST. *-en,* plur. *-e, -ne*
/vej'lenser/

en person fra Vejle

vejnet

SUBST. *vejnettet,* plur. *~net, vejnettene*

systemet af veje inden for et område □ *udbygning af vejnettet*

vejr

SUBST. *-et,* plur. *vejr, -ene*
[ˈvæ'r]

1. den atmosfæriske tilstand af temperatur, vind og nedbør □ *godt vejr* • *dårligt vejr* • *køligt vejr* • *varmt vejr* • *der er forandring i vejret* • *hvordan bliver vejret i morgen?* • *børnene leger ude i al slags vejr* □ *vejrbidt* • *vejrforandring* • *vejrforhold* • *vejrkort* • *vejrmelding* • *vejrsatellit* • *vejrudsigt* □ *blæsevejr* • *bygevejr* • *haglvejr* • *regnvejr* • *snevejr* • *solskinsvejr* • *tordenvejr* • *tøvejr* • **et herrens vejr** se under *herre* • **det er ikke et vejr at jage en hund ud i** udtryk for at det er meget dårligt vejr • **bede om godt vejr** bede om tilgivelse • **komme under vejr med ngt** få færten af noget □ *jeg er kommet under vejr med at direktøren vil trække sig tilbage* • **snakke om vind og vejr** se under *vind* • **helt hen i vejret** udtryk for at noget er noget vrøvl □ *den idé er da helt hen i vejret*
2. i vejret retningen opad □ *hun rakte fingeren i vejret* • **vende bunden i vejret på ngt** vende noget på hovedet □ *vende bunden i vejret på spanden* • **gå med næsen i vejret** være overlegen el. fornærmet • **ligge med næsen i vejret** være syg og ligge i sengen, el. være død • **til vejrs** udtryk for at noget bevæger sig opad □ *ballonen steg hurtigt til vejrs* • *røgen stiger til vejrs* • **stige** el. **komme til vejrs** opnå en høj stilling el. social position □ *han var kommet til vejrs i samfundet*
3. vejret ind- og udånding af luft = ÅNDEDRÆT, PUSTEN □ *holde vejret* • *hun kunne ikke få vejret* □ *vejrtrækning* • **trække vejret** = ÅNDE □ *kan du se om han trækker vejret?* • *hun trak vejret hurtigt* • *træk vejret roligt!* • *han trak vejret lettet* • **hive efter vejret** = GISPE □ *han hev efter vejret* • **tabe vejret** ikke kunne ånde normalt fordi man er forpustet □ *han måtte udgå af løbet fordi han tabte vejret* • *tabe vejret af forpustelse* • **tage vejret fra ng** overraske nogen så meget at de ikke kan sige noget □ *forskrækkelsen tog vejret fra hende* • *hendes elegante påklædning tog ganske vejret fra ham* • **glemme at trække vejret** (slang): være død

vejrbidt

ADJ. *-* , *-e*

mærket af vejr og vind □ *en fisker med et vejrbidt ansigt*

vejre

VERB. *-r, -de, -t*

1. vejre ng(t) blive opmærksom på lugten af nogen el. noget = SPORE □ *hunden havde vejret en hare* • **vejre ngt** have en fornemmelse af noget □ *journalisten vejrede sensation* • *hun vejrede en chance for at blive bemærket* • **vejre morgenluft** se under *morgenluft*
2. vejre bort forsvinde fuldstændigt = BORTVEJRE □ *da hun så hans ansigt var enhver mistanke vejret bort*

vejrhane

SUBST. *-n,* plur. *-r, -rne*

en haneformet metalplade der drejer sig om en lodret stang for at angive vindretningen

vejrkort

SUBST. *-et,* plur. *~kort, -ene*

kort over vejrforhold som med særlige tegn angiver lufttryk, temperatur, skydække, nedbør, vindstyrke, vindretning m.m. □ *vejrkortet viste at der var regn på vej fra vest*

vejrlig

SUBST. *-et,* plur. *vejrlig, -ene*

vejrforhold af en bestemt type over en længere periode

vejrmølle

SUBST. *-n,* plur. *-r, -rne*

1. slå el. **vende vejrmøller** udføre en bevægelse hvor man bøjer ned i den ene side, sætter hænderne i gulvet så benene løftes op i luften, og bagefter sætter dem i gulvet igen til den anden side så man ender i stående stilling
2. = VINDMØLLE • **kæmpe mod vejrmøller** kæmpe med indbildte fjender el. forsøge at løse skinproblemer

vejrtrækning

SUBST. *-en,* plur. *-er, -erne*

det at trække luft ind og ud af lungerne = ÅNDEDRÆT, ÅNDEDRAG, RESPIRATION □ *man kunne høre på den rolige vejrtrækning at de sov* • *hans vejrtrækning blev besværet* □ *vejrtrækningsbesvær* • *vejrtrækningsproblem*

vejsalt

SUBST. *-et*

groft salt som strøs ud på vejene om vinteren for at hindre glat føre

vejskilt

SUBST. *-et,* plur. *-e, -ene*

= FÆRDSELSTAVLE • et skilt med et navn på en vej

vejspærring

SUBST. *-en,* plur. *-er, -erne*

en spærring over en vej for at hindre gennemkørsel

vejtræ

SUBST. *-et,* plur. *-er, -erne*

et træ i vejkanten □ *vejtræerne blev fældet*

vejvæsen

SUBST. *-et* (el. *vejvæsnet*), plur. *-er* (el. *vejvæsner*), *-erne* (el. *vejvæsnerne*)

en myndighed i et amt el. en kommune der bl.a. tager sig af renholdelse og vedligeholdelse af gader og veje □ *det kommunale vejvæsen* • *han er ansat ved vejvæsenet* □ *amtsvejvæsen*

veksel

SUBST. *-en* (el. *vekslen*), plur. *veksler, vekslerne*

1. et kortfristet gældsbrev; kan videresælges til fx en bank og er underlagt særlig strenge regler der sikrer kreditor en stærk stilling □ *acceptere en veksel* • *udstede en veksel* • *vekselen forfalder til betaling på mandag* • *endossere en veksel* □ *vekseldiskontering* • *vekselrytteri* □ *blankoveksel* • *datoveksel* • *primaveksel* • *sekundaveksel* • *sigtveksel* • *solarveksel* • **diskontering af veksel** salg af en veksel til en bank hvorved man får pengene udbetalt før forfald mod et fra-

drag • **trukket veksel** = TRATTE
2. trække veksler på ng benytte sig af nogens hjælp □ *hun trak store veksler på deres venskab*
3. et skift mellem flere ensartede ting eller tilstande □ *årstidernes vekslen* □ *vekselbyg* • *vekseldrift* • *vekselstrøm* • *vekselvirkning*
4. en sti trådt af vildt □ *dyrene havde trådt veksler i skoven*

vekseldrift

SUBST. *-en*

(landbrug): det at der ikke dyrkes samme afgrøde på samme areal flere år i træk □ *anvende vekseldrift*

vekselerer

SUBST. *-en*, plur. *-e, -ne*
/vekse'lerer/

en person der veksler valuta og handler med værdipapirer □ *vekselererfirma* □ *fondsbørsvekselerer*

vekselrytteri

SUBST. *-et*

en form for svindel hvor to el. flere personer til stadighed udsteder nye veksler til hinanden for at kunne betale de forfaldne veksler □ *han var anklaget for at have begået vekselrytteri*

vekselsang

SUBST. *-en*

korsang der foredrages af to stemmer skiftevis

vekselstrøm

SUBST. *~strømmen*

en elektrisk strøm som med korte intervaller veksler i styrke og retning = VEKSELSPÆNDING ≠ JÆVNSTRØM □ *vekselstrømsgenerator*

vekselvarm

ADJ. *-t, -e*

(biologi): hvis legemstemperatur varierer med omgivelserne = KOLDBLODET ≠ VARMBLODET □ *vekselvarme dyr* • *krybdyr, padder og fisk er vekselvarme*

vekselvirkning

SUBST. *-en*, plur. *-er, -erne*

en gensidig påvirkning mellem forskellige forhold, personer m.m. = SAMSPIL □ *vekselvirkningen mellem det talte og det skrevne sprog* • *bøger lever ikke alene, men i vekselvirkning med andre medier*

veksle

VERB. *-r, -de, -t*

1. veksle ngt veksle noget med noget andet af samme slags = UDVEKSLE □ *veksle blikke* • *veksle et par ord med naboen* • *veksle breve* □ *veksling* □ *brevveksle* • **veksle ngt til ngt** ombytte en valuta til en anden el. ombytte større sedler el. mønter til mindre sedler el. mønter med den samme samlede værdi □ *han vekslede svenske kroner til danske* • *kan du veksle en tier?* • *kan du veksle en tier til to femmere?* □ *vekselautomat* • *vekselkontor* • *vekselkurs* □ *omveksle*
2. stadig forandre sig fra en tilstand til en anden = SKIFTE, VARIERE □ *sol vekslede med regn* • *han forsøgte sig flere gange med vekslende held*

vektor

SUBST. *-en*, plur. *-er, -erne*

(matematik, fysik): en størrelse som er bestemt ved et tal og en retningsangivelse ≠ SKALAR □ *hastighed, acceleration og kraft er vektorer* □ *vektoranalyse* • *vektordiagram* • *vektorgeometri* • *vektorpotentiel* • *vektorradius* • *vektorregning*

vel[1]

SUBST. *et*

= VELFÆRD □ *du skal også tænke på dit eget vel* □ *almenvellet*

vel[2]

ADV.

1. på den bedst mulige måde el. på tilfredsstillende vis □ *han befinder sig vel ved det* • *et vel udført arbejde* • *lev vel!* • *alt vel om bord* • *gid det var så vel!* • *vi er nu vel ankommet til Århus* □ *velbegrundet* • *velbetalt* • *velbevaret* • *velegnet* • *velforberedt* • *velfortjent* • *velindrettet* • *velordnet* • *velovervejet* • *velrettet* • *velskrevet* • *velspillet* • *veludført* • *velvalgt* • **godt og vel** se under *god* • **lige så vel** el. **så vel** i samme omfang □ *det gælder lige så vel dig som os andre* • **meget vel** med stor sandsynlighed = SANDSYNLIGVIS □ *det kan meget vel trække i langdrag* • **skal være ng vel undt** udtryk for at man gerne under nogen noget □ *det skal være ham vel undt* • **vel at mærke** udtryk for at noget understreges □ *det vil jeg godt, vel at mærke for en ordentlig betaling* • **vel forvaret** ved sine sansers fulde brug □ *han er ikke rigtig vel forvaret* • **vel ved magt** (spøg.): = VELNÆRET
2. i lidt for høj grad = LOVLIG □ *det er lige lidt vel varmt* • *det er vel rigeligt til mig*
3. = GANSKE VIST □ *vel er han lidt for tyk, men alligevel* • *vel er jeg ikke Cæsar og vel er dette ikke Rubicon, og dog siger jeg: terningerne er kastet* • **vel vidende** udtryk for at man ved besked om noget, men handler imod det □ *han gjorde det vel vidende at jeg var imod det*
4. vel ... så udtryk for eftertryk □ *vel vil jeg så!* • *vel kan han så* • **vel ... ej** □ *vel er det ej!* • *vel er hun ej dum* • **vel nok** □ *hun er vel nok en modig pige*
5. udtryk for at man appellerer til en samtalepartner om at tage stilling til rigtigheden af det man lige selv har sagt i en benægtet el. spørgende sætning □ *han er ikke særlig glad, vel?* • *du har vel ikke glemt det?* • *du kommer vel med?* • *det mener du da vel ikke!*
6. udtryk for at der skønnes om noget er rigtigt □ *der var vel omkring 10 mennesker* • *det bliver vel aldrig til noget*

velanskreven el. velanskrevet

ADJ. *velanskrevet*, plur. *velanskrevne*

som er respekteret og højt agtet = VEL ANSKREVEN, GODT ANSKREVEN □ *et velanskrevent firma* • *være velanskreven hos nogen*

velanstændig

ADJ. *-t, -e*
/velan'stændig/

(glds.): som følger vedtagne regler for hvad der er sømmeligt = ANSTÆNDIG □ *velanstændige ord* • *det er ikke velanstændigt at gå sådan klædt* □ *velanstændighed*

velartikuleret

ADJ. *- , velartikulerede*

som udtrykker sine tanker og følelser på en forståelig og interessant måde □ *en velartikuleret person* • *være velartikuleret* • som udtales tydeligt og korrekt □ *en velartikuleret sproglyd*

velassorteret

ADJ. *- , velassorterede*

som har et passende el. stort udvalg af fx varer □ *en velassorteret forretning* • *et velassorteret bibliotek*

velbefindende

SUBST. *-t*

det at føle sig godt tilpas □ *værten var meget opmærksom på gæsternes velbefindende* • *hun forlod klinikken i bedste velbefindende*

velbehag

SUBST. *-et*

en følelse af behag og tilfredshed □ *han spiste med synligt velbehag* • *hun gav sig hen til hans kærtegn med velbehag* • *finde velbehag i noget*

velbeholden

ADJ. *-t, velbeholdne*

(om en person): i god behold; i sikkerhed = USKADT □ *han kom velbeholden hjem igen fra rejsen*

velbekomme

UDRÅBSORD

udtryk for ønske om at nogen vil være tilfreds med det de spiser el. modtager; siges fx af værten ved afslutningen af et måltid el. af en person som takkes for en gave □ *tak for mad! - velbekomme!* • *jeg vil lade jer spise i fred, velbekomme!* • *tak for gaven! - velbekomme*

velberåd

ADJ.

med velberåd hu med omtanke □ *det er med velberåd hu at vi ikke gør regnskaberne mere detaljerede*

velbeslået

ADJ. *- , velbeslåede*

= VELHAVENDE □ *en velbeslået, ældre herre* • *en velbeslået modebutik*

velbevandret

ADJ. *- , velbevandrede*

som har en stor viden el. erfaring inden for et bestemt område □ *han er velbevandret i de klassiske sprog*

velbjærget el. velbjerget

ADJ. *- , velbjærgede*

= VELHAVENDE □ *en velbjerget overklasse* • *det er forbeholdt en særligt velbjerget del af befolkningen* • *en velbjerget generation*

velcrobånd ®

SUBST. *-et*, plur. *~bånd, -ene*
/'velcrobånd/

et dobbelt bånd hvor hver side har små modhager der kan gribe ind i hinanden; anvendes i stedet for lynlås, knapper el. snørebånd til lukning af beklædning og fodtøj

veldrejet

ADJ. - , *veldrejede*

1. som har attraktive former = VELFORMET □ *en flot og veldrejet pige • en veldrejet skikkelse • veldrejede ben*
2. som er godt fundet på el. iscenesat □ *en veldrejet historie • en veldrejet film*

veldædig

ADJ. *-t, -e*

(glds.): = GODGØRENDE

veldækket

ADJ. - , *veldækkede*

et veldækket bord et spisebord hvor der serveres mange gode retter

velegnet

ADJ. - , *velegnede*

som egner sig godt til noget □ *esdragon er et velegnet krydderi til kylling • en velegnet farve*

velformet

ADJ. - , *velformede*

med en pæn form = VELDREJET □ *en velformet skikkelse*

velfunderet

ADJ. - , *velfunderede*

1. som hviler på et solidt grundlag = VELBEGRUNDET □ *et velfunderet argument • en velfunderet anklage • være økonomisk velfunderet*
2. = VELINFORMERET □ *en velfunderet person • være velfunderet i et fag*

velfærd

SUBST. *-en* el. *-et*

det at trives på baggrund af en tryg og materielt god tilværelse = TRIVSEL □ *familiens velfærd afhænger ikke kun af indtægten • det er en trussel mod landets velfærd • folkets velfærd sikres gennem et højt uddannelsesniveau* □ *velfærdsarbejde • velfærdssamfund • velfærdsstat • velfærdstjeneste*

velgerning

SUBST. *-en,* plur. *-er, -erne*

en handling som kommer andre til gode □ *han takkede sin onkel for alle hans velgerninger imod ham*

velgørende

ADJ.

1. som hjælper mennesker i nød = GODGØRENDE, FILANTROPISK □ *de indsamlede penge går til et velgørende formål* □ *velgørenhed*
2. som føles behagelig el. positiv = BEHAGELIGHED □ *det var velgørende at få noget koldt at drikke • en velgørende ro sænkede sig over stuen efter al den larm*

velgørenhed

SUBST. *-en*
/*vel'gørenhed*/

det at hjælpe mennesker i nød = GODGØRENHED, FILANTROPI □ *pengene går til velgørenhed • testamentere sin formue til velgørenhed* □ *velgørenhedsarbejde • velgørenhedsformål*

velgører

SUBST. *-en,* plur. *-e, -ne*

en person der støtter og hjælper nogen el. noget = FILANTROP □ *en liste over kirkens velgørere • spille rollen som velgører • er i-landene udsugere eller velgørere?*

velhavende

ADJ.

som har gode økonomiske forhold og gode levevilkår = VELBESLÅET, VELSTÅENDE, VELSITUERET, FORMUENDE, HOLDEN, VELSTILLET □ *en velhavende familie • forretningerne gjorde ham til en velhavende mand*

velhaver

SUBST. *-en,* plur. *-e, -ne*

en velhavende person □ *det er kun for velhavere* □ *velhaverkvarter • velhaversøn • velhavervaner*

velholdt

ADJ. - , *-e*

som er blevet vedligeholdt el. passet godt = VELPLEJET, VELBEVARET □ *en velholdt have • huset er velholdt • en velholdt dame på halvtreds*

velinformeret

ADJ. - , *velinformerede*

som har en stor viden = VELFUNDERET □ *en velinformeret person*

velklang

SUBST. *-en*

(poet.): det at noget lyder godt; især musik og sang = VELLYD □ *hans stemmes velklang*

velkommen

ADJ. *-t, velkomne*

1. hvis opdukken er årsag til glæde □ *en velkommen gæst • en velkommen nyhed • en velkommen afveksling* • ⟨UDRÅBSORD⟩ udtryk for at man tager imod nogen med glæde; brugt som hilsen når man tager imod gæster □ *velkommen! sagde mormor allerede inden de var nået helt op ad trappen • velkommen alle sammen!* • **byde** el. **hilse ng(t) velkommen** tage imod nogen el. noget med glæde og evt. en velkomsthilsen □ *værtinden gik ud og bød gæsterne velkommen • han hilste hende hjerteligt velkommen • jeg hilser det nye forslag velkommen*
2. være velkommen til ngt ⟨også uden plur.⟩ udtryk for at nogen gerne må gøre noget □ *du er velkommen til at overnatte her • hvis de tror de kan løse problemet skal de være velkomne til at forsøge • I er velkomne til at protestere*

velkomst

SUBST. *-en,* plur. *-er, -erne*

det at byde nogen velkommen □ *en hjertelig velkomst • give nogen en varm velkomst • få en stormende velkomst • byde på et bæger til velkomst* □ *velkomstbæger • velkomstdrink • velkomsthilsen • velkomstord • velkomsttale*

vellevned

SUBST. *-et*

en overdådig levevis hvad angår mad og drikke □ *et langt liv i vellevned havde sat sine spor • leve i vellevned • mange sygdomme skyldes vellevned*

vellidt

ADJ. - , *-e*
[ˈvællit]

som de fleste kan lide = AFHOLDT □ *være vellidt af sine kammerater*

vellignende

ADJ.

som ligner den person el. ting det forestiller = LIVAGTIG □ *et vellignende portræt*

vellugt

SUBST. *-en,* plur. *-e, -ene*

= DUFT □ *vellugtende*

vellugtende

ADJ.

som har en behagelig lugt = DUFTENDE, AROMATISK □ *vellugtende creme*

vellyd

SUBST. *-en*

= VELKLANG □ *vellydende*

vellykket

ADJ. - , *vellykkede*

som ender med et godt resultat □ *en vellykket forestilling • et vellykket forsøg*

vellyst

SUBST. *-en*

en følelse af sanselig, og især erotisk nydelse □ *han spiste sin is med vellyst • han så på hende med vellyst* □ *vellystig • vellystning*

vellystig

ADJ. *-t, -e*

som er præget af vellyst □ *en vellystig gysen • en vellystig herre*

vellystning

SUBST. *-en,* plur. *-e, -ene*

(neds., glds.): = LIBERTINER

velmagtsdage

SUBST.PLUR. *-ne*

en periode hvor nogen el. noget er på toppen □ *i sine velmagtsdage blev han aldrig træt*

velmenende

ADJ.

som handler i en venlig hensigt, men evt. med et uheldigt el. uønsket resultat □ *hun ønskede at alle de velmenende mennesker omkring hendes sygeseng ville gå*

velment

ADJ. - , *-e*

som er udtryk for en venlig hensigt, men som

evt. har et uheldigt el. uønsket resultat □ *tage imod et velment råd · den forbipasserendes velmente forsøg på at hjælpe den tilskadekomne endte i en tragedie*

velnæret

ADJ. - , *velnærede*

som er lidt tyk = KRAFTIG, TRIVELIG, TYK, KORPULENT, FØR □ *børnene så sunde og velnærede ud · han er blevet noget velnæret med alderen*

velocipede

SUBST. *-n,* plur. *-r, -rne*
/veloci'pede/

= VÆLTEPETER

velopdragen

ADJ. *-t, velopdragne*

som har fået en god opdragelse og derfor opfører sig pænt og høfligt = ARTIG, HØFLIG, DANNET □ *et velopdragent barn · han var alt for velopdragen til at komme med nogen modsigelser · hun nejede velopdragent* □ *velopdragenhed*

veloplagt

ADJ. - , *-e*

som er frisk og veltilpas og præget af engagement og optimisme □ *en veloplagt udenrigsminister besvarede spørgsmål fra pressen · hun er altid veloplagt til en ny tørn · et veloplagt orkester · han grinede veloplagt* □ *veloplagthed*

velordnet

ADJ. - , *velordnede*

som er ordnet på en logisk og overskuelig måde □ *en velordnet tilværelse · i klædeskabet lå tøjet i velordnede stabler*

velour

SUBST. *et*
[ve'lu·r]

fløjlsagtigt stof af fx uld, bomuld el. silke som bl.a. bruges til tøj, gulvtæpper og møbelbetræk □ *velourgardin · velourhat · velourforhæng · velourtapet · velourtæppe* □ *rayonvelour*

velplejet

ADJ. - , *velplejede*

omhyggeligt passet og plejet = VELHOLDT □ *hun har velplejede hænder*

velsagtens

ADV.

(glds.): = SANDSYNLIGVIS □ *han har velsagtens ret*

velset

ADJ. - , *-e*

som man værdsætter, især om handlinger □ *den opførsel er ikke velset her*

velsigne

VERB. *-r, -de, -t*
[væl'si'nə]

1. velsigne ng(t) give guddommelig nåde, beskyttelse el. indvielse af nogen el. noget, fx ved tegn, håndspålæggelse el. med ord = SIGNE □ *må Gud velsigne dette måltid · præsten velsignede menigheden · præsten velsignede brødet og vinen · bagefter vil præsten velsigne brudeparret · Gud velsigne Danmark* □ *velsignelse* **2. velsigne ng med ngt** berige nogen med noget □ *naturen har velsignet ham med en god begavelse · de er blevet velsignet med fire børn*

velsignelse

SUBST. *-n,* plur. *-r, -rne*
/vel'signelse/

1. guddommelig nåde og beskyttelse □ *Jesu Kristi fred og velsignelse være med dig* • det at bede om guddommelig nåde, beskyttelse el. indvielse af nogen el. noget □ *den kirkelige velsignelse af ægteskabet · modtage præstens velsignelse · velsignelse af brødet og vinen* • **lyse velsignelse over ng** = VELSIGNE **2. give ng sin velsignelse til ngt** = SAMTYKKE □ *jeg giver dig min velsignelse til at rejse · kirken bør give sin velsignelse til homoseksuelles parsamliv* **3.** noget som bringer glæde, fx ved sin rigelighed □ *familien havde en sand velsignelse af unger · det moderne samfunds tekniske velsignelser*

velsitueret

ADJ. - , *~situerede*

= VELHAVENDE □ *de velsituerede i samfundet · være velsitueret*

velsmag

SUBST. *-en*

det at noget smager godt □ *kammuslingerne er fulde af velsmag · hver mundfuld er ren velsmag · maden er et kunststykke i velsmag*

velsmagende

ADJ.

som smager godt □ *det var et yderst velsmagende måltid*

velspækket

ADJ. - , *velspækkede*

som er fuld af penge □ *en velspækket pung · en velspækket tegnebog · en velspækket bankbog · en velspækket konto*

velstand

SUBST. *-en*

gode økonomiske vilkår □ *en øget velstand blandt nogle samfundsgrupper · leve i tryghed og velstand · skabe en økonomisk udvikling med velstand og øget købekraft hos middelklassen*

velstillet

ADJ. - , *velstillede*

= VELHAVENDE □ *de velstillede hjælper de mindre bemidlede i byen* □ *velstillethed*

velstående

ADJ.

= VELHAVENDE □ *de er temmelig velstående og har desuden en del at skulle have sagt i byen · en velstående familie*

veltalende

ADJ.

som er god til at formulere sig = RETORISK, ORATORISK □ *en veltalende politiker* □ *veltalenhed*

veltalenhed

SUBST. *-en*
/vel'talenhed/

det at være veltalende □ *veltalenhed er en sælgers største fordel*

veltilfreds

ADJ. - (el. *-t*), *-e*

= TILFREDS □ *glad og veltilfreds · han lænede sig veltilfreds tilbage i stolen*

veltilpas

ADJ. - , *veltilpasse* (el. *veltilpas*)

som befinder sig godt = GODT TILPAS □ *være veltilpas · føle sig veltilpas · de formår at få en til at føle sig veltilpas i deres hjem*

veltjent

ADJ. - , *-e*

som har arbejdet el. været i brug godt og længe □ *en veltjent embedsmand · en gammel, veltjent hest · en veltjent hat*

velvilje

SUBST. *-n*

en venlig indstilling □ *nære velvilje over for nogen · vise nogen sin velvilje · gøre noget af ren og skær velvilje · være afhængig af andre menneskers velvilje · med lidt velvilje kan sagen nok ordnes*

velvillig

ADJ. *-t, -e*

som viser velvilje over for nogen = IMØDEKOMMENDE □ *han har en velvillig indstilling til sine medmennesker · stille sig velvillig til noget · tage noget under velvillig overvejelse · være velvilligt indstillet* □ *velvillighed*

velvoksen

ADJ. *-t, ~voksne*

høj og kraftig af vækst □ *en velvoksen pige*

velvære

SUBST. *-t*

det at føle sig godt tilpas □ *føle velvære · forhøje nogens velvære · give nogen en følelse af velvære*

velynder

SUBST. *-en,* plur. *-e, -ne*

(glds.): = MÆCEN □ *kunstneren blev hjulpet frem af sin velynder*

vemod

SUBST. *-en* el. *-et*

sørgmodig stemning over noget som man føler man har mistet □ *mindes sin ungdom med vemod · en følelse af vemod*

vemodig

ADJ. *-t, -e*
/ve'modig/

som udtrykker, vækker el. er blandet med vemod □ *en vemodig stemning fyldte ham · et vemodigt blik · et vemodigt møde*

ven

SUBST. *vennen*, plur. *venner, vennerne*

1. en person uden for ens familie som man holder af, har tillid til og deler interesser med □ *de blev gode venner igen · dele som venner · en ven i nøden · Morten er min bedste ven · venner og bekendte · hør nu, min ven · skaffe sig venner · blandt venner · en gammel ven · holde sig gode venner med nogen · en ven af huset* □ *vennekreds · venneløs · venneråd · vennetjeneste* □ *ungdomsven*
2. (dagl.): = KÆRESTE □ *hun flyttede sammen med sin ven · moderens nye ven*

vende

VERB. *-r, vendte, vendt*

1. være placeret i en bestemt retning el. med en bestemt side opad el. udad □ *stuen vender mod syd · værelset vender ud til gaden · den pæneste side skal vende frem · skindet på pelsen vender indad · båden vender bunden i vejret*
2. ændre bevægelsesretning, fx en halv omgang til den modsatte retning end den oprindelige □ *vinden vender · de vendte om på halvvejen · han vendte tilbage til sit udgangspunkt* □ *vendekreds · vendeplads · vendepunkt* • **vende ngt** ændre nogets stilling el. bevægelsesretning, fx en halv omgang, så det der før var bagsiden, bliver forsiden = DREJE □ *vende en pandekage · vende et kort · vende et blad i en bog · vende en bil · vende ansigtet bort · vende ryggen til vinduet · vende bunden i vejret på en spand · vende vrangen ud på en trøje* □ *vending · vendekåbe* □ *bortvende · omvende · spejlvende* • **vende hjem** el. **hjemad** komme el. tage hjem □ *hun vendte hjem efter mange år i udlandet · han vendte hjem til sin familie · nu er det på tide at vende hjem · klokken er mange, og det er på tide vi vender næsen hjem* • **vende om** dreje omkring og bevæge sig tilbage □ *vi må vende om, jeg har glemt mit pas* • **vende omkring** dreje sig rundt en halv omgang så man kommer til at stå i den modsatte retning • **vende tilbage** komme tilbage til et sted □ *jeg vender tilbage senere · han vil vende tilbage kl. 16 · stormen vendte frygteligt tilbage og forårsagede endnu større ødelæggelser* • **vende sig** ændre sin kropsstilling □ *vende sig i søvne · vende sig mod den talende · han vendte sig om og gik sin vej · vende sig om efter en* □ *vendekåbe*
3. ændre indstilling □ *stemningen er vendt · hans kærlighed vendte sig til had · vende på en tallerken* □ *vendekåbe*
4. i forsk. forb.: • **vende den anden kind til** se under *kind* • **vende det døve øre til** se under *øre* • **vende det hvide ud af øjnene** se under *øje* • **vende og dreje ngt** granske el. tænke nøje over noget □ *han vendte og drejede sagen, før han besluttede sig · selv efter at have vendt og drejet problemet var det ikke muligt at finde en løsning* • **vende og dreje hver {øre}** være meget sparsommelig □ *vi var så fattige at vi måtte vende og dreje hver øre · de vendte hver femøre før de gav den ud* • **vende op og ned på ngt** fuldstændig forandre noget □ *der er vendt op og ned på alt · at sige det ville være at vende op og ned på tingene* • **vende ng ryggen** el. **vende sig fra** el. **imod ng** afvise at have noget med nogen at gøre □ *han vendte sine venner ryggen da han blev berømt · desillusioneret vendte hun verden ryggen · hendes børn har vendt sig fra hende · alle vendte sig imod ham* • **vende sig i ng** fremkalde kvalme el. stort ubehag hos nogen □ *bare lugten af mad fik det til at vende sig i hende · hans selvros får det til at vende sig i mig · det vendte sig i ham da han så den rådne skinke*

vendefrakke

SUBST. *-n*, plur. *-r, -rne*

en frakke der kan bruges med begge sider udad

vendekreds

SUBST. *-en*, plur. *-e, -ene*

hver af de to breddekredse på Jordens nordlige og sydlige halvkugle hvor middagssolen ved sommersolhverv ses i zenit □ *Krebsens vendekreds · Stenbukkens vendekreds*

vendelbo

SUBST. *-en*, plur. *-er, -erne*

en person fra Vendsyssel

vendepunkt

SUBST. *-et*, plur. *-er, -erne*

et tidspunkt hvor noget ændres drastisk □ *hans død betegnede et vendepunkt i hendes tilværelse · det nye arbejde blev et vendepunkt i hans karriere · hun følte hun var nået til et vendepunkt i sit liv*

vender

SUBST. *-en*, plur. *vendere* (el. *vender*), *venderne*
[*ˈvænˈdɔ*]

en person der tilhører en slavisk folkegruppe som levede i Nordtyskland i begyndelsen af middelalderen

vendespil

SUBST. *~spillet*, plur. *~spil, ~spillene*

= MEMORY

vendetta

SUBST. *-en*, plur. *-er, -erne*
[*vænˈdæta*]

= BLODHÆVN

vending

SUBST. *-en*, plur. *-er, -erne*

1. forandring til det næsten modsatte □ *sagen har taget en ny vending · der indtraf en voldsom vending i deres holdning*
2. = TALEMÅDE □ *brevet er fuldt af sjove, gamle vendinger · en fast vending · hun forbød ham i skarpe vendinger at komme*
3. i forsk. forb.: • **hurtig i vendingen** hurtig til at beslutte sig el. til at handle • **i en snæver vending** i en presset situation □ *den idé kan godt bruges i en snæver vending*

vendisk

ADJ. *- , -e*

som har at gøre med venderne

vendsysselsk

ADJ. *- , -e*

som har at gøre med Vendsyssel □ *vendsysselsk folkemusik · vendsysselsk dialekt* • den dialekt der tales i Vendsyssel □ *mange har svært ved at forstå vendsysselsk*

vene

SUBST. *-n*, plur. *-r, -rne*

ethvert af de blodkar som transporterer blod fra alle dele af legemet tilbage til hjertet = BLODÅRE ≠ ARTERIE □ *venesystem*

venerabel

ADJ. *-t, venerable*
/*veneˈrabel*/

(glds.): som man må vise ærbødighed = AGTVÆRDIG, ÆRVÆRDIG □ *en venerabel, ældre herre*

veneration

SUBST. *-en*, plur. *-er, -erne*
[*venəraˈsjoˈn*]

(glds.): = RESPEKT □ *det store, højtidelige kirkerum fyldte hende med veneration*

venerisk

ADJ. *- , -e*
/*veˈnerisk*/

venerisk sygdom = KØNSSYGDOM

venerolog

SUBST. *-en*, plur. *-er, -erne*
/*veneroˈlog*/

en læge som er specialist i kønssygdomme og deres behandling □ *venerologi · venerologisk*

venerologi

SUBST. *-en*
/*veneroloˈgi*/

læren om kønssygdomme

venezuelaner

SUBST. *-en*, plur. *-e, -ne*
/*venezueˈlaner*/

en person fra Venezuela

venezuelansk

ADJ. *- , -e*
/*venezueˈlansk*/

som har at gøre med Venezuela

veninde

SUBST. *-n*, plur. *-r, -rne*
/*venˈinde*/

en pige el. kvinde som er ens ven el. kæreste □ *de har været veninder siden første klasse · han er flyttet sammen med sin veninde*

venlig

ADJ. *-t, -e; -ere, -st*

som er sød og imødekommende over for andre, el. som virker tiltalende = RAR, SØD, FLINK, ELSKVÆRDIG, HØFLIG □ *en venlig mand · et venligt smil · med venlig hilsen · nære venlige følelser over for nogen · sende nogen en venlig tanke · venlige farver · vær venlig at række mig fløden · være på venlig fod med nogen · være venlig mod én · være venligt stemt* □ *venlighed* □ *brugervenlig · børnevenlig · kattevenlig · menneskevenlig*

vennesæl

ADJ. *-t, -e*

(glds.): som er venlig og nem at blive gode venner med = AFHOLDT □ *have en vennesæl opførsel*

vennetjeneste

SUBST. *-n*, plur. *-r, -rne*

en uselvisk handling som er til nytte for en anden, og som gøres for venskabs skyld □ *han gjorde hende en vennetjeneste*

venskab

SUBST. *-et*, plur. *-er, -erne*

det at være venner el. det forhold der er mellem venner □ *deres venskab havde varet i mange år* · *deres forhold udviklede sig til et nært venskab* · *han var tilflytter og skulle til at opbygge nye venskaber*

venskabelig

ADJ. *-t, -e*
/ven'skabelig/

som er venlig og imødekommende □ *et venskabeligt klap på skulderen* · *vi har et meget venskabeligt forhold til hinanden*

venstre

ADJ.

1. som er en del af el. hører hjemme på den side af kroppen hvor hjertet befinder sig ≠ HØJRE □ *venstre arm* · *venstre øje* · *venstre sko* · *hestens venstre forben* · *skrive med venstre hånd* □ *venstrehåndet* · *venstrehånds-* · *venstresidig* • som befinder sig til venstre for en el. bevæger sig i retningen mod venstre ≠ HØJRE □ *venstre dør* · *dreje til venstre* · *se til venstre* · *sidde til venstre for en* · *gå venstre om* □ *venstredrejet* · *venstrehængt* · *venstrevendt* • som befinder sig i venstre side af noget som har en naturlig forside el. retning ≠ HØJRE □ *bilens venstre baghjul* · *i England kører man i venstre side af vejen* · *på flodens venstre side* □ *venstrekørsel* • **dreje** el. **gøre venstre om** dreje til venstre □ *soldaterne gjorde venstre om* · *befalingsmanden kommanderede "venstre om!"* • **en lige venstre** et stød med venstre hånd □ *bokseren fik en lige venstre* • **på venstre hånd** på den samme side som ens venstre hånd □ *han drejede ned ad tredje gade på venstre hånd* • **til venstre** (fork. *tv.* el. *t.v.*) lejligheden der ligger til venstre i en opgang □ *han bor anden sal til venstre* · *Ågade 2, 1. sal tv.*
2. som vedrører politiske partier, bevægelser, teorier m.m. som er socialistiske, og som på en tænkt akse befinder sig til venstre for liberale og konservative partier, bevægelser og teorier ≠ HØJRE □ *partiet har taget et skridt mod venstre* · *de partier der ligger til venstre for midten* · *han står til venstre for de fleste i sit parti* · *åbning til venstre* □ *venstredrejet* · *venstredrejning* · *venstrefløj* · *venstreintellektuel* · *venstreorienteret* · *venstresocialist* · *venstrevendt*
3. i forsk forb. • **gøre** el. **klare** el. **ordne ngt med venstre hånd** gøre noget på en hurtig, sjusket og uengageret måde □ *venstrehåndsarbejde* • **ægteskab** el. **vielse til venstre hånd** (hist.): en indgåelse af ægteskab især mellem en fyrstelig mand og en ikke-fyrstelig kvinde hvor hustruen ikke får de samme rettigheder som en ægtehustru = MORGANATISK ÆGTESKAB

venstredrejning

SUBST. *-en*, plur. *-er, -erne*

1. en bevægelse mod venstre ≠ HØJREDREJNING
2. en udvikling hvor den politiske venstrefløj bliver mere markant ≠ HØJREDREJNING □ *partiets venstredrejning* · *der er sket en markant venstredrejning i partiet* · *landet mærker i øjeblikket en kraftig venstredrejning*

venstrefløj

SUBST. *-en*, plur. *-e, -ene*

de partier der befinder sig til venstre i det politiske system ≠ HØJREFLØJ

venstrehåndet

ADJ. *-* , *~håndede*

(om en person): som bedst kan bruge venstre hånd = KEJTHÅNDET ≠ HØJREHÅNDET

venstrehåndsarbejde

SUBST. *-t*, plur. *-r, -rne*

et overfladisk stykke arbejde som man ikke har brugt særlig meget tid el. energi på □ *forfatterens nye bog bærer præg af at være venstrehåndsarbejde*

vente[1]

SUBST.

i vente udtryk for at man forventer at noget vil ske □ *der er uvejr i vente* · *han har en stor arv i vente*

vente[2]

VERB. *-r, -de, -t*

1. vente på ng(t) blive på samme sted i forventning om at nogen vil komme el. noget vil ske □ *vi har ventet på hende i en time* · *han ventede på en anledning til at sige det* · *skynd dig, hvad venter du på?* · *taxaen holder og venter* · *vent et øjeblik!* · *De må ikke lade ham vente* · *sko repareres mens De venter* □ *venteliste* · *ventepenge* · *venteposition* · *ventesal* · *ventetid* · *ventværelse* □ *afvente* • **vente ng(t)** afvente nogen el. nogets ankomst □ *vi venter gæster* · *hun venter et brev* · *jeg venter besøg i morgen* · *jeg venter ham hjem hvad øjeblik det skal være* · *hun ventes tilbage i eftermiddag* · *I skal ikke vente mig før I ser mig* · *et længe ventet telegram* • **vente ngt** have noget i vente som man ikke er forberedt på □ *der venter ham en overraskelse* • **lade vente på sig** være længere end forventet om at ske el. komme □ *afgørelsen lader vente på sig* · *han lader vente længe på sig* • **kunne vente sig** kunne regne med at blive straffet □ *du kan bare vente dig!* · *hvis det er ham der har gjort det, så kan han bare vente sig!*
2. vente med ngt lade være med at gøre noget = BIE □ *de ventede med at spise til han kom* · *han ventede med at udtale sig til hans sagfører var til stede* · *I skal ikke vente med maden* · *lad os vente med det til i morgen* · *det må vente til senere*
3. vente ngt regne med noget = FORVENTE □ *han venter at få en belønning* · *resultatet var bedre end jeg havde ventet* · *du skal ikke vente hjælp fra ham* · *man kan ikke vente at et barn skal kunne forstå det* · *det havde jeg ikke ventet af dig* · *som ventet trak sagen i langdrag* • **vente sig ngt af ng(t)** have visse forventninger til nogen el. noget □ *hun venter sig meget af sin søn* · *jeg venter mig ikke meget af den nye operation* · *jeg havde ventet større velvilje af ham* · *hans forældre venter af ham at han skal blive præst*
4. vente sig være gravid □ *nu kan man se på hende at hun venter sig* □ *ventekjole* · *ventetøj*

ventekjole

SUBST. *-n*, plur. *-r, -rne*

en kjole til brug under svangerskab = OMSTÆNDIGHEDSKJOLE

ventelig

ADJ. *-t, -e*

som man kan forvente = SANDSYNLIG □ *det var som venteligt hans mor som fik ham til at rejse*

venteliste

SUBST. *-n*, plur. *-r, -rne*

en liste over personer som ønsker at opnå noget, og som får det i den rækkefølge de står på listen; man kan være på venteliste til fx en vuggestueplads, en lejlighed, en operation el. lån af en biblioteksbog = EKSPEKTANCELISTE □ *komme på ventelisten* · *hun ringede for at høre hvilket nummer hun var på ventelisten*

ventesal

SUBST. *-en*, plur. *-e, -ene*

et stort lokale med siddepladser til personer der venter på at komme med fx tog, fly el. skib

ventværelse

SUBST. *-t*, plur. *-r, -rne*

et lokale med siddepladser til personer der søger konsultation hos fx en læge el. en tandlæge

ventil

SUBST. *-en*, plur. *-er, -erne*
[-'ti'l]

en indretning til at lukke el. regulere gennemstrømning af luft el. væske i et rør; især i en motor el. et musikinstrument □ *en bil med 16 ventiler* · *motoren har fire ventiler pr. cylinder* · *en defekt ventil i et af reaktorens trykrør forårsagede udslip* · *organisten har direkte føling med den ventil som lukker luften ind i piberne* □ *ventilgummi* □ *sikkerhedsventil* • noget som giver folk mulighed for at komme ud med stærke følelser □ *under krigen var jøderne en ventil for folkelig utilfredshed* · *fodbolden er den bedst tænkelige ventil for stolthed og konkurrencelyst på fædrelandets vegne*

ventilator

SUBST. *-en*, plur. *-er, -erne*
/venti'lator/

et apparat med roterende blade som skaber udluftning i et lokale □ *sætte ventilatoren i gang*

ventilere

VERB. *-r, -de, -t*
/venti'lere/

1. ventilere ngt holde luften ren og frisk i et rum = LUFTE UD □ *i det varme vejr ventilerer man kontorerne med elektriske vifter*
2. ventilere ngt give frit udtryk for sine holdninger el. følelser over for andre = LUFTE □ *flere ventilerede deres utilfredshed med den førte politik på kongressen*

ventrikel

SUBST. *ventriklen*, plur. *ventrikler, ventriklerne*
[væn'trigəl]

et hulrum i legemet; det kan være mavesækken, et hjertekammer el. et væskefyldt hulrum i hjernen

venøs

ADJ. *-t, -e*
/ve'nøs/

(medicin): som vedrører el. er lokaliseret i venerne □ *venøse bensår* · *venøs trombose*

veranda

SUBST. *-en,* plur. *-er, -erne*
/ve'randa/

en lettere, åben el. lukket udbygning på et hus, ofte med udgang til en have = HAVESTUE, UDESTUE

verb.

fork. for *verbum*

verbal[1]

SUBST. *-et,* plur. *-er, -erne*
[vär'ba'l]

et sætningsled som består af et el. flere verber, fx *har hentet* i *han har hentet den* = UDSAGNSLED

verbal[2]

ADJ. *-t, -e*
[vär'ba'l]

1. som udtrykkes i ord el. har at gøre med ord = SPROGLIG, MUNDTLIG □ *uoverensstemmelsen var af rent verbal karakter* · *hun overfaldt ham verbalt* □ *verbalerotik* · *verbalinjurie* · *verbalnote*
2. som har at gøre med et verbum □ *de verbale endelser* □ *verbalbøjning* · *verbalendelse* · *verballed*

verbalinjurie

SUBST. *-n,* plur. *-r, -rne*

en fornærmelse i ord

verbalsubstantiv

SUBST. *-et,* plur. *-er, -erne*

et substantiv som er afledt af et verbum, og som betegner den handling som er udtrykt i verbet, fx *handling* af *handle, aktion* af *agere* og *brøl* af *brøle*

verbum

SUBST. *verbet,* plur. *verber, verberne*
fork. *verb.* el. *vb.*

et ord som udtrykker en aktivitet el. tilstand, og som bl.a. bøjes i tempus, fx *køre, elske, lege, læse, stå* = UDSAGNSORD □ *hjælpeverbum* · *modalverbum*

verden

SUBST. *en, verden,* plur. -er (el. *verdner*), *-erne* (el. *verdnerne*)

1. hele Jorden □ *hun har rejst over hele verden* · *drage ud i den vide verden* · *være den bedste i verden* · *den vestlige verden* · *verdens ledere forhandler fred* □ *verdensbegivenhed* · *verdensdel* · *verdenshav* · *verdenshandel* · *verdenshjørne* · *verdensklasse* · *verdenskrig* · *verdenskort* · *verdensmester* · *verdensrekord* • den tilværelse som mennesket har skabt og lever i □ *komme frem i verden* · *det er en frygtelig verden vi lever i* □ *verdensborger* · *verdensdame* · *verdensmand* • en helhed af alt der eksisterer i universet □ *verdens skabelse* □ *verdensalt* · *verdensbillede* · *verdensorden* · *verdensrum* • **den gamle verden** Europa, Asien og Afrika • **den nye verden** Amerika og Australien • **den tredje verden** de fattige nationer i Afrika, Asien og Latinamerika = UDVIKLINGSLANDENE • **komme til verden** blive født • **sætte ng i verden** føde børn
2. den virkelighed som en vis gruppe mennesker el. dyr er en del af = UNIVERS □ *menneskenes verden* · *dyrenes verden* · *de riges verden* · *børnenes verden* · *de voksnes verden* • en afgrænset og ikke eksisterende virkelighed □ *han lever i sin egen verden* □ *drømmeverden* • **den anden verden** livet efter døden
3. ⟨i sammensætn. *-en*⟩ et menneskeligt aktivitetsområde □ *filmverden* · *forretningsverden* · *kunstverden* · *musikverden* · *sportsverden*
4. få ngt ud af verden få klaret noget □ *endelig fik vi den gamle sag ud af verden*

verdensaltet

SUBST.BEST.

(poet.): universet opfattet som en helhed = ALTET, UNIVERSET

verdensberømt

ADJ. - , *~berømt,* plur. *-e*

som er berømt i hele verden □ *en verdensberømt sanger*

verdensbillede

SUBST. *-t,* plur. *-r, -rne*

en opfattelse af universets art og struktur □ *videnskabens verdensbillede* · *det holografiske verdensbillede* · *det nye verdensbillede* · *de gamle grækeres verdensbillede* · *et sammenhængende verdensbillede* · *vende op og ned på det traditionelle verdensbillede*

verdensborger

SUBST. *-en,* plur. *-e, -ne*

en person som føler sig hjemme overalt i verden = KOSMOPOLIT □ *mange unge føler sig i dag mere som verdensborgere end som danskere* □ *verdensborgerskab* • en indbygger i verden □ *de glædede sig over den lille, nye verdensborger*

verdensdame

SUBST. *-n,* plur. *-r, -rne*

en kvinde som er vant til at færdes og begå sig i fornemme kredse ≠ VERDENSMAND

verdensdel

SUBST. *-en,* plur. *-e, -ene*

hvert af de syv store sammenhængende landområder som verden er opdelt i: Europa, Asien, Afrika, Nordamerika, Sydamerika, Australien og Antarktis = KONTINENT □ *de kom fra hver sin verdensdel* · *den europæiske verdensdel* · *de syv verdensdele*

verdensfjern

ADJ. *-t, -e*

som ikke er bevidst om el. særlig interesseret i sine omgivelser og faktiske forhold □ *en verdensfjern idealist* · *en verdensfjern teoretiker* · *en verdensfjern indstilling* · *han virker meget verdensfjern*

verdenshav

SUBST. *-et,* plur. *-e, -ene*

hvert af de tre store have; Atlanterhavet, det Indiske Ocean og Stillehavet = OCEAN □ *de tre verdenshave* · *han havde sejlet på verdenshavene*

verdenshistorie

SUBST. *-n*

læren om hele verdens historiske udvikling og forhold

verdenshjørne

SUBST. *et,* plur. *-r, -rne*

1. hver af retningerne *nord, syd, øst* og *vest* og også af retningerne herimellem, fx nordvest og sydøst □ *de fire verdenshjørner* · *de rejste mod hvert sit verdenshjørne*
2. de fire verdenshjørner (botanik): = RIDDERSTJERNE

verdenskrig

SUBST. *-en,* plur. *-e, -ene*

en krig som mange lande over hele jorden er indblandet i • **første verdenskrig** krigen 1914-1918 • **anden verdenskrig** krigen 1939-1945

verdensmand

SUBST. *-en,* plur. *~mænd, ~mændene*

en mand som er vant til at færdes og begå sig i fornemme kredse ≠ VERDENSDAME □ *en charmerende verdensmand* · *han er en rigtig verdensmand* · *litteraturens verdensmand*

verdensmester

SUBST. *-en,* plur. *~mestre, ~mestrene*

titel på vinderen af et verdensmesterskab □ *han er verdensmester i skihop*

verdensmesterskab

SUBST. *-et,* plur. *-er, -erne*
fork. *VM*

en international sportskonkurrence hvor vinderen kåres som verdensmester □ *vinderen af verdensmesterskabet i speedway* □ *verdensmesterskabskamp*

verdensnavn

SUBST. *-et,* plur. *-e, -ene*

en verdensberømt person □ *en dansk maler der efterhånden er blevet et verdensnavn* · *en koncert med flere verdensnavne*

verdensomspændende

ADJ.

som vedrører hele verden = GLOBAL □ *en verdensomspændende krise* · *en verdensomspændende organisation*

verdensorden

SUBST. *-en* (el. *~ordnen*), plur. *-er* (el. *~ordner*), *-erne* (el. *~ordnerne*)

1. den efter ældre opfattelse herskende harmoni i universet = KOSMOS □ *syndfloden var et brud på verdensordenen*
2. de principper el. love som den internationale verdens politiske, økonomiske og militære strukturer hviler på □ *efter 1945 forsøgte man at opbygge en ny verdensorden* · *efter kommunismens fald håbede de vestlige lande at en ny verdensorden bygget på demokrati, ville bryde frem* · *den gamle feudale verdensorden*

verdensrummet

SUBST.

helheden af alle himmellegemer og rummet udenom =RUMMET, UNIVERSET

verdslig

ADJ. *-t, -e*

som har med det materielle liv at gøre =JORDISK, TIMELIG ≠ GEJSTLIG □ *verdslig magt · verdslige fornøjelser · verdslig kunst* □ *verdsliggøre · verdslighed*

verdsliggøre

VERB. *~gør, ~gjorde, ~gjort*

verdsliggøre ng(t) gøre nogen el. noget mindre præget af religiøsitet =SEKULARISERE □ *den religiøse dimension forsvinder ikke ud af verden, men verdsliggøres · verdsliggjorte muslimer* □ *verdsliggørelse*

verfe

VERB. *-r, -de, -t*

verfe ng ud (dagl.): smide nogen ud fordi de ikke er ønskede □ *han blev verfet ud hjemmefra da han var fjorten* • **verfe ng(t) væk** (dagl.): slå til nogen el. noget el. markere at man slår nogen el. noget for at få dem væk □ *hun verfede hvepsen væk fra kagen*

verificere

VERB. *-r, -de, -t*
[*verifi'se'ɔ*]

verificere ngt fastslå rigtigheden af noget □ *hans alibi er blevet verificeret* □ *verificering · verificerbar* • **verificere ngt** bekræfte noget med sin underskrift □ *verificere en fotokopi*

verifikation

SUBST. *-en,* plur. *-er, -erne*
[*verifika'sjo'n*]

det at verificere • noget som skal fastslå en påstands rigtighed =BEVIS □ *man har ikke kunnet finde verifikation for dokumenternes ægthed*

verisme

SUBST. *-n*
/*ve'risme*/

en italiensk kunstretning i slutningen af 1800-tallet, især i digtning og musik, der søger at skildre hverdagslivet uden romantisk udsmykning

veritabel

ADJ. *-t, veritable*
[*veri'ta'bəl*]

forstærkende udtryk for at noget virkelig er tilfældet =ÆGTE, SAND, UFORFALSKET □ *et veritabelt mesterskud · en veritabel hetz*

vermouth el. vermut

SUBST. *-en,* plur. *-er, -erne*
(vermut: *-en,* plur. *vermutter, vermutterne*)
[*'värmut*]

en hedvin der er tilsat malurt □ *en dry martini af en del vermouth og tre dele gin* □ *vermouthflaske*

vers

SUBST. *-et,* plur. *vers, -ene*

1. = STROFE □ *et vers på seks linier* • **være på vers** være skrevet inden for de formelle rammer som vers har ≠ PROSA □ *talen var på vers* • en enkelt linie i et digt = VERSLINIE □ *vers(e)fod · vers(e)linie*

2. synge på sidste vers være ved at være forbi □ *sommeren synger på sidste vers · byens to store virksomheder er ved at synge på sidste vers*

versal

SUBST. *-en* el. *-et,* plur. *-er* (el. *versalier*), *-erne* (el. *versalierne*)
[*vär'sa'l*]

= STORT BOGSTAV □ *versalskrift*

versefod el. versfod

SUBST. *-en,* plur. *~fødder, ~fødderne*

en gruppe stavelser som udgør den mindste rytmiske enhed i vers, og som består af betonede og ubetonede stavelser; fx er der tre versefødder i linien *dengang jeg drog af sted;* forskellige typer versefødder er *jambe, trokæ, anapæst* og *daktyl*

verselære el. verslære

SUBST. *-n,* plur. *-r, -rne*

= METRIK

versemager el. versmager

SUBST. *-en,* plur. *-e, -ne*

= RIMSMED

versemål el. versmål

SUBST. *-et,* plur. *~mål, -ene*

et grundmønster som et vers kan være bygget op efter; består af visse kombinationer af versefødder, rim m.m. = METRUM □ *trokæisk versemål · jambisk versemål · heksametret er de homeriske digtes versemål · oversætteren har fulgt originalens versemål*

versere

VERB. *-r, -de, -t*
/*ver'sere*/

1. være i omløb □ *der verserer et rygte om at hun skal giftes · dementere et verserende rygte*
2. være under behandling ved en domstol □ *sagen verserer i Østre Landsret · have en sag verserende for retten · sætte sig ind i de verserende sager*

versfod

SUBST.

se *versefod*

version

SUBST. *-en,* plur. *-er, -erne*
[*vär'sjo'n*]

1. en variant af en oprindelig udformning □ *denne vogn findes i en anden version med større bagrude · jeg har hørt den historie i en helt anden version* □ *nyversion*
2. en oversættelse af en tekst til modersmålet □ *hun var til eksamen i fransk version · tegnefilmen findes i en dansk version*

versionere

VERB. *-r, -de, -t*
/*versio'nere*/

versionere {en film} oversætte, evt. bearbejde og genindtale en films dialog ≠ TEKSTE, DUBBE □ *versionere et tv-program · mange udsendelser i fjernsynet er ikke tekstede, men versionerede* □ *versionering*

verslære

SUBST.

se *verselære*

versmager

SUBST.

se *versemager*

versmål

SUBST.

se *versemål*

verst

SUBST. *-en,* plur. *-er, -erne*

en gammel russisk længdeenhed: 1 verst = 1066,78 m

versus

PRÆP.
fork. *vs.*

udtryk for modsætning =IMOD □ *han spekulerer meget over hele problemet socialisme versus kapitalisme*

vertikal

ADJ. *-t, -e*
/*verti'kal*/

= LODRET ≠ HORISONTAL □ *vertikal stilling*

verve

SUBST. *-n*

livlighed og åndfuldhed □ *han fortalte historien med indlevelse og verve*

vesper

SUBST. *-en*

aftenandagten i den katolske kirke

vest[1]

SUBST. *-en,* plur. *-e, -ene*

1. et ærmeløst klædningsstykke der lukkes foran, og som dækker overkroppen; ofte som tilbehør til et jakkesæt
2. få for meget inden for vesten drikke for meget □ *til festerne fik han altid for meget inden for vesten*

vest[2]

SUBST.

1. ⟨fork. *V*⟩ det verdenshjørne hvor solen går ned ≠ ØST □ *hvilken retning er vest? · fra vest · floden løber mod vest · bjergene mod vest · bjergene i vest · solen går ned i vest* □ *vesteuropæisk · vesthimmelen · vestjysk · vestkyst · vestside · vestspids · vestvendt* □ *nordvest · sydvest* • ⟨ADV.⟩ i retning mod vest = VESTEN □ *gården ligger vest for byen · de sejlede vest om Anholt · den peger stik vest* • **i vest** (om vind og strøm): fra vest □ *vinden er i vest · vinden er gået om i*

vest · *vinden er slået om i vest*
2. = VESTEN □ *samarbejde mellem øst og vest*

Vesten

SUBST. *et*

landene i Vesteuropa og Nordamerika og lande allieret hermed = VEST □ *forhandlinger mellem Moskva og Vesten* · *spændinger mellem Iran og Vesten* · *i Hong Kong hvor Vesten og Østen mødes* • **det Vilde Vesten el. det vilde vesten** de vestlige områder i nybyggertidens Nordamerika

vesten

ADV.

i retning mod vest = VEST □ *vesten for byen* · *de sejlede vesten om Sjælland*

vestenvind

SUBST. *-en,* plur. *-e, -ene*

vind der blæser fra vest

vester

ADJ.

(i stednavne): = VESTRE □ *Vester Farimagsgade* □ *Vesterbro* · *Vestergade* · *Vestervold*

vesterlandsk

ADJ. *-* , *-e*

som har at gøre med Vesten = VESTLIG ≠ ØSTERLANDSK □ *vesterlandsk tænkning* · *vesterlandske sprogkulturer* · *et vesterlandsk folkefærd*

vesterlænding

SUBST. *-en,* plur. *-e, -ene*

en person fra den vestlige del af verden □ *som den første vesterlænding blev han sumobryder i Japan* · *jeg mødte mange vesterlændinge på min rejse i Orienten*

vesteuropæer

SUBST. *-en,* plur. *-e, -ne*

en person fra et land i Vesteuropa

vesteuropæisk

ADJ. *-* , *-e*

som har at gøre med Vesteuropa

vestfra

ADV.

= FRA VEST □ *vinden kommer vestfra*

vestfronten

SUBST.BEST.

krigsskuepladsen i Vesteuropa under de to verdenskrige

vestgående

ADJ.

med kurs mod vest □ *vestående trafik* · *vestgående strøm* • **for vestgående** □ *skibet er for vestgående*

vestibule

SUBST. *-n,* plur. *-r, -rne*
[*væsdi'by·lə*]

en forhal hvorfra der er adgang til de øvrige lokaler i en større bygning, fx et hotel el. et palæ = FORHAL

vestindisk

ADJ. *-* , *-e*
/*vest'indisk*/

som har at gøre med Vestindien, dvs. øerne mellem Nord- og Sydamerika □ *De Vestindiske Øer*

vestjyde

SUBST. *-n,* plur. *-r, -rne*

en person fra Vestjylland

vestjysk

ADJ. *-* , *-e*

som har at gøre med Vestjylland

vestlig

ADJ. *-t, -e; -ere, -st*

som er mod vest □ *i vestlig retning* · *vestlig kurs* · *den vestlige del af landet* · *byen ligger meget vestligt* • (om vind og strøm): som kommer fra vest □ *vestlig kuling* · *vinden er stik vestlig* • som har at gøre med Vesten = VESTERLANDSK □ *en vestlig diplomat*

vestmagterne

SUBST.PLUR.

USA og de vesteuropæiske lande i tiden mellem anden verdenskrigs slutning og Sovjetunionens ophør ≠ ØSTBLOKKEN • England, Frankrig og USA under og lige efter anden verdenskrig

vestnordisk

SUBST. *et*

det islandske, færøske og nynorske el. ældre norske sprog • ⟨ADJ.: -, *-e*⟩ = NORRØN, OLDNORDISK □ *de vestnordiske sprog*

vestover

ADV.

udtryk for at noget bevæger sig el. strækker sig mod vest = MOD VEST, VESTPÅ □ *de sejlede vestover*

vestpå

ADV.

= MOD VEST □ *de sejlede vestpå* · *søen ligger længere vestpå*

vestre

ADJ.

(i stednavne): som ligger mod vest = VESTER ≠ ØSTRE, NØRRE, SØNDRE □ *Vestre Fængsel* · *Vestre Landsret*

veteran

SUBST. *-en,* plur. *-er, -erne*
/*vete'ran*/

1. en soldat der har deltaget i en krig □ *hans bedstefar er veteran fra anden verdenskrig* · *en veteran fra Vietnamkrigen*
2. en person der har lang tids erfaring inden for et bestemt område □ *han er en af flyvningens veteraner* · *rockmusikkens veteraner* • ⟨i sammensætn.⟩ noget som er fabrikeret før et bestemt årstal, og som er gammelt og har været anvendt længe □ *veteranbil* · *veteranfly* · *veteranjernbane*

veteranbil

SUBST. *-en,* plur. *-er, -erne*

en bil fra bilernes første tid; for at blive klassificeret som veteranbil skal vognen være fabrikeret før 1919 □ *veteranbilsmuseum* · *veteranbilsshow*

veterinær[1]

SUBST. *-en,* plur. *-er, -erne*
/*veteri'nær*/

= DYRLÆGE

veterinær[2]

ADJ. *-t, -e*
/*veteri'nær*/

som har at gøre med læren om husdyr, deres sygdomme og kontrollen af levnedsmidler fra husdyr □ *de veterinære myndigheder* □ *veterinærvidenskab*

veto

SUBST. *-et,* plur. *-er, -erne*
[*'ve·to*]

retten til at forkaste et forslag □ *nedlægge veto* □ *vetoret*

v.f.

fork. for *vest for*

VGA

en grafikstandard til computere som viser mindst 16 farver ad gangen og med en opløsning på 640 × 480 pixels; fork. af engelsk *video graphics array* ≠ SVAG, EGA, CGA

vha.

fork. for *ved hjælp af*

VHF

radiofrekvens i området mellem 30 MHz og 300 MHz som anvendes til transmission af FM-radio og tv; fork. af engelsk *very high frequency* □ *VHF-antenne*

vi[1]

SUBST. *-et,* plur. *-er, -erne*
[*'vi'*]

en nordisk, hedensk helligdom

vi[2]

VERB.

se *vie*

vi[3]

PRON. *os, vores* (*vor, vort, vore*)

1. den talende og den gruppe på hvis vegne han el. hun taler □ *vi kommer kl. 6* · *vi slog dem* · *han er større end os* · *giv os æblerne* · *gør os alle sammen en tjeneste og ti stille!* · *det var os der gjorde det* · *vil du låne vores bold?* · *vi har malet vores hus* · *vort hus* · *vores børn* · *vore børn* · *har vi ikke pligt til at beskytte miljøet?* · *vi har haft meget regn denne sommer* · *vi mennesker er nogle besynderlige væsner* • forfatteren og læseren □ *lad os nu se nærmere på sommerfuglenes formering* • ⟨*vor, vort, vore*⟩ (form., i faste vendinger): □ *vi vil forsvare vort fædreland* · *vi mindes vore faldne* · *vi skal gøre vort til at det lykkes* • **i vore dage** el. **i vor tid** i

nutiden • **Vor Herre** el. **Vorherre** se *Vorherre*
2. brugt af et kongeligt statsoverhoved om sig selv i offentlige proklamationer □ *Vi, Margrethe den Anden af Guds nåde Danmarks Dronning gør vitterligt • Vi alene vide* • (glds., form.): brugt af forfatteren om sig selv □ *vi minder her læseren om diskussionen i det forrige kapitel*
3. brugt af læger el. plejepersonale om den syge de henvender sig til □ *nå, hvordan har vi det så i dag, fru Jensen, spurgte lægen*

via

PRÆP.

med et sted som mellemstation på en rejse = OVER, GENNEM □ *vi rejste via Hamburg til Paris* • med nogen el. noget som mellemmand el. hjælpmiddel = GENNEM □ *jeg ved det via min søster • jeg var kommet ind i partiet via en gammel skolekammerat • politiet opfordrer befolkningen via radioen til at blive indendøre* • med noget som redskab el. hjælpemiddel = GENNEM □ *han holdt øje med hende via sidespejlet*

viadukt

SUBST. *-en,* plur. *-er, -erne*
/via'dukt/

en bro som fører over en anden færdselsåre □ *vejen førtes under jernbanen gennem en viadukt • vognen holdt i viadukten*

vibe

SUBST. *-n,* plur. *-r, -rne*

en vadefugl med grønlig overside og tynd, strittende nakketop; lever ved strand, mark og eng; latinsk navn *Vanellus vanellus*

vibeæg

SUBST. *~æggen,* plur. *~æg, ~æggene*

en løgplante med smalle blade og en klokkeformet, rødternet el. hvid blomst; latinsk navn *Fritillaria meleagris*

viborgenser

SUBST. *-en,* plur. *-e, -ne*
/vibor'genser/

en person fra Viborg

viborgensisk

ADJ. *-, -e*
/vibor'gensisk/

som har at gøre med Viborg

vibrafon

SUBST. *-en,* plur. *-er, -erne*
/vibra'fon/

et xylofoninstrument med metalplader hvor lyden forstærkes elektrisk til en vibrerende tone

vibrafonist

SUBST. *-en,* plur. *-er, -erne*
/vibrafo'nist/

en person der spiller vibrafon

vibrato

SUBST. *-en* el. *-et,* plur. *-er, -erne*
/vi'brato/

(musik): små svingninger i tonehøjden af en tone som gør tonen mere levende og klangfuld

vibrator

SUBST. *-en,* plur. *-er, -erne*
/vi'brator/

1. et apparat som ryster noget sammen, fx mørtel □ *vibratoren jævnede cement • biomassen passerer en buesi med en vibrator*
2. et elektrisk massageapparat
3. en elektromagnetsik afbryder som sørger for at jævnstrøm kan transformeres til vekselstrøm

vibrere

VERB. *-r, -de, -t*
/vi'brere/

ryste svagt og meget hurtigt = SKÆLVE □ *hestens næsebor vibrerede • strengen vibrerede • luften vibrerer af varme • en vibrerende stemme*

viceadmiral

SUBST. *-en,* plur. *-er, -erne*

(militær): næsthøjeste officersgrad i søværnet, over kontreadmiral og under admiral

viceborgmester

SUBST. *-en,* plur. *~borgmestre, ~borgmestrene*

en person som træder i borgmesterens sted ved dennes fravær

vicedirektør

SUBST. *-en,* plur. *-er, -erne*

en person som træder i direktørens sted ved dennes fravær

viceformand

SUBST. *-en,* plur. *~formænd, ~formændene*

en næstformand i en større organisation el. politisk institution □ *han blev valgt til viceformand i Landbrugsrådet • Folketingets præsidium består af en formand og fire viceformænd* □ *viceformandspost*

viceinspektør

SUBST. *-en,* plur. *-er, -erne*

en inspektør som træder i inspektørens sted ved dennes fravær

vicepræsident

SUBST. *-en,* plur. *-er, -erne*

en person som træder i præsidentens sted ved dennes fravær

vice versa

ADV.
[visə'värsa]

udtryk for at det modsatte af det man lige har sagt, også gælder □ *han hader hende og vice versa*

vicevært

SUBST. *-en,* plur. *-er, -erne*

en person som forestår det daglige opsyn af en ofte større udlejningsejendom på vegne af ejeren = EJENDOMSFUNKTIONÆR

victoriansk

ADJ. *-, -e*
/victori'ansk/

som er snerpet og ikke går ind for frigjorthed □ *hun er victoriansk i sin tankegang* • som stammer fra tiden da Englands dronning Victoria regerede □ *et victoriansk maleri*

vid[1]

SUBST. *viddet*

1. evne til at udtrykke sig på en klog, eftertænksom og vittig måde = ÅNDFULDHED □ *Bernard Shaw er i besiddelse af et blændende vid • gnistrende af vid • romanen er fuld af vid • skarpt vid*
2. vid og sans = FORSTAND □ *gå fra vid og sans • skræmme én fra vid og sans • være fra vid og sans*

vid[2]

ADJ. *-t, -e; -ere, -est*
['viʼð]

1. som er stor i bredden, el. som omfatter mange ting = UDSTRAKT □ *en vid udsigt • den vide verden • døren stod på vid gab • komme vidt omkring • fortælle vidt og bredt om noget • litteratur i videste forstand • i videst muligt omfang* □ *vidde* □ *milevid(t)* • ⟨også ['viʼ]⟩ (om tøj): □ *en vid kjole* • **for så vidt** i et bestemt omfang □ *jeg er for så vidt enig med dig* • **gå for vidt** = OVERDRIVE □ *du går for vidt i din kritik* • **i videst muligt** el. **mulige omfang** i størst mulige omfang • **lige vidt** udtryk for at man ikke er kommet længere □ *hvis forhandlingerne bryder sammen nu, så er vi lige vidt* • **så vidt {jeg} ved** i det omfang man ved besked om noget □ *han er, så vidt jeg ved, ikke kommet endnu • der er, så vidt vides, kun tale om et mindre udslip* • **vid og bred** udtryk for at noget har stor udbredelse □ *der er vid og bred enighed om forslaget • han fortalte historien vidt og bredt*

vidde

SUBST. *-n,* plur. *-r, -rne*
['viʼdə]

1. et omfang af især et stof som sidder omkring et midtpunkt □ *kjolen havde stor vidde • være stor i vidden* □ *buksevidde • kjolevidde* • en afstand mellem to punkter □ *hørevidde • rækkevidde • sporvidde • spændvidde*
2. vidder et stort frit område □ *han længtes efter fjeldets mægtige vidder*

vide[1]

VERB. *ved, vidste, vidst*

1. vide ngt være el. føles sig sikker på at noget er sandt el. forholder sig sådan □ *jeg ved hverken hvor han bor eller hvad han laver • man ved ikke bestemt hvorfor dinosaurusserne uddøde • jeg ved godt at han lyver • kommer du til mødet i aften? • det ved jeg ikke endnu • jeg ved med mig selv at jeg har ret • jeg ved ikke af at han skulle være flyttet* • **vide ngt om ngt** have interesseret sig for el. studeret et emne så man helt el. delvist forstår det □ *han ved en masse om biler • det ved jeg ikke noget om • ved du hvordan man betjener en drejebænk?* □ *viden • videbegær • videbegærlig • videnstørst* • **hverken vide ud eller ind** ikke ane hvad man skal gøre, mene el. tro i en bestemt situation □ *kan du ikke hjælpe mig, jeg ved hverken ud eller ind*
2. ikke ville vide af ng(t) ikke ville anerkende sin forbindelse med nogen el. noget = KENDES VED, ANERKENDE, VEDKENDE SIG □ *hønen vil ikke vide af sine kyllinger • efter hendes søn har været i fængsel, vil hun ikke længere vide af ham*

vide²

VERB. *-r, -de, -t*

vide ngt ud = UDVIDE ◻ *skoene bliver videt ud når de bliver brugt · luften vider sig ud*

videbegær

SUBST. *-et*

det at være videbegærlig = KUNDSKABSTØRST ◻ *børnene var fulde af videbegær*

videbegærlig

ADJ. *-t, -e*

som har stor lyst til at lære noget nyt el. øge sin viden = LÆRELYSTEN ◻ *et videbegærligt barn* ◻ *videbegærlighed*

viden¹

SUBST. *en*

alt hvad en person el. gruppe ved om et bestemt emne = KUNDSKAB, LÆRDOM, INDSIGT, KENDSKAB ◻ *hun har stor viden på det område · eleverne prøves både i faglig og almen viden · viden er magt · bibliotekerne er det sted folk går hen for at hente viden og oplevelser* ◻ *viden(s)bank · viden(s)område* ◻ *almenviden · forhåndsviden · specialviden · paratviden*

viden²

ADV.

viden om langt omkring ◻ *han har rejst viden om i verden*

videnbase el. vidensbase

SUBST. *-n,* plur. *-r, -rne*

en database der indeholder samtlige data og tommelfingerregler der beskriver den menneskelige viden inden for et afgrænset område, fx sygdomme, og som bruges i et *ekspertsystem*

vidende

SUBST. *et*

det at vide og have kendskab til noget ◻ *hun gjorde det uden mit vidende · med mit vidende* • **mod bedre vidende** trods kendskab til hvordan noget egentlig forholder sig ◻ *handle mod bedre vidende · tale mod bedre vidende*

vidensbase

SUBST.

se *videnbase*

videnskab

SUBST. *-en,* plur. *-er, -erne*

forskning i teorier og viden inden for et overordnet område, fx sprog, litteratur, fysik, medicin el. historie = LÆRE, KUNDSKAB ◻ *den medicinske videnskab · de tekniske videnskaber · han har testamenteret sin krop til videnskaben* ◻ *videnskabshistorie · videnskabskvinde · videnskabsmand · videnskabsteori* ◻ *humanvidenskab · lægevidenskab · naturvidenskab · populærvidenskab · retsvidenskab · samfundsvidenskab* • **videnskaben** en gruppe af videnskabsfolk, fagfolk el.lign. som beskæftiger sig med videnskab ◻ *ifølge videnskaben kan problemet ikke løses* • noget som er svært og kræver viden og træning ◻ *at spille skak er en hel videnskab*

videnskabelig

ADJ. *-t, -e*
/viden'skabelig/

som har at gøre med videnskab ◻ *videnskabelig forskning · videnskabeligt arbejde · videnskabelige undersøgelser · videnskabelig litteratur · en videnskabelig uddannelse · en videnskabeligt fastslået kendsgerning · nå frem til noget ad videnskabelig vej* ◻ *videnskabelighed*

videnskabsmand

SUBST. *-en,* plur. *~mænd, ~mændene*

en person som har en høj teoretisk uddannelse, og som beskæftiger sig med videnskabeligt arbejde = FORSKER

videnskabsteori

SUBST. *-en,* plur. *-er*

studiet af videnskaben, bl.a. af den videnskabelige erkendelses udvikling, af videnskabelig argumentation og af videnskabelige teoriers struktur og mening = EPISTEMOLOGI ◻ *videnskabsteoretisk*

video

SUBST. *-en,* plur. *-er, -erne*

et apparat der tilkobles et fjernsyn, og som kan optage og afspille videobånd = VIDEOAPPARAT, VIDEOMASKINE, VIDEOBÅNDOPTAGER ◻ *videoudstyr* • et videobånd hvorpå der er optaget en film = VIDEOFILM ◻ *filmen er allerede kommet som video · lad os leje en video til i aften* ◻ *videobutik · videomarked · videoudlejning*

videobånd

SUBST. *-et,* plur. *~bånd, -ene*

et kassettebånd til optagelse og afspilning af film og andre optagelser på en videomaskine

videofon

SUBST. *-en,* plur. *-er, -erne*

= BILLEDTELEFON

videokamera

SUBST. *-et,* plur. *-er, -erne*

et kamera til optagelse af videofilm

videotek

SUBST. *-et,* plur. *-er, -erne*
/video'tek/

en samling af videobånd

videre

ADJ.KOMP.

1. udtryk for at noget forsætter = FORTSAT ◻ *videre forhandlinger · det videre forløb · vi må videre · føre en virksomhed videre · hun gav besked videre til de andre* • **indtil videre** = FORELØBIG ◻ *indtil videre har jeg ikke noget at indvende · du kan bo her indtil videre* • **og så videre** se under *og*

2. ikke nogen el. **noget videre** ikke nogen særlig el. ikke noget særligt ◻ *hun mødte ikke nogen videre forståelse · det havde ikke noget videre at sige* • **uden videre** udtryk for at man gør noget pludseligt og uden forklaring ◻ *han forlod hende uden videre · hun smækkede uden videre døren i*

videreføre

VERB. *-r, ~førte, ~ført*

videreføre ngt (form.): få noget til at fortsætte; ofte efter en afbrydelse = FØRE VIDERE ◻ *sønnen videreførte faderens forretning · hun videreførte traditionen om kvindelig arvefølge* · ◻ *videreførelse*

videregående

ADJ.

som går ud over det hidtidige, nuværende el. almindelige ◻ *en videregående uddannelse · videregående studier · have et videregående sigte med noget*

viderekomne

SUBST.PLUR.

som har et grundlæggende kendskab til noget og er nået til et mere avanceret niveau ≠ BEGYNDER ◻ *sprogstudier for viderekomne · hun hører vist til de viderekomne · den historie er vist for viderekomne*

videresalg

SUBST. *-et,* plur. *~salg, -ene*

det at købe en vare og sælge den videre ◻ *han købte et stort parti varer med henblik på videresalg*

##viderværdighed

SUBST. *-en,* plur. *-er, -erne*
/vider'værdighed/

(glds.): en besværlig og ubehagelig omstændighed el. forhindring ◻ *han var utilfreds med alle sine menneskelige viderværdigheder · alle disse viderværdigheder gjorde ham nedtrykt*

vidje

SUBST. *-n,* plur. *-r, -rne*

en tynd, bøjelig gren, især fra en pil = VÅND ◻ *en kurv flettet af vidjer* ◻ *vidjefletning · vidjekurv*

vidne¹

SUBST. *-t,* plur. *-r, -rne*

en person som overværer en hændelse ◻ *hun var vidne til en trafikulykke · dokumentet er kun gyldigt hvis det er underskrevet af to vidner · have vidner på noget · i vidners nærvær · i vidners påhør* ◻ *vidnesbyrd* ◻ *dåbsvidne · sandhedsvidne · testamentsvidne* • en person som under ed afgiver mundtlig forklaring for en domstol ◻ *forsvareren førte tre vidner i sagen · møde som vidne i retten · afhøre et vidne* ◻ *vidneafhøring · vidneansvar · vidneforklaring · vidneførsel · vidnegodtgørelse · vidnepsykologi* ◻ *hovedvidne · kronvidne · retsvidne · vitterlighedsvidne · øjenvidne*

vidne²

VERB. *-r, -de, -t*

1. vidne om ngt give oplysninger om noget i en retssag ◻ *hun skulle vidne om overfaldet · han vidnede mod firmaet* • **vidne {for} ng** ◻ *hun vidnede til fordel for den anklagede · han vidnede mod firmaet*

2. vidne {for} ng være et bevis for el. oplyse om noget ◻ *bogen vidner om et stort talent hos forfatteren · fundene vidner om stenalderbondens levevilkår*

vidnefast

ADJ. - , -e

som kan bekræftes af vidner = SIKKER □ *en vidnefast påstand* □ *vidnefasthed*

vidnesbyrd

SUBST. *-et,* plur. *vidnesbyrd, -ene*

1. = VIDNEUDSAGN □ *aflægge vidnesbyrd* · *passagerens vidnesbyrd blev afgørende for sagens udfald* • noget som skal fastslå en påstands rigtighed = BEVIS □ *vasen bærer vidnesbyrd om høj ælde*
2. en skriftlig el. mundtlig udtalelse om en persons evner, flid osv. □ *han fik et godt vidnesbyrd fra skolen*

vidneudsagn

SUBST. *-et,* plur. *~udsagn, -ene*

det som et vidne fortæller = TESTIMONIUM □ *afgive vidneudsagn* · *deres vidneudsagn stemte ikke overens*

vidste

VERB.

bøjningsform af *vide*

vidsyn

SUBST. *-et*

en evne til at forstå mange forskellige aspekter af livet og være fremsynet ≠ SNÆVERSYN □ *have vidsyn og frisind* · *hans politik er præget af vidsyn* · *politisk vidsyn* · *hendes bøger vidner om medfølelse, vidsyn og tolerance*

vidtløftig

ADJ. *-t, -e*
/vidt'løftig/

1. som lever et udsvævende liv □ *en vidtløftig ung dame* □ *vidtløftighed*
2. = OMSTÆNDELIG □ *det ville være for vidtløftigt at gennemgå hele sagen nu*

vidtstrakt

ADJ. - , -e

som strækker sig vidt □ *et vidtstrakt område* · *en vidtstrakt plan* · *vidtstrakte beføjelser*

vidunder

SUBST. *-et,* plur. *-e, -ene*

en person el. en genstand som er enestående og fantastisk □ *han syntes at hans datter var et vidunder* · *et vidunder af en bil* · *han er verdens ottende vidunder* □ *vidunderbarn*

vidunderlig

ADJ. *-t, -e; -ere, -st*
/vid'underlig/

meget dejlig = HIMMELSK □ *en vidunderlig oplevelse* · *udsigten er vidunderlig*

vie el. vi

VERB. *-r, -de, -t*
(vi: *-r, -ede, -et*)

1. vie ng ved en ceremoni godkende at to personer indgår ægteskab = GIFTE, ÆGTEVIE, FORMÆLE □ *præsten viede de to unge* · *hvem skal vie dem ?* · *de skal vies på lørdag* · *de blev viet på rådhuset*
2. vie ng helliggøre en person ved en kirkelig ceremoni så han kan indtage et kirkeligt embede som præst el. biskop = INDVIE, ORDINERE □ *blive viet til biskop* · *hun blev viet til præst* · *lade sig vie til præst* □ *bispevie* · *præstevie* • **vie ngt til ng** indvie noget som helligt = HELLIGGØRE, TILEGNE □ *templet var viet til Venus* □ *vievand*
3. vie ngt til ngt anvende energi el. tid til noget, især med et ophøjet formål = OFRE, HELLIGE □ *hun vier al sin tid til at passe den syge* · *vie sit liv til ulandsarbejde*
5. vie ngt til ng = TILEGNE □ *en koncert viet til Sibelius*

vielse

SUBST. *-n,* plur. *-r, -rne*

1. indgåelse af ægteskab; kan finde sted i en kirke el. på rådhuset = BRYLLUP, GIFTERMÅL □ *kirkelig vielse* · *borgerlig vielse* · *forrette en vielse* □ *vielsesakt* · *vielsesattest* · *vielsesring* · *vielsesritual* □ *kirkevielse*
2. det at ordinere en person til præst el. biskop = ORDINATION □ *bispevielse* · *præstevielse*

vielsesring

SUBST. *-en,* plur. *-e, -ene*

en ring, ofte af guld, der bæres som tegn på at man er gift = GIFTERING ≠ FORLOVELSESRING

vietnameser

SUBST. *-en,* plur. *-e, -ne*
[*vjædna'me'sɔ*]

en person fra Vietnam

vietnamesisk

ADJ. - , -e
[*vjædna'me'sisk*]

som har at gøre med Vietnam

vifte[1]

SUBST. *-n,* plur. *-r, -rne*

en indretning til at vifte sig med, fx en sammenklappelig, halvcirkelformet anordning af fjer el. papir som bevæges med hånden □ *slå en vifte ud* · *slå viften sammen* · *en elektrisk vifte* □ *vifteformet* • en form der minder om en viftes □ *ordne kortene i en vifte* · *sætte servietterne op i vifter* □ *vifterynke*

vifte[2]

VERB. *-r, -de, -t*

svinge frem og tilbage = BØLGE □ *flaget viftede i vinden* • **vifte med ngt** svinge el. vippe noget frem og tilbage □ *de viftede med deres hatte* · *han viftede med tørklædet* □ *vifteparade* • **vifte ng** køle nogen af ved at svinge med fx en vifte □ *han viftede hende med avisen* · *damerne viftede sig i varmen* • **vifte ng af** afvise nogen □ *han viftede tjeneren af med en overlegen mine* • **vifte ngt bort** el. **væk** jage noget væk ved at svinge hånden frem og tilbage □ *han viftede fluerne væk*

vig

SUBST. *-en,* plur. *-e, -ene*

en mindre bugt □ *huset lå ned til en vig* · *de badede i vigen*

vige

VERB. *-r, veg, veget*

vige fra ng(t) forlade nogen el. noget □ *han veg ikke fra hendes side* · *han viger ikke fra sine meninger* · *blodet veg fra hendes ansigt* • **vige for ng(t)** gøre plads for nogen el. noget □ *på stien skal cykler vige for gående* · *de ældre på arbejdspladsen må vige pladsen for de unge* □ *vigeplads* · *vigepligt* • **vige udenom** el. **tilbage for ngt** søge at undgå noget □ *han viger ikke tilbage for selv at gøre det tungeste arbejde* · *han forsøgte at vige uden om det penible spørgsmål*

vigepligt

SUBST. *-en*

almindelig vigepligt trafikanters pligt til at holde tilbage for tværgående trafik der kommer fra højre ≠ FORKØRSELSRET □ *overholde vigepligten* • **ubetinget vigepligt** pligt til at holde tilbage for trafik når man kører ud på el. krydser en større vej, fx en hovedvej; er tilkendegivet ved skiltning el. ved *hajtænder* ≠ FORKØRSELSRET

vigilie

SUBST. *-n,* plur. *-r, -rne*
/vi'gilie/

(den katolske kirke): en natlig gudstjeneste før en kirkelig festdag • en natlig andagt med sjælemesse el. bøn for en afdød

vignet

SUBST. *vignetten,* plur. *vignetter, vignetterne*
[*vin'jæt*]

en lille dekorativ tegning i en bog; især på titelbladet el. før et nyt kapitel □ *på titelbladet var der en vignet forestillende en vinranke*

vigoroso

ADV.
/vigo'roso/

udtryk for at et musikstykke fremføres kraftigt og livfuldt

vigte

VERB. *-r, -de, -t*

vigte sig forsøge med en pralende opførsel at få opmærksomhed og beundring = BLÆRE SIG □ *vigte sig med sine kundskaber*

vigtig

ADJ. *-t, -e; -ere, -st*

1. som har stor betydning = BETYDNINGSFULD, CENTRAL, VÆSENTLIG ≠ UVIGTIG □ *en vigtig meddelelse* · *det er vigtigt for børnenes læreevne at de befinder sig godt i skolen* · *det vigtigste er at have et godt helbred* □ *vigtighed*
2. = INDBILDSK □ *en storsnudet og vigtig person* □ *vigtigmager* · *vigtigper* · *vigtigprins* · *vigtigprås* □ *skidtvigtig*

vigtighed

SUBST. *-en*

1. det at noget er vigtigt = BETYDNING □ *sagen var af største vigtighed* · *jeg må gøre dig opmærksom på vigtigheden af din beslutning*
2. det at være indbildsk = INDBILDSKHED □ *hans utålelige vigtighed* · *hun er ved at revne af vigtighed over sine kloge børn*

vigtigper

SUBST. *-en,* plur. *-er, -erne*

(neds.): en person som føler sig mere betydningsfuld end andre = VIGTIGPETER, VIGTIGPRINS □ *du er vel ikke finere end vi andre, din vigtigper!*

vigør

SUBST. *-en*
[*vi'gɔ̈'r* el. *vi'gø'r*]

være i vigør el. **være i fuld vigør** være rask og aktiv □ *trods sine firs år er han stadig i fuld vigør*

vikar

SUBST. *-en,* plur. *-er, -erne*
/*vi'kar*/

en person som midlertidigt overtager en andens arbejde i dennes fravær = AFLØSER □ *være vikar for en anden* · *han fungerede som vikar i flere år før han blev fastansat* □ *vikarbureau* · *vikarstilling* □ *barselsvikar* · *ferievikar* · *tilkaldevikar* · *årsvikar*

vikariat

SUBST. *-et,* plur. *-er, -erne*
/*vikari'at*/

en midlertidig ansættelse hvor man overtager en anden persons arbejde i dennes fravær □ *for tiden har jeg et vikariat i en børnehave* □ *barselsvikariat* · *sygevikariat*

vikariere

VERB. *-r, -de, -t*
/*vikari'ere*/

vikariere {for} ng midlertidigt overtage en andens arbejde i dennes fravær □ *vikariere på en skole* · *hun vikarierer for en kollega* · *han vikarierer som overlæge* □ *vikariering*

viking

SUBST. *-en,* plur. *-er, -erne*

en nordisk kriger og handelsmand i perioden 800-1050 □ *de gamle vikinger* · *vikingerne drog på utallige plyndringstogter* □ *vikingeborg* · *vikingefærd* · *vikingehøvding* · *vikingeskib* · *vikingetid* · *vikingetog* · *vikingetogt*

vikingeborg

SUBST. *-en,* plur. *-e, -ene*

en borg hvori vikingerne boede under ophold i hjemlandet el. som var udgangspunkt for deres handels- eller plyndringstogter i andre lande

vikingeskib

SUBST. *-et,* plur. *-e, -ene*

et træskib fra vikingetiden som blev drevet frem med sejl og årer

vikke

SUBST. *-n,* plur. *-r, -rne*

en plante med blade der ender i en brod el. en slyngtråd og med hvide, blå, røde el. violette blomster; flere arter, bl.a. *musevikke* og *skovvikke;* latinsk navn *Vicia*

vikle

VERB. *-r, -de, -t*

1. vikle ngt om el. **ind i ngt** rulle fx et langt stykke stof rundt om nogen el. noget = SNO □ *han viklede et bind om det skadede knæ* · *barnet blev viklet ind i tæpper* · *han viklede hendes hårlok om sin finger* · *killingen havde fået viklet sig helt ind i garnnøglet* □ *vikling* · *vikler* • **vikle sig ind i ngt** komme ind i noget som man ikke så let kommer ud af igen □ *han viklede sig ind i selvmodsigelser* • **vikle sig ud af ngt** søge at slippe ud af noget selv om det ikke er helt let □ *du må se at få viklet dig ud af den affære igen* • **vikle ngt op** pille noget fra hinanden som er viklet sammen □ *vikl lige rebet op* · *hun blev nødt til at vikle garnnøglet op for at finde knuden*
2. vikle ng om sin lillefinger få nogen til at gøre hvad man vil □ *hun kan vikle bedsteforældrene om sin lillefinger*

vikler

SUBST. *-en,* plur. *-e, -ne*

en lille sommerfugl med næsten firkantede, marmorerede forvinger og mindre, lyse bagvinger; flere arter, bl.a. *æblevikler;* latinsk navn *Tortricidae*

viktualieforretning

SUBST. *-en,* plur. *-er, -erne*

= DELIKATESSEFORRETNING

viktualiekælder

SUBST. *-en,* plur. *-e* (el. *~kældre*), *-ne* (el. *~kældrene*)
/*viktu'aliekælder*/

kælder til opbevaring af madvarer

viktualier

SUBST.PLUR. *-ne*
/*viktu'alier*/

kødvarer der er skåret i mindre stykker el. tilberedt så de kan bruges som pålæg m.m. = PÅLÆGSVARER, CHARCUTERIVARER, FEDEVARER □ *handle med viktualier* □ *viktualiebutik* · *viktualieforretning* · *viktualiehandler* · *viktualiekælder*

vil

VERB.

bøjningsform af *ville*

vild

ADJ. *-t, -e; -ere, -est*

1. som er ubehersket og ikke til at styre = UREGERLIG, VILTER, BALSTYRIG, USTYRLIG □ *drengen for vildt omkring i stuen* · *hunden er ret vild* · *en vild og løssluppen fest* □ *vildelse* · *vildskab* · *vildfarelse* · *vildmand* · *vildrede* □ *ellevild* • som er desperat og vanvittig □ *de gjorde et sidste, vildt forsøg* · *hun var vild af sorg* · *hun havde et vildt udtryk i øjnene* · *de var på vild flugt* · *jeg har kørt som en vild for at nå det* · *der opstod vild panik* · *røverne skød vildt om sig*
2. som ikke er tæmmet el. som er uberørt □ *vilde dyr* · *vilde planter* · *vild honning* · *en vild stamme* · *det vilde vesten* □ *vildhest* · *vildhund* · *vildsvin* · *vildvin*
3. ⟨i sammensætn.⟩ som er i nød for noget □ *husvild* · *rådvild*
4. i forsk. forb.: • **fare vild** gå den forkerte vej og miste orienteringen □ *de for vild i skoven* • **i vilden sky** se under *sky* • **vild med** el. **efter ng(t)** enormt glad for nogen el. noget = SKØR MED, TOSSET MED □ *jeg er vild efter dig* · *jeg er ikke særlig vild med at flyve* · *publikum var vildt begejstret* • **vild på den** el. **vild på kareten** helt forkert på den □ *du er helt vild på den i denne sag* · *de er helt vild på kareten, de finder aldrig ud af det* · *er du da helt vild på kareten, mand!*

vildand

SUBST. *-en,* plur. *~ænder, ~ænderne*

en vildtlevende and, fx gråand, krikand og pibeand ≠ TAMAND

vilddyr

SUBST. *-et,* plur. *~dyr, -ene*

et vildt og farligt dyr □ *hun kastede sig over ham som et vilddyr* · *vilddyret kom op i ham*

vildelse

SUBST. *-n,* plur. *-r, -rne*

en tilstand hvor ens åndsevner pga. feber el.lign. ikke fungerer normalt □ *tale i vildelse* · *ligge i vildelse*

vildfarelse

SUBST. *-n,* plur. *-r, -rne*

1. en forkert opfattelse af el. mening om noget = MISFORSTÅELSE, FEJLTAGELSE, VRANGFORESTILLING □ *du må se at komme ud af den vildfarelse at jorden er flad*
2. (jura): en misforståelse el. urigtig opfattelse af et faktisk forhold el. gældende ret □ *faktisk vildfarelse* · *vildfarelse med opsættende virkning* □ *retsvildfarelse*

vildfaren

ADJ. *-t, ~farne*

som er går forkert, el. som er faret vild = VILDFARENDE □ *en vildfaren pil* · *vildfarne kugler* · *en vildfaren vandringsmand* · *en vildfaren synder*

vildfarende

ADJ.

= VILDFAREN □ *en vildfarende vandringsmand* · *vildfarende får*

vildføre

VERB. *-r, ~førte, ~ført*

vildføre ng (glds.): fortælle nogen noget usandt så de handler forkert = VILDLEDE □ *en vildført person* · *partilederne vildførte deres vælgere* □ *vildførelse*

vildkat

SUBST. *~katten,* plur. *~katte, ~kattene*

1. en kat der lever vildt • en kvinde med et heftigt og uberegneligt temperament □ *hun var en rigtig vildkat*
2. en kraftigt bygget, vildtlevende katteart med en forholdsvis kort og tyk hale; findes fortrinsvis i bjergområder i Mellem-, Syd- og Sydøsteuropa; latinsk navn *Felis silvestris*

vildlede

VERB. *-r, ~ledte, ~ledt*

vildlede ng give nogen en forkert opfattelse ved at narre dem el. give dem urigtige oplysninger = NARRE, FORLEDE □ *ministeren har vildledt Folketinget ved at tilbageholde følsomme oplysnin-*

ger • en reklame må ikke vildlede forbrugeren • de tændte fakler for at vildlede fjenden □ *vildledning • vildledende*

vildmark

SUBST. *-en,* plur. *-er, -erne*

et område med uberørt natur □ *han lever en stor del af sit liv i den canadiske vildmark • de skal på vandretur i den svenske vildmark • født og opvokset i vildmarken* □ *vildmarksfolk • vildmarkstur*

vildnis

SUBST. *-et* (el. *vildnisset*), plur. *-er* (el. *vildnisser* el. *vildnis*), *-erne* (el. *vildnisserne* el. *-ene* el. *vildnissene*)

en tæt bevoksning af planter som gror vildt □ *regnskovens grønne vildnis • et urskovsagtigt vildnis • haven blev ikke passet, men lå hen i et vildnis* • et område som er rodet og uoverskueligt □ *kloaksystemet er et vildnis • et vildnis af informationer • målet er at gennemgå lovgivningen og luge ud i vildnisset*

vildrede

SUBST. *en* el. *et*

i vildrede rådvild el. ubeslutsom □ *hun var i vildrede med hensyn til hvem af sine bejlere hun skulle vælge • bringe nogen i vildrede • være i vildrede med sig selv*

vildskud

SUBST. *~skuddet,* plur. *~skud, ~skuddene*

et skud på en plante som vokser frem fra roden el. lavt på stammen

vildsom

ADJ. *-t, vildsomme*

(glds.): som man let farer vild i □ *vi kom ind i et vildsomt krat* □ *vildsomhed*

vildspor

SUBST. *-et,* plur. *~spor, -ene*

et spor som følges, men som leder i en forkert retning □ *jagthundene fulgte et vildspor • jeg tror kortet har ledt os på vildspor • røveren førte politiet på vildspor* • **på vildspor** som er af en forkert opfattelse □ *hvis du tror jeg havde noget med det at gøre, er du fuldstændig på vildspor*

vildsvin

SUBST. *-et,* plur. *~svin, -ene*

et vildtlevende svin som har en tæt, strid mørk pels og lange krumme hjørnetænder i underkæben; latinsk navn *Sus scrofa* □ *vildsvinejagt*

vildt

SUBST. *-et*

et vildtlevende dyr som jages og spises af mennesker □ *jage vildt • opspore vildtet • der lever over 2.000 stykker vildt i skoven • vi skal have vildt til middag* □ *vildtkød* □ *dåvildt • fjervildt • fuglevildt • hjortevildt • kronvildt • råvildt*

vildtbestand

SUBST. *-en,* plur. *-e, -ene*

et samlet antal vildt der lever fx i en skov □ *vildtbestanden i Dyrehaven*

vildtpleje

SUBST. *-n*

pasning af vildtbestanden i et område ved fodring, jagt, indfangning og salg af vildtet

vildvin

SUBST. *-en,* plur. *~vin, -ene*

en klatrende, selvhæftende plante med store, mørkegrønne blade; flere arter, bl.a. *klatrevildvin* og *rådhusvin* som begge bruges som murbeklædning; latinsk navn *Parthenocissus*

vilje

SUBST. *-n,* plur. *-r, -rne*

1. en indre drivkraft som gør en i stand til at opstille og nå personlige mål, ofte på trods af omgivelsernes modstand el. egne begrænsninger □ *viljen til at leve • have en stærk vilje • gøre noget af egen fri vilje • den filosofiske diskussion om den frie vilje • tro på viljens frihed • hvor der er en vilje er der en vej* □ *viljefast • viljefrihed • viljekraft • viljeløs • viljesakt • viljeserklæring • viljessag • viljestyrke • viljesvaghed* □ *egenvilje • modvilje • offervilje • velvilje*
2. en bestemt målsætning = ØNSKE □ *folkets vilje • det var Guds vilje at det skulle ske • gøre noget mod sin vilje • sætte sin vilje igennem • vise sin gode vilje • der er ikke tale om ond vilje fra hans side* • **få** el. **have sin vilje** få det sådan som man vil have det □ *barnet fik altid sin vilje • så lad ham dog få sin vilje • hun vil absolut have sin vilje* • **få sin vilje med ng** (glds.): lykkes at forføre nogen □ *til sidst fik han sin vilje med hende* • **med lidt god vilje** hvis man anstrenger sig □ *med lidt god vilje kan underskriften læses* • **ikke med ngs gode vilje** ikke frivilligt el. velvilligt □ *det var ikke med min gode vilje at jeg tog med til det møde* • **med vilje** med en bestemt hensigt ≠ UOVERLAGT □ *det var et uheld, han gjorde det ikke med vilje* • **sidste vilje** en bestemmelse nedskrevet i et testamente el. afgivet på dødslejet □ *dette er afdødes sidste vilje*

viljefast

ADJ. *- , -e*

som har el. tyder på en fast vilje = VILJESTÆRK □ *en viljefast ledelse meddelte den ubehagelige beslutning • en viljefast hage* □ *viljefasthed*

viljekraft

SUBST. *-en*

= VILJESTYRKE □ *ved at opbyde al sin viljekraft lykkedes det ham at gennemføre løbet*

viljeløs

ADJ. *-t, -e*

= VEG ≠ VILJESTÆRK □ *en svag og viljeløs karakter*

viljestyrke

SUBST. *-n*

en evne til at nå personlige mål trods omgivelsernes modstand el. egne begrænsninger = VILJEKRAFT □ *det kræver viljestyrke at holde op med at ryge • hun holdt sig oppe med ren og skær viljestyrke*

viljestærk

ADJ. *-t, -e*

som står fast på sine egne holdninger og evner at føre dem ud i livet = STÅLSAT, VILJEFAST □ *en viljestærk pige*

viljesvag

ADJ. *-t, -e*

= VEG ≠ VILJESTÆRK □ *han var for viljesvag til at sige nej til kammeraten som tilbød ham narkotika*

vilkår

SUBST. *-et,* plur. *vilkår, -ene*

1. noget som skal være opfyldt for at noget andet kan eksistere el. ske = BETINGELSE □ *de købte forretningen på rimelige vilkår • på ovennævnte vilkår accepterer jeg • han tog kun jobbet på vilkår af at han fik helt frie hænder* • **ikke på vilkår** under ingen omstændigheder □ *ikke på vilkår om jeg vil stemme på ham!*
2. (plur.) de ydre omstændigheder som man lever el. arbejder under = BETINGELSER □ *underkaste sig visse vilkår • leve under usle vilkår • forbedre vilkårene for børnefamilier* □ *levevilkår*

vilkårlig

ADJ. *-t, -e*
/vil'kårlig/

= TILFÆLDIG □ *peg på en vilkårlig person i lokalet • regimet fængslede og arresterede vilkårligt hundreder af borgere • i vilkårlig rækkefølge • en vilkårlig reaktion • vilkårlige processer* □ *vilkårlighed* □ *uvilkårlig*

villa

SUBST. *-en,* plur. *-er, -erne*

et fritliggende beboelseshus med have □ *villaejer • villakvarter*

ville

VERB. *vil, ville, villet*

1. ville ngt have et ønske om, hensigt om el. vilje til at gøre noget □ *jeg både kan og vil • jeg vil gerne lege med dig • hun er én der vil noget • hun vil hjem nu • jeg vil af her • jeg vil ind i varmen • vil du ud i gården? • hvad ville han da han ringede? • ske hvad der vil • jeg vil dit bedste* • **ville have ngt** have et ønske om at få el. opnå noget □ *jeg vil gerne have en kop te • jeg vil ikke have det!*
2. udtryk for en høflig opfordring □ *vil du være sød at hjælpe mig? • du vil vel ikke lige lukke vinduet?* • udtryk for en ordre □ *vil du straks holde op med det der!*
3. udtryk for at noget ikke fungerer el. sker som man forventer □ *såret vil ikke hele • maskinen vil ikke starte • arbejdet vil ikke lykkes*
4. udtryk for at noget vil ske i fremtiden □ *han vil være færdig med uddannelsen om tre år • vi vil være fremme ved femtiden • det vil ikke lykkes dem at standse strejken med det påtænkte indgreb*
5. ville sige = BETYDE □ *vil det sige at du alligevel ikke kommer?*
6. ville ng det godt ønske at det går godt for nogen □ *han vil hende det godt*
7. som vil ngt (slang): som er meget kraftig el. stor □ *en drink som vil noget • det var ellers en fiskestang som vil noget*

villig

ADJ. *-t, -e*

som gerne vil el. er klar til noget = PARAT □ *han er villig til at hjælpe os* · *han er altid hjælpsom og villig* · *jeg skal villigt indrømme at det er forkert* · *hun lod sig villigt fotografere* · *Jens er en flink og villig elev* □ *villighed* □ *beredvillig* · *samarbejdsvillig* · *tjenstvillig* · *uvillig* • som sker straks og uden tøven □ *lad det nu gå lidt villigt* • som er seksuelt indladende; især om en kvinde □ *hun var varm og villig*

vilter

ADJ. *-t, viltre*

uregerlig på en vilter måde = UREGERLIG, USTYRLIG, BALSTYRIG, VILD □ *nogle viltre unger* · *håret faldt i viltre lokker*

vimpel

SUBST. *-en* (el. *vimplen*), plur. *vimpler, vimplerne*

et langt, smalt og spidst flag, oftest i de nationale farver □ *der var altid hejst en vimpel i flagstangen*

vimre

VERB. *-r, -de, -t*

vimre med ngt bevæge noget i små bevægelser frem og tilbage □ *hunden vimrede med snuden som tegn på at den vejrede noget i luften* · *hvalpene vimrede med de bittesmå haler* □ *vimrehale* · *vimrehas*

vims

ADJ. - (el. *-t*), *-e*

som bevæger sig forvirret og nervøst □ *hun dækkede bordet med små vimse bevægelser* · *en vims lille fyr*

vimse

VERB. *-r, -de, -t*

vimse {omkring} bevæge sig omkring med små, hurtige bevægelser □ *hun vimsede omkring gæsterne med kaffe og sandkage* · *pigerne vimsede hele tiden rundt om herrernes bord* □ *vimseri* · *vimseskørt* · *vimseunger*

vin

SUBST. *-en*, plur. *-e, -ene*

1. en alkoholisk drik som fremstilles ved gæring af saft af friske vindruer el. anden frugt; to slags: *bordvin* og *hedvin* □ *drikke et glas vin* · *mousserende vin* · *en flaske vin* · *tørre og søde vine* □ *vineddike* · *vinfad* · *vinflaske* · *vinkort* · *vinkælder* · *vintage* □ *frugtvin* · *hedvin* · *hvidvin* · *kirsebærvin* · *rødvin* · *æblevin*
2. en klatrende plante hvorpå der vokser vindruer; latinsk navn *Vitis* = VINRANKE □ *en gammel vin voksede i drivhuset* □ *vinhøst* · *vinstok*

vinaigre

SUBST. *-n*
[*vi'næ·grə*]

eddike fremstillet af vin

vinbjergsnegl

SUBST. *-en*, plur. *-e, -ene*

en stor, spiselig snegl med sneglehus; latinsk navn *Helix pomatia*

vinca

SUBST. *-en*, plur. *-er, -erne*
[*'veŋka*]

en krybende plante med stedsegrønne blade og klokkeformede, blå blomster; flere arter

vind[1]

SUBST. *-en*, plur. *-e, -ene*

1. en bevægelse i luften af forskellig styrke som får fx røg og grene til at bevæge sig, el. som giver bølger på havet □ *have vinden i ryggen* · *ikke en vind rørte sig* · *nordlige vinde* · *sejle for en let vind* · *skibet fik vind i sejlene* · *vinden er gået om i øst* · *vinden har lagt sig* · *vinden har vendt sig* · *aftagende vind* · *tiltagende vind* · *en kold og bidende vind* □ *vindhastighed* · *vindkraft* · *vindmølle* · *vindpose* · *vindretning* · *vindstille* · *vindstyrke* □ *fralandsvind* · *medvind* · *modvind* · *pålandsvind* · *passatvind* • **vinden bærer {fra} land** vinden blæser ind mod el. væk fra land • **sejle for halv vind** sejle med vind der blæser vinkelret på sejlretningen
2. slippe en vind slå en prut
3. i forsk. forb.: • **god vind** udtryk for at man ønsker nogen held og lykke, ofte som afskedshilsen til sejlere • **løbe med en halv vind** videregive oplysninger man ikke har undersøgt ordentligt • **snakke om vind og vejr** tale sammen, men ikke om noget konkret • **som vinden blæser** udtryk for at nogen er vankelmodig el. lunefuld □ *det er med ham som vinden blæser* • **spredes for alle vinde** spredes til alle verdenshjørner □ *som voksne spredtes kammeraterne for alle vinde* • **undersøge fra hvilken kant vinden blæser** undersøge hvilken stemning der hersker lige nu • **vinden blæser fra {den} kant** udtryk for at stemningen er på en bestemt måde □ *nå, så det er den kant vinden blæser fra i dag!* · *nu blæser vinden nok fra en anden kant!* • **vind i sejlene** udtryk for at man er heldig el. har fremgang □ *firmaet har vind i sejlene* • **være i vinden** være populær el. være feteret = VÆRE I VÆLTEN

vind[2]

ADJ. *-t, -e*

vind og skæv = SKÆV □ *muren er vind og skæv* · *vores døgnrytme er vind og skæv* · *en vind og skæv politik* · *han var vind og skæv af et eller andet euforiserende stof*

vindblæst

ADJ. - , *-e*

som har el. ser ud til at have været udsat for stærk blæst □ *et vindblæst landskab* · *vindblæst hår* · *en vindblæst frisure*

vindbøjtel

SUBST. *-en* (el. *~bøjtlen*), plur. *~bøjtler, ~bøjtlerne*

(glds.): en opblæst el. indbildsk person som ikke har noget dybere indhold = PRALHALS, VINDHAS □ *den unge vindbøjtel trænger til en lærestreg*

vinde[1]

SUBST. *-n*, plur. *-r, -rne*

1. en garnvinde
2. et hejseværk

vinde[2]

VERB. *-r, vandt, vundet* (*vunden, vundne*)

1. vinde ngt = SEJRE ≠ TABE □ *vinde en konkurrence* · *vinde en krig* · *hvem tror du vil vinde?* · *vinde et spil* · *vinde en retssag* · *vinde et væddemål* □ *vinder* • **vinde over ng(t)** = BESEJRE □ *vinde over sin modstander* · *hun vandt over sygdommen*
2. vinde ngt opnå el. få noget som man har kæmpet for □ *ved forhandlingerne vandt vi en mindre lønforhøjelse* · *vinde tilslutning* · *vinde venner* · *vinde en præmie*
3. vinde ngt vikle fx garn rundt om to faste punkter til et garnnøgle □ *vinde garn*
4. i forsk. forb.: • **uret vinder** uret går for stærkt □ *uret vinder* • **vinde frem** blive mere udbredt □ *de nye ideer er ved at vinde frem* • **vinde ind på ng** formindske afstanden til nogen gradvist = INDHENTE • **vinde ved ngt** forandre sig til det bedre □ *han vinder ved nærmere bekendtskab* · *huset har vundet meget ved restaureringen*

vindebro

SUBST. *-en*, plur. *-er, -erne*

en bro der kan hejses op el. drejes så forbindelsen over fx en voldgrav afbrydes □ *trække en vindebro op*

vinder

SUBST. *-en*, plur. *-e, -ne*

en el. flere personer som har sejret over nogen el. noget = SEJRHERRE ≠ TABER □ *vinderen af tegnekonkurrencen modtager 1.000 kr.* · *vinderen af cykelløbet fik en guldmedalje* • en person der altid har medgang ≠ TABER □ *han er en rigtig vinder* · *han er den fødte vinder*

vindfang

SUBST. *-et*, plur. *vindfang, -ene*

1. en lille entré el. forstue □ *stille skoene i vindfanget*
2. en overflade der er i stand til at yde stor luftmodstand □ *sejlet har ringe vindfang*
3. et stykke for der slutter tæt ved håndledet i ærmet på overtøj

vindfløj

SUBST. *-en*, plur. *-e, -ene*

en indretning til at vise hvilken retning vinden kommer fra, fx en vejrhane, en vimpel el. en vindpose

vindfælde

SUBST. *-n*, plur. *-r, -rne*

et træ der er fældet af stormen og ligger og visner

vindhas

SUBST. *-en*, plur. *-e, -ene*
[*'venha's*]

(glds.): = VINDBØJTEL

vinding

SUBST. *-en*, plur. *-er, -erne*

1. (glds.): en virksomheds økonomiske overskud = FORTJENESTE □ *tab og vinding* □ *vindingskonto* • en fordel, ofte nedsættende □ *gøre noget for egen vindings skyld* · *han hævdede at der ikke var tale om personlig vinding*

2. = SNONING ▫ *vindingerne i en skruegang* · *sneglehusets vindinger* · *hjernens vindinger*

vindjakke

SUBST. *-n,* plur. *-r, -rne*

en kort, let jakke som slutter tæt ved håndled og hals for at holde vinden ude, og som enten trækkes over hovedet el. lukkes med en lynlås foran

vindmølle

SUBST. *-n,* plur. *-r, -rne*

en mølle der drives af vindkraft = VEJRMØLLE ▫ *vindmølleanlæg* · *vindmøllepark*

vindretning

SUBST. *-en,* plur. *-er, -erne*

den retning hvorfra vinden kommer ▫ *vindretningen er nordøstlig* · *den herskende vindretning*

vindrue

SUBST. *-n,* plur. *-r, -rne*

et lille rundt, spiseligt bær der enten er lysegrønt el. mørkeblåt, og som vokser i klaser på en vinranke; saften af de pressede druer anvendes til fremstilling af vin = DRUE ▫ *vindrueklase* · *vindruesaft* · *vindruekerne*

vindskede

SUBST. *-n,* plur. *-r, -rne*

en anordning af brædder som afslutter tagfladen på en husgavl, og som beskytter mod vind og nedbør

vindskibelig

ADJ. *-t, -e*
/vind'skibelig/

(glds.): alt for havesyg

vindstille

SUBST. *et*

roligt vejr uden vind ▫ *sejlbådene kom ingen vegne pga. vindstille*

vindstyrke

SUBST. *-n,* plur. *-r, -rne*

den hastighed hvormed luften bevæger sig i forhold til jordoverfladen; angives i meter pr. sekund el., tidligere, på en skala fra 1 til 12 ▫ *kuling med en vindstyrke på 20 sekundmeter*

vindstød

SUBST. *-et,* plur. *~stød, -ene*

en vind der pludseligt og kortvarigt blæser med forøget hastighed og kraft ▫ *de blev væltet omkuld af et kraftigt vindstød*

vindtør

ADJ. *-t, ~tørre*

1. uden lune ▫ *han er kedsommelig og vindtør*
2. som har været udsat for vind og vejr ▫ *en vindtør og vejrbidt mand*

vindue

SUBST. *-t,* plur. *-r, -rne*

en åbning i en mur, en bil m.m. som er udfyldt med glas, og som kan åbnes og lukkes ▫ *solens lys faldt ind ad vinduet* · *sove for åbne vinduer* ▫ *vindueskarm* · *vindueskigger* · *vindueslysning* · *vinduesrude* · *vinduespolerer* ▫ *ateliervindue* · *butiksvindue* · *forsatsvindue* · *karnapvindue* · *tagvindue* · *vippevindue* • **som at stikke tungen ud ad vinduet** ikke smage af noget el. have nogen effekt • **smide penge ud ad vinduet** give penge ud på unyttige ting

vindueshaspe

SUBST. *-n,* plur. *-r, rne*

= HASPE

vindueskarm

SUBST. *-en,* plur. *-e, -ene*

den yderste del af et vinduesparti som fastgøres til murværket • nederste vandrette plade hvor man ofte stiller potteplanter

vindueskigger

SUBST. *-en,* plur. *-e, -ne*

en person der belurer andre ved at kigge ind gennem vinduerne = KIGGER ▫ *blive taget som vindueskigger*

vinduespolerer

SUBST.

= VINDUESPUDSER

vinduespudser

SUBST. *-en,* plur. *-e, -ne*

en person der som erhverv pudser vinduer for andre = VINDUESPOLERER

vinduesramme

SUBST. *-n,* plur. *-r, -rne*

den ramme som vinduesruden sidder i

vinduesvisker

SUBST. *-en,* plur. *-e, -ne*

en metalstang med en gummiliste på der automatisk visker væde væk fra ydersiden af en bilrude = VISKER ▫ *tænde for vinduesviskerne*

vindøjet

ADJ. *- , ~øjede*

= SKELØJET

vineddike

SUBST. *-n,* plur. *-r, -rne*

en eddike der er fremstillet på basis af rød-, hvid- el. rosévin

vinge

SUBST. *-n,* plur. *-r, -rne*

1. hvert af de lemmer på en fugl el. et insekt som bruges til at flyve med ▫ *fuglen baskede med vingerne* · *han tog fat i fluens vinger* · *fuglen stak hovedet under vingen* · *holde sig på vingerne* ▫ *vingefang* · *vingefjer* · *vingeslag* · *vingespids* ▫ *dækvinge* · *fuglevinge*
2. noget som ligner el. hvis form minder om en vinge ▫ *en af vingerne på møllen var gået i stykker* ▫ *englevinge* · *flyvinge* · *møllevinge* • **gå på vingerne** (om flyvemaskine): lette fra landjorden ▫ *flyveren går på vingerne om få minutter*
3. i forsk. forb.: • **brænde sine vinger** blive udsat for skuffelser ▫ *hun brændte sine vinger mange gange* • **få luft under vingerne** se under *luft* • **prøve vingerne** forsøge at klare sig selv ▫ *efter at have boet hos sine forældre trængte han til at prøve vingerne* • **stække ng(t)s vinger** se under *stække* • **tage ng under sine vinger** beskytte el. tage sig af nogen ▫ *hønen tog kyllingerne under sine vinger* · *han tog hende under sine vinger*

vingeben

SUBST. *-et,* plur. *~ben, -ene*

fuglens vinge ▫ *kokken kom svingende med en kylling i vingebenet* · *kyllingerne tages ved vingebenet* • **tage ng ved vingebenet** tage et fast greb i en persons arm ▫ *politibetjenten tog tyven ved vingebenet* • **tage ng ved vingebenet** sætte nogen på plads ▫ *avisen tog ham ved vingebenet og afdækkede hans udtalelser*

vingeskudt

ADJ. *- , -e*

1. som er blevet ramt af skud i vingen ▫ *en vingeskudt and*
2. som efter et nederlag er skuffet og modløs ▫ *en vingeskudt stakkel* · *en vingeskudt sjæl* · *være politisk vingeskudt*

vingeslag

SUBST. *-et,* plur. *~slag, -ene*

en bevægelse op og ned med vinger ▫ *ørnens vældige vingeslag*

vingesus

SUBST. *-et,* plur. *~sus, -ene*

en lyd af vingeslag ▫ *høre vingesuset fra hundreder af fugle der letter* • **historiens vingesus** udtryk for at være vidne til en historisk begivenhed el. befinde sig på et historisk sted ▫ *historiens vingesus lod sig høre da statsmanden holdt sin tale* · *man føler historiens vingesus når man går gennem byen*

vinglas

SUBST. *vinglasset,* plur. *vinglas, vinglassene*

et glas med en stilk til at drikke vin af

vingul

ADJ. *-t, -e*

= CHAMPAGNEFARVET

vingummi

SUBST. *-en* el. *-et,* plur. *-er, -erne*

et mindre stykke sejt, gummiagtigt slik med frugtsmag ▫ *en pose vingummi* · *engelsk vingummi* ▫ *vingummibamser*

vingård

SUBST. *-en,* plur. *-e, -ene*

en gård hvor der dyrkes vindruer og fremstilles vin

vinhandler

SUBST. *-en,* plur. *-e, -ne*

en person el. en forretning der handler med vin, spiritus m.m. ▫ *vinhandleren gav råd om hvilken vin der passede til maden*

vink

SUBST. *-et,* plur. *vink, -ene*

1. en indirekte opfordring el. oplysning = PRAJ,

DESSIN, OPFORDRING, FINGERPEG □ *han fik et vink om at han nok hellere måtte forsvinde · værten så på sit ur, men det vink opfattede gæsterne ikke · han gav os mange praktiske råd og vink* • et nyttigt råd om hvordan noget skal udføres = RÅD □ *nyttige vink for husmødre · praktiske råd og vink*
2. det at bevæge hånden op og ned for at hilse, give tegn o.l. □ *med et vink med hånden fik han dem til at stå stille* • **lystre ngs mindste vink** adlyde nogen i alt

vinke

VERB. *-r, -de, -t*

1. vinke til ng bevæge sin hånd el. sine fingre op og ned el. fra side til side som hilsen el. for at tiltrække sig nogens opmærksomhed □ *vinke farvel · vinke med hånden · vinke med et lommetørklæde · han vinkede til hende gennem togvinduet* • **vinke ng {frem}** *generalen vinkede sine mænd frem · hun opdagede han havde glemt sin taske og vinkede ham tilbage · hun vinkede børnene hen til sig* □ *vinkekrabbe* • **vinke ad** el. **efter ng** forsøge at tilkalde nogen ved at bevæge armen og hånden mod sig selv □ *hun vinkede ad mig fra den anden side af fortorvet · vinke efter en taxa*
2. der er vinket af det lader sig ikke gøre

vinkel

SUBST. *-en* (el. *vinklen*), plur. *vinkler, vinklerne*

1. (geometri): en figur som dannes af to rette linier (vinklens *ben*) med et fælles endepunkt (vinklens *toppunkt*) □ *en vinkel på 45°* □ *vinkelben · vinkelbue · vinkelmåler · vinkelret · vinkelspids* □ *centervinkel · eksplementvinkel · komplementvinkel · nabovinkel · supplementvinkel* • **lige vinkel** en vinkel på 180°, dvs. en ret linie • **ret vinkel** en vinkel på 90° □ *retvinklet* • **spids vinkel** en vinkel som er mindre end 90° □ *spidsvinklet* • **stump vinkel** en vinkel som er større end 90° og mindre end 180° □ *stumpvinklet*
2. en måde at anskue el. forholde sig til noget på = SYNSVINKEL □ *en ny vinkel på en sag · journalisten har lagt en interessant vinkel på begivenhederne* □ *angrebsvinkel · kameravinkel · indfaldsvinkel*

vinkelben

SUBST. *-et*, plur. *~ben, -ene*

(geometri): hver af de to rette linier der danner en vinkel

vinkelbue

SUBST. *-n*, plur. *-r, -rne*

en cirkelbue med centrum i en vinkels toppunkt som markerer vinklens indre (*vinkelrummet*)

vinkelhus

SUBST. *-et*, plur. *-e, -ene*

et hus bygget i en L-formet vinkel

vinkeljern

SUBST. *-et*, plur. *~jern, -ene*

et jernstykke som er bøjet så det er en ret vinkel

vinkelret

ADJ. - , *~rette*

som danner en ret vinkel, dvs. en vinkel på 90°, på noget = PERPENDIKULÆR □ *den er ikke vinkelret · bordet skal stå vinkelret ud fra væggen · linierne står vinkelret på hinanden* • **nedfælde** el. **oprejse den vinkelrette** (geometri): tegne en linie fra et punkt vinkelret ned på en anden linie

vinkelskriver

SUBST. *-en*, plur. *-e, -ne*

(neds.): en person der driver juridisk virksomhed

vinkelsliber

SUBST. *-en*, plur. *-e, -ne*

en slibemaskine med slibeskive som holdes i hånden ≠ BÆNKSLIBER

vinkyper

SUBST. *-en*, plur. *-e, -ne*

en person der står for vinens behandling på en vingård el. i en vinhandel = KYPER • en tjener på en restaurant med særligt kendskab til vine = KYPER □ *vinkyperen kom med vinkortet*

vinkælder

SUBST. *-en*, plur. *-e* (el. *vinkældre*), *-ne* (el. *vinkældrene*)

en kælder hvor vin opbevares • en samling af vinflasker der ligger i en vinkælder □ *han havde en kostbar vinkælder*

vinranke

SUBST. *-n*, plur. *-r, -rne*

= VINSTOK • en gren af en vinstok

vin rosé el. vin rose

SUBST. *-en*, plur. *-er, -erne*
[*vaŋro'se*]

= ROSÉVIN

vinrød

ADJ. *-t, -e*

= BORDEAUXRØD

vinsten

SUBST. *-en*

et surt kaliumsalt der bl.a. udskilles af ung vin og bruges til fremstilling af vinsyre □ *vinstenssur · vinstenssyre*

vinstok

SUBST. *vinstokken*, plur. *vinstokke, vinstokkene*

en busk som giver vindruer; latinsk navn *Vitis vinifera* = VINRANKE, VINBUSK

vinstue

SUBST. *-n*, plur. *-r, -rne*

et mindre restaurationslokale hvor vin udskænkes □ *gå på vinstue*

vintage

SUBST. *en*
[*'vintidsj*]

en særlig god årgangsvin

vinter

SUBST. *-en*, plur. *vintre, vintrene*

den koldeste og mørkeste årstid som kommer efter efteråret og før foråret, og hvor der kan falde sne □ *vinteren kommer tidligt i år · det har været en streng vinter* □ *vinterbarn · vinterbyg · vinterdag · vinterdæk · vinterferie · vinterfrakke · vinterhalvår · vinterlig · vintermørke · vintersolhverv · vintersport · vintersæd · vintersøvn · vinteræble* □ *fimbulvinter · isvinter* • **i vinter** i løbet af den seneste vinter □ *vi var i Norge i vinter* • **om vinteren** når det er vinter □ *om vinteren tager vi som regel på skiferie* • **til vinter** næste gang det bliver vinter igen □ *vi skal på skiferie til vinter* • **nuklear vinter** = ATOMVINTER

vintergæk

SUBST. *~gækken*, plur. *~gække*r, *~gækkerne*

en lille plante med en nedhængende, klokkeformet blomst der er hvid; blomstrer om foråret; latinsk navn *Galanthus nivalis*

vinterhave

SUBST. *-n*, plur. *-r, -rne*

en opvarmet havestue der også kan benyttes om vinteren, og som er indrettet til dyrkning af planter □ *til huset hørte en vinterhave*

vinterlig

ADJ. *-t, -e*

som minder om el. hører til vinteren ≠ SOMMERLIG □ *et smukt vinterligt landskab med sne overalt*

vintersolhverv

SUBST. *-et*, plur. *~solhverv, -ene*

det tidspunkt på året hvor solen står lavest på himlen ved middagstid, og hvor dagen er kortest ≠ SOMMERSOLHVERV □ *vintersolhverv falder den 21. eller 22. december*

vintersport

SUBST. *-en*

en sport som især udføres om vinteren; det kan være skiløb, skøjteløb, slædekørsel m.m. □ *dyrke vintersport · OL i vintersport* □ *vintersportskonkurrence*

vintersøvn

SUBST. *-en*

en dvalelignende tilstand med nedsættelse af livsfunktionerne; måde som fx bjørne overvintrer på □ *sove vintersøvn*

vintervejen

SUBST.

vise ng vintervejen = AFVISE □ *hun viste ham vintervejen*

vinteræble

SUBST. *-t*, plur. *-r, -rne*

et æble der er sent plukkemodent og kan spises i vintermånederne ≠ SOMMERÆBLE

vinyl

SUBST. *-en* el. *-et*, plur. *-er, -erne*
/*vi'nyl*/

et fast og bøjeligt materiale som fx bruges til gulvbelægning el. tøj □ *gulvet havde en belægning af vinyl · vinyl var det gennemgående materiale i designerens forårskollektion* □ *vinylbelægning · vinylkorset*

viol

SUBST. *-en,* plur. *-er, -erne*
/vi'ol/

1. en lille staude med ofte violette blomster som har fem kronblade; latinsk navn *Viola* □ *hornviol* · *martsviol*
2. **bly viol** en genert og tilbageholdende ung, smuk pige

viola

SUBST. *-en,* plur. *-er, -erne*
/Vi'ola/

= BRATSCH

violblå

ADJ. *-t, ~blå*

= VIOLET □ *violblå øjne*

violet

ADJ. *- , violette*
/vio'let/

med en kraftig blårød farve som violer; mere blålig end lilla = VIOLBLÅ □ *den violette farve er en blanding af den røde og den blå* □ *violetblå* · *violetrød* · *violetsort* □ *lysviolet* · *rødviolet* · *ultraviolet*

violin

SUBST. *-en,* plur. *-er, -erne*
/vio'lin/

et firstrenget strygeinstrument som holdes mellem hage og venstre skulder = FIOL □ *spille violin* · *spille på violin* □ *violinbue* · *violinbygger* · *violinkoncert* · *violinsolo* · *violinstreng* · *violinvirtuos* □ *førsteviolin* · *sekundoviolin*

violinist

SUBST. *-en,* plur. *-er, -erne*
/violi'nist/

en person der spiller violin □ *violinist i et stort orkester* □ *violinistinde* · *violinistisk* □ *førsteviolinist*

violinstol

SUBST. *-en,* plur. *-e, -ene*

det træstykke der løfter strengene på en violin og holder dem i afstand fra gribebrættet

violoncel

SUBST. *violoncellen,* plur. *violonceller, violoncellerne*
[*violɔŋ'sæl'*]

= CELLO

violoncellist

SUBST. *-en,* plur. *-er, -erne*
/violoncel'list/

= CELLIST

VIP

SUBST. *VIP'en,* plur. *VIP'er, VIP'erne*

en betydningsfuld person, fx en officiel gæst fra udlandet; fork. af engelsk *very important person* □ *VIP-rum*

vippe[1]

SUBST. *-n,* plur. *-r, -rne*

1. et legeredskab som består af et langt bræt hvis midte er fastgjort til en sokkel, og som med en person siddende i hver sin ende kan vippe op og ned □ *der var både vipper og gynger på legepladsen* • et springbræt ved et svømmebassin □ *et udspring fra vippen* · *springe ud fra vippen* □ *tremetervippe* · *femmetervippe* · *timetervippe* • **være lige på vippen** el. **stå på vippen** være i en situation hvor to udfald er omtrent lige sandsynlige □ *han bestod eksamen, men det var lige på vippen* · *hun står på vippen, måske bliver hun afskediget, måske ikke*
2. = ØJENVIPPE □ *øjne med lange, sorte vipper*
3. = AKS □ *rugens vipper*

vippe[2]

VERB. *-r, -de, -t*

bevæge sig op og ned i små, hurtige bevægelser = GYNGE, ROKKE □ *børnene vipper på et bræt* · *når båden vipper bliver han søsyg* · *vippe på stolen* □ *vippen* · *vippearm* · *vippebrønd* · *vippeport* · *vippevindue* • **vippe med ngt** □ *fuglen vippede med halen* · *vippe med tæerne* • **vippe ng** få nogen til at bevæge sig op og ned □ *vippe drengen på en nedhængende gren* · *vi blev godt vippet på sejlturen* □ *vippetur* • **vippe ngt** = TIPPE □ *han vippede kassen ud over gelænderet* · *hun vippede cementdækslet på plads igen* • **vippe ngt** (slang): placere noget et sted med en nonchalant bevægelse □ *vippe bolden i mål* · *vippe en øl over hegnet* • **vippe af** (slang): forsvinde □ *tror du ikke du skulle se at vippe af?*

vippevindue

SUBST. *-t,* plur. *-r, -rne*

et vindue der kan vippes om en vandret akse

vips

UDRÅBSORD

på et øjeblik; udtryk for en hurtig bevægelse □ *vips, fuglen var fløjet!* · *vips, var hun ude af døren!* · *vips, havde hun ryddet bordet og gjort det klar*

vipstjert el. vipstjært

SUBST. *-en,* plur. *-er, -erne*

en grå og sorthvid el. gulbrun spurvefugl med lange ben og lang hale; piler omkring i søgen efter føde med nikkende hoved og vippende hale; flere arter, bl.a. *hvid vipstjert;* latinsk navn *Motacilla*

virak

SUBST. *virakken*

1. overdreven ros = SMIGER □ *al den virak steg ham til hovedet*
2. en art røgelse

vire

SUBST. *-n,* plur. *-r, -rne*

en metaltråd som er omviklet med et andet materiale, og som anvendes til afstivning af stof fx i halskraver

viril

ADJ. *-t, -e*
/vi'ril/

som er mandig og stærk, især i seksuel henseende □ *en viril mand* · *han er meget viril af sin alder* □ *virilitet*

virilitet

SUBST. *-en*
/virili'tet/

det at være *viril* = MANDIGHED □ *udstråle virilitet* · *være i besiddelse af stor virilitet*

virke[1]

SUBST. *-t,* plur. *-r, -rne*

(glds.): det at arbejde med noget = VIRKSOMHED, ARBEJDE □ *hans mangeårige virke inden for foreningen*

virke[2]

VERB. *-r, -de, -t*

1. = FUNGERE □ *bremserne virker ikke* · *renteafgiften virker hårdere end forventet*
2. påvirke nogen med noget □ *medicinen virker sløvende* · *musikken virker opstemmende på ham* · *insektpulveret virker ikke på myrerne* · *lad ikke private hensyn virke ind på dine afgørelser* □ *virkemiddel* □ *indvirke* · *modvirke* · *påvirke*
3. give et bestemt indtryk = FOREKOMME, SYNES □ *han virkede glad* · *hun virker temmelig forvirret* · *dette emne kan virke eksotisk* · *disse børn virkede mere selvstændige end dem i kontrolgruppen* · *det virker som om familien har glemt ham* · *det kan virke latterligt*
4. **virke {for} ngt** = ARBEJDE □ *han har i en årrække virket som leder af klubben* · *hun har i hele sit liv virket for en forbedring af børns vilkår* · *han har virket inden for det frivillige sociale arbejde i mange år* □ *virkefelt* · *virkekraft* · *virkelyst* · *virketrang*

virkefelt

SUBST. *-et,* plur. *-er, -erne*

et område inden for hvilket nogen arbejder el. har kompetence □ *udvide sit virkefelt* · *få et nyt virkefelt* · *det ligger ikke inden for hans virkefelt* · *undervisning er hendes virkefelt*

virkelig

ADJ. *-t, -e*

1. som findes i virkeligheden og kan opfattes med sanserne = FAKTISK, REEL, AUTENTISK □ *filmen er bygget på en virkelig hændelse* · *er det en virkelig eller en opdigtet historie?* · *hans planer blev virkelig til noget* □ *virkeliggøre* · *virkelighed* • som er rigtig i modsætning til hvad det ser ud til = EGENTLIG, SAND ≠ TILSYNELADENDE □ *det er sekretæren og ikke chefen der er den virkelige leder i virksomheden* · *den virkelige grund til hans fravær var at han var fornærmet* · *hun har vist sig som den hun virkelig er*
2. ⟨ADV.: uden *-t*⟩ udtryk for at man fremhæver det man siger = SANDELIG □ *han er virkelig dum* · *vi har virkelig forsøgt* · *det er virkelig for galt* · *sådan hedder hun virkelig* · *jeg ved det virkelig ikke* · *hans planer blev virkelig til noget* · *dinosaurer fandtes virkelig engang* • ⟨ADV.: uden *-t*, i spørgende sætninger⟩ udtryk for forundring □ *er det virkelig sandt?* · *virkelig?*

virkeliggøre

VERB. *~gør, ~gjorde, ~gjort*

virkeliggøre ngt gøre noget til virkelighed = REALISERE □ *virkeliggøre en drøm* · *mange smukke planer bliver aldrig virkeliggjort* □ *virkeliggørelse*

virkelighed

SUBST. *-en,* plur. *-er, -erne*

sammenfatningen af alt som forekommer i verden el. en del af den =REALITET □ *skelne mellem fantasi og virkelighed · flygte fra den barske virkelighed · vores opfattelse af virkeligheden · hendes drøm blev til virkelighed · barnets virkelighed er en anden end den voksnes* □ *virkelighedsdigtning · virkelighedsfjern · virkelighedsflugt · virkelighedsnær · virkelighedssans · virkelighedsskildring · virkelighedstro* • **i virkeligheden** i modsætning til hvordan det umiddelbart kan se ud =EGENTLIG, I REALITETEN, I GRUNDEN □ *han ved i virkeligheden slet ikke noget om den sag · hun er i virkeligheden ikke særlig begavet*

virkelighedsfjern

ADJ. *-t, -e*

som er uden forbindelse til virkelighedens faktiske forhold = UREALISTISK ≠ VIRKELIGHEDSNÆR, REALISTISK, PRAGMATISK □ *en virkelighedsfjern person · en virkelighedsfjern plan · virkelighedsfjern idealisme*

virkelighedsnær

ADJ. *-t, -e*

som ligger tæt opad den faktiske virkelighed □ *en virkelighedsnær skildring*

virkelighedssans

SUBST. *-en*

evnen til at skelne mellem fantasi og virkelighed □ *hans virkelighedssans tillod ham ikke at drømme*

virkelighedstro

ADJ.

som gengiver virkeligheden på en pålidelig måde □ *en virkelighedstro skildring · museet udstiller en virkelighedstro kopi af en dinosaurus*

virkelyst

SUBST. *-en*

det at man er energisk og flittig og sætter ting i gang =FORETAGSOMHED

virkelysten

ADJ. *-t, ~lystne*

= FORETAGSOM

virketrang

SUBST. *-en*

et behov for at arbejde og udfolde sig = VIRKELYST, ENERGI □ *initiativ og virketrang · en rastløs virketrang · en voldsom virketrang · være fuld af virketrang*

virkning

SUBST. *-en,* plur. *-er, -erne*

det at noget ændrer sig el. bliver berørt som følge af en bestemt handling, et bestemt middel el.lign. = EFFEKT □ *ingen virkning uden årsag · medicinen havde god virkning · virkningen var at alle gik hjem · befolkningen mærkede virkningen af nedskæringerne · stykket gjorde stor virkning* □ *virkningsfuld · virkningsløs* □ *følgevirkning · skadevirkning*

virkningsfuld

ADJ. *-t, -e*

som har en virkning □ *vaskepulveret er ikke særlig virkningsfuldt*

virkningsløs

ADJ. *-t, -e*

som ikke har nogen virkning =RESULTATLØS, NYTTELØS ≠ VIRKNINGSFULD □ *behandlingen var virkningsløs · en virkningsløs bestemmelse · virkningsløse bestræbelser*

virksom

ADJ. *-t, virksomme*

1. som er i stabil aktivitet = FLITTIG, AKTIV □ *et jævnt og muntert, virksomt liv på jord · en virksom dag · vulkanen er ikke virksom mere · han var virksom amatørmusiker i mange år*
2. som har en virkning □ *vaskemidlet var ikke virksomt over for fedtpletter · i sådan en situation var det virksomt at holde en pause*

virksomhed

SUBST. *-en,* plur. *-er, -erne*

1. en selvstændig økonomisk organisation som producerer og sælger varer og tjenesteydelser = FIRMA □ *der er hundrede ansatte i virksomheden · drive en virksomhed · der er mange mindre virksomheder i Danmark · starte egen virksomhed · lukke en virksomhed* □ *virksomhedsekspansion · virksomhedsledelse · virksomhedsleder · virksomhedsstrategi · virksomhedsøkonomi* □ *elektronikvirksomhed · familievirksomhed*
2. et område som en person el. et foretagende beskæftiger sig med = AKTIVITET, VIRKE □ *hans virksomhed består i at være lærer · indstille sin virksomhed · bankernes virksomhed er udvidet betydeligt · de driver politisk virksomhed* □ *virksomhedstrang* • det at noget er i funktion □ *sætte maskinen ud af virksomhed · maskinen er i fuld virksomhed*

virre

VERB. *-r, -de, -t*

virre med ngt bevæge noget hurtigt fra side til side □ *virre med hovedet · virre med hånden · han virrede afværgende*

virtuos[1]

SUBST. *-en,* plur. *-er, -erne*
/virtu'os/

en person som har stor teknisk dygtighed, især om musiker □ *han er en virtuos på sit felt* □ *musikvirtuos · violinvirtuos*

virtuos[2]

ADJ. *-t, -e*
/virtu'os/

som udviser fremragende dygtighed, især hvad angår den tekniske udøvelse af en kunst □ *virtuost klaverspil · virtuost artisteri · en virtuos opførelse · en virtuos violinist*

virulens

SUBST. *-en*
/viru'lens/

en mikroorganismes evne til at fremkalde sygdom = SMITTEEVNE □ *en stigning af virulens*

virulent

ADJ. *- , -e*
/viru'lent/

(om en bakterie): som let overføres ved smitte □ *en virulent bakterie* □ *højvirulent · lavvirulent*

virus

SUBST. *-en* (el. *virussen*) el. *-et* (el. *virusset*), plur. *-er* (el. *virusser* el. *virus* el. *vira*), *-erne* (el. *virusserne* el. *-ene* el. *virussene* el. *viraene*)

1. en mikroskopisk organisme som kun kan formere sig i levende celler, og som er årsag til mange smitsomme sygdomme ≠ BAKTERIE □ *influenza, forkølelse, mæslinger er sygdomme som fremkaldes af virus* □ *virusinfektion · virussygdom* □ *mæslingevirus · poliovirus*
2. et program der kan ødelægge informationer i en computer □ *kontrollere disketter og computere for virus* □ *antivirusprogram*

virussygdom

SUBST. *~sygdommen,* plur. *~sygdomme, ~sygdommene*

en sygdom som skyldes angreb af virus, fx forkølelse og influenza

virvar

SUBST. *-et*

en tilstand der er præget af stor forvirring □ *et virvar af mennesker · et virvar af tanker · byen er et virvar af små gader · det hele var ét stort virvar · stå midt i virvaret · i det almindelige virvar glemte hun at slukke lyset*

vis[1]

SUBST. *en*
['vi's]

(glds.): en bestemt måde at gøre noget på □ *på den vis kan du ikke fortsætte · jeg må klare mig på anden vis · alt går på samme vis* • **på sin vis** på en måde □ *han er på sin vis en ganske flink fyr*

vis[2]

ADJ. *-t, visse*
['ves]

1. fuldstændig overbevist om at noget er sandt = OVERBEVIST, SIKKER, FORVISSET □ *er du vis på det?* • som kan vides med sikkerhed □ *det er både sikkert og vist · det vil være den visse død at gå ud i den snestorm* □ *vished* □ *javist*
2. som er af en bestemt art el. mængde, men som ikke beskrives nærmere el. nævnes ved navn = BESTEMT, SÆRLIG □ *jeg har brug for en vis type oplysninger · visse personer tåler ikke sol · visse planter tåler lang tids tørke · det sker kun under visse omstændigheder · der skal tages visse hensyn · til en vis grad har du ret · det har en vis effekt* • som er navngivet, men ikke kendt □ *en vis frk. Andersen har spurgt efter dig*

vis[3]

ADJ. *-t, -e; -ere, -est*
['vi's]

som gennem livserfaring har opnået indsigt og indre modenhed = KLOG □ *en vis, gammel kone* □ *vismand* • som vidner om livserfaring og indre modenhed □ *han sluttede af med nogle vise ord* • **de vises sten** overtroisk forestilling om et middel der kan udrette underværker □ *han tror han har fundet de vises sten*

visdom

SUBST. *visdommen*

(om person): en dyb indsigt i centrale ting i tilværelsen = INDSIGT, KLOGSKAB □ *ungdom og visdom følges ikke altid ad · Gud havde i sin uransagelige visdom skabt manden og kvinden for hinanden · jeg vil hellere respektere en mand for hans viden end for hans muskler* □ *visdomsord* □ *livsvisdom*

vise[1]

SUBST. *-n,* plur. *-r, -rne*

1. en underholdende og enkel sang der ofte en dagligdags historie □ *synge en lystig vise* □ *visedigter · visesanger* □ *drikkevise · folkevise · skillingsvise · skæmtevise · smædevise · vuggevise*

2. i forsk. forb. • **enden på visen** enden på historien □ *enden på visen blev at de giftede sig* • **forstå en halvkvædet vise** forstå noget der kun antydes • **kende visen** have hørt det før

vise[2]

VERB. *-r, viste, vist*

1. vise ng ngt lade nogen se noget □ *han viste hende lejligheden · han viste sin nye bil frem for vennerne* □ *viser · visér* □ *afvise · anvise · bevise · bortvise · forevise · fremvise · henvise · opvise · påvise · tilbagevise* • **vise ngt** give udtryk for noget; specielt om følelser el. forhold som kan måles = UDVISE, UDTRYKKE □ *vise forståelse · vise tillid · vise respekt · uret viser syv · regnskaber viser overskud* □ *viser*

2. vise ng ngt give oplysninger om el. demonstrere noget □ *vis mig lige hvordan man gør · vis hende venligst til rette · vise vej* □ *anvise · bortvise · fremvise*

3. vise sig komme frem □ *solen viste sig · prinsen viser sig på balkonen* • **vise sig at være ngt** give tydeligt tegn på noget □ *han viste sig at være en skidt karl · det vil vise sig om han har ret* • **vise sig** forsøge at vinde andres beundring □ *han kommer altid til skade når han skal vise sig · de kunne ikke lide hende fordi hun altid skulle vise sig*

viser

SUBST. *-en, -e, -ne*

en spids drejelig genstand som peger mod noget på et ur el. et andet måleinstrument □ *den store viser står på tolv, og den lille viser står på tre · viseren peger på 80* □ *viseraflæsning · viserinstrument · viserudsving* □ *minutviser · sekundviser*

2. visere ngt indstille et visér

visér el. viser

SUBST. *-et,* plur. *-er, -erne*

et sigtemiddel på et skydevåben

visere

VERB. *-r, -de, -t*
/vi'sere/

1. visere ngt forsyne et pas med visum □ *visering*

2. visere ngt indstille et visér

vished

SUBST. *-en*

det at vide noget med sikkerhed □ *efter en opringning til politiet fik de vished om at deres datter var i sikkerhed · man kan ikke med vished vide hvordan ulykken fandt sted · hendes mistanke om mandens utroskab blev til vished da hans elskerinde ringede · der er en til vished grænsende sandsynlighed for at den anholdte er morderen*

visibel

ADJ. *-t, visible*
/vi'sibel/

(form.): parat til at modtage besøg □ *på denne tid af dagen er fruen ikke visibel*

vision

SUBST. *-en,* plur. *-er, -erne*
[vi'sjo'n]

en ideal el. klog forestilling om fremtiden □ *have visioner for fremtiden · en vision om det klasseløse samfund · problemet med ham er at han ingen visioner har* □ *visionær* □ *fremtidsvision* • (glds.): = SYN □ *se noget i en vision*

visionær

ADJ. *-t, -e*
/visio'nær/

1. som har visioner = FREMSYNET □ *den moderne leder skal være visionær · visionære planer*

2. = SYNSK

visir

SUBST. *-et,* plur. *-er, -erne*
/vi'sir/

en plade på en hjelm som kan slås ned til beskyttelse af ansigtet

visit

SUBST. *visitten,* plur. *visitter, visitterne*
/vi'sit/

(form.): = BESØG □ *gå på visit · aflægge visit hos nogen · vi er kun i byen på en kort visit* □ *visitkort* □ *genvisit · lynvisit*

visitation

SUBST. *-en,* plur. *-er, -erne*
[-'sjo'n]

1. en undersøgelse af et sted el. en person med henblik på at finde skjulte genstande, fx våben el. narkotika □ *der skal være rimelig god grund til at mistænke en person for en lovovertrædelse før politiet må skride til en visitation · visitation af en* □ *kropsvisitation*

2. en foreløbig undersøgelse af nogen for at afgøre hvor de efterfølgende skal placeres; især om en lægeundersøgelse inden en eventuel indlæggelse □ *lægen foretager visitation mellem klokken otte og klokken ni · ved visitationen kom kun folk med brug for akut hjælp videre til skadestuen · folk med en akut opstået sygdom kan henvende sig telefonisk til en lægebemandet visitation*

visitator

SUBST. *-en,* plur. *-er, -erne*
/visi'tator/

1. en person som visiterer folk af sikkerhedsmæssige hensyn □ *han er visitator i Kastrup Lufthavn*

2. en hospitalslæge der træffer bestemmelse vedrørende indlæggelse af patienter □ *han var i mange år ledende visitator ved Kommunehospitalet*

3. en farmaceut der fører kontrol med apoteker

visitats

SUBST. *-en,* plur. *-er, -erne*
/visi'tats/

et tilsynsbesøg af en biskop i et sogn • et kontrolbesøg som sundhedsstyrelsen aflægger på et apotek

visitere

VERB. *-r, -de, -t*
/visi'tere/

1. visitere ng undersøge om nogen skjuler ulovlige genstande □ *i fængslerne bliver alle besøgende visiteret · politiet visiterede ham ved grænseovergangen · alle passagererne blev visiteret før de gik om bord i flyet* □ *visitering · visitation* □ *kropsvisitere*

2. visitere ng foretage en foreløbig undersøgelse af nogen for at afgøre hvor de skal placeres □ *visitere patienter · visitere en elev for at finde en klasse der passer bedst til hans forudsætninger · alle ansøgere om plejehjemsplads skal først visiteres* □ *visitering*

visitkort

SUBST. *-et,* plur. *~kort, -ene*

et lille kort med ens navn og adresse man giver til personer som man er i kontakt med for at fortælle hvem man er = KORT

visk

SUBST. *-en,* plur. *-e, -ene*

et lille bundt af fx hø el. køkkenurter □ *en frisk visk halm · koge suppe på en visk* □ *suppevisk*

viske

VERB. *-r, -de, -t*

viske ngt ud fjerne noget der er skrevet med kridt el. blyant = UDVISKE □ *viske et bogstav ud med viskelæder · viske noget ud på tavlen · viske tavlen ren* □ *viskelæder* • **viske ngt {bort}** tørre noget bort □ *viske en tåre bort fra kinden · viske snavs af bordet · viske tallerkenerne rene*

viskelæder

SUBST. *-et,* plur. *-e, -ne*

en lille genstand af gummi el.lign. som bruges til at fjerne blyantstreger med

visker

SUBST. *-en,* plur. *-e, -ne*

1. = VINDUESVISKER □ *bilvisker*

2. en trommestik der ligner en lille kost med tynde metaltråde, og som laver en hvislende lyd når den slås mod en tromme el. et bækken

viskestykke

SUBST. *-t,* plur. *-r, -rne*

et stykke stof til at tørre glas, tallerkner osv. af med efter opvask

viskose

SUBST. *-n*
/vis'kose/

et sejtflydende cellulosestof der anvendes til film og til tekstiler

viskositet

SUBST. *-en*
/viskosi'tet/

den grad af gnidningsmodstand der er i væsker og luftarter når flere lag af stoffet glider mod hinanden med forskellig hastighed; jo større viskositet, jo mere tyktflydende er en væske = SEJHED □ *måle en væskeblandings viskositet* · *oliens ekstreme viskositet*

vismand

SUBST. *-en,* plur. *vismænd, vismændene*

1. en meget klog mand
2. (i Danmark): et valgt medlem af det Økonomiske Råds formandskab□ *de økonomiske vismænd advarer mod rentestigningen* · *regeringens vismænd* □ *vismandsrapport*

vismut

SUBST.

se *bismut*

visne

VERB. *-r, -de, -t*

1. (botanik): udtørres og nedbrydes pga. vandmangel, kulde, alder m.m. = DØ □ *blomsterne visnede hurtigt* · *hvis man hugger rødderne over, visner træet* · *bladene visner og falder af om efteråret*
2. (om mennesker): svinde ind og miste styrke□ *hun visnede hen og døde*

visse

VERB. *-r, -de, -t*

visse ng (glds.): = LULLE

visselig

ADV.

(glds.): udtryk for at taleren giver sætningen eftertryk = SANDELIG □ *du skal visselig dø!*

vissen

ADJ. *-t, visne*

1. som er indtørret og har mistet farve og styrke □ *vissent løv* · *visne blomster* □ *vissengrøn* □ *halvvissen*
2. (om en person): som har mistet sit livsmod og sin friskhed□ *han er blevet noget vissen på det sidste* □ *vissenpind* · *vissentør* • som er lammet = LAM □ *hun har en vissen hånd*

vissengrøn

ADJ. *-t, ~grønne*

med en grågrøn farve som vissent løv før den grønne farve forsvinder helt

vissenpind

SUBST. *-en,* plur. *-e, -ene*

(neds.): en tør og kedelig person = TØRVETRILLER □ *han er en værre vissenpind!*

vissevasse el. visvas

UDRÅBSORD

(glds.): udtryk for at noget er meningsløs snak = VRØVL, VÅS

vist

ADV.

1. udtryk for at noget skønnes at kunne være tilfældet = VISTNOK □ *han tror vist han kan klare det* · *vi har vist ikke sukker nok* · *det er vist det bedste han kan gøre* · *nu er den historie vist færdig*
2. udtryk for at noget bestemt hævdes at være el. ikke være tilfældet□ *vist er jeg din ven* · *jo, vist var han hjemme* · *vist, vist!* · *vist så!* · *vist ikke!*
• **ganske vist** se under *ganske*

vistnok

ADV.

udtryk for at noget godt kan være tilfældet = VIST □ *han kommer vistnok i morgen* · *det er vistnok den bog jeg mener*

visualisere

VERB. *-r, -de, -t*
/visuali'sere/

visualisere ngt skabe el. fremkalde et billede af noget□ *lindre en smerte ved at visualisere den* · *i maleriet visualiserer hun sine følelser* □ *visualisering*

visuel

ADJ. *-t, visuelle*
[-'æl']

som kan opfattes med el. vedrører synssansen ≠ AUDITIV □ *visuelle effekter* · *en visuel oplevelse* · *programmet er både visuelt og pædagogisk vellykket* • som opfattes med øjet □ *visuelle effekter*

visum

SUBST. *-et* (el. *visummet*), plur. *visa, visaene*

en påtegning i et pas om indrejsetilladelse til et land givet af dettes ambassade el. konsulat = INDREJSETILLADELSE □ *få visum til et andet land* □ *indrejsevisum*

visvas

UDRÅBSORD

se *vissevasse*

vital

ADJ. *-t, -e*
/vi'tal/

1. som er livsnødvendig el. overordentlig væsentlig □ *vitale organer* · *et heldigt resultat af forhandlingerne er af vital betydning for landets fremtid* · *have vitale interesser i noget*
2. som er fuld af liv og energi = LIVSKRAFTIG, FRODIG □ *han er 70 år men så vital som en ung mand* □ *vitalisme* · *vitalitet*

vitalitet

SUBST. *-en*
/vitali'tet/

stor livskraft □ *hun var ung og fuld af vitalitet* · *han har en fantastisk vitalitet for sin alder* · *en dans med stor styrke og vitalitet*

vitamin

SUBST. *-et,* plur. *-er, -erne*
/vita'min/

type af organiske stoffer som er livsnødvendige for kroppen, og som man får fx gennem maden□ *A-, B-, C-vitamin* □ *vitaminisere* · *vitaminindsprøjtning* · *vitaminmangel* · *vitaminpille* · *vitaminrig* □ *A-vitamin* · *B-vitamin* · *D-vitamin*

vitaminmangel

SUBST. *-en* (el. *~manglen*), plur. *~mangler, ~manglerne*

en mangel på et el. flere vitaminer som kan medføre alvorlige sygdomme el. en hæmmet vækst, fx beriberi og skørbug□ *lide af vitaminmangel*

vitrine

SUBST. *-n,* plur. *-r, -rne*
/vi'trine/

et skabs- el. bordlignende møbel med sider el. låg af glas til opbevaring af smukke ting, kunstgenstande o.l. = GLASSKAB □ *vitrineskab*

vitriol

SUBST. *-en* el. *-et,* plur. *-er, -erne*
[vitri'o'l]

et stærkt ætsende *sulfat* af et tungt metal, fx zink, jern el. kobber□ *vitriolholdig* · *vitriololie* · *vitrioloplosning* · *vitriolsten* · *vitriolsyre* · *vitriolvand* □ *jernvitriol* · *kobbervitriol* · *zinkvitriol*

vits

SUBST. *-en,* plur. *-er, -erne*

= VITTIGHED □ *han fyrede den ene vits af efter den anden*

vitterlig

ADJ. *-t, -e*

1. som er indlysende for enhver = EVIDENT □ *det er vitterligt for enhver at han er skør* · *det hænger vitterligt sådan sammen*
2. gøre ngt vitterligt gøre noget offentligt kendt = BEKENDTGØRE, OFFENTLIGGØRE, KUNDGØRE □ *vitterlighed*

vitterlighedsvidne

SUBST. *-t,* plur. *-r, -rne*

en person der med sin underskrift attesterer at et dokuments ordlyd er sand □ *ansøgningen skal underskrives af to vitterlighedsvidner*

vittig

ADJ. *-t, -e; -ere, -st*

1. = MORSOM □ *en vittig historie* · *et vittigt indfald* · *han forsøgte at være vittig, men det faldt til jorden* · *være bidende vittig* □ *vittighed*
2. som har let ved at sige noget sjovt = SLAGFÆRDIG □ *han er en vittig fyr* □ *vittighed*

vittighed

SUBST. *-en,* plur. *-er, -erne*

en kort, vittig historie som man fortæller for at more nogen = VITS, JOKE, MORSOMHED □ *en dårlig vittighed* · *fortælle vittigheder* · *sige en vittighed* · *han klarede den pinlige situation med en vittighed* □ *vittighedsblad* · *vittighedstegning*
• **en stående vittighed** noget sjovt som vedrører

en person og som er alment kendt • **rive vittigheder af sig** fortælle mange vittigheder på én gang

viv

SUBST. *-en*

(poet., spøg.): = HUSTRU

vivace

ADV.
[*vi'vadsjə*]

udtryk for at et musikstykke fremføres livligt og hurtigt

vivacitet

SUBST. *-en*
[*vivasi'te't*]

= LIVLIGHED

vivisekere

VERB. *-r, -de, -t*
[*vivise'ke'ɔ*]

vivisekere ngt foretage vivisektion af noget

vivisektion

SUBST. *-en,* plur. *-er, -erne*
[*vivisæg'sjo'n*]

et operativt indgreb på levende dyr med videnskabelige undersøgelser som formål

vlieseline ®

SUBST. *-n* el. *-t*
[*flisə'li·nə*]

et syntetisk stof der bruges til indlæg i tøj for at det kan holde formen

VM

fork. for *verdensmesterskab* □ *VM i tårnspring*

vod

SUBST. *voddet,* plur. *vod, voddene*

et stort poseformet fiskegarn som trækkes over havbunden □ *kaste vod* · *drage vod* · *trække vod i søen efter en druknet* □ *vodbinder*

vodka

SUBST. *-en,* plur. *-er, -erne*
[*'vɔdka*]

en farveløs, ukrydret brændevin som fremstilles af korn el. kartofler; oprindelig russisk □ *vodka og juice* · *russisk vodka*

vogn

SUBST. *-en,* plur. *-e, -ene*

1. et sædvanligvis firhjulet køretøj som ikke selv har fremdrift, og som derfor trækkes □ *et godstog med 12 vogne* · *de kører med hest og vogn* □ *vognhjul* □ *cirkusvogn* · *hestevogn* · *jernbanevogn* · *pølsevogn* · *sovevogn* • en mindre rullende anordning som trækkes el. skubbes ved håndkraft □ *barnevogn* · *dukkevogn* · *indkøbsvogn* · *sækkevogn* · *trækvogn* **2.** et motoriseret køretøj, fx en bil el. en sporvogn = BIL □ *de tog en vogn til Nyboder* □ *vognbane* · *vogndæk* □ *sporvogn* · *hyrevogn* · *optagevogn* · *pejlevogn* · *skolevogn* · *skraldevogn* **3. ringe efter den blå vogn** udtryk for at nogen opfører sig tosset • **ikke være tabt bag af en vogn** være kvik og begavet

vognbane

SUBST. *-n,* plur. *-r, -rne*

et spor på en vej el. i et opmarchfelt ved fx færger

vognborg

SUBST. *-en,* plur. *-e, -ene*

en opstilling af vogne i en kreds el. en firkant så man kan forskanse sig bag dem

vognmand

SUBST. *-en,* plur. *~mænd, ~mændene*

en person der som erhverv beskæftiger sig med transport af personer og varer □ *vognmandsforretning* □ *taxavognmand*

vognpark

SUBST. *-en,* plur. *-er, -erne*

en samling af køretøjer □ *taxaselskabets vognpark trænger til at blive fornyet* · *en statistik over sammensætningen af den danske vognpark*

vognstang

SUBST. *-en,* plur. *~stænger, ~stængerne*

den stang el. hver af de to stænger på en hestevogn hvortil trækdyrene el. trækdyret fastspændes • **et vink med en vognstang** en meget tydelig hentydning til noget

vognstyrer

SUBST. *-en,* plur. *-e, -ne*

en person som styrer en sporvogn

vogntog

SUBST. *-et,* plur. *~tog, -ene*

en række af sammenhægtede vogne; også om en lang række køretøjer der bevæger sig efter hinanden □ *han styrede sit vogntog ad en smal jordvej* · *den kvæstede blev slæbt 30 m under vogntoget* · *et vogntog med kommisionen og politiet kørte fra hus til hus og arresterede folk* · *et vogntog af nybyggere var på vej over prærien*

vogte

VERB. *-r, -de, -t*

vogte ngt holde øje med noget = BEVOGTE □ *vogte får* · *to mænd blev tilbage for at vogte tyvekosterne* □ *vogtning* · *vogter* • **vogte over ng(t)** holde øje med nogen el. hindre kendskab til noget □ *han vogtede skinsygt over hende* · *vogte over en hemmelighed* • **vogte på ngt** holde nøje øje med noget □ *han vogtede på alt hvad hun gjorde* • **vogte sig for ng(t)** (glds.): tage sig i agt for el. undgå nogen el. noget □ *forældrene sagde at børnene skulle vogte sig for at gå ud i mosen* · *vogt Dem for efterligninger*

vogter

SUBST. *-en,* plur. *-e, -ne*

en person som holder vagt, passer på el. holder opsyn □ *vogterske* · *vogterdreng* · *vogterhund* □ *dørvogter* · *fangevogter* · *linievogter* · *vægtvogter*

voila

UDRÅBSORD
[*vwa'la*]

(spøg.): udtryk for at noget er klaret og i orden = SE SÅ □ *voila, her har du pengene!* · *voila, så er den sag klaret!* · *voila, nu er det heldigvis overstået!*

vokabular el. vokabularium

SUBST. *-et,* plur. *-er, -erne*
(vokabularium: *vokabulariet,* plur. *vokabularier, vokabularierne*)
/*vokabu'lar*/

1. en ordliste med betydningsforklaringer; er mindre omfattende end en ordbog □ *bag i bogen er der et vokabular over de vigtigste termer* **2.** = ORDFORRÅD □ *hans vokabular er ikke særlig stort*

vokal[1]

SUBST. *-en,* plur. *-er, -erne*
/*vo'kal*/

et bogstav el. en sproglyd som kan danne stavelse alene, fx *a, e* el. *u; som sproglyd dannes vokaler ved at der er fri passage for luftstrømmen i munden* = SELVLYD ≠ KONSONANT, MEDLYD □ *vokalkvalitet* · *vokalbogstav* · *vokallyd* · *vokallængde* · *vokalskifte* · *vokalsystem* □ *fortungevokal* · *svagtryksvokal*

vokal[2]

ADJ. *-t, -e*
/*vo'kal*/

som har at gøre med stemmen ≠ INSTRUMENTAL □ *vokal musik*

vokalise

SUBST. *-n,* plur. *-r, -rne*
/*voka'lise*/

sangøvelse der synges på vokaler alene, uden tekst

vokalmusik

SUBST. *~musikken*

sang i modsætning til *instrumentalmusik*

voks

SUBST. *-et,* plur. *-er, -erne*

et blødt, vandafvisende, hvidt el. gulligt stof fra dyre-, plante- el. mineralriget □ *behandle en overflade med voks* · *smøre en bil ind i voks* · *forme figurer i voks* · *bruge voks i håret* · *et segl af voks* □ *voksaftryk* · *voksbleg* · *voksbønne* · *voksdug* · *voksdukke* · *voksfigur* · *vokskabinet* · *vokslys* · *voksmaleri* · *vokspolering* · *vokstavle* □ *bivoks* · *bonevoks* · *modellervoks* · *plantevoks* · *ørevoks* • **være blød som voks i ngs hænder** være føjelig □ *han var som voks i hendes hænder* · *hun er blød som voks*

voksdug

SUBST. *-en* el. *-et*

en vandtæt dug af bomuld, hørgarn el. lærred der er behandlet med voks på overfladen □ *ved børnefødselsdage lagde de altid en voksdug på bordet*

vokse

VERB. *-r, -de, -t*

1. blive større pga. naturlig udvikling = GRO □ *hun er vokset meget på det sidste · han er vokset ud af sit tøj · vokse sig stor og smuk · en kræftknude der vokser dag for dag · en vorte der vokser* □ *voksen · vokseværk* ● (om en plante): eksistere og udvikle sig på et bestemt sted = GRO □ *der vokser anemoner og violer på skrænten · der vokser ikke palmer i Danmark · rødderne er vokset fast på stenene · de to træer var vokset sammen · grenene er vokset ind i hinanden* □ *voksested* ● **vokse op** leve sin barndom og blive voksen □ *hun voksede op i Holstebro · vokse op og blive stor · han er vokset op med tyk sovs og wienerbrød*
2. forøges med hensyn til omfang, mængde el. grad = TILTAGE, STIGE ≠ MINDSKES, FALDE □ *firmaet er vokset støt · jeg synes din mave er vokset · larmen fra musikken voksede · den voksende ledighed i byggebranchen*
3. i forsk. forb.: ● **vokse fast** (om en person): befinde sig et sted og ikke komme videre □ *de er vokset fast på Lolland · hun er vokset fast i den tankegang* ● **vokse med** el. **som ngt** blive bedre til noget el. udvikle sig i moralsk el. karaktermæssig forstand □ *hun er vokset med opgaven · han er vokset som menneske · vokse som person* ● **vokse sammen** blive lægt = HELE, LÆGE, GRO SAMMEN □ *såret ville ikke vokse sammen*

voksen

ADJ. *-t, voksne*

som er vokset op og er blevet fuldt udviklet både fysisk og mentalt = FULDVOKSEN □ *han bliver aldrig voksen · han har voksne børn · voksne mennesker* □ *granvoksen · halvvoksen · velvoksen* ● som har at gøre med den tilstand at være voksen □ *hele deres voksne liv har de boet sammen · en voksen beslutning* ● **være ngt voksen** være i stand til at klare noget □ *han er opgaven voksen · hun er sin stilling voksen* ● en voksen person □ *både voksne og børn var med · børnene må kun bade under opsyn af en voksen* □ *voksenbog · voksenpædagogik · voksenundervisning*

voksenundervisning

SUBST. *-en*

undervisning og uddannelse af voksne, undtagen den første uddannelse man går i gang med

vokseværk el. voksværk

SUBST. *-et*

uforklarlige smerter i lemmerne som især forekommer hos børn der vokser kraftigt

voksfigur

SUBST. *-en,* plur. *-er, -erne*

en figur af voks; især om en menneskelignende voksdukke der bruges til udstilling af beklædning el. som efterligning af en kendt person □ *en voksfigur i et overdådigt kostume · en voksfigur af Chaplin*

vokskabinet

SUBST. *~kabinettet,* plur. *~kabinetter, ~kabinetterne*

et sted hvor der er udstillet figurer i naturlig størrelse af kendte personer = PANOPTIKON □ *Madame Tussauds vokskabinet*

vokslys

SUBST. *-et,* plur. *~lys, -ene*

et lys der er støbt af voks, især bivoks □ *hun tændte ti vokslys for Jomfru Maria*

voksmannequin

SUBST. *-en,* plur. *-er, -erne*

en menneskelignende dukke af voks der bruges til fremvisning af tøj

voksværk

SUBST.

se *vokseværk*

vol.

fork. for *volumen*

volapyk

SUBST. *et*
/vola'pyk/

uforståelig tale el. skrift □ *det er det rene volapyk*

vold[1]

SUBST. *-en,* plur. *-e, -ene*

en lang, ofte mur- el. cementbeklædt jordforhøjning til beskyttelse af et område □ *fæstningen var omgivet af en vold* □ *voldanlæg · voldgrav* □ *jordvold*

vold[2]

SUBST. *-en*

1. et fysisk overgreb på nogen el. en beskadigelse af noget □ *han blev dømt for at udøve vold mod embedsmand i funktion · blive straffet for vold mod sagesløse · stop volden!* □ *voldsfilm · voldsforbrydelse · voldshandling · voldsmand · voldsoffer · voldsramt* □ *hustruvold · ikkevold* ● en anvendelse af fysisk styrke for at opnå noget □ *du er nødt til at bruge vold for at åbne vinduet · de åbnede den aflåste dør med vold* ● **have ng i sin vold** have magt over nogen □ *han har tilhørerne helt i sin vold* ● **tage ng med vold** = VOLDTAGE □ *han tog hende med vold* ● **være i ngs vold** være underkastet en persons vilje □ *børnene var i deres forældres vold*
2. i forsk. forb.: ● **med vold og magt** uden andres indblanding □ *de ville med vold og magt bestemme alt · han ville med djævlens vold og magt have sin vilje* ● **pokker i vold** se under *pokker*

volde

VERB. *-r, voldte, voldt* (el. *-t*)

volde ngt være årsag til noget dårligt = FORVOLDE □ *volde besvær · volde sorg · volde ens død · volde problemer*

voldelig

ADJ. *-t, -e*

som anvender el. er præget af vold = VOLDSOM □ *en voldelig person · et voldeligt overfald · anvende voldelige midler for at opnå noget*

voldgift

SUBST. *-en,* plur. *-er, -erne*

en afgørelse af en strid truffet af en voldgiftsmand, og uden at involvere en domstol; bruges hovedsaglig i civilretlige sager = ARBITRAGE □ *afgøre en konflikt ved voldgift · frivillig voldgift · sagen gik til voldgift · tvungen voldgift* □ *voldgiftsdommer · voldgiftskendelse · voldgiftsmand · voldgiftssag*

voldgiftsdom

SUBST. *~dommen,* plur. *~domme, ~dommene*

en dom som afsiges i en voldgiftsag □ *en voldgiftsdom kan ikke appelleres*

voldgiftsdomstol

SUBST. *-en,* plur. *-e, -ene*

en domstol der afgør voldgiftssager, og som oprettes specielt til lejligheden

voldgiftskendelse

SUBST. *-n,* plur. *-r, -rne*

en kendelse som afsiges i en voldgiftssag □ *en faglig voldgiftskendelse*

voldgiftsmand

SUBST. *-en,* plur. *~mænd, ~mændene*

en person der træffer en afgørelse i en voldgift, og som er udpeget af de stridende parter □ *parterne var enige om at vælge ham som voldgiftsmand*

voldsherredømme

SUBST. *-t,* plur. *-r, -rne*

et herredømme som hviler på uindskrænket og undertrykkende magtudøvelse = TYRANNI, DESPOTI □ *besættelsesmagtens voldsherredømme*

voldsk

ADJ. - (el. *-t*), *-e*

voldsom og løssluppen □ *det gik temmelig voldsk til* □ *fandenivoldsk*

voldsom

ADJ. *-t, voldsomme*

1. som finder sted med stor kraft, og derfor typisk medfører ødelæggelse, farlige situationer el. betydelige omskiftelser = KRAFTIG, STÆRK, DRASTISK, INTENS, HEFTIG, EKSPLOSIV □ *en voldsom storm · en voldsom leg · et voldsomt angreb · en voldsom sindsbevægelse · hun fik en voldsom lyst til is · hun græd voldsomt* □ *voldsomhed*
2. = VOLDELIG □ *når han er fuld kan han godt blive voldsom*

voldsted

SUBST. *-et,* plur. *-er, -erne*

en plads hvorpå en borg er bygget, og som er omgivet af voldgrave el. volde

voldtage

VERB. *-r, ~tog, -t* (*~tagen, ~tagne*)

voldtage ng med vold tvinge person til samleje = FORBRYDE SIG

voldtægt

SUBST. *-en,* plur. *-er, -erne*

seksualforbrydelse hvor en gerningsmand tvinger en person til samleje med anvendelse af vold □ *begå voldtægt · han blev dømt for voldtægt · hun var udsat for forsøg på voldtægt* □ *voldtægtsforbrydelse · voldtægtsforbryder · voldtægtsforsøg*

voldtægtsforbryder

SUBST. *-en,* plur. *-e, -ne*

en mand som begår voldtægt

voliere

SUBST. *-n,* plur. *-r, -rne*
[*vɔl'jæ:ɔ*]

et stort, ofte undendørs flyvebur til fugle = FUGLEBUR

volley

SUBST. *en*
[*'vɔli*]

= VOLLEYBALL □ *spille volley*

volleyball

SUBST. *en*
[*'vɔlibå'l*]

et boldspil for to hold på hver seks spillere som slår en bold frem og tilbage over et højtsiddende net = VOLLEY □ *volleyballbane* · *volleyballnet* • en bold der anvendes i volleyball

volontør

SUBST. *-en,* plur. *-er, -erne*
/*volon'tør*/

en person der arbejder ulønnet inden for en institution el.lign.; det kan fx være for den gode sags skyld el. for at uddanne sig □ *hun arbejdede som voluntør på militærhospitalet* · *i sin studietid var han ansat som voluntør på museet*

volt

SUBST. *en,* plur. *volt, -ene*
fork. *V*

en måleenhed for elektrisk spænding; 1 volt er den spænding der med 1 ohms modstand giver en strømstyrke på 1 ampere □ *220 volts vekselstrøm*

voltaner

SUBST. *-en,* plur. *-e, -ne*
/*vol'taner*/

en person fra Øvre Volta

volte

SUBST. *-n,* plur. *-r, -rne*

(fægtning): en drejning af kroppen for at undgå stød • (gymnastik): et luftspring hvorved kroppen drejes en omgang □ *frivolte* • (ridning): ridning i større el. mindre rundkreds på en ridebane □ *vi begyndte med at skridte volten rundt* □ *voltige*

voltigere

VERB. *-r, -de, -t*
[*vɔlti'sje'ɔ*]

foretage gymnastiske øvelser til hest

voltigering

SUBST. *-en,* plur. *-er, -erne*
[*vɔlti'sje'ræŋ*]

gymnastiske øvelser på en hest som løber rundt i en cirkel, fx i cirkus; en disciplin inden for ridning □ *opvisning i voltigering* □ *voltigeringsgjord*

voltmeter

SUBST. *-et* (el. *~metret*), plur. *~metre, ~metrene*

et instrument til måling af elektrisk spænding

volumen

SUBST. *-et* (el. *voluminet*), plur. *-er* (el. *voluminer*), *-erne* (el. *voluminerne*)
/*vo'lumen*/
fork. *vol.*

= RUMFANG • størrelsen af en genstands udstrækning i bredde el tykkelse; bruges også om en person = OMFANG □ *voluminøs* • en lyds gennemslagskraft □ *en stemme med stor volumen* · *skru ned for volumen så vi ikke skal sidde og råbe til hinanden* □ *volumenknap* · *volumenkontrol*

voluminøs

ADJ. *-t, -e*
/*volumi'nøs*/

= OMFANGSRIG □ *en voluminøs person* · *et voluminøst forfatterskab* • (om en person): = TYK □ *hun er lidt for voluminøs*

volut

SUBST. *volutten,* plur. *volutter, volutterne*
[*vo'lut*]

(arkitektur): en spiralformet snoning der udgør et ornament på især søjler og trappegavle i klassisk bygningskunst □ *volutkonsol*

vom

SUBST. *vommen,* plur. *vomme, vommene*

1. den største af maverne hos drøvtyggere □ *kamelens vom var fuld*
2. (spøg.): en stor mave hos mennesker, især mænd = MAVE □ *manden havde en tyk vom* · *han kunne ikke få bukserne lukket om sin vom* · *han har fået vom på*

vomere

VERB. *-r, -de, -t*
[*vo'me'ɔ*]

= KASTE OP □ *vomering*

vomitere

VERB. *-r, -de, -t*
[*vomi'te'ɔ*]

= KASTE OP

vor

PRON.

bøjningsform af *vi*

vorde

VERB.

(glds., poet.): blive til noget bestemt □ *da vorde engle vi som de, Guds milde ansigt skal vi se* • **helliget vorde dit navn** (fra Fadervor): helligt skal dit navn være □ *Vor Fader, du som er i Himlene, helliget vorde dit navn*

vorden

SUBST. *en*

i sin vorden ved at blive til el. udvikle sig □ *virksomheden er endnu i sin vorden*

vordende

ADJ.

som snart bliver noget bestemt = FREMTIDIG □ *min vordende brud* · *en vordende far* · *en vordende student*

vordingborgenser

SUBST. *-en,* plur. *-e, -ne*
[*vådeŋbå'gæn'sɔ*]

en person fra Vordingborg

vores

PRON.

bøjningsform af *vi*

Vorherre el. **Vor Herre**

SUBST. *en*

= GUD = KRISTUS **vorherre bevares** kraftudtryk □ *vorherre bevares for noget sludder han kommer med!*

vorte

SUBST. *-n,* plur. *-r, -rne*

et lille område med meget hård hud som stikker op, og som har en spids der går indad; skyldes virusangreb □ *vorter på hænderne* □ *fodvorte* · *kønsvorte* • **senil vorte** en vorte som især ses hos gamle mennesker

vorterod

SUBST. *-en,* plur. *~rod, -ene*

en plante med hjerteformede blade, gule blomster og vortelignende formeringsorganer på rødderne; latinsk navn *Ficaria verna*

votere

VERB. *-r, -de, -t*
/*vo'tere*/

(jura): overveje en sag før der afgives en dom el. en kendelse □ *nævningene voterede i en halv time* · *dommerne voterede om straffeudmålingen* □ *votering* • afgive sin stemme ved et valg □ *vælgerne har nu voteret* · *juryen voterer om hvilken melodi der bør vinde konkurrencen* □ *votering*

votum

SUBST. *-et* (el. *votummet*), plur. *vota, votaene*

stemme ved votering □ *afgive votum* □ *mistillidsvotum*

vov

LYDORD

gengivelse af en hunds gøen = VAF □ *hunden siger vov* □ *vovhund*

vove[1]

SUBST. *-n,* plur. *-r, -rne*

(poet.): = BØLGE □ *flyv fugl flyv over Furesøens vove* · *over sø og salten vove* • **på de vilde vover** i en usikker og farlig situation

vove[2]

VERB. *-r, -de, -t*

vove ngt have mod el. frækhed til noget = TURDE □ *jeg vover ikke at fortælle ham sandheden* · *hvor vover du at gøre andet end hvad jeg siger?* · *hvo intet vover intet vinder* □ *vovehals* ·

vovemod · *vovestykke* • **vove ngt** risikere at miste noget = RISIKERE □ *han vovede livet for at redde hende* · *vove liv og lemmer* • **vove sig {frem}** overvinde sin mangel på mod og komme frem □ *han vovede sig frem af sit skjul* · *de vovede sig ind i huset* · *han vovede sig for langt ud i de høje bølger* • **vove på ngt** gøre noget som andre ikke vil have at man gør = BRYDE SIG OM, UNDERSTÅ SIG I □ *du skal ikke vove på at kritisere mig* · *du vover på at gøre det!*

vovehals

SUBST. *-en,* plur. *-e, -ene*

en person som gang på gang kaster sig ud i farlige projekter ≠ BANGEBUKS □ *han har besteget Mount Everest tre gange så man må vel kalde ham noget af en vovehals* · *det er kun vovehalse der spiller på dét casino* · *denne skibakke er vovehalsenes paradis*

vovelig

ADJ. *-t, -e*

= RISIKABEL □ *et voveligt foretagende*

vovemod

SUBST. *-et*

mod til at gøre noget farligt □ *være fuld af vovemod*

vovespil

SUBST. *~spillet,* plur. *~spil, ~spillene*

= VOVESTYKKE

vovestykke

SUBST. *-t,* plur. *-r, -rne*

en risikabel handling = VOVESPIL □ *det er et vovestykke at begynde en forretning med den smule kapital* · *cirkusartisten vil nu udføre et vovestykke*

vovet

ADJ. *- , vovede*

1. som indebærer risiko = RISIKABEL □ *en vovet påstand* · *et vovet forsøg* · *et vovet eksperiment*
2. som er på grænsen af gældende normer og virker seksuelt pirrende □ *en vovet historie* · *en vovet kjole* · *filmen var et nummer for vovet for anmelderne*

vovse

SUBST. *-n,* plur. *-r, -rne*

(barn.): en lille hund □ *sikken en sød lille vovse!*

vovvov

SUBST. *en,* plur. *-er, -erne*
/vov'vov/

(barn.): = HUND

vrag

SUBST. *-et,* plur. *vrag, -ene*

1. et ødelagt el. på anden måde ubrugeligt fartøj el. køretøj □ *et sunket vrag* · *forsøge at bjærge et vrag* · *skibet er slået til vrag* · *et gammelt vrag af en bil* · *redningsmandskabet forsøgte at skære føreren fri af vraget* □ *vragbøje* · *vragdel* · *vraggods* · *vragmærke* · *vragplyndring* · *vragstump* · *vragtømmer* □ *bilvrag* · *skibsvrag* • et menneske hvis helbredstilstand er stærkt svækket af fx sygdom, alkohol el. narkotika □ *menneskelige vrag* · *han er et fuldkomment vrag* · *et forsumpet vrag* □ *narkovrag* · *nervevrag* · *ringvrag*
2. kaste vrag på ngt afvise at tage imod noget □ *hun kastede vrag på alle deres tilbud om hjælp*

vrage

VERB. *-r, -de, -t*

vrage ng(t) frasortere og kassere nogen el. noget = KASSERE, FORSMÅ, FORKASTE □ *han blev vraget til fordel for en bedre kvalificeret ansøger* · *hun har netop vraget sin nye kæreste* · *vrage er forslag* • **vælge og vrage** se under *vælge*

vraggods

SUBST. *-et*

dele af et skibsvrag der flyder omkring i vandet el. er strandet □ *et stykke vraggods* · *drivende vraggods* · *sunket vraggods* • dele af noget der er mislykket □ *han bragte en del vraggods med sig fra sit første ægteskab* · *ideologisk vraggods* · *det tyvende århundredes vraggods*

vralte

VERB. *-r, -de, -t*

gå på en vrikkende måde □ *vralte som en and* · *den tykke kone vraltede af sted*

vrang el. vrange

SUBST. *-en*
(vrange: *-n*)

1. den inderste side af tøj el. bageste side af stof = VRANGSIDE, VRANGE ≠ RET □ *du har vendt vrangen ud på dine strømper* · *stoffet klippes vrang mod vrang*
2. = VRANGMASKE ≠ RET □ *strikke en ret og to vrang* □ *vrangstrikning*
3. i forsk. forb.: • **vrangen af ngt** den mørke side □ *vrangen af det glade natteliv er narkoluderne på Halmtorvet* • **kende livet på vrangen** have oplevet livets mørke sider • **vende vrangen ud** vise sig fra sin ubehagelige side • **vende vrangen ud på ngt** undersøge noget minutiøst • **vende vrangen ud på sig selv** afsløre hele sit indre følelsesliv

vrangforestilling

SUBST. *-en,* plur. *-er, -erne*

en fejlagtig og urealistisk opfattelse af virkeligheden som fx udspringer af en livlig fantasi = VILDFARELSE, FEJLTAGELSE □ *lide af vrangforestillinger*

vranglære

SUBST. *-n,* plur. *-r, -rne*

en religiøs anskuelse og forkyndelse som strider mod en officiel kirkelære

vrangmaske

SUBST. *-n,* plur. *-r, -rne*

(strikning): en masketype der giver den riflede side af glatstrikning ≠ RETMASKE □ *strikke en pind vrangmasker*

vrangside

SUBST. *-n,* plur. *-r, -rne*

1. den inderste side af tøj el. bageste side af stof = VRANG □ *du er kommet til at vende vrangsiden ud på din trøje*
2. den mindre, tiltalende, mørke side af noget = VRANG □ *enhver storby har sin vrangside*

vrangvillig

ADJ. *-t, -e*

som er negativ og modvillig □ *stille sig vrangvillig over for nye ideer*

vranten

ADJ. *-t, vrantne*

(glds.): = GNAVEN □ *en sær og vranten mand*

vred[1]

VERB.

bøjningsform af *vride*

vred[2]

ADJ. *-t, -e; -ere, -est*

som er fuld af vrede = GAL, RASENDE, HARM, INDÆDT, BISTER, GRAM I HU □ *vrede ord* · *moderen blev vred fordi børnene kom for sent hjem*

vrede

SUBST. *-n*

en stærk følelse af utilfredshed og forurettelse, ofte fulgt af et ønske om oprejsning = ARRIGSKAB, GALDE, HARME, IRRITATION □ *talerne udtrykte deres vrede* · *han gik i vrede* · *vreden blussede op igen* · *ryste af vrede* · *i sin vrede rev han hendes brev i stykker* · *skilles i vrede* □ *vredesanfald* · *vredesskrig* · *vredesudbrud*

vredes

VERB. *vredes, vrededes*

(glds.): blive vred □ *han vredes let*

vredesudbrud

SUBST. *~udbruddet,* plur. *~udbrud, ~udbruddene*

en pludselig tilkendegivelse af vrede = RASERIANFALD □ *hidsige vredesudbrud* · *glædes- og vredesudbrud* · *der kom reaktioner i form af vredesudbrud*

vredladen

ADJ. *-t, vredladne*

som forårsager lettere irritation = IRRITERENDE, SKAMMELIG, KREPERLIG □ *det var ærgerligt med den ødelagte bluse* · *et ærgerligt uheld* • **være ærgerlig over ng(t)** føle en stærk vrede el. irritation over nogen el. noget □ *hun var ærgerlig over sønnens opførsel*

vride

VERB. *-r, vred, vredet* (*vreden, vredne*)

vride ngt med kraft sno el. dreje noget helt el. delvist rundt om dets egen akse □ *vride en klud* · *vride gulvkluden op* · *vride vandet af den våde sweater* · *vride nøglen rundt i låsen* · *vride en rusten vandhane løs* · *vride noget over* · *vride halsen om på en høne* · *han vred armen om på tyven* · *hun vred sine hænder i fortvivlelse* □ *vridning* · *vridemaskine* • **vride ngt af led** bringe en legemesdel i en sådan position at en knogle kommer ud af sit leje □ *vride armen af led* · *vride kæben af led* • **vride om** træde forkert på foden så den drejes voldsomt = VRIKKE OM □ *han vred om på foden* · *hun vred om og forstuvede foden* • **vride sig** vende og dreje kroppen □ *vride sig af smerte* · *vride sig af latter* · *han vred sig ud af deres greb* · *han vred sig løs* · *hun vred og vendte sig ved at* *skulle fortælle sandheden* • **vride sin hjerne** se under *hjerne*

vrikke

VERB. *-r, -de, -t*

bevæge noget frem og tilbage med små pludselige ryk, fx hofterne under gang □ *vrikke med hovedet* · *han vrikkede tanden løs* · *hun vrikkede anklerne frem og tilbage* · *hun vrikkede med måsen* □ *vrikkevorn* · *vrikkeåre* • **vrikke om** træde forkert på foden så den vrides om □ *han vrikkede om og forstuvede anklen lige før mål*

vrimle

VERB. *-r, -de, -t*

1. bevæge sig i stor mængde = MYLDRE □ *børnene vrimlede ud i skolegården* · *myrerne vrimlede op af myretuen* · *terrassen er vrimlende fuld af myrer*
2. vrimle af el. **med ng(t)** være fuld af nogen el. noget = MYLDRE □ *gaden vrimler af mennesker* · *det vrimlede med fluer på møddingen* · *det vrimler med fisk i søen* · *bogen vrimler med trykfejl*

vrimmel

SUBST. *-en* (el. *vrimlen*), plur. *vrimle, vrimlene*

= MYLDER □ *en vrimmel af mennesker* · *han banede sig vej gennem vrimlen* · *børnene blev væk i vrimlen*

vrinsk

LYDORD

gengivelse af den lyd som en hest frembringer • ⟨SUBST.: *-et*, plur. *vrinsk, -ene*⟩ □ *fra stalden hørte man hestens høje vrinsk*

vrinske

VERB. *-r, -de, -t*

frembringe lange, høje lyde som en hest □ *vrinsken*

vrippen

ADJ. *-t, vripne*

(glds.): lettere fornærmet □ *en vrippen mine*

vrisse

VERB. *-r, -de, -t*

vrisse ngt sige noget på en sur måde □ *'lad mig være i fred!' vrissede han* □ *vrissen* • **vrisse ad ng** svare nogen på en sur måde □ *hun vrisser altid ad mig* • **vrisse over ngt** være sur over noget □ *den gamle mand vrissede over de stigende priser*

vrissen

ADJ. *-t, vrisne*

= GNAVEN □ *et vrissent svar*

vrist

SUBST. *-en*, plur. *-e* (el. *-er*), *-ene* (el. *-erne*)

1. oversiden af foden mellem ankel og tær □ *hun har en høj vrist*
2. den øverste del af fodtøj som dækker vristen □ *et par sko med snæver vrist*

vriste

VERB. *-r, -de, -t*

vriste ngt fra ng tage noget fra nogen med magt ved at rykke og trække i det □ *hun vristede kniven fra ham* • **vriste ngt ud af ng** med besvær få nogen til at fortælle noget = HIVE □ *til sidst fik de vristet ud af ham hvad der var sket*

vræl

SUBST. *-et*, plur. *vræl, -ene*

(neds.): = HYL □ *barnet satte i et vræl*

vræle

VERB. *-r, -de* (el. *vrælte*), *-t*

(neds.): græde højlydt = HYLE, SKRÅLE, BRØLE, GRÆDE □ *ungerne vrælede om kap*

vrængbillede

SUBST. *-t*, plur. *-r, -rne*

et forvrænget billede el. en fordrejet fremstilling = KARIKATUR □ *hans forklaring var et vrængbillede af hvad der virkelig var sket* · *den propaganda giver et vrængbillede af det danske samfund*

vrænge

VERB. *-r, -de, -t*

vrænge {ansigt} ad el. **efter ng** skære grimasser for at gøre nar af nogen el. give udtryk for fx mishag, foragt el. vantro □ *hver gang hun så over på drengen vrængede han ansigt ad hende* · *vrænge næse* · *hun vrængede efter ham* • **vrænge ngt** sige noget med en fordrejet stemme el. efterligne nogens stemme og gentage noget de lige har sagt på en spottende måde □ *'hold så op!' vrængede han*

vrøvl

SUBST. *-et*

1. meningsløs snak = SLUDDER, ÆVL, BAVL, NONSENS, PLADDER, PJADDER, SNAK, SNIKSNAK, VÅS, VISVAS, PASSIAR, GALMANDSSNAK □ *det er noget vrøvl du siger* · *sludder og vrøvl* □ *vrøvle* · *vrøvlet*
2. = BESVÆR □ *de havde en masse vrøvl med deres gamle bil* · *der er da heller aldrig andet end vrøvl med dig* • **gøre** el. **lave vrøvl over ngt** klage over el. gøre indvendinger mod noget □ *kunden gjorde vrøvl over varens pris* · *der er ingen grund til mere vrøvl over det* · *nu ikke mere vrøvl*

vrøvle

VERB. *-r, -de, -t*

fremkomme med meningsløs snak = BAVLE, VÅSE, ÆVLE, PLADRE □ *nu vrøvler du vist* · *lad være med at vrøvle og kom til sagen*

vrøvlehoved

SUBST. *-et*, plur. *-er, -erne*

en person der vrøvler = TÅGEHORN

vrøvlevorn

ADJ. *-t, -e*

tilbøjelig til at vrøvle og tale usammenhængende □ *han bliver altid vrøvlevorn når han er fuld* · *børnene er trætte og vrøvlevorne*

vrå

SUBST. *-en*, plur. *-er, -erne*

(poet., glds.): et hjørne el. et afsides sted

vs.

fork. for *versus*

vsa.

fork. for *ved siden af*

vue el. **vy**

SUBST. *-t*, plur. *-r, -rne*
(vy: *-et*, plur. *-er, -erne*)
[*vy*]

(form.): = UDSIGT □ *herfra har man et pragtfuldt vue over dalen* • **tage** el. **få et vue over ngt** = OVERBLIK □ *lad os lige få et vue over situationen*

vugge[1]

SUBST. *-n*, plur. *-r, -rne*

1. en lille seng til et spædbarn som kan vugges fra side til side □ *barnet ligger i vuggen* · *moderen sidder og synger ved barnets vugge* · *det blev ikke sunget ved hans vugge at han skulle blive en rig mand* □ *vuggedød* · *vuggegave* · *vuggegænge* · *vuggesang* · *vuggevise* • **fra vugge til grav** fra fødsel til død □ *skildre et livsløb fra vugge til grav*
2. = OPRINDELSESSTED □ *Mainz er bogtrykkerkunstens vugge* · *H.C. Andersens vugge stod i Odense* · *i Grækenland stod den europæiske kulturs vugge*

vugge[2]

VERB. *-r, -de, -t*

bevæge sig langsomt og gyngende fra side til side □ *ænderne vugger på bølgerne* · *sidde og vugge frem og tilbage* · *vugge i takt til musikken* · *vuggende bevægelser* · *en vuggende gang* · *vugge med hofterne* · *palmerne vuggede i vinden* □ *vuggen* • **vugge ng** bevæge nogen langsomt og gyngende fra side til side □ *han vuggede barnet i søvn* · *hun vuggede ham trøstende i sine arme* • **gå hjem og vug** (slang): bede nogen om at forsvinde

vuggegave

SUBST. *-n*, plur. *-r, -rne*

en bestemt egenskab el. evne som man har haft siden man var lille □ *sit ukuelige humør havde han fået i vuggegave* · *sin interesse for politik har hun fået i vuggegave*

vuggesang

SUBST. *-en*, plur. *-e, -ene*

= VUGGEVISE

vuggestue

SUBST. *-n*, plur. *-r, -rne*

en institution hvor uddannet personale tager sig af børn i alderen 0 - 3 år i arbejdstiden □ *vuggestuebarn* · *vuggestueplads*

vuggevise

SUBST. *-n*, plur. *-r, -rne*

en sang der synges for at få et lille barn til at sove = VUGGESANG □ *synge en vuggevise for barnet*

vulgaritet

SUBST. *-en,* plur. *-er, -erne*
/vulgari'tet/

det at nogen el. noget er vulgært = SIMPELHED □ *han følte sig tiltrukket af hendes vulgaritet* • et vulgært ord = PLATHED □ *må jeg så blive fri for dine vulgariteter!*

vulgær

ADJ. *-t, -e*
/vul'gær/

1. som bærer præg af manglende smag el. dannelse = SIMPEL, TARVELIG, UDANNET □ *klæde sig vulgært · tale et vulgært sprog* □ *vulgærfilosofi · vulgærmarxisme · vulgærpsykologi*
2. ⟨i sammensætn.⟩ (sprog): som tilhører det folkelige talesprog □ *vulgærarabisk · vulgærlatin*

vulgærlatin

SUBST. *-en*

det jævne latinske talesprog der i stor udstrækning ligger til grund for de *romanske* sprog

vulkan

SUBST. *-en,* plur. *-er, -erne*
/vul'kan/

1. en sprække i jordens overflade hvorfra lava fra jordens indre trænger ud over jorden el. havoverfladen □ *vulkanen er i udbrud · vulkanen udspyr glødende lava* □ *vulkanområde · vulkanudbrud* • et bjerg el. en ø som dannes ved ophobning af lava og aske omkring et vulkankrater □ *landsbyen lå ved foden af den udbrændte vulkan* □ *bjergvulkan*
2. i forsk. forb.: • **danse på en vulkan** el. **på vulkaner** leve sorgløst uden at ænse truende farer □ *den unge pige danser på en vulkan* • **leve på en vulkan** være under truende farer □ *han levede hele sit liv på en vulkan* • **en udbrændt vulkan** en person hvis tidligere stærke aktivitet er ophørt □ *marathonløberen er en udbrændt vulkan* • **være på vulkaner** være ude at drikke □ *hun så ud som om hun havde været på vulkaner*

vulkanisere

VERB. *-r, -de, -t*
/vulkani'sere/

vulkanisere ngt hærde ved opvarmning og tilsætning af svovl, ofte om gummi □ *vulkainisere et bildæk · vulkaniseret gummi · en cykel med vulkaniserede dæk*

vulkanisør

SUBST. *-en,* plur. *-er, -erne*
/vulkani'sør/

en person der som erhverv beskæftiger sig med vulkanisering

vulkansk

ADJ. *- , -e*
/vul'kansk/

som har at gøre med vulkaner □ *stenen er af vulkansk oprindelse · vulkanske egne hærges ofte af jordskælv* • som er voldsomt, og som ofte eksploderer = ERUPTIV □ *han har et vulkansk temperament · et vulkansk forhold*

vulst

SUBST. *-en,* plur. *-er, -erne*

noget der buer ud på en genstand, fx en udbuet del af en søjles fodstykke, en bly- el. kobberring om et projektil el. en udbuet kant på et bil- el. cykeldæk som fastholder det i fælgen □ *vulstdæk*

vundet

VERB.

bøjningsform af *vinde*

vupti

UDRÅBSORD

udtryk som bruges for at tilkendegive en hurtig kraftanstrengelse, fx et løft, et hop el.lign. □ *vupti, var han i et spring over gærdet · vupti, så er du allerede oppe i køjesengen*

vurdere

VERB. *-r, -de, -t*
/vur'dere/

1. vurdere ngt fastsætte værdien el. prisen på noget = BEREGNE, ANSLÅ, TAKSERE, BONITERE, ESTIMERE □ *ejendommen blev vurderet til en million kr.* □ *vurdering* □ *omvurdere, nyvurdere* • **vurdere ngt** udtrykke el. bestemme værdien af kvaliteten af noget = BEDØMME □ *læreren vurderer elevernes opgaver* • **vurdere ngt** fastsætte den omtrentlige størrelse af noget = BEDØMME, ANSLÅ, ESTIMERE □ *det er svært at vurdere afstanden* □ *vurdering* □ *fejlvurdere · overvurdere · undervurdere*
2. vurdere ngt udtrykke sin opfattelse af noget = BEDØMME, GRADE □ *jeg kan ikke vurdere om du har ret* □ *vurdering* • **vurdere ngt** = VÆRDSÆTTE □ *hans indsats blev vurderet efter fortjeneste* □ *vurdering*

vurdering

SUBST. *-en,* plur. *-er, -erne*
/vur'dering/

jf. *vurdere* = BEDØMMELSE, BEREGNING, TAKSATION, EVALUERING, VÆRDSÆTTELSE □ *sidste års vurdering var ubehagelig for husejerne · en rent forretningsmæssig vurdering · hans iskolde vurdering af hendes ægteskabsplaner* □ *vurderingsbevis · vurderingsevne · vurderingsgrundlag · vurderingsmand · vurderingsnorm · vurderingsnævn · vurderingspris · vurderingssum · vurderingsår* □ *ejendomsvurdering · fejlvurdering · genvurdering · indkomstvurdering · nedvurdering · nyvurdering · omvurdering · opvurdering · overvurdering · revurdering · skønsvurdering · undervurdering*

vurderingsmand

SUBST. *-en,* plur. *~mænd, ~mændene*

en person der som erhverv ansætter værdien af ting, fx antikviteter ≠ TAKSATOR

VVS

fork. for *varme-, ventilations- og sanitetsteknik* □ *VVS-firma · VVS-mand*

vy

SUBST.

se *vue*

væbne

VERB. *-r, -de, -t*

væbne ng = BEVÆBNE □ *de væbnede sig med køller og stave · væbnet neutralitet · bekæmpe en opstand med væbnet magt · et væbnet oprør* □ *bevæbne* • **væbnet til tænderne** så skarpt bevæbnet som man kan blive • **væbne sig med tålmodighed** se under *tålmodighed*

væbner

SUBST. *-en,* plur. *-e, -ne*

1. (hist.): en adelig mand i våbentjeneste hos en ridder = VÅBENDRAGER □ *han var kong Arthurs væbner* • en trofast støtte og fortrolig for en anden person □ *han var den berømte digters trofaste væbner*
2. et medlem af et ungdomskorps, fx om 11-14-årige medlemmer af Frivilligt Drenge- og Pige-Forbund

væbnet

ADJ. *- , væbnede*

som er forsynet med våben □ *væbnet mandskab · landets væbnede styrker · et væbnet oprør · en væbnet opstand · gøre væbnet modstand · være fuldt væbnet · bønderne var væbnet til tænderne med økser og knive*

vædde

VERB. *-r, -de, -t*

vædde med ng om ngt indgå et væddemål med nogen om resultatet el. udfaldet af noget □ *han har væddet med mig om hvem der vinder kampen på søndag · de væddede om hvem der kom først · skal vi vædde? · hvor meget skal vi vædde?* • **vædde på ngt** □ *jeg vædder 100 kr. på at hun taber · jeg tør vædde på at det regner i morgen · jeg vil vædde hvad det skal være på at han har glemt det*

væddeløb

SUBST. *-et,* plur. *~løb, -ene*

et løb inden for fx hestesport el. bilsport hvor det gælder om at komme først i mål = RACE, KAPLØB □ *der afholdes væddeløb på galopbanen og på travbanen · gå til væddeløb · spille i et væddeløb · køre væddeløb* □ *væddeløbsbane · væddeløbsdeltager · væddeløbshest · væddeløbskører* □ *bilvæddeløb · hestevæddeløb*

væddeløbsbane

SUBST. *-n,* plur. *-r, -rne*

en, oftest oval, bane hvorpå der afholdes væddeløb

vædder

SUBST. *-en,* plur. *-e, -ne*

1. hannen hos får med store bagudvendte og snegleformede horn
2. (astrologi): en person der er født i stjernetegnet Vædderen, dvs. mellem den 21/3 og den 20/4

væde[1]

SUBST. *-n*

væske i form af vand el. regn □ *jorden trænger til væde · der er kommet meget væde i dag · varen er beskadiget af væde* • væske der drikkes el. tilsættes mad = VÆSKE □ *tilsæt kyllingen*

1 dl væde · *det er vigtigt at få rigeligt med væde når det er varmt* • **trænge til væde** være tørstig

væde[2]

VERB. *-r, -de, -t*

væde ngt gøre noget vådt □ *væde en svamp* · *væde læberne*

vædre

VERB. *-r, -de, -t*

vædre ngt sejle el. køre hårdt ind i noget □ *torpedobåden vædrer fiskerbåden* · *spritbilisten vædrede en modkørende bil* □ *vædring*

væg

SUBST. *væggen,* plur. *vægge, væggene*

en lodret side i et rum □ *der var kun en tynd væg mellem de to værelser* · *væggene i stuen var malet gule* □ *vægbeklædning* · *vægmaling* □ *bræddevæg* · *skillevæg* • det der omgiver noget □ *cellevæg* · *tarmvæg* • **inden for hjemmets fire vægge** inden for familien • **sætte ng til vægs** overvinde nogen, især i argumentation

væge

SUBST. *-n,* plur. *-r, -rne*

en snor el. et bændel som suger brændstoffet op af et stearinlys el. en lampe og brænder med en klar flamme = TANDE □ *sætte en tændstik til vægen* · *klippe vægen af*

vægelsind

SUBST. *-et*

det at være vægelsindet = VANKELMOD, VÆGELSINDETHED

vægelsindet

ADJ. *-*, *~sindede*

som ikke kan træffe et valg, men skifter mening hele tiden = VANKELMODIG, UBESLUTSOM □ *han er meget vægelsindet*

væggelus

SUBST. *-en,* plur. *~lus, -ene*

en vingeløs tæge der om dagen skjuler sig bag tapeter og i møbler og om natten suger blod af mennesker og dyr; latinsk navn *Cimex lectularius*

vægre

VERB. *-r, -de, -t*

vægre sig ved ngt nære modvilje mod noget og derfor evt. nægte el. afvise det = UNDSLÅ SIG FOR □ *hun vægrede sig ved at tage det anviste arbejde* · *jeg vægrer mig ved at tro på det* □ *vægring*

vægt

SUBST. *-en,* plur. *-e, -ene*

1. ⟨ikke plur.⟩ det som noget vejer = TYNGDE □ *sneens vægt tyngede grenene ned* · *han var ved at segne under sækkens vægt* · *højde 182 cm, vægt 73,5 kg* · *få målt sin vægt* · *nervøst flyttede hun vægten fra den ene fod til den anden* · *tage på i vægt* · *komme ned i vægt* · *mål og vægt* □ *vægtenhed* · *vægtfordeling* · *vægtforøgelse* · *vægtløs* · *vægtproblemer* · *vægttab* □ *egenvægt* · *normalvægt* · *overvægt* · *totalvægt* · *undervægt* • **i løs vægt** i partier som ikke er forud afvejede og pakkede □ *man kunne købe bolcher i løs vægt*
2. ⟨ikke plur.⟩ det at noget er betydningsfuldt i en sammenhæng el. har en stærk virkning □ *han arbejder nonfigurativt med vægt på farven* · *vægten i undervisningen lægges på det praktiske* · *det kan du ikke tillægge nogen vægt* · *han formulerede sig langsomt og med vægt* · *hans ord har politisk vægt* □ *hovedvægt* • **lægge vægt på ngt** regne noget for vigtigt □ *retten lagde stor vægt på hendes vidneudsagn* · *der vil blive lagt vægt på gode lederegenskaber*
3. et måleapparat til vejning □ *træde op på vægten* □ *vægtskål* □ *badevægt* · *bismervægt* · *brevvægt* · *skydelodsvægt* · *skålvægt*
4. (astrologi): en person der er født i stjernetegnet Vægten, dvs. mellem den 24/9 og den 23/10

vægtafgift

SUBST. *-en,* plur. *-er, -erne*

en årlig afgift som bilejere betaler til staten

vægte

VERB. *-r, -de, -t*

vægte ngt tillægge noget en bestemt betydning = AFVEJE, PRIORITERE □ *vægte sagerne indbyrdes* · *bestyrelsen vægtede medlemmernes ønsker meget højt* □ *vægtning*

vægtenhed

SUBST. *-en,* plur. *-er, -erne*

en måleenhed for vægt, fx kilogram

vægter

SUBST. *-en,* plur. *-e, -ne*

(forældr.): en person der holder opsyn med bygninger om natten = VAGT □ *vægteren gik en runde hver tredje time* □ *natvægter* • en vagtmand der i ældre tid opretholdt ro og orden i en by □ *vægtervers*

vægtfylde

SUBST. *-n,* plur. *-r, -rne*

= MASSEFYLDE □ *beregne et stofs vægtfylde*

vægtig

ADJ. *-t, -e*

som virker tung □ *en vægtig dame* □ *fuldvægtig* · *overvægtig* · *undervægtig* • som har afgørende betydning = TUNGTVEJENDE □ *et vægtigt argument* · *sige nogle vægtige ord* □ *vægtighed*

væg til væg-tæppe

SUBST.

et gulvtæppe som dækker hele gulvarealet = BROADLOOM ≠ AFPASSET TÆPPE

vægtklasse

SUBST. *-n,* plur. *-r, -rne*

(kampsport): hvert af de vægtintervaller som udøvere inden for en kampsport inddeles i, og som bruges til at sikre nogenlunde jævnbyrdighed ved konkurrencer o.l. □ *han dominerer sin vægtklasse fuldstændigt* · *sværvægt, weltervægt, fluevægt og andre vægtklasser*

vægtløfter

SUBST. *-en,* plur. *-e, -ne*

en person som dyrker vægtløftning

vægtløftning

SUBST. *-en,* plur. *-er, -erne*

1. en sportsgren hvor man løfter en vægtstang; stangen skal løftes i ét træk el. flere stød og holdes over hovedet i strakte arme
2. styrketræning hvor man løfter forskellige vægte for at styrke sine muskler

vægtløs

ADJ. *-t, -e*

uden vægt el. tyngde □ *astronauten svævede rundt i vægtløs tilstand*

vægtskål

SUBST. *-en,* plur. *-e, -ene*

hver af de to skåle på en vægt som bringes i balance når noget vejes □ *lægge lodder i vægtskålen* • **lægge et lod i vægtskålen** se under *lod* • **tungen på vægtskålen** se under *tunge*

vægtstang

SUBST. *-en,* plur. *~stænger, ~stængerne*

1. en vandret metalstang på en skålvægt med en vægtskål i hver ende
2. (sport): en jernstang til vægtløftning hvorpå der kan monteres én el. flere jernskiver i hver ende = LØFTESTANG □ *løfte en byrde ved hjælp af en vægtstang*

væk

ADV.

1. i en retning som fjerner nogen el. noget fra et bestemt sted, og bevæger dem mod et andet, fjernere liggende punkt = BORT □ *gå væk!* · *væk med dig* · *han smed bogen væk* • **langt væk** = ADSPREDT □ *man kunne se på hendes ansigt at hun var langt væk*
2. udtryk for at nogen el. noget ikke længere befinder sig el. kan findes et bestemt sted = BORTE □ *bolden er væk* · *tasken er blevet væk* · *han er ofte væk fra arbejde* · *han var kun væk fra mødet nogle få minutter* · *holde bilerne væk fra bykernen* · *vi er væk hele ferien* · *man fandt tegnebogen, men pengene var væk* · *nu er de smukke gamle træer væk*
3. = BEVIDSTLØS □ *han blev ramt i hovedet af en knippel og var væk et par minutter*
4. udtryk for ustandselig vedbliven med noget □ *han snakkede i ét væk* · *skriv bare væk, og lad dig ikke forstyrre af mig*
5. være væk i ng være meget forelsket i nogen □ *hun var helt væk i ham*

vække[1]

VERB. *-r, -de, -t*

vække ng få nogen til at vågne □ *vil du vække mig kl. 7?* · *han er ikke til at vække* · *hun blev vækket af braget* □ *vækning*

vække[2]

VERB. *-r, -de* (el. *vakte*), *-t* (el. *vakt*)

vække ngt få noget til at opstå = SKABE □ *vække beundring* · *vække forargelse* · *den kjole vakte sandelig opsigt* · *hans venlige ansigt vækker tillid* · *hun forstod at vække deres interesse* • **vække ng til live** få nogen til at live op □ *hun vakte ham til live med sine kærtegn*

vækkelse

SUBST. *-n,* plur. *-r, -rne*

en opvågning til en ny bevidsthed □ *religiøs vækkelse • åndelig vækkelse • en politisk vækkelse gik hen over landet* □ *vækkelsesmøde • vækkelsesprædikant • vækkelsesprædiken*

vækkelsesprædikant

SUBST. *-en,* plur. *-er, -erne*

en prædikant der søger at omvende nogen til en tro ved vækkelsesmøder

vækkeur

SUBST. *-et,* plur. *-e, -ene*

et ur som kan indstilles til at ringe, bippe el.lign. på et bestemt klokkeslæt □ *sætte vækkeuret til at ringe klokken syv • slå vækkeuret fra*

vækst

SUBST. *-en,* plur. *-er, -erne*

1. noget som gror på et sted, fx en plante = PLANTE □ *træer, buske og andre vækster* □ *vækshus* □ *buskvækst • knoldvækst • plantevækst* **•** noget som er vokset frem af sig selv □ *vorter er vækster i huden* □ *gevækst • hårvækst • misvækst • skægvækst*
2. ⟨ikke plur.⟩ det at noget vokser □ *plantens vækst • hun er lille af vækst • økonomisk vækst • en by i hurtig vækst* □ *vækstbetingelse • vækstfremmende • vækstperiode • vækstrate • vækstår* □ *dværgvækst • fremvækst • hårvækst • minusvækst • misvækst • nulvækst • opvækst • plantevækst • skægvækst • tilvækst*

væksthormon

SUBST. *-et,* plur. -er, -erne

et hormon der produceres i hypofysen, og som styrer kroppens vækst

væksthus

SUBST. *-et,* plur. *-e, -ene*

et hus til planter hvor de kan vokse under beskyttede forhold □ *væksthusgartneri*

vækstrate

SUBST. *-n,* plur. *-r, -rne*

den årlige procentvise stigning i en nations indtægter □ *vækstraten var på 3%*

væld

SUBST. *-et,* plur. *væld, -ene*

= KILDEVÆLD **• et væld af** en stor mængde af □ *et væld af mennesker kom til festen • et væld af blomster • et væld af farver*

vælde[1]

SUBST. *-t*

⟨i sammensætn.⟩ en magt som udøves af nogen □ *enevælde • fåmandsvælde • gangstervælde • pampervælde • papirvælde* □ *herremandsvælde*

vælde[2]

SUBST. *-n*

en position fuld af magt og betydningsfuldhed □ *dér stod kongen i al sin magt og vælde • forstanderen rejste sig i al sin vælde* **•** en overvældende kraft □ *stormen kom over dem i al sin vælde • havets vælde*

vælde[3]

VERB. *-r, -de, -t*

1. vælde {frem} strømme i voldsom mængde = FOSSE □ *vandet vælder frem • kilden vælder op af jorden • det væld ede ud af klippen* **• vælde {frem}** komme frem i stort antal □ *blomster vælder frem overalt • fjendtlige hære væld ede ind over landet • nye tanker vælder frem*

vældig

ADJ. *-t, -e*

som er meget stor el. kraftfuld = MÆGTIG, GEVALDIG, ENORM, KOLOSSAL, UMÅDELIG □ *en vældig bølge slog ind over skibet • han var en vældig jæger* **•** ⟨ADV.⟩ forstærkende udtryk □ *en vældig god bog • det gjorde mig vældig glad*

vælge

VERB. *-r, valgte, valgt*

vælge ng(t) beslutte sig for nogen el. noget blandt flere muligheder = UDVÆLGE □ *vælge en ny formand blandt medlemmerne • der var mange tilbud at vælge imellem • vælge det rette øjeblik • vælge side • vælge studie • han valgte døden fremfor at blive taget til fange • vælge sig en hustru • vælge sine ord med omhu* **• vælge ng ind i ngt** ved afstemning blandt befolkningen udvælge de kandidater som skal sidde i byråd, folketing o.l. □ *hun blev valgt ind i byrådet ved sidste valg* **• vælge og vrage** vælge frit blandt mange muligheder □ *de kunne vælge og vrage blandt de mange ansøgere*

vælger

SUBST. *-en,* plur. *-e, -ne*

en person som har ret til at stemme ved et valg □ *partiernes kamp om vælgerne • flertallet af vælgerne støttede midterpartierne • mange vælgere blev hjemme på valgdagen* □ *vælgerforening • vælgerkorps • vælgertække* □ *førstegangsvælger • kernevælger • marginalvælger • sofavælger*

vælgerforening

SUBST. *-en,* plur. *-er, -erne*

en sammenslutning af vælgere der støtter et bestemt parti □ *være medlem af en vælgerforening*

vælling

SUBST. *-en,* plur. *-er, -erne*

1. en tynd grød af hvedemel, havregryn, maizena, mannagryn, risengryn el. grahamsgryn □ *koge vælling • give et spædbarn vælling i flaske* □ *havrevælling • majsvælling • pærevælling • risvælling • sulevælling*
2. en udrørt masse med en konsistens som vælling □ *gipsen røres ud til en jævn vælling*

vælsk

ADJ. *- , -e*

(glds.): som stammer fra et område vest el. syd for Tyskland □ *de vælske lande* □ *vælskbind • vælskland* □ *kaudervælsk • rotvælsk*

vælte

VERB. *-r, -de, -t*

vælte el. **vælte ng(t)** komme el. bringe fra opret til liggende stilling pga. uheld, slag el.lign. □ *træet væltede i stormen • hun væltede omkuld • vælte nogen omkuld • barnet væltede klodserne • hun væltede med cyklen • vælte med et brag • børnene var ved at vælte hele huset • et væltet træ* **• vælte ng(t)** fratage nogen deres magtbeføjelser el. afvise noget □ *regeringen blev væltet • hele planen blev væltet* **•** komme i en stor og uorganiseret mængde el. flok □ *sneen væltede ned • børnene væltede ud af bussen • vælte arbejde over på nogen • flygtninge vælter ind i landet • problemer vælter ned over os • regninger vælter ind ad døren • røgen vælter op af skorstenen • bølgerne vælter ned over skibet* **• vælte ansvaret** el. **arbejdet over på ng** overlade nogen hele ansvaret el. arbejdet uden at tage hensyn til at det er for stor en byrde

vælten

SUBST.BEST.
[ˈvælˈdən]

være i vælten være populær = VÆRE I VINDEN

væltepeter

SUBST. *-en,* plur. *-e, -ne*

en cykel med et stort pedaldrevet forhjul og et lille baghjul; forgænger for den moderne cykel = VELOCIPEDE

væmmelig

ADJ. *-t, -e*

= MODBYDELIG □ *det smager væmmeligt • en væmmelig mand • en væmmelig sygdom • et væmmeligt vejr* □ *væmmelighed*

væmmelse

SUBST. *-n,* plur. *-r, -rne*

= AFSKY □ *han var fuld af væmmelse over den modbydelige film*

væmmes

VERB. *væmmes, væmmedes, væmmedes*

væmmes ved ng(t) (glds.): = AFSKY □ *hun væmmedes ved at skulle røre ved det snavsede tøj • hun væmmedes ved deres uærlighed • han væmmes ved sig selv* □ *væmmelse*

vænge

SUBST. *-t,* plur. *-r, -rne*

en indhegnet mark

vænne

VERB. *-r, -de, -t*

vænne ng til ngt blive el. gøre nogen fortrolig med noget □ *vi havde svært ved at vænne os til de nye omgivelser • jeg vænnede hunden til at sove i kurven • det var svært for ham at vænne sig til det nordiske klima* □ *afvænne • tilvænne* **• vænne ng af med ngt** få nogen til at holde op med noget □ *forældrene prøvede at vænne barnet af med at bruge sut • vænne sig af med at ryge* **• vænne et barn fra** ophøre med at give et barn bryst □ *barnet blev først vænnet fra ved 1 års alderen*

vær.

fork. for *værelse* el. *-værelsers* □ *2 vær. • stor 3-vær. lejl.*

værd[1]

SUBST. *et*

(form.): værdi, nytte el. betydning; kun om en

person □ *hun kender sit eget værd • et menneskes sande værd* □ *menneskeværd*

værd[2]

ADJ.

1. som i værdi modsvarer noget andet, især et pengebeløb □ *ejendommen er en million værd • bogen er alle pengene værd • de smykker er intet værd • hvad er bilen værd? • sådan en oplysning er guld værd*
2. som kan betale sig, el. som er til nytte □ *bogen er værd at læse • det er ikke værd at ofre tid på • museet er et besøg værd • det var anstrengelserne værd • det er ikke umagen værd • han er ikke meget værd som medarbejder • hun er ikke bedre værd*

værdi

SUBST. *-en,* plur. *-er, -erne*
/vær'di/

det som noget er værd i penge □ *husets værdi er anslået til 600.000 kr. • ved branden mistede familien værdier for mange millioner • en angiven værdi • store værdier gik tabt • bestemme værdien af noget • ejendommen holder sin værdi • sælge noget under den egentlige værdi* □ *værdiangivelse • værdigenstand • værdipakke • værdipapir • værdistigning • værditab* □ *friværdi • grundværdi • kursværdi • lejeværdi • merværdi • nyværdi • tilbagekøbsværdi* • noget som er nyttigt, vigtigt el. efterspurgt □ *uddannelse har stor værdi for den enkelte • åndelige værdier • hans indsats er af stor værdi for firmaet • tillægge noget stor værdi • værdien af hans ord er lig nul • store kulturhistoriske værdier gik tabt ved branden* □ *affektionsværdi • brugsværdi • livsværdi • næringsværdi* • (matematik): et tal som står for en variabel el. for størrelsen af noget på en skala □ *indsætte en værdi i en ligning • værdien overstiger det tilladte* □ *grænseværdi • pH-værdi*

værdifuld

ADJ. *-t, -e; -ere, -est*

som er af høj økonomisk værdi = DYR, KOSTBAR, DYREBAR ≠ VÆRDILØS □ *det er en meget værdifuld genstand • en værdifuld ædelsten* • som er af stor betydning = BETYDNINGSFULD ≠ VÆRDILØS □ *han har ydet en række værdifulde bidrag til videnskaben • en værdifuld oplysning*

værdig

ADJ. *t, -e*

1. som i kraft af sin ydre fremtræden indgyder respekt = ALVORSFULD □ *en værdig ældre herre • en værdig opførsel*
2. som i kraft af sine egenskaber, kunnen, viden el. adfærd anses for egnet til el. fortjener noget □ *gøre sig værdig til noget • værdigt trængende • en værdig modstand • retten til en værdig død* □ *beundringsværdig • bevaringsværdig • troværdig*

værdige

VERB. *-r, -de, -t*

værdige ng(t) ngt nedlade sig til at skænke nogen el. noget noget □ *hun værdigede ham ikke et blik • han ville ikke værdige sagen sin opmærksomhed*

værdighed

SUBST. *-en,* plur. *-er, -erne*

1. ⟨ikke plur.⟩ en dannet og ophøjet opførsel □ *hun optrådte med stor værdighed* • den sociale og moralske standard som en person selv mener at have □ *han tænker kun på at holde på værdigheden • hvis du tilbyder at låne ham penge krænker du hans værdighed • hun fandt det under sin værdighed at deltage*
2. en stilling el. position i et samfund = RANG □ *opnå de højeste værdigheder • han blev genindsat i sin gamle værdighed* □ *værdighedstegn* □ *kejserværdighed • kongeværdighed • ridderværdighed* • **komme til ære og værdighed** få den position der tilkommer nogen el. noget □ *den gamle lænestol er rigtig kommet til ære og værdighed i den nye stue*

værdiladet

ADJ. *~ladet,* plur. *~ladede*

(om et sprogligt udsagn): som indirekte udtrykker en positiv el. negativ holdning ≠ VÆRDINEUTRAL □ *'studehandel' om et politisk kompromis er et værdiladet udtryk*

værdiløs

ADJ. *-t,* plur. *-e*

som ikke er ret meget værd ≠ VÆRDIFULD □ *de fik masker af de indfødte i bytte for værdiløse glasperler • han følte sig mere og mere værdiløs for hver dag der gik* □ *værdiløshed*

værdipapir

SUBST. *-et,* plur. *-er, -erne*

et omsætteligt dokument som er et bevis for kapitalanbringelse; det kan være en aktie, en obligation el. et pantebrev □ *værdipapircentral • værdipapirhandel*

værdsætte

VERB. *-r, ~satte, ~sat*

værdsætte ng(t) være tilfreds med nogen eller noget eller taknemmelig for noget = ESTIMERE, VURDERE □ *vi værdsætter dit store arbejde • han var et meget værdsat medlem af foreningen* □ *værdsættelse*

være

VERB. *er, var, været*

1. udtryk for at nogen el. noget tilordnes en bestemt egenskab, tilstand el. placering □ *løven er et rovdyr • februar er den anden måned i året • byen er lille • vejret er dejligt • hun er sød • han er ikke rigtig klog • min far er lærer • hvad vil du være når du bliver stor? • hvem var det der ringede? • hun er vred på dem • de er imod forslaget • hvad er der i vejen? • det er dyrt at køre i bil • det er og bliver en dårlig idè • han er på ferie • jeg er tilbage om fem minutter • om et øjeblik er toget i Fredericia • bryllupet er kl. 15 • man kan godt høre på ham at han er fra Jylland • det skal være nu! • børnene er på legepladsen • der er en plet på dugen • der er øl i køleskabet • vi kan ikke være flere i bilen • hvor er min hat • hvis er denne nøgle?*
2. ⟨HJÆLPEVERB.⟩ udtryk for at noget er sket før taletidspunktet el. et andet tidspunkt og har relevans for dette tidspunkt; betegner at det der er sket er en ændring i tilstanden af den el. det som subjektet betegner □ *han er rejst til Norge i går • hun er blevet syg • der er hændt ham en stor ulykke • hun var gået da jeg kom • inden tv-avisen var slut, var han faldet i søvn • jeg var standset hvis jeg havde set det • vi ser på det når vi er kommet derhen • når du kommer, vil jeg være gået*
3. i forsk. forb.: • **af ngt at være** udtryk for at nogen er noget på trods af noget □ *af en tigger at være er han meget velklædt • af en begynder at være er hun ikke så tosset til at køre bil* • **det være sig ng(t) eller ng(t)** udtryk for at flere er omfattet af noget bestemt □ *ingen, det være sig rig eller fattig, må lukkes ude • alle kristne, det være sig katolikker eller protestanter, må føle sig stødt over hans udtalelser* • **hvad skal** el. **skulle det være?** udtryk hvormed en ekspedient spørger en kunde om hvad han ønsker at købe • **lade ng(t) være** se under **lade** • **lade være med ngt** se under **lade** • **være den** (i tagfat): være den der skal fange de andre □ *hvem skal være den? • du er den!* • **være efter** el. **over ng** holde øje med hvad nogen gør og skælde dem ud □ *hun er altid efter ham når han glemmer at lukke døren • han var over hende så snart hun sjuskede med sit arbejde • man er nødt til at være over ham hele tiden* • **være med** = DELTAGE □ *vi spiller kort, vil du være med? • jeg vil ikke være med til at gå bag hans ryg* • **være med** forstå hvad noget drejer sig om □ *du må gentage det for jeg er ikke helt med • er du med?* • **være om sig** være meget årvågen el. aktiv □ *det er nødvendigt at være om sig hvis man vil have et arbejde • hun er lige lovlig meget om sig • jeg skal love for at han er om sig!* • **være så {venlig}** udtryk for at man høfligt, men alligevel bydende, beder nogen om at gøre noget □ *vil du være så sød at lukke døren? • vær så venlig at træde nærmere* • **være til** = EKSISTERE □ *tro på at Gud er til • det er skønt at være til • han er ikke mere • at være eller ikke at være* • **være ude af sig selv {af raseri}** se under *ude* • **være ved ngt** være i færd med el. i gang med noget □ *han kom netop som de andre var ved at gå • hun var lige ved at blive rasende • kan du ikke ringe senere? han er ved at vaske op* • **være ved ngt** indrømme el. erkende noget □ *han vil ikke være ved at børnene irriterer ham • hun vil ikke være ved at hun læser ugeblade*

værelse

SUBST. *-t,* plur. *-r, -rne*

en del af en bygning som er afgrænset af vægge, og som har dør og vinduer = RUM □ *børnene havde hver deres værelse • en treværelses lejlighed • der er fire værelser på første sal • leje et værelse i byen* □ *børneværelse • legeværelse • loftværelse • soveværelse • studereværelse • venteværelse* □ *klasseværelse • kollegieværelse • kælderværelse*

væremåde

SUBST. *-n,* plur. *-r, -rne*

= OPFØRSEL □ *han har en tiltalende væremåde*

værested

SUBST. *-et,* plur. *-er, -erne*

et sted i et lokalområde hvor frivillige medarbejdere udfører socialt arbejde, og hvor fx børn og unge, hjemløse, psykisk syge el. narkomaner kan komme ind fra gaden og få hjælp og støtte uden at blive registreret □ *der er åbnet et nyt værested • storbyen har brug for flere væresteder*

værft

SUBST. *-et,* plur. *-er, -erne*

en virksomhed el. et anlæg hvor der bygges og repareres skibe el. både □ *skibet er bygget på et dansk værft* □ *værftsarbejder* · *værftsindustri* · *værftsledelse* □ *bådeværft* · *skibsværft*

værge[1]

SUBST. *-n,* plur. *-r, -rne*

en person som optræder på en umyndigs vegne i forbindelse med retslige forhold og forhold vedrørende den umyndiges formue ≠ MYNDLING □ *blive indsat som værge for en umyndig* · *en beskikket værge* □ *værgemål* □ *lavværge*

værge[2]

SUBST. *-t,* plur. *-r, -rne*

1. (glds., poet.): et våben til at forsvare sig med, især et hug- el. stikvåben som fx sabel el. sværd □ *han greb efter sit værge* · *hans værge hamrede så fast at gotens hjelm og hjerne brast*
2. ⟨ikke plur.⟩ (glds.): = VARETÆGT □ *originalen forbliver i køberens værge* · *jeg havde udleveret ham for længe siden hvis han han havde være i mit værge*

værge[3]

VERB. *-r, -de, -t*

værge ng(t) = FORSVARE □ *jeg vil værge mit land* · *værge sig imod en beskyldning* · *værge sig mod et angreb* □ *værgeløs* □ *nødværge* • **værge for sig** holde hænderne frem som beskyttelse mod noget □ *han værgede for sig, mens slagene haglede ned over ham*

værgeløs

ADJ. *-t, -e*

= FORSVARSLØS □ *de stakkels værgeløse børn* · *han var værgeløs over for det brutale angreb*

værgemål

SUBST. *-et,* plur. *~mål, -ene*

det at være værge for en umyndig □ *afgørelsen om værgemål skal træffes af statsamterne*

værk[1]

SUBST. *-et,* plur. *-er, -erne*

1. ⟨ikke plur.⟩ et arbejde el. en aktivitet som udføres = ARBEJDE □ *alt dette er én mands værk* · *det er lysten der driver værket* · *lægge sidste hånd på værket* □ *galmandsværk* · *hastværk* · *håndværk* · *makværk* · *tømmerværk* • **gå {forsigtigt} til værks** nærme sig el. udføre en opgave el. et stykke arbejde på en bestemt måde □ *det gælder om at gå forsigtigt til værks* · *er det nødvendigt at gå så radikalt til værks?* • **sætte kronen på værket** se under *krone* • **sætte ngt i værk** (glds.): = IVÆRKSÆTTE □ *sætte en plan i værk*
2. et resultat af et arbejde □ *et historisk værk* · *et kunstnerisk værk* · *et videnskabeligt værk* · *forfatterens samlede værker* · *alle kunstnerens værker var udstillet* □ *billedværk* · *digterværk* · *kunstværk* · *livsværk* · *mesterværk* · *orkesterværk* · *pragtværk*
3. et større anlæg hvor noget produceres □ *værkfører* □ *elværk* · *gasværk* · *kraftværk* · *stålværk* · *teglværk* · *varmeværk*
4. en anordning som kan udføre et bestemt arbejde = MEKANISME □ *urets værk skal repareres* · *uret har et fint værk* □ *hejseværk* · *pumpeværk* · *urværk*
5. ⟨i sammensætn.⟩ en helhed som er sammensat af flere dele □ *bjælkeværk* · *fletværk* · *løvværk* · *netværk* · *murværk* · *pelsværk* · *plankeværk* · *rækværk* · *træværk*
6. ⟨ubøj.⟩ materiale af optrævlet tovværk til at tætne revner med □ *revnerne er tætnet med værk*

værk[2]

SUBST. *en*

smerter og uro i kroppen som følge af fx vækst, gigt el. reumatisme □ *have værk i lemmerne* □ *værkbruden* □ *vokseværk*

værkbruden

ADJ. *-t, værkbrudne*

(glds.): som er lammet af gigt el.lign. □ *værkbrudne ben*

værke

VERB. *-r, -de, -t*

gøre ondt = SMERTE □ *det værker i hele min krop* · *mit hoved værker*

værkfører

SUBST. *-en,* plur. *-e, -ne*

= ARBEJDSLEDER □ *værkføreren gav sine instruktioner*

værkmester

SUBST. *-en,* plur. *~mestre, ~mestrene*

= ARBEJDSLEDER

værksted

SUBST. *-et,* plur. *-er, -erne*

en bygning el. et lokale indrettet med redskaber og maskiner til udførelse af et håndværk □ *værkstedsarbejder* · *værkstedsbygning* · *værkstedslokale* □ *autoværksted* · *keramikværksted* · *tømrerværksted* • **beskyttet værksted** et værksted som er specielt indrettet til handicappede personer

værktøj

SUBST. *-et,* plur. *-er, -erne*

et redskab el. en samling af redskaber som kan holdes i hånden og som ofte er bestemt til et arbejdsområde, især til håndværksarbejde = REDSKAB □ *hammer, skruetrækker, sav og andet værktøj* · *journalistens værktøj er pen og papir* · *maleren glemte sit værktøj* □ *værktøjskasse* □ *murerværktøj* · *smedeværktøj*

værktøjsmager

SUBST. *-en,* plur. *-e, -ne*

en håndværker der planlægger, fremstiller og afprøver specialværktøj □ *en værktøjsmager kan lave stanseværktøj og formværktøj*

værn

SUBST. *-et,* plur. *værn, -ene*

1. en afdeling af forsvaret som er specialiseret i en bestemt type krigsførelse, fx på landjorden el. i luften □ *de fire værn er hæren, søværnet, flyvevåbenet og hjemmeværnet* □ *værnepligt*
2. noget som skal beskyttes el. give læ = BESKYTTELSE □ *man byggede diger til værn mod havet* · *en forening til værn af forældreløse*

værne

VERB. *-r, -de, -t*

værne ng(t) passe på at der ikke sker noget med nogen el. noget = BESKYTTE □ *værne sit land* · *værne børns rettigheder* · *diget værner mod havet* · *de kunne ikke værne ham mod livets realiteter for evigt* • **værne om ngt** vogte nidkært over noget = HÆGE □ *hun værnede om sin lille have* · *han værnede om sit privatliv* · *vi bør værne om vores kulturarv*

værnemager

SUBST. *-en,* plur. *-e, -ne*

en person der frivilligt samarbejdede med den tyske værnemagt under anden verdenskrig, især økonomisk = KOLLABORATØR □ *likvidere en værnemager* □ *værnemageri*

værnemagt

SUBST. *-en*

den tyske krigsmagt under anden verdenskrig □ *værnemagten besatte Danmark i 1940* □ *værnemagtssoldater*

værnepligt

SUBST. *-en*

en pligt til at gøre militærtjeneste for sit land □ *landet afskaffede værnepligten og opbyggede en professionel hær* · *han aftjente sin værnepligt ved telegraftropperne* □ *værnepligtsalder* · *værnepligtstjeneste*

værnepligtig

ADJ. *-t, -e*

⟨også SUBST.⟩ som har værnepligt □ *en værnepligtig sergent* · *være i den værnepligtige alder* · *forsvarets opgave er at uddanne værnepligtige til at løse militære opgaver*

værneting

SUBST. *-et,* plur. *~ting, -ene*

den domstol der er kompetent i en sag □ *indbringe en sag for det rette værneting*

værre

ADJ.KOMP.

udtryk for at noget er mere slemt end noget andet = DÅRLIGERE ≠ BEDRE □ *det ser værre ud end jeg troede* · *vi er værre stillet end før* · *hun er ikke værre end så mange andre* · *smerten blev værre og værre* • udtryk for at noget ikke er godt el. rart = SLEM □ *det er vel nok et værre rod* · *en værre omgang* · *hun er en værre furie* · *han er en værre klovn* · *det var værre!* • **en værre én** (spøg.): □ *hun er vist en værre én*

værsgo

UDRÅBSORD

udtryk som bruges når man giver el. rækker andre noget □ *værsgo, maden er serveret!* · *værsgo, her er pengene* · *vil du række mig saltet? - ja selvfølgelig, værsgo!*

værst

ADJ.SUP. *-, -e*

udtryk for at noget er mest slemt ≠ BEDST □ *det værst tænkelige uheld* · *det værste der kan ske* · *han er den værste af dem alle sammen* · *det er værst for dig selv* · *i værste fald*

vært

SUBST. *-en,* plur. *-er, -erne*

en person som har inviteret gæster og sørger for dem med mad, drikke m.m.□ *lad os takke værten for en dejlig aften · værten og værtinden* □ *værtinde · værtsfolk* • en person som leder et hotel el. en restauration □ *hotellets vært tog imod gæsterne* □ *værtshus* □ *hotelvært · husvært · krovært* • en person der fører tilsyn med en udlejningsejendom□ *værten har sagt os op* □ *vicevært* • ⟨i sammensætn.⟩ en person som præsenterer et program el.lign. i tv el. radio □ *programvært · studievært · tv-vært* • et sted el. en organisation som stiller plads og udstyr til rådighed for et arrangement□ *Spanien var vært for de Olympiske Lege* □ *værtskab · værtsland*

værtsdyr el. **værtdyr**

SUBST. *-et,* plur. *~dyr, -ene*

et dyr på hvilket en snylter lever

værtshus

SUBST. *-et,* plur. *-e, -ene*

et lokale hvor der serveres øl og spiritus = BODEGA, BEVÆRTNING □ *gå på værtshus* □ *værtshusbesøg · værtshusejer · værtshusgæst · værtshusspektakler*

værtshusholder

SUBST. *-en,* plur. *-e, -ne*

en person der driver et værtshus□ *værtshusholdere skal have bevilling til at udskænke spiritus*

værtsplante el. **værtplante**

SUBST. *-n,* plur. *-r, -rne*

en plante på hvilken en snylter lever

væsel

SUBST. *-en* (el. *væslen*), plur. *væsler, væslerne*

et lille rovdyr af mårfamilien; flere arter, bl.a. *hermelin, brud, ilder* og *mink;* latinsk navn *Mustela*

væsen

SUBST. *-et* (el. *væsnet*), plur. *-er* (el. *væsner*), *-erne* (el. *væsnerne*)

1. en levende organisme med evne til at handle; det kan være et menneske, et dyr el. et fantasivæsen = SKABNING, INDIVID □ *et levende væsen · et overnaturligt væsen · et tænkende væsen · et usynligt væsen · tro på et højere væsen · hun er et kært gammelt væsen · der var ikke et levende væsen* □ *fantasivæsen · fornuftsvæsen*
2. ⟨ikke plur.⟩ en grundlæggende egenskab el. helhed af grundlæggende egenskaber der kendetegner en bestemt person, et bestemt dyr el. en bestemt art af noget = NATUR □ *hun er beskeden af væsen · det ligger i mandens væsen · han følte det i sit inderste væsen · tingenes sande væsen · kristendom er i sit inderste væsen kærlighed* □ *væsensbegrundet · væsensbeslægtet · væsensforskel · væsenslighed* • en persons måde at opføre sig på = SIND □ *have et beskedent væsen · være venlig af væsen · han har et venligt væsen · hendes indtagende væsen*
3. ⟨ikke plur.⟩ = STÅHEJ □ *gøre et stort væsen af noget · det er ikke noget at gøre sådan et væsen af · han gjorde ikke meget væsen af sig i den kamp* □ *uvæsen*
4. en større virksomhed el. institution □ *offentlige væsener* □ *bankvæsen · belysningsvæsen · brandvæsen · pengevæsen · postvæsen · skattevæsen · skolevæsen · toldvæsen*
5. det højeste væsen = GUDDOMMEN

væsensforskel

SUBST. *~forskellen,* plur. *~forskelle, ~forskellene*

en grundlæggende forskel ≠ GRADSFORSKEL

væsensforskellig

ADJ. *-t, -e*

som er grundlæggende forskellig □ *væsensforskellige synspunkter*

væsentlig

ADJ. *-t, -e; -ere, -st*

som drejer sig om det vigtigste el. størstedelen af noget = ESSENTIEL, VIGTIG, SUBSTANTIEL, BETYDELIG ≠ UVÆSENTLIG □ *det er væsentligt for arbejdet at alle er enige · en væsentlig forskel · i væsentlig grad · nu må vi skelne mellem væsentligt og uvæsentligt · barnet får en væsentlig del af hendes tid* □ *væsentlighed*

væske[1]

SUBST. *-n,* plur. *-r, -rne*

en flydende masse der har et fast rumfang men ikke nogen afgrænset form □ *vand er en væske* □ *væskeansamling · væskeform* □ *bremsevæske · fremkaldervæske · kølervæske · rensevæske · sprinklervæske*

væske[2]

VERB. *-r, -de, -t*

afsondre væske □ *såret væsker · et væskende sår*

vætte

SUBST. *-n,* plur. *-r, -rne*

et væsen som ifølge nordisk mytologi lever under jorden i nærheden af menneskeboliger

vættelys

SUBST. *-et,* plur. *~lys, -ene*

den forstenede kegleformede skal fra en uddød blæksprutteart; findes ofte i kridtaflejringer

væv[1]

SUBST. *-en,* plur. *-e, -ene*

et redskab til fremstilling af stof; arbejder sådan at to trådsystemer som er vinkelret på hinanden, flettes sammen□ *rammevæv · skaftevæv · trådvæv*

væv[2]

SUBST. *-et,* plur. *væv, -ene*

1. et materiale af ensartede tæt sammenføjede celler i legemet som har samme funktion; det kan være blødt som slimhindevæv el. hårdt som knoglevæv□ *vævslære · vævsprøve* □ *bindevæv · cellevæv · knoglevæv · muskelvæv · nervevæv*
2. noget som er vævet el. spundet tæt sammen□ *et væv af løgne* □ *glasfibervæv*

væve

VERB. *-r, -de, -t*

1. væve ngt fremstille fx stof og tæpper ved hjælp af en væv □ *hun havde selv vævet stoffet til jakken* • **væve ngt ind i ngt** flette el. blande noget sammen □ *forfatteren vævede den ene handling ind i den anden · dagens oplevelser vævede sig ind i hendes drømme*
2. trække tale i langdrag, især fordi man ikke kan svare for sig = VRØVLE □ *taleren stod og vævede uden at komme med konkrete eksempler*

vævebom

SUBST. *~bommen,* plur. *~bomme, ~bommene*

en stang i en væv som *trenden* vindes om

væver[1]

SUBST. *-en,* plur. *-e, -ne*

1. en person som væver på en væv; det kan være en fabriksarbejder el. en kunstner □ *væveren udstillede sine tæpper på biblioteket* □ *væveri · væverske · væverkunst · væverskammel* □ *silkevæver*
2. en afrikansk spurvefugl der laver meget kunstfærdige reder = VÆVERFUGL

væver[2]

ADJ. *-t, vævre; vævrere, vævrest*
[ˈvæˈvɔ]

= ADRÆT □ *hermelinen er et vævert lille dyr · hendes vævre lille krop forsvandt hurtigt op i træets grene*

væveri

SUBST. *-et,* plur. *-er, -erne*
/væveˈri/

en virksomhed som producerer tekstil fremstillet ved vævning□ *væveriarbejde · væveriejer · væveristue* □ *dampvæveri · maskinvæveri*

vævestue

SUBST. *-n,* plur. *-r, -rne*

et lokale hvor man syr; det kan være et stort lokale på en tekstilvirksomhed el. et mindre rum i en privatbolig

vævsprøve

SUBST. *-n,* plur. *-r, -rne*

cellevæv der er taget ud af kroppen med henblik på undersøgelse, fx til diagnosticering af en sygdom

vølve

SUBST. *-n,* plur. *-r, -rne*

en spåkvinde i den nordiske mytologi

våben[1]

SUBST. *-et* (el. *våbnet*), plur. *våben, våbnene*

1. et redskab som anvendes til at dræbe el. såre et menneske el. et dyr med; det kan være en kniv, en kølle el. et gevær □ *et dødbringende våben · et stumpt våben · forsvare sig med et våben · føre våben mod nogen · hun holdt et våben i sin hånd · jægeren sænkede sit våben · han har ret til at bære våben · han brugte en brevvægt som våben* □ *våbenbroder · våbenbrug · våbendrager · våbenduelig · våbenfabrik · våbenforbud · våbenhus · våbenhvile · våbenindustri · våbenkyndig · våbenløs · vå-*

benmagt · *våbensmugler* · *våbenstilstand* · *våbentilladelse* □ *atomvåben* · *huggevåben* · *håndvåben* · *kernevåben* · *mordvåben* · *slagvåben* · *skydevåben* • **blanke våben** (glds.): våben med klinge til at hugge el. stikke med i nærkamp ≠ SKYDEVÅBEN □ *duellere med blanke våben* • **konventionelle våben** våben som ikke er atomvåben, biologiske el. kemiske våben ≠ ABC-VÅBEN • **gribe til våben mod ng** begynde at strides el. kæmpe □ *de greb til våben mod fjenden* · *de greb til våben for at forsvare deres land* · *til våben!* • **kæmpe med blanke våben** kæmpe med ærlige midler • **nedlægge våbnene** ophøre med at strides el. kæmpe og slutte fred • **strække våben** overgive sig □ *de strakte våben uden kamp* • **under våben** udtryk for at soldater er bevæbnede og klar til kamp □ *have 5.000 mand under våben*

2. = VÅBENART □ *ti tusind mand af alle våben* · *fodfolket er hærens vigtigste våben* □ *flyvevåben* · *luftvåben*

våben[2]

SUBST. *-et* (el. *våbnet*), plur. *-er* (el. *våbner* el. *våben*), *-erne* (el. *våbnene*)

et mærke med figurer el. mønstre som er kendetegn for en adelsslægt, en person, et land, en by el.lign.; består af et *våbenskjold* som kan have en hjelm el. en krone ovenover, og som kan være omgivet af en kappe = VÅBENSKJOLD, VÅBENMÆRKE □ *byvåben* · *rigsvåben*

våbenart

SUBST. *-en*, plur. *-er*, *-erne*

en særlig art af våben med tilhørende militærstyrke, fx fodfolket el. artilleriet = VÅBEN □ *hæren stillede med ti tusind mand af alle våbenarter*

våbendrager

SUBST. *-en*, plur. *-e*, *-ne*

en underordnet person der bærer en ridders våben og kæmper ved hans side = VÆBNER • en person der ivrigt tilslutter sig en andens ideer el. sag □ *han optrådte som ministerens våbendrager*

våbengny

SUBST. *-et*

(poet.): larm fra en kamp

våbenhvile

SUBST. *-n*, plur. *-r*, *-rne*

en aftalt periode uden krigshandlinger under en krig; afholdes især for at parterne kan forhandle om fred = VÅBENSTILSTAND □ *regeringen har indgået våbenhvile med oprørerne* · *søge at få en våbenhvile i stand* · *bryde en våbenhvile*

våbenmagt

SUBST. *-en*

den magt som besiddelse af våben repræsenterer □ *sætte sine krav igennem med våbenmagt* · *slå et oprør ned med våbenmagt* • et land som besidder et stort antal våben

våbenmærke

SUBST. *-t*, plur. *-r*, *-rne*

en figur el. et mønster i et våbenskjold = SKJOLDMÆRKE

våbenskjold

SUBST. *-et*, plur. *-e*, *-ene*

den skjoldformede del af et våben for en adelsslægt, en by el.lign. = VÅBEN, SKJOLD

våbenstilstand

SUBST. *-en*

= VÅBENHVILE □ *våbenstilstandsbetingelser*

våd

ADJ. *-t*, *-e*; *-ere*, *-est*

1. dækket af væde el. fuld af væde = FUGTIG □ *jorden er våd af dug* · *vådt føre* · *få våde fødder* · *være våd om fødderne* · *være våd af sved* • = REGNFULD □ *en våd sommer* • **gøre sig våd** tisse i bukserne • **hverken få vådt eller tørt** hverken få noget at drikke el. at spise • **våde varer** se under *vare*

2. ligne en våd hund se meget skuffet ud

våddragt

SUBST. *-en*, plur. *-er*, *-erne*

en isolerende dragt til beskyttelse mod kulde ved ophold i vand

våde

SUBST. *-n*, plur. *-r*, *-rne*

(glds., poet.): det at komme i nød el. komme ud for en ulykkelig hændelse □ *stande i våde* □ *vådeskud*

vådeskud

SUBST. *~skuddet*, plur. *skud*, *~skuddene*

et skud der affyres ved et uheld og rammer et levende væsen □ *han blev ramt af et vådeskud under jagten* □ *vådeskudsdrama*

vådområde

SUBST. *-t*, plur. *-r*, *-rne*

et vandområde som fx en eng, sø el. fjord der har en dybde af indtil 6 m ved lavvande

våge[1]

SUBST. *-n*, plur. *-r*, *-rne*

et hul i et islag der dækker vand □ *fiske i en våge i isen* · *falde gennem en våge i isen* □ *vågehval*

våge[2]

VERB. *-r*, *-de*, *-t*

våge hos el. **ved ng** sidde oppe og passe på nogen □ *våge hos en syg person* · *våge ved en seng* · *våge ved et lig* □ *vågeblus* · *vågelampe* · *vågekone* • **våge over ng(t)** holde opsyn med nogen el. noget = OVERVÅGE □ *han vågede skinsygt over sin kone* · *våge over at alt er i orden* · *våge over sine ejendele*

vågeblus

SUBST. *~blusset*, plur. *~blus*, *~blussene*

et lys el. en flamme der brænder ganske svagt • **holde** el. **sætte ngt på vågeblus** sænke aktiviteten inden for et bestemt område til et meget lavt niveau □ *holde kærligheden på vågeblus* · *sætte produktionen på vågeblus*

vågekone

SUBST. *-n*, plur. *-r*, *-rne*

(glds.): en kvinde der holder vagt ved en syg person el. en kvinde der barsler

vågelampe

SUBST. *-n*, plur. *-r*, *-rne*

en lille lampe med svagt lys som er tændt om natten, fx på et børneværelse el. en hospitalsstue

vågen

ADJ. *-t*, *vågne*

som ikke sover, men er ved fuld bevidsthed □ *være vågen* · *ligge vågen hele natten* · *drengen forsøgte at holde sig vågen* · *problemerne gav hende mange vågne nætter* □ *vågenhed* □ *halvvågen* · *lysvågen* · *spilvågen* • = OPVAKT □ *de er et par vågne unger*

vågne

VERB. *-r*, *-de*, *-t*

ophøre med at sove el. være bevidstløs □ *jeg vågnede kl. 7* · *han vågnede ved støjen* · *han vågnede ved at han frøs* · *hun vågnede med et sæt* · *hun vågnede op af hypnosen* □ *opvågne* • begynde at udvikle sig □ *hans samvittighed vågnede* · *langsomt vågnede hendes interesse for sagen* · *nu må du vågne op til dåd* · *hun kunne spore en vågnende forståelse hos ham*

vånd

SUBST. *-en*, plur. *-e*, *-ene*

(glds.): = VIDJE

vånde[1]

SUBST. *-n*, plur. *-r*, *-rne*

(form., poet.): = KVAL □ *hun stønnede som i vånde*

vånde[2]

VERB. *-r*, *-de*, *-t*

vånde sig i el. **af ngt** komme med mishagsytringer = STØNNE, JAMRE □ *vånde sig i smerte* · *vånde sig af anstrengelse* · *hun lå i sengen og våndede sig* • **vånde sig ved ngt** være ked af at skulle gøre noget = KVIE SIG □ *vånde sig ved at betale prisen*

våndefuld

ADJ. *-t*, *-e*

(form.): som er fuld af kval og smerte □ *en våndefuld klage*

våning

SUBST. *-en*, plur. *-er*, *-erne*

(glds., form.): = BOLIG

vår[1]

SUBST. *-en*

= FORÅR □ *hun glæder sig over både vinter og vår* · *i ungdommens vår*

vår[2]

SUBST. *-et*, plur. *vår*, *-ene*

et betræk til en dyne el. en pude □ *dynevår* · *pudevår*

vårflue

SUBST. *-n,* plur. *-r, -rne*

et insekt med tynde, svagt brunlige vinger hvis larver lever i ferskvand hvor de bygger boer af plantedele og småsten; mange arter; latinsk navn *Trichoptera* □ *vårfluelarve*

vårguld

SUBST. *-en,* plur. *~guld, -ene*

= FORSYTIA

vås

SUBST. *-et*

meningsløs snak = VRØVL □ *det er noget vås at vandet er for koldt*

våse

VERB. *-r, -de, -t*

= VRØVLE

w

SUBST. *w'et,* plur. *w'er, w'erne*

det 23. bogstav i alfabetet; bruges i dansk kun i ord af fremmed oprindelse

W

fork. for *watt*

waders

SUBST.PLUR. *-ene*
/va'gɔŋ/

lange gummistøvler der går til lårene el. op om kroppen, og som fx bruges af lystfiskere til kystfiskeri

wagon

SUBST. *-en,* plur. *-er, -erne*
/va'gɔŋ/

en personvogn i et jernbanetog = TOGVOGN

waldorfsalat

SUBST. *-en,* plur. *-er, -erne*

en salat der består af bl.a. æbler, vindruer, bladselleri og valnødder som blandes med mayonnaise og evt. flødeskum

walesbrød

SUBST. *-et,* plur. *~brød, -ene*

et let bagværk lavet af butterdej og vandbakkelsesdej, fx walesbolle, waleskrans el. walesstang

waliser

SUBST. *-en,* plur. *-e, -ne*
[va'li'sɔ]

en person fra Wales

walisisk

ADJ. *- , -e*
/wa'lisisk/

som har at gøre med Wales

walkie-talkie

SUBST. *-n,* plur. *-r, -rne*
[wå'gi'tå'ki]

en transportabel radio som på skift kan modtage og sende signaler over kortere afstande

walkman ®

SUBST. *en,* plur. *walkmen, walkmenene*
['wå'gma'n]

en bærbar båndspiller i lommeformat og med hovedtelefoner

watt

SUBST. *en,* plur. *watt, -ene*
fork. *W*

en måleenhed for effekt; 1 watt svarer til at en energimængde på 1 joule omdannes fra en energiform til en anden på et sekund

watt-time

SUBST. *-n,* plur. *-r, -rne*
fork. *Wh*

den mængde energi der skal til for at opretholde en effekt på en watt i en time; 1 watt-time = 3.600 joule

wc

SUBST. *wc'et,* plur. *wc'er, wc'erne*

en kumme med sæde og afløb beregnet til at skaffe mennesker af med urin og afføring = TOILET, LOKUM □ *gå på wc* · *sidde på wc* □ *wc-børste* · *wc-dør* · *wc-kumme* · *wc-papir* · *wc-rulle*

wc-papir

SUBST. *-et*

= TOILETPAPIR

webcrawler

SUBST. *-en,* plur. *-e, -ne*
['wæbkrå'lɔ]

et søgeværktøj til internets world wide web

weekend

SUBST. *-en,* plur. *-er, -erne*
['vi'gæn't el. *'wi'gænt]*

en periode der omfatter lørdag og søndag hvor man har fri efter en arbejdsuge □ *forretningen har også åbent i weekenden* · *drengen besøgte sin far hver anden weekend* □ *weekendattest* · *weekendbesøg* · *weekendfri* ● **være** el. **tage på weekend** være el. tage på en ferie som varer en weekend

weltervægt

SUBST. *en*

en vægtklasse i boksning; fra 63,5 til 67 kg □ *verdensmesteren i Weltervægt*

weltervægter

SUBST. *-en,* plur. *-e, -ne*

en idrætsudøver som tilhører vægtklassen weltervægt □ *letweltervægter*

weltschmerz

SUBST. *en*
['vældsjmärds]

(litteratur): tilstand af melankoli og livslede som er forårsaget af sorg og smerte over den lidende menneskehed □ *mange af romantikkens helte føler stor weltschmerz* · *digtet udtrykker weltschmerz*

western

SUBST. *en,* plur. *western, -ene*

en film der handler om livet blandt nybyggere, cowboys, lovløse og indianere; foregår ofte i den vestlige del af Nordamerika = WESTERNFILM, COWBOYFILM, WILDWESTFILM

Wh

fork. for *watt-time*

whiskers

SUBST.PLUR. *whiskerne*

et skæg der vokser på hver side af ansigtet, og som ikke mødes på hagen = KINDSKÆG

whisky

SUBST. *-en,* plur. *-er, -erne*
['visgi el. *'wisgi]*

en klar, brun brændevin der fremstilles af forskellige slags korn □ *en flaske whisky* · *et glas whisky* · *skotsk whisky* □ *whiskysjus* · *whiskysour* □ *maltwhisky*

whiskysjus

SUBST. *~sjussen,* plur. *~sjusser, ~sjusserne*

et glas whisky der er blandet med vand, mineralvand el.lign.

whist

SUBST. *-en*
['vest]

et kortspil for 3-4 spillere som minder om *bridge,* men som er noget mindre kompliceret □ *amerikansk whist* · *engelsk whist* · *japansk whist* · *skotsk whist* · *whist med blind makker* □ *whistmelding* · *whistparti* · *whistspiller*

wiener

SUBST. *-en,* plur. *-e, -ne*

en person fra Wien

wienerbrød

SUBST. *-et,* plur. *~brød, -ene*

et bagværk som er lavet af dej hvori der er indrullet smør; dejen bliver meget fed og flaget når den bages □ *et stykke wienerbrød* · *wienerbrød og kager* □ *wienerbrødsdej* · *wienerbrødshorn* · *wienerbrødsstang*

wienerschnitzel el. **wienersnitsel**

SUBST. *-en* (el. *wienerschnitzlen*), plur. *wienerschnitzler, wienerschnitzlerne*
[ˈ*vi'nɔsnidsəl*]

en skive skært kalvekød der paneres, steges og garneres med citron og ansjosfileter, høvlet peberrod og kapers

wienerstige

SUBST. *-n,* plur. *-r, -rne*

en stige der betår af to stiger der læner sig mod hinanden som et omvendt V =TRAPPESTIGE

wienerstol

SUBST. *-en,* plur. *-e, -ene*

en stol med rundt polstret el. flettet sæde og spinkle ben og ryg i formbøjet træ el. metal

wienervals

SUBST. *-en,* plur. *-e, -ene*

en livlig vals fra 1800-tallets Wien med mange drejninger; hører til blandt standarddansene i sportsdans • musik som hører til dansen

wigwam

SUBST. *-en* (el. *wigwammen*), plur. *-er* (el. *wigwammer*), *-erne* (el. *wigwammerne*)

en kuppel- el. tøndeformet hytte beklædt med bark el. skind; brugt af indianerstammer i Nordamerika ≠ TIPI

wildwestfilm

SUBST. *-en,* plur. *~film, -ene*

(glds.): =WESTERN

windsurfe

VERB. *-r, -de, -t*

dyrke windsurfing □ *windsurfing*

windsurfer

SUBST. *-en,* plur. *-e, -ne*
[ˈ*wendsɔ̈ˑfɔ*]

en surfer der dyrker *windsurfing*; også om selve surfbrættet

windsurfing

SUBST. *en*

surfing på et surfbræt med et trekantet sejl som drives frem af vinden

wing

SUBST. *-en,* plur. *-er, -erne*

= FLØJSPILLER • (forældl.): en fodboldspiller på fløjen □ *innerwing* · *yderwing*

wingback

SUBST. *-en,* plur *-er, -erne*

= BACK

wire

SUBST. *-n,* plur. *-r, -rne*
[ˈ*wajɔ* el. ˈ*viˑɔ*]

en snor el. et tov af sammensnoede metaltråde □ *wirerecorder*

wobler

SUBST. *-en,* plur. *-e, -ne*

et kunstagn der er forsynet med en metaltunge som giver det en slingrende bevægelse i vandet

wok

SUBST. *wokken,* plur. *wokker, wokkerne*

en stor, skålformet metalpande der især anvendes til tilberedning af grøntsagsretter

wolfram

SUBST. *-et* (el. *wolframmet*)
[ˈ*vɔlfram*]

et metallisk grundstof med et meget højt smeltepunkt som bl. a. anvendes til glødetråde i elektriske pærer; atomtegn *W* □ *wolframblåt* · *wolframstål* · *wolframsyre*

worcestersauce

SUBST. *-en*
[ˈ*wusdɔsåˑs*]

en stærkt krydret sovs på flaske som bruges i forskellige middagsretter =ENGELSK SOVS

workshop

SUBST. *workshoppen,* plur. *workshopper, workshopperne*
[ˈ*wɔ̈ˑgsjɔp*]

en begivenhed hvor en gruppe mennesker mødes for at diskutere og udveksle ideer om et bestemt emne el. eksperimentere med nye former for kunst el. håndværk □ *afholde en workshop* · *en workshop om økologi* □ *danseworkshop* · *håndværksworkshop* · *musikworkshop* · *teaterworkshop*

world wide web

SUBST.
[ˈ*wɔ̈ˑld wajd* ˈ*wæb*]
fork. *www* el. *WWW*

del af internettet hvor man kan fremsøge dokumenter og oplysninger ved hjælp af *webcrawler*

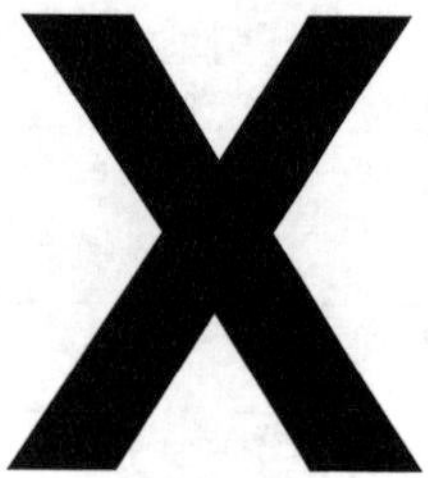

x

SUBST. *x'et,* plur. *x'er, x'erne*

1. det 24. bogstav i alfabetet; bruges i dansk kun i ord af fremmed oprindelse
2. (matematik): tegn for en ubekendt størrelse • en person hvis identitet er ukendt ≠ NN □ *mister X* • *det borende X*

X

romersk taltegn for 10

x-akse

SUBST. *-n,* plur. *-r, -rne*

den vandrette akse i et *koordinatsystem* = ABSCISSEAKSE, FØRSTEAKSE ≠ Y-AKSE, ORDINATAKSE, ANDENAKSE □ *afsætte punkter på x-aksen*

xanthippe

SUBST. *-n,* plur. *-r, -rne*
[*san'tibə*]

en stridslysten kvinde = FURIE, HARPE, RAPPENSKRALDE

XL

fork. for *ekstra large* i tøjstørrelse

XS

fork. for *ekstra small* i tøjstørrelse

xylofon

SUBST. *-en,* plur. *-er, -erne*
[*sylo'fo'n*]

et slaginstrument som består af en række afstemte træ- el. metalstave der anslås med lette køller

xylofonist

SUBST. *-en,* plur. *-er, -erne*
[*sylofo'nist*]

en person der spiller xylofon

xylograf

SUBST. *-en,* plur. *-er, -erne*
[*sylo'gra'f*]

en person der laver træsnit

xylografi

SUBST. *-en*
[*sylogra'fi'*]

kunsten at udføre træsnit og aftrykke dem □ *xylograf* • *xylografisk* • = TRÆSNIT

y

SUBST. *y'et,* plur. *y'er, y'erne*

1. det 25. bogstav i alfabetet □ *y-lyd*
2. (matematik): tegn for den anden af to ubekendte størrelser □ *x og y*

yacht

SUBST. *-en,* plur. *-er, -erne*
[ˈ*jagt* el. ˈ*jå·t*]

et stort og luksuriøst lystfartøj = LYSTYACHT □ *den kongelige yacht* □ *yachtklub* □ *kejseryacht · kongeyacht*

yak

SUBST. *yakken,* plur. *yakker, yakkerne*
[ˈ*jak*]

en langhåret, centralasiatisk okse; latinsk navn *Bos grunniens* = YAKOKSE

y-akse

SUBST. *-n,* plur. *-r, -rne*

den lodrette akse i et *koordinatsystem* = ORDINATAKSE, ANDENAKSE ≠ X-AKSE, ABSCISSEAKSE, FØRSTEAKSE □ *afsætte punkter på y-aksen*

yalelås ®

SUBST. *-en,* plur. *-e, -ene*
[ˈ*jæjllå's*]

en slags cylinderlås til yderdøre

yams

SUBST. *-en*
[ˈ*jæm's*]

en tropisk plante med pileformede blade og spiselige, stivelsesholdige stængelknolde der er på størrelse med kartofler; latinsk navn *Dioscorea* □ *yamsmel · yamsrod*

yankee

SUBST. *yankee'en,* plur. *yankee'er, yankee'erne*
[ˈ*ja·ŋki*]

(spøg.): = AMERIKANER □ *en vaskeægte yankee*

yard

SUBST. *-en,* plur. *yard, -ene*
[ˈ*ja'd*]
fork. *yd*

et engelsk længdemål: 1 yard = 0,9144 m

yatzy

SUBST.
[ˈ*jadsi*]

et terningspil hvor det gælder om at slå forskellige kombinationer med fem terninger □ *et spil yatzy · spille yatzy* □ *yatzyblok · yatzyspil* • det at slå fem ens terninger som giver 50 point i yatzy □ *få yatzy*

yawl

SUBST. *-en,* plur. *-er, -erne*
[ˈ*jå·l*]

et tomastet lystfartøj hvor mesanstammen er placeret bag rorstammen ≠ KETCH

yd.

fork. for *yard*

yde

VERB. *-r, -de, -t*

1. yde ngt frembringe el. præstere noget; især med henblik på resultatet af en aktivitet og på noget positivt = PRÆSTERE □ *yde sit bedste · køerne yder adskillige liter mælk · yde en fin præstation · yde assistance · yde modstand · yde dækning*
2. yde ng ngt give udtryk for el. indrømme nogen noget = GIVE, SKÆNKE □ *yde nogen hyldest · yde nogen anerkendelse · hun ydede ham kredit · yde sikkerhed for et lån* • **yde ng ngt** = BETALE □ *yde nogen erstatning*

ydeevne

SUBST. *-n*

en evne til at producere el. præstere noget □ *en maskines ydeevne · et dyrs ydeevne · en ko med stor ydeevne · forøge nogets ydeevne · være på højden af sin ydeevne · nå grænsen af sin ydeevne · anspænde hele sin ydeevne*

ydelse

SUBST. *-n,* plur. *-r, -rne*

1. = PRÆSTATION □ *hans ydelse ved denne lejlighed var ikke stor* • en mængde som ydes □ *koens ydelse af mælk er faldende* □ *mælkeydelse · ægydelse*
2. et beløb man betaler til nedbringning af en gæld = GÆLD ≠ AFDRAG □ *lånet skulle betales tilbage med fire årlige ydelser · betale en ydelse på 1.000 kr.* • et beløb som man betaler el. modtager til dækning af udgifter □ *betale en årlig ydelse for medlemsskabet · modtage en ydelse · sociale ydelser*

yderdør

SUBST. *-en,* plur. *-e, -ene*

en dør som fører fra en bygning og ud i det fri = HOVEDDØR

yderlig

ADJ. *-t, -e; -ere, -st*

i yderkanten af noget □ *sidde yderligt på en stol · sæt dig ikke så yderligt! · stien er for yderlig · et yderligt beliggende hus* □ *yderliggående · yderlighed*

yderligere

ADJ.KOMP.

som kommer til ud over det netop angivne □ *der var ingen yderligere smitte · der vil yderligere blive foretaget fornyet gennemgang af regnskaberne · her kræves ikke yderligere bevis · hun afholdt sig fra at stille yderligere spørgsmål · han ville ikke kommentere sagen yderligere*

yderliggående

ADJ.

se *yderligtgående*

yderlighed

SUBST. *-en,* plur. *-er, -erne*

den yderste grænse for noget, fx for en måde at opføre sig på = EKSTREM □ *når de to søstre diskuterer går de altid til hver sin yderlighed · svinge fra den ene til den anden yderlighed* • **gå til yderligheder** gøre noget drastisk, fx gribe til vold □ *der er ingen grund til at gå til yderligheder*

yderligtgående el. **yderliggående**

ADJ.

som går til yderpunkter = EKSTREM, EKSTREMISTISK □ *han er yderliggående i sine meninger · selv om sagen er af stor vigtighed for os, vil vi ikke blive yderliggående*

yderlomme

SUBST. *-n,* plur. *-r, -rne*

en lomme der sidder uden på tøjet ≠ INDERLOMME

ydermere

ADV.

(form.): = DESUDEN □ *ydermere var han ret uforskammet*

ydermur

SUBST. *-en,* plur. *-e, -ene*

en udadvendende mur ≠ INDERMUR □ *efter branden var der kun ydermurene tilbage*

yderside

SUBST. *-n*, plur. *-r, -rne*

den udvendige side af noget ≠ INDERSIDE □ *ydersiden af muren* · *husets yderside* · *armens yderside*

yderst

ADJ. *- , -e*

1. som er længst ude □ *fyret stod på den yderste spids af næsset* • som mest udpræget repræsenterer et politisk standpunkt = YDERLIGGÅENDE, EKSTREM □ *politisk tilhører han det yderste højre* • **i yderste øjeblik** i sidste øjeblik • **ligge på sit yderste** ligge for døden

2. som er bedst el. af den højeste grad □ *han gjorde det med yderste omhu* · *jeg skal gøre mit yderste*

3. ⟨ADV.⟩ forstærkende udtryk = OVERORDENTLIG, OVERMÅDE □ *en yderst fremragende præstation* · *en yderst mat forestilling* · *det sker yderst sjældent*

ydervæg

SUBST. *~væggen*, plur. *~vægge, ~væggene*

en væg der afgrænser en bygning mod omgivelserne ≠ INDERVÆG □ *et hjørneværelse har to ydervægge*

ydmyg

ADJ. *-t, -e*

som ikke føler el. hævder personlig stolthed i forhold til andre □ *være en ydmyg tjener* · *fremsætte en ydmyg bøn* · *et ydmygt buk* · *en mand med en ydmyg natur* □ *ydmyghed*

ydmyge

VERB. *-r, -de, -t*

ydmyge ngn behandle en person meget dårligt ved at få ham til at føle at han mister andres respekt = KRÆNKE, NEDVÆRDIGE □ *han blev ydmyget foran hele klassen* · *det var hende en glæde at ydmyge ham*

ydmygelse

SUBST. *-n*, plur. *-r, -rne*

en ydmygende handling el. det at blive ydmyget = FORNEDRELSE, TORT □ *han måtte finde sig i mange ydmygelser* · *hun følte ethvert afslag som en ydmygelse*

ydre[1]

SUBST. *-t*, plur. *-r, -rne*

den udvendige side af noget □ *husets ydre trængte til istandsættelse* • en persons udseende □ *han havde sit ydre imod sig*

ydre[2]

ADJ.

som vedrører den udvendige side af nogen el. noget = UDVENDIG □ *det ydre øre* · *en ydre mur* · *man skal ikke dømme efter det ydre* • som man umiddelbart kan se på ≠ INDRE □ *der var ingen tegn på ydre skade* · *de ydre omstændigheder*

yemenit

SUBST. *yemenitten*, plur. *yemenitter, yemenitterne*
/yeme'nit/

en person fra Yemen

yemenitisk

ADJ. *- , -e*
/yeme'nitisk/

som har at gøre med Yemen

yen

SUBST. *yennen*, plur. *yen, yennene*
['jæn]

en japansk møntenhed

ylette ®

SUBST. *-n*, plur. *-r, -rne*

ymer som er lavet på letmælk

ymer ®

SUBST. *-en*, plur. *-e, -ne*

et surmælksprodukt der fremstillet af sødmælk som er syrnet med en særlig bakteriekultur □ *ymerdrys*

ymte

VERB. *-r, -de, -t*

ymte ngt sige noget på en henkastet måde = ANTYDE □ *han ymtede noget om at han allerede havde spist*

ynde[1]

SUBST. *-n*, plur. *-r, -rne*

det at være så harmonisk i sine bevægelser el. optræden at man virker charmerende på andre = GRATIE □ *hun bevægede sig med naturlig ynde* □ *yndefuld* • **ynder** de legemlige fortrin; især hos kvinder = YNDIGHEDER □ *hun viste gerne sine ynder frem* · *hendes ynder var gemt væk i den tækkelige kjole*

ynde[2]

VERB. *-r, -de, -t*

ynde ngt nære forkærlighed for noget □ *jeg ynder ikke fede retter* · *han ynder at fortælle vittigheder* · *mange ynder at skælde ud på politikerne* · *noget som NN ynder at kalde 'personality'* • **yndet** = POPULÆR □ *han er en yndet foredragsholder* · *Dyrehavsbakken er et yndet udflugtsmål*

yndefuld

ADJ. *-t, -e*

som bevæger sig på en smuk og let måde = GRACIØS □ *yndefuld dans* · *yndefulde bevægelser* □ *yndefuldhed*

yndest

SUBST. *-en*

(glds.): det at have en sædvanligvis højtstående persons velvilje og bevågenhed = GUNST, NÅDE □ *han havde kongens yndest*

yndig

ADJ. *-t, -e; -ere, -st*

som er fuld af ynde og derfor tiltalende = SMUK, BEDÅRENDE □ *en yndig kjole* · *et yndigt smil* · *de yndigste børn* · *der er et yndigt land*

yndling

SUBST. *-en*, plur. *-e* (el. *-er*), *-ene* (el. *-erne*)

nogen el. noget som man foretrækker frem for andre el. andet = FAVORIT, KÆLEDÆGGE, ØJESTEN □ *af de tre sønner var den yngste faderens yndling* · *den unge skuespiller var publikums yndling* □ *yndlingsbeskæftigelse* · *yndlingsdigter* · *yndlingsret* · *yndlingssted* · *yndlingsudtryk*

yngel

SUBST. *-en* (el. *ynglen*)

afkom af et dyr el. en fisk; ofte om afkom som kommer i stort antal på én gang □ *yngelpleje* □ *fiskeyngel*

yngelpleje

SUBST. *-n*

omsorg som et dyr udviser over for sit afkom

yngle

VERB. *-r, -de, -t*

få afkom □ *på øen yngler op til 100 forskellige slags fugle* □ *yngledam* · *ynglepIads* · *yngletid* • (om penge): blive brugt el. investeret på en sådan måde at den samlede sum hele tiden forøges □ *allerede i skolen forstod hun at få penge til at yngle* · *hans job er at få firmaets midler til at yngle bedst muligt* · *pengene skal bringes til at yngle i udlandet*

yngling

SUBST. *-en*, plur. *-e, -ene*

1. (glds., poet.): = UNGERSVEND □ *trods sine 73 år er han livlig og hurtig som en yngling*

2. en sportsmand el. -kvinde i alderen ca. 16-18 år inden for visse sportsgrene □ *han er rykket op og er blevet yngling nu* □ *ynglingehold* · *ynglingelandshold*

yngre

ADJ.

bøjningsform af *ung*

yngst

ADJ.

bøjningsform af *ung*

ynk

SUBST. *en*

det at noget vækker sorg og medlidenhed = JAMMER □ *hun græd så det var en ynk* · *det var den rene ynk at se på*

ynke

VERB. *-r, -de, -t*

ynke ngn føle el. udtrykke sin medlidenhed med nogen □ *der er ingen grund til at ynke ham* · *man kan ikke andet end ynkes over hans skæbne*

ynkelig

ADJ. *-t, -e*

som vækker medlidenhed el. medynk = YNKVÆRDIG, JAMMERLIG □ *barnet græd ynkeligt* · *han talte med en ynkelig stemme* · *hun så ynkelig ud i det slidte tøj* □ *ynkelighed* • som er uden mod og styrke □ *han gjorde en ynkelig figur*

ynkværdig

ADJ. *-t, -e*

som vækker medynk □ *en ynkværdig person*

yoga

SUBST. *-en*
[ˈjoˑga]

et system af legemsstillinger som skal virke afstressende og afslappende og øge koncentrationsevnen, evt. sammen med meditation □ *dyrke yoga* ● en indisk filosofi el. religion hvis tilhængere stræber efter at opnå en oplevelse af fred i sindet og frigørelse fra alt fysisk ved hjælp af et system af øvelser i koncentration, meditation, vejrtrækning m.m. og afholdenhed

yoghurt el. **jogurt**

SUBST. *-en,* plur. *-er, -erne*

mælk som er syrnet med en særlig bakteriekultur og evt. tilsat frugt el. frugtsaft □ *yoghurt naturel* · *yoghurt med jordbær* □ *yoghurtkultur* · *yoghurtis* □ *frugtyoghurt* · *letmælksyoghurt* · *røreyoghurt* · *skæreyoghurt*

yogi

SUBST. *-en,* plur. *-er, -erne*
[ˈjoˑgi]

en person som gennem meditation og andre mentale teknikker har optrænet sin krop til fx at kunne gå i dvale el. til at kunne udholde stærke smerter; fungerer ofte som åndelig vejleder og læremester inden for yoga □ *det påstås at flere yogier med tankens kraft kan få vand til at fryse til is* · *en yogi fra Tibet*

yoyo ®

SUBST. *-en,* plur. *-er, -erne*
[joˈjo]

et stykke legetøj der består af et tykt rundt stykke træ el. plastic med en dyb, smal rille som man kan få til at rulle op og ned ad en snor der er bundet fast i det □ *spille med yoyo* · *lege med yoyo* · *få yoyoen til at spinde*

yppe

VERB. *-r, -de, -t*

yppe kiv el. **strid** foranledige alvorlig uenighed

ypperlig

ADJ. *-t, -e; -ere, -st*

= PRÆGTIG □ *en ypperlig fest* · *et ypperligt menneske*

ypperst

ADJ. *-, -e*

som har de absolut bedste egenskaber = YPPERLIGST, BEDST, DYGTIGST □ *være den ypperste i sit fag* · *blive regnet blandt de ypperste* · *udstillingen viste det ypperste af dansk kunst* □ *ypperstepræst*

ypperstepræst

SUBST. *-en,* plur. *-er, -erne*

(hist.): den øverste præst; især hos jøderne ved Jerusalems tempel indtil år 70 □ *kong Herodes sammenkaldte ypperstepræsterne og de skriftkloge* □ *ypperstepræsteskab* · *ypperstepræstinde*

yppig

ADJ. *-t, -e*

som er meget fyldig el. frodig □ *en kvinde med yppige former* · *det yppige Fyn* ● (glds.): som hengiver sig til et overdådigt levned og sanselige nydelser = OVERDÅDIG □ *han fører et yppigt levned*

yt

ADV.

(slang): udtryk for at noget er gået af mode el. at man ikke er med på moden = UMODERNE, OUT ≠ IN □ *for få år siden var bukser med vide ben totalt yt* · *han er helt yt med det tøj*

ytre

VERB. *-r, -de, -t*

1. ytre ngt udtrykke noget med ord = UDTRYKKE, SIGE, NÆVNE □ *ytre sin mening om noget* · *ytre sin tilfredshed* · *ytre ønske om noget* ● **ytre sig** udtale sig el. sige sin mening om noget □ *det er længe siden man har hørt ham ytre sig*
2. ytre sig vise sig = GIVE SIG UDSLAG □ *lidelsen ytrer sig ved at patienten får stærk hovedpine og kvalme*

ytring

SUBST. *-en,* plur. *-er, -erne*

= UDTALELSE □ *det var en ubetænksom ytring* □ *ytringsevne* · *ytringsfrihed* · *ytringsfrist* · *ytringskraft* · *ytringskunst* ● det at give udtryk for noget □ *bifaldsytring* · *mishagsytring* · *ringeagtsytring* · *viljesytring*

yuppie

SUBST. *-n,* plur. *-r, -rne*
[ˈjupi]

en ung person som stræber efter at gøre karriere, har høj indkomst og holder af at bruge mange penge

yver

SUBST. *-et,* plur. *-e, -ne*

en nedhængende mælkekirtel med patter under bugen på køer, geder osv. □ *koens yver er spændt af mælk* □ *yverbetændelse* □ *koyver*

z

SUBST. *z'et,* plur. *z'er, z'erne*

det 26. bogstav i alfabetet; bruges i dansk kun i ord af fremmed oprindelse

zairer

SUBST. *-en,* plur. *-e, -ne*
/za'irer/

en person fra Zaire

zairisk

ADJ. *- , -e*
/za'irisk/

som har at gøre med Zaire

zambier

SUBST. *-en,* plur. *-e, -ne*

en person fra Zambia

zambisk

ADJ. *- , -e*

som har at gøre med Zambia

zappe

VERB. *-r, -de, -t*

zappe {mellem} ngt skifte program på tv, radio el.lign. ved hjælp af fjernbetjening □ *zappe mellem forskellige programmer* · *zappe over på et program* □ *zapning*

zar el. **tsar**

SUBST. *-en,* plur. *-er, -erne*

en regerende russisk storfyrste □ *den sidste zar* · *zaren af Rusland* □ *zardømme* · *zarstyre* · *zartiden*

zarina el. **tsarina**

SUBST. *-en,* plur. *-er, -erne*
/za'rina/

en regerende russisk storfyrstinde • en zars hustru

zarisme el. **tsarisme**

SUBST. *-n*
/za'risme/

zarens uindskrænkede regeringsmagt = ZARDØMME, ZARVÆLDE □ *zaristisk*

zebra

SUBST. *-en,* plur. *-er, -erne*

en hvid- og sortstribet hest som lever i flokke på den afrikanske savanne; latinsk navn *Eqvus quagga* □ *zebrahingst* · *zebrahoppe* · *zebrastribe*

zebu

SUBST. *-en,* plur. *-er, -erne*

en sydasiatisk og østafrikansk pukkelokse; betragtes i Indien som et helligt dyr af hinduerne; latinsk navn *Bos indicus* = ZEBUOKSE

zefyr

SUBST. *-et,* plur. *-er, -erne*

et fintrådet, let bomuldsstof

zenit

SUBST. *et*

1. et punkt på himmelhvælvingen lodret over iagttagerens hoved ≠ NADIR □ *stjernen står i zenit*
2. = HØJDEPUNKT □ *lykkens zenit*

zeolit

SUBST. *zeolitten,* plur. *zeolitter, zeolitterne*
/zeo'lit/

et mineral der tilhører en gruppe mineraler som bl.a. findes i hulrum i vulkanske bjergarter; består af vandholdige silikater af aluminium, kalcium og natrium

zeppeliner

SUBST. *-en,* plur. *-e, -ne*

et luftskib som blev brugt af tyskerne under første verdenskrig og senere til passagertransport

zigzag el. **siksak**

SUBST.

en linie el. en bevægelse som afviger fra midterlinien i vinkler til hver side □ *vejen gik i zigzag op over bjerget* · *løbe i zigzag* · *bilernes zigzag på motorvejen* · *lynenes zigzag oplyste himlen* □ *zigzagformet* · *zigzagkurs* · *zigzaglinie* · *zigzaglyn* · *zigzagmønster* · *zigzagsting* · *zigzagstribe*

zigzagge el. **siksakke**

VERB. *-r, -de, -t*

bevæge sig i zigzag □ *hun zigzaggede ud og ind mellem bilerne* · *en gnist zigzaggede ud i rummet* · *regeringen zigzaggede sig frem gennem forhandlingerne* □ *zigzaggen* • sy sting der går i zigzag □ *zigzagge over stoffets kanter*

zimbabwer

SUBST. *-en,* plur. *-e, -ne*
/zim'babwer/

en person fra Zimbabwe

zimbabwisk

ADJ. *- , -e*
/zim'babwisk/

som har at gøre med Zimbabwe

zink

SUBST. *-en* el. *-et*

et blåhvidt, metallisk grundstof som fx anvendes til galvanisering og legering af fx messing, og som er nødvendigt for levende organismer; atomtegn *Zn* □ *zinkbalje* · *zinkhvidt* · *zinkkiste* · *zinkplade* · *zinksalve* · *zinktryk*

zinkografi

SUBST. *-en*
/zinkogra'fi/

= ZINKTRYK

zinksalve

SUBST. *-n,* plur. *-r, -rne*

en tyk, skinnende hvid salve som indeholder zink, og som kan smøres på hudløse steder el. på steder med sart hud for at beskytte mod solskoldning el. hårdt vejr

zinktryk

SUBST. *et*

en reproduktionsmetode hvorved tegninger kopieres med en zinkplade = ZINKOGRAFI • ⟨*~trykket,* plur. *~tryk, ~trykkene*⟩ en enkelt reproduceret tegning, fremstillet ved kopiering med en zinkplade = ZINKOGRAFI

zionisme

SUBST. *-n*
/zio'nisme/

en jødisk bevægelse der oprindelig havde til formål at oprette en jødisk stat i Palæstina, og som nu støtter indvandring af jøder til Israel

zionist

SUBST. *-en,* plur. *-er, -erne*
/zio'nist/

en tilhænger af zionismen □ *zionisternes formål var oprettelsen af en jødisk stat i Palæstina* □ *zionistisk* □ *antizionist*

zobel

SUBST. *-en* (el. *zoblen*), plur. *zobler, zoblerne*

en sibirisk mår hvis skind bruges til pelsværk; latinsk navn *Martes zibellina* □ *zobelskind*

Zodiaken

SUBST.BEST.

= DYREKREDSEN

zone

SUBST. *-n,* plur. *-r, -rne*

et område el. en afdeling der er adskilt fra andre, og som er kendetegnet ved særlige egenskaber el. aktiviteter □ *inddele et område i zoner* · *en nøje afgrænset zone* · *geografiske zoner* · *forbudt zone* · *den demilitariserede zone* · *de polare zoner* · *Danmark ligger i den zone der har mellemeuropæisk tid* □ *zonegrænse* · *zoneinddeling* · *zonetakst* · *zonetid* · *zoneterapi* □ *byzone* · *farezone* · *klimazone* · *landzone* · *parkeringszone* · *takstzone* · *tidszone* ● **erogen zone** se under *erogen*

zoneterapi

SUBST. *-en*

behandling af sygdomme ved tryk på hænder el. fødder hvor der menes at være zoner der svarer til forskellige legemsdele □ *zoneterapeut*

zonetid

SUBST. *-en,* plur. *-er, -erne*

et klokkeslæt der er fælles for områder beliggende i den samme af de 24 tidszoner som Jorden er inddelt i; dette klokkeslæt afviger fra *Greenwich-tiden* med et antal hele timer i forhold til de forskellige geografiske længdegrader = NORMALTID

zoo

SUBST. *en,* plur. *-er, -erne*

= ZOOLOGISK HAVE

zool.

fork. for *zoologi* el. *zoologisk*

zoolog

SUBST. *-en,* plur. *-er, -erne*
[*soo'lo'w*]

en person der som erhverv beskæftiger sig med zoologi □ *zoolog på Zoologisk Museum* □ *zoologisk*

zoologi

SUBST. *-en*
[*soolo'gi'*]
fork. *zool.*

læren om dyr, fx deres udvikling, udseende, livsforløb og levesteder □ *zoologisk* □ *forstzoologi*

zoologisk

ADJ. - , *-e*
[*soo'lo'gisk*]
fork. *zool.*

som har at gøre med zoologi □ *et zoologisk museum* ● **zoologisk have** et større område med dyr i bure som fremvises for besøgende = ZOO □ *gå i zoologisk have*

zoom[1]

SUBST. *-en,* plur. *-er, -erne*
[*'su'm*]

= ZOOMOBJEKTIV □ *et kamera med zoom*

zoom[2]

SUBST. *-et*
[*'su'm*]

det at indstille afstanden til et motiv, fx med et kamera = ZOOMING, ZOOMNING □ *selv i allerstørste zoom står billederne knivskarpt* · *et zoom ind på en detalje i motivet* · *computerspillets grafik er flot, og zoom og panorering foregår flydende* □ *zoomteknik* · *zoomlinse* · *zoomobjektiv* ● det at ændre størrelsen af noget på en skærm el. fotokopiering □ *zoom på særlige tekstpassager* □ *zoomknap*

zoome

VERB. *-r, -de, -t*
[*'su'mə*]

zoome ind på ngt ændre størrelsen af noget der fotograferes ved hjælp af et zoomobjektiv □ *hun zoomede ind på ansigtet* □ *zooming* · *zoomning* ● **zoome ngt {op}** ændre størrelsen af noget på en skærm el. ved fotokopiering □ *jeg zoomer ned til 75%* · *billedet skal zoomes op* □ *zooming* · *zoomning*

zoomlinse

SUBST. *-n,* plur. *-r, -rne*

en linse med forskydelig brændvidde hvormed man kan tage både nærbilleder og fjernbilleder af noget uden at flytte sig el. skifte linse

zoomobjektiv

SUBST. *-et,* plur. *-er, -erne*

et objektiv på et kamera som gør det muligt at tage nærbilleder el. fjernbilleder af noget uden at skulle flytte sig = ZOOM

zucchini

SUBST. *-en,* plur. *-er, -erne*
[*su'kini* el. *su'ki'ni*]

= SQUASH

zulu

SUBST. *-en,* plur. *-er, -erne*

en person der tilhører en befokningsgruppe i det nordøstlige Natal i Afrika; zuluerne var det dominerende folk i det nuværende Sydafrika før de hvides kolonisation □ *zulusprog*

æ

SUBST. *æ'et*, plur. *æ'er, æ'erne*

det 27. bogstav i alfabetet □ *æ-lyd*

æble

SUBST. *-t*, plur. *-r, -rne*

1. en hård, rund kernefrugt af æbletræet som har saftigt kød og rød, grøn el. gul skræl □ *æblerne modnes om efteråret* □ *æbleblomst · æblegrød · æblekage · æbleskrog · æbleskræl · æblevin* □ *gemmeæble · madæble · paradisæble · spiseæble*
2. i forsk. forb.: • **bide i det sure æble** gå i gang med noget uønsket • **æblet falder ikke langt fra stammen** udtryk for at en person ligner sin far el. mor

æblegelé el. æblegele

SUBST. *-en*, plur. *-er, -erne*

en gelé der er lavet af æbler, vand og sukker

æblegrød

SUBST. *-en*

en grød der er kogt af æbler, vand, sukker og vanilje og evt. jævnet; serveres med mælk el. fløde

æblekage

SUBST. *-n*, plur. *-r, -rne*

1. en kage der er bagt med æbler □ *et stykke æblekage*
2. en æblegrød som er lagt lagvis med rasp og evt. makroner og pyntet med flødeskum og gelé □ *en portion æblekage*

æblemos

SUBST. *-en*

æbler der er kogt til mos med lidt vand og sukker; bruges til forskellige desserter og som kagefyld

æblemost

SUBST. *-en*, plur. *-e* (el. *-er*), *-ene* (el. *-erne*)

en most af æbler • en flaske med æblemost □ *drikke en æblemost*

æbleskive

SUBST. *-n*, plur. *-r, -rne*

en lille, rund og luftig kage, evt. med fyld af æble el. andet, som er bagt i en særlig pande med fordybninger □ *bage æbleskiver · en pose frosne æbleskiver · æbleskiver med flormelis og syltetøj* □ *æbleskivedej · æbleskivepande*

æbleskrog

SUBST. *-et*, plur. *~skrog, -ene*

kernehus, stilk og blomst fra et æble hvor resten af frugtkødet er spist

æbleskud

SUBST. *~skuddet*, plur. *~skud, ~skuddene*

det at stjæle æbler fra et æbletræ □ *drengene gik ofte på æbleskud i naboens have*

æde[1]

SUBST. *-n* el. *-t*

= FODER □ *give husdyrene æde* • (spøg.): = MAD □ *lad os få noget æde*

æde[2]

VERB. *-r, åd, ædt*

1. æde ngt (om dyr): = SPISE □ *køerne æder græs · give dyrene at æde* □ *ædetrug* • **æde ngt** spise på en grådig måde el. spise som et dyr □ *jeg er så sulten at jeg kunne æde en okse · æd, drik og vær glad · æde til man revner* □ *ædelse · æderi · ædedolk · ædegilde · ædespalte* □ *foræde* • **æde sig {igennem} ngt** □ *ormene æder sig ind i træet* • **jeg vil æde min gamle hat på ngt** (dagl.): udtryk for at man er meget sikker på noget • **æde sine ord i sig igen** (dagl.): tage sine ord tilbage
2. æde ng(t) op få til at forsvinde el. gå i opløsning = FORTÆRE □ *prisstigningerne æder lønforhøjelsen helt op · hadet åd hende op indefra* □ *opæde* • **æde sig {ind i} ngt** □ *havet æder sig ind i klinten · ilden æder sig igennem døren*

ædedolk

SUBST. *-en*, plur. *-e, -ene*

en person som spiser næsten hæmningsløst = GROVÆDER, SLUGHALS □ *ædedolken spiser os snart ud af huset*

ædel

ADJ. *-t, ædle; ædlere, ædlest*

1. af en udsøgt kvalitet □ *af ædel byrd · en ædel ganger · en ædel vin* • **ædle metaller** metaller som er modstandsdygtige over for kemiske påvirkninger □ *guld, sølv og platin er ædle metaller* □ *ædelmetal* • ⟨i sammensætn.⟩ = ÆGTE ≠ UÆGTE □ *ædelkastanie*
2. som har en høj moral = STORSINDET □ *det var en ædel tanke · det var ædelt gjort · en ædel handling · en ædel sjæl* □ *ædelhed · ædelsindet · ædeltænkende*
3. de ædlere dele indvoldene el. de ydre kønsdele

ædelmodig

ADJ. *-t, -e*

/ædel'modig/

(glds.): som handler ædelt i en bestemt situation = STORSINDET □ *han undlod ædelmodigt at gengælde krænkelsen* □ *ædelmodighed*

ædelse

SUBST. *-n*

(slang): = MAD

ædelsten

SUBST. *-en*, plur. *-e* (el. *~sten*), *-ene*

(mineralogi): ethvert af de sjældne mineraler der er kendetegnet ved særlig stor skønhed og hårdhed, og som kan slibes til smykkesten

ædru

ADJ.

som ikke er påvirket af spiritus ≠ BERUSET □ *han er ikke blevet ædru efter festen endnu* □ *ædruelig*

ædruelig

ADJ. *-t, -e*

/æ'druelig/

1. mådeholden hvad angår nydelse af spiritus □ *han er retskaffen, ædruelig og arbejdsom*
2. præget af besindighed og sund fornuft

æg[1]

SUBST. *æggen*, plur. *ægge, æggene*

1. den skarpe del af et metalredskab til at hugge el. skære med, fx en økse, kniv, kårde el. sabel □ *æggen på den kniv er så sløv at den ikke ikke skære · en skarp æg* □ *knivsæg*
2. en kant på et stykke stof som er vævet så den ikke trevler

æg[2]

SUBST. *ægget*, plur. *æg, æggene*

1. en oval genstand med hård skal som hunnen hos fugle og krybdyr lægger, og som ungen ligger i, til den er færdigudviklet □ *lægge et æg · hønen ligger på æg · ruge et æg ud · kyllingen kommer ud af ægget* □ *æggeskal* □ *fasanæg · hønseæg · klinkeæg · rugeæg · skildpaddeæg · slangeæg · vindæg* • et spiseligt, ubefrugtet fugleæg; især om hønseæg □ *et blødkogt æg · et hårdkogt æg · et pocheret æg · et råt æg · koge æg · spejle et æg · pille et æg · slå et æg ud* □ *æggebakke · æggeblomme · æggebæger · æggehvide · æggegul · æggekage · æggesnaps · æggestand* □ *røræg · skrabeæg* • noget der har form som et æg □ *ægformet* □ *påskeæg · stoppe-*

æg • **skidne æg** hårdkogte æg i sennepssovs • **smilende æg** æg som er midt imellem blødkogt og hårdkogt
2. = ÆGCELLE □ *befrugte et æg* • *et befrugtet æg* • *ægget vandrer gennem æggelederen* □ *ægcelle* • *æg(ge)leder* • *ægløsning* • *æggestok* • *ægtransplantation*
3. i forsk. forb.: • **behandle ng som et råddent æg** behandle nogen meget forsigtigt og hensynsfuldt • **få et æg** tabe et sæt i sportsgrene som badminton, tennis og volleybal uden at have fået et eneste point □ *hun fik et æg i tredje sæt* • **få to æg** få den laveste karakter 00 til eksamen • **have det som blommen i et æg** se under *blomme* • **ægget vil lære hønen** den uerfarne vil lære den erfarne

ægcelle

SUBST. *-n,* plur. *-r, -rne*

en forplantningscelle hos kvinder, hundyr og planter som kan blive til et nyt individ hvis den befrugtes; hos pattedyrene dannes ægcellerne i æggestokkene før fødslen og frigøres med jævne mellemrum, enkeltvis el. få ad gangen, i løbet af individets voksne liv ≠ SÆDCELLE □ *en befrugtet ægcelle*

ægge

VERB. *-r, -de, -t*

1. ægge ng virke ophidsende på nogen, bl.a. seksuelt = PIRRE □ *de korte kjoler virkede æggende på ham* • *hemmelighedskræmmeriet æggede hans nysgerrighed*
2. ægge ng til ngt = OPILDNE □ *formålet med hendes spørgsmål er at ægge folk til debat* • *han forsøgte at ægge til opstand mod kongen* • *bogen ægger til modsigelse*

æggeblomme

SUBST. *-n,* plur. *-r, -rne*

den inderste gule del i et æg som er omgivet af hvide = BLOMME

æggebæger

SUBST. *-et* (el. *~bægret*), plur. *-e* (el. *~bægre*), *-ne* (el. *~bægrene*)

et lille bæger, ofte på fod, som et blødkogt æg serveres i og spises fra

æggegul

ADJ. *-t, -e*

med en klar gul farve som blommen i et hønseæg; varierer fra ren gul til orangegul

æggehvide

SUBST. *-n,* plur. *-r, -rne*

= HVIDE

æggehvidestof

SUBST. *~stoffet,* plur. *~stoffer, ~stofferne*

= PROTEIN □ *der er et højt indhold af æggehvidestof i fx kød, æg og bønner*

æggekage

SUBST. *-n,* plur. *-r, -rne*

en ret af æg, mælk, mel og krydderier der røres sammen og steges på en pande el. bages i en ovn; pyntes evt. med kartofler, bacon el. grøntsager □ *æggekage med flæsk* □ *ovnæggekage*

æggeleder el. **ægleder**

SUBST. *-en,* plur. *-e, -ne*

et af to rørformede organer hos hunnen hvorigennem æggene føres fra æggestokkene til livmoderen

æggepunch

SUBST. *-en,* plur. *-er* (el. *-e*), *-erne* (el. *-ene*)

en varm drik af æg, sukker, mælk og rom

æggesnaps

SUBST. *-en,* plur. *-e, -ene*

en æggeblomme rørt med sukker □ *røre en æggesnaps*

æggestand

SUBST. *-en,* plur. *-e, -ene*

en sammenpisket blanding af æg og mælk der hældes ud over en madret og stivner

æggestok

SUBST. *~stokken,* plur. *~stokke, ~stokkene*

hver af de to indre organer hos kvinder og hunnen hos dyr hvor udviklingen af ægceller foregår

æggeur

SUBST. *-et,* plur. *-e, -ene*

et ur der bruges som tidsmåler ved madlavning, fx når man koger æg, og som sættes til at ringe når der er gået en bestemt tid

ægleder

SUBST.

se *æggeleder*

ægløsning

SUBST. *-en,* plur. *-er, -erne*

det at et æg frigøres fra æggestokken

ægplante

SUBST. *-n,* plur. *-r, -rne*

en plante hvorpå der vokser *aubergine*; latinsk navn *Solanum melongena* = AUBERGINE

ægte[1]

SUBST.

tage ng til ægte (form., glds.): gifte sig med nogen = GIFTE SIG, ÆGTE, INDGÅ ÆGTESKAB, FORMÆLE SIG

ægte[2]

VERB. *-r, -de, -t*

ægte ng (form.): gifte sig med nogen = GIFTE SIG, INDGÅ ÆGTESKAB, FORMÆLE SIG □ *han ægtede en yngre kvinde* □ *ægtebarn* • *ægtefælle* • *ægtefødt* • *ægtepagt* • *ægtepar* • *ægteskab*

ægte[3]

ADJ.

1. som er en uforfalsket, ren og værdifuld udgave af el. et eksempel på noget = SAND, VERITABEL, GENUIN □ *en ægte Rembrandt* • *den dollarseddel er ægte nok* • *ægte guld* • *ægte kærlighed* • *hans udtalelser virkede ægte* • *selvironi er en ægte britisk egenskab* • *Hitlers nyfundne dagbøger viste sig ikke at være ægte* • *porno er ikke ægte sanselighed* • *ægte tæpper* □ *ægthed*
2. som er varig el. holdbar = HOLDBAR □ *farverne er ægte* □ *lysægte* • *vaskeægte*

ægtefolk

SUBST.PLUR. *-ene*

(form.): to personer der er gift med hinanden □ *præsten erklærede dem for rette ægtefolk at være*

ægtefælle

SUBST. *-n,* plur. *-r, -rne*

(form.): en person man er gift med □ *han blev bedt om at opgive sin ægtefælles personnummer*

ægtefødt

ADJ. - , *-e*

(glds.): som er født af forældre der er gift på undfangelses- el. fødselstidspunktet □ *et ægtefødt barn*

ægtehalvdel

SUBST. *-en,* plur. *-e, -ene*

(glds., spøg.): = ÆGTEFÆLLE □ *han spurgte ofte sin ægtehalvdel til råds*

ægtehustru

SUBST. *-en,* plur. *-er, -erne*

(form.): = HUSTRU □ *vil du have NN, som hos dig står, til din ægtehustru?*

ægtemage

SUBST. *-n,* plur. *-r, -rne*

(form.): = ÆGTEFÆLLE

ægtemand

SUBST. *-en,* plur. *~mænd, ~mændene*

(form.): en mand som en kvinde er gift med = MAND □ *han vil blive hende en god ægtemand*

ægtepagt

SUBST. *-en,* plur. *-er, -erne*

en aftale mellem ægtefæller om afvigelse fra den almindelige regel om ægtefællers formueforhold □ *oprette en ægtepagt* • *tinglyse en ægtepagt* • *ægtepagtens formulering er ganske traditionel*

ægtepar

SUBST. *~parret,* plur. *~par, ~parrene*

to personer som er gift med hinanden □ *hr. og fru Jensen går ofte ud sammen med andre ægtepar*

ægteseng

SUBST. *-en,* plur. *-e, -ene*

(glds., form.): den seng ægtefolk deler □ *hun måtte sove alene i ægtesengen*

ægteskab

SUBST. *-et,* plur. *-er, -erne*

en samlivsform mellem en mand og kvinde som har giftet sig □ *leve i et lykkeligt ægteskab* • *et barnløst ægteskab* • *opløse et ægteskab* • *min søn af første ægteskab* • *barnet er født uden for ægteskab* □ *ægteskabelig* • *ægteskabsbrud* • *ægteskabsbryder* • *ægteskabslignende* • *ægteskabslovgivning* • *ægteskabsløfte* □ *fornufts-*

ægteskab · *proformaægteskab* • **indgå ægteskab** = GIFTE SIG • **papirløst ægteskab** en samlivsform mellem to personer der lever i et ægteskabslignende forhold uden at være gift

ægteskabsbrud

SUBST. *~bruddet,* plur. *~brud, ~bruddene*

utroskab inden for ægteskabet □ *begå ægteskabsbrud* · *gøre sig skyldig i ægteskabsbrud* · *ægteskabsbrud er en hyppig årsag til skilsmisse*

ægtestand

SUBST. *-en*

(form.): det at leve i et ægteskab = ÆGTESKAB □ *den hellige ægtestand* · *indtræde i ægtestanden*

ægtevie el. ægtevi

VERB. *-r, -de, -t*
(ægtevi: *-r, -ede, -et*)

ægtevie ng (form.): ved en ceremoni godkende at to personer indgår ægteskab = VIE □ *min ægteviede hustru*

ægteviv

SUBST. *-en*

(poet., spøg.): = HUSTRU

ægthed

SUBST. *-en,* plur. *-er, -erne*

det at noget er ægte = AUTENCITET □ *bestride et testamentes ægthed* · *dokumentere en underskrifts ægthed* · *ægtheden af maleriet* · *prøvelse af et dokuments ægthed* □ *ægthedskriterium* · *ægthedskritik*

ægtransplantation

SUBST. *-en,* plur. *-er, -erne*

indsættelse af ægceller der er befrugtet uden for livmoren; æggene tages fra en kvinde el. et hundyr og indsættes i en anden kvindes el. et andet hundyrs livmor

ægypter

SUBST.

se *egypter*

ægyptisk

ADJ.

se *egyptisk*

ægyptolog

SUBST.

se *egyptolog*

ægyptologi

SUBST.

se *egyptologi*

æh

UDRÅBSORD

1. = ØH
2. æh bæh (barn.): udtryk for vrængen el. hån □ *æh bæh, du er dum*

ækel

ADJ. *-t, ækle; æklere, æklest*

= MODBYDELIG □ *han viste nogle ække billeder* · *et ækelt dyr* · *en ækel lugt* □ *ækelhed* • **blive** el. **være ækel ved ng(t)** få kvalme af nogen el. noget □ *i sommervarmen er jeg simpelthen ækel ved fed mad*

ækle

VERB. *-r, -de, -t*

ækle ng få nogen til at føle afsky □ *hans sleskhed æklede mig* • **ækles ved ng(t)** = AFSKY □ *jeg ækles ved hans måde at spise på*

ækvator

SUBST. *en*
/æ'kvator/

den breddekreds rundt om jordkloden som ligger nøjagtigt midt mellem den nordlige og sydlige halvkugle □ *Jordens ækvator* · *skibet passerede ækvator* □ *ækvatorial* • (om himmelen): en storcirkel på himmelen som står vinkelret på Jordens akse □ *himmelens ækvator* □ *ækvatorhøjde*

ækvatorial

ADJ. *-t, -e*
[ækvator'ja'l]

som ligger ved ækvator el. har at gøre med ækvator □ *ækvatoriale luftstrømme* · *det ækvatoriale Afrika* · *det ækvatoriale bælte* □ *ækvatorialbælte* · *ækvatorialguinea* · *ækvatorialinstrument* · *ækvatorialkikkert* · *ækvatorialstrøm* · *ækvatorialzone*

ækvatorialguineaner

SUBST. *-en,* plur. *-e, -ne*

en person fra ækvatorialguinea

ækvatorialguineansk

ADJ. *- , -e*

som har at gøre med ækvatorialguinea

ækvilibrist

SUBST.

se *ekvilibrist*

ækvilibristisk

ADJ.

se *ekvilibristisk*

ækvivalens

SUBST. *-en,* plur. *-er, -erne*
[ækviva'læn's]

det at være ækvivalent

ækvivalent[1]

SUBST. *-en* el. *-et,* plur. *-er, -erne*
[ækviva'læn't]

noget som svarrer til noget andet ved at have fx samme størrelse, vægt, energimængde, el. værdi □ *en ækvivalent af et stof er den mængde deraf som kan erstatte eller forene sig med et brintatom* · *i den marxistiske økonomi defineres pengene som den almene ækvivalent for varers værdi* □ *almenækvivalent* · *gramækvivalent* · *varmeækvivalent* · *værdiækvivalent*

ækvivalent[2]

ADJ. *-t, -e*

som har samme værdi, kvalitet, funktion el. betydning som noget andet, sådan at det fuldt ud kan erstattes af det = ENSBETYDENDE □ *elastik og gummibånd er ækvivalente ord*

ækvivalere

VERB. *-r, -de, -t*
[ækviva'le'ɔ]

ækvivalere med ngt (form.): svare til el. erstatte noget = MODSVARE, SVARE, KORRESPONDERE □ *29 sider i første udgave ækvivalerer med 22 i anden udgave af bogen* · *disse to sætninger ækvivalerer med hinanden* □ *ækvivalering*

ælde[1]

SUBST. *-n*

høj alder □ *dø af ælde* · *kommoden var sort af ælde* · *håndskriftet bar præg af ælde*

ælde[2]

VERB. *-r, -de, -t*

ælde ng få nogen til blive gammel el. se gammel ud □ *det hårde slid ældede ham* · *han ældedes hurtigt*

ældgammel

ADJ. *-t, ældgamle*

(spøg.): som er meget gammel □ *en ældgammel kjole*

ældre

ADJ.

bøjningsform af *gammel*

ældst

ADJ.

bøjningsform af *gammel*

ælling

SUBST. *-en,* plur. *-er, -erne*

ungen hos ænder • **grim ælling** en person der som ung er mindre køn el. dygtig end andre, men som ældre bliver smukkere el. dygtigere □ *hun var en grim ælling som teenager*

ælte[1]

SUBST. *-n* el. *-t,* plur. *-r, -rne*

en fugtig, klæbrig masse af noget, fx mudder □ *efter regnen var stien ét ælte*

ælte[2]

VERB. *-r, -de, -t*

ælte ngt bearbejde noget ved at presse og mase det med hænderne □ *ælte dej til franskbrød* · *ælte musklerne under massagen* · *ælte ler*

ænder

SUBST.

bøjningsform af *and*

ændre

VERB. *-r, -de, -t*

give nogen el. noget en lidt anden form, udseende el. karakter = FORANDRE □ *de ændrede deres planer* · *hun ændrede sin udtalelse* · *det æn-*

drer ikke ved min opfattelse · intet kan ændre min beslutning · fuglen ændrede retning □ *ændring* • **ændre sig** blive anderledes □ *tiderne har ændret sig · vejret har ændret sig*

ændring

SUBST. *-en*, plur. *-er, -erne*

det at noget bliver ændret = FORANDRING, OMSLAG □ *de foretog mange radikale ændringer i deres planer · ret til ændringer i programmet forbeholdes · en ændring af loven · der er sket en ændring i ozonlaget · en ændring af dåbsritualet* □ *ændringsforslag*

ængste

VERB. *-r, -de, -t*

ængste ng (form.): få nogen til at føle angst = FORUROLIGE □ *hans langvarige tavshed ængster mig · en ængstende udvikling · jeg ængstes for fremtiden* □ *ængstelse*

ængstelig

ADJ. *-t, -e*

som føler frygt = FORSKRÆMT, FRYGTSOM, NERVØS □ *være ængstelig for fremtiden · en ængstelig natur · han sagde det i en ængstelig tone*

ængstelse

SUBST. *-n*, plur. *-r, -rne*

= FRYGT □ *være fuld af ængstelse · hun følte en uvant ængstelse · han blev grebet af ængstelse*

ænse

VERB. *-r, -de, -t*

ænse ng(t) være opmærksom på og tage hensyn til nogen el. noget ved at reagere på det = BEMÆRKE □ *han ænsede ikke min hilsen · han fortsatte uden at ænse hendes indvendinger · han ænsede ikke sine børn*

æon

SUBST. *-en*, plur. *-er, -erne*
[æ'o'n]

et uendeligt langt tidsrum = EVIGHED □ *æoner af tid*

ær

SUBST. *-en*, plur. *-er* (el. *ær*), *-erne* (el. *-ene*)

= AHORN

æra

SUBST. *-en*, plur. *-er, -erne*

en tidsperiode i verdens el. menneskets udvikling som følger efter et epokegørende tidspunkt = EPOKE □ *månelandingen indledte en ny æra i rumfartens historie · den franske revolution var begyndelsen til en ny æra · en æra er slut når det sidste damptog stopper*

ærbar

ADJ. *-t, -e*

som er pæn og ordentlig og har en streng seksualmoral = ANSTÆNDIG, DYDIG □ *en ærbar hustru · gå ærbart klædt*

ærbødig

ADJ. *-t, -e; -ere, -st*
/ær'bødig/

(form.): som viser stor respekt og hensyn over for andre = UNDERDANIG □ *han bukkede ærbødigt for den gamle herre* • **ærbødigst** (form.): afslutningsformular i breve

ærbødighed

SUBST. *-en*

det at være ærbødig = RESPEKT □ *hun viste ham ærbødighed*

ære[1]

SUBST. *-n*

1. høj anseelse og synlige udtryk herfor som skyldes særligt gode egenskaber el. fremragende bedrifter = HÆDER □ *han følte det som en stor ære at han blev bedt om at holde festtalen · han tog æren for det hele · han er en ære for sit folk · hvad skylder vi æren af deres besøg? · man holdt en fest til ære for hende* □ *æreforнemmelse · ærefrygt · ærefuld · ærekrænkende · ærekær · æreløs · æresbevisning · æresbolig · æresborger · æresdoktor · æresfølelse · æresgæld · æreshverv* • **al ære værd** udtryk for at nogen fortjener ros og ære for noget, men at man er kritisk over for vedkommende □ *det er al ære værd at hun hjælper dem, men hun får jo også noget ud af det selv*
2. personlig værdighed □ *kritikken gik hans ære for nær · hun satte en ære i at være præcis · de kom ud af problemerne med æren i behold*
3. {få} den ære (spøg., iron.): have den fornøjelse □ *må jeg have den ære at danse med dig? · hun fik den ære at passe hunden*
4. på ære med garanti □ *jeg skal nok gøre det, på ære!*

ære[2]

VERB. *-r, -de, -t*

ære ng(t) vise stor hengivenhed og respekt for nogen el. noget □ *du skal ære din fader og din moder · ære mindet om de faldne soldater · ærede lyttere! · det ærede medlem af Folketinget*

æreforнærmelse

SUBST.

se *æresfornærmelse*

ærefrygt

SUBST. *-en*

= RESPEKT □ *det store, højtidelige kirkerum fyldte én med ærefrygt* □ *ærefrygtindgydende*

ærefrygtindgydende

ADJ.

= RESPEKTINDGYDENDE □ *en ærefrygtindgydende statue*

ærefuld

ADJ. *-t, -e*

som er fuld af ære el. værd at ære = GLORVÆRDIG □ *et ærefuldt hverv · få ærefuld omtale · gøre ærefuld modstand mod fjenden · få en ærefuld jordfæstelse* □ *ærefuldhed*

ærekær

ADJ. *-t, -e*

som tillægger sin egen ære stor betydning = STOLT □ *hun kan ikke tåle at begå fejl fordi hun er så ærekær*

æreløs

ADJ. *-t, -e*

som er uden ære ≠ ÆREFULD □ *en æreløs usling · det var en æreløs handling* □ *æreløshed*

ærende

SUBST.

se *ærinde*

ærendekørsel

SUBST.

se *ærindekørsel*

ærenpris

SUBST. *-en*, plur. *ærenpris, -ene* (el. *-erne*)

en plante med små blomster i blå el. blåviolette farver; flere arter, bl.a. *markærenpris* og *tveskægget ærenpris;* latinsk navn *Veronica*

æresbevisning

SUBST. *-en*, plur. *-er, -erne*

= HÆDERSBEVISNING □ *prisbelønningen var en stor æresbevisning · være genstand for æresbevisninger*

æresbolig

SUBST. *-en*, plur. *-er, -erne*

en bolig der stilles til rådighed for en person som en særlig anerkendelse □ *æresboligen på Carlsberg*

æresborger

SUBST. *-en*, plur. *-e, -ne*

en fremtrædende person som hædres af sin fødeby □ *H. C. Andersen var æresborger i Odense* □ *æresborgerskab*

æresdoktor

SUBST. *-en*, plur. *-er, -erne*

en person der har gjort en særlig indsats, især ved et universitet el. en højere læreanstalt, og som har fået titel af doktor uden at have skrevet en doktorafhandling □ *blive udnævnt til æresdoktor*

æresfornærmelse el. **ærefornærmelse**

SUBST. *-n*, plur. *-r, -rne*

= INJURIE

æresgæst

SUBST. *-en*, plur. *-er, -erne*

en person til hvis ære en fest el.lign. holdes □ *festens æresgæst sidder for bordenden · han var æresgæst ved arrangementet* • en særlig fornem gæst □ *da han var i Rumænien blev han behandlet som æresgæst med personlig guide og egen taxa*

æreskrænkelse

SUBST. *-n*, plur. *-r, -rne*

= INJURIE

æresmedlem

SUBST. *~medlemmet*, plur. *~medlemmer, ~medlemmerne*

en person der som hædersbevisning er blevet medlem af en organisation, forening el.lign.; er ikke nødvendigvis et aktivt medlem □ *æresmedlemskab*

æresoprejsning

SUBST. *-en,* plur. *-er, -erne*

en oftest offentlig undskyldning for en fornærmelse □ *hun forlangte at få æresoprejsning for den urigtige beskyldning*

æresord

SUBST. *-et,* plur. *~ord, -ene*

en moralsk forsikring om at man vil holde et løfte □ *jeg giver dig mit æresord på at jeg intet røber*

æresport

SUBST. *-en,* plur. *-e, -ene*

en port der er rejst til ære for nogen □ *ved indkørslen til byen var rejst en æresport for de kongelige gæster*

æressag

SUBST. *-en,* plur. *-er, -erne*

noget som man må gennemføre, hvis man skal bevare sin ære □ *betragte noget som en æressag* · *det er en æressag for mig at betale den gæld*

ærestegn

SUBST. *-et,* plur. *~tegn, -ene*

en orden som tildeles en person for særlige fortjenester = HÆDERSTEGN, ÆRESPRIS □ *hun modtog idrætsforbundets ærestegn*

ærestitel

SUBST. *~titlen,* plur. *~titler, ~titlerne*

en titel som tildeles en person som æresbevisning □ *få tildelt en ærestitel* · *de royale ærestitler 'kammerherre' og 'hofjægermester'*

æresvagt

SUBST. *-en,* plur. *-er, -erne*

en vagt ved en særlig ceremoni □ *stå æresvagt ved en kiste*

ærgerlig

ADJ. *-t, -e*

som forårsager lettere irritation = IRRITERENDE, SKAMMELIG, KREPERLIG □ *det var ærgerligt med den ødelagte bluse* · *et ærgerligt uheld* • **være ærgerlig over ng(t)** føle stærk vrede el. irritation over nogen el. noget □ *hun var ærgerlig over sønnens opførsel*

ærgerrig

ADJ. *-t, -e*

/ær'gerrig/

= AMBITIØS □ *han var ærgerrig og ville have gode karakterer* · *hun var ung og ærgerrig og ville gøre sit job så godt som muligt* □ *ærgerrighed*

ærgre

VERB. *-r, -de, -t*

ærgre ng vække irritation hos nogen □ *det ærgrede ham at de var kommet for sent* · *det ærgrer mig meget at det skal være sådan* □ *ærgrelse* • **ærgre sig {over ngt}** føle irritation over noget der er sket □ *jeg ærgrer mig over at jeg sagde nej* · *det er ikke noget at ærgre sig over* · *hun ærgrede sig i mange uger efter*

ærgrelse

SUBST. *-n,* plur. *-r, -rne*

det at ærgre sig el. noget som får nogen til at ærgre sig = FORTRÆDELIGHED □ *en dag fuld af ærgrelser* · *til hans store ærgrelse var døren låst* · *han gav sin ærgrelse luft*

ærinde el. **ærende**

SUBST. *-t,* plur. *-r, -rne*

1. en enkeltstående, mindre opgave som man udfører på sine egne el. en andens vegne, specielt en opgave som indebærer at man henter, bringer el. køber noget □ *kan du ordne et ærinde for mig når du alligevel skal ned til byen?* · *han løber tit ærinder for den gamle dame på 5. sal* · *vil du gå et ærinde for mig?*
2. = FORMÅL □ *mit ærinde er at få manet eventuelle misforståelser i jorden*
3. i forsk. forb.: • **gøre sig et ærinde** finde på et påskud for at komme et bestemt sted □ *hun gjorde sig et ærinde i stuen for at få et glimt af gæsten* · *han gjorde sig et ærinde forbi huset* • **gå ngs ærinde** (neds.): handle i en andens interesse □ *hun gik fjendens ærinde* • **skulle et ærinde** el. **skulle forrette et ærinde** (glds.): skulle forrette sin nødtørft □ *skuret i haven kan I bruge når I skal forrette et stort eller lille ærinde* • **være ude i et bestemt ærinde** have et bestemt formål med det man gør el. siger

ærindekørsel el. **ærendekørsel**

SUBST. *-en* (el. *~kørslen*), plur. *~kørsler, ~kørslerne*

det at køre fordi man har et bestemt ærinde, fx at levere varer □ *en færdselstavlen med påskriften: 'ærindekørsel tilladt'*

ærkebiskop

SUBST. *~biskoppen,* plur. *~biskopper, ~biskopperne*

en biskop der er den øverste leder af et kirkesamfund □ *udnævne til ærkebiskop* · *ærkebiskoppen af Canterbury*

ærkebisp

SUBST. *-en,* plur. *-er, -erne*

= ÆRKEBISKOP

ærkeengel

SUBST. *-en* (el. *~englen*), plur. *~engle, ~englene*

en engel af højeste klasse □ *ærkeenglen Gabriel*

ærkehertug

SUBST. *-en,* plur. *-er, -erne*

(hist.): en hertug af højeste rang; tidligere især anvendt som titel for prinserne af det østrigske kejserhus

ærlig

ADJ. *-t, -e; -ere, -st*

1. som holder sig til sandheden = OPRIGTIG, LIGEFREM ≠ FALSK, LØGNAGTIG □ *et ærligt svar* · *han er ikke ærlig* · *lad os nu være ærlige og indrømme fejlen* · *hvis jeg skal være helt ærlig, så smager det rædselsfuldt* · *nu skal du fortælle mig det åbent og ærligt!* · *han har ærligt og redeligt fortalt alt hvad han ved om sagen* • **ærlig over for** el. **mod ng** □ *nu skal du være ærlig over for mig!* · *de var ikke ærlige mod ham* • **ærlig talt** el. **ærligt talt** udtryk for at man ikke lægger skjul på noget □ *ærlig talt, så forstår jeg ham ikke* · *det er ærligt talt noget svineri det her!*
2. som overholder reglerne, fx juridiske el. moralske regler = ORDENTLIG □ *han er en ærlig mand som opgiver alle beløb til skattevæsnet* · *kampen gik ærligt til* · *en ærlig person afleverede pungen til politiet*
3. ikke en ærlig kop kaffe udtryk for at man ikke får noget serveret □ *vi fik ikke engang en ærlig kop kaffe da vi besøgte dem*

ærme

SUBST. *-t,* plur. *-r, -rne*

1. den del af en dragt som dækker armen, og som kan være lang el. kort □ *kjolen havde korte ærmer* □ *ærmeblad* · *ærmebræt* · *ærmegab* · *ærmeholder* · *ærmeløs* □ *bluseærme* · *flagermusærme* · *frakkeærme* · *jakkeærme* · *pufærme* · *raglanærme* · *skjorteærme*
2. binde ng ngt på ærmet bilde nogen noget ind □ *han bandt hende altid noget på ærmet* • **ryste ngt ud af ærmet** el. **ærmerne** let finde på noget □ *han rystede vittigheder ud af ærmet*

ærmeblad

SUBST. *-et,* plur. *-e, -ene*

et stykke stof der anbringes i ærmegabet af en kjole el. en bluse for at opsuge armsved

ærmeholder

SUBST. *-en,* plur. *-e, -ne*

en elastik el. en elastisk ring der bæres på overarmen uden på ærmet for at holde dette oppe

ært

SUBST. *-en,* plur. *-er, -erne*

1. hver af de små grønne frø i en ærtebælg □ *ærteblomst* · *ærtebælg* · *ærtesuppe* · *ærtstor* □ *grønært* · *sukkerært* • en kløverlignende slyngplante hvorpå der vokser ærtebælge; latinsk navn *Pisum*
2. klare ærterne klare en vanskelig opgave el. situation

ærteblomst

SUBST. *-en,* plur. *-er, -erne*

en plante med fem kronblade hvoraf det største vender opad, og de to nederste er vokset sammen i spidsen; familien af ærteblomster er den tredjestørste familie af blomsterplanter med 16.000 arter, bl.a. *ærter, bønner, lupin* og *guldregn;* latinsk navn *Fabacecae* • = LATYRUS

ærteblomstret

ADJ. *- , ~blomstrede*

som tilhører ærteblomstfamilien

ærtebælg

SUBST. *-en,* plur. *-e, -ene*

en aflang, grøn bælg som indeholder ærter

ærtehalm

SUBST. *-en*

ærteplantens stængler og blade der ender i en tråd som slynger sig om andre planter • **hænge sammen som ærtehalm** holde sammen i ét og alt

ærtesuppe

SUBST. *-n*, plur. *-r, -rne*

1. en suppe der er kogt på svinekød, tørrede og flækkede ærter m.m. □ *grønærtesuppe*
2. tyk som ærtesuppe udtryk for at noget ikke er til at se igennem□ *tågen var tyk som ærtesuppe*

ærværdig

ADJ. *-t, -e*
/*ær'værdig*/

som fortjener respekt og ære □ *en ærværdig gammel mand* · *den ærværdige biskop* · *opføre sig ærværdigt*

æsel

SUBST. *-et* (el. *æslet*), plur. *æsler, æslerne*

en lille hest med lange ører og hale med en dusk hår i spidsen; tamme æsler anvendes som last- og trækdyr; latinsk navn *Equus asinus* □ *æselet skryder* · *han er stædig som et æsel* · *han er dum som et æsel* □ *æselføl* · *æselhingst* · *æselhoppe* □ *mulæsel* • en person som er stædig el. uvillig til at gøre noget der er foreslået af andre □ *dit æsel!* · *sikken et æsel!*

æseløre el. æselsøre

SUBST. *-t*, plur. *-r, -rne*

et ombøjet bladhjørne i en bog, brugt som bogmærke

æske

SUBST. *-n*, plur. *-r, -rne*

en lille kasse med låg af træ, pap el.lign. til at opbevare ting i = ETUI, FUTTERAL □ *en firkantet æske* · *en rund æske* · *lægge noget i en æske* · *en æske tændstikker* □ *hatteæske* · *papæske* · *pilleæske* · *skotøjsæske* · *syæske* · *tændstikæske*

æskulapslange

SUBST. *-n*, plur. *-r, -rne*
[*æsgu'la'p-* el. *-'lap-*]

en giftløs, lysebrun, ca. 1,5 m lang slange som er beslægtet med snogen = ÆSKULAPSNOG

æskulapstav

SUBST. *-en*, plur. *-e, -ene*

en stav som er omsnoet af en slange, og som er symbol for lægevidenskaben

æstet

SUBST. *-en*, plur. *-er, -erne*
[*æ'sde'l*]

en person som i overdreven grad lægger vægt på det æstetiske = SKØNÅND, ÆSTETIKER

æsteticisme

SUBST. *-n*
/*æsteti'cisme*/

en kunstnerisk retning der lægger hovedvægten på det æstetiske og selvtilstrækkelige i kunsten

æstetik

SUBST. *æstetikken*, plur. *æstetikker, æstetikkerne*
/*æste'tik*/

opfattelsen af hvad der er smukt og behageligt for sanserne = SKØNHED □ *den kunstner har ingen sans for æstetik* □ *æstetisk* • læren om det skønne i kunst og natur

æstetiker

SUBST. *-en*, plur. *-e, -ne*
/*æ'stetiker*/

en person der stræber efter at fremstille det skønne, el. som søger at realisere det i sin livsførelse = ÆSTET

æstetisk

ADJ. *-, -e*
/*æ'stetisk*/

som har at gøre med kunstnerisk skønhed □ *æstetisk sans* · *en æstetisk oplevelse* · *den er udformet så der både er taget hensyn til det æstetiske og det praktiske*

æstimere

VERB.

se *estimere*

æt

SUBST. *ætten*, plur. *ætter, ætterne*

(form., glds.): = SLÆGT □ *ætling* · *ættesaga* □ *sprogæt*

æter

SUBST. *-en*, plur. *-e, -ne*

1. en farveløs, let fordampelig væske med en grim lugt som fx bruges som opløsningsmiddel; brugtes tidligere til narkose, men gav en kraftig hovedpine □ *blive bedøvet med æter* □ *æterdampe*
2. æteren de øvre luftlag □ *sende radiobølger ud i æteren*

æterisk

ADJ. *-, -e*
/*æ'terisk*/

som fordamper let = FLYGTIG □ *æteriske olier* • som er sart og skrøbelig og tilhører en renere verden = OVERJORDISK □ *en kvinde af æterisk skønhed* · *et æterisk lys*

ætling

SUBST. *-en*, plur. *-e* (el. *-er*), *-ene* (el. *-erne*)

(glds.): = EFTERKOMMER

ætse

VERB. *-r, -de, -t*

ætse ngt ødelægge, nedbryde el. opløse noget, fx med en stærk syre el. base □ *stærk syre kan ætse metal* · *læsket kalk ætser huden* · *metallet ætser bort* □ *ætsning* · *ætsemiddel*

ætsnatron

SUBST. *-en* el. *-et*

= KAUSTISK SODA

ætsning

SUBST. *-en*, plur. *-er, -erne*

1. det at noget går i opløsning ved kontakt med en stærk syre el. base • en skade el. et ar efter kontakt med en stærk syre el. base□ *han havde talrige ætsninger på huden*
2. en grafisk metode hvor man ætser det mønster der skal trykkes ind i trykpladen med en stærk syre = RADERING

ætylen

SUBST. *-en* el. *-et*, plur. *-er, -erne*
[*æty'le'n*]

en farveløs brændbar luftart som er sammensat af kulstof og brint

æv

UDRÅBSORD

udtryk for at noget smager dårligt, er irriterende el.lign. □ *æv, hvor smager det væmmeligt!* · *æv, det gider jeg ikke* • **æv bæv** (barn.): udtryk for hånlig vrængen □ *æv bæv, du har rigtig godt af at du faldt*

ævl

SUBST. *-et*

meningsløs snak = VRØVL

ævle

VERB. *-r, -de, -t*

= VRØVLE □ *nu har du ævlet længe nok om det!* • **ævle og kævle om ngt** småskændes om noget i lang tid uden at nå til enighed□ *de har ævlet og kævlet om prisen hele dagen*

ævred

SUBST.

opgive ævred afstå fra el. holde op med noget, især fordi det synes håbløst el. formålsløst □ *hun opgav ævred før opgaven var udført* · *man får lyst til bare at opgive ævred*

ø[1]

SUBST. *ø'et,* plur. *ø'er, ø'erne*

det 28. bogstav i alfabetet □ *ø-lyd*

ø[2]

SUBST. *-en,* plur. *-er, -erne*

et landområde som er omgivet af vand på alle sider, og som ikke er et kontinent □ *de sejlede fra ø til ø · de bor på øen* □ *øboer · øferie · øhav · økuller · økultur* □ *koralø · sydhavsø*

Ø

fork. for *øst*

Ø.

(i stednavne): fork. for *øster* □ *Ø. Bregninge*

øbo el. **øboer**

SUBST. *-en,* plur. *-er, -erne*
(øboer: -en, plur. *-e, -ne*)

en person som bor på en ø

øde[1]

SUBST. *-t,* plur. *-r, -rne*

(glds., poet.): = ØDEMARK □ *et vidstrakt øde bredte sig for vore øjne · det store øde*

øde[2]

ADJ.

uden mennesker el. spor deraf = UBEBOET, AFFOLKET □ *en øde ø · gaden lå øde hen · stormen har lagt egnen øde* □ *ødegård · ødemark*

øde[3]

VERB. *-r, -de* (el. *ødte*), *-t* (el. *ødt*)

øde ngt bort lade noget gå til spilde ved overdreven brug, især om penge el. tid □ *øde sin formue bort · øde sin tid bort* □ *ødeland*

ødegård

SUBST. *-en,* plur. *-e, -ene*

en gård som ligger ugeneret og langt væk fra byområder □ *familien har en ødegård i Sverige*

ødeland

SUBST. *-en,* plur. *-e, -ene*

(neds.): en person der ødsler sine penge bort = FLOTTENHEJMER □ *han er en værre ødeland med sine penge*

ødelægge

VERB. *-r, ødelagde, ødelagt*

ødelægge ngt gøre noget ubrugeligt el. værdiløst = DESTRUERE, SPOLERE, FORDÆRVE, KULDKASTE, SKADE □ *nu er hele planen ødelagt · han ødelagde de andres legetøj · min bog er blevet ødelagt af kaffe · hendes gode navn og rygte var ødelagt* □ *ødelæggelse* • **være ødelagt af {grin}** være stærkt påvirket af noget □ *han var ødelagt af træthed efter dagens arbejde*

ødelæggelse

SUBST. *-n,* plur. *-r, -rne*

en voldsom beskadigelse og evt. tilintetgørelse af noget □ *stormen anrettede store ødelæggelser · død og ødelæggelse · krigens ødelæggelser · ødelæggelserne efter branden var anseelige · beskytte området mod ødelæggelser* □ *ødelæggelsesdrift · ødelæggelseskrig · ødelæggelsestrang · ødelæggelsesvåben*

ødelægger

SUBST. *-en,* plur. *-e, -ne*

en person der ødelægger noget = VANDAL □ *en ren ødelægger og fredsforstyrrer*

ødem

SUBST. *-et,* plur. *-er, -erne*
[*ø'de'm*]

en hævelse i væv der skyldes en væskeansamling □ *der var ingen tegn på ødemer hos den gravide*

ødemark

SUBST. *-en,* plur. *-er, -erne*

et fladt, vidtstrakt, mennesketomt område = ØDE □ *han boede helt ude i ødemarken*

ødipuskompleks

SUBST. *-et,* plur. *-er, -erne*

en søns ubevidste forelskelse i og erotiske dragning mod moderen under den psykoseksuelle udvikling; medfører rivalisering med faderen

ødsel

ADJ. *-t, ødsle*
[*'øsəl*]

som bruger meget af noget uden omtanke = FLOT, SLØSET □ *de har et ødselt vandforbrug · være ødsel med pengene · ødsle vaner* • som er meget gavmild = FLOT □ *en meget ødsel person · være ødsel med pengene*

ødsle

VERB. *-r, -de, -t*
[*'øslə*]

ødsle ngt bort el. **væk** opbruge noget på en overdreven måde = RUTTE, ØDE □ *ødsle sin formue bort · ødsle tiden væk* • **ødsle med ngt** anvende noget på en overdreven måde □ *ødsle med pladsen*

øf

LYDORD

gengivelse af en gris' grynten □ *øf øf, lød det fra svinestien* □ *øfgris*

ø.f.

fork. for *øst for*

øffe

VERB. *-r, -de, -t*

(barn., om grise): = GRYNTE □ *en flok øffende grise*

øg

SUBST. *-et,* plur. *øg, -ene*
[*'ɔj'* el. *'øj'*]

en gammel, udslidt hest = KRIKKE

øge

VERB. *-r, -de, -t*

øge ngt gøre større el. mere omfattende = FORØGE ≠ SÆNKE □ *øge farten · øge skatterne · dine bukser skal øges i taljen · øge den økonomiske vækst · det øger spændingen* □ *øgning* □ *forøge* • **øge ngt** ⟨også *-r, øgte, øgt*⟩ gøre noget længere = FORLÆNGE

øgenavn

SUBST. *-et,* plur. *-e, -ene*

et navn som bruges i stedet for en persons rigtige navn, og som ofte hentyder til personens udseende el. væremåde; kan være nedsættende og blive brugt som hån el. drilleri i stedet for personens rigtige navn □ *han gik under øgenavnet Tykkesen*

øgle

SUBST. *-n,* plur. *-r, -rne*
[*'ɔjlə*]

et landlevende krybdyr med en langstrakt krop; de fleste øgler er små, hurtige rovdyr med lange haler der fungerer som balanceorganer, fx *firben, leguan* og *kamæleon;* latinsk navn *Sauria*

øh

UDRÅBSORD

udtryk for at man tøver i det man siger fordi man leder efter ordene □ *øh, hvad mener du? · vi har set alt for mange gange at - øh - der har været alt for mange interesser involveret*

øhav

SUBST. *-et,* plur. *-e, -ene*

et farvand med flere små el. mellemstore øer = ARKIPELAG □ *om sommeren sejler de i det Fynske Øhav · sydfynske øhav*

øje[1]

SUBST. *øjet,* plur. *øjne, øjnene*

1. hvert af de to organer i hovedet som man ser med = GLUGGER □ *barnet har brune øjne · de så hinanden dybt i øjnene · han åbnede langsomt øjnene · hun lukkede øjnene og slappede af · manden er blind på det ene øje* □ *øjenlåg · øjenbetændelse · øjenbryn · øjenkrog · øjenskygge · øjensygdom · øjenvippe · øjeæble* □ *kikkertøje · teleskopøje* • **blåt øje** et øje hvis omgivelser er blodunderløbne af slag el. stød = SÆBEØJE □ *bokseren fik et blåt øje* • **med det blotte øje** med øjet alene, dvs. uden fx kikkert el. mikroskop □ *det var for småt til at se med det blotte øje · flyet blev aldrig observeret med det blotte øje men udelukkende set på radar* • **rindende øjne** øjne der er irriterede og løber i vand • **røde øjne** rødrandede øjne som man kan få efter at have grædt el. indtaget spiritus • **øjnene løber i vand** øjnene fyldes med tårer pga. sorg, vrede, irritation el.lign. □ *mine øjne løber i vand i stærk blæst*
2. noget der minder om et øje □ *kartoflerne var fyldt med øjne · terningen viser tre øjne* □ *gåseøje · katteøje · koøje · nåleøje* • **orkanens øje** se under *orkan*
3. i forsk. forb.: • **falde i øjnene** være fremhævet i forhold til omgivelserne så man ser det tydeligt □ *de stærke farver er det første der falder i øjnene* • **se ngt i øjnene** erkende noget □ *bjergbestigerne så dagligt faren i øjnene* • **få øje på ng(t)** lægge mærke til el. opdage nogen el. noget □ *det var svært at få øje på hende i den store mængde af mennesker* • **få sig en på øjet** tage en lur □ *han fik sig en på øjet efter frokosten* • **gøre store øjne** blive el. se meget forbavset ud □ *barnet gjorde store øjne da dukken talte* • **have** el. **holde sig ngt for øje** stræbe efter noget man har sat som mål □ *hun havde hævn for øje* • **have et godt øje til ng** godt kunne lide nogen □ *han har et godt øje til blondinen* • **have øje for ngt** have sans for noget □ *hun har øje for detaljer* • **have øjne i nakken** være meget årvågen □ *jeg tror hun har øjne i nakken* • **have øjnene med sig** være meget opmærksom □ *detektiven havde øjnene med sig* • **holde øje med ng(t)** passe på nogen el. noget □ *de holdt øje med børnene da de gik over vejen* • **i mine øjne** efter min mening □ *det er forkert i mine øjne* • **ikke kunne få øjnene fra ng(t)** ikke kunne lade være med at se el. stirre på nogen el. noget □ *hun kunne ikke få øjnene fra ham* • **ikke lukke et øje** ikke sove fordi man er bekymret el. stresset □ *jeg har ikke lukket et øje hele natten* • **ikke tro sine egne øjne** se under *tro* • **lukke øjnene for ngt** undlade at gøre noget ved noget □ *de lukkede øjnene for volden i samfundet* • **låne ng et par hvasse øjne** se vredt på nogen □ *hun lånte ham et par hvasse øjne* • **med åbne øjne** med fuld viden og bevidsthed □ *hun gik ind i forholdet med åbne øjne* • **se ng i øjnene** stå ved sine handlinger over for nogen □ *efter affæren havde hun svært ved at se sin mand i øjnene* • **for ngs blå øjnes skyld** uden at tænke på egen vinding □ *tro ikke han gør det for dine blå øjnes skyld* • **se ngt med et halvt øje** opfatte noget hurtigt □ *man kan se de er forelskede med et halvt øje* • **sidde lige i øjet** være præcis el. rammende □ *den bemærkning sad lige i øjet* • **under fire øjne** udtryk for en fortrolig samtale mellem to personer □ *må jeg lige tale med dig under fire øjne?* • **øje for øje** udtryk for at straffe andre på samme måde som de har skadet én = TAND FOR TAND □ *de rivaliserende grupper hævnede sig øje for øje* • **åbne ngs øjne for ngt** få nogen til at indse el. erkende noget □ *katastrofen har åbnet politikernes øjne for miljøproblemet · han åbnede mine øjne faren*

øje[2]

SUBST. *-t,* plur. *-r, -rne*

et hul el. en ring som man kan trække noget igennem el. hægte noget fast i □ *et øje i et reb · øjet i en møllesten · øjet i en knap* □ *koøje · nåleøje*

øjeblik

SUBST. *øjeblikket,* plur. *øjeblikke, øjeblikkene*

et lille stykke tid, fx nogle sekunder = MOMENT □ *det varer kun et øjeblik · han blev stående i døren et øjeblik og kiggede ud · vi er der om et øjeblik · for et øjeblik siden · i næste øjeblik · nogle få øjeblikke senere · et øjebliks stilhed · i samme øjeblik lød der et brøl · et historisk øjeblik · det var et øjeblik hun aldrig glemte* □ *øjebliksbillede* • **for** el. **i øjeblikket** lige nu □ *vi har udsolgt for øjeblikket, men der kommer snart en ny sending · i øjeblikket arbejder han på en bog om København · hun er optaget lige i øjeblikket* • **på et øjeblik** på meget kort tid □ *det var overstået på et øjeblik* • **i sidste øjeblik** lige før at det er for sent □ *de nåede toget i sidste øjeblik* • **hvert øjeblik** = NÅR SOM HELST □ *de kan være her hvert øjeblik* • **hvert øjeblik** = HELE TIDEN □ *hvert øjeblik lød der et brag · der sker noget hvert øjeblik* • **et stort øjeblik** udtryk for at en begivenhed gør et stort indtryk □ *det var et stort øjeblik da de to statsledere mødtes for første gang*

øjeblikkelig

ADJ. *-t, -e*
/øje'blikkelig/

1. som finder sted inden for meget kort tid efter et bestemt tidspunkt = STRAKS, OMGÅENDE, PROMPTE, SPORENSTREGS, UFORTØVET, UOPHOLDELIG, FLUKS □ *du må komme øjeblikkelig · han søgte en øjblikkelig afklaring · de varslede strejke med øjblikkelig virkning*
2. = NUVÆRENDE □ *i den øjeblikkelige situation · hans øjeblikkelige sindstilstand*

øjekast

SUBST. *-et,* plur. *~kast, -ene*

det at rette øjnene el. opmærksomheden mod nogen el. noget = BLIK □ *hun sendte ham et øjekast · ved første øjekast ser billedet ret ordinært ud*

øjelåg

SUBST.

se *øjenlåg*

øjemed

SUBST. *-et*

= HENSIGT □ *i velgørende øjemed*

øjemål

SUBST. *-et,* plur. *~mål, -ene*

tage ngt på el. **efter øjemål** bestemme mængden af noget ved at se på det uden brug af måleredskaber

øjenbryn

SUBST. *-et,* plur. *~bryn, -ene*

en buet linje af hår over hvert øje hos mennesker = BRYN □ *manden havde buskede øjenbryn · hun plukkede sine øjenbryn* • **løfte øjenbrynene** bevæge øjenbrynene opad som tegn på overraskelse el. forargelse □ *han løftede øjenbrynene da han hørte resultatet · der er ingen løftede øjenbryn fra min side*

øjenkrog

SUBST. *-en,* plur. *-e, -ene*

en vinkel i øjenåbningen hvor det øverste og nederste øjenlåg mødes; især om vinklen ind mod næsen □ *barnet havde søvn i øjenkrogene* • **se ngt ud af øjenkrogen** se noget tilfældigt el. uden at kigge direkte på det □ *ud af øjenkrogen så hun at nogen fulgte efter hende*

øjenlyst

SUBST.

se *øjenslyst*

øjenlæge

SUBST. *-n,* plur. *-r, -rne*

en læge som er specialist i øjensygdomme og deres behandling = OFTALMOLOG

øjenlåg el. **øjelåg**

SUBST. *-et,* plur. *~låg, -ene*

et hudområde om hvert øje som bevæges ned for at lukke øjet □ *de lukkede den dødes øjenlåg · øjenlågene blev tunge af træthed*

øjenskygge

SUBST. *-n,* plur. *-r, -rne*

en farvet makeup i pulverform el. fast form som lægges på øjenlåget □ *en palet med øjenskygger · lægge øjenskygge*

øjenslyst el. **øjenlyst**

SUBST. *-en*

(poet., glds.): noget som er smukt at se på □ *haven var en øjenslyst*

øjenspecialist

SUBST. *-en,* plur. *-er, -erne*

en øjenlæge som har autorisation fra staten til at drive egen praksis

øjensynlig el. **øjensynligt**

ADV.
/øjen'synlig/

= TILSYNELADENDE □ *jeg har øjensynlig taget fejl · hun var øjensynlig i højt humør · de har øjensynlig ikke fattet hvad det gik ud på · han var øjensynlig ved at blive irriteret*

øjentjener

SUBST. *-en,* plur. *-e, -ne*

(glds.): en person der hyklerisk yder en anden tjenester for at fremme sine egne interesser

øjenvidne

SUBST. *-t,* plur. *-r, -rne*

en person som har set noget ske og derfor er i stand til at beskrive hændelsen □ *politiet efterlyser øjenvidner* · *ifølge øjenvidnet var røveren bevæbnet*

øjenvippe

SUBST. *-n,* plur. *-r, -rne*

hvert af de små hår der vokser tæt langs kanten på det øvre og nedre øjenlåg = VIPPE □ *han har lange, bløde øjenvipper* · *hun kom mascara på øjenvipperne*

øjesten

SUBST. *-en,* plur. *-e, -ene*

(spøg.): en person som man holder særlig meget af; især om børn = YNDLING □ *han er min øjesten* · *du er min øjesten!*

øjesyn

SUBST.

tage ng(t) i øjesyn se nærmere på nogen el. noget el. studere noget indgående □ *han gik tættere på den gamle dame så hun bedre kunne tage ham i øjesyn* · *på udstillingen får man lejlighed til at tage flere mesterværker i nærmere øjesyn* · *det er nok en god ide at tage huset i kritisk øjesyn inden I køber det*

øjeæble

SUBST. *-t,* plur. *-r, -rne*

hver af de to kugleformede organer beliggende i øjenhulerne som bruges til at se med = ØJE

øjne

VERB. *-r, -de, -t*

øjne ngt se el. opdage noget = SE, SKIMTE □ *øjne en chance* · *han øjnede et hus langt borte*

økologi

SUBST. *-en*

/økolo'gi/

læren om sammenhængen mellem levende væsener og de naturforhold de lever under, om naturens balance og dens kredsløb □ *økologisk*

økologisk

ADJ. *-, -e*

/øko'logisk/

som har med økologi at gøre □ *økologisk botanik* • som ikke anvender, el. som er dyrket uden brug af fx kunstgødning og kemisk fremstillede sprøjtegifte, el. som er fremstillet af råvarer der er dyrket sådan = BIODYNAMISK □ *økologisk landbrug* · *økologisk mælk* · *økologisk kød* · *økologisk is*

økonom

SUBST. *-en,* plur. *-er, -erne*

[øko'no'm]

1. en person der er uddannet i økonomi = CAND. OECON. □ *agrarøkonom* · *akademiøkonom* · *driftsøkonom* · *nationaløkonom*
2. en person der er dygtig til at forvalte sine penge □ *han er en god økonom* □ *økonomisere* · *økonomisk*

økonoma

SUBST. *-en,* plur. *-er, -erne*

/øko'noma/

en person der forestår indkøb, madlavning og administration i et institutionskøkken, fx på en højskole, et hospital el. i en børneinstitution □ *økonomaassistent* · *økonomaforening* □ *chef-økonoma* · *underøkonoma*

økonomi

SUBST. *-en,* plur. *-er, -erne*

/økono'mi/

anskaffelse, forvaltning og anvendelse af penge □ *olieproduktionen forbedrede landets økonomi* · *familien havde en anstrengt økonomi* □ *økonomisk* · *økonomidirektør* · *økonomikontor* · *økonomiminister* □ *blandingsøkonomi* · *driftsøkonomi* · *naturaløkonomi* · *pengeøkonomi* · *planøkonomi* · *samfundsøkonomi* · *statsøkonomi* • studiet af et områdes finansielle forhold og problemer □ *studere økonomi* □ *økonomiundervisning* □ *erhvervsøkonomi* · *nationaløkonomi* · *samfundsøkonomi* • en fornuftig måde at bruge penge, tid, kræfter osv. på for at undgå spild □ *der skal være økonomi i hans måde at træne på* □ *økonomisk* · *økonomiklasse* · *økonomisere* · *økonomisering* □ *driftsøkonomi*

økonomibrev

SUBST. *-et,* plur. *-e, -ene*

= B-BREV

økonomiminister

SUBST. *-en,* plur. *~ministre, ~ministrene*

en minister med ansvar for et lands økonomi □ *økonomiministeren har varslet økonomiske stramninger*

økonomisere

VERB. *-r, -de, -t*

/økonomi'sere/

økonomisere med ngt bruge noget, fx penge el. fysiske kræfter, på den mest hensigtsmæssige måde for at undgå spild □ *til eksamen må du økonomisere med tiden* · *marathonløberen økonomiserer med sine kræfter* □ *økonomisering*

økonomisk

ADJ. *-, -e*

/øko'nomisk/

som har at gøre med økonomi = PENGEMÆSSIG □ *økonomiske interesser* · *yde nogen økonomisk støtte* · *have økonomiske vanskeligheder* · *føre en stram økonomisk politik* · *et europæisk økonomisk samarbejde* · *en økonomisk uafhængig mand* · *være økonomisk godt stillet* · *økonomisk demokrati* □ *nationaløkonomisk* · *planøkonomisk* · *privatøkonomisk* · *realøkonomisk* · *samfundsøkonomisk* · *socioøkonomisk* • fornuftig med hensyn til forbrug af penge = SPARSOMMELIG □ *have økonomisk sans* · *hun er meget økonomisk* • fordelagtig med hensyn til økonomi = BILLIG □ *bilen er økonomisk i drift*

økosystem

SUBST. *-et,* plur. *-er, -erne*

/'økosystem/

en vekselvirkning mellem levende organismer og deres omgivelser et bestemt sted som fx kan være en skov, en mark el. et vandhul

økse

SUBST. *-n,* plur. *-r, -rne*

værktøj til at hugge noget over med, fx brænde; består af et skarpt hoved af metal til at hugge med, sat på et træskaft □ *økseformet* · *øksehoved* · *øksehug* · *økseskaft* □ *flinteøkse* · *flækøkse* · *isøkse* · *kødøkse* · *skovmandsøkse* · *stridsøkse*

økumenisk

ADJ. *-, -e*

/øku'menisk/

som gælder for hele den kristne verden □ *en økumenisk konference*

øl[1]

SUBST. *øllet,* plur. *øl, øllene*

en kulsyreholdig, alkoholisk drik med en brunlig el. sort farve og en frisk, bitter smag; fremstilles af malt, humle, gær, råfrugt og vand □ *brygge øl* · *drikke øl* · *tappe øl på flasker* · *øl fra fad* · *lyst øl* · *mørkt øl* □ *ølanker* · *ølbryggeri* · *ølbrygning* · *øldepot* · *ølflaske* · *ølgær* · *ølkapsel* · *ølkasse* · *ølkrus* · *ølkusk* · *øloplukker* □ *dobbeltøl* · *dåseøl* · *fadøl* · *guldøl* · *hvidtøl* · *juleøl* · *lagerøl* · *maltøl* · *påskeøl* · *skibsøl* • **lige til øllet** kun lige så det er nok □ *vi har penge nok til resten af måneden, men det er lige til øllet* • **det tynde øl** noget som man ikke har valgt som det første, men som bare følger med □ *hun kom med som det tynde øl*

øl[2]

SUBST. *øllen,* plur. *øller* (el. *øl*), *øllerne* (el. *øllene*)

en flaske med øl □ *jeg giver en øl* · *en kold øl* · *vi skal have to øl*

ølbas

SUBST. *~bassen,* plur. *~basser, ~basserne*

en dyb, grødet stemme

øljern

SUBST. *-et,* plur. *øljern, -ene*

(slang): = ØLOPLUKKER

ølkusk

SUBST. *-en,* plur. *-e, -ene*

en kusk der fører en hestevogn der leverer øl fra bryggeriet □ *ølkusken spændte bryggerhestene fra*

øllebrød

SUBST. *-en*

en grød der er lavet af tørt rugbrød, vand, sukker og evt. hvidtøl □ *øllebrødspulver*

øllebrødsbarmhjertighed

SUBST. *-en*

en meningsløs, overdreven barmhjertighed

øloplukker

SUBST. *-en,* plur. *-e, -ne*

et redskab til at åbne flasker med blikkapsler med = FLASKEÅBNER, KAPSELÅBNER, ØLJERN

øm

ADJ. *-t, ømme; ømmere, ømmest*

1. som gør ondt □ *min finger er øm* • **sætte fingeren på et ømt punkt** nævne en alvorlig svaghed hos en person el. i en sag
2. = KÆRLIG □ *moderen så ømt på barnet* • *nære ømme følelser*
3. være øm over nære omsorg for □ *hun var meget øm over alle sine ting*

ømfindtlig

ADJ. *-t, -e*
[*öm'fen'dli*]

1. som er særlig følsom over for tryk, stød og smerter = FØLSOM □ *fingeren er stadig lidt ømfindtlig* □ *ømfindtlighed*
2. = NÆRTAGENDE □ *han er meget ømfindtlig overfor kritik* • *det kan ikke nytte noget at være så ømfindtlig hvis du vil opnå noget* □ *ømfindtlighed*

ømhed

SUBST. *-en*

1. en smerte ved berøring el. bevægelse □ *ømhed i musklerne* • *arbejdet gav ømhed i armene* • *ømheden i knæet fortog sig*
2. kærlighed og beskyttende følelser □ *nære ømhed for nogen* • *et blik fuld af ømhed* • *med moderlig ømhed* □ *ømhedsfuld* • *ømhedsfølelse* • *ømhedstrang*

ømme

VERB. *-r, -de, -t*

ømme sig klage lidt over smerter el. over at skulle gøre noget ubehageligt □ *hun ømmede sig noget efter faldet* • *hun ømmede sig ved at skulle betale*

ømskindet

ADJ. *- , ømskindede*

= NÆRTAGENDE □ *vis dig nu som en helt, vær ikke så ømskindet* □ *ømskindethed*

ømtålelig el. ømtålig

ADJ. *-t, -e*
[*öm'tå'ləli*]

1. som reagerer overdrevent på ubehageligheder = NÆRTAGENDE, IRRITABEL □ *hun var en meget ømtålelig person* • *han er i et ret ømtåleligt humør* □ *ømtålelighed*
2. som man skal behandle med takt for ikke at sagen skal mislykkes = PREKÆR, PENIBEL, DELIKAT, KILDEN □ *det var et meget ømtåleligt emne som de helst ikke talte om* • *et ømtåleligt spørgsmål* □ *ømtålelighed*

ønske[1]

SUBST. *-t*, plur. *-r, -rne*

1. det man ønsker = LYST, HÅB, VILJE □ *jeg har det ønske at det må blive godt vejr på min fødselsdag* • *mit største ønske lige nu er en kold øl* • *hun har lavet en liste over alle sine ønsker til jul* • *må jeg udtale det ønske at det bliver et lykkeligt år for os alle sammen* □ *ønskeseddel* □ *fødselsdagsønske* • *juleønske* • *nytårsønske*
2. efter ønske efter eget valg □ *gæsterne kan efter ønske få kaffe eller te*

ønske[2]

VERB. *-r, -de, -t*

ønske ngt gerne ville have noget = VILLE □ *ønsker du te eller kaffe?* • *ønsker du at jeg skal gå?* • *jeg ville ønske jeg kunne hjælpe dig* • *ønsker du at tale med chefen?* • *det ikke ønskede bedes overstreget* □ *ønskebarn* • *ønskedrøm* • *ønskehus* • *ønskekoncert* • *ønskekvist* • *ønskelig* • *ønskemåde* • *ønskeseddel* • *ønsketænkning* • *ønskværdig* • **ønske sig ngt** □ *hvad ønsker du dig til jul?* • *hun ønsker sig en ny kjole* • *feen spurgte Askepot hvad hun ønskede sig* • **ønske ng ngt** gerne ville have at noget bestemt indtræffer for nogen, bl.a. som en hilsen i anledning af en festdag □ *de ønskede ham til lykke med fødselsdagen* • *vi ønskede hinanden en glædelig jul* • *jeg ønsker dig alt godt fremover* • *hun ønskede ham held og lykke på rejsen* • **lade {ngt} tilbage at ønske** udtryk for at noget kunne være meget bedre el. ikke er tilfredsstillende □ *hans flid lader meget tilbage at ønske* • *hans helbred lader en del tilbage at ønske*

ønskedrøm

SUBST. *~drømmen*, plur. *~drømme, ~drømmene*

noget man ønsker skal gå i opfyldelse, men som sjældent gør det □ *rejsen til Amerika var en ønskedrøm som aldrig blev til noget* • *friheden er kun en ønskedrøm* • *det indre marked er ikke længere en ønskedrøm* • *det var opfyldelsen af vores ønskedrøm*

ønskemåde

SUBST. *-n*, plur. *-r, -rne*

= OPTATIV

ør

ADJ. *-t, -e*

som er udmattet og ude af stand til at tænke klart pga. fysisk el. psykisk påvirkning = SVIMMEL, OMTÅGET, FORTUMLET, TUMMELUMSK □ *han var helt ør af glæde* • *være ør i hovedet af nye indtryk* • *blive ør i hovedet af larmen*

øre[1]

SUBST. *-n*, plur. *-r, -rne*

1. en dansk, norsk, svensk og islandsk møntenhed som er 1/100 kr. □ *femogtyveøre* • *halvtredsøre* • ⟨i beløbsangivelse: plur. *øre*⟩ □ *den koster 50 øre* • *hvad bliver det i kroner og øre?* • **ikke en rød øre** udtryk for at man ingen penge har = IKKE EN HVID, IKKE EN SKEJS □ *jeg har ikke en rød øre tilbage*
2. ikke for to øre forstand på ngt udtryk for at man overhovedet ikke har forstand på noget □ *det har jeg ikke for to øre forstand på*

øre[2]

SUBST. *-t*, plur. *-r* (el. *øren*), *-rne* (el. *-ne*)

1. hvert af de to organer på siden af hovedet som man hører med; også om de indre dele af øret □ *børnene holdt sig for ørerne* • *kvinden var døv på det ene øre* • *det gjorde ondt i ørerne* • *læreren trak eleven i øret* • *manden kløede sig bag øret* • *rense ører* □ *øreclips* • *øreflip* • *øregang* • *ørelidelse* • *ørepine* • *ørering* • *ørevoks* □ *hængeøre* • *mellemøre*
2. et mindre, rundet håndtag på siden af en beholder = HANK □ *ørerne på en gryde*
3. i forsk. forb.: • **blive hed om ørerne** blive bange el. flov □ *han blev hed om ørerne da han tabte vasen* • **for døve øren** udtryk for at ingen lytter □ *han prædikede for døve øren* • *tale for døve øren* • **få ørerne i maskinen** komme i alvorlige vanskeligheder □ *han fik ørerne i maskinen pga. sine udtalelser* • **gå ind ad det ene øre og ud ad det andet** udtryk for at noget nogen siger, ikke har nogen effekt fordi man ikke hører efter □ *han lader snakken gå ind ad det ene øre og ud ad det andet* • **have en ræv bag øret** se under *ræv* • **have lange ører** være nysgerrig □ *snak ikke så højt, han har lange ører* • **have meget om ørerne** have meget at bestille □ *hun har meget om ørerne så hun har ikke tid* • **have øre for ngt** have sans for noget, især musik □ *hun har øre for musikkens rytme* • **holde ng i ørerne** holde styr på nogen el. sørge for at nogen gør det de skal □ *ungerne skal holdes i ørerne, ellers laver de ballade* • **holde ørerne stive** lytte meget opmærksomt □ *nu gælder det om at holde ørerne stive* • **hænge med ørerne** være nedtrykt • **ikke tro sine egne ører** se under *tro* □ *lægen troede ikke sine egne ører da de fortalte om uheldet* • **komme ng for øre** have hørt noget □ *det er kommet mig for øre at I skal giftes* • **låne ng øre** (glds.): lytte til nogen □ *hun lånte ham øre da han var ked af det* • **skrive sig ngt bag øret** bide mærke i el. huske noget □ *jeg skriver mig det lige bag øret til næste møde* • **slå ørerne ud** (dagl.): høre godt efter □ *vi slog ørerne ud da han kom ind på fremtidsudsigterne for vores fag* • **sove på sit grønne øre** se under *grøn* • **spidse ører** blive opmærksom og lytte intenst □ *den underlige lyd fik folk til at spidse ører* • **tude ng ørerne fulde med ngt** ustandselig fortælle nogen det samme □ *børnene blev tudet ørerne fulde med at de skulle vaske deres hænder* • **vende det døve øre til** være ligeglad med det nogen siger □ *han vender altid det døve øre til når tanten taler* • **væggene har ører** udtryk for at uvedkommende personer lytter med □ *du skal hviske for væggene har ører* • **til op over begge ører** udtryk for at man er meget optaget el. besværet af noget □ *han er forelsket til op over begge ører* • *familien sidder i gæld til op over begge ører* • **være lutter øren** lytte meget opmærksomt

ørebetændelse

SUBST. *-n*, plur. *-r, -rne*

en betændelse i øret som kan give smerter, nedsat hørelse og udflåd fra øret □ *mellemørebetændelse*

øreclips

SUBST. *-en*, plur. *~clips, -ene*

et smykke der klemmes fast om øreflippen ≠ ØRERING □ *et par øreclips* □ *guldøreclips* • *hængeøreclips*

øredøvende

ADJ.

som lyder meget højt □ *et øredøvende spektakel* • *et øredøvende bifald*

ørefigen

SUBST. *-en* el. *~fignen*), plur. *-er* (el. *~figner*), *-erne* (el. *~fignerne*)

= LUSSING □ *drengen fik en knaldende ørefigen for sin frækhed* • *der er ørefigner i luften*

øregas

SUBST. *en* el. *et*

= ORDFLOM ▫ *politikerens tale var den rene øregas*

øregople

SUBST. *-n,* plur. *-r, -rne*

= VANDMAND

øreklapstol

SUBST. *-en,* plur. *-e, -ene*

en lænestol med to buer øverst på ryglænet i ørehøjde

ørelæge

SUBST. *-n,* plur. *-r, -rne*

en læge som er specialist i sygdomme i øre, næse og hals og i deres behandling = ØRE-NÆSE-HALSLÆGE, OTOLOG

ørenring

SUBST.

se *ørering*

ørentvist

SUBST. *-en,* plur. *-er, -erne*

et lille, aflangt insekt hvis bagkrop ender i en tang der bruges til forsvar; latinsk navn *Dermaptera*

ørepine

SUBST. *-n,* plur. *-r, -rne*

smerter i øret fremkaldt af fx en infektion el. ørevoks

øreprop

SUBST. *øreproppen,* plur. *ørepropper, ørepropperne*

en ophobning af ørevoks • en prop, især i form af et stykke skumgummi, der stoppes i øret, fx mod støj ▫ *hun bruger ørepropper fordi hendes mand snorker*

ørering el. **ørenring**

SUBST. *-en,* plur. *-e, -ene*

et smykke der stikkes igennem et lille hul i øreflippen ≠ ØRECLIPS ▫ *et par øreringe af sølv* · *lave hul i ørerne til øreringe*

øresnegl

SUBST. *-en,* plur. *-e, -ene*

et lille apparat som anbringes i øret, og som man kan modtage meddelelser gennem; benyttes fx af tv-speakere ▫ *jeg hører netop i min øresnegl at vi springer det indslag over*

ørespecialist

SUBST. *-en,* plur. *-er, -erne*

en ørelæge som har autorisation fra staten til at drive egen praksis

øresprøjte

SUBST. *-n,* plur. *-r, -rne*

en sprøjte med et lille rør som anvendes til at sprøjte en varm væske i øret for at rense det for fx voks

øresusen

SUBST. *en*

= TINNITUS

øresønderrivende

ADJ.

som lyder så højt at man næsten ikke kan holde det ud ▫ *et øresønderrivende spektakel*

øretæve

SUBST. *-n,* plur. *-r, -rne*

= LUSSING ▫ *der vanker øretæver* · *der er øretæver i luften* · *få øretæver* · *stikke nogen en øretæve* · *give nogen øretæver* • stor og uforudset udgift ▫ *få en øretæve på 2.000 kr.* · *få en økonomisk øretæve* • negativ reaktion fra omgivelserne ▫ *man lærer af de øretæver livet giver én* · *sidde på øretævernes holdeplads* · *gør du det, må du også være klar til at tage øretæverne*

øretæveindbydende

ADJ.

som er så grov og fræk at man har lyst til at slå ham ▫ *han opfører sig temmelig øretæveindbydende* · *han er en øretæveindbydende møgunge*

ørken

SUBST. *-en* (el. *ørknen*), plur. *-er* (el. *ørkner*), *-erne* (el. *ørknerne*)

et stort, meget tørt landområde næsten uden bevoksning; oftest dækket af sand ▫ *leve i ørkenen* · *forvandle et område til en ørken* ▫ *ørkenklima* · *ørkenlandskab* · *ørkenrotte* ▫ *bjergørken* · *klippeørken* · *saltørken* · *sandørken* · *stenørken* • om noget som synes endeløst og kedeligt ▫ *en ørken af kedsomhed* · *en ørken af arbejdsdage*

ørkensko

SUBST. *-en,* plur. *~sko, -ene*

en snøresko af ruskind med rågummisål

ørkenstøvle

SUBST. *-n,* plur. *-r, -rne*

en lav støvle af ruskind med snøring og rågummisål

ørkenvandring

SUBST. *-en,* plur. *-er, -erne*

en vandring i ørkenen ▫ *den bibelske fortælling om israelitternes lange ørkenvandring* • noget som føles uendelig kedeligt og langtrukkent ▫ *en politisk ørkenvandring* · *koncerten var en fæl ørkenvandring*

ørkesløs

ADJ. *-t, -e*

som er uden virksomhed el. beskæftigelse = UVIRKSOM ▫ *hun sidder ørkesløs med hænderne i skødet* • som ikke er el. bliver til nogen nytte = MENINGSLØS, NYTTESLØS ▫ *ørkesløse drømme*

ørn

SUBST. *-en,* plur. *-e, -ene*

1. en stor rovfugl med kraftigt, krumt næb og fjerklædte ben; mange arter, bl.a. *havørn* og *kongeørn;* latinsk navn *Aquilina* ▫ *ørnenæb* · *ørnerede*
2. ikke være en ørn til ngt ikke være særlig dygtig til noget ▫ *han er ikke nogen ørn til at stave*

ørnenæb

SUBST. *-et* (el. *~næbbet*), plur. *~næb, -ene* (el. *~næbbene*)

en ørns krumme næb • en kraftig saks med lange håndtag til at klippe grene over med

ørred

SUBST. *-en,* plur. *-er* (el. *ørred*), *ørrederne*

en fisk med pletter på siden som er en udbredt spisefisk og en populær sportsfisk; latinsk navn *Salmo trutta* ▫ *ørredfiskeri* ▫ *bækørred* · *havørred* · *regnbueørred* · *søørred*

øse[1]

SUBST. *-n,* plur. *-r, -rne*

1. et redskab til at øse væske op af en beholder med, fx en stor, dyb ske til at øse suppe • = ØSEKAR ▫ *hvor er øsen til båden?*
2. (slang): en bil som er sotr og flot

øse[2]

VERB. *-r, -de* (el. *øste*), *-t* (el. *øst*)

1. øse ngt flytte væske ved hjælp af et hult redskab = TØMME, HÆLDE ▫ *vi måtte øse vand ud af båden* · *øse suppe op* ▫ *øsekar* · *øseske*
2. øse af ngt give i overflod af noget ▫ *han øste af sin viden*
3. øse ned regne stærkt = REGNE, PØSE ▫ *det øser ned udenfor* · *regnen øsede ned hele dagen* · *øsende regn* ▫ *øsregne*
5. øse penge ud se under *penge*

øsekar

SUBST. *~karret,* plur. *~kar, ~karrene*

en beholder el. dyb skovl med kort håndtag til at tømme vandet ud af en båd med = ØSE

øseske

SUBST. *-en,* plur. *-er, -erne*

en ske med langt håndtag og dybt skeblad; anvendes fx til at øse suppe op med

øsken

SUBST. *-en* (el. *øsknen*), plur. *-er* (el. *øskner*), *-erne* (el. *øsknerne*)

en skrue med en lille metalring til en krog el. en snor ▫ *hjertet har en øsken så det kan hænge i en kæde* · *der er en øsken bag på billedet* · *skrue en øsken i*

øsregn

SUBST. *-en*

kraftig og tæt regn ▫ *du skal ikke gå ud i den øsregn*

øsregne

VERB. *-r, -de, -t*

regne kraftigt = PLASKREGNE, SKYLREGNE, STYRTREGNE ▫ *det øsregnede hele dagen*

øst

SUBST.

1. ⟨fork. *Ø*⟩ det verdenshjørne hvor solen står op ≠ VEST ▫ *hvilken retning er øst?* · *fra øst* · *floden*

løber mod øst · bjergene mod øst · bjergene i øst · solen står op i øst □ *østeuropæisk · østhimmelen · østjysk · østkyst · østside · østspids · østvendt* □ *nordøst · sydøst* • ⟨ADV.⟩ i retning mod øst = ØSTEN □ *gården ligger øst for byen · de sejlede øst om Anholt · den peger stik øst* • **i øst** (om vind og strøm): fra øst □ *vinden er i øst · vinden er gået om i øst · vinden er slået om i øst*
2. Rusland og lande allieret hermed; især om det tidligere Sovjetunionen og de kommunistiske lande i Østeuropa □ *samarbejde mellem øst og vest* □ *østland*

østblokken

SUBST.BEST.

det tidligere Sovjetunionen og dets kommunistiske allierede ≠ VESTMAGTERNE □ *østblokland · østblokstaterne*

Østen

SUBST. *et*

landene i Asien = ORIENTEN □ *rejse rundt i Østen · import fra Østen* • **det mellemste Østen** landene i området fra Libyen i vest til Iran i øst og fra Sortehavets sydkyst i nord til Sudan i syd = MELLEMØSTEN, ØSTERLAND • **det fjerne Østen** landene i Sydøstasisen

østen

ADV.

i retning mod øst = ØST □ *østen for byen · de sejlede østen om Anholt*

østenvind

SUBST. *-en,* plur. *-e, -ene*

vind der blæser fra øst

øster

ADJ.

(i stednavne): = ØSTRE □ *Øster Allé* □ *Østerbro · Østergade*

Østerland

SUBST.

(poet.): = MELLEMØSTEN □ *de vise mænd fra Østerland*

østerlandsk

ADJ. *- , -e*

= ORIENTALSK □ *'Aladdin' er et østerlandsk eventyr*

østerlænding

SUBST. *-en,* plur. *-e, -ene*

= ORIENTALER

østers

SUBST. *-en,* plur. *østers, -erne* (el. *-ene*)

en stor musling med kraftig brunlig skal; kan spises rå, let kogt el. røget; latinsk navn *Ostreidae* □ *dyrke østers · røget østers · østers naturel · et dusin østers* □ *østersbanke · østersfiskeri · østersforgiftning · østerskniv · østersskal* □ *Limfjordsøsters*

østeuropæer

SUBST. *-en,* plur. *-e, -ne*

en person fra Østeuropa

østeuropæisk

ADJ. *- , -e*

som har at gøre med Østeuropa

østfra

ADV.

= FRA ØST □ *vinden kommer østfra*

østfronten

SUBST.BEST.

krigsskuepladsen i Østeuropa under de to verdenskrige

østgående

ADJ.

med kurs mod øst □ *østgående trafik · østgående strøm* • **for østgående** □ *skibet er for østgående*

østlig

ADJ. *-t, -e; -ere, -st*

som er mod øst □ *i østlig retning · østlig kurs · den østlige del af landet · byen ligger meget østligt* • (om vind og strøm): som kommer fra øst □ *østlig kuling · vinden er stik østlig*

østnordisk

SUBST. *et*

det danske og svenske sprog • ⟨ADJ.: -, *-e*⟩ □ *de østnordiske sprog*

østover

ADV.

udtryk for at noget bevæger sig el. strækker sig mod øst = MOD ØST, ØSTPÅ □ *de sejlede østover*

østpå

ADV.

udtryk for at noget bevæger sig mod el. er placeret mod øst = MOD ØST, ØSTOVER □ *rejse østpå · de bor østpå*

østre

ADJ.

(i stednavne): som ligger mod øst = ØSTER ≠ VESTRE, NØRRE, SØNDRE □ *Østre Anlæg · Østre Landsret*

østriger

SUBST. *-en,* plur. *-e, -ne*

en person fra Østrig

østrigsk

ADJ. *- , -e*

som har at gøre med Østrig □ *østrigskfødt* □ *dansk-østrigsk*

østrogen[1]

SUBST. *-et,* plur. *-er, -erne*
[øsdro'ge'n]

hvert af de kvindelige kønshormoner, østron, østradiol og østriol som produceres i kvindens æggestokke og i mandens testikler; kan også fremstilles kunstigt og bruges fx i p-piller og medicin mod problemer i overgangsalderen □ *østrogenpræparat*

østrogen[2]

ADJ. *-t, -e*
[øsdro'ge'n]

som indeholder el. har at gøre med et el. flere af de kvindelige kønshormoner □ *østrogene stoffer*

øv

UDRÅBSORD

udtryk for at man er sur over el. utilfreds med noget □ *øv, hvorfor skal vi hjem nu? · øv, jeg må aldrig komme med nogen steder*

øv.

fork. for *øverst*

øve

VERB. *-r, -de, -t*

1. øve ngt el. **øve sig i** el. **på ngt** gøre noget igen og igen for at blive bedre til det = TRÆNE, OPØVE, INDØVE □ *øve sin hukommelse · øve sig i violinspil · øve sig ved klaveret · han øvede sig på sine replikker · hun øvede sig på guitaren · gøre noget med øvet hånd* □ *øvelse · øvebog · øvehæfte · øvelokale* □ *indøve · opøve*
2. øve ngt påvirke andre med en vis indflydelse = UDØVE □ *øve tiltrækning · øve indflydelse*
3. øve ngt = BEGÅ □ *øve vold · øve uret* • **øve ngt** (glds.): udføre en vis aktivitet = UDFØRE □ *øve velgerninger · øve ret og billighed*

øvelse

SUBST. *-n,* plur. *-r, -rne*

1. ⟨ikke plur.⟩ det at øve sig □ *øvelse gør mester* □ *øvelsesprogram* • en opgave el. en prøve som skal træne elever el. studerende i bestemte færdigheder □ *øvelser i fysik · spille øvelser på fløjte* □ *øvelseshæfte* □ *skriveøvelse · stiløvelse* • en bestemt bevægelse med kroppen el. en del af denne med henblik på træning el. styrke □ *en række svære gymnastiske øvelser · øvelser på gulv og bom* □ *øvelsesprogram* □ *nakkeøvelse · fingerøvelser · gulvøvelse · smidighedsøvelse* • en militær aktion som skal træne el. forberede soldaterne på krig □ *hæren holder øvelse i en række kommuner* □ *øvelsesområde* □ *militærøvelse · skydeøvelse*
2. ⟨ikke plur.⟩ det at være øvet el. trænet □ *hun har stor øvelse i at sy i skind · øvelse gør mester*

øverst

ADJ. *- , -e*

som befinder sig i toppen af en bunke, liste el.lign. = ØVRE ≠ NEDERST □ *de bor på den øverste etage · de stod øverst på ventelisten · vi sad øverst på trappen* • ⟨også SUBST.⟩ som befinder sig i toppen af et hierarki □ *de øverste i samfundet*

øverstbefalende

ADJ.

den militære leder af en forsvarsmagt □ *Montgomery var øverstbefalende for den 8. armé i 1942-43*

øverstkommanderende

SUBST. *en, den ~kommanderende,* plur. *~kommanderende, de ~kommanderende*

en officer som har den øverste myndighed = ØVERSTBEFALENDE □ *øverstkommanderende for de amerikanske tropper*

øvr.

fork. for *øvrige*

øvre

ADJ.

som befinder sig højst oppe = ØVERST ≠ NEDRE □ *den øvre del af ansigtet* · *de øvre etager* • (om en flod, et vandløb o.l.): som befinder sig nærmest udspringet ≠ NEDRE □ *Donaus øvre løb*

øvrig

ADJ. *-t, -e*
fork. *øvr.*

som resterer = RESTERENDE □ *al øvrig henvendelse skal ske personligt* · *de øvrige problemer er ikke løst* · *nogle af soldaterne faldt, de øvrige flygtede* · *det øvrige ordner jeg* • **for** el. **i øvrigt** udtryk for at noget siges som et tillæg til noget andet = DESUDEN, FOR RESTEN □ *jeg mødte for øvrigt en af mine gamle venner* · *jeg har ikke tid til at tage med, og i øvrigt har jeg også hovedpine* • **for** el. **i øvrigt** i alle andre henseender end det nævnte = ELLERS □ *han er en smule selvglad, men i øvrigt et rart menneske*

øvrighed

SUBST. *-en,* plur. *-er, -erne*

(form.): de personer el. instanser i et samfund som har magten = OFFENTLIG MYNDIGHED □ *overgive sig til øvrigheden* · *borgernes forhold til øvrigheden* · *den gejstlige øvrighed* · *den verdslige øvrighed* · *et steds øvrighed* □ *øvrighedsbevis* · *øvrighedsmyndighed* · *øvrighedsperson* · *øvrighedspost*

å[1]

SUBST. *å'et*, plur. *å'er, å'erne*

det 29. bogstav i alfabetet; i personnavne og visse stednavne kan der bruges *aa* i stedet for å □ *å-lyd*

å[2]

SUBST. *-en*, plur. *-er, -erne*

1. et større naturligt vandløb; især om danske forhold ≠ BÆK □ *åen gik over sine bredder* · *åen snor sig gennem landskabet* · *åens løb* · *åens udspring* □ *åbrink* · *ådal*
2. gå over åen efter vand gøre en unødvendig anstrengelse for at få el. opnå noget som man kunne have gjort el. fået på en nemmere måde

å[3]

UDRÅBSORD

se *åh*

åben

ADJ. *-t, åbne*

1. i en position så der er fri passage gennem et hul el. en åbning ≠ LUKKET □ *sove for åbent vindue* · *døren er åben* · *hun stod med åben mund* · *åbne øjne* · *skjorten er åben i halsen* · *hans bukser stod åbne* • som ikke er låst □ *kom bare ind, døren er åben* • som ikke er indesluttet af mure, bevoksning el. anden beskyttelse mod ydre påvirkning □ *åbent land* · *åbent landskab* · *i åbent hav* · *i åben sø* • som ikke har noget tag el. anden beskyttelse □ *en åben vogn* · *en åben båd* · *et åbent sår* • som ikke er fuldt besvaret el. besluttet □ *et åbent spørgsmål* · *vi lader punktet stå åbent* · *muligheden ligger åben* • som er klar til at betjene kunder □ *banken er åben* · *vi er åbne fra kl. 10* • som lader alle deltage □ *en åben konkurrence*
2. som er ærlig og ikke skjuler noget □ *han er en meget åben person* · *et åbent ansigt* · *han har altid være åben over for hende* • **være åben for ngt** være modtagelig for noget □ *han er åben for kritik* · *forslaget er åbent for debat* · *jeg er åben for spørgsmål*

åbenbar

ADJ. *-t, -e*

som er så tydeligt at man er sikker på det = INDLYSENDE □ *det er åbenbart for enhver at der er begået en fejl* · *en åbenbar urimelighed*

åbenbare

VERB. *-r, -de, -t*
[*å·bən'ba'ɔ* el. *å·bənba'ɔ*]

åbenbare ngt vise el. fortælle noget som har været skjult el. hemmeligt; ofte ad overnaturlig el. guddommelig vej = AFSLØRE, RØBE □ *hun åbenbarede den virkelige sammenhæng for hele familien* · *englen Gabriel åbenbarede det for Muhammed i et drømmesyn* · *kristendommen hører til de åbenbarede religioner* · *åbenbare sig i kødet*

åbenbaring

SUBST. *-en*, plur. *-er, -erne*
/åben'baring/

et guddommeligt syn hvor Gud træder i forbindelse med menneskene □ *få en religiøs åbenbaring* · *Johannes' Åbenbaring* □ *åbenbaringstro* • et meget smukt syn □ *hun er en ren åbenbaring at se på*

åbenbart

ADV.

= TILSYNELADENDE □ *han har åbenbart glemt at han skulle komme*

åbenhjertig

ADJ. *-t, -e*
/åben'hjertig/

som taler el. på anden måde udtrykker sig åbent og ærligt = UTILSLØRET, OPRIGTIG □ *han var meget åbenhjertig i sine breve* · *han fortalte åbenhjertigt om sin barndom* □ *åbenhjertighed*

åbenlys

ADJ. *-t, -e*

som tydeligt vises el. siges, men som sandsynligvis holdes el. bør holdes skjult = UTILSLØRET □ *han taler åbenlyst om det* · *han stirrede på ham med åbenlyst had i blikket* □ *åbenlyshed*

åbenmundet

ADJ. *- , ~mundede*

som let kommer til at røbe noget som ikke skulle have været sagt, fx en hemmelighed □ *han er for åbenmundet til at bevare en hemmelighed*

åbenråer

SUBST. *-en*, plur. *-e, -ne*
/åben'råer/

en person fra Åbenrå

åbne

VERB. *-r, -de, -t*

1. åbne ngt bevæge el. fjerne noget så der fremkommer et hul el. en åbning = LUKKE OP ≠ LUKKE □ *åbne døren* · *åbne en dåse* · *åbne et vindue for at få frisk luft* · *åbne munden* · *åbne øjnene* · *åbne en grav* · *åbne sit hjem* • **åbne ngt** brede el. folde noget ud □ *åbne en bog* · *åbne en paraply* · *åbne sine arme for nogen* · *åbne et brev* · *blomsten åbner sig* · *faldskærmen åbnede sig ikke* • **åbne ngt** erklære noget for formelt begyndt el. indviet = BEGYNDE, INDLEDE □ *ordføreren åbnede forhandlingerne* · *åbne mødet* · *åbne sæsonen* · *åbne en udstilling* · *åbne en ny strækning motorvej* • **åbne ngt for ngt** gøre noget tilgængelig for nogen el. noget □ *alternative uddannelser vil åbne nye muligheder for de unge* · *der åbnes mulighed for forlig* · *forslaget åbner vej for fred* • **åbne sig** dele sine tanker og følelser med andre □ *først da de havde kendt hinanden længe åbnede han sig for hende* · *hun har åbnet sit hjerte for mig*
2. give gæster, kunder o.l. adgang □ *butikken åbner kl. 9* · *udstillingen åbner på torsdag* □ *åbning*
3. i forsk. forb.: • **åbne munden** (dagl.): se under *mund* • **åbne ngs øjne for ngt** se under *øjne*

åbning

SUBST. *-en*, plur. *-er, -erne*

1. en direkte forbindelse gennem et åbent sted i noget = GAB □ *lukke en åbning til* · *en smal åbning* · *åbningen i et rør* · *en åbning i væggen* · *en åbning i skyerne* □ *blænderåbning* · *døråbning* · *endetarmsåbning* · *gatåbning* · *kropsåbning*
2. det at åbne noget som er lukket, forseglet el.lign. □ *åbning af et dokument* · *åbning af et gravsted*
3. en formel, indledende handling i forbindelse med en begyndelse el. indvielse af noget □ *åbning af en konference* · *åbning af en udstilling* · *Folketingets åbning* □ *åbningstale*
4. (spil): et indledende træk el. udspil □ *en dårlig åbning* · *sort kom godt fra åbningen* □ *åbningshånd* · *åbningsspil* · *åbningsteori* · *åbningstræk* · *åbningsvariant* □ *spilleåbning*

åd

VERB.

bøjningsform af *æde*

ådsel

SUBST. *-et* (el. *ådslet*), plur. *ådsler, ådslerne*

en død dyrekrop som er gået i forrådnelse □ *ådselædende* · *ådselæder* · *ådselgrib*

åg

SUBST. *-et*, plur. *åg, -ene*

1. en stang af træ der er tilpasset så den kan bæres på skuldrene af et menneske □ *bære to spande i et åg over skulderen* · et trækøj af træ til okser □ *lægge åg på en okse* · *okserne trækker under åget*
2. en påtvungen og anstrengende opgave = BYRDE □ *et tungt åg* · *sukke under åget* · *afkaste åget* · *være under fremmed åg* □ *trældomsåg*

åger

SUBST. *-en*

udnyttelse af nogens svaghed til at opnå en urimelig gevinst, fx som meget høje renter ▫ *det er den rene åger* · *åger kan være opkrævning af en urimelig rente ved pengeudlån eller ublu priser under vareknaphed* ▫ *ågerforretning* · *ågerkarl* · *ågerrente*

ågerkarl

SUBST. *-en,* plur. *-e, -ene*

en person der ernærer sig ved åger

ågerpris

SUBST. *-en,* plur. *-er, -erne*

en urimelig høj pris ▫ *sælge noget til ågerpris*

åh el. **å**

UDRÅBSORD

udtryk for betagelse, overraskelse, bestyrtelse o.l. ▫ *åh, hvilken skøn udsigt* · *åh, er du her?* · *åh nej, hvad er der dog sket?*

åkande

SUBST. *-n,* plur. *-r, -rne*

en vandplante med store hvide, gule el. lyserøde blomster og flade hjerteformede el. nyreformede blade som flyder på stillestående vand; mange arter, bl.a. *nøkkerose* og *gul åkande;* latinsk navn *Nymphaeaceae*

ål

SUBST. *-en,* plur. *ål, -ene*

1. en fisk med en lang, slangelignende krop og uden bugfinner; latinsk navn *Anguilla anguilla* ▫ *stegt ål* · *røget ål* · *stange ål* ▫ *åleruse* • **glat som en ål** snedig og upålidelig • **vride sig som en ål** kvie sig ved at gå med til noget ▫ *han vred sig som en ål da jeg fremsatte forslaget*
2. ål i strømperne folder på strømper fordi de er drejet om benet el. er gledet ned ▫ *hun havde ål i strømperne*

ålandsk

ADJ. - , *-e*

som har at gøre med Åland

ålborgenser

SUBST. *-en,* plur. *-e, -ne*
[*ɔlbå'gæn'sɔ*]

en person fra Ålborg

ålborgensisk el. **ålborgsk**

ADJ. - , *-e*
[*ɔlbå'gæn'sisk*]

som har at gøre med Ålborg

åle

VERB. *-r, -de, -t*

åle ng (glds.): gøre grin med nogen = LATTERLIGGØRE

ålegræs

SUBST. *~græsset,* plur. *~græsser, ~græsserne*

en tangplante af slægten *bændeltang* = ALMINDELIG BÆNDELTANG

ålejern

SUBST. *-et,* plur. *~jern, -ene*

et redskab til at stange ål med = LYSTER

ålekiste

SUBST. *-n,* plur. *-r, -rne*

en kasse med tremmer som udsættes i et vandløb til ålefangst

ålekrage

SUBST. *-n,* plur. *-r, -rne*

= SKARV

ålekvabbe

SUBST. *-n,* plur. *-r, -rne*

en op til 30 cm lang, ålelignende fisk med lange ryg- og gatfinner der når hinanden ved halespidsen; latinsk navn *Zoarces viviparus*

ålænding

SUBST. *-en,* plur. *-e* (el. *-er*), *-ene* (el. *-erne*)

en person fra Åland

ånd

SUBST. *-en,* plur. *-er, -erne*

1. (ikke plur.): begavelse og viden ▫ *ånd er magt* · *han kæmpede kun med åndens våben* ▫ *åndfuld* · *åndløs* · *åndrig* · *åndsarbejde* · *åndsevne* · *åndsforladt* · *åndsfrisk* · *åndsliv* · *åndsoverlegen* · *åndsprodukt* · *åndssløv* · *åndssvag* • en person der udmærker sig ved sine fremragende tanker = GENI ▫ *Danmark har fostret flere store ånder* · *han er nu ikke nogen stor ånd* ▫ *skønånd*
2. ⟨ikke plur.⟩ måde at tænke på ▫ *han handlede i sin fars ånd* · *man skal dømme efter lovens ånd og ikke efter dens bogstav* ▫ *tidsånd* • ⟨ikke plur.⟩ en stemning som gør at man handler på en bestemt måde = STEMNING, GEJST ▫ *ånden fra besættelsestiden* · *ånden i hæren* · *han skriver kun når ånden er over ham* ▫ *korpsånd* · *oprørsånd*
3. et ulegemligt, overnaturligt el. uforgængeligt væsen = SJÆL, SPØGELSE, GEJST, GESPENST ▫ *den hellige ånd* · *Hamlets fars ånd* · *nogle mennesker tror på onde ånder* ▫ *åndelig* · *åndemaner* · *åndeverden* ▫ *skytsånd* · *plageånd* • **opgive ånden** = DØ • **tjenende ånd** en person der gør nyttige ting for andre • **være ngs onde ånd** have en uheldig indflydelse på nogen
4. din ånd udtryk for at man synes at nogen opfører sig dumt

ånde[1]

SUBST. *-n*

den luft man ånder ud ▫ *hans ånde blev hvid i den kolde luft* · *hendes ånde lugter af øl* • **dårlig ånde** ildelugtende udåndingsluft, fx pga. dårlige tænder el. mavebesvær ▫ *man får dårlig ånde hvis man ikke børster tænder regelmæssigt* • **holde ng i ånde** fastholde nogens opmærksomhed ▫ *filmen holdt børnene i ånde i to timer* · *de unger forstår at holde forældrene i ånde* • **drage ånde** (form., glds.): trække vejret ▫ *han har draget ånde for sidste gang*

ånde[2]

VERB. *-r, -de, -t*

1. suge luft ind i lungerne og puste den ud igen = TRÆKKE VEJRET, RESPIRERE ▫ *ånde dybt ind* · *hun ånder tungt* · *han ånder på ruden* · *vær venlig at ånde kraftigt ud og ind mens jeg lytter på brystet* ▫ *ånding* · *åndedrag* · *åndedræt* · *åndehul* · *åndelyd* · *åndeløs* ▫ *henånde* · *indånde* · *udånde*
2. i forsk. forb.: • **leve og ånde for ngt** være meget optaget af noget ▫ *han levede og åndede for sin hobby* • **ånde lettet op** være lettet over noget ▫ *de åndede lettet op da de var vel inde på land igen* • **ånde fred** se under *fred*

åndedrag

SUBST. *-et,* plur. *~drag, -ene*

= VEJRTRÆKNING ▫ *hvert åndedrag voldte ham smerte* · *de lyttede til den syges åndedrag* • **drage sit sidste åndedrag** = DØ

åndedræt

SUBST. *~drættet*

= VEJRTRÆKNING ▫ *hans åndedræt var besværet* • **give ng kunstigt åndedræt** blæse luft i lungerne på en person for at genstarte en standset vejrtrækning ▫ *falckredderen gav den druknede kunstigt åndedræt*

åndehul

SUBST. *~hullet,* plur. *~huller, ~hullerne*

1. et hul i en isflage hvor bl.a. sæler kommer op for at ånde ▫ *jage sæler ved deres åndehuller* • en ydre åbning for det netværk af luftrør som insekter og visse edderkopper ånder med = SPIRAKEL
2. en behagelig plads i ubehagelige omgivelser ▫ *parkerne er storbyens åndehuller*

åndelig

ADJ. *-t, -e*

1. som har med tænkning og analyse at gøre ≠ LEGEMLIG ▫ *åndelig udvikling* · *åndeligt arbejde* · *åndelige evner*
2. religiøs el. oversanselig ≠ VERDSLIG ▫ *åndelige skrifter* · *der er intet åndeligt liv her på egnen* · *den åndelige fader* · *åndelige kræfter*

åndeløs

ADJ. *-t, -e*

som næsten ikke kan trække vejret pga. ophidselse ▫ *de så filmen i åndeløs spænding* · *hun var åndeløs af skræk*

åndemaner

SUBST. *-en,* plur. *-e, -ne*

en person der menes at have magt over ånder og naturkræfter ▫ *åndemaneri*

åndenød

SUBST. *-en*

besvær med at trække vejret pga. angst, fysisk anstrengelse el. lungelidelser som astma og emfysem ▫ *jeg får åndenød af de mange trapper*

åndet

ADJ. - , *åndede*

(slang): som ikke synes at være velovervejet el. velbegrundet = ÅNDSSVAG ▫ *en åndet person* · *en åndet regel*

åndeverden

SUBST. *-en,* plur. *-er* (el. *~verdner*), *-erne (*el *~verdnerne)*

de overnaturlige væseners verden

åndfuld

ADJ. *-t, -e*

som er fuld af betydelige tanker og ideer og som udviser stor indsigt; ofte kombineret med humor = DYBSINDIG, ÅNDRIG □ *en åndfuld samtale* · *en åndfuld bemærkning* · *en åndfuld natur* □ *åndfuldhed*

åndløs

ADJ. *-t, -e*

som er overfladisk og uden et reelt åndeligt indhold = SJÆLLØS □ *filmen var åndløs og pjattet* · *åndløs materialisme* · *en åndløs verden* □ *åndløshed*

åndrig

ADJ. *-t, -e*

= ÅNDFULD □ *en åndrig person* · *åndrige udtalelser* □ *åndrighed*

åndrighed

SUBST. *-en,* plur. *-er, -erne*

= ÅNDFULDHED □ *forloren åndrighed* · *udfolde sin åndrighed*

åndsevne

SUBST. *-n,* plur. *-r, -rne*

en normal persons intellektuelle formåen = INTELLIGENS □ *selv om han er meget gammel, har han sine åndsevner i behold*

åndsforladt

ADJ. *-* , *-e*

som er trøstesløs og kedsommelig □ *en åndsforladt og småborgerlig by* · *orkestret spillede brutalt og åndsforladt*

åndsforstokket

ADJ. *-* , *~forstokkede*

som er præget af en indskrænket og fordomsfuld måde at opfatte virkeligheden på = SNÆVERSYNET □ *en åndsforstokket mening* □ *åndsforstokkethed*

åndsfortærende

ADJ.

(glds.): som er idéforladt og derfor virker sløvende □ *åndsfortærende forbrugerisme* · *et åndsfortærende behov for kontakt*

åndsfraværelse

SUBST. *-n*

uopmærksomhed og manglende koncentration = ADSPREDTHED, DISTRAKTION ≠ ÅNDSNÆRVÆRELSE □ *i sin åndsfraværelse kom han til at gå over for rødt lys*

åndsfraværende

ADJ.

som ikke har sin opmærksomhed el. sine tanker rettet mod det de foretager sig = FRAVÆRENDE, ADSPREDT, DISTRÆT ≠ NÆRVÆRENDE □ *hun bladede åndsfraværende i bogen*

åndsfrisk

ADJ. *-* (el. *-t*), *-e*

som trods en høj alder har sine åndsevner i behold ≠ SENIL □ *en åndsfrisk gammel dame*

åndsliv

SUBST. *-et*

1. den del af et menneskes liv der har at gøre med intellektuel formåen og tankevirksomhed □ *et menneske med et rigt åndsliv*
2. summen af al kulturel virksomhed i et samfund □ *åndslivet i det 18. århundredes England*

åndsnærværelse

SUBST. *-n*

en hurtig tankevirksomhed ≠ ÅNDSFRAVÆRELSE □ *han havde åndsnærværelse nok til at fjerne gasflaskerne så snart ilden brød ud*

åndsnærværende

ADJ.

som er opmærksom og reagerer hurtigt = ÅRVÅGEN □ *han var så åndsnærværende så han ikke slap grebet om den*

åndsretning

SUBST. *-en,* plur. *-er, -erne*

en bevægelse med bestemte ideer og holdninger, fx inden for en religion el. en politisk ideologi □ *den grundtvigske åndsretning*

åndssløv

ADJ. *-t, -e*

som tænker og handler meget langsomt □ *han blev 93, men de sidste år var han noget åndssløv*

åndssvag

ADJ. *-t, -e*

1. som har nedsat intelligens med en intelligenskvotient under 75; kan være medfødt eller opstå tidligt i livet som følge af hjerneskade = EVNESVAG, DEBIL □ *åndssvageforsorg*
2. som virker uintelligent = TÅBELIG, FJOLLET, IDIOTISK, UBEGAVET □ *det er åndssvagt at køre bil når man er fuld*

år

SUBST. *-et,* plur. *år, -ene*

1. et tidsrum på 12 måneder, dvs. 365 dage, i skudår 366 dage, som går fra den 1. januar til den 31. december og som har et bestemt årstal; svarer til det tidsrum det tager Jorden at bevæge sig rundt om Solen = KALENDERÅR □ *i året 1982 var den danske regering i en alvorlig krise* · *dette års nobelpris i medicin blev delt mellem to canadiere* · *de udskød beslutningen til næste år* · *det år var et godt år for husdyravlen* · *1996 var et dårligt år for dansk fodbold* □ *årbog* · *århundrede* ·*årlig* · *årpenge* · *årrække* · *årsbasis* · *årsberetning* · *årsfest* · *årsindkomst* · *årskort* · *årsmøde* · *årsopgørelse* · *årsprøve* · *årsskifte* · *årsskrift* · *årstal* · *årti* · *årtusinde* □ *fjorår* · *halvår* · *nytår* · *skudår* · *tiår* · *trykkeår* • et tidspunkt inden for et kalenderår = ANNO □ *hun blev født år 1900* • et tidsrum på 12 måneder = ÅRING □ *han har boet her i ti år* · *pigen er ti år gammel* · *det tog fire år at bygge huset* · *de har kendt hinanden i fem år* · *han har brugt mange år på at komme ud af det ægtskab* · *han skrev sin første roman for et par år siden* □ *årelang* · *åremål* · *årevis* · *årgammel* · *åring* · *årring* · *årsabonnement* · *årsdag* · *årsgennemsnit* · *årskarakter* · *årskursus* · *årstid* · *årsunge* · *årsvikar* · *årsværk* □ *barneår* · *finansår* · *fjerdingår* · *halvår* · *kirkeår* · *lysår* · *læreår* · *sabbatår* · *skoleår* · *solår* • **i år** på et tidspunkt i løbet af det år man er i □ *tror du vi får sne i år* • **om året** inden for el. i løbet af hvert år □ *vi lejer sommerhuset to gange om året* · *han tjener 300.000 kr om året* • **om {tre} år** når der er gået tre år fra nu • **på {et} år** afsluttet i løbet af et år □ *de byggede huset på et år* • **året ud** til slutningen af det kalenderår vi er i nu
2. i forsk. forb. • **ad åre** om nogle år □ *forretningen vil give overskud ad åre* • **det gamle år** det kalenderår som lige er afsluttet • **det nye år** det kalenderår som lige er ved at begynde • **et års tid** omtrent et år • **fylde år** have fødselsdag • **gennem årene** i de år der er gået □ *hun har været meget syg gennem årene* • **have mange år på bagen** være temmelig gammel • **i årenes løb** i de år der er gået □ *i årenes løb har byen forandret sig meget* • **med årene** i løbet af de år der er gået □ *han er blevet lidt mildere med årene* • **mellem år og dag** i løbet af en række år □ *der sker så meget forskelligt mellem år og dag* • **{sidst} på året** inden for årets sidste del □ *først på året* · *længere hen på året* • **så lang som et ondt år** utåleligt el. ubehageligt langtrukken □ *hans tale var så lang som et ondt år* • **til års** = GAMMEL • **være op i årene** være relativt gammel • **år for år** efterhånden som årene går □ *hun bliver dygtigere år for år* • **år og dag** meget lang tid □ *der gik år og dag før hun så ham igen* • **år og dag** (jur.): ét år og seks uger □ *ihændehaverne af nedennævnte bankbøger indkaldes herved med år og dags varsel* • **år ud og år ind** det ene år efter det andet uden afbrydelse □ *år ud og år ind havde hun passet sit arbejde, og nu blev hun fyret* • **året der svandt** det kalenderår som lige er afsluttet • **året rundt** hele året • **årets høst af ngt** dette kalenderårs el. denne sæsons samlede produktion af noget, fx skønlitteratur □ *årets høst af nye romaner*

årbog

SUBST. *-en,* plur. *årbøger, årbøgerne*

et skrift som udkommer én gang hvert år □ *Turistforeningens Årbog for 1952* · *Medicinsk årbog* · *der er mange interessante artikler i Modersmålsselskabets nye årbog*

åre

SUBST. *-n,* plur. *-r, -rne*

1. (anatomi): = BLODKAR □ *pulsåre* • (glds.): = NATURTALENT □ *han har en digterisk åre* □ *digteråre* · *kunstneråre* • (geologi): en malmfyldt revne i en bjergart □ *guldåre* • en stribe i blade, træ el. sten □ *træets årer trådte smukt frem* · *marmor er fuldt af årer*
2. et redskab til at ro med som består af en lang stang med en tynd plade som trækkes gennem vandet □ *åreblad* · *åregaffel* · *åretag* · *åretold* □ *padleåre* · *vrikkeåre* • **hvile på årerne** holde årene stille over vandet

årebetændelse

SUBST. *-n,* plur. *-r, -rne*

betændelse i en blodåre, evt. med dannelse af små klumper af størknende blod i åren

åreforkalkning

SUBST. *-en,* plur. *-er, -erne*

kalkaflejringer i pulsårernes vægge som gør at de bliver tykkere og stivere hvilket hæmmer blodomløbet

åregaffel

SUBST. *-en* (el. *åregaflen*), plur. *åregafler, ~gaflerne*

en drejelig metalgaffel i rælingen på en robåd som åren hviler i ≠ ÅREGANG, ÅRETOLD □ *sætte åren i åregaflen* · *tage åregaflerne af*

åregang

SUBST. *-en,* plur. *-e, -ene*

en udskæring i rælingen på en større robåd som åren hviler i ≠ ÅREGAFFEL, ÅRETOLD

åreknude

SUBST. *-n,* plur. *-r, -rne*

en blodfyldt udposning på en blodåre som ligner en knude; skyldes at årens klapper er beskadigede

årelade

VERB. *-r, årelod, -t* (el. *åreladt*)

årelade ng (hist.): åbne en blodåre på et dyr el. et menneske for at udtømme en del blod, fx i forbindelse med sygdom □ *åreladning* · *åreladejern* • **årelade ng** (glds.): få penge ud af nogen □ *åreladning*

åremål

SUBST. *-et,* plur. *~mål, -ene*

et bestemt antal år inden for hvilket noget sker el. gælder □ *inden for åremålet 1970-85 arbejdede hun som speciallæge* · *hans ansættelse som direktør er på åremål* · *hun har gjort karriere inden for et relativt kort åremål* · *udleje noget på langt åremål* · *forlænge åremålet* □ *åremålsaftale* · *åremålsansættelse* · *åremålskontrakt* · *åremålsstilling*

året

ADJ. *-* , *årede*

med fremtrædende årer, enten blodkar el. striber i blade, træ el. sten □ *årede ben* · *plantens fint årede blade* · *en smukt året marmorplade*

åretag

SUBST. *-et,* plur. *åretag, -ene*

et tag med en åre □ *ro med lange åretag*

åretold

SUBST. *-en,* plur. *-e, -ene*

hver af de pinde i rælingen på en robåd som åren hviler imellem ≠ ÅREGAFFEL, ÅREGANG

årevis

ADV.

i årevis i flere år □ *han har arbejdet på opgaven i årevis*

årg.

fork. for *årgang*

årgang

SUBST. *-en,* plur. *-e, -ene*
fork. *årg.*

en gruppe der er kendetegnet ved at være fremstillet, født el. begyndt på noget et bestemt år □ *vin af den bedste årgang* · *jeg har gemt ti årgange af tidsskriftet* · *gamle årgange af Anders And købes* · *af hans årgang gennemførte kun halvdelen studiet* □ *årgangsvin* · *årgangsvis*

årh.

fork. for *århundrede*

århundrede el. **århundred**

SUBST. *århundredet,* plur. *århundreder, århundrederne*
/år'hundrede/
fork. *årh.*

en periode på 100 år, især en periode der indledes med et årstal endende på to nuller = SEKEL, HUNDREDÅR, HUNDREDTAL □ *ved århundredets begyndelse* · *det første århundrede efter Kristus* · *adelen herskede over bønderne gennem flere århundreder* · *i århundredernes løb* □ *århundred(e)gammel* · *århundred(e)skifte* • **det {20.} århundrede** den hundredårige periode som slutter før det angivne tal; udtrykket *det 20. århundrede* svarer til udtrykket *1900-tallet* □ *det tyvende århundredes slutning* · *ved midten af det 17. århundrede*

århundredeskifte el. **århundredskifte**

SUBST. *-t,* plur. *-r, -rne*

det tidspunkt hvor ét århundrede slutter og det næste begynder = SEKELSKIFTE □ *livet i Danmark ved århundredeskiftet*

århusianer

SUBST. *-en,* plur. *-e, -ne*
[åhu'sja'nɔ]

en person fra Århus

århusiansk

ADJ. *-* , *-e*
[åhu'sja'nsk]

som har at gøre med Århus

åring

SUBST. *-en,* plur. *-er, -erne*

1. (glds.): = ÅR □ *sommeren har været kold i de sidste åringer* · *landbruget havde nogle dårlige åringer*
2. = ENÅRING □ *toåring* · *treåring* · *fireåring*
3. åredannelsen i et stykke træ = ÅRETEGNING

årl.

fork. for *årlig*

årle

ADJ.

= TIDLIG ≠ SILDE □ *være i gang fra den årle morgen*

årlig

ADJ. *-t, -e*
fork. *årl.*

som forekommer hvert år = OM ÅRET, PR. ÅR □ *en årlig begivenhed* · *to årlige møder* · *der falder årligt 200 mm regn i området* · *en fast årlig indtægt på 150.000 kr.*

årring

SUBST. *-en,* plur. *-e, -ene*

et lag af ved der årligt dannes på et træ; danner i tværsnit et mønster af ringe ud fra hvilket træets alder kan bestemmes □ *tælle træets årringe*

årsag

SUBST. *-en,* plur. *-er, -erne*

en hændelse, handling el. tilstand som er baggrund for en anden hændelse, handling el. tilstand = GRUND □ *hvad er årsagen til ulykken?* · *årsagen til at de kom for sent, var smøleri* · *han blev årsag til hendes afgang* · *det er ikke uden årsag at hun nægter at komme mere* · *jeg kender ikke årsagen* □ *årsagsforklaring* · *årsagssammenhæng* □ *forsinkelsesårsag* · *ulykkesårsag* • **ingen årsag** ingen grund til tak □ *tak for Deres ulejlighed - åh, ingen årsag*

årsdag

SUBST. *-en,* plur. *-e, -ene*

en dato i et år der er den samme som den hvor en tidligere begivenhed har fundet sted □ *den 9. april er årsdagen for den tyske besættelse af Danmark*

årsfest

SUBST. *-en,* plur. *-er, -erne*

en fest der holdes én gang om året for at fejre at et forløb er afsluttet □ *universitetets årsfest*

årsmøde

SUBST. *-t,* plur. *-r, -rne*

et årligt møde i en forening

årsopgørelse

SUBST. *-n,* plur. *-r, -rne*

1. en årlig opgørelse over indkomst, formue og fradrag; resultatet af opgørelsen angiver om man skal betale restskat el. have overskydende skat tilbage
2. en oversigt over konti og deres indestående pr. 31/12, fx fra en bank

årsprøve

SUBST. *-n,* plur. *-r, -rne*

en eksamen der bruges til bedømmelse af elever el. studerende i et fag der fortsætter det følgende undervisningsår

årsregnskab

SUBST. *-et,* plur. *-er, -erne*

en virksomheds årlige regnskab som består af en resultatopgørelse, balance og evt. en årsberetning

årsskifte

SUBST. *-t,* plur. *-r, -rne*

det tidspunkt hvor et år slutter og det næste begynder = NYTÅR □ *hun tiltrådte stillingen ved årsskiftet* · *fra årsskiftet 1996/97*

årstal

SUBST. *~tallet,* plur. *~tal, ~tallene*

talangivelsen for et bestemt år □ *kender du årstallet for hans fødsel?* • *over døren står årstallet 1830* • *der mangler årstal i bogen* □ *årstalsangivelse*

årstid

SUBST. *-en,* plur. *-er, -erne*

hver af de fire dele som året inddeles i: forår, sommer, efterår og vinter □ *årstidernes skiften* • *foråret er den smukkeste årstid* • *på den årstid*

årsunge

SUBST. *-n,* plur. *-r, -rne*

et ungt individ □ *han er ingen årsunge*

årsværk

SUBST. *-et,* plur. *årsværk, -ene*

det antal arbejdstimer der svarer til fuldtidsarbejde for én person i et helt år = MANDEÅR □ *projektet vil tage 15 årsværk at gennemføre*

årti

SUBST. *-et,* plur. *-er, -erne*
/år'ti/

en periode på 10 år, især en periode der indledes med et årstal endende på nul = DECENNIUM, DEKADE, TIÅR □ *ved årtiets slutning* • *for to årtier siden*

årtusinde el. årtusind

SUBST. *årtusindet,* plur. *årtusinder, årtusinderne*
/år'tusinde/

en periode på 1.000 år, især en periode der indledes med et årstal endende på tre nuller = MILLENIUM □ *det andet årtusinde efter Kristus* • *i løbet af årtusinder* □ *årtusind(e)skifte*

årvågen

ADJ. *-t, årvågne*

som iagttager sine omgivelser opmærksomt og omhyggeligt = ÅNDSNÆRVÆRENDE □ *bankrøveren blev fanget af en årvågen betjent* □ *årvågenhed*

ås

SUBST. *-en,* plur. *-e, -ene*

1. en stor, langstrakt bakke som er opbygget af sand og grus aflejret under istiden
2. en vandretliggende bjælke som løber under taget og bærer dette i en tagkonstruktion

åsted

SUBST. *-et,* plur. *-er, -erne*
[*'å'sdæð*]

(glds.): et sted hvor en begivenhed har fundet sted, især en forbrydelse = GERNINGSSTED

åstedsforretning

SUBST. *-en,* plur. *-er, -erne*

en undersøgelse på et *åsted* som foretages af en offentlig myndighed

åsyn

SUBST. *-et,* plur. *åsyn, -ene*

(poet.): = ANSIGT □ *Gud løfte sit åsyn*

Retskrivningsvejledning

De omtalte retskrivingsforhold er ordnet alfabetisk. Det er:

Accenttegn
Adjektiver og adverbier på *-sk*
Adjektiver på trykstærk vokal (*-i*, *-u*, *-y*, *-å* mfl.)
Adjektiver og adverbier på *-vis*
Adverbier
Adverbier dannet af adjektiver på *-ig*
Anførselstegn
Apostrof
Bindestreg
Dobbelskrevet konsonant
Forkortelser
Genitiv
Imperativ
Kolon
Komma
Køn
Nyt komma
Orddeling
Ordenstal
Parentes
Præteritum participium
Punktum
Sammenskrivning af ord
Semikolon
Spørgsmålstegn
Stort begyndelsesbogstav
Tankestreg
Traditionelt komma
Udråbsord
Verber på trykstærk vokal (*-i*, *-u*, *-y* og *-e*, *-o* mfl.)

De benyttede grammatiske begreber kan slås op i ordbogens alfabetiske del.

ACCENTTEGN

Accenttegn ´ (accent aigu) kan bruges til angivelse af tryk i fremmedord der ender på trykstærkt *-e*, og i visse ord på trykstærkt *-er* som ellers falder sammen med andre ord:

allé el. *alle*
puré el. *pure*
mortér el. *morter*

Ved bøjning af ord med *-é* kan accenten beholdes eller stryges:

allé, *alléen* el. *alleen*

Herudover kan accenttegn bruges som trykangivelse for at tydeliggøre læsningen, almindeligst i ordene *en*, *et* og *der:*

Der var ét æble tilbage.

Dér går en soldat.

Han fór op på loftet.

ADJEKTIVER OG ADVERBIER PÅ-*sk*

Adjektiver der ender på *-sk*, og adverbier der er dannet af sådanne adjektiver, kan altid skrives uden intetkøns- og adverbiumsendelsen *-t:*

*Brødet er **frisk*** el. ***friskt**.*

*Et lum**sk*** el. *lum**skt** udseende.*

*Han smilede bar**sk*** el. *bar**skt**.*

Adjektiver på *-sk*, og adverbier der er dannet af sådanne adjektiver, får aldrig *-t* når de betegner et nationalt eller geografisk tilhørsforhold, er afledninger til personnavne eller er flerstavelsesord:

*Det er dan**sk**, det er dejligt.*

*Et infernal**sk** spektakel.*

*Det lyder komi**sk**.*

ADJEKTIVER PÅ TRYKSTÆRK VOKAL (-*i*, -*u*, -*y*, -*å* mfl.)

Adjektiverne *fri* og *ny* tilføjer *-t* i intetkøn (og som adverbier): *frit*, *nyt*, og kan tilføje *-e* i pluralis og bestemt form: *fri* el. *frie*, *ny* el. *nye*.

Øvrige adjektiver der ender på trykstærk vokal, fx *ru*, *sky*, *tro*, kan ikke tilføje *-t* eller *-e*, med undtagelse af adjektiver på *å* som skal have *-t*, fx *grå*, *gråt*.

Jf. også **Verber på trykstærk vokal**.

ADJEKTIVER OG ADVERBIER PÅ *-vis*

Adjektiver der ender på *-vis* har valgfrit *-t* i intetkøn; også adverbier der er dannet af adjektiver på *-vis*, har valgfrihed mellem en form med og uden *-t:*

Et ***gradvis*** el. ***gradvist*** *skifte.*

Aftalen skal gennemføres ***gradvis*** el. ***gradvist.***

De får løn ***månedsvis*** el. ***månedsvist.***

Rene adverbier på *-vis*, fx *naturligvis*, se under **Adverbier**.

ADVERBIER

Der er to slags adverbier: Rene adverbier der kun kan bruges som adverbier, fx *aldrig, naturligvis, navnlig, ofte, sandelig, temmelig,* og adverbier der er dannet af adjektiver, fx *højt, hurtigt, relativt.*

Rene adverbier tilføjer næsten aldrig *-t:*

Det var en ***temmelig*** *god middag.*

Det er ***navnlig*** *marsvin han interesserer sig for.*

De kom ***naturligvis*** *for sent.*

Dog har enkelte rene adverbier også en form på *-t*, fx *nødig* el. *nødigt, morderlig* el. *morderligt.*

Adverbier dannet af adjektiver svarer til adjektivets intetkønsform og tilføjer *-t* hvis adjektivet kan have denne endelse:

Du må gerne råbe ***højt.***

Arbejdet var ***smukt*** *udført.*

Han smilede ***barsk*** el. ***barskt.***

I nogle tilfælde er der betydningsforskel mellem et rent adverbium (fx *lovlig*) og et adverbium dannet af et adjektiv (fx *lovligt*). Det rene adverbium plejer at betegne den skrivendes eller talendes holdning til det der siges, mens det adverbium der er dannet af et adjektiv, betegner den måde noget forholder sig på eller foregår på. Det rene adverbium tilføjer ikke *-t* mens det adverbium der er dannet af et adjektiv, tilføjer *-t* hvis adjektivet kan have denne endelse:

De er ***lovlig*** (lidt for) *hurtige til at blive færdig.*

Han arbejder altid fuldstændig ***lovligt*** (på en lovlig måde, legalt).

Nu har de ***endelig*** (langt om længe) *afgjort sagen.*

De afgjorde sagen ***endeligt*** (definitivt).

Se også **Adjektiver og adverbier på *-sk*, Adjektiver og adverbier på *-vis*** og **Adverbier dannet af adjektiver på *-ig*.**

ADVERBIER DANNET AF ADJEKTIVER PÅ *-ig*

Adverbier der er dannet af adjektiver på *-ig*, tilføjer *-t* når de betegner den **måde** noget forholder sig på eller foregår på:

Tidsskriftet udkom ***uregelmæssigt*** (på en uregelmæssig måde).

Tal ***venligt*** *til folk!* (på en venlig måde).

Han fremlagde ***roligt*** *problemet* (på en rolig måde).

Han opførte sig ***vanvittigt*** (på en vanvittig måde).

Men **ellers** er der valgfrihed mellem formerne med og uden *-t*, dvs. bl.a ved tidsadverbier, ved adverbier der betegner en holdning eller vurdering og ved gradsadverbier:

Du skal stå ***tidlig*** el. ***tidligt*** *op hvis du skal narre hende.*

De har en indkomst på under 100.000 ***årlig*** el. ***årligt.***

Skatterne er ikke steget ***væsentlig*** el. ***væsentligt*** *i år.*

Næste år bliver skatterne ***væsentlig*** el. ***væsentligt*** *højere end i år.*

Han var ***vanvittig*** el. ***vanvittigt*** *uforskammet.*

ANFØRSELSTEGN

Anførselstegn (citationstegn, gåseøjne) findes i følgende hovedformer:

” ... ”
’ ... ’

Mindre hyppige er:

„ ... "
‚ ... '
» ... «

Anførselstegn anvendes til at markere **citat**, herunder også replikker, navne på værker og det at et ord ikke regnes for kendt af læseren:

Columbus hævdede at klimaet pludselig ændrede sig på den anden side af denne linie "som om man havde anbragt et bjerg bag horisonten", temperaturen blev mild, "og der var ingen forskel på sommer og vinter".

I rådhusparken står Kaj Nielsens "Århuspige".

Byerne fik pålæg om at danne "skyttehold" som kunne virke som landeværn, hvorimod flådens mandskab blev rekrutteret gennem 1621-ordningen.

Anførselstegn kan også anvendes til at angive **forbehold** over for ord eller formuleringer, dog ikke sammen med ordet *såkaldt* der angiver det samme:

Hans "jagthytte" viste sig at være et lillebitte sommerhus.

Hans såkaldte jagthytte viste sig at være et lillebitte sommerhus.

Endvidere kan anførselstegn anvendes til at særmærke ord som fx **ordforklaringer**:

Leding kommer fra ordet lething *hvis betydning er "vej" eller "færd".*

Anførselstegn er ikke obligatorisk i replikgengivelse. Ved en linies begyndelse kan man i stedet anvende tankestreg, eller man kan helt udelade særlige tegn:

"Godt du kunne komme," hviskede Olivia.

– Godt du kunne komme, hviskede Olivia.

Godt du kunne komme, hviskede Olivia.

Punktum og **komma** der afslutter et anført sætningsformet udtryk, kan valgfrit sættes før eller efter anførselstegnet, fx ved citaterne og replikkerne ovenfor. Derimod kan punktum og komma kun stå efter anførselstegnet når der er tale om enkelte ord, fx ved ordforklaringer.

Udråbstegn og **spørgsmålstegn** sættes før anførselstegnet hvis de hører med til det anførte, ellers efter:

"Har du husket aftalen?", spurgte han.

APOSTROF

I **fremmedord** der ender på stum konsonant eller på *c*, kan der anvendes apostrof foran bøjningsendelser:

fileten el. *filet'en*
grandprixet el. *grandprix'et*
plasticen el. *plastic'en*

Fremmedord på *ee* udtalt som *i* skal have apostrof, fx *yankee'er*.

Forkortelser der udtales med bogstavnavne, og som ikke har forkortelsespunktum, skal have apostrof foran en endelse, fx *tv'et*, *bh'en*.

Taltegn skal altid have apostrof foran en endelse, fx *1930'erne*, *13'er*.

Apostrof sættes endvidere efter enkeltbogstaver og efter småord der normalt ikke tilføjer bøjningsendelse, fx *a'er*, *og'er*, og kan også anvendes i ord hvor bøjning er usædvanlig, fx *Jensen'er* el. *Jensener*.

Apostrof ved genitivendelse, fx *Hans's*, *Hans'*, se under **Genitiv**.

BINDESTREG

Bindestreg bruges:

- I sammensætninger med **taltegn og bogstaver der udtales som bogstavnavne**, fx *1900-tallet*, *bolle-å*, *wc-papir*, *id-kort*, *skole-tv*. Dog skrives *iland* (industriland), *uland* og *ubåd* uden bindestreg.

- I sammensætninger med **sidestillede led**, fx *Lolland-Falster*, *det rød-hvide flag*.

- Mellem næstsidste og sidste ord i **sammensætninger, hvis første led består af flere særskrevne ord**, fx *fuldt stop-skilt*, *væg til væg-tæppe*, *science fiction-novelle* (førsteled med bindestreg beholder denne, fx *walkie-talkie-udstyr*). Sammensætninger med *a conto* og *en gros* skrives dog som ét ord, fx *acontobeløb*.

- Til markering af **udeladt led** i forbindelser af sammensatte eller afledte ord som fx *søn- og helligdage*, *im- og eksport*, *A- og B-skat*, *haveborde og -stole*.

- Med betydningen **'fra ... til', 'mellem ... og'** i udtryk som fx *en returbillet København-Søby, 500-600 mennesker.*

Endelig kan bindestreg benyttes til at tydeliggøre opdelingen af ellers **vanskeligt læselige sammensætninger,** fx *stress-symptomer, indskuds-konto.*

BIORD

Se **Adverbier**.

BIORD DANNET AF TILLÆGSORD PÅ *-ig*

Se **Adverbier dannet af adjektiver på *-ig*.**

BIORD PÅ *-sk*

Se **Adjektiver og adverbier på *-sk*.**

BIORD PÅ *-vis*

Se **Adjektiver og adverbier på *-vis*.**

BRØKER

Særskrivning af brøker, fx *to tredjedele*, se under **Sammenskrivning.**

BYDEMÅDE

Se **Imperativ**.

CITATIONSTEGN

Se **Anførselstegn**.

DATIDS TILLÆGSFORM

Se **Præteritum participium.**

DOBBELTSKREVET KONSONANT

Konsonanter dobbeltskrives **efter kort vokal**. Efter lang vokal skrives de enkelt. Sammenlign:

*ho**bb**y*	*glo**b**us*
*tæ**ll**ing*	*må**l**ing*
*meta**ll**et*	*sja**l**et*
*su**pp**e*	*su**p**er*
*læ**ss**e*	*læ**s**e*
*ka**tt**en*	*sala**t**en*

hvor ordene til venstre har kort vokal, mens ordene til højre har lang vokal.

Reglen gælder når vokalen foran har tryk og også i sammensætninger hvor trykket er reduceret, fx *fiske**supp**e, mørkegrø**nn**e,* samt i afledningsendelser som *-dom* og *-som*, fx *ungdo**mm**en, langso**mm**e.*

Der er en del undtagelser til reglen. De vigtigste er:

- Konsonanterne *j, g* (udtalt som blødt g), *v* og *n* (udtalt som ng) skrives kun enkelt, fx *veje, løget, skoven, betonen.*

- Konsonanter skrives enkelt efter kort vokal i mange fremmedord, fx *cykel, kaki, amen, pony, foto, titel,* og i nogle ord med *d, r,* fx *kedel, prædike, værelse.*

- Efter lang vokal har nogle enkelte ord dobbelt konsonant, fx *bredde, vidde, otte, sjette,* mens andre ord fordobler konsonanten, når de bøjes, fx *læg* (subst.), *skæg, væg, æg, æt* og (med valgfri fordobling) *næb.*

For konsonanter i **trykløse stavelser**, gælder følgende regler når konsonanten **efterfølges af en bøjningsendelse**:

- *k, p, t* og hårdt *g* skrives dobbelt, og *m, s* skrives valgfrit dobbelt eller enkelt:

kk:	*møtri**kk**er*	*m(m):*	*punktu**m**(**m**)er*
pp:	*senne**pp**en*	*s(s):*	*ferni**s**(**s**)en*
tt:	*faci**tt**et*		
gg:	*humbu**gg**et*		

- Andre konsonanter skrives kun enkelt:

l:	*festiva**l**en*
n:	*leksiko**n**er*
r:	*marmo**r**et*

Ord på trykløst *-es* har dog kun enkelt konsonant, fx *konservesen.* Og to ord på *l, karneval* og *marskal,* kan have *ll,* fx *karnevallet.*

For øvrige forbindelser af trykløs vokal plus konsonant kan der ikke gives regler. Sammenlign fx *e**ff**ekt, ba**ll**on, ko**mm**une* med *de**f**ekt, ba**l**ance, ko**m**ité.*

Reglerne for dobbelt konsonant forudsætter at konsonanten står mellem vokaler. Konsonanter sidst i et ord eller foran en anden konsonant dobbeltskrives ikke, fx *kat, visne* (sammenlign med *katte, vissen*), bortset fra enkelte fremmedord, fx *grill, supplere*.

EJEFALD

Se **Genitiv**.

FORKORTELSER

Store bogstaver: Svarende til de uforkortede ord skrives der små eller store bogstaver i forkortelser som fx *a-kraft, edb, hf, lsd, p-pille, ubåd, uland, wc* og fx *DSB, FN, OPEC, USA, ATP, ISBN*. Men mange forkortelser skrives dog også med stort selv om de uforkortede ord er med lille, fx *BNP, FM, IK, MF, PR*.

Forkortelser der kan læses som rigtige ord, kan skrives med stort begyndelsesbogstav alene, fx *NATO* el. *Nato, OPEC* el. *Opec, UNESCO* el. *Unesco*.

Med stort skrives også forkortelser for grundstoffer og deres forbindelser, fx *C, Cl, H, He, Na, NaCl*.

Forkortelsespunktum bruges i forkortelser som fx *ca., bl.a., kr., Kbh.* og *Chr. Winther.*

I visse forkortede ordforbindelser kan der sættes forkortelsespunktum efter hele ordforbindelsen eller efter hver ordforkortelse, fx *mfl.* el. *m.fl., mht.* el. *m.h.t., th.* el. *t.h.*

Der sættes ikke forkortelsespunktum efter *fx* og heller ikke efter internationalt brugte måleenheder som fx *cm, m, g, dl, kHz, dB, A, W*.

Der sættes heller ikke forkortelsespunktum når den forkortede form også anvendes i det talte sprog, fx *bh, tv, edb, MF, SAS, NATO*. Dog er der punktum i delvis forkortede navne og i visse akademiske titler, fx *H.C. Andersen, Storm P., cand.mag., dr.med.vet.*

Skråstreg bruges i forkortelser som *A/S* el. *a/s* (aktieselskab), *c/o* (care of), *I/S* el. *i/s* (interessentskab), *M/S* el. *m/s* (motorskib), *t/r* (tur-retur).

Om brug af apostrof foran en endelse, fx *tv'et, bh'en*, se under **Apostrof**. Og om tilføjelse af genitivendelse, fx *NATOs* el. *NATO's*, se under **Genitiv**.

GENITIV

Genitivendelsen er *s*, fx *drengs, skolernes, landets, Alices, matchs*.

Ord der ender på *s, z* eller *x* tilføjer dog apostrof + *s* eller blot apostrof: *'s* eller *'*. Hvis ord med *s, z, x* ender på en s-lyd i udtalen, kan der også tilføjes *es*:

Hans's	el. *Hans'*	el. *Hanses*
succes's	el. *succes'*	
jazz's	el. *jazz'*	el. *jazzes*
Bordeaux's	el. *Bordeaux'*	
Marx's	el. *Marx'*	el. *Marxes*

Forkortelser og ordenstal der ender på punktum, tilføjer blot *s*, fx *afs.s, cand.med.s, Chr. 4.s*.

Forkortelser og ordenstal der skrives uden punktum, tilføjer *'s*, fx *tv's, cm's, USA's, Chr. IV's*. Hvis de ender på *s, z, x* kan de også blot tilføje apostrof, fx *SAS'* el. *SAS's*.

Forkortelser der udtales som egentlige ord, tilføjer *s* eller *'s*, fx *NATOs* el. *NATO's, UNICEF* el. *UNICEF's*. Hvis disse ender på *s, z, x* følger de reglen ovenfor, fx *Føtex', Føtex's* el. *Føtexes*.

GÅSEØJNE

Se **Anførselstegn**.

IMPERATIV

Verbernes imperativform dannes uden infinitivendelsen *-e*, fx *hils, lyt, tru*.

Når infinitivendelsen er fjernet, kommer nogle verber til at ende på konsonantkombinationer som ellers ikke er mulige sidst i et ord, fx *behandl, åbn, hamr, klistr*. Disse skrives som vist, uden indskud af *e* i konsonantgruppen. Hvis man vil undgå sådanne former, må man omskrive imperativen til en ordforbindelse.

KONSONANTFORDOBLING

Se **Dobbeltskrevet konsonant**.

KOLON

Kolon angiver at det der kommer efter, uddyber det der står før kolonet. Kolon anvendes således mellem et anførende udtryk og replik eller citat, og det anvendes foran eksemplificeringer og specifikationer:

Tina så på Troels og sagde: "Sig, det ikke passer, Troels."

I 1950'erne kom flere og flere af de smarte nye ting: el-komfur, køleskab, sulfosæbe, nylonskjorter.

Solist: David Oistrakh

Kolon sættes endvidere mellem forfatter- eller kunstnernavn og værk:

Herman Bang: Ludvigsbakke

Kolon bruges **ikke** foran ord som *fx, dvs.* eller *nemlig* der ligesom kolon angiver uddybning; her sætter man komma:

I 1950'erne kom flere og flere af de smarte nye ting, fx el-komfur, køleskab, sulfosæbe og nylonskjorter.

Se om stort og lille begyndelsesbogstav efter kolon under **Stort begyndelsesbogstav**.

KOMMA

Der er valgfrihed mellem to måder at sætte komma på. I det ene system, nyt komma, sætter man komma efter, men som regel ikke før ledsætninger. I det andet, traditionelt komma, sætter man komma både før og efter ledsætninger. Herudover er reglerne fælles for de to systemer. Se **Nyt komma** og se **Traditionelt komma**.

KØN

Substantivernes køn kan ses i ordbogen, enten som bøjningsendelser eller skrevet som *en* eller *et*.

Ord der betegner **masser eller stoffer** kan i visse tilfælde optræde med et andet køn end det der er angivet i ordbogen:

Intetkønsord som fx *fedt, ler, lærred, pap* kan være fælleskøn når de bruges om en bestemt art, fx: *En god lærred; Denne tagpap koster 50 kr. meteren.* (Ord som fx *gummi, kanel, klor, opium, tegl* kan være både fælleskøn, uden at betegne art, og intetkøn, og de er i ordbogen anført med begge køn).

Intetkønsformerne ***det*** og ***noget***, ***meget***, ***intet*** kombineres med fælleskønsord når disse anskues som noget uafgrænset stofligt:

Saml lige ***det*** *ost op!*

Vi fik ***noget*** *vin.*

Hvor ***meget*** *mælk er der?*

Der var ikke ***meget*** *bil tilbage.*

Vi fik ***ingen*** el. ***intet*** *mælk.*

Noget og *meget* bruges også i forbindelse med fælleskønsord der betegner abstrakte forhold:

Der gik ***nogen*** el. ***noget*** *tid.*

Hun har ikke ***megen*** el. ***meget*** *forstand på det.*

NYT KOMMA

Nyt komma er den ene af de to måder man kan sætte komma på i dansk. Det andet kommateringssystem er traditionelt komma. Når man bruger det nye komma sætter man som regel ikke komma før ledsætninger, men bortset herfra er kommateringsreglerne de samme som for det traditionelle komma.

Helsætninger

Mellem **helsætninger**, hvor der også kan sættes punktum, sætter man komma når helsætningerne hører nært betydningsmæssigt sammen, især i forbindelse med konjunktionerne *og, eller, men, for, thi, så:*

Vinden hylede, og regnen piskede ned.

Forældrene skældte ud, så man kunne ikke høre hvad børnene sagde.

Hun lagde ham i en krybbe, for der var ikke rum i herberget.

Der sættes også komma foran helsætninger hvor verbet er udeladt:

Russerne tog Estland og Letland, tyskerne Litauen.

Tiderne ændres, og vi med dem.

Ledsætninger

Der sættes komma **efter ledsætninger**:

Hvis vejret holder, tager vi til stranden i morgen.

Når du kommer tilbage, kan vi jo se på det igen hvis det viser sig at det bliver nødvendigt.

Den dal som de boede i, var meget smuk.

En betinget dom er en dom der træder i kraft hvis den der er blevet dømt, begår en ny forseelse.

men som hovedregel **ikke før ledsætninger** – altså ikke foran *at, som* og *hvis* i disse sætninger:

Vi regnede med at de ville komme forbi den næste dag.

Den dal som de boede i, var meget smuk.

Når du kommer tilbage, kan vi jo se på det igen hvis det viser sig nødvendigt.

Når en ledsætning indeholder en anden ledsætning som led, må der heller ikke være komma foran denne – altså ikke komma foran *at* og foran *hvis* i:

Vi kan se på det igen hvis det viser sig at det bliver nødvendigt.

En betinget dom er en dom der træder i kraft hvis den dømte begår en ny forseelse.

Læg mærke til at der skal være komma mellem sideordnede ledsætninger, altså foran henholdsvis *og* og *eller* i:

De snakkede med en mand der havde boet på egnen, og som kendte husets historie.

Hvis de ikke kan til den tid, eller hvis de ombestemmer sig, må de give besked.

Hvis en underordningskonjunktion, fx *hvis*, udelades i den ene af sådanne sideordnede ledsætninger, kan også kommaet udelades:

Hvis de ikke kan til den tid(,) eller de ombestemmer sig, må de give besked.

Parentetiske ledsætninger

Der sættes komma foran ledsætninger som har karakter af indskud eller tilføjelser. Sådanne sætninger kan kendes på at de som regel kan udelades uden at sammenhængen bliver meningsløs, eller på at man kan indsætte *jo* eller *i øvrigt* i dem:

Denne sag, som også blev diskuteret ved sidste møde, må vi nu betragte som afsluttet.

Vores naboer, som også kommer fra Jylland, har både høns og kaniner.

De kom for sent, hvad der jo ikke kan virke overraskende.

Komma foran *men*

Der sættes altid komma (eller et andet tegn) foran *men*, også selvom *men* ikke indleder en sætning:

Sonja, Rita og Lone var der, ***men*** *ikke Sara.*

Vi var dødtrætte, ***men*** *i godt humør.*

Jeg vil gerne have at du henter den, ***men*** *kun hvis du kan nå det.*

Opremsningskomma

Der sættes komma mellem sideordnede led som ikke er forbundet med konjunktion (*og, eller*):

Han hverken ryger, drikker eller bruger penge til forlystelser.

Lever er velsmagende, billigt og sundt.

en stor, flot Karl Johan-svamp

en høj, velproportioneret person

Der sættes ikke komma mellem adjektiver foran et substantiv hvis det ene hører tættere sammen med substantivet end det andet:

en stor rød fluesvamp (dvs. en rød fluesvamp der er stor).

en slank ung pige (dvs. en ung pige der er slank).

Der sættes komma foran ***dels:***

De var dels for små, ***dels*** *for dyre.*

Selvstændige sætningsdele

En række ledtyper kan stå parentetisk i forhold til den øvrige sætning. Der kan være tale om udråb, eder, tiltaleord, led der er trukket ud af sætningen, og kommentarer til sætningsindholdet. Ved sådanne sætningsdele sættes der komma:

Øv, nu gik det lige så godt.

Ja tak, jeg vil meget gerne komme.

Så hør dog efter, for pokker.

Kommer du til festen, Ole?

Hun har ikke været her ret meget, vel?

Han er god nok, er han.

De ville komme klokken syv, tror jeg.

Han er en spøgefugl, den Johannes.

Ole, ham kender jeg godt.

Endelig nåede de tilbage til lejren, lettede over ikke at være faret vild.

De var andeledes klædt, det er klart, og havde andre frisurer.

Man levede, skulle man tro, et helt andet familieliv end vores.

Der sættes komma ved **appositioner** (navnetillæg):

Den største danske å, Gudenåen, løber igennem Randers.

Foreningens formand, Jens Petersen, var også til stede ved mødet.

Appositioner kendes på at de betydningsmæssigt er identiske med det led de lægger sig til: Den største danske å = Gudenåen. Derimod foreligger der ikke apposition i følgende, og komma er ikke muligt:

Den store danske å Gudenåen er truet af forureningen.

Min fætter Niels er det mange år siden jeg har set, men min fætter Ole besøger jeg jævnligt.

Replikgengivelse

Der sættes komma mellem en replik og den anførende sætning:

"Man har et standpunkt," sagde han, "til man tager et nyt."

Når replikken slutter med et spørgsmålstegn eller udråbstegn, kan kommaet undværes:

"Det ville jeg aldrig have troet!" udbrød hun.

Se under **Anførselstegn** om placering af kommaet i forhold til anførselstegnet.

Meningskomma

Man kan sætte komma eller flytte et komma i en sætning for at gøre det klart hvad der hører meningsmæssigt sammen, og for at undgå flertydighed. Ud fra dette hensyn kan man altid tilsidesætte de øvrige regler for komma:

De besluttede, straks at hæve prisen.

De besluttede straks, at hæve prisen.

Vi fik kaffe, og snaps til.

Vi fik kaffe og snaps til.

Hun købte ti tulipaner, og en dusk persille til sovsen.

ORDDELING

Deling af ord ved linieskift forudsætter at der er mindst én vokal før og efter delestregen. Enstavelsesord som fx *blomst* kan altså ikke deles.

Vokalgrupper der udtales som én vokal, fx i ordet *gear*, kan ikke deles. Og vokalgrupper der udtales som en forbindelse af vokal og konsonant (eller konsonant og vokal) kan heller ikke deles, fx *sheik* og *pau-se* (med deling efter, og ikke foran *u*). Der må gerne deles efter forbindelserne *si* og *ti* (udtalt som *sj*), fx *læsi-on* el. *læ-sion*, *stati-on* el. *sta-tion*.

Vokal plus **enkeltkonsonant** plus vokal: Der deles foran konsonanten:

*pe-**ber***
*cy-**kel***
*sko-**len***
*hu-**mor***
*Ka-**ren***

Vokal plus **konsonantgruppe** plus vokal: Der deles enten foran den sidste konsonant i gruppen eller foran sådanne konsonantforbindelser som kan stå først i et ord:

*æb-**le*** el. *æ-**ble***
*ord-**re*** el. *or-**dre***
*at-**las***
*kas-**te*** el. *ka-**ste***
*fers-**ken*** el. *fer-**sken***

Det er dog en betingelse, at der ikke før delestregen står en konsonantkombination som ikke kan forekomme sidst i et ord, fx ***sup-**plere* (og ikke deling foran *l*). Der må heller ikke deles foran konsonanter som i udtalen klart hører til hver sin stavelse; således fx kun *ad-**junkt***, *reg-**ne***, *tek-**nik*** (og ikke deling foran *d*, *g* og *k*). Det må endvidere anbefales at der ikke deles mellem konsonanter der i udtalen klart hører til samme stavelse, fx kun *ma-**dras***, *por-**træt***, *so-**pran*** (og ikke deling efter *d*, *t*, *p*).

Konsonantforbindelserne *ch*, *ck*, *dh*, *g*, *sch*, *sh*, og *sj* deles ikke. Således fx kun *bro-**ch**en*, ***check**-en*, *bud-**dh**ist*, *spa-**gh**etti*, *fa-**sc**isme*, *rut-**sch**e*, *pa-**sh**a*, *bol-**sj**e*.

Bøjede, afledte og sammensatte ord: Når der efter konsonanten kommer en bøjningsendelse eller en afledningsendelse (bortset fra *-agtig*, *-inde*), kan man dele enten efter principperne ovenfor, eller man kan dele foran endelsen:

*sto-**l**en*	el.	*sto**l**-en*
*vol-**d**en*	el.	*vol**d**-en*
*kla-**r**est*	el.	*kla**r**-est*
*blan-**k**est*	el.	*blan**k**-est*
*blo-**d**ig*	el.	*blo**d**-ig*
*dan-**sk**er*	el.	*dan**sk**-er*
*tør-**st**ig*	el.	*tør**st**-ig*
*telefo-**n**ere*	el.	*telefo**n**-ere*

I ord med afledningsendelserne *-agtig* og *-inde*, i ord med præfikser og i sammensætninger skal et enkeltbogstav eller en konsonantgruppe altid stå sammen med den orddel de hører til og må ikke skilles derfra:

*dri**l**-agtig*
*lø**v**-inde*
*bi**o**-vask*
*hal**v**-år*
*sol-**e**nergi*

(altså ikke deling foran *l*, *v*, *o*, *v* eller efter *e*). Bindebogstaver hører til før delestregen, fx *får**e**-flok*, *køn**s**-lig*.

ORDENSTAL

Der sættes punktum efter ordenstal, fx *22.12.1982*, *den 22. december 1982*, *den 2. verdenskrig*, *Frederik d. 9.*, *Margrethe d. 2.*

Der sættes ikke punktum efter romertal, fx *Frederik IX*, *Margrethe II* uden punktum.

PARENTES

Parentes kan sættes omkring tilføjelser som giver en kommentar, forklaring eller specifikation:

Hotellet har (desværre) ikke spiritusbevilling.

Mødet blev aflyst (Gudskelov!).

Som omtalt andetsteds i bogen (se side 67).

Punktum, semikolon og komma sættes efter det afsluttende parentestegn, ikke foran:

Retten afkøles og blandes med rå, skivede gulerødder (som skal være møre), bladselleri, agurker, radiser eller purløg.

Han var stærkt utilfreds med afgørelsen (hvad man egentlig ikke kan fortænke ham i).

PRÆTERITUM PARTICIPIUM

Verberne ender i præteritum participium på *-t*, fx *hentet*, *solgt*. Visse stærke verber kan som sideformer ende på *-n*, fx *stjålen*.

Præteritum participium kan ligesom adjektiver bøjes i tal og bestemthed ved tilføjelse af *-e: hentede*, *solgte*, *stjålne*. Sideformerne af stærke verber kan endvidere bøjes i køn.

Når participiumsformerne bruges attributivt, dvs. foran et substantiv, bøjes de som adjektiver i **tal og bestemthed**:

et par ikke afhentede billetter

det solgte maleri

de stjålede el. *stjålne cykler*

de beskrevede el. *beskrevne forhold*

I verbalforbindelser forekommer talbøjning af præteritum participium kun efter hjælpeverbet *være:*

De er afhentede el. *afhentet.*

Taskerne er solgte el. *solgt.*

Reglerne er fulgte el. *fulgt.*

Cyklerne er stjålede el. *stjålne* el. *stjålet.*

Pluralisformen bruges når der er tale om en tilstand, således hvis der foran participiumsformerne står et gradsadverbium som fx *lidt*, *meget*, *ret:*

Taskerne er meget solgte.

Den ubøjede form bruges når forbindelsen udtrykker en handling, fx *Taskerne er lige solgt*. Dette er tilfældet når man kan indsætte *blevet*, fx: *Reglerne er blevet fulgt*; *Cyklerne er blevet stjålet.*

Der er ikke bøjning i forbindelse med efterfølgende verbalpartikler, dvs. adverbier som *ind, op, over, på, til:*

Skoene var slidt op.

Kyllingerne er skåret ud.

Den ubøjede form er endvidere den almindeligste i faste forbindelser med efterfølgende præposititioner, fx *udset til, indstillet på, irriteret over*, fx: *De var irriteret over at han ikke holdt aftalen.*

I andre verbalforbindelser end med verbet *være* er participiumsformerne ubøjede, fx: *Vi har lejet en bil*; *Cyklerne bedes fjernet*. Således altid i forbindelse med *blive:*

Reglerne er blevet fulgt.

De blev afhentet.

Participiumsformer som kan ende på *-n*, kan bøjes i **køn**. I fælleskøn kan disse som regel valgfrit veksle mellem *-n* og *-t:*

en stjålen el. *stjålet cykel*

en maskinskreven el. *maskinskrevet meddelelse*

I intetkøn kan de ende på *-n* plus *t* i nogle ord, og ellers på *-t:*

et sunkent el. *sunket skib*

et stjålet ur

Bemærk at participialadjektiver (participiumsformer der i ordbogen er opført som adjektiver) som oftest har en mindre grad af valgfrihed, således fx:

en kneben sejr

et stjålent blik

løsslupne gilder

PUNKTUM

Punktum bruges først og fremmest til at afgrænse og afslutte helsætninger (helsætninger med eller uden tilhørende bisætninger):

Det at komme til USA blev det højeste som forretningsfolk, videnskabsmænd, officerer, journalister og forfattere kunne ønske sig efter krigen. Det skulle simpelthen til hvis man skulle gøre sig gældende. Amerikansk "way of life" var det mest moderne og blev anset for det smarteste.

Men punktum kan også afgrænse en gruppe af helsætninger der hører meningsmæssigt sammen, og hvorimellem der kan være komma eller semikolon:

Selvangivelsen har denne gang fået en betydelig ansigtsløftning i forhold til tidligere. Rubrikkerne står klarere, og det hele er mere overskueligt.

Punktum kan desuden sættes efter forkortede sætninger og omkring dele af sætninger, men det forudsætter da at man skriver i en særlig genre, eller at man ønsker at opnå en særlig virkning:

Terningerne med krydderurter fryses og pakkes derefter ned individuelt. Optøs direkte i sauce, suppe eller stuvning.

Jeg fik skam også et skriftligt svar. To år senere.

Punktum sættes normalt ikke i overskrifter, adresser på breve, datoangivelser på breve og slutformler:

Dronningen på besøg i Horsens

Det er ganske vist

Politikens Forlag
Vestergade 26
1456 København V

Århus, den 18. juli 1996

Med venlig hilsen
Lise Andersen

Punktum i forkortelser, fx *ca., bl.a.*, se under **Forkortelser**.

Punktum i ordenstal, fx *den 2. verdenkrig*, se under **Ordenstal**.

ROMERTAL

Romertal brugt som ordenstal, fx *Margrethe II*, se under **Ordenstal**.

SAMMENSKRIVNING AF ORD

Ordene i en ordforbindelse sammenskrives når de udgør en sammensætning. De fleste sammensætninger kan lydligt kendes på at det første ord har stærkere tryk end det eller de efterfølgende ord, fx *tandlæge, vinterhalvåret, tosporet, fodgængerovergang, letmetal, treskift* (over for fx *to spor, let metal* med lige stærkt tryk på begge ord i forbindelserne). I overensstemmelse med de forskellige trykforhold sær- og sammenskriver man ordforbindelser som fx *en hårdtarbejdende lærer* over for *en hårdt arbejdende lærer, et tikronersfrimærke* over for *et tikroners frimærke*.

Forbindelser med **forstærkende førsteled** som fx *dødtræt, hundekoldt, smaddergod* sammenskrives selv om begge led har lige stærkt tryk. Dog kan forbindelser med *kæmpe* skrives i flere ord, fx *kæmpe stor* el. *kæmpestor*.

Talord under 100 skrives i ét ord, fx *treogtyve, halvanden*. Talord over 100 skrives i flere ord, fx *tre hundrede, fem tusinde og otteoghalvtreds*. **Brøker** skrives i flere ord, fx *to tredjedele*. Dette gælder også kombinationer af ***hver* plus ordenstal**, fx *hver anden*.

Forbindelser af **adverbium plus præposition** skrives i to ord når præpositionen har en styrelse, også når styrelsen ikke står efter præpositionen:

*Han gik **uden om** <u>tæppet</u>.*

*<u>Tæppet</u> gik han **uden om**.*

*Der var **hen ved** <u>200 besøgende</u>.*

*<u>Hvad</u> går du **ud fra**?*

Men uden styrelse sammenskrives forbindelsen:

*Han gik **udenom**.*

*Vi bor lige **overfor**.*

***Bagefter** kom følget.*

Ordet *indtil* sammenskrives når det betegner en grænse i tid eller en grænse for mål, fx *indtil i morgen, indtil 200 liter*, men særskrives i fx *De roede ind til land.*

Ordforbindelser med ***som helst*** særskrives, fx *hvad som helst, nogen som helst.*

Oplysning om sær- eller sammenskrivning af præpositionsforbindelser som fx *af sted, for længst, forneden, i alt, ifølge, i øvrigt, medmindre, om bord, overens, til fælles* el. *tilfælles, til lykke* el. *tillykke* må søges i ordbogens alfabetiske del. Dette gælder også forbindelser som fx *alle vegne, hvorvidt, nogen sinde* el. *nogensinde, selv om* el. *selvom, somme tider* el. *sommetider, som om, så snart.*

Bindestreg i sammensætninger, fx *wc-papir, fuldt stop-skilt*, se under **Bindestreg**.

SEMIKOLON

Semikolon anvendes ligesom punktum til at afgrænse helsætninger, men det kan ikke afslutte et større tekstafsnit; der skal følge mindst én nært tilknyttet helsætning efter:

Dalen var meget smuk, og den var fuld af lykkeligt småkryb og store træer. Midt gennem engene løb floden; den slog en bugt omkring det blå Mumihus og forsvandt til andre steder med andet småkryb.

Semikolon kan således bruges til at forbinde underafsnit inden for ét punktum, mens punktum markerer hovedafsnit. Semikolon kan tilsvarende underopdele leddene i en opremsning:

Ansøgningen skal være bilagt: dokumentation for afholdte udgifter, fx i form af kvitterede regninger eller originale fly- eller togbilletter; budget for det kommende finansårs udgifter; ansøgers egenhændigt underskrevne projektforslag; anbefaling fra universitetslærer eller anden sagkyndig.

STAVELSESDELING

Se **Orddeling**.

SPØRGSMÅLSTEGN

Spørgsmålstegn kan kun anvendes ved direkte formulering af eller gengivelse af spørgsmål:

Sover du? Eller er du vågen?

Sover du, eller er du vågen?

Det spørgsmål, der her skal besvares, er derfor: Hvordan gik det til, at Danmark holdt op med at være et uland?

Hof eller Tuborg?

I retoriske spørgsmål, hvor svaret er indbygget i spørgsmålet, kan man bruge spørgsmålstegn eller udråbstegn:

Er du rigtig vel forvaret?

Er du rigtig vel forvaret!

Hvem kunne dog finde på at gifte sig med ham?

Hvem kunne dog finde på at gifte sig med ham!

STORT BEGYNDELSESBOGSTAV

Der skrives stort begyndelsesbogstav i det **første ord** i en tekst eller et tekstafsnit (fx kapitel, paragraf, typografisk afsnit), første ord efter slutpunktum i en sætning og første ord efter udråbstegn og spørgsmålstegn (undtagen ved anført tale som fx: "*Kom nu!*" *råbte han*). Dette gælder også proprier af typen *von And, de Gaulle* og forkortelser som fx *cand.med., edb:* ***V****on And svømmede i penge*; ***E****db-kurset lægges i foråret.*

Ved punktopstillinger i fx regnskaber, breve og skemaer kan første ord i en ny linie skrives med stort eller lille begyndelsesbogstav.

Efter kolon skrives stort begyndelsesbogstav når det der bagefter forklares eller eksemplificeres, er delt op af et eller flere punktummer, fx: *Det stod klart for dem:* ***H****uset var for stort. De har ikke råd til at bo i det.* Ellers kan der valgfrit skrives stort eller lille begyndelsesbogstav. Dog skrives kun lille bogstav ved eksemplifikationer og specifikationer som fx i *Gardinet fås i tre mønstre: stribede, blomstrede og pepitaternede.*

Proprier (egennavne), herunder også appellativer (fællesnavne) brugt som proprier, skrives med stort, fx *Sidsel, Hansen, Trofast, Gud, Sankt Peter, Dannebrog, Europa, Nordpolen, Østre Anlæg, Jupiter, Karlsvognen, Folketinget, Sundhedsstyrelsen, Nationalbanken, Statens Museum for Kunst, Bibelen, Måneskinssonaten.*

Med valgfrit stort eller lille bogstav skrives betegnelser for historiske begivenheder og geologiske perioder, fx *Reformationen* el. *reformationen, Anden Verdenskrig* el. *anden verdenskrig, Kridttiden* el. *kridttiden.* Endvidere ordene *Jorden* el. *jorden, Månen* el. *månen, Solen* el. *solen* som astronomiske navne.

Udelukkende med lille skrives fx *atmosfæren, ækvator, staten, folkekirken, forsvaret, tyngdeloven,* folkenavne og indbyggerbetegnelser, fx *dansker, århusianer,* artsnavne som fx *bellis, zebra* og navne på ugedage, måneder, højtider o.l., fx *mandag, januar, påske, store bededag.*

Sammensætninger der begynder med et proprium, kan skrives med stort eller lille begyndelsesbogstav:

Danmarksmesterskab	el.	*danmarksmesterskab*
Afrikarejse	el.	*afrikarejse*
Brandesforsker	el.	*brandesforsker*

Sammensætninger med flerleddede egennavne skrives dog kun med stort, fx *H.C. Andersen-ekspert.* Sammensætninger som fx *akillessene, napoleonskage* hvor der ikke længere er en klar forbindelse til det oprindelige proprium, skrives kun med lille begyndelsesbogstav.

I **flerleddede navne** skrives der stort begyndelsesbogstav i det første ord og i de mere betydningsfulde ord, dvs. andre ord end artikler, konjunktioner, præpositioner og enkelte andre småord, fx *Gorm den Gamle, Erik af Pommern, Peter Bangs Vej, Sammenslutningen af Arbejdsgivere inden for Tobaksindustrien i Danmark.*

I navne på bøger, film, malerier, sange o.l. er stort begyndelsesbogstav dog valgfrit i de mere betydningsfulde ord efter det første ord, fx *Den Lange Rejse* el. *Den lange rejse.* I meget lange titler anbefales det kun at skrive det første ord med stort.

I andre navne end navne på bøger osv. kan en artikel der står som første ord, valgfrit skrives med stort eller lille, fx *Det* el. *det Kongelige Teater.*

Præpositioner og artikler af fremmed oprindelse skrives med lille i navne af typen *de Gaulle, von And, la Cour.*

Titler: Tituleringer som fx *Deres Majestæt, Hans Kongelige Højhed Prinsen* skrives med stort. Men ellers skrives titler og stillingsbetegnelser med lille, fx *dronning Margrethe, fru Hansen, pastor Bang, direktør Jensen* (medmindre de fx står i en adresse).

Tiltaleordene *De* (*Dem, Deres*) og *I* skrives med stort. Men med lille begyndelsesbogstav fx *du, jer, jeres.*

TAL

Apostrof efter taltegn, fx *1930'erne, 13'er*, se under **Apostrof**.

Bindestreg efter taltegn, fx *1900-tallet*, se under **Bindestreg**.

Punktum i ordenstal, fx *den 2. verdenkrig*, se under **Ordenstal**.

Sammenskrivning og særskrivning af talord, fx *treogtyve, tre hundrede*, se under **Sammenskrivning**.

TANKESTREG

Tankestreg kan have form som en bindestreg, men kan også være længere end denne. Til forskel fra bindestreg er der luft mellem tankestregen og de ord den står imellem.

Tankestreg kan bruges i stedet for komma eller parentes omkring indskud og tilføjelser:

Agurker afgiver kun vand hvis dressingen – som indeholder salt – hældes over for lang tid før servering.

Salaten skal derefter afkøles – hvis man kan modstå fristelsen til at spise den varm!

Tankestreg kan, som i det sidste eksempel, markere en vis dramatisk effekt.

Tankestreg kan endvidere benyttes til at markere punkterne i en punktoptilling:

Ansøgningen skal være bilagt:
– dokumentation for afholdte udgifter
– budget for det kommende finansårs udgifter
– ansøgers projektforslag
– anbefaling fra en sagkyndig

Se under **Anførselstegn** om brug af tankestreg ved replikgengivelse.

TILLÆGSORD PÅ *-sk*

Se **Adjektiver på *-sk***.

TILLÆGSORD PÅ TRYKSTÆRK VOKAL (*-i, -u, -y, -å* mfl.)

Se **Adjektiver på trykstærk vokal**.

TILLÆGSORD PÅ *-vis*

Se **Adjektiver og adverbier på *-vis***.

TRADITIONELT KOMMA

Traditionelt komma (eller grammatisk komma) er den ene af de to måder man kan sætte komma på i dansk. Det andet kommateringssystem er nyt komma. Når man bruger det traditionelle komma afgrænser man sætninger, både helsætninger og ledsætninger, med komma.

Helsætninger

Mellem **helsætninger**, hvor der også kan sættes punktum, sætter man komma når helsætningerne hører nært betydningsmæssigt sammen, især i forbindelse med konjunktionerne *og, eller, men, for, thi, så:*

Vinden hylede, og regnen piskede ned.

Forældrene skældte ud, så man kunne ikke høre, hvad børnene sagde.

Hun lagde ham i en krybbe, for der var ikke rum i herberget.

Der sættes også komma foran helsætninger hvor verbet er udeladt:

Russerne tog Estland og Letland, tyskerne Litauen.

Tiderne ændres, og vi med dem.

Ledsætninger

Der sættes komma både **før og efter ledsætninger**:

Jeg kunne ikke se, om hun var der.

Så du ikke, at hun var der?

De snakkede med en mand, der havde boet på egnen, og som kendte husets historie.

Når du kommer tilbage, kan vi jo se på det igen, hvis det viser sig, at det bliver nødvendigt.

Hvis de ikke kan til den tid, eller hvis de ombestemmer sig, må de give besked.

Hvis en underordningskonjunktion, fx *hvis*, udelades i den ene af sideordnede ledsætninger, kan også kommaet udelades:

Hvis de ikke kan til den tid(,) eller de ombestemmer sig, må de give besked.

Der sættes ikke komma mellem konjunktionerne *og, eller, men, for, thi, så, at* og en efterfølgende ledsætning:

Vi er i forvejen sent på den, og hvis vi ikke bliver færdige, taber vi penge.

Det var tydeligt, at når de sagde ja, gjorde de det kun for at vinde tid.

Kommaet kan udelades i sætningsknuder, dvs. sætninger hvor der er flyttet et led ud af en ledsætning og frem i spidsen af den overordnede sætning:

Jensen kan ingen vel have noget imod(,) fortsætter som formand.

Det mener jeg slet ikke(,) der kan være tvivl om(,) at vi skal.

Placering af komma foran ledsætninger

Det kan nogle gange være svært at afgøre om et ord hører med til en ledsætning eller ej, og om kommaet skal placeres foran eller efter ordet. I det følgende omtales nogle af disse tilfælde:

Komma foran ***hv*-ord** og led med *hv*-ord:

*Jeg kunne ikke se, **hvem** hun var sammen med.*

*Russerne og tyskerne aftalte, **hvilke** dele af den polske stat der skulle tilfalde hvem.*

*Endnu er der ikke klarhed over, fra **hvor** mange af de tilmeldte studerende der rent faktisk vil komme besvarelser.*

Komma foran ***end:***

*Jeg hører aldrig andet fra ham, **end** at han er utilfreds med sit arbejde.*

Der sættes som hovedregel komma efter **præpositioner og adverbier**:

*Hun sørgede **for, at** de kom godt hjem.*

*Ingen kan vel være **imod, at** han fortsætter som formand.*

*Hun tænkte **på, om** de havde tøj nok med.*

*Jeg er ikke tryg **ved, at** de kører uden sikkerhedssele.*

*Jeg traf ham **engang, da** jeg var på Mallorca.*

Men ordene kan stå i forbindelser hvor de indholdsmæssigt hører tæt sammen med ledsætningen, og i så fald sættes der komma foran dem:

*Hun skyndte sig, **for at** de kunne komme hurtigere hjem.*

*Man kan få rabat, **imod at** man indmelder sig i foreningen.*

De havde truffet hinanden for tyve år siden, **engang** da de var på Mallorca.

*Hun græder, **næsten** hver gang man kritiserer hende.*

*Du må komme, **lige meget** hvad der sker.*

Komma foran ***før*** og ***indtil:***

*Du skal være der, **før** de kommer.*
Men: *Du skal være der en time **før**, de kommer.*

*Han ventede, **indtil** uvejret var ovre.*

Komma foran *men*

Der sættes altid komma (eller et andet tegn) foran *men*, også selvom *men* ikke indleder en sætning:

*Sonja, Rita og Lone var der, **men** ikke Sara.*

*Vi var dødtrætte, **men** i godt humør.*

*Jeg vil gerne have, at du henter den, **men** kun hvis du kan nå det.*

Opremsningskomma

Der sættes komma mellem sideordnede led som ikke er forbundet med konjunktion (*og*, *eller*):

Han hverken ryger, drikker eller bruger penge til forlystelser.

Lever er velsmagende, billigt og sundt.

en stor, flot Karl Johan-svamp

en høj, velproportioneret person

Der sættes ikke komma mellem adjektiver foran et substantiv hvis det ene hører tættere sammen med substantivet end det andet:

en stor rød fluesvamp (dvs. en rød fluesvamp der er stor).

en slank ung pige (dvs. en ung pige der er slank).

Der sættes komma foran ***dels:***

*De var dels for små, **dels** for dyre.*

Selvstændige sætningsdele

En række ledtyper kan stå parentetisk i forhold til den øvrige sætning. Der kan være tale om udråb, eder, tiltaleord, led der er trukket ud af sætningen, og kommentarer til sætningsindholdet. Ved sådanne sætningsdele sættes der komma:

Øv, nu gik det lige så godt.

Ja tak, jeg vil meget gerne komme.

Så hør dog efter, for pokker.

Kommer du til festen, Ole?

Hun har ikke været her ret meget, vel?

Han er god nok, er han.

De ville komme klokken syv, tror jeg.

Han er en spøgefugl, den Johannes.

Ole, ham kender jeg godt.

Endelig nåede de tilbage til lejren, lettede over ikke at være faret vild.

De var andeledes klædt, det er klart, og havde andre frisurer.

Man levede, skulle man tro, et helt andet familieliv end vores.

Der sættes komma ved **appositioner** (navnetillæg):

Den største danske å, Gudenåen, løber igennem Randers.

Foreningens formand, Jens Petersen, var også til stede ved mødet.

Appositioner kendes på at de betydningsmæssigt er identiske med det led de lægger sig til: Den største danske å = Gudenåen. Derimod foreligger der ikke apposition i nedenstående tilfælde, og komma er ikke muligt:

Den store danske å Gudenåen er truet af forureningen.

Min fætter Niels er det mange år siden, jeg har set, men min fætter Ole besøger jeg jævnligt.

Replikgengivelse

Der sættes komma mellem en replik og den anførende sætning:

"Man har et standpunkt," sagde han, "til man tager et nyt."

Når replikken slutter med et spørgsmålstegn eller udråbstegn, kan kommaet undværes:

"Det ville jeg aldrig have troet!" udbrød hun.

Se under **Anførselstegn** om placering af kommaet i forhold til anførselstegnet.

Meningskomma

Man kan sætte komma eller flytte et komma i en sætning for at gøre det klart hvad der hører meningsmæssigt sammen, og for at undgå flertydighed. Ud fra dette hensyn kan man altid tilsidesætte de øvrige regler for komma:

De besluttede, straks at hæve prisen.

De besluttede straks, at hæve prisen.

Vi fik kaffe, og snaps til.

Vi fik kaffe og snaps til.

Hun købte ti tulipaner, og en dusk persille til sovsen.

UDRÅBSTEGN

Udråbstegn anvendes efter ord og sætninger der er ment som udråb, ordrer, ønsker eller udtryk for undren:

Av for katten!

Ti stille!

Ti nu stille, og lad os komme videre!

Bare det var mig, der skulle til Australien!

Regeringen har altså gjort det stik modsatte af det den gik til valg på!

Hertil kommer tiltale, fx i breve, og anråb:

Kære faster!

Her er jeg, mine herrer!

Hallo!

Hallo, De der!

Udråbstegn kan bruges i retoriske spørgsmål, se under **Spørgsmålstegn**.

UDSAGNSORD PÅ TRYKSTÆRK VOKAL (*-i, -u, -y* og *-e, -o* mfl.)

Se **Verber på trykstærk vokal**.

VERBER PÅ TRYKSTÆRK VOKAL (*-i, -u, -y* og *-e, -o* mfl.)

Verber som i infinitiv ender på trykstærkt *i, u, y,* fx *ri, du, sy,* tilføjer *-r, -s* el. *-er, -es:*

ri:	*rir*	el. *rier, ris*	el. *ries*
du:	*dur*	el. *duer*	
sy:	*syr*	el. *syer, sys*	el. *syes*

Verber, som i infinitiv eller i præteritum ender på andre trykstærke vokaler, fx *se, bo, dræ, tø, undgå,* tilføjer kun *-r, -s:*

se:	*ser, ses, så, sås*
bo:	*bor*
dræ:	*dræer*
tø:	*tør, tøs*
undgå:	*undgår, undgås*

Sammenlign med fx *die* og *true,* der ender på *-e* i infinitiv, og som derfor har obligatorisk *-er, -es,: dier, dies* og *truer, trues.* Verberne *gi(e), vi(e)* kan skrives med eller uden *-e* også i infinitiv.

Præteritumsendelsen *-ede* tilføjes i denne form, fx *duede, sneede, boede,* dog *-de* i *dø, døde.*

I præteritum participium er der valgfrihed mellem *-et* og *-t* i *le(e)t;* der er *-t* i *set, sket* og ellers *-et* i fx *syet, sneet, boet.*

Jf. også **Adjektiver på trykstærk vokal**.

BETYDNINGSFORKLARING

dirigent

SUBST. *-en,* plur. *-er, -erne*
/diri'gent/

1. en person som dirigerer et orkester el. kor □ *dirigent for orkestret* □ *dirigentpodie* · *dirigentstok* □ *orkesterdirigent*
2. = ORDSTYRER □ *dirigenten gav ordet til den næste taler* ....

ordstyrer

SUBST. *-en,* plur. *-e, -ne*

en person som holder ro og orden ved et møde, fremlægger dagsordenen og bestemmer hvem der har taletid = DIRIGENT, MØDELEDER ....

Betydningsforklaring gives i form af en definition: en person som dirigerer et orkester el. kor, eller ved hjælp af et synonym: = ORDSTYRER. Synonymet vil som regel optræde som selvstændigt opslagsord med definition.

jf. Ved ord der er afledt af et andet ord, kan betydningsforklaringen alene være en henvisning til et andet opslagsord:

fordeling ... jf. *fordele* = SPREDNING, DISTRIBUTION □ *en ligelig fordeling* ...

Betydning uden forklaring: Hvis en ordforbindelse ikke har nogen forklaring, gælder den forudgående forklaring, og brugen af ordforbindelsen kan ses af eksemplerne:

advare .... • **advare ng om ngt** gøre nogen opmærksom på noget ubehageligt el. farligt som de bør undgå = VARSKO □ *han advarede dem om at der stod en gal tyr på marken* .... • **advare ng mod ngt** □ *han advarede dem mod at gentage forsøget* ....

SYNONYMER OG BETYDNINGSFORSKELLIGE ORD

indbygger

SUBST. *-en,* plur. *-e, -ne*

en person som bor et sted inden for et større område, fx et land el. en by = BORGER, INDVÅNER ≠ BEBOER □ *byen har ca. 50.000 indbyggere* · *kommunens indbyggere* □ *indbyggertal*

= Synonymer, både fuldsynonymer og fjernere synonyme ord: = BORGER, INDVÅNER

≠ Betydningsforskellige ord: ≠ BEBOER. Der er her anført ord som er beslægtede med opslagsordets betydning, men som ikke kan bruges i stedet for dette.

Hvis der ikke er nogen definition, er synonymet fuldt synonymt med opslagsordet. Synonymet fungerer som henvisning til et andet opslagsord hvor man kan se en definition og evt. flere synonymer.

EKSEMPLER

stil²

SUBST. *-en,* plur. *-e, -ene*

en skriftlig sprogøvelse i skolen som ofte skrives over et bestemt emne □ *skrive dansk stil* · *have stil for* □ *stile(e)mne* · *stil(e)retning* · *stil(e)øvelse* · *stilebog* · *stilehefte* □ *fristil* · *referatstil*

siden²

PRÆP., ADV., KONJ.

1. fra et tidspunkt i fortiden og frem til nu □ ⟨PRÆP.⟩ *det har varet lige siden første oktober* · ⟨KONJ.⟩ *hvad er der sket, siden vi sås sidst?* · *han har været lidt underlig siden konen rejste* · ⟨ADV.⟩ *han skrev til jul, men siden har jeg ikke hørt fra ham* ....

□ Brugen af opslagsordet vises med eksempler. Der er tre forskellige typer af eksempler, adskilt af □ :

□ Opslagsordet i sætninger og ordforbindelser: *skrive dansk stil*
□ Opslagsordet som første led i afledte og sammensatte ord: *stil(e)emne*
□ Opslagsordet som sidste led i afledte og sammensatte ord: *fristil*

Eksempler på afledninger af opslagsordet kommer før sammensætningseksemplerne. Hvis opslagsordet har forskellige bindebogstaver i sammensætninger, fx *-e-* eller *-s-*, er eksemplerne ordnet efter disse og derefter alfabetisk. Det angives med parentes, fx *stil(e)emne*, når ordet kan skrives både med og uden bindebogstav.

⟨ ⟩ Angiver den ordklasse som opslagsordet tilhører i de efterfølgende eksempler.